LEXIKOTHEK · DAS BERTELSMANN LEXIKON · BAND 9

Lexikothek

HERAUSGEGEBEN VOM
BERTELSMANN LEXIKON-VERLAG

DAS BERTELSMANN LEXIKON

IN ZEHN BÄNDEN

BAND 9 Schlu–Toro

BERTELSMANN LEXIKON-VERLAG

ALS ZEICHNER HABEN MITGEARBEITET:
HELMOLD DEHNE · RENATE JURISCH · AUGUST LÜDECKE
WALDEMAR MALLEK · JÜRGEN RITTER
TEGTMEIER + GRUBE KG

SCHUTZUMSCHLAG: B. UND H. P. WILLBERG

REDAKTIONELLE LEITUNG: WERNER LUDEWIG
LAYOUT: GEORG STILLER

Das Wort
LEXIKOTHEK®
ist für Nachschlagewerke
der LEXIKOTHEK Verlag GmbH
als Warenzeichen geschützt

*Warenzeichen, Gebrauchsmuster und Patente sind in diesem Werk,
wie in allgemeinen Nachschlagewerken üblich, nicht als solche gekennzeichnet.
Es wird empfohlen, vor Benutzung von bestimmten Zeichen für Waren
oder von besonders gestalteten Arbeitsgerätschaften bzw. Gebrauchsgegenständen
sowie von Erfindungen beim Deutschen Patentamt in München anzufragen,
ob ein Schutz besteht*

JEDE AUFLAGE NEU BEARBEITET
© VERLAGSGRUPPE BERTELSMANN GMBH/
LEXIKOTHEK VERLAG GMBH, GÜTERSLOH 1974, 1981 I
ALLE RECHTE VORBEHALTEN · LANDKARTEN VOM
KARTOGRAPHISCHEN INSTITUT BERTELSMANN, GÜTERSLOH
TRANSGRAPHIC-ZELLGLASDARSTELLUNGEN
GLOATZ, HILLE & CO. KG, BERLIN (WEST)
GESAMTHERSTELLUNG
MOHNDRUCK GRAPHISCHE BETRIEBE GMBH, GÜTERSLOH
PRINTED IN GERMANY
ISBN 3-570-06559-6

Schluchsee, eiszeitl. Rinnensee im südl. Schwarzwald, südöstl. vom Feldberg, 900 m ü. M., ursprüngl. rd. 1 qkm (nach der Stauung rd. 5 qkm). Der S. wurde 1929–1932 weitgehend umgestaltet durch das *S.werk*, eines der bedeutendsten dt. Wasserkraftwerke. Die Speicherfähigkeit des S.s beträgt 108 Mill. m³, die Stauhöhe 35 m; das Werk leistet in 3 Gefällstufen über ½ Mill. PS u. erzeugt jährlich 750 Mill. kWh, davon ⅓ durch Pumpspeicherung mit Nachtstrom aus den Laufkraftwerken des Hochrheins. Die Verwaltung hat ihren Sitz in Freiburg i. Br.

Schlucht, enges, tiefes Tal ohne Talsohle, dessen Hänge bereits abgeschrägt sind.

Schlüchtern, hess. Stadt an der oberen Kinzig (Main-Kinzig-Kreis), 13800 Ew.; ev. Landeskirchenmusikschule; ehem. Benediktinerabtei (karoling. Krypta); Meßwerkzeug-, Glas-, Seifenindustrie.

Schluckimpfung, *Trinkimpfung,* Schutzimpfung gegen spinale →Kinderlähmung durch Einnahme des Impfstoffs; entwickelt von H. R. *Cox* u. A. B. *Sabin*.

Schluckpneumonie, *Aspirationspneumonie,* eine von den Luftröhrenästen aus sich entwickelnde, zunächst herdförmige Lungenentzündung aufgrund in die Lunge geratener Fremdkörpern (z. B. verschluckte Flüssigkeit).

Schlucksen, *Schluckauf, Singultus,* Zeichen eines Zwerchfellkrampfes, wobei mit tönend-schlucksendem Geräusch Luft durch den Kehlkopf gesaugt (eingeatmet) wird. Der Reiz geht meist vom Bauchfell oder Magen aus, kann aber auch zentral vom Gehirn ausgelöst oder seelisch bedingt sein (sog. nervöses oder „hysterisches" S.).

Schlumberger [frz. ʃlœbɛrˈʒe], Jean, französ. Schriftsteller u. Kritiker, *26. 5. 1877 Gebweiler, †25. 10. 1968 Paris; 1909 Mitgründer der „Nouvelle Revue Française", 1913 Direktor des „Théâtre du Vieux Colombier"; psycholog. Romane: „Unruhige Vaterschaft" 1913, dt. 1968.

Schlumpf, Leon, schweizer. Politiker (SVP), *3. 2. 1925 Felsberg, Graubünden; seit 1980 Bundesrat (Dep. für Verkehrs- u. Energiewirtschaft).

Schlund, 1. bes. bei Wirbeltieren unterer Teil des Rachens zwischen Kehlkopf u. Speiseröhre; 2. bei Wirbellosen →Pharynx.

Schlundganglion, vorderer Nervenknoten (*Ganglion*) des Strickleiternervensystems (→Bauchmark) von Gliedertieren, der zu einem umfangreichen Gehirn ausgebildet sein kann. Dieses Ganglion liegt oberhalb des Darms (*Ober-S.*). Bei den Insekten ist auch das zweite Ganglion, unterhalb des Vorderarms (*Unter-S.*), in bes. Weise ausgebildet.

Schlupf, 1. *Elektrotechnik:* bei Asynchronmotoren das Maß für den Unterschied zwischen der tatsächlichen Drehzahl (n) des Läufers u. der synchronen Drehzahl (n_{syn}) des Drehfelds. Berechnung: $\frac{n_{syn} - n}{n_{syn}} = S$ (in Prozent). Der S. steigt mit der Belastung des Motors. Ein idealer S. von 0% ist nicht zu verwirklichen, da dann keine antreibenden Drehmomente auftreten.
2. *Maschinenbau:* kleiner u. in der Regel veränderl. Unterschied zweier *Drehschnellen* (Drehgeschwindigkeiten), der nicht durch eine →Übersetzung verursacht ist; z. B. beim Luftreifen eines Kraftfahrzeugs der Unterschied zwischen Drehschnelle der Antriebswelle u. der Drehschnelle, die sich aus der Fahrgeschwindigkeit ergibt. Bei *hydraul. Kupplungen* (→Kennungswandler) ist der S., ähnlich wie bei Drehstrommotoren, der notwendige Unterschied zwischen Soll- u. Istdrehzahl. S. tritt auch beim Riementrieb auf, wenn die Reibung zwischen Riemen u. Riemenscheibe ungenügend ist.

Schlüpfer, Unterwäschestück aus Wirkzeug mit angeschnittenem Bein u. Gummizug in der Taille. →auch Slip.

Schlupfwespen, *Ichneumonoidea,* Überfamilie aus der Gruppe der *Legimmen,* rotgelb bis schwarz gefärbte, schlanke, langbeinige Wespen, in über 40000 Arten über die ganze Welt verbreitet u. als Zerstörer von Schadinsekten aller Art außerordentl. nützlich. Wichtige Arten sind z. B. die große *Rhyssa* von ca. 4 cm Länge u. schwarz-gelber Zeichnung, die die Larven von →Holzwespen mit ihren Eiern belegt. Viele Arten sind spezialisiert, z. B. als *Hyperparasiten,* die als Wirte Larven anderer S. in anderen Insekten benutzen. Zu den S. gehören auch die *Brackwespen*.

Schlusnus, Heinrich, Sänger (lyrischer Bariton), *6. 8. 1888 Braubach, †18. 6. 1952 Frankfurt a. M.; 1917–1945 an der Berliner Staatsoper, auch hervorragender Konzertsänger.

Schluß, *Logik:* Folgerung aus vorausgesetzten Sätzen bzw. Urteilen. Der eigentl. S. besitzt mindestens zwei Vordersätze, die *Prämissen;* der erste ist der *Maior,* der zweite der *Minor;* beide müssen einen gemeinsamen Mittelbegriff, die *Media,* besitzen, die in beiden Urteilen bedeutungsidentisch verwendet werden muß (sonst →quaternio terminorum). Das abgeleitete Urteil ist der S.satz, die *conclusio.* Inneres Band des Schlusses ist nach der klassischen Logik der Satz vom Grunde. Der eigentliche vollkommene S. geht immer vom Allgemeinen auf das Besondere; er wird seit Aristoteles als *Syllogismus* bezeichnet. Unvollkommen ist der umgekehrt vorgehende *Induktions-S.* wie auch der *Analogie-S.,* der vom Besonderen auf Besonderes bzw. von teilweiser Gleichheit u. ä. auf ganze Gleichheit u. ä. schließt.

Schlußbilanz, die am Ende jedes Geschäftsjahres zum Zweck der Ermittlung des Gewinns oder Verlustes sowie zur Darstellung des Vermögens u. Kapitals von allen Unternehmen aufzustellende →Bilanz.

Schlüssel, 1. *Musik:* →Notenschlüssel.
2. *Nachrichtenwesen: Kode,* Ersatz von gewöhnl. Worten durch Zahlen- oder Buchstabengruppen, um anderen Personen die Kenntnisnahme unmöglich zu machen oder durch kürzere Ausdrucksform die Übermittlung zu erleichtern u. zu beschleunigen. Der S., der der Geheimhaltung des Textes dient, wird häufig geändert, entweder durch Ausgabe neuer S.tafeln (*Hand-S.*) oder durch Verstellen der S.maschine (*Maschinen-S.*). Der gewöhl. (Klar-)Text wird nach dem gültigen S. „verschlüsselt" u. kann nur von einem Besitzer des entsprechenden S.mittel „entschlüsselt", d. h. wieder in den Klartext übertragen werden.
3. *Technik:* →Schloß.

Schlüsselbein, *Clavicula,* paariger Knochen des Schultergürtels, der beim Menschen am oberen Brustbein ansetzt u. zum Schulterblatt zieht; kann bei schnellaufenden Säugetieren (z. B. bei Huftieren, Katzen) fehlen. Bei Vögeln zum unpaaren *Gabelbein (Furcula)* verwachsen.

Schlüsselblume = Primel.

Schlüsselburg, sowjet. Stadt, = Petrokrepost.

Schlüsselfelder, Heinrich, Pseudonym *Arigo,* Nürnberger Patrizier, Humanist; verdeutschte um 1460 erstmals G. *Boccaccios* „Decamerone".

Schlüsselgewalt, 1. *bürgerl. Recht:* die rechtliche Befugnis der Ehegatten, Rechtsgeschäfte zur angemessenen Deckung des Lebensbedarfs der Familie mit Wirkung auch für den anderen Ehegatten zu besorgen. Beide Ehegatten werden, sofern sie nicht getrennt leben, durch solche Geschäfte berechtigt und verpflichtet, es sei denn, daß sich aus den Umständen ergibt, daß das Geschäft nur für den einen Ehegatten abgeschlossen worden ist, etwas anderes ergibt (§ 1357 BGB). Die angemessene Deckung des Lebensbedarfs bestimmt sich nach dem Maß des Lebensaufwands, das in der Lebensführung des Ehegatten nach außen erkennbar ist. – In der Schweiz ist die S. nicht gleichberechtigt für beide Ehepartner vorgesehen, ebenso in Österreich gemäß § 1029 in Verbindung mit § 92 ABGB.
2. *Theologie:* nach Matth. 16,19 („Schlüssel des Himmelreiches") Bez. für die Kirchengewalt, in der kath. Kirche bes. der Primat des Petrus u. der Päpste als seiner Nachfolger.

Schlüsselindustrie, Industriezweige, deren Produkte für die gesamte Industrie als Rohstoffe, Halbfabrikate u. ä. von Wichtigkeit sind; z. B. Grundstoffindustrie.

Schlüsselreiz →Auslöser.

Schlüsselroman, frz. *roman à clef,* ein Roman, in dem die erdachten Personen u. Ereignisse nur verschlüsselte (für den Eingeweihten aber doch durchschaubare) Darstellungen lebender Persönlichkeiten u. wirkl. Ereignisse sind. Bes. im *Schäferroman* der Barockliteratur war hinter dem idyll. Geschehen oft eine Kritik oder Anspielung auf herrschende Zustände verborgen. In einer bes. Bemerkung wird gelegentl. auch der nicht eingeweihte Leser auf die Beziehungen hingewiesen (im sog. „Schlüssel"). Beispiele sind: S: H. *Murgers* „Scènes de la vie de Bohème"; O. J. *Bierbaums* „Prinz Kuckuck"; E. *Jüngers* „Marmorklippen"; S. de *Beauvoirs* „Die Mandarins von Paris". – Romane, die zwar auf Ereignissen der zeitgenöss. Geschichte aufbauen, deren Absicht aber nicht nur in der verschlüsselten Darstellung eben dieser Begebenheiten besteht, werden nicht als S.e bezeichnet (z. B. *Goethes* „Werther", Th. *Manns* „Buddenbrooks"). – ☐ 3.0.2.

Schlüsselzahl, Verhältniszahl zur Bestimmung eines Anteils an einem Gesamtbetrag, z. B. für die prozentuale Aufteilung des Gewinns auf die Gesellschafter einer OHG.

Schlußnote, vom →Handelsmakler nach Abschluß eines Geschäfts jeder Vertragspartei zu übermittelndes Schriftstück, das Gegenstand u. Bedingungen des vermittelten Vertrags enthält (§ 94 HGB). – Ebenso in Österreich.

Schlußstein, *Baukunst:* der im Schnittpunkt der Diagonalrippen eines Kreuzgewölbes liegende tellerartige oder knauffförmige Stein, meist mit plast. Schmuck (Heiligenfigur, Blattwerk, Wappen) versehen. In der Spätgotik wurden häufig hängende S.e verwendet. →auch Abhängling.

Schlußverkauf = Saisonschlußverkauf.

Schlüter, 1. Andreas, Bildhauer u. Baumeister, *1662 Hamburg (?), nach anderer Überlieferung um 1660 Danzig, †1714 St. Petersburg(?); Hauptmeister des norddt. Barocks, verbrachte die Kindheit in Danzig. 1689–1693 in Polen (Warschau) nachweisbar; über die Lehr- u. Wanderjahre, in denen S. wahrscheinl. mit der italien., französ. u. niederländ. Kunst in Berührung kam, fehlen gesicherte Nachrichten. Seit 1694 in Berlin tätig (Entvürfe zu Arbeiten an der Langen Brücke, seit 1698 Bauleitung des von J. A. *Nering* begonnenen Zeughauses, dort als plast. Fassadenschmuck 21 Kriegermasken), begründete S. seinen Ruf als genialer Neuerer; seine große Gestaltungskraft fand nicht immer Anerkennung. Hptw. sind das 1700 gegossene Reiterstandbild des Gr. Kurfürsten (heute Berlin-Charlottenburg), Entwürfe für Gießerei- u. Marstallgebäude u. Teile des Berliner Schloß-Neubaus (1698–1707), von denen der Münzturm 1706 einstürzte, ein Ereignis, das S.s Entlassung als Schloßbaumeister zur Folge hatte. Zu seinen letzten Arbeiten in Dtschld. gehört die Villa Kamecke in Berlin (1711/12); 1714 folgte S. einem Ruf an den Zarenhof in St. Petersburg. – ⊞ →Friedrich (11). – ☐ 2.4.3.

Schlüterbrot

2. Otto, Geograph, *12. 11. 1872 Witten, †12. 10. 1959 Halle (Saale); lehrte in Halle, Arbeiten zur Siedlungs-, historischen u. Kulturgeographie; Hptw.: „Die Siedlungsräume Mitteleuropas in frühgeschichtl. Zeit" 2 Bde. 1952/53; „Mitteldeutscher Heimatatlas" ²1958–1961 unter dem Titel „Atlas des Saale- u. mittleren Elbe-Gebietes" (mit O. August).

Schlüterbrot, Roggenbrot mit einem Zusatz von 25% Schlütermehl (Kleie); Kleie wird unter Druck mit Wasserdampf behandelt, um Eiweiß der Aleuron-Zellen aufzuschließen u. Dextrin zu erhalten; nach ähnl. Verfahren wird *Finklerbrot* hergestellt.

Schlutup, Ortsteil von Lübeck, am Südufer der Trave; Übergang zur DDR; Fischereihafen, Fischindustrie.

Schmähschrift →Pasquill.

Schma Israel [hebr., „höre Israel"], *Schema Israel, Schema*, jüdisches Hauptgebet, in dem die Einzigkeit Gottes bekundet wird; nach 5. Mose 6,4–9 benannt.

Schmalbach-Lubeca GmbH, Braunschweig, Unternehmen der Verpackungsmittelindustrie, 1967 hervorgegangen aus dem Zusammenschluß der *J. A. Schmalbach AG*, Braunschweig, u. der *Lubecawerke GmbH*, Lübeck; seit 1973 GmbH; erzeugt Verpackungen aus Metall, Kunststoff u. Papier; Stammkapital: 150 Mill. DM; 9000 Beschäftigte; zahlreiche Beteiligungen.

Schmalbienen, *Furchenbienen, Halictus*, Gattung kleiner, spärlich behaarter *Stechimmen* aus der Gruppe der *Beinsammler*, deren Weibchen eine kleine, kahle Längsfurche auf dem 5. Hinterleibssegment tragen. In Mitteleuropa sehr viele, schwer unterscheidbare Arten.

Schmalenbach, Eugen, Betriebswirt, *20. 8. 1873 Schmalenbach bei Halver, Westf., †20. 2. 1955 Köln; 1906–1933 u. 1945–1950 Prof. in Köln; Mitbegründer der Betriebswirtschaftslehre als akadem. Disziplin u. Gründer der *Kölner Schule* der Betriebswirtschaftslehre. Hrsg. der ersten betriebswirtschaftl. Fachzeitschrift „Zeitschrift für Handelswissenschaftliche Forschung" (seit 1906), mit der er die Entwicklung der Betriebswirtschaftslehre maßgebl. beeinflußte u. die heute unter dem Titel „Schmalenbachs Zeitschrift für betriebswirtschaftliche Forschung" erscheint. Seine Schriften prägten bes. die Entwicklung des betriebl. Rechnungswesens, die Grundsätze ordnungsmäßiger Bilanzierung u. die gesetzl. Vorschriften für den betriebl. Jahresabschluß. Hptw.: „Die Beteiligungsfinanzierung" 1915, ⁹1966; „Dynamische Bilanz" 1919, ¹³1962; „Kostenrechnung u. Preispolitik" 1919, ⁸1963; „Der Kontenrahmen" 1927, ⁶1939; „Kapital, Kredit u. Zins" 1933, ⁴1961.

Schmalfilm, Lauffilm-Kleinformate für Amateure u. einfache Berufs-Filmaufnahmen, meist auf Umkehrfilm, auch mit Vertonung. F o r m a t e : früher *Einfach-8, Doppel-8* (16-mm-Film gesplittet) u. 9,5mm mit *Mittenperforation*; heute *Super-8, Single-8* einseitig perforiert, ferner 16 mm ein- u. doppelseitig perforiert. Die *S.-Aufnahmekamera* weist zunehmend die Merkmale einer Berufskamera (bes. beim 16-mm-Format) auf: *Zoom-Objektiv* (→Gummilinse), *Reflexsucher, Entfernungsmesser*, verstellbare *Sektorenblende*, automat. *Blendensteuerung*, elektr. Antrieb, Handgriff angebaut. – ⌷ 10.5.5.

Schmalkalden, *Kurort S.,* Kreisstadt im Bez. Suhl, am Südwesthang des Thüringer Walds, 16700 Ew.; Fachwerkhäuser (17./18. Jh.), alte Festungswerke, mittelalterl. Stadtkirche St. Georg, Rathaus (15. Jh.), Renaissanceschloß Wilhelmsburg (16. Jh.); Erzbergbau, Eisen-, Maschinen-, Holzindustrie; Solbad. – Krs. S.: 406qkm, 66700 Ew.

Schmalkaldische Artikel, die von *Luther* für ein geplantes Konzil in Mantua 1536 verfaßte Darstellung der luth. Grundlehren, gehören zum luth. Konkordienbuch von 1580.

Schmalkaldischer Bund, der 1531 in Schmalkalden von prot. Fürsten u. Reichsstädten unter Führung des Landgrafen *Philipp* von Hessen u. des Kurfürsten *Johann* von Sachsen geschlossene Bund gegen Kaiser Karl V. u. die kath. Stände mit dem Ziel, Glauben u. polit. Selbständigkeit zu wahren. Die Niederlage des Schmalkald. Bundes bei *Mühlberg* (*Schmalkald. Krieg* 1546/47) führte zu seiner Auflösung.

Schmallenberg, Stadt in Nordrhein-Westfalen (Ldkrs. Meschede), an der oberen Lenne, westl. vom Kahlen Asten, 24800 Ew.; Luftkurort u. Wintersportplatz; Strumpfindustrie.

Schmalnasen, *Catarrhina, Cercopithecoidea,* die altwelt. Überfamilie der *Affen*; die Nasenscheidewand ist schmal, die Nasenlöcher sind nach unten gerichtet; meist sind Backentaschen u. Gesäßschwielen vorhanden; ein Greifschwanz ist nie ausgebildet, zuweilen ist der Schwanz auf wenige Wirbel reduziert. Verbreitung: Afrika (ohne Madagaskar), Asien. Zu den S. gehören *Meerkatzartige, Schlankaffen* u. *Hundskopfaffen*; von den S. spalteten sich sehr früh schon die *Menschenartigen* ab.

Schmalspur →Spurweite.

Schmalspurbahnen, Klein- oder Feldbahnen, mit einer geringeren als der normalen →Spurweite, meist 1,00m, 0,75m oder 0,60m.

Schmalstich, Clemens, Dirigent u. Komponist, *8. 10. 1880 Posen, †15. 7. 1960 Berlin; 1931–1945 Prof. an der Hochschule für Musik (Opernklasse) Berlin; schrieb u. a. Lieder, Klavier- u. Filmmusik sowie die Musik zum Märchenspiel „Peterchens Mondfahrt" 1911.

Schmaltier, junges weibliches Dam-, Elch- u. Rotwild vor der ersten Brunft; beim Reh: *Schmalreh*.

Schmaltz, Reinhold, Tierarzt, *26. 8. 1860 Schönbrunn, Schlesien, *4. 8. 1945 Altbrandenburg; Prof. an der Berliner Tierärztl. Hochschule. Hptw.: „Über das Geschlechtsleben der Haustiere" 1921; „Atlanten zur Anatomie des Pferdes" 5 Bde. 1924–1940.

Schmalwand, *Arabidopsis*, Gattung der *Kreuzblütler* mit kleinen weißen Blüten; in Dtschld. nur durch *Arabidopsis thaliana* vertreten; auf Acker u. Schutt.

Schmalz, 1. *L e b e n s m i t t e l:* festes tierisches Fett, das durch Erhitzen (Umbraten, Auslassen)

Eugen Schmalenbach

aus dem Fettgewebe (Speck) gewonnen wird; die Gewebeteilchen sinken beim Braten als *Grieben* auf den Boden. Wichtigste Sorten: *Schweine-S., Gänse-S.*

2. *J a g d:* Fett des Dachses.

schmälzen, leicht auswaschbare Öle in Form von Emulsionen auf das grob gelockerte Fasergut (bes. Wolle u. Faserabfälle) aufbringen; ermöglicht eine bessere Verarbeitbarkeit in der Spinnerei.

Schmant, bei Erdbohrungen entstehender u. sich im Bohrlochtiefsten sammelnder Schlamm, der von Zeit zu Zeit mit dem sog. *S.löffel* entfernt werden muß.

Schmarotzer = Parasit.

Schmarotzerbienen, *Kuckucksbienen*, Parasitäre Bienen, zur Familie der *Bienen* gehörige Stechimmen, die weder in Staaten leben noch selbständig einen Nestbau betreiben, sondern ihre Eier in bereits mit Futter versehene Brutzellen anderer Bienen ablegen. In diesen Zellen entwickelt sich stets nur die Larve des Schmarotzers, während die Larve des Wirtsart zugrunde geht. Zu den S. gehören die im Aussehen äußerst verschiedenartigen Gruppen der *Wespenbienen, Trauerbienen, Schmuckbienen, Düsterbienen, Kegelbienen, Schmarotzerhummeln*.

Schmarotzerhummeln, *Psithyrus*, Gattung von →Schmarotzerbienen, die ihre Eier in die Brutzellen der *Hummeln* legen, denen sie sehr ähnlich sehen; Flügel meist bräunlich gefärbt.

Schmarotzerpflanzen, *parasit. Pflanzen*, Pflanzen, die ihre autotrophe Lebensweise mehr oder weniger verloren haben u. ihre organische Nahrung ganz oder teilweise auf Kosten anderer lebender Pflanzen oder auch Tiere, der Wirte, beziehen. *Grüne Halbschmarotzer* sind z.B. Augentrost, Wachtelweizen u. Klappertopf, deren verkümmerte Wurzeln durch Saugwurzeln mit ihren Wirten (oft Gräser) verbunden sind u. den Leitungsbahnen Wasser u. Nährsalze abzapfen; oder die auf Bäumen lebende Mistel, die ihre in Senkern umgewandelten Wurzeln in die Leitungsbahnen des Wirtes treibt. Die nichtgrünen, also nicht mehr assimilierfähigen *Ganzschmarotzer* haben ihre Selbständigkeit völlig aufgegeben u. sich z.T. einseitig an ganz bestimmte Wirte angepaßt. Bei den höheren Pflanzen sind die Blätter zu gelbl. Schuppen rückgebildet oder fehlen ganz; Wasserleitungsbahnen u. häufig auch Wurzeln sind verschwunden. Dafür haben sich bes. Einrichtungen (Saugorgane, Enzyme) zum Eindringen in den Wirt gebildet. Zu den Ganzschmarotzern gehören einige Blütenpflanzen (Seide, Schuppen- u. Sommerwurz, bestimmte Orchideen u. die Rafflesiaceen), zahlreiche Pilze (Rost-, Brand-, Mutterkornpilze, Kartoffelfäule, Fruchtschimmel, Mehltau) u. viele Bakterien.

Schmarren, *Kaiserschmarrn*, österr. u. bayer. Mehlspeise; nach kurzem Abbacken zerkleinerter Pfannkuchen, der mit Rosinen, Zimt u. Zucker in der Pfanne geröstet wird; ähnliche Gerichte sind *Semmel-S., Grieß-S.* u. *Kartoffel-S.*

Schmarsow [-zo:], August, Kunsthistoriker, *26. 5. 1853 Schildfeld, Mecklenburg, †26. 1. 1936 Baden-Baden; Prof. in Breslau u. Leipzig, widmete sich hauptsächl. Forschungen zur italien. Kunstgeschichte u. arbeitete eingehende Formanalysen. Hptw.: „Masaccio-Studien" 5 Bde. 1895–1899, ²1928; „Kompositionsgesetze in der Kunst des MA." 3 Bde. 1915–1921; „Italien. Kunst im Zeitalter Dantes" 2 Bde. 1928; „Masolino u. Masaccio" 1928.

Schmätzer, *Oenanthe*, zu den *Drosseln* gehörige bunte *Singvögel* Eurasiens u. Nordamerikas. Der einheim. *Stein-S., Oenanthe oenanthe*, kommt auf Ödland vor. *Wiesen-S.* (Gattung *Saxicola*) →Braunkehlchen bzw. →Schwarzkehlchen.

Schmaus, Michael, kath. Theologe, *17. 7. 1897 Oberbaar, Oberbayern; Prof. für Dogmatik in Münster 1933–1945, München 1946–1965, Konzilstheologe; Forschungen zur Geschichte der Trinitätslehre; Hptw.: „Kath. Dogmatik" 5 Bde. 1937–1941, ⁶1960–1965; „Der Glaube der Kirche" 2 Bde. 1969/70.

Schmeil, Otto, Biologe u. Pädagoge, *3. 2. 1860 Großkugel, Sachsen, †3. 2. 1943 Heidelberg; Verfasser sehr verbreiteter Lehrbücher der Zoologie u. Botanik.

Schmeißfliegen, *Aasfliegen, Calliphoridae,* Familie *cyclorapher Fliegen* (→Fliegen), deren Larven alle Phasen der Entwicklung zum Endoparasitismus dokumentieren. Zu den S. gehören die *Fleischfliegen, Goldfliegen* sowie *Blaue S., Calliphora vomitoria*, bis zu 14mm lange, stahlblaue Fliegen, die bis zu 300 Eier pro Weibchen an faulendes Fleisch legen. Nach 24 Stunden schlüpfen bereits die Maden, die in 3–4 Wochen verpuppungsreif sind. Hierher gehört auch die *Schraubenwurmfliege*.

Schmeling, Max, Boxsportler, *28. 9. 1905 Klein-Luckow; 1930–1932 einziger dt. Profi-Weltmeister im Schwergewicht durch einen Sieg über J. *Sharkey*, der wegen Tiefschlags in der 4. Runde disqualifiziert wurde; verteidigte seinen Titel gegen Y. *Stribling* erfolgreich, verlor ihn aber 1932 an Sharkey (über 15 Runden nach Punkten).

Schmeljow, Iwan Sergejewitsch, russ. Erzähler, *21. 9. 1873 Moskau, †24. 6. 1950 Paris; emigrierte 1922; begann mit naturalist. Romanen, schilderte in Novellen die Revolution u. ihre Begleiterscheinungen, wandte sich dann religiös-philosoph. Problemen zu. „Der Kellner" 1910, 1927; „Wanja im heiligen Moskau" 1933, dt. 1958.

Schmeltzl, Wolfgang, Dichter u. Pfarrer, *um 1500 Kemnat bei Neunaigen, Oberpfalz, †nach 1560 Sankt Lorenzen am Steinfeld; war Schulmeister am Schottenstift in Wien, begründete das kath. Schultheater in Österreich („Aussendung der Zwelffpoeten" 1542; „David u. Goliath" 1545); schrieb auch Episches („Lobspruch der Stadt Wien" 1548) u. gab 1544 eine vierstimmige Liedersammlung heraus.

Schmelz [der], **1.** *A n a t o m i e: Zahn-S., Substantia adamantina,* der von der Epidermis gebildete Überzug der Zahnkrone von Reptilien u. Säugetieren, der aus harten Substanzen vorwiegend anorganischer Natur besteht, dem Zahnbein unmit-

telbar aufliegt u. dieses vor mechan. u. chem. Schäden schützt. Vielen Pflanzenfressern fehlt der S., ihre Zähne kauen sich ab, bilden daher ständig neue Kauflächen. Bei den Nagetieren ist nur die Außenseite der Nagezähne mit S. belegt, sie sind daher stets meißelförmig geschärft.
2. *techn. Chemie:* = Email.

Schmelz, saarländ. Gemeinde (Ldkrs. Saarlouis), im östl. Saarbergland an der Prims, 17200 Ew.; Maschinen-, Glas- u. Bekleidungsindustrie.

Schmelzelektrolyse, *Schmelzflußelektrolyse*, Elektrolyse einer Schmelze, wichtig für die techn. Darstellung einiger Metalle, z.B. Natrium, Kalium, Magnesium, Aluminium.

schmelzen, einen Stoff aus dem festen in den flüssigen Aggregatzustand überführen. Der Übergang erfolgt bei einer für den betreffenden Stoff spezif. Temperatur *(Schmelzpunkt)*. Die zum S. von 1 g eines Stoffs erforderl. Wärmemenge ist die *spezif. Schmelzwärme*, die beim Erstarren als *Erstarrungswärme* frei wird. In einer Schmelze bzw. Flüssigkeit gelöste Stoffe verursachen eine *Schmelz-* bzw. *Gefrierpunktserniedrigung*. Bei der techn. Gewinnung u. Verarbeitung von Metallen werden Hochöfen, gasbeheizte Öfen u. elektr. betriebene Widerstands-, Lichtbogen-, Induktions- u. Hochfrequenzöfen zum S. verwendet.

Schmelzkäse, streichfähiger, rindenloser Käse aus eingeschmolzenem Hart-, Schnitt- oder Weichkäse. Gesunder, aber fehlerhafter Käse wird gereinigt, im Walzwerk zu einer pulverförmigen Masse zerkleinert, dann 10–20 min bei 50–70 °C in Vakuumkesseln unter Zusatz von Schmelzsalzen (Mono- u. Polyphosphate, Citronen-, Milch- u. Weinsäure u. deren Salze) geschmolzen u. ohne weitere Reifung in Formen gefüllt. Für bes. Arten

Schmeißfliege, Calliphora spec.

werden geschmackgebende Stoffe, z.B. Kräuter, Kümmel, Paprika, hinzugefügt. Durch Aufquellung des Eiweißes beim Schmelzprozeß wird der Käse gut verdaulich. In *S.zubereitungen* dürfen außerdem andere Milcherzeugnisse (Milchpulver, Kasein, Molke) oder Lebensmittel (Schinken) in gesetzl. zugelassenen Mengen enthalten sein.

Schmelzkitt, zum Ausgießen von Steinfugen u. dgl. verwendete Massen aus Schwefel u. Harz, Pech oder Asphalt mit Eisenpulver, Quarzsand, Graphit u.ä. Füllstoffen; für eiserne Öfen auch Gemische von Wasserglas oder Pech mit Eisenpulver; ferner feuerfeste Kitte z.B. aus Glaspulver, Feldspatmehl u. Borax, Flußspat u.a., die mit Wasser angeteigt werden.

Schmelzmalerei →Emailkunst.

Schmelzschuppen →Fischschuppen.

Schmelzschupper, *Ganoiden*, veraltete Sammelbez. für *Knochenganoiden* u. *Knorpelganoiden*.

Schmelzspinnen, ein Verfahren der Chemiefaserherstellung, bei dem der Ausgangsstoff durch Schmelzen verspinnbar gemacht u. durch Düsen in die Luft gepreßt wird. Durch Strömung werden die Fäden abgezogen (z.B. bei →Polyamidfaserstoff).

Schmer, Bauchfettgewebe vom Schwein, wird zu Schweineschmalz verarbeitet.

Schmerlen, *Cobitidae*, Familie karpfenartiger Fische des Süßwassers; meist ist der wulstige Mund mit Bartfäden umstellt, die zum Ertasten der Nahrung am Grund der Gewässer dienen; neben Kiemen- auch Darmatmung. Keine wirtschaftl. Bedeutung. Zu den S. gehören *Schlammbeißer*, *Bartgrundel* u. *Steinbeißer*.

Schmerling, *Körnchenröhrling, Boletus granulatus*, jung sehr wohlschmeckender *Röhrling* mit großem rotbraunem, braungelbem oder rötlichgelbem, mit schmierigem Schleim bedecktem Hut.

Schmerling, Anton Ritter von, österr. Politiker, *23. 8. 1805 Wien, †23. 5. 1893 Wien; in der Frankfurter Nationalversammlung 1848 Sprecher der Österreicher u. Großdeutschen, Gegner der Erbkaiserlichen; Juli–Dez. 1848 Reichsinnen-Min. u. Reichs-Min.-Präs. In Österreich 1849 bis 1851 Justiz-Min., 1860–1865 Innen-Min. S. befürwortete die liberal-zentralist. Verfassung von 1861 u. trat 1865 zurück, als gegen seinen Willen den föderalist. Forderungen der nicht-dt. Länder innerhalb der Monarchie nachgegeben wurde.

Schmerz, *Dolor*, eine an besondere Nervenbahnen *(S.nerven)* gebundene Empfindung des Körpers. Die S.zentren liegen im Gehirn im *Thalamus* u. in den Rindenbezirken des Stirn- u. Schläfenlappens. Einige Körpergewebe u. Organe sind nicht schmerzempfindlich, in anderen sind dafür die schmerzempfindenden Fasern gehäuft (z.B. Knochenhaut, Bauchfell, Hirnhaut, Gefäße). Starker S. hat Rückwirkungen auf das Lebensnervensystem, z.B. als Schweißausbruch, Beeinflussung des Kreislaufs, Pupillenverengung. Der Grad der S.empfindung ist individuell verschieden, vor allem auch, weil zum zunächst körperl. S. das seelische S.erlebnis hinzutritt. Beides zusammen erzeugt den subjektiven S. Die Ausschaltung des S.es ist für die Heilung oft von ausschlaggebender Bedeutung *(Heilanästhesie)*; dabei ist am erwünschtesten die Beseitigung der schmerzhervorrufenden Ursachen. Ist dies nicht möglich, so versucht man den S. zu lindern oder auszuschalten; dies geschieht vornehmlich durch Ableitung der schmerzverursachenden Störungen (kalte oder warme Umschläge, Bäder), durch örtl. Betäubung oder durch Lähmung der zentralen S.empfindungsstätten bzw. der schmerzleitenden Fasern (Blockierung) mit schmerzstillenden Mitteln. →auch Schmerzsinn.

Schmerzensgeld, der →Schadensersatz für jede Beeinträchtigung des körperl. u. seelischen Verfassung (nicht nur der Schmerzen) des Opfers einer Körperverletzung oder eines der Freiheits- oder (nur bei Frauen) Sittlichkeitsdelikte sowie u.U. bei Verletzung des allg. →Persönlichkeitsrechts (streitig) durch Gewährung einer nach Billigkeit bestimmten Entschädigung in Geld. Es muß ein angemessener *Ausgleich* erfolgen u. darüber hinaus dem Gedanken Rechnung getragen werden, daß der Schädiger dem Geschädigten *Genugtuung* schuldet für das, was er ihm angetan hat. Der Verletzte soll in die Lage versetzt werden, sich Erleichterungen u. andere Annehmlichkeiten anstelle derer zu verschaffen, deren Genuß ihm durch die Verletzung unmöglich gemacht wurde. Der Anspruch auf S. ist nicht übertragbar u. geht nicht auf die Erben über, es sei denn, daß er durch Vertrag anerkannt oder daß er rechtshängig geworden ist (§§ 847 BGB, 287 ZPO). – Ähnlich in Österreich das S. bei Körperverletzung (ABGB § 1325, letzter Halbsatz); bei Freiheitsberaubung ist nach § 1329 ABGB „volle Genugtuung" zu leisten. – In der Schweiz entspricht dem S. bei der Körperverletzung die *Genugtuung*, die auch den Angehörigen eines Getöteten zu zahlen ist (Art. 47 OR). – In den USA wird das S. meist erhebl. höher bemessen als in der BRD. – Ⓛ4.3.1.

Schmerzensmann, Andachtsbild, das den leidenden, verlassenen Christus zeigt, auch *Erbärmde-* oder *Miserikordienbild* genannt. Christus wird meist in halber oder ganzer Figur mit Spottmantel und Lendenschurz, Wundmalen u. Dornenkrone dargestellt; bes. häufig in der dt. Kunst des 14.–16. Jh.

Schmerzensmutter, *Mater dolorosa*, Andachtsbild mit der Darstellung der leidenden („schmerzensreichen") Muttergottes, ikonograph. aus dem Zusammenhang der Kreuzigung u. der Beweinung gelöst; die Darstellung des von sieben Schwertern durchbohrten Herzens ist Sinnbild der sieben Schmerzen Mariä (Weissagung des Simeon, Flucht nach Ägypten, Suche nach dem 12jährigen Jesus, Gefangennahme Christi, Kreuzigung, Kreuzabnahme, Grablegung).

Schmerzsinn, der Sinn, durch den beim Menschen die Empfindung →Schmerz hervorgerufen wird. Der äußere Schmerz, z.B. infolge Verletzung, ist stechend u. scharf lokalisierbar, der innere Schmerz dumpf u. weniger zu begrenzen. Der Schmerz fungiert als eine Schutz- u. Alarmeinrichtung. Für den äußeren Schmerz sind marklose freie Nervenenden in der Haut verantwortlich. Die Erregungsleitung besorgen markhaltige Nervenfasern (Geschwindigkeit 10–30 m/sek); die Leitung des inneren Schmerzes erfolgt durch markarme Nervenfasern (1–2 m/sek). Soweit aus Verhaltensweisen zu entnehmen ist, besitzen die Säugetiere einen ausgeprägten S. (Todesschrei), wohl auch die Kopffüßer; bei den Gliederfüßern scheint er dagegen zu fehlen. Die Schmerzschwelle beträgt etwa das Tausendfache der Druckschwelle.

Schmetterlinge, *Falter, Schuppenflügler, Lepidoptera*, Ordnung der *Insekten*, deren Angehörige gleichartig beschuppte Flügel u. einen aus den Maxillen gebildeten Saugrüssel haben. Die Larven *(Raupen)* besitzen kauende Mundwerkzeuge u. bilden nach Verpuppung u. Ruhestadium den erwachsenen Falter *(vollkommene Verwandlung, holometabole Metamorphose)*. Man unterscheidet die Hauptgruppen der *Tag- (Rhopalocera)* u. *Nachtfalter (Heterocera)*. Erstere klappen in Ruhe die Flügel senkrecht nach oben, letztere legen sie dachartig zusammen. Einige (bes. sog. Klein-S.) haben noch beißende Mundwerkzeuge (stellen also den unentwickelteren, primitiveren Typ dar) u. fressen Pollen. Die meisten mit Saugrüssel versehenen S. saugen nur flüssige Nahrung auf *(Nektar)*, einige Arten fressen als Imago überhaupt nichts mehr. Neben den farbgebenden Schuppen (die entweder Pigmentkörner enthalten oder durch Interferenzwirkung leuchtend farbig wirken) findet man am Körper der S. auch noch Duftschuppen, die Sexualduftstoffe verteilen, die oft über kilometerweite Entfernung die Männchen zu den Weibchen locken. Diese Eigenschaft machen sich die Sammler von S.n *(Lepidopterologen)* zunutze, indem sie ein Weibchen in einem Drahtkäfig als Lockmittel benutzen. Eine Reihe von Arten unternimmt weite Wanderzüge, die z.B. vom Mittelmeer bis nach Nord-Dtschld. führen können. Systematisch unterscheidet man die primitiveren *Jugatae* von den höher entwickelten *Frenatae*. Die Verbindung vom Vorder- zum Hinterflügel ist bei ersteren durch ein breites Joch, bei letzteren durch eine Haftborste hergestellt.
Zu den *Jugatae* zählen die *Trugmotten* u. die *Wurzelbohrer*, zu den *Frenatae* die meisten der bekannten u. wichtigen Gruppen der S., z.B. die *Zwergmotten, Miniersackmotten, Holzbohrer, Motten, Glasflügler, Sackträger, Wickler, Gespinstmotten, Geistchen, Sackträgermotten, Palpenmotten, Federmotten, Dickkopffalter, Zünsler, Spinner, Tagfalter i. e. S., Spanner, Schwärmer, Eulen i. w. S.* – ⒷS. 8. – Ⓛ9.5.3.

Schmetterlingsblütler, *Papilionaceae*, sehr artenreiche Familie der *Leguminosae*, mit stark dorsiventralen, meist in Trauben stehenden Blüten. Die Blütenkrone besteht aus fünf Teilen, der *Fahne*, den zwei *Flügeln* u. den zwei teilweise miteinander zum „Schiffchen" verwachsenen Blütenblättern. Zu den S.n gehören u.a. *Ambatsch, Balsambaum, Blasenstrauch, Bohne, Drüsenfrucht, Erbse, Erdnuß, Esparsette, Färberginster, Geißraute, Ginster, Glyzinie, Goldregen, Honigklee*, die *Klee*-Gattungen, *Wicke*, aber auch Bäume wie die *Robinie*.

Schmetterlingsfische, *Pantodontoidei*, Familie der *Heringsfische*, die den *Knochenzünglern* nahestehen; bis 15 cm lange Oberflächenfische aus dem Süßwasser des trop. Afrika; innere Befruchtung, Sperma wird wahrscheinl. im mütterl. Organismus aufbewahrt, spätere Eiablagen erfolgen ohne erneute Begattung; gut zu haltende Aquarienfische. Eine Art: *Schmetterlingsfisch, Pantodon buchholzi*.

Schmetterlingshafte, *Ascalaphidae*, Familie der *Netzflügler*; große, meist trop., libellenähnliche Insekten, jedoch mit langen geknöpften Fühlern u. auffällig gelb u. schwarz gezeichneten Flügeln (unbeschuppt im Gegensatz zu *Schmetterlingen*); fliegen im Sonnenschein auf Bergwiesen Südeuropas; in Dtschld. 3 Arten, sehr selten.

Schmetterlingsmücken, *Psychodidae*, Familie kleiner, plumper, meist düster gefärbter *Mücken*, deren Flügel eine dichte, fast wollige Behaarung tragen. Die Larven entwickeln sich im Wasser, das reich an organischen Faulstoffen ist. Zu den S. gehören u.a. die blutsaugenden u. als Krankheitsüberträger gefährl. *Sandmücken*.

Schmetterlingsrochen, *Gymnuridae*, Familie der *Stachelrochenartigen* mit flügelartig verlängerten Brustflossen u. kurzem Schwanz; Schwanzstachel oft gesägt. S. jagen Fische u. Kopffüßer. In Küstengewässern der wärmeren Meere, *Gymnura altavela* auch im Mittelmeer.

Schmetterlingstil, *Schmettern, Butterfly*, eine

Schmetterlinge

Wurzelbohrer, Hepialidae: Hopfenwurzelbohrer, Hepialus humuli; 1) Falter ausgebreitet, 2) Falter sitzend, a) Männchen, b) Weibchen, 3) Raupe

Miniersackmotten, Incurvariidae: 1) Johannisbeermotte, Incurvaria capitella (Raupe ohne Säckchen), 2) Raupe einer sacktragenden Art

Blausieb, Zeuzera pyrina, bei der Eiablage

SCHMETTERLINGE

KLEINSCHMETTERLINGE
GROSSSCHMETTERLINGE
JUGATAE

alle übrigen Gruppen sind Frenatae

Holzbohrer, Cossidae: Blausieb, Zeuzera pyrina

Federmotte, Orneodes spec.

Fast alle Schmetterlinge sind Nektarsauger wie hier das Taubenschwänzchen, Macroglossum stellatarum, die Raupen dagegen sind Fresser, so daß es viele Schädlinge unter ihnen gibt

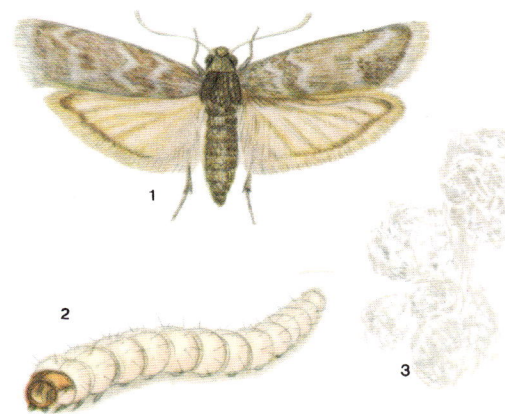

Zünsler, Pyralida: Mehlmotte, Ephestia kühniella, gefährlichster Schädling in Mühlen und Lagerräumen; 1) Imago, 2) Raupe, 3) Gespinste

Geistchen, Pterophorus pentadactylus

Dickkopffalter, Hesperiidae: Kommafalter, Erynnis comma; 1) Imago, 2) Raupe

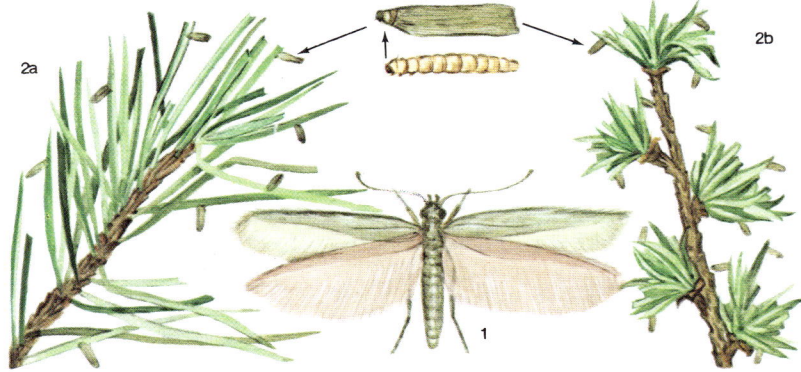

Sackträgermotten, Coleophoridae: Lärchenminiermotte, Coleophora laricella; 1) Imago, 2) Fraßbild an Lang- (a) und an Kurztrieben (b)

Schmetterlinge

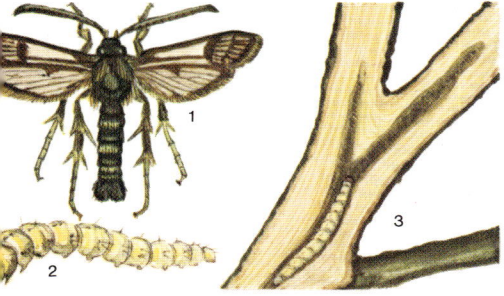
Glasflügler, Aegeriidae: Johannisbeerglasflügler, Synanthedon tipuliformis; 1) Imago, 2) Raupe, 3) Fraßbild

Kleidermotte, Tineola biselliella

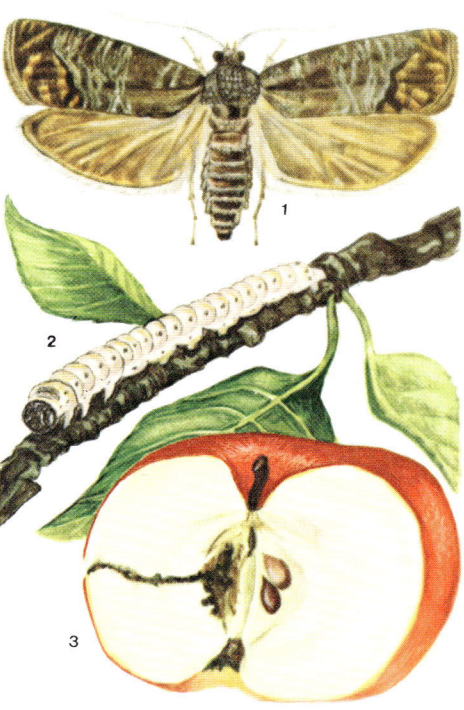
Wickler, Torticidae: Apfelwickler, Carpocapsa pomonella; 1) Imago, 2) Raupe, 3) Schadbild

Gespinstmotten, Hyponomeutidae: Apfelbaum-Gespinstmotte, Hyponomeuta spec. in Massenentwicklung (oben), Falter ausgebreitet (Mitte), Kahlfraß durch Raupen (unten)

Chinesischer Eichenseidenspinner, Antheraea pernyi; Männchen mit großen Antennen (oben); Weibchen bei der Eiablage (unten)

Totenkopfschwärmer, Acherontia atropos (links) und Raupe (oben)

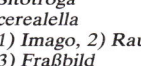
Palpenmotten, Gelechiidae: Getreidemotte, Sitotroga cerealella 1) Imago, 2) Raupe, 3) Fraßbild

Spanner, Geometridae: Großer Eichenspanner, Boarmia roboraria (oben), Raupe zeigt Mimese (unten)

Fleckenfalter, Nymphalidae: Tagpfauenauge, Inachis io

Schmid

Schwimmtechnik, die 1930 in Amerika aus dem Brustschwimmen entwickelt wurde: beide Arme werden, unterstützt vom Grätsschschlag der Beine, über Wasser nach vorn geführt u. gleichzeitig durchs Wasser gezogen. Der S. wurde 1953 vom Internationalen Schwimmverband zur selbständigen Technik erklärt u. vom Brustschwimmen getrennt; später zum →Delphin (2) weiterentwickelt.

Schmid, 1. Carlo, Politiker (SPD), *3. 12. 1896 Perpignan, Südfrankreich, †11. 12. 1979 Bad Honnef; Jurist, Prof. u. a. in Tübingen u. Frankfurt a. M.; 1947–1950 Justiz-Min. von Württemberg-Hohenzollern; 1947–1970 Mitgl. des SPD-Parteipräsidiums; 1949–1972 MdB, 1949–1966 u. 1969–1972 Vizepräs. des Bundestags; 1966–1969 Bundesrats-Min.; 1969–1979 Koordinator der dt.-französ. Beziehungen; Verfasser zahlreicher literar., polit. u. histor. Schriften.
2. Heidi, Fechterin, *5. 2. 1938 Klagenfurt; Olympiasiegerin 1960 in Rom im Florettfechten, 1964 in Tokio Bronzemedaille im Mannschaftskampf.
3. Heinrich Kaspar, Komponist, *11. 9. 1874 Landau, Isar, †8. 1. 1953 München; Kompositionslehrer in Athen, Karlsruhe u. Augsburg; schrieb Kammer- u. Chormusik, das Volksliederspiel „Finden u. Meiden" u. a.
4. Hermann von (seit 1876), bayer. Schriftsteller, *30. 3. 1815 Waizenkirchen, Oberösterreich, †19. 10. 1880 München; leitete erst das Gärtnerplatz-Theater, schrieb Trauerspiele, histor. Romane („Der Kanzler von Tirol" 1862), Geschichten aus Dorf u. Stadt, die er zu Volksstücken im Stil L. Anzengrubers dramatisierte.
5. Rosl, Pianistin, *25. 4. 1911 München, †20. 11. 1978 München; Schülerin von J. *Haas*; lehrte an der Musikhochschule München.

Schmid-Noerr, Friedrich Alfred, Schriftsteller, *30. 7. 1877 Durlach, Baden, †12. 6. 1969 Percha bei Starnberg; bis 1918 Prof. der Philosophie in Heidelberg; schrieb Romane („Frau Perchtas Auszug" 1928; „Der Kaiser im Berg" 1954), in denen er den inneren Weg von german. zu christl. Weltsicht nacherzählte. Ferner: Märchen, Sagen, Novellen, Gedichte („Ein Leben im Gedicht" 1961), essayist. Schriften zur Philosophie, Mystik, Kunst, Kulturpolitik.

Schmidt, 1. Arno, Schriftsteller, *18. 1. 1914 Hamburg, †3. 6. 1979 Celle; schrieb als literar. Pionier, der nach neuen Erzählformen suchte (Einflüsse von A. *Döblin* u. J. *Joyce*) u. mit der Sprache experimentierte (psychoanalyt. geprägte „Etymtheorie"); vereinigt aufklärer., naturalist. u. expressionist. Züge. Romane und Erzählungen: „Leviathan" 1949; „Das steinerne Herz" 1956; „Die Gelehrtenrepublik" 1957; „Rosen u. Porree" 1959; „Kaff auch Mare Crisium" 1960; „Kühe in Halbtrauer" 1964; „Zettels Traum" 1970; „Die Schule der Atheisten" 1972. Essays u. Studien: „Sitara u. der Weg dorthin" 1963; „Der Triton mit dem Sonnenschirm" 1969.
2. Bernhard, Optiker, *30. 3. 1879 Nargen (Estland), †1. 12. 1935 Hamburg; baute optische Systeme für zahlreiche astronom. Instrumente u. schuf den nach ihm benannten →Schmidt-Spiegel, der für die astronom. Forschung von großer Bedeutung ist.
3. Eberhard, Straf- u. Strafprozeßrechtslehrer, Rechtshistoriker, *16. 3. 1891 Jüterbog, †17. 6. 1977 Heidelberg; Hptw.: (Hrsg.) F. von *Liszt*, „Lehrbuch des dt. Strafrechts" [26]1932; „Lehrkommentar zu StPO und GVG" Teil I [2]1964, Teil II 1957, Teil III 1960; „Einführung in die Geschichte der dt. Strafrechtspflege" [2]1951.
4. Erich, Literarhistoriker, *20. 6. 1853 Jena, †29. 4. 1913 Berlin; Schüler von W. *Scherer*; erforschte mit der von diesem entwickelten Methode bes. die Zeit der dt. Klassik; entdeckte u. veröffentlichte Goethes „Urfaust" 1887.
5. Franz, österr. Komponist u. Cellist, *22. 12. 1874 Preßburg, †11. 2. 1939 Perchtoldsdorf bei Wien; studierte bei J. *Hellmesberger*; Nachromantiker. Opern („Notre-Dame" 1914; „Fredegundis" 1922), Oratorium „Das Buch mit 7 Siegeln" 1938, 4 Sinfonien, 2 Klavierkonzerte, Kammermusik u. a.
6. Friedrich von, österr. Architekt, *22. 10. 1825 Frickenhofen, †23. 1. 1891 Wien; seit 1859 in Wien, Dombaumeister von St. Stephan; schuf Bauten im neugot. Stil: Neues Rathaus, 1783; Kirchen in Wien.
7. Friedrich Wilhelm August, gen. *Schmidt von Werneuchen*, Lyriker, *23. 3. 1764 Fahrland bei Potsdam, †26. 4. 1838 Werneuchen, Mark; ev. Pastor, Idyllendichter aus der Schule von J. H. Voß, Hrsg. eines „Neuen Berliner Musenalmanachs" 1793–1795; „Gedichte" 1797.
8. Fritz, Betriebswirt, *13. 3. 1882 Wahrenbrück bei Halle (Saale), †1. 2. 1950 Oberursel, Taunus; seit 1914 Prof. in Frankfurt a. M.; untersuchte bes. die Einwirkung der Konjunkturschwankungen u. der Inflation auf die Unternehmungen u. entwickelte die organische Bilanzauffassung. Hptw.: „Die organ. Bilanz im Rahmen der Wirtschaft" 1921, [4]1950 unter dem Titel „Die organ. Tageswertbilanz"; „Die Industriekonjunktur – ein Rechenfehler" 1927, [4]1933 unter dem Titel „Betriebswirtschaftl. Konjunkturlehre".
9. Georg Philipp, gen. *Schmidt von Lübeck*, Lyriker, *1. 1. 1766 Lübeck, †28. 10. 1849 Altona; Arzt u. Bankleiter; große Verbreitung seiner vertonten „Lieder" 1821.
10. Guido, österr. Politiker, *15. 1. 1901 Bludenz, †5. 12. 1957 Wien; Vertrauter K. *Schuschniggs*, vertrat als Staatssekretär des Äußeren den „dt. Kurs", 1945–1947 inhaftiert.
11. Helmut, Politiker (SPD), *23. 12. 1918 Hamburg; Dipl.-Volkswirt; 1953–1962 u. wieder seit 1965 MdB; 1961–1965 hamburg. Innensenator; 1967–1969 Bundestagsfraktions-Vors.; seit 1968 stellvertr. Partei-Vors. der SPD; 1969–1972 Bundes-Verteidigungs-, 1972 Wirtschafts- u. Finanz-, 1972–1974 Finanz-Min., seit 16. 5. 1974 Bundeskanzler. S. schrieb: „Verteidigung oder Vergeltung" 1965; „Strategie des Gleichgewichts" 1969.

Helmut Schmidt

12. Johann Georg, gen. *Wiener-Schmidt*, österr. Barockmaler, *1694 Plan, †1. 9. 1765 Prag; Altarbilder, Deckengemälde (Peters-, Franziskanerkirche in Wien, Stiftskirchen Altenburg, Zwettl. Hptw.: Pfarrkirche Stetteldorf am Wagram).
13. Martin Johann, gen. *Kremserschmidt*, österr. Maler, *25. 9. 1718 Grafenwörth bei Krems, †28. 6. 1801 Stein an der Donau; machte 1745–1747 eine Studienreise nach Venedig u. orientierte sich später am Stil Rembrandts; malte Darstellungen aus der antiken Mythologie u. der bibl. Geschichte in gefälliger Manier. Deckenfresken u. Tafelbilder für österr. Kirchen (Dürnstein 1755, Herzogenburg 1756, Göttweig 1765).
14. Maximilian, gen. *Waldschmidt*, bayer. Schriftsteller, *25. 2. 1832 Eschlkam, Bayer. Wald, †3. 12. 1919 München; vielgelesener Erzähler u. Volksstückeschreiber.
15. Richard, Rechtslehrer, *19. 1. 1862 Leipzig, †31. 3. 1944 Leipzig; lehrte in Freiburg i. Br. und 1913 in Leipzig; gründete mit A. *Grabowsky* 1907 die „Zeitschrift für Politik"; erster Direktor des Instituts für Politik, öffentl. Recht u. Völkerrecht in Leipzig; Hptw.: „Einführung in die Rechtswissenschaft" 1921, [3]1934; „Wesen u. Entwicklung des Staates" 1924.
16. Wilhelm, Ethnologe, Sprachforscher u. Religionswissenschaftler, *16. 2. 1868 Hörde, Westf., †10. 2. 1954 Freiburg (Schweiz); hervorgegangen aus der Steyler Missionsgesellschaft, gründete die Zeitschrift „Anthropos", das Anthropos-Institut, das Missions-Ethnolog. Museum des Laterans in Rom, die kulturhistor. Schule der Völkerkunde (Wiener Schule, Mödlinger Kreis) u. vertrat die Thesen vom Urmonotheismus der Naturvölker, setzte sich für die Pygmäenforschung ein, klärte die Stellung der Sprachen Südostasiens u. des pazif. Raums, lehrte in Wien, später in Freiburg (Schweiz). Hptw.: „Die Sprachfamilien u. Sprachenkreise der Erde" 1926; „Handbuch der vergleichenden Religionsgeschichte" 1930; „Der Ursprung der Gottesidee" 12 Bde. 1912–1955; „Handbuch der Methode der kulturhistor. Ethnologie" 1937; „Das Eigentum auf den ältesten Stufen der Menschheit" 1937.
17. Wilhelm, Zoologe, *21. 2. 1884 Bonn, †14. 2. 1974 Langen; Prof. in Bonn u. Gießen; Hauptarbeitsgebiet vergleichende Anatomie, polarisationsoptische Untersuchungen tierischer Gewebe.

Schmidtbonn, Wilhelm, eigentl. W. *Schmidt*, Dramatiker u. Erzähler, *6. 2. 1876 Bonn, †3. 7. 1952 Bad Godesberg; schrieb Märchen u. Legenden, neuroman. Dramen („Mutter Landstraße" 1901; „Der Graf von Gleichen" 1908; „Der tolle Lügner" 1924) u. Erzähltes („Uferleute" 1903; „An einem Strom geboren" 1935; „Hü Lü" 1937; „Albertus-Legende" 1948).

Schmidt-Görg, Joseph, Musikwissenschaftler, *19. 3. 1897 Rüdinghausen, Westf.; 1938–1965 Prof. in Bonn, 1945–1972 Direktor des Beethoven-Archivs. Hptw.: „Nicolas Gombert" 1938; „Beethoven, die Geschichte seiner Familie" 1964.

Schmidt-Isserstedt, Hans, Dirigent u. Komponist, *5. 5. 1900 Berlin, †28. 5. 1973 Holm über Wedel/Holstein; studierte u. a. bei F. *Schreker*; 1945–1971 Chefdirigent des Sinfonieorchesters des NWDR (später NDR) Hamburg, 1956–1964 des Philharmon. Orchesters Stockholm.

Schmidt-Rottluff, Karl, Maler u. Graphiker, *1. 12. 1884 Chemnitz (Ortsteil Rottluff), †10. 8. 1976 Berlin; lebte in Berlin, einer der Hauptmeister des dt. Expressionismus, studierte 1905/06 Architektur in Dresden, gründete dort 1905 mit E. L. *Kirchner* u. E. *Heckel* die Künstlergemeinschaft „Brücke", seit 1911 meist in Berlin tätig; entwickelte einen starkfarbigen, breit konturierenden u. formverkantenden Stil von elementarer Ausdruckskraft; in der Frühzeit vom Kubismus u. der Negerkunst beeinflußt. S. malte meist Landschaften, Figurenszenen, Stilleben u. Bildnisse; in seinem umfangreichen graph. Werk überwiegen Holzschnitte. 1965 stiftete S. der Stadt Berlin eine größere Anzahl seiner Werke als Grundstock zu einem Museum der „Brücke"-Kunst. – ▣ →Expressionismus. – ⌷ 2.5.2.

Schmidt-Spiegel [nach dem Optiker B. *Schmidt*], ein Spiegelteleskop, das komafreie, d. h. bis an den Rand des Gesichtsfeldes verzeichnungsfreie, photograph. Bilder großer Sternfelder liefert. Ein S. hat eine Korrektionsplatte in der doppelten Brennweite vor dem kugelförmig geschliffenen Spiegel. Sie lenkt die Lichtstrahlen entspr. vor Erreichen des Spiegels ab.

Schmied, der handwerkl. Grundberuf der Metallverarbeitung, als Ausbildungsberuf im Handwerk u. in der Industrie mit 3jähriger Ausbildung vertreten. Im Handwerk ist der S. meistens als *Huf- u. Wagen-S.* bekannt. In der Industrie sind der *Kessel- u. Behälterbauer, Schalen-S., Kupfer-S., Gesenk-S.* (letzterer nur 2 Jahre Ausbildungszeit) u. a. tätig. Der Kupfer-S. kommt außerdem im Handwerk heute als kunsthandwerkl. Beruf vor.

Schmiede [Mz.] →Schnellkäfer.

Schmiedeberg, 1. *Bad S.*, Stadt im Krs. Wittenberg, Bez. Halle, bei Wittenberg, 5200 Ew.; Holzu. a. Industrie; Eisenmoorbad.
2. poln. *Kowary*, Stadt in Schlesien (1945–1975 poln. Wojewodschaft Wrocław, seit 1975 Jelenia Góra), am Riesengebirge, nordöstl. der Schneekoppe, 11 400 Ew.; Eisenerzbergbau 1961 eingestellt; Metallwaren-, Textil-, Porzellanindustrie; Kur- u. Fremdenverkehrsort.

Schmiedeberg, Oswald, Pharmakologe, *11. 10. 1838 Gut Laidsen, Kurland, †12. 7. 1921 Baden-Baden; gründete 1873 mit E. *Klebs* u. B. *Naunyn* das „Archiv für experimentelle Pathologie u. Pharmakologie".

Schmiedeeisen, frühere Bez. für kohlenstoffarmes, weiches, schmiedbares Eisen; jetzt →Stahl.

Schmiedeesse, offene Feuerstelle mit Gebläse zum Erwärmen der Schmiedestücke.

Schmiedekunst, kunsthandwerkl. Bearbeiten von Eisen durch den Schmied (Kunstschmied), seit Gewinnung des Eisens geübt, dann in der Früh- u. Spätgotik mit Veredelungstechniken (Tauschierung, Gravierung, Bemalung, Bläuen, Vergoldung) verfeinert; in der Renaissance kam als Neuerung die Verarbeitung von Rundstäben auf. Aus dem MA. erhaltene Tür- u. Möbelschläge, Gitter, Laternen, Leuchter zeugen vom hochentwickelten Stand der damaligen S., die bereits komplizierte Pflanzenformen (Laubwerk u. dgl.) nachbildete u. ornamental abwandelte. Italien, Frankreich u. die Niederlande brachten bis zum 16. Jh.

auf dem Gebiet der S. bes. großartige Leistungen hervor; seit der ausgehenden Renaissance nahm Dtschld. unter den übrigen europ. Ländern den führenden Platz ein (Waffen, Trenngitter für Kirchen, Grabmäler, Brunnenlauben). Im 19. Jh. wurden die Techniken der S. vielfach durch Eisengußverfahren ersetzt. – ⓁL2.1.0.

schmieden, Metalle in erhitztem *(Warm-S.)* oder kaltem *(Kalt-S.)* Zustand formen; erfolgt bei kleineren Gegenständen von Hand mit Hämmern auf dem Amboß *(Freiformen)*, bei großen maschinell mit Schmiedehämmern oder -pressen, bei Massenware mit Schmiedemaschinen (→Gesenk). Auch Trennvorgänge zählen hierzu *(Abschrot)*.

Schmiedeöfen, Öfen zur Erwärmung der Schmiedestücke auf 1200–1400 °C. Für Serienfabrikation oder große Stücke werden mit Koks, Gas, Öl oder elektr. Strom beheizte Öfen verschiedener Formen verwendet.

Schmiedepresse, Presse zur Verformung von erhitztem Stahl anstelle von Dampf- oder Lufthämmern. →Gesenk.

Schmieder, Oskar, Geograph, *27. 1. 1891 Bonn, †12. 2. 1980 Felde; lehrte in Córdoba (Argentinien), Berkeley, Halle, Karatschi u. Kiel; Arbeiten zur Länderkunde Amerikas; Hptw.: „Länderkunde von Südamerika" 1932; „Länderkunde von Nordamerika" 1933; „Länderkunde von Mittelamerika" 1934, in 2. Aufl. zu 2 Bänden zusammengefaßt; „Die Neue Welt" 1962/63; „Die Alte Welt", Bd. 1 „Der Orient" 1965, Bd. 2 „Die Mittelmeerländer" 1969.

Schmiege, Winkelmaß aus Holz oder Stahl mit verstellbaren Schenkeln; wird bes. in Schmieden u. in der Tischlerei verwendet.

Schmiegebene, Grenzlage einer Ebene durch drei Punkte einer *Raumkurve* (→Kurve), wenn zwei der Punkte sich unbeschränkt dem dritten nähern. Tangente u. Hauptnormale liegen in der S.

Schmiegkreis, *Krümmungskreis*, Grenzlage eines Kreises durch drei sich einander beliebig nähernde Punkte einer ebenen →Kurve. →Krümmung.

Schmiele, *Deschampsia*, Gattung der *Süßgräser*; in Wiesen u. Wäldern verbreitet ist die *Rasen-* oder *Gold-S.*, *Deschampsia caespitosa*, in trockenen Wäldern u. auf Heiden die *Schlängel-S.* *(Draht-, Wald-* oder *Flitter-S.*, *Deschampsia flexuosa)*.

Schmierbrand = Steinbrand.

Schmiere, 1. *allg.:* Salbe, Schmutz; etwas zum Schmieren.
2. *Theater:* schlechte Schauspielertruppe, minderwertige Bühne.

Schmiere stehen [jidd. *schmiro*, „Bewachung"], die Begehung einer Straftat durch Wachestehen sichern; strafbar in der Regel als *Beihilfe*.

Schmierfilm, die sich in Gleitlagern während des Laufs bildende dünne Schmiermittelschicht zwischen bewegtem u. ruhendem Teil.

Schmiergeld, Geld oder Geldeswert, die zu unlauterer Beeinflussung *(Schmieren)* im Staats- u. Wirtschaftsleben verwandt werden. Außer bei →Bestechung von Beamten rechtl. nur im Fall des *unlauteren Wettbewerbs* durch Gewinnung von Angestellten oder Beauftragten eines Betriebs zum Zweck der Bevorzugung im Geschäftsverkehr verboten u. strafbar (§ 12 UWG). Im Steuerrecht sind S.er nicht als Betriebsausgaben abzugsfähig. – Ähnl. Regelung in *Österreich* durch § 10 des Gesetzes gegen den unlauteren Wettbewerb vom 26. 9. 1923 u. in der *Schweiz* durch § 13e des Bundesgesetzes über den unlauteren Wettbewerb vom 30. 9. 1943.

Schmierläuse →Wolläuse.

Schmierling = Gelbfuß.

Schmiermittel, Öle u. Fette (neuerdings auch vielfach Graphit u. Silicone), die eine möglichst geringe innere Reibung haben, unveränderlich gegenüber Einwirkung der Luft (Oxydation) u. den Druck- u. Temperaturänderungen, völlig säurefrei u. frei von festen Bestandteilen sowie Wasser sind. Das S. muß jeweils für den bestimmten Zweck ausgesucht werden, da es keinen allg. verwendbaren Stoff gibt. Feste S. *(Schmierfette)* sind z.B. Talg, Vaseline, Wagenfett, Staufferfett, Graphit; flüssige S. *(Schmieröle)* sind Rüböl, Rizinusöl, Knochenöl (besonders für feinste Maschinenteile), Mineralöle verschiedener Art, Siliconöle. Die S. unterscheiden sich durch Flammpunkt, Viskosität, Stockpunkt (Steifwerden); sie bleiben an der Luft unverändert, bilden keine Säuren u. trocknen nicht.

Schmiernutenmeißel, *Nutenmeißel*, ein Handmeißel, dessen Schneide gerundet u. gebogen ist, um Schmiernuten in Maschinenteile einmeißeln zu können.

Schmierung, Zuführen von →Schmiermitteln zwischen zwei aufeinander gleitenden Flächen; vermindert die Reibung, die den mechan. Wirkungsgrad herabsetzt, die Erwärmung, die durch Reibung entsteht, u. die Abnutzung. Die *Fett-S.* tropft nicht, beschmutzt nicht benachbarte Teile, haftet gut, aber erfordert größeren Kraftverbrauch. Die Zuführung erfolgt durch Staufferbüchsen oder Fettpressen. Man unterscheidet *Durchlauf-S.* (einmalige Verwendung des Schmiermittels) u. *Umlauf-S.* (wiederholte Verwendung), bei dieser wieder *drucklose* u. *Druckumlauf-S.* Umlauf-S. verlangt Fördereinrichtungen für das Schmiermittel (Schmierringe, Schmiermittelpumpen) sowie ggf. Schmiermittelkühler zur Abführung der vom Öl aufgenommenen Reibungswärme.

Schminkbohne →Bohne.

Schminke, seit dem Altertum gebräuchl. Mittel zur Verschönerung der Haut u. zur Maskierung; heute bes. als Fett-S. im Handel. →auch Make-up, Kosmetik.

Schmirgel, hartes Mineral, Gemisch aus Korund u. Hämatit; auch künstl. in Elektroöfen hergestellt; zum Schleifen verwendet. S. wird auf Papier oder Leinen aufgeklebt *(S.papier, S.leinen)* sowie unter Beimischung von Klebemitteln u. keram. Stoffen zu Schleifscheiben *(S.scheiben)* gebrannt.

Schmirgelbock, bockartiges Gestell aus Metall oder Holz als Unterlage zum Schmirgeln von Werkstückflächen. Der S. kann als Unterlage zum Handschmirgeln ortsveränderl. oder als festes Maschinenteil gefertigt sein.

Schmiß, Narbe der Fechtwunde von studentischen Mensuren.

Schmitt, 1. Carl, Staats- u. Völkerrechtslehrer, *11. 7. 1888 Plettenberg; Prof. in Greifswald Bonn, Berlin, Köln u. 1933–1945 in Berlin. Vor 1933 immer stärker zum Kritiker des Liberalismus u. der Demokratie geworden, legte er die Grundlagen für das autoritäre Zwischenregime (F. von *Papen*, K. von *Schleicher*) u. das Staatsrecht der ersten Zeit des Nationalsozialismus (Ermächtigungsgesetz, Reichsstatthaltergesetz, der Führer als oberster Richter). Später wurde er von dem extremen Flügel des Nationalsozialismus in den Hintergrund gedrängt. Seine Hptw. entstanden in der Weimarer Zeit: „Politische Romantik" 1919, [2]1925; „Die Diktatur" 1921, [2]1928; „Die geistesgeschichtl. Lage des heutigen Parlamentarismus" 1923; „Verfassungslehre" 1928, [4]1965; „Der Hüter der Verfassung" 1931; „Der Begriff des Politischen" 1932 (mit der umstrittenen „Freund/Feind-Theorie"); „Legalität u. Legitimität" 1932; „Staat, Bewegung, Volk" 1934 (mit der „Drei Säulen-Theorie"); „Über die drei Arten des rechtswissenschaftl. Denkens" 1936 (mit der Ausgestaltung des „konkreten Ordnungsdenkens"); „Großraumordnung mit Interventionsverbot für raumfremde Mächte" 1939 (Absicherung des Ausdehnungswillens der damaligen dt. Außenpolitik); „Der Nomos der Erde im Völkerrecht des ius publicum europaeum" 1950; „Die Lage der europ. Rechtswissenschaft" 1950; Donoso Cortés in gesamteurop. Interpretation" 1950; „Gespräch über die Macht u. den Zugang zum Machthaber" 1954.
2. Florent, französ. Komponist, *28. 9. 1870 Blâmont, Meurthe-et-Moselle, †17. 8. 1958 Neuilly-sur-Seine; studierte u.a. bei J. *Massenet* u. G. *Fauré*; schrieb Bühnenmusiken, 3 Ballette („Die Tragödie der Salome" 1907), Orchester-, Kammermusik-, Klavier- u. Vokalwerke.
3. Saladin, Theaterleiter u. Regisseur, *18. 9. 1883 Bingen, †14. 3. 1951 Bochum; 1918–1949 Intendant in Bochum; bekannt durch seine Festspielwochen u. Shakespeareinszenierungen.

Schmittenhöhe, Berggipfel u. Wintersportgebiet der Kitzbühler Alpen bei Zell am See (Österreich), 1968 m.

Schmitthenner, 1. Heinrich, Geograph, *3. 5. 1887 Neckarbischofsheim, †19. 2. 1957 Marburg; lehrte in Heidelberg, Leipzig u. Marburg, reiste in Nordafrika, Süd- u. Ostasien, Arbeiten zur Länderkunde dieser Gebiete. Hptw.: „Tunesien u. Algerien" 1924; „Chines. Landschaften u. Städte" 1925; „China im Profil" 1934; „Lebensräume im Kampf der Kulturen" [2]1951; „Studien zur Lehre vom geograph. Formenwandel" 1954.
2. Paul, Architekt, *15. 12. 1884 Lauterburg, Elsaß, †11. 11. 1972 München; lebte in Kilchberg bei Tübingen; Schüler von R. *Riemerschmid*, entwarf öffentl. Bauten, Siedlungen u. Geschäftshäuser (Gartenstädte Berlin-Staaken u. Plaue, 1913–1917; Königin-Olga-Bau in Stuttgart, 1950; Bayer. Staatsbank München, 1955).

Schmitz, 1. Bruno, Architekt, *21. 11. 1858 Düsseldorf, †27. 4. 1916 Berlin; Wohnhäuser u. öffentl. Bauten, bes. bekannt durch Monumentaldenkmäler (Kaiser-Wilhelm-Denkmäler auf dem Kyffhäuser, 1891–1896, an der Porta Westfalica, 1892–1896, am Dt. Eck bei Koblenz, 1894–1897; Völkerschlachtdenkmal in Leipzig, 1898–1913).
2. Ettore →Svevo, Italo.
3. Oskar Adolf Hermann, Schriftsteller, *16. 4. 1873 Homburg vor der Höhe, †18. 12. 1931 Frankfurt a.M.; schrieb über Psychoanalyse, Joga, Astrologie u. Politik, auch Reisebücher u. Erzählungen („Haschisch" 1902) sowie Lebenserinnerungen.

Schmock, veraltete Bez. für einen gewissenlosen Zeitungsschreiber (nach einer Figur in G. *Freytags* „Journalisten" 1853).

Schmölders, Günter, Nationalökonom, *29. 9. 1903 Berlin; Prof. in Breslau u. 1940–1971 in Köln. Hptw.: „Allg. Steuerlehre" 1951, [4]1965; „Finanzpolitik" 1955, [3]1970; „Konjunkturen u. Krisen" 1955, [10]1970; „Rationalisierung u. Steuersystem" 1957; „Geld- u. Währungspolitik" 1962, [3]1973; „Psychologie des Geldes" 1966; „Der verlorene Untertan" 1971; „Die Unternehmer in Wirtschaft u. Gesellschaft" 1973.

Schmoller, Gustav von, Nationalökonom, *24. 6. 1838 Heilbronn, †27. 6. 1917 Bad Harzburg; Mitglied des preuß. Herrenhauses (1899). Hauptvertreter der jüngeren *Historischen Schule*, lehnte die klass. Nationalökonomie ab, forderte dagegen histor. Einzelforschungen. Im →Methodenstreit vertrat er die induktive Forschungsweise. Mitbegründer des Vereins für Socialpolitik. Hptw.: „Grundriß der allg. Volkswirtschaftslehre" 2 Bde. 1900–1904, [2]1923.

Schmölln, Kreisstadt im Bez. Leipzig, bei Altenburg, 13 900 Ew.; Maschinen-, Werkzeug-, Holz-, Textil-, Leder-, Papier- u. pharmazeut. Industrie. – Krs. S.: 224 qkm, 39 300 Ew.

Schmöllnitz, slowak. *Smolník*, Stadt im slowak. Erzgebirge, westl. von Kaschau (ČSSR), 5000 Ew.; Bergbaustadt aus dem 13. Jh.

Schmonę esrę, *Schemone esre* [hebr., „achtzehn"], Achtzehngebet (da es ursprüngl. 18, jetzt 19 Bitten u. Segenssprüche enthält), auch einfach *Tefilla* [„Gebet"] genannt; etwa um 100 n.Chr. endgültig formuliert, neben dem *Schma Israel* das wichtigste jüd. Gebet im Gottesdienst u. in der persönl. Andacht.

schmoren, Fleisch oder Gemüse in Fett scharf anbraten; weiteres Garmachen erfolgt nach Zugabe von Wasser im geschlossenen Topf (möglichst Spezialtopf mit Glasur). Geschmorte Gerichte (z.B. Schmorbraten) haben dunkle Farbe u. würzigen Geschmack.

Schmuck, *Zierde, Verzierung, Dekor, i.w.S.* alles, was dem menschl. Körper (oder einem Gegenstand) hinzugefügt wird, um ihn vor anderen auszuzeichnen (hierher gehört bes. der Körper-S.: Bemalung, Tätowierung u.dgl.); *i.e.S.* dekorative, mehr oder weniger kostbare Kleingegenstände als Zutaten der Kleidung, der Haartracht u.a. (Ringe, Ketten, Gürtel, Schnallen, Nadeln, Anhänger). Der S. hatte anfangs neben der rein materiellen eine magische Bedeutung (Kriegsbemalung); er kann sich fast aller Materialien bedienen, wobei seiner Herstellung von Anfang an auch künstler. Prinzipien zugrunde lagen. Die Entwicklung zu reicheren Formen setzte jedoch erst mit der Einbeziehung der Metalle (z.B. Bronze, Gold), der Edelsteine u. der Glasflüsse (Email) ein. Er wurde damit zu einem wichtigen Bestandteil der menschl. Kultur, in dem sich neben dem zivilisator. Stand des Lebens vor allem die geistige Entwicklung (in Stilen, fremden Einflüssen) darstellte.
Bis zum 19. Jh. war die Herstellung des S.s Sache des Handwerks; sie ist es weitgehend auch heute noch, doch entstand daneben eine ausgedehnte S.warenindustrie; in der BRD befinden sich ihre Zentren in Pforzheim, Hanau (Gold u. Platin), Schwäbisch Gmünd (Silber) u. Idar-Oberstein (Edel- u. Halbedelsteine). – Ⓑ →auch Goldschmiedekunst. – ⒷS. 12. – ⓁL2.1.4.

Schmuckbienen, *Thyreus*, Gattung schöner, den *Trauerbienen* ähnlicher *Stechimmen* aus der Gruppe der →Schmarotzerbienen, die ihre Eier in die Brutzellen der *Pelzbienen* legen.

Schmücker, Kurt, Politiker (CDU), *10. 11. 1919 Löningen, Kreis Cloppenburg; 1949–1972

Schmuck

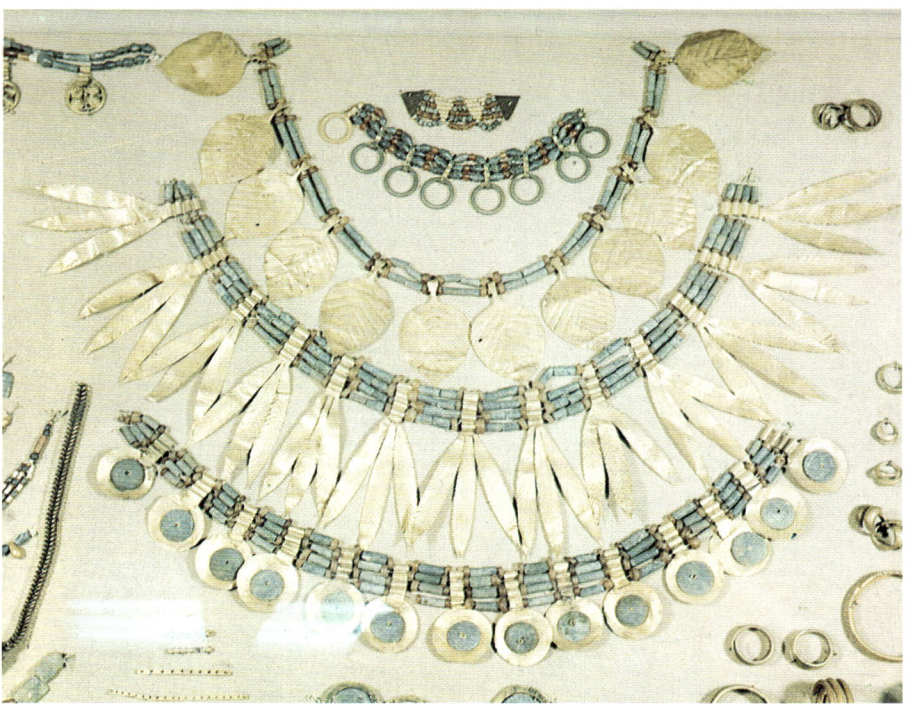

Schmuck aus einem Grab des Königsfriedhofs in Ur; um 2685 (?)–2645 v. Chr. London, Britisches Museum

Etruskische Plattenfibel; 7. Jh. v. Chr. Rom, Vatikanische Museen

SCHMUCK

Halsschmuck von Josef Storck; 1887. Wien, Österr. Museum für angewandte Kunst (links). – Goldenes Vlies für Kurfürst Max III.; 18. Jh. München, Schatzkammer der Residenz (rechts)

Schmuck

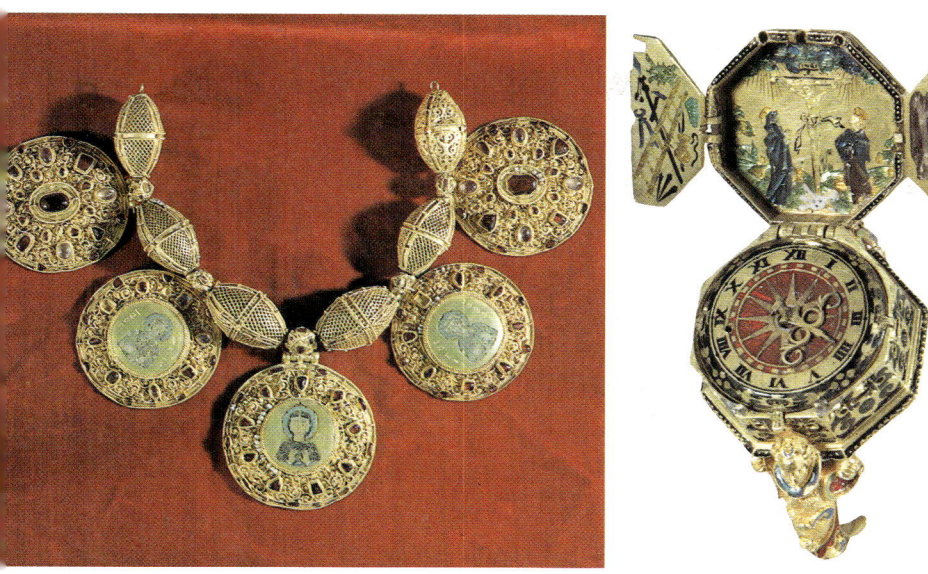

Anhänger mit Heiligenbild; 12. Jh. Moskau, Rüstkammer des Kreml (links). – Ringuhr von Jakob Wittmann, Augsburg; um 1580. München, Schatzkammer der Residenz (rechts)

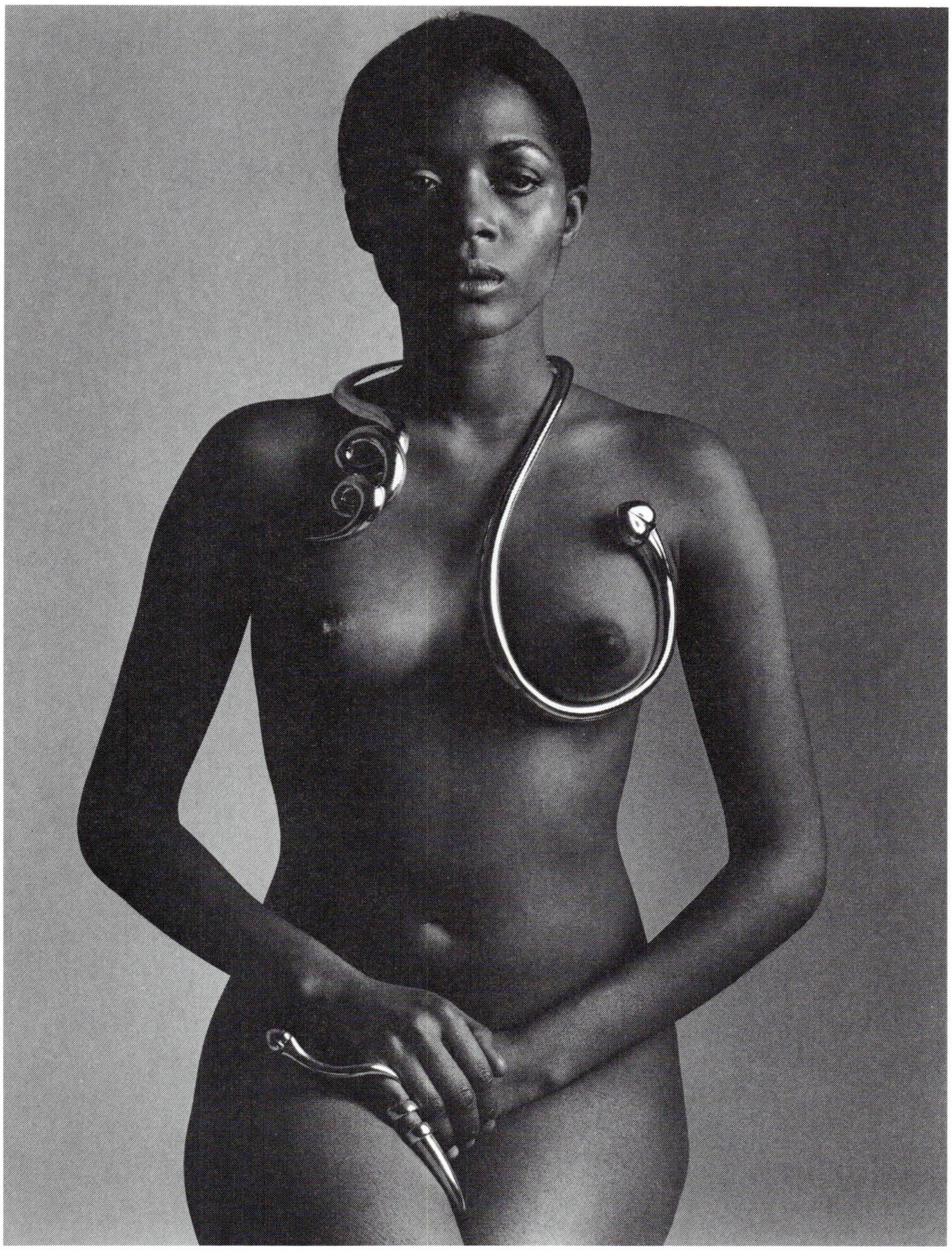

Halsband aus Muschelplättchen und Schildpattanhänger, Marshall-Inseln; gesammelt 1898. Stuttgart, Linden-Museum

Federkopfschmuck aus dem westlichen Brasilien; gesammelt um 1900. Stuttgart, Linden-Museum

Moderner Messingschmuck; 1971

Lidia Silvestri, Halsschmuck und Ring

13

Schmückle MdB, 1963–1966 Bundeswirtschafts-Min., 1966 bis 1969 Schatz-Min.

Schmückle, Gerd, General, *1. 12. 1917 Stuttgart-Bad Cannstatt; 1978–1980 (2.) Stellvertreter des NATO-Oberbefehlshabers in Europa (SACEUR).

Schmuckschildkröten, Wasserschildkröten der Gattungen *Chrysemys, Pseudemys, Deirochelys;* ausgezeichnet durch bunte Muster auf Panzer, Kopf u. Beinen, deshalb viel in Terrarien gehalten. S. treten in großen Mengen in Wassertümpeln Nord- u. Mittelamerikas auf; sehr wärmeliebend. Gemischtfutterfresser; nur *Pseudemys scripta* ist reiner Fleischfresser.

Schmucktracht →Tracht.

Schmuckvögel, *Pipridae,* eine rd. 60 Arten umfassende Familie buntgefärbter, insektenfressender *Sperlingsvögel* Südamerikas. Die S. erinnern in ihrer Lebensweise an die Meisen.

Schmuckwanzen, *Netzwanzen, Tingidae,* Familie der *Landwanzen;* kleine, höchstens 4 mm lange, meist an bestimmte Futterpflanzen gebundene Arten mit netz- oder wabenartig gegitterter Oberseite u. glasartig durchsichtigen Vorderflügeln, oft von bizarrer Gestalt.

Schmude, Jürgen, Politiker (SPD), *9. 6. 1936 Insterburg; Jurist; seit 1969 MdB, 1974–1976 Parlamentar. Staatssekretär beim Bundes-Min. des Innern, 1978–1981 Bundes-Min. für Bildung u. Wissenschaft, seit 1981 der Justiz.

Schmuggel [germ.], verbotswidriges Verbringen von Sachen über die Grenze; nach der Abgabenordnung (AO) verbotswidrige Einfuhr, Ausfuhr u. Durchfuhr von Gegenständen ohne ordnungsgemäße Gestellung bei der zuständigen Zollstelle (Zollhinterziehung, Bannbruch); ist in der AO mit Geld- u. Freiheitsstrafen bedroht.

Schmutzgeier →Aasgeier.

Schmutztitel, in Büchern das Blatt (mit abgekürztem Titel) vor dem eigentl. Titelblatt.

Schmuzer, Joseph, Mitglied der Architekten- u. Stukkatorenfamilie S. aus Wessobrunn, getauft 13. 2. 1683 Gaispoint, Wessobrunn, †19. 3. 1752 Wessobrunn; lernte in der väterl. Werkstatt, seit um 1700 bei F. *Beer*, später bei J. M. *Fischer;* beteiligt an zahlreichen Kirchenbauten im bayer. Voralpengebiet u. am Bodensee.

Schnaase, Karl, Jurist u. Kunsthistoriker, *7. 9. 1798 Danzig, †20. 5. 1875 Wiesbaden; Schüler F. C. von *Savignys;* Obertribunalrat in Berlin; bemühte sich um eine vorurteilslose Darstellung der Kunstentwicklung aus idealist. Sicht vor breitem kultur- u. geistesgeschichtl. Hintergrund. Hptw.: „Geschichte der bildenden Künste" 7 Bde. 1843–1864.

Schnabel, vorgezogenes Mundwerkzeug: 1. die verlängerten u. mit einer Hornscheide überzogenen Kiefer der Vögel, des S.tiers, des S.igels (Ameisenigel), u. fossiler Flugsaurier (*Rhamphorhynchus*); 2. der Stechrüssel der Schnabelkerfe (*Rhynchota*).

Schnabel, 1. Artur, österr. Pianist u. Komponist, *17. 4. 1882 Lipnik, †15. 8. 1951 Morschach (Schweiz); Schüler T. *Leschetitzkys;* emigrierte 1933 nach England, 1939 nach New York; bes. Beethoven-, Brahms-Interpret, auch Kammermusiker (Klaviertrio mit C. Flesch u. Hugo Bekker); Komponist atonaler Richtung.
2. Ernst, Schriftsteller, *26. 9. 1913 Zittau; 1946–1950 Chefdramaturg, 1951–1955 Intendant des NWDR, dann freier Schriftsteller; beteiligt an der Entwicklung der Gattung *Feature:* „Der 29. Januar 1947"; „Interview mit einem Stern" 1951; „Anne Frank. Spur eines Kindes" 1958. Erzähltes: „Reise nach Savannah" 1939; „Der sechste Gesang" 1956; „Fremde ohne Souvenir" 1961.
3. Franz, Historiker, *18. 12. 1887 Mannheim, †25. 2. 1966 München; 1922–1936 Prof. in Karlsruhe, 1947–1962 in München, 1951–1959 Präs. der Histor. Kommission in München; entwickelte sein Geschichtsbild aus der Verbindung von Katholizismus u. Liberalismus, arbeitete bes. über das 19. Jh. Hptw.: „Dt. Geschichte im 19. Jh." 4 Bde. (unvollendet) 1929–1937, ³1949; „Freiherr vom Stein" 1931; „Deutschlands geschichtl. Quellen u. Darstellungen in der Neuzeit" 1931; Abhandlungen u. Vorträge 1914–1965 (Hrsg. H. Lutz) 1970.
4. Johann Gottfried, Pseudonym *Gisander*, Schriftsteller, *7. 11. 1692 Sandersdorf bei Bitterfeld, †1752 Stolberg; war Feldscher im Heer des Prinzen Eugen, dann Chirurg im Dienst der Grafen von Stolberg. Sein vielgelesenes Hauptwerk „Wunderliche Fata einiger Seefahrer..." 1731–1743, als „Die Insel Felsenburg" durch L. *Tieck* 1828 überarbeitet, verbindet Robinsonade mit pietist., bürgerl. sozialer Gesellschaftsutopie. Ferner: „Der im Irrgarten der Liebe herumtaumelnde Cavalier" 1738.

Schnabeldelphin →Flußdelphine.

Schnabelfisch, *Chelmo longirostris,* ein →Korallenfisch mit stark verlängerter Kopfspitze.

Schnabelfliegen →Schnabelhafte.

Schnabelflöte, Mundstück der Blockflöte u. Klarinette.

Schnabelhafte, *Schnabelfliegen, Mecoptera,* Ordnung der *Insekten* mit schnabelartig verlängertem Kopf, an dessen Ende die kauenden oder zu dolchförmigen Stechborsten umgebildeten Mundwerkzeuge sitzen. 4 häutige Flügel mit reicher Aderung u. dunkler Fleckenzeichnung, bei einigen Arten rückgebildet. Larven raupenähnlich, mit Spinndrüsen; Verwandlung volkommen. Landbewohner, Räuber u. Aasfresser: saugen tote Insekten aus. 300 Arten, davon in Dtschld. nur 9. Zu den S.n gehören *Skorpionsfliegen, Winterhafte, Mückenhafte.*

Schnabeligel →Ameisenigel.

Schnabelkanne, Kanne mit langgezogener Ausgußtülle, die oft durch einen Steg mit dem Gefäßkörper verbunden ist; bekannt u. a. aus der antiken Keramik, als etrusk. Bronzegefäß mit reicher Verzierung u. vom dt. Steinzeug des 16. Jh.

Schnabelkerfe, *Hemiptesoidea, Rhynchota,* Überordnung der *Insekten* mit stechend-saugenden, schnabelartigen Mundwerkzeugen (Blut- oder Pflanzensaftsauger), unvollkommener Verwandlung u. vier in den Ordnungen verschieden ausgebildeten Flügeln. Zu den S.n gehören die Ordnungen der *Wanzen* u. *Pflanzensauger.*

Schnabelschötchen, *Euclidium,* Gattung der *Kreuzblütler* mit kleinen weißen Blütentrauben u. behaarten Schötchen.

Schnabelschuhe, im 13.–15. Jh. übl. Schuhform mit bis zu ½ m langen Spitzen, die am Bein befestigt oder auch mit Zierat versehen wurden; von beiden Geschlechtern getragen.

Schnabeltier, *Ornithorhynchus anatinus,* rd. 60 cm langes *Kloakentier* Australiens u. Tasmaniens. Es hat einen wuchtigen Schnabel, weiches Fell u. großflächige Schwimmhäute zwischen den Zehen. Die Nahrung sind Wassertiere. Das Weibchen legt meist 2 haselnußgroße Eier in ein Reisignest. Die Jungen werden nach dem Auskriechen auf dem Rücken liegend gesäugt.

Schnack, 1. Anton, Schriftsteller, *21. 7. 1892 Rieneck, Mainfranken; einfallsreicher Verfasser kleiner Prosa: „Die bunte Hauspostille" 1938; „Das fränkische Jahr" 1952; „Brevier der Zärtlichkeit" 1958; „Weinfahrt durch Franken" 1965.
2. Friedrich, Bruder von 1), Schriftsteller, *5. 3. 1888 Rieneck, †6. 3. 1977 München; schrieb neben vielen Gedichten („Die Lebensjahre" 1951) stimmungsvolle Landschaftsromane („Sebastian im Wald" 1926; „Petronella im Bauerngarten" 1970), farbige u. kenntnisreiche Naturdichtungen („Sybille in der Feldblumen" 1937; „Traum vom Paradies" 1962), Reisebücher („Große Insel Madagaskar" 1942) u. Jugendschriften („Die Käfer des Herren Toselli" 1958). Roman „Aurora und Papilio" 1956.

Schnackenburg, niedersächs. Stadt (Ldkrs. Lüchow-Dannenberg), an der Elbe, 890 Ew.; Grenzübergang für die Schiffahrt in die DDR.

Schnaderhüpferl, vierzeilige, scherzhaft-parodist. Lieder; die in manchen Gegenden übliche Bez. „Anbinder" verweist darauf, daß sie oft an ernste u. sentimentale Lieder angehängt wurden.

Schnaken, *Bachmücken, Tipulidae,* Familie großer langbeiniger *Mücken,* deren Larven sich im Wasser, in nassem Boden (Wiesen-S.) oder faulendem Holz (Kamm-S.) entwickeln. Der Larvenfraß einiger S. ist schädlich (Kohl-S.).

Schnalle, 1. *allg.:* Verschluß von Riemen, Gürteln u. ä.
2. *Jagd:* das weibl. Geschlechtsteil von Hund, Fuchs, Wolf.

Schnallenschuh, im 18. Jh. aufgekommene Schuhform mit Schnallen auf dem Rist; in viele Volkstrachten übernommen.

Schnalzlaut, *Click,* durch Einatmen der Luft produzierter Sprachlaut einiger afrikan. Sprachen (z. B. Hottentottisch, Buschmännisch).

Schnäpel →Maräne.

Schnäpper = Fliegenschnäpper.

Schnapphahn, 1. *allg.:* Wegelagerer, Raubritter.
2. *Münzen:* Silbermünze des Herzogs *Karl von Geldern* (16. Jh.).

Schnappschildkröten, *Chelydridae,* Familie sehr großer *Schildkröten* der Flüsse u. Sümpfe Nord- u. Mittelamerikas; lauernde Räuber, sehr angriffslustig; fressen Wasserwirbeltiere bis Entengröße, können u. U. sogar dem Menschen gefährl. werden. Zu den S. gehört die *Geierschildkröte.*

schnarchen, beim Atmen mit offenem Mund im Schlaf durch das schwingende, erschlaffte Gaumensegel (Mund-, Rachen-S.) oder durch behinderte Nasenatmung (Nasen-S.) ein sägendes Geräusch erzeugen.

Schnarrenberger, Wilhelm, Maler u. Graphiker, *30. 6. 1892 Buchen, Odenwald; lebt in Karlsruhe; Schüler F. H. *Ehmke.* Bildnisse u. Landschaften in spätimpressionist. Stil, nach dem 1. Weltkrieg vorübergehend Anhänger der Neuen Sachlichkeit, auch Buchillustrationen u. graph. Folgen.

Schnarrheuschrecke, *Psophus stridulus,* bis 3 cm lange *Feldheuschrecke* trockener Gebirgswiesen; das Männchen fliegt mit schnarrendem Geräusch u. a. zeigt dabei die leuchtendroten, dunkelbraun gesäumten Hinterflügel.

Schnauzer, Hunderasse, rauhhaarige Spielart des Deutschen Pinschers; *Riesen-, Mittel-* u. *Zwerg-S.;* mit spitz kupierten Ohren u. kurz kupiertem Schwanz. Farbe ist Pfeffer u. Salz oder Schwarz; ideale Haushunde, intelligent u. lebhaft.

Schnebbe, die vorn tief heruntergezogene Spitze der weibl. Leibchenform im 17. u. 19. Jh.; auch die bis in die Stirn reichende Spitze an weibl. Kopfbedeckungen (→Stuarthaube).

Schnebel, Dieter, Komponist, *14. 3. 1930 Lahr, ev. Pfarrer u. Religionslehrer; Vertreter der *Conceptual Art* (angeregt von J. *Cage*); seine Musik wird lediglich durch Beschreibung im Kopf des Hörers hervorgerufen. So dirigiert in „Nostalgie" 1962, Solo für einen Dirigenten, der Dirigent kein Orchester, sondern ins Publikum; in „ki-no. Nachtmusik für Projektoren u. Hörer" 1967 werden im „Hörer" durch graph. Projektionen Klangereignisse suggeriert, ein Verfahren, das in „MONO. Musik zum Lesen" 1969 auf das Buch übertragen wird. Weitere Werke: „Glossolalie"; „D + 31,6"; „AMN"; „Das Urteil"; „Réaction"; „Visible Music"; „Anschläge – Ausschläge"; „Mundstücke" für mehrere Stimmorgane u. Reproduktionsgeräte. Gesammelte Schriften „Denkbare Musik" 1972.

Schnecke, 1. *Anatomie:* Cochlea, Teil des →Ohrs.
2. *Bergbautechnik:* Transporteinrichtung (→Förderschnecke.)
3. *Maschinenbau:* schraubenförmiges Zahnrad, das mit einem Stirnrad zusammen das *Schneckengetriebe* bildet.
4. *Musik:* bei Streichinstrumenten der obere schneckenförmig ausgearbeitete Abschluß des Wirbelkastens, als Schmuck seit dem 14. Jh. verwendet.
5. *Zoologie:* →Schnecken (2).

Schnecken, 1. *Jagd:* das Gehörn (Trophäe) des Mufflon.
2. *Zoologie:* Bauchfüßer, Gastropoda, Klasse der *Weichtiere* mit etwa 85 000 über alle Erdteile verbreiteten Arten, die sich sehr verschiedene Le-

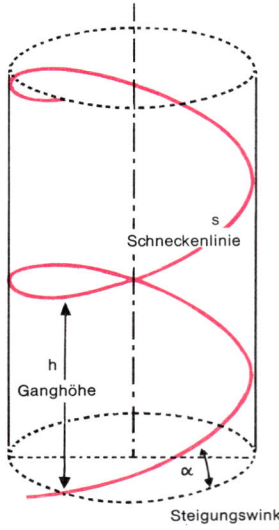

Schneckenlinie

bensräume erobert haben, sowohl Land- als auch Wassertiere umfassen u. sogar Parasiten einschließen (die Familie der *Entoconchidae*, die in Stachelhäutern parasitieren). Die Hauptteile des S.körpers sind der Kopf mit den 2 oder 4 Fühlern, auf oder an denen die Augen sitzen, der Fuß als der eigentl. Körper, in dem sich auch wichtige Organe, Nerven u.a. befinden, u. der Eingeweidesack mit der oft großen Mantelfalte, deren Rand die gehäusebildenden Kalkdrüsen enthält. Der Eingeweidesack ist spiralig aufgerollt. Bei den heute lebenden S. ist die Aufrollung unsymmetrisch, indem der Eingeweidesack auf eine der Körperseiten gekippt u. dann in der Richtung dieser Seite gewunden ist. Es hat aber im Erdaltertum S. gegeben, deren Leib u. Schale über dem Rücken symmetrisch aufgerollt war. Auch einige heute lebende Meeresnackt-S. haben diese Symmetrie bewahrt. Die Schalen-S. können sich mehr oder weniger vollständig in ihr Gehäuse zurückziehen, das manche mit einem Deckel verschließen können. Ein wichtiges Merkmal zur Bestimmung der S. ist die in der Mundhöhle gelegene Reibzunge *(Radula)*, die viele, für die jeweilige Art typisch geformte Hornzähnchen aufweist u. zum Zerkleinern der Nahrung dient. Die S.häuser können links oder (meist) rechts gewunden sein. Viele S. sind Zwitter (alle *Lungen-S.* u. *Hinterkiemer*). Zur Stimulierung der trägen Tiere dienen in manchen Fällen „Liebespfeile" aus Kalk u. von bestimmter Gestalt, die sich die Liebespartner gegenseitig in den Körper stechen. Die Begattung kann manchmal über 20 Stunden dauern. Aus den Eiern entwickeln sich die Land-S. direkt, die Wasser-S. erst über eine typische Larvenform, →Veligerlarve. Die Klasse der S. wird heute in 2 Unterklassen eingeteilt: *Vorderkiemer* mit 55000 Arten u. *Euthyneura*, die ehemaligen Gruppen *Hinterkiemer* mit 10000 Arten u. *Lungen-S.* mit 20000 Arten umfaßt.

Schneckengetriebe, Maschinenelement; besteht aus *Schnecke* u. *Schneckenrad* mit den zugehörigen Wellen. Es dient zur Übersetzung von schnellen Drehbewegungen in langsame. Das S. nimmt sehr große Drehkräfte auf, es ist selbsthemmend. Die Wellen von Schnecke u. Schneckenrad stehen rechtwinklig zueinander.

Schneckenklee, *Medicago*, Gattung der *Schmetterlingsblütler* mit meist spiralig eingekrümmten Hülsen. Wichtigste Art ist die →Luzerne, *Medicago sativa*. Weitere Arten: *Hopfenklee, Medicago lupulina, Sichelklee, Medicago falcata*, u. *Zwerg-S., Medicago minima*, alle gelbblühend u. in Dtschld. heimisch.

Schneckenlinie, *Schraubenlinie*, eine Raumkurve, die alle Mantellinien eines Zylinders unter dem gleichen Winkel schneidet. Die Strecke, um die ein Punkt nach einem vollen Umlauf verschoben ist, heißt *Ganghöhe*. Die gewöhnliche S. entsteht durch Abrollen eines rechtwinkligen Dreiecks auf einem Zylindermantel.

Schneckenattern, *Dipsadinae*, Unterfamilie der *Nattern*; Schneckenfresser, deren Gebiß so umgebildet ist, daß sie den Unterkiefer in ein Schneckenhaus schieben u. die Schnecke mit den langen Vorderzähnen ergreifen können; leben in Asien u. Südamerika.

Schneckenpilze, *Schnecklinge, Hygrophorus*, Gattung der *Blätterpilze*; in der Jugend mit einer Hülle umkleidet, die beim erwachsenen Pilz als schleimiger Überzug oder in Resten als Flocken oder Pünktchen nachzuweisen ist; in Laub- u. bes. in Nadelwäldern, eßbar.

Schneckenrad, Maschinenelement als Teil eines *Schneckengetriebes*; ein Zahnrad mit besonderer Verzahnung.

Schnee, fester Niederschlag in Gestalt einzelner oder zu *S.flocken* vereinigter hexagonaler Eiskristalle, meist von flacher Gestalt (S.sterne) oder säulenförmig (Eisnadeln oder kürzere Prismen, meist mit pyramidenförmigem Ende), oft nur vergraupelte (mit angefrorenen Tröpfchen besetzte) Kristalle oder unregelmäßige Bruchstücke; die Form der Kristalle ist abhängig von den Entstehungstemperaturen in den Wolken. Die Dichte frisch gefallenen S.s liegt meist bei 0,1 g/cm³ u. wächst in kurzer Zeit bis 0,3, später bis nahe an 0,9 (Firnbildung). Wird gefallener S. nochmals durch Wind aufgewirbelt, so kommt es zu *S.fegen* (in geringer Höhe am Boden) oder *S.treiben* (mit starker Sichtbehinderung). Die *S.schmelze* bei Eintritt warmen Wetters (durch Strahlung, Regen u. vor allem Berührung mit warmer Luft; der Föhn heißt daher auch *S.fresser*) ist von größter Bedeutung für die Speisung der Flüsse. Die Höhe der *S.decke*

Gewöhnlicher Schneeball, Viburnum opulus

wird mit dem *S.pegel* gemessen (Maßstab aus Messing mit Zentimetereinteilung, Nullpunkt berührt den Erdboden). Die jährl. Zahl von Tagen mit S.decke ist nicht nur von der Temperatur, sondern auch von der Höhe der winterl. Niederschläge abhängig. →auch Schneegrenze.

Schneealge →Nivalorganismen.

Schneeammer, *Plectrophenax nivalis*, nordischer *Finkenvogel*, der umherstreichend auch Dtschld. erreicht.

Schneeball, *Viburnum*, Gattung der *Geißblattgewächse*. Hierher gehören: *Wolliger S., Viburnum lantana*, mit unterseits graufilzigen Blättern, aus zahlreichen weißen Blüten bestehenden Blütenständen u. schwarzen Früchten. Die Zweige des in Bergwäldern vorkommenden Strauchs dienen als Faßreifen u. zur Herstellung von Pfeifenröhren (*Türkisches Pfeifenholz*). *Gewöhnl. S., Viburnum opulus*, 2–4 m hoher Strauch mit beiderseits grünen Blättern, lockeren schirmförmigen Blütenständen u. scharlachroten, eiförmigen Beeren; in Wäldern u. Gebüschen. In Gärten werden vor allem gefüllte Sorten gezogen.

Schneeballsystem, *Hydrasystem, Gellasystem*, in Dtschld. verbotene Form des Warenabsatzes, bei der dem Käufer für die Werbung weiterer Kunden Preisnachlässe oder sonstige Vorteile gewährt werden; z.T. verbunden mit Elementen des Glücksspiels, dann u. U. strafbar als →Ausspielung nach § 286 StGB. →auch Kettenbrief.

Schneebeere, *Symphoricarpus*, Gattung der *Geißblattgewächse*. Bekannt ist die *Traubige S., Symphoricarpus albus*, mit weißen, kirschgroßen, im Winter an den Sträuchern bleibenden Früchten; aus Amerika stammender beliebter Zierstrauch.

Schneeberg, 1. Stadt im Krs. Aue, Bez. Karl-Marx-Stadt, im Erzgebirge, nordwestl. von Schwarzenberg, 21 000 Ew.; Textil- u. Metallindustrie.
2. höchster Gipfel des Fichtelgebirges (Oberfranken), 1051 m.
3. Bergstock in den niederösterr. Kalkalpen, im *Klosterwappen* 2075 m, im *Kaiserstein* 2061 m.
4. Gipfel in den Vogesen, südöstl. von Wangenburg (230 Ew.), 961 m.
5. *Großer S., Glatzer Schneeberg*, poln. *Śnieżnik*, höchster Gipfel des Glatzer Schneegebirges (poln. *Grupa Śnieżnika*), an der poln.-tschechoslowak. Grenze in den Sudeten, 1425 m.
6. *Hoher S.*, tschech. *Děčínský Sněžník*, höchster Gipfel des Elbsandsteingebirges, nahe der Grenze zwischen DDR u. Tschechoslowakei, 726 m.

Schneeblindheit, akuter Blendungszustand infolge von starker Lichteinstrahlung (bes. UV-Strahlung) ins Auge bei langem Aufenthalt auf beleuchteten Schneeflächen oder bei Höhensonnenbestrahlung; Verhütung durch UV-Schutzbrille (Schneebrille, Gletscherbrille), auch bes. Augentropfen.

Schneebrett, eine Lawinenart, die durch Winddruck an Hängen im Hochgebirge über lockeren Schneemassen, Anschneiden oder Erschütterung der obersten Decke geschichteter Schneemassen entsteht. Die abrutschenden dichten Oberflächenschichten verursachen beim Aufschlag einen dumpfen Knall.

Schneebruch, Abbrechen von Stämmen, Wipfeln u. Zweigen eines Baumes durch die Last des Schnees; von den Waldbäumen ist die Kiefer am stärksten durch S. gefährdet.

Schneebrücke, über Gletscherspalten, seltener über Wasserläufen brückenartig gewölbte Lawinenreste oder Wächten; Begehung gefahrvoll.

Schneedruck, Umdrücken von Waldbäumen mit ihren Wurzeln durch die Last des Schnees, zu unterscheiden vom *Schneebruch*.

Schnee-Eifel = Schneifel.

Schnee-Eis, *Bodeneis*, entsteht in Geländesenken der höheren Breiten durch Umkristallisation angesammelter Schneemassen.

Schnee-Eule, *Nyctea scandiaca*, sehr große, überwiegend weiße, rundköpfige *Eule* der arktischen Tundra, die oft am Tage jagt.

Schneefernerkopf, Berg im Wettersteingebirge, an der dt.-österr. Grenze, südwestl. von Garmisch-Partenkirchen, 2875 m.

Schneefink, *Montifringilla nivalis*, ein *Finkenvogel*, der auf kahlen Alpengipfeln nistet.

Schneeflocken, Gebilde aus zahlreichen Schneekristallen, die bei Temperaturen nahe dem Gefrierpunkt aneinanderhaften u. einen Durchmesser von einigen Zentimetern erreichen können. Sie fallen mit einer Geschwindigkeit von 1–2 m/sek; →Schnee.

Schneeflockenbaum, *Chionanthus virginica*, ein *Ölbaumgewächs* aus Nordamerika, bis 3 m hoher Strauch mit weißen, in Rispen stehenden Blüten; als Zierpflanze kultiviert.

Schneefloh, *Entomobyra nivalis*, bis 2 mm langer Gliederspringschwanz, lebt am Erdboden unter Steinen u. altem Holz; tritt gelegentl. im Winter auf dem Schnee in großen Mengen auf.

Schneefräse, Gerät zum Räumen großer Schneemassen (z.B. auf Gebirgsstraßen). Zwei vorn übereinander angebrachte Förderschnecken bringen den Schnee zu einem Schleuderrad, das ihn senkrecht zur Fahrtrichtung fortschleudert; Leistung bis 300 t/h. – Bei der *Trommelfräse* rotiert eine Trommel mit schräggestellten Schaufeln u. auswechselbaren Messern senkrecht zur Fahrtrichtung; bis 650 t/h.

Schneegemse, *Schneeziege*, *Oreamnos americanus*, weiße *Gemse* der Gebirge von Alaska bis South Dakota. – ▣ →Huftiere II.

Schneeglätte, auf Straßen, Wegen u. Skipisten durch Zusammenpressung der Schneekristalle beim Begehen u. Befahren entstandene Glätte. →auch Eisglätte, Glatteis.

Schneeglöckchen, *Galanthus*, vorwiegend im Mittelmeergebiet heimische Gattung der *Amaryllisgewächse*. In Mitteleuropa verbreitet ist das *Kleine S., Galanthus nivalis*, ein bis 15 cm hohes Pflänzchen, das im Februar bis April (*Märzglöckchen*) seine nickenden Blüten entfaltet. Als *Großes S.* ist auch der *Märzbecher* bekannt.

Schneeglöckchenbaum, *Vierflügeliger S., Halesia tetraptera*, Gattung der *Styraxgewächse*; in seiner Heimat, im östl. Nordamerika, bis zu 25 m hoch; in Dtschld. als Zierpflanze kultiviert, erreicht er nur 3–6 m, bleibt also in der Strauchre-

Schneefräse

Schneeschutzanlagen: Schneezaun

gion. Im Mai entfaltet er kleine, schneeglöckchenähnliche, weiße oder rosenrote Blütenglöckchen.
Schneegrenze, die untere Grenze der dauernden Schneebedeckung, in erster Linie abhängig von der geograph. Breite, der Niederschlagsmenge u. der Exposition. In polaren Gebieten liegt sie in Meeresniveau, zum Äquator hin nimmt sie an Höhe zu. Da auch die Niederschlagsmenge eine wesentl. Rolle spielt, liegt die S. nicht am Äquator am höchsten, sondern in Trockengebieten der Subtropen. An den Südhängen der Gebirge liegt sie höher als an den Nordhängen. Man unterscheidet: 1. die *temporäre* S.; sie verändert ihre Höhenlage mit dem Wechsel der Jahreszeiten (schwankt von Tag zu Tag). 2. die *orographische* S.; sie wird stark beeinflußt durch die Geländegestalt, ist schwer festzulegen u. umfaßt noch die großen Schneeflekken. 3. die *wirkliche* S., die Linie der höchsten Lage der temporären S. 4. die *klimatische* S., eine theoretisch bestimmte Grenze; man ermittelt sie, um vergleichbare Werte zu erhalten, indem man den Höhengrenzwert berechnet, von dem an die in einem bestimmten Gebiet fallende Schneemenge auf ebener Unterlage im Jahresdurchschnitt die entspr. Durchschnittstemperatur nicht mehr aufgezehrt wird.
Schneehase →Hasen (2).
Schneeheide →Heidekraut.
Schneehuhn, *Alpenschneehuhn, Lagopus mutus,* 35 cm großes, im nördl. Polargebiet u. in eurasischen Gebirgen verbreitetes *Rauhfußhuhn* mit im Winter weißem Gefieder; an Gebirgshängen u. in der Tundra. Das größere *Moor-*S., *Lagopus lagopus,* geht nicht so weit nordwärts u. bewohnt Moore u. Heiden.
Schneeketten, Gleitschutzketten für Kraftfahrzeuge auf schneereichen Straßen oder in weichem Gelände, in der Regel aus Stahl, seltener mit Gliedern aus Gummi. Verschiedene Bauarten: Leiter-, Spurkreuz-, Zickzack-, Kantenspurketten. Früher wurde mit S. lediglich eine Verbesserung der Zugkraft angestrebt, neuerdings auch Spurhaltung.
Schneekopf, Gipfel im Thüringer Wald, südwestl. von Ilmenau, 978 m.
Schneekoppe, *Riesenkoppe,* poln. *Śnieżka,* höchster Berg des schles. Riesengebirges, südöstl. von Hirschberg, 1602 m; dacht sich nach S zum *Riesengrund* (tschech. *Obří Důl*), nach N zum *Melzergrund* (poln. *Łomniczki*) ab; auf der Kuppe eine Wetterwarte u. mehrere Bauden; am südl. Hang ein Sessellift; Wintersportzentrum im Aufbau („Zweites Zakopane"). – ▣ →Riesengebirge.
Schneeleopard, *Schneepanther, Irbis, Uncia uncia,* eine (Mittel-)Katze von 130 cm Körperlänge u. 60 cm Schulterhöhe; der dichte weißlich-graue Pelz zeigt meist ringförmige schwarze Zeichnung; lebt in den höheren Lagen Mittelasiens.
Schneeorganismen = Nivalorganismen.
Schneepanther →Schneeleopard.
Schneepflug, Gerät zur Schneeräumung auf Straßen u. Bahngleisen; heute meist an Kraftfahrzeugen oder Lokomotiven bei Bedarf angebaut. →auch Schneefräse.

Schneereiher →Seidenreiher.
Schneerose = Christrose.
Schneeschimmel, gefährlichste Krankheit des Winterroggens, verursacht durch Befall mit dem Schlauchpilz *Calonectria graminicola* in seiner Nebenform *Fusarium nivale*; erkennbar am lückigen Bestand sowie an Fehlstellen bes. nach der Schneeschmelze.
Schneeschuh →Ski; →auch Skisport.
Schneeschuhkultur, eine durch das Aufkommen des Rahmenschneeschuhs gekennzeichnete Kulturstufe der indian. Jägerstämme Kanadas u. Alaskas, mit Winternomadismus, Rindenboot, Toboggan, Rindengefäßen, Kegelzelt; folgte auf die *Eisjagdkultur.*
Schneeschutzanlagen, Hecken oder Zäune, die in einiger Entfernung von Straßen, Wegen, Eisenbahnen angelegt werden. In ihrem Windschatten lagert sich der Schnee ab, so daß der Verkehrsweg selbst frei bleibt. Die Hauptwindrichtung ist zu berücksichtigen. Leichte Zäune werden im Frühjahr entfernt, so daß der Grund landwirtschaftlich genutzt werden kann. →auch Lawinengalerie.
Schneeweißchen und Rosenrot, im Grimmschen Märchen zwei Schwestern, die sich mit einem Bären, der unter der Feindschaft eines Zwergs zu leiden hat, anfreunden; nach dem Tod des Zwergs erhält der Bär seine Gestalt als Königssohn zurück; er heiratet Schneeweißchen, sein Bruder Rosenrot. →auch Tierbräutigam.
Schneewittchen, niederdt. *Sneewittchen,* Märchen von einer schönen Königstochter, die, von der Stiefmutter verfolgt, Zuflucht bei sieben Zwergen findet. Das Eingangsmotiv ist im Keltischen oft bezeugt, das Märchen aus dem Hessischen von den Brüdern Grimm aufgezeichnet.
Schnegel = Egelschnecken.
Schneidbrenner, Brenner zum Zerschneiden von Metallteilen; eine Sauerstoff-Brenngas-Flamme erhitzt das Metall auf Weißglut; durch weitere Zufuhr von Sauerstoff erfolgt eine Verbrennung des Metalls. Dabei wird der Abbrand durch den Gasstrahl aus der Schnittfuge geblasen. Mit einer Sondervorrichtung können auch runde u. gerade Schnitte durchgeführt werden.
Schneideisen, ringförmiges Werkzeug zum Schneiden von Außengewinden. Durch mehrere Einzelschneiden schält es die Gewindeform aus dem vollen Bolzen heraus.
Schneidemühl, poln. *Piła,* Stadt in Ostbrandenburg (1945–1975 poln. Wojewodschaft Poznań, seit 1975 Hptst. der Wojewodschaft Piła), an der Küddow, 47000 Ew.; Lokomotivwerkstatt, Holzverarbeitung, Nahrungsmittel-, Baustoff- u. landwirtschaftl. Industrie; Verkehrsknotenpunkt. – Seit 1772 preuß., 1922–1938 Hptst. der damaligen Grenzmark Posen-Westpreußen; Wiederaufbau nach starker Zerstörung im 2. Weltkrieg.
schneiden, 1. *Film:* →Schnitt.
2. *Metallbearbeitung:* Werkstoffe spanlos trennen; erfolgt mit Hilfe von Scheren, keilförmigen Schneiden oder Schneidbrennern. Man unterscheidet: 1. *autogenes* S. mit einem →Schneidbrenner. 2. *Pulverschneidverfahren* für legierte Stähle u. Nichteisenmetalle; dabei wird pulverförmiges Flußmittel in die Schweißflamme eingeblasen. 3. *elektr. Sauerstoffbrennen*; hierbei wird durch eine röhrenartige Elektrode Sauerstoff in die Schnittfläche geführt. 4. *elektr.* S., wobei eine Kohleelektrode (negativer Pol) über das Metall (positiver Pol) so hinweggeführt wird, daß der entstehende Lichtbogen das Metall wegschmilzt.
3. *Tontechnik:* eine Tonvorlage auf Tonband aufnehmen (wurde früher mit einer Nadel in Wachsplatten „eingeschnitten").
Schneidenlager, in der Feinwerktechnik verwendetes Lager für pendelnde Bewegungen. Die Schneide eines prismatischen Körpers wälzt sich dabei in einem pfannenförmigen Körper großer Härte (gehärteter Stahl oder Halbedelstein, z. B. Achat) ab. Geringe Reibungsverluste, häufig verwendet bei Waagen u. Meßgeräten.
Schneider, 1. *Berufskunde:* Ausbildungsberuf des Handwerks u. der Industrie mit 3jähriger Ausbildung; als industrieller Ausbildungsberuf (Konfektion) von zunehmender Bedeutung auf Kosten des handwerkl. S.s. Man unterscheidet *Herren-*S. u. *Damen-*S. (*Damenschneiderin*).
2. *Jagd:* ein geringer Hirsch; auch ein geringer Keiler.
3. *Kartenspiel:* eine sehr niedrige Punktzahl, z. B. im Skat unter 30.
4. *Zoologie:* 1. Fisch, →Ukelei. – 2. = Weberknechte.

Schneider, 1. Erich, Wirtschaftswissenschaftler, * 14. 12. 1900 Siegen, † 5. 12. 1970 Kiel; lehrte 1946–1968 in Kiel; suchte die betriebs- u. die volkswirtschaftl. Theorie zu einer Einheit zu verschmelzen. Hptw.: „Theorie der Produktion" 1934; „Einführung in die Wirtschaftstheorie" 4 Bde. 1947–1962; „Zahlungsbilanz u. Wechselkurs" 1968.
2. Ferdinand Josef, Literarhistoriker, * 6. 12. 1879 Mariaschein, Böhmen, † 4. 11. 1954 Halle (Saale); erforschte bes. die Dichtung der Aufklärung u. der Klassik.
3. Friedrich, Komponist u. Dirigent, * 3. 1. 1786 Altwaltersdorf bei Zittau, † 23. 11. 1853 Dessau; seit 1813 Organist der Thomaskirche in Leipzig u. seit 1821 Hofkapellmeister in Dessau; 7 Opern, 16 Oratorien („Das Weltgericht" 1819), 23 Sinfonien, 400 Chorwerke u. a.
4. Hermann, Germanist, * 12. 8. 1886 Zweibrücken, † 9. 4. 1961 Tübingen; verfaßte Arbeiten zur german. Altertumskunde u. zur Literatur des MA.
5. Marius, Musikwissenschaftler, * 1. 7. 1903 Hagenau, Elsaß; 1934 Leiter des Phonogramm-Archivs in Berlin, 1946 Prof. in Barcelona, 1956 bis 1968 Prof. für Musikethnologie in Köln; Hptw.: „Geschichte der Mehrstimmigkeit" 2 Bde. 1934/35 u. zahlreiche Arbeiten zur Musikethnologie.
6. Paul, ev. Theologe, * 28. 8. 1897 Pferdsfeld, † 18. 7. 1939 KZ Buchenwald; hielt öffentl. Reden gegen das NS-Regime; 1937 im KZ („Prediger von Buchenwald"), starb nach Folterungen.
7. Reinhold, Schriftsteller, * 13. 5. 1903 Baden-Baden, † 6. 4. 1958 Freiburg i. Br.; anfangs von A. Schopenhauer beeinflußt, bekannte sich später zum kath. Glauben, warnender Gegner des Dritten Reichs; Grundmotiv seines umfangreichen, oft schwermütigen, kulturphilosoph. Werks ist die Spannung zwischen weltl. Macht u. Religion, Glauben u. Unglauben. Lyrik: „Die Sonette von Leben u. Zeit, dem Glauben u. der Geschichte" 1954. Dramen: „Der große Verzicht" 1950; „Innozenz und Franziskus" 1953. Historisches: „Die Leiden des Camoes" 1930; „Philipp II." 1931; „Die Hohenzollern" 1933; „Das Inselreich" 1936; „Las Casas vor Karl V." 1938. Essays: „Macht u. Gnade" 1940; „Pfeiler im Strom" 1958; „Schicksal u. Landschaft" 1960. Erinnerungen u. Tagebücher: „Verhüllter Tag" 1954; „Der Balkon" 1957; „Winter in Wien" 1958. – ▣ 3.1.1.
8. Rolf, Schriftsteller, * 17. 4. 1932 Chemnitz; lebt in Ostberlin; schrieb Hörspiele („Zwielicht" 1967; „Stimmen danach" 1970), Dramen („Prozeß in Nürnberg" 1968; „Einzug ins Schloß" 1971), iron. u. ernste Prosa um das Alltägliche u. Unvorhersehbare („Brücken u. Gitter" 1965) u. Romane über die Zeit des Nationalsozialismus („Die Tage in W." 1965; „Der Tod des Nibelungen" 1970). Nachdichtungen von Mao Tsetungs Gedichten 1958.
Schneiderhan, Wolfgang, österr. Geiger, * 28. 5. 1915 Wien; Schüler von O. Ševčík; in Wien 1937–1948 Konzertmeister der Philharmoniker, 1938–1950 Prof. an der Musikhochschule, 1938–1951 Leiter eines Streichquartetts u. eines Trios (mit E. Fischer u. E. Mainardi); hält Violinkurse in Salzburg u. Luzern. Vielseitiges Repertoire bis zur Violinmusik der Gegenwart.
Schneiderkarpfen = Bitterling.
Schneiderkreide, in Formen gepreßter →Talk.
Schneiderlein, 1. *Das kluge* S., Grimmsches Märchen von dem Schneider, der eine Prinzessin freit, zu einem Bären gesperrt wird, ihn dazu bringt, seine Pfoten in einen Schraubstock einspannen zu lassen. Der Schluß findet sich in der Sage als zotige Erzählung.
2. *Das tapfere* S., Märchen von einem furchtsamen u. schwachen Schneider, der sich großer Taten rühmt („Sieben auf einen Streich") u. durch glückl. Zufälle tatsächl. zum Helden wird. Das Märchen ist im 5. Jh. im Indischen u. Chinesischen überliefert, bei uns im 16. Jh. bezeugt, aufgezeichnet von den Brüdern Grimm.
Schneider S.A. [ʃnɛˈdɛːr-], Paris, französ. Holdinggesellschaft; Tochtergesellschaft ist die *Marine-Schneider,* die Holdinggesellschaft des *Creusot-Loire-Konzerns.*
Schneider-Schelde, Rudolf, eigentl. R. Schneider, Schriftsteller u. Publizist, * 8. 3. 1890 Antwerpen, † 18. 5. 1956 München; wirkte dort beim Rundfunk, schrieb zahlreiche Bühnenstücke („Sekunde der Freiheit" 1922) u. Erzählwerke („Kies bekennt Farbe" 1930; „Ein Mann im schönsten Alter" 1955) gepflegter Unterhaltung.
Schneider Verlag, 1. *Franz Schneider Verlag,*

München (seit 1945), gegr. 1913 in Berlin; Kinder- u. Jugendbücher.
2. *Verlag Lambert Schneider GmbH.*, Heidelberg, gegr. 1925 in Berlin; Geisteswissenschaften u. Weltliteratur.
Schneidervogel, *Orthotomus sutorius*, ein kleiner südasiat. *Fliegenschnäpper*, der Blätter mit Pflanzenfasern zum Nest zusammennäht.
Schneidezähne, *Inzisiven, Incisivi*, die vorderen Zähne der Säugetiere, die oben dem Zwischenkiefer, unten dem Unterkiefer entspringen, meist einwurzelig u. meißelähnlich sind. →Zahn.
Schneidkeramik, Werkstoff für spanende Werkzeuge, mit dem die Schnittgeschwindigkeit gegenüber →Hartmetall um ein Mehrfaches gesteigert werden kann; sehr hart u. temperaturbeständig, jedoch stoßempfindlich. Herstellung z.B. aus Aluminiumoxid *(Oxid-S.)* u. aus Carbiden *(Carbid-S.*, z.B. Wolframcarbid) ohne oder mit Zusätzen durch →Sintern.
Schneidlippe, vordere im Schneidwinkel geschliffene kleine Fläche von Schneidwerkzeugen, z.B. bei Fräsern.
Schneidschrauben, Schrauben, die sich ihr zugehöriges Bohrungsgewinde beim Einschrauben selbst schneiden.
Schneidstahl, Sammelbegriff für Arbeitsstähle zur spanabhebenden Formung. Der S. trennt Werkstoff durch Spanabnahme vom Werkstück ab.
Schneifel, *Schnee-Eifel*, Teil der westl. Eifel nordwestl. von Prüm, im *Schwarzen Mann* 697 m.
Schneise, durch den Wald gehauene Gasse, die der Waldeinteilung, Holzabfuhr, Feuerbekämpfung oder Jagd dient.
Schnell, Karl, General (1975), *18. 12. 1916 Sprendlingen, Rheinhessen; 1973–1975 stellvertr. Generalinspekteur der Bundeswehr, 1975–1977 Oberbefehlshaber der NATO-Streitkräfte Europa-Mitte, 1977–1980 Staatssekr. im Bundesverteidigungs-Min.
Schnellarbeitsstahl, Stahl, der aufgrund seiner Legierungsgehalte u. Wärmebehandlung hohe Warmhärte bis zu 600° C aufweist.
Schnelläufer, Fixsterne mit größeren Geschwindigkeiten als 65 km/s in bezug auf die Sonne.
Schnellbahnen, Eisenbahnen, die mit bes. hoher Geschwindigkeit, großer Anfahrtsbeschleunigung u. wenigen oder kurzen Unterwegsaufenthalten (meistens elektr.) betrieben werden, z.B. U- u. Hochbahnen in Berlin u. Hamburg, auch Ruhrschnellwegverkehr.
Schnellboot, kleines Kriegsschiff (20–300 t) in der neuzeitl. Marine, das aufgrund seiner Schnelligkeit, Wendigkeit u. einer bei seiner Kleinheit (kleine Angriffsfläche für den Gegner) außerordentl. Feuerkraft (Torpedos, Flugkörper) gegen wichtige Angriffsziele eingesetzt wird.
Schnelldorfer, Manfred, Eiskunstläufer, *2. 5. 1943 München; 1964 Weltmeister u. Olympiasieger; dt. Meister im Einzellauf 1956–1964.
Schnelle, hoher, konisch sich verjüngender Trinkkrug, meist mit Auflagen, bekannt vom Kölner u. Siegburger Steinzeug des 16. Jh.
Schneller Brüter, *Schneller Brutreaktor*, ein →Brutreaktor, bei dem das spaltbare Material Plutonium (^{239}Pu) durch schnelle Neutronen gespalten wird. 100 gespaltene Pu-Kerne können etwa 110–120 Urankerne in Plutoniumkerne umwandeln, d.h. Uran (^{238}U), das zu 99,3% in Natururan enthalten ist, aber im Leichtwasserreaktor nicht gespalten werden kann, wird ebenfalls zur Energiegewinnung ausgenutzt. Gefahren, die über die der üblichen Reaktoren hinausgehen, ergeben sich durch die hohe Giftigkeit des Plutoniums.
Schnellgang, zusätzl. Übersetzungsstufe zum Zahnradwechselgetriebe (→Kennungswandler) eines Kraftfahrzeugs; ermöglicht die Herabsetzung der Motordrehzahl bei hohen Fahrgeschwindigkeiten *(Schongang)*. →auch Overdrive.
Schnellgefrierverfahren, eine Konservierungsmethode (→Lebensmittelkonservierung), bei der das Gefriergut (Fleisch, Fisch, Obst, Gemüse) in kurzer Zeit auf –15 °C abgekühlt wird. Das Einfrieren erfolgt bei Temperaturen von –20 bis –40 °C, bei der anschließenden Lagerung werden die Nahrungsmittel auf Temperaturen zwischen –15 u. –18 °C gehalten. Durch das S. bilden sich im Gegensatz zum langsamen Einfrieren nur feine Eiskristalle, durch die die Zellmembranen nicht gesprengt werden, so daß Aroma, Vitamine u. Nährwert weitgehend erhalten bleiben. Eingefrorene Nahrungsmittel müssen nach Auftauen sofort verbraucht werden.
Schnellkäfer, *Schmiede, Elateridae*, sehr artenreiche u. weltweit verbreitete Familie der *Käfer*, der eine Anzahl von Schädlingen angehören, die vor allem als Larven *(„Drahtwürmer“)* an den Wurzeln von Gräsern u. Feldfrüchten schaden. Alle Arten haben einen Schnellapparat zwischen Vorder- u. Mittelbrust, mit dessen Hilfe sie sich aus der Rückenlage empor u. wieder in die normale Bauchlage schnellen können. In Europa sind die häufigsten Arten die *Saat-S., Agriotes*, der auf Fichtenlichtungen u. an Kiefernstubben fast stets anzutreffende *Elater sanguinëus* mit leuchtendroten Flügeldecken u. der mausgraue, behaarte *Lacon murinus* mit Wehrdrüsen (unangenehmer Geruch) am Hinterleib. Zu den S.n gehört auch der südamerikan. →Cucujo *(Pyrophorus)* mit Leuchtorganen.
Schnellnäher, Industrienähmaschine mit hoher Nähleistung (5000 Stiche pro Minute).
Schnellpresse, eine →Druckmaschine.
Schnellrichter →Schnellverfahren.
Schnellstahl = Schnellarbeitsstahl.
Schnell & Steiner, *Verlag Schnell & Steiner*, München, gegr. 1934; Kunstführer durch Kirchen, Burgen, Museen; Zeitschrift „Das Münster“.
Schnellverfahren, *beschleunigtes Verfahren*, formfreieres Verfahren im Strafprozeß auf Antrag der Staatsanwaltschaft vor dem Amtsrichter oder Schöffengericht (*Schnellrichter* oder *Schnellgericht*). Schriftliche Anklage u. Eröffnungsbeschluß sind nicht erforderlich, die Ladungsfrist ist möglicherweise auf einen Tag abgekürzt. Stellt sich der Beschuldigte selbst zur Hauptverhandlung oder wird er vorgeführt, bedarf es überhaupt keiner Ladung. Das S. ist zulässig nur bei einfachen Sachverhalten u. wenn keine höhere Strafe als ein Jahr Freiheitsstrafe zu erwarten ist. Von den →Sicherungsmaßregeln darf im S. nur die Entziehung der Fahrerlaubnis verhängt werden (§§ 212–212b StPO).
Schnellzug, Eisenbahnzug mit hoher Fahrgeschwindigkeit (bis 160 km/h), der nur an wichtigen Stationen hält.
Schnepfen, *Scolopacinae*, eine Unterfamilie der *regenpfeiferartigen Vögel*, zu der auch *Strandläufer, Wasserläufer, Brachvögel, Sumpfläufer, Uferläufer, Uferschnepfe* gehören. Die *S. i. e. S.* sind mit langen Watbeinen versehene Vögel der Sümpfe u. feuchten Wiesen u. Wälder, deren meist langer Schnabel mit einem gut ausgebildeten Tastsinn für die Nahrungssuche im Boden ausgerüstet ist. Zu den S. gehören die →Bekassine u. die *Waldschnepfe, Scolopax rusticola.*
Schnepfenfische, *Macrorhamphosidae*, Familie der *Büschelkiemerfische* des Mittelmeers u. Atlantischen Ozeans mit zusammengedrücktem, gepanzertem Körper u. röhrenförmig verlängerter Schnauze, z.B. die *Seeschnepfe, Centriscus scolopax*, in Ostasien der *Schnepfenfisch, Amphisile scutata*. S.e halten sich in Küstennähe über weichem Grund auf.
Schnepfenfliegen, *Rhagionidae, Leptidae*, Familie langbeiniger, orthorapher *Fliegen*, die in schattigen Gebüschen auf kleine Insekten lauern. Die räuberischen Larven entwickeln sich im Wasser u. in der Erde.
Schnepfenstrauß, nach der Lebensweise gewählte Bez. für den →Kiwi, ohne systemat. Bedeutung.
Schnepfenvögel, *Scolopacidae*, vielgestaltige Familie der *regenpfeiferartigen Vögel*. Zu den rd. 150 Arten gehören *Kiebitze, Strandläufer, Wasserläufer, Brachvögel, Schnepfen, Steinwälzer, Kampfläufer, Sumpfläufer, Uferschnepfe, Wassertreter, Säbelschnäbler* u. *Stelzenläufer*.
Schnepper, *Schnäpper*, medizin. Gerät, bei dem federnde Klingen oder Nadeln durch Lösen einer Arretierung frei gemacht werden; verwendet zur Erzeugung feinster Hautblutungen, bes. die *Franckesche Nadel* zur Blutentnahme (erfunden von dem Arzt Karl *Francke*, *1859, †1920).
Schneuß →Fischblase (1).
Schneverdingen, Stadt in Niedersachsen (Ldkrs. Soltau-Fallingbostel), am Westrand der Lüneburger Heide, 15 200 Ew.; Gebäck-, Pelz-, Schuhindustrie; Luftkurort.
Schnez, Albert, Generalleutnant, *30. 8. 1911 Abtsgmünd, Württemberg; seit 1930 bei der Wehrmacht, zuletzt Oberst i. G.; 1957 als Brigadegeneral zur Bundeswehr, 1968–1971 Inspekteur des Heeres.
Schnippe, weißer Fleck auf den Lippen der Pferde.
Schnirkelschnecken, *Cepaea*, Familie der *Landlungenschnecken*. Zu den S. gehören die in Gärten u. auf Wiesen vorkommende *Gartenschnirkelschnecke, Cepaea hortensis*, mit heller Gehäusemündung u. die *Hainschnirkelschnecke, Cepaea nemoralis*, mit dunklem Mundsaum am gelbbraunen Gehäuse.
Schnitger, Arp, Orgelbauer, *2. 7. 1648 Schmalenfleth, Oldenburg, †Juli 1719 Neuenfelde bei Hamburg; seine Orgeln stellen noch heute das Ideal der Barockorgel dar mit ihrem klaren, silbrigen Klang. Sie finden sich hauptsächl. in Norddtschld.
Schnitker, Paul, Unternehmer, *12. 1. 1927 Münster; Malermeister; seit 1972 Präsident des Zentralverbands des Deutschen Handwerks.
Schnitt, 1. *Buchbinderei:* die drei beschnittenen Seiten des Buches; →auch Farbschnitt.
2. *Film:* das sinngemäße Aneinanderfügen von Einzeleinstellungen, Sequenzen u. Szenen zum fertigen Film. Durch die verschiedenen Sorten des S.s *(Fein-S., Roh-S., Synchron-S., Montage-S.)* können sehr unterschiedl. Wirkungen entstehen; daher ist der S. mitentscheidend für den Filmstil.
3. *Gartenbau:* Beschneidung der Obstbäume, des Weins oder sonstiger Holzgewächse, bezweckt eine richtige Formgebung der Krone *(Baum-S.)*, gutes u. schnelles Anwachsen *(Wurzel-S.)* nach der Pflanzung, Heilung von Erkrankungen *(Gesundungs-S.)* oder Erzielung besserer Erträge bzw. größerer Früchte.
4. *Geometrie:* gemeinsame Punkte zweier Kurven *(S.punkt)*, zweier Flächen *(S.linie)*, einer Fläche mit einem Körper *(S.fläche)*.
5. *Mengenlehre:* Synonym für *Durchschnitt* zweier Mengen. →Menge.
6. *Technik:* 1. zeichnerische Darstellung von Körpern (Maschinenteilen, Bauteilen u.a.); man unterscheidet *Längs-, Quer-* u. *Horizontal-S.* – 2. Bez. für Schnittwerkzeuge zum Stanzen.
Schnittbohne, fadenlose grüne Stangen- u. Buschbohne.
Schnittentbindung = Kaiserschnitt.
Schnittervase, Steatitvase aus der Blütezeit der minoischen Kultur (16. Jh. v. Chr.) mit Darstellung einer Heimkehr von der Olivenernte; bestbekanntes Beispiel seiner Gattung (Museum von Heraklеion, Kreta).
Schnittfaser, aus Zellglas durch Querschneiden schmaler Pakete in schmale Streifen gewonnene bändchenartige Faser.
Schnittgeschwindigkeit, Relativgeschwindigkeit zwischen Werkzeug u. Werkstück in der Schnittrichtung bei der spanenden Formung (Drehen, Bohren, Fräsen, Hobeln, Schleifen).
Schnittholz, Holzerzeugnisse wie Bretter, Balken, Latten, die durch das Zersägen von Rundholz in achsenparalleler Richtung entstanden sind.
Schnittiefe, *Spantiefe*, Abstand zwischen Arbeitsfläche u. ursprüngl. Oberfläche eines Werkstücks bei der spanenden Formung.
Schnittlauch, *Graslauch, Jakobszwiebel, Johannislauch, Allium schoenoprasum*, Gebirgspflanze aus der Familie der *Liliengewächse*, ausdauernd, mit röhrig gefalteten Blättern u. lila bis rosaroten Doldenblüten. Beliebtes Gewürz, bes. im zeitigen Frühjahr (im Winter in Töpfen), enthält die Vitamine A, B u. C.
Schnittwaren, im großen Stück hergestellte Stoffe, die nach Maß verkauft werden.
Schnitzaltar, Altaraufsatz mit Schnitzwerk.
Schnitzbank, *Schneidbank, Hanselbank*, hölzerne Bank mit Klemmvorrichtung, die mit dem Fuß betätigt wird; vom Böttcher u. Stellmacher zum Herrichten der Dauben, Speichen u.ä. mit dem Ziehmesser benutzt.
Schnitzelbank, auf Hochzeiten u.a. Festen vorgetragene komische Verse, die oft durch Bilder erläutert werden; auch als Rügebrauch an Fastnacht.
Schnitzer, Eduard →Emin Pascha.
Schnitzler, 1. Arthur, österr. Dramatiker u. Erzähler, *15. 5. 1862 Wien, †21. 10. 1931 Wien; Arzt, befreundet mit S. *Freud* u. H. *Bahr*; kultivierter, sensibler Schilderer der melanchol.-genußfreudigen, dekadenten Wiener Gesellschaft um die Jahrhundertwende, die er am Beispiel des Einzelmenschen analysierte. Theaterstücke: „Anatol“ 1893; „Liebelei“ 1895 (oft verfilmt: 1911, 1926/27, 1933, 1958: P. *Gaspar-Huit*); „Der grüne Kakadu“ 1899; „Reigen“ 1900 (oft verfilmt: 1920; 1950: M. *Ophüls*; 1963: A. *Weidenmann*; 1964: R. *Vadim*); „Der einsame Weg“ 1903; „Fink u. Fliederbusch“ 1917; „Die Schwestern“ 1919; „Zug der Schatten“ (Fragment, posthum 1970); Erzähltes: „Leutnant Gustl“ 1900; „Der Weg ins Freie“ 1908; „Casanovas Heim-

fahrt" 1918; „Fräulein Else" 1924; „Spiel im Morgengrauen" 1927; „Therese. Chronik eines Frauenlebens" 1928. – Briefwechsel mit O. *Brahm* 1953 (Nachtrag 1958), G. *Brandes* 1956, H. von *Hofmannsthal* 1964.
2. Karl Eduard von, Rundfunkjournalist, *28. 4. 1919 Berlin-Dahlem; 1946 Leiter der Politischen Abteilung des NWDR Köln, ging 1948 nach Ostberlin u. stieg zum Chefkommentator der Hörfunk- u. Fernseheinrichtungen der DDR auf.
Schnöck →Hecht.
Schnoor, Hans, Musikschriftsteller, *4. 10. 1893 Neumünster; seit 1922 Musikkritiker in Dresden, seit 1949 in Bielefeld. Hptw.: „Weber auf dem Welttheater" 1942; „Geschichte der Musik" 1953; „Oper, Operette, Konzert" 1955; „Welt der Tonkunst" 1960.
Schnorchel [zu *schnarchen*], beim U-Boot ausfahrbare Röhre, meist aus Stahlblech, mit einem Ventil versehen, die das Ansaugen von Frischluft für die Besatzung u. den Dieselmotor bei Tauchfahrt ermöglicht. Ähnliche Vorrichtungen befinden sich an Sport-Tauchgeräten.
Schnorr von Carolsfeld, Julius, Maler u. Graphiker, *26. 3. 1794 Leipzig, †24. 5. 1872 Dresden; 1817–1827 in Rom, schloß sich dort den Nazarenern an; 1827–1846 in München, danach in Dresden tätig; entwickelte nach den zart empfundenen romant. Frühwerken mit meist religiöser Thematik einen monumentaltheatral. Freskostil (Nibelungenfresken in der Münchener Neuen Residenz 1827–1867); graph. Hptw. ist die mit 240 Holzschnitten illustrierte „Bibel in Bildern" 1853–1860.
Schnucke, kleines Schaf, = Heidschnucke.
Schnüffis →Laurentius von Schnüffis.
Schnulze, rührseliges, kitschiges Schlagerlied, Theater-, Kino- oder Fernsehstück.
Schnupfen, *Koryza,* Absonderung größerer Mengen flüssig-schleimigen (auch eitrigen oder blutigen) Sekrets aus der Nase, verbunden mit Schleimhautschwellung u. Niesanfällen. Ursachen des S.s: Entzündung der Nasenschleimhaut *(Rhinitis)* durch Allergene *(allergischer S., Heu-S.)* oder durch bakterielle, chemische, physikal. Reize (Dämpfe, Staub u. a.), nervlich bedingte Durchblutungsstörungen der Nasenschleimhaut (sog. *nervöser S.*), Schleimhautwucherungen beim chronischen *Stock-S.*; meist jedoch Folge einer Erkältung, banaler S. *(Erkältungs-S.)*, dessen Erreger das S.-Virus ist. →auch Nase (Nasenkrankheiten).
Schnupftabak, Tabakpulver aus bes. schweren, nicotinreichen Tabaken, z. B. Virginia u. Kentucky, das die Nasenschleimhäute reizt. Für seine Herstellung läßt man Tabak 4–7 Jahre lang lagern u. unterzieht ihn nach dem Zerkleinern einer Soßierung (→soßieren) mit nach verschiedenen Rezepten hergestellten Soßen, die u. a. Aroma-, Farb- u. Konservierungsstoffe sowie die Schleimhäute reizende Mittel enthalten.
Schnupftabakdose, engl. *Snuffbottle,* Behälter für Schnupftabak, oft Gegenstand künstler. Verzierung, in China z. B. in zierl. Flaschenform aus Porzellan, Glas, Halbedelsteinen, Metallen u. Holz.
Schnurasseln = Schnurfüßer.
Schnurbaum = Rosenkranzbaum.
Schnürboden, 1. *Bauwesen:* ebene Fläche, auf der der Zimmermann die Teile einer Holzkonstruktion in natürl. Größe aufzeichnet (→abschnüren), um sie danach zuzuschneiden.
2. *Schiffbau:* großer Raum mit glattem Fußboden, auf dem alle wichtigen Konturen des Schiffs in natürlicher Größe aufgezeichnet u. auf hölzerne Schablonen *(Mallen)* zur Herstellung der stählernen Bauteile übertragen werden. Seit 1950 wurde der S. durch opt. Vergrößerung von sehr genauen Zeichnungen, seit 1965 durch direkte elektron. Steuerung der Brennschneidemaschinen ersetzt.
3. *Theater:* der Raum über der Bühne zum Einhängen der Kulissen.
schnüren, *Jagd:* traben (von Wolf, Luchs, Wildkatze, Fuchs); dabei werden die Tritte schnurgerade voreinander gesetzt *(Schnürspur)*.
Schnurfüßer, *Julidae,* Familie der *Doppelfüßer,* gestreckte Tiere, die sich bei Gefahr uhrfederartig zusammenrollen können u. Abwehrsekrete ausscheiden.
Schnurkeramik, Tonwaren (bes. Amphoren u. Becher) einer spätjungsteinzeitl. in verschiedene Landschaftsgruppen gegliederten Kultur Mitteleuropas mit Hauptverbreitung in Mittel-Dtschld; benannt nach der Verzierung der Gefäße durch Schnurabdrücke u. ähnl. Muster. Charakteristisch sind ferner mit Fischgrätenmustern verzierte Becher, Schmuck aus Tierzähnen, Muscheln, Kupfer, Bernstein, Bein, Streitäxte u. a. Die Toten wurden in Einzelgräbern in Hockerstellung bestattet, z. T. unter Grabhügeln u. zuweilen mit Resten von Totenhäusern in Rückenlage, W–O (Männer), O–W (Frauen) gerichtet. Die S. bildet zusammen mit verwandten Kulturen in Nord- u. Osteuropa einen vom Kaspischen Meer bis zur Nordsee reichenden Kulturkreis, der unter dem Namen →Streitaxt-Kulturen zusammengefaßt ist.
Schnurkette, Antriebselement bei Nähmaschinen zur schlupffreien Bewegungsübertragung von der Armwelle auf die Greiferwelle. Die S. besteht aus nebeneinanderliegenden Schnüren, die durch aufgedrückte, in gleichen Abständen angeordnete Metallklammern zusammengehalten werden.
Schnürleib, veraltete Bez. für →Korsett.
Schnurrbart, Bart auf der Oberlippe, je nach Mode geschwungen u. mit gedrehten Enden.
Schnurre, Wolfdietrich, Schriftsteller, *22. 8. 1920 Frankfurt a. M.; lebt in Berlin, war Theater- u. Filmkritiker, kämpft für das Humane, neigt zu skurriler u. surrealist. Darstellung, auch als Illustrator eigener Werke. Lyrik: „Kassiber" 1956; „Abendländler" 1957. Erzähltes: „Sternstaub u. Säfte" 1953, unter dem Titel „Die Aufzeichnungen des Pudels Ali" 1962; „Protest im Parterre" 1957; „Als Vaters Bart noch rot war" 1958; „Funke im Reisig" 1963; „Rapport des Verschonten" 1968. Viele Hörspiele („Spreezimmer möbliert" 1967).
Schnurrhaare, *Spürhaare, Vibrissen,* bes. dicke Haare an der Oberlippe vieler Säugetiere.
Schnurstich, textile Ziertechnik, bei der ein Faden, meist aus Metall, mit kleinen Überfangstichen am Untergrund festgenäht wird.
Schnürstiefel, ein mittels Ösen u. Schnürbändern zu schließender Stiefel; schon im Altertum bekannt, im 19. Jh. wieder aufgekommen u. für viele Sportarten unerläßlich.
Schnurwürmer, *Nemertinen, Nemertini,* ein Tierstamm, dessen hochorganisierte Vertreter meist im Meer, seltener im Süßwasser oder auf dem Land vorkommen. Alle sind lebhaft gefärbt u. erreichen bei einem geringen Körperquerschnitt (0,1 cm) eine beträchtl. Länge (10–70 cm). S. sind Räuber; der einstülpige Rüssel kann mit einem Giftstachel versehen sein. Der längste Schnurwurm, *Lineus longissimus,* kann ausgestreckt 30 m lang sein. Man kennt rd. 750 Arten.
Schnurzugfeder, Feder mit verschieden breiter, abgewinkelter u. kreisförmiger Spitze u. Tintenhaltung; als Schreibfeder für Blockschrift oder für Zierschriften verwendet.
Schnütgen, Alexander, Kunstsammler, *22. 4. 1843 Steele, Ruhr, †23. 11. 1918 Listernohl, Sauerland; Domherr in Köln, seit 1903 Prof. in Bonn. Aus seiner der Stadt Köln geschenkten Sammlung kirchl. Kunst des MA. ging das dortige *S.-Museum* hervor.
Schober, Johannes, österr. Politiker, *14. 11. 1874 Perg, Oberösterreich, †19. 8. 1932 Baden bei Wien; 1918–1929 Polizeipräsident von Wien, 1921/22 Bundeskanzler u. Außen-Min., 1929/30 Bundeskanzler, 1930–1932 Außen-Min. u. Vizekanzler, erreichte 1930 von den Westmächten den Verzicht auf Reparationen, mußte 1932 im Zusammenhang mit der geplanten Zollunion mit Dtschld. zurücktreten.
Schobergruppe, Gebirgsmassiv der Hohen Tauern (Österreich), südl. des Großglockners, zwischen Möll- u. Iseltal, im *Petzeck* 3283 m u. *Hochschober* 3240 m.
Schoch, 1. Johann Georg, Lyriker u. Epigrammatiker, *Oktober 1634 Leipzig, †um 1690; Verwaltungsbeamter; schrieb „Comoedia vom Studentenleben" 1657; „Neu erbauter Poetischer Lust- und Blumengarten" 1660.
2. Johannes, Baumeister, *um 1550 Königsbach, Baden, †1631 Straßburg; Stadtbaumeister in Straßburg, 1601–1619 kurpfälz. Hofbaumeister. Hptw.: Schaufassade zum Friedrichsbau des Heidelberger Schlosses 1601–1607; „Neuer Bau" in Straßburg 1582–1585.
Schock [der; frz.], **1.** *allg.:* Schlag, Stoß.
2. *Medizin:* 1. *i. w. S.* eine plötzliche, den Organismus tiefgreifend verändernde Erschütterung; meist Folge einer schweren Körperverletzung *(traumatischer S., Wund-S.)*, daneben: *apoplektischer S.* durch Gehirnschädigung, *Bauch-S.* durch stumpfe Bauchverletzung, *toxischer S.* bei Vergiftungen u. a. Häufig ist auch der *seelische S. (Nerven-S.)* bei Menschen mit labilem Lebensnervensystem; er führt zu Zittern, Schweißausbruch, Weinkrämpfen, Erbrechen. – 2. *i. e. S.* der *Kreislauf-S.*, dessen erste Phase *(Präkollaps)* durch Erregung u. Unruhe, blaß-verfallenes Aussehen, spitze Nase, Schweißausbruch, jagenden kleinen Puls, u. U. Blutdruckerhöhung gekennzeichnet ist. Dieser S.zustand ist Ausdruck einer äußersten Anspannung des Kreislaufsystems, das bei weiterer, noch so geringer Belastung zusammenzubrechen droht: diese zweite S.phase *(Kreislauflähmung)* ist der →Kollaps. – In der Psychiatrie werden bei der Behandlung schwerer Geistesstörungen künstliche S.s durch Insulin, chem. Mittel oder elektr. Ströme verwendet *(S.behandlung)*.
3. [das], *Zählmaße:* altes Zählmaß vorwiegend in Mittel-, Nord- u. Ostdeutschland; 1 S. = 5 Dutzend = 60 Stück.
Schock, Rudolf, Opern- u. Operettensänger (Tenor), *4. 9. 1915 Duisburg; sang an vielen Bühnen, 1946–1951 an der Berliner Staatsoper, seit 1951 an der Wiener Staatsoper, dann u. a. in Hamburg, Bayreuth; tritt auch in Film u. Fernsehen auf.
Schockemöhle, Alwin, Springreiter, *29. 5. 1937 Osterbrock, Emsland; Olympiasieger im Springreiten 1976 in Montreal, mit H.-G. *Winkler* u. F. *Thiedemann* 1960 Olympiasieger im „Preis der Nationen" in Rom, 1968 Bronzemedaille. – Ⓑ→Pferdesport.
Schockwellentechnik, ein Hochenergie-Umformverfahren, bei dem Druckwellen von höchster Energie u. Geschwindigkeit zum Umformen, Plattieren, Härten u. Sintern Verwendung finden. →Hochgeschwindigkeitsumformung.
Schockwurf, eine Wurfart, bei der Bälle oder Kugeln bei herabhängenden Armen mit beiden Händen in Hüfthöhe gehalten u. durch Schwungholen nach vorwärts-oben abgeworfen werden.
Schoeck, Othmar, schweizer. Komponist u. Dirigent, *1. 9. 1886 Brunnen, †8. 3. 1957 Zürich; Schüler von M. *Reger;* schrieb lyr. Musik von romant. Grundhaltung bei ausgeweiteter Tonalität; nach F. Schubert der fruchtbarste Liederkomponist (über 400 Klavierlieder, Liedzyklen mit Orchester). Opern („Penthesilea" 1927; „Vom Fischer un syner Fru" 1930; „Massimilla Doni" 1937; „Das Schloß Dürande" 1943), Singspiele, Orchesterwerke, Kammermusik u. Chorwerke.
Schoenhals, Albrecht, Schauspieler u. Arzt, *7. 3. 1888 Mannheim, †4. 12. 1978 Baden-Baden; bis 1920 Arzt, seit 1934 beim Film beliebter Charakterdarsteller; auch schriftstellerisch tätig.
Schoenichen, Walter, Biologe, *18. 7. 1876 Köln, †22. 11. 1956 Göppingen; bis 1938 Direktor der Reichsstelle für Naturschutz; Verfasser von Methodiken für den Biologieunterricht.
Schoenlein, Johann Lucas, Mediziner, *30. 11. 1793 Bamberg, †23. 1. 1864 Bamberg; nach ihm benannt die *S.sche Purpura,* eine bes. (rheumatische) Form der Blutfleckenkrankheit, u. das *Achorion Schoenleini,* ein Fadenpilz, der Erreger des Kopfgrinds (Favus).
Schoeps, Hans-Joachim, Historiker, *30. 1. 1909 Berlin, †8. 7. 1980 Erlangen; lebte 1938–1946 in Uppsala, Schweden; seit 1947 Prof. in Erlangen; beschäftigte sich bes. mit vergleichender Religionswissenschaft u. mit Quellenforschungen zur preuß. Geschichte; Hrsg. der „Zeitschrift für Religions- u. Geistesgeschichte". Werke: „Wir dt. Juden" 1933; „Geschichte der jüd. Religionsphilosophie in der Neuzeit" 1935; „Theologie u. Geschichte des Judenchristentums" 1949; „Die großen Religionsstifter u. ihre Lehren" 1950; „Das andere Preußen" 1952; „Religionen. Wesen u. Geschichte" 1961; „Studien zur unbekannten Religions- u. Geistesgeschichte" 1963; „Preußen. Geschichte eines Staates" 1966; „Neue Quellen zur

Schnurfüßer aus Ostafrika, 24 cm lang

Geschichte Preußens im 19. Jh." 1968; „Ja – nein u. trotzdem" (Erinnerungen) 1974; „Dt. Geistesgeschichte der Neuzeit" 5 Bde. 1976–1980.

Schofar [der; hebr.], altisraelit. posaunenähnliches Instrument aus einem Widderhorn, in alter Zeit für Kriegssignale gebraucht („Posaunen von Jericho"), wird u. a. am jüd. Neujahrsfest geblasen. – B →jüdische Musik.

Schöffen [oberdt.; mittel- u. niederdt. *Schöppen*], **1.** im dt. MA. die ständigen Urteilsfinder der Volksgerichte. Die Urteilsfindung durch die S. anstatt durch das gesamte *Thing* wurde unter *Karl d. Gr.* allg. eingeführt. In der frühen Neuzeit wurde die Rechtsprechung der Volksgerichte allmählich durch die Rechtsprechung der landesherrl. bestellten, am röm. Recht geschulten Juristen verdrängt. **2.** ehrenamtl., bei Berufung als S. aber zur Übernahme dieses Amts verpflichtete Mitglieder (Beisitzer) bestimmter Gerichte (Laienrichter; früher z. T. auch unter der Bez. *Geschworene*); in der BRD des *S.gerichts* u. der *Strafkammern*, in der DDR als Zivil- u. Strafkammern des *Kreisgerichts*, bei erstinstanzl. Entscheidungen auch der Zivil- u. Strafsenate des *Bezirksgerichts*. Heute haben alle S. bei den Entscheidungen ihres Gerichts das gleiche Stimmrecht wie die Berufsrichter. In der BRD werden die S. von einem besonderen Ausschuß bei dem jeweiligen Gericht aus einer Vorschlagsliste ausgewählt, die von den Gemeindevertretungen aufgestellt wird. Die gewählten S. werden auf eine *S.liste* gesetzt, aus der sie für die Mitwirkung an den einzelnen Sitzungen ausgelost werden. Ähnlich in Österreich (Mindestalter der S. 30 Jahre). Im größten Teil der Schweiz ist die Bezeichnung S. unbekannt, doch gibt es in zahlreichen Kantonen Laienrichter. In der DDR werden die S. für die Kreisgerichte in Versammlungen der Werktätigen, die im Zusammenhang mit der Wahl der Kreistage u. Gemeindevertretungen stattfinden, die S. der Bezirksgerichte vom Bezirkstag, die S. des Senats für Arbeitsrechtssachen beim Obersten Gericht von der Volkskammer gewählt u. auf die S.liste gesetzt, nach deren Reihenfolge sie vom Vorsitzenden des Gerichts zu den Sitzungen zugezogen werden sollen, wobei Ausnahmen zulässig sind; tatsächl. können die S. vom Richter für den Einzelfall ausgewählt werden. – □ 4.1.7. **3.** früher in Preußen ehrenamtl. Gemeindebeamte zur Unterstützung des Gemeindevorstehers, die in Gemeinden mit Magistratsverfassung Mitglieder des *Magistrats* waren.

Schöffengericht, in der BRD zum Amtsgericht (in Österreich zu Strafgerichtshöfen 1. Instanz) gehörendes Kollegialgericht für Strafsachen im Rahmen der →ordentlichen Gerichtsbarkeit; besetzt mit einem (in Sachen mit größerem Umfang mit zwei) Berufsrichter(n) u. zwei Schöffen, als *Jugendgericht* mit zwei *Jugendschöffen*. Im schweizer. Kanton Bern wurde 1928 ein S. eingeführt. →auch Schwurgericht.

Schöffenliste, Liste der endgültig gewählten *Schöffen*, aus der sie für die einzelnen Verhandlungen bestimmt werden.

Schöffer, 1. Nicolas, ungar. Maler, Plastiker u. Kinetiker, *6. 9. 1912 Kalocsa; begann als Maler, kam unter den Einfluß P. *Mondrians* u. der *Stijl-Bewegung* zur Metallplastik u. setzte sich für eine Plastik des Freiraums ein. 1948 konstruierte er turmähnl. „spatiodynamische" Plastiken, denen „lumino- u. chronodynamische" Arbeiten folgten. Ein über 300 m hoher „S.-Turm" (mit 3000 mehrfarbigen Scheinwerfern u. 260 Spiegelelementen) soll bis 1975 in Paris gebaut werden u. den Eiffelturm als Wahrzeichen der Stadt ablösen. **2.** *Schoiffer*, Peter, Buchdrucker u. Verleger, *um 1425 Gernsheim, Rhein, †1502 oder 1503 Mainz; arbeitete bei *Gutenberg* u. J. *Fust*, übernahm als Fusts Schwiegersohn nach dessen Tod seine Druckerei u. druckte u. a. 1462 die berühmte 48zeilige Bibel in 2 Bänden.

Schogun [jap.], *Shôgun*, Abk. für *Seiitaishôgun*, [„Oberbefehlshaber zur Unterwerfung der Barbaren"]; ursprüngl. Titel des Anführers gegen die Ainu-Stämme im Norden; seit der Verleihung an Minamoto *Yoritomo* 1192 Bez. für die Stellung des tatsächl. Machthabers mit militär. Oberbefehl in Japan (Schogunat), 1868 durch die Meidschi-Restauration abgeschafft. →auch Kamakura-Zeit, Muromatschi-Zeit.

Schokolade [indian., span., ndrl.], Nahrungs- u. Genußmittel aus Kakaomasse, Zucker u. entspr. geschmackgebenden Zutaten; 1519 von den Spaniern in Mexiko entdeckt, aber erst in der Mischung mit Zucker in Europa verbreitet u. seit 1820 in Spanien fabrikmäßig hergestellt. – Geröstete u. zerkleinerte Kakaobohnen werden zu Kakaomasse vermahlen. Zu diesem Halbfabrikat werden bis zu 60% Zucker, Gewürze, Mandeln, Nüsse u. Milch, auch zusätzl. Kakaobutter gegeben. Die teigartige Mischung wird in Walzwerken zu einem feinkörnigen Pulver geschliffen, zur Geschmacksveredlung mit Wärme behandelt, in Formen gegossen u. schnell abgekühlt. Die prozentuale Zusammensetzung einzelner Arten von S. ist durch die Verordnung über Kakao u. Kakaoerzeugnisse vom 15. 7. 1933 in der BRD gesetzl. geregelt.

Schöffen: Große Strafkammer eines Landgerichts mit 2 Schöffen (auf der Richterbank zwischen den Berufsrichtern und der Protokollantin)

Schola cantorum ['sçoːla-; die; lat., „Sängerschule"], Chor zur musikal. Ausgestaltung der päpstl. Gottesdienste, auf *Gregor d. Gr.* oder sogar *Silvester I.* zurückzuführen; bereits seit dem 5./6. Jh. gab es Schulen für den liturg. Gesangunterricht. – Später Name für Konservatorien u.a. in Paris, gegr. 1896 von V. *d'Indy*, A. *Guilmant*, C. *Bordes*, u. in Basel, gegr. 1934 von P. *Sacher*.

Scholar [lat.], *Scholast*, fahrender Schüler, Student im MA. u. in der frühen Neuzeit.

Scholastik [lat. *schola*, „Schule"], die theolog.-philosoph. Wissenschaft des MA., wie sie an Universitäten, Kloster- u. Domschulen gelehrt wurde. Sie läßt sich in 3 Abschnitte gliedern:
1. Früh-S. (9.–12. Jh.): In der Zeit der Karolinger begann nicht nur die werdende polit.-religiöse Einheit des latein.-mittelalterl. Abendlands sich abzuzeichnen, sondern auch die Schulen erlebten unter der Förderung geistl. u. weltl. Fürsten eine neue Blüte. Das 11. u. 12. Jh. zeigt die Denker dann in voller, freier Verfügung aller ihnen bekannten Quellen u. bestrebt, mit den Mitteln des Denkens ein umfassendes Weltbild im Rahmen des christl. Glaubens zu errichten. *Abälard* ließ in seiner Schrift „Sic et non" zu jeder Frage die „Autoritäten" (Bibel, Kirchenlehrer) zu Wort kommen, um daraufhin die Lösung zu formulieren. Daraus wurde die *scholast. Methode* der Untersuchung u. der Disputation. Der Streit um den Wert log. Schulung (*Dialektik*), die als Seinsweise des Allgemeinen (→Universalienstreit) verrät die Probleme, die sich hinter der Devise eines nach Einsicht strebenden Glaubens (*Anselm von Canterbury*) verbargen.
2. Hoch-S. (12./13. Jh.): Um so bereitwilliger wurden die durch Übersetzungen seit dem Ende des 12. Jh. bekanntgewordenen Zeugnisse griech. u. arab. Wissenschaft (Mathematik, Astronomie, Medizin), vor allem aber die Naturphilosophie u. Metaphysik des *Aristoteles* mitsamt seinen griech. u. arab. Kommentatoren (*Alexander von Aphrodisias, Philoponos, Simplikios* [beide 5./6. Jh.], *Avicenna, Averroës*), aufgegriffen u. verarbeitet. Die Quellen des Wissens wurden von denen des Glaubens unterschieden, womit neben dem Vertrauen der Widerspruchslosigkeit zwischen allen Wegen der Wahrheitssuche (*Albertus Magnus, Thomas von Aquin, Duns Scotus, Franziskanerschule*) sofort auch das Thema von den möglichen Widersprüchen zwischen Wissen u. Glauben auftrat (*Averroísmus*).
3. In der Spät-S. (14./15. Jh.) war die Einheit von Wissen u. Glauben gesprengt. Neben mystischen Bewegungen standen starke Interessen für einzelwissenschaftl. Forschung, während in der Philosophie die Neigung zur Festlegung auf Schulmeinungen wuchs.

In der *Gegenreformation* erlebte die S. einen von dem Dominikaner- u. dem Jesuitenorden getragenen Wiederaufstieg in Spanien u. Portugal, angeregt durch eine Neuerschließung der Lehre des Thomas von Aquin in Italien. Der Dominikaner F. von *Vitoria* gründete in Salamanca eine Schule (*Salmantizenser*), aus der namhafte thomist. Theologen hervorgingen. Wie von diesen, wurde auch von den Jesuiten, bes. in Coimbra (*Coimbrizenser*) u. von F. von *Suárez*, in Auseinandersetzung mit Scotismus, Nominalismus u. neuzeitl. sozialphilosoph. Problemen, eine Synthese geschaffen zwischen der überlieferten S. u. diesen neueren Denkrichtungen.

Gegen die kath. Romantik erfolgte in der zweiten Hälfte des 19. Jh. innerhalb der konfessionell gebundenen Philosophie eine Neubelebung der großen mittelalterl. Systeme in der sogenannten Neu-S. Gemäß dem am Ausgang des MA. nebeneinanderstehenden beiden großen Schulen der Franziskaner u. Dominikaner lassen sich auch in der Neu-S. zwei große Gruppen unterscheiden, von denen die eine über Duns Scotus auf die augustinisch-neuplatonische Tradition zurückging, während die andere (*Neuthomismus*) unter Berufung auf Thomas von Aquin einen christl. Aristotelismus pflegte. – □ 1.4.7.

Scholastika, *Scholastica*, Heilige, Schwester Benedikts von Nursia, *um 480, †um 547; lebte in einem Kloster bei Montecassino. Fest: 10. 2.

Scholem, Gershom (Gerhard), jüd. Gelehrter, *5. 12. 1897 Berlin; Erforscher der jüd. Mystik u. Kabbala; 1933–1965 Prof. an der Universität Jerusalem. Schriften: „Das Buch Bahir" 1922; „Die jüd. Mystik in ihren Hauptströmungen" 1941, dt. 1957; „Zur Kabbala u. ihrer Symbolik" 1960; „Von der mystischen Gestalt der Gottheit" 1962; „Judaica" 2 Bde. 1963, 1970.

Scholem Alejchem [hebr., „Friede mit euch"], *Schalom Alechem*, eigentl. Schalom *Rabinowitsch*, jidd. humorist. Schriftsteller, *2. 3. 1859 Perejaslaw-Chmelnizkij, Ukraine, †13. 5. 1916 New York; floh 1905 aus Rußland; schilderte das Leben jüd. Auswanderer in den USA; die Typen seiner Schauspiele u. Schwänke zeigen symbol. den unzerstörbaren Glauben an die Güter des Lebens; in seinem Schaffen lebt der jüd. Osten fort. Romane: „Stempeniu" 1888, dt. 1922; „Die Geschichten Tewjes, des Milchhändlers" 1894, dt. ca. 1921, unter dem Titel „Tewje, der Milchmann" 1961, danach Musical von J. Stein u. J. Bock „The Fiddler on the Roof" 1964.

Schöler, Eberhard, Tischtennisspieler, *22. 12. 1940 Flatow, Pommern; dt. Meister 1962–1969 u. 1971; Vize-Europameister 1962 im Mixed; Vize-Weltmeister 1969 im Herreneinzel u. mit der dt. Mannschaft, erhielt 1969 die Fair-Play-Trophäe des Verbands Dt. Sportpresse.

Scholie [-liːə; die; grch.], in der Literatur des Altertums eine kurze, erläuternde Bemerkung zu einer schwierigen Textstelle; bes. zahlreich sind S.n zu bibl. Texten überliefert. Im MA. wurden die S.n zu gelehrten Kommentaren erweitert.

Scholl, Geschwister S. (Hans, *22. 9. 1918 Ingersheim an der Jagst; Sophie, *9. 5. 1921 Forchtenberg), beide †22. 2. 1943 (hingerichtet); ge-

Scholle

hörten während des Studiums in München der Widerstandsgruppe *Weiße Rose* an, wurden beim Verteilen von antinationalsozialist. Flugblättern verhaftet u. vom Volksgerichtshof zum Tod verurteilt.

Scholle, 1. *Ackerbau:* beim Pflügen entstehendes Erdstück, daher auch Bez. für landwirtschaftl. Besitz („auf eigener S.").
2. *Geologie:* ein von Verwerfungen umsäumtes Bruchstück der Erdkruste; vertikal gegeneinander verschobene S.n heißen *Bruch-S.,* einseitig gehobene heißen *Pult-S.* (Verkippung um die Längsachse) oder *Kipp-S.* (Verkippung um die kürzere Achse).
3. *Zoologie:* Goldbutt, *Pleuronectes platessa,* ein *Plattfisch* der europ. Küstenmeere bis 200 m Tiefe. Gewicht meist 0,5–2 kg, selten bis 5 kg; Nahrung: Würmer, Muscheln, Kleinkrebse. Fang mit Schleppnetzen; in der dt. Küstenfischerei nach dem Kabeljau bedeutendster Fisch.

Schollen, S. i. w. S. →Plattfische.

Schöllgen, Werner, kath. Moraltheologe, *23. 9. 1893 Düsseldorf; bis 1961 Prof. in Bonn, bearbeitet Grenzfragen der Moraltheologie zur Soziologie u. Medizin; „Aktuelle Moralprobleme" 1955.

Schöllkraut, *Chelidonium majus,* ein *Mohngewächs* der Alten Welt, mit goldgelben Blüten, buchtig gelappten, gefiederten Blättern u. orangegelbem, scharfem Milchsaft.

Scholochow [-xɔf], Michail Alexandrowitsch, sowjetruss. Schriftsteller, *24. 5. 1905 Kruschilin im Dongebiet; gilt als größter russ. Epiker seit M. *Gorkij*; Vertreter des „sozialist. Realismus"; Nobelpreis 1965. Romane: „Der stille Don" 4 Bde. 1928–1940, dt. 1929 ff.; „Neuland unterm Pflug" 1. Bd. 1932, dt. 1934, 2. Bd. 1959/60, dt. 1960, unter dem Titel „Ernte am Don" 1966; Erzählungen: „Donerzählungen" 1925, dt. 1960; „Ein Menschenschicksal" 1957, dt. 1958.

Scholtis, August, oberschles. Schriftsteller, *7. 8. 1901 Bolatitz, Hultschiner Ländchen, †26. 4. 1969 Berlin; schrieb mit vitaler Drastik bes. von den Menschen u. Problemen seiner Grenzheimat: „Ostwind" 1932; „Die Katze im schles. Schrank" 1958; „Ein Herr aus Bolatitz" 1959 (Selbstbiographie); „Die Reise nach Polen" 1962.

Scholz, 1. Karl Roman, österr. Schriftsteller u. Theologe, *16. 1. 1912 Mährisch-Schönberg, †10. 5. 1944 Wien (hingerichtet); Augustiner-Chorherr in Klosterneuburg, 1940 als Gründer u. Leiter der „Österr. Freiheitsbewegung" verhaftet u. zum Tod verurteilt.
2. Wilhelm von, Schriftsteller, *15. 7. 1874 Berlin, †29. 5. 1969 Konstanz; lebte in München, Weimar, Stuttgart (1910–1923 Dramaturg), Berlin (1926–1928 Präs. der Preuß. Dichterakademie), Seeheim bei Konstanz; kam vom lyr. Symbolismus zum Neuklassizismus; Einflüsse der dt. Mystik. Lyrik: „Der Spiegel" 1902; „Unter den Sternen" 1963; Dramen: „Der Jude von Konstanz" 1905; „Claudia Colonna" 1941; Romane: „Perpetua" 1926; „Der Weg nach Ilok" 1930; „Theodor Dorn" 1967. Erzählungen: „Zwischenreich" 1922; „Das Inwendige" 1958. Landschaftsbücher, Schriften zum Drama, Aphorismen, Hrsg.-Tätigkeit.

Schomburgk, 1. Hans, Forschungsreisender, *28. 10. 1880 Hamburg, †27. 7. 1967 Berlin; bereiste Teile Afrikas, entdeckte einige bis dahin unbekannte Tiere, drehte Tierfilme, schrieb populäre Reiseberichte sowie Schilderungen des afrikan. Tierlebens u. betätigte sich als Tierfänger (1912 Zwergflußpferd).
2. Richard, Bruder von 3), Botaniker u. Südamerikaforscher, *5. 10. 1811 Freyburg an der Unstrut, †25. 3. 1891 Adelaide (Australien); begleitete seinen Bruder 1835–1838 u. 1840–1844 auf den zahlreichen Reisen in Guayana. 1865 Direktor des botan. Gartens in Adelaide.
3. Sir (1845) Robert Hermann, Südamerikaforscher, *5. 6. 1804 Freyburg an der Unstrut, †11. 3. 1865 Schöneberg bei Berlin; 1835–1838 u. 1840–1844 zahlreiche Reisen zur umfassenden Erforschung Guayanas; Festlegung der Grenze zwischen Venezuela u. Brit.-Guayana (sog. S.-Linie, die aber von Venezuela nicht anerkannt wurde).

Schom Pen, primitivmalaiischer Stamm im Innern von Großnikobar (noch 200), mit Pfahlbauten; Wildbeuter, die allmählich zu Brandrodungsfeldbau übergehen; reicher Totenkult.

Schön, Helmut, Fußballspieler u. -trainer, *19. 5. 1915 Dresden; mit dem Dresdener SC 1943/44 dt. Fußballmeister, 1940/41 Pokalsieger; 16 Länderspiele; 1964–1978 als Nachfolger von J. *Herberger* Bundestrainer des Dt. Fußballbunds.

Scholle, Pleuronectes platessa

Schönaich, Christoph Otto Frhr. von, Schriftsteller, *11. 6. 1725 Amtitz, Niederlausitz, †15. 11. 1807 Amtitz; kursächs. Offizier; Anhänger von J. Ch. *Gottsched*, von dem er für sein Heldengedicht „Hermann oder das befreite Deutschland" 1752 zum Dichter gekrönt wurde; schrieb als Gegner F. G. *Klopstocks* „Die ganze Ästhetik in einer Nuß oder Neolog. Wörterbuch" 1754.

Schönaich-Carolath, Emil Prinz von, Lyriker u. Erzähler, *8. 4. 1852 Breslau, †30. 4. 1908 Schloß Haseldorf, Holstein; Reiteroffizier; schrieb romant. schwermütige, von F. *Freiligrath* u. Th. *Storm* beeinflußte Lyrik („Lieder an eine Verlorene" 1878) u. Novellen („Der Heiland der Tiere" 1896).

Schönbach, Dieter, Komponist, *18. 2. 1931 Stolp, Pommern; Schüler von G. *Bialas* u. W. *Fortner*. Musikal. Hauptvertreter der *Mixed-Media-Bewegung,* einer zeitgenöss. Variante der Idee vom Gesamtkunstwerk. „Die Geschichte von einem Feuer" 1969 nach einem Text von Elisabeth Borchers bringt eine Fülle akustisch-visueller Effekte; ähnlich „Der Sturm" 1970 für Sprecher, Musiker, kinet. u. pneumat. Objekte, elektron. u. konkrete Klänge; die Multimedia-Oper „Hysteria-Paradies, schwarz" 1971 (mit dem Schriftsteller Dieter Wellershoff u. dem Künstler Edmund Kieselbach). Weitere Werke: „Farbe u. Klänge für Orchester in memoriam W. Kandinsky" 1960; „Hoquetus" für Bläseroktett 1964.

Schönbartlaufen →Schembartlauf.

Schönbein, Christian Friedrich, Chemiker, *18. 10. 1799 Metzingen, Schwaben, †29. 8. 1868 Baden-Baden; Entdecker des Ozons; erfand die Schießbaumwolle u. das Collodium.

Schönberg, Stadt im Krs. Grevesmühlen, Bez. Rostock, 5000 Ew.; ehem. Bischofssitz u. bis 1918 Hptst. des Fürstentums Ratzeburg.

Schönberg, Arnold, österr. Komponist, *13. 9. 1874 Wien, †13. 7. 1951 Los Angeles; im wesentl. Autodidakt, gab eine Stelle als Bankkaufmann auf; 1901 Dirigent an E. von *Wolzogens* „Überbrettl" in Berlin, seit 1903 Lehrtätigkeit in Wien, wo A. von *Webern* u. A. *Berg* seine Schüler wurden, während des 1. Weltkriegs wieder in Berlin, anschließend in Wien. 1925 Berufung an die Preuß. Akademie der Künste in Berlin, 1933 Emigration über Frankreich in die USA. S., dessen Schaffen von unbeirrbarem Sendungsbewußtsein erfüllt war, entwickelte als Nachromantiker im Bann von R. *Wagner* u. J. *Brahms* einen expressiven Musikstil (Streichsextett „Verklärte Nacht" 1899, „Gurrelieder" 1911) u. begann sich in der 1. Kammersinfonie 1906 u. in dem 2. Streichquartett 1908 (mit Sopransolo) von der Tradition zu lösen, die er mit den George-Liedern u. Fünf Orchesterstücken (1909) endgültig verließ. Höhepunkte seiner expressionistisch-atonalen Periode sind die Musikdramen „Erwartung" 1909 (Uraufführung 1924) u. „Die glückliche Hand" 1913 (Uraufführung 1924) sowie das Melodram „Pierrot lunaire" 1912. Nach langer Schaffenspause entwickelte S. zwischen 1921 u. 1924 die „Methode, mit zwölf Tönen zu komponieren", eine umwälzende Neuordnung des Tonmaterials, die sich aus isolierten Anfängen nach 1945 zu einem musikalisch-avantgardist. Weltstil entfaltete. Wichtigste Werke in der neuen Technik sind die „Serenade" 1923, die „Suite für Klavier" 1925 u. die „Variationen für Orchester" 1928. In der Emigration (Konzerte für Violine u. für Klavier, „Ein Überlebender aus Warschau" 1947) schrieb S. gelegentl. auch tonale Werke. Die alttestamentl. Opern „Jakobsleiter" 1917 (unvollendet, 1961 aufgeführt) u. „Moses und Aron" 1932 (ebenfalls unvollendet, 1954 konzertant, 1957 szenisch aufgeführt) bezeugen S.s Religiosität. Verschiedene theoret. Werke („Harmonielehre" 1911; „Structural Functions of Harmony" 1946, dt. 1957; „Style and Idea" 1950). – ☐ 2.9.4.

Schönborn, ursprüngl. rhein., seit 17. Jh. in Franken ansässiges Uradelsgeschlecht, seit 1701 Reichsgrafen; stellte viele Bischöfe, darunter *Johann Philipp,* *6. 8. 1605 Burg Eschbach, †12. 2. 1673 Würzburg, seit 1642 Bischof von Würzburg, 1647–1673 Kurfürst u. Erzbischof von Mainz, Urheber des 1. →Rheinbunds; *Johann Philipp Franz,* *5. 2. 1673 Würzburg, †18. 8. 1724 Löffelstelzen, 1719–1724 Bischof von Würzburg, begann die Würzburger Residenz, die sein Bruder, *Friedrich Karl,* *3. 3. 1674 Mainz, †27. 7. 1746 Würzburg, Reichsvizekanzler 1705–1734, Bischof von Würzburg u. Bamberg 1729–1746, vollendete.

Schönbrunn, Barockschloß im Wiener Bezirk Hietzing, 1695–1713 nach Plänen von J. B. *Fischer von Erlach* begonnen, 1744–1749 im Inneren u. Äußeren nach Entwürfen von N. *Pacassi* (*1716, †1790) umgestaltet, mit dreigeschossigem Hauptgebäude (darin Kapelle u. Rokoko-Schauräume mit bedeutenden Wandgemälden u. Stukkaturen) u. Flügeln, die einen fast quadrat. Ehrenhof bilden. Der Schloßpark wurde 1705/06 angelegt u. enthält den ältesten zoolog. Garten der Welt (gegr. 1752). Der *Friede von S.,* am 14. 10. 1809 geschlossen, beendete den Krieg (Koalitionskriege) zwischen Österreich u. Frankreich; Österreich mußte Galizien an das Großherzogtum Warschau u. Rußland, ferner seine Gebiete an der Adria, Salzburg u. das Innviertel abtreten.

Schönbuch, bewaldetes Keuperbergland in Baden-Württemberg, nördl. von Tübingen, bis 583 m hoch, Naturpark.

Schöndruck, bei zweiseitig bedrucktem Papier der Druck auf der zuerst bedruckten Seite; der

Arnold Schönberg: Moses und Aron

Druck auf der Rückseite heißt *Widerdruck*. →Werkdruck.

Schöne, Wolfgang, Kunsthistoriker, * 11. 2. 1910 Marburg an der Lahn; Prof. in Hamburg, schrieb u. a.: „Die großen Meister der niederländ. Malerei des 15. Jh." 1939; „Über das Licht in der Malerei" 1954.

Schönebeck/Elbe, Kreisstadt im Bez. Magdeburg, an der Elbe, nordöstl. von Magdeburg, 44 500 Ew.; Metall-, chem. Industrie, Dieselmotorenwerk, Traktorenfabrik. In der Nähe *Bad Salzelmen,* das älteste dt. Solbad. – Krs. Schönebeck: 434 qkm, 89 200 Ew.

Schöneberg, Bezirk in Westberlin, 1920 aus den damals eingemeindeten Orten S. u. Friedenau gebildet, 170 000 Ew. Das Rathaus (mit Freiheitsglocke) ist der Sitz des Regierenden Bürgermeisters u. des Senats von Berlin (West).

Schönefeld, bei Grünau liegender Flugplatz Ostberlins.

Schöneiche b. Berlin, Gemeinde im Krs. Fürstenwalde, Bez. Frankfurt, östl. Vorort Berlins, 10 200 Ew.

schöne Literatur, frz. *belles lettres* →Belletristik. →auch Literatur.

Schöne Madonna, Art der Madonnendarstellung in der dt. Plastik zwischen 1390 u. 1420 in anmutig-lieblichem Stil. Die Stilquellen für diesen Typus sind noch nicht erforscht. Hptw.: Krumauer Madonna im Kunsthistor. Museum in Wien. Weitere Schöne Madonnen befinden sich in der Johanniskirche von Thorn, in den Museen von Bonn, Budapest, Breslau, Prag u. in der Peterskirche in Salzburg.

Schönemann, 1. Anna Elisabeth, * 23. 6. 1758 Frankfurt a. M., † 6. 5. 1817 Kraut-Ergersheim bei Straßburg; verlobte sich 1775 mit *Goethe,* der sie als „Lili" in Gedichten („Lilis Park"), Sing- u. Bühnenspielen („Stella") besang, heiratete nach aufgelöster Verlobung 1778 den späteren Straßburger Bürgermeister B. F. von *Türckheim.*
2. Johann Friedrich, Theaterdirektor u. Hofkomödiant, * 21. 10. 1704 Crossen, † 16. 3. 1782 Schwe-

Arnold Schönberg

rin; erst Mitgl. der Neuberschen Truppe, gründete 1740 eine eigene Gesellschaft; 1750–1756 Hofkomödiant in Schwerin. Auf seiner Bühne vollzog sich der Übergang von den Haupt- u. Staatsaktionen zur Verssprache des neuen französ. Dramas. S. führte die erste Operette auf („Der Teufel ist los" 1743).

Schonen, schwed. *Skåne,* südschwed. Ebene, 10 900 qkm, 962 000 Ew.; fruchtbare Moränenböden, Anbau von Zuckerrüben u. Weizen („Kornkammer Schwedens"), industriereiche Städte, Hauptzentrum *Malmö.*

schönen, 1. *Färberei:* echte Färbungen (z. B. Indanthren- oder Schwefelfärbungen) mit geringen Mengen weniger echter, aber leuchtenderer Farbtöne (z. B. eines basischen Farbstoffes) nachfärben.
2. *Getränke:* läutern, trübe Flüssigkeiten klar machen, bes. beim Wein, auf mechan. (Filtrieren) oder chem. Wege (mit Hausenblase oder Säuren, z. B. Gerbsäuren).

Schoner, *Schooner, Schuner,* jedes mehrmastige Segelfahrzeug mit Gaffel-getakelten Masten, bei denen der größte Mast hinten steht; im allg. *Zweimast-,* aber auch *3-, 4-*(bis 7-)*Mast-S.* (diese historisch).

Schönerer, Georg Ritter von, österr. Politiker, * 17. 7. 1842 Wien, † 14. 8. 1921 Gut Rosenau, Niederösterreich; 1873 Reichstags-Abg., verfolgte eine deutschnationale, antiliberale, antisemit. u. antiklerikale Richtung, 1879 Führer der Alldt. Partei u. Hauptförderer der „Los-von-Rom-Bewegung"; entscheidende Mitwirkung am →Linzer Programm 1882. Sein polit. Konzept beeinflußte *Hitler.*

Schoneweg, Eduard, Heimatschriftsteller, * 5. 6. 1886 Bielefeld; war dort Museumsdirektor, schrieb außer Volks- u. Heimatkundlichem vielgespielte, meist mundartl. Stücke: „Na Hus!" 1928; „Dä Student van Mönster" 1930; „Julius Quest" 1955.

Schönfaden = Callistemon.

Schongang →Schnellgang.

Schongau, oberbayer. Stadt am Lech (Ldkrs. Weilheim-Schongau), südl. von Landsberg, 11 200 Ew.; vollständige Stadtmauer mit Wehrgängen, in der Oberstadt Rokoko-Pfarrkirche; Leder-, Papier-, Elektro- u. Textilindustrie.

Schongauer, Martin, Maler u. Kupferstecher, * um 1450 Colmar, † 2. 2. 1491 Colmar; Hauptmeister der spätgot. Malerei in Süd-Dtschld., 1465/66 in Leipzig, seit 1471 in Colmar tätig, wo er eine große Werkstatt unterhielt. Die weit entwickelte Körpermodellierung, die perspektiv. Raumdarstellung u. die Art der Naturwiedergabe in S.s Werken setzen die Kenntnis der niederländ. Malerei (Rogier van der *Weyden*) voraus; der Hauptreiz der Bilder liegt in ihren lyrischen Stimmungswerten, bes. in dem einzigen sicher gesicherten Tafelbild „Madonna im Rosenhag" 1473, Colmar, St. Martin. Höchsten Ruhm erlangte S. mit seinen Kupferstichen, die seit 1469, durchweg signiert, entstanden (heut alle noch etwa 100 erhalten), meist Marien- u. Passionsszenen, Apostelfiguren, Ornamente u. Wappen. Die von S. erweiterten techn. Möglichkeiten des Kupferstichs bildeten die Grundlage für A. *Dürers* graph. Arbeiten. – ⌂ 2.4.3.

Schöngeist, Freund der schönen Literatur, auch abschätzig: ästhet. Genießer.

Schöngrabern, Markt im niederösterr. Weinviertel, 600 Ew., roman. Kirche mit berühmtem roman. Plastikschmuck (Tiersymbole).

Schönheide, Gemeinde im Krs. Aue, Bez. Karl-Marx-Stadt, im Erzgebirge, 8100 Ew.; Holz-, Textil-, Metall- u. a. Industrie.

Schönheit →Ästhetik.

Schönheitspflästerchen, *Mouche,* im Barock u. Rokoko auf Gesicht u. Hals geklebte kleine Pflaster in Form von Tupfen, Sternen, Halbmonden u. ä.; hatten zunächst die Aufgabe, Pickel u. kleine Unebenheiten zu verdecken, u. sollten durch Kontrastwirkung zum Weiß der (gepuderten) Haut als Blickfang dienen.

Schönherr, 1. Albrecht, ev. Theologe, * 11. 9. 1911 Katscher, Oberschlesien; 1967 Verwalter des Bischofsamts, 1973 Bischof der Ostregion der Ev. Kirche in Berlin–Brandenburg, 1969 Vorstandsvorsitzender des Ev. Kirchenbunds in der DDR.
2. Karl, österr. Dramatiker u. Erzähler, * 24. 2. 1867 Axams, Tirol, † 15. 3. 1943 Wien; war Arzt; schrieb anfangs Lyrik, dann vielgespielte u. handlungsstarke Dramen: „Die Bildschnitzer" 1900; „Glaube u. Heimat" 1910; „Der Weibsteufel" 1914; „Der Judas von Tirol" 1927; „Passionsspiel" 1933. – Werke 8 Bde. 1967ff.

Schöningen, niedersächs. Stadt am Rand des Elm (Ldkrs. Helmstedt), 16 000 Ew.; roman.-got. St.-Lorenz-Kirche eines ehem. Augustiner-Chorherrenstifts, Renaissanceschloß; Ton-, Geräte-, Textil-, Glasindustrie. – 748 als Marktort erwähnt, Stadtrecht vor 1307.

Schöningh, Ferdinand S., Paderborn, Verlagsbuchhandlung, gegr. 1847, zahlreiche Filialen im In- u. Ausland; kath. Literatur zur Pädagogik, Philologie, Philosophie u. Theologie, Belletristik, Jugend- u. Schulbücher, Zeitschriften.

Schönkopf, Anna Katharina, Freundin *Goethes* („Käthchen"), * 22. 8. 1746 Leipzig, † 20. 5. 1810 Leipzig; Tochter eines Weinwirts, bei dem Goethe seit 1766 verkehrte; sie heiratete 1770 Dr. Karl *Kanne.* Darstellung im Schäferspiel „Die Laune des Verliebten".

Schönlank, Bruno, Schriftsteller, * 31. 7. 1891 Berlin, † 1. 4. 1965 Zürich; lebte dort seit 1933; Sohn des sozialdemokrat. Publizisten Bruno S. (* 1859, † 1901). Sprechchorwerke „Der gespaltene Mensch" 1927), auch Märchen („Schweizer Märchen" 1939) u. Gedichte („Funkenspiel" 1954).

Schönlanke, poln. *Trzcianka,* Stadt in Ostbrandenburg (1945–1975 poln. Wojewodschaft Poznań, seit 1975 Piła), an der Lanke (zur Netze), 11 000 Ew.; Holz- u. Nahrungsmittelindustrie.

Schönmalve, *Abutilon,* Gattung tropischer *Malvengewächse;* Hybriden als Zimmerpflanze bei uns häufig kultiviert.

Schöntal, Gemeinde in Baden-Württemberg (Hohenlohekreis), an der Jagst bei Künzelsau, 5700 Ew.; Barockkirche des Zisterzienserklosters (1153–1802); Grabstätte Götz von Berlichingens.

Schonung, *Forstwirtschaft:* früher ein junger Baumbestand, der durch das Weidevieh gefährdet war u. daher nicht betreten werden durfte; Kennzeichnung durch Tafeln oder Strohwische war erforderlich. Heute stehen an S.en Tafeln, die das Betreten verbieten, um sie vor menschl. Einwirkungen zu schützen. Nicht selten werden S.en vollkommen eingezäunt, um sie vor dem Verbiß des Wildes zu bewahren.

Schönwald, bayer. Stadt in Oberfranken (Ldkrs. Wunsiedel), südöstl. von Hof, 4300 Ew.; Textil- u. Porzellanindustrie.

Schönwetterwolken, flache Haufenwolken, die bes. im Sommer bei beständigem Wetter vor Mittag auftreten u. am Abend verschwinden; eine Folge von Konvektion bodenerhitzter Luft.

Schonzeit, *Hegezeit,* die Zeit, in der jagdbare Tiere nicht erlegt werden dürfen; Gegensatz: *Schußzeiten* (→Abschuß, →Jagdzeiten). Schonzeiten für die Bundesrepublik Deutschland:

Wildarten	Schonzeit
Rotwild	
Kälber	1. 3.–31. 7.
Schmalspießer	1. 3.–31. 5.
Schmaltiere	1. 2.–31. 5.
Hirsche und Alttiere	1. 2.–31. 7.
Dam- und Sikawild	
Kälber	1. 3.–31. 8.
Schmalspießer	1. 3.–30. 6.
Schmaltiere	1. 2.–30. 6.
Hirsche und Alttiere	1. 2.–31. 8.
Rehwild	
Kitze	1. 3.–31. 8.
Schmalrehe	1. 2.–15. 5.
Ricken	1. 2.–31. 8.
Böcke	16. 10.–15. 5.
Gamswild	16. 12.–31. 7.
Muffelwild	1. 2.–31. 7.
Schwarzwild	1. 2.–15. 6.
Feldhasen	16. 1.–30. 9.
Stein- und Baummarder	1. 3.–15. 10.
Iltisse, Hermeline, Mauswiesel	1. 3.–31. 7.
Dachse	1. 11.–31. 7.
Seehunde	1. 11.–31. 8.
Auer-, Birk- und Rackelhähne	1. 6.–30. 4.
Rebhühner	16. 12.–31. 8.
Fasanen	16. 1.–30. 9.
Wildtruthähne	16. 5.–14. 3.
Wildtruthennen und	16. 1.–30. 9.
Ringel- und Türkentauben	1. 5.–30. 6.
Höckerschwäne	16. 1.–31. 8.
Graugänse	1. 9.–31. 7.
Bläß-, Saat-, Ringel- und Kanadagänse	16. 1.–31. 10.
Stockenten	16. 1.–31. 8.
alle übrigen Wildenten außer Brand-, Eider-, Eis-, Kolben-, Löffel-, Moor-, Schell- und Schnatterenten	16. 1.–30. 9.
Waldschnepfen	16. 1.–15. 10.
Bläßhühner	16. 1.–31. 8.
Lachmöwen	1. 5.–15. 7.
Sturm-, Silber-, Mantel- und Heringsmöwen	1. 5.–15. 8.

Schoof [der oder das; niederdt.], *Jagd:* kleine Zahl (Flug) von Enten.

Schoofs, Rudolf, Graphiker u. Maler, * 3. 1. 1932 Goch.

Schoolcraft [ˈskuːlkrɑːft], Henry Rowe, US-amerikan. Indianerforscher, * 28. 3. 1793 Albany

Schopenhauer

County, N. Y., †10. 12. 1864 Washington; sammelte als Indianeragent u. später -superintendent viele Angaben u. Statistiken bes. von den Indianerstämmen u. die Großen Seen. Hptw.: „Notes on the Iroquois" 1848; „Historical and Statistical Information respecting the History, Condition and Prospects of the Indian Tribes of the U.S." 1851–1857.

Schopenhauer, 1. Arthur, Philosoph, *22. 2. 1788 Danzig, †21. 9. 1860 Frankfurt a. M.; gab 1805 die kaufmänn. Lehre auf, promovierte 1813 in Jena mit der Arbeit „Über die vierfache Wurzel des Satzes vom zureichenden Grunde", hatte in Weimar Umgang mit *Goethe*; habilitierte sich 1820 in Berlin, hatte jedoch mit seiner Lehrtätigkeit (in Konkurrenz zu *Hegel*) keinen Erfolg; lebte seit 1831 bis zum Tod als Privatgelehrter in Frankfurt a. M.

S. ging von *Kant, Platon* u. der ind. *Vedanta-Philosophie* (→Weda) aus. Die Konzeption seines Systems („Die Welt als Wille u. Vorstellung" 2 Bde. 1819–1844) fiel in die Zeit seines Aufenthaltes in Dresden (1814–1818): Die äußere Welt sei Vorstellung, an sich sei sie Wille, ein in allen Erscheinungen identischer, blinder Lebenstrieb, der sich im Leib manifestiere u. daher dem Menschen von innen her zugängl. sei. S. unterschied Erscheinungsstufen („Objektivationen") des Willens. Auf der höchsten Stufe trete der Intellekt als Funktion des Willens auf.

Mit dieser Metaphysik verband S. eine idealist. Ästhetik, eine Mitleidsethik u. eine pessimist. Lehre von der Erlösung durch Verneinung des Willens zum Leben auf dem Weg der Askese. In seinen „Parerga u. Paralipomena" (1851) stellte S. seinen Voluntarismus u. Pessimismus so anziehend dar, daß er die Ablehnung seines Hauptwerks zu brechen vermochte. Seine Angriffe auf die „Universitätsphilosophie" trugen dazu bei, ihn berühmt zu machen. Der Pessimismus S.s beeinflußte u. a. R. Wagner, W. Raabe, E. von Hartmann u. F. Nietzsche. S. ist als ein Vorläufer der *Lebensphilosophie* anzusehen. – Werke, hrsg. von J. Frauenstädt, 6 Bde. 1873/74; von E. Grisebach, 6 Bde. 1891; (Gesamtausgabe) von P. Deussen 1911 ff.; von A. Hübscher, 7 Bde. 1937, ³1972; von W. von Löhneysen, 5 Bde. 1960–1965; Handschriftl. Nachlaß, hrsg. von A. Hübscher, 5 Bde. 1966–1975. – A. Hübscher, Leben mit Schopenhauer, 1966. – ▭ 1.4.8.

2. Johanna, Mutter von 1), Schriftstellerin, *3. 7. 1766 Danzig, †17. 4. 1838 Weimar, Mittelpunkt eines auch von *Goethe* besuchten literar. Salons. Romane: „Gabriele" 1819f.; „Sidonia" 1827/28; auch Novellen. Sämtl. Schriften 24 Bde. 1830f.

Schopfantilopen →Ducker.

Schopfbäume, 1. Wuchsform von Pflanzen mit kahlem Stamm u. endständigem Blattschopf wie *Palmen, Cycadeen*.
2. verschiedene *Glockenblumengewächse* mit Blattschopf, z. B. *Lobelia rhynchopetalum* u. *gibberoa* in Gebirgen der trop. Afrika u. der *Kleine Schopfbaum, Brighamia insignis*, aus Hawaii, mit fleischigem Stamm.

schöpfen, *Jagd*: trinken (beim Hochwild).

Schopfheim, Stadt in Baden-Württemberg (Ldkrs. Lörrach), im Wiesental des südl. Schwarzwalds, 16400 Ew.; Textil-, Maschinenindustrie.

Schopfhirsch →Muntjakhirsche.

Schopfhuhn, *Hoazin, Zigeunerhuhn, Opisthocomus hoatzind*, ein Baumvogel der südamerikan. feuchten Tropenwälder, der eine eigene Familie der *Hühnervögel* bildet *(Opisthocomidae)*. Das Nest wird auf Bäumen errichtet; die Jungen sind trotzdem Nestflüchter; sie klettern mit Hilfe von Flügelkrallen den Eltern nach.

Schöpfl, höchster Berg des Wienerwalds (Ostalpen), 893 m, mit Aussichtsturm u. Observatorium.

Schopfpalme, *Schirmpalme, Corypha*, in Indien u. auf den Sundainseln heimische, hohe, kahlstämmige *Palme*, die nach der Fruchtreife abstirbt. Bekannt sind vor allem: *Bengalische S., Corypha taliera; Talipot-Palme, Corypha umbraculifera; Gebang-Palme, Corypha gebanga*.

Schöpfung. In fast allen Religionen gibt es Versuche, die Welt bzw. ihre Teile u. ihre Ordnung von ihrem Ursprung her aufzuhellen u. zu erklären. In der Antike entstand oft die Form des Mythos. Im Judentum, Christentum u. Islam bezeichnet S. die Erschaffung alles Seienden aus dem Nichts durch das allmächtige Wort Gottes. Die christl. S.lehre gründet sich auf die beiden in Einzelheiten nicht einheitl. „S.sberichte" des A. T. (Gen. 1,1–2, 4a u. 2,4b–25). Diese stellen die Erschaffung der Welt

Arthur Schopenhauer, Gemälde von J. Hamel; 1856

unter Verwendung mytholog. Züge dar, aber in deutlicher Unterscheidung von den zeitgenöss. S.smythen Kanaans (2,4bff.) u. Babylons (1,1ff.). Die Welt ist im A. T. nicht göttlich, sondern der Herrschaftsbezirk des Menschen. Die göttl. Herkunft der Welt schließt für Israel u. das Christentum naturwissenschaftl. Erklärungsversuche nicht aus, widerspricht aber jedem Versuch einer Vergötzung der S. Die Lehre von der S. hat in der kath. Dogmatik bes. Akzente, denen gegenüber die ev. Auffassung bes. die wesensmäßige Selbständigkeit Gottes gegenüber der S. u. die Abhängigkeit der S. von Gott betont.

Schöpfungssagen, Sagen u. Mythen der Naturvölker, die die Entstehung der Welt, des Lebens u. der Menschheit zu erklären versuchen. Weit verbreitet (Sibirien, Polynesien, Altertum) ist die Sage vom Weltei. Nordamerika u. Sibirien kennen das Herausfischen der Welt aus einem Urmeer. Die Kultur wird der Menschheit in der Regel durch Heroen aus der Götterwelt gebracht (vgl. die Prometheussage). Häufig steht zwischen der heutigen u. der ersten Welt eine Sintflut oder ein Sintbrand.

Schoppe, Amalia, Roman- u. Jugendschriftstellerin, *9. 10. 1791 Burg auf Fehmarn, †25. 9. 1858 Shenectady, N. Y. (USA); schrieb über 100 Erzählbücher (Gesammelte Erzählungen u. Novellen, 3 Bde. 1827–1836), nahm sich 1832–1835 des jungen F. Hebbel an.

Schoppen, altes süddt. u. schweizer. Flüssigkeitsmaß: 1 S. = etwa ½ l; heute im Gastgewerbe (meist) 1 S. = ¼ l (Wein oder Bier).

Schöppen →Schöffen (1).

Schöppenstedt, niedersächs. Stadt (Ldkrs. Wolfenbüttel), südwestl. des Elm, 5900 Ew.; bekannt als braunschweig. „Schilda"; Zucker-, Eisen-, chem. Industrie. – In der Nähe *Kneitlingen*, Geburtsort Till Eulenspiegels.

Schoppinitz, poln. Szopienice, seit 1959 Stadtteil von Kattowitz, in Oberschlesien.

Schorf [der], durch Eintrocknung von Wundsaft u. Blut entstehender derber Wundbelag, unter dessen Schutz die Gewebsneubildung vor sich geht; kann mit Eitererregern u. Schmutz durchsetzt sein.

Schorfheide, brandenburg. Waldgebiet in der Uckermark, nordwestl. von Eberswalde, seenreiches ehem. Jagdgebiet.

Schörl [der], der einfache schwarze *Turmalin*.

Schorle, *Schorlemorle, Gespritzter*, Weiß- oder Rotwein mit hineingespritztem Mineral- oder Sodawasser.

Schorndorf, Stadt in Baden-Württemberg (Rems-Murr-Kreis), an der Rems, östl. von Stuttgart, 33 000 Ew.; Fachwerkbauten, Schloß (16. Jh.); Holz-, Textil-, Lederindustrie.

Schörner, Ferdinand, Generalfeldmarschall, *12. 6. 1892 München, †2. 7. 1973 Mittenwald; dt. Heerführer im 2. Weltkrieg; durch Hitlers Testament zum Oberbefehlshaber des Heeres ernannt.

Schornstein, *Kamin, Schlot, Esse*, österr. *Rauchfang*, bis über das Dach hochgeführter Abzugskanal für die Rauchgase der Feuerstätten, gemauert oder aus Formstücken, meist in einzelne Züge unterteilt; bewirkt zugleich die Frischluftzufuhr für die Verbrennung, dient ggf. auch als Wrasenabzug. Bei Industriebetrieben sorgen hohe, frei stehende, meist aus besonderen S.mauersteinen errichtete (Fabrik-)S.e für die unschädl. Ableitung der Abgase.

Schornsteinfeger, 1. *Berufskunde: Essenkehrer, Kaminkehrer, Schlotfeger*, handwerkl. Ausbildungsberuf (3 Jahre Ausbildungszeit). Ausführung der durch die Kehrordnung vorgeschriebenen Kehrarbeiten; reinigt Schornsteine u. Feuerungsanlagen, überwacht ihre Feuersicherheit, berät in Fragen der Heiztechnik u. Brandverhütung. Der S. ist neben seiner handwerkl. Tätigkeit „feuerpolizeiliches Hilfsorgan in beamtenähnlicher Stellung" *(Bezirks-S.)*.
2. *Zoologie:* Schmetterling, →Ochsenauge.

Schorre, Brandungs- oder Abrasionsplatte an Steilküsten, zum Meer hin leicht geneigt u. durch Rückwanderung des Kliffs entstanden.

Schortens, niedersächs. Gemeinde (Ldkrs. Friesland), westl. von Wilhelmshaven, 20 200 Ew.; Büromaschinen-, Fahrzeugindustrie, Wollspinnerei.

Schoschenk, *Scheschonk*, im A. T. *Schischak, Sisak*, Name libyscher Könige im alten Ägypten. S. *I.*, um 930 v. Chr., Begründer der 22. Dynastie, eroberte u. plünderte Jerusalem.

Schoschonen, der Indianerstamm der →Shoshone.

Schoß, 1. *Anatomie:* Teil des menschl. Körpers zwischen Unterleib u. Oberschenkeln.
2. *Finanzwirtschaft:* im MA. Bez. für Vermögens- oder Grundsteuern.
3. *Kleidung:* Hüftteil von Röcken.

Schostakowitsch, Dmitrij Dmitrijewitsch, sowjet. Komponist, *25. 9. 1906 St. Petersburg, †9. 8. 1975 Moskau; studierte bei A. *Glasunow*. Verschiedene Einflüsse verbinden sich zu einer eingängigen Tonsprache, die stets von handwerkl. Meisterschaft getragen wird. Mehrmals des westl. Formalismus bezichtigt, dann wieder mit hohen Staatsauszeichnungen bedacht, bemüht sich S. um die geforderte Volkstümlichkeit u. Allgemeinverständlichkeit. Opern („Die Nase" 1930; „Lady Macbeth von Mzensk" 1934, Neufassung „Katherina Ismailowa" 1962), Bühnen- u. Filmmusiken, 3 Ballette, Chorwerke („Das Lied der Wälder" 1949), 15 Sinfonien (Nr. 2 „Widmung an den Oktober" 1927; Nr. 3 „Zum 1. Mai" 1929; Nr. 7 „Leningrader Sinfonie" 1942; Nr. 13 „Babij Jar", Text von J. Jewtuschenko 1962; Nr. 14 Chorsinfonie nach 11 Gedichten von F. García Lorca, G. Apollinaire, R. M. Rilke 1970).

Schote, die Kapselfrucht der →Kreuzblütler; volkstüml. oft für die Hülse der Hülsenfrüchte u. kulinarisch für die Frucht (Erbse) selbst.

Schotenklee = Hornklee.

Schöterich, *Erysimum*, in Europa artenreich vertretene Gattung der *Kreuzblütler*. Eine ausdauernde Alpenpflanze ist der gelbblühende *Lack-S., Erysimum silvestre*. Allg. verbreitet sind der *Acker-S., Erysimum cheiranthoides*, der schwefel- oder goldgelbblühende *Steife S., Erysimum hieraciifolium*, der *Wohlriechende S., Erysimum pan-*

Dmitrij Dmitrijewitsch Schostakowitsch

nonicum, mit zitronengelben Blüten u. der *Bleiche S., (Gänsesterbe, Erysimum crepidifolium)*, mit gelben Blüten. Eingeschleppt kommen vereinzelt auch der *Sperrige S., Erysimum repandum*, u. der *Graue S., Erysimum canescens*, vor.

Schotoku Taischi [jap., „Kronprinz Schotoku"], *Shotoku Taishi*, posthumer Titel des Prinzen *Umayado*, japan. Staatsmann u. Reichserneuerer, *574 aus der Yamato-Dynastie, Regent 593–622; †622; mit der Entscheidung für die Annahme des Buddhismus als Staatsreligion Übernahme chines. Kultur in Japan u. polit. Reformen; erließ die „Verfassung der 17 Artikel" 604 mit Moralanweisungen für die Beamtenschaft; Wegbereiter der *Taika-Reform*.

Schott [das, Mz. *Schotte*], materialstarke, bes. feste Querwand in einem Schiff, die zwei Räume wasserdicht voneinander abschließt u. den Schiffskörper versteift. Für Fahrgastschiffe ist eine so enge Unterteilung durch S.e vorgeschrieben, daß im Notfall bei einer oder zwei vollgelaufenen wasserdichten Abteilungen das Schiff weder sinkt noch kentert.

Schott (Nordafrika) = Chott.

Schott, 1. Anselm, Benediktiner, *5. 9. 1843 Staufeneck, Württemberg, †23. 4. 1896 Maria Laach; übersetzte u. erklärte das Missale Romanum: „Meßbuch der hl. Kirche", latein.-dt., erstmals 1883, wichtig für die dt. liturg. Bewegung.
2. Friedrich Otto, Chemiker u. Fabrikant, *17. 12. 1851 Witten, †27. 8. 1935 Jena; gründete 1884 zusammen mit Ernst *Abbe* das *Jenaer Glaswerk S. u. Genossen* (Neugründung für die BRD 1952 in Mainz), führte neue Glassorten, bes. solche für optische u. chem. Zwecke, ein.
3. Gerhard, Geograph u. Ozeanograph, *15. 8. 1866 Tzschirma, †15. 1. 1961 Hamburg; Mitarbeiter an der Dt. Seewarte u. Prof. in Hamburg; Hptw.: „Physische Meereskunde" 1903, ³1924; „Geographie des Atlantischen Ozeans" 1912, ³1942; „Geographie des Indischen u. Stillen Ozeans" 1935.

Schottel, *Schottelius*, Justus Georg, Sprachgelehrter u. Barockdichter, *23. 6. 1612 Einbeck, †25. 10. 1676 Wolfenbüttel; braunschweig. Prinzenerzieher, Beamter u. Konsistorialrat, Mitgl. der „Fruchtbringenden Gesellschaft" u. des „Pegnes. Blumenordens"; schuf erstmals eine philolog. gut unterbaute dt. Sprachlehre: „Ausführliche Arbeit von der Teutschen Haubt-Sprache" 1663; schrieb geistl. Gedichte u. allegor. Festspiele.

Schotten, großkarierte Gewebe in bunten Farben aus Wolle, Baumwolle, Seide u. Reyon. Original-S. haben claneigene Muster.

Schotten, die keltischen Bewohner von Schottland, Nachkommen der Pikten u. Skoten; leben hauptsächl. von Viehzucht (Rinder, Schafe); haben in ihrer Gebirgsheimat alte Wohnweise, Tänze, Dudelsack u. Reste der Clan-Gliederung bis in die Neuzeit bewahrt. Die alte Männertracht (mit dem *Kilt*, dem wollenen, buntkarierten Faltenrock) ist noch bei Volksfesten u. bei schott. Regimentern zu sehen. – Ⓑ→Europa (Bevölkerung).

Schotten, hess. Stadt im westl. Vogelsberg (Vogelsbergkreis), 9700 Ew.; Hess. Landesforstschule; Stadtkirche (14. Jh., got. Flügelaltar), Fachwerk-Rathaus; Textilindustrie. Ehem. Motorrad-Rennstrecke *S.ring*.

Schottenklöster, die von irischen Mönchen bes. im 11. u. 12. Jh. im süd- u. mitteldt. Raum gegr. Benediktinerklöster.

Schottenterrier →Scottish Terrier.

Schotter, 1. *Baustoffkunde:* maschinell oder von Hand zerkleinertes Gestein (Basalt, Granit, Gneis-S. u. dgl.) von 25 bis 70 mm Größe; verwendet zur Betonbereitung, im Straßen- u. für den Eisenbahnoberbau u. a.
2. *Geologie:* grobe, abgerollte, fluviatil angehäufte Gesteinsbruchstücke; wichtig für die Diluvialgeologie *(glaziale S.)*.

Schottisch [der], *schottischer Walzer*, rascher Hopswalzer, der in Dtschld. als Rundtanz um 1830–1840 seine Blüte erlebte.

schottische Kirche, engl. *Church of Scotland*, die reformierte Kirche Schottlands; 1557 (1. Covenant) begründet u. bes. von J. *Knox* organisiert, bis 1560 das Parlament das Schott. Bekenntnis *(Confessio Scotica)* annahm; 1561 wurde die presbyterian. Kirchenordnung („Book of Discipline") u. 1564 die Ordnung des reformierten Gottesdienstes („Book of Common Order") angenommen. Die staatskirchl. Ordnung der s.n K. führte im 18. u. 19. Jh. zu großen freikirchl. Abspaltungen, doch seit 1929 sind die Presbyterianer bis auf kleine Gruppen zur Church of Scotland zusammengeschlossen. Mitgl. des Reformierten Weltbunds.

schottische Literatur, 1. *in englischer Sprache:* Eine in den in Süd-, Mittel- u. Nordostschottland gesprochenen nordengl. Dialekten abgefaßte s. L. ist seit dem 13. Jh. nachweisbar; sie wurde mit dem 14. Jh. Ausdruck des nationalen Selbstbehauptungswillens gegenüber England; erhalten sind Epen („The Bruce" von J. *Barbour*) u. Reimchroniken. Abgesehen von volkstüml. Dichtungen stand die s. L. im 15. u. 16. Jh. stark unter dem Einfluß der engl. Hofpoesie (König *Jakob I.*, Robert *Henryson* [*um 1435, †1506]). Große Eigenart zeigt der diese Tradition vollendende W. *Dunbar*. Gleichzeitig erlebte die Volksballade (vierzeilige Strophenform) den Höhepunkt ihrer Entwicklung; die älteste Ballade („Judas") ist in einer Handschrift des 13. Jh. erhalten; J. G. von Herder übersetzte die „Eduard"-Dichtung; aus dem schott.-engl. Grenzgebiet kam die „Chevy Chase"-Ballade, nach der eine Strophenform benannt ist. D. *Lindsay* war mit allegor. Moralitäten Vorläufer der Reformation. Diese begünstigte die Entfaltung einer publizist. Prosa, hemmte aber die weitere Entwicklung der s.n L. (Einführung der engl. Bibel- u. Altarsprache, Vorrang der latein. Sprache). Durch Sammlung u. Veröffentlichung älterer schott. Lieder erreichte A. *Ramsay* im 18. Jh. wieder größere Anteilnahme an der s.n L.; R. *Fergusson* setzte dieses Werk fort; mit satir. Prosa, Verserzählungen u. volksliedartigen Liedern schuf R. *Burns* den Höhepunkt. Sentimentale, moralisierende Romane schrieb Henry *Mackenzie* (*1745, †1831), Bauerndichter war J. *Hogg*, Dramatiker John *Home* (*1722, †1808): „Douglas" 1757 (nach der gleichnamigen Ballade). Auch W. *Scotts* Volksliedsammlung (1802/03) wirkte so, daß die bodenständige Mundartdichtung bis in die Gegenwart lebendig geblieben ist (Hugh *MacDiarmid*, *11. 8. 1892). Gälische Tradition u. vielfache Wechselbeziehungen mit England prägen die moderne s. L.; zu nennen sind der Schilderer des schott. Hochlands N. M. *Gunn*, der realist. Dramatiker J. *Bridie* u. J. M. *Barrie*. – Ⓛ3.1.3.
2. *in gälischer Sprache:* Im 10.–13. Jh. entwickelten sich der irische u. der schottische Sprachzweig auseinander. Das erste gälische Dokument überhaupt ist „The book of deer" (Evangelien in latein. u. gäl. Sprache) aus der 1. Hälfte des 12. Jh. Eine gälische literar. Tradition in Nordwestschottland läßt sich in die 1. Hälfte des 16. Jh. zurückverfolgen: die älteste Gedichtsammlung *„Book of the Dean of Lismore"* (entstanden zwischen 1512 u. 1526) enthält schott. u. irische Autoren sowie eine Reihe von Balladen u. weist inhaltl. noch auf die irische Dichtung; auf schott. Dialekte deuten die phonet. Orthographie u. stilist. Eigenheiten. Bis etwa 1710 war das Gälische die Literatursprache des schott. Hochlands; lange Zeit fehlte eine bedeutende schriftl. Überlieferung, um so reicher war die mündliche; die Balladen schildern Heldenabenteuer (Niall *MacVurich*, *um 1660, †nach 1715); Zauber- u. Volkslieder sammelte Alexander *Carmichael* (*1832, †1912) in den „Carmina Gadelica". Die „Fälschungen" der Gesänge *Ossians* von J. *Macpherson* sind in die Weltliteratur eingegangen, damit rückte die gälische Ballade u. die kelt. Sprache mehr in den Blickpunkt.
Zu Ende des 17. Jh. wirkten Mary *MacLeod* (*um 1615, †1707) u. John *MacDonald* (*um 1620, †1710). Die Dichtung wandte sich anfangs an die gehobenen Stände, später wurde sie volkstüml. Bedeutendster Repräsentant war der Lyriker Alexander *Macdonald* (*um 1700, †1760), der auch das erste gäl. Wörterbuch verfaßte (1741); von ihm beeinflußt war Duncan *Macintyre* (*1724), Satiriker war Robert *Mackay* (*1714, †1778), Kirchenlieddichter Dugald *Buchanan* (*1716, †1768).
Der überwiegende Einfluß des Englischen drängte im 19. Jh. die gäl. Literatur zurück, nur die Lyriker William *Livingstone* (*1808, †1870), Ewen *MacLachlan* (*1773, †1822), Ewen *Maccoll* (*1808, †1898) u. der Prosadichter Norman *MacLeod* (*1783, †1862) sind von Bedeutung. Die engl. geschriebenen romant. Erzählungen W. *Sharps* (Fiona *Macleod*) zeigen noch gäl. Wesensart, die schott. Dichtung wurde nun ident. mit den Dialekten der „Lowlands".
Erst das 20. Jh. brachte ein Wiederaufleben der Dichtung; u. a. ist der Erzähler Donald *Lamont* (*1874, †1958) zu nennen. – Ⓛ3.1.5.

schottische Musik. Die schott. Volksmusik geht allem Anschein nach auf sehr alte Quellen zurück. Das läßt sich aus der Struktur der Melodien u. der der Melodik zugrunde liegenden pentaton. Skala ersehen, die bes. deutlich im Volkslied der Hebriden hervortritt. Einige schott. Weisen haben es zu internationaler Berühmtheit gebracht. Instrumente: Clarsach (Irische Harfe), Dudelsack, Laute, Gitarre, Viola. – Sehr früh entwickelte sich in Schottland die Kirchenmusik zu beachtl. Höhe, doch sind nur wenige Denkmäler erhalten geblieben; Dokumente der weltl. Musik erst seit dem 17. Jh. Komponisten des 19. u. 20. Jh., die in Schottland geboren wurden oder dort gewirkt haben: Alexander Campbell *Mackenzie* (*1847, †1935), Alfred Edward *Moffat* (*1863, †1950), Robin *Orr* (*2. 6. 1909), Cedric Thorpe *Davie* (*30. 5. 1913), Thea *Musgrave* (*1928).

Schottischer Schäferhund →Collie.

Schottische Schule, die im 18. Jh. durch Th. *Reid* begründete philosoph. Richtung des *Common sense*, die sich bewußt in Opposition zu den skeptischen Konsequenzen der Humeschen Philosophie stellte. Ihre wichtigsten Vertreter neben Reid waren: J. *Beattie*, D. *Stewart* u. J. *Mackintosh*.

schottische Sprache, 1. nordengl. Mundart, die das kelt. Gälisch fast verdrängt hat, wurde im 15. Jh. zur Schriftsprache entwickelt, aber im Zug der Reformation zugunsten der engl. Gemeinsprache auf die Volksdichtung zurückgedrängt. – 2. = gälische Sprache (2).

Schottky, Walter, Physiker, *23. 7. 1886 Zürich, †4. 3. 1976 Pretzfeld, Krs. Forchheim; war Berater des Siemens-Konzerns; erfand 1915 die Schirmgitterröhre (→Elektronenröhre) u. erklärte 1920 den *Schroteffekt*; gab eine Halbleitertheorie.

Schottland, engl. *Scotland*, der Nordteil Großbritanniens einschl. der Hebriden, Orkney- u. Shetland-Inseln, von England im S durch die Cheviot Hills u. den Tweed getrennt, sonst allseitig vom Meer umspült; 78764 qkm, 5,2 Mill. Ew.; Hptst. *Edinburgh*. Das Tiefland um Glasgow *(Lowlands)* steigt nach S zum südschott. Hochland an (*Southern Uplands*, im *Merrick* 843 m) u. nach N zum starkzertalten u. seenreichen nordschott. Hochland, das durch den Glen More in die *Grampian Mountains* (im *Ben Nevis* 1343 m) u. die *Northwest Highlands* unterteilt wird, mit zahlreichen, weit ins Land eindringenden Fjorden (Firth of Clyde, Firth of Forth, Moray Firth u. a.). Das ozean. Klima (kühle Sommer, milde Winter) ist nebel- u. niederschlagsreich u. begünstigt den Weiden-, Moor- u. Heidereichtum, was die Viehzucht (Schafe) zu einem wichtigen Wirtschaftsfaktor macht. Daneben werden auf den Ackerflächen (bes. im O u. im Tiefland) Hafer, Kartoffeln, Gerste u. Futterpflanzen angebaut. Bodenschätze (Kohle u. Eisenerze) im Tiefland sind die Grundlage einer leistungsfähigen Maschinen-, Schiffbau-, chem. u. Textilindustrie, bes. um Glasgow, Edinburgh u. Aberdeen. – Ⓚ→Großbritannien und Nordirland.

Geschichte: Im 10. Jh. n. Chr. kam der Name *Scotia* – danach S. – für die nördl. Teile der brit. Insel in Gebrauch u. wurde im 13. Jh. n. Chr. für das ganze heutige S. üblich. Der krieger. Stamm der kelt. *Pikten*, der sich im 5./4. Jh. v. Chr. über S. ausbreitete, konnte von den 43 n. Chr. eingedrungenen Römern nicht unterworfen werden. Diese errichteten deshalb den Hadrians-Wall als Grenzbefestigung. Im 5. Jh. n. Chr. drangen die irischen *Scoten* nach S. vor; die vor den Angelsachsen (→Großbritannien und Nordirland) ausweichenden *Briten* siedelten sich in Strathclyde an; Angeln gründeten im SO S.s ein kleineres Reich. Im 9. Jh. eroberten die Scoten das Piktenreich u. bildeten das Königreich *Alban*. Dieses unterwarf im 10. Jh. auch die übrigen schott. Gebiete. Seit Beginn des 9. Jh. hatte S. viel unter den Einfällen u. Raubzügen der *Normannen* zu leiden, die sich im N, im W u. auf den Inseln festgesetzt hatten u. großen Einfluß auf die Entwicklung von S. nahmen.
Das Christentum faßte hier schon in der zweiten Hälfte des 6. Jh. Boden, u. schott. Mönche missionierten große Teile Mitteleuropas. Die selbständige irisch-christl. Kirche wurde im 8. Jh. aufgelöst u. die Oberherrschaft der röm.-kath. Kirche anerkannt.
Der gefährlichste Gegner S.s war das kulturell u. polit. höher entwickelte engl. Königreich im S der Brit. Inseln. Immer wieder kam es im MA. nicht nur zu Grenzstreitigkeiten, sondern auch zu Versuchen Englands, ganz S. zu unterwerfen. Schott. Könige wurden gezwungen, die brit. Oberlehnsherrschaft anzuerkennen, doch gelang es den

Schotten immer wieder, ihre Unabhängigkeit zurückzugewinnen. Dabei war ihnen der Umstand günstig, daß die Könige lange Zeit ihr Hauptinteresse der Erhaltung ihres französ. Besitzes widmeten. Auf kulturellem Gebiet dagegen machte sich ein starker engl. Einfluß im Lauf der Jahrhunderte bemerkbar. Nicht nur, daß in S. neben dem Gälischen, der Sprache der Scoten, u. dem Welsch der Pikten das Englische als weitere Sprache wurde, auch das anglonormann. Recht wurde im 12. Jh. eingeführt u. die altschott. Clanverfassung abgeschafft; damit verbunden war eine Stärkung der Königsgewalt u. das Sinken der Macht der großen Adelsgeschlechter.
1328 gelang es dem schott. König *Robert I. Bruce,* die Engländer zur Anerkennung des schott. Königreichs zu zwingen. Danach trat eine gewisse Stabilisierung ein, wenn auch die krieger. Verwicklungen nicht aufhörten. 1371 folgte auf das Geschlecht der Bruce' mit *Robert II.* (1371–1390) das Königshaus der *Stuart*. Dieses focht harte Kämpfe mit dem unbotmäßigen Adel durch, ohne daß es ihm auf die Dauer gelang, seine Macht zu festigen. Der Gegensatz zwischen Adel u. Königtum führte in der Reformationszeit dazu, daß, da das Königshaus kath. blieb, der schott. Adel sich aus polit. Gründen zu dem neuen Glauben bekannte. Die schott. Großen unterstützten den Reformator John *Knox,* der zunächst seit 1546 als kalvinist. Prediger in Genf u. Frankfurt, seit 1559 in S. wirkte u. wichtigster Verfasser der *Confessio Scotica* wurde. Königin *Maria Stuart* versuchte mit französ. Unterstützung die Rekatholisierung ihres Landes durchzuführen. Sie wurde jedoch 1567 gestürzt u. ihr minderjähriger Sohn *Jakob VI.* zum König ausgerufen. Bis zu seiner Volljährigkeit führte das Oberhaupt der prot. Partei, der Graf *James Stuart von Murray,* die Herrschaft.
Da das engl. Königshaus mit Elisabeth I. 1603 ausgestorben war, bestieg mit Jakob VI. (als engl. König *Jakob I.*) die schott. Stuarts auch den engl. Thron. Damit wurde die Vereinigung von England u. S. bereits prakt. herbeigeführt. Aber erst mit der *Union-Akte* von 1707 wurde aus der engl.-schott. Personalunion der Staat *Großbritannien* geschaffen; aufgrund dieses Gesetzes zogen 45 Commoners u. 16 Peers aus S. ins Parlament von Westminster. Erst nach den Jakobitenaufständen von 1715 u. 1745/46 wurde S. durch eine administrative Reform dem engl. Stand angeglichen. – Weitere Geschichte →Großbritannien und Nordirland. – ▭ 5.5.1.

Schott Verlag, *B. Schott's Söhne,* Musikverlag in Mainz, gegr. 1770 von Bernhard *Schott* (*1748, †1809), Zweiggeschäfte in Brüssel, London, Paris, Sydney u. New York; bekannt durch die *Edition Schott* (eine Sammlung urheberrechtl. freier Musikliteratur), zeitgenöss. Werkausgaben, Lexika, Zeitschriften, Unterrichts-, Sing- u. Spielmusik, geistl. Musik.

Schouten [ˈsxɔu-], Cornelius, niederländ. Seefahrer, *um 1580 Hoorn, †1625; begleitete 1615–1617 *Le Maire* auf einer Südseefahrt. Nach ihm ist die *S.-Insel* (heute Yapen) an der Nordküste Neuguineas benannt.

Schouwen-Duiveland [ˈsxouwə ˈdœyvələnt], seeländ. Insel (nördlichste in der niederländ. Prov. Seeland), vor der Scheldemündung, ca. 220 qkm; eingedeichte Marschen; Landwirtschaft, Fischerei; zentraler Ort Zierikzee (7700 Ew.). – Im MA. aus Schouwen u. Duiveland zusammengewachsen.

Schrade, Hubert, Kunsthistoriker, *30. 3. 1900 Allenstein, †25. 11. 1967 Freiburg i. Br.; Prof. in Tübingen, Hauptarbeitsgebiet: mittelalterl. Kunst (u. a. T. Riemenschneider, Naumburger Dom), schrieb u. a.: „Götter u. Menschen Homers" 1952; „Malerei des MA. I." 1958; „Die roman. Malerei" 1963; „Dt. Maler der Romantik" 1967.

Schrader, Otto, Sprach- u. Kulturforscher, *28. 3. 1855 Weimar, †21. 3. 1919 Breslau; ergänzte die Indogermanenforschung durch Heranziehung der Volkskunde u. Vorgeschichte.

Schraffen [ital., ndrl.] →Geländedarstellung.

Schraffierung, 1. *Graphik*: Schraffur, in der Zeichnung oder Druckgraphik zur Erzielung von Dunkelzonen (Schatten) angebrachte parallele Linien; mehrere übereinandergelegte S.en mit jeweils wechselnder Strichrichtung nennt man *Kreuz-S.* (Kreuzlage).
2. *Heraldik*: Kennzeichnung der Wappenfarben durch Striche u. Punkte.

Schrägbau, *Bergbau:* Abbauverfahren in steilstehenden Lagerstätten; Abschälen der Lagerstätte in schräg von unten nach oben verlaufenden Scheiben, deren Neigung dem natürl. Böschungswinkel des nachgeführten →Versatzes entspricht. Das gesprengte Material rutscht auf dem Versatz selbsttätig der nächstunteren Förderstrecke zu, so daß im Abbau keine Fördermittel benötigt werden.

Schrägförderer, geneigt angeordneter →Bandförderer.

Schräglauf, Eigenschaft jeder elast. Bereifung von Fahrzeugen; beim S. weicht das Rad unter dem Einfluß einer beliebigen Seitenkraft in Richtung der Kraft aus u. läuft in einer Richtung schräg zur eingestellten Rollrichtung. Ursache für das Unter- u. Übersteuern (→untersteuern).

Schrägschichtung, Ablagerung von Schichten auf geneigtem Untergrund schräg über- u. voreinander, auch nachträgl. schräggestellte Schichten.

Schrägseilbrücke, eine seilverspannte Balkenbrücke, deren Tragwerk durch schräge Seile unterstützt wird, die an einem über einem Pfeiler errichteten Pylonen befestigt sind.

Schrägwalzverfahren, ein Verfahren zur Herstellung nahtloser, dickwandiger Hohlkörper (Rohre), 1886 von Reinhard u. Max *Mannesmann* erfunden. Das Walzwerk besteht aus zwei schräggestellten Walzen, die sich in einem Sinn drehen, u. einem Dorn, über den das Rohr gezogen wird. Zur Herstellung dünnwandiger Rohre entwickelte Mannesmann das →Pilgerschrittwalzwerk.

Schram [der], hauptsächl. im Kohlenbergbau ein im Flöz parallel zum →Liegenden hergestellter Schlitz, der die darüberliegende Kohle ihrer Unterlage beraubt u. so deren Gewinnung erleichtert. →auch Schrämmaschine.

Schramberg, Stadt in Baden-Württemberg (Ldkrs. Rottweil), im mittleren Schwarzwald südl. von Freudenstadt, 20 100 Ew.; Keramik(Majolika)- u. bedeutende Uhrenindustrie, Fremdenverkehr. – 1547 Marktrecht, 1867 Stadt.

Schramm, 1. Percy Ernst, Historiker, *14. 10. 1894 Hamburg, †12. 11. 1970 Göttingen; 1929–1963 Prof. in Göttingen; Kanzler des Ordens Pour le mérite für Wissenschaften u. Künste (1963). Werke: „Kaiser, Rom u. Renovatio" 1929, ²1957; „Geschichte des engl. Königtums im Lichte der Krönung" 1937; „Der König in Frankreich" 1939, ²1960; „Herrschaftszeichen u. Staatssymbolik" 1954ff.; „Kaiser Friedrichs II. Herrschaftszeichen" 1955; „Kaiser, Könige u. Päpste" 1968/69; Mit-Hrsg. des „Kriegstagebuchs des Oberkommandos der Wehrmacht" 1961ff.
2. Wilhelm Ritter von (seit 1917), Militärschriftsteller, *20. 4. 1898 Hersbruck; 1961–1966 Dozent für polit. Wissenschaften in München. Hptw.: „Rommel" 1949; „Der 20. Juli in Paris" 1953 („Aufstand der Generale" 1964 u. 1970); „Staatskunst u. bewaffnete Macht" 1957; (Hrsg.) „Beck u. Goerdeler. Gemeinschaftsdokumente für den Frieden 1941–1944" 1965; „Verrat im 2. Weltkrieg" 1967.

Schrammel, Johann, österr. Geiger u. Komponist, *22. 5. 1850 Wien, †17. 6. 1893 Wien; mit seinem Bruder Josef S. (*1852, †1895) Begründer der Wiener *Schrammelmusik,* ausgeführt von einem aus 2 Violinen, Klarinette (heute meist Akkordeon) u. Gitarre bestehenden Quartett.

Schrank, ein- oder mehrtüriges Kastenmöbel, meist aus Holz, im 13. u. 14. Jh. zunächst als spitzgiebliger, aus einfachen Brettern gefügter, oft eisenbeschlagener Sakristei-S. oder Schatzschrein gezimmert; dann als breiter, zweigeschossiger Kasten mit Rahmenwerk, Füllung, Sockel u. Bekrönung, aus dem Aufeinanderstellen von zwei Truhen entwickelt, an der Vorderfront mit zwei oder vier Türen, deren Felder schon früh mit ornamentalem Schnitzwerk (got. Maßwerkformen) verziert waren. Als Sonderform entwickelte sich in den Niederlanden der →Stollenschrank (16. Jh.), der auch in Frankreich u. Dtschld. (Niederrhein) Verbreitung fand. Vielfach abgewandelt, z. B. zum Erker-S. mit abgeschrägten Seiten, ist er als Vorläufer der Anrichte u. des Büfetts anzusehen.
In Italien herrschten bis zum beginnenden 17. Jh. *Truhe* u. *Kredenz (credenzone)* als Kastenmöbel vor, während sich in den übrigen europ. Ländern der S. zu einem architekturähnl., raumbeherrschenden Möbel mit klass. reich profilierter Schaufront *(Fassaden-S.)* entwickelte. In Dtschld. wurden Schränke von Kunstschreinern hergestellt, bes. in Nürnberg, Augsburg u. Ulm, häufig mit Intarsien u. sorgfältig bearbeiteten Furnieren geschmückt. Hptw. der dt. Möbelkunst im 17. Jh. sind die prunkvollen, mit zahlreichen Fächern ausgestatteten sog. *Kunstschränke,* darunter der in Augsburg entstandene *Pommersche Kunst-S.* (1605–1617), ein Kabinettschrank (→Kabinett[2]) aus Ebenholz.
Das Kabinett blieb auch im Barock ein an den europ. Höfen bevorzugtes Möbel, daneben – bes. in Frankreich – der *Dressoir* (Kredenz-Überbau-S.) u. der große, architekton. gegliederte *Fassaden-S.,* dessen nordd. Varianten der *Dielen-S.* u. das →*Schapp* sind. Neue Verfeinerungstechniken (Marketerie) u. die zunehmende Verwendung exot. Hölzer erlaubten eine Steigerung der künstler. Wirkung.
Zu kleineren S.formen kehrte das Rokoko zurück. Während Frankreich u. England den zierl. *Eck-* u. *Vitrinen-S.* bevorzugten, war in Dtschld. der vom Kabinett abgeleitete *Schreib-S.* mit kommodenartigem Unterbau beliebt. Dem Eindringen klassizist. Formen in der 2. Hälfte des 18. Jh. folgte in Dtschld. in der 1. Hälfte des 19. Jh. das *Biedermeier* mit schlichteren u. zweckmäßigeren S.formen. Mit pompösem Aufwand waren die Schränke des späteren 19. Jh. im Stil der *Neurenaissance* u. des *Neubarock* gefertigt. Seit dem *Jugendstil* ist eine kontinuierl. bis zur Gegenwart reichende Entwicklung festzustellen, die bewirkte, daß, analog zu Bestrebungen auf anderen Gebieten der modernen Wohnkultur, der S. zum Ein- u. Anbaumöbel in zweckgerechter, vielfach genormter, leicht pfleg- u. zerlegbarer Form geworden ist. – ▣ →Möbel. – ▭ 2.1.1.

Schranke, Anlage zur Sicherung eines Bahnübergangs (an beiden Gleisseiten). Sie besteht aus den rot-weiß gestrichenen S.nbäumen mit oder ohne Gitterbehang u. wird von einer mit der Hand zu bedienenden Winde über einen Doppeldrahtzug oder durch Elektromotor geöffnet und geschlossen. Man unterscheidet *örtlich bediente* u. *fernbediente* S.n, Anruf-S.n u. Halb-S.n.

schränken, Sägezähne wechselseitig etwas abbiegen, wodurch die Breite der Schnittfuge größer wird als die Dicke des Sägeblatts; vermeidet das Klemmen des Blatts u. übermäßige Erwärmung durch Reibung.

Schränkschichten, →Rollschichten, die in einem Winkel von 45 bis 60° zur Mauerflucht verlegt sind.

Schranz, Karl, österr. alpiner Skiläufer, *18. 11. 1938 St. Anton; Weltmeister 1962 (Abfahrt u. Kombination) u. 1970 (Riesenslalom), Silbermedaille im Riesenslalom bei den Olymp. Winterspielen 1964; 1969 u. 1970 Gewinner des *Weltcups*. S. wurde 1972 vom IOC nicht zu den Olymp. Winterspielen in Sapporo zugelassen, da seine Amateureigenschaft (vor allem von IOC-Präs. A. *Brundage*) bestritten wurde.

Schranze [der], ursprüngl. Ritz, Schlitz, dann Träger der geschlitzten Hoftracht (Hof-S.); im übertragenen Sinn: charakterloser Hofmann.

Schrapnell [das; engl., nach dem Erfinder Henry *Shrapnel,* *1761, †1842], heute nicht mehr gebräuchliches, mit Bleikugeln gefülltes Hohlgeschoß der Artillerie, das infolge Zünderstellung

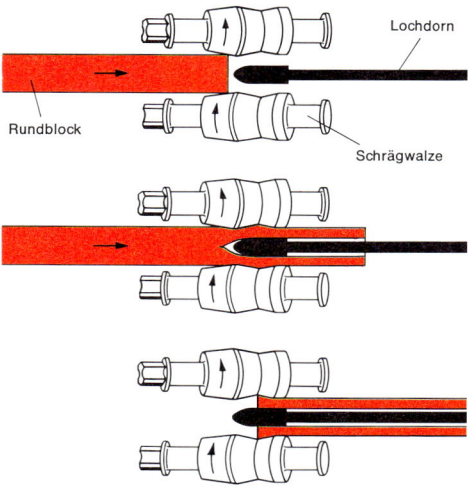

Schrägwalzverfahren

Schraubenbaum, Pandanus spec.

kurz vor dem Ziel zerspringt u. den Feind mit einer kegelförmigen Garbe von Kugeln überschüttet.
Schrapper, *Bergbau:* Lade- u. Fördermittel; besteht aus dem *S.haspel* (einer Art Winde) u. dem von ihm mit Seilzug bewegten *S.kasten.* Der oben, unten u. in Zugrichtung offene Kasten (bis 10 m³ Rauminhalt) wird über das gesprengte Material gezogen u. bewegt dieses vorwärts. Nach der Entleerung (meist über einer →Rolle) wird der Kasten über eine Umlenkrolle zurückgeholt u. beginnt sein Arbeitsspiel von neuem.
Schrat [der], *Schratt,* aus der Antike in den Volksglauben der mitteleurop. Welt eingewanderter koboldartiger Wald- oder Naturgeist; teils neckend, teils hilfreich.
Schratsegel, Sammelbegriff für alle in Ruhestellung längsschiffs stehenden Segel wie *Stagsegel, Gaffelsegel* u. *Hochsegel.* Gegensatz: querschiffs stehende *Rahsegel.*
Schratt, Katharina, österr. Schauspielerin, *11. 9. 1855 Baden bei Wien, †17. 4. 1940 Wien; 1883–1900 am Wiener Burgtheater; Freundin von Kaiser Franz Joseph.
Schraube, Maschinenelement mit Gewinde, besteht aus zwei zusammenwirkenden Teilen, dem *S.nbolzen* (*S.nspindel*) u. der *S.nmutter;* dient u.a. zur Herstellung lösbarer Verbindungen, zur Ausübung von Kräften oder zur Bewegungsübertragung. Zum Anziehen oder Lösen von S.n benutzt man *S.nschlüssel.*
Schraubenalge, *Spirogyra,* Gattung der *Jochalgen;* Algen mit unverzweigten Zellfäden, treten im Frühjahr in ruhigen Gewässern als frei treibende grüne Watten auf. Jede Zelle besitzt einen oder mehrere Chloroplasten, die als Spiralbänder der Wand anliegen.
Schraubenantilopen →Kudus.
Schraubenbakterien, schraubenförmige Bakterien, sowohl Vertreter der *Spirillaceae* (z.B. *Vibrio*) als auch die *Spirochaetales* (z.B. *Spirochaeta pallida*)
Schraubenbaum, *Pandanus,* auch *Schraubenpalme* genannt, obwohl nicht mit den Palmen verwandt; Gattung der zu den *Pandanales* gehörenden Familie der *Schraubenbaumgewächse, Pandanaceae.* Bäume oder Sträucher der Tropen der Alten Welt mit schraubig den Stamm umlaufenden Blättern u. vielen starken Luftwurzeln; die Blätter liefern Material für Schlafmatten, Segel, Körbe, Hüte u. Schirme; Kulturformen haben apfelartig schmeckende Früchte. – ⊞→*Blütenpflanzen III.*
Schraubenbewegung →Schraubung.
Schraubenbolzen, ein Bolzen mit Gewinde. Der Bolzen hat als Außenmaß den Nenndurchmesser des Gewindes. S. ohne Kopf werden auch *Stiftschrauben* genannt. S. sind genormt.
Schraubenfeder →Feder (3).
Schraubenmutter, Gegenstück zum *Schraubenbolzen;* Buchse mit Innengewinde u. einem Außensechskant (auch Vierkant oder Zweikant). S.n sind genormt.
Schraubenrad, zylindrisches Zahnrad mit schraubenförmig gewundenen Zähnen; wird bei sich unter einem Winkel kreuzenden Achsen angewendet. Der Antrieb erfolgt durch ein zweites S.

Schraubenschlüssel, Werkzeug zum Anziehen oder Lösen von Schrauben oder Muttern. Der S. besteht aus dem Schlüsselkopf mit der genormten Öffnung u. dem Griff. S. sind als *Maulschlüssel* (vorn offen), *Ringschlüssel, Steckschlüssel* oder als *Nüsse* gefertigt, außerdem gibt es verschiedene Formen verstellbarer S.
Schraubenschnecken, *Terebra,* zu den *Vorderkiemer-Schnecken* gehörende Meeresschnecken mit schraubenartig scharfem u. hochaufgetürmtem Gehäuse.
Schraubenspindel, Welle mit einem Gewinde, durch deren Drehung sich eine entspr. in Längsnuten geführte Spindelmutter axial bewegen läßt.
Schraubenwurmfliege, Screw-worm-fly, *Callitroga hominivorax,* eine *Schmeißfliege* auf Curaçao u. in den südl. USA. Die S. legt ihre Eier in Wunden von Weidevieh ab; die geschlüpften Larven erweitern die Wunden, was weitere Weibchen zur Eiablage veranlaßt, so daß großflächige Gewebezerstörungen entstehen, die zum Tod des Viehs führen können. Durch →Selbstausrottung wurde die S. vernichtet. Dabei wurden 18 Monate lang insges. 3 Billionen radioaktiv sterilisierte Männchen mit Flugzeugen abgeworfen. Nahe verwandte trop. Arten rufen →Myiasen beim Menschen hervor.
Schraubenziege, Schraubenhornziege, *Markhur, Capra falconeri,* Rassengruppe der *Ziege* aus den Bergländern Afghanistans u. des westl. Himalayagebiets; mit 110 cm Schulterhöhe die größte Ziege, mit schraubenartig gedrehten Hörnern.
Schraubgetriebe, Getriebe zur Umwandlung einer Drehbewegung (des Schraubenbolzens) in eine Längsbewegung (der Wandermutter).
Schraublehre, *Meßschraube, Mikrometerschraube,* Längenmeßinstrument mit 1/100-mm-Einteilung. Die Meßflächen werden durch Drehen einer Spindelhülse verschoben.
Schraubstock, Werkzeug zum Festhalten von Arbeitsstücken zum Bearbeiten von Hand oder Maschine.
Schraubtaler, auseinanderschraubbare größere Silbermünze des 17.–19. Jh. mit eingelegten bunten Bildchen; bes. bekannt sind die S. von Augsburg.
Schraubung, *Schraubenbewegung,* Bewegung eines Körpers um u. in Richtung der eigenen Achse. Beide Bewegungen gehen mit konstanter Geschwindigkeit vor sich. Den Weg, den der Körper bei einer ganzen Umdrehung zurücklegt, nennt man *Ganghöhe.* Je nach der Richtung, in der sich der Körper um die Achse dreht, unterscheidet man *rechts-* oder *linksgängige S.* Jeder Punkt bei der S. des Körpers beschreibt eine *Schraubenlinie.* Bei der S. einer Kurve entsteht eine *Schraubenfläche.*
Schraubzwinge, *Leimzwinge, Leimknecht,* Werkzeug aus Holz oder Eisen zum Zusammendrücken von Gegenständen beim Zusammenleimen.
Schrebergarten, nach dem Leipziger Arzt Daniel Schreber (*1808, †1861) genannte Form des →*Kleingartens;* der erste *Schreberverein* wurde 1864 in Leipzig gegründet.
Schreck, *Pavor,* heftige Gemütsbewegung auf instinktiv-reflektorischer Grundlage, bei drohenden Gefahren (Angst, Panik). Man unterscheidet den Zustand plötzl. Erstarrung (*S.starre, S.lähmung*), der zur Ohnmacht, zu *S.aphasien* (d.i. Sprachverlust durch S.) oder sogar zum Tod führen kann, von dem danach einsetzenden *S.syndrom* mit vorherrschenden Reflexbewegungen (Krämpfen) u. Fluchtreaktionen. Dauern die Symptome an (Störungen des Blut- u. Nervensystems, Zittern, Entleerungen), so spricht man von *S.neurose;* diese hat zumeist weiter zurückliegende Ursachen. – *S.sekunde,* die von dem *S.reiz* bis zur steuernden Gegenbewegung verstreichende Zeit; sie ist u.a. von der Art des *S.reizes,* von der auszuführenden Reaktion, vom derzeitigen Leistungsvermögen, von Aufmerksamkeit, Erschöpfung u. Übung abhängig u. auch individuell verschieden, variiert zwischen 0,6 u. 1,2 sek. – *Pavor nocturnus,* nächtl. Aufschrecken der Kinder.
schrecken, *Jagd:* bei Unsicherheit Schreckrufe ausstoßen (von Schalenwild).
Schrecken = Heuschrecken.
Schreckenberger, der seit 1498 aus dem Silber der Grube Schreckenberg (Sachsen) geprägte Groschen (4,5 g) mit der Darstellung eines Engels, daher auch *Engelgroschen* genannt; bis 1622 geprägt u. weit verbreitet.
Schreckhorn, vergletscherte Gipfelgruppe des schweizer. Finsteraarhornmassivs, im *Großen S.* 4078 m, im *Kleinen S.* 3494 m.
Schreiadler, *Aquila pomarina,* bis 66 cm großer *Adler,* in Osteuropa, Asien, den Balkanländern u. Griechenland; dem Schelladler sehr ähnl. Oft am Wasser u. in Wäldern; nistet auf Bäumen.
Schreib, Werner, Maler u. Graphiker, *16. 3. 1925 Berlin, †20. 9. 1969 bei Heidelberg (verunglückt); verwendete techn. Abfall als Punzgerät für seine sog. „Cachetagen"; begann mit Leinwänden u. ging bald zu rasch trocknendem Kunstharz über. S. versuchte in Anlehnung an Theorien des Italieners Luciano *Lattanzi* (*1925) Pop-Elemente zu neuen ornamentalen Einheiten zu konstituieren, die er „semant. Bilder" nannte.
Schreiber, 1. Georg, kath. Kirchenhistoriker, *5. 1. 1882 Rüdershausen, †24. 2. 1963 Münster; Begründer d. Förderer der kirchl. Volkskunde.
2. Oskar, Geodät, *17. 2. 1829 Stolzenau an der Weser, †14. 7. 1905 Hannover; als Generalleutnant Chef der preuß. Landesaufnahme, führte 1875 für die Landestriangulation in Nord-Dtschld. ein System einer konformen Doppelprojektion ein, bei der die Erdellipsoidpunkte auf eine Kugel u. von dieser auf eine Ebene übertragen wurden (1923 durch die *Gauß-Krüger-Projektion* ersetzt).
Schreiberhau, poln. *Szklarska Poręba,* Stadt (seit 1960) in Schlesien (1945–1975 poln. Wojewodschaft Wrocław, seit 1975 Jelenia Góra), im Riesengebirge, südwestl. von Hirschberg, 8300 Ew.; Glasindustrie seit dem 14. Jh. (u.a. *Josephinenhütte,* jetzt in Schwäbisch Gmünd); Wintersportplatz u. heilklimat. Kurort.
Schreibkrampf, *Fingerkrampf, Graphospasmus, Chirospasmus,* auf Überanstrengung oder seelisch-nervl. Verkrampfung beruhende Schreibstörung, die sich in Krämpfen, Zittern oder Lähmungen der zum Schreiben benötigten Finger- u. Handmuskeln äußert, sobald geschrieben werden soll. Behandlung durch Psychotherapie, Schonung, Massage, gymnast. Lockerungsübungen.
Schreibkunst, *Kalligraphie,* wurde auf Ton, Holz, Leder, Metall, Elfenbein, Wachs, Filz, Papyrus,

Schreibkunst: japanischer Schreibkasten; um 1900. Berlin (West), Museum für Ostasiatische Kunst

Pergament, Papier im Lauf der Jahrtausende entwickelt. Schreibwerkzeuge: Steinsplitter, Griffel, Pinsel, Rohr-, Vogel- u. Stahlfedern, Kreide, Stifte. Heute auch als *Graphik* kunst- u. schulmäßig betrieben.

Schreibmaschine, eine Büromaschine, mit der fortlaufend Schriftzeichen über ein Farbband auf Papier geschrieben u. Durchschläge (Kopien) hergestellt werden können. Man unterscheidet *Standard-* oder *Büro-S.n*, die für vielfältige Schreibarbeiten ausgestattet sind, *Klein-S.n* für den privaten Gebrauch u. *Reise-S.n*, die bes. flach gebaut sind. Am gebräuchlichsten ist die *Typenhebelmaschine (Typentastmaschine, Tastenfeldmaschine),* die sich gegen die Typenwalzenmaschine u. Typenstangenmaschine durchgesetzt hat. Die Hauptteile sind: Gestell, Tastatur (Tastenfeld) mit Typenhebeln sowie Umschalt-, Rückwärts- u. Tabulatortaste, Farbband mit Schaltung, Wagen (Schlitten) mit Walze sowie Schaltung zur Zeilenverstellung. Beim Niederdrücken der Taste schlägt der Typenhebel, der an seinem Ende je einen großen o. einen kleinen Buchstaben bzw. zwei verschiedene Zeichen trägt, auf das Farbband, so daß das Schriftzeichen auf das auf der Walze liegende Papier „gedruckt" wird. Bei jedem Tastenanschlag rückt der Wagen um Buchstabenbreite weiter. Beim Drücken der *Leertaste* schaltet der Wagen um eine Buchstabenbreite weiter. Der *Zeilenschalter* gestattet das Einstellen der Zeilenabstände. Das Einstellen des Zeilenrands erfolgt mit *Randsteller*. Mit dem *Randauslöser* wird die Zeilenbegrenzung aufgehoben. Manche S.n gleichen die Zeilenbreite automatisch aus. Eine neuartige S. arbeitet mit einem beweglichen *Schreibkopf* u. feststehendem Wagen. Sie anschlußlose S. hat bes. ausgebildete Typenhebel; außerdem sind die Schwingungen der Gehäuseteile stark herabgemindert. Bei der elektr. S. besorgt ein ständig laufender Elektromotor den Anschlag der Typenhebel sowie den Wagenrücklauf mit gleichzeitiger Zeilenschaltung. Buchungsmaschinen haben u. a. Schreib- u. Reihentastatur, Niederschrift der Salden u. Endsummen, Datumsdruck u. Dezimaltabulator. Bei der Blindenschrift-S. werden in das Papier erhabene Zeichen in Brailleschrift eingedrückt, die sich abtasten lassen. Die Stenographiermaschine ermöglicht eine stark vereinfachte Schrift. – Die erste S. wurde 1864 von P. *Mitterhofer* gebaut; die erste Fabrikation nahm E. *Remington* 1873 auf.

Schreibmaschinenpapier, zum Beschreiben mit der Schreibmaschine geeignetes Papier, meist holzfrei oder hadernhaltig, oft mit Wasserzeichen gearbeitet, in Gewichten von 50–90 g/m², vollgeleimt, auch als *Hartpostpapier, Postpapier* oder (in bestimmten Qualitäten) als *Bankpostpapier* bezeichnet.

Schreier, Peter, Sänger (Tenor), * 29. 7. 1935 Meißen; Opern-, Lied- u. Oratoriensänger, bes. Mozart-Interpret.

Schrein [lat.], Lade, Kasten, Schrank; Behälter zur Aufbewahrung von Reliquien (→Reliquiar), oft reich verziert u. als Flügelaltar (Altar-S., Heiligen-S.) ausgebildet.

Schreiner →Tischler.

schreitender Ausbau, meist in Steinkohlengruben angewandte Art von mechanisiertem *Strebausbau*; die Ausbaurahmen werden hydraulisch unter das stützende *Hangende* gedrückt. Beim Fortschreiten des Abbaus werden die Rahmen wieder abgelassen, in Richtung auf die fortgeschrittene Abbaufront verschoben u. dort wieder unter das Hangende gepreßt.

Schreitvögel →Stelzvögel.

Schreitwanzen = Raubwanzen.

Schreivögel, *Clamatores,* eine Zusammenfassung mit den *Singvögeln* verwandter *Sperlingsvögel,* z. B. die Familien der *Ameisenvögel, Töpfervögel, Pittas, Tyrannen, Schmuckvögel, Kotingas.* S. haben eine geringere Anzahl von Singmuskeln.

Schreker, Franz, österr. Komponist u. Dirigent, * 23. 3. 1878 Monaco, † 21. 3. 1934 Berlin; u. a. Lehrer von A. *Hába* u. E. *Krenek*; 1920–1932 Direktor der Musikhochschule Berlin; schrieb sensualistische Opern, deren tiefenpsycholog. beeinflußte Textbücher er selbst verfaßte („Der ferne Klang" 1912; „Die Gezeichneten" 1918; „Der Schatzgräber" 1920; „Irrelohe" 1924; „Der singende Teufel" 1928; „Der Schmied von Gent" 1932), eine Kammersinfonie, Lieder u. a.

Schrenck, Leopold von, russ. Naturforscher dt. Abstammung, * 24. 4. 1826 Gouvernement Charkow, † 20. 1. 1894 St. Petersburg; bereiste 1854–1856 Ostsibirien, insbes. das Amurgebiet, u. führte meereskundl. Forschungen im Ochotskischen u. Japan. Meer durch. 1879 Direktor des Ethnograph. Museums in St. Petersburg.

Schrenck-Notzing, Albert Frhr. von, Nervenarzt, * 18. 5. 1862 Oldenburg, † 12. 2. 1929 München; bemühte sich um die wissenschaftl. Erforschung okkulter Phänomene, schuf die Grundlagen für die *Parapsychologie*. Hptw.: „Materialisationsphänomene" 1914, ²1923; „Physikal. Phänomene des Mediumismus" 1920; „Grundfragen der Parapsychologie" (posthum) 1962.

Schrey, Ferdinand, Stenograph, * 19. 7. 1850 Elberfeld, † 2. 10. 1938 Berlin; entwickelte 1887 eine „Vereinfachte dt. Stenographie", die 1897 mit der von W. *Stolze* zu dem „System *Stolze-Schrey*" vereinigt wurde.

Schreyer, Lothar, Pseudonym *Angelus Pauper,* Schriftsteller u. Maler, * 19. 8. 1886 Dresden, † 18. 6. 1966 Hamburg; seit 1916 Redakteur der Zeitschrift „Der Sturm", leitete 1918–1921 die mit H. *Walden* gegr. „Sturm-Bühne" in Berlin u. die ebenfalls ein expressionist. Gesamtkunstwerk erstrebende „Kampfbühne" in Hamburg; 1921 bis 1923 Lehrer am Bauhaus in Weimar; wandte sich später der christl. Mystik u. dem kath. Glauben zu; verfaßte außer Dramen, Lyrik, Legenden u. Laienspielen histor. Romane („Der Untergang von Byzanz" 1940; „Siegesfest in Karthago" 1961), kunstgeschichtl. u. religiöse Schriften; Hrsg. von Bildbänden u. Anthologien.

Schreyvogel, Joseph, österr. Schriftsteller, * 27. 3. 1768 Wien, † 28. 7. 1832 Wien; war Kritiker, Übersetzer (Calderón, A. Moreto) u. Dramaturg des Wiener Burgtheaters (1814–1832), schuf dessen Weltheaterspielplan; Freund u. Entdecker von F. *Grillparzer*. Werke: „Donna Diana" 1819; Tagebücher 1810–1823 (Hrsg. K. Glossy 1903).

Schreyvogl, Friedrich, österr. Schriftsteller, Urgroßneffe von J. *Schreyvogel*, * 17. 7. 1899 Mauer bei Wien, † 11. 1. 1976 Wien; 1954–1959 Vizedirektor, dann Chefdramaturg des Burgtheaters. Dramen: „Johann Orth" 1928, unter dem Titel „Habsburgerlegende" 1933; „Der Gott im Kreml" 1937; „Der weiße Mantel" 1952; „Die kluge Wienerin" 1941 (Komödie). Romane: „Grillparzer" 1935; „Die Dame in Gold" 1958; „Ein Jahrhundert zu früh" 1964. Auch expressionist. Lyrik („Wir Kinder Gottes" 1957) u. Essays („Die Entdeckung Europas" 1931).

Schriesheim, Stadt in Baden-Württemberg (Rhein-Neckar-Kreis), nördl. von Heidelberg, 12 300 Ew. Burgruine *Strahlenburg*; Weinbau.

Schrift, System von Zeichen zur Lesbarmachung von Gedanken. Vorstufen der Schrift sind Zeichen, die der Erinnerung dienen sollen u. kein System bilden. Wenn solche Zeichen einheitlich innerhalb einer bestimmten Gruppe gebraucht werden, spricht man von *Bilder-S*., die sich zur *Silben-S*. weiterentwickeln kann. Bei der als nächster Stufe entstehenden *Buchstaben-S*. hat jeder Laut ein eigenes Zeichen. Vermutlich hat sich unsere Buchstaben-S. (Latein-S., die aus der griech. S. entstanden ist) aus semit. Konsonanten-S.en entwickelt, die ihrerseits auf die Hieroglyphen (aus einer Wort-S. entstandene Silben-S.) zurückgehen. Die Erforschung alter – bes. europ. – S.en ist Aufgabe der *Paläographie*. – ⬛ S. 28. – ⬜ 5.0.6.

Schriftarten →Druckschrift.

Schriftband, *Spruchband,* auf mittelalterl. Glasu. Tafelgemälden Rolle oder Band mit Textaufschriften, die die dargestellten Personen u. Handlungen bezeichnen oder lehrhaft erläutern.

Schriftbarsch, *Serranus scriba,* ein bis 40 cm langer *Zackenbarsch*; kommt im Mittelmeer u. Schwarzen Meer häufig in der oberen Küstenzone zwischen bewachsenen Klippen vor; besetzt dort ein Revier, verteidigt es gegen Artgenossen u. lauert auf Beute. Kleine Fische, bes. Ährenfische, dienen als Nahrung. Der S. laicht von Mai bis August, klebt die Eier in Ufernähe an Steinen fest. Männl. u. weibl. Geschlechtsorgane sind bei jedem Tier voll entwickelt (Zwitter), Selbstbefruchtung.

Schriftblindheit, Leseblindheit →Alexie.

Schriftenreihe, Serie, eine Mehrzahl von Schriften (meist von verschiedenen Verfassern), die gleich ausgestattet u. durch einen Reihentitel zusammengefaßt sind.

Schriftform, *Schriftlichkeit,* formgebundene Art des Abschlusses von Rechtsgeschäften. Ist S. (z. B. für den Grundstücksmietvertrag für längere Zeit als ein Jahr) gesetzl. vorgeschrieben *(gesetzl. S.),* so muß die Urkunde vom Aussteller eigenhändig durch Namensunterschrift oder mittels notariell beglaubigten Handzeichens unterzeichnet werden. Bei einem Vertrag müssen beide Parteien auf derselben Urkunde, wenn mehrere Urkunden ausgestellt sind, kann jede Partei auf der für die andere bestimmten Urkunde unterzeichnen. Bei nur rechtsgeschäftl. vereinbarter S. genügt, soweit nicht ein anderer Wille anzunehmen ist, telegraph. Übermittlung oder Briefwechsel (§§ 126, 127 BGB). Die S. ist zu unterscheiden von den →Formvorschriften der *Beurkundung* u. *Beglaubigung.*

Schriftführer, zur offiziellen Beurkundung von Abstimmungen u. Verhandlungsgang in Versammlungen bestimmte oder berufene Person.

Schriftgelehrter, jüd. Gelehrter der nachexilischen Zeit, Theologe, Leiter der Synagoge, Rechtsberater, zugleich Richter u. oft Ortsvorstand.

Schriftgießerei, Unternehmen zur Herstellung der Buchdrucklettern (Typen) aus Metall. Das Schriftzeichen wird mit Hilfe eines Stichels u. einer Graviermaschine aus einem Stahlstempel erhaben herausgearbeitet. Mit dem gehärteten Stempel *(Patrize)* fertigt man die *Matrize* in Kupfer oder Messing an, die dann als Gießform verwendet wird.

Schriftgrad, *Grad,* ein Maß der gedruckten Schrift. Die S.e wurden bis zum 31. 12. 1977 nach dem →typographischen Punktsystem (1 typographischer Punkt = 0,376 mm) u. nach verschiedenen Namen unterschieden; die Angabe im Punktsystem bezog sich auf die Kegelstärke der →Letter. Ab 1. 1. 1978 gilt nur noch das metrische System.

Diamant	= 4 Punkt	HAUS
Perl	= 5 Punkt	HAUS
Nonpareille	= 6 Punkt	HAUS
Kolonel	= 7 Punkt	HAUS
Petit	= 8 Punkt	HAUS
Borgis	= 9 Punkt	HAUS
Korpus (Garmond)	= 10 Punkt	HAUS
Cicero	= 12 Punkt	HAUS
Mittel	= 14 Punkt	HAUS
Tertia	= 16 Punkt	HAUS
Text	= 20 Punkt	HAUS

Schriftgrade

Schrifthöhe, Höhe der Letter vom Fuß bis zum Schriftbild. Sie beträgt in dem bei uns gebräuchl. Didot-System 62²/₃ Punkt = 23,567 mm. →auch typographisches Punktsystem.

Schriftkegel →Kegel (1).

Schriftleiter →Redakteur.

Schriftmetall, *Letternmetall,* Blei-Antimon-Zinn-Legierungen wechselnder Zusammensetzung nach DIN 1728 zum Schriftguß, z. B. *Linometall* mit 12% Antimon u. 5% Zinn, Rest Blei, für Linotype-Setzmaschinen.

Schriftsatz, 1. *Druck:* →Satz. **2.** *Zivilprozeßrecht:* schriftl. Antrag oder schriftl. Erklärung in gerichtl. Verfahren.

Schriftschneider, Ausbildungsberuf der Industrie mit 3jähriger Ausbildungszeit; schneidet (graviert) Buchstaben u. Zeichen aller Art in Letternmetall. Das Schriftschneiden bildet die Grundlage für die *Schriftgießerei.*

Schriftsetzer →Setzer.

Schriftsprache, die Stilform einer Sprache, die charakterist. für die Mehrzahl der gedruckten Texte ist; die bewußtere, stärker kontrollierte Verwendungsform der *Hochsprache (Standardsprache)* im Unterschied zur ebenfalls zur Hochsprache zu rechnenden *Umgangssprache*. Ungenau wird der Ausdruck S. zuweilen im Sinn von Hochsprache schlechthin im Gegensatz zu *Mundart* verwendet.

Schriftsteller, der berufsmäßige Verfasser von Schriftwerken, die zur Veröffentlichung bestimmt sind u. einen größeren Leserkreis ansprechen sollen, in erster Linie der hauptberufl. S. der *schönen Literatur*. Auf Verfasser von wissenschaftl. u. Facharbeiten wird die Bez. S. gewöhnlich nur dann angewandt, wenn diese Schriften sprachgewandt u.

stilistisch gelungen sind; andernfalls wird die allg. Bez. *Autor* bevorzugt. Die wertende Unterscheidung zwischen S. u. *Dichter* ist nicht haltbar.

Schrifttum = Literatur.

Schriharscha, letzter der drei großen epischen Kunstdichter Indiens, aus der 2. Hälfte des 12. Jh., lebte in Kanauj; behandelte in seinem *Naischadhija-tscharita* die dem *Mahabharata* entnommene Episode von König Nala u. Damajanti, kam aber in 22 Gesängen nur bis zu den Anfängen des Themas.

Schrimpf, Georg, Maler u. Graphiker, *13. 2. 1889 München, † 19. 4. 1938 Berlin; Lehrer an der Kunstgewerbeschule München (1926–1933), danach in Berlin; beeinflußt von der Kunst der italien. *Valori plastici*; Figurenbilder u. Landschaften im Stil der Neuen Sachlichkeit.

Schrippe, Berliner Wasserbrötchen mit tiefer Längsfurche auf der Oberseite u. starker Krustenbildung; ursprüngl. Allerseelengebäck.

Schritt, 1. *Maße:* als Maß etwa 71–75 cm, bei den Römern 1 *Doppel-S.* zu rd. 148 cm (→Meile).

2. *Pferdesport:* langsame Gangart des Pferdes.

Schrittmacher, *Sport:* 1. bei Steherradrennen der auf einem Spezial-Motorrad dem →Steher vorausfahrende Fahrer, der durch aufrechte Körperhaltung den Luftwiderstand für den Rennfahrer verringert. – 2. früher bei leichtathlet. Wettbewerben ein Helfer, der durch Anschlagen eines bestimmten Tempos dem Wettkämpfer die Aufgabe erleichtern sollte.

Schrobenhausen, oberbayer. Stadt an der Paar (Ldkrs. Neuburg-S.), nordöstlich von Augsburg, 14600 Ew.; Papier-, chemische Industrie, Brauereien.

Schröder, 1. Ernst, Schauspieler u. Regisseur, *27. 1. 1915 Wanne-Eickel; kam von Bochum 1938 nach Berlin, leitete dort 1946–1949 die Städt. Theaterschule; Charakterdarsteller, seit 1940 auch im Film.

2. Friedrich Ludwig, Schauspieler u. Theaterleiter, *3. 11. 1744 Schwerin, † 3. 9. 1816 Rellingen bei Pinneberg; als Nachfolger seines Stiefvaters Konrad Ernst *Ackermann* 1771–1780, 1785–1798 u. 1811/12 Direktor der Hamburger Bühne; 1781 bis 1785 am Wiener Burgtheater; setzte als erster dt. Schauspieler die Natürlichkeit des Sprechens gegen die damals übl. Deklamation durch, wirkte bahnbrechend für Shakespeare- u. Goethe-Aufführungen; schrieb selbst Theaterstücke; wirkte einflußreich in der Freimaurerei u. verfaßte hierzu umfangreiche Schriften.

3. Gerhard, Politiker (CDU), *11. 9. 1910 Saarbrücken; Rechtsanwalt; 1949–1980 Mitgl. des Bundestags, 1953–1961 Bundes-Min. des Innern, 1961–1965 des Auswärtigen, 1966–1969 der Verteidigung; kandidierte 1969 erfolglos für das Amt des Bundes-Präs. (gegen G. Heinemann); 1969–1980 Vors. des Auswärtigen Ausschusses des Bundestags; Mitgl. des Bundesvorstands der CDU, 1955–1978 Vors. ihres Ev. Arbeitskreises.

4. Horst, Straf- u. Prozeßrechtslehrer, *9. 3. 1913 Bremen, † 12. 9. 1973 in Italien; seit 1955 Prof. in Tübingen; zahlreiche Veröffentlichungen über Strafrecht u. Zivilprozeßrecht. Hptw.: A. Schönke, H. Schröder, „Kommentar zum Strafgesetzbuch" ^{17}1973.

5. Rudolf Alexander, Schriftsteller, *26. 1. 1878 Bremen, † 22. 8. 1962 Bad Wiessee, Oberbayern; vor allem Lyriker u. Essayist, auch Architekt, Kunstgewerbler, Maler, Graphiker u. Bibliophile; Freund von H. von *Hofmannsthal* u. R. *Borchardt*, Mitbegründer der „Bremer Presse" 1913 u. der Zeitschrift „Die Insel" 1899. In ihm verband sich die Tradition des Humanismus mit prot. Gläubigkeit, er erneuerte die klass. Form von Ode, Elegie, Sonett aus christl. Geist („Die weltl. Gedichte" 1940; „Die geistl. Gedichte" 1949), schuf prot. Kirchenlieder u. übersetzte viele Dichtungen aus der Antike, dem Französ., Engl. u. Fläm.; auch Essays u. Reden. – Ges. Werke 8 Bde. 1952–1965. – *R.-A.-S.-Gesellschaft*, München, gegr. 1947.

6. Walter Johannes, Germanist, *12. 5. 1910 Dahmen, Mecklenburg; seit 1960 Prof. in Mainz; verfaßte Arbeiten zur niederdt. Philologie u. zur Epik des MA.

7. Wilhelm (Willem), niederdt. Schriftsteller, *27. 3. 1808 Ohlendorf bei Stade, † 4. 10. 1878 Leipzig; Journalist (gründete 1840 das „Hannoversche Volksblatt"), bes. bekannt durch seine „plattdütsche Historie": „Dat Wettloopen twischen den Haasen un den Swinegel" (zuerst 1840 anonym, dann 1868). „Plattdütsche Leeder un Döntjes" 1877.

Schröder-Devrient [-de'fri:nt, dəvri'ɛ̃], Wilhelmine, Sängerin (dramat. Sopran), *6. 12. 1804 Hamburg, † 26. 1. 1860 Coburg; wurde 1822 als Leonore („Fidelio") berühmt, wirkte 1823–1847 in Dresden, seitdem mehr Konzertsängerin; „singende Schauspielerin", von Beethoven, C. M. von Weber u. R. Wagner sehr geschätzt.

Schrödinger, Erwin, österr. Physiker, *12. 8. 1887 Wien, † 4. 1. 1961 Wien; Prof. in Zürich, Berlin (1927–1933), Oxford, Graz; 1939 Dublin, seit 1955 Wien; arbeitete über Farblehre, faßte die de Brogliesche Vorstellung von Materiewellen in eine mathemat. Formel *(S.-Gleichung)* u. legte so die Grundlage zur *Wellenmechanik*; erhielt 1933 zusammen mit P. *Dirac* den Nobelpreis für Physik. Werke: „Abhandlungen zur Wellenmechanik" 1927; „Was ist Leben?" 1946; „Geist u. Materie" ^{2}1961.

Schrödinger-Gleichung, *Schrödingersche Bewegungs- oder Wellengleichung*, von E. *Schrödinger* 1927 aufgestellte Grundgleichung der Quantentheorie, eine partielle Differentialgleichung, aus deren zeitabhängiger Form sich die Bewegung atomarer Teilchen u. Systeme, aus deren zeitunabhängiger Form sich die Energie-Eigenwerte berechnen lassen.

Schroedel Verlag, *Hermann Schroedel Verlag KG*, Hannover, Zweigniederlassungen in Berlin, Darmstadt, Dortmund, gegr. 1792 in Halle (Saale); Fachverlag für Pädagogik u. Schule.

Schroeder, 1. Hermann, Komponist, *26. 3. 1904 Bernkastel, Mosel; Prof. an der Kölner Musikhochschule; führender kath. Kirchenmusiker (20 Messen, Te Deum, Magnificat, Motetten, Hymnen), daneben Orgelwerke, 2 Sinfonien, Solokonzerte u. Kammermusik.

2. Louise, Politikerin (SPD), *2. 4. 1887 Altona, † 4. 6. 1957 Berlin; Mitgründerin der Arbeiterwohlfahrt; 1919–1933 Mitgl. des Reichstags; 1947/48 amtierende Oberbürgermeisterin von Berlin, 1949–1951 stellvertr. Oberbürgermeisterin von Westberlin; 1949–1957 Mitglied des Bundestages.

Schroeder-Sonnenstern, Friedrich, Maler, *1892 Berlin; seine grellbunten, mit üppiger Sexualsymbolik ausgestatteten Bilder werden von manchen (z. B. F. *Bellmer*, F. *Hundertwasser*) bewundert, von anderen als schizophren disqualifiziert.

Schröer, Gustav, Schriftsteller, *14. 1. 1876 Wüstegiersdorf, Schlesien, † 17. 10. 1949 Weimar; schilderte bes. seine thüring. Wahlheimat: „Der Heiland vom Binsenhofe" 1918; „Die Wiedes" 1941.

Schroers, Rolf, Schriftsteller u. Publizist, *10. 10. 1919 Neuss; schreibt Romane aus der Kriegs- u. Nachkriegszeit („Die Feuerschwelle" 1952; „Jacob u. die Sehnsucht" 1953), Erzählungen („In fremder Sache" 1957), Berichte („T. E. Lawrence" 1949; „Herbst in Apulien" 1958), Hörspiele („Auswahl der Opfer" 1961), krit. u. essayist. Schriften, bes. zu polit. Fragen („Der Partisan" 1961), Drama „Köder für eine Dame" 1969.

Schroll Verlag, *Buch- und Kunstverlag Anton Schroll & Co.*, Wien, gegr. 1884, Filiale in München; kunstwissenschaftl. Werke, Kunst- u. Fotobildbände, Künstlermonographien *(Sammlung Schroll)*, Kunstblätter.

Schrönghamer-Heimdal, Franz, Heimatschriftsteller, *12. 7. 1881 Marbach, Bayer. Wald, † 3. 9. 1962 Passau; Lyriker u. Erzähler („Der Stein der Dummen" 1920; „Der ewige Acker" 1930; „Der Haupttreffer" 1954).

schröpfen, Blut durch *Schröpfköpfe*, glockenförmige Geräte aus Glas, Gummi oder Metall, in denen Unterdruck hergestellt wird, in die Haut ziehen *(trockenes S.)*. Beim *blutigen S.* wird durch Einschnitte in die Haut, die vor dem Aufsetzen der Schröpfköpfe mit einem Schröpfschnepper gesetzt werden, gleichzeitig Blut entzogen (auch durch Blutegel). Das S. dient der Entlastung des Kreislaufs.

Schrot [der oder das], **1.** *Lebensmittel:* grob gemahlene Getreidekörner, noch den Keimling enthaltend, mit hohem Spelzenanteil, verbacken zu mineralstoff- u. vitaminreichem *S.brot*, z. B. *Steinmetzbrot*, in dem durch ein bes. Naßschälverfahren alle wertvollen Teile des Getreidekorns erhalten bleiben.

2. *Waffen: Flinten-, Bleischrot*, Bleikügelchen, die in größerer Anzahl mit einem Schuß („rauher Schuß") aus Gewehren mit glatten Läufen geschossen werden.

Schroteffekt, unregelmäßige Schwankungen des elektr. Stroms, z. B. in Elektronenröhren, die auf dem statistisch ungleichmäßigen Austritt von Elektronen aus der Kathode beruhen.

Schröter, 1. Carl Josef, Botaniker, *19. 12. 1855 Esslingen, † 17. 2. 1939 Zürich; Prof. in Zürich; erforschte bes. die alpine Flora u. die Pflanzengesellschaften.

2. Corona, Sängerin u. Schauspielerin, *14. 1. 1751 Guben, † 23. 8. 1802 Ilmenau; von *Goethe* 1778 aus Leipzig nach Weimar geholt; vertonte als erste *Goethes* „Erlkönig" u. „Fischerin" 1786.

Schrötling, mittelalterl. Bez. für das ungeprägte Münzstück vor dem Prägevorgang; heute „Platte" genannt.

Schrotmäuse = Trugrattenartige.

Schrotmeißel, Meißel zum Abtrennen von Werkstoff beim Schmieden.

Schrotmühle, *Schrotstuhl*, in landwirtschaftl. Betrieben u. Mühlen verwendete Maschine zum Schroten des ganzen Korns (einschl. Keimlings).

Schrotschnitt, besondere Form des Holzschnitts u. Metalldrucks, bei der durch Punzeneinschlag von Punkten (oder kleinen Ringen) die weiße Zeichnung auf dunklem Grund verfeinert wird; fast nur im 15. Jh. üblich.

Schrotschußkrankheit, durch den Pilz *Clasterosporium carpophilum* verursachte Krankheit des Steinobstes: rot umrandete Flächen auf den Blättern fallen als abgestorbenes Gewebe heraus, so daß die Blätter schrotschußartig durchlöchert erscheinen. Auch die Früchte können befallen werden u. verkrüppeln. Bekämpfung: Vernichtung befallener Stellen, Spritzen mit kupfer- oder schwefelhaltigen Mitteln.

Schrott, *i. e. S.* Alteisen, Eisenabfälle; wird als Zusatz zu Roheisen wieder verwertet; *i. w. S.* Altmetall überhaupt, z. B. Buntmetall-, Aluminium-S.

Schrötter von Kristelli, Franz Ferdinand, österr. Historiker, *13. 1. 1736 Wien, † 3. 6. 1780 Wien; begründete in Österreich die Staatsrechtslehre.

Schrot und Korn, Bez. für Gewicht (Schrot) u. *Feingehalt* (Korn) einer Münze.

schrumpfen, kürzer werden. Bei *Textilien* tritt S. durch Gebrauch u. Waschen, feuchte Luft u. Wärme auf, bes. dann, wenn das Material unter Spannung getrocknet wird. Die *Schrumpfung* ist die auf die Ausgangslänge bezogene Verkürzung. In der *Betontechnik* heißt S. eine Raumverminderung, die (im Gegensatz zum *Schwinden*) nicht durch Austrocknen, sondern durch chem. Vorgänge verursacht wird; sie läßt sich nicht rückgängig machen.

Schrumpfkopf, die südamerikan. Kopftrophäe →Tsantsa.

Schrumpfleber →Leber (Leberkrankheiten).

Schrumpfniere, *Nephrosklerose*, zunehmende Verhärtung u. Verkleinerung der Nieren durch Nierengewebsschrumpfung u. narbig-bindegewebigen Ersatz desselben mit entsprechender Beeinträchtigung der Nierenfunktionen; Folge entzündlicher oder degenerativer Erkrankungen des Nierengewebes *(sekundäre S.)* oder von Erkrankungen der versorgenden Nierengefäße (z. B. bei Arteriosklerose; *primäre S.*); führt zu Blutdruckerhöhung u. Nierenversagen.

Schrunden [Ez. der *Schrund*, die *Schrunde*], **1.** *Geologie:* Fels- oder Gletscherspalten; →auch Bergschrund.

2. *Medizin: Rhagaden, Fissuren*, kleine Einrisse der Schleimhaut u. Haut, bes. an Lippen, After, Fingern; Behandlung mit Öl, Glyzerin- oder Fettcreme, Wundheilsalbe.

Schruns, österr. Markt im Montafon, Vorarlberg, 689 m ü. M., 3400 Ew.; Textilfabrik u. Holzverarbeitung, Heilbad mit Spitälern u. Sanatorien, Wintersportplatz.

schruppen, metallische Werkstoffe mit großem Vorschub grob spanabhebend bearbeiten, um bei dickem Span überschüssige Stoffmengen in kurzer Zeit abzuarbeiten.

Schtschi [der], russ. Nationalgericht: Krautsuppe aus Sauerkraut oder Weißkohl, Rind- u. Schweinefleisch, Zwiebeln u. Gewürzen.

Schub, 1. *Schubkraft, Scherung*, die Kraft, die zwei benachbarte, parallele Querschnittsflächen eines Körpers parallel zu sich selbst gegeneinander verschiebt.

2. die Kraft, mit der ein durch Rückstoß bewegter Körper bewegt wird; etwa bei Raketen u. Strahltriebwerken.

Schubart, 1. Christian Friedrich Daniel, Schriftsteller, Publizist, Musiker u. Revolutionär, *24. 3. 1739 Obersontheim, Schwaben, † 10. 10. 1791

Schrift

SCHRIFT

Rosette-Stein: dreisprachiges Edikt aus der Zeit Ptolemaios V. (204–197 v. Chr.) mit ägyptischen Hieroglyphen, demotischer und griechischer Schrift, das die Entzifferung der Hieroglyphen durch J. F. Champollion möglich machte. London, Britisches Museum

Deutsche Kanzlei-Kurrent; Basel 1502. Basel, Staatsarchiv

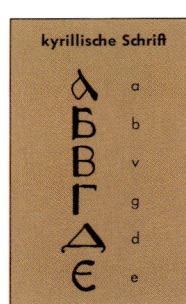
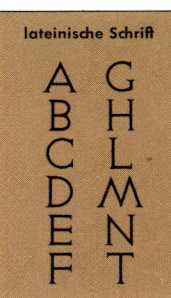
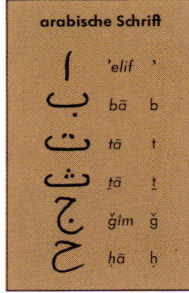
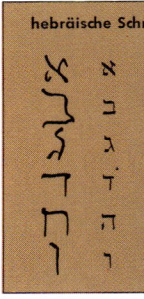

Phönizische Schrift auf einer Stele des moabitischen Königs Mesa; um 850 v. Chr. in Dîbân, östlich vom Toten Meer, errichtet. Paris, Louvre

Seite aus dem Evangeliar von Stavelot, geschrieben in karolingischen Minuskeln; 9. Jahrhundert. Berlin, Staatsbibliothek Preußischer Kulturbesitz (links). – Detail eines Frieses mit kufischer Schrift im Myrthenhof der Alhambra in Granada; 13. Jahrhundert (rechts)

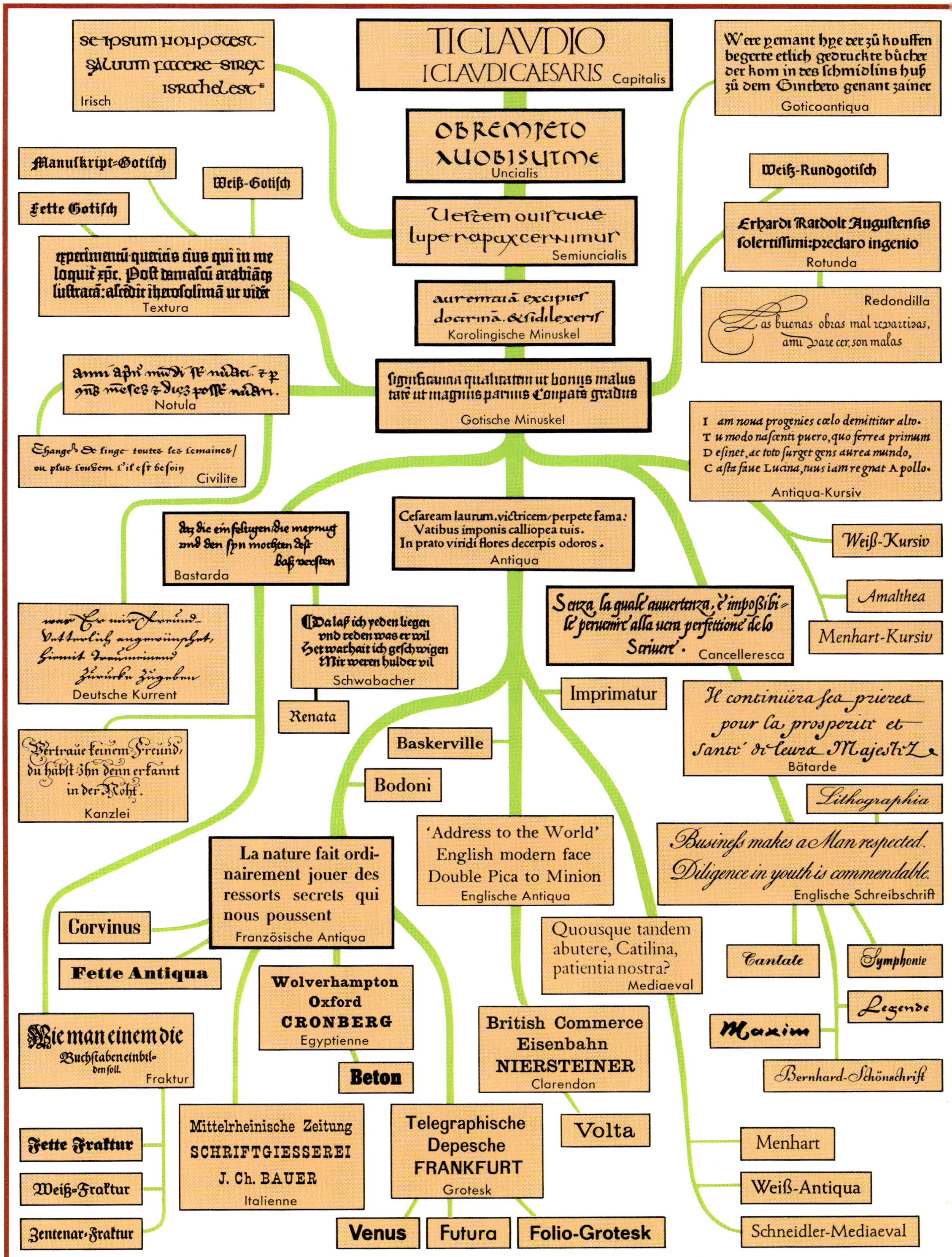

Schrift

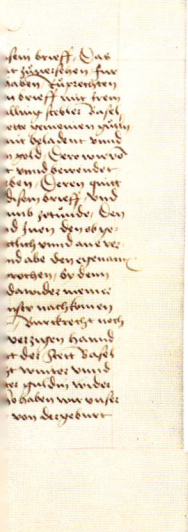

manische Silbenschrift

Die Tafel zeigt (von oben nach unten) die Entwicklung der Druckschriften in Verbindung mit den Schreibschriften. Wie diese haben sich die Druckschriften aus der römischen Capitalis entwickelt. Auf der linken Seite kann man die Entwicklung der Frakturschriften in Verbindung mit den deutschen Schreibschriften verfolgen. Heute werden auch in Deutschland überwiegend die aus der Antiqua entstandenen Druckschriften verwendet

Schubert

Stuttgart; Begründer u. 1774–1777 Hrsg. der freisinnigen Zeitung „Dt. Chronik"; wegen seiner Polemik gegen Herzog *Karl Eugen* von Württemberg 1777–1787 auf dem Hohenasperg eingekerkert; schrieb volkstüml. u. freiheitsdurstige Gedichte im Geist des Sturm u. Drang: „Die Gruft der Fürsten" 1786; „Das Kaplied" 1787; regte Schiller zu den „Räubern" an. Autobiographie: „Schubarts Leben u. Gesinnungen" 1791–1793.
2. Johann Christian, Edler von Kleefeld, Gutsbesitzer; *24. 2. 1734 Zeitz, †20. (23.) 4. 1787 Würchwitz; führte in die Landwirtschaft neue Methoden ein: Erweiterung des Futteranbaus unter Einführung des Anbaus von Rotklee, Aufhebung der Brache, Stallfütterung statt des Weidegangs.
Schubert, Franz, österr. Komponist, *31. 1. 1797 Lichtenthal (Liechtental) bei Wien, †19. 11. 1828 Wien; 1808 als Chorknabe im Stadtkonvikt, wo er neben dem Kompositionsunterricht bei A. *Salieri* als 1. Violinist im Internatsorchester die Instrumentalwerke Haydns u. Mozarts kennenlernte. Bereits während seiner Tätigkeit als Schulgehilfe des Vaters (1813–1817) entstanden zahlreiche Kompositionen, darunter Opern, Messen, Sinfonien, Streichquartette u. Lieder, unter ihnen „Erlkönig", „Heidenröslein", „Gretchen am Spinnrad", „Der Wanderer". Mit der Unterstützung seiner Freunde, des Dichters Franz von *Schober* (*1798, †1882) u. des Hofopernsängers Johann Michael *Vogl* (*1768, †1840), widmete er sich in Wien nur noch seinem kompositorischen Schaffen, lediglich in den Sommermonaten auf Jahre 1818 u. 1824 war er Klavierlehrer auf dem Landsitz des Grafen J. *Esterházy* in Zseliz (Ungarn). Seine Hinterlassenschaft umfaßt Opern (z. T. unvollendet), Operetten, Singspiele, ein Melodrama, Ouvertüren, Messen, 2 Stabat mater, zahlreiche kleinere Kirchenkompositionen, 9 Sinfonien (z. T. unvollendet), ein Oktett, 14 Streichquartette, darunter das d-Moll-Quartett „Der Tod u. das Mädchen", das Forellenquintett für Klavier u. Streichquartett, Trios, 2 große Duos u. 3 Sonatinen für Violine u. Klavier, zahlreiche Klavierkompositionen (22 Sonaten, Impromptus, Polonaisen u. Märsche, die „Wandererphantasie" u. die „Moments musicaux"), Kompositionen für 2 Klaviere, zahlreiche gemischte u. Männerchöre u. über 600 Lieder (Gedichte u. a. von Goethe, J. Mayrhofer, W. Müller, Schiller, L. Hölty, F. von Schlegel, F. Klopstock, M. Claudius, F. H. Heine), darunter die Liederzyklen „Die schöne Müllerin", „Die Winterreise", „Schwanengesang". Mit der Vielfalt seiner Liedformen, die vom Strophenlied bis zur Ballade reicht, wurde S. zum Schöpfer des neuen dt. Liedes. Die Melodie zeichnet die Empfindungen des Textes mit selbständiger Konsequenz nach, die Begleitung gibt der Singstimme Farbe u. Kontur u. wird – wo sie diese vertritt – sogar ebenbürtig eingesetzt. – ⌑ 2.9.3.
Schubfestigkeit = Scherfestigkeit.
Schublehre, *Schieblehre,* Längenmeßinstrument mit Millimeter-Längeneinteilung; die Messung erfolgt zwischen zwei Meßschenkeln, von denen der eine verschiebbar ist. Die Feinablesung geschieht mit dem *Nonius.* Neue Bez.: *Meßschieber.*
Schubmodul, eine Materialkonstante, die das Verhältnis von Schubspannung u. Winkeländerung ausdrückt. Zwischen dem S. *G,* der Poissonschen Konstante (Querzahl) μ u. dem Elastizitätsmodul E besteht folgende Beziehung: $G = \frac{E}{2}(1 + \mu)$.
Schubring, Paul, Kunsthistoriker, *28. 1. 1869 Godesberg, †7. 11. 1935 Hannover; Prof. in Berlin, Basel u. Hannover; schrieb u. a.: „Die Plastik der italien. Frührenaissance" 1919; „Die Kunst der Hochrenaissance in Italien" 1926, ²1930.
Schubschiffahrt, eine Form der Binnenschiffahrt, bei der Lastbehälter oder Lastkähne im Verband von einem Motorschiff geschoben werden. Die Lastbehälter sind am Bug bzw. Heck so gebaut, daß sie starr gekoppelt werden können. Der Bug des *Schubschiffs* ist so geformt, daß er mit den Lastkähnen verbunden werden kann. Die S. ermöglicht gegenüber der Schleppschiffahrt größere, besser manövrierfähige Verbände bei größerer Geschwindigkeit u. spart Bau- u. Betriebskosten. Sie wird auf großen Strömen betrieben (z. B. Rhein).
Schubspannung, die im Querschnitt eines auf Abscherung beanspruchten Stabes herrschende Spannung. Führt man durch einen beliebig belasteten Körper einen Schnitt, so kann man die vorher vom abgetrennten Teil aufgenommenen Kräfte durch Zug- oder Druckspannungen, die senkrecht gegen die Schnittfläche gerichtet sind, u. S.en, die parallel dazu verlaufen, ersetzen.
Schubstange →Pleuelstange.
Schubumkehranlage, Anlage zur Umlenkung des Schubstrahls eines Strahltriebwerks in die Bewegungsrichtung eines Flugzeugs; angewendet zum Abbremsen nach der Landung.
Schuch, Carl, österr. Maler, *30. 9. 1846 Wien, †13. 9. 1903 Wien; schloß sich in München dem Kreis um W. *Leibl* an, 1876–1882 in Venedig, 1883–1894 in Paris; Stilleben in kultivierter, toniger Malweise.
Schuchardt, Hugo, Sprachwissenschaftler, *4. 2. 1842 Gotha, †21. 4. 1927 Graz; beschäftigte sich hauptsächl. mit roman. Sprachwissenschaft, darüber hinaus mit dem Keltischen u. Baskischen. S. war ein Gegner der Theorie der Lautgesetze.
Schuchhardt, 1. Karl, Vorgeschichtsforscher, *6. 8. 1859 Hannover, †7. 12. 1943 Arolsen; „Alteuropa in seiner Kultur- u. Stilentwicklung" 1919; „Vorgeschichte von Deutschland" 1930.
2. Walter-Herwig, Archäologe, *8. 3. 1900 Hannover, †14. 1. 1976 Freiburg i. Br.; Prof. in Frankfurt a. M. (1934) u. Freiburg (1936). „Die Kunst der Griechen" 1940; „Griech. Kunst" 1968.
Schüchlin, Hans, Maler, †1505 Ulm, dort nachweisbar seit 1468; einziges urkundl. gesichertes Werk ist der Hochaltar in Tiefenbronn (1469), in dem die schwäb. Eigenart schlichter Großformigkeit unter dem Einfluß der niederländ. Malerei aufgegeben ist, deutl. in der betont realist. Durchbildung der Einzelheiten.

Schubertiade bei Joseph von Spaun (am Flügel Franz Schubert, rechts von ihm der Sänger Johann Michael Vogl), Zeichnung von Moritz von Schwind; 1868

Schuckert, Johann Siegmund, Industrieller, *18. 10. 1846 Nürnberg, †17. 9. 1895 Wiesbaden; gründete 1873 in Nürnberg eine elektrotechn. Werkstatt, die sich zur *Elektrizitäts-AG, vorm. S. & Co.* entwickelte, die 1903 mit den Starkstromabteilungen der Firma *Siemens & Halske* zu den *Siemens-S.werke GmbH* (seit 1927 AG) zusammengeschlossen wurde. 1966 wurde die Siemens-S.werke AG in die Siemens & Halske AG eingegliedert (→Siemens AG).
Schücking, 1. Levin, Schriftsteller, *6. 9. 1814 Schloß Clemenswerth, Westf., †31. 8. 1883 Bad Pyrmont; vor seiner Heirat mit Louise von *Gall* mit Annette von *Droste-Hülshoff* befreundet; schilderte in Romanen („Die Ritterbürtigen" 1846) u. Novellen („Krieg u. Frieden" 1872) westfäl. Landschaft u. Adelswelt.
2. Levin Ludwig, Enkel von 1), Anglist, *29. 5. 1878 Burgsteinfurt, †12. 10. 1964 Farchant bei Garmisch-Partenkirchen; erforschte die Dichtersprache, das Drama Shakespeares u. seiner Zeit u. förderte die soziolog. Deutung der Literatur („Soziologie der literar. Geschmacksbildung" 1923).
Schudra [der], *Shudra, Sudra,* die niedrigste der vier alten Hinduskasten, ursprüngl. die Handwerker; bes. im südl. Indien.
Schudraka, sagenhafter ind. Dramatiker u. König vor *Kalidasa* (?); das ihm zugeschriebene „Irdene Wägelchen" („Tonwägelchen", ind. „Mricchakatika") geht auf das Drama „Daridratscharudatta" des *Bhasa* zurück; die Heldin ist die Hetäre *Wasantasena.* Unter dem Titel „Wasantasena" u. a. übers. u. bearbeitet von L. *Feuchtwanger* 1916.
Schuh, Fußbekleidung aus Leder, Kunstleder, Gummi, Geweben oder auch Holz in verschiedenen Formen (*Straßen-S., Gesellschafts-S., orthopädischer S.* u. a.). Die Teile des S.s sind ein über einen Leisten gefertigter Schaft aus *Oberleder* mit oder ohne Futter, Versteifungen vorn u. hinten (*Vorder-* u. *Hinterkappe*) und der Boden aus *Innensohle (Brandsohle), Laufsohle* u. *Absatz.* Die Herstellung erfolgt heute fast ausschließl. auf Maschinen (zuerst 1813 in England, in Nordamerika seit 1820).
Arbeitsgänge: 1. der Schaft wird zugeschnitten (oder gestanzt), gewalkt, gesteppt, die Kanten werden abgeschärft. 2. Die Sohlen werden gestanzt. 3. Schaft u. Sohle werden miteinander verbunden. Dabei gibt es u. a. folgende Möglichkeiten: a) der Schaft wird durch einen Riemen (*Rahmen*) an die Brandsohle geheftet, die Laufsohle am Rahmen befestigt (*Goodyear-* oder *Rahmen-S.*); b) der Schaft wird auf die Brandsohle gezwickt, die Laufsohle an Schaft u. Brandsohle genäht (*Mc-Kaye-, Blake-, durchgenähter S.*); c) der Schaft wird auf den Laufsohlenrand gezwickt, dann durchgenäht (*flexibler S.*); d) der Schaft wird auf die Brandsohle gezwickt, die Laufsohle aufgeschraubt u. mit Holz oder Metallnägeln befestigt (*geschraubter oder genagelter S.*).
Geschichtliches: Mit Riemen unter den Fuß gebundene Sohlen aus Holz oder Leder waren die älteste menschl. Fußbekleidung u. Vorformen des S.s. Die Griechen u. Römer kannten eine Art Schnür-S., bei dem die Zehen frei blieben. Bei den Völkern des Nordens entwickelte sich der feste S., die Reitervölker bevorzugten den Schaftstiefel. Seit dem frühen MA. ist der S. ein wichtiges Objekt der Mode. Er hat im Lauf seiner Geschichte eine Vielfalt von Formen gehabt (Bund-S., Schnabel-S., Entenschnabel, Bärentatzen, Schnallen-S., Sandale, Halb- u. Schnürstiefel u. a.).
Schuh, 1. Oskar Fritz, Regisseur u. Theaterleiter, *15. 1. 1904 München; 1954–1958 künstlerischer Leiter des Berliner Theaters am Kurfürstendamm, Gastinszenierungen in Salzburg u. Venedig, 1960–1963 Intendant in Köln, 1963–1968 am Schauspielhaus Hamburg; seine Nachkriegs-Inszenierungen in Salzburg prägten den „Mozart-Stil" der 1950er Jahre.
2. Willi, schweizer. Musikwissenschaftler, *12. 11. 1900 Basel; 1944–1965 Feuilletonredakteur der „Neuen Zürcher Zeitung", 1941–1968 auch Schriftleiter der „Schweizer. Musikzeitschrift", 1930–1944 Dozent am Zürcher Konservatorium. Veröffentlichungen u. a. über R. *Strauss,* Hrsg. seines Briefwechsels.
Schuhmacher, *Schuster,* handwerkl. Ausbildungsberuf mit 3jähriger Ausbildung. Der S. fertigt Fußbekleidung aller Art an u. repariert (flickt) das Schuhwerk. Ein Spezialberuf ist der *Orthopädie-S.,* der Schuhwerk für Gehbehinderte nach Maß anfertigt. – Die industrielle Fertigung nimmt auf Kosten des S.handwerks zu, so daß viele S. auf

die Rolle des *Flickschusters* herabgedrückt werden. In der Schuhindustrie werden gelernte S. als *Schäftemacher* u. als *Schuhmodelleure*, die neue Schuhmodelle entwerfen, beschäftigt.

Schuhplattler [der], derber, pantomimischer bayer.-österr. Werbetanz im Dreivierteltakt mit charakteristischen Dreh- u. Sprungfiguren; der Tänzer stampft u. schlägt mit den Händen zum Takt der Musik auf Schenkel, Knie u. Absätze; ursprüngl. ein Paartanz, seit 1900 Gruppentanz, bis heute von Volkstumsvereinen gepflegt.

Schuhschnabel, Storchenvogel, →Abu Markub.

Schui [chin.], Bestandteil geograph. Namen: Strom, Fluß.

Schui-hu tschuan, *Shui-hu chuan* [chin., „Geschichte vom Flußufer"], einer der großen chines. Romane der Mingzeit (1368–1643). Die ursprüngl. Fassung wird *Schi Nai-an* u. *Lo Kuantschung* um 1370 zugeschrieben; das Werk wurde mehrfach bearbeitet u. verändert, zuletzt 1644. Vor dem Hintergrund ländl. Lebens u. im Geist des Konfuzianismus wird die Geschichte einer Räuberbande (Anführer Sung Kiang) in der Zeit der Nördl. Sung-Dynastie im 12. Jh. erzählt, wobei die Organisation der Bande ein iron.-krit. Spiegelbild des Staats der Ming ist. Dt. Übers.: „Die Räuber vom Liang-Schan-Moor" von F. Kuhn 1934; „Die Räuber vom Liangschan" von J. Herzfeldt 2 Bde. 1968.

Schuja, Textilstadt in der RSFSR (Sowjetunion), südöstl. von Iwanowo, 70000 Ew.; Baumwoll- u. Flachsverarbeitung, Maschinenfabriken, Harmonikabau.

Schukasaptati, „70 Erzählungen des Papageien", anonymes ind. Erzählungswerk, dessen verlorene Urfassung in vielen Bearbeitungen überliefert ist (z.B. im pers. *Tutiname*).

Schukostecker, Warenzeichen u. Kurzwort für →Schutzkontaktstecker.

Schukow ['ʒukɔf], Georgij Konstantinowitsch, Marschall der Sowjetunion (1944), *2. 12. 1896 Strelkowa bei Kaluga, †18. 6. 1974 Moskau; erfolgreich als Heerführer im 2. Weltkrieg (Stalingrad, Eroberung Berlins); 1945/46 sowjet. Vertreter im Alliierten Kontrollrat, Chef der Militärverwaltung u. Oberkommandierender in der SBZ. 1946 Oberbefehlshaber des sowjet. Heers; 1953 stellvertr. Verteidigungs-Min., 1955–1957 Verteidigungs-Min.; 1957 Mitglied des Parteipräsidiums, unterstützte *Chruschtschow* beim Sturz Malenkows, Molotows u.a.; bereits 1957 wegen Bestrebungen zur Emanzipation des Militärs von der Kontrolle der Partei aller Ämter enthoben; schrieb „Erinnerungen u. Gedanken" dt. 1969.

Schukowskij [ʒu'kɔfskij], Wasilij Andrejewitsch, russ. romant. Dichter, *9. 2. 1783 Mischenskoje, Gouvernement Tula, †24. 4. 1852 Baden-Baden; vervollkommnete in seinen lyrisch-sentimentalen Dichtungen den russ. Vers, förderte durch Nachdichtungen die Kenntnis der ausländ. Literatur in Rußland.

Schulalter, Entwicklungsphase, reicht vom Ende des *Kleinkindalters* bis zum Beginn der *Pubertät*. Kennzeichen der seel. Entwicklung: das Erleben wird inhaltsreicher, die Beobachtungs- u. Kritikfähigkeit wächst. Zu Beginn des S.s ist das Denken mehr kausal, zum Ende mehr final; das Kind wird während dieses Entwicklungszeitraums sozial, es lernt sich in die Klassengemeinschaft einzupassen u. die Mitschüler zu akzeptieren.

Schularzt, der mit schulhygien. Aufgaben betraute Amtsarzt, in Landgemeinden auch der dazu nebenamtlich bestellte prakt. Arzt. Dem S. obliegt die gesundheitl. Überwachung der Schulkinder: Schulfähigkeit, Berufsberatung, Reihenuntersuchungen, Durchleuchtungen, Nachuntersuchungen schwächl. oder kränkl. Kinder, Erholungsaufenthalt, Zahnpflege *(Schulzahnarzt)*, Abhaltung von Sprechstunden für Schüler u. deren Eltern sowie die hygien. Kontrolle der Schulanlagen.

Schulaufsicht →Schulrecht.

Schulbehörden, die mit der *Schulaufsicht* betrauten staatl. Stellen. Aufgaben u. Organisation sind im einzelnen landesrechtl. geregelt, meist Oberschulämtern übertragen. →auch Schulrecht.

Schulbrüder, verschiedene kath. Laienkongregationen, die sich pädagog. Zielen widmen, z.B. die von Jean-Baptiste de *La Salle* (*1651, †1719) gegr. Genossenschaft der „Brüder der christl. Schulen" u. die von M. J. B. *Champagnat* gegr. Laienkongregation der „Maristen-S.".

Schulbuch, ein eigens für den Unterricht bestimmtes Buch, gewöhnl. wegen der hohen Auflage zu einem entspr. günstigen Preis. Die Schriftengattung des S.s war schon in der Antike verbreitet. →auch Lernmittel.

Schulbücherei, umfaßt die Lehrer- u. die Schülerbibliothek einer Unterrichtsanstalt. Sie enthält sowohl Fachwerke für die Fortbildung der Lehrkräfte als auch Klassikerausgaben u. Jugendliteratur.

Schulchan Aruch [der; hebr., „gedeckter Tisch"], jüd. Gesetzbuch, das rituelle Anweisungen u. Vorschriften des allg. Rechts enthält; von Josef *Karo* (*1488, †1575) zusammengestellt, erstmalig gedruckt 1564 in Venedig erschienen.

Schuld, 1. *bürgerl. Recht:* 1. innerhalb des S.verhältnisses die Verpflichtung des Schuldners dem Gläubiger gegenüber (im Gegensatz zur Forderung); 2. = Verschulden.

2. *Religion:* die in der Übertretung des Gottesgebots begründete u. im Gewissen erfahrbare Strafwürdigkeit des Menschen (→auch Sünde). Psychologisch ist S. die Verdrängung des Gewissens als Ruf zur Selbstverwirklichung.

3. *Strafrecht:* die subjektive Beziehung des Täters zu seiner Tat, die es ermöglicht, ihm aus dieser einen persönl. Vorwurf zu machen. Dies setzt zunächst *S.fähigkeit* (→Zurechnungsfähigkeit) voraus, ferner muß eine psycholog. Beziehung des Täters zu seiner Tat bestehen (→Vorsatz, →Fahrlässigkeit), endlich dürfen keine *Schuldausschließungsgründe* vorliegen, die wegen ihrer außergewöhnl. Wirkung den Rechtsgehorsam als nicht zumutbar erscheinen lassen. Die S. ist *Einzeltat-S.*, nicht Charakter- oder Lebensführungs-S. Die S. ist notwendige Voraussetzung jeder Strafe; das Strafrecht der BRD ist ein *S.strafrecht*. – 🄻4.1.4.

Schuldanerkenntnis, ein Vertrag, durch den das Bestehen eines *Schuldverhältnisses* anerkannt wird. Durch das S. wird unabhängig von dem bestehenden Schuldgrund eine neue selbständige Verpflichtung begründet, wodurch die Rechtsverfolgung erleichtert wird. Das S. unterscheidet sich vom →Schuldversprechen nur durch die Formulierung; es bedarf der Schriftform oder derjenigen Form, die für das anerkannte Schuldverhältnis vorgeschrieben ist (§781 BGB).

Schuldausschließungsgründe, *Entschuldigungsgründe, i.w.S.* Umstände, die die strafrechtl. Schuld oder das bürgerl.-rechtl. Verschulden beseitigen, so insbes., weil es an der *Schuldfähigkeit* (→Zurechnungsfähigkeit) fehlt oder die erforderliche subjektive Beziehung des Täters zu seiner Tat (→Vorsatz, →Fahrlässigkeit) nicht vorhanden ist. *S. i.e.S.* sind im Strafrecht Umstände, die den Schuldvorwurf gar nicht erst entstehen lassen (z.B. § 19 StGB: Kinder), *Entschuldigungsgründe* bedeuten dagegen Verzicht auf Erhebung des Schuldvorwurfs, z.B. →Notstand, Notwehrexzeß (→Notwehr). Von den S.n sind die persönl. →Strafausschließungsgründe zu unterscheiden.

Schuldbeitritt →Schuldübernahme.

Schuldbekenntnis, entspricht im schweizer. Zivilrecht (Art. 17 OR) dem →Schuldanerkenntnis u. dem →Schuldversprechen des BGB.

Schuldbetreibung, schweizer. Bez. für →Zwangsvollstreckung.

Schuldbrief, eines der schweizer. *Grundpfandrechte*, aufgrund dessen der Schuldner für den Ausfall des dingl. Rechts auch persönl. haftet. Der S. ähnelt der dt. →Briefhypothek.

Schuldbuch, *Staats-S.*, Verzeichnis (Register) der Staatsschulden u. Staatsbürgschaften einschl. Bundesbahn u. Bundespost; wird von der *Bundesschuldenverwaltung* als selbständiger Bundesbehörde (Sitz: Bad Homburg) geführt.

Schuldendienst, Tilgung u. Verzinsung der Staatsschulden aufgrund des Haushaltsplans.

Schuldenruf, schweizer. Bez. für →Aufgebot (2).

Schuldfähigkeit → Zurechnungsfähigkeit.

Schuldknechtschaft, im Altertum u. MA. Leibeigenschaft eines leistungsunfähigen Schuldners, in den modernen Rechtsordnungen abgeschafft.

Schuldner, der durch ein Schuldverhältnis zu einer Leistung an den Gläubiger Verpflichtete.

Schuldnerverzug, →Verzug eines Schuldners durch Nichtleistung trotz Fälligkeit u. Mahnung, Klageerhebung oder Zustellung eines Zahlungsbefehls des Gläubigers oder allein durch Verstreichen eines ursprüngl. oder durch Kündigung kalendermäßig festgesetzten Leistungstermins; verpflichtet zum *Schadensersatz*, zur Leistung von (4%) Verzugszinsen u. zur *Haftung* für Fahrlässigkeit u. für durch Zufall eintretende Unmöglichkeit der Leistung. Hat der Gläubiger infolge des S.s an der Leistung kein Interesse mehr, so kann er sie ablehnen u. Schadensersatz wegen Nichterfüllung verlangen; bei gegenseitigen Verträgen kann er dies im Fall des S.s nach Ablauf einer dem Schuldner von ihm zu diesem Zweck gesetzten *Nachfrist* mit der Erklärung, daß er die Annahme der Leistung nach Fristablauf ablehne; er ist dann auch zum Rücktritt berechtigt (§§284–290, 326 BGB). – In der Schweiz ähnliche Regelung des S.s durch Art. 102ff. OR (Verzugszins: 5%). – In Österreich ähnl. Regelungen in §§ 918–921 ABGB.

Schuldörfer, Kindersiedlungen mit eigenen Unterrichtsstätten für heimatlose Waisen. Nach dem 2. Weltkrieg zahlreiche Gründungen in ganz Europa. Am bekanntesten das Kinderdorf Pestalozzi in Trogen (Schweiz).

Schuldrama, das für das *Schultheater* bestimmte Schauspiel im Humanismus u. Barock, zunächst in latein. Sprache, zu erzieher. Zwecken verfaßt; behandelte im Gegensatz zum geistl. Drama des MA. auch Stoffe aus der Antike (Seneca, Plautus, Terenz). Verfasser bekannter Schuldramen waren J. *Reuchlin*, Guilhelmus *Gnaphaeus* (*1493, †1568), G. *Macropedius*, P. *Rebhuhn*, Th. *Naogeorg*, S. *Birck*, Johannes *Agricola* (*1494, †1566), Ch. *Weise*. Seit der Reformation wurde das S. zur Austragung konfessioneller Streitigkeiten u. zur religiösen Werbung benutzt, häufig schon in dt. Sprache; Prolog u. Zwischenspieleinlagen; aufgeführt auf der *Badezellenbühne* (Vorderbühne, die Hinterbühne, durch Säulen u. Vorhänge mehrgeteilt, diente der Darstellung der Innenraumszenen). Im 17. Jh. wurde das S. in erster Linie von den Jesuiten gepflegt u. weiterentwickelt *(Jesuitendrama)*. →Schuloper.

Schuldrecht, *Obligationenrecht* (bes. im schweizer. ZGB), das Recht der →Schuldverhältnisse zwischen Personen, bes. im Gegensatz zum *Sachenrecht* (der Regelung der unmittelbaren Rechtsbeziehungen zwischen Personen u. Sachen). Im bürgerl. Recht der BRD in der Hauptsache im S. genannten 2. Buch des BGB (§§241–853) geregelt. Dieses enthält außer allgemeinen Bestimmungen über die Arten der Leistung (→Gattungsschuld, Geld-, Geldsorten-, Wahlschuld), über Zinsen, Schadensersatz, Aufwendungsersatz, Leistungsort u. -zeit, →Zurückbehaltungsrecht, →Unmöglichkeit der Leistung, →Schuldnerverzug, →Gläubigerverzug, den gegenseitigen Vertrag, den →Vertrag zugunsten Dritter, →Vertragsstrafe, →Rücktritt, →Erfüllung, →Hinterlegung, →Aufrechnung, →Erlaß, →Abtretung, →Schuldübernahme u. über die Rechtsverhältnisse einer Mehrheit von Schuldnern u. Gläubigern die typische, meist abdingbare Regelung der wichtigsten der einzelnen Schuldverhältnisse, wie Kauf-, Miet-, Werkvertrag u.ä. – In Österreich ist das S. als Recht der „persönlichen Sachenrechte" in §§859ff. ABGB geregelt, in der Schweiz durch das „Schweizerische →Obligationenrecht" (5. Teil des Zivilgesetzbuchs). – 🄻4.3.1.

Schuldschein, Urkunde zur Beweissicherung einer durch sie begründeten oder bestätigten Schuldverpflichtung; nach deren Erlöschen kann der Schuldner zusätzl. zu einer Quittung die Rückgabe des S.s, hilfsweise das öffentl. beglaubigte Anerkenntnis des Erlöschens verlangen (§371 BGB). Der S. ist kein Wertpapier. – Ähnlich in der Schweiz gemäß Art. 88ff. OR. Dem S. des dt. u. schweizer. Rechts entspricht in Österreich der in §1428 ABGB geregelte S.; die in §§985 u. 990 ABGB bezeichneten öffentl. S.e sind dagegen Wertpapiere. (Im ersten Fall folgt das Recht am Papier dem Recht aus dem Papier, im zweiten Fall ist es umgekehrt.)

Schuldübernahme, Übernahme der bestehenden Schuld eines Dritten durch Vertrag mit diesem unter Genehmigung des Gläubigers oder durch Vertrag allein mit dem Gläubiger. Der Übernehmer tritt an die Stelle des bisherigen Schuldners *(befreiende, privative S.)*. Er kann dem Gläubiger die Einwendungen des bisherigen Schuldners entgegenhalten, nicht aber mit einer Forderung desselben aufrechnen. Durch die S. erlöschen die für die Forderung bestellten Bürgschaften u. Pfandrechte (§§414–419 BGB). Gesetzl. nicht geregelt, aber zulässig ist die sog. *Schuldmitübernahme (Schuldbeitritt, kumulative S.)*; hier tritt der Übernehmer als Gesamtschuldner neben den bisherigen Schuldner. – In der Schweiz ist die S. in Art. 175ff. OR im Ergebnis ähnl. geregelt, in Österreich sind privative u. kumulative S. gesetzl. geregelt (§§1344f. u. §§1405ff. ABGB).
Von der S. ist zu unterscheiden die →Bürgschaft u. die bloße *Erfüllungsübernahme* (§329 BGB,

Schuldverhältnis

Modernes Schulgebäude mit großen Fenstern und geräumigem Schulhof

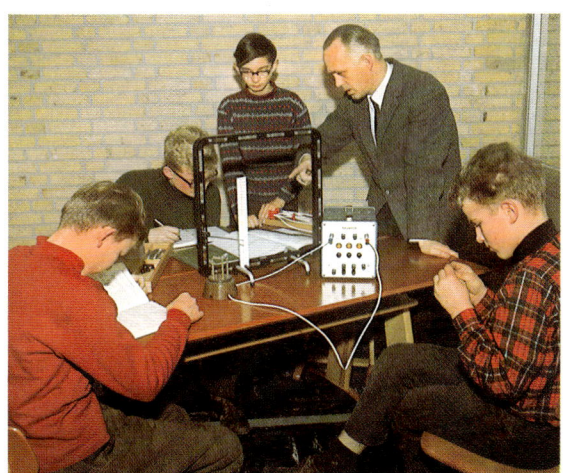

Gruppenunterricht: physikalischer Versuch

SCHULE

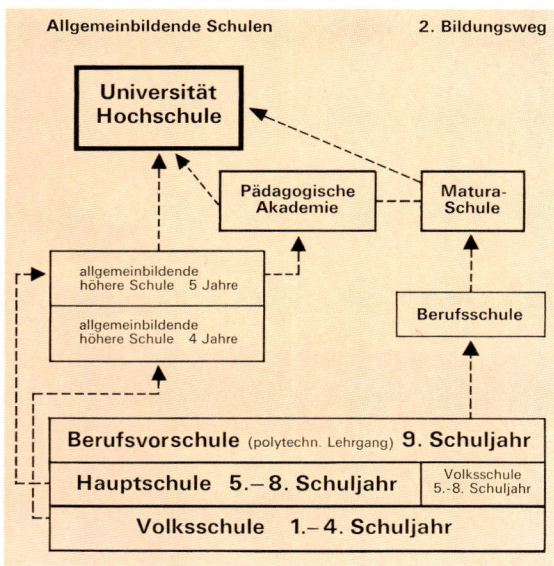

Bildungswege in Österreich

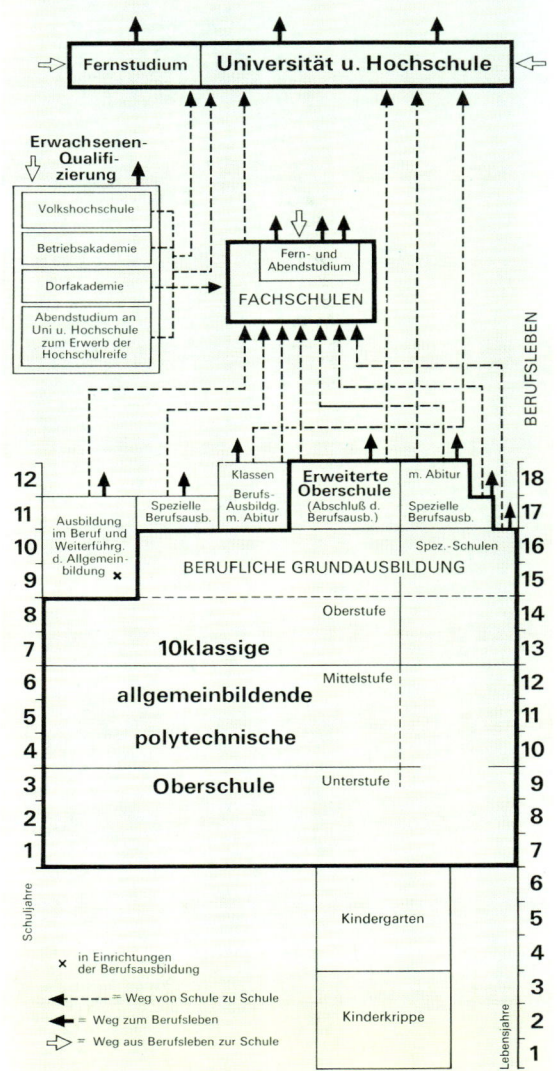

Bildungswege in der DDR

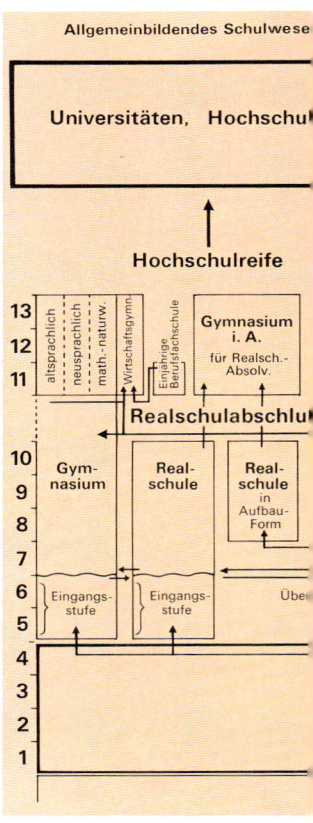

Bildungswege in der BRD

§ 1404 ABGB), die den Dritten nur dem ursprüngl. Schuldner, nicht dem Gläubiger gegenüber verpflichtet.

Schuldverhältnis, *Obligation*, Rechtsverhältnis zwischen Gläubiger u. Schuldner, kraft dessen der Gläubiger berechtigt ist, vom Schuldner eine Leistung (Tun oder Unterlassen) zu fordern (§ 241 BGB). Nach dem →Schuldrecht der BRD sind S.se z. B. Kauf, Tausch, Schenkung, Miete, Pacht, Leihe, Darlehen, Dienst- u. Werkvertrag, Auftrag u. Geschäftsführung ohne Auftrag, Verwahrung, Gesellschaft, Gemeinschaft, Bürgschaft, Schuldversprechen, Schuldanerkenntnis, Schuldverschreibung auf den Inhaber, ungerechtfertigte Bereicherung u. unerlaubte Handlung. – Das S. ist durch das schweizer. Obligationenrecht grundsätzl. ebenso geregelt (Art. 68 OR); in der Sache ist auch die Regelung im österr. Recht gleichartig (§ 859 ABGB), doch bezeichnet das ABGB die schuldrechtl. Forderungsrechte als „persönl. Sachenrechte".

Schuldverschreibungen, *Obligationen*, meist festverzinsl. Wertpapiere, in denen sich der Aussteller zu einer bestimmten (Geld-)Leistung verpflichtet; dienen zur Beschaffung langfristiger Kredits. Auf den Inhaber lautende S. (§§ 793 ff. BGB) sind Inhaberpapiere u. bedürfen der staatl. Genehmigung. Die S. des Staates (*Staatsobligationen*) u. der Wirtschaft (*Industrieobligationen, industrielle S.*; meist auf eine Bank ausgestellt u. mit Blankoindossament versehen) werden meist gestückelt; die einzelnen Stücke der Anleihe werden als *Teil-S.* (*Partialobligationen*) bezeichnet. Anstelle der Ausgabe von S. werden Staatsschulden oft zugunsten der Gläubiger in ein *Schuldbuch* eingetragen.

Schuldversprechen, ein Vertrag, durch den eine Leistung in der Weise versprochen wird, daß das Versprechen die Verpflichtung selbständig begründen soll. Zur Gültigkeit ist schriftl. Erteilung des Versprechens erforderlich, soweit nicht, wie z. B. im Fall der →Schenkung, eine andere Form vorgeschrieben ist (§ 780 BGB); nur in der Formulierung verschieden vom →Schuldanerkenntnis.

Schule [grch. *scholē*, „Muße"], **1.** *Pädagogik*: ursprüngl. Bez. für die schöpfer. Lehr- u. Lerntätigkeit der griech. Philosophen u. ihrer Schüler; heute noch Bez. für Richtungen in Philosophie, Wissenschaft u. Kunst. Das latein. Wort *schola* bezeichnete zuerst die dem Lernen gewidmete Zeit, später den zum Lernen bestimmten Ort sowie die Ausbildung in den *Artes liberales*. Im MA. Blüte der Kloster- u. Dom-S.n (mit vorwiegend religiösem Lehrziel) u. der Stadt-S.n. Institutionalisierung der S. seit dem 17. Jh.; Erteilung planmäßigen Unterrichts an Kinder u. Jugendliche, Vermittlung von Wissen, das zur Ausführung kultureller, wissenschaftl., polit. u. wirtschaftl. Tätigkeit befähigen sollte. Durch Bemühungen J. H. *Pestalozzis* nahm die Volks-S. als ein allen Schülern zugängl. Träger der Grundausbildung breitester Volksschichten bald einen bedeutenden Platz im öffentl. Leben ein.

Aufgaben der S. sind: Geistige u. charakterl. Erziehung, Vermittlung von Grundkenntnissen, Vorbereitung auf die Aufgaben, die in Familie,

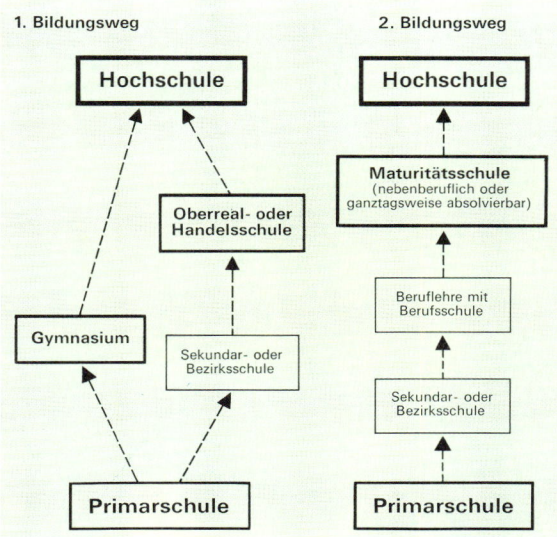

Bildungswege in der Schweiz

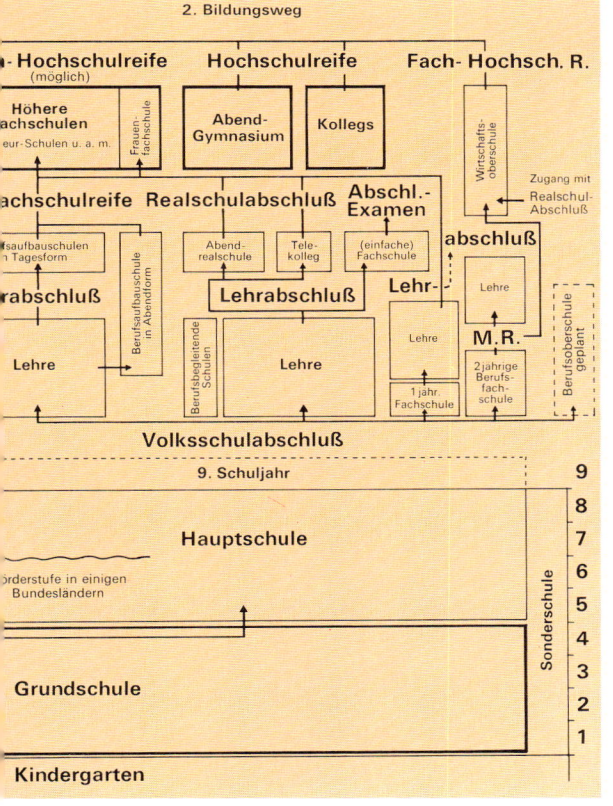

Um 1900 errichtetes Schulgebäude mit schmalen Fenstern, durch die nicht viel Licht in die Klassenräume fluten konnte

Ansicht eines Schulzimmers im 16. Jahrhundert, Holzschnitt; 1592

Staat, Beruf u. Gesellschaft erwachsen, Einführung in die Grundlagen von Kultur u. Zivilisation sowie nationaler u. heimatl. Tradition u. Geschichte. Ständiger Fortschritt von Wissenschaft u. Technik u. wachsende Vielgestaltigkeit der Umwelt u. des Lebens ließen das Schulsystem immer vielfältiger werden. Verschiedene Schultypen (Grund-, Mittel-, höhere, Fach-, Berufsfach-, Berufs-, Frauenberufs-, Gewerbe-S.n u.a.) sowie die Einrichtungen zur Erwachsenenbildung ermöglichen durch Schwerpunktunterrichtung eine Spezialisierung auf ein bestimmtes Berufsziel. Für die künftige Entwicklung der S. sind die in vielen Ländern als Versuchs-S.n betriebenen *Gesamtschulen* wichtig; hier werden mehrere herkömml. Schulformen zu einer einzigen verschmolzen; ein Kern von Pflichtfächern wird durch Kurse u. Wahlfächergruppen ergänzt. – Hauptanliegen der S. ist Persönlichkeitsbildung u. Lenkung der geistigen u. seelischen Entwicklung des Kindes u. Jugendlichen in sinnvolle Bahnen. – Über das Schulwesen einzelner Länder siehe unter dem betr. Land. – 🄻 1.7.5. u. 1.7.6.

2. *Zoologie:* kleiner bis mittlerer Schwarm von Fischen einer Art.

Schulenburg, 1. Friedrich Werner Graf von der, Diplomat u. Widerstandskämpfer, *20. 11. 1875 Kemberg, Prov. Sachsen, †10. 11. 1944 Berlin (hingerichtet); Gesandter in Teheran, dann in Bukarest, 1934–1941 Botschafter in Moskau, leitete die Vorarbeiten zum dt.-sowjet. Nichtangriffspakt vom 23. 8. 1939; warnte vergeblich vor dem Krieg mit der UdSSR. Während des Krieges nahm S. Kontakte zu C. *Goerdeler* auf u. war nach dem Attentat auf Hitler als Außen-Min. vorgesehen.

2. Werner von der, Schriftsteller, *9. 12. 1881 Pinneberg, †29. 3. 1958 Neggio bei Lugano; lebte lange in Italien, gehörte in Rom der Widerstandsbewegung an; vielseitiger Mittler zur italien. Kultur, auch durch histor. Romane: „Stechinelli" 1911; „Der König von Korfu" 1949; „Der Genius u. die Pompadour" 1954. Lustspiel: „Schwarzbrot u. Kipfel" 1935. Biograph u. Übersetzer.

Schüler, 1. *Jagd* →Beihirsch.

2. *Pädagogik:* Jugendlicher, der zu seiner Erziehung oder Ausbildung eine Schule besucht, z.B. Volks-, Berufs-, Fach-, Hoch-S.

3. *übertragen:* Anhänger oder Angehöriger einer bestimmten wissenschaftl., literar. oder künstler. Richtung (Philosophen-, Dichter-, Maler-Schule).

Schüleraustausch, der Austausch von Schülern, meist Oberschülern, zwischen gleichrangigen Schulen in Europa u. den USA. Schon vor dem 1. Weltkrieg begonnen, ist der S. heute Bestandteil des internationalen Schullebens. Zentralstelle ist die Abt. „Lehrer- u. Schüleraustausch" des *Dt. Akadem. Austauschdienstes* in Bonn.

Schülerheim, Wohnheim für auswärtige Ober- u. Fachschüler; meist privat, aber unter öffentl. Aufsicht geleitet; auch Bez. für Schülerferienheime.

Schülerlotsen, Schüler, die zur Sicherung des Schulwegs ihrer Kameraden, namentl. über verkehrsreiche Straßen, eingesetzt werden. Der S.dienst wurde in der BRD 1953 nach amerikan. Vorbild aufgebaut. Auf den Einsatz von S. wird durch →Richtzeichen hingewiesen. – Ähnl. in der Schweiz. – In Österreich können Erziehungsberechtigte in der Umgebung von Schulen u. Kindergärten vorübergehend den Verkehr regeln.

Schülerselbstverwaltung, *Schülermitverwaltung, Schülermitverantwortung*, ein Versuch, die Schüler durch jugendgemäße Aufgaben (Sammlungen, Schülerzeitung, Ordnungsdienst u.a.) an der Gestaltung des Schullebens zu beteiligen. Alle Klassen sind in einem *Schülerparlament* vertreten, das einen *Schulsprecher* wählt. Die S. soll eine Übung für staatsbürgerl. Verhalten sein. Seit 1968 wird die bestehende S. von vielen Schülern u. Pädagogen kritisiert u. eine weitergehende Mitbestimmung angestrebt (z.B. bei Disziplinarmaßnahmen, Zensuren, Lehrplan).

Schülersportabzeichen →Deutsches Schülersportabzeichen.

Schülersportverein, von Schülern geleiteter Sportverein, der den in den Unterrichtsstunden angebotenen Stoff vertieft oder in neue Übungsgebiete einführt. Ein Lehrer ist als Protektor eingesetzt. S.e sind meistens den jeweiligen Sportfachverbänden als Mitglieder angeschlossen.

Schülerzeitung, period. erscheinendes Informations- u. Diskussionsblatt, von einer Schülerredaktion für die Schüler u. ehem. Schüler einer Anstalt herausgegeben. Vereinzelt schon im 19. Jh., nach dem 1. Weltkrieg u. nach 1945 vor allem an Gymnasien verbreitet.

Schule von Barbizon [-barbi'zɔ̃] →Barbizon.

Schule von Cambridge [-'kɛimbridʒ], *The Cambridge Platonists*, eine Gruppe von engl. Philosophen der 2. Hälfte des 17. Jh., die meist Puritaner, Platoniker u. Theologen waren u. sich gegen den herrschenden Naturalismus u. Sensualismus (Th. Hobbes) mit einer platonisierenden u. christl. orientierten Morallehre richteten: R. *Cumberland*, R. *Cudworth*, B. *Whichcote*. H. *More* u.a.

Schule von Fontainebleau [-fɔ̃tɛ:n'blo], französ. Malerschule des 16. Jh. am Hof Franz' I. in Fontainebleau, die von italien. Künstlern geführt wurde, u.a. von Giovanni *Rossi*, genannt *Il Rosso*, Francesco *Primaticcio* u. Niccolò *dell'Abbate*. Die S.v.F. führte den Manierismus in die französ. Kunst ein.

Schulfernsehen, von einer Fernsehanstalt ausgestrahltes Programm für den Schulunterricht, zuerst 1952 in den USA, seit 1964 auch in der BRD.

Schulfilm, Kulturfilm zur Verwendung im Unterricht.

Schulfunk, regelmäßige Rundfunksendungen zur Ergänzung u. Vertiefung des Unterrichts.

Schulgeld →Schulrecht.

Schulgemeinde, bei den Schulen in Hessen vorgesehenes Gremium, in dem Schüler-, Lehrer- u. Elternvertreter zur Beratung von Fragen zusammenarbeiten, die die jeweilige Schule betreffen. →auch Schulrecht.

Schulgi, sumerischer König der 3. Dynastie von Ur, um 2046–1998 v.Chr.; festigte die Macht des neusumer. Reiches; vollendete die von seinem Vater erbaute Zikkurat von Ur u. ließ ihm u. sich ein Mausoleum errichten.

Schulhoff, Erwin, tschech. Pianist u. Komponist, *8. 6. 1894 Prag, †18. 8. 1942 Konzentrationslager Wülzburg, Bayern; Reger-Schüler, spielte in den Auseinandersetzungen um den freitonalen Expressionismus eine Rolle. 2 Opern, 2 Ballette, Jazz-Oratorium, Klaviermusik.

Schulhygiene, umfaßt: 1. Fragen des Schulbaus, der Turnhallen u. Spielplätze sowie Lage, Luftraum, Größe, Beheizung, Beleuchtung, Reinigung der Zimmer, Korridore, Toiletten u.ä.; 2. Überwachung des Gesundheitszustands u. der Entwicklung der Kinder durch den →Schularzt.

Schuljahr, die Unterrichtsperiode einer Klassenstufe (Jahresklasse), beginnt in der BRD seit 1966 wie in den meisten anderen Staaten im Herbst. Bis 1965 begann das S. (mit Ausnahme Bayerns) im Frühjahr.

Schulkindergarten, ein Kindergarten, der schulpflichtige, aber noch nicht schulreife Kinder aufnimmt u. versucht, sie durch heilpädagog. Hilfen schulfähig zu machen.

Schulkinderhilfe, Gesamtheit der sozialen Maßnahmen zur Behebung von Schwierigkeiten während der Schulzeit: 1. Schülerspeisung, Lieferung von Kleidung u. Wäsche, Gewährung von Lernmitteln, Ausbildungsbeihilfen; 2. ärztl. Kontrolle der Schüler u. Lehrer, Schulzahnpflege, Ferienversorgung u.a.; 3. Fürsorge für gebrechl. u. zurückgebliebene Kinder, Einrichtung von Horten u. Tagesheimen.

Schullandheim, *Schulheim*, Ergänzungseinrichtung des städt. Schulwesens; dient einzelnen Klassen als Landaufenthalt von meist 2 bis 3 Wochen. Der Aufenthalt im S. soll Gemeinschaftsleben u. Gesundheit fördern; der Unterricht soll sich auf einige Gesamtthemen beschränken.

Schullasten →Schulrecht.

Schuller ['ʃulər], Gunther, US-amerikan. Komponist, *22. 11. 1925 New York; Hornist, Lehrer für Komposition u. Dirigieren, 1967 Präs. des Konservatoriums in Boston, wurde bes. bekannt durch seine Jazz-Oper „The Visitation" 1966, in der Verfolgung u. Ermordung eines Negers durch weißen Mob dargestellt werden. Weitere Werke: „Spectra" für Orchester in 7 Gruppen 1958; „Seven Studies on Themes of Paul Klee" 1962; „Triplum" 1967; Oper für Kinder „Der Fischer u. seine Frau" nach einem Libretto von J. *Updike* 1970.

Schulmedizin, *Hochschulmedizin*, die allg. anerkannten, an den Hochschulen gelehrten, jeweils dem neuesten Stand der Wissenschaften entspr. Lehren u. Regeln der Heilkunde.

Schulmusik, Musikerziehung in der Schule; spezielle Ausbildung an Musikhochschulen für Schulmusiker an höheren Schulen. Der S.unterricht erfolgt im Klassenunterricht u. hat als Ziel eine musikal. Gesamtbildung (Singen, instrumentales Zusammenspiel, Musiklehre, Einführung in die Musikgeschichte, Gehör- u. Stimmbildung).

Schuloper, eine seit dem MA. in Klosterschulen, später hauptsächl. von Benediktinern u. Jesuiten gepflegte musikalisch-dramatische Darstellung für Schüler u. Studierende zu deren Weiterbildung, meist in latein. Sprache. In der neueren Zeit hat diese der Simultan- u. Laienbühne vorbehaltene Gattung, angeregt durch K. *Weills* „Jasager" 1930, W. *Fortners* „Cress ertrinkt" 1930 u. P. *Hindemiths* „Wir bauen eine Stadt" 1931, wieder rege Pflege gefunden. Bes. erfolgreich war C. *Bresgen* mit seinen Jugend- u. Märchenopern (u.a. „Der Igel als Bräutigam" 1950); ferner B. *Britten* („Let's make an opera" 1948), E. *Werdin* („Der Fischer und sine Fru" 1952). →auch Schuldrama.

Schulordnung, von der Schule oder der Schulaufsicht erlassene Anstaltsordnung über die Rechte u. Pflichten der Schüler; von Schule zu Schule verschieden.

Schulp [der], die verkalkte, seltener verhornte Schale 10armiger *Kopffüßer* wie *Sepien* oder *Kalmare*. Oft an der Küste angelandet; in Vogelkäfigen als Kalkspender.

Schülpe, eine Sandpartie, die sich beim Gießen von der Formwand löst u. an der Oberfläche des Gußstücks haftet.

Schulpflegschaft, 1. in Schleswig-Holstein Verwaltungsorgan der *Schulträger* auf der Gemeinde- u. Kreisebene; wird für jede Schulart gesondert gebildet; setzt sich zusammen aus Vertretern der Eltern, Lehrer, Kirchen u. Kommunalbehörden; berät die Schulträger bei ihren Aufgaben.

2. in Bayern, Hamburg u. Nordrhein-Westfalen ein Gremium, in dem Vertreter der Eltern- u. Lehrerschaft zur Unterstützung der Schulleitung zusammenarbeiten. In Bayern nur bei den Volksschulen vorgesehen. Von den *Elternbeiräten* der anderen Länder unterscheiden sich die S.en darin, daß in ihnen nicht nur die Eltern-, sondern auch die Lehrerschaft gleichberechtigt vertreten ist. →auch Schulrecht.

Schulpflicht →Schulrecht.

Schulpforta, ehem. Zisterzienserkloster (St. Marien zur Pforte) bei Naumburg (Saale), 1137 gegr., 1543 aufgehoben; seitdem berühmte Internatsschule (Fürstenschule), von Moritz von Sachsen 1543 als *Landesschule zur Pforte* gegr. Aus S. ging eine Reihe bedeutender Gelehrter, Staatsmänner u.a. hervor. An die Traditionen von S. u. anderen Fürstenschulen (Grimma, Meißen, Joachimsthal) knüpft die Ev. Landesschule zur Pforte in Meinerzhagen, Sauerland (eröffnet 1968) an. →auch Fürstenschulen.

Schulpsychologie, Teilgebiet der *Pädagogischen Psychologie*, das psycholog. Erkenntnisse auf Fragen des Unterrichts u. der Erziehung in der Schule anwendet. *Schulpsycholog. Dienste* sind öffentl. Institutionen in der BRD unter kommunaler oder Länderverwaltung. Sie wurden ab 1945 nach dem Hamburger Vorbild in fast allen Bundesländern eingerichtet. Die Aufgabe des Diplom-Psychologen im Schulpsycholog. Dienst ist es, Hilfe u. Beratung für Schüler, Eltern u. Lehrer zu geben.

Schulrat, ein Beamter der Schulaufsichtsbehörde.

Schulrecht, die Rechtsnormen, die sich auf das Schulwesen beziehen. Die Gegenstände des S.s kann man in drei große Gruppen einteilen:

1. Aufbau u. Gliederung des Schulwesens, Schulorganisationsrecht, Schulverwaltungs- u. Schulunterhaltungsrecht, Schul-Kirchenrecht, Privatschulrecht;

2. das Recht der Lehrer, das jedoch im wesentl. dem Beamtenrecht zugeordnet ist;

3. die Rechtsbeziehungen der Schule zu den Schülern u. ihren Erziehungsberechtigten.

In der BRD ist das S. Sache der Länder; es gibt kein Bundes-Kultusministerium, sondern nur ein Bundesministerium für Bildung u. Wissenschaft. Doch enthält das Grundgesetz einige wesentl. Bestimmungen, nach denen sich die Länder zu richten haben; sie beruhen z.T. noch auf dem Reichsgrundschulgesetz von 1920 u. dessen Normen für Schulpflicht, Schulaufbau, Privatschulrecht u.a.

Die *Schulpflicht* beginnt für alle Kinder, die bis zum 30. 6. eines Jahres das sechste Lebensjahr vollendet haben, am 1. August desselben Jahres. Die Vollzeit-Schulpflicht endet nach neun Jahren; die Ausdehnung auf ein zehntes Schuljahr ist zulässig. Vorzeitige Einschulung ist möglich für Kinder, die die für den Schulbesuch erforderl. körperl. u. geistige Reife besitzen.

Außer den allgemeinbildenden Grund- u. Hauptschulen sind *Pflicht-Schulen: Berufsschulen* (bis

zum 18. Lebensjahr) u. bestimmte *Sonderschulen* (Blinden-, Taubstummenschulen). *Wahlschulen* (deren Besuch nach Ableistung von 4, 6 oder 7 Jahren Grundschule freiwillig ist) sind alle übrigen Schulen, also sowohl die allgemeinbildenden Realschulen (Mittelschulen) u. höheren Schulen (Gymnasien) als auch die berufsausbildenden Hoch- u. Fachschulen, die fortbildenden Volkshochschulen, Sozial-, Verwaltungs- u. Wirtschaftsakademien. Alle diese Schulen sind in der Regel *öffentliche* (staatl. oder kommunale) *Schulen*; doch können auch *Privatschulen* errichtet werden (Lernfreiheit). Die Errichtung von Privatschulen bedarf in der BRD staatl. Genehmigung; sie wird nur erteilt, wenn die Unterrichtsverwaltung ein bes. pädagog. Interesse anerkennt oder wenn sie auf Antrag von Erziehungsberechtigten als Gemeinschafts-, Bekenntnis- oder Weltanschauungsschulen errichtet werden sollen. Die wissenschaftl. Ausbildung der Lehrkräfte muß gleichwertig, ihre wirtschaftl. u. rechtl. Stellung muß gesichert sein.
Von den öffentl. Schulen erheben nur einige Wahlschulen von den Erziehungsberechtigten ein nach Bedürftigkeit u. Kinderzahl gestaffeltes *Schulgeld*; im übrigen ist Schulgeldfreiheit verfassungsmäßig garantiert. Darüber hinaus besteht vielfach, bes. an den Pflichtschulen, *Lernmittelfreiheit;* auch gibt es Beihilfen. Erziehungsbeihilfen für den Besuch von Wahlschulen. Nach dem Ausbildungsförderungsgesetz können außerdem seit dem 1. 7. 1970 Schüler der weiterführenden allgemein- u. berufsbildenden Schulen sowie Schüler der Einrichtungen des zweiten Bildungswegs *Ausbildungsförderung* erhalten.
In der BRD unterliegt das gesamte Schulwesen der *Schulaufsicht* (einschl. Lenkung u. Leitung) des Staates. Diese wird von den Kultusministern u. diesen nachgeordneten *Schulbehörden* ausgeübt, so z. B. im Gebiet des ehem. Preußen durch verselbständigte Abteilungen der ehem. Oberpräsidien (*Schulkollegien* – früher Provinzialschulkollegien – mit *Oberschulräten* u. *Schulräten*), durch die Kirchen- u. Schulabteilungen der Bezirksregierungen mit Regierungs- u. *Schulräten*, durch Stadt- u. Kreisschulämter *(Schulvisitatorien)* mit Stadt- u. Kreisschulräten. Diese Schulbehörden überwachen auch den Unterricht durch die Lehrer u. Lehrerinnen. Bei der Schulaufsicht wirken die Gemeindevertretungen u. deren Ausschüsse als Nachfolger der früheren *Schuldeputationen* (bei Volksschulen), *Schulausschüsse* (bei höheren Schulen), *Schulvorstände* u. *Kuratorien* (bei Berufsschulen) mit. Die Verwaltung der inneren Schulangelegenheiten (Unterrichtsgestaltung u. Schulbesuch) ist in der Regel Aufgabe des Staates, die der äußeren Schulangelegenheiten (wirtschaftl. Voraussetzungen des Schulbetriebs) Sache der *Schulträger*. Diese müssen für die persönl. u. sachl. *Schullasten* (Dienstbezüge der Lehrkräfte bzw. Kosten der Errichtung u. Unterhaltung der Schulgebäude einschl. ihrer Einrichtung sowie der sonstigen Schulvermögensgegenstände wie Schulheime, -gärten u. -sportplätze) aufkommen, aber auch etwaiges Kapital (z. B. Stiftungsvermögen) verwalten. Schulträger sind Länder, Gemeinden u. Gemeindeverbände, letztere auch unter dem Namen *Schulverband* oder bei Beteiligung mehrerer Gemeinden u. Gemeindeverbände *Gesamtschulverband*. Dabei tragen die Länder auch den Hauptteil der persönl. Schullasten für die stets gemeindl. Volksschulen, u. zwar über eine dem Lastenausgleich zwischen den Gemeinden dienende Landesschulkasse.
Der Schulaufbau ist in der BRD bes. in bezug auf die höheren Schulen z.Z. uneinheitlich. Mannigfaltigen gleichberechtigten Schultypen auf der Grundlage einer 4jährigen gemeinsamen Grundschule in den meisten Ländern steht in Westberlin die 6jährige Grundschule gegenüber. In konfessioneller Hinsicht genießen z.T. die Bekenntnisschulen, überwiegend aber die (christl.) Gemeinschaftsschulen den Vorrang; die Eltern können aber die Errichtung einer Schule in der nicht bevorzugten Schulform beanspruchen, wenn ein ordentl. Schulbetrieb gewährleistet ist. In Bremen sind die öffentl. Schulen bekenntnisfreie Schulen: Der Religionsunterricht ist in Bremen kein Lehrfach, sondern ausschl. Sache der Religionsgemeinschaften. Diesen steht in den anderen Ländern der BRD ein Kontrollrecht über die Erteilung des Religionsunterrichts zu. Über die Teilnahme daran haben die Eltern zu bestimmen; ebenso darf kein Lehrer gegen seinen Willen zur Erteilung von Religionsunterricht gezwungen werden.

Auch die *Unterrichtsgestaltung* ist nach Lehrplänen u. Lehrmethoden, Prüfungen u. Schulzeugnissen (Abitur, Reifeprüfung, Reifezeugnis, Mittlere Reife), *Schulselbstverwaltung* (z. B. Mitwirkung von *Elternvertretungen* [Elternbeiräte, Klassenelternschaften], *Schulpflegschaften* [aus Eltern u. Lehrern], *Schulgemeinden* [aus Eltern, Lehrern u. Gemeindevertretern] oder *Schülervertretungen* [Schülerräte, -ausschüsse oder -parlamente]) u. *Schulzucht* (z. B. Bestrafung von Schulversäumnissen, Ungezogenheiten) stark zersplittert u. macht den Übergang zu einer Schule in einem anderen Bundesland zu einem pädagog. Problem. – Eine Vereinheitlichung von Schulaufbau u. Unterrichtsgestaltung ist in der BRD nur aufgrund von Vereinbarungen u. entsprechender Verwaltungspraxis der Kultusminister der Länder sowie paralleler Gesetzgebung ihrer Parlamente möglich, da der Bund nicht einmal wie in der Weimarer Republik das Recht zur Rahmengesetzgebung besitzt.
→auch Deutschland – DDR (Bildungswesen), Österreich (Bildungswesen), Schweiz (Bildungswesen), Züchtigungsrecht.
Schulreform →Reformpädagogik.
Schulreife, der für den Schulbeginn erforderliche körperl. u. geistige Entwicklungsgrad. Die zahlreichen *S.*tests wollen entweder den allg. Reifegrad oder spezielle schulrelevante Funktionen feststellen. Beispiele: *Göppinger S.*tests (Hrsg. A. Kleiner); *Auslesetest für Schulneulinge* (Th. Kessinger, F. O. Schmaderer, M. Walter), *Weilburger Testaufgaben zur Gruppenprüfung von Schulanfängern* (H. Hetzer u. L. Tent).
Schuls, dt. Name des schweizer. Ortes →Scuol.
Schulschiff, ein Schiff mit speziellen Einrichtungen zur Ausbildung des Offiziersnachwuchs bei der Handels- u. Kriegmarine. Bes. bei letzterer kommen gelegentl. noch Segel-S.e zum Einsatz.
Schulschwestern, Mitglieder verschiedener weibl. kath. Ordensgemeinschaften, die sich vorwiegend pädagog. Aufgaben widmen, z. B. die Armen S. von Unserer Lieben Frau, die Englischen Fräulein u. die Ursulinen; i.w.S. gehören zu ihnen auch Borromäerinnen u. Salesianerinnen.
Schulsonderturnen, *orthopädisches Turnen*, umfaßt vorbeugende u. ausgleichende Leibesübungen für gesundheitsgefährdete Schüler bei Schwächen der Organe, Muskeln u. Füße, des Rumpfes sowie bei Koordinationsschwächen aller Art. Bes. Übungen (z.B. Vierfüßlergang) werden zur Lockerung der Wirbelsäule u. zur Stärkung der Rückenmuskulatur bei Rückgratsverkrümmungen u. Haltungsfehlern durchgeführt (*Klappsche Kriechübungen*).
Schulspeisung, als gemeinsame Mahlzeit der Schüler in vielen Ländern ein fester Bestandteil des Schullebens, vor allem in *Ganztagsschulen*. In Dtschld. nach den beiden Weltkriegen von ausländ. karitativen Organisationen durchgeführt (z. B. Hoover-Speisung).
Schulsport →Leibeserziehung; →auch Sport.
Schult, Hans Jürgen (HA), Aktionskünstler, * 24. 6. 1939 Parchim, Mecklenburg; 1962–1968 Art-Direktor in der Industrie, versucht durch happeningartige Veranstaltungen Verhaltensmechanismen u. Veränderungsprozesse bewußtzumachen: „Schultsituationen" 1968; „Biokinetische Situationen" 1969; „Konsumbrunnen" 1970. In Buchform liegt vor: „Die Schult-Frage. Aktion 20 000 KM. Dokumentation der HA Schult-Rallye durch Deutschland." 1971.
Schulte, 1. Johann Friedrich, Ritter von (seit 1869), Kirchenrechtler, * 23. 4. 1827 Winterberg, Westf., † 19. 12. 1914 Obermais bei Meran; 1854 Prof. für kath. Kirchenrecht in Prag, 1873–1906 in Bonn; wurde Altkatholik u. schuf die altkath. Gemeindeordnung; Werke: „Lehrbuch der dt. Reichs- u. Rechtsgeschichte" 1861; „Lehrbuch des kath. u. ev. Kirchenrechts" 1863; „Die Macht der röm. Päpste" 1871; „Die Geschichte der Quellen u. Literatur des kanon. Rechts" 3 Bde. 1875–1880; „Der Altkatholizismus" 1887.
2. Karl Joseph, kath. Theologe, * 14. 9. 1871 Oeding, Westf., † 10. 3. 1941 Köln; 1910 Bischof von Paderborn, 1920 Erzbischof von Köln, 1921 Kardinal.
Schulten, Rudolf, Physiker, * 16. 8. 1923 Oeding, Westf.; Prof. in Aachen, Leiter des Instituts für Reaktorentwicklung der Kernforschungsanlage Jülich; entwickelte einen nach ihm benannten Kernreaktor, bei dem Brennelemente in Form von Kugeln verwendet werden (*Kugelhaufenreaktor*).
Schulter, die Umgebung der Verbindungsstelle der Vordergliedmaßen (Arme) mit dem Brustkorb; besteht aus *S.gelenk* u. den *S.muskeln*.
Schulterblatt, *Scapula*, Teil des →Schultergürtels; paariger, dreieckiger, flacher Knochen, der hinter dem Brustkorb aufliegt u. an der Bildung des Schultergelenks teilnimmt.
Schulterdecker →Flugzeug.
Schultergürtel, der der Aufhängung der vorderen Extremitäten (im Schultergelenk) dienende vordere Gliedmaßengürtel der vierfüßigen Wirbeltiere; besteht aus ursprüngl. drei paarigen Knochen: *Schulterblatt* (Scapula), *Schlüsselbein* (Clavicula) u. *Rabenbein* (Coracoid). Bei den Vögeln ist der S. bes. fest, da Schlüsselbein u. Rabenbein zu einem einheitl. Knochen (*Furcula*) verwachsen sind. Bei den höheren Säugern ist das Rabenbein zu einem Fortsatz am Schulterblatt (*Processus coracoideus*) zurückgebildet, der S. wird von Schulterblatt u. Schlüsselbein gebildet. In einigen Fällen kann auch das Schlüsselbein fehlen (z.B. Huftiere).
Schulterklappe, am Uniformrock auf der Schulter aufgeknöpfter oder angenähter Stoffstreifen zur Kennzeichnung des Dienstgrads (*Dienstgradabzeichen*), der *Waffengattung* (Paspelierung in der Waffenfarbe) u. früher auch des *Truppenteils* (Regiments- bzw. Bataillonsnummer) des Soldaten.
Schulterwehr, Teil des →Schützengrabens.
Schulte & Dieckhoff GmbH, Horstmar, Unternehmen der Textilindustrie, gegr. 1878, seit 1969 heutige Firma; erzeugt Strümpfe, Strumpfhosen, Unterwäsche; Stammkapital: 60 Mill. DM; 2000 Beschäftigte.

Schulspeisung: Speisung in einem Kinderdorf in Gabun (Westafrika)

Bernard Schultze: Migof-Labyrinth; 1966. Berlin (West), Neue Nationalgalerie

Schultheiß, *Schulze,* ursprüngl. in der fränk. Zeit Vollstreckungsbeamter des Grafen; die Anlage der einzelnen Siedlungen bei der dt. Ostkolonisation im MA. erfolgte unter der Leitung der später erblichen S.en der neuen Dörfer, die auch eine Gerichtsbarkeit ausübten; richterl. Funktionen hatten auch die *Stadt-S.en.* →auch Auditor (3).

Schultheß, Barbara, geb. *Wolf,* schweizer. Freundin *Goethes,* *5. 10. 1745 Zürich, †12. 4. 1818 Zürich; in ihrem Nachlaß fand sich 1910 eine Abschrift des „Urmeisters", des 6 Bücher von „Wilhelm Meisters theatral. Sendung".

Schulthess, Emil, Photograph, *29. 10. 1913 Zürich; wurde bekannt durch seine eindringlichen Bildbände: „Antarctica" 1960; „Amazonas" 1962; „China" 1966; „Afrika" 1969; „Sowjetunion" 1971.

Schulträger →Schulrecht.

Schultz, 1. Johannes Heinrich, Nervenarzt, * 20. 6. 1884 Göttingen, †19. 9. 1970 Berlin; begründete das →autogene Training; schrieb u.a. „Die seelische Krankenbehandlung" ⁶1952; „Das autogene Training" ¹³1970; „Bionome Psychotherapie" 1951; „Arzt u. Neurose" ²1953; „Grundfragen der Neurosenlehre" 1955; Erinnerungen „Lebensbilderbuch eines Nervenarztes" 1964.
2. [ʃʌlts],Theodore William, US-amerikan. Agrarwissenschaftler, *30. 4. 1902 Arlington, S.D.; lehrte 1952–1973 in Chicago; untersuchte insbes. die Landwirtschaftsprobleme der Entwicklungsländer; Nobelpreis für Wirtschaftswissenschaften 1979 mit Sir W. A. *Lewis.* Hptw.: „Agriculture in an Unstable Economy" 1945; „Production and Welfare of Agriculture" 1949, „Transforming Traditional Agriculture" 1964.

Schultze, 1. Bernard, Maler, *31. 5. 1915 Schneidemühl; zählt zu den Initiatoren des Tachismus in Deutschland, entwickelte nach 1956 Farbreliefs u. raumplast. Malereien, die mit Collage-Elementen durchsetzt sind u. sich seit 1961 völlig von der Leinwand lösen. Seine „Migofs" sind Verkörperungen von Wachstum, Verwesung u. unaufhörlicher Metamorphose. S. schrieb auch Gedichte unter dem Titel „Migof-Reden" 1971.
2. Joachim Heinrich, Geograph, *21. 8. 1903 Hamburg, †27. 2. 1977 Berlin; lehrte in Jena u. Berlin; Arbeiten zur Landschaftskunde, Wirtschafts- u. Stadtgeographie sowie zur Länderkunde Großbritanniens, Tropisch-Afrikas u.a.
3. Norbert, Komponist u. Musikverleger, *26. 1. 1911 Braunschweig; Pianist des Studentenkabaretts „Die vier Nachrichter", Theaterkapellmeister in Heidelberg u. Darmstadt; schrieb volkstüml. Opern u. Pantomimen („Schwarzer Peter" 1936; „Der Struwwelpeter" 1937; „Max und Moritz" 1938; „Das kalte Herz" 1943; „Peter III." 1965), Filmmusiken u. den Schlager „Lili Marleen" 1938.

Schultz-Hencke, Harald, Psychoanalytiker u. Psychotherapeut, *18. 8. 1892 Berlin, †23. 5. 1953 Berlin; Vertreter der *Neopsychoanalyse,* sah den Grundkonflikt in der *Hemmung* des Expansiven, das hauptsächl. aus den Strebungen des Menschen bestehe (intentionales, kaptativ-orales, retentiv-anales, aggressiv-geltungstrebiges, urethrales u. liebend-sexuelles Antriebserleben); maß Versuchungs- u. Versagungssituationen (→Frustration) bei der Auslösung von Neurosen bes. Bedeutung zu, bei denen er schizoide, depressive, zwangsneurotische u. hysterische Strukturen unterschied. Hptw.: „Einführung in die Psychoanalyse" 1927, Nachdr. 1972; „Der gehemmte Mensch" 1940, ²1947; „Lehrbuch der Traumanalyse" 1949; „Lehrbuch der analytischen Psychotherapie" 1951; „Das Problem der Schizophrenie" 1952; „Die psychoanalyt. Begriffswelt" 1972.

Schulverband, *Schulzweckverband, Gesamtschulverband,* Zusammenschluß zweier oder mehrerer Gemeinden oder Kreise zur Errichtung u. Unterhaltung gemeinsamer Schulen; dient der finanziellen Entlastung seiner Mitglieder, indem er die *Schullast* auf mehrere Träger verteilt. Zweckmäßig vor allem dort, wo der S. Einklassenschulen durch eine gemeinsame Volksschule ersetzen kann. Rechtsgrundlage bilden die Gemeindeordnungen u. Zweckverbandsgesetze der einzelnen Bundesländer. →auch Zweckverband, Schulrecht.

Schulz, 1. Bruno, poln. Erzähler, *12. 7. 1892 Drogobytsch, Galizien, †19. 11. 1942 Drogobytsch (ermordet im Getto); Zeichenlehrer u. Graphiker; schrieb grotesk-expressionist. Ich-Erzählungen, deren Motive zwischen Realität u. Irrealität schweben; dt. Sammelbd. „Die Zimtläden" 1961.
2. Ferdinand, Segelflieger, *18. 12. 1892 Waldensee, Ermland, †16. 6. 1929 bei Stuhm, Westpreußen (Absturz); führte die ersten Dauerflüge mit Segelflugzeugen über der Küste der Kurischen Nehrung durch (3. 5. 1927: 14 St. 7 Min.).
3. Hugo, Pharmakologe, *6. 8. 1853 Wesel, †16. 7. 1932 Berlin; nach ihm u. dem Psychiater Rudolf Arndt (*1835, †1900) ist das *Arndt-S.sche Gesetz* (sog. biolog. Grundgesetz) benannt, wonach schwache Reize Lebensvorgänge anregen, mittlere fördern, starke hemmen u. stärkste lähmen.
4. Johann Abraham Peter, Komponist, getauft 31. 3. 1747 Lüneburg, †10. 6. 1800 Schwedt (Oder); Kapellmeister in Berlin u. Kopenhagen. Viele seiner Lieder sind zu Volksliedern geworden: „Alle Jahre wieder", „Der Mond ist aufgegangen".
5. Peter, SPD-Politiker, *25. 4. 1930 Rostock; Anwalt; seit 1961 Mitglied der Hamburger Bürgerschaft, 1966–1970 Justiz-, 1970/71 Schulsenator u. Zweiter Bürgermeister, 1971–1974 Erster Bürgermeister von Hamburg.

Schulze →Schultheiß.

Schulze, 1. Erich, Urheberrechtler, *1. 2. 1913 Berlin; 1947 Generaldirektor u. seit 1950 Vorstand der GEMA; seit 1954 Präs. der Internationalen Gesellschaft für Urheberrecht. Hptw.: „Das dt. Urheberrecht an Werken der Tonkunst u. die Entwicklung der mechan. Musik" 1950; „Urheberrecht in der Musik u. die dt. Urheberrechtsgesellschaft" 1951, ³1965; „Kulturabgabe u. Kulturfonds" 1959; „Die Zwangslizenz" 1960; „Urhebervertragsrecht" 1960.
2. Ernst, Lyriker u. Versepiker, *22. 3. 1789 Celle, †29. 6. 1817 Celle; schrieb die romant. Verserzählung „Die bezauberte Rose" (posthum) 1818.
3. Franz Eilhard, Anatom, *22. 3. 1840 Eldena, †29. 10. 1921 Berlin; Prof. in Graz u. Berlin; arbeitete bes. über Anatomie u. Entwicklungsgeschichte der niederen Tiere; seit 1897 Hrsg. von „Das Tier".
4. Franz Joseph, Offizier, *18. 9. 1918 Salzkotten; 1977 General, 1977–1979 Oberbefehlshaber der NATO-Streitkräfte Europa-Mitte.
5. Friedrich August, Pseudonyme: F(riedrich) *Laun,* C. H. *Spieß* u.a., Literat der Spätromantik, *1. 6. 1770 Dresden, †4. 9. 1849 Dresden; schrieb über 200 Werke, darunter mit Johann August *Apel* (*1771, †1816) das „Gespensterbuch" 6 Bde. 1810–1817, Quelle zum „Freischütz".
6. Johann Heinrich, Arzt, *1687, †1744, Prof. an der Universität Halle (Saale), entdeckte 1725, daß Silbersalze nicht durch Hitze, sondern durch Lichteinwirkung geschwärzt werden. Seine Entdeckung wurde wichtig für die Entwicklung der Photographie.
7. Johannes, preuß. Schulpolitiker u. Gymnasialpädagoge, *15. 1. 1786 Bruel, Mecklenburg, †20. 2. 1869 Berlin; 1818–1858 Vortragender Rat im preuß. Kultusministerium, führte die Gymnasialpläne W. von *Humboldts* durch.
8. Paul, Zoologe, *20. 11. 1887 Berlin; †13. 5. 1949; Prof. in Berlin u. Rostock; bekannt durch

Hermann Schulze-Delitzsch

chem. Untersuchungen tier. Skelettsubstanzen.

Schulze-Delitzsch, Hermann, Genossenschaftler, *29. 8. 1808 Delitzsch, †29. 4. 1883 Potsdam; neben F. W. *Raiffeisen* Gründer des dt. Genossenschaftswesens; setzte sich bes. für die Schaffung gewerbl. Genossenschaften auf der Grundlage der Selbsthilfe ein; gründete 1859 den Allg. Verband der Erwerbs- und Wirtschaftsgenossenschaften. →auch Genossenschaft.

Schulz-Koehn, Dietrich, Jazzkritiker u. -kommentator, *28. 12. 1912 Sonneberg, Thüringen; seit 1947 Jazzsendungen in Köln, 1958–1961 Dozent für Jazz an der Musikhochschule Köln; Verfasser mehrerer Bücher über die Schallplatte u. den Jazz, u.a. „Kleine Geschichte des Jazz" 1963.

Schumacher, 1. Emil, Maler, *29. 8. 1912 Hagen, Westf.; trat seit 1951 als führender dt. Maler des Tachismus hervor. Großformatige, ganz aus der Farbe entwickelte ungegenständl. Bilder.
2. Fritz, Architekt u. Schriftsteller, *4. 11. 1869 Bremen; †4. 11. 1947 Hamburg; Schüler von G. von *Seidl* in München, 1909–1933 Oberbaudirektor in Hamburg, wo er großzügige städtebaul. Planungen verwirklichte; verband traditionelle (Backsteinbau) mit sachlich-modernen Formen. Hptw. in Hamburg: Kunstgewerbeschule, Tropeninstitut, Museum für Hamburgische Geschichte; schrieb u.a.: „Der Geist der Baukunst" 1938.
3. Kurt, Politiker (SPD), *13. 10. 1895 Kulm, Westpreußen, †20. 8. 1952 Bonn; Jurist, dann Redakteur, 1924–1931 Abg. im württemberg. Landtag, 1930–1933 Mitgl. des Reichstags, 1933–1944 mit kurzer Unterbrechung im KZ; nach dem 2. Weltkrieg maßgebl. beteiligt an der Reorganisation der SPD u. der Abwehr der von den Kommunisten erstrebten Verschmelzung; seit 1946 Partei-Vors., seit 1949 auch Vors. der Bun-

destagsfraktion; griff u. a. das Ruhrstatut, die Demontagen u. die Saarkonventionen an; bekämpfte den Eintritt der BRD in den Europarat u. die Gründung der Montanunion als Hemmnisse auf dem Weg zur Wiedervereinigung Deutschlands.
4. Walter, Botaniker, *3. 7. 1901 Pforzheim; 1936 Prof. in Bonn, 1946 Direktor des Botanischen Gartens in Bonn; Hauptarbeitsgebiet: Pflanzenphysiologie; Mitarbeiter am „Lehrbuch der Botanik für Hochschulen" (Strasburger) ²⁹1967.

Kurt Schumacher

Schuman, 1. [ʃuˈman], Robert, französ. Politiker, *29. 6. 1886 Luxemburg, †4. 9. 1963 Sky-Chazelles bei Metz; Anwalt, 1919–1940 Abg. (Volksdemokrat), 1940 Unterstaatssekretär für Flüchtlingsfragen; 1940 verhaftet, flüchtete aus der Internierung in Dtschld.; Mitbegründer des Mouvement Républicain Populaire (MRP), 1946/47 Finanz-Min., 1947/48 Min.-Präs., 1948–1953 Außen-Min., 1955/56 Justiz-Min. 1958–1960 Präs. des Europaparlaments. S. regte die Europ. Gemeinschaft für Kohle u. Stahl an (→Schuman-Plan, →auch Montanunion) u. trat entschieden für eine dt.-französ. Aussöhnung u. Annäherung ein. 1958 Karlspreis.
2. [ˈʃuman], William Howard, US-amerikan. Komponist, *4. 8. 1910 New York; Schüler von R. Harris, Neuklassizist, der auch Anregungen des Jazz verarbeitete. 9 Sinfonien, Chorwerke, 4 Streichquartette, eine Baseball-Oper „The Mighty Casey" 1953.
Schumann, 1. Albert, Zirkusdirektor, *22. 2. 1858 Wien, †15. 8. 1939 Berlin; berühmt durch Dressurleistungen, die er im Rahmen von Pantomimen darbot.
2. Clara, geb. *Wieck*, seit 1840 Frau von 5), Pianistin u. Komponistin, *13. 9. 1819 Leipzig, †20. 5. 1896 Frankfurt a. M.; Schülerin ihres Vaters Friedrich *Wieck* (*1785, †1873), gab bereits mit 9 Jahren Konzerte, große Konzertreisen seit 1832, 1878–1892 Lehrerin am Hochschen Konservatorium Frankfurt a. M.; befreundet mit J. *Brahms*, mit dem sie die Schumann-Gesamtausgabe herausgab; komponierte u. a. Lieder.
3. Georg, Komponist u. Chordirigent, *25. 10. 1866 Königstein, Sachsen, †23. 5. 1952 Berlin; Spätromantiker, Leiter der Berliner Singakademie; schrieb u. a. 2 Sinfonien, Orchestervariationen „Gestern abend war Vetter Michel da" u. Chorwerke (Oratorium „Ruth").
4. [ʃuˈman], Maurice, französ. Politiker, *10. 4. 1911 Paris; Journalist; enger Mitarbeiter Ch. de *Gaulles*, 1940–1944 Sprecher der provisor. französ. Regierung in London. Seit 1945 Abg., Mitgründer des Mouvement Républicain Populaire (MRP) u. 1945–1949 Präs. ihres Nationalkongresses, 1953 französ. Vertreter bei den UN, 1951–1954 Staatssekretär im Außenministerium, 1962 Entwicklungs-Min., 1966 Wissenschafts- u. Forschungs-Min., 1969–1973 Außen-Min.
5. Robert, Komponist, *8. 6. 1810 Zwickau, †29. 7. 1856 Endenich bei Bonn; nach Aufgabe seines Klavierunterrichts bei Friedrich *Wieck* (*1785, †1873) widmete er sich dem Kompositionsstudium bei Heinrich *Dorn* (*1804, †1892). Bereits frühzeitig entstanden zahlreiche seiner bedeutenden Klavierwerke, unter ihnen 3 Sonaten, Konzertetüden nach N. Paganini, „Carnaval", „Papillons", „Kreisleriana", „Davidsbündler", „Kinderszenen" u. „Etudes symphoniques". 1834 gründete er mit J. *Knorr*, L. *Schuncke* u. F. *Wieck* die „Neue Zeitschrift für Musik", deren Redakteur er bis 1844 war. 1840 heiratete er gegen den Willen ihres Vaters Clara *Wieck*. 1843 Lehrer am Leipzi-

Joseph Alois Schumpeter

ger Konservatorium, 1847 Dirigent der Liedertafel u. 1848 des von ihm gegr. Chorgesangvereins in Dresden, 1850–1854 städt. Musikdirektor in Düsseldorf; 1854 Selbstmordversuch im Rhein, lebte dann in der Heilanstalt Endenich. S.s Leben u. Schicksal, seine intuitive, zwischen Perioden der Unfruchtbarkeit jäh aufflammende Produktivität, sein Verkanntwerden als Komponist u. sein Ende im Wahnsinn hatten starken Anteil an der Entstehung des romant. Künstlerbilds. Seiner Sprunghaftigkeit angemessen sind bes. die kleinen Formen, die Ausdruck momentaner Stimmungen sind. Aus seinem reichhaltigen Schaffen sind neben seinen 4 Sinfonien u. den zahlreichen Klavierkompositionen u. Liedern 4 Konzertouvertüren, je ein Klavier-, Violin- u. Violoncello-Konzert, seine Kammermusik (je 1 Klavierquintett u. -quartett, 3 Streichquartette, 3 Klaviertrios, 2 Violinsonaten u. a.), die großen Chorwerke mit Orchester „Das Paradies u. die Peri" 1843, „Manfred" 1852, „Der Rose Pilgerfahrt" 1852, „Szenen aus Goethes Faust" 1844–1853 u. seine Oper „Genoveva" 1850 hervorzuheben. Gesamtausgabe seiner Werke (hrsg. von C. Schumann) 31 Bde. – □ 2.9.3.
Schumann-Heink, Ernestine, US-amerikan. Sängerin (Alt) österr. Herkunft, *15. 6. 1861 Lieben bei Prag, †17. 11. 1936 Hollywood; sang bis 1932 in Europa (1896–1914 regelmäßig in Bayreuth) u. den USA; 1909 erste Klytemnästra in „Elektra" von R. Strauss.
Schuman-Plan, Plan des französ. Außen-Min. Robert *Schuman* zur Zusammenlegung der dt. u. französ. Kohle- u. Stahlproduktion; der S. wurde am 18. 4. 1951 in Paris unterzeichnet; auch →Montanunion.
Schumen, 1951–1966 *Kolarowgrad*, Hptst. des bulgar. Bezirks S. (3374 qkm, 255 000 Ew.), nördl. des Kleinen Balkans, 85 000 Ew.; Reste der türk. Festung, Tombulmoschee, türk. Basar; Maschinenbau, Nahrungsmittel- u. Tabakindustrie.
Schummerung →Geländedarstellung.
Schumpeter, Joseph Alois, Nationalökonom, *8. 2. 1883 Triesch, Mähren, †8. 1. 1950 Taconic (USA); lehrte als Prof. in Österreich, Dtschld. u. in den USA u. war für kurze Zeit österr. Finanzminister (1919); betonte den Einfluß der Unternehmer, der Kreditschöpfung u. der Technik auf die wirtschaftl. Entwicklung. Hptw.: „Theorie der wirtschaftl. Entwicklung" 1912, ⁵1952; „Konjunkturzyklen" 2 Bde. 1939, dt. 1953; „Kapitalismus, Sozialismus und Demokratie" 1942, dt. 1946; „Geschichte der ökonom. Analyse" 2 Bde. 1953, dt. 1953.
Schund, wertloses Zeug, Ausschußware; in der Kunst zur Bez. der Minderwertigkeit meist dann angewandt, wenn sich der Eindruck fabrikmäßiger Herstellung ergibt. →auch Kitsch.
Schundliteratur, das nicht nur sprachl., sondern dazu noch inhaltl. u. sittl. minderwertige Schrifttum; wegen der Gefährdung jugendl. Leser von staatl. u. privaten Stellen bekämpft (in der BRD im Gesetz über die Verbreitung jugendgefährdender Schriften von 1953). Die Grenzen der S. sind nicht genau festzulegen; daher ist ein rechtl. Einschreiten oft fragwürdig. → auch Trivialliteratur.
Schünemann, Carl S., Buch- u. Zeitungsverlag u. Druckerei in Bremen, gegr. 1810; übernahm 1955 für die BRD die „Sammlung Dieterich", eine Reihe geisteswissenschaftl. u. literar. Editionen; pflegt ferner Sachbücher, Belletristik, Theaterliteratur, Bremensien.
Schünemann, Georg, Musikwissenschaftler, *13. 3. 1884 Berlin, †2. 1. 1945 Berlin; Hptw.: „Geschichte des Dirigierens" 1913; „Geschichte der dt. Schulmusik" 1928; „Geschichte der Klaviermusik" 1940; dt. Textbearbeitungen von Mozart-Opern.
Schunga [ˈʃuŋa], *Shunga, Sunga,* ind. Herrscherdynastie etwa 185–73 v. Chr.; sie gilt als brahman. Reaktion auf den Buddhismus u. wurde gegründet von dem Heerführer Puschjamitra, der die letzten Maurya Brihadratha ermordete u. das Reich mit der Hauptstadt Pataliputra (Patna) übernahm.
Schupp →Waschbär.
Schuppe, kleine, dünne Silberpfennige (0,15 g) des 12./13. Jh. aus Ostfriesland u. den Niederlanden.
Schuppen, 1. *Botanik:* Schuppenhaare, flache, mehrzellige Haare von Scheiben- oder Schuppenform.
2. *Zoologie:* typische Hautbildungen verschiedener Tiere, deren stammesgeschichtl. ältester Typ die S. der Insekten sind: abgeplattete Haare mit sehr dünner Wand, mit einem Stiel in die Haut eingekeilt, oft Träger der Färbung (vor allem bei Schmetterlingen). Bei Fischen lassen sich drei Typen von Haut-S. unterscheiden (→Fischschuppen), von denen die *Plakoid-S.* der Haie den Mundzähnen der Wirbeltiere entsprechen. Bei Reptilien kommen verhornte S. (z. B. bei Eidechsen) u. durch Einlagerung von Knochensubstanz verstärkte *Knochen-S.* vor. Auch die Haut der Säugetiere zeigt eine feine S.struktur, bei der dauernd kleine S. abgestoßen werden.
Schüppen →Pik.
Schuppenbaum →Lepidodendron.
Schuppenechsen = Schuppenkriechtiere.
Schuppenflechte, *Psoriasis,* meist an den Streckseiten der Arme u. Beine, am Kopfhaarboden, aber auch am Rumpf auftretende chron. Hauterkrankung, gekennzeichnet durch verschieden große, scharf begrenzte rötl. Flecken, die mit einer matt silbrigen Schuppe bedeckt sind, oft auch von einem hellen Saum umgeben. Besondere Beschwerden bestehen nicht, die Psoriasispapeln heilen narbenlos ab.
Schuppenflosser, *Squamipinnes,* nicht systemat. Bez. für →Korallenfische, bei denen sich die Schuppen bis auf die Flossen fortsetzen.
Schuppenflügler, *Lepidoptera* = Schmetterlinge.
Schuppenkriechtiere, *Squamata,* arten- u. formenreichste Ordnung der *Reptilien,* umfaßt mit 5700 Arten 95 % aller heute lebenden Reptilien. Die einzelnen Arten sind von sehr verschiedener Gestalt u. bewohnen die mannigfaltigsten Biotope. Gemeinsame Merkmale: am Schädel bewegl. Quadratbein, Zähne sitzen der Kiefer nur lose auf, Körper mit Schuppen oder Schildern bedeckt, querliegende Afterspalte, paariges Begattungsorgan, keine Schwimmhäute. Die S. werden unter-

Robert und Clara Schumann, Stahlstich nach einer Photographie; 1850

Schuppenmolch

teilt in die Unterordnungen der *Echsen* u. *Schlangen*.
Schuppenmolch →Lungenfische.
Schuppennashorn →Panzernashorn.
Schuppenpilz = Stockschwämmchen.
Schuppentanne →Araukarie.
Schuppentiere, *Tannenzapfentiere*, *Pholidota*, urtümliche, reptilienhaft anmutende Ordnung der Säugetiere, die Steppen u. Waldgebiete Afrikas u. Südasiens bewohnt, mit nur wenigen Arten durch die einzige Familie der *Manidae* vertreten; einige Arten sind gewandte Kletterer. Körper, Außenseite der Extremitäten u. der lange Schwanz sind mit dachziegelartig sich deckenden Hornschuppen bedeckt; bei Beunruhigung rollen sie sich igelartig zusammen. An Vorder- u. Hinterbeinen haben sie kräftige Scharrkrallen; den Tag verschlafen sie in Erdbauten. Ein Gebiß fehlt völlig; eine wurmförmige Zunge nimmt als Hauptnahrung Ameisen u. Termiten auf, die in einem mit Hornleisten versehenen Magen zerrieben werden. Die paarigen Brustdrüsen münden in den Achselhöhlen. In Indien lebt u. a. das *Fünfzehige Schuppentier (Pangolin, Manis pentadactyla)*, in Afrika das *Vierzehige Schuppentier (Manis tetradactyla)*.
Schuppenwurz, *Lathraea*, Gattung der *Rachenblütler*, chlorophyllfreie Schmarotzerpflanzen. In Dtschld. häufig die *Gewöhnl. S., Lathraea squamaria*, mit hellpurpurnen, nickenden Blüten in einseitswendiger Traube; Stengel fleischig u. rötlich überlaufen.
Schuppfisch = Döbel.
Schüppling, *Flämmling*, *Pholiota*, Gattung der *Blätterpilze*; Pilze mit mehr oder weniger schuppigen Hüten, mit fleischigem, beringtem Stiel u. braunem Sporenstaub. Wichtige Arten: *Sparriger S., Pholiota squarrosa*, Baumschädling; *Stock-S., Stockschwamm, Pholiota mutabilis*, ausgezeichneter Speisepilz; *Frühlings-S., Pholiota praecox*, Speisepilz; →auch Reifpilz.
Schuppung, bei Gebirgsfaltung wie Dachziegel mehrfach übereinander geschobene Schichtpakete, wodurch die Wiederholung von Schichtfolgen übereinander im geolog. Profil auftritt.
Schur, Gustav Adolf, Radrennfahrer, *23. 2. 1931 Magdeburg; Amateur-Straßenweltmeister 1958 u. 1959; 1955 u. 1959 Sieger in der Radfernfahrt Warschau–Berlin–Prag.
Schurek, Paul, niederdt. Schriftsteller, *2. 1. 1890 Hamburg, †22. 5. 1962 Hamburg; war Mechaniker, dann Gewerbelehrer, schrieb viele plattdt. Volksstücke: „Stratenmusik" 1921; „Kamerad Kasper" 1932; ferner Romane: „Der Hamburger Brand" 1922; „Nichts geht verloren" 1949. „Begegnungen mit Ernst Barlach" 1947. Komödie: „De polit. Kannegeter" 1945.
schürfen, Minerallagerstätten durch Schürfgräben, -stollen u. -schächte aufsuchen, i.w.S. auch durch Bohren. →auch Bergbaufreiheit.
Schuricht, Carl, Dirigent, *3. 7. 1880 Danzig, †7. 1. 1967 Corseaux-sur-Vevey, Schweiz; wirkte seit 1912 vor allem in Wiesbaden (1922 Generalmusikdirektor) u. seit 1944 in der Schweiz.
Schuruppak, heutiger Ruinenhügel *Fara* in Mittelbabylonien, besiedelt im 3. u. beginnenden 2. Jahrtausend v. Chr.; nach dem *Gilgamesch-Epos* Sitz des *Utnapistim* (des babylon. *Noah*). Bei Ausgrabungen fand man u. a. Listen für den Schulunterricht u. Wirtschaftstexte in sumerischer Sprache der Zeit zwischen 2700 u. 2350 v. Chr.
Schurwald, Höhenzug östl. von Stuttgart, zwischen Rems, Neckar u. Fils, 513 m.
Schurwolle, am lebenden Tier geschorene, ungebrauchte Wolle; ungewaschen auch als *Roh-*, *Schweiß-* oder *Schmutzwolle* bezeichnet.
Schurz, um die Hüften getragenes Kleidungsstück, bes. als Teil von Berufskleidung; häufig bei Naturvölkern (*Lendenschurz*).
Schurz, Carl, US-amerikan. Politiker dt. Herkunft, *2. 3. 1829 Liblar bei Köln, †14. 5. 1906 New York; beteiligte sich an der Revolution 1848/49, wanderte 1852 nach Nordamerika aus, wo er Präs. Lincoln unterstützte. 1860–1862 US-Botschafter in Madrid, 1862/63 General der Nordstaaten im Sezessionskrieg, 1865–1869 Journalist u. Besitzer eines Zeitungsverlags, 1869–1875 Senator für Missouri, 1877–1881 Innen-Min. Die *Carl-S.-Gesellschaft* zur Förderung dt.-amerikan. Beziehungen, 1930 gegr., vereinigte sich 1948 mit der *Steuben-Gesellschaft*.
Schürze, *Jagd:* das Haarbüschel am Feuchtblatt (weibl. Geschlechtsteil bei Hirschtier u. Rehgeiß); entspricht dem *Pinsel* bei Hirsch u. Rehbock.
Schuschnigg, Kurt (Edler von), österr. Politiker

Vorderindisches Schuppentier, Manis crassicaudata

(christl.-sozial), *14. 12. 1897 Riva, Gardasee, †18. 11. 1977 Mutters, Tirol; Anwalt, 1932–1934 Justiz-, 1933–1936 auch Unterrichts-Min., 1934 bis 1938 nach der Ermordung von E. *Dollfuß* Bundeskanzler u. Heeres-Min., 1936 auch Führer der Vaterländ. Front; regierte im Geist der ständisch-autoritären Verfassung u. suchte durch Anlehnung an Italien u. ein Abkommen mit Hitler die Unabhängigkeit Österreichs zu wahren. 1938–1945 in. Haft (zuletzt KZ). 1948–1967 Prof. in St. Louis (USA).
Schuß, 1. *Rauschmittelgebrauch:* die einzelne Rauschmittel-Injektion, meist intravenös.
2. *Weberei: Einschlag, Eintrag*, Querfaden eines Gewebes; ist mit den Kettfäden verkreuzt (→Bindung); meist lose gedrehtes Garn, dicker als der Kettfaden; soll das Gewebe füllen u. ihm Schmiegsamkeit verleihen.
3. *Wehrwesen:* →Schießen; →auch Schußverletzungen.
Schüß, frz. *Suze*, Fluß im mittleren Schweizer Jura, 41 km, entspringt östl. von La Chaux-de-Fonds, durchfließt das Tal von *Sankt Immer* (Vallon de Saint-Imier) u. mündet nach dem Durchbruch in der Taubenlochschlucht bei Biel in den Bieler See, z. T. durch den *Nidau-Büren-Kanal* in die Aare.
Schußdichte, bei Geweben Anzahl der Schußfäden je 10 cm, auch je 1 cm oder je 1 Zoll.
Schüsselflechte, *Wandflechte, Parmelia*, verbreitete, an Baumrinden u. auf Steinen vorkommende Laubflechte mit schüsselförmigen Fruchtkörpern.
Schüsselpfennig, einseitig geprägte kleine Silbermünze aus der Zeit des 14.–18. Jh. von seltsam konkaver Gestalt, meist mit einem Wappen.
Schüsselpilz = Becherling.
Schüsseltreiben, weidmänn. Ausdruck für das Essen nach der (Treib-)Jagd.
Schussen, Zufluß des Bodensees von Norden, 50 km.
Schussen, Wilhelm, eigentl. W. *Frick*, schwäb. Heimatdichter, *11. 8. 1874 Schussenried, †5. 4. 1956 Tübingen; schrieb über 30 Erzählwerke sowie Gedicht- u. Landschaftsbücher. Schelmenroman „Vinzenz Faulhaber" 1907; „Tübinger Sinfonie" 1949; „Anekdote meines Lebens" 1953.
Schussenried, *Bad S.*, Stadt in Baden-Württemberg, an der Schussen südwestl. von Biberach, 6900 Ew.; Moorbad, ehem. Prämonstratenser-Abtei (1183–1803), heute Heilanstalt für Geisteskranke; Eisen-, Textilindustrie.
Namengebend für eine jungsteinzeitl. Keramikgruppe (*Schussenrieder Gruppe*), deren Hinterlassenschaften im Federseemoor in Pfahlbauten gefunden wurden.
Schußfahrt, *Skilauf:* Fahrt in der Fallinie mit enger, paralleler Skiführung u. gleichmäßiger Belastung von Ferse u. Ballen; Fuß-, Knie- u. Hüftgelenk sind gebeugt.
Schußgarn, schwächer gedrehtes Garn, →Schuß (2).
Schüssler, Wilhelm, Historiker, *12. 7. 1888 Bremen, †11. 11. 1965 Heidelberg; 1925 Prof. in Rostock, 1935 Würzburg, 1936–1945 Berlin, 1948 an der Ev. Akademie in Hemer/Iserlohn, 1959 an der TH Darmstadt; Mitarbeiter an der Propyläen-Weltgeschichte 1931 ff. S. stand der gesamtdt. Geschichtsschreibung H. *Srbiks* nahe. Werke: „Bismarcks Sturz" 1921; „Die Daily-Telegraph Affaire" 1952; „Bismarcks Kampf um Süddeutschland 1867" 1929; „Dt. Einheit u. gesamtdt. Geschichtsbetrachtung" 1937; „Dtschld. zwischen Rußland u. England" ²1940.
Schußrichtung, bei Geweben Richtung der Schußfäden.
Schußtafel, für jeden Geschütztyp bes. zusammengestellte Bedienungsanleitung mit Angaben über Rohrerhöhung, Schußweite, Geschoßgeschwindigkeit, Flugbahn, Streuung, Geschoßgewicht, Tafeln zum Ausschalten der bes. u. Witterungseinflüsse (BWE) u. a.
Schußverletzungen, durch Geschosse oder Geschoßsplitter hervorgerufene Wunden. Es gibt Streif-, Prell-, Rinnen-, Steck-, Durchschüsse u. a.; bei Mitverletzungen des Knochens kommt es zum Schußbruch; trifft das Geschoß nicht mit der Spitze auf (Querschläger), entstehen bes. verwickelte Verletzungen. Im einzelnen unterscheidet man *Einschuß* u. *Ausschuß* sowie den *Schußkanal*; der Ausschuß ist meist weiter als der Einschuß; Nahschüsse erkennt man an dem Pulverschmauch, der die Einschußöffnung ringförmig umgibt. Die Behandlung ist stets chirurgisch.
Schuster, 1. *Berufskunde:* →Schuhmacher.
2. *Zoologie:* = Weberknechte.
Schusterkugel, mit Wasser gefüllte Glaskugel, die früher hauptsächl. von Schustern als eine Art Linse benutzt wurde, um das Lampenlicht auf das Arbeitsfeld zu konzentrieren.
Schute, 1. *Kleidung:* von der Haube angeregte Form der weibl. Kopfbedeckung mit steifer, horizontaler Krempe, die das Gesicht seitl. umschließt; der S.-n-Kopf sitzt auf dem Hinterhaupt (*Kiepenhut*).
2. *Schiffahrt:* = Leichter.
Schuten-Mutterschiff = Bargecarrier.
Schütt, Fisch, = Rapfen.
Schütte, *Nadelschütte*, plötzliches Abfallen der braun gewordenen Nadeln bei Nadelhölzern. Erreger der S. sind Pilze aus der Familie der *Schorfpilze, Hypodermataceae*, die sich in den Interzellularräumen des Assimilationsgewebes der Nadeln entwickeln.
Schütte, Johann, Schiff- u. Luftschiffbauer, *26. 2. 1873 Oldenburg, †29. 3. 1940 Dresden; seit 1921 Prof. an der Techn. Hochschule Berlin; entwarf 1908 das *S.-Lanz-Starrluftschiff*, dessen Traggerüst im Unterschied zum Zeppelin-Luftschiff aus Holz bestand.
Schüttelfrost, reflektorisches Auftreten von Muskelzittern u. leichten Krämpfen durch Kältegefühl oder zu Beginn eines Fiebers.
Schüttellähmung, *Paralysis agitans, Parkinsonsche Krankheit*, durch Erkrankung der großen Stammhirnkerne entstehende Schüttel- oder Zitterlähmung mit Starre der Gesichts- u. Körpermuskulatur, Bewegungsarmut u. a. Störungen. Die Ursache ist wahrscheinl. eine erbl. Anlage.
Schüttelmaschine, *Textilindustrie:* Maschine zum Trennen der Verunreinigungen vom →Werg.
Schüttelreim, ein *Doppelreim*, bei dem die Konsonanten vor den zwei Reimvokalen der ersten Zeile in umgekehrter Reihenfolge in der zweiten Zeile auftreten; z.B.: ...H-und gr-aben / ...Gr-und h-aben oder ...M-eister-kl-asse / ...Kl-eister-m-asse. →auch Reim.
Schüttelrutsche, *Schüttelrinne*, Fördermittel im Bergbau; eine Stahlblechrinne, die durch einen Preßluft- oder Elektromotor ständig in Längsrichtung vor- u. zurückgeschoben wird; der Bewe-

gungsvorgang ist so gestaltet, daß das auf die S. aufgegebene Fördergut nur beim Vorwärtsgang mitgenommen wird. Dadurch Fördergutbewegung oftmals über mehrere hundert Meter möglich.

Schüttergebiet, der von einem Erdbeben unmittelbar betroffene, das *Epizentrum* umgebende Teil der Erdoberfläche.

Schüttgelb, Lederfärbemittel aus Kreide u. alaunhaltigen Abkochungen von Gelbbeeren; →Kreuzdorn.

Schüttgut, aus vielen einzelnen Körnern gleicher oder verschiedener Größe bestehender Stoff, loses Fördergut. →Haufwerk.

Schutthalde, *Geomorphologie:* am Fuß von Felswänden durch Steinschlag aufgeschütteter Gesteinsschutt. Der Böschungswinkel der S. wird u. a. durch die Größe der Gesteinsbrocken u. die Durchfeuchtung bestimmt.

Schüttinseln, zwei aufgeschüttete Inseln in der Donau, am Eintritt in die ungar. Tiefebene des Alföld, südöstl. von Preßburg; die nördl. *Große Schütt* (slowak. *Ostrov*) zwischen Donau, Kleiner Donau u. Waag ist mit 1885 qkm die größte Flußinsel in Europa u. gehört zur Tschechoslowakei; durch Dämme geschützt, Anbau von Obst, Zukkerrüben, Getreide, Tabak u. Grünfutter; die südl. *Kleine Schütt* (ungar. *Szigetköz*) zwischen Donau u. Wieselburger Donau, 275 qkm, gehört zu Ungarn; Getreide- u. Gemüseanbau. Am Südostende der Großen Schütt liegt die Stadt Komárno.

Schuttkegel, 1. früher gebrauchter Ausdruck für →Schwemmkegel.

2. Schutthalde am Fuß von Steinschlagrinnen.

Schüttorf, niedersächs. Stadt (Ldkrs. Grafschaft Bentheim), an der Vechte, südöstl. von Nordhorn, 9100 Ew.; Textil-, Elektro-, Fleischwarenindustrie, Erdgassonde. – Stadtrecht 1295.

Schüttung, die Wassermenge, die eine Quelle innerhalb einer bestimmten Zeit schüttet.

Schutz [ʃyts], Roger, schweizer. ev. Theologe, *12. 5. 1915 Provence, Kanton Waadt; Gründer u. Prior der →Communauté de Taizé. 1974 Friedenspreis des Dt. Buchhandels.

Schütz [das], **1.** *Starkstromtechnik:* bes. Ausführung eines →Relais für hohe Schaltleistungen. Die großflächigen Schaltkontakte werden durch starke Elektromagneten betätigt u. sind z. T. in Öl gelagert (Funkenlöschung). S.e dienen nur zum Ein- u. Ausschalten des Betriebsstroms; zum Abschalten von Überströmen (bei Kurzschluß) müssen in der Regel zusätzl. Leistungsschalter oder Sicherungen eingebaut werden.

2. *Wasserbau:* tafelförmiger, in lotrechter Richtung beweglicher *Wehrverschluß*; gleitet in beiderseits der Durchflußöffnung angeordneten *Nuten* (Gleit-S. bei kleinen Anlagen) oder läuft auf Rollen *(Roll-S.)*. Beim *Haken-S.* besteht die Tafel aus zwei Teilen u. gestattet die Senkung des Oberteils, so daß Geschwemmsel u. Eis abgeführt werden können.

Schütz, 1. Heinrich, Komponist, *14. 10. 1585 Köstritz bei Gera, Thüringen, †6. 11. 1672 Dresden; ausgebildet in Kassel (Schüler am Collegium Mauritianum) u. Venedig (Kompositionsunterricht bei G. *Gabrieli*), wirkte als Hoforganist in Kassel u. seit 1617 als Hofkapellmeister in Dresden; 1628 weilte er wieder in Venedig u. 1633–1635, 1642–1644 in Kopenhagen. Im Unterschied zu M. *Praetorius*, der den neuen Stil der Musik vorwiegend in neuartiger Klanglichkeit u. Aufführungsart erblickte, sah S. das Wesen der neuen Kunst in eindringl. Textdarstellung. Diese Erkenntnis verwirklichte er mit verschiedenartigen Mitteln in seinen italien. Madrigalen (1611), den mehrchörigen Psalmen Davids (1619), den Cantiones sacrae (latein. Motetten) 1625, 1647, 1650, den Musikal. Exequien (1636), den kleinen Geistlichen Konzerten (1636, 1639), den Symphoniae Sacrae (mit obligaten Melodieinstrumenten, 1629, 1647, 1650), in der Geistl. Chormusik (Motetten, 1615, 1648), den oratorischen Kompositionen („Auferstehungshistorie" 1623, „Weihnachtsoratorium" 1660, Passionen nach Matthäus, Lukas u. Johannes) u. a. Werken (1. dt. Oper „Dafne" 1627, Text von M. *Opitz* nach O. *Rinuccini*, Musik verschollen). Die Musikalität u. Ausdruckskraft der dt. Sprache ist eigentl. durch S. entdeckt worden. – Die neue Gesamtausgabe seiner Werke erscheint seit 1955 im Auftrag der Neuen S.-Gesellschaft (1963 Internationale Heinrich-S.-Gesellschaft). – ◫ 2.9.2.

2. Klaus, Politiker (SPD), *17. 9. 1926 Heidelberg; 1957–1961 MdB, 1961–1966 Senator für Bundesangelegenheiten u. Post- u. Fernmeldewesen in Westberlin, 1966/67 Staatssekretär im Auswärtigen Amt, 1967–1977 Regierender Bürgermeister von Westberlin, seit 1977 Botschafter in Israel.

3. Wilhelm, Tierarzt, *15. 9. 1839 Berlin, †7. 11. 1920 Berlin; verdient um die Veterinärpathologie, entdeckte den Erreger des Rotzes u. zusammen mit F. A. J. *Löffler* den des Schweinerotlaufs.

4. Wilhelm von, Schriftsteller, *13. 4. 1776 Berlin, †9. 8. 1847 Leipzig; war Landrat, verkehrte bes. mit L. *Tieck*, wurde 1833 kath., schrieb (klass.-romant.) Dramen, polit. u. literarhistor. Schriften („Die Epik der Neuzeit" 1844); erster dt. Übersetzer u. Hrsg. von G. *Casanovas* Memoiren 1822–1828.

Schutzaufsicht, *Schweiz:* 1. Maßnahme des Strafrechts, verbunden mit bedingtem Strafvollzug u. (oder) bedingter Entlassung; im Jugendstrafrecht kann die S. auch als selbständige Maßnahme angeordnet werden. Aufgabe der S. ist nach Art. 47 StGB die Unterstützung der ihr Unterstellten, insbes. durch Beschaffung von Unterkunft u. Arbeitsgelegenheit, sowie die Beaufsichtigung der ihr Unterstellten in unauffälliger, ihr Fortkommen nicht erschwerender Weise. Die S. wird von kantonalen Stellen, u. U. auch freiwilligen Vereinigungen, ausgeübt; sie darf jedoch nicht Polizeiorganen übertragen werden (Art. 379 StGB). – 2. öffentl. Fürsorgemaßnahme für Volljährige unter Wahrung ihrer →Handlungsfähigkeit (2) oder für Minderjährige ohne Einschränkung der elterl. Gewalt (entspricht etwa der →Erziehungsbeistandschaft des Jugendwohlfahrtsrechts der BRD).

Schutzbrief, Erklärung der zuständigen Staatsbehörde über 1. die Gewährung *freien Geleits* (Zusicherung ungehinderten Aufenthalts, insbes. Schutz vor Festnahme) beim Erscheinen von Ausländern vor fremden Gerichten; 2. früher: den gegebenenfalls mit staatl. Mitteln durchzuführenden Schutz bei der Tätigkeit von *Kolonialgesellschaften* (z. B. zugunsten der brit. Ostindien-Handelskompanie, S. des Dt. Reichs bei kolonialen Erwerbungen in Afrika); 3. früher: Bescheinigung von Auslandsstellen, daß die im S. genannte Person den Schutz des betr. Staates genießt.

Schutzbrille, eine Brille zum Schutz der Augen vor Fremdkörpern (der Brillenrand muß seitlich das Gesicht dicht abschließen) bzw. grellem Licht. Beim Schweißen genügen Gläser von blauer Farbe; bei ultravioletter Strahlung werden z. B. Rauchgläser verwendet. Röntgen-S.ngläser sind bleihaltig.

Schütze, 1. *Astronomie: Sagittarius*, früher *Arcitenens*, Sternbild des Tierkreises am südl. Himmel, enthält das Zentrum des Milchstraßensystems.

2. *Militär:* unterster Mannschaftsdienstgrad beim Heer.

3. *Weberei: Schützen, Weberschiffchen*, länglicher Hohlkörper zum Eintragen des Schußfadens in das geöffnete Webfach; am Handwebstuhl von Hand durch das Fach geworfen, am mechan. Webstuhl mit Hilfe einer Schlagvorrichtung durch das Fach geschossen, am Bandwebstuhl zwangsläufig angetrieben. Die S.n nehmen den Garnvorrat in Form einer Spule auf oder arbeiten als *Greifer-S.n*, wobei ein Faden ergriffen u. durch das Fach gezogen wird. Der S. ist meist aus Hartholz u. mit Eisenspitzen versehen; in ihm befindet sich eine Aufnahmevorrichtung für die Schußspule u. eine Fadenbremse.

Schützenfisch, *Toxotes jaculatrix*, bis 25 cm langer *Barschfisch*, hauptsächl. im Brackwasser der Flußmündungen Südostasiens u. Australiens; speit einen kräftigen Wasserstrahl auf Insekten in Ufernähe, die herabfallen u. als Beute dienen.

Schutzengel, nach der (an Matth. 18,10 angelehnten) kath. Lehre dem einzelnen Menschen als Begleiter u. Beschützer beigegebener Engel.

Schützengesellschaften, *Schützengilden*, ursprüngl. im MA. Organisationen der Bürger, die sich im Schießen mit der Armbrust übten, um ihre Stadt verteidigen zu können; daraus entstanden *Schützenvereine*, die das Schießen als Sport betrieben; nach den Befreiungskriegen waren sie vielfach Träger der nationalen u. liberalen Bewegung; beschränkten sich aber nach 1871 wieder auf den Schießsport.

Schützengraben, im Rahmen der *Feldbefestigung* eine Deckung der Infanterie; die Schützen graben sich in den Boden ein, die Erde wird feindwärts geworfen u. bildet die *Brustwehr*; sog. *Schulterwehren* (stehenbleibende Erdklötze) sollen die Wirkung einschlagender Granaten verringern, feindwärts in den Boden gegrabene Höhlungen *(Unterstände)*, die mit Holz abgesteift werden, bieten Schutz gegen feindl. Feuer u. Regen, außerdem Ruhemöglichkeit. Im 1. Weltkrieg verlief an der Westfront ein durchlaufendes S.system vom Meer bis zur schweizer. Grenze, soweit Teile nicht durch Großkampf zerstört waren. Heute zieht man *Schützenlöcher, Nester* für einzelne Waffen u. an geeigneten Stellen Stützpunkte vor.

Schützenloch, militär. Feldbefestigung; →Schützengraben.

Schützenpanzer, gepanzertes Fahrzeug für Kampfaufgaben der Panzergrenadiere; Vollketten-, Halbketten- oder Räderfahrzeug, schwimmfähig oder landgebunden. Bewaffnung meist Maschinenkanone u. Maschinengewehr. →auch Panzer.

Schützenstück, Gruppenbild von Mitgliedern einer Schützengilde, in der 2. Hälfte des 16. Jh. in den Niederlanden aufgekommener Typus der Porträtmalerei, in der holländ. Kunst des 17. Jh. zu hoher Meisterschaft entwickelt, bes. von Frans *Hals*, B. van der *Kelst* u. *Rembrandt* (→„Nachtwache").

Schutzfärbung →Mimikry, →Mimese.

Schutzgas, eine Gasatmosphäre aus Stickstoff, Kohlenmonoxid, Kohlendioxid, Wasserstoff, Argon oder anderen Gasen, in der techn. Prozesse in Abwesenheit von Sauerstoff durchgeführt werden können; z. B. das Schmelzen, Glühen u. Schweißen von leicht oxydierenden Metallen. S.e können auch verwendet werden, um die Entstehung von explosiblen Gemischen leicht entzündbarer Dämpfe oder Gase mit Luft zu verhindern.

Schutzgebiet, ein meist im Protektoratsverhältnis zur *Schutzmacht* stehendes Territorium, dessen Einwohner als „protected persons" der Schutzmacht gelten. – S. war die amtl. Bez. für die dt. Kolonien in Afrika u. in der Südsee einschl. des Pachtgebiets von Kiautschou bis 1918. Der Ausdruck erklärt sich aus der ursprüngl. Absicht *Bismarcks*, die dt. Niederlassungen in Afrika in der Form konzessionierter Handelskompanien zu organisieren, um die polit. Belastungen möglichst gering zu halten. Dieser Plan scheiterte. Das Dt. Reich ging zur Organisationsform der Kolonien nach dem Vorbild anderer europ. Mächte über, behielt jedoch die alte Bez. bei (Bismarck bestätigte A. *Lüderitz* 1884, daß die von Lüderitz mit den Eingeborenen im späteren Dt.-Südwestafrika geschlossenen Verträge „unter dem Schutz des Dt. Reiches" stünden). Die Verwaltung der S.e lag zunächst beim *Reichskolonialamt* als Kolonialabteilung des Auswärtigen Amts, ab 1907 als selbständige oberste Reichsbehörde. Der militär. Schutz der dt. überseeischen Besitzungen erfolgte durch die 1891 gegr. *Schutztruppen*. →auch Schutzbrief.

Schutzhaft, 1. →Polizeihaft.

2. euphemistisch für die Inhaftierung politischer u. sonstiger Gegner des Nationalsozialismus in →Konzentrationslagern.

Schutzheiliger, *Schutzpatron* →Patron.

Schutzherrschaft, *Völkerrecht:* die unter verschiedenen Rechtsformen *(Protektorat, Mandat, Treuhandverwaltung, Kolonie)* durchgeführte gebietl. u. personale Herrschaft eines Staats über Territorien, die in bes. Weise dem *Schutzstaat* angegliedert sind. Diese Gebiete gelten mitunter nicht als Staatsgebiet des Schutzstaats, wie auch die Bewohner nicht immer die Staatsangehörigkeit des Schutzstaats besitzen.

Schutzholz, *Schutzbestand, Schutzmantel*, Sicherung von Nadelholzbeständen gegen Sturmeinwirkung, Frost u. Übergreifen von Feuer durch Zwischenbau von Laubholz bzw. breiten Laubholzstreifen.

Schutzimpfung, die Erzeugung einer künstl. →Immunität als Vorbeugungsmaßnahme gegen Infektionskrankheiten; *i. e. S.* die *aktive* Immunisierung durch Impfung mit abgetöteten oder abgeschwächten Erregern oder deren ungefährl. gemachten Giften, *i. w. S.* auch die *passive* Immunisierung durch Einverleibung antikörper- bzw. antitoxinhaltigen Serums *(Serumprophylaxe)*. Folgendes sind die wichtigsten S.en, eingeteilt nach der Art des Impfstoffs: 1. S. mit *lebenden, abgeschwächten*, d. h. nicht mehr krankmachenden, aber noch immunisierenden *Erregern* gegen: Gelbfieber, Kinderlähmung (Sabin-Cox-Tschumakow-Impfung, Polio-Schluckimpfung), Milzbrand, Pest, Pocken, Tollwut u. Tuberkulose (BCG-Impfung). – 2. S. mit *abgetöteten Erregern* gegen: Cholera, Fleckfieber, Grippe, Keuchhusten, Masern, Kinderlähmung (Salk-Impfung),

Schutzjude

Typhus u. Paratyphus. – 3. S. mit entgifteten (unschädlich gemachten) *Erregergiften* gegen: Diphtherie u. Tetanus (Scharlach-S. umstritten). Verschiedene S.en können miteinander kombiniert werden, z. B. Typhus-Paratyphus- u. Tetanus-S. (sog. TABT-Impfstoff), oder Typhus-Paratyphus-u. Cholera-S. („Tetravakzine"), oder Kinderlähmungs-Diphtherie-Tetanus-S. („Trivirelon"). →auch Impfung. – ▭ 9.9.1.

Schutzjude, gegen bes. Abgaben dem persönl. Schutz eines Fürsten unterstellter Jude in Dtschld. seit dem Ausgang des MA.

Schutzkontaktstecker, Schukostecker (Warenzeichen), elektr. Stecker, das der Gehäuse des angeschlossenen Geräts gleichzeitig mit der *Schutzleitung* verbindet. Kommt durch einen Fehler im Gerät Spannung auf das Gehäuse, so wird die Sicherung oder eine bes. →Schutzschaltung ausgelöst.

Schutzmacht, *Völkerrecht:* derjenige Staat, der aus unterschiedl. Rechtsgründen Angehörigen fremder Staaten oder Staatenlosen Schutz gewährt: 1. der „Oberstaat" bei Staatenstaaten, Protektoraten, Schutzgebieten; 2. der im Rahmen der Satzung des Völkerbunds oder der Satzung der Vereinten Nationen mit der Durchführung der Verwaltung in →Mandatsgebieten oder *Treuhandgebieten* beauftragte Staat; 3. der Staat, der beim Abbruch der diplomat. Beziehungen (insbes. im Kriegsfall) zwischen zwei anderen Staaten mit der Wahrnehmung der Interessen eines dieser Staaten beauftragt wird. Im 1. u. 2. Weltkrieg war z. B. die Schweiz S. für das Dt. Reich gegenüber Frankreich. Neutrale Staaten sind zur Übernahme der S.funktionen nicht verpflichtet. Die Ablehnung kann jedoch einen unfreundlichen Akt darstellen. In den Weltkriegen waren die wenigen nicht an dem Konflikt beteiligten Staaten Schutzmächte für jeweils eine Vielzahl von Kriegsparteien. – 4. die nach den geltenden Kriegsrecht, insbes. nach dem Kriegsgefangenen-, Verwundeten- u. Zivilschutzabkommen von 1949 von den Kriegsparteien zu bestimmende Macht, die neben dem *Internationalen Roten Kreuz* den Schutz der Kriegsgefangenen in fremden Ländern übernimmt. Die S. – die gleichzeitig auch eine S. im Sinn von 3) sein kann – hat freien Zugang zum Kriegsgefangenenlager, übt den Rechtsschutz bei Strafverfahren aus, überwacht Lebensmittelsendungen u. die Freiheit des Postverkehrs, die ärztl. Versorgung u. a. Diese Schutztätigkeit wird allerdings überwiegend durch das IRK ausgeübt, so daß sich eine Bestimmung einer besonderen S. erübrigt.

Schutzmantelmadonna, im 13. Jh. aufgekommener Typus der Madonnendarstellung, bei dem Maria die unter ihrem weit ausgebreiteten Mantel sich bergenden Gläubigen gegen Gefahren (bes. die Pest) schützt.

Schwäbische Alb: Steilabfall mit Burgruine Reußenstein bei Weilheim an der Teck

Schutzmarke →Warenzeichen.
Schutzpflanzung →Schutzwald.
Schutzpolizei →Polizei.
Schutzprinzip, Grundsatz des internationalen Strafrechts, nach dem sich der strafrechtl. Rechtsgüterschutz auf alle Inlandsgüter erstreckt, gleichgültig, wo u. von wem sie verletzt werden.

Schutzschaltung, Verbindung eines elektr. Stromkreises mit einem Schutzschalter, der bei Überlastung oder bei Fehlerspannung den Stromkreis unterbricht (Überstrom-Schutzschalter, Sicherungsautomat). Der Verbraucherstrom fließt im Schutzschalter durch eine Magnetspule, die bei starker Erregung einen Kontakt auslöst. Fehlerspannungs-Schutzschalter sind mit dem Gehäuse elektr. Geräte verbunden u. unterbrechen den Strom innerhalb weniger Millisekunden, sobald durch einen Gerätefehler Spannung auf das Gehäuse gelangt. Fehlerspannungen können auch durch Verbindung mit dem *Nulleiter (Nullung)* oder mit einem bes., geerdeten Schutzleiter *(Schutzerdung)* abgeleitet werden.

Schutzstaffel →SS.
Schutztracht →Tracht.
Schutztruppe, militär. Formationen, die Dtschld. seit 1891 in den *Schutzgebieten* unterhielt; in den übrigen Kolonien bestanden nur Polizeitruppen, abgesehen von Kiautschou, das der Kriegsmarine unterstand; der S. gehörten in Südwestafrika nur dt. Soldaten, in Ostafrika u. Kamerun auch farbige Unteroffiziere u. Mannschaften *(Askaris)* unter dt. Offizieren an.

Schutzwald, Waldflächen, bei denen die Schutzfunktion die produktive (Holzerzeugungs-)Funktion überwiegt. Der S. dient dem Schutz vor Klima-, Erosions-, Lawinenschäden u. ä. →auch Bannwald.

Schutzzoll, zum Schutz inländ. Wirtschaftszweige erhobener Einfuhrzoll; ist das wichtigste Mittel des Protektionismus; Gegensatz: *Freihandel*. Das S.system beherrschte seit Ende des 19. Jh. die Weltwirtschaft u. führte zu streng gehandhabten Einfuhrkontingenten u. -verboten bes. zwischen den Weltkriegen; seit 1945 besteht die Tendenz zu einer Liberalisierung der Weltwirtschaft. – Eine Sonderform des S.s ist der *Erziehungszoll*, der die Gewerbezweige vorübergehend bis zur Erreichung der Wettbewerbsfähigkeit mit dem Ausland schützen will.

Schutzzone →Dreimeilengrenze.
Schwab, Gustav, schwäb. Dichter, * 19. 6. 1792 Stuttgart, † 4. 11. 1850 Stuttgart; war dort Gymnasiallehrer, dann Superintendent; Spätromantiker des Schwäb. Dichterkreises, Freund u. Schüler L. Uhlands. Hrsg. des „Neuen dt. allg. Commers- u. Liederbuchs" 1815 sowie mit A. von *Chamisso* des „Dt. Musenalmanachs" 1833–1838; bearbeitete dt. Volksbücher (3 Bde. 1836 f.) u. der „Schönsten Sagen des klass. Altertums" 3 Bde. 1838–1840; „Gedichte" 2 Bde. 1828 f., darin bes. Balladen u. Romanzen („Das Gewitter"; „Der Reiter u. der Bodensee").

Schwabach, bayer. Stadtkreis (40 qkm) in Mittelfranken, an der S., südl. von Nürnberg, 34 300 Ew.; Rathaus (1509); Blattgold-, Metallindustrie.

Schwabacher Artikel, 1529 nach dem Marburger Religionsgespräch von M. *Luther* verfaßte 17 Artikel zur Darstellung seiner Lehre im Gegensatz zu H. *Zwingli*; eine Vorlage zum →Augsburgischen Bekenntnis.

Schwabacher Schrift, eine zu den gebrochenen Schriften gehörende Druckschrift. Sie war in der Renaissance- u. Reformationszeit in Dtschld. vorherrschend. Mitte des 16. Jh. wurde sie weitgehend durch die *Fraktur* verdrängt.

Schwabbeln, das maschinelle Polieren lackierter Holzoberflächen mit Filz- oder Plüschscheiben bzw. -walzen.

Schwaben, Insekten, = Schaben.
Schwaben, Volksstamm; sein Name geht auf die westgerman. *Sweben* zurück, von denen sich um 200 Teile zum Bund der →Alemannen vereinigten u. sich im 3. Jh. zunächst in dem Gebiet zwischen Rhein, Neckar u. Donau niederließen.

Schwaben, 1. ehem. Herzogtum, benannt nach den *Sweben*; umfaßte die dt. Schweiz mit Graubünden, das Elsaß, Südbaden, Württemberg ohne den N u. das bayer. S. bis zum Lech. Das nach Abschaffung (746) des alten Stammesherzogtums der *Alemannen* von Burchard d. J. (917–926) begründete neue schwäb. Stammesherzogtum kam in den Besitz der fränk. Konradiner, der Babenberger u. zuletzt an Rudolf von Rheinfelden. König Heinrich IV. gab es 1079 *Friedrich I.* (* 1050, † 1105) von Staufen, dessen Haus (Staufer) die Herzogwürde bis zum Aussterben 1268 behielt. Nach verschiedenen Kämpfen zwischen den Grafen von Württemberg u. anderen Dynastenfamilien des Landes, die sich an schwäb. Herzogs- u. Reichsgut bereicherten, verlieh König Rudolf I. von Habsburg das restl. S. seinem Sohn *Rudolf* († 1290), das nach dessen Tod erlosch u. in zahlreiche Herrschaftsgebiete zerfiel.

2. bayer. Reg.-Bez., 9989 qkm, 1,5 Mill. Ew., Hptst. *Augsburg*; erstreckt sich von den Allgäuer Alpen über das Alpenvorland bis zur Schwäb.-Fränk. Alb.

Schwabenspiegel, eines der dt. →Rechtsbücher des MA., verfaßt um 1275 von einem unbekannten Geistlichen; enthält süddt. Recht, bes. das von Augsburg.

Schwabenstreiche, nach den Schwänken von den →Sieben Schwaben Bez. für unüberlegte, törichte Handlungen.

Schwabe & Co., wissenschaftl. Verlag in Basel; pflegt Medizin, Psychologie, Philosophie, Geschichte, Kultur-, Kunst- u. Literaturgeschichte; gegr. 1868, hervorgegangen aus der 1494 durch Johann Petri von *Langendorff* gegr. Druckerei.

Schwabing, Stadtteil im NO Münchens, Künstlerviertel (seit 1900), Fremdenverkehr.

Schwäbisch →deutsche Mundarten.

Schwäbische Alb, *Schwäbische Jura*, westl. Abschnitt des süddt. Jura, erstreckt sich über rd. 210 km vom Hegau nach NO bis zum Nördlinger Ries, durchschnittl. rd. 500–900 m hoch, im Lemberg 1015 m; der steile Nordwestrand ist als Schichtstufe mit vorgelagerten (oft von Burgen gekrönten) Zeugenbergen ausgebildet, die Hochfläche hat Karstcharakter (mit Wassermangel u. Höhlen); nach SO flachgestufter Abfall zur Donau. – ▭ 6.2.1.

Schwäbischer Dichterkreis, *Schwäbische Schule*, *Schwäbische Romantik*, erwachsen aus einem spätromant. student. Freundeskreis (Tübingen um 1806), dem L. *Uhland*, J. *Kerner*, später auch G. *Schwab* u. *a.* angehörten, dessen Veröffentlichungen das „Sonntagsblatt für gebildete Stände" (1807, nur handschriftl.) u. der „Poet. Almanach für das Jahr 1812" waren u. der bes. naturbeseelte Lyrik u. die Ballade pflegte; fortwirkend auf Landsleute wie W. *Hauff* u. E. *Mörike*.

Schwäbischer Jura = Schwäbische Alb.
Schwäbische Romantik →Schwäbischer Dichterkreis.
Schwäbischer Städtebund, zuerst 1331 zur Wahrung des Landfriedens, dann 1376 unter Führung Ulms erneut gegr. Bund schwäb. Reichsstädte zur Sicherung gegen Verpfändung an Landesfürsten u. zur Erhaltung ihrer Reichsunmittelbarkeit; bis ins Elsaß, in die Schweiz, nach Franken u. Bayern ausgedehnt; nach anfängl. Machtentfaltung 1388 von Graf *Eberhard II.* von Württemberg bei Döffingen besiegt, seitdem polit. bedeutungslos, im Landfrieden von Eger 1389 verboten.

Schwäbische Schule →Schwäbischer Dichterkreis.
Schwäbische Türkei, ungar. Landschaft zwischen Donau, Drau u. Plattensee, 4500 qkm; Zentrum *Fünfkirchen*; wurde von rd. 200 000 Deutschen (Schwaben, Franken, Hessen) besiedelt.

Schwäbisch-Fränkische Waldberge, Bergland in Baden-Württemberg zwischen Neckar, Hohenloher Ebene, Jagst u. Rems, mit den *Ellwanger, Limpurger, Löwensteiner Bergen, Mainhardter, Murrhardter* u. *Welzheimer Wald*, bis 595 m.

Schwäbisch Gmünd, baden-württ. Stadt an der Rems (Ostalbkreis), 56 000 Ew.; mittelalterl. Altstadt, Heiligkreuzmünster (14.–16. Jh.), Johanneskirche (Hallenkirche 13. Jh.); Uhren-, Glas-, opt., Edelmetall- u. a. Industrie.

Schwäbisch Hall, baden-württ. Kreisstadt u. Solbad im tief in die Haller Ebene eingeschnittenen Tal der Kocher, 31 400 Ew.; got. Michaelskirche, Rokoko-Rathaus, barocke Fachwerkhäuser, ehem. Zeughaus, Freilichtspiele; radioaktive Salzquellen; Textil-, Metall-, Holz-, Elektroindustrie. 1268 Reichsstadt, 1802 württ. In der Nähe Schloß *Comburg (Komburg)* u. Ruine *Oberlimpurg*. – Ldkrs. S.H.: 1484 qkm, 150 000 Ew.

Schwabmünchen, bayer. Stadt in Schwaben (Ldkrs. Augsburg), südwestlich von Augsburg, 9500 Ew.; Textil- u. Elektroindustrie.

schwach, *Grammatik:* die Zugehörigkeit zu einem Flexionsparadigma betreffend, ohne irgendwelche Entsprechungen im Inhalt einer sprachl. Äußerung; Gegensatz: *stark*. Starke Verben bilden die Formen der Vergangenheit durch Ablaut ("schreiben : schrieb"), s. e Verben mit -t- ("sagen : sagte"). Ähnliche Unterscheidungen gibt es für Formenklassen in der Deklination der Substantive: -s oder -es im Genitiv Singularis der Maskulina u. Neutra für starke, -en für s.e Substantive.

Schwachsichtigkeit, 1. →Amblyopie.
2. *Asthenopie*, Augenschwäche, rasche Ermüdbarkeit der Augen, bes. beim Nahsehen, mit unscharfem Sehen, Augen- u. Kopfschmerz, Tränenfluß. Ursache sind meist Brechungsfehler des Auges, die nicht (keine Brille) oder nicht richtig (falsche Brille) korrigiert sind. Dementsprechend kann diese S. in den meisten Fällen durch eine richtige Brille behoben werden.

Schwachsinn, *Geistesschwäche*, angeborener oder erworbener Intelligenz-Mangel; *endogener S.* beruht auf erblicher Grundlage, *exogener S.* auf erworbenen Schädigungen. Angeborener S. (erblich oder durch Schädigung im Mutterleib) u. frühkindl. erworbener S. (z.B. durch Hirnhaut-, Gehirnentzündung) heißt *Oligophrenie* (i. e. S.), später erworbener S. wird als *Verblödung* oder *Demenz* bezeichnet. Die Grenze zwischen *physiologischer Dummheit* u. *Debilität*, dem geringsten Grad des angeborenen S.s, ist nicht scharf. Der mittelschwere angeborene S. wird *Imbezillität*, der schwere *Idiotie* genannt.

Schwachstrom, elektr. Strom in Fernmelde- u. Signalanlagen bei Spannungen von maximal 60 V. Gegensatz: *Starkstrom*, mit dem elektr. Maschinen betrieben werden. Beide Begriffe sind nicht exakt definiert. In sog. S.-Anlagen können durchaus sehr starke Ströme fließen.

Schwachstromtechnik, Sammelbez. für Signal-, Fernmelde- u. Nachrichtentechnik, die meist mit schwachen Strömen u. geringen Leistungen arbeiten. – ▫ 10.4.4.

Schwaden, *Schwadengras, Grashirse, Glyceria*, Gattung der *Süßgräser*; an feuchten Standorten. Bekannt ist vor allem der *Wasser-S., Glyceria maxima*, als bis 2 m hohes Gras mit dicken Halmen u. ästig ausgebreiteter Rispe. Nur bis 1 m hoch wird der *Flutende S.* (Manna-S., Mannagras, Glyceria fluitans), dessen Früchte früher als „S.grütze" gegessen wurden. Beide Arten sind geschätzte Futtergräser.

Schwadron [die; ital.], früher *Eskadron*, unterste, einer *Kompanie* entspr. Einheit bei berittenen oder bespannten Truppen.

Schwager, 1. *Familienrecht:* Bruder des Ehepartners, Ehemann der Schwester.
2. *übertragen:* Anrede für den Postillion, bes. durch Studenten im 18. u. 19. Jh.

Schwägerschaft, familienrechtl. Verhältnis zu den Verwandten des Ehegatten. *Schwager* u. *Schwägerin* sind *verschwägert*, nicht verwandt. Zwischen Verschwägerten in gerader Linie kann in der BRD die Ehe nur bei Befreiung von dem *Eheverbot* der S. geschlossen werden; →auch Levirat, Sororat.
Der Geschlechtsverkehr zwischen Verschwägerten auf- u. absteigender Linie (z.B. Schwiegersohn u. Schwiegermutter) ist bei Bestehen der die S. begründenden Ehe als →Blutschande strafbar mit Freiheitsstrafe bis zu 2 Jahren (§ 173 StGB). Ist die häusl. Gemeinschaft der Ehegatten zur Zeit der Tat aufgehoben, kann das Gericht von Strafe absehen; ist Befreiung vom Eheverbot erteilt, wird die Tat nicht mehr verfolgt.

Schwaigern, Stadt in Baden-Württemberg, westl. von Heilbronn, 8500 Ew.; Weinbau, verschiedene Industrie.

Schwalbach, 1. *S. am Taunus*, Stadt in Hessen, Main-Taunus-Kreis, am Südostabhang des Taunus, 15 100 Ew.; neues Wohngebiet *Limesstadt* (von *Reichow* entworfen).
2. *Bad S.*, Kreisstadt in Hessen, am Nordwestabhang des Taunus, 9000 Ew.; Heilbad mit CO_2-reichen Eisensäuerlingen; Schaumstoff-, Schaltgerätefabrik.
3. *Schwalbach/Saar*, saarländ. Gemeinde (Ldkrs. Saarlouis), 35 000 Ew.; Bekleidungs- u. Nahrungsmittelindustrie.

Schwalben, *Hirundinidae*, in rd. 75 Arten weltweit verbreitete Familie kleiner *Singvögel*. Die Beine sind kurz u. nicht zum Laufen geeignet. Die langen Flügel ermöglichen einen äußerst geschickten Flug. Mit dem kurzen, aber weit gespaltenen Schnabel werden Insekten im Flug gefangen. Die Nester werden meist aus eingespeicheltem Lehm gemauert, z.T. in unmittelbarer Nähe des Menschen. Einheim. sind die *Rauchschwalbe, Hirundo rustiva*, mit tief gegabeltem Schwanz u. brauner Kehle, die *Mehlschwalbe, Delichon urbica*, mit reinweißer Unterseite, die braune *Uferschwalbe, Riparia riparia*, die in selbstgegrabenen Röhren nistet, u. die ähnliche, aber in Südeuropa bis in den Vorderen Orient vorkommende *Felsenschwalbe, Ptyonoprogne rupestris*.

Schwalbenfische = Fliegende Fische.

Schwalbennester, 1. *Lebensmittel:* →Indische Vogelnester.
2. *Militär:* halbmondförmige, oben an beiden Ärmeln des Rocks getragene Abzeichen der Musiker im dt. Heer.

Schwalbenschwanz, trapezförmiger (schwalbenschwanzförmiger) Einschnitt in einem Maschinenteil, wobei die kürzere Seite offen ist; dient als leicht lösbare Verbindung; wird in der Tischlerei verleimt ausgeführt.

Schwalbenschwänze, *Papilio*, rund 80 mm spannende *Edelfalter* von leuchtendbunten Farben u. mit schwanzartigem Anhang an den beiden Hinterflügeln. Viele Arten in fast allen Weltteilen. Der auch im Himalaja vorkommende europ. *Schwalbenschwanz, Papilio machaon*, hat eine gelbe Grundfarbe mit blau-schwarzen Flügelzeichnungen. Die grell grün-schwarz-roten Raupen findet man an verschiedenen Doldengewächsen u. Erdbeeren.

Schwalbenwurz, *Giftbezwingerin, Cynanchum vincetoxicum*, aufrechte, gelblichweiß blühende Staude der *Seidenpflanzengewächse*, auf trockenen Hügeln u. in trockenen Gebüschen u. Wäldern vorkommend. Die brechreizverursachende u. schweißtreibende Wirkung der Wurzel wurde früher gegen Vergiftungen angewandt.

Schwalen, Fisch, →Plötze.

Schwalm, rechter Nebenfluß der Eder, 80 km, entspringt am Vogelsberg, durchfließt die fruchtbare Landschaft der S. (bekannt durch die Schwälmer Volkstracht), mündet östl. von Fritzlar.

Schwalme, *Podargidae*, eine Familie der *Nachtschwalben* aus Australien u. Südasien, die unseren Ziegenmelkern ähneln.

Schwalmstadt, hess. Stadt an der Schwalm (Schwalm-Eder-Kreis), 18 000 Ew.; verschiedene Industrie. Im Ortsteil *Treysa* 1945 Kirchenkonferenz über die neue Ordnung der Ev. Kirche in Dtschld.

Schwamm →Schwämme.

Schwämmchen, *Soor, Stomatomykosis*, Mundkrankheit, hervorgerufen durch Ansiedlungen des Soorpilzes *Oidium albicans (Candida, Monilia albicans)* auf den inneren Schleimhäuten, bes. im Mundbereich bei nicht sauber gehaltenen Kindern, auch bei schweren Krankheiten. Die Krankheit kann die Speiseröhre ergreifen u. sehr gefährl. werden. Verhinderung durch antimykotische Mundpflege, Besserung des Allgemeinzustands.

Schwämme, 1. *Botanik:* volkstüml., bes. süddt. u. österr. Bez. für →Pilze.
2. *Zoologie: Porifera, Spongiaria*, Tierstamm mit etwa 5000 Arten, dessen stets festsitzende Angehörige von niederer Organisation sind. S. haben noch keine echten Gewebe. Ihre Körper werden von lockeren Zellansammlungen gebildet, die nach außen durch eine Skelettschicht u. nach innen durch eine Schicht von Kragengeißelzellen begrenzt werden. Jede einzelne Körperzelle hat spezielle Aufgaben. S. sind Organismen sehr verschiedener Gestalt (Klumpen, verzweigte Röhren, trichterförmig, pilzförmig), von verschiedener Größe (Durchmesser 2 cm bis 2 m) u. von verschiedener Färbung (grellweiß, gelb, rot, violett). Die meisten S. leben im Meerwasser, einige aber auch im Süßwasser (Spongillidae).
Ein einfach gebauter Schwamm (Askon-Typ) ist ein sackförmiger Schlauch mit zentralem Hohlraum u. einer Ein- u. Ausströmöffnung (Osculum) am oberen Körperende. Bei etwas komplizierterem Bau durchsetzen Poren die Körperwand u. stellen so die Verbindung zwischen der Außenwelt u. dem Körperinneren her. Der gesamte Körperinnenraum ist mit Kragengeißelzellen ausgekleidet. Sie sorgen durch die Bewegung ihrer Geißeln dafür, daß das Wasser durch die Poren in den Körper eingestrudelt wird u. durch die Ausströmöffnung den Körper wieder verläßt. Mit dem Wasserstrom gelangt die Nahrung (Diatomeen, Ziliaten u.a. Kleinlebewesen) in den Körper u. wird dort von den Zellen aufgenommen. Bei komplizierter gebauten Schwammtypen können die mit Kragengeißelzellen besetzten Wände des zentralen Hohlraums so weit eingebuchtet sein, daß die innere Oberfläche vergrößert wird (Sykon-Typ). Diese Ausbuchtung kann so weit gehen, daß die Kragengeißelzellen in abgeschlossenen Kammern in den

Schwalbenschwanz, Papilio machaon

Porenkanälen liegen u. so den Wasserstrom regulieren (Leucon-Typ).
Oft wachsen die S. zu Kolonien mit mehreren Ausströmöffnungen heran. S. sind teils Zwitter, teils getrenntgeschlechtlich. Bei der geschlechtl. Fortpflanzung wird der Same durch die Poren mit dem Nahrungsstrom eingestrudelt u. vereinigt sich im Körperhohlraum mit den Eiern. Ein bewimperter Hohlkeim *(Planula-Larve)* oder ein mit Furchungszellen angefüllter Keim *(Parenchymula-Larve)* verläßt den mütterl. Körper durch die Ausströmöffnung, schwimmt einen Tag im freien Wasser umher u. setzt sich dann als Jungschwamm fest. Die ungeschlechtl. Vermehrung erfolgt durch Knospung (ein Teil des Elterntiers schnürt sich ab u. wird selbständig) oder durch Gemmulabildung (Zellen aller Typen finden sich in kleinen, abgeschlossenen kugelförmigen Lagern zusammen, die den Mutterkörper verlassen u. neu auskeimen). Hauptgruppen der S. sind die **Kalk-S**. (Skelettnadeln aus Kalk, hierzu z.B. *Sycandra* u. *Leucandra*), die **Kiesel-S**. (Skelett aus Kieselnadeln von drei- oder vierachsigem Bauart) u. die **Horn-S**. (mit Spongin-Skelett). Zu den Kiesel-S.n rechnet man z.B. den schöngeformten *Venuskorb, Euplectella aspergillum*, im Gebiet der Philippinen u. den *Neptunsbecher, Poterion neptuni*, einen gut 1,5 m hoch werdenden, becherartigen Schwamm des Pazifik. Zu den Horn-S.n zählen unsere Fluß-S. u. der bekannte *Badeschwamm, Euspongia officinalis*, mit seinen Unterarten. Letztere werden hauptsächl. im östl. Mittelmeer u. in der Adria gefunden; die organischen Teile des Tiers werden entfernt, u. das Skelett kommt in den Handel. – ▫ 9.3.8.

Schwammenauel, Rur-Stausee, Talsperre der Rur zwischen Rurberg u. Heimbach (nordwestl. Eifel); 7,8 qkm, 205 Mill. m³ Stauinhalt, Höhe der Staumauer 72 m; eine der größten dt. Talsperren; 1934–1938 u. 1955–1959 erbaut.

Schwammkorallen = Lederkorallen.

Schwammspinner, *Großkopf, Lymantria dispar*, mittelgroßer Nachtschmetterling aus der Familie der *Trägspinner*, dessen Weibchen größer u. lebhafter gezeichnet ist (weiß mit schwarzen Bogenmustern auf den Flügeln) als das kleinere, graubraune Männchen. Die starr behaarte Raupe (braungrau mit roten u. blauen Punkten) vermag großen Schaden anzurichten, da durch die Eiablage in „Schwämmen" (geometrisch angeordnete Linien oder Ringeln, die mit der Wolle des weibl. Abdomens schwammförmig verdeckt sind) fast stets große Scharen von Raupen auftreten. Ein Weibchen legt 500–800 Eier. 1869 nach Nordamerika eingeschleppte S. entwickelten sich zu einer Landplage an Nadelwäldern.

Schwan, 1. *Astronomie:* Sternbild des nördl. Himmels, Hauptstern *Deneb*.
2. *Zoologie:* →Schwäne.

Schwandorf, bayer. Kreisstadt in der Oberpfalz, an der Naab, 23 000 Ew.; Karmelitenkloster auf dem *Kreuzberg*; Aluminium-, chem. Industrie. – Ldkrs. S.: 1470 qkm, 131 000 Ew.

Schwäne, *Cygneae*, mit den Gänsen nah verwandte große *Siebschnäbler* mit langem Hals. Sie leben in strenger Einehe u. bauen ihr Nest an oder auf Gewässern. Von den 5 Arten sind am bekanntesten der häufig als Parkgeflügel gehaltene *Höckerschwan, Cygnus olor*, mit einem Höcker am Schnabelansatz; der gelbschnäbelige *Singschwan, Cygnus cygnus*, mit senkrecht gestelltem Hals; der kleinere *Zwergschwan, Cygnus columbianus bewickii*; der schwarzhalsige *Cygnus melanocoriphus*

Schwanenblume

EMBRYONALENTWICKLUNG

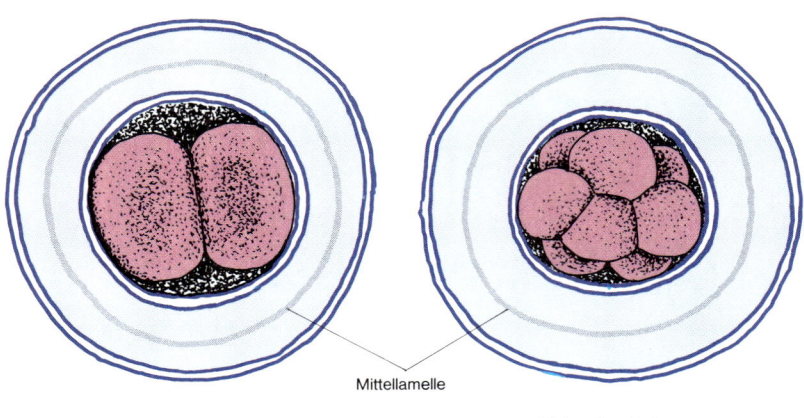
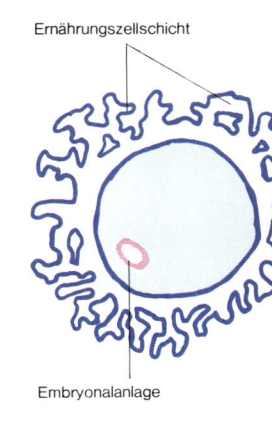

Befruchtung — 2-Zellstadium (Mittellamelle) — Mehrzellenstadium — Ernährungszellschicht / Embryonalanlage

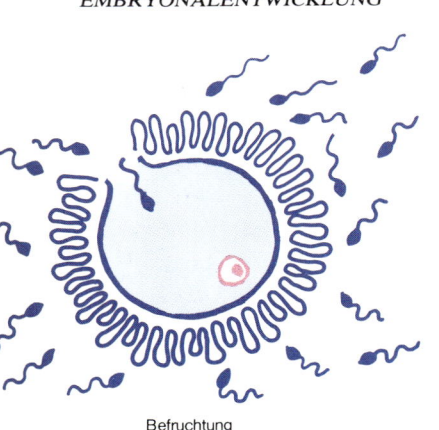

Embryo, einen Monat alt (links) – zwei Monate alt (rechts)

SCHWANGERSCHAFT UND GEBURT

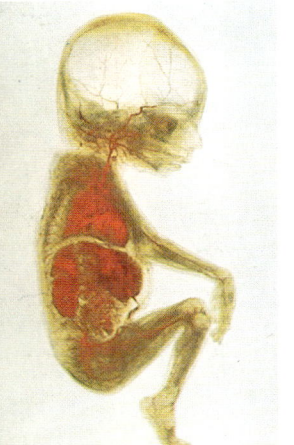
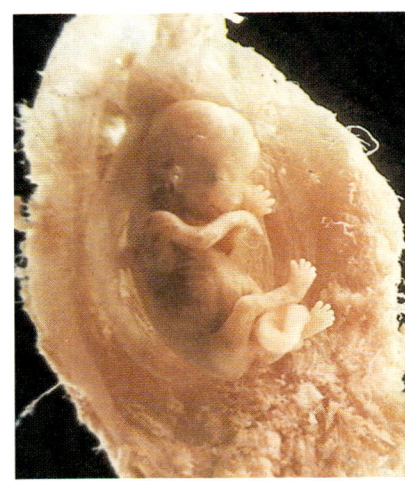

Fetus, drei Monate alt (links) – vier Monate alt (rechts)

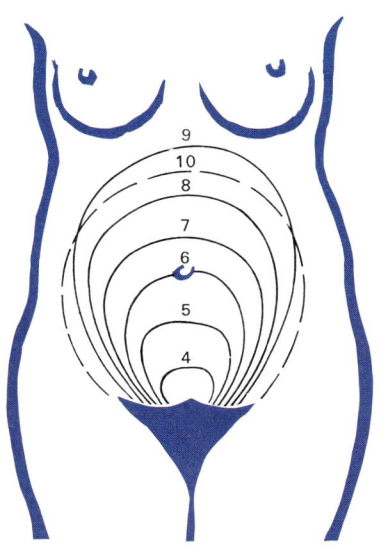

Wachstum der Gebärmutter im Verlauf der Schwangerschaft (oben) und Vorwölbung des Leibes während der 10 Schwangerschaftsmonate (unten)

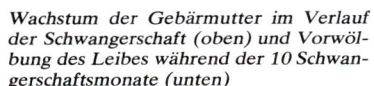

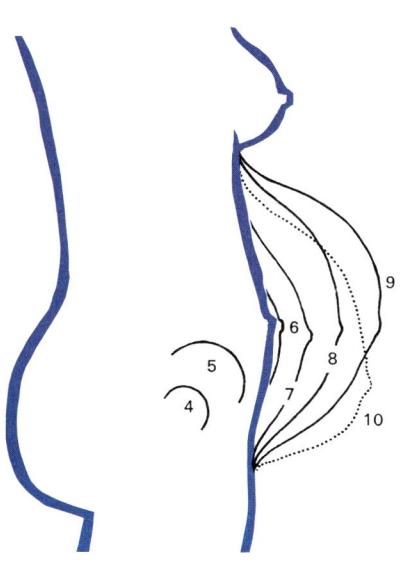

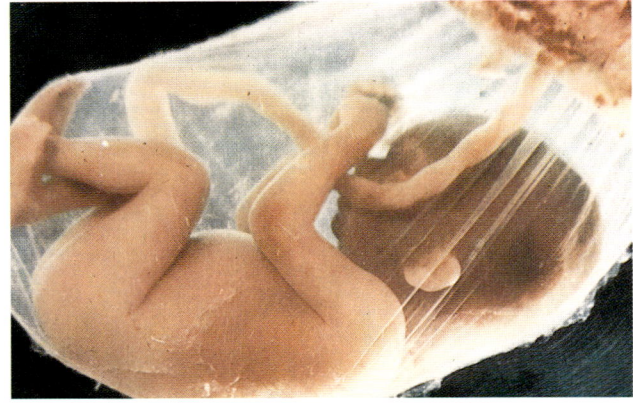

Fetus, sechs Monate alt, im Amnionsack; rechts oben der Dottersack, in den die Nabelschnur mündet

GEBURT

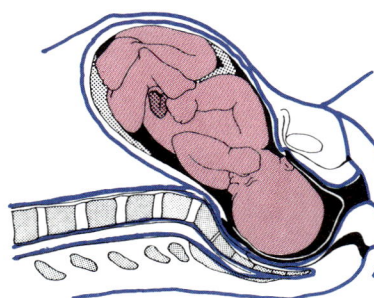

a) Beginn der Geburt

c) Beginn der Austreibungsperiode

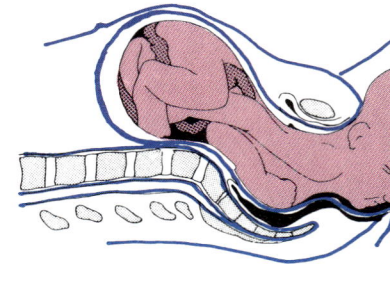

e) Durchtreten des Kopfes

Schwangerschaft

FETALENTWICKLUNG

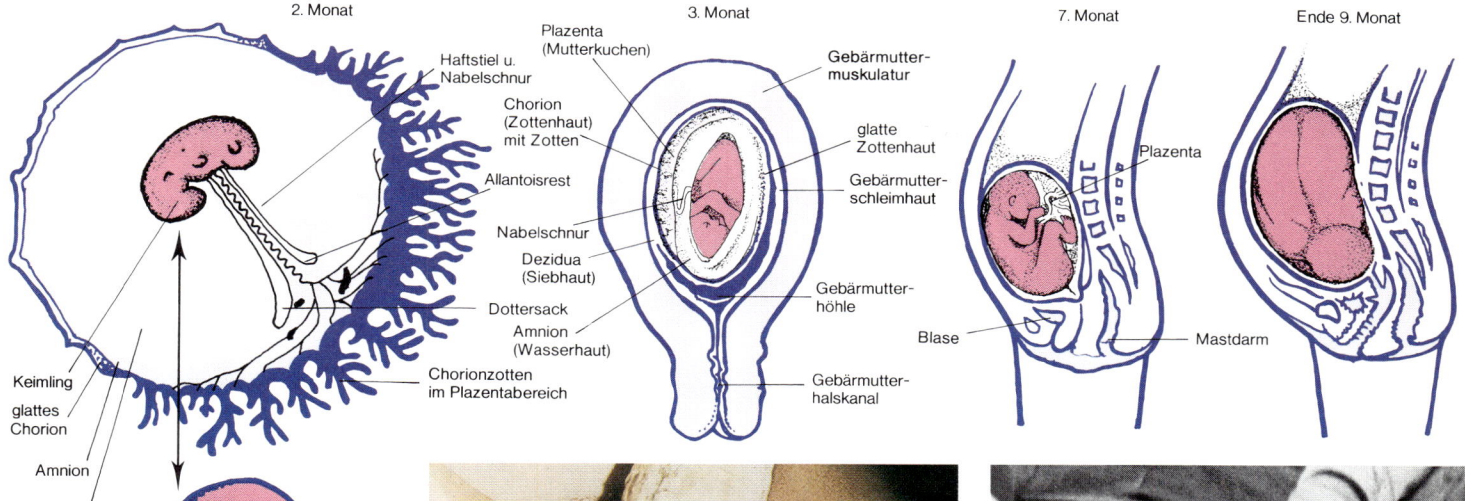

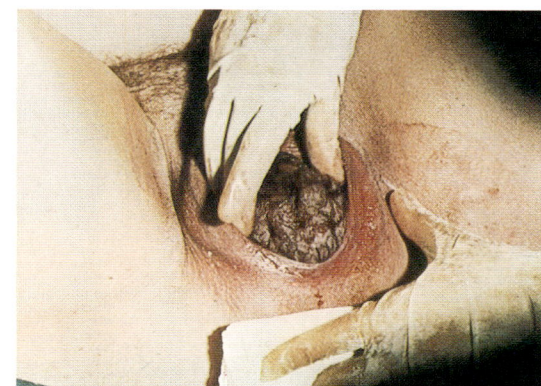

Beginn der Austreibung

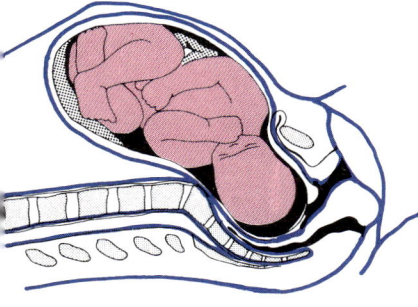

Eröffnungsperiode

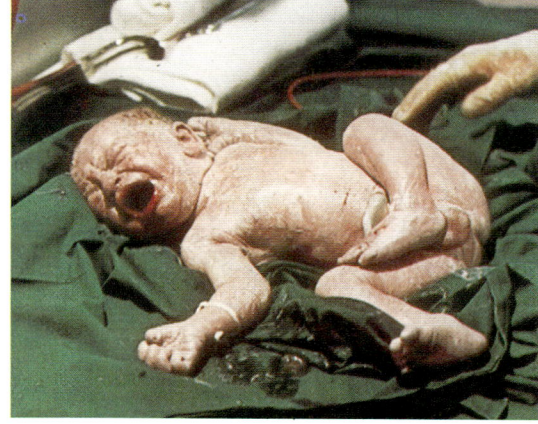

Neugeborenes

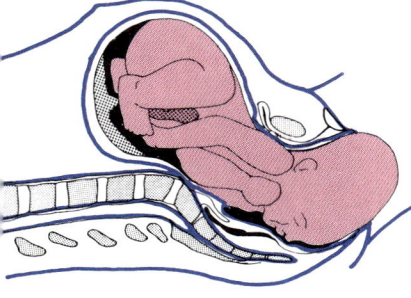

Einschneiden des Kopfes

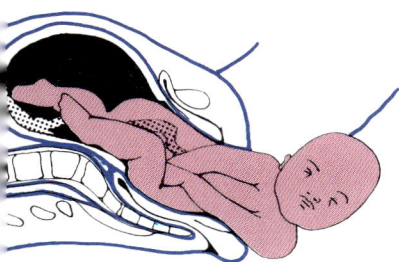

Beide Schultern sind geboren

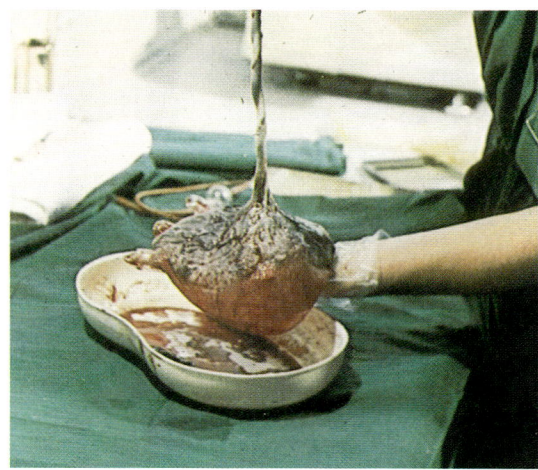

Nachgeburt

Neugeborenes bei der Durchtrennung der Nabelschnur

aus Südamerika u. der reinschwarze austral. *Trauerschwan*, *Cygnus atratus*.

Schwanenblume, *Butomus,* Gattung der *Wasserlieschgewächse*; einzige Art ist die *Doldige S.* (*Schwanenkraut, Schirmkraut, Wasserveilchen, Wasserviole, Blumenbinse, Butomus umbellatus*), in Ufernähe wachsende, über 1 m hohe Staude stehender oder langsam fließender Gewässer Eurasiens mit in ansehnlichen Dolden stehenden rosenroten oder rötlichweiß gefärbten Blüten.

Schwanengesang, Bez. für das letzte Werk eines Künstlers, bes. eines Dichters, vor seinem Tod; nach der antiken, bei Äschylus, Cicero u. a. überlieferten Vorstellung, daß ein Schwan beim Sterben melod. Klagelaute singe.

Schwanenhals, Fangeisen für Raubwildfang, bes. Fuchs, bei dem die Auslösung der Fangarme durch Abzugsköder erfolgt. Der S. darf nur unter strengen Sicherungsmaßnahmen verwendet werden oder ist länderweise überhaupt verboten.

Schwanenritter →Schwanritter.

Schwangerenfürsorge, Hilfe für Schwangere im Rahmen der Sozialversicherung u. in Ergänzung des *Mutterschutzes* sowie auf karitativer Grundlage.

Schwangerschaft, *Gravidität,* der Zustand des mütterl. Körpers während der Fruchtentwicklung von der Befruchtung des Eies bis zur Geburt. Die S. dauert im Durchschnitt 280 Tage (von der letzten Regel an) oder 10 Zeitabschnitte zu 28 Tagen (Mondmonate) = 40 Wochen oder 273 Tage (von der Empfängnis an). Mit dem Heranwachsen des Eies in der Gebärmutter vergrößert sich diese, woraus man das Alter der S. recht genau erschließen kann. Im allg. wird die S. am Ausbleiben der Regel bemerkt; doch ist dies kein sicheres Zeichen, da die Regel auch aus anderen Gründen ausbleiben kann; ebenso kann in den ersten Monaten der S. die Regel fortbestehen. Außerdem sprechen morgendl. Unwohlsein u. Brechneigung für S. Durch Untersuchung von der Scheide aus kann man etwa

vom 2. Monat an eine S. feststellen; will man vorher Gewißheit haben, so können biolog. Proben angestellt werden (z. B. →Aschheim-Zondeksche Reaktion, →Krötentest); auch mit Hilfe bestimmter Hormonpräparate ist dem Arzt eine Frühdiagnose der S. möglich *(Duogynon-Test)*; S.-Schnelltests beruhen auf immunolog. Gegebenheiten *(Gravindex-, Pregnosticon-Test)*. Etwas später ist die S. an bestimmten, bei der S.suntersuchung feststellbaren Zeichen zu erkennen (sichere *S.szeichen*). In der 6.–8. Woche der S. schwellen die Brüste an u. entleeren auf Druck einige Tropfen Vormilch *(Kolostrum)*, die Mittellinie des Bauchs u. die Warzenhöfe der Brüste bräunen sich; auch an anderen Körperstellen können sich Pigmentflecke bilden, die nach Beendigung der S. wieder zurückgehen.
Etwa vom 5. Monat an werden von der Mutter Kindesbewegungen gespürt. Das von der Schwangeren bemerkte Unwohlsein u. die Brechneigung können sich zu dem verhältnismäßig seltenen, sog. *unstillbaren Erbrechen (Hyperemesis gravidarum)* u. zu schweren Störungen des mütterl. Stoffwechsels steigern; sie beschränken sich jedoch meist auf die ersten 3–4 Monate der S.; im letzten Drittel können sie sich auch durch Schädigungen der Nierentätigkeit mit Eiweißausscheidung, wassersüchtigen Schwellungen u. Blutdruckerhöhungen äußern. Als schwerste Schädigung ist das →eklamptische Syndrom anzusehen. Um solche S.serkrankungen u. -störungen *(S.stoxikosen, Gestosen)* sowie etwa zu erwartende Geburtsschwierigkeiten rechtzeitig zu erkennen u. ihnen vorzubeugen, sind ärztl. S.suntersuchungen in bestimmten Zeitabständen zu empfehlen. – 🄻 9.9.3.

Schwangerschaftsabbruch, *Schwangerschaftsunterbrechung*, künstl. Einleitung einer Fehlgeburt oder →Frühgeburt sowie sonstige Abtötung der Leibesfrucht. Handlungen zur Vermeidung einer Schwangerschaft vor der →Nidation (durchschnittl. 13 Tage nach Empfängnis) sind kein S. *Erlaubt* ist in der BRD bei Einwilligung der Frau der S. durch einen Arzt (der sich Gewißheit verschaffen muß, daß sich die Schwangere zumindest bei einem weiteren, für solche Beratungen staatl. anerkannten Arzt über öffentl. u. private Hilfen für Schwangere, Mütter u. Kinder sowie über die ärztl. bedeutsamen Gesichtspunkte informiert hat) in *4 Fallgruppen:* 1. Lebensgefahr oder schwere Bedrohung der körperl. oder seel. Gesundheit; 2. Gefahr einer so schwerwiegenden (bes. sozialen) Notlage, daß Fortsetzung der Schwangerschaft unzumutbar (im Fall 1 u. 2 aber nur, wenn Gefahr auf andere zumutbare Weise nicht abwendbar); 3. hohe Wahrscheinlichkeit so schwerer Erbkrankheiten oder Mißbildungen, daß Fortsetzung der Schwangerschaft unzumutbar; 4. nach Vergewaltigung. (Frist: 22 Wochen seit Empfängnis im Fall 1, nur 12 im Fall 2 u. 4). – Jeder andere S. ist strafbar (§§ 218ff. StGB). Bei Selbstvornahme des S.s in bes. Bedrängnis u. U. Straffreiheit. – Österreich, DDR u. viele andere Staaten: Ärztl. S. in den ersten 3 Monaten straffrei.

Schwanjungfrau, bei vielen Völkern Jungfrauen oder Frauen, die zu einem bestimmten Teich kommen, baden, Schwanenhemden anlegen u. davonfliegen. Das Märchen erzählt von dem Gewinn einer S. durch einen jungen Helden u. von ihrem Wiederfinden auf dem Glasberg oder in einem jenseitigen Reich. Im Wielandslied der Edda gewinnen Wieland u. seine Brüder S.en zur Ehe.

Schwank, 1. [mhd. *swanc*, „schwingende Bewegung, Streich"], humorvolle Erzählung über eine komische Begebenheit oder einen listigen Streich; nicht so pointiert wie die *Ankedote* u. nicht so straff gebaut wie die *Novelle*, weniger derb als die *Zote*. Die lockere Handlung ist ohne tiefere Problematik, die Charaktere sind nur schwach ausgeprägt. Ziel des S.s ist gelöste Heiterkeit u. Fröhlichkeit. Schon frühzeitig haben sich feste Typen herausgebildet, z. B. das zänkische Weib oder das dumme Bäuerlein. – Der S. des MA. enthielt teilweise Motive aus der Antike u. dem Orient. Seit dem 13. Jh. wurden *S.sammlungen* zusammengestellt (Der Stricker: „Der Pfaffe Amis"; später „Eulenspiegel", „Schildbürger" u. a.). Im Humanismus wurde der S. als latein. *Fazetie* gepflegt.
2. auf der Bühne: ein kurzes Spiel mit Stoffen u. Typen des erzählten S.s; nicht so derb wie die *Posse*, nicht so anspruchsvoll wie die *Komödie*.

Schwankung, *Physik:* regellos verlaufende (kleine) Abweichung einer physikal. Größe von einem mittleren Wert. S.en treten z. B. aufgrund der Wärmebewegung der Moleküle auf (direkt beobachtbar bei der →Brownschen Molekularbewegung). – Bei der mehrmals wiederholten Messung bezeichnet man die Abweichungen der einzelnen Meßergebnisse vom mittleren Meßwert der physikal. Größe als S.

Schwann, Theodor, Naturforscher u. Anatom, *7. 12. 1810 Neuss, †14. 1. 1882 Köln; Prof. in Löwen u. Lüttich; entdeckte im Magensaft das Pepsin, begründete mit M. J. *Schleiden* die Zellenlehre. Hptw.: „Mikroskopische Untersuchungen über die Übereinstimmung in der Struktur u. dem Wachstum der Tiere u. Pflanzen" 1838.

Schwann Verlag, *L. Schwann Verlag*, Düsseldorf; gegr. von Leonard *Schwann* 1821 in Neuss als Druckerei; Literatur zur Kunstgeschichte, Kirchen- u. Jugendmusik, Philosophie, Rechts- u. Wirtschaftswissenschaft; angeschlossen sind seit 1933 der *Mosella-Verlag* (heute *Patmos-Verlag*) mit Werken der kath. Theologie sowie der *Pädagogische Verlag u. Druckerei Schwann GmbH* mit Schulbüchern u. pädagog. Literatur.

Schwanritter, mittelalterl. Heldengestalt, im Zusammenhang mit der Gralssage, Retter einer Prinzessin aus höchster Not; als *Lohengrin* in französ. u. dt. Epen. In *Wolfram von Eschenbachs* „Parzifal" (um 1210) ist Lohengrin dessen Sohn; Verserzählung *Konrads von Würzburg* (um 1250); R. *Wagner*: „Lohengrin" 1850; niederrhein. Sage.

Schwansen, Landschaft in Schleswig-Holstein, zwischen Schlei u. Eckernförder Bucht.

Schwanthaler, 1. Franz, Bildhauer, *2. 8. 1760 Ried, †4. 12. 1820 München; seit 1780 in München, schuf dort Grabdenkmäler u. Bauplastiken in frühklassizist. Stil.
2. Ludwig von, Sohn von 1), Bildhauer, *26. 8. 1802 München, †14. 11. 1848 München; führender Meister der klassizist. Bildhauerei in Süd-Dtschld., gefördert durch König Ludwig I. von Bayern, 1826/27 in Rom bei B. *Thorvaldsen*; Hptw.: Bavaria-Standbild in München seit 1837, 1850 errichtet; Denkmäler u. Porträtbüsten, u. a. für die Walhalla bei Regensburg.
3. Thomas, Bildhauer, *5. 6. 1634 Ried im Innkreis, †13. 2. 1707 Ried; schuf zahlreiche Altäre für oberösterr. Kirchen (Ried, Zell am Pettenfirst, St. Wolfgang).

Schwanz, *Cauda*, bei Wirbeltieren der bewegl. Fortsatz der Wirbelsäule über den Rumpf hinaus; dient Wassertieren zum Antrieb, Fliegern zum Steuern, Landtieren häufig als Gleichgewichtshilfe oder Klammerorgan. – Bei zehnfüßigen Krebsen *(Dekapoden)* wird der Hinterleib als S. bezeichnet.

Schwanzlurche, *Urodela, Caudata*, langgestreckte *Amphibien* mit gut entwickeltem Schwanz, stets mit vorderem u. fast immer mit hinterem Gliedmaßenpaar; einige Wasserformen zeitlebens mit Kiemen. Zur Fortpflanzung suchen auch fast alle landbewohnenden Formen das Wasser auf. Im Gegensatz zu den *Froschlurchen* findet bei den S.n meist eine innere Befruchtung statt. Larven mit äußeren Kiemen ähneln den erwachsenen Tieren, sie entwickeln in der Metamorphose zuerst Vorder-, dann Hinterbeine (→auch Froschlurche). Auch Larven leben ausschl. von tier. Beute. Die S. werden in folgende Unterordnungen eingeteilt: *Riesensalamander, Querzahnmolche, Salamander i. w. S., Olme, Armmolche*.

Schwanzmeise, eine Art der →Meisen.

Schwaren, *Swaren*, ursprüngl. Bez. für die im 14. Jh. in Oldenburg u. Bremen umlaufenden schweren westfäl. Pfennige, die dort dann auch nachgeprägt wurden; 1719–1869 in Kupfer geprägt; 1 S. = $^1/_{72}$ Grote = $^1/_{360}$ Taler.

Schwärmer, *Sphingidae*, Nachtfalter, mit gewandtem Flug u. großen, schlanken Vorder- u. kleinen Hinterflügeln, Rumpf dick, torpedoförmig. Meist sehr langrüßlig, besuchen auch Röhrenblüten, die anderen Schmetterlingen unzugänglich sind; saugen Nektar im Flug vor den Blüten stehend. Raupen meist mit einem kräftigen Horn am Hinterende, richten sich gereizt sphinxartig auf. Meist Dämmerungsflieger, wie *Abendpfauenauge, Totenkopf, Oleander-, Pappel-, Wolfsmilch-, Linden-, Winden-, Liguster-* u. *Kiefern-S.*, aber auch einige Tagformen wie das *Taubenschwänzchen*.

Schwärmertum, *Schwarmgeister*, radikale, teils revolutionäre, mystisch-subjektivistische, oft apokalyptische u. wiedertäuferische Bewegungen der Reformationszeit (z. B. die Anhänger von A. *Karlstadt*, Th. *Münzer*, B. *Hubmaier*, H. *Denk*, M. *Hofmann*, K. *Schwenckfeld*). Gemeinsam war ihnen der Glaube an die innere Erleuchtung unabhängig vom Wort der Bibel (Spiritualismus).

Schwartau, *Bad S.*, schleswig-holstein. Stadt (Ldkrs. Ostholstein), an der Trave nördl. von Lübeck, 19000 Ew.; Mineral- u. Moorbad; Nahrungsmittel- (bes. Marzipan, Marmelade), elektromedizin., pharmazeut. Industrie.

Schwarte, 1. *allg.:* dicke Haut.
2. *Bergbau:* unbesäumtes Brett.
3. *Forstwirtschaft:* wegen der Rundung nicht zu Brettern geeignete äußere Teile eines Baumstamms, die beim Sägen übrigbleiben.
4. *Jagd:* das Fell von Schwarzwild u. Dachs.
5. *Medizin:* dicke, feste u. derbe Haut, z. B. *Kopf-S.*; bes. auch dicke flächenhafte Verwachsungen, z. B. zwischen Rippen- u. Lungenfell als narbiger Ausheilungszustand entzündl. Brustfellerkrankungen *(Pleura-S.n)*.

Schwartenmagen, geräucherte Wurst aus Fleisch u. Schwarten, meist in Schweinemägen gefüllt.

schwarz, *Kartenspiel:* Bez. für einen Spieler, der keine Stiche erhalten hat.

Schwarz, Körperfarbe, die im Idealfall alles auffallende Licht absorbiert u. nichts reflektiert.

Schwarz, 1. *Schwartz, der Schwarze*, Berthold, Franziskanermönch, lebte um 1300, erfand angebl. das Schwarzpulver (Schießpulver, →Pulver), das in China bereits bekannt war.
2. Georg, Lyriker u. Erzähler, *16. 7. 1902 Nürtingen am Neckar; lebt in München; Gedichte: „Froher Gast am Tisch der Welt" 1940; „Die Liebesranke" 1958. Erzähltes (bes. aus schwäb. Vergangenheit): „Pfeffer von Stetten" 1938; „Johann Friedrich Flattich" 1940; „Tätowierte Geschichten" 1966. Hörspiele u. Kinderbücher.
3. Hans, Medailleur u. Bildschnitzer, *um 1492 Augsburg; tätig in Nürnberg, Polen, Kopenhagen, Paris u. den Niederlanden, dort verschollen; schuf als einer der ersten dt. Meister Bildnismedaillen, von denen ca. 175 aus der Zeit 1517–1530 erhalten blieben, z. T. mit Porträts aus der Dürerzeit.
4. Hermann Amandus, Mathematiker, *25. 1. 1843 Hermsdorf, †30. 11. 1921 Berlin; lehrte in Berlin; Arbeiten über Funktionentheorie, konforme Abbildungen, Variationsrechnung.
5. Jewgenij Lwowitsch, sowjetruss. Dramatiker, *2. 11. 1896 Rostow am Don, †15. 1. 1958 Leningrad; Schauspieler u. Journalist; schrieb Theaterstücke, auch für Kinder, in denen sich Märchenhaftes u. Alltägliches verbinden; stellte Grundzüge des menschl. Lebens dar, polit. Anspielungen werden ironisch überhöht; Hptw.: „Die Schneekönigin" 1938, dt. 1964; „Der Schatten" 1940, dt. 1947; „Der Drache" 1943, dt. 1962; „Zar Wasserwirbel" (posthum) 1961, dt. 1962.

Schwarza, Fluß in Niederösterreich, entspringt nahe *Schwarzau im Gebirge*, umfließt den Schneeberg u. vereinigt sich nach 65 km östl. von Neunkirchen mit der *Pitten* zur *Leitha*.

Schwarzarbeit, selbständige oder Lohnarbeit, die unter Umgehung gesetzlicher, bes. steuer- u. sozialversicherungsrechtl. Vorschriften ausgeführt wird (vor allem von Arbeitslosen, damit eine Anrechnung auf das Arbeitslosengeld oder die Arbeitslosenhilfe nicht erfolgt).

Schwarzbeinigkeit, *Schwarzfuß*, verschiedene Pflanzenkrankheiten, bei denen die basalen Teile des Sprosses oder der Wurzelhals als Folge von Fäulniserscheinungen schwärzlich verfärbt sind; hervorgerufen beim Getreide durch Pilze *(Ophiobolus graminis)*, bei der Kartoffel durch Bakterien *(Bacterium phytophthorum)*.

Schwarzblech, dünnes Eisenblech, das nach dem Walzen keine weitere Behandlung erfahren hat.

Schwarzburg, Luftkurort im Bez. Gera, Zentrum des Naturschutzgebiets Schwarzatal, 1400 Ew.; Schloß der ehem. Fürsten von S. (Ruine).

Schwarzburg, thüring. Grafengeschlecht, erstmals im 12. Jh. erwähnt; *Günther* Graf von S. (†1349) war Gegenkönig Karls IV. Die Linien *S.-Arnstadt* (später *Sondershausen*) u. *S.-Rudolstadt* wurden 1909 unter Fürst *Günther-Viktor* (*1852, †1925) von S.-Rudolstadt wieder vereinigt. Die Gebiete gingen 1920 im Land *Thüringen* auf.

Schwarzdecken, *bituminöse Fahrbahndecken, flexible Straßendecken*, Straßendecken, zu deren Herstellung Bitumen, Teer oder Pech, vermischt mit Gestein, verwendet u. auf den Unterbau aufgebracht wird. S. eignen sich bes. für den Ausbau bestehender Straßen, werden aber wegen ihrer Anpassungsfähigkeit u. schnellen Herstellbarkeit auch bei Neubauten viel verwendet. Schadhafte S. lassen sich leicht ausbessern. Zwei Bauweisen sind zu unterscheiden: Beim *Makadamprinzip* werden nur grobe Schotterkörner eingebaut, festgewalzt u. mit Teer oder Bitumen verklebt; beim *Betonprin-*

zip werden Schotter, Splitt, Sand u. Füller so zusammengesetzt, daß möglichst wenig Hohlraum bleibt, u. mit Bindemittel verklebt; das Gemisch wird heiß eingebaut u. festgewalzt. Teer u. Bitumen können auch in Form von Emulsionen kalt eingebaut werden *(Gußdecken)*; diese Bauweise eignet sich bes. für den städt. Straßenbau. →auch Betonstraßendecken.
Schwarzdorn = Schlehe.
Schwarzdrossel = Amsel.
Schwärze, 1. *Biologie:* verschiedene durch Pilze bedingte Pflanzenkrankheiten, bei denen die befallenen Organe schwärzlich verfärbt sind. Unter dem Mikroskop erkennt man, daß die dunklen Stellen aus Konidienträgern bestehen. S. des Getreides (Erreger: *Cladosporium herbarum*) schädigt Ähren u. Blätter; S. des Rapses *(Rapsverderber),* hervorgerufen durch *Alternaria brassicae,* befällt die Stengel u. unreifen Schoten des Rapses. **2.** *Technik:* graphithaltiger Anstrich von Gußformen, der das Festbrennen des Sandes am Gußstück zu verhindern.
Schwarze Elster, Elbe-Nebenfluß in der Lausitz, →Elster (2).
Schwarze Fliege, *Heliothrips haemorrhoidalis,* bis 1 mm langer schwarzer *Fransenflügler,* in Gewächshäusern manchmal an der Unterseite von Orchideen, Azaleen u. Farnen; ruft die „Schwindsucht" der befallenen Pflanzen hervor.
Schwarze Front, 1930–1933 lockere Gemeinschaft von kleineren betont nationalrevolutionären Aktionsgruppen unter Führung Otto *Strassers*; ihr Kern war die „Kampfgemeinschaft revolutionärer Nationalsozialisten" (von der NSDAP 1930 abgespalten); ohne polit. Bedeutung.
Schwarze Hand, serb. *Crna Ruka* (eigentl. Name „Einheit oder Tod"), serb. Geheimbund, 1911 gegr., um die türk. u. österr. Herrschaft abzuschütteln u. ein Großserbien zu schaffen. Die S. H. organisierte das Attentat von Sarajevo.
Schwarze Kunst, 1. *Buchdruck:* bis ins 19. Jh. Bez. für die Buchdruckerkunst. **2.** *Volkskunde:* Magie u. Alchemie.
schwarze Liste, Verzeichnis verdächtiger, mißliebiger oder zu meidender Personen, Firmen u. Bücher.
Schwarze Madonna, Bez. für eine Anzahl dunkler Marienbilder oder -plastiken, die vielfach von Legenden umwoben sind u. vom kath. Volk hoch verehrt werden (z. B. in Tschenstochau).
Schwarzenbach, James, schweizer. Politiker, *5. 8. 1911 Zürich; seit 1967 Mitgl. des Nationalrats; 1970 Initiator des erfolglosen Volksbegehrens gegen die Überfremdung, wonach der Anteil der Ausländer an der Bevölkerung der Schweiz höchstens 10 v. H. betragen sollte. – ☐ 5.8.6.
Schwarzenbach an der Saale, bayer. Stadt in Oberfranken (Ldkrs. Hof), an der Saale, 9000 Ew.; Schloß (17. Jh.) der Fürsten von *Schönburg*; Textil-, Porzellan-, Maschinen-, Nahrungsmittelindustrie.
Schwarzenbach-Stausee, *Murgtalsperre* →Murg.
Schwarzenbek, schleswig-holstein. Stadt östl. von Hamburg (Ldkrs. Herzogtum Lauenburg), 11 700 Ew.; Nahrungsmittel-, Bekleidungs-, Holz-, Präzisionswerkzeugindustrie.
Schwarzenberg, 1. Felix Fürst zu, österr. Staatsmann, *2. 10. 1800 Krumau, Böhmen, †5. 4. 1852 Wien; 1848–1852 Min.-Präs. u. Außen-Min. Er schlug 1848/49 den Aufstand in Wien u. Ungarn nieder. 1850 vereitelte er die preuß. Unionspolitik in der *Olmützer Punktation*. Sein Ziel, die Aufnahme des gesamten österr. Staatsgebiets in den Dt. Bund u. den Dt. Zollverein, erreichte S. nicht. **2.** Karl Philipp Fürst zu, österr. Feldmarschall, *15. 4. 1771 Wien, †15. 10. 1820 Leipzig; Teilnehmer an den ersten 3 Koalitionskriegen, 1812 Führer der österr. Hilfstruppen in der Großen Armee Napoléons in Rußland. Seine vergebl. Verhandlungen in Paris 1813 um einen russ.-französ. Frieden führten zum Anschluß Österreichs an die antifranzös. Koalition. In den Befreiungskriegen war S. seit Aug. 1813 Oberbefehlshaber der Verbündeten u. der Hauptarmee; hatte bedeutenden Anteil an der Völkerschlacht bei Leipzig u. am Feldzug 1814 in Frankreich; danach Präs. des Hofkriegsrats; setzte sich auf dem Wiener Kongreß für die Wiederherstellung des dt. Kaisertums ein.
Schwarzenberg/Erzgeb., Kreisstadt im Bez. Karl-Marx-Stadt, im Erzgebirge, südöstl. von Aue, 17 300 Ew.; Schloß (16. Jh.); Holz-, Klöppel-, Papier-, Metallindustrie u. Waschmaschinenbau. – Krs. Schwarzenberg: 198 qkm, 61 000 Ew.

Schwarzenfeld, bayer. Markt in der Oberpfalz (Ldkrs. Schwandorf), an der Naab, 6200 Ew., keram. Industrie.
Schwarze Pumpe [nach einem alten Gasthaus auf dem Werksgelände], Braunkohlenkombinat der DDR bei Hoyerswerda, Bez. Cottbus, seit 1956 im Aufbau u. inzwischen weitgehend fertiggestellt. Zum Kombinat gehören Brikettfabriken, Kraftwerke u.a. Die verarbeitete Braunkohle stammt aus niederlausitzer Revieren.
Schwarzer Adlerorden →Adlerorden (1).
Schwarzer Bär →Baribal.
Schwarzerde, russ. *Tschernosem, Tschernosjom,* ein in trockenen Erdgebieten mit kalten Wintern u. trockenen Sommern (u. a. in Südrußland) verbreiteter Bodentyp von dunkelbrauner bis schwarzer Farbe, mit bis zu mehreren Metern mächtigem Humushorizont; wenig ausgelaugt, fruchtbar.
Schwarze Reichswehr, inoffizielle Bez. für militär. Formationen, die seit 1920, bes. aber 1923 vorübergehend auf Anregung oder mit Duldung der Reichswehrführung entgegen dem Versailler Vertrag zur Ergänzung des 100 000-Mann-Heers aufgestellt wurden („Zeitfreiwillige"); sie rekrutierten sich größtenteils aus Angehörigen republikfeindl. Organisationen.
Schwarzer Fluß, vietnames. *Sông Da,* chin. *Papien Kiang,* mündet nordwestl. von Hanoi in den Roten Fluß.
Schwarzer Freitag, Kurssturz an der Börse, der sich an einem Freitag (nach Börsenaberglauben ein bes. kritischer Tag) ereignet. Erster S. F. war der 9. 5. 1873, an dem die Wirtschaftskrise der „Gründerjahre" begann. Die *Weltwirtschaftskrise* wurde dagegen nicht an einem Freitag eingeleitet, sondern an einem Donnerstag, den 24. 10. 1929.
Schwarzer Grat, Berg im Adelegg (Vorberge der Allgäuer Alpen), 1119 m.
schwarzer Humor, absurde u. grausige Komik, Scherzen mit teufl. Elementen; makaber-grotesk übersteigert, oft zynisch, mit einem Gefühl der Bitterkeit verbunden; zeigt keine Tendenz zur Auflösung in humorvolle Weltsicht; findet sich u. a. bei J. *Swift,* Thomas de *Quincey* (*1785, †1859), E. A. *Poe,* S. *Mrozek,* E. *Ionesco*.
Schwarzer Jura, *Lias,* die untere Abteilung des →Jura.
schwarzer Körper, *Quantenphysik:* schwarzer Strahler, ein idealer Körper, der alles auf ihn auffallende Licht absorbiert (→Strahlungsgesetze). Experimentell verwirklichen läßt er sich recht gut durch einen *Hohlraumstrahler:* einen Hohlkörper mit kleiner Öffnung u. geheizten Innenwänden. Die Strahlung, die ein s. K. emittiert, heißt *schwarze Strahlung*.
schwarzer Markt →Schwarzhandel.
Schwarzer Peter, Kinder-Kartenspiel; S. P. ist eine Einzelkarte oder bei Normalkarten der Pikbube; wer ihn behält, hat verloren u. sein Gesicht wird geschwärzt.
Schwarzer Prinz →Eduard (5).
Schwarzer Regen, Quellfluß des Regen (zwischen Bayer. u. Böhmerwald), entsteht aus Großem und Kleinem Regen.
Schwarzer September, Terrororganisation der Palästinenser, vermutl. Untergrundorganisation der Al-Fatah; bildete sich nach der Aktion gegen die Palästinenser in Jordanien, erstmals im Nov. 1971 in Erscheinung getreten (Ermordung des jordan. Min.-Präs. W. Tell in Cairo), seitdem zahlreiche Anschläge (u.a. Überfall auf die israel. Olympia-Mannschaft in München 1972).
Schwarzer Star, *Amaurose,* völlige Blindheit.
schwarzer Tod →Pest.
Schwarzer Wolf, Name der Kirgisen für *Latrodectus lugubris,* eine *Kugelspinne,* die Pferde, Rinder u. Kamele durch ihren Biß töten kann. Für Menschen ist ihr Biß nicht lebensgefährlich.
Schwarzes Brett, Tafel zum Anschlagen von Bekanntmachungen.
Schwarze Schar, das Freikorps L. A. W. von *Lützows*.
Schwarzes Loch, engl. *black hole,* ein (hypothet.) Stern, der aus einer Ausgangsmasse von über 2,5 Sonnenmassen kollabierte (daher auch *Kollapsar*) u. jetzt eine mittlere Dichte von 10^{17}g/cm^3 aufweist. Man nennt einen derartigen Stern S. L., weil er infolge seiner großen Gravitation keinerlei Strahlung nach außen abgeben kann. Kollapsare sind nicht nur das Endergebnis einer Sternentwicklung. Nach der Theorie vom „Urknall" (überdichte Materieansammlung im Weltall, die plötzlich expandierte) können sie auch Überreste aus der Zeit der Weltentstehung vor 10 bis 15 Mrd.

Schwarzkehlchen

Schwarze Witwe, Latrodectus mactans

Jahren sein. Bisher ist die Entdeckung eines Kollapsars noch nicht gelungen.
Schwarzes Meer, altgriech. *Pontos Euxeinos,* russ. *Tschernoje More,* türk. *Kara Deniz,* durch *Bosporus, Marmarameer* u. *Dardanellen* mit dem östl. Mittelländ. Meer verbundenes Nebenmeer zwischen Türkei, Bulgarien, Rumänien u. der Sowjetunion, rd. 452 000 qkm; der flache Nordteil wird durch die Halbinsel Krim in das *Asowsche Meer* (38 000 qkm) u. die Bucht von Odessa gegliedert; die *Straße von Kertsch* verbindet mit dem Asowschen Meer; der bis 2245 m tiefe Südteil ist ein steilwandiges, insselloses Becken; das sturm- u. nebelreiche Klima behindert die Schiffahrt; größere Häfen: Odessa, Konstanza, Batumi, Suchumi, Noworossijsk u. Trapezunt.
Schwarze Witwe, *black widow, Latrodectus mactans,* eine zu den *Kugelspinnen* gehörende amerikan. Spinne, deren Biß sehr giftig u. in etwa 5 % der Fälle tödlich für den Menschen ist. Sie ist nahe verwandt mit der →Malmignatte u. dem →Schwarzen Wolf, für die die Bez. S. W. häufig fälschl. verwendet wird.
Schwarzfahrt, Benutzung eines Kraftfahrzeugs ohne Wissen u. Wollen des Halters. Für Schäden, die bei S. verursacht werden, haftet in der Regel der Halter nicht.
Schwarzfäule, verschiedene Pflanzenkrankheiten, durch Pilze bzw. Bakterien verursacht, bei denen das zerstörte Gewebe schwarz wird, z. B. bei Kohl u. Kernobst.
Schwarzfersenantilope →Impala.
schwarzfiguriger Stil →Vasenmalerei.
Schwarzfilter, *Photographie:* dichter Rotfilter, der nur Infrarotstrahlen durchläßt. Vor künstl. Lichtquellen geschaltet, erlaubt er Aufnahmen im Dunkeln mit Infrarotfilm; erfordert 10–20fache Belichtungszeiten. →Infrarotphotographie.
Schwarzhalstaucher →Lappentaucher.
Schwarzhandel, Sonderform des Schleichhandels in (Krisen-)Zeiten mit Güterbewirtschaftung *(Rationierung)* u. Preisfestsetzungen; verstößt gegen die Bezugsscheinpflicht. Durch die Rationierung entsteht infolge der Festpreise ein Geldüberhang (verdeckte Inflation), der zu einem „schwarzen Markt" führt, auf dem rationierte Waren frei gehandelt u. die Festpreise überschritten werden.
Schwarzhaupt, Elisabeth, Politikerin, *7. 1. 1901 Frankfurt a. M.; Lehrerin u. Juristin, Oberkirchenrätin; gehörte 1919–1933 der Deutschen Volkspartei an, seit 1945 der CDU; 1953–1969 Mitglied des Bundestages; 1961–1966 Bundes-Min. für Gesundheitswesen.
Schwarzheide, Stadt im Bez. Cottbus, in der Niederlausitz bei Senftenberg, 8200 Ew.; Braunkohlentagebau u. -verarbeitung, chem. Industrie.
Schwarzhemden, die paramilitär. Organisation des faschist. Italiens.
Schwarzholz, Bez. für →Blackwood u. →Ebenholz.
Schwarzhörer, jemand, der ohne Genehmigung einen Rundfunk- oder Fernsehempfänger betreibt; strafbar nach § 15 des Gesetzes über Fernmeldeanlagen vom 17. 3. 1977 mit Freiheitsstrafe bis zu 5 Jahren oder Geldstrafe; das Gerät kann eingezogen werden.
Schwarzkäfer, *Dunkelkäfer, Tenebrionidae,* Familie meist versteckt oder unterirdisch lebender *Käfer* von brauner bis schwarzer Farbe, mit oft metall. Glanz. Viele S. sind Bewohner heißer u. trockener Gebiete (Wüstenkäfer); zu den S. n gehören *Mehlkäfer, Totenkäfer* u. *Reiskäfer*.
Schwarzkehlchen, *Saxicola torquata,* zu den

Schwarzkiefer

Schwarzwald: Alpirsbach im oberen Kinzigtal

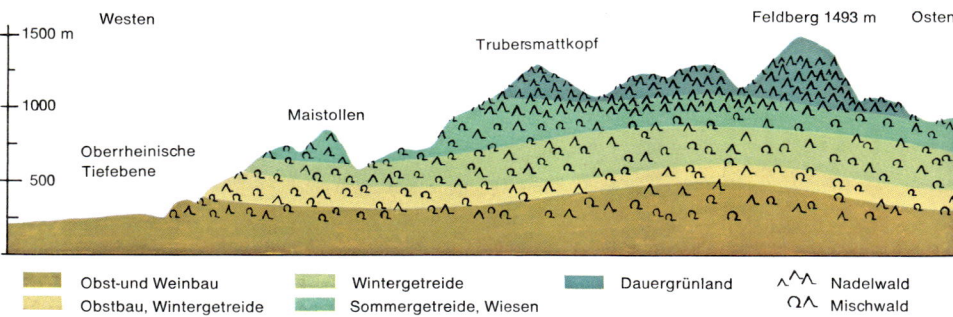

Schwarzwald: Anbau und Vegetationsstufen

Drosseln gehörender kleiner, einheim. *Singvogel* mit schwarzer Kehle u. schwarzem Kopf.
Schwarzkiefer →Kiefer.
Schwarzkopf, 1. Elisabeth, Sängerin (Sopran), *9. 12. 1915 Jarotschin, Posen; 1943 in Wien, 1948 Gast an der Covent Garden Opera, London; Konzert- u. Opernsängerin von internationaler Geltung (W. A. Mozart u. R. Strauss).
2. Nikolaus, rheinhess. Erzähler, * 27. 3. 1884 Urberach bei Darmstadt, †17. 10. 1962 Darmstadt; war Volksschullehrer; schilderte liebevoll Kleinstädter u. Handwerker: „Der schwarze Nikolaus" 1925; „Die silbernen Trompeten" 1935; „Mathis der Maler" 1954.
Schwarzkopfkrankheit, Infektionskrankheit bes. junger Puten u. (seltener) Hühner. Erreger leben im Darm auch gesunder Tiere; durch bes. belastende Umweltfaktoren können sie pathogen werden (Futter-, Wetterwechsel). Die Dunkelfärbung der Kopfhaut ist nicht charakteristisch. Hohe Sterblichkeit. Vorbeugend strenge Trennung der Jungtiere von den älteren Puten.
Schwarzkümmel, *Nigella,* Gattung der *Hahnenfußgewächse* mit stark zerteilten Blättern, bläulichen oder weißlichen Blüten u. schwarzen Samen. Etwa 10–20cm hoch wird der *Acker-S., Nigella arvensis,* doppelt so hoch der *Echte S., Nigella sativa,* dessen anisartig schmeckende Samen früher als Gewürz verwendet wurden. Häufig kultiviert wird die *Jungfer im Grünen, Nigella damascena.*
Schwärzling = Mohrenfalter.
Schwarzlot, schwarze Schmelzfarbe zur Bemalung von Fayence u. Porzellan; erstmals um 1660 in Nürnberg von J. Schaper als Fayencedekor verwendet, später u.a. in den Manufakturen Meißen u. Wien.
Schwarznessel, Stinkandorn, *Ballota nigra,* an Hecken u. auf Schutt vorkommender, übelriechender *Lippenblütler* mit bläulichroten, seltener weißen Blüten.
Schwarznuß →Nußbaum.
Schwarzotter, *Pseudechis porphyriacus,* 2,5 m lange häufige *Giftnatter* Australiens, glänzend schwarz mit rotem Bauch, sehr gefürchtet; lebt über 9 Jahre.
Schwarzpappel →Pappel.

Schwarzpulver →Pulver.
Schwarzreuter →Saibling.
Schwarzrost →Rostpilze.
Schwarz-Rot-Gold →deutsche Farben.
Schwarzschild, 1. Karl, Astrophysiker, *9. 10. 1873 Frankfurt a.M., †11. 5. 1916 Potsdam; 1901–1909 Direktor der Sternwarte Göttingen, dann des Astrophysikal. Observatoriums in Potsdam; Untersuchungen über die Optik der Fernrohre, die Photometrie der Gestirne, die Eigenbewegung der Fixsterne u. die Statistik des Sternsystems.
2. Martin, Sohn von 1), US-amerikan. Astronom dt. Herkunft, * 31. 5. 1912 Potsdam; Arbeiten über Sternenentwicklung, inneren Aufbau der Sterne, Beobachtungen der Sonne mit Hilfe von Teleskopen, die mit unbemannten Ballonen in die Stratosphäre aufgelassen wurden *(Project Stratoscope).*
Schwarzschildeffekt [nach K. *Schwarzschild*], die Erscheinung, daß eine hohe Lichtintensität (I) über kurze Zeit (t) auf einem photograph. Film eine stärkere Schwärzung hervorruft als eine geringe Lichtintensität über eine längere Zeit. Infolgedessen müssen z.B. Sternaufnahmen um ein Vielfaches länger belichtet werden, als man dies (bei gleichem Produkt $I \cdot t$) erwarten kann. Auch bei Farbaufnahmen mit der Großformatkamera bei kleinster Blende u. Gebrauch von Korrekturfiltern ist dem S. durch Belichtungsverlängerung Rechnung zu tragen.
Schwarzsender, eine Funksendeanlage, die ohne die nach dem Gesetz über Fernmeldeanlagen vom 14. 1. 1928 erforderl. Genehmigung betrieben wird; strafbar nach §15 dieses Gesetzes mit Freiheitsstrafe bis zu 5 Jahren oder Geldstrafe; die Anlage kann eingezogen werden.
Schwarzspecht, einheim. Spechtart, →Spechte.
Schwarzsucht, Infektionskrankheit der Honigbiene, tritt im Mai u. Juni bei sehr warmem Wetter auf, verläuft gut- oder bösartig. Zunächst Haarverlust am Hinterleib, dann an Brust u. Kopf, schwarze, glänzende Farbe der Körperoberfläche. 2–3 Tage nach dem Tod ekelhafter Fäulnisgeruch.
Schwärzung, *Photographie:* Dichte, bei einer photograph. Schicht das Schwarzfärben von belichteten Stellen beim Entwickeln. Als Maß der S. dient die *Transparenz T,* d.h. das Verhältnis der Intensität des Lichts nach dem Durchgang I zur Intensität vor dem Durchgang I_0, also $T = \frac{I}{I_0}$ bzw. die *Opazität O* als Kehrwert der Transparenz. $S = \lg O$. Die S. bewegt sich zwischen 0 u. 3. Die kopierbare S. eines Negativs beginnt bei 0,1 über dem Schleier, dessen Dichte zu gering ist, um kopierbar zu sein. – ⌸ 10.5.3.
Schwarzwal →Grindwal.
Schwarzwald, höchstes Mittelgebirge Süddeutschlands, im oberrhein. Winkel, steigt als stark zergliedertes Urgebirge aus der Oberrhein. Tiefebene gegenüber den Vogesen auf u. geht im O allmählich in das Schwäb. Stufenland, die Landschaften der Baar, des oberen Gäus u. des Enzgaues über, im eiszeitl. überformten südl. *Hoch-S. (Feldberg* 1493 m) ein Zug kuppiger Gebirgsstöcke aus Granit u. Gneis, im durch die Kinzig getrennten *Nord-S. (Hornisgrinde* 1164 m) langgestreckte, oft tafelförmig gestaltete Rücken aus Buntsandstein; reich an romant. Flüssen (Wiesen-, Münster-, Höllental) u. Bergseen (Feld-, Mummel-, Titi-, Schluchsee); ursprüngl. geschlossenes Waldland, seit dem 10. Jh. durch Rodung u. bergbauliche Nutzung stark gelichtet; geschlossene Haufendörfer nur in Tälern, auf den Höhen Einzelhöfe mit Feld-Graswirtschaft, zahlreiche Höhenkurorte (Sankt Blasien), Thermalbäder (Baden-Baden, Badenweiler) u. Mineralquellen (Renchtal); die S.-Bahn (Konstanz–Offenburg) u. die Höllentalbahn (Donaueschingen–Freiburg) sowie die S.-Hochstraße u. die S.-Tälerstraße durchziehen das Gebirge. – ⌸ 6.2.1.
Schwarzwald-Baar-Kreis, Landkreis in Baden-Württemberg, 1025 qkm; 197 000 Ew.; Verwaltungssitz *Villingen-Schwenningen.*
Schwarzwasser, 1. Stausee an der Schwarzen Elster in der Gemeinde Knappenrode, Krs. Hoyerswerda, 8,4 Mill. m³ Stauinhalt, 20qkm; 1953 in Betrieb genommen, dient dem Hochwasserschutz u. der Betriebswasserversorgung.
2. poln. *Czarna Woda,* linker Nebenfluß der Weichsel, 168km, entspringt südwestl. von Danzig, mündet südwestl. von Graudenz, durchfließt zahlreiche Seen u. die *Tucheler Heide.*
Schwarzwasserfieber →Malaria.
Schwarz-Weiß-Rot →deutsche Farben.
Schwarzwild = Wildschweine.
Schwarzwöhrberg, Berg im Vorderen Oberpfälzer Wald, 710m.
Schwarzwurz →Beinwell.
Schwarzwurzel, Skorzonere, *Scorzonera,* Gattung der *Korbblütler.* Als Gemüsepflanze kultiviert wird die *Garten-S., Scorzonera hispanica.* Verwendet werden die mit einer schwarzen Rinde versehenen, wohlschmeckenden Wurzeln.
Schwaz, österr. Bez.-Hptst. im Tiroler Unterinntal, 10 300 Ew.; alte Bergwerksstadt, im 15./16. Jh. Kupfer-, Silber-, Quecksilbergewinnung; Fuggerhaus, Burg *Freundsberg* (Stammburg der Frundsberg, bereits im 11. Jh. erwähnt), Franziskanerkloster, Benediktinerstift *Fiecht* (1138 gegr.).
Schwebebahn, eine Einschienen-Hängebahn, Transportmittel für Personen u. Material. Erste u. einzige ist die S. in Wuppertal. →auch Hängebahn, Seilbahn.
Schwebebalken, *Turnen: Schwebebaum,* Turngerät für das Frauenturnen: Balken aus Hartholz, 5m lang, 10cm breit, Wettkampfhöhe 1,20m; wurde aus den früher zu Balancierübungen verwendeten Baumstämmen, Brettern u.ä. entwickelt; geturnt werden: Stützsprünge, Rollen vorwärts u. rückwärts, Standwaagen, Drehungen bis 360°, Sprünge am Ort u. in der Bewegung sowie freie, gehockte u. gestreckte Überschläge.
Schwebefauna, *Schwebetiere* →Plankton.
Schwebeflora, *Schwebepflanzen* →Plankton.
schwebende Gründung →Pfahlgründung.
schwebende Schulden, Kreditaufnahme öffentlicher Körperschaften, die nicht wie die *fundierten Staatsschulden* im Haushaltsplan erscheinen, zur Deckung vorübergehenden Mittelbedarfs der öffentl. Kassen. →auch Staatsschuld.
Schweberenke →Maräne.
Schwebfliegen, *Schwirrfliegen, Syrphidae,* meist mit hellen Binden versehene u. lebhaft gefärbte bienen-, wespen- oder hummelähnl. *Fliegen,* sich von Honig u. Pollen ernähren. Mit raschen Flügelschlägen (Schwirren) können sie lange in der Luft an Ort u. Stelle „stehen". Die Larven vieler Arten fressen Blattläuse, Hautflüglerlarven u.a., andere Baumsäfte u. Pflanzenzwiebeln. Zu den S. gehört die *Schlammfliege* (2).

Schwebung, period. wechselndes An- u. Abschwellen der Amplitude einer Schwingung, die bei der Überlagerung zweier period. Schwingungen mit wenig verschiedenen Frequenzen u. gleicher Amplitude entsteht. Die S.sfrequenz ist gleich der Differenz dieser beiden Frequenzen. Liegen diese Frequenzen im Hörbereich, so werden keine getrennten Töne, sondern ein einziger, der *S.ston*, wahrgenommen. Bei einer S.sfrequenz über 16 Hz ist ein selbständiger Ton hörbar. Elektromagnet. S.en treten z.B. beim Rundfunkempfang als gegenseitige Störung zweier auf der Frequenzskala benachbarter Sender auf.

Schwechat, niederösterr. Stadt südöstl. von Wien an der S., 14 800 Ew.; petrochem. Industrie, Ölraffinerie; Flugplatz *Wien-Schwechat*. – ⯈→Österreich (Wirtschaft und Verkehr).

Schwe-Dagon, eine moderne Pagode in Rangun (Birma), bekannt durch ihren goldenen Turm; soll die Reliquien von Buddha u. zwei seiner Jünger enthalten.

Schweden, nordgerman. Volk (rd. 8,2 Mill.) auf der Ostseite der skandinav. Halbinsel sowie in Westfinnland u. auf einigen Ostsee-Inseln, außerdem über 1 Mill. in Nordamerika.

Das schwed. Volk hat in abgelegenen Gebieten noch altgerman. Bauernkultur bewahrt (Holzhaus, in Mittelschweden mit rotbraunem Anstrich; Rauchstube, Speicherhäuser, seit etwa 1700 jedoch neuere Wohnhäuser; Nachbarschaftshilfe durch *Bittarbeiten; Julfest*), in Nordschweden überwiegend Einzelhofsiedlung, in Mittel- u. Südschweden Dörfer. Tracht wird noch in Dalarna getragen, sonst prächtige Festtagstracht mit Silberschmuck. Im Brauchtum noch Reste des Ahnenkults. Weitverbreitet ist das Lucia-Fest im Winter. Reizvolle Volkslieder mit Geigenbegleitung; wiederbelebte Volkstänze; Freilicht-Museum *Skansen* (Stockholm).

SCHWEDEN   S
Konungariket Sverige

Fläche: 449 964 qkm

Einwohner: 8,3 Mill.

Bevölkerungsdichte: 18 Ew./qkm

Hauptstadt: Stockholm

Staatsform: Konstitutionell-demokratische Monarchie

Mitglied in: UN, Nordischer Rat, Europarat, EFTA, GATT, OECD

Währung: 1 Schwedische Krone = 100 Öre

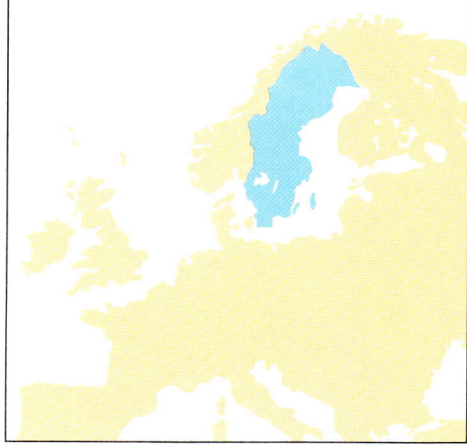

Landesnatur: S. läßt sich in 3 landschaftl. unterschiedl. Gebiete gliedern. Den nördl. Teil *(Norrland)* bestimmt die von großen Wäldern, Fjellheiden u. Kahlflächen bedeckte, nur wenig besiedelte, von zahlreichen schnellenreichen Flüssen nach SO zum Bottn. Meerbusen hin entwässerte Ostabdachung des im Kern aus Granit u. Gneisen aufgebauten, kaledon. gefalteten u. einst stark vergletscherten skandinav. Gebirges *(Kebnekajse* 2117 m). Auf der Breite von Stockholm folgt die eigentl. Kernlandschaft *(Svealand)*, die mittelschwed. Senke, mit ihren 4 großen u. zahlreichen kleineren Seen, die den Übergang bildet zum moorreichen, bis fast 400 m ansteigenden südschwed. Bergland *(Götaland)* mit dem südl. anschließenden Tiefland der Halbinsel *Schonen*. Das Klima hat, von den Einflüssen des Golfstroms durch das skandinav. Gebirge abgeschlossen, kontinentalen Charakter mit schneereichen, kalten Wintern u. warmen Sommern. Die Vegetation zeichnet sich durch großen Waldreichtum aus (50% der Landesfläche), wobei im N die Fichte vorherrscht, sonst auch Eichen, Buchen u. Birken. Hirsche, Elche u. Rentiere sind die Hauptvertreter der bes. im N noch zahlreichen Tierwelt.

Die Bevölkerung besteht fast nur aus S. (neben wenigen Finnen u. Lappen im N) u. konzentriert sich im Süden; 99% gehören der ev.-luther. Staatskirche an. Der Anteil der städt. Bevölkerung beträgt 83% (gegenüber 11% um 1860).

Wirtschaft: Im N sind Bergbau, Waldnutzung, extensive Viehwirtschaft u. Rentierhaltung die dominierenden Erwerbszweige. Vorherrschend Landwirtschaft in intensiver Form (8% des ganzen Landes sind Acker-, Wiesen- u. Weideland) findet sich nur in Mittel- u. Süd-S. Angebaut werden vor allem Hafer, Weizen, Gerste, Kartoffeln, Ölpflanzen, daneben Schweine- u. Pelztierzucht. An Bodenschätzen finden sich zwar kaum Kohlen, aber große Eisenerz- (bei Kiruna u. Gällivare) sowie Kupfer-, Zink-, Gold-, Silber- u. Bleilager. Von wirtschaftl. Bedeutung ist auch das weitverbreitete Granitgestein (Bausteine u. Schotter). Auf Bergbau u. Forstwirtschaft basiert die stark ausgebaute Metall-, Holz- u. Papierindustrie. Daneben sind die Düngemittel-, Textil- u. Nahrungsmittelindustrie bes. entwickelt. Die erforderl. elektr. Energie wird zu 80% durch Ausnutzung der reichl. Wasserkräfte im N gewonnen, jedoch größtenteils im bevölkerungsreichen S. verbraucht, Öl- u. Dampfkraftwerke (20%) sind verbrauchsorientiert; im südl. Schweden sind mehrere Atomkraftwerke im Aufbau. Im Betrieb sind bereits Oskarshamn 1 (460 MW), Ringhals 1 u. 2 (792 bzw. 860 MW) u. Barsebeck 1 u. 2 (580 bzw. 600 MW). Das nur in Mittel- u. Süd-S. enge Verkehrsnetz umfaßt über 97 000 km Straßen u. 11 400 km Eisenbahnen (davon 7500 km elektrifiziert); über zahlreiche Fähren hat das Verkehrsnetz Anschluß an das der Nachbarländer. – 🄺→Skandinavien. – ⯈→auch Nordische Länder – 🄻6.4.5.

Geschichte

In vorgeschichtl. Zeit waren Süd- u. Mittel-S. von Germanen besiedelt, deren Hauptstämme die *Svear* u. *Götar* (Gauten) waren. Im 9. u. 10. Jh. war das von mehreren Kleinkönigen u. Häuptlingen regierte S. Ausgangsland zahlreicher ausgreifender Wikingerzüge nach Rußland, wo die *Waräger* zeitweise slaw. Stämme beherrschten. Vor allem wurden enge Handelsverbindungen mit Byzanz u. dem Orient hergestellt. Die Einführung des Christentums in S., hauptsächl. durch Missionare des Erz-

Sundsvall: Stadt und Hafen

Ein Ast des Indalsälven bei Döda Fallet

Schwedenplatte

bistums Hamburg-Bremen betrieben, stieß auf Widerstand. Auch nachdem *Olaf Schoßkönig* (995–1022) für das Christentum gewonnen worden war (1008), bedurfte es noch erbitterter Auseinandersetzungen, bis das Land um 1100 christianisiert war. 1164 bekam es einen Erzbischof mit dem Sitz in Uppsala.

Nur für kurze Zeit konnte das Geschlecht der *Ynglinger*, das mit *Emund dem Alten* (†1060) ausstarb, u. das *Stenkyls'* (1060–1066), dessen letzter Vertreter *Ragnvald* war († 1130), ein einheitl. Herrschaftsgebiet in S. herstellen. Aus dem langen Thronstreit des 12. u. beginnenden 13. Jh. erhob sich das Geschlecht der *Folkunger* mit *Birger Jarl* (1250–1266) u. seinem Sohn *Waldemar* (1266–1275), dem sein jüngerer Bruder, *Magnus I. Ladulås* (1275–1290) folgte. Der Zwist, der zwischen *Magnus Magnusson* (1290–1318) u. seinen beiden Brüdern ausbrach, begünstigte das Emporkommen des Adels, von dem Birger 1318 aus dem Land vertrieben wurde. Das unter *Magnus Eriksson* (1319–1363) geschaffene Landrecht schränkte die Macht des Königtums zugunsten des Adels ein u. legte die Wahlmonarchie fest. 1364 floh Magnus, der letzte Folkunger, vor *Albrecht III. (von Mecklenburg)*, den der schwed. Adel unterstützte u. zum König wählte. Albrecht unterlag jedoch 1384 der Königin *Margarete I. von Dänemark*, nach ihrem Sieg in S. gehuldigt wurde. Ihr Großneffe, *Erich VII. von Pommern*, wurde 1397 in Kalmar zum König aller drei nord. Reiche gekrönt (*Kalmarer Union*). Erichs unmäßige, Recht u. Herkommen mißachtende Herrschaft u. nicht zuletzt seine hohen Steuerforderungen stießen in S. auf Widerstand. 1434 erhoben sich die Bauern Mittel-S.s unter *Engelbrecht Engelbrechtsson*; 1436 stand der Marschall *Karl Knutsson* an der Spitze des Kampfs gegen Erich, der 1439 die Krone in seinen drei Reichen verlor.

Karl Knutsson wurde 1448 nach dem Tod des dän. Unionskönigs, *Christophs III. von Bayern*, in S. zum König gewählt, verlor aber in den bis zu seinem Tod (1470) andauernden erbitterten Kämpfen gegen König *Christian I. von Dänemark* u. gegen schwed. Adlige zweimal die Herrschaft über das Land. Die beiden *Sten Sture*, d. Ä. u. d. J., setzten den Kampf um die Auflösung der Union mit Dänemark-Norwegen gegen die dän. Könige tatkräftig fort. Die Dänen besiegten 1520 die Truppen des jüngeren Sten Sture u. ließen darauf 82 seiner Anhänger im *Stockholmer Blutbad* hinrichten. Das Freiheitsstreben des schwed. Volks wurde dadurch nur noch stärker entfacht.

Die Umgestaltung S.s zu einem unabhängigen Nationalstaat ist das Werk *Gustav Wasas* (1523–1560). Auf dem Reichstag zu Västerås (1527) setzte er es durch, daß der größte Teil des Vermögens u. die Einkünfte der Kirche u. der Klöster dem Königtum u. dem Adel übertragen wurde. Damit war die Macht der Kirche gebrochen u. der Weg zur Reformation geebnet. 1544 ließ Gustav Wasa seinem Sohn von den Ständen huldigen u. die Erbmonarchie in S. errichten. Die Zeit der expansiven schwed. Außenpolitik begann mit *Erich XIV.* (1560–1569). Vergeblich bemühte er sich im *Nord. Krieg* (1563–1570), S. Zugang zur (damals noch dän.) Westküste zu verschaffen u. Einfluß auf den Rußlandhandel zu bekommen. *Johanns III.* (1569–1592) Vater Sigismund III. von Polen (König von Schweden 1592–1604), der 1587 zum König von Polen gewählt worden war (u. dort bis 1632 regierte), scheiterte mit seinem Versuch, in S. die Gegenreformation durchzusetzen. Er wurde 1604 vom schwed. Reichstag abgesetzt. Die Ordnung der Finanzen, der Wirtschaft u. der Verwaltung sowie die Emporführung S.s zu einer europ. Großmacht, zur Vormacht im Ostseeraum, ist die bedeutende Leistung *Gustavs II. Adolf* (1611–1632). Er eroberte nacheinander Ingermanland u. Karelien, Livland u. Riga. 1630 griff er gegen den Kaiser in den Dreißigjährigen Krieg ein. Nach seinem Tod (in der Schlacht bei Lützen 1632) führten *Axel Oxenstierna* u. *Torstensson* das schwed. Heer. Im *Westfälischen Frieden* 1648 gewann S. Vorpommern, Wismar u. die Bistümer Bremen u. Verden. Gustav Adolfs Tochter, *Christine* (1632–1654), verzichtete zugunsten ihres Vetters, *Karl X. Gustav* (1654–1660), auf die Krone. Damit erlosch das Haus Wasa.

Aufs engste verflochten mit den europ. Auseinandersetzungen war der Gegensatz zwischen den mit S. verbündeten Gottorfer Herzögen u. Dänemark, das 1658 im *Frieden von Roskilde* Schonen, Blekinge u. Bornholm an S. abtreten mußte. Erst von da an gehörten diese Landschaften zu S. Der Absolutismus konnte in S. nur für verhältnismäßig kurze Zeitabschnitte Fuß fassen. Den bestimmenden Einfluß des Reichstags, in den neben den Geistlichen, dem Adel u. den Bürgern auch Bauern ihre Vertreter entsandten, drängte *Karl XI.* (1660[–1672 vormundschaftl. Regierung]–1697) zum ersten Mal zurück. Durch die „Reduktion" (Einziehung) der Güter entzog er dem Adel die materielle Grundlage seiner Machtstellung.

Im *Nordischen Krieg* (1700–1721) verlor S. seine beherrschende Stellung im Ostseeraum. Die Kriegszüge des jungen Königs *Karl XII.* (1697–1718) überspannten die Kräfte des Landes. In den Friedensschlüssen von 1720/21 mußte S. den Verlust Bremens u. Verdens, von Teilen Vorpommerns mit Stettin, Livlands, Estlands, Ingermanlands u. Kareliens hinnehmen. Im Innern begann jetzt die „Freiheitszeit", die Herrschaft des Reichstags u. des Reichsrats, die von Auseinandersetzungen in der Außen- u. Wirtschaftspolitik zwischen den abwechselnd herrschenden Parteien der „Mützen" u. der „Hüte" durchzogen wurde (die sich außenpolit. an Rußland bzw. an Frankreich orientierten). Sie fand 1772 ihr Ende mit dem Staatsstreich *Gustavs III.* (1771–1792). Die Verfassung von 1772 brach die Macht des Reichsrats. Nachdem sich schwed. u. finn. Offiziere 1788 im Anjalabund verschworen hatten, drängte der König den Reichstag zur Annahme der „Vereinigungs- u. Sicherheitsakte", die ihm fast unumschränkte Macht einräumte. Die Außenpolitik *Gustavs IV. Adolf* (1792–1809) führte zur Beteiligung am Krieg gegen Napoléon I. u. zum Verlust Vorpommerns, Stralsunds u. Finnlands. Der König wurde daraufhin gestürzt.

Der zum König gewählte *Karl XIII.* (1809–1818) adoptierte 1810 den vom Reichstag zum Thronfolger auserseehenen französ. Marschall *Bernadotte*. Dieser regierte als *Karl XIV. Johann* 1818–1844; mit ihm begann das Haus Bernadotte (bis heute). Unter seiner Führung kämpfte das schwed. Heer gegen Napoléon; S. gewann dadurch im Frieden von Kiel 1814 Norwegen, das in Personalunion angegliedert wurde. Die Außenpolitik des 19. Jh. mündete in die Neutralitätspolitik. Im Innern wurden schrittweise liberale Reformen eingeführt: 1840 die Departementsreform, Umgestaltung des Reichsrats in ein Gremium von Fachministern, unter *Oskar I.* (1844–1859) die völlige Pressefreiheit 1844/45. Im Revolutionsjahr 1848 berief der König ein liberales Ministerium. Die Hoffnungen der Vertreter des Skandinavismus, insbes. auch *Karls XV.* (1859–1872), die drei Nordreiche polit. zusammenzuführen, zerbrachen 1863/64, als S. Dänemark die zugesagte Unterstützung im dän.-dt. Krieg nicht gewährte. 1865/66 trat an die Stelle des Ständereichstags ein durch Zensuswahl gewählter Zweikammer-Reichstag.

Eine rasche Industrialisierung, die Herausbildung moderner polit. Parteien u. der Gegensatz zu Norwegen bestimmten die schwed. Geschichte der nächsten Jahrzehnte unter *Oskar II.* (1872–1907). 1901 wurde die allg. Wehrpflicht eingeführt, 1905 löste Norwegen die Union, 1909 wurde Verhältniswahl für beide Kammern eingeführt. Während des 1. Weltkriegs blieb S. neutral. Auch während des 2. Weltkriegs verfolgte S. trotz gewisser erzwungener Zugeständnisse an Dtschld. die Neutralitätspolitik. 1947 trat es den UN bei, 1949 dem Europarat, 1961 der EFTA; 1972 unterzeichnete S. ein Freihandelsabkommen mit der EWG. Wie Finnland blieb es außerhalb der NATO. In den letzten Jahren verfolgte es bes. die enge Zusammenarbeit mit den übrigen nord. Ländern (1951 *Nordischer Rat*). Nach *Gustav VI. Adolf* (1950 bis 1973) wurde 1973 *Carl XVI. Gustav* König.

Die Sozialdemokraten stellten 1932–1976 (mit kurzer Unterbrechung 1936) den Regierungschef: 1932–1946 P. A. *Hansson*, 1946–1969 T. *Erlander*, 1969–1976 O. *Palme*. Unter ihrer Verantwortung wurde ein umfassendes System sozialer Sicherheit geschaffen. Nach sozialdemokrat. Stimmverlusten wurde 1976 eine bürgerl. Koalitionsregierung unter T. *Fälldin* (Zentrumspartei) gebildet. Sie zerfiel 1978 wegen der Kernkraftfrage, wurde aber 1979 nach einem knappen Wahlsieg erneuert. – Ⓚ→Skandinavien. – Ⓑ →Skandinavien. – Ⓛ 5.5.4.

Gustav-Wasa-Denkmal; Stockholm, Nordisches Museum (links). – Gustav II. Adolf in der Schlacht bei Lützen; Gemälde von P. Meulener; um 1650. Berlin, Staatsbibliothek Preußischer Kulturbesitz (rechts)

Karl XII. in einer Schlacht des Nordischen Kriegs; Stich von D. Chodowiecki; 1793. Berlin, Staatsbibliothek

Politik

Der König hat seit der Verfassungsreform von 1975 nur noch repräsentative Aufgaben. Eine weitere Verfassungsänderung ermöglicht künftig auch die weibl. Thronfolge. Die 349 Abg. des Einkammerparlaments (Reichstag) werden auf 3 Jahre gewählt. Für den Einzug einer Partei in den Reichstag sind 4% aller Stimmen oder 12% in einem Wahlkreis erforderlich. Die *Sozialdemokrat. Arbeiterpartei* (SAP) erhält in der allg. 40–50% der Stimmen. Die *Kommunist. Partei* nahm nach dem 2. Weltkrieg einen Aufschwung, sank aber bald wieder auf ihr Vorkriegsniveau (3–6%). Auf dem rechten Flügel waren nach Kriegsende die *Konservativen* (Gemäßigte Sammlungspartei) ausgenommen für die Zeit von 1976–1979 unter der Regierung Fälldin/Ullsten, unter der Zentrumspartei den höchsten Stimmenanteil im bürgerl. Lager vereinte, stärkste Kraft. Die *Liberalen* (Volkspartei) erhielten in der Regierungskrise 1978 die indirekte Unterstützung der SAP.

Sitzverteilung:

SAP	154
Zentrumspartei	64
Liberale	38
Konservative	73
Kommunisten	20

Militär

S. hat ein stehendes Heer mit allg. Wehrpflicht vom 18.–47. Lebensjahr u. einer aktiven Dienstzeit von $8^{1}/_{2}$–15 Monaten bei Heer u. Marine u. 9–14 Monaten bei der Luftwaffe. Die Gesamtstärke der schwed. Streitkräfte, die durch Mobilisierung auf ca. 750 000 Mann gebracht werden können, setzt sich in Friedenszeiten jeweils zusammen aus 22 200 Kadern (Heer 11 700, Marine 4700, Luftwaffe 5800), 18 200 Reservisten (13 700/2600/1900), 50 300 Wehrpflichtigen (36 500/7400/6400) sowie 121 500 Wehrübenden (100 000/14 000/7500), die jeweils fünfmal für 18–40 Tage im Jahr einberufen werden. Hinzu kommen an paramilität. Kräften ca. 500 000 Mitglieder freiwilliger Verteidigungsorganisationen („Heimwehr" u. a.), davon etwa 100 000 Frauen. Der Oberbefehl liegt beim König u. wird vom Oberbefehlshaber der Wehrmacht ausgeübt. S. stellt den UN ständig Offiziere u. Truppen zur Verfügung.

Bildungswesen

1962 begann eine langfristige Reform des Bildungswesens, das zu stufenförmigem Aufbau (Gesamtschulen) umstrukturiert werden soll. Die allg. Schulpflicht wurde auf 9 Schuljahre verlängert. Privatschulen sind gestattet, jedoch haben sie im Vergleich zu öffentl. Schulen geringe Bedeutung. Schulsystem: 1. 9jährige differenzierte Pflichtschule, die in 3 Stufen zu jeweils 3 Jahren (Unter-, Mittel-, Oberstufe) eingeteilt ist. Unter- u. Mittelstufe werden auch als Primarschule bezeichnet. – 2. die Sekundarschule besteht aus a) der Oberstufe der Pflichtschule (7.–9. Schuljahr), b) der Berufsfachschule (10.–11. Schuljahr), c) dem Gymnasium (10.–12. Schuljahr). Der Übergang in Berufsfachschulen u. Gymnasien findet nach dem 9. Pflichtschuljahr statt. Ab 7. Schuljahr Beginn einer bis zum 9. Schuljahr zunehmenden Differenzierung der Fächer in Pflicht- u. Wahlfächer, so daß im 9. Schuljahr 9 verschiedene Züge (gymnasial, geisteswissenschaftl., techn., kaufmännisch, sozial-ökonomisch, allg.-praktisch, techn.-praktisch, handelskundl., hauswirtschaftl.) bestehen. Von den ersten 5 Zügen aus ist ein Übergang zum Gymnasium möglich. Die 3jährigen, in vier Zweige gegliederten Gymnasien (humanistisch-sozialwissenschaftl., wirtschaftskundl., naturwissenschaftl., techn.) bereiten auf das Hochschulstudium vor. Das bisher übliche gymnasiale Abschlußexamen soll durch zeitl. auseinanderliegende Teilprüfungen ersetzt werden. – 3. das berufsbildende Sekundarschulwesen, das z. Z. noch als selbständiges System besteht, soll in die Gymnasien zu einer neuen Gesamtschuloberstufe integriert werden. – 4. Fachhochschulen u. Universitäten: Universitäten gibt es in Stockholm, Göteborg, Lund, Umeå u. Uppsala; drei Technische Hochschulen; Colleges.

Schwedenplatte, *Schwedenschüssel*, Zusammenstellung von Weißbrotschnitten, belegt mit Fischmarinaden, Wurst, Fleisch, Gemüse-, Fleisch-, Tomatensalat, harten Eiern u. ä.

Schwedische Akademie, in Stockholm 1786 nach dem Vorbild der Französ. Akademie von König *Gustav III.* gestiftete Gesellschaft.

schwedische Gardinen, scherzhaft für Gefängnisgitter.

schwedische Gymnastik, *schwedisches Turnen*, von P. H. *Ling* begründetes System, das bes. auf die Ausbildung der Rumpfmuskulatur, Verbesserung der Haltung u. Atmung Wert legt. Nach langem Systemstreit z. T. auch vom dt. Turnen übernommen; bevorzugte Geräte der s.n G. sind Sprossenwand, Leiter, Querbaum.

schwedische Kunst, Architektur, Plastik, Malerei u. Kunsthandwerk Schwedens als Teilgebiet der german. Kultur u. der skandinav. Kunst. Hptw. der Kunst der Germanenzeit sind Grabbeigaben (Waffen, Schmuck), darunter die aus dem 7. u. 8. Jh. stammenden Funde aus den Schiffsgräbern Vendel, Torslunda, Valsgärde u. Ultuna mit ornamentverzierten Helmen, Schwertern, Schilden, Zaumzeugbeschlägen u. a. Reiche Beigaben enthielten auch die Königshügel von Alt-Uppsala. Eine eigenständige s. K. mit nationalen Merkmalen entwickelte sich erst nach der spät erfolgten Christianisierung des Landes, wenngleich in Romanik u. Gotik noch starke Fremdeinflüsse wirksam waren, die vor allem über Dänemark aus Nord-Dtschld. u. England vermittelt wurden.

Baukunst. Der roman. Dom von Lund schließt an dän. Vorbilder an, während der seit 1270 errichtete Dom von Uppsala hauptsächl. von französ. Kirchenbauten des 13. Jh. beeinflußt ist. Im 14. u. 15. Jh. bestimmte die norddt. *Backsteingotik* u., bes. auf Gotland, die *westfäl. Hallenkirchen* die schwed. Sakralarchitektur maßgeblich, in der als eigenständiger Sondertyp kleine Rundkirchen erscheinen. Hptw. der Spätgotik ist der Chor des Doms von Linköping (15. Jh.). Die Renaissance- u. Barockarchitektur Schwedens hatte im Königshof ihren wichtigsten Auftraggeber u. orientierte sich an lombardischen Vorbildern, soweit nicht dt. u. niederländ. Baumeister den Stil ihrer Heimat in Schweden weiterentwickelten. Erste größere Renaissancebauten des 16. Jh. sind die Schlösser Gripsholm, Vadstena u. Kalmar. Durch holländ. u. französ. Architekten vermittelt, wurde der palladian. Klassizismus im 17. Jh. der Hauptstil repräsentativer Bauten (Schloß Drottningholm, 1662–1700), vertreten vor allem von Jean *de la Vallée* (*1620, †1696) u. N. *Tessin d. Ä.*, während N. *Tessin d. J.* sich zum italien. Barock bekannte u. den neuen Stil erfolgreich durchsetzte.

Dem Klassizismus (u. a. Bauten von Carl Wilhelm *Carlberg*, *1745, †1814, u. C. J. *Cronstedt*) folgten im 19. Jh. Rückgriffe auf histor. Stile; um die Jahrhundertwende kamen bei einigen Architekten Jugendstilelemente hinzu. Erst Carl *Bergsten* (*1879, †1935) überwand diese in die Vergangenheit gewandte Form, nachdem bereits um 1890 G. F. *Boberg* erste Schritte zu funktionaler Bauweise unternommen hatte. Die Verbindung zwischen traditionellem Backsteinbau u. Gerüstkonstruktion suchte die um C. *Westman* u. Erik *Hahr* (*1869, †1944) gesammelte Architektengruppe des „nationalen Realismus", deren Bestrebungen R. *Östberg* (Rathaus Stockholm, 1923) aufgriff. Eine neuerliche Hinwendung zum Klassizismus vollzog I. *Tengbom* um 1910. G. *Asplund*, O. *Almquist*, S. *Markelius* u. S. *Lewerentz* setzten dagegen den an *Le Corbusier*, *Mies van der Rohe* u. a. geschulten Funktionalismus durch, der das Ansehen der modernen schwed. Architektur im Ausland begründete u. auch heute weitgehend die Entwicklung des Bauschaffens in Schweden bestimmt. Großzügige, unter sozialen Gesichtspunkten staatl. geförderte Bauplanung ließ seit den 1930er Jahren viele vorbildl. Wohnsiedlungen entstehen. Seit 1945 machte sich eine Neigung zu einem mehr organischen Bauen unter Einbeziehung der landschaftl. Umgebung u. Verwendung von Naturstein u. Holz bemerkbar.

Plastik

In der schwed. Bildhauerkunst des MA. vermischte sich der expressive Stil der heidn. Tierornamentik mit christl. Motiven. Die Plastik, meist Holzskulptur, folgte stilist. zunehmend der Kunst der Hansestädte u. war in dieser Hinsicht bes. von Lübeck abhängig. Viele Werke wurden importiert oder von ausländ. Künstlern im Land geschaffen. Seit dem Ende des 14. Jh. überwogen engl. u. französ. Einflüsse. Im 16. u. 17. Jh. wuchs der Anteil der niederländ. Kunst; Hptw. sind die von Willem *Boy* (*um 1520, †1592) geschaffenen Grabmäler für Gustav Wasa u. seine Familie (1576) im Dom zu Uppsala. Eng war auch der Anschluß an Vorbilder des italien. Barocks, bes. an G. L. Bernini. Das 18. Jh. stand im Zeichen des französ. Rokokos. J. T. *Sergel* vollzog um 1800 die Wendung zum Klassizismus, der bis zur Mitte des 19. Jh. vorherrschte u. in den Arbeiten von J. L. H. *Börjeson* u. P. *Hasselberg* einem wiederum französ. orientierten Realismus wich. Hauptmeister der schwed. Bildhauerkunst im 20. Jh. war C. *Milles*.

Malerei

Aus dem MA. sind qualitätvolle, offenbar von einheimischen Künstlern ausgeführte Wandmalereien erhalten (13.–15. Jh.); die aus der gleichen Zeit stammenden Werke der Tafelmalerei jedoch sind meist Import aus Dtschld. Auch im 16. u. 17. Jh. wurden vielfach Deutsche, meist Hamburger, zur Maltätigkeit in Schweden herangezogen; im übrigen war der Geschmack weitgehend von der gleichzeitigen niederländ. Malerei bestimmt. Die Porträtmalerei überwog alle übrigen Gattungen (David Klöckner gen. *Ehrenstrahl*, *1629, †1698; David von *Krafft*, *1655, †1724). Im Rokoko erreichte Schweden mit den Werken von A. *Roslin*, C. G. *Pilo* (*um 1712, †1792) u. G. *Lundberg* internationales Niveau. Für die Romantik im 19. Jh., vertreten durch C. J. *Fahlcrantz* u. N. J. O. *Blommer*, folgte eine volkstüml. Schule, die Motive aus der heimatl. Sage, Geschichte u. Landschaft bevorzugte, wobei ihr die Düsseldorfer Akademiemalerei vorbildlich war. Maler wie A. *Wahlberg*, G. *Rydberg* u. G. O. *Björk* orientierten sich später an der Pariser Schule u. führten den Impressionismus in Schweden ein. Zu internationalem Ruf, auch als Graphiker, brachte es A. *Zorn*, das geistige Haupt der impressionist. „Pariser Schweden". Carl Wilhelm *Wilhelmson* (*1866, †1928) entwickelte um die Jahrhundertwende eine heimatverbundene Variante des Jugendstils. Die moderne schwed. Malerei schließt sich eng an die internationalen Stilbestrebungen an, nachdem ihre Entwicklung lange durch das Vorbild von H. *Matisse* bestimmt wurde.

schwedische Literatur

Erzeugnisse der modernen Innenarchitektur, Möbel-, Schnitz- u. Glaskunst, Keramik u. Weberei sind die wichtigsten Produkte des international geschätzten schwed. Kunsthandwerks. – ⒷI →skandinavische Kunst. – ⬜ 2.3.9.

schwedische Literatur. Die Geschichte der s. n L. setzt erst im 13. Jh. ein, da außer einigen Runeninschriften aus dem 4. Jh. keine altschwed. Sprachdenkmäler erhalten sind. Entscheidende Faktoren waren das Christentum, die religiös gestimmte Wesensart des Volks u. die Übernahme des latein. Alphabets; so entstand das erste größere Literaturdenkmal als schwed. Geist mit den Schriften der hl. *Birgitta* von Vadstena (*1303, †1373). Französ. Einfluß verdanken Ritterepen ihre Entstehung, Balladen finden sich in Volksbüchern des 15. u. 16. Jh. Der Reformator u. Lutherschüler O. *Petri* schuf eine Chronik u. übersetzte das Neue Testament; eine vollständige Bibelübersetzung in der Volkssprache erschien 1541. Mit O. *Rudbeck* u. Johannes *Messenius* (*1580, *1636), der auch Dramen verfaßte, erlangte die Geschichtsschreibung Bedeutung. Renaissancepoesie schuf Skogekär *Baergbo* (17. Jh.), mit dem humanist. gebildeten Georg *Stiernhielm* begann die Kunstdichtung in schwed. Sprache, um letztere bemühte sich Salomon *Columbus* (*1642, †1679); volkstüml. Lieder verfaßten L. *Wivallius* u. L. *Lucidor*, sangbare Gesellschaftslyrik der Vagant C. M. *Bellmann*. Idyllen G. P. *Creutz*. Von Frankreich beeinflußt waren G. F. *Gyllenborg*, Hedwig Charlotte *Nordenflycht* u. der Hofpoet Gustavs III., J. H. *Kellgren*; O. *Dalin* versuchte schwed. Gegenstücke zum französ. klassizist. Epos, einflußreich war seine Prosa; der Spätklassizismus erschöpfte sich erst Ende des 19. Jh. Vertretern der Aufklärung war Anna Maria *Lenngren* (*1755, †1817), den Geniegedanken pflegten T. *Thorild* u. B. *Lidner*.

Nach der Abdankung König Gustavs IV. Adolfs kam die Romantik, wenn auch in kurzer Zeitspanne, voll zur Entfaltung: P. D. A. *Atterbom* schuf Sagenspiele; mit V. F. *Palmblad* u. dem Lyriker u. Dramatiker E. J. *Stagnelius* gehörte er zu den „Phosphoristen" (Literaturzeitschrift „Phosphor" 1810–1814), die sich gegen französ. Einflüsse aussprachen. Gedichte u. ein Sagenepos verfaßte der Klassiker E. *Tegnér*. Die „Götarna"-Gruppe betonte das Nationale u. berief sich auf altnord. Dichtung: der von Schiller beeinflußte E. G. *Geijer*, der sich später dem Liberalismus zuwandte, u. der in der Spätromantik wurzelnde Erzähler u. Sozialkritiker C. J. L. *Almqvist*. Das Werk des Finnlandschweden J. L. *Runeberg* wurde finn. Nationaldichtung; Dramatiker waren Frans *Hedberg* (*1829, †1908) u. Viktor *Rydberg* (*1828, †1895).

Zum Realismus führte der Lyriker C. *Snoilsky*. Im Mittelpunkt der kulturellen Umschichtungen am Ende des 19. Jh. stand der vielseitige, im Naturalismus (wie E. *Ahlgren*, *1850, †1888) beginnende, über den Symbolismus zum Expressionismus führende A. *Strindberg*; neben ihm war der bedeutendste Dramatiker Tor *Hedberg* (*1863, †1931). Neuromantik u. Neorealismus verflochten sich im Werk V. von *Heidenstams*, im Schaffen Selma *Lagerlöfs* u. O. *Levertins*, zum Teil bei P. *Hallström*; Dekadenzdichtung schuf S. *Lidman*. Diese Einflüsse werden deutl. bei dem Erzähler A. *Engström*, dem Schilderer des Stockholmer Milieus S. *Siwertz* u. dem Ästhetiker V. *Ekelund* (Landschaftsbilder, Hymnen). Die Heimatdichtung wurde gepflegt von Ola *Hansson* (*1860, †1925), mit sprachverdichtender Lyrik bei G. *Fröding*, in der Lyrik bei E. A. *Karlfeldt* u. in den Auswandererromanen V. *Moberg*.

Einflüsse H. Bergsons, S. Freuds, des Symbolismus u. Kubismus zeigten sich bei dem Sozial- u. Zeitproblematik behandelnden Erzähler der Jahrhundertwende H. *Bergmann* (psycholog.-romant. Prosa), dem iron.-impressionist. H. *Söderberg*, der den Bruch mit den 1890er Jahren markierte, dem Kosmopoliten G. *Hellström*, dem autodidakt. Erzähler u. Lyriker der Arbeiterbewegung D. *Andersson*, dem lyr. Humanisten A. *Österling*, dessen Naturliebe u. Alltagsrealismus auf Olof *Lagercrantz* (*10. 3. 1911) wirkte, u. dem Lyriker B. *Malmberg*. Der Nobelpreisträger P. *Lagerkvist* mit seinem Streben nach „vereinfachter Form" wurde Hauptvertreter des Expressionismus. Kleinbürgerl. Idyllen schuf B. *Sjöberg*, des bürgerl. Milieus ist Olle *Hedberg* (*31. 5. 1899), das Landproletariat schildert I. *Lo-Johannson* (soziolog. Naturalismus) u. Jan *Fridegard* (*14. 6. 1897); für polit. Fragen engagierte sich E. *Johnson*. Lyrik mit weltanschaul. Auseinandersetzungen: Karin *Boye* (*1900, †1941) u. J. *Edfeldt*; Gedankenlyrik nach dem Vorbild A. Rimbauds: B. G. *Ekelöf*. Tierschilderer ist B. *Berg*, vielgelesene Kriminalgeschichten verfaßte Frank *Heller* (*1886, †1948), hervorragender Essayist war F. G. *Bengtsson*; bekannt wurde die Selbstbiographie A. *Munthes*; Probleme des Atomzeitalters schildert mit neuschöpfer. Wortkunst H. E. *Martinson*; Frauenprobleme u. Erziehungsfragen behandelten E. *Key* u. Agnes von *Krusenstjerna*.

Den Surrealismus begründete E. *Lindegren*; Grundlegendes in der Lyrik schuf K. G. *Vennberg*, sein Thema ist die pessimist. Einsamkeit des modernen Menschen; in die 1930er Jahre gehören H. *Gullberg* (Ironie in distanzierendem Stil) u. der „sachl. moderne" Nils *Ferlin* (*11. 12. 1898). Die Erzähler der jüngeren Generation wurden angeregt von E. Hemingway u. J. Steinbeck: Thorsten *Jonsson* (*25. 4. 1910), die christl. Mystik L. G. *Ahlins*, S. *Dagermann* (Erzählungen u. Dramen über den 2. Weltkrieg), E. N. S. *Arners* psycholog. Romane, Lars *Gyllensten* (*12. 11. 1921), P. O. *Sundmann*, Sven *Fagerberg* (*17. 12. 1918), Sara *Lidmann*; als Dramatiker trat K. R. *Gierow* hervor, der auch Lyrik schrieb. – ⬜ 3.1.2.

schwedische Musik. Die unter *Gustav Wasa* 1526 neu organisierte Hofkapelle, das Konzertwesen unter Johan Helmich *Roman* (*1694, †1758), die Gründung (1772) einer schwed. Nationaloper u. des Stockholmer Konservatoriums, des ältesten außerhalb Italiens, mit einer Akademie der Musik (1771) unter *Gustav III.* zeigen eine frühe Musikpflege. Erste Meister der schwed. Oper waren J. G. *Naumann* (Deutscher), des romant. Liedes Franz *Berwald* (*1796, †1868). Komponisten des 19. Jh.: Johann Friedrich *Berwald* (*1787, †1861), A. F. *Lindblad*, Ivar Christian Hallström (*1826, †1901), Ludvig *Norman* (*1831, †1885), Johan August *Söderman* (*1832, †1876), Johan *Lindegren* (*1842, †1908), Johan Andreas *Hallén* (*1846, †1925), Tor *Aulin* (*1866, †1914). Eine nationale Richtung unter Besinnung auf die schwed. Folklore ist vertreten durch Johann Gustav Emil *Sjögren* (*1853, †1918), Olof Wilhelm *Peterson-Berger* (*1867, †1942), Wilhelm *Stenhammar* (*1871, †1927), Hugo *Alfvén* (*1872, †1960), E. von *Koch*. Aus der neueren Zeit sind zu nennen: C. N. *Berg*, E. *Kallstenius*, T. *Rangström*, K. *Atterberg*, O. F. *Lindberg*, G. *Nystroem*, Hilding Constantin *Rosenberg* (*21. 6. 1892), Albert *Henneberg* (*27. 3. 1901), Johan Hilding *Hallnäs* (*24. 5. 1903), L.-E. *Larsson*, K.-B. *Blomdahl*, Sven Erik *Bäck* (*16. 9. 1919), I. *Lidholm*, B. *Nilsson*. →auch skandinavische Musik.

Schwedischer Krieg, Teil des →Dreißigjährigen Kriegs.

schwedisches Porzellan, Porzellanerzeugnisse schwed. Manufakturen, von denen sich die älteste als Abt. einer 1758 gegr. Fayencefabrik in Marieberg (Insel Kungsholm) befand; Marke: MB mit 3 Kronen. 1797 wurde die Porzellanproduktion (Geschirre u. Service) in der 1726 gegr. Fayencemanufaktur Rörstrand aufgenommen; die noch bestehende Fabrik stellt geschmackvoll gestaltete Porzellane her. Seit 1822 erzeugt die Manufaktur in Gustavsberg künstler. wertvolles Porzellan, das u. a. durch Silberdekor u. ungewöhnl. Glasuren gekennzeichnet ist.

schwedische Sprache, in Schweden u. Teilen Finnlands gesprochene, zum Ostnord. gehörende german. Sprache; seit dem 8. Jh. (bis um 1525) als Altschwedisch aus dem Altnordischen entstanden; nach weiter Verbreitung im Zug der schwed. Eroberungen wieder auf das Kernland beschränkt. 5 Mundartgruppen: 1. *Sveamundarten*, die den Übergang zu den finno- u. estno-schwed. Dialekten bilden; 2. *Norrländisch*, das norweg. Einflüsse zeigt; 3. *Götamundarten* mit ebenfalls norweg., aber auch südschwed. Beeinflussungen; 4. *Südschwedisch* mit Übergängen zum Dänischen; 5. *Gotländisch*, die altertümlichste schwed. Mundart. Heute unterscheiden wir noch die der Schriftsprache entsprechende *Rikssprák* u. als Umgangssprache die *Talspråk*. – ⬜ 3.8.4.

Schwedt/Oder, Stadtkreis im Bez. Frankfurt, an der Oder, südwestl. von Stettin, 76 qkm, 52 200 Ew.; Barockschloß (1945 zerstört); Papierfabrik (mit eigenem Hafen), Tabakanbau u. -industrie; größter Erdölraffinerie- u. -verarbeitungsort der DDR (nordöstl. der Stadt), Endpunkt der „Pipeline der Freundschaft" aus der Sowjetunion u. einer Pipeline vom Ölhafen Rostock-Petersdorf; große Neubaugebiete „Obere und Untere Terrasse" für rd. 50 000 Ew. – 1689–1788 Sitz der Markgrafen von Brandenburg-Schwedt; seit 1961 Stadtkreis.

Schwefel, chem. Zeichen S [von lat. *Sulphur*], hellgelbes, 2-, 4- u. 6wertiges nichtmetallisches Element, Atomgewicht 32,06, Ordnungszahl 16, Schmelzpunkt 119,0 °C. S. tritt in einer rhombischen (bis 95,6 °C) u. einer monoklinen Modifikation auf, die sich (beim Erhitzen bzw. Abkühlen) ineinander umwandeln. Er kommt in der Natur in freiem Zustand in großen Lagern in den USA (Texas, Louisiana), Sowjetunion, Kanada, Japan, Frankreich, Mexiko, in Europa auch in Polen u. Sizilien, in gebundenem Zustand in Form von Sulfi-

Petrolchemisches Kombinat von Schwedt/Oder (Bez. Frankfurt)

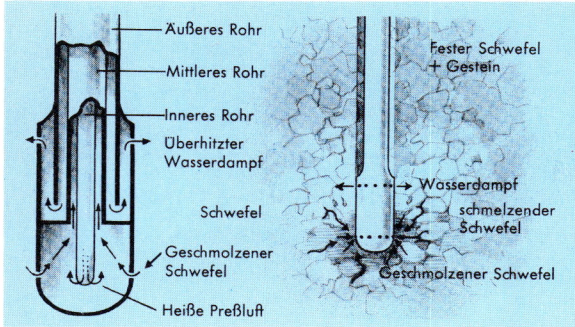
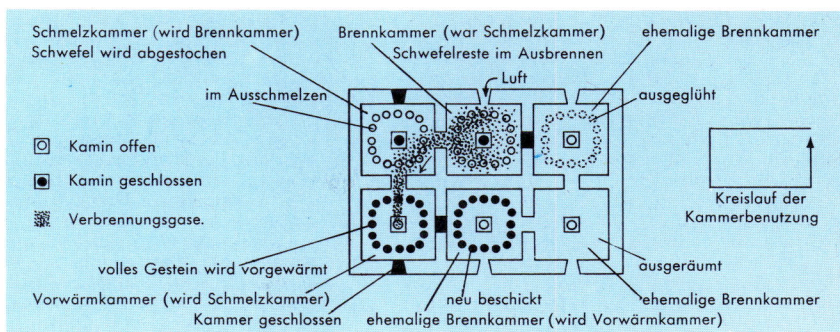

Schwefel: Schwefelgewinnung nach dem Frasch-Verfahren. In das Bohrloch wird ein Rohrsystem eingeführt, durch das heiße Preßluft (inneres Rohr) und überhitzter Wasserdampf (äußeres Rohr) gedrückt werden; der geschmolzene Schwefel steigt im mittleren Rohr nach oben (links). – Schema eines Schmelzofens zur Gewinnung von Schwefel aus Gesteinen (rechts)

den u. Sulfaten in zahlreichen Mineralien u. in organ. Verbindungen (Eiweißstoffe) vor. Seine Gewinnung erfolgt entweder durch Ausschmelzen schwefelhaltiger Gesteine, wobei brennender S. die erforderl. Wärme liefert, oder durch Ausschmelzen unterirdischer Lager *(Frasch-Verfahren)* mit überhitztem Wasserdampf. Außerdem wird er durch Oxydation von S.wasserstoff oder durch Reduktion von S.dioxid, die in techn. Gasen u. Abgasen vorkommen, gewonnen. S. ist ein elektr. Isolator, er verbrennt an der Luft mit blauer Flamme zu S.dioxid. Ein großer Teil der Welterzeugung wird zur Herstellung von *S.säure* verwendet; außerdem verwendet man ihn zur *Vulkanisation* von Kautschuk, zur Ungezieferbekämpfung u. Desinfektion, zur Herstellung von Kitten, Farbstoffen u. Salben.
Verbindungen: *S.wasserstoff* (H_2S), kommt in manchen Heilwässern natürlich vor, Geruch nach faulen Eiern, giftig, Verwendung u. a. in der analyt. Chemie, da er mit Schwermetallen schwerlösl. Salze, die *Sulfide*, bildet. *S.dioxid* (SO_2), entsteht bei der Verbrennung von S., es wird auch durch Rösten von Sulfiderzen gewonnen; es hat einen stechenden Geruch; seine wäßrige Lösung ist die *schweflige Säure* (H_2SO_3), deren Salze *Sulfite* heißen. S.dioxid ist ein starkes Reduktionsmittel; man verwendet es zum Bleichen u. Desinfizieren u. zur Herstellung von *S.trioxid* (SO_3), das aus dem Dioxid durch Oxydation entsteht u. als Anhydrid der S.säure große Bedeutung für deren Herstellung hat; *S.kohlenstoff* (CS_2) ist eine leicht entzündl. Flüssigkeit, wird als Lösungsmittel für Fette u. Harze verwendet, ferner bei der Herstellung von Viskose-Kunstseide. – ⊞→Mineralien.
Schwefeläther →Äther.
Schwefelbakterien, Bakterien, die autotroph an Standorten mit Schwefelwasserstoff-Vorkommen leben. Ungefärbte S. oxydieren den Schwefelwasserstoff durch eine *Chemosynthese* u. die gefärbten S. durch eine *Photosynthese.*
Schwefelblumen, *Schwefelblüte,* feinst verteilter, durch Sublimation gewonnener Schwefel.
Schwefelfarbstoffe, wasserunlösliche schwefelhaltige Farbstoffe, bes. für Baumwolle. Der Farbstoff wird mit Natronlauge u. Dithioniten oder Natriumsulfid in die wasserlösl. Form reduziert (Leuko-Form) u. nach Aufziehen auf die Faser durch Oxydation auf dieser unlöslich fixiert. S. haben hohe Echtheitsgrade, die Farbtöne sind meist gedeckt.
Schwefelkalkbrühe, *kalifornische Brühe,* pilztötendes Spritzmittel aus Schwefelblüte u. gelöschtem Kalk gegen echte Mehltauarten, Blatt- u. Schildläuse, Obstschorf u. a.; im Winter 20prozentige, im Sommer 2prozentige Lösung.
Schwefelkies, Mineral, = Eisenkies.
Schwefelkohlenstoff, *Kohlenstoffdisulfid,* CS_2, farblose, stark lichtbrechende, sehr feuergefährl. Flüssigkeit, Siedepunkt 46,2 °C. S. wird aus Schwefel u. Kohle, neuerdings aus Methan u. Schwefeldampf gewonnen. Verwendung u. a. zur Herstellung von Viskoseseide, zur Extraktion von Knochen, als Lösungsmittel.
Schwefelkopf, *Naematoloma,* Gattung der *Blätterpilze,* von denen bes. der ungenießbare *Bittere S. (Grünblättriger S., Naematoloma fasciculare)* an alten Baumstümpfen häufig zu finden ist. Eßbare Arten sind: *Ziegelroter S., Naematoloma sublateritium,* u. *Rauchgraublättriger S., Naematoloma capnoides.*
Schwefelleber, *Hepar sulfuris,* Gemisch aus Kaliumpolysulfid, Kaliumsulfat u. Kaliumthiosulfat, erhalten durch Zusammenschmelzen von Schwefel u. Pottasche unter Luftabschluß; scheidet an der Luft Schwefel u. Schwefelwasserstoff ab, in Wasser gelöst (100–200 g auf ein Vollbad) als *künstl. Schwefelbad* für Heilzwecke (→Schwefelquellen); zum Beizen von Edelmetallen, zum Tonen von Photographien u. a.
schwefeln, 1. *ausschwefeln,* Bier- u. Weinfässer mit Schwefeldioxid ausräuchern, wobei sich in der Feuchtigkeit der Fässer schweflige Säure bildet, die desinfizierend u. fäulnistötend wirkt.
2. *einschwefeln,* mit schwefliger Säure (H_2SO_3) oder ihren Salzen Natriumsulfit u. -hydrogensulfit sowie Natrium- u. Kaliumpyrosulfit konservieren, bes. von Obsthalbfabrikaten u. Trockenobst.
3. bestimmte Blattkrankheiten durch Bestäuben mit Schwefelpräparaten bekämpfen.
Schwefelpuder, dermatolog. wirksamer Puder, basierend auf kolloidalem Schwefel in Verbindung mit Talkum, Magnesiumcarbonat, Kolloid-Kaolin oder Bolus, Zinkoxid u. a. Wirkstoffen. Weitere Heilpuder bes. gegen überfette Haut, Seborrhoe, Akne, Mitesser enthalten als Grundstoff Salicylsäure, Campher, Borsäure, Teer, Tonerde u. a.
Schwefelquellen, Schwefelverbindungen (bes. Schwefelwasserstoff) enthaltende Wässer. Sie werden bei Gelenkleiden, Hautkrankheiten u. alter Syphilis als Bäder gebraucht. Wässer, die außerdem kolloidalen Schwefel enthalten, dienen, als Trinkwässer genommen, der Anregung des Gallen- u. Nierenausscheidungen sowie der Heilung chronischer Katarrhe der Luftwege.
Schwefelsäure, chem. Formel H_2SO_4, ölige, stark wasseranziehende Flüssigkeit, spez. Gew. 1,836. Sie zählt zu den stärksten Säuren u. ist einer der wichtigsten Grundstoffe für die chem. Industrie. Ihre Salze heißen *Sulfate,* ihre sauren Salze *Hydrogensulfate.* Die Herstellung der S. beruht auf der Oxydation von Schwefeldioxid zu Schwefeltrioxid, das mit Wasser S. bildet. Diese Oxydation wird nach zwei Verfahren, dem älteren *Bleikammerverfahren* (→Bleikammern [1]) u. dem modernen →Kontaktverfahren, durchgeführt.
Schweich, rheinland-pfälz. Gemeinde an der Mosel (Ldkrs. Trier-Saarburg), 5600 Ew.; Obst- u. Weinbau, Schuhfabrik.
Schweidnitz, poln. *Świdnica,* Stadt in Schlesien (1945–1975 poln. Wojewodschaft Wrocław, seit 1975 Wałbrzych), nordöstl. vom Eulengebirge, 47 500 Ew.; got. Kirche (14./15. Jh.); Maschinen-, feinmechan., Elektro-, Textil- u. a. Industrie.
Schweifaffen, Sammelname für südamerikan. *Rollschwanzaffen,* die einen auffälligen, aber völlig greifuntüchtigen Schwanz haben. Zu den S. gehören *Satansaffe, Mönchsaffe.*
schweifen, 1. Bleche durch Hammerschläge örtlich strecken; der seitl. verdrängte Werkstoff bewirkt eine Krümmung des Blechs.
2. bogenförmige Figuren aus Brettflächen aussägen.
Schweifreim, *Zwischenreim* →Reim.
Schweifwerk, frühbarockes Ornament, das sich aus Beschlagwerk mit Voluten u. anderen bewegten Schmuckmotiven zusammensetzt.
Schweige = Schwaige.
Schweigen, 1. *Recht:* →Stillschweigen.
2. *Religion:* heiliges *S.,* das äußere Stillsein, das in der Religionsgeschichte sehr verschiedenen Inhalt haben kann: das S. bei magischen Handlungen verhindert, daß gefährliche, sog. ominöse Worte den Bann brechen u. den Erfolg verhindern; das anbetende S. im Kult ist Ausdruck der Ergriffenheit, das harrende S. im Gottesdienst der Quäker erwartet den Einbruch des Hl. Geistes in die gottesdienstl. Versammlung. In der Gnosis erscheint das S. als göttl. Person *(Sigé).*
Schweigepflicht →Berufsgeheimnis.
Schweikart, Hans, Theaterleiter, Regisseur u. Schriftsteller, * 1. 10. 1895 Berlin, † 1. 12. 1975 München; 1947–1962 Leiter der Kammerspiele in München.
Schwein, *Hausschwein,* eine Zuchtform des *Wildschweins.* Als Stammformen kommen eine nordeurop. u. eine kleinere mittelmeer. Rasse sowie das als *Bindenschwein* bezeichnete ostasiat. Unterart in Betracht. Die wichtigsten Schweinerassen Deutschlands sind das *Deutsche Edel-S.* (mit kleinen Stehohren) u. das *Veredelte Land-S.* (mit großen Hängeohren). Die wichtigsten S.ekrankheiten sind *S.epest, Rotlauf, Trichinen-* u. *Finnenkrankheiten.* Tab. →S. 52.
Schweine, *Suidae,* Familie nichtwiederkäuender *Paarhufer* (→Nichtwiederkäuer) mit gedrungenem Körper, rüsselartiger Schnauze u. starken Afterzehen. Die Eckzähne sind beim Männchen zu gefährl. *Hauern* umgebildet. In Rudeln lebende Alles-, aber vorzugsweise Pflanzenfresser; in feuchten Wäldern. Hierher gehören *Wildschwein, Flußschwein, Hirscheber, Warzenschwein* u. *Waldschwein.*
Schweineähnliche →Nichtwiederkäuer.
Schweinebandwurm, *Bewaffneter Bandwurm, Taenia solium,* ein *Bandwurm,* dessen Vorderabschnitt, *Skolex,* mit Haken bewehrt ist. Mit dem menschl. Kot gelangen die mit Eiern angefüllten Glieder, *Proglottiden,* in Dung oder Jauche. Hier

Schwefelsäureherstellung nach dem Kontaktverfahren. Im Kontaktkessel wird Schwefeldioxid (SO_2) zu Schwefeltrioxid (Schwefelsäureanhydrid, SO_3), oxydiert

Bestand an Schweinen (in 1000)

Land	1960	1970	1978
Welt	462 300	627 600	736 000
davon:			
Brasilien	47 944	65 734	37 600
BRD	15 776	20 969	21 386
China, Volksrep.	180 000	220 000	295 540
DDR	8 316	9 684	11 757
Frankreich	8 526	10 622	11 548
Mexiko	9 423	10 298	12 321
Österreich	2 988	3 422	3 694
Polen	12 611	13 446	21 717
Schweiz	1 300	1 753	2 115
Sowjetunion	53 443	56 100	70 511
USA	58 464	56 655	56 539

werden sie vom Zwischenwirt, dem Schwein, gefressen. Die Larve bohrt sich durch die Darmwand u. gelangt mit dem Blut in gut durchblutete Muskeln, in denen sie sich festsetzt. Mit dem Schweinefleisch nimmt der Hauptwirt, der Mensch, die Finnen *(Schweinefinne)* auf, die im Darm des Menschen das Bandwurmvorderende *(Skolex)* ausstülpen, das sich sofort in der Darmwand mit seinen Haken verankert. Der S. ist in Dtschld. durch die Fleischbeschau fast erloschen.

Schweinebrucellose, seuchenhaftes Verferkeln durch Infektion mit *Brucella suis* oder *Brucella melitensis*. Der →Abort erfolgt in der 6. bis 8. oder 12. bis 15. Woche. Lebendgeborene Ferkel können an einer S.-Infektion sterben.

Schweinefinne →Schweinebandwurm.

Schweinelähme, *ansteckende S., Teschener Krankheit*, akute Viruserkrankung der Schweine; mit Lähmung, Krämpfen, Speichelfluß u. Zähneknirschen. *Keulung* des Bestands ist erforderlich.

Schweinepest, eine Viruskrankheit der Schweine, die zunehmend in chron. Formen auftritt; das klassische patholog.-anatom. Bild (Blutungen, Infarkte u.a.) tritt dabei zurück; Infiltrationen im Zentralnervensystem sind teilweise der einzige Hinweis. Übertragung durch Kontakt, Futter, Harn u.a.

Schweinerotlauf →Rotlauf.

Schweinezyklus, ein von Arthur *Hanau* (*23. 11. 1902) nachgewiesenes prakt. Beispiel für eine dynam. Angebotsfunktion. In Dtschld. (1896–1914, 1924–1932) u.a. Ländern folgte in Abständen von 1½–2 Jahren auf ein hohes Angebot von Schweinefleisch bei niedrigen Preisen jeweils ein geringes Angebot bei hohen Preisen. Die Vergrößerung der Spanne zwischen Verkaufs- u. Futterpreisen (günstige Gewinnerwartungen) führte zur Ausweitung der Schweineproduktion, ihre Verringerung aber zur Einschränkung. Diese Angebotsveränderungen wurden erst mit einem *Lag* wirksam (verzögerte Anpassung wegen des Zeitbedarfs der Schweineaufzucht) u. lösten einen period. Zyklus aus. Ähnliches zeigte sich beim Wohnungs- u. Schiffbau. →auch Spinnwebtheorem.

Schweinfurt, bayer. Stadtkreis (35 qkm) u. Kreisstadt in Unterfranken, am Main, 53 000 Ew.; Renaissance-Rathaus; Kugellager-, Leder-, Farben- u. Maschinenindustrie. Bis 1803 freie Reichsstadt. – Ldkrs. S.: 842 qkm, 102 000 Ew.

Schweinfurter Grün, *Kupferarsenitacetat*, wegen seiner Giftigkeit heute nicht mehr verwendetes grünes Malerpigment; eignet sich dagegen als Schädlingsbekämpfungsmittel (Fraßgift).

Schweinfurth, Georg, Afrikaforscher, *29. 12. 1836 Riga, †19. 9. 1925 Berlin: bereiste bes. die Libysche Wüste, die Nilländer, Arabien u. Zentralafrika; Hptw.: „Im Herzen von Afrika" 2 Bde. 1874.

Schweinsaffe, *Macaca nemestrina*, ein *Hundskopfaffe* mit kurzem Schwanz; Südostasien.

Schweinsfische, 1. *Hornfische, Balistidae*, gedrungen gebaute u. in der Seitenansicht an Schweine erinnernde *Kugelfischähnliche* mit hornig verhärteten Schuppen oder harten rhombischen Schildern auf der Haut. Der eigentl. *Schweinsfisch, Balistes capriscus*, ist weit verbreitet. Das Fleisch soll teilweise stark giftig sein. →auch Ciguatera.
2. →Thunfische.

Schweinsohr, Pflanze, →Calla palustris.

Schweinswale, *Phocaenidae*, Familie der *Zahnwale*. S. werden bis 2 m lang; der Oberkiefer ist länger als der Unterkiefer; sie bewohnen Küstengewässer u. steigen manchmal Flüsse hinauf. In den nordeurop. Randmeeren, auch in der Ostsee, lebt der *kleine Tümmler, Phocaena phocaena*, auch *Braunfisch* oder *Meerschwein*.

Schweiß, 1. *Jagd: Fasch*, austretendes Blut; angeschossenes Wild schweißt, zeigt eine S.spur.
2. *Physiologie: Sudor*, ein wäßriges Drüsensekret mit maximal 1% gelösten Stoffen, hauptsächl. Natriumchlorid (Kochsalz), daneben Ammoniak, Harnsäure u. flüchtige Fettsäuren. Letztere bedingen den Geruch des S.es. Das Wasser wird vom Blut aus den Wasserspeichern bereitgestellt. Bestimmte Körpergegenden sind stärker mit *S.drüsen* ausgerüstet (Handflächen, Fußsohlen, Leistengegend, Achselhöhlen). Die S.absonderung dient der Wärmeregulation; durch Verdunsten des S.es auf der Körperoberfläche wird ihr Wärme entzogen. Bei einer Außentemperatur von 29 °C beginnt bei einem ruhenden Menschen die Wasserabgabe. Gäbe es keine S.sekretion, so würde die Körpertemperatur rasch ansteigen; z.B. würde die unterdrückte S.sekretion von 1 *l* die Temperatur um 7–10 °C erhöhen. Die S.drüsen der Handflächen u. Fußsohlen reagieren auf thermische Reize nur wenig, sie geraten aber bei psychischen Erregungen in Tätigkeit. Die Fähigkeit zum Schwitzen ist individuell sehr unterschiedl., damit hängt die verschiedene Verträglichkeit hoher Temperaturen zusammen. Bei gleichen äußeren Temperaturen verdunstet der Mann mehr als die Frau. An Hitze angepaßte Menschen können einen stärker verdünnten S. in großen Mengen ausscheiden.
Viele Säugetiere haben keine S.drüsen auf der Oberhaut (Ziege, Maus, Ratte, Hund). Beim Hund hat das Hecheln – die Wasserverdunstung aus Maul u. Zunge – wärmeregulatorische Funktion.

Schweißbläschen, *Schweißfrieseln* →Frieseln.

schweißen, Werkstoffe (Metalle, Kunststoffe) durch Druck, Wärmezufuhr oder beides unlösbar miteinander verbinden; Gegensatz: *löten*. Man unterscheidet bei Metallen *Preßschweißverfahren* (Vereinigung unter Druck bei örtlich begrenzter Erwärmung) u. *Schmelzschweißverfahren* (Vereinigung nur unter Einfluß von Wärme durch örtl. Verschmelzung mit oder ohne Einschmelzen von Zusatzwerkstoff). Spezielle Verfahren: 1. *Feuer-S.:* Zusammenhämmern u. -drücken der auf Weißglut erhitzten Schweißstellen unter Zugabe von Schweißmitteln zur Verhinderung von Oxydationshäuten. 2. *Wassergas-S.* (bes. für größere Bleche): Die überlappten Nähte werden nach Erhitzung auf Weißglut durch zahlreiche in einer Reihe angeordnete Brenner einer Schweißmaschine, die mit →Wassergas gespeist werden, zusammengewalzt oder gehämmert. 3. *elektrisches Widerstands-S.* (als Stumpf-, Naht- oder Punkt-S.): Die zu verbindenden Werkstücke werden fest aneinandergepreßt u. bis zum Verschweißen von einem hohen Strom durchflossen, so daß die Schweißstellen verschmelzen. 4. *Reib-S.:* Die zu verbindenden Teile werden durch Reibungswärme auf Schweißtemperatur erhitzt u. zusammengepreßt. 5. *Kaltpreß-S.:* Die zu verbindenden Teile werden stumpf bei Warmtemperaturen so stark aufeinandergepreßt, daß durch Aufreißen der sehr dünnen Grenzschichten der Werkstoff beider Teile ineinanderfließt. 6. *autogenes S.:* Das Metall wird mit einer Sauerstoff-Acetylen-(oder Wasserstoff-) Flamme zum Schmelzen gebracht u. entspr. Metall (Schweißdraht) hinzugeschmolzen. 7. *Lichtbogen-S.:* Zwischen dem Werkstück u. einer Elektrode (meist Drähte, die niederschmelzen u. die Schweißnaht ausfüllen, seltener Kohlenstifte, die nur den Grundstoff schmelzen) wird ein Lichtbogen gebildet. Die Schweißstelle kann dabei offen oder durch Pulver- oder Schutzgas abgedeckt sein. 8. *Elektronenstrahl-S.:* →Elektronenstrahlverfahren. 9. *Thermit-S.* →Aluminothermie.

Schweißer, Ausbildungsberuf der Industrie (genaue Bez. *Schmelz-S.*, 3 Jahre Ausbildungszeit), sonst Anlernberuf; Aufgabengebiet: Verbinden (Verschweißen) von Blechen, Rohren, Formstahl, Maschinen- u. Apparateteilen.

Schweißkonstruktion, Aufbau von Maschinenteilen aus Einzelteilen, die durch →Schweißen verbunden sind. Die S. wird überwiegend aus Blechteilen aufgebaut, was die Einhaltung bestimmter Bauweisen erfordert, um ausreichend steife u. feste Bauteile herzustellen. Eine S. hat im allg. geringeres Gewicht u. bei kleinen Stückzahlen geringere Herstellungskosten als Bauteile, für die Gußstücke verwendet werden. →auch Stahlbau.

Schweißspannungen, Spannungen in geschweißten Bauteilen, die durch ungleichmäßige Dehnungen beim örtl. Erwärmen u. Abkühlen (Schrumpfen) des Bauteils im Bereich der Schweißnaht auftreten. Sie können ein Verziehen u. Verwerfen des Bauteils verursachen u. zu Rissen u. Brüchen führen. Durch Glühen (Spannungsfreiglühen) der geschweißten Bauteile können S. weitgehend abgebaut werden.

Schweißstab, Zugabemetall in Form eines Stabs beim autogenen Schweißen.

schweißtreibende Mittel = Diaphoretika.

Schweißwolle, *Schmutzwolle*, im un- oder halbgewaschenen Zustand geschorene u. in den Handel gekommene Wolle; die nach der in der Wollwäscherei durchgeführten Wäsche zurückbleibende Wolle heißt *Rendement*.

Schweitzer, 1. Albert, ev. Theologe, Musiker, Mediziner u. Philosoph, *14. 1. 1875 Kaysersberg, Oberelsaß, †4. 9. 1965 Lambaréné (Gabun); hatte bereits grundlegende Werke zur Religionsphilosophie, Theologie („Von Reimarus zu Wrede" 1906, seit 1913 unter dem Titel „Geschichte der Leben-Jesu-Forschung") u. Musikgeschichte („Johann Sebastian Bach", frz. 1905, dt. 1908) veröffentlicht, als er sich entschloß, Medizin zu studieren, um als Missionsarzt im damaligen Französ.-Äquatorialafrika tätig zu sein. 1913 begann er seine (durch die Internierung in Frankreich 1917 unterbrochene) Tätigkeit in Lambaréné, die er in einer Reihe von Schriften geschildert hat („Zwischen Wasser u. Urwald" 1921, „Mitteilungen aus Lambaréné" 1925–1928 u.a.). S.s Philosophie ist aus einer Kulturkritik hervorgegangen („Verfall u. Wiederaufbau der Kultur" 1923) u. gipfelt in einer weltbejahenden Ethik tätiger Nächstenliebe u. der „Ehrfurcht vor dem Leben" („Kultur u. Ethik" 1923). S. war auch in der modernen Orgelbewegung führend. Autobiographien: „Aus meiner Kindheit u. Jugendzeit" 1924; „Aus meinem Leben u. Denken" 1931. Gesammelte Werke in 5 Bänden 1974. Friedenspreis des Dt. Buchhandels 1951, Friedensnobelpreis 1952.
2. Bernhard, Archäologe, *3. 10. 1892 Wesel, †16. 7. 1966 Tübingen; Prof. in Königsberg (1925), Leipzig (1932) u. Tübingen (1948); schrieb grundlegende Arbeiten zum Phidias-Problem; „Die Bildniskunst der röm. Republik" 1948.
3. Pierre-Paul, französ. Bankfachmann, *29. 5. 1912 Straßburg; 1963–1973 Generaldirektor des Internationalen Währungsfonds.

Schweitzers Reagens [das; nach dem Chemiker M. E. *Schweitzer* (*1818, †1860)], Lösung von Tetramin-Kupfer(II)-hydroxid, chem. Formel $[Cu(NH_3)_4](OH)_2 \cdot 3H_2O$; hat die Eigenschaft, Cellulose zu einer gallertartigen, tiefblauen Verbindung, Tetramin-Kupfer(II)-Cellulose, zu lösen, aus der die Cellulose durch Wasser oder Säure wieder ausgefällt werden kann; dient zur Herstellung von →Kupferseide.

Schweiz →S. 53.

Schweizer, die Bewohner der Schweiz, die trotz Sprachverschiedenheit (→Schweiz [Bevölkerung]) u. Unterschieden im Brauchtum infolge mehrhundertjähriger gemeinsamer Geschichte zu einer Nation zusammenwuchsen. Die S. schufen u. bewahrten viele Einrichtungen einer direkten Demokratie (Versammlung der Landsgemeinde). Ihre Grundlage bilden kelt., german. (z.T. romanisierte) u. roman. Stämme. Brauchtum (Zünfte, Bünde u. Knabenschaften, Maskenumzüge, Alphornblasen, abendl. Betruf der Sennen mit Schalltrichter), dörfl. Hausrat u. bäuerl. Geräte werden weitgehend durch die Hochgebirgsviehwirtschaft bestimmt u. ähneln denen anderer Alpengebiete. Tracht ist nur noch in einigen Trachteninseln (z.B. im Wallis) lebendig. Der Hausbau reicht vom Fachwerkhaus im Mittelland (z.B. das stattliche Berner Haus) über das Blockhaus im Gebirge (u.a. Pfahlbauspeicher) zum Steinhaus (z.B. im Tessin). In den niederen Lagen findet sich Dorfsiedlung, in der Graslandwirtschaft z.T. auch Streusiedlung.

Schweizer = Melker.

Schweizer Alpenclub, Abk. *SAC*, →Alpenverein.

Schweizerdegen, Berufsbez. für einen gelernten Schriftsetzer, der gleichzeitig Buchdrucker ist.

Schweizerdeutsch →Schwyzerdütsch.

Schweizergarde, ital. *Guardia Svizzera Pontifica*, päpstliche Wache, 1506 von Papst *Julius II.* aus schweizer. Söldnern gebildet, während der Französ. Revolution aufgelöst, 1825 durch *Leo XII.* neu gegr.; heute nur noch Ordnungsdienste.

Schweizerische Aluminium AG, Kurzwort *Alusuisse*, Chippis u. Zürich, schweizer.
(Fortsetzung auf S. 61)

SCHWEIZ   CH
Confoederatio Helvetica; Schweizerische Eidgenossenschaft

- Fläche: 41293 qkm
- Einwohner: 6,3 Mill.
- Bevölkerungsdichte: 153 Ew./qkm
- Hauptstadt: Bern
- Staatsform: Parlamentarisch-demokratischer Bundesstaat
- Mitglied in: Europarat, EFTA, GATT, OECD
- Währung: 1 Schweizer Franken = 100 Rappen

Schweiz, frz. *Suisse*; ital. *Svizzera*; rom. *Svizzra*.

Landesnatur: Geographisch u. geomorphologisch besteht die S. aus den drei Landschaftseinheiten Alpen (60% der Fläche), Mittelland (30%) u. Jura (10%). Mehr als die Hälfte der S. liegt über 1000 m hoch. Die *Alpen* haben eine Durchschnittshöhe von 1800–2500 m. Zu $1/10$ seiner Fläche greift das Land östl. des Hinter- u. Alpenrhein auf die Ostalpen mit Rätikon, Silvretta, Albula u. Bernina über. Der Anteil an den Falten- u. Deckfaltengebirgen der Westalpen wird durch die Rhein-Rhône-Längstalzone in zwei Teile gegliedert: der nördl. Teil (im *Finsteraarhorn* 4274 m) umfaßt Glarner, Urner, Vierwaldstätter, Berner u. Freiburger Alpen, der südl. Teil (im *Monte Rosa* 4635 m u. *Dom* 4545 m) Albula-, Adula-, Tessiner u. Walliser Alpen. Im höheren u. vergletscherten zentralen Teil bestehen diese Gebirgsgruppen aus Graniten, Gneisen u. kristallinen Schiefern. Tiefe, oft sehr steilwandige Täler, hochragende Gipfelfluren, Gletscher (z.B. *Aletschgletscher*, 22 km lang), Wildbäche u. Seen prägen den Formenschatz der Alpen. Nach NW schließen sich die Kalksteinketten u. Kalkstöcke der *Voralpen* an, die in das tiefer gelegene, flachzertalte, hügelige, aus Nagelfluh, Sandstein, Mergel, eiszeitl. u. fluviatilen Ablagerungen zusammengesetzte *Mittelland* übergehen. Dieser 40–60 km breite Landstrich zwischen Genfer See u. Bodensee ist der fruchtbarste Landesteil; er bildet dank gut ausgebauten Verkehrsnetzes u. als der dichtestbesiedelte Teil der S. das wirtschaftl. Kerngebiet des Landes. Der bis nahe 1700 m hohe *Schweizer Jura* ist ein größtenteils gefaltetes Mittelgebirge, das aus Kalk u. Mergel besteht u. nach NW in den Französ. Jura übergeht.

Das mitteleurop. *Klima* u. die *Pflanzenwelt* sind in den drei großen Landschaftsteilen u. nach Höhenlage stark unterschiedlich. Hochgebirgswüsten in den Alpen, feuchtgemäßigte Wälder u. Fluren im N u. mittelmeerische Gestade an den südl. Alpenseen kennzeichnen die Vegetation. Das Klima ist auf den Jurahöhen rauher als im Mittelland, während es am Genfer See u. im Tessin bereits mediterranen Charakter hat. Die S., der Knoten des europ. Flußnetzes, wird durch den Rhein zur Nordsee, durch die Rhône zum westl. Mittelmeer, durch Po u. Etsch zur Adria u. durch den Inn über die Donau zum Schwarzen Meer entwässert. →auch Alpen.

Bevölkerung: 85% der Bevölkerung sind S.er Bürger u. 15% Ausländer, davon über 8% Italiener u. 3% Deutsche. Besonders viele Ausländer leben in den Kantonen Genf u. Tessin. Derzeit wohnen etwa 60% der Bevölkerung in Städten über 10000 Ew. Größte Ballung mit Dichtewerten von 250 bis 500 u. mehr Ew./qkm ist das Mittelland, wo nahezu drei Viertel der Gesamtbevölkerung leben. Ein bedeutendes Merkmal ist die sprachl. Vielfalt. Der deutsche Sprachraum umfaßt die Zentralschweiz, das östl. Mittelland, den NO des S.er Jura. Französisch ist im übrigen S.er Jura, im westl. Mittelland, im Waadt, am Genfer See sowie Unterwallis verbreitet. Italienisch wird im Tessin u. in den südl. Bündner Tälern gesprochen. Das Rätoromanische ist auf Graubünden beschränkt. – Die Wohnbevölkerung gehört zu etwa gleichen Teilen der protestant. bzw. der röm.-kath. Konfession an.

Verwaltungsgliederung

Kanton (*Halbkanton)	Beitritt zur Eidgenossenschaft	Fläche (qkm)	Ew. in 1000	Ew./qkm	Hauptstadt
Aargau	1803	1405	444	316	Aarau
Appenzell-Außerrhoden*	1513	243	47	193	Herisau
Appenzell-Innerrhoden*	1513	172	13	76	Appenzell
Basel-Landschaft*	1501	428	220	514	Liestal
Basel-Stadt*	1501	37	214	5784	Basel
Bern	1353	6050	923	153	Bern
Freiburg	1481	1670	182	109	Freiburg
Genf	1815	282	338	1199	Genf
Glarus	1352	685	36	53	Glarus
Graubünden	1803	7106	165	23	Chur
Jura	1979	837	67	80	Delsberg
Luzern	1332	1492	293	196	Luzern
Neuenburg	1815	797	165	207	Neuenburg
Nidwalden*	1291	276	27	98	Stans
Obwalden*	1291	491	25	51	Sarnen
Sankt Gallen	1803	2014	385	191	Sankt Gallen
Schaffhausen	1501	298	70	235	Schaffhausen
Schwyz	1291	908	93	102	Schwyz
Solothurn	1481	791	224	283	Solothurn
Tessin	1803	2811	265	94	Bellinzona
Thurgau	1803	1013	185	183	Frauenfeld
Uri	1291	1076	34	32	Altdorf
Waadt	1803	3219	524	163	Lausanne
Wallis	1815	5226	214	41	Sitten
Zug	1352	239	73	305	Zug
Zürich	1351	1729	1120	648	Zürich

Schweiz: Urner See mit Axenstraße

Schweiz

Wohnbevölkerung der Kantone nach ihrer Muttersprache (in %)

Kanton	dt.	franzö́s.	italien.	rätorom.	sonstige
Aargau	84,0	0,9	11,3	0,2	3,6
Appenzell-					
Außerrhoden	88,2	0,4	6,8	0,2	4,4
Innerrhoden	92,7	0,1	4,6	0,1	2,5
Basel-Land.	82,9	2,5	10,3	0,2	4,1
Basel-Stadt	82,7	3,7	8,3	0,3	5,0
Bern	77,5	13,7	6,1	0,1	2,6
Freiburg	32,4	60,3	4,0	0,0	3,3
Genf	10,9	65,4	10,9	0,1	12,7
Glarus	84,5	0,3	12,2	0,3	2,7
Graubünden	57,6	0,5	15,8	23,4	2,7
Luzern	90,9	0,7	5,4	0,2	2,8
Neuenburg	9,2	73,0	12,8	0,1	4,9
Nidwalden	92,0	0,5	4,8	0,2	2,5
Obwalden	94,7	0,5	3,2	0,1	1,5
St. Gallen	88,4	0,4	7,4	0,4	3,4
Schaffhausen	84,4	0,8	9,2	0,2	5,4
Schwyz	90,1	0,3	7,2	0,3	2,1
Solothurn	85,5	1,5	10,0	0,1	2,9
Tessin	10,5	1,7	85,7	0,1	2,0
Thurgau	85,5	0,5	10,5	0,2	3,3
Uri	92,5	0,3	5,6	0,4	1,2
Waadt	8,9	73,6	9,8	0,1	7,6
Wallis	32,4	59,4	6,2	0,0	2,0
Zug	86,6	1,0	8,2	0,4	3,8
Zürich	83,0	1,7	10,2	0,4	4,7
Schweiz	64,9	18,1	11,9	0,8	4,3

Wirtschaft: Obwohl mehr als die Hälfte der Bevölkerung in Landgemeinden wohnt, sind nur 6,2% der Erwerbstätigen ständig in der *Landwirtschaft* (sowie Gartenbau u. Forstwirtschaft) beschäftigt. Diese nutzt 6,7% der Fläche als Acker- u. Rebland, 19,4% für den Futterbau u. 26% als Alpweiden. 77% des Produktionswerts der Landwirtschaft entfallen auf die Viehzucht, davon allein 32,3% auf die Milchproduktion. Es werden 2,0 Mill. Rinder, 2,1 Mill. Schweine, 460 000 Schafe u. Ziegen sowie 6,6 Mill. Stück Geflügel gehalten. Die Landwirtschaft kann insges. 55–60% des Nahrungsmittelbedarfs decken. Dabei ist die S. bei Getreide, Zucker u. Fetten zu rd. 80% auf Einfuhren angewiesen, während sie sich bei Fleisch, Milch, Käse, Butter u. Kartoffeln fast völlig, bei Gemüse, Obst u. Eiern weitgehend selbst versorgt u. teilweise Exportüberschüsse erzielt (5. Platz im Käseexport auf dem Weltmarkt). Der Getreideanbau, vor allem von Winterweizen, beschränkt sich auf das Mittelland u. wenige Täler. Obst, Gemüse u. Wein beherrschen die günstigsten Hang- bzw. Tallagen. Auf den Gebirgsalmen u. in den Hochtälern dominieren Viehzucht u. Milchwirtschaft. – Das Holzaufkommen der Wälder (23,9% der Fläche) reicht für den Eigenbedarf nicht aus, da die Wälder meist aus klimat. u. wasserwirtschaftl. Gründen als Schutzwälder dienen. Die *Bodenschätze* sind mit Ausnahme von Salz u. kleinen Mengen von Eisen u. anderen Erzen nicht abbauwürdig. Die *Energieversorgung* beruht auf import. Brennstoffen sowie hinsichtl. der Elektrizitätserzeugung zu weniger als 80% auf den reichen eigenen Wasserkräften. Der Anteil der Kernkraft an der Elektrizitätserzeugung beträgt mehr als 20%. Es sind 4 Kernkraftwerke in Betrieb. Von der ausgebauten Kapazität der Wasserkräfte entfallen 28% auf das Wallis, 24% auf Graubünden, 14% auf das Tessin u. 8% auf den Kanton Bern. – *Industrie*, Baugewerbe u. Handwerk beschäftigen rd. 45% der Erwerbstätigen. Die Industrie hat, vor allem in der Textilbranche, sehr alte Traditionen, entwickelte sich aber erst im 20. Jh. in größerem Stil. Sie ist sehr vielfältig, wobei arbeitsintensive Veredlungs- u. Qualitätsarbeiten überwiegen. Der größte Teil der Produktion erfolgt in Mittel- u. Kleinbetrieben. Nach der Zahl der Beschäftigten (in %) sind die wichtigsten Industriezweige: Maschinen-, Apparate- u. Fahrzeugbau (32), Textil-, Bekleidungs- u. Schuhindustrie (12), Metallerzeugung u. -verarbeitung (13,5), chem. Industrie (11), Uhren- u. Schmuckerzeugung (8), Nahrungs- u. Genußmittelindustrie (8), graph. Gewerbe (6), Holzverarbeitung (6,5). – Neben den Beschäftigten in Land- u. Forstwirtschaft, Industrie u. Handwerk entfallen 49% auf den sog. *tertiären Sektor*, der Handel, Banken, Versicherungen, Verkehr, Gastgewerbe, öffentl. u. private Dienste umfaßt. Dieser erhebl. Prozentsatz ist für ein hochentwickeltes Wirtschaftssystem wie das schweizer. kennzeichnend.

Schweizer Jura: Landschaft mit Streusiedlungen im Berner Jura (links). – Schweizer Mittelland südlich der Stadt Bern (rechts)

Tallandschaft am nördlichen Lago Maggiore mit dem Ort Brione

Landschaftliche Gliederung

Alpen: Bachalpsee mit Schreckhorn (links) und Finsteraarhorn (Mitte) in den Berner Alpen

SCHWEIZ Natur und Bevölkerung

In der S. sind – jahreszeitl. etwas schwankend – 500000–600000 ausländische Arbeitskräfte tätig. Das sind etwa ¼ aller Beschäftigten. Davon sind rd. 56% Italiener, 19% Spanier, 8% Deutsche, 6% Franzosen u. 3% Österreicher. In der Industrie beträgt der derzeitige Ausländeranteil an der Arbeiterschaft 36%, er schwankt in den einzelnen Branchen zwischen 21% im graphischen Gewerbe, 27% in der Uhren- u. Schmuckerzeugung u. 56% in der Textil-, Bekleidungs- u. Schuhindustrie.

Für ein hochentwickeltes Industrieland wie die S. ist der *Außenhandel* lebenswichtig. Das Außenhandelsdefizit konnte seit 1975 erheblich verringert werden; 1977 betrug der Einfuhrüberschuß nur noch 2%. Ein daraus resultierendes Defizit in der Zahlungsbilanz kann durch Überschüsse aus dem Kapital- u. Fremdenverkehr mehr als ausgeglichen werden. Der Handel mit den EG-Ländern hat beträchtl. zugenommen; insgesamt wurden (1978) 69% der Einfuhr u. 49,6% der Ausfuhr mit den EG-Ländern abgewickelt u. nur 7% des Imports u. 9% des Exports mit den Staaten der EFTA. Der wichtigste Handelspartner ist die BRD (28% der Einfuhr, 17% der Ausfuhr) vor Frankreich, Italien, den USA, Großbritannien u. Österreich. Über die Hälfte des Ausfuhrwertes entfällt auf Metalle, Maschinen u. Apparate, fast 20% auf Chemikalien, Kunststoffe u. Pharmazeutika.

Der *Fremdenverkehr* bildet die Grundlage für einen bedeutenden Teil des Volkseinkommens. 60% der Übernachtungen entfallen auf ausländ. Gäste, unter denen die Deutschen vor den Franzosen, US-Amerikanern, Briten, Belgiern, Italienern u. Niederländern an erster Stelle stehen. Die wichtigsten Zentren des Fremdenverkehrs sind neben den Großstädten Zürich, Genf, Lausanne, Basel u. Bern: in Graubünden Davos, Sankt Moritz, Arosa, Pontresina, Flims-Waldhaus, Klosters, Scuol-Tarasp-Vulpera, Chur u. Sils im Engadin; im Tessin Lugano, Locarno, Ascona u. Brissago; im Wallis Zermatt, Montana-Vermala, Leukerbad, Crans u. Saas-Fee; am Genfer See Montreux u. Vevey; im Berner Oberland Interlaken, Grindelwald, Wen-

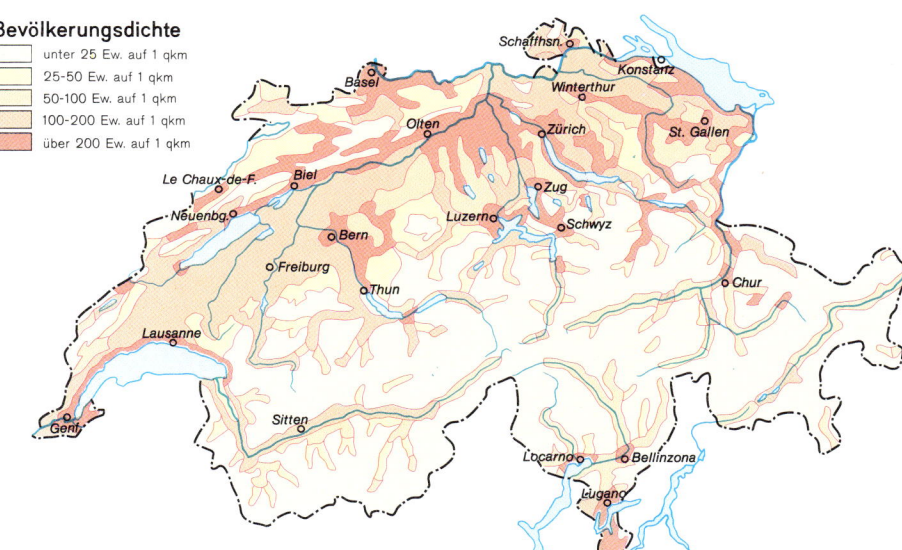

Bevölkerungswachstum 1850–1972

Schweizerische Volkstanzgruppen; im Vordergrund typische Engadiner Volkstracht

Schweiz

Moderner Almbetrieb für die Milchviehzucht

Das Bankenviertel in Zürich

Bodennutzung und Industrie

- Wald mit Holzwirtschaft
- Wiesen
- Hochgebirgsweiden mit Alpwirtschaft
- Fels- und Schneeregion
- Ackerland
- Weinbau

- Wasserkraftwerke
- Industriegebiete
- Gebiete der Uhrenindustrie
- Hauptgebiete des Fremdenverkehrs

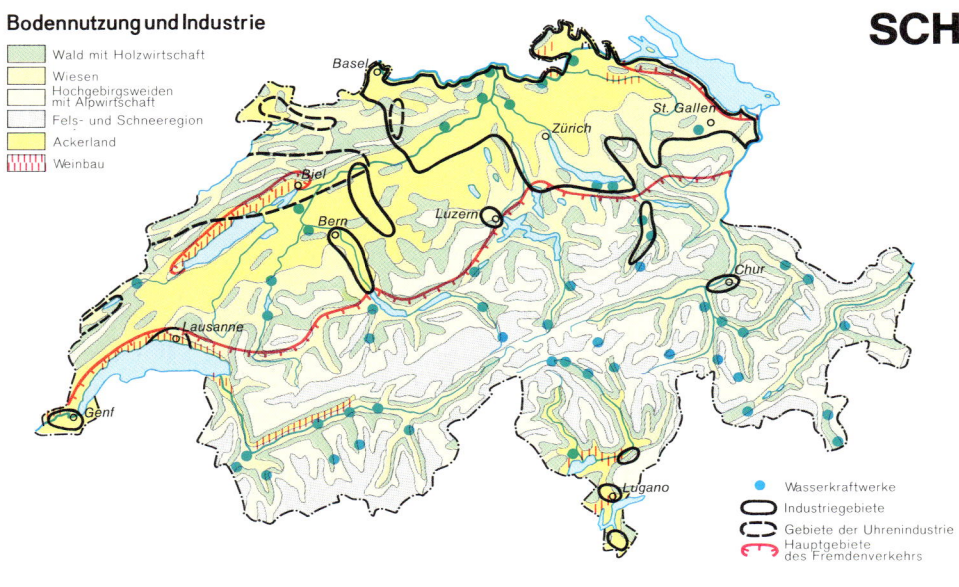

SCHWEIZ Wirtschaft und Verkehr

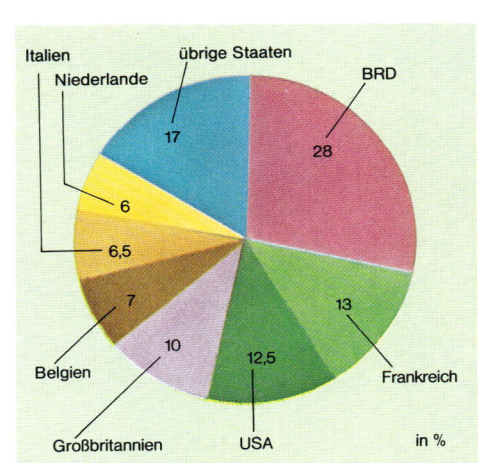

Ausländische Besucher pro Jahr (in %):
- BRD 28
- Frankreich 13
- USA 12,5
- Großbritannien 10
- Belgien 7
- 6,5
- Niederlande 6
- Italien / übrige Staaten 17

Talsperre Grande Dixence im Kanton Wallis: Stausee (links) und Staumauer (rechts)

Schweiz

Uhrenfabrikation in Biel

Rhätische Bahn

Am Straßentunnel San Bernardino

gen, Adelboden, Gstaad, Beatenberg u. Kandersteg; in der Zentral-S. Luzern, Engelberg, Weggis, Brunnen, Gersau u. Einsiedeln.

Verkehr: Der gute Zustand des dichten Straßen- (63 000 km, davon 1000 km Nationalstraßen) u. des voll elektrifizierten Eisenbahnnetzes (5100) km ist z. T. dem Fremdenverkehr zu verdanken. Die Alpen werden von zahlreichen Paßstraßen überquert (→Alpen). Über einige von diesen sind auch Bahnen geführt worden (u. a. Oberalp u. Bernina), andere werden von Eisenbahntunneln (Simplon, Sankt Gotthard, Lötschberg, Albula) oder Straßentunneln (Großer Sankt Bernhard, San Bernardino) unterquert. Der Flughafen von Zürich in Kloten hat internationalen Rang, die Flughäfen von Basel, Bern u. Genf stehen demgegenüber zurück. Der Rhein hat als Binnenschiffahrtsweg im Gegensatz zur Rhône erhebliche Bedeutung. Der jährliche Güterumschlag in Basel überschreitet 9 Mill. t. – ⌶6.4.1.

Politik u. Verfassung

Nach der Verfassung vom 29. 5. 1874 (mit zahlreichen Änderungen) ist die S. ein demokratischer Bundesstaat mit 26 Kantonen (darunter 6 Halbkantone). Die Gesetzgebung liegt bei der *Bundesversammlung*, die sich aus dem *Nationalrat* (unitarisches Organ) u. dem *Ständerat* (föderatives Organ) zusammensetzt. Der Nationalrat wird aus 200 Abg. des schweizer. Volkes gebildet. Die Sitze werden unter die Kantone u. Halbkantone im Verhältnis zu ihrer Wohnbevölkerung verteilt, wobei jeder Kanton u. Halbkanton Anspruch auf mindestens einen Sitz hat. Wahlberechtigt u. wählbar ist jeder, der das 20. Lebensjahr vollendet hat. Die Nationalratswahlen werden nach den Grundsätzen des allg., gleichen, geheimen u. direkten Wahlrechts abgehalten. Wahlsystem ist das Verhältniswahlrecht, wobei jeder Kanton u. jeder Halbkanton einen Wahlkreis bildet. Lediglich in den Wahlkreisen, die nur einen Abg. zu wählen haben (Appenzell-Innerrhoden, Nid-, Obwalden, Uri), findet die Wahl nach relativer Mehrheit statt. Für die Nationalratswahlen im Okt. 1971 besaßen erstmals neben den Männern auch die Frauen das aktive u. passive Wahlrecht. Der *Ständerat* ist das föderative Organ u. besteht aus 46 Mitgl. (2 für jeden Kanton, 1 für jeden Halbkanton). Die Ständeräte werden unmittelbar von den Kantonen nach dem System der romanischen Mehrheitswahl (→Wahlsysteme) gewählt. In den meisten Kantonen werden die Ständeräte für 4 Jahre zusammen mit dem Nationalrat gewählt (1 Jahr im Kanton Glarus, 3 Jahre in Obwalden u. Graubünden). Das Wahlrecht für den Ständerat unterliegt der kantonalen Gesetzgebung; in beiden Appenzell besitzen die Frauen dieses Wahlrecht noch nicht. Infolge des Wahlsystems weicht das Stärkeverhältnis der Parteien im Ständerat erheblich von dem im Nationalrat ab.
Die schweizer. Regierung, der *Bundesrat*, besteht aus 7 Mitgl. Die Vereinigte Bundesversammlung wählt nach jeder Erneuerung des Nationalrats die Regierungsmitglieder auf 4 Jahre. Der aus ihrer Mitte jährlich im Dezember gewählte Bundespräsident vertritt die Eidgenossenschaft nach außen; er ist nicht „Staatsoberhaupt", sondern als „primus inter pares" („Erster unter Gleichen") lediglich Vors. des Bundesrats *(Direktorialsystem)*. National- oder Ständeräte, die in den Bundesrat gewählt werden, scheiden aus dem Parlament aus. Der Bundesrat ist vom Vertrauen der Bundesversammlung nicht abhängig; er hat sich daher in der Verfassungswirklichkeit zu einem starken Exekutivorgan entwickelt. Ein einmal gewähltes Regierungsmitglied wird in der Regel im Amt bestätigt. Seit 1959 ist der Bundesrat nach einem vereinbarten Schlüssel (→Konkordanzdemokratie) eine Art gemeinsam regierender Ausschuß, der von den 4 größten Fraktionen der Bundesversammlung bestellt wird (Freisinnige, CVP, SPS, SVP).
Die Gesetzgebungszuständigkeit ist zwischen Bund u. Kantonen aufgeteilt, wobei auswärtige Angelegenheiten, Verkehr, Zoll, Alkohol, Erlaß der Zivil- u. Strafrechtsgesetze (jedoch nicht der Prozeßordnungen u. der Vorschriften über die Gerichtsverfassung), Finanzen u. a. in die Zuständigkeit des Bundes fallen. Insgesamt hat sich das polit. Gewicht seit der Verfassungsordnung mehr u. mehr auf den Bund verlagert. Der Bund erhielt vor allem neue Zuständigkeiten im Bereich der Wirtschafts- u. Sozialpolitik. Der Bundesrat hat die Gesetzesinitiative; Ständerat oder Nationalrat können vom Bundesrat in einer Motion die Vorlage eines Gesetzentwurfs verlangen. Die Vorlage wird zwischen den beiden Kammern so lange hin- u. hergeschoben, bis die Meinungsverschiedenheiten beseitigt sind oder die Vorlage abgelehnt ist. Bei jedem gesetzgeberischen Beschluß des Parlaments – ausgenommen der Bundeshaushalt – kann die Abhaltung eines *Referendums* (Volksabstimmung) verlangt werden (binnen 30 Tagen nach Erlaß, unterstützt durch 50 000 Bürger oder 8 Kantone, ein häufig angewandtes Mittel; eine *Volksinitiative* zur Verfassungsänderung benötigt 100 000 Unterschriften). – Die *Kantone* haben je eine eigene Verfassung, gesetzgebende Versammlung (meist: *Großer Rat*) u. Selbstverwaltung *(Regierungsrat);* in einigen Kantonen bedürfen alle Gesetze der plebiszitären Zustimmung. – ⌶5.8.6.

Zusammensetzung des Nationalrats (Oktober 1979)

Freisinnige	51
Sozialdemokraten (SPS)	51
Christlich-demokratische Volkspartei (CVP)	44
Schweizerische Volkspartei (SVP)	23
Landesring der Unabhängigen	8
Republikan. Bewegung (Schwarzenbach)	1
Liberale	8
Partei der Arbeit (kommunist.)	3
Nationale Aktion gegen Überfremdung	2
Evangelische Volkspartei	3
Autonome Sozialisten	3
Übrige	3

Militär →Bundesheer (3).

Bildungswesen

Da die 26 Kantone u. Halbkantone in kulturellen Belangen autonom sind, gibt es kein nationales Schulwesen. Es bestehen 26 verschiedene Schulsysteme mit z. T. unterschiedl. Bez. für die einzelnen Schultypen (z. B. allgemeinbildende Sekundarschulen, die zur Hochschulreife führen, werden je nach Kanton Gymnasium, Kantonschule, Mittelschule, Collège, Lycée, Gimnasio, Liceo genannt). Neben den öffentl. Schulen besteht ein ausgebautes System von Privatschulen u. Internaten. Die Dauer der obligator. Schulzeit liegt zwischen 7 u. 8 Jahren. Der Übergang von den Grund- oder Primarschulen auf die höheren allgemeinbildenden Sekundarschulen findet vom 4. Schuljahr an statt. Die Gesamtschulzeit bis zur Erlangung der Hochschulreife beträgt 12–13 Jahre.
Schultypen: 1. Grund-, Volks- oder Primarschulen; 2. Sekundarschulen, die zur Hochschulreife führen; 3. grundlegende, mittlere u. höhere berufsbildende u. Fachschulen für technische, industrielle, kaufmännische, landwirtschaftl. u. gewerbl. Berufe; 4. Fachhochschulen u. Universitäten in Basel, Bern, Freiburg, Genf, Lausanne, Neuenburg, St. Gallen u. Zürich.

Geschichte

Die kelt. *Helvetier*, von denen die S. ihre latein. Namensform herleitet, wanderten um 100 v. Chr. zwischen Jura u. Alpen ein, wurden 58 v. Chr. von Cäsar unterworfen u. dem Röm. Reich eingegliedert; 15 v. Chr. wurden auch die in den Ostalpen lebenden *Rätier* unterworfen. Das Gebiet der heutigen S. gehörte mehreren röm. Provinzen an. Wichtigste Städte waren: Vindonissa (Windisch), wo sich ein Legionslager befand, Aventicum (Avenches), die Hptst. der Helvetier, u. Colonia Augusta Raurica (Augst bei Basel). Um 445 eroberten die Burgunder von SW her das Wallis u. das Gebiet bis zur Aare, wurden aber von der einheim. Bevölkerung assimiliert; auch im Tessin u. in Graubünden konnte sich die bisherige Bevölkerung halten, während das übrige Land von den *Alemannen* besiedelt u. germanisiert wurde; aus dieser Zeit stammen die späteren Sprachgrenzen. Im 6. Jh. wurde das heutige Staatsgebiet dem Fränk. Reich eingegliedert; bei der Reichsteilung von 843 kam die Ost-S. an das Dt. Reich, im 11. Jh. auch die West-S. Auf dem Gebiet der späteren Eidgenossenschaft bildeten sich die Klöster St. Gallen, Einsiedeln, Allerheiligen in Schaffhausen, die Bistümer Genf, Lausanne, Sitten, Basel, Chur u. Konstanz; ferner entfalteten sich im 12./13. Jh. mehrere Territorialherrschaften, zunächst die der *Zähringer*, später die der *Savoyer* u. *Habsburger*. Gleichzeitig erkämpften sich die Länder →Uri u.

Schweiz

Im Mittelalter war Chillon für die Verbindung zwischen dem Reich und Reichsitalien von strategischer Bedeutung; Mitte des 12. Jh. kam das Schloß am Genfer See in den Besitz der Savoyer Grafen

→Schwyz sowie einzelne Städte die Reichsfreiheit.
Aus dem Gegensatz zwischen den zentralisierenden Herrschaftsbestrebungen der Habsburger u. der genossenschaftl. Tradition der Bauerngemeinden entstand die Eidgenossenschaft durch den Zusammenschluß der drei Urkantone Uri, Schwyz u. →Unterwalden 1291 („Ewiger Bund"), von denen der bedeutendste, Schwyz, später dem Gesamtgebilde den Namen gab. Nach dem Sieg über das Ritterheer Herzog Leopolds I. von Österreich in der Schlacht am *Morgarten* (1315) wurde der Ewige Bund erneuert u. 1332 um Luzern, 1351 Zürich, 1352 Glarus u. Zug, 1353 um Bern vergrößert; er entwickelte sich so zu einem Bündnis selbständiger Bauerngenossenschaften mit freien Reichsstädten. 1389 mußten die Habsburger nach den Niederlagen bei *Sempach* u. *Näfels* die Unabhängigkeit der Eidgenossenschaft anerkennen, 1415 wurde der Aargau, 1460 der Thurgau erobert u. als erste Untertanenländer aufgenommen, in mehreren Schlachten *Karl der Kühne* von Burgund besiegt, 1481 kamen noch die Städtekantone Freiburg u. Solothurn hinzu. Durch den Sieg der Eidgenossen im *Schwabenkrieg* gegen Kaiser Maximilian I. kam es zur endgültigen Loslösung vom Dt. Reich, die aber erst im *Westfäl. Frieden* 1648 bestätigt wurde. Mit dem Beitritt von Basel u. Schaffhausen 1501 u. Appenzell 1513 wurde der Bund zur Eidgenossenschaft der *Dreizehn Orte*; er blieb bis 1803 bei diesem Stand.
Die Reformation wurde in der dt. S. von Zürich aus durch H. *Zwingli*, in der welschen S. von Genf aus durch J. *Calvin* eingeführt; die *Waldstätte*, Luzern, Zug, Freiburg u. Solothurn blieben kath., Appenzell, Glarus, St. Gallen u. Graubünden waren konfessionell gespalten.
Die sog. *Alte Eidgenossenschaft* war ein Staatenbund, bestehend aus den 13 vollberechtigten *Orten*, mehreren *Zugewandten Orten*, *Schirmorten* u. gemeinsamen *Untertanengebieten*. Die Konferenz, auf der gemeinsame Probleme besprochen u. Beschlüsse gefaßt wurden, hieß *Tagsatzung*. Die Dreizehn Orte hatten ursprüngl. demokrat. Verfassungen, entwickelten sich aber im 16. u. 17. Jh. in Zürich, Basel u. Schaffhausen zu Zunftaristokratien, in Bern, Freiburg, Solothurn u. Luzern zu Herrschaften bevorrechtigter Geschlechter. Darauf kam es zu mehreren Aufständen u. Verschwörungen, die von den rechtl. schlechter gestellten Bauern u. Untertanen ausgingen, oder es kam in einzelnen Kantonen zu Familienkämpfen um die Macht.
Nach Ausbruch der Französ. Revolution tauchten Reformpläne auf, die jedoch durch den Einmarsch der Franzosen vereitelt wurden. Die alte Eidgenossenschaft brach zusammen, nur Bern u. die Innerschweiz leisteten – erfolglosen – bewaffneten Widerstand. Der neu entstandenen Helvetischen Republik wurde eine Verfassung oktroyiert. Die S. wurde zunächst Einheitsstaat, die einzelnen Kantone Verwaltungsbezirke; Standesrechte u. Untertanenverhältnisse wurden abgeschafft, Religions-, Presse-, Gewerbe- u. Handelsfreiheit zugesichert, die westl. Randgebiete – Genf, Berner Jura, später auch Wallis – von Frankreich annektiert. Durch die *Mediationsakte* vom 19. 2. 1803 wurde die S. wieder ein Staatenbund von 19 souveränen Kantonen. Zu den 13 alten Orten (jetzt *Kantone* genannt) waren 6 neue hinzugekommen, ehem. Zugewandte oder Untertanen, nämlich: St. Gallen, Graubünden, Aargau, Thurgau, Waadt u. Tessin.
Auf dem *Wiener Kongreß* von 1814/15 erlangte die S. die Anerkennung dauernder Neutralität; mit dem Beitritt der 3 letzten Kantone Wallis, Neuenburg u. Genf u. der Übernahme des ehem. Bistums Basel durch Bern (Berner Jura) erreichte das schweizer. Territorium seinen heutigen Bestand. Innenpolit. blieb die S. ein Staatenbund mit weitgehender Souveränität der einzelnen (22) Kantone (separate Soldverträge mit dem Ausland); in den alten Orten übernahmen Zünfte u. bevorrechtigte Geschlechter wieder die Herrschaft, in den Städtekantonen war die Landschaft gegenüber der regierenden Hauptstadt polit. weitgehend rechtlos. Der

In der Schlacht bei Sempach 1386 erkämpften die Schwe-

Schweiz

Parade eidgenössischer Truppen vor General Dufour nach dem Sieg im Sonderbundskrieg 1847. Gemälde; Zürich, Schweizerisches Landesmuseum

Im Zweiten Weltkrieg konzentrierten sich die Widerstandskräfte der Schweiz gegen eine Invasion um General Guisan

SCHWEIZ Geschichte

Unabhängigkeit. Buchmalerei aus der Diebold-Schilling-Chronik; Luzern, Zentralbibliothek (links). – Landsgemeinde in Glarus (rechts)

Schweiz

Die territoriale Entwicklung der Eidgenossenschaft

Sonderbundskrieg

- Die Eidgenossenschaft 1291
- Erwerbungen bis 1353
- Erwerbungen bis 1417
- Erwerbungen bis 1501
- Erwerbungen vor 1797
- Grenze der Eidgenossenschaft 1515
- Heutige Grenze der Schweiz

- Katholische Kantone (Sonderbund)
- Liberale Kantone
- Neutrale Kantone

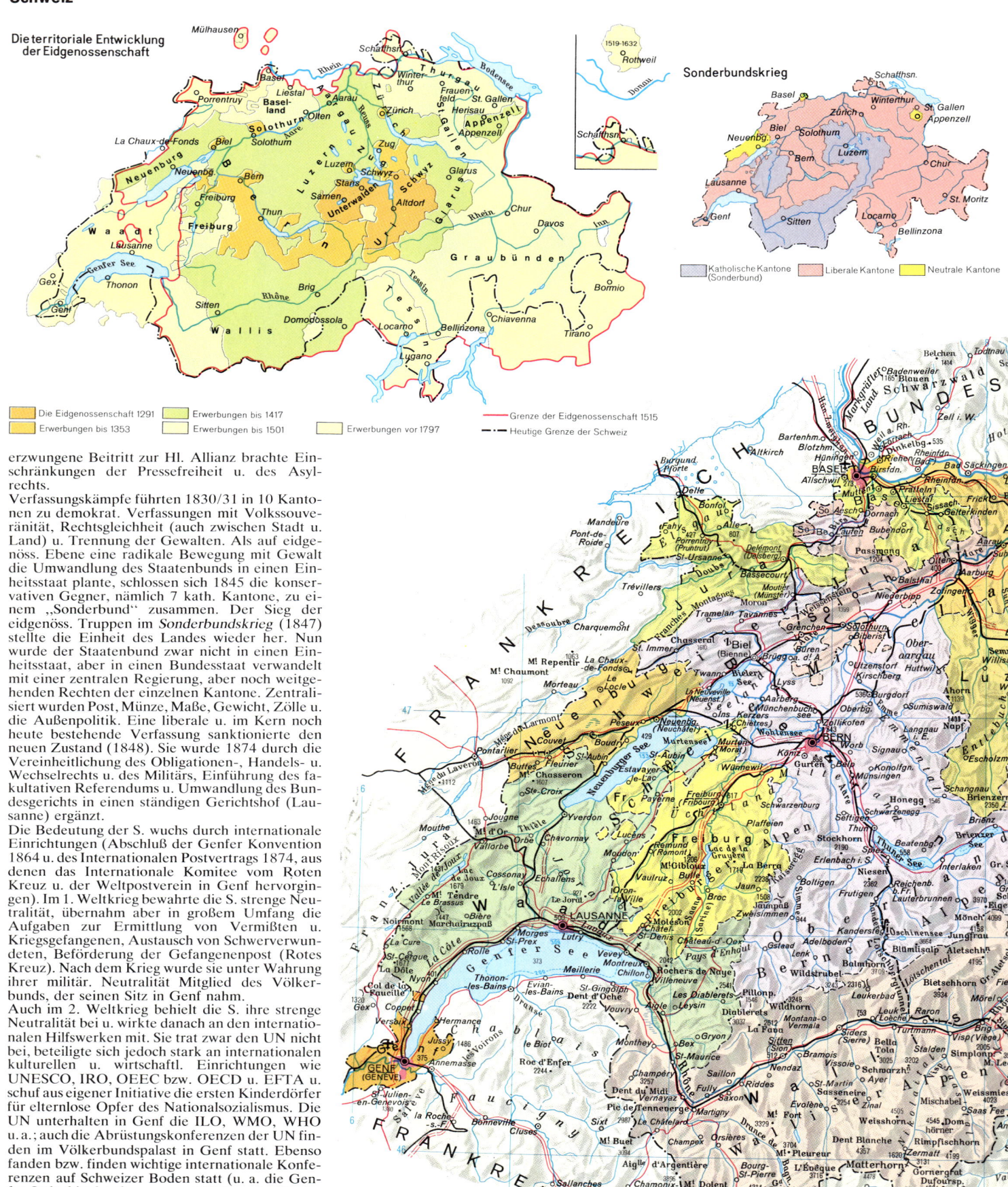

erzwungene Beitritt zur Hl. Allianz brachte Einschränkungen der Pressefreiheit u. des Asylrechts.

Verfassungskämpfe führten 1830/31 in 10 Kantonen zu demokrat. Verfassungen mit Volkssouveränität, Rechtsgleichheit (auch zwischen Stadt u. Land) u. Trennung der Gewalten. Als auf eidgenöss. Ebene eine radikale Bewegung mit Gewalt die Umwandlung des Staatenbunds in einen Einheitsstaat plante, schlossen sich 1845 die konservativen Gegner, nämlich 7 kath. Kantone, zu einem ,,Sonderbund" zusammen. Der Sieg der eidgenöss. Truppen im *Sonderbundskrieg* (1847) stellte die Einheit des Landes wieder her. Nun wurde der Staatenbund zwar nicht in einen Einheitsstaat, aber in einen Bundesstaat verwandelt mit einer zentralen Regierung, aber noch weitgehenden Rechten der einzelnen Kantone. Zentralisiert wurden Post, Münze, Maße, Gewicht, Zölle u. die Außenpolitik. Eine liberale u. im Kern noch heute bestehende Verfassung sanktionierte den neuen Zustand (1848). Sie wurde 1874 durch die Vereinheitlichung des Obligationen-, Handels- u. Wechselrechts u. des Militärs, Einführung des fakultativen Referendums u. Umwandlung des Bundesgerichts in einen ständigen Gerichtshof (Lausanne) ergänzt.

Die Bedeutung der S. wuchs durch internationale Einrichtungen (Abschluß der Genfer Konvention 1864 u. des Internationalen Postvertrags 1874, aus denen das Internationale Komitee vom Roten Kreuz u. der Weltpostverein in Genf hervorgingen). Im 1. Weltkrieg bewahrte die S. strenge Neutralität, übernahm aber in großem Umfang die Aufgaben zur Ermittlung von Vermißten u. Kriegsgefangenen, Austausch von Schwerverwundeten, Beförderung der Gefangenenpost (Rotes Kreuz). Nach dem Krieg wurde sie unter Wahrung ihrer militär. Neutralität Mitglied des Völkerbunds, der seinen Sitz in Genf nahm.

Auch im 2. Weltkrieg behielt die S. ihre strenge Neutralität bei u. wirkte danach an den internationalen Hilfswerken mit. Sie trat zwar den UN nicht bei, beteiligte sich jedoch stark an internationalen kulturellen u. wirtschaftl. Einrichtungen wie UNESCO, IRO, OEEC bzw. OECD u. EFTA u. schuf aus eigener Initiative die ersten Kinderdörfer für elternlose Opfer des Nationalsozialismus. Die UN unterhalten in Genf die ILO, WMO, WHO u.a.; auch die Abrüstungskonferenzen der UN finden im Völkerbundspalast in Genf statt. Ebenso fanden bzw. finden wichtige internationale Konferenzen auf Schweizer Boden statt (u. a. die Genfer Indochinakonferenz von 1954 u. die Genfer Laos-Konferenz von 1961/62; 1973–1975 die Europäische Sicherheitskonferenz [KSZE]). 1972 unterzeichnete die S. ein Freihandelsabkommen mit der EWG. 1971 wurde im Bund das Frauenwahlrecht eingeführt. 1978 wurde durch Volksabstimmung aus französischsprachigen Teilen des Kantons Bern der neue Kanton Jura geschaffen. – ⌐ 5.4.8.

(Fortsetzung von S. 52)
Unternehmen der Aluminiumindustrie, gegr. 1888, umfaßt Rohstoff-, Energie- u. Hüttenbetriebe, Halbzeug-, Folienwerke u.a.; Grundkapital: 700 Mill. sfrs; 24000 Beschäftigte.
Schweizerische Bankgesellschaft, Zürich, 1912 durch Verschmelzung der Bank in Winterthur (gegr. 1862) u. der Toggenburger Bank (gegr. 1863) entstandene schweizer. Großbank mit zahlreichen Filialen.
Schweizerische Depeschenagentur, frz. *Agence Télégraphique Suisse,* ital. *Agenzia Telegraphica Svizzere,* Abk. ATS-SDA, 1894 gegr., heute dreisprachig erscheinende, im Besitz von 44 Verlegern befindl. schweizer. Nachrichtenagentur, Sitz: Bern.
Schweizerische Eidgenossenschaft, amtl. Name der →Schweiz.
Schweizerische Gesellschaft für Vogelkunde und Vogelschutz, Zürich; gegr. 1909 in Basel; Hauptarbeitsgebiete: wissenschaftl. Vogelkunde u. Vogelschutz; Veröffentlichungen: „Der Ornithologische Beobachter".
Schweizerische Kreditanstalt, Zürich, 1856 gegr. schweizer. Großbank, die alle Bankgeschäfte betreibt.
schweizerische Kunst, Architektur, Plastik, Malerei u. Kunsthandwerk der Schweiz, eng mit der Kunst der angrenzenden Länder Frankreich, Italien u. Dtschld. verbunden.

Architektur:
Die ältesten geschichtl. Denkmäler stammen aus röm. Zeit, u. a. die bei Ausgrabungen zutage gekommenen Architekturreste in Augst, Avenches u. Windisch.
Die ersten Kirchenbauten entstanden seit dem 4. Jh., sind aber nur ein schwaches Abbild der gleichzeitigen Kirchenarchitektur in Rom u. Oberitalien. Verbreitet war ein Bautypus mit einschiffigem Saal u. Dreiapsidenabschluß (St. Peter in Mistail, St. Johann in Müstair). Der erhaltene Idealplan des Klosters in St. Gallen (um 820) wurde maßgebend für die fränk. Klostergründungen. Er zeigt das Kloster als eine eigene kleine Welt mit Einrichtungen für das Studium, künstlerischen Werkstätten, Herberge, Krankenhaus u. der Kirche als Mittelpunkt. In der Romanik herrschten drei Einflußströmungen vor: die von Cluny ausgehende burgundische, die lombardische u. die oberrheinische. Die Abteikirchen in Romainmôtier u. Payerne gehen auf den Kirchenbau von Cluny II zurück; die lombard. Komponente spiegelt sich im Großmünster in Zürich wider, u. das Münster in Schaffhausen ist geprägt von der Hirsauer Bauschule. Im Münster von Basel (1185 begonnen) fließen alle drei Strömungen zusammen.
Der Einfluß der französ. Frühgotik wird zuerst bei St.-Pierre in Genf (um 1160 begonnen) u. an der Kathedrale in Lausanne (1173–1232) deutlich; in beiden Bauten verbinden sich burgund. u. nordfranzös. Formen. Hochgot. Architektur findet sich nur in einfachen, vornehml. von oberrhein. Anlagen abhängigen Bettelordens- u. Pfarrkirchen. Das 1283 begonnene Münster in Freiburg im Uechtland ist eine got. Umbildung der Kathedrale zu Lausanne; der Westturm entstand nach dem Vorbild des Münsterturms in Freiburg i. Br. Die Spätgotik manifestiert sich im Chor u. in den Türmen des Basler Münsters, vor allem aber im Münster zu Bern (seit 1421), dessen Konzeption von M. *Ensinger* stammt.
Während sich die Renaissance-Architektur der südl. Schweiz (Fassade von S. Lorenzo in Lugano, seit 1517; Collegiata in Bellinzona, seit 1546; Sta. Croce in Riva San Vitale) unmittelbar italien. Vorbildern anschloß, war sie nördl. der Alpen von süddt. Bauten abhängig. Erst Mitte des 16. Jh. entstanden reine Renaissancebauwerke in Luzern (Palais Ritter) u. Basel (Geltenzunft, Spießhof).
Im Barock war die Kirchenarchitektur vorrangig, der Schloßbau ging zurück. Charakterist. für den Kirchenbau dieser Zeit ist die längsgerichtete Halle, ein vor allem in der sog. *Vorarlberger Bauschule* ausgeprägter Typ. Mit den Klosteranlagen in Maria Einsiedeln (von K. *Moosbrugger*) u. St. Gallen (von P. *Thumb*) erreichte die schweizer. Barockbaukunst ihre höchste Blüte. – ▣ S. 64.
Der Profanbau beschränkte sich auf Rathäuser (Zürich), Stadtpaläste (Erlacherhof in Bern) u. Zunfthäuser (Haus zur Meise in Zürich).
In der Baukunst des 19. Jh. sind die gleichen Strömungen wie in Dtschld. nachweisbar; Kirchen wurden meist im got., Profanbauten zunächst im roman., später im Stil der Renaissance errichtet. Auf Entwürfe G. *Sempers* gehen die Techn. Hochschule in Zürich, das Stadthaus in Winterthur u. das Geschäftshaus zum Sonnenbühl in Zürich zurück.
Reich ist der Beitrag der Schweiz zur Architektur des 20. Jh. K. *Moser* errichtete mit St. Antonius in Basel (1926/27) den ersten Sakralbau der Schweiz in reiner Stahlkonstruktion. *Le Corbusier* wurde für die moderne Architektur der Schweiz maßgebend. Neue Siedlungen, bes. in Basel, Bern (Siedlung Halen), Zürich, sind sowohl zweckentsprechend als auch menschlichen Bedürfnissen angemessen. Krankenhaus-, Schul- u. Hochschulbau wurden neu konzipiert. Gute Beispiele finden sich in Basel, Bern, Freiburg, St. Gallen, Zürich. Auch der Kirchenbau spielt eine große Rolle. Schweizer. Architekten, wie Hermann *Baur* (* 1894), M. *Bill,* Werner M. *Moser* (* 1896), haben internationalen Rang.

Plastik
Aus röm. Zeit ist außer Statuetten, Marmor- u. Bronzeköpfen nur wenig erhalten.
Hptw. der karoling. Plastik sind die mit Flechtbandmotiven verzierten Altarschranken des Doms von Chur, das Reliquiar in Chur u. die Elfenbeindeckel des Evangelium longum aus der Stiftsbibliothek St. Gallen. Die mittelalterl. Skulptur der Schweiz fand ihren vollkommensten Ausdruck in der Galluspforte des Basler Münsters (um 1180), an der Anregungen aus der Lombardei u. der Provence verarbeitet wurden. Die Renaissance brachte in der Schweiz ein gediegenes Kunsthandwerk hervor.
Im Barock u. im 19. Jh. gab es nur wenige eigenständige Leistungen.
Dagegen hat die Schweiz einen bemerkenswerten Anteil an der Plastik des 20. Jh. mit Künstlern wie C. *Burckhardt,* H. *Haller* u. A. *Zschokke,* vor al-

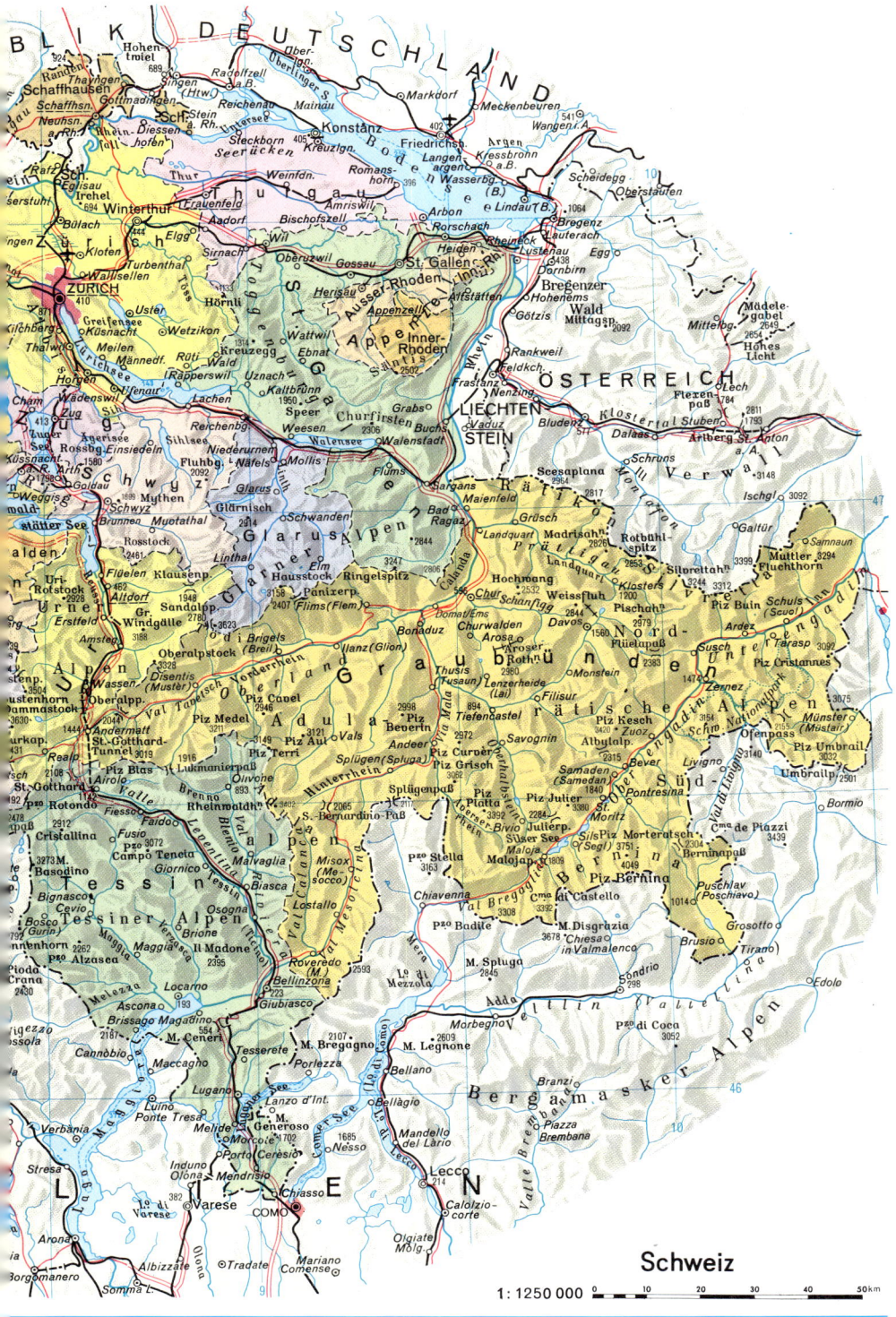

Schweiz
1 : 1 250 000

schweizerische Literatur

lem aber mit namhaften Repräsentanten der internationalen modernen Plastik, unter ihnen M. *Bill*, A. *Giacometti* u. J. *Tinguely*.

Malerei

Von der Malerei des frühen MA. bis zum 10. Jh. geben die von spätantiken u. syrischen Vorbildern beeinflußten Wandmalereien in St. Johann zu Müstair u. die in der Klosterkirche von St. Gallen gefertigten Miniaturen eine Vorstellung. Die bemalte Holzdecke der Kirche in Zillis ist der einzige guterhaltene Bilderzyklus, den die Schweiz aus dem 12. Jh. besitzt. Bedeutende roman. Malereifragmente befinden sich in Sta. Maria in Pontresina, S. Carlo in Prugiasco, in der Dorfkirche von Montchérand u. in St. Vigilio in Rovio.

Die got. Malerei der Schweiz schöpft aus französ. u. oberrhein. Quellen; wichtigste Denkmäler sind die Glasfenster in Bern, Königsfelden u. Lausanne. Die Wandgemälde des 14. Jh. im Tessin (S. Biagio in Bellinzona-Ravecchia) weisen überwiegend italien. Einflüsse auf. Die Tafelmalerei der Spätgotik hatte ihren Höhepunkt in den Werken von K. *Witz*, der mächtige Gestalten mit groß gefügten Räumen zur Einheit verschmolz.

Die Malerei der Renaissance war im Süden durch italien. Vorbilder bestimmt. Im Norden pflegte Niklaus Manuel *Deutsch* (*um 1484, †1530) einen manieristisch übersteigerten Stil, U. *Graf* schilderte urwüchsig das Landsknechtsleben.

Im Barock legten M. *Merian* d. Ä. (1593–1650) u. sein Sohn eine Enzyklopädie der europ. Städte in Kupferstichen an. Tüchtige Porträtisten waren J. E. *Liotard* u. A. *Graff*. Als Vorläufer der Surrealisten malte H. *Füssli* phantastische, oft spukhafte Bilder.

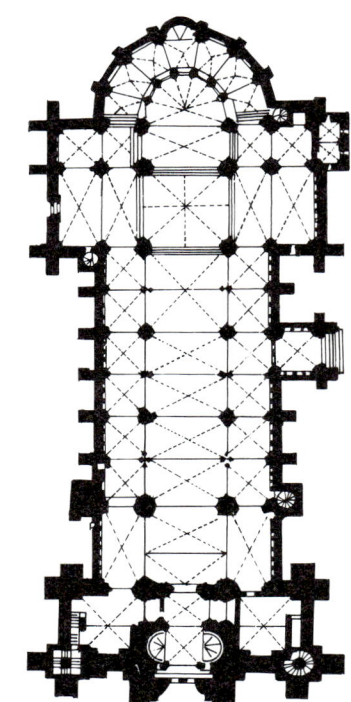

Grundriß der Kathedrale in Lausanne

Die Galluspforte am Baseler Münster gehört zu den ältesten Figurenportalen im deutschen Sprachraum; Ende 12. Jh.

Gewölbe der Eingangshalle in der Kathedrale zu Lausanne; begonnen 1175

schweizerische Literatur

Tanzender Engel des sogenannten Erminoldmeisters, Basel; um 1280. Basel, Münstermuseum

Alberto Giacometti, Der Hund; 1951. Basel, Kunstmuseum, Depositum der Alberto-Giacometti-Stiftung

SCHWEIZERISCHE KUNST

Paul Klee, Der Goldfisch; 1925. Hamburg, Kunsthalle (rechts)

Stiftsbibliothek in St. Gallen von Peter Thumb; 1755

Auf dem Weg vom 19. ins 20. Jh. brachte die Schweiz zahlreiche bedeutende Maler hervor: C. *Amiet* u. F. *Valloton*, die vom Impressionismus ausgingen u. ihn überwanden; A. *Böcklin*, der aus der idealist. Schule kam u. dessen Spätwerk Elemente des Surrealismus aufweist; F. *Hodler* mit realist. Bildern, später beeinflußt von Jugendstil u. Symbolismus. P. *Klee* mit seiner unerschöpfl. surrealist. Phantasie u. A. *Giacometti* wirkten mit ihren Bildern über die Grenzen der Schweiz u. Europas hinaus. – 🕮 2.3.9.

schweizerische Literatur. Obwohl vier Sprachräumen zugehörig (dem dt., französ., italien., rätoroman.), zeigt die s. L., bedingt durch die sozialen u. histor. Gegebenheiten, eigenständige u. einheitl. Züge. Merkmale sind Wirklichkeitssinn, starke Volksbezogenheit, moral.-erzieher. Geist, wie ihn der reformator. Protestantismus mit sich brachte u. auf den bürgerl. Liberalismus übertrug. Das histor. Volkslied, der Tellstoff („Urner Tellenspiel" 1511), die Mundartdichtung u. eine weltoffene Kultur prägen das Dichtungsgut.

Erste Zeugnisse deutschsprachiger Literatur sind mit dem Namen des Klosters St. Gallen verbunden (um 800): Die Sequenzendichtung des *Notker Balbulus*, die Tropen des *Tutilo* (*um 830, †913) u. *Ekkehard I.; Rudolf von Fenis* besang das höf. Rittertum; die *Manessische Handschrift* enthält u. a. Dichtungen von B. *Steinmar von Klingenau* u. J. *Hadlaub*. Zur höf. Epik gehören *Ulrich von Zatzikoven* u. *Konrad von Würzburg*, volkstüml., lehrhafte Dichtung pflegte *Konrad von Ammenhausen* (Anfang des 14. Jh.) in seinem „Schachzabelbuch" 1337; ins Spät-MA. gehört H. *Wittenweiler*. Das „Osterspiel von Muri" (Mitte des 13. Jh.), das „St. Galler Passionsspiel" (1. Hälfte des 14. Jh.) u. das „Luzerner Osterspiel" (um 1480) sind Beiträge zum religiösen Schauspiel.

Der Mystik verhaftet sind Elsbeth *Stagel* († um

schweizerische Musik

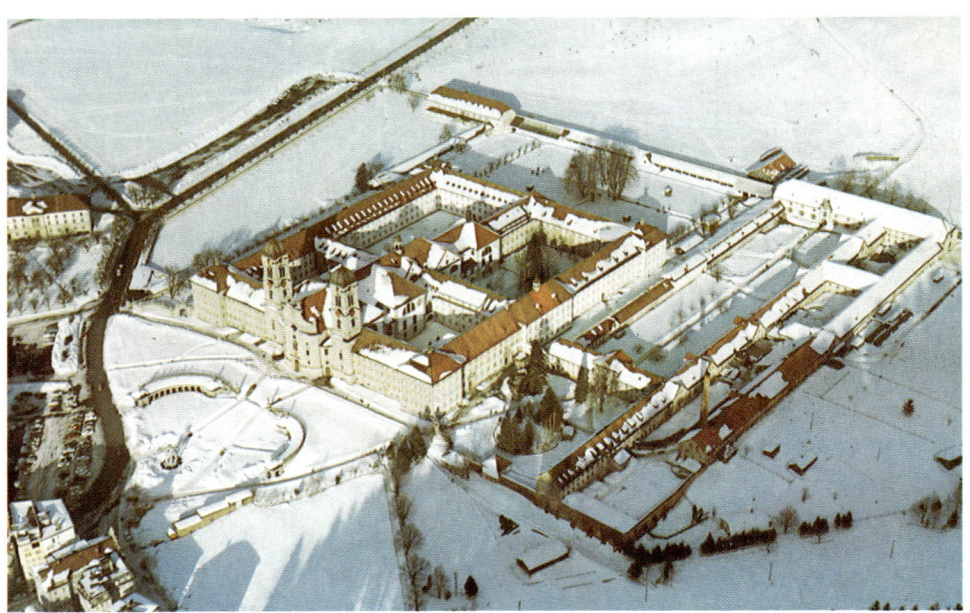

schweizerische Kunst: die barocke Benediktinerabtei Einsiedeln mit Stiftskirche, erbaut von C. Moosbrugger

1360), *Nikolaus von Basel* (*1383), *Heinrich von Laufenberg*, der Naturmystiker *Paracelsus*; *Niklas von Wyle* übersetzte italien. Renaissanceschriften, Frühhumanist war auch *Albrecht von Bonstetten* (*1443, † um 1504). Humanismus u. Reformation fanden Eingang durch H. *Zwingli* u. Utz *Ecksteins* (*um 1500, † um 1560) Satiren; Dramatiker waren N. *Manuel*, P. *Gengenbach*, J. *Ruf* († 1558); gelehrte Prosa: *Joachim von Watt*, A. *Tschudi*.
Das 17. Jh. wird repräsentiert durch den Moralsatiriker Johannes *Grob* (*1643, † 1697), die Lyriker Johann Wilhelm *Simler* (*1605, † 1672) u. Johann Melchior *Hardmeyer* (*1626, † 1700) u. den Barockdramatiker Johann Kaspar *Weissenbach* (*1633, † 1678).
Engste Beziehung zur Literatur in Dtschld. schufen in der Aufklärung J. J. *Bodmer* u. J. J. *Breitinger*, die Lehrdichtung vertrat A. von *Haller*; Rokokoschäfereien: S. *Geßner*, Lyrik: J. G. Frhr. von *Salis-Seewis*, H. F. *Amiel* (Gedankenlyrik); J. K. *Lavater* beeinflußte den Sturm u. Drang u. Goethe. Volksschriftsteller waren J. H. *Pestalozzi*, u. U. *Bräker*; Mundartdichtung pflegten Johann Jakob *Rütlinger* (*1790, † 1856), J. M. *Usteri* u. Arnold *Halder* (*1812, † 1888).
Die heimatverbundene Literatur formten Jakob *Frey* (*1824, † 1875), Josef *Schild* (*1821, † 1889), A. *Ott* (Festspiele); Erzähler war Walther *Siegfried* (*1858, † 1938), Jugendschriftstellerin J. *Spyri*. J. *Gotthelf*, G. *Keller*, C. F. *Meyer* führten die Dichtung im 19. Jh. zu einem Höhepunkt. Anschließend an die großen Erzähler u. von ihnen ausgehend traten hervor: R. *Faesi*, J. *Schaffner*, E. *Stickelberger*, R. *Walser*, A. *Steffen*, F. *Moeschlin*, A. *Talhoff*, O. F. *Walter*, P. *Bichsel*, die beiden Nobelpreisträger C. *Spitteler* u. H. *Hesse*; die Schweiz in den Kriegen schilderten M. *Inglin* u. Gustav *Keckeis* (*1884, † 1967); auch Dramen verfaßten W. J. *Guggenheim* u. J. *Bührer*. Dem Symbolismus zuzurechnen sind Dramen u. Gedichte von M. *Pulver*; Expressionisten sind K. *Stamm* u. K. *Bänninger*; von den Lyrikern sind H. *Hiltbrunner*, A. *Ehrismann* u. Alexander Xaver *Gwerder* (*1923, † 1952) zu nennen. Die Mundart u. Heimatdichtung führen weiter: R. von *Tavel*, M. *Lienert*, A. *Bächtold*, J. Ch. *Heer*, E. *Zahn*, Josef Maria *Camenzind* (*1904). Führende Dramatiker sind neben K. *Falke* u. C. von *Arx* vor allem M. *Frisch* u. F. *Dürrenmatt*. Bedeutende Namen sind verbunden mit der Literatur- u. Kulturkritik: M. *Rychner*, F. *Ernst* (*1889, † 1958), E. *Ermatinger*, E. *Staiger*, W. *Muschg*.
Dem Geist u. dem Leben der französ. Schweiz verhaftet sind Ch. F. *Ramuz*, Gustave *Roud* (*1897), Charles François *Landry* (*1909), Maurice *Zermatten* (*1910), die Romanschriftsteller Jacques *Mercanton* (*1910), der Strukturalist Yves *Velan* (*1925), Robert de *Traz* (*1884, † 1951), Jean *Marteau* (*1903), Jacques *Chessex* (*1934), Anne *Cuneo* (*1936), aus dem französ. Jura Monique *Saint-Hélier*; das Menschenbild der Westschweiz schildern die Essayisten G. de *Pourtalès*, D. de *Rougemont*, Fernand *Chavannes* (*1868, † 1936), Jean *Starobinski* (*1920) u. der Weltenbummler B. *Cendrars*; die Lyriker dieses Sprachraums sind Pierre-Louis *Matthey* (*1893), Philippe *Jaccottet* (*1925), der Genfer Gilbert *Trolliet* (*1907), Gaston *Cherpilod* (*1925).
Hauptgestalt der italien. Schweiz (Tessin) ist der Lyriker u. Erzähler F. *Chiesa*, daneben Valerio *Abbondio* (*1891), Giuseppe *Zoppi* (*1896, † 1952); Erzähler: Guido *Calgari* (*1905), Felice *Filippini* (*1917).
Die →rätoromanische Literatur (Graubünden) pflegt daneben ihre volksverbundene Dichtung. – □ 3.1.1.

schweizerische Musik. Erste kirchenmusikal. Zentren waren St. Gallen u. Engelberg. Der Minnesang fand seinen dokumentar. Niederschlag in der Manessischen Handschrift. Schon früh blühten in der Schweiz Volkslied, Chorwesen, Instrumentalmusik. Ein bedeutender Musiktheoretiker war *Glareanus* (*1488, † 1563). Auch weit außerhalb der Schweiz bekannt wurde der Komponist L. *Senfl* mit seinen Liedern, Messen, Motetten. Im 17. u. 18. Jh. setzte sich in der Schweiz das Gemeinschaftsmusizieren durch, das vor allem zum Aufblühen der Singgesellschaften unter führenden Persönlichkeiten wie H. G. *Nägeli* wie auch zur Gründung der „Schweizer. Musikgesellschaft" 1808 führte. Komponisten wie Ferdinand Fürchtegott *Huber* (*1791, † 1863), der Basler Joseph Hartmann *Stuntz* (*1793, † 1859), W. *Baumgart-*

schweizerische Literatur: Max Frisch (links) bei der Uraufführung von „Die chinesische Mauer" im Theater am Kurfürstendamm in Berlin 1955, mit dem Regisseur Oscar Fritz Schuh u. der Darstellerin der Cleopatra

ner, F. *Hegar*, H. *Huber*, F. *Klose*, E. *Jaques-Dalcroze*, Gustave *Doret* (*1866, † 1943), H. *Suter*, W. *Courvoisier* haben sich um die s. M. des 19. Jh. verdient gemacht. Komponisten der neueren Zeit: E. R. *Blanchet*, V. *Andreae*, E. *Bloch*, E. *Ansermet* (Dirigent), O. *Schoeck*, F. *Martin*, A. *Honegger*, R. *Moser*, W. R. *Vogel*, A. *Moeschinger*, W. *Burkhard*, H. *Haug*, C. *Beck*, C. *Regamey*, H. *Sutermeister*, R. *Liebermann*, P. *Burkhard*, Julien-François *Zbinden* (*11. 11. 1917), Robert *Suter* (*30. 1. 1919), Armin *Schibler* (*20. 11. 1920), J. *Wildberger*, K. *Huber*, R. *Kelterborn*. – Das Volksliederrepertoire ist reichhaltig, da es die Unterschiede der Sprache u. der Mentalität der alemannischen, französ. u. italien. Teilgebiete des Landes widerspiegelt. – □ 2.9.5.

Schweizerische Nationalbank, 1905 mit Sitz in Bern gegr. Zentralnotenbank der Schweiz; wird von den einzelnen Kantonen getragen.

Schweizerische Radio- u. Fernsehgesellschaft, Abk. *SRG*, privatrechtl. Verein mit monopolartigem Recht (u. Pflichten) zur Verbreitung von Hörfunk- u. Fernsehprogrammen in der Schweiz, Sitz Bern; je 2 Hörfunkprogramme in dt., französ., italien. u. rätoroman. Sprache, überregionales u. regionales Fernsehprogramm.

Schweizerischer Bankverein, Basel, gegr. 1872, größte Geschäftsbank der Schweiz mit zahlreichen Niederlassungen im In- u. Ausland.

Schweizerische Republikanische Bewegung →Republikanische Bewegung.

Schweizerische Nationalbank, Bern

Schweizerischer Gewerkschaftsbund, Abk. *SGB*, Dachverband nichtkonfessioneller u. überparteil. Berufsgewerkschaften (nicht: Industriegewerkschaften wie in der BRD) der Schweiz mit (1975) 471500 Mitgliedern. Größte Mitgliedsgewerkschaft ist der *Schweizerische Metall- u. Uhrenarbeiterverband*. →auch christliche Gewerkschaften, Vereinigung Schweizerischer Angestelltenverbände.

Schweizerischer Landesverband für Leibesübungen, Abk. *SLL*, 1922 gegr. Dachverband für Turnen u. Sport in der Schweiz, Sitz: Bern; Aufgaben: Förderung der einzelnen Sportarten, Koordination zwischen den Verbänden, Zuteilung finanzieller Mittel an die Verbände (Sport-Toto-Mittel) u. die Wahrung der Interessen der ihm angeschlossenen Verbände gegenüber der Öffentlichkeit u. den Behörden. Für bes. Aufgaben werden ständige Kommissionen ernannt (Sportmedizin, Elitesport, Sport für alle, Dopingfragen, Turn- u. Sportplatzberatung). Dem SLL sind 66 Sportverbände mit ca. 2,0 Mill. Mitgliedern angeschlossen. Dem SLL gehört auch das SOC (Schweizer. Olympisches Comité) als Mitglied an, das Fachorgan für Olympiafragen ist.

Schweizerischer Nationalpark, 168,7 qkm großes Naturschutzgebiet im östl. Kanton Graubünden, beiderseits der Straße Zernez–Ofenpaß, 1909 gegr., großartige Hochgebirgslandschaft mit mannigfaltiger, urwüchsiger Alpenflora u. reichem Wildbestand.

Schweizerische Volkspartei, Abk. *SVP*, 1971 erfolgter Zusammenschluß der gesamtschweizer. Bauern-, Gewerbe- u. Bürger-Partei (BGB) mit der Demokratischen Partei der Kantone Glarus u. Graubünden. Die SVP versteht sich als Partei der Mitte. Sie errang bei den Nationalratswahlen 1971 u. 1979 insges. 23 Sitze u. stellt (wie vorher die BGB) ein Regierungsmitglied im Bundesrat.

Schweizer Jura, bewaldetes Mittelgebirge im W u. NW der Schweiz, aus einer Reihe paralleler Ketten bestehend, die aus Kalkgestein der Jura- u. Kreideformation gebildet sind u. die im Tertiär größtenteils gefaltet wurden (*Faltenjura*); im NO der ungefaltete *Tafel-* oder *Plattenjura*; plateauartige Verflachung nach NW (*Plateaujura*); mauerartiger Abfall nach SO zum Schweizer Mittelland; im *Mont Tendre* 1679 m, *La Dôle* 1677 m; Gebirgslandschaft mit geologisch u. geomorphologisch interessanten Erscheinungen: Karst, Flußversickerungen wie Kluse, Combe, Crêt, Ruz; Hauptorte: La Chaux-de-Fonds, Delémont, Porrentruy; Uhrenindustrie. – ⃞→Schweiz (Natur und Bevölkerung).

Schweizer Käse, *Emmentaler Käse* [nach dem *Emmental* im schweizer. Kanton Bern], mühlsteinförmiger Hartkäse mit mindestens 45% Fettgehalt; die Bez. „S. K." weist heute nicht mehr auf die Herkunft hin, sondern nur auf die Geschmacksrichtung u. Form.

Schweizer Manier →Geländedarstellung.

Schwela, 1. Christian, sorb. *Kito Šwela*, niedersorb. Schriftsteller u. Redakteur, *21. 2. 1836 Saspow bei Cottbus, †26. 1. 1922 Cottbus; schrieb vornehml. Essays u. Lyrik.
2. Gotthold, Sohn von 1), sorb. *Bogumil Šwela*, sorb. Sprachwissenschaftler u. Heimatforscher, *5. 9. 1873 Schorbus, †20. 4. 1948 bei Naumburg.

Schwelle, 1. *allg.:* waagerechter Balken; Grenze.
2. *Eisenbahn:* Unterlage für Schienen, besteht aus mit konservierenden Stoffen getränktem Hartholz, Stahl oder (zunehmend) Spannbeton.
3. *Geomorphologie u. Ozeanographie:* flache Aufwölbung des Meeresbodens oder des Festlands ohne deutlich sichtbare Ränder.
4. *Hochbau:* unterster, waagerechter Teil der Türumrahmung; oft über den Fußboden hervorragend.
5. *Militär:* nukleare S., Atom-S., bei der Eskalation einer bewaffneten Auseinandersetzung die Grenze zwischen konventioneller u. nuklearer Kriegsführung.
6. *Psychologie:* der Grenzwert, oberhalb dessen eine Vorstellung bewußt, ein Reiz empfunden, ein Unterschied als solcher bemerkt wird.
7. *Wasserbau:* unterhalb eines Wehrs oder Schützes angeordnete Erhöhung zur Bildung eines Wasserpolsters; →Energiezehrer.

Schwellfestigkeit, Sonderfall der →Dauerschwingfestigkeit für eine zwischen Null u. einem Höchstwert an- u. abschwellende Spannung.

Schwellhai, ein Katzenhai, der sich mit Wasser oder Luft aufbläst u. an der Oberfläche treibt (vielleicht zur Abwehr).

Schwellkörper, *Corpus cavernosum,* von Bluthohlräumen (*Lakunen*) durchsetztes Schwammwerk aus Bindegewebsbalken, die glatte Muskulatur u. elast. Fasern enthalten; schwellen durch Blutfüllung an u. durch Entleerung wieder ab. S. finden sich am männl. Glied, bei der Frau am Kitzler u. an den Schamlippen.

Schwellvers, in der *Stabreim*-Dichtung ein Vers, der die übliche Anzahl von Senkungen u. Hebungen eines *Stabreimverses* überschreitet; häufig in spätgerman. Zeit, z.B. im altsächs. „Heliand" u. in der „Genesis".

Schwellwerk, ein Teil der Orgel mit eigenem Manual. Das S. ist in einen Kasten eingebaut, der durch mehrere parallele Klappen (daher auch *Jalousieschweller* genannt) zu öffnen ist. Das Öffnen geschieht mittels eines Schwelltritts am Spieltisch u. beeinflußt die Lautstärke des Orgeltons. Im S. sind vorzugsweise Register untergebracht, die sich zum Vortrag einer Solomelodie eignen, daher wird es oft als *Solowerk* bezeichnet. Auch die Fernwerke der Orgel werden als S. gebaut.

Schwelm, Stadt in Nordrhein-Westfalen, östl. von Wuppertal, 31 300 Ew.; Metall-, Maschinen-, Textil-, Papierindustrie; Verwaltungssitz des *Ennepe-Ruhr-Kreises.*

Schwelung, Vergasungsprozeß von Steinkohle, Braunkohle, Ölschiefer, Torf u. Holz bei langsamer Erhitzung auf 500–600 °C unter Luftabschluß, so daß eine Abspaltung der Teerbestandteile schon unter 450 °C möglich ist. Es entstehen *Schwelgase* u. bes. der wertvolle *Urteer* sowie *Schwelkoks* u. *Grude.* Der Urteer scheidet zwischen 300–500 °C aus.

Schwemme, 1. *gewerbl. Biologie:* Badeplatz für Tiere (z.B. Pferde-S.).
2. *Volkswirtschaft:* Überangebot, z.B. von Gemüse.

Schwemmkegel, *Schwemmfächer, Schuttkegel,* Flußablagerung, die an der Mündung eines Ne-

benflusses in einen Hauptfluß entstand. Weil der Hauptfluß ein schwächeres Gefälle als der Nebenfluß hat, läßt die Transportkraft des Nebenflusses schnell nach, er muß das mitgeführte Material ablagern. Bei wasserreichen, schuttarmen Flüssen ist der S. schwach geneigt. Wasserarme, schuttreiche Flüsse schaffen stärker geneigte S.

Schwemmland, in Flußtälern, Tiefebenen u. an Küsten vom Wasser aufgeschüttete Geröll-, Sand- u. Schlammschichten, z.B. die Poebene, Mesopotamien.

Schwemmsand, *Fließsand,* wasserdurchtränkte, sehr bewegl., feinstsandige Schichten; im Berg- u. Kanalbau gefürchtet, da nicht standfest.

Schwemmstein, leichter, hochporenhaltiger, schall- u. wärmedämmender Mauerstein aus Natur- oder Hüttenbims.

Schwenckfeld, *Schwenkfeld,* Kaspar, Sektenstifter, *1489 Ossig, Herzogtum Liegnitz, †10. 12. 1561 Ulm; von M. Luther um 1518 für die Reformation gewonnen; wandte sich dann aber mystisch-spiritualist. Gedanken zu (Ablehnung des Kirchentums u. des Buchstabenglaubens); gründete kleine Gemeinden (*Schwenckfelder*), die nur die Geisttaufe anerkannten. Diese wurden in der Gegenreformation aus Schlesien vertrieben u. wanderten 1734 nach Pennsylvania aus. 1909 gaben sie sich dort eine endgültige Verfassung.

Schwendener, Simon, Botaniker, *10. 2. 1829 Buchs, Kanton St. Gallen, †27. 5. 1919 Berlin; Direktor des Pflanzenphysiolog. Instituts in Berlin; erkannte die Natur der Flechten als Symbionten von Pilzen u. Algen.

Schwendwirtschaft, eine Form des Ackerbaus mittels →Brandrodung.

Schweninger, Ernst, Dermatologe, *15. 6. 1850 Freystadt, Oberpfalz, †13. 1. 1924 München; Leibarzt *Bismarcks*; als Leiter des Stubenrauchkrankenhauses führte er das erste öffentl. Naturheilkranhaus; nach ihm sind das ansteigende *Hauff-S.sche Armbad* u. die *S.sche Diätkur* benannt.

Schwenkflügelflugzeug, Flugzeug mit variabler →Flügelgeometrie, bei dem die Flügelpfeilung durch Schwenken der Flügelhälften während des Flugs veränderlich ist; erlaubt die optimale Anpassung der Flügelform an die jeweilige Fluggeschwindigkeit u. verleiht Hochgeschwindigkeitsflugzeugen damit günstige Flugeigenschaften bei Start u. Landung sowie im Langstreckenflug. →auch Pfeilflügel.

Schwenningen am Neckar, ehem. Stadt in Baden-Württemberg, 1972 mit Villingen im Schwarzwald zusammengelegt zu →Villingen-Schwenningen.

Schwentine, Ostseezufluß in Schleswig-Holstein, entspringt in den Plöner Seen, mündet in die Kieler Förde.

Schwerathletik, *Athletik, Kraftsport,* zusammenfassende Bez. für die Sportarten →Ringen, →Gewichtheben, →Rasenkraftsport u. →Kunstkraftsport; früher wurde auch *Boxen* dazugezählt.

Schwerbeschädigte, nach dem *S.ngesetz* vom 16. 6. 1953 u. der Neufassung unter der Bez. *Schwerbehindertengestz* vom 8. 10. 1979 diejenigen, die durch Kriegseinwirkung (*Schwerkriegsbeschädigte*) oder Arbeitsunfall mindestens 50% ihrer Erwerbsfähigkeit eingebüßt haben. Arbeitgeber (mit Ausnahme von Kleinbetrieben) haben eine bestimmte Quote der Arbeitsplätze mit S.n zu besetzen. Bei Nichterfüllung ist Zwangszuweisung möglich, außerdem Zahlung einer *Ausgleichsabgabe* für jeden nicht besetzten Pflichtarbeitsplatz. Seit 1961 gelten als S. auch Personen, die als polit. Häftlinge im sowjet. Machtbereich, als Bundeswehrsoldaten oder im zivilen Ersatzdienst schwerbeschädigt worden sind. Für S. besteht bes. *Kündigungsschutz*; Kündigungsfrist mindestens 4 Wochen, Kündigung nur mit Zustimmung der Hauptfürsorgestelle, abgesehen von der Kündigung aus wichtigem Grund. – In der DDR u. in Österreich bestehen ähnl. Regelungen. →auch Kriegsbeschädigtenfürsorge.

Schwerbeton, früher *Schwerstbeton,* Beton, bei dem als Zuschlag Schwerspat, Erze, Stahlstücke u. a. schwere Stoffe verwendet werden; für Maschinenfundamente, Spanngewichte u. als Strahlenschutzbeton verwendet.

Schwereanomalie, Abweichung der auf der Erde gemessenen, auf das Geoid reduzierten Fallbeschleunigung vom Normalwert; es herrscht Schwereüberschuß über den Tiefseebecken, Tiefebenen der Kontinente u. Schwereunterschuß über den Gebirgen u. hohen Festlandbereichen. S.n deuten

Schwemmkegel: Auf flacherem Gelände lagert ein Bach mitgeführtes Material in Form eines Schwemmkegels ab

die ungleiche Massenverteilung in der Erdkruste an (→auch Isostasie). Schweremessungen erfolgen mit einem Gravimeter (empfindl. Federwaage), die Messungsergebnisse (Plus- oder Minusbeträge) werden in Milligal (mgal) angegeben; 1 mgal entspricht $0,001 \text{ cm/sek}^2$ Beschleunigungs- bzw. Verzögerungszunahme. Wichtig für die Lagerstättenkunde ist eine S., die nicht in das beschriebene Schema paßt u. damit auf das Vorhandensein von bestimmten Lagerstätten hinweist.

Schwerelosigkeit = Gewichtslosigkeit.

Schwererziehbarkeit, herabgesetzter Grad der erzieherischen Beeinflußbarkeit bei hochgradig asozialen oder psychisch gestörten Kindern; sie fallen im Unterricht durch Gewalttätigkeit, Jähzorn, Verlogenheit u. dauernde Lernunwilligkeit auf. Mangelnde Schulleistungen u. schwere Kontaktstörungen gehen häufig Hand in Hand. Sehr viele dieser Schüler stammen aus unvollständigen oder asozialen Familien. Die Zahl der schwererziehbaren Schüler wird auf 2% geschätzt. Hilfsmaßnahmen: Förderstunden in kleinen Grundschulklassen, in denen der einzelne leichter Lernerfolge erzielen kann u. dadurch Selbstvertrauen gewinnt, schulpsycholog. Beratung, Spieltherapie.

Schweresinn, statischer Sinn, Gleichgewichtssinn, spricht auf die Schwerkraft an u. ermöglicht, eine bestimmte Lage im Raum einzunehmen. Das Grundbauprinzip der Sinnesorgane ist im Tierreich überall gleich: ein verschiebbarer Körper (*Statolith*) liegt auf einem Polster von Sinneshaaren, die er in Abhängigkeit von der Richtung der Schwerkraft verschieden reizt. Entweder ist er frei beweglich (z.B. bei Muscheln) u. reizt bei Lageveränderungen nur die tiefsten Sinneshaare, oder er ist auf den Sinneshaaren festgewachsen u. übt bei Seitlagen eine Scherung u. damit einen unterschiedl. Zug aus (Krebse, Wirbeltiere). S.esorgane sind häufig paarig angelegt u. können entweder jedes für sich die Körperlage bestimmen (doppelsinnige Wahrnehmung) oder nur die Muskulatur einer Körperseite steuern. In Normallage werden beide Sinnesorgane gleich stark gereizt u. heben sich in ihrer Wirkung auf. Erst bei Abweichung der Körperhaltung überwiegt die Erregung des einen S.esorgans, u. es erfolgt eine Ausgleichsbewegung. →auch Gleichgewichtssinnesorgane. – ⃞ 9.3.1.

schweres Wasser, *Deuteriumoxid,* chem. Formel D_2O; Wasser, das anstelle von Wasserstoffatomen Deuteriumatome hat. S.W. kommt zu 0,018% in natürl. Wasser vor, aus dem es durch Elektrolyse gewonnen wird. Die physikal. u. chem. Eigenschaften weichen von denen gewöhnlichen Wassers ab; Dichte: 1,105 (bei 20°C), Schmelzpunkt: 3,82 °C, Siedepunkt: 101,42 °C. S.W. wurde 1932 von H. C. *Urey* durch Spektralanalysen entdeckt; verwendet wird es als →Moderator (1) in Reaktoren u. bei kernphysikal. Arbeiten sowie zum Markieren organ. Verbindungen (→Radioindikatoren).

Schwerin: das Schloß (Pädagogische Schule) auf einer Halbinsel im Schweriner See

schwere Waffen, Sammelbez. für alle Schußwaffen mit größerem Kaliber als beim Maschinengewehr, die nicht Handfeuerwaffen sind. Maschinenkanonen nehmen eine Zwischenstellung ein.

Schwerfahrzeuge, 1. *Eisenbahn:* →Tiefladewagen. **2.** *Straßenverkehr:* Speziallastkraftwagen mit bes. hoher Tragfähigkeit.

Schwergewicht, eine der →Gewichtsklassen in der Schwerathletik.

Schwergut, im Schiffsverkehr übernormal schwere Frachtstücke (*Kolli*), für deren Umschlag von den Reedereien bes. Zuschläge erhoben werden. Es wird in Spezialschiffe mit *S.geschirr* verladen u. transportiert, z. B. Lokomotiven.

Schwerhörigkeit, vermindertes Hörvermögen; kann durch Verstopfung des äußeren Gehörgangs mit Ohrschmalz oder durch Erkrankung des Mittelohrraums (*Mittelohr-S.*) u. des Innenohrs (*Innenohr-S.*) bedingt sein. Einseitige S. wirkt sich auf die Hörfähigkeit nur wenig aus, dagegen ist die doppelseitige S. sehr nachteilig. Diese beruht meist auf der *Otosklerose*, einer im mittleren Lebensalter auf erbl. Anlage entstehenden u. mit dem Alter fortschreitenden Erkrankung der knöchernen Labyrinthkapsel, wobei es zu einer Verknöcherung des Steigbügels im Rahmen des ovalen Fensters kommt. Die anfängl. nur als Schalleitungsstörung bestehende Verminderung der Hörfähigkeit kann bis zur vollkommenen Ertaubung fortschreiten; oft kommt es in der Schwangerschaft zu Verschlimmerungen; doch ist operative Hilfe durch Anlegung eines neuen Fensters durch den Knochen hindurch oder andere Operationsverfahren öfter möglich. Im allg. kann, solange noch Hörfähigkeit besteht, ihre Herabsetzung durch schallverstärkende Apparate (Verstärkerapparate) überbrückt werden; hochgradig Schwerhörige stehen jedoch dem Zustand der Taubheit nahe; sie sind praktisch auf das „Ablesen" u. „Absehen" vom Mund des Sprechenden, genau wie mit einem Gehörlose, angewiesen. – In Großstädten bestehen Sondereinrichtungen u. Gemeinschaften, die Schlechthörende betreuen u. ihnen im „Abseh-Unterricht" die Fähigkeiten zu verschaffen suchen, die ihnen der Verlust des Gehörs ersetzen. →Taubheit, →Taubstummheit. – ⌑ 9.9.2.

Schwerin, 1. Bezirksstadt, Stadtkreis (130 qkm) u. Kreisstadt am Südwestufer des Schweriner Sees in see- u. waldreicher Umgebung, Kultur- u. Wirtschaftszentrum eines großen Agrargebiets, 116000 Ew.; frühere Residenz u. Hptst. von Mecklenburg mit ehem. großherzogl. Schloß (19. Jh.), Schloßkirche (16. Jh.), Schloßgarten, hochgot. Dom (13./15. Jh.); Musikkonservatorium, Polytechn. Museum, Staatsmuseum, Staatstheater, Mecklenburgische Landesbibliothek, moderne Kongreßhalle; Maschinenbau (Boots-, Getriebebau, Schiffszubehör), Elektrotechnik, Kunststoffherstellung, Holzverarbeitung, Nahrungsmittelindustrie. – Krs. S.: 857 qkm, 35000 Ew. *Geschichte:* 1. die slaw. Burg *Zuarin, Swerin,* erstmals 1018 (Thietmar von Merseburg) erwähnt, wurde 1160 durch Heinrich den Löwen zerstört. Er begann im gleichen Jahr mit einem Burgneubau, gründete daneben S. als älteste dt. Stadt Mecklenburgs u. machte sie zum Bischofssitz u. 1167 zum Zentrum der neuen Grafschaft S. Seit 1359 Residenz der Herzöge bzw. Großherzöge von Mecklenburg(-S.), wurde S. 1920 Hptst. des Freistaats Mecklenburg-S., 1934 des vereinigten Landes Mecklenburg u. 1952 des Bezirks S.
2. die *Grafschaft S.,* ursprüngl. mit den Ländern S., Silesen u. Crivitz Gunzelin von Hagen (†1185) verliehen, später um Ratzeburger u. Dannenberger Gebiete sowie um Teile der Herrschaft Parchim vergrößert, wurde im 14. Jh. (1343/58) an den mecklenburg. Landesherrn abgetreten.
3. das nach S. verlegte *Bistum Mecklenburg,* Suffragan von Hamburg/Bremen, gewann 1180 nach dem Sturz Heinrichs des Löwen die Reichsunmittelbarkeit gegen die Schweriner Grafen. 1533/68 prot. geworden, fiel es im Westfäl. Frieden jedoch ebenfalls an Mecklenburg-S.

2. nordwestl. Bezirk der DDR, 8672 qkm, 589000 Ew., mit 10 Landkreisen u. dem Stadtkreis S., 1952 aus dem Westteil des ehem. Landes Mecklenburg gebildet. Der dünn besiedelte Bezirk wird hauptsächl. von der Landwirtschaft bestimmt. Die Industrie beschränkt sich auf die Städte: Nahrungsmittel-, Holz- u. Baustoffindustrie, Landmaschinen- u. Schiffbau. Hauptverkehrslinien führen von Magdeburg nach S., Wismar u. Rostock.

Schwerin, *Adelshäuser:* **1.** frühes mecklenburg. Grafenhaus; Stammvater *Gunzelin I.* (†1185), Edler von Hagen, wurde 1160 durch Heinrich den Löwen in die neugegr. Grafschaft S. eingesetzt; Gunzelins Sohn *Heinrich I.* (†1228) gab 1223 durch Gefangennahme des dän. Königs Waldemar II. u. dessen Sohn, die er 1225/26 gegen Lösegeld u. polit. Zugeständnisse wieder entließ, den Anstoß zum Zusammenbruch der nach dem Sturz Heinrichs des Löwen zustande gekommenen dän. Oberlehnsherrschaft über Nordost-Dtschld. (Schlacht bei *Bornhöved* 1227). In der Folge wurde das Haus durch Aufsplitterung in mehrere Linien geschwächt. 1358 verkaufte Graf *Nikolaus III.* (†1360), durch Heirat seit 1329 auch Graf von *Tecklenburg,* unter polit. u. militär. Druck die Grafschaft S. an Herzog *Albrecht II. von Mecklenburg* (*1318, †1379). 1557 starben die S.er Grafen im Mannesstamm (*Konrad,* *1493) aus, ohne daß lehnsrechtl. Ansprüche aus unvollständiger Bezahlung gegen die Mecklenburger Herzöge durchgesetzt werden konnten.
2. pommersches Adelsgeschlecht: *Otto* (seit 1648) Frhr. *von S.,* kurbrandenburg. Oberpräs. seit 1658, *18. 4. 1616 Wittstock, †14. 11. 1679 Berlin; schloß die Verträge von Labiau 1656 u. Wehlau 1657 (preuß. Souveränität), vermittelte 1666 bei der endgültigen Teilung des Jülicher Erbes (Kleve, Mark u. Ravensberg an Brandenburg), Prinzenerzieher der Söhne des Großen Kurfürsten. – *Kurt Christoph* von *S.,* Graf *von S.,* preuß. General, *26. 10. 1684 Löwitz, †6. 5. 1757 bei Prag (gefallen); seit 1720 in preuß. Diensten, 1740 Feldmarschall, siegte im 1. Schles. Krieg bei Mollwitz.

Schwerin an der Warthe, poln. *Skwierzyna,* Stadt in Ostbrandenburg (1945–1950 poln. Wojewodschaft Poznań, 1950–1975 Zielona Góra, seit 1975 Gorzów Wielkopolski), an der Mündung der Obra in die Warthe, 7000 Ew.; Holz-, Nahrungsmittel- u. Baustoffindustrie.

Schwerindustrie, Sammelbegriff für den Bergbau sowie die Großeisen- u. Stahlindustrie; besonderes Kennzeichen der S. sind große, kapitalintensive Produktionsstätten, die im Hinblick auf saisonale u. konjunkturelle Beschäftigungs- u. Absatzschwankungen wenig anpassungsfähig sind.

Schweriner See, mecklenburg. See bei Schwerin, 16 km lang, 3–5 km breit, 63,4 qkm, bis 54 m tief.

Schwerin von Krosigk, Johann Ludwig (Lutz) Graf, nat.-soz. Politiker, *22. 8. 1887 Rathmannsdorf, Anhalt, †4. 3. 1977 Essen; 1932–1945 Reichsfinanz-Min., unter K. Dönitz Mai 1945 Leiter der „Geschäftsführenden Reichsregierung" u. Außen-Min.; 1949 im „Wilhelmstraßenprozeß" in Nürnberg zu 10 Jahren Gefängnis verurteilt, 1951 vorzeitig entlassen.

Schwerionenbeschleuniger, *Hochenergiephysik:* ein Beschleuniger, in dem Teilchen mit einer Massenzahl größer als 1 beschleunigt werden. Um etwa den gleichen Beschleunigungseffekt wie bei Elementarteilchen zu erzielen, müssen die schweren Teilchen voll ionisiert werden (z. B. Helium 2fach, Kohlenstoff 6fach). Da die Mehrfachionisation mit entsprechend kleinerer Ausbeute erfolgt, sind bislang keine schwereren Ionen als Kohlenstoffionen beschleunigt worden. Ein S. ist in Darmstadt in Betrieb.

Schwerkraft, die Anziehungskraft der Erde, die verursacht, daß alle Körper nach dem Erdmittelpunkt gezogen werden u. „schwer" sind, d. h. ein Gewicht haben. Es gilt: S. ist gleich (schwere) Masse mal Erdbeschleunigung; dabei ist die Erdbeschleunigung auf der Erdoberfläche wenig verändert. u. hat den ungefähren Wert 9,81 m/sek². Am Äquator ist die S. infolge der Erdabplattung u. Zentrifugalkraft am kleinsten. Die S. wird durch Anomalien (*Schwereanomalie*) in der Erdkruste (z. B. Erzlager) beeinflußt. →Gravitation.

Schwerkriegsbeschädigter, ein durch Kriegseinwirkung →Schwerbeschädigter.

Schwermetalle, Metalle mit dem spezif. Gewicht über 5.

Schwernik, Nikolaj Michajlowitsch, sowjet. Politiker, *19. 5. 1888 St. Petersburg, †24. 12. 1970 Moskau; 1930–1944 Sekretär, 1953–1956 Vors. des Zentralrats der Gewerkschaften; 1939–1952 u. 1953–1957 Kandidat, 1952/53 u. 1957–1966 Mitgl. des Politbüros bzw. Präsidiums des ZK der KPdSU; 1946–1953 Vors. des Präsidiums des Obersten Sowjets (Staatsoberhaupt).

Schweröle, Öle mit einem hohen Siedepunkt (von 230 bis 350 °C), Destillationsprodukte des Erdöls u. des Steinkohlenteers; werden in Diesel- u. Glühkopfmotoren sowie als Heizöl verwendet.

Schwerpunkt, der Punkt eines Körpers, in dem die gesamte Masse vereinigt gedacht werden kann. Bei Unterstützung im S. bleibt der Körper im Gleichgewicht. →auch Massenmittelpunkt.

Schwerpunktsatz, ein aus der Erfahrung stammender Erhaltungssatz der Physik, der besagt, daß der Schwerpunkt eines Systems von Massen, auf das keine äußeren Kräfte wirken, sich geradlinig u. gleichförmig bewegt oder in Ruhe bleibt; gleichbedeutend mit dem →Erhaltungssatz des Impulses.

Schwerspat, älterer Name für →Baryt.

Schwerstange, Bohrbär, beim Tiefbohren nahe über dem Bohrer in das Gestänge eingebaute schwere Stange, die dem Bohrer den benötigten Andruck verleiht.

Schwert, 1. *Gerüstbau:* schräge Verstrebung.
2. *Schiffbau:* in der Mitte (*Mittel-S.*) oder beiden Seiten (*Seiten-S.*) von flachbodigen Segelbooten versenkbare Flosse, meist aus Metall, zur Verringerung der →Abtrift beim Kreuzen. →auch Lateralplan.
3. *Waffen:* alte Hieb- u. Stichwaffe mit gerader, breiter Klinge u. einem den Griff schützenden kurzen Querstück (Parierstange).

Schwertberg, Marktgemeinde in Oberösterreich, 3600 Ew., Sommerfrische am Südrand des Mühlviertels, Kaolin- u. Kunststoffindustrie.

Schwertboot, ein Segelboot, das im Unterschied zum *Kielboot* mit einem →Schwert (2) versehen ist.

Schwertbrüderorden, geistl. Ritterorden in Livland, 1202 von *Theoderich,* Abt des Zisterzienserklosters Dünamünde, zum Kampf gegen die „Heiden" gegr., unterstand dem Bischof von Riga. Tracht: rotes Schwert u. Kreuz auf weißem Mantel; Regel des Templerordens.
Der S. war an der Eroberung Livlands maßgebl. beteiligt, wovon ihm ein Drittel als Besitz zufiel; nach einer vernichtenden Niederlage gegen die Litauer (1236) vereinigten sich die Reste des S.s mit dem *Dt. Orden.*

Schwerte, Stadt in Nordrhein-Westfalen (Ldkrs. Unna), an der Ruhr, südöstl. von Dortmund, 47100 Ew.; Stahl-, Nickelindustrie, Ruhrtalmuseum.

Schwertfeger, Facharbeiter (aber kein Ausbildungsberuf) in der Herstellung von blanken Waffen (Degen, Säbel). Er baut die einzelnen Teile der Waffe (Griff, Säbelkorb, Klinge), die er vorher entsprechend zugerichtet hat, zusammen.

Schwertfeger, Bernhard, Historiker u. Militärschriftsteller, *23. 9. 1868 Aurich, †13. 1. 1953 Neckargemünd; 1910–1914 Lehrer an der Kriegsakademie, 1920–1928 Sachverständiger des Untersuchungsausschusses des Reichstags zur Erforschung der Ursachen des dt. Zusammenbruchs, 1926 Dozent in Hannover, 1929 in Göttingen; bekämpfte die Auffassung von der Kriegsschuld Deutschlands. Werke: „Der Fehlspruch von Versailles" 1925; „Kriegsgeschichte u. Wehrpolitik" 1938; „Rätsel um Dtschld. 1933–1945" 1948.

Schwertfisch, 1. *Astronomie:* Dorado, auch *Goldfisch* genannt, Sternbild des südl. Himmels.
2. *Zoologie:* 1. *Meerschwert, Xiphias gladius,* 3–5 m langer u. 150–300 kg schwerer *makrelenartiger Fisch* der wärmeren Meere; der schwertartig verlängerte, zahnlose Oberkiefer, mit dem er schleudernd Fische betäubt, ist eine auch für den

Menschen gefährl. Waffe. Man fängt den sehr aggressiven S. meist mittels Harpunen. Hauptnahrung sind Makrelen, Heringe, Tintenfische. Wirtschaftlich wichtig. 2. →Messerfisch.

Schwertleite, zeremonielle Aufnahme eines *Knappen* in den *Ritterstand* (→Ritter): Umgürtung mit dem ritterl. Schwertgehänge *(cingulum militare)*, nicht selten mit kirchl. Feier u. Waffenweihe verbunden. Die S. wurde fast immer massenweise vollzogen, regelmäßig im Anschluß an größere Hoffeste (z. B. Pfingsten 1184 in Mainz: S. der Söhne Kaiser Friedrichs I. Barbarossa).

Schwertlilie, *Iris*, Gattung der S.ngewächse mit violett, gelb oder blau gefärbten Blüten; äußere Blütenhüllblätter oft helmartig zurückgekrümmt, häufig auf der Oberseite bärtig, Griffeläste stark verbreitert u. blumenblattartig. Bekannt vor allem die in Gärten in zahlreichen Formen angepflanzte *Deutsche S., Iris germanica*, die gelbblühende *Wasser-S., Iris pseudacorus*, die blaue *Sibirische S., Iris sibirica*. Als Gartenzierpflanze wird auch die *Florentiner S., Iris florentina*, in vielen Formen angebaut. Der aromat. nach Veilchen duftende Wurzelstock liefert die vielfach verwendete *Veilchenwurzel (Florentiner Wurzel)* des Handels.

Schwertliliengewächse, *Iridaceae*, Familie der Liliiflorae. Meist Kräuter mit unterird. Wurzelstöcken oder Knollen, schmalen, häufig grasartigen Blättern u. mannigfaltig gestalteten Blüten. Zu den S.n gehören Krokus, Schwertlilie, Gladiole.

Schwertmagen, *Germagen*, im alten dt. Recht die durch Männer verwandten Männer im Unterschied zu den →Kunkelmagen.

Schwertrübeaufbereitung = Schwimmsinkaufbereitung.

Schwertschwänze = Pfeilschwänze.

Schwerttanz, von jungen Männern mit u. zwischen Schwertern aufgeführter feierlicher, figurenreicher Tanz; bei den Germanen ein kultischer Tanz, im Dtschld. eine Schautanz der Zünfte (z. B. S. der Nürnberger Messerschmiede); Reste in Süd-Dtschld., Österreich, Schottland, Spanien, den baskischen Provinzen u. Italien.

Schwertträger, *Xiphophorus*, Gattung lebendgebärender Zahnkarpfen aus den Zuflüssen des Golfs von Mexiko; verschiedene Artbastarde („Roter S.", Platy") sind beliebte Aquarienfische. Der untere Teil der Schwanzflosse des Männchens wird durch Wirkung der Geschlechtshormone schwertartig verlängert u. dient beim Paarungsspiel zum Reizen des Weibchens. Als Kopulationsorgan dient die umgebildete Afterflosse. Die Weibchen können sich unter Hormoneinfluß in Männchen umwandeln.

Schwertwal, 1. *kleiner S., kleiner Mörderwal, Pseudorca crassidens*, ein *Delphin*, $1/3$–$1/2$ so lang wie der *große S.*; mit schwarzem Rücken; lebt hauptsächl. von Fischen aller Art.
2. *großer S., großer Mörderwal, Orcinus orca*, ein *Delphin*; furchtbarer Räuber der oberen Wasserschichten mit hoher Rückenfinne; das Männchen wird bis 10 m, das Weibchen 5 m lang. Der S. jagt meist in Schulen zu 5 Tieren; es kommen aber auch bis zu 100 S.e zusammen, um große Wale zu zerreißen. Fische, Vögel, Robben u. kleinere Wale werden als Ganzes verschlungen. Kosmopolit.

Schwerz, Johann Nepomuk Hubert von, Agrarwissenschaftler, *11. 6. 1759 Koblenz, †11. 12. 1844 Koblenz; 1818–1828 Direktor der landwirtschaftl. Akademie zu Hohenheim; Hptw.: „Anleitung zur Kenntnis der belg. Landwirtschaft" 3 Bde. 1807–1811, „Anleitungen zum prakt. Ackerbau" mit *Pabst* 3 Bde. 1823–1828.

Schwester, 1. *allg.:* eine weibl. Person im Verhältnis zu den Geschwistern.
2. *Ordenswesen:* 1. Mitgl. einer kirchl. oder freien Genossenschaft für Krankenpflege, Fürsorge u. a. – 2. lat. *Soror*, früher Bez. für Angehörige einer weibl. kath. Ordensgemeinschaft ohne feierl. Gelübde. →auch Nonne.

Schwetzingen, Stadt in Baden-Württemberg (Rhein-Neckar-Kreis), südwestl. von Heidelberg, 17000 Ew.; Schloß (18. Jh.) mit Rokokotheater (Festspiele) u. berühmtem Park; Tabak- u. Spargelanbau, Metallindustrie.

Schwibbogen, *Schwebebogen*, ein Bogen, der den Abstand zwischen zwei Gebäuden überbrückt, die parallel zueinander stehen u. gegeneinander abgestützt werden sollen; auch fälschl. für den got. Strebebogen.

Schwidetzky-Roesing, Ilse, Anthropologin, *6. 9. 1907 Lissa (Polen); seit 1965 Prof. in Mainz. Hptw.: „Rassenkunde der Altslawen" 1938; „Grundzüge der Völkerbiologie" 1950; „Das Problem des Völkertodes" 1954; „Das Menschenbild der Biologie" 1959, ²1970; „Die neue Rassenkunde" 1962 (mit A. *Remane*, H. *Walter*, R. *Knußmann*); „Die vorspanische Bevölkerung der Kanarischen Inseln" 1963; „Hauptprobleme der Anthropologie" 1971; Hrsg. der Ztschr. „Homo".

Schwiebus, poln. *Świebodzin*, Stadt in Ostbrandenburg (1945–1950 poln. Wojewodschaft Poznań, seit 1950 Zielona Góra), südöstl. von Frankfurt (Oder), 15000 Ew.; Holz-, Maschinen- u. Nahrungsmittelindustrie.

Schwiele, *Kallositas*, umschriebene Verdickung der Außenhaut oder des Bindegewebes, hervorgerufen durch mechanische (Druck) oder entzünd. Reizung bzw. als Bindegewebsnarbe (z. B. Herz-S. nach Infarkt). Eine Sonderform ist das →Hühnerauge.

Schwielensohler →Kamele.

Schwielochsee, von der Spree durchflossener brandenburg. See in der Mittelmark, nördl. vom Spreewald, 11,7 qkm, bis 8 m tief, 41 m ü. d. M.

Schwielowsee [-lo:-], brandenburg. Havelsee südwestl. von Potsdam, 8,5 qkm, bis 8 m tief.

Schwientochlowitz [ʃviɛn-], poln. *Świętochłowice*, Industriestadt im poln. Oberschlesien, südwestl. von Königshütte (Wojewodschaft Katowice), 58000 Ew.; Kohlenbergbau, Eisen-, Stahl- u. Zinkindustrie.

Schwietering, Julius, Germanist u. Volkskundler, *25. 5. 1884 Engter bei Osnabrück, †21. 7. 1962 Frankfurt a. M.; arbeitete über dt. Literatur des MA. u. Volkskunde; erforschte bes. die bäuerl. Kultur; dabei empfahl er eine volksnahe Betrachtungsweise. Seit 1939 Hrsg. der „Zeitschrift für dt. Altertum". „Singen u. Sagen" 1908; „Zur Geschichte von Speer u. Schwert im 12. Jh." 1912; „Die dt. Dichtung des Mittelalters" 1932; „Parzivals Schuld" 1946.

Schwimmaufbereitung = Flotation.

Schwimmbeutler, *Wasseropossum, Chironectes minimus*, mit dem Opossum verwandte *Beutelratte* Mittel- u. Südamerikas, deren hintere Zehen durch Schwimmhäute verbunden sind.

Schwimmblase, gasgefülltes Hohlorgan der meisten Knochenfische; hydrostat. Organ, d. h. durch verschieden starke Füllung der S. kann der Fisch sein Gewicht nach dem Wasserdruck regulieren. Bei den sog. *Physostomen* mündet die S. durch den S.ngang in den Vorderdarm; bei den sog. *Physoklisten* fehlt der S.ngang, statt dessen hat die S. hier eine dünnhäutige Stelle mit bes. Gefäßversorgung (Oval), durch die der Gasinhalt der S. vermindert werden kann. Die Gasfüllung erfolgt vielfach durch bes. Gasdrüsen (Epithelkörper). – Die S. leitet sich von Lungenbildungen ab, wie sie bei Placodermen bereits im Devon bekannt sind.

Schwimmblätter, auf der Wasseroberfläche schwimmende Blätter vieler Wasserpflanzen (z. B. Schwimmfarn, Wasserhahnenfuß).

Schwimmdock, stählerner Schwimmkörper, der durch Fluten von Zellen abgesenkt u. dann, nach dem Einfahren eines Schiffs, leergepumpt wird. Daraufhin schwimmt das Dock, u. es können Schiffsreparaturen u. ä. ausgeführt werden. →Dock.

Schwimmen, das Nicht-Untergehen eines Körpers u. die Fortbewegung in einer Flüssigkeit; wird beim Menschen ermöglicht durch die Verminderung des Körpergewichts um das Gewicht des verdrängten Wassers (Auftrieb) u. durch Bewegungen der Arme u. Beine. – Die im *Sport-S.* international gebräuchlichen Schwimmarten werden unterschieden in: 1. *Brust-S.*, bei dem die Arme seitwärts durch das Wasser u. wieder zur Brust geführt, die Beine angezogen, dann seitwärts in eine Schwunggrätsche u. wieder zusammengeführt u. dabei die Arme mit zusammengelegten Händen nach vorn gestoßen werden. 2. *Kraul-S., Crawl*, bei dem die Arme abwechselnd senkrecht durchs Wasser ziehen u. über dem Wasser wieder nach vorn gebracht werden u. die Beine wechselweise vertikale Schlagbewegungen aus dem Beckengürtel heraus ausführen. 3. *Rückenkraul*, bei dem die Beine (aus der Rückenlage) wiederum Wechselschläge ausführen, die Arme abwechselnd über den Kopf nach rückwärts geführt u. nach unten durchs Wasser gezogen werden. 4. *Delphin*, bei dem beide Arme gleichzeitig über Wasser nach vorn gebracht u. dann durchs Wasser gezogen werden, während die Beine geschlossen bleiben u. vertikale Schlagbewegungen ausführen. Diese wellenförmige Bein- u. Körperbewegung ist der Unterschied zum →Schmetterlingsstil. Bei allen vier Techniken hat sich eine waagerechte Körperlage im Wasser, bei der der Oberkörper wie der Bug eines Schiffes auf der Wasseroberfläche liegt („Gleitbootlage"), als leistungsfördernd erwiesen. Schwimmeisterschaften werden international ausgetragen über: 100, 200, 400, 800 (nur für Frauen) u. 1500 m Freistil (wird im Kraulstil geschwommen, da das die schnellste Schwimmtechnik ist); jeweils 100 u. 200 m Brust-, Rücken- u. Delphin-S.; 200 u. 400 m →Lagenschwimmen; 4×100- u. 4×200-m-Freistil-Staffeln sowie die 4×100-m-Lagenstaffel. Weitere schwimmsportl. Disziplinen sind →Wasserspringen (Kunst- u. Turmspringen), →Kunstschwimmen u. →Wasserball. Das Rettungs-S. wird von der Dt. Lebens-Rettungs-Gesellschaft gefördert.
Organisation: →Deutscher Schwimm-Verband. In Österreich: *Verband Österr. Schwimmvereine*, Wien, rd. 54000 Mitglieder; in der Schweiz: *Schweizer. Schwimmverband*, Biel, rd. 26000 Mitglieder. Internationaler Dachverband ist der →Internationale Schwimmverband. – ⊞ S. 68. – ⊡ 1.1.4.

schwimmender Estrich, Unterboden für Bodenbeläge, der zur Schalldämmung auf (seitl. hochgezogenen) Dämmschichten so vergossen wird, daß keine Berührung mit den Wänden u. der Tragdecke entsteht.

Schwimmender Kopf, Fisch, →Mondfisch.

Schwimmer, Hohlkörper unterschiedl. Form, der im Wasser Auftrieb bewirkt, z. B. langer, mit dem Rumpf eines Wasserflugzeugs verbundener Hohlkörper anstelle des Fahrwerks.

Schwimmer, Max, Maler u. Graphiker, *9. 12. 1895 Leipzig, †12. 3. 1960 Leipzig; Schüler von H. *Purrmann*, vor 1933 u. 1946–1950 Lehrer an der Hochschule für Graphik u. Buchkunst, Leipzig,

Schwertleite eines Knappen, Zeichnung nach einer Miniatur aus einem Codex zu Oxford. Berlin, Staatsbibliothek

Schwimmfarn

seit 1951 an der Hochschule für bildende Künste in Dresden; Buchillustrationen in schwungvoll-lockerer Linienführung u. a. zu Goethe, A. Rimbaud, H. de Balzac, H. Heine.

Schwimmfarn, *Salvinia natans,* frei schwimmender, einheim. Wasserfarn auf stehenden u. langsam fließenden Gewässern mit ungeteilten Schwimm- u. fein zerteilten, wurzelähnl. Wasserblättern. Die verwandte Art *Salvinia auriculata* aus Südamerika wird in Aquarien u. Gewächshäusern im Boden wurzelnd oder frei schwimmend kultiviert.

Schwimmfüße, Anpassung von Extremitäten an die Bewegung im Wasser; Verbreiterung u. Flächenbildung zum Erhöhen des Widerstands u. damit der Rückstoßkraft beim Schwimmen, z. B. bei Schwimmvögeln u. -säugern durch Schwimmhäute zwischen den Zehen, bei Wasserinsekten durch Borstenreihen an den Beinen. – B →Vögel, →Meeressäugetiere.

Schwimmkäfer, *Echte Wasserkäfer, Dytiscidae,* an das Leben im Wasser angepaßte Familie der *Käfer* von flach kahnartigem Körperbau u. mit verbreiterten Hinterbeinen zur Verbesserung der Schwimmgeschwindigkeit. Die Atemluft wird unter den Flügeldecken transportiert. Die Lebensweise ist meist räuberisch. Die Larven der S. haben zangenartige, durchbohrte u. als Saugzangen wirkende Mandibeln. Zu den S.n gehören z. B. die *Gelbrandkäfer,* in 7 Arten in Teichen u. Seen Deutschlands häufig, u. der kleinere *Furchenschwimmer, Acilius sulcatus.* Nicht verwandt mit dem →Kolbenwasserkäfer. – B →Käfer.

Schwimmkrabben, *Portunidae,* Familie der *Krabben,* mit blattförmig verbreitertem 5. Beinpaar, das als Ruder zum Schwimmen dient. Zu den S. gehören *Samtkrabbe, Strandkrabbe* u. die *Schwimmkrabbe* i. e. S., *Portunus holsatus,* bis 4 cm lange Krabbe der Nordsee u. des Mittelmeers, bis 300 m Tiefe. Sie lauert am Boden auf kleine Garnelen u. Fische, die seitl. an ihr vorbeischwimmen u. die sie in plötzl. Aufschwimmen mit den Scheren ergreift.

Schwimmnetz, beim Fischfang frei schwimmendes →Netz (2).

Schwimmsand →Schwemmsand.

Schwimmsinkaufbereitung, *SS-Aufbereitung, Schwertrübeaufbereitung,* Trennung von Mineralen oder Mineralgemengen von verschiedenem spezif. Gewicht mittels Wasser-Feststoffsuspensionen in schwimmendes u. sinkendes Gut. Die S. wird bei Eisen-, Mangan-, Blei-, Zink- u. vielen anderen Erzen u. Mineralen, z. T. auch unter Tage, angewandt.

Schwimmvögel, Sammelbez. für alle schwimmfähigen Vögel ohne Rücksicht auf die systemat. Zugehörigkeit; meist mit bes. Schwimmvorrichtungen. – B →Wasser- und Seevögel.

Schwimmwanze, *Naucoris cimicoides,* bis 16 mm lange käferähnl., olivbraune *Wasserwanze,* gibt in der Paarungszeit feine Zirptöne von sich. Sehr stechlustig, frißt auch größere Kaulquappen u. Fischbrut.

Schwimmweste, Gerät zur Rettung aus Seenot; besteht aus wasserdichtem doppellagigem Tuch in Form einer gürtelartigen Weste. Die Zwischenräume sind mit Kork, Kapok oder Schaumstoff ausgefüllt oder können aufgeblasen werden.

Schwind, Moritz von, Maler u. Graphiker, *21. 1. 1804 Wien, †8. 2. 1871 München; Hauptmeister der dt. Spätromantik, Schüler von L. *Schnorr von Carolsfeld* u. P. von *Cornelius,* 1839–1844 in Karlsruhe, bis 1847 in Frankfurt a. M.; entwickelte in Gemälden u. Illustrationen nach Themen der dt. Sagen- u. Märchenwelt einen volkstüml.-biedermeierl. Stil von gemütvoller Innigkeit. Hptw.: Wandmalereien in der Münchner Residenz, in Schloß Rüdigsdorf bei Altenburg, im Ständehaus u. der Kunsthalle Karlsruhe, in der Wartburg u. im Opernhaus Wien. „Der Ritt des Falkensteiners" 1843/44; „Der Sängerkrieg auf der Wartburg" 1844–1846; „Die Künstlerwanderung" 1847; „Morgenstunde" 1858.

Schwindel, *Vertigo,* das Gleichgewichtsgefühl störende, vorübergehende Erscheinung bei Reizung des Innenohrs, meist in Form eines *Dreh-S.s,* z. B. bei See-, Luft-, Karussellfahrten u. dgl., seltener als *Schwank-S.* Bei krankhaften Reizungen des Innenohrs (Labyrinth) kommt es ebenfalls zu S. (*Labyrinth-S.*), ebenso rufen gestörte Blutversorgung u. Gift, z. B. Alkohol, S. hervor. S. kann ferner durch Gehirnerkrankungen (*Kleinhirn-S.*), Augenmuskellähmungen u. durch nervöse Einflüsse u. Vorstellungen (Gedanken an Abstürzen: *Höhen-S., Angst-S.*) ausgelöst werden.

Endspurt bei einem 100-m-Rücken-Wettbewerb mit fast synchronen Bewegungen der beiden Schwimmer

Mark Spitz, der siebenfache Olympiasieger von München 1972, während eines Kraulwettbewerbs (links). – Start zu einem Schwimmwettbewerb der Damen (rechts)

Diese Unterwasser-Aufnahme zeigt einen Schwimmer im Moment des Abstoßens von der Beckenwand nach einer Rollwende

Bei Staffelwettbewerben (hier: 4×200-m-Freistilstaffel) darf der nächste Schwimmer erst starten, wenn sein Mannschaftskamerad an der Beckenwand angeschlagen hat

Beim Delphinschwimmen werden nach jedem Zug beide Arme gleichzeitig über Wasser nach vorn gebracht

SCHWIMMEN

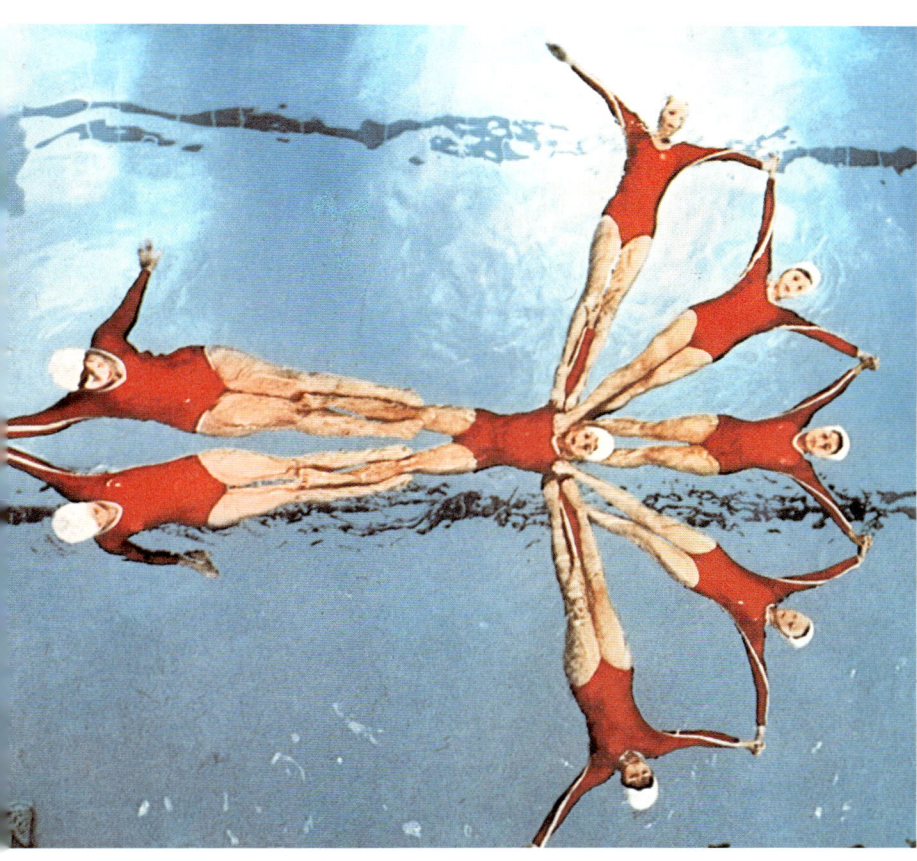

Kunstreigenschwimmen wird ausschließlich von Damen ausgeübt; diese Achter-Gruppe zeigt einen „Anker" (links). – Kunstspringen der Damen vom 3-m-Brett: die Springerin in der Phase kurz vor dem Eintauchen nach einem Salto rückwärts gehockt (rechts)

Schwindelbeere = Tollkirsche.
Schwindflechte →Lupus.
Schwindling, *Lauchschwamm, Marasmius,* Gattung der *Blätterpilze,* mit Hauptverbreitung in den Tropen; Pilze mit deutlich ausgebreitetem Hut auf dünnem, ringlosem Stiel; Lamellen dünn u. zäh, der Stiel oft weich, sammetartig und filzig; zu den S.n Deutschlands gehören der *Knoblauch-S.* (Mousseron, Marasmius scorodonius) u. der *Nelken-S., Marasmius oreades;* beliebte Würzpilze.
Schwindmaß, das Maß, um das sich ein Werkstoff (z. B. Holz, Beton) beim Trocknen bzw. geschmolzenes Metall beim Erstarren zusammenzieht; beträgt bei Gußeisen 1%, bei Buntmetall etwa 1,5%, bei Stahlguß 2%. Das S. muß bei der Modellanfertigung berücksichtigt werden.
Schwindsucht, allg. Bez. für rasch sich entwickelnde zehrende Krankheiten, bes. für eine (schnell verlaufende) Lungentuberkulose (galoppierende *S., Phthisis*); bei *Tabes dorsalis* wird auch von *Rückenmark-S.* gesprochen.
Schwingachse, Einzelradaufhängung bei Kraftwagen (→Achse), bes. Anordnungen mit Querlenkern.
Schwingboden, eine Konstruktion des modernen Sporthallenbaues, bei der ein Parkettboden auf zwei Lagern sich kreuzender Kanthölzer so gelegt wird, daß an keiner Stelle eine feste Auflage vorhanden ist u. er deshalb leicht federt.
Schwingbühne, *Bergbau:* in tiefen Schächten, in denen infolge der Dehnung der Förderseile die haltenden Förderkörbe auf- u. abschwingen, eine im →Füllort gelenkig gelagerte Bühne, die auf den Förderkorb aufgelegt wird u. den Höhenunterschied zwischen schwingendem Förderkorb u. feststehendem Füllort ausgleicht u. so das Aufschieben der Förderwagen ermöglicht.
Schwinge, 1. *Spinnerei:* Schwingmaschine, Maschine zum →Schwingen des Flachses.
2. *Weberei:* zweiarmiger Hebel am Handwebstuhl, stellt die Verbindung zwischen Tritthebel u. Schaft her; die Bez. wurde z. T. für gleichgeartete Teile an der mechan. *Schaftmaschine* u. an *Kuliermaschinen* übernommen.
3. *Zoologie:* Flügel des Vogels, auch einzelne Teile des Flügels, z. B. *Arm-, Handschwingen* (Federn an dem Arm bzw. der Hand entsprechenden Flügelteilen).
Schwingel [der], *Schwingelgras, Festuca,* Gattung der *Süßgräser,* Rispengräser mit spitzen, teilweise begrannten, auf dem Rücken rundl. Ähren. Wichtigste Arten: *Wiesen-S., Festuca pratensis,* auf Wiesen als gutes Futtergras, der *Wald-S., Festuca altissima,* in schattigen Gebüschen u. Wäldern, der *Schaf-S., Festuca ovina,* auf Triften, der *Rote S., Festuca rubra,* auf Sandböden als gutes Futtergras, u. der *Rohr-S., Festuca arundinacea,* an Ufern u. auf feuchten Wiesen.
schwingen, *Textiltechnik:* die verholzten Stengelteile des Flachses von den Bastfasern lösen; Arbeitsgang der Flachsaufbereitung, wobei durch windmühlenartige Flügel die in der Brechmaschine zerkleinerten Holzteile des Stengels abgeschlagen u. die Fasern freigelegt werden. Die Fasern werden gebündelt u. gehen als Schwingflachs zur Spinnerei.
Schwingen, *Sport:* Hosenlupf, schweizer. Art des Ringkampfes; gerungen wird mit sog. *Schwingerhosen,* an denen sich die Schwinger gegenseitig festhalten (eine Hand am Gürtel, die andere an einem aufgekrempelten Hosenbein) u. versuchen, den Gegner zu Boden zu werfen. Alle Angriffsarten (z. B. *Stich, Bodenlätz, Hakenschwünge* u. a.) sind beim S. genau vorgeschrieben. – S. ist in der Schweiz seit dem 13. Jh. gebräuchl.; bei den regionalen u. gesamtschweizer. Schwingfesten, die einen stark folklorist. Charakter tragen, wird jährl. ein *Schwingerkönig* ermittelt.
Schwinger, Julian, US-amerikan. Physiker, *12. 2. 1918 New York; Arbeiten über Quantenelektrodynamik. Zusammen mit R. P. Feynman u. S. Tomonaga Nobelpreis für Physik 1965.

Schwingflügelfenster, ein Fenster, dessen Flügel sich in einer mittleren, waagerechten Halterung ausschwingen lassen.
Schwingkölbchen, die →Halteren (2) einiger Insektenfamilien.
Schwingkreis, *Funktechnik:* Schwingungskreis, Zusammenschaltung eines Kondensators (Kapazität *C*) u. einer Spule (Induktivität *L*) in Reihe oder parallel, kann zu elektr. Schwingungen angeregt werden. Durch eine angelegte Spannung wird der Kondensator aufgeladen. Er entlädt sich über die Spule, in der infolge des Stromflusses eine Gegenspannung erzeugt wird, die wiederum den Kondensator auflädt (anders gepolt) usw. So pendelt der Strom immer hin u. her. Wenn keine neue Energie zugeführt wird, klingen die Schwingungen rasch ab (*gedämpfte Schwingung*). Die Frequenz der Schwingungen wird eindeutig bestimmt durch die elektr. Werte von Kondensator u. Spule:
$$f = \frac{1}{2\pi\sqrt{L \cdot C}}.$$
Beim Anlegen einer Wechselspannung kann der S. nur durch diese eine Frequenz zu kräftigen Resonanzschwingungen angeregt werden. S.e werden deshalb verwendet, um aus verschiedenen Frequenzen oder einem Frequenzband eine bestimmte herauszusieben (Abstimmung in Rundfunkempfängern) oder bestimmte Frequenzen zu erzeugen; →elektromagnetische Wellen.
Schwingläppen, *Stoßläppen,* früher *Ultraschallbohren* genannt, Verfahren zum Bohren u. Trennen, bei dem das Werkzeug, das den auszuarbeitenden Querschnitt hat, in Längsrichtung mit Ultraschallfrequenz (rd. 25 kHz) schwingt. Zwischen das an dem konischen sog. *Bohrrüssel* befestigte Werkzeug u. das Werkstück wird eine Aufschwemmung eines Schleifmittels zugeführt. Durch die senkrechten Stöße der Werkzeug-Stirnseite über das Schleifmittel auf das Werkstück wird allmählich ein Loch ausgearbeitet. Anwendung bei harten u. spröden Werkstoffen wie Hartmetall, Glas, Keramik.
Schwingquarz, *Piezoquarz,* bes. geschnittenes Plättchen aus Quarz, das beim Anlegen elektr. Wechselspannungen mit genau bestimmter Frequenz schwingt; in der Funk- u. Nachrichtentechnik als frequenzbestimmendes oder stabilisierendes Glied benutzt.
Schwingstativ, erschütterungsfreies, gefedertes Großstativ der photograph. Reprotechnik, auf dem Kamera u. Vorlagentisch montiert sind, so daß Erschütterungen (z. B. Straßenverkehr) ohne Einfluß sind.
Schwingung, die zeitl. sich wiederholende Zu- u. Abnahme einer physikal. Größe, z. B. das Hin- u. Herschwingen einer Feder oder Saite, die Dreh-S. einer Uhrenunruh, die S. einer erregten Wasseroberfläche, die S. von Licht- u. Materiewellen. Die einfachste S. ist die *Sinus-S.*, bei der sich eine Größe *f* gemäß der Formel $f = A \cdot \sin(\omega t + \varphi)$ verändert. Dabei heißt *A* die Amplitude, sie bestimmt die Größe der Ausschläge; $\omega = 2\pi\nu$ die *Kreisfrequenz,* wobei ν die *Frequenz,* d. h. die Zahl der S.en pro s, ist, u. $T = 1/\nu$ die Zeitdauer einer S. darstellt; *t* gibt die laufende Zeit u. φ die →Phase der S. an. Wenn die Amplitude *A* konstant ist, heißt die S. *ungedämpft,* wenn sie zeitlich abnimmt, *gedämpft.* Fast alle S.serscheinungen der Natur sind gedämpft, weil die S.senergie durch Reibung und Absorption verlorengeht. Durch Überlagerung mehrerer Sinus-S.en (so u. a. bei Saiten-S.en) erhält man die allgemeinste period. S.; z. B. sind die Töne von Musikinstrumenten zusammengesetzt aus einer *Grund-S.* u. mehreren sog. *Ober-S.en (Partial-S.en),* das sind S.en, deren Frequenz ein ganzzahliges Vielfaches der Grund-S. beträgt.
Schwingungsdämpfung, die zeitl. Abnahme der Ausschläge einer Schwingung. Sie tritt ohne bes. Maßnahmen durch jede Art von Reibung auf, kann (u. muß z. B. bei Kraftfahrzeugen) aber auch durch bes. Dämpfer verstärkt werden. Alle Dämpfer erzeugen Kräfte, die der Schwingbewegung entgegenwirken. Bei Fahrzeugen sind nicht nur die Schwingungen des Fahrzeughauptteiles (Karosserie, Rahmen), sondern auch die Räder, die beide infolge des Befahrens der Fahrbahnunebenheiten erregt werden, zu dämpfen (→Federung). Da der Dämpfer Kräfte zwischen Achse u. Fahrzeughauptteil übertragen muß, wirkt er u. U. keineswegs als Stoßdämpfer, sondern sogar als Stoßverstärker. Daher ist die Bez. *Schwingungsdämpfer* richtiger.
Schwingungsweite = Amplitude.
Schwingungszahl = Frequenz.
Schwippschwager, der Bruder eines Ehegatten im Verhältnis zu den Geschwistern des anderen Ehegatten; keine *Schwägerschaft* im Rechtssinn.
Schwirle, *Locustella,* Gattung von Singvögeln aus der Familie der *Grasmücken;* meist unscheinbar bräunl. gefärbte Vögel, die nahe am Wasser in dichten Gebüschen leben. Einheim. der *Feldschwirl* oder *Heuschreckenrohrsänger, Locustella naevia,* der *Schlagschwirl, Locustella fluviatilis,* u. der *Rohrschwirl, Locustella luscinioides.* Der *Waldschwirl* gehört zu den →Laubsängern.
Schwirrfliegen = Schwebfliegen.
Schwirrflug, *Rüttelflug,* ein Fliegen an Ort u. Stelle, das unter den Insekten bes. die *Schwebfliegen,* unter den Vögeln vor allem die Kolibris sowie eine Reihe anderer Vögel (*Schwirrvögel*), z. B. der Turmfalk, beherrschen.
Schwirrholz, ein an einer Schnur über dem Kopf herumgeschwungenes Stück Holz, das dabei einen brummenden Laut (die Stimme eines "Geistes") hören läßt; altertüml. Kultgerät bei Reifeweihen, Krankenheilungen, Geheimbund- u. Totenzeremonien. Frauen u. Uneingeweihte dürfen es nicht sehen. Verbreitung: Australien, Melanesien, Neuguinea, Afrika, Nordamerika, Amazonasgebiet; z. T. Kinderspielzeug geworden.
Schwitters, Kurt, Maler, Graphiker, Bildhauer u. Dichter, *20. 6. 1887 Hannover, †8. 1. 1948 Ambleside (England); 1909–1914 an der Dresdner Akademie, gab seit 1923 die Zeitschrift "Merz" heraus, beteiligte sich an Ausstellungen der Dada-Bewegung, emigrierte 1935 nach Norwegen, 1940 nach England. 1918/19 entstanden die ersten Collagen aus Altmaterial aller Art, ab 1922 Hinwendung zum Geometrismus u. Konstruktivismus (die labyrinth. Merz-Bauten in Hannover u. Norwegen sind zerstört). S. war 1927 Mitgründer u. Präs. der Vereinigung "ring neuer werbegestalter". In seinen Gedichten (am bekanntesten "Anna Blume" 1919) stieß er bis zur bedeutungsentleerten Verwendung von Lauten vor ("Ursonate" 1921–1932). – ▯ 2.5.2.
Schwitzbad, Sammelbez. für Bäder, die zum Schweißausbruch führen (Dampf-, Heißluft- u. Lichtbäder).
schwitzen →Schweiß (2).
Schwitzsystem →Sweating-System.
Schwob, Marcel, französ. Schriftsteller, *23. 8. 1867 Chaville, †12. 2. 1905 Paris; verfaßte außer sprachl., histor. u. psycholog. Untersuchungen gedankentiefe Romane u. Erzählungen: "Das Buch von Monelle" 1894, dt. 1904; "Der Kinderkreuzzug" 1896, dt. 1947; übersetzte *Shakespeare* u. D. *Defoe.*
schwöden, *Gerberei:* einen Brei aus haarlockernden Chemikalien zur Entfernung der Haare auf das vorgeweichte Hautmaterial aufbringen.
schwojen [ndrl.], hin u. her drehen (von einem vor Anker liegenden Schiff).
Schwüle, feuchte Wärme der Luft (bei 20 °C eine relative Feuchtigkeit der Luft von wenigstens 75%, bei 30 °C wenigstens 40%).
Schwulst, überladener Stil, bes. der des Hochbarock; gekennzeichnet durch gespreizte Wortwahl u. komplizierte Wortspiele, teilweise sehr übersteigert; von Italien u. Spanien aus im 16. Jh. verbreitet. →auch Marinismus, Gongorismus, Euphuismus.
Schwund, 1. *Funktechnik:* →Fading.
2. *Werkstoffe:* Verringerung des Rauminhalts, 1. beim Abkühlen von flüssigem Metall (→Schwindmaß); 2. bei Holz durch Verlust an Feuchtigkeit.
Schwundgeld, das vom Freiwirtschaftsbund geforderte *Freigeld;* würde das Horten verhindern, da der jeweilige Besitzer die Geldscheine periodisch gegen ein Entgelt abstempeln lassen müßte.
Schwundstufe, beim *Ablaut* die schwächste Stufe innerhalb des quantitativen Systems Schwundstufe – Normalstufe (Vollstufe) – Dehnstufe. Die Quantität des Vokals wird geschwächt bzw. der Vokal schwindet ganz.

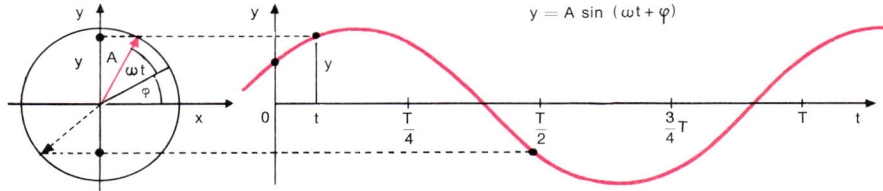

Schwingung: phasenverschobene Sinusschwingung

Kurt Schwitters: Merzbild 25A (Das Sternenbild); 1920. Düsseldorf, Kunstsammlung Nordrhein-Westfalen

Schwungrad, schweres Rad zum Speichern mechan. Energie; Ausgleich ungleichmäßiger Antriebe. →auch Kranz.
Schwungrad-Umformer, *Ilgner-Umformer,* ein Leonardumformer (→Leonardschaltung) mit einem zur Erhöhung der in den rotierenden Maschinenteilen gespeicherten kinet. Energie zusätzl. angebrachten Schwungrad. S. werden beim Anschluß von Antrieben mit (meist periodischer) stoßartiger Belastung an sehr leistungsschwache Stromversorgungsnetze benötigt, um die vom Antriebsmotor übertragenen Belastungsstöße auf für das Netz erträgl. Werte einzuebnen.
Schwur →Eid.
Schwurgericht, erstinstanzliches Gericht der ordentl. Gerichtsbarkeit für bes. bedeutsame Strafsachen im Dt. Reich u. in der BRD (in der DDR abgeschafft); errichtet beim *Landgericht,* besetzt mit 3 Berufsrichtern u. heute 2 (früher 12) *Schöffen* (bis 1972 *Geschworene* genannt). Deren Stimmrecht ist heute dem der Berufsrichter in Schuldfrage u. Strafzumessung voll gleichwertig; früher stimmten sie nur über die Schuldfrage ab. Im S., das in Dtschld. erstmals in der Paulskirchenverfassung von 1849 vorgesehen war, ist die demokrat. Forderung nach Beteiligung von Laien als Vertretern der Allgemeinheit an der Rechtsprechung bes. ausgeprägt verwirklicht. Österreich: →Geschworenengericht, Schweiz: →Assise. →auch Schöffengericht, Strafkammer, Kreisgericht.
Schwyz [-i:-] **1.** zentralschweizer. Urkanton, 908 qkm, 92 000 Ew.; Hauptort *S.* Der Kanton, dem die Schweiz ihren Namen verdankt, erstreckt sich zwischen Vierwaldstätter, Zuger u. Zürichsee sowie der Wasserscheide zum Einzugsgebiet der *Linth* im O (mit dem Glärnisch). Den S nimmt das *Muotatal* ein, ein Gebiet der Alpwirtschaft mit Textil- u. Holzindustrie, an das sich nach NW ein Talzug von Brunnen über S. u. den Lauerzer See zu Füßen der Rigi nach Arth u. zum Zuger See anschließt, der Kernraum des Kantons. In der Stadt S. bündeln sich zahlreiche alte Verkehrswege. Die ganze Talung ist ein ursprüngl. weitgehend in Einzelhöfen besiedeltes Bauerngebiet mit Gewerbebetrieben u. viel Fremdenverkehr. Die Stadt S. wird von den *Mythen* überragt. *Sihl-* u. *Wägital* (mit Seen) nördlich sich nach N zum Zürichsee, sind Viehzuchtgebiete mit Wasserkraftwerken u. einiger Industrie. Zentrum dieses Gebiets ist Einsiedeln. Südöstl. des Zürichsees breitet sich die intensiv genutzte Agrarlandschaft der *March* aus. Hauptindustriezweige von S. sind Textil- u. Holz-, Maschinen- u. Metallwaren-, Baustoff- u. graph. Industrie. – ▭→Schweiz.

Geschichte: S. war einer der Urkantone der Schweiz. Der kaiserl. Freiheitsbrief von 1240 wurde von den habsburg. Landvögten verworfen, was 1291 zum Zusammenschluß mit den Waldstätten Uri u. Unterwalden im „Ewigen Bund" u. zur Gründung der Eidgenossenschaft führte. S. widersetzte sich der Reformation.
2. Hptst. des schweizer. Kantons S., am Ausgang des Muotatals u. am Fuße der Mythen, 516 m ü. M., 12 500 Ew.; prächtige Barockbauten: Kirchen, Rathaus, Herren- u. Bürgerhäuser (Ital-Reding-Haus, um 1609–1663); im Bundesbriefarchiv das lateinisch abgefaßte Dokument des „Bundesbriefs" der Urkantone vom 1. 8. 1291; in der Nähe das Kollegium Mariahilf, einst Jesuitenkloster, jetzt kathol. Lehranstalt.
Schwyzerdütsch [`ʃvi:-`], *Schwyzertütsch, Schweizerdeutsch,* die verschiedenen umgangssprachl. gebrauchten schweizer. Mundarten, stehen dem althochdt. Lautstand am nächsten. Es gibt keine überregionale deutsch-schweizer. Verkehrssprache, doch zeigen sich Tendenzen zur Abschleifung regionaler Eigentümlichkeiten. →auch deutsche Mundarten.
Schynige Platte, Aussichtsberg im Berner Oberland, südöstl. von Interlaken, 2076 m; Bergbahn; Alpengarten.
Sciacca [`ʃaka`], italien. Hafenstadt auf Sizilien, bei Agrigento, 34 000 Ew., Dom (12. Jh.); Fischerei, landwirtschaftl. Handel (Getreide, Öl, Wein, Agrumen), Papierindustrie; Mineralquellen.
Science Fiction [`saiəns 'fikʃən`; die; engl., wörtl. „Wissenschaftsdichtung"], romanhafte Schilderung von Geschehnissen u. Abenteuern, die auf mögl. oder phantast. Folgen wissenschaftl. Fortschritts (vor allem im naturwissenschaftl.-techn. Bereich) basieren u. so dem Leser plausibel erscheinen. Zuweilen unterscheidet man S. F., die in diesem Rahmen menschl., soziale u. polit. Probleme behandelt, von *Science Fantasy,* die keine literar. Ansprüche erhebt u. nur unterhalten will. Als erstes S.F.-Magazin erschien „Amazing Stories" 1928 in den USA. S.F.-Romane schrieben u. a. J. *Verne,* H. G. *Wells* („Die Zeitmaschine" 1895, dt. 1904), K. *Čapek* („Das Absolutum oder die Gottesfabrik" 1922, dt. 1924), H. *Dominik,* G. *Orwell* („1984" 1949, dt. 1950), R. D. *Bradbury* („Fahrenheit 451" 1953, dt. 1955), W. *Golding,* Isaac *Asimov* (*2. 1. 1920; „Der Mann von drüben" 1954, dt. 1957), Stanislaw *Lem* (*12. 9. 1921; „Der Planet des Todes" 1951, dt. 1954), F. *Dürrenmatt* (Hörspiel „Das Unternehmen der Wega" 1958). – ▭3.0.2.
Scientific Management [`saiən'tifik 'mænidʒmənt`; das; engl.] →wissenschaftliche Betriebsführung.
scilicet [lat.], Abk. *sc.* oder *scil.,* nämlich.
Scilla [die; grch.], *Blaustern, Szilla, Zille,* Gattung der *Liliengewächse* mit kleinen, blau, seltener weiß oder violett blühenden Pflänzchen. In Dtschld. der *Zweiblättrige Blaustern, S. bifolia,* kultiviert der *Schöne Blaustern, S. amoena,* u. der *Sibirische Blaustern, S. sibirica.*
Scillyinseln [`sili-`], engl. *Scilly Islands,* Gruppe von über 140 brit. Inseln, von denen nur 5 bewohnt sind, rd. 40 km südwestl. von England (Kap Land's End), Grafschaft Cornwall, zusammen 16,2 qkm, 1900 Ew.; Hauptinsel: *Saint Mary's,* 6,5 qkm mit dem größten Ort *Hugh Town*; Fischerei, Blumen- u. Gemüsezucht. Fremdenverkehr.
Scipio, Angehörige der altröm. Familie der *Scipionen* aus dem Geschlecht der *Cornelius*: **1.** *S. d. Ä.,* Publius Cornelius S. Africanus Maior, röm. Feldherr, *235 v.Chr., †183 v.Chr. Liternum; entriß 206 v. Chr. den Karthagern Spanien, zwang *Hannibal* zur Räumung Italiens u. schlug ihn 202 v. Chr. bei Zama, so daß Karthago die röm. Friedensbedingungen annehmen mußte.
2. *S. d. J.,* Publius Cornelius S. Aemilianus Africanus Minor, röm. Feldherr, *185 v.Chr., †129 v.Chr.; durch Adoption Enkel von 1); zerstörte 146 v. Chr. Karthago u. beendete damit den *3. Punischen Krieg*; durch seine Zerstörung von Numantia 133 v. Chr. wurden die Iberer endgültig unterworfen; S. war Gegner der Reformbewegungen der *Gracchen,* seiner Verwandten; er versammelte einen Kreis bedeutender Männer (*S.nenkreis*) um sich, zu dem u. a. der griech. Historiker *Polybios* u. der Stoiker *Panaitios* gehörten. – ▭5.2.7.
Scitamineae, Ordnung der *Monokotyledonen* mit vorwiegend tropischen Stauden von z.T. gewaltigem Ausmaß. Immer große, breite, ganzrandige Blätter mit oft mächtigen Scheiden. Blüten dorsiventral oder asymmetrisch; werden z.T.

durch Vögel oder Fledermäuse bestäubt. Die 4 Familien *Bananengewächse, Blumenrohrgewächse, Ingwergewächse* u. *Pfeilwurzgewächse* stellen viele Nutz- u. Zierpflanzen.
Sciuriden →Hörnchen.
SCJ, Abk. für den latein. Ordensnamen der →Herz-Jesu-Priester.
Sckell, Friedrich Ludwig von, Gartenarchitekt, *13. 9. 1750 Weilburg, †24. 2. 1823 München; Gartenbaudirektor der Pfalz u. Bayerns, seit 1804 Hofgartenintendant in München; Vertreter des landschaftl. Gartenstils, schuf seit 1804 den Engl. Garten, 1813 den Alten Botan. Garten in München.
Sclera [grch.], die Lederhaut; →Auge.
Scolex [der; grch.] = Skolex.
Scolopendromorpha →Skolopender.
Scontrino, Antonio, italien. Kontrabassist, *17. 5. 1850 Trapani, Sizilien, †7. 1. 1922 Florenz; lehrte seit 1892 in Palermo, seit 1898 in Florenz; komponierte u. a. Opern u. Kammermusik.
Scopolamin [das; nach dem italien. Naturforscher A. *Scopoli,* †1788], *Skopolamin,* Alkaloid des Tollkrauts *(Scopolica carniolica)*; wirkt am Auge pupillenerweiternd u. narkotisch auf das Großhirn ohne vorhergehende Aufregungszustände. Das *S.hydrobromid* dient zur Beruhigung von Geisteskranken, da es das Zentralnervensystem lähmt, u. zur Einleitung von Narkosen in Kombination mit anderen Mitteln.
Scorcese, Martin, US-amerikan. Filmregisseur italo-amerikan. Herkunft; *17. 11. 1942 Flushing/Long Island; führte Regie u. a. bei „Alice lebt hier nicht mehr" 1975; „Taxi-Driver" 1975; „New York, New York" 1977; „Raging Bull" 1980; schildert in seinen Filmen die Vereinsamung des Menschen in der modernen Industriegesellschaft.
Scordatura →Skordatur.
Scorel, Jan van, holländ. Maler, *1. 8. 1495 Schoorel bei Alkmaar, †6. 12. 1562 Utrecht; Schüler von J. *Gossaert,* 1519–1524 in Dtschld., Kärnten u. Italien; in Rom als Nachfolger *Raffaels* Verwalter der päpstl. Antikensammlung; seit 1524 meist in Utrecht tätig; beeinflußt durch A. *Dürer,* Raffael u. die venezian. Malerei; entwickelte eine geschmeidige Malweise u. lichte Farbigkeit im Sinn der Renaissance. Seine Altarbilder u. Porträts vereinen italien. Größe u. niederländ. Beobachtung. Hauptwerke: Sippenaltar 1520, Obervellbach in Kärnten; Bildnisse: „Agathe van Schoonhoven" 1529, Rom, Galleria Doria Pamphily; „Schüler mit Pinsel" 1531, Rotterdam, Museum Boymans; Gruppenbilder der Jerusalemfahrer, Utrecht, Museum.
Scoresby [`skɔ:zbi`], William, brit. Seefahrer u. Walfänger, *5. 10. 1789 Whitby, †21. 3. 1857 Cropton; erreichte 1806 mit seinem Vater die damals höchste nördl. Breite von 81° 30' zwischen Grönland u. Spitzbergen; zeichnete 1822 die ersten Karten von Teilen der grönländ. Ostküste.
Scoresbysund [`skɔ:zbi-`; nach W. *Scoresby*], größter ostgrönländ. Fjord, unter 70° n.Br., 300 km lang; mit der Eskimosiedlung S. (300 Ew.); Erdbeben- u. meteorolog. Station.
Scoten, Skoten, frühgeschichtl. irische Völkerschaft, setzte im frühen MA. von Irland nach Schottland über u. vermischte sich dort mit den Pikten.
Scotiarücken, *Südantillenrücken,* eine steile Erhebung, die sich von Feuerland ostwärts über die Burdwoodbank (–107 m) bis Südgeorgien hinzieht; trennt das *Argentinische* vom *Südantillenbecken.*
Scotismus, bes. von den Franziskanern verbreitete Lehre u. Schule des J. *Duns Scotus,* der Ende des 16. Jh. auch offiziell zum Ordenslehrer erklärt wurde. Neben stärkerer Betonung der Erkenntniskritik steht bei Scotus eine auf Augustinus zurückgehende voluntarist. Psychologie.
Scotland Yard [`skɔtlənd 'jaːd`; engl., „schottischer Hof"], die Londoner Polizei, bes. die Kriminalpolizei (benannt nach ihrem früheren Hauptgebäude).
Scott, 1. Cyril Meir, engl. Komponist, *27. 9. 1879 Oxton, Cheshire, †1. 1. 1971 London; wurde vor allem bekannt durch seine vom Impressionismus beeinflußten, exotisierenden Klavierwerke („Lotusland", „Impressions from the Jungle-Book"); schrieb ferner Opern („Der Alchemist" 1925), ein Ballett, Oratorium „Nativity Hymn" 1913, 3 Sinfonien, Kammermusik, Lieder. S. schrieb u. a. auch ein Buch über Okkultismus.
2. Gabriel, eigentl. Holst *Jensen,* norweg. Schriftsteller, *8. 3. 1874 Leith, Schottland, †9. 7. 1958

Stockholm; schrieb erst Kinderbücher u. Komödien, dann von pantheist. Naturmystik bestimmte volkstüml., histor. u. sozialkrit. Romane: „Das eiserne Geschlecht" 1915, dt. 1929, unter dem Titel „Die Feuerprobe" 1943; „Kristofer mit dem Zweig" 1925, dt. 1929; „Er kam vom Meer" 1936, dt. 1940.
3. Sir George Gilbert, engl. Architekt, *13. 7. 1811 Gawcott bei Buckingham, †27. 3. 1878 London; baute im Stil der engl. Früh- u. Hochgotik neben zahlreichen Kirchen mehrere Londoner Ministerien, schuf das Albert-Memorial, wirkte als Restaurator.
4. Robert Falcon, brit. Antarktisforscher, *6. 6. 1868 Devonport, †Ende März 1912; entdeckte das König-Eduard-VII.-Land (1902), erreichte am 18. 1. 1912 (nur einen Monat nach R. *Amundsen*) den Südpol, starb auf dem Rückmarsch.
5. Sir Walter, schott. Dichter, *15. 8. 1771 Edinburgh, †21. 9. 1832 Abbotsford; Rechtsanwalt; literar. zuerst (1796) mit Übersetzungen von G. A. Bürgers „Lenore" u. „Wildem Jäger" hervorgetreten; 1802/03 Herausgabe schott. Balladen; bis 1815 folgten Verserzählungen aus der schott.-engl. Geschichte. Seine eigentl. Bedeutung erlangte S. durch die von guter Sachkenntnis getragenen, romant. gefärbten histor. Romane, mit denen er einer der Begründer dieser Gattung wurde. Am stärksten sind seine lebensvollen Schilderungen der schott. Vergangenheit, vor allem des 17. u. 18. Jh. („Waverley" 1814, dt. 1833; „Old Mortality" 1816; „Rob Roy" 1818, dt. 1957; „Das Herz von Midlothian" 1818, dt. 1826). In Europa bekannter wurden die Romane zur engl. u. kontinentaleurop. Geschichte („Ivanhoe" 1820, dt. 1827; „Kenilworth" 1821, dt. 1821; „Quentin Durward" 1823, dt. 1826). – 📖3.1.3.

Scottinsel, antarkt. Insel vor dem Rossmeer, auf dem 180. Längenkreis; rd. 2300 qkm; eisbedeckter, 50 m hoher Vulkanrest; steht möglicherweise als subglaziale Halbinsel in Verbindung mit Antarktika.

Scottish Terrier [ˈskɔtiʃ-; engl.], *Schottenterrier*, einfarbig schwarzer, kurzbeiniger, kleiner Jagdhund mit Stehohren u. stehender Rute; Familienhund, ruhig, selbstbewußt, mutig, intelligent.

Scranton [ˈskræntən], Stadt im NO von Pennsylvania (USA), 104000 Ew. (Metropolitan Area 235000 Ew.); Universität (1888), naturkundl. Museum, Zoo, Kunstgalerie; Zentrum des Anthrazitkohlenbergbaus, Eisen-, Textil-, Stahl-, Maschinen- u. Elektroindustrie.

Screw-worm-fly [ˈskru:wɔ:mflai] →Schraubenwurmfliege.

Scribe [skri:b], Eugène, französ. Dramatiker, *24. 12. 1791 Paris, †20. 2. 1861 Paris; schrieb, z.T. mit Mitarbeitern, über 400 Bühnenstücke, von denen einige von D. F. E. *Auber* (z.B. „Fra Diavolo" 1830; „Die Stumme von Portici" 1828), G. *Meyerbeer*, J. *Halévy* u. F. A. *Boieldieu* („Die weiße Dame" 1825) vertont wurden; wurde auf allen Bühnen Europas gespielt; heute noch ist „Ein Glas Wasser" 1840, dt. 1841, ein viel aufgeführtes u. verfilmtes Lustspiel.

Scribner's, *Charles Scribner's Sons* [ˈtʃa:lz ˈskribnəz ˈsʌnz], US-amerikan. Verlag in New York, gegründet 1846; Belletristik, Sachbücher, wissenschaftl. Literatur, Schul- u. Jugendbücher.

Scrip [engl., „Zettel"], vorläufige Urkunde, z.B. der *Interimsschein* (vorläufiger Anteilschein) für die Aktie oder für nicht gezahlte Zinsen von Schuldverschreibungen.

Scriptores Historiae Augustae [lat., „die Geschichtsschreiber der Kaiserzeit"], Sammlung kurzer historiograph. u. biograph. Abrisse der Geschichte röm. Kaiser von *Hadrian* bis *Carus* (117–284); von den 6 Autoren *Aelius Spartianus, Vulcacius Gallicanus, Aelius Lampridius, Iulius Capitolinus, Trebellius Pollio, Flavius Vopiscus* verfaßt.

Scrophularia [lat.] = Braunwurz.

Scrophulariaceae [lat.] = Rachenblütler.

Scrub [skrʌb; der; engl.], Strauchformation aus immergrünen, oft undurchdringlich dichten, hartlaubigen Dornbüschen in den austral. Trockengebieten. →auch Buschland.

Scudéry [skydeˈri], Madeleine de, französ. Schriftstellerin, *15. 10. 1607 Le Havre, †2. 6. 1701 Paris; Hauptvertreterin des *Preziösentums*; schrieb histor.-galante Romane (u.a. „Artamène ou le grand Cyrus" 10 Bde. 1643–1653; „Clelie, eine röm. Geschichte" 10 Bde. 1654–1660, dt. 1664), die, wie „Conversations et entretiens" 10 Bde. 1680–1692, die zeitgenöss. Sitten schildern.

Scudo, der italien. Taler; →auch Escudo.

sculpsit [lat., „hat (es) gestochen, gemeißelt"], Abk. *sc.* oder *sculps.*, Vermerk vor der Namenssignatur des Kupferstechers oder Bildhauers.

Sculptor-System, kleines elliptisches Sternsystem (→Galaxien) im Sternbild *Sculptor* („Bildhauer") mit einer Entfernung von 750000 Lichtjahren, einem Durchmesser von 13000 Lichtjahren u. einer Masse von 130 Mill. Sonnenmassen.

Sultetus, Andreas, schles. Barockdichter, *um 1622 Bunzlau, †25. 4. 1647 Troppau; verwandt mit A. *Tscherning*, Jugendfreund von *Angelus Silesius*; schuf religiöse Lyrik: „Friedens Lob u. Leidgesang" 1641; „Österl. Triumphposaune" 1642; „Gedichte" (Hrsg. G. E. *Lessing*) 1771.

Scunthorpe [ˈskʌnθɔ:p], engl. Stadt in der Grafschaft Humberside, 72000 Ew.; Eisenerzbergbau, Stahl-, Zement-, Teer- u. Konfektionsindustrie.

Scuol, dt. *Schuls*, Hauptort des Unterengadins im schweizer. Kanton Graubünden, 1600 Ew.; spätgot. Kirche St. Georg (bis 1516), guterhaltene Engadiner Bürgerhäuser. Benachbart der Kurort *Tarasp* mit Talquellen u. Schloß (11./12. Jh., im 20. Jh. restauriert).

Scutari, alban. Stadt, = Shkodër.

Scutellum [lat.] = Schildchen.

Scyphozoen, *Scyphozoa* →Skyphozoen.

SD, Abk. für *Sicherheitsdienst*, →Geheimdienst.

s.d., Abk. für *siehe dieses!* (Aufforderung zum Nachschlagen).

S.D., Abk. für den USA-Staat →South Dakota.

SDR, Abk. für →Süddeutscher Rundfunk.

SDS, 1. Abk. für den latein. Ordensnamen der →Salvatorianer.
2. Abk. für →Sozialistischer Deutscher Studentenbund.

se... [lat.], Vorsilbe mit der Bedeutung „beiseite, von, weg, ohne".

s.e., Abk. für →salvo errore (calculi).

Se, chem. Zeichen für *Selen*.

SE, Abk. für engl. *South East* u. frz. *Sud-est* („Südosten").

Sea [si:; engl.], Teil geograph. Namen: Meer.

Seaborg [ˈsi:bɔ:g], Glenn Theodore, US-amerikan. Physiker, *19. 4. 1912 Ishpeming, Mich.; Prof. an der Universität Berkeley; Mitentdecker der künstlich gewonnenen Elemente Plutonium, Americium, Berkelium, Californium, Curium u. Mendelevium; Nobelpreis für Chemie 1951.

sea-floor spreading, *ocean-floor spreading, Meeresbodenausdehnung*, geotekton. Hypothese, nach der eine Dehnung des Meeresbodens im Bereich der ozean. Rücken aufgrund der Wärmeströmungen im Erdmantel stattfindet. An den Dehnungsfugen dringen basalt. Schmelzen auf, die die ozean. Kruste anwachsen lassen. →Plattentektonik.

Seaham [ˈsi:əm], Hafenstadt der nordostengl. Grafschaft Durham, 25000 Ew.; bedeutende Kohlenausfuhr; Glas- u. chem. Industrie.

Sea Islands [ˈsi: ˈailəndz], Inselkette (aufgelöste Nehrungen) vor der Atlantikküste der USA-Staaten Georgia, South Carolina u. Florida; im 18. Jh. erstes wichtiges Baumwollanbaugebiet der späteren USA, heute fast ungenutzt.

Seal [si:l; der; engl.] **1.** = Seehund.
2. Bez. für das Robbenfell (bes. der Seebären), von dem nach Entfernung der Grannen nur die eingefärbte, seidenweiche Unterwolle verwendet wird.

Sealsfield [ˈsi:lsfi:ld], Charles, eigentl. Karl (Anton) *Postl*, österr. Schriftsteller, *3. 3. 1793 Poppitz, Mähren, †26. 5. 1864 Solothurn (Schweiz); 1814 Priesterweihe am Prager Kreuzherrenstift, floh 1823 nach den USA, war Makler u. Journalist, lebte seit 1832 in der Schweiz; schilderte in realist., von J. F. *Cooper* beeinflußten Romanen den Wilden Westen Amerikas: „Das Kajütenbuch oder Nationale Charakteristiken" (darin „Die Prärie am Jacinto") 1841; „Tokeah" 1829; ferner: „Austria as it is" 1828, dt. 1919.

Seami *Motokijo, Jusaki M.*, japan. Dichter, Schauspieler u. Dramaturg, *1363 Yusaki, Yamato, †1443 Kyoto; mit seinem Vater *Kanami Kijotsugu* (*1333, †1384) Schöpfer u. Vollender des *No-Spiels*; über 200 Stücke u. theoret. Schriften.

Séance [seˈãs; die; frz.], spiritistische Sitzung, →Spiritismus.

Searle [sə:l], Humphrey, engl. Komponist, *26. 8. 1915 Oxford; Schüler von A. *Webern*. 1947 entstand seine erste Zwölftonkomposition. Opern („Tagebuch eines Irren" 1958; „Das Photo des Colonel" 1964; „Hamlet" 1968), 5 Sinfonien, 2 Klavierkonzerte, „Poem" für 22 Streichinstrumente 1950, „Der Schatten Kains" für Sprecher u. Orchester 1952, Ballette u.a.

Sears, Roebuck & Co. [ˈsi:əz, ˈrəubʌk-], Chicago, US-amerikan. Warenhauskonzern, gegr. 1906, erwachsen aus einem 1886 in Illinois gegr. Versandhaus; besitzt Einzelhandelsgeschäfte, Versandhäuser, Katalogverkaufsbüros u. Telefonverkaufsbüros, eine Versicherungsgesellschaft, Spar- u. Darlehnskassen u. eine Immobiliengesellschaft; zahlreiche Tochtergesellschaften.

Seasat [ˈsi:sæt], US-amerikan. Meeresforschungssatellit, startete am 26. 6. 1978 von Vanderberg/Californien aus, läuft auf einer kreisförmigen polaren Bahn; dient ausschließl. der Beobachtung der Ozeane.

SEAT, Abk. für span. *Sociedad Española de Automovil de Tourismo*, Barcelona, span. Unternehmen der Kraftfahrzeugindustrie; gegr. 1950; erzeugt Personenkraftwagen.

SEATO, Abk. für *South-East Asia Treaty Organization*, dt. *Südostasienpakt*, am 8. 9. 1954 in Manila gegr. Südostasiat. Verteidigungsgemeinschaft (auch Manila-Pakt), 19. 2. 1955 in Kraft getreten. Die SEATO wurde als Teil des US-amerikan. Bündnisgürtels zur Eindämmung des Kommunismus u. bes. der Volksrepublik China geschaffen, daher beschränkte sich die amerikan. Beistandszusage auf kommunist. Aggressionen. Der Vertrag verpflichtete nicht automat. zum Beistand; der Schutzbereich schloß Laos, Kambodscha u. Südvietnam ein, Hongkong u. Taiwan aus. Die S. kannte zwar ähnl. Lenkungsorgane wie die NATO, nicht aber deren gemeinsamen Unterbau samt unterstellten Streitkräften. Mitgl. waren die USA, Frankreich, Großbritannien, Australien, Neuseeland, Philippinen, Thailand, Pakistan (bis 1972). Am 30. 6. 1977 wurde die SEATO aufgelöst. – 📖5.9.3.

Seattle [siˈætl], Hafenstadt u. größte Stadt im USA-Staat Washington, am Ostufer des Puget-sunds, 531000 Ew. (Metropolitan Area 1,4 Mill. Ew.); Staatsuniversität (1861), S. University (1895), Kunst- u. Geschichtsmuseum; Schiffbau, Holz-, Maschinen-, Stahl-, Flugzeug- (Boeing), Papier- u. Fischkonservenindustrie; Verkehrsknotenpunkt, 2 Flugplätze.

Sebaldus, männl. Vorname, latinisierte Form von *Siegbald* [ahd. *sigu*, „Sieg", + *bald*, „kühn"].

Sebaldus, Heiliger, Einsiedler u. Missionar bei Nürnberg, vielleicht angelsächs. Herkunft, lebte im 8. oder 10./11. Jh.; sein kunstvolles Grabmal in der Sebalduskirche schuf Peter *Vischer* 1508–1519, die Reliquien wurden in der Reformationszeit entfernt; Patron von Nürnberg. Fest: 19. 8.

Sebastian [zu grch. *sebastos*, „ehrwürdig"], männl. Vorname, Kurzform *Bastian*.

Sebastian, Heiliger, Märtyrer zu Rom in der 2. Hälfte des 3. Jh.; wurde nach der Legende mit Pfeilen durchbohrt. Grab in den Katakomben an der Via Appia (Rom). Patron der Schützen u. gegen Seuchen. Fest: 20. 1.

Sebastiano del Piombo, italien. Maler, eigentl. *Luciani*; erhielt den Beinamen wegen seiner Tätigkeit als Plombator der päpstl. Bullen (1531), *um 1485 Venedig, †21. 6. 1547 Rom; seit 1511 in Rom; verband, ausgehend von *Giorgione*, weiche Modellierung mit der kraftvoll lastenden Formensprache *Michelangelos*. Hptw.: „Junge Römerin, sog. Dorothea" um 1512 (Berlin, Staatliche Museen Preußischer Kulturbesitz, Gemäldegalerie); „Auferweckung des Lazarus" um 1516–1519 (London, National Gallery); „Heimsuchung Mariä" 1521 (Paris, Louvre).

Sebenbaum = Sadebaum.

Sebestyén [ˈʃɛbɛʃtje:n], György, österr. Schriftsteller ungar. Herkunft, *30. 10. 1930 Budapest; Dramaturg u. Redakteur; emigrierte 1956 nach Österreich, lebt in Wien; schildert in seiner Prosa vor realem u. traumhaftem Hintergrund die erlebte Zeitgeschichte: „Die Türen schließen sich" 1957; „Die Schule der Verführung" 1964; „Flötenspieler u. Phantome" 1965; „Anatomie eines Sieges" 1967; „Thennberg oder Versuch einer Heimkehr" 1969.

Sebil [türk.], oriental. öffentl. Brunnen, bes. Wandbrunnen in der osman. Profanarchitektur.

Sébilien [-ˈljɛ̃; das], nordafrikan. Kulturgruppe der Mittelsteinzeit; mikrolith., geometr. Formen aufweisende Steinindustrie.

Sebnitz, Kreisstadt im Bez. Dresden, im Elbsandsteingebirge nordöstl. von Bad Schandau, 14200 Ew.; planmäßige Altstadt (mittelalterl. Gründung); Holzverarbeitungs-, Textil-, Papier- u.a. Industrie. – Krs. S.: 351 qkm, 55600 Ew.

Seborrhoe [die; lat. + grch.], *Schmerfluß, Talgfluß*, krankhaft vermehrte Absonderung der Talgdrüsen; führt zu Fettglanz der Haut, Mitesserbildung u. Schuppen im Bereich der behaarten Kopfhaut (Kopfschuppen); Neigung zu Hauterkrankungen, bes. Akne.
Seboû, *Ouéd S.* [wɛd sə'bu:], im Altertum *Subur*, Fluß in Marokko, 500 km, Quelle im Mittleren Atlas östl. von Fès, mündet bei Rabat in den Atlant. Ozean; Kraftwerke; bis Qenîtra für kleine Seeschiffe befahrbar.
Sebring, Stadt in Florida (USA), südwestl. von Tampa, 7000 Ew.; 8,368 km lange Rennstrecke für den Kraftfahrsport, ein Flugplatzkurs mit privaten Straßenstücken u. 12 Kurven.
Sebulon, im A.T. einer der 12 Stämme Israels, in Südwestgaliläa angesiedelt, nach *S.*, dem Sohn Jakobs u. der Lea, benannt.
sec, veraltetes Kurzzeichen für Sekunde.
s.e.c., Abk. für →salvo errore calculi.
Sec [frz., „trocken"], Bez. bei Weinen: herb.
Secam, Abk. für *système en couleur avec mémoire* oder *séquentiel à mémoire*, in Frankreich u. osteurop. Ländern verwendetes Farbfernsehverfahren (entwickelt von Henri de *France*); beim S.-System erzeugt man die Rot-, Grün- u. Blausignale auf die gleiche Weise wie beim NTSC-Verfahren (→Farbfernsehen), dann jedoch werden die beiden benötigten Farbdifferenzsignale zeilenweise nacheinander u. nicht gleichzeitig übertragen. Im Empfänger wird das erste Signal gespeichert, bis das zweite eintrifft u. das Bild aufgebaut werden kann. – Das S.-Verfahren arbeitet mit Frequenzmodulation. – 🄻 10.4.6.
Secchi ['sɛkki], Angelo, italien. Astrophysiker, *29. 6. 1818 Règgio nell'Emìlia, †26. 2. 1878 Rom; Direktor der Sternwarte des Collegium Romanum, entdeckte den inneren Saturnring; Hauptarbeitsgebiete: Sonnenphysik u. Spektralanalyse der Fixsterne, stellte eine erste Spektralklassifikation auf.
Secco [das; ital.] →Accompagnato, →Rezitativ.
Secco-Malerei [ital. *secco*, „trocken"], Malerei *al secco*, Technik der Wandmalerei, bei der im Unterschied zum →Fresko auf einem trockenen, bes. präparierten Untergrund gemalt wird; bekannt schon im ägypt. Altertum, seit dem MA. häufig mit der Freskotechnik kombiniert. Eine Sonderform ist die →Kaseinmalerei.
Secento [sɛ'tʃɛnto; das; ital., „sechshundert"], das 17. Jh.; übertragen: die Kunst dieser Zeit.
Secession [lat.] →Sezession.
Sechsämterland, die ehem. markgräfl. Ämter Hohenberg, Kirchenlamitz, Selb, Thierstein, Weißenstadt u. Wunsiedel im Herzen des Fichtelgebirges (Bayern).
Sechsender, *Sechser*, ein Hirsch oder Bock, dessen →Geweih auf beiden Stangen zusammen sechs Enden hat.
Sechser-Gemeinschaft, Kurzbez. für den Zusammenschluß (EGKS, EWG u. Euratom) der sechs europ. Staaten Italien, Luxemburg, Niederlande, Belgien, BRD u. Frankreich; am 1. 1. 1973 mit dem Beitritt Großbritanniens, Irlands u. Dänemarks zur *Gemeinschaft der Neun* erweitert.
Sechsfüßer, die →Insekten.
Sechsmächtekonferenz, *Londoner S.* vom 23. 11. 1947–7. 6. 1948, Konferenz Großbritanniens, Frankreichs, der USA, Belgiens, der Niederlande u. Luxemburgs über den wirtschaftl. Wiederaufbau in West- u. Mitteleuropa sowie die Eingliederung der 3 westl. Besatzungszonen Deutschlands in die westeurop. Staatengemeinschaft. Die S. endete mit den *Londoner Empfehlungen* (Beschluß über die Bildung des westdt. Staats).
Sechspaß →Paß.
Sechstagekrieg →Nahostkonflikt.
Sechstagerennen, 1. *Motorradsport:* = Internationale Motorrad-Sechstagefahrt.
2. *Radsport:* engl. *Six Days*, auf Hallenbahnen von Berufsfahrern ausgetragenes Radrennen über 145 Stunden für Zweier- oder Dreier-Mannschaften; die Fahrer können sich in beliebigen Abständen ablösen; ausschlaggebend für den Sieg ist die Zahl der zurückgelegten Runden (Rundengewinne durch Überrunden der anderen Mannschaften) u. die bei Wertungsspurts erreichte Punktzahl. Während früher während der gesamten Zeit immer ein Fahrer jeder Mannschaft auf der Bahn sein mußte, wird das Rennen jetzt in den Morgenstunden unterbrochen *(neutralisiert)*, damit die Fahrer schlafen können. – Das erste dt. S. fand 1909 in Berlin statt; der erfolgreichste Sechstagefahrer ist der Belgier Patrick *Sercu* mit 75 Siegen.
sechster Sinn, das einem Menschen zugeschriebene bes. Ahnungsvermögen.
Sechsundsechzig, Kartenspiel für 2–4 Personen; es gewinnt der Spieler, der zuerst 66 Punkte erzielt.
Seckau, österr. Markt in der Steiermark, 842 m ü.M. 1250 Ew.; roman.-got. Basilika mit Fresken von H. *Boeckl* (1964), Mausoleum *Karls II.* (1612).
Seckendorff, 1. Gustav Anton Frhr. von, Künstlername: Patrick *Peale*, Schriftsteller, *20. 11. 1775 Meuselwitz bei Altenburg, †Sommer 1863 Alexandria, La. (USA); schrieb Epik u. Dramen; hielt „Vorlesungen über Deklamation u. Mimik" 2 Bde. 1815 f.
2. (Karl) Siegmund Frhr. von, Schriftsteller u. Komponist, *26. 11. 1744 Erlangen, †26. 4. 1785 Ansbach; war seit 1775 weimar. Kammerherr; Erzähler u. Dramatiker; verkehrte mit J. G. von Herder u. Goethe, von dem er mehrere Singspiele vertonte.
3. Veit Ludwig von, Staatsrechtler, *20. 12. 1626 Herzogenaurach, †18. 12. 1692 Halle (Saale); 1663 Kanzler von Sachsen-Gotha, seit 1664 von Sachsen-Zeitz; 1692 Kanzler der Universität Halle; seine Werke „Teutscher Fürstenstaat" 1655 u. „Der Christenstaat" 1685 waren maßgebende Richtlinien für die innenpolit. Gestaltung im Reich u. in den Territorien.
Secker & Warburg Ltd. →Warburg, Fredric.
Secondary Modern School ['sekəndəri 'mɔdən 'sku:l], Schulform in Großbritannien mit dem Ziel, eine gute Allgemeinbildung zu vermitteln u. auf das Berufsleben vorzubereiten; vergleichbar etwa unserer erweiterten Volksschuloberstufe; wird von Kindern zwischen dem 11. u. 16. Jahr besucht. Da die Pflichtschulzeit bis zum 15. Lebensjahr reicht, können die Schüler entweder mit 15 Jahren abgehen oder ein Jahr lang freiwillig die S.M.S. besuchen u. als Abschluß den niederen Grad (Ordinary-Level) des *General Certificate of Education (GCE)* erwerben; →Großbritannien und Nordirland (Bildungswesen).
Secondary Technical School ['sekəndəri 'tɛknikəl 'sku:l], weiterführende Schule in Großbritannien; vergleichbar etwa unserer Wirtschaftsoberschule; steht als Schultyp zwischen der *Secondary Modern School* u. der *Grammar School*, strebt aber danach, das Niveau der Grammar School zu erreichen. Die S.T.S. ist eine allgemeinbildende höhere Schule, die in ihrer Lehrplangestaltung den Anliegen von Handel, Wirtschaft u. Technik entgegenkommt u. daher vorwiegend von Schülern besucht wird, die höhere techn. oder kaufmänn. Berufe anstreben.
Die Schüler können die S.T.S. nach Absolvierung ihrer Pflichtschulzeit mit 15 Jahren verlassen oder nach einem weiteren Jahr eine Abschlußprüfung, den niederen Grad (Ordinary-Level) des General Certificate of Education (GCE), ablegen. Darüber hinaus besteht die Möglichkeit, nach weiteren 2 Schuljahren den höheren Grad (Advanced-Level) des GCE zu erwerben, der zum Universitätsstudium naturwissenschaftl. u. techn. Fächer berechtigt; →Großbritannien und Nordirland (Bildungswesen).
seconda volta →prima volta.
secondo [ital., „der zweite"], *Musik:* der Baßpart beim vierhändigen Klavierspiel.
Secrétan [səkre'tã], Charles, schweizer. Philosoph, *19. 1. 1815 Lausanne, †22. 1. 1895 Lausanne; Schüler von Schelling u. F. X. von Baader, später Anhänger Kants, gehörte zu den Hauptvertretern des französ. Spiritualismus; Hptw.: „La Philosophie de la liberté" 2 Bde. 1849, ³1879.
Secret Service ['sikrət 'sə:vis], brit. Geheimdienst, der einige Bereiche der Wirtschaft u. der wissenschaftl. Forschung überwacht; übergeordnete Zentralstelle des S.S. ist das *Joint Intelligence Bureau*, das die militär. Abwehr u. Sicherheit des Landes koordiniert u. dem auch die Geheimdienste von Heer, Marine u. Luftwaffe unterstellt sind.
Sectio aurea [die; lat.] = Goldener Schnitt.
Security Council [sə'kjuəriti 'kaunsil; engl.], Sicherheitsrat, Weltsicherheitsrat, →Vereinte Nationen.
SED, Abk. für →Sozialistische Einheitspartei Deutschlands.
Sedan [sə'dã], Industriestadt im nordostfranzös. Département Ardennes, an der Maas, 24 500 Ew.; Textilfachschule; Eisen-, Metall-, Textil- u. Nahrungsmittelindustrie.
S. war bis 1875 eine starke Festung. Am 1./2. 9. 1870 fand dort die Entscheidungsschlacht im Dt.-Französ. Krieg statt: Sieg über die französ. Armee unter Mac-Mahon, Gefangennahme Napoléons III. Am 13. 5. 1940 erfolgte bei S. der Durchbruch der Deutschen durch die Maginotlinie.
Sedativa, *Tranquillantia*, beruhigende Arzneimittel, z.B. Baldrianwurzeln, Hopfendolden, Lavendelblüten u. die daraus bereiteten Präparate; Brom- u. synthetische Präparate.
Seddin, brandenburg. Ort in der Westprignitz, 450 Ew.; bekannt durch einen Grabhügel (Fürstengrab) von noch 10 m Höhe u. 85 m Durchmesser der späten jüngeren Bronzezeit. Die Wände der Steinkammer im Innern waren mit einer Tonschicht bedeckt u. rot u. weiß bemalt; sie barg eine Urne mit Deckel aus Ton, in deren Innern ein Bronzegefäß mit den Leichenbrandresten eines Mannes steckte. Das Grab enthielt ferner zwei weitere Urnen mit den Leichenbränden zweier jüngerer Frauen u. zahlreiche Grabbeigaben.
Seder [der; Mz. *Sedarim*; hebr., „Ordnung"], **1.** eine der sechs Unterabteilungen der *Mischna* u. des *Talmud*.
2. die häusl. Feier der beiden ersten Abende des *Pessachfestes* (symbolische Speisen, Vorlesung der Haggada); ihr Verlauf ist durch die *S.ordnung* geregelt.
Sedes [die; lat.], Sitz, Stuhl, Amtssitz eines kath. Pfarrers, Bischofs; *S. Apostolica*, der *Apostolische Stuhl*. →auch Heiliger Stuhl.
Sedez [das; lat. *sedecim*, „sechzehn"], Abk. 16°, Papierformat, bei dem ein Bogen 16 Blätter (32 Seiten im Buch) umfaßt.
Sediment [das; lat.], *Chemie:* Bodensatz, der sich in stehenden Flüssigkeiten unter Einfluß von Schwerkraft absetzt.
Sedimentation [lat.], Ablagerung von Verwitterungsprodukten der Erdkruste, organ. Substanzen u. chem. Ausscheidungen; durch anschließende Verfestigung *(Diagenese)* entstehen aus den Ablagerungen (Sedimenten) *Sedimentgesteine*. – *Sedimentologie:* Lehre von Entstehung, Bildung u. Veränderung von Sedimenten.
Sedimentgesteine, durch Ablagerung u. anschließende Verfestigung von Verwitterungsschutt, organ. Substanzen u. chem. Ausscheidungen entstandene →Gesteine.
Sedisvakanz [die; lat.], die Zeitspanne, in der der päpstl. oder ein bischöfl. Stuhl unbesetzt ist.
Sedlmayr, Hans, dt. Kunsthistoriker österr. Herkunft, *18. 1. 1896 Hornstein, Burgenland; 1936–1945 Prof. in Wien, 1951–1964 in München; versucht, der Wertindifferenz der ikonolog. Schule mit einer von der „richtigen Einstellung" ausgehenden *Strukturanalyse* zu begegnen. Arbeiten über Barockarchitektur u. got. Kathedralbaukunst („Die Entstehung der Kathedrale" 1950). Vieldiskutiert ist seine Zeitdeutung in „Verlust der Mitte" 1949, ⁸1965, u. „Die Revolution der modernen Kunst" 1955, ¹⁰1961; „Kunst u. Wahrheit" 1958; „Epochen u. Werke" 2 Bde. 1960/61; „Der Tod des Lichtes" 1964; „Die demolierte Schönheit" 1965; „Stadt ohne Landschaft. Salzburgs Schicksal morgen?" 1971.
Sedom, bibl. *Sodom*, israel. Industriestandort (seit 1934) am Südende des Toten Meeres; chem. Industrie (Kali, Brom u. a. aus dem Wasser des Toten Meeres); Steinsalzvorkommen mit bizarren Auslaugungsformen („Lots Weib") am Höhenzug *Har Sedom*. Die Geschichte des bibl. Sodom dürfte auf eine mit diesen Auslaugungsvorgängen zusammenhängende Erdbebenkatastrophe zurückgehen.
Sedow [-'dɔf], Georgij Jakowlewitsch, russ. Polarforscher, *20. 2. 1877 Kriwaja Kosa am Asowschen Meer, †5. 3. 1914 Arktis; versuchte 1912 einen Vorstoß zum Nordpol u. starb nach zweifacher Überwinterung in der Nähe der Rudolfinsel. Nach ihm wurde der sowjet. Eisbrecher benannt, der durch seine unfreiwillige Driftfahrt 1938–1940 bekannt geworden ist u. die seit 1920 beobachtete Erwärmung des Nordpolargebiets bestätigte.
Sedschade [arab.], Gebetsteppich als Unterlage bei der islam. Gebetsübung. Im Handel kleinformatiger, geknüpfter oder gewebter Teppich, meist mit Nischenmuster *(Mihrab)*; im Orient auch Matten. Als großformatige Sonderform für Hauptmoscheen mit Reihen von Nischen für die in Reihen stehenden Beter.
Sedulius, christl. Dichter der Spätantike, lebte in der ersten Hälfte des 5. Jh.; verfaßte eine Nacherzählung des Evangeliums in Hexametern mit Anlehnung an die poet. Technik *Vergils* („Paschale carmen") u. zwei „Hymni abecedarii" auf Christus.

Sedulius Scottus

Sedulius Scottus, mittellatein. Schriftsteller irischer Abstammung, lebte im 9. Jh. in Lüttich u. Köln, Hofdichter Karls des Kahlen; verfaßte grammat. u. theolog. Werke u. einen Fürstenspiegel („Liber de rectoribus christianis" um 855).

Sedum [das; lat.] = Fetthenne.

See, 1. [der], stehendes Gewässer, das mit dem Meer nicht unmittelbar verbunden ist. Man unterscheidet *Süßwasser-* u. *Salz-S.n* (Salzgehalt über 5‰) sowie nach der Lage im Flußnetz *Quell-S.n* ohne oberflächl. Zufluß, *Durchgangs-S.n, End-S.n* oder *Mündungs-S.n* ohne Abfluß, u. *Blind-S.n,* denen oberird. Zu- u. Abflüsse fehlen.
Nach der Entstehung sind die wichtigsten Typen: 1. *Rest-S.n,* die Reste ausgetrockneter Meere, die oft stark salzhaltig sind (Kaspisches Meer, Großer Salzsee, Tschadsee). Als Rest-S.n bezeichnet man manchmal auch die Altwasser toter Flußarme. 2. *tektonische S.n,* in tekton. Senken u. Grabenbrüchen (Totes Meer, Tanganjika-, Malawisee). Auch die vulkan. S.n (Krater-S.n, Maare) gehören in diese Gruppe. 3. *End-* oder *Mündungs-S.n* (Lob Nuur, Lake Eyre, Aralsee) sind ebenfalls oft salzhaltig, bes. in Trockengebieten. 4. *Stau-S.n* (→auch Talsperre) entstehen natürlich oder künstl. beim Aufstau eines Wasserlaufs durch einen quergeschütteten Wall. Natürliche Ursachen können u.a. Bergstürze, Muren, Schuttkegel von Nebenflüssen, Lavaströme u. Moränen sein. 5. *glaziale S.n* finden sich in verschiedener Größe in vom Eis ausgehobelten Wannen ehemals vergletscherter Gebiete. Hierzu gehören auch die *Kar-S.n.* 6. *Fluß-S.n* entstehen in sehr flachen Talniederungen, wo die Flüsse ihre Auen weithin überschwemmen. 7. An Nehrungs- u. Ausgleichsküsten treten *Strand-S.n,* in Deltas *Delta-S.n* auf. 8. Ein besonderer Typ sind die *Karst-S.n* in den – teilweise unterirdischen – Auslaugungshohlformen von Kalkgebieten.
Die größten S.n der Erde sind: Kaspisches Meer (371 000 qkm), Oberer See (82 414 qkm), Victoriasee (68 800 qkm), Aralsee (mit Inseln 66 500 qkm), Huronsee (59 586 qkm), Michigansee (58 016 qkm), Tanganjikasee (34 000 qkm); größter dt. S. ist der Bodensee (539 qkm, dt. Anteil 305 qkm). Die von F. A. *Forel* begründete wissenschaftl. Seenkunde heißt *Limnologie.*
2. [die], →Meer.

Sée [se:], Henri, französ. Historiker, *6. 9. 1864 Saint-Brice, Seine-et-Oise, †10. 3. 1936 Rennes; lehrte 1893–1920 in Rennes; Hptw.: „La vie économique et les classes sociales en France au XVIIIe siècle" 1924; „Histoire économique de la France" 2 Bde. 1939–1943 (mit R. *Schnerb*).

Seeaal, 1. Handelsbez. für den →Leng.
2. = Meeraal.

Seeadler, *Haliaeetus albicilla,* bis über 90 cm großer, weißschwänziger *Raubvogel* mit bes. kräftigem Schnabel; im Winter umherstreichend. Seine Nahrung besteht aus Fischen, größeren Vögeln u. mittelgroßen Säugetieren. Letztes Brutvorkommen in Dtschld. ist das Ostseegebiet.

Seealpen, →Meeralpen; Dép. S. →Alpes-Maritimes.

Seeamt, Untersuchungs- u. Spruchbehörde für Unfälle mit Seeschiffen. Höchste Instanz in der BRD ist das *Bundesoberseeamt* in Hamburg.

Seeanemonen = Aktinien.

Seebach, 1. Marie, Schauspielerin, *24. 2. 1830 Riga, †3. 8. 1897 St. Moritz; 1856/57 am Wiener Burgtheater, seit 1887 am Berliner Hoftheater, berühmt in klass. naiv-sentimentalen Rollen.
2. Nikolaus Graf von, Theaterleiter, *9. 2. 1854 Paris, †1. 1. 1930 Dresden; 1895–1919 Leiter der sächs. Hoftheater. Unter seiner Leitung wurde die Dresdener Bühne führend mit den Opern von R. *Strauss.*

Seebälle, *Seeknödel, Meerballen, Wasserkugeln,* von den Meereswellen zusammengetriebene u. zu Kugeln geformte Pflanzenreste.

Seebär, *Bare,* „Welle", bis 2 m hohe, an der Ostseeküste (selten) auftretende Flutwelle; beruht auf durch Luftdruckschwankungen ausgelösten Böen. Ähnliche Erscheinungen z.B. an der Küste Westsiziliens *(Marrobbio),* Nordspaniens, Japans u. Brasiliens.

Seebarbe = Meerbarben.

Seebären, *Pelzrobben,* Gruppe der *Ohrenrobben,* von bipolarer Verbreitung. Am bekanntesten der *Nördliche Seebär* (Bärenrobbe, *Callorhinus ursinus*) des Nordpazifik, der nur zur Fortpflanzungszeit das Land aufsucht; der Pelz wird als →Seal gehandelt.

Seebarsch, *Wolfsbarsch, Morone labrax,* ein Zackenbarsch von rd. 1 m Länge, bis 10 kg schwer, bewohnt das Mittelmeer, den Atlant. Ozean u. die Nordsee bis Norwegen; sehr wohlschmeckender Speisefisch, bei Sportanglern beliebt.

Seebau, Maßnahmen zum Schutz der Küstenländer gegen die Angriffe des Meeres oder zur Gewinnung von Land (Anlage u. Unterhaltung von Deichen, Buhnen, Deckwerken, Schutz der Dünen), Vorkehrungen zur Sicherung u. Verbesserung der Seeschiffahrt. →auch Wasserbau.

Seebeben, Erdbeben mit untermeer. (submarinem) Ausgangspunkt; oft Ursache verheerender Flutwellen (z.B. bei Messina 1908), die als *Tsunamis* bezeichnet werden.

Seebeck-Effekt, von Thomas Johann *Seebeck* (*1770, †1831) 1821 entdeckter Effekt, wonach eine *Thermospannung* u. damit ein elektr. Strom *(Thermostrom)* entsteht, wenn die Verbindungsstellen zweier verschiedener Metalle, die zu einem Ring zusammengelötet sind, auf verschiedenen Temperaturen gehalten werden. →auch Peltier-Effekt, Thermoelektrizität.

Seeberufsgenossenschaft, 1887 gegr. für die Seeschiffahrts- u. Seefischereiunternehmen, sie ist Träger der *Unfallversicherung* der Seeleute. Die von ihr errichtete *Seekasse* ist Träger der Arbeiterrentenversicherung der Seeleute u. der See-Krankenversicherung (→Seekrankenkasse). Die S. überwacht die Besatzungsräume u. erteilt als *Schiffssicherheitsbehörde* den Fahrterlaubnisschein (Sicherheitszeugnis) u. das Freibordzeugnis (betr. Tiefladelinie).

Seeblase, *Portugiesische Galeere, Physalia physalis,* eine weltweit verbreitete *Staatsqualle,* die sich mit Hilfe einer an der Wasseroberfläche schwimmenden, bis 30 cm langen Gasblase (Gasflasche) vom Wind über das Wasser treiben läßt. Gefangene Beute wird mit Fangfäden hochgezogen u. an die Freßpolypen herangeführt. Das Gift der S. kann beim Menschen stundenlange heftige Schmerzen u. Herzbeschwerden verursachen. Oft in riesigen Schwärmen (1971 vor der niederländ. Küste).

Seeboden, österr. Seebad am Westende des Millstätter Sees, in Kärnten, 580 m ü. M., 3700 Ew.; mit Kurpark u. Spielkasino.

Seebohm, Hans-Christoph, Politiker (DP, seit 1960 CDU), *4. 8. 1903 Emanuelssegen, †17. 9. 1967 Bonn; Bergingenieur; 1946–1948 niedersächs. Arbeits-Min., seit 1949 Mitgl. des Bundestags, 1949–1966 Bundesverkehrs-Min.; Sprecher der Sudetendt. Landsmannschaft.

Seebohnen, *Sea beans* →Riesenhülse.

Seebrassen = Brassen.

Seebrief, amtl. Urkunde über die Eintragung eines Seeschiffs in das *Seeschiffsregister;* →Schiffszertifikat, →Schiffsregister.

Seeckt, Hans von, Generaloberst, *22. 4. 1866 Schleswig, †27. 12. 1936 Berlin; 1915/16 Generalstabschef A. von Mackensens, 1917/18 des türk. Feldheers; 1920–1926 Chef der Heeresleitung; zusammen mit dem Reichswehr-Min. O. Gessler Schöpfer der *Reichswehr,* 1933–1935 militär. Berater Tschiang Kaischeks.

Seedatteln = Bohrmuscheln.

Seedistel, Wasserpflanze, →Krebsschere.

Seedorff Pedersen, Hans Hartvig, dän. Lyriker, *12. 8. 1892 Århus; besingt in bacchantischer Manier die großen u. kleinen Freuden des Lebens.

Seedrachen, *Chimären, Holocephalia,* Unterklasse der *Knorpelfische* mit dickem, plumpem Kopf u. schuppenloser Haut; Chorda dorsalis ohne Wirbelkörper u. Rippen. S. haben an jeder Seite des Kopfes eine äußere Kiemenspalte, die kiemendeckelartig von einer Hautfalte bedeckt ist; sie leben von Muscheln u. Schnecken. Ihre Hauptverbreitungszeit hatten die S. im Erdmittelalter (Mesozoikum). Einzige rezente Ordnung sind die *Seekatzen.*

See-Elefant, Elefantenrobbe, ein bis 6 m langer Seehund; der *Nördl. S., Mirounga angustirostris,* lebt fast nur noch auf Guadeloupe, der *Südl. S., Mirounga leonia,* im Süden des Stillen Ozeans.

Seefahrtbuch, amtl. Ausweis für jeden Seemann, ausgestellt vom →Seemannsamt, dient als Paßersatz, als Nachweis für Fahrzeiten, zum Besuch von Seefahrt- u. Schiffsingenieurschulen, als Ausweis über das Bestehen eines Sozialversicherungsverhältnisses.

Seefahrtschulen, Ausbildungsstätten für Kapitäne, Schiffsoffiziere u. andere gehobene Seefahrtsberufe. Für den Besuch von S. ist eine bestimmte Fahrzeit auf Seeschiffen Voraussetzung (→Seemann). S. haben je nach Art des Befähigungszeugnisses bzw. des Patents, das dort durch Prüfung erworben werden kann, den Status von Fachoberschulen bzw. Fachhochschulen (parallel zur Techniker- oder Ingenieurausbildung an Land). Die Bez. der S. ist unterschiedlich; in Hamburg: *Fachhochschule Hamburg, Fachbereich Seefahrt,* daneben *Fachbereich Schiffsbetriebstechnik,* außerdem *Fachschule Seefahrt;* in Bremen u. Bremerhaven: *Hochschule für Nautik;* in Cuxhaven: *Seefahrtsschule Cuxhaven.* Entspr. Schulen gibt es in Elsfleth, Gründeich, Leer u. Lübeck.

Seefedern, *Federkorallen, Pennatularia,* zu den *Octocorallia* gehörende Meerestiere von federartiger Gestalt, die im Gegensatz zu allen übrigen Korallen nicht festgewachsen sind, sondern nur locker im Untergrund stecken. Der lange Primärpolyp bildet einen stielartigen Basalabschnitt, an dem federartig die Sekundärpolypen sitzen. In der Nord- u. Ostsee kommt die *Leuchtende Seefeder, Pennatula phosphorea,* vor. – Ⓑ →Hohltiere.

Seefelder Sattel, weites Becken zwischen Karwendel- u. Wettersteingebirge, in den Nordtiroler Kalkalpen bei Seefeld (Österreich); Wasserscheide zwischen Isar u. Inn, wichtig für den Straßen- u. Eisenbahndurchgangsverkehr von Mittenwald über den *Scharnitzpaß* nach Innsbruck; Schwebebahn zum *Seefelder Joch* (2074 m), nahe der *Seefelder Spitze* (2220 m); Skigelände.

Seefeld in Tirol, vielbesuchter österr. Luftkurort u. Wintersportplatz, nordwestl. von Innsbruck, 1180 m ü. M., 2050 Ew.; in der Nähe Ölschieferabbau.

Seefischerei →Hochseefischerei, →Küstenfischerei; →auch Fischerei.

Seeforelle →Forelle.

Seefrachtbrief = Konnossement.

Seefried, Irmgard, österr. Sängerin (Sopran), *9. 10. 1919 Köngetried, Bayern; seit 1943 an der Wiener Staatsoper, in London u. New York; verheiratet mit Wolfgang *Schneiderhan;* bes. Mozart-Interpretin, auch Konzertsängerin.

Seefrosch, *Rana ridibunda,* größter mittel- u. osteurop. Frosch; bis 15 cm lang, olivgrün, ausgesprochener Wasserbewohner, meist in größeren Gewässern; überwältigt gelegentl. gerade geschlüpfte Jungvögel. Paarungszeit April bis Mai.

Seefunk, Funkdienst zwischen Schiffen untereinander u. von ihnen zu einer →Küstenfunkstelle. →Hafenfunk.

Seegang, die durch Wind hervorgerufene (Wellen-)Bewegung der Meeresoberfläche; seine Stärke wird nach 10teiliger Skala angegeben. →Tab. oben rechts.

Seegras, *Zostera,* Gattung der S.gewächse; untergetaucht lebende, im Meeresschlamm der Küsten wurzelnde Pflanzen mit langen, grasartigen Blättern; auch an der Ost- u. Nordsee: *Echtes S.* (Meergras, *Zostera marina*) u. *Zwerg-S., Zostera nana.* Das getrocknete Kraut wird als Polster- u. Packmaterial verwendet. Zu den S.gewächsen zählt auch das *Neptungras, Posidonia.*

Seegrasgewächse, *Zosteraceae,* Familie der zu den *Monokotyledonen* gehörenden Ordnung der *Helobiae.*

Seegurken →Seewalzen.

Seehase, *Lump, Meerhase, Cyclopterus lumpus,* ein die nordeurop. Küsten bewohnender *Lumpfisch,* der sich mit einem aus den Bauchflossen gebildeten Saugnapf an Steinen festheftet. Er lebt als

Seeadler, Haliaeetus albicilla

Seegang Stufe	Kennwort	Beschreibung der Kennzeichen	Wellenlänge	Wellenhöhe	Windstärke
0	spiegelglatte See	spiegelglatte See	–	–	0
1	gekräuselte, ruhige See	kleine Kräuselwellen ohne Schaumköpfe	bis 5 m	bis ¼ m	1
2	schwach bewegte See	Kämme beginnen sich zu brechen; vereinzelte Schaumköpfe	bis 25 m	bis 1 m	2–3
3	leicht bewegte See	häufigeres Auftreten der weißen Schaumköpfe, aber noch kleine Wellen	bis 50 m	bis 2 m	4
4	mäßig bewegte See	mäßige Wellen und überall weiße Schaumkämme	bis 75 m	bis 4 m	5
5	grober Seegang	schon große Wellen, deren Kämme sich brechen und Schaumflächen hinterlassen	bis 100 m	bis 6 m	6
6	sehr grober Seegang	Wellen türmen sich; der weiße Schaum bildet Streifen in Windrichtung	bis 135 m	bis 7 m	7
7	hoher Seegang	hohe Wellenberge mit dichten Schaumstreifen; See beginnt zu „rollen"	bis 200 m	bis 10 m	8–9
8	sehr hoher Seegang	sehr hohe Wellenberge; lange überbrechende Kämme; Gischt beeinträchtigt Sicht	bis 250 m	bis 12 m	10
9	schwerer Seegang	Schaum und Gischt erfüllen die Luft; See weiß; keine Fernsicht mehr	über 250 m	über 12 m	über 10

Grundfisch auf steinigem, felsigem Grund u. ist ein schlechter Schwimmer. Der Rogen kommt als „Deutscher Kaviar" auf den Markt; dadurch ist der S. von Ausrottung bedroht.

Seehaus, Paul Adolf, Maler u. Graphiker, *7. 9. 1891 Bonn, †13. 3. 1919 Hamburg; Landschaftsbilder in einem der Kunst des „Blauen Reiters" verwandten Stil.

Seehausen/Altmark, Stadt im Krs. Osterburg, Bez. Magdeburg, 5300 Ew.

Seehecht, *Meerhecht, Merluccius merluccius, Hechtdorsch,* bis 1 m langer u. 10 kg schwerer *Schellfisch* des östl. Atlantik, der Nordsee u. des Mittelmeers; lebt in Tiefen von 200–300 m u. darunter, nährt sich von Fischen. Wichtiger Nutzfisch, wird bes. gebraten u. geräuchert gegessen.

Seeheim-Jugenheim →Jugenheim an der Bergstraße.

Seehunde, *Phocidae,* Familie der *Robben;* fast völlig an das Leben im Wasser angepaßte Tiere, die sich an Land nur mühselig durch Vorstrecken u. Zusammenziehen fortbewegen können. Die 5 Zehen der Flossenfüße sind durch Schwimmhäute verbunden. S. sind ausgezeichnete Schwimmer u. Taucher, die mühelos Fische als Nahrung erbeuten. Ein äußeres Ohr fehlt im Gegensatz zu den *Ohrenrobben.* Die S. sind gesellig; sie leben an den Küsten aller Meere u. einiger großer Binnengewässer (z. B. Baikalsee). Das Fell wird (als „HaarSeal") zu Kleidungsstücken u. Gebrauchsgegenständen (Tornister, Steigfelle) verarbeitet. Der *Gewöhnl. Seehund (Meerkalb, Phoca vitulina)* wird 2 m lang, er ist in den nördl. Meeren u. der Nordsee verbreitet. Zu den S.n gehören *Ringelrobbe, Kegelrobbe, Klappmütze, Sattelrobbe, Mönchsrobbe, Seeleopard, See-Elefant.*

Seeigel, 1. *S. i. w. S., Echinoidea,* kugel-, herz oder scheibenförmige Meerestiere aus dem Stamm der *Stachelhäuter,* deren aus Kalktafeln aufgebautes Skelett den Körper außen umschließt u. bewegl. Stacheln trägt. Der Mund liegt in der zentralen Achse dem After gegenüber *(reguläre S.).* Bei den *irregulären S.n* rückt der After oft bis auf die Unterseite des Körpers. Der Darm ist ein durchgehender Schlauch; der Mund weist ein kompliziertes Kiefersystem auf (→Laterne des Aristoteles). Die Kalkplatten des Skeletts sind durchbohrt u. lassen Saugfüßchen (→Ambulakralfüßchen) austreten, die u. a. zum Festhalten der Beute u. zur Fortbewegung dienen. Das *Wassergefäßsystem* der S. (→Stachelhäuter) steht durch den *Steinkanal,* ein Gefäß mit Kalkeinlagerungen, das in einer Siebplatte *(Madreporenplatte)* in der Nähe des Afters mündet, mit dem äußeren Wasser in Verbindung. Geatmet wird mit der gesamten Körperoberfläche oder manchmal mit den den Mund umstehenden Kiemenbüscheln. Als Nahrung dienen Muscheln, Schnecken, kleine Seetiere. Die Eier u. Samen der S. werden frei in das Wasser entleert, wo sich die anlocken, u. befruchtet frei umherschwebt. Am S.-Ei wurde der wichtige Vorgang der tier. Befruchtung entdeckt (O. Hertwig 1875). Auch heute ist es ein bevorzugtes Objekt experimenteller Forschung über Vermehrung, Geschlechtlichkeit u. Entwicklungsmechanik. In der Nordsee ist der *Eßbare S.* häufig, außerdem *Stein-S.* u. *Strand-S.* Viele S. sind auch wichtige Leitfossilien der Paläontologie. Man kennt etwa 700 lebende u. 2500 ausgestorbene Arten. – ⬜ →Stachelhäuter, →Embryonalentwicklung.

2. *Eßbarer S., Echinus esculentus,* im Atlantik lebender S.; kommt im flachen Uferwasser von Spanien bis Spitzbergen vor, fehlt im Mittelmeer; lebt von Pflanzen, Würmern, Polypen, Moostierchen. In Portugal werden die reifen Keimdrüsen gegessen.

Seejungfer, 1. *Calopteryx virgo,* smaragdgrüne Libelle aus der Gruppe der Schlankjungfern, mit großen, blauschillernden oder rauchbraunen Flügelflecken; farbenprächtigste dt. Libelle, von Mai bis August an sauberen Bächen.

2. →Seekühe.

Seejungfrau, Sagenfigur, →Meerweibchen.

Seekabel, Fernmelde- oder Starkstromkabel besonderer Konstruktion, das starken mechan. u. chem. Beanspruchungen widerstehen kann; von unterschiedl. Aufbau für Küsten- u. Tiefseeverlegung. Fernmelde-S. enthalten meist nur eine einzige Koaxial-Doppelleitung, auf der mehrere tausend Telephongespräche gleichzeitig übertragen werden können (→Trägerfrequenztechnik). Wartungsfreie Verstärker sind in regelmäßigen Abständen eingebaut. Elektron. Umschalteinrichtungen ermöglichen es, die Übertragungskanäle doppelt auszunützen (→TASI-System). Erstes Telegraphen-S. 1850, erstes Fernsprech-S. 1947.

Seekadett, in der Marine Offiziersanwärter im Dienstgrad eines Unteroffiziers; entspricht dem *Fahnenjunker* bei Heer u. Luftwaffe.

Seekanne, *Nymphoides peltata,* Gattung der Enziangewächse, kommt zerstreut vor in stehenden u. langsam fließenden Gewässern; Blätter fast kreisrund, Blüten gelb; könnte für eine kleine gelbe Seerose gehalten werden.

Seekarte, nautische Karte, kartograph. Erfassung (meist in Mercatorprojektion) von Meeren mit Küstenstreifen, in die für die Seeschiffahrt wichtige Gegebenheiten (Tiefen, Bodenbeschaffenheit, Strömungen, Gezeitenhub, Schiffahrtshindernisse, Sicherheits- u. Orientierungsanlagen, bes. Seezeichen) eingetragen sind.

Seekartennull →Normalnull.

Seekasse, Träger der *Arbeiterrentenversicherung* der Seeleute u. der *See-Krankenversicherung,* die von ihr in einer besonderen Abt. unter dem Namen →Seekrankenkasse durchgeführt wird; Generalbevollmächtigte der Bundesversicherungsanstalt für Angestellte bei der *Angestelltenversicherung* der seemänn. Angestellten. Die S. wurde aufgrund des Invalidenversicherungsgesetzes vom 13. 7. 1899 als Sonderanstalt für die Invalidenversicherung der Seeleute von der →Seeberufsgenossenschaft errichtet; sie begann ihre Tätigkeit am 1. 1. 1907. Sie ist Körperschaft des öffentl. Rechts; S. u. Seeberufsgenossenschaft haben personengleiche Vorstände u. Vertreterversammlungen. – ⬜ 4.6.1.

Seekatz, Johann Conrad, Maler, *4. 9. 1719 Grünstadt, †25. 8. 1768 Darmstadt; dort seit 1753 Hofmaler; rokokohafte Genreszenen, die schlichten Naturalismus mit oft allegor. Idyllik vereinigen; bekannt das Gruppenbild der Familie *Goethe* (heute in Weimar).

Seekatze, *Spöke, Seeratte, Königsfisch, Chimaera monstrosa,* ein →Seedrachen aus der Familie der *Kurznasen-Chimären, Chimaeridae;* häufigste Art zwischen Nordsee u. Mittelmeer, in Tiefen bis 1000 m; bis 1,5 m lang; das unterständige Maul hat Kauplatten; an der Wurzel des dünnen Schwanzes steht oberseits ein langer, gesägter Giftstachel. Eierlegend. Das Leber-Öl ist vitaminreich u. eignet sich zur Schmierung feinmechan. Instrumente.

Seeklima, *maritimes* oder *ozean. Klima,* von meernahen Landflächen; im Gegensatz zum kontinentalen →Landklima mild; ausgezeichnet durch geringe Tages- u. Jahresschwankung der Temperatur, verspäteten Eintritt der gemilderten Temperaturextreme, hohe, landeinwärts abnehmende Niederschläge, bes. im Spätherbst u. Winter; hohe Luftfeuchtigkeit, starke Bewölkung, kühle Sommer, milde Winter.

Seekrankenkasse, besondere Abt. der →Seekasse, in der die Krankenversicherung der Seeleute durchgeführt wird; besitzt keine eigene Rechtspersönlichkeit. Die S. wird von den Organen der Seekasse verwaltet, hat aber eine eigene Satzung.

Seekrankheit, *Kinetose, Reise-, Luft-, Eisenbahn-, Autokrankheit,* Auftreten von Übelkeit mit Speichelfluß u. Erbrechen, Drehschwindel, Angstgefühl u. schließl. von völliger Teilnahmslosigkeit; ausgelöst durch Reizung der Bogengänge des Gleichgewichtsorgans, das schaukelnden u. drehenden Bewegungen. Aufenthalt in frischer Luft an Deck, in Rückenlage u. Schiffsmitte beugt dem Ausbruch vor, kann ihn aber nicht immer verhindern; alle inneren Mittel müssen vor Ausbruch der ersten Erscheinungen genommen werden, Wirkung unterschiedl.; Kinder bis zum 4. Lebensjahr u. Taubstumme erkranken meist nicht an der S.

Seekreide, *Wiesenkalk,* durch Pflanzen (unter Kohlensäureentzug) bewirkte Kalkablagerung in Wiesen der Niederungsmoore u. in stehendem Süßwasser.

Seekrieg, der Kampf zwischen Seestreitkräften. Er ist meist, so in allen modernen Kriegen, nur Teil des gesamten Kriegsgeschehens u. dient dann bes. der Blockade oder umgekehrt der Offenhaltung der Seewege, auf denen die kriegführende Macht Zufuhren erhält. Der S. wird nach bes. strateg. Gesichtspunkten geführt, deren takt. Berücksichtigung jedoch mit der Entwicklung der Kriegsschiffe, der Waffen, bes. der Unterseeboote u. der Luftwaffe, starkem Wechsel unterworfen ist. – ⬜ 1.3.2.

Seekriegsrecht, die vor allem in dem *Haager Abkommen* von 1907, dann aber auch (für Verwundete, Kranke u. Kriegsgefangene) in dem *Genfer Abkommen* von 1949 sowie durch Völkergewohnheitsrecht ergänzte Regelung der militär. Auseinandersetzungen. Da der Seekrieg nur zu ei-

Seekatze, Chimaera monstrosa

Seekühe

nem kleinen Teil der Vernichtung der feindl. Seestreitkräfte gilt u. in steigendem Maß ein Handels- u. Wirtschaftskrieg ist (Blockadekrieg), spielt das *Neutralitätsrecht* eine größere Rolle, d.h. die Möglichkeit, die Zufuhren zum Kriegsgegner auch dann zu unterbinden, wenn die Lieferungen aus einem neutralen Land stammen oder auf neutralen Schiffen erfolgen. Die Grundsätze des Beschlagnahme- u. Wegnahmerechts sind bereits in der →*Pariser Seerechtsdeklaration von 1856* niedergelegt, später durch die – nicht ratifizierte – *Londoner Seerechtsdeklaration* von 1909 vervollständigt, aber in den beiden Weltkriegen weithin wieder preisgegeben worden, →*Prisenrecht*. Die Seemächte haben das S. zugunsten ihrer Eingriffsmöglichkeiten zu beeinflussen versucht, die europ. kontinentalen Staaten waren gegenteiliger Auffassung. Während die USA sich vor ihrem Eintritt in den 1. Weltkrieg gegen die brit. Handelskriegführung wandten, übernahmen sie nach Kriegseintritt die brit. Praxis. Im 2. Weltkrieg protestierte u.a. auch die Sowjetunion gegen bestimmte Praktiken Großbritanniens, gab jedoch nach dem Kriegseintritt den Widerstand ebenfalls auf, so daß die härtere brit. Auffassung vorherrschend geblieben ist. Dies gilt insbes. hinsichtl. der Wirtschaftskriegs- u. Blockadepraxis, des Prisenrechts, der Bewaffnung der Handelsschiffe, der Beschlagnahme feindl. Privateigentums sowie für sonstige Techniken des Seekriegs: die *Kirkwallpraxis* (Entscheidung über Beschlagnahme von Ware u. Schiff nicht auf hoher See, sondern erst im Hafen der Kriegführenden, wobei selbst bei Freigabe wertvolle Zeit verlorengeht), das *Navicert-System* (Geleitbriefe, die der Kriegführende im neutralen Abgangshafen ausstellt u. die vor zeitraubenden Durchsuchungen auf hoher See schützen, gegen die Pflicht zur Beförderung von Waren des Kriegführenden), das *Angarien-Recht* (Ausübung des Beschlagnahmerechts für Schiffsraum gegen Entschädigung) u.a. Der Schutz der Neutralen ist ständig geringer geworden, die Entwicklung neigt zu einer Freund-Feind-Entscheidung unter Ausschaltung der Neutralität. – ⌑4.1.1.

Seekühe, *Sirenen, Seejungfern, Sirenia*, zu den *Vorhuftieren* gestellte Ordnung der *Huftiere*, mit den Elefanten verwandt; leben im Küstenbereich der trop. Meere u. in den Mündungen großer Flüsse, wo sie den Pflanzenbewuchs abweiden. Von plumpem Körperbau mit flossenförmigen Vordergliedmaßen u. horizontal gestellter Schwanzflosse, die Hinterbeine sind rückgebildet. Heute nur noch mit wenigen Arten vertreten: *Dugongs, Manatis*. →auch Stellersche Seekuh.

Seelachs, Handelsbez. für geräucherten →Leng oder →Köhler (2).

Seelamprete →Neunaugen.

Seeland, 1. dän. Insel zwischen Großem Belt u. Öresund, 7434 qkm, 2,15 Mill. Ew.; intensive Landwirtschaft, Hptst. *Kopenhagen*.
2. *Zeeland,* südwestl. Provinz der Niederlande, das Mündungsgebiet der Schelde, besteht aus den Inseln u. Halbinseln *Schouwen, St.-Philipsland, Tholen, Walcheren, Nord-* u. *Südbeveland* sowie *Seeländisch-Flandern (Zeeuws-Vlaanderen),* 1790 qkm, 335 000 Ew.; Hptst. *Middelburg,* Seehafen *Vlissingen*.
3. Hochebene südl. u. östl. des Bieler Sees, im Schweizer Mittelland; Ackerbau, zunehmende Industrialisierung.

Seele, 1. *Psychologie: Psyche, Anima,* angenommenes Lebensprinzip von Pflanze, Tier u. Mensch (so bei *Aristoteles*). Viele Naturvölker fassen alles Bewegte als beseelt auf *(Animismus)*. Die menschl. S. gilt bald als das nur äußerlich mit dem Leib verbundene eigentl. Wesen des Menschen – dabei oft als schon vor der Geburt existierend *(Präexistenz)* u. nach dem Tod des Leibes (des „Kerkers" der S.) weiterlebend *(unsterbl. S.)* gedacht –, bald als notwendig auf den Leib bezogener Grund menschl. Daseins, bald als eine „Schicht" des Menschen, als nicht substanzhaftes Aktgefüge oder als nur der Erscheinungsweise nach vom Leib verschieden. Seitdem die →Aktualitätstheorie u. empirische Methoden in der *Psychologie* Bedeutung erlangt haben, wird die „S." immer weniger als Gegenstand der Psychologie angesehen, sondern mehr als einer der geisteswissenschaftl. Disziplinen, der Theologie u. Philosophie.
2. *Religionsgeschichte:* Früheste S.nstruktur ist die „Ganzheits-S."; statt der Unterscheidung von Körper u. S. wird das Numinose im Menschen als Mächtigkeit des ganzen Körpers empfunden. S. ist hier Macht, d.h. numinose Bedeutsamkeit von Personen u. Dingen. Einen Ansatz zur Wendung ins Spirituelle bildet die *Hauch-S.*, die auch noch stoffl. gedacht wird, aber durch Identifizierung mit dem unsichtbaren Atem *(spiritus, pneuma,* „Hauch") die Voraussetzung zur späteren dualist. Trennung von Leib u. S. bildet. Sodann gibt es den Glauben an mehrere S.n im einzelnen Menschen. Ein neues Stadium ist die Entmächtigung des Stoffs, dem die S. als prinzipiell anderes, zumeist göttl. Wesen gegenübergestellt wird. Die extremste Form der Entmächtigung des Stoffs ist in Indien die völlige Entwirklichung der Körperwelt, so daß die S. monistisch als einzige göttl. Realität angesehen wird.
3. *Waffen:* der Hohlraum des Gewehrlaufs u. des Rohrs der Geschütze; die gedachte Längslinie in der Mitte der S. heißt *S.nachse*.

Seelenamt →Requiem.
Seelengarn →Kerngarn.
Seelenholz, Kultgegenstand der eingeborenen Australier, →Tjurunga.
Seelenwanderung, *Metempsychose, Reinkarnation,* in verschiedenen Religionen die Vorstellung von einer Wiederverkörperung der unvergängl. Seele nach dem Tod des Leibes in einem menschl., tier. oder pflanzl. Körper. Der S.sglaube ist bei den Indern sittlich bestimmt: Die Summe der guten oder bösen Taten des vergangenen Lebens bestimmt die Art der Wiederverkörperung der Seele im nächsten Dasein. Den Kreislauf der S. zu beenden, ist das Erlösungsziel aller ind. Religionen. →auch Karma.
Seeleopard, *Hydrurga leptonyx,* ein Seehund der Antarktis, bis 2,50 m lang, lebt von Fischen, Pinguinen u. Seevögeln.
Seeler, Uwe, Fußball-Nationalspieler, *5. 11. 1936 Hamburg; Mittelstürmer, Mitgl. des Vereins Hamburger SV; bestritt 72 Länderspiele für Deutschland u. ist seit 1970 Ehrenspielführer der Nationalmannschaft. S. nahm an vier Fußballweltmeisterschaften teil (1958–1970) u. war dreimal „Fußballer des Jahres" (1960, 1964, 1970); trat 1972 vom aktiven Sport zurück.

Seelig, Ernst, österr. Strafrechtslehrer, *25. 3. 1895 Graz, †1. 11. 1955 Wien; Kriminologe, Prof. in Wien u. Saarbrücken. Hptw.: „Handbuch der Kriminalistik" 2 Bde. 1938; „Lehrbuch der Kriminologie" 1951; „Schuld, Lüge, Sexualität" 1955.
Seeliger, Hugo von, Astronom, *23. 9. 1849 Biala, †2. 12. 1924 München; seit 1882 Direktor der Sternwarte in München; arbeitete über Photometrie *(Lommel-S.sches Gesetz* der Reflexion des Lichts) u. Stellarstatistik.
Seelilien →Haarsterne.
Seelow [-lo:], Kreisstadt (seit 1952) im Bez. Frankfurt (Oder), am Südwestrand des Oderbruchs, auf einer Grundmoränenplatte, 4700 Ew., landwirtschaftl. Mittelpunkt, Nahrungsmittelindustrie. – Krs. S.: 865 qkm, 46 200 Ew.
Seelöwen, Gruppe der *Ohrenrobben*. Stellers *Seelöwe, Eumetopia jubata,* der im Nordpazifik vorkommt, erreicht eine Länge von 4 m. Der bis 2,50 m lange *Kalifornische Seelöwe, Zalophus californianus,* ist durch sein gutes Balanciervermögen bekannt geworden. Die *Mähnenrobbe, Otaria byronia,* Patagoniens erreicht eine Länge von 3 m; das Männchen ist durch mähnenartiges Rückenhaar ausgezeichnet.
Seelsorge, christl. Betreuung des einzelnen, in äußerer u. innerer Not u. in Glaubensanfechtung stehenden Menschen, dem die Vergebung verkündet u. alle Verheißungen des Glaubens zugesprochen werden. Neue Wege der S. suchen z.B. Arbeiterpfarrer u. Telephon-S., Gruppen-S. u. S. in der modernen Gesellschaft.
Seelsorgehelferin →Gemeindehelferin.
Seelze, niedersächs. Stadt westl. von Hannover, an der Leine u. am Mittellandkanal, 30 800 Ew.; Papierverarbeitungs-, Isoliermaterial-, pharmazeut., chem. Industrie.
Seemacht, ein Staat, der seine Macht militär. vorwiegend auf eine ausgebaute Kriegsflotte u. wirtschaftl. auf eine große Handelsflotte stützt; Kennzeichen der S., deren eigener Landbesitz meist relativ klein ist, ist außerdem ein weitreichendes Netz von auf dem Seeweg zu erreichenden Stützpunkten, Kolonien u. Handelsverbindungen, mit deren Hilfe sie sich u. U. zur Weltmacht entwickeln

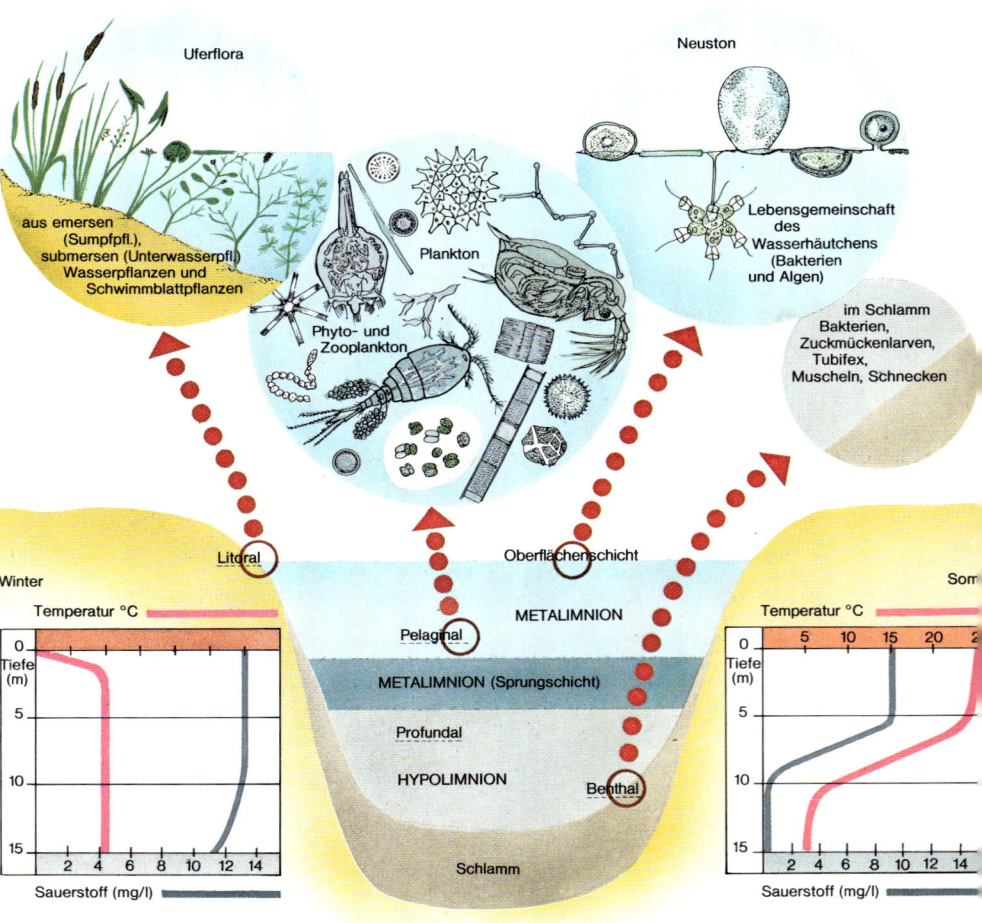

Seenkunde: ökologische Differenzierung eines Sees gemäßigter Breiten (thermische Schichtung u. Sauerstoffverteilung im Sommer u. Winter sowie verschiedene Lebensgemeinschaften)

kann. Gegensatz: *Landmacht*. Bedeutende Seemächte der Geschichte waren im Altertum Kreta, Karthago, der Attische Seebund, im MA. Venedig, in der Neuzeit Spanien, Portugal u. die Niederlande; Großbritannien, das das Erbe der Niederlande u. Spaniens antrat, wurde im 19. Jh. als S. in Gegensatz zur Landmacht Rußland gesetzt. Seit Mitte des 20. Jh. sind Seestreitkräfte nur noch in Kombination mit Land- u. Luftstreitkräften voll wirksam.

Seemann, Sammelbez. für alle Berufe der Handelsschiffahrt; zu unterscheiden: 1. Decksdienst, →Matrose. 2. nautische u. maschinentechn. Laufbahnen; die Ausbildung für die zahlreichen in Frage kommenden Berufe hat sich weitgehend den Gegebenheiten an Land angepaßt (Angliederung an das Fach- bzw. Fachhochschulwesen). Erkennbar sind Rationalisierungsbestrebungen mit dem Ziel, eine Bordorganisation zu schaffen, nach der der Kapitän zwar das Schiff führt u. die Navigation betreibt, der übrige Decks-, Maschinen- u. Versorgungsbetrieb aber einem Betriebsleiter untersteht. 3. sonstige seefahrende Berufe (Lotse, Hochsee- u. Küstenfischer, Funker, Zahlmeister, Bedienungspersonal u. a.). Eine Neuordnung der seemänn., nautischen u. maschinentechn. Ausbildung ist in der am 1. 9. 1970 in Kraft getretenen VO über die Mindestbesetzung von Seeschiffen mit Kapitänen u. Schiffsoffizieren des nautischen u. maschinentechn. Schiffsdienstes sowie deren Ausbildung u. Befähigung (Schiffsbesetzungs- u. Ausbildungsordnung) vom 19. 8. 1970 vorgenommen worden.

Seemann, 1. Carl, Pianist, *8. 5. 1910 Bremen; seit 1946 Prof., 1964 Direktor der Freiburger Musikhochschule; universales Repertoire, auch Kammermusiker.
2. Ernst Artur Elert, Verleger, *9. 3. 1829 Herford, †5. 10. 1904 Großbothen, Sachsen; gründete 1858 in Essen den *E. A. Seemann Verlag* (seit 1861 in Leipzig, seit 1949 in Köln; 1964 vom *Südwest Verlag* übernommen); das 1952 enteignete Leipziger Stammhaus heißt *VEB Verlag E. A. Seemann.* Kunstbücher, Künstlerlexika (Thieme-Becker), Kunstblätter.

Seemannsamt, Verwaltungsbehörde mit arbeitsrechtl. Funktionen, nimmt die An- u. Abmusterung von Schiffsbesatzungen vor u. schlichtet Streitigkeiten zwischen Kapitän, Offizieren u. Mannschaft. Außerhalb der BRD bilden bestimmte diplomatische u. konsularische Vertretungen der BRD die Seemannsämter.

Seemannsgesetz vom 26. 7. 1957, an die Stelle der Seemannsordnung vom 2. 6. 1902 getreten; regelt die Dienstverhältnisse der Besatzung von Handelsschiffen, die nach dem Flaggenrechtsgesetz von 1951 die Bundesflagge führen, teilweise auch die der Kapitäne; ergänzt durch *Seemannsamtsverordnung* von 1959.

Seemannsmission, in der ev. Kirche Zweig des Diakon. Werks zur Fürsorge u. Seelsorge für Seeleute, unterhält in u. ausländ. Hafenstädten Seemannsheime. In der kath. Kirche Zweig des „Apostolats des Meeres", in dem die kath. S.en aller Welt zusammengeschlossen sind.

Seemannssprache, eine →Standessprache, für den dt. Sprachraum vor allem mit niederdt. u. engl. Elementen durchsetzte Sonderform; die rhythm., zu Arbeitsgängen gesungenen Seemannslieder in kaum artikulierten Versen werden *Shanties* genannt.

Seemäuse, 1. volkstüml. Bez. für die oft mit Befestigungsschnüren versehenen Eier von Haien u. Rochen.
2. = Seeraupen.

Seemeile, *nautische Meile,* Abk. *sm,* international gebräuchl. Maß für Entfernungen über See; 1 sm = 1 Meridian-Bogenminute auf der Erdoberfläche = 1852 m.

Seemine = Mine (3).
Seemönch = Mönchsrobbe.

Seemoos, die getrockneten u. grün angefärbten Stöckchen des Hydroidpolypen (→Hydrozoen) *Sertularia cupressina,* wird als Zimmerschmuck verwendet.

Seenadeln, *Syngnathoidea,* Unterordnung der Büschelkiemerfische, vorwiegend der warmen Meere; auch im Brackwasser; Körper längl., Rippen fehlen; Schnauze zu einer Röhre verwachsen. Nahrung sind kleine Krebse, die aus dem Wasser oder von Algen abgesogen werden. Ausgeprägtes Liebesspiel mit Umschlingungen der Partner. In der Nordsee, dem Atlantik u. im Mittelmeer kommen drei 20–50 cm lange Arten der S., Gattung *Syngnathus,* vor. Hierher gehören auch Schlangennadel, Seepferdchen u. Fetzenfisch.

Seenelke, *Metridium dianthus,* ein zu den *Aktinien* gehöriges festsitzendes Meerestier, mit bis zu 1000 Tentakeln; Planktonfresser.

Seenkunde, *Limnologie, Binnengewässerkunde,* die Wissenschaft von den Binnengewässern einschließlich der Flüsse. Seen u. Flüsse werden als ökolog. Systeme u. ihre Lebensgemeinschaften in Beziehung zu den Umweltfaktoren betrachtet; dies erfordert neben der qualitativen u. quantitativen Erfassung der Lebewesen die Messung klimatischer, physikalischer u. chemischer Faktoren, die in ihrem Zusammenwirken die Art der Lebensgemeinschaft bestimmen. Die Seen gemäßigter Breiten unterliegen meist einem jahreszeitl. Wechsel der Schichtungsverhältnisse, was für ihre Biologie und Chemie von entscheidender Bedeutung ist. Da das Dichtemaximum des Wassers oberhalb des Gefrierpunkts liegt (+3,94 °C: „Dichteanomalie"), kann das Tiefenwasser in Seen nicht kälter als etwa 4 °C werden. Die oberflächl. Eisdecke schützt die tieferen Schichten vor dem Zufrieren. Im Frühjahr u. Herbst ergibt sich eine thermisch bedingte Vertikalzirkulation, im Sommer u. Winter ist eine stabile thermische Schichtung die Regel. Während der Sommerstagnation sind eine warme Oberschicht *(Epilimnion),* eine Schicht mit raschem Temperaturabfall *(Metalimnion, Sprungschicht)* u. das Tiefenwasser *(Hypolimnion)* zu unterscheiden.

Die S. beschäftigt sich vor allem mit dem durch Lebewesen aufrechterhaltenen *(biogenen)* Stoff- u. Energiehaushalt der Gewässer. Dazu muß die Menge der gelösten Substanzen gemessen u. bes. die Artenzusammensetzung u. die Besiedlungsdichte der Organismen analysiert werden, u. zwar in ihrer räuml. – d. h. vor allem in den verschiedenen Tiefenschichten – u. zeitl. Verteilung. – Am biogenen Stoffumsatz sind Organismen mit folgenden Leistungen beteiligt: *Produzenten* (Pflanzen) bauen durch die →Photosynthese organische Substanz auf, die von *Konsumenten* (alle Tiere, parasitische Pflanzen) als Energiequelle genutzt wird. *Destruenten* (Bakterien) bauen tote organ. Substanz ab. Die Intensität der organ. Produktion der Seen bezeichnet man als *Trophie;* schwach produktive Gewässer nennt man *oligotroph,* hochproduktive *eutroph.* Im Gegensatz zum Festland sind im See die Algen die wichtigsten *Urproduzenten;* Blaualgen (Cyanophyceen) spielen im Sommer meist die entscheidende Rolle, Diatomeen (Kieselalgen) im Frühjahr u. Herbst. Während der Sommer- u. Winterstagnation kann im Tiefenwasser eutropher Seen der Sauerstoff durch bakterielle Prozesse vollständig aufgebraucht werden u. sich Schwefelwasserstoff entwickeln; dadurch werden höhere Lebewesen abgetötet oder verdrängt. Das ist bes. katastrophal, wenn der Sauerstoffschwund im Winter bis unter das Eis reicht.

Die meisten Seen stammen erst aus der →Eiszeit u. haben eine zeitlich begrenzte Existenz, weil das Seebecken mit anorgan. u. organ. Sedimenten aufgefüllt wird *(Verlandung).* Mit der Geschichte der Seen, die aus Sedimentbohrkernen erfaßt werden kann, befaßt sich die *Palaeolimnologie.* Seen enthalten im Vergleich zum Meer eine viel geringere Formenfülle von Lebewesen. – Neben der *theoret.* *Limnologie* gewinnt die *angewandte Limnologie* in den zivilisierten Ländern immer mehr an Bedeutung, die Gewässerverunreinigung, Abwasserreinigung, Trinkwassergewinnung, Gewässerschutz, Fischereibiologie u. Aquakultur zum Thema hat. →auch Lebensgemeinschaft, Umweltschutz.

Seenot, schwere Gefahr des Untergangs von Schiffen u. auf See notgelandeten Flugzeugen. Zur Rettung aus S. wurde 1865 die *Dt. Gesellschaft zur Rettung Schiffbrüchiger* gegründet, Sitz: Bremen; sie ist alleinige Trägerin des Rettungswerks auf freiwilliger Basis, wird durch Spenden u. Beiträge finanziert; von ihr wurden über 15 000 Menschenleben gerettet. – 🗎 10.9.5.

Seenotfrequenzen, international festgelegte Frequenzen im →Seefunk zur Sicherung des menschl. Lebens auf See, auf denen zu bestimmten Zeiten →Funkstille herrschen muß; für Telegraphie: 500 kHz, für Sprechfunk: 2182 kHz, für Rettungsbootsender: 8364 kHz, im UKW-Bereich: 156,8 MHz.

Seenot-Rettungskreuzer, bes. seetüchtiges, wendiges Boot, das eine hohe Geschwindigkeit entwickeln kann (z.B. 27 m lang, 1764 kW, 24,5 Knoten [45 km/h]). Es ist mit modernsten Nachrichten- u. Rettungsgeräten ausgerüstet u. wird bei schwerer Seenot von Schiffen u. auf See notgelandeter Flugzeuge eingesetzt. S. gehören in Dtschld. der Dt. Gesellschaft zur Rettung Schiffbrüchiger.

Seenotzeichen, international eingeführte Rufzeichen, durch die Schiffe u. Flugzeuge in Seenot auf optischem, akustischem, heute meist funktelegraph. Weg sofortige Hilfe anfordern; →CQD bis 1912, dann SOS als Morsezeichen.

s.e.e.o., *S.E.E.O., S.E. & O.,* Abk. für *salvo errore et omissione* [lat., „Irrtum und Auslassung vorbehalten"], im Handelsverkehr vor allem bei Rechnungen u. Abrechnungen gebräuchlicher Vorbehalt.

Seeohren = Meerohren.
Seeotter [der], *Kalan, Meerotter, Enhydra lutris,* das offene Meer bewohnender, bis 1,30 m langer *Marder* des nördl. Pazifik u. der Behring-See, bis 30 kg schwer; der Hals ist kurz, die Arme sind stark verkürzt, die Beine nach hinten versetzt; die Zehen tragen Schwimmhäute; das Fell ist rotbraun bis schwarz, die winzigen Ohren sind verschließbar (Robbentypus). Der S. kann eine Ruhelage auf dem Rücken einnehmen, in der auch die Nahrung (Seeigel, Muscheln, Krebse, Kopffüßer u. vor allem größere Raubfische), z. T. unter Werkzeuggebrauch (Aufklopfen der Schalen mit Steinen), eingenommen wird. S.n tauchen bis 50 m tief. Wegen ihres kostbaren Pelzes („Kamtschatkabiber") waren die S. bereits fast ausgerottet, bis aktive Schutzmaßnahmen der UdSSR ihre Existenz sicherten.

Seepapagei →Papageifische.
Seeperlmuschel →Perlmuscheln.
Seepferdchen, *Hippocampus,* bis 15 cm lange *Seenadeln* des Mittelmeers, der Nordsee u. des Atlantik. Schwanz zum Greiforgan umgewandelt. Ausgeprägtes Balzspiel, bei dem das Männchen die Eier in eine Bruttasche übernimmt u. erst beim Schlüpfen wieder „gebiert". 2 Arten: *Hippocampus antiquorum,* mit langer Schnauze, selten in der Nordsee, u. *Hippocampus guttulatus* mit kurzer Schnauze, Mittelmeer.

Seepocken, *Balanomorpha,* Gruppe der *Ran-*

Seepferdchen, Hippocampus spec.

Seepocken, Balanomorpha, auf Felsen

Seepolyp

kenfußkrebse mit kegelförmig-abgestutztem Gehäuse mit kraterförmiger Öffnung, die meist durch 2 bewegl. Klappen verschlossen werden kann. 250 Arten, oft in großen Mengen festsitzend in allen Meeren auf toten Gegenständen (Felsen, Schiffen), Schildkröten, Walen, Krebsen, Muscheln u. Schnecken. Hierher gehört die *Meereichel*.

Seepolyp →Kraken.

Seepost, *Schiffspost*, Postbeförderung mit Schiffen nach Übersee; in der Regel mit Verarbeitung der Post auf dem Schiff durch bes. Schiffspostbeamte.

Seeprotest, *Verklarung*, Bericht über Unfälle auf See, der vom Schiffer im nächstgelegenen planmäßig anzulaufenden Hafen unter Hinzuziehung von Besatzungsmitgliedern vor dem Amtsgericht oder Konsulat zu erstatten u. zu beschwören ist (§§ 522 ff. HGB).

Seequappen, *Onos*, Gattung der *Schellfische* der europ. Meere; leben von Bodenfischen, Krabben, Garnelen u. anderen Krebsen; als Nutzfisch keine Bedeutung.

Seerabe →Kormorane.

Seeratte, Fisch, →Seekatze.

Seeraub, in nationalen Strafgesetzen oft unterschiedl. vom völkerrechtl. Begriff der →Piraterie festgelegter Straftatbestand (Wegnahme von Schiff oder Ladung, Beraubung von Passagieren u. Besatzung). Die Strafbarkeit richtet sich bei Begehung in Küstengewässern nach dem Strafrecht des Küstenstaats, auf hoher See erfolgt die Behandlung als Pirat.

Seeräuberkrieg, langwieriger, mit Unterbrechungen geführter Krieg der Römer gegen die Seeräuber des Mittelmeers, die ihre Hauptstützpunkte an den Küsten Kilikiens u. auf Kreta besaßen. Da sie sogar die Häfen Italiens unsicher machten u. die Getreidezufuhr nach Rom unter ihren Raubzügen zu leiden begann, wurde 67 v. Chr. *Pompeius* mit einem außerordentl. Kommando über das Tyrrhen. Meer u. die Küsten betraut; innerhalb von 40 Tagen befreite er das westl. Mittelmeer von den Seeräubern. – ⌑ 5.2.7.

Seeraupe, *Seemaus, Filzwurm, Aphrodite aculeata*, Meereswurm in der Nordsee u. im Atlantischen Ozean von raupenartiger Gestalt mit langen Borsten. Die S. gehört zur Familie *Aphroditidae* der *Polychäten*.

Seerecht, das für die Schiffahrt u. Fischerei auf hoher See (einschl. Küstengewässer u. Häfen) geltende Recht. Dabei ist zu unterscheiden:

1. Seevölkerrecht: das auf Vertrag oder Gewohnheit beruhende zwischenstaatl. Recht zur Regelung des Seeverkehrs. Grundlage ist das Prinzip der *Meeresfreiheit* (*mare liberum* als Gegensatz zu der These vom *mare clausum*). Die Schiffahrt aller Nationen darf auf freiem Meer nicht behindert werden. Dies gilt auch für die Fischerei, sofern nicht Verträge über Schonzeiten, mengen- oder artmäßige Fangbeschränkungen, Fangverbote u. ä. gelten. In den Küstengewässern haben Handelsschiffe freies Durchfahrtsrecht, für Kriegsschiffe fremder Nationen kann eine Anmelde- oder Genehmigungspflicht eingeführt werden. Einschränkungen der Meeresfreiheit bestehen im Rahmen des →Seekriegsrechts, insbes. für den neutralen Handel zur See. Für den Schiffsverkehr bestehen vor allem folgende Verträge: Übereinkommen u. Statut über die internationale Rechtsordnung der Seehäfen vom 9. 12. 1923; Abkommen über die Immunität der Staatsschiffe vom 10. 4. 1926; Freibordabkommen vom 5. 7. 1930; Übereinkommen über ein einheitl. System der Schiffsvermessung vom 10. 6. 1947; Internationaler Schiffssicherheitsvertrag vom 10. 6. 1948; Abkommen zur Verhütung der Ölverschmutzung auf Hoher See vom 12. 5. 1954. Im Jahr 1958 wurden auf der *Genfer Seerechtskonferenz* folgende umfassende Konventionen unterzeichnet, deren Ratifizierung teilweise noch aussteht: Konvention über das Küstenmeer u. die Anschlußzone, Konvention über das Hohe Meer, Konvention über die Fischerei u. die Erhaltung der lebenden Schätze des Hohen Meeres, Konvention über den Festlandsockel. – ⌑ 4.1.1.

2. innerstaatliches Verfassungs- u. Verwaltungsrecht: die Bestimmungen über das Führen von →Flaggen (*Flaggenrecht*) in der BRD geregelt im Gesetz über das Flaggenrecht der Seeschiffe u. die Flaggenführung der Binnenschiffe [*Flaggenrechtsgesetz*] vom 8. 2. 1951; über →Seezeichen, Signalwesen, *Seepolizei*, bes. Verkehrsregeln (in der zwischenstaatl. übereinstimmenden *Seestraßenordnung* [*SStrO*], in der BRD vom 22. 12. 1953, in der *Seeschiffahrtsstraßen-Ordnung* vom 6. 5. 1952 in der Fassung vom 10. 12. 1961), über →Seenot (u. a. im Gesetz über die Untersuchung von Seeunfällen [*Seeunfallgesetz*] vom 28. 9. 1935), über die Schiffsvermessung u. über die Berufsordnung der Schiffer (Kapitäne), Steuerleute u. Seeleute (in der BRD u. a. im *Seemannsgesetz* vom 26. 7. 1957). Die Zuständigkeiten auf dem Gebiet des S.s in der BRD regelt das *Gesetz über die Aufgaben des Bundes auf dem Gebiete der Seeschiffahrt* vom 24. 5. 1965; nach Art. 27 GG bilden alle Handelsschiffe der BRD eine einheitl. Handelsflotte. – ⌑ 4.2.1.

3. Seehandelsrecht: die Vorschriften über Havarie, Reederhaftung, Seefrachtvertrag, Konnossement, Schiffshypotheken u. a. sind meist in den Handelsgesetzbüchern (BRD: §§ 476 ff. HGB) oder in bes. Gesetzen geregelt. Sie werden ergänzt durch internationale Verträge: Brüsseler Übereinkommen über den Zusammenstoß von Schiffen u. über die Bergung in Seenot vom 23. 9. 1910, Brüsseler Übereinkommen zur einheitl. Feststellung von Regeln über Konnossemente (*Haager Regeln*), Brüsseler Übereinkommen über

Ostafrikanische Seerose, Nymphaea sansibariensis

die beschränkte Reederhaftung vom 25. 8. 1924 (ohne Dtschld.). – ⌑ 4.3.2.

Seerose, 1. *Nymphaea*, Gattung der S.ngewächse, am Grund von flachen Gewässern wurzelnde Pflanzen mit auf dem Wasser schwimmenden Blättern u. meist weißen Blüten. Bekannt ist in Dtschld. die *Weiße S., Nymphaea alba*, mit großen reinweißen Blüten, weniger häufig die *Glänzende S., Nymphaea candida, Kleine S.* Beide stehen unter Naturschutz.

2. →Aktinien.

Seerosengewächse, *Nymphaeaceae*, Familie der *Polycarpicae*, Wasserpflanzen mit großen Schwimmblättern. Die größten Blätter mit einem Durchmesser von 2 m kommen bei *Victoria regia* (*amazonica*) vor. Außer dieser gehören hierher Seerose, Haarnixe, Teichrose u. a.

Seesäugetiere →Meeressäugetiere.

Seescheiden, *Ascidia, Ascidiacea, Tethyoidea*, Klasse der *Manteltiere*, von meist schlauchförmiger, manchmal gestielter Gestalt, die entweder frei am Grund des Meers im Sand oder festgewachsen leben; Zwitter. Mächtiger Kiemenkorb, der von einem Peribranchialraum umgeben ist, in den auch Darm u. Geschlechtsdrüsen münden. Die Entwicklung der S. führt über bewegl., kaulquappenförmige Larven, die im Schwanzabschnitt eine Chorda haben, zum festsitzenden Tier. Der Schwanz wird bei der Festheftung abgeworfen. Einige Hauptgattungen der S. sind *Phallusia, Ciona* u. die (leuchtende) *Feuerwalze* (*Pyrosoma*).

Seeschiffahrt, Zweig der →Schiffahrt.

Seeschildkröten, *Cheloniidae*, Familie der *Meeresschildkröten*, deren Panzer aus großen, mit Hornschilden bedeckten Knochenplatten besteht. Hierher gehören Suppen- u. Karettschildkröten. Alle S. sind vom Aussterben bedroht; denn zusätzlich zu den vielen Feinden, die die Jungtiere in den ersten Lebensmonaten bedrohen, wird, seit man ihre Versammlungsplätze kennt, der Fang der erwachsenen Tiere gewerbsmäßig betrieben. Noch schlimmer wirkt sich aber das Eiersammeln an den Brutplätzen aus (pro Jahr etwa 2 Mill. Stück).

Seeschlangen, *Hydrophiidae*, Familie der meeresbewohnender *Schlangen* mit seitl. abgeplattetem Ruderschwanz; Vorderzähne des Oberkiefers mit Giftrinne. Einige Arten legen ihre Eier auf Korallenriffen ab, alle übrigen Arten bringen lebende Junge im Wasser zur Welt. Oft bunt gefärbt, Fischfresser, bis 2,75 m lang, im Pazifik.

Seeschmetterling, *Blennius ocellaris*, ein rd. 16 cm langer *Schleimfisch*, mit bunten Flossen, die Schmetterlingsflügeln ähneln.

Seeschule, *Lake School*, Gruppe romant. engl. Dichter um 1800 (nach dem Seen-Distrikt benannt, einer Berg- u. Seenlandschaft in Cumberland). Sie erstrebten im Gegensatz zum Klassizismus schlichte Echtheit u. Naturverbundenheit (S. T. Coleridge, W. Wordsworth, R. Southey).

Seeschwalben, *Sterninae*, eine Unterfamilie der *Möwen* mit bes. zierlichem Körper u. gewandtem Flug. Der Schwanz ist fast immer gegabelt, die Kopfplatte oft schwarz gefärbt. Einheim. sind die schwärzl. *Trauerseeschwalbe, Chlidonias niger; Küsten-Seeschwalbe, Sterna macrura; Brand-Seeschwalbe, Sterna sandvicensis; Zwerg-Seeschwalbe, Sterna albifrons*, u. die auch im Binnenland vorkommende *Fluß-Seeschwalbe, Sterna hirundo*.

Verschiedene Seesterne aus dem Indischen Ozean vor der ostafrikanischen Küste

Seewolf, Anarrhichas lupus

Seezeichen: Bakenboje

Seezeichen: Leuchttonne

Seeseide →Byssus.
Seesen, niedersächs. Stadt (Ldkrs. Goslar), am Nordwestrand des Harzes, 23 400 Ew.; Konserven-, Blechwaren-, Spielwaren-, Beleuchtungskörperindustrie; Bahnknotenpunkt.
Seesker Berg, poln. *Góra Szeska,* höchster Berg der *Seesker Höhen* (poln. *Wzgórza Szeskie*), auf der Masur. Seenplatte, südl. von Goldap, 309 m.
Seeskorpion, *Ulker, Wolkusen, Myxocephalus scorpius,* 60–100 cm langer *Groppen-Fisch* der Küstenzone der nördl. Meere, auch der Nordsee; sehr gefräßiger Räuber (Krebse, kleine Fische). Der Kopf trägt Stacheln, die schwer heilende Verletzungen bewirken. Die Brut wird vom Männchen bewacht.
Seesperre →Blockade.
Seespinne, 1. *Hyas araneus,* bis 11 cm lange, gelbrote *Dreieckskrabbe,* meist mit Algen, Schwämmen oder Polypenkolonien bewachsen, auch in der Nordsee u. bei Kiel.
2. →Asselspinnen.
Seesterne, *Asteroidea,* Ordnung der *Stachelhäuter,* von flach sternförmigem Körper mit meist 5 regelmäßigen Armen zum Ergreifen von Beutetieren (Muscheln, Schnecken). Mit Hilfe von Füßchen kriechen die S. langsam am Boden der Meere umher. Ein Kauapparat fehlt. Arten mit kleinem Mund stülpen den Magen nach außen über die Beute, die dann außerhalb des Körpers verdaut wird. Keimdrüsen in den Armwinkeln der getrenntgeschlechtl. Tiere; S. entwickeln sich aus Eiern, die im Wasser befruchtet werden, über eine *Bipinnaria* genannte, frei schwimmende Larve. Die Atmung erfolgt durch ausstülpbare *Hautkiemen (Papulae).* Neben den Stacheln des Außenskeletts aus Kalk finden sich (wie bei den *Seeigeln*) kleine zweiklappige Greifzangen *(Pedizellarien),* die die Körperoberfläche säubern. Es gibt etwa 1100 Arten in fast allen Weltmeeren; im Atlantik z. B. *Porcellanaster caeruleus.* Häufigste Art an den dt. Küsten, in der Nordsee u. Ostsee bis Rügen ist der *Gewöhnl. Seestern, Asterias rubens;* bis 30 cm Durchmesser groß, gefährl. Austernschädling, umklammert Muscheln mit den Armen u. zieht sie auf.
Seestichling →Stichlinge.
Seestraßenordnung →Seerecht.
Seestück, ein Bild der →Marinemalerei.
Seetaler Alpen, Gebirgszug in Steiermark (Österreich) südl. der Mur, zwischen Obdacher u. Neumarkter Sattel, im *Zirbitzkogel* 2397 m.
Seetaucher, *Gaviiformes,* Ordnung von 4 Arten sehr gewandt tauchender Schwimmvögel der offenen Gewässer, von beträchtl. Körpergröße. Die mit Schwimmhäuten ausgestatteten Füße sind weit hinten am Körper eingelenkt. Als Strichvogel gelangt nur der *Pracht-* oder *Polartaucher, Gavia arctica,* selten an die Nordseeküste.
Seetestament, das, →Testament einer Person, die sich während einer Seereise an Bord eines bundesdt. Schiffs außerhalb eines Hafens der BRD befindet, durch mündl. Erklärung vor 3 Zeugen (§ 2251 BGB). – Nach österr. Recht sind dabei auch 14jährige Zeugen zugelassen, u. es sind nur 2 Zeugen erforderl.; allerdings wird das S. 6 Monate nach beendeter Schiffahrt ungültig (§§ 597 bis 599 ABGB). →auch Nottestament.
Seeteufel, *Lophioidei,* Meeresfische, Unterordnung der *Armflosser* mit dorsoventral abgeplattetem Körper; umfaßt eine Familie mit mehreren Arten im Stillen, Atlantischen u. Indischen Ozean; bekanntester Vertreter ist der S. *i. e. S.,* →Angler (2).
Seetrauben, *Meertrauben,* in Trauben abgelegte Eier von *Sepia* u. anderen *Kopffüßern.*
Seetrift, auf dem Meer treibende Gegenstände (Gegensatz: *Strandgut*). Bergung von S. ist der Polizeibehörde oder dem →Strandvogt anzuzeigen u. gibt Anspruch auf *Bergelohn* (Strandungsordnung von 1874, §§ 740ff. HGB).
Seetzen, Ulrich Jasper, Naturforscher u. Orientreisender, *30. 1. 1767 Sophiengroden bei Jever, † Okt. 1811 bei Ta'iss, Jemen (ermordet); bereiste von 1803 an, als Bettler verkleidet, Syrien u. Palästina, ließ sich 1807 in Cairo nieder, erforschte 1808 das Faiyum, unternahm 1809 eine Pilgerreise nach Mekka u. Medina.
Seeverschollenheit, auf den Gefahren des Meeres beruhende →Verschollenheit, insbes. bei Untergang oder Strandung eines Schiffs. →Todeserklärung 6 Monate nach dem Zeitpunkt des Unglücks möglich (§ 5 VerschG).
Seeversicherung, ältester u. wichtigster Zweig der *Transportversicherung,* versichert gegen die Sachgefahren.
Seevetal, Gemeinde im Kreis Harburg (Niedersachsen), südl. von Hamburg, 34 500 Ew.
Seevölker, Völkerstämme (in ägypt. u. a. Texten werden genannt die Schardana-Sarden, Schikeluscha-Sikuler, Turscha, Philister, Teukrer, Danaer, Dardaner) des Mittelmeerraums u. Vorderen Orients, die im Gefolge der Unruhen u. polit., kulturellen u. geistigen Umformungen in Mitteleuropa im 13. Jh. v. Chr. (→Urnenfelderzeit) in Bewegung gerieten u. die Mächte u. Staaten des östl. Mittelmeerraums u. bedrohten. Sie wurden von *Ramses II.* 1219 v. Chr. über die Westgrenze des Niltals zurückgeschlagen u. traten danach als Hilfstruppen auf ägyptischer, in der hethetische Seite auf. Während der Thronwirren am Ende der 19. Dynastie wurden die S. erneut aggressiv u. zerstörten um 1200 v. Chr. das Hethiterreich u. die Staaten der Levanteküste (Zypern, Kilikien, Nord- u. Mittelsyrien). Ein erneuter Angriff auf Ägypten wurde von *Ramses III.* in mehreren Schiffs- u. Feldschlachten abgewehrt.
Seewald, Richard, dt.-schweizer. Maler u. Graphiker, *4. 5. 1889 Arnswalde, Neumark, † 29. 10. 1976 München; dekorative Stilleben u. Landschaften, auch religiöse Gemälde u. Buchillustrationen; schrieb u. a. „Zu den Grenzen des Abendlandes" 1936, ²1948; „Symbole, Zeichen des Glaubens" 1946; „Giotto" 1950; „Die rollende Kugel" 1957; „Im Anfang war Griechenland" 1961; „Kleine Bilderbibel" 1968.
Seewalzen, *Seegurken, Holothurien, Holothurioidea,* wurmförmig gestreckte *Stachelhäuter* mit lederartiger Körperhülle, in der kleine Kalkkörperchen lose liegen, u. einem Hautmuskelschlauch. Atmung auf Kiemenbasis in den „Wasserlungen"; oft mächtige, baumförmig verzweigte Ausstülpungen des Enddarms, die zur Ausscheidung von Stoffwechselabfallprodukten dienen. Die S. leben in der Tiefsee oder in Küstennähe im Sand, wo sie wurmartig fortbewegen. Bei Reizung spritzen sie Wasser aus dem After, im Extremfall stoßen sie sogar den Darm u. einen Teil der Eingeweide aus, die regeneriert werden. Im Mittelmeer lebt *Holothuria tubulosa,* im Atlantik *Holothuria polii,* in der Südsee u. im Indischen Ozean *Holothuria edulis* (→Trepang). Man kennt rd. 600 Arten, darunter in Amerika die zwittrige *Lebendgebärende Seegurke, Synaptula hydriformis,* deren Eier in die Leibeshöhle gelangen u. sich dort entwickeln. Durch Einreißen der Leibeswand in der Nähe des Afters gelangen die Jungen ins Freie.
Seewarte →Deutsche Seewarte.
Seewind, Gegensatz zum →Landwind.
Seewolf, *Katfisch, Wolfsfisch, Anarrhichas lupus,* sehr gefräßiger, bis 1,20 m langer *Schleimfisch* der westl. Ostsee, des nördl. Atlantik u. des nördl. Eismeers; lebt von großen, hartschaligen Bodentieren, die er mit seinem gewaltigen Gebiß zerknackt. Der S. kann ohne Schaden längere Zeit außerhalb des Wassers leben. Wohlschmeckendes, festes Fleisch, im Handel als „Karbonaden-" oder „Austernfisch".
Seewölfe, *Anarrhichadidae,* Familie der *Schleimfischartigen;* große Meeresfische des nördl. Teils des Stillen u. Atlant. Ozeans, charakterisiert durch das Fehlen der Bauchflossen u. die Entwicklung mächtiger Fangzähne.
Seezeichen, *Schiffahrtszeichen,* gut sichtbare Zeichen verschiedener Art an Küsten u. auf dem Wasser *(Land- u. Seemarken),* die der Schiffahrt zur Ortsbestimmung, Kursweisung u. Warnung dienen; fallen nachts evtl. durch Aussenden von Lichtzeichen oder Geräuschen auf; in Seekarten eingetragen, z. B. Leuchttürme, Feuerschiffe, Tonnen. →auch Bake, Boje.
Seezunge, *Solea solea,* bis 40 cm langer u. 400 g schwerer *Plattfisch;* an den Küsten Europas vom Schwarzen Meer bis zur Nordsee in 20–30 m, manchmal auch bis 230 m Tiefe; laicht an der Küste, je nach der geograph. Breite von Februar bis August; frißt kleine Krebstiere u. Weichtiere, aber auch kleine Fische. Die S. hat an den Küsten Westeuropas erhebl. wirtschaftl. Bedeutung.
Seferis, Giorgos, eigentl. Giorgios Stylianos *Seferiades,* neugriech. Lyriker, *29. 2. 1900 Smyrna, † 20. 9. 1971 Athen; Diplomat; schrieb anfangs im Geist der „poésie pure" u. des Symbolismus; schilderte pessimist. die Situation des modernen Menschen vor dem Hintergrund der griech. Landschaft, der Religion u. der antiken Geisteswelt; bahnbrechend für die Moderne in der neugriech. Literatur. Nobelpreis 1963. Dt. Auswahlen: „Gedichte in zwei Sprachen" 1962; „Sechzehn Haikus" 1969 (Gedichte von 1928–1937); auch Essays („Delphin" 1962, dt. 1962). S. übersetzte T. S. Eliot, E. Pound, P. Valéry, P.-J. Jouve u. a.
Sefewiden →Safawiden.
Sefrou [sɛ'fru:], marokkan. Stadt südöstlich von Fès, 29 000 Ew.; Teppichknüpferei, Lavendel- u. Kirschenkulturen.
Segal ['siːgəl], 1. Erich Wolf, US-amerikan. Schriftsteller, *16. 6. 1937 Brooklyn, N.Y.; Prof. für klass. Philologie an der Yale-Universität; bekannt durch den Bestseller „Love Story" 1970, dt. 1971, verfilmt 1970 (Drehbuch von S., Chansons von Charles *Aznavour* [*22. 5. 1924]); weitere Drehbücher zu „Yellow Submarine", „The Galnes", „R.P.M."; übersetzte die Komödien des Plautus.
2. George, US-amerikan. Plastiker, *26. 11. 1924 New York; verbindet (ähnlich wie E. *Kienholz*) lebensgroße Figuren aus weißem Gips mit Attribu-

Segall

Giovanni Segantini: Die Göttin der Liebe; 1884. Mailand, Galleria d'Arte Moderna

ten des tägl. Lebens zu Ding-Figur-Kombinationen; unterscheidet sich von der Pop-Art durch sozialkrit. Engagement. – ▯ 2.3.2.

Segall, Lasar, brasilian. Maler, Bildhauer u. Graphiker russ. Abstammung, * 8. 7. 1891 Wilna, † 31. 7. 1957 São Paolo; gehörte mit O. *Dix* zu den Gründern der „Dresdner Sezession, Gruppe 1919"; machte die Entwicklungen des Expressionismus u. Kubismus bis zur Abstraktion durch. Hauptthemen seines Werks sind die Leiden des Menschen in der Armut der Großstädte, im Krieg, auf der Flucht, im Konzentrationslager („Auswandererschiff").

Segantini, Giovanni, italien. Maler, * 15. 1. 1858 Arco, † 28. 9. 1899 Schafberg (Schweiz); Hochgebirgslandschaften mit arbeitenden Menschen in einer dem Neoimpressionismus verwandten Maltechnik. Allegorisierende Tendenzen u. pantheist. Vorstellungen weisen ihn dem Symbolismus zu (Alpen-Triptychon 1898/99).

Segeberg, Bad S., schleswig-holstein. Kreisstadt, am *S.er Kalkberg* (91 m) u. *S.er See,* 13 400 Ew.; Moor- u. Solbad; Textil-, Glas-, Maschinen-, pharmazeut., Kalk-, chem. Industrie. – Ldkrs. S.: 1344 qkm, 205 000 Ew.

Segel, 1. *Astronomie: Vela,* Name eines Sternbilds, →*Argo.*
2. *Schiffahrt u. Sport:* aus mehreren Bahnen (→Segelleinwand) zusammengenähtes Tuch, durch das das S.fahrzeug bei Wind vorwärts bewegt wird. Die Ränder des S.s sind mit Lieken (meist eingenähtem Tauwerk) eingefaßt u. an den Ecken u. längs der Spieren mit Kauschen versehen, mit deren Hilfe es am Mast, an den Spieren u. Rahen befestigt wird. Das S. wird geheißt, gehißt, gesetzt (hochgezogen u. befestigt am Mast). Durch Reffen, Streichen bzw. Wegnehmen, Bergen wird das S. verkleinert bzw. vollständig zusammengelegt. S. werden für *S.boote, S.schiffe, S.schlitten* (→Eissegeln) u. *S.wagen* verwendet. – S. unterscheiden sich nach ihrer Form u. ihrer Verwendung u. je nach dem Wetter (z.B. die kleinen Sturm-S. aus schwerem Zeug u. die leichten, bes. rund geschnittenen S. für leichten Wind).

Segelboot, meist kleineres, oft ungedecktes Boot, das durch Segel angetrieben wird. Man unterscheidet folgende Bootstypen: *Schwertboote* (formstabile, kenterbare Renn- oder Wanderjollen mit geringem Tiefgang), *Kielschwertboote* (mit niedrigerem Ballastkiel als das reine Kielboot, unkenterbar mit aufholbarem Schwert zur Verringerung der Abdrift), *Jollenkreuzer* (größere Jollentypen mit Kajüte versehen, jedoch nur mit Schwert), *Katamaran* (zwei schmale, flachgehende, mit Schwertern versehene Rümpfe, die durch eine über dem Wasser liegende Brückenkonstruktion miteinander verbunden sind). Die für das Regattasegeln notwendige Klassifizierung zur Schaffung eines gleichen Sportgeräts erfolgt nach unterschiedl. Gesichtspunkten; Kennzeichnung der Klassen durch Buchstaben, Zahlen oder Nummer im Segel; Nationalitätsbezeichnung durch den Anfangsbuchstaben des internationalen Ländernamens (z.B. Deutschland = G [Germany]); die Numerierung der Boote erfolgt national, in einigen internationalen Klassen jedoch internationale Durchnumerierung (z.B. Starbootklasse).

Internationale Klassen müssen in mindestens 4 Ländern verbreitet und von der International Yacht Racing Union (IYRU) in London anerkannt sein; aus ihnen werden jeweils die *olympischen Klassen* ausgewählt (bis 1972): Finn Dinghy (Zeichen: 2 blaue Wellenlinien), Flying Dutchman (FD), Starboot (roter fünfzackiger Stern), Tempest (T), Drachen (D), Soling (stilisiertes Omega). Für die Olymp. Spiele 1976 wurden von der IYRU statt der Bootsklassen Drachen u. Star die 470er Jolle u. das Doppelrumpfboot Tornado als Olympia-Klassen festgelegt.

Weitere internationale Klassen sind: 505er Jolle (505), Vaurien (V mit Schwinge), 5,5-m-R (5,5), Olympia-Jolle (O).

Nationale Klassen sind von den Segelsportverbänden der einzelnen Länder anerkannte Klassen. Zu den dt. nationalen Klassen gehören u.a.: Pirat (Enterbeil), Korsar (Korsarenschwert), H-Jollen (H), 15-m²-Jollenkreuzer (P), 16-m²-Jollenkreuzer (S), 20-m²-Jollenkreuzer (R), 30-m²-Jollenkreuzer (B), Schwertzugvogel (Vogel), Kielzugvogel (Vogel mit Punkt).

Revierklassen wurden für bes. Bedingungen eines Reviers entwickelt, jedoch als offizielle Klasse nicht anerkannt. Eine weitere Klassifizierung erfolgt nach Bauvorschriften:
Werftklassen sind Bootstypen, die von einer Werft nach eigenen Bauvorschriften einheitl. gebaut werden.
Konstruktionsklassen werden nicht durch Festmaße begrenzt; sie können beträchtl. Abweichungen in Länge, Breite, Gewicht u. Segelfläche aufweisen.
Einheitsklassen werden nach demselben Bauplan u. enggefaßten Vorschriften gebaut, in denen Größe, Form, Gewicht, Besegelung, Baumaterial u. jedes Detail genau festgelegt sind. →auch segeln, Segelsport, Segelschiff. – ▯ →Segelsport. – ▯ 1.1.4.

Segelfalter, *Iphiclides podalirius,* mit dem Schwalbenschwanz verwandter u. diesem ähnlicher großer *Edelfalter,* der streckenweise einen reinen Segelflug ausführt. Raupe an Schlehen, selten; unter Naturschutz.

Segelfisch →Celebes-Segelfisch.

Segelflosser, *Skalar, Pterophyllum skalare* u. *eimekei,* beliebte Aquarienfische aus der Familie der Buntbarsche. Der S. braucht Ruhe, nicht für Gesellschaftsaquarien geeignet; 15 cm lang, bis 25 cm hoch, silberweiß mit schwarzen Längsbändern; Heimat: Amazonasgebiet.

Segelflug, das Fliegen mit motorlosem Flugzeug unter Ausnutzung atmosphär. Aufwindquellen: *Hang-S.* im Aufwind an einem Berghang, ebenso im Aufwind vor einer Gewitterfront; *Thermikflug* in aufsteigenden Warmluftmassen, die sich von bes. stark durch die Sonne erwärmten Bodenflächen ablösen; *Wellen-S.* in den in großen Höhen hinter Gebirgen oder stationären Luftmassen sich ausbildenden Leewellen, die durch linsenförmige Wolken erkenntlich sind. Segelflugzeuge sind spezif. leicht u. haben durch beste aerodynam. Formgebung geringen Luftwiderstand, wodurch die Sinkgeschwindigkeit klein (bis herab zu 0,44 m/s) u. der Gleitwinkel gut wird (bis zu 1:51).

Zum Start ist eine Hilfskraft erforderlich, wofür am Hang Gummiseile u. in der Ebene Schleppwinden (Ausklinkhöhe rd. 300 m) gebräuchl. sind. Es wird auch im Schlepp von Motorflugzeugen gestartet. Durch Einbau eines Hilfsmotors ist Eigenstart u. Überquerung größerer aufwindloser Gebiete möglich *(Motorsegler).*

Die Ausbildung im S. erfolgt in drei Stufen, die durch die A-, B- u. C-Prüfung abgeschlossen werden; für bes. segelflieger. Leistungen werden das silberne u. das goldene Leistungsabzeichen (Silber- u. Gold-C) sowie bis zu 3 Brillanten zur Gold-C verliehen. Wettbewerbsdisziplinen sind der freie Streckenflug, der einfache Zielstreckenflug, der Zielflug mit Rückkehr zur Startstelle sowie die Geschwindigkeitsflüge über verschiedene gerade Distanzen oder über eine Dreieckstrecke, jeweils in der Offenen Klasse u. der (konstruktiv limitierten) Standardklasse. S.weltmeisterschaften finden alle 2 Jahre statt.

Geschichte: Eigentl. Geburtsstätte des S.s wurde die Rhön, als Oskar *Ursinus* 1920 zum ersten S.wettbewerb auf der Wasserkuppe aufrief; dort fanden bis 1939 jährl. Wettbewerbe statt. Die Entwicklung wurde gefördert durch meteorolog. Grundlagenforschungen sowie aerodynam. u. konstruktive Fortschritte im Segelflugzeugbau, an denen in Dtschld. bes. die Dt. Forschungsanstalt für S. (→auch Deutsche Forschungs- und Versuchsanstalt für Luft- und Raumfahrt e. V.) sowie die akadem. Fliegergruppen („Akaflieg") der Techn. Hochschulen beteiligt waren. Die BRD, in der das S.verbot erst 1951 aufgehoben wurde, nimmt heute in dieser Hinsicht eine führende Position ein. Organisation: →Aeroklubs. – ▯ 10.9.3.

Segelleinwand, *Segeltuch,* dichtes, festes Gewebe aus Leinwand, Hanf oder Baumwolle; durch Imprägnierung wasserdicht.

segeln, ein Fahrzeug (z.B. Boot oder Eisschlitten) durch Segel fortbewegen. Je nach der Segelstellung u. der Windrichtung unterscheidet man das S. *am (beim) Wind* (rd. 45° von vorn), *mit halbem Wind* (rd. 90°), *mit raumer Schot* (raumschots; rd. 135°) u. (platt) *vor dem Wind* (genau von hinten), wobei bes. beim Sport-S. durch Segelstellung, Vorsegel u. günstigen Trimm (Gewichtsverteilung) jeweils optimale Bedingungen angestrebt werden. →auch Segelsport, Segelboot.

Segelqualle, *Segler vor dem Winde, Velella,* eine bis 6 cm große *Staatsqualle,* die an der Wasseroberfläche mit Hilfe ringförmiger Luftröhren im Innern schwimmt u. auf der blauen Oberfläche einen Segelkamm trägt. Auf allen Meeren.

Segelschiff, ein Schiff, das Segel an Masten trägt u. mittels Windkraft (-druck) getrieben wird. Die Ursprünge reichen bis in die Anfänge der Schiffahrt überhaupt zurück, die Glanzzeit der S.fahrt war das 16. bis 19. Jh.; die schnellsten u. vollkommensten S.e (→auch Klipper), die bis nahe an 20 kn (Knoten) kamen, entstanden u. fuhren zwischen 1850 u. 1880. Noch um 1900 übertraf die Tonnage der S.e die der Dampfschiffe. Etwa ab 1914 erhielten S.e Hilfsmaschinen oder Dieselmotoren; in Küstenschiffahrt u. Fischerei wurden diese zunehmend Hauptantrieb, so daß Segel nur als Notbehelf zur Unterstützung des Ruders, selten zum Antrieb

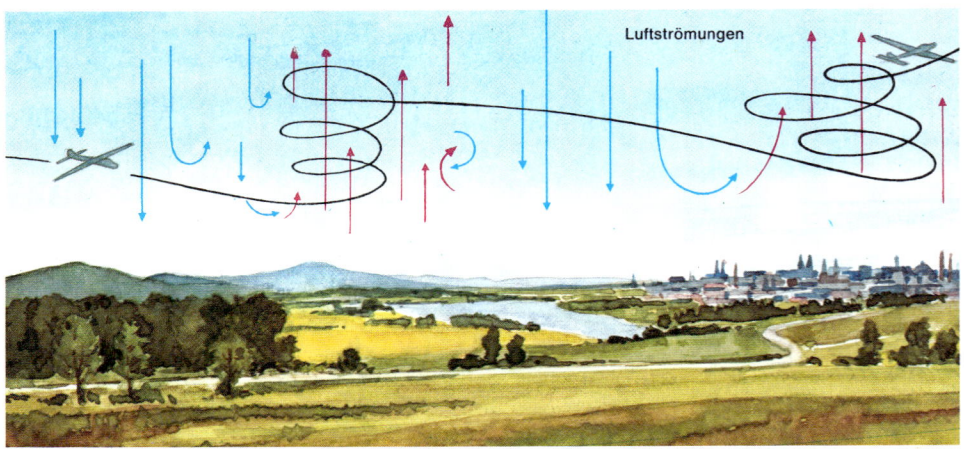

Segelflug: Thermikflug unter Ausnützung der mittäglichen Strömung erwärmter Luftmassen; abends verläuft die Luftbewegung umgekehrt

Hochleistungs-Segelflugzeug

dienten. Großsegler existieren ab 1950 fast ausschl. als Schulschiffe für Kriegs- u. Handelsmarine.
Segelschlitten, *Eisschlitten* →Eissegeln.
Segelsport, jede Form des Segelns mit Booten, die nicht dem Gelderwerb dient; bes. das Fahrten-Segeln u. die Beteiligung an Wettfahrten (Regatten), deren Kurs von den Klassen der startenden →Segelboote abhängig ist: vom Dreieckkurs auf Binnengewässern bis zum Hochseerennen bei den Bermudas. Der Start erfolgt meist fliegend. Das Vorfahrtsrecht wird durch ein bes. *Wegerecht* geregelt. In der BRD ist die bedeutendste S.veranstaltung die →Kieler Woche. →auch segeln. Der S. wurde in Dtschld. zuerst (1840) in Hamburg betrieben; heute ist der *Dt. Seglerverband,* gegr. 1888, wiedergegr. für die BRD 1949 in Flensburg, oberster nationaler Verband (Sitz: Berlin) mit rd. 1000 Vereinen u. rd. 160000 Mitgl. Er ist seit 1951 Mitgl. der *International Yacht Racing Union,* London. – In Österreich: *Österr. Segelverband,* Wien, 10000 Mitgl. – In der Schweiz: *Union Schweizer. Yachtclubs,* Bern, rd. 5000 Mitgl. – ⒷS. 82.
Segelwagen, drei- oder vierrädriges, gummibereiftes Fahrzeug mit einem Segel u. Steuereinrichtung zum Strandsegeln. S. sind ähnl. wie Segelboote bzw. Segelschlitten konstruiert. Wettbewerbe im Strandsegeln werden auf großen ebenen Strandflächen in drei Klassen (Segelnormen: 6,5, 10 u. 15 m²) nach Art des →Eissegelns durchgeführt u. vom *Dt. Seglerverband* organisiert.
Segen [der; lat. *signum,* „Zeichen"], **1.** *Religion:* das heilschaffende Wort im Gegensatz zum *Fluch.* Der Vollzug des S.s ist begründet im Glauben an die (direkte oder durch Gott vermittelte) Macht des zugesprochenen Wortes; oft ist der S. von Handlungen begleitet (Handauflegen, Kreuzzeichen) oder an ein Amt gebunden (u. a. Priester). In der *kath. Kirche* gehört der S. des Priesters (Benediktion) zu den Sakramentalien, z. B. bei der Trauung. Bes. Bedeutung, da gewöhnlich mit einem vollkommenen Ablaß verbunden, hat der päpstl. S. („Urbi et orbi"). – In der *ev. Kirchen* wird der S. mehr als Gebetswunsch verstanden (Einsegnung bei der Konfirmation, Segnung der Mutter bei der Taufe).
2. *Volkskunde:* Zauberspruch. →auch besprechen, Zauber. – ⬜ 3.6.5.
Seger, Hermann, Chemiker u. Keramiker, *26. 12. 1839 Posen, †30. 10. 1893 Berlin; seit 1878 Leiter der Chem.-Techn. Versuchsanstalt an der Porzellanmanufaktur Berlin, Begründer der dt. keramik-techn. Forschung, erfand den *S.kegel* u. das *S.porzellan.*
Segerkegel [nach H. *Seger*], Abk. *SK,* pyramidenförmiger Temperaturmeßkörper (Pyroskop) aus Silikatgemisch. Auf bestimmte Schmelztemperaturen geeicht u. entspr. numeriert (SK 1–42), dienen S. zur Bestimmung der Garbrandtemperaturen in keram. Öfen u. als Maß für die Brenndauer; hergestellt für enge Temperaturintervalle

(20–30 °C) im Bereich zwischen 600 °C u. 2000 °C. Das Verhalten bei S. in der Brenntemperatur (Verformung u. Schmelzen) wird durch Schaulöcher in der Ofenwandung beobachtet.
Segerporzellan, Art des Weichporzellans, 1893 von H. *Seger* in Berlin nach dem Vorbild chines. Weichporzellane des 18. Jh. erfunden. S. ermöglicht die Anwendung bes. Glasur- u. Bemalungstechniken.
Segesta, *Egesta,* von dem vorgriech. sizilian. Volk der *Elymer* im 12. Jh. v. Chr. gegr. Stadt im nordwestl. Sizilien, heute Ruinen. 458 v. Chr. Bündnis mit Athen. Grenzstreitigkeiten mit dem griech. Selinunt führten zu Athens *Sizilischer Expedition* 415–413 v. Chr. u. zu Karthagos Eingreifen 409 v. Chr., das S. im 4. Jh. v. Chr. unter karthag. Herrschaft brachte, doch trat es bereits im *1. Punischen Krieg* auf röm. Seite. Bekannt durch seinen dorischen Tempel des 5. Jh. v. Chr. u. sein Theater.
Segestes, Cheruskerfürst, Vater der →Thusnelda.
Segge [die], *Riedgras, Carex,* Gattung der *Sauergräser,* mit über 800 Arten; meist mehrjährige, in Sümpfen wachsende Gräser mit Rhizomen u. dreikantigen Halmen ohne knotige Gliederung; Blüten nackt, meist einhäusig. Wichtige Arten: *Wiesen-S., Carex fusca,* auf feuchten Wiesen u. in feuchten Wäldern; *Schnabel-S., Carex rostrata, Blasen-S., Carex vesicaria, Graugrüne S., Carex canescens,* alle an Gräben u. sumpfigen Stellen; *Steife S., Carex elata, Zweizeilige S., Carex disticha,* in Verlandungsgesellschaften; *Wald-S., Carex silvatica,* in Wäldern; *Berg-S., Carex montana,* im Gebirge. Die *Sand-S., Carex arenaria,* am Meeresstrand, dient zur Befestigung von Flugsand u. Deichen; alte Arzneipflanze.
Seghers, 1. Anna, eigentl. Netty *Radványi,* geb. Reiling, Schriftstellerin, *19. 11. 1900 Mainz; heiratete einen ungar. Sozialisten, 1928 Mitglied der KPD; als Emigrantin seit 1933 in Frankreich u. Mexiko; seit 1947 in Ostberlin, dort Nationalpreisträgerin u. Präsidentin des Schriftstellerverbands. Erzählungen u. Romane: „Der Aufstand der Fischer von St. Barbara" 1928; „Die Rettung" 1937; „Transit" 1943 u. 1963; „Das siebte Kreuz" 1942; „Der Ausflug der toten Mädchen" 1946; „Die Toten bleiben jung" 1949; „Die Entscheidung" 1959; „Die Kraft der Schwachen" 1965; „Das Vertrauen" 1969; „Überfahrt" 1971.
2. ['se:xərs], Daniel, fläm. Maler, getauft 6. 12. 1590 Antwerpen, †2. 11. 1661 Antwerpen; Schüler J. *Bruegels* d. Ä.; spezialisiert auf Blumensträuße u. -kränze, in deren Mittelfeldern andere Künstler (P. P. *Rubens*) Madonnen, Heiligenfiguren, Porträts u. a. malten.
3. ['se:xərs], Herkules, niederländ. Maler u. Radierer, *1589/90 Haarlem (?), †um 1638 Den Haag; Schüler des G. van *Coninxloo,* malte zunächst phantast. Gebirgsszenerien mit Fernsichten von erhöhtem Standpunkt, später holländ. Flachlandschaften von großer Tiefenwirkung; seine Kunst war grundlegend für die holländ. Landschaftsmalerei u. beeinflußte bes. Rembrandt u. P. Koninck. In seinen Radierungen entwickelte S. wichtige techn. Neuerungen (Farbdruck). ⬜ 2.4.5.
Segler, S. i. w. S., *Apodiformes,* Vogelordnung, zu der die Familien der *Segler i. e. S. (Apodinae)* u. →Kolibris gehören. Die S. i. e. S. sind schwalbenähnl., aber nicht mit den Schwalben verwandte Vögel mit schmalen, langen Flügeln u. entsprechend pfeilschnellem Flug. Ihre Füße dienen nur noch zum Festkrallen an Mauern, Felswänden u. am Nest. Um die Mauern unserer Städte fliegt der *Mauer-S., Apus apus,* in den Alpen der größere *Alpen-S., Apus melba.*
Segler vor dem Winde = Segelqualle.
Segment [lat.], **1.** *Anatomie:* eines der gleichförmigen Teile *(Metameren),* aus denen der Körper bestimmter Tiere aufgebaut sind; bes. deutlich bei Gliedertieren *(Articulata),* z. B. beim Regenwurm. →Metamerie.
2. *Geometrie:* eine Fläche, die durch eine Sehne u. eine Kurve begrenzt wird; ebenso ein Körper, der durch eine Ebene u. eine Kappe begrenzt wird. →Kreis, →Kugel.
Segmentbogen, Bogen in Form eines Kreisabschnitts.
Segmentgiebel, Giebel in Form eines Segmentbogens, auch als Bekrönung von Fenstern u. Portalen bei Bauwerken der Antike, der Renaissance u. des Barocks.
Segner, Johann Andreas von, Physiker u. Arzt,

*9. 10. 1704 Preßburg, †5. 10. 1777 Halle; Prof. in Jena u. Halle, erfand in Halle das *S.sche Wasserrad,* das sich aufgrund des Rückstoßes von tangential auslaufendem Wasser dreht; als Rasensprenger gebräuchlich.
Segni ['sɛnji], Antonio, italien. Politiker (Democrazia Cristiana), *2. 2. 1891 Sássari, Sardinien, †1. 12. 1972 Rom; Prof. der Rechtswissenschaften; entwickelte 1944 das Autonomiegesetz für Sardinien; 1947–1951 Landwirtschafts-Min. (Bodenreform), 1950–1953 Unterrichts-Min., 1955 bis 1957 u. 1959/60 Innen-Min. u. Min.-Präs., 1958/59 Verteidigungs-Min., 1960–1962 Außen-Min., 1962–1964 Staats-Präs.; Träger des Karlspreises 1964.
Segonzac [səgɔ̃'zak], André Dunoyer de →Dunoyer de Segonzac.
Segosero, *Segsee,* 785 qkm großer Binnensee im Seengebiet der Karel. ASSR, RSFSR (Sowjetunion), etwa 100 m tief; buchtenreich, mit zahlreichen Inseln.
Ségou [se'gu], Stadt im westafrikan. Mali am oberen Niger, 40000 Ew.; Sitz der Landwirtschaftsbehörde „Office du Niger", Textilfabrik, Nahrungsmittel-, Zigarettenindustrie, Binnenhafen. – Im 17. u. 18. Jh. Zentrum des Bambarareichs S.
Segovia, mittelspan. Stadt im SO Altkastiliens, auf einem steilen Felshügel über dem Eresma, 48000 Ew.; röm. Aquädukt (119 Bögen, 818 m Gesamtlänge), turmreiche Ringmauer (3 Tore), Alcázar (11.–14. Jh.), spätgot. Kathedrale (16. Jh.), zahlreiche Kirchen, Klöster, Paläste u. Museen; landwirtschaftl. Markt; Steingut-, Leder-, Woll- u. pharmazeut. Industrie; Hptst. der Provinz S. (6949 qkm, 150000 Ew.). – S. war lange Zeit bevorzugte Residenz der kastil. Könige.
Segre, *Río S.,* linker Nebenfluß des Ebro in Katalonien (Spanien), 265 km; entspringt in den Ostpyrenäen, mündet bei *Mequinenza;* im Oberlauf durch Talsperre gestaut, dient der Energieerzeugung u. speist im Ebrobecken Bewässerungskanäle.
Segrè, Emilio Gino, US-amerikan. Physiker italien. Herkunft, *1. 2. 1905 Tivoli bei Rom; seit 1938 in den USA; Arbeitsgebiete: künstl. Radioaktivität, Neutronenphysik, Physik der Elementarteilchen; wies 1955 mit O. *Chamberlain* u. anderen Mitarbeitern die Existenz des Antiprotons nach. Nobelpreis für Physik 1959.
Segregation [lat.], die freiwillige oder erzwungene gesellschaftliche, oft auch räumliche Absonderung eines Personenkreises von der Gesellschaft, z. B. die z. T. bestehende Absonderung der Neger in den USA.
segue ['se:guə, ital.], musikalische Vortragsbez.: es folgt (Hinweis auf Fortsetzung auf der nächsten Seite); auch: in gleicher Weise weiterspielen.
Segui, Antonio, argentin. Maler, *1924; begann mit Gruppenporträts in der Art alter Photographien, stellte dann mit den Mitteln der Pop-Art Menschenansammlungen dar, später kitschpostkartenbunte Landschaften, wie sie den Klischees der Urlaubsindustrie entsprechen.
Seguidilla [zɛgi'dilja; die; span., „Fortsetzung"], **1.** *Tanz:* span. im lebhaften Dreivierteltakt mit Kastagnettenbegleitung; in der Kunstmusik häufig in Bühnenwerken, z. B. in der Oper „Carmen" von G. Bizet.
2. *Verslehre:* span. volkstüml. Strophenform (Tanzlied), seit dem 17. Jh. in mehreren Varianten vorkommend: vierzeilige Strophe mit reimlosen 7–8silbigen Versen u. assonierenden 5–6silbigen Versen; *S. compusta* (18. Jh.): siebenzeilige Strophe in 4 u. 3 Zeilen gegliedert, 7- u. 5silbige Verse in der Reihenfolge 7, 5, 7, 5; 5, 7, 5 mit Assonanz; *S. gitana* oder *S. flamenca:* fünfzeilige Strophe von 5- u. 6silbigen Versen in der Reihenfolge 6, 6, 5, 6, 6; mit Assonanz im 2. u. 5. Vers.
Segura, Fluß in Südostspanien, 225 km; entspringt in der *Sierra de S.* (Andalus. Bergland), mündet nordöstl. von Orihuela in den Golf von Alicante; im Oberlauf durch 2 Talsperren gestaut, speist er in der Küstenebene Bewässerungsland (Huerta de Murcia).
sehen, durch Lichtreize von der Umwelt eine Vorstellung über Form, Farbe u. Entfernung bekommen; komplexe Fähigkeit hochentwickelter Tiergruppen (Wirbeltiere, Tintenfische, Gliederfüßer). Die Hell- u. Dunkelunterscheidung einfacher →Lichtsinnesorgane (z. B. bei Planarien) ist noch kein S. Wirbeltiere sehen mit einem Linsenauge. Wie beim Photoapparat wird die Umwelt auf einer lichtempfindl. Schicht, der Netzhaut *(Retina),* abgebildet. In ihr liegen zahlreiche Lichtsin-

Sehhügel

neszellen, die Zapfen für das hellere Tageslicht u. die Stäbchen für die Dämmerung. Mit Zapfen werden Farben unterschieden, mit den weniger lichtempfindl. Stäbchen nur Grauwerte. Bei Reizung zerfällt in den Sehzellen ein Farbstoff, der Sehpurpur *(Rhodopsin)*, dessen Bausteine das Vitamin A liefert (bei Vitamin-A-Mangel treten Sehstörungen auf.) Die →Erregung der Sehzellen wird als Impuls in die Sehzentren des Gehirns geleitet. Die Entstehung der Bildvorstellung ist noch unbekannt. An der Eintrittstelle des Sehnervs in das Auge hat die Retina keine Sehzellen *(blinder Fleck)*. Beim Fixieren eines Gegenstands fällt der Brennpunkt auf eine bestimmte Stelle der Retina, den *gelben Fleck*. Er enthält ausschl. u. vermehrt Zapfen. Stäbchen überwiegen dagegen an der Peripherie der Netzhaut. Fixieren ist deshalb bei Nacht nicht möglich. →auch Kurzsichtigkeit, Übersichtigkeit.
Anpassung an die Lichthelligkeit ist durch Öffnen oder Schließen der Pupille möglich. Bei Fischen können Farbstoffe die Sehzellen abdunkeln. Auch

Um den Segelpokal „America's Cup" kämpfen die englische „Sceptre" (links) und die amerikanische „Eagle", beides 12-m-Hochseejachten

Rennboote beim Wendemanöver an der Wendeboje

die Lichtempfindlichkeit der Sehzelle selbst kann schwanken. Beim Menschen ist eine Steigerung auf das 1500–8000fache möglich. Die Dreikomponententheorie gibt eine Erklärung für das Farben-S.: aus drei verschiedenen Zapfentypen für Rot, Grün u. Violett können alle anderen Farben durch Mischung entstehen. Zwei Augen ermöglichen ein *binokulares* S. (Gegensatz: *monokulares* S.) u. damit ein Erfassen räuml. Tiefe.
Das Komplexauge der Insekten u. Gliederfüßer setzt sich aus zahlreichen Einzelaugen *(Ommatidien)* zusammen. Jedes Ommatid hat eine cuticulare Linse u. acht Sehzellen. – ▫9.0.7.
Sehhügel, *Thalamus opticus*, das primäre Sehzentrum im Zwischenhirn (bei Säugetieren Vierhügel-Region, bei den übrigen Wirbeltieren Zweihügel-Region), in dem sich die von der Netzhaut kommenden Sinneserregungen vereinigen, ehe sie zum Großhirn weitergeleitet werden. →Gehirn.
Şehịr [ʃe-; türk.], Bestandteil geograph. Namen: Stadt.
Sehkeile, *Ommatidien*, die einzelnen Bestandteile des *Komplexauges* der Insekten. →Lichtsinnesorgane.
Sehloch = Pupille.
Sehne, 1. *Anatomie:* Tendo, Tenon, weißes, im allg. nicht dehnbares, aus festem, straffem, fasrigem Bindegewebe gebildetes Muskelendstück, das die Verbindung zwischen Muskel u. Knochen herstellt u. die Kraftübertragung vom Muskel auf den Knochen ermöglicht; durch parallele Anordnung der S.nfasern sind die meisten S.n strangförmig (S. i.e.S.), doch gibt es auch flächenhafte S.nplatten aus verflochtenen u. gekreuzten S.nfasern (Aponeurose). Manche S.n besitzen S.nscheiden. – *S.nriß* kann bei jungen Menschen nur bei hoher Beanspruchung auftreten. Voraussetzung ist die vorherige Veränderung durch entzündl. Vorgänge. Am häufigsten wird die *Achilles-S.* betroffen (Laufen, Springen, Tennisspiel). Auch die S. des Bizeps am Arm (Werfen, Stoßen, Gewichtheben,

SEGELSPORT

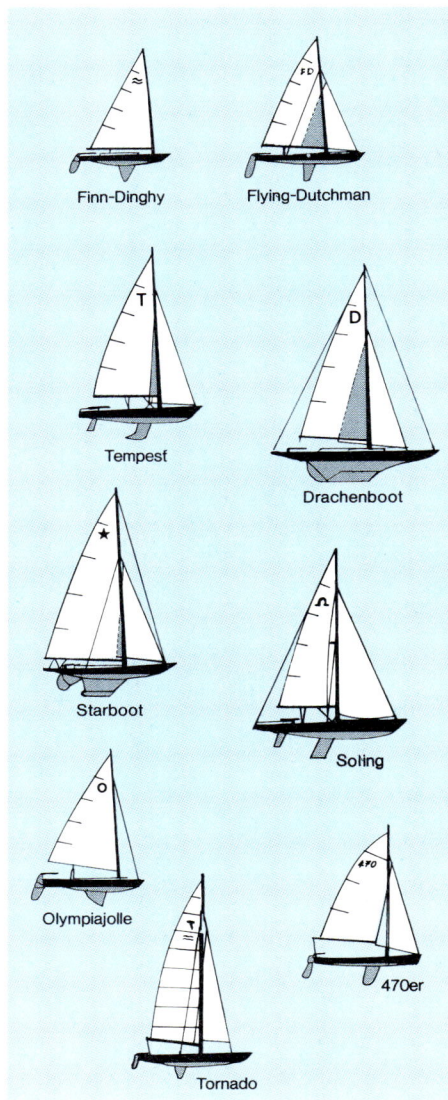

Olympische Segelbootsklassen

Parade der Windjammer auf der Kieler Förde

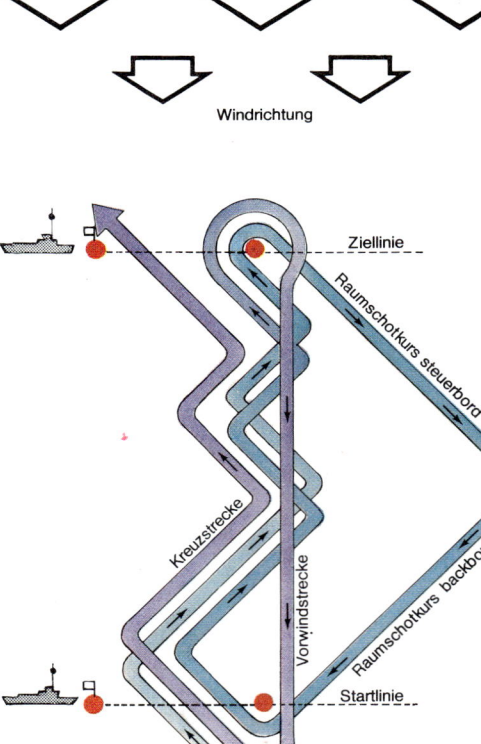

Dreieckkurs

Start zu einer Wettfahrt der Soling-Klasse

Der Vorschotmann hängt im Trapez, um beim Kreuzen am Wind das Boot (Flying Dutchman) zu stabilisieren

Drachenboote (mit gesetztem Spinnaker) während einer Wettfahrt

Sehnenscheide

Ringen, Rudern, Geräteturnen) u. die Streck-S. am Finger (Diskuswurf, Kugelstoßen, Ballspiele) werden nicht selten betroffen.
2. *Geometrie:* eine Strecke, die zwei Punkte einer Kurve verbindet. →auch Sekante, Kreis.
Sehnenscheide, *Vagina tendinum,* eine röhrenförmige Hüllscheide an Sehnen, die viel der Bewegung ausgesetzt sind, um ein leichtes Gleiten der Sehnen zu ermöglichen; die S.n, die einen an beiden Enden blind endenden Kanal bilden, bestehen aus einer äußeren bindegewebigen Schicht u. innen einer zweiblättrigen glatten Schicht, die die Sehne u. die Innenseite der S. überzieht. Der so entstehende Gleitspalt ist von einer der Gelenkschmiere ähnlichen Flüssigkeit ausgefüllt, die die beiden Gleitflächen schlüpfrig hält u. das reibungslose Gleiten der Sehne ermöglicht.
Sehnenscheidenentzündung, *Tendovaginitis,* akute oder chron. Entzündung der Sehnenscheiden, verursacht durch Überanstrengung oder Infektion; kann u. mit verschiedenen Anzeichen verlaufen u. verlangt stets ärztl. Behandlung zur Vermeidung bleibender Funktionsstörungen.
Sehnenverpflanzung, *Sehnentransplantation,* die zum Ersatz eines wichtigen gelähmten Muskels durch einen weniger wichtigen gesunden Muskel durchgeführte Vereinigung der Sehnenansätze des gelähmten mit der Sehne des gesunden Muskels durch eine Naht. Die Verlängerung verkürzter Sehnen durch Überpflanzung einer gesunden Sehne bezeichnet man auch als *Sehnenüberpflanzung.*
Sehnenzerrung, durch überstarke Dehnung einer Sehne, z.B. bei Verstauchung, entstehende schmerzhafte Verletzung mit Schwellung u. behinderter Beweglichkeit; Behandlung: Ruhigstellung, Wärme, später Bewegungsübungen.
Sehnenvenentzündung, *Neuritis nervi optici,* zu Sehstörungen u. Gesichtsfeldausfällen führende entzündl. Erkrankung des Sehnerven; hervorgerufen durch Übergreifen von Entzündungen aus der Umgebung, durch Infektionen oder durch Vergiftungen (z.B. Methylalkohol).
Sehnervenkreuzung, *Chiasma,* am Boden des Zwischenhirns (→Gehirn) der Wirbeltiere vor der Hirnanhangsdrüse (*Hypophyse*) gelegene Kreuzungsstelle der beidseitigen *Sehnerven* (II. Hirnnerv, *Nervus opticus*).
Sehpurpur, *Rhodopsin,* die lichtempfindl. Substanz der stäbchenförmigen Sehzellen des Auges, aufgebaut aus einem bestimmten *Carotenoid,* das dem Vitamin A verwandt ist, u. einer Eiweißkomponente, dem *Opsin.* Beim Sehvorgang bleicht der S. aus; dabei wird die Bindung zwischen dem Carotenoid u. dem Eiweiß gelöst. Auf einem komplizierten Reaktionsweg wird der S. regeneriert.
Sehwinkel, *Gesichtswinkel,* der Winkel, den die von den äußersten Punkten eines Gegenstands zum Auge ziehenden Linien bilden.
Sehzellen, primäre Sinneszellen, die die →Lichtsinnesorgane der Tiere bilden. Im einfachsten Fall dienen einzelne S. ohne Hilfsapparate dem bloßen Helligkeitssehen, z.B. beim Regenwurm, wo S. über den ganzen Körper verteilt, teils in, teils unter der Epidermis vorkommen. Einzelne S. mit Pigmentabschirmung ermöglichen bereits Richtungssehen (Lanzettfischchen). Mit mehreren S. in Becheraugen lassen sich verschiedene Lichtrichtungen u. Bewegungen wahrnehmen. Das Bildsehen geschieht mit sehr vielen S. in der Netzhaut (*Retina*) beim Wirbeltier oder auch z.B. beim Tintenfisch oder in Kameraugen oder in Komplexaugen.
Seiber [′ʃɛibɐr], Mátyás, ungar. Komponist, *4. 5. 1905 Budapest, †25. 9. 1960 Johannesburg (Südafrika); Schüler von Z. *Kodály;* seit 1935 in London, wo er nachhaltig auf die junge neu. Komponistengeneration einwirkte; wandte strenge u. freie Zwölftontechnik an; schrieb konzertante Werke u. 3 Streichquartette; Hauptwerk: die Kantate „Ulysses" 1949 nach James Joyce.
Seiches [sɛʃ; frz.], Schaukelwellen in Seen u. abgeschlossenen Meeresbuchten, hervorgerufen durch unterschiedl. Luftdruck, bzw. Luftdruckänderungen über einem See, bes. beobachtet am Genfer See, wo die S. Höhen bis zu 1,87 m erreichen.
Seide, 1. *Botanik:* die Schmarotzerpflanze *Teufelszwirn, Cuscuta.* Als *Vegetabilische S.* werden auch die Samenhaare einiger Pflanzen aus der Familie der *Hundsgiftgewächse,* die Fruchthaare einiger Pflanzen aus der Familie der *Bombacazeen* (*S.nwollbaum*) u. der Familie der *Seidenpflanzengewächse,* z.B. der *Seidenbaum,* bezeichnet.
2. *Textiltechnik:* die Fasern aus der Mittelschicht des Kokons, den die Raupe des →Seidenspinners bei der Verpuppung spinnt. Vor allem die Raupe des *Maulbeerspinners* züchtet man seit Jahrtausenden in China (nachweisbar 3000 v.Chr.), Japan, Indien, in neuerer Zeit auch in anderen Ländern (Italien, Griechenland) zur Gewinnung von S. (→Seidenraupenzucht). Der S.nfaden besteht aus zwei platten Fäden (*Fibroin*), die von der gemeinsamen Hülle des „S.nleims", einer gummiartigen Masse (*Serizin*), umgeben sind. Ein Kokon liefert rd. 800 m S.nfäden, die je nach Herkunft u. Güte 8–15μm dick sind.
Durch seifenartige Lösungen wird die S. vom Serizin befreit (entbastet) u. meist mit Metallsalzlösungen „schwerer" gemacht. Mehrere S.nfäden werden vereinigt (gezwirnt). S.nabfälle lassen sich verspinnen (*Schappe, Bourette*). Die S. wird im allg. als Endlosfaden weiterverarbeitet. Die Feuchtigkeitsaufnahme der S. liegt bei maximal 30%, die Dichte bei 1,37 g/cm³. Die Reißlänge beträgt beim entbasteten Faden etwa 50 km mit 24% Dehnung im Normalklima, die Naßfestigkeit etwa 85% der Trockenfestigkeit. Bezeichnungen wie *Grège, Trame, Organsin, Ekru-S., Souples* kennzeichnen gehaspelte, z.T. gedrehte u. entbastete, für verschiedene Zwecke verwendbare S.
Die *wilde S.* stammt von den Kokons wildlebender Seidenraupen (*Tussah-S.n*). Außerdem kennt man noch *Eri(a)-S.n, Fagara-S.* u. *Nester-S.* Bis auf die Tussah-S.n lassen sich die wilden S.n nicht abhaspeln. Sie werden nach dem Schappespinnverfahren versponnen.
I.w.S. bezeichnet man als S. auch in der Textiltechnik verwendete, der Natur-S. ähnliche endlose Fäden wie Spinnen-S., Raupen-S., Muschel-S. – ▭ 10.8.1.
Seidel [das], 1. *Glas u. Keramik:* Schank- u. Trinkgefäß aus Glas, Metall oder Keramik.
2. *Maße:* altes bayer. u. österr. Flüssigkeitsmaß (1 S. in Bayern = 0,535l, in Österreich = 0,354l).
Seidel, Schriftstellerfamilie: **1. Georg,** Sohn von 3) u. 4), Pseudonyme: Simon *Glas* u. Christian *Ferber,* *31. 10. 1919 Eberswalde; Journalist; schreibt Romane („Das Netz" 1952), Kritiken, Feuilletons, Hörspiele.
2. Heinrich, *25. 6. 1842 Perlin, Mecklenburg, †7. 11. 1906 Berlin; Ingenieur; schilderte humorvoll u. idyll. das Bürgerleben in Mietskasernen u. Laubenkolonien („Leberecht Hühnchen" 1882). Erinnerungen: „Von Perlin nach Berlin" 1894. Gedichte: „Blätter im Winde" 1872.
3. Heinrich Wolfgang, Sohn von 2), *28. 8. 1876 Berlin, †22. 9. 1945 Starnberg, wo er seit 1934 als freier Schriftsteller lebte; vorher ev. Pfarrer bei u. in Berlin; 1907 Heirat mit seiner Kusine Ina S.; schrieb feinsinnige Romane („George Palmerstone" 1922, „Krüsemann" 1935), Novellen („Das Erwachen" 1922), religiöse Aufsätze („Das Antlitz vor Gott" 1941) sowie „Tagebuch der Gedanken u. Träume" (posthum) 1946.
4. Ina, Kusine u. Frau von 3), *15. 9. 1885 Halle (Saale), †2. 10. 1974 Ebenhausen bei München; lebte seit 1934 in Starnberg. Ihr Schaffen, das bes. Fragen des Fraulichen u. Mütterl. behandelt, ist geprägt von ev. Christentum u. einer naturfrommen Innerlichkeit. Lyrik: „Weltinnigkeit" 1918; „Die tröstl. Begegnung" 1934; „Gedichte" 1955. Erzähltes: „Das Labyrinth. Lebensroman des Georg Forster" 1922; „Die Fürstin reitet" 1926; „Brömseshof" 1927; „Das Wunschkind" 1930; „Der Weg ohne Wahl" 1933; „Lennacker. Das Buch einer Heimkehr" 1938; „Unser Freund Peregrin" 1940; „Das unverwesl. Erbe" 1954; „Die Fahrt in den Abend" 1955; „Michaela" 1959; „Vor Tau u. Tag. Geschichte einer Kindheit" 1962; „Die alte Dame u. der Schmetterling" 1964. Essays: „A. von Arnim" 1944; „Bettina" 1944; „C. Brentano" 1944. Auch Kinderbücher u. Übersetzungen.
5. Willy, Bruder von 4), *15. 1. 1887 Braunschweig, †29. 12. 1934 München; erzählte bes. aus der exot. Welt: „Der Sang der Sakije" 1914; „Yali u. sein weißes Weib" 1914; „Die mag. Laterne des Herrn Zinkeisen" 1930.
Seidelbast, *Kellerhals, Daphne,* unter Naturschutz stehende Gattung der S.gewächse; reich verzweigte strauchige oder kleine baumförmige Pflanzen mit weißen, gelben oder roten, trichterförmigen, stark duftenden Blüten. In Dtschld. verbreitet ist der *Gewöhnl. S.* (*Kellerhals, Daphne mezereum*), ein in den Bergwäldern heimischer, bis 1 m hoher Strauch, dessen scharlachrote, saftige Beeren giftig sind. Rinde u. Wurzeln enthalten einen Bitterstoff (*Daphnin, S.bitter*), der bei äußerl.

Seidenreiher, Egretta garzetta

Anwendung blasenziehend u. innerl. stark giftig wirkt. Weitere Arten: *Heideröschen, Daphne cneorum; Gestreifter S., Daphne striata, Steinröschen,* beide in den Alpen heimisch. Außerdem nur in Baden der *Lorbeer-S., Daphne laureola.*
Seidelbastgewächse, *Thymelaeaceae,* zu den *Myrtales* gestellte Pflanzenfamilie mit mittelständigem Fruchtknoten u. hängender Samenanlage. Hierher gehören u.a. *Seidelbast* u. *Edgeworthia.*
Seidenaffe = Pinseläffchen.
Seidenbast →Serizin.
Seidenbaum, *Calotropis gigantea,* in Indien u. Südchina heimisches *Seidenpflanzengewächs,* liefert den *Yercum-Bast,* der für Seilerarbeiten verwendet wird.
Seidenbienen, *Colletes,* stark behaarte *Stechimmen* mit kegelförmigem, vorn abgestutztem Hinterleib aus der Gruppe der *Urbienen,* die ihre Neströhren in Lehmwänden u.ä. anlegen u. mit einer seidenartigen Masse tapezieren.
Seidenfaden, Theodor, Schriftsteller, *14. 1. 1886 Köln; war dort Stadtschulrat u. Mit-Hrsg. der „Rhein. Blätter"; Verfasser von Laienspielen, Erneuerer der Fastnachtsspiele von H. *Sachs,* Hrsg. u. Nacherzähler von Sagen u. Legenden.
Seidenfinish [-niʃ], engl., Endbehandlung für Baumwollgewebe, wobei mit Hilfe von Riffelwalzen spiegelnde Fadenflächen geprägt werden, die dem Gewebe seidenartigen Glanz verleihen.
Seidengras, 1. *Japanisches S., Miscanthus sinensis,* hohes Gras, teilweise mit gebänderten Blättern, der japan. u. südchines. Graslandschaften.
2. die Gattung *Erianthus* in wärmeren Zonen, äußerl. dem *Pampasgras* ähnlich.
Seidenhaspel, Vorrichtung zum Abwickeln der eingeweichten Kokons u. Aufwinden des Seidenfadens; bereits 2700 v.Chr. in China entwickelt.
Seidenhunde, Hunderassen mit seidenartig weichem Fell, z.B. der *Seidenspitz.*
Seidennegerhuhn, *Seidenhuhn* →Huhn.
Seidenpapier, weiche, dünne Papiere in Gewichten unter 25 g/m², die vor allem für Verpackungszwecke eingesetzt werden. Spezialerzeugnisse: *Futterseiden* für Briefumschläge, *Flaschenseiden* zum Einschlagen von Weinflaschen, *Blumenseiden* u.a.
Seidenpflanze, *Asclepias,* nach dem Seidenglanz der Samenhaare benannte Gattung der *Seidenpflanzengewächse,* vorwiegend in Amerika u. Südafrika vorkommend; bei uns als Gartenzierpflanze (*Bienenpflanze*) *Asclepias syriaca* mit unterseits graufilzigen Blättern, wohlriechenden, fleischroten, in Dolden stehenden Blüten.
Seidenpflanzengewächse, *Asclepiadaceae,* Familie der *Contortae,* tropische holzige oder krautige Pflanzen mit Milchsaft. Sie entwickeln merkwürdige Bestäubungseinrichtungen, z.B. an den Pollen Klemmkörper, mit denen diese an den Insektenbeinen haftenbleiben. Die Pollen sind meist in Ballen (*Pollinien*) vereinigt. Hierher gehören u.a. *Stapelie, Wachsblume, Schwalbenwurz, Seidenbaum, Seidenpflanze.*

Seidenraupenzucht, Zucht des *Maulbeerspinners* (→Seidenspinner) zur Gewinnung von Seide. Die Weibchen der ursprüngl. in Ostasien heimischen Falters legen in wenigen Tagen 300–700 Eier an den Zweigen des Maulbeerbaums (*Morus alba*) ab. In der S. läßt man die Tiere die 1–1,5 mm langen Eier in kleinen Pappkäfigen ablegen u. bewahrt sie einige Zeit bei einer Temperatur von 0 bis –1 °C auf (das Ei ist das Stadium der Überwinterung u. braucht deshalb zu seiner Entwicklung niedrige Temperaturen). In Brutöfen entwickeln sich die Eier bei langsam ansteigenden Temperaturen, u. nach 10–15 Tagen schlüpfen die Raupen. Sie werden in gleichmäßig temperierten Häusern in Zuchtkästen gehalten u. auf durchlöchertem Papier (*Betten*) mit frischen Blättern des Maulbeerbaums gefüttert (Aufzuchtversuche mit Blättern anderer Gewächse haben nur bei Verwendung von Mohn Erfolg gebracht). Die Raupen sind nach 30–35 Tagen verpuppungsreif. Zur Verpuppung stellt man Spinnhütten aus Stroh oder Papier über die Betten. Die Raupen fertigen ein aus Außen-, Mittel- u. Innenlage bestehendes Kokongespinst. Nach dem Verpuppen tötet man die Tiere durch heißen Dampf. Die S. ist gefährdet durch Krankheiten, bes. die "Pebrinekrankheit. →auch Seide.

Seidenreiher, *Egretta garzetta*, 56 cm großer weißer *Reiher*, der die wärmeren Gebiete der Alten Welt bewohnt (in Amerika eine nah verwandte Art, *Schneereiher, Egretta thula*). Der S. wurde wegen der früher modisch verwendeten Schmuckfedern auf dem Rücken (*Reiherstöße*) fast ausgerottet.

Seidenschwanz, *Bombycilla garrulus*, ein 18 cm großer bräunl. *Singvogel* mit Haube, gelbspitzigem Schwanz u. roten Plättchen an den Spitzen der Armschwingen. Der S. lebt in den Wäldern Nordeurasiens, kommt in strengen Wintern aber bis Dtschld.

Seidenspinnen, trop. Radnetzspinnen der Gattung *Nephila*. In ihrem festen Netz können sich sogar kleine Vögel fangen. Die Weibchen werden bis 6 cm lang, die Männchen nur 0,4–1 cm; sie leben im Netz der Weibchen. Versuche zur Seidennutzung blieben erfolglos.

Seidenspinner, *Bombycidae*, Familie meist trop. Schmetterlinge, deren Kokongespinste zu Stoffseiden verarbeitet werden. Der wichtigste S. ist der *Maulbeerspinner, Bombyx mori*, aus Ostasien, dessen grauweiße Flügel feine braune Linien tragen. Zur Seidengewinnung (sog. *Wildseiden*) werden ferner Vertreter aus der Überfamilie der *Nachtpfauenaugen* gehalten: der *Chines. S., Antheraea pernyi*, ein großer lehmgelber asiat. Falter mit Augenzeichnungen, dessen Raupen an Eichen fressen, liefert die *Tussah-Seide*; der *Atlasspinner* die *Fagara-Seide*; der *Rizinusspinner, Attacus ricini*, die *Eria-Seide* (beide in Ostasien heimisch); der *Amerikan. S., Platysamia cecropia*, mit glasartigen Aussparungen in den samtbraunen Flügeln u. grellrot u. weiß geringeltem Körper. →auch Seidenraupenzucht, Seide, Pheromone.

Seidenstraße, alte, über Hamadan u. Palmyra führende Handelsstraße zwischen Nordchina (Loyang) u. dem Mittelmeerhafen Antiochia mit Abzweigungen in Süd- u. Westasien, ausgebaut u. z.T. von Türmen gesichert in der Zeit nach den Kriegszügen Alexanders d. Gr. Auf der S. gelangten neben chines. Edelseide auch andere Handelsgüter nach Europa; für China war sie der wichtigste Importweg für Glas- u. Edelmetallwaren aus dem Mittelmeerraum. – →Asien (Geographie).

Seidenwerg, verspinnbare Abfälle aus der Schappespinnerei.

Seidenwollbaum, *Bombax*, Gattung der *Bombacazeen* der trop. Gebiete; laubabwerfende Bäume des Regenwalds. Die Fruchtwolle wird oft als Polstermaterial verwendet; die Hölzer einiger Arten rechnet man zu den Korkhölzern.

Seiditen →Zaiditen.

Seidl, 1. Anton, österr. Dirigent, *7. 5. 1850 Pest, †28. 3. 1898 New York; von R. Wagner gefördert; erwarb sich ab 1885 in New York Verdienste um die dt. Oper (vor allem Wagner-Opern); 1886 dirigierte er auch in Bayreuth.
2. Gabriel von, Architekt, *9. 12. 1848 München, †27. 4. 1913 Bad Tölz; Vertreter der historisierenden Richtung in der dt. Architektur um 1900, erbaute in München u.a. das Bayerische Nationalmuseum, 1896–1900, u. das Deutsche Museum, seit 1906.
3. Johann Gabriel, Pseudonyme Meta *Communis*, Emil *Ledie* u.a., österr. Schriftsteller, *21. 6. 1804 Wien, †18. 7. 1875 Wien; Vertreter des Biedermeier, volkstüml. Lyriker (Kaiserhymne: "Gott erhalte Franz den Kaiser"). Gedichte: "Flinserln" (in Mundart) 1828–1837; "Bifolien" 1836. Manches vertont von F. Schubert, K. J. G. Loewe u. R. Schumann.

Seife, 1. *Geologie*: Sand- u. Kieselablagerungen, in denen sich spezif. schwerere oder verwitterungsbeständigere Mineralien (Metalle, Erze oder Diamanten) angesammelt haben (*Gold-S., Diamant-S.*).
2. *Reinigungsmittel*: ein Waschmittel, das aus Natrium- oder Kaliumsalzen der höheren Fettsäuren besteht. Man unterscheidet *harte* oder *Natron-S.n*, die entweder *Kern-* oder *Leim-S.n* sein können, u. *weiche* oder *Schmier-S.n*, die meistens *Kali-S.n* sind. I.w.S. versteht man unter S. auch *S.npulver*.
Die Herstellung der Alkalisalze der höheren Fettsäuren erfolgt entweder durch Behandlung von Fetten verschiedener Art mit Ätznatron (Ätzkali) in der Hitze (*Verseifung*) oder durch Neutralisation der durch Paraffinoxydation erhaltenen Fettsäuren mit Soda. Als Ausgangsmaterial für die Herstellung der meisten S.n werden Fette verwendet, die sich für die menschl. Ernährung nicht eignen, für feine S.n (*Toilette-S.n*) aber auch Palmfett, Kokos-, Olivenöl u. gehärtete Öle. Das als Nebenprodukt bei der Verseifung anfallende Glycerin wird entweder abgetrennt oder mit dem Überschuß an Ätzlauge in der S. belassen (*Leim-S.n*). *Schmier-S.* wird aus billigen Ölen wie Lein- oder Hanföl durch Verseifung mit Ätzkali hergestellt. Dagegen werden die durch Verseifung mit Ätznatron erhaltenen Kern-S.n mit Kochsalz ausgefällt, durch Abkühlung zum Erstarren gebracht u. dann in Stücke geschnitten. Aus Kern-S. werden *S.nflocken* durch Auswalzen (zu dünnen Folien) u. Zerschneiden hergestellt, *S.npulver* durch Sprühtrocknung sodahaltiger Kern-S.nlösung. Den Toilette-S.n werden Riech- u. Farbstoffe zugesetzt. *Medizinische S.n* enthalten desinfizierende Zusätze, z.B. Sublimat, Formaldehyd oder Carbolsäure.
Calcium- u. Magnesiumsalze der Fettsäuren sind wasserunlöslich; infolge der Härte des Waschwassers wird ein großer Teil der S. durch Ausfällung dieser Salze unwirksam. Diesen Nachteil haben die synthet. Waschmittel nicht.
Die reinigende Wirkung der S.n beruht darauf, daß sie die Oberflächenspannung des Wassers erhebl. herabsetzen (hohe Schaumbildung) u. es dadurch ermöglichen, daß das Waschwasser, die „S.nlösung", in die kleinsten Zwischenräume eindringen u. den Schmutz beseitigen kann.
S. wurde bereits im alten Ägypten hergestellt. Einen bedeutenden Auftrieb erhielt die S.nindustrie, als es 1794 durch ein von N. Leblanc erfundenen Verfahren möglich wurde, auf künstl. Wege Soda u. damit auch Ätznatron billig u. in großen Mengen herzustellen.

Seifenbaum, 1. *Sapindus*, Gattung der *Seifenbaumgewächse*, holzige Pflanzen; die rundlichen, saponinhaltigen Samen von *Sapindus saponaria* aus dem trop. Amerika dienen als mildes Waschmittel (*Seifenbeeren, Seifennüsse*).
2. *Chilenischer S., Quillaja saponaria*, zu den Rosengewächsen gehörender, in Südamerika heimischer Baum mit ungeteilten ledrigen Blättern u. weißen, in Rispen stehenden Blüten, liefert die saponinhaltige Seifenrinde (*Panamarinde, -holz, Cortex Quillajae*) des Handels.

Seifenbaumgewächse, 1. *Sapindaceae*, Familie der *Terebinthales*, trop. Holzpflanzen mit schräg dorsiventralen Blüten. Zu den S.n gehören u.a. Akibaum, Seifenbaum (1).
2. →Sapotazeen.

Seifenkraut, *Saponaria officinalis*, ein *Nelkengewächs*, dessen saponinenthaltenden Wurzeln man früher auskochte, um darin wollene u. seidene Stoffe zu waschen.

Seifenpflanzen, Pflanzen, deren Teile bzw. Samen Saponine oder Fette enthalten, die zur Herstellung von Waschmitteln dienen können; z.B. Seifenkraut, Seifenbäume u. einige Sapotazeen.

Seifenrinde = Panamarinde.

Seifenspiritus, alkohol. Seifenlösung, als Hautreinigungs- u. -desinfektionsmittel verwendet.

Seifenstein, bei der Herstellung von Seifen verwendetes Gemisch von Ätznatron u. Soda.

Seiffen, Gemeinde im Krs. Marienberg, Bez. Karl-Marx-Stadt, im Erzgebirge am Schwartenberg, 4100 Ew.; Zentrum der sächs. Spielwaren- u. Holzindustrie (Spielzeugmuseum).

Seiffert, Max, Musikwissenschaftler, *9. 2. 1868 Beeskow, †13. 4. 1948 Schleswig; Spezialist für die Musik des Generalbaßzeitalters (17./18. Jh.), umfangreiche Hrsg.-Tätigkeit (u.a. J. P. Sweelinck); Hptw.: "Geschichte der Klaviermusik" 1899.

Seidenspinner, Bombyx mori: Raupen auf Maulbeerblättern (links). – Soeben geschlüpfter Schmetterling mit Seidenkokon (rechts)

Seifhennersdorf, Gemeinde im Krs. Zittau, Bez. Dresden, im Lausitzer Bergland nahe der tschech. Grenze, 8700 Ew.; Maschinen- u. a. Industrie.
Seifrid, *Seifrit,* männl. Vorname, oberdt. Form von →Siegfried.
seiger, *saiger,* bergmänn. für *senkrecht.*
seigern, *saigern,* **1.** Metall aus dem Erz auf einer schräg gestellten Unterlage im *Seigerherd* ausschmelzen; hierbei fließt das flüssige Metall ab, während Gangart u. Verunreinigungen zurückbleiben; bei der Gewinnung von Antimon, Wismut u. Zinn angewendet. **2.** Metalle aus Metallmischungen trennen, die bei höherer Temperatur ineinander löslich sind, bei fallender Temperatur aber eine feste Phase ausscheiden oder in zwei flüssige Metallphasen zerfallen.
Seigerriß, *Bergbau:* senkrechter Schnitt in der kartenmäßigen Darstellung von Gruben oder Lagerstätten.
Seigewasser, Hans, DDR-Politiker (SED), *12. 8. 1905 Berlin, †18. 10. 1979 Rom; 1954–1959 Vors. des Büros des Präsidiums des Nationalrats der Nationalen Front, 1960–1979 Staatssekretär für Kirchenfragen.
Seignettesalz [sɛ'njɛt-; nach dem frz. Apotheker P. *Seignette,* *1660, †1719], *Rochellesalz, Kalium-Natrium-tartrat, Natronweinstein,* Formel $KNa[C_4H_4O_6]$, ein Doppelsalz der Weinsäure, verwendet als Arzneimittel bei Verdauungsstörungen, zur Bereitung der *Fehlingschen Lösung* (→Fehling [1]) u. in Form von größeren, künstl. gezüchteten Kristallen zur Herstellung von piezoelektr. Wandlern (→Piezoelektrizität).
Seigneur [sɛ:'njø:r; frz.], verkürzt *Sieur,* in Frankreich vor 1789 der Grundherr (mit Gerichtsbarkeit); sein Gebiet: *Seigneurie;* →auch Monseigneur.
Seignobos [sɛnjɔ'bo], Charles, französ. Historiker, *10. 9. 1854 Lamastre, †2. 5. 1942 Paris; Prof. in Paris; Hptw. „Histoire politique de l'Europe contemporaine" 1897, dt. 1910.
Seikantunnel, untermeerischer Eisenbahntunnel zwischen den japan. Inseln Honschu u. Hokkaido, seit 1971 im Bau, Fertigstellung für 1979 vorgesehen; 54 km lang (davon 23 km unter dem Meer), bis 240 m u. M. bzw. 100 m unter dem Meeresboden. Längster Untermeerestunnel der Erde.
Seil, ein elastisches Element zur Übertragung von Zugkräften. Es wird aus Flachs, Hanf (für *Weichfaser-S.e*), Manila- u. Sisalhanf (für *Hartfaser-S.e*), Baumwolle, Naturseide, Perlon, auch Papiergarn hergestellt. Die Fasern werden zu 1–3 mm dicken Fäden gesponnen u. zu *Litzen* gedreht. 3–4 verdrillte Litzen ergeben ein dünnes S.; die stärkeren S.e werden aus einzelnen dünneren S.en zusammengedreht. Die Herstellung erfolgt von Hand (bis zu 100 m Länge) auf *Seilerbahnen (Reep[er]bahnen);* maschinell auf der *S.schlagmaschine.* →auch Drahtseil.
Seiland ['sɛilan], Insel mit Plateaugletscher in Nordnorwegen, südwestl. von Hammerfest, 559 qkm, 800 Ew.
Seilbahn, Fördermittel für Personen u. Lasten, als Bergbahn zur Überwindung großer Höhenunterschiede oder von ungünstigem Gelände. Bei der *Draht-S., Seilschwebebahn, Ein-S.,* läuft das Seil um u. wird auf Stützen über Rollen geleitet. Die Wagen werden an das Seil mit Klemmen befestigt. Verwendung bes. für gleichmäßige Gütertransporte. Bei der *Zwei-S.* laufen die Wagen mit Rollen auf dem Tragseil u. werden durch ein dünneres Zugseil, das meist endlos umläuft, gezogen. Bei Personenbeförderung ist meist noch ein drittes Seil als Reserve vorhanden.
Seilfahrt, *Bergbau:* Personenbeförderung in Schächten u. Blindschächten im *Förderkorb* oder auf dem *Fördergefäß.*
Seilkurve = Kettenlinie.
Seilscheibe, *Bergbau:* im →Fördergerüst untergebrachtes Speichenrad mit Laufrinne am ganzen Umfang; das senkrecht aus dem Schacht kommende Förderseil läuft über die S. u. wird zu der neben dem Schacht stehenden Fördermaschine umgelenkt.
Seiltrieb, Übertragung einer Drehbewegung von einer Welle (Transmission) auf eine andere mit Hilfe eines Hanf- oder Drahtseils, das in den Rillen einer Seilscheibe läuft; erlaubt Überbrückung mäßiger Entfernungen (bis 25 m), oft unter Verwendung von Führungs- oder Spannrollen.
Sein [das], Grundbegriff der *Ontologie;* als letzter, umfangreichster Begriff nur noch vom *Nicht-S.* (→Nichts) zu unterscheiden. Die alte Frage, ob das S. in allem Seienden identisch sei, beantwortete die Scholastik mit der Lehre von der *Analogia entis* (→Analogie). Innerhalb des S.s trennt die Ontologie *Dasein* (Daß-Sein, Existenz) u. *Sosein* (Was-Sein, Essenz), ferner die S.smodi: *mögliches, wirkliches, notwendiges S.* – In der *Logik* ist S. die Kopula des Urteils (s „ist" p) u. heißt soviel wie Gesetzt-Sein.
Seinäjoki ['sɛi-], Stadt in der finn. Prov. (Lääni) Vaasa, 20400 Ew.; Eisenbahnknotenpunkt.
Seine [sɛ:n], Fluß in Frankreich, 776 km lang, Einzugsgebiet 78600 qkm; entspringt auf dem Kalkplateau de Langres, rd. 470 m ü. M. (enges Karsttal), in der Champagne in breitem Tal, durchströmt das *Pariser Becken* in schlingenreichem Lauf, mündet bei Le Havre mit einem bis 10 km breiten Ästuar in den Ärmelkanal; auf 541 km schiffbar; ein Seitenkanal zwischen Le Havre u. Tancarville umgeht die von Versandung bedrohte Trichtermündung; regelmäßige Wasserführung, der Ausbau des Unterlaufs (Seeschiffe bis 10000 t erreichen Rouen, 3000-t-Schiffe Paris) sowie die Kanalverbindungen zu den anderen schiffbaren Strömen ließen sie zum Hauptschifffahrtsweg Frankreichs werden. Die größten Nebenflüsse sind von links: *Yonne, Essone* u. *Eure,* von rechts: *Marne* u. *Oise.* Nach allen genannten Flüssen sind französ. Départements benannt.
Seine-et-Marne [sɛ:ne'marn], nordfranzös. Département im Pariser Becken, an der Seine u. der unteren Marne, 5917 qkm, 756000 Ew., Hptst. *Melun.*
Seine-Maritime ['sɛ:n mari'tim], früher *Seine-Inférieure,* nordfranzös. Département in der *Normandie,* an der Mündung der Seine; 6254 qkm, 1173000 Ew., Hptst. *Rouen.*
Seine-Saint-Denis ['sɛ:n sɛ̃də'ni:], nordfranzös. Département, 236 qkm, 1322000 Ew.; an der Seine, nordöstl. von Paris; Hptst. *Bobigny,* gebildet 1964 aus Teilen der ehem. Dép. Seine u. Seine-et-Oise.
Seingalt [sɛ̃'gal] →Casanova.
Seipel, Ignaz, österr. Politiker (Christlichsozialer), *19. 7. 1876 Wien, †2. 8. 1932 Pernitz, Niederösterreich; kath. Priester u. Prof. für Moraltheologie (1909); als Exponent des kath.-konservativen Großbürgertums 1918 Min. für soziale Fürsorge, seit 1919 Abg. im Nationalrat, 1922–1924 u. 1926–1929 Bundeskanzler. Sein scharf antisozialist. Kurs u. sein Affekt gegen den Parteienstaat mündeten schließl. in ein Bündnis mit der faschist. Heimwehr.
Sei Schonagon, japan. Dichterin, *um 965, †nach 1000; Verfasserin des *Makura no Soschi* (um 1000, dt. „Das Kopfkissenbuch der Hofdame Sei Shonagon" 1952); darin werden poet. Landschaftsbilder, Beschreibungen des Hoflebens, Anekdoten u. Allgemein-Menschl. nebeneinandergestellt.
Seismizität [grch.-lat.], die Erdbebenhäufigkeit u. -stärke eines bestimmten Gebiets; kartograph. darstellbar als Gebiete mit gewissen Schwellenwerten (Zahl) von Erdbeben innerhalb von z. B. 10 Jahren u. durch Linien gleicher Erdbebenintensität *(Isoseisten).*
Seismogramm [das; grch.], die Aufzeichnung eines →Seismographen.
Seismograph [der; grch.], Gerät zur Aufzeichnung von Erdbebenwellen in Form von *Seismogrammen,* zeichnet den Zeitpunkt des Eintreffens der Erdbebenwellen u. ihre Stärke *(Mercalliskala)* auf, aus denen Entfernung u. tatsächl. Stärke des Bebens abgelesen werden können. Das Prinzip des S.en ist, daß eine träge, meist sehr große Masse (bis 20 t) so leicht bewegl. aufgehängt wird, daß sie gegenüber den Bodenbewegungen in Ruhestellung bleibt u. dadurch diese durch Hebelsysteme oder optisch aufzeichnen kann. Die Bodenbewegungen werden horizontal (in O-W- bzw. N-S-Richtung) u. vertikal aufgezeichnet. *Seismometer* ist ein Gerät zur Anzeige u. Messung (aber nicht zur Aufzeichnung) von Erdbebenwellen.
Seismologie [grch.], *Seismik,* die Erdbebenforschung (→Erdbeben, →Erdbebenwellen); wichtigste Aufgabe ist die Registrierung u. Deutung der Beben nach zeitl. Verlauf u. Intensität (in *Seismogrammen)* durch Erfassung der Bewegungskomponenten (Verwendung von Horizontal- u. Vertikalseismographen); sie wird durch →Erdbebenwarten wahrgenommen; Ziel der S. ist die →Erdbebenvorhersage.
Seismonastie [grch.], die →Nastie von Pflanzen auf jede Form von Erschütterungen. Die Auspressung von Blütenstaub bei den Flockenblumen erfolgt durch sich kontrahierende Staubblätter bei S. durch anfliegende Insekten. Durch Turgoränderung (→Turgor) in den Blattgelenken senken sich erschütterte Mimosenblätter. Auf S. beruht auch das Zusammenklappen weit geöffneter Lippen von Blütennarben zum Festhalten von Blütenstaub, den Insekten mit sich tragen. – Ⓛ 9.1.4.
Seitendruck, Druck einer Flüssigkeit auf die Seitenwände eines Behälters; ist überall gleich u. unabhängig von der Form des Gefäßes.
Seitenerosion, gegen die Talseiten wirkende Form der Erosion, durch die eine Verbreitung des Tals u. Flußbetts geschaffen wird; →auch Tiefenerosion.
Seitenflosse →Dämpfungsflächen.
Seitengänge, *Reitsport:* seitl. Vorwärtsbewegungen des Pferdes, bei denen Vor- u. Hinterhand auf zwei verschiedenen *Hufschlägen* gehen; →auch Hufschlag, Renvers, Travers.
Seitengewehr, jede an der Seite (in einer Scheide) getragene Stich- oder Hiebwaffe, bes. die kurze Waffe, die als *Bajonett* zum „Aufpflanzen" auf das Gewehr bestimmt ist.
Seitenhöhe, bei einem Schiff die senkrecht gemessene Höhe vom Kiel zum obersten Längsfestigkeitsverband (Hauptdeck).
Seitenketten, an Kohlenstoffatome von aliphatischen *Ketten* (→aliphatische Verbindungen) oder Benzolkernen durch Ersatz eines Wasserstoffatoms angehängte Radikale wie $-CH_3$, $-C_2H_5$ u. a. Beispiele:

$$CH_3{-}CH_2{-}CH_2{-}\underset{\displaystyle CH_3}{\underset{|}{CH}}{-}CH_2{-}CH_3$$

oder ⌬ – C_2H_5.
Seitenlinie, bei Rundmäulern, Fischen u. wasserbewohnenden Lurchen u. ihren Larven ausgebildete Sinnesorgane *(Nervenendhügel)* der Haut, die an den Körperseiten in einer oder mehreren Längslinien angeordnet sind; dienen zur Wahrnehmung von Strömungen u. Widerständen im Wasser.
Seitenmoräne, der Schutt des Gletschers, der an seinen Flanken abgelagert u. angehäuft wird.
seitenrichtig, *Geometrie:* bildmäßig mit dem Original übereinstimmend.
Seitenruder →Leitwerk.
Seitenschiff, Nebenschiff einer mehrschiffigen Kirche, meist wesentl. schmaler als das →Mittelschiff. Nur in einigen Hallenkirchen haben die S.e die gleiche Breite wie das Mittelschiff (z. b. Stephansdom in Wien).
Seitenschwimmer →Plattfische.
Seitenstechen, stechender Schmerz in der Rippengegend; tritt meist in der Jugend bei übermäßigen Anstrengungen auf u. beruht auf der Mobilisierung des Blutdepots in der Milz. Das S. kann weiter als Folge von Muskelkater, Rheumatismus u. Neuralgie zu spüren sein.
Seitenstränge, 1. in der Seitenwand des Schlundes gelegene Lymphfollikelanhäufungen.
2. die zwischen Vorder- u. Hintersäule in der weißen Substanz des →Rückenmarks gelegenen Nervenbahnen.
seitenverkehrt, *Geometrie:* dem Spiegelbild des Originals entsprechend.
Seitenwagen, *Beiwagen,* unselbständiges Fahrzeug mit nur einem Rad, zur Verbindung mit einem Kraftrad (Seitenwagengespann). →Kraftfahrzeug.
Seitlinge, *Pleurotus,* Gattung der *Blätterpilze,* deren Stiel sich nicht in der Mitte, sondern seitl. oder ganz am Hutrand befindet oder auch fehlt. Bekannt ist der *Austern-Seitling (Austernpilz, Pleurotus ostreatus)* als guter Speisepilz.
Seitz, 1. Gustav, Bildhauer u. Graphiker, *11. 9. 1906 Neckarau bei Mannheim, †27. 10. 1969 Hamburg; Schüler von W. *Gerstel* u. H. *Lederer,* zunächst beeinflußt von A. *Maillol;* seit 1958 Prof. in Hamburg; Aktfiguren, Reliefs u. Porträtplastiken in archaischer Formvereinfachung u. gedrungenen Proportionen. – Ⓑ →Bildnis.
2. Karl, österr. Politiker (Sozialdemokrat), *4. 9. 1869 Wien, †3. 2. 1950 Wien; seit 1907 neben V. *Adler* einer der Führer der österr. Sozialdemokratie, 1918 Vize-Präs. des Abgeordnetenhauses, 1919 erster Präs. der Nationalversammlung; 1923–1934 Bürgermeister von Wien, durch große kommunalpolit. Leistungen, bes. im Wohnungsbau, ausgewiesen. 1944/45 im KZ, 1945 Mitgl. des Nationalrats.
Sejwal, *Balaenoptera borealis,* ein *Finnwal* von ehemals weltweiter Verbreitung, bis 15 m lang.
Seja ['sjɛja], linker Nebenfluß des Amur, 1240 km, entspringt im O des Stanowojgebirges, mündet bei Blagoweschtschensk; am Mittellauf Goldvorkommen; Kraftwerk im Bau.

Sejfullina, Lidija Nikolajewna, sowjetruss. Erzählerin, *3. 4. 1889 Warlamowo, Gouvernement Orenburg, †25. 4. 1954 Moskau; Erzählungen über das nachrevolutionäre Rußland.
Sejm [sɛjm; der], poln. Reichstag, bis Ende des 18. Jh. Adelsparlament, bestand seit Ende des 15. Jh. aus zwei Kammern (Senat u. Abgeordnetenhaus); im 19. u. 20. Jh. Name verschiedener anderer parlamentar. Versammlungen; 1918–1939 neben dem Senat die direkt gewählte Kammer; seit 1947 das Einkammerparlament Polens.
sek, *sec, Sek.*, häufig gebrauchte Abk. für →Sekunde; in der Physik: *s.*
Sekans, eine →Winkelfunktion.
Sekante [lat.], eine Gerade, die eine Kurve (speziell einen Kreis) schneidet. Der Teil der S. zwischen zwei Kurvenpunkten heißt *Sehne.*
Sekler, *Szekler*, ungar. *Székelyek*, Teilstamm der Ungarn in Rumänien am Westrand der Ostkarpaten, rd. 800000; Ackerbauern u. Viehzüchter; Brauchtum u. Tracht sind gut erhalten.
Sekles, Bernhard, Komponist, *20. 3. 1872 Frankfurt a.M., †8. 12. 1934 Frankfurt a.M.; 1923–1933 Direktor des Hochschen Konservatoriums in Frankfurt a.M., wo er 1927 Jazz-Unterricht erteilen ließ. Opern („Scheherazade" 1917; Traumspiel „Die Hochzeit des Faun" 1921) u.a.
Sekondi-Takoradi, Doppelstadt an der Küste von Ghana (Westafrika), rd. 160000 Ew.; Handelszentrum, Seehafen; Textil-, Nahrungsmittel-, Kunststoff- u.a. Industrie.
Sekret [lat.], **1.** [das], *Biologie:* von tierischen oder pflanzl. Zellen abgesonderter Stoff. Die ein S. ausscheidenden Zellen können einzeln oder als Gewebe zusammengefaßt vorkommen. Im letzten Fall spricht man von einer Drüse. Die S.e werden in der Zelle gebildet, von aufeinanderliegenden Gruppen von Zisternen *(Dyctyosomen)* aufgenommen, gespeichert u. nach außen abgegeben (→Sekretion). Bei der *inneren Sekretion* gelangen sie über bes. Bahnen an den Wirkungsort: Blutgefäße, Lymphsystem, Nervenbahnen (→Hormon). Bei der *äußeren Sekretion* erfolgt die Ausscheidung auf die Körperoberfläche oder in das Verdauungssystem. Als S.e erscheinen verschiedenste Stoffe, z.B. Wachse als Schutzschicht auf Pflanzen, die Nektardrüsen der Blüten, Verdauungsfermente bei Tieren u. insektenfressenden Pflanzen. Wurzeln scheiden S.e zur Aufschließung von Bodenmineralien aus. Einige tier. S.e haben wirtschaftl. Bedeutung: die Perlen einiger Muscheln, die Seide des Seidenspinners u. früher der Purpurfarbstoff der Schnecken Murex u. Purpurea. →auch Sekretbehälter. – 🄻 9.0.7.
2. [die], *Liturgie: Gabengebet*, früher auch *Stillgebet*, in der kath. Messe das im Anschluß an die Darbringung der Opfergaben gesprochene Gebet, das zur *Präfation* überleitet.
Sekretär [lat.], **1.** *allg.:* ursprüngl. Geheimschreiber; heute Schreiber, Schriftführer; leitender Funktionär einer Organisation; Dienstbez. eines Beamten des mittleren Dienstes.
2. *Möbel:* seit der Renaissance gebräuchlicher Schrank mit aufklappbarer Schreibplatte.
3. *Zoologie: Sagittarius serpentarius*, bis 1,50m großer afrikan. *Raubvogel* der Familie *S.e, Sagittariidae*, mit Kopfhaube u. langen Läufen („Kranichgeier"); ernährt sich u.a. von Giftschlangen.
Sekretärin, weibl. Büroberuf mit unterschiedlicher Betätigung u. Verantwortung: Schreibkraft *(Stenotypistin)* u. Assistentin zugleich. Die Prüfung zur anerkannten Abschluß *Geprüfte S. (Geprüfter Sekretär)* vor der Industrie- u. Handelskammer setzt in der Regel die Abschlußprüfung in einem anerkannten Ausbildungsberuf u. mindestens zweijährige Berufspraxis voraus.
Sekretbehälter, pflanzl. Gewebelücke, in der sich ein *Sekret* befindet. Man unterscheidet *lysigene S.*, die aus Gruppen sekretreicher Zellen durch Auflösung der Wände u. Protoplasten hervorgegangen sind u. meist Öle enthalten (Orangen, Zitronen), u. *schizogene S.*, durch das Auseinanderweichen von Drüsenzellen entstandene Interzellularen, in die die Sekrete ausgeschieden werden.
Sekretin [das; lat.], Hormon der Duodenalschleimhaut, wird von Drüsenzellen des Darmepithels abgesondert, gelangt mit dem Blut in die Bauchspeicheldrüse u. löst dort die Sekretion des Verdauungssaftes aus.
Sekretion, 1. *Mineralogie:* das teilweise oder völlige Ausfüllen von Gesteinshohlräumen durch Auskristallisierung von gelöst eingedrungenen Mineralien; das Wachstum der Ausfüllung (Sekret) erfolgt von der Hohlraumwand nach innen.
2. *Zoologie:* Abgabe von Drüseninhalt, bei äußerer S. an die Körperoberfläche oder in den Darmkanal, bei innerer S. in die Blutbahn. Verschiedene Typen der S.: 1. *ekkrine S.*, die Drüsen bleiben während der S. völlig intakt (z.B. Schweißdrüsen); 2. *apokrine S.*, die Drüsen öffnen sich am Ende u. entleeren einen Teil des Inhalts (z.B. Milchdrüsen); 3. *merokrine S.*, der Endteil der Drüse wird abgeschnürt u. aufgelöst, die Sekrete werden dadurch frei; 4. *holokrine S.*, die Drüsenzellen gehen bei der S. zugrunde u. werden durch neue ersetzt (z.B. Talgdrüsen). →auch Sekret.
Sekt [der; ital. *secco*, „trocken"], *Schaumwein*, moussierender Wein, enthält im Unterschied zu dem gewöhnl. („stillen") Wein viel Kohlensäure, die entweder durch Gärung entstanden oder im sog. Imprägnierverfahren in den „ausgebauten" (bereits mit „Likör"-Zusatz versehenen Wein) hineingepreßt wurde. Der etwa 5 bar starke Kohlendioxiddruck verlangt zur Aufbewahrung dickwandige Flaschen u. eine Sicherung des Korks durch Drahtbügel. Beim Öffnen entweicht das Kohlendioxid u. ruft das Schäumen *(Moussieren)* hervor. Zur Herstellung von S. werden verschnittene, teilweise auch geschnittene Jungweine nach Zusatz von etwa 3% Kandiszucker u. Edelhefe in Flaschen vergoren (echter S.). Während der Gärung werden die Flaschen zuerst täglich gerüttelt u. geschwenkt u. dann, nach unten gekehrt, aufgestapelt. Die geringe Menge Hefe am Kork, die sich abgesetzt hat, wird entfernt, worauf die Flaschen von neuem verkorkt werden, nachdem in Wein gelöster Kandiszucker (sog. „Likör") zugesetzt wurde. Man kann S. auch in Tanks gären lassen, erhält jedoch eine geringere Qualität. S. ist von heller bis gelblicher Farbe u. enthält 10–12 Vol.% Alkohol sowie im Mittel 4–8% Zucker. Die süßer schmeckenden Sorten tragen die Bez. „trocken", „dry", „sec", die weniger zuckerhaltigen „sehr trocken", „extra dry" oder „extra sec". Die in der Champagne hergestellten werden als „Champagner" bezeichnet. Deutscher S. kommt bes. von Mittelrhein, Mosel u. Nahe. Es gibt auch Frucht-(Apfel-)S.
Sekte [lat.], **1.** *allg.:* (religiöse) Parteiung; Abspaltung von einer Hauptreligion.
2. *Konfessionskunde:* im Christentum eine Gemeinschaft, die sich im Raum einer Konfession um eine Sonderlehre gesammelt u. mit der Verwerfung der gemeinsamen Glaubensgrundlage auch die äußere Trennung vorgenommen hat.
Sektion [lat.], **1.** *allg.:* Abteilung.
2. *Botanik:* Unterabteilung einer Art.
3. *Hochschulwesen:* Abteilung innerhalb einer Hochschule in der DDR; kleiner u. überschaubarer als die aufgelösten *Fakultäten*; vergleichbar den in der BRD u. anderen Ländern gebildeten *Fachbereichen* u. *Abteilungen.*
4. *Medizin:* = Leichenöffnung.
Sektionsbauweise →Schiffbau.
Sektor [der; lat.], **1.** *Geometrie:* Ausschnitt, Flächenstück zwischen einem Kurvenstück (speziell Kreis) u. den begrenzenden Schenkeln eines Winkels (→Radius). →Kreis, →Kugel.
2. *Geschichte:* nach dem 2. Weltkrieg Bez. für den von einer der vier Siegermächte besetzten Teil von Berlin u. Wien.
Sektorenblende, verstellbare *Umlaufblende* in Filmaufnahmekameras. Durch Veränderung (meist Verkleinerung) der normalen Sektorenöffnung von 180° wird der Hellsektor schmaler u. damit die Belichtungszeit kürzer. →überblenden, →Belichtung, →Umlaufverschluß.
Sektsteuer →Schaumweinsteuer.
Sekunda [die; lat.], ursprüngl. 2. Klasse einer höheren Schule, bes. eines Gymnasiums; heute heißen die beiden Klassen vor der Prima *Unter-S.* u. *Ober-S.* (10. u. 11. Schuljahr).
Sekundant [der; lat.], Zeuge u. Beistand eines Duellanten oder Fechters (Mensur), Helfer u. Berater eines Boxers.
sekundäre Lagerstätten →Erzlagerstätten.
sekundäre Leibeshöhle, *Coelom, Zölom*, die von dem sog. dritten Keimblatt *(Mesoderm)* gebildete, von einem Epithel *(Coelomepithel)* ausgekleidete Leibeshöhle der höheren Tiere *(Coelomata)*. Die Entstehung der s.n L. ist bei Bauchmarktieren *(Protostomia)* u. Rückenmarktieren (→Deuterostomia) grundsätzl. u. charakteristisch verschieden. Bei den Bauchmarktieren bilden sich von Urmesodermzellen zu beiden Seiten des Darms hintereinanderliegende *(metamere) Coelomsackpaare*. Diese ursprüngl. Anordnung ist bei den Ringelwürmern noch deutlich erkennbar; dort bildet die s.L. segmentale, paarige Säcke, die den Raum zwischen Hautmuskelschlauch u. Darm ausfüllen. Bei den Gliederfüßern ist die *primäre* Leibeshöhle mit der s.n L. vereinigt; bei den Weichtieren ist die s.L. auf ein kleines Mesodermsäckchen *(Herzbeutel, Perikard)* beschränkt. Bei den *Rückenmarktieren* faltet sich das Coelom vom Urdarm ab. Das Lanzettfischchen zeigt dorsal noch die ursprüngl., metamere Anordnung der s.n L., auf der Ventralseite hat sich eine durchgehende s.L. *(Splanchnocoel)* ausgebildet. Den Manteltieren fehlt eine s.L. Bei den Wirbeltieren ist sie auf den Rumpf beschränkt: die vom Bauchfell *(Peritoneum)* u. vom Herzbeutel *(Perikard)* ausgekleideten Räume bilden die s.L.; bei den Säugetieren (u. beim Menschen) trennt das Zwerchfell vom Bauchraum noch den vom Brustfell *(Pleura)* ausgekleideten Brustraum ab.
Sekundärelektronen, durch auftreffende „primäre" Elektronen aus einem Material ausgelöste Elektronen. Die Zahl der durch ein primäres Elektron frei gemachten S. heißt *Sekundäremissions-Faktor*. Er ist vom Material u. von der Energie der einfallenden Teilchen abhängig u. kann bis zu 10 betragen. Ausgenutzt werden die S. z.B. im →Elektronenvervielfacher.
Sekundäremission, Emission (Aussendung) von Elektronen aus einer Metalloberfläche, die durch das Auftreffen von (Primär-)Elektronen hervorgerufen wird. Sie wirkt störend in Elektronenröhren; in bes. Photozellen *(Photo-Multiplier, Elektronenvervielfacher)* wird sie zur millionenfachen Verstärkung des Elektronenstroms verwendet.
Sekundärgesteine, Gesteine, die durch Abtragung von Erstarrungsgesteinen *(Primärgesteinen)*, anschließende Ablagerung (Sedimentation) u. Gesteinswerdung durch Verfestigung entstehen.
Sekundärinfektion, *Zweitinfektion*, Ansiedlung eines anderen Krankheitserregers in einem bereits von einem Erreger befallenen Organismus, wobei die Infektion mit dem ersten Erreger Voraussetzung für die Infektion mit dem zweiten ist.
Sekundärliteratur, wissenschaftl. u. krit. Werke über andere Schriften, meist über Dichtungen oder histor. Quellen. Die in der S. behandelten Werke werden als *Primärliteratur* bezeichnet.
Sekundärparasit →Parasitismus.
Sekundarschule, allg. Bez. für alle Schulen, die auf die Primar(Grund-, Elementar-)schule folgen.
Sekundärstatistik, Statistik aufgrund von Unterlagen, die für einen anderen Zweck bereitgestellt wurden; Beispiel: statist. Auswertung der Lohnsteuerkarten für die Lohnsteuerstatistik.
Sekundawechsel, vom Aussteller herrührende zweite Ausfertigung *(Duplikat)* eines →Wechsels (Art. 64 WG). Der S. gilt nur dann nicht als selbständiger Wechsel, wenn der Text jeder Ausfertigung die *Duplikatklausel* enthält, die in fortlaufender Zählung angibt, um welche Ausfertigung es sich bei dem betr. Stück handelt. Wird eine Ausfertigung bezahlt, so erlöschen die Rechte aus allen weiteren Ausfertigungen.
Sekunde [lat.], **1.** *Maße:* Abk. *s* früher auch *sek, sec, Sek.*, für die *Bogen-S.:* ' ', der 60. Teil einer Minute. – Die Zeit-S. ist 1961 definiert worden als der 31566925,9747. Teil des tropischen Jahres 1900, Januar 0,12 Uhr Ephemeridenzeit, d.h. 31. 12. 1899, 12h Weltzeit. Diese Definition wird bes. in der Astronomie zugrunde gelegt. Sie war notwendig geworden, um die Abnahme der Rotationsgeschwindigkeit der Erde infolge Gezeitenreibung auszuschalten. Als *Basiseinheit* ist die S. die Zeit, in der 9192631770 Schwingungen des Atoms von Caesium 133 erfolgen (in der BRD ab Juli 1970 gültig).
2. *Musik:* die 2. Stufe der diaton. Tonleiter u. das →Intervall zwischen dem 1. u. dem 2. Ton; große S.: c–d; kleine S.: c–des; übermäßige S.: c–dis. Eine Dissonanz.
Sekundenherztod, plötzliches Versagen der Herztätigkeit innerhalb von Sekunden, das zum Tod führt; meist verhindert ein Flimmern der Herzkammern das regelmäßige Zusammenziehen der Kammern. Ursachen können elektr. Unfälle, Kranzaderverkalkung, Herz- u. Lungenembolie (Herzinfarkt, Lungenschlag), Giftwirkung durch Bakterien (Diphtherie) u.a. sein.
Sekundogenitur [die; lat.], von einem zweitgeborenen Sohn begründete Nebenlinie eines Fürstenhauses, deren Erbfolge- u. Besitzrecht, falls nicht strenge →Primogenitur besteht, durch Hausgesetz geregelt ist.
Sekuritglas, Handelsbez. für ein →Sicherheitsglas.
sel., Abk. für *selig.*

Selbstbedienungsladen

Sela [hebr.], vermutl. Rezitationsanweisung in hebr. Psalmen, Hinweis auf ein Zwischenspiel beim Psalmenvortrag.

Selachier, *Selachia*, Knorpelfische, →Plattenkiemer.

Seladon [frz. -'dõ], **1.** *allg.:* eigentl. *Céladon*, Bez. für einen schmachtenden Liebhaber; so genannt nach dem Helden in H. d'Urfés Schäferroman „L'Astrée" 1607–1627.
2. [das], *Keramik:* von der Kostümfarbe des Schäfers S. abgeleitete europ. Bez. für chines. Keramik der Sung-Dynastie (10.–13. Jh.) mit graugrün glasierten porzellanartigen Gefäßen; S.grün war in der 1. Hälfte des 17. Jh. Modefarbe.

Seladonit [der; nach *Seladon*], chemisch dem Glaukonit ähnliches, meist grünes Mineral.

Selaginella [die; grch., ital.] =Moosfarn.

Selamlik [türk.], öffentl. zugänglicher Teil des oriental. Hauses, getrennt von den Familienräumen, dem *Harim*.

Selander, Sten, schwed. Lyriker, Kritiker u. Naturforscher, *1. 7. 1891 Stockholm, †8. 4. 1957 Stockholm; schrieb botan. Arbeiten, Naturschilderungen u. Darstellungen des städt. Alltags.

Selangor, *Salangor*, Teilstaat in Malaysia, im W von Malakka, 8216 qkm, 1,6 Mill. Ew., Hptst. *Shah Alam*; Zinn-, Eisen- u. Goldvorkommen, Ölpalmenpflanzungen, Kautschukgewinnung.

Selb, bayer. Stadt in Oberfranken (Ldkrs. Wunsiedel), im nördl. Fichtelgebirge, 21 600 Ew.; Porzellanindustrie (*Rosenthal AG* u. *Hutschenreuther AG*), Maschinen- u. Elektroindustrie; staatl. Fachschule für Porzellan.

Selbitz, bayer. Stadt in Oberfranken (Ldkrs. Hof), 5 500 Ew.; Textil-, Leder-, Elektroindustrie.

Selbmann, Fritz, DDR-Politiker (SED) u. Schriftsteller, *29. 9. 1899 Lauterbach, Hessen, †26. 1. 1975 Ostberlin; 1949–1955 Industrie-Min., 1954–1958 Mitgl. des ZK der SED, 1956 bis 1958 Stellvertr. des Vors. des Ministerrats; 1958 seiner Ämter enthoben; nach Selbstkritik (1959) rehabilitiert, 1961–1964 stellvertr. Vors. des Präsidiums des Volkswirtschaftsrats; schrieb Romane: „Die lange Nacht" 1961; „Die Heimkehr des J. Ott" 1962; Erinnerungen: „Alternative – Bilanz – Credo" 1969.

selbständige Arbeit, steuerrechtl. Begriff: die selbständig u. eigenverantwortlich ausgeübte Tätigkeit der Angehörigen bestimmter Berufe, z. B. die Tätigkeit der *freien Berufe*.

Selbstanzeige, eine Strafanzeige, die der Täter einer Straftat selbst erstattet; kann bei der Strafzumessung strafmildernd berücksichtigt werden. *Unrichtige* S. ist strafbar nach §145d StGB mit Freiheitsstrafe bis zu 2 Jahren oder Geldstrafe. Im →Steuerstrafrecht stellt die S. unter bestimmten Voraussetzungen einen persönl. Strafaufhebungsgrund dar. – Auch in Österreich ist S. strafmildernd (§ 34 Ziff. 16 StGB).

Selbstauslöser, photograph. Zubehörteil mit Aufzugsfeder u. Hemmwerk, das die Auslösung des Kameraverschlusses nach 10–20 sek bewirkt; heute in vielen Kameras eingebaut.

Selbstausrottung, *Sterile-Männchen-Technik*, ein Verfahren der Bekämpfung von schädl. Tieren durch Sterilisation: Männchen werden durch Strahlung oder chem. Mittel (*Chemosterilantien*) unfruchtbar gemacht u. freigelassen. S. wurde erfolgreich gegen die →Schraubenwurmfliege eingesetzt; Versuche auch mit Fruchtfliegen.

Selbstbedienungsladen, Organisationsform des Einzelhandels. Die Waren sind fertig abgepackt u. werden vom Verbraucher selbst ausgewählt. Der S. will durch Einsparung bes. von Verkaufspersonal die Absatzkosten verringern. – ☐ 4.9.2.

Selbstbefriedigung, *Onanie* →Masturbation.

Selbstbefruchtung, *Autogamie*, im Pflanzenreich Selbstbestäubung, im Tierreich selten, z. B. bei Bandwürmern. →auch Selbststerilität.

Selbstbehalt →Franchise.

Selbstbestimmungsrecht, der Anspruch eines Volkes oder einer Nation auf Unabhängigkeit u. Entscheidung über staatl. Existenz u. innere Angelegenheiten. Das S. wird im allg. als Recht auf unabhängige Bestimmung des rechtl. u. polit. Status von Völkern (meist: nach außen hin) verstanden: Unabhängigkeit von Kolonien u. Protektoraten; Staatszugehörigkeit von Minderheiten; Zusammenschlüsse von Staaten. – Das S. ist im Grundsatz, aber noch kein Rechtssatz des heutigen Völkerrechts.
Das S. ist histor. im Denken der späten Aufklärung von Nationalstaat u. Demokratie begründet. Der spätere US-amerikan. Präs. Th. *Jefferson* sprach 1792 davon, daß die USA jede Regierung anerkennten, die von ihrer Bevölkerung getragen sei. Im 1. Weltkrieg war das S. ein Argument des Westens gegen die Annexionspläne Deutschlands. Der US-amerikan. Präs. W. *Wilson* verkündete das S. in seinen 14 Punkten u. forderte auf dieser Grundlage die Auflösung Österreich-Ungarns u. des Osmanischen Reichs. Das S. geriet nach dem 1. Weltkrieg dadurch z. T. in Mißkredit, daß es den Besiegten nur teilweise zugestanden wurde. Im 2. Weltkrieg wurde das S. in der *Atlantik-Charta* erneut proklamiert, aber unter ausdrückl. Nichteinbeziehung der Achsenmächte Dtschld. u. Italien u. ihrer Verbündeten. – ☐ 4.1.1 u. 5.9.0.

Selbstbeteiligung = Franchise.

Selbstbewußtsein, Reflexionsform des *Bewußtseins*.

Selbstbildnis, *Selbstporträt*, in der Porträtkunst (→*Bildnis*) die Selbstdarstellung eines Künstlers (meist mit Hilfe des Spiegels); wurde schon in der Antike gepflegt (S. des *Phidias* auf dem Schild der Athena im Parthenon); in der Malerei u. Plastik bis zur Spätgotik erscheint es als Assistenzfigur der religiösen Szene u. wird seit der Renaissance als selbständige Bildgattung geschätzt.

Selbstbinder, **1.** *Kleidung:* eine Krawatte, die im Unterschied zu der mit fertigem Knoten gelieferten gebunden werden muß.
2. *Landwirtschaft:* Mähbinder; →*Mähmaschine*, →*Binder* (3).

Selbstbiographie = Autobiographie.

Selbstbucher, vertrauenswürdige Firmen, die ihre Pakete sowie Wert- u. Einschreibsendungen für die Postbeförderung selbstverantwortl. vorbereiten, d. h. wiegen, freimachen u. mit Aufgabenummer bekleben.

Selbsteintritt, bei bestimmten Handelsgewerben, die der Vermittlung von Geschäften dienen, die Durchführung des Geschäfts durch den Vermittler selbst; so häufig beim →*Spediteur*, wenn er den Transport mit eigenen Fahrzeugen durchführt, oder bei Banken, die den Wertpapierhandel als →*Kommissionäre* für den Kunden betreiben, dabei aber grundsätzl. aus eigenen Beständen verkaufen bzw. in den eigenen Bestand übernehmen.

Selbstenergie, die Energie, die das (elektr. oder mesonische) Feld, das ein Elementarteilchen umgibt, auf dieses Teilchen selbst ausübt. In der theoret. Physik der Elementarteilchen wird häufig versucht, die S.n (multipliziert mit dem Quadrat der Lichtgeschwindigkeit) als den Ursprung der Masse der Teilchen zu deuten. Die Rechnung zeigt, daß die S. eines punktförmigen Teilchens unendlich groß („divergent") ist; dieses S.problem ist noch nicht befriedigend gelöst.

Selbstentlader, Fahrzeuge, Kraftwagen oder Eisenbahngüterwagen, die durch Kippvorrichtungen aller Art oder durch Öffnen von Bodenklappen entleert werden können.

Selbsterhaltungstrieb, die Gesamtheit der auf die Erhaltung des Individuums, seines Lebens, seiner Gesundheit abzielenden →*Triebe* wie Nahrungstrieb, Verteidigungstrieb; in der ersten Triebtheorie *Freuds* den *Sexualtrieben* gegenübergestellt.

Selbstfahrer, **1.** *Kraftfahrwesen:* Mieter eines Kraftfahrzeugs, zu dem kein Fahrer gestellt wird.
2. *Schiffahrt:* motorisiertes Güterschiff der Binnenschiffahrt.

Selbstfahrlafette, gepanzertes oder ungepanzertes Trägerfahrzeug für Rohr- oder Raketenwaffen; meist Vollkettenfahrzeug.

Selbstfinanzierung →Finanzierung.

selbstgehend, *Hüttenkunde:* Bez. für Erze, denen man beim Verhütten keinen Zuschlag beizugeben braucht.

Selbsthilfe, **1.** *Recht:* die Durchsetzung von Rechtsansprüchen ohne Zuhilfenahme der dafür zuständigen Behörden, notfalls auch mit Gewalt. Im bürgerl. u. Strafrecht nur zulässig, wenn behördl. Hilfe nicht rechtzeitig zu erlangen ist u. ohne sofortiges Eingreifen die Gefahr besteht, daß die Verwirklichung des Anspruchs vereitelt oder wesentl. erschwert wird; bei irrtüml. Annahme ihrer Voraussetzungen besteht Schadensersatzpflicht (§§229–231 BGB). – Etwas stärker ausgeprägt ist das Recht der S. im schweizer. Recht (Art. 764, 808, 926 ZGB; Art. 52 III OR); dagegen betont das österr. Recht den Ausnahmecharakter der S. (§§ 19, 344, 1306a ABGB). →auch Besitz, Notstand, Notwehr.
2. *Völkerrecht:* die rechtl. erlaubte Form, eigene Ansprüche oder die Abwehr eines rechtswidrigen Verhaltens eines ausländ. Staates durch eigene Zwangsmittel durchzusetzen. Zu derartigen Mitteln zählen das *Recht auf Selbstverteidigung* (Art. 51 der Satzung der Vereinten Nationen), die Anwendung von *Retorsionen* oder *Repressalien*. Ob heute noch ein Interventionsrecht mit militär. Mitteln gegeben ist, hängt vom konkreten Fall ab. Man wird aber davon auszugehen haben, daß die Anwendung militär. Mittel meist ausgeschlossen ist. Im übrigen kann polit. Druck ausgeübt werden, etwa durch Abbruch der diplomat. Beziehungen. Auch wirtschaftl. Maßnahmen können im Weg der S. Anwendung finden: Verhängung eines Embargos, Ausfuhrverbote, äußerstenfalls Beschlagnahme des ausländ. Vermögens. Noch immer gilt dabei auch der einzelne als mögliches Haftungsobjekt, obwohl es sich um S.maßnahmen gegen den Staat handelt.

Selbsthilfeorganisationen, Personenzusammenschlüsse zur Verbesserung der wirtschaftl. Lage ihrer Mitglieder; z. B. in Form der *Genossenschaften* u. *Gewerkschaften*.

Selbsthilfeverkauf, *Notverkauf*, bei Gläubigerverzug die Versteigerung oder der freihändige Verkauf (nur bei Gütern mit Börsen- oder Marktpreis erlaubt) der geschuldeten bewegl. Sachen auf Kosten des Gläubigers, wenn sie (z. B. infolge leichter Verderblichkeit) zur Hinterlegung nicht geeignet sind; der Gläubiger ist umgehend davon in Kenntnis zu setzen u. der Erlös zu hinterlegen; §§383ff. BGB, §§373f. HGB. – Ähnlich im österr. (Handels-)Recht nach §§373ff. HGB; ähnlich auch im schweizer. bürgerl. u. Handelsrecht (Art. 93 OR, ferner u. a. Art. 444ff. OR).

Selbstinduktion, die Rückwirkung, die ein zeitl. veränderlicher elektr. Strom (u. damit ein veränderl. Magnetfeld) auf seinen eigenen Leiter ausübt; es wird eine Spannung induziert, die der Stromänderung entgegenwirkt (*Lenzsche Regel*). Die S. zeigt sich z. B. als „Trägheitswiderstand" von Strom u. Magnetfeld gegen zeitl. Veränderungen: langsamer (nicht plötzlicher) Anstieg beim Einschalten eines Stroms, Überspringen eines Funkens beim Öffnen eines Stromkreises. Die S. ist bes. bei Wechselstromkreisen wichtig. Spulen haben gegen Wechselstrom einen größeren Widerstand als gegen Gleichstrom. →auch Induktion.

Selbstkontrahieren, Vertragsabschluß des →*Vertreters* mit sich selbst oder als Vertreter eines Dritten; erlaubt nur bei Gestattung oder wenn das Rechtsgeschäft ausschl. in der Erfüllung einer Verbindlichkeit besteht (§ 181 BGB), z. B. bei Übereignung einer Sache in Erfüllung eines Schenkungsversprechens vom Vater an sein Kind.

Selbstkontrolle, *Publizistik:* von Film- u. Verlagswirtschaft ins Leben gerufene Institutionen, die Veröffentlichungen nach polit. u. allg. moral. Maßstäben bewerten. →auch Freiwillige Selbstkontrolle der Filmwirtschaft, Deutscher Presserat.

Selbstkosten, die auf ein Wirtschaftsgut entfallenden *Herstellkosten* (Löhne, Material, Material- u. Fertigungsgemeinkosten) zuzügl. anteiliger *Verwaltungs-* u. *Vertriebskosten*.

Selbstkostenrechnung = Kalkulation.

Selbstmord, *Freitod*, die absichtl. Vernichtung des eigenen Lebens, erklärbar als auf freiem Entschluß beruhend (in ausweglos erscheinenden Situationen; bei Überzeugung von der Sinnlosigkeit des [weiteren] Lebens) oder als krankhafte Zwangshandlung (in Depressionen u. Psychosen). Wieweit die Häufigkeit der S.e *(S.rate)* von sozialen Faktoren abhängt, ist nicht abschließend geklärt. Viele Religionen stehen dem S. ablehnend gegenüber; lange Zeit wurde Selbstmördern das kirchl. Begräbnis verweigert.
Nach dt. Recht ist weder der Versuch des S.s noch die Teilnahme daran strafbar. Strafbar macht sich jedoch u. U., wer die Selbsttötung eines Willensunfähigen oder Irrenden veranlaßt oder geschehen läßt. – Nach österr. (§ 78 StGB) u. schweizer. Recht (Art. 115 StGB) ist Verleitung u. Beihilfe zum S. strafbar (Österreich: Vergehen, Schweiz: Verbrechen); in der Schweiz sind für die Strafbarkeit selbstsüchtige Beweggründe des Anstiftenden bzw. Gehilfen erforderlich.

Selbstreinigung, die Fähigkeit von Gewässern, durch biolog. u. chem. Vorgänge Verunreinigungen abzubauen. Steht genügend Sauerstoff zur Verfügung, werden die organ. Schmutzstoffe durch *aerobe Bakterien* (→Aerobier) zu geruchlosen Stoffen oxydiert. Bei Mangel an Sauerstoff treten *anaerobe Bakterien* in Tätigkeit. Es bildet sich Schwefelwasserstoff *(stinkende Fäulnis)*.

Selbstretter, ein Gasmasken-Ersatz, bei dem das Atemfilter in den Mund gesteckt wird (die Nase wird durch eine Klemme verschlossen); soll im Bergbau u. in chem. Betrieben im Katastrophenfall den Arbeitern die Flucht aus gasverseuchten Räumen ermöglichen.

Selbstschuldner →Bürgschaft.

Selbstschuß, *Legschuß*, Vorrichtung auf unbewachten Grundstücken, die bei Berührung selbsttätig einen Schuß auslöst u. den Berührenden verletzt. Mit Freiheitsstrafe bis zu 6 Wochen oder mit Geldstrafe bis zu 500 DM wird bestraft, wer ohne polizeil. Erlaubnis an bewohnten oder von Menschen besuchten Orten Selbstgeschosse, Schlageisen oder Fußangeln legt (§ 367 Abs. 1 Ziff. 8 StGB).

Selbststerilität, Mechanismus zur Verhinderung der Selbstbefruchtung bei Pflanzen: Bestäubung mit eigenem Pollen oder dem genotypisch gleicher Pflanzen führt zu keiner Samenbildung.

Selbststeuersäule, automat. Fernsteuerung des Schiffsruders, um den Rudergänger zu entlasten u. die Rudermaschine auf langen Seereisen bei gleichbleibendem Kurs zu schonen. Die S. ist an einen Kreiselkompaß angeschlossen; mit Hilfe von Kontakten erfolgt elektr. Übermittlung des Kurses an die Rudermaschine. Bei Kursabweichungen ist sofortige Zurückführung gewährleistet.

Selbststeuerung, *Programmsteuerung*, Steuerung nach einem Zeitplan mit Hilfe einer Automatik (z. B. bei einer numerisch gesteuerten Werkzeugmaschine, bei der die einzelnen Arbeitsvorgänge mit Hilfe von Lochkarten gesteuert werden). Beim Flugzeug die automat. Steuerung *(Autopilot)*; beim Schiff Steueranlage (z. B. Kreiselkompaß), um einen vorgewählten Kurs zu halten.

Selbstverlag, Vervielfältigung u. Verbreitung eines Werks durch den Autor selbst.

Selbstverstärkung →Bremse.

Selbstverstümmelung, im Wehrstrafrecht die Verletzung eines Soldaten durch eigene Hand oder eines anderen Soldaten mit dessen Einwilligung, um sich oder den anderen wehrdienstunfähig zu machen; auch der Versuch ist strafbar.

Selbstversuch, zur Lösung wichtiger wissenschaftl. Fragen vom Forscher durchgeführtes Experiment am eigenen Körper.

Selbstverteidigung →Notwehr.

Selbstverwaltung, das vom Staat anerkannte Recht der Angehörigen einer Gebietskörperschaft sowie von Personal- oder Realkörperschaften auf eigenverantwortl. Wahrnehmung allg. oder durch Gesetz genau abgegrenzter Verwaltungstätigkeit einschl. Rechtsetzung (Autonomie).
Hauptfälle: 1. S. von *Gebietskörperschaften*, insbes. die *kommunale S.* Sie wurde in Preußen durch die *Städteordnung* von 1808 eingeführt, das Werk des Frhr. vom *Stein*. Er erkannte, daß das Bürgertum am Staat stärker beteiligt werden mußte, u. wies ihm den eigenen Lebensbereich zur S. zu, um im übrigen die Einrichtungen des preuß. Staats – wenn auch mit Reformen – zu erhalten u. ihn nicht zum Objekt revolutionärer Umgestaltung werden zu lassen. Nach gelegentl. Rückschlägen (revidierte Städteordnung, 1831) kam es im 19. Jh. zur allg. Anerkennung des Grundsatzes der gemeindlichen S., vornehmlich in den beiden Formen der *Bürgermeister-* u. der *Magistratsverfassung*. Das GG enthält in Art. 28 Abs. 2 die Garantie der S. (sog. *institutionelle Garantie*). In Preußen u. später allg. in Dtschld. hat sich der Gedanke der S. auch auf der Ebene der *Landkreise* durchgesetzt (Landrat als Vors. des Kreisausschusses, Kreistag als parlamentar. Gremium, nach 1945 sog. Kommunalisierung des Kreises), wobei in Preußen der Landrat gleichzeitig auch staatl. Beamter war (→auch Gemeinderecht, kommunale Selbstverwaltung). Die S. wurde auf der dritten Stufe in den *Provinzen* eingeführt. Neben dem (staatl.) Oberpräsidenten gab es den *Landeshauptmann* als Spitze der Provinzial-S. (mit dem Provinziallandtag als Parlament; Aufgaben: soziale Fürsorge, Denkmal- u. Naturschutz, Kleinbahnen, Versicherungen). In Nordrhein-Westfalen besteht diese Einrichtung weiter (Landschaftsverbände).
Alle Gebietskörperschaften mit S. unterliegen der *Staatsaufsicht*, die sich jedoch auf die *Rechtsaufsicht* beschränkt. Außerdem können S.sträger mit der Durchführung staatl. Aufgaben betraut werden (*Auftragsangelegenheiten*; z. B. Durchführung von Landtags- u. Bundestagswahlen).
2. *wirtschaftlich-berufsständische S.*: Aus dem mittelalterl. Zunft- u. Innungsrecht hat sich eine S. in Gestalt der Übertragung staatl. Funktionen z. B. auf die Industrie- u. Handelskammern, Handwerks- u. Landwirtschaftskammern ergeben (mit teilweise umstrittener Zwangsmitgliedschaft). Andere Formen dieser S. sind z. B. Molkereigenossenschaften, Deich- u. Wasserverbände. Rein berufsständ. Charakter haben die Rechtsanwalts-, Notar-, Ärzte- u. ä. Kammern mit einer Art Standesgerichtsbarkeit.
3. die *kulturelle S.* trägt meist körperschaftl. Charakter (früher oft als „Anstalten" behandelt): z. B. Universitäten u. a. Hochschulen mit eigenen Verfassungen u. unterschiedl. Verwaltungsautonomie.
4. bedeutsam im modernen Sozialstaat ist die *soziale S.* mit eigenen Trägern der Sozialversicherung u. genossenschaftl. Autonomie (wenn auch unter Staatsaufsicht).
Die österr. Ortsgemeinden haben ebenfalls grundsätzl. das Recht auf S. (Art. 116 BVerfG). Auch in der Schweiz haben die Gemeinden ein großes Maß an Selbständigkeit. →auch Self-government. – ⊡ 4.1.2 u. 4.1.8.

Selbstverwaltungskörperschaften, Träger der gebietskörperschaftl. (Gemeinde, Kreis, Provinz) oder wirtschaftl.-berufsständ., sozialen, kulturellen u. a. Selbstverwaltung. Die Rechtsformen reichen von der öffentl.-rechtl. Gebietskörperschaft über Anstalten u. Körperschaften des öffentl. Rechts bis zu privaten Organisationen u. rechtsfähigen Vereinen.

Selbstwählferndienst, selbsttätig vermittelter Fernsprechverkehr zwischen verschiedenen Ortsnetzen im In- u. Ausland (→Fernsprech-Vermittlungstechnik). Der S. hat einen vierstufig gegliederten sternförmigen Netzaufbau, entspr. den einzelnen Ziffern der Ortsnetzkennzahlen: *Zentralvermittlung* (in Großstädten), *Hauptvermittlung* (in mittleren Städten), *Knotenvermittlung* (in Kreisstädten) u. *Endvermittlung*, die dem Ortsnetz entspricht. Das sternförmige Netz wird in den verschiedenen Stufen durch zahlreiche *Querverbindungen* ergänzt.
Wenn nach dem Abheben des Handapparats als erste Ziffer eine Null gewählt wird, verbindet der *Erste Gruppenwähler* sofort mit der Knotenvermittlung. Elektron. Prozeßrechner bestimmen aus den folgenden Ziffern den kürzesten Verbindungsweg *(Leitweg)*. Ist er besetzt, so kann automat. auf andere Verbindungswege umgesteuert werden. Das neueste elektron. Fernvermittlungssystem der BRD ist das *ESM* (Elektronisch gesteuertes System mit Magnetfeldkopplern) mit *Schutzrohrkontakten* in den Sprechwegen.
Beim S. nach dem Ausland wird vor der Ortsnetzkennzahl eine *Länderkennzahl* gewählt, die mit zwei Nullen beginnt. Nach der zweiten Null ist man bereits mit der *Auslands-Kopfvermittlung* am Ort der Zentralvermittlung verbunden. Danach folgen 2–3 weitere Ziffern, je nach Größe des Ziellands. Die *Gebühren* im S. werden während des Gesprächs durch Summierung elektr. Impulse in einem elektromechan. *Gebührenzähler* ermittelt. Der zeitl. Abstand der Impulse ist von der Entfernung abhängig. Der erste, regional begrenzte S. in Dtschld. wurde 1923 in Weilheim (Oberbayern) eingerichtet; ein einheitl. System für die ganze BRD besteht seit 1953, 1978 liefen alle Inlands-Fernverbindungen u. mehr als 98% der Auslandsverbindungen über den S. (→Auslands-Vermittlung). – ⊡ 10.4.5.

Selbstzerlegung, *Selbstzerstörung*, die vom →Zünder nach einer bestimmten Flugzeit bewirkte Detonation des Geschosses in der Luft; notwendig vor allem beim Fliegerabwehrschießen.

sẹlchen, süddt. für *räuchern*.

Seldschụken, Fürstendynastie vom 11. bis 13. Jh. im Vorderen Orient. *Seldschük*, der Stammvater des Geschlechts, wanderte um 1000 als Anführer der türk. *Oghusen* nach Buchara u. nahm den Islam an. 1037 eroberten die S. Khorasan. *Togril-Beg* (1038–1063) unterwarf um 1040 Iran, 1045 bis 1048 Irak u. Syrien; *Alp Arslan* (1063–1072) hatte Erfolge in Anatolien (in der Schlacht bei Mantzikert 1071 gewann er kleinasiat. Teile des Byzantin. Reichs); ihm folgte *Malik Schah* (1072–1092). Um 1150 zerfiel das S.-Reich in Iran. Zweige herrschten noch bis 1174 in Syrien, bis 1194 in Nordwest-Iran, bis 1307 in Anatolien *(Rum-S.)*. – ⊡ 5.5.8.

Seldte, Franz, Politiker, *29. 6. 1882 Magdeburg, †1. 4. 1947 Fürth; 1918 Gründer u. Bundesführer des „*Stahlhelm*", 1933–1945 Reichsarbeits-Min.

Selektion [lat.], *Auslese*, Begriff der →Abstammungslehre, die die Ausmerzung schwacher u. ungeeigneter Lebewesen als wichtigen Faktor der Artbildung betrachtet. Diesen äußeren Faktoren der S. *(extraspezif. S.)* steht die S. innerhalb einer Art *(intraspezif. S.)* gegenüber, die sich aus der Konkurrenz der einzelnen Tiere einer Art, z. B. bei Revier- u. Paarungskämpfen, ergibt. Die intraspezif. S. ist dabei um so bedeutender, je geringer die extraspezif. S. durch harten Daseinskampf eingreift. →auch Luxurieren, Prachtvögel, Darwinismus.

Selektionsdruck, durch die natürl. Auslese der biolog. uneinheitlichen Merkmale innerhalb einer Wild-Population dem →Mutationsdruck entgegenwirkender Vorgang.

Selektivität [lat.], *Trennschärfe*, Eigenschaft eines (Rund-)Funkempfängers, aus dem von der Antenne kommenden Frequenzgemisch eine eingestellte Frequenz auszusieben u. zu verstärken, während alle anderen unterdrückt werden. Je höher die Zahl der Schwingkreise, um so größer die S. des Empfängers.

Selektịvrufverfahren, Anrufverfahren im Funkverkehr. Mit Hilfe eines Schlüssels aus einer bestimmten Tonfolge kann ein einziger Funkempfänger gerufen werden. Alle übrigen auf der gleichen Frequenz arbeitenden Empfänger werden während des Funkverkehrs automat. gesperrt. Ein unbefugtes Abhören ist dadurch unmöglich.

Selektịvschutz, elektr. Schutzschaltung gegen Überlastung oder Kurzschluß, schaltet bei Gefahr (selektiv) nur den betroffenen Leitungsabschnitt aus, während die anderen in Betrieb bleiben. Bes. wichtig bei Energieversorgungsnetzen, damit die Stromversorgung aufrechterhalten bleibt.

Selẹn [das; grch.], chem. Zeichen Se, in zwei nichtmetallischen roten u. einer metallischen grauen Modifikation vorkommendes 2-, 4- u. 6-wertiges Element, Atomgewicht 78,96, Ordnungszahl 34. S. findet sich vorwiegend in geringen Mengen in sulfidischen Erzen u. reichert sich bei der Verarbeitung des aus diesen gewonnenen Schwefeldioxids zu Schwefelsäure in den Bleikammern an; es wird auch aus Anodenschlamm bei der Kupferelektrolyse gewonnen. Die Verbindungen des S.s entsprechen in ihren chem. Eigenschaften im wesentl. denen des Schwefels. S. wird für →Photoelemente u. *Trockengleichrichter*, als Glas- u. Emaillefarbe u. als Zusatz für Stahllegierungen verwendet.

Selẹne, griech. Mondgöttin, Tochter des Hyperion u. der Titanin Theia, Geliebte des Endymion.

Selengạ, mongol. *Selenge Mörön*, Hauptzufluß des Baikalsees in Zentralasien, rd. 1200 km (mit dem Quellfluß Ideriin Gol 1480 km); ihre Quellflüsse entspringen im mongol. Khangai; von der sowjet. Grenze an auf über 900 km schiffbar, 7–8 Monate vereist.

Selenka, Johann Jacob , Buchbinder, *25. 6. 1801 Hochheim a. M., †14. 5. 1871 Braunschweig; Vorkämpfer der dt. Handwerkerbewegung von 1848.

Selenographịe [grch.], Beschreibung u. Kartographierung des Mondes.

Selenologịe [grch.], die Wissenschaft vom Gesteinsaufbau des Mondes sowie der Entstehung der Formen der Mondoberfläche.

Selenter See, ostholstein. See in Wagrien, 22,4 qkm, bis 34 m tief.

Seler, Eduard Georg, Alt-Amerikanist (Archäologe u. Sprachforscher), *5. 12. 1849 Crossen an der Oder, †23. 11. 1922 Berlin; Begründer der dt. Mexikanistik, Übers. der aztek. Texte B. de Sahagúns.

Seleukia, *Seleukeia,* Name zahlreicher hellenist. Städte im Seleukidenreich, bes. die von *Seleukos I.* als Hptst. seines Reichs gegr. Stadt S. am Tigris (nördl. von Bagdad); Zentrum des Hellenismus in Mesopotamien.

Seleukiden, Diadochen-Dynastie, gegr. 312 v. Chr. von *Seleukos I. Nikator,* einem Feldherrn Alexanders d. Gr. Das S.-Reich erstreckte sich zur Zeit seiner größten Blüte (um 280 v. Chr. u. um 200 v. Chr.) über fast ganz Kleinasien u. reichte bis zum Indusgebiet. Kriege u. innere Zwistigkeiten führten zu seiner Auflösung, so daß *Pompeius* 64 v. Chr. den letzten S., *Antiochos XIII.,* absetzen u. das ihm noch verbliebene Land Syrien zur röm. Provinz machen konnte. – 🄻 5.2.4.

Seleukos I. Nikator, *um 358 v. Chr., †280 v. Chr.; Feldherr *Alexanders d. Gr.,* Diadoche; als Satrap von Babylon 321–316 v. Chr. u. seit 312 v. Chr. Begründer des Seleukiden-Reichs. S. drang bis Indien vor u. gewann Armenien u. Syrien.

Selfaktor [der; engl.], *Wagenspinner,* eine Feinspinnmaschine, die diskontinuierlich arbeitet, d. h., Drehungserteilung u. Aufwindung erfolgen nacheinander in verschiedenen Zeitabständen. Eine Vorstufe des S.s war die 1767 von J. *Hargreaves* gebaute *Jenny-Spinnmaschine.*

Self-government [-'gʌvənmənt; das; engl., „Selbstregierung"], im engl. Sprachraum üblicher Begriff für *Selbstverwaltung,* insbes. in folgenden Formen: 1. als *local government* seit dem Beginn des engl. Staats das gemeindliche (städtische) Selbstverwaltungsrecht einschl. der Kreise *(shires);* 2. als koloniales Verwaltungsprinzip mit dem Grundsatz der *indirect rule* eine je nach den Verhältnissen unterschiedl. Form der Beteiligung der fremden Völker an der Verwaltung ihres Gebiets; 3. als Verfassungsprinzip des (brit.) *Commonwealth of Nations* das Zugeständnis der völligen Eigenverwaltung u. Staatlichkeit früher der Dominions, jetzt der Mitgliedsländer des Commonwealth, einschl. des Rechts auf Austritt aus dem Commonwealth. Diese im vollen Ausmaß erst nach dem 2. Weltkrieg gewährte Freiheit hat z. B. dazu geführt, daß das Commonwealth auch Republiken umfaßt. 4. im weitesten Sinn wird S. als Anerkennung des →Selbstbestimmungsrechts verstanden (→Atlantik-Charta von 1941: das Recht jedes Menschen auf Wahl der eigenen Regierung).

Selfkant, Landschaft zwischen der unteren Rur u. der niederländ. Grenze, südwestl. von Heinsberg.

Selfmademan ['sɛlfmɛidmən; engl.], ein Mann in bedeutender Stellung, zu der er sich aus eigener Kraft heraufgearbeitet hat.

Selicha [die; hebr., „Verzeihung"], Bußgebet im Gottesdienst der jüd. Gemeinde.

Selige, im allg. die im Glauben entschlafenen, in die Gemeinschaft Gottes aufgenommenen Gläubigen. →auch Seligkeit.

Seligenstadt, hess. Stadt (Ldkrs. Offenbach) am Main, 17 300 Ew.; mittelalterl. Altstadt, Einhardsbasilika, von *Einhard* (840 hier beigesetzt) als Teil einer Benediktinerabtei erbaut; Reste der ehem. Kaiserpfalz (13. Jh.) u. der Stadtbefestigung.

Seligersee, vielverzweigter Binnensee in den Waldajhöhen, 270 qkm, bis 25 m tief, fischreich, mit mehreren Inseln; sein schiffbarer Abfluß *Selischarowka* führt zur oberen Wolga.

Seligkeit, der völlig leid- u. schuldlose Zustand immerwährender, vollendeter Glückserfüllung, von vielen Religionen als Sinnziel der Weltgeschichte erwartet. In der kath. Glaubenslehre zunächst die S. Gottes im unendl. Selbstbesitz seiner Seinsgüte; dann die S. des Menschen in der Gemeinschaft mit Gott durch gnadenhafte Teilhabe an seinem beseligenden Leben, die schon im zeitl. Leben als Christusinnigkeit *(Gottseligkeit)* beginnt u. in der ewigen S. mit Auferstehung u. eschatolog. Neugestaltung der Gesamtwirklichkeit vollendet wird. Nach ev. Auffassung die vollkommene Einheit mit Gottes Willen, die eigentl. Bestimmung des Menschen, sein Heil u. seine Erlösung.

Seligpreisungen, vielfältige Verheißungen des Heils an Menschen, die bestimmte Bedingungen erfüllen oder sich in einem bestimmten Zustand der Heillosigkeit befinden; bes. bekannt die S. Jesu aus der Bergpredigt (Matthäus 5 u. Lukas 6).

Seligsprechung, *Beatifikation,* Erklärung des Papstes über die Seligkeit eines Verstorbenen mit der Erlaubnis begrenzter öffentl. Verehrung. Im vorangegangenen *S.sprozeß* muß der rechte Glaube, ein heroisches christl. Leben u. das Vorliegen von 2 Wundern festgestellt sein. Die S. bildet die Vorstufe zur *Heiligsprechung.*

Selim, osman. Sultane: **1.** *S. I. Yavuz* [türk., „der Strenge"], Sultan 1512–1520, Kalif 1517 bis 1520, *1467 Amasya, †20. 9. 1520 bei Çorlu; Sohn Bajezids II., besiegte 1514 Schah Ismail von Persien; eroberte 1516/17 Syrien, Palästina u. Ägypten (Ende der Mamlukenherrschaft); begründete den Aufstieg des Osman. Reichs zur Weltmacht; Gegner der Schiiten.

2. *S. II. Mest, S. der Trunkenbold,* Enkel von 1), Sultan 1566–1574; *1524 Magnesia, †12. 12. 1574 Istanbul; Sohn Suleimans II., nahm den Venezianern 1570/71 Zypern; seine Flotte unterlag 1571 in der Seeschlacht bei *Lepanto.*

3. *S. III.,* Sultan 1789–1807, *24. 12. 1761 Istanbul, †28. 7. 1808 Istanbul (ermordet); versuchte vergebl. die Macht der Janitscharen zu brechen u. leitete, bes. militär., die Modernisierung des Reichs ein; von den Janitscharen entthront.

Seling Tsho, abflußloser Hochlandsee in Tibet, 2500 qkm, 4495 m ü. M.

Selinko, Annemarie, Schriftstellerin, *1. 9. 1914 Wien; verheiratet mit dem dän. Diplomaten E. *Kristiansen;* schrieb den erfolgreichen Roman „Désirée" 1951; außerdem: „Ich war ein häßliches Mädchen" 1937; „Morgen ist alles besser" 1938; „Heute heiratet mein Mann" 1940.

Selinunt, grch. *Selinus,* jetzt ital. *Selinunte,* an der Südwestküste Siziliens um die Mitte des 7. Jh. v. Chr. gegr. westlichste griech. Siedlung; Blütezeit im 6./5. Jh. v. Chr. (zahlreiche Ruinen dor. Tempel). S.s Streit mit Segesta führte u. a. zur Sizilischen Expedition der Athener (415–413 v. Chr.); 409 v. Chr. wurde es von den Karthagern, im 1. Pun. Krieg 250 v. Chr. von den Römern zerstört.

Selischarowka, Abfluß des →Seligersees.

Seljonodolsk, früher *Seljonyi Dol,* Stadt im NW der Tatar. ASSR, am Kujbyschewer Stausee der Wolga, 75 000 Ew.; Schiffbau, Möbel- u. Baustoffindustrie; Hafen.

Selke, rechter Nebenfluß der Bode, 70 km, entspringt im *S.feld* (Unterharz), mündet bei Quedlinburg; teilweise breite Talsohle im Schiefer.

Selkirk ['sɛlkə:k], *Selkirkshire,* ehem. Grafschaft in Südostschottland, in den Southern Uplands; Hptst. S., am Ettrick, 5500 Ew., Statue von W. *Scott,* der hier 32 Jahre lang Sheriff war.

Selkirk ['sɛlkə:k], Alexander, schott. Matrose, *1676 Largo, Fifeshire, †12. 12. 1721 an Bord. Seine Erlebnisse auf der Südseeinsel Más a Tierra (Juan-Fernández-Insel), wo er 1704–1709 in Einsamkeit lebte, regten D. *Defoe* zu seinem Roman „Robinson Crusoe" an.

Selkupen, *Sölkup,* das Volk der Ostjak-Samojeden (→Samojeden) zwischen mittlerem Ob u. mittlerem Jenisej.

Sella, steil abstürzender Gebirgsstock der Südtiroler Dolomiten, im *Piz Boè* 3151 m; am Fuß mit *S.joch* (2214 m) u. *Pordoijoch* (2239 m).

Sella curulis [die; lat.], im alten Rom ein elfenbeingeschnitzter Stuhl (von den Etruskern übernommenes Herrschaftssymbol) ohne Arm- u. Rückenlehne, Ehrensitz der höheren Beamten, die nach ihm *curulische Beamte* genannt wurden; stand auch dem *Zensor* u. dem *Flamen Dialis* zu, seit Augustus den Kaisern.

Sellerie, *Eppich, Apium graveolens,* über die ganze Erde verbreitetes *Doldengewächs.* Die Wildform findet sich an der Meeresküste u. auf feuchten, salzhaltigen Wiesen, die Kulturform wird in Gärten oder feldmäßig angebaut. Zweijährige Pflanzen, im 2. Jahr der bis meterhohe Blütenstand mit grünlich-weißen Doldentrauben. Früher Verwendung der Wildform als Heilpflanze; von der Kulturform werden die rübenförmigen Wurzelknollen *(Wurzel-S.)* als Salat, Gemüse u. Gewürz, die vergeilten, weichen Blattbasen *(Bleich-S., Stengel-S., Engl. S.)* als Gemüse, das Kraut *(Schnitt-S.)* als Küchenkraut verwendet. Aus Samen u. Kraut wird äther. *S.öl* hergestellt.

Selleriefliege, *Philophylla heraclei,* eine *Bohrfliege* von rd. 6 mm Länge; die Larven können in Selleriestengeln schädlich werden.

Sellheim, Hugo, Frauenarzt u. Geburtshelfer, *28. 12. 1871 Biblis bei Worms, †22. 4. 1936 Leipzig; erforschte bes. die mechan. Vorgänge bei der Geburt *(S.scher Geburtsmechanismus).*

Sellner, Gustav Rudolf, Theaterleiter u. Regisseur, *25. 5. 1905 Traunstein, Oberbayern; 1951–1960 Intendant des Hess. Landestheaters Darmstadt, 1960–1972 Generalintendant der Dt. Oper Berlin (West).

Selm, Gemeinde in Nordrhein-Westfalen (Ldkrs. Unna), 22 500 Ew.; Steinkohlenbergbau.

Selma, weibl. Vorname, Kurzform von *Anselma.*

Selmentsee, *Großer S.,* poln. *Jezioro Selmęt Wielki,* See in Masuren, östl. von Lyck, 12,7 qkm, bis 21,9 m tief.

Selo [sɛ'lɔ, serb.; sjɛ'lɔ, russ.], Bestandteil geograph. Namen: Dorf.

Selon, das Fischervolk der →Selung.

seltene Erden, *Seltenerden,* schwach basische Oxide der →seltenen Erdmetalle; kommen im Monazitsand (→Monazit) sowie in den Mineralen Cerit, Gadolinit u. Thalinit vor.

seltene Erdmetalle, *Seltenerdmetalle,* die Elemente *Scandium, Yttrium* u. *Lanthan* sowie die *Lanthanide.*

Selterswasser, ursprüngl. alkal. Mineralwasser aus *Niederselters* (Krs. Limburg), heute meist künstl. hergestellt; enthält Mineralsalze (Natriumcarbonat, -hydrogencarbonat, -chlorid u. a.) sowie unter Druck gelöstes Kohlendioxid.

Seltsame Teilchen, engl. *strange particles,* Elementarteilchen (z. B. K-Meson, Λ-, Σ-Hyperon), die bei hochenerget. Wechselwirkungen in großer Zahl entstehen, aber nur sehr langsam zerfallen. →Strangeness.

Selung, *Selon,* Altvolk (2000) mit weddiden u. mongoliden Zügen an der Westküste Hinterindiens, bes. im Mergui-Archipel; Fischernomaden mit Wohnbooten, in den Regenzeiten Pfahlbauten; Großfamilien; Teil der →Orang Laut.

Selva [span.], Bestandteil geograph. Namen: Wald, Forst.

Selvas [portug.], die trop. Regenwaldgebiete Amazoniens.

Selwyn Mountains ['sɛlwin 'mauntinz], Nordteil der kanad. Rocky Mountains, verlaufen parallel zu den Mackenzie Mountains, im *Keele Peak* 2063 m.

Selye ['seljə], Hans, kanad. Mediziner österr. Herkunft, *26. 1. 1907 Wien; entwickelte (1950) die Lehre vom *Streß* u. vom Adaptationssyndrom *(S.sches Syndrom).* Werke: „Einführung in die Lehre vom Adaptationssyndrom" dt. 1953; „Streß beherrscht unser Leben" dt. 1957; „Elektrolyte, Streß u. Herznekrose" dt. 1959.

Selznick ['selz-], David Oliver, US-amerikan. Filmproduzent, *10. 5. 1902 Pittsburgh, †22. 6. 1965 Hollywood; stiftete 1949 den *Selznick-Preis* für nichtamerikan. Filme, die am besten der Völkerverständigung gedient haben; Produzent von „David Copperfield" 1935, „Anna Karenina" 1935, „Vom Winde verweht" 1939 u. a.

Sem, im A. T. der erste Sohn *Noahs;* angebl. Stammvater der →Semiten.

Se. M., Abk. für *Seine Majestät.*

Sema, ein Stamm der →Naga Südostasiens.

Semadeni, Jon, rätoroman. Dramatiker u. Erzähler, *30. 5. 1910 Vnà, Graubünden; Gymnasiallehrer; Gründer der Theatergruppe „La culissa" 1941; schrieb Dramen, Hörspiele u. Erzählungen in neorealist. Manier.

Semang, Zwergvolk *(Negritos)* der Mon-Khmer-Sprachgruppe auf der Halbinsel Malakka, noch etwa 4000; Wildbeuter mit Blasrohr; unter Wetterschirmen; allmähl. Übergang zu Hackbau.

Semantik [die; grch.], **1.** *Philosophie:* Lehre von der Bedeutung; untersucht die Beziehung zwischen der Bedeutung, evtl. von Zeichen, bes. aber von Wörtern u. Sätzen, u. dem Bezeichneten; wichtiger Teil der modernen *Logistik,* bes. von der Warschauer Schule bearbeitet (A. *Tarski* u. a.).

2. *Sprachwissenschaft:* Lehre von den Beziehungen zwischen den Bedeutungen u. den Ausdrucksformen (z. B. den Wörtern), unterschieden nach *Semasiologie* (Bedeutungslehre) u. *Onomasiologie* (Bezeichnungslehre). – 🄻 3.8.1.

Semaphortelegraph [grch.], opt. Telegraphiesystem von Türmen u. Masten aus, die in Sichtweite zueinander (meist auf Bergen) errichtet waren. An den Masten befanden sich schwenkbare hölzerne Arme, die für jedes Zeichen in eine bestimmte Stellung gebracht wurden. Zu Ende des 18. u. Beginn des 19. Jh., ehe die elektr. Telegraphie aufkam, waren S.ennetze in Europa weit verbreitet. Den ersten S.en baute der Franzose C. *Chappe* 1794 (zwischen Paris u. Lille, 270 km mit 22 Stationen). Als *Semaphortelegraphie* wird auch die zwischen Seeschiffen gebräuchl. Flaggensprache bezeichnet.

Semara, Hauptort des Gebiets *Saguia el Hamra* in der West-Sahara, Oasensiedlung, 5000 Ew.

Semarang, *Samarang,* indones. Hafenstadt an der Nordküste von Mitteljava, 650000 Ew.; Universität; Handelszentrum; Erdölvorkommen; Ausfuhr von Reis, Kaffee, Zucker, Tabak, Teakholz u.a.; Schiffbau.

Semasiologie [grch.], *Sprachwissenschaft:* die Forschungsrichtung der *Semantik,* die im Unterschied zur *Onomasiologie* feststellt, was die Ausdrucksformen (z.B. Wörter) einer Sprache bedeuten.

Sembrich, Marcella, eigentl. Praxede Marcelline *Kochańska,* poln. Sängerin (Koloratursopran), *18. 2. 1858 Wiśniowczyk, Galizien, †11. 1. 1935 New York; wirkte in Europa u. den USA.

Semele, ursprüngl. vielleicht phrygische Erdgöttin, in der griech. Sage Tochter des *Kadmos,* Geliebte des *Zeus,* Mutter des *Dionysos.*

Semeru, ndrl. *Semeroe,* höchster Berg (tätiger Vulkan) der indones. Insel Java, südl. von Surabaya, 3676 m.

Semester [das; lat.], Studienhalbjahr an dt. Hochschulen; Sommer-S. (Abk. *S. S.*), Winter-S. (Abk. *W. S.*).

Semgalen, *Semgaller,* Volksstamm in Lettland, der im W an die Kuren, im O an die Selen, im N an die finn. Liven grenzte; mit diesen u. den Lettgallern zum lett. Volk verschmolzen. Nach den S. benannt ist die ehem. südl. Provinz Lettlands *Semgallen;* um 1220 von den Schwertbrüdern unterworfen, endgültig 1290.

semi... [lat.], Wortbestandteil mit der Bedeutung „halb".

Semikolon [das; lat. + grch.], Strichpunkt.

semikubische Parabel →Neilsche Parabel.

Seminar [das; lat.], 1. *deutsches Schulwesen:* bis 1925 Bez. für Lehrerbildungsstätte.
2. *Hochschulwesen:* 1. wissenschaftl. Arbeitsgemeinschaft von Studenten unter Anleitung eines Hochschullehrers, eine Form des Hochschulstudiums (neben Übung, Vorlesung u.a.). – 2. wissenschaftl. Abteilung innerhalb der Hochschulfakultät bzw. des Fachbereichs (z.B. *Historisches S., Kunstgeschichtl. S., Musikwissenschaftl. S.*), auch deren Räume (meist mit Handbibliothek) innerhalb der Hochschule. Große S.e mit Forschungsaufträgen heißen auch *Institute.* – 3. *Studienseminar,* Lehrgang zur Vorbereitung der Studienreferendare auf den Dienst an höheren Schulen.
3. *Kirche:* in der kath. Kirche Ausbildungsstätte für Priester, →auch Priesterseminar; in der ev. Kirche: →Predigerseminar.

Seminole, Stamm der Muskhogee-Indianer, ursprüngl. in Florida (USA), rd. 8000 Zugehörige; bekannt durch seinen Kampf (1835–1842) unter Häuptling Osceola gegen US-Truppen; größtenteils nach Oklahoma umgesiedelt, einer der *Fünf Zivilisierten Stämme.*

Seminom [das; lat. + grch.], bösartige Hodengeschwulst (Hodenkrebs).

Semiotik [die; grch.], 1. *Philosophie:* Lehre von den Zeichen u. ihrer Verwendung; die moderne S. begründete vor allem Charles William *Morris* (*23. 5. 1901). Am Zeichen werden drei Dimensionen unterschieden: die Beziehung zwischen ihm u. dem Bezeichneten *(Semantik),* die zwischen ihm u. dem Verwender *(Pragmatik)* u. die zwischen dem Zeichen u. den anderen Zeichen im Rahmen des Zeichensystems *(Syntaktik).* In der modernen *Logistik* fungiert als Zeichen das Wort bzw. die Aussage; sie ist weitgehend Syntaktik.
2. *Sprachwissenschaft:* →Sprachwissenschaft.

Nikolaj Semjonow

Ignaz Philipp Semmelweis

Semipalatinsk, Hptst. der Oblast S. (179600 qkm, 744000 Ew., davon 49% in Städten) im NO der Kasach. SSR (Sowjetunion), am Irtysch, 286000 Ew.; Nahrungsmittel- (Fleischkombinat, Mühlen), Woll-, Pelz-, Baustoff- u. Lederindustrie, Konfektions-, Trikotagenfabriken, Maschinen- u. Schiffbau; Wärmekraftwerk. Umschlaghafen, an der Turksib. Bahn, Flugplatz.

Semipelagianer, seit 1700 übliche Bez. für Mönche des 5. Jh. bei Marseille (Johannes Cassianus, Vinzenz von Lérins, Faustus von Reji, *um 410, † vor 500), die, den *Pelagianern* ähnlich, gegen Augustinus lehrten, der Glaube sei grundsätzl. ohne göttl. Gnade möglich, u. die Vorherbestimmung zum Heil geschehe aufgrund der von Gott vorhergesehenen Verdienste. Dagegen entschied die päpstlich bestätigte 2. Synode von Orange (um 528), daß Anfang wie Vollendung des Glaubens Wirkung der zuvorkommenden Gnade Gottes seien. Gleichwohl behielten im ganzen MA., auch in der Scholastik, semipelagian. Tendenzen gegenüber der augustin. Theologie die Oberhand.

semipermeabel [lat.], halbdurchlässig, nur von einer Seite durchlässig; semipermeable Membran, ein Häutchen, das für die Moleküle eines Lösungsmittels durchlässig, für die Moleküle des gelösten Stoffs undurchlässig ist. →auch Osmose.

Semiramis, in der griech. Sage Königin von Babylon u. Schöpferin der „Hängenden Gärten"; gemeint ist die assyr. Königin *Sammuramat* um 800 v. Chr. – ▭ 5.1.9.

Semiten, rassisch uneinheitliche Völkergruppe mit semit. Sprache. Der Name geht zurück auf *Sem,* einen der 3 Söhne Noahs. Die vorgeschichtl. Herkunft ist nicht geklärt, wahrscheinl. stammten sie von der Arab. Halbinsel; Ende des 4. bzw. zu Beginn des 3. Jahrtausends v. Chr. saßen die ältesten bekannten S. in Mesopotamien. Als *Ost-S.* gehörten zu ihnen die *Akkader, Babylonier* u. *Assyrer.* Die zweite (kanaanäische) semit. Schicht trat um die Mitte des 3. Jahrtausends v.Chr. in Erscheinung, zu ihr gehörten die *Amoriter, Phönizier* u. *Israeliten;* durch sie wurden die Völkerschaften anderer Herkunft in Syrien u. Palästina semitisiert. Die letzte große Welle des S.tums sind die *Araber.*

semitische Schriften, die von semit. Völkern verwendeten Buchstabenschriften ohne Vokalzeichnung, z. B. die arab., die phöniz. u. die hebr. Schrift.

semitische Sprachen, Sprachgruppe, bildet mit der hamit. Gruppe die *hamitisch-semitische Sprachfamilie.* →Sprache (Sprachen der Erde). – ▭ 3.8.6.

Semitistik, die Wissenschaft von den semit. Sprachen u. Literaturen, i.w.S. auch von den Kulturen der Semiten. →auch Orientalistik.

Semjonow, 1. Nikolaj Nikolajewitsch, sowjet. Physikochemiker, *15. 4. 1896 Saratow; für Arbeiten über chem. Reaktionsmechanismen Nobelpreis 1956 zusammen mit C. N. *Hinshelwood.*
2. Wladimir Semjonowitsch, sowjet. Diplomat, *16. 2. 1911; 1946–1953 polit. Berater der sowjet. Militärverwaltung bzw. Kontrollkommission in der DDR, 1953/54 Botschafter in der DDR; 1955 bis 1978 der stellvertr. Außen-Min.; ab 1969 Delegationschef bei den sowjetisch-amerikanischen Verhandlungen über Rüstungsbeschränkung (SALT); seit 1978 Botschafter in Bonn.

Semjonow-Tienschanskij [-tjɛn-], Pjotr Petrowitsch, russ. Zentralasienforscher, *15. 4. 1827 St. Petersburg, †11. 3. 1914 St. Petersburg; erforschte 1856–1858 den Alatau u. als erster den Tien Schan, entdeckte den „Heißen See" Issyk-kul.

Semlja [russ.], Bestandteil geograph. Namen: Land, Insel.

Semmel [lat. *simila,* „feines Weizenmehl"], 1. Weizenmehl 70%iger Ausmahlung.
2. in Sachsen u. Österreich Bez. für Brötchen von 45–50 g Gewicht; bisweilen auch als *Reihen-S.* zum Auseinanderbrechen.

Semmelpilz, →Semmelstoppelpilz.

Semmelporling, *Polyporus confluens,* jung wohlschmeckender, später bitterer Speisepilz, dessen Hüte aus einem knolligen, verästelten Stiel herauswachsen u. daher einen Pilzstock bilden. Hüte anfangs semmelgelb, später rötlich-bräunlich.

Semmelstoppelpilz, Semmelpilz, *Hydnum repandum,* eßbarer *Blätterpilz* mit Stacheln auf der Hutunterseite.

Semmelweis, Ignaz Philipp, österr. Frauenarzt u. Geburtshelfer, *1. 7. 1818 Pest, †13. 8. 1865 Döbling bei Wien; 1855 Prof. in Budapest; entdeckte die Infektiosität des Kindbettfiebers (veröffentlicht 1847) u. führte die entspr. Schutz- u. Vorbeugungsmaßnahmen (→Asepsis) ein („Retter der Mütter"). Hptw.: „Die Ätiologie, der Begriff u. die Prophylaxis des Kindbettfiebers" 1861.

Semmering, 1. Luftkurort u. Wintersportplatz in Niederösterreich, an den Hängen des Alpenpasses S., 985–1290 m ü.M., 1380 Ew.
2. ostalpiner Paß auf der Grenze zwischen Niederösterreich u. Steiermark, 985 m ü.M.; über ihn verlaufen die Verkehrslinien zwischen Wien u. Graz bis Klagenfurt u. Italien: die 1839–1842 ausgebaute S.straße u. die 1848–1854 angelegte S.bahn (älteste europ. Gebirgsbahn) mit 15 Tunneln u. 16 Viadukten, die am Paßscheitel in 897 m Höhe in einem 1430 m langen Tunnel unterfährt.

Semnonen, westgerman. Stamm zwischen mittlerer Elbe u. Oder, nach *Tacitus* der älteste u. vornehmste Stamm der *Sweben;* die S. schlossen sich zunächst dem Markomannenkönig *Marbod* an u. traten 17 n.Chr. dem Cheruskerbund bei; sie zogen seit dem 3. Jh. mit anderen Stämmen nach Süd-Dtschld. u. gingen in den *Alemannen* auf.

Semois [sə'mwa], rechter Zufluß der Maas, 165 km, windungsreicher Lauf in den Ardennen, entspringt bei Arlon, mündet in Frankreich bei Monthermé, nördl. von Charleville-Mézières.

Semonides, griech. Lyriker, um 600 v.Chr.; wanderte von Samos nach Amorgós aus, wo er eine Kolonie gründete; schrieb Elegien u. jamb. Verse, u.a. ein Spottgedicht auf die Frauen.

Sempach, schweizer. Stadt im Kanton Luzern, am Ostufer des S.er Sees, 1650 Ew.; mittelalterl. Wehranlagen; Vogelwarte.
Bei S. besiegten am 9. 7. 1386 die Eidgenossen ein österr. Ritterheer. Nach der Sage soll der Sieg durch das Opfer →Winkelrieds möglich geworden sein. Nach den Schlachten bei S. u. bei *Näfels* mußte Habsburg die Unabhängigkeit der Schweiz anerkennen.

Sempacher See, See im Voralpenland des schweizer. Kantons Luzern, 504 m ü.M., 8 km lang, 2,5 km breit, 14,4 qkm, bis 87 m tief; von der *Suhr* durchflossen, fischreich; Ufersiedlungen; am Westufer der Ort Sursee, 7500 Ew.; alte Stadtanlage mit Türmen, Rathaus (16. Jh.).

Semper, 1. Gottfried, Architekt u. Kunsttheoretiker, *29. 11. 1803 Hamburg, †15. 5. 1879 Rom; Schüler F. von *Gärtners,* lehrte 1834–1849 in Dresden, 1855–1871 in Zürich, auch tätig in Paris, London u. Wien. S. war der Hauptvertreter der auf die Renaissance zurückgreifenden Richtung des Historismus. Er suchte die Einheit von Zweckmäßigkeit u. Harmonie im Sinn des klass. Schönheitsideals u. unter Berücksichtigung der formbildenden Kraft des Materials. Hptw. in Dresden: Hoftheater, 1838–1841 (Umbau nach einem Brand, 1871–1878); Synagoge, 1839/40; Gemäldegalerie, 1847–1854; in Zürich: Polytechnikum u. Sternwarte, 1858–1864; in Wien (mit K. von *Hasenauer):* Hofmuseen, 1869–1881; Burgtheater, 1874–1888. – ▭ 2.4.3 u. 2.5.2.
2. Karl, Zoologe, *6. 7. 1832 Altona, †30. 5. 1893 Würzburg; Prof. in Würzburg; bereiste 1858–1865 die Philippinen u. die Palau-Inseln.

semper aliquid haeret, vollständig: *audacter calumniare, s. a. h.,* „verleumde nur dreist, es bleibt immer etwas hängen"; Ausspruch nach *Plutarch* von *Bacon.*

semper idem [lat.], „immer derselbe"; Ausspruch *Ciceros* über den Gleichmut des *Sokrates.*

Sempervivum [lat.] = Hauswurz.

Semstwo [das; russ.], Form der Selbstverwaltung

der Kreise u. Gouvernements in Rußland, bestand aus Vertretern des Adels, der Bürger u. der Bauern; von Alexander II. 1864 eingeführt, 1917 aufgehoben. Der Wahlmodus sicherte die Vorherrschaft des Adels.

sen., Abk. für →Senior.

Sen, 1. *Holz:* Laubholz aus Ostasien (China, Korea, Japan); hell bis graugelb, ringporig, im Längsschnitt mit gelbl.-braunen Fladern; nicht witterungsfest; Verwendung für großflächige Vertäfelungen u. Möbel.
2. *Währung:* Münzeinheit in Indonesien, Japan u. Kambodscha; 1/100 der betr. Landeswährung.

Sen [jap.], Bestandteil geograph. Namen: Berg.

Sẹnaga, *Zemaga*, Gruppe von arabisierten Berberstämmen (über 100000) im SO von Mauretanien.

Senanayake, Dudley Shelton, ceylones. Politiker, *19. 6. 1911 Colombo, †14. 4. 1973 Colombo; als Führer (1958) der Vereinigten Nationalpartei 1952/53, 1960 u. 1965–1970 Min.-Präs., auch Außen- u. Verteidigungs-Min.

Senancour [sənɑ̃'kuːr], Étienne Pivert de, französ. Schriftsteller, *6. 11. 1770 Paris, †10. 1. 1846 Saint-Cloud; von J.-J. *Rousseau* beeinflußter Frühromantiker. Sein Hptw. ist der Roman „Obermann" 1804, dt. 1844.

Senạt [lat., „Rat der Alten"], **1.** *Gerichtsverfassung:* Spruchkörper höherer dt. Gerichte (z.B. am Bundesgerichtshof 16, am Bundesverfassungsgericht 2 S.e), in der Regel (Bundesgerichtshof, Bundesverwaltungsgericht, Bundesfinanzhof) besetzt mit 5, am Bundesverfassungsgericht mit 8, am Oberlandesgericht (außer bei erstinstanzl. Entscheidungen) mit 3 Berufsrichtern; am Bundesarbeitsgericht u. Bundessozialgericht, teilweise auch bei den Oberverwaltungsgerichten, mit 3 Berufs- u. 2 Laienrichtern. Der Vors. eines S.s heißt regelmäßig *Präsident des S.s.* Um eine einheitl. Rechtsprechung zu gewährleisten, sind bei den höchsten Gerichten der einzelnen Gerichtszweige sowie bei den Oberverwaltungsgerichten *Große S.e* gebildet, die entscheiden, wenn ein S. von einer Entscheidung eines anderen S.s oder des Großen S.s selbst abweichen will oder wenn er dessen Entscheidung zur Fortbildung des Rechts oder zur Sicherung einer einheitl. Rechtsprechung für notwendig hält. Die beiden Großen S.e des Bundesgerichtshofs für Zivil- bzw. Strafsachen (*Großer Zivil-* bzw. *Großer Straf-S.*) mit je 9 Mitgliedern aus den Zivil- u. Straf-S.en dieses Gerichts entscheiden darüber hinaus zusammen als *Vereinigte Große S.e*, wenn ein Straf-S. von der Entscheidung eines Zivil-S.s oder des Großen Zivil-S.s oder ein Zivil-S. von der Entscheidung eines Straf-S.s oder des Großen Straf-S.s oder ein S. von einer Entscheidung der Vereinigten Großen S.e selbst abweichen will. Die Aufgaben der Großen S.e werden beim Bundesverfassungsgericht vom *Plenum* wahrgenommen. Aus den 5 obersten Gerichten des Bundes ist zur Wahrung der Einheitlichkeit der Rechtsprechung nach Art. 95 Abs. 3 GG ein *Gemeinsamer S.* gebildet worden.
2. *Hochschulwesen:* in Universitäten u. sonstigen Hochschulen das koordinierende Entscheidungsorgan in akademischen Selbstverwaltungsangelegenheiten. Dem S. gehören je nach Verfassung der Hochschule in unterschiedl. Zusammensetzung Vertreter der verschiedenen Gruppen des Lehrkörpers, der Studierenden u. der Dienstkräfte an.
3. *röm. Geschichte:* Rat der Ältesten im alten Rom, bes. der patrizischen Adelsgeschlechter, ursprüngl. vom König eingesetzt, um die Gemeinde gegenüber dem Monarchen zu vertreten. In der Republik wurde der S. zum maßgebenden Verfassungsorgan. Er hatte zunächst 300, später 600 Mitglieder. Über die Zulassung entschied seit 312 v.Chr. der Zensor mit dem Recht, Unwürdige auszustoßen. Aufgenommen wurden die Häupter der patriz. Adelsgeschlechter, ehem. Magistrate, später auch ehem. Aedilen, Volkstribunen u. Quaestoren; ein Mindestalter von 30, später 25 Jahren u. ein bestimmtes Vermögen waren vorgeschrieben. Seit Augustus war die Aufnahme ein Privileg des Kaisers. Die Herrschaft des S.s beruhte mehr auf Herkommen, Ansehen seiner Mitglieder u. Gewohnheit als auf Rechten; er beanspruchte ein allg. Aufsichtsrecht über den Staat, S.sbeschlüsse galten schon früh als bindend. In der Kaiserzeit ging der Einfluß des S.s immer mehr zurück, seit Diocletian war er bedeutungslos. – Abk. *SPQR* für *senatus populusque Romanus*, „Senat u. Volk von Rom".
4. *Staatsrecht:* 1. in den Stadtstaaten Westberlin, Bremen u. Hamburg das höchste Exekutivorgan, entspr. der *Landesregierung* anderer Bundesländer (*Senatoren* = Minister); bis 1939 auch in Danzig (dort war der *S.spräsident* Staatsoberhaupt). – 2. eine *Kammer* des →Parlaments; in manchen konstitutionellen Staaten die (damals meist als erste, heute als zweite bezeichnete) Kammer vorwiegend konservativen, mitunter ständischen Charakters, als Gegengewicht gegen die Volkskammer errichtet (so in Frankreich im 19. Jh.). Das passive Wahlrecht ist meist an ein höheres Lebensalter gebunden, mitunter wird ein Teil der Mitglieder von der Exekutive bestimmt. Während früher der S. eine gleichberechtigte Kammer war, tritt er heute in den Hintergrund u. erfüllt mehr beratende Funktionen. – Zwar als 2. Kammer, aber nicht als konservativ-ständisches, sondern als föderalist. Organ dient der S. in den USA (Zusammensetzung: je zwei Senatoren aus jedem Gliedstaat ohne Berücksichtigung seiner Größe). – In der BRD hat lediglich Bayern einen S. Er ist aus Angehörigen von Berufs- u. Bildungsständen zusammengesetzt, übt nur beratende Funktionen aus u. hat das Recht der →Gesetzesinitiative.

Senạtor, Mitglied eines *Senats*, soweit es sich hierbei um eine Kammer des Parlaments, um die Regierung eines Stadtstaats oder um eine akadem. Einrichtung handelt; nicht dagegen, falls S. als Kollegialgericht gemeint ist.

Senckenberg, Johann Christian, Arzt u. Naturforscher, *28. 2. 1707 Frankfurt a.M., †15. 11. 1772 Frankfurt a.M.; gründete 1763 das *S.ische Stift.* Nach ihm ist die *S.ische Naturforschende Gesellschaft* benannt.

Senckenbergische Naturforschende Gesellschaft, in Frankfurt a.M. 1817 gegr. zur Förderung der Verbindung von Naturwissenschaft u. Volk; unterhält mehrere Forschungsstätten. Die Museen der S.n N.n G. enthalten geolog., paläontolog., zoolog., botan. u. geograph. Sammlungen.

Send [der] →Jahrmarkt.

Sendai, japan. Präfektur-Hptst. an der Ostküste des nördl. Honschu, 620000 Ew.; Universität (1907); Metall-, Maschinen-, Textil-, Nahrungsmittel-, chem., Lackindustrie; Hafen *Schiogama.*

Sẹndenhorst, Stadt in Nordrhein-Westfalen (Ldkrs. Warendorf), zwischen Werse u. Angel südöstl. von Münster, 9400 Ew.; Lungenheilstätte; Textil-, Maschinenindustrie.

Sender, Gesamtheit der Einrichtung zur Erzeugung, Modulation, Verstärkung u. zum Aussenden hochfrequenter Schwingungen, die Nachrichten als Impulse, Ton oder Bild enthalten. Häufig rechnet man auch die Antennenanlagen noch zum S., ferner die Studioräume, in denen die Sendungen aufgenommen werden. Je nach ihrem Zweck unterscheidet man *kommerzielle S.* (etwa im Dienst der Postverwaltungen), darunter wieder bewegliche – z.B. auf Schiffen oder Fahrzeugen – sowie die *S. des Rundfunks u. Fernsehens.* Die S. arbeiten in verschiedenen →Frequenzbereichen u. je nach ihrer Reichweite mit verschiedenen Leistungen (→Rundfunk). Geräte zur Erzeugung u. Ausstrahlung von Schallwellen (z.B. Echolot) u. Lichtwellen werden ebenfalls S. genannt.

Sendẹr, Ramón José, span. Erzähler, *3. 2. 1902 Alcolea de Cinca, Huesca; nahm als Republikaner am span. Bürgerkrieg teil, seitdem im Exil, seit 1947 Prof. der span. Literatur in den USA; ausdrucksstarke Romane mit polit. u. sozialer Thematik: „Der Verschollene" 1939, dt. 1961; „Der König u. die Königin" 1948, dt. 1962; „Die fünf Bücher der Ariadne" 1955, dt. 1966; „Die Heilige u. die Sünder" 1967, dt. 1971.

Senderecht, das Recht, ein Werk durch Funk, wie Ton- u. Fernsehrundfunk, Drahtfunk u.ä. techn. Einrichtungen, der Öffentlichkeit zugänglich zu machen (§ 20 Urheberrechtsgesetz). Das S. gehört zu den ausschl. Rechten des *Urhebers.* →auch Urheberrecht.

Sender Freies Berlin, Abk. *SFB*, 1956 gegr. öffentl.-rechtl. Rundfunkanstalt mit Sitz u. Funkhaus in Westberlin; sendet 3 Hörfunkprogramme u. das SFB-Fernsehen.

Senderöhre, leistungsfähige Hochfrequenz-Verstärkerröhre; Verwendung als End- u. Treiberröhre in (Rundfunk-)Sendern. →Treiberstufe.

Sendgrafen →Königsboten.

Sendschịrli, *Zencirli*, türk. Ort am Ostabhang des Amanus mit der Ruinenstätte des antiken Sam'al, einer prähistor. Siedlung, aus der sich im 10.–8. Jh. v.Chr. die Hptst. eines aramäischen Fürstentums entwickelte, zeitweise unter assyr. Herrschaft. Bei den 1888–1902 unter K. *Humann*, O. *Puchstein*, F. von *Luschan*, R. *Koldewey* u.a. vorgenommenen Ausgrabungen wurden Reste von Palästen, Großplastik u. Orthostatenreliefs freigelegt, heute z.T. in Istanbul u. im Vorderasiat. Museum Berlin.

Sendungsbewußtsein, die in einem einzelnen, einem Volk oder einer weltanschaul. u. (oder) polit. Gemeinschaft herrschende Überzeugung, daß die eigenen Wertvorstellungen auch für andere Menschen u. Völker die besten seien u. für sie verbindl. gemacht werden müßten.

Senebier [sɛn'bjeː], Jean, schweizer. Naturforscher, *6. 5. 1742 Genf, †22. 7. 1809 Genf; entdeckte bei Pflanzen die Kohlendioxidassimilation (→Photosynthese).

Sẹneca, ein Indianerstamm von rd. 9000 →Irokesen, im USA-Staat New York.

Sẹneca, 1. Lucius Annaeus, *der Ältere*, röm. Rhetor aus Spanien, *um 55 v.Chr., †um 40 n.Chr.; schrieb u.a. eine krit., nur z.T. erhaltene Auslese von Gerichtsreden (bes. Gerichtsreden).
2. Lucius Annaeus, *der Jüngere*, Sohn von 1), röm. Philosoph, *um 4 v.Chr. Cordoba, †65 n.Chr. Rom; Erzieher *Neros* u. eine Zeitlang bei ihm einflußreich, später wegen angebl. Teilnahme an einer Verschwörung zum Selbstmord genötigt. Er schrieb über Ethik (12 Bücher „Dialogi", 124 „Epistolae Morales") u. naturwissenschaftl. Probleme („Naturales Questiones"), eine Satire („Verkürbissung") auf die Apotheose des Kaisers Claudius (Apocolocynthosis) sowie 9 Tragödien („Troades", Medea", „Phaedia", „Hercules Fureus" u.a.). Als Stoiker mahnte er zu Tugend, Mitleid u. Milde. Er beeinflußte im MA. *Bernhard von Clairvaux, Thomas von Kempen, Dante* u. F. *Petrarca*; mit seinen Dramen wirkte er vor allem auf die französ. Klassik u. auf die dt. Barockdichtung (A. *Gryphius*). – ◫ 3.1.9.

Senẹcio [lat.] = Kreuzkraut.

Senefelder, Aloys, Erfinder der Lithographie, *6. 11. 1771 Prag, †26. 2. 1834 München; erfand 1796/97 das Drucken von Steinplatten, das erste Flachdruckverfahren; gründete mehrere Druckereien, u.a. 1806 in München eine Steindruckerei, in der er bes. Musikalien u. Landkarten herstellte. S. befaßte sich auch mit dem Nachdruck von Ölgemälden auf Leinwand. Er schrieb „Vollständiges Lehrbuch der Steindruckerei" 1818. – ◫ 10.3.0.

Sẹnegal, 1. Republik an der Westspitze Afrikas, amtl. *République du Sénégal*; hat eine Fläche von 196192 qkm u. 5,5 Mill. Ew. (28 Ew./qkm). Hptst. ist *Dakar.*

Landesnatur: S. ist (mit der Enklave Gambia) ein flaches Senkungsgebiet, das landeinwärts wenig ansteigt u. im SO 400 m Höhe erreicht. Bei *Cap Vert* bilden vulkan. Gesteine (Basalt) eine Steilküste. S. liegt im Bereich wechselfeuchten Tropenklimas im S u. trop. Trockenklimas im N. Die Länge der Trockenzeit wächst von S nach N, die Niederschlagsmenge nimmt ab, u. entspr. wandelt sich das Vegetationsbild von der Feuchtsavanne im S zur Trocken- u. Dornsavanne im N.

Die Bevölkerung gehört überwiegend islam. Sudannegerstämmen (zu 35% Wolof, ferner Serer, Tukulor, Dyola, Malinke) sowie Fulbe an. Daneben gibt es rd. 50000 Franzosen, Libanesen u.a. Ausländer.

Wirtschaft: Die Landwirtschaft liefert in erster Linie Erdnüsse sowie Palmprodukte, Baumwolle, Hirse, Bohnen, Maniok, Reis, Kartoffeln u. Mais. Erdnüsse u. Erdnußprodukte sind mit über 30% am Gesamtausfuhrwert beteiligt. Die Viehzucht (Rinder, Schafe, Ziegen, Geflügel) hat vor allem im N von S. Bedeutung. Wichtig ist die Küstenfischerei (Austern, Garnelen, Langusten) u. die Binnenfischerei am Senegal u. a. Flüssen. – Als bedeutender Bodenschatz kommt Phosphat vor u. wird im Tagebau abgebaut (rd. 85% für den Export). Andere wichtige Bodenschätze sind bisher nur im SO festgestellt worden (Blei, Zink, Kupfer u.a.). Die im Ausbau begriffene Industrie verarbeitet Agrar- u. Fischfangprodukte (bes. Erdnüsse u. Erdnußöl) u. liefert neben Kunstdünger u. Zement auch Fertigwaren in Form von Textilien, Leder- u. Kunststoffartikeln, Pharmazeutika, Metallwaren u.a.

Verkehr: Die Verkehrserschließung des Landes ist unterschiedl. entwickelt. Knotenpunkt des im W gut ausgebauten Straßennetzes ist die Hptst. Dakar. Der O ist wenig erschlossen. Der Binnenschiffahrt auf dem S. kommt erhebl. Bedeutung zu,

bes. in der Regenzeit. Dakar ist der größte Seehafen in Westafrika; nördl. der Stadt befindet sich der modernste westafrikan. Flughafen *(Yoff)*.

Geschichte: 1446 ließen sich Portugiesen an der S.-Mündung nieder; im 17. Jh. verloren sie ihre Besitzungen an Holländer u. Franzosen. In St.-Louis, das um 1638 gegr. wurde, faßte Frankreich zuerst festen Fuß in Westafrika. Nach vorübergehender engl. Besetzung wurde S. 1791 französ.; unter Gouverneur L. *Faidherbe* erlebte es seit 1854 eine weitere Ausdehnung. 1857 wurde Dakar gegr. Seit Ende des 19. Jh. gehörte S. zu Französ.-Westafrika, 1958 wurde es autonome Republik innerhalb der Communauté Française. 1959 wurde S. mit dem Französ. Sudan zur *Mali-Föderation* zusammengeschlossen, die nach Erlangung der Unabhängigkeit (Sommer 1960) wieder auseinanderbrach. Der führende Politiker des unabhängigen S. war Léopold Sédar *Senghor* (1960–1980 Staats-Präs.); er trieb eine Außenpolitik der gemäßigten Blockfreiheit in enger Zusammenarbeit mit Frankreich. S. gehört der OCAMM an u. ist der EWG assoziiert.

2. westafrikan. Fluß, 1430 km, nach anderen Angaben 1700 km lang, entsteht bei Bafoulabe durch Vereinigung von *Bafing* u. *Baoulé*, mündet bei Saint-Louis in den Atlantik.

Senegalseide, eine glanzreiche wilde *Seide*.

Senegambien, früher Name der ehem. französ. Kolonie Senegal.

Seneschall [lat. *senex*, „alt", + ahd. *scalc*, „Knecht"], im Frankenreich Hofbeamter, Haupt der Hofverwaltung mit der Fürsorge für die königl. Tafel, später durch den *Hausmeier* auf wirtschaftl. Aufgaben beschränkt; in den meisten roman. Ländern durch den Hausmeier vertreten; für das Hl. Röm. Reich →Truchseß.

Senf, 1. *Botanik:* 1. *Sinapis*, Gattung der *Kreuzblütler*, bes. verbreitet im Mittelmeergebiet. In Dtschld. der *Acker-S., Sinapis arvensis*, der *Weiße S., Sinapis alba*, dessen hellgelbe Samen zur Gewinnung von Speise-S. *(Mostrich)*, Speise- u. Brennöl sowie als Gewürz u. zur Herstellung von Salben verwendet werden. – 2. *Schwarzer S., Senfkohl, Brassica nigra*, im Mittelmeergebiet an Flußufern heimischer *Kreuzblütler*, mit gelben Blüten u. dunkelbraunen Samen, die ebenso wie die Samen des in Rußland angebauten *Sarepta-S.s* u. des *Indischen S.s* den S.samen des Handels liefern. Verwendung zu Schmieröl u. von äther. S.öl sowie zur Herstellung von *Mostrich*. In Dtschld. angebaut u. verwildert. – 3. Bez. für andere *Kreuzblütler* wie *Meer-S. (Cakile), Bauern-S. (Teesdalia)*.

2. *Lebensmittel: Speise-S.* →Mostrich.

Senfgas, *Lost, Dichlordiäthylsulfid, Yperit*, eine organ. Schwefelverbindung $(C_2H_4Cl)_2S$; senfartig riechende Flüssigkeit, chem. Kampfstoff der Gelbkreuz-Klasse von lungen- u. hautschädigender Wirkung (1. Weltkrieg); heute auch zur Krebsbekämpfung verwendet.

Senfkohl →Senf (1).

Senfkorngarten, eigentl. „Handbuch der Malerei aus dem S." (chin. *Chieh-tzu-yüan hua-chuan*), chines. Druckwerk mit maltheoret. Texten u. Bildvorlagen (Farbholzschnitte) als Anleitung für Amateurmaler, zuerst 1697 in 5 Teilen hrsg. von *Wang Kai*; in zahlreichen Auflagen verbreitet.

Senfl, Ludwig, Komponist, * um 1486 Basel oder Zürich, † 1542 oder 1543 München; Schüler H. *Isaacs*, als Altist Mitglied der Hofkapelle Kaiser Maximilians I., seit 1523 an der Hofkapelle Herzog Wilhelms IV. von Bayern in München. S. war einer der Hauptmeister des polyphonen dt. Liedsatzes (Cantus-Firmus-Technik, Bemühung um Textauslegung), von der Niederländ. Schule beeinflußt; schrieb auch Messen und Motetten.

Senföle, *Isothiocyansäureester*, Alkylimide der Thiokohlensäure, organ. Schwefelverbindung von scharfem Geruch. Allgemeine Form: $R{-}N{=}C{=}S$ (wobei R = Alkyl oder Aryl). Bekanntester Vertreter ist das aus dem Samen des Schwarzen Senfs als ätherisches Öl gewonnene *Allylsenföl* (Allylisothiocyanat, eigentliches Senföl), Formel: $CH_2{=}CH{-}CH_2{-}N{=}C{=}S$. Diese haut- u. augenreizende Flüssigkeit findet als Insektengift, keimhemmendes Mittel u. in der Medizin Verwendung.

Senfpapier, *Senfpflaster, Charta sinapisata*, mit Senfsamenpulver überzogenes Papier- oder Leinwandstück; **wird zur Hautreizung angefeuchtet 5–10 Minuten auf die Haut gelegt; längere Reizung führt zu Blasenbildung; durchblutungsfördernd.**

Senfspiritus, alkohol. Lösung von Senföl; zu hautreizenden Einreibungen verwendet.

Senftenberg, Kreisstadt im Bez. Cottbus, in der Niederlausitz, an der Schwarzen Elster, 30 500 Ew., Mittelpunkt des Lausitzer Braunkohlenbergbaus, Glasindustrie, Ziegeleien. – Krs. S.: 598 qkm, 121 000 Ew.

Senghor [sɛ̃'gɔːr], Léopold Sédar, senegales. Politiker u. Dichter, * 9. 10. 1906 Joal; Studium in Frankreich; 1946–1958 Abg. in der französ. Nationalversammlung; gründete 1948 den *Bloc Démocratique Sénégalais (BDS)*, aus dem 1976 die Regierungspartei *Parti Socialiste* hervorging. 1952 Staatssekretär in der französ. Regierung. 1960–1980 Präs. von Senegal, 1962–1970 auch Min.-Präs. – Mit A. *Césaire* ist S. der führende Dichter der *Négritude*. Dt. Gesamtausgabe der Gedichte: „Botschaft u. Anruf" 1962; ferner polit. Schriften. 1968 Friedenspreis des Dt. Buchhandels.

Sengi, *Zengi, Zangi*, Imad al-Din, Emir von Mosul 1127–1146, † 14. oder 24. 9. 1146 (ermordet); erfolgreich gegen Kreuzfahrer u. Byzanz, gewann Mesopotamien u. das nördl. Syrien; Gründer der *Sengiden-(Zengiden-)*Dynastie, die bis um die Mitte des 13. Jh. in Mosul an der Macht war. – S.s Sohn u. Nachfolger in Syrien, *Nurad-Din* (* 1118, † 15. 5. 1174), konnte seinen Machtbereich wesentl. erweitern, 1154 gelang ihm die Eroberung von Damaskus. In seinem Auftrag ging Saladin nach Ägypten; S. wurde von Mamluken ermordet.

Sengiden, *Zengiden* →Sengi.

Senhora [sɛ'njora; portug.], Frau, auch Bestandteil geograph. Namen.

Seni, Giovanni Baptista, italien. Astrologe, * 1602 Genua, † 1656 Genua; im Dienst *Wallensteins*.

Senigallia, italien. Hafenstadt in der Region Marken, nordwestl. von Ancona, 37 000 Ew.; Seebad; Zement- u. opt. Industrie. – Das antike *Sena Gallica*, Siedlung der kelt. Senonen; 207 v. Chr. Niederlage *Hasdrubals*.

Senior [der, Mz. *S.en*; lat., „der Ältere"], **1.** *allg.:* Abk. *sen.*, der Ältere von zwei Verwandten gleichen Namens.

2. *Sport:* in den meisten Sportarten der Angehörige der wichtigsten *Altersklasse* (*Seniorenklasse*; außerdem *Jugendklasse, Juniorenklasse*), meist zwischen 18 u. 30 Jahren. Beim Rudern Angehöriger einer *Leistungsklasse*, wenn er 4 Siege in der Juniorenklasse erzielt hat. Beim Tanzsport alle Paare, deren männl. Partner über 40 Jahre alt ist.

3. *student. Verbindungen:* der Vors. einer Korporation.

Senior ['sinjə], Nassau William, brit. Nationalökonom, * 26. 9. 1790 Uffington, † 4. 6. 1864 Kensington; Begründer der Abstinenztheorie des Zinses. Hptw.: „An Outline of the Science of Political Economy" 1836, [6]1872, Neudr. 1951.

Seniorat [das; lat.], **1.** *Geschichte:* poln. Gesetz von 1138, nach dem der Senior der Piastendynastie als Herrscher Kleinpolens (Hptst. Krakau) führend unter den poln. Fürsten sein sollte, während Großpolen, Schlesien, Masowien, Kujawien u. Sandomir als Herzogtümer den nachgeordneten Piasten zufallen sollten. Das S. brachte statt der erstrebten Einheit Polens den Zerfall in Teilfürstentümer.

2. *Recht:* = Majorat.

Senkaku-Inseln, kleine unbewohnte Inselgruppe zwischen Taiwan u. der japan. Insel Okinawa, ca. 20 qkm; von Japan, China u. Taiwan beansprucht.

Senkblei, *Senklot* →Lot.

Senkbrunnen →Schachtbrunnen.

Senker, 1. *Botanik:* = Ableger.

2. *Werkzeuge:* ein mit schrägen Schnittflächen versehenes, umlaufendes Werkzeug zum Ausarbeiten oder Abschrägen der Kanten eines vorgebohrten Lochs.

Senkfuß, Deformation des Fußes infolge mangelhafter Festigkeit der Knochen, Bänder u. Muskeln; macht sich durch Einknicken u. Senken des Fußgewölbes z. T. sogar als *Plattfuß* bemerkbar.

Senkgrube, eine gemauerte Grube zur Aufnahme von Fäkalien; bei abflußlosen Aborten.

Senkkasten, *Caisson*, unten offener Kasten aus Stahlbeton oder Stahl für Gründungsarbeiten unter Wasser. Der S. wird auf den Grund abgesenkt u. das Wasser durch Druckluft hinausgepreßt. Das Kasteninnere bildet den Arbeitsraum. Es ist durch eine Luftschleuse zu erreichen.

Senkkopf, bei Schrauben, Nägeln u. Nieten kegelstumpfförmiger Kopf, der in das Material versenkt wird (bündig liegt).

Senknetz, durch Bügel gespanntes Netztuch, das ins Wasser gesenkt wird u. mit dem beim Heben darüber befindliche Fische gefangen werden können. →auch Angelgeräte, Fischerei.

senkrecht, *lotrecht*, unter einem Winkel von 90° auf einer Geraden oder einer Ebene stehend.

senkrechter Schnitt →Riß.

Senkrechtstarter →VTOL-Flugzeug.

Senkung, *Verslehre:* eine im metrischen Schema unbetonte Silbe (entspr. der Kürze im antiken Quantitätssystem).

Senkwaage →Aräometer.

Senkwasser, eine Art von *Bodenwasser*, →Sikkerwasser.

Sennar, Stadt in der Rep. Sudan am Blauen Nil oberhalb von Wad Medani, in der Landschaft Gesira, 15 000 Ew.; Hochwasser- u. Verkehrsdamm.

Senne, Heidelandschaft vor dem Südwesthang des Teutoburger Walds zwischen Bielefeld u. Bad Lippspringe; Truppenübungsplatz *S.lager*.

Sennerei, Viehwirtschaft in einer Alpenwirtschaft; *Sennhütte*, Gebäude zur Verarbeitung von Milch u. Milchprodukten, oft Wohnung des *Sennen* oder der *Sennerin*.

Sennesblätter, *Folia Sennae*, im Kaltauszug als Abführmittel verwendete Blätter von *Cassia-Arten. Cassia angustifolia*, in Ostafrika u. Arabien heimisch, in Ostindien angebaut, liefert die *Tinnevelly-S.*, die in Ägypten u. im trop. Afrika verbreitete *Cassia acutifolia* die *Alexandrinischen S.*

Sennestadt, Stadtteil von Bielefeld; seit 1957 im Aufbau, 1962–1972 selbständige Stadt. – 🅱 →Städtebau.

Šenoa ['ʃɛ-], August, kroat. Schriftsteller u. Theaterdirektor, * 14. 11. 1838 Agram, † 13. 12. 1881 Agram; steht am Übergang von Romantik u. Realismus; patriot. Gedichte, histor. Romane u. Erzählungen mit sozialer Tendenz.

Senoi, das weddide Volk der →Sakai auf der Halbinsel Malakka.

Senon [das; nach dem lat. Namen der französ. Stadt *Sens* oder dem kelt. Stamm der *Senonen*], „Stufe" der Oberen Kreide; heute in *Maastricht* u. *Campan* untergliedert.

Senonen, kelt. Volksstamm, siedelte zwischen Loire u. Seine, von *Cäsar* 54–52 v. Chr. unterworfen. Ein Teil der S. zog 400 v. Chr. mit anderen Kelten nach Mittelitalien u. siedelte sich um Ancona an; 283 v. Chr. von den Römern unterworfen.

Señor [sɛ'njor; span.], Herr.

Señora [sɛ'njora; span.], Dame, Frau.

Señorita [sɛnjo-; span.], Fräulein.

Sens [sɑ̃s], Stadt im mittelfranzös. Dép. Yonne, an der Yonne, 24 600 Ew.; Zentrum des *Sénonais*; roman.-got. Kathedrale (12.–15. Jh.), eine der ältesten Frankreichs, mit prunkvollem Kirchenschatz; Gerbereien, Metall- u. Holzverarbeitung, Maschinenbau, Elektroindustrie, Handel mit Agrarprodukten; Flußhafen. – Antike Hptst. der Senonen; später römisch.

Sensal [pers., arab., ital.], Makler.

Sensarie [ital.] →Courtage.

Sensburg, poln. *Mrągowo*, Stadt in der ehem. Prov. Ostpreußen (seit 1945 poln. Wojewodschaft Olsztyn), südwestl. von Rastenburg, 13 000 Ew.; Holz-, Maschinen- u. landwirtschaftl. Industrie.

Sense, Gerät zum Mähen von Getreide u. anderen Nutzpflanzen, ein 80 cm langes, schwach gebogenes Messer, das an einem etwa 1,60 m langen Holzstiel (*S.nbaum, Warf* oder *Wurf*) befestigt ist. S.en sind seit der Latènezeit bekannt.

Sensibilisatoren [lat.], den photograph. lichtempfindl. Schichten zugesetzte Farbstoffe (z. B. Eosin, Isocyanin- u. Polymethinfarbstoffe), die eine photograph. Schicht *sensibilisieren*, d. h. eine dem Helligkeitsempfinden des menschl. Auges entspr. Verteilung der photochem. Einwirkung der verschiedenen Lichtwellenlängen auf die lichtempfindl. Schicht bewirken. →auch Photographie.

Sensibilisierung [lat.], Empfindlichkeit gegenüber artfremdem Eiweiß bei Mensch u. Tier. Bei Injektion der betr. Eiweißkörper reagieren sie mit allergischen Erscheinungen (→Allergie).

Sensibilität [lat.], *Biologie:* →Reiz.

sensible Periode, *Genetik: kritische Periode*, ein bestimmter, kurzer Entwicklungsabschnitt, in dem die Ausprägung eines Merkmals durch die während dieser Zeit herrschenden Bedingungen bestimmt wird.

sensible Phase, *Verhaltensforschung:* ein bestimmter Entwicklungsabschnitt, in dem die Tiere →lernen können.

Sensillen [lat.] = Sinneszellen.

Sensitivity Training [sɛnsi'tiviti 'trɛiniŋ; engl.], ein Verfahren innerhalb der *Gruppendynamik*, das die Fähigkeit des adäquaten Aufnehmens u. Beantwortens von Kommunikationssignalen („sensitivity") schult (trainiert). Die Methode geht auf K. *Lewin* zurück (1947 erstes „Gruppendynamisches Laboratorium" beim Massachusetts Institute of Technology). In Europa fand sie vor allem in England, Skandinavien, den Niederlanden u. Belgien Eingang; in Dtschld. – wo die Methode bes. durch Adolf Martin *Däumling* (*12. 2. 1917), Bonn, untersucht wird – bisher nur vereinzelt zur Verbesserung der Kommunikation innerhalb von Arbeitsgruppen (z. B. in einem Betrieb). Die Ziele des S.T.s, das in ein- bis dreiwöchiger Klausur ohne themat. Inhalt stattfindet, sind: Reifung durch Selbstkonfrontation, Verbesserung der Sozialwahrnehmung, Fundierung der Kooperation u. Neubegründung von Autorität.

Sensitometrie [lat.], Bestimmung der Empfindlichkeit photograph. Schichten u. deren Gradation mit Hilfe von *Sensitometern* (Stufengraukeil, rotierende Sektorenscheibe).

sensorische Nerven, *afferente, zentripetale Nerven*, leiten Erregungen von der Peripherie (z. B. von Sinnesorganen) zum Zentrum (Gehirn, Rückenmark). Gegensatz: *motorische (efferente, zentrifugale)* Nerven. →Nervensystem.

Sensualismus [lat.], eine bes. in England heimische philosoph. Richtung, die alle Bewußtseinsinhalte aus Empfindungen [frz., engl. *sensations*] bzw. Sinneseindrücken *[impressions]* oder Wahrnehmungen ableitet. Für die Stoiker war die Seele ohne Wahrnehmungen eine leere Tafel *[Tabula rasa]*; J. *Locke* verglich sie einem weißen Papier, das seine Schrift erst von der äußeren (u. inneren) Wahrnehmung erhält. Man muß unterscheiden zwischen der Auffassung, für die aller Stoff der Erkenntnis aus der Sinnlichkeit stammt, u. der i. e. S. sensualist. Auffassung, für die das Erkennen selbst zur Sinnlichkeit gehört (E. B. de *Condillac*, Heinrich *Czolbe* [*1819, †1873], L. *Feuerbach* u. a.) oder für die es nur Empfindungen gibt (E. *Mach*).

Sensus communis [lat.], gesunder Menschenverstand.

Šent [ʃɛnt; serbokr.] = Sankt.

Senta, ung. *Zenta*, jugoslaw. Stadt an der Theiß, 25 000 Ew.; landwirtschaftl. Markt. – Bei S. siegte am 11. 9. 1697 *Prinz Eugen* über die Türken.

Senta [zu ahd. *sind*, „Weg, Reise, Kriegszug", oder Kurzform von *Kreszentia*], weibl. Vorname.

Sentenz [die; lat.], *Literatur:* ein knapp u. treffend formulierter Ausspruch, der eine vorher geschilderte Situation oder Erkenntnis in einem Satz zusammenfaßt u. zu allg. Bedeutung erhebt; Beispiel: „Die Axt im Haus erspart den Zimmermann" (*Schiller*, „Wilhelm Tell", 3. Aufzug, 1. Szene). Im Gegensatz zum *Aphorismus* steht die S. gewöhnl. in Versform u. ist allg. verständlich.

Sentenzenbücher, seit dem 5. Jh. Bez. für theolog. Lehrbücher, die vorwiegend Aussprüche („Sentenzen") der Kirchenväter enthielten; bes. wichtig in der Scholastik *(Petrus Lombardus)*.

sentimentalische Dichtung, von *Schiller* in dem Aufsatz „Über naive u. s. D." 1795 geprägter Begriff, der alle Dichtung meint, die im Bewußtsein der verlorenen „Totalität" des Menschen die Einheit von Mensch u. Natur, von Geist u. Sinn wiederherstellen will; im Gegensatz zur *naiven Dichtung*, die diese Einheit noch enthält.

Senufo, *Siene*, Sudannegervolk (850 000), am oberen Niger, Savannenbauern (Hirse) mit Erdkult, Geheimbund, Lippenpflöcken der Frauen; Vaterrecht mit mutterrechtl. Zügen.

Senussi, *Senusi*, polit.-religiöser islam. Derwischorden, gegr. um 1835 von Sidi Mohammed ibn Abi es-Senussi (*1791, †1859) in Mekka. 1855 wurde die Oase Djaghabub (Cyrenaica) Zentrum des Ordens, der über Nordafrika Verbreitung fand u. ursprüngl. europa- u. christenfeindl. war. 1911/12 unterwarfen die Italiener kurze Zeit die S. Der Enkel des Gründers, es-Sajid Mohammed Idris es-Senussi, war 1916–1923 Emir der S. unter italien. Hoheit, 1951–1969 König von Libyen.

Senyavininseln, Inselgruppe der Karolinen, mit →Ponape.

senza [ital.], ohne; oft bei musikal. Vortragsbezeichnungen, z. B. *senza sordino*, ohne Dämpfer.

Seoul [se'ul] = Soul.

Sepalen [lat.], Kelchblätter der →Blüte.

Separanda [lat., „die zu Trennenden"], stark wirkende Arzneimittel, die in Apotheken bes. aufbewahrt werden, im Arzneibuch bes. gekennzeichnet; Flaschen mit roter Aufschrift.

Separatismus [lat.], polit., geistige oder religiöse Absonderung, bes. nationaler Minderheiten; i. e. S. das Streben nach Abtrennung eines Gebiets aus einem Staatsverband. – In Dtschld. vor allem die nach dem 1. Weltkrieg mit französ. Hilfe auftretenden Bestrebungen, eine unabhängige „Rheinische Republik" zu gründen.

Separatist, Anhänger des *Separatismus*.

Separator, *Milchseparator* →Zentrifuge.

Séparée [das; frz.], *Chambre séparée*, in einer Gaststätte ein abgesonderter Raum für ein allein speisendes Paar.

Seper, Franjo, jugoslaw. Kardinal (seit 1965), *2. 10. 1905 Osijek; 1960 Erzbischof von Agram, 1968 Präfekt der Kongregation für die Glaubenslehre.

Sephardim [hebr.], *Spaniolen*, eine Gruppe der →Juden.

Sepia [grch.], *S.pigment*, aus den S.drüsen des Tintenfischs gewonnenes schwarzgraues Pigment; seit dem 18. Jh. in der bildenden Kunst vor allem für Federzeichnungen verwendet.

Sepien [Mz.; grch.], *Sepioidea*, Unterordnung der *Kopffüßer*; an den Küsten im Bodenschlamm der europ. Meere. Der flachgedrückte Körper hat am Hinterende eine von Haut überzogene Schale aus Kalk *(Schulp)*. Der bis zu 30 cm lange *europäische Tintenfisch, Sepia officinalis*, kann in Erregung oder in Anpassung an den Untergrund seine Farbe wechseln. Bei Gefahr spritzt er aus seinem Tintenbeutel einen dunkelbraunen Farbstoff *(Sepia, S.pigment)*, der dem Angreifer die Sicht nimmt. – [B] →Farbwechsel.

Sepik, dt. früher *Kaiserin-Augusta-Fluß*, Fluß in Neuguinea, rd. 1000 km (davon rd. 800 km schiffbar), entspringt im Zentralgebirge u. mündet an der Nordostküste in die Bismarcksee.

Sepoy ['si:pɔi; engl., pers. *Sipahi*, „reitender Soldat"], Eingeborenensoldat im Dienst der Ostind. Kompanie. Im *S.-Aufstand* 1857–1859, geführt von dem letzten Marathen-Peschwa Nana Sahib, kämpften Hindus u. Moslems gegen die Verletzung religiöser Bräuche durch die Engländer.

Seppänen, Unto Kalervo, finn. Erzähler, *15. 5. 1904 Helsinki, †22. 3. 1955 Helsinki; schrieb Romane aus Natur u. Geschichte der karel. Heimat: „Markku u. sein Geschlecht" 1931–1934, dt. 1938; „Brände im Schnee" 1941, dt. 1950.

Sepsis [die; grch.], *Blutvergiftung*, Allgemeininfektion durch Eindringen von Krankheitserregern, bes. Eiterkeimen, in die Blutbahn. Bei der *metastasierenden Sepsis* gelangen die S.erreger unmittelbar in die Blutbahn, während sie bei der *Septikämie* erst in Lymphgefäße u. Lymphknoten eindringen, z. B. von einer Verletzung aus, u. von dort in die Blutbahn einbrechen. Zur ärztl. Behandlung dienen vor allem Antibiotika u. Sulfonamide.

Septakkord →Septimenakkord.

Septarienton [lat.], *Rupelton*, tonige Bildung der mittleren Oligozänzeit, mit großen, innen rissigen Kalkkonkretionen.

September [lat. *septem*, „sieben"], *Scheiding*, ursprüngl. im röm. Kalender 7. Monat, heute 9. Monat des Jahres mit 30 Tagen.

Septenar [lat.], in der latein. Metrik der katalekt., jamb. oder trochäische (auch anapäst.) Tetrameter, benannt nach der vollen Zahl der Versfüße (7 + 1 Silbe); Zäsur nach dem 4. Versfuß (Nebenzäsur nach dem 2.); verwendet im röm. Schauspiel, als *versus quadratus* in der Volksdichtung der Kaiserzeit, in frühchristl. Kirchenliedern, in der dt. Dichtung u. a. im „Faust II".

Septennat [lat.], Zeitraum von 7 Jahren, bes. 7jährige Amts-, Geltungsperiode.

Septett [das; lat.], Komposition für 7 Stimmen (vokal oder instrumental), auch die Gruppe von 7 Solisten. Berühmt ist Beethovens S. op. 20.

Septillion, die Zahl 10^{42}, d. h. eine 1 mit 42 Nullen.

Septime [die; lat.], die 7. Stufe der diaton. Tonleiter u. das →Intervall zwischen dem 1. u. dem 7. Ton; große S.: c–h; kleine S.: c–b; verminderte S.: c–heses oder cis–b; übermäßige S.: c–his oder ces–h; doppelt übermäßige S.: ces–his. Eine Dissonanz.

Septimenakkord, *Septakkord*, der durch Hinzufügung einer Septime erweiterte Dreiklang. Der auf jeder Tonleiterstufe mögl. S. wird durch die Septime zu einem dissonanten Spannungsakkord, der seine Auflösung in einen konsonanten Dreiklang (mit Oktave) verlangt. Bei der Auflösung des Dominant-S.s (auf der 5. Stufe, z. B. in C-Dur g–h–d–f) in die Tonika schreitet in der Regel die Terz einen Halbton aufwärts, die Septime einen Halbton abwärts (→auch Kadenz). Umkehrungen des S.s: 1. Quintsextakkord (Terz im Baß), 2. Terzquart(sext)akkord (Quinte im Baß), 3. Sekund(quartsext)akkord (Septime im Baß).

Septimerpaß, ital. *Passo di Sett*, seit dem MA. verödeter Alpenpaß im Kanton Graubünden, 2310 m, verbindet das Oberhalbstein (Seitental der Albula) mit dem Bergell (Bregaglia), heute umgangen durch die Straße über Julier- u. Malojapaß.

Septimius Severus →Severus (1).

septisch [grch.], als →Sepsis verlaufend, zur Sepsis gehörend. Gegensatz: *aseptisch* (→Asepsis).

Septole [die; ital.], *Musik:* eine Gruppe von 7 gleichwertigen Noten, die den Zeitraum von regulär 8 oder 6 Noten ausfüllen soll, dargestellt mit einem Bogen u. der Ziffer 7.

Septuagesima [lat., „der siebzigste"], früher der 1. Sonntag der Vorfastenzeit (9. Sonntag vor Ostern). →Kirchenjahr.

Septuaginta [die; lat., „siebzig"], Abk. *LXX*, griech. Übersetzung des A. T. aus dem Hebräischen; nach der Legende („Aristeasbrief", 2./1. Jh. v. Chr.) von 72 jüd. Gelehrten in 72 Tagen in Alexandria angefertigt. Tatsächlich wurden, wohl unter Ptolemaios II. Philadelphos begonnen, in der ersten Hälfte des 3. Jh. v. Chr. die 5 Bücher Mose ins Griech. übersetzt u. im Lauf der nächsten 100 bis 150 Jahre die übrigen Schriften des A. T.

Septum [das, Mz. *Septa, Septen*; lat.], Scheide-, Trennwand; Septen finden sich bei Korallentieren *(Anthozoa)* als radiale Wände, die das Schlundrohr befestigen, bei den Wirbeltieren z. B. als Nasen-, Herzscheidewand.

Sepulcrum [das, Mz. *Sepulcra*; lat.], Grabstätte, die kleine Reliquiengruft in der Mensa des kath. Altars.

seq., Abk. für *sequens*.

Sequaner, Keltenstamm um Besançon (Vesontio); riefen 72 v. Chr. *Ariovist* zur Hilfe gegen die Haeduer nach Gallien; 58 v. Chr. von *Cäsar* besiegt u. seitdem unter röm. Herrschaft.

Sequenz [die; lat., „Folge"], **1.** *Film:* eine kleine Handlungseinheit, die aus einer schnell wechselnden Folge von Einstellungen gestaltet ist.

2. *Kartenspiel:* eine Reihe von drei oder mehr im Wert aufeinanderfolgenden Karten gleicher Farbe.

3. *kath. Kirche:* Teil der Meßliturgie; im MA. entstandene, ursprüngl. an das Alleluja des Zwischengesangs angehängte poet. Gesänge (german. Ursprungs) über den jeweiligen Festgedanken. Die kath. Liturgie kennt heute noch zwei S.en (vor dem Alleluja): zu Ostern u. zu Pfingsten.

4. *Musik:* die Wiederholung einer Tonfolge (Motiv) auf anderen Tonstufen zur Fortspinnung eines musikal. Gedankens oder zur Steigerung.

Sequenzanalyse, *Periodenanalyse*, Methode der dynamischen Wirtschaftstheorie zur Erfassung von Veränderungen ökonom. Größen im Zeitablauf. Ausgehend von gegebenen Datenkonstellationen einer bestimmten Periode, die ihrerseits als Konsequenz der Vorperiode erscheinen, wird in der laufenden Periode die Entwicklung dieser ökonom. Größen verfolgt. – [L] 4.4.5.

Sequester [der; lat.], **1.** *Medizin:* abgestorbenes Gewebestück, meist vom Knochen, das sich vom lebenden Gewebe gelöst hat u. vom Körper ausgestoßen oder eingekapselt wird.

2. *Recht:* behördlich bestellter Verwalter im Rahmen einer *Sequestration*.

Sequestration [lat.], behördl. Verwahrung u. Verwaltung von Sachen (bes. Grundstücken) u. Rechten, auch Beaufsichtigung von Personen (z. B. Minderjährigen), bes. im Rahmen eines gerichtl. *Zwangsvollstreckungsverfahrens* (z. B. nach §§ 848, 855, 938 ZPO); zu unterscheiden von der →Zwangsverwaltung. →auch Treuhand. – In *Österreich* u. der *Schweiz* ist S. die Verwahrung einer Sache, über deren Rechtsverhältnisse Streit oder Unklarheit besteht, durch eine neutrale Privatperson, u. zwar auf Ersuchen der streitenden Parteien oder auch (in Österreich) des Gerichts.

Sequoia [nach dem indian. Gelehrten G. G. *Sequoya*, †1843] →Redwood; →auch Mammutbaum.

Sequoiadẹndron = Mammutbaum.
Ser [das; hind.], *Sier*, altes ind. Handelsgewicht; 1 S. zwischen 500 g u. 16 kg.
Sérạcs [frz.], Eis- u. Firnblöcke, entstehen durch Brüche von Gletschern an unterird. Hindernissen.
Serafimọwitsch, Alexander, eigentl. A. S. *Popow*, russ. Schriftsteller, *19. 1. 1863 Nischne-Kurmojarskaja, Dongebiet, † 19. 1. 1949 Moskau; Vertreter des sozialist. Realismus; schilderte in dem Roman „Der eiserne Strom" 1924, dt. 1925, die Zeit des Bürgerkriegs; „Die Stadt in der Steppe" 1912, dt. 1953.
Serafịn, Tullio, italien. Dirigent, *1. 9. 1878 Rottanova di Cavarzere, † 3. 2. 1968 Rom; seit 1909 an der Mailänder Scala, seit 1924 an der New Yorker Metropolitan Opera, seit 1935 in Rom.
Serạil → Saray.
Seraing [sə'rɛ̃], Stadt in der belg. Prov. Lüttich, an der Maas, 40600 Ew.; Eisen- (Cockerillwerke), Stahlwerke, Lokomotivbau u. Glasindustrie.
Sẹram, *Ceram*, *Serang*, zweitgrößte indones. Molukkeninsel, 17150 qkm, 120000 Ew. *(Alfuren)*; dichtbewaldete Gebirge, fruchtbare Täler; Anbau von Sago, Kopra, Gewürznelken, Kaffee, Kakao; Erdölvorkommen; Hauptort *Sawai*.
Seramsee, ein Teilgebiet des Australasiat. Mittelmeers; bis 5318 m tief.
Sẹrang = Seram.
Serạo, Matilde, Pseudonyme *Tuffolina*, *Gibus*, italien. Erzählerin, *7. 3. 1856 Patras (Griechenland), † 25. 7. 1927 Neapel; Journalistin, Hrsg. des „Corriere di Napoli" u. des „Mattino"; bedeutende Vertreterin des Realismus, schildert in Romanen u. Novellen das Kleinbürgertum Neapels: „Riccardo Joanna's Leben u. Abenteuer" 1887, dt. 1901; „Es lebe das Leben!" 1909, dt. 1910.
Serạph [der, Mz. *S.im*; hebr., „Schlange"], himmlisches (sechsflügeliges) Wesen. In Jesajas Berufungsvision (Jes. 6) stehen die S.im um Gottes Thron; bilden den höchsten der 9 Engelchöre.
Séraphine [sera'fin], eigentl. Séraphine *Louis*, französ. Malerin, *2. 9. 1864 Assy, Oise, † 11. 12. 1942 Clermont, Oise; war Putzfrau u. starb in einer Irrenanstalt. Der Kunstkritiker W. *Uhde* entdeckte sie 1912 für die Kunstwelt. Sie malte ausschließl. Pflanzen u. Bäume mit üppig kreisendem Blattwerk, dessen ornamentaler Gestus auch Tiermerkmale, wie z. B. Pfauenaugen, einschließt.
Serạpionsbrüder, eine 1921 in Petrograd gegr. Gruppe sowjet. Schriftsteller, nach E. T. A. *Hoffmanns* Erzählzyklus „Die S." 1819–1821, mit dessen „serapiontischem Prinzip" die verschiedensten Erzählweisen verknüpft werden konnten. Das Programm der S. war, die Literatur von ideolog. u. polit. Tendenzen freizuhalten. Die Richtung war Mitte der 1920er Jahre bedeutsam u. wurde dann von der offiziellen Kulturpolitik unterdrückt. Theoretiker war Lew Natanowitsch *Lunz* (*1901, † 1924), bedeutende Vertreter: K. A. *Fedin*, W. W. *Iwanow*, W. A. *Kawerin*, N. N. *Nikitin*, N. S. *Tichonow*, M. M. *Soschtschenko*, J. I. *Samjatin*.
Serạpis, *Sarapis*, altägypt.-griech. Gott (bei den Ptolemäern Bez. für *Osiris*); durch Kombination mit anderen Gottheiten (Zeus) wurde S. zum Allgott. Heiligtümer: *Serapeion (Serapeum)* in Alexandria, Memphis, Griechenland u. Rom.
Sẹrau, *Capricornis sumatrensis*, an hohe Luftfeuchtigkeit angepaßte *Gemse* Mittel- u. Südostasiens; in den Südstaaten der USA eingebürgert.
Serawschạn, *Serafschan*, Fluß in Westturkistan, rd. 900 km lang, entspringt im Alai, bewässert die Oasen von Samarkand u. Buchara u. trocknet infolge hoher Verdunstung nahe dem Amudarja aus.
Serben, eigene Bez. *Srbi*, südslaw. Volk auf der Balkanhalbinsel, zwischen Donau u. Adria, etwa 8 Mill., vorwiegend der griech.-orth. Kirche angehörend, mit kyrill. Schrift; bildeten schon Ende des 12. Jh. einen eigenen Staat. Starke Unterschiede durch byzantin. u. türk. Einfluß; mit einer Vielfalt an Dorf- (Straßen-, Haufendorf, Einzelsiedlung) u. Haustypen (Stein-, Lehm-, Blockhäuser, Strohhütten, Einraumhütten, Höfe mit Wirtschaftsbauten). Volkstüml. Musikinstrumente (Dudelsack, Flöte u. Doppelflöte, Gusla, langes Hirtenhorn), Volkstänze. Die alte Großfamilienorganisation *(Zadruga)* ist in Resten erhalten. Die S. bilden sprachl. mit den *Kroaten* eine Einheit u. werden mit diesen oft als *Serbokroaten* zusammengefaßt.
Serbien, serbokr. *Srbija*, histor. Kernlandschaft u. Teilrepublik im O Jugoslawiens, 88361 qkm, 8,5 Mill. Ew. (einschl. der autonomen Gebiete *Kosovo* u. *Vojvodina*); Hptst. *Belgrad*; nördl. von Save u. Drau Flachland mit einzelnen Erhebungen, landwirtschaftl. intensiv genutzt (Weizen, Mais, Zukkerrüben, Sonnenblumen, Tabak, Wein, Obst), Vorkommen von Erdöl; im S vegetationsarme Gebirge, von Flüssen gegliedert, mit Bodenschätzen (Blei-, Kupfer-, u. Zinkerze), in Becken u. breiten Flußtälern Anbau von Wein, Tabak, Baumwolle, Maulbeerbäumen u. Reis; vielseitige Industrie, bes. Maschinenbau u. Textilfabriken. – ☒→Jugoslawien.

Geschichte

Im Gebiet des heutigen S. siedelten im Altertum thrakische u. illyr. Stämme, die unter röm. Herrschaft kamen u. romanisiert wurden. Im 6./7. Jh. wanderten slaw. Stämme in das Land ein, das nun Teil des Oström. Reichs war. Ihren Stammesorganisationen standen Župane vor. Vom 8.–10. Jh. führten sie Kriege gegen das Byzantin. Reich, das Fränk. Reich u. die Bulgaren, die in der 2. Hälfte des 9. u. Anfang des 10. Jh. weite Teile beherrschten. Im 10. Jh. kam es zur Gründung des Fürstentums *Raszien* (Rascien), im 11. Jh. gelang auch den Fürsten von *Zeta* (Montenegro) die Schaffung eines selbständigen Staats. Nach vorübergehendem Zerfall gelang unter Großžupan *Stephan I. Nemanja* (1166–1196) von Raszien aus um 1171 die Einigung S.s; Bosnien allerdings wurde ungar. Einflußgebiet.
Nach 1180 konnte sich S. aus der Abhängigkeit von Byzanz lösen. 1217 wurde es Königreich. Im 13. Jh. kam es zu beträchtl. Ausweitung des serb. Herrschaftsgebietes (Nordmakedonien, Bosnien). Unter *Stephan Uroš III.* wurde 1330 der bulgar. Konkurrent um die innerbalkan. Vormacht entscheidend geschlagen. Sein Sohn *Stephan Dušan* (1331–1355) vergrößerte das serb. Reich um Südmakedonien, Epiros, Thessalien u. Albanien *(Großserbisches Reich)*. 1346 ließ er sich in Skopje zum „Kaiser der Serben u. Griechen" krönen. Nach seinem Tod zerfiel das Reich in Einzelstaaten.
Mit dem Sieg der Türken gegen ein serb. Aufgebot an der Maritza (1371) u. der vernichtenden Schlacht auf dem *Amselfeld* (1389) wurde die Herrschaft der Türken auf dem südl. Balkan für Jahrhunderte begründet. S. wurde tributpflichtig, bis es 1459 dem Osman. Reich ganz einverleibt wurde. Von Ungarn aus kämpften die Serben weiter. Seit dem Ende des 17. Jh. war S. Schauplatz der Kämpfe zwischen Österreich u. der Türkei. Nach dem Rückzug der Österreicher 1690 wanderten die Serben zu Zehntausenden in habsburg. Gebiete (Südungarn) ab. Der N S.s geriet zu Beginn des 18. Jh. unter österr. Herrschaft. Seit dem Ende des 18. Jh. erschütterten nationale Befreiungsbewegungen die türk. Machtstellung in S. Als im *Belgrader Paschalik* die aufständ. Janitscharen von den Serben besiegt u. entmachtet worden waren, begann ein allg. Volksaufstand unter Führung von G. *Karadjordje* (1804). Im *Frieden von Bukarest* (1812) wurde den Serben Autonomie zugesichert, doch gelang den Türken während der Napoleon. Kriege eine erneute Besetzung des Landes.
Unter *Miloš Obrenović* kam es 1815 wiederum zu einem Volksaufstand. 1816 wurde mit den Türken ein Vertrag geschlossen, der eine serb.-türk. Doppelverwaltung begründete; Miloš wurde 1817 als erbl. Fürst anerkannt. 1830 gestand die Türkei den Serben Selbstregierung zu; türk. Garnisonen blieben jedoch im Land. Der türk. Grundbesitz wurde weitgehend an serb. Bauern verteilt. Unter dem Druck des wohlhabenden Bürgertums mußte Miloš Obrenović abdanken, sein Sohn, *Michael III. Obrenović*, wurde 1842 verbannt. Sein Nachfolger wurde *Alexander Karadjordjević* (1842–1858), der Sohn Karadjordjes, der ganz unter dem Einfluß der Oligarchie der Senatoren stand. Außenpolit. suchte er Unterstützung bei Österreich. 1858, nach seinem Sturz, kam erneut Miloš Obrenović an die Macht. Ihm folgte 1860 wieder Michael Obrenović, der liberal gesinnt war, innere Reformen vorantrieb, die Vereinigung aller Serben u. Kroaten anstrebte u. Verträge mit den Nachbarstaaten auf dem Balkan schloß. Er wurde 1868 ermordet. Unter seinem Neffen *Milan I. Obrenović* (1868–1889) kam es 1869 zu Annahme einer Verfassung, die polit. Parteien blieben jedoch ohne großen Einfluß. 1876 führte Milan Obrenović Krieg gegen die Türkei, in dem die Serben geschlagen wurden. 1877 trat S. in den russ.-türk. Krieg (1877/78) ein, nach dessen Beendigung es volle Unabhängigkeit erlangte u. die Gebiete um Nisch u. Pirot gewann (*Berliner Kongreß* 1878).
Fürst Milan schloß sich eng an die österr.-ungar. Monarchie an, die seine Dynastie zu schützen versprach. 1882 ließ er sich zum König krönen. Der Krieg gegen Bulgarien 1885, der durch den *Frieden von Bukarest* 1886 beendet wurde, blieb ohne Erfolg. Der innere Widerstand gegen das Königshaus wuchs; 1889 dankte Milan ab. Sein Sohn u. Nachfolger *Alexander I. Obrenović* wurde 1903 ermordet. König *Peter I. Karadjordjević* (1903–1921) respektierte die Verfassung, schränkte den österr. Einfluß ein u. förderte die südslaw. Bewegung. In seiner Außenpolitik war er proruss. Zu wachsender Spannung kam es in den serb.-österr. Beziehungen. Durch den Zollkrieg (1906–1911) hoffte Österreich-Ungarn die serb. Wirtschaft zu schwächen. Als es Bosnien u. die Herzegowina annektierte (1908), drohte ein offener Ausbruch der Feindseligkeiten. Unter dem Druck der Großmächte gab S. jedoch seine Forderung nach Entschädigung auf. In den Balkankriegen (1912/13) gewann es das nördl. Makedonien. Der serb.-österr. Konflikt näherte sich dem Höhepunkt, als im Auftrag des Geheimbunds *Schwarze Hand* der österr. Thronfolger Erzherzog Franz Ferdinand in Sarajevo, der Hauptstadt Bosniens, am 28. 6. 1914 ermordet wurde. Das Attentat wurde Anlaß zum Ausbruch des 1. Weltkriegs. Am 9. 10. 1915 wurde Belgrad von den Mittelmächten genommen. Bulgarien schloß sich diesen an, ganz S. wurde besetzt. 1918 war mit dem Sieg der Alliierten das großserb. Ziel erreicht: S. wurde ein Teil des südslaw. *Königreichs der Serben, Kroaten und Slowenen*, das 1929 in →Jugoslawien umbenannt wurde. – ☒→Südosteuropa. – ◫5.5.7.
Serbisch →serbokroatische Sprache.
serbische Kunst →jugoslawische Kunst.
serbische Musik →jugoslawische Musik.
serbokroạtische Literatur. Die Literaturen der griech.-orth. bzw. islam. Serben u. die der röm.-kath. Kroaten nahmen, aus verschiedenen Kulturkreisen stammend, seit dem 19. Jh. eine parallele Entwicklung unter Bewahrung von regionalen Eigenarten.
Die serbische Literatur entstand in enger Anlehnung an die altbulgar. Literatur *(Miroslaw-Evangelium)*. Als neue Gattung pflegte sie im 14. u. 15. Jh. Fürstenviten. Das literar. Schaffen kam während der Türkenzeit zum Erliegen; es entstand aber eine umfangreiche Volksdichtung (Heldenlieder), deren Themen u. Motive das Schaffen der serb. Schriftsteller beeinflußten. Vergebl. mühte sich der Aufklärer D. *Obradović*, das „Slavenoserbische" (eine Mischung russ.-kirchl., russ. u. serb. Elemente) durch eine neue Literatursprache zu verdrängen, was V. St. *Karadžić* aufgrund von Volksdialekten gelang; er war Reformator der Schriftsprache u. Rechtschreibung. Dem serb. Theater bahnte Joakim *Vujić* (*1772, † 1847) den Weg; erster bedeutender Dramatiker war Jovan *Popović* (*1806, † 1856). Zur Romantik leitete Sima *Milutinović-Sarajlija* (*1791, † 1847) über, die ihren Höhepunkt in der Lyrik des P. P. *Njegoš* fand. Die jungserb. Bewegung (Vereinigung *Omladina* 1848–1871) knüpfte, begeistert vom Panslawismus, literar. Beziehungen zu Prag u. Krakau an u. setzte sich für die orthograph. Reform von V. Karadžić ein. Zur Omladina gehörten auch die Lyriker B. *Radičević* u. J. *Jovanović*.
Nach 1860 erfolgte die Zuwendung zur realist. Prosa nach russ. (Milovan *Glišić*, *1847, † 1908; L. *Lazarević*) oder französ. Vorbildern (S. *Matavulj*). Aus diesem Nährboden erwuchs das international gewürdigte Schaffen von I. *Andrić*. Der romantischen Lyrik (V. *Ilić*, A. *Santić*) folgte ein Symbolismus französ. Prägung (J. *Dučić*, M. *Rakić*), der Surrealismus, vereinzelt auch der sozialist. Realismus (M. *Ristić*). Schwächer entwickelt ist die dramat. Literatur (Branislaw *Nušić*, *1864, † 1938).
Kroatische Literatur: Im 10. Jh. bildete sich ein kirchenslaw. Schrifttum in glagolitischer Schrift aus. Dieses u. die zahlreichen Übersetzungen trugen wesentl. zur Ausformung der Volkssprache bei. Im 14. Jh. wurde die glagolitische Schrift von der latein. verdrängt. Die kroat. Literatur erreichte unter dem Einfluß der italien. Renaissance während des 16. u. 17. Jh. eine beachtl. Höhe in Dalmatien (bedeutender Vertreter der wissenschaftl. Tradition war Matthias Flacius *Illyricus* [*1520, † 1575], Epiker war M. *Marulić*, Dramatiker Petar *Hektorović* [*1487, † 1572]) u. in Ragusa (Troubadourlyrik: D. *Držić*, Šiško *Menčetić* [*1457, † 1527]; Renaissance-Komödie: M. *Držić*; Barockdichtung: I. *Gundulić*). Trotz des regen Interesses für sprachl. Fragen in der Aufklärung (Matija Antun *Reljković* [*1732, † 1798] u. Andrija *Ka*-

čić-Miošić [*1704, †1760], ein Vertreter der Volksdichtung) erhielt das literar. Schaffen erst um 1830 neuen Antrieb durch den Lyriker u. Begründer der kroat. Hochsprache L. *Gaj* u. die zunächst panslawist., dann südslaw., „illyrisch", eingestellte Wiedergeburtsbewegung „Preporod" (I. *Mažuranić*, P. *Preradović*), die die Schranken der Schriftdialekte beseitigte, das Š okawische als Schriftsprache übernahm u. für Kroaten u. Serben eine einheitl. Sprachgrundlage schuf. Die Lyrik, an romanischen u. dt. Vorbildern orientiert, bewahrte ihre romant.-idealist. Züge, als um 1870 mit A. *Šenoa* (histor. Romane, Feuilletons u. Kritiken in national-kroat. Geist) eine Überleitung zur realist. Prosa erfolgte (Josip *Kozarac*, *1858, †1906; K. S. *Djalski*; Vjenceslav *Novak*, *1859, †1905); in der Lyrik trat Silvije *Kranjčević* (*1865, †1908) hervor. 1895–1905 erfolgte die Auseinandersetzung um die Berechtigung der „Modernen", die die Autonomie der Kunst u. das Ästhetische betonten; gesucht u. gefunden wurde der Anschluß an die europ. Literatur (Lyrik: Antun *Matoš* [*1873, †1914], Dragutin *Domjanić* [*1875, †1933]; Drama: Ivo *Vojnović* [*1857, †1929]), auch der Kontakt zwischen der serb. u. kroat. Literatur war zu Beginn des 20. Jh. sehr eng. Diese Entwicklung führte über den Symbolismus zum Expressionismus. Richtunggebend wirkten in dieser Zeit V. *Nazor*, M. *Begović* u. vor allem M. *Krleža*. Nur zeitweilig fand der sozialist. Realismus Anhänger in der kroat. Literatur, seit Anfang der 1950er Jahre setzten sich „modernist." Richtungen durch (Petar *Šegedin* [*8. 7. 1909], Jure *Kastelan* [*18. 12. 1919], die Dramatiker Marijan *Matković* [*21. 9. 1915], Mirko *Božić* [*21. 9. 1919] u.a.). – 🄻 3.3.1.

serbokroatische Sprache, in Jugoslawien gesprochene, zum südl. Zweig der slaw. Sprachen gehörige Sprache. Die serbokroat. Schriftsprache wird in zwei Varianten gesprochen u. geschrieben: *Serbisch* ist die mit kyrill. Buchstaben geschriebene, von den orth. Serben gesprochene, *Kroatisch* die mit lat. Buchstaben geschriebene, von den kath. Kroaten gesprochene Spielart der serbokroat. Standardsprache. – 🄻 3.8.4.

Seremban, Hptst. des malays. Teilstaats *Negeri Sembilan*, zwischen Kuala Lumpur u. Malakka, 81 000 Ew.; Bahnstation.

Serenade [die; ital., frz.], „Abendmusik", „Ständchen"; Einzelstück, meist aber in Suitenform für mehrere Instrumente oder auch Gesang (von J. Haydn u. W. A. Mozart bis zu A. Schönberg u. I. Strawinsky).

Serenas, *Serenade*, Abendlied der provençal. Troubadours; am Ende jeder Strophe wurde meist das Wort *sera* (ital., „Abend") wiederholt.

Serengeti, Kurzgrassavanne im nördl. Tansania (Ostafrika), westl. des Hochlands der Riesenkrater, 1500–1800 m ü. M., mit dem *S.-Nationalpark*, einem bedeutenden Wildschutzgebiet.

Serenissimus [lat., „Durchlauchtigster"], früher Anrede für Fürsten. Um 1900 führte O. E. *Hartleben* in der Wochenschrift „Jugend" S. als Witzfigur eines vertrottelten Kleinstaatfürsten ein.

Serer, den *Tukulor* verwandter westafrikan. Stamm in Senegal, rd. 300 000; Vaterrecht.

Seret, linker Nebenfluß des oberen Dnjestr im W der Ukraine, entspringt auf der Wolynisch-Podol. Platte, 230 km lang.

Sereth, rumän. *Siret*, linker Nebenfluß der Donau, 699 km, entspringt in den Waldkarpaten der Bukowina, durchfließt die Moldau, mündet südl. von Galatz.

Serge [sɛrʒ; die; frz.], Gewebe in meist einseitiger Köperbindung aus Seide, Viskose, Wolle, Baumwolle; Kleider- u. Futterstoffe.

Sergeant, frz. *Sergent* [sɛr'ʒant; engl. 'sa:dʒənt], Unteroffiziersdienstgrad bei den brit., US-amerikan. u. frz. Streitkräften; im dt. Heer bis zum 1. Weltkrieg, stand rangmäßig zwischen Unteroffizier u. Vizefeldwebel.

Sergej von Radonesch, *Sergius von Radonesch*, russ. Abt, Heiliger, *um 1321 Rostow, †25. 9. 1392 Troiza-Kloster; Gründer des Dreifaltigkeitsklosters in Sagorsk. Fest: 25. 9.

Sergel, Johan Tobias von, schwed. Bildhauer, *8. 9. 1740 Stockholm, †26. 2. 1814 Stockholm; entscheidend durch die Antike beeinflußt; Denkmäler (Gustav III.) u. Büsten, bes. in Stockholm.

Sergi ['sɛrdʒi], **1.** Giuseppe, italien. Anthropologe, *20. 3. 1841 Messina, †12. 10. 1936 Rom; Prof. in Bologna u. Rom; Begründer der Anthropologie in Italien.

2. Sergio, Sohn von 1), italien. Anthropologe, *13. 3. 1878 Messina; Prof. in Rom; wies den Neandertaler für Italien nach (Skelett von Saccopastore 1929).

Sergipe [-'ʒipɛ], nordostbrasilian. Küstenstaat, 21 994 qkm, 1,07 Mill. Ew.; Hptst. *Aracajú*; Anbau von Maniok, Zuckerrohr, Mais u. Reis, z. T. auf bewässerten Feldern; Viehzucht.

Sergius, Päpste: **1.** *S. I.*, 687–701, Heiliger, Syrer; lehnte die von Kaiser *Justinian II.* geforderte Anerkennung der trullan. Beschlüsse (→Trullanische Synode) ab, weihte 695 *Willibrord* zum Bischof der Friesen. Fest: 9. 9.

2. *S. II.*, 844–847, Römer; ohne Beachtung der kaiserl. Rechte gewählt, von Kaiser *Lothar I.* deshalb erst nach Leistung des Treueids bestätigt. Die Plünderung Roms durch die Sarazenen (846) konnte er nicht verhindern.

3. *S. III.*, 904–911, Römer; grausam u. gewalttätig, wurde von der röm. Adelspartei des Theophylakt u. dessen Gattin Theodora erhoben.

4. *S. IV.*, 1009–1012, eigentl. *Pietro*, Römer; abhängig von Johannes Crescentius d. J. u. ihm nahestehenden röm. Adelskreisen; rief nach Zerstörung der Grabeskirche in Jerusalem (1010) vergebl. zum Kreuzzug auf.

Seri, Stamm der Hoka *(Kalifornische Indianer)*, am Golf von Kalifornien.

Seria [sə'riə], Erdölstadt im brit. Protektorat Brunei auf Borneo, 25 000 Ew.

serielle Musik [lat. *series*, „Reihe"], in der Reihenlehre der →Zwölftonmusik geforderte Benutzung einer vorgeschriebenen Tonreihe; in der neuesten Zeit auch auf Elemente wie Tondauer, Tonstärke, Tonhöhe, Klangfarbe ausgedehnt. – 🄻 2.9.4.

Seriema [indian., span.] →Schlangenstörche.

Serienfabrikation, *Serienfertigung, Serienproduktion*, eine Fertigung, bei der jeweils eine größere Anzahl gleichartiger Erzeugnisse *(Serie)* hergestellt wird. →auch Massenfabrikation.

Serientäter →Hangtäter, →Rückfall.

Serife [die; lat., engl.], Füßchen, Strich oder Kehlung als Abschlußlinie an den Buchstabenbegrenzungen.

Sérifos, *Seriphos*, ital. *Serfanto*, griech. Felseninsel der Kykladen, 73 qkm, 1900 Ew.; Hauptort *S.* (800 Ew.); Abbau von Marmor, Kupfer, Blei- u. Eisenerzen; Weinbau.

Serigraphie = Siebdruck.

Serin [das], eine Aminosäure, die gemeinsam mit anderen u. a. im Serizineiweiß des Seidenfadens vorkommt.

Sering, Max, Agrarwissenschaftler, *18. 1. 1857 Barby, †12. 11. 1939 Berlin; hatte maßgebl. Einfluß auf das Reichssiedlungsgesetz von 1919; gründete 1921 das Dt. Forschungsinstitut für Agrar- u. Siedlungswesen in Berlin.

Serir [der; arab.], flache, mit Kies u. Geröll bedeckte Wüstentafel, bes. in Libyen u. Ägypten; gleichbedeutend mit *Reg* in Algerien.

Serizin, leimartige Substanz (Seidenbast), die den Rohseidenfaden umgibt u. die mit heißer Seifenlauge entfernt wird. Das Entbasten führt zu Gewichtsverlusten von etwa 25% (Abkochverlust).

Serizitschiefer [grch.], ein metamorphes Gestein der Phyllitfamilie, Schiefer mit reichlich Serizitglimmermineralien.

Serkin ['zə:ki:n], Rudolf, US-amerikan. Pianist, *28. 3. 1903 Eger; spielte im Busch-Trio mit Adolf u. Hermann *Busch*; 1939 Dozent, 1968 Direktor des Curtis Institute of Music in Philadelphia.

Serlio, Sebastiano di Bartolomeo, italien. Baumeister u. Maler, *6. 9. 1475 Bologna, †1554 Fontainebleau; wirkte in Venedig, Rom u. Frankreich. Seine an D. *Bramante* anknüpfenden architekturtheoret. Schriften („L'Architettura" 1537 bis 1551, französ. 1654) enthielten die erste systemat. Darstellung der fünf Säulenordnungen.

Sermo [lat., ursprüngl. „Wechselrede"], *Sermon*, langatmige Rede, Geschwätz, Strafpredigt; als Gattung der röm. Literatur: Rede, Vortrag oder Gespräch, auch Versdichtung im Stil der Umgangssprache; später: christl. Predigt.

sero... [lat.], Wortbestandteil mit der Bedeutung „Serum".

Serocki [sɛ'rɔtski], Kazimierz, poln. Komponist u. Pianist, *3. 3. 1922 Thorn, †9. 1. 1981 Warschau; studierte bei N. *Boulanger*, gehörte zu den Initiatoren des Musikfestivals „Warschauer Herbst"; schrieb 1956 eine neoklassizist. „Sinfonietta"; setzte sich in den Liederzyklen „Herz der Nacht" 1956 u. „Augen der Luft" 1957 mit der Dodekaphonie u. in der „Musica concertante" 1958 mit der seriellen Technik auseinander. In den „Segmenti" 1961 beschäftigte er sich mit dem Klangfarbenproblem u. aperiod. Zeitgestaltung. In der Raumklangkomposition „Continuum" für 6 Schlagzeuger (123 Schlaginstrumente) 1968 wachsen Farbe u. Klang aus dem reinen Geräusch.

Serodiagnostik [die; lat. + grch.], die Erkennung von Krankheiten u. Reaktionszuständen durch Untersuchungen des Blutserums oder der Gehirn-Rückenmark-Flüssigkeit *(Liquordiagnostik)*.

Serodine, Giovanni, italien. Maler, *vor 1594 Ascona, †vor 10. 6. 1631 Rom; seit etwa 1615 in Rom, von *Caravaggio* angeregt, schuf religiöse Gemälde mit kühnen Beleuchtungseffekten.

Serologie [lat. + grch.], Wissenschaft u. Lehre von den Eigenschaften, Bestandteilen u. Veränderungen des *Serums* unter normalen u. krankhaften Bedingungen; Nachweis von Veränderungen zum Zweck der Krankheitserkennung (→Serodiagnostik) u. Herstellung von Seren zu Heilzwecken (→Heilserum) sind ihre Hauptzweige. Dem Blutserum in diesem Sinn gleichgestellt ist die Gehirn-Rückenmark-Flüssigkeit. – 🄻 9.9.1.

serös [lat.], das *Serum* betreffend, Serum enthaltend oder absondernd.

Serosa [die; lat.], *Tunica serosa*, zarte, glatte Haut, die seröse (eiweißhaltige) Flüssigkeit ausscheidet u. eine seröse Höhle (Brust-, Bauch-, Herzhöhle) auskleidet bzw. deren Organe als S.-Überzug einhüllt (Coelomepithel: Brust-, Bauchfell, Herzbeutel). – In der Entwicklung der Säugetiere, Vögel u. Reptilien wird die äußere Embryonalhülle als S. bezeichnet. Sie wird bei Plazentatieren zur *Zottenhaut (Chorion)*, die mit der Gebärmutterwand die Plazenta *(Mutterkuchen)* bildet. – 🄱 →Embryonalentwicklung.

Serosem [sjɛrɔ'sjɔm; der; russ.] →grauer Wüstenboden.

Serow [si'rɔf], bis 1939 *Nadeschdinsk*, danach kurze Zeit *Kabakowsk*, Industriestadt in der RSFSR (Sowjetunion), am Ostrand des Mittleren Ural, 100 000 Ew.; Magneteisenvorkommen, Eisenhüttenindustrie (Edelstahl), Sägemühlen, Papierfabrik; Wärmekraftwerk.

Serow [si'rɔf], **1.** Alexander Nikolajewitsch, russ. Komponist, *23. 1. 1820 St. Petersburg, †1. 2. 1871 St. Petersburg; Vorkämpfer für R. *Wagner*; schrieb Opern u. Chöre; auch Musikkritiker.

2. Walentin Alexandrowitsch, Sohn von 1), russ. Maler, *7. 1. 1865 St. Petersburg, †22. 11. 1911 Moskau; Schüler von I. *Repin*, begann als Impressionist, entwickelte später einen dekorativ-linearen Stil. Zahlreiche Bildnisse, u. a. Porträts von N. S. *Leskow*.

Serowe [sɛ'rɔuwɛi], größter Ort des südafrikan. Staates Botswana, im O des Landes, 37 000 Ew.

Serpa Pinto, Alexander Albert de la Roche de, portugies. Afrikareisender, *20. 4. 1846 Polchras, †28. 12. 1900 Lissabon; durchquerte 1877–1879 Afrika von Benguela zur Ostküste, erforschte insbes. den Sambesi bis zu den Victoriafällen u. das östl. Betschuanaland; erwarb das Gebiet zwischen Sambesi u. Rovuma für Portugal.

Serpent [der; frz., „Schlange"], Blasinstrument aus Holz. Baß der →Zinken von bes. Größe, in Schlangenform gebaut, um das Greifen der Tonlöcher, später auch Klappen zu ermöglichen. Der S. wurde vom 16. Jh. bis 19. Jh. als Baß geblasen; wird heute zur Belebung originaler Blasmusik wieder gebaut.

Serpentin [der; lat.], gesteinbildendes, hell- bis dunkelgrünes, gelb- oder rotbraunes, vielfach geädertes u. faseriges, fettig seidenglänzendes Mineral; monoklin; Härte 3–4; tritt in kristallinen Schiefern u. Kalksteinen u. auch als selbständiges Gestein auf. Es gibt 2 Arten: den dichten *Antigorit* (Blätter-S.) u. den faserigen *Chrysotil*.

Serpentinasbest, sehr feinfaserige Form des Serpentin; Asbest schlechthin. →auch Asbest.

Serpentine [die; lat. *serpens*, „Schlange"], **1.** in Windungen in die Höhe führender Weg.

2. Zickzackornament.

Serpentingestein, hauptsächl. aus *Serpentin* bestehendes metamorphes Gestein aus Olivin, Bronzit, Diallag, Diopsit u. Hornblende; weich, spez. Gew. 2,5–2,7.

Serpuchow ['sjɛr-], Stadt in der RSFSR (Sowjetunion), im Moskauer Industriegebiet, nahe der Oka, 132 000 Ew.; Zentrum der Baumwollverarbeitung, Maschinenbau, Farbenfabriken, Sägewerke; Verzweigungspunkt von Erdgasleitungen. – Die Satellitenstadt *Protwino* von S. ist eine neue Wissenschaftsstadt u. Standort eines der größten Protonensynchrotrone der Erde (70 GeV).

Serpulen [lat.], *Serpulidae*, Familie der *Röhren-*

würmer. S. bilden kleine Kalkröhren, meist an eine Unterlage geklebt, z.B. die Gattung *Spirorbis* in der Ostsee schneckenartig gewundene Röhren von 2–3 mm Durchmesser.

Sẹrra [ital., portug.], Bestandteil geograph. Namen: Bergkette.

Sẹrra, 1. Jaime (Jaume), span. Maler, nachweisbar 1360–1375; mit seinen Brüdern Pedro u. Juan S. Begründer der katalan. Malerschule, stilist. stark von der sienes. Kunst abhängig. Hptw.: Altar mit Christus- u. Marienszenen in Saragossa.
2. Pedro, Bruder u. Mitarbeiter von 1), span. Maler, nachweisbar 1357–1404, erster Hauptmeister der katalan. Malerei; half seinem Bruder 1363 bei der Fertigstellung des Allerheiligen-Altars für Sta. Maria de la Aurora in Manresa. Gesicherte Hptw.: Altar für eine Kapelle der Kathedrale von Manresa 1394; Mitteltafel eines Altars mit den Heiligen Bartholomäus u. Bernhard, ehem. in der Dominikanerkirche von Manresa.
3. Renato, italien. Literaturkritiker, *5. 12. 1884 Cesena, †20. 7. 1915 Podgora; Schüler G. *Carduccis*, gehörte zum Kreis der Ztschr. „La Voce", Nationalist; bekannt durch seine Gewissensprüfung angesichts des Kriegsgeschehens („Esame di coscienza d'un letterato" 1916).

Sẹrra da Mantiqueira [-'kɛira], Küstengebirge in Brasilien, im Hinterland zwischen Rio de Janeiro u. São Paulo, im *Pico da Bandeira* 2890 m.

Serradẹlla [die; portug.], *Vogelfuß, Ornithopus*, 30–60 cm hoher, krautiger, in Südeuropa heimischer *Schmetterlingsblütler; Ornithopus sativa* wird auf den Sandböden in Nordwest-Dtschld. als Futterpflanze angebaut.

Sẹrra do Mar, Küstengebirge im Hinterland zwischen São Paulo u. Porto Alegre (Brasilien), im S bis 2000 m, im N bis 1947 m.

Sẹrra dos Aimorés [-'res], Gebirgszug im östl. Brasilian. Bergland, bis 870 m; strittiges Gebiet zwischen den Bundesstaaten Minas Gerais u. Espírito Santo, 10153 qkm mit rd. 875000 Ew.

Sẹrra Geral [-ʒɛ'ral], **1.** Gebirge in Santa Catarina u. Rio Grande do Sul (Brasilien), bis 2000 m.
2. *S. G. de Goiás*, Teil des Brasilian. Berglands im Grenzbereich zwischen Goiás u. Bahia.

Sérrai, Stadt in Griech.-Makedonien, in der Strymónebene, 41000 Ew.; Burg; Tabak- u. Baumwollindustrie, landwirtschaftl. Handel.

Serranịa [portug.], span. *Serranía*, Bestandteil geograph. Namen: Gebirgskette, Gebirgsland.

Serranía de Baudo, Gebirgszug an der nördl. kolumbian. Pazifikküste, westl. von Quibdo; bis 1810 m; Regenwald.

Serranịa de Mapịchí [-'tʃi], Westteil des Berglands von Guayana in Venezuela, im *Cerro Yaví* 2285 m.

Serranịa de San Jerónimo [-ʒɛ'rɔnimo], Gebirge im nördl. Kolumbien, westl. des Cauca-Unterlaufs, 3959 m.

Serrạno Súñer [-'sunjɛr], Ramón, span. Politiker (Falangist), *12. 12. 1901 Cartagena; Jurist; Schwager Francos, 1937 u. 1938–1940 Innen-, 1939/40 Propaganda-, 1940–1942 Außen-Min.; befürwortete eine enge Anlehnung Spaniens an die Achsenmächte.

Sẹrra Pacarạima, höchster Teil des Berglands von Guayana, an der Grenze Brasilien–Venezuela, im *Roraima*, einem der höchsten Berge, 2810 m.

Sẹrra Parịma, südamerikan. Gebirge zwischen Brasilien u. Venezuela, bis 1500 m hoch; bildet die Wasserscheide zwischen Rio Negro u. Orinoco.

Sẹrra Tumucumạque [-kɛ], Gebirgszug im östl. Bergland von Guayana an der brasilian. Nordgrenze, bis 850 m.

Serrạtus [der; lat.], Denar-Münze der Röm. Republik im 2. u. 1. Jh. v. Chr. mit gezacktem Rand.

Sẹrra Upạnda, Gebirgsknoten u. höchste Erhebung in Angola; hier sind die der Atlantikküste parallelen Gebirge u. die Lundaschwelle miteinander verbunden; 2610 m.

Sertão [-'tau], ausgedehnte, durch Lage im Lee der Küstenerhebungen semiaride Landschaften im Bergland Nordostbrasiliens, Inlandsbereiche der Bundesstaaten Ceará, Paraíba, Pernambuco, Piauí u. Bahia, rd. 1 Mill. qkm, 27 Mill. Ew.; Jahresniederschläge teilweise unter 300 mm; von Dornsträuchern u. Sukkulentenwäldern der *Caatinga* bedeckt. Häufig auftretende unperiod. Dürrejahre (*sêcas*, daher auch: *Poligono da Sêcas* für das ganze Trockengebiet) rufen unter der zumeist als Tagelöhner von der extensiven Viehwirtschaft lebenden Bevölkerung Fluchtwellen in die Küstenstädte hervor (*Flagelados*, „Gegeißelte").

Sertọrius, Quintus, röm. Ritter, *um 123 v. Chr. Nursia, †72 v. Chr.; Anhänger des *Marius*, floh vor *Sulla* nach Spanien, wo er einen Gegensenat bildete u. eigene Beamte ernannte (78 v. Chr.); wurde 72 v. Chr. von *Pompeius* geschlagen.

Sẹrtürner, Friedrich Wilhelm Adam, Apotheker, *19. 6. 1783 Neuhaus bei Paderborn, †20. 2. 1841 Hameln; isolierte um 1804 das Morphin aus dem Opium u. prägte den Begriff *Alkaloid*.

Sẹrum [das, Mz. *Sera* oder *Seren*; lat.], die farblose Blutflüssigkeit; →Blut.

Sẹrumalbumịne [Mz.], Eiweißarten, die im *Blutserum* (60–80% des Gesamt-Bluteiweißes) u. in der *Lymphe* enthalten sind; zur Herstellung von →Albuminen verwendet.

Sẹrumkrankheit, Krankheitserscheinungen, die 8–10 Tage oder sogleich *(Serumschock)* nach Einspritzung von artfremdem Serumeiweiß auftreten können: Hautausschläge, -ödeme, Fieber, Gelenkschmerzen, Drüsenschwellungen u.a. →auch Anaphylaxie.

Sẹrumprophylạxe →Heilserum.

Sẹrumtherapịe, *Serotherapie*, Behandlung von Infektionskrankheiten mit →Heilserum.

Sérusier [sery'zje:], Paul, französ. Maler, *1864 Paris, †6. 10. 1927 Morlaix; Mitbegründer der „Nabis"; strebte nach einer religiösen Erneuerung der Kunst auf den Grundlagen der mittelalterl. Farben- u. Zahlensymbolik, stand in Beziehung zur Beuroner Malerschule.

Sẹrvaes [-va:s], Albert, belg. Maler, *4. 4. 1883 Gent, †19. 4. 1966 Luzern; einer der Hauptmeister des fläm. Expressionismus. Bauernbilder, Landschafts- u. religiöse Gemälde.

Sẹrval [der; portug., frz.], *Leptailurus serval*, hochbeinige *(Klein-)Katze*, von 100 cm Körperlänge u. 50 cm Schulterhöhe mit nur 35 cm langem Schwanz, das gelbbraune Fell ist dunkel gefleckt; lebt in Buschsteppen u. Felsgebieten Afrikas.

Servan-Schreiber [sɛr'vã ʃrɛ'bɛ:r], Jean-Jacques, französ. Journalist u. Politiker, *13. 2. 1924 Paris; gründete 1953 das linksliberale Wochenblatt „L'Express" (seit 1964 Nachrichtenmagazin) u. leitete es bis 1969; 1969–1971 Generalsekretär, 1971–1979 Vors. der linksbürgerl. Radikalsozialist. Partei, 1970–1978 Abg. der Nationalversammlung; 1974 kurzfristig Min. für Reformen; schrieb „Leutnant in Algerien" dt. 1958; „Die amerikan. Herausforderung" dt. 1967; „Die befreite Gesellschaft" dt. 1970.

Servẹt, Michael, eigentl. Miguel *Serveto*, span. Arzt u. Theologe, *29. 9. 1511 Tuleda, †27. 10. 1553 Champel bei Genf; kritisierte die Lehre von der Dreieinigkeit; gab erstmals eine richtige Beschreibung des kleinen Blutkreislaufs; auf Betreiben *Calvins* als Gotteslästerer verbrannt.

Service, 1. [zɛr'vi:s; das; frz.], *Hausgerät:* einheitl. Satz Tafelgeschirr.
2. ['sɔ:vis; der; engl.], *Wirtschaft:* →Kundendienst.

Servịs [der; lat., frz.], Dienstleistung; Quartier-, Verpflegungsgeld; Wohnungs-, Ortszulage.

Servịten, lat. *Ordo Servorum Mariae*, Abk. *OSM, Diener Mariens*, kath. Bettelorden nach der Augustinerregel, gegr. 1233 in Florenz; missionar. u. wissenschaftl. tätig. Tracht: schwarzes Habit mit Skapulier u. Kapuze. Weibl. Zweig: *Servitinnen*, seit Mitte des 13. Jh. nachweisbar, kontemplativer Orden mit strenger Klausur.

Servitụten [lat.], **1.** *bürgerl. Recht:* Dienstbarkeiten.
2. *Völkerrecht:* →Staatsservituten.

Sẹrvius Tụllius, sagenhafter 6. König des alten Rom, Sohn einer Freigelassenen u. eines Herdgotts, nach dem Tod des Königs *Tarquinius Priscus* von dessen Gattin *Tanaquil* zum König erhoben; auf Veranlassung seiner Tochter *Tullia* von seinem Schwager *Tarquinius Superbus* ermordet; galt als Erbauer der ältesten (Servianischen) Mauer um Rom, als Stifter der (Servianischen) Verfassung, die dem Volk polit. Rechte gab, u. als Urheber der Centurienordnung. – 🄻 5.2.7.

Sẹrvo... [lat.], Wortbestandteil zur Benennung von Einrichtungen, bei denen die menschl. Muskelkraft durch eine mechan. Fremdkraft so verstärkt wird, daß die erzeugte Gesamtkraft der Muskelkraft etwa proportional bleibt. Beispiele: *S.lenkung*, →Lenkhilfe; *S.schaltung, S.bremse*.

Sẹrvoblitz, *Folgeblitz, Sklavenblitz*, bei Elektronenblitzgeräten eine 2. oder 3. Blitzleuchte, die, über eine Photozelle ausgelöst, gleichzeitig mit dem Hauptblitz aufleuchtet; macht längere Kabelverbindungen (20–30 m) entbehrlich.

Sẹrvomotor, ein Hilfsmotor, der dort verwendet wird, wo sehr hohe Verstellkräfte erforderlich sind, die von Hand nicht aufgebracht werden können oder bei Reglern sehr große Ausführungen erforderl. machen. Die Verstellkraft wird dann mittelbar über einen S. aufgebracht.

Sẹrvus servọrum Dẹi [lat., „Knecht der Knechte Gottes"], Selbstbezeichnung der Päpste, von *Gregor d. Gr.* eingeführt u. dem Titelanspruch des „Ökumen. Patriarchen" von Konstantinopel entgegengestellt.

Sẹsam [der; arab., grch.], *Sesamum*, artenreichste Gattung der *Pedaliazeen* des trop. Afrika u. Asien. Wichtig als Ölpflanze ist der *Indische S., Sesamum indicum*, ein bis 1 m hohes einjähriges Kraut mit flachen, glatten, gelbl. oder schwarzen Samen, die zu 47–57% Öl *(S.öl)* enthalten. Verwendung des Öls für techn. Zwecke (für Seifen u. Parfümerien); örtlich auch als Speiseöl.

Sẹsambein, *Os sesamoides*, kleines rundes Knöchelchen in den Sehnen mancher Hand- u. Fußmuskeln in Gelenknähe; größtes S. des Menschen ist die Kniescheibe.

Sesenheim, frz. *Sessenheim*, Dorf im französ. Dép. Bas-Rhin, Elsaß, nordöstl. von Hagenau, 1300 Ew.; bekannt durch Goethes Liebe zu Friederike *Brion*.

Sèsia, linker Nebenfluß des Po, 150 km, entspringt am Monte Rosa, mündet nördl. von Alessàndria.

Sẹsklo-Kultur, neolith. Kultur Thessaliens, nach dem Siedlungshügel *Sesklo* bei Wolos in Thessalien benannt; typisch sind monochrome rote, ritzverzierte oder mit weißen Mustern auf rotem Grund verzierte Tongefäße u. weibl. Tonstatuetten. Siedlungen mit rechteckigen, ein- u. mehrräumigen, mit einer Vorhalle versehenen Gebäuden.

Sesọstris, ägypt. *Senwosret*, 3 ägypt. Könige der 12. Dynastie: **1.** *S. I.*, 1971–1929 v. Chr., eroberte Nubien bis zum 2. Katarakt.
2. *S. II.*, 1897–1878 v. Chr., Erbauer der Pyramide von Illahun.
3. *S. III.*, 1878–1842 v. Chr., bedeutendster Herrscher des Mittleren Reichs, beseitigte die Selbständigkeit des Adels, unternahm Kriegszüge nach Palästina u. Nubien; Erbauer der Pyramide bei Dahschur. – 🄻 5.1.6.

Sẹssa Aurụnca, italien. Stadt in Kampanien, am Fuß des Vulkans Roccamonfina, 30000 Ew.; im 13. Jh. Königsstadt; Dom.

Sessellift, *Sesselbahn*, eine Seilbahn, die den Fahrgast mit frei aufgehängtem, rings mit Schutzgeländer versehenem Einzel- oder Doppelsitz transportiert. Dem Wintersportler dient der *Skilift*. →auch Schlepplift.

Sesshu [seʃʃu:], japan. Zen-Priester u. Maler, *1420 Akahama, †26. 8. 1506 Daikian bei Masuda; tätig im Kloster Shokokuji, Kyoto, als Schüler des *Shubun*; unternahm 1467–1469 Studienreisen durch China; gilt als bedeutendster Landschaftsmaler Japans. – 🄱 →japanische Kunst.

sessịl [lat.], festsitzend; *s.e Tiere*, z.B. Korallen u. Schildläuse. In der Mikrobiologie: ohne Stiel festsitzend.

Sessịlia [lat.], Wimpertierchen, →Peritricha.

Sessiọn [lat.], Sitzungsperiode eines Parlaments (innerhalb der →Wahlperiode bzw. *Legislaturperiode*) oder eines Gerichts. – Der Bundestag der BRD kennt keine eigentl. S.en mehr; er hält lediglich eine Sommer- u. eine Weihnachtspause ein. Der österr. Nationalrat wird jährl. zu 2 S.en, der *Frühjahrs-S.* von mindestens 2 Monaten Dauer u. der mindestens 4 Monate dauernden *Herbst-S.*, einberufen. Der schweizer. Nationalrat versammelt sich zu jährl. 4 ordentl. S.en (Anfang März, Anfang Juni, Ende Sept. u. Anfang Dez.), ferner u.U. zu außerordentl. S.en.

Sessions ['sɛʃəns], Roger Huntington, US-amerikan. Komponist, *28. 12. 1896 New York; studierte u.a. bei Ernest *Bloch*; Opern („The Trial of Lucullus" 1947 nach B. Brecht; „Montezuma" 1964), 8 Sinfonien, Solokonzerte, Chor- u. Kammermusikwerke, Lieder nach J. Joyce.

Sesson, japan. Zen-Priester u. Maler, *1504 Oita, †um 1589; tätig in Hitatschi Mutsu, gilt als bedeutendster Maler der Suiboku-Schule nach *Sesshu*.

Sestạo, nordspan. Industriestadt in der bask. Prov. *Vizcaya*, nordwestl. von Bilbao, 37000 Ew.; Wärmekraftwerk, Eisen- u. Stahlindustrie, Werften, Maschinenbau.

Sestẹrz [der; lat. *semistertius*, „zweieinhalb"], Abk. *HS*, um 215 v. Chr. eingeführte röm. Silbermünze (1,13 g), 1 S. = 2½ As; seit 130 v. Chr. Rechnungswert für ¼ Denar = 4 Asses; im 1.–3. Jh. n. Chr. röm. Münze aus Aurichalcum.

Sestine [die; ital.], von dem Provençalen *Arnaut Daniel* geschaffene lyr. Gedichtform von 6 reimlosen, sechszeiligen Strophen (jamb. 10- oder 11silber) u. einer dreizeiligen Schlußstrophe, wobei die 6 Schlußwörter der Verse der 1. Strophe sich am Zeilenschluß aller anderen Strophen wiederholen. Daneben gibt es eine einfachere Form. Die S. wurde bes. gepflegt in der Renaissance u. im Barock (M. *Opitz*, A. *Gryphius*); auch von F. *Rückert*, L. *Uhland* u.a.

Sestos, antike Stadt der thrakischen Chersones, gegenüber Abydos, an der engsten Stelle des Hellespont. *Xerxes* schlug hier 480 v.Chr. seine Schiffsbrücke über den Hellespont; *Alexander d. Gr.* setzte 334 v.Chr. bei S. nach Asien über.

Sesto San Giovanni [-dʒɔ'vanni], italien. Stadt in der Lombardei, nordöstl. von Mailand, 90000 Ew.; Maschinen- u. Fahrzeugbau, Stahlwerk, Elektro- u. chem. Industrie.

Sestrière, italien. Wintersportort u. Sommerfrische in Piemont, in den Kottischen Alpen, 2035 m ü.M., 450 Ew.

Set, 1. [der oder das; engl.], *allg.:* Satz, Zusammengehöriges.

2. [das], *Typographie:* bei der Monotypesetzmaschine eine sich auf den engl. Zoll gründende Maßeinheit, 72 S. = 1 Cicero.

Seta [die; lat.], der die Sporenkapsel tragende Stiel der Laubmoose.

Sète [sɛ:t], bis 1927 *Cette*, Stadt im südfranzös. Dép. Hérault, am Golfe du Lion, auf einer Nehrung zwischen Étang de Thau u. dem Meer, 41000 Ew.; Fischerei- u. Handelshafen, Ölhafen; Werft-, Bekleidungs-, Fischkonserven- u. chem. Industrie, Böttcherei, Wein- u. Likörherstellung; Seebad.

Setframe [-frɛim; der; engl.], Maschine in der Schappespinnerei zur Bandbildung der Seidenwatte.

Seth, 1. altägypt. Gott, Verkörperung der Königsmacht, als Herr der Wüste auch des Bösen; tötete seinen Bruder *Osiris*, der mit Hilfe seiner Schwester u. Gattin *Isis* wieder zum Leben erwachte.

2. dritter Sohn Adams u. Evas (1. Mose 4,25); angebl. Stammvater der *Sethiten*.

Sethe, 1. Kurt, Ägyptologe, *30. 9. 1869 Berlin, †6. 7. 1934 Berlin; grundlegende Arbeiten auf dem Gebiet der ägypt. Sprachwissenschaft.

2. Paul, Publizist, *12. 12. 1901 Bochum, †21. 6. 1967 Hamburg; 1934–1943 Redakteur der „Frankfurter Zeitung", 1949–1955 Mit-Hrsg. der „Frankfurter Allg. Zeitung", später bei der „Welt", zuletzt bei der „Zeit"; schrieb u.a. „Dt. Geschichte im letzten Jahrhundert" 1961.

Sethos, ägypt. *Setoj*, Name zweier Pharaonen der 19. Dynastie. *S. I.* (1304–1290 v.Chr.) entriß den Hethitern das unter Echnaton verlorene Syrien, erbaute Tempel in Abydos u. Westtheben.

Sétif, Bez.-Hptst. in Algerien, südwestl. von Constantine am südl. Abhang des Tellatlas, 157000 Ew.; Agrarzentrum, Straßenknotenpunkt.

Seto, japan. Stadt in der Nobi-Ebene nordöstl. von Nagoya, 93000 Ew.; keram., Porzellanindustrie.

Setoj →Sethos.

Seton ['si:tən], Ernest Thompson, kanad. Schriftsteller, *14. 8. 1860 South Shields, †23. 10. 1946 Santa Fé; seine Tiererzählungen fanden als Jugendliteratur weltweite Verbreitung: „Rolf der Trapper" 1911, dt. 1920; „Tiere der Wildnis" 1916, dt. 1921; „Lives of the Game Animals" 4 Bde. 1925–1928 (wissenschaftl. Werk).

Setschuan = Szetschuan.

Settât, marokkan. Stadt südl. von Casablanca, 42000 Ew.; Weizenanbau.

Settegast, Hermann, Agrarwissenschaftler, *30. 4. 1819 Königsberg, †12. 8. 1908 Berlin; Direktor der Akademie Proskau, 1881 Prof. in Berlin; verbesserte die Methoden der Viehzüchtung.

Setter [der; engl.], mittelgroße brit. Vorstehhunderassen (Jagdhunde) mit halblangem, seidenweichem Haarkleid u. guten Haushundeigenschaften. Die S. setzten sich ursprüngl. beim Finden des Wildes. Ausdauernd, intelligent, sensibel. *Englischer S.:* weiß mit schwarzen, gelben, braunen oder grauen Tupfen, rd. 60 cm hoch; *Irischer S.:* einfarbig rot, 65 cm hoch; *Gordon-S.:* tiefschwarz mit braunen Abzeichen, 65 cm hoch.

Settlement ['sɛtlmənt; das; engl., „Ansiedlung, Niederlassung", auch „Regelung"], **1.** *S.bewegung*, in England von Studenten Oxfords u. Cambridges unter Führung von Arnold *Toynbee* um 1880 angeregte Bewegung zur Überbrückung des Klassenunterschieds u. zum Bau von Siedlungen u. Heimstätten in den ärmsten, dichtestbevölkerten Großstadtvierteln. Erste S.s in London *Toynbee Hall* (1884) u. *Mary Ward S.* In Dtschld. seit 1901 ähnl. Einrichtungen im Hamburger Volksheim, in der sozialen Arbeitsgemeinschaft Berlin-Ost u. im *Volksbildungswerk*.

2. →Act of Settlement.

Setúbal, ehem. engl. *Saint Ubes*, frz. *Saint-Yves*, portugies. Hafenstadt an der Sadomündung in den Atlant. Ozean, südöstl. von Lissabon, 60000 Ew.; Fischerei- u. Handelshafen, Fischkonserven- u. chem. Industrie, Salzgewinnung u. Weinbau; Hptst. des Distrikts S. (5152 qkm, 490000 Ew.). – S. war im 15. Jh. königl. Residenz.

Setzaufbereitung, *Setzwäsche*, Aufbereitungsverfahren für Mineralgemische, bei denen sich die spezif. Gewichte von erwünschtem Mineral u. wertlosen *Bergen* deutlich voneinander unterscheiden; in der →Setzmaschine wird ein pulsierender Wasserstrom erzeugt, in dem sich die schwereren Teile in zwei Schichten ansammeln, so daß sie getrennt entnommen werden können.

setzen, 1. *Buchdruck:* Drucktypen zu Zeilen u. ganzen Druckformen aneinanderfügen, von denen entweder unmittelbar oder über Abguß *(Stereotypie)* gedruckt wird. Das S. geschieht entweder von Hand oder durch *Setzmaschinen*. Beim *Handsatz* werden die Einzellettern aus den Fächern des *Setzkastens* entnommen, im *Winkelhaken* zu Zeilen, diese dann im *Schließrahmen* zur *Druckform* der ganzen Seite zusammengefügt. Handsatz ist z.B. für Kleindrucksachen, Überschriften, mathemat. Formeln, Zahlentafeln, Fremdsprachen nötig. Heute überwiegt der *Maschinensatz*. Hierbei wird der Text in Setzmaschinen eingetastet u. gleichzeitig gesetzt u. gegossen – entweder letternweise *(Monotype)* oder zeilenweise *(Linotype)*. Zunehmend tritt der *Lichtsatz* (ein photograph. Verfahren) an die Stelle des Maschinensatzes.

2. *Jagd:* gebären (bei Haarwild), in der *Setzzeit*. Bei Raubwild: *wölfen, werfen*; bei Jagdhunden: *welpen*; bei Schwarzwild: *frischen*.

Setzer, *Schriftsetzer*, Ausbildungsberuf des Handwerks u. der Industrie (→setzen). →auch Schweizerdegen.

Setzfisch, *Setzling*, ein Jungfisch, der genügend herangewachsen ist, um aus der Zuchtanlage in ein Gewässer ausgesetzt zu werden.

Setzhammer, Hammer von verschiedener Form; wird beim Schmieden auf das Eisen „aufgesetzt" u. mit dem Zuschlaghammer geschlagen.

Setzkasten, ein in rd. 150 genormte, kleinere u. größere Fächer eingeteilter flacher Schubkasten zur Aufnahme der Lettern einer Buchdruckschrift. Der Setzer entnimmt diese dem S. u. stellt sie im Winkelhaken zur Zeile zusammen.

Setzlatte = Richtscheit.

Setzling, 1. *Botanik:* ein Zweigstück, das zur Bewurzelung in den Boden gepflanzt wird *(Steckling)*; auch eine noch nicht aus dem Ansaatbeet verpflanzte Jungpflanze.

2. *Zoologie:* →Setzfisch.

Setzmaschine, 1. *Bergbau:* Aufbereitungsmaschine in der →Setzaufbereitung.

2. *Buchdruck:* Maschine zur Herstellung des Schriftsatzes auf mechan. oder photograph. Weg. Man unterscheidet drei grundsätzl. verschiedene Arten: 1. *Zeilen-S.* (Zeilensetz- u. Gießmaschine, *Linotype*), erfunden 1884 von Ottmar *Mergenthaler*. Durch Bedienen einer schreibmaschinenähnl. Tastatur werden die Gießformen *(Matrizen)* aus einem Magazin ausgelöst, zu Zeilen zusammengesetzt, durch Spatienkeile ausgeschlossen u. in Letternmetall abgegossen. Nach dem Abguß werden die Matrizen automatisch wieder in das Magazin einsortiert. *Intertype* arbeitet nach demselben Prinzip, *Typograph* u. *Monoline* sind Abarten.

2. *Einzelbuchstaben-S. (Monotype)*, 1885 von Tolbert *Lanston* erfunden. Mit einem Taster werden in einen Papierstreifen Lochkombinationen eingestanzt, die dem Manuskript entsprechen u. den Ausschluß mitregistrieren. Dieses Lochband steuert in der Gießmaschine den Matrizenrahmen u. den Abguß der Einzelbuchstaben, die dann automatisch zu Zeilen zusammengesetzt werden. Der Lochstreifen kann zur erneuten Verwendung aufgehoben werden.

3. die *Photo-S. (Fotosetter, Linofilm, Monophoto)* stellt kopierfähige Schriftsätze auf Filmmaterial her. Durch eine Tastatur bzw. über Lochstreifen gesteuert wird eine Glasplatte mit den Buchstaben vor eine Lichtquelle geführt u. ein Film belichtet, nach dem die Druckform hergestellt wird. Es ist möglich, Buchstaben von 4 bis 36 typograph. Punkten mit einer Glasplatte durch Vergrößerung herzustellen; üblich ist die Verwendung mehrerer Glasplatten für einen engeren Bereich. Bei der *Licht-S. (Linotron)* werden die Buchstaben nicht als Ganzes auf Film oder Papier belichtet, sondern in Rasterlinien durch eine elektron. Schreibröhre (256 oder 512 Linien je Zentimeter). Der in einen Lochstreifen fortlaufend getastete Text durchläuft vorher einen Rechner, der Satzarbeiten wie Worttrennungen am Zeilenende u. Ausschließen ausführt u. mit in den Streifen codiert. – *Fern-S.n (Teletypesetter)* werden durch Lochband gesteuert, wobei die Übermittlung der Lochkombinationen auch von einer Zentrale über Draht oder Funk auf mehrere S.n gleichzeitig erfolgen kann. Es gibt auch die direkte Steuerung von S.n über Funk durch entsprechende Impulse. – 📖 10.3.3.

Setzmaß, Erfahrungswert für die zu erwartende *Setzung* verschiedener Bodenarten, wenn sie zu einem Damm aufgeschüttet werden. Dämme, Deiche, Terrassen u.ä. werden um das S. höher aufgeschüttet.

Setzstücke →Versatzstücke.

Setzung, *Bauwesen:* 1. Zusammenpressung des Baugrunds unter der Last eines Bauwerks; →Gründung. – 2. im Erdbau bei Aufschüttungen eintretendes nachträgliches Einsinken als Folge der →Auflockerung (2) des Schüttguts bei der Gewinnung. Die S. kann durch Verdichtung (Stampfen, Walzen, Rütteln) erhebl. vermindert werden.

Setzwaage, gleichschenkliges Dreieck aus Holz mit einem Bleilot zum Bestimmen der waagerechten Lage.

Seuche, eine sich schnell ausbreitende ansteckende Infektionskrankheit wie Lepra, Cholera, Gelbfieber, Pest, Pocken, Malaria u.a. als →Epidemie, →Endemie oder →Pandemie. Maßnahmen zur Eindämmung von S.n u.a. →übertragbaren Krankheiten beim Menschen werden aufgrund des *Bundes-Seuchengesetzes* („Gesetz zur Verhütung u. Bekämpfung übertragbarer Krankheiten beim Menschen") vom 18. 7. 1961 in der Fassung vom 18. 12. 1979 getroffen. Es wird ergänzt durch das Reichsimpfgesetz vom 8. 4. 1874, das „Gesetz zur Bekämpfung der Geschlechtskrankheiten" vom 23. 7. 1953 mit Durchführungs-VO vom 28. 12. 1954 u. 5. 7. 1955 u. a. Gesetze u. VO. Jeder Erkrankungsfall, teilweise auch schon der Fall des Krankheitsverdachts, ist dem Gesundheitsamt binnen 24 Stunden zu melden (→ Meldepflicht). Maßnahmen zur S.nbekämpfung sind außerdem Isolierung, Schutzimpfungen, Desinfektion u. a. der jeweiligen Situation angemessene Handlungen, wie z.B. Schließung von Schulen u. öffentl. Bädern. *Tierseuchen* (Rinderpest, Tollwut, Maul- u. Klauenseuche, Rotlauf, Rotz, Rindertuberkulose u.a.) werden aufgrund des *Viehseuchengesetzes* vom 26. 6. 1909 in der Fassung vom 23. 2. 1977 u. a. Tierseuchenbestimmungen des Bundes u. der Länder bekämpft. Diese Vorschriften regeln vor allem die Einfuhr von Tieren u. sehen die Pflicht zur → Anzeige (2) von Erkrankungsfällen vor. → auch meldepflichtige Krankheiten.

Österreich: Bazillenausscheider-Gesetz 1945, Geschlechtskrankheiten-Gesetz 1945, Epidemie-Gesetz 1950 (anzeigepflichtige Krankheiten), Gesundheitsschutz-Gesetz 1952, Gesetz über Schutzimpfungen gegen Pocken 1948, gegen Tuberkulose 1948, gegen Kinderlähmung 1960. Tierseuchengesetz 1909. – *Schweiz:* Bundesgesetz betr. Maßnahmen gegen gemeingefährliche Epidemien vom 2. 7. 1886 (mit Abänderung vom 18. 2. 1921) sowie Bundesratsbeschluß über die Anzeigepflicht für übertragbare Krankheiten vom 20. 4. 1943.

Seume, Johann Gottfried, Schriftsteller u. Publizist, *29. 1. 1763 Poserna bei Weißenfels, †13. 6. 1810 Teplitz, Böhmen; Theologiestudent, dann durch hess. Werber zum Militärdienst gezwungen u. nach Amerika verkauft, desertierte 1783; beschrieb sein Leben u. seine Reisen nach Sizilien („Spaziergang nach Syrakus im Jahre 1802" 1803), nach Rußland, Finnland, Schweden. Autobiographie „Mein Leben" (posthum) 1813.

Seurat [sœ'ra], Georges, französ. Maler, *2. 12. 1859 Paris, †29. 3. 1891 Paris; neben P. *Signac*, zu dem er seit 1884 in Beziehung stand, Hauptmeister des französ. Neoimpressionismus (Pointillismus), den er auf der Grundlage der wissenschaftl. Farbenlehre methodisch entwickelte; schuf vor allem figürl. Szenen u. Flußlandschaften in strengem, geometr. Bildaufbau, der auf illusionist. Wirkung weitgehend verzichtet u. darin wegweisend für den Kubismus wurde. – 📖 2.5.5.

Seuren, Günther, Schriftsteller, *18. 6. 1932 Wickrath; verfaßte realist. u. skept. Gegenwarts-

Severus: Septimius Severus mit seiner Frau Julia Domna und seinen Söhnen Geta (nach dessen Ermordung gelöscht) und Caracalla, Familienbildnis aus Oberägypten um 199. Berlin, Staatliche Museen Preußischer Kulturbesitz, Antikenabteilung

romane: „Das Gatter" 1964 (als Film „Schonzeit für Füchse" 1966, Regie P. Schamoni), „Lebeck" 1966; „Das Kannibalenfest" 1968; „Der Abdecker" 1970; auch Lyrik u. Hörspiele.

Seuse, lat. *Suso*, Heinrich, Mystiker, *21. 3. 1295 (?) Konstanz oder Überlingen, †25. 1. 1366 Ulm; Dominikaner, Schüler von Meister *Eckhart*, lebte in Konstanz, seit 1348 in Ulm; „Büchlein der ewigen Weisheit" (1327f.), das Predigten u. Erbauungsschriften enthält, u. die erste religiöse Autobiographie in dt. Sprache „Vita" (um 1362), verfaßt mit Elsbeth *Stagel* (†um 1360). Seine Mystik ist verinnerlichter als die Eckharts.

Ševčík [′ʃeftʃi:k], Otakar, tschech. Geiger u. Musikpädagoge, *22. 3. 1852 Horaždowitz, †18. 1. 1934 Písek; nach Konzertreisen seit 1892 mit Unterbrechungen Prof. am Prager Konservatorium.

Sevelingen, Meinloh von →Meinloh von Sevelingen.

Sever, Albert, österr. sozialdemokrat. Politiker, *24. 11. 1867 Agram, †12. 2. 1942 Wien; Mitglied des Reichsrats bzw. der Nationalversammlung u. des Nationalrats, 1919/20 Landeshauptmann von Niederösterreich; auf seine Initiative wurde die früher in Österreich ausgeschlossene Wiederverehelichung Geschiedener ermöglicht („S.-Ehen").

Severin [lat. *sevērus*, „streng"], *Severinus*, männl. Vorname; dän. *Søren* (Sören).

Severin, Bischof von Köln um 400, Heiliger; begraben in der später nach ihm benannten Kirche; Kult schon früh bezeugt u. weit verbreitet. Patron von Köln. Fest: 23. 10.

Severing, Carl, sozialdemokrat. Politiker, *1. 6. 1875 Herford, †23. 7. 1952 Bielefeld; Schlosser, Gewerkschaftssekretär, 1907–1911 u. 1920–1933 Mitgl. des Reichstags; 1920 Reichs- u. Staatskommissar für Westfalen; 1920–1926 u. 1930–1932 preuß. Innen-Min.; 1928–1930 Reichsinnen-Min.; 1932 als Mitgl. der geschäftsführenden preuß. Regierung durch F. von Papen abgesetzt; schrieb „Mein Lebensweg" 2 Bde. 1951.

Severini, Gino, italien. Maler, *7. 4. 1883 Cortona, †27. 2. 1966 Paris; Schüler von G. *Balla*, seit 1906 in Frankreich, 1910 Mitunterzeichner des Futurist. Manifests; entwickelte sich von futurist. Bewegungsbildern über ein kubist. Zwischenstufe um 1920 zum formstrengen Verismus.

Severinus, Papst 640, Römer; 638 gewählt, aber erst nach langen Streitigkeiten von Kaiser *Herakleios* bestätigt; verurteilte den *Monotheletismus*.

Severin von Noricum, Heiliger, †8. 1. 482 Mautern an der Donau; bemüht um das Wohl der ansässigen christl. Bevölkerung beim Ansturm der Germanen auf das Römerreich; Apostel von Noricum. Fest: 19. 1.

Severn [′sevən], 1. Fluß in Wales u. im SW Englands, 339 km, entspringt in den Cambrian Mountains, mündet mit breitem Trichter zwischen Gloucester u. Cardiff in den Bristolkanal. 2. Fluß in Kanada, rd. 670 km, entspringt östl. vom Winnipegsee, mündet in die Hudsonbai.

Severus, 1. Lucius *Septimius* S., röm. Kaiser 193–211, *11. 4. 146 Leptis Magna (Afrika), †4. 2. 211 Eburacum (heute York, England); nach Ermordung seines Vorgängers *Pertinax* in Pannonien von den Soldaten zum Kaiser ausgerufen, besiegte er nacheinander die Gegenkaiser *Pescennius Niger* (194 bei Issos) u. *Clodius Albinus* (197 bei Lyon). Im Krieg gegen die Parther eroberte er Babylon u. 199 die am Tigris gelegene parth. Hauptstadt Ktesiphon; erhob 198 seinen Sohn *Caracalla* zum Mitkaiser, den jüngeren *Geta* zum Caesar. S. war verheiratet mit *Julia Domna* u. ist der Begründer der Severischen Dynastie.
2. Marcus Aurelius *Severus Alexander*, röm. Kaiser 222–235, letzter Herrscher der afrikan.-syrischen Severischen Dynastie, *1. 10. 208 Arca Caesarea, Phönizien, †235 Bretzenheim bei Mainz; führte einen Feldzug gegen die Sassaniden (232) u. gegen die Germanen (235) am Rhein, wo er von den eigenen Soldaten ermordet wurde.

Seveso, italien. Industrievorort nördl. von Mailand, 15 000 Ew.; im Juli 1976 Giftgaskatastrophe (Dioxin).

Sévigné [sevi′nje], Marie, geb. de *Rabutin-Chantal*, Marquise de, französ. Schriftstellerin, *5. 2. 1626 Paris, †18. 4. 1696 Schloß Grignan, Drôme; schrieb 1669–1695 etwa 1500 Briefe an ihre in der Provence lebende Tochter, in denen sie das gesellschaftl. Leben in Paris schilderte.

Sevilla [sə′vilja], *Seville*, südspan. Hafenstadt, am Guadalquivir, 600 000 Ew.; reich an Kunst- u. Bauwerken, bes. aus der maur. Zeit: 93 m hohe *Giralda* (12. Jh.); spätgot. Kathedrale (größte Kirche Spaniens, 15.–16. Jh.), Universität (1502), Akademien, Bibliotheken, zahlreiche Kirchen, Klöster u. Museen, Börse (16. Jh.), in der das Indienarchiv (gegr. 1781) untergebracht ist; Mustermesse; Schiff- u. Flugzeugbau, Metall-, Maschinen-, Textil-, Nahrungsmittel-, Glas-, Porzellan-, Leder- u. Tabakindustrie; der Hafen ist für Seeschiffe erreichbar; Flughafen; alte Hptst. Andalusiens, Hptst. der Provinz S. (14 001 qkm, 1,38 Mill. Ew.).
Geschichte: Von den Phöniziern gegr., in der Antike *Hispalis*, zur Zeit der röm. Herrschaft (45 v. Chr. von Cäsar erobert) *Colonia Julia Romula* genannt. Unter der Herrschaft der Wandalen (seit 411) u. Westgoten (seit 441) Hauptstadt Südspaniens. Seit 712 im Besitz der Mauren; nun *Isbilija* genannt. Plünderung durch die Normannen 884. 1248 fiel es nach langer Belagerung durch Ferdinand III. Kastilien zu. Im 16. u. 17. Jh. bedeutendster span. Hafen u. Mittelpunkt des Amerikahandels. 1808 Zentrum des Kampfs gegen Napoléon.

Sèvres [sɛ:vr], 1. südwestl. Vorstadt von Paris, links der Seine, 20 200 Ew.; Staatl. Porzellanmanufaktur mit Fachschule u. Museum; Herstellung von Sprengstoffen u. chirurg. Material. – Vertrag von S.: →Pariser Vorortverträge (5). 2. westfranzös. Dép. im Poitou, = Deux-Sèvres.

Sèvres-Porzellan [′sɛ:vr-], Erzeugnisse der 1738 in Vincennes gegr., 1756 nach Sèvres verlegten Porzellanfabrik; zunächst als Aktiengesellschaft, dann als königl. u. (seit 1804) als kaiserl. Manufaktur geführt. Herstellung von Hartporzellan seit etwa 1770; Produktion von Weichporzellan bis 1805 u. nach 1847. Für das erste, nach ostasiat. Vorbildern gearbeitete S. ist das sog. Sèvres-Blau (auch Königsblau) bezeichnend, daneben sind Türkischblau, Pompadourrosa u. Apfelgrün charakterist. Farben des S.s. – 🅱 →Porzellan, ⊡ 2.1.2.

SEW →Sozialistische Einheitspartei Westberlin.

Sewall [′sjuːəl], Samuel, nordamerikan. Staatsmann u. Schriftsteller, *28. 3. 1652 Bishopstoke (England), †1. 1. 1730 Boston; hatte hohe Richterämter inne; verfaßte die erste Schrift gegen die Sklaverei. Sein Tagebuch gibt Aufschluß über Leben u. Geistesverfassung der Puritaner Neuenglands.

Sewansee, türk. *Gökçe Gölü*, See in der Armen. SSR (Sowjetunion), von erloschenen Vulkanbergen des Kleinen Kaukasus eingerahmt, 1900 m ü. M., rd. 1400 qkm groß.

Seward [′sjuːəd], William Henry, US-amerikan. Politiker (Republikaner), *16. 5. 1801 Florida, N. Y., †10. 10. 1872 Auburn, N. Y.; Außen-Min. A. Lincolns u. A. Johnsons. Sein Vorschlag, die Sezession 1860/61 durch Entfesselung eines Weltkriegs zu überwinden, wurde von Lincoln verworfen. Erfolg hatte S. mit der Politik gegen die französ. Intervention in Mexiko 1863–1865. Er betrieb den Kauf Alaskas von Rußland (1867).

Sewardhalbinsel [′sjuːəd-], Halbinsel in Westalaska, zwischen Kotzebue- u. Nortonsund, rd. 50 000 qkm, mit *Cape Prince of Wales*, dem westlichsten Punkt des nordamerikan. Festlands.

Sewastopol, *Sebastopol*, Hafenstadt in der Ukrain. SSR (Sowjetunion), im SW der Halbinsel Krim, an einer Bucht des Schwarzen Meers, 300 000 Ew.; Flottenstützpunkt u. Handelshafen, Ozeanograph. Observatorium; Kurort; Schiff- u. Maschinenbau, Leichtindustrie; Wärmekraftwerk. – Gegr. 1783/84, im Krimkrieg u. in beiden Weltkriegen umkämpft.

Sewerjanin, Igor, eigentl. Igor Wasiljewitsch *Lotarjow*, russ. Lyriker, *16. 5. 1887 St. Petersburg, †20. 12. 1941 Reval; Führer der Egofuturisten; manierist. Lyrik mit erot. Einschlag.

Sewernaja Dwina, nordruss. Fluß, →Dwina.

Sewernaja Semlja [russ., „Nordland"], fast unbewohnte sowjet.-arkt. Inselgruppe in der Laptewsee des Nördl. Eismeers, nördl. der Tajmyr-Halbinsel, 37 804 qkm; zu rd. 50% vergletschert, Tundra; größte Inseln: Bolschewik-, Komsomolez-, Oktoberrevolution- u. Pionier-Insel; Wetterstationen; 1913 von B. A. *Wilkitzkij* entdeckt.

Sewerodwinsk, 1938–1957 *Molotowsk*, Hafenstadt in der RSFSR (Sowjetunion), an der Mündung der Sewernaja Dwina ins Weiße Meer, westl. von Archangelsk, 145 000 Ew.; Schiffswerft u. Metallverarbeitung; Fischfang.

Sevilla: im Vordergrund Guadalquivir und Torre del Oro (Goldener Turm), im Hintergrund Giralda und Kathedrale

Sewerzow ['sjevirtsəf], Nikolaj Alexandrowitsch, russ. Zentralasienforscher, *1827 Woronesch, †9.2.1885 am Don; setzte 1864–1868 die Erforschung des Tien Schan fort; leitete 1878 eine Expedition in das Ferganagebiet u. in den Pamir.

Sewing ['souiŋ; der; engl.], *Textiltechnik:* 1. einstufiger Zwirn; 2. mit hoher Drehung versehene Naturseide.

Sexagesima [lat., „der sechzigste (Tag)"], früher der 2. Sonntag der Vorfastenzeit (8. Sonntag vor Ostern). →Kirchenjahr.

Sexagesimalsystem, Zahlensystem mit der Grundzahl 60; heute noch in der Zeit- u. Winkeleinteilung in Minuten u. Sekunden erkennbar.

Sexagon [das; grch.], Sechseck.

Sex-Appeal [-ə'pi:l; der; engl.], Anziehungskraft auf das andere Geschlecht.

Sexau, Richard, Schriftsteller u. Historiker, *11.1.1882 Karlsruhe, †23.8.1962 München; Romane u. Erzählungen: „Venus u. Maria" 1932f.; „Kaiser u. Kanzler" 1936; „Symphonie" 1942; „Das gemeisterte Leben" 1956. Zahlreiche Essays u. Studien zur Literatur u. Geschichtswissenschaft.

Sexologie [lat. + grch.] = Sexualwissenschaft.

Sexpol, *Bewegung für Sexualökonomie u. Politik,* von dem Psychoanalytiker W. *Reich* zunächst (1928) in der Kommunist. Partei Österreichs, dann (ab 1931) in der KPD aufgebaute u. dort immer umstrittene Organisation, die die sexuelle Befreiung der Massen, insbes. der proletar. Jugend u. Familien, durch eine Verbindung der Lehren S. *Freuds* und des Marxismus erstrebte. Die „Zeitschrift für polit. Psychologie u. Sexualökonomie" war das publizist. Organ der S.-Bewegung. An diese knüpften Teile der →antiautoritären Bewegungen in den 1960er Jahren an. – ☐1.6.5.

Sext [die; lat. *sexta hora,* „sechste Stunde"], ein kirchl. Stundengebet (zur Mittagsstunde).

Sexta [die; lat., „die Sechste"], ursprüngl. die 6. Klasse der höheren Schule, heute die unterste.

Sextakkord [der; lat.], die erste Umkehrung des Dreiklangs mit seiner Terz als unterstem Ton (z.B. e–g–c statt c–e–g).

Sextans [der; lat., „$^{1}/_{6}$"], röm. Bronzemünze, 1 S. = $^{1}/_{6}$ As oder 2 Unzen, bes. im →*Aes grave* des 3. u. 2. Jh. v.Chr.

Sextant [der; lat.], 1. *Astronomie:* Sextans, Sternbild des südl. Himmels. 2. *astronom. Instrumente: Spiegelsextant,* Gerät zur Messung von Winkelabständen zwischen Gestirnen u. von Gestirnshöhen (Winkelabständen der Gestirne vom Horizont); wird auf See zur astronom. Ortsbestimmung verwendet. Im Flugzeug kann für den *Libellen-S.,* bei dem die Horizontalrichtung durch eine Wasserwaage definiert wird. 3. *Geometrie:* 6. Teil eines Kreises, Sektor von 60°.

Sexte [die; lat.], die 6. Stufe der diaton. Tonleiter u. das →Intervall zwischen dem 1. u. dem 6. Ton; große S.: c–a; kleine S.: c–as. Eine Konsonanz.

Sextett [das; ital.], Komposition für 6 Stimmen (vokal oder instrumental), auch die Gruppe von 6 Solisten.

Sextillion, die Zahl 10^{36}, d.h. eine 1 mit 36 Nullen.

Sextole [die; ital.], *Musik:* eine Gruppe von 6 gleichwertigen Noten, die den Zeitraum von regulär 8 oder 4 Noten ausfüllen soll, dargestellt mit einem Bogen u. der Ziffer 6.

Sexualdimorphismus, Unterschied in Körpergröße (z.B. →Zwergmännchen) oder Gestalt (z.B. bei Hirschen, Hirschkäfern) zwischen den Geschlechtern einer Tierart, der über die Geschlechtsmerkmale hinausgeht. →auch Dimorphismus. – ▣ →Dimorphismus.

Sexualethik, der Zweig der Ethik, der es mit den geschlechtl. Verhaltensweisen u. ihrer Normierung zu tun hat.

Sexualhormone, Hormone der *Gonaden,* die auf Anregung der →gonadotropen Hormone des Hypophysenvorderlappens entstehen. Die S. bewirken die volle Ausbildung der Gonaden u. die Prägung der sekundären Geschlechtsmerkmale. Weibl. S. sind die *Oestrogene:* das Oestron, das Oestradiol (das wirksamste) u. das Oestriol; sie regeln den Genitalzyklus. Im Gelbkörper u. während der Schwangerschaft in der Plazenta wird das *Progesteron* gebildet, das für den normalen Schwangerschaftsablauf sorgt. Das wichtigste der männl. S. ist das *Testosteron.* Androgene Hormone entstehen außerdem in beiden Geschlechtern in der Nebennierenrinde u. in bestimmten Tumoren des Ovars. Chemisch sind die S. *Steroide.*

Sexualhygiene, die Wissenschaft von allen mit dem Geschlechtsleben zusammenhängenden gesundheitl. Fragen; z.B. Bekämpfung der Geschlechtskrankheiten. – ☐9.8.4.

Sexualität [lat.], 1. *Biologie: Geschlechtigkeit,* polares, in der Anlage dualistisches Lebensprinzip der Natur. Es besteht darin, daß zwei Organismen aufgrund sich ergänzender entgegengesetzter Polung zu dafür synchronisierten Zeitpunkten (Blüte-, Balz- u. Kopulationszeit) ihr gegenseitiges Erbgut austauschen, so daß eine freie Kombination beider Genome bei den Nachkommen weitergegeben werden kann (→Mendelsche Gesetze). Die Abstimmung der Sexualpartner erfolgt durch den *Sexualtrieb* (→Geschlechtstrieb). Vor oder nach dem Kopulationsvorgang muß das Erbgut, um es mengenmäßig konstant zu halten, auf die Hälfte reduziert werden (→Reifeteilung). Die Möglichkeit, durch freie Neukombination des Erbguts seine ständige →Degeneration im Laufe der Generationen zu verhindern oder zu beheben *(Diploidie, crossing over),* ist der eine große Vorteil der S. Selbst bei Viren u. Bakterien sind nach neueren Forschungen sexuelle Vorgänge bestätigt, wenn man auch davon ausgehen muß, daß das Prinzip der S. an verschiedenen Stellen im Stammbaum der Lebewesen „erfunden" wurde bzw. nicht überall gleich konsequent durchgeführt ist (sog. *parasexuelle* Vorgänge). Der andere Vorteil der S. ist die Möglichkeit einer Funktionsdifferenzierung *(Arbeitsteilung)* zwischen den Sexualpartnern: die Herausbildung von *männl.* u. *weibl.* Organismen (Brutpflege-, Schutzfunktionen, Haltung eines Verbreitungsareals, Abgrenzung gegenüber anderen Arten durch Ausbildung bestimmter Trachten u. Verhaltensweisen während der Paarung durch intraspezif. →Selektion u.a.). Selbst bei Pflanzen besteht rein statistisch die Forderung nach einer etwa gleich großen Zahl von weibl. u. männl. Erbträgern, um Degeneration durch →Inzucht zu vermeiden (→Bisexualität). Problematisch wird die S. erst bei höheren sozialen Tiergemeinschaften, in denen ein enger Zusammenschluß einzelner „souveräner" Paare die Wirksamkeit des sozialen Verbands gefährden würde. In diesem Fall wird die Ausübung der S. auf bestimmte Brunftzeiten u./oder auf privilegierte Tiere beschränkt *(Säugetiere),* oder die überzähligen Geschlechter unterdrückt (soziale Insekten). 2. *Genetik u. Physiologie: Geschlechtlichkeit,* eine Eigenschaft, die es Organismen gestattet, mit Hilfe der Neukombination in wenigen Generationen eine große Zahl von Merkmalskombinationen zu erzielen. S. kann 1. zum *Parasexualvorgang* führen, bei dem ein Teilaustausch genetischer Information ohne geordnete *Meiose* (→Reifeteilung) erfolgt *(Viren, Bakterien);* 2. zu einem echten *Sexualvorgang,* bei dem vollständige Chromosomensätze übertragen werden u. eine Meiose erfolgt (Organismen mit echten Zellkernen). Das Geschlecht ist in der Anlage abhängig von einer bisexuellen Potenz aller Zellen: männl. u. weibl. sind Modifikationen desselben Merkmals. Bei genotypischer →Geschlechtsbestimmung können Geschlechtsrealisatoren in verschiedener Stärke innerhalb eines Geschlechts auftreten. Zur Kopulation sind offenbar nur quantitative Unterschiede nötig, so daß auch gleichgeschlechtl. Gameten verschmelzen können *(relative S.,* Theorie der S. von M. *Hartmann).* Die Anlage zur S. ist also dualistisch u. wird erst im Lauf der →Determination festgelegt. Nach der Geschlechtsdifferenzierung äußert sich die S. ausgesprochen polar: So verhalten sich bei den höheren Wirbeltieren (u. auch beim Menschen) die homozygoten weibl. u. die heterozygoten männl. Organismen wie zwei Rassen derselben Art. Denn die Steuerung der S. durch den Hypothalamus u. das gonadotrope Hormon der →Hypophyse erfolgt in beiden Fällen in gleicher Weise durch das adreno-genitale System, das entweder zur Produktion von männl. *(Androgene)* oder weibl. Hormonen *(Oestrogene, Gestagene)* führt. Diese Hormone, die wiederum die Funktion der Sexualorgane regulieren, sind in beiden Fällen ganz verschieden. Die oft zu hörende Behauptung, jeder männl. Organismus enthalte in geringerem Maße auch weibl. Hormone u. umgekehrt, ist also falsch, wenn auch chem. Reaktionsweise u. Struktur ähnlich sind. Die S. des erwachsenen Organismus wirkt polar, ist in jeder Körperzelle definitiv nachweisbar u. kann sogar im Gegensatz zur Ausbildung der äußeren Geschlechtsmerkmale stehen, wenn aufgrund der dualist. Anlage bei der Determinierung Störungen aufgetreten sind. →auch Geschlechtsbestimmung.

Sextant

3. *Verhaltensforschung:* die Äußerungen des →Geschlechtstriebs.

Sexualneurosen, aus Störung des Geschlechtslebens (meist verdrängtes Triebleben) entstandene seelische Konflikte (bes. der Konflikt zwischen Trieb u. eigener oder fremder moral. Bewertung); →auch Neurose.

Sexualpathologie, Lehre von den krankhaften Störungen des Geschlechtslebens u. von abweichenden Formen sexuellen Verhaltens (Perversionen). – ☐9.8.4.

Sexualproportion, *Geschlechtsverhältnis,* das zahlenmäßige Geburtenverhältnis zwischen Knaben u. Mädchen. Auf 100 Mädchen werden etwa 108 Knaben geboren *(Knabenüberschuß).* Infolge größerer Sterblichkeit der Knaben entwickelt sich ein Überschuß an Frauen, der durch die Kriegsverluste an Männern so groß werden kann, daß er sich zu einem sozialen Problem entwickelt. →auch Frauenüberschuß.

Sexualpsychologie, Psychologie des Geschlechtslebens, des Sexualtriebs bzw. der Arterhaltungstriebe (Paarungs-, Zeugungstrieb), der sexuellen Entwicklung u. der geschlechtl. Differenzierung nach ihrer psych. Auswirkung. Die Psychoanalyse S. *Freuds* u. seiner Nachfolger erschloß viele vorher unbekannte Zusammenhänge zwischen dem Sexualtrieb u. anderen Bereichen menschl. Verhaltens. – ☐1.5.8.

Sexualrhythmus, *Sexualperiodizität,* der periodenbestimmte Ablauf des Geschlechtslebens, bes. der Bereitschaft zur Fortpflanzung; beim Menschen deutlich im *Sexualzyklus* der Frau.

Sexualsoziologie, *Soziologie der Sexualität,* eine spezielle Soziologie, die sich mit den Beziehungen zwischen Sexualität, Gesellschaftsstruktur u. Moral befaßt. – ☐1.6.5.

Sexualstraftaten, strafbare sexuelle Handlungen, Delikte, die eine Beziehung zum Geschlechtlichen aufweisen. Das StGB der BRD verwendet seit 1973 in den §§ 174ff. diesen Begriff anstelle des früheren „Verbrechen und Vergehen wider die Sittlichkeit", um damit zum Ausdruck zu bringen, daß nicht mehr moralische Mißbildung, sondern der Jugendschutz u. der Schutz des einzelnen in der Selbstbestimmung seiner Sexualsphäre im Vordergrund der Strafdrohungen stehen. Strafbar ist danach neben *Vergewaltigung* (§ 177, früher: *Notzucht)* u. (sonstiger) *sexueller Nötigung* (§ 178) der *sexuelle Mißbrauch von Widerstandsunfähigen* (z.B. Geisteskranken, Bewußtlosen, § 179), Kindern unter 14 Jahren (§ 176), Jugendlichen unter 18 Jahren bei Bestehen eines Eltern-Kind- oder bei Ausnutzung eines sonstigen Abhängigkeitsverhältnisses zwischen Täter u. Opfer (sog. „Schutzbefohlene", z.B. Lehrlinge, Schüler, § 174). Weiterhin ist strafbar der sexuelle Mißbrauch von Gefangenen, behördlich Verwahrten, Kranken in Anstalten u. Strafverfolgten (§ 174a, b), sofern der Täter hierbei seine Amts- oder Dienststellung mißbraucht bzw. die Abhängigkeit des Opfers von ihm ausnutzt.

Die früher sog. *Blutschande* ist nur noch als Beischlaf zwischen (nahen) Verwandten (nicht mehr zwischen Verschwägerten) strafbar (§ 173). Die

Strafbarkeit *homosexueller Handlungen* beschränkt sich auf solche mit Personen unter 18 Jahren bzw. mit Abhängigen (§ 175). Die *Kuppelei* ist nur noch als Förderung sexueller Handlungen Minderjähriger unter 16 Jahren, gegen Entgelt oder bei Mißbrauch eines Abhängigkeitsverhältnisses bei Jugendlichen unter 18 Jahren strafbar (§ 180). Strafbar sind schließlich die gewerbsmäßige Förderung der *Prostitution* (§ 180a), der *Menschenhandel* (§ 181), *Zuhälterei* (§ 181a), *Verführung* von Mädchen unter 16 Jahren (§ 182), die Belästigung Dritter durch exhibitionistische (§ 183) u. sonstige öffentliche sexuelle Handlungen (§ 183a), die Verbreitung von *Pornographie* an Jugendliche (§ 184) u. sog. harter Pornographie (§ 184) u. die Ausübung verbotener oder jugendgefährdender Prostitution (§§ 184 a, b).

Im österr. StGB sind die S. mit bes. Folgen (insbes. Tod, schwere Körperverletzung) Verbrechen, z. B. § 201 Abs. 2 (Notzucht), § 202 Abs. 2 (Nötigung zum Beischlaf), sonst aber Vergehen. Ähnliche Regelung der S. im schweizer. StGB (Art. 187–212). – ▭ 4.1.4.

Sexualwissenschaft, *Sexologie*, u. a. von Iwan *Bloch* (*1872, †1922) begründete Spezialwissenschaft, die alle mit der Sexualität zusammenhängenden Vorgänge u. Verhaltensweisen in ihrer Verschiedenheit bei Mann u. Frau u. in ihrer Entwicklung sowie in den abweichenden Erscheinungsformen *(Perversionen)* erforscht u. beschreibt. An ihr sind beteiligt: Medizin, Psychologie (insbes. Psychoanalyse u. Sozialpsychologie), Soziologie, Völkerkunde u. a. – Der Weg für eine vorurteilsfreie empirische *Sexualforschung* wurde bes. durch S. *Freud* geebnet. Neuerdings werden auch moderne Forschungsmittel (Interview, Fragebogen) zur Erfassung sexuellen Verhaltens eingesetzt (A. *Kinsey*) bzw. das Sexualverhalten experimentell untersucht (William Howell *Masters*, *27. 12. 1915). – ▭ 1.5.8.

Sexualzyklus, *Menstruationszyklus*, der regelmäßig period. Ablauf der Bereitschaft zur Befruchtung bei allen höheren Tierarten (→Brunft). Bei der Frau: monatliche →Regel (2).

sexuelle Frage, der Komplex der durch die Geschlechtlichkeit u. ihre Auswirkungen auf die Gesellschaft aufgeworfenen Fragen.

Sexus [der; lat.], das, →Geschlecht.

Seychellen [seˈʃɛlən], *Seychelles*, Inselgruppe u. Republik nördl. von Madagaskar, im Ind. Ozean; teils vulkan.-gebirgige (*Mahé* 905 m), teils flache Koralleninseln, die auf einer Meeresfläche von über 40000 qkm zerstreuen; insgesamt 482 qkm, 62000 Ew. (Mischbevölkerung aus Negern, Mulatten u. Kreolen, dazu indische, chinesische u. malaiische Minderheiten). Hptst. *Victoria* auf der Hauptinsel *Mahé*. Die Landwirtschaft liefert Kopra, Nelken, Zimt u. Vanille. Die Industrie steckt noch in den Anfängen. Bedeutend ist der Fremdenverkehr. – Seit 1794 brit., 1903 Kronkolonie, seit 1976 unabhängig.

Seychellennußpalme, *Lodoicea seychellarum*, auf einigen Seychellen-Inseln heim. *Palme* mit 20–30 m hohen Stämmen u. 3–4 m breiten Fächerblättern u. den größten bekannten Baumfrüchten. Die 10–25 kg schwere Frucht hat unter einer dicken fleischigfaserigen Fruchthülle einen zweilappigen Steinkern (daher auch *Doppel-Kokosnuß*) u. einen Samen. Sie kann durch die Meeresströmung weite Strecken transportiert werden.

Seychellen-Riesenschildkröte = Riesenschildkröte.

Seydlitz, Friedrich Wilhelm von, preuß. Offizier, *3. 2. 1721 Kalkar, †8. 11. 1773 Ohlau; wurde als Reitergeneral im Siebenjährigen Krieg ausgezeichnet.

Seyfer, *Syfer*, Hans, Bildhauer, *um 1460, †1509 Heilbronn; ging von der realist. Kunst N. *Gerhaerts* aus, strebte nach monumentaler Gestaltung des Menschenbilds. Sein (urkundl. nicht gesichertes) Hptw. ist der Schrein des Hochaltars der Kilianskirche in Heilbronn, vollendet 1498.

Seyfert, Gabriele, Eiskunstläuferin, *23. 11. 1948 Chemnitz; 1969 u. 1970 Weltmeisterin, 1968 Olympiazweite; 1967, 1969 u. 1970 Europameisterin; 1961–1970 DDR-Meisterin.

Seyfert-Galaxien [nach dem Entdecker Carl *Seyfert*], Galaxien mit einem anomalen, extrem hellen Kern. Die Häufigkeit der S. zu der normaler Galaxien beträgt 1:100. Einige S. zeigen im Kern Helligkeitsschwankungen (Supernova-Ausbrüche in größer Zahl?). Sie sind auch z. T. stärkere Radioquellen. Vielleicht sind sie ein Bindeglied zwischen den normalen Galaxien u. den Quasaren.

Seyffert, Rudolf, Betriebswirt, *15. 3. 1893 Leipzig, †16. 2. 1971 Köln; seit 1924 Prof. in Köln, gründete 1928 u. leitete seitdem das Institut für Handelsforschung in Köln; Hptw.: „Wirtschaftliche Werbelehre" [4]1953; „Wirtschaftslehre des Handels" [5]1972.

Seyfried →Siegfried.

Seyhan Nehri, Fluß im S der Türkei, mündet südl. von Adana (Wasserkraftwerk) ins Mitteländ. Meer, bewässert mit dem Ceyhan Nehri die fruchtbare Landschaft *Cukurova*.

Seymour [ˈsiːmɔː], **1.** →Somerset.
2. David „Chim", US-amerikan. Photograph poln. Herkunft, *20. 11. 1911 Warschau, †10. 11. 1956 Ägypten; 1936–1938 Photoreporter im span. Bürgerkrieg; 1939 in den USA; 1942–1945 Kriegsberichterstatter in Europa; 1947 Mitbegründer des „MAGNUM" (1954–1956 Präs.); 1948–1956 Auftragsreisen durch Europa u. Israel; während der Suez-Krise in Ägypten erschossen.
3. Jane, →Johanna (2).

Seyß-Inquart, Arthur, österr. Politiker (NSDAP), *22. 7. 1892 Stannern bei Iglau, Mähren, †16. 10. 1946 Nürnberg (hingerichtet); Anwalt; 1938 zuerst als Innen-Min., dann als Bundeskanzler (11. 3.) an der Herbeiführung des Anschlusses Österreichs beteiligt; 1938/39 Reichsstatthalter in Österreich; 1939/40 stellvertr. Generalgouverneur von Polen; 1940–1945 Reichskommissar für die Niederlande; vom Internationalen Militärtribunal in Nürnberg zum Tod verurteilt.

Sezession [lat., „Abspaltung"], Bez. für Künstlergruppen, die sich von älteren Vereinigungen lösten, weil sie eigene Ziele verfolgten. Die erste S. wurde 1892 in München gegründet; es folgten die Wiener S. 1897, die Berliner S. 1899, die Neue Berliner S. 1910 u. a.

Sezessionskrieg, der nordamerikan. Bürgerkrieg 1861–1865 zwischen den Nord- u. Südstaaten („Sklavenhalterstaaten"). Ursache des S.s war ein tiefgreifender wirtschaftspolit. u. soziale Gegensatz (Konflikt um die Sklaverei), der die südl. Agrarstaaten von den nördl. Industriestaaten trennte. Anlaß zum Ausbruch des Kriegs war die Wahl des Republikaners A. *Lincoln*, eines Gegners der Sklaverei, zum Präs. der USA. Die 11 Südstaaten erklärten daraufhin ihren Austritt aus der Union (*Sezession*) u. gründeten die *Konföderierten Staaten von Amerika* mit J. *Davis* als Präs. Als Lincoln erklärte, daß er die Union als unteilbar betrachte u. sich an seinen Amtseid gebunden fühle, eröffnete die Konföderation am 12./14. 4. 1861 mit dem Beschuß von Fort Sumter (S.C.) den S. Die Heeresoperationen entwickelten sich auf zwei getrennten Kriegsschauplätzen: im O zwischen Atlantikküste u. Alleghenies, im W zwischen Alleghenies u. Mississippi. Der Mittlere u. Ferne Westen waren Nebenkriegsschauplätze. Maßgebende Strategen: General Robert E. *Lee* (anfangs militär. Berater des Präs. Davis, später Oberbefehlshaber der konföderierten „Army of Virginia"), Ulysses S. *Grant* (1863 Oberbefehlshaber der US-Armeen des W, 1864/65 Oberbefehlshaber der Potomac-Armee u. des Bundesheers). Die größten Schlachten im O: Bull Run (1861), Yorktown, Gettysburg (1863), im W: Mill Springs, Fort Henry, Fort Donelson, Shiloh, New Orleans (1862), Vicksburg, Chickamauga, Chattanooga (1863), Nashville (1864).

Die Seeblockade der US-Marine führte zur wirtschaftl. Auszehrung des Südens. Als amphibische Streitkräfte der Union das Mississippital eroberten (1862/63), waren die Konföderierten Staaten auseinandergerissen. Ein Feldzug des Generals W. T. *Sherman* spaltete den atlant. Süden. Lee kapitulierte am 9. 4. 1865 vor Grant bei Appomattox Courthouse.

1865–1877 wurden die Südstaaten durch die sog. Rekonstruktion zur Rückkehr in die Union gezwungen. →auch Vereinigte Staaten von Amerika (Geschichte). – ⊞ →Vereinigte Staaten von Amerika (Geschichte). – ▭ 5.7.8.

Sfax, tunes. Hafenstadt am Golf von Gabès, 80000, m. V. 250000 Ew.; zweitgrößte Stadt Tunesiens, Fischerei- u. Exporthafen, Meersalzgewinnung, Phosphatwerke, Metallindustrie, Olivenverarbeitung; Verkehrsknotenpunkt, Seebad.

SFB, Abk. für →Sender Freies Berlin.

Sfîntu Gheorghe [ˈsfintu gɛˈɔrgɛ], Hptst. des rumän. Kreises Covasna (3705 qkm, 182000 Ew.) u. Hafenstadt im Donaudelta, 24000 Ew.; Fischzucht u. Fischerei (bes. Störe), Kaviarherstellung.

Sforza, italien. Adelsfamilie, die 1450–1535 in der Nachfolge der Visconti das Herzogtum Mailand beherrschte. Stammvater war der Kondottiere Muzio Attendolo (*1369, †1424); sein Beiname S. („Bezwinger") wurde Familienname. In der Hauptlinie ausgestorben (1535), die Nebenlinie S.-*Cesarini* besteht heute noch.
1. Bianca Maria, dt. Kaiserin, *1472, †1510; zweite Gemahlin (1493) Kaiser Maximilians I.
2. Francesco, Herzog von Mailand 1450–1466, *23. 7. 1401 San Miniato, †8. 3. 1466 Mailand; unehel. Sohn Muzios, Kondottiere, folgte seinem Schwiegervater, dem letzten Visconti, in der mailänd. Herzogswürde, unterwarf 1464 Genua.
3. Lodovico il Moro („der Mohr"), Onkel von 1), Herzog von Mailand 1494–1499, *27. 7. 1452 Vigevano, †17. 5. 1508 Loches bei Tours; verheiratet mit Beatrice d'Este; veranlaßte die Franzosen zum Einmarsch in Italien (Krieg gegen Neapel), bekämpfte sie dann, 1500 geschlagen u. gefangen, starb im französ. Kerker; Förderer der Renaissancekünstler.

sforzato [ital.], *sforzando*, Abk. *sfz*, auch *forzato*, musikal. Vortragsbez.: stark betont; immer nur gültig für den so bezeichneten Ton oder Akkord.

sfr, Abk. für *Schweizer Franken*; →Franc.

Sfumato [das; ital.], eine Malweise, bei der weiche, verschwimmende Licht-Schatten-Modellierungen in zarten Lasuren den Bildeindruck bestimmen. Die S.-Malerei wurde von *Leonardo da Vinci* u. seiner Schule vervollkommnet.

Sgambati, Giovanni, italien. Komponist, Dirigent u. Pianist, *28. 5. 1841 Rom, †14. 12. 1914 Rom; Schüler von F. *Liszt*, machte Werke von R. *Schumann* u. J. *Brahms* in Italien bekannt; schrieb u. a. 2 Sinfonien, 1 Klavierkonzert, Kammermusik, Lieder, ein Requiem u. ein Te Deum.

Haus der Sezession in Wien von Joseph Maria Olbrich; 1898/99

Sganarelle

Sganarelle [sgana'rɛl; frz.], Typenfigur auf der Bühne, der verspießbürgerliche *Capitano* der *Commedia dell'arte*.
Sgraffito [ital., „Kratzmalerei"], Technik der Wandmalerei, bei der Linien u. Flächen in verschiedenfarbige, übereinandergelegte Putzschichten eingeschnitten oder geritzt werden.
sh, Abk. für →Shilling.
Shaba →Katanga.
Shabani [ʃə'ba:ni], Stadt in Rhodesien, Verkehrsknotenpunkt, 17 000 Ew., Asbestabbau.
Shackleton [ˈʃækltən], Sir Ernest Henry, brit. Antarktisforscher, *15. 2. 1874 Kilkee, †5. 1. 1922 Südgeorgien; 1901–1904 Begleiter R. *Scotts*, unternahm 1907–1909, 1914–1917 u. 1921/22 eigene Südpolexpeditionen; 1909 wurde von seiner Expeditionsgruppe der *magnetische Südpol* entdeckt.
Shackletongletscher, rd. 160 km langer Gletscher im Königin-Maud-Gebirge von Antarktika, strömt vom Polplateau aus 2000 m Höhe zum Ross-Schelfeis ab.
Shaftesbury [ˈʃa:ftsbəri], **1.** Anthony Ashley Cooper, Earl of S., Großvater von 2), *22. 7. 1621 Wimborne, †21. 1. 1683 Amsterdam; im Bürgerkrieg königstreu, dann auf seiten des Parlaments. 1660 an der Restauration des Stuartkönigtums beteiligt u. unter Karl II. Mitgl. des Cabalministeriums (Bez. nach den Anfangsbuchstaben der Mitgl.), 1672/73 Lordkanzler. Gegen die kath. Bestrebungen des Königs betrieb S. seit 1673 eine parlamentar. Opposition als erster Führer der Whig-Gruppe. Er setzte die *Habeas-Corpus-Akte* (1679) durch. Im Kampf um den Ausschluß des kath. Jakob Stuart von der Thronfolge (Exclusion Crisis 1679–1681) organisierte er eine parteiähnl. Widerstandsbewegung u. mußte nach Holland fliehen.
2. Anthony Ashley Cooper, Earl of S., engl. Philosoph, *26. 2. 1671 London, †15. 2. 1713 Neapel; Begründer des engl. ethischen *Sensualismus*, ausgehend vom Neuplatonismus: Sittlichkeit wird zur Entfaltung ursprüngl. Naturanlagen des Menschen, das Gefühl zur Erkenntnisquelle u. die Religion zum inneren Erleben der Weltharmonie. S.s Einfluß war bedeutsam (A. *Pope*, *Herder*, *Goethe*, *Schiller*, *Rousseau* u.a.). Hptw.: „Characteristics of Men, Manners, Opinions, Times" 3 Bde. 1711.
Shag [ʃæg; der; engl.], feingeschnittener engl. oder amerikan. Pfeifentabak.
Shahaptin, Stämmegruppe (5000 Zugehörige) der nordamerikan. Indianer mit den *Nez Percé*, *Modoc* u. *Klamath* in Oregon (USA).
Shah Jahan →Schah Dschahan.
Shahjahanpur [ʃadʒə-], ind. Distrikt-Hptst. in der oberen Gangesebene in Uttar Pradesh, 125 000 Ew.; Zuckerfabriken, Textilindustrie.
Shahn [ʃa:n], Ben, US-amerikan. Maler u. Bühnenbildner litauischer Abstammung, *12. 9. 1898 Kaunas, †1969 New York; kam 1906 nach Amerika, vertrat einen an G. *Rouault* u. R. *Dufy* geschulten sozialkrit. Realismus.
Shahr [ʃar; hind., urdu], Bestandteil geograph. Namen: Stadt.
Shakaito, *Sozialistische Partei Japans*, im Nov. 1945 als erste Nachkriegspartei Japans gegr. Nach dem Sturz der sozialist. Koalitionsregierung unter *Katayama* Tetsu im Februar 1948 mehrfache Parteispaltung; Wiedervereinigung des rechten u. linken Parteiflügels im Okt. 1955. Seit dem Austritt des gemäßigten Flügels (→Minshu-shakaito) im Sept. 1959 ist die S. marxist. orientiert, distanziert sich jedoch von Kommunisten (→Kyosanto) u. →Zengakuren. →auch Japan (Politik).
Shakers [ˈʃeikəz; engl., „Zitterer"], von Anna *Lee* in England mitbegr. u. 1774 nach Amerika übergesiedelte Quäkergruppe; besteht heute nicht mehr.
Shakespeare [ˈʃeikspiə], William, engl. Dichter, getauft 26. 4. 1564 Stratford on Avon, †23. 4. 1616 Stratford on Avon; Sohn des Handwerkers u. Bürgermeisters *John S.* u. der Gutsbesitzerstochter *Mary Arden*. Die sehr spärl. Nachrichten von S.s Leben gehen auf wenige behördl. Eintragungen u. zeitgenöss. Erwähnungen zurück. Er besuchte die Lateinschule u. heiratete 18jährig Anne Hathaway (*1556, †1623). 1592 als Schauspieler in London genannt. Um 1610 ging S. nach Stratford on Avon zurück, wo er sein Vermögen aus Bühnentätigkeit u. Teilhaberschaft am Globe-Theater anlegte u. bis zu seinem Tod wohnte. Von seinen Werken hat S. selbst nur die epischen Gedichte „Venus and Adonis" 1593 u. „The Rape of Lucrece" 1594 herausgegeben. In ihnen erweist er seine Meisterschaft in den poet. Formen der Renaissance. In dieser Zeit entstand wohl auch die Mehrzahl seiner Sonette (gedruckt 1609), die in der Kraft des Gefühls u. der Kühnheit der Sprache der Höhepunkt der engl. Sonettkunst sind. – Seine Schauspiele hat S. nicht selbst herausgegeben. Sie erschienen z. T. zu seinen Lebzeiten in vielfach unzuverlässigen Drucken (Quartos), 1623 gesammelt u. von zwei seiner Schauspielerkollegen herausgegeben (Folio 1). S. nimmt als Dramatiker eine überragende Stellung in der Weltliteratur ein. In seinen Schauspielen (Königsdramen, Tragödien, Komödien, Märchenspiele) vereinen sich dichter. Einbildungskraft, Bildhaftigkeit u. Vielfalt des sprachl. Ausdrucks, Tiefe der seel. Erfahrung u. die Fähigkeit zu theatermäßiger, bühnengerechter Konzeption. Sie zeigen eine unvergleichl. vielseitige Darstellungskraft, meisterhaft ins trag. Pathos wie in groteske Komik u. in der Zeichnung der Charaktere (erstmals mit echter psycholog. Vertiefung). Frei von den „3 Einheiten" der französ. Bühne, entwickelte S. die Handlung aus den Notwendigkeiten der Fabel u. der Charaktere u. paßte die Sprache realist. den Charakteren u. der Situation an. Bes. liebte er die barocke Kontrastierung von Pathos u. Komik (Rüpelszenen).
Der scheinbare Gegensatz zwischen S.s Bildungshöhe u. den bekannten Lebensumständen hat mehrfach an seiner Verfasserschaft zweifeln lassen, S.s Werke wurden u. a. F. *Bacon* u. Ch. *Marlowe* zugeschrieben, keine der Theorien erwies sich als stichhaltig. Das dramat. Werk gliedert sich in 4 Abschnitte, die Datierung der einzelnen Stücke ist z.T. unsicher: 1. (bis 1594) „Heinrich VI." (3 Teile); „Verlorene Liebesmüh"; „Komödie der Irrungen"; „Die beiden Veroneser"; „Der Widerspenstigen Zähmung"; „Richard III."; „Titus Andronicus"; 2. (1594–1601): „Ein Sommernachtstraum"; „Romeo u. Julia"; „König Johann"; „Richard II."; „Der Kaufmann von Venedig"; „Viel Lärm um nichts"; „Heinrich IV."; „Heinrich V."; „Julius Caesar"; „Die lustigen Weiber von Windsor"; „Wie es euch gefällt"; „Was ihr wollt"; 3. hauptsächl. Tragödien (1601–1609): „Hamlet"; „Troilus u. Cressida"; „Ende gut, alles gut"; „Maß für Maß"; „Othello"; „König Lear"; „Macbeth"; „Antonius u. Cleopatra"; „Coriolan"; „Timon von Athen"; „Pericles"; 4. (1610–1613): „Cymbeline"; „Wintermärchen"; „Der Sturm"; „Heinrich VIII.". – Dt. Übersetzungen: Ch. M. *Wieland* 1762–1766; u. bes. A. W. *Schlegel* 1797–1810, fortgesetzt von Dorothea *Tieck* u. W. H. von *Baudissin*, Hrsg. L. *Tieck* 1825–1833; F. *Gundolf* 1908 bis 1914; H. *Rothe* 1927–1934; R. A. *Schröder* 1945 ff. – ☐ 3.1.3.
Shakespearebühne [ˈʃeikspiə-], die Bühne des engl. Theaters zu Shakespeares Zeit. Sie besteht aus einer weit in einen oktogonalen oder runden Zuschauerraum vorspringenden Vorderbühne, die im Hintergrund von einem dreistöckigen Bühnenhaus abgeschlossen wird; darin das Zimmer (*study*), darüber die Kammer (*chamber*), im dritten Stock ein Ausguck (*top*).
Shampoo [ʃæmˈpu:; das; engl.], *Shampoon*, schäumendes Haarwaschmittel in flüssiger, Pulver- oder Cremeform. Basiert auf Grund-, Kokosseife u. Natriumhydrogencarbonat oder auf Triäthanolamin, Triisopropanolamin bzw. Morpholin. Durch Zusätze von Alkalimetaphosphaten oder Nachwäsche mit Adipin-, Weinsäure oder weinsaurem Kalium wird die beim Waschen sich bildende Kalkseife dispergiert.
Shamrock [ˈʃæmrɔk; der; irisch, engl.], irisches Nationalsymbol, das Blatt des Weißklees.
Shang →Schang.
Shanghai = Schanghai.
Shankara [ʃan-] →Schankara.
Shannon [ˈʃænən], *An t-Sionna*, längster u. wasserreichster Fluß Irlands, 350 km, entspringt im nördl. Connaught, bildet ab Limerick einen rd. 100 km langen Mündungstrichter, der an der irischen Westküste in den Atlant. Ozean mündet. Mit Dublin ist der S. durch Kanäle verbunden; mehrfach gestaut (*Lough Ree, Lough Derg*). Die Stromschnellen kurz vor der Mündung werden seit 1929 von einem Großkraftwerk genutzt. Westl. von Limerick liegt der bes. für den Transatlantikverkehr bedeutende Luftverkehrsknotenpunkt *Shannon Airport*.
Shannon [ˈʃænən], Claude Elwood, US-amerikan. Mathematiker, *30. 4. 1916 Gaylord (Mich.); Begründer der Informationstheorie als selbständige Wissenschaft (1942–1948); schrieb zusammen mit W. Weaver „Mathematical Theory of Communication" 1949.
Shanty [ˈʃænti; das; engl.], Seemannslied, ursprüngl. zum Rhythmus der Arbeit gesungen.
SHAPE [ʃeip; das], Abk. für engl. *Supreme Headquarters of the Allied Powers in Europe* („Oberkommando der Alliierten Streitkräfte in Europa"), das NATO-Oberkommando für Europa in Casteau bei Brüssel.
Shapiro [ʃəˈpiərou], Karl (Jay), US-amerikan. Lyriker u. Kritiker osteuropäischer Abstammung, *10. 11. 1913 Baltimore; verarbeitete in seinen frühen Gedichtbänden Kriegserfahrungen von der Pazifikfront in schmucklosen Versen. Er gab von 1950 bis 1955 die Zeitschrift „Poetry" in Chicago heraus und wandte sich gegen den symbolischen Akademismus T. S. Eliots.
Shapley [ˈʃeipli], Harlow, US-amerikan. Astronom, *2. 11. 1885 Nashville, Mo., †20. 10. 1972 Boulder, Colo.; 1921–1952 Direktor der Harvard-Sternwarte in Cambridge, Mass.; Hauptarbeitsgebiete: veränderl. Sterne, Sternhaufen, Stellarstatistik. S. bestimmte die Entfernung der kugelförmigen Sternhaufen.

Shakespeare: Bildnis des Dichters aus dem Titelblatt der First-Folio-Ausgabe von 1623. London, Britisches Museum

Toshusai Sharaku: Schauspieler in der Rolle eines Sänftenträgers; um 1795. Berlin, Staatliche Museen Preußischer Kulturbesitz, Museum für Ostasiatische Kunst

Sharaku Toshusai [ʃaraku toʃu-], japan. Maler u. Holzschnittmeister, * um 1770 vermutl. Edo, † nach 1825 vermutl. Edo; angeblich No-Schauspieler; Schauspielerporträts.
Share [ʃɛə; der; engl.], Anteil; Aktie.
Shariqa, Ash S. = Schariqa.
Sharon [ˈʃa-], Küstenebene Israels zwischen Haifa u. Tel Aviv, im N vom Karmel gesäumt, nach S breiter; hinter Küstendünen leicht hügelig; trüber sumpfig; heute Israels intensivstes Agrargebiet mit Zitrus- u. Bananenpflanzungen.
Sharpe [ʃa:p], Richard, engl. Ornithologe, * 22. 11. 1847 London, † 25. 12. 1909 Chiswick; Leiter der ornitholog. Sammlung des British Museum; verfaßte 11 Bände von dessen 27bändigem Vogelkatalog.
Shasta, Mount S. [ˈmaunt ˈʃæstə], erloschener Vulkan im Kaskadengebirge in Nordkalifornien (USA), 4317 m.
Shaw [ʃɔ:], **1.** Artie, eigentl. Arthur Arshawsky, US-amerikan. Jazzmusiker (Klarinette), * 23. 5. 1910 New York; seit 1936 eigene Bands, erfolgreicher Bandleader u. Klarinettist des Swing-Stils. **2.** George Bernard, engl.-irischer Dramatiker, * 26. 7. 1856 Dublin, † 2. 11. 1950 Ayot St. Lawrence, Hertfordshire; begann nach notvollen Jahren als Kunst- u. Musikkritiker („Musik in London" 1932, dt. 1959), beeinflußt von Ch. Darwin u. K. Marx, trat für die Sozialreformen des Fabianismus ein, eroberte sich dann die Bühnen der Welt mit ketzer. u. witzigen Stücken, in denen er voll Lust am Paradoxen den gesunden Menschenverstand über die Konventionen der Gesellschaft

George Bernard Shaw

triumphieren ließ. Dank der Brillanz des Dialogs u. der provokativen Kraft der intellektuellen Auseinandersetzung bewahren seine Dramen ihre Frische trotz der Zeitbedingtheit der in ihnen propagierten evolutionären Ideen. Nobelpreis 1925. Dramat. Hptw.: „Frau Warrens Gewerbe" 1893, dt. 1904; „Helden" 1894, dt. 1903; „Candida" 1895, dt. 1903; „Der Teufelsschüler" 1897, dt. 1903; „Caesar und Cleopatra" 1901, dt. 1904; „Mensch u. Übermensch" 1903, dt. 1907; „Major Barbara" 1905, dt. 1909; „Der Arzt am Scheideweg" 1906, dt. 1909; „Pygmalion" 1913, dt. 1913; „Zurück zu Methusalem" 1921, dt. 1923; „Die heilige Johanna" 1923, dt. 1924; „Der Kaiser von Amerika" 1929, dt. 1929; „Zuviel Geld" 1948, dt. 1948; Prosaschriften: „Ein Ibsenbrevier" 1891, dt. 1908; „Wegweiser der intelligenten Frau zum Sozialismus u. Kapitalismus" 1928, dt. 1928; „Everybody's Political What's What" 1944; „Collected Letters" 1965 ff. – ▭ 3.1.3.
3. Irwin, US-amerikan. Schriftsteller, * 27. 2. 1913 New York; in Dramen („Bury the Dead" 1936) u. Romanen („Die jungen Löwen" 1948, dt. 1948; „Stimmen eines Sommertages" 1965, dt. 1966; „Rich Man Poor Man" 1970) gestaltet er Kriegserlebnisse u. soziale Probleme.
Shawinigan Falls [ʃəˈwinigən ˈfɔ:lz], Stadt in der kanad. Prov. Quebec, nördl. von Trois-Rivières, 40 000 Ew.; Zellstoff-, Papier-, Textil- u. chem. Industrie.
Shearer [ˈʃi:rə], Moira, brit. Tänzerin, * 17. 1. 1926 Dunfermline; bekannt geworden in den Tanzfilmen „Die roten Schuhe" u. „Hoffmanns Erzählungen".
Shearing [ˈʃiəriŋ], George Albert, engl. Jazzmusiker (Klavier, Komposition), * 13. 8. 1919 London; blind geboren, lebt seit 1947 in den USA; gründete 1949 ein Quintett (Klavier, Vibraphon, Gitarre, Baß, Schlagzeug), dessen Besetzung Vorbild für viele andere wurde. Vertreter des modernen Jazz (komponierte u. a. „Lullaby of Birdland" u. „Local 802 Blues").
Sheboygan [ʃiˈbɔigən], Hafenstadt am Michigansee, in Wisconsin (USA), 48 500 Ew. (vorwiegend dt. Herkunft); Handelszentrum; Nahrungsmittel-, Schuh-, Bekleidungs- u. Stahlindustrie.
Sheddach [ʃed-; engl.], Sägedach, mit Vorliebe für Flachbauten verwendete Dachform, mit sägezahnartigem Querschnitt; bes. geeignet für Industriebetriebe mit Bedarf an großen, gut beleuchteten Arbeitsflächen (z. B. Spinnereien, Autowerkstätten). Die steil abfallenden Flächen sind verglast u. weisen nach Norden, so daß Blendung durch direktes Sonnenlicht vermieden wird.
Sheed & Ward [ˈʃi:d ənd ˈwɔ:d], engl. u. amerikan. Verlag: S. & W., Ltd., London, gegr. 1926; S. & W., Inc., New York, gegr. 1933; theolog., geisteswissenschaftl. u. schöngeistige Literatur.
Sheerness [ˈʃi:ənis], brit. Kriegshafen auf der Insel Sheppey südl. der Themsemündung, 17 000 Ew.
Sheffield [ˈʃefi:ld], Stadt am Südostrand der Pennine Chain, in Mittelengland, 550 000 Ew.; Universität (1905); Kathedrale (14./15. Jh.); Kohlenbergbau, Stahl- (Spezialstähle), Eisen- u. a. Metall-, Werkzeugindustrie u. Maschinenbau. – Im 12. Jh. gegr., frühe Eisenwarenherstellung.
Shehu [ˈʃehu], Mehmed, alban. Politiker (KP), * 10. 1. 1913 Corusch; Studium der Landwirtschaft, kämpfte nach 1942 als Partisan in Albanien,

Percy Bysshe Shelley

1946–1948 Generalstabschef der alban. Armee; 1948–1954 Innen-Min., seit 1954 Min.-Präs.
Sheinkman [ˈʃɛnkmən], Mordechai, israel. Komponist, * 30. 5. 1926 Tel Aviv; studierte bei B. Blacher u. W. Fortner; schrieb ein Klavierkonzert, Kammermusik u. Lieder.
Shell [ʃɛl] →Royal Dutch/Shell-Gruppe, →Deutsche Shell AG.
Shelley [ˈʃɛli], **1.** Mary Wollstonecraft, geb. Godwin, seit 1816 Frau von 2), engl. Schriftstellerin, * 30. 8. 1797 London, † 1. 2. 1851 London; schrieb phantast. Romane u. gab den Nachlaß ihres Mannes heraus: Hptw.: „Frankenstein oder der moderne Prometheus" 1818, dt. 1912.
2. Percy Bysshe, engl. Dichter, * 4. 8. 1792 Field Place bei Horsham, Sussex, † 8. 7. 1822 bei Viareggio (Italien; ertrunken). Aus Auflehnung gegen jeden Zwang verfocht S. in Leben u. Werk polit. u. gesellschaftl. Freiheitsideale, die ihn zu einem radikalen Anarchismus führten. Von der engl. Öffentlichkeit verfemt, lebte er seit 1818 in Italien. Polit. anklagenden Lehrgedichten („Feenkönigin" 1813, dt. 1878) folgten tiefere allg. philosoph. u. lyr. Werke, die bedeutendsten in den letzten fünf Lebensjahren, in denen sich seine geistige Haltung unter Einwirkung der platon. Philosophie zu einem pantheist. Idealismus entwickelt hatte. Lyr. Drama: „Der entfesselte Prometheus" 1820, dt. 1876. S.s Größe als Dichter beruht auf seiner Fähigkeit, das Ungreifbare der Idee in einer Sprache von großer Bewegtheit u. Bildhaftigkeit Gestalt werden zu lassen. Gedichte wie „To the Westwind", „To a Skylark", „To a Cloud", „Ode Written in Dejection near Naples", „Adonais" gehören zum Vollendetsten, was die Romantik geschaffen hat. Die Tragödie „Die Cenci" 1819, dt. 1837, ist das einzige dem engl. bedeutende u. dt. bühnenwirk-

same Drama der engl. Literatur seiner Zeit. Seine Auffassung von der Dichtung hat er in „A Defence of Poetry" 1840 niedergelegt. – ▭ 3.1.3.
Shell mounds [ˈʃɛl maunds; engl.], →Kökkenmöddinger.
Shelterdecker →Freidecker.
Sheltie [ˈʃɛlti], Hunderasse, kleiner →Collie.
Shenandoah [ʃɛnənˈdouə], rechter Nebenfluß des Potomac, rd. 250 km, im Großen Appalachental in Virginia (USA); S.-Nationalpark (780 qkm).
Shen-Chou, chines. Maler u. Dichter, * 1427 Hsiang-ch'eng-li, † 1509 Tschangschu, Prov. Kiangsu; Zentralfigur der Literatenmaler des 15. u. 16. Jh., einer der vier bedeutendsten chines. Meister der Ming-Zeit, Landschafts-, Blumen- u. Vogelbilder.
Sheng [ʃɛŋ; das; chin.], japan. Sho, Mundorgel, ein Zungenpfeifenspiel. Es diente rituellen Zwecken u. soll der Sage nach eine chines. Erfindung sein (das älteste erhaltene stammt aus dem 6. Jh.). Das S. besteht aus einem tassenförmigen Hohlkörper (Kalebasse, später Holz) mit einem seitl. Anblasestutzen. Oben sind 17 Bambuspfeifen in fünf verschiedenen Längen im Kreis eingesetzt. Die Pfeifen haben am unteren Ende eine durchschlagende Metallzunge u. darüber ein Griffloch; sie klingen nur, wenn dieses geschlossen wird. Aus dem S. wurden in Europa zunächst (1780 in St. Petersburg) Orgelregister mit Durchschlagzungen entwickelt, später das Harmonium u. die Mund- u. die Ziehharmonika.
Shenyang [ʃɛnjaŋ] = Mukden.
Shepparton [ˈʃɛpətən], Stadt im nördl. Victoria (Australien), 19 400 Ew.; Anbau von Obst, Gemüse u. Futterpflanzen; Viehzucht; Konserven-, Bekleidungs- u. Metallindustrie.
Sheraton [ˈʃɛrətən], Thomas, engl. Kunsttischler, * 1751 Stockton, † 22. 10. 1806 London; vertrat die antikisierende Richtung in der Möbelkunst, neben Th. Chippendale wichtigster Theoretiker der engl. Kunsttischlerei („The Cabinet-Maker's and Upholsterer's Drawing-Book" 1791).
Sherbrooke [ˈʃə:bruk; nach dem kanad. Generalgouverneur S.], Stadt in der kanad. Prov. Quebec, 81 000 Ew.; Universität (1954); landwirtschaftl. Mittelpunkt; Zellstoff-, Papier-, Textil-, Maschinenbauindustrie u. Schmuckherstellung.
Sheridan [ˈʃɛridən], Richard Brinsley, engl. Dichter u. Politiker, * 30. 10. 1751 Dublin, † 7. 7. 1816 London; Leiter des Drury-Lane-Theaters; Schauspieldichter, verfaßte brillante Komödien („Die Nebenbuhler" 1775, dt. 1874; „Die Lästerschule" 1777, dt. 1874).
Sheriff [ˈʃɛrif; engl.], **1.** in England ehrenamtl. Repräsentant der →County, meist ein Exekutivbeamter der Krone.
2. in den USA gewählter Polizei- u. Vollzugsbeamter für einen etwa dem. Landkreis entsprechenden Bezirk; in den Städten Hilfsbeamter des Gerichts.
Sherlock Holmes [ˈʃə:lɔk ˈhoumz] →Holmes, Sherlock.
Sherman [ˈʃə:mən], William Tecumseh, US-amerikan. General, * 8. 2. 1820 Lancaster, Ohio, † 14. 2. 1891 New York; führte im Sezessionskrieg seine Armee 1864/65 durch Georgia nach Savannah u. trug damit entscheidend zum Sieg der Nordstaaten bei; 1869–1884 Oberkommandierender der US-Armee.
Sherpa [ˈʃɛrpa], tibet. Stamm im Himalaya, im Gebiet des Mount Everest; als Träger u. Führer bei Bergbesteigungen bekannt geworden.
Sherriff [ˈʃɛrif], Robert Cedric, engl. Schriftsteller, * 6. 6. 1896 Kingston upon Thames, † 13. 11. 1975 Rosebriars; hatte Welterfolg mit seinem Kriegsdrama „Die andere Seite" 1928, dt. 1928; auch Unterhaltungsromane.
Sherrington [ˈʃɛriŋtn], Sir Charles Scott, brit. Neurophysiologe, * 27. 11. 1859 London, † 4. 3. 1952 Eastbourne; Prof. in Liverpool u. Oxford, erhielt für nervenphysiolog. Forschungen (Reflexe, funktionelle Zusammenhänge zwischen sensiblen Hautsegmenten u. Eingeweidesegmenten, Funktion der Neurone u. a.) gemeinsam mit E. D. Adrian den Nobelpreis für Medizin 1932.
Sherry [ˈʃɛri; der; engl.], span. Wein aus Jérez de la Frontera. – Nicht zu verwechseln mit →Cherry Brandy.
's-Hertogenbosch = Herzogenbusch.
Sherwood [ˈʃə:wud], Robert Emmet, US-amerikan. Dramatiker, * 4. 4. 1896 New Rochelle, N. Y., † 14. 11. 1955 New York; Filmkritiker, Redakteur; verfaßte zeitkrit. Problemstücke u. Komödien, z. T. mit histor. Einschlag: „The Road to

Shetlandinseln

Rome" 1927; „Reunion in Vienna" 1932; „Waterloo Bridge" 1930; „Idiot's Delight" 1936; „Der versteinerte Wald" 1935, dt. 1955.

Shetlandinseln [ˈʃetlənd-], amtl. *Zetland*, brit. Inselgruppe (rd. 100 Inseln) nordöstl. von Schottland, als Verwaltungsgebiet *Shetland* 1429 qkm, 18 000 Ew.; Hauptinseln: *Mainland* (970 qkm) mit Hptst. *Lerwick, Yell* (215 qkm) u. *Unst*; Kartoffelanbau, Schaf- u. Ponyzucht; Fang von Fischen, Krabben, Hummern, Kammuscheln, Fischzucht; Fischverarbeitung u. Schiffbau.

Shetlandpony [ˈʃetlənd-], kleine Pferderasse (→Pony) der Shetlandinseln, mit struppigem Schweif- u. Mähnenhaar.

Shickshock Mountains [ˈʃikʃɔk ˈmauntinz], frz. *Monts Shickshock*, Mittelgebirge auf der kanad. Halbinsel Gaspé am Sankt-Lorenz-Golf, 1268 m.

Shifting cultivation [ˈʃiftiŋ kʌltiˈveiʃən; engl.], Brandrodung mit Hackbau.

Shiga [ʃiga] *Kiyoshi*, japan. Bakteriologe, *18. 2. 1870 Sendai, †29. 1. 1957 Sendai; entdeckte 1898 die nach ihm *Shigellen* genannten Erreger der Bakterienruhr u. a. ruhrartiger Darmkrankheiten; entwickelte 1903 mit P. *Ehrlich* das Trypaflavin.

Shih-chi →Schiki.

Shih-ching = Schi-king.

Shikarpur [ʃi-], *Sheikharpur*, Stadt in Pakistan, nahe dem Indus nordwestl. von Sukkur, 85 000 Ew.; Teppichgewerbe; Handelszentrum.

Shilling [ˈʃi-; der; engl.], s, bis 1971 engl. Münzeinheit, 1 sh = 12 *Pence*, 20 sh = 1 *Pfund*. →auch Schilling.

Shillong [ˈʃiloŋ], *Shilaong*, Hptst. des nordostind. Staates Meghalaya, ca. 1500 m ü. M. in den Khasi-Jaintia-Bergen, verkehrsgünstig an der wichtigen Straße Sylhet–Guwahati; 80 000 Ew.; Pasteurinstitut, Colleges.

Shimla [ˈʃimlə], *Simla*, Hptst. des ind. Bundesstaates Himachal Pradesh, in den Himalayavorbergen des Pandschab, oberhalb des Sutlej, 2200 m ü.M., 45 000 Ew.; bekanntester ind. Höhenluftkurort; meteorolog. Station.

Shimmy [ˈʃimi; engl.], aus dem Foxtrott um 1920 in Amerika entstandener Gesellschaftstanz mit Schüttelrhythmen.

Shinoyama [ʃi-] *Kishin*, japan. Photograph, *3. 12. 1940 Tokio; verbindet in seinen Aufnahmen Körper- u. Landschaftsformen.

Shintoismus = Schintoismus.

Shipbroker [ˈʃipbroukə; engl.] →Schiffsmakler.

Shire [ˈʃiə; engl.], Bestandteil geograph. Namen: Grafschaft.

Shire [ˈʃirə], portug. *Xire*, Nebenfluß des unteren Sambesi, rd. 600 km, entspringt aus dem Malawisee, enthält zahlreiche Stromschnellen, von denen die *Murchisonfälle* die höchsten sind. Das Kraftwerk an den *Nkulafällen* soll nach vollem Ausbau den ganzen S von Malawi mit Strom versorgen.

Shirley [ˈʃə:li] *James*, engl. Dramatiker, *18. 9. 1596 London, begraben 29. 10. 1666 London; anglikan. Geistlicher, wurde kath., Vertreter des engl. Renaissancedramas; verfaßte Tragödien („The Cardinal" 1641), Lustspiele u. Sittenkomödien.

Shirley-Analyser [ˈʃə:li ˈænəlaizə; der; engl.], Gerät zur Bestimmung des Verunreinigungsgrades der Rohbaumwolle. Die leichten Baumwollfasern werden darin an eine Siebtrommel angesaugt, während die schweren Verunreinigungen nach unten fallen.

Shisha Pangma = Gösainthang Ri.

Shiva →Schiwa.

Shivta [ˈʃiv-], Stadtgründung der Nabatäer (2. Jh. v. Chr.) im westl. Negev; umfangreiche Ausgrabungen, auch aus byzantin. Zeit.

Shkodër [ˈʃkodər], ital. *Scutari*, nordalban. Stadt an der Südostecke des *S.sees*, 57 000 Ew.; illyrische Burg, Mesibrücke; Nahrungsmittel-, Textil-, Zement-, Tabak- u. chem. Industrie.

Shkodërsee, alb. *Liqen i Shkodrës*, serbokr. *Skadarsko jezero*, jugoslaw.-alban. Grenzsee, 356 qkm; steiles Westufer, flaches, sumpfiges Ostufer; fischreich.

Sho [ʃo; jap.], Mundorgel, →Sheng.

Shockley [ˈʃɔkli] *William*, US-amerikan. Physiker engl. Herkunft, *13. 2. 1910 London; arbeitet bes. über Halbleiter u. entwickelte zusammen mit W. *Brattain* u. J. *Bardeen* den Transistor. Nobelpreis für Physik 1956.

Shoddy [ˈʃɔdi; das; engl.] →Reißwolle.

Shôgun [ˈʃo-] →Schogun.

Sholapur [engl. ʃouˈlaːpuə] = Solapur.

Shona [ˈʃonə], die Stämmegruppe der →Mashona.

Shore [ʃɔː; engl.], Bestandteil geograph. Namen: Küste, Ufer.

Shorehärte [ʃɔː-; engl.] →Durometer.

Shorthorn [ˈʃɔːthɔːn], ursprüngl. engl. Niederungsrind, das als Zweinutzungsrind (Milch- u. Fleischrind) bei der Besiedlung Nordamerikas eine große Rolle spielte. In viele Rassen eingekreuzt.

Shortland Islands [ˈʃɔːtlənd ˈailəndz], kleinere Inselgruppe der Salomonen, südl. von Bougainville, auf *Shortland* 207 m hoch, zusammen mit der *Fauro-Gruppe* u. *Mono Island* 1400 Ew.

Shorts [ʃɔːts; engl.], kurze Sommerhose.

Short story [ˈʃɔːt ˈstɔːri; engl., „kurze Geschichte"], Begriff in der engl. u. US-amerikan. Literatur, der die dt. Begriffe *Novelle* u. *Kurzgeschichte* umfaßt. Die S.s. entwickelte sich als epische Kurzform zu Beginn des 19. Jh. Zuerst bei W. *Irving* („Sketch Book" 1819/20) ausgebildet, erreichte die S.s. mit E. A. *Poe* („Tales of the Grotesque and Arabesque" 1840) einen ersten Höhepunkt.

Shoshone [ʃoˈʃonə], *Schoschone*, **1.** indian. Sprachgruppe innerhalb der uto-aztekischen Sprachfamilie im westl. Nordamerika, mit den eigentl. S., *Ute, Paiute, Hopi* u. *Comanchen*, insgesamt 60 000 Zugehörige.

2. indian. Stämmegruppe im nördl. Great Basin, westl. USA, Sammler u. Jäger, Nördl. S. u. Wind River S. z. T. durch Übernahme des Pferdes berittene Büffeljäger; heute rd. 4500 S. in Reservaten in Nevada, Wyoming u. Idaho.

Shoso-in, Schatzhaus des Tempels Todai-ji in Nara, Japan, Eigentum des kaiserl. Hauses, als schlichter Holzspeicher nach dem Tod des Kaisers *Shomu* (756) errichtet, um das dem Todai-ji geschenkte Besitztum Verstorbener aufzunehmen.

Shoto, nordkorean. Stadt, = Käsong.

Show [ʃou; die, Mz. S.s; engl.], Schau, Darbietung unterhaltenden Charakters; früher: *Revue*.

Shreveport [ˈʃriːvpɔːt], Stadt in Louisiana (USA), am Red River (Endpunkt der Schiffahrt), 187 000 Ew. (Metropolitan Area 274 000 Ew.); Erdölraffinerien, Baumwoll-, Maschinen-, Metall-, Glasindustrie.

Shrewsbury [ˈʃrouzbəri, ˈʃruːzbəri], Hptst. der mittelengl., an Wales grenzenden Grafschaft *Salop*, am Severn, 54 200 Ew.; bedeutende Kirchenbauten; Maschinen-, Holz-, Textil- u. Metallindustrie; Geburtsort von Ch. *Darwin*.

Shrewsbury [ˈʃruːzbəri], Earltitel seit der Zeit Wilhelms des Eroberers, erstmalig an Roger de Montgomery, den Berater Wilhelms, zusammen mit dem Gebiet Sussex u. dem Schloß Shrewsbury verliehen. 1442 ging der Titel auf die Familie *Talbot* über, die ihn noch heute innehat. – **1.** Charles Talbot, engl. Staatsmann, *24. 7. 1660, †1. 2. 1718 London; spielte eine bedeutende Rolle in der Glorreichen Revolution von 1688, insbes. bei der Berufung Wilhelms von Oranien auf den engl. Thron; Staatssekretär unter Wilhelm von Oranien, trat jedoch 1690 aus Opposition gegen den wachsenden Einfluß der Tories von allen Ämtern zurück, geriet in den Verdacht, Jakobit zu sein; Schatzkanzler unter Königin Anna Stuart.

2. John *Talbot*, engl. Marschall, *um 1388, †17. 7. 1453 Castillon, Gascogne (gefallen); seit 1419 erst Captain, dann Marschall der engl. Truppen im Hundertjährigen Krieg, berühmt wegen seines Mutes. Seine Niederlage bei Castillon 1453 beendete die engl. Herrschaft über Aquitanien.

Shri Langka, singhales. Name für →Ceylon.

Shrimp [ʃrimp; der; engl.], engl. Bez. für kleine Garnelenarten, z. B. für die *Nordseegarnele*.

Shrinagar [ˈʃri-], *Srinagar*, Hptst. des ind. Staats Jammu und Kaschmir, rd. 1600 m ü.M. im nordwestl. Himalaya, am Jhelum, 400 000 Ew.; Paläste aus der Zeit der Großmogule; Textilindustrie (Wolle, Seide, Teppiche) u. feine Metallarbeiten. – B →Kaschmir.

Shropshire [ˈʃrɔpʃiə], ehem. mittelengl. Grafschaft, an Wales grenzend, am 1. 4. 1974 in der neuen Grafschaft *Salop* aufgegangen.

Shubun [ʃu-], japan. Zen-Mönch u. Maler, tätig in der 1. Hälfte des 15. Jh. als Hofmaler des Aschikaga-Schoguns; legte zusammen mit Josetsu, seinem vermutl. Lehrer, den Grund für die japan. monochrome Tuschmalerei *(suiboku-ga)*.

Shudra [ˈʃu-] →Schudra.

Shuffleboard [ˈʃʌflbɔːd; das; engl., „Schiebebrett"], von Einzelspielern u. Mannschaften (oft auf Passagierschiffen) betriebenes Spiel.

Shunt [ʃʌnt; der; engl.], Parallel- oder Nebenschlußwiderstand in elektr. Stromkreisen. Der Ausdruck wird hauptsächl. für Nebenschlußwiderstände in Strommessern (Amperemetern) benutzt, mit denen deren Meßbereich erweitert wird. →Nebenschlußschaltung.

Shute [ʃuːt], *Nevil*, Pseudonym des engl. Schriftstellers N. S. *Norway*, *17. 1. 1899 Ealing, †12. 1. 1960 Melbourne; Flugingenieur; behandelte in Romanen Fragen der Flugtechnik sowie das Thema des Atomkriegs: „Schach dem Schicksal" 1947, dt. 1948; „Das letzte Ufer" 1957, dt. 1958.

Shylock [ˈʃailɔk], hartherziger Gläubiger, nach dem jüd. Geldverleiher in Shakespeares „Kaufmann von Venedig".

si, italien. Tonbezeichnung, ursprüngl. für die 7. Stufe einer Tonleiter, jetzt (auf C-Dur bezogen) in den roman. Sprachen der Name für den Ton h (den Leitton).

Si, chem. Zeichen für *Silicium*.

Sialkot [engl. ˈsjaːlkout], *Sealkote*, pakistan. Stadt im Pandschab, nördl. von Lahore, 225 000 Ew.; Metall- u. Maschinenindustrie.

Siam, hinterind. Königreich, 1939 u. erneut 1945 umbenannt in →Thailand.

Sjamang [der; mal.], *Symphalangus syndactylus*, der größte Vertreter der *Gibbons*, mit großem Kehlsack; Verbreitungsgebiet: Sumatra, Malakka.

Siamen = Amoy.

Siamesen, ein Volk der →Thai, das Staatsvolk Thailands.

siamesische Sprache →thailändische Sprache.

siamesische Zwillinge [nach einem durch Schaustellungen international bekannt gewordenen Geschwisterpaar aus *Siam*], eineiige Zwillinge, die körperl. miteinander verwachsen sind; operative Trennung ist nur möglich, wenn keine lebenswichtigen Organe oder Funktionen (z. B. der Blutkreislauf) davon betroffen werden.

Sibirien: Straße in der Taiga

Siamfaser, Handelsbezeichnung für Blattscheidefasern verschiedener ostasiat. Palmenarten, zu Bürsten u. dgl. verarbeitet.

Si'an, *Xi'an, Siking,* Hptst. der chines. Prov. Schensi, im Tal des Wei Ho nördl. des Tsin Ling, 1,6 Mill. Ew.; Universität, Eisen-, Stahl-, Textilindustrie, Verkehrsknotenpunkt. – Seit vor 1000 v. Chr. bis 906 n. Chr. als *Tschangan (Ch'ang-an)* mehrmals Hptst. Chinas; im 9. Jh. Hptst. der T'ang-Dynastie, aus dieser Zeit Pagoden u. Tempel erhalten; Histor. Museum. In der Umgebung der Stadt zahlreiche Grabhügel mit Steinreliefs (u. a. die berühmte →Nestorianer-Tafel).

Siang Kiang, *Jiang Jiang,* rechter Nebenfluß des Yangtze Kiang (China), rd. 700 km, entspringt im Nan Ling, durchfließt den Tungting Hu, mündet bei Yüeyang, größtenteils schiffbar.

Siangtan, *Xiangtan,* Stadt in der südchines. Prov. Hunan am Siang Kiang, südwestl. von Tschangscha, 250 000 Ew., Industrie, Binnenhafen.

Siaosing'anling Schanmai, mandschur. Gebirge, →Khingan.

Sibelius, Jean, finn. Komponist, *8. 12. 1865 Hämeenlinna, †20. 9. 1957 Järvenpää bei Helsinki; der bedeutendste Vertreter der nationalen finn. Musik, dessen Tonsprache sich aus dem Volkslied speist. Zahlreiche sinfon. Dichtungen (Vier Legenden [darunter „Der Schwan von Tuonela" 1893], „Finlandia" 1900, „En Saga" 1901, „Nächtlicher Ritt und Sonnenaufgang" 1909, „Tapiola" 1926), 7 Sinfonien, „Karelia-Suite" 1893, Schauspielmusiken zu A. Järnefelts „Der Tod" 1903 (darin S.' bekannteste Komposition „Valse triste") u. M. Maeterlincks „Pelléas et Mélisande" 1905, ein Violinkonzert, Kammermusik, Lieder.

Šibenik [´ʃi-], ital. *Sebenico,* jugoslaw. Hafenstadt in Dalmatien, an der Krka-Mündung nordwestl. von Split, 30 000 Ew.; Reste venezian. Bauten, Dom (15. Jh.); Aluminiumhütte, Nahrungsmittel- u. Textilindustrie, Seebad; Fischfang; in der Nähe Bauxitbergbau.

Siberechts [-rexts], Jan, fläm. Maler, getauft 29. 1. 1627 Antwerpen, †um 1700 London; dort seit 1672; malte anfangs italien., dann fläm. Landschaften in kleinem Ausschnitt, bes. Furt- u. Weidebilder mit großen Figuren.

Sibilant [der; lat.], *Zischlaut,* am harten Gaumen erzeugter Reibelaut, z. B. s, ʃ = sch. →auch Laut.

Sibiride, Rasse mit europid abgeschwächten mongoliden Merkmalen, bei sibirischen Völkern wie Jenisejern, Ostjaken, Samojeden, Syrjänen.

Sibirien, russ. *Sibir,* der nördl. Teil Asiens, gehört zur RSFSR (Sowjetunion), unter Einschluß der →Jakutischen ASSR; zu einem kleinen Teil hat auch die Kasach. SSR an S. Anteil; 16,2 Mill. qkm, rd. 30 Mill. Ew; reicht vom Ural bis zum Pazif. Ozean u. von der Eismeerküste bis zur mongol. Grenze (die sowjet. Geographie schließt aber →Sowjetisch-Fernost, 6,6 Mill. qkm, davon aus, so daß 9,6 Mill. qkm, 20 Mill. Ew.); wird nach der Oberflächengestaltung in *Westsibirisches Tiefland, Mittelsibirisches Bergland* u. *Ostsibirisches Gebirgsland* gegliedert u. nach der Bodenbedeckung in die baumlose Tundrenzone im N, den breiten Waldgürtel der Taiga u. die westsibir. Steppen mit fruchtbaren Schwarzerdeböden im S; das Klima ist extrem kontinental, auf kurze, warme Sommer folgen lange u. kalte Winter (bei Oimjakon, Gebiet Werchojansk, liegt der nördl. →Kältepol der Erde), die weiträumige sibir. Dauerfrostboden taut in den Sommermonaten nur oberflächl. auf, die Flüsse bleiben lange vereist (die Lena bei Jakutsk etwa 200 Tage).

Den Hauptteil der Einwohner stellen die zugewanderten Russen, die altsibir. Bevölkerung bilden turkmongol. Stämme (wie *Samojeden, Ostjaken, Tungusen, Jakuten* u. *Burjaten*), die der uralaltaischen Sprachfamilie angehören.

Eine intensivere wirtschaftl. Erschließung S.s begann erst in sowjet. Zeit; auf der Basis reicher Bodenschätze (Kohle, Erdöl, Erdgas, Gold, Eisen, Zinn, Zink u. a. Buntmetalle, Bauxit, Glimmer, Graphit, Diamanten) entstanden vor allem längs der Transsibir. Eisenbahn Bergbau- u. Industriezentren (Kusnezkbecken, Irkutsk-Tscheremchowo, Tschita), Umschlagplätze an den Flußüberquerungen der Bahn entwickelten sich zu Großstädten mit vielseitiger Industrie (wie *Omsk, Nowosibirsk, Krasnojarsk, Chabarowsk*). Wasser-Großkraftwerke an den Strömen (*Ob, Jenisej* u. *Angara*) sichern die Energieversorgung, die Wälder werden forstwirtschaftl. genutzt, in den Steppen West-S.s verwandeln sich durch Bewässerung in Getreideüberschußgebiete (Ischim-, Barabinsker u. Kulundasteppe). Die Zwangsarbeit Deportierter (unter Stalin ganze Völkerschaften) hatte einen nicht unerhebl. Anteil am wirtschaftl. Aufbau von S. – 𝔹→Sowjetunion (Natur u. Bevölkerung, Wirtschaft u. Verkehr). – □ 6.5.7.

Geschichte: Nord-S. war seit dem 12. Jh. Ausbeutungsgebiet Nowgoroder Pelzjäger u. -händler. Am Irtysch u. unteren Tobol bestand seit dem 14. Jh. das Tatarenreich *Sibir* mit der Hauptstadt Isker, das 1563 von dem Usbeken *Kutschum* unterworfen wurde. Im Auftrag der Kaufmannsfamilie *Stroganow* eroberte der Kosakenhetman *Jermak* 1582 Isker u. unterstellte es dem russ. Zaren. Die Gründung von Tobolsk (1590) u. Tomsk (1604) machte den Weg nach Mittel- u. Ost-S. frei. 1633 drangen Kosaken bis Kamtschatka vor. Siedelnde Kosaken, Bauern u. Altgläubige erschlossen S., von Flußsystem zu Flußsystem vordringend. – 1858–1860 gewann Rußland das Amur- u. Ussurigebiet, 1875 Südsachalin. In den 1890er Jahren wurde die transsibir. Eisenbahn gebaut. Einen Rückschlag erlitt die russ. Fernostexpansion im russisch-japanischen Krieg 1904/05. 1918 organisierte *Koltschak* in West-S. den antibolschewist. Widerstand, der mit der Eroberung von Omsk im Dez. 1919 durch Sowjettruppen gebrochen wurde.

Sibirische Bahn = Transsibirische Eisenbahn.
sibirische Kunst →altsibirische Kunst.
Sibirisches Becken, *Makarowbecken,* Meeresbecken des Nordpolarmeers, begrenzt vom ostsibir. Schelf, vom Lomonossowrücken, vom Alpharücken u. vom kanad.-arkt. Archipel.

Sibiu, rumän. Name von →Hermannstadt.
Sibu, Stadt in Sarawak (Nordborneo), Ostmalaysia, im Rajangdelta, 50 000 Ew., landwirtschaftl. Handel (Sago, Pfeffer, Kokos u. a.).

Sibylle, im allg. weissagende Seherin (Priesterin) des Altertums. In Griechenland hatte die S. von Delphi großen Einfluß, in Italien die S. von Cumae, der die *Sibyllinischen Bücher,* eine Sammlung von Weissagungen, zugeschrieben wurden.

Sica, Vittorio de, italien. Filmregisseur, *7. 7. 1902 Sora, †13. 11. 1974 Paris; Bühnen- u. Filmschauspieler; Regie bei „Fahrraddiebe" 1948, „Wunder von Mailand" 1950, „Umberto D." 1952, „Rom, Station Termini" 1953, „Das Dach" 1955, „Und dennoch leben sie" 1961, „Das Jüngste Gericht findet nicht statt" 1961, „Die Eingeschlossenen von Altona" 1962, „Hochzeit auf italienisch" 1965 u. a.

Siccardsburg, August Siccard von, A. Sicard von *Sicardsburg,* österr. Architekt, *6. 12. 1813 Pest, †11. 6. 1868 Weidling bei Wien, baute zusammen mit Eduard *van der Nüll* (*1812, †1868) die Wiener Oper (1861–1869).

sic et non [lat., „so und nicht"], Argumentationsmethode der scholast. Philosophie seit *Abälard.* Zunächst werden die Thesen u. Antithesen (der Kirchenväter) zu einer Frage einander gegenübergestellt, dann die wahre Lösung begründet u. die als falsch angesehenen im einzelnen widerlegt.

Sichel, halbmondförmiges Messer mit kurzem Holzgriff zum Abschneiden von Getreide, Gras, Flachs, Mais, Sonnenblumen u. dgl. Seit der Jungsteinzeit bekannt.

Sicheldünenkatze →Wildkatzen.
Sichelhenke, Erntefest zur Feier des Ernteschlusses. →auch Erntebräuche.
Sichelklee →Schneckenklee.
Sichelmöhre, *Falcaria,* in Dtschld. in einer Art, *Falcaria vulgaris,* vertretene Gattung der *Doldengewächse,* auf Löß- u. Kalkboden vorkommend.
Sichelreiher →Sichler.
Sichem, hebr. *Schechäm,* heute Ruinenhügel *Tell Balata,* nahe Nablus, unweit des Jakobsbrunnens; im Altertum bedeutendste Stadt Mittelpalästinas, besiedelt seit dem 4. Jahrtausend v. Chr., in ägypt. Texten des 2. Jahrtausends v. Chr. erwähnt; lange zwischen *Kanaanäern* u. *Israeliten* umkämpft, vermutl. erstes Kultzentrum des israelit. Stämmebunds (Landtag zu S., Jos. 24); seit dem 5. Jh. v. Chr. samaritanisch, 128 v. Chr. durch den Hasmonäer *Johannes Hyrkanus* zerstört. – Bei Ausgrabungen fand man eine Burganlage, das Fundament eines Tempels u. Hausruinen. – Unweit von S. liegt nach der Überlieferung das Grab Josephs, des Sohnes Jakobs.

Sicherheit, Gewißheit, Zuverlässigkeit, Unbedrohtheit, Grundgefühl des Menschen, das sich gegen jede Bedrohung auflehnen u. die S. erstrebt; i. e. S. *soziale* S. der wirtschaftl. Existenz gegenüber den Wechselfällen des Lebens. →auch Sicherheitsleistung.

In der Politik wird S. nach innen u. außen durch ein System verfassungs- u. völkerrechtl. sowie materieller Maßnahmen angestrebt. Dem Streben nach äußerer S. dient bes. der Zusammenschluß von Staaten durch Bündnisse, Schiedsgerichtsabkommen u. a.; bei völkerrechtl. S.verträgen, die die gemeinsame Verteidigung gegen einen Aggressor vorsehen, spricht man von *kollektiver* S.

Sicherheitsabstand →Abstand (3).
Sicherheitsdirektion, in Österreich seit 1933 Organe der unmittelbaren Bundesverwaltung in allen Bundesländern mit dem *Sicherheitsdirektor* an der Spitze (in Wien: Polizeipräsident); betraut mit den Angelegenheiten des Melde-, Paß-, Vereins-, Versammlungs-, Pressewesens, der allg. Sicherheitspolizei u. a.

Sicherheitsfahrschaltung, Abk. *Sifa,* eine Schaltung, mit der die Wachsamkeit des Triebfahrzeugführers auf Eisenbahnfahrzeugen kontrolliert wird. Der Fahrzeugführer muß ein Pedal oder einen Handtaster ständig drücken. Nach 25 sek (1. Zeitüberwachung) leuchtet ein Leuchtmelder auf. Wenn der Führer jetzt das Pedal nicht kurz losläßt, ertönt nach 2,5 sek eine Hupe, nach weiteren 2,5 sek erfolgt eine Schnellbremsung (2. Zeitüberwachung). Ältere Bauarten haben statt der 2. Zeitüberwachung eine Wegüberwachung (nach einem Weg von 2×150 m). Die 2. Zeitüberwachung bzw. die Wegüberwachung wird sofort wirksam, wenn das Sifa-Pedal nicht betätigt wird. Heute nur noch selten ist der *Totmannknopf,* der nur eine Wegüberwachung hat u. durch ständiges Betätigen bedient wird.

Bodenschätze u. Industrie im südlichen Westsibirien und Randgebieten

Sicherheitsglas, splitterfreies Glas, das in verschiedenen Ausführungen hergestellt wird. 1. *Einscheiben-S.* erzeugt man durch Abschrecken einer auf 600 °C erhitzten Scheibe mit einem kalten Luftstrom. Das Glas wird dabei vorgespannt, d. h. in der Oberfläche entstehen starke Druckspannungen, die die Biegefestigkeit u. u. a. die Temperaturwechselbeständigkeit des Glases bedeutend erhöhen; die Bruchfestigkeit bei langsamer Belastung ist 4- bis 10mal so groß wie bei gewöhnl. Glas. Bei starkem Stoß entstehen keine Splitter, sondern nur weniger gefährliche, rundliche Glasbröckchen. Dieses splitterfreie Glas wird auch *Hartglas* genannt. Handelsbez. sind *Duro-* u. *Sekurit-Glas.* – 2. *Mehrscheiben-S.* oder auch *Verbundglas* wird hergestellt, indem 2 oder mehrere Tafelglasscheiben jeweils eine Zwischenschicht aus durchsichtigen, organischen elast. Massen (Plexigum, Polyvinylacetat, Polyvinylbutyral, Siliconkautschuk) bekommen. Die Zwischenschicht bindet die bei starkem Stoß entstehenden Glassplitter. Sehr dicke Verbundgläser mit mehreren Zwischenschichten werden *Panzerglas* genannt. – 3. bei *Drahtspiegelglas* werden Drahteinlagen in die Glasscheibe eingeschmolzen. Auch diese Scheiben, das billigste S., sind splittersicher.
Sicherheitsgrad, *Sicherheit*, das Verhältnis zwischen der Belastung, die ein Bauteil gerade noch aufnehmen kann, ohne zu brechen u. ohne unzulässige Verformungen zu erleiden *(Traglast)*, u. der Belastung, der er tatsächl. ausgesetzt wird *(Gebrauchslast)*. Der S. muß um so größer sein, je schwerwiegender die Folgen eines Versagens sind (Brückenbau), je weniger gleichmäßig die Festigkeitseigenschaften des Werkstoffs sind (Holz, Naturstein), je weniger genau die einwirkenden Kräfte (Wind, Erdbeben, Rammstoß) u. die Spannungen (Knickung im plast. Bereich, statisch unbestimmte Systeme) erfaßt werden können.
Sicherheitsgurt, Sicherheitsvorrichtung in Flugzeugen u. Kraftwagen, durch die die Insassen bei einem Unfall an ihrem Sitz festgehalten werden, um sie vor Verletzungen durch Aufprall (z. B. auf die Windschutzscheibe) zu bewahren. Nach der Bauart unterscheidet man Zweipunkt- u. Dreipunktgurte (Befestigung), Schräg-, V- oder Hosenträgergurte (Verlauf der Gurtbänder). S.e sind ein wichtiges Element der →passiven Sicherheit.
Sicherheitskonferenz, *Konferenz für Sicherheit u. Zusammenarbeit in Europa*, Abk. *KSZE*, eine auf Initiative der Warschauer-Pakt-Mächte zustande gekommene Konferenz, an der 33 europ. Staaten (einschl. des Vatikans, ohne Albanien) sowie die USA u. Kanada teilnahmen. Kommissionsberatungen in Genf 1973–1975 behandelten 3 Themenkreise („Körbe"): 1. Sicherheit in Europa, 2. wirtschaftl. u. kulturelle Zusammenarbeit, 3. Zusammenarbeit auf humanitären u. anderen Gebieten. Die Schlußakte, die völkerrechtlich nicht verbindliche Absichtserklärungen zu diesen Punkten enthält, wurde am 1. 8. 1975 in Helsinki unterzeichnet. Mit ihrem Bekenntnis zu den klass. Grundrechten wirkte sie stark auf die Bürgerrechtsbewegungen in den kommunist. Ländern. Eine „Überprüfungskonferenz" 1977/78 in Belgrad erzielte kein Einvernehmen über den bisher erreichten Grad der Durchführung der Schlußakte.
Sicherheitslampe →Grubenlampe.
Sicherheitsleistung, *Kaution*, Sicherung gegen Rechtsverletzungen u. a. Rechtsnachteile kraft Gesetzes, Richterspruchs oder Rechtsgeschäfts durch Zurverfügungstellen sicherer wirtschaftl. Werte, z. B. im bürgerl. Recht nach §§ 232–240 BGB durch *Hinterlegung* von Geld oder von Wertpapieren, durch *Verpfändung* von Staatsschuldbuchforderungen, von beweglichen Sachen oder von durch Grundpfandrecht gesicherten Forderungen, durch Bestellung von *Hypotheken* an inländ. Grundstücken oder von *Schiffshypotheken* an Schiffen oder Schiffsbauwerken, die in ein dt. Schiffs- oder Schiffsbauregister eingetragen sind, oder durch Stellung eines inländ. zahlungsfähigen selbstschuldnerischen *Bürgen.* – Ähnlich in Österreich nach §§ 471, 1321 ABGB u. § 70 Ehegesetz; ähnlich auch die S. u. die *Sicherstellung* des schweizer. Zivilrechts.
Im Zivilprozeß bes. zur vorzeitigen Ermöglichung, zur Sicherung (durch →Arrest oder →einstweilige Verfügung) oder zur Abwendung oder Einstellung der →Zwangsvollstreckung oder einzelner Vollstreckungsmaßregeln. Im Strafprozeßrecht kann ein Angeschuldigter, dessen Verhaftung lediglich wegen Fluchtverdachts gerechtfertigt ist, gegen S. mit dem Vollzug der Untersuchungshaft verschont werden.
Sicherheitslenkung, eine →Lenkung für Kraftfahrzeuge nach Geboten der →passiven Sicherheit. Sie soll den Fahrer bei Frontalkollisionen verzögernd abfangen. Die Lenksäule ist geteilt mit Gelenken oder als Teleskop mit verformbarem Mantelrohr angeordnet. Zuerst in den USA vorgeschrieben.
Sicherheitsmarke, Sicherung von Zahlkarten mit hohen Einzahlungsbeträgen gegen Einschmuggelung von gefälschten Unterlagen. Die S. wird auf die Rückseite der Zahlkarte geklebt.
Sicherheitspfeiler, *Bergbau: Sicherheitsfeste*, eine Zone, in der mit Rücksicht auf die mögl. Gefährdung der Tagesoberfläche (Eisenbahnen, Gebäude u. ä.) oder wichtiger *Grubenbaue* kein *Abbau* durchgeführt werden darf.
Sicherheitspolizei →Polizei, →Ordnungspolizei.
Sicherheitsrat →Vereinte Nationen.
Sicherheitsventil, durch Feder oder Gewicht belastetes Ventil an Dampf- oder anderen Kesseln sowie Leitungen, das sich selbsttätig öffnet, wenn der zulässige Höchstdruck überschritten wird.
Sicherheitswache, *Bundes-S.*, Exekutivorgan der österr. Bundespolizeidirektionen bzw. -kommissariate in größeren Städten.
Sicherung, elektr. Bauteil, das einen Stromkreis bei Überlastung unterbricht. In *Schmelz-S.en* brennt bei überhöhtem Strom ein dünner, meist in Quarzsand gebetteter Schmelzdraht durch. In Haushalts-Installationen werden häufig *Diazed-Schmelz-S.en* mit auswechselbaren Schmelzpatronen verwendet. Das farbige Plättchen, das beim Auslösen der S. abfällt, zeigt die Nennstromstärke an (grün: 6 A, rot: 10 A, grau: 15 A, blau: 20 A, gelb: 25 A). *S.sautomaten* enthalten einen Elektromagneten, durch dessen Spule der Verbraucherstrom fließt. Bei Überlast oder Kurzschluß löst der Elektromagnet die Arretierung einer Feder aus, die über einen Kontakt den Stromkreis unterbricht. Nachdem die Störung behoben ist, wird der S.sautomat manuell in seine Ausgangslage gebracht.
Sicherungsautomat →Sicherung.
Sicherungshypothek, zur Sicherung einer Forderung bestellte →Hypothek, bei der sich das Recht des Gläubigers streng nach der Forderung richtet u. der Gläubiger sich zum Beweis der Forderung nicht auf die Eintragung im Grundbuch berufen kann. Die nicht zum Umlauf bestimmte S. kann nur als *Buchhypothek*, nicht als *Briefhypothek* bestellt werden u. muß im Grundbuch als S. bezeichnet werden (§ 1184 BGB).
Sicherungsmaßregeln, *Maßregeln der Besserung u. Sicherung*, Zwangsmaßnahmen, die im dt. Strafrecht neben der Strafe verhängt werden können u. dem Schutz der Allgemeinheit vor gefährl. Tätern oder zu deren Besserung (z. B. Trinker, Rauschgiftsüchtige) dienen. S. kommen dort in Betracht, wo die Sicherung mit der Strafe nicht hinreichend gewährleistet ist; in der BRD z. B. die Unterbringung geistig defekter Täter in psychiatr. Krankenhäusern, gewohnheitsmäßiger Trinker u. Süchtiger in Entziehungsanstalten, von →Hangtätern in der →Sicherungsverwahrung, von Tätern mit schweren Persönlichkeitsstörungen in →sozialtherapeutische Anstalten, ferner das →Berufsverbot, die Entziehung der →Fahrerlaubnis (§§ 61–72 StGB), manchmal auch die →Einziehung, Vernichtung u. →Unbrauchbarmachung von Gegenständen. – Ähnl. §§ 21 ff. österr. StBG. – Ⓛ 4.1.4.
Sicherungsübereignung, treuhänderische Übereignung von Sachen ohne Übertragung des unmittelbaren Besitzes (durch Vereinbarung eines *Besitzkonstituts*) zur Sicherung einer Forderung, durch deren Erlöschen die S. hinfällig oder der Sicherungseigentümer (Sicherungsnehmer) verpflichtet wird, das Eigentum zurückzuübertragen. Obwohl gesetzl. nicht geregelt, wurde sie anstelle eines nach dem BGB unzulässigen besitzlosen →Pfandrechts von der Wirtschaftspraxis entwickelt u. von der Rechtsprechung anerkannt. – Ⓛ 4.3.1.
Sicherungsverfahren, ein Verfahren des Strafprozeßrechts, in dem gegen *Zurechnungsunfähige* nur die Unterbringung in einem psychiatr. Krankenhaus angeordnet werden kann (§§ 429a–d StPO). – Ähnl. in Österreich nach § 134 StPO.
Sicherungsverwahrung, Sicherungsmaßregel des Strafrechts gegen →Hangtäter (§§ 66 u. 67 d, e StGB; die Höchstdauer der 1. Unterbringung in der S. ist 10 Jahre; vorherige Aussetzung zur Bewährung mögl.); Vollstreckung in *Verwahrungsanstalten*, die in der Regel räumlich mit Strafanstalten verbunden sind. – Ähnlich in der Schweiz die Verwahrung von Gewohnheitstätern auf unbestimmte Zeit, jedoch mindestens für 3 Jahre (statt einer Gefängnis- oder Zuchthausstrafe; Art 42 StGB). – In Österreich ist bei gefährl. Rückfalltätern bis zu 10jährige Unterbringung in einer bes. Anstalt zulässig (§§ 23, 25 StGB).
Sicherungszession, die →Abtretung einer Forderung nur zur →Treuhand.
Sichler, *Brauner S., Sichelreiher, Plegadis falcinellus*, zu den *Ibissen* gehörender Schreitvogel mit dunklem Gefieder, in Dtschld. nur als Irrgast.
Sichling, *Ziege, Messerfisch, Pelecus cultratus*, rd. 40 cm langer *Karpfenfisch* Osteuropas, Habitus heringsähnl., Oberflächenfisch.
Sichote-Alin [-xɔ-], *Tatarisches Gebirge*, Gebirgskette in Sowjetisch-Fernost, am Japan. Meer, zwischen der Amurmündung u. Wladiwostok, rd. 1400 km lang, im *Tardoki-Jani* 2078 m hoch, dicht bewaldet; reich an Kohle, Gold, Blei u. Zink.
Sicht, *Meteorologie u. Straßenverkehrswesen:* die Möglichkeit, entfernte Orte oder Gegenstände, wie Fahrzeuge auf Straßen, zu sehen; sie ist abhängig von den atmosphär. Bedingungen; eine diffuse Lichtstreuung in der Atmosphäre, wie sie bei einem hohen Wasserdampfgehalt der Luft auftritt, setzt die *S.weite* herab. Bei S.weiten unter 1 km spricht man von →Nebel; ist die S. größer als 50 km, spricht man von ungewöhnl. Fernsicht.
Sichteinlagen, täglich fällige Gelder (→Depositen).
Sichtvermerk, *Visum*, (Genehmigungs-)Eintragung in den Reisepaß durch das Konsulat des ausländ. Staates, für den die Ein- oder Durchreise beantragt wurde. Bürger der BRD können in alle nichtkommunist. Staaten Europas sowie nach Bulgarien, Jugoslawien u. Rumänien, aber auch in viele außereurop. Länder (darunter Japan u. Kanada, nicht aber die USA) ohne S. einreisen. Diese Regelung beruht fast immer auf Gegenseitigkeit (Einreise der betreffenden Ausländer in die BRD ohne S.).
Sichtwechsel, ein →Wechsel, der bei Vorlegung fällig wird. Er muß binnen eines Jahres seit der Ausstellung zur Zahlung vorgelegt werden. Der *Aussteller* kann eine kürzere oder längere Frist bestimmen; die *Indossanten* können die Vorlegungsfristen abkürzen. Der Aussteller kann auch vorschreiben, daß der S. nicht vor einem bestimmten Tag zur Zahlung vorgelegt wird. Der S. ist zu unterscheiden vom →Datowechsel u. →Tagwechsel.
Sichzeigen, erste Feststellung eines Fehlers oder Mangels beim Viehkauf; nur von Bedeutung innerhalb der →Gewährfrist.
Sickel, Theodor Ritter von, Historiker, * 18. 12. 1826 Aken, Sachsen, † 21. 4. 1908 Meran; Prof. in Wien, 1883–1901 Leiter des Österr. Histor. Instituts in Rom; Mitbegründer der histor. Urkundenkritik („Wiener Schule"); Hrsg. der Abteilung Diplomata in den Monumenta Germaniae Historica.
sicken, *sieken*, profilierte Vertiefungen in dünne Bleche zum Versteifen mit dem *S.hammer* oder mit *S.maschinen* einhämmern oder einwalzen; auch zum Fügen zweier Bleche.
Sickerbrunnen, unterirdischer, wasserdurchlässiger Baukörper in Bienenkorbform; ausschl. für Versickerung von Niederschlagswasser aus Regenabfallrohren u. ä. zulässig.
Sickert, Walter Richard, engl. Maler, * 31. 5. 1860 München, † 22. 1. 1942 Bathampton, Somerset; führender Vertreter der nachimpressionist. Malerei in England, lernte bei J. *Whistler*, Mitbegründer der *Camden Town Group.* Bilder aus der Londo-

Sichtvermerk: USA-Einreise-Visum

ner Theaterwelt u. Ansichten von London, Dieppe u. Venedig; auch kunstkritische Schriften.

Sickerwasser, 1. *Bodenkunde u. Hydrogeologie:* *Senkwasser*, eine Art von Bodenwasser, derjenige Teil der Niederschläge (Regen, Schmelzwasser), der nach Eindringen in den Boden nicht mehr als *Haftwasser* u. *Schwarmwasser* von diesem festgehalten werden kann, sondern im Begriff ist, zu versickern, zum →Grundwasser (über undurchlässige Gesteinsschichten) vorzustoßen u. dieses aufzufüllen. – ⊞→Bodenkunde.
2. *Wasserbau:* Wasser, das unter u. neben Talsperren u. unter Deichen unkontrolliert durch Bodenschichten u. Gesteinsspalten dringt. →Dichtungsschleier.

Sickingen, Franz von, Reichsritter, *2. 3. 1481 Ebernburg bei Kreuznach, †7. 5. 1523 Landstuhl; diente mit seinem Söldnerheer *Franz I.* von Frankreich, dem *Schwäbischen Bund* gegen Herzog *Ulrich* von Württemberg u. dem Kaiser. Durch U. von *Hutten*, der seit 1520 bei ihm lebte, wurde S. für die Reformation gewonnen. Als Hauptmann des von ihm gestifteten oberrhein. Adelsbundes eröffnete er 1522 den Kampf gegen den Erzbischof von Trier, wurde aber von seinen Freunden im Stich gelassen u. auf seiner Feste Landstuhl eingeschlossen, wo er an einer Verwundung starb.

Sickinger, Josef Anton, Pädagoge, *21. 9. 1858 Harpolingen, Baden, †3. 8. 1930 Oberstdorf; Schöpfer des *Mannheimer Schulsystems* mit Begabungsklassen; schrieb „Über naturgemäße Organisation des großstädt. Volksschulwesens im allgemeinen u. über das Mannheimer Schulsystem im besonderen" 1913.

sic transit gloria mundi [lat.], „so vergeht der Ruhm der Welt".

Siddhanta [sanskr., „endgültig feststehende Lehre"], kurze Lehrzusammenfassungen, bes. des Dschinismus, im 5./6. Jh. gesammelt.

Siddharta [sanskr., „der sein Ziel erreicht hat"], indischer Name des →Buddha.

Side-board ['saidbɔ:d; engl.] →Anrichte.

siderisch [lat.], auf das System der Fixsterne bezüglich; so ist z. B. die *s.e Umlaufzeit* der Planeten gleich der Umlaufzeit in bezug auf ein mit dem Fixsternsystem fest verbundenes Koordinatensystem (→auch Jahr, Monat).

siderisches Pendel, nach Material u. Form verschiedenes Pendel für hellseherische Versuche: Form u. Richtung der Schwingungen sollen bestimmte Auskünfte geben.

Siderolithe [grch.], Meteoriten, die einen Übergang zwischen Stein- u. Eisenmeteoriten darstellen; Silicate überwiegen jedoch.

Siderosis [die; grch.], Erkrankung einzelner Organe durch Eisenablagerungen; so führt das Einatmen von Eisenstaub (Eisenoxid, Eisenmennige, Polierrot) zur Eisenstaublunge.

Siderosphäre [die; lat. + grch.], frühere Bez. für den →Erdkern.

Siders, frz. *Sierre*, Bez.-Hptst. im schweizer. Kanton Wallis, im Rhônetal, 11500 Ew.; ehem. bischöfl. *Château des Vidomnes*, mehrere Burgruinen, prächtige Herren- u. Bürgerhäuser; Weinbau; Aluminiumwerk im Ortsteil Chippis.

Sidgwick ['sidʒ-], Nevil Vincent, brit. Chemiker, *8. 5. 1873 Oxford, †15. 3. 1952 Oxford; forschte über Isomerie, Tautomerie u. Molekülstrukturen.

Sidi [arab.], *Sîdî*, in Nordwestafrika Anrede: (mein) Herr, früher bes. auch für den Sultan von Marokko; auch Bestandteil geograph. Namen.

Sidi-Bel-Abbès, Stadt in Nordwestalgerien, südl. von Ouahran im Tellatlas, 160000 Ew.; Agrarzentrum, Nahrungsmittelindustrie; Kraftwerk.

Sidi Ifni, bis 1969 Hauptort der ehem. span. Überseeprovinz *Ifni* an der Atlantikküste von Marokko, 14000 Ew.

Sîdî Qâsem [-ka'sɛm], marokkan. Stadt nördl. von Meknès, 25000 Ew.; Erdölzentrum u. -raffinerie, Agrarzentrum, Kraftwerk; Bahn- u. Straßenknotenpunkt. In der Nähe von S. Q. liegen die Ruinen der Römerstadt *Volubilis* u. der islam. Wallfahrtsort *Moûlây Idriss* (10000 Ew.).

Sidmouth [-məθ], Henry Addington, Viscount S., brit. Politiker, *30. 5. 1757 London, †15. 2. 1844 Richmond Park; 1801–1804 Premier-Min., 1812–1822 Innen-Min. im Kabinett Liverpool; vertrat eine Politik der Stärke in der Innenpolitik gegenüber Liberalen u. Radikalen, verhängte Versammlungsbeschränkungen u. beschnitt die Pressefreiheit; widersetzte sich 1829 der Katholikenemanzipation u. 1832 der Wahlrechtsreform.

Sidney [-ni], **1.** Algernon, engl. Politiker, *1622 Penshurst, †7. 12. 1683 London; setzte sich im Bürgerkrieg für die Rechte des Parlaments ein, führte 1645 ein Reiterregiment unter Cromwell, widersetzte sich jedoch nach dem Sieg Cromwells dessen diktator. Tendenzen; floh 1660 vor der Stuart-Restauration auf den Kontinent, kehrte 1677 nach England zurück, wurde 1679 ins Parlament gewählt; wegen angebl. Teilnahme an einer Verschwörung hingerichtet.
2. Sir Philip, engl. Dichter u. Diplomat, *30. 11. 1554 Penshurst, †17. 10. 1586 Arnheim; galt seinerzeit als Inbegriff des ritterl., feingebildeten Menschen. Sein Sonettenzyklus „Astrophel and Stella" 1591 bedeutet den Höhepunkt des Petrarkismus in England, der Schäferroman „Arcadia" 1590, dt. 1638, der auf die europ. Literatur des Barocks einwirkte, bringt S.s polit. u. sittl. Ideale zum Ausdruck. „A Defense of Poesie" 1595 ist eine wichtige Renaissancepoetik.

Sidon →Saida.

Sidonius Apollinaris, Gaius Sollius *Apollinaris Sidonius*, latein.-christl. Schriftsteller aus Lyon, *um 430, †um 486; seit etwa 470 Bischof von Clermont; kulturhistor. interessante Briefe.

Sidot-Blende [si'do:-; nach dem französ. Chemiker *Sidot*], *Sidotsche Blende*, Spuren von Schwermetallen enthaltendes Zinksulfid; ein *Luminophor*, für →Leuchtschirme (bes. für Röntgenstrahlen) u. für Leuchtziffern verwendet.

Siebbein, *Ethmoidale*, ursprüngl. dreiteiliger Schädelknochen vor dem Keilbein; bildet mit seinem Mittelstück die knöcherne Nasenscheidewand u. das Dach der Nasenhöhle mit der Siebplatte (Durchtritt der Riechnerven), mit seinen paarigen Seitenteilen die mittleren u. oberen Muscheln der Riechwülste *(Ethmoturbinalia)* u. das *S.labyrinth*.

Siebdruck, *Serigraphie*, *Schablonendruck*, in mehreren Varianten entwickeltes Durchdruckverfahren. Aus Papier oder Film geschnittene Schablonen werden auf ein in einen Rahmen gespanntes spezielles Seiden-, Metall- oder Kunstfasersieb geklebt, oder das Sieb selbst wird mit einer lichtempfindl. Eiweißschicht versehen, auf die die Vorlage aufkopiert wird. An den belichteten Stellen härtet das Eiweiß, während es sich an den unbelichteten Stellen wieder aus dem Sieb auswaschen läßt. Der Druck erfolgt, indem mit einer Gummirakel Farbe durch den offenen Teil des Siebes auf den darunterliegenden Druckträger (Papier, Metall, Glas u. a.) gequetscht wird. – ⊡2.0.5.

Siebeck, Richard, Internist, *10. 4. 1883 Freiburg i. Br., †18. 5. 1965 Heidelberg; Vertreter der psychosomatischen Medizin; Träger der Paracelsus-Medaille 1955. S. schrieb u. a. „Medizin in Bewegung" 1949, ²1953.

Sieben Berge, niedersächs. Bergland östl. der Leine, bei Alfeld.

Sieben Brüder →Siebenschläfer.

Siebenbürgen, *Transsilvanien*, rumän. *Transilvania*, ung. *Erdély*, nordwestrumän. Landschaft, im O u. S von den Karpaten u. im W vom Bihorgebirge umrahmt, gebirgig; 61500 qkm, 3,5 Mill. Ew.; Hauptort *Klausenburg*; tief eingeschnittene Täler, zwischen großen Wäldern fruchtbare Bekken mit Weizen-, Mais-, Obst- u. Weinanbau; an Bodenschätzen finden sich Kohlen, Steinsalz, Erdgas, Eisen-, Silber-, Kupfer-, Blei-, Golderze.
Geschichte: S. war Teil der röm. Provinz Dacia; Kernland des Gepidenreichs, das 567 von Langobarden u. Awaren vernichtet wurde. Im 7. Jh. beherrschten die Bulgaren das Gebiet, gegen Ende des 9. Jh. kam es unter ungar. Einfluß. Zur Verteidigung wurden Magyaren (Szekler) angesiedelt, im 12. u. 13. Jh. Deutsche (Siebenbürger Sachsen) ins Land gerufen. S. wurde von Woiwoden des ungar. Königs verwaltet. Der Woiwode *János (Johann) Szápolyai* löste nach der *Schlacht bei Mohács* 1526 S. von Ungarn u. begründete das *Fürstentum S.* unter türk. Herrschaft. Die reformierten Fürsten (bes. *Stephan IV. Báthory* [1571–1576], *Stephan Bocskay* [1605/06], *Gábor Bethlen* [1613–1629], *Georg I. Rákóczi* [1630–1648]) traten der habsburg. Gegenreformation entgegen. Seit 1688 bzw. 1691 hatten die Habsburger als Könige von Ungarn die Oberhoheit, die Sonderstellung als Kronland war durch das Leopoldin. Diplom (1691) verankert. 1848 beschloß der Landtag von Klausenburg die Union mit Ungarn, die aber erst 1867 vollzogen wurde. Ungarn betrieb die Magyarisierung. Durch den Frieden von Trianon (1920) wurde der Anschluß S.s an Rumänien bestätigt. Der 2. Wiener Schiedsspruch (1940) brachte den nördl. Teil S.s bis 1947 an Ungarn. 1952 erhielt S. Autonomie (Magyarische Region). – Die Siebenbürger Sachsen aus Nord-S. wurden 1944 nach Österreich u. West-Dtschld. evakuiert, die aus Süd-S. z. T. nach Rußland deportiert.

Sieben Freie Künste →Artes liberales.

Siebengebirge, jungvulkan. Bergland nordwestl. des Westerwalds am Rhein, südöstl. von Bonn; im *Großen Ölberg* 460 m, *Petersberg* 331 m, *Drachenfels* 321 m; Burgruinen, Naturschutzgebiet.

Sieben gegen Theben, Kriegszug von 7 Helden. Hauptstoff des theban. Sagenkreises u. Gegenstand vieler antiker Epen. *Ödipus* hatte seine Söhne *Eteokles* u. *Polyneikes* verpflichtet, sich in die Herrschaft über Theben zu teilen. Eteokles riß die Macht an sich, Polyneikes mußte fliehen. Er gewann die Hilfe von 6 anderen Fürsten, die unter Führung seines Schwiegervaters *Adrastos* gegen Theben zogen u. zum Sturm auf die 7 Tore der Stadt antraten. Alle fielen, außer Adrastos, auch Eteokles u. Polyneikes töteten sich gegenseitig. 10 Jahre später konnten die Söhne der Sieben *(Epigonen)* die Stadt erobern.

Siebengestirn, offener Sternhaufen im Sternbild *Stier*, meist nur 6 Sterne mit bloßem Auge erkennbar. →Plejaden.

Siebenjahresplan, *Siebenjahrplan*, durch Gesetz verankerter, auf jeweils sieben Jahre Laufzeit berechneter staatl. Wirtschaftsplan. 1959 trat in der Sowjetunion der erste S. in Kraft, ebenso in der DDR u. a. Ostblockländern; vor 1959 in der Regel kürzere Periodisierung der *Perspektivpläne*. Ziele: Steigerung der Produktion u. Synchronisierung der Planperioden der einzelnen Ostblockländer mit dem Plan der Sowjetunion. 1966 ging die Sowjetunion wieder zu einem →Fünfjahresplan über.

Siebenjähriger Krieg, Konflikt zwischen den europ. Großmächten 1756–1763.
3. Schlesischer Krieg: Kaiserin *Maria Theresia* u. der österr. Min. Graf W. A. *Kaunitz* waren nach dem 2. der →Schlesischen Kriege bestrebt, Schlesien zurückzugewinnen. Die daraus in Europa entstehenden Spannungen verbanden sich mit denen zwischen England u. Frankreich um das Gebiet am oberen Ohio in Nordamerika.
Friedrich d. Gr. von Preußen beschloß, einem mögl. Angriff zuvorzukommen, marschierte am 29. 8. 1756 mit Prinz *Ferdinand* von Braunschweig in Sachsen ein, siegte bei *Lobositz* am 1. 10. 1756 u. zwang die sächs. Armee zur Kapitulation von *Pirna* am 15. 10. 1756. 1757 traten Rußland, Frankreich, Schweden u. die Mehrzahl der Reichsfürsten auf Österreichs Seite in den Krieg ein, während Hannover, Braunschweig, Hessen-Kassel u. Sachsen-Gotha sich auf die preuß. Seite stellten. Friedrich siegte am 6. 5. 1757 bei *Prag*, verlor die Schlacht von *Kolin* gegen L. J. Graf *Daun* am 18. 6., mußte Böhmen räumen, Ostpreußen aufgeben, Oberschlesien u. den größten Teil Sachsens den Österreichern, Hannover u. Hessen den Franzosen überlassen, vor denen am 8. 9. das engl.-hannoversche Korps unter dem Herzog W. A. von *Cumberland* bei *Zeven* kapituliert hatte. Aber am 5. 11. brachte er der vereinigten französ. u. Reichsarmee bei *Roßbach* eine Niederlage bei u. erreichte durch seinen Sieg über die Österreicher bei *Leuthen* am 5. 12. die Wiedereroberung Schlesiens. 1758 zwang Friedrich durch die Schlacht bei *Zorndorf* am 25. 8. die Russen zum Rückzug, erlitt aber durch Dauns Überfall bei *Hochkirch* am 14. 10. empfindliche Verluste u. am 12. 8. 1759 bei *Kunersdorf* durch die vereinigten Österreicher u. Russen die schwerste Niederlage des Kriegs. Ferdinand, der die engl.-hannoverschen Truppen nach deren Kapitulation übernommen hatte, schlug die Franzosen am 23. 6. 1758 bei *Krefeld* u., nach einer Niederlage bei *Bergen-Frankfurt* (13. 4. 1759), am 1. 8. 1759 bei *Minden*. 1760–1762 auf Verteidigung beschränkt, vereitelte Friedrich durch den Sieg bei *Liegnitz* am 15. 8. 1760 die Vereinigung der Österreicher u. Russen, gewann Sachsen durch den Sieg bei *Torgau* am 3. 11. 1760 zurück, verlor allerdings die engl. Hilfsgelder. Der Tod der russ. Zarin *Elisabeth* am 5. 1. 1762 veränderte die ganze Lage. Der neue Zar *Peter III.* schloß Frieden u. sogar ein Bündnis, so daß Friedrich Schlesien abermals, mit Ausnahme von Glatz, zurückgewinnen konnte, obwohl die Zarin *Katharina II.* das Bündnis dann wieder löste. Der *Friede von Hubertusburg* am 15. 2. 1763 bestätigte Preußen den Besitz Schlesiens.
Weltpolit. noch wichtiger war der mit dem europ. Krieg verquickte Krieg zwischen Großbritannien u. Frankreich um Kanada (1759 Eroberung von Quebec, 1760 von Montreal) u. Indien, wo R. Clive 1757 bei Plassey den entscheidenden Sieg für Großbritannien errang. Obwohl Spanien seit 1761

Frankreich unterstützte u. in Großbritannien nach dem Sturz Pitts (1761) unter Walpole die Konservativen auf Beendigung des Kriegs drängten, konnte Großbritannien im *Pariser Frieden* (1763) Frankreich aus Indien verdrängen, in Amerika Kanada u. Louisiana östl. des Mississippi sowie von Spanien Florida u. das Land westl. des Mississippi u. die Herrschaft auf den Weltmeeren gewinnen. – 🄻 5.3.4. u. 5.7.6.

siebenjähriger nordischer Krieg, *Dreikronenkrieg*, →Nordische Kriege (1).

Siebenpunkt →Marienkäfer.

Sieben Ratsfeuer, die 7 Unterstämme der Teton-Indianer (Blackfeet, Brulé, Hunkpapa, Miniconjou, Oglala, Sans Arc u. Two Kettle).

Siebenschläfer, 1. *Volkskunde:* Gedenktag (27. Juni) zu Ehren der Sieben Brüder, die nach einer Legende während der Christenverfolgung des *Decius* 251 in einer Höhle eingemauert wurden u. bis zur Öffnung 446 schliefen. In der Meteorologie ist der S. eine durch statist. Untersuchungen erwiesene *Singularität* des Wetters. Häufig treten Anfang Juli monsunähnl. Vorgänge im mitteleurop. Sommer auf, die eine 7wöchige Regenperiode von großer Konstanz verursachen. Der Eintrittstermin hat sich durch Kalenderreform vom 27. Juni *(Lostag)* auf den 7. Juli verschoben.

2. *Zoologie: Glis glis*, ein *Bilch* von 16 cm Körperlänge mit 13 cm langem buschigem Schwanz; Eurasien. Hält rd. 7 Monate Winterschlaf in kunstvoll gebautem Nest.

Sieben Schmerzen Mariä →Schmerzensmutter.

Sieben Schwaben, die Helden eines mittelalterl. Schwanks, eines Nachbarspotts, der die Schwaben als tölpelhaft u. dumm hinstellt. Erste Fassung in einer latein. Handschrift aus dem 15. Jh., viele Bearbeitungen.

Siebenstern, *Trientalis*, Gattung der *Primelgewächse*. In Dtschld. der *Europäische S., Trientalis europaea*, 10–20 cm hohe Pflanze mit kriechendem Wurzelstock, weiße sternförmige Blüten.

Siebenstromland, *Semiretschje*, Wüstensteppe in Kasachstan, von den aus dem Tien Schan bzw. Alatau kommenden 4 z.T. periodisch wasserführenden Hauptmündungsarmen des Ili, Lepsy, Axu u. Karatal durchflossen.

Sieben Weise, im alten Griechenland Vertreter praktischer Lebensweisheit, denen bestimmte Sinnsprüche zugeschrieben werden. Sie lebten im 7. u. 6. Jh. v. Chr. Genannt werden (in Platons „Protagoras"): *Thales von Milet, Bias von Priene, Pittakos, Solon, Kleobulos von Lindos, Chilon* u. *Myson*. Außer den ersten vier kommen jedoch auch andere Namen vor, z.B. *Anacharsis*.

Sieben Weltmeere, ältere Bez. für die Teile des Weltmeers: Nordatlant., Südatlant., Nordpazif., Südpazif., Ind. Ozean, Nord- u. Südpolarmeer.

Sieben Weltwunder, die sieben berühmtesten Bau- u. Bildwerke der Antike, →Weltwunder.

Siebkette, *Nachrichtentechnik:* Hintereinanderschaltung von mehreren Schaltgliedern mit frequenzabhängigem Widerstand. Durch richtige Kombination von Kondensatoren, Widerständen u. Spulen erhält man ein *elektr. Filter*, das bestimmte Frequenzbereiche durchläßt u. andere sperrt. *Hochpässe* sperren tiefe u. *Tiefpässe* hohe Frequenzen.

Sieblinie →Beton.

Siebold, 1. Carl Theodor Ernst von, Zoologe, *16. 2. 1804 Würzburg, †7. 4. 1885 München; Prof. in Erlangen, Freiburg u. München; wies bei Schmetterlingen die Jungfernzeugung nach.

2. Philipp Franz von (Jonkheer van), Naturforscher, *17. 2. 1796 Würzburg, †18. 10. 1866 München; ging 1823 als Mitglied der niederländ. Gesandtschaft nach Japan u. bereiste bis 1830 als einer der ersten das Innere des Landes; setzte 1859–1862 seine Forschungen fort.

Siebpartie, Teil der Papiermaschine, in dem dem frischen Papierbrei auf einem endlos umlaufenden, feinen Metallsieb das Wasser entzogen wird u. durch ständiges Schütteln die Fasern verfilzen.

Siebröhren, pflanzl. →Leitgewebe.

Siebs, Theodor, Germanist, *26. 8. 1862 Bremen, †28. 5. 1941 Breslau; Hptw.: „Westfries. Studien" 1895; „Dt. Bühnenaussprache" 1898, [19]1969.

Siebschnäbler, *Entenartige, Lamellirostres, Anatidae*, Familie der *Gänsevögel*. Name nach den Hornzähnchen auf den Schnabelscheiden, die bei der Futtersuche zum Durchseihen des Wassers dienen. Zu den S.n gehören die *Enten*, die *Gänse* u. als bes. abgeleitete Form die *Spaltfußgans*.

Siebteil, *Phloem*, Siebröhren des pflanzl. →Leitbündels.

Siebtuch, poröses Leinengewebe zum Filtrieren von Flüssigkeiten; →auch Müllergaze.

Sieburg, Friedrich, Schriftsteller u. Publizist, *18. 5. 1893 Altena, Westfalen, †19. 7. 1964 Gärtringen, Baden-Württemberg; 1923–1942 Auslandskorrespondent der „Frankfurter Zeitung", seit 1956 Leiter des Literaturblatts der „Frankfurter Allgemeinen". „Gott in Frankreich?" 1929, ergänzt 1954; „Unsere schönsten Jahre" 1950; „Napoleon" 1956; „Chateaubriand" 1959; „Im Licht u. Schatten der Freiheit" 1961; „Nicht ohne Liebe" (posthum) 1967. Reisebücher: „Afrikanischer Frühling" 1938. Kritik: „Verloren ist kein Wort" 1966. Kleine Prosa: „Lauter letzte Tage" 1961; „Gemischte Gefühle" 1964.

Siebzehnjährige Zikade →Zikaden.

Siebzehnter Juni →Juniaufstand.

Siedelsperling, *Siedelweber, Philetairus socius*, ein *Webervogel*, der auf den Bäumen der südafrikan. Steppen Gemeinschaftsnester errichtet.

sieden, 1. *Lebensmittel:* Speisen (z.B. Eier, Rindfleisch) in Flüssigkeit gar kochen.

2. *Physik:* eine Flüssigkeit in den gasförmigen →Aggregatzustand überführen; geschieht bei einer *Siedetemperatur (Siedepunkt, Kochpunkt)*, die durch den äußeren Druck u. die Zusammensetzung der Flüssigkeit bestimmt ist. S. erfolgt unter Bildung von Dampfblasen in der gesamten Flüssigkeit. →auch Siedepunktserhöhung, Siedeverzug, Verdampfung.

Siedentopf, Heinrich, Astrophysiker, *12. 1. 1906 Hannover, †28. 11. 1963 Tübingen; Direktor des Astronom. Instituts Tübingen; Arbeiten über Photometrie des Zodiakallichts, Sonnenphysik, Radioastronomie.

Siedepunktserhöhung, Erhöhung des Siedepunkts von Lösungen gegenüber dem Siedepunkt des reinen Lösungsmittels. Sie ist der Anzahl der im Liter gelösten Mole des Stoffs proportional. Die molare S. beträgt z.B. für Wasser 0,511 °C. Auf der S. beruht das Verfahren der *Ebullioskopie* zur Bestimmung des Molekulargewichts. →Raoult.

Siedeverzug, Ausbleiben des Siedevorgangs, wenn die Temperatur den Siedepunkt schon überschritten hat; erfolgt bes. bei gasfreien Flüssigkeiten u. sehr glattwandigen Gefäßen; wird beseitigt durch Rühren, poröse Siedestäbchen u.a. Beim S. liegt in der Flüssigkeit ein metastabiles Gleichgewicht vor, das bei einer geringen Störung in einen stabilen Zustand übergeht.

Siedlce ['sjɛdtsɛ], Stadt östl. von Warschau, seit 1975 Hptst. der poln. Wojewodschaft S., 45000 Ew.; Textil- u. Spielzeugherstellung.

Siedlung, 1. *i.w.S.* das Gebiet, in dem Menschen wohnen, miteinander verkehren u. ihren Lebensunterhalt finden, einschl. aller von Menschenhand geschaffenen Bauten u. Anlagen.

2. im neueren Sprachgebrauch die vorgeplante Anlage neuer Ortsteile oder ganzer Dörfer u. Städte, z.B. im MA. bei der dt. Ostsiedlung, in Augsburg (*Fuggerei*, begonnen 1519) u. zum Zweck der Urbarmachung u. landwirtschaftl. Nutzung von Ödland u. Mooren (Oderbruch) unter *Friedrich d. Gr.* Seit der Reichsgründung 1871 wurde die Besiedelung der preuß. Provinzen Posen u. Westpreußen durch gesetzl. Maßnahmen gefördert *(innere Kolonisation)*. Das Anwachsen des großstädt. Wohnungselends (Mietskasernen) machte den S.sgedanken zum Anliegen weitester Kreise. So setzte sich die *Heimstättenbewegung* gemeinsam mit den *Bodenreformern* für Unterbindung der Landflucht u. für gesündere, bodengebundene Wohn- u. Lebensverhältnisse bes. des Industriearbeiters ein. Angeregt durch engl. Vorbilder (z.B. Hampstead bei London), schuf die *Gartenstadtbewegung* nach der Jahrhundertwende naturnahe Wohn-S.en außerhalb der Großstädte (z.B. Hellerau bei Dresden). Das *Reichssiedlungsgesetz* (1919) verpflichtete die Länder, gemeinnützige S.sunternehmungen „zur Schaffung neuer Ansiedlungen u. zur Hebung bestehender Kleinbetriebe" zu gründen. Weitere Gesetze folgten. Durch die Tätigkeit der *S.sgesellschaften* entstanden seither zahlreiche S.en (Neubauernstellen) u. Klein-S.en.

Die Eingliederung der Vertriebenen nach dem 2. Weltkrieg stellte schwere Aufgaben auf dem Gebiet der *landwirtschaftl. S.* (300000 ehem. selbständige Landwirtsfamilien); das Flüchtlings-S.sgesetz u. die Länder-Bodenreform waren die Grundlage. Von 1945 bis 1972 wurden in der BRD insges. 451980 ha S.sland zur Verfügung gestellt u. 239407 Siedlerstellen geschaffen. – 🄻 4.5.0.

Siedlungsarchäologie, eine vor- u. frühgeschichtl. Forschungsrichtung, die aus archäolog. Quellen frühe Siedlungen u. Besiedlungsvorgänge erschließen will; zu ihr gehört u.a. die *archäolog. Landesaufnahme*, die die erreichbaren archäolog. Quellen registriert u. analysiert.

Siedlungsformen, Formen menschlicher Niederlassungen: Einzelhof, Weiler, Dorf, Stadt.

Siedlungsgenossenschaft, genossenschaftl. Zusammenschluß zum Bau von Wohnsiedlungen meist für Nichtmitglieder; oft Träger der *Heimstätten*; →auch Baugenossenschaft.

Siedlungsgeographie, Zweig der Anthropogeographie, untersucht die Siedlungen nach ihrem Erscheinungsbild (Grund- u. Aufriß), nach Größe, Lage u. Verteilung, nach Struktur, Funktion u. Genese in ihrer räumlichen Bindung u. Ordnung. →auch Stadtgeographie. – 🄻 6.0.5.

Siedlungsverband Ruhrkohlenbezirk, *Ruhrsiedlungsverband*, 1919 mit Sitz in Essen gegr. öffentl.-rechtl. Körperschaft zur Lenkung, Überwachung u. Koordinierung der Bau-, Siedlungs- u. Verkehrsaufgaben u. des Landschaftsschutzes im Ruhrgebiet.

Sieg [die], rechter Nebenfluß des Rhein, 130 km, entspringt am Ederkopf im Rothaargebirge, durchfließt das industriereiche Siegerland, mündet bei Bonn, Nebenflüsse u.a.: rechts *Wisse, Bröl, Wahn* u. *Agger*; links *Heller, Nister*.

Siegbahn, Karl Manne, schwed. Physiker, *3. 12. 1886 Örebro, †27. 9. 1978 Stockholm; lehrte in Uppsala u. Stockholm; arbeitete über Röntgenspektren, Astrophysik; erhielt 1924 den Nobelpreis für Physik.

Siegbert [ahd. *sigu*, „Sieg", + *beraht*, „glänzend"], männl. Vorname.

Siegburg, Kreisstadt in Nordrhein-Westfalen, an der Aggermündung in die Sieg, 35000 Ew.; auf dem *Michaelsberg* (181 m) ehem. Benediktinerabtei (11. Jh. bis 1803); berühmte Töpferstadt des MA.; Farben-, Eisen-, Holz-, keram. Industrie, Chemiefaserwerk. Verwaltungssitz des *Rhein-Sieg-Kreises*.

Siegel [lat. *sigillum*, „Bildchen"], reliefartiges, mittels eines Stempels (S.stempel) gefertigtes Zeichen aus Metall, Wachs oder einer anderen leicht erhärtbaren Masse; dient zur Beglaubigung einer Urkunde oder zum Verschluß eines Schriftstücks oder eines Behältnisses. Lose S. wurden im MA. auch als Schutz- u. Geleitzeichen gebraucht. S. (aus Ton) finden sich schon bei den Assyrern u. Babyloniern *(Siegelzylinder)*, später bei Griechen u. Römern, von denen sie die Germanen übernahmen. S.führend waren zunächst Einzelpersönlichkeiten, später auch Körperschaften. Kaiser-S. finden sich in Byzanz seit dem 6. Jh., Papst-S. seit dem 9. Jh. Im frühen u. hohen MA. siegelten Kaiser u. Könige sowie Angehörige des Adels u. der hohen Geistlichkeit, denen die Bürger seit dem 13. Jh. folgten. S. geistl. Korporationen finden sich seit dem 11. Jh., Städte-S. seit dem Anfang des 12. Jh. (Trier 1113, Köln 1149).

Das S. wurde der Urkunde aufgedrückt oder ihr mittels einer Schnur oder eines Pergamentstreifens angehängt. Zweiseitig geprägte S. heißen *Münz-S.* oder, wenn sie aus Metall sind, *Bullen*. Je nach der Verwendungsart unterscheidet man große, mittlere u. kleine S., Rück-S., Sekret-S. u. Signete.

Das S. besteht aus dem S.bild u. der Umschrift *(Legende)*, die den Namen des S.führers angibt. Kulturgeschichtl. wichtige Quellen sind die S.bilder (Reiter-, Schiffs-, Thron-, Wappen-, Architektur-S. u.a.). Die meisten S. des MA. bestehen aus Wachs. Dieses war zunächst farblos. Seit dem 12. Jh. verwendete man gefärbtes Wachs, vor allem rotes u. grünes. Das Siegeln mit rotem Wachs galt im späteren MA. als bes. Vorrecht. Vom 16. Jh. an kam auch S.lack in Gebrauch. – Um S.mißbrauch zu verhüten, wurden die S.stempel im MA. sorgfältig aufbewahrt. Die großen S. der Herrscher waren hohen Beamten anvertraut. Später wurde das Amt des *S.bewahrers* zum bloßen Titel (z.B. Lord-S.bewahrer in England). – 🄻 5.0.5.

Siegelbaum →Sigillaria.

Siegelbruch, unbefugtes Beschädigen, Ablösen oder Unkenntlichmachen eines dienstl., zum Verschluß, zur Bezeichnung oder zur Beschlagnahme von Sachen bestimmten *Siegels*, auch die sonstige Aufhebung des durch ein solches Siegel bewirkten dienstl. Verschlusses, strafbar nach § 136 StGB mit Freiheitsstrafe bis zu 1 Jahr oder Geldstrafe. – In *Österreich* ist S. nach § 272 StGB, in der *Schweiz* nach Art. 290 StGB strafbar.

Siegelerde, *Bolus, Terra sigillata*, weißer (auch gelbl. u. rötl.) Ton; dient als Streu-, Polier- u.

Waschpulver, als Pigmentgrundlage u. zur Grundierung bei Holzvergoldung; im Altertum zu kleinen Kuchen geformt, mit Siegelabdruck versehen u. als Heilmittel verwandt.

Siegelkunde, *Sphragistik*, histor. Hilfswissenschaft, die sich mit der Erforschung der *Siegel* beschäftigt. – ⬛ 5.0.6.

Siegellack, hauptsächl. aus Schellack, Fichtenharz oder Terpentinharz u. Mineralpigmenten bestehende harzartige, spröde Masse, wird zum Siegeln von Briefen, Urkunden u.a. verwendet. S. wird erwärmt u. nach dem Abtropfen mit einem Handstempel (*Petschaft*) angedrückt. Heute werden als S. auch Kunststoffe verwendet.

Siegelzylinder, *Rollsiegel*, in altmesopotamischen Kulturen walzenförmig bearbeitete Steine, auf deren Mantel ein Siegelbild eingeschnitten oder mit Hilfe von Kugelbohrer u. Schleifrädchen eingeschliffen ist (→Steinschneidekunst). Das Material ist meist Halbedelstein, seltener Fritte u. Ton, vereinzelt auch Metall. S. kamen um 3000 v.Chr. in der sumerischen Uruk-Periode auf; wegen des Stil- u. Motivwandels ihrer Darstellungen sind sie wichtige Hilfsmittel zur Datierung von Grabungsfunden. – ⬛→sumerische Kunst.

Siegemundin, Justine, geb. *Dittrich*, Hebamme, *um 1648 Rohnstock, Schlesien, †um 1705; war „Chur-Brandenburgische Hoff-Wehemutter"; verfaßte ein geburtshilfl. Werk (1690); nach ihr ist der *gedoppelte Handgriff der S.* benannt, ein geburtshilfl. Kunstgriff bei schwierigen Wendungen.

Siegen [*das*; nach der dt. Stadt], Stufe des Unteren Devons.

Siegen, Kreisstadt in Nordrhein-Westfalen, an der oberen Sieg, 113 000 Ew.; alte Eisenstadt; ehem. Residenz der Grafen von Nassau-Oranien; Geburtsort des Malers P. P. *Rubens* u. des Pädagogen A. *Diesterweg*; Eisen-, Blech- u. Werkzeugmaschinenindustrie. Siegerland-Museum mit vorgeschichtl. Erzschmelzofen u. Anschauungsbergwerk. – Ldkrs. S.: 1131 qkm, 285 000 Ew.

Siegerland, Bergland beiderseits der oberen Sieg; südlichster Teil Westfalens; Mittelpunkt ist Siegen; stark industrialisiert (früher auch Eisenerzabbau u. -verhüttung).

Siegestaler, aus Anlaß kriegerischer Erfolge geprägte Taler, in Dtschld. seit 1546. Bekannt sind bes. die S. von 1676 (Fehrbellin) u. 1871 (u.a. von Preußen, Württemberg, Bayern).

Siegfried, oberdt. *Seifrid*, *Seifrit* [ahd. *sigu*, „Sieg", + *fridu*, „Schutz, Friede"], männl. Vorname.

Siegfried, mhd. *Sigfrid*, später *Seyfried*, nord. *Sigurd*, Gestalt der dt. u. nord. Heldensage, bes. des fränk. Sagenkreises. Deutungen: myth. als Tagesheros (Sonnenbefreier, Waberlohe = Morgenröte), histor. als Vertreter des merowing. Königsschicksals, auch als Märchengestalt (Bärensohn). Die Überlieferung aus *Nibelungenlied*, *Edda* u. *Thidrekssaga* zerfällt in die Jugendsagen (Waldkindheit, Schmiedelehre, Drachenkampf, Erwerb des Horts, Befreiung einer Jungfrau) u. in Sagen von S.s Tod (Brautwerbung u. Rache der Betrogenen). Hineinverwoben wurden märchenhafte (Zwerge, Unverwundbarkeit) u. histor. Motive (Burgunderhof, Hunnenkönig Etzel). – Oper von R. *Wagner*: „Der Ring des Nibelungen".

Siegfried, André, französ. Soziologe u. polit. Geograph, *21. 4. 1875 Le Havre, †28. 3. 1959 Paris; Prof. in Paris, geopolit. Bestandsaufnahmen auf historischer, geograph. u. ökonom. Basis über fast alle Gebiete der Erde.

Siegfriedlinie, im 1. Weltkrieg Stellungssystem zwischen Damenweg (Chemin des Dames) u. Lille (Siegfriedstellung); im 2. Weltkrieg engl. Bez. für den Westwall.

Sieghübel, tschech. *Jizera*, Berg im tschechoslowak. Teil des Isergebirges, 1122 m.

Siegismund, dt. Kaiser, = Sigismund (1).

Sieglinde [ahd. *sigu*, „Sieg", + *lind*, vermutl. „Lindenschild"], weibl. Vorname.

Siegmar [ahd. *sigu*, „Sieg", + *mari*, „berühmt"], männl. Vorname.

Siegmarskraut →Malve.

Siegmund, *Sigismund* [ahd. *sigu*, „Sieg", + *munt*, „Schützer"], männl. Vorname.

Siegmund, *Sigmund*, dt. Kaiser, = Sigismund (1).

Siegward [ahd. *sigu*, „Sieg", + *wart*, „Hüter"], *Siegwart*, männl. Vorname; nord. *Sigurd*.

SI-Einheiten, Abk. für frz. *Système International d'Unités* (*Internationales Einheitensystem*), die Basiseinheiten des Internationalen Einheitensystems; seit der 14. Generalkonferenz für Maße u. Gewichte vom 16. 10. 1971 gilt international:

Einheit	Einheitenzeichen	physikal. Größe
Meter	m	Länge
Kilogramm	kg	Masse
Sekunde	s	Zeit
Ampere	A	Stromstärke (elektr.)
Kelvin	K	Temperatur (thermodynam.)
Mol	mol	Stoffmenge
Candela	cd	Lichtstärke

Siel, kleine Deichschleuse an Küsten u. Flüssen; schließt sich bei ansteigender Flut selbständig u. wird vom Binnenwasser geöffnet, dient zur Entwässerung eingedeichter Niederungen.

Sielengeschirr, Geschirr, das anstelle des Kummets ein breiteres Brustblatt (Siele) hat, von dem die Stränge ausgehen.

Siemens [*das*; nach W. von *Siemens*], Kurzzeichen S, Maßeinheit der elektr. Leitfähigkeit; Kehrwert des *Ohms*, der Einheit für den elektr. Widerstand; $1 S = 1 \Omega^{-1}$.

Siemens, 1. Friedrich, Bruder von 2) u. 3), Industrieller, *8. 12. 1826 Menzendorf bei Lübeck, †24. 5. 1904 Dresden; erfand u.a. 1856 die Regenerativfeuerung, die Abwärme zum Erwärmen von Heizgasen nutzbar macht. Er führte das Verfahren in der Glasherstellung ein. Sein Bruder Wilhelm wendete es in der Stahlherstellung an.
2. Karl Wilhelm, 1883 geadelt (Sir William S.), Industrieller, *4. 4. 1823 Lenthe bei Hannover, †19. 11. 1883 London; entwickelte mit Émile (Vater) u. Pierre (Sohn) *Martin* das *S.-Martin-Verfahren* zur Stahlerzeugung; seit 1843 in London zur Auswertung von Erfindungen (Galvanoplastik) seines Bruders Werner, übernahm 1850 die engl. Vertretung der Firma S. & Halske (1865 als *S. Brothers* verselbständigt).
3. Werner (seit 1888) von, Elektrotechniker u. Industrieller, *13. 12. 1816 Lenthe, Hannover, †6. 12. 1892 Berlin; kam als Artillerie-Offizier mit der Telegraphie in Berührung u. gründete 1847 zusammen mit dem Mechaniker J. G. *Halske* in Berlin eine Telegraphenbauanstalt, aus der die Siemens & Halske AG hervorging. S. baute u.a. Zeiger- u. Drucktelegraphen mit Selbstunterbrecher, schuf ausgedehnte Telegraphennetze (insbes. in Rußland), verlegte Seekabel für die Telegraphie u. begründete durch die Erfindung der Dynamomaschine (1866) die Starkstromtechnik. 1879 baute S. die erste elektr. Eisenbahn der Welt (Gewerbeausstellung in Berlin) u. wenig später die erste elektr. Straßenbahn. S. hatte maßgebl. Anteil an der Gründung der Physikal.-Techn. Reichsanstalt (jetzt Bundesanstalt). „Lebenserinnerungen" 1892.

Siemens AG, Berlin u. München, Unternehmen der elektrotechn. Industrie; 1966 hervorgegangen aus der *Siemens & Halske AG* (gegr. 1847 von W. von *Siemens* u. J. G. *Halske* als Telegraphenbauanstalt, seit 1897 AG) nach Eingliederung der *Siemens-Schuckertwerke AG*, Berlin/Erlangen, u. der *Siemens-Reiniger-Werke AG*, Erlangen. Das Arbeitsgebiet des Konzerns umfaßt elektron. Bauelemente, Daten-, Energie-, Installations-, medizin. u. Nachrichtentechnik; Grundkapital: 1,77 Mrd. DM; 339 000 Beschäftigte im Konzern; zahlreiche in- u. ausländische Tochtergesellschaften.

Siemens-Martin-Verfahren, Verfahren zur Stahlgewinnung aus Schrott u. Roheisen, Schrott u. Kohle, auch Roheisen u. Erz. Der Siemens-Martin-Ofen hat eine aus feuerfesten Steinen gemauerte Schmelzwanne (Herd), in die die Beschickung durch die darüberstreichende Flamme geschmolzen wird. Der Ofen arbeitet mit „Regenerativfeuerung: Gas- u. Verbrennungsluft werden in zwei Kammern vorgewärmt, bzw. bei Ölbeheizung wird nur Verbrennungsluft vorgewärmt. →Stahl.

Siemens-Ring, Auszeichnung für hervorragende u. allg. anerkannte techn.-wissenschaftl. Leistungen; wird am 13. Dez. alle vier Jahre von der 1916 zum 100. Geburtstag von W. von *Siemens* gegr. „S.-Stiftung" verliehen.

Siemianowice Śląskie [sjɛmjanoˈvitsɛ ˈsjlōskjɛ], bis 1921 *Laurahütte*, früher *Siemanowitz*, Stadt in Ost-Oberschlesien (Polen), nördl. von Kattowitz (Wojewodschaft Katowice), 67 000 Ew.; Steinkohlengruben, Stahl-, Metall-, Glas- u. Nahrungsmittelindustrie.

Siem Reap, Provinzhauptort in Kambodscha, bei Angkor, 10 500 Ew.; Flughafen.

Siena, italien. Stadt in der Toskana, an der Elsa, Hptst. der Provinz S. (3821 qkm, 257 000 Ew.), 64 000 Ew.; reich an Kunstschätzen, Palästen u. Kirchen aus dem 13.–15. Jh., got. Dom (13./14. Jh.), Dombaumuseum, Rathaus (13./14. Jh.) mit 102 m hohem Glockenturm, Stadtmauer u. -toren, Universität (1300), Nationalpinakothek, Akademie der Schönen Künste; Corsa di Pàlio (Pferderennen); Marmorbrüche, Stahlwerk, Textil- u. pharmazeut. Industrie.

Sienkiewicz [sjɛnˈkjɛvit∫], Henryk, poln. Erzähler, *5. 5. 1846 Wola Okrzejska, †15. 11. 1916 Vevey (Schweiz); histor. Romane hauptsächl. aus Polens Vergangenheit: „Mit Feuer u. Schwert" 1884, dt. 1888; „Die Kreuzritter" 1897–1900, dt. 1902; am bekanntesten ist „Quo vadis" 1894–1896, dt. 1898. Nobelpreis 1905.

Sienyang, *Xianyang*, chines. Stadt in der Prov. Schensi am Wei Ho, nordwestl. von Si'an, 80 000 Ew. – Das alte S., nordöstl. der heutigen Stadt, im 4. Jh. v. Chr. Hauptort des Stammlands der Ts'in-Dynastie, im 3. Jh. v. Chr. Hptst. des ersten chines. Einheitsstaats unter *Ts'in Schihuangti*; Reste des Kaiserpalastes erhalten.

Siepi, Cesare, italien. Opernsänger (Baß), *10. 2. 1923 Mailand; gehört seit 1946 zum Ensemble der Mailänder Scala, seit 1950 auch der Metropolitan Opera New York; bes. Mozart-Interpret.

Sieradz [ˈsjɛrats], poln. Stadt an der Warthe, seit 1975 Hptst. der Wojewodschaft S., 17 000 Ew.; Textil- u. Holzindustrie.

Sierning, Gemeinde in Oberösterreich, 8100 Ew.; bekannt durch den Bauernaufstand von 1588.

Sieroszewski [sjɛrɔˈ∫ɛfski], Wacław, Pseudonyme: *Sirko*, *K. Bagrynowski*, poln. Schriftsteller, *21. 8. 1858 (nach anderen Quellen 1860) Wólka Kozłowska, Masowien, †20. 4. 1945 Piaseczno; 1878–1890 in sibir. Verbannung; dt. Übersetzungen: „Sibir. Erzählungen" 1903.

Sierra [span.], Bestandteil geograph. Namen: kettenartiger Gebirgszug.

Sierra, Gregorio Martínez →Martínez Sierra.

Sierra de Agalta, Gebirgszug in Honduras, 2590 m.

Siemens AG: Teilansicht der Siemens-Werke in Berlin-Siemensstadt, im Vordergrund die Spree

Sierra de Córdoba, Vorgebirge (pampine Sierren) der Anden in Westargentinien, bis 2884 m.
Sierra de Famatina, argentin. Gebirge, →Sierras Pampeanas.
Sierra de Juárez [-'xwarɛs], Gebirgskette im nördl. Niederkalifornien (Mexiko), bis 1825 m.
Sierra de la Giganta [-xi'ganta], Gebirge im südl. Niederkalifornien (Mexiko), bis 1766 m.
Sierra de la Ventana, argentin. Mittelgebirge in Atlantiknähe nördl. von Bahia Blanca, bis 1243 m.
Sierra de los Organos, Gebirge im W Kubas, 772 m hoch, westl. Teil des *Sierra Guaniguanico,* bekannt durch ihre Karstformen.
Sierra de Perija [-'rixa], Gebirge an der nördl. venezolan.-kolumbian. Grenze, 3750 m.
Sierra de Pija [-'pixa], Gebirgszug in Honduras, 2450 m.
Sierra Leone [span., „Löwengebirge"], **1.** westafrikan. Republik an der Atlantikküste, zwischen den Staaten Guinea u. Liberia; hat eine Fläche von 71740 qkm u. 3,5 Mill. Ew. (48 Ew./qkm); Hptst. ist *Freetown.*
Landesnatur: Das Land greift von einem breiten, feuchttrop., teilweise von Mangrove gesäumten u. von Regenwald bestandenen Schwemmlandstreifen an der Küste auf die trockenere, von Savannen bewachsene Nordguineaschwelle (*Loma Mountains* 1948 m) hinauf. Die flache Küste wird durch ein bis 888 m hohes Massiv auf der Halbinsel S.L. bei Freetown unterbrochen.
Die Bevölkerung besteht aus 17 autochthonen Stämmen (bes. Mende, Temne, Limba, Koranko, Fulbe u. a.) sowie aus den rd. 42 000 Nachkommen ehem. Negersklaven (sog. Kreolen), die vor allem in Freetown u. auf der Halbinsel S.L. wohnen; außerdem gibt es eine geringe Zahl von Europäern u. Syrern. Die Stämme im N des Landes bekennen sich zum Islam, an der Küste herrscht das Christentum vor, während der meisten Bewohner vor allem im Innern des Landes Animisten sind.
Wirtschaft: Die Landwirtschaft produziert vorwiegend in Kleinbetrieben Ölpalmprodukte, Kaffee, Kakao, Piassava u. Kolanüsse für den Export sowie für den Inlandbedarf Reis, Hirse, Süßkartoffeln u. Maniok. Neuerdings werden auch Zuckerrohr-, Sojabohnen- u. Zitrusfruchtpflanzungen angelegt. Viehzucht wird hauptsächl. im Savannengebiet des N. betrieben (meist kleinere Ndama-Rinder, die gegen die Tsetse-Fliege sehr widerstandsfähig sind), sie reicht aber für den Eigenbedarf des Landes nicht aus. Hauptausfuhrgüter sind Diamanten, Eisenerz, Bauxit u. Rutil (Titandioxid), die ca. 80% des Exports ausmachen. An weiteren Bodenschätzen gibt es Chrom-, Nikkel-, Kupfererz u. Kobalt. Die industrielle Entwicklung macht Fortschritte u. wird von der Regierung stark gefördert (Verarbeitung einheimischer Agrar- u. Bergbauerzeugnisse; Getränke-, Textil-, Holz- u. Zementindustrie, Salzgewinnungsanlage u. a.). Eisenbahn- u. Straßennetz sind relativ gut; das Straßennetz wird weiter ausgebaut. Freetown ist der Haupthafen; die Erze werden in Pepel u. Point Sam umgeschlagen.

Geschichte: Um 1450 wurde S.L. von Portugiesen entdeckt u. beschrieben, 1562 entwickelte sich als Folge einer engl. Landung ein ausgedehnter Sklavenhandel, um 1650 entstanden engl. Faktoreien; seit 1787 wurden aus England u. Amerika freigelassene Sklaven in dem neugegr. Freetown angesiedelt. Die Stadt erhielt 1799 eine Verfassung, 1808 wurde S.L. brit. Kronkolonie, 1825 die Insel Sherbro u. Hinterland eingegliedert. 1896 brit. Protektoratsvertrag mit dem Hinterland. 1951 erhielt S.L. eine neue Verfassung. 1956 fanden erste allg. Wahlen statt, nachdem M. A. S. Margai als Führer der *Sierra Leone People's Party (SLPP)* schon 1954 die Regierung übernommen hatte. Am 27. 4. 1961 wurde die Unabhängigkeit proklamiert. 1967/68 übernahm eine Militärjunta die Macht, seit April 1968 ist Siaka P. Stevens (*1905) Regierungschef; seit 1971 ist S.L. Republik, Stevens Staatsoberhaupt.
2. gebirgige Halbinsel, die dem westafrikan. Staat

Sigiriya: Apsaras über Wolken, Wandmalerei; 5. Jh.

S.L. den Namen gab, bis 888 m hoch, südl. von Freetown. Im N Kap S.L., im S Kap Shilling.
Sierra-Leone-Becken, kleineres Tiefseebecken vor der Küste von Sierra Leone, bis −6040 m.
Sierra-Leone-Schwelle, untermeer. Rücken des Atlant. Ozean, zieht von der Küste von Portugies.-Guinea nach SW zum mittelatlant. Rücken bei der Insel São Paulo; scheidet das *Kapverdische* vom *Sierra-Leone-Becken.*
Sierra Madre, in Nordwest-Südost-Richtung verlaufende Randgebirge beiderseits des zentralen Hochlands von Mexiko, gliedern sich in die *S. M. Occidental* an der pazif. Küste (im *Cerro Mohinora* 3559 m) u. die *S. M. Oriental* an der atlant. Küste (im *Cerro Peña Nevada* 4056 m). Den Südabschluß des Hochlands bildet die →Meseta Neovolcánica (Cordillera Volcánica). Südl. der Senke des (Río) Balsas erstreckt sich parallel zur Pazifikküste die *S. M. del Sur* (im *Cerro Teotepec* 3703 m), die auch das *Bergland von Oaxaca* umfaßt. An der Pazifikküste von Chiapas liegt die *S. M. de Chiapas* (bis 2948 m), dem Bau nach Nordamerika zugerechnet.
Sierra Maestra, Gebirge im SO Kubas, im Pico Turquino 2005 m.
Sierra Morena [span., „Schwarzes Gebirge"], der aufgebogene Südrand der innerspan. Hochfläche, der nach S mit steilen Bruchrändern zur Guadalquivir-Ebene in Andalusien abfällt, 600 km lang, in der *Sierra de Alcaraz* 1798 m hoch; lichte Korkeichenwälder im W u. immergrüne Hartlaubgebüsche (Macchie) herrschen vor; geringe Besiedlung; reich an Bodenschätzen; Quecksilbergruben bei Almadén; Bleierzvorkommen im Peñarroyadistrikt, kupferhaltiger Schwefelkies u. Manganerz im Río-Tinto-Gebiet.
Sierra Neovolcánica, die →Meseta Neovolcánica in Mexiko.
Sierra Nevada [span., „Schneegebirge"], **1.** Hauptzug der *Betischen Kordillere* in Südspanien, 90 km lang, im *Mulhacén* 3478 m (höchster Gipfel der Pyrenäenhalbinsel); Spuren eiszeitlicher Vergletscherung; die kahle Gipfelregion ist meist schneebedeckt, sie dient Schaf- u. Ziegenherden als Sommerweide; die unteren Berghänge tragen Reste von Kastanien- u. Eichenwäldern, in bes. geschützten Tal- u. Hanglagen gedeihen Olivenhaine bis in über 1000 m Höhe; große Eisenerzlager; Touristik u. Wintersport. **2.** Gebirgszug in Kalifornien (USA), Ostgrenze des kalifornischen Längstals, im *Mount Whitney* 4418 m.
Sierra Nevada de Santa Marta, Gebirge im nördl. Kolumbien, östl. der Mündung des Río Magdalena, 5775 m; vergletschert; Kaffeeanbau.
Sierra San Pedro Mártir, Gebirge im N Niederkaliforniens (Mexiko), im *Cerro de la Encantada* 3078 m.
Sierras Pampeanas, Vorgebirge (pampine Sierren) der argentin. Anden nördl. von San Juan, z. B.

Sierra de Famatina (Cumbre de Mejicana, 6250 m).
Sierre [sjɛ:r], französ. Name der schweizer. Stadt →Siders.
Sieveking, Kurt, Politiker (CDU), *21. 2. 1897 Hamburg; Anwalt; 1953–1957 Erster Bürgermeister u. Präsident des Hamburger Senats.
Sievers, Eduard, Germanist, *25. 11. 1850 Lippoldsberg, Hessen, †30. 3. 1932 Leipzig; Begründer der Schallanalyse der Sprache; Hptw.: „Ziele u. Wege der Schallanalyse" 1924; ferner „Grundzüge der Phonetik" 1881; „Angelsächs. Grammatik" 1881.
Sieyès [sje'jɛ:s], Emmanuel Joseph, Graf (1809), französ. Publizist u. Politiker, *3. 5. 1748 Fréjus, †20. 6. 1836 Paris; Abbé, 1780 bischöfl. Generalvikar, 1789 Mitgl. der Generalstände. Seine Schrift „Was ist der dritte Stand?" (1789) wurde, Volkssouveränität u. polit. Repräsentation verbindend, zum liberal-demokrat. Manifest der Französ. Revolution. S. wirkte maßgebl. am Ballhausschwur u. an der Verfassung von 1791 mit. Er unterstützte den Staatsstreich Napoléons (1799), wurde Konsul, dann Senator, erlangte aber keinen polit. Einfluß. Während der Restauration (1815–1830) in Brüssel, kehrte er unter der Julimonarchie nach Frankreich zurück.
Sífnos, griech. Kykladeninsel, 73 qkm, 2300 Ew.; Hauptort *Apollonia,* 950 Ew.; Blei-, Eisen-, Zinkbergbau; Anbau u. Verarbeitung von Baumwolle.
Sigaud [si'go:], Claude, französ. Mediziner, *2. 5. 1862 Charenty, Rhône, †2. 4. 1921 St.-Genis-Laval, Rhône; arbeitete bes. über →Konstitution u. stellte die nach ihm als *S.sche Typen* benannten Konstitutionstypen auf.
Sigel [das; lat.] = Sigle.
Sigenot, mhd. Heldenepos über einen Kampf des jungen →Dietrich von Bern mit dem Riesen S.
Sigerist, Henry E., Medizinhistoriker, *7. 4. 1891 Paris, †17. 3. 1957 Pura, Tessin; Hptw.: „Krankheit u. Zivilisation" 1952; „Die Heilkunde im Dienste der Menschheit" 1954; „Große Ärzte" 1960, ⁶1970; „Anfänge der Medizin" 1963.
Siger von Brabant, niederländ. Philosoph der Scholastik, *um 1235, †um 1282 Orvieto; Hauptvertreter des latein. *Averroismus* an der Pariser Artistenfakultät, forderte Unabhängigkeit der Philosophie von der Theologie (→doppelte Wahrheit). Von Albertus Magnus u. Thomas von Aquin bes. wegen des *Monopsychismus* angegriffen, 1270 u. 1277 als Ketzer verurteilt, floh an den päpstl. Hof, wo er von seinem Sekretär ermordet wurde.
Sigfrid →Siegfried.
Sighetul, auch *S. Marmației,* ung. *Máramarossziget,* Stadt im S der Waldkarpaten, Nordrumänien; an der Theiß, 32 500 Ew.; Holz-, Textil- u. Nahrungsmittelindustrie.
Sighișoara [sigi'ʃoara], rumän. Name der Stadt →Schäßburg (Rumänien).

Sightseeing ['saitsi:iŋ; engl.], Besichtigung von Sehenswürdigkeiten.
Sigillaria [lat.], ein *Bärlappbaum* der →Steinkohlenwälder, Stamm mit siegelartigen Blattpolstern, großen Blättern u. nicht oder nur wenig verzweigter Krone.
Sigiriya [singhales., „Löwenfels"], 360 m hohes isoliertes Felsmassiv in Ceylon, nahe *Polonnaruwa*, mit gut erhaltenen Fresken vom Ende des 5. Jh. n. Chr. an einer Felswand u. Ruinen einer Königsburg auf dem Felsplateau.
Sigismund, Siegismund, Si(e)gmund, Fürsten. Deutscher König u. Kaiser: **1.** König 1410–1437, Kaiser seit 1433, * 15. 2. 1368 Nürnberg, † 9. 12. 1437 Znaim; Luxemburger, Sohn Karls IV., Markgraf von Brandenburg (1378–1388), durch seine Heirat mit *Maria von Ungarn* (* 1370, † 1395) seit 1387 König von Ungarn, wo er sich gegen die ungar. Stände u. gegen die Ansprüche der neapolitan. Anjou u. trotz seiner Niederlage gegen die Türken (bei Nikopolis 1396) behaupten konnte. 1410 wurde S. zugleich mit seinem Vetter *Jobst von Mähren* zum dt. König gewählt, nach Jobsts Tod (1411) auch von dessen Wählern anerkannt, 1433 in Rom zum Kaiser gekrönt.
S.s größte Leistung war die Wiederherstellung der Einheit der Kirche auf dem von ihm berufenen *Konstanzer Konzil* (1414–1418), wohingegen er seinen Plan einer Reichsreform sowie den einer großen europ. Koalition zum Kreuzzug gegen die Türken nicht verwirklichen konnte. Die Verbrennung des J. *Hus* auf dem Konzil 1415 führte in Böhmen zu einer nationalen Bewegung (→Hussiten). Als 1419 sein Bruder *Wenzel* starb, wollte S. sich dessen böhm. Erbe sichern u. unternahm, unterstützt vom Papst, 1420 einen vergebl. Kreuzzug gegen die Hussiten, der ihm aber die Krönung zum König von Böhmen brachte. Zwar setzte ihn 1421 ein allg. Landtag zu Tscheslau wieder ab, aber in den *Prager* u. *Iglauer Kompaktaten* von 1436, die die Hussitenkriege beendeten, fand sein böhm. Königtum gegen Zugeständnisse an die Hussiten Anerkennung. Mit S. starb das luxemburg. Haus im Mannesstamm aus; sein Nachfolger wurde der Habsburger *Albrecht II.*, der mit S.s Tochter *Elisabeth* (* 1409, † 1442) vermählt war. – 📖 5.3.3.
Polen: 2. *S. I.*, Zygmunt Stary, S. der Alte, König 1506–1548, Großfürst von Litauen, * 1. 1. 1467, † 1. 4. 1548 Krakau; führte lange Kriege mit dem nach W vordringende Moskauer Reich, an das Litauen 1514 Smolensk verlor. 1525 nahm S. in Krakau von dem Lehenseid Albrechts von Hohenzollern-Ansbach als eines erbl. Herzogs in Preußen entgegen. Die Regierung S.s leitete das sog. „goldene Zeitalter" der poln. Adelsrepublik ein.
3. *S. II. August*, Zygmunt II. August, König 1548–1572 (formal seit 1530), Großfürst von Litauen (seit 1529), * 1. 8. 1520 Krakau, † 7. 7. 1572 Knyszyn; der letzte Jagiellone, hochgebildeter Vertreter der poln.-italien. Renaissance. S. verband Polen u. Litauen staatsrechtl. durch die *Lubliner Union* (1569); im Livländ. Krieg gewann er 1561 gegen Iwan den Schrecklichen Livland u. die Hoheit über Kurland, das der letzte Deutschordensmeister Kettler als weltl. Lehen aus seiner Hand entgegennahm. In die Regierung S.s fällt die Reformation u. (seit den 1560er Jahren) die Gegenreformation in Polen.
4. *S. III.*, Zygmunt III. Wasa, Enkel von 2), König 1587–1632, * 20. 6. 1566 Gripsholm, * 30. 4. 1632 Warschau; Sohn König Johanns III. von Schweden aus dem Haus Wasa; nach dem Tod des Vaters 1592 auch König von Schweden, doch 1604 zugunsten von Karl IX. abgesetzt. 1609 griff S. in die russ. Thronwirren ein u. besetzte Moskau mit dem nicht erreichten Ziel, die Zarenkrone zu erwerben.
Sigl, Georg, Industrieller, * 13. 1. 1811 Breitenfürth bei Wien, † 9. 5. 1877 Wien; schuf 1851 die erste Steindruck-Schnellpresse; gründete 1842 eine Lokomotivfabrik in Wiener Neustadt; errichtete u. a. in Berlin, München u. Wien die ersten Rohrpostanlagen.
Sigle ['zi:glə; die; frz.], feststehende Abkürzung für Begriffe, Werktitel u. ä., z. B. im krit. Apparat einer Werkausgabe; auch stenograph. Kürzel.
Siglo de Oro [span., „Goldenes Zeitalter"], *Edad de Oro*, Bez. für die klass. Zeit Spaniens im 16. u. 17. Jh., bes. für die literar.-histor. Epoche. Die größten Dichter sind *Cervantes, Lope de Vega* u. *Calderón*. →auch spanische Literatur. – 📖 3.2.3.
Siglos [grch., hebr.], oriental. Münze des 6.–1. Jh. v. Chr., meist in Silber geprägt (Gold-S. →Dareikos); am bekanntesten ist der einseitig geprägte

pers. S. mit der Darstellung des Königs als Bogenschütze (5,6 g).
Siglufjördhur ['siglyfjœrðyr], Hafen im N Islands, am Eingang zum Eyjafjördhur, 2400 Ew.; Heringfang u. Fischverarbeitung; Wintersport, Tourismus; Flugplatz.
Sigma, σ, ς, Σ, 18. Buchstabe des griech. Alphabets.
Sigmaringen, Kreisstadt in Baden-Württemberg, an der Donau nordöstl. von Tuttlingen, 15 200 Ew.; Hohenzollernschloß; Textil- u. Maschinenindustrie; ehem. Hauptstadt der zu Preußen gehörenden Hohenzollerischen Lande. – Ldkrs. S.: 1204 qkm, 113 000 Ew.
Sigmatismus [nach dem grch. Buchstaben *Sigma*, „S"], *Lispeln*, ein fehlerhaftes Sprechen von S-Lauten.
Sigmund, dt. Kaiser, →Sigismund.
sign. 1. *allg.:* Abk. für *signatum*, „gezeichnet". **2.** *Pharmakologie:* Abk. für *signa* oder *signetur*, „bezeichne!", als Teil eines ordnungsgemäßen Rezepts Anweisung an den Apotheker.
Signac [si'njak], Paul, französ. Maler u. Graphiker, * 11. 11. 1863 Paris, † 15. 8. 1935 Paris; neben G. *Seurat* Hauptmeister des Neoimpressionismus u. dessen Theoretiker; entwickelte nach impressionist. Anfängen unter Seurats Einfluß einen auf harmon. Flächenordnung abzielenden Stil mit tupfenähnl. Farbauftrag. Fluß- u. Seelandschaften in Öl, Aquarell u. Farblithographie; schrieb „D'Eugène Delacroix au Néo-impressionisme" 1899. – 📷 →auch Impressionismus. – 📖 2.5.5.
Signal [das; frz.], **1.** *Technik:* opt., elektr. oder akust. Zeichen mit vereinbarter Bedeutung. **2.** *Vermessungskunde:* verankertes Gerüstwerk zur Kennzeichnung u. Vermarkung eines Dreieckspunkts. S.e müssen auf weite Entfernungen sichtbar sein. Zu ihrer Aufstellung eignen sich am besten freistehende Berggipfel.
Signalanlagen, Vorrichtungen zur Übertragung von opt., akust. oder elektr. Zeichen. Ruf- u. Suchanlagen zeigen durch Aufleuchten von Lichtsignalen, durch akust. Zeichen (oder beides) an, z. B. Arbeitsbeginn u. -ende, gesuchte Personen. →auch Alarmvorrichtung, Feuermeldeanlage, Polizeimeldeanlage, Zugsicherung.
Signalbuch, internationaler Code der häufigsten Kurzsignale im Signalverkehr, mit Flaggen, Funktelegraphie oder Morselampe.
Signalement [-'mã; das; frz.], **1.** *Strafrecht:* Personalbeschreibung, bes. im →Steckbrief. **2.** *Viehzucht:* der Identifizierung eines Tiers dienende Aufstellung seiner wichtigsten Merkmale.
Signalflaggen, 26 rechteckige mehrfarbige Flaggen für Buchstaben, 10 Wimpel für Zahlen, 3 Hilfsstander, 1 Antwortwimpel; dienen dem optischen Signalverkehr vom oder zum Schiff; international eingeführt.
Signalglas, Farbglas für Signalzwecke. Farbton u. Lichtdurchlässigkeit sind genormt. Es gibt rotes, gelbes, grünes u. blaues S.
Signalwirkungen der Besteuerung, Wirkungen auf das Verhalten der Steuerpflichtigen oder der von einer Besteuerung steuerl. Maßnahme Bedrohten, die sich in entspr. Abwehrreaktionen äußern. Zu unterscheiden sind *beabsichtigte* u. *ungewollte* Signalwirkungen; im erstgenannten Fall spricht man auch von *Zwecksteuern* (Wirkungszwecksteuern), im zweiten Fall pflegt das Steueraufkommen unter den „nichtfiskalischen" Zielsetzungen dieser Besteuerung zu leiden.
Signatar [lat.], Unterzeichner eines Vertrags, Vertragsstaat. Die Unterzeichnung muß aber vielfach durch die →Ratifikation bestätigt werden.
Signatur [das; lat.]. **1.** *allg.:* Kurzzeichen als Unterschrift, Namenszug. **2.** *Bibliothekswesen:* die Standortbezeichnung für das einzelne Buch. **3.** *bildende Kunst:* Abk. *Sign.*, Aufschrift, Unterschrift, Monogramm oder Zeichen des Urhebers, erscheint bereits an Kunstwerken des Altertums, selten jedoch an mittelalterl. Arbeiten (ausgenommen die →Steinmetzzeichen an Bauwerken). Seit der Renaissance ist das Anbringen einer S. an Kunstwerken nach deren Fertigstellung allg. üblich, wenn auch nicht durchgehende Regel. **4.** *Kartographie:* Kartenzeichen, im Kartenbild verwendetes Zeichen für die Darstellung eines wichtigen Gegenstands. Die S.en in ihrer Gesamtheit bilden die *Situation*. **5.** *Kirchenrecht: Apostolische S.*, oberstes päpstl. Gericht für den äußeren Rechtsbereich, in der heutigen Form von *Pius X.* geschaffen. **6.** *Schriftsetzerei:* Einschnitt an der →Type, dient dem Setzer als Erkennungszeichen für die Schriftart.
Signet [das; lat.], Siegel, Petschaft; seit dem 18. Jh. bes. das Herstellerzeichen der Verleger u. Buchdrucker. →auch Druckerzeichen.
Signora [si'njo:ra; ital.], Frau.
Signore [si'njo:re; ital.], Herr.
Signorelli [sinjo-], Luca, italien. Maler, * 1441 Cortona, † 16. 10. 1523 Cortona; Hauptmeister der umbrischen Malerschule im späten Quattrocento, Schüler von Piero della *Francesca*; beeinflußt von S. *Botticelli* u. A. del *Verrocchio*, vereinigt exakte Anatomie mit rhythm. Bildordnung u. beeinflußte in dramat.-bewegter Gestik u. monumentaler Haltung die Kunst *Raffaels* u. Michel-

Paul Signac: Das Schloß der Päpste in Avignon; Paris, Musée National d'Art Moderne

Signoria

angelos. Hptw.: Fresken in der Sagrestia della Cura in Loreto, um 1480, im Kreuzgang des Klosterhofs von Monte Oliveto bei Siena, seit 1497, u. in der Cappella Nuova des Doms von Orvieto, 1499 bis 1504.

Signoria [sinjo-; die; ital.], Herrschaft; Herrlichkeit („Vostra S."); Bez. sowohl für die Regierung als für das Herrschaftsgebiet italien. Stadtstaaten wie Florenz, Verona u. a.; seit Ende des 12. Jh. in Venedig ein Staatsrat neben dem Dogen, schon Mitte des 13. Jh. der eigentl. Herrschaftsträger.

Signorina [sinjo-; ital.], Fräulein.

Sigrid [nord.], weibl. Vorname.

Sigrist [der; lat.], →Küster.

Sigtryggsteine, zwei Runensteine bei Schleswig.

Sigurd, nord. männl. Vorname, →Siegward.

Sigurdlieder, Heldenlieder der altnord. Sage, die die Taten *Sigurds*, des Sohns von Siegmund u. Hjördis, besingen. Im Codex Regius der *Älteren Edda* sind anonym überliefert: das *Sigrdrífomál* über Sigurds Jugend u. das *Sigurdarkvida in scamma* („Kurzes" oder „Jüngeres Sigurdlied").

Sigurdsson, Jón, isländ. Gelehrter u. Politiker, *17. 6. 1811 Rafnseyri, †17. 12. 1879 Kopenhagen; kämpfte für die Unabhängigkeit Islands; erforschte die Literatur u. Folklore seiner Heimat.

Sigurjónsson ['siːɡyrjounsən], Jóhann, isländ. Dramatiker u. Lyriker, *19. 6. 1880 Laxamýri, Nordisland, †31. 8. 1919 Kopenhagen; schrieb in dän. Sprache; Stoffe u. Motive aus der isländ. Folklore u. Sagenwelt: „Berg-Eivind u. sein Weib" 1911, dt. 1917; „Lügner" 1917, dt. 1917.

Sigwart, Christoph, Philosoph, *28. 3. 1830 Tübingen, †4. 8. 1904 Tübingen; Prof. in Tübingen; Hptw. „Logik" 2 Bde. 1873/78, ⁵1924 (ergänzt von H. Maier); S. verstand die Logik als psycholog. fundierte, normative Disziplin, die im Zusammenhang mit ethischen Problemen steht.

Sihanouk [-'nuk], Norodom Varman, kambodschan. Politiker, *31. 10. 1922 Phnom Penh; seit 1941 als Nachfolger seines Großvaters König von Kambodscha, das 1954 unabhängig wurde; dankte 1955 zugunsten seines Vaters ab u. wurde Min.-Präs., nach dem Tod seines Vaters 1960 zugleich Staatschef (ohne Königstitel). S. bemühte sich um Neutralität im Ost-West-Konflikt u. bes. im Vietnamkrieg. 1970 wurde er vom Militärs gestürzt; er bildete in China eine Exilregierung. Nach dem Sieg der Kommunisten war er 1975/76 erneut Staatsoberhaupt; anschließend unter Hausarrest. Nach dem Einmarsch vietnames. Truppen 1979 ging S. ins Ausland u. trat in internationalem Rahmen (u. a. vor dem UN-Sicherheitsrat) für die Unabhängigkeit Kambodschas ein.

Sihl, linker Nebenfluß der Limmat, 73 km, entspringt in den westl. Glarner Alpen (schweizer. Kanton Schwyz), durchfließt östl. von Einsiedeln den S.see u. mündet bei Zürich.

Sihlsee, Stausee im Tal der oberen Sihl, im schweizer. Kanton Schwyz, 889 m ü. M., 11 qkm groß, 9 km lang, bis 2 km breit, 23 m tief.

Siirt, *Sairt*, Hptst. der südosttürk. Provinz S., nahe der Mündung des Botan in den Tigris, 30 000 Ew.; im Erdölgebiet von Zok, Ölproduktion u. Raffinerien; Wasserkraftwerk.

Šik [ʃik], Ota, tschechoslowak. Nationalökonom u. Politiker, *11. 9. 1919 Pilsen; 1968 stellvertr. Ministerpräsident; entwickelte ein ökonom. Reformmodell, in dem die sozialistischen Staatsbetriebe unter Markt- u. Wettbewerbsbedingungen operieren. An die Stelle zentraler staatl. Detailplanung tritt die wirtschaftspolit. Globalsteuerung. Die diesem Modell folgende Reformpolitik scheiterte durch die Intervention von Truppen der Staaten des Warschauer Paktes. Š. lehrt seit 1968 in Basel u. seit 1970 in St. Gallen. Hptw.: „Ökonomie, Interessen, Politik" 1962, dt. 1966; „Plan u. Markt im Sozialismus" 1967; „Fakten der tschechoslowakischen Wirtschaft" 1969; „Der dritte Weg" 1972.

Sikahirsch [jap.], *Cervus nippon*, bis 90 cm hoher *Hirsch*, dessen braunes Fell durch mehrere Reihen weißer Flecke gezeichnet ist; mit mehreren Unterarten in Ostasien verbreitet; Einbürgerungsversuche in Mitteleuropa.

Sikaner, die mediterrane Urbevölkerung im westl. Teil von Sizilien, wohl aus Nordafrika oder der Pyrenäenhalbinsel eingewandert.

Sikasso, Stadt im S der westafrikan. Rep. Mali, an der Grenze nach Obervolta, 30 000 Ew.; Textilindustrie, Flugplatz. In der Nähe Höhlen mit prähistor. Funden.

Sikelianos, Angelos, neugriech. Lyriker u. Dramatiker, *28. 3. 1884 Leukas, †19. 6. 1951 Athen; verband griech. Tradition u. westl. Einflüsse, Christentum u. Antike; kraftvolle, sehr differenzierte Sprache.

Sikh [sanskr., „Schüler"], *Shikh*, Anhänger einer Religionsgemeinschaft in Nordindien, von →Nanak Ende des 15. Jh. im Pandschab gegr.; beeinflußt durch Lehren des Islams u. Hinduismus, gegen Vielgötterei, Kastenwesen, Wallfahrten, für religiöse Duldsamkeit. Verehrung des hl. Buches (→Ādi Granth) im „Goldenen Tempel" inmitten eines Sees in Amritsar. In Verteidigung ihres Glaubens wurden die S.s zu einem nationalen Kriegeradel u. errichteten unter dem König *Randschit Singh* (*1780, †1839) einen eigenen Staat; 1849 unterlagen sie den Engländern. 1947 wurden die in Pakistan wohnenden S.s vertrieben. Abzeichen: eiserner Armring. – ⌑ 1.8.1.

Si Kiang, *Xi Jiang* [chin., „Westfluß"], drittgrößter chines. Strom, 2100 km, ca. 400 000 qkm Einzugsbereich; entspringt mit dem Quellfluß *Hungschui Ho* im Bergland von Yünnan, durchfließt die Region Kuangsi u. die Prov. Kuangtung, mündet mit mehreren Armen (→Perlfluß) ins Südchines. Meer; unregelmäßige Wasserführung.

Siking = Si'an.

Sikkativ [das; lat.], *Trockenstoff*, Zusatz zu Ölfarben u. Firnis, der das Trocknen beschleunigt; wirkt als *Katalysator*. S.e bestehen im allg. aus Metallsalzen organischer Säuren.

Sikkim, bis 1975 mit Indien assoziiertes Königreich im Himalaya zwischen Nepal u. Bhutan im Einzugsgebiet der *Tista* (Nebenfluß des Brahmaputra), 7107 qkm, 205 000 Ew.; überwiegend lamaistische, tibetische Bhotiyas, eingeborene Leptschas u. im S hinduist. Gurkhas; Hptst. *Gangtok*; gemäßigtes Klima, Anbau von Reis, Mais, Hirse, Obst, Gewürzen u. Saatkartoffeln, geringe Exportüberschüsse; Viehzucht. Im O S.s, wo Tibet, Bhutan u. S. zusammenstoßen, führt die wichtigste Verkehrsverbindung zwischen Indien u. Tibet über die Pässe Nathu La u. Tang La. Im W erhebt sich der Gangtschhendsönga (Kangchendzunga, 8586 m).

Geschichte: Die aus Tibet stammende Herrscherfamilie beseitigte 1641 die einheim. Leptscha-Fürsten. S. wurde 1890 Schutzstaat Britisch-Indiens, 1950 im Vertrag von Gangtok ein Protektorat. Die Wahlen 1974 stärkten die Interessen der Anhänger Indiens, trugen aber zur stärkeren Polarisierung der ethn. Gruppen (ca. 70% Nepalesen, meist ind. Parteigänger; ca. 30% Leptscha u. Bhutias, Anhänger des Chogyal) bei. Das strateg. wichtige S. wurde assoziierter Staat Indiens; der König (Chogyal) behielt nur repräsentative Funktionen, die Regierung übt den in Devan (Min.-Präs.) aus. S. wurde 1975 22. Gliedstaat Indiens; die Monarchie wurde abgeschafft.

Sikorski, Władysław, poln. Politiker u. Offizier, *20. 5. 1881 Tuszów Narodowy bei Sandomir, †4. 7. 1943 bei Gibraltar (Flugzeugabsturz); im 1. Weltkrieg Verfechter einer austro-poln. Lösung, 1921/22 Generalstabschef, Jan.–Mai 1923 Min.-Präs., 1923–1925 Kriegs-Min.; 1939–1943 Min.-Präs. der Exilregierung in London u. Befehlshaber der poln. Verbände im Exil.

Sikorsky, Igor, US-amerikan. Flugzeugkonstrukteur russ. Herkunft, *25. 5. 1889 Kiew, †26. 10. 1972 Easton, Conn.; baute 1913 in Rußland das erste viermotorige Flugzeug, ging 1919 nach Amerika u. gründete dort 1923 ein Flugzeugwerk, in dem viermotorige Flugboote u. seit 1939 Hubschrauber gebaut wurden. 1943 wurde die *S. Aircraft* eine Abteilung der *United Aircraft Corp.*

Siksika, ein Unterstamm der zu den Algonkin-Indianern zählenden *Blackfeet*.

Sikuler, italisches Volk auf Sizilien, von N her in frühgeschichtl. Zeit eingewandert; von den sizil. Griechen ins Innere der Insel abgedrängt. Charakterist. sind ihre in Felswände gehauenen Totenstädte (z. B. Pantalica nördl. von Syrakus), über denen im Mittelalter die Städte der neuen Bewohner gebaut wurden.

Sil, linker Nebenfluß des Miño in Nordwestspanien, 228 km; entspringt im *Kantabr. Gebirge*, mündet oberhalb von Orense; 2 Stauanlagen.

Sikkim: der Hauptfluß Tista

Sila, italien. Bergmassiv, →La Sila.

Silage [-ʒə; die; frz.], *Ensilage*, in Silos durch →Einsäuern konserviertes Futter (Grünfutter, gekochte Kartoffeln).

Silane [lat.], Siliciumwasserstoffe →Silicium.

Silbe [grch. *syllabe*, „Zusammenfassung"], die kleinste lautl. Einheit einer Sprache, die möglicher Träger eines Akzents, einer Tonhöhe oder Länge ist. S.n mit Vokalschluß heißen *offene* S.n (z. B. Tau), solche mit konsonant. Schluß *geschlossene* S.n (z. B. Laut). Der 1. Laut einer S. heißt *Anlaut*, der letzte *Auslaut*, dazwischen *Inlaut*.

Silbenrätsel, ein Rätsel, in dem eine Reihe von Wörtern, die in Silben zerlegt worden sind, zu erraten ist.

Silbenschrift, drückt im Gegensatz zur Laut- u. Wortbildschrift jede Silbe durch ein besonderes Zeichen aus. Beispiele sind die japan. Schrift u. die späteren Hieroglyphen.

Silbenstolpern, Sprachstörung bes. bei progressiver Paralyse.

Silber, chem. Zeichen Ag [lat. *Argentum*], weiß glänzendes, dehnbares, 1- u. selten 2-wertiges Edelmetall, Atomgewicht 107,868, Ordnungszahl 47, spez. Gew. 10,5, Schmelzpunkt 960,8 °C. S. hat von allen Metallen die beste elektrische u. Wärmeleitfähigkeit. Es kommt häufig gediegen sowie in Form der Sulfide S.glanz (Ag_2S), Kupfer-S.glanz ($Cu_2S \cdot Ag_2S$), Arsenfahlerz ($4Ag_2S \cdot As_2S_3$), der Rotgültigerze (Antimon- bzw. Arsen-S.doppelsulfide) in der Natur vor. Zur Gewinnung des S.s werden verschiedene Verfahren angewendet: 1. *Cyanidlaugerei*: die zerkleinerten Erze werden unter Zutritt von Luft mit Natriumcyanidlösung, die S. unter Bildung eines lösl. Komplexsalzes löst, ausgelaugt. Aus den Cyanidlaugen wird das S. durch Zugabe von Zink- oder Aluminiumpulver ausgefällt; 2. durch *Aufarbeitung* des aus silberhaltigem Bleiglanz gewonnenen *Werkbleis*; a) nach dem *Parkes-Verfahren*, das darauf beruht, daß S. in geschmolzenem Zinn löslich ist, dieses sich aber oberhalb von 400 °C nicht mit Blei mischt; b) nach dem *Pattinson-Verfahren*; dieses beruht darauf, daß beim Abkühlen einer silberhaltigen Bleischmelze so lange reines Blei ausgeschieden wird, bis der S.gehalt der Schmelze 2,5% beträgt. S. wird (zur Erhöhung seiner Härte) meist mit Kupfer legiert verwendet. Man verwendet S. für die Herstellung von Münzen, Spiegeln zum Versilbern; lichtempfindl. S.verbindungen sind von grundlegender Bedeutung für die Photographie; Verwendung auch als Arzneimittel.
Verbindungen: S.nitrat ($AgNO_3$), wird als Reagenz auf Halogenionen in der analyt. Chemie u. als *Höllenstein* zu medizin. Zwecken (Ätzmittel) verwendet. S.chlorid (AgCl), weiß, kommt als *Horn-S.* natürlich vor; S.bromid (AgBr), grünlich; S.jodid (AgJ), gelblich; alle drei Verbindungen sind lichtempfindlich u. schwerlöslich, Verwen-

dung in der Photographie; *S.sulfid* (Ag₂S), schwarz, entsteht beim Einleiten von Schwefelwasserstoff in S.salzlösungen; *Knall-S.* (*S.fulminat*) u. *S.azid* (Ag₃N) sind Initialsprengstoffe.
Silberahorn, *Acer saccharinum,* ein *Ahorngewächs* aus dem Norden der USA, bis zu 15 m hoher Baum. →auch Zuckerahorn.
Silberbaumgewächse, *Proteaceae,* Familie der *Proteales,* tropische u. subtropische Hartlaubhölzer vor allem in Australien u. Südafrika; zu den S.n gehört z. B. *Banksia.*
Silberbeilfisch, *Argyropelecus,* Gattung der *Leuchtsardinen,* bis 12 cm lang, seitlich zusammengedrückt, große Mundspalte, Körper silberglänzend, Reihen großer Leuchtorgane längs der Bauchkante.
Silberbisam, der Pelz des →Desman.
Silberblatt, *Mondviole, Lunaria,* ein *Kreuzblütler.* In feuchten Laubwäldern Mittel- u. Süddeutschlands findet man das *Wilde S., Lunaria rediviva,* mit graublauen oder blaßvioletten, wohlriechenden Blüten. Das *Judas-S., Lunaria annua,* hat geruchlose purpurviolette oder weiße Blüten u. wird als Zierpflanze kultiviert.
Silberdistel, die stengellose →Eberwurz.
Silberfahlerz, *Freibergit,* silberreiches Antimonfahlerz; regulär; Härte 3–4. →auch Fahlerz.
Silberfasan, *Gennaeus nycthemerus,* im männl. Geschlecht prächtig weiß-schwarz gefärbter *Fasan* aus Hinterindien u. Südchina.
Silberfischchen, *Lepisma saccharina,* zur Familie Lepismatidae der Ordnung *Fischchen* gehöriges primitives kosmopolit. Insekt mit silbrig glänzenden Hautschuppen; lebt bes. an feuchten Orten, in Kellern, hinter Tapeten u. dgl., wo es sich von zucker- bzw. stärkehaltigen Stoffen, etwa Tapetenkleisterresten, ernährt (Zuckergast). Kann in sehr feuchten Räumen an Büchern, gestärkter Wäsche, Kunstseide u. Gardinen schädl. werden. Sehr empfindlich gegen Pyrethrum u. DDT sowie Fraßgifte.
Silberfuchs, Farbspielart des *Rotfuchses* (→Füchse); die schwarzen Grannenhaare sind an den Spitzen silbrigweiß; lebt in Nordamerika u. Ostsibirien, wird wegen des Pelzes oft auf Farmen gezüchtet. Eine andere Mutation mit weißer Halskrause u. Kopfzeichnung ist der *Platinfuchs.*
Silberglanz, *Argentit,* dunkel- bis bleigraues, schwarzbraun anlaufendes, mehr oder weniger metallglänzendes Silbermineral, Ag₂S; rhombisch oder regulär, sehr weich (Härte 2); wichtiges Silbererz.
Silbergras, Bez. für mehrere Süßgräser: *1. Graues S., Corynephorus canescens,* graugrünes,

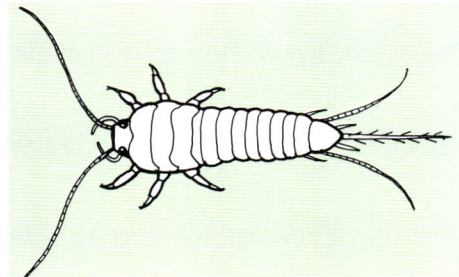

Silberfischchen, Lepisma saccharina

dichtrasiges Gras mit borstlichen Blättern; Erstbesiedler loser Sandböden.
2. Nelkenhafer, Aera caryophyllea, auf Heiden u. sandigen Waldplätzen vorkommendes Gras.
3. →Pampasgras.
Silberhornerz, das Mineral →Kerargyrit.
Silberkies, eine Gruppe von 4–5-rhombischen Silber-Eisen-Schwefel-Mineralien, Härte 1,5, Dichte ungefähr 4,3.
Silberlack, farbloser, durchsichtiger Lack zum Überziehen von Metallgegenständen.
Silberlinde, *Ungarische S., Tilia tomentosa,* Gattung der *Lindengewächse;* ein in Südosteuropa heimischer, bis 30 m hoher Baum, der auch bei uns als Park- u. Zierbaum verbreitet ist.
Silberlinge, die Silbermünzen, um die Christus des Kaisers Tiberius. Im MA. gab man zunächst Tetradrachmen von Rhodos als die 30 S. aus, im 16. Jh. Görlitzer →Schekel.
Silberlorbeer →Silbernes Lorbeerblatt.
Silberlöwe →Puma.
Silbermann, Orgel- u. Klavierbauerfamilie: *1.* Andreas, *16. 5. 1678 Kleinbobritzsch, Erzgebirge, †16. 3. 1734 Straßburg; baute seit 1701 in Straßburg zunächst Klavierinstrumente (Cembalo, Klavichord), 1702/1703 seine erste Orgel, der dann weitere große Werke folgten, vor allem im Elsaß (Straßburger Münster).
2. Gottfried, Bruder von 1), *14. 1. 1683 Kleinbobritzsch, †4. 8. 1753 Dresden; baute ab 1710 etwa 50 Orgeln in Sachsen u. Thüringen (Freiberg, Zittau, Dresden); arbeitete an der Entwicklung des Klavichords u. der Verbesserung des Hammerklaviers. Seine Instrumente waren J. S. Bach wohlbekannt. Die Orgeln beider S. gehören zu den typischsten u. wertvollsten des Spätbarocks. Durch Brände u. Kriegseinwirkungen sind nur wenige von ihnen erhalten.
Silbermöwe →Möwen.
Silbermundwespen, *Crabridae,* eine Familie der *Grabwespen,* nach der bei ihnen am Kopf auftretenden prächtigen silber- oder goldglänzenden Behaarung benannt.
silberne Hochzeit, 25. Jahrestag der Hochzeit.
silberner Sonntag, früher der vorletzte Verkaufssonntag vor Weihnachten.
Silbernes Lorbeerblatt, *Silberlorbeer,* höchste Sportauszeichnung der BRD, seit 1950 vom Bundespräsidenten (bis 1963 ohne Statut) nach eigenem Ermessen für außergewöhnl. sportl. Leistungen verliehen; 1964 zum Ehrenzeichen erhoben; wird auf Antrag der Spitzenverbände des DSB nach Befürwortung durch den DSB-Präsidenten verliehen.
Silberorfe, Fisch, →Aland.
Silberpapier, ein →Metallpapier.
Silberpappel →Pappel.
Silberreiher, *Casmerodius albus,* großer blendendweißer *Reiher,* der die wärmeren Gebiete der ganzen Welt bewohnt. Der S. war einer der Lieferanten der früher modisch verwendeten Schmuckfedern auf dem Rücken (Reiherstöße).
Silberscharte = Bisamdistel.
Silberschild, *Hockey:* Wanderpreis des Dt. Hockey-Bundes, der seit 1913 von Auswahlmannschaften der Landesteile ausgespielt wird (seit 1959 in einem Zweijahresturnus).
Silberstahl, gezogener u. polierter Werkzeugstahl, unlegiert u. legiert. Bez. nach dem silberglänzenden Aussehen, enthält kein Silber.
Silberstift, hellgrau u. dünn zeichnender Stift aus Metall mit einer Spitze aus Silbernitrat; seit dem MA. vom 16. Jh. als Zeichengerät gebräuchlich.
Silberwährung →Währung.
Silberweide →Weide.
Silberwein →Strahlengriffel.
Silberwurz, *1. Dryas,* Gattung der *Rosengewächse.* Bekannt ist bes. die *Achtblättrige S., Dryas octopetala,* eine Alpenpflanze mit länglichherzförmigen, dunkelgrünen, unterseits weißfilzigen Blättern u. großen weißen Blüten. In Dtschld. nur in den Alpen, sonst in arkt. Gebieten (*diskontinuierliche Verbreitung*).
2. →Eberwurz.
Silcher, Philipp Friedrich, Komponist, *27. 6. 1789 Schnait bei Schorndorf, Württemberg, †26. 8. 1860 Tübingen; seit 1817 Universitätsmusikdirektor in Tübingen; führend in der Volksliedbewegung des 19. Jh., gab 12 Hefte Volkslieder heraus, darunter selbstkomponierte, die bes. Popularität erlangten: „Morgen muß ich fort von hier", „Zu Straßburg auf der Schanz", „Ännchen von Tharau", „Ich weiß nicht, was soll es bedeuten"; schrieb „Geschichte des ev. Kirchengesangs" 1844.
Sild (der; dän., norweg.) = Hering.
Silen, *Silenos,* in der griech. Mythologie den *Satyrn* ähnl. Fruchtbarkeitsdämon, Mischwesen aus Pferd u. Mensch, galt bisweilen als Erzieher des Dionysos.
Silene (die; grch.) = Leimkraut.
Silesius, Angelus →Angelus Silesius.
Silex, Karl, Kritiker u. Journalist, *6. 7. 1896 Stettin; war Redakteur der „Deutschen Allgemeinen Zeitung", gründete 1949 die „Deutschen Kommentare", 1952 die „Bücher-Kommentare"; 1955–1963 Chefredakteur des „Tagesspiegel"; schrieb „Der Marsch auf Madrid" 1937; Memoiren: „Mit Kommentar" 1968.
Silfverstolpe ['silvərstolpə], Gunnar Mascoll, schwed. Lyriker u. Kunstkritiker, *21. 1. 1893 Ryttern, †26. 6. 1942 Stockholm; Kunst- u. Literaturkritiker; schrieb traditionsbewußte Verse mit starkem Humanitätsgefühl.
Silge, *Selinum,* nur mit einer Art in Dtschld. vertretene Gattung der *Doldengewächse.* Die *Kümmelblättrige S., Selinum carvifolia,* wächst auf feuchten Wiesen.
Silhat, Sylhet, Stadt in Bangla Desh, früher zu Assam gehörend, 45 000 Ew.; Teeanbau, Erdgasfeld, Erdölleitung nach Chittagong.
Silhouette [silu-, die; frz.], Schattenbild, Schattenriß, flächiges Umrißbild eines Gegenstandes oder einer Figur, entweder hell vor dunklem oder dunkel vor hellem Unter(Hinter-)grund, benannt nach dem Finanz-Min. Ludwigs XV., Étienne de S. (*1709, †1769), der aus Sparsamkeitsgründen die Einführung des Schattenbilds in die Porträtkunst statt des bis dahin üblichen gemalten Miniaturbildnisses empfahl. Die *Bildnis-S.* erfreute sich mit dem in der Wirkung ähnl. →Scherenschnitt in Dtschld. vor allem in der Zeit des Klassizismus u. des Biedermeiers großer Beliebtheit.
Silicagel [das; lat.], *Kieselgel,* oberflächenaktive Kieselsäure, SiO₂, mit hohem Adsorptionsvermögen; wird zum Trocknen von Gasen, organ. Flüssigkeiten u. Ölen u. zur Lufttrocknung in Klimaanlagen verwendet. S. kann 20% seines Gewichts an Wasserdampf aufnehmen u. wird durch Erhitzen auf 100–200 °C regeneriert. *Blaugel* ist S. mit Kobaltsalzen als Indikator versetzt; im trockenen Zustand blau, erschöpft rosafarbig.
Silicate [lat.], *Silikate,* Salze der Ortho-Kieselsäure (→Silicium); in der Natur weit verbreitet. Rd. 25 % aller Minerale sind S. Die Erdkruste (bis 16 km Tiefe) besteht zu 95 % aus Quarz u. S.n.
Silicid [das; lat.], Verbindung des Siliciums mit Metall.
Silicium [das; lat. *silex,* „Kiesel"], chem. Zeichen Si, graugefärbtes, vierwertiges Halbmetall, Atomgewicht 28,0855, Ordnungszahl 14, spez. Gew. 2,33, Schmelzpunkt 1440 °C, Siedepunkt 2630 °C: nach dem Sauerstoff das am häufigsten vorkommende Element, da etwa 26 % der Erdrinde aus S. bestehen. Es tritt nur in gebundenem Zustand in der Natur auf, u. zwar in Form von *Silicaten* u. als *S.dioxid* (z. B. *Quarz*). Die Darstellung erfolgt durch Reduktion von Quarz mit Kohle, Magnesium oder Aluminium. S. ist gegen sämtl. Säuren mit Ausnahme der Flußsäure beständig, dagegen in Laugen unter Bildung von Silicaten löslich. Geringe S.gehalte erhöhen die Festigkeit u. Korrosionsbeständigkeit von Stahl u. verschiedenen Legierungen. Als Halbleiter dient S. zur Herstellung von Photoelementen, Dioden u. Transistoren.
V e r b i n d u n g e n : *S.dioxid,* SiO₂, weit verbreitet als *Quarz* in reinem Zustand oder in Gesteinen sowie als *Kieselgur;* zahlreiche Edelsteine, wie Amethyst, Onyx, Chrysopras, Jaspis, Achat, bestehen aus S.dioxid; als Quarz oder Quarzsand zur Herstellung thermisch u. chemisch sehr widerstandsfähiger (Glas-)Geräte verwendet. – *Orthokieselsäure* Si(OH)₄ (die Bez. Kieselsäure wird häufig auch für das S.dioxid angewendet); ihre Salze sind die Silicate, →auch Kieselfluorwasserstoffsäure. *S.wasserstoffe* (Silane) sind gegen Wasser u. Luft nicht beständig; sie ähneln in mancher Hinsicht den Kohlenwasserstoffen, doch ist die Fähigkeit der S.atome, sich miteinander zu verbinden, bei weitem nicht so ausgeprägt wie beim Kohlenstoff; →auch Silicone. Eine S.kohlenstoffverbindung ist das *S.carbid* (Karborund), ein fast diamanthartes Schleifmittel, das auch für elektr. Heizstäbe verwendet wird.
Silicone [lat.], *Polysiloxane,* polymere Verbindungen des Siliciums mit Kohlenwasserstoffen. Dabei sind die Siliciumatome über Sauerstoffatome miteinander verknüpft u. in ihren restl. Valenzen mit Kohlenwasserstoffgruppen (meist der Methylgruppe) verbunden.

$$\begin{array}{ccccc} & R & & R & & R \\ & | & & | & & | \\ - & Si & - O - & Si & - O - & Si - \\ & | & & | & & | \\ & R & & R & & R \end{array}$$

Die z. T. anorgan., z. T. organ. Natur der S. ist auch in ihrem physikal. Verhalten bemerkbar; sie haben ähnl. Eigenschaften wie die rein organ. Kunststoffe, sind aber hitzebeständiger. Die meisten S. sind wasserabstoßend, elektr. Isolatoren, beständig gegen Oxydationsmittel u. Säuren, nicht gesundheitsschädlich.
Zur H e r s t e l l u n g wird aus Quarz u. Kohle gewonnenes Silicium mit Kupfer u. Methylchlorid zu Chlorsilanen, z. B. (CH₃)₂SiCl₂, umgesetzt, die mit Wasser hydrolysiert u. dann kondensiert bzw. polymerisiert werden. Je nach den Herstellungsbedingungen werden Siliconharze, Siliconkautschuk oder Silicönöle gewonnen. – ⬜ 8.6.0.

Silicothermie [lat. + grch.] →Metallothermie.
Silikasteine [lat.], feuerfeste Baustoffe mit einem SiO_2-Gehalt von nicht unter 93%. S. werden aus Quarzgesteinen (Quarzite) mit Kalk oder einem anderen Bindemittel bei einer Brenntemperatur hergestellt, die die polymorphe Umwandlung des Quarzes in die Modifikationen Tridymit u. Cristobalit gestattet. Verwendung für Siemens-Martin-Öfen, Elektroofendeckel, Öfen der NE-Metallindustrie, Glühöfen, Tieföfen, Koksöfen.
Silikose [die; lat. + grch.], Kiesellunge, Quarz(staub)lunge (→Staublunge).
Siliqua [die, Mz. *Siliquen*], im 4. u. 5. Jh. geprägte röm. Silbermünze (ursprüngl. 2,6g), 1 S. = 1/24 Solidus.
Silistra, Hptst. des bulgar. Bezirks S. (2869qkm, 172000 Ew.); Hafenstadt an der Donau, ostnordöstl. von Ruse, 37400 Ew.; Handels- u. Verkehrszentrum der südl. Dobrudscha (Anbau von Weizen, Mais u. Zuckerrüben), Zellstoffindustrie. – Die röm. Festung Dorostorum (röm. Grabmal); 1913–1916 u. 1920–1940 rumänisch.
Silit [das; lat.], Warenname für elektr. Heizelemente aus Siliciumcarbid (→Silicium).
Silius Italicus, Tiberius Catius Asconius, röm. Dichter u. Politiker, *um 25, †101; Stoiker; schrieb ein Epos (17 Bücher) über den 2. punischen Krieg („Punica").
Silja, Anja, Sängerin (Sopran), *17. 4. 1940 Berlin; sang an den Opernbühnen Braunschweig, Frankfurt a.M., Hamburg, Stuttgart, bei den Bayreuther u. Salzburger Festspielen.
Siljan, See im mittleren Schweden, 290qkm, mit Inseln u. dem im N anschließenden Orsasjön 354qkm, wird vom Österdalälven durchflossen.
Silk [der; engl., „Seide"], glänzender Kleiderstoff.
Silkeborg ['selgəbɔr], Stadt in der dän. Amtskommune Århus, Jütland, westl. von Århus, 43200 Ew.; Papier- u. Maschinenindustrie.
Sill [der; engl.], eine schichtparallele, relativ dünne, flache Intrusion von Magma in das Nebengestein.
Sill, rechter Nebenfluß des Inn in Tirol, 35km, entspringt östl. vom Brenner, durchfließt den Brennersee, das Wipptal u. die *S.schlucht*, mündet bei Innsbruck.
Silla, eines der drei frühen korean. Königreiche, 57 v.Chr.–935 n.Chr.; es entwickelte sich aus den Stammesfürstentümern Tschin-Han u. Pyon-Han auf dem südöstl. Gebiet der Halbinsel Korea. S., von seinen stärkeren Rivalen Kokuryo u. Paekche heftig bedrängt, schloß ein Bündnis mit dem chin. T'ang-Reich u. führte 668 die Vereinigung Koreas durch. S. übernahm die höhere Kultur des T'ang-Reichs u. verband sie mit der traditionellen Lebensweise des korean. Volkes. Hochentwickelte Kultur zeigt sich u.a. in der „Hyangga"-Dichtung, im Bulguksa-Tempelbau (751) u. in Tschonmundae (647, ältestes Observatorium Asiens).
Sillanpää [-pɛː], Frans Eemil, finn. Erzähler, *16. 9. 1888 Hämeenkyrö, †3. 6. 1964 Helsinki; schildert realist. u. psycholog. durchgezeichnet Natur u. Menschen seiner Heimat; nimmt sich bes. der unteren Schichten an. „Das fromme Elend" 1919, dt. 1948, unter dem Titel „Sterben u. Auferstehen" 1956; „Silja, die Magd" 1931, dt. 1932; „Eines Mannes Weg" 1932, dt. 1933; „Schönheit u. Elend des Lebens" 1945, dt. 1947. Nobelpreis 1933.
Sillein, slowak. *Žilina*, ungar. *Zsolna*, Stadt in der Slowakei, an der Waag, 39000 Ew.; Stephanskirche (13. Jh.); Holz-, Textil- u. chem. Industrie.
Sillimanit [der; lat.], *Faserkiesel*, gelblich-graues oder grünes, auch bräunl., seiden- oder glasglänzendes Mineral in stengeligen, faserigen Aggregaten; rhombisch; Härte 6–7; als Nebengemengteil in kristallinen Schiefern, bes. Gneisen u. Glimmerschiefern mit Kordierit, Korund; geht bei Temperaturen von 1150–1600 °C in das Aluminium-Silicat *Mullit* über.
Sillitoe ['silitɔu], Alan, engl. Schriftsteller, *4. 3. 1928 Nottingham; Fabrikarbeiter, Funker bei der Royal Air Force; seine Werke richten sich gegen kleinbürgerl. Enge u. soziale Ungerechtigkeit. Romane: „Samstag Nacht u. Sonntag Morgen" 1958, dt. 1961; „Die Einsamkeit des Langstreckenläufers" 1959, dt. 1967; „Der Tod des William Posters" 1967, dt. 1969; „Ein Start ins Leben" 1970, dt. 1971.
Silo [der; grch., span.], *Zellenspeicher, Schachtspeicher*, Speicher aus Holz, Beton, Stahl, auch Stroh oder Drahtgeflecht mit Pappeinlage, zur Aufbewahrung von Schüttgut, Hackfrüchten, Grünfutter u.dgl.
Silo, israelit. Stadt in Mittelpalästina, Standort eines Tempels, in dem die Bundeslade untergebracht war, zeitweilig Kultzentrum der israelit. Stämme; in den Philisterkriegen zerstört.
Silone, Ignazio, eigentl. Secondo *Tranquilli*, italien. Schriftsteller, *1. 5. 1900 Pescina dei Marsi, †23. 8. 1978 Genf; anfangs Kommunist, nach 1930 Sozialist u. Gegner jeder totalitären Unterdrückung; 1930–1944 im Exil in der Schweiz; 1945 Rückkehr nach Italien; S. kämpft in seinen Werken im Namen der wahren Brüderlichkeit für den „entwürdigten u. entstellten Menschen"; Romane: „Fontamara" 1930, dt. 1933; „Brot und Wein" 1936, dt. 1936; „Eine Handvoll Brombeeren" 1952, dt. 1952; „Der Fuchs u. die Kamelie" 1960, dt. 1960; „Notausgang" 1965, dt. 1966; einziges Drama: „Und er verbarg sich" 1944, dt. 1945.
Siloti, Alexander Iljitsch, russ. Pianist, *10. 10. 1863 bei Charkow, †8. 12. 1945 New York; lebte u. wirkte in Dtschld. u. Rußland, später in den USA, einer der markantesten Vertreter der Liszt-Schule, auch fortschrittl. Dirigent.
Silphidae [grch.] = Aaskäfer.
Sils, rom. *Segl*, schweizer. Luftkurort u. Wintersportplatz im Oberengadin (Kanton Graubünden), am Inn-Ausfluß aus dem *S.er See*, 1812m ü.M., 400 Ew., umfaßt die Teilgemeinden *S.-Baselgia* u. *S.-Maria*, zwischen 1881 u. 1889 zeitweise Wohnsitz von F. *Nietzsche*.
Silser See, rom. *Lej da Segl*, größter der 4 Seen im Oberengadin, Graubünden (Schweiz), östl. vom Malojapaß, 1797m ü.M., 4,1qkm groß, 5km lang, bis 1,5km breit, bis 71m tief.
Silt [engl.; der], *Siltstein, Schluff, Schluffstein*, klastisches Sediment oder Sedimentgestein mit Mineralkörnern von 0,06–0,002mm Korngröße.
Silumin [das; Kurzwort aus *Silicium + Aluminium*], Aluminiumguß- oder Druckgußlegierungen aus 87% Aluminium u. 13% Silicium; aushärtbar, gut schweiß- u. gießbar, von hoher mechan. Widerstands- u. Wärmeleitfähigkeit. S. wird z.B. im Motoren-, Kraftfahrzeug- u. Flugzeugbau verwendet.
Silur [das; nach dem Volksstamm der *Silurer* in Wales], geologische Formation des Paläozoikums, zwischen Ordovizium u. Devon. →Geologie.
Silva, 1. António Dinis da Cruz e →Dinis da Cruz e Silva.
2. José Asunción, kolumbian. Dichter, *27. 11. 1865 Bogotá, †24. 5. 1896 Bogotá (Selbstmord); romant. Dichter des Zweifels u. der Schwermut; berühmt wurde sein Gedicht „Nocturno" 1895.
Silvae [lat., „Wälder"], Bez. für eine Sammlung nach Form u. Inhalt unzusammenhängender kürzerer Gedichte in der latein. Literatur (P. P. *Statius*) u. in der Renaissance; der Singular *„Silva"* bezeichnete ein Stegreifgelegenheitsgedicht.
Silvaner [lat.], *Sylvaner*, weiße, in Dtschld. u. Österreich verbreitete Rebsorten u. Weine.
Silvanus, röm. Waldgott; mit *Pan* verglichen.
Silvaplana, rom. *Silvaplauna*, schweizer. Sommer- u. Winterkurort im Kanton Graubünden, am Inn im Oberengadin, 1815m ü.M., 700 Ew., an der Abzweigung der Julierstraße von der Malojastraße zwischen Silvaplaner See u. Champferer See.
Silvaplaner See, rom. *Lej da Silvaplauna*, schweizer. See im Oberengadin bei Silvaplana, durchflossen vom Inn, 1791m ü.M., 3qkm groß, 3km lang, bis 1,3km breit, bis 77m tief.
Silva Porto, heute *Bie*, Distrikt-Hptst. in Angola auf der Lundaschwelle, im Hochland von Bie, 20000 Ew., Handelszentrum.
Silvassa, Hptst. des ind. Unionsterritoriums *Dadra u. Nagar Haveli* nördl. von Bombay.
Silverius, Papst 536–537, Heiliger, Sohn des Papstes Hormisdas, †2. 12. 537 Insel Ponza; zu Unrecht hochverrät. Beziehungen zu den Goten beschuldigt u. auf die Insel Ponza verbannt. Sein Gegner *Vigilius*, zu dessen Gunsten er schließlich abdanken mußte (11. 11. 537), durchkreuzte die von Kaiser Justinian erwogene Rehabilitierung.
Silverstone [-stɔun], 4,71km lange Asphalt-Rennstrecke für den Kraftfahrsport auf einem Flugplatz bei Towcester, südwestl. von Northampton (Großbritannien), mit 5 scharfen Kurven.
Silves [-viʃ], südportugies. Stadt nordöstl. von Portimão, am rechten Ufer des *S.* oder *Arade*, 10000 Ew.; Maurenburg, got. Kathedrale; Korkverarbeitung. – S. war in maur. Zeit die Hptst. von *Algarve*. – Ⓑ→Portugal.
Silvester [das; nach dem Papst *S. I.*], letzter Tag des Jahres.
Silvester [lat., „Waldbewohner"], *Sylvester*, männl. Vorname.
Silvester, Päpste: **1.** *S. I.*, 314–335, Heiliger, Römer, †31. 12. 335; unter ihm erfolgte durch Initiative Kaiser *Konstantins d. Gr.* der grundlegende Friedensschluß zwischen dem röm. Reich u. dem Christentum. Spätere Legenden, die im MA. mit der *Konstantin. Schenkung* verknüpft wurden, schreiben ihm u.a. die Heilung Konstantins vom Aussatz u. die Taufe des Kaisers zu. Fest: 31. 12.
2. *S. II.*, 999–1003, eigentl. *Gerbert von Aurillac*, *um 940 in der Auvergne, †12. 5. 1003 Rom; 991 Erzbischof von Reims, 998 von Ravenna, Lehrer u. Freund Kaiser *Ottos III.*, der ihn zum Papst erheben ließ; organisierte die Kirche in Ungarn u. Polen (Gründung der Erzbistümer Gnesen u. Gran). Wegen seiner Gelehrsamkeit, bes. auf naturwissenschaftl. Gebiet, galt er als Zauberer.
3. *S. III.*, Gegenpapst (?), 1045; auf Betreiben der Crescentier gegen *Benedikt IX.* erhoben, nach wenigen Wochen vertrieben u. durch Heinrich III. auf der Synode von Sutri 1046 abgesetzt.
4. *S. IV.*, Gegenpapst 1105–1111, eigentl. *Maginulf*, Römer; unter dem Schutz des Markgrafen Werner von Ancona gegen *Paschalis II.* erhoben, resignierte, nachdem Kaiser Heinrich V. von Paschalis das Investiturprivileg erlangt hatte.
Silvester, Henry Robert, engl. Arzt, *1828 London, †20. 2. 1908 London; gab 1858 eine Methode der künstl. Atmung an *(S.sche Methode)*.
Silvesterlauf, seit 1924 jährlich ausgetragener Langstreckenlauf über 9700m in São Paulo (Brasilien); wird in der Silvesternacht kurz vor Mitternacht gestartet.
Silvia [zu lat. *silva*, „Wald"], *Sylvia*, weibl. Vorname.
Silvide, eine Rasse der Indianiden, die Wald- u. Prärie-Indianer Nordamerikas.
Silvretta, stark vergletschertes Alpenmassiv an der schweizer.-österr. Grenze, zwischen Unterengadin u. Montafon-Paznauntal, im *Piz Linard* 3411m, *Fluchthorn* 3399m, *Piz Buin* 3312m.
Silvrettahorn, Alpengipfel in der Silvretta, auf der schweizer.-österr. Grenze, 3244m.
Simalwolle [hind.], dem *Kapok* ähnliche Bombaxwolle des ostindischen Baumes *Bombax malabarica*.
Simaruba [die; karib.], von Florida bis Brasilien verbreitete Gattung der *Bitterholzgewächse*. Einige Arten liefern eine bittere Wurzelrinde *(Cortex Simarubae)* gegen Diarrhöe u. Ruhr.
Simarubaceae = Bitterholzgewächse.
Simbabwe →Zimbabwe, →Rhodesien.
Simbach am Inn, Stadt in Niederbayern (Ldkrs. Rottal-Inn), an der dt.-österr. Grenze, 9400 Ew.; Kraftwerk, Baustoffindustrie.
Simca, *Société des Automobiles Simca*, Paris, Unternehmen der Kraftfahrzeugindustrie, gegr. 1934, seit 1966 heutige Firma; als Tochtergesellschaft der US-amerikan. *Chrysler Corporation* 1978 von dem französischen Automobilkonzern *Peugeot* übernommen; erzeugt Personenkraftwagen.
Simchat Thora [die; hebr.], in der jüd. Religion Tag der Gesetzesfreude, am 23. Tischri im Anschluß an das Laubhüttenfest gefeiert. In den Synagogen Umzüge mit Thorarollen; Kinderfest.
Simcoe [-kɔuː], *Lake S.*, See südöstl. der Georgian Bay des Huronsees (Kanada), rd. 1440qkm.
Simenon [simə'nɔ̃], Georges, belg. Schriftsteller, *13. 2. 1903 Lüttich; lebt seit 1957 in der Schweiz; schrieb über 200 erfolgreiche Kriminal- u. psycholog. Romane, die sich auch in literar. Hinsicht auszeichnen. Sein bekannter Romanheld ist Kommissar *Maigret*, der sich in die Lage der Schuldigen versetzt u. so deren Verbrechen aufdeckt, ohne moral. Stellung zu nehmen. Viele Verfilmungen.
Simeon, 1. im A.T. 2. Sohn Jakobs u. Leas; nach ihm benannt einer der 12 Stämme Israels, der nach der Landnahme im Stamm Juda aufging.
2. frommer Israelit, im Tempel von Jerusalem über das Jesuskind weissagend (Luk. 2,25ff.: sog. *Nunc dimittis*).
Simeon, bulgar. Fürsten: **1.** *S. I., S. d.Gr.*, Fürst 893–927, *865, †27. 5. 927; seit 917 Zar (Basileus) der Bulgaren u. Griechen; sein Reich umfaßte fast die ganze Balkanhalbinsel; er schuf das bulgar. orthodoxe Patriarchat in Tirnowo; bedeutendster Fürst des Großbulgar. Reichs.
2. *S. II.*, Zar 1943–1946, *16. 6. 1937 Sofia; folgte seinem Vater Boris III., mußte nach Volksentscheid 1946 abdanken; letzter bulgarischer Zar.
Simeon Polozkij, eigentl. Samuil Jemeljanowitsch *Petrowskij-Sitnianowitsch*, Theologe, Barockdichter, erster russ. Hofpoet, *1629 Polozk, Weißrußland, †25. 8. 1680 Moskau; Erzieher am

Zarenhof; vertrat eine silbenzählende Metrik (*Syllabisten*), verpflanzte die Tradition der poln.-ukrain. Versdichtung u. das jesuit. Schuldrama nach Rußland; verfaßte die ersten russ. Gedichtsammlungen; auf seiner panegyrischen Dichtung beruht z.T. die russ. Odendichtung des 18. Jh.

Simferopol, das antike *Neapolis*, tatar. *Akmetschet*, Hptst. der Oblast Krim in der Ukrain. SSR (Sowjetunion), in den nördl. Vorbergen des Krimgebirges, 300 000 Ew.; inmitten ausgedehnter Obst- u. Weingärten; Universität u.a. Hochschulen, mehrere Theater; Maschinenfabrik, Tabak- u. Konservenindustrie, Weinkelterei; Wärmekraftwerk; Fremdenverkehr; Flugplatz.

Similaun, vergletscherter Berggipfel in den Ötztaler Alpen auf der österr.-italien. Grenze, 3602 m.

Simili [der oder das; lat.], Nachahmung, bes. von Edelsteinen.

Simionato, Giulietta, italien. Sängerin (Mezzosopran), *12. 5. 1910 Forlì; als Opernsängerin u.a. an der Mailänder Scala u. der Metropolitan Opera New York, zahlreiche Gastspiele.

Simmel, 1. Georg, Philosoph, *1. 3. 1858 Berlin, †26. 9. 1918 Straßburg; Prof. in Berlin u. Straßburg (1914); vertrat einen Lebensphilosoph. Relativismus mit neukantian. Zügen, den er bes. in der Soziologie, Geschichts- u. Kulturphilosophie zur Geltung brachte u. erst zuletzt („Lebensanschauung" 1918) metaphysisch unterbaute. S. war ein glänzender Essayist („Philosoph. Kultur" 1911). „Einleitung in die Moralwissenschaft" 2 Bde. 1892/93, ³1911; „Soziologie" 1908, ²1922.
2. Johannes Mario, österr. Schriftsteller, *7. 4. 1924 Wien; lebt in Starnberg, schreibt erfolgreiche, dokumentar. untermauerte Gegenwartsromane: „Mich wundert, daß ich so fröhlich bin" 1949; „Man lebt nur zweimal" 1950; „Affäre Nina B." 1958; „Es muß nicht immer Kaviar sein" 1960; „Bis zur bitteren Neige" 1962; „Come back" 1962; „Lieb Vaterland magst ruhig sein" 1965; „Alle Menschen werden Brüder" 1967; „Und Jimmy ging zum Regenbogen" 1970; „Der Stoff, aus dem die Träume sind" 1971; „Die Antwort kennt nur der Wind" 1973.
3. Paul, Graphiker, *27. 6. 1887 Spandau, †24. 3. 1933 Berlin; Karikaturist für Berliner Zeitungen u. Ztschr. („Berliner Morgenpost", „Lustige Blätter" u.a.).

Simmental, von der *Simme* (Nebenfluß der Kander) durchflossenes Seitental des Thuner Sees, im schweizer. Kanton Bern, bekannt durch seine Rinderzucht (*S.er Fleckvieh*); im Nieder-S. Holzgewinnung u. -verarbeitung; Kraftwerke.

Simmer, altes Hohlmaß (Trockenmaß); in Hessen: 1 S. = 32 l; in Frankfurt a.M.: = 28,68 l; in Württemberg: = 22,153 l.

Simmern, rheinland-pfälz. Kreisstadt an der Simmer, Hauptort des Hunsrücks, 5700 Ew.; ehem. Schloß (jetzt Hunsrück-Archiv u.a.); Möbel-, Metall-, Textilindustrie. Verwaltungssitz des *Rhein-Hunsrück-Kreises*.

Simmernkopf, Berg im Hunsrück, im Soonwald südöstl. von Simmern, 653 m.

Simmerringe, *Wellendichtringe*, in einem Gehäuse gefaßte u. durch ringförmige Schraubenzugfeder an die Welle angedrückte Dichtmanschetten aus ölbeständigem Kunstgummi; zur Abdichtung des Gehäusedurchgangs von Wellen gegen Austritt von Schmiermitteln oder Eintritt von Staub.

Simmondssche Kachexie [nach dem Pathologen Morris *Simmonds*, *1855, †1925], eine schwere Form endokriner Magersucht, die auf einer Unterfunktion des Hypophysenvorderlappens beruht u. zu allg. Kräfte- u. Körperverfall führt. Behandlung: Diät, Hormontherapie.

Simms, William Gilmore, US-amerikan. Schriftsteller, *17. 4. 1806 Charleston, S.C., †11. 6. 1870 Charleston; Anwalt, im Bürgerkrieg für den Süden engagiert; Dramatiker, Lyriker, vor allem aber Erzähler in der Nachfolge W. *Scotts*; in seinen Romanen behandelte er das Leben der Grenzer sowie histor. Ereignisse im S der USA.

Simon, 1. [si'mõ], Claude, französ. Schriftsteller, *10. 10. 1913 Tananarive (Madagaskar); Sohn eines Kolonialbeamten; Erzähler des *Nouveau Roman*; Hauptthemen sind Zeit, Vergänglichkeit u. Tod, vor dem Hintergrund des span. Bürgerkriegs. Landschaft („Das Gras" 1958, dt. 1970); ferner „Das Seil" 1947, dt. 1964; „Der Wind" 1957, dt. 1959; „Die Straße in Flandern" 1960, dt. 1961.
2. ['saimən], Herbert Alexander, US-amerikan. Wirtschaftswissenschaftler, *15. 6. 1916 Milwaukee (USA); seit 1949 Prof. an der Universität in Pittsburg; Nobelpreis für Wirtschaftswissenschaften 1978 für bahnbrechende Erforschung der Entscheidungsprozesse in Wirtschaftsorganisationen. „Administrative Behaviour" 1947; „Organizations" 1958.
3. ['saimən], Sir John, brit. Politiker (Liberaler), *28. 2. 1873 Manchester, †11. 1. 1954 London; 1915/16 u. 1935–1937 Innen-, 1931–1935 Außen-Min., 1937–1940 Schatzkanzler, 1940 bis 1945 Lordkanzler.

Simon der Makkabäer, Bruder des *Judas Makkabäus*, führte den Makkabieraufstand (143–134 v.Chr.) weiter; war der eigentl. Begründer der *Hasmonäerdynastie*, da ihm das erbl. Hohepriestertum durch Volksbeschluß übertragen wurde (141 v.Chr.).

Simone Martini →Martini (7).

Simonie [nach *Simon Magus*], Handel mit geistl. Sachen; ursprüngl. wurden hierunter nur Sakramente, Sakramentalien u. kirchl. Ämter verstanden; im MA. wurde der Begriff auf die Besetzung von geistl. Stellen durch Laien sowie die Laieninvestitur ausgeweitet, was im →Investiturstreit von weittragender Bedeutung war.

Simon Kananäus, *Simon der Eiferer, Simon der Zelot*, Jünger u. Apostel Jesu, nach der Legende Märtyrer in Persien. Heiliger (Fest: 28. 10.)

Simon Magus, „der Zauberer", vom Diakon Philippus in Samaria getauft (Apg. 8,9–13), wollte den Aposteln die Gabe, durch Handauflegung den Hl. Geist zu erteilen, mit Geld abkaufen (Apg. 8,18–24); Begründer einer synkretist. Sekte (*Simonianer*); gilt als Urvater aller späteren gnost. Irrlehren. →auch Simonie.

Simonow, Konstantin (eigentl. Kirill) Michajlowitsch, sowjetruss. Schriftsteller, *28. 11. 1915 Petrograd, †28. 8. 1979 Moskau; Gedichte über Liebe u. Krieg; tendenziöse Dramen („Die russ. Frage" 1946, dt. 1947); Kriegsromane „Tage und Nächte" 1944, dt. 1947, „Die Lebenden u. die Toten" 1959, dt. 1960; „Man wird nicht als Soldat geboren" 1964, dt. 1966; „Der letzte Sommer" 1971, dt. 1972.

Simons, Walter, Jurist, *24. 9. 1861 Elberfeld, †14. 7. 1937 Babelsberg; 1920/21 Reichsaußenminister, 1922–1929 Reichsgerichtspräsident; lehrte seit 1927 in Leipzig.

Simonsbrot, Vollkornbrot aus Roggen oder Weizen; das Getreide wird nach Quellung naß zu Brei zerquetscht u. 12–16 Std. in eigenem Dampf unter Luftabschluß gebacken. S. ist dem Pumpernickel ähnlich, dunkel, krustenlos u. leicht bekömmlich.

Simonszand [-sand], kleine, unbewohnte Sandinsel der Westfries. Inseln.

Simon & Schuster, Inc. ['saimən-], amerikan. Verlag in New York, gegr. 1924; Belletristik, Sach-, u. Jugendbücher, bahnbrechend auf dem Gebiet des Taschenbuchs.

Simplicissimus: Titelseite der ersten Nummer vom 1. 4. 1896

Simon von Kyrene, nach Matth. 27,32 von röm. Soldaten gezwungen, für Jesus das Kreuz zu tragen.

Simon von Montfort →Montfort, Simon de.

Simpelfransen →Pony (1).

Simplex [das, Mz. *Simplizia*; lat.], *Grammatik*: im Gegensatz zum *Kompositum* das einfache, nicht zusammengesetzte Wort, z.B. „Tasche" gegenüber „Brieftasche".

Simplexbremse, eine Innenbackenbremse (→Bremse) mit zwei Backen, die gemeinsam von einer Spannvorrichtung in die Bremstrommel gedrückt werden.

Simplicidentata [lat.], *Einfachzähner*, veraltete Bez. für die *Nagetiere*.

Simplicissimus [lat., „der Einfältigste"], 1. *Literatur*: Simplicius S., Held des Schelmen- u. Entwicklungsromans „Der abenteuerl. S." 1669 von H. J. Ch. von *Grimmelshausen*, eine Figur aus dem 30jährigen Krieg, dargestellt in typ. Wechselfällen des Schicksals (als Tor, Narr, Landsknecht, Quacksalber, Räuber, Einsiedler).
2. *Presse*: 1896 von Albert *Langen* u. Th. Th. *Heine* in München gegr. satir. illustrierte Wochenschrift. Mitarbeiter u.a.: O. *Gulbransson*, K. *Arnold*, E. *Thöny*, R. *Wilke*; L. *Thoma*, F. *Wedekind*, *Owlglaß*, P. *Scher*. 1944 eingestellt, 1954 neugegr., 1967 eingestellt.

Simplicius, Papst 468–483, Heiliger; verteidigte gegen die Monophysiten die Lehren des Konzils von Chalcedon. Heiligenfest: 2.3.

Simpliziade [die], Bez. für einen Abenteuerroman in der Art H. J. Ch. von *Grimmelshausens* „Simplicissimus": Ein einfältiger Mensch kommt in die bunte Welt u. erkennt sie als sinnlos u. eitel.

Simplonpaß, ital. *Passo del Sempione*, schweizer. Alpenpaß (2005 m) im Kanton Wallis, zwischen Rhône- u. Diveriatal (ital. Val Divedro). Die *Simplonstraße* (1801–1805 von Napoléon I. erbaut, weitgehend wintersicher) u. die Eisenbahn, die zwischen Brig an der Rhône u. Iselle durch den 19,8 km langen *Simplontunnel* (1898–1906 erbaut) führt, verbinden Dtschld. u. Ostfrankreich über die Schweiz mit Italien.

Simpson, 1. [-sən], Sir James Young, brit. Frauenarzt u. Geburtshelfer, *7. 6. 1811 Bathgate bei Edinburgh, †6. 5. 1870 Edinburgh; führte das Chloroform zur Narkose bei Geburten ein (1847).
2. William von, Schriftsteller, *19. 4. 1881 Rittergut Georgenburg bei Insterburg, †11. 5. 1945 Scharbeutz; zuerst Kolonialoffizier u. Pferdezüchter; schrieb den ostpreuß. Familienroman: „Die Barrings" 1937, fortgeführt in „Der Enkel" 1939.

Simpsonwüste [-sən-], Sandwüste im SO von Nordaustralien, nördl. des Lake Eyre, übergreifend auf Queensland (Nationalpark) u. Südaustralien, rd. 260 000 qkm, von Dünen durchzogen. – 1845 von Ch. *Sturt* entdeckt, erstmals von C. Th. *Madigan* 1939 durchquert.

Simrock, Karl, Germanist, Übersetzer u. Lyriker, *28. 8. 1802 Bonn, †18. 7. 1876 Bonn; dort Prof. seit 1850; übertrug viele Literaturdenkmäler des Mittelalters ins Neuhochdt., schrieb „Gedichte" 1863 u. „Dichtungen" 1872.

Simse [die], 1. *Binse*, *Scirpus*, Gattung der *Sauergräser*, an feuchten oder sumpfigen Standorten. Die bekannteste u. größte S. ist die *Teich-S.* (*Flecht-S., Scirpus lacustris*), eine bis über 2 m hohe Pflanze stehender oder fließender Gewässer. Die Halme werden für Körbe, Matten, Schuhe u.a. verwendet.
2. Namensbestandteil mehrerer Gattungen der *Sauergräser*: *Haar-S., Trichophorum*; *Sumpf-S., Eleocharis*; *Schuppen-S., Isolepis*, u.a. einer Gattung der *Binsengewächse*: *Hain-S., Luzula*.

Simson [hebr.], griech. *Samson*, im A. T. einer der im Richterbuch (Kap. 13–16) besungenen charismatischen Helden, Nasiräer, kämpfte gegen die Philister; wurde von seiner Geliebten *Delila* (*Dalila*) verraten. Sagenhaft ausgeschmückte Erzählungen.

Simson, Martin Eduard von (seit 1888), Politiker (Nationalliberaler) u. Jurist, *10. 11. 1810 Königsberg, †2. 5. 1899 Berlin; trug 1849 als Präs. u. Deputierter der Frankfurter Nationalversammlung (vergebl.) dem preuß. König Friedrich Wilhelm IV. u. 1870 als Präs. des Norddt. Reichstags Wilhelm I. die dt. Kaiserkrone an; 1871–1874 Reichstags-Präs., 1879–1891 Präs. des Reichsgerichts in Leipzig.

Simssee, See im oberbayer. Alpenvorland, östl. von Rosenheim, 6,5 qkm, bis 23 m tief.

Simulation [lat.], die bewußte Vortäuschung von Krankheit; kann als *Betrug* (z.B. Rentenbetrug)

Simulator

oder als *Wehrpflichtentziehung* (§ 109a StGB) strafbar sein.

Simulator [der; lat.], elektron. Datenverarbeitungsanlage, mit deren Hilfe z.B. Vorgänge in Kernreaktoren, elektr. Netzwerken, Flugzustände u. -bedingungen von Flugzeugen *(Flug-S., Link-Trainer)* u. bemannten Weltraumkapseln simuliert ("durchgespielt") werden. Durch Verwendung eines S.s kann vielfach von teuren Modellversuchen u. einem Teil des wirkl. Flugtrainings abgesehen u. Zeit eingespart werden.

Simultanbühne, eine Bühne, die neben- oder übereinander mehrere Orte darstellt u. so das Spiel ohne Szenenwechsel oder gleichzeitig an mehreren Orten gestattet; bes. für *Mysterienspiele* üblich.

Simultandolmetscheranlage, eine elektr. Übertragungsanlage, die dazu dient, eine Rede wahlweise in verschiedenen Sprachen hörbar zu machen. Dazu erhalten die Zuhörer ein Anschlußgerät mit Kopfhöher u. einen Umschalter mit einer der Zahl der Sprachen entsprechenden Reihe von Stellungen. Die Geräte sind an eine Übersetzerkabine angeschlossen, in der Dolmetscher die Rede in der Originalsprache hören u. gleichzeitig die Übersetzung in Mikrophone sprechen.

Simultangründung →Gründung (2).

Simultanimpfung, *Simultanimmunisierung*, die Verbindung von aktiver u. passiver Immunisierung durch gleichzeitige Impfung mit dem Erreger u. dem Antiserum; bes. in Epidemiezeiten, wenn ein sofortiger Impfschutz erzielt werden soll.

Simultankirche, gottesdienstlicher Raum, der von mehreren Konfessionen benutzt wird; von der kath. Kirche grundsätzlich abgelehnt, nur die bestehenden S.n werden geduldet.

Simultanschule →Gemeinschaftsschule.

Simultanspiel →Reihenspiel.

sin, Abk. für *Sinus*; eine →Winkelfunktion.

Sin, Jaime L., philippinischer Kardinal (seit 1976), *31. 8. 1928 Washington, Diözese Capiz; 1974 Erzbischof von Manila u. Primas der kath. Kirche auf den Philippinen; fordert soziale Gerechtigkeit.

Sinai [ˈziːnai], Halbinsel im N des Roten Meeres, zwischen den Golfen von Aqaba u. Suez; rd. 59 000 qkm, 75 000 Ew.; Hptst. *El Arisch*; das wüstenhafte *S.gebirge* erreicht im Gebel Katerina 2637 m, im Gebel Musa 2240 m (hier seit im 6. Jh. das griech. Katharinenkloster mit berühmter Bibliothek), es ist nur von wenigen fruchtbaren Oasen durchsetzt; Anbau von Dattelpalmen u. Getreide; seit 1946 wichtige Erdölfunde längs des Golfs von Suez. Am Berg *S.*(Horeb) verkündete Moses die 10 Gebote.

Im ägypt.-israel. Krieg von 1967 wurde die S.-Halbinsel von Israel besetzt. Im Frieden von 1979 verpflichtete sich Israel, S. schrittweise bis 1982 zu räumen.

Sinaischrift, im 18. Jh. v. Chr. am Berg Sinai entstandene, wahrscheinl. nach dem Vorbild der ägypt. Hieroglyphen geschaffene Schrift. Die S. ist die älteste semit. Buchstabenschrift, bei der die Vokale unbezeichnet bleiben.

Sinalco AG, Detmold, Unternehmen zur Herstellung alkoholfreier Getränke, gegr. 1902; Grundkapital: 5,1 Mill. DM.

Sinaloa, nordmexikan. Bundesstaat am südl. Golf von Kalifornien, 58 092 qkm, 1,8 Mill. Ew.; Hptst. *Culiacán;* Zuckerrohr-, Sisalagaven-, Baumwoll-, Tomaten-, Frühgemüse- u. Kaffeeanbau in Bewässerungskulturen.

Sinan, türk. Baumeister, *1498, †1588; gilt als bedeutendster Architekt des osman. Hofes. Die Vollendung des Typs der monumentalen Kuppelmoschee zeigen seine Hptw. *Schehzade-Moschee* 1548 u. *Suleiman-Moschee* 1557 in Istanbul; *Selim-Moschee* in Edirne 1574.

Sinanthropus pekinensis →Pekingmensch.

Sinapis [grch.] = Senf (1).

Sinatra, Frank, US-amerikan. Sänger u. Filmschauspieler, *12. 12. 1915 Hoboken, N.J.; Schlager- u. Jazzsänger, seit 1943 beim Film.

Sinclair [ˈsɪŋkleə], **1.** Emil, Pseudonym von H. *Hesse*, unter dem er 1919 seinen Roman "Demian. Die Geschichte einer Jugend" veröffentlichte.
2. Isaac Frhr. von, *3. 10. 1775 Homburg v.d. Höhe, †29. 4. 1815 Wien; Hofmann u. Diplomat, verfaßte patriot. Dichtungen, Trauerspiele, Balladen, Kriegslieder (1813) u. philosoph. Schriften; befreundet mit F. *Hölderlin*.
3. Upton Beall, US-amerikan. Schriftsteller, *20. 9. 1878 Baltimore, †25. 11. 1968 Bound Brook, N.J.; bekämpfte als Sozialist in seinen Romanen die kapitalist. Ordnung; erster Erfolg: der Roman

"Der Sumpf" 1906, dt. 1906, der die Chicagoer Schlachthöfe beschreibt; ferner "König Kohle" 1917, dt. 1918; "Petroleum" 1927, dt. 1927; "Zwischen zwei Welten" 1941, dt. 1945; "Drachenzähne" 1942, dt. 1946; "O Schäfer, sprich!" 1949, dt. 1953; auch Essays, Dramen; "Autobiography" 1962.

Sindbad, *S. der Seefahrer*, Held oriental. Seefahrergeschichten aus dem 10. Jh., eines der bekanntesten Märchen aus "1001 Nacht".

Sindelfingen, Stadt in Baden-Württemberg (Ldkrs. Böblingen), südwestl. von Stuttgart, 55 000 Ew.; Textil-, Maschinen- (IBM), Schuhindustrie, Karosseriewerk.

Sindermann, Horst, DDR-Politiker (SED), *5. 9. 1915 Dresden; seit 1963 Kandidat, seit 1967 Mitgl. des Politbüros; 1963–1971 Erster Sekretär der Bezirksleitung Halle der SED; 1971–1973 Erster Stellvertr. des Vors. des Ministerrats, 1973 bis 1976 Vors. des Ministerrats der DDR, seit 1976 Präsident der Volkskammer.

Sindh, 1. *Sind*, pakistan. Provinz am Unterlauf des Indus, 140 914 qkm, 14 Mill. Ew., Hptst. *Karatschi*; vorwiegend Tiefland mit Anbau von Reis, Baumwolle, Tabak u.a., im O Steppenland bzw. Wüste; am Indus zahlreiche Staudämme; Hauptzentren der Industrie sind die Hafenstadt Karatschi u. Hyderabad. – 1970 als Provinz neu gebildet.
2. *Sindhu*, ind. Sanskritname des →Indus.

Sindhi, neuindische Sprache mit arab. u. pers. Einflüssen, gesprochen von den Einwohnern der pakistan. Provinz Sindh. Die ältesten Dichtungen sind volkstüml. Balladen. Größter S.-Dichter war *Abd-ul-Latif* (*1680, †1750), dem zu Ehren jährl. ein Fest gefeiert wird; er lehrte vor allem myst.

Horst Sindermann

Weisheiten u. die Lehre des islam. Pantheismus. Sufische Mystik war zu allen Zeiten ein Hauptthema der S.-Dichter (*Sarmast* [*1739, †1826], *Bedil* [*1814, †1873] u.a.). In der Zeit nach der engl. Eroberung (1843) herrschte die Nachahmung pers. Vorbilder vor, dem setzte erst Dayaram *Gidunal* (*1857, †1947) ein Ende. Prosaschrifttum gibt es seit der Mitte des 19. Jh., Mirza *Kalic Beg* (*1853, †1929) schuf die erste originale Novelle.

Sinding, Christian August, norweg. Komponist, *11. 1. 1856 Kongsberg, †3. 12. 1941 Oslo; von R. *Wagner* beeinflußt; schrieb eine Oper, 4 Sinfonien, Solokonzerte, Kammermusik u. Lieder.

sine anno [lat., "ohne Jahr"], Abk. *s.a.*, steht in bibliograph. Angaben bei Fehlen des Druckjahrs; entspricht dem dt. *o.J.*

sine anno et loco [lat., "ohne Jahr u. Ort"], Abk. *s.a.e.l.*, steht in bibliograph. Angaben bei Fehlen des Druckjahres u. -ortes.

sine ira et studio [lat., "ohne Zorn u. Eifer"], nach *Tacitus*, "Annalen" I, 1.

sine loco et anno, Abk. *s.l.e.a.,* = sine anno et loco.

sine qua non [lat.] →Conditio sine qua non.

sine tempore [lat., "ohne die Zeit"], Abk. *s.t.*, pünktlich, ohne "akadem. Viertelstunde".

Sinfonie [die; ital. sinfonia, "Zusammenklang"], *Symphonie*, im Sprachgebrauch des MA Bez. für Melodie, Gesang u. die Verschmelzung von Tönen zu einer Klangeinheit, nach M. *Praetorius* ("Syntagma musicum" 1615–1620) für das Zusammenspiel von Instrumenten ohne Vokalstimmen; bis etwa 1750 allg. Bez. für Sonatensätze, die Einleitung von Suiten, die Vor- u. Zwischenspiele von

Kantaten, Oratorien, Opern, die Ouvertüre, sowie als Kirchen- oder Kammer-S. häufiger Name für die Kirchen- oder Kammersonate. Erst mit der →Mannheimer Schule wurde die Bez. S. zu einem festen musikal. Formbegriff für ein 3sätziges, später meist 4sätziges Orchesterwerk mit klargegliederter Themenstellung u. -verarbeitung, dessen 1. Satz meist Sonatenform hat. Die S. fand ihre volle Ausbildung durch Haydn, Mozart u. Beethoven, der mit seiner 9. Sinfonie (unter Einbeziehung der menschl. Stimme) die künstler. Vollendung dieser Form schuf.

sinfonische Dichtung, Orchesterwerk in sinfonischer Form, das aus der Programmusik hervorgegangen ist, zuerst bei H. *Berlioz* (Symphonie fantastique). Ein außermusikal. Programm (ein Bild, Gedicht oder historisches Ereignis) liegt meist zugrunde, z. B. F. *Liszt* "Hunnenschlacht", R. *Strauss* "Don Juan", B. *Smetana* "Die Moldau".

Sinfragarn, *Maschengarn*, auf Sinfriermaschinen aus zwei oder mehr Fäden durch Vermaschen hergestelltes voluminöses Garn.

Singakademie, größere Chorvereinigung, meist zur Pflege des Oratoriums. Berühmte S.n: *Berliner S.* (gegr. 1791) u. *Wiener S.* (gegr. 1858).

Singapur [engl. sɪŋɡəˈpɔː], amtl. *Republic of Singapore*, südostasiat. Inselstaat vor dem Südzipfel der Halbinsel Malakka; umfaßt 586,4 qkm mit 2,3 Mill. Ew. (3922 Ew./qkm).

Landesnatur u. Bevölkerung: Die bis 175 m hohe Hauptinsel ist durch einen 1200 m langen Eisenbahn- u. Straßendamm über die Johorstraße mit dem Festland verbunden. Zum Staatsgebiet gehören noch rd. 40 kleinere Küsteninseln mit 39 qkm Fläche. Das Klima ist trop. heiß, feucht u. die Regenmenge hoch (Jahresdurchschnitt 2400 mm). Dschungelwald u. Mangrovesumpf sind z.T. noch verbreitet. Die Bevölkerung besteht aus 76,1% Chinesen, 15% Malaien, 6,9% Indern u. Pakistanern u. rd. 38 000 Europäern u.a. 45% sprechen Malaiisch, 25% Englisch, 23% Chinesisch u. 8% Tamil. Das Zentrum der Besiedlung, die *City*, liegt im S an der *Straße von S.*

Wirtschaft: Der agrar., exportbeteiligte Anbau umfaßt vor allem Kokos- u. Ölpalmen, Kautschuk, Ananas, Tabak, Maniok u. Gewürze. Wichtig ist die Fischerei (etwa 20 000 t Fangmenge pro Jahr). In der Industrie werden bes. malays. Zinnerz verhüttet, Erdöl aus Brunei u. Indonesien aufbereitet (größtes Raffineriezentrum Südostasiens; Ausfuhr hauptsächl. nach Japan u. Südvietnam) sowie malays. Kautschuk verarbeitet u. Textil-, Lederwaren, Nahrungsmittel u.a. produziert. In S. sind mehrere Erdölgesellschaften u. Spezialfirmen für Ölbohrungen ansässig, die den gesamten südostasiat. Raum betreuen. Als Folge entstand eine bedeutende Zulieferindustrie (vor allem Bau von Schleppern u. Bohrinseln; Schiffsreparaturen). Ein umfangreiches neues Industriegebiet entsteht im W der City (vor allem mit petrolchem. Industrie). Hier befinden sich neue große Hafenanlagen mit Schiffswerften.

Verkehr: S. hat als Hafen nicht nur für das malays. Hinterland, sondern auch für den Weltverkehr große Bedeutung. S. ist Endpunkt der großen Transitbahnstrecke von Bangkok. Dem Luftverkehr stehen 3 Flughäfen zur Verfügung.

Geschichte: Als Handelsstützpunkt der Ostindien-Kompanie 1819 gegr., 1826 mit Penang u. Malakka zusammengeschlossen, 1851 Brit.-Indien unterstellt, 1867–1941 Teil der Kronkolonie *Straits Settlement*, 1946 brit. Kronkolonie mit Selbstverwaltung, wurde 1957 innenpolit. autonom. Am 3. 6. 1959 wurde S. ein de facto selbständiger Gliedstaat des brit. Commonwealth. Am 31. 8. 1963 erfolgte die Unabhängigkeitserklärung u. am 16. 9. 1963 der Zusammenschluß mit Malaya u. Brit.-Borneo zur Föderation *Malaysia*, aus der S. im August 1965 wieder austrat. Seit 1959 herrscht im Stadtstaat S. eine sozialist. Regierung; Premier-Min. ist *Lee Kuan Yew (People's Action Party, PAP).*

Singaraja [-dʒa], Hptst. der indones. Insel Bali, an

der Nordküste, 60 000 Ew.; zahlreiche Tempel, Kunsthandwerk; Hafen.
Singdrossel →Drosseln.
Singen (Hohentwiel), Stadt in Baden-Württemberg (Ldkrs. Konstanz), im Hegau, 45 000 Ew.; Nahrungsmittel- *(Maggi),* Metallindustrie.
Singer, Isaak Baschewis, jidd. Schriftsteller, *27. 7. 1904 Radzymin (Polen); emigrierte 1935 in die USA; schildert das Leben des Ostjudentums; Romane: „Satan in Goraj" 1934, dt. 1957; „Der Zauberer von Lublin" 1960, dt. 1967; „Jakob der Knecht" 1962, dt. 1965; Erzählung „Gimpel der Narr" 1957, dt. 1968; auch Kinderbücher. Nobelpreis 1978.
Singhalesen, mit rd. 10 Mill. die herrschende buddhist. (Hinayana) u. zahlenmäßig größte Volksgruppe Ceylons, Indoarier mit Drawida-Beimischung u. eigener neuind. Sprache *(Singhalesisch);* seit dem 3. Jh. v.Chr. von Tamilen nach S gedrängt. Gute Holzschnitzer u. Metallarbeiter; Reisanbau auf Terrassen; der Sarong mit Jacke bzw. Leibchen dient als Kleidung; Teufelstänze (Krankenbehandlung) mit schauerl. Masken.
singhalesische Sprache, in Mittel- u. Südwest-Ceylon als Amtssprache gesprochene neuind. Sprache mit vielen drawid. Einflüssen. Die Grundlage für den weitaus größten Teil der Literatur bildet der *Buddhismus.* Am Anfang standen Übersetzungen u. Paraphrasen buddhist. Schriften („Amawatura" des *Gurulugomi* 12. Jh.), eine Sammlung von Legenden u. Erzählungen schuf Dewarakshita Jayabahu *Dharmakinti* (Ende der 14. Jh.) mit der „Saddharmalankara". Die Blütezeit der singhales. Literatur fällt ins 15. Jh. *(Totayamuwa, Vättāwa* u.a.). Im 19. Jh. formten sich die Gattungen der Streitschrift *(Wada)* u. des Musikdramas *(Watya)* aus; soziale Thematik zeigte sich bei Dhammaratua *Miripänne* (*1761, †1851), volkstüml. Novellen u. histor. Romane schrieben u.a. Piyadasa *Sirisena* (*1875, †1946), Martin Wickramasinghe (*1892), Minidasa *Kumaranatunga* (*1887, †1944), die für die moderne Literatur bedeutsam wurden.
Single [singl; die; engl., „einzeln"], kleine 17-cm-Schallplatte, bis zu 5 Minuten Spieldauer, mit nur einem Titel auf jeder Seite.
Single-8-Film [singl-; engl.], japan. Schmalfilmsystem, das einen Film verwendet, der in Format u. Perforation dem Super-8-Film entspricht. In den Kassetten sind die Spulen jedoch anders, nämlich übereinander angeordnet. Dies bedingt besondere Single-8-Kameras, während die Vorführung auf Super-8-Projektoren erfolgen kann.
Singrün = Immergrün.
Sing Sing, Staatsgefängnis von New York, benannt nach der Stadt *Ossining* (früher S.S.).
Singspiel, eine in ihren Anfängen bis ins MA. zurückzuverfolgende, hauptsächlich in England, Frankreich u. Dtschld. gepflegte Gattung des musikalischen Theaters, bei dem die einzelnen Musiknummern durch ausgedehnten gesprochenen Dialog verbunden waren. Die Musiknummern selbst waren, da die Ausführung des S.s meist dem singenden Schauspieler, nicht dem Berufssänger zufiel, verhältnismäßig einfacher Natur; statt der opernmäßigen Arie bevorzugte man das volksnahe Lied; Ensemblesätze, die über den Rahmen des Duetts hinausgingen, wurden erst später aufgenommen. Die S.entwicklung sind in England die „Beggar's Opera" (Bettleroper) von J. Gay u. J. C. Pepusch (1728), in Frankreich J.-J. Rousseaus „Dorfwahrsager" (1752), in Dtschld. die S.e von J. A. Hiller („Die Jagd" 1770) u. K. Ditters von Dittersdorf („Doktor u. Apotheker" 1786). Elemente des S.s blieben in der komischen Oper u. in der Operette erhalten.
Singular [der; lat.], *Grammatik:* Einzahl, der Numerus, der im Gegensatz zum *Plural* ausdrückt, daß eine Person oder Sache oder ein Begriff in einer sprachl. Mitteilung gemeint ist.
singuläre Punkte, ausgezeichnete Punkte (z.B. eine Spitze) einer Kurve, in denen die Tangenten zusammenfallen bzw. mehrere oder keine Tangenten vorliegen. →auch Kurve.
Singularetantum [das; lat.], ein Wort, das nur im Singular vorkommt; z.B. Butter, Haß, Menschheit.
Singularität [lat.], *Klimatologie u. Meteorologie:* die Tendenz einzelner meteorolog. Elemente (z.B. der Temperatur), Wetterlagen oder Witterungserscheinungen, jährlich innerhalb einer Reihe aufeinanderfolgender Tage in einer dafür untypischen Jahreszeit als „Störungen" wiederzukehren, wie z.B. in Mitteleuropa die Kältewellen der →Eisheiligen im Mai u. der →Schafskälte im

Singapur: Blick vom Clifford-Pier auf Geschäftshäuser am Collier-Quay

Juni oder Warmlufteinbrüche (→Altweibersommer, →Weihnachtszyklone).
Singularsukzession [lat.] →Individualsukzession.
Singvögel, *Oscines,* mit rd. 4000 Arten in rd. 35 Familien die weitaus umfangreichste Unterordnung der *Sperlingsvögel,* die sich durch 7–9 Paar Singmuskeln auszeichnen. Über den Gesang →Vogelstimmen. – Ⓑ S. 118 u. 120.
Singzikaden, *Cicadomorpha,* Gruppe der *Zikaden,* deren Männchen mit ihrem Trommelorgan für den Menschen hörbare Töne erzeugen. S. können nicht springen, die Vorderbeine der Larven sind zu Grabschaufeln umgebildet. 1100 Arten, bes. in wärmeren Ländern. Zu den S. gehören die größten lebenden Schnabelkerfe *(Kaiserzikade, Pomponia imperatoria,* Spannweite 18 cm). In Südeuropa die *Große Singzikade, Cicada plebeja,* die *Rotadrige Singzikade, Tibicen haematodes,* u. die *Eschenzikade;* in Amerika die *Siebzehnjährige Zikade.*
Sinhailien, *Xinhailian,* Stadt in der ostchines. Prov. Kiangsu, 200 000 Ew., Maschinen- u. a. Industrie.
Sinia [lat., „China"], *Sinische Masse,* bereits zu Beginn des Präkambriums bestehende Kontinentalscholle, die im wesentl. Nordchina umfaßt.
Sinica [Mz., lat.], Werke über China.
Sinide, volkreichste Rasse der Mongoliden, mit höherem Wuchs u. schwächer ausgebildeten mongoliden Merkmalen; Hauptgebiete China, Japan, Tibet, Hinterindien. – Ⓑ →Menschenrassen.
Sinigaglia [-ˈgalja], Leone, italien. Komponist, *14. 8. 1868 Turin, †16. 5. 1944 Turin; schrieb Chöre, Lieder, Kammermusik, Instrumentalwerke u. ein Violinkonzert; Hrsg. einer Sammlung piemontesischer Volkslieder.
Sining, *Xining,* Hptst. der westchines. Prov. Tsinghai, 2380 m ü. M., 100 000 Ew.; Handelszentrum an der Straße u. Bahn nach Lhasa (Tibet).
Sinjawskij, Andrej Donatowitsch, Pseudonym: Abram *Terz,* sowjetruss. Literarhistoriker, Kritiker u. Schriftsteller, *1926 Moskau; behandelt moral.-eth. Fragen, mit scharfer Kritik an den Autoritäten; veröffentlichte seine Werke nur im Ausland („Der Prozeß beginnt" 1961, dt. 1966; „Ljubimow" 1963, dt. 1966); 1966 zusammen mit Julij *Daniel* (Pseudonym: Nikolaj *Arschak* [*1925]), zu Zwangsarbeit verurteilt, 1971 entlassen; emigrierte 1973 nach Frankreich.
Sinkiang, *S.-Uigur, Xinjiang-Uygur,* Autonome Region im W der Volksrep. China (seit 1955), 1,65 Mill. qkm, 10 Mill. Ew., Hptst. *Urumtschi;* umfaßt die Dsungarei, den östl. Tien Chan, Ostturkistan mit dem Tarimbecken u. den Nordwestteil des Kunlun-Systems (Altin Tagh); weitgehend wüstenu. steppenhaft mit Kontinentalklima; von Uiguren, Kasachen, Kirgisen, Mongolen, Tataren u. Chinesen bewohnt; in den Oasenlandschaften Weizen-, Mais-, Reis-, Baumwoll-, Obst-, Gemüseanbau; Viehzucht; Kohlen-, Uran-, Wolframvorkommen, Erdölförderung (bes. bei *Qara Mai* u. *Tuschantze*) u. -verarbeitung; wichtigster Verkehrsweg von Lantschou (Prov. Kansu) nach Urumtschi.
Sinkstücke, aus Faschinen u. Faschinenwürsten hergestellte Körper, die durch Aufwerfen von Steinen u. Felsstücken versenkt werden, um den Fluß- oder Meeresboden gegen Erosion zu schützen. →auch Packwerk.
Sinn, 1. *Ethik:* moralischer S., engl. *moral sense,* Empfänglichkeit für sittl. Werte u. Wertdifferenzen (Gegenteil: *moralischer Schwachsinn*).
2. *Philosophie:* geistiger Gehalt, Bedeutung, Zweck; Grundbegriff der *S.philosophie* (W. Dilthey, H. Rickert, Paul Hofmann [*1880, †1947] u.a.), die es mit verstehbaren oder erlebbaren Zusammenhängen zu tun hat (im Gegensatz zu wirklichen Gegenständen).
3. *Physiologie:* die Fähigkeit des Organismus, verschiedene Arten von Reizen (→Reiz) wahrzunehmen. Zur Aufnahme des Reizes dienen spezialisierte S.eszellen *(Rezeptoren),* die häufig mit Hilfseinrichtungen zu komplizierten →Sinnesorganen zusammengefaßt sind. Die Information wird stets über Nerven dem Zentralnervensystem übermittelt (→Erregung). Nur Hohltiere haben noch kein Zentralnervensystem. Was Tiere im einzelnen empfinden, ist wegen des subjektiven Charakters nicht aussagbar. Die S.esphysiologie unterteilt deshalb die Reize nach ihrer Energieform: 1. mechanischer S. (Gehör-, Schwere-, Tast-, Druck- u. Strömungs-S., Drehbeschleunigungs-S.), 2. Temperatur-S. (Wärme- u. Kälte-S.), 3. chemischer S. (Geruch- u. Geschmack), 4. Licht-S. – Orientierungs-S. u. Zeit-S. sind keine echten S.e. Der Schmerz-S. läßt sich durch verschiedene Energieformen auslösen. – ◰ 9.3.1.
Sinn [die], rechter Nebenfluß der Fränk. Saale, 60 km, entspringt in der Rhön, mündet bei Gemünden.
Sinnbild, im 17. Jh. gebildetes Wort für *Emblem,* später für *Symbol.*
Sinneshaare, Tastorgane verschiedener Tiere; bei Gliedertieren als *Haarsensillen,* bestehend aus einem echten Haar u. einer oder mehreren Sinneszellen, die als Tast- u. Riechorgane, evtl. auch als Gehörorgane dienen; bei Säugetieren Tasthaare, bes. am Kopf *(Schnurrhaare).*
Sinnesorgan, zur Information über äußere u. innere Zustandsänderungen dienendes Organ. Die auf Außenreize ansprechenden S. sind die *Exterozeptoren* (Auge, Ohr, Geruchsorgan u.a.). Veränderungen im Organismus reizen die *Interozeptoren,* die des Eingeweides die *Viscerozeptoren,* solche in Muskeln u. Sehnen die *Propriozeptoren.* Der Reiz wird in den S.en von den Sinneszellen aufgenommen u. in Erregung transformiert. Jedes

Sinnesphysiologie

S. ist durch seine Lage u. durch Ausbildung von Hilfsstrukturen auf einen bestimmten Reiz spezialisiert. Für diesen sog. *adäquaten Reiz* ist das S. empfindlicher als für alle anderen Reize *(inadäquate Reize)*. Als Hilfsstrukturen bezeichnet man z. B. beim Auge die Linse, die Pupille u. das Lid. →auch Sinn. – ⃞ S. 122.

Sinnesphysiologie, Teilgebiet der Physiologie, das sich vorwiegend mit der Untersuchung der Reaktionen von Tieren u. Menschen auf bestimmte Reize befaßt. Erst in neuester Zeit sind durch die Weiterentwicklung der elektrophysiolog. Methoden, der Biochemie u. Kybernetik auch die Elementarprozesse der Reizaufnahme, der Erregungsbildung, Weiterleitung u. Verarbeitung erforscht worden.

Sinnesqualitäten, Eigenschaften wahrgenommener Gegenstände, insofern sie sich in bes. Empfindungen darstellen, z. B. farbig, weich, süß. Gewöhnlich werden diese S. den Gegenständen als solchen zugeschrieben. Doch läßt sich zeigen, daß sie ebensosehr vom wahrnehmenden Subjekt abhängen, ja daß sie auftreten können, ohne daß der Gegenstand, auf den sie bezogen werden, überhaupt vorhanden ist.

Sinnestäuschung, entweder Umdeutung von Sinneseindrücken *(Illusion)* oder vermeintliche Sinneseindrücke von objektiv nicht nachweisbaren Gegebenheiten *(Halluzination)*; treten auf im psychopatholog. Bereich oder unter Einwirkung von Rauschmitteln. Zu den S.en können i.w.S. auch die *optischen Täuschungen* gezählt werden.

Sinneszellen, *Sensillen,* Epithelzellen der Gewebetiere, die darauf spezialisiert sind, Sinnesreize aufzunehmen u. deren Erregung über Nervenzellen weiterzuleiten. S. u. freie Nervenenden können einzeln oder in Sinnesepithelien u. zu →Sinnesorganen zusammengefaßt vorkommen. Nach der Art der Reize, die eine Erregung der S. auslösen können, unterscheidet man *Hör-, Riech-, Schmeck-, Seh-* u. *Tast-S.*

Sinn Féin [ʃin fɛin; ir., „Wir selbst"], radikal nationalist. irische Partei. Die S.F. wurde 1905 als irische Freiheitspartei gegr. u. ab 1917 von E. *de Valera* geführt; sie erkämpfte die Unabhängigkeit Irlands von England. Der radikale Flügel der S.F. schloß 1926 gegr. Partei *Fianna Fáil* („Schicksalskrieger") an, die von 1932 bis März 1973 mit Ausnahme der Jahre 1949/50 u. 1955/56 ununterbrochen die Regierung des 1921/22 konstituierten Staates Irland bildete. – Die S.-F.-Bewegung wurde 1956 wiederbelebt u. ist heute der polit. Arm des „Provisional"-Flügels der *Irischen Republikanischen Armee (IRA),* die für die (Wieder-)Vereinigung Nordirlands mit der Republik Irland mit terrorist. Mitteln kämpft.

Sinngedicht = Epigramm.

Sinningie [die; nach dem Pflanzenzüchter W. *Sinning,* †1874] = Gloxinie (2).

Sinnlichkeit, 1. *allg.:* Sexualität. **2.** *Psychologie:* Wahrnehmungsvermögen, Empfänglichkeit (Rezeptivität) für Sinneseindrücke, bes. im Gegensatz zum *Verstand.*

Sinnpflanze, *Mimose, Mimosa pudica,* ein *Mimosengewächs.* Die S. klappt nach Stoßreiz oder Berührung ihre Fiederblätter mit gelenkartigen Blattpolstern nach unten zusammen. Dabei findet eine Reizleitung statt: die einzelnen Blattfiedern klappen von der Reizungsstelle ausgehend nacheinander nach oben u. dann erst das gesamte Fiederblatt nach unten. – ⃞ →Blütenpflanzen III.

Sinnspruch, eine treffend formulierte Lebensregel oder Erkenntnis, in der Literatur als *Epigramm, Sentenz, Devise, Motto.*

Sinnuris, zweitgrößte Stadt der Senke von (El) Faiyum in Ägypten westl. des Nil u. südwestl. von Cairo, 40 000 Ew.; Oasenkulturen.

Sinologie, die Wissenschaft von der chines. Sprache u. Literatur, i.w.S. von China überhaupt. →auch Orientalistik.

Sinop, das antike *Sinope,* türk. Hafenstadt am Schwarzen Meer, nordwestl. von Samsun, Hptst. der Provinz S.; 15 000 Ew.; Handelszentrum; Ausfuhr von Holz, Wachs, Obst, Seide. – Gegr. 630 v. Chr.

Sinotibetanisch →indochinesische Sprachen.

Sinowjew [zi-], eigentl. *Radomyslskij,* Grigorij Jewsejewitsch, sowjet. Politiker, *11. 9. 1883 Jelisawetgrad, †25. 8. 1936 Moskau (hingerichtet); seit 1901 in der revolutionären Bewegung, enger Mitarbeiter Lenins; 1907–1927 Mitgl. des ZK der SDAPR bzw. KP; nach 1917 Leiter der Petrograder (Leningrader) Parteiorganisation, Vors. des dortigen Sowjets; 1921–1926 Mitgl. des Politbüros u. 1919–1926 Vors. der Exekutivkomitees der Komintern. Nach Lenins Tod bildete S. zunächst mit Stalin u. L. Kamenew ein Triumvirat (gegen Trotzkij), wurde aber als Führer der „Linksopposition" 1927 aus der KP ausgeschlossen u. 1936 in einem Schauprozeß zum Tod verurteilt.

Sinsheim, baden-württ. Stadt an der Elsenz (Rhein-Neckar-Kreis), 25 000 Ew.; ehem. Benediktinerabtei auf dem Michelsberg; Metall-, chem. u. a. Industrie.

Sinsiang, chines. Stadt in der Prov. Honan, nördl. von Tschengsien, 210 000 Ew., Textil-, Nahrungsmittelindustrie, Textilmaschinenbau.

Sint [afrikaans, fläm., ndrl.] = Sankt.

Sint-Amandsberg, Stadt in der belg. Prov. Ostflandern, nördl. von Gent, 25 100 Ew.; Blumenzucht.

Sintenis, Renée, Bildhauerin u. Graphikerin, *20. 3. 1888 Glatz, †22. 4. 1965 Berlin; impressionist. empfundene Kleinplastiken mit einer an A. *Rodin* geschulten lockeren Oberflächenbehandlung, schuf neben bedeutenden Frühwerken (Porträtplastiken, „Daphne") oft das Gefällige u. Possierliche streifende Kleinfiguren (z. B. Jungtiere).

Sinter [der], mineral. Absätze kalk- oder kieselsäurehaltiger fließender Wässer, oft unter Mitwirkung von Pflanzen; z. B. *Kalktravertin* von Tivoli, *Kiesel-S.* der heißen Quellen auf Island, im Yellowstone-Nationalpark der USA u. a.

Sinterband, ein Wanderrost in Form eines endlosen Bandes; wird kontinuierlich mit der zu sinternden Mischung aus Erz, Kalk u. Koksgrus beschickt. Die Mischung wird gezündet u. Luft durch sie gesaugt. Die Verbrennung des Brennstoffs u. die damit gekoppelte Sinterung des Materials (freiwerdende Wärme führt zum oberflächl. Anbacken der Körner) schreitet gleichmäßig durch die ganze Schicht hindurch fort. Die Vorschubgeschwindigkeit des S.s ist so geregelt, daß das Material nach Beendigung des Sintervorgangs das Ende des S.s erreicht, wo es abgeworfen wird.

Sinterglas, Glasformstücke, die durch Pressen u. Erhitzung bis zum Weichwerden aus Glasgrieß oder -pulver hergestellt sind; entsprechend der Glaskorngröße porös u. widerstandsfähig wie das Ausgangsmaterial; für Filter verwendet.

Sintergrenzen, Temperaturgrenzen, zwischen

Der Rabe, Corvus corax, ist der größte einheimische Singvogel. Er nimmt sehr gerne auch Aas als Nahrung an

denen ein Stoff weder fest noch flüssig, sondern teigig ist.
Sintermetallurgie →Pulvermetallurgie.
sintern, Stoffe (Metallpulver u. keram. Stoffe) durch Erhitzen zusammenbacken; das entstehende Material *(Sinterwerkstoff)* ist fest, meist porös, aber teilweise auch fast porenfrei erzielbar. →auch Hartmetalle, Pulvermetallurgie, Sinterband.
Sinterwerkstoffe, durch Sintern aus →Metallpulver oder nichtmetallischem Ausgangsmaterial hergestellte Werkstoffe. Wichtige S. sind: hochschmelzende Metalle (Wolfram, Molybdän, Niob, Tantal), die nicht oder schwer anders als pulvermetallurgisch verarbeitbar sind (→Hartmetalle). *Sinterstahl* für Fertigteile u. selbstschmierende Gleitlager; *Kontaktwerkstoffe* für elektr. Schaltgeräte; *getränkte* S. (hochschmelzende S. mit niedrigschmelzenden Metallen getränkt); *Reinstmetalle* für physikal. Sonderzwecke; *Reibwerkstoffe* mit Metall- u. Nichtmetallanteil für Bremsbeläge; Zahn-Amalgame. *Cermets* (aus engl. „ceramic" u. „metals") sind sehr harte Mischungen aus Metallen u. Oxiden, Carbiden oder Boriden; →Schneidkeramik. *Sinteraluminium (S. A. P.)* enthält feinverteiltes Oxid u. dient für thermisch beanspruchte Teile wegen seiner höheren Warmfestigkeit. →auch Pulvermetallurgie.

Sint Eustatius [-ø′staːtsiys], Insel über dem Wind, Niederländ. Antillen (Westindien), bis 549 m hoch, 21 qkm, 1300 Ew., Hauptort *Oranjestad*.
Sintflut [ahd. *sinvluot*, „große, anhaltende Flut"], in Religionen u. Sagen vieler Völker eine vernichtende Überschwemmung, von der bes. die *Bibel* (1. Mose 6–8) als einer Gottesstrafe für die sündhafte Menschheit berichtet (daher volkstüml. *Sündflut*). Schon das babylon. *Gilgamesch-Epos* handelt von einer S., der nach Meinung vieler Forscher die bibl. Fassung nachgebildet ist. Diese nennt als einzige Überlebende *Noah*, seine Familie u. Tiere. In der von Zeus geschickten S. der griech. Sage sind es *Deukalion* u. *Pyrrha*. Rationalist. Erklärungen suchen hinter den S.sagen histor. bzw. vorgeschichtl. Ereignisse, z. B. den Grabeneinbruch des Pers. Golfs, den Untergang von Atlantis oder eine Polverschiebung der Erde.
Sinti, Selbstbez. eines Teils der in Europa lebenden →Zigeuner.
Sint Maarten, niederländ. Teil der Antilleninsel →Saint-Martin.
Sint-Niklaas, frz. *Saint-Nicolas*, Stadt in der belg. Prov. Ostflandern, südwestl. von Antwerpen, 49 000 Ew.; Textil-, Tabak-, keram. Industrie.
Sintra, früher *Cintra*, portugies. Stadt u. Fremdenverkehrsort nordwestl. von Lissabon, am Nordhang der waldreichen *Serra da S.*, 16 000 Ew.; ehem. königl. Residenz mit stattl. Schloß (14.–15. Jh.), zahlreichen Villen u. schönen Gärten; auf steilem Felsberg über S. eine Maurenburg u. das königl. Sommerschloß *Castelo da Pena* (19. Jh.).
Sintschu, *Hsinchu*, Stadt im NW von Taiwan, 200 000 Ew.; chem. u. Maschinenbauindustrie; landwirtschaftl. Handelszentrum (Tee).
Sinuhe, Held eines in mehreren Abschriften erhaltenen altägypt. Romans aus der Zeit der 12. Dynastie (um 2000 v. Chr.); ein Hofbeamter, der aus polit. Gründen nach Syrien fliehen muß, dort lange unter Nomaden lebt u., von Heimweh getrieben, nach seiner Begnadigung zurückkehrt. Der Form nach Autobiographie, doch wahrscheinlicher Propagandaschrift für das neue Königshaus.
Sinuidschu, *Sin-Widschu*, nordkorean. Hafenstadt nahe der Yalü-Mündung ins Gelbe Meer, gegenüber von Antung, 170 000 Ew.; Buntmetallverhüttung, Metall-, chem. Industrie.
Sinus [lat.], **1.** *allg*: halbrunder Bogen; in antiken geograph. Namen: Bucht, Meerbusen.
2. *Trigonometrie*: Zeichen sin, eine der →Winkelfunktionen. – *S. hyperbolicus, Hyperbel-S.*, Zeichen sinh, eine transzendente Funktion; die Definitionsgleichung des Hyperbelsinus lautet: $\sinh x = 1/2\,(e^x - e^{-x})$ (e = Basis der natürl. Logarithmen).
Sinussatz →Trigonometrie.
Sinzig, rheinland-pfälz. Stadt (Ldkrs. Ahrweiler), an der Ahr-Mündung, 13 800 Ew.; Zement-, keram., Metall-, kosmet. Industrie; Mineralquelle.
Siodmak, Robert, Filmregisseur, *8. 8. 1900 Memphis, Tenn. (USA), †10. 3. 1973 Locarno; wuchs in Dtschld. auf, emigrierte 1933 in die USA; drehte „Menschen am Sonntag" 1929; „Brennendes Geheimnis" 1933; „Unter Verdacht" 1944; „Nachts, wenn der Teufel kam" 1957; „Mein Schulfreund" 1960; „Tunnel 28" 1962; „Der Schut" 1964, u. a.
Siófok [′ʃio-], Erholungs- u. Badeort am Südufer des Plattensees, Ungarn, 17 000 Ew.; in S. beginnt der schiffbare *Siókanal*, der den Plattensee mit der Donau verbindet.
Sion [sjõ], französ. Name der Stadt →Sitten.
Sionna, *An t-Sionna*, ir. Name des →Shannon.
Sioux [suːz, ′siuks; Abk. der frz. Schreibung *Nadouessioux* eines Ojibwa-Worts], Gruppe von Indianerstämmen in den USA (noch 35 000), einst

SINGVÖGEL MITTELEUROPAS I

Eichelhäher, Garrulus glandarius

Tannenhäher, Nucifraga caryocatactes

Neuntöter, Lanius collurio

Nebelkrähe, Corvus corone cornix

Elster, Pica pica

Gelbspötter, Hippolais icterina

Halsbandfliegenschnäpper, Ficedula albicollis

Grauer Fliegenschnäpper, Muscicapa striata

Pirol, Oriolus oriolus

Drosselrohrsänger, Acrocephalus arundinaceus

Sioux City

Star, Sturnus vulgaris
Gimpel, Pyrrhula pyrrhula
Grünfink, Carduelis chloris

von Winnipeg bis Arkansas verbreitet; früher Akkerbauer, ab 1700 berittene *Prärie-Indianer*; so die *Dakota* (mit den *Teton* u. ihren →Sieben Ratsfeuern), *Assiniboin*, *Crowi (Absaroka)*, *Mandan*, *Hidatsa* (2 Ackerbaustämme), *Dhegiha (Omaha, Osage, Kansa, Ponca)*, *Tschiwere (Iowa, Winnebago)*.

Sioux City [ˈsuː ˈsiti], Stadt in Iowa (USA), am Missouri, 86000 Ew.; mehrere Colleges; Fleischwaren-, Auto-, Metallindustrie.

Sioux Falls [ˈsuː ˈfɔːlz], größte Stadt in South Dakota (USA), 74500 Ew.; mehrere Colleges; große Schlachthäuser, Handels- u. Verkehrszentrum.

Sipho [der, Mz. *S.nen*; grch.], *Zoologie:* Röhren verschiedener Art, vor allem bei bestimmten *Muscheln (Lamellibranchiata)*, bei denen die Mantelränder zu lang ausgezogenen Röhren, *Ein- (Branchial-S.)* u. *Ausströmöffnungen (Anal-S.)* des Wassers, verwachsen sind.

Siphon [der; grch.], **1.** →Geruchverschluß. **2.** Gefäß zum Ausschank von Bier oder Mineralwässern, die durch den Druck zugefügten Kohlendioxids beim Öffnen eines Ventils herausgedrückt werden.

Siphonaptera [grch.] →Flöhe.

Siphonophoren [grch.], *Siphonophora*, zu den Hydrozoen gehörige Meerestiere, →Staatsquallen.

Sipo, *Utile*, trop. Laubholz (Liberia, Kamerun, Kongo); rötlichbraun bis braunviolett; mäßig schwindend, hart, witterungsfest.

Sippe, eine größere Verwandtengruppe, die sich von einem gemeinsamen Vorfahren ableitet; dabei kann die Verwandtschaft in väterl. oder mütterl. Linie gerechnet werden. Im Unterschied zum →Clan fehlt die polit. Selbständigkeit, zur →Großfamilie oft die Siedlungsgemeinschaft. Die S. hat Bedeutung bei Ahnenkult, Totemismus u. Heiratsordnung (Exogamie); zuweilen Aufteilung in *Untersippen*.

Sippenbild, bildl. Darstellung der hl. Sippe, der Verwandtschaft Marias: die hl. Anna mit ihren drei Männern, ihren Töchtern, Schwiegersöhnen u. Enkeln; um Maria u. Anna sitzen die Frauen mit ihren Kindern, dahinter stehen die Männer; häufig in der Kunst des 15. u. 16. Jh.

Sippenhaft, *Sippenhaftung*, das Einstehenmüssen u. die Verfolgung von Familienmitgliedern u. anderen Verwandten eines Straftäters für dessen Taten; in altertüml. Rechtsordnungen anzutreffen (→Blutrache); in neuester Zeit insbes. im nat.-soz. Dtschld. gegenüber Angehörigen von polit. Verfolgten angewandt (bes. nach dem 20. Juli 1944).

Sippenhaus, ein Groß- oder Langhaus, wie es z.B. bei den Dajak Borneos zur Unterbringung ganzer Sippen dient; Pfahlbauten, in denen jeder Familie ein Abteil zugewiesen ist.

Sipunkuliden [grch., lat.], *Spritzwürmer*, *Sipunculida*, artenarmer Stamm meeresbewohnender Würmer, mit unsegmentiertem Körper u. langem, rüsselförmigem vorderem Körperabschnitt. Die Larve der S. ähnelt der der Ringelwürmer. S. leben versteckt, graben auch in Sand oder Fels u. ernähren sich als Detritus- oder Sandfresser.

Siqueiros [siˈkeiros], David Alfaro, ursprüngl. José *Alfaro S.*, mexikan. Maler, *29. 12. 1896 Chihuahua, †6. 1. 1974 Cuernavaca; neben C. *Orozco* u. D. *Rivera* Hauptvertreter der mexikan. Wandmalerei; nahm an der mexikan. Revolution u. am span. Bürgerkrieg teil; verwendete zur Herstellung seiner allegor. Wandbilder u. „Skulpturmalereien" als erster systematisch die Spritzpistole u. neue Farbstoffe.

Sir [səː; engl.], **1.** Titel des niederen Adels (Baronets u. Knights), wird mit Vor- u. Familiennamen oder mit dem Vornamen allein gebraucht. **2.** Anrede: „Herr" (ohne Namen).

Sirach, *Buch des Jesus S.*, *Ecclesiasticus*, apokryphes Buch zum A.T., um 200 v.Chr. abgefaßt; spätjüd. Weisheitsschrift.

Sire [sir; frz.], früher Anrede für Monarchen.

Sirene [die; grch.], Signalapparat zur Erzeugung eines Heultons in Fabriken, der Schiffahrt, bei Lokomotiven, im Luftschutz- u. Feuerwarndienst; 1. durch Dampf (Preßluft), der gegen eine sich drehende gelochte Scheibe (*Loch-S.*) strömt; je schneller die Scheibe läuft, desto höher ist der Ton; 2. durch ein elektr. angetriebenes Zentrifugalgebläse, dessen Luftstrom durch einen geschlitzten Zylinder abströmt.

Sirenen, 1. *griech. Mythologie:* Meerfrauen mit Vogelleib, die durch betörenden Gesang die Schiffer anlockten u. töteten; volkstüml. geworden durch Homers Odyssee. 2. *Zoologie:* →Seekühe.

Sirenensignale, von ortsfesten u. bewegl. Alarmgeräten (Sirenen) gegebene Lautzeichen, die im Frieden *Feuer-* oder *Katastrophenalarm*, im Verteidigungsfall *Luft-* u. *ABC-Alarm* sowie *Entwarnung* anzeigen.

Siricidae [grch.] = Holzwespen.

Siricius, Papst 384–399, Heiliger, *um 334 Rom, †26. 11. 399 Rom; stärkte den Primat Roms, bekämpfte Manichäer u.a. Irrlehrer. Fest: 26. 11.

SINGVÖGEL MITTELEUROPAS II

Haubenmeise, Parus cristatus
Buchfink, Fringilla coelebs
Blaumeise, Parus caeruleus
Schwanzmeise, Aegithalos cauda[tus]
Kohlmeise, Parus maior
Girlitz, Serinus serinus
Goldammer, Emberiza citrinella
Kleiber, Sitta europaea
Haussperling, Passer domesticus
Feldsperling, Passer montanus
Baumläufer, Certhia familiaris

Sirikit, *S. Kitiyakaka,* Königin von Thailand; →Phumiphol Aduljadedsch.
Siriometer [das; grch.], *Makron, Sternweite,* nicht gesetzliches Längenmaß der Astronomie: 1 S. = 10^6 astronom. Einheiten = $1,49504 \cdot 10^{14}$ km.
Sirius [der; grch.], *Hundsstern,* α Canis Majoris, Hauptstern im Großen Hund, hellster aller Fixsterne (Größe −1,6), Abstand 9 Lichtjahre. Den S. umkreist in großer Nähe ein →Weißer Zwerg, Durchmesser wenig über Erddurchmesser, Masse = 1,08 Sonnenmassen, daher sehr hohe Dichte (fast 250 kg/cm³).
Siriusfarbstoffe, Warenzeichen einer Gruppe von *substantiven Farbstoffen* zum Färben von Baumwolle; gute Licht-, Wasch- u. Farbechtheit.
Siriusweite, selten benutzte astronom. Längeneinheit; 1 S. = 1 031 324 astronom. Einheiten = 1,5419 · 10^{14} km. Gesetzl. nicht mehr zulässig.
Sirmien, slowen. *Srem,* ung. *Szerém,* ostjugoslawische Landschaft zwischen der Donau u. der unteren Save, 6870 qkm, 420 000 Ew.; Anbau von Weizen, Mais, Zuckerrüben, Sonnenblumen, Wein, Obst.
Sirmione, italien. Kurort in der Lombardei, auf einer Landzunge am Südende des Gardasees, 2500 Ew.; Fischerei, schwefelhaltige Mineralquellen, Obstbau; Scaligerburg (13. Jh.).

Der Fichtenkreuzschnabel, Loxia curvirostra, ist der am stärksten spezialisierte Fink. Er öffnet mit Hilfe der Schnabelzacken die Schuppen von Nadelholzzapfen, um an die Samen zu gelangen

Sirmium, während der Römerzeit Hptst. Niederpannoniens, Ruinen bei Mitrowitz (Mitrovica) an der Save.
Široký [ˈʃirɔki:], Viliam, tschechoslowak. Politiker (KP), *31. 5. 1902 Preßburg, †6. 10. 1971 Prag; Eisenbahnarbeiter, seit 1930 Mitgl. des ZK der KP, 1935 Abg., 1942–1945 verhaftet; 1950–1953 Außenminister, 1953–1963 Min.-Präs.; danach (als Stalinist) aus dem Partei-Präsidium ausgestoßen.
Sironi, Mario, italien. Maler, *12. 5. 1885 Sassari, Sardinien, †14. 8. 1961 Mailand; begann als Futurist, schloß sich später der „Pittura metafisica" an, Mitgründer der Gruppe „Novecento". Fresken, Mosaiken u. Staffeleikompositionen in knapper, archaischer Formgebung.
Siroua [si:ruˈa], *Jbel Siroua,* erloschenes Vulkanmassiv zwischen Hohem Atlas u. Antiatlas in Marokko, 3304 m.
Sirup [der; arab., lat.], *Syrup,* konzentrierte, zähflüssige, bei der Gewinnung von Zucker anfallende Zuckerlösung, die überwiegend aus Rohr-, Rüben-, Invert- oder Stärkezucker besteht; →auch Stärkesirup.
Sirventes [das; altprovençal., „Dienstlied"], ein Rüge- u. Scheltlied, satir. Singspruch in Form der *Kanzone* (12./13. Jh.); Dichtungsart der provençal. Lyriker *Bertram de Born, Marcabru* (1. Hälfte des 12. Jh.) u. a. Nach dem Vorbild des S. entstanden in Nordfrankreich die *Serrentois,* in Italien die *Serventese.*
Sisak, jugoslaw. Stadt am Zusammenfluß von Save u. Kupa, 38 000 Ew.; Eisenhütte, Ölraffinerie, Zementfabrik; Binnenhafen.
Sisak, ägypt. König, →Schoschenk.
Sisalagave [nach dem mexikan. Hafen *Sisal*], *Agave sisalana,* zu den *Agavengewächsen* gehörende tropische Pflanze, deren Blätter den *Sisalhanf* liefern; er wird für die Herstellung von Teppichen u. Seilen verwendet. →auch Agavefasern.
Sisinnius, Papst 708, Syrer; in hohem Alter gewählt, starb schon nach 20 Tagen.
Sisley [-ˈlɛ], Alfred, französ. Maler u. Graphiker engl. Abstammung, *30. 10. 1839 Paris, †29. 1. 1899 Moret-sur-Loing bei Fontainebleau; neben C. *Pissarro* u. C. *Monet* Hauptmeister des impressionist. Landschaftsmalerei; Gemälde in heiteren Farbstimmungen („Der Kanal" 1872; „La Grande Jatte" 1873; „Regatta" 1874). – ⬛→Impressionismus.
Sismondi [-mɔˈdi], Jean Charles Léonard Simonde de, schweizer. Nationalökonom u. Historiker, *9. 5. 1773 Genf, †25. 6. 1842 Genf; Mitgl. des Genfer Rates, kritisierte die Konkurrenzwirtschaft, forderte staatl. Eingriffe zur Steigerung der Wohlfahrt. Hptw.: „Geschichte der italien. Freistaaten im MA." 16 Bde. 1807–1818, dt. 1807–1824; „Neue Grundsätze der polit. Ökonomie" 2 Bde. 1819, dt. 1901.
Sistansee, *Hamun,* abflußloser, in Ausdehnung wechselnder Salzsee u. -sumpf im iran.-afghan. Grenzgebiet; Zuflüsse aus dem afghan. Zentralgebirge, u. a. Adraskan, Farah Rud, Hilmänd.
Sister [die], Musikinstrument, →Cister.
Sistierung, alter Ausdruck für →vorläufige Festnahme u. für Festhaltung zur Ermittlung der Personalien.
Sistrum [das; grch., lat.], altägypt. Tempelrassel aus einem Metallbügel mit Holzgriff. Durch den Bügel sind waagerecht Metallstäbe gezogen, die bei der älteren Form feststehen u. Ringe tragen; später sind sie (ohne Ringe) selber beweglich.
Sisyphos, *Sisyphus,* griech. Sagenheld, König von Korinth, Großvater des *Bellerophon,* errang durch List fragwürdige Erfolge, mußte zur Strafe in der Unterwelt einen Felsblock einen Berghang hinaufwälzen, der, fast am Gipfel, jedesmal wieder hinabrollte. Danach nennt man vergebliche Mühe *S.arbeit.*
Sitar [der; pers.], Langhalslaute mit ursprüngl. 3 Saiten (heute bis zu 7) u. 18 Bünden am Hals, im Gebiet Iran–Turkistan–Vorderindien sehr verbreitet; wird meist gezupft, gelegentl. auch mit einem Bogen gestrichen. In Europa u. Amerika wurde das Instrument bes. durch Ravi *Shankar* (*7. 4. 1920) bekannt.
Sitatunga [Bantusprache] →Sumpfantilope.
Sithole, Ndabaningi, rhodes. Politiker, *21. 7. 1920 Nyamandlovu; methodist. Pfarrer; gründete 1962 die *Zimbabwe African National Union* (ZANU); 1978 Mitgl. der gemischtrassigen Übergangsregierung.
Sithonia, mittlere Landzunge an der Südküste der griech. Halbinsel Chalkidhikí; Eisenerzlager, Anbau von Oliven.
Sit-in [engl., „Drin-Sitzen"], „gewaltlose" Sitzdemonstration zur provokativen Zweckentfremdung von geschlossenen Räumen oder öffentl. Straßen u. Plätzen, →auch Sitzstreik, →Go-in, →antiautoritäre Bewegungen.
Sitkafichte, *Picea sitchensis,* bedeutendste *Fichte* der Westküste Nordamerikas bis Alaska, die bis 60 m hoch u. 800 Jahre alt wird, mit steifen, stechenden Nadeln. Wegen ihrer Salz- u. Windverträglichkeit auch an der dt. u. skandinav. Nordseeküste angepflanzt.
Sittang, 560 km langer Nebenfluß des Irrawaddy; S.-Tal-Staudamm zur Energieversorgung Birmas geplant.
Sitte, auf sozialer Gewohnheit u. Überlieferung beruhende, im Unterschied zum Recht nicht erzwingbare, aber doch innerhalb bestimmter Grenzen (durch den Druck der öffentl. Meinung) verbindliche äußere Verhaltensregelung innerhalb

Sitte

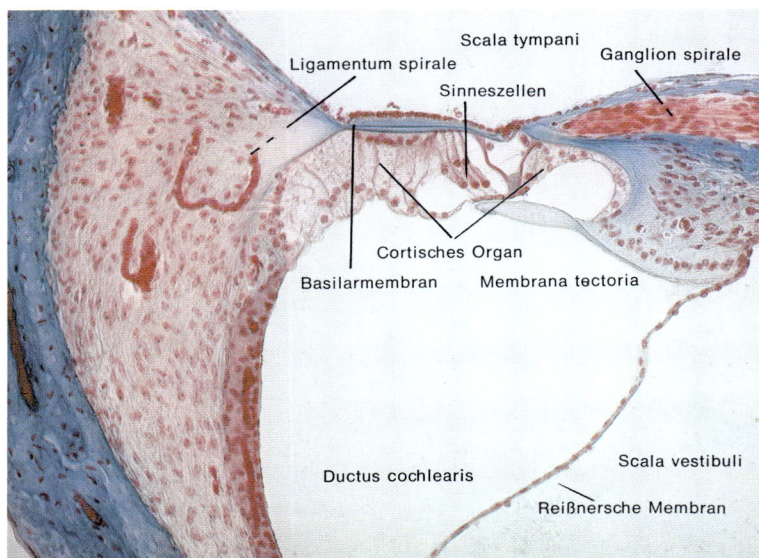

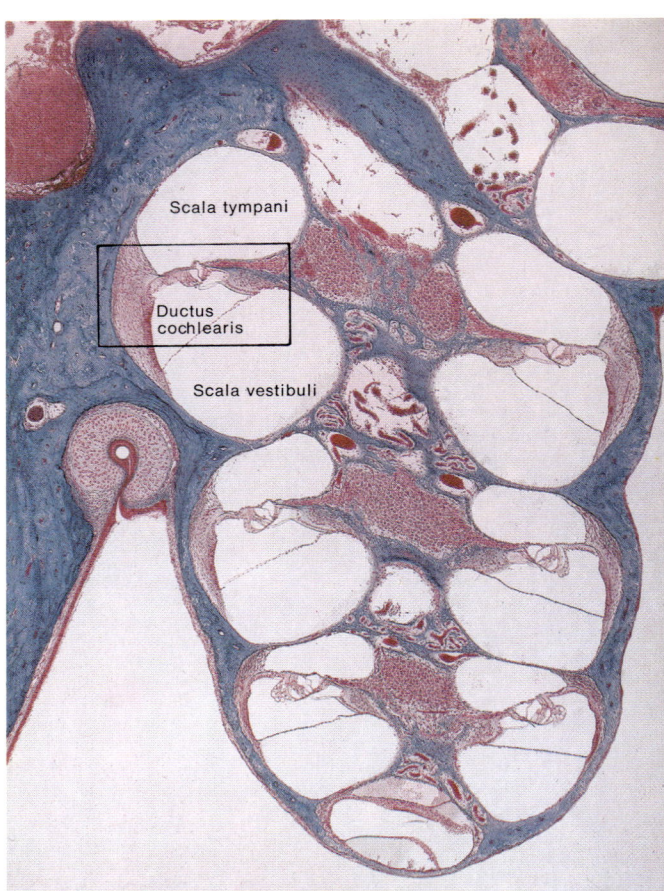

Schnitt durch die Ohrschnecke (oben); vergrößerter Ausschnitt (oben links)

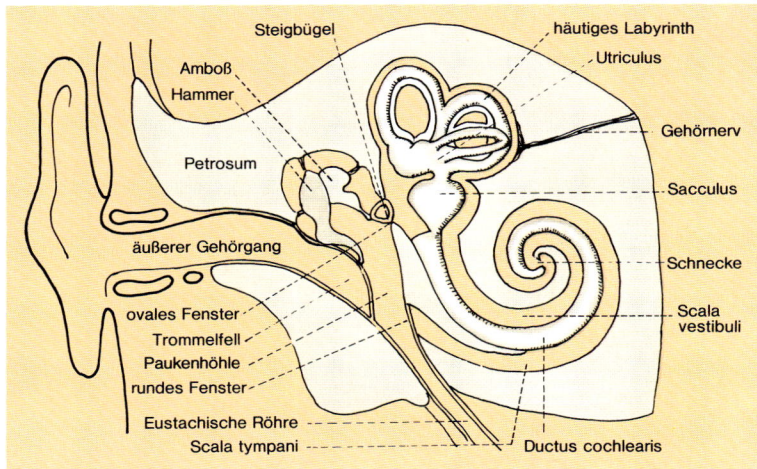

Schema des menschlichen Ohrs

SINNESORGANE

einer Gruppe oder Gesellschaft. Als *Gesittung* Grundlage der *Sittlichkeit*.
Sitte, Willi, Maler u. Graphiker, *28. 2. 1921 Kratzau; lebt in Halle; setzte sich mit dem Surrealismus, mit F. *Léger*, P. *Picasso* u. L. *Corinth* auseinander, wurde bes. durch Historienbilder aktuellen Inhalts in riesigen Formaten bekannt.
Sitten →gute Sitten.
Sitten, frz. *Sion*, Hptst. des schweizer. Kantons *Wallis*, an der Mündung der Sionne in die Rhône, 23 000 Ew.; das kelt.-röm. *Sedunum*; mittelalterl. Stadtbild, beherrscht von den Felsen *Majorie* mit Burg (13. Jh.), *Valeria* (Valère, 621 m) mit der Wallfahrtskirche Notre-Dame de Valère (12./13. Jh.) u. *Tourbillon* (655 m) mit der Ruine des ehem. bischöfl. Schlosses (13. Jh.); Kathedrale Notre-Dame (12.–15. Jh.), Theodulkirche (16. Jh.), Rathaus (erbaut 1660/61), Patrizierhäuser (16.–18. Jh.); Museen; Zentrum für Wein-, Obst- u. Gemüseanbau.
Sittengeschichte, Geschichte der durch die Konvention geformten zwischenmenschl. Verhaltensweisen. Die S. ist ein Teil der Kulturgeschichte u. der Völkerkunde.
Sittengesetz, Inbegriff der sittl. Verpflichtungen u. Gebote, letzte Norm des sittl. Willens (→Ethik). *Kant* formulierte das S. als *kategorischen Imperativ*. Es werde dem Menschen nicht von außen, sondern von seiner eigenen Vernunft auferlegt (Autonomie).
Sittenlehre →Ethik.
Sittenmalerei, *Sittenbild* →Genremalerei.
Sittenpolizei, altertüml. Bez. für die Teile der allg. →Polizei, die sich um die Wahrung der öffentl. Sittlichkeit (nicht i. S. der Ethik, sondern i. S. der Sittsamkeit als eines Bestandteils der öffentl. Ordnung) kümmern, z. B. Maßnahmen treffen gegen Straßendirnen u. Bordelle.
Sittenroman, ein moralisierender Roman, der die

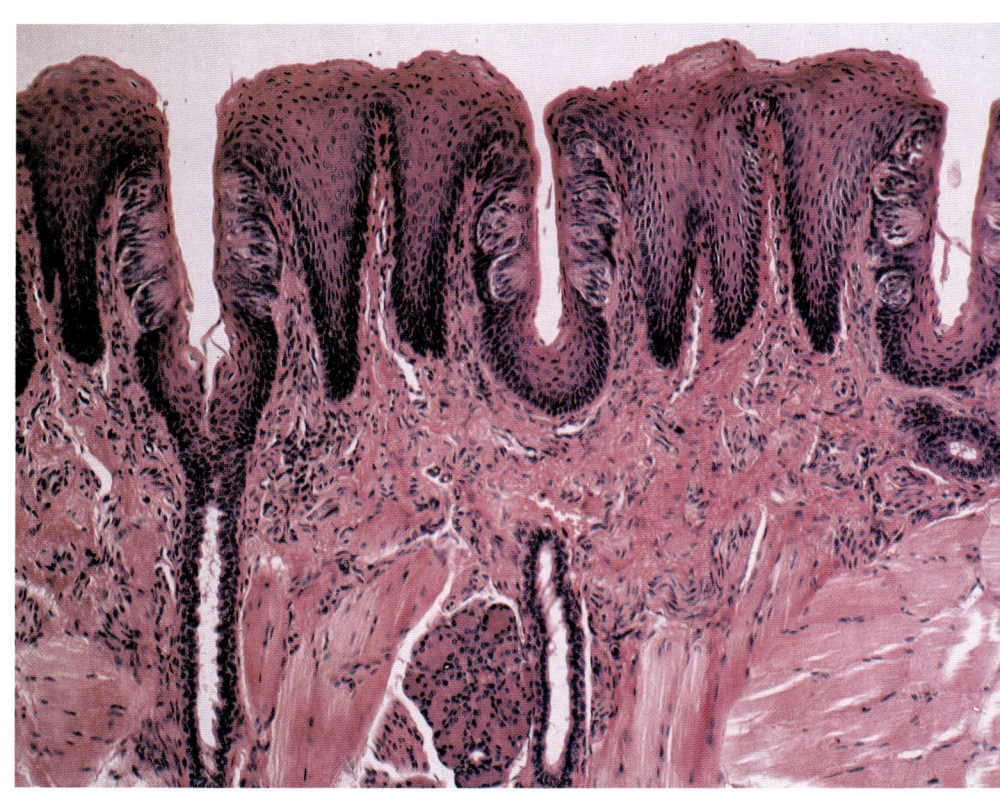

Schnitt durch die Zunge. Rechts und links in den Falten die Riechknospen

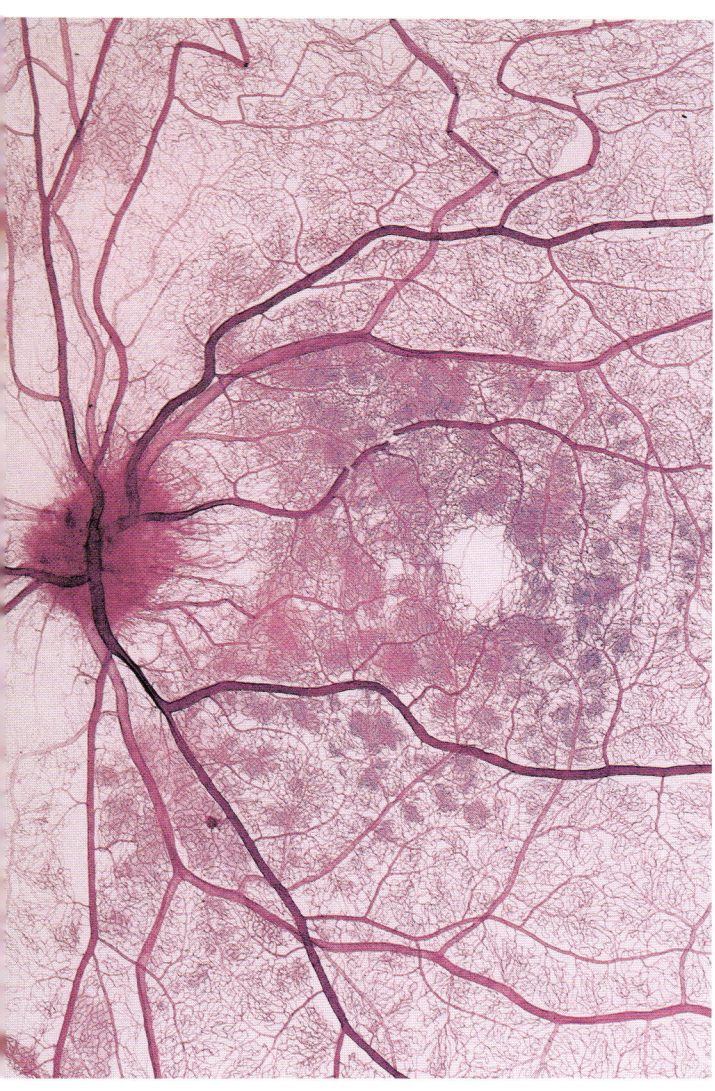 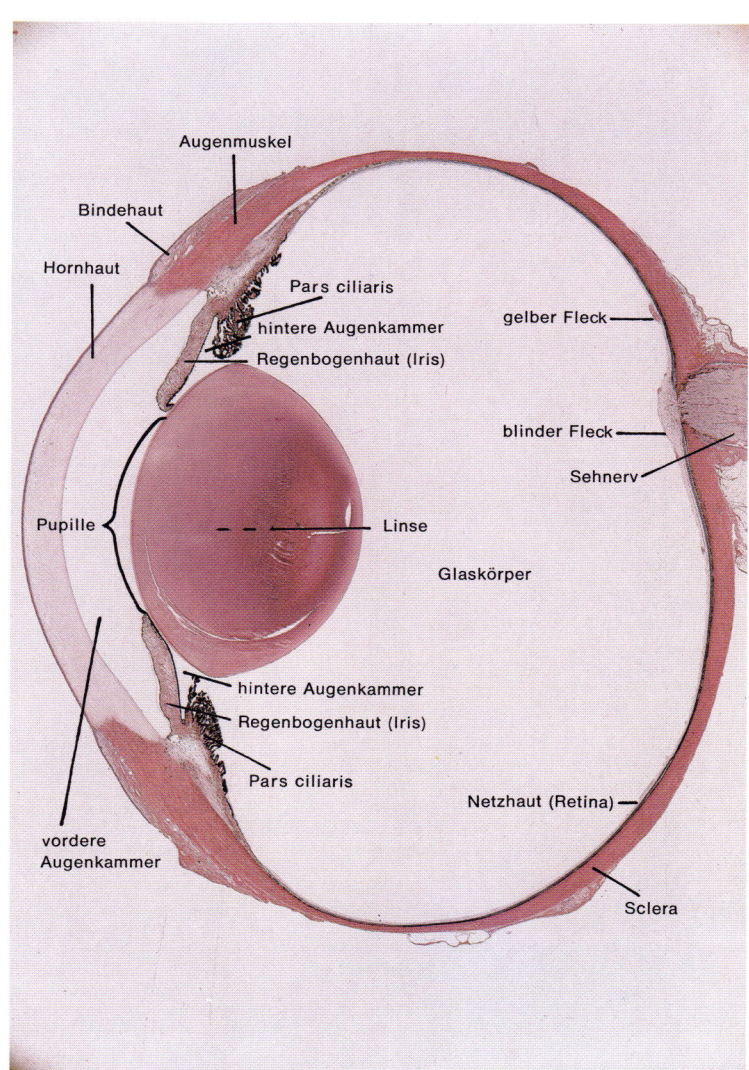

Abgelöste Aderhaut des menschlichen Auges mit blindem Fleck (violett) und gelbem Fleck (leer; links). – Schnitt durch das menschliche Auge (rechts)

sittl. Zustände einer Zeit krit. darstellt; Form des *Zeitromans*; entspricht dem *Sittenstück*.
Sittenstück, frz. *comédie de mœurs*, engl. *comedy of manners*, ein Schauspiel mit moralisierender Tendenz, das die Schwächen einer Zeit oder eines Standes aufdeckt; z. T. in der antiken Komödie (*Aristophanes, Plautus, Terenz*) u. im mittelalterl. Fastnachtsspiel vorgeformt. Auch G. E. *Lessings* bürgerliche Dramen u. die Rührstücke von A. von *Kotzebue* u. A. W. *Iffland* zeigen Elemente des S.s; in neuerer Zeit: H. *Ibsen*, A. *Strindberg*, G. *Hauptmann*, H. *Sudermann*, G. B. *Shaw*, J. *Giraudoux*, Th. *Wilder* u. a.
Sitter →Sumpfwurz.
Sitter, Willem de, niederländ. Astronom, *6. 5. 1872 Sneek, †20. 11. 1934 Leiden; seit 1919 Direktor der Leidener Sternwarte; bestimmte die Massen der Jupitermonde, arbeitete über Relativitätstheorie (Ausdehnung des Weltalls, *„de Sittersche Welt"*).
Sittiche, meist langschwänzige →Papageien.
Sitting Bull, eigentl. *Tatanka Yotanka*, Sioux-Häuptling, *um 1831 am Grand River, S. D., †15. 12. 1890 Grand River; Führer des letzten indian. Freiheitskampfs 1869–1876, in dem ein US-Kavallerieregiment vernichtet wurde; bei der Gefangennahme erschossen.
Sittlichkeit, bedeutet sowohl das sittl. Verhalten als auch die diesem gemäße Gesinnung u. Zielsetzung, wobei sittl. Verhalten ursprüngl. ein von der Sitte bzw. der kollektiven Lebensordnung gefordertes Verhalten ist.
Die Frage nach dem Endziel oder dem höchsten Gut des (individuellen) Lebens ist seit der Antike die Grundfrage der *Ethik*. Sie wurde anfängl. im Sinne der individuellen Tüchtigkeit innerhalb der Polis beantwortet (Platon, Aristoteles), dann aber auf das individuelle Wohlergehen, das naturgemäße Leben (Stoa) u. schließlich auf das Heil der Seele allein (hellenistische Philosophie, Christentum) bezogen. Vielfältig wie die Ansichten über das Wesen der S. sind in der Philosophie auch die über die Art der sittl. Verbindlichkeit (*Sittengesetz, Pflicht*). Da die sittl. Beurteilung eine Bewertung ist, fragt es sich, ob es besondere sittl. Werte an sich gibt. →auch Wertphilosophie.
Sittlichkeitsdelikte →Sexualstraftaten.
Situation [lat.], **1.** *allg.:* Lage; Stellung; Umstände, auf die das Handeln bezogen ist.
2. *Kartographie:* Grundriß, im kartograph. Sinne die durch *Signaturen* in Form von Punkten, Linien oder Flächen dargestellten Gegebenheiten der Erdoberfläche im Grundriß.
Situationsethik, eine ethische Einstellung, die der Einmaligkeit u. Einzigartigkeit jeder menschl. Situation u. dem damit verbundenen sittl. Handeln gerecht zu werden versucht. S. ist z. B. die Ethik der Existenzphilosophie, bes. des Existenzialismus.
Situationskomik, die Komik, die dadurch entsteht, daß in einer veränderten Situation – weil die Beteiligten von der Änderung nichts wissen – im Sinn der früheren Situation gehandelt wird. Der Zuschauer ist nur vornherein über das Mißverhältnis zwischen der Ausführung u. ihrem Sinn unterrichtet oder erfährt davon erst im Verlauf der Handlung. Die Wirkung ist um so größer, je ernster die Situation selbst dargestellt wird.
Situationsstück, ein Schauspiel, das auf der äußeren Spannung aufregender und komischer Situationen aufbaut. →auch Situationskomik.
Situla [die, Mz. *Situlen*; lat.], aus Bronzeblech hergestelltes, durch Bronzenieten zusammengenageltes, oft mit zwei festgenieteten Henkeln versehenes, meist eimerförmiges Gefäß der Hallstatt- u. Latènezeit; in der Spätlatène- u. Römerzeit oft auch aus Ton. Erzeugungszentren: Bologna, Venetien, Slowenien, Unterkrain, Tirol; Ausfuhr z. T. bis nach Skandinavien.
Situs [der; lat., „Stellung, Lage"], *Anatomie:* die Lage der Organe im Körper u. ihre Stellung zueinander. *S. inversus*, gelegentl. vorkommende Umkehrung der normalen Organlage (z. B. Leber links, Milz rechts).
sit venia verbo [lat.], Abk. *s. v. v.*, mit Verlaub zu sagen.
Sitwell [ˈsitwəl], **1.** Lady (seit 1954) Edith, Schwester von 2) u. 3), engl. Schriftstellerin, *7. 9. 1887 Scarborough, †9. 12. 1964 London; gab 1917–1921 mit ihren Brüdern die „Wheels", Jahresanthologien moderner Poesie, heraus; schrieb Lyrik, biographische Romane (z. B. über A. Pope, J. Swift, Königin Viktoria) sowie kritische Arbeiten. – Auswahl (engl. u. dt.): „Gedichte" 1964.
2. Sir Osbert, Bruder von 1) u. 3), engl. Schriftsteller, *6. 12. 1892 London, †6. 5. 1969 Florenz; Satiriker in Vers u. Prosa, schrieb neben Kurzgeschichten („Open the Door" 1941) u. Romanen eine 5bändige Selbstbiographie: „Linke Hand – rechte Hand" 1944ff., dt. 1948ff.
3. Sacheverell, Bruder von 1) u. 2), engl. Schriftsteller, *15. 11. 1897 Scarborough; Lyriker, Kunst- u. Musikkritiker; „Selected Poems" 1948; „Gothic Europe" 1969.
Sitz, *Technik:* das Ineinanderpassen von Maschinenteilen. →Passung.
Sitzbein, *Ischium*, der untere Teil des Hüftbeins; →Becken.
Śivaji [ʃiˈvadʒi] →Schiwadschi.
Sivas, das antike *Sebaste*, Hptst. der osttürk. Provinz S., am Kizilirmak, 1275 m ü. M., 150 000 Ew.; Webereien, Färbereien, Teppichgewerbe.
si vis pacem, para bellum [lat.], „wenn du den Frieden willst, rüste zum Krieg."
Siwa, *Siwah, Jupiter-Ammon-Oase*, das antike *Ammonion*, ägypt. Oase in der Libyschen Wüste, 6000 Ew. (Berber); in einer 25–40 m u. M. liegen-

Siwalikkette

den Depression, 50 km lang, 5 km breit, 200 Quellen u. Mineralthermen; Anbau von Datteln, Oliven, Orangen, Weizen, Wein. Im Altertum Heiligtum des *Amun*.

Siwalikkette, engl. *Sivalik Hills* oder *Range*, Kette der südl. Vorberge des Himalaja, im Mittel 600–1000 m hoch, maximal bis 1200 m.

Siwan [der], der 9. Monat des jüd. Kalenders (Mai/Juni).

Siwaschmeer, russ. auch *Gniloje More*, *Faules Meer*, westlichster Teil des Asowschen Meers, zwischen Krim u. der Landzunge von Arabat, rd. 2600 qkm, nur 1,5 m tief, stark salzhaltig, mit zahlreichen Inseln u. Sandbänken; zunehmende Abschnürung vom Asowschen Meer.

Siwertz, Sigfrid, schwed. Schriftsteller, *24. 1. 1882 Stockholm, †28. 11. 1970 Stockholm; schrieb in Anlehnung an H. *Ibsen* gesellschaftskrit., anfangs pessimist. Romane: „Mälarpiraten" 1911, dt. 1927; „Jonas u. der Drache" 1928, dt. 1929; „Der Rokokospiegel" 1947, dt. 1948.

Six, *Les Six* [lɛ ˈsis; frz., „die Sechs"], Pariser Komponistengruppe, die sich 1918 unter dem Patronat von E. *Satie* zusammenfand: D. Milhaud, A. Honegger, F. Poulenc, G. Auric, Louis Durey (*27. 5. 1888) u. die Komponistin G. Tailleferre. Wortführer der Gruppe war der Schriftsteller J. Cocteau, der ein unverbindl. antiromantisches Programm aufstellte. Zu den wenigen Gemeinschaftswerken der S. gehörte das Ballett „Les mariés de la Tour Eiffel" 1921 (nach dem Szenarium von Cocteau).

Six Days [-dɛiz; engl., „6 Tage"] →Internationale Motorrad-Sechstagefahrt, →Sechstagerennen (2).

Sixdroisee, poln. *Zyzdrój Wielki*, Stausee an der *Kruttau* (poln. *Krutynia*, zur Galinde) im ostpreuß. Masuren, 1910–1912 errichtet, 20,8 Mill. m³ Stauraum, 4 qkm, 7 m Stauhöhe.

Sixpence [-pəns; engl.], 1551 eingeführte engl. Silbermünze (3,1 g), = $^1/_2$ Schilling = 6 Pence; entspricht nach Einführung der Dezimalwährung (1971) $2^1/_2$ Pence.

Sixtinische Kapelle, italien. *Cappella Sistina*, 1473–1481 unter *Sixtus IV.* von Giovanni de' *Dolci* erbaute, 1483 geweihte Hauskapelle im Vatikan mit hervorragenden Fresken von S. *Botticelli*, D. *Ghirlandaio*, *Perugino*, *Pinturicchio*, L. *Signorelli* (Langwände) sowie von *Michelangelo* (Decke 1508–1512, Propheten u. Sybillen, Vorgeschichte der Menschheit in 9 Bildteilern; Chorwand 1534–1541, Jüngstes Gericht).

Sixtinische Madonna, *Madonna von S. Sisto*, berühmtestes Madonnenbild *Raffaels*, gemalt um 1513 oder wenig später, zeigt Maria mit dem Kind auf Wolken, Papst *Sixtus II.* u. die hl. *Barbara*; seit 1753 in den Staatl. Kunstsammlungen Dresden, Gemäldegalerie, 1945–1955 in der Sowjetunion.

Sixtus, Päpste: 1. *S. I.*, *Xystus I.*, ca. 115–125, Heiliger, Römer; gilt als Märtyrer. Fest: 6. 4.
2. *S. II.*, *Xystus II.*, 257–258, Heiliger, Grieche, †6. 8. 258 Rom; nahm die im Streit um die Ketzertaufe abgebrochenen Beziehungen zu den afrikan. u. kleinasiat. Bischöfen wieder auf, wurde in der Christenverfolgung des Kaisers Valerian hingerichtet. Fest: 5. 8.
3. *S. III.*, *Xystus III.*, 432–440, Heiliger, Römer, †19. 8. 440 Rom; erst Anhänger, dann Gegner des Pelagianismus; verteidigte den Primat Roms über Illyrien gegen die Ansprüche des Patriarchen von Konstantinopel. Fest: 28. 3.
4. *S. IV.*, 1471–1484, eigentl. *Francesco della Rovere*, *1414 Celle bei Savona, †12. 8. 1484 Rom; Franziskaner, 1464 Ordensgeneral, 1467 Kardinal. Renaissance-Papst, förderte Kunst u. Wissenschaft (u. a. Bau der Sixtin. Kapelle).
5. *S. V.*, 1585–1590, eigentl. Felice *Peretti*, *13. 12. 1521 Grottamare bei Montalto, †27. 8. 1590 Rom; Franziskaner, 1570 Kardinal, setzte die von seinen Vorgängern vorangetriebenen Reformen fort, reorganisierte die röm. Kurie. Durch großzügige Bauten (Vollendung der Petersskuppel) legte S. den Grund zum barocken Rom.

Sixtusbriefe, Briefe des österr. Kaisers Karl I. an seinen Schwager (Bruder der Kaiserin Zita), den Prinzen *Sixtus von Bourbon-Parma* (*1886, †1934), zur Weitergabe an den französ. Präs. R. Poincaré (1917); sollten ohne Wissen seines dt. Verbündeten einen Sonderfrieden im 1. Weltkrieg für Österreich-Ungarn anbahnen.

Siziliane [die], aus Sizilien stammende Abart der *Stanze*; eine Strophe aus acht Versen mit der Reimstellung abababab (echte Stanze: ababbcc). In die dt. Literatur von F. *Rückert* eingeführt.

sizilianische Dichterschule, ein Dichterkreis des 13. Jh., der sich um *Friedrich II.* bildete. dem dessen Sohn *Enzio*, der Sekretär *Pier della Vigna* (*um 1190, †1249), der Kanzler *Jacopo* (auch *Giacomo*) *da Lentini* (*um 1185, †um 1250) u. a. angehörten. Die Mitglieder der s.n D. benutzten die italien. Volkssprache (mit lateinischen u. provençalischen Wendungen vermischt). Eine Neuschöpfung dieses Kreises ist vermutlich die Form des *Sonetts*.

Sizilianische Vesper, der Aufstand am 30. 3. 1282 zur Vertreibung der Franzosen aus Sizilien, die nach der Hinrichtung des letzten Staufers Konradin 1268 durch Karl von Anjou nur vorübergehend hier ihre von Papst Klemens IV. durch Lehen übertragene Herrschaft behaupten konnten. Der Aufstand der Sizilianer, am Ostermontag zur Vesperzeit in Palermo ausgebrochen, breitete sich schnell aus. Messina schlug die Angriffe Karls ab, u. Peter (Pedro) III. von Aragón, der Schwiegersohn des Staufers Manfred (Sohn Kaiser Friedrichs II.), wurde König von Sizilien. – Oper („Die S. V.") von Giuseppe *Verdi* (Paris 1855).

Sizilien, ital. *Sicilia*, größte u. volkreichste italien. Insel, im Mittelmeer zwischen Italien u. Afrika, durch die *Straße von S.* von Afrika getrennt, 25 700 qkm, 4,9 Mill. Ew., Hptst. *Palermo*. Das erdbebenreiche Gebirge im N (bis 1979 m) geht nach S in ein Berg- u. Hügelland über; im O erhebt sich der Vulkan *Ätna* (3340 m). Der weitaus größte Teil der Insel liefert Getreide, Wein, Oliven, Zitrusfrüchte u. Frühgemüse. Die ehem. wichtige Schwefelgewinnung bei Agrigento, Caltanissetta u. a. tritt gegenüber der Gewinnung u. Verarbeitung von Erdöl u. Erdgas zurück (Pipelines zwischen Gela, Palermo u. Catania; mehrere Raffinerien). Wichtig sind noch die Kali- u. Steinsalzförderung u. der Fischfang (Sardinien, Thunfisch). Zunehmende Bedeutung hat der Fremdenverkehr. Geschichte: S. war in der ältesten Zeit von Sikanern u. Sikulern bewohnt. Wegen seiner günstigen Lage wurde es bald das Ziel handeltreibender Phönizier. Diesen folgten im 8. Jh. v. Chr. Griechen. 480 besiegten die Syrakusaner *Hamilkar*, den Führer der Karthager, in einer großen Schlacht bei Himera. Dennoch gelang es den Karthagern später, in S. ihre Herrschaft auszubreiten, doch wurden sie durch die Römer von der Insel vertrieben, die sie im 3. Jh. gänzl. in Besitz nahmen. Als *Provincia Sicilia* (erste röm. Provinz 241) entwickelte sich S. zur Kornkammer Italiens. Nacheinander bemächtigten sich der Insel 455 die Wandalen, 493 die Ostgoten, 535 Byzanz, 827 die Araber, 1091 wurde die bereits 1061 begonnene Eroberung S.s von dem Normannenkönig *Roger I.* abgeschlossen, dessen Sohn *Roger II.* S. 1130 mit Unteritalien vereinigte. 1194–1268 (1265) war S. im Besitz der Staufer, dann in dem der Anjous, gegen die es sich erhob (→Sizilianische Vesper), wodurch es wieder von Neapel getrennt u. 1282 an Aragón kam. 1713 fiel es an Savoyen, 1720 durch Tausch an Österreich, 1734–1860 war es bourbon. u. war mit Neapel vereinigt („Königreich beider S."); seitdem italien. – ◻ 5.5.2.

Sizilische Expedition, Feldzug der Athener 415–413 v. Chr. gegen Syrakus, ausgelöst durch die Streitigkeiten zwischen den sizilischen Griechenstädten, in die Athen auf Betreiben des *Alkibiades* eingriff. Nach Abberufung u. Flucht des Alkibiades seiner treibenden Kraft beraubt, endete das Unternehmen mit einer Katastrophe. Das belagerte Syrakus erhielt von Sparta Entsatz, u. die im Hafen eingeschlossene athen. Flotte wurde vernichtet. Dieses Ereignis wendete den *Peloponnesischen Krieg* zu Athens Ungunsten u. schwächte Sizilien so, daß die Karthager 409–404 versuchen konnten, die ganze Insel zu erobern, wobei sie viele Griechenstädte einnahmen. – ◻ 5.2.3.

SJ, Abk. für den latein. Ordensnamen *Societas Jesu*, →Jesuiten.

Sjö [ʃø:; norw., schwed.], Bestandteil geograph. Namen: See, Meer.

Sjöberg [ˈʃø:bærj], 1. Alf, schwed. Filmregisseur, *21. 6. 1903 Stockholm, †16. 4. 1980 Stockholm; erst Schauspieler, dann Theaterregisseur. Filme: „Der Stärkste" 1929; „Hetze" 1944; „Rya, Rya – nur eine Mutter" 1949; „Fräulein Julie" 1951; „Barrabas" 1953; „Wildvögel" 1955; „Der Richter" 1961.
2. Birger, schwed. Lyriker, *6. 12. 1885 Vänersborg, †30. 4. 1929 Växjö; Journalist; schrieb wehmütig-iron. Kleinstadtpoesie, die er selbst vertonte u. vortrug.

Sjöman [ˈʃø:-], Vilgot, schwed. Schriftsteller u. Filmregisseur, *2. 12. 1924; schrieb „Hinter den Kulissen von Hollywood" 1961 u. das Drama „Die Hutschachtel"; drehte die Filme „Schlafwagenabteil" 1962; „491" 1963; „Geschwisterbett 1783" 1966, u.a.

Sjöström [ˈʃø:-], Victor, schwed. Filmregisseur, *20. 9. 1879 Silbodal, Värmland, †3. 1. 1960 Silbodal; neben M. *Stiller* Begründer der schwed. Filmkunst: „Terje Vigen" 1916; „Der Geächtete u. sein Weib" 1917; „Die Ingmarssöhne" 1918; „Karin Ingmarstochter" 1919; „Das Kloster von Sendomir" 1919; „Der Fuhrmann des Todes" 1920; „Wer richtet?" 1921. S. wirkte 1923–1928 in Hollywood, seitdem in Schweden nur noch als Schauspieler.

Skabies [-biɛs; die; lat.] = Krätze.

Skabiose [die; lat.], *Grindkraut*, *Scabiosa*, Gattung der *Kardengewächse*, Blüten mit Spreublättern (Unterschied zur *Witwenblume*); in Dtschld. heimisch: *Tauben-S.*, *Scabiosa columbaria*, rötlich lilafarbene Blüten, auf trockenen Hügeln u. an Waldrändern; *Graue S.*, *Scabiosa canescens*, wohlriechende hellblaue oder rötliche Blüten, in Kiefernwäldern, auf Heiden u. an trockenen Berghängen; *Gelbe S.*, *Scabiosa ochroleuca*, mit blaßgelben Blüten an Waldrändern.

Skaer [sgɛːr; dän.], Bestandteil geograph. Namen: Schäre, Klippe.

Skagen [ˈsgaːgən], Hafenstadt in der dän. Amtskommune Nordjütland, südl. vom *Kap S.* (*Skagens Horn*) an der jütländ. Nordspitze, 13 600 Ew.; Künstlerkolonien, Seebad, Fischerei.

Skagerrak, Ostausläufer der Nordsee zwischen

Sizilien: Randazzo in der Nähe des Ätna

skandinavische Kunst

- Union von Dänemark und Norwegen 1660
- Schweden unter Gustav Wasa (1523–1560)
- Erwerbungen unter Gustav Wasas Nachfolgern (1560–1611)
- Erwerbungen 1611–1632
- Erwerbungen 1632–1654
- Erwerbungen 1658
- 1629–1635 schwedisch
- 1658–1660 schwedisch

Skandinavien im 16. und 17. Jh.

Südnorwegen u. Dänemark, geht ungefähr an der Linie Skagen(Jütland)–Marstrand (Schweden) ins Kattegat über; 110–150 km breit, im NO bis 700 m tief.
Vor dem S. fand am 31. 5. 1916 die größte Seeschlacht des 1. Weltkriegs statt zwischen der dt. Hochseeflotte (F. von *Hipper*, R. von *Scheer*) mit 21 (Verlust 61 180 t) u. der engl. Grand Fleet (D. *Beatty*, John Rushworth *Jellicoe* [*1859, †1935]) mit 37 Großkampfschiffen (Verlust 115 025 t).

skål [sko:l], in den skandinav. Ländern übliches Wort beim Zutrinken.

Skala [die, Mz. *Skalen* oder *Skalas*; ital.], *1. allg.*: Stufenfolge, Treppe.
2. Meßtechnik: mit Zeichen (z. B. Zahlen, Buchstaben) versehene Teilung an Meßgeräten zur Anzeige oder zum Ablesen von Meßwerten.
3. Musik: →Tonleiter.

Skalar [der; lat.], *skalare Größe*, eine nur durch einen einzigen Zahlenwert gekennzeichnete ungerichtete Größe, z. B. Temperatur, Zeit, Arbeit, Länge, Winkel. Gegensatz: *Vektor, Tensor*.

Skalar, Fisch, = Segelflosser.

Skalbe, Karlis, lett. Dichter, *7. 11. 1879 Vecpiebalgas Inceni, †14. 4. 1945 Stockholm; emigrierte 1944 nach Schweden; schrieb Lyrik, zarte Prosa u. Kunstmärchen („Wintermärchen" 1913, dt. 1921).

Skalde [altnord.], altnord. Dichter, der (im Gegensatz zu den meist unbekannten Dichtern der Edda) unter vollem Namen auftrat u. als Hofpoet das Lob seines Herrn sang. Bekannte S.n waren *Starkadh der Alte, Bragi, Thjodolf, Thorbjorn*.

Skaldendichtung, altnord. Dichtungsart, bes. Preislieder mit komplizierter metrischer Technik u. ausgedehnten Umschreibungen. Die S.en wurden im 13. Jh. von *Snorri Sturluson* gesammelt. – ▭ 3.1.0.

Skalkottas, Nikos, griech. Komponist u. Geiger, *8. 3. 1904 Chalkis, Euböa, †19. 9. 1949 Athen; Schüler von A. *Schönberg* in Berlin; Orchestermusiker in Athen; schrieb Orchesterwerke, Suiten, Solokonzerte, Streichquartette u. Tänze.

Skalp [der; engl.], ein als Trophäe mitsamt dem Haar abgetrenntes Stück Kopfhaut eines Feindes. Das *Skalpieren* war in Amerika ursprüngl. nur im Gran Chaco u. östl. des Mississippi bekannt; erst Prämien der europ. Ansiedler für Indianer-S.e als Nachweis für die Tötung eines Indianers verschafften ihm weitere Verbreitung.

Skalpell [das; lat.], kleines chirurg. Messer mit feststehender Klinge.

Skamandros, 1. *Skamandros*, heute *Menderes*; in Homers „Ilias" auch *Xanthos* genannter Hauptfluß der Ebene von Troja.
2. eine Gruppe poln. Schriftsteller nach dem 1. Weltkrieg um die 1920 gegr. Zeitschrift „*Skamander*"; literar. Traditionen wurden abgelehnt, die Darstellung des Alltäglichen u. mit Jargonausdrücken durchsetzte Großstadtlyrik standen im Mittelpunkt. Hauptvertreter: J. *Tuwim*, K. *Wierzyński*, J. *Lechoń*, J. *Iwaszkiewicz*.

Skandagupta, ind. König der →Gupta.

Skanderbeg, *Iskenderbeg* („Fürst Alexander"), eigentl. *Georg Kastriota*, alban. Nationalheld, *um 1405, †17. 1. 1468 Lesch; Sohn des Fürsten von Kruja; als Geisel bei den Türken zum Islam erzogen; kehrte 1443 nach Albanien zurück, wurde Christ, erhob sich gegen die Türken u. verteidigte als Führer der „Alban. Liga" erfolgreich die Unabhängigkeit Albaniens, das er auch einigte.

skandieren [lat.], einen Vers so sprechen, daß ohne Rücksicht auf Sinn u. natürl. Betonung das metr. Schema deutlich wird.

Skandik, ein im Altalgonkium bestehendes Meeresbecken zwischen Island u. Skandinavien.

Skandinavien, *Skandinavische Halbinsel*, nordeurop. Halbinsel zwischen dem Europ. Nordmeer, Atlant. Ozean (Norwegensee, Nordsee), der Ostsee u. deren Finn. Meerbusen, 1950 km lang, bis zu 800 km breit, rund 775 000 qkm mit rd. 13 Mill. Ew. umfaßt Norwegen u. Schweden ganz u. von Finnland den äußersten NW. Umfassendere Begriffe sind *Nordeuropa* u. →*Nordische Länder*. I. w. S. wird allg., auch in der populären Geographie, die Bez. S. für die Nord. Länder verwendet. G e s c h i c h t e: Im 8.–10. Jh. wurden die Küsten u. Mündungsgebiete der großen europ. Ströme von skandinav. Wikingern bedroht; nord. Waräger drangen bis nach Rußland u. Byzanz vor. Wikinger entdeckten Amerika bereits um 1000; in der Normandie u. in Sizilien entstanden im MA. Staaten, die Gründungen von Normannen waren.
Die beiden großen Themen der skandinav. Geschichte sind der Kampf um die Vorherrschaft in S. zwischen Dänemark u. Schweden u. die Auseinandersetzungen mit den Ostseeanrainerstaaten Deutschland, Polen u. Rußland um die Herrschaft im Ostseeraum. Norwegen stand von 1380–1814 unter der Herrschaft dän. Könige, kam dann in Personalunion an Schweden, das 1905 die norweg. Unabhängigkeit anerkennen mußte; Finnland war bereits seit dem 13. Jh. schwed. Provinz, wurde aber 1809 russ. Großfürstentum, bis es 1917 seine Unabhängigkeit erklärte. Island war 1380–1944 Dänemark angeschlossen.
Daneben zeichnen sich Einigungsbestrebungen der skandinav. Staaten ab, die im frühen 11. Jh. im Großreich des Dänenkönigs *Knut* (frühes 11. Jh.) u. in der von *Margarete von Dänemark* eingeleiteten Kalmarer Union (1397–1523) gipfelten. Ein europ. Faktor von Rang war S. unter dem schwed. König *Gustav Adolf II.*, als es in den Kampf um die Vorherrschaft auf dem Kontinent in den Dreißigjährigen Krieg eingriff. Die Rolle einer europ. Großmacht verlor Schweden 1709 in der Schlacht bei *Poltawa* gegen Polen-Sachsen u. Rußland. Mitte des 19. Jh. entstand die Bewegung, die Gemeinsamkeiten der skandinav. Staaten betonte (→Skandinavismus). Nach dem 2. Weltkrieg fanden sich die skandinav. Länder im *Nordischen Rat* zusammen (Abkommen von Helsinki 1962). – ⊠ S. 126. – ▭ 5.5.4.

skandinavische Kunst, Architektur, Plastik, Malerei u. Kunsthandwerk der skandinav. Länder. Charakterist. für die s. K. ist neben dem langen Fortleben der german. Traditionen, bes. der Tierornamentik der Wikingerzeit, die weitgehende Abhängigkeit von der Kunstentwicklung im dt. Ostseeraum (Hansestädte), das beharrliche Festhalten an den Schönheitsidealen des Klassizismus

Skandinavien: Die Burg Olavinlinna in Finnland wurde zur Abwehr gegen Rußland erbaut

skandinavische Musik

Skandinavien

1 : 7 500 000

sowie der hohe, international anerkannte Entwicklungsstand der Wohnkultur u. des Kunstgewerbes. →auch dänische Kunst, norwegische Kunst, schwedische Kunst, finnische Kunst. – ⊞S. 128.

skandinavische Musik. Von alter s.r M. ist nur wenig überliefert, doch weisen die bronzezeitl. Lurenfunde in Dänemark, Schweden u. Norwegen, nordische Musikinstrumente wie Leier, Harfe (Cithara anglica) u. Chrotta (Crwth) sowie der Unterschied zwischen roman. u. german. Choralsingweise u. die Musik der Skalden auf eine frühe Musikpflege hin. Die jüngere Musikforschung (Peter Joseph *Wagner*, *1865, †1931; Tobias *Norlind*, *1879, †1947, u.a.) konnte zeigen, daß die skandinav. Volksmusik in Melodik u. Tonalität einer Eigengesetzlichkeit folgte u. nicht auf geschlossenen diatonischen Tonleitern, sondern auf Pentatonik mit Vorliebe für Terzintervalle u. Verkettung in sich selbständiger Tetrachorde gründete. →auch dänische Musik, norwegische Musik, schwedische Musik.

skandinavische Sprachen = nordische Sprachen.

Skandinavismus, in der ersten Hälfte des 19. Jh. entstandene Einigungsbewegung, die den Zusammenschluß Dänemarks, Schwedens u. Norwegens, zeitweilig auch die Einbeziehung Schleswigs u. Finnlands erstrebte. Der S. entwickelte sich aus dem Bewußtsein enger sprachl. u. kultureller Verwandtschaft der nord. Länder. Seine Träger waren vor allem von den liberalen Ideen geprägte Schriftsteller u. Politiker (u.a. O. *Lehmann*). Durch das Scheitern der eiderdän. Politik u. der militär. Zusammenarbeit zwischen Dänemark u. Schweden sowie durch die schwed.-norweg. Auseinandersetzungen, die 1905 mit der Selbständigkeit Norwegens endeten, wurde der S. beträchtl. geschwächt. →auch Dänemark (Geschichte), Finnland (Geschichte), Norwegen (Geschichte), Schweden (Geschichte), Kalmarer Union. – ⊡5.5.4.

Skaphe [die; grch.], *Heliotrop*, alte Form der Sonnenuhr, aus dem Gnomon weiterentwickelt. Als Zifferblatt dient eine halbkugelförmige Höhlung mit Stundeneinteilung, als Zeiger der Schatten eines Stabs, einer kleinen Kugel oder der durch eine kleine Öffnung fallende Sonnenstrahl.

Skapolith [der; grch.], *Wernerit*, farbloses, weißes oder graues, glas- u. perlmuttglänzendes Mineral; tetragonal; Härte 5–6.

Skapula [die; lat.], *Scapula*, Schulterblatt.

Skapulier [das; lat.], in einigen kath. Orden Teil der Ordenstracht, ein über Brust u. Rücken fallender, die Schultern überdeckender Überwurf.

Skär [ʃɛːr; schwed.], *Skari* [finn.-schwed.], Bestandteil geograph. Namen: Schäre.

Skarabäen *Scarabaeidae*, artenreiche Familie der *Blatthornkäfer* mit zahlreichen Unterfamilien.

Skarabäus [der, Mz. *Skarabäen*; grch.], *Pillendreher, Kotkäfer, Scarabaeus* u. Verwandte, dunkelbraune bis schwarze Käfer; formen aus Huftierkot Kugeln („Pillen"), befördern sie unter die Erdoberfläche u. legen ihre Eier darin ab *(Brutfürsorge)*. In Dtschld. lebt der *Kleine Pillendreher, Sisyphus schaefferi*. Der *Heilige Pillendreher, Scarabaeus sacer*, der alten Ägypter lebt in Südeuropa, Nordafrika u. Teilen von Asien. Die Ägypter erblickten in ihm einen Akt der Urzeugung u. verehrten ihn als Sinnbild des schöpfer. Sonnengottes *Cheper-Re*, weshalb seine Gestalt in Stein oder Fayence nachgebildet wurde. Derartige Käfersteine, oft mit Bildern u. Inschriften versehen, trug man als Amulette oder Schmuck.

Skaraborg ['skarabɔrj], schwed. Prov. (Län) zwischen Vänern u. Vättern, 7938 qkm, 267000 Ew., Hptst. *Mariestad*; Wald- u. Viehwirtschaft.

Skarga, Piotr, eigentl. P. *Poweski*, poln. Schriftsteller, *Febr. 1536 Grójec, Masowien, †12. 9. 1612 Krakau; Jesuit, Hofprediger, Träger der Gegenreformation in Polen; seine „Heiligenleben" wurden zu einem Volksbuch, seine „Reichstagspredigten" leiteten den poln. Messianismus ein.

skarifizieren [grch. + lat.], oberflächliche Einschnitte in die Haut machen, um dem Gewebe Flüssigkeit oder Blut zu entziehen.

Skarifizierung [lat.] = Narbentatauierung.

Skarżysko-Kamienna [-'ʒysko-], Stadt im zentralen Industriegebiet Polens, an der Kamienna (Wojewodschaft Kielce), 40000 Ew.; Maschinen- (u.a. Rüstungs-), Leder- u. chem. Industrie.

Skas [der; russ.], *Skaz*, in der russ. Literatur ein (manchmal fiktiver) Augenzeugenbericht als Rahmen einer Rahmenerzählung, der es ermöglicht, von der verbindl. Literatursprache auf andere Sprachformen (Mundart, Provinzialismen u.a.) zu wechseln; als Stilmittel verwendet u.a. von N. W. *Gogol*, N. S. *Leskow*, I. E. *Babel*, J. I. *Samjatin* u. M. M. *Soschtschenko*.

Skat [der; ital. *scarto*, „weggelegte Karte"], beliebtes dt. Kartenspiel mit 32 Karten zwischen 3 Spielern. Es kam Anfang des 19. Jh. in Altenburg, Thüringen, auf. Seit 1928 gilt die „Neue dt. S.ordnung", die der 1899 gegr. *Dt. S.verband* (Sitz: Bielefeld) beschloß; jährl. werden die Dt. S.meisterschaften ausgetragen.

Skateboard ['skɛitbɔːd; das; engl.], *Rollbrett*, ca. 60–70 cm langes u. 20 cm breites Sportgerät mit 4 federnd gelagerten Rollen, die durch Gewichtsverlagerung des Daraufstehenden steuerbar sind; wird auf Gefällstrecken gefahren oder durch Schwungbewegungen angetrieben.

Skatol [das; grch. + lat.], *β-Methylindol*, bei der Eiweißfäulnis entstehende, fäkalartig riechende Verbindung.

Skawina, poln. Stadt in der Stadtwojewodschaft Kraków, 15000 Ew.; Aluminiumhütte (1954), Kraftwerk (1957, 550 MW), Glashütte.

Skeat [skiːt], Walter William, engl. Sprachforscher, *21. 11. 1835 London, †16. 10. 1912 Cambridge; Hrsg. älterer Literatur (W. Langland, G. Chaucer); etymolog. Forschungen.

Skeleton [der; engl.], schwerer, niedriger Sportschlitten; wird bäuchlings liegend auf vereister Bahn gefahren u. mit Kratzeisen an den Füßen gesteuert.

Skelett [das; grch.], starre Teile des Tierkörpers, die das Stützgerüst bilden u. häufig gestaltbestimmend sind. Bei Gliederfüßern, Wirbeltieren u. Stachelhäutern dient die Muskelwirkung gegen ein festes S. als Bewegungsmechanismus. – *Außen-S.e* kommen in Form von Panzern oder Schalen bei verschiedenen Tiergruppen vor, vor allem bei Gliederfüßern u. Weichtieren; *Innen-S.e* haben vor allem die Wirbeltiere u. die Stachelhäuter.
Das S. der Wirbeltiere besteht aus dem *Knochengerüst*, das durch einen *Bänderapparat* zusammengehalten wird u. gleichzeitig Festigkeit u. hohe Elastizität besitzt. Es gliedert sich in das biegsame *Achsen-S.* des Körperstamms u. die gelenkig damit verbundenen *Gliedmaßen*, die in zwei Gliedmaßengürteln, dem *Schultergürtel* u. dem *Beckengürtel*, aufgehängt sind. – Bei den Knorpelfischen ist das S. rein knorplig, bei den höheren Wirbeltieren verknöchert (→Ersatzknochen, →Deckknochen); unter den →Knochen unterscheidet man Röhrenknochen u. platte Knochen.
Das Knochengerüst des Menschen setzt sich zusammen aus *Schädel-* u. *Kopfknochen, Wirbeln* u. *Brustkorbknochen*, dazu den *Gliedmaßengürteln* u. den *Gliedmaßen*. Im einzelnen enthalten das Kopfgerüst: 15 Schädel- u. 18 Gesichtsknochen; die Wirbelsäule: 7 Hals-, 12 Brust- u. 5 Lendenwirbel; der Brustkorb: 1 Brustbein, auf beiden Seiten je 12 Rippen; der Schultergürtel: 2 Schlüsselbeine u. 2 Schulterblätter; die Arme je 1 Oberarmknochen, Elle, Speiche, 8 Handwurzelknochen, 5 Mittelhandknochen, 5 Grund-, 4 Mittel- u. 5 Endglieder der Finger auf jeder Seite (der Daumen hat kein Mittelglied); der Beckengürtel: 2 Hüftknochen, Kreuzbein mit Steißbein; die Beine: je 1 Oberschenkelknochen, Kniescheibe, Schien- u. Wadenbein, 7 Fußwurzelknochen, 5 Mittelfußknochen, 5 Grund-, 4 Mittel- u. 5 Endglieder der Zehen. – ⊞S. 130.

Skelettbauweise, *Gerippebauweise*, eine Bauweise mit einer Tragkonstruktion aus einem Skelett von Säulen, Riegeln u. Bindern aus Stahl oder Stahlbeton. Decken werden aufgelegt u. Wandöffnungen ausgefüllt oder verkleidet. Bes. für Hochhäuser u. Industriebauten angewendet.

skelettieren, 1. Fleischteile eines tierischen Körpers zur Gewinnung eines Skeletts entfernen sowie die einzelnen Teile des Skeletts zu Demonstrationszwecken sachgemäß aneinanderfügen.
2. Teile von Blättern abfressen; manche Pflanzenfresser lassen nur die Blattgerippe stehen *(Skelettierfraß)*.

Skellefteå [ʃɛ'lɛftəoː], Stadt in der nordschwed. Prov. (Län) Västerbotten, am Skellefte Älv (410 km), 75000 Ew.; Metall-, Leder-, Textil- u. Holzindustrie.

Skelton [skɛltən], John, engl. Dichter, *um 1460 Norfolk, †21. 6. 1529 London; Meister des satir. u. grotesken Gedichts; schrieb die Moralität „Magnificence" 1533 u. eine Nachdichtung von S. *Brants* „Narrenschiff".

Skene [die, Mz. *Skenai*; grch.], im altgriech. Theater der Holzbau, der als Abschluß der Bühne diente u. vor dem die Schauspieler auftraten; davon abgeleitet: *Szene*.

Skepsis [die; grch.], Zweifel, Bedenken.

Skeptiker, ein zum Zweifel geneigter Mensch. – Als Kritik an allzu sicherem Vertrauen auf endgültige Problemlösungen (Dogmatismus) entstanden in der Antike skeptische Schulen. Die radikale ältere Skepsis des *Pyrrhon von Elis* (3. Jh. v.Chr.) bezweifelte die Möglichkeit jeder Wahrheitsentscheidung; die neue *Akademie (Arkesilaos, Karneades)* suchte nach einem Kriterium der Wahrscheinlichkeit; die jüngere Skepsis *(Änesidemus, Sextus Empiricus*; 1. Jh. v.Chr.–2. Jh. n.Chr.) knüpfte an die ältere an, bemühte sich aber um Normen des prakt. Verhaltens. – ⊡1.4.6.

Skeptizismus [grch.], die auf die antiken *Skeptiker* zurückgehende Bestreitung der Letzgültigkeit philosoph., moral. oder religiöser Thesen, von *Kant* dem *Dogmatismus* gegenübergestellt; steht häufig im Dienst des Glaubens (B. *Pascal*, François *Mothe le Vayer* [*1588, †1672], Pierre *Poiret* [*1646, †1719], P. *Bayle* u.a.) oder ist der Ausdruck einer die Zweideutigkeit aller menschl. Annahmen, Überzeugungen, Konventionen durchschauenden Lebensweisheit (M. de *Montaigne*, F. *La Rochefoucauld*, G. Ch. *Lichtenberg* u.a.).

Sketch [skɛtʃ; der; engl.], ein kurzes, oft nur wenige Minuten dauerndes Bühnenstück, das auf eine Pointe ausgerichtet ist u. die hinführende Handlung nur knapp andeutet; besonders beliebt im Kabarett.

SKF Kugellagerfabriken GmbH, Schweinfurt, gegr. 1911 als Tochtergesellschaft der schwedischen *SKF Aktiebolaget Svenska Kullagerfabriken*, Göteborg; Herstellung u. Vertrieb von Kugel- u. Rollenlagern.

Skhîrra, *Es S.*, tunes. Ort am Golf von *Gabès*, Haupterdölexporthafen Tunesiens (hauptsächl. alger. Erdöl) mit Tankanlagen, Pipelinezentrum (750-km-Leitung von In Aménas u. 220-km-Leitung von El Borma).

Ski ['ʃi; der, Mz. *Skier*; norw.], *Schi, Bretter*, Schneeschuhe zur Fortbewegung auf Schneeflächen, die das Einsinken verhindern; in vielen Formen gebraucht; als Sportgerät 1,8–2,5m lange, 6–10cm breite, elastische, vorn aufgebogene, meist gekehlte Bretter aus Holz (Eschen-, schwed. Birken- oder amerikan. Hickory-Holz), aus Metall (Stahl, Aluminium), Glasfaser oder Kunststoffen sowie aus Kombinationen dieser Materialien.
Man unterscheidet für den alpinen Skilauf: Kombinations-S., Abfahrts-S., Slalom-S. u. Riesenslalom-S.; beim nordischen Skisport: Langlauf-S. u. Sprunglauf-S. Außerdem gibt es Touren-S.er in verschiedenen Ausführungen. Die S.er sind den unterschiedl. Lauferfordernissen, z.T. auch dem jeweiligen Läufer angepaßt. Z.B. hat der Slalom-S. meist Stahlkanten, der Langlauf-S. dagegen ist extrem schmal, hat Hartholzkanten u. eine stark aufgebogene Schaufel (Spitze). Der Sprunglauf-S. ist bis zu 2,60m lang, bes. breit (bis 10cm) u. hat Führungsrillen in der Lauffläche.
Die S.er werden durch die *Bindung* am Fuß gehalten, so daß ein seitliches Verrutschen nicht möglich ist, das Heben des Schuhabsatzes aber möglichst wenig behindert wird. Die *Sicherheitsbindung* gibt beim Sturz nach vorn oder seitlich den Absatz sofort frei bzw. löst den S. ganz vom Fuß. *S.stöcke* unterstützen die Laufbewegung. *S.wachs*, das entweder das Gleiten erleichtern (Gleitwachs) oder erschweren (Steigwachs) soll, wird entweder eingerieben, aufgestrichen oder aufgeschmolzen.

Skiagraphie [grch.], antike Schattenmalerei mit dem zuerst von *Apollodoros von Athen* in der 2. Hälfte des 5. Jh. v.Chr. unternommenen Versuch der illusionist. Körper- u. Raumwiedergabe durch Verwendung von Schatten.

Skíathos, griech. Insel der Nördl. Sporaden, 46qkm, 3200 Ew.; bewaldet, Fischerei; Hauptort S. (3100 Ew.), mittelalterl. Zitadelle, Bootswerft, Fremdenverkehr.

Skibob [ʃiː-; der], Wintersportgerät mit 2 kurzen Skiern (hinterer Ski starr, vorderer lenkbar), Sattel u. Lenksteuerung, der Fahrer sitzt auf dem S. u. trägt an den Schuhen außerdem zwei Kurzski zum Abstützen; eignet sich auch für Körperbehinderte. Bei S.rennen werden Geschwindigkeiten bis zu 90km/h erzielt. Wettbewerbsarten: Abfahrtslauf, Slalom, Riesenslalom (u. Kombinationswertung). 1963 1. Europa-, 1967 1. Weltmeisterschaften. – Der *Dt. S.-Verband*, gegr. 1965 in Heidelberg, Sitz: Bonn, ist Mitglied der *Fédération Internationale de Skibob (FISB)*.

Skien ['ʃiːən], Hafenstadt u. Hptst. der norweg.

skandinavische Kunst

Muttergottes, aus dem Randersfjord gefischt; Anfang 12. Jh. Kopenhagen, Nationalmuseum

Stabkirche von Borgund im Laerdal, Norwegen; um 1150

Teppich von Baldishol; um 1200.

skandinavische Kunst

Verwaltungszentrum Säynätsalo von Alvar Aalto; 1950–1952

Frauenkirche in Kalundborg, Dänemark; um 1170

Arne Jacobsen, Reihenhäuser

SKANDINAVISCHE KUNST

Industrie-Museum (oben). – Schloß Vadstena, Schweden; seit 1545 von Joachim Bulgerin, Arendt de Roy und Hans Fleming erbaut (rechts)

129

Skelett

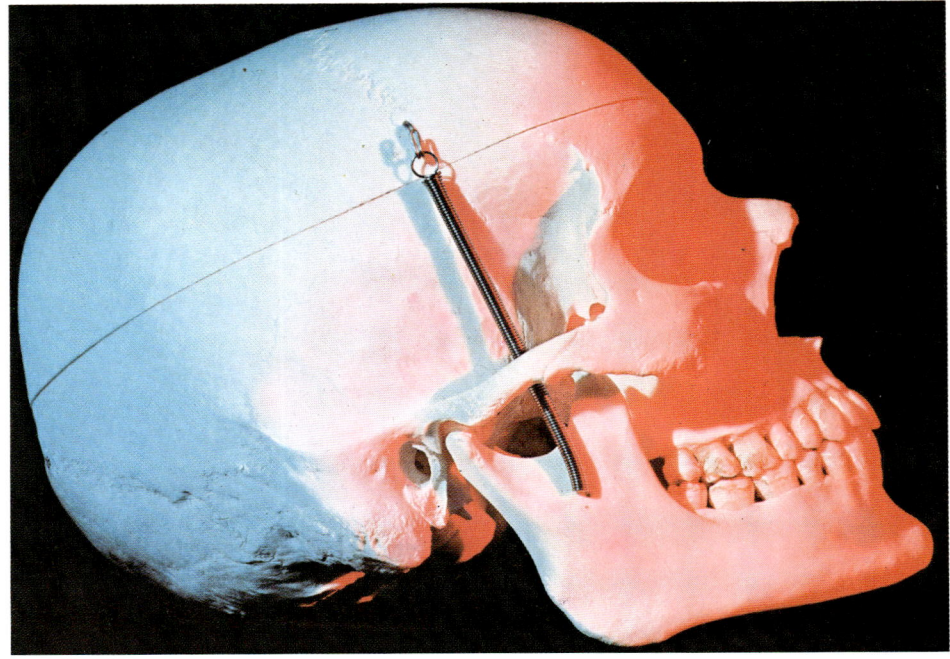

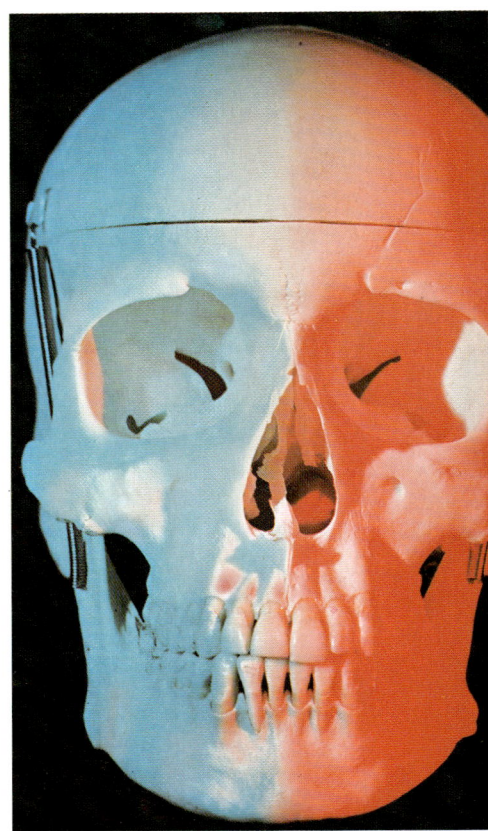

Schädel, Seitenansicht (oben links), Vorderansicht (oben)

SKELETT

Handskelett

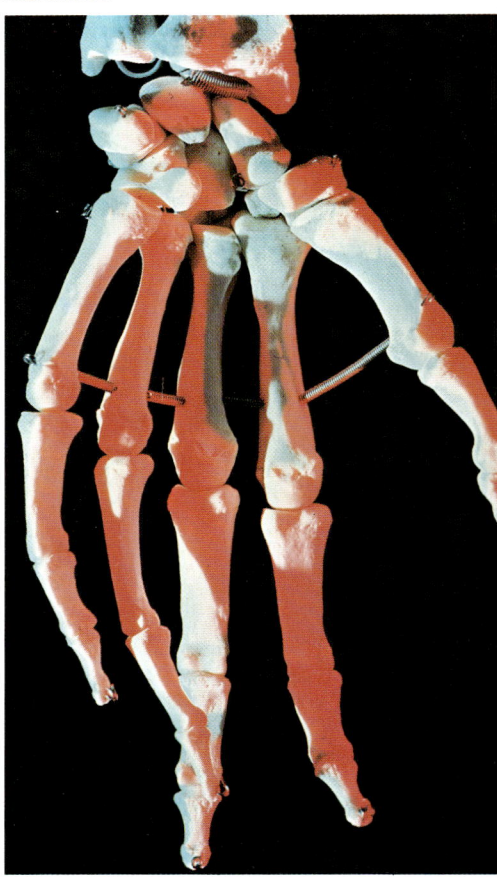

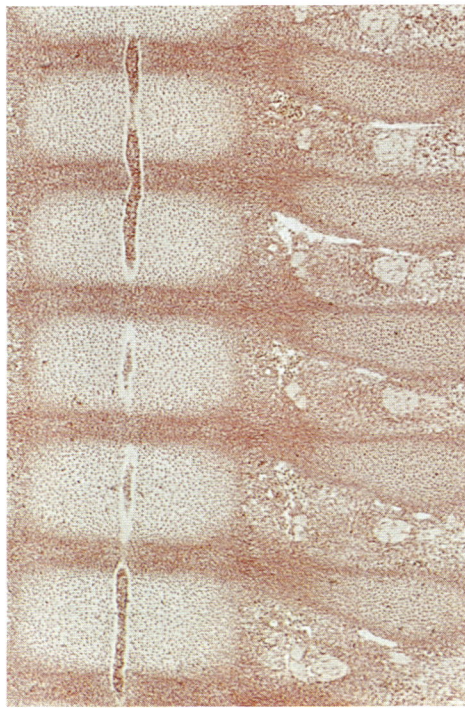

Wirbelsäule mit Rippen eines Embryos

Rippenknorpel, Querschnitt

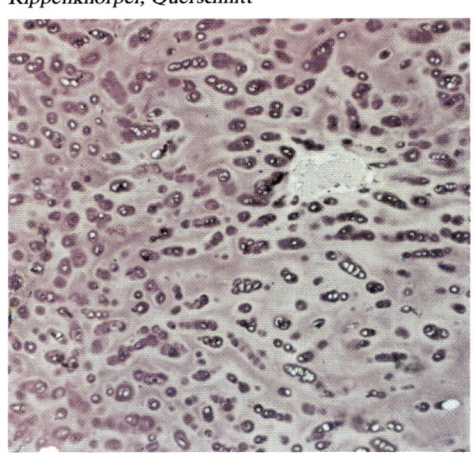

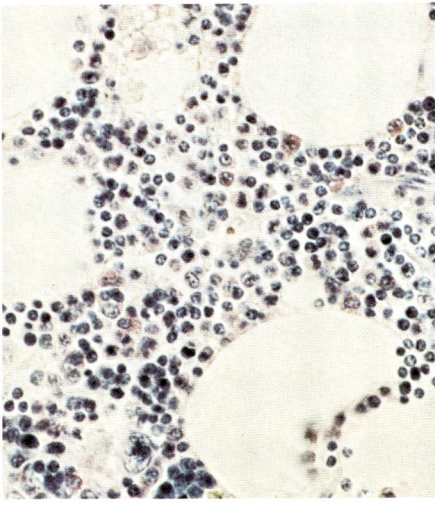

Knochenmark, Querschnitt

Kompakter Knochen, Querschnitt

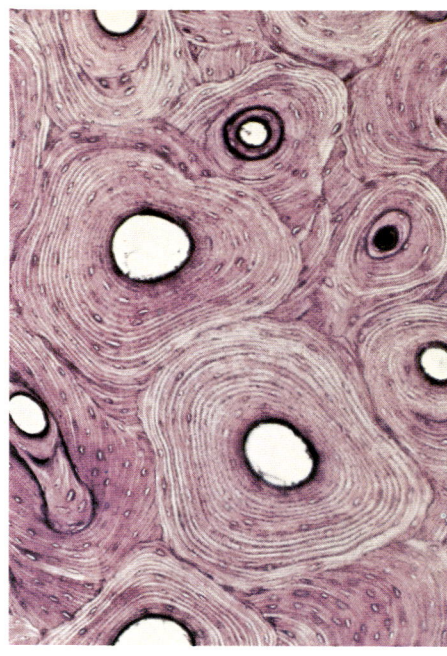

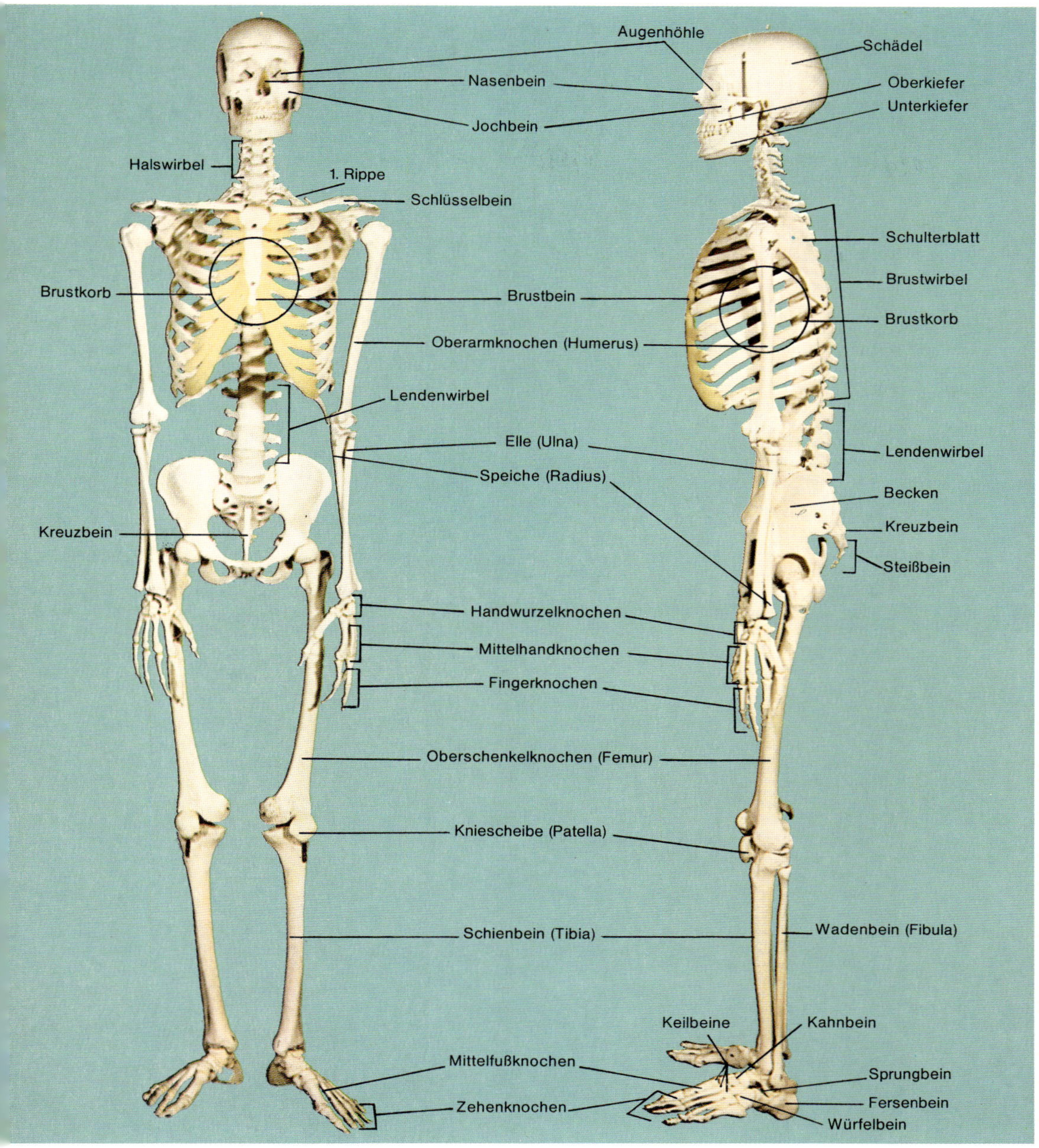

Skelett

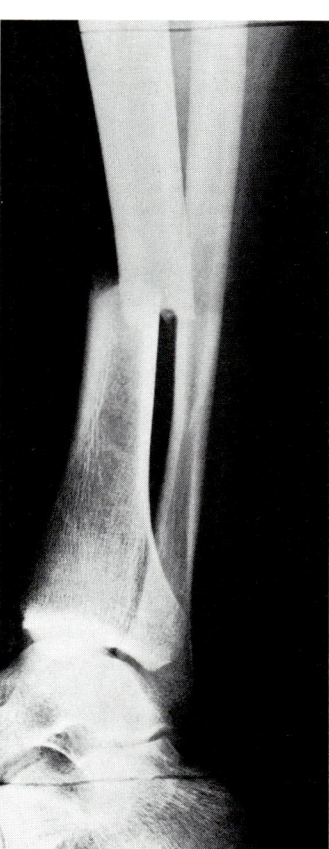

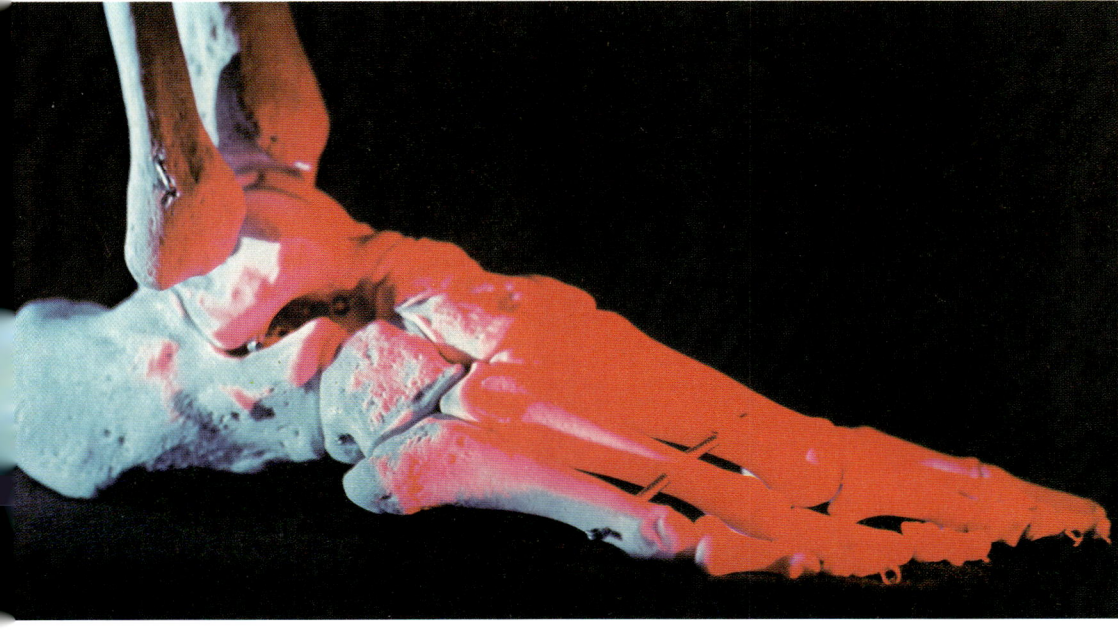

Fußskelett

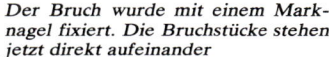

Schienbeinbruch mit erheblicher Verschiebung der Bruchstücke gegeneinander (Röntgenbild)

Der Bruch wurde mit einem Marknagel fixiert. Die Bruchstücke stehen jetzt direkt aufeinander

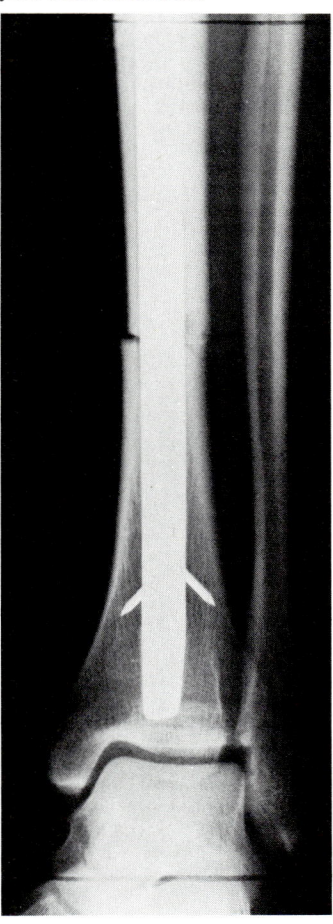

Prov. (Fylke) Telemark, am *S.elv*, als Ort rd. 16000 Ew., als Großgemeinde 45150 Ew.; Holzhandel, Cellulose- u. Papierindustrie.

Skierniewice [skjɛrnjɛ'witsɛ], poln. Stadt nordöstl. von Lodsch, seit 1975 Hptst. der poln. Wojewodschaft S., 30000 Ew.; Stahlkonstruktionsbau.

Skiff [das; engl.], *Einer*, einsitziges Ruderboot, vom Ruderer mit zwei Skulls (Stangen mit Ruderblättern) vorwärtsbewegt.

Skiffle, im Amateur-Jazz Musizieren in kleinen Gruppen mit sehr volkstüml. Repertoire (Blues, Boogie-Woogie) u. einfachen Instrumenten wie Waschbrett u. Mundharmonika, etwa 1955 in Dtschld. u. England aus der afroamerikan. Folklore übernommen.

Skifliegen ['ʃi:-], Skispringen von Flugschanzen mit theoret. Sprungweiten bis zu 180 m. Die Springer verlassen die Mammutschanze im Gleitflug u. werden auf einer Art „Kissen" aus verdichteter Luft getragen; Flugzeit 4–5 sek, Aufsetzgeschwindigkeit 120 km/Std. 1936 flog der Österreicher J. *Bradl* in Planica (Jugoslawien), erstmals weiter als 100 m (101,5 m). Größte gestandene Weite durch A. *Innauer* (Österreich, 1976): 176 m. Flugwochen finden in Oberstdorf, Kulm (Österreich), Planica u. Vikersund (Norwegen) statt.

Ski-Jetschwung ['ʃi:dʒɛt-], *Schleudertechnik*, 1970 erstmalig gezeigte Lauftechnik im alpinen Skisport. Die Skidrehung wird mittels einer starken Rücklage auf den Enden oder der Skimitte (nicht mehr auf den Spitzen) durchgeführt.

Skikda, früher *Philippeville*, Stadt in Nordostalgerien, 128000 Ew.; Fischwaren-, Metall-, chem., Textilindustrie, Erdgaspipeline von Rhourdes u. Erdgasverflüssigungsanlage, Ölraffinerie, Exporthafen, Flugplatz. – Das phöniz. *Rusicada*.

Skilauf [ʃi:-] →Skisport.

Skilift [ʃi:-] →Sessellift.

Skineffekt [der; engl. + lat.], *Hautwirkung*, Stromverdrängung eines elektr. Wechselstroms hoher Frequenz aus dem Innern des durchflossenen Drahts. Der Strom fließt nur in einer „Haut" an der Drahtoberfläche.

Skinke [grch.], *Scincidae*, Familie der *Echsen*; meist wühlende Bodentiere von eidechsen- oder schlangenartiger Gestalt, Gliedmaßen wohlentwickelt oder fehlend. Insekten- u. Pflanzenfresser, in allen wärmeren Ländern vorkommend; zu den S.n gehören *Stachelskink, Blauzungenskink, Apothekerskink, Erzschleiche, Blindskink, Tannenzapfenechse*.

Skinner, Burrhus Frederic, US-amerikan. Psychologe, *20. 3. 1904 Susquehanna, Pa.; seit 1936 Hochschullehrer, Vertreter eines deskriptiven Behaviorismus, Wegbereiter des *programmierten Unterrichts*. Hptw.: (mit W. *Correll*) „Denken u. Lernen" 1961, ³1971; „Futurum Zwei" 1970; (mit J. G. *Holland*) „Analyse des Verhaltens" 1971; „Jenseits von Freiheit u. Würde" 1973.

Skipetaren [„Adlersöhne"], die →Albaner.

Skipförderung [engl.], *Bergbau:* Schachtförderung mit →Fördergefäß.

Skirecht [ʃi-] →Skiverkehrsrecht.

Skiren, ostgerman. Volksstamm, ursprüngl. vermutl. an der Weichsel ansässig, zusammen mit den *Bastarnen* erwähnt; siedelten sich im 3. Jh. in Galizien an u. nahmen an den Zügen der Hunnen teil; 469 von den Ostgoten besiegt u. zerstreut.

Skiron, *Skeiron*, in der griech. Sage ein Wegelagerer, zwang auf schmalem Felspfad steil über dem Meer die Wanderer, ihm die Füße zu waschen, u. stürzte sie in die Tiefe; wurde von *Theseus* getötet.

Skisport [ʃi:-], das Laufen auf Skiern (→Ski) über Schneeflächen zum Zweck der Erholung, Gesunderhaltung u. des sportl. Wettkampfs, das bei Abfahrten auch Freude an der Geschwindigkeit vermittelt. Der S. hat sich aus der ursprüngl. Benutzung von Schneeschuhen u. Skiern verschiedenster Art zur Jagd u. als Verkehrsmittel entwickelt. In der 2. Hälfte des 19. Jh. fanden in Skandinavien, bes. in Telemarken (Norwegen), die ersten Laufwettbewerbe statt. In Mitteleuropa wurde der Skilauf vor allem durch F. *Nansen* („Auf Schneeschuhen durch Grönland") populär. 1891 wurde in München der erste dt. Skiklub gegr., 1905 der Dt. u. der Österr. Skiverband. Seit 1924 werden olymp. Winterspiele durchgeführt, in deren Mittelpunkt die S.-Wettbewerbe stehen. Bes. nach 1945 gewann der S. in der ganzen Welt viele Anhänger u. entwickelte sich zum Volkssport. →auch Skiverkehrsrecht.

Im wettkampfmäßigen S. wird unterschieden zwischen alpinen u. nordischen Wettbewerben; zum *alpinen S.* gehören →Abfahrtslauf, →Riesenslalom u. →Slalom für Männer u. Frauen, *nordische Wettbewerbe* sind →Biathlon, Langläufe (15, 30, 50 km u. 4 × 10-km-Staffel für Männer, 5, 10, 20 u. 4×5-km-Staffel für Frauen) u. das →Skispringen. Zur *nordischen Kombination* werden ein 15-km-Langlauf u. ein Sprunglauf nach Punkten zusammen gewertet, bei der *alpinen Kombination* können 2 (Zweierkombination) oder 3 Disziplinen (Dreierkombination) zusammengefaßt werden.

Der Dt. Skiverband verleiht an Erwachsene, die bestimmte Prüfungen abgelegt haben, ein *Leistungsabzeichen* in drei Klassen: Bronze (Frauen 18–28, Männer 18–32 Jahre), Silber (Frauen 28–36, Männer 32–40 Jahre) u. Gold (Frauen über 36, Männer über 40 Jahre). Jugendl. Skisportler können ein *Skileistungsabzeichen* in Bronze, Silber oder Gold erwerben, wenn sie entspr. Bedingungen erfüllen.

Organisation: *Dt. Skiverband*, gegr. 1905, wiedergegr. für die BRD 1948 in Garmisch-Partenkirchen, Sitz: München, 14 Landesverbände mit 2700 Vereinen u. rd. 410000 Mitgliedern, seit 1951 Mitglied der *Fédération Internationale de Ski (FIS)*. In Österreich: *Österr. Skiverband*, Innsbruck, rd. 160000 Mitglieder; in der Schweiz: *Schweizer. Skiverband*, Bern, rd. 130000 Mitglieder. – [B]S. 134. – [L]1.1.5.

Skispringen [ʃi:-], *Sprunglauf*, Disziplin des nordischen Skilaufs; wird von →Sprungschanzen aus durchgeführt, die vom Internationalen Skiverband genehmigt sein müssen. Im olymp. Programm stehen Wettbewerbe im S. von der Normalschanze (Sprungweiten um 70 m) u. von der Großschanze (um 90–100 m). Die bevorzugte Sprunghaltung ist heute der *Fischstil* (mit eng an den Körper gelegten Armen), der den früher üblichen *Vorhaltestil* (*Vogelstil*, mit weit vorgestreckten Armen) abgelöst hat. Der Anlauf erfolgt in der aerodynamisch günstigen tiefen Körperhocke; beim Flug ist ein Anstellwinkel der Skier von ca. 35° am vorteilhaftesten, für den Aufsprung der Ausfallschritt *(Telemarkaufsprung)*. Die Wertung eines Sprungs setzt sich aus Haltungs- u. Weitennote zusammen: 5 Sprungrichter geben je bis zu 20 *Haltungspunkte*, die beste u. schlechteste Wertung werden gestrichen, die übrigen drei addiert. Die *Weitennote* wird nach dem weitesten Sprung (gleich 60 Punkte) oder nach einem vorher festgesetzten, erwarteten Wert (dadurch auch über 60 Punkte mögl.) ausgerichtet u. für kürzere Sprünge nach einer Tabelle berechnet; im Idealfall ergeben beide Noten zusammen 240 Punkte für zwei Durchgänge (bei 3 werden nur die beiden besten gewertet). Die Weite wird von der Vorderkante des Schanzentisches bis zum Aufsprung der Füße gemessen. →auch Skifliegen. – [B]→Skisport.

Skiverkehrsrecht [ʃi:-], Regeln über das Verhalten von Skifahrern auf Pisten; wurden angesichts der wachsenden Verkehrsdichte auf den Pisten (insbes. in den Alpenländern) u. der zunehmenden Zahl gefährl. Zusammenstöße vom Internationalen Skiverband (FIS) aufgestellt. Die Pistenmarkierung ist in den Alpenländern einheitlich: Schwarze Verkehrssymbole („Kurve", „Engpaß", „Wellen, Gräben") sind an bes. schwierigen Abfahrtsstrecken angebracht; rote Schilder bezeichnen mittelschwere u. blaue leichte Strecken.

Skivers ['skaivəz; Mz.; engl.], dünne, farbige Schafnarbenspalte, die, auf ein Trägermaterial (z.B. Pappe) aufkaschiert, für leichte Täschnerwaren verarbeitet werden. Aus dem in der Substanz erheblich dickeren Fleischspalt wird Sämischleder hergestellt. →auch Spaltleder.

Skizze [die; ital.], **1.** *Kunst:* erster Entwurf, Vorstudie, rasche, mehr oder minder flüchtig ausgeführte zeichner. Niederschrift eines vorstellungshaften Formgedankens oder eines Natureindrucks, in der italien. Kunsttheorie unterschieden von der *Macchia* u. dem *Pensiero*, die gegenüber der S. (ital. *schizzo*) ein fortgeschrittenes, wirklichkeitserfülltes Stadium erreichen. Der erste Modellentwurf in der Plastik *(Ton-S.)* ist das →Bozzetto.

2. *Literatur:* eine kleine Erzählung, die nur einen zufälligen Eindruck oder eine vorübergehende Stimmung wiedergibt; im Gegensatz zur *Kurzgeschichte* ohne abgeschlossene Handlung.

Skjoldborg ['sgjolbɔr], Johan Martinus, dän. Schriftsteller, *27. 4. 1861 Øsløs, Jütland, †22. 2. 1936 Ålborg; schrieb realist. Bauernromane mit sozialer Tendenz; Gegner der Industrialisierung.

Skladanowsky, Max, Schausteller, *30. 4. 1863 Berlin, †30. 11. 1939 Berlin; konstruierte 1893 mit seinem Bruder Emil unabhängig von den Gebrüdern *Lumière* sein „Bioskop", einen Vorläufer des bewegl. Films; führte am 1. 11. 1895 im Berliner „Wintergarten" erstmals Filmaufnahmen vor.

Skinke: Blauzungenskink, Tiliqua spec.

Sklave [mlat.], ein Mensch, der das Eigentum eines anderen Menschen ist u. keinerlei oder nur geringen Rechtsschutz genießt. Die *Sklaverei* ist entstanden durch die Verwendung der Kriegsgefangenen; sie bildete die Wirtschaftsgrundlage u. damit die Voraussetzung für die Kulturhöhe des Altertums (Ägypten, Griechenland, Rom, Babylonien). Nach röm. Recht stand dem Herrn das Recht über Freilassung, Leben u. Tod seiner S.n zu. – Während die S.rei im Orient bis in die neueste Zeit bestand (bzw. in Arabien z.T. noch versteckt besteht), wurde in Europa im MA. nur die mildere Form der →Leibeigenschaft ausgebildet. Die S.rei nahm einen neuen Aufschwung, als im 16. Jh. afrikan. Neger-S.n für die Zuckerrohr- u. Baumwollplantagen Amerikas gebraucht wurden. Die Bestrebungen zur Abschaffung des *S.nhandels* (in England 1807, in Brasilien erst 1888) gingen vom →Abolitionismus aus; sie führten im US-amerikan. Bürgerkrieg zum offenen Konflikt u. zur Neger-S.nbefreiung. Nachdem schon in der Französ. Revolution 1789 die Abschaffung des S.nhandels verkündet worden war, wurde das Verbot international festgelegt (Wiener Kongreß 1815, Quintupelvertrag 1841, Kongo-Akte 1885, Anti-S.reiakte 1890, Übereinkommen des Völkerbundes 1926, Charta der UN 1945). In der BRD wird Versklavung nach § 234 StGB als →Menschenraub mit Freiheitsstrafe nicht unter einem Jahr bestraft. →auch Zwangsarbeit. – [L]4.0.2.

Sklavenkriege, Erhebungen röm. Sklaven: 1. Sklavenkrieg 136–132 v. Chr. in Sizilien gegen die röm. Großgrundbesitzer, unter Führung des syrischen Sklaven *Eunus*, der unter dem Namen *Antiochos* den Königstitel annahm. Die Revolte wurde verstärkt durch kilikische u. röm. Sklaven, nach der Niederwerfung des Aufstands wurden 20000 Sklaven gekreuzigt. – 2. Sklavenkrieg 104–100 v. Chr., erneuter Aufstand der sizilian. Sklaven, der nach Süditalien übergriff. – 3. Sklavenkrieg, Gladiatorenkrieg, 73–71 v. Chr., unter Führung des thrakischen Gladiators *Spartacus*, breitete sich über ganz Italien aus. – [L]5.2.7.

Sklavenküste, traditioneller Name für einen Teil der westafrikan. Oberguinea-Küste zwischen Niger- u. Voltamündung, an der Bucht von Benin.

Sklavensee, zwei Seen in Kanada: 1. in den Nordwestterritorien der *Große S.* (engl. *Great Slave Lake*), 28919 qkm; an seinem Nordarm liegt die Hptst. *Yellowknife*; am Ufer Gold- (Yellowknife), Blei-, u. Zinkerzbergbau (Pine Point). – 2. in der Prov. Alberta der *Kleine S. (Little [Lesser] Slave Lake)*, rd. 1230 qkm.

Sklavenstaaten, richtiger *Sklavereistaaten*, die Staaten der USA, in denen bis 1865 die Haltung von Negersklaven gestattet war. Während des Unabhängigkeitskriegs beseitigten sämtl. Nordstaaten u. die meisten mittleren Staaten die Sklaverei. Im S wurden eingeleitete Maßnahmen rückgängig gemacht; die Expansion des Baumwollanbaus bewirkte sogar eine Ausdehnung der Sklaverei. 1861 bildeten die S. Mississippi, Florida, Alabama, Georgia, South Carolina u. Texas einen Sonderbund zur Wahrung ihrer Interessen, die *Konföderierten Staaten von Amerika*; andere S. – North Carolina, Virginia, Kentucky, Tennessee, Missouri – traten später bei. Es kam zum →Sezessionskrieg. Seit Inkrafttreten des 13. Zusatzartikels zur Verfassung am 18. 12. 1865 gibt es keine S. mehr.

Sklerenchym [das; grch.], das Festigungsgewebe ausgewachsener Pflanzenteile; besteht aus toten Zellen mit allseitig stark verdickten Zellwänden. Bei überwiegender Druckbeanspruchung, z.B. in den Schalen von Nüssen u. Kernen der Stein-

früchte, besteht das S. aus dickwandigen, rundl. Steinzellen, bei Zugbeanspruchung aus langgestreckten S.fasern. Aus ihnen werden wegen ihrer großen Festigkeit u. Länge (durchschnittl. 1–2 mm, maximal 55 cm) Textilgespinste hergestellt.

Sklerodermie [grch.], chron. Hautkrankheit mit Verhärtung u. in fortgeschrittenem Stadium Verkürzung der Haut einzelner Körperpartien oder des ganzen Körpers. Versteifung der Finger, maskenartige Starre des Gesichts u. ähnl. Erscheinungen können die Folge sein.

Sklerose [die; grch.], krankhafte Verhärtung eines Organs; im Zusammenhang mit den jeweils erkrankten Organen gebraucht; z.B. *Arterio-S.* (→Arterienverkalkung), *Nephro-S.* (→Schrumpfniere), *Oto-S.* (→Ohr [Ohrenkrankheiten]).

Sklerotium [das; grch.], bei einigen Pilzen auftretende, als Dauerformen fungierende feste Hyphenverbände *(Myzele)*. Bekannt bes. die Sklerotien bei den Mutterkornpilzen (→Mutterkorn).

Skoda, 1. Albin, österr. Schauspieler, *29. 9. 1909 Wien, †22. 9. 1961 Wien; kam über Hamburg, München, Berlin 1946 ans Burgtheater; Helden- u. Charakterdarsteller, seit 1934 auch im Film.

2. Joseph, österr. Internist, *10. 12. 1805 Pilsen, †13. 6. 1881 Wien; seit 1846 Prof. in Wien, Direktor der Klinik für Brustkranke; förderte u. verfeinerte die diagnost. Methoden der Auskultation u. Perkussion u. verhalf ihnen zu allg. Anerkennung.

Škoda [ˈʃkoda], Emil Ritter von, österr. Großindustrieller, *19. 11. 1839 Pilsen, †8. 8. 1900 Amstetten; gründete 1869 in Pilsen die aus der Graf Waldsteinschen Maschinenfabrik hervorgegangenen *Š.werke*, die sich zu einem der größten europ. Rüstungskonzerne entwickelten. Die Werke wurden 1946 verstaatlicht.

Skogekär Bärgbo [ˈskuːgətjær ˈbɛrjbu], Pseudonym eines schwed. Dichters im 17. Jh., wahrscheinl. Frhr. Gustav *Rosenhane*; von F. *Petrarca* u. P. *Ronsard* beeinflußt, führte das Sonett in die schwed. Literatur ein.

Skokie [ˈskɔuki], Vorstadt von Chicago (USA), 70000 Ew.; Stahl-, Werkzeug- u. Holzindustrie.

Skolex [der; grch.], das Vorderende eines Bandwurms, das mit Haftorganen, z.B. Haken u. Saugnäpfen, zum Verankern in der Darmwand des Wirts ausgerüstet ist. Der S. entsteht aus der Bandwurmlarve durch Ein- oder Umstülpen. Er wächst nach hinten zu Gliedern *(Proglottiden)* aus. S. u. Proglottiden bilden zusammen den Bandwurm.

Skolion [das, Mz. *Skolien*; grch.], in der altgriech. Literatur ein einstrophiges Trinklied ernsten oder heiteren Inhalts, das die Gäste eines Gelages aus dem Stegreif vortrugen.

Skoliose [die; grch.], Form der seitlichen →Rückgratverkrümmung.

Skolopender [grch.], *Scolopendromorpha*, Ordnung der *Hundertfüßler*; bis 27 cm lange, gelbbraune Tiere mit 21–23 Beinpaaren; große Giftklauen. Zu den S.n gehören *Gürtel-S.* u. *Riesen-S.*

Skonto [der oder das; ital.], Preisnachlaß bei Zahlung des Kaufpreises innerhalb einer bestimmten Frist vor Ablauf des vom Verkäufer gewährten Zahlungsziels. Der bei sofortiger Zahlung nach Erhalt der Lieferung gewährte S. wird auch als *Barzahlungsrabatt* (→Rabatt) bezeichnet.

Skontration [ital.], **1.** *Fortschreibung*, Ermittlung des Lagerbestands durch Aufzeichnung der Zu- u. Abgänge nach der Menge u. (oder) dem Wert der einzelnen Arten der gelagerten Gegenstände. →auch Lagerbuchführung.

2. →Abrechnung.

3. Abwicklung der Termingeschäfte mit Effekten durch bes. Vereinigungen.

Skontren [ital.; Ez. das *Skontro*], kontenmäßige Aufschreibungen von Stücken (bei Wertpapieren) oder Mengen (Lagerbestände).

Skop [germ.], *Scopf*, westgerman. Gefolgschaftssänger u. Dichter von Heldenliedern.

Skopas, griech. Bildhauer aus Paros, 1. Hälfte des 4. Jh. v. Chr.; bereitete mit bewegter Komposition u. Auflösung des klass. Formenkanons in der Blüte der Spätklassik den Hellenismus vor; Mitarbeiter am Artemision von Ephesos u. am Mausoleum von Halikarnassos um 350 v. Chr. Werke: Skulpturen vom Athenatempel in Tegea (um 390 v. Chr., erhalten); Pothos („Sehnsucht", Jünglingsstatue); Meleager (beide in Kopien erhalten).

Skópelos, griech. Insel der Nördl. Sporaden, 96 qkm, 5200 Ew.; Hauptort S. (das antike *Peparethos*), 3000 Ew.; Fischerei, Michaelskirche.

Skopje, serbokr. *Skoplje*, türk. *Üsküb*, Hptst. der jugoslaw. Teilrepublik *Makedonien*, am Vadar, 312000 Ew.; Universität (1950); Zitadelle, Erlöserkirche, Mustafa-Pascha-Moschee (15. Jh.), Karawanserei Kuršumlihan; Stahl- u. Eisenerzeugung, Textil-, Glas-, Nahrungsmittelindustrie. Nach dem schweren Erdbeben von 1963 großzügig wiederaufgebaut. – 🄱→Jugoslawien.

Das röm. *Scupi*, 6.–13. Jh. byzantin., Erzbistum, Ende des 7. Jh. von Slawen besiedelt, Ende des 13. Jh. serb., 1331–1355 serb. Residenz, 1392–1912 türk., dann wieder serb., seit 1945 Hptst. von Makedonien.

Skopzen, russ. Sekte des 19. Jh.; übten Selbstentmannung (Mißverständnis von Matth. 19,12) u. verehrten den Gründer Kondratij *Seliwanow* (†1832) als neuen Christus.

Skorbut [latinisiert aus *Scharbock*], *Scorbut*, Vitamin-C-Mangelkrankheit, früher häufig bei Matrosen, die monatelang ohne Frischnahrung an Bord waren, heute nur noch gelegentl. vorkommend in Gefangenenlagern, in Notzeiten bei Säuglingen u. Kleinkindern, die zuwenig frisches Obst u. Gemüse bekommen. Anzeichen: Mattigkeit, Muskelschwäche, Zahnfleischblutungen.

Skordatur [die; ital.], *Scordatura, Verstimmung*, bei Saiteninstrumenten gelegentl. geforderte Umstimmung der Saiten zur Erleichterung schwieriger Passagen oder zur Erzielung besonderer Klangeffekte (z.B. für Beckmessers Laute in den „Meistersingern", im „Danse macabre" von C. Saint-Saëns, in der 5. Sonate für Violoncello-Solo von J. S. Bach, bei H. I. F. von Biber, N. Paganini).

Skorpion [der; grch.], *Scorpius*, Sternbild des Tierkreises am südl. Himmel; Hauptstern *Antares*.

Skorpione, *Scorpiones*, Ordnung der *Spinnentiere*, mit langem, gegliedertem Hinterleib, der als Anhang eine bewegl. Giftblase mit Endstachel trägt. Die Beute (Insekten, Tausendfüßler, Spinnen u.a.) wird mit dem Giftstachel gestochen u. gelähmt. Die lebendgeborenen Jungen bleiben zunächst beim Weibchen u. werden auf dem Rücken umhergetragen. In den wärmeren u. trop. Gegenden erreichen die S. Größen bis zu 18 cm Länge (der *blauschwarze Skorpion, Pandinus imperator*, aus dem trop. Afrika). In Südeuropa leben die europ. S. in 5 Arten. Insgesamt kennt man mehr als 600 Arten. Das Gift der großen Arten ist auch für den Menschen gefährlich; der Stich ist sehr schmerzhaft. – 🄱→Karpathenskorpion.

Skorpionsfliegen, *Panorpidae*, Familie der *Schnabelhafte*, in feuchten u. schattigen Wäldern. Die Männchen sind durch ein verdicktes Hinterleibsende ausgezeichnet, das an den Skorpionsstachel erinnert, hier jedoch ein Begattungsapparat ist. Die Larven leben von verwesenden Stoffen des Bodengrunds. 110 Arten, davon 5 in Dtschld.

Skorpionsspinnen = Geißelskorpione.

Skorzonere [die; span.] = Schwarzwurzel.

Skoten →Scoten.

Skövde [ˈʃœvdə], Stadt in der südschwed. Prov. (Län) Skaraborg, zwischen Vättern u. Vänern, 44700 Ew.; Motoren- u. Zementindustrie.

Skovgaard [ˈskɔugɔr], **1.** Joakim Frederik, Sohn von 2), dän. Maler u. Graphiker, *18. 11. 1856 Kopenhagen, †9. 3. 1933 Kopenhagen; Fresken u. Mosaiken mit meist historisierenden Themen, auch religiöse Monumentalbilder.

2. Peter Christian, dän. Maler u. Graphiker; *4. 4. 1817 bei Ringsted, †13. 4. 1875 Kopenhagen; an J. van *Ruisdael* geschulter Landschaftsmaler, schuf auch Wanddekorationen u. Buchillustrationen.

Skoworodino, früher *Ruchlowo*, Stadt in Sowjetisch-Fernost, RSFSR, 28000 Ew.; Goldbergbau; Verkehrsknotenpunkt an der Transsibir. Bahn.

Skowronnek, 1. Fritz, Bruder von 2), Journalist u. Unterhaltungsschriftsteller, *20. 8. 1858 Schuiken bei Goldap, Ostpreußen, †Juli 1939 Berlin; verfaßte Jagdgeschichten u. Unterhaltungsromane; Autobiographie: „Lebensgeschichte eines Ostpreußen" 1925.

2. Richard, Erzähler u. Dramatiker, *12. 3. 1862 Schuiken bei Goldap, Ostpreußen, †17. 2. 1932 Schloß Höckenberg bei Maldewin, Pommern; Journalist bei der „Frankfurter Zeitung", Dramaturg in Berlin; Romane: „Pommerland" 1927; „Die Wölfe von Weesenberg" 1931. Schauspiele: „Im Forsthause" 1893; „Waterkant" 1904.

skr, Abk. für *schwedische Krone*. →auch Krone.

Skrälinger, Name der Eskimo bei den grönländ. Normannen.

Skram, Bertha Amalie, norweg. Schriftstellerin, *22. 8. 1847 Bergen, †15. 3. 1905 Kopenhagen; schrieb düstere, naturalist. Frauen- u. Eheromane („Konstanze Ring" 1885, dt. 1898) u. die Tetralogie „Die Leute vom Felsenmoor" 1887–1898, dt. 1898; auch Dramen („Agnete" 1893, dt. 1895).

Skrjabin, Alexander Nikolajewitsch, russ. Pianist u. Komponist, *6. 1. 1872 Moskau, †27. 4. 1915 Moskau; Wegbereiter der neuen Musik; theosoph. Mystiker; ging in seiner Klaviermusik von F. *Chopin* aus. Seine späteren Werke gründen sich auf eine neue Harmonik mit einer aus dem mystischen Akkord C, Fis, B, e, a, d (Quartschichtung) gewonnenen Tonleiter. Dadurch gelangt er zu einer extremen Chromatik, die bereits den Unterschied von Konsonanz u. Dissonanz aufhebt. 3 Sinfonien (Nr. 3: „Le divin poème"), „Le poème de l'extase" 1908, „Prométhée" („Le poème du feu") 1911 mit Farbenklavier, zahlreiche Klavierwerke (Préludes, 12 Etüden, 10 Sonaten u.a.).

Skrofulose [die; lat.], *Skrofeln*, tuberkulo-allergische Reaktion im Kindesalter mit Lymphknotenschwellungen, Schleimhautkatarrhen u. Knochenbeteiligung; in gutem hygienischem u. sozialem Milieu sehr selten.

Skrotum [das; lat.], *Scrotum*, der Hodensack, muskulöse Hauttasche außerhalb der Bauchhöhle, die bei vielen männl. Säugetieren (u. beim Menschen) die Hoden beherbergt.

Skua →Raubmöwen.

Skulptur [lat.], Werk der Bildhauerkunst (→Plastik).

Skunk [der; indian., engl.] →Stinktier.

Skupština [ˈskupʃtina; die; serbokr., „Versammlung"], das Parlament im selbständigen Serbien u. in Jugoslawien.

Skurz [der; ital. *scorcio*], in Malerei u. Graphik eine stark verkürzt wiedergegebene Figur.

Sküs [der; frz.], *Skus, Skis*, die dem *Joker* entsprechende Karte beim Tarock.

Skutari = Üsküdar.

Škvorecký [ˈʃkvɔrɛtski:], Josef, tschech. Schriftsteller, *27. 9. 1924 Náchod; iron.-satir. Darstellungen des tschech. Bürgertums; Roman „Die Feiglinge" 1958, dt. 1968; auch Lyrik u. Erzählungen.

Skye [skai], von Schottland durch den *Sound of Sleat* getrennte größte Insel der Inneren Hebriden, 1740 qkm, 9000 Ew.; Hptst. *Portree*; Fischfang.

Skyeterrier [ˈskai-; nach der schott. Insel *Skye*], eine 20–23 cm hohe rauhhaarige Hunderasse.

Skylab [ˈskailæb engl., „Himmelslabor"], US-amerikan. Raumforschungslaboratorium; die 13 m lange Raumstation mit einem Durchmesser von 6,6 m bietet Aufenthalts- u. Arbeitsmöglichkeiten für drei Astronauten. Der Start von S. mit einer zweistufigen Saturn-5-Trägerrakete erfolgte planmäßig am 14. 5. 1973; die Umlaufbahn hat eine Höhe von rd. 435 km. Wegen Schwierigkeiten mit der Hitzeschutzhülle u. den beiden Solarzellenträgern konnte die erste S.-Besatzung (Ch. *Conrad*, P. *Weitz* u. J. *Kerwin*) erst am 25. 5. 1973 an Bord einer Apollo-Kommandokapsel mittels einer Saturn-IB-Rakete starten. Sie führte im Verlauf ihres 28tägigen Aufenthalts zahlreiche Experimente (Biomedizin, Sonnenphysik, Astrophysik, Erdbeobachtung) durch. Am 22. 6. 1973 wasserte das Apollo-Raumschiff mit der S.besatzung planmäßig im Pazifik. Eine zweite Mannschaft (A. *Bean*, O. *Garriott* u. J. *Lousma*) startete am 27. 7. 1973. Sie blieb 59 Tage an Bord u. kehrte am 25. 9. 1973 auf die Erde zurück. Die dritte Mannschaft (G. *Carr*, E. *Gibson*, W. *Pogue*) startete am 16. 11. 1973; nach einem Aufenthalt von 84 Tagen landete sie am 8. 2. 1974 im Pazifik. Am 11. 7. 1979 über Australien abgestürzt.

Skylla, *Szylla*, in der griech. Sage Tochter des Königs Nisos von Megara, die ihren Vater an den König Minos verriet, zur Strafe an das Steuer seines Schiffs gebunden wurde u. sich in den Seevogel *Ciris* oder in ein Meerungeheuer verwandelte. Dieses wohnte in einer Felsenhöhle u. schnappte nach jedem vorbeifahrenden Seefahrer, während gegenüber die *Charybdis* dreimal am Tag das Meerwasser einschlürfte u. wieder hervorsprudelte; im Altertum lokalisiert in der Straße von Messina.

Skyphomedusen [grch.] →Skyphozoen.

Skyphos [der; grch.], Trinkgefäß der griech. u. röm. Antike mit flachem Fuß u. zwei waagerecht ansetzenden Henkeln, auch *Kotyle* genannt.

Skyphozoen [grch.], *Bechertiere*, *Scyphozoa*, Klasse der *Hohltiere* mit 200 Arten, mit sehr großen Medusen (bis zu 2 m Schirmdurchmesser) u. winzigen Polypen (bis 4 mm Länge). Hierher gehören die *Becherquallen*, die *Würfelquallen*, die *Fahnenquallen*, die *Wurzelmundquallen*.

Skýros, griech. Insel der Nördl. Sporaden, 209 qkm, 2900 Ew.; wenig fruchtbar, Hauptort S. (2400 Ew.); Abbau von Marmor u. Chromerzen, Ziegenzucht; Fremdenverkehr.

Skisport

SKISPORT

Walter Demel, einer der erfolgreichsten deutschen Skilangläufer, im Wettbewerb

Biathlon-Wettkämpfer bei der Schießübung

Das beliebte schweizerische Wintersp

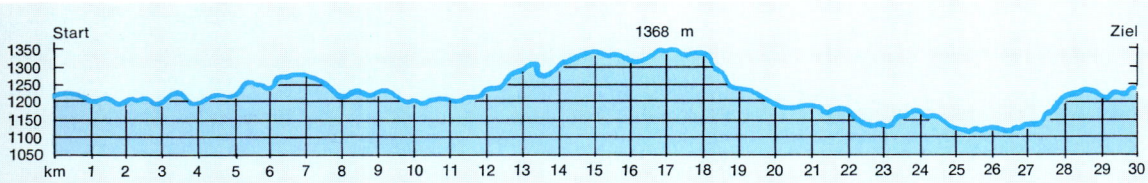
Streckendiagramm für einen 30-km-Langlauf (Herren); Gesamtsteigung 932 m

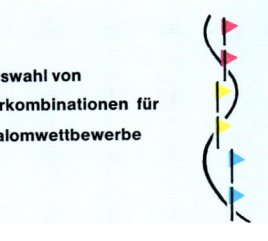
Auswahl von Torkombinationen für Slalomwettbewerbe

Langlauf-Staffeln, hier die 4 × 5-km-Staffel der Frauen, werden in Bahnen gestartet (links). – Mit besonders enger Skiführung gleiten die Slalomläufer durch die Torkombinationen (rechts)

Skisport

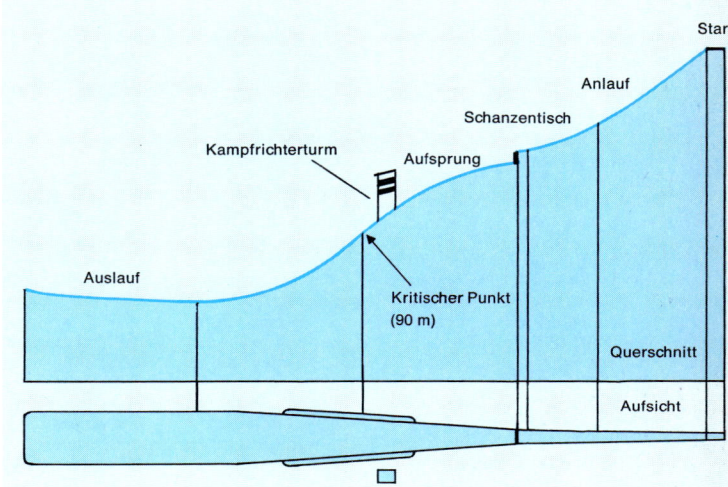

Vorbildliche Ski- und Körperhaltung während des Sprunges demonstriert dieser Skispringer

t Parsenn in Graubünden bietet ausgezeichnete Skilaufmöglichkeiten

Schema einer 90-m-Sprungschanze

Rennläuferin während eines Riesenslaloms (links). – Sogar im Sprung über eine Bodenwelle bleibt der Abfahrtsläufer in der aerodynamisch günstigen, tiefen Körperhocke (rechts)

135

Skyth

Skyth [das; nach den *Skythen*], unterste „Stufe" der pelag. Trias, entspricht dem Buntsandstein.
Skythen, Selbstbez. *Skoloten,* indogerman. Völkerschaft iran. Abstammung, ursprüngl. nomadisierende Bewohner der südruss. Steppe; ließen sich in der 1. Hälfte des 1. Jahrtausends v. Chr. im Schwarzmeergebiet nieder, wo sie mit der griech. Kultur in Berührung kamen. Allerdings umfaßte der Begriff Skythen auch zahlreiche nichtskyth. Stämme, die unter die Oberhoheit der S. geraten waren. So wurde die Bez. S. schon im 4. vorchristl. Jh. auf die südsibir. Steppenvölker übertragen. Die S. trugen anliegende, reich verzierte, mit einem Ledergürtel gehaltene Röcke u. Hosen, Schuhe aus weichem Leder, auf dem Kopf eine Mütze. Sie lebten in Wagen oder Zelten. Die Herden bestanden aus Pferden, Rindern u. Schafen. Hauptwaffen waren der Steppenbogen u. ein dolchartiges Kurzschwert. Macht u. Reichtum der skyth. Häuptlinge spiegeln sich in der prächtigen Bauart (hölzerne Grabkammern) u. reichen Ausstattung (mit Schmuck, Gebrauchsgegenständen, Dienerschaft, Pferden samt Geschirr) der Hügelgräber des 6. u. 5. Jh. v. Chr. wider. Im 4. u. 3. Jh. v. Chr. gingen auch die Nomaden-S. zur Landwirtschaft mit festen Wohnsitzen u. Befestigungsanlagen über. Die führende Schicht siedelte auf der Burg in festgebauten Häusern, während der spezialisierten Handwerker Hütten in der Vorburg bewohnten. Die S. drangen bis in das Niederdonaubecken, auf die Balkanhalbinsel, in das Karpatenland u. nach Ungarn ein u. stießen bis nach Polen u. in das Niederlausitzer Gebiet vor. Gegen Ende des 4. Jh. v. Chr. wurden die S. von den *Sarmaten* aus ihren Gebieten westl. des Don u. von *Philipp II.* von Makedonien über die Donau verdrängt; im 3. Jh. v. Chr. gerieten auch die S. Südrußlands unter die Herrschaft der Sarmaten.

Die skyth. Kunst hat sich auf der Grundlage der nordeurasiat. Jägerkunst in der Begegnung mit der iran. u. griech. Kunst in der Zeit von 600–300 v. Chr. entwickelt. Den Hauptanteil an ihrer Blüte hatte das Kunsthandwerk der griech. Städte an der Nordküste des Pontus. Das Hauptmotiv der Steppenkunst ist das Tier, das einzeln oder als Tierkampfgruppe in naturnaher Darstellung oder extremer Stilisierung Waffen, Tracht, Pferdegeschirr u. Geräte aller Art ziert. Nach Ablösung der skyth. Herrschaft durch die Sarmaten erfuhr die skyth. Kunst eine Umformung in Richtung auf das mehrfarbige, durch Edelsteineinlagen belebte Ornament. In dieser Form beeinflußte die skyth.-sarmat. Kunst nach Aufnahme hellenist. u. spätröm. Elemente die kelt. Kunst der Latènezeit u. die von den Goten getragene Kunst der Völkerwanderungszeit, war bestimmend für die eurasiat. Steppenkunst u. wirkte noch in der Kunst des Islam nach. – □ 5.1.4.
Slâ, frz. *Salé,* marokkan. Hafenstadt an der Atlantikküste bei Rabat, an der Mündung des Boû Règreg; 76 000 Ew.; Moscheen; Kunstgewerbe.

Slaby, Adolf, Physiker, * 18. 4. 1849 Berlin, † 6. 4. 1913 Berlin; lehrte seit 1882 in Berlin; Pionier der Funktechnik u. Funktelegraphie, wichtige Arbeiten über abgestimmte Schwingkreise u. die Erregung von Antennen; erreichte die Gleichstellung von Techn. Hochschulen mit Universitäten.
Sládkovič [ˈslaːtkɔvitʃ], Andrej, eigentl. Ondrej *Braxatoris,* slowak. Schriftsteller, * 30. 3. 1820 Krupina, † 20. 4. 1872 Radvaň; Anhänger G. W. F. *Hegels,* Romantiker; verfaßte (erst tschech., dann slowak.) Lyrik u. Epen.
Slagelse [-gəlsə], Stadt in der dän. Amtskommune Westseeland; 32 500 Ew.; Nahrungsmittelindustrie.
Slalom [der oder das; norw.], *Torlauf,* ursprüngl. Bez. für Abfahrt über schwieriges Gelände, heute Schnelligkeits-Wettbewerb im alpinen Skisport. Auf einer Gefällstrecke mit 120–220 m Höhenunterschied ist eine Reihe von abgesteckten Toren (für Damen 40–55, Herren 50–75) möglichst schnell zu durchlaufen. Internationale S.-Rennen werden immer in zwei Läufen, möglichst auf verschiedenen Strecken, durchgeführt u. die Zeiten addiert. Die Tore bestehen aus 2 runden Stangen (1,80 m hoch) mit Wimpeln, die 3,20–4,00 m auseinanderstehen; Stangen u. Wimpel müssen gleichfarbig u. von Tor zu Tor wechselnd rot, gelb oder blau sein; Abstand von Tor zu Tor mindestens 0,75 m. Tore können horizontal, vertikal, schräg oder versetzt zum Hang oder als Kombination gebaut sein. Die Zeitnahme erfolgt elektrisch.
Slamat, Vulkangipfel u. zweithöchster Berg auf Java, 3428 m.
Slang [slæŋ; der], engl. Ausdruck für eine stark von der Schriftsprache abweichende Form der Umgangssprache; „Jargon", auch Berufs-, Sport-, Gaunersprache; gekennzeichnet ist S. im allg. durch Wortneuprägungen u. neuartige Verwendungen bereits bestehender Wörter.
Slánský [ˈslaːnskiː], Rudolf, tschechoslowak. Politiker (Kommunist), * 31. 7. 1901 Nezvěstice, † 3. 12. 1952 Prag (hingerichtet); 1945–1951 Generalsekretär der KPČ, 1951 stellvertr. Min.-Präs.; wegen angebl. Verschwörung zum Tod verurteilt, 1963 rehabilitiert.
Slántschew brjag [„Sonnenstrand"], Seebad u. Hotelsiedlung nordöstl. von Burgas (Bulgarien); seit 1958 ausgebaut.
Slapstick-Komödie [ˈslæpstɪk- engl. *slapstick,* „Narrenpritsche"]; Komödie mit einer Anhäufung grotesker visueller Gags.
Slatin, Rudolf Frhr. von, *S. Pascha,* österr. Offizier in engl. Diensten, * 7. 6. 1857 Ober St. Veit bei Wien, † 4. 10. 1932 Wien; 1881 engl. Generalgouverneur von Dar Fur, 1884–1895 in der Gefangenschaft der Mahdisten, 1900–1914 Generalinspektor des Sudan; schrieb „Feuer u. Schwert im Sudan" 1896.
Slatina, Hptst. des rumän. Kreises Olt (5507 qkm, 525 000 Ew.) am Alt, in der Walachei, 50 000 Ew.;

Anbau von Zuckerrüben, Gemüse, Sonnenblumen; Nahrungsmittel- u. Aluminiumindustrie.
Slatni Pjasâzi [ˈzlatni ˈpjasətsi; „Goldstrand"], Seebad u. Hotelsiedlung nordöstl. von Warna an der bulgar. Schwarzmeerküste; Ausbau seit 1956.
Slatoust, *Zlatoust,* Industriestadt in der RSFSR (Sowjetunion), im südl. Ural, 200 000 Ew.; Eisenhütten- u. Stahlwerke, Werkzeugmaschinenfabrik, Metallgravurgewerbe, Holzverarbeitung; Eisen- u. Kupferbergbau.
Slauerhoff, Jan, niederländ. Schriftsteller, * 15. 9. 1898 Leeuwarden, Friesland, † 5. 10. 1936 Hilversum; Schiffsarzt; schrieb bekenntnishafte Lyrik u. Romane mit der See als Hauptmotiv.
Slavici [-tʃ], Ion, rumän. Schriftsteller, * 18. 1. 1848 Șiria bei Arad, † 10. 8. 1925 Panciu; Romane, Erzählungen u. Dramen aus Siebenbürgen.
Slavonski Brod, jugoslaw. Stadt an der Save, südwestl. von Esseg, 39 000 Ew.; Ölraffinerie, Maschinenbau, Papierfabrik, Holzverarbeitung.
Slawejkow [slaˈvɛjkɔf], Pentscho, bulgar. Dichter, * 27. 4. 1866 Trjawna, † 28. 5. 1912 Brunate bei Como; Wegbereiter des Symbolismus in der bulgar. Literatur; sein Hptw. ist das dem bulgar. Freiheitskampf gegen die Türken gewidmete Epos „Das blutige Lied" 1911, dt. 1913.
Sławek, Walery, poln. Politiker, * 2. 11. 1879 in der Ukraine, † 2. 5. 1939 Warschau (Selbstmord); 1905–1908 Führer der poln. Freiheitskämpferbände der PPS in Kongreßpolen, 1914–1917 Stabsoffizier in der poln. Legion bzw. der Untergrundarmee. Anhänger J. *Piłsudskis.* Zwischen 1930 u. 1935 dreimal Min.-Präs., seit 1935 in Opposition.
Slawen, indogerman. Völker- u. Sprachengruppe Ost- u. Südosteuropas, mit rd. 250 Mill. Menschen die stärkste Gruppe Europas. Sie entwickelte sich wahrscheinl. im Gebiet um die Pripjatsümpfe. Im Verlauf ihrer Ausbreitung bildeten sich zwischen 9. u. 11. Jh. durch gesonderte geschichtl. Schicksale u. Beeinflussung durch die jeweiligen Nachbarkulturen 3 Hauptgruppen heraus: die *Ost-S.* (Großrussen, Weißrussen, Ukrainer), *West-S.* (Polen, Tschechen, Slowaken, Sorben, Elb- u. Ostsee-S.) u. *Süd-S.* (Serben, Kroaten, Slowenen, Bulgaren). Der Name S. taucht zuerst im 6. Jh. n. Chr. auf (Geschichtsschreiber *Jordanes* u. *Prokop*). Die Ausbreitung nach W u. S erfolgte allmählich durch Nachrücken infolge Auflockerung der german. Besiedlung in der Völkerwanderungszeit, wobei auch german. Siedler slawisiert wurden. Während der Erschließung der ostelbischen Gebiete durch die →Ostsiedlung wurden die dort ansässigen slaw. Stämme aufgesogen u. verloren bis auf geringe Reste (Wenden) auch ihre slaw. Muttersprache.
Die S. betrieben extensiven Ackerbau mit Viehhaltung. In der Volkskultur der slaw. Völker lassen sich noch viele Gemeinsamkeiten feststellen, die sich erst in der Gegenwart auflösen.

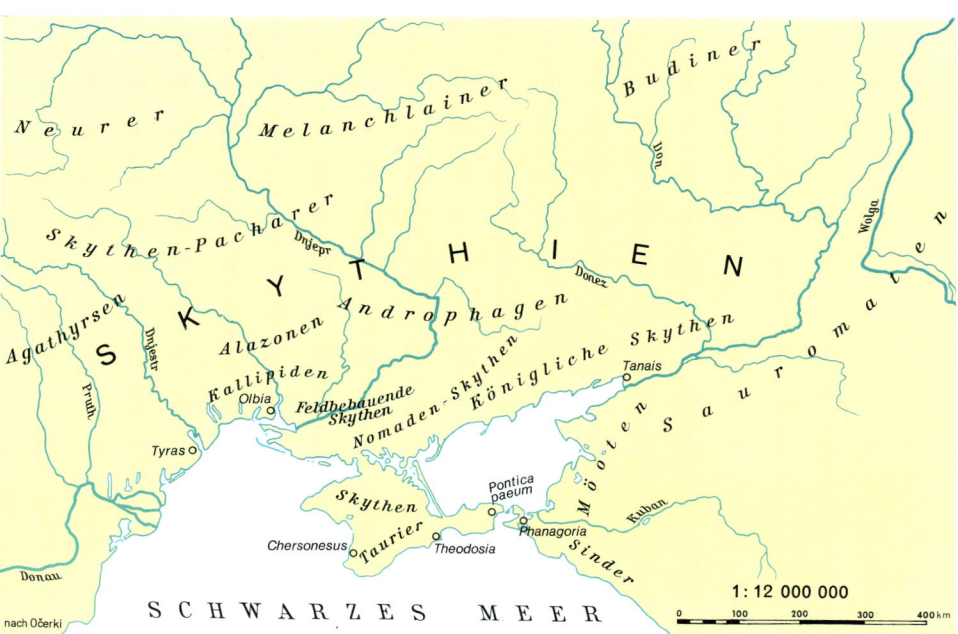

Skythen: Bronzegefäß mit skythischen Bogenschützen auf galoppierenden Pferden; frühes 5. Jh. v. Chr. London, Britisches Museum (links). – Skythen und unter ihrer Oberhoheit lebende Völker im Schwarzmeergebiet im 5. Jh. v. Chr. (rechts)

Max Slevogt: Francisco d'Andrade als Don Juan; 1912. Hamburg, Kunsthalle

Bei den Ost-S. zeigt sich eine stärkere skandinav. Beeinflussung (Siedlung, Haus), die wohl bis auf die alten Waräger-Reiche des 9. Jh. zurückgeht. Die Beziehungen zu Byzanz führten diese Völker den Ostkirchen zu. Ein Anschluß an die westeurop. Kultur erfolgte erst seit der Zeit *Peters d. Gr.* (um 1700). Die große Leistung namentl. der Großrussen war die Kolonisation Sibiriens. – Die *West-S.* wurden von Rom aus christianisiert u. so in die europ. Kulturentwicklung einbezogen. Kleine Teile gingen ins dt. Volk ein. – Die *Süd-S.*, die seit dem 6. Jh. wohl von den Karpaten her in ihre heutigen Wohnsitze einwanderten, erlitten durch ihre Lage zwischen Byzanz u. Rom, durch die Vorstöße der Türken u. durch dt. u. italien. Einwirkungen eine starke nationale, kulturelle u. kirchl. Zersplitterung. – ⌷ 6.1.4.
Geschichte: Seit dem 6. Jh. wanderten die S. auch in die von den Germanen verlassenen Gebiete östl. der Elbe u. Saale u. auf der Balkanhalbinsel ein; durch Petschenegen u. die wieder nach Osten vordringenden Germanen wurden sie getrennt (West- u. Süd.-S.). Im 6. Jh. begann die Aufnahme des Christentums (im 9. Jh. wirkten die Slawenapostel *Kyrillos* u. *Methodios*). Bereits seit dem 6. Jh. entstanden einige slaw. Großreiche (Bulgarenreich; seit 10. Jh. Polen, 9./10. Jh. Mähr. Reich, 10. Jh. Böhmen u. Mähren, Serbien, russ. Teilfürstentümer). Die russ. Fürstentümer *(Ost-S.)* standen bis etwa um 1400 unter der Herrschaft der Mongolen, die Balkanreiche zeitweise unter byzantin., dann unter türk. Herrschaft. Nach dem allmähl. Zerfall des Osman. Reichs drang Österreich auf den Balkan vor. 1919 entstanden die Nationalstaaten auf dem Balkan sowie erneut Polen. →auch Panslawismus, Elb- u. Ostseeslawen, Wenden.

slawische Musik, Sammelbegriff für die Musikidiome u. -dialekte der Völker, die man heute nach Sprachmerkmalen in West-, Ost- u. Südslawen einteilt. Besonderheiten in den Musikstilen der zu den Slawen rechnenden Völker finden sich in Rhythmik, Dynamik, z. T. auch im Instrumentarium, in der Klangfarbe u. in bestimmten Vortragsarten. →auch polnische Musik, tschechische Musik, jugoslawische Musik, russische Musik, bulgarische Musik.

slawische Philologie, *Slawistik,* die Wissenschaft von den Sprachen u. Literaturen der slaw. Völker, i. w. S. auch von den slaw. Kulturen, sofern sie sich in Sprache u. Literatur widerspiegeln; Teilgebiet der *Neuphilologie.*

slawische Sprachen, eine Gruppe der indogerman. Sprachen, unter diesen am nächsten mit den balt. Sprachen verwandt. In der histor. Entwickl. unterscheidet man die *urslaw. Periode* rd. 400 v. Chr. bis 400 n. Chr., dann die *gemeinslaw. Periode* bis rd. 800 n. Chr.; während der slaw. Ausdehnung nach S u. W u. infolge dieser Ausbreitung erfolgte die Auflösung in Einzelsprachen. Die so entstandenen s. n S. gliedern sich in *ostslawische* (Großrussisch, Weißrussisch, Ukrainisch), *westslawische* (Polnisch, Kaschubisch, Slowinzisch, Polabisch, Sorbisch, Tschechisch, Slowakisch) u. *südslawische Sprachen* (Slowenisch, Serbokroatisch, Bulgarisch, Makedonisch). Die am frühesten (9. Jh. n. Chr.) überlieferte slaw. Sprache ist das *Altkirchenslawische* (Altbulgarisch). – ⌷ 3.8.4.

Slawismus [der; slaw.-nlat.], eine Nachahmung slaw. Spracheigentümlichkeiten in einer nichtslaw. Sprache.

Slawistik = slawische Philologie.

Slawjansk, ukrain. *Slowjanske,* Stadt in der Ukrain. SSR (Sowjetunion), im NW des Donezbeckens, 138 000 Ew.; chem. Industrie, Graphit-, Porzellan- u. Glasfabriken; Salzgewinnung; in der Nähe Mineralquellen u. Moorbäder.

Slawonien, serbokr. *Slavonija,* vom kroat.-slawon. Inselgebirge durchzogene nordjugoslaw. Landschaft zwischen Drau u. Save; intensive Landwirtschaft (Wein, Obst, Getreide); Erdöllager.

Slawophile [Mz.; slaw.-grch., „Slawenfreunde"], Anhänger einer geistigen Bewegung in Rußland, die sich seit etwa 1830 um die Herausarbeitung des spezif. russ. Volkscharakters in Geschichte u. Gegenwart sowie um die Behauptung der kulturellen Eigenständigkeit des russ. Volkes gegenüber Westeuropa bemühte. Hauptvertreter: I. W. *Kirejewskij,* J. *Axakow,* A. S. *Chomjakow,* J. F. *Samarin.* Seit dem Krimkrieg ging das S.ntum in einen militanten *Panslawismus* über.

s. l. e. a., Abk. für lat. *sine loco et anno,* = *sine anno et loco.*

Sléibhte [ir.], Bestandteil geograph. Namen: Berge, Gebirge.

Sleidanus, Johannes, eigentl. J. *Philippi,* Jurist u. Historiker, *um 1506 Schleiden, Eifel, †31. 10. 1556 Straßburg; diente auf französ. Seite dem Schmalkaldischen Bund, schrieb in dessen Auftrag eine aktenmäßige Geschichte Karls V. Diese erste prot. Reformationsgeschichte begriff den Glaubenskampf als das zentrale Thema des 16. Jh.

Slevogt, Max, Maler u. Graphiker, *8. 10. 1868 Landshut, †20. 9. 1932 Neukastel, Pfalz; fand nach Berührungen mit dem Leibl-Kreis seit 1895 unter dem Einfluß des französ. Impressionismus zu einer hellfarbigen, lockeren Malweise mit energischer Pinselführung u. heiter gestimmter Erzählfreude; gilt neben M. *Liebermann* u. L. *Corinth* als Hauptmeister des dt. Impressionismus. Als Bühnenbildner u. Buchillustrator (u. a. „Ali Baba u. die 40 Räuber" 1903; „Ilias" 1907; „Lederstrumpf" 1909) bewies S. bedeutende zeichner. Erfindungskraft. Hptw. (Gemälde): „Das Champagnerlied" 1902 (mehrere Vorstudien u. Varianten); Folge ägypt. Landschaften 1913/14. – ⌷ *Impressionismus.* – ⌷ 2.5.2.

Slezak [-zak], Leo, österr. Sänger (Heldentenor), *18. 8. 1873 Schönberg, Mähren, †1. 6. 1946 Rottach-Egern, Tegernsee; seit 1901 Heldentenor der Wiener Hofoper (Staatsoper), 1909–1912 Gastspiele an der Metropolitan Opera New York; auch Konzertsänger; nach 1932 beliebter Filmschauspieler. Autobiographie „Meine gesammelten Werke" 1922 („Meine sämtl. Werke" 1937), „Mein Lebensmärchen" 1948.

Sliabh [ir.], Bestandteil geograph. Namen: Berg.

Sliedrecht ['sli:drɛxt], Stadt in der niederländ. Prov. Südholland, östl. von Dordrecht, 20 200 Ew.

Sliema, Stadt auf Malta, nordwestl. von Valletta, 22 000 Ew.; Wohnort der Oberschicht, Hauptsitz der Universität von Malta, Fremdenverkehr.

Slieve [sli:v; gäl., engl.], Bestandteil geograph. Namen: Berg.

Sligeach, irische Stadt u. Grafschaft, →Sligo.

Sligo ['slaigo], ir. *Sligeach,* Hptst. u. Hafen der nordwestirischen Grafschaft S. (1797 qkm, 51 300 Ew.), in der Prov. Connaught, an der S.bucht des Atlant. Ozeans, 13 400 Ew.

Slim, Mongi, tunes. Politiker, *15. 9. 1908 Tunis, †23. 10. 1969 Tunis; führend in der Neo-Destour-Partei, zusammen mit H. *Bourgiba* 1938–1942 u. 1952–1954 in französ. Haft; seit 1955 mehrfach Min. u. Botschafter; 1961/62 als erster Afrikaner Präs. der UN-Vollversammlung; 1962–1964 Außen-Min., 1964–1966 Vize-Präs.

Sling, Pseudonym für Paul *Schlesinger,* Journalist, *11. 5. 1878 Berlin, †23. 5. 1928 Berlin; Gerichtsberichterstatter der „Vossischen Zeitung" in den 1920er Jahren; gesammelte Berichte: „Richter u. Gerichtete" 1929.

Slip [der; engl.], **1.** *Kleidung:* schlüpferartiges Wäschestück, bei dem die Beine vom Schritt aus schräg nach oben ausgeschnitten sind. **2.** *Schiffahrt: Aufschleppe,* leicht geneigte Ebene mit Schienen für den S.wagen, auf dem ein Schiff aufs Trockene gezogen werden kann.

Slipon [der; engl.], bequemer Herrenmantel, meist mit Raglanschnitt u. einreihig.

slippen, *Schiffahrt:* eine Verbindung absichtlich →ausrauschen.

Slipper [der; engl.], leichter, absatzloser Schuh, dessen Oberleder ausgeschnitten ist.

Sliten, *Zliten,* libysche Stadt in Tripolitanien im O von Homs, mit Nachbarorten (Distrikt S.) 45 000 Ew.

Sliwen, Hptst. des bulgarischen Bezirks S. (3729 qkm, 240 000 Ew.) in Ostrumelien, 90 000 Ew.; Seidenraupenzucht; Anbau von Wein u. Pfirsichen; Maschinenbau, Holz-, Woll- u. Elektroindustrie.

Sliwowitz [der; slaw.], *Slibowitz,* Branntwein aus Zwetschgen.

Sljudjanka, Stadt in der RSFSR (Sowjetunion), am Südufer des Baikalsees, 23 000 Ew.; Abbau von Glimmer u. Marmor; Fischverarbeitung; an der Transsibir. Bahn.

Sloan [sloun], John, US-amerikan. Maler u. Graphiker, *2. 8. 1871 Lock Haven, Pa., †8. 9. 1951 Hanover, N. H.; Mitgl. der Künstlergruppe „The Eight", die sich vor allem der realist. Darstellung des nordamerikan. Großstadtlebens widmete. Die oft humorvollen Milieugemälde von S. stehen in der Nachfolge des Impressionismus.

Slobozia [-'zia], Hptst. des rumän. Kreises Ialomița (6211 qkm, 393 000 Ew.), an der Ialomița, 34 000 Ew.; Handelsort der Bărăgansteppe (Zuckerrüben, Gemüse, Tabak).

Slogan ['slougən; engl.], Schlagwort, bes. in der Werbung.

Słonimski, Antoni, Pseudonym *Pro-Rok,* poln. Schriftsteller, *15. 10. 1895 Warschau, †4. 7. 1976 Warschau (Autounfall); Futurist, Mitbegründer der *Skamander-Gruppe;* schrieb Komödien, Romane, Feuilletons.

Slot van Capelle, untermeer. Kuppe im Natalbecken des Ind. Ozeans, ragt von rd. –5000 m bis –113 m auf.

Slough [slau], engl. Stadt westl. von London, nördl. der Themse, am Hayes, 86 800 Ew.

Słowacki [-'vatski], Juliusz, poln. Lyriker, Erzähler u. Dramatiker, *4. 9. 1809 Krzemieniec, †3. 4. 1849 Paris (1927 in die polnische Königsgruft in Krakau überführt); emigrierte 1831, lebte meist in Paris; neben A. *Mickiewicz* führender nationaler Romantiker; Lyrik: „In der Schweiz" 1839, dt. 1880; „Die Pest in El Arisch" 1839, dt. 1896. Dramen: „Maria Stuart" 1830, dt. 1879; „Mazepa" 1840, dt. 1887; „Lilla Weneda" 1840, dt. 1891. Prosa: „Anhelli" 1838, dt. „Der Engel" 1922. – ⌷ 3.2.8.

Slowakei, slowak. *Slovensko,* als *Slowakische Sozialist. Republik* (Abk. *SSR*) die östl. Teilrepublik (seit dem Staatsvertrag vom 20. 10. 1968) der Tschechoslowakei, 49 014 qkm, 4,8 Mill. Ew.; Hptst. *Preßburg;* im W u. O vorwiegend Hügelland mit breiten Flußtälern, im N in der Hohen Tatra (2663 m) waldreiches Hochgebirge mit Fremdenverkehr, im S Flachland, Schweinezucht; vorwiegend ländl. Bevölkerung, in den fruchtbaren Tälern (March, Waag, Donau) Anbau von Weizen, Mais, Zuckerrüben, Obst, Gemüse u. Tabak, im S von Wein; Braunkohlen-, Eisen-, Gold-, Silber-, Zink- u. Bleierzlager, bes. im Slowakischen Erzgebirge; Hütten-, Textil-, Cellulose- u. chem. Industrie, an der Waag mehrere Wasserkraftwerke. – ⌷→Tschechoslowakei.
Geschichte: Zuerst von Kelten bewohnt, die seit 300–200 v. Chr. von Germanen (Sweben, Wandalen, Quaden, Markomannen, Langobarden) verdrängt wurden. Nach Wegzug der Langobarden im 6. Jh. drängten slaw. Stämme (Slowaken) nach, die zunächst unter awar., dann fränk. Oberhoheit standen. Im 9. Jh. Teil des *Großmährischen Reichs.* 907 (bzw. 1025) bis 1918 gehörte die S. zu Ungarn („Oberungarn"); starke dt. Besiedlung (bes. der Zips). Die slowak. Nationalbewegung des 19. Jh. wurde auch durch die Magyarisierung wider Willen gefördert. 1918 wurde die S. ein Bestandteil der Tschechoslowakei, deren zentralist. Verfas-

sung von 1920 die slowak. Autonomieforderungen nicht befriedigte. Bei der Zerschlagung der Tschechoslowakei 1939 wurde die S. formell unabhängig, tatsächl. aber ein Satellitenstaat Deutschlands (Präs. J. *Tiso*). Seit 1945 wieder Teil der Tschechoslowakei, wurde die S. am 1. 1. 1969 Föderativstaat *(Slowakische Sozialist. Republik)* innerhalb der ČSSR. – Ⓛ 5.5.7.

Slowaken, slowak. *Slováci*, ungar. *Tó:ok*, westslaw., den Tschechen nahe verwandtes Volk in den Westkarpaten, rd. 4,1 Mill. (ferner 1 Mill. in die USA ausgewandert); Ackerbauer, Viehzüchter (Schafhirten), Waldarbeiter im Gebirge u. Wandergewerbler; mit reicher, bunter Volkstracht u. eigenartigen, reich entwickelten Figurentänzen.

slowakische Kunst →tschechische und slowakische Kunst.

slowakische Literatur. Die Anfänge der s.nL. lagen in der Reformationszeit. J. *Sylvanus* († 1572) schrieb religiöse Dichtungen, Jur *Tranovský* (* 1591, † 1657) veröffentlichte eine Sammlung ev. Kirchenlieder. Vergebl. bemühte sich Antonin *Bernolák* (* 1762, † 1813), das Westslowakische zur Literatursprache zu erheben, obgleich sich ihm der histor. Themen behandelnde Epiker Jan *Hollý* (* 1785, † 1849) anschloß. P. J. *Šafárik* u. J. *Kollár* leiteten später zur Vereinheitlichung der Schriftsprache auf mittelslowak. Grundlage durch L. *Š :úr* (der die Fundamente der modernen Literatur legte) u. zur Romantik über; diese wurde u. a. vertreten durch die Lyriker Janko *Král* (* 1822, † 1876), Samo *Chalupka* (* 1812, † 1883), den Prosaiker Ján *Kalinčiak* (* 1822, † 1871) u. den Epiker A. *Sládkovič*. Ihnen folgten als Vertreter des Realismus der Lyriker S. *Hurban-Vajanský*, der die klass. Periode der s.nL. einleitete, die Erzähler M. *Kukučin* u. P. *Hviezdoslav*. Impressionist. Erzählungen schrieb Jozef *Cíger-Hronský* (* 1896, † 1960). Die slowak. „Moderne" brachte eine vertiefte psycholog Thematik in pessimist. Sicht bei den Lyrikern Janko *Jesenský* (* 1874, † 1945), Ondrej *Žarnov* (* 19. 11. 1903), Vladimir *Roy* (* 1885, † 1936) u. in den expressionist. Romanen von Ján *Hrušovský* (* 24. 2. 1892). Surrealist. Elemente zeigten Rudolf *Dilong* (* 1. 8. 1905) u. Rudolf *Fabry* (* 8. 2. 1905). Dies fand seine Überwindung bei Martin *Rázus* (* 1888, † 1937), Ján *Smrek* (* 16. 12. 1898), Valentin *Beniak* (* 19. 2. 1894), in der kath. Lyrik von Emil *Lukáč* (* 1. 11. 1900) u. in der proletarischen Poesie von Ján *Poničan* (* 15. 6. 1902), die mit ihrem Optimismus zum sozialist. Realismus von P. *Jilemnický* u. František *Hečko* (* 1905, † 1960) u. zu den Gesellschaftsstücken von Ivan *Stodala* (* 10. 3. 1888) überleitete. – Ⓛ 3.3.0.

Slowakisches Erzgebirge, slowak. *Slovenské rudohorie*, Teil der Westkarpaten südl. der Tatra, in der *Stolica* 1480 m; teilt sich im W in die *Eipelebene*, in die *Hochebene von Muráň*, im O in den *Slowak. Karst* u. in ein durch breite Bergrücken gekennzeichnetes Gebiet; Vorkommen u. Abbau von Silber-, Gold-, Kupfer-, Zink-, Blei- u. Eisenerzen; frühere dt. Bergbausiedlungen.

slowakische Sprache, in der westl. Tschechoslowakei gesprochene, zur westl. Gruppe der slaw. Sprachen gehörende Sprache; mit dem Tschechischen verwandt. – Ⓛ 3.8.4.

Slowenen, slowen. *Sloveni*, früher auch *Winden* (Wenden), südslaw. Bauernvolk im NW von Jugoslawien, in Südkärnten u. in den Randgebieten Nordostitaliens, rd. 1,75 Mill.; röm.-kath.; dem kroat. Volkstum nahe verwandte Kultur mit alpenländ. Zügen in Hausform u. Trachten.

Die S. kamen, vor den Awaren Sicherheit suchend, im 6. Jh. in ihre heutigen Wohnsitze; im 8. Jh. durch Bayern u. Franken unterworfen; seit dem 9. Jh. christianisiert; seit 1282 bzw. 1335–1918 unter den Habsburgern; 1919 zu Jugoslawien.

Slowenien, slowen. *Slovenija*, Teilrepublik im NW Jugoslawiens, 20251 qkm, 1,7 Mill. Ew., Hptst. *Laibach* (Ljubljana); im N bewaldete Ausläufer der Kalkalpen (Julische Alpen) mit Viehzucht (Rinder), Holzwirtschaft u. Fremdenverkehr; nach S in Hügelländer übergehend, die von breiten, fruchtbaren Flußtälern u. Becken (Anbau von Getreide, Obst u. Wein) aufgegliedert sind; im W verkarstete, waldarme Gebirge; vor 1945 starke dt. Bevölkerungsanteile, jetzt vorwiegend Slowenen; Maschinenbau, Textil-, Hütten- u. chem. Industrie auf der Grundlage von Braunkohlenvorkommen u. Wasserkraftwerken. – Ⓚ →Jugoslawien.

Geschichte: Seit dem 6. Jh. von Slowenen besiedelt (Istrien, Kärnten u. Krain); zeitweise von Bayern u. dem Fränk. Reich, im 10. Jh. von Ungarn abhängig; 1335–1918 habsburg.; bildete 1918 mit Serbien u. Kroatien das *Königreich der Serben, Kroaten und Slowenen*, seit 1929 →Jugoslawien (Geschichte). – Ⓛ 5.5.7.

slowenische Kunst →jugoslawische Kunst.

slowenische Literatur. Zu den ältesten slaw. Literaturwerken gehören die *Freisinger Denkmäler* (3 Texte für die Beichtpraxis, aufgezeichnet zwischen 972 u. 1039 in slowen. Sprache von einem Bayern). Weitere Schriften der s.n L. folgten erst in der Reformationszeit (P. *Trubar*). Eine große sprachschöpfer. Leistung war die slowen. Bibelübersetzung des Jurij *Dalmatins* (* 1547, † 1589); Marko *Pohlins* (* 1735, † 1801) philolog. Schriften bemühten sich um die Ausformung der Muttersprache. Zum Begründer des slowen. Theaters u. Lustspiels wurde Anton *Linhardt* (* 1756, † 1795). Eine s. L. im engeren Sinn setzte während der Romantik ein, begründet durch das Schaffen des zur Weltliteratur zählenden Lyrikers F. *Prešeren*, eines Freunds von A. *Grün*. Als „Sänger der Wiedergeburt" gilt St. *Vraz*. In der 2. Hälfte des 19. Jh. entwickelte sich eine dem Realismus verpflichtete Erzählungsliteratur (hierzu gehörten F. *Levstik*, J. *Stritar* u. I. *Tavčar*), die im Schaffen von J. *Jurčič* ihren Höhepunkt fand. Eine Brücke zur liberalen westeurop. Literatur schlug A. *Aškerc* mit seinen z.T. sozialkrit. Werken. Wichtigste Vertreter der Moderne sind I. *Cankar* u. die Lyriker O. *Zupančič*, der Begründer des freirhythm. slowen. Verses, Josip *Murn-Aleksandrov* (* 1879, † 1901) u. Dragotin *Kette* (* 1876, † 1899). Nach dem 1. Weltkrieg suchte die s.L. Anschluß an den Expressionismus (Srečko *Kosovel*, * 1904, † 1926). Die in den 1930er Jahren gepflegte sozial ausgerichtete Prosa von Voranc *Prežihov* (* 1893, † 1950) u. M. *Kranjec* mündete nach 1945 in den sozialist. Realismus ein (Anton *Ingolič* [* 5. 1. 1907], Bratko *Kreft* [* 11. 2. 1905], der Dramatiker Matej *Bor* [* 14. 4. 1913]). – Ⓛ 3.3.1.

slowenische Sprache, zur südl. Gruppe der slaw. Sprachen gehörende, im N u. NW Jugoslawiens, in Südostkärnten u. der Gegend von Triest gesprochene Sprache; dem Kroatischen nahestehend, vom Deutschen u. Italien. beeinflußt. – Ⓛ 3.8.4.

Slowfox ['slɔu-; der; engl.], langsamer Foxtrott.

slowinzische Sprache, eine nach 1900 ausgestorbene westslaw. Sprache im Kreis Stolp in Pommern.

Slughi, der kurzhaarige Arabische →Windhund.

Sluis [slœjs], Stadt in der niederländ. Prov. Seeland, 2800 Ew. In der *Seeschlacht vor S.* am 24. 6. 1340 (im Hundertjährigen Krieg) wurde die französ. Flotte von der engl. vernichtet.

Slum [slʌm; der; engl.], Elendsviertel in Großstädten.

Słupsk, poln. Name der Stadt →Stolp.

Sluter ['sly:tər], Claus, niederländ. Bildhauer, * um 1340/1350 Haarlem (?), † 1405/06 Dijon; dort Gehilfe, dann Nachfolger J. de *Marvilles*; Wegbereiter der nord. Renaissance; Hauptwerke für die Kartause von Champmol bei Dijon: Portalfiguren der Klosterkirche 1391–1396/97; „Mosesbrunnen" (eigentl. Kalvarienberg; erhalten ist nur der Sockel mit den 6 Propheten); Teile des Grabmals Philipps des Kühnen, 1384 von J. de Marville begonnen, 1411 von S.s Neffen C. de *Werve* vollendet, Dijon, Museum. – Ⓛ 2.4.5.

sm, Abk. für *Seemeile*.

Sm, chem. Zeichen für *Samarium*.

SM, Abk. für →Marianisten u. →Maristen.

S. M., Abk. für *Seine Majestät*.

Små [smɔ:; dän., schwed.], Bestandteil geograph. Namen: klein.

SMAD, Abk. für →Sowjetische Militäradministration in Deutschland.

Småland ['smo:-], Landschaft in Südschweden, nur wenig besiedelte, waldreiche Seenplatte mit Mooren u. meist unfruchtbaren Böden, 29322 qkm, 692800 Ew.

Smallingerland, Stadt in der niederländ. Prov. Friesland, östl. von Leeuwarden, 40000 Ew.

Smalte [die; german., ital.], blaues (mit Kobaltoxid gefärbtes) Glas, das durch Pulverisieren einer erkalteten Schmelze von Quarzsand, Pottasche u. Kobaltoxid hergestellt wird. S. dient zum Blaufärben von Glasflüssen in der Keramik-, Glas- u. Emailleindustrie, wird in der Kunstmalerei als Pigment verwendet u. gehört zu den ältesten Farben (schon im Altertum hergestellt).

Smaltin [der], *Skutterudit*, *Speiskobalt*, Kobaltarsenid, $CoAs_3$, weißes oder hellstahlgraues, z.T. rotbeschlagenes, metallglänzendes Mineral, wichtiges Kobalterz; regulär; Härte 5,5–6; bildet aufgewachsene Kristalle; Vorkommen mit Arsenkies, Kobaltglanz, Rotnickelkies, Edelmetallen.

Smaragd [der; ind., pers., grch.], Edelstein, grüne Abart des →Berylls.

Smaragdeidechse, *Lacerta viridis*, größte europ. *Eidechse*, bis 40 cm lang, vorwiegend südl. Form, wärmeliebend; leuchtend grün, Männchen im Frühsommer mit blauer Kehle; legt Eier; steht unter Naturschutz.

Smaragdente, *Cajugaente*, schwarze glänzende Hausentenrasse.

Smederevo, jugoslaw. Stadt an der Donau, südöstl. von Belgrad, 40000 Ew.; ehem. Festung u. Hptst. des altserb. Reichs; Walzwerk, Maschinenbau, keram. Fabrik, Binnenhafen.

Smend, Rudolf, Staats- u. Kirchenrechtslehrer, * 15. 1. 1882 Basel, † 5. 7. 1975 Göttingen; lehrte in Greifswald, Tübingen, Bonn, Berlin u. (1935 bis 1950) Göttingen; beeinflußt von H. *Driesch* u. der Sozialpsychologie; Begründer der *Integrationslehre* als einer den rechtl. Positivismus überwindenden Auffassung vom Staat. Hptw.: „Die polit. Gewalt im Verfassungsstaat" 1923; „Verfassung u. Verfassungsrecht" 1928; „Staatsrechtliche Abhandlungen" 1955.

Smeraldina, Dienerinnenfigur der *Commedia dell'arte*, trat als Gefährtin des *Arlecchino* meistens unter dem Namen *Colombina* auf.

Smet, Gustave de, belg. Maler u. Graphiker, * 21. 1. 1877 Gent, † 8. 10. 1943 Deurle-sur-Lys; neben C. *Permeke* u. F. van den *Berghe* Erneuerer der fläm. Malerei, stand bis 1914 den Impressionisten u. Neoimpressionisten nahe, kam dann zu einem expressiven Stil, in dem seit etwa 1923 Formberuhigung eintrat.

Smetana, Bedřich (Friedrich), tschech. Komponist, * 2. 3. 1824 Leitomischl, † 12. 5. 1884 Prag; fand die Unterstützung F. *Liszts*; 1856–1861 Leiter der Philharmon. Vereinigung in Göteborg, 1866–1874 Kapellmeister in Prag, seit 1874 völlig taub; erstrebte eine auf Volkslied u. -tanz beruhende Nationalkunst; mit der kom. Oper „Die verkaufte Braut" 1866 errang er einen Welterfolg; komponierte ferner die Opern „Dalibor" 1868, „Der Kuß" 1876, „Libussa" 1881; sinfon. Dichtungen „Mein Vaterland", 6 Teile, u. das Streichquartett „Aus meinem Leben".

Smethwick ['smɛðik], seit 1966 Teil der neuen engl. Stadt →Warley.

Smiles [smailz], Samuel, engl. Schriftsteller, * 23. 12. 1812 Haddington, Schottland, † 16. 4. 1904 London; Arzt. Volkstüml. Schrifttum: „Der Charakter" 1871, dt. 1872; „Leben großer Ingenieure" 5 Bde. 1861/62, 1874, dt. 1874.

Smirgel [der; grch., ital.] = Schmirgel.

Smirnow, Andrej Andrejewitsch, sowjet. Diplomat, * 15. 10. 1905 Moskau; 1956/57 Botschafter in Wien, 1957–1966 in Bonn; 1969 stellvertr. Außen-Min.

Smith [smiθ], **1.** Adam, schott. Nationalökonom u. Philosoph, * 5. 6. 1723 Kirkcaldy, † 17. 7. 1790 Edinburgh; Begründer der *klassischen Nationalökonomie*; schuf ein einheitl. System der liberalen Wirtschaftslehre, in der er die Ideen seiner Vorgänger (R. *Cantillon*, D. *Hume*, W. *Petty* u. a.) zusammenfaßte u. erweiterte. Seine Lehre fußte auf den Ideen der Aufklärung, des Naturrechts u. der engl. Moralphilosophie. Die Quelle des nationalen Reichtums sei nicht der Geldvorrat *(Merkantilismus)* oder die landwirtschaftl. Produktion *(Physiokratie)*, sondern die geleistete Arbeit des Volkes. Die Ergiebigkeit der Arbeit werde durch *Arbeitsteilung* gesteigert, die wiederum von der Größe des Marktes abhänge; eine Voraussetzung der Arbeitsteilung sei das Funktionieren des *Marktautomatismus*, der über den Marktpreis Angebot u. Nachfrage zum Ausgleich bringe. Die treibende Kraft aller wirtschaftl. Vorgänge sei der *Eigennutz*, den S. als wirtschaftl. Ordnungsprinzip ansah. Wirtschaftspolit. forderte S. *Freihandel* u. *laissez faire*, d.h., daß der Staat möglichst wenig eingreife, da der freie Wettbewerb zu einer natürlichen Harmonie des sozialen u. wirtschaftl. Lebens führe. Hptw.: „Theorie der ethischen Gefühle" 1759, dt. 1770, zuletzt 1949; „An Inquiry into the Nature and Causes of the Wealth of Nations" 2 Bde. 1776, dt. „Der Wohlstand der Nationen" zuletzt 1974. – Ⓛ 4.4.7.

2. Bessie (Elizabeth), afroamerikan. Bluessängerin, * 15. 4. 1894 Chattanooga, Tenn., † 26. 9. 1937 Clarksdale, Miss.; einflußreich durch ihren Vortragsstil, besang Schallplatten mit L. Armstrong, J. P. Johnson, F. Henderson u. a.

Smaragdeidechse, Lacerta viridis

3. David, US-amerikan. Bildhauer, * 9. 3. 1906 Decatur, Ind., † 23. 5. 1965 Bennington, Vt.; ging 1932 von der Malerei zur Metallplastik über, die er in handwerkl. Perfektion von anfängl. surrealistisch beeinflußten Arrangements bis zu späten archaischen Abstraktionen beherrschte.
4. Hamilton, US-amerikan. Biochemiker, * 23. 8. 1931 New York; Nobelpreis 1978 für Medizin zusammen mit D. *Nathans* u. W. *Arber* für die Entdeckung der Restriktionsenzyme u. die Anwendung dieser Enzyme in der Molekulargenetik.
5. Ian, rhodes. Politiker, * 8. 4. 1919 Selukwe; Sohn schott. Einwanderer; Mitgründer der *Rhodesian Front*, 1964–1979 Premier-Min., erklärte 1965 einseitig die Unabhängigkeit Rhodesiens; 1979/80 Min. ohne Portefeuille im Kabinett *Muzorewa*.
6. John, engl. Abenteurer, * 6. 1. 1579 Willoughby, Lincolnshire, † 21. 6. 1631 London; nahm 1607 an der Gründung von Virginia teil, der ersten engl. Kolonie in Nordamerika, u. schrieb darüber.
7. Joseph, US-amerikan. Sektenstifter, * 23. 12. 1805 Sharon, Vt., † 27. 6. 1844 Carthago, Ill.; gründete, gestützt auf das angeblich von ihm durch Offenbarung entdeckte Buch *Mormon*, 1830 die Kirche der *Mormonen*. Weitere himmlische Kundgebungen, die er empfangen haben wollte, wurden in dem Buch „Lehre u. Bündnisse" 1835 gesammelt u. dem Kanon heiliger Schriften einverleibt. In der Folge eines Konflikts mit seinen Gegnern wurde er 1844 verhaftet u. im Gefängnis von einer Volksmenge ermordet.
8. Theobald, US-amerikan. Bakteriologe, * 31. 7. 1859 Albany, N.Y.; † 10. 12. 1934 New York; entdeckte 1889 den Erreger des Texasfiebers.
9. William, engl. Geologe, * 23. 3. 1769 Churchill, Oxfordshire, † 28. 8. 1839 Northampton; Begründer der Stratigraphie („Vater der Geologie").
Smithsonian Institution [smiθ'sɔunjən insti'tju:ʃən], von dem engl. Chemiker u. Mineralogen James *Smithson* (* 1754, † 1829) gestiftetes Forschungsinstitut in Washington.
Smithsund ['smiθ-], arkt. Meeresstraße zwischen Grönland u. Ellesmereinsel.
SMM, Abk. für die →Montfortaner.
Smog [engl., aus *smoke*, „Rauch", + *fog*, „Nebel"], Ansammlung von Verbrennungsprodukten wie Flugasche, Ruß, Schwefeldioxid u. Motorabgasen, die infolge von dichtem Nebel oder einer Kaltluftschicht in der Luft nicht hochsteigen können. In Industriezentren u. Großstädten kann es hierdurch zu Schädigungen von Menschen kommen; ferner wird die Vegetation in Mitleidenschaft gezogen. Abhilfe z.B. durch Staubfilter bei Hüttenwerken, Fernheizungsanlagen u. dgl.
Smok, *Smokarbeit*, Zierstiche an Wäsche, Blusen, Kinderkleidern u.ä., mit der Hand oder maschinell so ausgeführt, daß gleichzeitig die Stoffweite eingehalten (eingekräuselt) wird.
Smoking [der; engl.], kleiner Gesellschaftsanzug, meist dunkel oder weiß, mit langen, spitzen Klappen oder Schalkragen.
Smoky Hill River ['smɔuki 'hil 'rivə], südl. Quellfluß des Kansas River in Colorado u. Kansas (USA), 900 km.
Smolęnsk, Hptst. der Oblast S. (49 800 qkm, 1 106 000 Ew.; davon rd. 55% in Städten) im W der RSFSR (Sowjetunion), am oberen Dnjepr, 270 000 Ew.; Universität u. a. Hochschulen, Himmelfahrtskathedrale (12. Jh.); Flachsanbau, Leinenindustrie, Maschinenbau, Holzverarbeitung, Ziegeleien; Beginn der Dnjeprschiffahrt.
S., eine der ältesten Städte der UdSSR, war im 9. Jh. Zentrum des Fürstentums S. Bei S. besiegte am 17. 8. 1812 Napoléon I. die Russen, am 17. 11. 1812 Kutusow die Franzosen. Im 2. Weltkrieg war S. hart umkämpft u. wurde stark zerstört.
Smolenskin, Perez, hebr. Schriftsteller, * 25. 2. 1842 Monsterschtschina, Weißrußland, † 1. 2. 1885 Meran; ging 1868 nach Dtschld. u. Österreich; 1869–1884 Hrsg. der Ztschr. „Haschachar" (Die Morgenröte), 1880 Aufenthalt in Palästina; gab in seinen Romanen ein Bild des jüd. Lebens; Wegbereiter des Zionismus.
Smólikas, höchste Erhebung des Grámmos im nordwestl. Griechenland, 2637 m.
Smoljan, Hptst. des bulgar. Bezirks S. (3518 qkm, 177 000 Ew.), in den Rhodopen, 20 300 Ew.; Bau landwirtschaftl. Maschinen.
Smollett [-lit], Tobias George, schott. Schriftsteller, * 19. 3. 1721 bei Cardross, Dumbartonshire, † 17. 9. 1771 bei Livorno; Arzt; schrieb phantasiereiche, humorist. Abenteuerromane: „Roderick Random" 1748, dt. 1755; „Peregrine Pickle" 4 Bde. 1751, dt. 1785 u. ö.
Smørrebrød ['smœ-; das; dän.], dän. Butterbrot, mehrfach belegt u. reich verziert.
smorzando [ital.], musikalische Vortragsbez.: ersterbend, verlöschend.
Smrkovský, Josef, tschechoslowak. Politiker (KP), * 26. 2. 1911 Velenka, Mittelböhmen, † 14. 1. 1974 Prag; 1946–1948 Mitgl. des ZK; im Slánský-Prozeß 1952 zu lebenslängl. Haft verurteilt, 1955 entlassen, 1963 rehabilitiert; 1966 bis 1969 wieder Mitgl. des ZK, 1968/69 des Parteipräsidiums, 1968/69 Präs. der Nationalversammlung bzw. Volkskammer; einer der führenden Reformpolitiker des „Prager Frühlings" 1968; 1969/70 aller Ämter enthoben u. aus der Partei ausgeschlossen.
Smuts [smʌts], Jan Christiaan, südafrikan. Politiker u. brit. Feldmarschall, * 24. 5. 1870 Boplaas, Kapkolonie, † 11. 9. 1950 Doornkloof bei Pretoria; kämpfte 1900/01 im Burenkrieg gegen die Engländer, trat aber nach der Niederlage für eine Zusammenarbeit mit ihnen ein; 1919–1924 Min.-Präs. der Südafrikan. Union u. einer der Hauptverfechter des Völkerbundgedankens; 1939–1948 erneut Min.-Präs., Außen- u. Verteidigungs-Min.
Smyrna, türk. *Izmir, Ismir*, Hptst. der Provinz S., in der westl. Türkei am Ägäischen Meer; 650 000 Ew.; Haupthandelsplatz, größter Ausfuhr- u. zweitgrößter Einfuhrhafen der Türkei; Kulturzentrum, Universität (1955); Teppich-, Textil- u. Tabakindustrie, Ölraffinerie, Schiffbau.
Smyrnaarbeit, Handarbeit in Knüpftechnik, bei der Wollfäden in die Leinenkette eingeknüpft werden. Durch Aufschneiden der Schlingen entsteht der sog. „offene Flor", das Kennzeichen der Smyrnateppiche.
Smyrnaspitze →armenische Spitze.
Sn, chem. Zeichen für *Zinn*.
Snake River ['sneik 'rivə], größter Nebenfluß des Columbia im NW der USA, rd. 1600 km, entspringt im südl. Yellowstone-Nationalpark in Wyoming, durchfließt in zahlreichen Canyons, mit mehreren Wasserfällen, die *S. R. Plains* von Idaho, mündet bei Pasco; Bewässerungsanlagen.
SNCF, Abk. für *Société Nationale des Chemins de Fer Français*, die französ. Staatsbahn.
SNECMA, Abk. für frz. *Société Nationale d'Étude et de Construction de Moteurs d'Aviation*, staatl. französ. Firma für Luftfahrttriebwerke in Paris; baut Strahltriebwerke u. Kolbenmotoren u. ist auf dem Gebiet der Elekronik, der Kernenergietechnik u. der Weltraumforschung tätig.
Sneek, Stadt in der niederländ. Prov. Friesland, südwestl. von Leeuwarden, 27 100 Ew., Segelsportzentrum. – B →Niederlande.
Snell, 1. Bruno, Altphilologe, * 18. 6. 1896 Hildesheim; seit 1931 Prof. in Hamburg; verfaßte Arbeiten zur griech. Literatur. „Dichtung u. Gesellschaft ... im alten Griechenland" 1965.
2. George David, US-amerikan. Zoologe u. Genetiker, * 19. 12. 1903 Bradfort, Mass.; erforschte die genet. Grundlagen der Gewebsverträglichkeit bei Transplantationen u. schuf das Konzept der *H-Antigene* (Histocompatibility-Antigens). Zusammen mit B. *Benacerraf* u. J. *Dausset* erhielt er den Nobelpreis für Medizin 1980.
Snellen, Herman, niederländ. Augenarzt, * 19. 2. 1834 Zeist, Prov. Utrecht, † 18. 1. 1908 Utrecht; nach ihm sind die *S.schen Sehprobetafeln* zur Sehschärfebestimmung benannt.
Snęllius, eigentl. *Snell van Royen*, Willebrord, niederländ. Mathematiker u. Physiker, * 1591 Leiden, † 30. 10. 1626 Leiden; führte die erste Gradmessung mit Hilfe der Triangulation durch; entdeckte das Brechungsgesetz der Optik.
Snęlliustiefen, zwei Tiefen im *Philippinengraben*, 1929 vom niederländ. Vermessungsschiff „Willebrord Snellius" mit 10 130 m u. 10 062 m gelotet.
SNIAS, Abk. für frz. *Société Nationale Industrielle Aérospatiale*, Paris; entstand 1969 durch Zusammenschluß der staatl. Unternehmen Sud-Aviation, Nord-Aviation u. SEREB; Grundkapital: 396,5 Mill. Franc; etwa 42 000 Beschäftigte; baut in 15 Werken Flugzeuge, Hubschrauber sowie takt. u. ballist. Flugkörper.
SNIA VISCOSA S.p.A., *Società Nazionale Industria Applicazioni Viscosa*, Mailand, Konzern der italien. Kunstfaserindustrie; 1917 als Reederei u. Schiffbaugesellschaft unter der Firma *SNIA-Società di Navigazione Italo-Americana* gegr., seit 1922 heutige Firma; 43 500 Beschäftigte.
Śnieżka ['ɕɲjɛʒka], poln. Name der →Schneekoppe, im Riesengebirge.

Smyrna: Hafen

Snofru, ägypt. König um 2600–2570 v. Chr., Begründer der 4. Dynastie, Erbauer zweier großer Pyramiden bei Dahschur im S von Memphis.

Snøhetta, Berg im *Dovrefjell* (Norwegen), 2286 m.

Snoilsky, Carl Graf, Pseudonym *Sven Tröst*, schwed. Dichter, *8. 9. 1841 Stockholm, †19. 5. 1903 Stockholm; der bedeutendste Vertreter des lyrischen Realismus, schrieb histor. Miniaturen, Liebes- u. Freiheitsgedichte.

Snorra-Edda, Bez. für die von *Snorri Sturluson* zusammengestellte u. aufgezeichnete *Jüngere* oder *Prosa-Edda*. →auch Edda.

Snorri Sturluson, altisländ. Staatsmann u. Schriftsteller, *1179 Hvamm, †22. 9. 1241 Reykjaholt (ermordet); verfaßte die Skaldenpoetik der Jüngeren oder Prosa-Edda, die nach ihm auch *Snorra-Edda* heißt, u. die *Heimskringla*, die Lebensgeschichte der norweg. Könige.

Snow [snou; engl.], Bestandteil geograph. Namen: Schnee.

Snow [snou], Charles Percy, Baron S. (1964), engl. Erzähler, *15. 10. 1905 Leicester, †1. 7. 1980 London; Prof. für Physik, 1964–1966 Unterstaatssekretär im Ministerium für Technologie; schrieb Romane mit tiefdringender Psychologie u. guter Milieuschilderung: „Die lichten u. die dunklen Gewalten" 1947, dt. 1948; „Zeit der Hoffnung" 1949, dt. 1960; „Korridore der Macht" 1964, dt. 1967; „The Last Things" 1970.

Snowdon [snoudən], höchster Berg von England u. Wales in den Cambrian Mountains von Nordwest-Wales, 1085 m; *Snowdonia-Nationalpark* (1951 gegr., 2168 qkm).

Snowdon [snoudən], Antony *Armstrong-Jones*, Earl of S., Photograph, *7. 3. 1930 London; seit 1960 Ehemann der engl. Prinzessin Margaret Rose; 1978 geschieden.

Snowy Mountains ['snoui 'mauntinz], höchster Teil der Great Dividing Range in den austral. Staaten Victoria u. Neusüdwales, im *Mt. Kosciusko* 2230 m hoch; Wintersportgebiet.

Snowy Mountains Scheme ['snoui 'mauntinz 'ski:m], Stauseeverbundsystem in den *Snowy Mountains* von Australien, sammelt die Schmelzwässer im Bereich des Murray u. Murrumbidgee (u. a. Snowy River) u. macht sie zur Stromgewinnung u. Bewässerung (2600 qkm Land) nutzbar. Die Anlage besteht aus 16 größeren Stauseen, deren bekanntester der Lake →Eucumbene ist; durch 150 km Tunnel u. über 120 km Aquädukte wird Wasser in 7 Kraftwerke (Gesamtleistung 3,8 Mill. kW) u. zu den Flüssen der westlichen Abdachung geleitet; an der Nutzung haben Neusüdwales u. Victoria Anteil; Fremdenverkehr, Wasser- u. Angelsport.

Snyders ['sneidərs], Frans, fläm. Maler, getauft 11. 11. 1579 Antwerpen, †19. 8. 1657 Antwerpen; Freund u. Mitarbeiter von P. P. Rubens; schuf großformatige Jagdstücke u. Stilleben mit toten Tieren u. Früchten, belebt durch kleine Szenen (Tierkämpfe); in der dekorativen Anordnung, kräftigen Farbgebung u. breiten Pinselführung typisch für den fläm. Barock.

s. o., Abk. für *siehe oben!*

SO, Abk. für *Südost*.

Sö [dän., norw.], Teil geograph. Namen: See.

Soak-stain ['soukstein; engl.], von H. Frankenthaler 1956 entwickelte „Einfärbetechnik", bei der stark verdünnte Farben auf ungrundierte Leinwand aufgetragen werden. Dadurch ergeben sich transparente Farbwirkungen.

Soane [soun], Sir John, engl. Architekt, *10. 9. 1752 Reading, †20. 1. 1837 London; errichtete mehrere monumental-klassizist. öffentl. Gebäude in London (Bank von England u. a.). Seine Kunstsammlung bildet den Grundstock des *Sir John S.'s House and Museum* in London.

Soares [so'arif], Mario, portugies. Politiker (Sozialist), *7. 12. 1924 Lissabon; Anwalt; seit 1970 Generalsekretär der Sozialist. Partei, 1974/75 Außen-Min., 1975 Min. ohne Geschäftsbereich, 1976–1978 Min.-Präs.

Sobäksanmäk, Gebirge in Südkorea, trennt die Einzugsgebiete von Naktonggang u. Hangang, im *Tschii San* (nahe der Südküste) 1915 m.

Sobat [engl. 'soubət], rechter Nebenfluß des Weißen Nil, rd. 740 km, entspringt im südwestl. Äthiopien, mündet südwestl. von Malakal.

Sobernheim, rheinland-pfälz. Stadt an der Nahe, am Südhang des Hunsrücks (Ldkrs. Bad Kreuznach), 7200 Ew.; Luftkurort, Felke-Bad; Strumpf-, Schuh-, Papier-, pharmazeut. Industrie.

Sobibór [-bur], Dorf am Bug, nordöstl. von Lublin (Polen), 1942/43 nat.-soz. Vernichtungslager für Juden, 160 000 Todesopfer (Schätzung).

Sobranje [die oder das], das bulgar. Parlament.

Soccer ['sokə; der; amerikan., aus der Silbe *soc* von *association-football*, „Verbands-Fußball"], US-amerikan. Bez. für das europ.-lateinamerikan. Fußballspiel, im Unterschied zu *American Football* u. *Rugby*.

Soccus [der], ein leichter Schuh der alten Griechen u. Römer; Fußbekleidung des Komödienschauspielers.

Sochaczew [so'xatʃef], Stadt in Masowien (poln. Wojewodschaft Skierniewice), an der Bzura, 20 000 Ew.; Maschinen-, Zucker- u. chem. Industrie.

Società per Azioni [sotʃiɛ'ta-; ital.], Abk. *S. p. A.*, italien. Bez. für *Aktiengesellschaft*.

Société Anonyme [sosje'te ano'nim; frz., „anonyme Gesellschaft"], Abk. *S. A.*, französ. Bez. für *Aktiengesellschaft*.

Société Nationale Industrielle Aérospatiale [sosje'te nasjo'nal ɛ̃dystri'ɛl aerospas'ja:l] →SNIAS.

Society [sə'saiəti; die; engl.], Gesellschaft.

SOCist, Abk. für die →Zisterzienser.

Sockel, 1. unterer Teil der Umfassungswand eines Gebäudes, bis zur Höhe des Erdgeschoßfußbodens reichend, bei monumentalen Bauten oft nach oben durch ein S.gesims begrenzt. – 2. meist ungegliederter Block unter Säulen, Pfeilern u. ä.

Sockelbetrag, ein für alle gleicher Grundbetrag bei einer Lohn- bzw. Gehaltstariferhöhung, zu dem eine prozentuale Steigerung hinzukommt.

Sockenblume, *Epimedium*, Gattung der *Sauerdorngewächse*. In den Alpen u. im Alpenvorland *Alpen-S.*, *Epimedium alpinum*, mit karmin- oder purpurroten, innen hellgelben Blüten. Zierpflanze ist die aus Japan stammende *Großblumige S.*, *Epimedium macranthum*.

Socompa, Andenvulkan an der argentin. Nordwestgrenze nach Chile, 6050 m.

Socorro, Stadt in der nördl. Cordillera Oriental Kolumbiens, 25 000 Ew.; 1230 m ü. M.; landwirtschaftl. Zentrum; Tabakwarenindustrie.

Socotra, *Sokotra*, *Soqotra*, Insel im Ind. Ozean vor der Ostspitze Afrikas, mit kleinen Nebeninseln 3626 qkm, 15 000 Ew., Hauptort *Tamrida*; Fischerei u. nomad. Weidewirtschaft, Export von Aloë, Perlen u. Trockenfisch. – Früher portugies., dann brit., seit 1967 Teil der Demokrat. Volksrepublik (Süd-)Jemen.

Soda [die, auch das; arab., roman.], *Natriumcarbonat*, kohlensaures Natrium, Na_2CO_3, kommt natürlich in einigen kaliforn. u. ostafrikan. Seen vor. Das kristallwasserhaltige Salz ($Na_2CO_3 \cdot 10H_2O$[*Kristall-S.*]) bildet große farblose Kristalle. Der größte Teil der Weltproduktion wird nach dem sog. Ammoniak-S.-Verfahren (*Solvay-Verfahren*) gewonnen (früher auch *Leblanc-Verfahren*). – S. ist einer der wichtigsten Grundrohstoffe der anorgan. chem. Industrie (bes. in der Glas- u. Seifenindustrie), bei der Herstellung von Wasch- u. Reinigungsmitteln u. a. Natriumsalze.

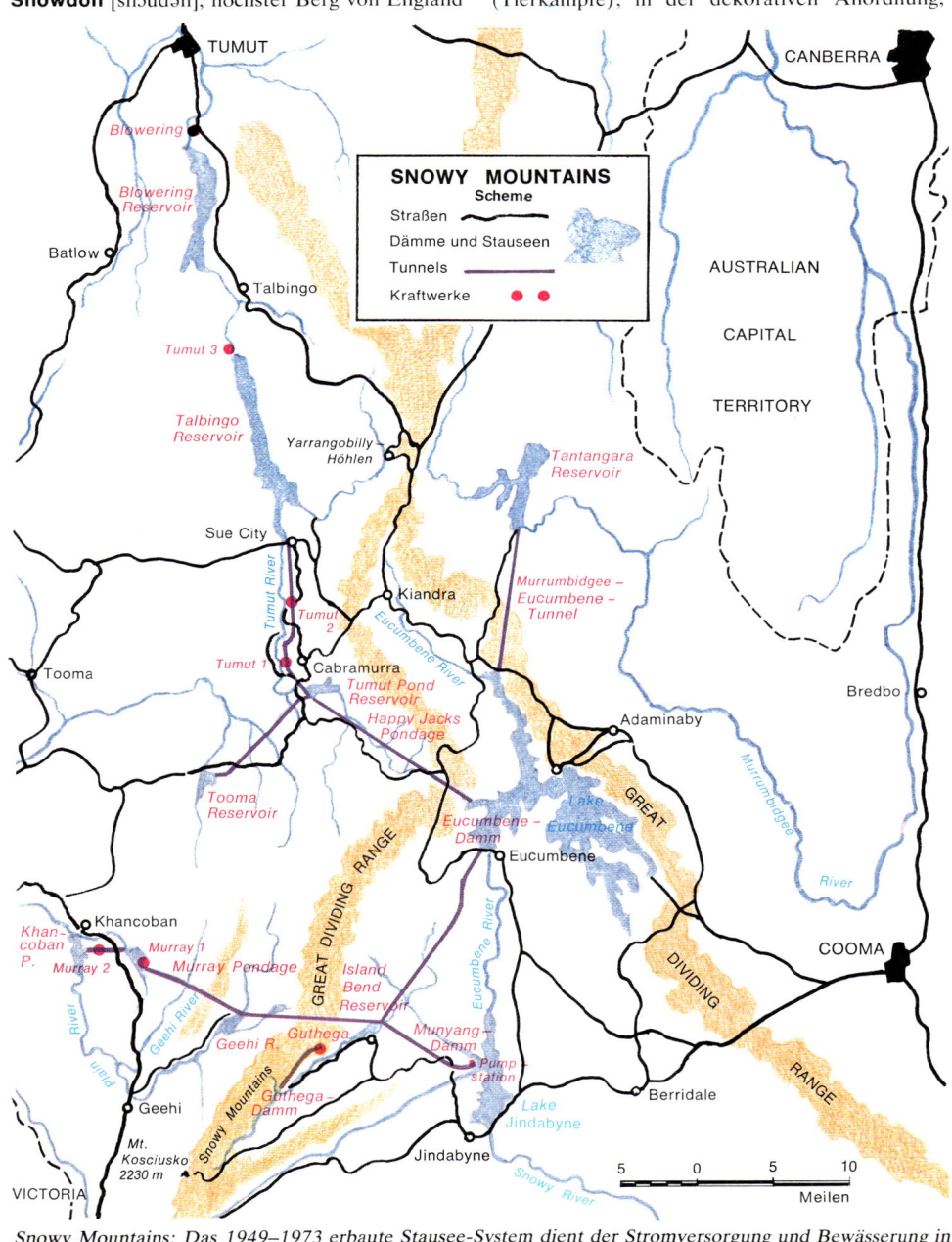

Snowy Mountains: Das 1949–1973 erbaute Stausee-System dient der Stromversorgung und Bewässerung in Neusüdwales, Canberra und Victoria

Sodalität [die; lat.], *kath. Kirche*: ordensähnliche Gemeinschaft von Klerikern u. Laien.
Sodawasser, durch Lösen von Kohlendioxid in Wasser hergestelltes Tafelwasser.
Sodbrennen, *Pyrosis,* aus dem Magen in Speiseröhre u. Mund aufsteigende, brennend ätzende Empfindung, verursacht meist durch übermäßige Säurebildung, aber auch durch Magensäuremangel u. durch Verkrampfungen am Mageneingang.
Soddy, Frederick, brit. Physikochemiker, *2. 9. 1877 Eastbourne, †22. 9. 1956 Brighton; Forschungen über Radioaktivität, führte den Begriff „Isotop" ein; gab 1913 die nach ihm u. Kasimir *Fajans* (*1887, †1975) benannten *Verschiebungssätze* an; Nobelpreis für Chemie 1921.
Sode [die], **1.** *allg.*: Rasen-, Torfscholle.
2. *Botanik*: *Suaeda,* Gattung der Gänsefußgewächse. An salzhaltigen Standorten die *Strand-S., Suaeda maritima,* mit halbwalzigen, dichtstehenden, kahlen blaugrünen Blättern; früher benutzt zur Sodagewinnung.
Soden, Bad S. am Taunus, hess. Stadt (Main-Taunus-Kreis), am südl. Taunushang, 17 900 Ew.; Kurort mit warmen Kohlensäure- u. Kochsalzquellen; pharmazeut., Reformnahrungsmittelindustrie.
Soden-Salmünster, Bad S., hess. Stadt (Main-Kinzig-Kreis), im Kinzigtal, 10 800 Ew.; Kurort mit kohlensäurereicher Solquelle.
Söderberg [-bɛrj], Hjalmar, schwed. Erzähler, *2. 7. 1869 Stockholm, †14. 10. 1941 Kopenhagen; schilderte skept. u. im Stil des Fin de siècle das Stockholmer Leben.
Söderblom, Nathan, eigentl. Lars Olof Jonathan S., schwed. ev. Theologe, *15. 1. 1866 Trönö, Län Gävleborg, †12. 7. 1931 Uppsala; seit 1901 Prof. in Uppsala, 1912–1914 zugleich in Leipzig, 1914 Erzbischof von Uppsala; stellte vor R. Otto die Bedeutung des Begriffs des „Heiligen" heraus; Höhepunkt seiner ökumen. Bestrebungen war die Stockholmer Weltkirchenkonferenz 1925; Friedensnobelpreis 1930. →auch ökumenische Bewegung.
Södergran, Edith Irene, schwed.-finn. Lyrikerin, *4. 4. 1892 St. Petersburg, †24. 6. 1923 Raivola, Karelien; gilt als Bahnbrecherin des Modernismus; expressionist. Lyrik.
Söderhamn, Hafenstadt in der schwed. Prov. (Län) Gävleborg, am Bottn. Meerbusen, 32 000 Ew.; Holzmarkt, chem. Industrie.
Södermanland, Landschaft (8389 qkm, 953 000 Ew.) u. Provinz (Län; 6060 qkm, 249 100 Ew.) in Mittelschweden südwestl. von Stockholm, Hptst. *Nyköping;* seen- u. waldreich.
Södertälje, Kurort in Södermanland, schwed. Prov. (Län) Stockholm, südwestl. der Hptst., 77 900 Ew.; Maschinen- u. pharmazeut. Industrie.
Sodium [das; zu *Soda*], engl. u. französ. Bez. für *Natrium.*
Sodoku [das; jap.] = Rattenbißkrankheit.
Sodom, bibl. Name von →Sedom (Israel); →Sodom und Gomorrha.
Sodoma, Giovanni, eigentl. Giovanni Antonio Bazzi, italien. Maler, *1477 Vercelli, †14./15. 2. 1549 Siena; tätig u. a. in Florenz, Siena, Pisa u. Rom; religiöse u. histor. Tafelbilder u. Fresken von weichem Sentiment in der Nachfolge *Leonardos* u. *Raffaels.* Hptw.: Fresken im Refektorium von Sta. Anna in Camprena; Kreuzabnahme Christi, Siena, Museum; Malereien in der Stanza della Segnatura, Vatikan, in der Villa Farnesina, Rom, u. in der Katharinen-Kapelle von S. Domenico, Siena.
Sodomie [nach *Sodom*], *Sodomiterei,* Geschlechtsverkehr mit Tieren; in der BRD seit 1969, in Österreich seit 1971, in der Schweiz schon länger nicht mehr strafbar. – Früher wurde auch die Homosexualität bisweilen als S. bezeichnet.
Sodomsapfel →Calotropis.
Sodom und Gomorrha, im A.T. zwei Städte am Toten Meer, die nach 1. Mose 19 wegen bes. Sündhaftigkeit ihrer Bewohner durch einen Feuer- u. Schwefelregen vernichtet wurden.
Soemmering, Samuel Thomas von, Anatom, Chirurg u. Augenarzt, *28. 1. 1755 Thorn, †2. 3. 1830 Frankfurt a. M.; nach ihm ist u. a. der *S.sche Kristallwulst* benannt, eine Form des Nachstars, die aus einer ringförmigen Verklebung von Vorder- u. Hinterkapselresten besteht. S. erfand einen elektr. Telegraphen.
Soennecken, Friedrich, Schreibwarenfabrikant, *20. 9. 1848 Dröschede bei Iserlohn, †2. 7. 1919 Bonn; gab Anleitungen zur Rundschrift heraus, entwickelte dazu bes. Schreibfedern; gründete 1875 in Remscheid die heutige *F. S. KG* (Bonn),

Sofia: Stadtzentrum mit der Universität (links), der Alexander-Newskij-Kathedrale (Hintergrund) und dem Parlamentsgebäude (Mitte rechts) mit dem Denkmal des Zaren Alexander Nikolajewitsch

die Schreibwaren u. Bürobedarf herstellt; seit 1876 in Bonn.
Soergel, Albert, Literarhistoriker, *15. 6. 1880 Chemnitz, †27. 9. 1958 Karl-Marx-Stadt (Chemnitz); schrieb „Dichtung u. Dichter der Zeit" 1911, dazu als 2. Bd. „Im Banne des Expressionismus" 1925, 3. Bd. „Dichter aus dt. Volkstum" 1934 (Neubearbeitung von C. *Hohoff* 2 Bde. 1961–1963).
Soest, 1. [zoːst], Kreisstadt in Nordrhein-Westfalen, in der *S.er Börde* am Hellweg südöstl. von Hamm, 41 000 Ew.; mittelalterl. Stadtbild mit St.-Patrokli-Dom (12. Jh.), Petrikirche (ab 12. Jh.), spätgot. Wiesenkirche mit den Glasgemälde „Westfäl. Abendmahl"), Stadtwall u. -graben u. a.; Eisen-, Elektro- u. Nahrungsmittelindustrie. – Ldkrs. S.: 1326 qkm, 270 000 Ew.
2. [suːst], Stadt in der niederländ. Prov. Utrecht, nordwestl. von Amersfoort, 37 500 Ew.; mit Schloß *Soestdijk* (1674), königl. Sommerresidenz.
Soest [zoːst], Conrad →Konrad von Soest.
Soeste [ˈzoːstə], Fluß in Oldenburg, 75 km, bildet mit der Aue bei Barßel die Leda; nordwestl. von Cloppenburg die *S.-Talsperre (Thülsfelder Stausee),* 9 Mill. m³ Stauraum, 3,8 qkm, 7 m Stauhöhe, 1923–1926 errichtet.
Sofa [das; arab.], gepolsterte Sitzbank mit Rücken- u. Seitenlehnen für mehrere Personen.
Sofala, Stadt in Moçambique, →Beira.
Soffionen [ital.], Erdspalten in der Toskana, aus denen borhaltiger Wasserdampf austritt.
Soffitte [die; ital.], vom Schnürboden herabhängendes Dekorationsteil; wird verwendet, um die Obermaschinerie abzudecken u. den Eindruck eines geschlossenen Raums zu erreichen.
Soffittenlampe, röhrenförmige, mit Schutzgas gefüllte Glühlampe, in der ein langgestreckter Glühdraht angebracht ist. Die elektr. Kontakte an beiden Enden dienen als Halterung des Drahtes. Die S. wird als Signallampe verwendet.
Sofia, bulgar. *Sofija,* Hptst. Bulgariens u. des Bez. S. (7385 qkm, 322 000 Ew.), im SW des Iskăr-Beckens, 1,1 Mill. Ew.; Universität (gegr. 1904) u. 10 Hochschulen, Staatsbibliothek, Theater, Museen, Nationalgalerie, ehem. königl. Schloß, Regierungsgebäude, Alexander-Newskij-Kathedrale (bis 1912 erbaut), Große Moschee, Bädermoschee, Georgskirche, Sophienkirche, Maschinen- u. Fahrzeugbau, Textil-, Tabak-, Gummi-, Nahrungsmittel- u. chemische Industrie.

Das antike *Sardica (Serdica),* 808 als *Stredez* zum 1. bulgar. Reich, im 11. u. 12. Jh. byzantin., 1382 türk., seit 1878 bulgar. Hptst.
Sofija Alexejewna →Sophie Alexejewna.
Soforthilfe →Lastenausgleich.
Soft [engl.], weich gedrehtes Garn; *Soft-Soft,* sehr weich gedrehtes Garn.
Softball [-bɔːl; der; engl., „weicher Ball"], ein in den 1920er Jahren aus dem *Baseball* vor allem für das Spiel in Hallen entwickeltes Schlagballspiel. Spielablauf u. Regeln entsprechen weitgehend dem →Baseball.
Softeis →Gefrorenes.
Soft-Fokus-Effekt [engl.] →Weichzeichner.
Software [ˈsɔftwɛə; engl., „weiche Ware"], *Datenverarbeitung*: immaterielle Ware, alle Programme, die für eine Datenverarbeitungsanlage zur Verfügung stehen. Man gliedert die S. zuweilen in System-S. u. Anwendungs-S. Die *System-S.* umfaßt alle Befehlsfolgen, die für den Betrieb einer elektron. Anlage nötig sind u. ihre Leistungsfähigkeit bestimmen. Die *Anwendungs-S.* enthält die Programme, mit deren Hilfe die eigentl. Aufgaben durchgeführt werden. Sie ist branchenbezogen u. für einen größeren Benutzerkreis verwendbar. Die Herstellerfirmen liefern ihren Kunden umfangreiche u. vielfältig verwendbare „Programmbibliotheken", so daß sie z. B. keine eigenen Programmierer mehr benötigen.
sog., Abk. für *sogenannt.*
Sog, die zurückflutende Tiefenströmung des Meerwassers in der Küstenbrandung.
Soga, *Basoga,* den →Ganda verwandter Bantustamm in Uganda.
Sognefjord [ˈsɔŋnəfjuːr], längster Fjord Norwegens an der Westküste, nördl. von Bergen, 180 km lang, bis über 1245 m tief, mit über 1500 m hohen steilen Felswänden; Obst- u. Ackerbau.
Sogn og Fjordane [sɔŋn ɔ ˈfjuːranə], Prov. (Fylke) in Westnorwegen, 18 633 qkm, 102 000 Ew., Hptst. *Hermansverk;* von vielen Fjorden zerschnittenes Bergland mit dem Gletscherplateau des *Jostedalsbre,* an den Fjordküsten Landwirtschaft.
Sohag, *Sauhag,* ägypt. Prov.-Hptst. am Nil, südöstl. von Asyut, 70 000 Ew.; landwirtschaftl. Handelszentrum (Baumwolle, Zuckerrohr), Baumwollentkörnung.
Sohar [der; hebr., „Glanz"], Hauptwerk der Kabbala in Form eines Pentateuch-Kommentars.

Sohl, Hans-Günther, Industrieller, *2. 5. 1906 Danzig; Bergassessor, Vorstands-Vors., seit 1973 Aufsichtsrats-Vors. der Thyssen AG; 1972–1976 Präs., 1977 Vize-Präs., seit 1978 Ehren-Präs. des Bundesverbands der Dt. Industrie.
Sohlbank, die gerade oder schräge Fensterbank.
Sohle, 1. *Bergbau:* 1. Boden eines *Grubenbaus.* – 2. Höhenlage eines Streckensystems in einer Grube; z.B. liegt die 700-m-S. 700m unter der Erdoberfläche.
2. *Geologie: Überschiebungsfläche,* die Unterlage einer tekton. Gesteinsdecke, auf der sich der Deckenschub vollzog; auch die untere Grenzfläche einer Schicht.
3. *Kleidung:* Teil des →Schuhs.
4. *Zoologie:* flächig der Unterlage aufliegender Teil von Bewegungsorganen bei Tieren, z.B. die *Kriech-S.* der Schnecken, die *Fuß-S.* der Säugetiere u. des Menschen.
Sohlengänger, *Plantigrada* →Gang (1).
Sohlenstrecke, im Erzbergbau die →Grundstrecke.
Sohlleder, starkes, steifes Leder für die Besohlung von schwerem Schuhwerk. S. für leichte Schuhe heißt →Vacheleder.
Sohlstollen →Richtstollen.
Sohm, Rudolf, Rechtslehrer, *29. 10. 1841 Rostock, †16. 5. 1917 Leipzig; Prof. in Freiburg, Straßburg u. (seit 1887) Leipzig; Mitarbeiter am BGB. Hptw.: „Institutionen des röm. Rechts" 1883, 17. Aufl. (bearb. von *Mitteis/Wenger*) Neudruck 1949; „Kirchenrecht" 2 Bde. 1892–1923 (2. Bd. hrsg. von *Jacobi* u. *Mayer*).
Sohnrey, Heinrich, Sozialpolitiker, Volkstumsforscher, Heimaterzähler, *19. 6. 1859 Jühnde, †26. 1. 1948 Neuhaus bei Holzminden; Hrsg. der „Dt. Dorfzeitung" (1869–1926) u. von „S.s Dorfkalender" (1902–1932).
Soho [engl. sou'hɔu], durch zahlreiche Vergnügungsstätten bekanntes Stadtviertel Londons, nordöstl. vom Hyde Park, südl. der Oxford Street.
Søiberg ['sɔibɛr], Harry, dän. Erzähler, *13. 6. 1880 Ringkøbing, †2. 1. 1954 Kopenhagen; schilderte in seinen Romanen das Leben an der Küste Westjütlands.
Soiernspitze, Gipfel im Karwendelgebirge, nordöstl. von Mittenwald, 2258m.
Soissons [swa'sɔ̃], Stadt im nordfranzös. Dép. Aisne, links an der Aisne, 27600 Ew.; got. Kathedrale (12./13. Jh.); Metall-, Maschinen-, Gummi-, Nahrungsmittel-, chem. Industrie; Agrarmarkt.
Sojabohne [chin., jap.], *Ölbohne, Japanische Bohne, Glycine max [Soja hispida],* einjähriger ostasiat. *Schmetterlingsblütler,* der zu einer der wichtigsten Kulturpflanzen, der S., *Glycine soja,* herangezüchtet wurde. Sie ist eine bis 1m hohe, strauchige, stark behaarte, blaßviolett blühende Pflanze mit zahlreichen Varietäten; sie verlangt feuchtwarmes Klima. Hauptanbaugebiete in Ostasien. Nordamerika, auch Südamerika, Afrika, Südrußland. Auch in Dtschld. wird versucht, klimafeste Sorten zu züchten. Die S. enthält neben geringeren Mengen an Stärke wertvolle Eiweißstoffe (38–40%) u. beträchtl. Mengen eines hochwertigen Öls (17–18%). Daneben sind die Vitamine A u. B (Komplex) vertreten. Bei der weitgehend vegetabil. Ernährung der ostasiat. Bevölkerung kann die S. den mangelnden Fleischgenuß z.T. ausgleichen. Zudem wird ein aus der S. gewonnener Brei fast allen Speisen als Butterersatz zugegeben. Als Speisewürze dienen 2 Gärungsprodukte: *Shoyu (Sojasauce)* u. *Miso.* Aus Shoyu werden in anderen Ländern pikante Saucen hergestellt, z.B. die *Worcestersauce.* Aus S.n wird ferner der *Bohnenkäse* (jap. *Tofu*) hergestellt, der sich im gefrorenen Zustand *(Eisbohnenkäse, Kori-Tofu)* oder geräuchert lange aufbewahren läßt. Technisch wird das S.nöl für die Herstellung von Seifen, Firnis, Lack, Schmieröl u.a. verwendet. Rückstände sind wertvolles Kraftfutter.
Sojoten, *Tuwaner, Tuwinen,* ein Stamm der Turkvölker Südsibiriens am Jenisej-Ursprung, rd. 1 Mill.; Viehzucht u. Jagd, im S auch Ackerbau; Lamaismus; im N Rentierzucht, Schamanismus.
Sojus [sa'juz; russ., „Bund"], sowjet. Raumkapseln für eine Drei-Mann-Besatzung; der Typ hat eine Länge von rd. 9,3m, einen größten Durchmesser von rd. 3m u. ein Gewicht von rd. 6,5t. Mit S. 1 verunglückte 1967 W. *Komarow.* S. 2 u. 3 sowie 6, 7 u. 8 (1969) führten Formationsflüge u. S. 4 u. 5 (1969) Dockingmanöver aus. S. 9 (1970) diente biomedizin. Versuchen (Rekord von 287 Erdumläufen). S. 10 u. 11 (1971) brachten Kosmonauten in die Raumstation →Saljut. Mit S. 12 u. S. 13 wurden 1973 Bordsysteme u. Navigation erprobt. 1974 koppelte S. 14 an Saljut 3 an, brach S. 15 den Flug ab, war S. 16 auf Vorbereitungsflug für Apollo-Sojus-Unternehmen. 1975 koppelten S. 17 u. S. 18 an Saljut 4 an; S. 19 war am Apollo-Sojus-Unternehmen beteiligt. 1975 erprobte S. 20 verbesserte Bordsysteme. 1976 führten S. 21, 22 u. 23 (nicht erfolgreich) Kopplungen an Saljut 5 durch, ebenso 1977 S. 24 u. S. 25 (nicht erfolgreich). An Saljut 6 koppelten 1978 S. 26 bis S. 31 an, 1979 S. 32 bis S. 34, 1980 S. 35 bis S. 38.
Soka-gakkai [jap., „Gesellschaft zur Schaffung von Werten"], militante buddhist. Sekte Japans, die unter Berufung auf den mittelalterl. Nichiren-Buddhismus für eine nationale Erneuerung auf der geistigen Grundlage des Buddhismus eintritt. Durch ihren polit. Arm, die *Komeito* („Partei für eine saubere Regierung"), übte die S. starken polit. Einfluß aus. Im Wahlkampf 1972 löste sich die Komeito weitgehend von der S.
Sokodé, Stadt in Togo (Westafrika) am Atakora-bergland, 30000 Ew.; Kultur- u. Handelszentrum für das nördl. Togo, in einem Erdnußanbaugebiet.
Sokol [tschech., „Falke"], Name der 1862 unter Führung von Friedrich *Tyrs* gegründeten nationalen tschech. Turnerschaft; nach ihrem Vorbild auch in Jugoslawien u. Polen. Seit 1949 dem tschech. Arbeiterturnverband eingegliedert.
Sokolow ['zɔkolɔf], Nachum, jüd. Schriftsteller u. Politiker, *10. 1. 1860 Wyszogród bei Płock (Polen), †17. 5. 1937 London; 1931–1935 Präs. der zionist. Weltorganisation; Begründer u. Herausgeber des Jahrbuchs „Ha-Asif".
Sokolowskij, Wasilij Danilowitsch, sowjet. Marschall, *9. 7. 1897 Kosliki, †10. 5. 1968 Moskau; 1946–1949 Oberkommandierender der sowjet. Besatzungstruppen in Dtschld. u. Chef der SMAD; 1949–1953 stellvertr. Verteidigungs-Min.; 1952 bis 1960 Generalstabschef der UdSSR u. des Warschauer Pakts; Hrsg.: „Militärstrategie" dt. 1965.
Sokoto, Hptst. des Nordwest-Staats in Nigeria, altes Handels- u. Wirtschaftszentrum, 90000 Ew.
Sokotra, ostafrikan. Insel, = Socotra.
Sokrates, griech. Philosoph, *470 v.Chr. Athen, †399 v.Chr. Athen; suchte gegenüber der Relativierung aller Wahrheit durch die *Sophisten* auf induktivem Weg zu begriffl. definierbaren Ergebnissen zu kommen. Dabei beschränkte er sich im allg. auf Fragen der *Ethik.* In der Überzeugung, daß niemand gegen seine bessere Einsicht handeln könne („Tugend ist Wissen"), hielt er Tugend für lehrbar. In der konkreten Anwendung dieses Wissens berief S. sich auf eine warnende u. tadelnde innere Stimme *(Daimonion).* Sein Bemühen, die Menschen vom Scheinwissen zu echtem Wissen zu bringen („Ich weiß, daß ich nichts weiß"), das ihn angesehene Männer in der Öffentlichkeit ins Gespräch ziehen u. ihren Wissensdünkel entlarven ließ, brachte ihm viele Feinde. Weil er die Götter des Staatskults nicht anerkenne, neue Gottheiten eingeführt habe sowie als angeblicher Jugendverderber angeklagt, wurde S. zum Tode verurteilt. Die ihm angebotene Flucht lehnte er ab u. trank gefaßt den Schierlingsbecher. S. hinterließ keine Schriften. *Platon,* sein bedeutendster Schüler, schildert im „Phaidon" die Gespräche der Todesstunde im Kreis von Freunden. – ◫ 1.4.6.
Sokratiker, die Schüler u. Anhänger des *Sokrates,* bes. die Schulen des *Euklid von Megara* (→Megariker), des *Phaidon* (→Elische Schule), des *Antisthenes* (→Kyniker) u. des *Aristippos* (→Kyrenaiker), in denen je eine bestimmte Seite der sokrat. Anregungen unter Rückgriff auf frühere Denker weitergeführt wurde. *Platon,* der größte Schüler des Sokrates, gilt nicht als S. in diesem Sinne.
sol, italien. Tonbezeichnung, ursprüngl. für den 5. Ton der Tonleiter, jetzt (auf C-Dur bezogen) in den roman. Sprachen der Name für den Ton *g.*
Sol, 1. [das; lat. *solutio,* „Lösung"], *Chemie:* kollodiale Lösung.
2. *Mythologie:* röm. Sonnengott.
3. [der], *Währung:* seit 1863 Währungseinheit in Peru: 1 S. = 100 *Centavos.*
Sola fide [lat., „allein durch Glauben"], von M. *Luther* nach Röm. 3,28 aufgestelltes Prinzip, wonach dem Sünder die Rechtfertigung nicht durch eigene Werke, sondern allein aus Vertrauen auf Gottes gnädige Gesinnung zuteil wird.
Solanaceae [lat.] = Nachtschattengewächse.
Solanin [das; lat.], ein Sterinalkaloid verschiedener Arten der Nachtschattengewächse. S.haltig sind u.a. *Bittersüßer Nachtschatten, Solanum dulcamara, Schwarzer Nachtschatten, Solanum nigrum,* u. von der *Kartoffel, Solanum tuberosum,* bes. die Früchte u. die im Winterlager ausgetriebenen Keime. *S.vergiftungen* äußern sich durch Brennen im Hals, Kopfschmerzen, Benommenheit, Fieber, Seh- u. Gehörstörungen, Krämpfe.
Solapur, *Sholapur,* ind. Distrikt-Hptst. in Maharashtra, 400000 Ew.; Baumwollindustrie.
solarer Wind, *Sonnenwind,* von der Sonne ausströmendes, hauptsächl. aus Protonen u. Elektronen bestehendes →Plasma, schwankt im 11jährigen Zyklus (→Sonnenfleckenperiode); verformt das Magnetfeld der Sonne u. bewirkt u.a. starke Störungen des erdmagnet. Felds (magnet. Stürme).
Solario, *Solari,* **1.** Andrea, italien. Maler, tätig zwischen 1495 u. 1522 zunächst in Venedig, später in Mailand; religiöse Gemälde u. Bildnisse unter dem Einfluß *Leonardos* u. der Venezianer, in der Maltechnik abhängig von der niederländ. Malerei. Hptw.: „Ruhe auf der Flucht" 1515, Mailand, Museum Poldi Pezzoli.
2. Christoforo, Bruder von 1), italien. Bildhauer u. Architekt, †1527 Mailand; tätig in Venedig u. Pavia, seit 1506 Dombaumeister in Mailand.
3. Guiniforte, italien. Architekt u. Bildhauer, *1429, †Jan. 1481 Mailand; seit 1471 Leiter der Mailänder Dombauhütte; Mitarbeit am Bau der Certosa von Pavia.
4. Santino, italien. Baumeister u. Bildhauer, *1576 Verna bei Lugano, †10. 4. 1646 Salzburg; seit 1612 Hof- u. Dombaumeister in Salzburg; wirkte am Dombau in Salzburg mit, erbaute das Schloß Hellbrunn (1613–1619).

Sokrates. Neapel, Museo Nazionale

Solarisation [lat.], 1. die Erscheinung, daß zu lange Belichtung eines Negativs statt Schwärzung Aufhellung bewirkt. Die Sonne z.B. wird dabei im Positiv dunkel wiedergegeben. Die Empfindlichkeit handelsüblicher Photomaterialien für S. ist gering. 2. (auch *Pseudosolarisation*) ein ähnlicher Effekt, der dadurch entsteht, daß das Negativ während der Entwicklung kurz belichtet wird, wobei sich die bis dahin hellen Flächen schwärzen. Es bilden sich die Konturen betonende Trennlinien. Ähnliche Ergebnisse erzielt man durch Zwischenbelichtung im Positivprozeß. Das Verfahren wird als gestalterische Möglichkeit genutzt.
Solarkonstante [lat.], Betrag der Strahlungsenergie der Sonne, die (außerhalb der Atmosphäre) auf 1 cm² in mittlerer Sonnenentfernung in 1 min senkrecht eingestrahlt wird; z.Z. wahrscheinlichster Wert: 8,25 J/cm² min (≈0,1373 Watt/cm²).
Sólarljód [„Sonnenlied", wörtl. „Sonnenstrophen"], um 1200 in Island entstandenes umfangreiches visionäres Gedicht von einem unbekannten Verfasser, in 82 eddischen Strophen geschrieben in Form der Rede eines toten Vaters an seinen Sohn; enthält die erste Darstellung der Hölle in der nord. Literatur; dt. Übers. von K. *Simrock* 1876.
Solaröl, eine Fraktion des Braunkohlenteeröls; siedet zwischen 130 u. 240°C, Dichte 0,825–0,835; als Lösungsmittel u. Motorentreibstoff verwendet.
Solarplexus [lat.] = Sonnengeflecht.
Solarwind →solarer Wind.
Solawechsel [ital.] →Eigenwechsel.
Sölch, Johann, österr. Geograph, *16. 10. 1883 Wien, †10. 9. 1951 Kitzbühel; Arbeiten zur Geomorphologie der Alpen u. über die Brit. Inseln.
Soldanella [ital.] = Alpenglöckchen.
Soldat [ital.], **1.** *Militär:* ein im Wehrdienst stehender Angehöriger der Streitkräfte (Offizier,

Unteroffizier oder Mann), der je nach Dienstverhältnis *Berufs-S., S. auf Zeit* oder *Rekrut* ist.
2. *Zoologie:* bei staatenbildenden Ameisen u. Termiten vorkommende „Verteidiger" des Staates mit rückgebildeten Geschlechtsorganen u. oft riesig vergrößerten Köpfen u. Mundwerkzeugen. – [B]→Soziale Insekten.
Soldatengesetz, *Gesetz über die Rechtsstellung der Soldaten,* Bundesgesetz vom 19. 3. 1956 in der Fassung vom 19. 8. 1975; enthält auch allg. Bestimmungen über Rechte u. Pflichten aller Soldaten (also auch der Wehrpflichtigen).
Soldatenrat →Arbeiter- und Soldatenräte.
Soldatensprache, die neben der militär. Fachsprache entstandene Umgangssprache bes. der Frontsoldaten, gekennzeichnet durch Derbheit u. (oft grimmigen) Humor.
Soldatenstück, eine Nebenform des *bürgerl. Schauspiels* im 18. Jh., in der das Soldatenmilieu im Mittelpunkt steht; angeregt von G. E. *Lessings* „Minna von Barnhelm oder das Soldatenglück" 1767. Typ. Stücke: L. S. *Mercier,* „Le déserteur" 1770; Gottlieb *Stephanie d.J.* (*1741, †1800), „Die abgedankten Offiziere" 1771; J. M. *Babo,* „Arno" 1776.
Sölden, flächengrößte Gemeinde Österreichs (467 qkm), im Ötztal; der Hauptort S. liegt 1377 m ü.M., mit 1900 Ew. Zur Gemeinde S. gehören *Obergurgl* (1927 m ü.M.), *Untergurgl, Hochsölden, Vent* (1893 m ü.M.) u. die *Rofenhöfe* (2014 m ü.M.), die höchsten Dauersiedlungen Österreichs. – [B]→Österreich (Wirtschaft und Verkehr).
Soldịn, poln. *Myślibórz,* Stadt in Ostbrandenburg (1945–1975 poln. Wojewodschaft Szczecin, seit 1975 Gorzów Wielkopolski), am *Soldiner See* (poln. *Jezioro Myśliborskie,* 7 qkm, bis 22 m tief), 8600 Ew., Bekleidungs-, Holz-, Baustoff- u. Nahrungsmittelindustrie.
Soldner, Johann Georg, Geodät u. Astronom, *16. 7. 1776 auf dem Georgenhof bei Feuchtwangen, †13. 5. 1833 München; Begründer der geometrischen Aufnahme Bayerns durch rechtwinklige Koordinaten.
Söldner, für *Sold* dienende Soldaten; wurden von Landesfürsten oder S.führern *(Condottieri)* angeworben (z.B. die *Landsknechte*); verschwanden mit Einführung der allg. Wehrpflicht.
Sọldo [der], der italien. Schilling, eingeführt als Silbermünze (1,25 g) u. als Doppel-S. (2,2 g) kurz vor 1200; in Venedig erstmals 1332 geprägt. Die letzten Soldi wurden 1866 im Kirchenstaat als Kupfermünzen zu 10 S. u. 5 S. ausgegeben.
Sọle [die; slaw.], Lösung von Salzen mit mindestens 1,5% Salzgehalt (meist NaCl); dient zur Gewinnung von Kochsalz; vor allem natürl. S.n dienen zu Trink-, Inhalations- u. Badekuren.
Soledạdes [span., „Einsamkeiten"], *Soleares,* span.-andalus. Volksliedform, individualist. u. von melanchol. Grundton; vielfach Titel lyr. Sammlungen: L. de *Gongora y Argote,* „S." 1613, ein Hauptwerk des *Culteranismo;* Manuel *Altolaguirre* (*1906, †1959), „S. juntas" 1931.
Sọlei, *Salzei,* hartgekochtes Ei, mit geklopfter Schale in Salzwasser (Sole) eingelegt.
Soleil [sɔ'lɛj; der; frz.], Kleiderstoff in abgeleiteter Ripsbindung, feinfädig u. meist aus Kammgarn. Die eine Warenseite hat Ripscharakter, die andere wirkt tuchbindig.
Solenocọncha [grch.] = Kahnfüßer.
Solenodontịden [grch.] →Schlitzrüßler.
Solenogạstren [grch.] = Wurmmollusken.
Solfatạre [die; ital.], schwefelreiche vulkan. Gasaushauchung mit Temperaturen von 100–200 °C (nach *Solfatara* [„Schwefelgrube"], einem halb erloschenen, nur noch Wasserdampf u. Schwefelwasserstoff aushauchenden Vulkan bei Neapel). – [B]→Vulkanismus.
Solfeggio [sɔl'fɛdʒo; das; ital.], gesangl. Übung zur Erreichung von Tonreinheit u. treffsicherer Gesangstechnik, wobei auf die italien. Tonnamen do, re, mi, fa, sol, la, si gesungen wird.
Solferịno, italien. Ort in der Lombardei, südl. vom Gardasee, 1800 Ew. In der Schlacht bei S. am 24. 6. 1859 (Krieg Sardiniens u. Frankreichs gegen Österreich) schlugen französ. u. piemontes. Truppen die Österreicher entscheidend. Das Erlebnis von S. gab H. *Dunant* den Anstoß zur Gründung des Roten Kreuzes.
Solicitor [sə'lisitə; engl.], engl. Rechtsanwalt niederer Stufe, der im Unterschied zum →Barrister nur zur Vertretung vor den unteren Gerichten befugt ist.
Solicitor General [sə'lisitə 'dʒɛnərəl; engl.], Stellvertreter des →Attorney General.
Solidarismus, das aus dem Prinzip der →Solidarität sich ergebende Ordnungssystem, insbes. der Wirtschaft. →auch Solidaritätsphilosophie.
Solidarität [lat.], die wechselbezogene Verbundenheit u. Mitverantwortung der Mitglieder einer Gruppe, sozialen Klasse oder Gemeinschaft (*Gesinnungs-S.* u. *Handlungs-S.*), ursprüngl. im Schuldrecht (*Solidargläubiger* u. *-schuldner*), dann in der Nationalökonomie (Solidarismus) u. in der Politik: S. der wirtschaftlichen, der Partei-Interessen bzw. der diese Interessen Vertretenden *(Interessen-S.).* →auch Solidaritätsphilosophie.
Solidaritätsphilosophie, um 1900 in der französ. Nationalökonomie u. Soziologie aufgekommene Richtung, die zwischen Individualismus u. Sozialismus (Kollektivismus) vermittelte. Sie wurde von H. *Marion,* R. *Michels,* L. *Bourgeois* („La Solidarité" 1897), Ch. *Gide,* C. *Bouglé* u.a. vertreten u. in den Moralunterricht aufgenommen. Sie bestimmte die französ. Sozialgesetzgebung u. hob die Pflichten des einzelnen gegen die Gesellschaft wie die der Gesellschaft (des Staates) gegenüber dem (sozial benachteiligten) einzelnen hervor. Die S. wurde in Dtschld. von H. *Pesch* zu einer christl. Nationalökonomie *(Solidarismus)* ausgebaut.
Solidaritätsprinzip, ein für die kath. Soziallehre grundlegendes sozialphilosoph. Prinzip, nach dem Individuum u. Gemeinschaft in einem wechselseitigen Zuordnungsverhältnis stehen. In der ev. Sozialethik wird das S. in einen anderen Zusammenhang gestellt u. das Verhältnis von Individuum u. Gemeinschaft nicht naturrechtl. gesehen.
Solidạrobligation, mit mehreren Gläubigern oder Schuldnern bestehendes →Schuldverhältnis, das den *Gesamtgläubigern* selbständige Ansprüche gewährt, den *Gesamtschuldnern* selbständige Verpflichtungen auferlegt. Die Erfüllung seitens eines der mehreren Schuldner oder an einen der mehreren Gläubiger wirkt für bzw. gegen alle.
Solidạrpathologie, Krankheitslehre der antiken Medizin, die fehlerhafte Änderungen der festen Körperbestandteile als hauptsächl. Krankheitsursache ansah; löste die →Humoralpathologie ab.
Solidạrschuldner = Gesamtschuldner.
Sọlidus [der; lat.], 309 eingeführte röm. Goldmünze (4,55 g); 1 S. = 1/72 Pfund; in Byzanz bis zum 15. Jh. gebräuchl.; wichtiges Teilstück ist der *Triens* = 1/3 S.; auch lat. Bez. für den Schilling, häufig auf Münzen des 14.–17. Jh.
Sọliduspunkt, die Temperatur, bei der die Erstarrung einer Legierungsschmelze beendet ist. →Liquiduspunkt.
Solifluktion [lat.] →Bodenfließen.
Solifụgae [lat.] = Walzenspinnen.
Solihull [souli'hʌl], Stadt in England, südöstl. von Birmingham, 107 000 Ew.; Maschinen-, Automobilbau, Schwerindustrie.
Sọliman, europ. Form für türk. →Suleiman.
Solimẹna, Francesco, italien. Maler u. Architekt, *4. 10. 1657 Canale di Serino, †3. 4. 1747 Barra bei Neapel; entwickelte einen großzügigen, farbig reizvollen Dekorationsstil in kühn komponierten Andachts- u. Historienbildern. Fresken in Kirchen u. Palästen Neapels, religiöse u. mytholog. Tafelbilder in Wien, Kunsthistor. Museum.
Soling, ein Einheitskielboot aus Kunststoff, 8,15 m lang, Segelfläche 21,7 qm plus Spinnaker, drei Mann Besatzung, Zeichen: Omega. Das Boot wurde von dem Norweger H. *Linge* konstruiert u. benannt; seit 1972 eine der olymp. Segelbootsklassen. – [B]→Segelsport.
Sọlingen, Stadtkreis (89 qkm) in Nordrhein-Westfalen, im Bergischen Land südöstl. von Düsseldorf, 166 000 Ew.; Wasserburg *Hackhausen;* Stahl- (bes. Schneidwaren), Maschinen-, Fahrradindustrie; Dt. Klingenmuseum; Fachschule für Metallgestaltung u. Metalltechnik.
Sol invịctus [lat., „die unbesiegte Sonne"], Beiname der Götter →Mithras u. →Elagabal.
Solipsismus [lat. *solus,* „allein", + *ipse,* „selbst"], in der Erkenntnistheorie die Lehre, daß das eigene Ich die Voraussetzung aller Realität ist, zumeist in der Form des method. S. (H. *Driesch,* E. *Husserl*). Als Vertreter eines prakt. S. gilt M. *Stirner.*
Sọlis, Virgil, Zeichner u. Kupferstecher, *1514 Nürnberg, †1. 8. 1562 Nürnberg; Kupferstiche u. Holzschnitte in der Nachfolge H. *Holbeins* u. der Nürnberger Kleinmeister.
Solịs, Juan Díaz de, span. Seefahrer, †1515 am La Plata; suchte 1508 u. 1509 mit *Pinzón* an der süd- u. mittelamerikan. Küste eine Durchfahrt nach W u. glaubte 1515, sie in der La-Plata-Mündung gefunden zu haben.
Solịst [ital., frz.], Einzelmusiker.
Solitaire [-'tɛːr], M., eigentl. Waldemar *Nürnberger,* Schriftsteller, *1. 10. 1818 Sorau, †17. 4. 1869 Landsberg; Arzt; schrieb, von E. T. A. *Hoffmann* beeinflußt, „Bilder der Nacht" 1852; „Diana Diaphana" (phantast. Roman) 1863.
solitạ̈r [frz.], einzeln lebend (von Tieren); Gegensatz: *sozial.*
Solitạ̈r [der; frz.], **1.** *allg.:* Einsiedler.
2. *Schmuck:* einzeln gefaßter Edelstein, auch sehr großer Diamant.
3. *Spiele: Einsiedlerspiel, Grillenspiel,* Geduldspiel für eine Person.
solitạ̈re Sammelbienen, Brutpflege betreibende *Stechimmen* aus der Familie der *Bienen,* die nicht in Staaten leben. Nach der Ausbildung der Sammeleinrichtungen für den Pollen unterscheidet man: *Urbienen, Beinsammler* u. *Bauchsammler.*
Solitạ̈rparasitismus →Parasitismus.
Solitude [-'tyːdə; die; frz., „Einsamkeit"], Name von Schlössern, z.B. Schloß S. bei Stuttgart, danach benannt die 11,453 km lange, kurvenreiche, hügelige Rundstrecke für den Kraftfahrsport.
Soll [das], **1.** *Buchführung:* die linke Seite eines →Kontos.
2. [Mz. *Sölle*], *Landschaftskunde:* in der norddt. Landschaft häufige runde, oft wassergefüllte Löcher, die dort entstanden, wo pleistozäne Eisschollen in die Grundmoräne eingeschlossen wurden u. später schmolzen.
Sollbruchstelle, Überlastungssicherung von Maschinenbauteilen durch eine sinnvoll angeordnete Schwachstelle, an der bei Überlastung ein Bruch eintritt, wodurch Schäden an anderen Bauteilen verhindert werden. Die S. ist häufig als leicht auswechselbares Bauteil ausgebildet; z.B. Scherstift im Hauptantrieb einer Fräsmaschine zur Schadensverhütung am teuren Fräser.
Sölle, 1. Dorothee, ev. Theologin u. Schriftstellerin, *30. 9. 1929 Köln; wurde bekannt durch Veröffentl. über eine „Theologie nach dem Tode Gottes" u. durch den von ihr 1968 mitgegründeten ökumen. Arbeitskreis „Politisches Nachtgebet"; 1973 Prof. in Köln, 1975 in New York.
2. Horst, DDR-Politiker (SED), *3. 6. 1924 Leipzig; 1962–1965 Staatssekretär u. Erster Stellvertr. des Min. für Außenhandel u. Innerdeutschen Handel, seit 1965 Min. für Außenwirtschaft.
Söller [der; lat.], hochgelegene, nicht überdeckte u. vom Boden aus gestützte Plattform nach der Sonnenseite.
Sọlling, zum Weserbergland gehörende, stark bewaldete Buntsandsteintafel zwischen Weser u. Leine, in der *Großen Blöße* 528 m; bei Neuhaus Trakehner Gestüt.
Sollkaufmann →Kaufmann.
Sollmaß, das Maß, das das fertige Werkstück nach Zeichnung haben muß; es liegt innerhalb der vorgeschriebenen →Toleranz. – *Istmaß,* das bei der Herstellung tatsächl. erreichte Maß.
Sọlluxlampe [lat.], Bestrahlungslampe zur örtl. Wärmebehandlung.
Sollwert, der erstrebte Zustand in einem →Regelkreis, bei dem die zu regelnde Größe (Temperatur, Atmung, Bewegungen) den konstant zu haltenden Wert einnimmt.
Solmisation [frz.], die um 1026 eingeführte Bez. der Töne durch Silben *(Guido von Arezzo),* der die Hexachordlehre (6-Tonfolge ut bis la) zugrunde liegt. Erst rd. 500 Jahre später wurde der 7. Ton (si) eingeführt u. der 1. Ton (ut) durch do ersetzt. Auf der S. beruhen die *Solfeggien,* die *Tonika-Do-Methode* u. das *Eitzsche Tonwortsystem.*
Solms, Adelsgeschlecht des Lahngaus (benannt nach einem Nebenfluß der Lahn), 1129 erstmals urkundl. erwähnt. Stammsitz der S. wurde im 12. Jh. die Burg Braunfels; nach ihr benannt die Linie *S.-Braunfels,* die bei der Teilung 1420 neben der Linie *S.-Lich-Hohensolms* entstand. Erstere wurde 1742 gefürstet, letztere 1792; alle Linien, auch die später entstandenen, waren reichsunmittelbar u. wurden 1806 mediatisiert.
Sọlna ['soːl-], Stadt in der südschwed. Prov. (Län) Stockholm, nordwestl. der Hauptstadt, 55 400 Ew.; Nobelinstitut.
Solnhofen, bayer. Gemeinde in Mittelfranken (Ldkrs. Weißenburg), in der Fränk. Alb an der Altmühl, 1800 Ew.; ehem. Benediktinerabtei (8.–16. Jh.); bekannt durch den Abbau der *S.er Schieferplatten* (bes. als Boden- u. Wandplatten sowie Lithographensteine).
Sọlo [das; ital.], **1.** [Mz. *Solos*], *Kartenspiel:* Einzelspiel eines Partners bei Kartenspielen mit mehreren Teilnehmern, bes. beim Skat.

2. [Mz. *Soli*], *Musik:* 1. Einzelvortrag im Unterschied zu Chor oder Instrumentenensemble. – 2. für ein Einzelinstrument geschriebenes Stück.
Sọlo, größter Fluß Javas, 540 km, entspringt am Vulkan Lawu, mündet in die Javasee.
Sọlod [der; russ.], ein Salzbodentyp der Trockengebiete, entsteht aus *Solonez;* die obere Bodenschicht ist bleicherdeartig ausgeprägt, die untere sehr salzreich; besser durchlüftet als der *Solonez.*
Sologne [sɔ'lɔnj], Landschaft (ehem. Grafschaft) im S des Pariser Beckens, zwischen Loire u. Cher; Heideflächen u. Nadelwäldchen; Mais- u. Gemüseanbau, Rinder-, Schaf- u. Geflügelzucht.
Sologụb, Fjodor, eigentl. F. Kusmitsch *Teternikow,* russ. Schriftsteller, *17. 2. 1863 St. Petersburg, †5. 12. 1927 Leningrad. Symbolist., das Phantast. u. Groteske betonende Lyrik u. Romane.
Sọlomon, eigentl. Solomon *Cutner,* engl. Pianist, *9. 8. 1902 London; Wunderkind; seit 1921 Interpret bes. der Musik der Klassik u. der Romantik.
Sọlomon Islands [-mən 'ailəndz], engl. Name der melanes. Inselgruppe der →Salomonen.
Solomọs, Dionysios, griech. Schriftsteller, *8. 4. 1798 Sákynthos, †9. 2. 1857 Korfu; in Italien erzogen, kehrte 1818 nach Griechenland zurück; wurde Mittelpunkt der „Ion. Dichterschule" auf Korfu; schrieb die griech. Nationalhymne (1823) u. begründete die neue dichter. Tradition durch seine zarte, klass. Lyrik.
Sọlon, athen. Gesetzgeber, Dichter polit. Elegien, *um 640 v. Chr., †um 560 v. Chr.; wurde 594 oder 593 v. Chr. Archon; gegen die Mißstände der aristokrat. Herrschaft schuf S. eine Verfassung mit regierenden Archonten u. beschlußfassender Volksversammlung, hob die Schuldknechtschaft u. die Hörigkeit der Bauern auf, änderte das Erb- u. Familienrecht u. schuf verschiedene Gesetze zur Regelung des Wirtschaftslebens. S. wurde zu den *Sieben Weisen* gezählt. – 🄻5.2.3.
Solonẹz [der; russ.], ein Salzbodentyp der Trockengebiete mit salzarmem bis salzfreiem Oberboden; entwickelt sich im allg. aus dem *Solontschak,* wenn der Grundwasserspiegel absinkt u. die Salzlösungen nicht mehr bis zur oberen Bodenschicht aufsteigen können oder wenn die obere Bodenschicht zeitweise ausgewaschen wird.
Solontschạk [der; russ.], ein Salzbodentyp der Trockengebiete, der durch Verdunstung des in Senken u. abflußlosen Ebenen zusammengeströmten oder des kapillar aufsteigenden Wassers (bei hohem Grundwasserstand) entsteht u. durch Salzausblühungen an der Oberfläche u. Salzausscheidungen im oberen Bodenprofilabschnitt gekennzeichnet ist. Der S. bringt nur eine schüttere Vegetation von Salzpflanzen hervor. – Auch Bestandteil geograph. Namen: Salzsteppe.
Sọlothurn, frz. *Soleure,* **1.** Kanton im NW der Schweiz, 791 qkm, 221 000 Ew. Der Kanton umfaßt bei sehr unregelmäßigem Grenzverlauf etwa gleichgroße Teile des Jura u. des industriereichen, dichtbesiedelten Mittellands. Er reicht bei Dornach bis vor die Tore Basels, am Bucheggberg bis nahe an Bern heran u. greift bei Olten tief in den Aargau. S. gehört zu den am stärksten industrialisierten Kantonen. Die Industrialisierung ist meist noch jung (2. Hälfte des 19. Jh.). Ihre Hauptzweige sind Metallverarbeitung, Uhren- u. Maschinenproduktion, Papier-, Textil-, Schuh-, Nahrungs- u. Genußmittelindustrie. – S. gehört seit 1481 zur Eidgenossenschaft. – ⅁→Schweiz.
2. Hptst. des schweizer. Kantons S., an der Aare, 15 900 Ew. (Agglomeration 34 800 Ew.); mittelalterl. Stadtbild mit Resten der Stadtbefestigung, reich an Kunstdenkmälern der Renaissance u. des Barocks: St.-Ursus-Kathedrale (erbaut 1763 bis 1773), Rathaus (15./17. Jh.), Jesuitenkirche (1680–1688), Zeughaus, mehrere Palais, ferner Stadttore, Brunnen, Zeitglockenturm (13. Jh.) mit astronom. Uhr von 1545; Uhren-, Textil-, Papier- u. Metallindustrie. – Das röm. *Salodurum,* 1218 dt. Reichsstadt, 1528–1782 Sitz der Gesandten der französ. Könige bei der helvet. Eidgenossenschaft, seit 1828 Sitz des Bistums Basel-Lugano.
Solowezkije Ostrowa [sala'vjɛtskijə astra'va], Inselgruppe der RSFSR (Sowjetunion), im westl. Weißen Meer, am Eingang der Onegabucht, rd. 350 qkm; ehem. Wallfahrtskloster (1429).
Solowjọw, Wladimir Sergejewitsch, russ. Religionsphilosoph u. Dichter, *28. 1. 1853 Moskau, †13. 8. 1900 Uskoje bei Moskau; lehrte an der Universität St. Petersburg, zog sich nach der Ermordung *Alexanders II.,* für dessen Mörder er eintrat, von seinen Ämtern zurück; begründete in seinem Hptw. „Vorlesungen über Gottmenschheit" 1878–1881 eine christl. Theosophie u. Geschichtsphilosophie, die den Gehalt des dt. Idealismus mit dem Glauben der orth. Kirche verbindet, u. trat für die Vereinigung der christl. Kirchen ein. Gesamtausgabe von *W. Szylkarski* 1953 ff.
Solözismus [grch., nach der Stadt *Soloi* in Kilikien, deren Einwohner angebl. ein bes. schlechtes Griechisch sprachen], ein grober Sprachfehler, bes. eine fehlerhafte Verbindung von Begriffen.
Sols →Teneriffaspitze.
Solschenịzyn, Alexander Isajewitsch, sowjetruss. Schriftsteller, *11. 12. 1918 Kislowodsk; 1945 bis 1956 in Haft u. Verbannung (in Kasachstan, wo er eine Krebserkrankung überstand), dann Mathematiklehrer. Die unter der Protektion N. S. *Chruschtschows* veröffentlichte Erzählung „Ein Tag im Leben des Iwan Denissowitsch" 1962, dt. 1963, das erste sowjet. Literaturwerk über die Stalinschen Straflager, schien eine neue Epoche der Sowjetliteratur einzuleiten. Weitere zeit- u. gesellschaftskrit. Erzählungen: „Matrjonas Hof" 1963, dt. 1965; „Im Interesse der Sache" 1963, dt. 1964. S. wurde aber bald angegriffen, Verfolgungen ausgesetzt u. im April 1970 aus dem Sowjet. Schriftstellerverband ausgeschlossen. Seine großen Romane durften in der Sowjetunion nicht erscheinen: „Krebsstation" dt. 1968/69; „Der erste Kreis der Hölle" dt. 1968; „August Neunzehnhundertvierzehn" dt. 1971, unter dem Titel „August Vierzehn" 1972; „Der Archipel GULAG" 1973, dt. 1974. S. erhielt den Nobelpreis 1970, reiste aber nicht zur Entgegennahme nach Stockholm, da er befürchtete, die sowjet. Regierung werde ihm die Wiedereinreise verwehren. In den folgenden Jahren trat S. trotz anhaltender Behinderung als führender Repräsentant der intellektuellen Opposition hervor. 1974 wurde er erneut verhaftet u. aus der Sowjetunion ausgewiesen. Lebt mit seiner Familie in der Schweiz. – 🄻3.2.7.
Solstịtium [das; lat.], *Sonnenwende,* der Zeitpunkt, an dem die Sonne ihre größte nördl. oder südl. Deklination erreicht (Sommer-S. am 21. Juni, Winter-S. am 21. Dez.).
Soltanabạd, früherer Name der iran. Stadt →Arak.
Sọltau, niedersächs. Stadt (Ldkrs. S.-Fallingbostel) im W der Lüneburger Heide, an der Böhme, 19 800 Ew.; Metall-, Plastik-, Strumpf-, Kalksandsteinindustrie, Bienenzucht.
Solti ['ʃolti], Georg, ungar. Dirigent, *21. 10. 1912 Budapest; 1952–1961 Generalmusikdirektor in Frankfurt a. M., 1961–1971 Operndirigent in London, 1968 Leiter des Chicago Symphony Orchestra, 1971 des London Philharmonic Orchestra, 1973 musikal. Leiter der Pariser Opéra.
Solutréen [sɔlytre'ɛ̃; das; nach der Fundstelle *Solutrée* bei Mâcon im Dép. Saône-et-Loire (Frankreich)], Kulturstufe der jüngeren Altsteinzeit; charakterist. sind flächenretuschierte Blatt- u. Kerbspitzen. Am Fuß des Felsens von Solutrée fand man eine mächtige Schicht von Pferdeknochen; wahrscheinl. wurden die Pferde bei Treibjagden über die Felsklippe gehetzt.
Solvay [sɔl'vɛ], Ernest, belg. Chemiker u. Fabrikant, *16. 4. 1838 Rebecq bei Brüssel, †26. 5. 1922 Brüssel; erfand das nach ihm benannte Verfahren zur Herstellung von *Soda* aus Steinsalz, Ammoniak u. Kohlendioxid; gründete Sodafabriken u. a. in Belgien, Dtschld., USA, Frankreich.
solvẹnt [lat.], zahlungsfähig; Gegensatz: *insolvent.*
Solvẹntnaphtha, zwischen 150 u. 200 °C siedende Steinkohlenteer-Fraktion; als Lösungsmittel (auch für Reinigung) verwendet.
Solvẹnz [die; lat.], Zahlungsfähigkeit; Gegensatz: *Insolvenz.*
Sọlway Firth ['sɔlwɛi 'fəːθ], rd. 90 km lange Meeresbucht der Irischen See, südwestl. der engl.-schott. Grenze.
Sọma, 1. [der; sanskr.], *Getränke:* berauschender ind. Opfertrank, göttlich verehrt wie *Nektar.*
2. [das; grch.], *Philosophie:* der Leib als Träger der Lebensfunktionen; Gegensatz: Seele, Geist.
Somadẹwa, ind. Dichter, lebte in der 2. Hälfte des 11. Jh. in Kaschmir; schrieb den „Ozean der Märchenströme" *(Kathasaritsgara),* eine poet. Umarbeitung der *Brihatkatha,* ineinander verwobene Geschichten, in 124 Abschnitte *(taranga,* „Wellen") gegliedert. Dt. Übers. in Auswahl u. a. von F. von der Leyen 1898, A. Wesselski 1914/15.
Somạl [Ez. *Somali*], osthamit. vaterrechtl. Viehzüchtervolk (etwa 3,8 Mill., zur Hälfte Nomaden), das Staatsvolk Somalias; auch im S Äthiopiens u. NO Kenias. Moslems; mit Vollkleidung, Häuptlingswesen, Altersklassen, Infibulation; Sammeln von Weihrauch, Myrrhe u. a.
Somạlia, amtl. *Al Jumhuriya Al Dimuqratiya As Somaliya,* Staat in Ostafrika; hat eine Fläche von 637 657 qkm u. 3,4 Mill. Ew. (5 Ew./qkm). Hptst. ist *Mogadischo.*

Landesnatur: S. nimmt den größten Teil der Somalihalbinsel ein, die auch das Osthorn Afrikas genannt wird. Die dem äthiop. Hochland vorgelagerte Somalitafel dacht sich nach SO zum Ind. Ozean hin ab, wo sie in ein flaches Tiefland übergeht. Nach N steigt sie allmählich auf Höhen von über 2000 m an u. fällt dann steil zum Golf von Aden ab. Korallenriffe liegen vor der Küste im NW u. im äußersten S. – Die Nordküste von S. gehört zu den heißesten Gegenden Afrikas. Im jahreszeitl. Wechsel der Monsune bekommt die Südostküste im Sommer Niederschläge, während am Golf von Aden episod. Regen im Winter fallen. Die Niederschlagsmengen nehmen von S nach N ab, die höheren Lagen erhalten mehr Feuchtigkeit als die tiefer gelegenen. Dementsprechend geht die Trockensavanne mit Akazien im SW nach NO in Dornsavanne u. an der Nordküste in Halbwüste über. Entlang der meist nur period. wasserführenden Flüsse wachsen Galeriewälder mit Palmen u. Tamarinden.

Die Bevölkerung gehört überwiegend dem osthamit. Volk der *Somal* an, daneben gibt es 30 000 Araber, 4000 Italiener, ferner Briten, Inder u. Neger. S. ist der einzige Staat Afrikas mit einheitl. Staatsvolk u. beansprucht die von Somal bewohnten Randgebiete seiner Nachbarstaaten Äthiopien u. Kenia. Staatsreligion ist der Islam. – In Mogadischo wurde 1959 die Staatsuniversität eröffnet.
Wirtschaft u. Verkehr: Durch das Klima bedingt, ist die Viehzucht die beherrschende Wirtschaftsform. 80% der Bevölkerung leben von ihr, davon 74% als Nomaden. Exportiert werden Schlachtvieh (Schafe, Ziegen, Rinder), Fleischkonserven, Häute u. Felle. Der Ackerbau bedarf künstl. Bewässerung, daher eignen sich dafür nur wenige Gebiete, bes. entlang der Flußläufe. Die Italiener hatten während der Kolonialzeit Pflanzungen angelegt. Der Bananenexport daraus macht heute etwa 25% des Gesamtexports aus. Weitere Produkte sind Zuckerrohr, Baumwolle u. Erdnüsse. Außerdem werden wildwachsende Weihrauchbäume u. Myrrhe genutzt; S. deckt drei Viertel des Weltbedarfs an Weihrauch. An der Küste sind Salzgewinnung u. Fischerei von wirtschaftl. Bedeutung. – Abbauwürdige Bodenschätze sind Eisen sowie Uran u. a. seltene Erze. Die Industrie befindet sich am Beginn ihres Aufbaus. Es werden Agrarprodukte verarbeitet, Fischkonserven sowie Textilien u. Lederwaren (vorwiegend in Handwerksbetrieben) hergestellt. – Eisenbahn- u. Straßennetz sind noch ungenügend. Haupthäfen des Übersee- u. des wichtigen Küstenverkehrs sind Mogadischo, Marka, Kismanio, Berbera u. Mait. Internationale Flughäfen gibt es bei Mogadischo u. Hargeisa.

Geschichte: Das Land der im 16. Jh. islamisierten Somal wurde zwischen 1887 u. 1891 unter England, Italien u. Frankreich (Brit.-, Italien.- u. Französ.-Somaliland) aufgeteilt. Die Aufstände der Somal unter dem sog. „verrückten Mullah" *Mohammed ibn Abdullah Hassan* begannen 1899 u. wurden erst 1920 endgültig niedergeschlagen. *Italien.-Somaliland* kam nach dem 2. Weltkrieg als UN-Treuhandgebiet wieder an Italien; es erhielt 1956 eine halbautonome Regierung u. im Juni 1960 die volle Unabhängigkeit. Zur gleichen Zeit wurde auch *Brit.-Somaliland* unabhängig, u. beide Gebiete vereinigten sich am 1. 7. 1960 zur *Republik S.* 1969 übernahm die Armee unter General M. S. *Barre* die Macht u. leitete – zunächst unter Anlehnung an die UdSSR – eine sozialist. Entwicklung ein. 1977/78 suchte S. die hauptsächl. von Somal bewohnte äthiop. Prov. Ogaden zu

erobern, wurde aber zurückgeschlagen. S. ist Mitgl. der UN, der Arab. Liga u. der OAU.
Somalibecken, ausgedehntes Tiefseebecken im Ind. Ozean vor der Küste Ostafrikas, in das *Nördl. S.* (bis –5825 m) u. das *Südl. S.* (bis –5349 m) gegliedert.
Somaliland, von den *Somal* bewohnte nordostafrikan. Landschaft auf der Somalihalbinsel, bildet die östl. Umrandung Äthiopiens zwischen dem Golf von Aden u. Kenia; polit. gegliedert in die Republik *Somalia* u. *Djibouti* sowie die östl. Randgebiete von Äthiopien u. Kenia.
somalische Sprache, eine der kuschit. Sprachen, gesprochen in Südäthiopien u. Somalia.
Somali-Shilling, Abk. *So.Sh.*, Währungseinheit in Somalia, 1 So.Sh. = 100 *Centesimi.*
Soman [das], chem. Kampfstoff, der im 2. Weltkrieg hergestellt, aber nicht eingesetzt worden ist; campherartig riechende, farblose Flüssigkeit, chemisch ein fluorierter Phosphorsäureester. Wirkt als Nervengas auf das lebenswichtige Enzym Cholinesterase hemmend u. führt unter Krämpfen zum Tod. *Gegenmittel*: Atropin u. künstliche Atmung.
Somasker, lat. *Ordo Clericorum Regularium a Somascha*, Abk. *CRS*, kath. Ordensgemeinschaft von Regularklerikern, gegr. 1532 in Somasca (Oberitalien) von *Hieronymus Aemiliani*, päpstl. Approbation 1540; widmen sich der Erziehung, insbes. von Waisen.
Somatologie [grch.], Teilgebiet der →Anthropologie, beschäftigt sich mit der körperl. Beschaffenheit der Menschen.
Somatolyse [die; grch.], Auflösung der Körperkonturen von Tieren durch Zeichnungen, die in entsprechender Umgebung als Schutztracht (→Tracht) wirken, z.B. Flecken, Streifen von Leopard, Tiger.
Somatotropin [das; grch. + lat.], ein →Hormon des Hypophysenvorderlappens, das wachstumsfördernd wirkt.
Sombart, Werner, Nationalökonom, *19. 1. 1863 Ermsleben, †18. 5. 1941 Berlin; stand der *Historischen Schule* nahe, forderte eine wirklichkeitsnahe, historisch-soziolog. Nationalökonomie; war anfangs Anhänger, später Gegner des Marxismus u. zugleich Kritiker des Liberalismus. Hptw.: „Sozialismus u. soziale Bewegung im 19. Jh." 1896, ^{10}1924 unter dem Titel „Der proletar. Sozialismus" 2 Bde.; „Der moderne Kapitalismus" 2 Bde. 1902, 3 Bde. 1924–1927; „Die drei Nationalökonomien" 1930; „Dt. Sozialismus" 1934.
Sombor, ung. *Zombor*, nordjugoslaw. Stadt in der Batschka, 44000 Ew.; landwirtschaftl. Handel.
Sombrero, Insel der brit. Leeward-Gruppe, Teil von Saint Kitts, 5,2 qkm; kleinere Phosphatvorkommen, Leuchtturm.
Somerset ['sʌməsit], *Somersetshire*, südwestengl. Grafschaft südl. des Bristolkanals, 3458 qkm, 411000 Ew.; Hptst. *Taunton.*
Somerset ['sʌməsit], engl. Grafen- u. Herzogstitel, 1397–1471 im Besitz der Familie *Beaufort*, seit 1547 der Familie *Seymour.*
Somerset Island ['sʌməsit 'ailənd], größere Insel (24270 qkm, unbewohnt) im kanad.-arkt. Archipel nördl. der Boothiahalbinsel (davon durch die Franklinstraße getrennt), rd. 300 m hoch, fast allseitig von Steilküste umgeben; Tundra.
Somerville ['sʌməvil], Stadt in Massachusetts (USA), im N der Agglomeration von Boston, 88000 Ew.; Maschinen-, Metall- u. Holzindustrie.
Somme [sɔm], **1.** Fluß in Nordfrankreich, 245 km; entspringt nordöstl. von Saint-Quentin, mündet in die S.bucht des Ärmelkanals; auf 34 km schiffbar; hat Seitenkanal, der durch den Kanal von Saint-Quentin mit Schelde u. Oise verbunden ist. – Im 1. Weltkrieg an der S. stark umkämpftes Schlachtfeld (bes. S.schlachten von 1916).
2. nordfranzös. Dép. in der Picardie, 6176 qkm, 540000 Ew.; Hptst. *Amiens.*
Sommer, Jahreszeit zwischen 21. Juni u. 23. Sept. auf der Nordhalbkugel u. zwischen 22. Dez. u. 21. März auf der Südhalbkugel.
Sommer, Ferdinand, Sprachwissenschaftler, *4. 5. 1875 Trier, †3. 4. 1962 München; verdient um die Erforschung der hethit. Sprache („Hethiter u. Hethitisch" 1947).
Sommerblumen, *Sommergewächse, Annuellen*, einjährige Zierpflanzen, die in einem Sommer ihre volle Entwicklung einschl. Blüte u. Samenreife erreichen u. dann absterben, z.B. Levkoje, Sommeraster, Ringelblume, Löwenmaul.
Sommerblutströpfchen, *Adonis aestivalis*, weit verbreitetes, giftiges Unkraut der Getreideäcker aus der Familie der *Hahnenfußgewächse*, mit zitronengelben Blüten, die von den Bienen nur wegen des Pollens aufgesucht u. dadurch bestäubt werden.
Sömmerda, Kreisstadt (seit 1952) im Bez. Erfurt, an der Unstrut, 21000 Ew.; Maschinen-, feinmechan. (Büromaschinenbau), Bausteinindustrie. – Krs. S.: 556 qkm, 67600 Ew.
Sommerefeu = Mikanie.
Sommereiche, *Stieleiche* →Eiche.
Sommerfeld, poln. *Lubsko*, Stadt in Ostbrandenburg, in der Niederlausitz (1945–1950 poln. Wojewodschaft Poznań, seit 1950 Zielona Góra), südöstl. von Guben, 13000 Ew.; Textil- u. Baustoffindustrie.
Sommerfeld, Arnold, Physiker, *5. 12. 1868 Königsberg, †26. 4. 1951 München; Prof. in Clausthal, Aachen, München (seit 1906); stellte u.a. eine Theorie des Kreisels auf, baute die Quanten- u. Atomtheorie weiter aus; Hptw.: „Atombau u. Spektrallinien" 2 Bde. ^{8}1951, „Vorlesungen über theoret. Physik" 6 Bde. 1948/50.
Sommerfeldsche Feinstrukturkonstante →Feinstruktur.
Sommergetreide, *Sommerung*, die Getreidearten (bes. Sommergerste u. -hafer), die nicht überwintern, also im Ansaatjahr noch reif werden. Der Ertrag ist geringer als beim Wintergetreide.
Sommerkleid, vom *Winterkleid* abweichende Sommerform des Haarkleids von Säugetieren oder der Befiederung der Vögel.
Sommerraps →Raps.
Sommerreifen, Normalreifen für Kraftfahrzeuge im Gegensatz zu Spezialausführungen.
Sommerschlaf, *Trockenstarre*, eine Parallelerscheinung zur Kältestarre, dient dem Überdauern von Trocken- oder Hitzeperioden, wobei die Tiere in einen starreartigen Zustand (z.B. *Wärmestarre*) verfallen, bei dem alle Körperfunktionen stark herabgesetzt sind; bes. bei Tropentieren (z.B. Fröschen, Krokodilen). – 🕮 9.3.0.
Sommersingen →Sommertag.
Sommersprossen, *Epheliden*, kleine gelbe bis braune Farbflecken im Bereich der sonnenbestrahlten Haut, bes. bei blonden oder rothaarigen Menschen.
Sommertag, *Sommersingen, Mittfasten*, Sonntag Laetare vor Ostern. Am S. wird mit allerlei Bräuchen der Winter ausgetrieben, der Frühling in Gestalt grüner Maien aus dem Wald geholt u. auf dem Dorfplatz ein Maibaum aufgestellt.
Sommerwurz, *Orobanche*, zu den *Sommerwurzgewächsen* gehörende Schmarotzerpflanzen ohne Blattgrün mit häutigen Schuppen anstelle der Blätter. Die violett, blau, gelb oder bräunlichen Blüten stehen allseitig am Stengel. Die zahlreichen Arten befallen immer ganz bestimmte Wirtspflanzen. So parasitiert z.B. die *Ästige S., Orobanche ramosa*, bes. auf Hanf, Tabak u. Kartoffeln, die *Kleine S., Orobanche minor*, auf Kleearten.
Sommerwurzgewächse, *Orobanchaceae*, Familie der *Personatae*, Schmarotzerpflanzen, zu denen die *Sommerwurz* gehört.
Sommerzeit, Uhrzeit, die während der Sommermonate gegenüber der →Zonenzeit meist um eine Stunde vorverlegt wird. Durch bessere Ausnutzung des Tageslichts soll eine Stromersparnis erreicht werden. Ab 1980 von der BRD in Angleichung an die Nachbarländer eingeführt.
Somnambulismus [lat.], Bez. für Schlafwandeln, für hysterische u. epileptische Dämmerzustände oder für bestimmte hypnotische Erscheinungen.
Somnolenz [die; lat.], Benommenheit u. Schläfrigkeit stärkeren Grades; Folge einer mechanisch oder chemisch verursachten Schädigung des Gehirns (z.B. Vergiftung).
Somnus, grch. *Hypnos*, röm. Gott des Schlafs.
Somoza Debayle [so'mosa de'bajle], Anastasio, nicaraguan. Politiker, *5. 12. 1925 Managua, †17. 9. 1980 Asunción, Paraguay (ermordet); Sohn des Diktators A. *Somoza García* (*1896, †1956), dessen Familie 1937–1979 die polit. Herrschaft ausübte; 1967–1979 Staats.-Präs. (gestürzt).
Somvixer Tal, rom. *Val Sumvitg*, waldreiches Hochtal der Schweiz, südl. Nebental des oberen Vorderrheintals, endet am Greinapaß (2357 m), 20 km lang; *Tenigerbad* (rom. *Bagn Sumvitg*), 1273 m ü.M., Bad mit Gipsquelle.
Son, Fluß im nördl. Dekanhochland (Indien), durchfließt die nordöstl. Fortsetzung des *Narbadagrabens*, mündet oberhalb Patna in den Ganges.
Sonant [der; lat.], ein zur Silbenbildung fähiger Laut (Nasal, Liquida, Vokal).
Sonate [die; ital.], gegen Ende des 16. Jh. Bez. für instrumental wiederzugebende mehrstimmige Sätze im Unterschied zum Gesang (*Canzon da sonar*, „Lied zum Spielen", u. *Canzona sonata*); seit Beginn des 17. Jh. in der Regel aus 3 oder 4 Sätzen bestehendes Tonwerk. Während in der ersten Entwicklungsperiode die meist aus Tanzsätzen bestehende *Kammer-S.* (ital. *Sonata da camera*, Satzfolge schnell–langsam–schnell) im Unterschied zu der aus gegensätzl. Formtypen sich aufbauenden, meist den fugierten Stil bevorzugenden *Kirchen-S.* (ital. *Sonata da chiesa*, mit der Satzfolge langsam–schnell–langsam–schnell) steht, gewann die S. seit dem 18. Jh. mit dem Entstehen der ersten Klavier-S.n (*J. Kuhnau*) u. unter dem Einfluß der Mannheimer Schule allmählich jene formale Ausgestaltung, die sie zu einem festumrissenen musikal. Formbegriff werden ließ. Die S. erreichte ihre höchste Vollendung bei den Meistern der klass. Periode, *Haydn, Mozart* u. *Beethoven.* – 🕮 2.7.2.
Sonatine [die; ital.], kleine, leicht spielbare, gekürzte Sonate mit meist nur 2 oder 3 Sätzen.
Sonde [die; lat.], **1.** *Bergbau:* bis 10 m tiefe Untersuchungsbohrung.
2. *Medizin:* stab- oder schlauchförmiges, biegsames oder starres Instrument verschiedener Größe, Form u. Dicke zum Austasten („Sondieren") von Körperhöhlen u. -gängen oder zum Entnehmen bzw. Einbringen von Flüssigkeiten.
Sonderausgaben, nach dem Einkommensteuergesetz in der Fassung vom 21. 6. 1979 vom Gesamtbetrag der Einkünfte voll oder bis zu einem Höchstbetrag abzugsfähige Ausgaben; dazu gehören: 1. Unterhaltsleistungen an den geschiedenen oder dauernd getrennt lebenden Ehegatten u. Renten bestimmter Art; 2. Beiträge zu Kranken-, Unfall- u. Haftpflichtversicherungen, zu den gesetzl. Rentenversicherungen, an die Bundesanstalt für Arbeit sowie zu bestimmten Versicherungen auf den Erlebens- oder Todesfall; 3. Beiträge an Bausparkassen; 4. gezahlte Kirchensteuer; 5. die nach dem Lastenausgleichsgesetz abzugsfähigen Teile der Vermögensabgabe, der Hypothekengewinnabgabe u. der Kreditgewinnabgabe; 6. Steuerberatungskosten; 7. Aufwendungen des Steuerpflichtigen für seine Berufsausbildung oder seine Weiterbildung. Begrenzt abzugsfähig sind →Spenden.
Sonderborg, *K. R. H.*, eigentl. Kurt Rudolf *Hoffmann*, dän. Maler u. Graphiker, *5. 4. 1923 Sonderburg, Südjütland; 1953 in Paris, Mitgl. der Künstlergruppe „Zen" 49; ungegenständl. Kompositionen in Anlehnung an das Action Painting.
Sonderbotschafter, aus bes. Anlaß (Krönung, Todesfall, Abschluß wichtiger Verträge) von einem Staat entsandter Botschafter; muß nicht dem Auswärtigen Dienst angehören.
Sonderbund, 1. *Geschichte:* 1845 erfolgter Zusammenschluß der konservativen, zumeist kath. schweizer. Kantone Schwyz, Uri, Unterwalden, Luzern, Zug, Freiburg u. Wallis gegen die übrigen, demokrat. verfaßten Kantone; unterlag diesen im *Sonderbundskrieg* 1847. →Schweiz (Geschichte).
2. *Kunst: S. westdt. Künstler u. Kunstfreunde*, eine Vereinigung, die vor dem 1. Weltkrieg zwei Kunstausstellungen organisierte, die S.-Ausstellungen 1910 in Düsseldorf u. 1912 in Köln, die den Einfluß u. das Verständnis der modernen französ. Kunst in Dtschld. entscheidend förderten.
Sonderburg, *dän. Sønderborg*, Hafenstadt in der dän. Amtskommune Südjütland, ehem. Nordschleswig, auf der Insel Alsen, 29700 Ew.; Schloß; Maschinen-, Textil-, Nahrungsmittelindustrie. – Seit 1920 dänisch; früher Amtssitz.
Sonderburg, durch Herzog Johann 1582 begründete u. nach dem Schloß S. benannte Linie des herzogl. Hauses Schleswig-Holstein, aus der die Linien *Schleswig-S.-Augustenburg* u. *Schleswig-S.-Glücksburg* hervorgingen.
Sønderby ['sœnərby:], Knud, dän. Schriftsteller, *10. 7. 1909 Esbjerg, †8. 8. 1966 Kopenhagen; schrieb von E. *Hemingway* beeinflußte Romane, Dramen u. Skizzen mit sozialer Thematik.
Sonderfrieden, der in einem Koalitionskrieg zwischen zwei oder mehreren, jedoch nicht allen Kriegsparteien geschlossene Frieden. Das Streben nach einem S. während der Kampfhandlungen gilt als Verletzung der Bündnispflicht. Im 2. Weltkrieg verdächtigte die Sowjetunion die Westalliierten, einen S. mit Dtschld. abschließen zu wollen, u. drängte auf die Errichtung der „europ. Front".
Sondergerichte, Gerichte, die anstelle der sonst allg. zuständigen Gerichte für bes. Personengruppen oder Sachgebiete zuständig sind u. deren Zuständigkeit (im Gegensatz zu den verfassungsrecht. verbotenen →Ausnahmegerichten) von vornherein durch ein Gesetz festgelegt ist; bes. 1.

Sondergotik

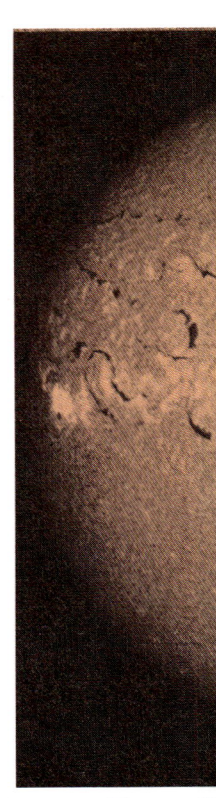

Sonnenfinsternis — *Sonnenkorona (links). – Sonnen-Filtergramm; die Aufnahme erfolgte im Licht der roten Wasserstofflinie*

SONNE

Sonnenfinsternis (Schema)

Sonnenobservatorium (links) auf dem Wendelstein (Oberbayern) und Koronograph (rechts)

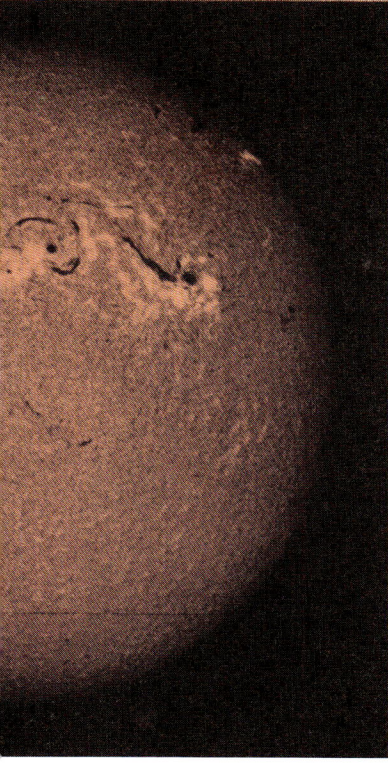 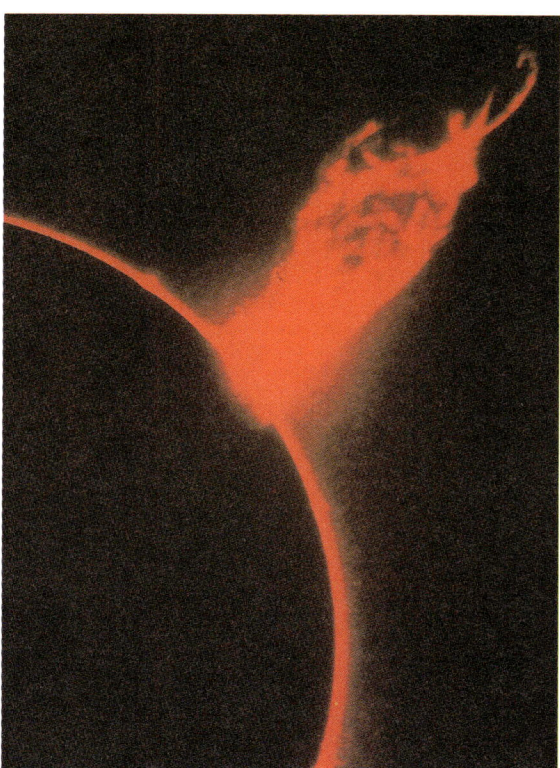

tte). – Protuberanz am Sonnenrand (rechts)

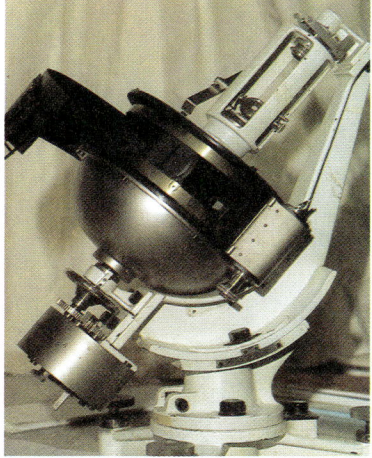 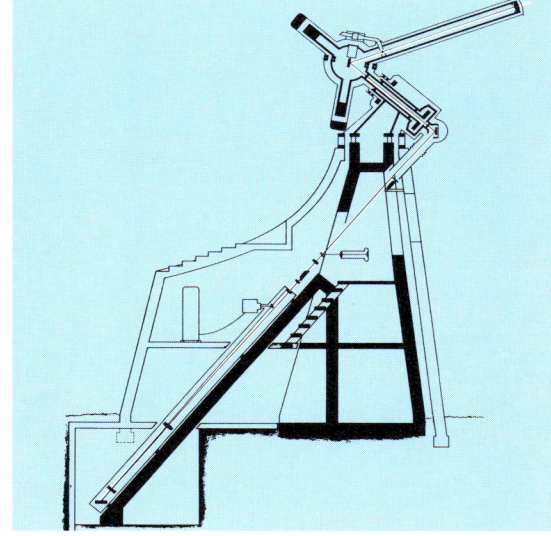

UV-Spektrograph zur Untersuchung ultravioletter Sonnenstrahlen (oben). – Sonnenrefraktor; Schema (rechts)

Kuppelloser Coudé-Sonnenrefraktor in Anacapri

Söndre Strömfjord

früher alle Gerichte außerhalb der →ordentlichen Gerichtsbarkeit; 2. nach Art. 101 Abs. 2 GG alle Gerichte, die zusätzlich zu den fünf vom GG als gleichberechtigt anerkannten Zweigen der ordentlichen, der (allg.) Verwaltungs-, der Finanz-, der Arbeits- u. der Sozialgerichtsbarkeit sowie zur Verfassungsgerichtsbarkeit oder innerhalb eines dieser Zweige mit bes. Aufgabengebieten eingerichtet sind; ihre Neuerrichtung ist nur durch Gesetz zulässig; nach § 14 GVG sind als S. im Bereich der ordentl. Gerichtsbarkeit →Schiffahrtsgerichte aufgrund von Staatsverträgen u. →Gemeindegerichte zulässig. S. sind z. B. die *Disziplinar-* u. *Ehrengerichte*.

Sondergotik, von K. *Gerstenberg* eingeführte Bez. für die letzte Entwicklungsstufe der got. Architektur in Dtschld. vom Ende des 14. bis zum Anfang des 16. Jh.

Sondergut, besondere Gruppe von Vermögensgegenständen (Gütermasse) bei der allg. u. der fortgesetzten →Gütergemeinschaft des →ehelichen Güterrechts der BRD. S. des Mannes oder der Frau bzw. des überlebenden Ehegatten sind die unübertragbaren Gegenstände (unabtretbare Forderungen, Nießbrauch, Urheberrechte) ihres Vermögens. Jeder Ehegatte verwaltet sein S. selbständig. – In der S c h w e i z sind S. kraft Gesetzes: 1. die Gegenstände, die einem Ehegatten ausschl. zu persönl. Gebrauch dienen; 2. die Vermögenswerte des Frauenguts, mit denen die Ehefrau einen Beruf oder ein Gewerbe betreibt; 3. der Erwerb der Ehefrau aus selbständiger Arbeit (Art. 191 ZGB); außerdem kann S. durch Ehevertrag u. durch Zuwendung Dritter entstehen (Art. 190 ZGB).

Sondermarke, Postwertzeichen für bes. Anlässe.
Sondernachfolge →Rechtsnachfolge.
Sonderpostamt, provisorisches Postamt für bes. Anlässe (Ausstellungen u. ä.); hier aufgelieferte Post wird mit einem →Sonderstempel versehen.
Sonderreifeprüfung, eine Prüfung für Absolventen des *Zweiten Bildungswegs* zur Erlangung der beschränkten Hochschulreife (Fakultätsreife) nach den Grundsätzen der Kultusministerkonferenz vom 16. 11. 1951.
Sonderschulen, Schulen für Kinder, die infolge geistiger Schwäche oder körperl. Mängel für die Volksschule ungeeignet sind; z. B. Sprachbehinderten-, Blinden-, Taubstummenschulen, Schulen für Lernbehinderte. →Hilfsschulen.
Sondershausen, Kreisstadt im Bez. Erfurt, an der Wipper, südöstl. von Nordhausen, 22 900 Ew.; Schloß (16.–18. Jh.), Konservatorium; Textil-, elektrotechn., Holz- u. a. Industrie. Früher Residenz u. Mittelpunkt des Fürstentums *Schwarzburg-S*. – Krs. S.: 598 qkm, 55 800 Ew.
Sondersprachen, in Wortschatz u. Redewendungen eigentüml. Ausdrucksweisen gewisser Standes-, Alters- oder Berufsgruppen innerhalb einer Gemeinsprache. Elemente der S. dringen häufig in die Gemeinsprache ein.
Sonderstempel, Poststempel für besondere Anlässe; wird meist nur wenige Tage verwandt.
Sondervotum, engl. *dissenting opinion, dissenting vote,* bes. im engl.-amerikan. Rechtskreis übliche bes. Stellungnahme der überstimmten Minderheit in →Kollegialgerichten, die wie das Urteil u. seine Begründung veröffentlicht wird. In der BRD sieht das Gesetz über das Bundesverfassungsgericht (§ 30) seit Ende 1970 die Möglichkeit des S.s vor.
Sonder-Werkzeugmaschine, nach dem →Baukastensystem aufgebaute (u. in der Regel umbaubare) u. automatisierte →Werkzeugmaschine zur Bearbeitung eines speziellen Werkstücks (*Einzweckmaschine*).
Sonderziehungsrechte, künstliche Reservewährung zur Ergänzung der bestehenden Währungsreserven des *Internationalen Währungsfonds* (IWF). Die S. werden durch Beschluß des IWF-Gouverneursrats geschaffen u. allen Mitgliedsländern proportional zu ihren Anteilen am IWF zugeteilt. Die erste Zuteilung in Höhe von 3,4 Mrd. US-Dollar fand 1970 statt. Bei einem Zahlungsbilanzdefizit können die Mitgliedsländer ihre S. ohne wirtschaftspolit. Auflagen in Anspruch nehmen u. bei den Überschußländern gegen konvertible Währung eintauschen. Im 5-Jahres-Durchschnitt dürfen die Mitgliedsländer 70% ihrer Sonderziehungsrechtsquote beanspruchen. Eine Rückzahlungspflicht tritt nur dann ein, wenn ein Land seine Quote stärker ausnutzt.
Söndre Strömfjord, internationaler Zivilflughafen in Westgrönland, östl. von Holsteinsborg, an der Bucht S.S., 1960 modern ausgebaut.

Sondrio

Sondrio, italien. Stadt im Veltlin, Hptst. der Provinz S. (3212 qkm, 170 000 Ew.), 23 000 Ew.; Fremdenverkehr; Holz- u. Textilindustrie.
Sonett [das; ital.], ein Gedicht aus zwei Abschnitten zu je vier Versen *(Quartette)* u. zwei Abschnitten zu je drei Versen *(Terzette).* Der Vers des klass. S.s umfaßt elf Silben (fünf Hebungen); die Reimstellung ist meistens abba abba cde cde oder (im „engl. S.") abab cdcd efef gg. Daneben gibt es zahlreiche Varianten in Versbau u. Reimschema. Das wesentl. Merkmal des S.s ist die Gliederung in zwei Teile (entsprechend der mittelalterl. Aufteilung in Auf- u. Abgesang, wobei der Aufgesang aus zwei gleichgebauten Stollen bestand). Die Gedanken, die, in den Quartetten vorgetragen, meist gegenübergestellt werden, verdichten sich in den Terzetten zu einer allgemeingültigen Aussage. Das S. ist neben der Ode die strengste Form der Lyrik. Die Form des S.s entstand vermutl. im 13. Jh. in Sizilien aus der Verbindung einer achtzeiligen Strophe mit einer sechszeiligen. Den ersten Höhepunkt erreichte das S. bei *Dante* u. F. *Petrarca.* In der Folgezeit verbreitete es sich in ganz Westeuropa *(Shakespeare,* E. *Spenser,* J. *Milton,* L. *de Camões,* P. *de Ronsard).* In Dtschld. wurde das S. durch M. *Opitz* die Modeform der Barockdichtung (in Alexandriner-Versen). Im 18. Jh. war es fast vergessen oder wurde teilweise bekämpft. *Goethe* schrieb erst nach 1800 S.e. In der Romantik fand das S. weite Verbreitung (F. *Rückert,* A. *von Platen,* J. *von Eichendorff,* H. *Heine,* N. *Lenau,* F. *Hebbel).* Im 20. Jh. verfaßten bes. St. *George,* R. M. *Rilke,* J. *Weinheber* u. J. R. *Becher* S.
Sonettkranz, eine Reihe von 15 Sonetten, von denen die ersten 14 die letzte Zeile des vorhergehenden Sonetts jeweils als 1. Zeile wiederholen. Das 15. Sonett besteht aus den Anfangsversen aller 14 vorangehenden.
Song [sɔŋ; der; engl.], Lied, bes. das im 19. Jh. aufgekommene, schlagerartig sich verbreitende, anspruchslose Lied meist mit Kehrreim. Eine große Rolle spielt der S. in den Bühnenwerken B. *Brechts,* u. zwar häufig als Höhepunkt der jeweiligen gesellschaftskritischen Aussage.
Sông [annamitisch], Bestandteil geograph. Namen: Fluß.
Sông Da, Fluß in Nordvietnam, = Schwarzer Fluß.
Songdschin, Söngchin, Kimtschak, nordkorean. Hafenstadt am Japan. Meer, 100 000 Ew.; chem., Zement-, Eisen-, Stahl-, Buntmetallverhüttungsindustrie; Bergbauzentrum; Bahnstation.
Songe, Bantustamm der Luba im SO von Zaire zwischen den Flüssen Lualaba, Lomami u. Sankuru; Pflanzer mit Mutterrecht.
Songhai, Sonrhai, Kuria, mit Berbern vermischtes Sudannegervolk (über 900 000) im mittleren Nigertal; Bauern, Jäger u. Fischer. Aus einer berber. Reichsgründung im 8. Jh. entstand das Reich S., das im 11. Jh. islamisch wurde. Im 14. Jh. für kurze Zeit von Mali unterworfen, erreichte S. unter *Askia d. Gr.* (1493 bis 1528) den Höhepunkt seiner Macht; es erstreckte sich vom Senegal bis an die Grenzen von Bornu u. in die Sahara. 1591 zerstörte ein marokkan. Heer das Reich. – ⊡ 5.6.5.
Songkhla, Hafenstadt im südl. Thailand, an der Malaiischen Halbinsel am Golf von Thailand, 90 000 Ew., landwirtschaftl. Handel, Flughafen.
Sông Nhi Ha, Fluß in Nordvietnam, = Roter Fluß.
Soninke, Sarakolle, Marka, islam. Sudannegervolk (über 600 000) der Mandegruppe zwischen Senegal u. Niger, mit maur. u. Ful-Beimischungen, war mehrfach an der Bildung von Negerreichen (Ghana) im Sudan beteiligt.
Sonja, russ. Koseform von →Sophia.
Sonnabend, Samstag, der 6. Wochentag, der *Sabbat* des jüd. Kalenders.
Sonne, Zeichen ☉, lat. *Sol,* grch. *Helios,* Zentralkörper des Planetensystems *(S.nsystems);* mittlere Entfernung von der Erde 149,6 Mill. km. Durchmesser 1,4 Mill. km = 108,5 Äquatordurchmesser der Erde. Masse = 332 270 Erdmassen. Mittlere Dichte 1,4 g/cm³. Schwerebeschleunigung an der Oberfläche 28mal größer als am Erdäquator. Rotationszeit: siderisch 25,4 Tage, synodisch (von der Erde aus gesehen) 27,3 Tage am Äquator, in höheren Breiten etwas größer. Neigung der S.näquators gegen die Ekliptik 7°15'. Strahlungstemperatur an der Oberfläche (Photosphäre) 5785 K; Mittelpunktstemperatur 15 Mill. Grad.
Die S. ist ein Fixstern vom Spektraltypus G 1 u. gehört im →Hertzsprung-Russell-Diagramm der „Hauptreihe" an. Sie strahlt am intensivsten im sichtbaren Spektralbereich; das Intensitätsmaximum liegt bei einer Wellenlänge von 4700 Å. Das S.nspektrum zeigt die Anwesenheit des größten Teils der chem. Elemente. Nicht nachweisbar sind die Edelgase Neon, Argon, Krypton, Xenon, einige Halogene u. viele schwere Metalle; verhältnismäßig häufig sind Natrium, Aluminium, Calcium u. Eisen; in den kühleren S.nflecken kommen auch chem. Verbindungen (z. B. Titanoxid) vor. Die häufigsten Elemente sind Wasserstoff u. Helium mit einem Anteil von etwa 60 bzw. 30 Gewichtsprozent. Über den Aufbau der S.natmosphäre → Photosphäre, → Chromosphäre, → Korona; über bes. Erscheinungen auf der S.: →Sonnenflecken, →Fackel (2), →Granulation (1). Seit 1942 ist die S. auch als Radiostrahler bekannt. Hauptquelle sind die Korona u. S.nflecken bzw. S.neruptionen. Von einer stets vorhandenen Radiostrahlung wird eine gestörte Radiostrahlung *(Radiostürme)* unterschieden. →auch Internationales Jahr der ruhigen Sonne. – ▣ S. 146. – ⊡ 7.9.6.
Sonneberg, Kreisstadt im Bez. Suhl, nordöstl. von Coburg, 30 000 Ew.; Spielzeugmuseum, Sternwarte (638 m); Spielwaren-, elektrotechn., Glas-, Porzellan- u. Kunststoffindustrie. – Krs. S.: 306 qkm, 61 000 Ew.
Sonnenbad, Bestrahlung des Körpers mit natürl. Sonnenlicht. →Lichtbehandlung.
Sonnenbär →Malaienbär.
Sonnenbarsche, *Centrarchidae,* Familie der *Barschartigen* aus den Flüssen Nordamerikas. Dort beliebte Sportfische, größere Arten wegen des delikaten Fleischs als Speisefische geschätzt. Die meist seitlich scheibenartig zusammengedrückten S. hält man gern als Aquarienfische. Dazu gehören z. B. *Scheibenbarsch, Pfauenaugenbarsch* u. →Sonnenfisch.
Sonnenbatterie →Sonnenzelle.
Sonnenblätter, xeromorphe Blätter, im Gegensatz zu den *Schattenblättern* (im Innern der Baumkrone) die Blätter der äußeren Laubkrone von Bäumen (z. B. der Rotbuche). Sie besitzen eine derbere Epidermis, sind dicker (Palisaden in mehreren Lagen übereinander) u. haben ein dichteres Gefäßbündelnetz (→Blatt). Trockenpflanzen der →Hartlaubvegetation haben nur S.
Sonnenblume, *Helianthus,* Gattung der *Korbblütler,* hat große Blütenkörbchen mit goldgelben Strahlenblüten. Hauptverbreitung der Gattung in Nordamerika. Aus Mexiko stammt die *Gewöhnl. S., Helianthus annuus,* eine 1–3 m hohe Pflanze, deren Blütenköpfe einen Durchmesser von 40 cm erreichen. Aus den ölreichen Samen wird ein gutes Speiseöl gewonnen; Großkulturen vor allem in Südrußland. →auch Topinambur.
Sonnenbrand, *Gletscherbrand,* Verbrennung der Haut bei zu starker Sonnenbestrahlung (durch deren Ultraviolett-Anteil); Folge ist Rötung der Haut mit schmerzhaftem Brennen *(Erythema solare)* oder Hautentzündung *(Dermatitis solaris)* oder →Verbrennung mit Blasenbildung u. mehr oder weniger heftigen Allgemeinerscheinungen.
Sonnenbrenner, Eruptivgesteine (bestimmte Basalte, Phonolithe u. a.), die an der Luft sehr schnell in kleine Körner zerspringen; als Straßenschotter ungeeignet.
Sonnenfels, Joseph Frhr. von, österr. Rechts- u. Staatswissenschaftler, *1732 Nikolsburg (jetzt Mikulov), †25. 4. 1817 Wien; seit 1763 Prof. in Wien; erstrebte im Rahmen des aufgeklärten Absolutismus eine Humanisierung des Strafrechts.
Sonnenferne = Aphel.
Sonnenfinsternis, die Bedeckung der Sonne durch den Mond, von einem irdischen Standpunkt aus gesehen. Die scheinbaren Durchmesser von Sonne u. Mond sind für einen Beobachter auf der Erde nahezu gleich, daher reicht die Spitze des Kernschattenkegels des Mondes bei einer S. gerade auf die Erdoberfläche u. erzeugt dort einen Schattenfleck von höchstens 270 km Durchmesser bei senkrechtem Einfall. Der Weg dieses Schattenflecks heißt *Totalitätszone,* die in ihr liegenden Orte erleben eine totale S., deren Dauer höchstens 7 min beträgt. Steht der Mond in Erdferne (scheinbarer Monddurchmesser kleiner als scheinbarer Sonnendurchmesser), so reicht die Schattenspitze nicht bis auf die Erde *(ringförmige S.).* Für die Orte, die nur vom Halbschatten des Mondes getroffen werden, ist die S. *partiell.*
Sonnenfisch, *Lepomis gibbosus,* zur Familie der *Sonnenbarsche* gehörender Fisch Nordamerikas; nährt sich von kleinen Fischen u. bodenbewohnenden Wirbellosen. Im 19. Jh. in Europa eingeführt, sporadisches Vorkommen z. B. im Donaugebiet u. im Luganer See.
Sonnenflecken, dunkle Flecken auf der Sonnenoberfläche; entdeckt von *Galilei* (1610), unabhängig von Th. *Harriot* (1610), Ch. *Scheiner* u. J. *Fabricius* (1611). Bei den S. ist ein dunkler Kern *(Umbra)* von einem helleren u. strukturreichen Hof *(Penumbra)* umgeben. Sie entwickeln sich aus kleinen Poren zu oft großer Flächenausdehnung u. bilden Gruppen. Die Lebensdauer der S. reicht von wenigen Tagen bis zu mehreren Monaten. Häufigstes Auftreten in niederen Breiten (10–30°), in Breiten über 40° sehr selten; das Auftreten erfolgt in period. Wechsel (→Sonnenfleckenperiode). S. entstehen wahrscheinl. durch wirbelartige Strömungsvorgänge, bei denen Magnetfelder bis zu 4500 Gauß erzeugt werden. Die Temperatur im Kern der S. ist etwa 1500 °C niedriger als die der Photosphäre. Oft treten *bipolare S.* auf: paarweise benachbarte S. mit Nord- u. Südmagnetismus.
Sonnenfleckenperiode, ein Zeitraum von 11 Jahren, in dem die Fleckentätigkeit der Sonne schwankt. Im Sonnenfleckenminimum ist die Sonne fast fleckenlos; die Maxima sind von stark wechselnder Intensität. Die S. spiegelt sich z. B. in der 11jährigen Periode der Nordlichter, der Schwankungen des Erdmagnetismus u. der Dicke der Jahresringe bei Bäumen wider. Sie wurde 1843 von Heinrich *Schwabe* (*1789, †1875) entdeckt.
Sonnenfleckenrelativzahl, von R. *Wolf* einge-

Sonnenstern, Solaster papposus

Sonnenkraftwerk: großer Parabolspiegel in den französischen Pyrenäen zur Ausnutzung der Sonneneinstrahlung; im Brennpunkt herrscht eine Temperatur von 3000° C

führte Maßzahl für den Grad der Fleckentätigkeit der Sonne.
Sonnengeflecht, *Solarplexus, Plexus solaris*, das größte Nervenknotengeflecht des Lebensnervensystems (→vegetatives Nervensystem) beim Menschen, auf der Vorderseite der Hauptschlagader, dicht unter dem Zwerchfell; ist mit den Nerven der Bauchorgane verbunden.
Sonnenhut = Rudbeckie.
Sonnenkompaß →Sonnenorientierung, →Reizbewegung.
Sonnenkönig, frz. *Roi Soleil*, Beiname des französ. Königs Ludwig XIV.
Sonnenkraftwerk, ein →Kraftwerk, das mit Spiegelkonzentratoren oder →Sonnenzellen aus Sonnenlicht hohe Temperaturen von 200–600°C liefert u. über Dampfmaschinen mechan. u. elektr. Energie erzeugt (*solarthermisches Prinzip*). Da die Weltreserven an Kohle, Öl u. Uran begrenzt sind, wird dieser Form der Energiegewinnung größere Bedeutung zukommen.
Sonnenkult, *Heliolatrie*, in vielen Religionen kultische Verehrung der Sonne bzw. der mit ihr verbundenen Sonnengottheit männl. oder weibl. Geschlechts; so z. B. im alten Ägypten (*Horus* u. *Re*), in Japan (*Amaterasu*), im Inkareich (der Herrscher als Abkömmling der Sonne, Sonnenjungfrauen als Priesterinnen), b. den Azteken (Opferung für die Sonne auf den Tempelpyramiden). Oft ist der S. mit dem Herrscherkult verbunden.
Sonnenlichtbehandlung, *Heliotherapie*, Anwendung des Sonnenlichts zur Heilbehandlung, bes. im Hochgebirge; Ersatz: künstl. Höhensonne. →auch Lichtbehandlung.
Sonnennähe = Perihel.
Sonnenokular, ein →Okular, das durch eine bestimmte Anordnung von Prismen oder anderen Glasflächen den größten Teil der Sonnenstrahlung aus dem Strahlengang eines astronom. Fernrohrs entfernt, so daß die Sonne gefahrlos in mattem Licht beobachtet werden kann.
Sonnenorientierung, die bes. bei Vögeln u. Insekten festgestellte Fähigkeit, mit Hilfe der Sonne eine bestimmte Himmelsrichtung einzuhalten (*Sonnenkompaß*). Viele Tiere brauchen dazu nicht einmal die Sonne selbst zu sehen, sondern werten den hellsten Fleck am bewölkten Himmel oder das mit dem Sonnengang wechselnde Muster polarisierten oder ultravioletten Himmelslichts aus. Die scheinbare Wanderung der Sonne um stündl. etwa 15° von O nach W gleichen die Tiere mit ihrer „inneren Uhr" aus (→Biorhythmik).
Sonnenparallaxe, scheinbare Verschiebung des Sonnenorts bei Verrückung des Beobachtungsstandpunkts um 1 Erdhalbmesser; ist gleich dem Winkel (8,80″), unter dem der Äquatorhalbmesser der Erde von der Sonne aus in mittlerer Entfernung erscheint. Aus der S. läßt sich die mittlere Entfernung Erde–Sonne (die Astronom. Längeneinheit) berechnen; sie ist eine fundamentale astronom. Größe. Die Bestimmung der S. im Altertum (Aristarch, Ptolemäus) mit Hilfe von Mondphasen bzw. Mondfinsternissen ergab viel zu große Werte. Moderne Methoden: 1. aus Venusdurchgängen vor der Sonne, 2. aus Beobachtung von Planetoiden in Erdnähe (z. B. Eros), 3. aus Radaranpeilungen der Venus. →Parallaxe.
Sonnenrallen, *Eurypygae*, eine Familie der *Kranichartigen* mit nur einem Vertreter, *Eurypyga helias*, mit schillernd bunten Flügeln, aus den Stromgebieten des trop. Mittel- u. Südamerika.
Sonnenröschen, *Helianthemum*, Gattung der *Zistrosengewächse*, hauptsächl. im Mittelmeergebiet verbreitet. In Dtschld. heimisch ist das *Gewöhnl. S., Helianthemum nummularium*, ein Halbstrauch auf Heiden u. an Waldrändern, mit zitronengelben Blüten, in Gärten in vielen Kulturformen gezüchtet. Rd. 80 andere Arten.
Sonnenschein, Carl, kath. Sozialpolitiker, *15. 7. 1876 Düsseldorf, †20. 2. 1929 Berlin; Gründer u. Leiter der kath.-sozialen Studentenbewegung, wirkte seit 1918 in der Studenten-, Akademiker- u. Großstadtseelsorge in Berlin.
Sonnenscheindauer, die Stundenzahl der tatsächl. direkten Sonneneinstrahlung eines Orts innerhalb einer längeren Zeitperiode (Tag, Woche, Monat, Viertel-, Halbjahr), meist eines Jahres; aufgezeichnet mit einem →Sonnenscheinmesser; für Kur-, Ferienorte u. Seebäder von Interesse; Höchstwerte in den Subtropen Afrikas, in Arizona, Nordchile liegen bei jährl. 4000 Std., Ägypten 3668 Std., Minima in der Arktis bei 1000 Std.; Dtschld. 1400–1700 Std. Die *mögl. S.* ist ein theoret. von der Breitenlage abhängiger Wert, sie wird

Sonnensymbole: Sonnenwagen aus einem Moor von Trundholm auf Seeland, Dänemark; 14./13. Jh. v. Chr. Kopenhagen, Nationalmuseum

durch die Bewölkung beeinflußt. Linien gleicher S. auf Karten werden *Isohelien* genannt.
Sonnenscheinmesser, *Sonnenscheinautograph*, Gerät zur selbständigen Aufzeichnung der →Sonnenscheindauer. Eine gläserne Kugel wirft bei Sonnenschein einen (wandernden) Brennpunkt auf eine konzentrische, konkave Schale u. hinterläßt auf einem Papierstreifen eine Spur.
Sonnenspitze →Teneriffaspitze.
Sonnenstein, ein gelbl.-rötl. Oligoklasfeldspat mit eingeschlossenen Eisenglanzschüppchen.
Sonnenstern, *Solaster papposus*, Seestern art mit 8–14, meist 13 Armen u. bis 34 cm Durchmesser; Farbwechsel zwischen weiß u. rot. Der S. kommt auf sandigem u. steinigem Boden der polnahen Nordküsten der Alten u. Neuen Welt vor; auch in der Nordsee. Als Nahrung dienen kleinere Seesterne u. Mollusken.
Sonnenstich, *Insolation, Ictus solis*, Gehirnschädigung durch Einwirkung von Sonnenstrahlen auf Kopf u. Nacken, meist mit Kreislauf-, Atem- u. Bewußtseinsstörungen, in schweren Fällen auch mit Krämpfen, Bewußtlosigkeit u. a. schweren Erscheinungen verbunden. Erste Hilfe: Kühlung; luftigen, schattigen Ort wählen; Beengung durch Kleider beseitigen; Kältereize, künstliche Atmung, Anregung der Herztätigkeit. →auch Hitzschlag.
Sonnenstrahlung, für die Lebensvorgänge der meisten Lebewesen unentbehrlicher physiolog. Faktor. Dabei wird der kurzwellige Teil des Sonnenspektrums (*Ultraviolett*) bei der →Photosynthese der Pflanzen, der langwellige Teil (*Infrarot*) als Wärme genutzt, S. kann auch zu Heilzwecken genutzt werden. →auch Lichtbehandlung.
Sonnensymbole, in der Bronze-, Urnenfelder- u. Hallstattzeit Europas vorkommende Sonnenräder (z. T. aus Gold oder Goldblech), auf verschiedene Gegenständen (z. B. auf Schmuckstücken) angebrachte Goldscheiben u. Zeichen in Gestalt von vierspeichigen Rädern (z. B. auf Felszeichnungen Skandinaviens); zeugen davon, daß die Sonne zur Bez. göttl. Kraft u. Wirksamkeit diente.
Sonnensystem, umfaßt die Sonne u. die Gesamtheit der sie ständig umwandernden Himmelskörper (Planeten mit Monden, Planetoiden, Kometen, Meteore). →Planeten, →Planetensystem.
Sonnentag, Zeit der Erdumdrehung in bezug auf die Sonne. Zu unterscheiden sind: *wahrer S.*, Zeit zwischen zwei Kulminationen der Sonne (wahre Mitternacht); *mittlerer S.*, durchschnittl. Dauer der wahren S.e, deren Länge jahreszeitl. schwankt. Der mittlere S. dient als Zeiteinheit (1 mittlerer S. = 24 Stunden = 1440 min = 86 400 s).
Sonnentanz, kultische Feier der nordamerikan. Prärie-Indianer mit myth. Tänzen.
Sonnentau, *Drosera*, die wichtigste Gattung der insektenfressenden S.gewächse; in Deutschland meist kleine, an sumpfigen Orten wachsende Arten mit grundständigen Blattrosetten u. weißen Blüten.
Sonnentaugewächse, *Droseraceae*, Familie der *Parietales*, insektenfressende Pflanzen. Zu den S.n gehören *Sonnentau, Drosophyllum* u. a.
Sonnentierchen, *Heliozoen, Heliozoa*, eine Gruppe der *Wurzelfüßer*, Einzeller, deren Angehörige meist in Süßwasser leben; mit einem Skelett aus zäher Gallerte oder aus Kieselsäure; ernähren sich von schwebenden kleineren Protozoen, Algen u. a. – ▣Protozoen und Schwämme.
Sonnenuhr, Vorrichtung zur Messung der wahren Sonnenzeit; ein parallel zur Erdachse aufgestellter Stab wirft einen Schatten, der auf einer Zifferblattfläche als Zeiger dient. Der Urtyp ist der →Gnomon.
Sonnenvogel, *Leiothrix lutea*, häufig als Käfigvogel gehaltener chines. *Singvogel* aus der Verwandtschaft der Fliegenschnäpper. Nach dem auffallenden Gesang wird er auch *Chinesische Nachtigall* genannt.
Sonnenwarte, astronom. Observatorium, das sich speziell mit der Sonnenforschung befaßt. Wichtigste Instrumente einer S.: Spektroheliograph, Koronograph, Radioteleskop.
Sonnenwende, 1. *Astronomie:* = Solstitium. **2.** *Botanik:* Heliotropium, Gattung der *Rauhblattgewächse*. Bekannt sind die aus Peru stammenden blaublütigen Arten *Garten-S., Heliotropium peruvianum*, mit starkem Vanilleduft u. *Narzissen-S., Heliotropium corymbosum*; Garten- u. Zimmerpflanzen. Bis ins Rheinland kommt das mediterrane *Heliotropium europaeum* vor.
Sonnenwind, →solarer Wind.
Sonnenwolfsmilch, *Euphorbia helioscopia*, ein *Wolfsmilchgewächs*, ein auf Kartoffeläckern, Gartenland, Getreidefeldern, in Weinbergen verbreitetes, aus dem Mittelmeergebiet stammendes Unkraut.
Sonnenzeit, Einteilung des Tages nach dem Stand der Sonne. Man unterscheidet: *wahre S.*, d. h. →Stundenwinkel der Sonne plus 12 Stunden (ungleichförmiges Zeitmaß, da dieser Winkel sich im Lauf des Jahres mit verschiedener Geschwindigkeit ändert), u. *mittlere S.*, gleichförmiges Zeitmaß, das mit der wahren S. bis auf periodisch schwankende Abweichungen übereinstimmt. Die Differenz wahre S. minus mittlere S. heißt →Zeitgleichung u. kann den Betrag von 16,4 min nicht überschreiten.
Sonnenzelle, ein großflächiges *Photoelement*, das Sonnenenergie in elektr. Energie umwandelt. Eine größere Anzahl S.n wird meist zu einer *Sonnenbatterie* zusammengeschaltet u. dient zur Stromversorgung kleinerer Geräte, bes. künstl. Erdsatelliten. S. sind robuste u. völlig wartungsfreie Energiequellen, liefern aber nur geringe spezif. Energiemengen (ca. 100 Watt/m²). Die größten bisher gebauten S.nanlagen (→Skylab) liefern über 10 kW elektr. Leistung.
Sonnenzirkel, ein 28jähriger Zyklus, in dem die Zuordnung zwischen Datum u. Wochentag sich in gleicher Reihenfolge wiederholt. Im Julian. Kalender ist dieser Zyklus streng, im Gregorianischen entsteht an den vollen Jahrhunderten, die keine Schaltjahre sind, eine Durchbrechung des S.s.

Sonnleitner, A. Th., eigentl. Alois *Tlučhoř*, Jugendschriftsteller, * 25. 4. 1869 Daschitz, Böhmen, † 2. 6. 1939 Perchtoldsdorf bei Wien; war Schuldirektor. Romantrilogien: „Die Höhlenkinder" 1918–1920, „Koja" 1921–1925; „Die Hegerkinder" 1923–1926.

Sonntag, der 7. Tag (bis 31. 12. 1975 der 1. Tag) der Woche; in der röm. Planetenwoche der 2. Tag (wurde unter dem Einfluß des Mithraskults der 1. Tag), dem Sonnenkult gewidmet; wurde als Tag der Auferstehung Christi („Tag des Herrn", lat. *dies dominica*) in den urchristl. Gemeinden anstelle des jüd. Sabbats zum Tag der gottesdienstl. Versammlungen. Ruhetag wurde der S. durch Konstantin d. Gr. (321).

Sonntagberg, Wallfahrtsort in Niederösterreich, nördl. von Waidhofen, auf der Höhe des S.s, 704 m, 4700 Ew.; Kirche (erbaut 1718–1732) mit barocker Innenausstattung.

Sonntagsarbeit, Arbeit an Sonn- u. Feiertagen, darf nach der GewO grundsätzl. nicht verlangt werden; *Verbot der S.* gilt für die produzierenden Gewerbe (Berg- u. Hüttenwerke, Fabriken, Werkstätten, Bauplätze) u. für das Handelsgewerbe; *Ausnahmen* bestimmt die GewO bes. für das *Sonntagsgewerbe* (Gast- u. Schankwirtschaften, Theater, Verkehrsgewerbe u. a.), für Saisonbetriebe u. für dringende Arbeiten in Notfällen. Weitere Ausnahmen bestehen für das sog. *Bedürfnisgewerbe* (z. B. Blumenverkauf), für das Handelsgewerbe an 6–10 Sonntagen im Jahr (früher: vor Weihnachten, jetzt noch: zu Ausstellungen u. Messen), für das Speditions- u. Schiffahrtsgewerbe (Beschäftigung bis zu 2 Std. zur Abfertigung von Gütern) u. für einzelne Betriebe zur Verhütung eines unverhältnismäßigen Schadens. Eine gesetzl. Regelung der Vergütung für S. besteht nicht; die Tarifverträge sehen meist einen erhebl. höheren Lohnzuschlag vor als sonst für Überstunden. – Ähnlich in Österreich nach dem Feiertagsruhe-Gesetz 1957 u. dem Gesetz betr. die Regelung der Sonn- u. Feiertagsruhe im Gewerbebetrieb von 1895; ähnlich auch in der Schweiz nach dem eidgenöss. Arbeitsgesetz vom 13. 3. 1964 (Art. 18: grundsätzl. Verbot der S.) u. a. Vorschriften.

Sonntagshorn, Gipfel in den Chiemgauer Alpen, südl. von Ruhpolding, an der dt.-österr. Grenze, 1960 m.

Sonntagsmalerei →naive Malerei.

Sonntagszeitungen →Wochenzeitungen.

Sonnwendfeuer →Johannisfest.

Sonnwendgebirge, *Rofangebirge,* Gebirgsgruppe in den Nordtiroler Kalkalpen, östl. vom Achensee, im *Hochiß* 2299 m u. in der *Rofanspitze* 2260 m.

Sonora, 1. nordpazif. Staat Mexikos, am nördl. Golf von Kalifornien, 184934 qkm, 1,5 Mill. Ew.; Hptst. *Hermosillo*; vorwiegend Wüsten u. Dornstrauchsteppen; Anbau von Mais, Bohnen, Baumwolle u. verschiedenen Früchten in Bewässerungskulturen; Bergbau; Meersalzgewinnung.
2. *Río S.,* nordwestmexikan. Fluß, fließt zum Golf von Kalifornien, mündet südl. der Isla Tiburón.

sonorische Völker, indian. Sprachgruppe der uto-aztekischen Sprachfamilie in Westmexiko, mit den *Pima, Papago, Cora, Huichol*. u. den wegen ihrer zeremoniellen Wettläufe bekannten *Tarahumara*. Feldbauern (Anbau von Mais, Bohnen, Kürbissen, auch Weizen), z. T. mit Bewässerungsanlagen u. Terrassierung, Viehzucht.

Sonorlaut [lat.], Sonor, Sonant, Klanglaut, in der Unterscheidung der Konsonanten nach Artikulationsart Bez. für alle Laute außer Verschluß- u. Reibelauten (Geräuschlaute); zu den S.en gehören die Liquide l, r; die Nasale n, m; die Halbvokale w, j. Stimmhafte Geräuschlaute sind eine Kombination beider Typen. →auch Laut.

Sonrhai, das Sudannegervolk der →Songhai.

Sonsonate, Stadt in El Salvador (Zentralamerika), 30000 Ew., am Vulkan Izalco, landwirtschaftl. Markt (Viehhandel), örtl. Industrie.

Sontag, Henriette, Sängerin (Koloratursopran), * 3. 1. 1806 Koblenz, † 17. 6. 1854 Ciudad de México; eine der berühmtesten Sängerinnen ihrer Zeit.

Sontheimer, Kurt, Politologe, * 31. 7. 1928 Gernsbach, Baden; Prof. in Osnabrück, Berlin, seit 1969 in München. S. hat sich für die Universitätsreform eingesetzt. Hptw.: „Antidemokrat. Denken in der Weimarer Republik" 1962, ²1968; „Polit. Wissenschaft u. Staatsrechtslehre" 1963; „Grundzüge des polit. Systems der BRD" 1971, ⁷1979.

Sonthofen, bayer. Stadt in Schwaben, im Allgäu an der Ostrachmündung ins Illertal, 748 m ü. M., 19700 Ew.; Fachschulen der Bundeswehr; Textil- Holz-, landwirtschaftl. Industrie, Hüttenwerk; Wintersportplatz. Verwaltungssitz des *Oberallgäukreises.*

Sontra, hess. Stadt (Werra-Meißner-Kreis), südöstl. von Kassel, 9400 Ew.; Fachwerk-Rathaus; Eisen-, Bekleidungsindustrie.

Sooden-Allendorf, *Bad S.,* nordhess. Stadt (Werra-Meißner-Kreis), an der Werra, 9500 Ew.; Kurort mit Solquellen; Möbel-, Textilindustrie.

Soonwald, Teil des südöstl. Hunsrück, Quarzitrücken; gliedert sich in Bingerwald, Großer Soon u. Lützelsoon, im *Ellerspring* 658 m.

Soor →Schwämmchen.

Sophia [grch., „Weisheit"], *Sophie,* weibl. Vorname, Kurzform *Fike(n),* russ. Koseform *Sonja*.

Sophia, Heilige, altchristl. röm. Märtyrin. Ihr Festtag (15. 5.) ist mit volkstüml. Wetterregeln der Bauern verknüpft („kalte Sophie", eine der „Eisheiligen").

Sophie [auch ′so-], weibl. Vorname, →Sophia.

Sophie, Fürstinnen. Preußen: **1.** *S. Charlotte,* Königin, * 30. 10. 1668 Iburg, † 1. 2. 1705 Hannover; Frau *Friedrichs I.* von Preußen, förderte Kunst u. Wissenschaft (*Leibniz*); setzte sich für die Grün-

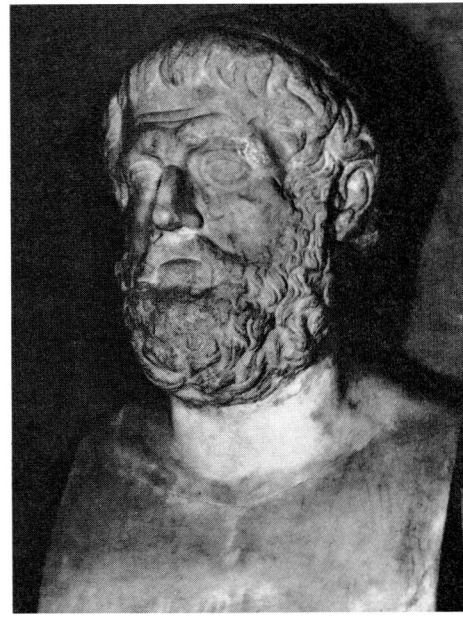

Sophokles; Büste. Rom, Capitolinisches Museum

dung der Berliner Akademie der Wissenschaften ein (1700).
Rußland: **2.** *S. (Sofija) Alexejewna,* Prinzessin, * 27. 9. 1657 Moskau, † 14. 7. 1704 Moskau; übernahm mit dem Tod des Zaren Fjodor III. 1682 die Regentschaft für ihre minderjährigen Brüder *Iwan V.* (* 1666, † 1696) u. *Peter I.*; ihr Berater u. Favorit Wasilij *Golizyn* leitete die Regierungsgeschäfte; 1689 von Peter I. gestürzt.
Spanien: **3.** *Sophia,* Prinzessin von Griechenland, seit 1962 Frau des Prinzen *Juan Carlos* von Spanien, * 2. 11. 1938 Psychiko (Griechenland).

Sophisma [das; grch.], *Sophismus* =Trugschluß.

Sophisten [grch.], im alten Griechenland ursprüngl. Bez. für die Denker u. Weisen überhaupt. Mitte des 5. Jh. v. Chr. im Zug des polit. Aufstiegs des Bürgertums bildete sich ein Stand von Lehrern der Beredsamkeit aus, die sich S. nannten. In der Gedankenentwicklung der griech. Philosophie bedeuteten sie ein Moment kritischer Prüfung. Während die ältere S.generation (*Protagoras* aus Abdera, *Gorgias* von Leontinoi, *Prodikos* von Keos, *Hippias* von Elis [spätes 5. Jh. v. Chr.]) ihre relativistische Skepsis auf die Möglichkeit der Wahrheitserkenntnis beschränkte, dehnte die spätere Sophistik (*Trasymachos* [Ende des 5. Jh. v. Chr.], *Kallikles, Euthydemos*) sie auch auf Moral u. Recht aus. Durch *Platons* Kritik erhielt allmähl. das Wort S. eine abschätzige Bedeutung. – ▢ 1.4.6.

Sophisterei, Spitzfindigkeit, Spiegelfechterei.

Sophistik, Lehre der *Sophisten,* in tadelndem Sinn: hohle, spitzfindige Scheinweisheit.

Sophokles, griech. Tragödiendichter in Athen, * um 496 v. Chr. † um 406 v. Chr.; Schauspieler, wiederholt in hohen Staatsämtern (Schatzmeister, Stratege). Die attische Tragödie entwickelte S. durch Einführung des 3. Schauspielers, Vergrößerung des Chors u. Lösung des Einzelstücks aus dem Zusammenhang der Trilogie über seinen Vorgänger *Äschylus* hinaus. Von über 100 Stücken sind 7 vollständig erhalten, deren Größe in der Charaktergestaltung liegt: „Aias"; „Antigone"; „Elektra"; „Ödipus Tyrannos"; „Trachinierinnen"; „Philoktet"; „Ödipus auf Kolonos"; dazu kamen durch Papyrusfunde rd. 400 Verse des Satyrspiels „Ichneutai" („Spürhunde"). – ▢ 3.1.7.

Sophonias →Zephanja.

Sophron, griech. Dichter aus Syrakus, 5. Jh. v. Chr.; begründete die Kunstgattung des (bis dahin improvisierten) *Mimus;* stellte in dor. Mundart Szenen aus dem sizilian. Alltagsleben dar.

Sophrosyne [die, grch.], Mäßigung, eine der Haupttugenden Platonischer Ethik.

Sophus [grch. *sophos,* „weise"], männl. Vorname, auch Kurzform von Zusammensetzungen mit *-sophus.*

Sopka [russ.], Bestandteil geograph. Namen: erloschener Vulkan, Berg.

Sopran [der; ital.], eine Stimme, →Stimmlage.

Sopranschlüssel, in der Notenschrift der sog. C-Schlüssel auf der untersten Linie des 5-Linien-Systems (*Diskantschlüssel*), heute nicht mehr gebräuchlich.

Sopraporte [die; ital.], *Supraporte,* durch Reliefornamente oder Malereien verzierte Wandfläche über der Tür.

Sopron [′ʃo-], westungar. Stadt, = Ödenburg.

Soqotra [-′ko-], ostafrikan. Insel, = Socotra.

Sorata, *Nevado de S.,* höchstes Massiv der bolivian. Cordillera Real, im *Illampu* 6550 m.

Sorau, poln. *Żary,* Stadt in Ostbrandenburg, in der Niederlausitz, 1945–1950 poln. Wojewodschaft Wrocław, seit 1950 Zielona Góra, 30000 Ew.; Altes (16. Jh.) u. Neues Schloß (18. Jh.); Textil-, Bekleidungs-, Maschinen-, Elektro- u. Nahrungsmittelindustrie.

Sorauer, Paul, Botaniker, * 9. 6. 1839 Breslau, † 9. 1. 1916 Berlin; Leiter der Pflanzenphysiolog. Versuchsanstalt in Proskau, 1893 Prof. in Berlin; arbeitete bes. über Pflanzenkrankheiten.

Soraya, *Soraja,* geb. *Esfandiari,* dritte Frau von Schah Mohammed Riza Pahlewi 1951–1958; * 22. 6. 1932 Isfahan; wegen Kinderlosigkeit geschieden.

Sorben, *Serbja, Serby,* auch *Wenden, Lausitzer,* westslaw. Volksgruppe in der Lausitz (im Spreewald, um Hoyerswerda u. Bautzen), Reste der seit dem 8./9. Jh. zwischen Elbe, Oder u. Saale siedelnden Slawen, mit eigener Sprache, weitgehend in den Deutschen aufgegangen, noch auf etwa 40000 geschätzt. Die S. erhielten durch das S.-Gesetz vom 22. 3. 1948 kulturelle Autonomie, die zur Stärkung des Volkstums führte. Bräuche, Volkskunst u. Trachten haben sich bes. im Spreewald u. um Hoyerswerda erhalten.

Sorbet [das oder der; arab.] = Scherbett.

Sorbetto [das; arab., ital.], Fruchteis.

Sorbinsäure [lat.], zweifach ungesättigte, aliphat. Carbonsäure, $CH_3-CH=CH-CH=CH-COOH$, die aus Keten u. Krotonaldehyd gewonnen wird. Zugelassener Konservierungsstoff für Lebens- u. Genußmittel; Kunststoff- u. Kautschukzusatz.

sorbische Literatur, *wendische Literatur,* die sorb. kirchl. Schrifttum entstand im Zeitalter der Reformation (Bibelübersetzungen, religiöse Schriften u. Gelegenheitsgedichte). Eine bewußte Pflege des sorb. Volkstums setzte während der Romantik ein, bes. nach Gründung des Volksbildungsvereins *Maćica Serbska* in Bautzen (1847) u. sorb. Zeitschriften. Jan Arnošt *Smoler* (* 1816, † 1884) u. Jan Radyserb *Wjela* (* 1822, † 1907) legten folklorist. Sammlungen an. Eine der Volksdichtung verpflichtete Lyrik schufen: H. *Zejler,* Jakub *Buk* (* 1825, † 1895), Mikławš *Cyž* (* 1825, † 1853); Jan Bohumĕr *Mučink* (* 1821, † 1904) schrieb Erzählungen, Ch. *Schwela* Aufsätze u. Predigten. Den Kreis der Heimatdichter überragte der vielseitige Jakub Bart *Ćišinski* (* 1856, † 1909), angeregt durch den Sprachwissenschaftler K. E. *Muka* (* 1854, † 1932). Zu einem kulturellen Mittelpunkt entwickelte sich die 1912 gegr. *Domowina* (Bund Lausitzer Sorben); sie wurde 1936 verboten. Nach 1945 erfolgte die Wiedereröffnung der sorbischen Kulturinstitutionen, die Anerkennung des Ober- u. Niedersorbischen als Amtssprachen u. eine starke Zunahme des literarischen Schaffens mit kommunistischer Tendenz (J. *Brězan*). – ▢ 3.3.0.

sorbische Sprache, *wendische Sprache*, zur westl. Gruppe der slaw. Sprachen gehörende, in der Gegend von Cottbus u. Bautzen gesprochene Sprache; Dialekte: das *Obersorbische* in der Gegend von Bautzen u. das *Niedersorbische* um Cottbus. – Ⓛ3.8.4.

Sorbit [der; lat.], sechswertiger, aliphat. (Zucker-) Alkohol; kristallin, schmeckt süß; entsteht bei der Reduktion von Glucose oder Fructose u. kommt in den Früchten des Vogelbeerbaums vor. Mit Wasser vermengt, bildet S. eine zähviskose Flüssigkeit, ähnlich wie Glycerin; er wird als Glycerinersatz sowie in der Diabetikerdiät als Zuckerersatz verwendet.

Sorbonne [-'bɔn], größte u. bedeutendste Universität Frankreichs in Paris; ursprüngl. ein 1253 von dem Kanonikus *Robert de Sorbon* gegr. theolog. Studienkolleg mit Internat für arme Studenten. Als es im 16. Jh. üblich wurde, daß die Professoren der theolog. Fakultät der Universität Paris ihre Sitzungen in der S. abhielten, begann man die ganze Fakultät mit dem Namen S. zu belegen. Zu Beginn der Neuzeit war die S. Zentrum des Widerstands gegen die Jesuiten u. später gegen die Aufklärung. In der Französ. Revolution wurde die S. 1792 aufgelöst. 1808 wurden die Gebäude der neuen kaiserl. Universität übergeben, u. nach 1815 wurden sie Sitz der Fakultäten der Theologie, Literatur u. Wissenschaften. 1885–1901 wurde die S., die bereits von *Richelieu* ausgebaut worden war, zum Zentrum der Pariser Universität erweitert. 1968 wurde sie in 13 Universitäten mit jeweils 3–5 Fachbereichen aufgegliedert. 4 dieser Universitäten liegen nicht im Stadtgebiet von Paris.

Sorbose [die; lat.], Zuckerart mit 6 Kohlenstoffatomen (Ketohexose), ein Monosaccharid, das aus *Sorbit* durch Dehydrierung erhalten wird. Zwischenprodukt bei der techn. Synthese des Vitamins C; schmeckt süß.

Sorbus [der; lat.], Gattung der *Rosengewächse* mit geteilten Blättern u. meist roten Früchten in Trugdolden, z.B. *Eberesche, Elsbeerbaum, Mehlbeerstrauch.*

Sordello di Gòito, italien. Troubadour, *um 1200 Gòito, Mantua, † um 1270 in der Provence (?); der berühmteste italien. Troubadour, im Dienst *Karls von Anjou*, der ihm ein Lehen in den Abruzzen übertrug. Von S. sind rund 40 Lieder erhalten; in Dantes „Divina Commedia" wird er genannt.

Sordino [der; ital.], der →Dämpfer für Musikinstrumente.

Sorel, 1. Agnès, Mätresse des französ. Königs Karl VII., *um 1422 Fromenteau, Touraine, † 9. 2. 1450 Anneville bei Jumièges; übte günstigen Einfluß auf den König aus, bekam Schloß Beauté-sur-Marne geschenkt (danach „Dame de Beauté"). – Berühmtes Bild als „Maria mit dem Jesuskind" von Jean *Fouquet*. – Ⓑ→Gotik II.

2. Georges, französ. polit. Schriftsteller, *2. 11. 1847 Cherbourg, † 30. 8. 1922 Boulogne-sur-Seine; scharfer Kritiker des Marxismus u. der parlamentar. Demokratie, beeinflußte durch seine Untersuchungen über Macht u. Gewalt (für „direkte Aktion") Syndikalismus, Anarchismus u. Faschismus *(Mussolini)*, betonte die Bedeutung der polit. Eliten u. des polit. Mythos.

Sorelmörtel = Magnesiamörtel.

Sören *Søren*, dän. für →Severin.

Sörensen, Sören, dän. Chemiker, *9. 1. 1868, † 12. 2. 1939; arbeitete über Enzyme u. Proteine, führte den Begriff des *pH-Werts* ein.

Sorge, 1. Reinhard Johannes, expressionist. Dramatiker u. Lyriker, *29. 1. 1892 Berlin-Rixdorf, † 20. 7. 1916 bei Ablaincourt (gefallen); zuerst im Bann F. *Nietzsches*, wurde 1913 in Rom kath.; schrieb das erste Drama des Frühexpressionismus; „Der Bettler" 1912; danach myst.-religiöse Werke: „Guntwar" 1914; „Metanoeite" 1915; „Gericht über Zarathustra" (posthum) 1921; Nachgelassene Gedichte (hrsg. 1925).

2. Richard, Spion in sowjet. Diensten, *4. 10. 1895 Adschibend bei Baku, † 7. 11. 1944 (hingerichtet); mit seinen Eltern seit 1898 in Dtschld.; Journalist; seit 1919 Mitgl. der KPD; seit 1933 in Japan, wo er enge Beziehungen zum dt. Botschafter *Ott* u. zu japan. Stellen knüpfte. S. unterrichtete die Sowjetunion 1941 vom bevorstehenden dt. Angriff u. von der Absicht Japans, nicht einzugreifen. 1941 von den Japanern verhaftet u. zum Tod verurteilt.

Sorghum [das; ital.], *Sorgum* →Hirse, →Kaoliang.

Soria, altertüml. span. Stadt im Hochland von Altkastilien, am oberen Duero, 25 000 Ew.; roman. Kirchen, Archäolog. Museum mit Funden aus dem 8 km nordöstl. gelegenen *Numantia*; Nahrungsmittel- u. Lederindustrie; Hptst. der Provinz S. (10 287 qkm, 115 000 Ew.).

Sorin, Walerian Alexandrowitsch, sowjet. Diplomat, *14. 1. 1902 Nowotscherkassk; 1945–1947 Botschafter in Prag, 1947–1955 u. 1956–1965 stellvertr. Außen-Min., UN-Delegierter; 1955/56 Botschafter in Bonn; 1960 UN-Chefdelegierter, 1965–1971 Botschafter in Paris, 1961–1971 Mitgl. des ZK der KPdSU.

Sorocaba, Industriestadt in São Paulo (Brasilien), 143 000 Ew., Textil-, Nahrungsmittel-, Schuh-, Zementindustrie; landwirtschaftl. Mittelpunkt.

Sorokin, Pitirim Alexandrowitsch, US-amerikan. Soziologe russ. Herkunft, *21. 1. 1889, † 10. 2. 1968 Winchester, Mass.; seit 1923 in den USA, lehrte u.a. in Prag, Minnesota u. an der Harvard University; arbeitete bes. über Wissenssoziologie u. Sozialanthropologie; Hptw.: „Social and Cultural Dynamics" 4 Bde. 1937–1941; „Kulturkrise u. Gesellschaftsphilosophie" dt. 1953.

Sororat [das; lat.], *Schwägerinnenehe*, die bei Feldbau treibenden Naturvölkern häufige Sitte, daß ein Mann mit seiner Frau zugleich deren Schwester heiratet, mindestens aber bei Unfruchtbarkeit oder Tod seiner Frau; →auch Levirat.

Sorpetalsperre, staut die *Sorpe* (Nebenfluß der Röhr) bei Langscheid im Sauerland, 1926–1935 errichtet, Stausee 3,3 qkm, 70 Mill. m³ Stauraum, Höhe der Staumauer 59,7 m; beliefert das Ruhrgebiet mit Trinkwasser.

Sorrento, *Sorrent*, das antike *Surrentum*, italien. Stadt in Kampanien, am Golf von Neapel, 17 000 Ew.; Kathedrale (15. Jh. erneuert); Geburtsort T. *Tassos*; Seebad, landwirtschaftl. Handel.

Sorte [die; frz.], **1.** *allg.:* Art, Gattung; Güteklasse.

2. *Pflanzenbau:* →Rasse (3).

Sorten, *Bankwesen:* ausländ. Banknoten u. Münzen.

Sortenfertigung, eine →Fertigung, bei der nacheinander oder nebeneinander verschiedene Arten *(Sorten)* eines Erzeugnisses hergestellt werden.

sortieren [ital.], **1.** *allg.:* ordnen, sondern, auslesen, sichten.

2. *Aufbereitungstechnik:* Gemische verschiedener Minerale oder von Mineralen u. *Bergen* in ihre Bestandteile unterteilen.

Sortiment [das; lat., ital.], *Assortiment*, die Gesamtheit der in einem Betrieb regelmäßig zum Verkauf verfügbaren Warensorten.

Sortimentsbuchhandlung, ein Buchhandels-Ladengeschäft; der Sortimentsbuchhändler *(Sortimenter)* verkauft unmittelbar ans Publikum.

Sör-Tröndelag ['sø:r trœnəla:g], Prov. (Fylke) in Mittelnorwegen, 18 831 qkm, 245 000 Ew., Hptst. *Trondheim*; Viehwirtschaft.

Sorus [der, Mz. *Sori*; lat.], Sporangienhäufchen der Farne.

SOS [als Abk. für engl. *Save our souls*, „Rettet unsere Seelen" gedeutet], internationales Morse-Code-Signal: Schiff in Seenot; bis zur Katastrophe der „Titanic" (1912) galt →CQD.

Sosa, Gemeinde im Krs. Aue, Bez. Karl-Marx-Stadt, 2900 Ew.; *S.talsperre* an der *Kleinen Bokkau*, 5,9 Mill. m³ Stauraum, 0,4 qkm, 48 m Stauhöhe; 1949–1952 erbaut, dient dem Hochwasserschutz u. der Trinkwasserversorgung.

Sosch, linker Nebenfluß des Dnjepr im O Weißrußlands, rd. 650 km, im Unterlauf schiffbar.

Soschtschenko ['zɔʃtʃinka], Michail Michajlowitsch, sowjetruss. Schriftsteller, *10. 8. 1895 Poltawa, † 22. 7. 1958 Leningrad; Mitglied der *Serapionsbrüder*; einer der beliebtesten sowjet. Satiriker der 1920er u. 1930er Jahre, 1946 vom ZK der KPdSU geächtet, 1957 teilweise rehabilitiert; humorist. Kurzgeschichten, in denen er den sowjet. Alltag, Bürokratie u. Korruption darstellte.

Sosein, Korrelatbegriff zu *Dasein*; umfaßt *i. w. S.* das Gesamt der Beschaffenheiten, also wesentliche (essentielle) u. unwesentliche (akzidentelle), *i. e. S.* nur die essentiellen Beschaffenheiten, dann = Wesen.

Sösetalsperre, erbaut 1928–1932 östl. von Osterode am Harz, staut die Söse zu einem Stausee von 25,5 Mill. m³ Fassungsraum mit einer Stauhöhe von 56 m u. einer Fläche von 1,2 qkm; rd. 200 km lange Versorgungsleitung nach Bremen.

SOS-Kinderdörfer, von H. *Gmeiner* gegründetes Sozialwerk zum Schutz eltern- u. heimatloser Kinder. 1949 gründete Gmeiner das erste SOS-Kinderdorf in Imst (Tirol); weitere S. wurden inzwischen in Österreich, Frankreich, Italien u. der BRD errichtet. →auch Kinderdorf.

Sosnkowski, Kazimierz, poln. Politiker, *19. 11. 1885 Warschau, † 11. 10. 1969 Montreal (Kanada); 1914–1916 Stabschef J. *Piłsudskis*, 1920 bis 1927 wiederholt Kriegs-Min., 1927–1939 Armeeinspekteur, 1939–1941 Mitgl. der Exilregierung in London, 1943/44 Oberbefehlshaber ihrer Truppen. S. versuchte vergebl., die poln. Exilparteien zu einigen; blieb im Exil.

Sosnowiec [-vjɛts], *Sosnowitz*, Stadt in Oberschlesien (poln. Wojewodschaft Katowice), 205 000 Ew.; Steinkohlenbergbau, Hütten-, Textil-, Metall-, Maschinen- u. chem. Industrie.

Soso, *Susu*, vaterrechtl. Sudannegervolk (rd. 550 000) der Mande-Gruppe in Guinea u. Sierra Leone; Pflanzer.

soßieren, Kau- u. Schnupftabak mit nach bes. Rezepten hergestellten Flüssigkeiten behandeln, die Aroma-, Farb- u. Konservierungsstoffe, Mittel zur Fermentation oder Reizung der Schleimhäute, Kochsalz u. Soda enthalten.

sostenuto [ital.], musikal. Vortragsbez.: gedehnt, getragen, gehalten.

Sostratos von Knidos, griech. Architekt, tätig in der 1. Hälfte des 3. Jh. v.Chr.; erbaute um 280 v.Chr. den Pharos (Leuchtturm) von Alexandria, eines der sieben →Weltwunder.

Sotatsu *Tawaraya*, japan. Maler, etwa zwischen 1600 u. 1640 in Kyoto tätig; studierte die Yamato-e-Renaissance u. entwickelte einen neuen dekorativen Stil. Freundschaft mit *Koetsu*.

Soter [grch., „Retter, Heiland"], Beiname griech. Götter (Äskulap, Zeus), seit dem Hellenismus auch auf Fürsten angewendet (Alexander d. Gr., Augustus); im N.T. auf Jesus übertragen.

Soter, Papst 166–174 (?), Heiliger.

Soteriologie [grch.], die in den christl. Konfessionen verschieden geprägte dogmatische Auffassung von der Erlösung des Menschen durch Jesus Christus. →auch Christologie.

Sothisperiode, ein Zeitraum von 1460 Jahren, in dem der heliak. Aufgang des *Sirius* (ägypt. *Sothis*) das altägypt. Kalenderjahr (365 Tage, ohne Schaltung) einmal durchläuft. Angaben über Siriusaufgänge in ägypt. Texten ermöglichen genaue Datierung von geschichtl. Ereignissen.

Sotho-Tschwana, Gruppe der südafrikan. Südostbantuneger (1,2 Mill.), bestehend aus den →Betschuanen (*Tschwana*-Stämmen), den Nord-Sotho mit den *Ba-Pedi* u. den Süd-Sotho (→Basuto). Anbau von Mais u. Hirse; Rinderzucht.

Soto, 1. Hernando de, span. Konquistador, *1486, † 1542 am Mississippi; nahm an der Eroberung Perus teil. 1538 Statthalter von Kuba. 1539–1542 großangelegter Vorstoß nach Florida u. in das Mississippigebiet. Die wenigen Überlebenden führte Luis de *Moscoso* 1543 nach Mexiko zurück.

2. Jesús Raphael, venezolan. Kinetiker, *5. 6. 1923 Ciudad Bolívar; ging vom Konstruktivismus P. *Mondrians* u. dem Suprematismus K. *Malewitschs* aus, gewinnt die opt. Wirkung seiner in Reihen angeordneten Pendelstäbchen („Vibrationsbilder") durch Rückbezug auf gerasterte Flächen.

Sotschi, Hafenstadt u. vielbesuchter Kurort in der RSFSR (Sowjetunion), an der kaukas. Schwarzmeerküste, 260 000 Ew.; ganzjähriger Kurbetrieb, in der Nähe das Schwefelbad *Mazesta*; Nahrungsmittel-, Metall- u. Holzindustrie; Flugplatz.

Sottens [sɔ'tã], schweizer. Ort im Kanton Waadt, südwestl. von Moudon, 758 m ü.M., 160 Ew.; Rundfunksender für die Westschweiz.

Sottie [die; frz.], *Sotie*, ein polit.-satir. Narrenspiel im 15. u. 16. Jh. in Nordfrankreich; ähnlich dem dt. *Fastnachtsspiel*.

Sou [su:; der; frz.], bis 1715 *Sol*, ehem. französ. Münzeinheit, der französ. Schilling, 1 S. = 1/20 Pfund = 12 Deniers; erstmals 1266 als Silbermünze ausgeprägt, seit dem 18. Jh. nur noch als Kupfer-S. verbreitet, während der Revolution (1789–1792) aus Glockenmetall hergestellt. Trotz Einführung der *Franc*-Währung (1803) hielt sich der Name als Bez. für die 5-Centimes-Münze.

Soubirous [subi'ru:], Bernadette, Heilige, *17. 2. 1844 Lourdes, † 16. 4. 1879 Nevers; hatte 1858 in der Grotte Masabielle bei Lourdes 18 Erscheinungen Marias, trat 1866 in das Kloster in Nevers ein. Heiligsprechung 1933 (Fest: 18. 2.).

Soubise [su'bi:z], Charles de Rohan, Prince de S., französ. Marschall, *16. 7. 1715 Paris, † 4. 7. 1787 Paris; Günstling der Pompadour u. dann der Dubarry, Heerführer im Siebenjährigen Krieg, unterlag 1757 bei Roßbach.

Soubrette [su-; die; frz.], Sopranrolle (vorwiegend Koloratursopran) in Spieloper u. Operette, meist muntere oder komische Dienerinnenrolle.

Soul: im Vordergrund der Doksoo-Palast (15. Jh.)

Souche [ˈsuʃə; die; frz., „Stumpf"], an Wertpapieren, Losen, Totozetteln u.a. bes. gemusterte Streifen (meist an der linken Schmalseite) zur Prüfung der Echtheit; wird bei der Ausgabe des Papiers so von diesem getrennt (meist geschnitten), daß ein Teil der S. beim Ausgeber, der andere am Papier bleibt; auch der zurückbleibende Kontrollabschnitt im Scheck- oder Überweisungsheft.

Souf [suf], Gruppe von 8 Oasen in der nordöstl. alger. Sahara, zwischen Biskra u. Ghadames, Hauptort *El Oued*; rd. 100 000 Ew. (*Soafa*); Anbau von Datteln, Wein, Tabak.

Soufflé [suˈfleː; das; frz.], Eierauflauf.

Souffleur [suˈfløːr; der; frz.], weibl. *Souffleuse*, Theaterhilfskraft (meist eine Frau), die den Text mitspricht u. den Darstellern, falls nötig, weiterhilft; sitzt (für das Publikum unsichtbar) gewöhnl. im S.kasten an der Bühnenrampe.

Soufflot [suˈflo], Jacques-Germain, französ. Baumeister, * 22. 7. 1713 Irancy bei Auxerre, † 29. 8. 1780 Paris; Hauptmeister des französ. Klassizismus, seit 1738 in Lyon, seit 1750 in Italien, wurde 1776 in Paris Generalinspektor der kgl. Bauten; entwarf u. begann in Paris den Bau der Kirche Ste.-Geneviève, des heutigen Panthéon.

Soufrière [sufriˈɛːr], 1. *La Grande S.*, Vulkangipfel auf der westind. Insel Guadeloupe, 1467 m, höchster Berg der Kleinen Antillen.
2. *La S.*, Vulkan auf Saint Vincent, Windward Islands, Kleine Antillen, 1134 m.
3. Stadt im SW von Saint Lucia, brit. Windward Islands, Kleine Antillen (Westindien); nahebei Solfataren u. Fumarolen.

Soul [korean. sʌul], *Seoul, Söul, Hanjang*, jap. *Keijo*, Hptst. von Südkorea, am Hangang, im NW des Landes, 7,5 Mill. Ew.; mehrere Universitäten, kath. Rundfunksender, kulturelles u. wirtschaftl. Zentrum; Industrien: Textilien, Metallwaren, Tabak, Papier, Chemie, Fahrzeuge, Keramik, Nahrungsmittel; Eisen- u. Stahlwerk; Wärmekraftwerk; Wolframvorkommen; Flughafen.

Soulages [suˈlaːʒ], Pierre, französ. Maler u. Graphiker, * 24. 12. 1919 Rodez, Aveyron; neben H. *Hartung* Hauptvertreter der abstrakt-ungegenständl. Richtung der französ. Gegenwartsmalerei; typisch für seine Kompositionen sind breite, schwarze Balkenformen vor hellem Grund.

Soul Music [ˈsoul ˈmjuzik; engl., „Seelenmusik"], *Soul Jazz*, Gegenstück der Farbigen zum „weißen" Beat, seit den 1960er Jahren aus dem Hard Bop entwickelt mit den Stilelementen des Blues u. des Bebop; wichtig in der Besetzung die Orgel; Texte aus der Gospel-Überlieferung; eine Hauptinterpretin ist Aretha *Franklin* (* 12. 1. 1942).

Soult [sult], Nicolas-Jean, Herzog von Dalmatien, französ. Marschall, * 29. 3. 1769 Saint-Amans-la-Bastide, Tarn, † 26. 11. 1851 Schloß Soultbey, Tarn; einer der fähigsten Offiziere *Napoléons I.*, entschied den Sieg von Austerlitz, 1815 Generalstabschef; nach 1830 mehrfach Minister.

Sound [saund; engl.], Bestandteil geograph. Namen: Sund.

Soupault [suˈpo], Philippe, französ. Schriftsteller, * 2. 8. 1897 Chaville bei Paris; veröffentlichte mit A. *Breton* die erste surrealist. Gedichtsammlung „Les champs magnétiques" 1920; traumhaft-überwirkl. Romane, krit. Essays.

Souper [suˈpeː; das; frz.], Abend-, Nachtessen.

Souphanouvong [ˈsupa-], Prinz, laot. Politiker, * 12. 7. 1912 Luang Prabang; Bauingenieur; Mitgründer der kommunist. Pathet-Lao-Bewegung, Führer von Guerillaverbänden; zeitweise Minister im Kabinett seines Halbbruders *Souvanna Phouma*; Mitgl. des Politbüros der Revolutionären Volkspartei; seit 1975 Präs. der Demokrat. Volksrepublik Laos.

Soupleseide [ˈsupl-; frz.], teilentbastete edle →Seide. Durch eine Schwefelsäurebehandlung tritt ein Gewichtsverlust von 6–10% ein. S. ist weicher als rohe Seide.

Sousaphon [das; nach J. P. *Sousa*, * 1854, † 1932], aus dem Helikon entwickelte Baßtuba mit nach vorn gerichteter Stürze, fand auch Eingang in die Jazzkapellen.

Sousse [sus], tunes. Hafenstadt u. Bahnknotenpunkt am Mittelmeer am Golf von Hammâmèt, 70 000 Ew.; Fischwaren-, Textil-, metallverarbeitende Industrie, Seebad.

Soustelle [susˈtɛl], Jacques, französ. Politiker, * 3. 2. 1912 Montpellier; Mitarbeiter Ch. de *Gaulles*, seit 1945 verschiedene Ministerämter, 1947–1952 Generalsekretär des Rassemblement du Peuple Français, 1955/56 Generalgouverneur von Algerien; wegen Gegnerschaft zur Algerienpolitik de Gaulles 1960 entlassen u. 1961–1968 im Exil; seit seiner Rückkehr lehrt er Sozialanthropologie in Paris.

Soutane [su-; die; frz.], langer, enger Rock der kath. Geistlichen. Die S. des Papstes ist weiß, Kardinäle tragen rote, Bischöfe violette, alle übrigen Geistlichen schwarze S.n.

Souterrain [sutɛˈrɛ̃; das; frz.], teilweise unter der Erde liegendes Geschoß (Kellergeschoß); meist Dienst- u. Wirtschaftsräume.

South African Airways [sauθ ˈæfrikən ˈɛəweiz; engl.], Abk. *SAA*, südafrikan. Luftverkehrsgesellschaft, 1934 entstanden aus der *Union Airways* u. zu 100% in staatl. Besitz; In- u. Auslandsstrecken.

Southampton [sauˈθæmptən], Hafenstadt in Südengland, nördl. der Insel Wight, an dem von den Flüssen *Itchen* u. *Test* gebildeten, rd. 15 km langen *S. Water* (ertrunkenes Tal), 215 000 Ew.; Universität (1952); Schiffbau, Maschinen-, Tabak-, Zuckerraffinerien, Ölraffinerien, Lebensmittelherstellung, Elektrogerätebau, Kabelwerke; Überseepassagierhafen mit Dockanlagen. – 🖻→Großbritannien und Nordirland (Geographie).

Southamptoninsel, Insel im Nordteil der Hudsonbai, 40 600 qkm, bis 200 m ansteigend, Teil der kanad. Nordwestterritorien, im Innern Tundren mit jagdbaren Tieren (Rentier, Polarfuchs). Die S. wird von 200 Eskimo bewohnt; Handelsniederlass u. Eskimosiedlung *Coral Harbour* an der Südküste (120 Ew.).

South Bend [ˈsauθ ˈbɛnd], Stadt in Indiana (USA), am Saint Joseph River, 125 000 Ew. (Metropolitan Area 386 000 Ew.); Notre-Dame-Universität (1842), histor. Museum; Auto-, Maschinen-, Ölfarben-, Kunststoff-, Elektroindustrie.

South Carolina [sauθ kærəˈlainə], Abk. *S.C.*, Atlantikstaat im SO der USA, 80 432 qkm, 2,9 Mill. Ew., Hptst. *Columbia*. Im O von S. C. erstreckt sich eine breite Küstenebene mit viel Marschland, sie geht an der *Fall Line* der Flüsse in den im W bis 500 m ansteigenden Piedmont über (zu 50% bewaldet). Hauptagrarprodukte: Baumwolle (bis 1920 in Monokultur) u. Tabak, ferner Pfirsiche u. Sojabohnen; Rinder- u. Geflügelzucht. Textil-, Chemie-, Holz-, Papier- u. Nahrungsmittelindustrie; Atombrennstoffwerk bei Aiken am Savannah River. – S. C. wurde 1788 als 8. Gründerstaat in die USA aufgenommen.

South Dakota [sauθ dəˈkoutə], Abk. *S.D.*, nördl.-zentraler Präriestaat der USA, 199 551 qkm, 690 000 Ew., Hptst. *Pierre*. S.D. gliedert sich im O in die junge Grundmoränenlandschaft, im W, jenseits des von N nach S fließenden Missouri, in das stärker zerschnittene Missouriplateau mit dem Gebirge der Black Hills an der Grenze von Wyoming. Ausgedehnte Badlands nehmen den SW ein; 90% der Staatsfläche sind Farmland. Im O Anbau von Mais, Gerste, Weizen, Hanf u. Flachs auf großen Farmen (um 350 ha), im trockeneren W Rinder- u. Schweinezucht (die Viehzucht erbringt rd. ²/₃ des Agrareinkommens). Die Industrie umfaßt die Verarbeitung von Agrarerzeugnissen (Schlachthäuser in Sioux Falls); wenig Bergbau, größte Goldmine der USA in den Black Hills. – S.D. wurde 1889 40. Staat der USA.

South-East Asia Treaty Organization [sauθiːst ˈeiʃə ˈtriːti ɔːgænaiˈzeiʃən; engl.] →SEATO.

Southend-on-Sea [ˈsauθɛnd ɔn ˈsiː], Hafenstadt u. Seebad im O Englands, an der Themsemündung, 155 000 Ew.; Metall-, Fahrrad-, Elektroindustrie.

Southern Indian Lake [ˈsʌðən ˈindjən ˈleik], Südlicher Indianersee, See im nördl. Manitoba (Kanada), von Churchill durchflossen.

Southern Uplands [ˈsʌðən ˈʌpləndz], Bergland im südl. Schottland, in einzelne Kuppen aufgelöst; höchster Berg: *Merrick* (843 m).

Southey [ˈsʌði], Robert, engl. Dichter, * 12. 8. 1774 Bristol, † 21. 3. 1843 Greta Hall; Wegbereiter der romant. Schule; von der Französ. Revolution beeinflußt. Sein umfangreiches Werk umfaßt neben vielen anderen Prosaschriften: „The Chronicle of Cid" 1808; „The History of Brazil" 1810–1819; „Life of Nelson" 1813; auch lyr. Gedichte u. grotesk-unheiml. Balladen.

South Gate [ˈsauθ geit], östl. Vorstadt von Los Angeles, Kalifornien (USA), 56 000 Ew.

South Kensington Museum [sauθ ˈkɛnsiŋtən-] = Victoria and Albert Museum.

South Platte River [sauθ ˈplæt ˈrivə], südl. Quellfluß des *Platte River* im nordöstl. Colorado (USA); rd. 700 km.

Southport [ˈsauθpɔːt], nordwestengl. Hafenstadt u. Seebad an der Irischen See, 84 400 Ew.; hauptsächl. Wohnstadt für die Industriegebiete.

South Shields [sauθ ˈʃiːldz], Hafenstadt im nordöstl. England, in der großstädt. Grafschaft (Metropolitan County) Tyne and Wear, an der Mündung der Tyne, 100 500 Ew.; Schiffbau, chem. Industrie; Kohlen- u. Vorhafen für Newcastle.

South Uist [ˈsauθ ˈjuːist], Insel der Äußeren Hebriden, Schottland, 365 qkm, Hafen *Lochboisdale*. Landwirtschaft u. Fischerei.

Southwark [ˈsʌðək], Stadtteil von London, am Südufer der Themse, 225 000 Ew.; Kathedrale.

Southwell [ˈsauθwəl], Robert, engl. Dichter, * um 1561 Horsham St. Faith's bei Norwich, † 21. 2. 1595 London (hingerichtet); Erziehung in Rom, wirkte als Jesuit in England u. wurde 1592 gefangengesetzt. Seine in der Haft geschriebenen religiösen Gedichte („Maeoniae" 1595) sind von großer Ausdruckskraft; vorbarocke, manierist. Züge zeigt das Gedicht „St. Peter's Complaint" 1595.

South Yorkshire [ˈsauθ ˈjɔːkʃiə] →Yorkshire 3).

Soutine [suˈtiːn], Chaïm, französ. Maler, russ.-jüd. Abstammung, * 1893 Smilowitsch bei Minsk, † 9. 8. 1943 Paris; seit 1911 in Paris, gilt als einer der Hauptmeister des expressionist. Malerei. Malerei, entwickelte eine an V. van *Gogh* erinnernde leidenschaftl. Farbdynamik mit labilen, unruhig gelagerten Formen. – 🖻→Expressionismus.

Souvanna Phouma [ˈsuː ˈpuːma], Prinz, laot. Politiker, * 7. 10. 1901 Luang Prabang; 1950–1954, 1956–1958, 1960 u. 1962–1975 Ministerpräsident; suchte mit häufig funktionsunfähigen Koalitions-

kabinetten die Neutralität seines Landes aufrechtzuerhalten.
Souvenir [suvə'ni:r; das; frz.], Erinnerung, bes. Reiseandenken.
Souverain [suv'rɛ̃; der; frz.], niederländ. Nachahmung des →Sovereign.
Souveränität [su-; frz.], **1.** *S. des Staates,* rechtl. Unabhängigkeit des Staates von anderen Staaten *(S. nach außen)* sowie in der Ausübung der Staatsgewalt im Inneren des Staates (keine mediären Gewalten, die wie im mittelalterl. Staat die Ausübung von Hoheitsrechten nach unten beschränken). S. ist nicht gleichzusetzen mit Staatsgewalt, sondern ist nur eine Eigenschaft, die der moderne Staat in der Regel besitzt (Innehabung der *suprema potestas*). Der Begriff wurde von J. *Bodin* geprägt u. stützte den Absolutismus des französ. Königtums, das sich insbes. im Kampf gegen Adel u. Städte einerseits u. Papsttum andererseits zu behaupten hatte. – Die S. in diesem Sinn gilt aber nicht mehr als wesentliches Attribut eines Staates. Auch nichtsouveräne Staaten (Protektorate, Staatenstaaten, in Realunion mit anderen Staaten verbundene oder Teile eines Bundesstaates bildende Gliedstaaten) besitzen Staatscharakter.
Die moderne Entwicklung mit der Übernahme verwaltender Tätigkeiten durch internationale Organisationen läßt die Betonung der S. immer stärker hinfällig werden, insbes. soweit Organen dieser internationalen Verbände die Ausübung von Akten öffentl. Gewalt unmittelbar auf die Staatsangehörigen der jurist. Personen der Mitgliedstaaten gestattet ist; dies gilt für die sog. supranationalen Zuständigkeiten europ. Integrationsgemeinschaften. Das GG begünstigt derartige Übernahmen durch Art. 24, demzufolge die Abgabe von staatl. Hoheitsrechten an internationale Organisationen u.ä. durch einfaches Gesetz erlaubt wird.
2. *Organ-S.:* innerhalb des Staates wurde früher das „oberste" Organ als souverän bezeichnet, überwiegend der *Monarch,* aber schon seit Mitte des 18. Jh. das *Volk (Volks-S.,* was durch die Formel zum Ausdruck kommt: „Die Staatsgewalt geht vom Volke aus", Art. 20 GG). – ⌸ 4.1.2.
Sova, Antonín, Pseudonym Ilja *Georgov,* tschech. Schriftsteller, *26. 2. 1864 Patzau, †16. 8. 1928 Patzau; Beamter u. Bibliothekar; schrieb Lyrik, Balladen, Erzählungen u. Romane mit sozialer Thematik; dt. Auswahl von Gedichten 1922.
Sovák ['sova:k], Pravoslav, tschech. Graphiker, *1926 Vysoké Myto; bis 1956 Arbeiter; seit 1968 in der Schweiz. Landschaft, Stadt, Raum, später Einsamkeit u. zwischenmenschl. Spannungen sind die Themen seiner graph. Arbeiten.
Sovereign ['sovrin; der; engl.], 1489 eingeführte engl. Goldmünze (15,6 g), 1 S. = 1 Pfund = 20 Schilling; 1816 neu als engl. Hauptgeldmünze = 20 Schilling (1 £.) festgesetzt; im 17. Jh. in den Niederlanden nachgeahmt *(Souverain).*
Sowchos [-'xɔs; der oder das; russ.], *Sowchose* [die], Abk. für *sowjetskoje chosjaistwo,* „Sowjetwirtschaft", Staatsgut in der Sowjetunion, Muster- u. Versuchswirtschaft, liefert Saatgut u. Zuchtvieh für die Kolchosen; in der Mehrzahl große vollmechanisierte landwirtschaftl. Spezialbetriebe.
Soweto, Abk. für engl. *South Western Township,* südafrikan. Bantustad südwestl. von Johannesburg, 85 qkm, 1 Mill. Ew.; die Bewohner sind entspr. ihrer nationalen Herkunft in getrennten Stadtteilen angesiedelt; der Boden bleibt Staatseigentum. – ⌸ →Südafrika.
Sowjet [russ., „Rat"] →Rätesystem.
Sowjetische Aktiengesellschaften, Abk. *SAG,* 1946 in der SBZ gegr. sowjet. Gesellschaften (anfangs 25), denen die durch SMAD-Befehl Nr. 167 vom 5. 6. 1946 in den Besitz der Sowjetunion übergegangenen 213 Industriebetriebe (die bedeutendsten Werke der Grundstoffindustrie, des Maschinenbaus, der chem. u. der Elektroindustrie) angegliedert wurden; ihre gemeinsame Hauptverwaltung *(Hauptverwaltung für Sowjet. Eigentum in Dtschld.,* Berlin-Weißensee) unterstand direkt dem sowjet. Außenhandelsministerium. Ein Teil der Betriebe konnte von der DDR zurückgekauft werden, die übrigen SAG wurden 1953 in volkseigene Betriebe umgewandelt.
Sowjetische Besatzungszone, Abk. *SBZ,* 1945–1949 das Gebiet der heutigen *Deutschen Demokratischen Republik* (→Deutschland). Die SBZ bestand aus den Ländern Brandenburg, Mecklenburg(-Vorpommern), Sachsen-Anhalt, Sachsen u. Thüringen. Ostberlin war zwar ebenfalls sowjet. besetzt, unterstand aber bis 1948 einer Viermächteverwaltung.

Sowjetische Enzyklopädie, in einem Staatsverlag in Moskau erscheinende Nachschlagewerke, insbes. die „Bolschaja Sowjetskaja Enzikopedija" (Große S.E.), 1. Aufl. 66 Bde. 1926–1947, 2. Aufl. 51 Bde. 1949–1958, 3. Aufl. seit 1970, geplant 30 Bde.; daneben die „Malaja Sowjetskaja Enzikopedija" (Kleine S.E.) 1. u. 2. Aufl. 1928–1947, 3. Aufl. 10 Bde. 1958–1960.
Sowjetische Militäradministration in Deutschland, Abk. *SMAD,* sowjet. Verwaltungsspitze in der SBZ (Sitz Berlin-Karlshorst), war seit dem Potsdamer Abkommen mit der Durchführung der dort gefaßten Beschlüsse betraut, die, ohne Abstimmung mit dem Kontrollrat, in Verordnungen (mit Gesetzeskraft) über Demontage, Eintreibung von Reparationen, Bodenreform u. Währungsreform gipfelten. Nach Bildung der DDR wurde die SMAD 1949 aufgelöst.
Sowjetisch-Fernost, russ. *Dalnyj Wostok,* das pazif. Küstengebiet der asiat. Sowjetunion, 6,6 Mill. qkm, erstreckt sich über 4500 km von der Tschuktschenhalbinsel bis Wladiwostok; überwiegend waldreiches Gebirgsland, im N Tundra; administrativ zur RSFSR unterteilt in: *Kraj Chabarowsk* mit der *AO der Juden, Primorskij Kraj* u. die 4 Oblaste *Magadan* mit dem *Autonomen Bezirk der Tschuktschen, Kamtschatka* mit dem *Nationalkreis der Korjaken, Amur* u. *Sachalin* sowie die *Jakut. ASSR.* Trotz klimat. Ungunst (lange, kalte Winter, nasse Sommer) wird die wirtschaftl., industrielle u. verkehrstechn. Erschließung von S. rasch vorangetrieben. Abgebaut werden Kohle, Eisen, Blei, Zink, Erdöl u. Gold. Die Überseeschiffahrt ist bedeutend.
Sowjetskaja, sowjet. Forschungsstation auf Antarktika, 1958/59 im Rahmen des Internationalen Geophysikal. Jahrs betrieben, auf etwa 92° ö.L., 78° s.Br.; dient als Depot.
Sowjetskaja Gawan, Hafenstadt in Sowjetisch-Fernost, RSFSR, am Tatar. Sund, 26 000 Ew.; Schiffswerft, Fisch- u. Holzverarbeitung; Anschluß an die Transsibir. Bahn.
Sowjetsystem, Gesamtorganisation von Körperschaften mit kollegialer Entscheidungsfindung in Sowjetrußland bzw. der UdSSR (u. in den osteurop. Staaten), ohne Gewaltenteilung. →auch Rätesystem.

Sowjetunion

SOWJETUNION — SU
Sojus Sowjetskich Sozialistitscheskich Respublik

- Fläche: 22 402 200 qkm
- Einwohner: 264,5 Mill.
- Bevölkerungsdichte: 12 Ew./qkm
- Hauptstadt: Moskau
- Staatsform: Kommunistischer Bundesstaat
- Mitglied in: UN, Warschauer Pakt, COMECON
- Währung: 1 Rubel = 100 Kopeken

Die S., amtl. *Union der Sozialistischen Sowjetrepubliken,* Abk. *UdSSR,* umfaßt 15 Sowjetrepubliken:

Unionsrepubliken	Fläche in 1000 qkm	Einwohner in Mill. (1979)	Hauptstadt
RSFSR	17 075	137,6	Moskau
Armenische SSR	30	3,0	Eriwan
Aserbaidschanische SSR	87	6,0	Baku
Estnische SSR	45	1,5	Tallinn (Reval)
Grusinische SSR	70	5,0	Tiflis
Kasachische SSR	2715	14,7	Alma-Ata
Kirgisische SSR	199	3,5	Frunse
Lettische SSR	64	2,5	Riga
Litauische SSR	65	3,4	Wilna
Moldauische SSR	34	3,9	Kischinjow
Tadschikische SSR	144	3,8	Duschanbe
Turkmenische SSR	488	2,8	Aschchabad
Ukrainische SSR	604	49,8	Kiew
Usbekische SSR	450	15,4	Taschkent
Weißrussische SSR	208	9,6	Minsk

Landesnatur: Dieses größte zusammenhängende Staatsgebiet der Erde erstreckt sich auf dem eurasischen Kontinent über 170 Längengrade von W nach O, rd. 10 000 km; größte N-S-Ausdehnung rd. 5000 km. Tafelländer u. Faltengebirge prägen das Landschaftsbild dieses Erdraums von kontinentalem Ausmaß. Der größte Teil des Staatsgebiets ist Flachland mit geringen Höhenunterschieden; nur an der Südgrenze der Union u. in Ostsibirien finden sich Hochgebirge. Der gesamte N des S. ist glazial überformt, u. noch heute ist in weiten Gebieten der Tundra u. Taiga in geringer Tiefe unter der Wald- u. Moosdecke der Boden ständig gefroren. Der europ. Teil der S. (5,57 Mill. qkm) bis zum Ural wird eingenommen von der *Russ. Tafel* des osteurop. Tieflands. Östl. des Ural folgen das *Westsibir. Tiefland* bis zum Jenissej (überwiegend versumpftes Schwemmland), weiter bis zur Lena das *Mittelsibir. Bergland* (ein durch viele Flüsse zertaltes Hochland) u. das *Ostsibir. Gebirgsland* (mit Jablonowyj-, Stanowoj-, Dschugdschur-, Werchojansker, Tschorskij-, Kolyma- u.

153

Sowjetunion

Korjakengebirge, Sredinnij Chrebet, Sichote-Alin). Die Flachlandzone wird im S von z. T. stark vergletscherten Hochgebirgen begrenzt (Kaukasus, Alai, Tien Schan, Altai, Sajan).

Das Klima zeigt von W nach O abnehmenden atlant. Einfluß. Fehlender Gebirgsschutz gegenüber den arkt. Luftmassen ist die wesentl. Ursache für das nach O mit zunehmender Trockenheit u. wachsenden Temperaturschwankungen immer extremer werdende Kontinentalklima. Demzufolge sind auch die großen Ströme Sibiriens lange eisbedeckt (die Lena bei Jakutsk etwa 200 Tage). Bei Oimjakon (südöstl. von Werchojansk), einem der kältesten Orte der Erde *(Kältepole)*, beträgt der Temperaturunterschied 69 °C zwischen wärmstem (Juli +16 °C) u. kältestem Monat (Januar −53 °C). Lediglich am Schwarzen Meer gibt es Klimainseln mit mediterranem Charakter). − Die westöstl. verlaufenden Vegetationszonen sind von N nach S die baumlose Tundra, die riesigen Nadelwälder der Taiga, denen sich im europ. Teil u. im südl. Sowjetisch-Fernost Misch- u. Laubwälder anschließen, die Steppen von der Ukraine bis zum Altai u. die Wüsten Mittelasiens.

Wirtschaft: Der zarist. Agrarstaat wurde nach der Oktoberrevolution planmäßig industrialisiert. Voraussetzung dafür war die intensive Erschließung der reichen Bodenschätze (insbes. der im Ural u. in Sibirien): Kohle im Donez- u. Kusnezker Becken, im Gebiet der Petschora, bei Karaganda u. Tscheremchowo (noch wenig ausgebeutet sind die großen Vorräte im Tunguska- u. Lenabecken), Braunkohle bei Tula u. Atschinsk; Erdöl u. Erdgas in Kaukasien (bei Baku, Grosnyj, Majkop), zwischen Wolga u. Ural („Zweites Baku"), im Embagebiet u. in Westsibirien („Drittes Baku"); Eisenerze bei Kriwoj Rog u. Kertsch, in der sog. Kursker Magnetanomalie, im Mittleren u. Südl. Ural u. bei Telbes u. Taschtagol südl. des Kusnezker Beckens; Mangan bei Nikopol u. Tschiatura; Chrom im Ural; Nickel im Petschenga-Gebiet an der finn. Grenze, im Südl. Ural u. bei Norilsk; Kupfer im Ural, in Armenien u. Kasachstan; ferner andere Stahlveredler u. Buntmetalle, Bauxit, Gold, Platin u. Diamanten, Graphit, Glimmer, Feldspate, Phosphate u. Salze. Die Energieerzeugung wurde u. a. durch Errichtung großer Stauanlagen mit Großkraftwerken an den Strömen sowie durch 6 auf Nuklearbasis arbeitende Kraftwerke (in Obninsk, dem ersten der Erde, Bjelojarski, Uljanowsk, Woronesch, Melekess, Sewtschenko) erhebl. gesteigert.

Neben den älteren Industriegebieten Moskau, Leningrad, Tula u. Donezbecken entwickelten sich vor allem auf der Basis der Bodenschätze, des Holzreichtums u. der landwirtschaftl. Produktion neue Verarbeitungszentren auch im N des europ. Rußland, in Kaukasien, im Ural, in den mittelasiat. Republiken, im südl. Sibirien u. in Sowjet.-Fernost. Die Schwerpunkte der Eisen- u. Stahlerzeugung sind das zentrale Industriegebiet um Moskau, Leningrad, die östl. Ukraine (Donezk, Schdanow, Saporoschje), der rohstoffreiche Ural (Magnitogorsk, Nischnij Tagil, Tscheljabinsk), Nowokusnezk im Kusnezker Steinkohlengebiet, Rustawi in Grusinien, Begowat in Usbekistan u. Komsomolsk am Amur. Werke des Maschinen- u. Gerätebaus finden sich in den meisten großen Städten des Landes; die bedeutendsten Zentren sind Moskau, Leningrad, Jaroslawl, Gorkij, Kiew, Charkow, Baku, Swerdlowsk, Tscheljabinsk, Nowosibirsk u. Krasnojarsk. Wichtige Standorte der chem. Industrie sind neben Moskau u. Leningrad Beresniki am Ural, Slawjansk u. Gorlowka im Donezbecken, Nowomoskowsk, Dserschinsk u. Kirowsk auf der Halbinsel Kola. Die Holzindustrie konzentriert sich bes. in Archangelsk, Leningrad, Wolgograd u. Igarka am unteren Jenissej. Textil-, Leder- u. Nahrungsmittelindustrie sind mit der Landwirtschaft eng verknüpft, die Verarbeitung erfolgt in Nähe der Rohstoff- u. Verbraucherzentren. Die bedeutendsten Agrar- u. Viehzuchtgebiete sind die Waldsteppen, Steppen mit fruchtbaren Schwarzerdeböden, die Weiden der Trocken- u. Wüstensteppen, die mittelasiat. Oasen u. die Niederungen Kaukasiens.

Der Großgrundbesitz wurde nach 1917 enteignet u. unter landarme u. landlose Bauern aufgeteilt; 1929–1933 Zusammenschluß der etwa 26 Mill. kleinbäuerl. Höfe zu Kollektivwirtschaften *(Kolchosen)*, 1955 Umbildung in 87 500 Großkolchosen, denen 1958 der Maschinenpark der aufgelö-

Landschaft bei Moskau

Waldtundra Sibiriens (RSFSR)

Gärtnerbucht des Ochotskischen Meers, Ostsibirien (RSFSR)

Steppe bei Rostow-na-Donu, RSFSR

Sowjetunion

Schafherden in den Hochgebirgsweiden des Tien Schan, Kirgisische SSR (links). – Jäger vom Stamm der Udehe in der Taiga, Ostsibirien (RSFSR; rechts)

SOWJETUNION Natur und Bevölkerung

Landschaftliche Gliederung
- Tiefland
- Plateau- und Hügelländer
- Bergland
- Mittel- und Hochgebirge
- Gebirgsketten

Usbekische Mädchen in typischer Kleidung vor der Schir-Dor-Medrese in Samarkand

Nördlicher Ob, Sibirien (RSFSR)

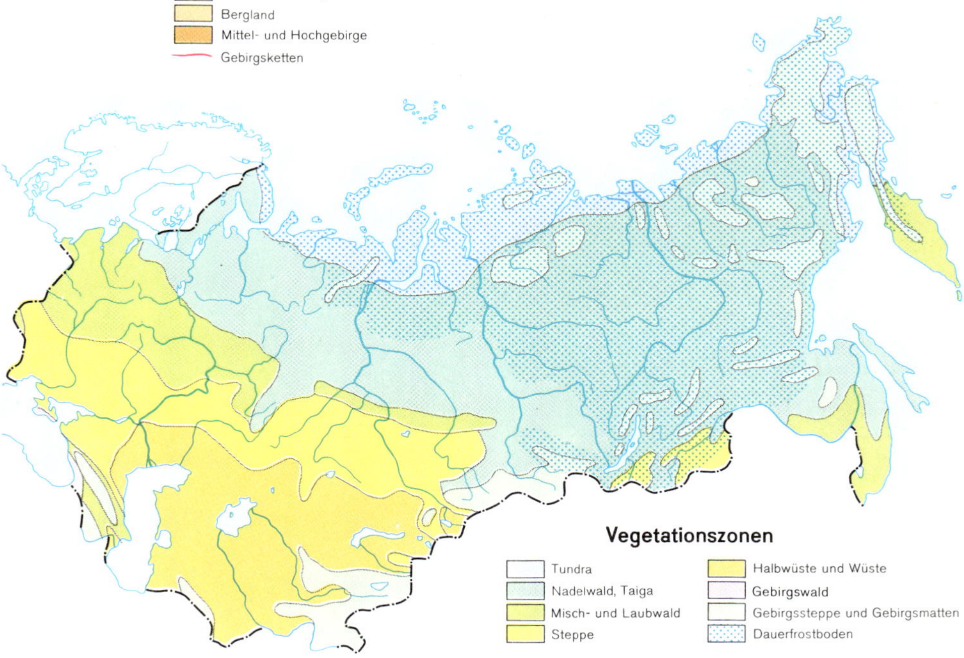

Vegetationszonen
- Tundra
- Nadelwald, Taiga
- Misch- und Laubwald
- Steppe
- Halbwüste und Wüste
- Gebirgswald
- Gebirgssteppe und Gebirgsmatten
- Dauerfrostboden

Sowjetunion

Damm des Bratsker Stausees der Angara in Mittelsibirien (RSFSR) mit einem der größten Kraftwerke der Erde (oben links). – Ölfelder bei Baku, Aserbaidschanische SSR (oben)

Auf dem Markt von Buchara, Usbekische SSR

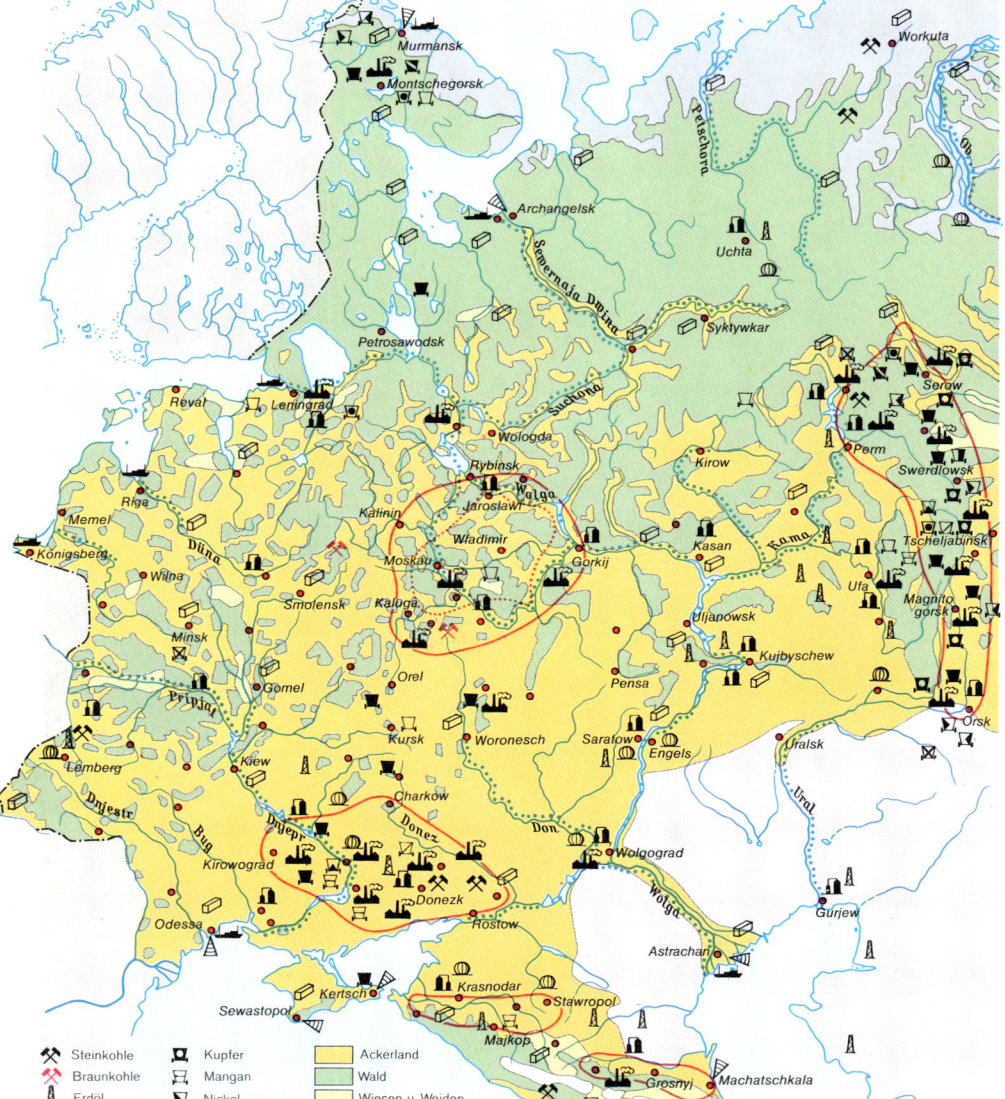

Sowjetunion, westl. Teil
Bodennutzung, Bergbau, Industrie und Binnenschiffahrt

Getreideernte in der Kasachischen SSR in zwei getrennte

Fischer von Kamtschatka, Ostsibirien (RSFSR), auf Heringsfang im Ochotskischen Meer

SOWJETUNION Wirtschaft und Verkehr

Ladenstraße und Appartementhäuser in Akademgorodok, Westsibirien, RSFSR (links). – Urgentsch am Rande der Karakum (rechts)

...beitsgängen (Mähen, Dreschen)   *Transsibirische Eisenbahn*

Sowjetunion

Sowjetunion
1 : 20 000 000

Sowjetunion

Die territoriale Entwicklung Rußlands

sten Maschinen-Traktoren-Stationen (MTS) angegliedert wurde; die 19 600 Staatsgüter *(Sowchosen)* bewirtschaften 65% der Anbaufläche. Die gesamte landwirtschaftl. Nutzfläche umfaßt 551 Mill. ha, davon 226 Mill. ha Ackerland; Getreideanbau auf 120 Mill. ha, daneben insbes. Kartoffeln, Sonnenblumen, Zuckerrüben, Baumwolle u. Flachs. Seit 1954 wurde die Anbaufläche durch Neulandgewinnung (bes. in Kasachstan u. Westsibirien) erhebl. vergrößert. Der Nutzviehbestand betrug 1978 113 Mill. Rinder, 70 Mill. Schweine, 146 Mill. Schafe u. Ziegen. Mit 910 Mill. ha bedeckt der Wald 40,6% der Gesamtfläche des Landes (etwa 80% Nadelhölzer: Lärche, Kiefer, Fichte, Tanne); die Taiga ist reich an wertvollen Pelztieren (Zobel, Füchse, Marder). – Wichtigster Verkehrsträger ist die Eisenbahn, ergänzt durch Autostraßen u. gut ausgebaute Kanalsysteme; die großen Ströme u. die Fluglinien sind bes. in Sibirien von Bedeutung.

Die Bevölkerung des Nationalitätenstaats wird von 109 verschiedenen Völkerschaften gebildet (davon 20 mit über 1 Mill., 47 mit über 100 000 Angehörigen); den Hauptanteil haben die staatstragenden Slawen (52% Russen, 16% Ukrainer, 4% Weißrussen); an der mittleren Wolga, im westl. Uralvorland u. im asiat. Raum leben turkmongol. Völker; innerhalb der 15 Unionsrepubliken bestehen Verwaltungsgebiete, in denen die nationalen u. kulturellen Interessen kleinerer Volksgruppen gewahrt werden (20 ASSR, 8 AO, 6 Kraj, 10 Autonome Bezirke). Russisch ist Staatssprache in der ganzen S., daneben sind in den einzelnen Unionsrepubliken die jeweiligen Sprachen Amtssprache. Größte Religionsgemeinschaft ist die orth. Kirche, an zweiter Stelle steht der Islam. Die Bevölkerungsverteilung ist sehr ungleichmäßig: drei Viertel der Bevölkerung leben im europ. Teil; die Industriegebiete sind dicht besiedelt, fast menschenleer dagegen die Tundra u. Taiga Nordsibiriens, die Wüsten Mittelasiens u. die Hochgebirgsgegenden. Infolge der Industrialisierung steigt der Anteil der städt. Bevölkerung (1913: 18%, 1977: 62%); 20 Städte haben heute über 1 Mill. Ew., 30 über 500 000 Ew., über 250 sind Großstädte.

Geschichte

Die frühe u. mittelalterl. Geschichte des südruss. Steppengebiets war beherrscht von meist türk. Reitervölkern, die durch die sog. Völkerpforte zwischen Ural u. Kasp. Meer nach Europa eindrangen (→Ukrainische SSR [Geschichte]). Im nördl. Waldgürtel lebten die balt. u. finn. Stämme in vorgeschichtl. Zustand. Von ihren Ursitzen nördl. der Karpaten drang ein Teil der Slawen vom 7. bis 9. Jh. siedelnd in die Gebiete des Dnjepr, der Düna, der oberen Oka u. der oberen Wolga vor.

Das Kiewer Reich *(Kiewer Rus,* um 882–1169): Um die Mitte des 9. Jh. entstanden normann. Herrschaften in Nowgorod unter dem sagenhaften *Rjurik* (um 862) u. in Kiew unter *Askold* u. *Dir.* Die Vereinigung dieser beiden Umschlagplätze eines Handelswegs entlang des Dnjepr durch *Oleg* 879–912) unter Verlagerung des polit. Zentrums nach Kiew bedeutete die Entstehung des Kiewer Reichs (882). Es war ein hauptsächl. auf dem Handel beruhendes Staatswesen, dessen Beziehungen zu Byzanz 911 in einem ersten Handelsvertrag geregelt wurden. Die normann. Führungsschicht ging sehr bald, schon im 11. Jh., im Slawentum auf. Unter *Swjatoslaw* (962–973) zeigte Kiew seine erste ungestüme Machtentfaltung in Feldzügen gegen noch unabhängige ostslaw. Stämme, gegen Chasaren u. Wolgabulgaren. Das von ihm unterworfene Donaubulgarien (967–971) konnte gegen Byzanz nicht gehalten werden.

Eine bis in die Gegenwart nachwirkende Entscheidung war die Übernahme des Christentums orth.-byzantin. Prägung (988) durch *Wladimir den Heiligen* (978–1015), der sich mit einer byzantin. Prinzessin vermählte. Rußland erreichte unter Wladimirs Sohn *Jaroslaw dem Weisen* (1019 bis 1054) den Höhepunkt seiner ersten Kulturblüte u. seiner polit. Macht. Den sich unter Jaroslaws Söhnen anbahnenden Niedergang u. die Zersplitterung des Kiewer Reichs vermochte für kurze Zeit *Wladimir Monomach* (1113–1125) aufzuhalten. Der Kiewer Thron, dauernd umkämpft, verlor sein Prestige. *Jurij Dolgorukij* war sein letzter starker Großfürst (1155–1157). Als Hauptursache für den Verfall Kiews gilt der Niedergang seines Handels infolge der Sperrung des Dnjeprwegs durch die Polowzer u. das Erstarken

Die russ. Teilfürstentümer u. die Mongolenherrschaft (1169–1462): In der Folge bildeten sich in Rußland 3 polit. Zentren: 1. im SW das Fürstentum *Halitsch-Wolynien,* das unter den Fürsten *Roman* (1170–1205) u. *Daniel* (†1264) seine größte Machtentfaltung aufwies u. 1340 nach Erlöschen der Dynastie an Polen fiel; 2. im NW *Groß-Nowgorod,* das seit dem 12. Jh. fakt. unabhängig von Kiew war, eine handelsaristokrat. bestimmte republikan. Verfassung ausbildete u. erst 1478 von Moskau unterworfen wurde; 3. im NO stieg das Fürstentum *Wladimir-Susdal* zwischen Oka u. oberer Wolga, ursprüngl. von Finnen besiedelt, im 12. Jh. durch den verstärkten Siedlerzustrom aus dem SW u. NW schnell auf. Die Fürstengewalt war hier von vornherein viel stärker, u. bereits bei *Andrej Bogoljubskij* (1157–1175) traten autokrat. Züge zutage. Er u. später sein Bruder *Wsewolod* (1176–1212) setzten sich gegen die lokale Aristokratie der Städte Rostow u. Susdal durch. Doch fiel das Großfürstentum Wladimir 1238 ebenso unter die Herrschaft der Mongolen wie die zahllosen kleinen süd- u. südwestruss. Fürstentümer. Selbst dem energ. *Alexander Newskij* blieb als Großfürsten (1252–1263) nichts übrig, als durch eine Politik der Willfährigkeit gegenüber den Mongolen eine gewisse Erholung des Landes zu erkaufen.

Schon unter der Mongolenherrschaft setzte um 1300 ein Kristallisationsprozeß um das relativ junge Teilfürstentum Moskau ein. Durch eine geschickte Bündnispolitik konnte *Daniel* (1263 bis 1303) das Moskauer Gebiet bedeutend erweitern. Seine Söhne *Jurij* (1303–1322) u. *Iwan Kalita* (1328–1341) sicherten in blutigen Auseinandersetzungen mit den Fürsten von Twer u. durch Willfährigkeit gegenüber den Mongolen die Großfürstenwürde für die Moskauer Dynastie. *Demetrius (Dmitrij) Donskoj* (1359–1389) veranlaßte bereits die meisten russ. Fürsten zur Heerfolge gegen die Mongolen, wenn auch sein Sieg auf dem Kulikowo Pole (1380) am Don noch nicht das Ende der Mongolenherrschaft bedeutete.

Der Moskauer Staat (1462–1712): Nachdem der Großfürst *Wasilij II.* (1425–1462) in einem 25jährigen Thronkrieg gegen seinen Onkel Jurij von Halitsch u. dessen Söhne gesiegt hatte, setzte sich in Moskau die Primogenitur durch. Gleichzeitig beseitigte Wasilij zahlreiche Teilfürstentümer. Sein Sohn *Iwan III.* (1462–1505) vollendete fakt. die Einigung des Moskauer Staats; das Verhältnis zu den Mongolen wurde um 1480 aus einem Tributär- zu einem Vertragsverhältnis. In einem ersten außenpolit. Ausgreifen wurde die Grenze zu Litauen beträchtl. nach W verschoben; *Wasilij III.* (1505–1533) eroberte 1515 bereits Smolensk. Der Vorstoß zur Ostsee scheiterte jedoch an der Niederlage gegen den Landmeister des Deutschen Ordens in Livland Wolter von Plettenberg (1502). *Iwan IV., der Schreckliche* (1533–1584), der sich als erster russ. Herrscher 1547 zum Zaren krönen ließ, erschöpfte die Kräfte Rußlands im langjährigen erfolglosen *Livländischen Krieg* (1558 bis 1595) gegen Polen u. Schweden um das Baltikum. Dagegen leitete die Eroberung von Kasan 1552, Astrachan 1558 u. des Khanats Sibir 1582 (→Jermak) die russ. Ostexpansion ein. Brutal zerbrach Iwan IV. die polit. Macht des Bojarentums u. machte den Willen des autokrat. Zaren zur einzigen Autorität. Die jahrzehntelangen Kriege u. die Innenpolitik Iwans führten zu sozialen Spannungen, die beim Erlöschen der Rjurik-Dynastie 1598 in die „Zeit der Wirren" (bis 1613) mündeten (*Boris Godunow, Pseudodemetrius, Bolotnikow, Minin*). Die gesamte Regierungszeit *Michael (Michail) Fjodorowitschs* (1613–1645), des neuen Zaren aus dem Hause *Romanow*, verging mit der mühevollen Herstellung der Stabilität nach innen u. außen. Erst unter Zar *Alexej Michajlowitsch* (1645–1676) griff Rußland erneut nach W aus: Nach langem Krieg gegen Polen (1654–1667) gewann es die Ukraine links des Dnjepr, die sich unter *Bohdan Chmielnicki* von Polen loslöste. Im 17. Jh. begannen Technik u. Kultur aus Westeuropa verstärkt nach Rußland einzudringen.

Das Petersburger Imperium (1712–1917): *Peter d. Gr.* (1682–1725) ersetzte die religiös-traditionellen. Wertvorstellungen des Moskauer Staats durch die rationalistischen Westeuropas. Die Europäisierung – Symbole hierfür waren die Verlegung der Residenz in das 1703 gegründete St. Petersburg u. der Erwerb des Kaisertitels 1721 durch Peter – erfaßte allerdings nur eine dünne Oberschicht. Die von Peter d. Gr. geschaffene Bürokratie sollte sich zusehends zum Staatsapparat konstituieren u. später, insbes. im 19. Jh., mit dem Staat identifizieren. Außenpolit. zeichneten sich bei Peter bereits die späteren Stoßrichtungen der russ. Politik ab: zur Ostsee u. nach W, zum Schwarzen Meer u. auf den Balkan sowie nach Mittelasien. Durch seinen Erfolg im Nord. Krieg gegen Schweden (1700–1721) stieß er in breiter Front zur Ostsee u. nach W, zur osteurop. Vormacht. Unter Kaiserin *Anna* (1730–1740) wurde durch die Politik H. J. Ostermanns die 2. außenpolit. Interessensphäre, das Schwarze Meer u. der Balkan, deutlich (Friede von Belgrad 1739). Rußland wurde damit zum Rivalen Österreichs auf dem Balkan. Kaiserin *Katharina II.* (1762–1796) gewann in den Friedensschlüssen von Kütschük Kainardschi (1774) u. Jassy (1792) sowie durch die Annexion der Krim (1783) das Küstenland des Schwarzen Meeres bis zum Dnjestr. Die Teilungen Polens (1772, 1793 u. 1795) schoben die Grenzen Rußlands bis nach Mitteleuropa vor. Seit Katharina II. war das Russ. Reich als Großmacht in Europa an der Regelung aller europ. Fragen beteiligt. Im Innern wurden die Adelsprivilegien erweitert (1785) u. die Leibeigenschaft der Bauern verschärft.

Die führende Rolle Rußlands beim Sieg über Napoléon I. 1813–1815 machte es unter *Alexander I.* (1801–1825) zur kontinentalen Hegemonialmacht, der Kampf gegen revolutionäre u. liberale Bewegungen im Sinn der →Heiligen Allianz unter *Nikolaus I.* (1825–1855) zum „Gendarmen Europas". Durch die Eroberung Finnlands 1809 u. den Erwerb des größten Teils von Polen auf dem *Wiener Kongreß* 1815 fand die russ. Expansion nach W zunächst ihren Abschluß. Dagegen entfaltete Rußland auf dem Balkan, in Zentralasien u. im Fernen Osten eine permanente Expansionstätigkeit. Nachdem es in erfolgreichen Kriegen gegen die Türkei 1812 Bessarabien u. 1829 das Donaudelta erworben hatte, erreichte sein Einfluß auf die Türkei durch das Verteidigungsbündnis von *Hunkar Iskelesi* 1833 seinen Höhepunkt. Einem weiteren Vordringen gegen die Türkei setzten freilich Frankreich u. Großbritannien im Krimkrieg (1853–1856) ein Ende.

Sein Expansionsstreben verlagerte sich nun zunächst nach dem Fernen Osten – 1858 erwarb es im *Vertrag von Aihun* (bestätigt durch den *Vertrag von Peking* 1860) das Amurgebiet u. Nordsachalin, 1875 auch Südsachalin (gegen die Kurilen-Inseln von Japan eingetauscht) – u. nach Zentralasien: 1859–1864 annektierte es Turkistan, 1865 Taschkent u. Kirgisistan, 1868 Samarkand u. Khanat Buchara, 1873 Khanat Chiwa, 1876 Khanat Kokand, 1884 Merw, 1893–1895 Tadschikistan. Dabei drang es teilweise in die Interessensphären Englands ein. Zugleich standen die Erfolge im Krieg gegen die Türkei im Gegensatz zu den Interessen Österreichs u. Englands, so daß A. Gortschakow auf dem *Berliner Kongreß* 1878 seine auf eine grundlegende Neuordnung des Balkans zielenden Pläne aufgeben mußte. Die nationalist. öffentl. Meinung in Rußland gab Dtschld. die Schuld daran, daß Rußland angebl. um die Früchte seines Sieges gebracht wurde. Der Interessengegensatz zu Österreich war einer der Hauptgründe für die Nichterneuerung des *Dreikaiserabkommens* von 1881. Aber erst die Ablehnung (1890) der Verlängerung des →Rückversicherungsvertrags (von 1887) durch Dtschld. führte zur Neuorientierung der russ. Außenpolitik u. zur Bindung an Frankreich (1892). Nachdem die nunmehr im Zeichen des Imperialismus stehende russ. Fernostpolitik durch den *russ.-japan. Krieg* von 1904/05 gescheitert war, wandte Rußland seine Aufmerksamkeit erneut dem Balkan zu (*Balkankriege* 1912/13), u. die Abgrenzung der Interessensphären mit England im Mittleren Osten (1907) machte den Weg für ein Zusammengehen mit der Entente frei. Die Unterstützung Serbiens durch Rußland wurde in der gespannten weltpolit. Situation von 1914 einer der Auslösungsfaktoren des 1. Weltkriegs.

Die innere Politik Alexanders I. mündete nach gewissen Reformen insbes. des Staatsapparats (M. M. Speranskij) im Zeichen der Hl. Allianz in das Polizeiregime A. A. Araktschejews. Nikolaus I. schuf durch seine kompromißlose Forderung des absoluten Gehorsams aller Bürger vollends eine Kasernenhofatmosphäre (Geheimpolizei *A. Benckendorffs*). Trotzdem fand die große Auseinandersetzung zwischen *Slawophilen* u. *Westlern* statt, die u. a. auch zur Vorbereitung einer literat. begründeten revolutionären Bewegung wurde.

Die liberalere Phase nach dem Krimkrieg unter *Alexander II.* (1855–1881) mündete einerseits in die agrarsozialist. Bewegung der *Narodniki*, andererseits in die durch K. P. Pobedonoszew verkörperte reaktionäre Politik, die unter *Alexander III.* (1881–1894) u. *Nikolaus II.* (1894–1917) bis zur Revolution von 1905 herrschte.

Die Aufhebung der Leibeigenschaft 1861, die die Bauern befreite, ohne ihnen genügend Land zu geben, hatte das soziale Problem verschärft, statt es zu lösen. Mit der zunehmenden Industrialisierung Rußlands seit den 1880er Jahren, die der Sanierung der russ. Finanzen durch Graf S. I. *Witte* mit Hilfe westeurop. Investitionen bes. Fortschritte machte, fand der Marxismus Eingang in

Moskau feiert den Jahrestag der Oktoberrevolution

Rußland (G. W. *Plechanow*, W. I. *Lenin*). Bereits in den 1890er Jahren hatten heftige Streiks die neuen Industriezentren erschüttert, u. in der Situation der Niederlage gegen Japan löste der sog. *Blutige Sonntag* (22. 1. 1905) die erste russ. Revolution (1905/06) aus. Nach dem Erlaß einer Verfassung durch Nikolaus II. mündete jedoch die Entwicklung mit der Auflösung der linksgerichteten 1. u. 2. Reichsduma u. der Änderung des Wahlgesetzes in einen Scheinkonstitutionalismus, in dem die reaktionäre Politik wieder aufgegriffen wurde. Ihr Exponent wurde Min.-Präs. P. A. *Stolypin*. Die sozialen u. nationalen Probleme entluden sich schließl. angesichts des lang andauernden 1. Weltkriegs in der *Februarrevolution* von 1917. Nikolaus II. wurde zur Abdankung gezwungen. Rußland wurde Republik.

Oktoberrevolution u. Bürgerkrieg (1917 bis 1921): Die neugebildete *Provisorische Regierung* (zunächst unter Fürst G. J. Lwow, dann unter A. F. *Kerenskij*), die den Krieg fortsetzen wollte, verlor angesichts der allg. Kriegsmüdigkeit u. der ernsten Versorgungsnöte an Boden. Ihre unentschlossene Politik nutzten die *Bolschewiki* am 25. 10. (7. 11. neuen Stils) zu einem von Lenin organisierten Aufstand (*Oktoberrevolution*) aus. Es gelang ihnen, durch tatsächl. oder scheinbare Erfüllung allg. Forderungen, durch den Waffenstillstand u. schließl. den *Frieden von Brest-Litowsk* (3. 3. 1918) u. das *Dekret über die Landaufteilung* breite Massen zu gewinnen. Alle wirkl. oder potentiellen Gegner wurden durch organisierten Terror (Dez. 1917 Gründung der *Tscheka*) ausgeschaltet, ebenso die rechtmäßig gewählte Konstituierende Versammlung (18. 1. 1918), in der die Bolschewiki mit 175 von 707 Sitzen in der Minderheit waren. Rußland wurde zur *Russ. Sozialist. Föderativen Sowjetrepublik* (Verfassung vom 10. 7. 1918).

Seit Okt. 1917 befand sich das russ. Vielvölkerreich in Auflösung: Die Völker des Kaukasus, die Finnen u. die Esten erklärten sich noch 1917 für unabhängig; 1918 folgten die Ukrainer, Georgier, Weißrussen, Polen, Letten u. Litauer. Seit Anfang 1918 organisierte sich auch die Gegenrevolution: im S entstand die Don-Republik, u. die Generäle L. Kornilow, A. Denikin u. P. Wrangel sammelten starke Streitkräfte; in Westsibirien (Omsk) hatte sich A. Koltschak zum Reichsverweser ausgerufen. Außerdem intervenierten die Ententemächte in

Lenin

Sowjetunion

Wladimir Monomach, Großfürst von Kiew (1113–1125). Bildnis auf einer Kirchenfahne (links). – Älteste russische Zarenkrone, byzantinisch; um 1400. Moskau, Kreml (rechts)

Rußland. Den gegenrevolutionären Kräften fehlten jedoch einheitl. Zielsetzung u. Koordinierung der militär. Aktionen, so daß sie nacheinander geschlagen wurden. Auch die Offensive, die J. *Pilsudski* im April 1920 unternahm, um die poln. Grenzen von 1772 wiederherzustellen, scheiterte nach Anfangserfolgen. Doch kamen durch den Frieden von Riga (18. 3. 1921) beträchtl. Teile der alten weißruss. u. ukrain. Gebiete an Polen zurück.

Die UdSSR (seit 1922): Als Ergebnis des bolschewist. Siegs im Bürgerkrieg wurden auch die meisten Randvölker des russ. Imperiums in den sowjet. Scheinföderalismus einbezogen. Die Gründung der *Union der Sozialistischen Sowjetrepubliken (UdSSR)* am 30. 12. 1922 u. die neue Verfassung von 1923/24 kennzeichneten eine Konsolidierung der bolschewist. Macht. Im Inneren löste Lenin den sog. *Kriegskommunismus* durch die *Neue Ökonom. Politik* (NEP, 1921 bis 1927) ab, um die zusammengebrochene Wirtschaft neu zu beleben.

Nachdem klargeworden war, daß eine Weltrevolution vorerst nicht zu erreichen war, schaltete sich die S. zunehmend in das weltpolit. Kräftespiel ein. Der *Vertrag von Rapallo* (16. 4. 1922) durchbrach zum erstenmal die außenpolit. Isolierung der S. u. leitete eine enge militär. u. wirtschaftl. Zusammenarbeit mit Dtschld. ein. Ein entscheidender Durchbruch gelang dem Außen-Min. M. *Litwinow* mit dem Litwinow-Protokoll im Rahmen des *Kellogg-Pakts*, das von der S., Rumänien, Polen, Lettland u. Estland unterzeichnet wurde (2. 2. 1929). Es folgten ein Vertrag mit Frankreich u. Nichtangriffspakte mit Polen, Lettland, Estland u. Finnland (1932). Nach der diplomat. Anerkennung durch die USA (1933) vollendete die Aufnahme der S. in den Völkerbund (1934) ihre Einordnung in das Staatensystem der Welt.

Der feindl. Haltung Hitlers suchte die S. seit 1935 durch die Volksfrontpolitik zu begegnen. Beistandspakte mit Frankreich u. der Tschechoslowakei von 1935 blieben jedoch 1938/39 beim Zusammenbruch der Tschechoslowakei wirkungslos. In den entscheidenden Tagen vor Ausbruch des 2. Weltkriegs beseitigte der überraschende *dt.-sowjet. Nichtangriffspakt* (23. 8. 1939) die letzte Schranke für den dt. Angriff auf Polen u. brachte Ostpolen an die S., die 1940 auch Estland, Lettland, Litauen, Bessarabien u. die Nordbukowina annektierte. Durch den *Winterkrieg* 1939/40 erzwang sie die Abtretung Kareliens von Finnland. Zu Meinungsverschiedenheiten mit Dtschld. kam es wegen weiterer sowjet. Forderungen gegenüber Finnland u. der Einflußsphären auf dem Balkan.

SOWJETUNION/ RUSSLAND
Geschichte

Katharina II., Miniatur eines unbekannten Meisters; 18. Jh.

Der Brand von Moskau 1812 und die Katastrophe an der Beresina zwangen Napoléon zum Rückzug. Zeitgenöss. Darstellung des Brandes

Sowjetunion

Peter d. Gr., Gemälde von Aert de Gelder (1645–1727). Amsterdam, Rijksmuseum

Der Blutige Sonntag (22. 1. 1905) in St. Petersburg signalisierte die sozialen Spannungen im späten Zarenreich. Zeitgenöss. Darstellung

Der dt. Überfall auf die S. (22. 6. 1941) kam überraschend u. kann nicht als Präventivkrieg bezeichnet werden.

Im Innern ging aus den nach Lenins Tod (1924) ausbrechenden Machtkämpfen J. W. *Stalin*, der als Generalsekretär den Parteiapparat beherrschte, als Sieger hervor. Es gelang ihm auf der 14. Parteikonferenz 1925, seine These vom „Aufbau des Sozialismus in einem Lande" gegen L. D. *Trotzkijs* Theorie der „permanenten Revolution" durchzusetzen. Seit 1928 war Stalin der unumschränkte Diktator. Mit dem 1. *Fünfjahresplan* 1928, der die NEP ablöste, begann die Umwandlung vom Agrar- zum Industriestaat mittels eines rigoros erzwungenen Konsumverzichts der Bevölkerung. Die gleichzeitig mit Gewaltmethoden durchgeführte Kollektivierung stieß auf erbitterten Widerstand u. rief zunächst Desorganisation u. Hungersnot hervor. Dem „Aufbau des Sozialismus in einem Lande" entsprach die Propagierung eines „Sowjetpatriotismus", der seit 1934 mit einem großruss. orientierten nationalist. Geschichtsbild untermauert wurde u. im 2. Weltkrieg seinen Höhepunkt erfuhr. Die Stalinsche Verfassung von 1936 ist trotz ihrer demokrat. u. föderativen Form der Ausdruck des konsolidierten autoritären Einparteienstaats. Stalins totalitäre Diktatur gipfelte in den *Säuberungen* 1936–1938, denen alle gestürzten u. potentiellen Gegner (G. I. *Sinowjew*, L. B. *Kamenew*, M. P. Tomskij, A. I. *Rykow*, N. I. *Bucharin*, K. B. *Radek*; 1940 *Trotzkij* in Mexiko) mit ihren Anhängern u. ein großer Teil des Offizierskorps mit Marschall *Tuchatschewskij* an der Spitze zum Opfer fielen.

Aus dem 2. Weltkrieg ging die S. als Weltmacht ersten Ranges hervor. Bereits auf den *Konferenzen von Teheran* (1943), *Jalta*, *London* u. *Potsdam* (1945) überspielten Stalin u. sein Außen-Min. W. M. *Molotow* die westl. Alliierten, bei denen die Nachkriegsgestaltung Europas hinter dem Nahziel des Siegs über Dtschld. zurücktrat. Die S. annektierte weitere Gebiete (das nördl. Ostpreußen, Karpato-Ukraine) u. förderte mit Hilfe ihrer Besatzungstruppen die Errichtung von volksdemokrat. Regimen in den osteurop. Staaten u. in der SBZ Deutschlands. Dieser inneren Sowjetisierung entsprach die außenpolit. Gleichschaltung auf die Ziele der S. Der Versuch der S., das kommunist. Herrschaftssystem auf weitere Staaten auszudehnen (u. a. *Berliner Blockade* 1948/49, *Koreakrieg* 1950–1953), führte einerseits zu Zusammenschlüssen nichtkommunist. Staaten (*NATO* 1949, *SEATO* 1954, *CENTO* 1955), andererseits zum *Warschauer Pakt* (1955).

Nach Stalins Tod (1953) trat an seine Stelle zunächst eine kollektive Führung mit G. M. *Malenkow*, L. P. *Berija* u. *Molotow* an der Spitze. Berija – als potentieller Diktator gefürchtet – wurde schon 1953 verhaftet u. hingerichtet. Seit Herbst 1953 begann der Aufstieg N. S. *Chruschtschows*, der als Erster Sekretär des ZK der KPdSU die Schlüsselstellungen des Parteiapparats mit seinen Leuten besetzte u. 1955 den Min.-Präs. Malenkow durch N. A. *Bulganin* ablösen ließ. 1957 führte er den entscheidenden Schlag gegen die aus der Stalin-Ära stammende Führungsspitze: Molotow, Malenkow, L. M. Kaganowitsch u. D. T. Schepilow wurden als „Parteifeinde" abgesetzt; im März 1958 trat Chruschtschow an die Stelle Bulganins u. vereinigte Partei- u. Regierungsspitze auf sich.

Auf Chruschtschows Initiative wurden in der S. der Stalinsche Terror u. Personenkult verurteilt (1956), die größten Rechtsunsicherheiten beseitigt, die Wirtschaftsleitung dezentralisiert (Volkswirtschaftsräte 1957), die Maschinen-Traktoren-Stationen (MTS) aufgelöst (1958), eine marktgerechte Agrarpolitik eingeleitet u. ein gigant. Neulandprogramm in Kasachstan in Angriff genommen (1953). Die Schulreform erstrebte eine „stärkere Verbindung der Schule mit dem Leben" (1958 1. Schulgesetz in der S. überhaupt). Angesichts des zunehmenden westl. Widerstands gegen die aggressive sowjet. Außenpolitik wurden schon seit 1953 einige Konfliktherde beseitigt (Waffenstillstand in Korea 1953 u. Indochina 1954, Staatsvertrag mit Österreich 1955, Beendigung des Kriegszustands mit Japan 1956) u. die These der „friedl. Koexistenz" propagiert. Die gleichzeitige Lockerung des sowjet. Griffs führte zu Emanzipationsbestrebungen in einigen Staaten des Ostblocks im Sinn des Polyzentrismus, die allerdings blutig unterdrückt wurden, sofern sie der sowjet. Kontrolle zu entgleiten drohten (17. Juni 1953 in der DDR; 1956 Ungarn u. Polen).

In der Ära Chruschtschow erzielte die UdSSR bedeutende techn. Erfolge: H-Bombe 1953, „Sputnik" 1957, J. *Gagarin* als erster Mensch im Weltraum 1961.
Mit Chruschtschows jähem Sturz im Okt. 1964 verbanden sich zahlreiche Vorwürfe: Er habe die Kuba-Krise provoziert (1962), den Bruch mit China eingeleitet (1963), durch sprunghafte Entscheidungen die Wirtschaft desorganisiert u. einen neuen „Personenkult" begonnen. Unter den Nachfolgern Chruschtschows, L. I. *Breschnew* (Parteichef) u. A. N. *Kosygin* (Min.-Präs. bis 1980), wurde die Herrschaft der Parteibürokratie wieder gestrafft. Dies findet u.a. Ausdruck in zunehmender ideolog. Intoleranz u. Zurücknahme vieler Liberalisierungsmaßnahmen. Innerhalb der zunächst kollektiven Führung trat Breschnew mehr u. mehr in den Vordergrund.
Außenpolit. ist die UdSSR weiterhin expansiv. 1968 besetzte sie zur Unterdrückung reformkommunist. Tendenzen die ČSSR. Sie unterstützte mit ihrem Bündnisblock Nordvietnam, vermied aber unmittelbares Eingreifen in den Konflikt. Im Nahen Osten unterstützt die UdSSR die Staatengruppe, die einen Frieden mit Israel entschieden ablehnt. Die wachsende Flottenpräsenz auf allen Meeren demonstriert die Stärke der UdSSR. In mehreren afrikan. Staaten gewann die UdSSR großen Einfluß. Der Konflikt mit China (ideologische, aber auch territoriale Streitigkeiten) schwelt weiter, zumal Chinas weltpolit. Position seit Beginn der 1970er Jahre gestärkt wurde. Indessen bemühte sich die UdSSR in Europa u. gegenüber den USA um Entspannung: 1970 Vertrag mit der BRD; 1972 u. 1979 Verträge mit den USA über Beschränkung der strateg. Rüstung (SALT I u. II); 1975 Europ. Sicherheitskonferenz (KSZE). 1979 besetzte die S. Afghanistan; dadurch verschlechterte sich ihr Verhältnis zu den USA u. zur Dritten Welt. – 🄱 → Vereinigte Staaten (Geschichte). – 🄻 5.5.6., 5.7.1., 5.7.2. u. 5.7.8.

Politik

Der durch Zwangskollektivierung u. Industrialisierung geschaffenen neuen Wirklichkeit des Staatssozialismus stalinist. Prägung wurde durch die Staatsverfassung vom 5. 12. 1936 äußerlich Rechnung getragen. Gegenüber der 1. Unionsverfassung von 1923/24 brachte sie vor allem eine Änderung im Sowjetaufbau u. im Wahlrecht. Am 7. 10. 1977 trat eine neue Verfassung in Kraft, deren Vorschriften entsprechend auch die Unionsrepubliken (April 1978) neue Verfassungen erhielten. Sie änderte das System nicht wesentlich. Sie garantiert formal die klass. Grundrechte, die jedoch dem Staat gegenüber nicht einklagbar sind. Eine seit Ende der 60er Jahre auftretende Bürgerrechtsbewegung wird scharf verfolgt.
Formal höchstes Staatsorgan u. Gesetzgeber ist der *Oberste Sowjet* der UdSSR, bestehend aus zwei gleichberechtigten Kammern, dem *Unionssowjet* u. dem *Nationalitätensowjet* mit je 750 Abg. In der Verfassungswirklichkeit ist der Oberste Sowjet, der nur ein- bis zweimal jährl. für wenige Tage zusammentritt, ein Akklamationsorgan, das bereits getroffene Entscheidungen nachträgl. u. stets einstimmig billigt. Größere Bedeutung hat das 39köpfige *Präsidium des Obersten Sowjets*, das diesen zwischen den Sitzungsperioden vertritt u. zugleich das kollektive Staatsoberhaupt der UdSSR ist (Vors. seit 1977 L. I. *Breschnew*). Die Regierung besteht aus dem *Ministerrat* (bis 1946 Rat der Volkskommissare), dessen große Mitgliederzahl (rd. 100) ein *Präsidium des Ministerrats* erforderl. macht, von dem die gesamte Staatsverwaltung koordiniert wird.
Die Wahlen zu den Sowjets aller Stufen (von den Selsowjets in den Dorfgemeinden bis zum Obersten Sowjet der Union können 7 solcher Sowjetstufen unterschieden werden, wobei föderative u. rein administrative Verwaltungseinheiten ineinandergreifen) sind seit 1936 direkt, gleich, allgemein u. formal auch geheim. Wahlrecht ab vollendetem 18. Lebensjahr. Die Wahlperiode für den Obersten Sowjet der Union beträgt 5 Jahre. Der Unionssowjet wird nach Wahlkreisen mit gleicher Einwohnerzahl gewählt; in den Nationalitätensowjet entsendet jede der 15 Unionsrepubliken 32 Abg., jede der 20 Autonomen Republiken (ASSR) 11, jede der 8 Autonomen Oblasts 5 u. jeder der 10 Autonomen Bezirke einen Abg. Angesichts der stets über 99% Ja-Stimmen u. der Tatsache, daß die Wähler keine Auswahlmöglichkeiten haben u. auch die gesamte Kandidatenaufstellung letztl. von der → Kommunistischen Partei der Sowjetunion (KPdSU) gelenkt ist (die Art. 6 der Verfassung als „führende u. lenkende Kraft der sowjet. Gesellschaft" bezeichnet), können die Sowjetwahlen lediglich als eine Volksbefragung konsultativen Charakters gelten.
Die eigentl. Regierungsgewalt ist im *Politbüro* (1952–1966: Präsidium) *des Zentralkomitees der KPdSU* konzentriert (1976 gewählt: 16 Mitglieder u. 6 Kandidaten). Mit dem Präsidium des Ministerrats besteht weitgehend Personalunion, an der Spitze sind Partei- u. Staatsapparat eng verflochten. Der Parteiapparat selbst – heute etwa 250000 bezahlte Funktionäre – wird vom *ZK-Sekretariat* geleitet, dem der *Generalsekretär* (1953–1966: Erster Sekretär) vorsteht. Polit. Bedeutung als Entscheidungsgremium hat weiterhin noch das *Zentralkomitee* (ZK) selbst, das, vom Parteitag gewählt, heute in der Regel alle 4 Monate tagt (1976: 287 Mitgl. u. 139 Kandidaten). Die Partei ist hierarchisch gegliedert, einer Entscheidungspyramide vergleichbar. Trotz formaler Wählbarkeit aller Organe von unten nach oben vollzieht sich gemäß dem *demokratischen Zentralismus* die Willensbildung von oben nach unten, weil das untere Organ strikt an die Weisungen des jeweils oberen gebunden ist. – 🄻 5. 8. 7.

Militär

Die S. hat ein stehendes Heer mit allg. Wehrpflicht vom 18.–50. Lebensjahr u. einer aktiven Dienstzeit von 2 Jahren bei Heer u. Luftwaffe u. 2–3 Jahren bei der Marine u. bei den Grenztruppen. Die regulären Streitkräfte haben eine Gesamtstärke von ca. 3,375 Mill. Mann. Sie setzen sich zusammen aus den Strateg. Raketenstreitkräften (350000), den Truppen des Luftverteidigungskommandos (deren 500000 Mann sich je zur Hälfte aus Heer u. Luftwaffe rekrutieren), dem Heer (2 Mill.), der Marine (475000) u. der Luftwaffe (550000). Hinzu kommen 300000 Mann Sicherheits- u. Grenztruppen u. etwa 1,5 Mill. Mitglieder der paramilitärischen Organisation DOSAAF.
Die Strateg. Raketenstreitkräfte sind mit nuklearen Interkontinental- u. Mittelstreckenraketen ausgerüstet, von denen die meisten in der Nähe der westl. Grenze der S., die restlichen östl. des Urals liegen, ferner mit Raketen-U-Booten sowie mit Lang- u. Mittelstreckenbombern. Das Luftverteidigungskommando verfügt über ein Frühwarn- u. Kontrollsystem, Abfangjäger, Boden-Luft- u. Raketenabwehr-Raketen, letztere um Moskau gruppiert, u. Luftabwehrartillerie. Vom Heer sind 20 Divisionen in der DDR stationiert, 2 in Polen, 4 in Ungarn, 5 in der ČSSR, 60 im europ. Teil der S., 8 in ihrem mittleren, 21 in ihrem südl. Teil u. 44 Divisionen an der sowjet.-chines. Grenze, davon 2 in der Mongolei. Von diesen Divisionen haben die in Osteuropa u. die Hälfte der in Fernost stationierten volle Kampfstärke, die übrigen bedürfen der Auffüllung.
Die sowjet. Marine hat die zweitgrößte Kriegsflotte der Welt mit ca. 300 z.T. atomar angetriebenen U-Booten. Sie operiert in der Arktis, in der Ostsee, im Schwarzen Meer, im Mittelmeer u. im Fernen Osten. Die Luftwaffe gliedert sich in Langstreckenverbände (bei den Strateg. Raketenstreitkräften), in die takt. Luftstreitkräfte, das Luftverteidigungskommando, Marineluftstreitkräfte, Lufttransportkräfte u. Ausbildungseinheiten. Der Oberbefehl über die Streitkräfte liegt beim Verteidigungs-Min. Über eine Haupt-Abt. des Ministeriums wirkt das ZK der KPdSU polit. auf die Streitkräfte ein. Oberbefehlshaber der Truppen des *Warschauer Pakts* ist stets ein sowjet. Offizier. Sowjet. Militärberater befinden sich in Afghanistan, Algerien, Irak, der Demokrat. Volksrep. Jemen, in Kuba, Laos u. Vietnam. – 🄻 1.3.7.

Bildungswesen

Maßstab u. Richtungsweiser für das Erziehungswesen ist die kommunist. Ideologie. Das Erziehungswesen ist völlig vom Staat abhängig u. wird in erster Linie von polit. Gesichtspunkten bestimmt. Ziel der Erziehung ist der von der kommunist. Ideologie überzeugte Sowjetmensch, der sich als nutzbringendes Glied der kommunist. Gesellschaft erweist. Das gesamte Schulwesen ist nach einheitl. Prinzip vom Staat gelenkt, Privatschulen sind nicht gestattet; alle Schultypen sind allg. u. ohne bes. Aufnahmeprüfung zugängl.; der Unterricht an allen Schulen (einschl. Universität) ist kostenlos; Gesetze, die die einzelnen Schultypen betreffen, ferner Stundentafeln, Richtlinien u. Lehrpläne werden vom Obersten Sowjet u. dem Ministerrat erlassen u. besitzen für das gesamte Staatsgebiet Geltung.
Die allg. Schulpflicht beträgt 8 Jahre. Das Schulsystem gliedert sich in Grund- u. Mittelschulen. Die 8jährige Grundschule ist eine allgemeinbildende polytechn. Schule (obligator. vom 7.–15. Lebensjahr). Schon in der Grundschule werden die Schüler mit den wichtigsten Produktionszweigen in Theorie u. Praxis vertraut gemacht. Außerdem arbeiten sie prakt. in Schulwerkstätten u. landwirtschaftl. Versuchsanstalten. Nach Absolvierung der Grundschule besteht die Möglichkeit zum Besuch einer Mittelschule, die etwa der Oberstufe unserer höheren Schule entspricht. Die abgeschlossene Mittelschulbildung berechtigt zum Studium. Wie die Grundschule basiert auch die Mittelschule auf der Verbindung von Unterricht u. Arbeit. Es lassen sich folgende Haupttypen des Mittelschulwesens unterscheiden: 1. dreijährige allgemeinbildende polytechn. *Arbeitsmittelschule*, die zur Hochschulreife führt u. außerdem die Schüler für die Arbeit in einem bestimmten Produktions- oder Wirtschaftszweig ausbildet. 2. dreijährige *Abend-* oder *Schichtmittelschule*, vergleichbar unseren Abendoberschulen. Sie führt ebenfalls zur Hochschulreife. Schüler dieser Schule arbeiten in ihrem Beruf mit verkürzter Arbeitszeit. 3. mittlere *Fachschulen* u. *Technika*, die neben allg. Bildung eine mittlere techn. Fachausbildung vermitteln, die zum Fachstudium berechtigt. Diese Schulen werden sowohl von Absolventen der Grundschule als auch von Personen, die bereits im Berufsleben stehen, besucht. Letztere müssen eine Aufnahmeprüfung ablegen. Die Ausbildungsdauer beträgt im allg. 4 Jahre. Neben den verschiedenen Typen des Mittelschulwesens gibt es ein differenziertes berufstechn. Schulwesen, in dem sich bereits in den Arbeitsprozeß eingegliederte Personen in ihrem Beruf weiterbilden.
Stark ausgebaut u. weit verbreitet ist das Fernstudium, sowohl auf der Ebene des mittleren Schulwesens u. der Fachschulbildung als auch auf der Ebene der Universitäts- u. Hochschulbildung.
Hochschulen: es gibt insgesamt 805, davon 51 Universitäten, 238 Techn. Hochschulen, 98 landwirtschaftl., 99 medizin., 216 pädagog. u. 53 Kunsthochschulen mit rd. 4,5 Mill. Studierenden.

Sowjetzonenflüchtling, nach dem Gesetz über die Angelegenheiten der Vertriebenen u. Flüchtlinge (BVFG) vom 19. 5. 1953 derjenige dt. Staats- u. Volkszugehörige, der seinen Wohnsitz in der SBZ (bzw. der DDR) oder im sowjet. Sektor Berlins (bzw. Ostberlin) aufgrund einer bes. Zwangslage, vor allem bei Gefahr für Leib u. Leben, aufgegeben hat. Seit dem 13. 8. 1961 gelingt es infolge der rigorosen Absperrungsmaßnahmen nur noch wenigen Menschen, das Gebiet der DDR ohne Ausreiseerlaubnis zu verlassen (1949–1961 rd. 3 Mill., 1963 rd. 33400, 1968 rd. 16000, seit 1972 steigen die Zahlen – auch infolge der neuen Gegebenheiten auf den Transitstrecken nach Westberlin – wieder etwas an).

Soxhlet, Franz, Agrikulturchemiker, * 13. 1. 1848 Brünn, † 6. 5. 1926 München; entwickelte eine Methode zur Bestimmung des Fettgehalts der Milch.

Soya, Carl Erik, dän. Schriftsteller, * 30. 10. 1896 Kopenhagen; verfaßte psychoanalyt. Dramen, floh wegen einer Novelle über die Besatzungsmacht (1941) nach Schweden; schildert menschl. Schwächen u. die Schwierigkeiten der Jugend.

Soyinka, Wole, nigerian. Dichter, Schriftsteller u. Regisseur, * 13. 7. 1934 Abeokuta; gestaltet in magischen Versen, mythenträchtigen Tragödien u. satir. Komödien Kulturkonfliktsituationen. Sein Roman „The Interpreters" 1965 durchleuchtet die moderne nigerian. Gesellschaft. Seine polit. Aktivität brachte ihn mehrmals in Haft.

sozial [lat.], gesellig, gesellschaftl., auf die Gesellschaft bezogen, die Beziehungn zwischen den Menschen betreffend; menschenfreundlich, der Gesellschaft dienend, den Regelungen des gesellschaftl. Verhaltens entsprechend.

Sozialakademien, verschiedenartige Bildungsstätten, die teilweise der sozialen Forschung dienen, vor allem jedoch soziales Wissen vermitteln u. für die Aufgaben in den jeweiligen sozialen Bereichen befähigen wollen.

Sozialanthropologie = Ethnosoziologie.

Sozialarbeiter, *Sozialarbeiterin,* früher *Fürsorger(in), Wohlfahrtspfleger(in)*, beruflich in der sozialen Arbeit tätige Person (in Fürsorgestellen, Stiftungen, Vereinen, Betrieben, weibl. Kriminalpolizei). Ausbildung an einer höheren Fachschule oder Akademie für Sozialarbeit setzt Realschulabschluß u. eine abgeschlossene Berufsausbildung oder eine mindestens 3jährige Berufsbewährung voraus. Bewerber müssen in der Regel das 20. Lebensjahr vollendet haben. Ausbildungsdauer 3 Jahre, staatl. Abschlußprüfung; nach 1 Jahr Berufspraxis wird staatl. Anerkennung ausgesprochen.

Sozialbeirat, Beirat beim Bundesministerium für Arbeit u. Sozialordnung für alle Zweige der gesetzl. Rentenversicherung u. für die gesetzl. Unfallversicherung; besteht aus 4 Vertretern der Versicherten, 4 Vertretern der Arbeitgeber, 1 Vertreter der Deutschen Bundesbank u. 3 Vertretern der Sozial- u. Wirtschaftswissenschaften. Der S. macht vor allem das Gutachten für den *Sozialbericht.*

Sozialbericht, der alljährl. bis zum 30. 9. von der Bundesregierung dem Bundestag u. dem Bundesrat vorzulegende Bericht über die Finanzlage der gesetzl. Rentenversicherung, die Entwicklung der wirtschaftl. Leistungsfähigkeit u. der Produktivität sowie die Veränderungen des Volkseinkommens je Erwerbstätigen. Der S. ist die Grundlage für die Anpassung der Renten bei Veränderungen der *allg. Bemessungsgrundlage*. Mit dem S. sind das Gutachten des Sozialbeirats vorzulegen u. Vorschläge für die Rentenanpassung zu machen.

Sozialbiologie, Teilgebiet der Sozialanthropologie (→Ethnosoziologie), untersucht die biolog. Auswirkungen des sozialen Zusammenlebens. Von bes. Interesse sind die z.B. durch Gattenwahl, Heiratsalter, Kinderzahl, Berufswahl u. Berufserfolg sowie Wohnsitzveränderungen beeinflußten Vorgänge der Auslese u. der Siebung.

Sozialbrache, von W. *Hartke* geprägte Bez. für eine landwirtschaftl. Nutzfläche, die infolge anderweitiger besserer Verdienstmöglichkeiten der Landbesitzer (zumeist in der Industrie) unbewirtschaftet bleibt. Nach Schätzungen des Raumordnungsberichts 1972 wird die S. in der BRD zwischen 1971 u. 1985 von 250000 ha auf 750000 ha steigen. – 🄻 6.0.6.

Sozialdemokratie, Sammelbez. für die sich in mehreren Staaten Europas in der 2. Hälfte des 19. Jh. herausbildenden, in der Regel von marxist. Vorstellungen ausgehenden sozialist. Parteien, in denen zunächst sozialreformer. u. sozialrevolutionäre Bestrebungen u. Gruppierungen nebeneinander bestanden. Eine parteimäßige Scheidung dieser Tendenzen setzte in Rußland, Holland u. Bulgarien schon vor, sonst aber erst im u. nach dem 1. Weltkrieg ein, wobei S. nun zum Sammelbegriff für die *sozialreformerischen*, das parlamentarische System anerkennenden u. mittragenden Parteien der Arbeiterbewegung wurde.

In Österreich wurde 1888/89 unter Führung V. *Adlers* die *Sozialdemokratische Partei Österreichs* gegr., die nach Einführung des allg. Wahlrechts (1907) stärkste Partei im Reichsrat wurde (87 Mandate). Nach dem Ende der Habsburger-Monarchie war die SPÖ erneut stärkste Partei (72 der 170 Mandate) u. besetzte mit K. *Renner* (Staatskanzler) u. K. *Seitz* (Präsident der Nationalversammlung u. gleichzeitig vorläufiges Staatsoberhaupt) die ersten Staatsämter; 1920 schied sie jedoch als Regierungspartei aus. Der im Linzer Programm von 1926 sich manifestierende *Austromarxismus* verhinderte zwar die Entstehung einer ernstzunehmenden kommunist. Partei, führte jedoch mit zu den blutigen Arbeiterunruhen am 15. 7. 1927. Durch die ständisch-autoritäre Politik der Regierung *Dollfuß* provoziert (Ausschaltung des Parlaments), kam es zum „Februar-Aufstand" 1934, der niedergeschlagen wurde u. zum Verbot der SPÖ führte. Die 1924 gegr. Parteimiliz „*Republikanischer Schutzbund*" war schon 1933 aufgelöst worden. 1945 wurde die Partei durch *Renner* als *Sozialistische Partei Österreichs* (SPÖ) neu gegr. Sie gehörte als zweitstärkste Partei (Mandatszahlen im Nationalrat: 1945: 76, 1949: 67, 1953: 73, 1956: 74, 1959: 78, 1962: 76, 1966: 74) bis 1966 der gemeinsam mit der *Österreichischen Volkspartei* (ÖVP) gestellten „schwarz-roten" großen Koalition an, verließ nach der Wahlniederlage von 1966 die Regierung (Ende der 20jährigen großen Koalition) u. bildete nach dem Wahlsieg von 1970 als stärkste Partei (81 Mandate) die Regierung unter Bundeskanzler B. *Kreisky*, die 1971, 1975 u. 1979 (95 Mandate, absolute Mehrheit) erneuert wurde. Die SPÖ stellte seit 1945 mit ihren Kandidaten K. *Renner*, Th. *Körner*, A. *Schärf*, F. *Jonas* u. R. *Kirchschläger* alle Präsidenten der Republik. Die SPÖ hat ca. 720000 Mitglieder.

In der Schweiz begann der polit. Zusammenschluß der Sozialisten um 1870; 1888 wurde die *Sozialdemokratische Partei der Schweiz* gegr.; 1901 vereinigte sich mit ihr der 1838 gegr. *Grütliverein*. Deutlich marxist. bestimmt war das Parteiprogramm von 1904, doch erklärte sich die Schweizer S. 1920 gegen den Eintritt in die 3. (kommunist.) Internationale. Daraufhin bildete der linke Flügel 1921 die Kommunist. Partei. 1943 kam mit Ernst *Nobs* der erste Sozialdemokrat in den Bundesrat; 1950 wurde er Bundespräsident. 1955 gewann die SPS die meisten Mandate im Nationalrat, ebenso 1975 (55 Sitze), 1979 errang sie den gleichen Anteil an Mandaten (51) wie die *Freisinnige Partei* der Schweiz.

In Großbritannien entwickelte sich um 1900 eine Sonderform der S. in Gestalt der →Labour Party.

In Frankreich ist die S. aus den verschiedensten Gründungen sozialist. Parteien hervorgegangen (J. *Guesde*, A. *Blanqui*, É. *Vaillant* u.a.). Trotz persönl. u. ideolog. Rivalitäten vereinigte sich 1905 unter dem Einfluß der 2. (sozialist.) Internationale ihre Mehrheit zur „Französischen Sektion der Arbeiter-Internationale" *(Section française de l'internationale ouvrière, SFIO)*. Bei der Wahl 1914 erhielt die SFIO fast 20% der abgegebenen Stimmen u. wurde zweitstärkste von sieben Parteien. Nach dem Austritt aus der 2. Internationale 1920 spaltete sich die Kommunistische Partei von ihr ab. 1936 war die SFIO führende Partei der Volksfront. In der 4. Republik (1944–1958) sowohl Regierungs- als auch Oppositionspartei, verloren die Sozialisten allmähl. große Teile ihrer Anhängerschaft (Stimmenanteil 1945: 23%; 1956: 15%). In der 5. Republik ursprüngl. an der Regierung beteiligt, stand die SFIO später in Opposition zur Politik der regierenden gaullistischen Partei; der Stimmenanteil der gemäßigten Linken des französ. Parteiensystems ist in der 5. Republik bis 1973 ständig zugunsten der Kommunisten u. Gaullisten zurückgegangen. Im Juni 1971 kam es zur Neugründung einer „Sozialistischen Partei" *(Parti Socialiste)* unter F. *Mitterrand*, die neben der alten SFIO die meisten nichtkommunist. Linksparteien in sich vereinigte. 1973 bildete sie ein Wahlbündnis mit der Kommunist. Partei, das 1977 durch Differenzen schwer erschüttert wurde. In den Wahlen 1973 u. 1978 konnte die Sozialist. Partei ihren Stimmenanteil steigern (1978: 28,3%). – Führende französ. Sozialisten im 20. Jh.: J. *Jaurès*, A. *Briand*, R. *Viviani*, L. *Blum*, P. *Ramadier*, V. *Auriol*, G. *Mollet*, F. *Mitterrand*, G. *Defferre*.

Die 1882 gegr. Sozialistische Partei Italiens wurde 1926 von Mussolini aufgelöst. 1944 wurde sie neu errichtet. 1947 spaltete sie sich in die Sozialisten unter P. *Nenni* u. die Sozialdemokraten unter G. *Saragat*. Im Zeichen der Politik der „linken Mitte" gelang 1966 eine zeitweilige Wiedervereinigung der Partei; jedoch konnte nach der Wahlniederlage von 1968 die neuerliche Spaltung in *PSU* (Sozialdemokraten) u. *PSI* (Sozialisten) nicht verhindert werden. Beide Parteien gehörten den von der Democrazia Cristiana geführten Koalitionskabinetten der linken Mitte an.

In den skandinav. Ländern wie auch in Belgien u. den Niederlanden entwickelte sich die S. zur regierenden oder mindestens mitregierenden Partei. In diesen Ländern ist mit dem relativ hohen Lebensstandard der Arbeiterschaft die Verbürgerlichung der Partei ideolog. u. soziolog. bes. fortgeschritten, wobei Belgien z.T. eine Ausnahme bildet. – Die russ. S. *(Menschewiki)* bestand offiziell noch bis 1917; sie war aus der Bewegung der *Narodniki* u. der *Sozialrevolutionäre* hervorgegangen. (→Bolschewismus, →Kommunismus, →Sozialismus). – In den Staaten Ostmitteleuropas gingen die sozialdemokrat. Parteien nach dem 2. Weltkrieg unter Druck in den kommunist. Parteien auf. – In den USA hat die S. als Partei nie Bedeutung gewonnen. Dagegen besteht in Kanada seit 1961 die sozialist. *Neue Demokratische Partei* u. in Australien wie in Neuseeland eine starke sozialdemokrat. orientierte Arbeiterpartei. – 🄱 S. 166. – 🄻 5.8.3 u. 5.8.4.

Sozialdemokratische Partei Deutschlands, Abk. *SPD*, eine der beiden führenden Parteien der BRD. Die SPD bestand schon im wilhelmin. Kaiserreich u. in der Weimarer Republik. Zumindest bis 1914 war sie Vorbild für die gesamte internationale →Sozialdemokratie. Sie wurde 1869 in Eisenach von W. *Liebknecht* u. A. *Bebel* gegr. Neben ihr bestand der von F. *Lasalle* gegr. *Allgemeine Dt. Arbeiterverein* von 1863, bis sich beide Parteien 1875 auf der Grundlage des Gothaer Programms zur *Sozialist. Arbeiterpartei Deutschlands* zusammenschlossen. Nach Ablauf des Sozialistengesetzes 1890, das die Partei seit 1878 weitgehend in die Illegalität gezwungen hatte, nahm die Bewegung auf dem Parteitag zu Halle (Saale) den Namen *SPD* an u. wurde in der Folgezeit die bei den Reichstagswahlen stimmenstärkste Partei, sie stellte nach den Wahlen von 1912 mit 110 Mandaten auch die stärkste Fraktion des Reichstags (etwa ein Drittel der Sitze). Die marxist. Grundeinstellung wurde 1891 im *Erfurter Programm* erneut bestätigt, doch gewann praktisch die revisionist. Bewegung E. *Bernsteins* u. G. von *Vollmars* mehr u. mehr an Gewicht (gestützt auch durch den →Reformismus der Gewerkschaften).

Nach Ausbruch des 1. Weltkriegs stimmte die Partei am 4. 8. 1914 für die Kriegskredite. Im Herbst 1918 verhinderte die Parteiführung durch ihre Entscheidung für die parlamentar. Demokratie sowie durch ihr Bündnis mit den bürgerl. Parteien, der Obersten Heeresleitung u. der Bürokratie ein Weitertreiben der Novemberrevolution in sozialist. Richtung, nachdem sich 1916 der linke, marxist. Flügel der Partei in der *Unabhängigen Sozialdemokrat. Partei* (*USPD* 1917–1922) u. bes. deutlich im *Spartakusbund* (ab 1919 *KPD*) abgetrennt hatte (→Kommunistische Partei Deutschlands). Die Parteiführung, die A. *Bebel* seit der Gründung bis zu seinem Tod (1913) unangefochten innegehabt hatte, lag damals in den Händen F. *Eberts*, mit dem die SPD 1919 den ersten Reichspräsidenten stellte (bis 1925). Im polit. System der Weimarer Republik, das sie während der Verfassungsberatungen der Weimarer Nationalversammlung (1919) entscheidend mitprägte, war die SPD bei allen Reichstagswahlen bis 1930 stimmenstärkste Partei, jedoch nur an wenigen Regierungen beteiligt. Im Bündnis mit Zentrum u. Demokraten (DDP) regierte sie in Preußen fast ununterbrochen unter Führung von O. *Braun* u. C. *Severing*, bis die preuß. Regierung durch Staatsstreich vom damaligen Reichskanzler F. von *Papen* 1932 abgesetzt wurde. Nach der Machtübernahme Hitlers u. der NSDAP wurde die SPD im Juni 1933 zwangsweise aufgelöst, ein großer Teil ihrer Führer verhaftet; viele davon sind im KZ umgekommen.

Die Wiedergründung der SPD nach 1945 ist vor allem das Werk K. *Schumachers*. Es war insbes. sein erklärtes u. erreichtes polit. Ziel, in den 3 westl. Besatzungszonen eine Vereinigung mit der KPD zu verhindern. Nach Gründung der BRD standen Schumacher u. die SPD in scharfer Opposition zu dem wirtschaftl. u. außenpolit. Kurs der Regierung Adenauer. Ferner traten starke neutralist. Tendenzen in den Vordergrund, die im „Deutschlandplan" von 1959 ihren Höhepunkt fanden. Im Juni 1960 sprach sich der stellvertr. Partei-Vors. H. *Wehner* vor dem Bundestag jedoch für die Mitgliedschaft der BRD in der NATO u. die Landesverteidigung aus. In ihrem im Herbst 1959 verabschiedeten Grundsatzprogramm *(Godesberger Programm)* hat die SPD den seit dem Ende des 19. Jh. bestehenden Widerspruch zwischen ihrer polit.-pragmatischen, auf Sozialreformen ausgerichteten Zielsetzung u. den vom Marxismus geprägten theoret. Grundaussagen überwunden, dadurch ihr Programm den gesellschaftl. Veränderungen angepaßt u. eine neue Haltung zu den außen- wie innenpolit. Fragen, insbes. zur sozialen Marktwirtschaft, zu den Kirchen u.a. bezogen. Mandatszahlen im Bundestag: 1949: 131; 1953: 151; 1957: 169; 1961: 190; 1965: 202; 1969: 224; 1972: 230; 1976: 214; 1980: 218.

Bei den Wahlen von 1949 nach der CDU/CSU zweitstärkste Partei, blieb die SPD bis 1966 stets in die Opposition verbannt u. gelangte erst über die Bildung der großen Koalition mit der CDU/CSU in die Regierungsverantwortung. Bei den Wahlen von 1972 erreichte sie mit 45,9% der Stimmen ihr bisher bestes Ergebnis u. erneuerte als nunmehr stärkste Partei der BRD das 1969 geschlossene Regierungsbündnis mit der FDP unter sozial-

Sozialdemokratie

Kongreß der Ersten Internationale, Basel 1869

Streikende und ihre Frauen flüchten vor eingesetztem Militär (Ruhrgebiet 1912)

Die SA schleppt einen SPD-Funktionär zum Verhör (1933)

Wahlkampf der SPD unter Polizeischutz (1932)

SOZIALDEMOKRATIE

Eine von SPÖ-Mitgliedern verteidigte Konsumgenossenschaft nach Beschuß durch Truppen des Dollfuß-Regimes 1934 (links). – Kundgebung der SPD gegen den Faschismus, Berlin 1932

Sozialdemokratie

Willy Brandt, Herbert Wehner und Alfred Nau auf dem außerordentlichen Parteitag der SPD 1969

F. Mitterrand, G. Meir, B. Pittermann, K. Sorja, B. Kreisky und O. Palme auf dem Kongreß der Sozialistischen Internationale, Paris 1972

B. Pittermann, G. Meir, H. Wilson, H. Janitschek, P. Nenni und T. Bratteli auf der Bürositzung der Sozialistischen Internationale 1972

Wolfgang Roth, Johano Strasser und Karsten Voigt auf dem Bundeskongreß der Jungsozialisten 1973

demokrat. Führung (Bundeskanzler: W. *Brandt*, jetzt H. *Schmidt*), das nach den Wahlen von 1976 u. 1980 erhalten blieb. Mit G. *Heinemann* war 1969 bis 1974 erstmals ein Sozialdemokrat Bundespräsident. Die SPD stellt in folgenden Ländern den Regierungschef: Berlin (West), Bremen, Hamburg, Hessen u. Nordrhein-Westfalen. In Baden-Württemberg, Bayern, Niedersachsen, Rheinland-Pfalz, im Saarland u. in Schleswig-Holstein war sie in der Opposition.
Mit reichlich einer Million Mitgliedern ist die SPD die bei weitem mitgliederstärkste Partei der BRD. Parteivorsitzende der SPD nach dem 2. Weltkrieg: 1946–1952 K. *Schumacher*, 1952–1963 E. *Ollenhauer*, seit 1964 W. *Brandt*; wichtige SPD-Politiker nach 1945 u.a.: F. *Erler* († 1967), H. *Wehner*, H. *Kühn*, H. *Schmidt*. Jugendorganisationen: →Jungsozialisten, →Falken.
In der SBZ schloß sich die 1945 neugegr. SPD unter O. *Grotewohl*, dem Druck der sowjet. Besatzungsmacht folgend, am 21. 4. 1946 mit der KPD zur *Sozialistischen Einheitspartei Deutschlands (SED)* zusammen, die heute die führende Partei der DDR ist. In Westberlin blieb aufgrund einer entspr. ausgefallenen Abstimmung der Parteimitglieder die SPD dagegen als selbständige Partei bestehen. – Ⓛ 5.8.3 u. 5.8.5.

soziale Arbeit, Wohlfahrtspflege, richtet sich bes. auf die Verhütung, Linderung u. Überwindung der wirtschaftl. Not (→auch Fürsorge). Die Anfänge der sozialen Berufsarbeit sind in der christl. Liebestätigkeit im Rahmen der Caritas, Inneren Mission u. Diakonie zu suchen. Sitz der *Internationalen Konferenz für S.A.* ist seit 1947 London (periodische internationale Konferenzen der Sozialarbeiter aller Länder).

soziale Beziehung, von M. *Weber* entwickelter formaler Grundbegriff der Soziologie: ein seinem subjektiv gemeinten Sinn nach aufeinander (gegenseitig) eingestelltes, aneinander orientiertes Sichverhalten mehrerer Personen. Der Inhalt der s.nB. kann Liebe, Freundschaft, Pietät, aber auch Marktaustausch sowie Konkurrenz, Feindschaft, Kampf u.ä. sein; auf solidarischen s.nB.n beruhen die Begriffe →Gemeinschaft u. →Gesellschaft. →Beziehungslehre.

soziale Bienen, Gruppe von *Stechimmen* aus der Familie der *Bienen*, die in Staaten leben, in denen ein begattetes Weibchen, die *Königin*, Eier legt, während kleine Weibchen mit unentwickelten Geschlechtsorganen, sog. *Arbeiterinnen*, die Aufzucht der Brut u. alle Bau- u. Versorgungsarbeiten ausführen. Männchen *(Drohnen)* entstehen aus unbefruchteten Eiern. Sie begatten Weibchen, die neue Staaten gründen, u. sterben danach bzw. werden von den Arbeiterinnen aus dem Volk entfernt. Zu den s.nB. gehören *Stachellose Bienen, Honigbienen* u. *Hummeln*.

soziale Dichtung, *i.w.S.* jede gesellschaftskrit. *Tendenzdichtung*, die soziale Spannungen beschreibt oder gegen soziale Vorurteile u. Ungerechtigkeiten gerichtet ist (z.B. *Wernher der Gartenaere*: „Meier Helmbrecht"; *Schiller*: „Kabale u. Liebe"); *i.e.S.* eine Dichtung, die sich in den Klassenkampf zwischen Unterdrückten u. Unterdrückern einschaltet u. die durch die moderne Wirtschaft u. Industrie entstandenen Probleme des Proletariats zu lösen versucht.

soziale Frage, das sozialpolit. Problem, das bei Veränderungen der allg. Lebensbedingungen auftaucht, sobald bestimmte Schichten der Gesellschaft zugunsten anderer benachteiligt werden oder sich benachteiligt fühlen.

soziale Frauenschulen →Frauenfachschulen.

soziale Gesetzgebung, *Sozialgesetzgebung*, regelt die Sozialordnung u. soziale Wohlfahrt im Sinne der staatl. Sozialpolitik, erstreckt sich bes. auf Arbeitsrecht u. -schutz, Tarif- u. Schlichtungswesen, Sozialversicherung, allg. u. Jugendwohlfahrtswesen, Sozialhilfe.

soziale Grundrechte, Menschenrechte auf Arbeit, Wohnung, Bildung u. Erholung; gewährleistet in manchen Landesverfassungen der BRD (z.B. Recht auf Arbeit in Art. 28 der hess. u. Art. 8 der brem. Verfassung, Recht auf Wohnung in Art. 14 der brem. Verfassung, Recht auf Ausbildung in Art. 128 der bayer. Verfassung – alle diese Vorschriften sind gemäß Art. 142 GG nach 1949 gültig geblieben) u. enthalten in den Verfassungen kommunist. Staaten. – Ⓛ 4.1.2.

soziale Insekten, *staatenbildende Insekten*, die in Staaten oder Völkern lebenden Insekten: Termiten, Ameisen u. →soziale Bienen. Diese Begriffe haben nichts mit den entsprechenden menschl. Institutionen gemeinsam. Es handelt sich vielmehr um Familien, die um fortpflanzungsunfähige Individuen (bei Hautflüglern nur Weibchen) erweitert sind. Der Lebensablauf erfolgt auf instinktiver Grundlage, jedoch ist Lernvermögen vorhanden. Den s.nI. werden die einzeln lebenden, z.B. →solitäre Sammelbienen, gegenübergestellt. – Ⓑ S. 170.

soziale Marktwirtschaft, Form einer Wettbewerbsordnung, deren Ziel es ist, auf der Basis einer *Konkurrenzwirtschaft* die freie Initiative des einzelnen mit einem durch Leistungswettbewerb gesicherten sozialen Fortschritt zu vereinen, u.a. durch eine aktive, auf Vollbeschäftigung ausgerichtete Konjunkturpolitik, eine Politik der Einkommensumleitung u. der Förderung von Eigentum zum Schutz u. zur Sicherung wirtschaftl. schwächerer Schichten sowie durch Schaffung einer Rahmenordnung zur Abwehr von Wettbewerbsbeschränkungen. – Ⓛ 4.4.3.

Sozialenzykliken, umfangreiche päpstliche Rundschreiben, die sich mit der Ordnung u. Entwicklung des Gesellschaftslebens befassen. Die wichtigsten S. sind: 1891 von *Leo XIII.* „Rerum Novarum" („Der Geist der Neuerung"), über die Arbeiterfrage; Hauptthemen: Recht auf Eigentum, Sozialismus, Koalitionsfreiheit, Mitwirkung von Kirche u. Staat, Bekenntnis zur staatl. Sozialpolitik. – 1931 von *Pius XI.* „Quadragesimo Anno" („Im 40. Jahre"), über Gesellschaftsreformen; Hauptthemen: Kapital u. Arbeit, Lohngerechtigkeit u. Entproletarisierung, Überwindung der Klassengegensätzlichkeit durch berufsständ. oder leistungsgemeinschaftl. Gesellschaftsordnung. – 1961 von *Johannes XXIII.* „Mater et Magistra" („Mutter u. Lehrmeisterin"), über die jüngsten Entwicklungen des gesellschaftl. Lebens u. seine Gestaltung im Licht der christl. Lehre; Hauptthemen: der moderne Prozeß der Vergesellschaftung, die Landwirtschaft bzw. der gerechte Ausgleich zwischen den Wirtschaftszweigen, die Entwicklungsländer u. die weltweite Zusammenarbeit der Völker. – 1967 von *Paul VI.* „Populorum Progressio" („Der Fortschritt der Völker"); verlangt eine Änderung der bestehenden Strukturen zwischen Industrienationen u. Entwicklungsländern u. fordert u.a. die Internationalisierung der Entwicklungshilfe. – 1971 von Paul VI. „Octogesima Adveniens" anläßl. der 80-Jahr-Feier der Veröffentlichung von „Rerum Novarum"; erörtert die Stellung der Christen gegenüber den neuen sozialen Problemen u. ruft zu einer gerechten Umwandlung der Gesellschaft auf. Die S. werden auch außerhalb der kath. Kirche stark beachtet.

sozialer Konflikt, von der soziolog. Forschung zunehmend beachtetes u. analysiertes Phänomen der Spannung u. der Auseinandersetzung widerstreitender Interessen, Normen, Werthaltungen in allen Lebensbereichen. Regelmäßig sind Konflikte Auslöser u./oder Begleiterscheinungen des →sozialen Wandels. In formaler Hinsicht unterscheidet man 1. verdeckte (latente) u. offene (manifeste) Konflikte, 2. Konflikte zwischen Gleichen (z.B. Konkurrenz) u. zwischen Über- u. Untergeordneten (Macht- oder Herrschaftskonflikte), 3. nach der betr. sozialen Einheit (→Rolle, →Gruppe, →Klasse) oder nach dem Konfliktobjekt (Lohn-, Arbeits-, Glaubens-, Machtkonflikte).

sozialer Wandel, soziolog. Begriff für die Veränderungen in der →Sozialstruktur, d.h. in den relativ stabilen Beziehungs- u. Handlungsmustern der Grundeinheiten (→Positionen, →Rollen) →sozialer Systeme oder in deren Teilbereichen (z.B. in der Familie: die Veränderung der Vaterrolle durch die Trennung von Haushalt u. Arbeitswelt oder der Mutterrolle infolge der Übernahme von Erziehungsaufgaben durch den Kindergarten; die Veränderung der Gattenrollen durch die Emanzipation der Frau u. deren Berufstätigkeit u. die Vervollkommnung u. moralische Anerkennung der empfängnisverhütenden Mittel). Anstöße zum sozialen Wandel geben Probleme, Spannungen u. Konflikte (→sozialer Konflikt) im Bereich der sozialen Struktur selbst *(endogener s. W.)*, Veränderungen der kulturellen Werthaltungen u. Glaubensvorstellungen, Entwicklungen im ökonom. (techn. Neuerungen) oder demograph. (z.B. Überalterung) Unterbau, aber auch Kontakte u./oder Auseinandersetzungen (Missionierung, Kolonisierung, Industrialisierung, Eroberung) mit anderen Gesellschaften *(exogener s. W.)*. – Ⓛ 1.6.0 u. 1.6.4.

sozialer Wohnungsbau →Wohnungsbau, →Wohnungsbaugesetz.

soziale Sanktionen →Sanktion (4).

soziale Sicherheit, erstmalig in der US-amerikan. *Social Security Act* von 1935 verwendeter Begriff zur Kennzeichnung der allg. Zielsetzung der *Sozialpolitik*; umfaßt insbes. die Abdeckung der Grundrisiken des Lebens in der industriellen Gesellschaft (Arbeitslosigkeit, Krankheit, Kinderreichtum u. Alter). Ein internationales Übereinkommen über Mindestformen der s.nS. ist 1952 von der *Internationalen Arbeitskonferenz* ausgearbeitet worden.

soziales System, analytisches Modell zur strukturell-funktionalen Analyse von Gesellschaften. Die Vorstellung ist in Analogie zum Systembegriff in den Naturwissenschaften entwickelt. Das s.S. wird als Gleichgewichtsmodell interdependent agierender u. reagierender Grundeinheiten (→Sozialstruktur) beschrieben. Sofern ein Prozeß oder eine Reihe von Bedingungen zur Erhaltung des Systems beitragen, werden sie als *funktional*, sofern sie den Bestand, die Integration oder das Gleichgewicht abbauen, als *dysfunktional* bezeichnet. – Ⓛ 1.6.0.

soziale Symmetrie, wirtschaftspolit. Zielvorstellung im Hinblick auf das Ausmaß an sozialer Gerechtigkeit, das aufgrund der wirtschaftl. Lage in einer bestimmten Periode erreichbar ist.

Sozialethik, eine Ethik, die im Gegensatz zur *Individualethik* das an der Mitwelt orientierte sittl. Verhalten bestimmt („Pflichten gegen andere"); auch Bestimmungen der Handlungen von Gruppen u. Kollektivsubjekten (Wirtschaftsethik, polit. Ethik u.ä.) nach allg. ethischen Normen. Typ. Formen konstruktiver S. sind der engl. *Utilitarismus* (*J. Bentham*, J. St. *Mill*), der französ. *Altruismus* (A. *Comte*), die französ. *Solidaritätsphilosophie*, der kath. *Solidarismus* (→Solidaritätsprinzip).

soziale Tiere, Tiere, die die Gesellschaft anderer Tiere aus innerem Antrieb *(Sozialtrieb, soziale Attraktion)* suchen u. mit Hilfe eines ausgeprägten Nachahmungstriebs *(soziale Imitation)* zu gemeinsamen Leistungen innerhalb der Gruppe kommen. S.T. haben die beste Voraussetzung zur →Domestikation. Der höchstentwickelte Fall ist die Arbeitsteilung bei den →sozialen Insekten. S.T. kommen nur unter Spinnentieren, Insekten, Vögeln u. Säugetieren vor. →auch Vergesellschaftung.

soziale Verständigung, *Verhaltensforschung:* Signale im Dienst der Gruppenbildung u. -erhaltung. Durch Werbung während der →Balz wird der Geschlechtspartner angelockt u. seine Aggression abgebaut (z.B. durch Entfaltung von Farben bei Fregattvogel u. Kampfläufer, Fütterung bei Möwen, Seeschwalben u. einigen Insekten, Geschenküberreichen der Diamanttäubchen u. Kormorane, Verbergen der Waffen). Aggressionen innerhalb einer Gruppe können auch später durch →Beschwichtigungsverhalten unterdrückt werden. Durch *Stimmfühlungslaute* kann der akustische Kontakt hergestellt werden. Gruppenzugehörigkeit kann auch durch Geruch markiert werden (Wanderratten, Bienen). Gemeinsame Beschäftigung ermöglicht den Zusammenhalt innerhalb der Gruppe u. wird durch →Stimmungsübertragung erreicht. *Warnrufe* eines Gruppenmitglieds gelten für die ganze Gruppe (Gänse, Murmeltier). Andererseits hilft die Gruppe bei *Notschreien* eines ihrer Mitglieder (Affen, Dohlen). Hochentwickelt ist die Mitteilung der Bienen über Entfernung u. Lage einer Futterquelle durch ihre Tänze (→Tiersprache). Bei *Symbiosen* muß auch eine zwischenartliche Verständigung möglich sein (→Putzsymbiose).

Sozialforschung, empirische Arbeitsweise der Sozialwissenschaften, deren Aufgabe zunehmend darin gesehen wird, bestimmte Theorien u. Hypothesen über soziale Zusammenhänge auf ihren Wirklichkeitsgehalt zu überprüfen bzw. durch die Analyse sozialer Gegebenheiten die Entwicklung der Theorie zu fördern (insbes. auch durch *Feldforschung*). Die Techniken der S. (Statistik, Befragung, Beobachtung, Experiment u.a.) sind einerseits denen der →Soziographie, andererseits denen der →Meinungsforschung verwandt.

Sozialfürsorge, organisierte Fürsorge, die Hilfsbedürftigen zugewandt wird. →Fürsorgerecht.

Sozialgeographie, Zweig der *Anthropogeographie*, der sich mit Sozialgruppen bzw. Gesellschaften in ihrer räumlichen Aktivität befaßt. Die S. erforscht die Verhaltensweisen menschl. Gruppen mit der Frage nach den daraus resultierenden raumbildenden Prozessen, Strukturen u. Funktionen. Als ein besonderer Zweig der S. ist die *Religionsgeographie* aufzufassen. – Ⓛ 6.0.5.

Sozialgerichtsbarkeit, die Rechtsprechung in öffentl.-rechtl. Streitigkeiten über Angelegenheiten der →Sozialversicherung einschl. des Kassenarztrechts, der Kriegsopferversorgung u. des Aufgabenbereichs der Bundesanstalt für Arbeit; in der BRD als bes. Zweig der Gerichtsbarkeit geregelt im *Sozialgerichtsgesetz* vom 3. 9. 1953 in der Fassung vom 23. 9. 1975. Gerichte der S. sind *Sozialgerichte* u. *Landessozialgerichte* als Gerichte der Länder u. das am 11. 9. 1954 errichtete *Bundessozialgericht* in Kassel als oberstes Bundesgericht. Die Sozialgerichte entscheiden über Klagen auf Aufhebung, Abänderung oder Vornahme sowie auf Feststellung der Nichtigkeit eines Verwaltungsakts; ferner auf Feststellung des Bestehens oder Nichtbestehens eines Rechtsverhältnisses, der Zuständigkeit eines Versicherungsträgers der Sozialversicherung u. der Ursächlichkeit eines Arbeitsunfalls, einer Berufskrankheit oder einer Schädigung im Sinn des Bundesversorgungsgesetzes für eine Gesundheitsstörung oder einen Todesfall. Die Landessozialgerichte entscheiden über Berufung u. Beschwerde gegen Urteile bzw. andere Entscheidungen der Sozialgerichte. Das Bundessozialgericht entscheidet über die Revision gegen Urteile der Landessozialgerichte oder (bei Sprungrevision) der Sozialgerichte u. in erster u. letzter Instanz über Streitigkeiten der S. zwischen Bund u. Ländern oder zwischen verschiedenen Ländern. Das Verfahren, dem meist ein durch Widerspruch einzuleitendes Vorverfahren vorausgehen muß, ist in der Regel kostenfrei. – 🄻4.1.7.

Sozialgesetzbuch, Abk. SGB, Gesetz vom 11. 12. 1975, enthält die allg. Vorschriften für die Sozialversicherung.

Sozialhilfe, vom →Bundessozialhilfegesetz neu eingeführte Bez. für die bis dahin als *öffentliche Fürsorge* oder *Fürsorgeunterstützung* bezeichneten staatl. Maßnahmen zugunsten Hilfsbedürftiger. →Fürsorgerecht.

Sozialhilfegesetz →Bundessozialhilfegesetz.

Sozialhygiene, die Hygiene des menschl. Zusammenlebens, befaßt sich bes. mit Wohn- u. Siedlungshygiene, öffentl. Gesundheitswesen, medizin. Statistik, Fürsorge für Säuglinge, Schulkinder, Kranke, Gebrechliche u. Greise. – 🄻9.8.2.

Sozialisation, der Lern- u. Erziehungsprozeß, der das Hineinwachsen in die sozial-kulturelle Mitwelt durch Ausbildung eines sozialen Über-Ichs u. Gewinnung der Ich-Identität des jungen Menschen (*primäre S.*, von der Geburt bis zum Abschluß der Jugend) bewirkt u. an den durch alle Lebensalter fortgesetzte Anpassungsprozesse (*sekundäre S.*) anschließen. Vom einzelnen aus ist dieser gesellschaftl. Prozeß, der sein Werden u. Reifen begleitet, der Aufbau seiner sozialkulturellen Persönlichkeit. Familie, Spielgruppen, Schule u. Einflüsse der weiteren Gesellschaft (Nachbarschaft, Gemeinde, Kirchen, Vereine) erfüllen S.funktionen. – 🄻1.6.0. u. 1.6.4.

Sozialisierung, *Vergesellschaftung*, Überführung von Wirtschaftsgütern in *Gemeineigentum* (gesellschaftl. Eigentum, *Volkseigentum*) unter Entziehung des Privateigentums oder unter dessen Aufrechterhaltung in andere Formen der *Gemeinwirtschaft* aus ideolog., gesellschafts- u. wirtschaftspolit. Gründen (Gegensatz: die mehr technischen Zwecken, z.B. dem Bahn- u. Straßenbau, dienende *Enteignung*). Gemeineigentum ist rechtl. Eigentum des Staates (*Verstaatlichung, Nationalisierung*, z.B. der Grundstoffindustrie u. des Gesundheitswesens in Großbritannien), von Gemeinden u. Gemeindeverbänden (*Kommunalisierung*, z.B. von Versorgungsunternehmen), von Genossenschaften (z.B. der sowjet. landwirtschaftl. Produktionsgenossenschaften *[Kolchosen]*, im Unterschied zu den Staatsgütern *[Sowchosen]*) oder von anderen überindividuellen Rechtsträgern (Anstalten, Körperschaften u. Stiftungen des öffentl. Rechts). Andere Formen der Gemeinwirtschaft sind z.B. *Zwangskartelle, -syndikate u. -verpachtungen.*

In der BRD ist nach Art. 15 GG eine S. nur von Grund u. Boden, Naturschätzen u. Produktionsmitteln u. nur durch ein Gesetz zulässig, das Art u. Ausmaß der Entschädigung regelt, die unter gerechter Abwägung der Interessen der Allgemeinheit u. der Beteiligten zu bestimmen ist u. wegen deren Höhe die ordentl. Gerichte angerufen werden können. Im Gebiet der DDR erfolgten in den ersten Nachkriegsjahren aufgrund von Befehlen der sowjet. Militäradministration u. von Bestimmungen der Landesverfassungen *entschädigungslose S.en* großen Stils, wodurch allein über 11000 Grundeigentümer betroffen wurden. Keine S. ist die ländl. *Bodenreform*, die nur eine Umschichtung von Privateigentum bezweckt. – 🄻4.5.0.

Sozialismus, im Gegensatz zum Individualismus des →Liberalismus u. →Kapitalismus im 19. Jh. entstandene Ideen u. Bestrebungen, die das allg. Wohl der Gesellschaft stärker oder ausschl. zur Geltung bringen wollten. Der S. fand bei verschiedenen Denkern u. Völkern eine unterschiedl. Prägung: vom internationalen *Kommunismus* u. *Bolschewismus* bis zum *Faschismus* u. *National-S.*, vom staatsfeindl. *Anarchosyndikalismus* bis zum *Staats-S.* Doch forderten fast alle Richtungen Beseitigung des arbeitslosen Einkommens durch Umgestaltung der Eigentumsordnung: Beschränkung des Erbrechts, vollständige oder teilweise Überführung der Produktionsmittel u. Produktionsgrundlagen (Bergwerke, Großgrundbesitz, Fabriken) in Gemein- oder Staatseigentum, zumindest staatl. Kontrolle der Produktionsmittel. Außerdem wurde angestrebt – falls die herrschende Gesellschaftsordnung grundsätzl. erhalten bleiben sollte – eine Veränderung der Wirtschafts- u. Arbeitsordnung durch Schutzmaßnahmen gegen Arbeitslosigkeit u. Ausbeutung der Arbeitskraft, Beseitigung der Kinderarbeit, Beschränkung der Frauenarbeit, Familien- u. Wohnungsfürsorge, Beteiligung der Arbeiter am Besitz der Produktionsmittel (Miteigentum), Beteiligung am Arbeitsertrag, Mitbestimmungsrecht, ferner durch zentrale Wirtschaftsleitung, Kontrolle von Konzernen u. Kartellen. Der staatl. Einfluß steigert sich in seiner extremen Form *(totalitärer Kommunismus)* bis zur totalen Erfassung aller wirtschaftl. u. sozialen Vorgänge durch völlige Verstaatlichung aller Produktionsgrundlagen, durch systemat. Arbeitslenkung u. Arbeitsverteilung ebenso wie durch die Verteilung des Sozialprodukts, wobei beides wieder als Mittel staatl. Herrschaft u. als Instrument der Staatsmacht bis in die Einzelheiten des Privatlebens hinein dient. Der S. kann sich auch mit liberal-demokrat. Ideen verbinden *(Sozialdemokratie)*, dadurch in schärfsten Gegensatz zu staatl. Totalitarismus treten u. sich damit begnügen, innerhalb einer mehr oder weniger freien Marktwirtschaft das Prinzip staatl. Schutzes der wirtschaftl. schwächeren Volksteile zu vertreten („Wohlfahrtsstaat"). Da Theorie u. Praxis des S. sich hauptsächl. im Gegensatz zum Kapitalismus des ausgehenden 18. u. beginnenden 19. Jh. entwickelten, hat der Begriff vorwiegend einen antikapitalist. Akzent bekommen. Die Auseinandersetzung zwischen diesen beiden Gesellschaftsordnungen war eines der großen Leitmotive der Geschichte des 19. Jh. Politisch wurde dabei der S. hauptsächl. als Vertretung der Arbeiterinteressen gegenüber der bürgerl. Gesellschaft betrachtet.

Sozialist. u. kommunist. Vorstellungen sind aber schon bei den griech. *Sophisten*, bei *Platon*, bei den *Gracchen*, im *Urchristentum*, später bei den *Hussiten*, den *Wiedertäufern*, im *Bauernkrieg*, ferner in der „Utopia" des Thomas *More* sowie in den Staatslehren des 18. Jh. (J.-J. *Rousseau*), in der Französ. Revolution bei F. N. *Babeuf* u. im dt. Idealismus bei J. G. *Fichte* („Der geschlossene Handelsstaat") nachzuweisen. Der von Platon beeinflußte *utopische S.*, der durch moral. Forderungen u. Wunschbilder einer besseren Zukunft genährt wurde, wirkte noch zu Beginn des 19. Jh. bei den *Saint-Simonisten*, bei W. *Weitling*, im *Genossenschafts-S.* von Ch. *Fourier*, P. J. *Proudhon* u. R. *Owen* nach. Mit den Versuchen von L. *Blanc* zur Errichtung von Nationalwerkstätten in der französ. Revolution von 1848 trat der S. zum erstenmal als staatl. Programm in Erscheinung. In der *Kommune* von 1871 wurde dann erstmals der Versuch unternommen, eine kommunist.-sozialist. Gesellschaftsordnung aufzurichten. Inzwischen war der *revolutionäre S. (Marxismus)* durch K. *Marx* u. F. *Engels* in scharfer Auseinandersetzung mit den bisherigen Richtungen begründet worden, der auch die nationale, staatssozialist. u. genossenschaftl. Richtung F. *Lassalles* überwand, die mehr auf eine Reform als auf eine Revolution der sozialen Verhältnisse hinzielte u. mit dem schon von L. von *Stein* entwickelten Gedanken des „sozialen Königtums" umging. Der Marxismus machte den S. zu einer internationalen Massenbewegung, da er die beherrschende Theorie der Arbeiterbewegung vornehmlich in Dtschld. (Sozialdemokratie) wurde; er spaltete sich aber später in den meisten Ländern in eine sozialdemokrat. u. eine kommunist. Richtung.

Dem Marxismus trat schon im 19. Jh. eine kräftige *Sozialreformbewegung* entgegen, die soziale Reformen (staatl. Lohnregelung, Normalarbeitstag, Arbeiter- u. Invalidenschutz u. a.) verlangte u. *Bismarcks* Sozialgesetzgebung beeinflußte; der *Kathedersozialismus*, die auf Henry *George* zurückgehende Bodenreformbewegung A. *Damaschkes* sowie die *christl.-soziale Bewegung* A. *Stoeckers* u. die nationalsozialen Bestrebungen F. *Naumanns*. Nach u. nach, bes. nach dem 2. Weltkrieg, wurden viele sozialist. Forderungen wie „soziale Gerechtigkeit", „Volkswohlfahrt" mehr u. mehr Allgemeingut aller europ. Nationen. Das sozialist. Programm in seiner marxist. Gestalt ist außerhalb der kommunist. Staatenwelt nicht zuletzt durch die Erfahrungen mit der Zentralverwaltungswirtschaft in der Sowjetunion, in der DDR u. in Osteuropa fragwürdig geworden. Allerdings zeigen sich seit den 1960er Jahren vielfach neomarxist. Ansätze. Der *freiheitliche S.* der heutigen Sozialdemokratie bedeutet eine Abgrenzung gegenüber dem bolschewistischen S.: Der durch ökonom. u. psycholog. Machtmittel betriebene Mißbrauch der Demokratie wird polit. u. pädagogisch bekämpft; zur Wirtschaftsordnung wird erklärt: „Wettbewerb soweit wie möglich, Planung soweit wie nötig". – 🄻4.4.7.

Sozialistengesetz, am 21. 10. 1878 im Dt. Reich erlassenes, mehrmals verlängertes, 1890 abgelaufenes Gesetz; ein Versuch der Reichsregierung unter Bismarck, die dt. *Sozialdemokratie* auszuschalten. Sozialist. Vereine, Versammlungen u. Druckschriften konnten polizeil. verboten werden, wenn „die sittl., religiösen u. polit. Grundlagen von Staat u. Gesellschaft untergraben" würden. Das Ergebnis war jedoch, daß die Reichstagsmandate der Sozialdemokraten 1884 um das Doppelte (gegenüber 1881) stiegen u. die staatsfeindliche Einstellung der dt. Arbeiterschaft versteift wurde.

Sozialistische Einheitspartei Deutschlands, Abk. *SED*, in der SBZ am 21. 4. 1946 unter sowjet. Druck durch Zusammenschluß der KPD mit Teilen der SPD gegr. Partei. Generalsekretär bzw. Erster Sekretär des Zentralkomitees (ZK) der SED war 1950–1971 W. *Ulbricht*, seit 1971 hat E. *Honecker* dieses Amt inne. Die SED ist zentralist., mit der Spitze im Politbüro des ZK, organisiert. Die Zugehörigkeit zur SED erleichtert den polit. u. sozialen Aufstieg in der DDR. Austritt war bis 1976 nicht möglich; bei Verstößen gegen die „Parteidisziplin" erfolgt Ausschluß. Mitgliederzahl: 2,1 Mill. (einschl. Kandidaten). – 🄻5.8.3. u. 5.8.7.

Sozialistische Einheitspartei Westberlin, Abk. *SEW*, 1959/1962 verselbständigte Organisation der SED in Westberlin. Vorsitz: G. *Danelius*.

Sozialistische Internationale →Internationale (1).

Sozialistische Jugend Österreichs, Abk. *SJÖ*, allg. Jugendorganisation der Sozialistischen Partei Österreichs (→Sozialdemokratie). Die SJÖ ging 1894 aus dem Bildungsverein Wiener Lehrlinge hervor; Umbenennung in *Sozialistische Arbeiter-Jugend* (SAJ) nach 1919; 1934–1945 illegal; 1945 als SJÖ wieder gegründet.

sozialistische Parteien →Sozialdemokratie; →Partei; →auch Kommunismus, Sozialismus.

Sozialistische Partei Österreichs, Abk. *SPÖ*, →Sozialdemokratie.

Sozialistischer Deutscher Studentenbund, Abk. *SDS*, 1946 als Studentenverband der SPD gegr. Organisation, die 1958/59 einen eindeutigen Linkskurs einschlug u. dadurch in Gegensatz zur SPD geriet. 1961 erklärte die Parteiführung die Mitgliedschaft in SDS u. SPD für unvereinbar. 1966/67 wurde der SDS zum Kern der →Außerparlamentarischen Opposition. Im März 1970 löste sich der Bundesverband des SDS selbst auf; an einzelnen Hochschulen bestanden aber örtliche SDS-Gruppen noch einige Zeit fort.

Sozialistische Reichspartei →Neofaschismus.

sozialistischer Realismus, die 1932 in der Sowjetunion u. später auch in den anderen kommunist. regierten Ländern für verbindl. erklärte „Schaffensmethode" in Literatur, Musik u. bildender Kunst. Gefordert wurde die „wahrheitsgetreue, konkret-histor. Darstellung der Wirklichkeit in ihrer revolutionären Entwicklung". In der Stalin-Ära wurde der Begriff s. R. sehr eng ausgelegt; z.B. wurden literar. Formexperimente u. ungegenständl. Kunst strikt abgelehnt u. eine „parteiliche", schönfärberische Darstellung der sozialist. Wirklichkeit verlangt. Seither sind die Anforderungen gelockert worden, wobei der den Künstlern gewährte Spielraum von Land zu Land unterschiedl. groß ist.

Soziale Insekten

TERMITEN

Termiten, Isoptera, schützen sich, wie hier in Kenia, durch Erdbauten (links) und verlassen das Erdreich nur, um das Holz, von dem sie leben, mit schützenden Galerien zu umkleiden (oben)

Freigelegte Termiten-Königin, deren Leib durch Hypertrophie des Eierstocks auf das Vielfache aufgebläht ist (links). – Termiten-Soldat mit wehrhaften Kieferzangen (rechts)

Termiten-Arbeiter, meist ältere Larven, und geflügelte, pigmentierte Geschlechtstiere, die zu günstiger Zeit ausschwärmen

WESPEN

SOZIALE INSEKTEN

Eröffnetes Nest der Gewöhnlichen Wespe, Vespa vulgaris

Typisches Nest der Feldwespe, Polistes gallicus

Treiben vor dem Einflugloch eines festen Hornissenbaues (links). – Frei hängendes Papiernest der Hornisse, Vespa crabro, der größten einheimischen Faltenwespe (Mitte). – Deutsche Wespe, Vespa germanica, beim Transport von Larven (rechts)

Soziale Insekten

AMEISEN

Die bekanntesten Ameisenbauten, die streng unter Naturschutz stehen, sind die Reisighügel der Roten Waldameisen, Formica rufa-Gruppe

Weibchen („Königin") der Roßameise, Camponotus herculeanus, bei der Aufzucht ihrer ersten Brut

Sehr euryök ist die häufigste einheimische Ameise, die braune Rasenameise, Lasius niger. Sie errichtet sowohl Erdnester im Gras (oben) als auch kunstvolle Bauten in Baumstämmen (unten)

Rote Waldameisen erbeuten einen Schmetterling

Gefürchtet sind die Wanderzüge der tropischen Treiber- und Feuerameisen

Porträt einer Treiberameise mit den nadelscharfen Klauen

IBISFLIEGE

Die Weibchen der Ibisfliege, Atherix ibis, sterben, nachdem sie die Eier gelegt haben. Der Geruch der Verwesung veranlaßt immer mehr Fliegen, an derselben Stelle abzulegen, bis ein großer Klumpen aus toten Leibern entsteht, der später den schlüpfenden Maden zur Nahrung dient

HUMMELN

Erdhummel, Bombus terrestris (links). – „Unordentliche" Waben zeichnen das Nest der Steinhummel, Bombus lapidarius, aus (rechts)

sozialistischer Wettbewerb, in der DDR vom FDGB veranstalteter Wettbewerb zwischen einzelnen Arbeitern, Brigaden, Abteilungen u. Betrieben in Form von Leistungsverpflichtungen. Ziele sind die Beschleunigung der Produktion, die Steigerung der Arbeitsproduktivität u. die vorfristige Erfüllung u. Übererfüllung der staatl. Pläne.

Sozialistische Volksparteien, radikale Linksparteien in Skandinavien. Die Gründung der *Sozialistischen Volkspartei (SF)* in Dänemark (1959) war Ausdruck der Krise der kommunist. Weltbewegung. Mitglieder der KP unter Führung von A. *Larsen*, die die Methoden der Partei kritisiert hatten, wurden aus ihr ausgeschlossen u. gründeten mit Anhängern der „Neuen Linken" die SF. Die SF trat außenpolit. für Neutralismus, innenpolit. für Planwirtschaft ein. Parlamentarisch setzte sie sich sofort durch u. nahm zeitweilig eine Schlüsselrolle ein. Wegen innerparteilicher Meinungsverschiedenheiten über den Imperialismus u. die Sozialdemokratie kam es 1967 zur Spaltung der Partei. – Ähnl. Erscheinungen gab es in den anderen skandinav. Ländern, vor allem in Norwegen. In Schweden wurde die Diskussion innerhalb der KP ausgetragen. In Finnland entstanden Differenzierungen sowohl in der Sozialdemokratie als auch in der Demokrat. Volksunion (KP). In Island spaltete sich die Sozialist. Einheitspartei. – ▢ 5.8.3 u. 5.8.4.

Sozialklausel, im *sozialen Miet- u. Wohnungsrecht* das Recht des Mieters, der Kündigung eines Mietverhältnisses zu widersprechen u. vom Vermieter die Fortsetzung des Mietverhältnisses zu verlangen, wenn die vertragsmäßige Beendigung des Mietverhältnisses für den Mieter oder seine Familie eine Härte bedeuten würde, die auch unter Würdigung der berechtigten Interessen des Vermieters nicht zu rechtfertigen ist (§ 556a I BGB). Eine Härte liegt auch vor, wenn für den Mieter angemessener Ersatzwohnraum zu zumutbaren Bedingungen nicht beschafft werden kann (Ergänzung des § 556a BGB durch Bundesgesetz vom 4. 11. 1971). →auch Kündigungsschutz, Mieterschutz, Mietpreisbindung, Vergleichsmiete, Widerspruch.

Sozialkritik, *Gesellschaftskritik, i. w. S.* die mehr oder weniger wissenschaftl. →Kritik an den Zuständen (Sitten, Moden, Institutionen u.a.) in der Gesellschaft, *i. e. S.* die Auseinandersetzung mit den sozialen Mißständen, vielfach auch mit Hilfe des Romans u. anderer künstlerischer Medien.

Sozialkunde, *Gemeinschaftskunde*, nach 1919 unter dem Namen →Staatsbürgerkunde in den allg. Unterricht aufgenommenes Schulfach.

Soziallast, die Belastung der Volkswirtschaft mit Ausgaben für soziale Zwecke (Fürsorge, Sozialversicherungsleistungen u. a.); →auch Sozialversicherung.

Sozialleistungen, 1. Geld- u. Sachleistungen des Staates u. öffentl.-rechtl. Körperschaften im Rahmen des Systems der sozialen Sicherheit; zu den staatl. S. gehören z. B. die Leistungen der Sozialversicherungsträger, die Kriegsfolgeleistungen u. die öffentl. Fürsorge.
2. →freiwillige Sozialleistungen.

Soziallohn →Familienlohn.

Sozialmedizin [lat.], ein medizin. Arbeitsgebiet, das die Auswirkungen des Zusammenlebens in der menschl. Gesellschaft auf den einzelnen in gesundheitl. Beziehung untersucht u. bemüht ist, hieraus etwa entstehende Gefahren für die Gesundheit ursächl. zu erkennen u. ihnen durch geeignete Maßnahmen vorzubeugen. Die →Sozialhygiene ist ein Teil der S. – ▢ 9.8.2.

Sozialökonomie →Sozialökonomik.

Sozialökonomik, *Sozialökonomie*, oft verstanden als Spezialzweig der →Volkswirtschaftslehre, der den Verhaltensaspekt, d. h. die Frage nach der empir. Gültigkeit der Theorien vom wirtschaftl. Verhalten, gegenüber der vorwiegend güterwirtschaftl. Betrachtung stärker in die Erklärungsversuche einbezieht. Hierfür empfiehlt sich jedoch der Begriff *sozialökonom. Verhaltensforschung*. Allgemein setzt sich S. heute als Bez. für die Lehre von der gesellschaftl. Wirtschaft (statt „Volkswirtschaftslehre" oder „Nationalökonomie") durch, weil sich die zu untersuchenden Handlungssysteme gesellschaftl. Wirtschaftens z. T. unterhalb (Haushalte, Unternehmen), z. T. oberhalb der volkswirtschaftl. Ebene (Außenwirtschaft) lokalisieren.

Sozialordnung. Vier Grundkonzeptionen der S. lassen sich heute unterscheiden: 1. die *christl. S.*, deren Bestrebungen sich wesentlich in der christl. Demokratie manifestieren; 2. die *liberale S.*, die dem aufklärerischen Gedankengut des →Liberalismus (freies Spiel der Kräfte) entspringt; 3. die *sozialist. S.* (→Sozialismus) u. 4. die *marxist.-leninist. S.* (→Kommunismus, →Marxismus).

Sozialpädagogik, Teildisziplin der Pädagogik; sie hat die Aufgabe, den einzelnen zum rechten sozialen Verhalten zu erziehen, d. h. ihm bei der Eingliederung in die industrielle Gesellschaft Hilfe zu leisten. Der Begriff der S. taucht zuerst bei M. *Diesterweg* (um 1850) auf. Eine strenge Trennung der Erziehungsaufgaben von Schule u. den der S. dienenden Einrichtungen wird heute nicht mehr angestrebt, vielmehr fordert E. *Lichtenstein*, daß beide ein kooperatives Erziehungsfeld bilden sollen. Dazu sollen Einrichtungen der „Elternbildung" wie Erziehungs-, Ehe-, Mütter- u. Familienberatung beitragen. Die Notwendigkeit der S. ist erwachsen aus den Folgen, die Industrialisierung u. Demokratisierung der Gesellschaft im 19. Jh. auf die Menschen gehabt haben. Eine der ersten Maßnahmen der S. war der Schutz der Kinder vor Industriearbeit zu Beginn des 19. Jh. – ▢ 1.7.1.

Sozialpartner, Gesamtbez. für Arbeitgeberverbände u. Gewerkschaften; auch für die Gesamtheit der Arbeitgeber einerseits, der Arbeitnehmer andererseits. In der Zeit der Weimarer Republik wurden die S. *soziale Gegenspieler* genannt.

Sozialphilosophie, früher auch *Sozietätsphilosophie*, Philosophie der Gesellschaft, des sozialen Lebens; *i. w. S.* auch der Kultur, des Rechts, der Wirtschaft, des Staats, der Erziehung u. a.; *i. e. S.* mit der allg. *Soziologie* zusammenfallend. Darüber hinaus fragt die S. nach dem Sinn des Sozialen *(Sozialmetaphysik)*, den letzten Elementen u. Prinzipien der gesellschaftl. Gebilde (Ontologie der Gemeinschaft) sowie den sittl. Aufgaben des einzelnen u. der Kollektivsubjekte *(Sozialethik)*.

Sozialplan, 1. *Arbeitsrecht:* in Wirtschaftsunternehmen die schriftl. niederzulegende u. von Arbeitgeber u. Betriebsrat zu unterschreibende Einigung zwischen beiden Teilen über den Ausgleich oder die Milderung der wirtschaftl. Nachteile, die den Arbeitnehmern infolge einer geplanten Betriebsänderung (Einschränkung oder Stillegung des ganzen Betriebs oder wesentl. Betriebsteile, Verlegung des Betriebs oder wesentl. Teile, Zusammenschluß mit anderen Betrieben u. a.) entstehen bzw. entstehen würden. Der S. hat die Wirkung einer →Betriebsvereinbarung (§§ 111–112 BetrVG). Der Betriebsrat kann die Aufstellung eines S.s verlangen (Rechtsanspruch).
2. *Bau- u. Wohnungsrecht:* →Städtebauförderungsgesetz.

Sozialpolitik, Gesamtheit aller Grundsätze u. Maßnahmen des Staates u. größerer Verbände im Rahmen der bestehenden Sozialordnung mit dem Zweck, das Verhältnis der Klassen u. Stände zueinander u. zum Staat zu beeinflussen, vor allem auftretende Gegensätze durch wirtschaftl.-sozialen Ausgleich zu mildern. Hauptaufgaben der S.: Gestaltung der Arbeitsverwaltung, des Arbeitsschutzes, der Sozialversicherung, der Arbeitsförderung, der Arbeitslenkung u. Lohnpolitik.
Infolge der schnellen Industrialisierung mit ihren Gegensätzen zwischen Unternehmern u. Arbeitern beschränkte sich die S. bis ins 20. Jh. auf Schutzmaßnahmen. Die dt. S. setzte 1818 in Preußen gegen die Mißstände der Kinderarbeit ein (1839 *Kinderschutzgesetz*); 1848 auf dem Arbeiterkongreß in Berlin erstmals Forderungen nach einem Höchstarbeitstag, umstritten blieb die Koalitionsfreiheit. *Bismarcks* sozialpolit. Bemühen galt der Sozialversicherung. 1891 wurde das *Arbeiterschutzgesetz* erlassen, 1903 das Kinderschutzgesetz. Die Regelung der Arbeitszeit u. Löhne stand bis 1932 im Mittelpunkt der S. (*Achtstundentag* 1918, Ausbildung des *Tarifvertragsrechts* 1918, Garantie der *Koalitionsfreiheit* 1919, Einführung der *Betriebsräte* 1920, Regelung des öffentl. *Arbeitsnachweises* 1922, *Arbeitslosenversicherung* u. *Arbeitsämter* 1927).
Nach 1945 wurden in der BRD die Gewerkschaften, später auch die Arbeitgeberverbände u. die Betriebsräte neu errichtet. Ein wirtschaftl. Mitbestimmungs- u. Mitwirkungsrecht ist durch das Mitbestimmungsgesetz „Eisen u. Kohle" vom 21. 5. 1951 u. das Betriebsverfassungsgesetz vom 15. 1. 1972 verwirklicht. 1957 erfolgte eine Neuregelung der sozialen Rentenversicherung. Das Rentenreformgesetz vom 16. 10. 1972 erweiterte den Rahmen der Rentenversicherung. Die gegenwärtigen sozialpolit. Erörterungen gelten insbes. der Vermögensbildung der Arbeitnehmer u. der Erweiterung der Mitbestimmung. – ▢ 4.6.0.

Sozialprestige →Prestige.

Sozialprodukt, die in Währungseinheiten ausgedrückten wirtschaftl. Leistungen einer Volkswirtschaft in einem bestimmten Zeitraum, die nicht in derselben Periode wieder in den Produktionsprozeß eingehen. Das S. wird in der Regel auf dem Weg über das *Inlandsprodukt*, d. h. den Gesamtwert der im Inland erbrachten wirtschaftl. Leistungen, berechnet. Zur Entstehung des Inlandsprodukts tragen alle Unternehmen, der Staat, Organisationen ohne Erwerbscharakter u. die privaten Haushalte bei. Bei der Ermittlung des Beitrags der einzelnen Wirtschaftsbereiche geht man im allg. vom *Bruttoproduktionswert* aus, d. h. vom Wert der Verkäufe von Waren u. Dienstleistungen an andere Wirtschaftseinheiten, vermehrt um den Wert der Bestandsveränderung an Halb- u. Fertigwaren aus eigener Produktion u. den Wert der selbsterstellten Anlagen. Zieht man vom Bruttoproduktionswert die *Vorleistungen* (d. h. die von anderen Wirtschaftseinheiten bezogenen u. für Produktionszwecke verbrauchten Güter u. Dienste) ab, so erhält man den Beitrag des Wirtschaftsbereichs zum *Bruttoinlandsprodukt zu Marktpreisen*. In ähnlicher Weise werden die Beiträge des Staats u. der Organisationen ohne Erwerbscharakter zum Bruttoinlandsprodukt berechnet. Statt der Marktpreise werden jedoch vielfach die Herstellungskosten eingesetzt, da die Leistungen dieser Bereiche meist nicht für den Markt bestimmt sind u. daher keinen Marktpreis haben. Als Beitrag der privaten Haushalte gelten nur die Leistungen der im Haushalt gegen Entgelt beschäftigten Arbeitskräfte.
Erhöht man die Beiträge der Wirtschaftsbereiche zum Bruttoinlandsprodukt zu Marktpreisen um die vom Staat gezahlten *Subventionen* u. vermindert man sie um die *indirekten Steuern*, so ergibt sich das *Bruttoinlandsprodukt zu Faktorkosten*. Zieht man hiervon die *Abschreibungen* ab, so erhält man das *Nettoinlandsprodukt zu Faktorkosten*, das auch als *Wertschöpfung* bezeichnet wird.
Die Beiträge der Wirtschaftsbereiche zum *Bruttoinlandsprodukt der BRD* betrugen (in Mill. DM):

Wirtschaftsbereich	1970	1978
Land- u. Forstwirtschaft	23 070	34 490
Energiewirtschaft u. Bergbau	25 110	49 390
Verarbeitendes Gewerbe	280 010	483 600
Baugewerbe	55 590	87 630
Handel	70 000	122 080
Verkehr, Nachrichtenübermittlung	38 700	74 630
Kreditinstitute, Versicherungen	21 220	57 080
Wohnungsvermietung	34 600	68 580
Sonstige Dienstleistungen	62 500	152 680
Staat	63 480	149 550
Private Haushalte u. Organisationen ohne Erwerbscharakter	9 060	21 240
Bruttoinlandsprodukt	678 750	1 283 270

Das *Netto-S. zu Faktorkosten* wird berechnet, indem man vom Nettoinlandsprodukt zu Faktorkosten das Einkommen abzieht, das Ausländern aus Erwerbstätigkeit u. Vermögen im Inland zufließt, u. das Einkommen hinzufügt, das Inländer im Ausland erhalten. Das Netto-S. zu Faktorkosten ist gleich dem *Volkseinkommen*. Fügt man ihm die indirekten Steuern hinzu u. zieht die staatl. Subventionen ab, so erhält man das *Netto-S. zu Marktpreisen*, aus dem durch Hinzufügen der Abschreibungen das *Brutto-S. zu Marktpreisen* errechnet wird.

Verwendung des Bruttosozialprodukts in der BRD (in Mill. DM):

	1970	1979
Privater Verbrauch	367 550	757 890
Staatsverbrauch	108 110	276 620
Investitionen	189 090	347 990
Außenbeitrag (Ausfuhr minus Einfuhr)	+ 14 250	+ 12 500
Bruttosozialprodukt	679 000	1 395 000

Sozialpsychologie, *Kollektivpsychologie,* Wissenschaft von dem Einfluß des gesellschaftl. Zusammenlebens auf das individuelle Seelenleben u. des Seelischen auf das Leben der Gesellschaft. Früher faßte man die S. als angewandte Psychologie auf, doch läßt sich zeigen, daß auch die Psychologie der Triebe, Instinkte, Affekte weitgehend sozial bestimmt ist. I.e.S. gehören zur S. Massen-, Gruppen-, Völker-, Rassenpsychologie, soziologische u. pädagogische Typenlehre, Psychologie der Mode, Werbung u.ä. – [L] 1.5.8.

Sozialreform, Umgestaltung der Gesellschaft, um die Störungen der gesellschaftl. Ordnung zu beseitigen u. um diese selbst weiterzuentwickeln; knüpft dabei organisch an das Bestehende an (z.B. *Fabianismus, Kathedersozialismus, Revisionismus*).

Sozialrentner, Bezieher einer Rente aus der *Sozialversicherung* (Unfall-, Arbeiterrenten-, Angestelltenversicherung u.a.) u. aufgrund des *Bundesversorgungsgesetzes.*

Sozialrevolutionäre, russ. polit. Partei, entstanden zwischen 1890 u. 1900 aus Gruppen der *Narodniki.* Die S. bedienten sich 1901–1905 des polit. Terrors. Ihr Programm forderte eine demokrat., föderative russ. Republik u. eine Aufteilung des Bodens. Die S. spielten eine wichtige Rolle in der Revolution von 1905 sowie in der Februarrevolution 1917 u. in der Provisor. Regierung von 1917, insbes. seit der Amtsübernahme durch A. F. *Kerenskij.* Nach der Oktoberrevolution spalteten sich die linken S. ab; sie bildeten zusammen mit den Bolschewiki die erste Sowjetregierung (1917/18), aus der sie wegen des Friedens von Brest-Litowsk 1918 ausschieden. Beide Flügel wurden 1918 aus dem polit. Leben ausgeschaltet.

Sozialstaat, eine in Art. 20, 28 GG erstmalig erwähnte Staatszielbestimmung. Der Parlamentarische Rat legte den Inhalt dieses Begriffs nicht fest. Lehre u. Rechtsprechung sehen in dieser Vorschrift mehr als einen Programmsatz, mindestens eine Auslegungsregel für bestehendes Recht, insbes. in Konfliktsituationen. Die Vorschrift dient auch als Richtschnur für die Deutung der *Grundrechte.* Darüber hinaus verpflichtet Art. 20 Gesetzgebung u. Verwaltung zur Beachtung der Sozialordnung, nicht nur im Sinn individueller Fürsorgepflichten, sondern auch im Sinn nichtprivilegienhafter Gestaltung. Die Ausprägung konkreter Rechtsgrundsätze aufgrund der S.sklausel ist noch in vollem Gang, wobei der Rechtsprechung des Bundesverfassungsgerichts die entscheidende Rolle zufällt.

Sozialstruktur, 1. im allg. Sprachgebrauch die Zusammensetzung oder Gliederung einer Bevölkerung (einer Gemeinde, einer Region, eines Landes u.ä.) nach Merkmalen, denen man soziale Bedeutung beilegt (z.B. nach der Stellung im Beruf: Arbeiter, Angestellte, Beamte, Selbständige; nach Geschlecht u. Alter). – 2. in der Soziologie ist S. der statische Aspekt der Beschreibung eines →sozialen Systems u. bezeichnet die verhältnismäßig stabilen *Beziehungsmuster* (→soziale Beziehung) zwischen ihren Grundeinheiten, den einzelnen Menschen als Handelnden, d.h. als Inhaber von →Positionen oder →Rollen. – 3. in der marxist.-leninist. Gesellschaftslehre ist S. die Gliederung einer Gesellschaft nach Klassen, Schichten u. Gruppen u. ihren gegenseitigen Verhältnissen, denen die durch den Stand der Produktivkräfte bestimmten Produktionsverhältnisse zugrunde liegen. – [L] 1.6.0.

sozialtherapeutische Anstalten, besondere Anstalten des Strafvollzugs zur Behandlung von Tätern mit schweren Persönlichkeitsstörungen durch Anwendung von Methoden der Psychiatrie u. Psychologie (z.B. Psychotherapie, Arbeitstherapie, Gruppentherapie, Verhaltenstherapie, soziales Training). Mit Inkrafttreten der StGB-Neufassung am 2. 1. 1975 sind s.A. in der BRD gesetzl. vorgeschrieben (§ 65). Die Unterbringung in s.n A. kann ab 1. 1. 1978 durch das Gericht vor allem für bestimmte Gruppen von Rückfalltätern, Sexualstraftätern u. Tätern unter 27 Jahren angeordnet werden, bei denen die Gefahr zu erkennen ist, daß sie sich zu →Hangtätern entwickeln. Vorbild für die s.n A. ist die dän. *Forvaringanstalt* in Herstedtvester. Vorläufer in der BRD: Sozialtherapeutische Abteilung im Vollzugskrankenhaus Hohenasperg (seit 1961), Sonderanstalt Hamburg-Bergedorf (seit 1969), Sonderanstalt Düren/Rheinland (seit 1971). Bewährt sind bereits entspr. Anstalten in den Niederlanden u. die ähnlich geführten *Gefängnisse für Erstbestrafte* in der Schweiz (Saxerriet u. Hindelbank).

Sozialtrieb →soziale Tiere.

Sozialversicherung, staatl. Zwangsversicherung zum Schutz der Arbeitnehmer vor den Folgen von Krankheit, Erwerbs- u. Berufsunfähigkeit, Betriebsunfällen, Alter u. Tod. Die S. umfaßt die Zweige der →Krankenversicherung, →Unfallversicherung, →Arbeitslosenversicherung, →Arbeiterrentenversicherung, →Angestelltenversicherung u. Knappschaftsversicherung (→Knappschaft). *Versicherungsbehörden* (für die Aufsicht über die Versicherungsträger) sind die Arbeitsministerien der Länder u. des Bundes sowie die Versicherungsämter u. das Bundesversicherungsamt. Durch das *Sozialgerichtsgesetz* vom 4. 9. 1953 ist die Entscheidungsbefugnis über öffentl.-rechtl. Streitigkeiten in Angelegenheiten der S. auf die Sozial- u. Landessozialgerichte u. das Bundessozialgericht übergegangen.
Geschichtliches: Die Anfänge der S. reichen hinsichtl. der Ansätze zur Knappschaftsversicherung bis ins MA. zurück. 1883 Einführung der Kranken-, 1884 der Unfall-, 1889 der Invaliden- u. Altersversicherung, 1911 durch die *Reichsversicherungsordnung (RVO)* zusammengefaßt; 1911 Angestellten-, 1923 Knappschafts-, 1927 Arbeitslosenversicherung. In der BRD gelten diese Bestimmungen im allg. weiter, abgeändert u. erweitert, insbes. durch das Arbeiterrentenversicherungs-Neuregelungsgesetz vom 23. 2. 1957, das Angestelltenversicherungs-Neuregelungsgesetz vom 23. 2. 1957, das Knappschaftsrentenversicherungs-Neuregelungsgesetz vom 21. 5. 1957, das Fremdrenten- u. Auslandsrenten-Neuregelungsgesetz vom 25. 2. 1960, das Unfallversicherungs-Neuregelungsgesetz vom 30. 4. 1963, das Rentenreformgesetz vom 16. 10. 1972 u. das Rentenversicherungs-Änderungsgesetz vom 30. 3. 1973. – In der DDR ist die S. seit 1. 2. 1947 eine zentral gelenkte Einheitsversicherung, in der alle früheren Versicherungsträger aufgegangen sind. Die Verantwortung für Leitung u. Kontrolle der S. trägt der FDGB.
Das dt. Vorbild wirkte anregend auf die Entwicklung der S. vieler Staaten (Beveridge-Plan, New Deal, Fair Deal u.a.). – In Österreich trat am 1. 1. 1956 das *Allg. S.sgesetz* vom 9. 9. 1955 in Kraft (mit späteren Änderungen), das die Kranken-, Unfall- u. Pensionsversicherung regelt. – Die S. der Schweiz umfaßt die Alters- u. Hinterlassenenversicherung, Invalidenversicherung, Kranken- u. Unfallversicherung, Arbeitslosenversicherung, die Erwerbsersatzordnung für Wehr- u. Zivilschutzpflichtige u. die Militärversicherung. – [L] 4.6.1.

Sozialwirt, Sozialwissenschaftler; mindestens 8semestriges Hochschulstudium, Abschluß durch Diplomprüfung für S.e *(Diplom-S.)*; Tätigkeit bei Behörden, Wirtschaftsorganisationen, in Unternehmungen.

Sozialwissenschaften, Gesamtheit der Wissenschaften, die sich mit dem Zusammenleben der Menschen u. seinen Ordnungsformen befassen, wie Sozialphilosophie, Soziologie, Sozialökonomie, Sozialpolitik, Sozialrecht, Sozialpsychologie; oft auch zusammenfassende Bez. für Rechtswissenschaft, Soziologie, Politikwissenschaft.

Sozialwohnung →Wohnungsbau.

Sozietät [lat.], **1.** *allg.:* Genossenschaft, Gesellschaft (bes. in Namen von Feuerversicherungsgesellschaften); in der BRD auch Bez. für mehrere in einer Firma zusammenarbeitende Rechtsanwälte. **2.** *Zoologie:* Form der →Vergesellschaftung von Tieren, die für die beteiligten Tiere u. deren Arterhaltung notwendig ist. Gesellschaften, die nicht für den Artbestand notwendig sind, bezeichnet man als *Assoziationen.*

Sozinianer, die Trinitätslehre ablehnende Anhänger des Italieners Fausto *Sozzini* (*1539, †1604), der aus den unitarischen „poln. Brüdern" eine Sonderkirche „Ecclesia minor" bildete. Nach der systemat. Verfolgung durch den Staat Anfang des 17. Jh. verbreiteten sich die S. außerhalb Polens u. verschmolzen mit unitarischen Gruppen.

Soziogeographie [lat. + grch.], nach H. *Hassinger* die Geographie der menschlichen Gemeinschaften (Völker, Sprachgruppen, Religionen, Staaten); Vorstufe moderner *Sozialgeographie.*

Soziographie [lat. + grch.], von R. *Steinmetz* 1913 eingeführte Bez. für die in der Regel statistisch beschreibende Darstellung konkret abgrenzbarer Teilgebilde u. -prozesse der gegenwärtigen Gesellschaft.

Soziohormone →Pheromone.

Soziologe, akadem. Beruf, Wissenschaftler auf dem Gebiet der *Soziologie*; mindestens 8semestriges Hochschulstudium, Abschluß durch Diplomprüfung für S.n *(Diplom-S.)* oder durch Promotion zum Dr. phil.; Tätigkeit an Hochschulen, Instituten, bei Behörden, Wirtschaftsorganisationen u. in Unternehmen *(Betriebs-S.).*

Soziologie [lat. + grch.], früher auch als *Gesellschaftslehre* bezeichnet, die Wissenschaft von den formalen u. inhaltl. Zusammenhängen des Lebens gegenwärtiger u. historischer Gesellschaften. Als Tatsachen- oder Wirklichkeitswissenschaft stellt sie im Unterschied zur →Sozialphilosophie u. Sozialethik keine Normen für soziale Zustände u. ihnen entspr. menschl. Verhaltensweisen u. Eigenschaften auf. Als „soziologischer Aspekt" hat ihre Betrachtungsweise Eingang in fast alle anderen →Sozialwissenschaften u. Kulturwissenschaften (Religions-, Rechts-, Literaturwissenschaft, Kunstgeschichte, Volkskunde, Völkerkunde u.a.) gefunden. Die Bez. S. wurde zuerst von A. *Comte* geprägt, jedoch zeichnete sich die Sache selbst im sozialphilosoph. Denken der Aufklärung (z.B. bei *Montesquieu* u. *Hobbes*) u. des dt. Idealismus (z.B. bei *Hegel*) als selbständige Forschungsrichtung bereits deutlich ab. In Dtschld. hat sich die S. zuerst wesentl. als Wissenschaft von den Struktur- u. Bewegungsgesetzen der bürgerl. Industriegesellschaft begriffen (so bei L. von *Stein, Marx,* W. H. *Riehl*). Mit ihrer Festigung u. Ausbreitung entwickelte sich neben der *allg. S.* eine Vielzahl von *speziellen S.en,* z.B. *Agrar-S., Familien-S., Gemeinde-S., Finanz-S., Industrie-S., Kunst-S., Rechts-S., Religions-S., Wirtschafts-S.* – [L] 1.6.0 u. 1.6.1.

Soziometrie [lat. + grch.], von J. L. *Moreno* geschaffene Lehre von der Messung der *sozialen Distanz* u. der Beliebtheit aufgrund des *soziometrischen Tests* (Befragung von Personen, mit welchen Mitgliedern der Gruppe sie gern oder ungern in bestimmten Situationen zusammen sein möchten), dessen Ergebnis in *Soziogrammen* (graphische Darstellung der Verbindungen) aufgezeichnet werden, ursprüngl. von Moreno zu therapeut. Zwecken (Gruppentherapie) entwickelt.

Sozius [der; lat.], **1.** *allg.:* Genosse, Teilhaber. **2.** *Kraftfahrwesen:* Mitfahrer auf dem Rücksitz *(S.sitz)* eines Motorrads.

Sp., Abk. für *Spalte.*

Spa, Kurort am Nordrand des Hohen Venn, in der belg. Prov. Lüttich, 9500 Ew.; Mineralquellen. S. war im 18./19. Jh. das Modebad Westeuropas, so daß der Name *S.* im Englischen zum Gattungsbegriff für Badeort wurde. – 1918 dt. Hauptquartier; 1920 Reparationskonferenz.

S.p.A., Abk. für ital. → Società per Azioni.

Spaak, Paul-Henri, belg. Politiker (Sozialist), *25. 1. 1899 Schaerbeek bei Brüssel, †31. 7. 1972 Brüssel; 1936–1939 Außen-Min., 1938/39 Min.-Präs.; 1940–1944 Außen-Min. der Exilregierung in London; wandte sich nach dem Krieg erfolgreich gegen die Rückkehr Leopolds III. auf den Thron; 1946 u. 1947–1949 Min.-Präs.; 1946–1949, 1954–1957 u. 1961–1966 Außen-Min.; 1946 Präs. der ersten Vollversammlung der UN, 1952–1954 Präs. der Montanunion, 1957–1961 Generalsekretär der NATO. S. war einer der profilierten Verfechter der europ. Integration. 1957 Karlspreis. Er schrieb „Memoiren eines Europäers" dt. 1969.

Spacelab ['spɛis'læb], europ. Weltraumlabor, das 1981 erstmals mit Hilfe eines Raumtransporters in eine Erdumlaufbahn gebracht werden soll. Die Lebensdauer liegt bei etwa 50 Flügen. Die Nutzlast beträgt je nach Umlaufbahn 14,5–29,5 t. Die Besatzung braucht weder Astronautenausbildung noch Raumanzüge. Das S. dient bes. der medizin. Forschung, Erdbeobachtungen sowie biolog. u. physikal. Experimenten.

Space Shuttle ['spɛis ʃʌtl; engl., „Raumpendler"], der erste wiederverwendbare Raumtransporter, der von der → NASA entwickelt wurde. Der Raumtransporter, dessen geflügelte Stufen wieder zum Startplatz zurückkehren können, kann bis zu 30 t Nutzlast in eine Höhe von bis 185 km bringen. Starttermin 1981.

Spachtel [der], *Spatel,* Werkzeug von meist flacher, breiter Form, aus federndem Stahlblech, Kunststoff oder Holz; zum Ausstreichen u. Verarbeiten plast. Stoffe oder zum Auftragen oder Abkratzen von Kitt, Farben u. dgl.

Spaethen, Rolf, Gewerkschaftsführer, *28. 2. 1909 Hamburg; seit 1951 Mitglied des Hauptvorstandes, 1960–1967 Erster Vors. der *Deutschen Angestellten-Gewerkschaft.*

Spagat [der, Mz. S.e; ital. *spago,* „Bindfaden"], **1.** *Akrobatik u. Turnen:* gymnast.-artistische

Spahi

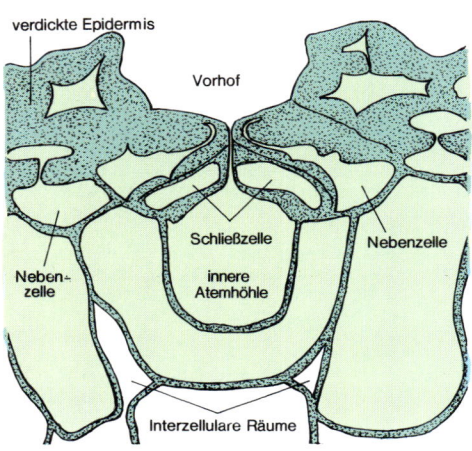

Spaltöffnung, Querschnitt

Übung: Grätschen der Beine bis zu einer waagerechten Linie, seitl. oder nach vorn bzw. hinten. **2.** *süddt.:* Bindfaden.

Spahi [pers., türk., frz.], *Sipahi, Sepoy,* Angehöriger einer ursprüngl. türk., seit dem 19. Jh. französ. Reitertruppe aus nordafrikan. Eingeborenen unter französ. Offizieren.

Spalatin, Georg, eigentl. G. *Burckhardt,* luth. Theologe, *17. 1. 1484 Spalt bei Nürnberg, †16. 1. 1545 Altenburg; Hofprediger u. Sekretär der sächs. Kurfürsten Friedrich dem Weisen, Johann u. Johann Friedrich; einflußreich bei der Einrichtung der kursächs. Landeskirche; suchte zwischen Luther u. den Humanisten zu vermitteln.

Spalato →Split.

Spalierobst, an Wänden oder Spalieren gezogenes Obst. →Formbäume.

Spallanzani, Lazzaro, italien. Naturforscher, *12. 1. 1729 Scandiano, †12. 2. 1799 Pavia; bewies die Wirkung von Verdauungssäften experimentell, wandte sich aufgrund seiner Untersuchungen über Infusorien gegen die bis dahin geltende Meinung, daß niedere Lebewesen (Bakterien u. ä.) jederzeit aus unbelebter Materie entstehen könnten.

Spallation [engl.], eine Kernreaktion, bei der aus einem Atomkern, der von einem energiereichen Teilchen getroffen wird, zahlreiche Bruchstücke herausgeschlagen werden.

Spaltbarkeit, 1. *Kerntechnik:* Eigenschaft bestimmter Atomkerne, die im *Kernreaktor* durch Neutronen in zwei mittelschwere Bruchstücke gespalten u. zur Energiegewinnung verwendet werden können.
2. *Mineralogie:* die Eigenschaft der Mineralien, bei Schlag oder Druck sich mehr oder weniger gut nach glatten Flächen spalten zu lassen. Der wechselnde innere Zusammenhalt der Teilchen nach verschiedenen Richtungen, der sich aus der Gitterstruktur ergibt, ermöglicht die Bildung von Spaltflächen u. Spaltungslamellen, die parallel zu möglichen Kristallflächen laufen. Amorphe Mineralien zeigen keine S.

Spalteholz, Werner, Anatom, *21. 2. 1862 Dresden, †12. 1. 1940 Leipzig; fand eine Methode der Durchsichtigmachung anatom. Präparate; Hptw.: „Handatlas der Anatomie des Menschen" 3 Bde. 1895–1900, [16]1959–1961, bearb. von R. *Spanner.*

Spalten, 1. *Buchdruck:* die Kolonnen, in die eine Buch- oder Zeitungsseite eingeteilt ist.
2. *Geologie:* durch Zerreißen von Gestein (z. B. bei Volumenänderungen, Faltungen, Einstürzen u. a.) entstandene klaffende Fugen.

Spalteneruption, *Lineareruption,* Lavaausbruch, der im Gegensatz zum Vulkanausbruch aus einer Spalte der Erdrinde erfolgt; führt zur Ausbreitung vulkan. Decken.

Spaltfrucht, eine Frucht, die bei der Reife in einsamige Teilfrüchtchen zerfällt, die einzelnen Fruchtblättern entsprechen (z. B. Ahorn, Doldengewächse). – ▯→Früchte.

Spaltfuß, 1. *Medizin:* Peropus, ebenso *Spalthand, Perochirus,* eine Hemmungsmißbildung, wobei Mittelhand oder Mittelfuß krebsscherenartig gespalten sind.
2. *Zoologie:* für die *Krebstiere* charakterist. Fuß, bei dem von einer gemeinsamen, zweigliedrigen Basis *(Basipodit)* ein äußerer Ast *(Schwimmfußast, Exopodit)* u. ein innerer Ast *(Gehfußast, Endopodit)* ausgehen. – ▯→Krebse.

Spaltfüßer, *Schizopoda,* veraltete Zusammenfassung für →Leuchtkrebse u. →Mysidacea.

Spaltkölbchen, *Schisandra,* den *Magnoliengewächsen* nahestehende Gattung in Asien u. Nordamerika heimischer Schlingpflanzen, die zur Begrünung von Zäunen u. Lauben verwendet werden kann; mit rosa, roten oder orangeroten Blüten in Trauben u. kirschgroßen Früchten.

Spaltlampe, *Spaltleuchtengerät,* augenärztl. Untersuchungsgerät (erstmals konstruiert von A. *Gullstrand*), mit dem – durch sog. fokale Beleuchtung – einzelne verschieden tiefe Abschnitte des Augeninnern voll ausgeleuchtet u. mit mikroskop. Vergrößerung genau betrachtet werden können.

Spaltleder, durch horizontales Spalten der gegerbten tierischen Haut entstandene Lederart.

Spaltneutronen, Neutronen, die bei der Spaltung von Atomkernen frei werden.

Spaltöffnungen, *Stomata,* Einrichtungen der Oberhaut *(Epidermis)* der von Luft umgebenen grünen Teile höherer Pflanzen, die dem Gasaustausch u. der Transpiration dienen. Sie bestehen aus 2 zur Oberhaut gehörigen Zellen *(Schließzellen),* die ihre Gestalt durch aktive Binnendruckänderungen so ändern können, daß sich ein Spalt zwischen ihnen öffnet oder schließt.

Spaltpflanzen, *Schizophyta,* zusammenfassende Bez. für *Bakterien* u. *Blaualgen,* die keinen echten Zellkern besitzen u. sich durch einfache Spaltung vermehren.

Spaltpilze = Bakterien.

Spaltprodukte, die bei der Spaltung von Atomkernen im Kernreaktor entstehenden Kernbruchstücke (u. a. Barium-, Xenon- u. andere Isotope). Die S. sind stark radioaktiv. Je mehr die Atomenergie an Bedeutung gewinnt, desto wichtiger wird das Problem der Beseitigung der S.

Spaltungsgesetz, *Genetik:* zweites →Mendelsches Gesetz.

Spaltwandplatte, paarweise Rücken an Rücken geformte, glasierte Tonplatten, die bei der Verwendung durch Hammerschlag gespalten werden.

Spamer, Adolf, Germanist u. Volkskundler, *10. 4. 1883 Mainz, †20. 6. 1953 Dresden-Bühlau; erschloß neue Forschungsgebiete, so das Andachtsbild, das Tatauieren, die magische Volksbuchliteratur u. die Segen. „Dt. Volkskunde" 1934/35; „Volkskunde als Wissenschaft" 1935.

Span [spæn; der oder das; engl.], altes Längenmaß in den USA: 1 S. = $\frac{1}{4}$ Yard = 0,2286 m.

spanabhebende Formung, *spanende Formung* →Zerspanung.

Spandau, Bezirk in Westberlin, 200 000 Ew.; Nicolaikirche (14. Jh.), Reste der Zitadelle (u. a. Juliusturm), Kriegsverbrechergefängnis (seit 1946). Das alte S. entstand am Zusammenfluß von Spree u. Havel im 13. Jh.

Spanferkel, *Saugferkel,* an der Zitze, dem „Span", saugendes Ferkel.

Spange, meist längl., schmale Verschluß- u. Haltenadel oder -klemme aus Metall *(Gewand-S.),* Schildpatt, Horn, Celluloid *(Haar-S.)* u. a.; auch Armreifen aus einem Stück *(Arm-S.).*

Spangenberg, 1. August Gottlieb, ev. Theologe, *15. 7. 1704 Klettenberg, Harz, †18. 9. 1792 Berthelsdorf; gründete die nordamerikan. Herrnhuter Brüdergemeine; nach 1762 Leiter der Brüderunität in Herrnhut.
2. Cyriakus, prot. Lieder- u. geistl. Komödiendichter, *7. 6. 1528 Nordhausen, †10. 2. 1604 Straßburg; „Christl. Gesangsbüchlein" 1568.
3. Wolfhart, Sohn von 2), ev. Pfarrer u. Dichter, *um 1570 Mansfeld, †um 1636 Buchenbach bei Künzelsau; schrieb antikathol. Zeitsatiren („Ganskönig" 1607), ferner Schuldramen.

Spangericht, besonderes zivilrechtl. Gericht im schweizer. Kanton Appenzell-Innerrhoden.

Spaniel ['spænjəl; der; engl.], Jagdhundrassen (Stöberhunde), die als →Cockerspaniel, Cumber- u. *Field-S.* u. als Zwergform *(Blenheim-S., King-Charles-S., Ruby-S.)* gezüchtet werden.

SPANIEN — E
Estado Español

Fläche:	504 782 qkm
Einwohner:	37,2 Mill.
Bevölkerungsdichte:	74 Ew./qkm
Hauptstadt:	Madrid
Staatsform:	Parlamentarisch-demokratische Monarchie
Mitglied in:	UN, GATT, OECD
Währung:	1 Peseta = 100 Céntimos

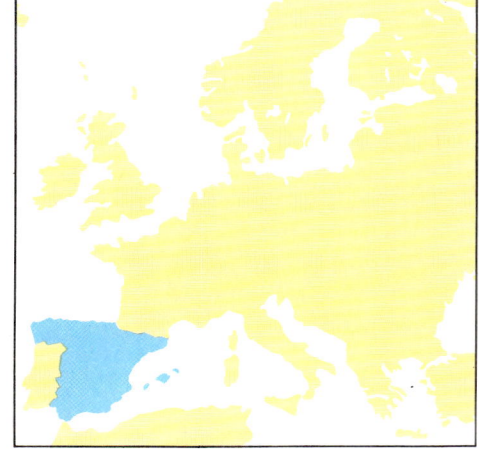

Landesnatur: Das durch die *Pyrenäen* vom übrigen Europa getrennte S. ist überwiegend ein Gebirgsland; seiner naturräuml. Gliederung entsprechen die histor. Landschaften, die sich im Lauf der span. Geschichte entwickelten. Die beiden Kernlandschaften sind *Alt-* u. *Neukastilien,* deren Tafelhochländer der 650–1000 m hohen *Meseta* (→Pyrenäenhalbinsel) angehören, die von Gebirgen geteilt u. umrahmt ist u. von *Duero, Tajo* (portug. *Douro, Tejo*) u. *Guadiana* entwässert wird. Im NW u. N schließen sich die randl. Gebirgslandschaften von *Galicien, Asturien* u. den Baskischen Provinzen an. *Aragonien* erfaßt den größten Teil des Ebrobeckens, während *Katalonien* den äußersten NO des Landes einnimmt. *Valencia* u. *Murcia* sind die Küstenlandschaften am Mittelländ. Meer. Im SW folgt *Andalusien,* das sowohl die sich breit zum Atlant. Ozean öffnende Guadalquivirsenke umschließt als auch von der Betischen Kordillere durchzogen wird, die in der *Sierra Nevada* (Mulhacén 3478 m) die höchste Erhebung der Halbinsel besitzt. *Estremadura* u. *León* sind wiederum Landschaften des inneren Hochlands u. schließen S. gegen das westl. Portugal ab. Das Klima ist kontinental u. zeigt mit Ausnahme der ozeanisch feuchtmilden Nord- u. Nordwestküste einen sommertrockenen mediterranen Charakter, wobei sich das winterkalte zentrale Hochland durch größere jahreszeitl. Schwankungen auszeichnet. Dementsprechend wachsen im feuchten N u. NW Buchen, Eichen, Edelkastanien u. ä., im Mittelmeergebiet überwiegend immergrüne Gewächse wie Korkeichen, Ölbaum, Macchie, bei Elche Dattelpalmen;

Spanien

die Meseta hat z.T. vom Menschen verursachte Steppenvegetation.

Bevölkerung: S. wird von einem durch Überwanderung einer iberischen Urbevölkerung mit Kelten, Römern, Westgoten, Arabern u.a. hervorgegangenen Mischvolk mediterranen Typus bewohnt, das in deutlich unterscheidbare Volksteile zerfällt (Kastilier, Katalanen, Andalusier, Gallegos, Basken u.a.). Die Spanier sprechen zu 64% kastilische Mundarten, 24% sprechen Katalanisch, 8% das Gallego (eine dem Portugiesischen nahestehende Sprache) u. 2,5% Baskisch. Staatssprache ist Spanisch, daneben sind Katalanisch, Baskisch u. Gallego (Galicisch) anerkannt. Der weitaus größte Teil des Volkes gehört dem röm.-kath. Glauben an, der Staatsreligion ist. Die Bevölkerung ist sehr ungleich verteilt. Sie konzentriert sich in den wirtschaftl. regeren u. vielseitigeren Provinzen der Randlandschaften, wo sich auch die meisten Großstädte befinden, während die rein landwirtschaftl. ausgerichteten Provinzen der Zentrallandschaften nur sehr dünn besiedelt sind.

Wirtschaft: Etwa 20% der Erwerbstätigen (1963 noch 36%) sind in der *Landwirtschaft* beschäftigt. Ein weiterer Strukturwandel (durch Mechanisierung, bessere Düngung, Bewässerungsprojekte, Flurbereinigung) ist in vollem Gange. Angebaut werden auf dem zentralen Hochland Getreide, Kartoffeln, Hülsenfrüchte, Zuckerrüben u.a., im NW auch Mais, im Mittelmeergebiet (meist durch Bewässerung) vor allem Südfrüchte, Mais, Reis, Obst u. Gemüse. In den neuesten Bewässerungsgebieten werden vor allem Exportprodukte (Südfrüchte, Wein, Mandeln, Tabak, Baumwolle) erzeugt. Außer im NW u. N gibt es überall Weinbau. S. steht in der Apfelsinenerzeugung an 1., in der Weinherstellung an 3. Stelle unter den europ. Ländern. Die Rinder- u. Schweinezucht (bes. im NW), die traditionelle Schafzucht u. neuerdings die Geflügelhaltung sind sehr verbreitet. Die Aufforstung (bes. Kiefern u. Eukalyptus) spielt im waldarmen S. eine erhebl. Rolle. Bedeutend ist die Küsten- u. Seefischerei (Schellfische, Sardinen, Thunfische), wobei etwa 1/3 für den Export zu Konserven verarbeitet wird. – S. besitzt vielseitige *Bodenschätze*, in erster Linie Steinkohle, Braunkohle, Eisenerz (z.T. im Tagebau), Erdöl (im Ebrobecken), Schwefelkies (im Río-Tinto-Gebiet), Kupfer-, Blei-, Zink-, Mangan-, Wolfram-, Uranerz, Steinsalz u. Quecksilber (größtes Quecksilberbergwerk der Erde in Almadén). Die Erzeugung elektr. Energie beruht noch etwa zu 3/5 auf Wasserkraftwerken, doch wird der Anteil der Wärmekraftwerke (bes. auf Erdölbasis) in Zukunft stark steigen. – Die *Industrie* stützt sich einesteils auf die Verarbeitung der landwirtschaftl. Produkte (Erzeugung von Wein, Olivenöl, Fischkonserven, Zucker u.a.). Gut entwickelt sind aber auch die Metall- u. Maschinenindustrie (einschl. des Schiffbaus, der Herstellung von Kraftfahrzeugen u. Elektroausrüstungen), die Bau- u. die Papierindustrie, in jüngster Zeit außerdem die chem. Industrie. Die traditionellen Zweige der Textil- u. Eisenindustrie sind in Veränderung begriffen u. sollen modernisiert werden. – Der *Fremdenverkehr* hat sich seit Anfang der 1950er Jahre sprunghaft entwickelt, so daß S. heute zu den wichtigsten Fremdenverkehrsländern der Erde gehört. Der Anteil der Deviseneinnahmen aus dem Tourismus erreicht gegenwärtig etwa 38% der gesamten Exporteinnahmen (einschl. Dienstleistungen). Die Zahl der Touristen u.a. Auslandsgäste betrug 1978 fast 40 Mill.

Verkehr: Das Eisenbahn- u. Straßennetz ist weitmaschig u. für die heutigen Verkehrsbedürfnisse noch unzureichend; sein Ausbau wurde durch die geograph. Verhältnisse erschwert, u. infolge übertriebener Zentrierung auf Madrid wurden periphere u. diagonale Verbindungen vernachlässigt. Das staatl. Eisenbahnnetz umfaßt z.Z. rd. 13 400 km (davon 3100 km elektrifiziert). Das Straßennetz ist 145 000 km lang, davon sind 80 000 km Staatsstraßen (einschl. 1400 km Autobahnen). Der Personenfernverkehr stellt sich immer mehr auf das Flugzeug um. Die wichtigsten Flughäfen auf dem Festland sind Madrid-Barajas u. Barcelona-Muntadas. Binnenschiffahrt ist nur auf dem Guadalquivir möglich, dafür ist die Küstenschiffahrt sehr bedeutend. Wichtigste Seehäfen sind Barcelona, Bilbao, Valencia, Málaga, Vigo, Cádiz u. Cartagena. – ⎣6.4.8.

Mauerreste aus der Araberzeit in Granada; im Hintergrund Alhambra und Sierra Nevada (rechts)

Landschaft am Rio Segre im östlichen Pyrenäenvorland

Spanien

Kloster Montserrat im Katalonischen Bergland

Südliche Sierra de Gredos, Teil des Kastilischen Scheidegebirges

SPANIEN Geographie

Landschaft im Kantabrischen Gebirge, Asturien

Landschaftliche Gliederung

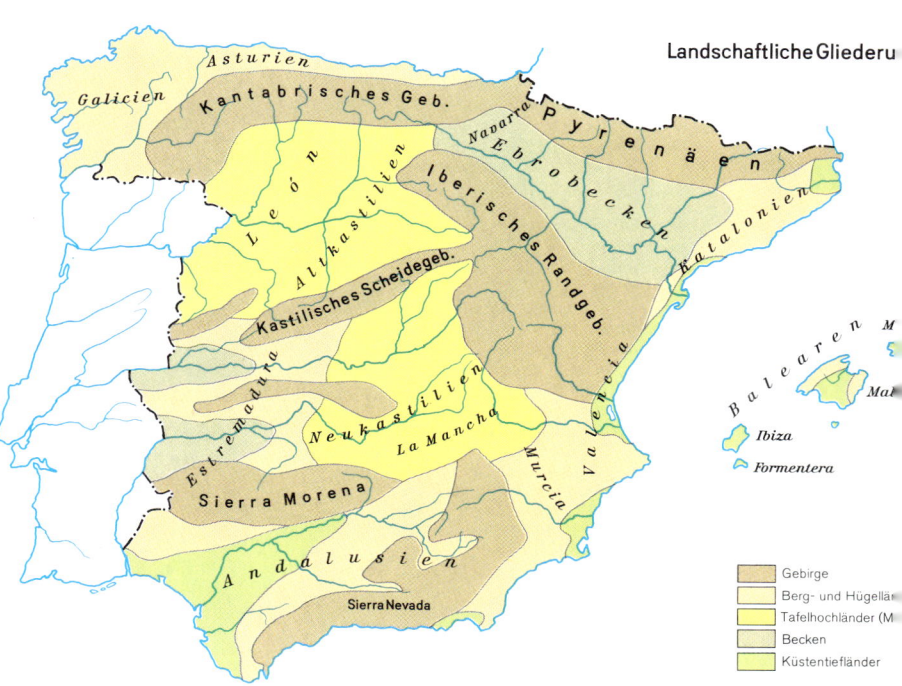

Hafen und Innenstadt von Cádiz, Andalusien

Bewässertes Obstbaugebiet (Huerta) in der Provinz Valencia

Spanien

Hochebene (Meseta) mit Olivenkulturen bei Toledo, Neukastilien

Burgos mit Kathedrale, Altkastilien

Klima und Hauptanbaugebiete

Geschichte → S. 178.

Politik

Nach der Verfassung, die am 7. 12. 1978 in einer Volksabstimmung mit großer Mehrheit angenommen wurde u. am 29. 12. 1978 in Kraft trat, ist die polit. Form des span. Staates die parlamentar. Monarchie. Das Parlament *(Cortes)* besteht aus 2 Kammern: Kongreß u. Senat. Alle Männer u. Frauen über 18 Jahre haben das Wahlrecht. Die klass. Grundrechte sowie die wirtschaftl. Privatinitiative, das Streikrecht u. das Recht auf Aussperrung sind garantiert. Die Todesstrafe ist abgeschafft (außer in eng umgrenzten militärrechtl. Fällen). Der Staat ist konfessionell neutral; allerdings hat die kath. Kirche eine gewisse Sonderstellung. Die ethnischen Minderheiten genießen Autonomierechte (z.B. werden Baskisch, Galicisch u. Katalanisch in den betr. Regionen als 2. offizielle Sprache anerkannt); im einzelnen sollen die Befugnisse der künftigen autonomen Regionen später festgelegt werden.

Das Parteiensystem ist noch nicht stabilisiert. Zur Parlamentswahl am 1. 3. 1979 waren ca. 100 Parteien zugelassen; viele davon hatten nur regionale Bedeutung. Nach der Sitzverteilung (insges. 350) gingen als stärkste Parteien aus der Wahl hervor: *Union des demokrat. Zentrums, UCD* (bürgerl.-liberal, 167 Mandate), *Sozialist. Arbeiterpartei, PSOE* (demokrat.-sozialist., 121), *Kommunist. Partei, PCE* („eurokommunist.", 23). Von Bedeutung sind daneben die Parteien, die nationale Minderheiten vertreten.

Ein ernstes Problem der letzten Jahre ist der Terrorismus, der von Gruppen der extremen Rechten u. Linken sowie bes. von Teilen der bask. Autonomiebewegung ausgeht. Die Gewalttaten (Entführungen, Morde u.a.) haben jedoch den Demokratisierungsprozeß kaum behindert.

Militär

Die aus der Nationalen Armee des Bürgerkriegs 1936–1939 hervorgegangenen Streitkräfte sind ein stehendes Heer mit allg. Wehrpflicht u. einer aktiven Dienstzeit von 18 Monaten. Ihre Gesamtstärke beträgt etwas über 300000 Mann (Heer 220000, Marine 47500, Luftwaffe 33500). Davon stehen 6000 auf den Balearen, 8000 auf den Kanar. Inseln, 8000 in Ceuta, 9000 in Melilla u. 10000 in Spanisch-Sahara (einschl. 2 Regimenter der Fremdenlegion). Hinzu kommen ca. 65000 Mann Gendarmerie *(Guardia Civil)*. Oberster Befehlshaber ist der König. Aufgrund der Abkommen von 1953 u. 1970 mit den USA unterhalten diese mit 10000–15000 Mann drei Luftstützpunkte u. einen Marine- u. Luftstützpunkt in S. Durch diese Abkommen sowie durch den Iberischen Verteidigungspakt mit Portugal von 1939 u. ein Militärabkommen mit Frankreich von 1970 steht S. in enger Verbindung zur NATO, in dessen

Der Badeort Águilas an der Costa Blanca

Spanien

Luftraumüberwachungssystem u. Fliegerführung es einbezogen ist.

Bildungswesen

Es besteht allg. 8jährige Schulpflicht; Verlängerung um 2 Jahre ist vorgesehen. Neben den öffentl. Schulen gibt es ein ausgebautes System von Privatschulen für den Primar- u. den Sekundarbereich. Konfessionsgebundene Erziehung.
Schulsystem: 1. 8jährige Primarschule bzw. Volksschule. Nach dem 4. Schuljahr Übergang in weiterführende Sekundarschulen aufgrund einer Aufnahmeprüfung. – 2. die allgemeinbildenden Sekundarschulen sind in eine 4jährige Unterstufe u. eine 2jährige Oberstufe gegliedert. Die Unterstufe schließt mit dem „bachillerato general elemental" ab. Es berechtigt zum Besuch der Oberstufe oder zum Besuch höherer berufsbildender Sekundarschulen. Die Oberstufe der allgemeinbildenden Sekundarschulen wird mit dem „bachillerato general superior" beendet. Zum Besuch der Universität ist ein weiteres Vorbereitungsjahr erforderlich, das mit der Aufnahmeprüfung für die Universität abschließt. – 3. im berufsbildenden Schulwesen sind industrielle u. berufl. Sekundarschulen (differenziert nach Berufsrichtungen) zu unterscheiden. Sie sind gegliedert in eine 5jährige Unterstufe u. eine 2jährige Oberstufe, deren Abschlußdiplom den Zugang zur Universität, zur techn. Hochschule u. zum höheren techn. Fachhochschulen u. Universitäten. Neben 13 staatlichen gibt es mehrere private Universitäten sowie Fachhochschulen u. 15 Colleges, 13 techn., 21 Kunst- u. Musikhochschulen.

Geschichte

In dem von *Iberern* bewohnten Land legten seit 1100 v. Chr. Phönizier u. seit 800 v. Chr. Griechen Handelskolonien (z. B. Tartessos, Cádiz) an. Unter heftigen Kämpfen drangen seit 600 v. Chr. *Kelten* ein, die sich mit den Iberern mischten (*Keltiberer*). Die Karthager unterwarfen im 3. Jh. einen Streifen an der Süd- u. Westküste, aus dem sie um 200 v. Chr. von den Römern vertrieben wurden, die bis 19 v. Chr. ganz S. in Besitz nahmen. S. wurde von Römern besiedelt u. romanisiert.
Die um 400 n. Chr. eingewanderten *Alanen*, *Sweben* u. *Wandalen* wichen vor den 15 Jahre später folgenden *Westgoten* nach Nordwest-S. aus. *Eurich* († 484) vertrieb die Römer; seine Nachfolger, bes. *Leowigild* († 586), eroberten die ganze Halbinsel. Nach dem Übertritt des Königs *Rekkared I.*

Spanien 1 : 5 000 000

zum Katholizismus 586 rissen die Geistlichen die Macht im Staat an sich, sie stürzten u. a. König *Witiza* 710; dessen Söhne riefen die Araber zu Hilfe. Diese zerstörten 711 das Westgotenreich bis auf einen schmalen Streifen im NW (bes. Asturien unter Pelayo u. Galicien).

Unter der religiös toleranten O m a j j a d e n h e r r s c h a f t (756–1031) erlebte das Land eine hohe wirtschaftl. u. kulturelle Blüte. Die sich in Nord-S. bildenden christl. Herrschaften (u.a. *Asturien, Kastilien, Galicien, Navarra, León, Aragón*), die zunächst heftige Kämpfe gegeneinander u. weniger gegen die stärkeren Araber führten, breiteten sich mit zunehmender Schwäche der Araber nach S aus. Diese riefen die religiös fanat. Berber (1086 *Almoraviden*, 1147 *Almohaden*) zu Hilfe, so daß auch bei den Christen der Kreuzzugsfanatismus geweckt wurde. Die Rückeroberung (*Reconquista*) wurde 1492 mit der Eroberung Granadas vollendet; die in S. gebliebenen nichtchristl. Mauren wurden 1502 vertrieben (die →Morisken 1609).

Der führende Staat war das Königreich K a s t i l i e n. Aragón hatte (im Unterschied zu anderen span. Königreichen) ein starkes Königtum entwickelt, das über Adel, Städte u. Bauern herrschte, eine starke Flotte ausgebaut u. griff 1282 nach Sizilien über. Die Ehe zwischen *Ferdinand II. von Aragón* u. *Isabella I. von Kastilien* 1469 begründete 1479 den span. Nationalstaat. S. unterstützte die Unternehmungen des *Kolumbus*. Sie schufen die Voraussetzung für die Eroberungen in Amerika, durch die das span. Königreich in den Besitz eines großen Weltreichs kam. Die Heirat der Thronfolgerin *Johanna, der Wahnsinnigen*, mit dem Habsburger *Philipp I., dem Schönen*, brachte die Habsburger mit *Karl I.* (als röm.-dt. Kaiser *Karl V.*) auf den span. Thron (1516–1556).

S. war unbestrittene S e e - u. W e l t m a c h t; die Grundlage dafür war der immer stärker einströmende Reichtum aus den Kolonien u. die überlegene Militärmacht (Schöpfer der berühmten span. Infanterie war *Gonzalo de Córdoba*, *1453, †1515). Infolge der Vielfalt der militär. Aufgaben u. des Kampfs gegen die Türken vermochte Karl I. (V.) Frankreich nicht entscheidend zu schwächen. Vielmehr konnte sich dieses zur Zeit *Philipps II.* (1556–1598) wieder erheben, u. die Seeherrschaft ging an England verloren (Untergang der Armada). In diesen Kriegen übernahmen die span. Könige zugleich die Hauptrolle im Kampf gegen den Protestantismus. Es gelang Philipp nicht, den prot. Teil der Niederlande (1572 Beginn des Freiheitskampfs) u. England zum Katholizismus zurückzuführen, doch konnte er das Vordringen des Protestantismus aufhalten (*Inquisition* in S. u. seit 1580 im eroberten Portugal) u. die sich auf die span. Truppen stützende *Gegenreformation* ermöglichen. Infolge der überspannten Forderungen an S.s menschl. u. materielle Reserven büßte es seine Großmachtstellung ein. Dazu kam seit *Philipp III.* (1598–1621) die fortschreitende Degeneration des Herrscherhauses. Die span. Literatur u. Malerei erreichte damals u. im folgenden Jh. ihre Weltgeltung. Unter *Philipp IV.* (1621–1665) gingen Portugal sowie die kontinentale Großmachtstellung an Frankreich (*Pyrenäenfrieden* 1659) verloren. Da *Karl II.* (1665–1700) kinderlos starb u. den nächstberechtigten dt. Habsburgern von Ludwig XIV. von Frankreich die span. Thronfolge streitig gemacht wurde, kam es zum *Spanischen Erbfolgekrieg*, der sich zu einem europ. Krieg ausdehnte.

Frankreich konnte die Thronfolge der B o u r b o n e n auf dem span. Thron durchsetzen (*Philipp V.*, †1746), Gibraltar blieb (seit 1704) in engl. Hand, u. das Handelsmonopol mit den span. Kolonien mußte zugunsten der Engländer aufgegeben werden, der größte Teil der span. Nebenländer (Niederlande, in Italien) ging verloren. Unter *Ferdinand VI.* (1746–1759), *Karl IV.* (1788–1808), vor allem aber unter dem fähigen *Karl III.* (1759 bis 1788) wurden durch *Alberoni, Ensenada, Carvajal, Aranda, Floridablanca* u.a. fortschrittl. Reformen (Industrieausbau, Finanzreformen, Jesuitenausweisung 1767) durchgeführt u. ein absolutist. Einheitsstaat geschaffen. Die innere Gesundung wurde aber durch verlustreiche Kriege an der Seite der franzos. Bourbonen (Poln. u. Österr. Erbfolgekrieg) verhindert. Die span. Bourbonen gewannen Neapel-Sizilien u. Parma-Piacenza.

Napoléon I. ließ 1808 S. besetzen u. erreichte den Thronverzicht des Königs u. des Thronfolgers; *Joseph Bonaparte* wurde span. König. Gegen die französ. Unterdrücker errang das Volk unter der Leitung der Zentraljunta (mit Unterstützung einer engl. Armee unter A. Wellington) in gnadenlosem Guerillakrieg (1808–1814) seine Freiheit zurück; nach dem Sturz Joseph Bonapartes gab es sich eine liberale Verfassung. Unter Bruch seines Versprechens führte *Ferdinand VII.* (1813–1833) den reaktionären Absolutismus wieder ein; von der Heiligen Allianz wurde er gegen den Volksaufstand unterstützt, verlor aber die lateinamerikan. Kolonien, die sich unter S. Bolívar die Unabhängigkeit erkämpften. Da er ohne männl. Nachkommen war, bestimmte er seine Tochter *Isabella II.*

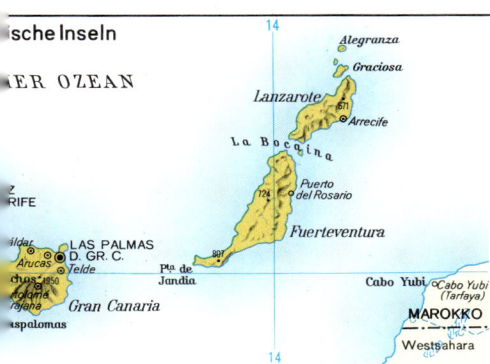

Philipp II.; Gemälde von A. Sánchez Coello; 16. Jh. Madrid, Prado

Spanischer Bürgerkrieg 1936–1939: Soldaten der Internationalen Brigaden am Grab gefallener Kameraden

Spanien

Mauren nehmen einen christlichen Ritter gefangen, Miniatur aus den „Cantigas de Alfonso X."; 13. Jh. Escorial

Ferdinand von Aragón, bemalte Holzplastik; 15. Jh. Granada

SPANIEN Geschichte

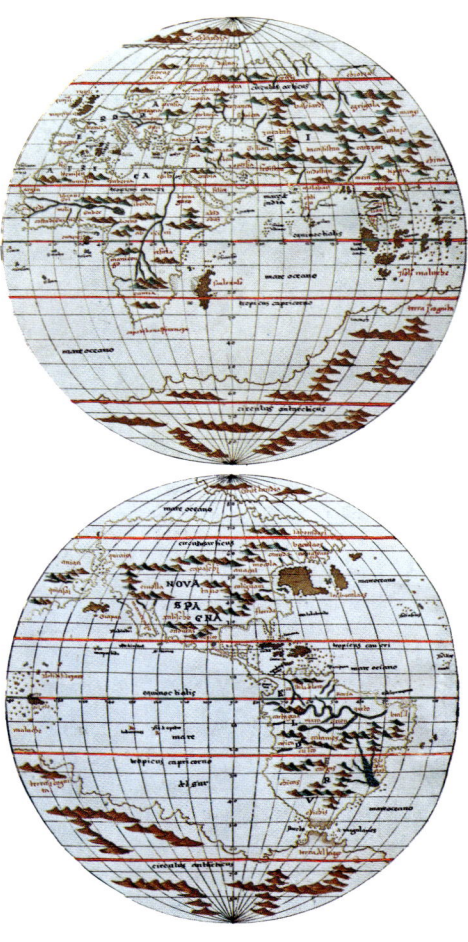

Das spanische Weltreich, Karte des J. Martinez 1577. Madrid, Palast des Herzogs Alba

Kampf zwischen einem spanischen Ritter und einem Mauren in der Zeit der Reconquista, Deckenmalerei auf Leder; 14. Jh. Granada, Alhambra

Kaiser Karl V. und Isabella von Portugal, Kopie von Rubens nach einem Gemälde von Tizian; um 1628. Madrid, Palast des Herzogs Alba

Velázquez malte 1635 eine Szene aus dem Unabhängigkeitskampf der Niederländer, die „Übergabe von Breda". Madrid, Prado

Untergang der Armada 1588, Lithographie nach einem Stich von P. S. de Loutherbourg. London, Britisches Museum

(1833–1868; zunächst unter Vormundschaft ihrer Mutter Maria Christina [*1806, †1878]) für die Thronfolge, die aber sein Bruder Don Carlos (von den Klerikalen unterstützt) aufgrund des salischen Erbfolgerechts beanspruchte. Carlos verlor so den grausam geführten Bürgerkrieg (*1. Karlistenkrieg* 1834–1839), u. die Liberalen erlangten die Anerkennung der Verfassung von 1812, die aber 1845 in monarchist. Sinne umgestaltet wurde. 1868 floh Isabella vor einer von J. *Prim* (1871 ermordet) geführten Erhebung. Der zum König gewählte *Amadeus I.* (1870–1873) dankte ab, u. S. wurde Republik. Durch einen Staatsstreich wurde *Alfons XII.* (1874–1885) König; Ansprüche der Nebenlinie wurden im *2. Karlistenkrieg* (1872–1876) abgewiesen.

S. begann sich langsam zu erholen, obwohl 1898 die Philippinen, Puerto Rico u. Kuba nach verlorenem Krieg gegen die USA abgetreten werden mußten. *Alfons XIII.* (1886–1931), bis 1902 unter der Vormundschaft seiner Mutter Maria Christina († 1929), lehnte sich an England an, verstand es aber, S. aus dem 1. Weltkrieg herauszuhalten. Trotzdem hatte das Land unter Teuerung, Hunger u. wirtschaftl. Schwierigkeiten u. den daraus folgenden Unruhen, Streiks u. Kämpfen der Parteien zu leiden, verschärft durch den (wenig erfolgreichen) Krieg in Marokko. Gegen die parlamentar. bestimmte Regierung erhob sich General M. *Primo de Rivera*, setzte diese ab u. bildete 1923 ein Direktorium (mit königl. Billigung), das ohne Parlament regierte. Der Krieg in Marokko wurde erfolgreich beendet u. die außenpolit. Stellung S.s verbessert. Trotzdem kam es 1928 u. 1929 zu Revolten von Offizieren u. Studenten gegen die Diktatur. Da Primo de Rivera vom König nicht gestützt wurde, trat er 1930 zurück. Nach den Munizipalwahlen 1931 mußte auch der König abdanken; S. wurde wieder Republik.

Gegen die aus den Wahlen im Februar 1936 siegreich hervorgegangene Volksfront (Republikaner, Sozialisten, Syndikalisten, Kommunisten), die die Regierung bildete, erhoben sich unter Führung der Generale Goded, Mola, de Llano u. F. *Franco* am 17. 7. 1936 die Garnisonen in Span.-Marokko. Die Erhebung erfaßte ganz Spanien u. weitete sich zum *Spanischen Bürgerkrieg* (1936–1939) aus. Franco bildete im Juli 1936 eine Gegenregierung in Burgos. Er fand wirksame Unterstützung bei den faschist. Regimen in Dtschld. (Legion Condor) u. Italien (Faschist. Miliz). Die Sowjetunion, Mexiko sowie Sozialisten u. Kommunisten aus aller Welt leisteten der Volksfrontregierung militär. u. wirtschaftl. Hilfe (Internationale Brigaden). Frankreich beschränkte sich im wesentl. auf Solidaritätsbekundungen für die rechtmäßige span. Regierung, u. Großbritannien plädierte für eine Politik der Nichteinmischung. Im April 1937 kam es zum Zusammenschluß von Falangisten u. kath. Traditionalisten unter Führung Francos. Unter schweren Verlusten auf beiden Seiten zogen sich die Kämpfe hin (Zerstörung Guernicas April 1937, Offensive der Republikaner bei Teruel Dez. 1937 bis Februar 1938, Schlacht am Ebro Juli–November 1938). Im März 1939 zogen Francos Truppen in Madrid ein. Franco trat als *Caudillo* („Führer") an die Spitze des faschist. aufgebauten Staats.

Trotz seiner polit. Sympathien für Dtschld. u. Italien u. der Teilnahme der „Blauen Division" am Krieg gegen die UdSSR blieb S. im 2. Weltkrieg neutral. 1939 ging Franco mit Portugal den Iberischen Pakt ein. Nach dem Krieg wurde S. von den Siegermächten des 2. Weltkriegs boykottiert u. zunächst nicht zur UN zugelassen. In dieser gefährl. Lage sicherte sich Franco die Hilfe der Monarchisten u. der Kirche, indem er S. 1947 durch Gesetz zur kath. Monarchie erklärte. Die Wendung der Westmächte gegen das sowjet. Vordringen steigerte die Wichtigkeit S.s als eines antikommunist. Staats wegen seiner günstigen strateg. Lage. Seit 1950 gewährten die USA S. Unterstützung. Durch Verträge erhielten die USA (10jähriges Hilfsabkommen 1953, 1970 erneuert) die Erlaubnis zur Benutzung span. Flotten- u. Luftwaffenstützpunkte; S. erhält dafür US-amerikan. Wirtschafts- u. Militärhilfe. Seit Dez. 1955 ist S. Mitgl. der UN. Seine afrikan. Kolonien gab S. auf: Span.-Guinea 1968, Ifni 1969, Span.-Sahara 1976.

Franco, der bis zuletzt diktatorisch regiert hatte, starb im Nov. 1975. Der 1969 zum Thronfolger designierte Prinz Juan Carlos de Borbón y Borbón (Enkel Alfons' XIII.) bestieg als König *Juan Carlos I.* den Thron. Im Juli 1976 ernannte er A. *Suárez* zum Min.-Präs. Bald darauf wurde eine vorsichtige Demokratisierung eingeleitet (Entlassung polit. Häftlinge, schrittweise Zulassung parteipolit. u. gewerkschaftl. Tätigkeit, Ausdehnung der Pressefreiheit). Eine vom alten Ständeparlament beschlossene, in einer Volksabstimmung bestätigte Verfassungsreform schuf die Voraussetzungen für die ersten freien Wahlen im Juni 1977. Die von Suárez geführte UCD wurde stärkste Partei. Das neue Parlament arbeitete eine demokrat. Verfassung aus, die in einer Volksabstimmung im Dez. 1978 mit großer Mehrheit angenommen wurde. Bei den Parlamentswahlen im März 1979 konnte die UCD ihre starke Stellung ausbauen; Suárez blieb Regierungschef (Rücktritt 1981). S. erstrebt die Mitgliedschaft in der EG. – L 5.5.3, 5.7.6 und 5.7.9.

Spanier, roman. Volk in Südwesteuropa, mit rd. 40 Mill. Menschen (3,5 Mill. im Ausland), von denen sich die 2,5 Mill. *Galicier* u. 9 Mill. *Katalanen* (in Katalonien u. Valencia) sprachlich u. vielfach auch in der Volkskultur abheben. Neben den alten mittelmeer. Kulturresten zeigt sich der Einfluß der langen arab. Besetzung (Landwirtschaft, Bewässerungsanlagen, Innenhof *[Patio]* des Hauses). Typisch für die landschaftl. stark unterschiedlichen Volkstrachten ist die *Mantilla* der Frauentracht. Altes Brauchtum: Volkstänze *(Bolero, Fandango, Flamenco),* Karfreitagsprozession (in Sevilla u.a., mit den *Saëta-Gesängen);* Stierkampf.

Spaniọle, Nachkomme der nach 1492 von der Pyrenäenhalbinsel vertriebenen Juden.

Spanische Flagge, *Schönbär, Panaxia dominula,* mitteleurop. Nachtschmetterling aus der Familie der *Bärenspinner*; Vorderflügel schwarzweiß, Hinterflügel schwarz u. gelb oder rot gezeichnet; lebt in Wäldern.

Spanische Fliege, *Lytta vesicatoria,* in Süd- u. Südosteuropa heimischer metallisch grüner *Blasenkäfer.* Durch Extraktion der Käfer gewinnt man das →Kantharidin.

spanische Kunst, Architektur, Plastik, Malerei u. Kunsthandwerk Spaniens, entwickelt auf den Grundlagen der altiberischen, der röm., der westgot. u. der islamischen Kunst.

Architektur

Beispiele der Baukunst aus röm. Zeit, bes. Werke der Ingenieurarchitektur (Aquädukte, Stadtmauern u. -tore), sind in Spanien verhältnismäßig zahlreich erhalten, so in Segovia, Tarragona, Barcelona u. Mérida. Spärlicher sind architekton. Denkmäler der Westgoten (Santa Comba de Bande, um 672). Sie knüpfen an die frühchristl. Architektur des Orients an oder nehmen german. Baugewohnheiten auf (Königshalle in Naranco, 842–850, die aber auch röm. u. oriental. Elemente enthält).

Ein Hauptwerk der islam. Kunst ist die Moschee von Córdoba (8.–10. Jh.) mit 19 Schiffen u. 630 Säulen. Die Bogenreihen enden in Hufeisen- oder Zackenform, sind machmal mit feinem Stuckdekor gefüllt u. sehr farbig; sie folgen einander völlig ungerichtet. Der bedeutendste Profanbau der arab. Architektur in Spanien ist die im 13. u. 14. Jh. errichtete →Alhambra von Granada.

Sevilla u. Toledo erlangten Bedeutung durch den hier ausgebildeten *Mudéjarstil,* einen eigentüml. Mischstil aus arab. u. christl. Bau- u. Dekorationsformen, der im 14. Jh. seinen Höhepunkt erreichte (Hptw.: Alcázar u. Casa de Pilatos in Sevilla). Ebenso wie in der islam. Kunst sind auch hier Hufeisenbögen u. Stalaktitengewölbe (Stuckdecken mit herabhängenden, treppenartig abgestuften Zellen) die augenfälligsten Merkmale. Weniger reich an dekorativen Elementen ist der *mozarab. Stil,* den Christen in arabisch beherrschten Ländern schufen; in ihm begegnen sich frühmittelalterl. u. maurische Formen.

Die span. Kirchen der roman. Zeit (11./12. Jh.) haben häufig geradezu festunghaften Charakter (Ávila, Salamanca, Poblet, Santas Creus). Gleichzeitig übte die islam. Kunst eine starke Anziehungskraft aus (Kuppel der Kathedrale von Zamora). Vielfältig waren die Beziehungen zu französ. Kirchen in der Auvergne, im Poitou, zu St-Sernin in Toulouse. Hptw. der roman. Baukunst in Spanien sind das Benediktinerkloster in Ripoll (Anfang 11. Jh.), die alte Kathedrale von Salamanca (um 1200), die 1054 begonnene Kathedrale von Jaca, die Königskirche von León, S. Isidoro, u. die Kathedrale von Zamora (1151–1174).

Die Gotik wurde zunächst in der von burgund. Zisterzienserklöstern entwickelten Form aufgenommen; dann aber drang auch der französ. Kathedralstil ein, vor allem in den Bischofsstädten León, Burgos u. Toledo. Von den got. Kirchen Spaniens lehnt sich die 1199 begonnene Kathedrale von León, mit rund 1200 m² farbiger Glasfenster einer der schönsten Kirchenbauten Europas, am engsten an den französ. Kathedralstil an. Die fünfschiffige Kathedrale von Burgos (1221 begonnen) u. die von Toledo (1227 begonnen) sind im plast. Fassadenschmuck, aber auch in ihrer Grundrißanlage von französ. Vorbildern abhängig. Im 14. u. 15. Jh. setzte sich mehr u. mehr das Bestreben durch, die Kirchenräume zu einer Raumeinheit zusammenzuschließen. Auffallend ist die Freude am Dekor (Gewölbeornamente u. reiche Fassadenplastik) sowie die Vielzahl der Kapellen, mit denen Langhaus u. Chor umgeben werden. So hat Sta. María del Mar in Barcelona 38, die Kathedrale von Sevilla 54 Kapellen, die mit einer noch größeren Zahl von Altären besetzt sind. Die Vorliebe für schmückendes Beiwerk erreichte ihren Höhepunkt mit dem *plateresken Stil,* der mit Formen des Kunstgewerbes, insbes. der Gold- u. Silberschmiedekunst, in feingliedriger Art Architekturflächen teppichartig belebte. Er ging aus dem Mudéjarstil hervor; seine Hauptdenkmäler finden sich in Segovia u. Valladolid; spätgot. u. maurische Elemente verschmelzen in ihm zu phantastischer Üppigkeit.

Reine Renaissancekunst findet sich nur in Granada (Palast Karls V., Kathedrale). Dagegen kam den span. Habsburgern mit ihrem strengen Hofzeremoniell der *estilo desornamentado* in seiner herben Schmucklosigkeit entgegen. Vollendet wandte ihn J. de *Herrera* am *Escorial* (1563 begonnen, 1584 im Rohbau vollendet) an, der zugleich Kloster, königl. Residenz, Grabstätte der königl. Familie u. geistiger Mittelpunkt des Landes war. Die barocke Baukunst in Spanien ist gekennzeichnet durch dekorativen Überschwang. Die vielfach geschwungenen Fassaden wie die Innenräume sind mit wucherndem Ornament beladen (Sevilla, Sta. Maria la Blanca, 1659; Turmfront von Santiago de Compostela, 1738–1749).

In neuerer Zeit hatte die span. Architektur ihren bedeutendsten Repräsentanten in A. *Gaudi* (Barcelona, Sagrada Familia, 1884–1926; Casa Mila, 1905–1910). Beispielhaft für neue kühne Architekturformen (Pferderennbahn von Zarzuela bei Madrid, 1955) ist im 20. Jh. das Werk von Eduardo *Torroja y Miret* (* 1899, † 1961).

Plastik

Die roman. Plastik Spaniens entwickelte sich weitgehend im Zusammenhang mit der gleichzeitigen Bildhauerkunst Südwestfrankreichs. Bes. häufig findet sich der Typus des Gnadenbilds (sitzende Maria mit dem Jesuskind). Überaus eindrucksvoll sind die oft zu großen Zyklen ausgeweiteten Bildwerke an Kirchenportalen u. -fassaden, wie an der Kirche des Klosters von Ripoll u. an der Pilgerkirche Santiago de Compostela, die Reliefs im Kreuzgang von S. Domingo de Silos u. die Portalskulpturen von S. Vincente in Ávila.

Während sich die Plastik Spaniens im 15. Jh. hauptsächl. an niederländ. Bildwerken orientierte, war es im 16. Jh. Italien, das mit Donatello u. Michelangelo ihre Entwicklung entscheidend bestimmte. A. *Berruguete,* der Schöpfer des Chorgestühls der Kathedrale von Toledo (1504–1517), kam, beeindruckt vom Werk des reifen Michelangelo, zu bes. extremen Formen.

Barockbaukunst u. -plastik Spaniens stehen miteinander in engem Zusammenhang. Die Plastik diente als Architekturdekoration u. legte den Flächen einen ähnl. wirkenden Zierat auf wie zur Zeit des plateresken Stils. Die Brüder der Familie *Churriguera* gaben einer Richtung den Namen, die nur teilweise von ihnen ausging: dem *Churriguerismus.* Eines der Hptw. dieses überschwengl. Schmuckstils ist die Sakristei der Kartause von Granada (1727–1764). Die Freiplastik, oft bei Prozessionen herumgetragen, ist kraß realistisch – eine Art Pop-Art des 17. u. 18. Jh.

Malerei

Für die roman. Malerei Spaniens war Katalonien die eigenständigste u. fruchtbarste Kunstprovinz. Die Buchmalerei hatte ihren Höhepunkt in den 20 Handschriften des Apokalypse-Kommentars, den *Beatus von Liébana* verfaßte (zw. 970 u. 1086). Viele wertvolle Wandbilder des 12. Jh. wurden aus entlegenen Kirchen in das Museum für katalanische Kunst nach Barcelona übergeführt.

Die span. Malerei nahm an allen Bewegungen der europ. Kunst vom 14. Jh. bis um 1550 teil, wobei immer die Expressivität Vorrang vor der Schönheit hatte u. das Düstere u. Unheimliche dominierte. Um 1577 kam der auf Kreta geborene El *Greco* nach Spanien u. wurde in Toledo seßhaft. Erstmalig stellte er Gesicht u. Haltung des Kastiliers dar u. führte in seinen Bildern mit kühnen Farbvisionen über alles Irdische hinaus.

Andere bedeutende span. Maler des 16. Jh. waren der in Italien geborene F. *Ribalta,* sein Schüler J. de *Ribera,* ferner Juan de las *Ruelas* (* um 1560, † 1625) u. F. *Pacheco,* der Lehrer von Velázquez. In der 2. Hälfte des 16. Jh. geboren, leiten sie zum 17. Jh., der großen Epoche der span. Malerei, über: zu F. de *Zurbarán,* der wuchtig u. kühl zugleich Mönche als beinahe steinerne Gestalten darstellte, B. E. *Murillo,* der bibl. Geschichten u. Heiligenlegenden lebhaft erzählte, voller Anteilnahme für die Armen u. Kranken, u. *Velázquez,* der vor allem in seinen großen Kompositionen seiner Zeit ein Jahrhundert voraus war u. auf E. Manet u. den Impressionismus hinweist.

Vom 18. zum 19. Jh. leitete F. de *Goya* über, der, das Rokoko überwindend, das Dunkle des menschl. Daseins u. der Geschichte in seinem malerischen u. graphischen Werk ausdrückte.

Spanien brachte in der Gegenwart eine Reihe für die künstler. Entwicklung Europas wichtiger Künstler hervor: die Surrealisten S. *Dalí* u. J. *Miró,* den strengen Kubisten J. *Gris,* P. *Picasso* u. den eigenwilligen abstrakten Maler A. *Tàpies.* – 🄱 S. 184. →auch Alhambra, Picasso. – 🄻 2.3.9, 2.4.8 u. 2.5.7.

spanische Literatur. Die maurische Fremdherrschaft in Spanien hat eine frühzeitige Entfaltung der span. Sprache u. Literatur behindert. Das erste erhaltene Werk von Bedeutung ist das „Cantar de mío Cid" (um 1140), ein Epos von den Kämpfen des Nationalhelden *Cid* gegen die Mauren. Ein Rolands-Epos ist in Fragmenten, andere Epen sind in späteren Prosafassungen in der „Primera Crónica General" (abgeschlossen 1289) erhalten. Die Spielmannsepik u. die geistl. Dichtung des frühen MA. zeigen französ. Einflüsse. Der älteste namentl. bekannte span. Dichter ist der Kleriker *Gonzalo de Berceo,* der um 1230 Marien- u. Heiligen-Legenden schrieb. Erst in jüngster Zeit sind etwa 50 Strophen volkstüml. Lyrik („jarchas") aus dem 11. bis 13. Jh. gefunden worden.

In der Mitte des 13. Jh. entstand am Hof *Alfons' des Weisen* von Kastilien (* 1221, † 1284) eine stark provençal. beeinflußte Minnedichtung. Der König selbst schrieb religiöse Dichtungen („Cantigas de Santa María"). Die Sprache der mittelaterl. span. Lyrik (wie auch der portugies.) war die gallegische Mundart. Unter Alfons dem Weisen entstand auch die große Weltchronik „Grande e General Historia". Der maurische Einfluß in Spanien zeigte sich in den zahlreichen Übersetzungen aus dem Arabischen. Gegen Ende des 13. Jh. entstand der erste span. Ritterroman: „Historia del Caballero Cifar". Im 14. Jh. verfaßte Don *Juan Manuel,* ein Neffe Alfons' des Weisen, eine Sammlung moral.-didakt. Geschichten unter dem Titel „Conde Lucanor"; J. *Ruiz de Hita* schuf in seinem „Libro de Buen Amor" ein spött.-realist. Bild seiner Zeit, u. P. *López de Ayala* schrieb die scharfe Gesellschaftssatire „Rimado de Palacio". Die Dichter des 15. Jh. (Marqués de *Santillana,* J. de *Mena,* J. *Manrique*) standen unter dem Einfluß *Dantes* u. der italien. Renaissance. 1492 verfaßte der Humanist Antonio de *Nebrija* (* 1444, † 1532) eine span. Grammatik. 1499 erschien anonym das umfangreiche Lesedrama „La →Celestina".

Das 16. u. 17. Jh. waren das „Goldene Zeitalter" der s.n.L. (→Siglo de Oro). Die Lyrik des 16. Jh. wurde ganz von den Formen u. Themen der italien. Renaissance bestimmt *(Petrarkismus)*; die bekanntesten Lyriker waren J. *Boscán Almogáver, Garcilaso de la Vega,* L. de *León* u. F. de *Herrera.* Um 1600 setzte sich dann der überladene Stil des Barocks durch (→Culteranismo und Conceptismo). Die größten Lyriker dieser Epoche waren F. G. de *Quevedo* u. L. de *Góngora (Gongorismus).* 1508 erschien anonym der elegante, höf. Ritterroman „*Amadís de Gaula*", der sich in zahlreichen Abwandlungen über ganz Europa verbreitete. Daneben entstanden beliebte Schäferromane (J. de *Montemayor,* „Diana" 1559; G. *Gil Polo,* Fortsetzung zur „Diana" 1564; *Cervantes,* „Galatea" 1585). Mit dem „Lazarillo de Tormes" (anonym 1554) begann die Reihe der Schelmenromane (M. *Alemán,* „Guzmán de Alfarache" 1599–1604; F. G. de *Quevedo,* „Buscón" 1618 u.a.), die auch die gesamte europ. Literatur beeinflußten. Der Gipfel in der Entwicklung des span. Romans u. ein Höhepunkt in der Weltliteratur ist der „*Don Quijote*" des Cervantes (1605–1615). Das „Goldene Zeitalter" brachte den Höhepunkt für das span. Theater, sowohl für das geistl. Drama *(Auto sacramental)* als auch für das weltl. *(Comedia)* u. für das kurze Zwischenspiel *(Entremes).* B. de *Torres Naharro,* L. de *Rueda* u. J. de *La Cueva* schufen die Voraussetzungen für die großen Dramatiker Lope F. de *Vega Carpio, Tirso de Molina* u. P. *Calderón* de *la Barca.*

Die Literatur des 18. Jh. war ganz von der klassizist. Nachahmung des „Goldenen Zeitalters" u. von der Übernahme der französ. Aufklärung bestimmt (T. de *Iriarte,* F. M. de *Samaniego,* G. M. de *Jovellanos,* I. *Luzán,* N. u. L. *Fernández de Mo-*

ratín). Erst der Freiheitskampf gegen Napoléon gab der s.n L. eine neue Richtung (M. J. *Quintana*). Aus England, Frankreich, Dtschld. u. Italien gelangte romant. Gedankengut nach Spanien (*Rivas*, J. *Zorrilla*, J. de *Espronceda*). Der Meister der spätromant. Lyrik u. Prosa war G. A. *Bécquer*. Mit den Heimatromanen der *Fernán Caballero* u. den psycholog. Romanen J. *Valeras* begann die Epoche des Realismus, die in den „Episodios Nacionales" u. histor. u. gesellschaftskrit. Romanen von B. *Pérez Galdós* ihren Höhepunkt erreichte. R. *León*, J. *Echegaray* u. J. *Benavente* schrieben sozialkrit. Werke von mehr pessimist. Grundhaltung. Die sog. „Generation von 1898" (M. de *Unamuno*, J. *Ortega y Gasset*, *Azorín*, R. *Pérez de Ayala*) versuchte, die Nation durch Kritik zu sich selbst zurückzuführen. – Die moderne Lyrik Spaniens ist weitgehend von R. *Darío* (aus Nicaragua) beeinflußt. Die wichtigsten Lyriker sind J. R. *Jiménez*, P. *Salinas*, G. *Diego Cendoya*, V. *Aleixandre*, D. *Alonso* u. Eugenio de *Nora* (*13. 11. 1923). F. *Garcia Lorca* erneuerte das volkstüml. span. Problemtheater; Dramatiker wie A. *Casona* u. Antonio *Buero Vallejo* (*29. 9. 1916) stehen unter französ. u. angelsächs. Einfluß. Die bekanntesten modernen Romanciers sind P. *Baroja y Nessi*, J. A. de *Zunzunegui*, R. J. *Sender*, C. J. *Cela*, J. M. *Gironella* u. Carmen *Laforet*. – 📖 3.2.3.

Spanische Mark, Grenzprovinz des Frankenreichs, wurde 795 nach einem Zug *Karls d. Gr.* bis Saragossa in Nordostspanien errichtet u. durch ein ständig weiter vorgeschobenes Burgensystem bis an den oberen Ebro ausgedehnt. Diese erste dem Islam seit der Zerstörung des Gotenreichs abgewonnene Eroberung bildete die Voraussetzung für das Entstehen christl. span. Staaten.

spanische Musik. Bereits während der ersten nachchristl. Jahrhunderte bildeten sich Zentren der Musik u. der Musiktheorie: Toledo, Sevilla u. Saragossa. Am Anfang der eigentl. s.n M. standen Volksgesang u. Tanz sowie starke, durch die Herrschaft der Araber bedingte Einflüsse, die bis in den auf die Westgotenzeit zurückreichenden frühchristl. mozarab. Kirchengesang u. in der Aufnahme arab. Musikinstrumente (z. B. Laute u. Rebec) nachweisbar sind. Aus dem 13. Jh. ist eine Sammlung von Liedtexten, die „Cantigas de Santa María", überliefert, mit Abbildungen, die u. a. eine Frühform der Gitarre zeigen, ein Instrument, das im 12. Jh. in Spanien bereits als sog. maurische oder latein. Gitarre, also in zwei Formen, bekannt war. Die gegenwärtige Form der Gitarre wurde im 15. Jh. ausgebildet.
Schon für das 13. Jh. ist ein Lehrstuhl für Musik an der Universität Salamanca nachzuweisen. Im 15. u. 16. Jh. wurde das begleitete Kunstlied entwickelt, mit Kompositionen von Juan del *Encina* (*1468, †1529), Luys *Milan* (*um 1500, †nach 1561), Alonso de *Mudarra* (*um 1508, †1580) u. Miguel de *Fuenllana* (*um 1500, †um 1579), die Orgelkunst von Tomás de *Santa Maria* (*um 1510, †1570), Juan *Bermudo* (*um 1510, †um 1565) u. bes. A. de *Cabezón*, das Gambenspiel des Diego *Ortiz* (*um 1525, †nach 1570) sowie die Cembalokunst u. Musiktheorie von Francisco de *Salinas* (*1513, †1590). Wenn danach im 16. Jh. auch niederländ. u. italien. Einflüsse vorherrschend wurden, so zeigte doch der durchimitierte A-cappella-Stil von Francisco *Guerrero* (*1528, †1599), Bartolomé *Escobedo* (*um 1515, †1563), Francisco *Soto de Langa* (*1534, †1619) u. zahlreicher anderer Meister, vor allem C. *Morales* u. Tomás Luis de *Victoria* (*um 1549, †1611), hohe Vollendung. Nach diesem goldenen Zeitalter der s.n M. folgte jahrhundertelange Abhängigkeit von italien. Einflüssen, aus der nur das Orgelwerk des Juan *Cabanilles* (*1644, †1712) herausragt u. die eigenwüchsige *Zarzuela*, eine Singspieloperette. Erst mit dem Ruf des Komponisten u. Folkloristen F. *Pedrell* nach einer span. Nationalmusik u. mit der großen Virtuosenkunst von P. de *Sarasate*, P. *Casals*, Juan *Manén* (*14. 3. 1883), Andres *Segovia* (*21. 2. 1893) u. G. *Cassadó* kam die s.M. zu neuem Leben u. brachte eine Reihe bedeutender Komponisten hervor: I. *Albéniz*, E. *Granados y Campiña*, O. *Esplá*, J. *Turina*, M. de *Falla*, Joaquín *Nin* (*1879, †1949), bei denen Einflüsse des französ. Impressionismus zu erkennen sind.
Vertreter der s.n M. nach dem 1. Weltkrieg: José Antonio de *Donostia* (*1886, †1956), Adolfo *Salazar* (*1890, †1958), Norberto *Almandoz* (*1893, †1970), Federico *Mompou* (*16. 4. 1893), Manuel *Palau Boix* (*1893, †1967), Roberto *Gerhard* (*1896, †1970), Manuel *Blancafort* (*12. 8. 1897), Salvador *Bacarisse* (*1898, †1963), R. u. C. *Halffter*. Auch die musikwissenschaftl. Forschung hat bes. unter H. *Anglés* einen hohen Stand erreicht. – 📖 2.9.5.

Spanische Niederlande →Belgien (Geschichte).

Spanischer Bürgerkrieg →Spanien (Geschichte).

Spanische Reitschule, Wien, 1572 unter der Bez. „Spanischer Reitstall" in Wien gegr.; 1729 wurde von Kaiser Karl VI. in der Hofburg eine Winterreitschule gebaut (1735 eröffnet), daher die frühere Bez. *Hofreitschule*. In der S.n R. wird bes. die *Hohe Schule* gepflegt. Die Pferde sind Lipizzanerhengste (→Lipizza), die mit 4½ Jahren aus den Gestüten *(Lipizza, Piber)* kommen.

Spanischer Erbfolgekrieg, europ. Krieg 1701–1714 nach dem Aussterben der span. Habsburger (*Karl II.*, † 1. 11. 1700). Im Testament war *Philipp von Anjou*, Enkel *Ludwigs XIV.* von Frankreich, als Alleinerbe eingesetzt. Kaiser *Leopold I.* erhob Anspruch auf das ganze Erbe. Da Philipp nicht aus der französ. Erbfolge ausschied u. deshalb eine bourbon. Hegemonie in Europa befürchtet wurde, kam am 7. 9. 1701 eine Allianz zwischen Österreich, Großbritannien u. den Niederlanden, später auch Portugal zustande, an der das röm.-dt. Reich beteiligt war. Auf französ. Seite kämpften Bayern, Kur-Köln u. Savoyen. Nach dem von Prinz *Eugen* u. *Marlborough* gemeinsam 1704 erfochtenen Sieg bei Höchstädt (Blenheim) war Bayern u. damit die Bedrohung Österreichs ausgeschaltet. 1703 sagte sich Savoyen von Frankreich los. Nach dem gemeinsamen Sieg der Alliierten bei Turin (1706) mußte Frankreich Italien räumen. Die Siege von Ramillies (1706), Oudenaarde (1708) u. Malplaquet (1709) machten Ludwig XIV. friedensgeneigt, doch scheiterten die Verhandlungen 1709 in Den Haag u. 1710 in Gertrudenburg an der Forderung der Alliierten, Ludwig müßte helfen, seinen Enkel aus Spanien zu vertreiben. 1710 kam in England ein kriegsmüdes Tory-Ministerium an die Macht, das wie die Niederlande die Vereinigung eines habsburg. Österreich u. Spanien fürchtete; es schloß 1713 den Frieden von Utrecht (Holland, Portugal, Savoyen traten bei); Kaiser u. Reich waren dadurch zum Frieden von Rastatt bzw. Baden (Schweiz) 1714 gezwungen.
Großbritannien behielt Gibraltar (seit 1704) u. Menorca. Frankreich mußte in Nordamerika Neufundland, Neuschottland u. die Hudsonbai an England abtreten. Philipp erhielt (als Philipp V.) Spanien, mußte jedoch die Bedingung anerkennen, daß keine Vereinigung mit den französ. Bourbonen stattfinden dürfe. Der andere Prätendent Karl (III. von Spanien) war inzwischen als *Karl VI.* in Wien Nachfolger Kaiser Josephs I. geworden. Die Span. Niederlande sowie die span. Besitzungen in Italien kamen an Österreich. Jedoch erhielt Holland das Besatzungsrecht in einer Reihe von Festungen an der französ.-belg. Grenze (Barrièretraktat). Sizilien kam zu Savoyen.

Spanischer Pfeffer →Paprika.

spanischer Reiter, *Militär:* mit Stacheldraht überzogener, tragbarer Holzbock zum Sperren kleinerer Engen (Brücken, Straßen) oder zum flüchtigen Bau von Hindernissen.

spanisches Porzellan, Porzellanerzeugnisse span. Manufakturen. Die größte Fabrik befand sich in *Buen Retiro* bei Madrid, gegr. 1759 als Nachfolgemanufaktur der königl. Porzellan- u. Majolikafabrik in Neapel (Capo di Monte). Bekannt wurden aus Buen Retiro stammende, meist unbemalte Figuren. In *Alcora* wurde seit 1785 Hartporzellan wechselnder Qualität hergestellt.

spanische Sprache, eine westroman. Sprache; älteste Texte (Glossen) aus dem 10./11. Jh.; gesprochen in Spanien, Mittelamerika (einschl. Mexiko) u. Südamerika (außer Brasilien); entstanden aus dem Vulgärlatein der röm. Besatzungszeit; dabei wurden die früher in Spanien gesprochenen keltischen u. iberischen Sprachen mit Ausnahme der *baskischen Sprache* verdrängt. Die s. S. steht in Wortschatz u. Morphologie dem Lateinischen noch sehr nahe. Von der Westgotenzeit zeugen nur geringe Spuren im Wortschatz (meist Vornamen); von der Araberzeit rd. 4000 Wörter. Als Literatursprache setzte sich nach Vertreibung der Araber die *kastilische Sprache (Castellano)* durch; daneben bestehen die Mundarten *Andalusisch*, *Aragonisch*, *Leonesisch* u. a. In Nordostspanien herrscht die *katalanische Sprache* vor. In den früheren Kolonialgebieten hat die s. S. Elemente der einheim. Sprachen aufgenommen. – 📖 3.8.4.

Spanisches Rohr →Rotangpalmen.

Spanisch-Guinea →Äquatorial-Guinea.

Spanisch-Marokko, 1912–1956 span. Protektorat in Nordmarokko, das bis auf die Plazas de Soberanía (Presidios) aufgegeben wurde.

Spanisch-Sahara, ehem. span. Überseeprovinz, bestehend aus der früheren Kolonie *Río de Oro* (184 000 qkm) u. dem Gebiet *Saguia el Hamra* (82 000 qkm), an der Atlantikküste der Sahara; insgesamt 266 000 qkm u. 152 000 Ew. Hauptort: *El Aiun* (jetzt *Laayoun*). – S. ist im wesentl. ein halbwüstenhaftes, von Wadis zerschnittenes Sandsteinplateau. Die Bevölkerung besteht aus den Sahraouis, eine arab.-berber. Mischbevölkerung, Marokkanern u. Mauretaniern. Die Landwirtschaft in den Oasen dient der Selbstversorgung. Sonst gibt es nomad. Viehzucht, Fischfang, Salzgewinnung u. Phosphatabbau bei Bou Craa. – S. ist seit 1885 in span. Besitz u. wurde 1975 zwischen Mauretanien u. Marokko aufgeteilt. Die bes. von Algerien unterstützte Unabhängigkeitsbewegung *Polisario* proklamierte 1976 die „Arab. Sahraouische Demokrat. Republik", ohne das Gebiet tatsächl. unter Kontrolle zu haben. 1979 verzichtete Mauretanien zugunsten der Polisario auf seinen Anteil, der daraufhin von Marokko annektiert wurde.

Spanish Town ['spæniʃ 'taun], Stadt im S Jamaikas, 42 000 Ew.

spanlose Formung, Herstellung eines Gegenstands, ohne daß Werkstoff abgenommen wird, z. B. durch Ziehen, Pressen, Walzen, Biegen, Schmieden, Gießen; spart Arbeitszeit u. Werkstoff. Gegensatz: *spanabhebende* oder *spanende Formung*, wobei das Werkstück durch Abspanen bearbeitet wird.

Spann, 1. Erika, geb. *Rheinsch*, Frau von 2), Lyrikerin, *4. 10. 1880 Trennfeld, Unterfranken, †25. 8. 1967 Oberwart, Burgenland; besinnl. Gedichte u. Prosa; „Vor attischen Grabmälern" 1925; „Geistl. Bilderbuch" 1930.
2. Othmar, österr. Nationalökonom u. Soziologe, *1. 10. 1878 Wien, †8. 7. 1950 Neustift; begründete eine im Gegensatz zum Liberalismus (Individualismus) u. Marxismus (Kollektivismus) stehende geisteswissenschaftl. Soziologie *(Universalismus)*, forderte einen christlichen, berufsständischen Staat u. beeinflußte den *Austrofaschismus*. Hptw.: „Fundament der Volkswirtschaftslehre" 1918, [4]1929; „Kategorienlehre" 1924, [2]1939; „Gesellschaftsphilosophie" 1928.

Spannbandaufhängung, bes. Lagerung der bewegl. Systeme empfindl. elektr. Meßinstrumente. Dazu wird die Achse bzw. die Drehspule zwischen zwei gespannten Bronzedrähten aufgehängt; reibungsfreie u. stoßsichere Lagerung.

Spannbeton, ein Baustoff, der sich vom *Stahlbeton* dadurch unterscheidet, daß seine Stahleinlagen mit gewaltigen Zugkräften vorgespannt werden. Der Beton erhält dadurch eine beträchtl. Druckbeanspruchung. In allen jenen Belastungsfällen, in denen bei Stahlbeton Zug- oder Biegebeanspruchungen auftreten würden, werden beim S. nur die Druckkräfte im Beton herabgesetzt; Zugspannungen aber, die der Beton schlecht verträgt, beschränken sich auf die Stahleinlagen (Spannglieder). S. ist dadurch biegsam u. elastisch wie Stahl. Man unterscheidet verschiedene Systeme des S.s. Bei *S. mit nachträgl. Verbund* wird zuerst der Betonkörper hergestellt. Der Spannstahl liegt frei beweglich in den *Spannkanälen* u. wird erst gespannt, wenn der Beton hinreichend hart geworden ist. Die *Spannglieder* werden an den Enden des Betonkörpers verankert u. die Kanäle durch Einpressen von Mörtel verfüllt. Beim *S. ohne Verbund* unterbleibt die Verfüllung. In beiden Fällen lassen sich die Spannglieder so führen, wie es aus statischen Gründen am günstigsten ist. Beim *S. mit sofortigem Verbund* wird zuerst der Bewehrungsstahl gespannt u. dann in den Beton eingebettet. Dieses Verfahren eignet sich bes. für die Vorfertigung (→Fertigteilbau).

Spannbeuge, eine Übung des schwed. Turnens an der Sprossenwand: Mit hochgehobenen Armen wird rücklings zum Gerät eine Rückbeugung des Körpers durchgeführt.

Spanne, *Spann*, natürl. Längenmaß: Abstand zwischen Daumen u. Mittelfingerspitze *(kleine S.)*, zwischen Daumen u. der Spitze des kleinen Fingers ungefähr 22–29 cm *(große S.)*.

Spanner, *Geometridae*, Familie der *Schmetterlinge*, die die Flügel in der Ruhestellung flach ausbreiten u. deren Raupen sich mit den nur noch am 3.–6. Hinterleibssegment vorhandenen Bauchfü-

spanische Kunst

Santa Comba de Bande, Provinz Orense; um 670 (links). – Die vier apokalyptischen Reiter, Apokalypsenhandschrift; um 970. Valladolid, Museo Nacional de Escultura (rechts)

SPANISCHE KUNST

Diego Velázquez, Der Hofzwerg Sebastián de Morra; 1642–1644. Madrid, Prado

El Escorial, von Juan Bautista de Toledo und Juan de Herrera im Au

spanische Kunst

Kreuzgang des Klosters Las Huelgas; 12. Jh. (links). – Salvador Dali, Brennende Giraffe; 1935. Basel, Kunstmuseum, Emanuel-Hoffmann-Stiftung (rechts)

Philipps II. erbauter Klosterpalast; 1563–1584. Grundriß (oben rechts) — A. Gaudi, Sagrada Familia, Barcelona; 1884–1926

ßen spannend (mit Buckelbildung) fortbewegen. Meist nächtlich lebend, werden oft schädlich. Zu den S.n gehören *Frost-S., Stachelbeer-S., Kiefern-S., Birken-S.*

Spannfutter, Vorrichtung zum Festhalten von Werkstücken oder Werkzeugen auf Drehbänken oder Bohrmaschinen; Dreibacken- oder (seltener) Vierbackenfutter; die Spannbacken lassen sich gleichzeitig gleichmäßig bewegen.

Spannkraft, die Kraft, mit der die Glieder der Reibpaarung einer Reibungsbremse (→Bremse) aneinandergepreßt werden (z.B. die Bremsbacken einer Backenbremse an die Bremstrommel). →Spannvorrichtung.

Spannring, geschlitzter Ring mit schmaler Stoßfuge, den eine Feder oder eigene Federung radial nach innen oder außen drückt; wird in →Stopfbüchsen als Dichtung, bes. als Kolbenring bei Dampfmaschinen- oder Motorkolben, verwendet.

Spannrolle, Rolle zum Spannen eines Treibriemens.

Spannschloß, Vorrichtung zum Spannen von Drähten u. Seilen.

Spannung, 1. *Elektrizität:* Formelzeichen *U*, Potentialdifferenz zwischen 2 Punkten eines elektrostat. Feldes. Die elektr. S. ist die Ursache des elektr. Stromes, der durch einen Leiter fließt; Strom u. S. hängen durch das *Ohmsche Gesetz* mit dem Widerstand des Leiters zusammen. Die Einheit der S. ist das →Volt.

2. *Mechanik:* die Kraft, die im Innern eines durch äußere Kräfte belasteten (elast.) Körpers je Flächeneinheit auftritt. *Zulässige S.* ist die S., bis zu der ein Körper belastet werden darf, ohne eine bleibende Formänderung zu erfahren. Man unterscheidet die S. senkrecht zur Flächenrichtung *(Druck-, Zug-, Normal-S.)* u. die tangential zur Fläche wirkende S. (*Schub-, Torsions-* oder *Verdrillungs-S.*). In der Festigkeitslehre ist die *Nenn-S.* der Quotient aus äußerer Kraft u. Querschnitt. S.en werden in Druckeinheiten gemessen. →auch Oberflächenspannung.

Spannungsabfall, Abnahme der elektr. Spannung zwischen zwei Punkten (also längs) eines stromdurchflossenen Leiters.

Spannungs-Dehnungs-Diagramm, zeichnerische Darstellung des Zusammenhangs zwischen der Spannung, der ein stabförmiger Körper ausgesetzt wird, u. der dadurch hervorgerufenen Dehnung. Bei manchen Werkstoffen (z.B. Stahl) sind Dehnung u. Spannung innerhalb eines weiten Bereichs einander proportional. Erst wenn die *Proportionalitätsgrenze* überschritten ist, nimmt die Dehnung stärker zu, als es der Spannungszunahme entspricht. Bleibt die Spannung unterhalb der *Elastizitätsgrenze*, nimmt der Versuchskörper nach Beendigung der Krafteinwirkung wieder seine ursprüngl. Gestalt an. Bei Überschreiten dieser Grenze ergibt sich eine *bleibende Dehnung*. Manche Stoffe haben eine *Fließgrenze*. Wird diese überschritten, dehnt sich der Stab noch weiter, auch wenn die Last nicht mehr zunimmt. Wichtig ist auch die *Bruchgrenze*. Liegen Proportionalitätsgrenze u. Bruchgrenze nahe beisammen, nennt man den Werkstoff spröde, sonst zäh.

Spannungsdoppelbrechung, eine →Doppelbrechung, die bei opt. isotropen Stoffen infolge elast. Beanspruchung (z.B. einseitiger Druck) hervorgerufen wird. →auch Spannungsoptik.

spannungsfreiglühen, Stahl (meist unter 650 °C) erwärmen, damit die durch Umformen oder spanendes Formen entstandenen inneren Spannungen beseitigt werden.

Spannungskoeffizient [-ko:ɛf-], Zeichen γ, bei Gasen die relative Druckerhöhung, die bei Erwärmung um 1 °C u. festgehaltenem Volumen eintritt. Es gilt: $\gamma = \frac{1}{p_0} \cdot \frac{\Delta p}{\Delta t}$; dabei ist: p_0 = Druck des Gases bei 0 °C, Δp = Druckänderung, Δt = Temperaturänderung.

Spannungsmesser = Voltmeter.

Spannungsoptik, Teilgebiet der Optik, das die Spannungsverteilung in durchsichtigen Körpern mit Hilfe von polarisiertem Licht untersucht. Es entsteht ein System von hellen u. dunklen farbigen Streifen (bei Benutzung einfarbigen Lichts), aus deren Anordnung man auf die Größe u. Verteilung der Spannung an jeder Stelle des Körpers schließen kann (→Spannungsdoppelbrechung). In der Werkstoffprüfung untersucht man durchsichtige Modelle aus Kunstharz mit Hilfe spannungsopt. Verfahren auf die in der Praxis auftretenden Belastungen (z.B. bei Maschinenteilen).

Spannungsreihe, Anordnung von Stoffen in einer Reihenfolge nach elektr. Eigenschaften. *Reibungselektr. S.:* Anordnung entspr. der bei Reibung auftretenden Elektrizität; der in der Reihe voranstehende Stoff wird positiv elektr. (Elfenbein, Flintglas, Baumwolle, Seide, Lack u.a.). – *Elektrochemische S.:* Anordnung der Metalle bzw. Nichtmetalle in einer bestimmten Reihenfolge, in der jedes Element an die positiv geladenen Ionen eines in der Reihe folgenden Elements u. jedes negativ geladene Ion eines Elements an die in der Reihe vorangehenden Elemente Elektronen abzugeben vermag, wobei die Elemente in den Ionenzustand u. die Ionen in den elementaren Zustand übergehen. Befinden sich Elektroden aus den betreffenden Elementen in Lösungen ihrer Salze, so haben sie ein von der Konzentration der Lösungen abhängiges elektr. Potential gegeneinander. Das Potential eines sich in einer 1-molaren Lösung eines seiner Salze befindenden Elements gegen eine Wasserstoffelektrode als Bezugselektrode wird als *Normalpotential* bezeichnet. S. für Metalle: K, Na, Mg, Al, Mn, Zn, Cr, Fe, Cd, Co, Ni, Sn, Pb, H_2, Cu, Ag, Hg, Au, Pt. – S. der Nichtmetalle: F_2, Cl_2, Br_2, J_2, S, Se, Te.

Spannungsstabilisator, eine Gasentladungsröhre zum Konstanthalten von elektr. Spannungen für Meßzwecke u.a. Der S. wird über einen Vorwiderstand an die schwankende Gleichspannung gelegt. Infolge der in weiten Grenzen stromunabhängigen Spannungscharakteristik der Gasentladungsröhren läßt sich am S. eine konstante Gleichspannung abnehmen.

Spannungsteiler, Reihenschaltung mehrerer Widerstände, zwischen denen die in ihrem Verhältnis geteilte Spannung abgenommen werden kann; auch kontinuierl. Teilung eines Widerstands (Schiebewiderstand, Potentiometer).

Spannungswandler, elektr. Gerät (Transformator) zur Umwandlung einer Spannung in eine höhere oder niedrigere. →auch Meßwandler.

Spannvorrichtung, *Werkstückspanner*, ein Maschinenteil zum Einspannen von Werkstücken, das während des Fertigungsvorgangs deren Lage sichert. Das Spannen kann u.a. axial zwischen Spitzen (Dreh-, Schleifmaschine) oder radial im Bakkenfutter erfolgen.

Spannweite, 1. *Anthropometrie:* anthropometr. Maß; Entfernung der Mittelfingerspitzen voneinander bei seitlich gestreckten Armen.

2. *Hoch- u. Brückenbau: Stützweite*, bei Brücken, Gewölben u.ä. der Abstand zwischen den einander gegenüberliegenden Auflagern. Gegensatz: *lichte Weite*.

3. *Zoologie:* bei Vögeln u. Insekten die Entfernung der beiden äußersten Flügelspitzen.

Spanplatte →Holzspanplatte.

Spant [das], 1. rippenähnlicher Querverbandsteil im Schiff, dient zum Versteifen der Außenhaut. Bei Großfrachtschiffen gibt es auch S.en längsschiffs auf dem Schiffsboden: *Längs-S.en*. – 2. bei Schiffszeichnungen die Querschnittsform eines Schiffs an einer bestimmten Stelle.

Sparbecken, *Sparkammer*, an Schleusen zur Verminderung der Wasserverluste angeordnetes Wasserbecken. Bei den Sparschleusen wird das Wasser aus der vollen Schleusenkammer nicht in das Unterwasser abgelassen, sondern in ein zwischen Oberwasser u. Unterwasser liegendes S. eingeleitet, bis sich die Wasserstände in Kammer u. S. ausgespiegelt haben. Darauf wird das Wasser in das nächste S. geleitet usw.

Sparbrief, Urkunde über eine Spareinlage in fester Stückelung u. mit bestimmter Festlegungszeit von meist mehreren Jahren. Der Nominalwert des S.s lautet über den aufgezinsten runden Endwert von z.B. 1000 DM, eingezahlt wird der →Barwert. Der Zinssatz für S.e liegt höher als bei Einlagen auf Sparbücher mit gesetzl. Kündigungsfrist.

Sparbuch, von einer Bank oder Sparkasse *(Sparkassenbuch)* dem Inhaber eines Sparkontos ausgestelltes Buch, in dem alle Kontenveränderungen eingetragen werden.

Spareinlagen, *Spargelder* →Sparkassen.

sparen, auf sofortigen Konsum verzichten; entweder in Form von Einzahlungen auf Sparkonten bei Sparkassen oder Banken *(echtes S.)* oder als Ansammeln von Geld beim Sparer selbst *(Strumpf-S., Horten)*. Echtes S. ist auch gegeben, wenn Unternehmungsgewinne nicht ausgeschüttet werden. Vom *freiwilligen S.* ist das *Zwangs-S.* zu unterscheiden, bei dem die Einkommensbezieher entweder direkt gezwungen werden, einen Teil ihres Einkommens zu s. (z.B. *eisernes S.*), oder indirekt, indem (z.B. durch Rationierung oder durch Preissteigerungen) die Möglichkeiten des Konsums beschränkt werden.

Sparganiaceae [grch.] →Igelkolbengewächse.

Spargel [grch., ital.], *Asparagus*, Gattung der *Liliengewächse*. Der schon von den Griechen u. Römern angebaute *Gemüse-S., Asparagus officinalis*, hat stark verzweigte Stengel mit kleinen borstlichen Blättern u. roten Beeren. Die jungen, eßbaren, wenig über die Erde herauskommenden Schößlinge sind der S. des Handels; Anbau in großen S.kulturen. Als Ampelpflanze u. als Schnittpflanze wird bes. *Asparagus sprengeri* kultiviert.

Spargelbohne →Hornklee.

Spargelfliege, *Platyparea poeciloptera*, ein rd. 5 mm langer Spargelschädling aus der Familie der *Bohrfliegen*. Die Larve durchfrißt die Stangen u. läßt sie verkrüppeln.

Spargelhähnchen, *Crioceris asparagi*, ein bis 7 mm langer, blaugrüner *Blattkäfer* mit rotem Halsschild u. je 3 gelbroten Flecken auf den Flügeldecken. Die plumpe blaugrüne Larve u. der Käfer fressen an Blättern u. Stengeln des Spargels; schädlich vor allem in Jungkulturen. Nahe verwandt ist der gelbrote, schwarz punktierte *Spargelkäfer, Crioceris decempunctata*.

Spargelkohl →Kohl.

Spark [der; lat.], *Spergula*, Gattung der *Nelkengewächse*, kleine Kräuter mit fadenförmigen Blättern, häutigen Nebenblättern u. weißen Blüten. Auf sandigen Äckern als Unkraut der *Feld-S., Spergula arvensis*; auch als Grünfutter oder Gründünger angebaut.

Spark, Muriel, engl. Schriftstellerin, * 1918 Edinburgh; lebt in London, gab 1947–1949 die „Poetry Review" heraus; schildert in ihren Romanen mit skurrilem Humor menschl. Narrheiten. Auch Lyrik u. biograph.-krit. Essays.

Sparkassen, Geld- u. Kreditinstitute, die vorwiegend Spargelder *(Spareinlagen)* annehmen, verzinsen u. verwalten, aber auch Depositen- u. Kontokorrentkonten unterhalten u. Kredite geben; in der BRD meist von Gemeinden oder Gemeindeverbänden betrieben, die Aufsicht liegt bei den Ländern; der Rechtsform nach autonome öffentl. Unternehmen mit einseitiger Haftbeschränkung (nur die Gemeinde haftet gegenüber der Sparkasse, nicht umgekehrt; mündelsicher); Rechtsgrundlage ist das *Kreditwesengesetz* vom 10. 7. 1961 in der Fassung vom 3. 5. 1976.
Die Sparer erhalten von den S. ein →Sparbuch. Der Zinssatz ist von der Kündigungsfrist abhängig. Alle S.geschäfte unterliegen dem Bankgeheimnis. – ◫ 4.9.4.

Sparkassenbuch →Sparbuch.

Spärkling, *Spergularia*, Gattung der *Nelkengewächse*. In Dtschld. sind heimisch: im Küstengebiet u. an Salzstellen des Binnenlands der *Salz-S., Spergularia salina*, mit blaßroten Blüten; allg. verbreitet auf Äckern u. Schutt der *Rote S., Spergularia rubra*, mit rosenroten Blüten.

Sparkonto, ein bei einer Bank oder Sparkasse geführtes Konto, auf dem nicht dem Zahlungsverkehr dienende Spareinlagen verbucht werden, über die ein *Sparbuch* ausgestellt wird.

Sparmannia [die; nach dem schwed. Naturforscher Anders *Sparrman*, * 1748, † 1820] →Zimmerlinde.

Sparprämie →Prämiensparen (2).

Sparren, 1. *Bauwesen: Sparre*, Bauteil der Dachkonstruktion; verläuft schräg vom First zur Traufe, trägt die Dachdeckung mit der zugehörigen Lattung oder Schalung.

2. *Heraldik:* den Wappenschild aufteilende parallele Winkel.

Sparrendach, eine Dachkonstruktion, bei der je zwei gegenüberliegende *Sparren* mit dem darunterliegenden Balken der obersten Balkenlage zu einem unverschieblichen Dreieck verbunden sind.

Sparring [das; engl.], *Boxen:* das Training des Boxers an Geräten oder mit einem Partner *(S.skampf); S.sball*, Übungsball.

Sparta, *Sparte*, griech. Stadt auf dem Peloponnes, 11000 Ew.; Anbau von Oliven, Wein u. Südfrüchten; Museum, Ausgrabungen der antiken Stadt.
Geschichte: Bei *Homer* Residenz des *Menelaos*; gegen 1050 v.Chr. von *Doriern* besiedelt, die bis zum 8. Jh. v.Chr. ganz Lakonien unterwarfen u. einen Staat eigener Prägung entwickelten (*Lakedämon*). Seine auf *Lykurgos* zurückgeführte Verfassung sah ein Doppelkönigtum vor (*Agiaden* u. *Eurypontiden*), das nur in Kriegszeiten größere Bedeutung gewann; in den Händen der *Gerusia* (Rat der Alten) ruhte die Gerichtsbarkeit; die

Apella (Volksversammlung) wurde von allen über 30 Jahre alten Vollbürgern, den *Spartiaten*, gebildet (am Anfang einige tausend, in hellenist. Zeit nur noch einige hundert). Völlig rechtlos waren die versklavten *Heloten*, die von der unterworfenen Vorbevölkerung abstammten.
Die Spartiaten bildeten eine geschlossene Gruppe, deren Leben auf den Erwerb u. die Erhaltung kriegertugenden ausgerichtet war. Vom vollendeten 7. Lebensjahr an wurden die Knaben in strenger staatl. Zucht duch Waffendienst, Sport u. Ertragen körperl. Schmerzen zu Kriegstüchtigkeit erzogen; mit 20 Jahren traten sie in den Heeresverband ein, dem sie bis zum 60. Lebensjahr angehörten.
Im 8./7. Jh. v. Chr. eroberte S. Messenien, weitete sein Gebiet nach Südarkadien u. auf die Argolis aus, übernahm seit der Mitte des 6. Jh. v. Chr. die Führung der Staaten auf dem Peloponnes *(Peloponnesischer Bund)* u. in den Perserkriegen an der Seite Athens die Vorkämpferschaft für ganz Hellas *(Leonidas, Pausanias)*. Athens Aufstieg *(Attischer Seebund)* führte zur Rivalität. Nach Hinauszögerung der Entscheidung durch *Perikles* brach 431 v. Chr. der *Peloponnesische Krieg* aus, den S. nur mit pers. Hilfe gewinnen konnte. Doch brachte ihm seine rücksichtslose Hegemonie über Griechenland (u. a. Beseitigung der Demokratien) wenig Sympathien ein. 394 v. Chr. fügte der Athener *Konon* mit pers. Hilfe bei Knidos der spartan. Flotte eine entscheidende Niederlage zu. Trotz des 386 v. Chr. erhandelten *Königs-* oder *Antalkidasfriedens* endete mit der Niederlage in der Schlacht bei Leuktra 371 v. Chr. u. dem Verlust Messeniens S.s große Zeit.
Nach verlustreichen Kämpfen gegen den Achäischen Bund u. Makedonien wurde S., trotz restaurativer Reformen in hellenist. Zeit, 146 v. Chr. römisch. In der röm. Kaiserzeit blühte S. noch einmal auf u. wurde 395 n. Chr. von den Goten Alarichs zerstört. Im MA. stand S. anfängl. unter byzantin. Herrschaft, bis es seit dem 13. Jh. hinter →Mistras zurücktrat. Von der antiken Stadt sind nur spärl., meist spätantike Reste erhalten. – 🕮 5.2.3.

Spartacus, *Spartakus*, Anführer im 3. Sklavenkrieg, † 71 v. Chr.; thrak. Kriegsgefangener in der Gladiatorenschule von Capua, floh 73 v. Chr. mit anderen Sklaven; seine Erhebung gegen Rom fand zahlreiche Anhänger unter den Sklaven; er siegte fünfmal über röm. Heere. Von *Crassus* nach der Südspitze Italiens abgedrängt, fiel S. bei Potelia.

Spartakiade [die; nach *Spartacus*], in einzelnen Ostblockstaaten in unregelmäßigem Abstand veranstaltetes Massensportfest mit Wettbewerben in allen Sportarten; erste S. 1928 in Moskau.

Spartakus – Assoziation marxistischer Studenten →Marxistischer Studentenbund Spartakus.

Spartakusbund, Zusammenschluß revolutionärer Sozialisten zur Zeit des 1. Weltkriegs, gegr. Anfang 1916, nannte sich zunächst *Gruppe Internationale* (nach der Ztschr. „Die Internationale", einzige Nummer 1915), dann *Spartakusgruppe* (nach der illegalen Ztschr. „Spartakusbriefe" 1916–1918), seit 11. 11. 1918 S. Führende Persönlichkeiten waren K. *Liebknecht*, R. *Luxemburg*, Leo *Jogiches* (* 1867, † 1919). Die Gruppe bekämpfte die „Burgfriedenspolitik" der SPD-Führung u. propagierte den internationalen Klassenkampf auch im Krieg. Der S. suchte die Novemberrevolution 1918 in Richtung auf ein Rätesystem weiterzutreiben. Er bildete den Kern der am 1. 1. 1919 gegr. KPD.

Spartanburg ['spa:tənbə:g], Stadt in South Carolina (USA), am Appalachenrand, 45 500 Ew. (Metropolitan Area 130 000 Ew.); Obstbau; Eisen-, Goldabbau; Textil-, Maschinen-, chem. Industrie.

Sparte [ital.], Abteilung, Fach-, Geschäfts- oder Wissenschaftszweig.

Sparterie [frz.], ursprüngl. Mattenflechtarbeit; heute bes. Holzflechtarbeit.

Spartivento, *Capo S.*, Südspitze von Kalabrien u. damit des festländ. Italien.

Spartransformator, bes. Ausführung eines Transformators, bei dem die Primärwicklung als Teil der Sekundärwicklung abgegriffen wird (bei Spannungserhöhung) oder umgekehrt (Spannungsherabsetzung). Materialersparnis an Wickeldraht u. Transformatoreisen bes. bei geringen Übersetzungsverhältnissen.

Spar- und Darlehnskassen →ländliche Kreditgenossenschaften.

Sparversicherung, gewährt dem Versicherten oder seinen Erben nach Ablauf einer bestimmten Zeit einen bestimmten Betrag gegen Zahlung eines jährl. Betrags; als Aussteuer- u. Spareinlageversicherung; keine echte Versicherung.

Spasmolytika [Ez. das *Spasmolytikum*; grch.], *Antispasmodika*, krampflösende Mittel, die bes. Verkrampfungen (Koliken) der glatten Muskulatur der inneren Organe lösen, z. B. die Alkaloide der Tollkirsche, des Opiums, des Schöllkrauts, der Zahnstocherammei u. des Stechapfels.

Spasmophilie [grch.], *kindliche Tetanie*, bei Säuglingen u. Kindern vorkommende Erkrankung, deren Hauptanzeichen eine abnorme Krampfbereitschaft ist; Ursache ist eine Störung des Hormon- u. Mineralstoffwechsels in engem Zusammenhang mit der Rachitis. →auch Tetanie.

Spasmus [der; grch.], Krampf.

Spassk-Dalnij, Stadt in Sowjetisch-Fernost, RSFSR, nahe des Chankasees, 42 000 Ew.; Nahrungsmittel-, metallverarbeitende u. Baustoffindustrie; an der Transsibir. Bahn.

Spasskij, Boris, sowjet. Schachspieler, * 30. 1. 1937 Leningrad; seit 1955 Großmeister, 1969 nach Sieg über seinen Vorgänger T. *Petrosjan* Weltmeister; verlor den Titel 1972 an R. *Fischer*.

Spastiker [grch.], jemand, der an spastischer →Lähmung leidet (bes. Kinder). Ursachen spast. Lähmungen sind vor allem angeborene oder frühkindl. erworbene Hirnschädigungen. Hauptanzeichen sind Geh- u. a. Bewegungsstörungen sowie Sprach-, Seh- u. Hörschäden. Für die Behandlungsaussichten ist eine frühzeitige Erkennung wichtig; zur Behandlung dienen bes. krankengymnast. sowie sprach- u. beschäftigungstherapeut. Maßnahmen (Heilpädagogik), wie sie in *S.zentren* möglich sind. In der BRD vertritt der *Bundesverband für spastisch Gelähmte u. a. Körperbehinderte e. V.*, Düsseldorf, die Interessen der S.

Spat [der], **1.** *Bergbau:* alte dt. Bez. für gut spaltbare Mineralien (*Feld-S., Kalk-S.* u. a.).
2. *Veterinärmedizin:* chron.-deformierende Entzündung des Sprunggelenks bes. beim Pferd, seltener beim Rind; nur zu 50% heilbar.

Spateisenstein, *Eisenspat, Siderit*, erbsengelbes bis braunschwarzes, glas- u. perlmutterglänzendes Mineral *(Eisencarbonat)*, z. T. metall. bunt anlaufend; trigonal; Härte 4,5; wichtiges Eisenerz.

Spaten, *Grabscheit, Schute*, Handgerät zum Wenden des Bodens.

Spätgeburt, eine später als 14 Tage nach dem errechneten Termin erfolgende Geburt; wahrscheinlich durch hormonale Störungen verursacht. Die Schwangerschaft wird meist durch künstl. Einleitung der Geburt beendet, um einer Schädigung des Kindes vorzubeugen.

Späth, Lothar, Politiker (CDU), * 16. 11. 1937 Sigmaringen; Verwaltungsbeamter; 1972–1978 Vors. der CDU-Landtagsfraktion, seit 1978 Min.-Präs. von Baden-Württemberg, seit 1979 auch Landes-Vors. der CDU.

Spatha [die; grch.], **1.** *Botanik:* großes Hochblatt an der Basis von Blütenständen, bes. auffällig bei Aronstabgewächsen u. Palmen.
2. *Waffen:* zweischneidiges Langschwert.

Spätheimkehrer, →Heimkehrer, die nach bestimmten Stichtagen aus der Kriegsgefangenschaft in die BRD oder nach Westberlin zurückgekehrt sind. Sie wurden gegenüber den übrigen Heimkehrern bes. gefördert. Das *Heimkehrergesetz* vom 19. 6. 1950 sah bei Rückkehr nach dem 8. 5. 1946 *Ausbildungsbeihilfen* vor. – Wer nach dem 31. 12. 1947 zurückgekehrt ist, hat Anspruch auf bevorzugte *Arbeitsvermittlung* oder bevorzugte Einstellung in den öffentl. Dienst. Für den Anspruch auf *Entlassungsgeld* u. *Übergangsbeihilfe* gilt der 30. 10. 1951 als Stichtag. Für die über den 31. 12. 1946 hinaus in Gefangenschaft verbrachte Zeit wird eine *Entschädigung* (30 DM für jeden Monat u. 60 DM bei insgesamt mehr als 24 zu entschädigenden Monaten) gewährt (*Kriegsgefangenenentschädigungsgesetz* vom 30. 1. 1954 in der Neufassung vom 2. 9. 1971). Bei Heimkehr nach dem 30. 9. 1948 werden bes. *Steuerfreibeträge* anerkannt.

Spathiflorae [grch. + lat.], Ordnung der einkeimblättrigen Pflanzen *(Monokotyledonen)*, Blütenstände mit einem auffälligen Hochblatt *(Spatha)* u. oberständigem Fruchtknoten *(Kolben, Spadix)*. Die oft herzförmigen, netzadrigen Blätter entsprechen eigentl. nicht dem Monokotyledonentyp. Hierher gehören *Aronstabgewächse* u. *Wasserlinsengewächse*.

spationieren, *spatiieren* [lat.], Wörter beim Schriftsatz durch Einlegen dünner Metallplättchen *(Spatien)* zwischen die Buchstaben sperren.

Spatium [das, Mz. *Spatien*; lat.], Zwischenraum, Raum; im Buchdruck (Satz) Ausschlußstück in der Stärke von ½, 1, 1½ u. 2 typographischen Punkten; dient zum Ausschließen der Zeile u. Sperren *(Spationieren, Spatiieren)* einzelner Wörter.

Spätkapitalismus →Kapitalismus.

Spätlese, bes. gehaltvoller Wein aus erst nach der allg. Lese geernteten Trauben, die überreif u. bereits leicht angetrocknet sind.

Spätreife, verzögerte Reifung körperl. u. seelisch-geistiger Eigenschaften, z. B. durch mangelnde Funktion der entspr. Wirkstoffdrüsen (Hirnanhangdrüse, Keimdrüsen, Schilddrüsen).

Spätromantik →Romantik.

Spatzenzunge, Pflanze, →Vogelkopf.

Spätzle, *Knöpfle*, in Südwest-Dtschld. beliebte Mehlspeise (Teig aus Mehl, Milch oder Wasser u. Eiern); wird von einem Brett streifenförmig mit feuchtem Holzmesser in kochendes Salzwasser geschnitten; auch industriell hergestellt.

SPD, Abk. für →Sozialdemokratische Partei Deutschlands.

Speaker ['spi:-; engl., „Sprecher"], der Präs. des brit. Unterhauses u. des Repräsentantenhauses der USA.

spec., *Biologie:* Abk. für →Species.

Spechte, *Picidae*, weltweit verbreitete Familie mit Meißelschnabel ausgerüsteter, kräftiger, oft bunter *Spechtvögel*, die Insekten u. deren Larven aus Baumrinde u. Holz heraushacken. Häufig werden die dabei entstehenden Löcher zu Bruthöhlen ausgebaut u. auch von anderen Vogelarten benutzt. Einheim. sind die grün-grau gefärbten *Grün-* u. *Grau-S.*, *Picus viridis* u. *canus*, mit „lachendem" Ruf, die weiß-schwarz-rot gefärbten *Bunt-*, *Klein-* u. *Mittel-S.*, *Dendrocopos major, minor* u. *medius*, u. der 46 cm große, eine rote Kappe tragende *Schwarzspecht*, *Dryocopus martius*. Zu den S.n gehört auch der *Wendehals*.

Spechtmeise = Kleiber.

Spechtpapageichen, *Micropsittinae*, eine Unterfamilie von 6 Arten zaunköniggroßer *Papageien* von Neuguinea u. den Salomonen, die spechtartig an Bäumen klettern.

Spechtvögel, *Piciformes*, Ordnung der *Vögel*, zu der die Familien der *Glanzvögel, Bartvögel, Spechte, Tukane* u. *Honiganzeiger* gehören.

Species ['spe:tsies; die; lat.], **1.** *biolog. Systematik:* die →Art. Der Begriff wird in der →Binären Nomenklatur, bes. in der Abk. *spec.*, gebraucht, wenn der Artname nicht bekannt bzw. zweifelhaft ist; z. B. *Cichlasoma spec.*, d. h. ein Buntbarsch der Gattung Cichlasoma, dessen Artzugehörigkeit nicht näher bestimmt ist.
2. *Philosophie:* in der scholast. Erkenntnistheorie die erkannte Form des zu Erkennenden.

Speciestaler ['spe:tsiɛs-], die klingende Münze im Gegensatz zur Rechnungsmünze; bis 1875 Hauptwährungsmünze in den skandinav. Ländern.

Speck, die Fettschicht unter der Haut des Schweins, bes. auf dem Rücken, dem Bauch u. den Schinkenpartien.

Speck, Paul, schweizer. Bildhauer, * 10. 6. 1896 Hombrechtikon, Kanton Zürich, † 31. 7. 1966 Zürich; Keramikplastiker, schuf seit den 1930er Jahren steinerne Brunnen u. Figurengruppen.

Speckbohne, 1. *Botanik:* →Bohne.
2. *Getränke:* fehlerhafte Kaffeebohne.

Speckkäfer, *Dermestidae*, in allen Erdteilen lebende Familie der *Käfer*, ursprüngl. Aasfresser, gefährlich als Vorratsschädlinge. – Zu den S.n gehören der *Gewöhnl. S., Dermestes lardarius*, von 7 mm Länge u. braun-schwarzer Farbe, sowie *Pelzkäfer, Teppichkäfer, Khaprakäfer* u. *Museumskäfer*.

Speckstein, *Steatit*, Varietät des Minerals →Talk.

Speckter, 1. Erwin, Maler u. Graphiker, * 18. 7. 1806 Hamburg, † 23. 12. 1853 Hamburg; religiöse u. mytholog. Gemälde, die Anregungen der Nazarener u. des Klassizismus verarbeiten.
2. Otto, Bruder von 1), Maler u. Graphiker, * 9. 11. 1807 Hamburg, † 29. 4. 1871 Hamburg; illustrierte u. a. H. Ch. Andersens Märchen 1847 u. F. Reuters „Hanne Nüte" 1863.

Spectator [-'tɛitə; engl., „Zuschauer"], **1.** „*The S.*", engl. moralisch-erzieher. Zeitschrift, hrsg. 1711/12 von R. *Steele* u. J. *Addison*, der die Mehrzahl der Beiträge lieferte; trat an die Stelle des „*Tatler*" (1709–1711) u. erschien tägl. als Zeitschrift eines fiktiven Klubs; Vorbild der *moralischen Wochenschriften*.
2. „*The S.*", 1828 gegr. polit. Wochenblatt in London (konservativ).

Speculum [das, Mz. *Specula*; lat., „Spiegel"], häufiger Titel von spätmittelalterl. Kompilationen theolog., lehrhafter u. unterhaltender Art.

Spediteur [-'tø:r; frz.], Kaufmann, der gewerbsmäßig die Besorgung von Gütertransporten durch →Frachtführer (z.B. Eisenbahn) oder durch →Verfrachter von Seeschiffen für Rechnung eines anderen (des Versenders) in eigenem Namen übernimmt (*Speditionsgeschäft*; §§ 407ff. HGB u. Allg. Dt. S.bedingungen [→ADSp] von 1927/39). – In Österreich gelten neben den §§ 407ff. HGB die Allg. Österr. S.bedingungen. – Die Rechtsstellung des S.s in der Schweiz ergibt sich vor allem aus der Regelung des *Speditionsvertrags* in Art. 439 OR als Verbindung von Kommissionsgeschäft u. Frachtvertrag. – 🄻 4.3.2.

Speditionsgeschäft →Spediteur.

Spee, 1. *S. von Langenfeld*, Friedrich, Barockdichter, *25. 2. 1591 Kaiserswerth bei Düsseldorf, †7. 8. 1635 Trier; Jesuit, schrieb anonym eine erfolgreiche Kampfschrift („Cautio criminalis" 1631) gegen die Hexenverfolgung; war später Prof. der Moraltheologie in Köln. Verfasser geistl. Gedichte von myst. Naturempfinden. „Trutz-Nachtigal" (Handschrift 1629, Druck 1649); „Güldenes Tugendbuch" (posthum) 1649.
2. Maximilian Graf von, Admiral, *22. 6. 1861 Kopenhagen, †8. 12. 1914 gefallen bei den Falklandinseln; im 1. Weltkrieg Sieger mit dem Ostasiengeschwader bei Coronel 1. 11. 1914.

Speed [spi:d; der; engl.], Geschwindigkeitssteigerung eines Rennläufers oder Pferdes, Spurt.

Speedway ['spi:dwɛi; engl.], früher *Dirt-Track-Rennen*, Motorradrennen auf 400m langen Aschenbahnen mit Spezialmotorrädern (bis 500cm³ Hubraum, ohne Bremsen). Da S.rennen immer im Linkskurs gefahren werden, tragen die Fahrer am kurveninneren Fuß einen Eisenschuh zum Abstützen. →auch Sandbahnrennen, Eisspeedway.

Speer, 1. *Sport:* →Speerwerfen.
2. *Waffen:* eine der ältesten Nah- (*Stoß-S.*, zur *Lanze* der Reiterei geworden) u. Fernwaffen (*Wurf-S.*) für Jagd u. Kampf. Ursprüngl. ein zugespitzter Holzstab (Tasmanier; Acheuléen); später kam zum Schaft bald eine Stein-, Knochen-, Bambus-, später Eisenspitze (oft mit Widerhaken), beim Fisch-S. mehrfach gegabelt.

Speer, Albert, Architekt u. nat.-soz. Politiker, *19. 3. 1905 Mannheim; errichtete große Partei- u. Staatsbauten (Parteitagsgelände in Nürnberg, Neue Reichskanzlei u.a.), 1937 Generalbauinspektor für die geplante Neugestaltung Berlins, 1942 Reichs-Min. für Bewaffnung u. Munition, steigerte die Rüstungsproduktion, durchkreuzte 1945 Hitlers Zerstörungsbefehle. Im Prozeß gegen die Hauptkriegsverbrecher in Nürnberg wurde S. 1946 zu 20 Jahren Gefängnis verurteilt; 1966 entlassen. „Erinnerungen" 1969; „Spandauer Tagebücher" 1975.

Speerschleuder, *Wurfholz, Wurfbrett, Wurfschleuder*, ein Stück Holz, mit dessen Hilfe der Speer hebelartig kräftiger u. weiter geworfen wird (verbreitet bei den Eingeborenen von Australien, Neuguinea, Melanesien, Ostsibirien, Nord- u. Südamerika u. des eiszeitl. Europa). Die S. hat meist auf der Oberseite eine Führungsrinne für den Speer, oft eine griffartige Vorrichtung u. hinten ein Widerlager als Vertiefung oder Dorn.

Speerwerfen, leichtathlet. Wurfwettbewerb, bei dem der Speer nach Anlauf geworfen wird.
S. war bereits in der Antike ein Sportwettbewerb, z.B. als eine der Übungen beim griech. *Pentathlon*. F.L. *Jahn* nahm das S. als Zielwerfen (*Gerwurf* auf Scheiben) in sein Turnprogramm auf. Als Weitwerfen in der heutigen Form kam es um 1900 zuerst in Schweden auf. 1908 war S. erstmals olymp. Disziplin für Männer, seit 1932 auch für Frauen.
Die Speere können aus Metall oder Holz hergestellt sein, die international vorgeschriebenen Maße u. Gewichte sind: Männerspeer 2,60–2,70m lang, 800g schwer, Metallspitze 80g schwer; Frauenspeer 2,20–2,30m, 600g, Metallspitze 80g. Die Griffstelle ist durch Schnurumwicklung von 15cm Breite anzubringen. Die Speerwurfanlage besteht aus Anlauf u. Wurffeld. Der Speer muß, damit der Wurf gültig ist, beim Auftreffen mit der Spitze zuerst den Boden berühren u. innerhalb des vorgezeichneten Wurffelds landen.

Speiche, 1. *Maschinenbau:* Teil des Rades.
2. *Zoologie: Radius*, einer der beiden Unterarmknochen der vorderen Gliedmaßen der vierfüßigen Wirbeltiere; beim Menschen der stärkere, auf der Daumenseite liegende.

Speichel, *Saliva*, dünnflüssiges Sekret der *Speicheldrüsen*. Er setzt sich aus anorgan. u. organ. Substanzen wie *Mucin* u. *Proteinen* zusammen. Mucin ist der Hauptbestandteil des Schleims, erhöht die Gleitfähigkeit des Bissens u. erfüllt die Abwehrfunktionen gegen Krankheitserreger. S. kann dünnflüssig sein (*Spül-S.*) oder als *Verdauungs-S.* reichlich Enzyme enthalten, wie z.B. Ptyalin, das die in der Nahrung enthaltene Stärke (Zukker) bis zur Maltose abbaut. Die Ausscheidung von S. (*S.sekretion*, beim Menschen 1–1,5*l* täglich) erfolgt nervös reflektorisch oder durch bedingte Reflexe. – 🄻 9.3.0.

Speicheldrüsen, traubige (*azinöse*) Drüsen im Kopf von Gliederfüßern, Weichtieren u. Wirbeltieren, die in den Mundraum münden; ihre Sekrete (*Speichel*) dienen der Nahrungsaufnahme u. Mundverdauung. Bei räuber. Tieren geben die S. beutelähmenden Speichel ab, bei Blutsaugern gerinnunghemmende Stoffe (z.B. beim Blutegel). Die S. der Insekten sind die Labial-, Maxillar- u. Mandibulardrüsen, die der höheren Wirbeltiere Ohrspeichel-, Unterkiefer- u. Unterzungendrüse.

Speicher [lat.], **1.** *Elektronenrechner:* eine der wichtigsten Einrichtungen in programmgesteuerten digitalen Rechenanlagen. Ein S. besteht aus vielen einzeln adressierbaren Stellen, deren jede eine Anzahl →bits enthält (Information). Jede Information in einer S.stelle kann jederzeit wieder abgerufen werden, ohne daß sie verlorengeht. Beim *Kern-S.* besteht das S.medium aus einzelnen kleinen Ferritkernen. Jeder Kern kann zwei magnet. Zustände einnehmen u. stellt ein bit dar. Der *permanente S.* behält seine Information auch bei Stromabschaltung bei. Der *Trommel-S.* besteht aus einer mit einer magnet. Schicht belegten Trommel (Zylinder); meist Zusatz-S. →Kernspeicher.
2. *Landwirtschaft:* der über den Ställen u. unter dem Dach liegende Raum; Vorratslager.
3. *Wasserbau:* →Speicherkraftwerk.

Speichergestein, poröses Gestein, in das Erdöl eingewandert ist; Gegensatz: *Muttergestein*.

Speichergewebe, Gewebe zur Speicherung von flüssigen oder festen Stoffen, die entweder später im Stoffwechsel wiederverwendet oder als →Exkrete gespeichert werden; bei Pflanzen das *Speicherparenchym* in Mark u. Rinde von Sprossen u. Wurzeln u. vor allem in Speicherorganen (Rüben, Zwiebeln, Knollen) u. im Samen; bei Tieren das *Fettgewebe* u. das S. in Speicherorganen (z.B. die Mitteldarmdrüse der Krebse, der Fettkörper der Insekten, die Leber der Wirbeltiere).

Speicherkraftwerk, eine Wasserkraftanlage, die ihr Triebwasser einem Speicher entnimmt. Die Stromerzeugung kann dem ständig wechselnden Bedarf angepaßt werden. Gegensatz: *Laufkraftwerk*. →auch Pumpspeicherwerk, Talsperre.

Speichernieren, Organe verschiedener Tiergruppen, die der Exkretspeicherung dienen, z.B. Fettkörper von Insekten.

Speicherofen, elektr. Heizgerät; besteht hauptsächl. aus keramischem Material, das durch eingelegte Heizwicklungen meist mit billigem Nachtstrom aufgeheizt wird. Die gespeicherte Wärme wird tagsüber abgegeben.

Speicherorgane →Speichergewebe.

Speicherpumpe, eine Kreiselpumpe, die in einem →Pumpspeicherwerk zur Förderung des Speicherwassers in den oberen Speicherbehälter dient.

Speicherring, *Hochenergiephysik:* zwei wellenförmig ineinander verschlungene Ringe, in die hochbeschleunigte Protonen eingespeist u. so gespeichert werden, daß sich die Teilchenbahnen einoder mehreremal kreuzen. Auf diese Weise treten mit einer gewissen Wahrscheinlichkeit Zusammenstöße der Teilchen auf; sie wechselwirken miteinander. Bei den Elementarteilchenprozessen beträgt die Reaktionenergie ein Mehrfaches der primären Teilchenenergie, so daß mit wichtigen Ergebnissen gerechnet werden kann. Eine große S.-Anlage befindet sich im →CERN.

Speichersee, Stausee in der Nähe der Isar, nordöstl. von München, 34,7 Mill. m³ Stauinhalt, 6,1qkm, 5,8m Stauhöhe, 1926 errichtet.

Speichgriff →Griff (1).

Speidel, 1. Hans, General, *28. 10. 1897 Metzingen; stand der Widerstandsbewegung nahe, nach dem 20. 7. 1944 verhaftet; 1955–1957 Leiter der Abt. Streitkräfte im Bundesverteidigungsministerium; 1957–1963 Befehlshaber der NATO-Landstreitkräfte Mitteleuropa. Werke: „Invasion 1944" 1949; „Zeitbetrachtungen" 1971.
2. Ludwig, Feuilletonist u. Theaterkritiker, *11. 4. 1830 Ulm, †3. 2. 1906 Wien; dort seit 1853 Journalist, bes. bei der „Neuen Freien Presse".

Speierling →Eberesche.

Speigatt [das], rundes Loch in den Schiffswänden für den Wasserablauf.

Speik, Bez. für verschiedene Gebirgspflanzen mit zusammengesetzten Blütenständen, z.B.: 1. *Echter S., Valeriana celtica*, ein *Baldriangewächs*, Hochalpen, Blüten in gelbl.-roter Trugdolde, ätherisches Öl (1%). – 2. *Großer S., Lavandula latifolia*, ein *Lippenblütler*, im Mittelmeergebiet angebaut, liefert Nardenöl für Tiermedizin u. Lackherstellung. – 3. *Kleiner S.* = Lavendel. – 4. *Gelber S., Senecio icanus var. carneolicus*, ein Kreuzkraut (*Korbblütler*), Hochalpen. – 5. *Weißer S., Achillea clavena*, eine Schafgarbe (*Korbblütler*), Kalkalpen. – 6. *Blauer S., Primula glutinosa* u. *minima* (Primelgewächse) auf silicathaltigen Schneeböden.

Speis [der] = Mörtel.

Speischlange, *Naja nigricollis*, bis 2m lange afrikan. *Hutschlange*, speit giftigen Speichel gegen die Augen von Feinden, was zu Binde- u. Hornhautentzündungen führt (ebenso auch die *Ringhalskobra*).

Speise, 1. *Hüttenwesen:* beim Glockenguß die benutzte Legierung; auch Zwischenprodukt bei der Metallgewinnung (*Nickel-S., Kobalt-S.* fallen als Arsen-Antimon-Legierungen bei bestimmten Schmelzprozessen an).
2. *Lebensmittel:* zubereitete Nahrung.

Speisebrei, Inhalt des Magens u. Dünndarms, der aus der zerkleinerten u. mit Verdauungssäften durchsetzten Nahrung besteht.

Speiseeis →Gefrorenes.

Speisegesetze, im Brauchtum vieler Völker verankerte Beschränkungen in bezug auf die Nahrungsaufnahme (bestimmte Eßgeräte, z.B. bei Hirtenvölkern keine Metalle im Zusammenhang mit Milch) oder Verbote bestimmter Nahrungsmittel (Kühe bei den Hindus, Schweine im Islam); es können Speisegebote (*Maori:* Farnkrautwurzeln bei Geburt eines Kindes) oder Speiseverbote (Speisetabus) sein. Zugrunde liegende Vorstellungen: Eigenschaften der Speise gehen auf den Menschen über (Verbote für Schwangere), Krankheiten entstehen, Fruchtbarkeit wird behindert (Speisebeschränkungen bei Reifeweihen), Beziehung zu Tier oder Pflanze wird gestört (Verbindungen zum *Totemismus*).

Speiseleitung, Leitung vom Erzeugerwerk (Gas, Wasser, Elektrizität) zum Hauptverteiler; auch Rohrleitung, die einen Dampfkessel mit Wasser versorgt.

Speiseöle →Fette und Öle.

Speiseopfer, die Darbietung von Speisen oder Teilen der Mahlzeit für die Gottheit oder die Ahnen, wozu auch das *Trankopfer (Libation)* gehört.

Speisepumpe, eine Pumpe, die dem Dampfkessel das benötigte Speisewasser zuführt.

Speiser, Felix, schweizer. Völkerkundler, *20. 10. 1880 Basel, †9. 9. 1949 Basel; reiste u. forschte in Melanesien. Hptw.: „Südsee, Urwald, Kannibalen" 1913; „Ethnograph. Materialien aus den Neuen Hebriden" 1922; „Versuch einer Siedlungsgeschichte der Südsee" 1946.

Speiseröhre, *Oesophagus*, Teil des Darmkanals; das Verbindungsstück zwischen Mundöffnung bzw. Schlund u. Magen; bei Wirbeltieren ein Muskelrohr, das dehnbar u. mit einer Schleimhaut mit zahlreichen Schleimdrüsen ausgekleidet ist; die Muskulatur ist im oberen Teil z.T. quergestreift, sonst überwiegend glatt.
Beim Menschen ist die S. 25 cm lang u. 1–2 cm breit; sie zeigt im normalen Verlauf Verengungen u. Erweiterungen, doch kommen auch starke krankhafte Ausbuchtungen (*Divertikel*) vor; Verengungen sind meist Folge von Narbenbildungen (*Strikturen*) aufgrund von Verätzungen, Verbrennungen u. Entzündungen, seltener von Verkrampfungen am Mageneingang (*Kardiospasmus*); auch Fremdkörperverletzungen u. daraus folgende schwere eitrige Erkrankungen sind möglich.
Die S. der niederen Tiere hat oft Ausbuchtungen (*Kröpfe, Kaumägen*), die bereits dem Aufschluß der Nahrung dienen.

Speiseröhrenkrebs, *Ösophaguskarzinom*, bes. im höheren Lebensalter u. bei Männern auftretende Krebsform, deren wichtigste Anzeichen anhaltende u. zunehmende Schluckbeschwerden, Druckgefühl hinter dem Brustbein, später übler Mundgeruch u. Schluckunfähigkeit sind.

Speiseröhrenspiegelung = Ösophagoskopie.

Speiserüben, Gemüse: Mairübe, Teltower Rübchen, Bayerische Rübe.

Speisewasser, weiches Wasser zum Füllen von Dampfkesseln, frei von festen Verunreinigungen u. von Kesselsteinbildnern (→Kesselstein). Chemisch reines Wasser (z.B. reines Kondenswasser) führt zu Anfressungen der Kesselwandung u. muß durch Zusatz von Chemikalien verbessert werden.
Speiskobalt [der], das Mineral →Smaltin.
Speispinnen, *Sicariidae*, Familie der *Spinnen*. Die Gattungen *Scytodes* u. *Loxosceles* schleudern aus den Giftdrüsen der Cheliceren (nicht der Spinndrüsen) Leimfäden über die Beute.
Speke [spi:k], John Hanning, brit. Afrikaforscher, *4. 5. 1827 Jordans, †15. 9. 1864 Bath; entdeckte 1858 mit R. F. *Burton* den Tanganjikasee u. im gleichen Jahr den Victoriasee, den er 1860–1863 als Quellsee des Nil feststellte.
Spektabilität [lat., „Achtbarkeit, Ansehnlichkeit"], *Eure (Ew.) S.*, die traditionelle Anrede eines Dekans an einer Universität.
spektral [lat.], das Spektrum betreffend.
Spektralanalyse [die; lat. + grch.], Untersuchung von Stoffen auf ihre chem. Elemente durch Zerlegen des von ihnen ausgestrahlten Lichts in →Spektralfarben; geschieht in einem →Spektralapparat. Durch die Untersuchung der Lage *(qualitative S.)* u. der Stärke der Spektrallinien *(quantitative S.)* im Spektrum kann auf Vorhandensein u. Konzentration der verschiedenen Elemente in der untersuchten Substanz geschlossen werden. Für die verschiedenen Spektrallinien eines Elements wurden Gesetzmäßigkeiten gefunden, die durch die Quantentheorie erklärt werden konnten. Nach Kenntnis dieser Gesetze konnte man in der Astrophysik die Zusammensetzung der Fixsternatmosphären aus den verschiedenen Elementen sowie die Entfernung u. die Relativgeschwindigkeiten weit entfernter Sterngruppen u. Nebel bestimmen. – Die S. wird immer stärker bei chem. u. metallograph. Untersuchungen angewendet, da sie sehr genau ist u. bes. Zeit u. Material einspart. – Sie wurde erstmals 1859 von R. *Bunsen* u. R. *Kirchhoff* durchgeführt. – 🕮 7.6.2.

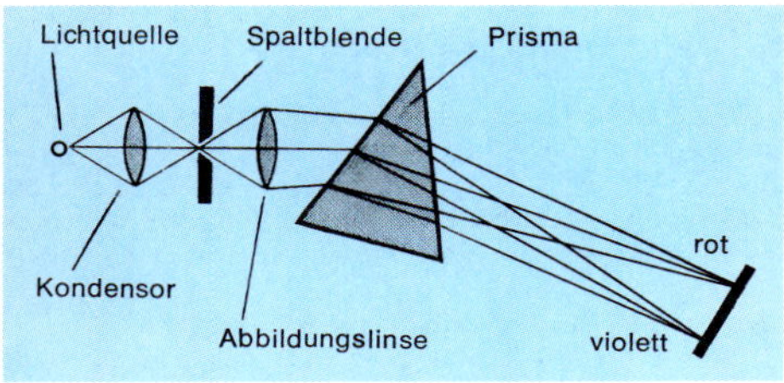

Spektralapparat: Zerlegung von weißem Licht durch ein Prisma

Spektralapparat, opt. Gerät zur Zerlegung des Lichts nach Wellenlängen *(Spektralanalyse)*; Hauptbestandteile: der →Kollimator, ein →Prisma (3) oder ein Beugungsgitter (→Beugung [2]) u. ein Fernrohr, mit dem die Spektrallinien beobachtet *(Spektroskop:* kleiner Prisma-S. zur schnellen Überprüfung der Spektren) bzw. photographiert *(Spektrograph)* werden können. Je nach dem Spektralbereich, der untersucht werden soll, werden verschiedene S.e benutzt; z.B. Quarzspektrographen für Ultraviolett, Kristallspektrographen für Infrarot. Ein *Spektrometer* ermöglicht es, die Wellenlänge abzulesen oder aus einer Eichkurve zu bestimmen.
Spektraldurchmusterung, ein Sternkatalog, der die →Spektralklassen zahlreicher Sterne enthält, z.B. *Henry-Draper-Katalog* (Abkürzung HD) mit 225300 Sternen bis zur Größe 9,5; *Bergedorfer S.* mit rd. 150000 Sternen bis zur 13. Größe aus 115 ausgewählten Feldern des Himmels.
Spektralfarben, die verschiedenen Farben, aus denen das weiße Licht zusammengesetzt ist. Ein sehr enger Farbbereich heißt *Spektrallinie* (entspricht einer bestimmten Wellenlänge des Lichts). →auch Spektrum.
Spektralklassen, Einteilung der Sterne nach dem Aussehen ihres Spektrums. Folgende wichtige S. werden nach ihren charakteristischen Merkmalen unterschieden: O sehr heiße, blauweiße Sterne (Absorptionslinien von Helium), B heiße, weiße Sterne (Absorptionslinien von Helium, Wasserstoff u. ionisiertem Sauerstoff), A ziemlich heiße, weißgelbe Sterne (Absorptionslinien von Wasserstoff u. ionisiertem Calcium, schwache Metalllinien), F hellgelbe Sterne, etwas heißer als die Sonne (sehr starke Linien des ionisierten Calciums, Wasserstofflinien schwächer, Metallinien stärker), G gelbe Sterne wie die Sonne (sehr starke Linien des ionisierten Calciums, Wasserstofflinien schwach, Metallinien weiter verstärkt), K rötlichgelbe Sterne, etwas kühler als die Sonne (Metallinien vorherrschend, Banden von Titanoxid), M rötliche, kühle Sterne (Metallinien, Titanoxidbanden stark).
Zur feineren Unterteilung der S. fügt man an den Buchstaben eine von 0 bis 9 laufende Ziffer an (Ausnahme bei den Klassen O u. M), z.B. F6, G8. Das verschiedene Aussehen der Sternspektren ist keine Folge unterschiedl. chem. Zusammensetzung, sondern verschiedener Oberflächentemperatur der Sterne. Früher faßte man irrtüml. die S. von O bis M als Entwicklungsfolge der Sterne auf.
Spektrallinie →Spektrum.
Spektrobolometer [das; lat. + grch.], Gerät zur Messung der Intensitätsverteilung im *Spektrum* der Sonne, wobei die Veränderung des elektr. Widerstands eines geschwärzten Platinstreifens, der durch die Sonnenstrahlung erwärmt wird, gemessen wird.
Spektrograph [der; lat. + grch.] →Spektralapparat.
Spektroheliograph [der; lat. + grch.], Apparat zur photograph. Aufnahme *(Spektroheliogramm)* der Sonne im monochromat. Licht einer einzigen Spektrallinie (z.B. Wasserstoff- oder Calciumlinie), wodurch sonst unsichtbare Einzelheiten der Sonnenatmosphäre sichtbar gemacht werden (z.B. Protuberanzen).
Spektrometer [das; lat. + grch.] →Spektralapparat.
Spektroskop [das; lat. + grch.] →Spektralapparat.
Spektroskopie [lat. + grch.], Untersuchung der von Gasen, Flüssigkeiten u. festen Körpern ausgesandten Spektren. →Spektralanalyse, →Spektralapparat, →Spektrum. – *Forschungsstelle für S.* →Max-Planck-Gesellschaft.
Spektrum [das, Mz. *Spektren*; lat.], ursprüngl. die Aufspaltung weißen Lichts in Licht verschiedener Farben, d.h. Wellen verschiedener Wellenlänge bzw. Frequenz (z.B. beim Durchgang durch ein Prisma oder ein Beugungsgitter), dann entspr. erweitert auf alle elektromagnet. Wellen. Das S. dieser Wellen umfaßt (der Wellenlänge nach geordnet): lange, mittlere, kurze u. ultakurze Rundfunkwellen, Mikrowellen, das Ultrarot, sichtbares Licht (in der Folge Rot, Gelb, Grün, Blau, Violett; Wellenlängen 790 bis 380 nm), ultraviolettes Licht, Röntgen- u. Gammastrahlen.
Im übertragenen Sinn wird S. auch für die Zerlegung anderer Strahlungen nach einem untersuchten Merkmal benutzt, z.B. *Frequenz-S.* von Schallwellen, *Geschwindigkeits-S.* einer Betastrahlung, *Massen-S.* eines Atomstrahls. Ferner spricht man von S. auch, wenn die Gesamtheit der möglichen Zahlenwerte für eine physikal. Größe gemeint ist, z.B. das *Energie-S.* eines Atoms.
Werden in einem S. nur einzelne, scharfe, getrennt liegende Zahlenwerte angenommen, so nennt man dies ein *diskretes S.* Dagegen variieren bei einem *kontinuierlichen S.* die Zahlenwerte stetig (evtl. innerhalb gewisser Grenzen). – Die Atome u. Moleküle verschiedener Stoffe senden bei Anregung (durch Erhitzen, Elektronenbeschuß) Wellen nur ganz bestimmter Länge aus, da jedes atomare Gebilde Energie nur in ganz bestimmten Mengen (Quanten) aufnehmen u. abgeben kann. Die ausgestrahlten Lichtwellen werden in einem Spektralapparat als *Spektrallinien* gesehen. Bei einatomigen Gasen (z.B. Edelgasen) sind die einzelnen Spektrallinien gut getrennt *(Linien-S.)*, bei Molekülen dagegen, wegen der großen Zahl dichtliegender Energieniveaus, innerhalb größerer Gebiete verwaschen *(Banden-S.)*. Man unterscheidet zwischen *Emissions-S.*, d.h. Spektrallinien, die von angeregten Atomen ausgesandt (emittiert) werden, u. *Absorptions-S.*, das beim Durchgang von weißem Licht durch Gase infolge Absorption bestimmter Lichtwellen in den Gasatomen entsteht. Glühende feste u. flüssige Stoffe senden ein kontinuierl. S. aus (→Absorptionslinien); →auch Röntgenspektroskopie. – 🕮 7.6.2.
Spekulation [lat.], **1.** *Philosophie:* Methode metaphys. Erkenntnisgewinnung aufgrund intellektueller Anschauung.
2. *Theologie:* Erkenntnis Gottes aus der „Spiegelung" in seinen Werken.
3. *Wirtschaft:* geschäftl. Tätigkeit (*S.sgeschäft*, bes. mit Wertpapieren an der Börse, z.B. Termingeschäft, u. mit Grundstücken) zur Gewinnerzielung aus Preisschwankungen im Zeitablauf (billig kaufen, teuer verkaufen) durch den *Spekulanten*.
Spekulationssteuer, die nach Einkommensteuerrecht zu zahlende Steuer auf private Gewinne aus Spekulationsgeschäften (§23 EStG). Die Gewinne sind steuerfrei, wenn zwischen An- u. Verkauf eine Mindestzeit verstrichen ist (bei Grundstücken 2 Jahre, bei Wertpapieren 6 Monate).
Spekulatius [der; ital., ndrl.; nach dem Beinamen „Spekulator" des hl. Nikolaus], Kleingebäck aus Mürbeteig mit bes. *S.gewürz*, mit Reliefformen ausgestochen.
Spekulum [das; lat.], Instrument zum Einblick in Körperhöhlen, meist röhren- oder trichterförmig gebaut; dient zur Freilegung des Sichtfelds u. verstärkt die hereinfallenden Lichtstrahlen; z.B. *Nasen-S.*, *Scheiden-S.*
Spelaeogriphacea [grch.], Ordnung der *höheren Krebse*; 1957 in einer Art in einer Höhle des Tafelbergs bei Kapstadt entdeckt, verwandt mit den Ordnungen der *Cumacea* u. *Mysidacea*.
Spellman [-mən], Francis Joseph, US-amerikan. kath. Theologe, *4. 5. 1889 Whitman, Mass., †2. 12. 1967 New York; 1939 Erzbischof von New York u. Militärbischof, 1946 Kardinal.
Spelzen, trockenhäutige Hüllblättchen (Hochblätter) an den Blüten bzw. Früchten von →Gräsern.
Spemann, 1. Hans, Sohn von 2), Zoologe, *27. 6. 1869 Stuttgart, †12. 9. 1941 Freiburg i.Br.; seit 1919 Prof. in Freiburg; arbeitete über Entwicklungsmechanik u. entdeckte die organinduzierende Wirkung (→Induktion [2]) bestimmter Stoffe bzw. Organteile. 1935 Nobelpreis für Medizin.
2. Wilhelm, Buchhändler, *24. 12. 1844 Unna, †29. 6. 1910 Stuttgart; gründete 1873 in Stuttgart den gleichnamigen Verlag; pflegte Altertumswissenschaften, Geschichte, Kunst, Philosophie, Erd- u. Völkerkunde, Belletristik, Sammelwerke, vor allem die „Dt. Nationalliteratur" (→Kürschner). Der Verlag ging zusammen mit Kröner 1890 in der *Union Dt. Verlagsgesellschaft* auf; die 1881 gegr. Zweigstelle in Berlin wurde selbständig weitergeführt, pflegt heute in Stuttgart Kultur- u. Kunstgeschichte, Bildkalender. – Sein Sohn Adolf S. (*1886, †1964) war 1910–1956 Inhaber des *Engelhorn Verlags*; schrieb Erinnerungen: „Berufsgeheimnisse u. Binsenwahrheiten" 1951, „Menschen und Werke" 1959.
Spencer ['spɛnsə], **1.** Christopher M., US-amerikan. Ingenieur, Lebensdaten unbekannt; baute 1873 die erste selbsttätige Drehmaschine zur Schraubenherstellung u. damit die erste automat. Werkzeugmaschine überhaupt.
2. Herbert, engl. Philosoph, *27. 4. 1820 Derby, †8. 12. 1903 Brighton; trotz seiner Lehre vom sozialen Organismus Liberalist u. Individualist. Sein Hauptwerk ist das 10bändige „System der synthet. Philosophie" 1862–1893, dt. 1875–1901; es enthält die konsequente Durchführung des Entwicklungsgedankens *(Evolutionismus)*, wobei der Begriff der Entwicklung als Übergang von unzusammenhängender Gleichartigkeit in zusammenhängende Ungleichartigkeit bestimmt wird.
Spencer-F.-Byrd-Tiefe ['spɛnsə ɛf'bə:d-], Meerestiefe von 8066 m, wurde 1957 im *Atacamagraben* an der peruan.-chilen. Küste (auf der Breite von Antofagasta) gelotet.
Spencergolf ['spɛnsə-], flache Meeresbucht des Ind. Ozeans in Südaustralien, zwischen Eyre- u. Yorkehalbinsel, von N nach S rd. 320 km lang; mehrere Inseln; Häfen: Whyalla, Port Pirie.
Spende, freiwillige Zahlung oder Lieferung von Gütern ohne Gegenleistung mit einer gewissen Zweckbestimmung. Grundsätzl. sind S.n als Kosten der Lebensführung bei der Berechnung der *Einkommensteuer* nicht abzugsfähig mit Ausnahme von S.n zur Förderung mildtätiger, kirchlicher, wissenschaftl. u. als bes. förderungswürdig anerkannter gemeinnütziger Zwecke.
Spender, Stephen, engl. Dichter, *28. 2. 1909 London; gehörte einer marxist. Gruppe an u. nahm am span. Bürgerkrieg teil, wandte sich später vom Kommunismus ab. Vor allem Lyriker („Vienna" 1934); Selbstbiographie: „Welt zwischen Welten" 1951, dt. 1952; Dramen, Erzählungen u. Essays.
Spener, Philipp Jakob, ev. Theologe, *13. 1. 1635 Rappoltsweiler, Oberelsaß, †5. 2. 1705 Berlin; Oberhofprediger in Dresden (1686), Propst in Berlin (1691); der bedeutendste Anreger des *Pietismus* durch Gründung von Konventikeln ernster Christen *(Collegia pietatis)* u. seine Schrift „Pia desideria oder Herzl. Verlangen nach gottgefälliger Besserung der wahren Ev. Kirchen" 1675.

Speyerer Dom, St. Maria u. St. Stephan, der erste der drei rhein. Kaiserdome. Einem um 1030 als flachgedeckte Pfeilerbasilika begonnenen Bau mit hoher Vorhalle unter einem Westoratorium, fast quadrat. Ostchor mit Turm u. Krypta, geweiht 1061, folgte etwa 1082–1111 eine Erweiterung, bei der das Mittelschiff mit Gratgewölben in quadrat. Joche aufgeteilt wurde; neu erbaut wurden der östl. Vierungsturm u. die Gewölbe der Krypta. Nach dem Brand von 1159 nahm man die Erneuerung der Vierungskuppel vor, das Einziehen von Gurtrippengewölben im Querhaus u. die Fortführung der Zwerggalerie um Quer- u. Langhaus. 1689 u. 1793 wurde der Dom schwer beschädigt; im 19. Jh. wiederhergestellt. Vom alten roman. Bau sind erhalten: Chor und Querhaus, das Vierungsgewölbe, die 5 östlichen Pfeilerpaare des Langhauses, die ganze südl. Seitenschiffwand u. der Unterbau der westl. Vorhalle. Vor der Krypta befinden sich die Gräber der salischen Kaiser, in der Krypta die Grabplatte Rudolfs von Habsburg.

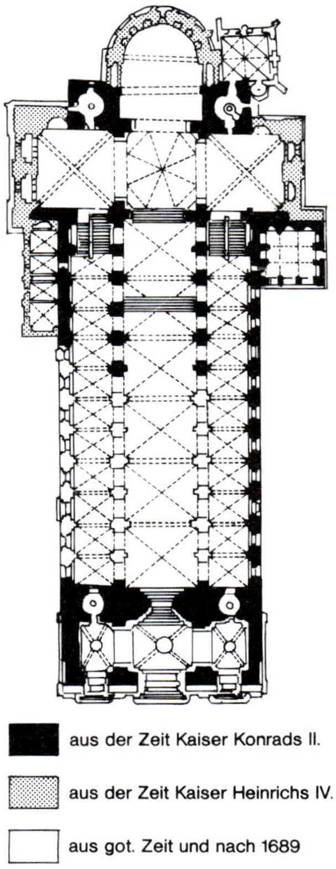

■ aus der Zeit Kaiser Konrads II.
▨ aus der Zeit Kaiser Heinrichs IV.
□ aus got. Zeit und nach 1689

Grundriß des Speyerer Doms, zu dem verschiedene Epochen einen architektonischen Beitrag lieferten

SPEYERER DOM

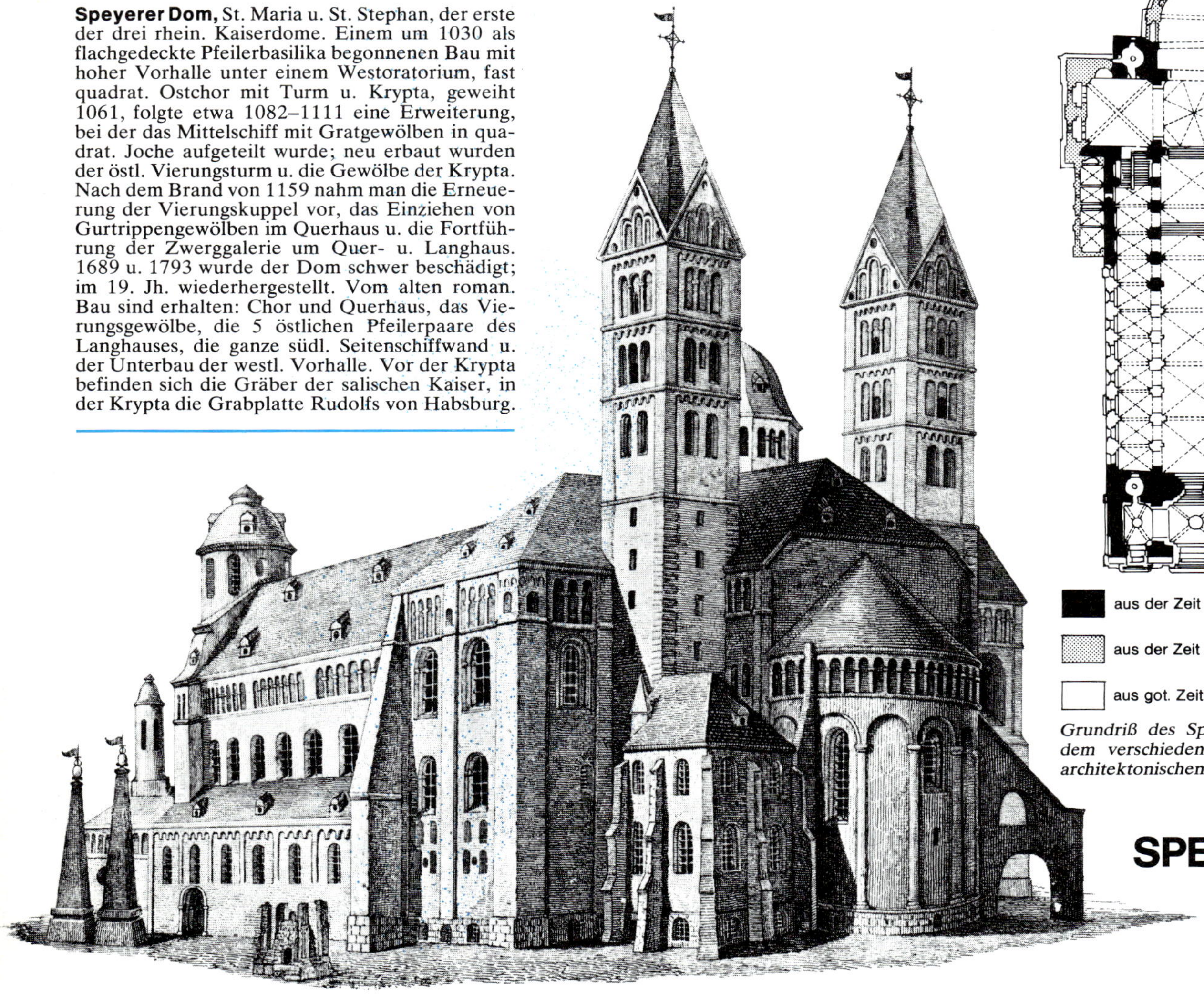

Der Dom zu Speyer auf einer Lithographie von P. Wagner; um 1840

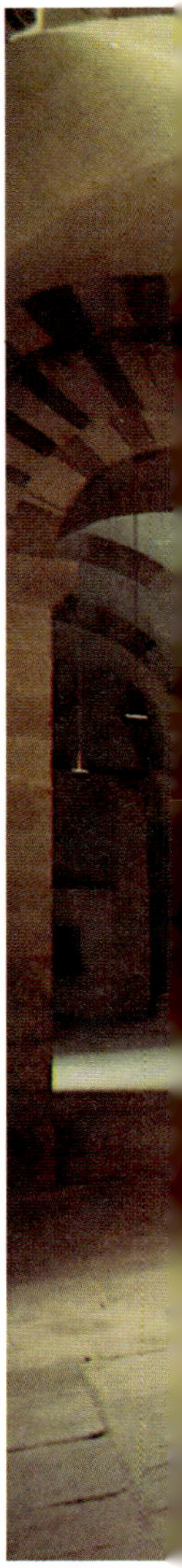

Spenge, Gemeinde in Nordrhein-Westfalen (Ldkrs. Herford), nördl. von Bielefeld, 13 200 Ew., Textil- u. Möbelindustrie.

Spengler →Klempner.

Spengler, Oswald, Geschichtsphilosoph, *29. 5. 1880 Blankenburg/Harz, †8. 5. 1936 München; 1908–1911 Mathematiklehrer, seitdem freier Schriftsteller. In seinem Hptw. „Der Untergang des Abendlandes" 2 Bde. 1918–1922 entwickelte S. eine Geschichtstheorie, wonach die bisherige Weltgeschichte als ein unverbundenes Nach- u. Nebeneinander von 8 selbständigen Hochkulturen zu verstehen ist. Jede von ihnen durchlebt im Verlauf von etwa 1000 Jahren wie ein biolog. Organismus Jugend, Reife u. Alter. Die „Seele" einer Kultur prägt alle ihre religiösen, sozialen, polit. u. künstler. Lebensäußerungen. Die Kulturen sind prinzipiell unvergleichbar; man kann jedoch bei allen auf „gleichzeitigen" Altersstufen einander entspr. Erscheinungen (z. B. „Gotik", „Absolutismus", „Aufklärung") feststellen. Die „abendländ." Kultur befindet sich im Übergang zu ihrem Endstadium; ihr verbleiben nur noch polit., techn. u. wirtschaftl. Aufgaben. S.s Werk fand in der Untergangsstimmung nach dem 1. Weltkrieg rasch weite Verbreitung. Eine in manchen Zügen verwandte Geschichtsphilosophie entwickelte A. *Toynbee.* – Polit. stand S. auf der äußersten Rechten; er nahm in den 1920er Jahren an antirepublikan. Bestrebungen teil. Vom Nationalsozialismus wandte er sich nach anfängl. Zustimmung schon 1933 ab. – Weitere Schriften: „Preußentum u. Sozialismus" 1920; „Polit. Pflichten der dt. Jugend" 1924; „Neubau des dt. Reiches" 1924; „Der Mensch u. die Technik" 1931; „Jahre der Entscheidung" 1933; „Briefe 1913–1936" 1963.

Spenser ['spensə], Edmund, engl. Dichter, *um 1552 London, †16. 1. 1599 London; Beamter in Irland; setzte mit seinem Werk einen Höhepunkt

Speyerer Dom, begonnen um 1030, Gesamtansicht von Süden

Mittlerer Teil der Krypta (links). – Das Mittelschiff des Kaiserdoms gegen Osten, das beim Umbau 1082–1111 mit einem Gewölbe versehen wurde (rechts)

Die steile achteckige Vierungskuppel des Doms, nach dem Brand um 1159 erneuert

der engl. Renaissancedichtung, verband Formkunst mit persönl. Empfindung. S.s Hptw. ist das großangelegte, Fragment gebliebene Epos „The Fairi Queene" 1590–1596, dt. „Die Feenkönigin" 1854 (Auswahl): von 24 geplanten Büchern wurden 6 ausgeführt, die Handlung beruht auf der Sage von König Artus' Tafelrunde; hier verschmilzt die mittelalterl. Tradition der moral.-religiösen Allegorie mit der Formkraft u. dem ästhet. Sensualismus der Renaissance. S. übte nachhaltige Wirkung auf die zeitgenöss. u. spätere engl. Literatur aus (J. *Milton*, Romantik). – ◻ 3.1.3.

Spenzer [der; nach dem Erfinder Lord *Spencer*], um die Wende vom 18. zum 19. Jh. von Männern u. Frauen getragene kurze, enge Jacke mit andersfarbigem Kragen u. Rückengurt.

Speranskij, 1. Alexej Dimitrijewitsch, russ. Physiologe u. Chirurg, * 30. 12. 1889 Urschum, † 1961, entwickelte die Neuralpathologie.

2. Michail Michajlowitsch, Graf, russ. Politiker, * 12. 1. 1772 Tscherkutino, Gouvernement Wladimir, † 23. 2. 1839 St. Petersburg; entwarf 1808/09 das erste russ. Verfassungsprojekt auf der Grundlage strikter Gewaltentrennung; 1812 verbannt, 1816 Gouverneur von Pensa, 1819 Generalgouverneur von Sibirien; maßgebl. am Gesetzeskodex von 1834 *(Swod Sakonow)* beteiligt.

Sperber, *Stößer, Accipiter nisus*, in Erscheinung u. Verhalten dem Habicht ähnelnder, aber kleinerer (30–40 cm) *Raubvogel*. Das grau-braune Gefieder zeigt bes. an der Brust eine oft bindenartig angeordnete „Sperberung".

Sperber, Manès, Schriftsteller, * 12. 12. 1905 Zabłotów, Galizien (heute UdSSR); Schüler A. *Adlers*; 1927–1933 in Berlin als Lehrer der Individualpsychologie; später literar. Verlagsdirektor in Paris; wandte sich 1937 vom Kommunismus ab. S. schreibt in dt. u. französ. Sprache; er verfaßte die autobiograph. Romantrilogie „Wie eine Träne im Ozean" 1961 („Der verbrannte Dornbusch" 1949, „Tiefer als der Abgrund" 1950, „Die verlorene Bucht" 1955), Fernsehbearbeitung 1970, sowie polit., kulturkrit. u. literar. Essays.

Sperbereule, *Surnia ulula*, nordeurop., bei Tag jagende, falkenähnl. wirkende *Eule*; in Dtschld. Strichvogel.

Sperl, Johann, Maler, * 3. 11. 1840 Buch bei Fürth, † 29. 7. 1914 Aibling, Oberbayern; arbeitete in enger Gemeinschaft mit W. *Leibl* u. malte realist. Landschaften u. Jagdszenen mit feinem Stimmungsgehalt im Atmosphärischen.

Sperlinge, *Passerinae*, eine Unterfamilie der *Webervögel*, zu der auch der *Schneefink* gehört. Zu den eigentlichen S.n gehören *Haus-* u. *Feldsperlinge (Passer domesticus* u. *montanus)*, die beide in Dtschld. weit verbreitet sind u. z. T. auch in überseeischen Gebieten (USA) eingebürgert wurden.

Sperlingskauz, *Glaucidium passerinum*, sehr kleine, behende *Eule* der europ. Gebirgswälder; jagt Vögel.

Sperlingsvögel, *Passeriformes*, rd. 5000 Arten umfassende größte Ordnung der *Vögel*, weltweit verbreitet. Kleine bis mittelgroße Vögel mit nach hinten gerichteter Innenzehe. Hierher gehören *Leierschwänze, Schreivögel* u. *Singvögel*.

Sperlonga, antiker Villenort an der tyrrhen. Küste zwischen Terracina u. Gaeta südl. von Rom, bekannt geworden durch die bei Grabungen seit 1957 gefundenen Skulpturen der Villa des Kaisers Tiberius (Darstellungen aus der Odyssee u. der Ilias); heute im Museum von S.

Sperma [das, Mz. *Spermen* oder *Spermata*; grch.] = Samen.

Spermatophore [die; grch.], bei vielen Tieren (z. B. Kopffüßer u. viele Gliedertiere) von Anhangsorganen des männl. Geschlechtsapparats gebildeter Sammelbehälter, in dem die Samen *(Spermien)* gesammelt werden. Die S.n werden entweder direkt mit Hilfe von Begattungsorganen übergeben (z. B. Insekten, Kopffüßer), oder indirekt übertragen, indem das Männchen die S. absetzt u. das Weibchen sie sogleich oder später aufnimmt (z. B. bei Skorpionen, Tausendfüßlern, Urinsekten, Molchen). Bei der indirekten S.nübertragung kommt es zu bes. Verhaltensweisen (z. B. Hochzeitsmarsch der Skorpione).

Spermatozoen [Ez. das *Spermatozoon*; grch.], *Spermien* →Samenzelle.

Spermaturie [grch.], Auftreten von Samenzellen im Harn (z. B. nach Geschlechtsverkehr) oder Entleeren von Samen mit dem Harn (→Samenfluß).

Spermium [das, Mz. *Spermien*; grch.]; männl. Geschlechtszelle; →Samenzelle.

Sperr, Martin, Schriftsteller, * 14. 9. 1944 Steinberg, Niederbayern; ursprüngl. Schauspieler; schildert mit sarkast. Realismus in stilisierter Dialektsprache das Leben im bayer. Raum: „Jagdszenen aus Niederbayern" 1966; „Landshuter Erzählungen" 1967; „Koralle Maier" 1970; „Münchner Freiheit" 1971.

Sperrfeuer, *Militär:* Feuerriegel vor dem eigenen Verteidigungsraum.

Sperrgut, Pakete u. Postgüter, die länger als 120 cm, breiter als 60 cm oder höher als 60 cm sind oder eine bes. betriebl. Behandlung erfordern.

Sperrguthaben, *Sperrkonto*, ein Bankguthaben (bes. von Ausländern), über das nur mit Sondergenehmigung oder erst zu einem bestimmten Termin verfügt werden kann. *Sperrmarkkonten*, seit 1945 Guthaben von Devisenausländern in dt. Währung, 1954 aufgelöst.

Sperrhaken, *Dietrich*, Drahthaken zum Öffnen von Schlössern.

Sperrholz, plattenförmiger Holzwerkstoff, der durch kreuzweises Verleimen einzelner Holzlagen *(Absperren)* gebildet wird, um das „Arbeiten" (→Arbeit [2]) des Holzes zu vermindern.

Sperrklausel, bei der Mandatsvergabe nach Wahlen die Nichtberücksichtigung von Parteien, die einen gesetzl. festgelegten Mindestanteil der abgegebenen Stimmen nicht erreicht haben. Eine S. besteht in der BRD bei Bundes- u. Landtagswahlen (→Fünfprozentklausel). S.n widersprechen an sich dem Repräsentationsmodell der Verhältniswahl. Unter dem Gesichtspunkt der Bekämpfung von Splitterparteien u. der Funktionsfähigkeit des Parlaments hat das Bundesverfassungsgericht jedoch die Fünfprozentklausel für zulässig erklärt. →auch Wahlsysteme. – ◻ 4.1.2.

Sperrklinke, auf einer Welle sitzender oder federnd gelagerter Sperrhebel, der in die Zahnlücken oder Ausarbeitungen eines Sperrades eingreift u. damit dessen Lage gegen Weiterdrehen sichert. Gegensatz: *Schaltklinke*.

Sperrkraut = Himmelsleiter.

Sperrkrautgewächse, *Polemoniaceae*, Familie der *Tubiflorae*, krautige Pflanzen mit Kapselfrüchten. Hierher gehören u. a. *Gilie, Glockenrebe, Himmelsleiter*.

Sperrkreis, ein elektr. →Schwingkreis, der den Wechselstrom mit einer Frequenz, die seiner Eigenschwingung entspricht, bes. stark dämpft; wird in einfachen Rundfunkgeräten zur Dämpfung des Ortssenders, in größeren als Zwischenfrequenzsperre verwendet.

Sperrschicht, 1. *Baukonstruktion:* Schicht aus wasserdichten Sperrstoffen (Bitumen, Teer, Folien) zum Schutz gegen eindringende oder aufsteigende Feuchtigkeit.

2. *Elektrizität:* sehr dünne Grenzschicht zwischen Halbleiter- u. Metallschichten, die je nach ihrer Vorbehandlung den elektr. Strom nur in einer Richtung durchfließen läßt *(S.gleichrichter)* oder ihn überhaupt nur durchläßt, wenn die S. mit Licht bestrahlt wird (→Photozelle).

Sperrstoff →Isolierstoff.

Sperrsynchronisation →Kennungswandler.

Sperrung, *Schriftsetzerei:* = spationieren.

Sperrwerte, Briefmarken, die nur in beschränkter Anzahl an den Postschaltern angeboten, dagegen von den staatl. Vertriebsstellen als Devisen ins Ausland verkauft werden; zumeist ein Wert innerhalb eines Satzes von mehreren Briefmarken (jetzt noch in der DDR; früher z. B. auch in Polen u. der ČSSR), dürfen auf philatelist. Ausstellungen nicht gezeigt werden, da sie zu den für die Philatelie schädl. Ausgaben gehören.

Sperry Rand Corporation ['spɛri 'rænd kɔːpɔ'rɛiʃən], New York, US-amerikan. Konzern, 1955 aus der Fusion der *Remington Rand, Inc.* mit der *Sperry Corporation* hervorgegangen; Produktion von elektron. Datenverarbeitungsanlagen, elektron. Leit- u. Kontrollinstrumenten für See-, Luft- u. Raumfahrt, Land-, Bau-, Büromaschinen u. a.; Umsatz 1979/80: 4,79 Mrd. Dollar; 86 000 Beschäftigte; dt. Tochtergesellschaft: *Sperry Rand GmbH*, Frankfurt a. M.

Spervogel, zwei mhd. Spruchdichter: **1.** *der ältere S.*, auch *Kerling* oder *Herger*, weitgereister oberdt. Fahrender des 12. Jh., schrieb volkstüml. anschaul. Gönnersprüche („Herrenlob"; „Not der Fahrenden"), religiöse u. moral. Sprüche von altertüml. einfacher Form *(Kerlingstrophe)*; brachte die Tiergeschichte in die dt. Literatur.

2. *der jüngere S.*, ein adeliger Fahrender des frühen 13. Jh., schrieb weltl. Lehrsprüche von formaler Fertigkeit (reiner Reim, sorgfältige Rhythmik).

Spes, röm. Göttin der Hoffnung.

Spesen [ital.], durch den Auftraggeber zu ersetzende Auslagen, bes. für Reisen.

Spessart, dt. Mittelgebirge in Franken u. Hessen, aus Buntsandstein über einem kristallinen Sockel, zwischen Odenwald u. Rhön, auf 3 Seiten vom Main, im N von der Kinzig umflossen; im W der fruchtbare *Vor-S.* (im *Hahnenkamm* 436 m); der schwachbesiedelte *Hoch-S.* im S (im *Geyersberg* 585 m) trägt Eichen- u. Buchenwälder; im N *(Hinter-S.)* Kiefernforste; in den Tälern Ackerbau, bei Alzenau Obst- u. Weinbau; zahlreiche Fremdenverkehrsorte; zwei Naturparks.

Spessartin [der; nach dem *Spessart*], *Mangantongranat*, $Mn_3Al_2[SiO_4]_3$; Dichte 4,2; gelbes bis rotbraunes Granatmineral.

Spessartit [der; nach dem *Spessart*], magmat. Ganggestein, bestehend aus Plagioklas, brauner oder grüner Hornblende u. Augit.

Speyer, rheinland-pfälz. Stadtkreis (43 qkm) am Rhein südl. von Mannheim, 44 000 Ew.; mittelalterl. Bauten (→Speyerer Dom), Histor. Museum der Pfalz, Hochschule für Verwaltungswissenschaften; Textil-, Möbel-, Maschinen-, chem., Nahrungsmittelindustrie, Schiff- u. Flugzeugbau. *Geschichte:* Von den Kelten *Noviomagus* genannt; seit um 70 v. Chr. in den Händen des german. Stamms der Nemeter; röm. *Civitas Nemetum*, im 4. Jh. röm. Bischofssitz; seit dem 6. Jh. – inzwischen im Besitz der Franken – daneben auch *Spira* genannt, seit 614 fränk. Bischofssitz. Ausbau der Stadt in der Regierungszeit der Salier u. Staufer. Großer wirtschaftl. Aufschwung im 11. Jh.; 1254 Mitgl. im Rhein. Städtebund; 1294 Ende der bischöfl. Herrschaft über die Stadt; S. war seither freie Reichsstadt (bis 1797). Hier hatte 1526 bis 1689 das *Reichskammergericht* seinen Sitz. Unter den zahlreichen in S. tagenden Reichstagen war der von 1529 (Protestation der ev. Reichsstände) der bedeutendste. 1689 wurde die Stadt von französ. Truppen zerstört; nur wenige berühmte Baudenkmäler blieben erhalten. Der Wiederaufbau im 18. Jh. gab S. ein vorwiegend barockes Gepräge. Erneute Zerstörung in den französ. Revolutionskriegen. 1816–1938 Hauptstadt der bayer. Pfalz; 1923/24 Sitz der Separatistenregierung.

Speyer, Wilhelm, Schriftsteller, * 21. 2. 1887 Berlin, † 1. 12. 1952 Riehen bei Basel; seit 1933 Emigrant; schrieb Romane u. vielgelesene Jugendbücher („Der Kampf der Tertia" 1927, verfilmt 1928 u. 1952; „Die goldene Horde" 1930).

Speyerer Dom →S. 190.

Spèzia →La Spèzia.

Spezialarbeiter, *Spezialist*, Berufstätiger, der sich auf einem Arbeitsgebiet bes. Kenntnisse angeeignet hat, ohne daß diese Kenntnisse ein staatl. anerkanntes Ausbildungsverhältnis nach dem Berufsbildungsgesetz vom 14. 8. 1969 voraussetzen.

Spezialgeschäft, Einzelhandelsunternehmen mit nach Bedarfsarten (z. B. Reiseartikelgeschäft), Rohstoffbasis (z. B. Textilgeschäft) u. ä. Gesichtspunkten spezialisiertem Warenlager.

Spezialhandel, die Gesamtheit der die Zollgrenzen eines Landes überschreitenden Güter ohne Durchfuhr. Im Unterschied zum *Generalhandel* werden die Ausfuhr aus Zoll- u. Freihafenlager ebenso wie die Einfuhr auf Zoll- u. Freihafenlager nicht im S. erfaßt.

Spezialisierung →Arbeitsteilung.

Spezialprävention [lat.], einer der Strafzwecke; →Strafe.

Speziation [lat.], der Vorgang der Artentstehung in der Biologie durch Isolationsprozesse (→Sympatrie, →Allopatrie).

Spezies [-tsiɛs; lat.], **1.** *Biologie:* →Species, →Art.

2. *Mathematik:* früher gebräuchl. Bez. für die vier Grundrechnungsarten.

3. *Pharmazie:* Bez. für Teegemische.

Spezieskauf →Stückkauf.

Speziesschuld, *Stückschuld*, eine Verbindlichkeit, die sich (im Gegensatz zur *Gattungsschuld*) auf eine ganz bestimmte Sache bezieht.

Spezifikationskauf, *Bestimmungskauf*, ein Handelskauf, bei dem der Käufer die Ware noch nach Maß, Form oder ähnl. Verhältnissen näher bestimmen soll; üblich bes. in der Eisen-, Holz-, Garn- u. Papierwirtschaft. Kommt der Käufer mit der Bestimmung in Verzug, so ist der Verkäufer zur Forderung von Schadensersatz wegen Nichterfüllung, zum →Rücktritt oder selbst zur Bestimmung berechtigt (§ 375 HGB).

spezifischer Widerstand, Zeichen ϱ, eine Materialkonstante als Maß für den Widerstand, den ein

Stoff	ϱ [Ω^2/m]	Stoff	ϱ [Ω mm²/m]
Silber	0,015	Konstantan	0,5
Kupfer	0,016	Graphit	13
Aluminium	0,024	Glas	10^{17}
Eisen	0,10	Gummi	10^{20}
Blei	0,19	Bernstein	$> 10^{22}$

bestimmter Stoff dem elektr. Strom entgegensetzt; definiert als Ohmscher Widerstand eines Leiters von 1 m Länge u. 1 mm² Querschnitt.

spezifisches Gewicht = Wichte.

SPF-Tiere, Abk. für engl. *specific pathogen free (animals)*, Tiere, die frei von einem oder mehreren bestimmten Krankheitserregern sind. Sie sind unter sterilen Bedingungen vor der Geburt operativ gewonnen u. frei von Bakterien aufgezogen worden. Diese Tiere werden zur Sanierung von Tierbeständen mit chronischen Infektionskrankheiten u. für wissenschaftl. Versuche verwendet.

Sphagnales [grch.], *Torfmoose*, Ordnung der →Laubmoose.

Sphagnum [das; grch.] →Torfmoos.

Sphakioten, Stamm der →Griechen auf Kreta.

Sphäre [sf-; die; grch., „Kugel"], Erd- u. Himmelskugel, auch Lebens-, Wirkungskreis; in der Astronomie: die scheinbare Himmelskugel.

Sphärenharmonie, *Sphärenmusik*, nach *Pythagoras* dem Ohr nicht hörbare Töne, erzeugt durch den Umschwung der Weltkörper um das Zentralfeuer; von *Platon* u. a. übernommen. In moderner Form nach Hans *Kayser* (*1891, †1964) Lehre von der harmonikalen Ordnung der Welt („Vom Klang der Welt" 1937, ²1946).

sphärisch, kugelig, die Kugel betreffend.

sphärische Astronomie, Zweig der theoret. Astronomie, die die Aufgabe löst, von den scheinbaren (d. h. auf ein mit dem Standort des Beobachters fest verbundenes Koordinatensystem bezogenen) Örtern u. Bewegungen der Gestirne auf ihre wahren Örter u. Bewegungen in einem von Kräften unbeeinflußten System (Trägheits- oder Inertialsystem) zu schließen.

sphärische Geometrie, Geometrie auf der Kugelfläche. →Geometrie.

sphärische Koordinaten [-ko:ɔr-], *Kugelkoordinaten*, Koordinatensystem mit r (Radiusvektor), λ (geograph. Länge), φ (geograph. Breite).

sphärischer Exzeß →Kugel.

sphärisches Dreieck, Kugeldreieck, →Kugel.

sphärische Trigonometrie →Trigonometrie.

Sphäroguß, *sphärolithisches Gußeisen, Kugelgraphitguß*, Gußeisen, bei dem der Graphit im Gefüge im Gegensatz zu gewöhnlichem →Grauguß nicht lamellar, sondern in Kugelform eingelagert ist. Dadurch erhält man gegenüber gewöhnlichem Grauguß hohe Zugfestigkeit u. höhere Dehnbarkeit. S. wird durch Zusatz von Magnesium erreicht.

Sphäroid [das; grch.], abgeplattete Kugel; auch Bez. für die Gestalt der Erde u. der anderen Planeten, die etwa die Form einer an den Polen abgeplatteten Kugel haben (→Rotationsellipsoid).

Sphärometer [das; grch.], dreifüßiges (auch zweifüßiges) Meßgerät mit Mikrometerschraube zur Messung des Krümmungsradius von Kugelflächen (z. B. Linsen) oder der Dicke von Plättchen.

Sphärosomen [grch.], elektronenmikroskop. kleine, bläschenförmige Organellen pflanzlicher Zellen; enthalten Enzyme, bes. zur Fettsynthese.

Sphenisci [grch.] = Pinguine.

Sphenoid [das; grch.] = Keilbein.

Sphinx [sfinks; grch.], **1.** [der oder die], *ägypt. Altertum:* ägypt. Fabelwesen in Löwengestalt mit Menschenkopf, als Abbild des Sonnengotts, dann auch der Macht des Königs gedacht. Der älteste bekannte S. ist der von Gizeh (20 m hoch, 74 m lang), der vermutl. den König *Chephren* darstellt. Hethiter, Assyrer u. Phönizier übernahmen den S. als geflügelten Löwen oder Stier, der nun auch als weibl. S. auftrat. Bei den Griechen begegnet er seit kretisch-myken. Zeit vor allem mit aufgerichteten Flügeln u. kret. Haarschmuck, aber auch liegend als Wächter von Grab u. Tempel.
2. [die], *griech. Mythologie:* meist geflügelt dargestellte Löwin mit menschl. Kopf; warf jeden, der ein von ihr aufgegebenes Rätsel nicht lösen konnte, in einen Abgrund. *Ödipus* löste das Rätsel, worauf die S. sich selbst tötete.

Sphragistik [die; grch.] →Siegelkunde.

sphygmo... [grch.], den Puls betreffend.

Sphygmogramm [das; grch.], Pulskurve.

Sphygmomanometer [das; grch.], Pulsdruckmesser (Blutdruckmesser).

Sphyrelaton [das, Mz. *Sphyrelata*; grch.], antike Bez. für Statuen, die in Treibarbeit aus Blech über einem Holzkern hergestellt wurden.

spiccato [ital.], musikal. Vortragsbez. bes. bei Streichern: scharf „getrennt", kurz, spitz.

Spickaal, der geräucherte Aal.

spicken, mit einer Nadel dünne Streifen von geräuchertem Speck durch mageres Fleisch ziehen.

Spickgans, *Spickbrust*, zusammengerollte, gesalzene u. leicht geräucherte Gänsebrust.

Spiegel [lat.], **1.** *Buchdruck:* →Satzspiegel.
2. *Jagd:* hell behaarter hinterer Teil der Keulen aller Hirscharten (auch *Scheibe*); auch Achselfleck auf den Flügeln des Federwilds.
3. *Militär:* = Kragenspiegel.
4. *Optik:* eine ebene oder gekrümmte Fläche, die auftreffende Strahlen reflektiert (→Reflexion [1]). Die Richtung der zurückgeworfenen Strahlen wird durch das *Reflexionsgesetz* bestimmt. Bei elektromagnet. Wellen beruht die S.wirkung darauf, daß die Wellen die in der S.oberfläche befindlichen Elektronen zum Mitschwingen bringen; diese oszillierenden Elektronen senden ihrerseits Wellen aus, die sich vorwiegend vom S.material aus zurück in in den Raum ausbreiten. Nur bei sehr dünnen S.schichten wird auch ein Teil der Strahlen durchgelassen *(halbdurchlässige S.)*. – Für Radiowellen genügt es, als S. z. B. ein Drahtgitter zu nehmen; für Licht benutzt man u. a. hochglanzpolierte Metalle (z. B. nichtrostenden Stahl), vorwiegend aber das am vollkommensten reflektierende Silber. Zu unterscheiden sind: 1. *ebener S.*, in vor dem S. befindl. Gegenstand erscheint in natürlicher Größe, aber virtuell u. seitenverkehrt; 2. Hohler oder *Konkav-S. (Sammel-S.)*, die S.fläche ist nach innen gewölbt. →Hohlspiegel (→auch Parabolspiegel); 3. erhabener oder *Konvex-S. (Zerstreuungs-S.)*, die S.fläche ist nach außen gewölbt. Er liefert stets ein virtuelles, verkleinertes, aufrechtes Bild. – *Glas-S.* bestehen aus polierten Glasscheiben, auf deren einer Seite eine sehr dünne Silberschicht aufgebracht ist. Diese Schicht wird elektrolytisch verkupfert u. mit einem säurefesten Speziallack geschützt.
5. *Rechtsgeschichte:* Bez. für dt. Rechtsbücher des MA., z. B. →Deutschenspiegel, →Laienspiegel, →Sachsenspiegel, →Schwabenspiegel; →auch Speculum.

Spiegel, *„Der S."*, 1946 als „Diese Woche" in Hannover gegr., 1947 in „S." umbenanntes, seit 1952 in Hamburg erscheinendes Nachrichtenmagazin; Hrsg.: R. *Augstein*; Auflage ca. 1,1 Mill.

Spiegeleisen, Roheisen mit 6–30% Mangan- u. 4–5% Kohlenstoffgehalt, als Zusatz bei der Stahlherstellung. Großflächige Kristalle ergeben eine weiße, „spiegelnde" Bruchfläche.

Spiegelfernrohr, *Spiegelteleskop, Reflektor*, ein Fernrohr, in dem statt der Objektivlinse ein Hohlspiegel zur Erzeugung eines optischen Bildes des beobachteten Objekts benutzt wird. Vorteil: keine *Farbabweichung* (Verfärbung der Bildränder durch Lichtbrechung).

Spiegelgalvanometer, hochempfindl. elektr. Meßinstrument mit einem Lichtstrahl als Zeiger. Der Lichtstrahl wird von einem Spiegel (auf dem bewegl. System des Instruments) auf eine entfernt angebrachte Skala reflektiert. Auch als *Lichtmarkeninstrument* ausgeführt.

Spiegelgewölbe, Sonderform des Muldengewölbes mit abgeplattetem oberem Teil.

Spiegelglasmalerei, Sonderform der Hinterglasmalerei, bei der einzelne Teile der Glasfläche nicht bemalt, sondern mit einer spiegelnden Metallfolie bedeckt sind.

Spiegelinstrumente, in der Nautik zur astronom. Ortsbestimmung dienende Instrumente. →Oktant, →Sextant.

Spiegelreflexkamera, photograph. Kamera, bei der das Motiv über einen um 45° geneigten Spiegel entweder durch ein Sucherobjektiv oder das Aufnahmeobjektiv eingestellt wird. Bei der zweiäugigen S. ist ein Sucherobjektiv über dem Aufnahmeobjektiv angeordnet. Der Spiegel ist starr eingebaut, das Bild wird auf einer Mattscheibe aufrecht stehend, aber seitenverkehrt entworfen (Lichtschachtsucher). Sucher- u. Aufnahmeobjektiv haben dieselbe Brennweite, sie sind zur Übertragung der Entfernungseinstellung miteinander gekuppelt. Das Bild bleibt während u. nach der Belichtung sichtbar. Bei der einäugigen S. erfolgen Motivwahl u. Scharfeinstellung durch das Aufnahmeobjektiv. Der Spiegel wird beim Auslösen des Verschlusses aus dem Strahlengang geklappt. Neuere Konstruktionen einäugiger S.s sind mit einem Spiegel ausgerüstet, der sofort nach erfolgter Aufnahme in Sucherstellung zurückkehrt (Rückschwingspiegel), so daß das Motiv weiterbeobachtet werden kann. Die meisten S.s gestatten die Benutzung eines Prismenaufsatzes, wodurch das Sucherbild seitenrichtig erscheint. →Transparentdarstellung auf S. 193.

Spiegelschrift, Schriftzeichen, wie sie im Spiegel erscheinen.

Spiegelung, eine geometrische →Abbildung. 1. die *S. an einer Geraden (Achsen-S.)* führt eine Figur in eine gegensinnig kongruente Figur über. Alle Geraden senkrecht zur Achse sind *Fixgeraden*, die Achse ist *Fixpunktgerade*. Eine Figur, die durch Achsen-S. in sich selbst übergeht, heißt *axialsymmetrisch*. Die Zusammensetzung zweier S.en mit sich schneidenden Achsen liefert eine *Drehung*, mit parallelen Achsen eine *Verschiebung (Translation)*. – 2. die *S. an einem Punkt* liefert eine gleichsinnig kongruente Bildfigur. Eine Figur, die durch eine *Punkt-S.* in sich selbst übergeht, heißt *zentrisch-symmetrisch* (z. B. reguläre Vielecke). – 3. die *S. an einem Kreis* ist eine →Transformation durch reziproke Radien: Sind r u. r' die Entfernung von Ur- u. Bildpunkt vom Kreismittelpunkt, a der Radius, so gilt $rr' = a^2$.

Spiekeroog, ostfries. Insel zwischen Langeoog im W u. Wangerooge im O, 17,5 qkm, 830 Ew.; Seebad.

Spiel, 1. *Anthropologie:* lustbetonte, von äußeren Zwecken freie, ungezwungene, vorwiegend von der Phantasie geleitete u. sie anregende, biologisch bedingte Tätigkeit, die große soziale, kulturelle, pädagog. Bedeutung besitzt.
Die verschiedenen *S.theorien* können nur sekundäre Einzelheiten klären. Nach J. *Huizinga* sind die Elemente des S.s: freies Handeln, Zweckfreiheit, Abgeschlossenheit u. Begrenzung, Wiederholbarkeit, das Moment der Ungewißheit.
Der *S.trieb* ist beim Kleinkind reiner Tätigkeitstrieb: Beschäftigung mit dem eigenen Körper (Funktions-S.); erst vom 2. Lebensjahr an kommt es zum Umgang mit *S.zeug* u. damit zur Ausbildung bestimmter S.formen. Nach der Übungstheorie dient das S. der Entwicklung u. Entfaltung der körperl. u. seelisch-geistigen Funktionen des Kindes. Jede Phase der kindl. Entwicklung zeigt ihr gemäße Formen des S.ens, denen das S.zeug angemessen sein muß.
Der Gegensatz des S.s zur Arbeit besteht nur in sozialer u. kultureller, nicht in psycholog. Hinsicht; auch die S.tätigkeit kann mit Anstrengung verbunden sein. Beim Erwachsenen liegt die Erholsamkeit des S.s in der vorübergehenden Entspannung u. Ablenkung oder in der Befreiung vom Wirklichkeitsdruck bzw. in der Ergänzung der Wirklichkeit durch eine Traum-, Wunsch-, „Ersatz"-Welt (K. *Lange*). – 📖 1.1.0.
2. *Verhaltensforschung:* unter höheren Tieren (Wirbeltiere) verbreitetes, leicht erkennbares, aber schwer definierbares Verhalten. S.handlungen können individuell erfunden sein, entstammen aber meist bestimmten →Instinkten. Im S. jedoch fehlt den Handlungen der Ernstbezug. Durch Lernspielen erwerben die Tiere einen Schatz von Erlerntem, auf den sie später zurückgreifen können.

Spielart, *Biologie:* →Rasse.

Spielbank, konzessionierter Veranstaltungsraum für öffentl. →Glücksspiele. Bes. bekannt ist die S. in Monte Carlo. In der BRD gibt es S.en z. B. in Baden-Baden, Bad Dürkheim, Homburg v. d. H., Travemünde, Wiesbaden. In Österreich bestehen S.en u. a. in Baden bei Wien, Wien, Salzburg, Velden, Badgastein, Kitzbühel, Seeboden; sie unterstehen der Österr. Glücksspiel-Monopolverwaltung. In der Schweiz u. der DDR sind S.en verboten.

Spielbein, *Spielfuß*, das beim Stehen sowie bei sportl. Übungen (Eis- u. Rollschuhlauf, Turnen u. a.) u. beim Tanz unbelastete Bein im Unterschied zum *Standbein*. →auch Kontrapost.

Spieldose, mechan. Musikwerk mit einem Metallkamm, bei dem aus einer dünnen Platte Zähne abnehmender Länge ausgeschnitten sind, die durch Stifte einer daran vorbeidrehenden Walze angerissen u. damit zum Klingen gebracht werden (Vorstufe zum *Orchestrion*).

Spielfilm, Film mit fiktivem Inhalt, bei dem Menschen u. Milieu eigens für den Zweck der Filmaufnahmen arrangiert worden sind, im Unterschied zum *Dokumentarfilm*.

Spielhagen, Friedrich, Schriftsteller, *24. 2. 1829

Spielbank: Casino „Wiener Ring" in der Kärntner Straße, Wien

Magdeburg, †25. 2. 1911 Berlin; Gymnasiallehrer, Redakteur; schrieb liberale Gesellschaftsromane. Auch theoret. Schriften („Beiträge zur Theorie u. Technik des Romans" 1882).
Spielhahn, der balzende Hahn des →Birkhuhns.
Spielkarten, Kartenblätter aus Karton (früher auch aus Elfenbein, Holz u. ä.) mit Figuren u. Zeichen für Karten-, Glücks- u. andere Spiele u. zum Wahrsagen (*Kartenschlagen, Kartenlegen*). Ein „Spiel" besteht aus einer bestimmten Anzahl von S. (heute meist 32 oder 52). Die europ. S. haben 4 Farben; bei den dt. S.: *Eicheln* (Eckern), *Grün* (Laub), *Rot* (Herzen), *Schellen*; bei den französ. S.: *Kreuz* (Treff), *Pik* (Pique oder Schippen), *Herz* (Cœur), *Karo* (Carreau oder Eckstein).
Die S. stehen ihrem Wert nach in bestimmter Reihenfolge; dt. S.: *Daus, König, Ober, Unter* (Wenzel), 10, 9, 8, 7, (6); französ. S.: *As, König, Dame, Bube,* 10–2. Nur noch histor. Bedeutung haben *Tarock-Poker-S.* (engl.-amerikan. Bilder), *Trappelier-* oder *Trappola-S.* (italien.-span. Bilder), *Schildkarten* (schweiz. Bilder) u. a., da die französ. fast überall vordringen u. selbst in Dtschld. die sog. dt. S. verdrängen. Der Ursprung der S. ist nicht geklärt, im Orient u. China waren S. früher bekannt als in Europa, wo sie im 13. Jh. unter dem Namen *Naibi* (arab.?) erschienen. S.-Produktionsstätten im MA. waren Ulm u. Lyon; heute sind besonders bekannt die Stralsunder u. Altenburger S. (in der BRD hergestellt in Leinfelden-Echterdingen). – Ⓛ 1.1.6.
Spielkartenkarton, harter, geklebter u. meist gestrichener Karton für die Herstellung von Spielkarten. Um ein Durchscheinen der Kartenbilder zu verhindern, wird dem Klebstoff in der Kartonmaschine ein dunkler Farbstoff zugesetzt.
Spielkartenmeister, der früheste Kupferstichmeister in Dtschld., benannt nach einem in Kupfer gestochenen farbigen Kartenspiel (vor 1446), das Beziehungen zur oberrhein. Kunst aufweist.
Spielleiter, der →Regisseur.
Spielleute, 1. weltl. Dichter u. Musiker des (späten) MA., entweder Fahrende oder im Dienst von Herren u. Städten, Vorläufer der *Stadtpfeifer*; →auch Spielmannsdichtung.
2. →Militärmusik.
Spielmannsdichtung, zusammenfassende Bez. für die Epik u. Spruchdichtung des MA., die nicht zur *höfischen* oder zur *Heldendichtung* gehört. Die Epen haben nicht die Kultur der Ritterdichtung u. nicht die Wucht der Heldendichtung; sie bieten eine bunte Unterhaltung, mit typisierten Figuren u. Motiven, phantasievoller Ausgestaltung u. ständigem Hinweis auf die Wahrheit der Erzählung („König Rother", „Salman u. Morolf", „Orendel"). Die Sprüche sind religiös-didaktischen Inhalts.
Spielmannszug, früher bei Militärkapellen der Zug der Pfeifer u. Trommler; →auch Militärmusik.
Spielplätze, mit Kletter-, Rutsch- u. a. Geräten u. Sandkästen künstl. gestaltete Plätze für Kinder zum Spielen u. Turnen außerhalb der Verkehrszonen. Sonderformen sind *Indianer-* u. *Abenteuer-S.*; *Verkehrs-S.* sind Anlagen mit verkleinerten Verkehrseinrichtungen.
Spielschar, für dramat. Aufführungen zusammengeschlossene Laiengruppe; →auch Laienspiel.
Spieltheorie, von J. von *Neumann* entwickelte Theorie, die mathemat. Zusammenhänge für optimales Verhalten (*Strategie*) in Wettbewerbssituationen, kurz *mathemat. Spiele* genannt, behandelt. Es gibt 2-, 3-, ...Personenspiele. Sie sind gekennzeichnet durch ein System von Regeln für die Mitspieler u. geben die erlaubten Maßnahmen u. zugelassenen Informationen während des Spiels, die Wahrscheinlichkeiten für die einzelnen Spielsituationen, die Umstände für das Ende des Spiels u. die Einsätze an. Die S. ist auch auf Wirtschaft u. militär. Planung anwendbar. – Ⓛ 7.3.8.
Spieltherapie, Form der →Psychotherapie, die sich vorwiegend als bei Kindern geeignet erwiesen hat. In Anwesenheit eines Therapeuten wird mit Hilfe der S., die einzeln oder in Gruppen erfolgen kann, die Auflösung von Ängsten, eine bessere Verarbeitung der Antriebs- u. Impulswelt, bessere Realitätsanpassung u. die bestmögliche Stabilität der Gefühls- u. Affektwelt erstrebt.
Spielzeug, Gegenstände, die dem kindl. Spiel, der kindl. Beschäftigung, der Sozialisation (d. h. der Einführung in die jeweilige Kultur) u. der Vorbereitung der jeweiligen Geschlechtsrolle (Knaben- oder Mädchen-S.) dienen; schon in vorgeschichtl. Zeit u. bei sog. Naturvölkern üblich. Histor. S. (z. B. Puppenstuben) ist für die Kulturgeschichte wichtig, weil sich in ihm zuweilen Formen ungebräuchlich gewordener Gebrauchsgegenstände erhalten haben.
Spielzeugindustrie, *Spielwarenindustrie,* meist arbeitsintensiver (vorwiegend Heimarbeit) Industriezweig. Die dt. S. war bis 1914 in der Welt führend; die USA, die BRD, die DDR u. Japan sind heute die bedeutendsten Ausfuhrländer. – Standorte: Nürnberg-Fürth (Metallspielwaren), Württemberg (mechan. Spielwaren), Thüringer Wald (Puppen), Erzgebirge (Holzspielwaren).
Spiere [die], seemänn. für Rundholz, z. B. Stänge, Rahe, Bugspriet.
Spierling = Stint.
Spierstrauch, *Spiraea,* Gattung der *Rosengewächse,* meist niedrige, sommergrüne Sträucher mit einfachen, abwechselnd stehenden Blättern u. traubigen Blütenständen; Blüten klein, weiß, rosa oder rot; als Ziersträucher in vielen Arten u. Formen kultiviert u. oft verwildert. In Dtschld. bes. der *Weiden-S., Spiraea salicifolia,* u. der *Ulmen-S., Spiraea ulmifolia.*
Spies, Otto, Orientalist, *5. 4. 1901 Kreuznach; seit 1946 Prof. in Bonn, verfaßte Schriften zur semit. Philologie u. zur Islamkunde.
Spiesen-Elversberg, saarländ. Ort (Ldkrs. Neunkirchen), 16 700 Ew.; Stahl- u. Fahrzeugbau.
Spieß, 1. *Buchdruck:* im Satz zwischen Buchstaben u. Zeilen zu hoch stehendes u. als Strich oder Rechteck mitdruckendes Blindmaterial.
2. *Gaunersprache:* Herbergswirt.
3. *Soldatensprache:* der Kompaniefeldwebel (bei der Bundeswehr) bzw. Hauptfeldwebel (Wehrmacht).
4. *Waffen:* Kampf-, Jagdspieß →Lanze.
Spieß, 1. Adolf, Pädagoge, *3. 2. 1810 Lauterbach, †9. 5. 1858 Darmstadt; Begründer des dt. Schulturnens. →auch Leibeserziehung.
2. Christian Heinrich, Schriftsteller, *4. 4. 1755 Freiberg, Sachsen, †17. 8. 1799 Schloß Bezdjekau, Böhmen; Verfasser einst vielgelesener Räuber-, Ritter- u. Schauerromane, auch Dramen.
Spießbock, 1. *Jagd:* erwachsener Hirsch oder Rehbock mit einem spießartigen Geweih, das keine Verzweigungen bzw. Querstangen aufweist u. bei Brunftkämpfen oft tödl. Verletzungen bewirkt. Ein S. wird daher abgeschossen.
2. *Zoologie:* →Oryxantilope.
Spießbürger, *Spießer,* ursprüngl. die mit Spießen bewaffneten, gewöhnl. Bürger; heute Kleinbürger, Mensch mit beschränktem Horizont.
Spießer, *Jagd:* Träger des unverzweigten Erstgeweihs bei Hirschen; nicht zu verwechseln mit dem erwachsenen →Spießbock (1).
Spießhirsch →Pudu.
Spießrutenlaufen, militär. Strafe des 17. u. 18. Jh.: der Bestrafte mußte mehrmals durch eine von 100–300 Mann gebildete Gasse laufen u. erhielt dabei von jedem Mann mit einem Weidenstock einen Schlag auf den entblößten Rücken.
Spießtanne, *Cunninghamia,* in zwei Arten bekannte Gattung der *Nadelhölzer.* Schönes, dauerhaftes Nutzholz liefert die in Südchina heimische u. in China u. Japan kultivierte, bis 12 m hohe *Chines. S., Cunninghamia sinensis.*
Spiethoff, Arthur, Nationalökonom, *13. 5. 1873 Düsseldorf, †4. 4. 1957 Tübingen; arbeitete bes. auf dem Gebiet der Konjunkturforschung; Hptw.: „Krisen" im „Handwörterbuch der Staatswissenschaften" ⁴1925; „Boden u. Wohnung in der Marktwirtschaft" 1934; „Die wirtschaftl. Wechsellagen" 2 Bde. 1955.
Spiez, schweizer. Kurort im Kanton Bern, am Südufer des Thuner Sees u. Eingang zum Kander- u. Simmental, 630 m ü. M., 10 000 Ew.; mittelalterl. Schloß (10.–13. Jh.), jetzt Museum, roman. Kirche (11. Jh.); Wein- u. Obstbau.
Spigelia [die; nach dem fläm. Naturforscher A.

Spielkarten: Über 2000 verschiedene Arten des Kartenspiels soll es auf der Erde geben. Die Zahl der dafür seit mehr als tausend Jahren hergestellten Spielkarten ist jedoch um ein Vielfaches höher, weil diese nach Form, Größe und Material der Karten wie auch nach der Entstehungszeit, nach dem Herkunftsland und nach der Art der Motive stark variieren. Beispiele dafür sind (von links nach rechts): Karte „Spiel der hundert Dichter"; um 1800. Japan; Tänzerin auf einer persischen Spielkarte, Safawiden-Motiv, 18. Jh.; Spielkarte mit antinapoleonischem Motiv aus der Zeit der Befreiungskriege; Tarockkarte im Stil der Wiener Sezession, entworfen von Ditta Moser; Rommé- und Bridgekarte „Happy Playing Cards", entworfen von Doris Tusch; „Simultané"-Spielkarte, entworfen von Sonia Delaunay

Spika

van den *Spieghel*, †1625], Gattung der *Strychnosgewächse*. Die in Westindien verbreitete S. *anthelmia* u. die in Nordamerika heimische S. *marylandica* dienen als Wurmmittel.

Spika [die; lat.], *Spica*, α *Virginis*, Hauptstern im Sternbild Jungfrau; Abstand 233 Lichtjahre.

Spikes [′spaiks; engl.] →*Rennschuhe*.

Spikesreifen [′spaiks-; engl.], ein Winterreifen, in dessen Lauffläche Stahlstifte (*Spikes*) eingelassen sind. Sie bewirken eine bessere Bodenhaftung u. kürzere Bremswege. Die Härte der Stifte ist so zu bemessen, daß ihre Abnutzung mit der der Lauffläche übereinstimmt. S. sind seit 1975 nicht mehr zugelassen.

Spilanthes [grch.], in den Tropen heimische Gattung der *Korbblütler*. Einige Arten werden als Gemüsepflanzen angebaut; andere, z.B. *S. ureus* u. *S. alba*, dienen als Heilmittel gegen Skorbut.

Spill [das], Winde mit senkrechter Achse auf Schiffen, maschinell bzw. mit Menschenkraft (*Gang-S.*) gedreht.

Spillgeld →*Nadelgeld*.

Spilling [der], volkstüml. Bez. für die *Pflaume*.

Spin [der; engl., „Drall"], innerer Freiheitsgrad eines Elementarteilchens oder Atomkerns, der anschaulich als Drehimpuls einer inneren Drehbewegung des Teilchens angesehen werden kann. Mit ihm verknüpft ist ein magnet. Moment. Der S. wird in Vielfachen von h (sprich: „h quer"; Plancksches Wirkungsquantum h dividiert durch 2π) angegeben u. kann halbzahlige u. ganzzahlige Werte haben, 0, $1/2$, 1, $3/2$,... Er ist zu unterscheiden vom *Bahndrehimpuls*, der anschaulich durch die Bewegung, z.B. den Umlauf eines Elektrons im Atom, bedingt ist. Für ein →*Elementarteilchen* ist der S. eine wichtige kennzeichnende Größe. Der S. eines Atomkerns ist der Gesamtdrehimpuls, der aus den Bahndrehimpulsen u. den S.s der Nukleonen im Kern resultiert; er ist vom Energiezustand abhängig. Im Grundzustand besitzt z.B. das Deuteron den S. 1, das Alphateilchen den S. 0.

Spina [die, Mz. *Spinen*; lat., „Dorn"], **1.** *Anatomie:* spitzer Auswuchs u. Ansatzstelle von Muskeln an Knochen, bes. an den Wirbelkörpern (*Dornfortsätze*).
2. *Medizin:* 1. *S. ventosa*, Winddorn, spindelförmige Auftreibung von Fingern als Folge einer Knochentuberkulose. – 2. *S. bifida*, Lückenbildung in der Wirbelsäule durch angeborene Mißbildung.
3. *röm. Kunst:* mittlere Barriere im röm. Zirkus; bes. kostbar mit Statuen u.a. Denkmälern ausgestattet waren die S. des Circus Maximus in Rom u. die des Hippodroms von Konstantinopel (→auch *Schlangensäule*).

Spina, etrusk.-griech. Handelsniederlassung des 6./5. Jh. v. Chr. im südl. Po-Delta; im 3. Jh. v. Chr. von den Galliern zerstört. Die Gräber von S. gehören zu den bedeutendsten Fundplätzen griech. Vasen auf italien. Boden.

spinal, die Wirbelsäule oder das Rückenmark betreffend; z.B. *Spinalganglien*, Nervenzellknoten des Rückenmarks.

spinale Kinderlähmung →*Kinderlähmung*.

Spinalanästhesie [lat. + grch.] = Rückenmarkanästhesie.

Spinalparalyse [die; lat. + grch.], Rückenmarkslähmung durch Entzündung oder Entartung der Bahnen im Rückenmark; führt zu Gehstörungen u. anderen Ausfallserscheinungen.

Spinat [der; pers., roman.], *Spinacia*, ein *Gänsefußgewächs*, als Sommer- oder Winterform angebaute Gemüsepflanze, vitamin- u. mineralstoffreich.

Spin-Bahn-Kopplung, die Wechselwirkung zwischen dem *Spin* u. dem *Bahndrehimpuls* eines atomaren Teilchens. Anschaulich läßt sie sich bei einem Elektron im Atom wie folgt verstehen: Das umlaufende Elektron entspricht einem Kreisstrom, erzeugt also ein magnet. Feld, das nun Kräfte auf das mit dem Spin verknüpfte magnet. Moment des Elektrons ausübt. Im Atom führt die S. zur Aufspaltung eines Energieniveaus in ein „Multiplett" dicht beieinanderliegender Niveaus u. erklärt so die Feinstruktur der Spektrallinien. Beim Atomkern erlaubt die S. der Nukleonen eine Erklärung des Schalenaufbaus. →*Kernphysik*.

Spindel, 1. *Biologie:* Kernspindel →*Kernteilung*.
2. *Maschinenbau:* eine mit einem Gewinde versehene Welle; dient zur Bewegung eines Gegenstands oder zur Erzielung eines Drucks.
3. *Spinnerei:* rotierendes Maschinenelement einer Spinn- oder Zwirnmaschine zur Drehungserteilung u. Aufwicklung.

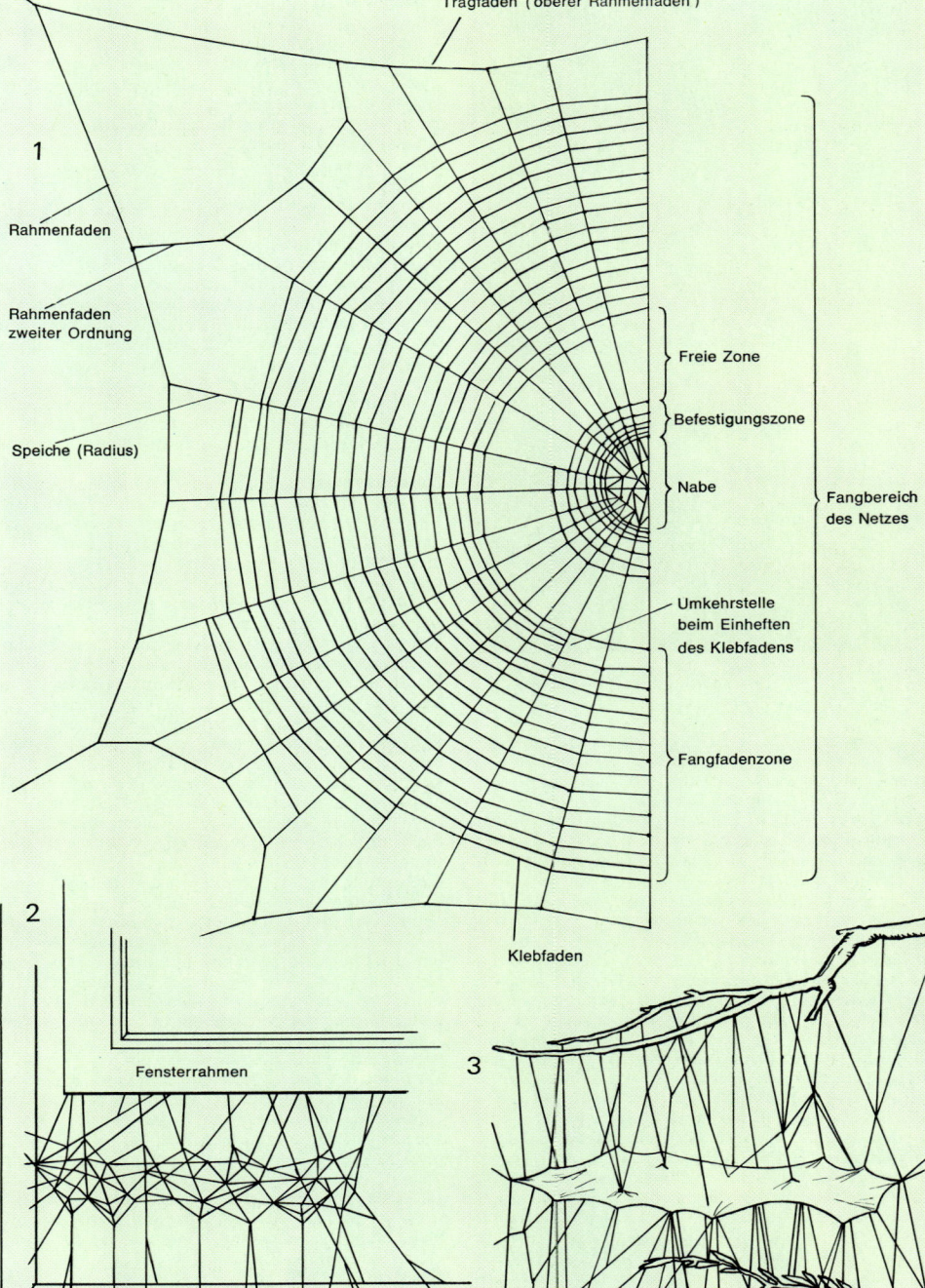

Spinnengewebe: 1 Radnetz, 2 Fußangelnetz, 3 Baldachinnetz

Spindelbaumgewächse, *Celastraceae*, Familie der *Celastrales*, zu der u.a. *Baumwürger* u. *Spindelstrauch* gehören.

Spindelkasten, Bez. für den *Spindelstock* oder die *Schloßplatte* oder den *Schalträderkasten* der Drehbank.

Spindelmagen →*Kunkelmagen*.

Spindelöl, dünnflüssiges Schmieröl für wenig belastete, schnellaufende Achsen; verwendet z.B. bei Textilmaschinen, Fahrrädern, Elektromotoren.

Spindelpresse, eine Presse, bei der der Stempel durch eine *Spindel* bewegt wird; Antrieb von Hand oder mechanisch.

Spindelschnecken, Kinkhörner, *Buccinacea*, marine *Vorderkiemer-Schnecken*.

Spindelstock, Maschinenteil der Dreh-, Bohr- oder Fräsmaschine, in dem die Antriebs- oder Hauptspindel mit den Stufenscheiben u. dem Schaltgetriebe lagert.

Spindelstrauch, *Euonymus*, Gattung der *Spindelbaumgewächse*. Wichtige Vertreter dieser Gattung sind *Pfaffenhütchen*, *Euonymus europaea*, u. *Warzen-S.*, *Euonymus verrucosa*.

Spindler, Karl, Romanschriftsteller, *16. 10. 1796 Breslau, †12. 7. 1855 Bad Freiersbach, Baden; zuerst Wanderkomödiant, dann Verfasser von zahlreichen histor. Romanen.

Spindlermühle, tschech. *Spindlerův Mlýn*, Ort in Ostböhmen (ČSSR), Erholungsplatz am Südfuß des Riesengebirges, 1800 Ew.; im MA. Silberbergbau.

Spinell [der; lat.], *Magnesiospinell* ($MgAl_2O_4$), verschieden (überwiegend rot) gefärbtes, glasglänzendes Mineral; regulär, Härte 8; als Edelstein bes. geschätzt ist der rote S. (*Rubin-S.*).

Spinello Aretino, italien. Maler, *um 1346 Arezzo, †14. 3. 1410 Arezzo; schuf u.a. in Florenz, Pisa, Arezzo u. Siena Tafelbilder u. Fresken, in denen, durch A. *Gaddi* vermittelt, der monumentale Stil *Giottos* fortlebt.

Spinett [das; ital.], ein Kielklavier in länglich-rechteckiger Tafelform mit einchörigem Bezug. Heute oft fälschlich für Tafelklavier.

Spinifex [der; lat.], Stachelkopfgras, austral. Gattung der *Süßgräser*. Zum Befestigen von Dünen wird *S. hirsutus* verwendet, bei dem der ganze mit stacheligen Tragblättern ausgestattete weibl. Blütenkopf nach der Reife abgelöst u. vom Wind am Strand verweht wird, bis er sich mit den Stacheln in den Sand einbohrt.

Spinnaker [der; engl.], leichtes dreieckiges Vorwindsegel, das bei entspr. Wind u. Kurs am Bug eines Segelbootes mit Hilfe des *S.baums* gesetzt wird.

Spinnangel, bes. elastische Angelrute aus Bambus oder glasfaserverstärktem Kunststoff zum Fang von Raubfischen mit dem →Spinner. →auch Angelfischerei.

Spinnbandverfahren, die Überführung endloser Chemiefaserkabel in kammzugähnliche Bänder aus Stapelfasern.

Spinndrüsen, bei Gliederfüßern u. Muscheln vorkommende Drüsenorgane, deren Sekret rasch erhärtende Fäden bildet, die zum Nestbau (z.B. bestimmte Spinnen, Embien), zum Kokonbau (z.B. Schmetterlingsraupen), zum Beutefang (z.B. Spinnen), zur Befestigung (Muscheln) oder zum Transport (z.B. Jungspinnen: „Altweibersommer") benutzt werden. Bei S. bestimmten Muscheln, *Byssusdrüsen*, liegen am Hinterende des Fußes; die S. der Gliederfüßer münden meist in Gliedmaßen, z. B. die S. der Webspinnen in den →Spinnwarzen, umgebildeten Abdominalextremitäten, die S. der Afterskorpione in den Chelizeren, der Zwergfüßer in den Spinngriffeln (Cerci), der Embien in den 1. Fußgliedern der Vorderbeine. Die Raupen der Schmetterlinge u. die Larven der Köcherfliegen spinnen mit Hilfe der *Labialdrüsen* (Speicheldrüsen), die am Mund münden. Das Spinnsekret der Gliederfüßer ist ein Eiweiß (Seiden-Fibroin), das der Muscheln ein der Schalensubstanz Konchin ähnl. Eiweiß.

Spinndüsen, runde Platten von etwa Münzengröße aus chemisch beständigem Metall wie Tantal oder Platin-Gold-Legierungen mit feinen Bohrungen zur Herstellung von Chemiefasern; im →Elektronenstrahlverfahren hergestellt.

spinnen, 1. einen beliebig langen Faden (Gespinst) aus endlich langen, weitgehend parallel angeordneten Fasern durch Drallgebung erzeugen. Die Anzahl der Drehungen je Längeneinheit (cm, Zoll) ist für den Charakter u. die Festigkeit des Garns ausschlaggebend.
2. einen Faden aus einer Spinnlösung, Schmelze oder verformbaren Masse herstellen (Chemiefasern). →auch Spinnerei, Chemiefasern.

Spinnen, Araneae, über alle Erdteile verbreitete Ordnung der Spinnentiere, ca. 20000 Arten. Der fast immer ungegliederte Hinterkörper (*Opisthosoma*) sitzt mit einem schmalen Stiel am Vorderkörper (*Prosoma*) an, der bis zu 4 Augenpaare, 2 Paar Mundwerkzeuge (1. Paar: *Chelizeren, Kieferklauen*, 2. Paar: *Pedipalpen, Kiefertaster*) u. 4 Gangbeinpaare trägt. Am Endglied der Chelizeren mündet der Giftdrüse; die meisten S. (bis auf die *Kräuselradnetz-S.*) lähmen ihre Beute mit diesem Gift. Die Gangbeine tragen am Ende 2 oder 3 Krallen, mit denen die Spinnfäden ergriffen u. verarbeitet werden, die in am Ende des Hinterkörpers gelegenen Spinndrüsen erzeugt werden. Einige Gruppen der S. bauen daraus Fangnetze (*Webspinnen*), andere verwenden sie nur zur Herstellung von Fangleinen, Kokons u. ä. Die S. atmen durch Fächer-, Sieb- oder Röhrentracheen. Bei den häufig kleineren Männchen ist ein Kiefertaster zum Begattungsorgan umgebildet, mit dem der zunächst abgesetzte Samen aufgenommen u. in die weibl. Geschlechtsöffnung gebracht wird. Dem geht ein bei den einzelnen Familien höchst verschiedenes Begattungsvorspiel voraus. Oft wird das Männchen nach der Begattung verzehrt. Bei fast allen Arten umhüllen die Weibchen die Eier mit einem selbstgesponnenen Kokon, der herumgetragen oder nach Ablage bewacht wird. Viele Arten pflegen auch die ausschlüpfenden Jungtiere. Zu den S. gehören u. a. die Familien der *Deckel-S., Falltür-S., Tapezier-S., Vogel-S., Spei-S., Kugel-S., Baldachin-S., Radnetz-S., Trichter-S., Wolfs-S., Kamm-S., Sack-S., Krabben-S., Spring-S., Kräuselradnetz-S.*

Spinnenaffe, *Brachyteles arachnoides*, zu den Rollschwanzaffen gehörende südamerikan. Breitnase mit spinnenartig wirkenden Gliedmaßen.

Spinnenameisen →Bienenameisen.

Spinnenasseln, *Notostigmophora*, Ordnung der Hundertfüßer mit 15 äußerst langen Beinpaaren, mit denen die Beute umschlungen wird; Giftfüße noch beinähnlich; Stigmen auf dem Rücken; keine Brutpflege. Zu den S. gehört die *Spinnenassel, Scutigera coleoptrata*, in Süddeutschland, Südosteuropa u. den Tropen.

Spinnenfliegen = Fledermausfliegen.

Spinnengewebe, von den →Spinnen als Drüsensekret aus den am Hinterende des Hinterleibs auf der Bauchseite liegenden *Spinnwarzen* ausgeschiedene Fäden. Die Art der Gewebe ist sehr verschieden. Sie reichen vom einfachen Faden bei den *Lassospinnen* bis zum komplizierten Radnetz der *Radnetzspinnen*, über Zwischenstufen wie das Dreiecknetz der Hausspinne oder das Deckelgespinst der *Vogelspinnen*. Das S. dient u.a. zum Beutefang, zur Brutpflege (Eikokons), als Wohnung, zur Verbreitung der Art (Altweibersommer).

Spinnengifte, Substanzen mit Eiweißnatur (die z.T. auch Enzymcharakter haben), die Spinnentiere als Waffe zur Verteidigung u. zum Beuteerwerb einsetzen. Die Webspinnen produzieren ihr Gift in Giftdrüsen, die mit den *Chelizeren* (Kieferklauen) in Verbindung stehen. Die Wirkung der S. ist unterschiedl. stark auf den Menschen. Sehr gefährl. u. sogar als Todesursache wiederholt bekanntgeworden ist das Gift in südl. Ländern verbreiteten *Malmignatte*, der amerikan. *Schwarzen Witwe* u. mancher südamerikan. *Kammspinnen*. Schwere Allgemeinstörungen ruft das Gift der brasilian. *Wolfsspinne* hervor. Zur Behandlung werden Seren verwendet, die entsprechende →Antitoxine enthalten. Das Gift unserer einheim. *Wasserspinne* u. des *Dornfingers* verursacht Brennen u. Taubheitsgefühl, das sich von der Bißstelle weiter ausbreitet u. allmählich abklingt. – Bei den Skorpionen kommt das Gift im letzten, zu einem Stachel entwickelten Hinterleibsabschnitt vor. Die giftigen Sekrete einiger *Milben* bewirken Hautentzündungen u. allerg. Hauterscheinungen.

Spinnenseide, von der Riesenspinne *Halabé* (Madagaskar) gesponnener Faden von rd. 7μm mittlerer Dicke. Die S. wurde vereinzelt für textile Zwecke verwendet, wegen ihrer Feinheit auch für Fadenkreuze in opt. Instrumenten.

Spinnentiere, 1. *S. i. e. S., Arachnida*, Klasse der Spinnentiere *i. w. S.* (Chelicerata), über 36 000 höchstens 18 cm lange, vorzugsweise landbewohnende Arten; nur eine Spinnenart (→Wasserspinne) u. ca. 2800 Milbenarten sind sekundär Wasserbewohner. S. sind Räuber oder Parasiten, die die Nahrung durch ausgewürgten Mitteldarmsaft vor der eigentl. Mundöffnung verdauen. Luftatmer, deren Vorderkörper meist 4 Gangbeinpaare trägt, während der Hinterkörper beinlos ist. Eierlegend, einige Skorpione u. Milben lebendgebärend. Spinnvermögen nur bei einigen Skorpionen, den Bücherskorpionen u. Spinnen. Zu den S.n gehören folgende Ordnungen: *Skorpione, Geißelskorpione, Fadenskorpione, Spinnen, Kapuzenspinnen, Afterskorpione, Walzenspinnen, Weberknechte, Milben*.
2. *S. i. w. S., Fühlerlose, Kieferklauenträger, Chelicerata*, Unterstamm der *Gliederfüßer* mit über 36 000 lebenden Arten, die weder Antennen noch zangenartige Kiefer ausgebildet haben. Das klauenartige 1. Gliedmaßenpaar (Chelizeren, Kieferklauen) dient zum Ergreifen u. Fressen der Beute. Es kann eine Schere tragen. Das 2. Beinpaar ist häufig als Tastorgan (Pedipalpen) ausgebildet; es folgen meist 4 Laufbeinpaare. Der Körper ist in einen Vorderkörper ohne abgesetzten Kopf (*Prosoma*) u. einen Hinterkörper (*Opisthosoma*), der einen Schwanzanhang tragen kann, gegliedert. Als Atemorgane kommen Fächerlungen bzw. -tracheen, daneben auch Röhrentracheen u. Kiemenblätter vor. Die S. werden in 3 Klassen unterteilt, die *Merostomata*, die *Spinnentiere i. e. S.*, u. die *Asselspinnen*. – 🅱 S. 198.

Spinnentöter, *Pepsis*, oft prächtig blau-metallisch gefärbte, mehrere cm lange *Wegwespen* des trop. Amerika, die als Larvenfutter *Vogelspinnen* eintragen, die sie durch ihr Gift lähmen.

Spinner, 1. *Fischerei:* dem *Blinker* ähnlicher künstl. Köder (Glas, Blech, Kunststoff) zum Fang von Raubfischen; macht rotierende Bewegungen, wenn er durch das Wasser gezogen wird, u. täuscht einen kleinen Fisch vor. →auch Angelfischerei, Angelgeräte. – 🅱 →Fische.
2. *Zoologie: Bombyces*, Sammelbez. für verschiedene Familiengruppen der Großschmetterlinge, deren Raupen vor der Verpuppung einen Kokon spinnen. Hierher gehören die Gruppen der *Birken-S. S. i. e. S. (Bombycoidea)*, eine Überfamilie der Schmetterlinge, zu der folgende Familien gehören: *Glucken, Seiden-S., Nachtpfauenaugen, Zahn-S., Prozessions-S.*, ferner die *Träg-S.* u. *Bären-S.*, die heute in die nähere Verwandtschaft der *Eulen i. w. S.* gestellt werden, u. die *Widderchen*.

Spinnerei, der dem Weben vorausgehende techn. Vorgang der Fadenbildung, d. h. der Garnherstellung aus tier., pflanzl. oder künstl. Fasern; besteht zunächst in der Auflockerung, Reinigung u. Ordnung der Fasern bis zu einem Faserband, das nach entspr. Verfeinerung u. Vergleichmäßigung entweder durch Handspinnen oder auf der Spinnmaschine (Vor- u. Feinspinnmaschine) zu einem Faden verdreht (versponnen) wird. Mit Handspindel u. Tretrad (Spinnrad) läßt sich in einem einzigen Arbeitsgang nur ein fester Faden bilden, bei der Maschinen-S. in verschiedenen Arbeitsfolgen. Bei der Erzeugung künstl. Fasern wird eine *Spinnlösung* durch Lösen des Ausgangsmaterials (z.B. Zellstoff, bestimmte Eiweiße, synthet. Hochpolymere) evtl. nach einer chem. Umwandlung, eine *Schmelze* (z.B. bei Glas, Steinen, einigen synthet. Hochpolymeren) oder eine *verformbare Masse* (Kautschukbrei, Papierbrei) erzeugt; die Herstellung des Fadens erfolgt durch Pressen der zähen Flüssigkeit durch Düsen (evtl. Ausfällen in einer Spinnlösung), Ausziehen bzw. Verblasen oder Zerschneiden von dünnen Flächengebilden, chem. u. mechan. Nachbehandlung. Die Handspindel wurde seit dem 15. Jh. vom Spinnrad abgelöst; 1768 erfand R. *Arkwright* die Spinnmaschine, 1830 der Amerikaner *Jenks* die Ringspinnmaschine. – 🗔 10.8.6.

Spinnfüßer = Embien.

Spinnkanne, *Spinnerei:* runde, drehbare Kanne zur Aufnahme von Faserbändern.

Spinnmilben, *Tetranychidae*, lebhaft gefärbte, zu den *Trombidiformes* zählende Pflanzenparasiten von 0,2–0,8 mm Länge, an den Seiten des Vorderkörpers mündend ein Paar Spinndrüsen besitzen. Ein Gespinst wird zwischen den Blattnerven gesponnen, so daß zwischen Blatt u. Gespinst ein schützender Hohlraum liegt, den die S. bewohnen. Zu den S. gehört die berüchtigte *Rote Spinne*.

Spinnrad, Gerät zur Herstellung handgesponnener Garne, →Spinnerei.

Spinnregler, *Fadenzugregler*, Vorrichtung am Antrieb der Ringspinnmaschine zur Vergleichmäßigung der Fadenspannung während des Spinnens.

Spinnringe, bei Ringspinnmaschinen die ringförmigen Führungen für die Ringläufer.

Spinnseide, verspinnbare Seidenfasern endlicher Länge.

Spinnstoffe, alle zum Spinnen geeigneten u. verwendeten Fasern.

Spinnstube, oberdt. *Kunkelstube*, *Lichtkarz*, schles. *Lichtenstube*, lothr. *Meiestube*; früher ein Raum, in dem die ländl. Jugend im Winter zu gemeinschaftl. Arbeiten zusammenkam.

Spinnvlies, die im Naß- oder Schmelzspinnverfahren ersponnenen Kunstfasern, die nach dem Austritt aus der Spinndüse als Flächengebilde auf ein Transportband aufgelegt oder aufgeschwemmt werden.

Spinnmilben, Tetranychidae

Spinnentiere

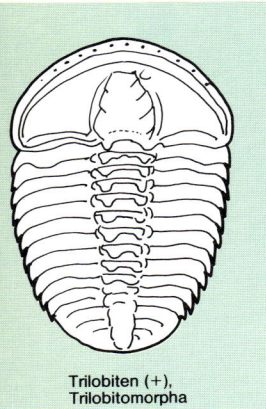
Trilobiten (+), Trilobitomorpha

Eurypterida (+), »Riesenkrebse«

Schwertschwänze, Xiphosura

Skorpione, Scorpiones

SKORPIONE

Skorpione, Buthus spec., beim Paarungsvorspiel

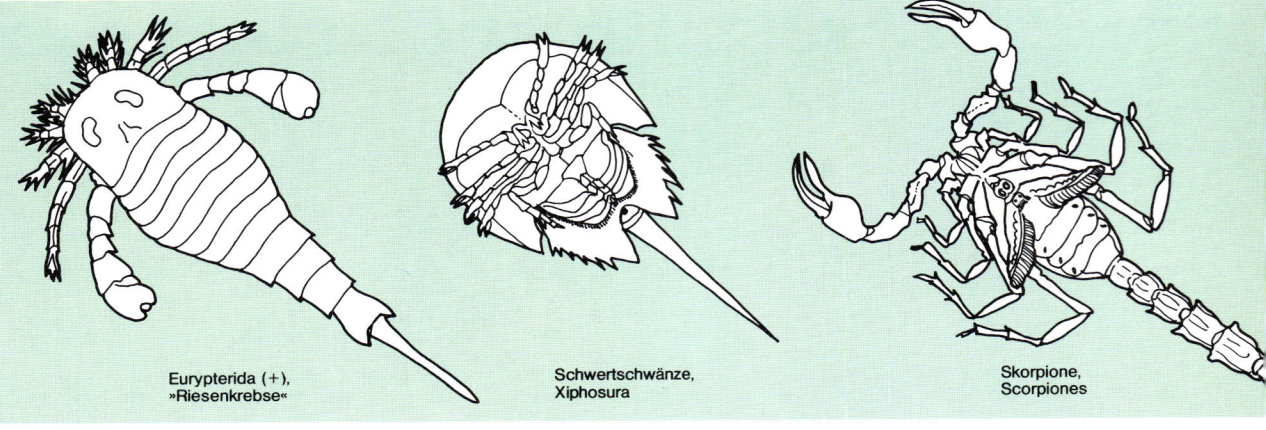
Bauplan einer Kreuzspinne — Augen, Chelicere, Pedipalpenlade, Pedipalpe, Fächerlunge, verschiedene Spinndrüsen, Spinnwarzen, Darm, Ovar

Weibchen des afrikanischen Großskorpions, Pandinus imperator, mit Jungen auf dem Rücken

SPINNEN i. e. S.

Radnetzspinnen, Araneidae: Gartenkreuzspinne, Araneus diadematus

Wolfsspinnen, Lycosidae: Apulische Tarantel, Lycosa tarentula

Porträt der Hausspinne, Tegenaria domestica. — Trichterspinnen, Agelenidae: Wasserspinne, Argyroneta aquatica, in ihrer Tauchglocke. — Weberknechte, Opilione

Spinnentiere

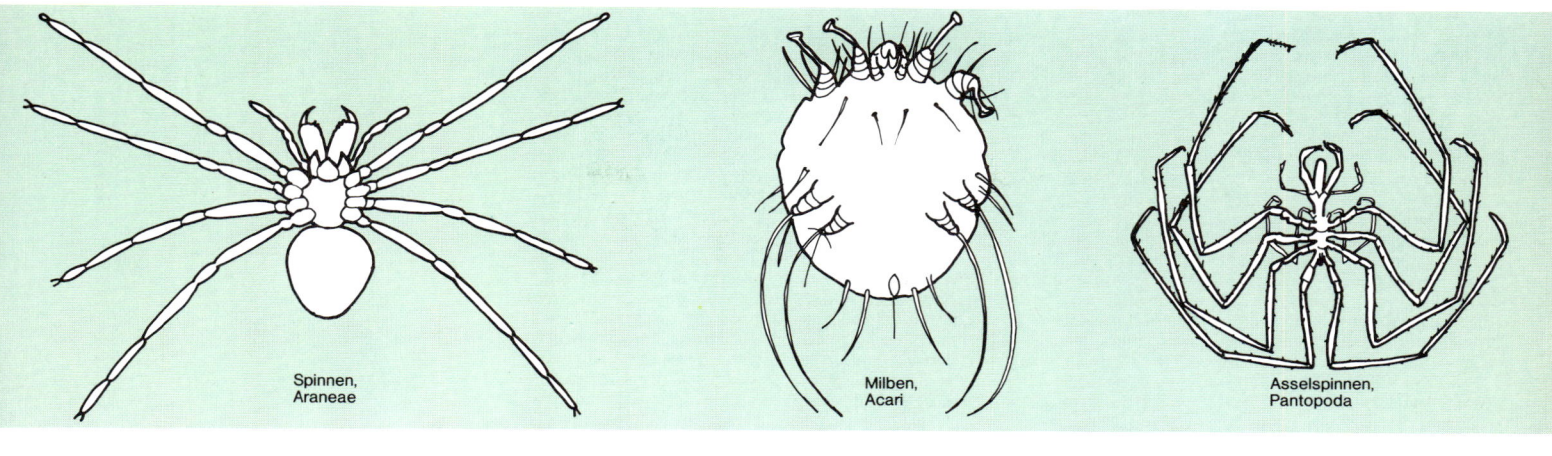

Spinnen, Araneae — Milben, Acari — Asselspinnen, Pantopoda

SPINNENTIERE

AFTERSKORPION

Pseudoscorpiones

WALZENSPINNE

Galeodes arabs

MILBEN

Milbenlarven auf einer Hummel als Transportwirt (Phoresie). – Süßwassermilbe mit Eikokon (rechts)

...benspinne, Thomisidae. – Raubspinnen, Pisauridae: Pisaura mirabilis. – Vogelspinnen, Aviculariidae: Mygale spec. (von links nach rechts)

Spinnwarzen, bei Webspinnen auf der Bauchseite des Hinterleibs, meist am Hinterleibsende, liegende umgebildete Gliedmaßenanlagen des 10. u. 11. Segments, auf deren Ende ein Feld feiner Spinnröhren mündet. Die S. sind meist kurz, kegelförmig, mehrgliedrig u. beweglich, bei den meisten einheim. Webspinnen in drei Paaren angeordnet. Die zugehörigen Spinndrüsen (einige hundert) liegen im Hinterleib; sie können bei hochentwikkelten Arten bis zu sechs verschiedene Sekrete hervorbringen. Die Drüsensekrete erhärten an der Luft zu Fäden; durch Hilfseinrichtungen an den Klauen können die Spinnen die Fäden aller S. zu einem einzigen Seil verkordeln. Die Spinnfäden dienen vielen Aufgaben (→Spinnengewebe).

Spinnwebtheorem, engl. *cobweb-theorem*, ein nach der spinngewebeähnl. graphischen Darstellung bezeichnetes volkswirtschaftl. Theorem zur Erklärung oszillatorischer Preis- u. Mengenbewegungen, insbes. bei landwirtschaftl. Produkten, die durch die Verzögerung der Angebotsanpassung *(Lag)* infolge der nicht nennenswert beeinflußbaren Dauer des Produktionsprozesses hervorgerufen werden. Das S. setzt einen Markt für ein homogenes Gut voraus, über den die vielen Marktteilnehmer keine vollständige Übersicht besitzen; die Anbieter gehen bei ihren Produktionsentscheidungen von der Erwartung aus, daß der heute erzielte Preis auch nach Abschluß der nächsten Produktionsperiode gelten wird; die Angebotsmenge in Periode 2 richtet sich nach dem Marktpreis der Periode 1 *(dynamische Angebotsfunktion)*. Trifft z.B. eine starke Nachfrage auf ein geringes Angebot (m_1), wird sich ein hoher Marktpreis (P_1) einstellen. Die Angebotsseite rechnet mit der Konstanz dieses Preises u. erhöht in der nächsten Periode u. der diesem Preis entsprechende Menge (m_2). Da diese Angebotsveränderung über der Gleichgewichtsmenge liegt, sinkt der Preis (auf P_2). Die Anpassung mit der Menge führt in der nächsten Periode zu einem neuen Preisanstieg usw. Dieser Prozeß nähert sich immer mehr dem Gleichgewichtspunkt, wenn die Angebotskurve steiler als die Nachfragekurve ist *(konvergierender Fall)*; ist sie flacher, tritt der *explosive Fall* ein, der Gleichgewichtspunkt wird nie erreicht; zeigen Angebots- u. Nachfragekurve die gleiche Steigung, schwingen Preise u. Mengen mit unveränderter Amplitude um den Gleichgewichtspunkt *(dauernde Oszillation)*. Reagiert das Angebot nur durch vorsichtige Mengenausweitung, erfolgt die Bewegung zum Gleichgewichtspunkt treppenförmig *(Treppenstufentheorem)*. – Der Erklärungswert des S.s ist umstritten. →auch Schweinezyklus.

Spinnwirtel [der], am Spindelfuß angebrachte Antriebsrolle (→Spindel); bei der Handspindel hatte der S. die Funktion eines Schwungrads.

Spínola, António Sebastaiao Ribeiro de, portugies. Politiker u. Militär, *11. 4. 1910 Estremoz; 1968 Gouverneur von Guinea-Bissau, 1974 stellvertretender Generalstabschef, nach dem Sturz der Diktatur 1974 Staatspräsident (April–September), trat wegen der von ihm abgelehnten Linksentwicklung zurück, ging im März 1975 nach einem mißglückten Putschversuch ins Exil; kehrte 1976 nach Portugal zurück.

Spinoza [-za], Benedictus, *Baruch d'Espinosa*, holländ. Philosoph, *24. 11. 1632 Amsterdam, †21. 2. 1677 Den Haag. Als Angehöriger des jüd. Glaubensbekenntnisses 1656 wegen „Irrlehren" aus der Synagoge ausgeschlossen u. auf Betreiben der Juden vom Magistrat aus Amsterdam verbannt. – Zu Lebzeiten veröffentlichte S. außer einer Schrift über *Descartes* nur den für die moderne Bibelkritik bahnbrechenden „Theolog.-polit. Traktat" 1670. Aus dem Nachlaß, aus Abschriften z.T. schon bekannt, erschien 1677 sein Hptw.: „Ethica ordine geometrico demonstrata". S.s Philosophie ist eine Umbildung des kartesian. Dualismus zu einem reinen *Monismus* neuplaton. Charakters: Es gibt nur eine Substanz, von deren unendlich vielen Attributen wir nur zwei erkennen: Denken u. Ausdehnung. Diese Substanz ist Gott oder die Natur *(Deus sive natura)*. Mithin ist Gott ausgedehnt, doch unterscheidet S. die Körperlichkeit u. Teilbarkeit als Modus von der Ausdehnung als Attribut, ebenso die geschaffene Natur von der schaffenden göttlichen. Die Leugnung der Persönlichkeit Gottes, der pantheist. Einschlag u. die Bestreitung aller Zweckursachen brachten S. in den Verdacht des Atheismus. Erst Ende des 18. Jh. kam es zu einer positiveren Beurteilung S.s *(Neospinozismus)*; sein System wurde bes. von *Schelling* erneuert. – ▯ 1.4.8.

Spint [der oder das], altes Getreidemaß; in Hamburg 6,96 *l*, Bremen 4,63 *l*, Mecklenburg 2,43 *l*.

Spinte, verschiedene trop. Bienenfresserarten.

SPIO, Abk. für *Spitzenorganisation der Filmwirtschaft*, Dachorganisation der Wirtschaftsverbände der Filmwirtschaft, Sitz: Wiesbaden.

Spionage [-ˈnaːʒə; die; frz.], Ausspähung von Geheimnissen, insbes. auf militär., polit. u. wirtschaftl. Gebiet durch *Spione*, *Agenten*, *V-Männer*, *Nachrichtendienste*. Nach nationalem Strafrecht wird S. als →Landesverrat, Verrat militär. oder diplomat. Geheimnisse u.ä. bestraft, doch bleibt die S.tätigkeit zugunsten des eigenen Staats immer straffrei u. wird sogar staatl. unterstützt (Nachrichtendienste militär. u. nichtmilitär. Art). Bei der Bestrafung der S. kommt es nach der Rechtsprechung von Gerichten der BRD nicht entscheidend darauf an, ob alle Tatsachen „neu" sind, sondern auch Verdeutlichungen, Zusammenstellungen, Übersichten über bereits Bekanntes können Landesverrat bedeuten (sog. *Mosaiktheorie*). Die Gesetzgebung hat diese Auslegung durch Neufassung des § 93 StGB jedoch stark eingeschränkt. Manche Staaten bestrafen lediglich die gegen sie begangenen S.delikte, während andere Staaten (z.B. die Schweiz) jedwede S. unter Strafe gestellt haben. – Im Krieg ist S. ein völkerrechtl. erlaubtes, aber riskantes Handeln, d.h. der Staat, gegen den sich die S. gerichtet hat, kann sich des Spions durch Verhängung selbst der Todesstrafe entledigen (Art. 29ff. HLKO). Häufig werden Spione auch nur „ausgetauscht", d.h. beiderseitig über die Grenze abgeschoben. – ▯ 4.1.1.

Spira [die; lat.], unteres, konkav eingezogenes Glied der ionischen Säulenbasis.

Spiräe [die; grch.] = Spierstrauch.

Spirale [grch.], ebene Kurve, die sich unendlich oft um einen Punkt herumwindet; liegt in der Ebene, ist also keine Schraubenlinie. Wichtige S. sind (Gleichungen in Polarkoordinaten): die *Archimedische S.* ($r = a\varphi$), die *hyperbolische S.* ($r = a/\varphi$), die *logarithmische S.* ($r = ae^{m\varphi}$), die *Fermatische S.* ($r = a\sqrt{\varphi}$).

Spiralnebel, *extragalaktische Nebel*, Sternsysteme von der Art des Milchstraßensystems, meist von flachlinsenförmiger Gestalt, mit zwei oder mehr spiralig gewundenen Armen, die meist vom Mittelpunkt ausgehen. Die Auflösung von S.n in Einzelsterne u. damit der Beweis für ihre Natur als der Milchstraße koordinierte Systeme gelang erst 1923. Die S. sind (abgesehen von ihrer Anordnung in Nebelhaufen) annähernd gleichmäßig im Raum verteilt. Ihre Seltenheit in Richtung der Milchstraße rührt davon her, daß sie dort durch Massen interstellarer Materie verdeckt werden. Es gibt bis zur Reichweite der größten Instrumente mindestens 10 Mrd. S. mit durchschnittl. 1–2 Mill. Lichtjahren gegenseitigem Abstand. Nächster S. ist der *Andromedanebel* (Messier 31), nach neuesten Ergebnissen in 2½ Mill. Lichtjahren Entfernung. In S.n auftretende *Kepheiden* u. *Supernovae* ermöglichen genaue Entfernungsbestimmung.

Benedictus Spinoza

Spirans [die, Mz. *Spiranten*; lat.], *Reibelaut* →Frikativum.

Spirdingsee, poln. *Jezioro Śniardwy*, größter der ostpreuß. Masur. Seen, westl. von Lyck, 106,6 qkm, bis 24 m tief, wird durch die *Galinde* zum Narew entwässert; Fischfang; Wassersport. – ▯ Masurische Seenplatte.

Spirillen [grch.], *Spirillaceae*, Familie der *Bakterien* von gedrehter Form, zu denen z.B. der Erreger der Cholera, *Vibrio comma*, gehört.

Spirillosen, durch *Spirillen* hervorgerufene Infektionskrankheiten, z.B. die Rattenbißkrankheit.

Spiritaner, lat. *Congregatio Sancti Spiritus sub tutela Immaculati Cordis Beatissimae Virginis Mariae*, Abk. CSSp, Kongregation vom Hl. Geist, gegr. 1703 in Paris, 1848 mit der von F. M. P. *Libermann* gegr. Kongregation vom Hl. Herzen Mariens vereinigt. Mission u.a. in Afrika.

Spiritismus [lat.], *Geisterglaube*, die Ansicht, daß eine Verständigung zwischen Seelen Verstorbener u. Lebenden möglich sei; Verbindung wird gesucht in *Séancen* durch *Medien*; als Zeichen gelten Materialisationserscheinungen, Klopfen, Bewegungen von Gegenständen (z.B. Tischrücken). – Im 18. Jh. bes. von E. *Swedenborg*, u. F. A. *Mesmer* vertreten, belebte sich der S., im 19. Jh. von Amerika ausgehend, auch in Europa.

Spiritual, 1. [ˈspiritjuəl; engl.], *Jazz:* →Negro Spiritual. 2. [-ˈal; lat.], *Ordenswesen:* mit der geistl. Leitung beauftragter Priester in kath. Orden u. Priesterseminaren.

Spiritualen [lat.], die im Kampf um die strenge Auslegung des Armutsideals im 13./14. Jh. entstandenen rigorist. Gruppen innerhalb des Franziskanerordens; 1318 verurteilt.

Spiritualien →Temporalien.

Spiritualismus [lat.], die Auffassung, daß die Körper nur Erscheinungsformen des Geistes (der Geister) seien bzw. daß es nur geistige Substanzen gebe (*Plotin*, Leibniz, G. Berkeley u.a.). →auch Immaterialismus.

Spiritus [der; lat.], 1. *griech. Grammatik:* Lesezeichen über Vokalen im Wortanlaut zur Bez. des behauchten (*S. asper*, ʽ) u. des unbehauchten (*S. lenis*, ʼ) Vokaleinsatzes. 2. *organ. Chemie:* Sprit, gewerbsmäßig gewonnener Äthylalkohol (→Alkohol). Alkoholgehalt: *Roh-S.* 80%, *Primasprit* 92,4%, *Sekundasprit* 94,4%.

Spiritus rector [lat., „lenkender Geist"], ursprüngl. Bez. der Alchemisten für einen Stoff, der einen anderen in Gold verwandeln sollte; heute: Anstifter, treibender Geist.

Spirke [die], aufrechte Formen der Bergkiefer *Pinus mugo*; →Kiefer.

Spiro, Eugen, Maler, *18. 4. 1874 Breslau, †29.

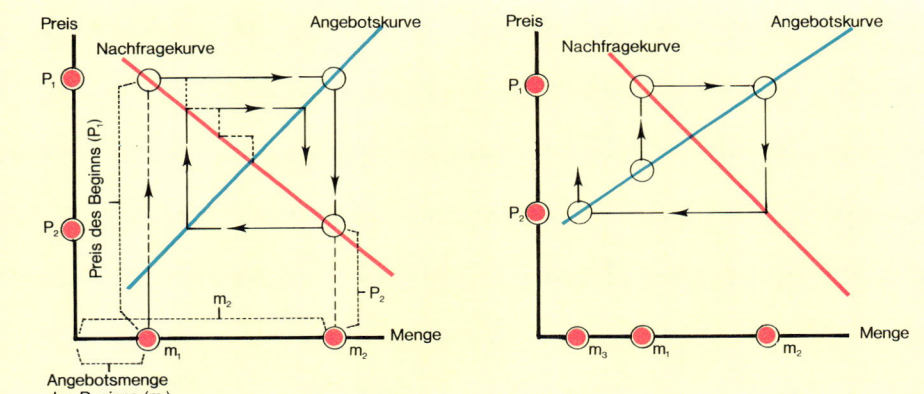

Spinnwebtheorem: konvergierender Fall (links) und explosiver Fall (rechts)

9. 1972 New York; entwickelte sich neben M. Liebermann, L. Corinth u. E. Orlik zum „Maler der Prominenten"; 1936 Präs. der *Union des Artistes Libres* in Paris; seit 1941 in Amerika. S. war der erste Mann von T. *Durieux*.

Spirochaeten [grch.], *Spirochaetales*, Ordnung schraubenförmig gewundener *Bakterien*. Ihr Körper ist dünn, oft sehr lang u. weist einen völlig anderen Feinbau als die übrigen Bakterien auf. Sie haben keine festen Zellwände u. bewegen sich schlangenartig.

Spirochätose [die], durch Spirochaeten hervorgerufene Infektionskrankheit, z.B. Weilsche Krankheit, Lues (Syphilis), Rückfallfieber.

Spirometer [das; lat.], Atmungsmesser, dient der Bestimmung u. Messung des Lungeninhalts in den verschiedenen Phasen der Atmung.

Spirorbis [der; lat.], ein *Röhrenwurm* mit schneckenförmiger Kalkröhre von 2–3 mm Durchmesser aus dem Atlantik; in der westl. Ostsee häufig.

Spirotricha [grch.], Ordnung der *Euziliaten; Wimpertierchen* mit spiralig um den Mund angeordneten Wimpernmembranellkränzen, die hier rechts gewunden zum Mund führen. Der Körper ist entweder gleichmäßig bewimpert *(Heterotricha)*, spärlich, borstenförmig bewimpert *(Oligotricha)*, oder die Bewimperung ist bei den parasit. lebenden *Entodiniomorpha* kaum noch vorhanden.

Spirula [lat.], Gattung 10armiger *Kopffüßer* mit dünner, im Körper liegender, aufgerollter, gekammerter Schale, deren letzte Kammer nur die Mitteldarmdrüse umfaßt, u. einem gelbgrün strahlenden Leuchtorgan am Hinterende.

Spital [das; lat.] = Hospital.

Spitta, 1. Friedrich, Sohn von 4), ev. Theologe, *10. 1. 1852 Wittingen, † 7. 6. 1924 Göttingen; 1887 Prof. in Straßburg u. seit 1919 in Göttingen; an der Ausgestaltung der ev. Liturgie beteiligt, förderte die Pflege frühbarocker (H. Schütz) u. zeitgenöss. (M. Reger) Kirchenmusik.

2. Heinrich, Sohn von 1), Komponist u. Musikwissenschaftler, *19. 3. 1902 Straßburg, † 23. 6. 1972 Lüneburg; schrieb vor allem Chormusik. Hrsg. des 18. Bands der alten Schütz-Gesamtausgabe.

3. Julius August Philipp, Sohn von 4), Musikwissenschaftler, *27. 12. 1841 Wechold bei Hoya, † 13. 4. 1894 Berlin; 1875 Prof. der Musikgeschichte in Berlin. Werke: „J. S. Bach" 2 Bde. 1873–1880, ^{6}1964; Hrsg. der Orgelwerke D. Buxtehudes, 2 Bde. 1876/77, sämtlicher Werke von H. Schütz, 16 Bde. 1885–1894 (alte Schütz-Ausgabe) u. der musikal. Werke Friedrichs des Großen, 4 Bde. 1889.

4. Karl Johann Philipp, Vater von 1) u. 3), ev. Theologe, *1. 8. 1801 Hannover, † 28. 9. 1859 Burgdorf; veröffentlichte Predigten u. geistl. Lieder („Psalter u. Harfe" 2 Bde. 1833–1843).

Spittal, österr. Bez.-Hptst. in Kärnten, an der Mündung der Lieser in die Drau, am Fuß des *Goldecks* (2139 m), 13 700 Ew.; Renaissanceschloß *Porcia* (16./17. Jh.); Papier- u. Holzindustrie, Verkehrsknotenpunkt. – 5 km westl. Ausgrabungen der Römerstadt *Teurnia*.

Spitteler, Carl, schweizer. Dichter, Pseudonym C. Felix *Tandem*, *24. 4. 1845 Liestal, † 29. 12. 1924 Luzern; war Erzieher in Rußland u. Finnland, Lehrer u. Redakteur; 1919 Nobelpreis; suchte entgegen dem Naturalismus im Geist A. *Schopenhauers* u. J. Ch. *Burckhardts* u. im Bild griech. Mythologie Weltvorgänge versepisch zu gestalten: „Prometheus u. Epimetheus" 1880 f., Neufassung „Prometheus der Dulder" 1924; „Olymp. Frühling" 1900–1906, verändert 1910, wirkte damit als Erneuerer des Epos (in sechsfüßigen Jamben oder rhythm. Prosa). Auch Gedichte, Erzählungen. – [L] 3.1.1.

Spitz, Rasse von langhaarigen Haus- u. Wachhunden; spitzartige Hunde bildeten die älteste Form unseres Haushunds (→Torfhund). Kleine spitze Ohren, gedrungene Figur mit kurzem Rücken u. eingerollter Rute. Haar an den Beinen, im Gesicht u. an den Ohren kurz, sonst lang u. locker abstehend. Gezüchtet weiß, schwarz u. braun als *Groß-S.*, silbergrau mit schwärzl. Anflug als *Wolfs-S.* mit Schulterhöhen um 45 cm. Der *Klein-S.* darf höchstens 28 cm messen. S.e sind lebhaft u. bellfreudig, schlau u. äußerst wachsam.

Spitz, 1. Mark, US-amerikan. Schwimmer, *10. 2. 1950 Modesto, Calif.; erfolgreichster Athlet der Olymp. Spiele in München 1972, gewann dort 7 Goldmedaillen (in allen Wettbewerben, in denen er startete); außerdem 2 Gold-, 1 Silber- u. 1 Bronzemedaille 1968; stellte zahlreiche Weltrekorde im Delphin- u. Kraulschwimmen auf.

2. René Arpad, Psychoanalytiker, *29. 1. 1887 Wien; Schüler S. *Freuds*, Hochschullehrer in den USA; arbeitete experimentell über Kinderpsychologie, erforschte bes. den *Hospitalismus*. Hptw.: „Die Entstehung der ersten Objektbeziehungen" 1957, ^{2}1960; „Nein u. Ja" 1959, ^{2}1970; „Vom Säugling zum Kleinkind" 1967, ^{2}1969; „Eine genet. Feldtheorie der Ichbildung" 1972.

Spitzahorn →Ahorn.

Spitzbein, Schweinezehen.

Spitzbergen, norw. *Svalbard*, norweg. Inselgruppe (mit Kolonialstatus) im Nördl. Eismeer, 62 050 qkm, 3400 Ew. (davon 2200 Russen, 1200 Norweger); Hauptort *Longyearbyen*. Die einzelnen Inseln sind: *West-S.* (39 434 qkm), *Nordostland* (14 789 qkm), *Edgeinsel, Barentsinsel, König-Karl-Land;* ferner *Prinz-Karl-Vorland; Kvitinsel, Bäreninsel, Hopen* u. a. Die durch Fjorde stark gegliederten Inseln sind gebirgig (im *Mount Newton* 1712 m) u. zu rd. 80% eisbedeckt (sonst Tundra). Von wirtschaftl. Bedeutung sind die Steinkohlenlager, die seit dem 1920 beschlossenen S.statut von allen Nationen genutzt werden dürfen, wovon außer Norwegen (Kohlengruben von Longyearbyen und Sveagruva) aber nur die Sowjetunion (Barentsburg, Grumantbyen u. Pyramiden) Gebrauch macht. Norwegen unterhält auf S. Wetter- u. Radarstationen. – Seit 1920 norwegisch.

Spitzbergenbank, Schelfgebiet im Nördl. Eismeer, südl. von Spitzbergen, mit der Bäreninsel, von Europa durch die Barentsrinne getrennt.

Spitzbeutler →Ameisenbeutler.

Spitzbogen, aus zwei Kreisbogen zusammengesetzter Bogen, bei dem die Kreisradien entweder genauso lang *(gleichseitiger S.)*, kürzer *(gedrückter S.)* oder länger *(überhöhter S., Lanzettbogen)* als die Spannweite des Bogens sind. →auch Bogen (1).

Spitzbundhose, eine Herrenhose, die hinten hoch gearbeitet ist u. an der Hinternaht zwei Spitzen hat; wird nur mit Hosenträgern getragen.

Spitze, textiles, durchbrochenes Fadengebilde, hergestellt in Hand- oder Maschinenarbeit als *Klöppel-, Web-, Nadel-, Häkel-, Strick-, Knüpf-* oder *Wirk-S.*; dient hauptsächl. als Besatz für Geweberänder u. hat meist dekorative Funktion. Vorläufer sind Netzflechtereien u. -knüpfereien u. ähnl. textilhandwerkl. Arbeiten.

Von den handgearbeiteten S.n ist die aus der Hohlsaum- u. Durchbruchtechnik entwickelte Nadel-S. die kunstvollste, seit ihre ursprüngl. einfachen geometr. Muster in der italien., französ. u. flandrisch-holländ. Textilkunst durch reichgebildete, z.T. reliefartig erhöhte *(Relief-S.)* Pflanzenmotive ersetzt u. die S.ngründe zu filigraner Leichtigkeit verfeinert wurden. Wichtigste Nadel-S.narten sind *Venezianer, Rosalinen-, Burano-, Alençon-, Ragusa-* u. *Teneriffa-S.*

Bändchen- u. *Applikations-S.n* gehen vielfach auf Verbindungen zwischen Nadel- u. Klöppeltechnik zurück; ebenso können auch die *Brüsseler S.n* sowohl als Nadel- als auch als Klöppel-S. ausgeführt sein. Reine Klöppelarbeiten sind die *Blonde*, die *Chantilly-* u. die *Valenciennes-S.n*, die *Flandrischen, Brügger* u. *Mechelner S.n* sowie ein Großteil der S.narbeiten aus dem dt. Erzgebirge *(Annaberger S.n, Schneeberger S.n)*.

Eine Weiterentwicklung der einfachen Knüpf-S. ist die →Makramee. Von den auf Stickautomaten, Bobinet- u. Klöppelmaschinen hergestellten S.n sind vor allem die *Schweizer S.n* als Stickarbeiten in der Art der *Klarwerk-S.* bekannt. →auch Textilkunst. – [B] S. 202. – [L] 2.1.4.

Spitzel, Polizeiagent, Aushorcher (zum Zweck der Denunziation), Spion.

Spitzenbelastung, *Spitzenlast*, die über der durchschnittl. Grundlast liegende, unregelmäßig auftretende Belastung der elektr. Kraftwerke durch starken Verbrauch (z.B. abends); die zusätzl. Leistung wird oft von einem nur zeitweilig arbeitenden *Spitzenwerk* (z.B. Pumpspeicherwerk) geliefert. →auch Kraftwerk.

Spitzenentladung, Entladung (sehr feine, schwach leuchtende Fäden) verhältnismäßig geringer Elektrizitätsmengen über Spitzen oder scharfe Kanten. Im Dunkeln gelegentl. (vor Gewittern) sichtbar an Schiffsmasten, metallischen Spitzen u.a. (Elmsfeuer). →auch Büschellicht.

Spitzenkatarrh, *Lungenspitzenkatarrh*, katarrhal. Entzündung in den oberen Lungenabschnitten. →auch Lungenentzündung.

Spitzenlager, spezielle Lagerform in der Feinwerktechnik, bei der die Wellenenden als Kegelspitzen ausgebildet sind, die in einer kegelförmigen Vertiefung eines Lagersteins sitzen *(Steinlager)*. Als Lagersteine werden Edel- oder Halbedelsteine verwendet. Das S. hat auch ohne Schmierung geringe Reibung, ist jedoch empfindlich gegen Schlag u. Stoß.

Spitzensportler →Leistungssport.

Spitzentanz, ein für den klass. Ballettanz entwickeltes Tanzen auf den Fußspitzen; dabei bewegt sich die Tänzerin mit gestrecktem Spann auf den äußersten Spitzen der Zehen.

Spitzenverband, Dachorganisation eines Wirtschafts- oder Berufsverbands. →auch Wirtschaftsverbände.

Spitzenwirkung, Auftreten bes. hoher Werte der elektr. Feldstärke an Spitzen geladener metall. Gegenstände. Auf der S. beruht u.a. die Spitzenentladung u. die Wirkung des Blitzableiters.

Spitzenzähler →Geigerzähler.

Spitzer, Leo, Romanist, *7. 2. 1887 Wien, † 17. 9. 1960 Forte dei Marmi, Riviera di Levante; 1936–1956 Prof. in Baltimore; trieb Forschungen zur französ. u. italien. Sprache u. Literatur.

Spitzfuß, *Pferdefuß, Pes equinus*, Fußbildung, die nur ein Auftreten mit Ballen u. Zehen zuläßt; entsteht durch Verkürzung der Wadenmuskeln oder durch Lähmung der den Fuß hebenden oder streckenden Muskeln.

Spitzhacke = Pickel.

Spitzhengst, Hengst mit →Kryptorchismus.

Spitzhörnchen, *Tupaiidae*, Familie der *Halbaffen*, die einen Übergang zu den *Insektenfressern* darstellt; in Gestalt u. Lebensweise den Eichhörnchen ähnlich, doch ist der Kopf rüsselartig ausgezogen, das äußere Ohr (wie das des Menschen) gefaltet u. nackt; Tagtiere, Insekten- u. Früchtefresser; mit 46 Arten von Hinterindien über den Malaiischen Archipel bis zu den Philippinen verbreitet. Am bekanntesten sind die Gattungen *Tana* (z.B. *Buschschwänziges S., Tana tana*, 20 cm Körperlänge, 20 cm langer Schwanz) u. *Tupaja*.

Spitzhornschnecke →Schlammschnecken.

Spitzkehre, beim Skilauf eine Möglichkeit zur Richtungsänderung am Hang: der Innenski wird mit gestrecktem Bein mit der Spitze nach oben geschwungen, um 180° gedreht u. parallel zum Außenski aufgesetzt. Dann wird der Außenski ebenfalls um 180° gewendet.

Spitzkiel, *Oxytropis*, Gattung der *Schmetterlingsblütler*; in Dtschld. in den Alpen vertreten, z.B. *Gewöhnl. S., Oxytropis campestris*, mit gelblichweißen Blüten in Blütentrauben.

Spitzklette, *Xanthium*, in Amerika heimische Gattung der *Korbblütler*. In Dtschld. eingeschleppt u.a. die *Gewöhnl. S., Xanthium strumarium*, auf Schutt u. an Wegrändern; Blütenköpfchen grünlich, die weibl. unterwärts klettenartig, mit geraden, an der Spitze hakigen Stacheln.

Spitzkopfotter, *Wiesenotter, Vipera ursinii*, kleinste, bis 50 cm lange *Viper* Südeuropas mit welligem, dunkel gesäumtem Zickzackband auf der Rückenmitte, fehlt in Dtschld.; giftig, meist nur 2–5 Jungtiere pro Wurf.

Spitzkrokodil, *Crocodylus acutus*, süß-, brack- u. meerwasserbewohnendes *Krokodil* Amerikas, bis 3,5 m lang. Lebensdauer bis 20 Jahre.

Spitzmarke, die ersten Wörter eines Buch- oder Zeitungstextes, die durch größere Schrift oder Fettdruck hervorgehoben sind.

Spitzmaulnashorn, *Schwarzes Nashorn, Diceros bicornis*, bis 3,40 m langes u. 1,60 m hohes zweihörniges *Nashorn* der Steppen u. Savannen Afrikas. Die namengebende Spitze der Oberlippe dient als Greiforgan.

Spitzmäuschen, *Apioniae*, Unterfamilie der *Rüsselkäfer*; höchstens 3 mm lange *Käfer* mit birnenförmigem Hinterleib u. lang zugespitztem Kopf. In Dtschld. mehr als 100 Arten.

Spitzmäuse, *Soricidae*, Familie der *Insektenfresser* mit rüsselförmiger Schnauze u. weichem, kurzem Fell, Körperlänge meist unter 10 cm; gefräßige Räuber, die täglich ihr eignes Gewicht an Fleisch verzehren. Die meisten S. haben stark duftende Moschusdrüsen. Manche Arten werden 15 cm groß, z.B. die *Graue Moschusspitzmaus (Moschusratte, Suncus cerulens)*, die von Indien bis Afrika verbreitet ist. Bei uns *Wald-S., Sorex araneus, Zwergspitzmaus, Sorex minutus, Hausspitzmaus, Crocidura russula, Feldspitzmaus, Crocidura leucodon, Wasserspitzmaus, Neomys fodiens*. – [B] →Fledermäuse und Insektenfresser.

Spitzname →Übername.

Spitzrochen, *Raja oxyrhynchus*, bis 1,5 m langer *Echter Rochen*, dessen Vorderende nasenartig ausläuft. Von der Nordsee bis ins Mittelmeer, auch in der Tiefsee, verbreitet.

Spitzweg, Carl, Maler u. Graphiker, *5. 2. 1808

Spitze

Ausschnitt aus einer geklöppelten Bettdecke für Erzherzog Albert und seine Frau Isabella, Brüssel; 1599. Brüssel, Musée des Arts décoratifs et industriels

Teil einer farbigen spanischen Spitze; 16./17. Jh. Wien, Österr. Museum für angewandte Kunst

Eine aus kostbarer Spitze gearbeitete Robe; Kaiserin Maria Theresia auf einem Gemälde von Martin Meytens. Wien, Kunsthistorisches Museum

Spitze

Spitzenkunst der Gegenwart: Porträt C. A., plastische Spitze von Hanne-Nüte Kämmerer

SPITZE

Sonnenschirmchen „Marquise" aus Chantilly-Spitze; 1860. Paris, Musée des Arts décoratifs

Barocke Guipure-Spitze in Seide, Chenille und Goldfaden; 2. Hälfte des 17. Jh. Leipzig, Museum des Kunsthandwerks (Grassi-Museum)

Erzgebirgische Blonde; Mitte des 19. Jh. Leipzig, Museum des Kunsthandwerks (Grassi-Museum)

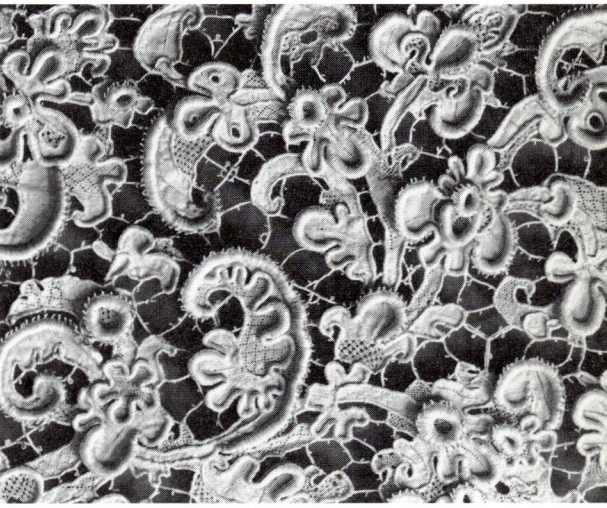

Ungarische Spitze aus Kiskunhalas (Halaser Spitze). – Venetianer Reliefspitze; um 1660. St. Gallen, Industrie- und Gewerbemuseum (rechts)

Spitzwegerich

München, †23. 9. 1885 München; ursprüngl. Apotheker; begann mit Illustrationen für die „Fliegenden Blätter" u. anekdot. Bildern („Der arme Poet"). S. wurde 1851 in Paris von der Farb- u. Lichtbehandlung E. *Delacroix'* u. der Schule von Barbizon angeregt. Die meist idyllischen altväterl. Motive der kleinformatigen Bilder S.s kontrastieren häufig mit der fortschrittl. künstler. Technik. – Ⓑ→auch Genremalerei. – ⌸2.5.2.

Spitzwegerich →Wegerich.
Spitzzahnornament, in der normann. Architektur verwendetes Ornament, gebildet aus einer Reihe dreiseitiger Pyramiden.
Spix, Johann Baptist von, Zoologe, *9. 2. 1781 Höchstadt an der Aisch, †13. 3. 1826 München; nahm 1817–1820 mit K. von *Martius* an der österr.-bayerischen Brasilienexpedition teil.
spleißen, *splissen*, durch bes. Verflechten der einzelnen Stränge zwei Taue miteinander verbinden.
splendid [lat.]. **1.** *allg.*: prächtig, freigebig. **2.** *Buchdruck:* Satz mit viel Durchschuß, oft mit breitem Papierrand gedruckt.
Splendid isolation [-aizəˈlei:ʃən; die; engl., „großartige Isolierung"], von dem brit. Min. Viscount *Goschen* (*1831, †1907) geprägtes Schlagwort zur Kennzeichnung der Unabhängigkeit der brit. Politik im 19. Jh. von allen europ. Mächtegruppierungen.
Spließdach, Dachdeckungsart mit Biberschwanzziegeln u. *Spließen* (Unterlagen) aus Blech, Holz oder Kunststoffolie unter den Fugen.
Splint [der]. **1.** *Maschinenbau:* ein aus Draht mit halbkreisförmigem Querschnitt gebogener Stift; verhindert, durch eine Bohrung gesteckt, das Lösen von Schrauben, Muttern u. Bolzen. **2.** *Morphologie:* Splintholz, bei manchen Bäumen die äußeren noch lebenden Holzschichten (→Holz), die aus den zuletzt entstandenen Jahresringen (→Dickenwachstum) bestehen; der S. ist meist heller gefärbt u. im Gegensatz zum inneren, toten Kernholz an der Wasserleitung u. Speicherung von Reservestoffen beteiligt.
Splintkäfer, *Scolytinae*, eine Unterfamilie der Borkenkäfer; die S.n gehören in Mitteleuropa an Obstbäumen schädliche *Große S., Eccoptogaster mali*, u. der *Kleine S., Eccoptogaster rugulosus*, sowie der *Ulmen-S., Eccoptogaster scolytus*, beteiligt am Ulmensterben.
Split, ital. *Spalato*, jugoslaw. Hafenstadt in Dalmatien, 152000 Ew.; Diocletian-Palast, Dom, Goldenes Tor, Altes Rathaus; Fischerei, Weinbau, Zement-, Papier- u. chem. Industrie, Schiffbau; Fremdenverkehr.
Um 300 ließ sich Kaiser Diocletian einen riesigen Palast errichten. In dessen Mauern entstand im 7. Jh. die Altstadt von S. Im 14. Jh. u. 1420–1797 venezian., dann österr., seit 1918 jugoslaw.
Splitt [der], feiner Steinschlag (für Straßenbelag); Korngröße von 7 bis 30 mm.
Splitting [das; engl.], Form der Ehegattenbesteuerung: Die Einkommen beider Ehegatten werden addiert, halbiert, u. der auf die Hälfte des Einkommens entfallende Steuerbetrag wird verdoppelt. Die Progression der Einkommensteuer wird auf diese Weise gemildert.
Splügenpaß, ital. *Passo dello Spluga*, Alpenpaß an der schweizer.-italien. Grenze, 2113 m, verbindet den Ort Splügen (1457 m ü.M.) im Hinterrheintal (schweizer. Kanton Graubünden) mit dem italien. Chiavenna; Übergang seit dem 4. Jh. belegt, wegen der Via-Mala- u. der Rofflaschlucht im Hinterrheintal aber lange erschwert u. gemieden; Ausbau der Splügenstraße 1818–1838.
SPÖ, Abk. für *Sozialistische Partei Österreichs*; →Sozialdemokratie.
Spodumen [der; grch.], graues, grünlichweißes, auch lebhaft gefärbtes (rosa bis violett: *Kunzit*, grün: *Hiddenit*), durchscheinendes Mineral (Lithium-Aluminium-Silicat, $LiAl[Si_2O_6]$); monoklin; Härte 6,5–7; bildet große, eingewachsene Kristalle in pegmatit. Gängen.
Spoerl, 1. Alexander, Sohn von 2), Schriftsteller, *3. 1. 1917 Düsseldorf, †16. 10. 1978 Rottach-Egern; schrieb humorist. Werke („Memoiren eines mittelmäßigen Schülers" 1950), Romane („Bürgersteig" 1954; „Ein unbegabter Ehemann" 1972) u. Sachbücher („Das große Auto-ABC" 1970). **2.** Heinrich, Schriftsteller, *8. 2. 1887 Düsseldorf, †25. 8. 1955 Rottach-Egern; humorist., z.T. zeitkrit. Romane u. Erzählungen: „Die Feuerzangenbowle" 1933; „Der Maulkorb" 1936; „Wenn wir alle Engel wären" 1936; „Man kann ruhig darüber sprechen" 1937; „Der Gasmann" 1940 u.a.
Spoerri, Daniel, eigentl. D. *Isaak Feinstein*, rumän. Objektkünstler, *27. 3. 1930 Galatz; war Tänzer u. Regisseur, schloß sich 1960 der Pariser Gruppe „Les Nouveaux Réalistes" an; wurde bes. bekannt durch seine „Fallenbilder" genannten Abfall-Assemblagen u. Eat-Art-Tableaux, in denen außer dem Gesichts- u. Tastsinn auch der Geschmackssinn angesprochen wird. In Zusammenarbeit mit Robert *Filliou* entwickelte er „Wort-Fallen", die sprichwörtl. Redewendungen (z.B. „den Nagel auf den Kopf treffen") vergegenständlichen.
Spohr, Louis, Komponist u. Violinvirtuose, *5. 4. 1784 Braunschweig, †22. 10. 1859 Kassel; neben Vokal-, Instrumental- u. Kammermusikwerken 15 Violinkonzerte, 10 Sinfonien (darunter die 4. Sinfonie „Weihe der Töne"), Oratorien u. Opern („Faust" 1816; „Jessonda" 1823; „Der Berggeist" 1825; „Die Kreuzfahrer" 1845); galt als einer der größten Violinvirtuosen seiner Zeit.
Spoils System [-ˈsistəm; das; engl., „Beutesystem"], die in den USA lange geübte Praxis, Beamtenstellen nach Wahlen mit Anhängern der siegreichen Partei neu zu besetzen (so bezeichnet nach einer Äußerung des Senators W. L. *Marcy* 1831: „Dem Sieger gehört die Beute"). Das S.s. entwickelte sich nach 1800, entstand bes. unter Präs. A. *Jackson* (1829–1837) aus u. blieb bis in die 1870er Jahre unangefochten.
Spoiler [ˈspɔilə; engl.; der], Blech oder Gummiwulst an Kraftfahrzeugen zur Verringerung des Luftwiderstandes u. Verbesserung der Bodenhaftung der Räder; der Fahrtwind wird dabei nach oben abgeleitet, u. der entstehende Antrieb wirkt als Anpreßdruck nach unten; bei Rennwagen auch aerodynam. Stabilisierungsflossen.
Spokane [-ˈkæn], Stadt in Washington (USA), am S. River, 171 000 Ew. (Metropolitan Area 267 000 Ew.), Universität (1887); Fleischwaren-, Maschinen-, Metall- u. Textilindustrie, Erdölraffinerie.
Spöke →Seekatze.
Spökenkieker, niederdt. für Hellseher, Geisterseher.
Spöl [die], rechter Nebenfluß des oberen Inn, 35 km, entspringt nordöstl. vom Berninapaß, im Punt dal Gall (Livignotal) Stausee, fließt durch den Schweizer. Nationalpark, mündet bei Zernez.
Spoleto, italien. Stadt in Umbrien, südöstl. von Perugia, 37 000 Ew.; mittelalterl. Stadtbild, röm. Amphitheater u. Aquädukt, roman. Dom (12. Jh., im 17. Jh. von L. Bernini restauriert), Burg (14. Jh.), Paläste; Braunkohlenbergbau; Stahlwerk, Textil- u. Zementindustrie.
Als *Spoletium* 241 v.Chr. röm., 6.–8. Jh. langobard. Herzogtum, dann Markgrafschaft; durch die Pippinsche Schenkung (8. Jh.), endgültig seit 1198 Teil des Kirchenstaats. 1860 zu Italien.
Spolien [Ez. das *Spolium*; lat.]. **1.** *Altertum:* bei den Römern die erbeutete Waffenrüstung. **2.** *Archäologie:* Teile eines Bauwerks oder Kunstwerks, die aus anderen Bauten oder Werken eingefügt sind. Da es sich bei den eingefügten Teilen um Reste älterer Werke handelt, sind sie für Datierungsfragen wichtig. **3.** *Mittelalter:* der bewegl. Nachlaß von Geistlichen, über den der dt. König aufgrund des *Eigenkirchenrechts* die Verfügungsgewalt beanspruchte. Dieser Anspruch (*S.recht*) wurde von den Staufern, u.a. von Friedrich II., dann auch von Otto IV. u. Rudolf von Habsburg aufgenommen u. im späteren MA. von der Kurie, anderen kirchl. Stellen u. den Landesherren erhoben.
Spondeus [der, Mz. *Spondeen*; grch.], in der antiken Dichtung ein Versfuß, der aus zwei langen Silben besteht; ersetzt im Hexameter oft einen *Daktylus*. In neuerer Dichtung, deren Rhythmus nicht von der Länge, sondern der Betonung der Silben bestimmt ist, kann der S. nicht genau nachgebildet werden.
Spondias [grch.], Gattung tropischer Bäume aus der Familie der *Sumachgewächse* mit unpaar gefiederten Blättern, kleinen gelbl. Blüten in Rispen u. saftigen, angenehm pflaumenartig schmeckenden Steinfrüchten. Hierher gehört die *Süße Balsampflaume, S. dulcis*, sowie die *Gelbe Mombinpflaume, S. lutea*, polynes. Obstbäume.
Spondylitis [die; grch.], Wirbelentzündung, verschiedene Formen der akuten oder chron. Entzündung eines oder mehrerer Wirbelkörper, bes. infolge von Tuberkulose. Verminderte Elastizität, Zermürbung oder Auffaserung der Zwischenwirbelscheiben (Bandscheiben) führt zur *Spondylose*, einem chron. Wirbelsäulenleiden, das durch entartende, nicht entzündl. Vorgänge bedingt ist.
Spongien [grch.] = Schwämme.

Carl Spitzweg: Schmetterlingsfänger; um 1840. Wiesbaden, Städtisches Museum

Spongilla [grch.], Gattung der *Spongillidae*.
Spongillidae [grch.], *Süßwasserschwämme*, Familie der *Cornacuspongia, Hornschwämme*; das Skelett bilden einachsige Kieselnadeln, die durch Spongin zu Balken verbunden sind. S. sind oft durch Algen, die sie mit dem Nahrungsstrom aufgenommen haben u. als lebende Nahrungsreserve bei sich behalten, grün gefärbt. Zu den S. gehören u.a. die Gattungen *Spongilla* u. *Ephydatia*.
Spongin [das; grch. + lat.], hornartige Substanz mit hohem Jodgehalt, besteht aus doppellichtbrechenden Fasern; chemisch den Proteinkörpern (Eiweißen) nahestehend. S. bildet die Skelettsubstanz der Schwämme, die entweder allein (bei den Hornschwämmen, z.B. beim Badeschwamm) oder in Zusammenhang mit anderen Skelettkörpern, z.B. Kieselnadeln, Sandkörnern, vorkommt.
Spongioblasten, Zellen, die, in der Oberfläche der Schwämme eingebettet, nach außen die Skelettsubstanz, das *Spongin*, abscheiden.
Spongiosa [die; grch.], das schwammige Innengewebe der →Knochen.
Sponsor [ˈspɔnsər; engl., „Bürge, Schirmherr"], Förderer, Gönner; bes. im Berufssport (Motorsport, Radsport, Tennis u.a.) Firmen oder private Geldgeber, die Einzelsportler oder Veranstaltungen zu Werbezwecken finanzieren.
Spontaneität [-e:i-; lat.], Selbsttätigkeit; Handeln aus eigenem Antrieb; das Vermögen, eine Erkenntnis selbsttätig hervorzubringen.
Spontini, Gaspare Luigi Pacifico, italien. Dirigent u. Komponist, *14. 11. 1774 Majolati, †24. 1. 1851 Majolati; Leiter der Italien. Oper in Paris u. der Königl. Oper in Berlin; bereitete mit seinen Prunkopern („Die Vestalin" 1807; „Fernando Cortez" 1809), in denen er Anregungen C. W. von Glucks verarbeitete, die franz. Grande Opéra vor.
Sporaden [grch., „die Zerstreuten"], *Sporádes*, 2 griech. Inselgruppen im Ägäischen Meer. Die *Nördlichen S.* oder *Magnesischen Inseln* umfassen 80 Inseln östl. des griech. Festlands, mit den Hauptinseln Skýros, Skíathos u. Skópelos; meist bergig, mildes Klima; Acker-, Wein- u. Obstbau, Ziegenzucht; Schiffahrt. – Die *Südlichen S.* bestehen aus 50 Inseln vor der türk. Küste mit den Hauptinseln Chíos, Sámos, Ikaría, Pátmos, Kós, Rhodos u. Nísyros; meist trockene, schroffe Berge; Anbau von Wein, Südfrüchten, Tabak u. Oliven; Schwammfischerei; der südl. Teil wird auch als *Dodekanes* bezeichnet.
Sporangium [das, Mz. *Sporangien*; lat.], Sporenbehälter, in dem bei vielen Algen u. Pilzen vegetative Fortpflanzungszellen (→Sporen, gebildet werden. Nach der Reife werden sie durch ein Loch oder einen Riß in der Wand des S.s entlassen.
Sporck, Johann Graf von, kaiserl. General, *1601 Westerlohe bei Delbrück, †6. 8. 1679 Hermann-Mestetz (Böhmen); 1639 bayer. Reiteroberst, seit 1647 in kaiserl. Diensten. Am Dreißigjährigen

Krieg war er ebenso beteiligt wie an den Kämpfen gegen die Schweden 1657–1660, die Türken 1664 u. die Franzosen 1674/75.

Sporen [grch.], **1.** *Botanik:* ungeschlechtl. Fortpflanzungszellen *(Keimzellen)* vieler Algen, Pilze, Moose u. Farnpflanzen *(S.pflanzen, Kryptogamen)*. Die S. werden in *Sporangien* gebildet, die bei Algen, Pilzen u. Flechten meist noch einzellig sind, bei Moosen u. Farnpflanzen dagegen aus vielzelligen Organen bestehen, deren äußere sterile Zellen das sporenbildende Gewebe umschließen. Viele Pilz-S. entstehen nicht innerhalb eines Sporangiums als *Endo-S.*, sondern werden durch Sprossung gebildet u. als *Exo-S.* abgelöst. Die S. der Algen u. Pilze sind häufig durch Geißel- oder Wimpernbesitz aktiv bewegl. u. an die Verbreitung im Wasser angepaßt *(Zoo-S., Schwärm-S.)*, im Gegensatz zu den derbwandigen S. der Moose u. Farnpflanzen *(Aplano-S.)*, die durch den Wind verbreitet werden. Meist sind alle S. gleichartig *(Isosporie)*. Bei einigen Farnpflanzen werden zwei S.sorten gebildet *(Heterosporie)*: große *Makro-S.* in *Makrosporangien*, die zu weibl. Vorkeimen werden, u. kleine *Mikro-S.* in *Mikrosporangien*, die sich zu männl. Vorkeimen entwickeln. Findet vor der S.bildung eine Meiose statt, spricht man von *Meio-S.* (früher *Gono-S.*) im Gegensatz zu *Mito-S.*, die nach einer Mitose entstehen (→Kernteilung).
2. *Mikrobiologie:* Bez. für die →Zysten von Bakterien *(Bazillen)* u. Schleimpilzen, die z. T. sehr tiefe Temperaturen (bis –253 °C) u. längeres Kochen in Wasser vertragen.
3. *Zoologie:* sehr verschiedene u. entwicklungsgeschichtlich nicht vergleichbare Dauerformen der *Sporozoen*. Nur die *Telosporidien* haben echte S., die Keimzellen sind. Die S. der *Amöbosporidien* sind sehr komplizierte Gebilde, die sogar Nesselkapseln enthalten können (→Cnidosporidien).

Sporenblätter, *Sporophylle*, Blätter der Farnpflanzen, die die →Sporangien tragen.

Sporenpflanzen = Kryptogamen.

Sporenschlacht →Kortrijk.

Sporentierchen = Sporozoen.

Sporenvogel, *Jassana* →Blatthühnchen.

Sporidien [grch.], die (Basidio-)Sporen bei →Brandpilzen.

Sporn [der, Mz. *Sporen*], **1.** *Botanik:* hornförmige, meist Nektar enthaltende Ausstülpung mancher pflanzl. Blütenblätter.
2. *Kleidung:* Stachel oder Zahnrädchen, am Stiefelabsatz befestigt, zum Antreiben des Pferdes beim Reiten; zuerst bei Griechen u. Germanen; im MA. waren goldene Sporen Abzeichen der Ritter.
3. *Schiffbau: Ramme*, einst eine Verlängerung unter Wasser am Bug des Kriegsschiffs, um durch Stoß feindl. Schiffe zum Sinken zu bringen.
4. *Zoologie:* ein horniger Fortsatz am Fuß vieler männl. Hühner- u. a. Vögel.

Spornammer, *Calcarius lapponicus*, ein *Singvogel* mit langer Hinterzehenkralle; lebt im Ödland des Nordens u. zieht im Winter bis nach Dtschld.

Spornblume, *Centranthus*, Zierpflanze aus der Familie der *Baldriangewächse*. Die *Rote S., Centranthus ruber*, wird bis 1 m hoch u. hat rote oder auch weiße Blüten mit fünfspaltigem Saum, langer Röhre u. langem Sporn am Grund der Röhre.

Spornbüchschen, *Zimmerhopfen, Beloperone guttata*, ein *Akanthusgewächs*; die weißlichen, bräunlich gestreiften Blüten stecken in einer zopfartigen Ähre aus roten Deckblättern.

Spornfrösche = Krallenfrösche.

Spornpieper, *Anthus richardi*, zu den *Stelzen* gehöriger asiat. *Singvogel*; im Winter auch in Europa.

Sporocyste [die; grch.], Entwicklungsstadium der →Saugwürmer; großer ungegliederter, unbewimperter Sack, der außer Muskeln, Exkretionsorganen u. Keimzellen keine Organe besitzt. Die S. entwickelt sich im Zwischenwirt aus dem *Miracidium*, in der S. entstehen die *Redien*.

Sporophyll [das; grch.], Sporangien tragendes Blatt der →Farnpflanzen.

Sporophyt [der; grch.], sporenbildende, ungeschlechtl. Generation bei Pflanzen mit Generationswechsel. →Farnpflanzen, →Moose.

Sporozoen [Ez. das *Sporozoon*; grch.], *Sporozoa*, Gruppe parasitischer *Protozoen*, die sich durch eine bes. Dauerform in ihrem Vermehrungszyklus, die *Spore*, auszeichnen. Die Gruppeneinteilung erfolgt nach der jeweiligen Form des komplizierten Entwicklungszyklus, in dem geschlechtl. u. ungeschlechtl. Fortpflanzung abwechseln. Einzige gesicherte Klasse der S. sind die *Telosporidien*. *Amöbosporidien*, bes. die *Cnidosporidien*, zählen heute nicht mehr voll zu den S.

Sport [der; lat., frz., engl.], zusammenfassende Bez. für die spielerischen menschl. Betätigungen, die auf eine höhere (meist körperl., aber auch geistige) Leistungsfähigkeit zielen. Grundlegende Merkmale des S.s sind die Einheitlichkeit der Regeln (für jede S.art), seine weltweite Verbreitung u. das daraus resultierende Streben nach internationalen Vergleichswettkämpfen.
Das Wort *S.* kommt vom lat. *disportare* („sich zerstreuen"), entwickelte sich über das frz. *desport* („Erholung, Zerstreuung") zum engl. *sport* („Spaß, Vergnügen, Erholung") u. bürgerte sich seit Mitte des 19. Jh. auch im Deutschen ein, zunächst noch in seiner ursprüngl. Bedeutung. Für die eigentl. körperl. Betätigung wurden anfangs noch national unterschiedl. Bez. benutzt. Der älteste Begriff im Deutschen dafür war *Leibesübungen*, der schon im 16. Jh. u. dann bes. von G. U. A. *Vieth* in seiner „Enzyklopädie der Leibesübungen" (1794) gebraucht wurde. Die Reformpädagogik benutzte seit etwa 1920 den Begriff *Leibeserziehung*, um die stärkere pädagog. Zielsetzung herauszustellen. Im pädagog. Bereich ersetzt S. mehr u. mehr auch das *Turnen*, das als typisch dt. Erscheinung Anfang des 19. Jh. als vielseitige Leibesübung mit staatsbürgerl. Zielsetzung entstand u. als *Turnunterricht* in der Mitte des 19. Jh. seinen Eingang in die Schulen fand. Im allg. Sprachgebrauch wird Turnen heute mehr als Sportartbezeichnung – einschränkend für das Geräte- u. Bodenturnen – verwendet. Die dritte Entwicklungsrichtung der europ. S.bewegung ist die *schwedische Gymnastik*, die nach 1810 durch P. H. *Ling* in Stockholm unter dem Aspekt der physiolog. Übungswirkung entwickelt wurde. – Die in sozialist. Ländern verwendete Bez. *Körperkultur* umfaßt Körpererziehung u. S. u. wird als die systemat. Vervollkommnung des Körpers verstanden.
Als *S.wissenschaft* wird die „nach wissenschaftstheoretischen Grundsätzen geordnete, systemat. Zusammenfassung des Wissens über den S. als Lebens- und Kulturerscheinung" *(Schmitz)* verstanden. Spezifische Theoriebereiche der S.wissenschaft sind Bewegungslehre (Biomechanik), Sportdidaktik u. Trainingslehre. Erkenntnisse aus anderen Wissenschaftsgebieten, z. B. Anatomie, Physiologie, Kardiologie, Geschichte, Pädagogik, Psychologie u. Soziologie, werden in sportwissenschaftl. Forschungen einbezogen. Die seit den 1930er Jahren an den Universitäten eingerichteten *Institute für Leibeserziehung* wurden in *Sportwissenschaftliche Institute* umgewandelt.
Geschichte: Sportl.-spieler. Betätigung hat es zu allen Zeiten bei allen Völkern gegeben. Sie ist allerdings wohl immer in stärkerem Maß die Beschäftigung des Volksteils mit der stärker bemessenen Freizeit gewesen. So wurde in England bis zum 17. Jh. der „S." der oberen Schichten neben den „Spielen" der unteren Schichten (wie Wettlaufen, Boxen u. Ringen) betrieben. Nach 1688 erfolgte eine gegenseitige Durchdringung; nur Jagd u. Reiten blieben als S.formen des Adels bestehen; das Boxen trat an die Stelle des Fechtens.
Die erste Phase der modernen S.entwicklung ist durch Gewaltleistungen gekennzeichnet, vor allem im Lauf- u. Kraft-S. So legte im Jahre 1800 Captain *Aberdice* 90 engl. Meilen (144,8 km) in 21,5 Stunden zurück.
Die ersten Schulwettkämpfe wurden im Cricket (zwischen den Public Schools von Eton u. Harrow 1805) u. im Rudern (seit 1829 Regatta der Universitäten Oxford u. Cambridge) durchgeführt. Es folgten Fußball, Rugby, Hockey, Tennis u. Leichtathletik. – Die nun folgende Phase war durch Fixierung der Regeln, Normierung der Geräte u. die Gründung von Verbänden gekennzeichnet. 1849 wurden in England die Rugby-Regeln aufgezeichnet. 1863 wurden der engl. Fußball-Verband, 1871 der Rugby-Verband u. 1880 der Leichtathletik-Verband gegr. Die inzwischen erfolgte Aufnahme des S.s in alle Erziehungsanstalten gab Veranlassung, die erzieher. Seite zu überdenken. Der Kampf um den Amateurparagraphen, mit dem P. de *Coubertin* die Wiederaufnahme der →Olympischen Spiele am Ende des 19. Jh. eingeleitet hatte, ist der Ausdruck dieses Strebens.
Die erste Aufnahme des S.s in Dtschld. erfolgte in Hamburg, als 1836 mit Beteiligung engl. Ruderer der *Hamburger Ruderclub* gegr. wurde. 1844 folgte die 1. dt. Ruderregatta in Hamburg. Als erster Verband wurde 1883 der *Dt. Ruderverband* in Köln gegr. Es folgten 1884 der *Dt. Radfahrerbund*, 1886 der *Dt. Schwimmverband*, 1888 der *Dt. Seglerverband* u. 1890 der *Dt. Eissport-Verband*, 1891 der *Dt. Athletik-Sportverband*, 1898 die *Dt. Sportbehörde für Athletik* (der Name Leichtathletik kam erst später auf) u. 1900 der *Dt. Fußballbund*. Die Einführung der sportl. Formen stieß auf den erbitterten Widerstand der dt. Turnerschaft, obgleich auch das dt. →Turnen in der Zeit F. L. *Jahns* Lauf, Sprung u. Wurf wie auch Spiele aller Art enthalten hatte. Nachdem aber der Düsseldorfer Amtsrichter E. *Hartwich* in seiner Schrift „Woran wir leiden" 1881 der sportl.-spieler. Betätigung in freier Luft das Wort geredet hatte, veröffentlichte der preuß. Kultusminister G. von *Goßler* 1882 den Erlaß zum Bau von Freiplätzen u. zur Belebung der Spiele. Die organisatorischen Voraussetzungen wurden 1891 durch Gründung des *Zentralausschusses zur Förderung der Jugend- u. Volksspiele* geschaffen. Dem dt. Reichsausschuß für die Olymp. Spiele traten die Turner nicht bei, wie sie auch die Teilnahme an den ersten Olymp. Spielen der Neuzeit in Athen 1896 ablehnten. 1910 mußte die Dt. Turnerschaft zwar den in ihren Vereinen entstandenen Schwimm-, Spiel- u. Leichtathletikabteilungen gestatten, sich auch anderen Verbänden als Mitglieder anzuschließen, aber 1924 hob der 18. Turntag in Würzburg diesen Beschluß in der sog. „reinlichen Scheidung" wieder auf. Daraufhin wurde der *Dt. Sportbund* neben den anderen Verbänden gegr. Eine Zusammenfassung gelang aber 1917 im *Dt. Reichsausschuß für Leibesübungen*. Daneben bestand als Gegenstück zu den „bürgerlichen Turn- u. Sportverbänden" die *Zentralkommission für Arbeitersport u. Körperpflege*, die 1892 nach der Aufhebung des Sozialistengesetzes gegr. worden war u. bis 1933 bestand. Nach dem 2. Weltkrieg gelang es, im Dt. Sportbund alle Leibesübungen treibenden Verbände zusammenzufassen.
Organisation: Aus der geschichtl. Entwicklung ergab sich in Dtschld. eine organisatorische Gliederung des S.s in die *sportl. Selbstverwaltung* u. die *öffentl. S.verwaltung* (in Bund, Ländern u. Gemeinden). Die Basis der S.selbstverwaltung sind die Vereine, die in Spitzenverbänden (Fachverbänden) u. Landessportverbänden organisiert sind. Der Dachverband des S.s in der BRD ist der →Deutsche Sportbund (DSB), dem die Spitzenverbände u. außerordentl. Mitgliederorganisationen angeschlossen sind. Die Spitzenverbände sind außerdem Mitglied in den entspr. internationalen Zusammenschlüssen.
Die Dachorganisation des S.s in der DDR ist der →Deutsche Turn- und Sportbund, in Österreich die →Österreichische Bundessport-Organisation, in der Schweiz der →Schweizerische Landesverband für Leibesübungen.
Sport, Staat u. Gesellschaft: Die BRD verfügt bisher noch nicht über einen Grundgesetzartikel, in dem wie z. B. in der Schweiz u. in der DDR das Recht des einzelnen auf Spiel u. Bewegung u. auf die Bereitstellung von ausreichendem Raum dafür als Grundrecht verankert ist. Im Dt. Bundestag ist die Verabschiedung eines Bundessportplans vorgesehen.
Für die Koordinierung der Aufgaben in der S.förderung wurde 1970 die *Dt. Sportkonferenz* ins Leben gerufen, die Vertreter von Bund, Ländern, Gemeinden, der Parteien u. des Sports zusammenführt. Der ordentliche *Ausschuß für S.* des Dt. Bundestages (bis 1973 *Sonderausschuß des Dt. Bundestages für S. u. Olymp. Spiele*) vertritt den S. im Parlament. Das dem Bundesministerium des Innern angegliederte *Bundesinstitut für Sportwissenschaft* in Köln bearbeitet Fragen der Forschung, der S.anlagen u. der Dokumentation.
In der bisherigen Kompetenzverteilung liegt der Schwerpunkt der Aufgaben des Bundes bei der Förderung des Leistungs-S.s, der institutionellen Förderung der Spitzenorganisationen u. Fachverbände sowie beim Bau u. der Unterhaltung von Leistungszentren, der Schwerpunkt der Länder u. Gemeinden beim Breiten-S. u. beim Übungsstättenbau. Zuständig für den *Schul-S.* sind die Kultusminister der Länder der BRD, für bestimmte übergreifende Aufgaben auch entspr. Ausschüsse der Ständigen Konferenz der Kultusminister (KMK). Im weltweiten Rahmen werden Aufgaben des Schul-S.s u. a. vom *Weltrat für S. u. Leibeserziehung* (ICSPE) bearbeitet.
Der von der *Dt. Olympischen Gesellschaft* 1960 verabschiedete *Goldene Plan* hat die Grundsätze für die Schaffung von Erholungs-, Spiel- u. S.anlagen festgelegt, die neben der Unterstützung des Übungs-, Trainings- u. Wettkampfbetriebs der Vereine u. Verbände mit dem Bau von Trimm- u.

Sportabzeichen

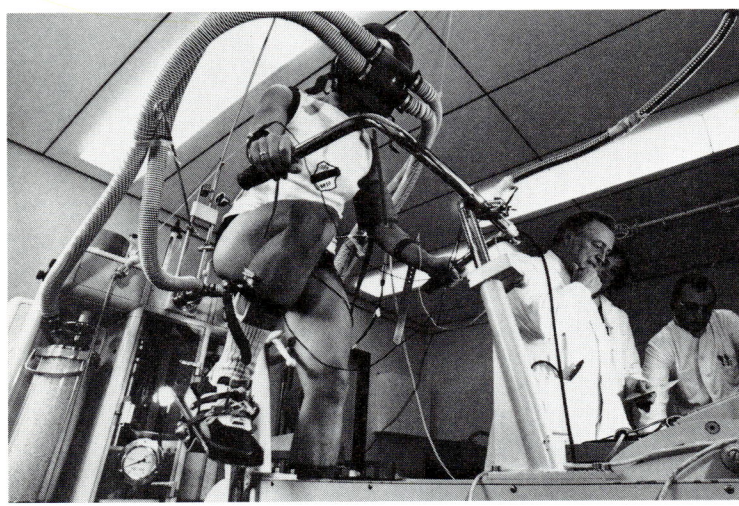

Sportmedizin: Herztätigkeit, Kreislauf, Stoffwechsel, Atmung sowie die organische Belastbarkeit können mit Hilfe des Fahrrad-Ergometers, an das ein Atmungsmesser (Spirograph) u.a. elektromedizinische Geräte angeschlossen sind, gemessen werden (links). – Messungen der Pulsfrequenz, die während eines Testlaufes durch Sender zu einer Telemetrie-Anlage gefunkt und dort aufgezeichnet werden, geben Aufschluß über die Leistungsanforderung im Wettkampf (rechts)

Fitneßanlagen den Bedürfnissen breiter Volksschichten entgegenkommen soll. Der DSB hat außerdem größere Programme zur Intensivierung dieses sog. *Freizeit-S.s* entwickelt (→Trimm-Dich-Aktion, →Zweiter Weg). Daneben wurde 1971 die *Dt. Gesellschaft für Freizeit (DGF)* als Arbeitsgemeinschaft für Freizeit u. Erholung gegründet. Die Stiftung →Deutsche Sporthilfe hat sich die Aufgabe gestellt, den Spitzen-S. in allen Bereichen aufzuwerten. – ▭ 1.1.0.

Sportabzeichen →Deutsches Sportabzeichen, →Deutsches Jugendsportabzeichen, →Deutsches Schülersportabzeichen, →Österreichisches Sport- und Turnabzeichen.

Sportamt, *Amt für Leibesübungen,* selbständige Dienststelle für die Belange der Leibesübungen bei den Stadtverwaltungen. Das erste S. wurde 1910 in Wuppertal-Elberfeld gegr. Zusammenschluß im *Arbeitsgemeinschaft Dt. Sportämter,* gegr. 1949, mit 163 Städten. Offizielle Mitteilungen: Ztschr. „Sportstättenbau u. Bäderanlagen"; Jahrbuch (alle 2 Jahre) „Gemeinde u. Sport".

Sportarzt, ein Arzt mit einer Spezialausbildung zur Untersuchung u. Betreuung der Sportler sowie der Beratung der Sportvereine u. Fachverbände. Organisation: *Dt. Sportärztebund,* gegr. 1953, Sitz: Heidelberg, 12 Landesverbände mit 4900 Mitgl.; Ztschr. „Sportarzt u. Sportmedizin". – In Österreich: *Verband Österr. Sportärzte,* Wien, rd. 320 Mitgl.; in der Schweiz: *Schweizer. Gesellschaft für Sportmedizin,* Bern, rd. 200 Mitgl. Internationaler Dachverband ist die *Fédération Internationale de Médecine Sportive,* Sitz: Rom.

Sportel [die; lat.], *Dienergebühr, Beamtengebühr,* eine Verwaltungsgebühr, die unmittelbar dem Beamten als Vergütung für seine Tätigkeit zufloß. Sie ist heute im allg. nicht mehr üblich; Überreste sind die Notariatsgebühren.

Sportfischen, *Sportangeln, Angelsport,* i.w.S. das zur Erholung u. als Freizeitbeschäftigung betriebene Angeln von Fischen, wozu Gewässer gepachtet, Jungfische ausgesetzt u. Schonzeiten sowie Mindestgrößen bestimmter Fischarten beachtet werden; i.e.S. das als Sportwettbewerb betriebene Werfen mit Spinn- u. Flugangeln (→Casting) sowie das Wettfischen. Bei letzterem werden auf stehenden Gewässern oder auf dem Meer verschiedene Wettbewerbe (Flugangeln, Friedfisch- u. Spinnangeln) nach Gewicht der Fische in einer bestimmten Zeit ausgetragen. Organisation: In der BRD ist der *Verband Dt. Sportfischer,* gegr. 1946, Sitz: Hamburg, der Spitzenverband mit rd. 360 000 Mitgl. Er ist den internationalen Dachverbänden *Confédération de la Pêche Sportive (CIPS)* u. *International Casting Federation (ICF)* angeschlossen. – ▭ 1.1.4.

Sportförderung, zusammenfassende Bez. für alle staatl. Maßnahmen zur finanziellen u. sonstigen Hilfeleistung für den Sport. →auch Deutsche Sporthilfe, Sport.

Sportlehrer = Leibeserzieher.

Sportler des Jahres, ein erfolgreicher u. vorbildlicher Sportler, der jährl. durch Wahl der Sportjournalisten ermittelt wird. In der BRD wird diese Wahl seit 1947 vom *Verband Dt. Sportpresse* durchgeführt; gewählt werden ein *S. d. J.,* eine *Sportlerin des Jahres* u. die *Mannschaft des Jahres.*

Sportmedizin, medizinisches Fachgebiet, dessen Gegenstand 1. die wissenschaftl. Erforschung der Einflüsse u. Auswirkungen sportlicher Betätigung auf Leistungsfähigkeit u. Gesundheitszustand ist, unter bes. Berücksichtigung der verschiedenen Sportarten, von Alter, Geschlecht, individueller Kondition u.a. *(physiologische S.);* 2. die Erkennung, Behandlung u. vor allem Verhütung von Sportverletzungen *(klinische S.)* sowie die gesundheitl. Überwachung des sportl. Trainings zur Vermeidung von Überanstrengungsschäden u. Erziehung sportl. Höchstform.

Sportpresse, zusammenfassende Bez. für alle Publikationsmedien u. Personen, die sich hauptberufl. mit Sportveröffentlichungen beschäftigen. In der BRD besteht seit 1950 der *Verband Dt. Sportpresse (VDS);* ihm gehören 17 regionale Vereine (erste Vereinsgründung: Verein dt. Sportpresse Berlin im Jahre 1910) mit rd. 1200 Mitgl. an. In der Öffentlichkeit ist der Verband durch die Ausrichtung von S.festen bekannt. Er ist Mitglied des *Internationalen S.-Verbands (Association Internationale de la Presse Sportive,* Abk. *AIPS).* Ztschr.: „Der Sportjournalist"; Jahrbuch: „Presse und Sport".

Sportschuhe, Spezialschuhe für die Sportausübung, die den Erfordernissen der verschiedenen Sportarten angepaßt sind; meist aus leichten Lederarten hergestellt, verstärkt an bes. belasteten Stellen. Fußballschuhe haben feste oder auswechselbare *Stollen* aus Leder, Kunststoffen oder Aluminium. Die →Rennschuhe der Leichtathleten unterliegen den Bestimmungen des Internationalen Leichtathletik-Verbandes (IAAF). Besondere S. werden auch für Tennis, Basketball, Boxen (mit 21 cm hohem Schaft), Eishockey u. Eislaufen verwendet.

Sportschulen, die seit dem Entstehen der Turn- u. Sportbewegung im 19. Jh. geschaffenen Ausbildungsstätten, an denen Turn- u. Sportlehrer, Trainer u. Übungsleiter für die Turn- u. Sportvereine ausgebildet wurden. Die ältesten S. in Dtschld. waren die Zentralbildungsanstalt für Lehrer in den Leibesübungen (gegr. 1848) in Berlin, die Turnlehrer-Bildungsanstalt (1850) in Dresden, die Königl. Preuß. Militärturnanstalt, die Königl. Preuß. Turnlehrer-Bildungsanstalt. Es folgten die Preuß. Hochschule für Leibesübungen in Spandau, die Bayerische Landesturnanstalt in München u. die Dt. Hochschule für Leibesübungen (1920) in Berlin u. als Fortsetzung der Reichsakademie für Leibesübungen, schließl. die →Deutsche Sporthochschule in Köln. Daneben unterhalten heute die Fachverbände eigene S. u. Leistungszentrum.

Sporttauchen →Tauchsport.

Sporttrauma, Sportverletzung.

Sportwagen, Hochleistungs-Kraftwagen für Rennsport-Wettbewerbe, die jedoch den Anforderungen für den öffentl. Straßenverkehr entsprechen müssen. →Rennwagen.

Sportwissenschaft →Sport; →auch Deutsche Sporthochschule.

Sportzeitnahme, die Zeitmessung im Wettkampfsport. Bei der *Handmessung* setzt der Zeitnehmer die Stoppuhr beim Wahrnehmen des Startschusses in Gang. Die Reaktionszeit bis zur Betätigung des Druckknopfs der Uhr liegt zwischen +0,1 u. 0,3 sek. Diese Ungenauigkeit kann durch die *elektr. S.* (elektr. Auslösung der Stoppuhren durch Kontakt) korrigiert werden. Das Gerät besteht aus der Auslösevorrichtung, der elektr. Startpistole, Druckkontakt, Schaltpult, Stromversorgung, Zählwerk u. Lichtschranke (eine durch Fremdlicht nicht störbare Doppellichtschranke, deren beide Lichtstrahlen gleichzeitig unterbrochen werden müssen). Da die elektr. S. die erreichte Zeit absolut genau (also ohne die Verzögerungszeit bei der Handstoppung) mißt, sind z.B. in der Leichtathletik Sportler, die Rekorde nach der Handzeitmessung erzielten, gegenüber denen, die gleiche Zeiten nach elektr. S. erreichen, bevorteilt. Deshalb wurden früher bei manchen Sportarten Verzögerungszeiten (0,15 sek) in die elektr. S. eingebaut, die aber seit 1972 überall wieder aufgehoben wurden. In der Leichtathletik werden jedoch von der IAAF neben den elektr. gemessenen Weltrekorden auch noch die handgestoppten Zeiten offiziell anerkannt, wenn keine Anlage für elektr. S. vorhanden ist. Die elektr. S. wird angewandt in der Leichtathletik, beim Schwimmen, Skilauf, Pferderennen, Rudern u. Eisschnellauf. →auch Zielphotographie.

Sposalizio [der; ital., „Vermählung"], *bildende Kunst:* die Darstellung der Verlobung oder Vermählung Marias mit Joseph, bes. beliebt in der italien. Renaissancemalerei (Fra Angelico, Raffael).

Spot [spot; engl.], Werbekurzfilm von etwa 10–30 sek Dauer im Fernsehen u. in Lichtspieltheatern; auch werbl. Toneinblendung in Rundfunksendungen.

Spottdrossel, *Mimus polyglottus,* in die Familie der *Fliegenschnäpper* gehöriger nordamerikan. Singvogel; gutes Stimmnachahmungsvermögen.

Spottvögel, Vögel, die Laute aller Art nachzuahmen vermögen, z.B. der Gelbspötter, der Eichelhäher, der nordamerikan. Spottdrossel, die südasiat. Schamadrossel u. einige Rohrsänger.

S.P.Q.R., Abk. für *Senatus Populusque Romanus,* →Senat (3).

Sprachakademie, Einrichtung meist gelehrten Ursprungs, die ganz oder vorwiegend der Pflege u. Regelung der Sprache dient, am bekanntesten die *Académie Française* u. die *Accademia della Crusca* in Florenz. Der Einfluß der S.n erfaßt fast ausschl. die Schriftsprache (speziell bestimmter Kreise). In der BRD wurde 1949 die *Dt. Akademie für Sprache u. Dichtung* gegründet.

Sprachatlas, eine Kartensammlung, die mundartl. Sprachformen nach den Orten ihres Vorkommens geograph. verzeichnet. →auch Deutscher Sprachatlas.

Sprache →S. 207.

Sprachenrecht, innerstaatl. oder völkerrechtl. Regelung des Sprachgebrauchs in *Nationalitätenstaaten* (z.B. Belgien: Flämisch u. Französisch; Schweiz: Deutsch, Französisch, Italien. u. Rätoromanisch; Sowjetunion: Russisch, Ukrainisch,

Weißrussisch u.a.), für nationale →Minderheiten oder in internationalen Vereinigungen (z.B. der UNO) oder Organen (z.B. im Europarat).

Sprachfamilie →Sprachverwandtschaft.

Sprachgeographie, *Dialektgeographie*, die Wissenschaft von der räuml. Verbreitung sprachl., bes. mundartl. Eigentümlichkeiten im Gebiet einer Gemeinsprache. →auch Sprachatlas. – [L] 3.8.1.

Sprachgesellschaften, dt. gelehrte Vereinigungen im 17. Jh. zur Pflege u. Reinhaltung der dt. Sprache, nach dem Vorbild der italien. *Accademia della Crusca*. Wichtige S. waren die *Fruchtbringende Gesellschaft* 1617 (Tobias Hübner [*1577, †1636], J. G. Schottel u.a.), die *Aufrichtige Tannengesellschaft* in Straßburg (1633), die *Deutschgesinnte Genossenschaft* (1642) in Hamburg (Ph. Zesen), der *Löbl. Hirten- u. Blumenorden an der Pegnitz* 1644 *(Pegnitzschäfer)* in Nürnberg (J. Klaj, G. Ph. Harsdörffer, Sigmund von Birken [*1626, †1681], J. Rist [Gründer des „Elbschwanordens" in Hamburg 1660], J. M. Moscherosch) u. die lose Vereinigung von Freunden in der *Königsberger Gesellschaft* (R. Roberthin, S. Dach, H. Albert).

Sprachheilkunde, *Sprach- und Stimmheilkunde, Logopädie, Phoniatrie*, Wissenschaft u. Lehre von der Erkennung u. Behandlung der →Sprachstörungen. – [L] 9.9.2.

Sprachheilpädagogik, eine Aufgabe des öffentl. Sonderschulwesens: In Sprachheilkindergärten, -schulen, -kursen u. -heimen bemühen sich speziell ausgebildete Lehrer u. Fachärzte um die Heilung sprachgestörter Kinder (Stammler, Stotterer, Taubstumme). →auch Taubstummenerziehung.

Sprachinsel, vom Hauptverbreitungsgebiet einer Sprache abgetrennter kleinerer Verbreitungsbezirk, der im Gebiet einer anderen Sprache liegt.

Sprachlehre, 1. = Grammatik.
2. Sprachlehrbuch.

sprachliches Relativitätsprinzip, eine Hypothese, die von den US-amerikan. Linguisten E. *Sapir* u. B. L. *Whorf* aufgrund der Beschäftigung mit Indianersprachen in den 1930er Jahren aufgestellt wurde. Sie besagt, daß jeder Sprache bestimmte, von anderen Sprachen unterschiedene Denk- u. Anschauungsformen – z.B. hinsichtl. der Wahrnehmung von Raum, Zeit u. Farben – eigen seien; jeder Mensch sehe die Welt so, wie es ihm das „Weltbild" seiner Muttersprache vorschreibe. Ähnl. Gedanken hatte schon im 19. Jh. W. von *Humboldt* vertreten („innere Sprachform"); diese sind bes. von L. *Weisgerber* aufgegriffen u. systematisiert worden. Die Hypothese wird heute von der Sprachwissenschaft überwiegend abgelehnt.

Sprachmelodie, der in verschiedenen Sprachen (Dialekten, evtl. auch Stilen) unterschiedl. Regeln folgende Intonationsverlauf der Rede. Grundlage ist die für jede Sprache unterschiedl. *Satzmelodie*.

Sprachmischung, starke wechselseitige Beeinflussung mehrerer Sprachen, führt zu Mischsprachen.

Sprachphilosophie, untersucht (über die *Sprachwissenschaft* hinausgehend) das Wesen der Sprache im Gesamtbereich der Kultur, das Verhältnis von sprachl. u. log. Formen, Wörtern u. Begriffen, den Ursprung der Sprache, ihren Unterschied vom Laut- u. Signalsystem der Tiere („Tiersprache"), ihre Einbettung in die Struktur der menschl. Handlung, die Symbolik der Sprache in ihren Beziehungen zur Metaphysik u.a. Die S. überschneidet sich z.T. mit *Sprachpsychologie*, Soziologie der Sprache, Kunst- u. Geschichtsphilosophie.

Sprachpsychologie, Zweig der Psychologie bzw. philosoph. Anthropologie, hat es einerseits mit dem seelischen Gehalt der Sprache, andererseits mit dem sprachl. Verhalten des einzelnen, der Gruppen u. Völker zu tun. Am wichtigsten sind in der S. die Entwicklung des Sprachprozesses (Kindersprache, Erlernen von Sprachen), die Funktionsstörungen (Sprachhemmungen, -fehler) u. das Verhältnis der Sprache zu den übrigen Ausdruckserscheinungen (im Umgang u. in der gehobenen Rede, im Sprachkunstwerk).

Sprachreinigung, die Bemühungen, aus fremden Sprachen eingedrungene Bestandteile einer Sprache auszumerzen u. durch eigensprachl. Neubildungen oder Wiederbelebung abgestorbener Wörter zu ersetzen. Eine S. großen Umfangs versuchten in Dtschld. zuerst die *Sprachgesellschaften*, dann J. H. *Campe* („Wörterbuch" 1801), dem viele erfolgreiche Neubildungen gelangen.

Sprachstamm →Sprachverwandtschaft.

Sprachstörungen, meist körperlich, oft auch durch psychische Hemmungen bedingte Störungen des Sprechvermögens. Die Sprachentwicklung hängt u.a. mit dem Hörvermögen zusammen; angeborene Taubheit ist daher mit Stummheit verbunden. Schädigung der Sprachzentren durch Erkrankungen des Gehirns führt zu Störungen im Ablauf des Sprechvorgangs, z.B. zum Ausfall bestimmter Laute (Stammeln, Lispeln), Näseln u. Silbenstolpern. Diese S. können auch durch falsche Stellung der Kiefer u. Zähne, durch Zungenlähmungen, Wucherungen in Nase u. Mandeln oder durch nervliche Störungen bedingt sein; auch können sie, wie z.B. das Stottern u. der Sprachverlust, als Angst- u. Schreckreaktion auf nervös-seelischer Grundlage entstehen. – [L] 9.9.2.

Sprachunterricht, der in Schulen u. Kursen betriebene Unterricht in Deutsch u. Fremdsprachen; pflegt Rechtschreibung, Grammatik, Sprachgeschichte, Wortkunde, Aufsatz- u. Vortragsübungen (Stilistik, Sprecherziehung), Lesen u. Verstehen von Dichtungen. Außer dem Erlernen der Sprache erzieht der S. zu Logik u. sprachl. Klarheit, er ist Voraussetzung für das Eindringen in die Geschichte, Volks- u. Landeskunde, Kultur- u. Kunstgeschichte. Je nach Schulart steht der altsprachl., neusprachl. oder muttersprachl. Unterricht im Vordergrund. →auch Berlitzschulen.

Sprachvergleich, eine Methode zur Feststellung der *Sprachverwandtschaft* oder der Aufstellung von Sprachtypen.

Sprachverwandtschaft, das Verhältnis zwischen Sprachen, die sich histor. (genetisch) auf eine Grund- bzw. Ursprache, aus der sie sich entwickelt haben, zurückführen lassen. Die durch Rückführung auf eine nicht weiter rückführbare Ursprache verwandten Sprachen bilden eine *Sprachfamilie (Sprachstamm)*, Untergruppen mit Rückführung auf eine zwischenstufl. Grundsprache heißen *Sprachzweige (Sprachgruppen)*. So ist das Deutsche eine Sprache des german. Sprachzweigs der indogerman. Sprachfamilie. – [L] 3.8.3.

Sprachwissenschaft, *Linguistik*, die Wissenschaft von der (menschl.) Sprache. Im Unterschied zu den *Philologien*, die sich mit schriftl. Zeugnissen (der Literatur) einer Sprache um ihres künstler.-ästhet., inhaltl.-motiv. oder kulturgeschichtl. Werts willen befassen, beschäftigt sich die S. mit der Sprache als Verständigungsmittel u. als Zeichensystem, um über ihre Struktur oder über die Sprache schlechthin Aussagen zu machen. Method. unterscheidet man gewöhnlich:
1. die *allg. S. (Sprachtheorie)*, die allen Sprachen gemeinsame Züge (Eigenschaften) festzustellen sucht. Sie ist Teil einer allg. Zeichentheorie *(Semiotik)*.
2. die *historisch-vergleichende (diachrone) S.* (z.B. Indogermanistik). Sie verfolgt Veränderungen im lautl. System von Einzelsprachen durch Vergleich mit den lautl. Erscheinungen genet. verwandter Sprachen u. anderer Epochen der betr. Einzelsprache selbst. Eines ihrer Ziele ist die Rekonstruktion der gemeinsamen Grund- bzw. Ursprache einer Sprachfamilie.
3. die *synchrone* oder *deskriptive S.* untersucht u. beschreibt die Struktur einer – gesprochenen oder toten – Einzelsprache in ihrem Zustand, nicht ihrem Wandel.
Sachlich sucht die S. jede nur denkbare Seite an der menschl. Sprache zu erfassen, Sprachlaute *(Phonetik, Phonologie)*, Strukturen (*Grammatik* mit *Morphologie, Lexikologie* u. *Syntax*) u. Sprachinhalte *(Semantik, Sprachinhaltsforschung)*. I.w.S. gehören zur S. *Sprachpsychologie* (mit der Untersuchung der individuellen Bedingungen des Sprachgebrauchs), *Sprachsoziologie* (Sprache in Wechselwirkung mit der Sprachgemeinschaft) u. *Sprachgeographie* mit *Dialektologie (Mundartenkunde)*. Method. werden die Ergebnisse der S. entweder systemat. als Regelwerk (Grammatik, Sprachlehre) oder anhand der Wörter (Wörterbuch, als Ergebnis der *Lexikographie*) oder topographisch in Sprachatlanten dargestellt. Die *Sprachphilosophie* orientiert sich zunehmend an den Ergebnissen der S.
Geschichtliches: Am Anfang der theoret. Beschäftigung mit der Sprache stand die Sprachphilosophie (*Platon*, „Kratylos"). Im europ. MA. wurden speziell logische u. ontolog. Fragen im Zusammenhang mit der Sprache erörtert. Die S. im heutigen Sinn begann 1816 mit F. *Bopps* Traktat über ein Problem der morpholog. Verwandtschaft der indogerman. Sprachen. In Bopps Nachfolge war die S. des 19. Jh. fast ausschl. histor. vergleichende Indogermanistik mit Dtschld. als Zentrum. Daneben konnte sich eine geistbetonte vergleichend-allg. S. mit sprachtypolog. Tendenzen (W. von *Humboldt*, H. *Steinthal*) nicht voll entfalten. Der Aufschwung der allg. S. zu Anfang des 20. Jh. geht auf F. de *Saussure* zurück. Gleichzeitig begann eine ständig zunehmende Internationalisierung der S. Mehrere bedeutende linguist. Zentren

---

Sprache, Sammelbegriff für unterschiedl. Fähigkeiten u. Sozialgebilde. Als S. bezeichnet man 1. die allg. menschl. Fähigkeit des Zeichengebrauchs (*langage*, z.B. „die menschl. S."); 2. das Zeichensystem einer bestimmten Menschengruppe, einer Sprachgemeinschaft (*langue*, z.B. „die dt. S."); 3. den Sprachbesitz (-gebrauch) eines bestimmten Individuums (*Idiolekt*, z.B. „die S. Goethes"); 4. Aussprache u. Klangbild (z.B. „eine rauhe S."). – Eine andere Einteilung trennt 1. S. *(langue)* als ein System von Möglichkeiten u. 2. S. *(Rede, parole)* als Realisierung dieser Möglichkeiten durch die Sprecher u. Schreiber dieser S., wobei alle Sprech- u. Schreibprodukte Rede (parole) sind.
Die S. ist ein System von Zeichen für Begriffe u. Gegenstände u. ein System von Regeln für die Kombination dieser Zeichen. In erster Linie stellt die S. Sachverhalte mittels Zeichen dar, die keine Ähnlichkeit mit diesen haben. Die Sachverhalte können wirkl. oder erfunden, wahrgenommen, erinnert, vorgestellt oder phantasiert sein. Im Hinblick auf den Menschen als Sender u. Empfänger von sprachl. Äußerungen dient die S. der Mitteilung *(Kommunikation)*. Eine Mitteilung ist aber nur mögl. über die Repräsentation, d.h., daß die sprachl. Äußerungen für den Sender u. den Empfänger das gleiche repräsentieren (bedeuten). S. ist Lautsprache. Systeme anderer Zeichenmittel sind von ihr abgeleitet u. an Einheiten der Lautsprache orientiert (Buchstabenschrift, verschiedene Signalsysteme, wie Morse- u. Klopfalphabet) oder aber defektiv, indem nicht jede lautsprachl. Äußerung in sie übersetzbar ist (z.B. Warnsignalsysteme).
Längere sprachl. Äußerungen enthalten auf verschiedenen hierarch. Stufen folgende Bildungselemente: 1. *Phoneme*, 2. *Silben*, 3. *Morpheme*, 4. *Wörter*, 5. *Wortgruppen*, 6. *Sätze*. 3)–6) können im Einzelfall eindeutige Bedeutung (bzw. Sinn) haben, 1) ist nur bedeutungsunterscheidend. Letzteres können ebenfalls Akzent, Tonhöhe u. Intonation sein. Die Bedeutung der Sprachzeichen realisiert sich aber meist erst im Zusammenhang eines Satzes.
Alle Einzel-S.n (langues) verändern sich im Lauf ihrer Geschichte. Die Veränderung betrifft alle Bereiche der S., Lautstand, Wortschatz, Morphologie u. Syntax. Veränderungen des Wortschatzes sind am häufigsten, auffälligsten u. am leichtesten zu erklären (veränderte Kulturbedingungen).
S.n mit bes. Gemeinsamkeiten in ihrer Struktur werden, ohne Rücksicht auf genet. Verwandtschaft, zu Sprachtypen zusammengefaßt. Die bekannteste, wenngleich mehrfach angefochtene Einteilung benutzt als Kriterium die Art der Wortbildung: 1. *isolierende S.n* haben nur Wörter, die nicht grammat. verändert (flektiert) werden können u. in denen die grammat. Beziehungen im Satz durch die Stellung der Wörter zueinander, durch Intonation, Pausen u. sog. Verbindungswörter bezeichnet werden, z.B. das klass. Chinesisch; 2. *polysynthet. (inkorporierende, einverleibende)* S.n bilden Wortformen aus zahlreichen Stämmen u. Affixen, z.B. zahlreiche Indianer-S.n; 3. *agglutinierende* („anklebende") *S.n* bilden ihre Wortformen gewöhnl. aus Stamm + Affixen, wobei der Stamm unverändert bleibt u. die Grenze zwischen Stamm u. den einzelnen Affixen deutlich erkennbar ist, z.B. die finnisch-ugrischen S.n; 4. *flektierende S.n* bilden ihre Wortformen vielfach aus Stamm + Affixen (Endungen), wobei die Grenze zwischen beiden häufig undeutlich ist u. der Stamm verändert werden kann, z.B. die semit. u. indogerman. S.n.
Eine andere Einteilung stellt synthet. u. analyt. S.n einander gegenüber. In den *analyt. S.n* werden die grammat. Beziehungen im Unterschied zu den *synthet. S.n* vornehml. durch Wörter, nicht durch Teile von Wortformen ausgedrückt. So ist z.B. Latein mehr synthetisch bzw. weniger analytisch als Englisch. – [B] S. 208. – [L] 3.8.1 u. 3.8.2.

Sprache

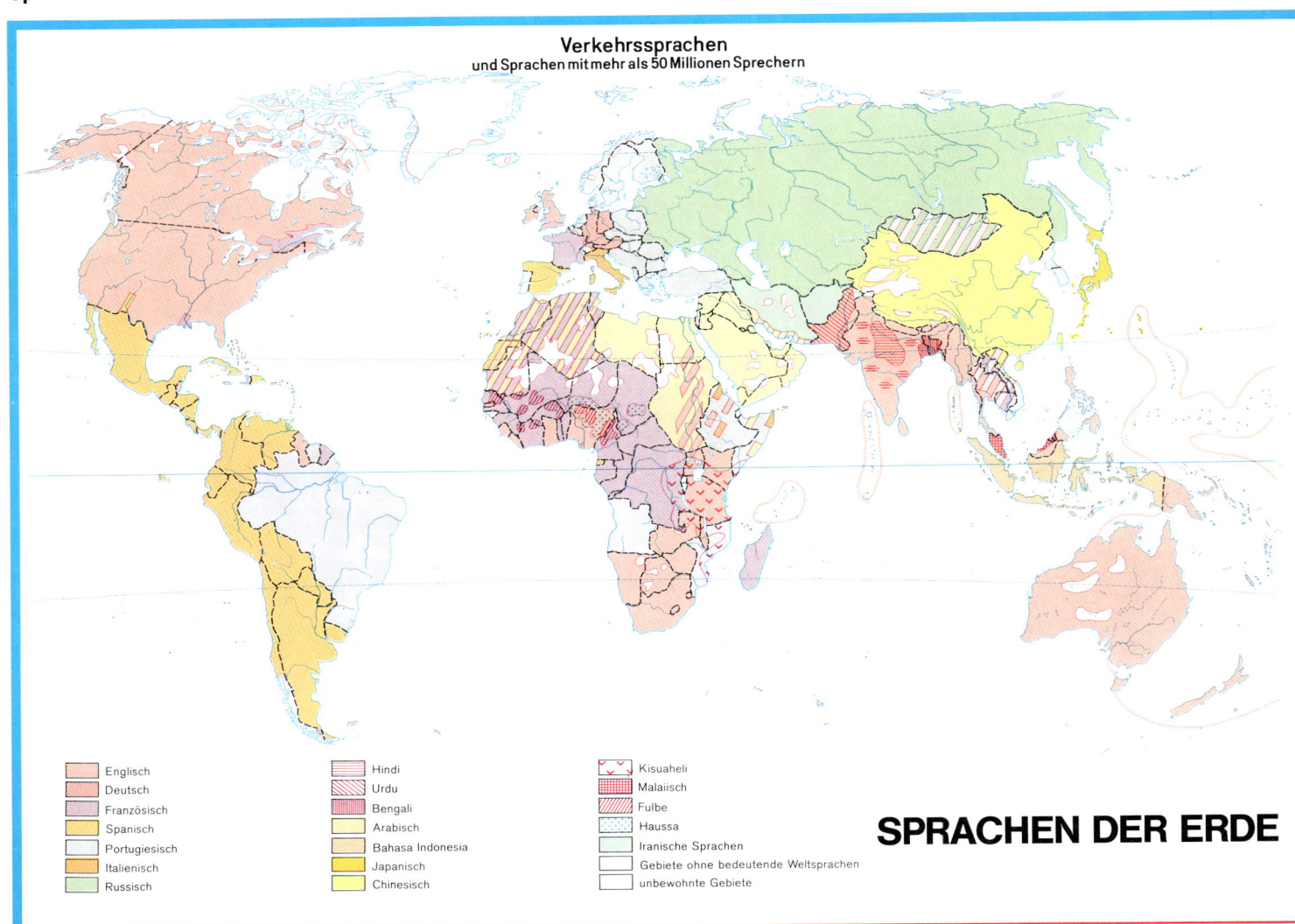

Verkehrssprachen
und Sprachen mit mehr als 50 Millionen Sprechern

SPRACHEN DER ERDE

Legende:
- Englisch
- Deutsch
- Französisch
- Spanisch
- Portugiesisch
- Italienisch
- Russisch
- Hindi
- Urdu
- Bengali
- Arabisch
- Bahasa Indonesia
- Japanisch
- Chinesisch
- Kisuaheli
- Malaiisch
- Fulbe
- Haussa
- Iranische Sprachen
- Gebiete ohne bedeutende Weltsprachen
- unbewohnte Gebiete

SPRACHFAMILIEN

BOREISCH †
(wahrscheinliche Ursprache Eurasiens)

INDOGERMANISCHE (INDOEUROPÄISCHE) SPRACHFAMILIE

Germanische Sprachen
- Ostgermanisch †
  - Gotisch †
  - Wandalisch †
  - Burgundisch †
- Nordgermanisch (nordische Sprachen)
  - Altnordisch † (Wurzel: Urnordisch)
  - Isländisch
  - Norwegisch } Westnordisch
  - Färöisch
  - Dänisch } Ostnordisch
  - Schwedisch
- »Westgermanisch«
  - Englisch
  - Friesisch (Nord- u. Westfriesisch)
  - Niederländisch
    - Flämisch
    - Afrikaans (früh. Kapholländisch)
  - Deutsch

Italische Sprachen †
- Latino-Faliskisch †
- Lateinische Sprache †
- Oskisch-Umbrisch †

Romanische Sprachen
- Westromanisch
  - Rätoromanisch
  - Französisch
  - Provençalisch
  - Katalanisch
  - Spanisch
  - Portugiesisch
  - Sardisch
- Ostromanisch
  - Dalmatinisch †
  - Rumänisch
  - Italienisch

Griechisch
- Altgriechisch †
- Koine †
- Neugriechisch

Slawische Sprachen
- Ostslawisch
  - Russisch (Großrussisch)
  - Ukrainisch (Kleinrussisch)
  - Weißrussisch (Bjelorussisch)
- Südslawisch
  - Kirchenslawisch †
  - Bulgarisch
  - Makedonisch
  - Serbokroatisch
  - Slowenisch
- Westslawisch
  - Tschechisch
  - Slowakisch
  - Polnisch
  - Kaschubisch
  - Polabisch †
  - Sorbisch (Wendisch)

Baltische Sprachen
- Altpreußisch (Prußisch) †
- Litauisch
- Lettisch

Keltische Sprachen
- Festlandkeltisch †
  - Gallisch †
- Inselkeltisch
  - Gälisch (Ersisch, schott. Sprache) } gälischer (goidelischer) Zweig
  - Irisch
  - Manx (fast †)
  - Bretonisch } britannischer Zweig
  - Walisisch (Kymrisch)
  - Kornisch

Albanische Sprache
Armenisch
Hethitisch (Nesisch) †
Tocharisch †
Illyrisch †
Phrygisch †

Iranische Sprachen
- Altiranisch †
  - Altpersisch †
  - Awestisch (Altbaktrisch) †
- Mitteliranisch
  - Pehlewi †
  - Parthisch †
  - Khotanakisch †
  - Sogdisch †
- Neuiranisch
  - Neupersisch
  - Tadschikisch
  - Kurdisch
  - Balochi
  - Afghanisch (Paschto)
  - Ossetisch und die Pamirdialekte

Indische (Indoarische) Sprachen
- Altindisch †
  - Wedisch †
  - Sanskrit †
- Mittelindisch †
  - Prakrit †
  - Pali †
- Neuindische Sprachen
  - Hindi } früher Hindustani
  - Urdu
  - Marathi
  - Bhili
  - Gudscharati
  - Rajasthani
  - Sindhi
  - Pandschabi
  - Lahnda
  - Pahari
  - Kaschmiri
  - Dardisch
  - Nepali
  - Orija
  - Bihari
  - Bengali
  - Assamesisch (Assamesisch)
  - Singhalesisch
  - Zigeunersprachen

ETRUSKISCH † (in der neuesten Forschung als indogerm. Sprache angenommen: Spätform eines westhethit. Dialekts)

SUMERISCHE SPRACHE †

HAMITISCH-SEMITISCHE SPRACHFAMILIE
Hamitisch (in der neueren Forschung wenig gebrauchter Begriff), dazu gehören:
Altägyptisch † (letzte Entwicklungsstufe: Koptisch)

Libysch-Berberisch (Berbersprachen)
- Libysch
- Tuareg
- Kabylisch

Baskisch (Euskara)

Kuschitische Sprachen
- Somalisch
- Galla

Semitische Sprachen
- Ostsemitisch
  - Akkadisch † (entwickelte sich zu Assyrischen † u. Babylonischen)
- Ugaritisch †
- Nordwestsemitisch
  - Kanaanäisch †
  - Althebräisch †
  - Neuhebräisch (Iwrit)
  - Moabitisch †
  - Phönizisch † (jüngere Form)
  - Punisch †
  - Aramäisch (fast ausgestorben)
- Südwestsemitisch
  - Nordarabisch
  - Südarabisch
  - Minäisch † (heute: Mechri)
  - Äthiopische Sprachen (Abessinisch, Ge'ez)
  - Amharisch
  - Tigre
  - Tigrinja

URAL-ALTAISCHE SPRACHFAMILIE
(zusammenfassende Bezeichnung für die Uralische und Altaische Sprachfamilie)

URALISCHE SPRACHFAMILIE
Finnisch-Ugrische Sprachen
- Finnisch-Permisch:
  - Lappisch
  - Ostseefinnisch
  - Finnisch
  - Karelisch
  - Estnisch u. a.
  - Wolgafinnisch
  - Mordwinisch
  - Marijisch (Tscheremissisch)
  - Permisch
  - Udmurtisch (Wotjakisch)

Sprache

Sprachfamilien

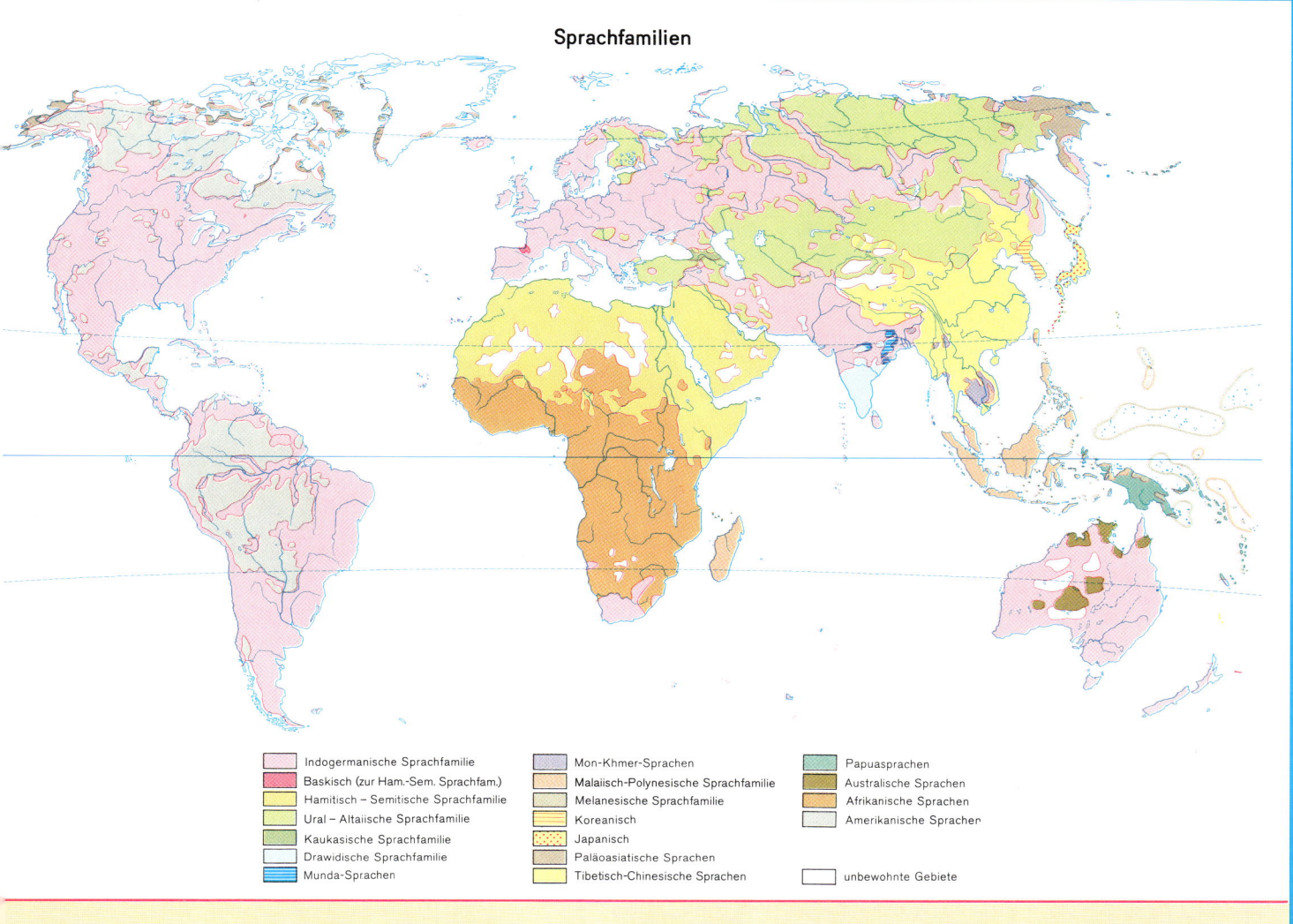

Legende:
- Indogermanische Sprachfamilie
- Baskisch (zur Ham.-Sem. Sprachfam.)
- Hamitisch – Semitische Sprachfamilie
- Ural – Altaiische Sprachfamilie
- Kaukasische Sprachfamilie
- Drawidische Sprachfamilie
- Munda-Sprachen
- Mon-Khmer-Sprachen
- Malaiisch-Polynesische Sprachfamilie
- Melanesische Sprachfamilie
- Koreanisch
- Japanisch
- Paläoasiatische Sprachen
- Tibetisch-Chinesische Sprachen
- Papuasprachen
- Australische Sprachen
- Afrikanische Sprachen
- Amerikanische Sprachen
- unbewohnte Gebiete

Komi-Syrjänisch ⎫ Komi
Komi-Permjakisch ⎭
Ugrisch
  Ungarisch
  Obugrisch
  Mansisch (Wogulisch)
  Chantysch (Ostjakisch)
amojedisch
  Nenzisch (Jurakisch)
  Enezisch
  Nganassisch
  Selkupisch

AISCHE SPRACHFAMILIE
rksprachen (türk. Sprachen) keine
gemein anerkannte Klassifizierung
  Türkisch
  Aserbaidschanisch (Aseri)
  Turkmenisch
  Komanisch †
  Tatarisch
  Kasachisch
  Krimtatarisch, Baschkirisch u. a.
  Usbekisch
  Uigurisch
  Tschuwaschisch
  Jakutisch
  Chakassisch
  Kirgisisch
  Altai-Sprachen (Süddialekte)
ongolische Sprachen
  Mongolisch
  Burjatisch
  Oiratisch u. Kalmückisch
ngusische Sprachen
andschu-Tungus. Sprachen)
  Mandschurisch
  Ewenkisch

JKASISCHE SPRACHFAMILIE
ne gemeinsame Grundsprache fest-
bar)
  Nordwestkaukasisch
    Abchasisch
    Tscherkessisch
  Nordostkaukasisch
    Tschetschenisch-Ingusisch
    Dagestanisch

  Südkaukasisch
    Grusinisch (Georgisch)
    Mingrelisch

DRAWIDISCHE SPRACHFAMILIE
  Telugu
  Tamil
  Malajalam
  Kannada (Kanaresisch) u. a.

AUSTRISCHE SPRACHEN (in der Forschung z. T. verwendete, zusammenfassende Bezeichnung für die Austroasiatischen und Austronesischen Sprachen)

AUSTROASIATISCHE SPRACHEN (in der Forschung z. T. verwendete, zusammenfassende Bezeichnung für die Munda und Mon-Khmer-Sprachen)

MUNDASPRACHEN
  Santali, Mundari, Kurku u. a.

MON-KHMER-SPRACHEN
  Kambodschanisch (Khmer)
  Mon (Peguanisch)
  Nikobarisch
  Khasi

AUSTRONESISCHE SPRACHEN (OZEANISCHE SPRACHEN), in der Forschung z. T. verwendete, zusammenfassende Bezeichnung für die Malaiisch-Polynesische Sprachfamilie und die Melanesischen Sprachen

MALAIISCH-POLYNESISCHE SPRACHFAMILIE
  Indonesische Sprachen
    Malaiisch (jetzt Bahasa Indonesia)
    Sundanesisch
    Javanisch
    Balinesisch
    Madagassisch
    Sprachen der Philippinen
  Polynesische Sprachen
    Maori
    Hawaiianisch
    Tahitisch
    Samoanisch

MELANESISCHE SPRACHEN
  Nengone
  Mota und einige 100 Sprachen
  Mikronesische Sprachen

KOREANISCH

JAPANISCH

PALÄOASIATISCHE (PALÄOSIBIRISCHE) SPRACHEN
  Tschuktschisch
  Aleutische Sprache und Eskimosprachen (auch zu den Indianersprachen gerechnet)
  Ainu (keine sicheren Beziehungen zu einer Sprachfamilie)

TIBETISCH-CHINESISCHE SPRACHEN (zusammenfassende Bezeichnung für die Chinesische, Thailändische und Tibetisch-Birmanische Sprachfamilie); andere Bezeichnungen: INDOCHINESISCHE SPRACHEN, SINOTIBETANISCH, TIBETOCHINESISCH

CHINESISCHE SPRACHE

THAILÄNDISCHE SPRACHFAMILIE
(beide: **SINOSIAMESISCHE SPRACHEN**)
  Thailändisch (Siamesisch, Thai)
  Laotisch
  Vietnamesisch (Annamitisch; Mischsprache mit chines. und Mon-Khmer-Elementen)
  Schan u. a.

TIBETISCH-BIRMANISCHE-SPRACHFAMILIE (TIBETOBIRMANISCH)
  Tibetisch
  Birmanisch
  Lolo
  Miao
  Karen
  Himalayasprachen u. a.

PAPUASPRACHEN

AUSTRALISCHE SPRACHEN

AFRIKANISCHE SPRACHEN
  Sudanesisch-Guineanische Sprachen (Sudan-Guinea-Sprachen), verwandtschaftl. Beziehungen z. T. ungeklärt
    Ewe
    Massai
    Mende-Sprachen
    Ibo (Bo)
    Yoruba
    Ashanti
    Südsotho
    Twi
    Ful u. a.
    Haussa (auch zur Hamitisch-Semitischen Sprachfamilie gerechnet)
    nilot. Sprachen
  Bantusprachen
    Kisuaheli
    Zulu
    Herero
    Ovambo
    Kiluba
    Ganda u. a.
    Pedi
  Khoinsprachen
    Buschmännisch
    Hottentottisch

AMERIKANISCHE SPRACHEN (INDIANERSPRACHEN), genealog. Zusammenhänge z. T. ungeklärt; 125 Sprachfam.
  Nordamerika (58 Sprachfamilien)
    Na-Déné-Sprachen
    Algonkin-Sprachen
    Mosanisch
    Penuti
    Hoka-Coahuilteca
    Sioux-Yuchi
    Caddo-Irokesisch
    Golfküstensprachen u. a.
  Mittelamerika
    Maya
    Uto-Aztekisch u. a.
  Südamerika
    Ketschua
    Araukanisch
    Arawakisch
    Aymara
    Tupi-Guarani u. a.

in Europa stehen mehr oder weniger direkt in der Nachfolge de Saussures. Unabhängig von Europa entwickelte sich in den USA, ausgehend von der Beschreibung von Eingeborenensprachen, seit ca. 1910 eine behavioristisch betonte deskriptive S. In Dtschld. ist neben der Indogermanistik die Sprachinhaltsforschung L. *Weisgerbers* zu nennen.
Das vorläufige Scheitern der Versuche, Übersetzungen aus einer Sprache in die andere mittels elektron. Datenverarbeitungsanlagen anzufertigen, führte seit den 1960er Jahren zu einer verstärkten Beschäftigung mit der Semantik. – 🄻 3.8.1.

Spranger, 1. Bartholomäus, fläm. Maler u. Graphiker, *21. 3. 1546 Antwerpen, † zwischen Juli u. Mitte August 1611 Prag; 1575 Hofmaler Maximilians II. in Wien, seit 1584 am Hof Rudolfs II. in Prag; schuf spätmanierist. Altarbilder u. Porträts, bes. aber allegor. u. mytholog. Darstellungen mit spannungsvoll bewegten nackten Figuren. Hptw. in Wien, Kunsthistor. Museum.
2. Eduard, Philosoph u. Pädagoge, *27. 6. 1882 Berlin, † 17. 9. 1963 Tübingen; Prof. in Leipzig, Berlin u. Tübingen, Schüler von W. *Dilthey*, Hauptvertreter der modernen Kulturpädagogik u. -philosophie sowie der geisteswissenschaftl. Psychologie. Hptw.: „Lebensformen" 1914, 9 1966; „Psychologie des Jugendalters" 1924, 28 1966; „Gesammelte Schriften" 11 Bde. 1969 ff.

Spratzen [das], Entweichen von Gasen beim Erkalten des flüssigen Metalls; ergibt porösen Guß.

Spray [sprɛi; der; engl.], Flüssigkeitszerstäuber, auch die zu zerstäubende Flüssigkeit u. der erzeugte Sprühregen.

Spreader ['sprɛdər; der; engl.] →Anlegemaschine.

Sprechchor, nach Tempo, Takt, Intonation u. Dynamik gleichmäßiges gemeinsames Sprechen eines Textes durch mehrere Personen, oft verbunden mit chorischen Bewegungen. Der moderne S. greift auf den Chor der klass. griech. Tragödie zurück.

Sprecher von Bernegg, Theophil, schweizer. Oberstkorpskommandant, *27. 4. 1850 Maienfeld, Graubünden, † 6. 12. 1927 Maienfeld; 1914–1919 Generalstabschef der schweizer. Armee.

Sprechgesang →Rezitativ.

Sprechkunde, *Sprecherziehung*, Wissenschaft von der Sprechtätigkeit des Menschen, in Dtschld. auf der Grundlage (der Bühnenaussprache) der dt. *Hochsprache*. Die S. bemüht sich auf der Grundlage (stimm-)physiolog. u. sprachpsycholog. Erkenntnisse hauptsächl. um das künstler. Sprechen oder Nachsprechen (Lesen, Rezitation) von Texten, daneben um Ausbildung der Gewandtheit in der freien Rede. – 🄻 3.8.1.

Sprechtechnik →Stimmbildung.

Spree, linker Nebenfluß der Havel, 398 km (147 km schiffbar), entspringt im Bergland der Oberlausitz, durchfließt in der Niederlausitz zwischen Cottbus u. Lübben, in viele Arme aufgegliedert, die Landschaft des *S.walds*, durchquert Berlin u. mündet in Berlin-Spandau.

Spreewald, sumpfige Niederung, vielfach noch der Niederlausitz zugerechnet, beiderseits der mittleren Spree, von Cottbus bis unterhalb von Lübben, Teil des Glogau-Baruther Urstromtals; durch Talverengung ist die Spree aufgestaut u. bildet vermoorte Niederungen mit Erlenbruchwald; Wiesen- u. Viehwirtschaft; Gurkenanbau; neuerdings Wasserregulierung (Talsperre von Spremberg u. a.) zum Schutz vor Überschwemmungen u. Ableitung in nördl. u. südl. Umflutkanälen; Reste wend. Volkstums; „Freilandmuseum" in Lehde.

Spreizfuß, lat. *Pes transverso-planus*, Form der Fußsenkung mit betonter Abflachung des Quergewölbes des Fußes (→Plattfuß).

Spreizklimmer →Kletterpflanzen.

Spreizung, *Lenkzapfensturz* →Lenkung.

Spremberg, Kreisstadt im Bez. Cottbus, an der Spree u. in der Lausitz, südl. von Cottbus, 22 600 Ew.; Altstadt auf der Spreeinsel, Schloß; Braunkohlenabbau (→Schwarze Pumpe), Textil-, Glas-, Elektro-, Maschinen-, Metall-, Holz- u. Kunststoffindustrie. Im Ortsteil *Trattendorf* Wärme-Großkraftwerk (450 MW); nahebei in Bräsinchen Talsperre (42,7 Mill. m³, 10 qkm, 1965 fertiggestellt), dient dem Hochwasserschutz u. der Stromgewinnung in den Kraftwerken Vetschau u. Lübbenau. Stadt seit Ende des 14. Jh. – Krs. S.: 349 qkm, 44 500 Ew.

Sprendlingen, ehem. hess. Stadt südl. von Frankfurt a. M., 23 000 Ew.; Maschinen-, Werkzeug-, Elektro-, Kunststoff-, Möbel-, Textilindustrie; seit 1977 Stadtteil der Stadt *Dreieich* (40 000 Ew.).

Sprengel [der], **1.** *Gerichtsverfassungsrecht: Gerichts-S.*, Gerichtsbezirk.
2. *Kirchenrecht:* = Kirchspiel.

Sprengel, Christian Konrad, Botaniker, *22. 9. 1750 Brandenburg, † 7. 4. 1816 Berlin; beschrieb die der Bestäubung durch Insekten dienenden Blüteneinrichtungen.

sprengen, 1. *Jagd:* Wild aus dem Bau oder Kessel aufjagen. Als S. bezeichnet man auch das Treiben der Rehgeiß durch den Bock während der Blattzeit *(Sprengzeit)*. →auch Brunft.
2. *Technik:* feste Gegenstände mit Hilfe von Sprengstoffen zerstören (zertrümmern); zum Wegräumen von Hindernissen (im Krieg; Tunnel-, Eis- u. Stocksprengung [in der Forstwirtschaft]) oder zur Gewinnung von Rohstoffen (Kohle, Erze, Steine).

Sprenggelatine [-ʒə-], mit *Collodium* gelatiniertes *Nitroglycerin*.

Sprengkapsel, (Kupfer-)Hülse mit Knallquecksilber oder Bleiazid; als Initialzünder verwendet. →auch Initialsprengstoffe.

Sprengkultur, Lockerung des verdichteten Untergrunds durch Sprengstoffexplosionen in Tiefen, die mit Ackergeräten nicht bearbeitbar sind.

Sprengmeister, *Schießmeister*, führt Sprengungen in Steinbrüchen, Ziegeleien, im Hoch- u. Tiefbau durch. Die Ausübung der Tätigkeit ist abhängig von der Ablegung der theoret. u. prakt. *S.prüfung* bei einem Gewerbeaufsichtsamt nach dem Besuch staatl. anerkannter Lehrgänge.

Sprengstoffe →Explosivstoffe.

Sprengstoffverbrechen, die in den §§ 311–311b StGB mit hohen Strafen bedrohten Handlungen; zu ihnen gehören u. a. die Gefährdung von Leben, Gesundheit oder Eigentum anderer durch Explosionen (§ 311) sowie gewisse Vorbereitungshandlungen hierzu (§ 311b), wie das Herstellen, Verschaffen, Verwahren, Einführen oder Einem-andern-Überlassen von Sprengstoff oder besonderen techn. Explosionsvorrichtungen zur Vorbereitung eines Sprengstoffanschlags. – *Österreich:* §§ 173–175 StGB, bei Fahrlässigkeit ohne schwere Folgen nur Vergehen (§ 174); Atomverbrechen: §§ 171, 172, 175 StGB. – *Schweiz:* Art. 224–226 StGB. →auch Atomverbrechen.

Sprengwerk, eine Baukonstruktion, bei der schräge Streben einen Träger über einer weiten Öffnung zusätzlich unterstützen. →Brücke (Geschichte).

Spreu, *Kaff*, die beim Dreschen von Getreide abfallenden Spelzen u. Hülsen, Grannen, Samenhüllen, Stengelteile; dient als Rauhfutter.

Spreublume, *Xeranthemum*, Gattung der *Korbblütler*. In Dtschld. ist die aus dem Mittelmeergebiet eingeschleppte *Einjährige S., Xeranthemum annuum*, selten zu finden.

Sprichwort, im Volk geläufige, meist in einem kurzen Behauptungssatz formulierte Lebensweisheit, die in eine anschauliche, leicht verständliche u. oft witzige Form gefaßt ist. Sprichwörter entstammen dem Volksmund oder auch einzelnen Kunstwerken; S.-Sammlungen entstanden schon im Altertum *(Parömien)* u. MA. *(Freidank)*; seit dem Humanismus (H. *Bebel*, J. *Agricola*) wurden sie bes. gepflegt. – 🄻 3.0.2.

Spriet [das], Rundholz, das das unregelmäßig viereckige *S.segel* ausspannt.

Spring, Howard, engl. Erzähler, *10. 2. 1889 Cardiff, † 3. 5. 1965 Falmouth, Cornwall; schilderte die selbsterlebte Welt der Elendsviertel u. die soziale u. polit. Entwicklung Englands in den letzten 100 Jahren; auch Familien- u. Gesellschaftsromane. „Geliebte Söhne" 1938, dt. 1938; „Tumult des Herzens" 1954, dt. 1954; „Des Lebens Eitelkeit" 1955, dt. 1956.

Spring [engl.], Bestandteil geograph. Namen: Brunnen, Quelle.

Springaffen, *Callicebus*, Gattung der *Rollschwanzaffen*, von feingliedriger Gestalt mit langem dünnem Schwanz; in Herden lebende Urwaldbewohner Brasiliens.

Springbeutler, *Känguruhartige, Macropodidae*, Familie der pflanzenfressenden Beuteltiere; die Fortbewegung erfolgt meist hüpfend mit Hilfe der stark verlängerten Hinterbeine, die Vorderbeine sind reduziert, der Schwanz ist zuweilen als Greifschwanz ausgebildet; zu den S.n gehören *Känguruhs* u. *Känguruhratten*.

Springblende, Blende an einäugigen *Spiegelreflexkameras*. Bei der *vollautomat. S.* sind die Lamellen bei der Scharfeinstellung zur Erzielung eines hellen Mattscheibenbilds voll geöffnet. Bei der Auslösung des Kameraverschlusses schließen sich diese bis zum eingestellten Blendenwert; nach der Aufnahme springen sie auf volle Blendenöffnung zurück. Die *halbautomat. S.* öffnet sich nicht wieder von selbst, sondern muß von Hand geöffnet werden.

Springbock, *Antidorcas marsupialis*, etwa damhischgroße *Gazelle* des Sambesi-Gebiets. Bei den über 2 m hohen Sprüngen schnellen aus einer Hautfalte im Rücken weiße Haarbüschel. Die geringelten, schwarzen Hörner werden beim Männchen bis 30 cm lang. Fast ausgerottet.

Springbrunnen →Brunnen.

Springderby [-də:bi] →Derby, →Deutsches Springderby.

Springe, niedersächs. Stadt am Deister (Ldkrs. Hannover), 31 000 Ew.; Möbel-, Kühlschrank-, Elektro-, Metall-, chem. Industrie; in der Nähe ein Wisent- u. Saupark.

Springen, *Sport:* 1. in der Leichtathletik eine der Hauptwettbewerbsgruppen (neben Laufen, Werfen bzw. Stoßen u. Gehen) mit den Disziplinen →Hochsprung, →Weitsprung, →Dreisprung u. →Stabhochsprung; 2. im Pferdesport: →Jagdspringen, →Rekordspringen; 3. im Skisport: →Skispringen, →Skifliegen; 4. im Wassersport: →Wasserspringen, →Wasserski.

Springer, 1. *Schach:* Figur (Offizier), die als einzige über andere hinwegspringen kann. Der S. schlägt u. zieht im *Rösselsprung*, d. h. zwei Felder gradlinig u. eins zur Seite.
2. *Zoologie:* Bewegungstyp (Lebensformtyp) von Tieren, z. B. echte *Bein-S.* (Heuschrecken, Flöhe, Frösche, Känguruhs), *Schneller* (Schnellkäfer, an Land geworfene Fische), *Flug-S.* (Flugdrache, Flughörnchen).

Springer, 1. Anton, Kunsthistoriker, *13. 7. 1825 Prag, † 31. 5. 1891 Leipzig; setzte der ästhet.-philosoph. Kunstbetrachtung der Hegelanhänger die Methoden der strengen Urkundenforschung C. F. von *Rumohrs* entgegen; als Lehrer einer ganzen Kunsthistorikergeneration wirksam. Hptw.: „Handbuch der Kunstgeschichte" 1855; „Raffael u. Michelangelo" 2 Bde. 1877–1879; „Über die Quellen der Kunstdarstellungen des MA." 1879.
2. Axel Cäsar, Zeitungsverleger, *2. 5. 1912 Altona; baute nach 1945 die größte Presseverlags-Gruppe der BRD auf: die 1970 neu strukturierte *Axel Springer Verlag AG*.
3. Julius, Verleger, *10. 5. 1817 Berlin, † 17. 4. 1877 Berlin; gründete 1842 in Berlin den gleichnamigen Verlag, der sich bes. unter der 1907 übernommenen Leitung der Enkel Julius S. (*1880, † 1968) u. Ferdinand S. (*1881, † 1965) zu einem **führenden wissenschaftl. Verlag für Medizin, Naturwissenschaften, Technik, Rechts- u. Staatswissenschaften entwickelte; Zweigstellen in Heidelberg, Wien u. New York.**

Springfield, 1. Stadt in Massachusetts (USA), am Connecticut River, 163 000 Ew. (als Metropolitan Area 507 000 Ew.); Colleges; Maschinen-, Elektro-, Textilindustrie; Bahnknotenpunkt.
2. Hptst. von Illinois (USA), am Sangamon River, 93 000 Ew. (Metropolitan Area 140 000 Ew.); einstiger Wohnort u. Grabstätte A. *Lincolns* (Gedenkstätten); Staatsbibliothek, Staatsarchiv, Kunst-, Geschichtsmuseum; Kohlenbergbau, Maschinen-, Nahrungsmittel-, chem., Holzindustrie, Druckereien, Getreidemarkt, Bahnknotenpunkt.
3. Stadt in Ohio (USA), nordöstl. von Cincinnati, 83 000 Ew. (Metropolitan Area 132 000 Ew.); Universität (1845); Fahrzeug-, Motoren-, Eisen- u. Werkzeugmaschinenindustrie.
4. Stadt in Missouri (USA), Zentrum des Ozark Plateaus, 124 000 Ew. (Metropolitan Area 143 000 Ew.); Blei- u. Zinkerzabbau; Textil-, Metall-, Holz-, Nahrungsmittel- u. Konservenindustrie.

Springflut, bes. starke Flut nach Voll- u. Neumond; →auch Gezeiten.

Springfrosch, *Rana dalmatina*, sehr langbeiniger *Froschlurch* Mittel- u. Südeuropas, kann Sprünge von 2 m Weite u. 1 m Höhe ausführen. Schwer zu halten, unter Naturschutz.

Springfrucht, *Streufrucht*, pflanzl. →Frucht, die sich bei der Reife öffnet u. die Samen ausstreut.

Springgurke = Spritzgurke.

Springhase, *Pedetes cafer*, mit anderen Gruppen nicht näher verwandtes *Nagetier* (kein Hase) von 45 cm Körpergröße, mit 40 cm langem buschigem Schwanz, von känguruhartiger Gestalt, kann flüchtig bis 10 m weit springen, verschläft den Tag in weitverzweigten Bauten; lebt gesellig in vegetationsarmen Gebieten des südl. Afrika.

Springschwänze, Collembola

Springinklee, Hans, Maler u. Zeichner für den Holzschnitt, *1490/1495 wahrscheinl. Nürnberg, †1540; Schüler A. *Dürers*, unter dessen Leitung er 1512–1515 an den Holzschnittunternehmungen Kaiser *Maximilians* beteiligt war (Ehrenpforte, Triumphzug).

Springkraut, *Impatiens*, Gattung der *Balsaminengewächse*. Die Früchte sind aufspringende Kapseln, deren Klappen sich infolge ungleicher Spannung bei leisester Berührung ablösen u. einrollen, wobei die Samen weit fortgeschleudert werden. Zur Gattung S. gehören: das *Große S.* (Franzosenkraut, Rührmichnichtan, *Impatiens noli me tangere*) u. das *Kleinblütige S., Impatiens parviflora*, die in feuchten Wäldern u. Gebüschen zu finden sind. Als Zierpflanzen sind bekannt: das aus Indien stammende *Garten-S., Impatiens balsamina*, u. das als Zimmerpflanze gern gezogene „Fleißige Lieschen", *Impatiens walleriana*.

Springkürbis = Spritzgurke.

Springmäuse, *Dipodidae*, Familie der *Nagetiere* mit stark verlängerten Sprungbeinen u. langem Balancierschwanz mit Quaste; legen flache Gänge an; gesellig in Trockengebieten Südosteuropas, Afrikas u. Asiens. Die *Wüstenspringmaus, Jaculus jaculus*, von 17 cm Körperlänge mit 23 cm langem Schwanz, lebt in Nordostafrika, Arabien u. Palästina. →auch Pferdespringer.

Springreiten →Jagdspringen.

Springs, Stadt in Transvaal (Rep. Südafrika), östl. von Johannesburg am Witwatersrand; 1627 m ü. M., 150 000 Ew.; Goldbergbau, Industrie.

Springschwänze, *Collembola*, Ordnung der *Insekten*, größte Gruppe der urspüngl. flügellosen Insekten (→auch Urinsekten). Merkmale: Fehlen eines Tracheensystems bei fast allen Arten, verringerte Zahl von Hinterleibssegmenten (6, deren volle Zahl erst im Lauf der Entwicklung erreicht wird), Häutungen auch nach Eintritt der Geschlechtsreife, große Sprunggabel, die von den Beinanlagen des 3. u. 4. Hinterleibssegments gebildet wird. Sehr kleine, nur selten 5 mm Länge erreichende Tiere. Die meisten Arten in der Arktis u. den gemäßigten Zonen zu allen Jahreszeiten unter Moos, Rinde u. auf Wasseroberflächen; leben von organ. Abfällen. Zu den S.n gehören die *Glieder-S.* u. *Kugelspringer*. Ca. 3500 Arten, davon etwa 300 in Dtschld.

Springspinnen, *Hüpfspinnen, Salticidae*, Familie der *Spinnen*; haben unter den Spinnen die bestentwickelten Augen; weben kein Fangnetz zum Beuteerwerb, spinnen aber Häutungs-, Überwinterungs- u. Eikammern aus. Die Beute wird bis auf kurze Entfernung angeschlichen u. mit einem großen Sprung überwältigt. S. sind oft prächtig gefärbt, wie die *Zebraspinne, Salticus scenicus*.

Springwanzen →Uferwanzen.

Springwurm = Madenwurm.

Springwurzel, im Volksglauben Wurzel oder Zweig, womit man verschlossene Türen öffnen u. verborgene Schätze auftun kann. Der Rabe oder Specht verschafft die S.

Sprinkleranlage [engl.], Schutzanlage gegen Feuer. Der zu schützende Raum (z. B. in Fabriken, Warenhäusern) ist an der Decke mit einem Netz von mit vielen kleinen Löchern versehenen Rohren oder Brausen ausgestattet. Bei Erhöhung der Raumtemperatur schaltet ein elektr. Kontakt eine Pumpanlage, die durch die Düsen Wasser in den Raum spritzt, u. eine Alarmvorrichtung ein.

Sprint [der; engl.], das Zurücklegen einer kurzen Strecke durch einen Sportler *(Sprinter)* in größtmögl. Geschwindigkeit; bes. in der Leichtathletik, beim Radrennen, Schwimmen u. Eisschnellauf.

Sprinter →Sprint.

Sprit [der; Kurzwort aus *Spiritus*], 1. Spiritus, →Äthylalkohol. 2. umgangssprachl. Bez. für Kraftstoff (Benzin).

Spritzbeton →Beton.

Spritze, 1. *Feuerwehr:* →Feuerlöschwesen. 2. *Medizin:* →Einspritzung.

spritzen, 1. *Pflanzenschutz:* flüssige Schädlingsbekämpfungsmittel (→Pflanzenschutzmittel) in großer Tropfengröße anbringen.
2. *Technik:* flüssige Werkstoffe mit Luftdruck auf einen Gegenstand auftragen bzw. in Gußformen einspritzen (→Spritzguß). Farbe u. Lack werden mit der Spritzpistole aufgespritzt, Beton mit größeren Apparaturen. →auch Metallspritzverfahren.

Spritzflasche, ein bes. im chem. Laboratorium benutzter Glaskolben mit einem kurzen Blasrohr u. einem in (destilliertes) Wasser reichenden Spritzrohr. Durch Blasen wird im Kolben ein Überdruck erzeugt, der das Wasser herausdrückt.

Spritzgurke, *Esels-, Springgurke, Springkürbis, Ecballium elaterium*, im Mittelmeergebiet heim. *Kürbisgewächs* mit länglichen, rauhhaarigen bis stacheligen Früchten, die auf Druck die Samen u. den bitteren, giftigen Fruchtsaft herausschleudern.

Spritzguß, ein *Druckguß*, bei dem das Metall in teigigem (Messing) oder flüssigem (Aluminium) Zustand in die (Dauer-)Form mit Druck gespritzt wird. Hauptunterschied gegenüber →Preßguß ist, daß das Metall in der Druckkammer erwärmt wird; man bezeichnet dieses deshalb auch als „warm". S. ergibt genaue Abgüsse u. ist für die Massenherstellung kleiner Teile sehr wirtschaftlich; bes. auch bei der Formgebung von Kunststoffen.

Spritzloch, *Spiraculum*, der vorderste der 6 Kiemendarmdurchbrüche der Wirbeltiere; nur bei Fischen (Haien) ausgebildet, wird bei landlebenden Wirbeltieren zum *Mittelohr* (Paukenhöhle u. *Eustachische Röhre*). →auch Kiemenspalten.

Spritzmittel, Pflanzenschutzmittel, die mit Wasser verdünnt an die befallenen oder zu schützenden Pflanzen u. Bäume gespritzt werden.

Spritzpistole, pistolenartiges Gerät zum Versprühen von Farbe, Lack oder Metall (→Metallspritzverfahren) auf ein Werkstück mit Preßluft.

Spritzwürmer →Sipunkuliden.

Sprockhövel, Stadt in Nordrhein-Westfalen (Ennepe-Ruhr-Kreis), 24 300 Ew., Maschinenbau.

Sprockwürmer, Larven der →Köcherfliegen.

Sprödglaserz, das Silbermineral →Stephanit.

Sprödglimmer, Magnesiumaluminiumsilicate, z. B. *Brandisit, Chloritoid, Clintonit, Ottrelith, Sismondin* u. *Xanthophyllit*.

Sproß, Pflanzentrieb, der aus *Sproßachse* (→Stengel) u. Blättern besteht. Man bezeichnet die Blattansatzstellen als Knoten *(Nodien)* u. die blattfreien Stengelglieder als *Internodien*. Das jugendl. Ende eines Sprosses heißt End- oder Terminalknospe, die in den Blattachseln befindl. Knospen, die sich zu Seiten- oder Achselsprossen entwickeln, heißen Achsel- oder Seitenknospen. Die S.verzweigungssysteme können auf einer allen Seitentrieben übergeordneten Hauptachse *(Monopodium)* beruhen (razemös) oder eine Weiterführung der Verzweigung durch Seitentriebe *(Sympodium)* sein (zymös). Je nachdem, ob ein, zwei oder mehr Seitentriebe die Verzweigung fortsetzen, spricht man von einem *Monochasium, Dichasium* oder *Pleiochasium*. Beispiele für S.verzweigungsarten sind die →Blütenstände. →auch Sprossung, Knospung.

Sprossenkohl = Rosenkohl.

Sprossenwand, aus der schwed. Gymnastik übernommenes Turngerät: 2,50 m hohes leiterartiges Gestell, das an einer Wand befestigt ist; für Dehn- u. Beugeübungen.

Sprosser, *Luscinia luscinia*, mit der *Nachtigall* nah verwandter *Singvogel*, der diese in Osteuropa vertritt u. volleren, aber weniger melodiösen Gesang aufweist.

Sproßpflanzen →Kormophyten.

Sproßpilze, Hefepilze (→Hefe), die sich durch Zellsprossung vermehren.

Sprossung, Form der ungeschlechtl. →Fortpflanzung. Die Mutterzelle bildet einen Auswuchs, der später abgeschnürt wird (Beispiel: Hefepilze). Bei unvollkommener Abschnürung entstehen *Sproßverbände*. Im Tierreich nennt man den entspr. Vorgang *Knospung*.

Sproßvokal, *anaptyktischer Vokal*, ein sekundär zwischen Konsonanten eingeschobener Vokal, z. B. in aus „Landsknecht" entlehntem ital. „Lanzichenecco".

Sprottau, poln. *Szprotawa*, Stadt in Schlesien (1945–1950 poln. Wojewodschaft Wrocław, seit 1950 Zielona Góra), an der Mündung der Sprotte in den Bober, 12 000 Ew.; Eisen-, Textil- u. landwirtschaftl. Industrie.

Sprotte, *Sprott, Brisling, Breitling, Clupea sprattus*, rd. 15 cm langer, nahe mit den *Heringen* verwandter Fisch der Nord- u. Ostsee, des Mittelmeers u. des Schwarzen Meers; vor allem als *Kieler S.* bekannt. →auch Anchovis.

Spruce Knob [ˈspruːs nɔb], höchster Gipfel der *Allegheny Mountains*, 1487 m, in West Virginia (USA).

Spruch, 1. *allg.*: ein in kurzer u. einprägsamer Form ausgesprochener Gedanke, auch in Reimen (Denk-, Sinn-, Wahl-S.); Lehrsatz, Lebensregel, Beschwörungsformel *(Merseburger Zaubersprüche)*, Stelle aus einem Buch (Bibel-S.), Zitat.
2. *deutsche Literatur*: 1. „Sprechspruch", im MA. ein sachl. lehrhafter, moralisierender, unpersönl. Sprechvers in vierhebigen Reimpaarversen ohne Stropheneinteilung *(Freidank, „Bescheidenheit"; P. Suchenwirt, Heinrich der Teichner)*. Ausläufer sind Reimsprecher u. Wappendichter. – 2. „Sangspruch", im MA. liedartiges Gedicht von großem Formenreichtum, der Minnelyrik angenähert; macht eine betont gedankl. Aussage; persönl. gefärbt, auf gesellschaftl. u. polit. Verhältnisse bezogen. Hauptvertreter: *Spervogel der Ältere, Walther von der Vogelweide, Reinmar von Zweter, Heinrich von Meißen*.
3. *Recht*: Urteil, Entscheidung.

Spruchband →Schriftband.

Spruchbehörde, urteilende, entscheidende Behörde, entsprechend auch *Spruchrichter*.

Spruchkammer →Entnazifizierung.

Sprudel, Mineralwasser, das unter Druck des in ihm gelösten Kohlendioxids hervorquillt; auch künstl. mit Kohlendioxid gesättigtes Wasser.

Sprudelstein, dichte, faserige u. kugelige Absätze von →Aragonit der Mineralquellen.

Sprue [spruː; die; ndrl., engl.], *tropische Aphthen, weiße Diarrhoe*, tropische, selten auch in Mitteleuropa vorkommende chron. Stoffwechselstörung, deren Hauptanzeichen voluminöse, schaumige, fettreiche Durchfallstühle sind, ferner Mundschleimhautentzündung, Abmagerung, Verfall, Blutarmut u. a. im weiteren Verlauf. Als Ursache der tropischen S. kommt ein kombinierter B-Vitaminmangel in Betracht, während der einheim. S. meist eine Allergie gegen das Klebereiweiß des Getreides zugrunde liegt.

Sprungbein, *Talus*, Hauptknochen der Fußwurzel.

Sprungbrett, federndes Sprunggerät für das Wasserspringen; meist in 1 u. 3 m Höhe an Sprungtürmen angebracht.

Sprunggelenk, 1. *oberes S.*, lat. *Articulatio talocruralis*, Gelenk zwischen den beiden Unterschenkelknochen u. dem Sprungbein.
2. *unteres S.*, Gelenk zwischen Sprungbein, Fersenbein u. Kahnbein.

Sprunghöhe, *Geologie*: senkrechter Abstand zweier entspr. Schichtgrenzen an einer Verwerfung.

Sprungregreß, zulässige Form des Rückgriffs

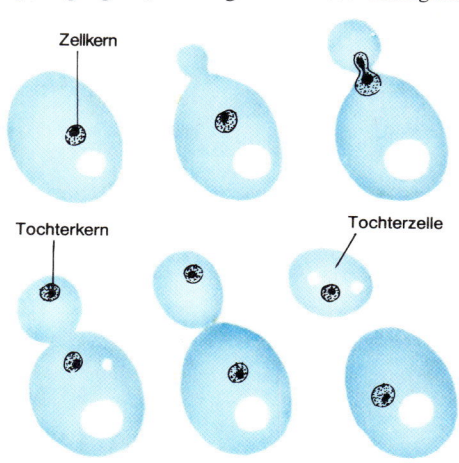

Sprossung einer Hefezelle

beim →Wechsel oder →Scheck. Da der →Regreß des Wechsel- oder Scheckinhabers im Notfall gegen jeden Vormann (Ausnahme: →Angstklausel) einschl. des Ausstellers ohne Rücksicht auf die Reihenfolge der Unterzeichnung u. Weitergabe des Papiers zugelassen ist, kann der regreßberechtigte Papierinhaber die nächsten Vormänner überspringen u. unter allen Verpflichteten sogleich den Zahlungsfähigsten in Anspruch nehmen.

Sprungrevision, das Rechtsmittel der →Revision, das gegen erstinstanzliche Urteile beim Revisionsgericht unter Übergehung des an sich gegebenen Rechtsmittels der →Berufung eingelegt wird. Die S. ist ein Mittel zur Prozeßbeschleunigung. Voraussetzung für ihre Zulässigkeit ist u. a. immer die Einwilligung der Gegenpartei.

Sprungschanze, 1. *Sport:* Anlage für Skispringen; besteht aus Schanzenturm, Anlaufbahn, Schanzentisch u. Aufsprungbahn (mit Auslauf). →auch Skispringen, Skifliegen. – Ⓑ→Skisport.

2. *Talsperrenbau:* Einrichtung an den Hochwasserentlastungsanlagen von Talsperren zur Umwandlung der überschüssigen Energie. Am Ende einer Schußrinne wird das Wasser wie bei einer Ski-S. in die Luft hinausgeschleudert, zerteilt sich in Tropfen u. fällt als Regen zu Boden.

Sprungschicht, *Metalimnion,* Wasserschicht in Süßwasserseen, an der die Temperatur nach unten sprungartig abnimmt; →auch Epilimnion.

Sprungtemperatur, *i. w. S.* die Temperatur, bei der sich eine physikal. Eigenschaft eines Materials sprunghaft ändert; *i. e. S.* bei der Supraleitung die Temperatur, bei der der elektr. Widerstand plötzlich verschwindet.

Sprungtuch, *Feuerwehr: Fangtuch,* ein mit Gurtstreifen verstärktes Tuch aus Leinwand mit einem Halteseil am Außenrand; zum Auffangen von Personen, die sich z. B. aus brennenden Gebäuden nur durch einen Sprung retten können.

Sprungturm, Anlage aus Stahl oder Beton für das Wasserspringen mit 5 m, 7,5 m u. 10 m hohen Plattformen u. *Sprungbrettern.*

Sprungwellen, hohe Wellen, die bei Fluteintritt in Flüssen aufwärts stürzen; bei Elbe, Weser, Seine, Gironde *(Mascaret),* Amazonas *(Pororoca)* u. a.

SPS, Abk. für *Sozialdemokratische Partei der Schweiz,* →Sozialdemokratie.

Spühler, Willy, schweizer. Politiker (Sozialdemokrat), *31. 1. 1902 Zürich; 1960–1969 im Bundesrat (zunächst Verkehrs- u. Energiewirtschaftsdepartement, seit 1966 Polit. Departement), 1963 u. 1968 Bundes-Präs.

Spuk, Bez. für bislang (physikal.) nicht erklärbare Erscheinungen wie (Klopf-)Geräusche („Poltergeister"), Ortsveränderungen unberührter Gegenstände u. a. Die *Parapsychologie* unterscheidet *orts-* u. *personengebundenen S.* u. bezeichnet sie als Fälle von →Psychokinese.

Spule, 1. *Elektrotechnik:* Wicklung aus meist vielen isolierten Drahtwindungen. Die S. erzeugt wegen ihrer hohen Induktivität bei Stromfluß ein starkes Magnetfeld, das der Windungszahl proportional ist. Verwendet in Relais, elektr. Maschinen, Transformatoren, Meßgeräten; als Hochfrequenz.-S. mit wenigen Windungen in der Radiotechnik (→Schwingkreis).

2. *Textiltechnik:* auf eine Hülse aufgewickelter Garnkörper.

3. *Zoologie:* →Feder.

Spuler, Bertold, Orientalist u. Islamist, *5. 12. 1911 Karlsruhe; Veröffentlichungen zur Geschichte des Vorderen Orients u. Zentralasiens sowie zur osteurop. Kirchengeschichte; u. a. „Die Goldene Horde" [2]1964; „Kultur des Islams" 1971; Hrsg. des „Handbuchs der Orientalistik" 1951 ff., Mit-Hrsg. der „Saeculum-Weltgeschichte".

Spülkopf, Teil der Bohreinrichtung beim Gesteinsbohren; Hohlkörper zur Überleitung der *Spülung* von der nicht bewegten Spülungszuleitung auf die sich drehende Bohrstange oder das sich drehende *Gestänge.*

Spullersee, durch zwei 20 bzw. 30 m hohe Talsperren aufgestauter See in den westl. Lechtaler Alpen (Österreich), 1825 m ü. M., 13,5 Mill. m³. Das S.kraftwerk erzeugt jährl. 103 Mill. kWh für den Betrieb der Arlbergbahn.

Spulmaschine, eine Textilmaschine, die das Garn von einer Aufmachungseinheit in eine andere überführt, z. B. zwecks Vergrößerung der Fadenlänge, Spannungsausgleich, Fachung (Vereinigen mehrerer Fäden) für das spätere Zwirnen, Vorbereiten zur Weiterverarbeitung geeigneter Spulen *(Kett-, Schuß-S.).*

Spülrohrleitung, Förderleitung für Sand-Wasser-Gemenge von der Förderpumpe des Naßbaggers zur Ablagerung *(Aufspülung).*

Spültisch, *Spüle, Abwaschtisch,* Anlage zum Geschirrwaschen. →auch Geschirrspülmaschine.

Spülung, beim Bohren Zufuhr von Flüssigkeiten (meist Wasser) auf die Arbeitsfläche des Bohrers, u. zwar bei flachen Bohrlöchern in Werkstoffen von außen, bei tieferen Löchern, vor allem beim Gesteinsbohren, durch Hohl-Bohrstangen oder Hohl-Gestänge u. Bohrer. Zweck: Kühlung des Bohrers, Herausführung des Bohrkleins aus dem Bohrloch bei tieferen Löchern, Bindung des entstehenden Staubs (im Untertagebergbau bei Silikosegefahr) u. Stützung der Bohrlochwände (Tiefbohren, Dick-S.). →auch Spülkopf.

Spülversatz →Versatz.

Spulwürmer, *Ascarida,* im Verdauungskanal der Säugetiere schmarotzende *Fadenwürmer.* Beim Menschen findet man *Ascaris lumbricoides* im Dünndarm; sie ist 20–40 cm lang u. hält sich mit den Saugpapillen des Mundes in der Darmschleimhaut fest. Die Eier gelangen mit dem Kot nach außen; sie werden mit unsauberem Gemüse, Obst u. ä. wieder aufgenommen. Die im Darm ausschlüpfenden Larven bohren sich durch die Darmwand u. gelangen mit dem Blut in die Lunge. Durch Hustenreiz erreichen sie den Mund, werden verschluckt u. gelangen als ausgewachsene Tiere wieder in den Darm. Die Spulwurmkrankheit ruft nur manchmal nervöse Störungen oder auch Abmagerung hervor. Nur wenn die Würmer in die Ausführgänge von Drüsen gelangen, z. B. Gallengänge, kann es zu ernsten Folgeerscheinungen kommen. Außer dem Menschenspulwurm kommen noch häufig *Pferdespulwurm (Parascaris equorum), Hundespulwurm (Toxocara canis)* u. *Katzenspulwurm (Toxocara cati)* vor.

Spumante [ital., „schäumend"], Kurzform für *Asti spumante,* Schaumwein aus Asti.

Spunda, Franz, österr. Schriftsteller, *1. 1. 1890 Olmütz, †1. 7. 1963 Wien; Gymnasialprofessor, bereiste mit Th. *Däubler* Griechenland („Griechische Reise" 1926; „Der heilige Berg Athos" 1928); schrieb okkulte u. histor. Romane: „Das ägypt. Totenbuch" 1924; „Minos oder die Geburt Europas" 1931; „Verbrannt von Gottes Feuer" 1949; „Hellas' Fackel leuchtet" 1952; „Herakleitos" 1957. Lyrik („Eleusin. Sonette" 1933).

Spundwand, Wand aus Spundbohlen (Holz, Stahl, Stahlbeton) zum Abdichten von Baugruben gegen Grundwasser, zur Uferbefestigung u. a. →auch Bollwerk.

Spur, 1. *Jagd:* →Fährte.

2. *Mathematik:* 1. in einer quadratischen →Matrix die Summe der Glieder in der von links oben nach rechts unten verlaufenden Hauptdiagonale. 2. in der darstellenden Geometrie die Schnittgerade (auch *Spurlinie*) zweier Ebenen.

Spurenanalyse, Nachweis von Elementen oder Verbindungen in Stoffen, in denen sie in einer Konzentration von 0,005 % u. darunter vorliegen. Die S. verwendet Anreicherungsmethoden, chromatograph. Verfahren (→Chromatographie) u. die Methoden der →Mikroanalyse.

Spurenelemente, die im Unterschied zu den *Mengen-* oder *Bauelementen* nur in geringer Konzentration im Körper vorhandenen chem. Elemente. Lebenswichtige S. sind für das Tier Jod, Eisen, Kobalt, Kupfer, Mangan, Silicium, Zink, Fluor, Molybdän, Vanadium (nur für niedere Tiere). Sie sind Bestandteile von Wirkstoffen (Enzymen u. Hormonen). Der Bedarf eines erwachsenen Menschen beträgt an Eisen 5–10, an Kupfer 2, an Mangan 2–4 u. an Jod 0,1 mg/Tag. Wenn lebenswichtige S. fehlen, treten analog den Vitaminmangelerscheinungen Mangelkrankheiten auf. Noch fraglich ist die biolog. Funktion weiterer S.

Spurhebel →Lenkung.

Spurkranz →Radkranz.

Spurkreis, der Kreis, den das kurvenäußere Vorderrad eines Kraftwagens beim größten →Lenkeinschlag beschreibt.

Spurlatten, *Bergbau:* im Schacht eingebaute senkrechte, vierkantige Holzbalken, an denen die Förderkörbe u. Fördergefäße geführt werden.

Spurre, *Holosteum umbellatum,* ein *Nelkengewächs;* in Dtschld. auf Sandfeldern u. an Wegrändern allg. verbreitet.

Spurstange →Lenkung.

Spurstein, bei der Kupfergewinnung entstehendes Zwischenprodukt, hauptsächl. aus Schwefelsulfid Cu_2S bestehend; wird im Konverter zu Kupfer zersetzt: $Cu_2S + O_2 \rightarrow 2\,Cu + SO_2$.

Spurt [der; engl.], *Sport:* eine plötzl. Schnelligkeitserhöhung bei Rennen aller Art, bes. als *Zwischen-* oder *End-S.*

Spurweite, der Abstand zwischen den Innenkanten von Eisenbahnschienen. Die *Normal-* oder *Regelspur* (1,435 m) ist in den meisten Ländern eingeführt; Ausnahmen: *Breitspur* in Spanien, Portugal, Chile, Argentinien (1,676 m), Irland (1,600 m), Sowjetunion (1,524 m); *Schmalspur* in Südafrika (1,067 m; Kapspur), Japan, Java, Teilen von Afrika u. Südamerika (1,000 m).

Sputnik [der; russ., „Begleiter, Satellit"], Sammelname für die ersten sowjet. künstl. Satelliten. *S. 1* startete am 4. 10. 1957, *S. 2* am 3. 11. 1957 u. *S. 3* am 15. 5. 1958. →auch Weltraumfahrt.

Spychalski, Marian, poln. Militär u. Politiker (KP), *6. 12. 1906 Lodsch, †7. 6. 1980 Warschau; Architekt; 1940–1944 in der kommunist. Untergrundarmee; 1944–1950 u. 1959–1970 Mitgl. des Politbüros, 1950–1956 in Haft, 1956–1968 Verteidigungs-Min., 1963 Marschall, 1968–1970 Vors. des Staatsrats (Staatsoberhaupt).

Spyri, Johanna, geb. *Heußer,* schweizer. Jugendschriftstellerin, *12. 6. 1829 Hirzel, †7. 7. 1901 Zürich; Erzählungen mit pädagog. u. religiösem Grundton: „Ihrer keins vergessen" 1873; „Geschichten für Kinder u. auch solche, die Kinder liebhaben" 1879 ff. (darin: „Heidi" 1881; „Gritli" 1887); Volksschriften 2 Bde. 1884–1891.

sq., Abk. für lat. *sequens,* „der (die, das) Folgende".

sqq., Abk. für lat. *sequentes,* „die Folgenden".

Squamata [lat.] →Schuppenkriechtiere.

Squamipinnes →Schuppenflosser.

Squarcione [-'tʃoːnɛ], Francesco, italien. Maler, *1397 Padua, †1468 Padua; Lehrer A. *Mantegnas,* seit 1465 in Venedig, leitete eine Werkstatt in Padua, die bedeutenden Einfluß auf die oberitalien. Malerei des 15. Jh. ausübte, besonders auf die Entwicklung der perspektivischen Darstellungskunst.

Square [skwɛːr; der oder das; engl.], Quadrat, auch rechteckiger Platz; als Bestandteil der Bez. von Flächenmaßen abgekürzt *sq.,* z. B. *sq. mile,* Quadratmeile.

Square dance [skwɛə daːns; engl.], amerikan. Volkstanz, wird von jeweils 4 Paaren nach den Weisungen eines Ansagers im Viereck getanzt u. hat meist 4 Figuren; begleitende Instrumente sind Akkordeon, Banjo, Geige u. Gitarre.

Squash [skwɔʃ; das; engl.], ein Mitte des 19. Jh. in Harrow (Großbritannien) entwickeltes Rückschlagspiel, das in einer Halle gespielt wird.

Squatter ['skwɔtə; engl.], in den USA Ansiedler (ohne Rechtstitel) auf noch nicht in Anspruch genommenem Regierungsland; in Australien Pächter von Regierungsland (meist Schafhalter).

Squaw [skwɔː, indian., engl.], Indianerfrau.

Squaw Valley [skwɔː 'væli], Ort in der kaliforn. *Sierra Nevada* (USA); Austragungsort der Olymp. Winterspiele 1960.

Squire [skwaiə; engl.], Landedelmann, Gutsherr; in anglo-amerikan. Ländern Höflichkeitstitel für (Friedens-)Richter u. Anwälte.

Squire [skwaiə], Sir John Collings, Pseudonym Salomon *Eagle,* engl. Dichter u. Kritiker, *2. 4. 1884 Plymouth, †20. 12. 1958 London; einflußreich als Hrsg. der Ztschr. „London Mercury", Förderer literar. Talente; schrieb satir. Gedichte.

Sr, chem. Zeichen für *Strontium.*

Sr., Abk. für *Seiner* (in Titeln).

Šrámek ['ʃraːmɛk], Fráňa, tschech. Schriftsteller, *19. 1. 1877 Sobotka, †1. 7. 1952 Prag; wandte sich gegen Bürgertum, Konventionen u. Militarismus; impressionist. Lyrik, Prosa, Dramen; dt. Auswahl „Wanderer in den Frühling" 1927.

Srbik ['zrbik], Heinrich Ritter von, österr. Historiker, *10. 11. 1878 Wien, †16. 2. 1951 Ehrwald, Tirol; 1938–1945 Präs. der Akademie der Wissenschaften in Wien, 1929/30 Unterrichts-Min. S. forderte eine gesamtdt. Geschichtsbetrachtung u. damit Überwindung der Trennung in kleindt. u. großdt. Richtungen. Im „Anschluß" Österreichs 1938 glaubte er seine Reichsidee erfüllt; er war 1938–1945 Mitgl. des Reichstags. Hptw.: „Metternich" 3 Bde. 1925–1954 (positive Deutung des Metternich-Systems); „Dt. Einheit, Idee u. Wirklichkeit vom Hl. Reich bis Königgrätz" 4 Bde. 1935–1942; „Geist u. Geschichte vom dt. Humanismus bis zur Gegenwart" 2 Bde. 1950–1951.

Sredne [slaw.], *Srednij,* Bestandteil geograph. Namen: Mittel-.

Sremski Karlovci [-'lɔftsi], *Sirmisch-Karlowitz,* jugoslaw. Stadt an der Donau, 6500 Ew.; Weinbau. Frieden von S. K.: →Karlowitz.

SRG, Abk. für →Schweizerische Radio- und Fernsehgesellschaft.
Sri Lạnka, singhales. Name für →Ceylon.
Srịnagar = Shrinagar.
SRP →Neofaschismus.
Srụoga, Balys, litauischer Kritiker, Lyriker u. Dramatiker, *2. 2. 1896 Baibokai, † 16. 10. 1947 Wilna; Führer der Moderne in Litauen; seine freirhythm. Gedichte u. Versdramen behandeln Themen aus der Geschichte Litauens.
SS, Abk. für *Schutzstaffel,* Formation der NSDAP, 1925 aus bes. zuverlässigen Nationalsozialisten zunächst zum Schutz Hitlers u. der nat.-soz. Führer gegr., seit 1929 unter H. *Himmler* zur „Eliteformation" ausgebaut. Der *Reichsführer SS (RFSS)* verlangte entspr. der nat.-soz. Rassenlehre von den SS-Mitgliedern den Nachweis der „arischen" Abstammung bis 1750, mit dem Ziel, einen „rassereinen, soldat. Orden nord. bestimmter Männer" zu schaffen. Der nach körperl. Ausleseprinzipien Aufgenommene hatte einen bes. Treueid auf die Person Hitlers zu leisten.
Diese Voraussetzungen prädestinierten die SS für Aufgaben der Staatssicherung, der Staatsbeherrschung, als Instrument des Terrors bei der Durchsetzung spezif. Ziele des Nationalsozialismus. Der 1931 gegr. *Sicherheitsdienst (SD)* des RFSS wurde nach 1933 in den staatl. Polizeiapparat eingebaut. Nach der Ausschaltung E. Röhms (SA) begann die Machtsteigerung der SS zur beherrschenden Organisation. 1936 wurde der RFSS „Chef der dt. Polizei" (ihm unterstellt waren der Chef der Ordnungspolizei u. der Chef der Sicherheitspolizei). Seit 1939 wurden SD u. Sipo im *Reichssicherheitshauptamt* (RSHA) unter R. *Heydrich* zusammengefaßt (mit dem „Referat B 4: Judenangelegenheiten" unter A. *Eichmann*).
Aus der „Leibstandarte Adolf Hitler" (Chef: S. *Dietrich*) u. den „Polit. Bereitschaften" entwickelte Himmler die *SS-Verfügungstruppe,* eine Art SS-Armee (1939 etwa 18000 Mann). Außerdem befehligte der RFSS die *SS-Totenkopfverbände,* die 1934 die Bewachung der *Konzentrationslager* übernahmen. Aus der SS-Verfügungstruppe u. SS-Totenkopfverbänden wurde 1940 die *Waffen-SS* gebildet, in die auch „arische" Männer West- u. Nordeuropas („German. SS"), seit 1943 auch Wehrpflichtige aufgenommen wurden. Die Waffen-SS (1944 fast 600000 Mann) kämpfte im 2. Weltkrieg an der Seite des Heeres, war aber kein Teil der Wehrmacht.
In den Konzentrationslagern, bei den Vernichtungsaktionen an Juden (→Judenverfolgung) u. „minderrassigen Völkern" verübte die SS Greueltaten, die sie in aller Welt berüchtigt machten; sie wurde dafür bei den Nürnberger Prozessen zur „verbrecher. Organisation" erklärt.
SS., 1. Abk. für →Sante.
2. Abk. für →Santi.
SSD, Abk. für →Staatssicherheitsdienst.
Ssema Tsien, *Ssu-ma Ch'ien,* chines. Geschichtsschreiber, *um 145 v. Chr., † 86 v. Chr.; am Hof des Han-Kaisers Wuti; vollendete das von seinem Vater *Ssema Tan* (Ssu-ma T'an) begonnene „Schiki" (Geschichtliche Denkwürdigkeiten), das die Geschichte Chinas bis um 100 v. Chr. behandelt. Das „Schiki" ist für alle spätere amtl. chines. Geschichtsschreibung grundlegend gewesen.
ssp., Abk. für *Subspecies,* →Rasse.
SSR, Abk. für *Sozialistische Sowjetrepublik;* nach ihrem Volk benannte Unionsrepublik der Sowjetunion. →Sowjetunion, Politik.
SSS, Abk. für die →Eucharistiner.
SSSR, Abk. für *Sojus Sowjetskich Sozialistitscheskich Respublik,* die Vollform des russ. Namens der →Sowjetunion.
SST, Abk. für engl. *Supersonic Transport,* Bez. für ein in den USA entwickeltes Überschallverkehrsflugzeug (Boeing 2707); die Entwicklung wurde 1971 eingestellt.
Ssu-ma Ch'ien →Ssema Tsien.
SSW, Abk. für →Südschleswigscher Wählerverband.
s.t., Abk. für →sine tempore.
St., 1. Abk. für →Sankt, →Saint.
2. Abk. für *Stück.*
Sta., Abk. für *Santa;* →San.
Staat, 1. *Recht:* 1. die höchstorganisierte Ordnungseinheit menschl. Zusammenwirkens (H. *Heller*), deren Eigenart darin besteht, daß sie das Monopol der legitimen physischen Gewaltanwendung besitzt (M. *Weber*). In einem allg. Sinn besteht eine staatl. Ordnung überall dort, wo eine polit. Ordnung mit der Möglichkeit der Zwangsanwendung ein Mindestmaß von Ordnung des Zusammenlebens garantiert. Da die ganze Erde heute unter S.en aufgeteilt ist, gilt diese Voraussetzung als überall erfüllt. Nach der Drei-Elementen-Lehre bedarf es zur Existenz eines S.s des *S.svolks,* des *S.sgebiets* u. der *S.sgewalt.* Die S.sgewalt stellt das organisierende Element dar, sie ist entscheidend. – 2. unter rechtl. Gesichtspunkten *(juristischer S.sbegriff)* stellt der S. eine *juristische Person* dar, eine *Gebietskörperschaft* mit oberster, unabgeleiteter Anordnungsgewalt, die zugleich Gebietsherrschaft u. Personenherrschaft ausübt. Die *organische S.stheorie* (O. von *Gierke*) spricht dagegen von *S.sperson* u. *S.spersönlichkeit.* Eine extrem positivistische Staatsauffassung (H. *Kelsen*) erblickt im S. nur ein „Normengeflecht" von rechtl. Bestimmungen u. stellt damit auf die Ordnungstechnik ab u. verlangt die Eliminierung aller geschichtl.-soziologischen Sichtweisen. – 3. in soziologisch-geschichtl. Sicht entwickelt sich eine polit. Ordnung zunächst im kleinen Kreis der Gruppe, des Stammes (so z. T. noch heute in Ozeanien), aber kann selbst bei nicht seßhaften Völkern (Mongolen unter Tschingis Khan) zu großen Gesamtleistungen führen.
Kultische u. religiöse Überzeugungen wirken einheitsbildend u. können der staatl. Ordnung ihr Gepräge auch durch die Ausgestaltung der Führerschicht geben (ägypt. Priesterkönigtum, Inkakult). Im Abendland entwickelte sich der S. von der durchorganisierten Polis der Griechen (ähnlich Rom) zum Flächenstaat (Reich Alexanders des Großen, Römisches Reich) mit unterschiedl. starker Ordnungskraft. Das universalistische Reich des MA. mit der Teilung in weltl. u. geistl. Herrschaft (wobei letztere auch weltl. Herrschaft bedeutete) ließ den S.stypus einander übergeordneter autonomer Bereiche ohne „Durchgriffsrecht" entstehen, wobei die Ordnungskraft der kleineren Gemeinschaften sich als stärker erwies als die der großen (Stadtrecht bricht Landrecht, Landrecht bricht Reichsrecht). Im absolutistischen *Territorial-S.* wurde dieser Grundsatz umgekehrt. Mit Hilfe der *Souveränitätstheorie* wurden die autonomen mediären Gewalten zugunsten des zentralen Staatsapparats beseitigt. Diese Grundsituation blieb auch bei der Entwicklung der *National-S.en* u. damit des das S.ssystem heute beherrschenden Typus, trotz aller Verschiedenheit des Aufbaus (→Föderalismus) oder der →Staatsformen, bestehen. Epochale Veränderungen dieser Art vollziehen sich langsam u. ließen nur in der Neuen Welt Raum für eine bewußte Neugründung von S.en im Sinn der Konstruktion vom Nullpunkt aus (Mayflower-Compact der Pilgrimväter auf der Fahrt nach Boston, Gründung der späteren Gliedstaaten der USA). Dieses europ.-amerikan. Modell der S.lichkeit wurde auch für Asien u. Afrika maßgebend, wo vom westl. Kolonialismus die primitivere polit. Ordnungsform der einheim. Bevölkerung überlagert wurde, bis die Entkolonialisierung den Weg für autonome S.sgründung frei machte.
Die Entstehung von S.en ist heute nur noch durch eine Neugruppierung bisheriger staatl. Einheiten möglich: Zerfall eines S.s (*Dismembration;* so Österreich-Ungarn 1918, Pakistan 1971), Bildung neuer S.en aus Teilen anderer Staaten (juristisch gesehen, nicht im historischen Sinn Polen 1919), Vereinigung bisheriger Staaten zu einem neuen S. (Fusion; z. B. das Dt. Reich 1871).
Der Untergang eines S.s beruht auf den gleichen Gründen wie die Neuentstehung. Keinen Rechtsgrund stellt die militär. *Besetzung* oder *Eroberung* dar, umstritten ist die Rechtmäßigkeit einer nach der militär. Niederringung erklärten (Gesamt-) Annexion. Soweit dies in einem Vertrag Niederschlag gefunden hat, werden keine Bedenken zu erheben sein, weil dann formell ein Verzicht vorliegt. Andernfalls kommt es entscheidend auf den konkreten Sachverhalt an. Ferner geht ein Staat als Rechtsperson nicht durch einen Wechsel seiner S.sform, durch revolutionäre Umgestaltung oder sonstigen Wechsel seines Regimes unter. Derartige Ereignisse können zwar das Ende der Verfassungsordnung bedeuten, lassen aber vor allem im zwischenstaatl. Bereich die Rechtssubjektivität des S.s unberührt (Kontinuität wurde selbst bei dem Wechsel vom zarist. zum sowjet. S. 1917 angenommen, daher Haftung der Sowjetunion für Schulden des zarist. Rußlands). Bei einem nur geringe Zeit andauernden Bruch der Selbständigkeit wird Fortbestand des S.s angenommen (Österreich 1938–1945, Polen im 2. Weltkrieg). – 📖4.1.2.
2. *Zoologie:* eine geordnete u. über eine längere Zeit hinweg bestehende Ansammlung von tier. Individuen gleicher Art, die in Nestern oder Bauten ein geordnetes u. oft hochorganisiertes Leben unter Einteilung in verschiedene soziale Kategorien („Kasten": Arbeiter, Soldaten, König[in]) führen. →soziale Insekten.
staatenbildende Insekten →Staat, →soziale Insekten.
Staatenbund, völkerrechtl. Verbindung von (souveränen) Staaten zur gemeinsamen Bewältigung bestimmter Aufgaben. Ob der S. eigene Organe besitzt u. ob er Verträge mit anderen Staaten schließen kann, bestimmt sich nach dem Gründungsakt (völkerrechtl. Vertrag). Oft ist der S. nur die Vorstufe zum →Bundesstaat, so in der Schweiz (bis 1848), den USA (1778–1787), Dtschld. (Deutscher Bund 1815–1866). Als S. wird heute auch das (brit.) Commonwealth of Nations bezeichnet, wobei die Entwicklung von der engeren zur loseren Bindung verläuft. Keinen S. stellen gemeinsame Mitgliedschaften in internationalen Organisationen dar, auch nicht, wenn sie Integrationseigenschaften haben (daher sind die NATO, die EG u. ä. kein S., wenn auch die EG einem S. allmähl. ähnlicher wird).
Staateninsel, argentin. *Isla de los Estados,* argentin. Insel östl. von Feuerland, durch die Le-Maire-Straße abgetrennt, 1120 m hoch, 541 qkm.
Staatenlose, *Apolide, Apatride,* Personen ohne →Staatsangehörigkeit. Dieser Verlust kann eintreten bei *Ausbürgerung* durch den Heimatstaat, in einigen Rechtsordnungen bei Frauen als Verlust der Staatsangehörigkeit infolge Heirat u. Nichterwerb der Staatsangehörigkeit des Mannes, nach manchen Regelungen bei langem Auslandsaufenthalt ohne Meldung bei der Staatsvertretung, bei Auslandsaufenthalt u. Nichterfüllung der Wehrpflicht, bei Gebietsannexionen, Untergang des Staats ohne Erwerb der neuen Staatsangehörigkeit. Nach Art. 16 GG ist Entzug der dt. Staatsangehörigkeit verboten u. sonstiger Verlust der Staatsangehörigkeit gegen den Willen eines Betroffenen lediglich aufgrund eines Gesetzes gestattet u. nur, wenn der Betroffene dadurch nicht staatenlos wird. Da der Rechtsschutz durch den Heimatstaat vermittelt wird, ist der S. weithin rechtlos, wenn heute auch menschenrechtl. Regelungen unabhängig von der Staatsangehörigkeit gelten. Völkerbund u. UNO haben bes. die Lage der staatenlosen Flüchtlinge durch Zuteilung von Pässen u. a. zu erleichtern versucht.
Staatenstaat, eine meist nur auf das *Osmanische Reich* (Türkei bis 1918) bezogene Bez. für eine Staatenverbindung zwischen einem Oberstaat u. Unterstaaten. Andere Bez. für derartige Abhängigkeitsverhältnisse: →Suzeränität.
Staatensukzessịon, *Staatennachfolge,* die →Rechtsnachfolge eines Staats in Rechte u. Pflichten eines nicht mehr bestehenden (z. B. der Nachfolgestaaten bei der Auflösung Österreich-Ungarns 1918). Die Grundsätze gelten – soweit keine andere vertragl. Abmachung getroffen wird – meist auch für den Hoheitswechsel bei Gebietsabtretungen. Die verfassungsrechtl. Ordnung des neuen Staats findet sofort Anwendung; Zivil- u. Strafrecht bleiben meist bis zur ausdrückl. Außerkraftsetzung in Geltung. Der neue Staat übernimmt die sog. lokalen (radizierten) Schulden, nicht aber die polit. Schulden des alten Staats. Entschädigungspflichten bei Gebietsübergang werden meist vertragl. geregelt. Grundsätzl. erwirbt die Bevölkerung automatisch die Staatsangehörigkeit des neuen Staats, es kann aber auch ein →Optionsrecht vereinbart werden mit oder ohne Verpflichtung zum Verlassen des Gebiets.
Staatenverbindung, Zusammenschluß selbständig bleibender Staaten. Die Verbindung kann auf der Tatsache beruhen, daß ein *Monarch* Staatsoberhaupt in zwei Staaten ist (heute teilweise verfassungsrechtl. verboten), →Personalunion. Ein engerer, auf Dauer berechneter u. durch gemeinsame Einrichtungen unterstützter Zusammenschluß ist die →Realunion, →auch Staatenbund. Verbindungen mit starken Abhängigkeitsverhältnissen sind →Protektorat u. →Staatenstaat; koloniale Abhängigkeitsformen: →Mandatsgebiete, Treuhandverhältnisse. Keine S. sind Völkerbund, Vereinte Nationen, internationale Organisationen, Bündnisse, auch nicht die →Bundesstaaten.
Staatliche Plankommission, oberste Planungsinstanz der DDR; hervorgegangen aus dem 1950 aufgelösten *Planungsministerium;* seit 1958 alleinige Planungsinstanz, deren Verordnungen, Anordnungen u. Weisungen Gesetzeskraft haben.

Vor der Veröffentlichung der Pläne der S.n P. werden diese grundsätzl. mit der sowjet. Wirtschaftsplanung im Rahmen des COMECON abgestimmt.
Staatliches Komitee für Fernsehen beim Ministerrat der DDR, 1968 reorganisierte oberste Fernsehträgerbehörde der DDR, Sitz: Berlin. Ihr untersteht der 2 Programme ausstrahlende *Deutsche Fernsehfunk.*
Staatliches Komitee für Körperkultur und Sport, 1952 gegr. oberste Instanz für alle Gebiete des Sports in der DDR, 1970 zum *Staatssekretariat für Körperkultur und Sport* umgebildet. Es koordiniert alle sportl. Belange und fördert bes. die Bestrebungen des DTSB. Ihm sind u. a. unterstellt: die Dt. Hochschule für Körperkultur, der Sportmedizin. Dienst u. das Wissenschaftl.-Techn. Zentrum Sportbauten/Forschung/Entwicklung/Spezialprojektierung.
Staatliches Komitee für Rundfunk beim Ministerrat der DDR, 1968 reorganisierte oberste Hörfunkträgerbehörde der DDR, Sitz: Berlin. Ihr unterstehen als Programmträger *Radio DDR I* u. *II, Berliner Rundfunk, Stimme der DDR* u. (für Auslandssendungen) *Radio Berlin International.*
Staatliches Komitee für Rundfunk u. Fernsehen beim Ministerrat der UdSSR, staatl. Rundfunkbetrieb der UdSSR mit Hauptsitz u. -funkhaus in Moskau *(Moskauer Rundfunk, Radio Moskau)*; sendet 3 überregionale u. 2 regionale Hörfunkprogramme, ferner ein umfangreiches vielsprachiges Auslandsprogramm u. das sowjetruss. Fernsehen mit einem zentralen I., einem lokalen (Moskauer) II. u. einem III. (Schulfernseh-)Programm. Eigene Rundfunkzentralen haben außer der RSFSR auch die meisten SSR.
Staatsakt, 1. *allg.:* staatl. Veranstaltung von bes. Feierlichkeit *(Nationalfeiertag, Staatsbegräbnis).* **2.** *Recht:* ein bes. bedeutungsvoller Hoheitsakt des Staats (der Gesetzgebung, Verwaltung oder Rechtsprechung). Als *Act of State* wird im angloamerikan. Recht eine Entscheidung oberster Behörden bezeichnet, an die jedes Gericht gebunden ist u. deren Inhalt gerichtlicher Nachprüfung nicht unterliegt.
Staatsangehörigkeit, das formale Rechtsband, das den Bürger mit seinem Heimatstaat verbindet u. das gegenseitige Rechte u. Pflichten begründet (sog. „allg. Gewaltverhältnis" des Staates über die Personen seiner S.). Die S. wird zunächst automatisch mit der *Geburt* erworben. Die nationalen Rechtssysteme kennen hierfür zwei Anknüpfungspunkte: Entweder erhält jeder die S. des Staates, auf dessen Territorium er geboren wird *(Jus soli,* „Recht des Bodens", früher ausschl. in den angloamerikan. Staaten sowie in den typischen Einwanderungsländern gültig), oder er erhält die S. seines Vaters bzw. die seiner Mutter *(Jus sanguinis,* „Abstammungsrecht"). Letzteres gilt insbes. in den kontinentaleurop. Staaten. Manche Länder haben ein gemischtes System eingeführt (sowohl Abstammungs- als auch Territorialprinzip) u. erfassen damit eine Höchstzahl von Personen. Neben diesem automat. Erwerb durch Geburt gibt es noch den Erwerb einer fremden S. durch *Einbürgerung* auf Antrag (mit u. ohne Verlust der bisherigen S.), bei Ehefrauen durch *Heirat* (nicht mehr in allen Staaten), durch Eintritt in fremde Staatsdienste, evtl. auch durch Legitimation als eheliches Kind, Adoption u. a. Durch die Verschiedenheit der S.ssysteme kann der Fall der *doppelten S.* eintreten; so gilt das in Großbritannien geborene Kind eines Deutschen nach dt. S.srecht als deutscher, nach brit. Recht als brit. Staatsangehöriger. Hier handelt es sich um den unechten Fall der doppelten S., doch kann es bei freiwilligem Erwerb einer zusätzlichen S. oder aus anderen Gründen zu einer echten doppelten S. kommen. In solchen Fällen ist jeder Staat berechtigt, die Person als seinen Staatsangehörigen zu behandeln. Im übrigen kann es wegen der Verschiedenheit der nationalen S.sgesetzgebung oder aus Gründen des territorialen Schicksals des Aufenthaltsorts zur *Staatenlosigkeit* kommen (→Staatenlose).
Rechtsgrundlage für die S. in der BRD ist noch immer das *Reichs- u. S.sgesetz* vom 22. 7. 1913 (mit zahlreichen Änderungen) sowie das 1. u. 2. *S.sregelungsgesetz* vom 22. 2. 1955 u. 17. 5. 1956 (letztere behandeln vor allem die Frage der S. der Bewohner der Ostgebiete, der dt. Siedlungen in Europa sowie der in der BRD verbliebenen Österreicher). Art. 116 GG hatte die Gleichstellung der Deutschen angeordnet, die – ohne die dt. S. zu besitzen – dt. Volkszugehörige sind u. in den Gebieten des Deutschen Reichs nach dem Stand vom 31. 12. 1937 Aufnahme gefunden haben. Diese Verfassungsvorschrift behandelt in Abs. 2 die Wiedereinbürgerung der nach 1933 Zwangsausgebürgerten. Gegenwärtig wird eine Erleichterung des Erwerbs der dt. S. für diejenigen ausländ. Arbeiter erwogen, die bereits mehrere Jahre in der BRD ansässig u. als eingegliedert anzusehen sind. – In der DDR ist die S. geregelt durch das Gesetz über die Staatsbürgerschaft der DDR vom 20. 2. 1967.
In Österreich ist die S. grundsätzl. geregelt im Staatsbürgerschaftsgesetz 1965 bzw. im Staatsgrundgesetz über die allg. Rechte des Staatsbürgers (Staatsgrundgesetz 1867). – In der Schweiz sind das Kantonsbürgerrecht u. das Schweizer Bürgerrecht (die beiden Formen der S.) zu unterscheiden; das letztere ist automatisch Folge des ersteren („Jeder Kantonsbürger ist Schweizerbürger", Art. 43 der Bundesverfassung); das Kantonsbürgerrecht seinerseits folgt aus dem Gemeindebürgerrecht (→auch Bürgerrecht). – 🄻 4.1.2.
Staatsanleihe →Staatsschuld.
Staatsanwalt, Beamter des höheren Dienstes bei der *Staatsanwaltschaft,* muß die Befähigung zum Amt eines →Richters haben.
Staatsanwaltschaft, Behörde zur Vertretung der Belange der Allgemeinheit (des Staats) vor Gericht; in der BRD vor allem im →Strafprozeß als *Strafverfolgungs-, Anklage-* u. *Strafvollstrekkungsbehörde* tätig, daneben auch im Zivilprozeß als Klage-, Antrags- bzw. Mitwirkungsberechtigte in Ehe- u. Personenstandssachen sowie im Aufgebotsverfahren bei Verschollenheit u. im Entmündigungsverfahren. Die S. steht in der BRD unter der Aufsicht der Justizministerien u. ist der ordentl. Gerichtsbarkeit angegliedert mit den Stufen der *Bundesanwaltschaft (Generalbundesanwalt, Bundesanwälte* u. *Oberstaatsanwälte)* beim Bundesgerichtshof, der S. beim Oberlandesgericht u. der S. beim Landgericht *(General-, Ober-* u. *Erste Staatsanwälte* sowie *Staatsanwälte)* sowie der *Amtsanwaltschaft (Amtsanwälte)* beim Amtsgericht. Der S. nachgebildet ist die Einrichtung des ständigen Vertreters des öffentl. Interesses in der →Verwaltungsgerichtsbarkeit (→auch Oberbundesanwalt). – In der DDR ist die S. nach sowjet. Vorbild eine selbständige, nur der Regierung unterstehende u. durch ihren Leiter, den gewählten Generalstaatsanwalt, der Volkskammer verantwortliche Oberbehörde, die außer weitreichender Mitwirkung im Zivil- u. Strafverfahren (→Kassation) die Aufgabe hat, zur einheitl. Verwirklichung des sozialist. Rechts über die Einhaltung der Gesetze durch alle Behörden, Organisationen, Betriebe u. Bürger die Aufsicht zu führen.
In Österreich hat jedes Gericht eine S. oder einen staatsanwaltschaftl. Funktionär. Gerichtshöfe erster Instanz (Landes-, Kreisgerichte) haben einen Staatsanwalt, Oberlandesgerichte einen Oberstaatsanwalt, beim Obersten Gerichtshof ist ein Generalprokurator bestellt (§§ 29, 30 StPO). Mitglieder der S. genießen als nichtrichterliche Beamte ebenso wie in der BRD keine richterlichen Unabhängigkeitsrechte. – In der Schweiz gibt es S.en der Kantone u. eine Bundesanwaltschaft; die Rechtsstellung der schweizer. S.en ist grundsätzl. ähnlich wie in der BRD u. Österreich. – 🄻 4.1.7.
Staatsaufsicht, die →Aufsicht (2), die der Staat über öffentl.-rechtl. Körperschaften, Anstalten u. Stiftungen, gemischtwirtschaftl. oder private Unternehmungen u. privatrechtl. Verbände führt. Sie ist in der Regel auf eine Kontrolle der Rechtmäßigkeit *(Rechtsaufsicht)* beschränkt.
Staatsausgaben, die im Haushaltsplan veranschlagten Geldausgaben des Staats. Nach Haushaltsrecht werden sie eingeteilt in: Personalausgaben, sächliche Verwaltungsausgaben, Zinsausgaben, Zuweisungen an Gebietskörperschaften, Zuschüsse an Unternehmen, Tilgungsausgaben, Schuldendiensthilfen, Ausgaben für Investitionen, Darlehen u. Zuführungen an Rücklagen. Unter volkswirtschaftl. Gesichtspunkten kann man *Leistungsentgelte* (Käufe von Gütern u. Dienstleistungen) u. *Transferausgaben* (Subventionen, Unterstützungszahlungen, Zuschüsse zur Sozialversicherung) unterscheiden.
Staatsbank der DDR, Berlin, Zentralnotenbank der DDR, seit 1. 1. 1968 Nachfolgerin der aufgrund des SMAD-Befehls Nr. 122/1948 u. der Anordnung der Dt. Wirtschaftskommission vom 20. 6. 1948 errichteten *Deutschen Notenbank.*
Staatsbanken, staatl. Bankinstitute der Länder, bes. in Bundesstaaten; in der BRD bis 1957 die *Landeszentralbanken,* früher in Preußen die *Seehandlung.*
Staatsbankrott, Erklärung der Zahlungsunfähigkeit des Staats; unterscheidet sich vom strafrechtl. verfolgten privaten Bankrott dadurch, daß der Staat als Nutznießer des S.s straflos ausgeht u. bei der Bevölkerung Enttäuschung u. Ärgernis hervorruft. Beim *direkten S. (offener S., Repudiation)* erklärt der Staat ausdrückl. seine Zahlungsunfähigkeit; häufiger ist aber der *verschleierte* oder *noble S.* durch Abwertung (Währungsreform), Herabsetzung der Zinssätze, Verschiebung der Rückzahlungstermine für Staatsschulden u. a.
Staatsbetriebe = öffentliche Betriebe.
Staatsbibliothek Preußischer Kulturbesitz, nach dem 2. Weltkrieg aus Restbeständen der ehem. →Preußischen Staatsbibliothek erwachsene wissenschaftl. Universalbibliothek. Zuerst als „Hessische Bibliothek", dann als „Westdeutsche Bibliothek" in Marburg an der Lahn; seit 1957 als „Staatsbibliothek" der Stiftung Preuß. Kulturbesitz (bundesunmittelbare Stiftung des öffentl. Rechts) in Westberlin zugehörig. Bestand 1973: rd. 2,3 Mill. Bände, rd. 83 000 Handschriften u. a.
Staatsbürger, jeder Staatsangehörige. Die in Dtschld. nach 1933 eingeführte Scheidung in *Reichsbürger* u. Nur-Staatsangehöriger, die sich gegen die jüdischen Mitbürger richtete, ist 1945 gegenstandslos geworden.
Staatsbürgerkunde, *Sozialkunde,* Lehre von den wechselseitigen Pflichten u. Rechten von Bürger u. Staat; führt in Verfassung, Recht, Gesetzgebung ein. Als Schulfach durch die Reichsverfassung von 1919 aufgenommen, nach dem 2. Weltkrieg als bes. wichtig erkannt u. häufig mit dem Geschichtsunterricht zur *Gemeinschaftskunde* vereinigt.
staatsbürgerliche Rechte, die dem *Staatsbürger* vom Staat garantierte Rechtsstellung, auch gegenüber den Trägern der öffentl. Gewalt, vor allem das Recht zur Mitgestaltung des Staats durch Teilnahme an Wahlen, Abhaltung polit. Versammlungen, Gründung polit. Vereine, Übernahme von Ehrenämtern u. a.
Staatseinnahmen, die im Haushaltsplan veranschlagten Geldeinnahmen des Staats. Nach dem Haushaltsrecht (BHO) werden sie in Steuern, Verwaltungseinnahmen, Einnahmen aus Vermögensveräußerungen, Darlehensrückflüsse, Zuweisungen u. Zuschüsse, Einnahmen aus Krediten, Entnahmen aus Rücklagen u. Münzeinnahmen unterteilt. Nach der Art der Einnahmen werden finanzwissenschaftl. *Erwerbseinkünfte* (Erträge aus öffentl. Betrieben u. Vermögen), *Beiträge, Gebühren, Steuern* (einschl. der *Zölle*) u. *öffentl. Kredite* unterschieden.
Staatselemente →Staat.
Staatsexamen, Prüfung vor einer vom Staat beauftragten Prüfungskommission oder unter der Leitung eines staatl. Prüfungsamts; vorgeschrieben z. B. für Lehrer, Ärzte, Juristen.
Staatsflagge →Nationalflagge.
Staatsformen, Arten der organisatorisch-soziologischen Struktur des Staats. 1. nach der Repräsentanz des Staats *(Staatsoberhaupt)* unterscheidet man *Monarchie* u. *Republik,* wobei alle Nicht-Monarchien Republiken sind, auch Diktaturen.
2. bei der Unterscheidung nach dem Träger der Staatsgewalt versagt die klassische Dreiteilung des *Aristoteles* nach der Herrschaft des einzelnen, mehrerer oder vieler nebst ihren Zerrformen *(Monarchie, Aristokratie, Politeia* [Demokratie] einerseits, *Tyrannis, Oligarchie, Demokratie* [Anarchie] andererseits); Aristoteles bezeichnete die „gute" Volksherrschaft als Politeia, die „entartete" als Demokratie, später ist hier ein Bedeutungswandel eingetreten. Die heutigen Alternativen verfassungsrechtl. Art sind Demokratie oder Nichtdemokratie (Monokratie, Autokratie). Denn es kommt darauf an, ob die Staatsgewalt beim Volk liegt (Demokratie) oder bei Klassen, Ständen, Gruppen, Einheitsparteien oder sogar in der Hand eines einzelnen („Führerstaat").
3. bei den *Regierungsformen* wird unterschieden: *parlamentarisches System* oder keine Abhängigkeit der Regierung vom Vertrauen des Parlaments (das parlamentar. System haben z. B. Großbritannien u. die BRD, nicht dagegen die USA u. die Schweiz). Nach der Organisationsform u. der Stellung des Regierungschefs wird unterschieden zwischen dem sog. *Kanzlersystem* („bestimmt die Richtlinien der Politik") u. dem *Kollegialsystem.*
4. besteht die Unterscheidung zwischen *unitarisch* u. *föderalistisch* organisierten Staaten (→Föderalismus), wobei die Staatsgestaltung Frankreichs, Italiens u. Großbritanniens mehr nach der ersten, diejenige der USA, der großen lateinamerikan.

Staaten, Deutschlands, der Schweiz u. Österreichs mehr nach der zweiten zu tendieren scheint.
5. unter funktionalen Gesichtspunkten hat C. *Schmitt* die Einteilung nach *Gesetzgebungs-, Verwaltungs-* u. *Justizstaaten* vorgeschlagen, was auf eine unterschiedl. Ausprägung bestimmter Staatstätigkeiten hinweist; dabei pflegt die Verwaltungsstaatlichkeit wegen ihrer leichten Dirigierbarkeit das Kennzeichen autoritärer u. totalitärer Systeme zu sein, während der liberale Staat mehr Gesetzgebungsstaat oder kontrollierender Justizstaat ist (auch heute in der BRD der Vorwurf zu starker Justizstaatlichkeit als „Hemmung" der verwaltenden Bürokratie).
6. in gruppensoziolog. Sicht kennzeichnet man Staaten nach den jeweils herrschenden, d.h. im wesentl. auch in den sozialen Prestigeansichten an der Spitze befindl. Gruppen: *Beamtenstaat, Militärstaat, Ständestaat, Parteistaat*, wobei zu beachten ist, daß gerade diese Begriffe oft stark polemischen Charakter haben.
7. nach historisch-polit. Gesichtspunkten läßt sich jedenfalls für Europa in der Neuzeit eine Entwicklung in folgender Richtung feststellen: a) der *absolutistische Staat* (als Wiege des modernen Staats) mit der Ausgestaltung der Bürokratie, der Erweiterung der Staatstätigkeiten, der Entwicklung der militär. Macht, gestützt vornehmlich auf den Adel als privilegierte Schicht; b) nach der Französ. Revolution der Übergang zur *konstitutionellen Monarchie* unter Anerkennung von Gewaltenteilung, beginnender Ausprägung von Grundrechten, was sich mit der Form eines liberalen Rechtsstaats verbinden läßt; c) der *republikanisch-demokratische Verfassungsstaat* moderner Prägung unter Einschluß des →parlamentarischen Systems, der Grundrechte u. der Rechtsstaatlichkeit. Dabei kann sich die Form einer *Diktatur* einschieben, wie sie in Europa nach dem 1. Weltkrieg als Zeichen der Krise der Demokratien (Ausnahme: Großbritannien, Skandinavien, Schweiz) in den verschiedensten Formen verwirklicht wurde (*Mussolini, Hitler*, aber auch *Primo de Rivera, Dollfuß, Pilsudski, Antonescu*). Die Diktatur steht als Bedrohung der Demokratie stets im Hintergrund u. kennzeichnet als Dauereinrichtung bis heute das kommunist. Staatensystem, Jugoslawien teilweise ausgenommen. – 🄻 4.1.2.

Staatsgebiet, der räumliche Herrschaftsbereich eines Staats, auf der Erdoberfläche durch die Grenzen zu anderen Staaten kenntlich gemacht. Zum S. gehört auch der *Boden* (theoretisch bis zum Erdmittelpunkt); hier können sich jedoch bei Bergwerken unter Tage andere Grenzen ergeben als über Tage (Lothringen, niederländ. Grenze). Außerdem gehört die *Luftsäule* über dem Territorium zum S.; daraus folgt der Grundsatz der staatl. *Lufthoheit*, jedenfalls in der Atmosphäre. Bei Küstenstaaten erstreckt sich das S. noch auf das *Meer* hinaus, u. zwar in unterschiedl., von der nationalen Rechtsetzung bestimmter Weite von 3 bis 12sm. Eine verbindl. Festlegung der Weite der Küstengewässer- u. der Anschlußzone besteht nach Völkerrecht nicht. Die Anliegerstaaten haben das Recht, außerhalb dieser Zonen im Bereich des sog. *Festlandsockels* (bis 200 m Meerestiefe) Erdgas u. Erdöl aus dem Meeresboden zu gewinnen. Einzelheiten regelt die Genfer Konvention von 1958 über den Festlandsockel, die auch die BRD sowie alle Nordseestaaten unterzeichnet haben.

Staatsgefährdung, in der BRD als strafbare *Gefährdung des demokrat. Rechtsstaats* gemäß §§ 84–91 StGB geltende Delikte: Organisationsdelikte, die Vorbereitung von Sabotageakten, Störhandlungen gegen lebenswichtige Anlagen u. Einrichtungen, Zersetzung der Bundeswehr u. öffentlicher Sicherheitsorgane, Verunglimpfung des Bundespräsidenten, Beschimpfung der BRD u. Verunglimpfung von Verfassungsorganen. – Entspr. Vorschriften enthalten in Österreich § 246ff. StGB, in der Schweiz Art. 265ff. StGB.

Staatsgeheimnis →Landesverrat.

Staatsgerichtshof, das zur Entscheidung über Fragen des Verfassungsrechts berufene Gericht (→Verfassungsgerichtsbarkeit, →Bundesverfassungsgericht). *S. für das Dt. Reich*, der S. der Weimarer Republik. – In Österreich nimmt die Aufgaben eines S.s der *Verfassungsgerichtshof* wahr (Art. 137ff., insbes. Art. 142ff. des Bundesverfassungsgesetzes u. Verfassungsgerichtshofgesetz von 1953); in der Schweiz ist das Bundesgericht in Lausanne (staatsrechtl. Kammer) gemäß Art. 113 der Bundesverfassung zuständig.

Staatsgewalt, die Zusammenfassung der dem Staat zukommenden Befugnisse u. der Mittel zu ihrer Verwirklichung in den Formen der *Verfassunggebung, Gesetzgebung* u. sonstiger Rechtsetzung, *Regierung, Verwaltung* u. *Rechtsprechung*. Dabei handelt der Staat nicht nur durch die an die Staatsbürger gerichteten Gebote u. Verbote sowie deren notfalls zwangsweise Durchsetzung *(Eingriffsverwaltung)*, sondern auch dadurch, daß er die wirtschaftl. u. überhaupt die menschl. Existenz fördert u. erleichtert *(Daseinsvorsorge)*. Im Rahmen der Verfassung hat er für die entspr. Einrichtungen zu sorgen *(Organisationsrecht)* u. die von der Gesetzgebung verlangten Leistungen zu erbringen. Die Gesetzgebung liegt in den Händen der *Volksvertretung*, die auch die Befolgung überwacht (insofern „Exekutive", ausführende Gewalt). Nach dem Grundsatz der Gesetzmäßigkeit der Verwaltung bedürfen Eingriffe in die Sphäre des Bürgers der gesetzl. Ermächtigung. Das Prinzip der *Rechtsstaatlichkeit* gewährleistet, daß derartige Akte von unabhängigen Gerichten auf ihre Rechtmäßigkeit nachgeprüft u. notfalls aufgehoben werden (Art. 19 Abs. 4 GG).

Staatshaftung, Haftung des Staats (Bund, Land) oder sonstiger öffentl.-rechtl. Körperschaften (z.B. Kreis, Gemeinde) für schuldhafte *Amtspflichtverletzungen*, die einer ihrer Amtsträger (→Beamte im haftungsrechtl. Sinn) Dritten gegenüber in Ausübung des ihm übertragenen öffentl. Amts begangen hat (Art. 34 GG). Die S. tritt an die Stelle der persönl. Haftung des Beamten dem Verletzten gegenüber (→Beamtenhaftung). Klage gegen den Staat nur vor den ordentl. Gerichten. Bei vorsätzl. u. grob fahrlässiger Amtspflichtverletzung kann der Staat gegen den Beamten Rückgriff nehmen. – Grundsätzl. ähnlich in Österreich u. in der Schweiz.

Staatshandbuch, in vielen Staaten ein regelmäßig (meist jährlich) erscheinendes Handbuch, das einen Überblick über den staatl. Verwaltungsaufbau gibt u. die in den einzelnen Verwaltungszweigen beschäftigten Beamten verzeichnet.

Staatshaushalt = Haushalt (1); →auch Haushaltsplan, Finanzkontrolle.

Staatsjugend, allein anerkannte, z.T. in die Staatsorganisation eingegliederte Jugendorganisation (z.B. *HJ, FDJ, Komsomol*) in diktatorisch oder autoritär regierten Staaten.

Staatskabinett →Regierung.

Staatskanzler, Titel der leitenden Minister K. A. Fürst von *Hardenberg* in Preußen (1810–1822) u. K. Fürst von *Metternich* in Österreich (1821 bis 1848); 1919/20 u. April–Nov. 1945 des österr. Regierungschefs (jetzt *Bundeskanzler*).

Staatskapitalismus, eine Wirtschaftsform, bei der der Staat vorwiegend oder ausschl. Eigentümer der Produktionsmittel ist. →auch Kommunismus.

Staatskirche, eine Kirche, die dem Staat im Verhältnis rechtl. Unterordnung eng verbunden ist u. von ihm mit Vorrechten ausgestattet wird. Im weiteren Sinn sind S.n auch solche Kirchen, deren Bekenntnis vom Staat zur Staatsreligion erklärt ist.

Staatskirchenrecht →Kirchenrecht (2).

Staatskommissar, mit der Durchführung besonderer Aufgaben betrauter Beamter, insbes. zur Durchsetzung staatl. Maßnahmen gegenüber nachgeordneten Organen u. Dienststellen. So kann der Staat (das Land) im Rahmen der *Kommunalaufsicht* in bestimmten Fällen (z.B. bei kommunaler Neugliederung für eine Übergangszeit) einen Kommissar bestellen. Dies ist auch möglich im Rahmen des *Bundeszwangs* (Art. 37 GG) bei einem Einschreiten des Bundes gegen ein Land. Auf der obersten Ebene ist kraft Organisationsgewalt oder Gesetz die Einsetzung von Kommissaren für besondere Fachgebiete oder allg. Fragen zulässig. Beispiele aus der Zeit der Weimarer Republik: *Reichskommissar* für die besetzten rheinischen Gebiete, Reichssparkommissar, Reichskommissar für die Preisüberwachung, Reichskommissar für Arbeitsbeschaffung. →auch politische Kommissare.

Staatslehre →Allgemeine Staatslehre.

Staatsminister, 1. Titel der Landesminister in manchen Ländern der BRD (z.B. Bayern u. Hessen); 2. →Minister; 3. →Staatssekretär.

Staatsministerium, früher Bez. für die Regierungen einiger dt. Länder, z.B. *Preußisches S.* Bestimmte Entscheidungen waren der Regierung als solcher vorbehalten, so daß der Fachminister die getroffene Regelung „im Namen des Preuß. S.s" ausführte.

staatsmonopolistischer Kapitalismus, von kommunist. Theoretikern geprägter, auf Gedanken W. I. *Lenins* zurückgehender Begriff, der die gegenwärtige gesellschaftl., wirtschaftl. u. polit. Ordnung der westl. Industrieländer sowie ihre Entwicklungsrichtung bezeichnen soll. Hiernach verschmilzt in diesen Ländern, die die höchste Stufe des modernen Kapitalismus erreicht haben, der „imperialist." Staat mit den wirtschaftl. Monopolen zu einem einzigen Herrschaftsinstrument. Herrschende Klasse ist nach dieser Theorie die Finanz-Oligarchie, die das Ziel verfolgt, die Gesellschaft ihrer absoluten Herrschaft zu unterwerfen u. das gesamte polit. u. wirtschaftl. Leben von einem Machtzentrum aus zu regulieren. →auch Stamokap, Kommunismus, Marxismus, Imperialismus. – 🄻 1.6.2 u. 5.8.2.

Staatsnotstand, das Recht des Staats zu außerordentl. Maßnahmen, falls bes. Umstände die Ordnung u. Sicherheit im Staat oder des Staats in einem solchen Maß gefährden, daß der Einsatz üblicher Mittel (z.B. Polizei) nicht ausreicht. Früher meist als *Ausnahmezustand, Belagerungszustand*, bei bevorstehenden militär. Konflikten auch als *Zustand der drohenden Kriegsgefahr* bezeichnet. In der Weimarer Republik konnte der Reichspräsident aufgrund des Art. 48 der Reichsverfassung *Notverordnungen* erlassen u./oder einen Einsatz der Reichswehr anordnen. Das GG kennt enger u. genauer gefaßte Notstandsermächtigungen seit der Verfassungsänderung vom 30. 5./14. 6. 1968; →Notstand (4). Zur Kontrolle der Bundesregierung im Notstandsfall dient das →Notparlament.

Staatsoberhaupt, als eigentl. Spitze der Exekutive Repräsentant des Staats. Das S. kann entweder eine *Einzelperson* sein – was den Regelfall darstellt – oder ein *Kollegialorgan* (so etwa in der Schweiz der *Bundesrat*, in der DDR der *Staatsrat*, in der Sowjetunion das *Präsidium des Obersten Sowjets*, auch in manchen südamerikan. Staaten insbes. zeitweilig nach Putschen zur Sicherung der Staatsgewalt eine *Militär-Junta*). Bei einer Einzelperson als S. kann es sich um einen *Monarchen* oder um einen republikan. *Präsidenten* handeln. Im ersteren Fall besteht meist Erblichkeit des Amts, wobei die Thronfolge entweder durch Hausrecht (so noch bei den Hohenzollern bis 1918) oder durch Gesetz (so in Großbritannien) geregelt wird. Die Rechtsstellungen des konstitutionellen Monarchen u. des Präsidenten zeigen mit Ausnahme des in einer Monarchie üblichen Zeremoniells kaum mehr wesentl. Unterschiede.
In Staaten mit →Präsidialsystem (z.B. USA) ist das Amt des S.s vereinigt mit dem des Regierungschefs. Die Zuständigkeiten sind entspr. größer, die Amtszeit ist kürzer.
In der BRD u. Österreich ist S. der →Bundespräsident. – In der Schweiz ist der *Bundespräsident* Präsident des Bundesrats u. nimmt die wesentlichen Aufgaben eines S.s wahr. Er ist zugleich Regierungsvorsitzender u. wird für nur 1 Jahr von der *Bundesversammlung* gewählt (Art. 98 der Bundesverfassung).

Staatsorgane, die zur Ausübung der →Staatsgewalt berufenen →Organe des Staats, zu unterscheiden von den sie besetzenden Personen. Als *oberste S.* (auch *Verfassungsorgane*, z.B. Staatsvolk, Parlament, Staatsoberhaupt, Staatsregierung bzw. Staatskabinett, Staatsgerichtshof oder Verfassungsgericht sowie Rechnungskontrollorgane) sind sie von Weisungen anderer S. frei, wenn auch regelmäßig im Rahmen einer →Gewaltenteilung voneinander personell u. sachlich abhängig.

Staatspapiere, Staatsanleihen u. Schatzanweisungen; →auch Staatsschuld.

Staatsparasitismus, Formen von →Parasitismus, bei denen der Wirt ein Tierstaat (Insektenstaat) ist, der in seinen Gliedern geschädigt, aber nicht im ganzen gefährdet wird; z.B. →Symphilie; Sklavenraub von Amazonenameisen; Nahrungsparasitismus von Bienenläusen.

Staatspartei →Deutsche Staatspartei.

Staatsphilosophie, die systemat. Beschäftigung mit den Fragen nach Ursprung, Wesen u. Sinn (Rechtfertigung u. Zweck) sowie der (ethisch) besten Form des →Staats *(Staatstheorien)*, zu unterscheiden von der *Allgemeinen Staatslehre*. Die S. fragt nach dem Seinsgrund des Staats (ontologische Frage) u. entnimmt die Antwort einer bestimmten Auffassung von der Natur des Menschen. Seit *Aristoteles* wird die Staatenbildung aus dem gesellschaftl. Wesen des Menschen (Zoon politikon) abgeleitet u. dem Staat eine gewisse Autarkie zugeschrieben. Die Naturrechtslehren bezeichnen ihn als „societas perfecta", weil der Mensch nur in ihm zur Vollendung seines Wesens gelangen

könne. Die bei *Platon* noch stark metaphysisch-erkenntnistheoretisch gemeinte S. geht bei Aristoteles u. *Cicero* realistischer von Familien u. deren Zusammenschlüssen aus. *Augustinus* legt der staatl. Gemeinschaft die Idee des Friedens u. der aus ihm entspringenden Ordnung zugrunde. *Thomas von Aquin* gibt dieser staatl. Gemeinschaftsordnung als Friedensordnung, die das „bonum commune" im Auge hat, den Vorrang vor den einzelnen Gliedern; doch läßt er den auf Gott ausgerichteten Menschen über den Staat als letzten Endes doch nur ird. Gemeinschaft erhoben sein.
Mit der Idee des Rechtsstaats (J. *Althusius*) u. der (Volks-)Souveränität (J. *Bodin*) wird die Herrschaft der Regierenden als Mandat verstanden, doch zugleich auch die rechtspositivistische Auffassung der Unterwerfung der im Naturzustand freien Individuen unter das staatl. Gesetz – später einziger Maßstab für Recht u. Unrecht – vorbereitet. Für Th. *Hobbes* ist der Staat zur Überwindung des im Naturzustand stattfindenden Kampfs aller gegen alle notwendig. J.-J. *Rousseau* vertritt dagegen die Auffassung, der Staat habe den Menschen in den Naturzustand allg. Freiheit zurückzuführen (Sinn des Gesellschaftsvertrags). I. *Kant* sucht schließl. (abgeleitet aus der Doppelnatur des Menschen als Vernunft- u. Sinnenwesen) durch den Staat die allg. Freiheit (durch Zwangsgesetze) sicherzustellen, während J. G. *Fichte* – diese Beschränkung auf äußerl. Gesetzgebung u. Trennung von der Sittlichkeit (inneres Gesetz) aufhebend – den Staat als Reich der Sittlichkeit bezeichnet. F. W. J. von *Schellings* „Staat als überindividuelles Wesen" u. *Hegels* „Staat als Verkörperung des Volksgeistes", in dem der Mensch seine volle geistige Wirklichkeit erst im Staat findet, führen zur Hypertrophie des Staats über das Individuum. Aus dem Staat, der nur Entfaltung u. Sicherung der freien sittl. Einzelpersönlichkeit zu garantieren u. zu ermöglichen hatte (18. Jh.; *Kant, Schiller*, W. von *Humboldt*), wird der Staat als die „Wirklichkeit der sittl. Idee" selbst, der dem einzelnen keinen selbständigen Eigenwert zuerkennt; der Wille des Staats wird zur obersten Quelle des Rechts (Hegel, J. *Binder*).
Die marxist. S. – will man das Staatsdenken von K. *Marx*, F. *Engels*, W. I. *Lenin* bis zu den Staatstheoretikern der DDR so nennen – ging bei der Gegenüberstellung von Mensch, Klassengesellschaft u. Staat vom Instrumentcharakter des letzteren in der Hand der herrschenden Klasse zur Ausbeutung der unterworfenen aus. Erst die Wirtschaftsplanung u. organisierte Arbeitsteilung der Gegenwart lassen die marxist. S. die notwendige Existenz eines sozialist. Staats für die Epoche des entwickelten Sozialismus annehmen u. das immer wieder behauptete Absterben des Staats umdeuten in wachsende gesellschaftl. Organisiertheit. Dem Recht als „Regulator" kommt damit eine neue, im „Überbau" nicht ganz verständl. Leitfunktion in die „Basis" hinein zu (→Rechtsphilosophie).
Die S. der Gegenwart – eng verbunden mit der Rechtsphilosophie – orientiert sich einerseits an der sozialen Natur des Menschen, sieht aber andererseits das Verhältnis Staat zu Gesellschaft, Staat zu Institutionen, letztlich den Grundrechte garantierenden Staat zwischen Macht u. Recht in einem noch nicht ausgemessenen neuen Spannungsfeld. – 🄻 4.0.1.

Staatspolizei, 1. staatliche (im Unterschied zur kommunalen) Polizei.
2. bes. die →Politische Polizei zur Abwehr von Gefahren für die Verfassungsordnung (→Gestapo). →auch Verfassungsschutz.

Staatspräsident, 1. Staatsoberhaupt in Republiken.
2. in Dtschld. 1919–1934 Bez. für den *Ministerpräsidenten* (Chef der Landesregierung) in Baden, Hessen u. Württemberg, 1947–1953 in (Süd-)Baden u. Württemberg-Hohenzollern.

Staatsquallen, *Röhrenquallen, Siphonophoren, Siphonophora*, eine Ordnung der *Hydrozoen*. Viele Individuen, die durch Knospung aus der ursprüngl. Planula-Larve entstanden sind, bilden einen *Tierstock*, bei dem jedes Einzeltier eine besondere Funktion hat, für die es sich morpholog. anpaßt: Freß-, Wehr- u. Fang- sowie Fortpflanzungsindividuen. Auch die mit Gas gefüllte Schwimmglocke muß als solches angepaßtes Individuum aufgefaßt werden. Die S. treiben meist langsam an oder nahe der Wasseroberfläche dahin, sind zart durchsichtig, oft bunt gefärbt, weisen Biolumineszenz auf. Zu den S. gehören u.a. *Seeblase* u. *Segelqualle*.

Staatsräson [-ræ'zɔ̃; frz.], *Staatsraison*, seit N. *Machiavelli* der Grundsatz, daß die Sicherung des Staats als Machtproduzent u. Machtinstrument oberste Richtschnur polit. Handelns zu sein habe; bes. für Theorie u. Praxis der Staatsführung im 17. u. 18. Jh. von Bedeutung.

Staatsrat, 1. *Anhalt:* 1918–1933 die Landesregierung.
2. *DDR:* seit 1960 kollektives Staatsoberhaupt der DDR (Vors., mehrere Stellvertreter u. Mitglieder, Sekretär); wird von der Volkskammer für 4 Jahre gewählt; nimmt zwischen deren Tagungen auch gesetzgeberische Aufgaben wahr (Art. 66ff. der DDR-Verfassung von 1968).
3. *Frankreich: Conseil d'État*, oberstes Verwaltungsgericht, dessen Entscheidungen im 19. Jh. für das Verwaltungsrecht bestimmend waren u. auch heute für die Auslegung des öffentl. Rechts entscheidend sind. – Das einzelne Mitglied des S.s heißt ebenfalls S. *(Conseiller d'État)*.
4. *Österreich:* von der Provisorischen Nationalversammlung 1918/19 gewähltes Organ, das die Funktion des Staatsoberhaupts ausübte.
5. *Preußen:* 1817–1848 beratendes Organ des preuß. Königs, vor allem zur Begutachtung von Gesetzen; 1920–1933 Vertretung der Provinzen mit Initiativ- u. Vetorecht (Mitglieder wurden von den Provinziallandtagen gewählt), 1933–1945 mit beratenden Funktionen, jedoch ohne Bedeutung.
6. *Schweiz: Conseil d'État*, in den französ. sprechenden Kantonen Freiburg u. Wallis (nicht in den Kantonen Genf u. Waadt) die Kantonalregierung (wie →Regierungsrat in den deutsch sprechenden Kantonen).

Staatsrecht, 1. das vom Staat erlassene Recht im Gegensatz zum *Kirchenrecht* u. *Völkerrecht*.
2. Teil des öffentl. Rechts, umfaßt das eigentl. *Verfassungsrecht* einschl. der *Grundrechte*, wozu noch das *Staatsangehörigkeitsrecht*, die Grundzüge des *öffentl. Dienstrechts*, das *Wahlrecht* u.ä. kommen. – 🄻 4.1.2.

staatsrechtliche Beschwerde, schweizerische Form der →Verfassungsbeschwerde.

Staatsregierung →Regierung.

Staatsreligion, rechtl. bevorzugte oder allein öffentl. zugelassene Religion. Die Religion war S. im alten Orient, in der griech. Polis, im alten Rom, sie ist es weithin in islamischen Ländern u. in Ländern, in denen Schintoismus u. Konfuzianismus herrschen. Das Christentum war S. seit Theodosius d. Gr. (4. Jh.) bis zur Französ. Revolution u. ist es in einigen Ländern – ohne Ausschließung anderer Konfessionen – auch heute noch.

Staatsroman, ein Roman, der auf der Grundlage der Darstellung bestehender oder vergangener Staatsformen eine polit., soziale oder wirtschaftl. Lehre entwickelt oder ein Staatsideal darstellt, meist mit erzieher. Absicht, mit krit. oder lehrhafter Tendenz; in Form einer Utopie oder als *Fürstenspiegel* bes. im Barock gepflegt (Johann Valentin *Andreae* [*1586, †1654], „Reipublicae Christianopolitanae descriptio" 1619). Bekannte S.e sind: Th. More, „Utopia" 1516; F. *Bacon*, „Nova Atlantis" 1627. Andere Romane enthalten teilweise Gedanken eines S.s, z.B. H. J. Ch. von *Grimmelshausens* „Simplicissimus" (im 5. Buch) oder Ph. von *Zesens* „Assenat" 1670. Später wurde der S. oft mit Robinsonaden u. Reisebeschreibungen verbunden, z.B. in J. G. *Schnabels* „Insel Felsenburg" 1731–1743; ferner: H. G. *Wells*, „A Modern Utopia" 1905; C. *Sternheim*, „Europa" 1920; A. *Huxley*, „Brave New World" 1932; E. Jünger, „Heliopolis" 1949; G. *Orwell*, „1984" 1949.

Staatsschuld, *Staatsschulden*, Gesamtheit der Schulden, die der Staat zur Deckung des nicht durch Steuern, Gebühren u.a. gedeckten Bedarfs auf sich genommen hat. Die Forderungen der Gläubiger werden entweder in ein *S.buch* eingetragen, meist aber bekommen die Gläubiger Schuldverschreibungen ausgehändigt. Nach der Laufzeit der Schuldverschreibungen unterscheidet man *Schatzanweisungen* (Schatzwechsel, Schatzscheine, *schwebende S.en* zur Deckung eines vorübergehenden Bedarfs) u. *Staatsanleihen (fundierte, konsolidierte S.en*; zur Deckung langfristigen Bedarfs; können als Renten- oder Tilgungsschulden begeben werden). – 🄻 4.7.0.

Staatsschuldbuch, öffentl. Register, in dem Darlehensforderungen an die öffentl. Hand, über die keine Schuldverschreibungen ausgestellt sind, beurkundet werden. Das S. wird von der *Staatsschuldenverwaltung* (in der BRD: *Bundesschuldenverwaltung*) geführt.

Staatssekretär, in mehreren Ländern gebräuchl. Titel eines hohen Beamten mit unterschiedl. Rechtsstellung. In Deutschland war der S. 1871–1918 der Leiter einer obersten Reichsbehörde (z.B. des Auswärtigen Amts, des Reichskolonialamts) unter dem Reichskanzler. Seit 1919 ist der S. der oberste Beamte eines Ministeriums u. Vertreter des Ministers im Reich (bzw. Bund) u. in den Ländern. In Bayern sind die S.e im Gegensatz zum Bund u. zu den übrigen Bundesländern Kabinettsmitglieder. Der Parlamentarische S. (BRD: seit 1967) ist ein nichtbeamteter, einem Bundes-Min. beigegebener Abg. des Bundestags (u.U. mit Titel *Staatsminister*), der hauptsächl. die Aufgabe hat, den Min. im Parlament zu vertreten. – In Österreich war S. 1918–1920 u. 1945 die Bez. für die Mitglieder der Bundesregierung; jetzt ist der S. weisungsgebundener Beamter eines Ministeriums. – In Großbritannien führen einige Kabinettsmitglieder den Titel S. *(Secretary of State)*, in den USA der Außen-Min.

Staatssekretariat für Körperkultur und Sport →Staatliches Komitee für Körperkultur und Sport.

Staatsservituten, *Staatsdienstbarkeiten*, Beschränkungen der Gebietshoheit des Staats durch die Duldung der Ausübung fremder Staatshoheit oder das Verbot eigener Hoheitsausübung auf eigenem Staatsgebiet. Der Begriff *Servitut* ist dem Sachenrecht des Zivilrechts entlehnt (vgl. BGB, 3. Buch) u. entspricht insofern der Auffassung vom *Patrimonialstaat* (Staatsgewalt als Ausfluß der Grundherrschaft), nicht aber mehr der heutigen Staatsauffassung.

Staatssicherheitsbehörden der UdSSR, die heute als *Komitee für Staatssicherheit* (russ. Abk. *KGB*) bezeichnete Staatsschutzorganisation u. die ihr unterstellte Geheimpolizei der Sowjetunion, die in Sowjetrußland bzw. der UdSSR seit Dez. 1917 unter verschiedenen Namen, mit sehr unterschiedl. Machtbefugnissen u. in wechselnden Organisationsformen bestehen.
Der Rat der Volkskommissare (Sowjetregierung) beschloß am 20. 12. 1917 die Gründung der *Außerordentl. Kommission* (russ. Abk. *Tscheka*) zur Bekämpfung von Konterrevolutionären u. Saboteuren. Die Tscheka war ursprüngl. nur für Voruntersuchungen, nicht aber für Aburteilungen u. Urteilsvollstreckungen zuständig. Hierzu wurde die nun als *Allrussische Außerordentl. Kommission* (russ. Abk. *Wetscheka*) bezeichnete Organisation am 26. 9. 1918 ermächtigt. An ihre Stelle trat die *Staatl. Polit. Verwaltung* (russ. Abk. *GPU*); ein Teil der Befugnisse der Wetscheka wurde den ordentl. Gerichten übertragen. Nach der Bildung der Sowjetunion im Dez. 1922 wurde aus der GPU die *Vereinigte GPU* (russ. Abk. *OGPU*).
Ab Mitte der 1920er Jahre begann J. W. Stalin, die S. zu einem besonderen Machtmittel in seiner Hand umzuwandeln; er bediente sich der S. insbes. in den Fraktionskämpfen innerhalb der sowjet. KP. 1934 wurde die OGPU mit dem *Volkskommissariat* (Ministerium) *für Innere Angelegenheiten* (russ. Abk. *NKWD*) vereinigt. Von nun an konnte die Geheimpolizei das gesamte gesellschaftl. u. polit. Leben der UdSSR bis ins einzelne kontrollieren. Das sog. *Besondere Kollegium* des NKWD erhielt das Recht, in schriftl. Geheimverfahren, gegen deren Entscheidungen es keinerlei Rechtsmittel gab, Strafen bis zu 5 Jahren Zwangsarbeitslager (später mit unbegrenzter Verlängerung) sowie Verbannungen innerhalb der UdSSR u. Ausweisungen aus der UdSSR anzuordnen. In den Jahren 1935–1938 steigerte sich dieser Terror auf seinen Höhepunkt (Große Säuberung). Die Moskauer Prozesse gegen führende alte Bolschewiki u. Generäle der Roten Armee wurden von den S. vorbereitet; die gleichzeitig ablaufenden Massenverhaftungen u. -hinrichtungen wurden von den S. selbst durchgeführt.
Im Febr. 1941 wurden die S. wieder aus dem NKWD ausgegliedert u. zu einem selbständigen *Volkskommissariat* (Ministerium) für *Staatssicherheit* (russ. Abk. *NKGB*) gemacht. Im Juli 1941 wurden beide Volkskommissariate wieder im NKWD zusammengefaßt; im Jahr 1943 erfolgte eine erneute Aufgliederung in NKWD, NKGB u. eine besondere Organisation *Tod den Spionen* (russische Abkürzung *Smersch*). 1946 wurden alle Sicherheits- u. Abwehrzuständigkeiten dem *Ministerium für Staatssicherheit* (russ. Abk. *MGB*) übertragen.
Noch im März 1953 vereinigten seine Nachfolger das MGB mit dem *Innenministerium* (russ. Abk. *MWD*). 1954 wurden die S. wieder aus dem MWD

herausgenommen u. einem neugeschaffenen Komitee für Staatssicherheit (russ. Abk. *KGB*) unterstellt. Das KGB u. die ihm unterstellten Organe dürfen keine Urteile fällen; hierfür sind heute nur noch die ordentl. Gerichte zuständig. Fast alle Zwangsarbeitslager, in denen in der Stalin-Zeit wahrscheinl. über 15 Mill. Sowjetbürger den Tod gefunden hatten, wurden nach 1953 aufgelöst; die restl. Lager wurden umorganisiert. Die polit. Häftlinge wurden größtenteils entlassen. Ende der 1950er Jahre erhielt das KGB wieder etwas größere Befugnisse. Es bereitete in den 1960er Jahren Prozesse gegen Intellektuelle vor, die dann zwar vor ordentl. Gerichten, aber oft unter Ausschluß der Öffentlichkeit u. unter Verletzung strafprozeßrechtl. Vorschriften durchgeführt wurden. – Dem KGB unterstehen auch die Grenzschutzorgane der UdSSR. – ▯ 5.8.7.
Staatssicherheitsdienst, Abk. *SSD,* die polit. Polizei der DDR; oberste Behörde 1950–1953 u. wieder seit 1955 ist das *Ministerium für Staatssicherheit.* Leiter waren 1950–1953 W. *Zaisser,* 1953–1957 E. *Wollweber,* seit 1957 E. *Mielke.* Der SSD hat sämtl. Lebensbereiche der DDR gegen „staatsgefährdende" Regungen geheimpolizeil. zu sichern u. außerdem Spionage in der BRD u. den übrigen westl. Ländern zu organisieren.
Staatssozialismus, sozialpolit. Lehre, nach der dem Staat die Aufgabe zukommt, soziale Übelstände u. Spannungen zu beseitigen; wurde insbes. von J. C. *Rodbertus-Jagetzow* u. Adolph *Wagner* vertreten.
Staatsstreich, frz. *coup d'état,* der von dem Inhaber der Staatsgewalt oder von Trägern staatl. Funktionen, insbes. höheren Offizieren, unternommene gewaltsame Umsturz mit dem Ziel der Errichtung eines eigenen, meist autoritären oder diktatorialen Systems. Der S. unterscheidet sich von der →Revolution dadurch, daß nicht außerhalb des Staatsapparats stehende Gruppen revoltieren, sondern Mitträger der staatl. Verantwortung. Geschichtl. Beispiel: *Napoléon Bonaparte* 1799, heutige Beispiele: die Umstürze von Militärgruppen 1967 in Griechenland, 1973 in Chile.
Staatstrauer, die meist anläßlich des Todes des Staatsoberhaupts, fremder Staatsoberhäupter, verdienter Staatsmänner u. a. von den Behörden angeordnete Trauer mit unterschiedl. Zeremoniell u. von unterschiedl. Dauer.
Staatsverbrechen, strafbare Handlungen gegen den Staat u. die Ausübung der Staatsgewalt, bes. →Friedensverrat, →Hochverrat, →Landesverrat, →Staatsgefährdung, →Wahldelikte u. Delikte gegen das Parlament (→Parlamentsnötigung).
Staatsverfassung, *Staatsgrundgesetz,* die →Verfassung eines Staats, in der BRD das →Grundgesetz.
Staatsvermögen, Gesamtheit der dem Staat oder seinen Verbänden gehörigen bewegl. u. unbewegl. Sachen. Man unterscheidet: 1. *Finanzvermögen* (z. B. staatl. Betriebe, Kapitalbeteiligungen), 2. *Verwaltungsvermögen* (z. B. Amtsgebäude), 3. *Sachen in Gemeingebrauch* (z. B. Straßen, Autobahnen, Wasserstraßen).
Staatsvertrag, 1. *Rechtsphilosophie:* die von vielen Vertretern der Staatstheorie angenommene Grundlage u. Rechtfertigung des Bestehens von Staaten, im einzelnen als Vertrag zwischen den sich zum Staat zusammenschließenden Staatsbürgern (S. i. e. S., *Vereinigungsvertrag,* lat. *pactum unionis; Althusius, Grotius, Hobbes, Pufendorf, Kant, Locke, Rousseau;* →auch Gesellschaftsvertrag), zwischen diesen u. dem Herrscher (*Herrschaftsvertrag, Unterwerfungsvertrag,* lat. *pactum subjectionis;* außer den vorigen auch *Thomas von Aquin, Marsilius von Padua*) oder über eine bestimmte Staatsform (*Verfassungsvertrag,* lat. *pactum constitutionis; Pufendorf*).
2. *Völkerrecht:* zwei- oder mehrseitiger völkerrechtl. Vertrag. Obwohl jeder Vertrag im völkerrechtl. Sinn ein S. ist, wird der Begriff S. mitunter für bes. wichtige, etwa die polit. Situation ändernde Verträge verwendet, z. B. der Österreichische S. mit der Sowjetunion, Großbritannien, Frankreich u. den USA vom 15. 5. 1955, →Österreich (Geschichte). Zum Vertragsabschluß →Ratifikation.
Staatsvolk, eines der drei *Staatselemente,* 1. im allg. Sinn die Gesamtheit der Staatsangehörigen eines Staats, d. h. die Bevölkerung eines Staats unter Ausschluß der fremden Staatsangehörigen u. der Staatenlosen; 2. im verfassungsrechtl.-organisatorischen Sinn die wahlberechtigten Staatsangehörigen, weil nur sie an den polit. Entscheidungen teilnehmen; 3. im ethnisch-polit. Sinn bei Vielvölkerstaaten oder Staaten mit andersvölkischen Minderheiten die den Staat tragende ethnische Gruppe bzw. die tragenden Gruppen (Deutsche u. Ungarn in Österreich-Ungarn bis 1918, Tschechen u. Slowaken in der Tschechoslowakei). 4. im geschichtsphilosoph. Sinn Völker, die früh zur eigenen dauerhaften Staatsbildung gekommen sind („staatsbegabte" Völker, im Gegensatz zu den Völkern, die sich spät staatl. organisierten u. deren Staatsschöpfungen keinen Bestand hatten („Staatsnationen" u. „Kulturnationen").
Staatswald, der im Eigentum des Staats stehende Wald. In der BRD sind 42,8% (2 219 700 ha) der Waldfläche S.; obwohl bei seiner Bewirtschaftung allg. kulturelle Belange (sog. *Wohlfahrtswirkungen*) an erster Stelle stehen, ist durchschnittl. die Holzproduktion je Flächeneinheit im S. am höchsten.
Staatswappen →Wappen.
Staatswirtschaftslehre = Finanzwissenschaft.
Staatswissenschaften, früher die Gesamtheit der Wissenschaftszweige, die sich mit dem Staat beschäftigen: Staats-, Verwaltungs-, Völker- u. Finanzrecht, polit. Soziologie, Politik, Nationalökonomie, Finanzwissenschaft, Völkerkunde, Völkerpsychologie. Heute wird der Begriff S. auf die wirtschafts- u. allenfalls die sozialwissenschaftl. Betrachtungsweise beschränkt. Bei der Bez. Rechts- u. Staatswissenschaftliche Fakultät bedeutet „staatswissenschaftlich" die volkswirtschaftliche Sparte.
Stab, 1. *Baukunst u. Möbelbau:* schmale, oft ornamentale Zierleiste, z. B. Rund-, Eier-, Viertel-, Perl-S.
2. *Baustatik:* Bauteil eines Tragwerks, dessen Querschnittsabmessungen im Verhältnis zur Länge der S.achse klein sind.
3. *Geschichte:* Abzeichen von Würdenträgern, Symbol ihrer Herrschergewalt, z. B. Königs-S. (*Zepter*), Marschall-S., Bischofs-S.
4. *Militär:* das Hilfspersonal der *Kommandeure* vom Bataillon aufwärts.
Stabat mater, *Stabat mater dolorosa* [lat., „es stand die schmerzensreiche Mutter"], mittelalterl. Marienlied, als Sequenz in der Meßliturgie der röm.-kath. Kirche zum Fest der Sieben Schmerzen Mariä gesungen, als Kirchenlied vielfach umgeformt. Oft vertont, u. a. von G. P. da Palestrina, G. B. Pergolesi, J. Haydn, G. Rossini, G. Verdi, A. Dvořák.
Stabbau →Fachwerk.
Stäbchen, lichtempfindliche Sinneszellen in der Netzhaut (*Retina*) höherer Tiere, die zum Sehen in Graustufen dienen. Sie sind viel lichtempfindlicher als die für das Farbensehen (→Farbensinn) zuständigen Zapfen. Tiere mit reiner S.retina (Fledermaus, Katzen) können nur Helligkeiten (keine Farben) unterscheiden. S. sind bes. für die Dämmerungs- u. Nachtsehen geeignet. Schon einzelne Lichtquanten lösen einen Reiz aus, u. auch spontane Vorgänge innerhalb der Rezeptoren können Aktivitäten hervorrufen. Damit keine Zufallserscheinungen gemessen werden, sind mehrere S. zusammen an eine Ganglienzelle gekoppelt. Von dort wird nur die Information weitergeleitet. →auch Auge, Lichtsinnesorgane.
Stäbchenbakterien, stäbchenförmige *Bakterien,* kommen in vielen Bakterienordnungen vor; S. i. e. S. = Bazillen.
Staberl, Figur der Wiener Lokalposse, 1813 von A. *Bäuerle* eingeführt u. von I. *Schuster* kreiert; Kleinbürger voller Mutterwitz u. grotesker Komik.
Stabheuschrecke, *Gewöhnl. S., Carausius morosus,* eine ind. Gespenstheuschrecke, wird in Europa in großen Mengen als Versuchstier an Efeu, Rosenblättern, Tradescantia u. a. gezogen. Hierbei treten in vielen Generationen hintereinander nur Weibchen auf, die sich durch Jungfernzeugung fortpflanzen (1 Männchen auf etwa 1000 Weibchen). 5 Larvenstadien, deren Dauer in Temperaturabhängigkeit je 9–74 Tage betragen kann. Bei Berührung verfällt die S. leicht in einen Starrezustand (*Akinese, Thanatose*), wobei sie einen Ast vortäuschen kann (*Phytomimese* = *Mimese*). Im Mittelmeergebiet kommt die S. *Bacillus rossii* vor.
Stabhochsprung, leichtathlet. Sprungübung, die mit Hilfe eines Sprungstabs ausgeführt wird; aus dem schon in der Antike üblichen Gebrauch eines Stabs (oft des Speers) zum Überwinden von Gräben oder Hindernissen u. zum Aufspringen aufs Pferd entwickelt. J. Ch. F. *Guts Muths* u. F. L. *Jahn* nahmen das Springen mit dem Stab (ohne Wettkampfwertung) in ihre Leibesübungsprogramme auf; der erste Wettbewerb fand 1866 in Großbritannien statt; olymp. Disziplin ist der S. seit 1896.
Die Sprunganlage besteht aus der Anlaufbahn, den Sprungständern mit Latte, dem →Einstichkasten u. dem Sprunghügel aus Kunststoffmaterial. Die Sprungstäbe sind aus Bambusrohr, Stahl, Leichtmetall oder – seit 1961 – aus Glasfiber (→Glasfaser) hergestellt; für die Länge (meist 4–5 m), die Stärke u. das Gewicht (ca. 3 kg) bestehen keine Vorschriften. Der heute ausschl. verwendete Glasfiberstab ermöglicht durch seine „Katapultwirkung" Sprunghöhen von über 5 m. – ▯ →Leichtathletik.
stabil [lat.], standfest, dauerhaft. →auch Gleichgewicht.
Stabile [das; lat.], das unbewegl. Gegenstück zu der von A. *Calder* entwickelten Form der mehrgliederigen, durch Luftdynamik bewegten Metallplastik (→Mobile).
Stabilisator [der; lat.], **1.** *Chemie:* ein Stoff, der einem anderen Stoff zur Erhöhung seiner chem. Beständigkeit zugesetzt wird. Eine Zersetzung verhindert oder verlangsamt. So kann z. B. durch Zusatz eines S.s die Polymerisation (sofern die Stoffe dazu neigen) verhindert oder die Zersetzung von Sprengstoffen vermieden werden.
2. *Schiffbau:* →Stabilisierungsflossen.
Stabilisierung, im Währungswesen die Erzielung eines von Schwankungen freien Geldwerts (*Geldwert-Stabilität*) durch Herstellung einer festen Wertrelation zu Gold oder einer festen (harten, auf Goldbasis beruhenden) ausländ. Währung oder durch geldpolit. Maßnahmen. Die S. der Konjunktur (*Konjunktur-Stabilität*) verlangt der Anpassung der Wechselkurse an die Kaufkraftparitäten; damit schließt die Konjunktur-S. die Geldwert-S. aus u. umgekehrt.
Stabilisierungsflossen, *Stabilisatoren,* bei großen Fahrgast-, Fähr- u. Containerschiffen eingebaute Schlingerdämpfungsanlage; auf beiden Schiffsseiten werden einziehbare Stummelflügel (Flossen, bis 3 m tief u. 4 m lang) im Gegentakt so bewegt, daß sie der Schlingerbewegung des Schiffs entgegenwirken u. sie fast ganz unterdrücken. →auch schlingern.
Stabilität, 1. *Geologie:* die Widerstandsfähigkeit von Gesteinskörpern gegen tekton. Druck; der erstarrte, konsolidierte Zustand von Erdkrustenteilen, in denen geotekton. Gleichgewicht herrscht.
2. *Mechanik:* Standfestigkeit; Beharrungsvermögen eines Körpers oder eines Systems in seinem augenblickl. Zustand; z. B. S. eines stehenden Körpers, eines Atoms gegen radioaktiven Zerfall. →auch Gleichgewicht.
3. *Schiffahrt:* die S. der aufrechten Schwimmlage. Ein Maß dafür ist die Höhe des →Metazentrums über dem Schwerpunkt.
4. *Wirtschaft:* →Stabilisierung, →Stabilitätsgesetz.
Stabilitätsgesetz, Gesetz zur Förderung der Stabilität und des Wachstums der Wirtschaft vom 8. 6. 1967, ein Gesetz, durch das in der BRD die gesetzl. Voraussetzungen für rechtzeitige u. geeignete Stabilisierungsmaßnahmen, insbes. der Finanzpolitik

Stabheuschrecke, Bacillus rossii; frißt nach der Häutung ihre Haut auf

Stachelhäuter

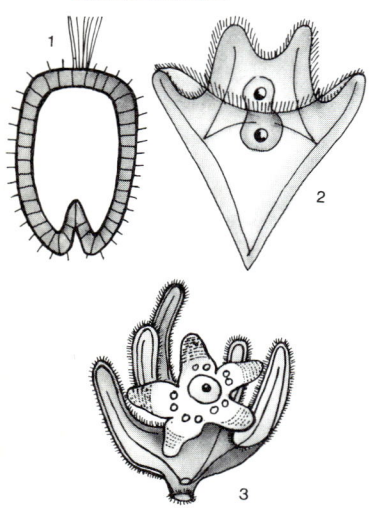

Entwicklung der Stachelhäuter: Aus der bewimperten Gastrula wird die gleichseitig-symmetrische Larve (z. B. Pluteus-Larve) und aus ihr wiederum die radiärsymmetrische Imago

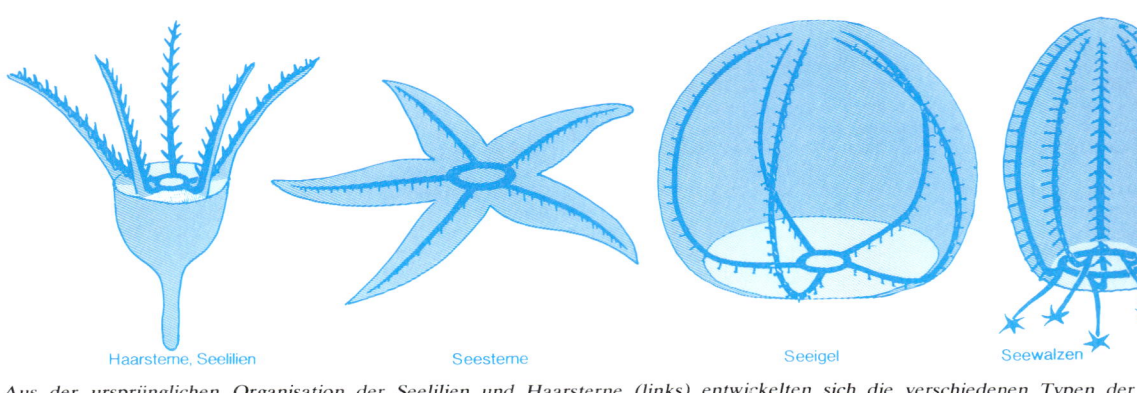

Aus der ursprünglichen Organisation der Seelilien und Haarsterne (links) entwickelten sich die verschiedenen Typen der Stachelhäuter. Wassergefäßsystem hier blau

Haarstern, Antedon spec.

Haarstern, Heterometra spec.; Indischer Ozean

STACHELHÄUTER

Schwarze Seegurke, Halodeima atra, getarnt mit Seegras und Schlangenstern-Skeletteilen

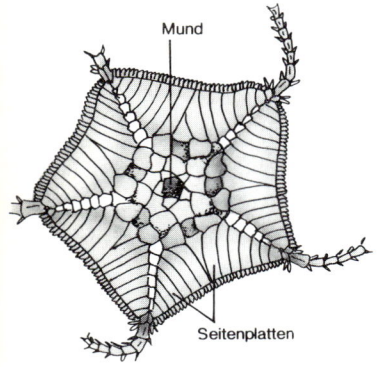

Seelilie, Schema

Fossile Seelilie, Encrinus liliiformis, aus dem oberen Muschelkalk (Trias)

Schlangenstern, Mundregion

Schlangenstern, Ophioderma spec.

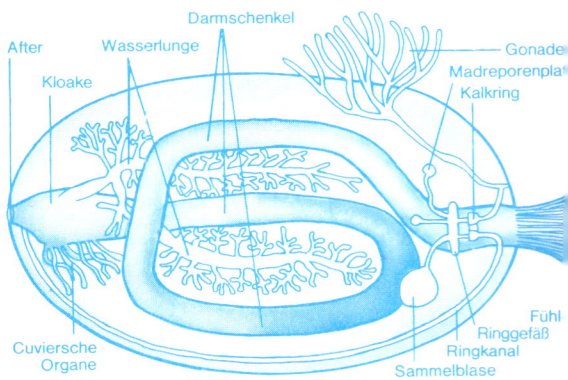

Seegurke, Längsschnitt

Stachelhäuter

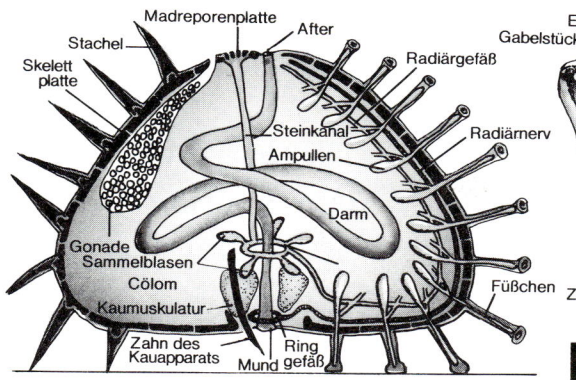

Eßbarer Seeigel, Echinus esculentus

Seeigel, Längsschnitt (links). – Kieferapparat, sog. „Laterne des Aristoteles" (Mitte). – Einzelner Kiefer (rechts)

Gestrandeter Sanddollar, Clypeaster humilis; Rotes Meer (links). – Tripneustes gratilla, aus dem Pazifik, kann auch Menschen mit Giftzangen empfindlich verletzen (rechts)

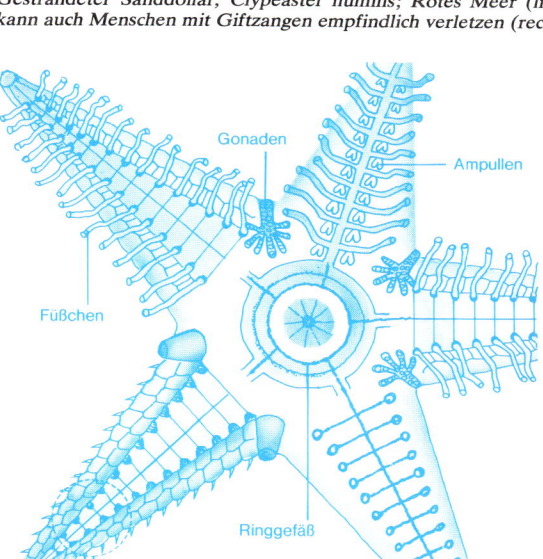

Griffelseeigel, Heterocentrotus mammillatus; Indischer und Pazifischer Ozean

Seestern, Bauplan

Helle Farbvariante des Stachelseesterns, Acanthaster planci, der Riffkorallen zerstört

Blauer Seestern, Linckia laerigata

Kissenseesterne, Oreasteridae: Protoreaster lincki

Culcita schmideliana; Indischer Ozean

Stabkirche von Heddal; um 1250

(z. B. Ausgabenvariationen, steuerl. Maßnahmen), geschaffen wurden.
Stabilitätszuschlag, Zuschlag zur Einkommen- u. Körperschaftsteuer in der BRD vom 1. 7. 1973 bis zum 30. 6. 1974; bemaß sich nach der Steuerschuld u. war von 0,5 bis 10% gestaffelt. Der S. wurde nur erhoben, wenn die Steuerschuld 5887 DM oder mehr (bei Ledigen) bzw. 11774 DM oder mehr (bei Verheirateten) betrug. Das Aufkommen aus dem S. wurde als Konjunkturausgleichsrücklage bei der Dt. Bundesbank stillgelegt.
Stabkirchen, Kirchen in nordgerman. Holzbauart, bes. in Norwegen verbreitet, u. a. in Urnes (11. Jh.), Borgund (12. Jh.), Hitterdal (14. Jh.); bestehen aus einem rechteckigen Hauptraum mit hohen, aus senkrechten Pfosten (Stäben) gefügten Wänden u. steilem Satteldach, auf dem sich übereinander weitere kleinere Dächer erheben. – ▣ →auch skandinavische Kunst.
Stäbli, Adolf, schweizer. Maler, *31. 5. 1842 Winterthur, †21. 9. 1901 München; Schüler von R. *Koller* u. W. *Schirmer,* seit 1868 in München. Vertreter einer dem Stil H. *Thomas* verwandten spätromant. Landschaftsmalerei.
Stabliniensystem, eine Form der Betriebsorganisation, die eine Mischung aus dem *Liniensystem* u. dem *Funktionalsystem* darstellt. Im Grundsatz bleibt das Liniensystem erhalten, jedoch treten neben die höheren Vorgesetzten *Stabsstellen* zu ihrer Entlastung. Den Stabsstellen werden bestimmte Funktionen zugewiesen. →auch Organisation.
Stabpuppen, *Stockpuppen,* aus dem javan. *Wajang-golek* entwickelte Spielfiguren, deren Kopf u. Hände mit Stäben, die durch ein Puppenkleid verdeckt sind, bewegt werden.
Stabrätsel, mit Buchstaben versehene waagrechte u. senkrechte Stäbe, die so vertauscht werden sollen, daß ein Spruch entsteht.
Stabreim, *Alliteration,* die Übereinstimmung der Anfangslaute zweier oder mehrerer betonter Silben (z. B. Kind u. Kegel, Haus u. Hof). Alle Konsonanten sowie die Verbindungen st, sp, sk „staben" jeweils nur mit sich selbst, alle anlautenden Vokale „staben" auch untereinander. Ein S. schafft Sinneinheiten, hebt bedeutungsschwere Wörter hervor u. dient als Gedächtnisstütze; er ist das älteste Formprinzip der altgerman. Dichtung *(Stabreimvers).* Seit dem 9. Jh. wurde er vom *Endreim* verdrängt. In neuerer Dichtung wird der S. nur noch gelegentl. angewandt (R. Wagners „Ring des Nibelungen"); heute oft in Buchtiteln u.ä. („Götter, Gräber u. Gelehrte").
Stabreimvers, *Alliterationsvers,* der Vers der altgerman. Dichtung: ein *Langvers,* dessen An- u. Abvers durch einen *Stabreim* zusammengehalten werden. Der Anvers stabt gewöhnl. auf den beiden Hebungen *(Stollen),* der Abvers nur auf der 1. Hebung (der Hauptstab). Die Anzahl der Senkungen ist beliebig. Der S. kann gelegentl. über das übl. Maß hinaus durch *Schwellvers* erweitert werden. Er findet sich im Hildebrandslied, im Heliand, in der altsächs. Genesis, der Edda, der Skaldendichtung u. im Beowulf; im 19. Jh. wiederaufgenommen von F. de la Motte *Fouqué,* W. *Jordan,* R. *Wagner.*
Stabsichtigkeit = Astigmatismus.

Stabsoffizier, Offizier in der Dienstgradgruppe der S.e mit den Dienstgraden (von oben nach unten): *Oberst, Oberstleutnant, Major.*
Stabstahl, warmgewalzter Flußstahl verschiedener Querschnitte (T, Z, L, rund, vierkant, sechskant, halbrund u.a.).
Stabwanze, *Ranatra linearis,* bis 40 mm lange, gelbbraun u. rot gezeichnete *Wasserwanze* mit stabförmigem Körper u. langem Atemrohr am Hinterleibsende; lauernder Räuber mitteleurop. Gewässer. Die Vorderbeine sind zu taschenmesserartig einklappbaren Raubbeinen umgebildet.
Stabwerk, Gesamtzahl aller Pfosten eines got. Maßwerkfensters.
Stabziehen, Arbeitsvorgang bei der Fertigung von Metallen in Stabform. Vorgewalzte Stangen werden durch Düsen gezogen u. dadurch im Querschnitt verändert.
staccato [ital., „abgerissen"], musikal. Vortragsbez. für eine Spielweise: erfordert kurzen, stoßenden Strich bei Saiten- bzw. Anschlag bei Tasteninstrumenten zur scharfen Absetzung jeder Note; durch Punkt über der Note gekennzeichnet.
Stach, Ilse von, eigentl. *S. von Goltzheim,* Schriftstellerin, *17. 2. 1879 Haus Pröbsting bei Borken, Bez. Kassel, †22. 8. 1941 Münster; Dramen: „Christelflein" (vertont von H. *Pfitzner*) 1906, „Genesius" 1919. Erinnerungen, Lyrik, Roman: „Die Sendlinge von Voghera" 1910.
Stachanow-System [-nɔf-; nach dem sowjet. Bergarbeiter A. G. *Stachanow,* *1905, †1977], in der Sowjetunion 1935 eingeführtes System zur Steigerung der Arbeitsproduktivität: die durch Prämienzahlungen hinaufgeschraubten Spitzenleistungen einzelner *Aktivisten* werden als (die Leistungsfähigkeit der Allgemeinheit übersteigende) „Norm" (Leistungs-Soll) festgelegt; in der DDR (A. *Hennecke,* 1948) übernommen.
Stachel, 1. *Botanik:* Anhangsgebilde der Pflanzen, an dessen Bildung außer der Oberhaut auch tiefere Gewebsschichten beteiligt sind; brechen leicht ab; z. B. bei den Rosen, die keine →Dornen, sondern S.n haben. – ▣ →Blütenpflanzen II.
2. *Zoologie:* tierische S. können sein: stark entwickelte *Haare* (z.B. Igel, Stachelschwein), *Schuppen* (manche Fische), *Hautzähne* (Rochen) oder *Anhänge des Hautskeletts* (Stachelhäuter: Seeigel); der *Wehr-S.* von Hautflüglern ist ein umgewandelter Teil des *Legeapparats* (Lege-S. bei anderen Insekten), kommt daher nur bei Weibchen vor u. ist oft mit Giftdrüsen (z.B. Bienen) verbunden.
Stachelauster, *Spondylus aurantium,* eine Muschel aus dem Verwandtschaftsbereich der Kammuscheln; im Mittelmeer häufig.
Stachelbeerblattwespe, *Nematus ribesii,* eine *Blattwespe,* deren grün-bunte Raupen an Stachel- u. Johannisbeersträuchern durch Blattfraß u. dadurch bewirktes Verdorren der Früchte großen Schaden anrichten können. Jährlich können sich 3–4 Generationen entwickeln.
Stachelbeere, *Ribes uva-crispa,* mit Stacheln bewehrter, zu den *Steinbrechgewächsen* gehörender Strauch mit 3-5lappigen Blättern, grünl. Blüten u. im wilden Zustand kleinen gelben u. behaarten Früchten. Zahlreiche Kulturformen, wobei Farbe u. Größe der Beeren variieren: *Rote Triumphbeere, Maiherzog, Frühe Rote, Rote Eibeere* u.a.
Stachelbeerspanner, *Abraxas grossulariata,* ein *Spanner* mit schwarzer Fleckenzeichnung auf weißgelben Flügeln.
Stacheldraht, Draht, der durch Zusammendrehen von mehreren Eisendrähten hergestellt wird u. in kurzen Abständen kleine, spitze Drahtstücke oder Blechrhomben trägt; als Umfassung von Grundstücken, Weiden, für Verhaue u.ä.
Stachelflosser, *Acanthopterygii,* veraltete Zusammenfassung für höherentwickelte Knochenfische, die vor Rücken- u. Afterflosse, manchmal auch vor der Bauchflosse, stachelartige Hartstrahlen tragen, wie z.B. *Barschfische.*
Stachelgurke, *Echinocystis,* Gattung der *Kürbisgewächse.* In Dtschld. wurde aus Nordamerika eingebürgert die *Gelappte S., Echinocystis lobata,* mit lang bestachelten Früchten u. weißen, zipfligen Blüten.
Stachelhaie, *Acanthodii,* ausgestorbene Untergruppe der →Plattenkiemer.
Stachelhäuter, *Echinodermen, Echinodermata,* sehr alter Stamm meeresbewohnender Tiere mit radialsymmetr. Körperbau, der bei den Larven der heute noch lebenden u. den fossilen Formen der S. noch bilateralsymmetrisch ist. Ihre Haut ist meist mit mehr oder weniger spitzen u. starren Kalkstacheln bedeckt, der Darm ist als kurzer Sack oder gewundener Schlauch ausgebildet. Im Dienst des Stoffwechsels stehen Wanderzellen, die in der schwach eiweißhaltigen Flüssigkeit des Wassergefäßsystems *(Abulakralsystems)* schwimmen. Es steht bei den S.n im Dienst der Fortbewegung. Von dem Ringgefäß, das den Vorderdarm umgreift, gehen 5 Radiärgefäße aus, die ihrerseits Seitenäste entsenden, an denen die Füßchenkanäle ansetzen. Die Füßchenkanäle tragen kontraktile Ampullen u. münden in schwellbare, stark muskulöse Schläuche *(Ambulakralfüßchen)* ein. Diese ragen über die Körperoberfläche hervor u. tragen an ihrem Ende einen Saugnapf. Mit diesem heften sich die Tiere fest u. ziehen durch Verkürzung der Füßchen den Körper vorwärts.
Das *Nervensystem* besteht aus dem Schlundring u. 5 davon ausstrahlenden Nervenstämmen; keine Zentralisierung eines Teils des Nervensystems (kein „Gehirn"); die Tiere sind Reflexautomaten. Die S. umfassen den Unterstamm der *Pelmatozoa* (meist festsitzende Formen), zu denen z. B. die Klasse der *Seelilien (Haarsterne)* gehört, u. den Unterstamm der *Eleutherozoa* mit den Klassen der *Seesterne, Schlangensterne, Seeigel u. Seewalzen;* etwa 4500 heute noch lebende Arten. – ▣ S. 218.
Stacheligel, *Erinaceinae,* Unterfamilie der *Igel,* mit Stachelkleid. Hierher gehören der europ. →Igel, der nordafrikan. *Atelerix algirus,* u. der asiat. *Ohrenigel, Hemiechinus auritus.*
Stachellose Bienen, *Meliponinae,* Stechimmen aus der Gruppe der *sozialen Bienen* in den Tropen Amerikas u. der Alten Welt, denen ein Wehrstachel fehlt u. die wie die →Honigbiene in großen, ähnlich organisierten Staaten leben. Der Honig vieler Arten wird als Nahrungsmittel geerntet.
Stachelmakrelen, *Carangidae,* artenreiche Familie der *Barsche,* über 200 Arten in trop. u. subtrop. Meeren, seit dem Eozän bekannt. Während des Sommers wandern viele Arten nach Norden. Die S. nähren sich von Zooplankton oder kleinen Fischen. Erhebliche wirtschaftl. Bedeutung.
Stachelpilze, *Hydnaceae,* durch Stacheln, Warzen oder zahnförmige Fortsätze an der Hutunterseite gekennzeichnete *Ständerpilze;* die meisten sind ledrig-zäh oder korkartig, nur wenige sind Speisepilze. Im jungen Zustand wohlschmeckend: *Rotgelber Stoppelpilz, Hydnum rufescens; Habichtspilz, Sarodon imbricatus.*
Stachelratte, 1. →Quastenstachler, **2.** →Trugrattenartige.
Stachelrochen, *Stechrochen, Dasyatidae,* Grundfische wärmerer Meere, Kopf in die Brustflossen einbezogen; wenige Hautzähne; meist nachts aktiv, graben sich in Sand ein, wo Badende auf den gesägten Giftstachel treten können. Der bis 2,5 m lange S., *Feuerflunder, Dasyatis pastinaca,* kommt selten in der Nordsee vor. Die Gattung *Potamotrygon* aus Südamerika lebt im Süßwasser.
Stachelrochenartige, Unterordnung *Myliobatoidea* der *Rochen* mit peitschenförmigem Schwanz, der oft einen ersetzbaren Giftstachel trägt. Lebendgebärend *(ovovivipar).* 4 Familien: *Stachelrochen, Schmetterlingsrochen, Adlerrochen, Teufelsrochen.*
Stachelschnecken →Purpurschnecken.
Stachelschweinartige, *Hystricoidea,* Unterordnung der *Nagetiere.* Hierher gehören als typische Vertreter *Erdstachelschweine* u. *Baumstachelschweine,* die die langen Stacheln der Rückenseite bei Gefahr blitzschnell aufrichten können; aber auch in Mehrzahl stachellose Tiere der Neuen Welt wie die Familien der *Agutis, Meerschweinchen, Wasserschweine* u. *Chinchillas.*
Stachelschweinholz →Kokospalme.
Stachelseestern, *Dornenkrone, Acanthaster planci,* vielarmiger, äußerst beweglicher Seestern des Roten Meers, des trop. Indischen u. Pazif. Ozeans. Bis 60 cm Durchmesser, getrenntgeschlechtlich. Hauptnahrung sind die riffbildenden Steinkorallen. Ob die seit ca. 1960 beobachtete Massenvermehrung der S.e eine Naturkatastrophe darstellt, die zum Absterben der Korallenriffe führt, oder ob es sich um einen üblichen Regulationsvorgang im Haushalt der Natur handelt, ist ungeklärt.
Stachelskinke, *Egernia,* Skinke mit wohlentwickelten Gliedmaßen u. gekielten Stachelschuppen; in Australien u. Neuguinea. Zu den S.n gehört z. B. *White's Skink, Egernia whitei.*
Stachelspinnen, verschiedene Gattungen (*Gasteracantha* u.a.) der *Radnetzspinnen* mit hartchitinisiertem, buntem, oft mit langen Stacheln

versehenem Hinterleib. Die Zwergmännchen sind meist nur 2 mm lang.

Stachelwelse, *Bagridae*, Familie der *Welse* mit nacktem Körper, Fettflossen u. kräftigen Stacheln in Rücken- u. Brustflossen; 15 Gattungen von Süßwasserfischen Afrikas, Süd- u. Ostasiens. Die Männchen sind häufig größer als die Weibchen.

Stackelberg, Heinrich Frhr. von, Nationalökonom, * 31. 10. 1905 Kudinow bei Moskau, † 12. 10. 1946 Madrid; erforschte die Marktformen, insbes. das Oligopol. Hptw.: „Grundlagen einer reinen Kostentheorie" 1932; „Marktform u. Gleichgewicht" 1934; „Grundzüge der theoret. Volkswirtschaftslehre" 1943, [3]1951 unter dem Titel „Grundlagen der theoret. Volkswirtschaftslehre".

Stad [afrikaans, norw., schwed.], Bestandteil geograph. Namen: Stadt.

Stade, niedersächs. Kreisstadt, an der Mündung der Schwinge in die Unterelbe, 42 000 Ew.; Hafen in *Stadersand*; Schiffbau, Aluminiumhütte, Mineralöl-, Gummi-, Leder-, Holz-, Textil-, chem., Nahrungsmittelindustrie, Saline, Kernkraftwerk in Stadersand. – Ldkrs. S.: 1305 qkm, 157 000 Ew.
Geschichte: Im 9./10. Jh. Wiksiedlung an der Schwinge, 994 von Normannen geplündert; 1145 von Herzog *Heinrich dem Löwen* von Sachsen in Besitz genommen; zwischen 1155 u. 1168 Stadtrecht; Mitgl. der Hanse; kam 1648 mit den Territorien Bremen u. Verden an Schweden, 1652–1712 Sitz der schwed. Regierung für diese Gebiete; 1715/1719 durch Kauf an Hannover; 1866 preuß., von 1883 bis 1978 Sitz des Reg.-Bez. S., seit 1932 Kreisstadt.

Stadelmann, 1. Li, Cembalistin u. Pianistin, * 2. 2. 1900 Würzburg; seit 1921 Lehrtätigkeit an der Münchener Musikhochschule (1949 Prof.).
2. Rudolf, Historiker, * 23. 4. 1902 Adelmannsfelden, Württemberg, † 17. 8. 1949 Teussenberg bei Aalen; Forschungen zur Staats- u. Geistesgeschichte der Neuzeit. Werke: „Vom Geist des ausgehenden MA." 1929; „Soziale u. polit. Geschichte der Revolution von 1848" 1948.

Städelsches Kunstinstitut, Gemäldegalerie u. Skulpturensammlung in Frankfurt a. M. mit Werken der italien., altniederländ., dt. u. französ. Kunst, gegr. als Stiftung des öffentl. Rechts von dem Bankier Johann Friedrich *Städel* (* 1728, † 1816) durch Testamentsverfügung. Aus der ursprüngl. angeschlossenen *Städelschule* ging die heutige Staatl. Hochschule für bildende Kunst hervor. Förderungskreis ist der 1899 gegr. *Städelsche Museumsverein*.

Staden, 1. Johann, Organist, getauft 2. 7. 1581 Nürnberg, begraben 15. 11. 1634 Nürnberg; wirkte in Nürnberg; schrieb Lieder, Tänze, Motetten u. geistl. Konzerte.
2. Sigmund Theophil, Sohn von 1), Organist u. Komponist, getauft 6. 11. 1607 Kulmbach, begraben 30. 7. 1655 Nürnberg; Organist an St. Lorenz u. Stadtpfeifer in Nürnberg; Komponist der ersten erhaltenen dt. Oper „Seelewig" 1644.

Stader, Maria, schweizer. Sängerin (Sopran), * 5. 11. 1911 Budapest; Opern- u. Konzertsängerin (bes. *Mozart*); lebt u. lehrt in Zürich.

Stadhur ['staðyr; isl.], Bestandteil geograph. Namen: Ort, Stelle.

Stadion [das, Mz. *Stadien*; grch.], **1.** *Maße:* im alten Griechenland Weg- u. Längenmaß; 1 S. in Olympia = 192,27 m.
2. *Sport:* im antiken Griechenland die (ursprüngl. rechteckige, später halbkreisförmige) Bahn der Wettkampfstätte; heute die Gesamtanlage einer Wettkampfbahn für sportl. Zwecke mit Rasenplatz, ovaler Laufbahn, Wurf- u. Sprunganlagen sowie Zuschauer- u. Pressetribünen. Neben dem Olympia-S. in Westberlin sind die bekanntesten u. größten Stadien der BRD: Niedersachsen-S. in Hannover, Wald-S. in Frankfurt a. M., Volkspark-S. in Hamburg, Rhein-S. in Düsseldorf, Park-S. in Gelsenkirchen, Westfalen-S. in Dortmund, Neckar-S. in Stuttgart u. Olympia-S. in München. Das größte S. der Welt ist das *Maracana-S.* in Rio de Janeiro, das 200 000 Zuschauern Platz bietet.

Stadion, Johann Philipp Karl, Graf von *S.-Warthausen*, österr. Politiker, * 18. 6. 1763 Mainz, † 15. 5. 1824 Baden bei Wien; 1805–1809 Außen-Min.; sein Plan, durch Aufstellung eines Volksheers den nationalen Aufstand gegen Napoléon zu entfesseln, fand keine offizielle Unterstützung. 1809 wurde S. von *Metternich* abgelöst; er verhandelte 1813 erfolgreich mit Preußen u. Rußland (Allianzvertrag von Reichenbach); als Finanz-Min. (1815–1824) Gründer der Nationalbank.

Stadionlauf, Kurzstreckenlauf in der Antike über die Länge eines *Stadions*; da die Stadien in den einzelnen Orten verschieden groß waren, führten die Stadionläufe über unterschiedl. Längen (z. B. in Olympia über 192 m, in Athen über 185 m). Der S. war der erste Wettbewerb bei den antiken Olymp. Spielen; der Sieger im S. genoß höchstes Ansehen.

Stadler, 1. Ernst, Lyriker, * 11. 8. 1883 Colmar, † 30. 10. 1914 bei Zaandvoorde (gefallen); Literarhistoriker in Straßburg u. Brüssel, Freund von R. *Schickele*; Frühexpressionist, kam vom ästhet. Stil H. von *Hofmannsthals* u. St. *Georges* („Präludien" 1905) zu den freirhythm. Langzeilen u. dem bejahenden Lebensgefühl von W. *Whitman* u. E. *Verhaeren* („Aufbruch" 1914). Literarhistor. Schriften: „Wielands Shakespeare" 1910.
2. Toni, Bildhauer, * 5. 9. 1888 München; Schüler von A. *Gaul* u. A. *Maillol*, 1925–1927 in Paris, seit 1939 Prof. an der Städelschule in Frankfurt a. M.; Aktfiguren, Tierplastiken u. Porträtbüsten in archaisch vereinfachter Form.

Stadt, eine seit Jahrtausenden bestehende Siedlungsform mit bestimmtem Rechtsstatus. Als wesentl. Merkmale einer Stadt werden heute angesehen: dichte Besiedlung u. Konzentration von Wohn- u. Arbeitsstätten einer Bevölkerung mit überwiegend tertiär- u. sekundärwirtschaftl. Lebensunterhalt, Zentrum von polit., Wirtschafts-, Verwaltungs- u. Kultureinrichtungen mit eigener architekton. Prägung, eine innere Differenzierung des Siedlungskörpers, vielfältige Verkehrsbeziehungen zwischen den Teilräumen einerseits u. dem Umland, für das die S. Verkehrsmittelpunkt ist, andererseits sowie im allg. eine Bevölkerungsbilanz mit hohem Wanderungsvolumen. Eine S. im Rechtssinn muß keine S. im soziolog. Sinn sein u. umgekehrt; auch müssen sich die rechtl.-polit. S.grenzen nicht mit den S.grenzen in soziolog. Sicht decken (→auch Gemeindesoziologie). Die städt. Merkmale sind in den Kulturräumen der Erde unterschiedlich ausgeprägt, so daß man u. a. einen europ., oriental., chines., ind., japan. Stadttyp unterscheiden kann. →Verstädterung, →auch Städtebau. – Ⓑ S. 222; →auch Deutschland (Bevölkerung und Siedlungen), Djakarta, Karlsruhe, Köln, Lübeck, New York, Paris, San Francisco, São Paulo, Stuttgart, Wien. – Ⓛ 6.0.5.
Geschichte: Die frühesten Städte entstanden in den alten Hochkulturen, z. B. Jericho in Syrien; Babylon, Ninive, Kisch, Ur u. Uruk im Zweistromland; Susa in Persien; Harappa u. Mohenjo-Daro in Indien; Yin in China; Theben u. Memphis in Ägypten. Sie waren z. T. prunkvolles Symbol der Macht von Gottkönigen.
Die griech. S. war als Stadtstaat *(polis)* mit eigenem Staatswesen bestimmendes u. tragendes Element der griech. Geschichte. Anders als die S. des Orients war sie für das griech. Gemeinwesen geschaffen, war Zentrum der polit., religiösen u. kulturellen Einrichtungen. Erst im 5. Jh. v. Chr. wurde die griech. S. allg. mit einer Mauer umgeben.
Frühe röm. Städte entstanden bereits im 5. Jh. v. Chr. in Italien (Norba, Velitrae u. a.); in der Kaiserzeit entwickelte sich die röm. S. nach dem Vorbild Roms oft zu einer prächtigen Anlage. Auch Handelsplätze u. Marktflecken wurden zu Städten ausgebaut (Paris). Neben den gewachsenen Städten gab es in den Provinzen geplante Neugründungen, die vorzugsweise an Flußübergängen, Straßen, Kreuzungen (Andernach) oder angelehnt an röm. Militärlager angelegt wurden, denen seit dem 2. Jh. z. T. S.recht verliehen wurde (Bonn, Mainz). Der Höhepunkt der S.entwicklung in röm. Zeit war nach dem 2. Jh. erreicht. Die Römerstädte verloren nach dem Untergang des Weström. Reichs u. der Völkerwanderung ihre alte Bedeutung.
Im frühen MA. fehlten in Europa die Voraussetzungen für eine S.entwicklung völlig; die alten Städte aus der Römerzeit gingen meist beträchtl. in ihrer Einwohnerzahl zurück oder wurden zu Wüstungen. Erst unter den Saliern u. Staufern entstanden aus verschiedenen Wurzeln (röm. *oppidum, Wik, Markt, Burg*) Städte, deren Bedeutung mit dem Aufblühen von Handel u. Wirtschaft zunahm, die eigene Rechtsformen entwickelten (Lübecker, Magdeburger, Kölner S.recht), zu polit. eigenständigen Gebilden werden konnten *(freie Reichsstädte)* u. zunehmend seit dem Ende des MA. ein bedeutender polit. Faktor neben Adel u. Kirche waren (oberitalien. u. flandr. Städte). Seit dem 11. Jh. wurden Städte planmäßig vor allem mit der Besiedlung dt. Ostgebiete gegründet. Im Spät-MA. taten sich Städte in *Städtebünden* (*Hanse, Schwäb. Städtebund* u. a.) zusammen; reichsunmittelbare Städte u. Bischofsstädte erhielten im dt. Reichstag Sitz u. Stimme.
Der Übergang vom Agrar- zum Industriestaat *(Landflucht)* förderte die Entstehung der Großstadt. Diese Entwicklung, bes. stark seit der Mitte des 19. Jh. in Mitteleuropa u. Nordamerika ausgeprägt, hat inzwischen alle Kontinente ergriffen u. sich auch auf traditionelle Agrargebiete (Zentralafrika, Zentralasien) ausgedehnt. – Ⓛ 5.3.5.
Recht: →Gemeinderecht, →kommunale Selbstverwaltung.

Stadtallendorf, seit 1977 Name der dt. Stadt →Allendorf.

Stadtbezirksgericht, unterste Gerichtsinstanz in Ostberlin; entspricht dem →Kreisgericht.

Stadtbücher, im MA. amtliche städt. Sammlungen von Aufzeichnungen über Rechtsgeschäfte; die ältesten sind die *Schreinskarten* u. *Schreinsbücher* in Köln, die Vorläufer des Grundbuchs; zu unterscheiden von den →Stadtrechtsbüchern.

Stadtdirektor, Amtsbezeichnung des leitenden (Haupt-)Gemeindebeamten in kreisangehörigen, des 1. Beigeordneten in kreisfreien Städten (deren leitender Beamter: *Ober-S.*) der brit. Besatzungszone in Dtschld. 1945–1950, seit 1950 nur noch in Niedersachsen u. Nordrhein-Westfalen.

Städtebau. Geschichte: Die Stadt hatte seit ihren Anfängen vor allem eine Schutzfunktion zu erfüllen, wie Fluchtburgen, Lagerstädte u. die von Mauern bewehrten, von Wassergräben umzogenen Festungsstädte zeigen. Die Sicherung von Siedlungen, Furten, Fähren u. Brücken war eine wesentl. Aufgabe des S.s. Daneben gab es Stadtgründungen, die auf einzelne Herrscher, Dynastien, Ritterorden u. a. zurückgingen u. denen häufig fürstl. Repräsentationsbedürfnis zugrunde lag.
Man unterscheidet die Städte vornehmlich nach ihrem Straßensystem, etwa dem *hippodamischen Rastersystem* (Milet), dem *Mehrstraßentyp* der Gründerstädte (Gründungen der Ordensritter im MA.), dem *sternförmig* auf das Schloß gerichteten Straßensystem der landesfürstl. Zeit oder dem *verästelten* arabischer Städte. Erst das Auto mit seinen eigenen Bewegungslinien in Verbindung mit dem Fahrverhalten des Menschen brachte etwas grundsätzl. Neues in den Grundriß der Städte.
Den histor. S. im Grundriß wie im hierarch. Aufbau lenkten die jeweiligen Machthaber mit einfachen Regeln. So mußte z. B. das Bürgerhaus mit seinem Hauptgesims u. Dachfirst unter dem des Rathauses u. dieses unter dem der Kirche bleiben.
Mit der zunehmenden Industrialisierung u. dem Schleifen vieler Stadtbefestigungen begannen die Städte „auszuufern", meist entlang den Landstraßen, u. gliederten sich nur noch nach ihrer Funktion. Ergebnis dieser Entwicklung war der einseitig geordnete S. der letzten hundert Jahre. Um die Mitte des 19. Jh. bestimmten die Wasserversorgung u. Vollkanalisierung der Städte mit ihren Ansprüchen an den Straßenbau den S. weitgehend. Gegen die dadurch bedingte vornehmlich ingenieurmäßige Betrachtung des S.s wandten sich gegen Ende des Jahrhunderts Architekten, die nun ästhet., soziale, hygienische u. soziolog. Aspekte in die Diskussion brachten. Die Bewegung führte weiter über die *Gartenstadt-Idee* zum Begriff des „interdisziplinären S.s" im 20. Jh. Die ersten Gartenstädte entstanden in England (Letchworth, 1904; Welwyn Garden-City, 1918) u. Dtschld. (Dresden-Hellerau, 1906; Essen-Margarethenhöhe, 1911; Berlin-Staaken, 1917). Nach dem 1. Weltkrieg fand die Idee der *Trabantenstädte* rings um eine Großstadt (Breslau, 1911) ebenso ihre Anhänger wie die Vorstellung von der *Bandstadt* entlang den Nahverkehrslinien u. Straßen (Soria y Mata, Madrid; aufgenommen u. weiterentwickelt von *Miljutin* in der UdSSR, 1930). In den 1920er Jahren entstanden erste *landschaftsgebundene Siedlungen* mit vorfabrizierten Bauteilen (E. May, Frankfurter Römerstadt). Schließlich führten besonnungstechnische, wirtschaftl. u. funktionelle Gesichtspunkte in Verbindung mit dem Anspruch nach humaner Bauweise, wie er in der „Charta von Athen" (1929) formuliert ist, zum Zeilenbau, der nach anfängl. Starrheit u. Strenge auf eine neue, fast spielerische Weise bewältigt wurde (Hamburg, Gartenstadt Hohnerkamp, 1952). Viel Beachtung fanden Anfang der 1920er Jahre Le Corbusiers Hochhaus-Ideen. Sie hatten die *Innenstadt-Verdichtung* u. ganze *Hochhaus-Siedlungen* zur Folge, ohne allerdings Wege zu einer neuen Gesamtkonzeption der Stadt zu weisen. Anschließend an Le Corbusiers Teilstadtpläne für Hochhäuser, Innenstädte u. Siedlungen entwickelte F. L. Wright ge-

Stadt

Stadtgründungen des Mittelalters: die ehemalige Reichsstadt Nürnberg mit Burganlage. Kupferstich von Merian, 1648

Naarden in den Niederlanden; im 14. Jh. gegründet, 1673 zur sternförmigen Festung ausgebaut

Chinesische Altstadt

STADT

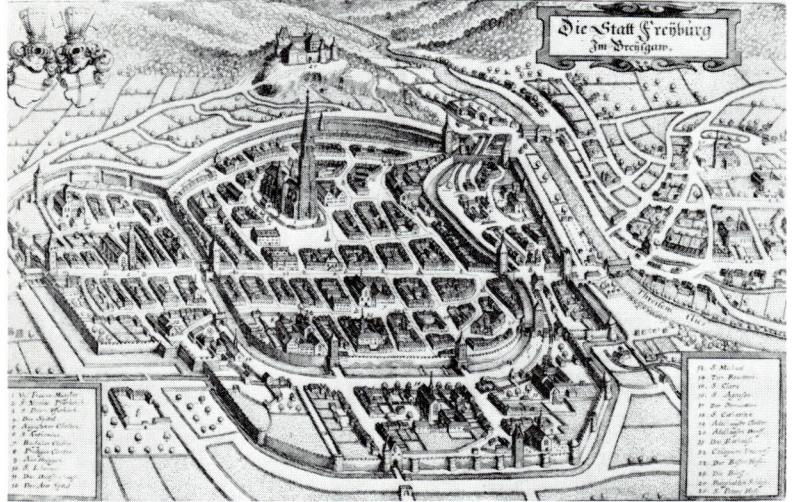

Freiburg im Breisgau; Gründung der Zähringer. Kupferstich von Merian, 1644 (links). – Indianische Stadtgründung: Ruinenstätte von Chan-Chan in Nordperu; im 14. und 15. Jh. Hauptstadt des Chimú-Staates (rechts)

Stadt

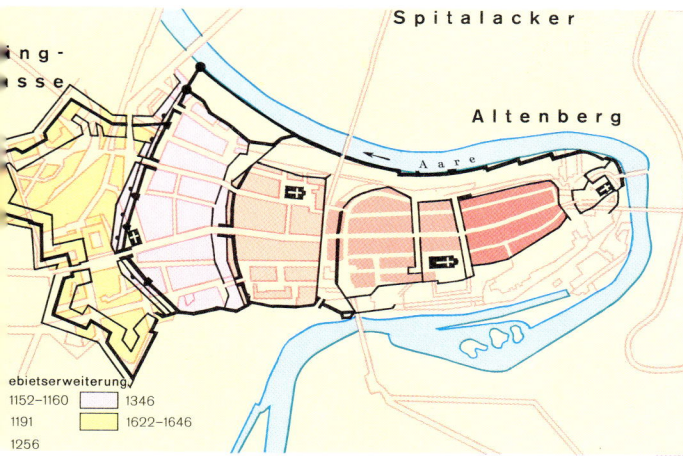

Grundrisse städtischer Siedlungen: Die Entwicklung von Bern in typischer Spornlage

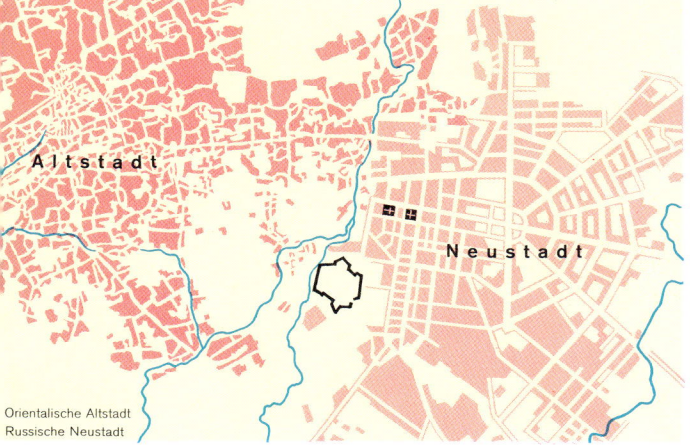

Taschkent vor der Sanierung; inzwischen hat sich der altstädtische Grundriß der Neustadt angeglichen

Zentrum einer amerikanischen Großstadt: Blick vom Empire State Building auf New York City

Junge afrikanische Stadtgründung: Nouakchott in Mauretanien; 1903 gegründet, seit 1957 zur Hauptstadt ausgebaut (links). – Moderne Satellitenstadt: Enfield in Großbritannien; Teil von Greater London (rechts)

Städtebau

Das Olympiagelände in München wird heute als Freizeitstadt genutzt; 1968–1972

Luftbild der Sennestadt; 1954–1973 (freigegeben Reg.-Präsident Münster Nr. 3858/72)

Viele Städte der 2. Hälfte des 20. Jh. erweisen sich – ob sie nun von Grund auf neukonzipiert sind oder vorhandene Stadtsubstanz und ihre Landschaft einbeziehen – als multizentrale Stadtlandschaften und zielen bei optimaler ökologischer Gesamtplanung auf urbane Humanität. Die vorhandenen Gegebenheiten der Landschaft (Wald, Wiesen, Wasserläufe) und die notwendigen Elemente der Stadt sollen eine harmonische Einheit bilden. Auf diese Weise wird versucht, den Stadtbewohnern bestmöglichen Schutz ihrer Umwelt zu sichern und ihnen zugleich eine neue Qualität städtischen Lebens zu bieten. Auf getrennten Fahr-, Fußgänger- und Radfahrsystemen kann der Individual- und Massenverkehr reibungsloser bewältigt werden als etwa in Städten mit Rastersystem. Die Straßen sind kreuzungsfrei mit flüssigen Einmündungen und Spuren an den Knoten; das gesamte System zielt auf dauernd fließenden Verkehrsablauf. Dies kommt dem natürlichen Verhalten des Menschen am Lenkrad und den technischen Möglichkeiten des Autos entgegen. In den Zentren der alten und zu erneuernden Städte plant man funktionell differenzierte neue Mittelpunkte. Daneben entstehen in verkehrsgünstigen Lagen weiträumig besiedelter Landschaft „Shopping-Centers" mit „städtischem" Leben bis zum späten Abend – Ansätze einer totalen Urbanisierung in Stadt und Land.

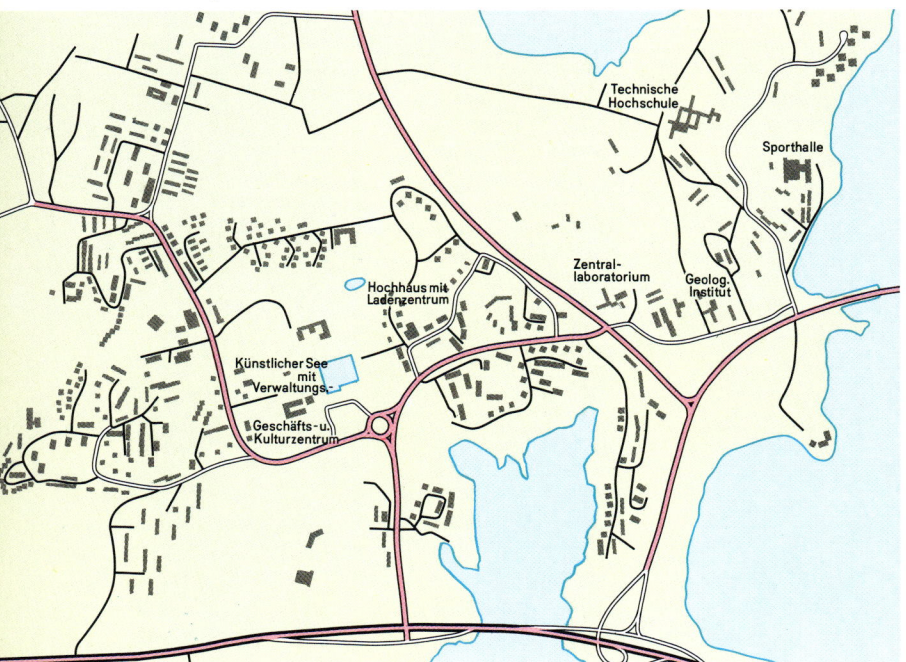

Gartenstadt Tapiola und Universitätsstadt Otaniemi, Finnland; 1950–1967

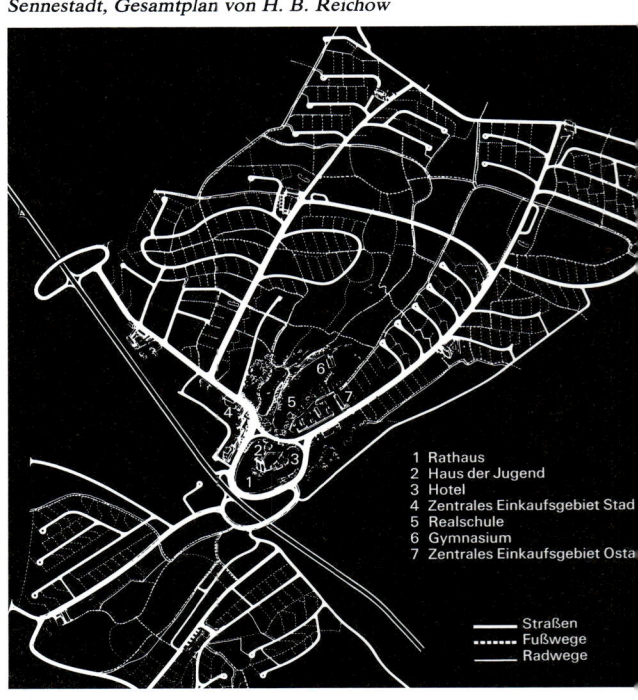

Sennestadt, Gesamtplan von H. B. Reichow

1 Rathaus
2 Haus der Jugend
3 Hotel
4 Zentrales Einkaufsgebiet Stad
5 Realschule
6 Gymnasium
7 Zentrales Einkaufsgebiet Osta

Straßen
Fußwege
Radwege

Städtebau

Zentrum der neuen Stadt Reston/Alexandria, USA; seit 1961

STÄDTEBAU

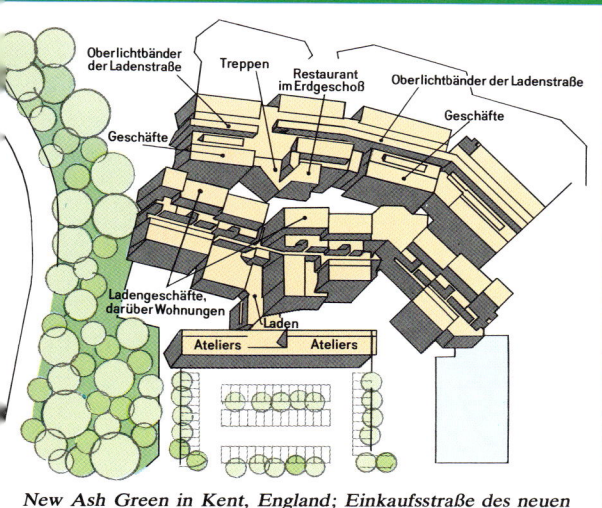

Neues Wohngebiet Toulouse-Mirail, Frankreich; 1963–1972

New Ash Green in Kent, England; Einkaufsstraße des neuen Dorfes (oben) und Gesamtplan (unten)

Plan der neuen Stadt Columbia, USA; seit 1965

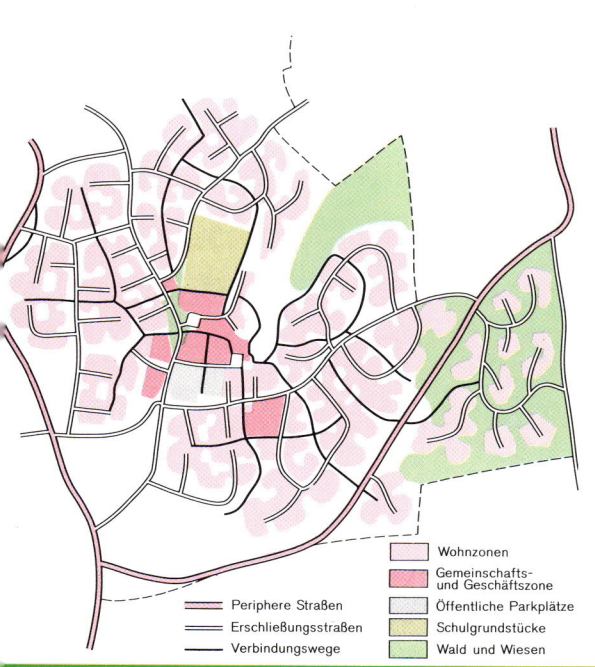

gen die von ihm abgelehnte Großstadt den Gedanken der „broad acre"-Siedlung, um wieder Ackerbürger in die Stadt zu verpflanzen. Doch scheiterte er an der Tatsache, daß Landwirtschaft heute rationell nur noch großflächig zu betreiben ist. Die modernen Hauptstadtgründungen Chandigarh u. Brasilia sind nach formalen u. ästhet. Gesichtspunkten konzipiert. In jüngster Zeit wird S. nach „Planungs-Systemen" verschiedener Art, mit Computern u. häufig ohne oder sogar bewußt gegen jeden künstlerischen Anspruch (z.B. Märkisches Viertel, Berlin) betrieben.
Wege u. Aufgaben: Die bis ins erste Drittel unseres Jahrhunderts entwickelten städtebaulichen Ideen führten nicht zu praktikablem Ordnen, Planen u. Gestalten eines aus den sich abzeichnenden Trends entwickelten „Ganzen"; sie stellten entweder funktionelle Einzelteile dar, versuchten soziolog., wirtschaftl., verwaltungstechn. oder andere Gesichtspunkte in den Vordergrund zu rücken, doch blieben sie in der Praxis weitgehend Fragmente. Die erlebbare Einheit der Großstadt galt als unerreichbare Utopie, u. man beschränkte sich auf die Entwicklung typischer Einzelglieder (wie etwa der „Wohn-Arbeitsstätten-Bänder" u. neuer *Shopping-Centers*) oder die Sanierung der alten Kernstädte.
Stadtlandschaft: Erst nach 1945 entwickelte sich der Gedanke der multilateral geordneten Stadtregion. Ihre Gestaltung als einheitl. Ganzes mit dem Übergewicht landschaftl. Elemente führte nach dem allg. Trend, Wohn- u. Produktionsbereiche immer mehr an die Peripherie zu verlegen, zur Stadtlandschaft, dem neuen Gestaltungsobjekt des S.s. Schon in den 1930er Jahren wurden Stadtlandschafts-Ideen für große Städte entwickelt (z.B. Stettin); seither wurde aus dem ursprüngl. geograph. Begriff – in Parallele gebraucht etwa zu den Begriffen Berglandschaft u. Seenlandschaft – der Gedanke einer erlebbar gestalteten Stadtlandschaft immer konkreter formuliert u. in den 1950er u. 1960er Jahren auch verwirklicht.
Stadtsanierung: Ziel der Sanierung u. Reurbanisierung alter Stadtkerne u. Stadtteile ist es, histor. wertvolle Bausubstanz zu erhalten u. zugleich entspr. den heutigen Ansprüchen an Hygiene, Wohnkomfort, Wirtschaftlichkeit umzugestalten. Wo private Interessen planmäßiger Sanierung im Wege stehen, gibt das Städtebauförderungsgesetz den Gemeinden eine Handhabe zur Durchsetzung von Ansprüchen der Allgemeinheit.
Verkehrsplanung: Um den Verkehrsproblemen der Städte u. Ballungsräume beizukommen, versucht man, den kaum noch zu bewältigenden Individualverkehr durch Förderung des *Park-and-ride-Systems* sowie eines wirtschaftl. *Verkehrsverbunds* aller Massenverkehrsmittel zu mindern u. durch ständig verfeinerte elektron. Lenkungsmethoden (Ampeln u.a.) die Flut der Autos zu ordnen u. zu steuern, was allerdings Zeitverlust u. Leistungsminderung des Straßenraums sowie Vermehrung von Abgas u. Lärm bewirkt. In neuen Stadtteilen u. Städten wird versucht, ein dem Verhalten des Autofahrers angepaßtes kreuzungsfreies Verkehrssystem für dauernden Verkehrsfluß zu schaffen, das bei Unabhängigkeit von hochempfindl. Technik Tag u. Nacht betriebssicher ist. Ein solches gleichsam organisches Verkehrs- u. Straßen-System gibt dem Fußgänger Vorrang (2/3 aller Verkehrstoten in Städten sind Fußgänger). Die veränderten Fahrstraßen u. Fußwege greifen fingerartig so ineinander, daß diese, abseits der Fahrstraßen großenteils durch Grün geführt, gegen Lärm u. Abgase der Autos schützen. Wo sie in Geschäfts- oder Kernbereichen dennoch neben den Fahrstraßen verlaufen, werden die Menschen auf ihnen durch Hochborde an den Straßen u. Überwegen geschützt.
Umweltschutz: Die willkürl. Ansiedlung stark umweltgefährdender, die Menschen durch Rauch, Ruß, Lärm u. Gestank belästigender Betriebe versucht eine neue städtebauliche Planung zu verhindern. Doch reichen die gesetzl. Möglichkeiten zum Schutz der Städte u. ihrer Menschen nicht aus. Schon vor einem halben Jahrhundert forderten die Planer für den am meisten luftverschmutzten Teil Deutschlands, das Ruhrgebiet, die Reinhaltung der Luft. Der Stadtplaner H. B. *Reichow* entwickelte für den →Umweltschutz vor fast 40 Jahren eine Distanztabelle der Störungsreichweiten aller Industrien u. Gewerbe, bei deren Anwendung die Gefährdung gesunder u. ruhiger Wohngebiete u. der zum ökolog. Gleichgewicht erforderlichen Landschaft vermeidbar wäre.
Organisches Bauen u. Planen: Aufgabe des S.s ist es, das natürliche u. soziale Verhalten organ. Wesen, vornehmlich also des Menschen, aber auch der gesamten organ. Umwelt zu berücksichtigen u. die sich daraus ergebenden Ansprüche vor allen anderen Bedingungen der Umweltgestaltung zu erfüllen. Mindestforderungen nach einer gesunden Umwelt, die das Zusammenleben der Menschen in einer städt. Gemeinschaft fördert, werden heute um so dringender erhoben, als die Menschen durch die zunehmend technisierte u. denaturalisierte Lebens-, Produktions- u. Arbeitsweise in ihrer Anpassungsfähigkeit häufig überfordert u. damit gesundheitl. gefährdet sind.
Planungshoheit: Die städtebaul. Planungshoheit liegt bei den Städten u. Gemeinden. Sie regelt sich heute vornehml. nach dem Städtebauförderungsgesetz. Dieses sieht dafür den Flächennutzungsplan (im Maßstab 1:5000–25000 je nach Größe u. Gemeinde), der in 5–10jährigen Abständen zu überarbeiten ist, u. die Bauleitpläne (Bebauungspläne im Maßstab 1:1000–1:500) vor, die einem Auslegungs- u. Feststellungsverfahren unterworfen u. von den Bezirksregierungen zu genehmigen sind.
Mit der Gründung des *Ruhrsiedlungsverbands* nach dem 1. Weltkrieg entstanden in Dtschld. die ersten Regional- u. Landesplanungsverbände, deren Arbeit seit den 1950er Jahren auf Bundesebene koordiniert ist. Überregionale Raumordnung wird heute durch das Bundesministerium für Raumordnung, Bauwesen u. S. wahrgenommen, während die Landes- u. Regionalplanung Sache der Länder ist. – 📖 2.5.9.

Städtebauförderungsgesetz, Bundesgesetz vom 27. 7. 1971/18. 8. 1976 zur Erleichterung u. Verbesserung der Bauplanung u. der Stadtentwicklung. Das S. gibt der Stadtplanung u.a. das Recht, in Sanierungs- u. Entwicklungsgebieten Abbruch-, Bau- u. Modernisierungsgebote zu erlassen. Es schreibt die Aufstellung von Finanzierungsplänen u. Sozialplänen vor, die (bes. in Sanierungsgebieten) den Bedürfnissen der Bewohner Rechnung tragen sollen. Das S. kann noch keineswegs als Abschluß der Städtebaugesetzgebung der BRD angesehen werden, da es wichtige Fragen (z.B. die der Bau- u. Bodenspekulation) nicht oder nur unzureichend gelöst hat. – 📖 4.2.0.

Städtebünde, Zusammenschlüsse von Städten zum Schutz gegen König, Fürsten u. Ritter im späteren MA., u.a. *Rhein. Städtebund, Schwäb. Städtebund, Sächs. Städtebund.*

Städtehygiene, wissenschaftl. Fachgebiet zur Erforschung, Verhütung u. Beseitigung von Gesundheitsgefahren u. -störungen, die aus der (unzweckmäßigen) Anlage der Städte u. der Ansammlung von Ausscheidungsstoffen u.ä. entstehen können; sie befaßt sich mit der zweckmäßigen Bebauung, der Zufuhr von Licht, Luft u. Sonne zu den Wohnungen durch Bauvorschriften, mit der Anlage von Grünstreifen u. Plätzen, mit der Beseitigung der Abwässer u. Abfälle, mit Problemen der Straßenreinigung, Ungezieferbekämpfung, Lärmbelästigung, Trinkwasser- u. Gesundheitskontrolle u.a.

Städteordnung, nur für Städte geltende *Gemeindeordnung* (Gegensatz: *Landgemeindeordnung*), z.B. die preuß. S. des Frhr. vom *Stein* von 1808. Das moderne →Gemeinderecht kennt nur noch gemeinschaftl. Gemeindeordnungen für Städte u. Landgemeinden, deren unterschiedl. Struktur durch Sonderbestimmungen berücksichtigt wird.

Städtetag →Deutscher Städtetag.

Städtewappen, seit dem 12. Jh. als Feldzeichen für das Heeresaufgebot überliefert (Mailand 1160). Häufiger werden S. im 13. Jh. S. bestehen meistens nur aus dem Schild mit dem Wappenbild; Helm u. Helmzier sind selten.

Stadtgas, früher *Leuchtgas*, das früher meist in städt. *Gaswerken* aus Steinkohle (seltener Braunkohle) hergestellte, heute von *Kokereien* u. Großgaswerken an die Städte gelieferte Gas *(Ferngas)* für Koch-, Beleuchtungs- (Straßenlaternen) u. Heizzwecke; es enthält als brennbare Bestandteile Wasserstoff, Methan u. Kohlenmonoxid. S. soll als Normgas einen Heizwert von 4000–4300 kcal/Nm^3 haben u. mit 60–100 mm WS (Wassersäule) Überdruck an die Verbraucherstelle geliefert werden. Wegen seines Gehalts an Kohlenmonoxid (CO) ist S. giftig. Die Herstellung des S.es erfolgt in Retorten von ovalem Querschnitt, die jeweils zu mehreren in Batterien zusammengefaßt sind u. gemeinsam beheizt werden. Das aus der Kohle entweichende Gas wird zunächst vom Teer befreit, dann gekühlt, darauf werden im Ammoniakwäscher das Ammoniak u. im Benzolwäscher mit Teeröl die aromat. Verbindungen ausgewaschen, schließlich mit Hilfe von Eisenoxiden Schwefelwasserstoff u. Blausäure entfernt. Das gereinigte S. wird im *Gasometer* gesammelt. Modernere Anlagen zur Gaserzeugung arbeiten nach dem Prinzip der völligen Vergasung der Kohle mit Sauerstoff u. Wasserdampf unter Druck. Auch *Erdgas* wird als S. verwendet. – 📖 8.6.1.

Stadtgeographie, Teilgebiet der Siedlungsgeographie, erforscht in Zusammenarbeit mit anderen Wissenschaften die Stadt, ihre Entwicklung, Funktion u. Struktur. Dabei tritt neben die Erfassung des äußeren Bilds in Grund u. Aufriß die Untersuchung der Gelände- u. Verkehrslage. Bes. Aufmerksamkeit gilt der durch die verschiedenen Aufgaben einer Stadt hervorgerufenen inneren Differenzierung u. den dazu führenden Prozessen sowie der Verflechtung mit der Umgebung (Umland). Die S. untersucht auch das zentralörtl. Gefüge eines Raums; →auch zentrale Orte. – 📖 6.0.5.

Stadtgericht, mittlere, dem →Bezirksgericht entsprechende Gerichtsinstanz in Ostberlin.

Stadtguerilla [-ge'rilja] →Tupamaros.

Stadthagen, niedersächs. Kreisstadt nördl. der Bückeberge, 22600 Ew.; mittelalterl. Stadtbild, Schloß (16. Jh.), „Lepra-Kapelle"; Holz-, Möbel-, Leder-, Textilindustrie, Brauerei. Verwaltungssitz des Ldkrs. *Schaumburg.*

Stadthaus, in Großstädten Ergänzungsbau zum Rathaus mit Geschäftsräumen der städt. Verwaltungen; auch das Rathaus selbst.

Stadtkämmerer, Leiter des städt. Finanzwesens, im dt. Gemeinderecht in der Regel als 1. Beigeordneter stellvertr. Leiter des Gemeindevorstands mit der Amtsbezeichnung *Stadtrat*, in kreisfreien Städten *Stadtdirektor* bzw. *Bürgermeister.*

Stadtkernforschung, die Erforschung vergangener Stadtanlagen mit Hilfe von Ausgrabungen; im Gebiet der vorderasiat. Hochkulturen u. in den Mittelmeerländern seit langem üblich, in Europa, insbes. in Dtschld., durch die Zerstörung von Städten während des 2. Weltkriegs nach 1945 in Gang gekommen.

Stadtklima, das Klima eines größeren Stadtgebiets, das sich vom Klima der Umgebung unterscheidet, ein Mikroklima. Das S. wird beeinflußt durch die starke Anhäufung z.T. hoher Gebäude, das Fehlen einer Vegetationsdecke, die Verschmutzung der Luft durch Industrie u. Verkehr (höherer Kohlenmonoxidgehalt), Verringerung der Einstrahlung durch die Dunstschicht u. Erzeugung von Wärme durch Heizung sowie Speicherung der eingestrahlten Wärme. Das S. ist milder u. ausgeglichener als das der freien Umgebung. Nebel, Bewölkung u. die Menge der jährl. Niederschläge sind größer, da die (ungesunde) Stadtluft mit Kondensationskernen angereichert ist.

Stadtkreis, in der BRD nichtamtl. Bez. für eine (land-)kreisfreie Stadt; in der DDR amtl. gebräuchlich (Ordnung über die Aufgaben u. Arbeitsweise der Stadtverordnetenversammlung u. ihrer Organe in den Stadtkreisen vom 28. 6. 1961).

Stadtlandschaft, 1. ein Gebiet, das im Erscheinungsbild u. in seiner Struktur durch eine größere Zahl von Städten oder auch eine Großstadt geprägt ist; 2. eine stadtplaner. Konzeption, →Städtebau.

Stadtlohn, Stadt in Nordrhein-Westfalen (Ldkrs. Borken), an der Berkel nahe der niederländ. Grenze, 16000 Ew.; Textil-, Tabak-, keram. Industrie.

Stadtmission, 1826 von David *Nassmith* (* 1799, † 1839) in Glasgow (Schottland) zuerst begonnene ev. Fürsorge- u. Missionstätigkeit in Großstädten. In Dtschld. von J. H. *Wichern* 1848 in Hamburg begonnen, heute vom Diakonischen Werk getragen. Die S. hält Gottesdienste u. Bibelstunden, treibt Schriftenmission, Bahnhofsmission, Telephonseelsorge, Strafentlassenen- u. Süchtigenfürsorge. →auch Mitternachtsmission.

Stadt mit eigenem Statut, *Statutarstadt*, in Österreich eine von der Geltung der Gemeindeordnung des Bundeslands ausgenommene Stadt, die durch Landesgesetz u. mit Zustimmung der Bundesregierung als S.m.e.S. erklärt ist. Der Bürgermeister einer S.m.e.S. hat die Stellung eines *Bezirkshauptmanns.*

Stadtmüller, Georg, Historiker, *17. 3. 1909 Bürstadt, Hessen; 1938–1945 Prof. in Leipzig, 1950 in München, 1960–1963 Direktor des Südosteuropa-Instituts München, schrieb „Geschichte Südosteuropas" 1950.

Stadtoldendorf, niedersächs. Stadt im Weserbergland, nördl. des Solling (Ldkrs. Holzminden),

6300 Ew.; Gipswerke, Weberei, Lackfabrik, Sägewerke, Buntsandsteinbrüche.

Stadtpfeifer, bes. im 14.–18. Jh. von Städten angestellte Musiker, die sich in Zünften zusammenschlossen; im 19. Jh. Erweiterung zu Stadtkapellen. Aufgaben: musikal. Ausgestaltung von Festlichkeiten der Stadt u. auch des Bürgertums.

Stadtplan, vom Stadtvermessungsamt oder einem kartograph. Verlag herausgegebene, der Planung, Verwaltung u. Orientierung dienende, meist mehrfarbige Stadtkarte in größerem Maßstab (1:5000 bis 1:25000), die aus topograph. Grund- u. Flurkarten hervorgeht; oft auch einfacher gestaltet mit starker Verbreiterung der Straßen unter Verzicht auf topograph. Einzelheiten.

Stadtpräsident, *Schweiz:* Bürgermeister bzw. Oberbürgermeister einer Stadt, d.h. einer Gemeinde mit über 10000 Einwohnern (entspr.: *Gemeindepräsident,* Bürgermeister eines Dorfs bzw. einer kleineren Gemeinde).

Stadtrat, im Gemeinderecht der Städte der BRD 1. Name der *Gemeindevertretung* (z.Z. nur in Bayern, Rheinland-Pfalz u. im Saarland) oder des *Gemeindevorstands;* 2. vor allem Amtsbez. der neben den leitenden Gemeindebeamten wichtigsten leitenden Mitglieder des Gemeindevorstands, die dann in der Regel noch näher nach dem betr. Aufgabengebiet bestimmt ist (z.B. *Stadtbaurat, -rechtsrat, -schulrat);* höhere Kommunalbeamte, die nicht Wahlbeamte sind, heißen dagegen *städtische Räte* (z.B. städt. Baurat).

Stadtrecht, 1. das Recht der Städte des MA.: Satzungen, die zunächst Privilegien (→Handfeste) des Stadtherrn waren, seit dem 13. Jh. von den Städten selbst autonom erlassen wurden *(Willküren, Schraen)*. Durch Bewidmung jüngerer Städte mit dem Recht älterer entstanden *Stadtrechtsfamilien.* Das Gericht der Mutterstadt wurde *Oberhof* des Gerichts der Tochterstadt. – ☐ 4.0.3.
2. das für die Städte geltende →Gemeinderecht; →auch Städteordnung.

Stadtrechtsbücher, private Aufzeichnungen des *Stadtrechts* im MA.

Stadtregion, nach Olaf *Boustedt* (*14.7.1912 St. Petersburg), das Gebiet einer größeren Stadt einschließl. desjenigen Umlandbereichs, dessen Bewohner überwiegend nichtlandwirtschaftl. Berufe ausüben u. überwiegend oder zu einem erhebl. Teil ihre wirtschaftl. Existenz unmittelbar in den Arbeitsstätten der Stadt finden *(Einpendler).* Die S. gliedert sich von innen nach außen in *Kernstadt, Ergänzungsgebiet* (die unmittelbar angrenzenden Gemeinden), *verstädterte Zone* (Nahbereich der Umlandgemeinden) u. *Randzone* (übrige Umlandgemeinden); Kernstadt u. Ergänzungsgebiet werden neuerdings als *Kerngebiet* zusammengefaßt. Der Begriff der S. wird in der BRD bei der vergleichenden Untersuchung der Ballungsgebiete verwendet. – ☐ 6.0.5.

Stadtroda, bis 1925 *Roda,* Kreisstadt im Bez. Gera, südöstl. von Jena, 6200 Ew.; Möbel- u.a. Industrie. – Krs. S.: 272 qkm, 33900 Ew.

Stadtschaft, genossenschaftl. Pfandbriefanstalt; Hauptgeschäftszweig ist die Gewährung von Hypothekarkrediten auf städt. Grundstücke.

Stadtsenat, die Landesregierung des Bundeslands u. der Gemeindevorstand der Gemeinde Wien. →auch Senat (4).

Stadtsoziologie, die spezielle Soziologie, die sich mit den Formen, der Veränderung des menschl. Zusammenlebens in Städten befaßt; Sondergebiet der →Gemeindesoziologie. – ☐ 1.6.6.

Stadtstaat, in der BRD eine Stadtgemeinde, die zugleich Bundesland ist, so zur Zeit Bremen u. Hamburg; Westberlin hat infolge alliierter Vorbehalte nicht die volle Rechtsstellung eines Bundeslands. – In ähnl. Sinn sind Wien (seit 1919) u. Basel-Stadt als eigener Kanton S.en. Ein souveräner S. ist Singapur. – S.en waren in der griech. Polis, Rom in seinen Anfängen, italien. Städte wie Florenz, Venedig. Die gleiche Rechtsstellung besaßen auch die Reichsstädte im MA. u. der beginnenden Neuzeit, bis sie der Erscheinung des Territorialstaats zum Opfer fielen.

Stadtsteinach, bayer. Stadt in Oberfranken (Ldkrs. Kulmbach); nördl. von Bayreuth, 3500 Ew.; Sommerfrische; Textil-, Papier-, Konservenindustrie.

Stadtverordneter, im Gemeinderecht der Städte mehrerer Länder der BRD Amtsbez. der Mitglieder der *Gemeindevertretung.*

Stadtwirtschaft, nach K. *Bücher* die Wirtschaftsstufe, die in der wirtschaftl. Entwicklung auf die geschlossene Hauswirtschaft folgt. Sie sei gekenn-

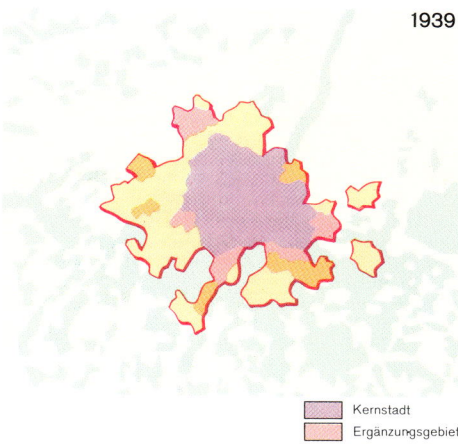 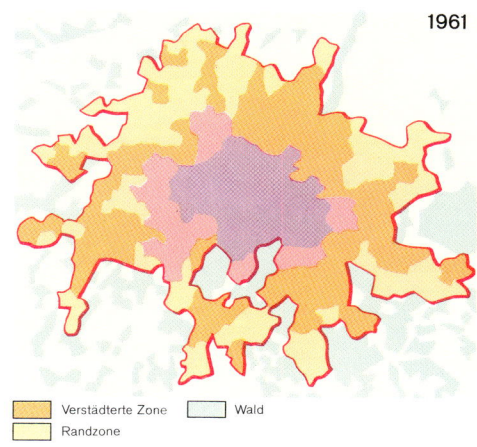

Stadtregion: Entwicklung der Stadtregion München

zeichnet durch die Produktion im Auftrag des Konsumenten *(Kundenproduktion)*. Allerdings ist historisch gerade für die S. entscheidend gewesen, daß sie einen Markt begründete, eine Stätte des Güteraustauschs war. Indem die städt. Einkommen aller Art (Grundrenten, Handels- u. Produzentengewinne) auf den Markt drängten, trieben sie die wirtschaftl. Verflechtung von Stadt u. Land voran u. förderten die gesellschaftl. Arbeitsteilung.

Staedtler, J. S. *Staedtler,* Mars Bleistift-, Schreib- u. Zeichengeräte-Fabriken, Nürnberg, gegr. 1835 durch Johann Sebastian *Staedtler* (*1800, †1872), dessen Vorfahre Friedrich *Staedtler* (*1636, †1688) die Nürnberger Bleistiftherstellung mitbegründete.

Staël [sta:l], Nicolas de, französ. Maler russ. Herkunft, *5.1.1914 St. Petersburg, †16.3.1955 Antibes; seit 1918 in Westeuropa; schuf zunächst konstruktivist. Kompositionen, gelangte später zu einem expressiv-abstrakten Stil mit gefühlsbetonter Farbverwendung.

Staël-Holstein [sta:l-], (Anne Louise) Germaine, Baronne de, genannt *Madame de Staël,* französ. Schriftstellerin, *22.4.1766 Paris, †14.7.1817 Paris, Tochter des französ. Finanzministers Jacques Necker; floh vor der Revolution nach Coppet (Genfer See) u. befreundete sich dort mit B. *Constant;* unterhielt um 1800 den führenden Pariser Salon, wurde 1802 von *Napoléon* wegen ihrer romantisch-liberalen Ideen zur Emigration gezwungen. Auf ihren zahlreichen Reisen u.a. nach Dtschld. lernte sie Goethe, Schiller, Ch. M. *Wieland,* J. G. *Fichte* u. die Brüder *Schlegel* kennen u. vermittelte die entscheidenden Anstöße für die Romantik in Frankreich. Ihr Hptw.: ,,De l'Allemagne" 1810, dt. ,,Deutschland" 1814, prägte für lange Zeit die französ. Vorstellung von Dtschld. als einem verträumten Land von Dichtern u. Philosophen. Die Romane ,,Delphine" 1802, dt. 1803, u. ,,Corinna oder Italien" 1807, dt. 1807f., traten für die geistige u. erot. Emanzipation der Frau ein. – ☐ 3.2.1.

Stäfa, Großgemeinde im schweizer. Kanton Zürich, am Nordufer des Zürichsees, 10500 Ew.; Ausflugsort mit bedeutendem Obst- u. Weinbau.

Stafette [die; ital.], reitender Bote, Eilbote, Kurier.

Staff, Leopold, poln. Lyriker u. Dramatiker, *14.11.1878 Lemberg, †31.5.1957 Skarżysko-Kamienna; Vertreter des ,,Jungen Polens"; verfaßte pazifist. Lyrik u. symbolist. Dramen.

Staffa ['stæfə], Insel der schott. Inneren Hebriden, rd. 2,5 qkm, unbewohnt; mit der Fingalshöhle.

Staffage [-ʒə; die; frz.], 1. *allg.:* Ausstattung, Unwichtiges, Beiwerk.
2. *Kunst:* in Landschaftsbilder, Veduten u.ä. eingefügte, meist kleinformatige Menschen- oder Tierfiguren *(S.figuren),* die nicht Hauptgegenstand der Darstellung, sondern in ihr lediglich von belebender Nebenbedeutung sind.

Staffel, 1. *Baukunst:* Altar-S. →Predella.
2. *Luftwaffe:* →Kompanie.
3. *Sport:* →Staffellauf, →Schwimmen, →Skisport.

Staffelberg, Berg am Rand der Fränk. Alb bei Staffelstein, 539 m.

Staffelbruch, *Geologie:* System von parallelen Verwerfungen, bei dem die betroffenen Schichtpakete stufenförmig zueinander verschoben sind, so daß eine Treppe entsteht.

Staffelchor, im Kirchenbau eine drei- oder mehrschiffige Choranlage, in der Hauptchor u. Nebenchöre flach oder mit einer halbrunden bzw. polygonalen Apsis enden; dabei ist der Hauptchor länger als die Nebenchöre, die Apsiden sind also gestaffelt; häufig in der dt. Kirchenbaukunst des 12. Jh. u. auch später in der Gotik verwendet (Hirsauer Bauschule).

Staffeldt, Adolf Wilhelm Schack von, dän.-dt. Dichter, *28.3.1769 Garz, Rügen, †26.12.1826 Gottorp, Schleswig-Holstein; stand unter dem Einfluß F. W. J. von *Schellings* u. *Novalis'*.

Staffelei, verstellbares, meist dreibeiniges Gerüst, dient beim Maler während des Malens als Träger der aufgespannten Leinwand oder anderer Bildgründe. Als *S.bild* wird jedes bewegl., auf einer S. entstandene Bild bezeichnet, hauptsächl. zur Unterscheidung von Wand- u. Deckenmalereien.

Staffelgebet, *Stufengebet,* früher Gebet zu Beginn der kath. Meßfeier an den Stufen des Altars; in der neuen Meßordnung nicht mehr vorhanden.

Staffelgiebel, *Treppengiebel,* ein Giebel, der stufenförmig ansteigt; in der norddt. Backsteinarchitektur (z.B. Bürgerhäuser in Lüneburg, Lübeck, Wismar, Rostock) verbreitet. In Renaissance u. Barock wurden die stufenförmigen Absätze oft mit Voluten, Obelisken, Figuren u.ä. besetzt.

Staffellauf, *Stafettenlauf,* ein Mannschaftslauf, bei dem die einzelnen Läufer einer Staffel sich nach Übergabe eines Stabs ablösen. Bei *Pendelstaffeln* wird dieselbe Strecke hin u. zurück gelaufen, *Rundstaffeln* auf Bahnen werden mit ,,fliegendem Wechsel" durchgeführt. Die wichtigsten Staffelläufe der Leichtathletik sind die olymp. Wettbewerbe über 4×100 m u. 4×400 m für Männer u. Frauen; weitere Staffeln sind: 4×200 m, 4×800 m, 4×1500 m, 4×1 Meile (für Männer), 4×200 m, 3×800 m, 4×800 m (für Frauen), Schwedenstaffel (100, 200, 300, 400 m) u. Olymp. Staffel (800, 200, 200, 400 m). Bei der Sprintstaffel (4×100 m) muß der Stab jeweils an den Markierungen 100, 200 u. 300 m innerhalb der sog. *Wechselräume* übergeben werden (→Wechsel).

Staffelsee, oberbayer. See im Alpenvorland, nordwestl. von Murnau, 648 m ü.M., 7,7 qkm, bis 38 m tief; 7 Inseln, auf der Insel *Wörth* ein Bischofsschloß.

Staffelstein, bayer. Stadt in Oberfranken (Ldkrs. Lichtenfels), am Main, 10000 Ew.; Maschinen- u. Porzellanindustrie.

Staffeltarif, ein Frachttarif, bei dem der Frachtsatz pro Leistungseinheit (z.B. t/km) mit zunehmenden Beförderungsweiten sinkt.

staffieren, *Kleidung:* Stoff u. Futter mit Blindstichen verbinden.

Staffiermalerei →Fassung (2).

Stafford ['stæfəd], Hptst. der mittelengl. Grafschaft *Staffordshire* (2716 qkm, 1,0 Mill. Ew.), am Grand Trunk Canal, 115000 Ew.; Metall-, Maschinen-, Leder- u. Bekleidungsindustrie.

Stag [das], Hanf- oder Stahlseil, das Schiffsmasten versteift u. Stengen nach vorn steif (straff) hält.

Stageira, früher *Stageiros,* lat. *Stagira,* um 650 v.Chr. gegr. griech. Stadt an der Ostküste der Halbinsel Chalkidike, Geburtsort des *Aristoteles* (der danach *Stagirit* genannt wird).

Stagflation [Kunstwort aus *Stagnation* + *Inflation*], eine durch inflationistische Tendenzen (insbes. starke Preissteigerungen) bei gleichzeitiger Stagnation der Wirtschaftstätigkeit u. Arbeitslosigkeit gekennzeichnete Wirtschaftslage.

STAGMA

STAGMA, Abk. für *Staatlich genehmigte Gesellschaft zur Verwertung musikalischer Aufführungsrechte*; Vereinigung der *Verwertungsgesellschaften* nach dem Gesetz über Vermittlung von Musikaufführungsrechten vom 4. 7. 1933; nach 1945 im westl. Dtschld. umbenannt in →GEMA.

Stagnelius, Erik Johan, schwed. Dichter, * 14. 10. 1793 Gärdslösa, Öland, † 3. 4. 1823 Stockholm; vom dt. Idealismus beeinflußt; kam von der Spätklassik zur Romantik; schrieb Epik („Wladimir der Große" 1817, dt. 1828), Lyrik u. Dramen („Die Märtyrer" 1821, dt. 1853).

Stagsegel, dreieckiges Segel, am *Stag* befestigt.

Stahl, Sammelbez. für alle schmiedbaren Eisenlegierungen; wichtigster Werkstoff der Gegenwart.
Erzeugung: S. wird heute ausschl. im schmelzflüssigen Zustand (*Fluß-S.*) erzeugt. *Schweiß-S.*, seit alters im Rennfeuer, seit 1784 durch →Puddeln im teigigen Zustand erzeugt, wird heute nicht mehr gewonnen. Ausgangsstoff ist überwiegend das dem →Hochofen oder dem →Niederschachtofen entnommene Roheisen, dessen Kohlenstoff u. a. unerwünschte Eisenbegleiter durch Frischen mehr oder minder beseitigt werden. *Blasverfahren (Windfrischen)*: Flüssiges Roheisen wird in den →Konverter gefüllt, durch Hindurchblasen von Luft („Wind") werden die unerwünschten Stoffe verbrannt; beim *Bessemer-S.* (seit 1855; saure Konverterauskleidung) sind es Kohlenstoff, Mangan u. Silicium, beim *Thomas-S.* (seit 1878; basische Auskleidung) Kohlenstoff, Mangan u. Phosphor. Dauer des Windfrischvorgangs 11–22 min. Beim *LD-Verfahren* (nach den österr. Entwicklerwerken *Linz-Donawitz*) wird Sauerstoff mit einer sog. *Sauerstofflanze* auf die Oberfläche von flüssigem Eisen im Tiegel geblasen (seit etwa 1948). Eine Abwandlung des LD-Verfahrens ist das *LD-AC-Verfahren* (AC ist die Abk. für die Firmenbezeichnung Arbed/Centre National de Recherches Métallurgiques), die in Belgien entwickelt wurde u. wobei ein Sauerstoff-Kalk-Gemisch geblasen wird. Beim abgewandelten Sauerstoffblasverfahren im *Kaldo-Ofen*, genannt nach dem Erfinder Bo Kalling vom Stahlwerk in Domnarvet (Schweden), dreht sich der Ofen in Schrägstellung 30mal in der Minute um seine eigene Achse. *Flammofenverfahren*: Der Siemens-Martin-Ofen besteht aus einer aus feuerfesten Steinen gebauten, muldenförmigen u. oft kippbaren Schmelzwanne mit einem Fassungsvermögen bis zu 900t Stahl. In ihr wird durch eine lange Flamme von etwa 1800°C der Einsatz niedergeschmolzen, der je nach dem gewählten Verfahren bestehen kann aus festem oder flüssigem Roheisen u. Stahlschrott oder nur aus Schrott mit Kohle oder Roheisen mit Erz, je mit Zusätzen; der Kohlenstoff wird durch den Sauerstoffgehalt der Flamme oder zusätzl. Hammerschlag oder Walzzunder verbrannt. Der Frischvorgang dauert 4–8 Stunden. Die Bemühungen von Émile u. Pierre *Martin*, in einem Flammofen S. zu erschmelzen, schlugen fehl, bis sie 1864 die von F. v. Siemens 1856 erfundene *Regenerativfeuerung* anwandten. Hierbei werden die Abgase der Ofenflamme in zwei mit feuerfesten Steinen ausgefüllte Kammern geführt, die abwechselnd die Abhitze aufnehmen. Ist die Temperatur der Steine in der ersten Kammer genügend hoch, so werden die Abgase in die zweite Kammer geleitet, während durch die erste die Verbrennungsluft strömt u. dabei die gespeicherte Wärme aufnimmt. Ist die Temperatur der Kammersteine abgesunken, wird der Verbrennungsluftstrom umgeschaltet. Als Brennstoff dient überwiegend Öl.
Im Elektroofen (*Elektro-S.*) besteht der Einsatz aus Roh-S., Legierungsstoffen u. Zusätzen; er wird durch Elektro-(Lichtbogen- oder Induktions-) Wärme niedergeschmolzen (Lichtbogenöfen: W. von Siemens, 1880). *Tiegel-S.* (B. Huntsman, 1740), S. von besonderer Reinheit oder legiert, wird in Graphittiegeln von rd. 50 kg Inhalt erzeugt, heute fast ganz durch den billigeren Elektro-S. verdrängt; auch →Gärbstahl wird kaum noch hergestellt. *S.(form)guß* ist im flüssigen Zustand (ähnl. dem →Gußeisen) in Lehmformen vergossener S. mit bis zu etwa 0,6% Kohlenstoff u. den Eigenschaften des schmiedbaren S.s, wird jedoch nicht mehr umgeformt (etwa 5% der Rohstahlerzeugung).
Zusätze u. ihr Einfluß auf die Eigenschaften des S. →Tab. unten.
Verarbeitung: Der flüssige S. (außer S.guß) wird zu S.blöcken bis zu 250t in →Kokillen vergossen u. noch glühend in Walzwerken zu *Form-S.* (*S.trägern*), *Stab-S.*, Walzdraht, nahtlosen Rohren oder Bändern ausgewalzt (70% der Rohstahlerzeugung) oder, erkaltet, nach nochmaligem Erwärmen unter Pressen u. Hämmern zu Freiformschmiedestücken oder Hohlblöcken ausgeschmiedet.
Behandlungsverfahren: *Härten* ist Erhitzen über etwa 800°C (je nach Zusammensetzung; maßgebend sind Kristallumwandlungsvorgänge) u. Abschrecken in Wasser, Öl, Luft u. a. *Vergüten*: gehärteten S. wieder auf 450–650°C anwärmen („anlassen"), wodurch die Zähigkeit zunimmt. *Einsetzen*: die Außenzone eines S.teils mit niedrigem Kohlenstoffgehalt durch Diffusion mit Kohlenstoff (über 1,0% C) anreichern u. dann härten, d. h. verschleißfest machen; der Kern bleibt zäh. Ähnl. *Nitrieren* (mit Stickstoff) u. Oberflächenschutz durch →Alumetieren (mit Aluminium), →Inchromieren (mit Chrom). →auch härten.
Verwendung: Kohlenstoff-S. mit bis zu 0,6% Kohlenstoff als Bau-S. für Hoch-, Brücken-, Maschinen-, Schiffbau; mit bis zu 1,5% C als Werkzeug-S. für bloße Kaltbeanspruchung; mit geringen Legierungszusätzen bes. wie Nickel u. Chrom für höher beanspruchte Maschinenteile. Mit höheren Legierungsgehalten (Nickel, Chrom, Mangan, Silicium) für hochbeanspruchte Maschinenteile u. bes. Anforderungen (Verschleißfestigkeit, Korrosionsbeständigkeit); mit Gehalten an Wolfram, Molybdän, Vanadium, Kobalt bes. für Beanspruchungen bei höheren Temperaturen. Phosphor- u. Schwefelgehalt ist fast immer unerwünscht. – ⌑ 10.7.3.
→auch eisenschaffende Industrie (Rohstahlgewinnung in den wichtigsten Ländern).

Stahl, 1. Friedrich Julius, Rechtsphilosoph u. Politiker, * 16. 1. 1802 München, † 10. 8. 1861 Bad Brückenau; Vertreter der religiös-konservativen Richtung in der Form einer prot. Sozialphilosophie u. allseitiger Orientierung aller Lebensverhältnisse des Menschen an dem von Gott in die Schöpfung gelegten sittl. Zweck. Hptw.: „Die Philosophie des Rechts" 2 Bde. 1830–1837, ⁵1878.
2. Georg Ernst, Arzt u. Chemiker, * 21. 10. 1660 Ansbach, † 14. 5. 1734 Berlin; Leibarzt *Friedrich Wilhelms I.* von Preußen in Berlin; gilt u. a. als Begründer des vitalist. Animismus; erweiterte die von J. J. *Becher* aufgestellte *Phlogistonhypothese* (von A. L. *Lavoisier* widerlegt).
3. Hermann, Erzähler u. Lyriker, * 14. 4. 1908 Dillenburg; schildert Probleme der Jugend („Traum der Erde" 1936) u. der heutigen Gesellschaft („Die Spiegeltüren" 1951; „Wohin du gehst" 1954; „Jenseits der Jahre" 1959; „Türen aus Wind" 1961). Auch Hörspiele.

Stahlbau, *Stahlhochbau, Stahlwasserbau, Stahlkonstruktion,* früher *Eisenbau, Eisenhochbau* genannt, umfaßt stählerne Bauwerke im Brückenbau, im ingenieurmäßigen Hoch-, Industrie- u. Wasserbau, Laufbahnen, Gerüste von Kränen sowie Masten, Türme u. Behälter. Beim S. bestehen die Stützen u. Träger aus Stahl; sie werden durch Knotenbleche u. mit diesen wieder durch Niete, Schweißen oder, wo die Verbindung lösbar bleiben soll, durch Schrauben oder Bolzen verbunden.
Geschichte: Der S. ist eine der wichtigsten Voraussetzungen für das Entstehen der modernen Architektur. Er begann im letzten Viertel des 18. Jh., als man Holzkonstruktionen (Dachstühle, Brücken) durch stabilere ersetzte; 1780 erhielt der Grand Salon des Louvre in Paris einen eisernen Dachstuhl, 1773–1779 entstand die Severnbrücke in Coalbrookdale. Die ersten Metallskelettbauten waren Industriegebäude (Flachsspinnerei in Ditherington mit Trägern u. Stützen aus Gußeisen, 1796), Markthallen (Kornmarkthalle in Paris, ältestes Beispiel einer Verbindung von Eisen u. Glas, 1809/11), Ausstellungshallen (Kristallpalast in London, 1850) oder Bahnhöfe (St. Pancras in London, 1865). In Nordamerika war die Aufnahme von Eisenteilen in die Fassade eines Baues schon seit etwa 1850 üblich (Geschäftshäuser in St. Louis zwischen 1850 u. 1877). Als Höhepunkt der Frühentwicklung des S.s gelten Bauten für die Weltausstellung 1889 in Paris, die Maschinenhalle u. der Eiffelturm.

Stählberg ['sto:lbærj], Kaarlo, finn. Politiker, * 28. 1. 1865 Suomussalmi, † 22. 9. 1952 Helsinki; Jurist, Prof. in Helsinki, Schöpfer der Verfassung von 1919; 1919–1925 Staats-Präs.

Stahlbeton, mit Stahleinlagen (Rund-Stahlstäbe, Stahlgewebe oder dgl.) bewehrter (armierter) Beton; für biegungsbeanspruchte Bauteile, schlanke Druckglieder u. für Zugglieder geeigneter Verbundstoff, bei dem sich der druckfeste Beton mit der zugfesten Stahlbewehrung zu gemeinsamer Wirkung (Verbund) verbindet. S. ist widerstandsfähig gegen Feuer u. Erschütterungen u. wirtschaftlich herzustellen (kurze Bauzeiten, geringer Arbeits- u. Materialaufwand).

Stahlflasche, aus Stahl nahtlos gezogene Flasche für stark verdichtete Gase, z.B. Sauerstoff, Wasserstoff, Propan; Druckfestigkeit bis zu 150 atü.

Stahlgraveur [-'vø:r], *Stahlschneider,* Ausbildungsberuf der Industrie mit 3½jähriger Ausbildungszeit; fertigt Stahlstanzen sowie Preß-, Präge- u. sonstige Stahlformen für Schmuck- u. Metallwaren, Leder, Papier, Kunststoffe u. a. an.

Stahlguß, Stahl, dessen Formgebung durch Gießen in vorgefertigte Formen erfolgt. Im Gußzustand entstehende grobkristalline Gefügeausbildung wird durch Warmbehandlung des Gußstücks beseitigt, dadurch verbesserte Zähigkeit.

Stahlhaus, Wohnhaustyp, meist Fertighaus: 1. Gerippebau aus gewalzten Stahlprofilen; 2. Gerippebau aus gekanteten Stahl-Leichtbauprofilen; 3. Stahlrahmenbau aus Stabprofilen; 4. Stahltafelbau. Im S.bau ist bes. Sorgfalt auf ausreichende Wärmedämmung, Rostschutz nötig.

Stahlhelm, Kopfschutz des Soldaten moderner Heere; im 1. Weltkrieg zum Schutz bes. gegen Splitterwirkung eingeführt.

Stahlhelm, Bund der Frontsoldaten, im Nov. 1918 in Magdeburg von F. *Seldte* gegr. Wehrorganisation. Formell parteipolit. neutral, war der S. ein Sammelbecken des militanten Nationalismus der bürgerl. Rechtsparteien. In seinem Kampf gegen die Weimarer Republik ging er zeitweise (seit 1929) mit der NSDAP *(Harzburger Front)* zusammen, wurde dann von Hitler überspielt u. 1933 diesem unterstellt, 1934 größtenteils in die SA übernommen, 1935 aufgelöst; 1951 neu gegr., jedoch bedeutungslos.

Stahlhof →Stalhof.

Stählin, 1. Karl, Historiker, * 21. 1. 1865 Breitenau, Franken, † 29. 8. 1939 Berlin; schrieb „Geschichte Rußlands" 1923 ff.
2. Wilhelm, ev. Theologe, * 24. 9. 1883 Gunzenhausen, † 16. 12. 1975 Prien am Chiemsee; Anreger u. geistiger Leiter des *Berneuchener Kreises,* 1926 Prof. in Münster, 1945 bis 1952 Bischof der Ev.-luth. Kirche in Oldenburg.

Stahlkammer →Geldschrank.

Stahlkopfforelle →Forelle.

Stahlkord, dünne, nebeneinanderliegende Stahlseile, durch Kautschuk verbunden, wesentl. Bestandteil von Stahlreifen. →Bereifung.

Stahlmöbel, seit dem Ende des 1. Weltkriegs im Bemühen um eine schmucklos-sachl. Formgestaltung entworfene Wohnmöbel (bes. Sitzmöbel), deren tragendes Material aus Stahlrohr oder

Eigenschaft	C	Mn	Si	Cr	Ni	W	Mo	V	Co	Ti
Zugfestigkeit	+ +	+	+	+	+	+	+	+	+	v
Dehnung	–	v	–	v	+	–	o	o	+	+
Härtbarkeit	+ +	+	o	o	o	+	o	o	o	v
Härte	+ +	+	+	+ +	+	+	+	+	+	+
Warmfestigkeit	+	+	+	o	+	+ +	+ +	+	+	+
Korrosions-beständigkeit	–	+	+	+ +	+ +	o	+	+	+	+
Schmiedbarkeit	–	v	–	–	o	–	o	–	o	o
Kaltformbarkeit	=	+	–	–	+	–	v	=	o	o
Zerspanbarkeit	–	–	–	o	–	–	–	–	o	o
Schweißbarkeit	–	v	–	v	v	o	–	–	o	+

Zeichenerklärung: + + sehr steigernd; + steigernd; o kein Einfluß; – mindernd; = sehr mindernd; v verschieden nach Zusammensetzung.

Bandstahl (in Verbindung mit Leder u. Stoffgurten) besteht. S. sind hygienisch, leicht pflegbar; ihre Zweckmäßigkeit wird durch Betonung des konstruktiven Aufbaus unterstrichen. Sie konnten sich für Wohnräume weniger durchsetzen als für Büros, Arztzimmer, Krankenhäuser u. Hotels.

Stahlpakt, der am 22. 5. 1939 zwischen dem nat.-soz. Dt. Reich u. dem faschist. Italien abgeschlossene Freundschafts- u. Bündnispakt, der die Verpflichtung zu militär. Beistand im Kriegsfall, zu enger Zusammenarbeit auf militär.-wirtschaftl. Gebiet sowie zum gemeinsamen Friedensschluß nach gemeinsam geführtem Krieg enthielt. Der S. setzte die Linie der 1936 begonnenen Politik („Achse Berlin–Rom") fort. Er sah den Bündnisfall nicht nur beim Angriff einer dritten Macht vor, sondern ausdrückl. für die „Sicherung des Lebensraums", der „Lebensinteressen" der beiden Völker. Für Südtirol legte der Pakt die derzeitige Grenze für alle Zeiten als gültig fest. – 🄻 5.3.5.

Stahlquelle, natürl. Eisenquelle mit mehr als 10 mg Eisensalz (bes. Eisencarbonat) im Liter. Man unterscheidet *Eisensäuerlinge* u. *Eisensulfatquellen*; zu Trinkkuren u. Bädern bei Bleichsucht u. Blutarmut gebraucht.

Stahlsaitenbeton, hochwertiger Beton mit Bewehrung durch hochvorgespannte, klaviersaitenartige 0,5–3,0 mm dicke Drähte aus bestvergütetem Stahl. S. ist zugfest u. biegsam wie Stahl; bes. für vorgefertigte Träger verwendet.

Stahlsteindecken, Massivdecken aus Deckenlochziegeln mit eingelegter Stahlbewehrung.

Stahlstich, um 1820 in England erfundenes Tiefdruckverfahren, dem Kupferstich ähnlich; die Zeichnung wird in eine Stahlplatte geätzt oder gestochen. Das Druckbild zeichnet sich durch klare Linienschärfe aus; bes. geeignet für den Druck von Briefmarken, Wertpapieren u.ä.

Stahlverein, Kurzbez. für →Vereinigte Stahlwerke AG.

Stahlwasserbau, alle im Wasserbau vorhandenen Stahlkonstruktionen, z.B. Schleusentore, bewegl. Wehre, Schiffshebewerke.

Stahlwerk, Anlage zur Herstellung von →Stahl.

Stahlwerke Bochum AG, Bochum, 1947 gegr. Unternehmen; erzeugt Edelstähle, Bleche, Stahlguß; Grundkapital: 24,2 Mill. DM.

Stahlwerke Peine-Salzgitter AG, Peine, Unternehmen der eisenschaffenden Industrie, 1970 hervorgegangen aus dem Zusammenschluß der *Ilseder Hütte*, Peine (gegr. 1858), mit den Hüttenbetrieben der *Salzgitter Hüttenwerke AG*, Salzgitter; fördert Eisenerz, erzeugt Roheisen, Rohstahl, Walzstahl; Grundkapital: 312 Mill. DM (Großaktionär: *Salzgitter AG*); 17300 Beschäftigte.

Stahlwerke Röchling-Burbach GmbH, Völklingen, 1971 hervorgegangen aus dem Zusammenschluß der Hüttenwerke der *Aciéries Réunies de Burbach-Eich-Dudelange S.A.* (ARBED), Luxemburg, u. der *Röchling'sche Eisen- u. Stahlwerke GmbH*, Völklingen; seit 1978 zu 97,9% im Besitz der ARBED; Produktion von Roheisen, Rohstahl u. Walzstahlerzeugnissen; Tochtergesellschaften: *Neunkircher Eisenwerk AG*, u.a.

Stahlwerke Südwestfalen AG, seit 1980 *Krupp Südwestfalen AG*, Siegen, Unternehmen der eisenschaffenden Industrie, 1951 hervorgegangen aus der Verschmelzung der *Hüttenwerke Geisweid AG* mit der *Stahlwerke Hagen AG*; Produktionsprogramm: Werkzeugstähle, rost-, säure- u. hitzebeständige Stähle, Baustähle, Draht, Bleche; Grundkapital: 80 Mill. DM (Großaktionär: *Krupp Stahl AG*, Bochum); 13900 Beschäftigte.

Stahlwolle, langfaserige Stahlspäne.

Stahr, Adolf, Schriftsteller des *Jungen Deutschland*, *22. 10. 1805 Prenzlau, Uckermark, †3. 10. 1876 Wiesbaden; seit 1854 verheiratet mit der Schriftstellerin Fanny *Lewald* (*1811, †1889); verfaßte mit ihr zusammen „Ein Winter in Rom" 1869. „Lessing" (Biographie) 1859; Reiseberichte („Ein Jahr in Italien" 1847–1850).

Staiger, Emil, schweizer. Literaturwissenschaftler, *8. 2. 1908 Kreuzlingen; seit 1943 Prof. in Zürich; verfaßte Arbeiten zur neueren deutschen Literatur, besonders über Goethe, u. zur allgemeinen Literaturwissenschaft. „Grundbegriffe der Poetik" 1946; „Goethe" 3 Bde. 1952–1959; „Die Kunst der Interpretation" 1955; „Friedrich Schiller" 1967.

Stainer, *Steiner*, Jakob, österr. Geigenbauer, *wahrscheinl. vor 1617 Absam, Tirol, †Ende 1683 Absam; Begründer der „Tiroler Schule", bahnbrechend für den dt. Geigenbau.

Staket [das; ital.], Lattenzaun, Pfahlwerk.

Stal, lat. *exagium*, frz. *étalon*, Richtstück, Abschlag einer Münze gewöhnl. auf dickerem Schrötling; der S. galt als Vorbild bei Feingehaltsproben.

Stalagmit [der; grch.], durch auftropfendes kalkhaltiges Wasser allmählich von unten nach oben wachsendes säulenartiges Tropfstein- (d.h. Kalkstein-)Gebilde am Boden von Höhlen.

Stalaktit [der; grch.], hängendes, zapfenartiges Tropfsteingebilde in Höhlen, das von der Decke nach unten auf den *Stalagmiten* zu wächst.

Stalaktitengewölbe, Gewölbeform der islam. Architektur; gebildet aus zahlreichen, treppenförmig übereinandergesetzten Einzelgliedern.

Stalden, schweizer. Dorf im Kanton Wallis, an der Visp u. der Vereinigung von Matter- u. Saastal, 800 m ü.M., 1000 Ew.; Wein- u. Obstanbau trotz hoher Lage.

Stalder, Josef, schweizer. Turner, *6. 2. 1919 Luzern; Olympiasieger im Reckturnen 1948, Silbermedaille 1952; 6facher Weltmeister 1950 u. 1954. Der nach ihm benannte *S.-Umschwung* am Reck ist ein Durchschub aus dem Handstand oder der freien Felge in den Handstand.

Stalhof [mittelniederdt. *staal*, „Muster"], fälschl. *Stahlhof*, seit dem 15. Jh. Bez. für das Kontor der *Hanse* in London, 1598 geschlossen.

Stalin, eigentl. *Dschugaschwili*, Josif (Josef) Wissarionowitsch, sowjet. Politiker, *21. 12. 1879 Gori, †5. 3. 1953 Moskau; Grusinier; besuchte das Tifliser Priesterseminar; seit 1898 Mitgl. der Russ. Sozialdemokrat. Partei, seit 1904 der bolschewist. Gruppe, betätigte sich in der revolutionären Bewegung im Kaukasus, wurde 1912 in das ZK der bolschewist. Partei kooptiert. Den 1. Weltkrieg verbrachte S. in sibir. Verbannung. In der ersten Sowjetregierung war S. 1917–1923 Volkskommissar für Nationalitätenfragen. Seit 1922 brachte er als Generalsekretär den Parteiapparat der KPdSU unter seine Kontrolle. Nach dem Tod Lenins (der in seinem „Testament" vor S. warnte) schaltete er durch geschicktes Ausspielen der verschiedenen Gruppen in der KPdSU nacheinander L. Trotzkij, G. Sinowjew, L. Kamenew, N. Bucharin, A. Rykow u. andere prominente Bolschewiki aus. Seit Ende der 1920er Jahre war S. Diktator der Partei u. des Landes.

Seit 1941 bekleidete S. auch die Ämter des Vors. des Rats der Volkskommissare (seit 1946 Min.-Präs.) u. des Oberbefehlshabers der Streitkräfte (1943 Marschall, 1945 Generalissimus). S. nahm für sich in Anspruch, die höchste Autorität auf allen Gebieten des polit., wirtschaftl. u. kulturellen Lebens zu sein, u. ließ sich als „Genius der Menschheit" feiern. Seine Nachfolger vollzogen eine Abkehr von diesem „Personenkult". – Schriften S.s: „Marxismus u. nationale Frage" 1913; „Fragen des Leninismus" 1926, [11]1939; „Marxismus u. die Fragen der Sprachwissenschaft" 1950; „Ökonomische Probleme des Sozialismus in der UdSSR" 1952; „Werke 1950ff. →auch Sowjetunion (Geschichte), Stalinismus. – 🄱 →Jalta. – 🄻 5.5.6 u. 5.3.5.

Stalinabad, 1929–1961 Name der sowjet. Stadt →Duschanbe.

Stalingrad, 1925–1961 Name der sowjet. Stadt *Wolgograd*. – Im 2. Weltkrieg war S. schwer umkämpft. Die Kapitulation der dt. 6. Armee unter F. *Paulus* am 31. 1.–2. 2. 1943 in der Schlacht um S. bedeutete den Wendepunkt des Kriegsgeschehens an der Ostfront.

Staliniri, 1934–1961 Name der sowjet. Stadt →Zchinwali.

Stalinismus, Praxis u. Theorie des →Bolschewismus unter J. W. *Stalin*. Der S. begann nach der Ausschaltung der innerparteil. Opposition in der KPdSU um 1930 u. endete mit dem 20. Parteitag der KPdSU 1956. Eine zentrale Bedeutung im S. hatten der →Personenkult u. die Lehre vom *Aufbau des Sozialismus in einem Land* (bzw. ab 1945: in einzelnen Ländern durch genaue Nachahmung des Musters der UdSSR). Der S. gilt als schwerste Entstellung des →Kommunismus u. Sozialismus. Die Theorie des S. war großenteils nur scheinmarxistisch: Jeder für notwendig gehaltene polit. Schritt wurde mit „passenden" Zitaten aus Werken der „Klassiker" K. *Marx*, F. *Engels*, W. I. *Lenin* u. J. W. *Stalin* gerechtfertigt; die Lehren Lenins u. des →Marxismus wurden willkürl. ausgelegt u. ohne Berücksichtigung geschichtl. Gegebenheiten dogmat. verallgemeinert oder auch verengt. Seine schlimmsten Auswüchse zeigte der S. in der *Großen Säuberung* 1935–1938 u. im System der Zwangsarbeitslager. Reste u. Spätwirkungen des S. zeigen sich in der Sowjetunion (z.B. in der Kulturpolitik) u. den Ländern des Warschauer Pakts zuweilen noch heute. Zuerst (ab 1948) löste sich Jugoslawien vom S.; Albanien u. China, die Stalin weiterhin zu den Klassikern des Marxismus rechnen, haben eine eigene marxist. Theorie u. Praxis entwickelt (→Maoismus). – 🄻 5.8.2 u. 5.8.3.

Stalino, 1924–1961 Name der sowjet.-ukrain. Stadt →Donezk.

Stalinogorsk, 1934–1961 Name der sowjet. Stadt →Nowomoskowsk.

Stalinorgel, umgangssprachl. Bez. für eine Vorrichtung zum gleichzeitigen Abfeuern mehrerer (meist über 40) Raketengeschosse; seit 1941 von der sowjet. Armee verwandt; Kaliber 8 cm, später 15 cm, Schußweite 8–12 km; zunächst mehr von moralischer, später auch materieller Wirkung.

Stalin Pik, früherer Name des →Kommunisma Pik.

Stalinsk, 1932–1961 Name der sowjet. Stadt →Nowokusnezk.

Stalinstadt, bis 1961 Name eines Stadtteils von →Eisenhüttenstadt.

Stall, Gebäude zur Unterbringung von Tieren. Größte Bedeutung hat das S.klima: Wärmedämmung, Lüftung, Beleuchtung. Die Einrichtungen für Entmistung u. Fütterung sind heute weitgehend mechanisiert.

Stallfliege = Stechfliege.

Stallhaltung, Aufzucht u. Haltung von Nutztieren in Stallungen mit der Klimazone entsprechenden Berge- u. Vorratsräumen. Es besteht ein Trend zu Rationalisierung u. Spezialisierung (größere Tierbestände einer Art), kombiniert mit moderner Planwirtschaft. →auch Intensivtierhaltung.

Stallhase →Kaninchen.

Stalling Verlag, *Gerhard Stalling AG, Druck- und Verlagshaus*, Oldenburg (Oldenburg), gegr. 1789, Filiale in Hamburg; zeit- u. kulturgeschichtl. u. populärwissenschaftl. Werke, Marine- u. Schifffahrtsliteratur, Bilderbücher.

Stallsperre, Trennung des kranken u. verdächtigen Viehs vom gesunden; Einstellung von anderen Tieren ist verboten. Die abgesperrten Tiere dürfen den Stall nicht verlassen.

Stallupönen, bis 1938 Name der Stadt →Ebenrode, ehem. Prov. Ostpreußen.

Stalowa Wola, Stadt (gegr. 1937) am unteren San, im zentralen Industriegebiet Polens (Wojewodschaft Tarnobrzeg), 28000 Ew.; Hüttenkombinat, Maschinenbau, Großkraftwerk (445 MW).

Stambul, Stadtteil von →Istanbul.

Stambulijski, *Stamboliski*, Alexander, bulgar. Politiker, *1. 3. 1879 Târnowo, †14. 6. 1923 Sofia (ermordet); 1908 Gründer der agrarrevolutionären Bauernpartei; ententefreundl., 1919–1923 Min.-Präs., unterzeichnete den Friedensvertrag von Neuilly (1919) u. Bulgariens Beitritt zum Völkerbund (1920); Vertreter des Ständestaats, führte eine Agrarreform durch; 9. 6. 1923 gestürzt u. kurz darauf erschossen.

Stambulow [-bɔ'lɔf], Stephan, bulgar. Politiker, *1855 Târnowo, †18. 7. 1895 Sofia (ermordet); Rußlandgegner, Mitgründer der Nationalliberalen Partei, repräsentierte die bulgar. Bourgeoisie, unterstützte die Wahl Ferdinands I., 1887–1894 Min.-Präs.

Stamen [das, Mz. *Stamina*; lat.] →Staubblätter.

Stamford ['stæmfəd], **1.** Stadt an der Ostküste Englands, am Welland (zur Bucht des Wash), 14000 Ew.; landwirtschaftl. Handelszentrum.

2. Hafenstadt in Connecticut (USA), am Long-Island-Sund, 109000 Ew. (Metropolitan Area 180000 Ew.); ukrain. Siedlungsplatz; Museum, Observatorium; Eisen-, Maschinen-, Elektro- u. Lederindustrie.

Staminodien [Ez. das *Staminodium*; grch.], →Staubblätter, die keinen fertilen Pollen bilden; als Nektarien oder kronblätterartig ausgebildet.

Stamitz, 1. Anton, Sohn von 3), Komponist u. Geiger, getauft 27. 11. 1750 Deutsch Brod, Böhmen, †vermutl. 1796 Paris; Lehrer von R. *Kreutzer*; schrieb über 50 Streichquartette, Triosonaten, Violin-, Cello- u. Klavierkonzerte, Sinfonien u.a.

2. Carl, Sohn von 3), Komponist u. Geiger, *7. 5. 1745 Mannheim, †9. 11. 1801 Jena; schrieb u.a. etwa 80 sinfonische Werke, Violin-, Viola- u. Klavierkonzerte u. Kammermusik.

3. Johann, Geiger, Dirigent u. Komponist, *17. oder 19. 6. 1717 Deutsch Brod, Böhmen, †27. 3. 1757 Mannheim; wirkte seit 1741 in Mannheim u. schuf den neuartigen Instrumentalstil der *Mannheimer Schule*, führte die damals als revolutionär empfundene Orchesterdynamik ein; schrieb viele Sinfonien, Orchestertrios u.a.

Stamm, 1. *biolog. Systematik: Phylum*, höhere biolog.-systemat. Einheit, die mehrere Klassen zusammenfaßt.
2. *Botanik:* der das Astwerk tragende Holzkörper eines Baums.
3. *Grammatik:* 1. der von Flexionsendungen befreite Wortkern eines Simplex oder Derivativums; 2. dasjenige Morphem, das als kleinste Einheit der Wortbildung anzusehen ist, z.B. „-wend-" in „Verwendung".
4. *Völkerkunde: Volks-S.*, eine sehr unterschiedl. große Gruppe von Menschen, die ein eigenes Territorium besitzt u. sich von ihrer Umgebung durch Gemeinsamkeit von Sprache bzw. Dialekt, Sitte, Brauch, gesellschaftl. Einrichtungen u. stoffl. Kulturbesitz abhebt, oft ohne sich dieser Einheit bewußt zu werden oder zu einheitlicher polit. Organisation zu gelangen. Mehrere Stämme können zu einem Volk zusammenwachsen (so die dt. Stämme). Bei Naturvölkern ist der S. in der Regel die größte ethnische Einheit.
Stamm, Karl, schweizer. Lyriker, *29. 3. 1890 Wädenswil, Zürichsee, †21. 3. 1919 Wädenswil; Lehrer. „Dichtungen" 2 Bde. 1920.
Stammaktie, die einfache →Aktie ohne Bevorrechtung.
Stammbaum, 1. *Biologie:* die Darstellung der Abstammung eines bestimmten Lebewesens (Züchter-S.) oder einer ganzen Gruppe verwandter Arten, Klassen u. dgl. im Sinn der →Abstammungslehre, wobei also die verwandtschaftl. Beziehungen der systematischen Kategorien in Form eines Baums aufgezeichnet werden.
2. *Genealogie:* = Nachfahrentafel.
Stammbaum Christi, *Wurzel Jesse, Jessebaum*, Darstellung der Vorfahren Christi nach Jesaias 11,1; meist derart, daß aus der Brust des Propheten Jesaias ein mächtiger Baum wächst, dessen Äste die Vorfahren Christi tragen, darüber Maria mit dem Kind. Beispiele: Kathedralglasfenster in Chartres, um 1160; Deckengemälde in Hildesheim, St. Michael, Anfang des 13. Jh.
Stammbruch, Bruch mit dem Zähler 1, z.B. $^1/_2$, $^1/_3$.
Stammbuch, ursprüngl. ein Verzeichnis der Familienmitglieder, seit dem 16. Jh. ein Buch, in das Gäste u. Freunde sich zur Erinnerung mit einer kurzen Widmung eintragen; heute noch als *Gästebuch* oder bei Schulkindern als *Poesiealbum* verbreitet. →auch Familienbuch.
Stammeinlage, Kapitalbeteiligung des Gesellschafters einer GmbH; die S.n bilden das *Stammkapital*.
Stammel, 1. Heinz Josef, Pseudonym Christopher S. *Hagen*, Schriftsteller, *1. 1. 1926 Köln; Experte für amerikan. Pioniergeschichte, begründete mit seinen Romanen den „authentischen Western": „Feuerroß im Wilden Westen" 1966; „Faustrecht u. Sternenbanner" 1967; „Das waren noch Männer. Die Cowboys u. ihre Welt" 1970; Lexikon „Der Cowboy – Legende u. Wirklichkeit von A–Z" 1972.
2. Joseph Thaddäus, spätbarocker österr. Bildhauer, getauft 9. 9. 1695 Graz, †21. 12. 1765 Admont; seit 1726 Bildhauer im Stift Admont. Hochaltar der St.-Martins-Kirche Graz, 1749; Stift Admont (Weihnachtskrippe, „Die vier letzten Dinge", Reliefs).
stammeln, eine Sprachstörung, bei der Laute, Lautverbindungen oder Silben falsch ausgesprochen, ausgelassen, wiederholt oder durch andere, nicht hingehörende ersetzt werden. Bei Kleinstkindern ist das S. eine normale Phase der Sprachentwicklung, jenseits des 4./5. Lebensjahrs jedoch eine krankhafte Sprachstörung, die organisch oder funktionell bedingt sein kann u. entspr. Behandlung verlangt. Formen des S. sind z.B. Fehlaussprache von g u. k als d u. t *(Gammazismus)*, falsches Aussprechen oder Nichtsprechenkönnen von l u. r *(Lambdazismus* u. *Rhotazismus)* u. das →Lispeln *(Sigmatismus)*.
Stammesgeschichte, *Phylogenie, Phylogenese*, die biolog. Wissenschaft von der Entwicklung des Tier- u. Pflanzenreichs (Phylogenetik); Teilgebiet der →Abstammungslehre.
Stammesherzogtum →Herzog.
Stammeskunde, *Stammesgeschichte*, Wissenschaft von Sprache, Sitte, Siedlungsformen u. Geschichte einzelner Volksstämme.
Stammfäule →Holzfäule.
Stammfunktion →Integral.
Stammgut, im alten dt. Recht Liegenschaften des Familienvermögens des hohen Adels, über die nur mit Zustimmung der →Agnaten verfügt werden konnte; die Erbfolge war nach dem Erstgeburtsrecht geregelt (→Primogenitur).
Stammholz, Nutzholz, das mindestens 3 m lang ist u. 1 m über dem unteren Ende mindestens 14 cm Durchmesser (mit Rinde) hat; je nach der aussortierten („ausgehaltenen") Länge wird es in *Langholz* u. *Abschnitte* (sog. *Blochholz*) eingeteilt. →auch Schichtholz.
Stammion [das; grch.], zylindrische Flasche mit Doppelhenkel, engem Hals u. breitem Halsrand.
Stammkapital, das Nennkapital einer →Gesellschaft mit beschränkter Haftung.
Stammler, 1. Rudolf, Rechtsphilosoph, *19. 2. 1856 Alsfeld, Hessen, †25. 4. 1938 Wernigerode; Begründer einer neukantian. Rechtsphilosophie. Die Materie des sozialen Lebens ist nach S. die Wirtschaft, die Form das Recht; dieses ist von der Rechtsphilosophie „richtig" zu bestimmen. Hptw.: „Wirtschaft u. Recht nach der materialist. Geschichtsauffassung" 1896, [5]1924; „Theorie der Rechtswissenschaft" 1911, [2]1923; „Lehrbuch der Rechtsphilosophie" 1922, [3]1928.
2. Wolfgang, Sohn von 1), Germanist, *5. 10. 1886 Halle (Saale), †3. 8. 1965 Hösbach bei Aschaffenburg; seit 1951 Prof. in Freiburg (Schweiz); verfaßte Arbeiten über das späte MA. u. die Mystik; mit P. *Merker* Hrsg. des „Reallexikons der dt. Literaturgeschichte" 1925–1931 u. der „Dt. Philologie im Aufriß" 3 Bde. 1952–1956.
Stammrolle, 1. *allg.:* Namensverzeichnis.
2. *Militär: Truppen-S.*, von den Kompanien geführtes Verzeichnis der Soldaten, die in der Kompanie Wehrdienst leisten oder geleistet haben.
Stammsilbenreim, der seit dem Frühmittelhochdeutschen gebräuchl. Reim von der letzten Stammsilbenhebung an, im Gegensatz zum vorher gebräuchl. *Endsilbenreim*, der nur die (auch unbetonte) Endsilbe erfaßte *(Otfried von Weißenburg)*.
Stammsukkulenten, wasserspeichernde Pflanzen *(Sukkulenten)*, die an extrem trockene Standorte mit kurzen Regenperioden (Wüsten, Halbwüsten) angepaßt sind. Ihr Sproß ist fleischig verdickt, die Blätter sind zur Transpirationseinschränkung zu Blattdornen umgewandelt oder fehlen ganz. S. haben sich in mehreren Verwandtschaftsgruppen konvergent entwickelt („Kakteentypus"). – Ⓑ→Blütenpflanzen III.
Stammtafel →Nachfahrentafel.
Stammwürze, in der Bierbrauerei der Gehalt an Extrakt (Maltose, Dextrine u.a.) in der *Würze* (→Bier) vor der Gärung.
Stamnos [grch.], antikes Vorratsgefäß aus gebranntem Ton mit zwei Henkeln, meist weit gebauchter Form u. schmaler Standfläche.
Stamokap, Abk. für →staatsmonopolistischer Kapitalismus (die Abk. ist in der DDR nicht gebräuchlich). Als *Stamokap-Fraktion* werden seit 1972/73 in der BRD Mitglieder der Organisation der →Jungsozialisten in der SPD bezeichnet, die angebl. oder wirkl. die kommunist. Theorie des staatsmonopolist. Kapitalismus vertreten.
Stamp [stæmp], Laurence Dudley, brit. Geograph, *9. 3. 1898 London, †8. 8. 1966 Ciudad de México; Arbeiten zur brit. Landeskunde, bes. zur Landwirtschaftsgeographie; leitete die Landnutzungskartierung von Großbritannien, arbeitete zuletzt über Entwicklungsländer.
Stampa, „La S." [ital., „Die Presse"], 1886 als „*Gazzetta Piemontese*" gegr. linksliberale italien. Tageszeitung in Turin.
Stampa, Gaspara, italien. Dichterin, *um 1523 Padua, †23. 4. 1554 Venedig; unter dem Namen „Anassilla" Mitglied der „Accademia dei Pellegrini"; „Rime" 1554, dt. 1922.
Stampfasphalt, Gemisch aus gemahlenem Naturasphalt mit Erdölbitumen, wird als Straßenbelag in erhitztem Zustand auf eine Betonunterlage aufgebracht u. durch Stampfen verdichtet.
stampfen, beim Schiff: sich pendelnd um die Querachse bewegen, wobei sich Vor- u. Hinterschiff stark heben u. senken; bes. heftig, wenn das Schiff gegen die See angeht.
Stampfer, 1. Friedrich, Publizist, *8. 9. 1874 Brünn, †1. 12. 1957 Kronberg (Taunus); 1916–1933 (u. weiter im Prager Exil bis 1939) Chefredakteur des SPD-Zentralorgans „Vorwärts", 1948–1955 Dozent an der Akademie der Arbeit in Frankfurt a.M.
2. Simon, österr. Geodät, *28. 10. 1792 Windisch-Matrei, †10. 11. 1864 Wien; erfand 1832 die stroboskopische Scheibe, veröffentlichte „Logarithmisch-trigonometrische Tafeln" 1822.
Stan [pers., Paschtu], *Sthan* [hind., Urdu], Bestandteil geograph. Namen: Land.
Stancu, Zaharia, rumän. Schriftsteller, *7. 10. 1902 Salcia, Teleorman; beschreibt in sozialist.-realist. Romanen das Leben der Bauern („Barfuß" 1948, dt. 1951) u. Zigeuner; pikareske Prosa („Spiel mit dem Tod" 1962, dt. 1963); auch Lyrik.
Stand →Stände.
Standard [engl.], **1.** *allg.:* Maß, Norm, Richtschnur.
2. *Wirtschaft:* vor Vertragsschluß festgelegte Muster- oder Qualitätsbestimmungen *(S.typen*; bes. bei Welthandelswaren wie Kaffee, Tee, Baumwolle u.a.).
Standard Elektrik Lorenz AG, Abk. *SEL*, Stuttgart, Unternehmen der Nachrichtentechnik, 1954 bis 1958 hervorgegangen aus dem Zusammenschluß mehrerer kleinerer Firmen; gehört zum US-amerikan. ITT-Konzern. SEL verfügt über ein Fertigungsprogramm, das von den kleinsten elektrotechn. u. elektronischen Bauelementen bis zu großen Datenverarbeitungsanlagen reicht; Grundkapital: 384 Mill. DM; 33000 Beschäftigte; mehrere Tochtergesellschaften.
Standardkosten, im System der *Plankostenrechnung* vorgegebener (geplanter) Kostensatz für das einzelne Erzeugnis in jeder Kostenstelle, die das Erzeugnis durchläuft.
Standardkostenrechnung →Plankostenrechnung.
Standard Oil Company (New Jersey) [ˈstændəd ɔil ˈkʌmpəni nju: ˈdʒə:si], größter Erdölkonzern der Welt, Sitz: Flemington, N.J. (USA), hervorgegangen aus einer 1862 von J. D. *Rockefeller* u. M. D. *Clark* gegr. Erdölfirma, aus der 1870 die *Standard Oil Company of Ohio*, Cleveland, entstand. Der 1882 gegr. *Standard Oil Trust* mußte 1892 wieder aufgelöst werden u. wurde durch die S.O.C. (N.J.) abgelöst, die sich neben der *Royal Dutch/Shell-Gruppe* zum mächtigsten Faktor in der internationalen Erdölpolitik entwickelte. 1972 wurde die Gesellschaft in *Exxon Corporation* umbenannt. Der Konzern besitzt Erdölfelder, Raffinerien, Tochtergesellschaften in aller Welt, in der BRD die *Esso AG*; Umsatz 1979: 79,1 Mrd. Dollar; 130000 Beschäftigte.
Standard Oil Company of California [ˈstændəd ɔil ˈkʌmpəni ɔv kæliˈfɔ:niə], San Francisco, US-amerikan. Erdölgesellschaft, 1926 aus einer 1879 gegr. Gesellschaft entstanden, 1961 Aufnahme der *Standard Oil Company (Kentucky)*; Raffinerien u.a. in Westeuropa u. Asien; Umsatz 1979: 29,9 Mrd. Dollar; 37600 Beschäftigte.
Standardzeit = Einheitszeit; →auch Mitteleuropäische Zeit.
Standarte [frz.], **1.** *Flaggen:* Flagge eines Staatsoberhaupts; früher Fahne der berittenen Truppen; rechtwinkliges Tuch mit einem spitzwinkligen Einschnitt.
2. *Jagd:* = Lunte.
Standbein, *Stützbein* →Spielbein.
Standbild →Statue.
Stände, 1. *Soziologie:* soziale Kollektivgebilde, die im Unterschied zur bloßen sozialen →Schicht Interessengemeinsamkeit, Solidarität, genossenschaftl.-organisator. Verbindung der einzelnen u. eine gewisse Abgeschlossenheit besitzen, die aber nicht so weit geht wie in der →Kaste. Im Unterschied zur →Klasse ist der Stand nicht durch eine ökonom. Lage u./oder das Bewußtsein dieser Lage allein, sondern vor allem durch exklusive Tradition u. konservatives Ethos (Standesbewußtsein) bestimmt. W. H. *Riehl* unterschied *echte* u. *unechte S.*, d.h. gewordene, natürliche (Bauern-, Bürger-, Adels-S., Proletariat als sog. *vierter Stand*) u. gemachte, künstliche (*Berufs-S.:* Geistlichkeit, Beamtenschaft, Gelehrten-, Richter-, Handwerker-Stand); doch ist diese Trennung anfechtbar, da die eigentl. *Erb-S.* (german.: Adel, Freie, Unfreie) schon im MA. zu Berufs-S.n wurden (→auch Adel). In der modernen Industriegesellschaft sind *berufsständische Vereinigungen* u. Organisationen Relikte histor. Ordnungsvorstellungen oder jüngerer Versuche, die auf eine →berufsständische Ordnung zielten. →auch Ständestaat.
2. *Staatsrecht:* in der Schweiz die 22 Kantone einschl. der 3 Doppel-Kantone (die 6 Halbkantone bilden jeweils nur einen halben *Stand*).
Ständemehr, die Mehrheit im schweizerischen →Ständerat; auch die Mehrheit der Kantone bei Volksabstimmungen.
Stander, 1. eine dreieckige Flagge, die als *Signalflagge* je nach Zeichnung u. Farbe eine bestimmte Bedeutung hat. – 2. eine starre Flagge, die am Kraftwagen befestigt ist oder, vor einer militärischen Dienststelle aufgestellt, den Aufenthalts-

ort u. die Dienststellung eines militärischen Führers kenntlich macht.
Ständer, 1. *allg.:* Pfosten, Notengestell.
2. *Elektrotechnik:* Stator, feststehender Teil eines →Elektromotors oder →Generators; bei Gleichstrommaschinen meist Träger der Feldmagnete, bzw. Wechselstrom- bzw. Drehstrommaschinen meist Träger der Hauptwicklung.
3. *Jagd:* Beine des Federwilds (außer Auerwild u. Schwimmvögel).
Ständerat, die aus 44 Abgeordneten der Kantone zusammengesetzte 2. Kammer des schweizer. Parlaments, der *Bundesversammlung.* Die 6 Halbkantone haben im S. je eine, die übrigen 19 Kantone je 2 Stimmen.
Ständerpilze, *Basidiomycetes,* Unterklasse der *Höheren Pilze,* deren hochentwickelte Fruchtkörper die bekanntesten Speisepilze liefern. Zu den S.n gehören die *Hutpilze, Agricales,* die sich in Pilze mit Lamellen (wie Champignon), die *Blätterpilze,* u. in *Röhrenpilze* (wie Steinpilz) gliedern; u. die Nicht-Blätterpilze, *Aphyllophorales* (wie *Zunder-, Hausschwamm;* die *Boviste; Rost-* u. *Brandpilze*).
Standesamt, kommunale Verwaltungsbehörde für Beurkundung des →Personenstands u. zur Ermittlung von Ehehindernissen (→Aufgebot); in der Schweiz *Zivilstandsamt.*
Standesherren, *Mediatisierte,* die reichsunmittelbaren Fürsten u. Grafen, die die Reichsstandschaft des alten Dt. Reichs besaßen, 1803–1806 aber mediatisiert wurden (→mediat); hatten bis 1918 einige Vorrechte (Zugehörigkeit zum Hochadel, Sitz u. Stimme in der 1. Kammer ihres Bundesstaats, bis 1871 auch Gerichtsprivilegien).
Standesregister →Personenstand.
Standessprachen, der (zumeist zweckbestimmte) Fachwortschatz von Berufsgruppen; z.B. Bergmanns-, Drucker-, Handwerker-, Kaufmanns-, Seemannssprache, auch Soldatensprache, Studentensprache; diesen offenen S. stehen Geheimsprachen wie die Gaunersprachen gegenüber. Die Fachsprache einer überberufl. Gruppe ist z.B. der Fachwortschatz des Sports.
Ständestaat, 1. vom 14.–17. Jh. die in Europa vorherrschende Staatsform, soweit sich nicht der Absolutismus durchgesetzt hatte (obwohl auch er ständische Vertretungen z.B. in Frankreich u. England dulden mußte). Die beherrschenden drei *Stände* waren der *Adel,* die *Geistlichkeit* u. das durch die Städte vertretene *Bürgertum* (*Reichsstände* im dt. Reichstag). Sie bildeten die Parlamente u. entschieden mit der Krone über die Gesetzgebung u. vor allem über die Besteuerung, damit auch über das Heer. Im 19. Jh. ordnete die *Deutsche Bundesakte* den Erlaß *landständischer Verfassungen* an, die teils „oktroyiert", teils „paktiert" wurden. Sie leiteten die Entwicklung zum modernen Verfassungsstaat ein.
2. im 19. u. 20. Jh. hat der S. in einer Mischung mit berufsständischen Vorstellungen eine vorwiegend theoretische Bedeutung. Von einem betont antimarxistischen Standpunkt aus enthält die kath. Soziallehre Ansatzpunkte zur berufsständ. Staatsordnung (O. *Spann,* „Der wahre Staat" 1924); ähnl. die theoretischen Grundlagen des *Dollfuß-Regimes* in Österreich 1934–1938, das sich an den italien.-faschistischen Vorstellungen u. Teilverwirklichungen eines Korporativstaats orientierte. In Spanien u. Portugal, teilweise auch in Südamerika hat der →Syndikalismus teils zu konservativ-ständischen, teils zu revolutionär-gewerkschaftl. Gestaltungen geführt. – 📖4.1.2.
Standgeld, 1. *Frachtverkehr:* Gebühr für die Belegung eines Transportmittels mit Frachtgut über die vereinbarte Entladungsfrist hinaus, bei Eisenbahngüterwagen vom Empfänger der Sendung zu bezahlen.
2. *Gewerberecht:* Platzmiete für Markt- oder Straßenverkaufsstände.
Standgericht →Standrecht.
Ständige Konferenz der Kultusminister, 1948 gegr. Arbeitsgemeinschaft der Kultusminister der Länder der BRD, die in regelmäßigen Abständen zusammentritt. Vorbereitende Arbeit wird in Fachausschüssen für Schul-, Hochschul-, Kunst- u. Auslandsfragen u.a. geleistet. Die S.K.d.K. regelt die Zusammenarbeit von Bund u. Ländern auf kulturellem Gebiet u. arbeitet organisator. u. grundsätzl. Vereinbarungen über Schulwesen u. Unterricht aus, die in Form von Empfehlungen den Ländern zugeleitet werden. Neben der Kultusministerkonferenz besteht seit 1970 die *Bund-Länder-Kommission für Bildungsplanung.*
Ständiger Internationaler Gerichtshof, Abk. *StIG,* frz. *Cour Permanente de Justice Internationale,* der aufgrund der Völkerbundsatzung (aber nicht als Organ des Völkerbunds) 1920 errichtete Gerichtshof in Den Haag. Nach dem 2. Weltkrieg erfolgte die Umwandlung in den →Internationalen Gerichtshof.
Ständiger Schiedshof, *Haager Schiedshof,* frz. *Cour Permanente d'Arbitrage,* die durch die Friedenskonferenzen von 1899 u. 1907 u. das Abkommen betr. die friedl. Erledigung internationaler Streitfälle von 1907 errichtete Schiedsinstanz. Der Ständige Schiedshof verfügt über ein *Internationales Büro* (Geschäftsstelle) in Den Haag. Durch die zweiseitigen Schiedsverträge u. die Sonderschiedsinstanzen ist die Bedeutung des Ständigen Schiedshofs stark gemindert worden.
Standlicht, *Begrenzungsleuchten,* eine Schaltung der →Beleuchtungseinrichtungen an Kraftfahrzeugen, bei der meist in die Scheinwerfer eingebaute schwächere Glühlampen gemeinsam mit den Schlußleuchten brennen, um das im Dunkeln abgestellte Fahrzeug kenntlich zu machen.
In der BRD u. Westberlin darf nicht mit S. gefahren werden. In der DDR u. in der Schweiz ist in Ortschaften bei ausreichender Straßenbeleuchtung das Fahren mit S. zulässig, in Österreich dagegen vorgeschrieben.
Standlinie, Linie durch den eigenen Standort; dient beim Peilen zur Ortsbestimmung von Luft- u. Wasserfahrzeugen. Der *Standort* ergibt sich als Schnittpunkt mehrerer S.n.
Standöle, Öle, die durch längeres Erhitzen unter Luftabschluß bei etwa 300 °C aus Leinöl oder Holzöl entstehen; sie werden den Ölfarben zugesetzt, trocknen langsam, sind aber wasserbeständig u. geben einen zähen Film.
Standort, 1. *Botanik:* die Umwelt einer Pflanze oder Pflanzengesellschaft, d.h. die gesamten äußeren Einflüsse, die auf sie einwirken. Die S.bedingungen sind durch folgende Faktoren gegeben: 1. Klima (Licht, Temperatur, Feuchtigkeit), 2. Boden (Durchlüftung, Gehalt an Nährsalzen u. Mikroorganismen), 3. „biotische" (d.h. von Organismen ausgehende) Faktoren wie Beziehungen der Pflanzen untereinander (Konkurrenz, Symbiose, Parasitismus), aber auch menschl. Einwirkungen (land- u. forstwirtschaftl. Maßnahmen wie Naturschutz u. Anwendung von Pflanzenschutzmitteln).
2. *Militär:* →Garnison.
3. *Peilverfahren:* →Standlinie.
4. *Volkswirtschaft:* die Lage eines Betriebs im Wirtschaftsbereich. Die *S.lehre,* entwickelt von J. H. von *Thünen* u. Alfred *Weber,* sieht für die Wahl eines S.s u. damit auch für die moderne Raumplanung drei *S.faktoren* als entscheidend an: Transportkosten (für Antransport der Rohstoffe u. für Absatz), Höhe der Roh- u. Kraftstoffpreise, Arbeitskosten; nach dem S.faktor, der für eine bestimmte Industrie von besonderer Bedeutung ist, kann zwischen *Absatz-, Arbeits-* u. *Rohstofforientierung* der Betriebe unterschieden werden.
Standortkatalog, verzeichnet die Bücher einer Bibliothek in der Reihenfolge ihres Standorts; für Revisionszwecke unentbehrlich.
Standrecht, 1. *Strafrecht:* das im innerstaatl. Ausnahme- oder Belagerungszustand von der Exekutive in Anspruch genommene Recht, im Weg abgekürzter Gerichtsverfahren Vergehen auch mit dem Tod zu bestrafen u. die Strafe sofort zu vollstrecken. Die Gesetzgebung für den – in der neueren Terminologie – *inneren Notstand* sieht in der Regel eine solche Möglichkeit vor (jedoch nicht in der BRD); sie verlangt aber ein aus mehreren Personen bestehendes *Standgericht* u. gewährleistet den Beschuldigten Mindestrechte. Trotzdem besteht die Gefahr von Fehlurteilen.
2. *Völkerrecht:* im *Kriegsfall* sowohl gegenüber der Bevölkerung des besetzten Gebiets (jedenfalls am Anfang einer Besetzung) als auch gegenüber Kriegsgefangenen u. gegenüber Angehörigen der eigenen Streitkräfte im Rahmen der hierfür erlassenen Vorschriften geltendes verschärftes Strafrecht u. vereinfachtes Strafverfahren. Insofern gibt es nach dem Recht aller Kriegführenden ein legales standgerichtl. Verfahren. Da aber diese Vorschriften nicht immer eingehalten werden, untersagt die Genfer Kriegsgefangenen-Konvention von 1949 die Anwendung standgerichtl. Verfahren gegenüber Kriegsgefangenen. Die Genfer Konvention von 1949 über den Schutz der Zivilbevölkerung setzt der Errichtung von Standgerichten in den besetzten Gebieten u. vor allem der sofortigen Vollstreckung der Todesstrafe Schranken.
Standschützen, seit dem 16. Jh. in Tirol u. Vorarlberg bestehende Schützenvereinigungen, die, staatl. gefördert u. beaufsichtigt, zur Landesverteidigung verpflichtet waren; sie zeichneten sich noch im 1. Weltkrieg im Gebirgskrieg gegen Italien aus.
Standseilbahn, eine nach dem Grundsatz des Lastausgleichs gebaute Schienenbahn, bei der an jedem Ende eines Seiles ein Wagen befestigt ist. Das Seil läuft am Berggipfel über eine Rolle, so daß beim Bergfahren des einen Wagens gleichzeitig ein Talfahren des anderen vor sich geht.
Standversuch, Versuch zur Bestimmung der →Dauerstandfestigkeit in der Werkstoffprüfung.
Standvögel →Vogelzug.
Standzeit, die reine Schneidzeit, bis ein spanendes Werkzeug (Drehmeißel, Bohrer, Fräser) so stumpf geworden ist, daß es nachgeschliffen werden muß.
Stanford ['stænfəd], Sir Charles Villiers, irischer Dirigent u. Komponist, *30. 9. 1852 Dublin, †29. 3. 1924 London; setzte sich für die dt. Musik in England ein u. schrieb Werke im nationalen Tonfall: Opern („Der verschleierte Prophet" 1881), 7 Sinfonien, Instrumentalkonzerte, Kammermusik.
Stange, 1. *Forstwirtschaft:* Langnutzholz, das 1m über dem stärkeren Ende höchstens 14cm Durchmesser hat.
2. *Jagd:* die Hälfte eines →Geweihs, die für sich auf einem Stirnzapfen (Rosenstock) aufsitzt; wird alljährl. abgeworfen.
Stange, Hans Otto Heinrich, Sinologe, *13. 11. 1903 Königsberg; Forschungen zur Sprache, Literatur, Geschichte u. Kultur Chinas.
Stangen, *Carl Stangens Reisebüro,* 1868 in Berlin von den Brüdern Louis u. Carl S. gegr., besteht in der *Hapag-Lloyd AG* mit Sitz in Hamburg noch heute in der BRD.
Stangenbohne →Bohne.
Stangenholz, jüngerer Waldteil, in dem die unteren Äste der Bäume zwar bereits abgestorben sind, der Durchmesser der Stämme (in Brusthöhe gemessen) aber noch unter 20cm bleibt.
Stangenkunst, *Feldgestänge,* früher benutztes Gestänge zur Kraftübertragung von Wasserrädern über einige Entfernung; erstmals um 1550 im erzgebirgischen Bergbau.
Stangenpferde, im Viergespann die hinten, an der Deichsel, gehenden Pferde; stets die kräftigsten.
Stanhope ['stænhəup], Charles, Earl S., engl. Politiker u. Erfinder, *3. 8. 1753 London, †15. 12. 1816 Chevening; baute 1800 die erste völlig aus Eisen bestehende Druckpresse u. führte das noch heute bei Tiegelpressen angewandte Kniehebelsystem ein.
Stanislau, russ. *Stanislaw,* bis 1962 Name der sowjet. Stadt →Iwano-Frankowsk.
Stanislaus [latinisierte Form von *Stanislaw,* slaw. *stan,* „Feldlager", + *slawa,* „Ruhm"], männl. Vorname.
Stanislaus, *Stanisław,* poln. Könige: **1.** *S. I. Leszczyński,* König 1704–1709 u. 1733–1736, *20. 10. 1677 Lemberg, †23. 2. 1766 Lunéville; nach der Niederlage Augusts des Starken gegen Karl XII. von Schweden unter schwed. Druck zum König gewählt; mußte nach der Niederlage Karls XII. bei Poltawa 1709 flüchten. Seine von Schweden u. Frankreich gestützte Wahl zum König nach dem Tod Augusts des Starken (1733) konnte er im Poln. Thronfolgekrieg gegen Rußland u. Österreich nicht verteidigen. Danach (als Schwiegervater Ludwigs XV.) Herzog von Lothringen u. Bar. – 📖5.5.5.
2. *S. II. August Poniatowski,* letzter König 1764–1795, *17. 1. 1732 Wołczyn, †12. 2. 1798 St. Petersburg; Günstling der russ. Kaiserin Katharina II., durch deren Unterstützung zum König gewählt; suchte den zerrütteten poln. Staat zu reformieren u. dem russ. Einfluß zu entziehen, mußte aber die drei Poln. Teilungen hinnehmen u. abdanken (Ende des alten Polen). – 📖5.5.5.
Stanisław, Bischof von Krakau seit 1072, Heiliger, *um 1030 Szczepanów, †11. 4. 1079 Krakau; von König Bolesław II. zum Tode verurteilt; Patron von Polen. Fest: 11. 4., in Polen 8. 5.
Stanisław Kostka →Kostka.
Stanisławski, Jan, poln. Maler, *24. 6. 1860 Olszana, Ukraine, †6. 1. 1907 Kiew; Hauptvertreter der neueren poln. Landschaftsmalerei, schuf kleine stimmungsvolle Gemälde mit von C. *Monet* angeregten Farb- u. Lichteffekten.
Stanislawskij, Konstantin Sergejewitsch, eigentl. K. S. *Alexejew,* russ. Schauspieler u. Regisseur, *5. 1. 1863 Moskau, †7. 8. 1938 Moskau; Mitgründer u. Leiter des Moskauer Künstlertheaters

(1898); erarbeitete einen neuen Bühnenstil, der Realismus u. Ensemblespiel mit einem Mindestmaß an Ausstattung verband; theoret. Schriften.

Staniza [die; russ.], Kosakensiedlung, ursprüngl. mit gemeinsamem Landbesitz, im Steppengebiet gegen Überfälle berittener asiat. Nomadenstämme einst mit Palisaden bewehrt; Keimzelle vieler ukrainischer, südrussischer u. sibirischer Städte.

Stanković [-vitç], Borislav, serb. Schriftsteller, *22. 10. 1876 Vranje, †22. 10. 1927 Belgrad; beschrieb bilderreich die sterbende Welt des balkan. Patriarchalismus.

Stanley ['stænli], Hauptort der Falklandinseln, an der Ostküste von Ostfalkland (Südatlant. Ozean), 1100 Ew., Walfangstation.

Stanley ['stænli], **1.** Sir Morton Henry, eigentl. John *Rowlands*, brit. Journalist u. Forschungsreisender, *28. 1. 1841 Denbigh, †10. 5. 1904 London; fand 1871 den in Ostafrika verschollenen D. *Livingstone*, entdeckte u. erforschte afrikan. Seen u. Flüsse, durchquerte 1874–1877 erstmalig Zentralafrika auf dem Kongo, dessen Verlauf noch völlig unbekannt war, fand u. befreite 1887–1889 *Emin Pascha* u. trug viel zur Erschließung des ehemaligen Belgisch-Kongo bei, das er zum großen Teil für Leopold II. von Belgien erwarb.

2. Wendell Meredith, US-amerikan. Chemiker u. Biologe, *16. 8. 1904 Ridgeville, Ind., †15. 6. 1971 Salamanca (Spanien); führte grundlegende Untersuchungen über die Viren, bes. das Tabak-Mosaik-Virus, durch. 1946 mit J. H. *Northrop* Nobelpreis für Chemie. S. hielt seit 1956 Viren für mögliche Krebs-Verursacher.

Stanleyfälle ['stænli-], jetzt *Malebofälle*, Stromschnellen u. Wasserfälle des *Lualaba*, der ab hier *Kongo* heißt, oberhalb von Kisangani (früher *Stanleyville*). Die S., bei denen der Lualaba auf 100 km Länge 60 m an Höhe verliert, sind Endpunkte der Schiffahrt u. werden von der Bahnlinie Ponthierville–Kisangani umgangen.

Stanley Pool ['stænli'pu:l], *Pool Malebo*, Verbreiterung des Kongo vor dem Durchbruch durch die Niederguineaschwelle, 30 km lang, 21 km breit, 16 m tief, mit Inseln. Am rechten Ufer die Hptst. der Rep. Kongo, *Brazzaville*, am linken Ufer die Hptst. von Zaire, *Kinshasa*.

Stanleyville [stænli'vi:l], früherer Name von →Kisangani.

Stann Creek [stæn 'kri:k], Hafen in Belize am Karib. Meer, 5000 Ew.

Stannin [das; lat.], *Zinnkies*, stahlgraues bis olivgrünes, metallglänzendes Mineral, Kupfer-Eisen-Zinnsulfid; tetragonal; Härte 4; derb u. eingesprengt in körnigen bis dichten Massen; mit Zinnstein, Kupfer- u. Arsenkies, Zinkblende u. a.

Stanniol [das; lat.], dünne Folie aus Zinn. →auch Metallpapier.

Stannum [das; lat.] = Zinn.

Stanowojgebirge, bis 2412 m hoher ostsibir. Gebirgszug, 900 km lang, Südgrenze Jakutiens, Wasserscheide zwischen Nordpolarmeer (Lena) u. Pazif. Ozean (Amur).

Stans, Hauptstadt des schweizer. Halbkantons *Nidwalden*, südl. des Vierwaldstätter Sees am Fuß des *S.erhorns* (1898 m), 5300 Ew.; Pfarrkirche (1642–1647), Rathaus (1713), Winkelried-Denkmal. – Im *S.er Verkommnis* (Abkommen) 1481 wurden Streitigkeiten zwischen Stadt- u. Landkantonen geschlichtet u. die Spaltung der Eidgenossenschaft abgewendet.

stante pede [lat.], sofort, stehenden Fußes.

Stanton ['stæntən], Elizabeth Cady, US-amerikan. Frauenrechtlerin, *12. 11. 1815 Johntown, N. Y., †26. 10. 1902 New York; stand mit ihrem Mann, dem Reformpolitiker H. B. S., den Abolitionisten nahe.

Stanze [die; ital.], *Oktave, Ottava (rima), Ottaverime*, italien. Strophenform aus 8 Versen mit der Reimstellung abababcc (seltener aabccbdd). Die Verse umfassen gewöhnl. 11 Silben (5 Hebungen) u. enden oft abwechselnd männl. u. weibl. Die S. entstand im 13. Jh. in Italien u. verbreitete sich über ganz Westeuropa. Eine Abart ist die *Siziliane*.

stanzen, Formstücke aus dünnem Werkstoff (Blech, Pappe, Textilien) auf der Presse mit bes. Schnittwerkzeug herausschneiden, dessen Oberteil (Stempel, Stanzmesser) die Werkstücksform, dessen Unterteil eine entspr. Öffnung hat. →stechen, →tiefziehen, →pressen, →fließpressen, →drücken.

Stanzen, drei von *Raffael* u. seiner Schule für Papst *Julius II.* ausgemalte Gemächer im Vatikan. – 🄱→griechische Philosophie.

Stapel, 1. *Bergbau: Stapelschacht* = Blindschacht.

2. *Schiffahrt:* Holzklötze, auf denen das Schiff während der Bauzeit aufliegt.

3. *Textilindustrie:* 1. das Aussehen des Wollvlieses u. die Beschaffenheit des Haarstands. 2. die Faserlänge, die unterschieden wird in *Maximal-S., Mittel-S.* (arithmet. Mittel), *Handel-S.* (bei Baumwolle die Länge, die von 10% aller Fasern überschritten wird) u. *Spinner-S.* (für die Spinnmaschineneinstellung maßgebend). →auch Almeter.

Stapelfaser, eine Kunstfaser (Chemie- u. Regeneratfaser), die auf bestimmte Länge geschnitten ist; in ihren Abmessungen oft den natürl. Faserstoffen angepaßt (z. B. Baumwolltype, Wolltype).

Stapelholm, Landschaft in Schleswig-Holstein zwischen Eider u. unterer Treene; Geestinsel inmitten von Marschland.

Stapelie [die; nach dem niederländ. Arzt van *Stapel*], Gattung der *Seidenpflanzengewächse*. Die sternförmigen, zuweilen sehr großen u. behaarten Blüten der kakteenähnl. Sukkulenten aus Südafrika haben einen Aasgeruch, der die meisten Arten für eine Kultur ungeeignet macht.

Stapeliermaschine →Filling.

Stapellauf, das Heruntergleiten eines Schiffsneubaus von der →Helling ins Wasser; vor S.beginn erfolgt die *Schiffstaufe*. →Stapel.

Stapelrecht, im MA. an Städte verliehenes Recht, nach dem die durchziehenden Kaufleute verpflichtet waren, ihre Waren in der Stadt anzubieten.

Stapel-Saugverfahren →Saftverdrängungsverfahren.

Stapes [der; lat.], der *Steigbügel*, ein Gehörknöchelchen; →Ohr.

Staphyleaceae [grch.] = Pimpernußgewächse.

Staphyllokokken, *Traubenkokken*, vorwiegend runde, unbewegliche *Bakterien*. Neben *Streptokokken* Erreger akuter Entzündungen, sehr empfindlich gegen →Antibiotika. Ein typ. Eitererreger ist *Staphyllococcus aureus; Staphyllococcus epidermides* verursacht Lebensmittelvergiftungen.

Star, 1. [zu *starren*], *Augenkrankheiten:* 1. *schwarzer S.* →Amaurose; 2. →grauer Star; 3. *grüner S.* →Glaukom.

2. [engl., „Stern"], *Bühne u. Film:* berühmter (männl. oder weibl.) Sänger oder Schauspieler, bes. auf dem Unterhaltungssektor; auch berühmter Sportler u. ä.

3. [ahd. *stara*], *Zoologie:* Singvogel, →Stare.

Starachowice [-xɔ'witsɛ], Stadt südl. von Radom (poln. Wojewodschaft Kielce), 41 000 Ew., Fahrzeugindustrie, Eisenerzbergbau.

Staraja Russa, Stadt u. Kurort in der RSFSR (Sowjetunion), südl. des Ilmensees, 35 000 Ew.; Kloster (12. Jh.); Holz- u. Baustoffindustrie, Getreidemarkt; Sanatorien, Sol- u. Moorbäder, Mineralquellen; Flußhafen.

Stara Sagora, *Stara Zagora*, Hptst. des bulgar. Bez. S.S. (4908 qkm, 400 000 Ew.) am Südhang der Sredna Gora, 119 000 Ew.; Obst- u. Weinbau; Kurort (Mineralbad); Maschinenbau, Düngemittel- u. Nahrungsmittelindustrie; Wasserkraftwerk. – Das röm. *Augusta Trajana*, später *Beroe*.

Starboot, *Star*, ein Einheitsklassen-Kielboot, 6,92 m lang, Segelfläche 26,13 qkm, zwei Mann Besatzung, Zeichen: fünfzackiger, roter Stern. Das S. gehörte von 1932 bis 1972 zu den olymp. Segelbootsklassen.

Starbuck [-bʌk], unbewohnte Koralleninsel der brit. Zentralpolynes. Sporaden, 4,5 m hoch, baumlos, 31 qkm; 1866 brit.; bis 1920 Guanoabbau.

Starčevo-Kultur [-tʃɛvɔ-], frühneolith. Kultur in Makedonien, Serbien, Bulgarien, der westl. Walachei, der Moldau, in Transsilvanien u. dem anschließenden ostungar. Banat, benannt nach dem Siedlungsplatz Starčevo bei Pančevo im Banat. Kugelige u. halbkugelige Tongefäße, teils grobtonig mit fingerverstrichenem Schlickbewurf, Stich- u. Ritzmustern u. plast. Leistenzier, teils feintonig mit rotem oder dunklem Überzug u. weißen Spiral- u. Bogenmustern bemalt; Statuetten aus Ton; Sichelblätter, z. T. noch in der originalen Geweihschäftung. Viereckhäuser mit Lehmverputz.

Stare, *Sturnidae*, eine rd. 100 Arten umfassende Familie afrikan. u. euras. *Singvögel* mit kurzem Hals u. langem, spitzem Schnabel, lebhaft u. gesellig. S. fressen vorwiegend Insekten, Würmer u. Schnecken, seltener Früchte. Das Nest wird in Baumhöhlen, Nisthöhlen, in großen Ebenen aber auch einfach in Erdlöchern angelegt. Einheim. ist der getüpfelte, glänzende *Gewöhnl. Star, Sturnus vulgaris*. In zoolog. Gärten werden die schillernden afrikan. *Glanz-S.* (Gattung *Spreo* u. a.) wegen ihres prächtigen Gefieders häufig gehalten.

Starez [der, Mz. *Starzen*; russ., „der Alte"], ein im geistl. Leben erfahrener u. charismatisch begabter Priester oder Mönch, dessen Hauptwirksamkeit in der Seelsorge liegt. Das Starzentum geht auf das alte orth. Mönchtum zurück.

Starfighter [-'faitər], ein von verschiedenen NATO-Staaten (BRD, Holland, Belgien, Italien) eingeführter u. gemeinsam produzierter US-amerikan. Jagdbomber vom Typ Lockheed F-104 G *(Super-S.)*.

Stargard, 1. poln. *Stargard Szczeciński*, Stadt in Pommern (seit 1945 poln. Wojewodschaft Szczecin), südöstl. von Stettin, 44 000 Ew.; mittelalterl. Stadtbild, got. Marienkirche (13.–14. Jh.); landwirtschaftl., Metall-, chem. u. Baustoffindustrie.

2. →Preußisch Stargard.

3. *Land, Herrschaft S.*, der größere, südöstl. Gebietsteil des ehem. Großherzogtums bzw. Freistaats Mecklenburg-Strelitz. Der slaw. Name („alte Burg") wurde von einem vermutl. schon vorwend. Burgwall, wo die brandenburg. Markgrafen Mitte des 13. Jh. eine neue Burg erbauten, auf eine Siedlung in deren Schutz (Stadtrecht 1259, heute *Burg S.*), auf den Burgbezirk sowie auf alle diesem später noch an- bzw. eingegliederten Gebiete übertragen.

Starhemberg, 1. Ernst Rüdiger Graf von, österr. Feldmarschall, *12. 1. 1638 Graz, †4. 6. 1701 Wesendorf bei Wien; kämpfte unter R. von *Montecuccoli* 1664 gegen die Türken, war seit 1680 Kommandant der Stadt Wien, die er erfolgreich 1683 gegen die Türken verteidigte; seit 1691 Präsident des Hofkriegsrats.

2. Ernst Rüdiger (Fürst von), österr. Politiker (Austrofaschist), *10. 5. 1899 Eferding, Oberösterreich, †15. 3. 1956 Schruns, Vorarlberg; 1923 Teilnahme am Hitlerputsch in München; seit 1930 Führer der paramilitär. *Heimwehr*, 1930 Innen-Min., 1934–1936 Vizekanzler u. zugleich Bundesführer der Vaterländ. Front; unterstützte E. *Dollfuß* u. K. *Schuschnigg* gegen die Linke u. die Nationalsozialisten, befürwortete enge Zusammenarbeit mit dem faschist. Italien; 1936 zugleich mit der Entmachtung der Heimwehr durch Schuschnigg gestürzt; 1938–1955 in der Emigration.

stark, *Grammatik:* →schwach.

Stark, Johannes, Physiker, *15. 4. 1874 Schickenhof, Oberpfalz, †21. 6. 1957 Traunstein; 1933–1939 Präs. der Physikal.-Techn. Reichsanstalt; entdeckte 1913 den *S.effekt*, d. i. die Aufspaltung (bzw. Verbreiterung) einer Spektrallinie in mehrere Einzellinien, wenn die Atome in ein starkes elektr. Feld gebracht werden. Nobelpreis 1919.

Starkadh der Alte, sagenhafter isländ. Sänger, der als der älteste *Skalde* gilt; tritt in der Dichtung selbst als Sprecher auf (was zu Verwirrungen Anlaß gab).

Starke, Heinz, Politiker, *27. 2. 1911 Schweidnitz; Jurist; 1953–1980 MdB (FDP), 1961/62 Bundesmin. der Finanzen; trat 1970 zur CSU über.

Stärke, *Amylum*, ein hochmolekulares →Polysaccharid, das in den Chloroplasten der Pflanzen als Assimilations-S. (→Photosynthese) u. in den Leukoplasten als Reserve-S. gebildet u. in Form kleiner, runder oder ovaler Körnchen in den Wurzeln, Knollen u. Samen gespeichert wird; S. ist der wichtigste Kohlenhydratreservestoff der Pflanzen. Sie wird durch das Enzym Diastase zu *Maltose*, durch Einwirkung verdünnter Säuren zu *Glucose* abgebaut *(S.sirup, S.zucker)*. Verhältnismäßig hochmolekulare Abbauprodukte sind z. B. die wasserlösl. *Dextrine*. – Das S.korn besteht aus zwei Hauptbestandteilen: der wasserlösl. *Amylose* im Korninnern u. dem wasserunlösl. *Amylopektin* in der Kornhülle. Beim Erhitzen mit Wasser auf 90 °C quillt Amylopektin u. bildet den *S.kleister*, während sich Amylose kolloidal löst u. mit verdünnten Säuren zu Glucose abgebaut werden kann. Amylopektin wird mit Enzymen bis zu 60% in Maltose übergeführt. →auch Stoffwechsel.

Die techn. Gewinnung der S. erfolgt durch Wasch- u. Schlämmprozesse aus Kartoffeln, Mais, Reis u. Weizen. Verwendung: als Nahrungsmittel, zur Herstellung von Glucose u. Dextrin, zur Appretur von Geweben, als Wäsche-S., für Leime u. Kleister sowie zur Verdickung von Druckfarben. – *Tierische S.* →Glykogen.

Stärkebildung, Umwandlung von Traubenzucker in die pflanzl. Speicherform Stärke durch Wasserentzug mit Hilfe von *Enzymen*. Endprodukt einer →Assimilation, der →Photosynthese. Die am Tag gebildete Assimilationsstärke wird nachts in Traubenzucker zurückverwandelt u. in Speicherzellen

transportiert. Dort wird sie als sekundäre Stärke (Reservestärke) abgelagert.

stärkende Mittel, *Roborantia, Tonika,* Medikamente, die die Gewebespannung erhöhen, die Blutbildung, den Stoffwechsel u. den Appetit anregen, den Kreislauf fördern u. Ermüdung beseitigen; Präparate aus Phosphorsäure, Eisen, Purinkörpern, Bitterstoffen, Aminosäuren, Vitaminen, Spurenelementen u. a.

Stärkesirup, *Bonbonsirup, Kartoffelsirup,* farbloser Sirup mit rd. $1/3$ Süßkraft des Rohrzuckers, hergestellt durch Hydrolyse von Stärke; enthält 50% Dextrin, 30% Maltose u. 20% Glucose; bei der Zuckerwaren- u. Likörherstellung verwendet.

Stärkezucker, Glucose (Traubenzucker), die aus Kartoffel- oder Maisstärke durch Kochen mit verdünnter Salzsäure unter starkem Druck gewonnen wird; kommt in Blöcken oder geraspelt in den Handel; enthält 5–15% Dextrine. Reiner Traubenzucker (z. B. „Dextropur") dient als Energiespender bei Schwächezuständen.

Starkstrom, elektr. Strom zum Verrichten einer Arbeit, d. h. für die Erzeugung von mechan. Energie, Licht, Wärme u. für die Zwecke der Elektrochemie. Gegensatz: *Schwachstrom,* der vornehmlich der Nachrichtentechnik dient.

Starkstromtechnik, Sammelbez. für das gesamte Gebiet der elektr. Energieversorgung (Erzeugung, Verteilung u. Verbrauch) im Gegensatz zur *Nachrichtentechnik (Schwachstromtechnik).*

Starlet [das; engl., „Sternchen"], Nachwuchsfilmschauspielerin.

Stärlinge, *Icteridae,* eine rd. 90 Arten umfassende Familie der *Singvögel.* Die S. vertreten in Amerika die ähnlichen altweltlichen Stare, z. B. die Gruppe der buntgefärbten *Trupiale* (Gattung *Icterus*) mit kunstvollen Hängenestern u. der finkenähnl. *Kuhstärling, Molothrus ater.*

Starnberg, oberbayer. Kreisstadt am Nordende des *S.er Sees,* 17 500 Ew; Schloß (16. Jh.), Fischereischule; Fremdenverkehr; chem. u. Metallindustrie. – Ldkrs. S.: 488 qkm, 105 000 Ew.

Starnberger See, *Würmsee,* See im bayer. Alpenvorland, in der Eiszeit entstanden, 54 qkm, bis 124 m tief, Abfluß durch die Würm zur Amper; Fremdenverkehr, Naherholungsgebiet für die Münchner Stadtregion.

Starnina, Gherardo, eigentl. G. di *Jacopo,* italien. Maler, nachweisbar seit 1387, † zwischen 1409 u. 1413; bis etwa 1404 tätig in Spanien, Mitarbeiter des Agnolo Gaddi mit ausgeprägter Begabung für monumentale Gestaltungsform, schuf Fresken in Sta. Croce, Florenz, u. Empoli (nicht erhalten).

Starogard Gdański [-'gdaiski], poln. Name der Stadt →*Preußisch Stargard.*

Starost [slaw., „Ältester"], in Polen u. Rußland früher Gemeindevorsteher, Bürgermeister; im Königreich Polen früher auch Inhaber von Krongütern, 1918–1939 Kreishauptmann.

Starrflügelflugzeug →*Flugzeug.*

Starrkrampf →*Wundstarrkrampf.*

Stars and Stripes ['staːz ənd 'straips; engl., „Sterne u. Streifen"], *Sternenbanner,* Nationalflagge der USA.

Start, 1. *Luftfahrt:* das Lösen eines Luftfahrzeugs vom Erdboden. **2.** *Sport:* Beginn u. Ausgangspunkt jedes Rennens. Man unterscheidet *stehenden* S. (Rennbeginn aus dem Stillstand, z. B. in der Leichtathletik, beim Schwimmen, bei manchen Radrennen) u. *fliegenden* S. (Rennbeginn aus der Bewegung, z. B. beim Segeln, bei einigen Radrennen). Pferderennen werden durch „Boxenstart" oder (bei Trabrennen) durch einen vorausfahrenden Wagen mit einklappbarer S.vorrichtung gestartet.

Startbahn →*Flughafen.*

Starter, 1. *Kraftfahrwesen:* = Anlasser (2). **2.** *Sport:* Unparteiischer, der die Startkommandos gibt.

Start-Stop-Verfahren, Synchronisierverfahren bei Fernschreibapparaten. In der Telegraphentechnik kommt es auf genauen Gleichlauf der Empfangsapparatur mit der Sendeeinrichtung an. Da sich ein ständiger Synchronlauf nur mit großem Aufwand erreichen läßt, werden Sender- u. Empfängerwelle (Achse) zu Beginn eines jeden Zeichens für eine Umdrehung freigegeben u. anschließend wieder stillgesetzt.

Starzyński [star'ʒinjski], Stefan, poln. Politiker, *19. 8. 1893 Warschau, † 17. 9. 1943 im KZ Dachau (erschossen); seit 1934 Präs. der Stadt Warschau, 1939 deren Verteidiger, 1939 verhaftet.

Stasow [-saf], Wasilij Petrowitsch, russ. Architekt, *4. 8. 1769 Moskau, † 5. 9. 1848 St. Petersburg; 1802–1808 in Frankreich, Italien u. England, danach im Dienst des Zarenhofs, schuf Bauten im Stil des Klassizismus.

Staßfurt, Kreisstadt (seit 1952) im Bez. Magdeburg, an der Bode, südwestl. von Magdeburg, 25 700 Ew; Zentrum des mitteldt. Kalibergbaus, Maschinen-, Metallindustrie, Rundfunktechnik, chem. Industrie. – Krs. S.: 386 qkm, 74 500 Ew.

Staszic ['staʃits], Stanisław, poln. Staatsmann, Philosoph u. Schriftsteller, getauft 6. 11. 1755 Piła, † 20. 1. 1826 Warschau; Vertreter der Aufklärung, seit 1807 in der Regierung des Großherzogtums Warschau, dann des Königreichs Polen.

Stat [das], Kurzzeichen St, Maßeinheit der Stärke einer radioaktiven Strahlung: 1 St = 13,58 s^{-1}. Amtl. nicht mehr zugelassen.

State [steit; engl.], Staat; auch Bestandteil geograph. Namen.

State College [steit 'kolidʒ], Stadt in Pennsylvania (USA), 34 000 Ew. (Metropolitan Area 54 000 Ew.).

State Department ['steit dipaːtmənt], das Außenministerium der USA in Washington; gegr. 1789 als *Department of Foreign Affairs.*

Staten-Generaal ['staːtən xenəˈraːl; ndrl.] →*Generalstaaten.*

Staten Island ['steitn 'ailənd], Insel südwestl. von New York, rd. 160 qkm, 230 000 Ew.; seit 1898 als *Richmond* Stadtteil von New York.

Stater [der; grch.], griech. Gewichtsbezeichnung, danach auf Gold- u. Silbermünzen übertragen, begegnet daher neben der *Drachme* häufig als griech. Münzwert. Aus S. leitet sich die engl. Münzbezeichnung *Sterling* ab.

Statexfaden, Gummifaden mit Textilseele, die nach der Festigung wieder zerstört wird.

statieren [lat.], als Statist tätig sein.

Stätigkeit, eine gewohnheitsmäßige Unfolgsamkeit des Pferdes bei ordnungsgemäßem u. angemessenem Gebrauch (Reit- u. Wagendienst).

Statik [grch.], Teilgebiet der Mechanik, das die Bedingungen, unter denen die an einem Körper angreifenden Kräfte im Gleichgewicht sind, untersucht. In der Technik ist sie dabei die Grundlage aller Berechnungen u. Konstruktionen von Bauwerken (Brücken, Häusern). Die Berechnungsverfahren für Tragwerke u.ä. werden ständig verbessert u. vereinfacht, bes. mit Hilfe elektron. Rechenanlagen.

Statiker, ein Ingenieur für stat. Berechnungen.

Station [lat.], **1.** *Gesundheitswesen:* eine Abteilung im Krankenhaus (S.arzt, S.sschwester). **2.** *kath. Liturgie:* für bestimmte Gebete (z. B. beim Kreuzweg) oder andere gottesdienstl. Handlungen (z. B. bei der Prozession) vorgesehener Haltepunkt. **3.** *Verkehrswesen:* Bahnhof oder Haltestelle bei regelmäßig bedienten Verkehrsverbindungen.

Stationierungsvertrag →*Pariser Verträge.*

Stationsgottesdienst, ursprüngl. als „überpfarrliche" Liturgiefeier der Bischofskirche gedacht, findet in der *Stationskirche* statt. Seit dem 5. Jh. galt der röm. Ritus als bindende Norm.

statische Organe, Sinnesorgane des statischen (mechanischen) Sinnes: die →*Gleichgewichtssinnesorgane* (Schweresinnesorgane), einschl. der Drehsinnesorgane (→*Drehbeschleunigungssinn*) der Wirbeltiere, u. die →*Gehörsinnesorgane.*

statischer Sinn →*Schweresinn.*

Statist [lat.], Darsteller einer meist stummen Nebenrolle, bes. in Massenszenen.

Statisterie [die; lat.], die Gesamtheit der Statisten.

Statistik [frz., ital.], Methode zur Untersuchung von Massenerscheinungen. Sie versucht, den Umfang, die Gliederung oder Struktur einer Masse, die zeitl. Entwicklung einer oder das Verhältnis mehrerer Massenerscheinungen zueinander zu erkennen; ihre Aufgabe besteht somit in der Analyse u. Deutung numerischer Daten. Ihre mathemat. Grundlage u. Rechtfertigung hat sie im *Gesetz der großen Zahl* (wenn die Zahl der untersuchten Einzelfälle genügend groß ist, werden die zufälligen Abweichungen aufgehoben, u. die typischen Zahlenverhältnisse kommen zum Vorschein) u. in der *Wahrscheinlichkeitsrechnung.*

Die S. entwickelte sich aus der in England in der 2. Hälfte des 17. Jh. aufgekommenen *polit. Arithmetik* zu einer modernen method. Hilfswissenschaft. Sie findet Anwendung bes. als *Wirtschafts- u. Bevölkerungs-S.* Auch in den Naturwissenschaften, darunter in der Physik, der Biologie u.a., bildet die S. eine wichtige Untersuchungsmethode für Systeme vieler Einzelteile.

Die Arbeit des S.ers beginnt mit der *Erhebung,* die entweder als *Primär-S.* (selbständige Erhebung mit Hilfe von Fragebogen, Zählkarten u.a.) oder *Sekundär-S.* (Verwendung von Unterlagen anderer Institutionen oder früherer statist. Erhebungen) erfolgen kann; neben der *Totalerhebung* ist bes. bei sozialen Massenerscheinungen die *Schätzung* häufig anzutreffen. Sobald die statist. Massen durchgezählt sind (techn. *Aufbereitung*), werden sie logisch geordnet (z. B. mit Hollerithmaschinen), u. U. ihre Teilmassen in Beziehung zueinander gesetzt u. in leicht faßl. Form gebracht (z. B. mittels der graph. Darstellung: Tabelle, Kurve, Säulen- u. Sektorendiagramm, Schaubild). – Die Aussagekraft der S. u. ihre Unentbehrlichkeit wird zunehmend anerkannt. Der Förderung der internationalen Zusammenarbeit dient das 1885 gegr. *Internationale Statistische Institut* in Den Haag. →auch *Statistisches Bundesamt.* → ☐ 4.6.5.

statistische Physik, Teilgebiet der theoret. Physik; beschäftigt sich mit der Behandlung einer sehr großen Zahl gleicher physikal. Objekte, z. B. der Moleküle in einem Gas, mit Mitteln der Wahrscheinlichkeitsrechnung u. Statistik. Die s. P. interessiert sich nicht für die Bewegung jedes einzelnen Teilchens, sondern nur für ihr mittleres Verhalten, z. B. die mittlere Geschwindigkeit. Sie sucht die makroskop. Eigenschaften u. Wirkungen abzuleiten, die eine Gesamtheit mikroskop. Teilchen hervorruft, befaßt sich also z. B. mit der Zurückführung der Begriffe u. Gesetze der Wärmelehre auf mechan. Vorgänge u. Gesetze. – Bei der *klass.* oder *Boltzmann-Statistik* legt man die klass. Mechanik zugrunde. In der *Quantenstatistik* geht man von den quantenmechan. Bewegungsgesetzen für das Verhalten mikroskop. Teilchen aus. Für hohe Temperaturen u. nicht zu große Dichten gehen die quantenstatist. Gesetze in die klass. über. Bei niedrigen Temperaturen werden experimentell Abweichungen von der klass. s.n P. beobachtet

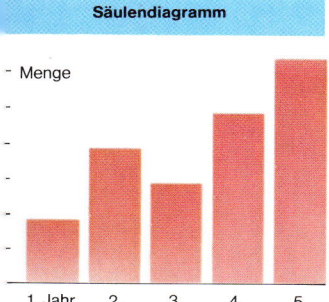
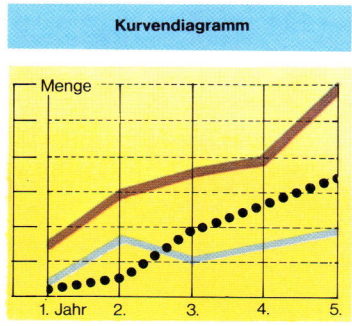
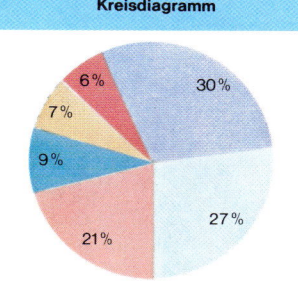
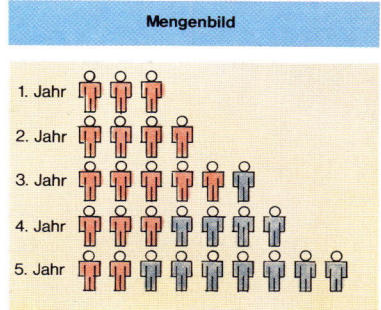

Statistik: Säulen-, Kurven-, Kreisdiagramm und Mengenbild

(*Gasentartung*). Sie beruhen darauf, daß zum einen die Energie eines Moleküls z.B. nicht stetig veränderlich ist, sondern nur eine gewisse Stufenfolge diskret liegender Werte annehmen kann. Zum anderen sind nach der Quantentheorie zwei Elektronen, zwei Moleküle u.ä. grundsätzl. nicht streng unterscheidbar; bei naher Begegnung können sie sich gewissermaßen unkontrollierbar vertauschen. Bei der mathemat. Formulierung ist zu unterscheiden, ob die Teilchen dem Pauli-Prinzip unterworfen sind oder nicht. Dementsprechend gibt es zwei Quantenstatistiken: die *Fermi-Dirac-* u. die *Bose-Einstein-Statistik*. – ◫7.6.0.

statistische Reihe, eine Zusammenstellung von gleichartigen statist. Größen oder Kollektiven in gesetzmäßiger Reihenfolge; so bildet z.B. die jedem Jahr zugeordnete Niederschlagsmenge eine statist. Zeitreihe.

Statistisches Bundesamt, Wiesbaden, selbständige Bundesoberbehörde u. Zentrale der statist. Organisation in der BRD; gegr. 1948, Nachfolger des *Statistischen Reichsamts* (1872–1945). Aufgaben: Vorbereitung, Erhebung u. Aufbereitung von Statistiken für Bundeszwecke, Sammlung ausländ. Statistiken, Aufstellung volkswirtschaftl. Gesamtrechnungen, Mitwirkung bei der Vorbereitung von Gesetzen u. Verordnungen auf dem Gebiet der Bundesstatistik u.a. Veröffentlichungen: „Statistisches Jahrbuch für die BRD" (seit 1952 jährl.); „Statistisches Taschenbuch für die BRD" (alle 3 Jahre); „Wirtschaft u. Statistik" (monatl.); „Statistischer Wochendienst"; 13 Fachveröffentlichungen (Fachserien) mit Ergebnissen aus einzelnen Fachgebieten. – Die *Statistischen Landesämter* erfüllen ähnliche Aufgaben in den einzelnen Ländern der BRD. Auch die Städte verfügen zum Teil über eigene *Statistische Ämter*. – In der DDR hat die *Staatliche Zentralverwaltung für Statistik* in Berlin die Aufgabe, Informationen über die Erfüllung der Wirtschaftspläne, die wirtschaftl. u. soziale Entwicklung, den Bestand u. die Ausnutzung der materiellen Quellen der Volkswirtschaft u.a. zu liefern, u. ist von großer Bedeutung für die Wirtschaftsplanung.

Statius, Publius Papinius, röm. Dichter aus Neapel, *um 40 n.Chr., †um 96 n.Chr.; schrieb Gelegenheitsgedichte („Silvae"), ein Epos über den Zug der Sieben gegen Theben („Thebaïs") sowie eine (unvollendete) „Achilleïs".

Stativ [lat.], ein Ständer mit drei Füßen u. häufig mit einer in der Höhe verstellbaren Mittelsäule, meist zusammenklappbar, zum Befestigen von Photoapparaten u. Instrumenten. Laboratoriums-S.e bestehen aus einem fest mit einer Grundplatte oder drei Füßen verbundenen Stab, an dem verschiedene Muffen u. Klammern zum Festhalten von Geräten angesetzt werden können.

Statocyste [die; grch.], ein →Gleichgewichtssinnesorgan niederer Tiere.

Statolith [der; grch.], Bestandteil von →Gleichgewichtssinnesorganen.

Stator [der; lat.] = Ständer (2).

Statthalter, Vertreter des Staatsoberhaupts oder der Regierung in einem Gebietsteil. Im Dt. Reich führte 1871–1918 der Leiter der Staatsverwaltung im Reichsland Elsaß-Lothringen den Titel S.; 1933–1945: →Reichsstatthalter. In Österreich war bis 1918 der S. administrativer Leiter eines Kronlands; in Vorarlberg heißt der Stellvertr. des Landeshauptmanns noch jetzt *Landes-S.*

statuarisch, standbildähnlich, unbeweglich, in der Art einer Statue.

Statue [-tuə; die; lat.], *Standbild*, die aus plast. Material geformte Einzelfigur eines Menschen oder Tiers, bes. das auf Podesten, Sockeln u. dgl. zu monumentaler Wirkung gebrachte, als Denk- oder Grabmal aufgestellte Bildwerk einer aufrecht stehenden oder schreitenden Figur. Sonderformen sind die *Sitz-S.*, die *Reiter-S.* u. die aus mehreren Figuren gefügte *S.ngruppe*. Eine kleine, zierl. gebildete S. bezeichnet man als *Statuette*.

Status [der; lat.], **1.** *allg.:* Stand, Zustand.

2. *Soziologie: sozialer S.*, der relative Rang einer sozialen →Position bzw. →Rolle (z.B. eines Berufs), der ihr nach den Wertvorstellungen der Mitglieder einer Gesellschaft beigelegt wird.

3. *Wirtschaft:* zu Sonderzwecken außerhalb der Buchführung in Bilanzform aufgestellte Übersicht über die Vermögensteile u. die Schulden eines Unternehmens, aus der sich das *Eigenkapital (Reinvermögen)* ergibt. Die Bewertung des Vermögens richtet sich nach dem Zweck des S. u. kann von der für Buchführung u. Bilanz gewählten Bewertung abweichen. Ein S. wird häufig bei Aufnahme von Krediten für den Darlehnsgeber *(Kredit-S.)*, zur Ermittlung der Liquiditätslage *(Liquiditäts-S.)*, bei Auseinandersetzungen zwischen den Gesellschaftern, zur Feststellung der Überschuldung, bei Sanierung, Vergleich u. Konkurs aufgestellt.

Statusklage, im Zivilprozeß die Klage in →Kindschaftssachen.

Status nascendi [lat.], Zustand chem. Stoffe (z.B. atomarer Wasserstoff) im Augenblick ihres Entstehens aus anderen, wo sie bes. reaktionsfähig sind.

Status quo [lat.], der gegenwärtige Zustand.

Status quo ante [lat.], der Zustand vor einem bestimmten Ereignis.

Statut [das; lat.], **1.** *allg.:* = Satzung.

2. *Privatrecht:* Name des Gesellschaftsvertrags einer eingetragenen Gesellschaft.

Statutarstadt →Stadt mit eigenem Statut.

Statute mile ['stætju:t 'mail; die; engl.], Längenmaß in den USA (Landmeile): 1 S.m. = 1,6093 km.

Statut von Westminster →Westminsterstatut.

Statzer See, poln. *Jezioro Rajgrodzkie*, See in Masuren, östl. von Lyck, 15 qkm, bis 52 m tief.

Stauanlage, *Stauwerk* →Talsperre, →Wehr.

Staub, feinste, in der Luft schwebende feste Teilchen, bis zu vielen Tausenden in 1 *l* enthalten; S.proben werden mit dem *Konimeter (Staubzähler)* gemessen. Dabei wird die staubhaltige Luft in eine Unterdruckkammer angesaugt, wo sich die Teilchen auf einer Glasplatte ablagern u. mit einem Mikroskop ausgezählt werden. S. liefert Kondensationskerne für die Wolkenbildung. *Entstaubungsanlagen* (Elektrofilter, Waschtürme) in Industriebetrieben dienen zur Rückgewinnung von Rohstoffen u. zur Reinhaltung der Luft (→Smog). *S.explosion* erfolgt durch Entzünden von brennbarem S. (z.B. Getreide, Holz, Kork, Aluminium). →auch Kohlenstaubexplosion.

Staub, Hans, schweizer. Pharmakologe u. Internist, *31. 12. 1890 Bubikon; nach ihm benannt der *S.-Effekt* (1921): normalerweise führt Zuckerzufuhr erst zu Blutzuckererhöhung, dann infolge Insulinausschüttung zu Blutzuckererniedrigung (negativer S.-Effekt bei Zuckerkrankheit).

Staubbachfall, 260 m hoher Wasserfall des Staubbachs (linker Zufluß der Weißen Lütschine), südwestl. von Lauterbrunnen im Schweizer Kanton Bern.

Staubblätter, *Staubgefäße*, lat. *Stamina*, die männl. Geschlechtsorgane der →Blüte. Die S. tragen Pollensäcke, in denen die Pollenkörner (Gesamtheit: Blütenstaub oder Pollen) gebildet werden. Die S. der nacktsamigen Pflanzen tragen noch eine größere Zahl von Pollensäcken. Die S. der bedecktsamigen Pflanzen bestehen aus einem fadenförmigen Teil *(Staubfaden* oder *Filament)* u. dem *Staubbeutel (Anthere)*, der wiederum zusammengesetzt ist aus den beiden *Theken* u. dem sie mit dem *Filament* verbindenden *Konnektiv*. Jede Theke enthält 2 *Pollensäcke*.

Staubbrand →Brandpilze; →auch Flugbrand.

Staubfaden →Staubblätter.

Staubfeuerung →Feuerung.

Staubkammer, Raum zum Absetzen von Staub; insbes. bei der verflüchtigenden Röstung von Erzen zur Abscheidung des staubförmigen Stoffs (z.B. Arsen- u. Antimongewinnung).

Staubläuse, *Psocoptera, Copeognatha, Corrodentia*, verschiedentl. mit den *Tierläusen* zu einer Ordnung zsuammengefaßte Ordnung der *Insekten*; bis 5 mm lange, zarte Tiere, freilebend unter Rinde, in Tiernestern u.ä.; einige Arten flügellos oder mit reduzierten Flügeln; meist wärmeliebend, daher in wärmeren Gebieten bes. zahlreich. Nahrung: Algen, Schimmelpilze, organ. Abfall. Zu den S.n gehören *Rindenläuse* u. *Bücherläuse*. In Dtschld. ca. 100 Arten.

Stäubling, *Lycoperdon*, Gattung der *Bauchpilze*, mit gelbl. oder bräunl. kugeligen, birnen- oder keulenförmigen Fruchtkörpern, die in reifem Zustand ein feines Sporenpulver ausstreuen, z.B. *Flaschen-S., Lycoperdon perlatum; Birnen-S., Lycoperdon piriforme*, u.a.

Staublunge, *Staubeinatmungskrankheit, Pneumokoniose*, durch ständige Einatmung bestimmter Staubarten hervorgerufene, chronisch entzündl. Erkrankung der Atemwege, die infolge der Einlagerung eingeatmeter Staubteilchen in das Lungengewebe u. die peribronchialen Lymphbahnen zu Lungenblähungen oder Wucherungen u. narbigen Schrumpfungen des Lungengewebes führen kann. Nach der Art des eingeatmeten Staubs werden unterschieden: *Quarz-S. (Kieselstaublunge, Stein-S., Silikose), Kalk-S. (Steinhauerlunge, Chalikose), Kohlenlunge (Anthrakose), Eisenlunge (Siderose), Asbest-S. (Asbestose), Tabaklunge (Tabakose)* u.a. Die Erkrankungen sind z.T. melde- u. entschädigungspflichtige Berufskrankheiten.

Staubsauger, elektr. Gerät zum Entstauben von Flächen u. Gegenständen, in verschiedenen Ausführungen (trag- u. fahrbar) für Haushalt u. Gewerbe gebaut. Die Wirkung beruht darauf, daß ein Ventilator über ein Rohr oder (und) einen flexiblen Schlauch u. mehrere auswechselbare Düsen Luft ansaugt. Dieser Luftstrom (Geschwindigkeit bis 12 m/sek) reißt Staub u. Schmutz mit. Ein Filter im S. reinigt die Luft, dabei sammelt sich der Staub in einem Tuch- oder Papierbeutel.

stauchen, durch Druck oder Schlag ein Werkstück in seiner Längsrichtung verkürzen u. in seinem Querschnitt vergrößern; Metallbearbeitungsverfahren, bei dem der Werkstoff kalt oder warm verarbeitet wird. Eine *Stauchung* ist eine negative →Dehnung (Werkstoffprüfung).

Staudamm →Talsperre.

Stauden, *Perennen*, ausdauernde *(perennierende)*, wiederholt fruchtende Pflanzen, die in ihrem oberird. Teil relativ wenig Holzgewebe erzeugen u. häufig unter der Erde stärker entwickelte Achsenorgane hervorbringen. Nach der Wuchsform werden unterschieden: *Kriech-S., Rasen-, Polsterpflanzen, Rosetten-S., Rhizom-S., Zwiebel-* u. *Knollenpflanzen*.

Staudenkohl, *Blattkohl, Blätterkohl*, kopflose Stauden mit 1,5 m hohem Stengel u. oben ausgebreiteten Blättern; als Zweitfrucht gepflanzt, Viehfutter im Herbst. →Kohl.

Staudenwolle →Akon; →auch Seidenpflanzengewächse.

Staudinger, Hermann, Chemiker, *23. 3. 1881 Worms, †8. 9. 1965 Freiburg i.Br.; grundlegende Untersuchungen hochmolekularer Stoffe; entdeckte u.a. eine quantitative Beziehung zwischen dem Molekulargewicht u. der Viskosität von Lösungen dieser Stoffe; Nobelpreis 1953.

Staudruck, der Druck, der von einer strömenden Flüssigkeit oder einem strömenden Gas an einem Hindernis hervorgerufen wird; ergibt sich als Differenz von Gesamtdruck u. statischem Druck. →auch Bernoullische Gleichung.

Staudruckmesser, *Staudruckfahrtmesser*, ein Meßgerät, das die Geschwindigkeit gegenüber der umgebenden Luft durch ein Staurohr *(Prandtl-Rohr)* anzeigt. Dabei wird aus dem Staudruck die Strömungs- bzw. Fluggeschwindigkeit ermittelt. →Bernoullische Gleichung, →Venturimesser.

Staudt, Karl Georg Christian von, Mathematiker, *24. 1. 1798 Rothenburg ob der Tauber, †1. 6. 1867 Erlangen; berühmt durch seine „Geometrie der Lage" (projektive Geometrie).

Staudte, Wolfgang, Filmregisseur, *9. 10. 1906 Saarbrücken; drehte bei der DEFA „Die Mörder sind unter uns" 1946; „Rotation" 1949; „Der Untertan" 1951; seit 1953 in der BRD „Rosen für den Staatsanwalt" 1959; „Die Dreigroschenoper" 1962; „Die Herren mit der weißen Weste" 1970, u.a.

stauen, *verstauen*, eine Ladung auf einem Schiff sachgemäß unterbringen; geschieht durch *Schauerleute*.

Stauer, *Stauerbaas*, selbständiger Unternehmer, für die sachgemäße Verstauung der Ladung auf einem Schiff verantwortlich.

Staufen im Breisgau, baden-württemberg. Stadt (Ldkrs. Breisgau-Hochschwarzwald), am Ausgang des Münstertals, 6900 Ew.; Ruine *Staufenburg*, altes Rathaus (16. Jh.); im Gasthaus „Löwen" soll um 1538 Dr. Faust gestorben sein; Weinbau, Branntweinherstellung.

Staufer, schwäb. Fürstengeschlecht, stellte 1138–1254 die dt. Könige u. Kaiser. – *Friedrich von Büren* (†vor 1094), erster nachweisbarer S., konnte durch Heirat seine Güter vermehren. Sein Sohn *Friedrich* (†1105) heiratete eine Tochter des Saliers Kaiser Heinrich IV. u. bekam 1079 das Herzogtum Schwaben. Er erbaute die Burg *Hohenstaufen*. Die salischen Hausgüter fielen nach dem Tod des letzten Saliers an die S. *Konrad III.* (†1152) war der erste S. auf dem dt. Königsthron (1138 Thronbesteiung). Kämpfe mit den →Welfen erfüllten die ersten Jahrzehnte stauf. Königsherrschaft. Bedeutende Repräsentanten ihres Geschlechts waren Kaiser *Friedrich I. Barbarossa* (1152–1190) u. *Heinrich VI.* (1190–1197). Unter *Philipp von Schwaben* (†1208) wurde die stauf. Hausmacht durch Kämpfe mit den Welfen (Otto IV.) erschüttert. Zur Regierungszeit *Friedrichs II.* (1212–1250) erreichten die dt. Landesfürsten eine bedeutende Erweiterung ihrer Machtbefugnisse. Es folgte die Epoche des Niedergangs: Friedrichs Sohn König *Heinrich (VII.)* empörte sich gegen den Vater u. wurde abgesetzt. Ein anderer Sohn Friedrichs, *Konrad IV.*, seit 1250 sein Nachfolger, starb früh (1254). Sein Halbbruder *Manfred* († 1266) wurde von Karl von Anjou geschlagen, der auch *Konradin*, den Sohn Konrads IV., besiegte u. enthaupten ließ (1268). Die letzten S., *Enzio*, ein unehel. Sohn Friedrichs II., sowie *Friedrich* u. *Heinrich*, Söhne Manfreds, starben 1272, 1312 bzw. 1318 in Gefangenschaft. – 5.3.2.

Stauffacher, Rudolf, schweizer. Patriot, vor 1300 Landammann von Schwyz, spielte eine führende Rolle im urschweizer. Befreiungskampf gegen Habsburg; unter dem Vornamen Werner in der Tell-Sage Teilnehmer am Rütlischwur.

Stauffacher-Verlag AG, Zürich, gegr. 1933, Niederlassungen in Frankfurt a. M., Paris, Brüssel, Innsbruck, Lausanne; populärwissenschaftl., geograph., geschichtl. Werke, Atlanten, Lexika, Reiseführer; betreibt Sortiments-, Reise- u. Versandbuchhandlungen.

Stauffenberg, Claus Graf Schenk von, Generalstabsoffizier, *15. 11. 1907 Schloß Jettingen, Günzburg, †20. 7. 1944 Berlin; Oberst u. Stabschef des Befehlshabers des Ersatzheeres, stellte sich 1943 an die Spitzen des militär. *Widerstandsbewegung* gegen Hitler zur Verfügung u. legte am 20. 7. 1944 eine Bombe im Führerhauptquartier „Wolfsschanze" bei Rastenburg (Ostpreußen); bemühte sich nach dem Scheitern dieses Attentats auf Hitler in Berlin vergebl. um die Durchführung des Staatsstreichs; wurde standrechtl. erschossen.

Stauffer, Fred, schweizer. Maler, *29. 8. 1892 Gümlingen, †6. 9. 1980 Thörishaus; Schüler der Münchner Akademie; Bildnisse, Figurenszenen u. Landschaften des Berner Oberlands.

Stauffer-Bern, Karl, schweizer. Maler, Graphiker u. Bildhauer, *2. 9. 1857 Trubschachen, Emmental, †24. 1. 1891 Florenz; malte u. radierte lebensnahe Bildnisse, u.a. von G. Keller, G. Freytag. Seine Verbindung mit der verheirateten Lydia Welti-Escher führte zu einem Skandal, der ihn ins Gefängnis u. Irrenhaus brachte u. zum Selbstmord trieb. S. war auch ein Lyriker von Rang.

Staufferbüchse, *Staufferfettbüchse*, Fettbüchse auf Maschinenlagern, mit abschraubbarem Deckel zur Aufnahme von Staufferfett.

Staufferfett [nach dem ersten Hersteller], salbenartiges, dunkelgelbes Schmiermittel (für langsam laufende Maschinenteile) aus pflanzl. oder tier. Ölen oder Fetten mit Zusatz von Alkaliseifen; hat einen Schmelzpunkt von etwa 85 °C.

Staufische Klassik →Klassik.

Staukuppe, Gesteinskuppe vulkan. Ursprungs, entsteht aus kieselsäurereicher, gasarmer Schmelze, die wegen ihrer großen Zähflüssigkeit keine Ströme bildet, sondern direkt über der Austrittsstelle aufgestaut wird. S.n sind im Gegensatz zu Quellkuppen nicht mit Tuffen bedeckt.

Staumauer →Talsperre.

Staupe [die; ndrl.] →Hundestaupe, →Katzenstaupe.

stäupen, mit der Rute prügeln, früher im Strafvollzug üblich.

Staupunkt, in einer Flüssigkeitsströmung vor einem Hindernis der Punkt, in dem die Flüssigkeit in Ruhe ist, sich staut.

Staurohranemometer, von L. *Prandtl* entwickeltes Gerät zur Messung der Strömungsgeschwindigkeit der Luft; in der Meteorologie wichtigster Teil des *Böenschreibers*; →Staudruck.

Staurolith [der; grch.], rötlich- bis schwärzlichbraunes, glasglänzendes, auch mattes Mineral (Eisen-Aluminium-Silicat); Härte 7–7,5; säulige Kristalle, häufig Durchkreuzungszwilling (kreuzförmiger *Schörl*); Vorkommen in kristallinen Glimmerschiefern.

Staurothek [die; grch.], Behälter einer Kreuzreliquie. Das bedeutendste Stück ist im Domschatz von Limburg an der Lahn die 1204 aus der Hagia Sophia entführte S., eine Goldemailarbeit mit Darstellung Heiliger aus der 2. Hälfte des 10. Jh.

Stausee, durch eine →Talsperre aufgestautes Gewässer, Teil einer Stauanlage.

Staustrahltriebwerk →Strahltriebwerk.

Staustufe, Sammelbez. für Wehranlagen, Schleusen u. Kraftwerke; →Wehr.

Stauungsödem, Durchtränkung der Gewebe, bes. des Unterhautbindegewebes, mit Blutwasser, das infolge Kreislaufversagens bei allg. Stauung aus den Gefäßen ins Gewebe austritt; erkennbar an einer teigigen Schwellung der Gewebe.

Stauungspapille, Hervortreten des Sehnervenkopfes durch Anschwellung aufgrund raumbeengender Prozesse im Schädel; wird mit dem Augenspiegel festgestellt u. zur Krankheitserkennung von Gehirnkrankheiten herangezogen. Das Sehvermögen leidet bei größerer Ausdehnung u. länger bestehender S. (durch Sehnervenatrophie).

Stauwerder, zwei Talsperren in Oberschlesien, an der *Klodnitz* (S. I, 11,9 Mill. m³) u. an der *Drama* (zur Klodnitz, S. II, 35,7 Mill. m³).

Stauziel →Talsperre.

Stavanger, Hafenstadt am S.-Fjord (Boknfjord), Hptst. der südnorweg. Prov. (Fylke) *Rogaland*, 85 000 Ew.; roman.-got. Dom (11. Jh.); Textil- u. Fischwarenindustrie; Schiffbau; Ölraffinerie südl. der Stadt.

Stavenhagen, Stadt im Kreis Malchin, Bez. Neubrandenburg, nordöstl. von Waren, 7700 Ew.; Literaturmuseum im Geburtshaus von Fritz *Reuter*; nahebei Ivenacker Schloß u. Tiergarten; Nahrungsmittelindustrie.

Claus Graf Schenk von Stauffenberg

Stavenhagen, Fritz, niederdt. Dramatiker u. Erzähler, *18. 9. 1876 Hamburg, †9. 5. 1906 Hamburg; vom Naturalismus beeinflußt, schrieb Volksstücke u. Bauernkomödien in Mundart.

Stavisky-Skandal, Finanzskandal in Frankreich 1933/34 mit Folgen in der Innenpolitik; ausgelöst durch den aus Rußland stammenden Alexandre *Stavisky*, der Hunderttausende von Kleinsparern um ihre Ersparnisse brachte u. von prominenten Radikalsozialisten gedeckt wurde. Nach der Aufdeckung des Betrugs nahm sich Stavisky das Leben. Antidemokrat. u. antisemit. Kräfte, unterstützt von nationalkonservativen Politikern u. Publizisten, suchten die Regierung des Radikalsozialisten Daladier zu stürzen u. eine „faschist." Regierung an die Macht zu bringen. Nach blutigen Zusammenstößen trat Daladier zurück. Auf die Bildung der rechtsgerichteten Regierung Doumergue reagierten die Linken mit Demonstrationen (Mai 1934) u. dem Zusammenschluß zur Volksfront (1935).

Stawropol, zeitweise bis 1943 *Woroschilowsk*, Hptst. des Kraj S. (80 600 qkm, 2,4 Mill. Ew., davon 47% in Städten) in der RSFSR (Sowjetunion), im nördl. Kaukasusvorland, 250 000 Ew.; Maschinen-, Nahrungsmittel-, Leder-, Textil- u. chem. Industrie; Erdgasgewinnung.

Ste., Abk. für *Sainte*; →Saint.

Stead [sted; engl.], dän. *Sted*, Bestandteil geograph. Namen: Ort, Stelle.

Steady-state [′stedi ′steit; engl.], **1.** *Kosmologie:* Bez. für eine vom engl. Astrophysiker F. *Hoyle* aufgestellte Theorie, nach der die Materiedichte im Raum trotz der →Expansion des Weltalls stets gleich bleibt, so daß fortlaufend eine bestimmte Menge an Materie neu entstehen muß (*stationäres Universum*). Die S.-Theorie steht der →Evolutionstheorie gegenüber, die nach neueren Beobachtungen wahrscheinlicher ist.
2. *Sportmedizin:* Stoffwechselgleichgewicht; ein Zustand, bei dem Energieentwicklung u. Energieausgabe bei Arbeit im Gleichgewicht sind. Dieser Zustand ist nur bis zu mittleren Belastungen zu erreichen, u. es dauert etwa 5 Minuten, bis er sich einstellt. Beim trainierten Sportler ist die Belastungshöhe, bei der noch der S. erreicht wird, wesentl. höher als beim untrainierten.

Steak [steik; das; engl.], gebratene Fleischschnitte, bes. von Rind- u. Kalbfleisch.

Steamer Point [′sti:mə point; engl.], arab. *Bändär Tuwahi*, Hafenvorort der jemenit. Stadt *Aden*, Südarabien, rd. 10 000 Ew.; Verwaltungs- u. Handelszentrum.

Steapsin [das; grch.], frühere Bez. für *Lipasen*.

Stearat [das; grch. + lat.], Salz oder Ester der Stearinsäure.

Stearatcreme, ein Kosmetikmittel, Tagescreme in Form einer Emulsion von Stearin in Wasser; enthält außerdem Glycerin, Wachse, Walrat, Riechstoffe u. Parfümöle.

Stearin [das; grch.], Gemisch von Stearin- u. Palmitinsäure, eine weiße Masse, die bei der Säurespaltung von Fetten erhalten u. für die Herstellung von Kerzen u. Kosmetika, ferner in der Seifen- u. Lederindustrie verwendet wird.

Stearinsäure, eine langkettige Fettsäure, chem. Formel $C_{17}H_{35}COOH$, weiße, feste Masse. S. findet sich mit Glycerin verestert in allen festen u. halbfesten Fetten.

Steatit [grch.], **1.** [das], *Keramik:* keramischer Werkstoff, der aus einer Masse von 80–85% Speckstein (ein Magnesiumhydrosilicat), 5–15% →Ton u. bis 5% →Feldspat bei einer Temperatur von 1380–1410 °C gebrannt wird. Der Scherben besteht aus einem Magnesiumsilicat u. einer glasigen, kieselsäurereichen Grundmasse. S. wird hauptsächl. für Hochspannungs- u. Niederspannungsisolatoren verwendet.
2. [der], *Mineralogie:* Varietät des →Talk.

Steatopygie [grch.] = Fettsteiß; →auch Khoisanide.

Steatosis [die; grch.], Verfettung.

Steben, Bad S., bayer. Markt in Oberfranken (Ldkrs. Hof), 3200 Ew.; Stahl- u. Moorbäder.

Stechapfel, *Datura*, Gattung der *Nachtschattengewächse*. Der Gewöhnl. S., Datura stramonium, ist einjährig, stark giftig, bis 1 m hoch u. hat buchtig gezähnte Blätter, aufrechtstehende, weiße Trichterblüten u. weichstachelige Fruchtkapseln; in Gärten, Weinbergen u. auf Schutt. Die das Alkaloid *Atropin* u. die ihm verwandten Stoffe *Scopolamin* u. *Hyoscyamin* enthaltenden Blätter (*Folia Stramonii*) dienen als asthmalinderndes Mittel.

Stechbecken, *Steckbecken*, Bettschüssel, (Unter-)Schieber, ein flaches Gefäß mit langem Griff zur Aufnahme der Exkremente von Bettlägerigen.

stechen, *Technik:* ein Loch in Blech durchstoßen, wobei ein Rand aufgeworfen wird; z.B. zum Einschneiden eines Gewindes.

Stechen, *Pferdesport:* die Ermittlung des Siegers bei einem Jagdspringen unter den mit 0 Fehlern an erster Stelle plazierten Reitern durch einen weiteren Umlauf über verbreiterte Hindernisse (bei meist verkürztem Parcours). In den Klassen A, L u. M wird ein S. mit Zeitwertung durchgeführt, d. h., daß, wenn auch nach dem S. mehrere Teilnehmer die gleiche Punktzahl aufweisen, der Reiter mit der besten Zeit siegt. In der Klasse Sa gibt es höchstens zwei S., in der Klasse Sb bis zu fünf S. (grundsätzl. ohne Zeitwertung).

Stecher, Verfertiger eines (Kupfer-, Stahl-) Stichs.

Stecher, Renate, geb. *Meissner*, Leichtathletin, *12. 5. 1950 Süptitz; Doppel-Olympiasiegerin über 100 u. 200 m in München 1972, Silbermedaille in der 4 × 100-m-Staffel der DDR; lief mehrere Weltrekorde über 100 u. 200 m.

Stechfliege, *Wadenstecher, Stallfliege, Stomoxys calcitrans,* eine der Stubenfliege sehr ähnliche, aber durch den deutl. Stechrüssel sehr unterschiedene hellgraue *Echte Fliege;* über die ganze Erde verbreitet, kann im Unrat feucht-warmer Ställe sich rasch vermehren. S.n saugen Blut an Menschen u. Tieren, wobei sie zum Übertrager vieler Krankheiten werden (z.B. des Milzbrands).

Stechginster, *Ulex,* Gattung der *Schmetterlingsblütler* im atlant. Europa u. in Nordafrika. Meist blattlose oder kleine Schuppen tragende Sträucher mit dornig endenden Zweigen u. gelben Blüten. Charakterpflanze der Heidegebiete des westl. Mitteleuropa ist der *Europ. S., Ulex europaeus,* mit dornartigen Blättern.

Stechimmen, *Aculeata,* diejenigen Familien der Hautflügler-Unterordnung der →Apocrita, bei denen das Legrohr zu einem Wehrstachel umgebildet ist. Das Ei tritt bereits an der Basis des Legeapparats aus. Höchstentwickelte Gruppe der Hautflügler, in der es mehrfach unabhängig zur Staatenbildung gekommen ist. Zu den S. gehören die Überfamilien der *Trigonaloidea, Goldwespen, Bethyloidea, Hungerwespen, Dolchwespen,* zu diesen wiederum die *Bienenameisen, Ameisen, Bienen, Grabwespen, Wegwespen* u. *Wespen.*

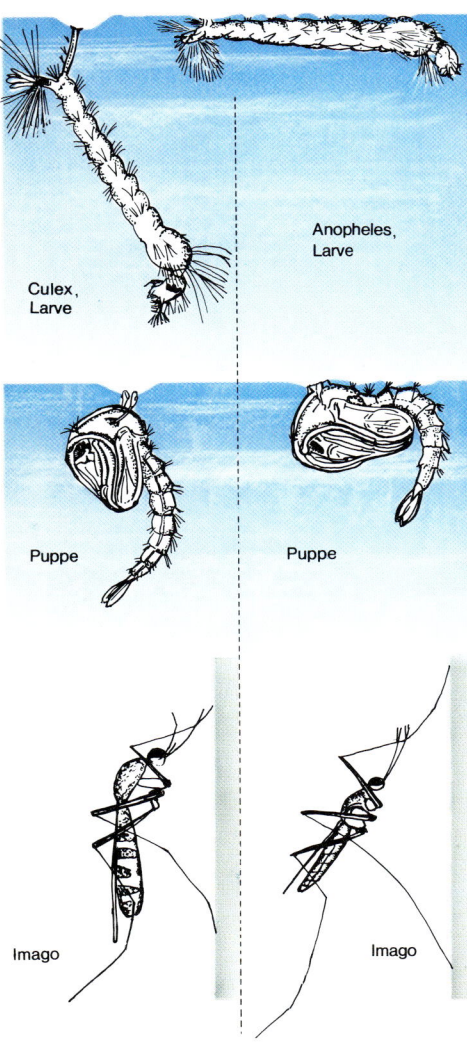

Stechmücken, Culicidae

Stechlinsee, *Großer S.,* See nordöstl. von Rheinsberg, 4,2 qkm, bis 64 m tief; in einem 17,75 qkm großen Naturschutzgebiet.
Stechmücke, *Gewöhnl. S., Culex pipiens,* eine der häufigsten mitteleurop. *Stechmücken.* Die begatteten Weibchen überwintern in kühlen Räumen u. legen im Frühjahr 40–400 Eier auf Wasseransammlungen. Die Larven hängen mit einem Haarkranz am Atemrohr des vorletzten Hinterleibssegments senkrecht an Wasseroberflächen u. lassen sich nur bei Gefahr absinken. Sie fressen Algen u. organ. Zerfallsstoffe. Verpuppung nach ca. 3 Wochen; auch die dicken kommaförmigen Puppen hängen an der Wasseroberfläche. Die fertigen S.n schlüpfen nach wenigen Tagen. Die Weibchen müssen zur Eireifung Blut saugen u. orientieren sich beim Aufsuchen von Warmblütern an der Zunahme von Temperatur, Feuchtigkeits- u. Kohlendioxidgehalt der Luft in deren Nähe.
Stechmücken, *Culicidae,* mit ca. 1500 Arten weltweit verbreitete Familie der *Mücken,* mit den blutsaugenden Hauptgattungen *Culex* (Gewöhnl. Stechmücke), *Aëdes* (→Waldmücken), *Theobaldia* (→Ringelmücken), *Anopheles* (→Fiebermücken) u. *Stegomyia* (→Gelbfiebermücke) sowie den nichtstechenden *Corethra* (→Büschelmücken).
Stechpalme, *Ilex,* Gattung der *S.ngewächse* (rd. 450 Arten). Ilex aquifolium ist ein immergrüner, in milderen Klimaten stattlicher Baum mit ledrigen, glänzend grünen, grobdornig gezähnten u. in einem Dorn endenden Blättern, grünlichweißen Blüten u. scharlachroten Steinfrüchten. In England herrscht die Sitte, zur Weihnachtszeit fruchtende S.nzweige *(Holly)* in die Zimmer zu hängen. Geschützt. *Ilex paraguariensis* liefert den *Mate-Tee.*
Stechpalmengewächse, *Aquifoliaceae,* Familie der *Celastrales.* Zu den S.n gehört die *Stechpalme.*
Stechrochen →Stachelrochen.
Stechsauger, Ernährungstyp (Lebensformtyp) von Tieren, die mit bes. ausgebildeten Mundwerkzeugen zu stechen vermögen, um Pflanzensäfte oder Blut zu saugen, z.B. Zikaden, Wanzen, Flöhe, Mücken.
Stechuhr, Kontrolluhr für Wachmänner; mit Schlüsseln, die an bestimmten Kontrollpunkten angebracht sind, läßt sich auf der Zeitscheibe der S. der Zeitpunkt der Kontrolle kennzeichnen. Als S. werden auch *Stempeluhren* (Arbeitszeitregistriergeräte) bezeichnet, die Beginn u. Ende der Arbeitszeit auf Kontrollkarten festhalten.
Stechwinde, *Smilax,* vor allem in den Tropen verbreitete Gattung der *Liliengewächse* (rd. 300 Arten). Im gesamten Mittelmeergebiet u. in Vorderasien verbreitet ist die *Stachelige S., Smilax aspera,* das bis in 16 m hoch in die Bäume klettert. Die unscheinbaren, wohlriechenden Blüten wurden in der Antike zusammen mit Efeu zum Bekränzen verwendet. Verschiedene Arten liefern →Sarsaparille.
Steckbrief, im Strafprozeß die meist öffentl. Aufforderung zur Ergreifung eines →Beschuldigten oder eines Verurteilten.
Steckdose, fest montierte, isolierende Kunststoffdose mit Kontaktbuchsen, an denen mit einem *Stecker* elektr. Spannung abgenommen wird. →auch Schutzkontaktstecker.
Steckel, Leonard, Schauspieler u. Regisseur, * 8. 1. 1901 Ungarn, † 9. 2. 1971 Aitrang; seit 1921 Charakterdarsteller in Berlin, seit 1933 in Zürich, wo er u.a. Stücke von B. Brecht inszenierte; verkörperte bes. Shakespeare-Gestalten u. moderne Käuze.
Steckenkraut, *Ferula,* Gattung der *Doldengewächse,* bes. in Vorder- u. Zentralasien, kräftige Stauden mit großen, vielfach geteilten Blättern u. vielstrahligen, mehrfach verzweigten Dolden. In Dtschld. als Gartenzierpflanzen das *Gewöhnl. S. (Rutenkraut, Ferula communis),* 2–5 m hoch. *Stinkasant* oder *Teufelsdreck (Asa foetida),* ein Gummiharz, das als beruhigendes, krampflösendes Mittel, zu Pflastern u. in der Tiermedizin Verwendung findet, liefern die Arten *Ferula asa-foetida, Ferula narthex* u. *Ferula foetida.*
Stecker, ein oder mehrere Kontaktstifte, die an einem Ende durch einen Kunststoff- oder Keramikkörper isoliert u. mit der flexiblen Anschlußleitung eines bewegbaren Elektrogeräts verbunden sind. →auch Schutzkontaktstecker.
Stecklinge, der ungeschlechtlichen *(vegetativen)* Vermehrung dienende, von der Mutterpflanze abgetrennte Pflanzenteile, die, in Erde gesteckt, sich bewurzeln, Sproßteile bilden u. zu neuen Pflanzen heranwachsen, z.B. Triebspitzen (Kopf-S.), Sproßstücke (Augen-S., Stamm-S., Steckholz), einzelne Blätter oder Blattstücke (Blatt-S.) u. Wurzelstücke (Wurzel-S., Wurzelschnittlinge).
Steckmuschel, *Pinna squamosa,* eine *Vogelmuschel,* die mit der Spitze im Meeresboden steckt, bis 80 cm lang; außerdem haftet sie mit Byssusfäden am Untergrund.
Steckrübe, Kohlrübe, →Raps.
Steckschlüssel, Aufsteckschlüssel, Schraubenschlüssel für vertieft liegende Schraubenmuttern.
Stedingen, sehr fruchtbares niedersächs. Gebiet in der Wesermarsch mit den Gemeinden *Altenesch* u. *Berne;* Zuchtgebiet für Rinder u. Pferde. – Die *Stedinger* (freie fries. u. niedersächs. Bauern) verweigerten im MA. die Zahlung des Zehnten u. des Zinses an den Bremer Erzbischof Gerhard II. u. besiegten ihn. Sie wurden der Ketzerei beschuldigt, von einem Kreuzheer bei Altenesch 1234 geschlagen u. vernichtet.
Steed, Henry Wickham, engl. Journalist, * 10. 10. 1871 Long Melford, Suffolk, † 13. 1. 1956 Oxford; 1919–1922 Chefredakteur der „Times", 1938–1947 außenpolit. Kommentator der BBC; schrieb u. a. „The Meaning of Hitlerism" 1934.
Steele [sti:l], Sir Richard, engl. Schriftsteller, getauft 12. 3. 1672 Dublin, † 1. 9. 1729 Carmarthen (Wales); einer der Begründer der Essayistik, zuerst in den von ihm mit J. Addison hrsg. Ztschr. „Tatler" (1709–1711) u. „Spectator" (1711/12); schrieb auch Stücke, u. a. die rührselige Komödie „The Conscious Lovers" 1722, dt. „Die sich miteinander verstehenden Liebhaber" 1752.
Steen, Jan, holländ. Maler, * 1626 Leiden, begraben 3. 2. 1679 Leiden; einer der Hauptmeister der holländ. Genremalerei; schilderte mit Humor u. geistvoller Ironie das bäuerl.-kleinbürgerl. Leben seiner Zeit, bes. Wirtshausszenen, Familienfeste, Arztkonsultationen u.ä.; seltener sind bibl., mytholog. u. historische Bilder, Porträts u. Landschaften.
Steenstrup, Japetus, dän. Naturforscher, * 8. 3. 1813 Vang, † 20. 6. 1897 Kopenhagen; entdeckte den Generationswechsel bei Tieren; wichtige Untersuchungen über Torfmoose sowie über die prähistorischen Bewohner Dänemarks.
Steenwyck [-weik], Hendrik van, d. Ä., fläm. Maler, * um 1550 Steenwyck (?), begraben 1. 6. 1603 Frankfurt a. M.; dort seit ca. 1580; schuf Architekturbilder, meist Innenansichten got. Kirchen in kontrastreicher Lichtführung. Sein Sohn Hendrik S. d. J. (* um 1580 Antwerpen [?], † um 1649 London) stand künstlerisch unter seinem Einfluß.
Steeplechase ['sti:pltʃeis; die; engl.] →Hindernisrennen.
Steert →Netz.
Stefan [grch. *stephanos,* „der Bekränzte"], *Stephan,* männl. Vorname, Nebenform *Steffen;* engl. *Stephen,* frz. *Étienne,* span. *Esteban,* russ. *Stepan,* ungar. *Istvan.*
Stefan, Fürsten: →Stephan.
Stefan, Josef, österr. Physiker, * 24. 3. 1835 St. Peter bei Klagenfurt, † 7. 1. 1893 Wien; lehrte in Wien; entdeckte mit L. Boltzmann das *S.-Boltzmannsche Strahlungsgesetz.* →Strahlungsgesetze.
Stefani, Kurzbez. für die von Guglielmo Stefani 1853 gegr. →Agenzia Stefani.
Stefánsson, 1. ['stefaunsɔn], David, island. Schriftsteller, * 21. 1. 1895 Fagriskógur, † 1. 3. 1964 Akureyri; Vertreter der nationalen neuen Romantik in Island; verfaßte einen realist. Landstreicherroman, Gefühlslyrik u. erzählende Gedichte mit sozialkrit. u. religiösen Themen; auch Dramen mit Stoffen aus der isländ. Geschichte.
2. [stefnsn], Vilhjálmur, kanad. Polarforscher, * 3. 11. 1879 Arnes, Manitoba, † 26. 8. 1962 Hanover, N.H. (USA); erforschte auf mehreren Reisen rd. 3½ Mill. qkm der kanad.-arkt. Inselwelt, insbes. im Bereich der Beaufortsee; schrieb u.a. „Mein Leben mit den Eskimos" 1913.
Steffani, Agostino, italien. Komponist, * 25. 7. 1654 Castelfranco Veneto, † 12. 2. 1728 Frankfurt a. M.; seine Opern u. Kammerduette beeinflußten u. a. G. F. Händel.
Steffen, Albert, schweizer. Schriftsteller, * 10. 12. 1884 Murgenthal bei Bern, † 13. 7. 1963 Dornach; dort seit 1921 Hrsg. der Wochenschrift „Goetheanum", Präs. der Anthroposoph. Gesellschaft; schrieb Lyrik („Wegzehrung" 1921), Dramen („Das Viergetier" 1924), Romane („Die Bestimmung der Roheit" 1912), Essays.
Steffens, 1. Henrik, Mineraloge u. Naturphilosoph norweg. Herkunft, * 2. 5. 1773 Stavanger, † 13. 2. 1845 Berlin; Prof. in Halle 1804, Breslau 1811, Berlin 1832, Schüler u. Mitarbeiter *Schellings;* schrieb u.a. „Grundzüge der philosoph. Naturwissenschaft" 1806 u. die Autobiographie „Was ich erlebte" 10 Bde. 1840ff.
2. Joseph Lincoln, US-amerikan. Journalist u. Schriftsteller, * 6. 4. 1866 San Francisco, † 9. 8. 1936 Carmel, Calif.; bekämpfte die polit. u. wirtschaftl. Korruption; seine „Autobiography" 1931 stellt die polit. Strömungen der Zeit dar.
Steffisburg, großes Industriedorf im schweizer. Kanton Bern, an der Zulg (rechter Nebenfluß der Aare) bei Thun, 13 000 Ew.; Töpferei.
Steg, 1. *allg.:* schmale Brücke, schmaler Weg.
2. *Buchdruck:* rechteckiges Metall-, Holz- oder Kunstharzstück; Blindmaterial zum Ausfüllen größerer Zwischenräume im Schriftsatz.
3. *Musik:* bei Saiteninstrumenten ein kunstvoll gesägtes oder geschnitztes Holz, mit zwei Füßen auf der Decke stehend, das die Schwingungen der Saite auf den Resonanzkörper überträgt. Bei Klavierinstrumenten bildet eine parallel zum Anhängestock verlaufende Leiste den S.
Steganopodes [grch.] →Ruderfüßler.
Stegemann, Hermann, Schriftsteller, * 30. 5. 1870 Koblenz, † 8. 6. 1945 Merligen am Thuner See; schrieb Romane aus seiner elsäss. Heimat sowie zeitgeschichtl. Werke („Geschichte des Krieges 1914–1918" 1918–1921).
Stegerwald, Adam, Politiker, * 14. 12. 1874 Greußenheim bei Würzburg, † 3. 12. 1945 Würzburg; 1903–1929 Leiter des Gesamtverbands christl. Gewerkschaften, 1919–1921 preuß. Wohlfahrts-Min., 1920–1933 Mitgl. des Reichstags (Zentrum), 1921 vorübergehend preuß. Min.-Präs., 1929 Reichsverkehrs-, 1930–1932 Reichsarbeits-Min.; 1945 Mitgründer der CSU, Regierungs-Präs. von Unterfranken.
Steglitz, Bezirk in Westberlin mit den Ortsteilen *S., Lankwitz, Lichterfelde* u. *Südende,* 190 000 Ew., Schloßparktheater.
Stegmüller, Wolfgang, Philosoph, * 3. 6. 1923 Natters bei Innsbruck; seit 1958 Prof. in München, steht mit Skepsis gegenüber der Metaphysik u. Be-

mühung um log. Analyse in der Tradition des Wiener Kreises. Hptw.: „Hauptströmungen der Gegenwartsphilosophie" Bd. 1 1952, [4]1969; Bd. 2 1975; „Metaphysik, Wissenschaft, Skepsis" 1954, [2]1969; „Das Wahrheitsproblem u. die Idee der Semantik" 1957, [2]1968; „Probleme u. Resultate der Wissenschaftstheorie u. Analyt. Philosophie" 1969ff.

Stegocephalen [grch.] →Labyrinthodontia.

Stegreif [mhd., „Steigbügel"], *aus dem S.*, aus dem Augenblick heraus, ohne lange Vorbereitung; in der Art eines Reiters, der etwas unternimmt, ohne abzusteigen.

Stegreifkomödie, ein Schauspiel, für dessen Darstellung kein fester Text zugrunde liegt. Die Handlung wird nur im Grundriß abgesprochen; die einzelnen Situationen werden durch *Improvisation* ausgeweitet. Schon im *geistlichen Drama* des MA. waren Stegreifszenen eingebaut. Die größte Verbreitung fand die S. in der italien. *Commedia dell'arte.* Die wichtigste Figur der S. war immer der *Hanswurst.* Mit J. *Gottscheds* Theaterreform im 18. Jh. wurde die S. zusammen mit dem Hanswurst von der Bühne verbannt.

Steguweit, Heinz, rhein. Schriftsteller, *19. 3. 1897 Köln, †25. 5. 1964 Halver, Westfalen; schrieb Laienspiele u. Volksstücke („Der Nachbar zur Linken" 1936), Romane („Der Jüngling im Feuerofen" 1932; „Arnold u. das Krokodil" 1954), Erzählungen, besonders Schwänke („Das Stelldichein der Schelme" 1937) u. volkstümliche Verse.

stehende Gründung →Pfahlgründung.

stehendes Gut →Gut (3).

Steher, *Radrennsport:* ein Radrennfahrer, der hinter einem →Schrittmacher Dauerrennen (Amateure höchstens über 70, Berufsfahrer über 100 km) auf der Bahn bestreitet. Es gibt S.rennen hinter Leichtmotorrädern *(Derny-Rennen)* u. hinter schweren Spezialmotorrädern. Es werden dabei Geschwindigkeiten von 70–90 km/h erreicht. →auch Flieger.

Stehkragen, aufrechter, den Hals glatt umschließender Kragen, z.B. in der span. Tracht.

Stehlsucht = Kleptomanie.

Stehr, Hermann, schles. Schriftsteller, *16. 2. 1864 Habelschwerdt, †11. 9. 1940 Oberschreiberhau; bekannte sich zum Nationalsozialismus; schrieb u.a. von schles. Mystik beeinflußte Bauern- u. Familienromane.

Steichen ['sti:kən], Edward, US-amerikan. Photograph luxemburg. Herkunft, *27. 3. 1879 Luxemburg, †25. 3. 1973 West Redding, Conn.; führte die Bildnisphotographie zu künstler. Höhe, inhaltl. in Parallele zu den sozialen Reformbestrebungen des frühen 20. Jh., formal zur tonigen Malweise J. *Whistlers.*

Steiermark, österr. Bundesland mit 16386 qkm, 1,21 Mill. Ew., Hptst. *Graz.* Die Ober-S. hat Anteil an den Nördl. Kalkalpen u. an den Zentralalpen, gegliedert durch die Längstalzonen von Enns, Mur u. Mürz. Mittel- u. Unter-S. gehören im steir. Randgebirge noch zu den Zentralalpen, daran schließt gegen O u. S. (Grazer Bucht) Hügelland an. Am dichtesten sind die großen Alpentäler besiedelt; im Hügelland reicher Feld- u. Obstbau, im alpinen Bereich überwiegt der Wald („Grüne Mark"); Viehzucht bes. in den Zentralalpen. Die wichtigsten Bodenschätze sind Eisenerz (Erzberg), Magnesit (Veitsch) u. Braunkohle (Köflach, Voitsberg); in der Mur-Mürz-Furche bedeutende Schwerindustrie, auch um Graz Industrieballung (Fahrzeugbau, Holzverarbeitung, Papierherstellung, chem. u. Nahrungsmittelindustrie); Fremdenverkehr. – Ⓚ→Österreich.

Geschichte: Nach 500 v.Chr. kamen Kelten in das von Illyrern bewohnte Gebiet, das im 1. Jh. v.Chr. unter röm. Herrschaft (Prov. Noricum bzw. Pannonien) geriet. Um 600 n.Chr. wanderten Slowenen ein. Im 8. Jh. stand die S. unter bayer., später unter karoling. Herrschaft. Seitdem setzte eine starke dt. Einwanderungsbewegung ein. Im 12. Jh. unter dem in Oberösterreich ansässigen Geschlecht der Ottokare (nach deren Stammsitz *Steyr* benannt) zum Herzogtum erhoben. 1192 fiel die S. den Babenbergern (bis 1246) zu. Ottokar II. von Böhmen hatte sie von 1261–1276 in seinem Besitz. 1278 kam das Land an die Habsburger. Die steir. Landstände hatten großen Einfluß. Die Kämpfe mit den Türken im 16. Jh. stärkten das steir. Volksbewußtsein. Nach der Reformation wurde die Bevölkerung weitgehend prot. Die 1578 zugesicherte Religionsfreiheit wurde seit 1600 wieder entzogen, der Katholizismus den steir. Bürgern u. Adligen erneut aufgezwungen. Im Frieden von St.-Germain wurde die Süd-S. mit hauptsächl. slowen. Bevölkerung an Jugoslawien abgetreten.

Steiermärkisch →deutsche Mundarten.

Steifleinen, Einlagestoff (Chemiefasern, Flachs, Hanf) in Leinwandbindung, dient zum Steifen von Herren- u. Damenoberbekleidung.

Steigaale, stromaufwärts wandernde Jungaale, die sich bereits vom durchsichtigen Glasaal zum dunkel gefärbten Aal umgewandelt haben. →Aale.

Steigbügel, 1. *Reitsport:* Metallbügel an Riemen zu beiden Seiten des Sattels, dient dem Reiter als Fußstütze.

2. *Zoologie:* →Ohr.

Steigeisen, 1. *Bergsteigen:* am Schuh festgeschnallter Gleitschutz für Gletscherwanderungen u. Klettern auf Eis. – Ⓑ→Bergsteigen.

2. *Technik:* Vorrichtung zum Erklettern glatter Stämme, für Wald- u. Telegraphenarbeiter.

Steiger, 1. *Berufskunde:* der Bergbeamte der mittleren u. gehobenen Laufbahn. Man unterscheidet in der mittleren Laufbahn (Voraussetzung u.a. 2½jähriger Besuch der Bergschule): *Schicht-S., Wetter-S., Schacht-S., Vermessungs-S., Maschinen-S.* u.a. Die gehobene Laufbahn, die über die Oberklasse der Bergschule zu erreichen ist, umfaßt: *Fahr-S., Ober-S., Betriebsführer.* →auch Bergmann, Bergschule.

2. *Hüttenwesen:* Öffnung an der Gießform, die das Entweichen der Luft aus der Form beim Gießen ermöglicht.

Steigerung, *Grammatik:* →Komparation.

Steigerungsbeträge, in der Rentenversicherung bis zur Rentenreform von 1957 der Rentenbestandteil, der die Versicherungsdauer berücksichtigte. Seit der Rentenreform ist die Rente nur noch von der Versicherungszeit abhängig; als S. werden Beiträge der *Höherversicherung* bezeichnet, die für die Höhe der Rente maßgebend sind.

Steigerwald, stark bewaldetes dt. Mittelgebirge in Franken, südl. des Main, zwischen Schweinfurt u. Bamberg, im *Hohenlandsberg* 488 m; Steinbrüche, Weinbau.

Steigfähigkeit, die größte Steigung, die ein Kraftfahrzeug überwindet; abhängig von Motorleistung u. Übersetzung des →Kennungswandlers.

Steigleitung, die vom elektr. Hausanschluß zu den Stockwerken führende Leitung (mehradrig, meist unter Putz). Entsprechend auch bei Gas-, Wasser- u.a. Leitungen gebraucht.

Steigungsverhältnis, bei Treppen das Verhältnis der Breite der Auftrittsfläche b zur Stufenhöhe h. Normal ist $b + 2h = 63–64$ cm. Die mittlere Schrittlänge beträgt 61–64 cm; 1 cm Steigung verkürzt den Schritt um 2 cm.

Steigwachs →Ski.

Steilfeuergeschütze, Geschütze, deren Geschosse eine stark gekrümmte Flugbahn durchfliegen (Haubitzen u. Mörser), um widerstandsfähige Ziele oder Ziele hinter Deckungen mit großem Einfallwinkel (d.h. von oben) zu treffen; sie haben verhältnismäßig kurze Rohre, schießen mit geringer Anfangsgeschwindigkeit, also kleinen Ladungen, u. großer Erhöhung (Abschußwinkel).

Steilheit, Kenngröße einer Elektronenröhre; das Verhältnis der Anodenstromänderung (ΔI_a) zu der steuernden Gitterspannungsänderung (ΔU_g):

$$S = \frac{\Delta I_a}{\Delta U_g}.$$

Bei steilen Röhren genügen schon kleine Änderungen der Gitterspannung, um kräftige Schwankungen des Anodenstroms hervorzurufen (z.B. 12 mA pro Volt). Große S. bedeutet hohe Verstärkung. – Der Begriff gilt auch für Transistoren.

Steilrohrkessel, Dampfkessel für Drücke über 30 bar; gebogene, steil ansteigende Rohre, die erhitzt werden, führen von einer waagerechten, wassergefüllten Untertrommel zu einer waagerechten Obertrommel, die als Dampfbehälter dient.

Stein, 1. *Baukunst:* als Material der Baukunst u. Plastik von oft wesentl. Bedeutung für die Kunst einer Landschaft oder einer Zeit. So wurden Architektur u. Plastik des ägypt. Altertums vom schwer zu bearbeitenden Granit mitbestimmt, die griech. Bildhauerkunst u. Tempelarchitektur vom Marmor, die Gotik Frankreichs vom weichen Kalksandstein. →auch Gesteine, Edelsteine.

2. *Botanik:* der innere harte, den Samen umgebende Teil der Fruchtwand bei den Steinfrüchten.

3. *Hüttenwesen:* bei bestimmten Schmelzprozessen anfallendes Gemisch aus Metallsulfiden (z.B. Kupferstein).

4. *Medizin: Lithos, Konkrement,* aus organ. Gerüsten u. gestaltlosen oder kristallisierten Salzen zusammengesinterte Bildungen in den Ausscheidungshohlorganen, Nieren-, Blasen-, Kot-S.e, u. in Drüsen(ausführungsgängen), z.B. Speichel-S.e, Pankreas-S.e. →Steinkrankheit.

Stein, 1. bayer. Stadt (Ldkrs. Fürth) in Mittelfranken, an der Rednitz, südwestl. von Nürnberg, 12700 Ew.; Hauptsitz der Bleistiftfabrik *Faber-Castell.*

2. →Stein am Rhein.

Stein, 1. [stain], Sir Aurel, brit. Archäologe u. Asienforscher, *26. 11. 1862 Pest, †28. 10. 1943 Kabul; gehörte zu den erfolgreichsten Erforschern Innerasiens, bereiste 1888–1933 mehrfach Westchina, Persien u. 1900–1916 Zentralasien; Ausgrabungen insbes. der Ruinenfelder bei Khotan u. im Bereich der alten Handelsstraßen.

2. Charlotte von, geb. von Schardt, Freundin Goethes, *25. 12. 1742 Eisenach, †6. 1. 1827 Weimar; Hofdame der Herzogin Anna Amalia von Sachsen-Weimar, seit 1764 verheiratet mit dem herzogl. Oberstallmeister Friedrich Frhr. von Stein (†1793). Goethe schrieb 1776–1786 über 1600 Briefe an sie u. gestaltete nach ihrem Bild seine Iphigenie u. Eleonore („Tasso"). Die Beziehung erkaltete nach Goethes Italienreise u. seiner Verbindung mit Christiane Vulpius. Ihren Empfindungen versuchte S. Ausdruck zu geben in einer Tragödie „Dido" 1794, hrsg. 1867.

3. Edith, Philosophin, *12. 10. 1891 Breslau, †wahrscheinl. 9. 8. 1942 KZ Auschwitz (ermordet); Jüdin, konvertierte 1922 zum kath. Glauben; seit 1933 Karmeliterin (Ordensname: *Teresia Benedicta a Cruce*), siedelte wegen ihrer jüd. Abstammung 1938 von Köln in den Karmel nach Echt in Holland über. Schülerin u. Mitarbeiterin E. *Husserls*; phänomenologische Schriften, Übersetzungen von J. H. Newman u. Thomas von Aquin. Hptw.: „Endliches u. ewiges Sein" 1950; Gesammelte Werke 5 Bde. 1950–1959.

4. Fritz, Dirigent u. Musikforscher, *17. 12. 1879 Gerlachsheim, Baden, †14. 11. 1961 Berlin; Entdecker u. Hrsg. der sog. Jenaer Sinfonie Beethovens (vermutl. von Friedrich *Witt*, *1770, †1836); 1933–1945 Direktor der Berliner Musikhochschule; schrieb u.a. „Max Reger" 1939.

5. [stain], Gertrude, US-amerikan. Schriftstellerin, *3. 2. 1874 Allegheny, Pa., †27. 7. 1946 Paris; lebte seit 1903 in Paris; gewann, bes. mit ihren sprachl. Experimenten, theoret. dargestellt in „Lectures in America" 1935 (Assoziation, Klang, Verzicht auf Interpunktion), Einfluß auf eine ganze Generation von Autoren (z.B. J. *Joyce*, E. *Hemingway*). „Drei Leben" (Erzählungen) 1909, dt. 1960; „Tender Buttons" (Gedichte) 1915; „The Making of Americans" (Roman) 1925; „Picasso" 1938, dt. 1958; Erinnerungen: „Paris France" 1940; „Wars I have seen" 1945.

6. Karl Reichsfreiherr vom u. zum, Politiker, *26. 10. 1757 Nassau an der Lahn, †29. 6. 1831 Schloß Cappenberg, Westf.; seit 1780 im preußischen Staatsdienst, seit 1804 Minister des Akzise-, Zoll-, Fabrik- u. Handelswesens in Berlin, 1807 wegen Konflikts mit dem Kabinett von *Friedrich Wilhelm III.* entlassen, im gleichen Jahr jedoch, nach der Niederlage Preußens, auf Anraten K. A. von *Hardenbergs* u. *Napoléons* zum leitenden Minister berufen.

S., der inzwischen seine reformerische *Nassauer Denkschrift* „Über die zweckmäßige Bildung der Obersten u. der Provinzial-, Finanz- u. Polizeibehörden in der preuß. Monarchie" verfaßt hatte, begann sofort, seine Reformideen in die Tat umzusetzen (Edikt vom 9. 10. 1807: *Bauernbefreiung* u. Aufhebung ständ. Beschränkungen; *Städteordnung* vom 19. 11. 1808, die allen städt. Gemeinden Selbstverwaltung gab). Grundlegend für die Neuorganisation der Staatsverwaltung wurden die Verordnungen vom 24. 11. 1808: Ressortminister traten an die Stelle des Generaldirektoriums; die Trennung von Justiz u. Verwaltung wurde eingeführt. Weitere Pläne S.s, eine Landgemeindeordnung sowie die Einführung von Kreistagen, Provinziallandtagen u.a., wurden nicht mehr verwirklicht. Auf Betreiben Napoléons wurde S. am 24. 11. 1808 zum zweiten Mal entlassen.

Bis zu seiner Berufung als Berater des Zaren im Jahr 1812 lebte er in Prag u. Brünn im Exil. Unter seinem Einfluß beschloß Zar *Alexander I.*, den Kampf gegen Napoléon auch nach dem Rückzug der Großen Armee über die russ. Grenzen hinaus weiterzuführen u. Preußens Staatsgebiet zu garantieren. In Königsberg wandte sich S., beauftragt vom Zaren, 1813 mittels des Generals L. Graf

Yorck mit einem Aufruf zur Erhebung an die ostpreuß. Stände. In Breslau konnte er den preuß. König zum Abschluß eines russ.-preuß. Bündnisses gegen Napoléon bestimmen (*Vertrag von Kalisch* 28. 2. 1813). Während der *Befreiungskriege* leitete S. den „Zentralverwaltungsrat" für die von französ. Truppen befreiten dt. Gebiete. Auf dem *Wiener Kongreß*, dem er als Berater des Zaren beiwohnte, zeigte sich S. als scharfer Kontrahent Metternichs in der dt. Frage, da er eine Wiederherstellung der großen Zahl dt. Einzelstaaten ablehnte, statt dessen die dt. Einheit mit einem starken Bundestag anstrebte. – 1816 zog S. sich aus dem polit. Leben zurück u. lebte auf Schloß Cappenberg.
Das Reformwerk S.s, durch seine Entlassung unvollkommen geblieben, wurde von Hardenberg in einem etwas anderen Geist fortgesetzt *(S.-Hardenbergsche Reformen)*. Das Ideal der vorabsolutist. Zeit vom Ständestaat mit einem verantwortungsbewußten Adel als geistigem u. polit. Führer hatte sich in S. mit dem freiheitl. Grundgedanken der engl. Verfassung u. dem Gedankengut der Physiokraten verbunden. – ◫ 5.4.3.

7. Lorenz von, Staatsrechtslehrer u. Nationalökonom, *15. 11. 1815 Barby, † 23. 9. 1890 Weidlingau bei Wien; Prof. in Kiel u. seit 1855 in Wien; Mitbegründer der modernen Soziologie u. Verwaltungslehre. Hptw.: „Der Socialismus u. Communismus des heutigen Frankreich" 1842, [3]1850 unter dem Titel „Geschichte der sozialen Bewegung in Frankreich von 1789 bis auf unsere Tage" 3 Bde.; „System der Staatswissenschaften" 2 Bde. 1852–1856; „Lehrbuch der Finanzwissenschaft" 4 Bde. 1860; „Handbuch der Verwaltungslehre u. des Verwaltungsrechtes" 3 Tle. 1870.

8. [stain], William Howard, US-amerikan. Biochemiker, *25. 6. 1911 New York, †2. 2. 1980 New York; Arbeiten über Enzyme; Nobelpreis für Chemie 1972.

Steinach, Stadt im Krs. Sonneberg, nördl. von Sonneberg, 7700 Ew.; Holz-, Porzellan-, Spielzeug-, Maschinenindustrie; früher bedeutende Schiefertafel u. -griffelfabrikation.

Steinach, Eugen, österr. Physiologe, *27. 1. 1861 Hohenems, Vorarlberg, † 14. 5. 1944 Territet bei Montreux; stellte Versuche an über „Verjüngung" durch Überpflanzung von Geschlechtsdrüsen u. Unterbindung der Samenstränge beim Mann bzw. Zuführung von Follikelhormon bei der Frau.

Steinadler, *Aquila chrysaëtos*, bis 90 cm großer *Raubvogel* von dunkler Färbung, die am Nacken u. Kopf oft etwas ins Goldgelbe spielt (Goldadler); bewohnt einsame, felsige Hochgebirgswälder Europas. Fast ausgerottet.

Steinamanger, ungar. *Szombathely*, Hptst. des westungar. Komitats Vas (3340 qkm, 281 000 Ew.); an der Güns, 83 000 Ew.; Priesterseminar; Kathedrale, Bischofspalast, Ruinengarten; chem., Leder-, Textil- u. Maschinenindustrie. – Als röm. *Sabaria* Hptst. von Pannonien.

Stein am Rhein, schweizer. Stadt im Kanton Schaffhausen, am Rhein-Ausfluß aus dem Untersee (Bodensee), 2750 Ew.; mittelalterl. Stadtbild, mehrere Stadttore, ehem. Benediktinerkloster St. Georgen (1007 errichtet, 1524 aufgehoben), heute Museum, Rathaus (16. Jh.), Burg *Hohenklingen* (593 m ü. M., 12. Jh.); Metall-, Leder-, Möbelindustrie, Weinbau. Auf der Rheininsel *Werd* Pfahlbaureste u. Wallfahrtskapelle St. Othmar (15. Jh.).

Steinau, 1. *S. an der Straße*, hess. Stadt an der Kinzig (Main-Kinzig-Kreis), 10 400 Ew.; Schloß (1290); Textil-, Metall-, chem., graph. Industrie.

2. *S. an der Oder*, poln. Ścinawa, Stadt in Schlesien (seit 1945 poln. Wojewodschaft Wrocław), an der Oder, 5000 Ew.; landwirtschaftl. Mittelpunkt mit Industrie; nahebei Braunkohlenförderung.

Steinbach, Erwin von →Erwin von Steinbach.

Steinbach-Hallenberg, Stadt im Krs. Schmalkalden, Bez. Suhl, im Thüringer Wald, 6300 Ew.; Kleineisen- (Zahnstangen), Werkzeugindustrie.

Steinbeck ['stainbɛk], John, US-amerikan. Schriftsteller, *27. 2. 1902 Salinas, Calif., † 20. 12. 1968 New York; errang seinen ersten großen Erfolg mit dem Roman „Tortilla Flat" 1935, dt. „Die Schelme von Tortilla Flat" 1943; weitere Romane, in denen sich krasser Realismus mit der Liebe zu den sozial Unterlegenen u. Außenstehenden verbindet: „Von Mäusen u. Menschen" 1937, dt. 1940, als Drama 1937, dt. 1947; „Früchte des Zorns" 1939, dt. 1940; „Cannery Row" 1945, dt. „Die Straße der Ölsardinen" 1946; „Die Perle" 1947, dt. 1949; „Jenseits von Eden" 1952, dt. 1952 (verfilmt 1955); „The Short Reign of Pippin IV." 1957, dt. „Laßt uns König spielen" 1958. Nobelpreis 1962. – ◫ 3.1.4.

Steinbeere, *Rubus saxatilis*, ein *Rosengewächs*, in den Alpen u. in Mittel-Dtschld. verbreitete Gebüschpflanze mit scharlachroten Sammelsteinfrüchten.

Steinberg, William, US-amerikan. Dirigent dt. Herkunft, *1. 8. 1899 Köln, † 16. 5. 1978 New York; emigrierte 1936 nach Palästina, 1938 in die USA, dort Orchesterleiter in Buffalo, Pittsburgh u. Boston.

Steinbergminze →Kölle.

Steinbildhauer, im Handwerk kombinierte Ausbildung: *Steinmetz u. S.* (3 Jahre Ausbildungszeit), in der Industrie Berufe getrennt: S. (3½ Jahre Ausbildungszeit), Steinmetz (3 Jahre Ausbildungszeit). Während der *Steinmetz* in erster Linie den rohen Stein (Granit, Sandstein u. a.) bearbeitet u. einfache Fassadensteine, Quader, Grabsteine anfertigt, übt der S. eine kunsthandwerkl. Tätigkeit aus u. fertigt (vielfach nach Modell oder Entwurf eines Künstlers) Steinschmuck u. Steinbilder für Bauten, Denkmäler, Gräber u. a.

Steinbock, *Astronomie: Capricornus*, Sternbild des südl. Sternhimmels.

Steinböcke, Artgruppe der →Ziege: 1. die *echten S., Capra ibex*, die als gewandte Kletterer in Restbeständen über die Gipfelregionen der Gebirge Europas, Asiens u. Nordafrikas verbreitet sind. Aus Savoyen wurde in Dtschld. der *Alpensteinbock, Capra ibex ibex*, wieder eingebürgert. Der *Tur, Capra ibex cylindricus*, ist die rundhörnige Ziege Ostkaukasiens. – 2. die *Pyrenäen-S., Capra [ibex] pyrenaica*, aus den Hochgebirgen der Iberischen Halbinsel; heute nahezu ausgerottet. Die Hörner der S. werden bis zu 1 m lang u. 15 kg schwer.

Steinbrand, *Schmierbrand, Tilletia tritici*, gefährl. Weizenkrankheit durch Befall mit Brandpilzen: statt der Körner werden schmierige, mit „Brandbuttern" (Brandpulver) gefüllte Körper ausgebildet, die bei der Ernte oder beim Dreschen zerschlagen werden u. Millionen neuer Sporen freigeben. Nach der Aussaat befallener Saatkörner keimen die Sporen aus, u. das Myzel wächst in den Weizenkeimling ein. Durch Beizen des Saatguts kann S. bekämpft werden.

Steinbrech, *Saxifraga*, Gattung der *S.gewächse* mit 350 Arten; krautige, meist zierliche Pflanzen mit in der Regel rosettig gedrängten Blättern; Blüten einzeln, in Trauben, Rispen oder Trugdolden; Bewohner felsiger oder mindestens steiniger Standorte. In Dtschld. kommen die meisten Arten nur in den Alpen oder als Zierpflanzen vor.

Steinbrechfelsennelke →Felsennelke.

Steinbrechgewächse, *Saxifragaceae*, Familie der *Rosales*, mehrjährige Kräuter u. Holzgewächse mit Balgfrüchten, Kapseln oder Beeren. Zu den S.n gehören vor allem die Ribes-Arten *(Stachel-, Johannisbeere, Herzblatt, Goldtraube, Hortensie)*.

Steinbrechschwärmer, *Steinbrechwidderchen, Zygaena filipendulae*, ein bei Tag fliegender Schmetterling aus der Familie der *Widderchen*, der auch *Blutströpfchen* genannt wird, weil seine Vorderflügel 6 karminfarbige Flecken tragen. Die gelbbunten Raupen verpuppen sich in papierartigen Kokons. In den Tropen leben viele Verwandte.

Steinbruch, Anlage über Tage zur Gewinnung von technisch nutzbarem Gestein.

Steinbrut, Infektionskrankheit der Bienen (Erreger *Aspergillus flavus*), an der sowohl die Brut als auch die erwachsene Biene erkrankt.

Steinbuch, Karl, Kybernetiker, *15. 6. 1917 Bad Cannstatt; seit 1958 Prof. u. Direktor des Instituts für Nachrichtenverarbeitung u. -übertragung an der TH Karlsruhe; Hptw.: „Automat u. Mensch" [3]1965; „Die informierte Gesellschaft" 1966; „Falsch programmiert" 1968; „Kurskorrektur" 1973.

Steinbüchel, Theodor, kath. Moraltheologe u. Philosoph, *16. 6. 1888 Köln, † 11. 2. 1949 Tübingen; Vertreter eines sozialen Christentums; Hptw.: „Der Sozialismus als sittl. Idee" 1921; „Die philosophische Grundlegung der kath. Sittenlehre" 2 Bde. 1938; „Religion u. Moral im Lichte personaler christl. Existenz" 1951.

Steinburg, schleswig-holstein. Ldkrs., 1056 qkm, 128 000 Ew., Verwaltungssitz *Itzehoe*.

Steinbutt, *Rhombus maximus*, meist 50 cm, selten 1 m langer u. bis 12 kg schwerer *Plattfisch* in 20–70 m tiefen Gebieten europ. Küstenmeere von Mittelnorwegen bis ins Mittelmeer. Keine Schuppen, statt dessen einzelne Knochenhöcker *(Steine)*. Der S. lebt von Grundfischen, Krebsen u. Muscheln. Er paßt sich in seiner Färbung rasch dem Untergrund an. Wichtiger Wirtschaftsfisch der Küstenfischerei. Sehr ähnlich ist der *Glattbutt, Scophthalmus rhombus*, der keine Knochenhöcker auf der Haut bildet.

Stein der Weisen, *philosophischer Stein*, ein Stein, der nach der Lehre der →Alchemie alle Krankheiten heilen u. Metalle, bes. Blei, in Gold verwandeln soll.

Steindl, Imre, ungar. Architekt u. Kunstgewerbler, *29. 10. 1839 Budapest, † 31. 8. 1902 Budapest; Prof. in Budapest; errichtete dort u. a. das Parlamentsgebäude (1885–1902), ein Hauptwerk der repräsentativen Baukunst der europ. „Gründerzeit" mit Stilelementen der engl. Neugotik.

Steindrossel →Steinrötel.

Steindruck →Flachdruck.

Steindruckpresse, eine Druckmaschine, bei der ein Lithographiestein oder aber eine Zink- oder Aluminiumplatte als Druckform verwendet wird. →Flachdruck.

Steineibe, *Steinfruchteibe, Podocarpus*, Gattung der *S.ngewächse, Podocarpaceae*, Familie der Nadelhölzer; Sträucher oder mächtige Waldbäume trop. Gebiete, deren Blüte im Jura lag. Blätter entweder schmallanzettlich oder schuppenförmig bzw. kurznadelig, manchmal gabelnervig; rote oder blaue Scheinfrüchte; z. T. Bau- u. Nutzholz.

Steineiche →Eiche.

Steineis, in Nordasien u. Nordamerika im Erdboden eingelagertes fossiles Eis aus der Eiszeit.

Steinen, Karl von den, Ethnologe u. Forschungsreisender, *7. 3. 1855 Mülheim an der Ruhr, † 4. 11. 1929 Kronberg im Taunus; nahm 1882/83 an der dt. Südpolarexpedition teil; 1887/88 in Zentralbrasilien, 1897/98 auf den Marquesasinseln; 1900 Prof. in Berlin. Hptw.: „Durch Zentralbrasilien" 1886; „Die Marquesaner u. ihre Kunst" 3 Bde. 1925–1928.

Steiner, 1. Jakob, schweizer. Mathematiker, *18. 3. 1796 Utzenstorf, Kanton Bern, † 1. 4. 1863 Bern; ab 1835 Prof. in Berlin; grundlegende Arbeiten über projektive Geometrie.

2. Rudolf, Begründer der Anthroposophie, *27. 2. 1861 Kraljevec, Ungarn, † 30. 3. 1925 Dornach bei Basel; Goetheforscher (Hrsg. von Goethes naturwissenschaftl. Schriften); versuchte eine Wissenschaft des Übersinnlichen philosoph. zu begründen, mit bes. Betonung der Intuition („Die Philosophie der Freiheit" 1894; „Wie erlangt man Erkenntnisse der höheren Welten?" 1909; weitere grundlegende Werke: „Das Christentum als mystische Tatsache" 1902; „Theosophie" 1904; „Die Geheimwissenschaft im Umriß" 1909). S. wies neue Wege in der *Eurhythmie*, Schauspielkunst (Mysteriendramen), Baukunst, Malerei u. Plastik (1913 Errichtung des *Goetheanums* in Dornach bei Basel) u. schuf die Bewegung für „Dreigliederung des sozialen Organismus" („Die Kernpunkte der sozialen Frage" 1919). Begründer der *Waldorfschulen*, der *Anthroposoph. Gesellschaft* (1913) u. der Freien Hochschule für Geisteswissenschaft in Dornach. Selbstbiographie: „Mein Lebensgang" 1925; Gesamtausgabe 1956 ff.

Steinernes Meer, verkarstete Hochfläche in den Salzburger Kalkalpen, südwestlich vom Königssee, im *Selbhorn* 2655 m, in der *Schönfeldspitze* 2651 m.

Steinert, Otto, Photograph, *12. 7. 1915 Saarbrücken, † 3. 3. 1978 Essen; Arzt; leitete unter dem Schlagwort „subjektive fotografie" eine Periode des freien Experimentierens ein.

Steiner Verlag, *Franz Steiner Verlag GmbH*, Wiesbaden, gegr. 1949; Geschichte, Philologie, Orientalistik, Geographie. Kommissionsverlag u. a. der Mainzer Akademie der Wissenschaften.

Steinfaser, *Steinwolle* →Gesteinsfaser.

Steinfisch →Teufelsfisch.

Steinflachs, *Steinhanf* = Asbestfaser.

Steinfliegen, *Plecoptera*, Ordnung der *Insekten*; dunkelbraune oder grüngelbe, mittelgroße Tiere mit langgestrecktem, flachem Körper, um den die 4 Flügel in der Ruhelage in charakteristischer Weise herumgelegt werden. Träge Flieger in der Nähe kalter, strömender Gewässer, in denen die räuberischen Larven vor allem unter Steinen leben. Kälteliebend, vor allem in der gemäßigten Zone. Abkunft noch ungeklärt; vermutl. gemeinsame Vorfahren mit den →Embien. Ca. 1600 Arten, davon etwa 100 in Dtschld.

Steinfrucht →Steinobst.

Steinfurt, Ldkrs. in Nordrhein-Westfalen, 1790 qkm, 377 000 Ew., Verwaltungssitz *Burgsteinfurt* (1975 umbenannt in *S.*).

Steinkiste von Züschen bei Fritzlar; späte Jungsteinzeit

Steingalle, Hufkrankheit beim Pferd; Entzündung infolge Quetschung in den hinteren Abschnitten des Hufs mit Rotfärbung des Hufhorns.

Steingarnele, Ostseegarnele, *Palaemon squilla,* bis 10 cm lange *Garnele* der Ost- u. Nordsee, in einigen Gebieten neben der *Nordseegarnele* das Objekt der Krabbenfischerei.

Steingarten, der mit Gräsern, Zwerghölzern u. anspruchslosen Blütenpflanzen (Gebirgspflanzen wie Steinbrech, Fetthenne, Gänsekresse) besetzte Teil des Hausgartens oder öffentl. Gärten.

Steingerät, in vorgeschichtl. Zeit u. bei einigen Naturvölkern noch heute im Gebrauch befindlich, stellt in der *Steinzeit* den Hauptanteil der auf uns gekommenen Kulturhinterlassenschaften, wurde z. T. noch in der *Bronzezeit* u. vereinzelt bis in die *Eisenzeit* verwendet. Gebrauchtes Material war das jeweils geeignetste örtl. zu findende Gestein, bes. Feuerstein (Flint, Silex) u. verwandte Gesteine (z. B. Hornstein), daneben vulkan. Glas (Obsidian), in der Altsteinzeit häufig Quarzit, in der Jungsteinzeit auch u. a. Amphibolite, Diorite, Diabase, Kieselschiefer, selten Halbedelsteine wie Jadeit u. Nephrit. Die Bearbeitung erfolgte durch Behauen (Kernstein- u. Abschlagtechnik) u. Retuschieren, in der Jungsteinzeit kamen als weitere Techniken Schneiden, Bohren, Schleifen u. Polieren hinzu. Zu den einzelnen Gerätetypen →auch Altsteinzeit, Mittelsteinzeit, Jungsteinzeit.

Steingut, weißes bis cremefarbenes feinkeramisches Erzeugnis mit porösem Scherben; Rohstoffe: weißbrennende reine Tone, Kaolin, Quarz, Feldspat oder auch Kalkspat. Man unterscheidet *Hart-S.* (Feldspat-S.), Scherbenbrand bei etwa 1300 °C; *Kalk-S.,* Scherbenbrand bei 1100 °C; *gemischtes S.,* Scherbenbrand bei etwa 1200 °C, u. *Ton-S.,* Scherbenbrand ebenfalls bei 1200 °C. Der zweite oder Glasurbrand findet bei 1000–1100 °C statt. Die echte S.glasur ist eine gefrittete blei- u. borsäurehaltige Glasur. Für Hart-S. wird zuweilen auch eine Weichporzellanglasur verwendet, die bei 1300 °C ausbrennt. – Das S. wurde um 1720 in England (Staffordshire) erfunden u. dort von J. *Wedgwood* um 1765 verbessert; es verdrängte aufgrund günstiger wirtschaftl. Produktionsbedingungen in der 2. Hälfte des 18. Jh. weitgehend Fayence u. Porzellan. Engl. S.fabriken befanden sich u. a. in Leeds, Liverpool, Bristol, Swansea u. Newcastle; dt. Herstellungsorte waren Damm bei Aschaffenburg, Kassel, Ballenstedt (Thür.), Hubertusburg, Bonn, Eichstätt (Bayern) u. Mettlach an der Saar.

Steinhagen, Gemeinde in Nordrhein-Westfalen (Ldkrs. Gütersloh), westl. von Bielefeld, 16 000 Ew.; Branntweinbrennereien *(Steinhäger);* Metall-, Möbel-, Wäscheindustrie.

Steinhäger, wasserheller, 38 Vol.-% Alkohol enthaltender Branntwein mit Wacholdergeschmack; handelsüblich in Steinkrügen; nach dem Ort *Steinhagen* (Ldkrs. Gütersloh) genannt.

Steinhausen, Wilhelm, Maler u. Graphiker, * 2. 2. 1846 Sorau, Niederlausitz, † 5. 1. 1924 Frankfurt a. M.; histor. Monumentalgemälde, meist mit religiösen Themen; Landschaften u. Bildnisse.

Steinheil, Carl August von, Physiker, * 12. 10. 1801 Rappoltsweiler, Elsaß, † 14. 9. 1870 München; verdient um die elektromagnet. Telegraphie (Erde als Rückleitung); gründete die opt. Firma *C. A. S. Söhne* in München.

Steinheim, 1. Stadt in Nordrhein-Westfalen (Ldkrs. Höxter), 12 100 Ew.; Möbelfabriken.
2. *S. am Main,* ehem. hess. Stadt, am Main gegenüber Hanau, seit 1974 Stadtteil von Hanau (Main-Kinzig-Kreis).

Steinheimer Schädel, 1933 von Fritz *Berckhemer* bei Steinheim an der Murr geborgen; entwicklungsgeschichtl. älter als die →Neandertalgruppe u. ihre Vorläufer (→Präneandertaler), jünger als der *Homo erectus heidelbergensis;* weist Merkmale auf, die ihn als Vorfahren des *Homo sapiens recens* (→Mensch) möglich erscheinen lassen.

Steinhoff, Johannes, General, * 15. 9. 1913 Boltendorf, Thüringen; im 2. Weltkrieg Jagdflieger, 1955 als Oberst der Bundeswehr reaktiviert, 1966–1970 Inspekteur der Luftwaffe, 1970–1974 Vors. des Ständigen Militärausschusses der NATO; schrieb „Die Straße von Messina" 1969.

Steinholz, *Xylolith,* aus →Magnesiamörtel u. Sägespänen (vornehml. von Fichtenholz) hergestellter Fußbodenbelag.

Steinhöwel, Heinrich, schwäb. Frühhumanist, * 1412 Weil, † 1482 Ulm; dort Stadtarzt; selbständiger, volkstüml. Übersetzer latein. Werke, z. B. „Apollonius von Tyrus" 1471, „Griseldis" 1471; „Esopus" 1476 ff.

Steinhude, ehem. niedersächs. Ort, am Steinhuder Meer, seit 1974 Ortsteil von Wunstorf; Luft- u. Schlammkurort; Fischerei, Bootswerft, Aalräuchereien, Polstermöbelfabrik.

Steinhuder Meer, See in Niedersachsen nordwestl. von Hannover, 30 qkm, bis 3 m tief. Abfluß durch den Meerbach zur Weser; auf einer künstl. Insel die Festung Wilhelmstein (18. Jh.).

Steinhuhn, *Alectoris graeca,* südosteurop. Fasanenvogel der höchsten Gebirgslagen mit buntgezeichnetem Kopf; in den Alpen die Unterart *Alpen-S., Alectoris graeca saxatilis.* Verwandt das südwesteurop. *Rothuhn, Alectoris rufa.* – B →Alpenpflanzen und Alpentiere.

Steinhummel, *Bombus lapidarius,* schwarze *Hummel* mit rotem Hinterleibsende, die ihr Nest in Mauerspalten, unter Steinen u. ä. anlegt.

Steinigung, Hinrichtung durch Steinwürfe; im Altertum bei mehreren Völkern gebräuchlich.

Steinitz, Wolfgang, Finno-Ugrist u. Volkskundler, * 28. 2. 1905 Breslau, † 10. 4. 1967 Berlin; 1934–1937 Prof. in Leningrad, 1938–1945 in Stockholm, seit 1945 in Ostberlin; „Russ. Lehrbuch" 1945, viele Neuauflagen.

Steinkanal →Seeigel.

Steinkauz, *Athene noctua,* einheim., kleine, flachköpfige *Eule,* die in Baumhöhlen nistet u. z. T. tags Insekten u. Nager jagt; wegen der durchdringenden Stimme „Totenvogel" genannt.

Steinkiste, vorgeschichtl. Grabform, mit Steinplatten eingefaßte Grabkammer, vom Ende der Jungsteinzeit bis in das frühe MA. vorkommend. Neben den in Westeuropa verbreiteten rechteckigen S.n megalith. Bauweise begegnen von Steinplatten eingefaßte Gräber bes. oft in der frühen Bronzezeit Nordeuropas u. in der älteren Eisenzeit in der Form einer kastenähnl. Steinpackung zum Schutz eines Urnengrabs.

Steinkjer ['stein̩çe:r], Hptst. der mittelnorweg. Prov. (Fylke) *Nord-Tröndelag,* am Beitstadfjord, 20 200 Ew.; Holzhandel.

Steinklee = Honigklee.

Steinkohle, kompliziertes Gemisch aus chem. Verbindungen, die hauptsächl. Kohlenstoff, Wasserstoff u. Sauerstoff, daneben geringe Mengen an Schwefel u. Stickstoff enthalten; außerdem finden sich in S. noch mineral. Bestandteile u. etwa 10% freier Kohlenstoff. S. ist durch Inkohlung von Schachtelhalmen, Farnen u. Bärlappgewächsen in den Formationen Jura, Trias, Perm u. Karbon (S.formation) entstanden. Es ist eine schwarzglänzende (auch matte), feste Substanz, die in S.flözen bergmänn. abgebaut wird. Der Kohlenstoffgehalt der S. steigt mit dem geolog. Alter u. beträgt 75–96%, der Heizwert entspr. 7500–10 500 kcal/kg. Nach dem Alter unterscheidet man *Flammkohle* mit etwa 76% Kohlenstoffgehalt, *Gasflammkohle* 82%, *Gaskohle* 85%, *Fettkohle* 88%, *Magerkohle* 90% u. *Anthrazit* bis 96%. Die im Bergbau gewonnene Förderkohle wird trocken oder naß aufbereitet u. je nach Körnung als *Stückkohle, Nußkohle* (I–V), *Feinkohle, Grus* u. a. gehandelt.

Nach dem 2. Weltkrieg, bes. aber seit den 1950er Jahren, verlor die S. z. T. ihre Bedeutung als Energielieferant u. Rohstoff der chem. Industrie (Kohlenchemie), da sie in vielen Bereichen durch Erdöl u. Erdgas verdrängt wurde. Angesichts der Erdölverknappung ist mit wieder wachsender Bedeutung der S. für das gesamte Wirtschaftsleben zu rechnen. →auch Kokerei, Stadtgas, Teer.

Förderung von *Steinkohle* (in 1000 t)			
Land	1960	1970	1979
Australien	22 930	49 200	83 136
Belgien	22 465	11 362	6 124
BRD	142 287	111 271	86 319
Frankreich	55 961	37 354	18 611
Großbritannien	196 711	147 117	120 596
Indien	52 620	74 000	103 452
Japan	51 060	39 694	17 643
Kanada	8 011	11 553	28 055
Polen	104 438	140 101	201 004
Sowjetunion	375 000	432 760	719 000
Spanien	13 783	10 752	116 688
Südafrika	38 170	54 166	95 000
Tschechoslowakei	26 214	28 239	28 463
USA	391 526	547 793	707 470

Steinkohleneinheit, Abk. *SKE,* die Energiemenge, die in 1 t Steinkohle enthalten ist (der Heizwert wird mit 7000 kcal/kg angenommen). Alle anderen Energieträger können auf die SKE bezogen werden. Amtl. nicht mehr zulässig. Beispiele:

1 t	Pechkohle	= 0,714 t SKE
1 t	Rohbraunkohle	= 0,286 t SKE
1 t	Torf	= 0,429 t SKE
1 t	Holz	= 0,500 t SKE
1 t	Heizöl	= 1,429 t SKE
1000 m³	Erdgas	= 1,286 t SKE
1000 kWh	Strom	= 0,176 t SKE

Steinkohlenformation, *Geologie:* →Karbon.
Steinkohlenteer →Teer.
Steinkohlenwälder, Sumpfwälder des Oberkarbons (Europa, Nordamerika) u. Perms (Asien), aus denen die *Steinkohle* entstanden ist. Zusammengesetzt vor allem aus *Bärlappgewächsen* (→Lepidodendron, →Sigillaria), *Schachtelhalmgewächsen* (Calamiten), *Farnen, Pteridospermen* u. *Cordaiten.* Noch keine Angiospermen.

Steinkopff Verlag, Dr. Dietrich *Steinkopff,* Darmstadt (seit 1950), ging aus dem 1908 in Dresden von Theodor *Steinkopff* (* 1870, † 1955) gegr. Verlag hervor; wissenschaftl. Werke u. Zeitschriften der Medizin, Physik, Chemie, Biologie u. a.

Steinkopf Verlag, *J. F. Steinkopf, Buchdruckerei, Buchhandlung und Verlag*, Stuttgart, gegr. 1792 von Johann Friedrich *Steinkopf* (*1771, †1852); ev. Theologie, Erbauungsliteratur, Belletristik.

Steinkorallen, *Madreporaria*, zu den *Hexacorallia* gehörige, stockbildende Polypen, die an ihrer Fußscheibe ein kalkhaltiges Außenskelett abscheiden. Zu den S. gehören die riffbildenden *Korallen*. Es sind etwa 2500 Arten bekannt.

Steinkrabben, *Lithodidae*, große *Zehnfußkrebse* aus der Gruppe der *Mittelkrebse* von krabbenartiger Gestalt, die aus der Gruppe der *Einsiedlerkrebse* hervorgegangen sind.

Steinkrankheit, *Steinleiden, Lithiasis*, Neigung zu Steinbildung, Vorhandensein von Steinen u. dadurch bedingte Krankheitserscheinungen; bes. in Gallen- u. Harnwegen *(Cholelithiasis, Nephrolithiasis)*; Störung des Stoffwechsels, die zu vermehrter Ausscheidung der steinbildenden Salze führt. →auch Gallensteine, Nierensteine, Blasensteine.

Steinkraut, *Alyssum*, Gattung der *Kreuzblütler* vornehml. des Mittelmeergebiets. Krautige, durch angedrückte Sternhaare grau oder filzig aussehende Pflanzen. Eine gelbblühende dt. Art ist u.a. das *Kelch-S., Alyssum alyssoides*, auf Äckern, Dämmen u. Mauern.

Steinkrebs, *Astacus torrentium*, bis 8 cm langer südwesteurop. *Flußkrebs*, dringt neuerdings weiter in dt. Gewässer vor.

Steinkreis, kreisförmige Steinsetzung vorgeschichtl. Alters, in der Jungsteinzeit u. Bronzezeit bes. in Westfrankreich u. in England verbreitet. →auch Cromlech, Megalithbauten, Stonehenge.

Steinkriecher, *Lithobiomorpha*, Ordnung der *Hundertfüßler*, erreichen die volle Beinzahl (15 Paare) im Gegensatz zu den übrigen Hundertfüßlern erst im Lauf ihres Lebens. In Mitteleuropa kommt bes. der bis 3 cm lange *Gewöhnl. Steinkriecher, Lithobius forficatus*, vor.

Steinl, Matthias, österr. Bildhauer u. Architekt, *um 1644, †18. 4. 1727 Wien; erbaute den Turm der Stiftskirche Dürnstein u. die Kirchenfassade in Zwettl; schuf neben dekorativen Entwürfen für Stift Klosterneuburg u. St. Dorothea hervorragende Elfenbeinschnitzereien (Reiterstatuetten Kaiser Leopolds I., Josephs I., Karls VI.).

Steinlager →Spitzenlager.

Steinle, Edward von, Maler, *2. 7. 1810 Wien, †18. 9. 1886 Frankfurt a.M.; schloß sich 1828 in Rom den *Nazarenern* an, seit 1839 in Frankfurt; meist religiöse Themen; empfindsame Märchenillustrationen, u.a. zu Werken von C. *Brentano*.

Steinlen [stɛ̃'lɛn], Théophile-Alexandre, schweizer. Maler u. Graphiker, *10. 11. 1859 Lausanne, †24. 12. 1923 Paris; seit 1882 in Paris, Mitarbeiter vieler satir. Zeitschriften; enthüllte die bürgerliche Unmoral u. stellte das Leben des Proletariats dar.

Steinlorbeer, *Lorbeerartiger Schneeball, Viburnum tinus, ein Geißblattgewächs*, Strauch des mediterranen Buschwalds, mit lederigen, immergrünen Blättern u. schwarzblauen Früchten.

Steinmarder, *Hausmarder, Martes foina*, braungelb gefärbter *Marder* mit weißem Kehlfleck, von 50 cm Körperlänge mit 30 cm langem buschigem Schwanz, bevorzugt Waldränder u. die Nähe menschl. Siedlungen; in Europa (nicht im Norden) u. Vorder- u. Mittelasien 11 Unterarten.

Steinmar von Klingnau, Berthold, schweizer. Minnesänger, 2. Hälfte 13. Jh.; parodierte in der Nachfolge von *Neidhart von Reuenthal* den höf. Minnesang; schrieb u.a. das erste dt. Schlemmerlied.

Steinmeißel, Meißel zum Heraustrennen u. Bearbeiten von Steinen; auch bei Erdbohrungen als Bohrkrone zum Durchbohren von Gestein.

Steinmetz, einer der ältesten Berufe; handwerkl. u. industrieller Ausbildungsberuf mit 3jähriger Ausbildungszeit, im Handwerk verbunden mit dem Beruf des →Steinbildhauers. Ein Spezialist ist der *Steinschriftenhauer*.

Steinmetz, 1. Charles Proteus, US-amerikan. Physiker u. Elektrotechniker dt. Herkunft, *9. 4. 1865 Breslau, †26. 10. 1923 Schenectady, N.Y.; Mitgründer der US-amerikan. Elektroindustrie; wichtige Arbeiten über die magnet. Hysterese u. den Wechselstrom.

2. Sebald Rudolf, niederländ. Ethnologe u. Sozialgeograph, *6. 12. 1862 Breda, †5. 12. 1940 Amsterdam; zuletzt Prof. in Amsterdam; Hptw.: „Ethnologische Studien zur ersten Entwicklung der Strafe" 2 Bde. 1892–1894; „Die Bedeutung der Ethnologie für die Soziologie" 1902; „Soziographie" 1926; „Die Soziologie des Krieges" 1929.

Steinmetzbrot [nach dem Saganer Müller *Steinmetz*], Vollkornbrot aus Roggen oder Weizen; Korn wird durch Quellung u. Schleudern von der äußersten holzigen Schicht befreit, getrocknet u. vermahlen, wobei Keimling u. Kleberschicht im Mehl enthalten sind.

Steinmetzzeichen, Urhebermarke des an einem Bau mitwirkenden Steinmetzen, im MA. auch Signatur einer ganzen Bauhütte; gebräuchl. vom MA. bis zum 18. Jh.

Steinnelke →Nelke.

Steinnußpalme, *Phytelephas*, südamerikan. stammlose *Palme* mit riesigen Fiederblättern u. kopfgroßen Sammelfrüchten. Die Samen der *Kleinfrüchtigen* u. *Großfrüchtigen S. (Phytelephas microcarpa, Phytelephas macrocarpa)*, die in der Heimat der Pflanze als *Taguanüsse* bezeichnet werden, gelangen als *Elfenbeinnüsse, Vegetabilisches Elfenbein* oder *Steinnüsse* nach Europa u. sind Rohstoff für die Knopffabrikation.

Steinobst, *Steinfrüchte*, Früchte (z.B. Pfirsich, Aprikose, Pflaume, Kirsche, Walnuß), bei denen die innere Schicht der Fruchtwand einen den Samen bergenden Steinkern bildet, während die mittlere fleischig oder faserig ist u. die äußere eine häutige oder ledrige Hülle bildet. – Ⓑ→Frucht.

Steinobstgespinstwespe, *Neurotoma nemoralis*, bis 8 mm lange schwarze *Gespinstblattwespe*. Jede Larve spinnt eine eigene Röhre u. frißt darin an Steinobstblättern.

Steinobstgewächse, *Prunoideae*, Unterfamilie der *Rosengewächse*, mit amygdalinhaltigen Samen in den Steinfrüchten. Neben 3 artenarmen exot. Gattungen gehören hierher die Nutzpflanzen der Gattung →Prunus.

Steinöl →Erdöl.

Steinpackung, im Wasserbau zum Ufer- u. Deichschutz im Verband versetzte Natur- oder Betonsteine. →Deich.

Steinpapier, mit Steinmehl beschichtetes Papier für lithograph. Zwecke; Ersatz für Stein- u. Metallplatten.

Steinpappe →Papiermaché.

Steinpaß, Paß an der dt.-österr. Grenze, über dem Engtal der Saalach bei Melleck, 615 m.

Steinpeitzker, *Dorngrundel, Cobitis taenia*, bis 15 cm lange *Schmerle*; Grundfisch Eurasiens, orangefarbig mit dunklen Längsstreifen u. Bartfäden; vergräbt sich im Sand; Dämmerungstier. Beliebter Köderfisch, auch in Aquarien.

Steinpicker →Panzergroppen.

Steinpilz, *Herrenpilz, Eichpilz, Boletus edulis*, wohlschmeckender *Röhrenpilz*; mit braunem Hut. Das dicke Fleisch ist fest u. weiß, später gelblich.

Steinplastik, fugenloser Wandbelag aus einer verkieselnden keram. Masse oder einer Kunststoffmasse; wird mit Bürste, Pinsel, Rolle oder Spritzgerät in mehreren farbigen Lagen in verschiedener Oberflächengestaltung aufgetragen.

Steinröschen →Seidelbast.

Steinrötel, *Steindrossel, Monticola saxatilis*, im männl. Geschlecht prächtig rot-blau gefärbter *Drosselverwandter* der Mittelmeerländer. Dort auch die blaugraue *Blaumerle, Monticola solitarius*.

Steinsalz, *Halit*, farbloses oder verschieden gefärbtes durchsichtiges bis durchscheinendes, glasglänzendes Mineral, Natriumchlorid (NaCl); regulär; würfelförmige Kristalle; tritt in Salzlagerstätten, zusammen mit Anhydrit u. Gips, z.T. auch mit Kalium- u. Magnesiumsalzen auf; ein geringer Teil des S.es entsteht durch vulkan. Sublimation.

Steinsame, *Lithospermum*, Gattung der *Rauhblattgewächse*. In Dtschld. drei Arten, von denen der *Gewöhnl. S., Lithospermum officinale*, an steinigen, kalkhaltigen Orten, in Gebüschen u. Wäldern häufiger zu finden ist. Pflanze mit stark verzweigtem Stengel u. grünlich-weißer Krone sowie glänzend weißen Früchten. Andere Arten: der zuerst rot-, dann blaublühende *Blaurote S., Lithospermum purpureocoeruleum*, sowie der auf Äckern häufige, weißblühende *Acker-S., Lithospermum arvense*, mit runzlig-rauhen Früchten.

Steinschlag, 1. *Baustoffkunde:* gebrochenes Gesteinsmaterial von 30 bis 70 mm Korngröße.

2. *Geologie:* das Abstürzen einzelner durch Verwitterung aus dem Gesteinsverband gelöster Gesteinsbrocken im Gebirge.

Steinschloßgewehr, von der Mitte des 17. Jh. bis nach den Napoleon. Kriegen in Frankreich verwendetes Gewehr; verbesserte das Luntenschloß des älteren →Gewehrs durch den Feuerstein; die Pulverpfanne war durch einen bewegl. Deckel geschlossen; beim Abzug schlug der Feuerstein gegen den Arm des Deckels, öffnete dadurch die Pfanne u. erzeugte zugleich Funken, die das Pulver entzündeten.

Steinschmückel, *Petrocallis*, Rosettenpflanze mit lila Blüten aus der Familie der *Kreuzblütler*. In Dtschld. nur in den Kalkalpen zu finden.

Steinschneidekunst, *Glyptik*, die plast. Bearbeitung von Halb- u. Ganzedelsteinen, Bergkristall u. ähnl. Steinsorten mit Hilfe von Schneid- u. Schleifgeräten, hauptsächl. als Technik der Kleinplastik ausgeübt, bes. bei der Herstellung von Gemmen (als *Intaglio* oder *Kamee*), Siegeln u. dergl. Älteste Werke der S. sind die →Siegelzylinder der sumerischen Uruk-Periode (um 3000 v.Chr.); zu einer wesentl. techn. Verfeinerung kam es im 6. Jh. v.Chr. in der griech. Glyptik, nachdem bereits die kretisch-myken. Kultur die Steinbearbeitung zu beachtl. Höhe geführt hatte. Von der griech. S. abhängig sind die etrusk. u. die röm., weitgehend auch die altpersische. In der röm. Kaiserzeit wurde die Technik vor allem auf dem Gebiet der Porträtkunst angewandt, ebenso in der Renaissance, in der die S. neuen künstler. Aufschwung nahm. Einen weiteren Höhepunkt erfuhr die S. im Klassizismus.

Steinschrift, *Blockschrift*, Schrift auf Steindenkmälern.

Steinschüttung, im Unterschied zur →Steinpakkung aufgeschüttete Schicht aus Bruchsteinen zur Befestigung der Dämme, Ufer oder Sohlen von Flüssen und Kanälen; dient auch zur Verdichtung weicher Bodenschichten bei nichttragfähigem Baugrund. →Uferbefestigung.

Steinseeigel, *Paracentrotus lividus*, ein *Seeigel* mit langen, schwarzen Stacheln, der sich halbkugelige Höhlen ins Gestein nagt; einer der häufigsten Bewohner der felsigen Brandungszone des Mittelmeers u. der atlant. Küsten; bedeckt sich im Gegensatz zum ähnlichen *Schwarzen Seeigel, Arbacia lixula*, gegen zu starke Belichtung mit Muschelschalen, Algen oder Steinen. Die Keimdrüsen des S.s werden im Süden roh gegessen.

Steinstoßen →Rasenkraftsport.

Steintäschel, *Aethionema*, Gattung der *Kreuzblütler*. In Dtschld. nur *Aethionema saxatile*, eine stark verästelte, dichtbeblätterte Pflanze mit rötl. Blüten u. breit geflügelten Schötchen.

Steinthal, Heymann, Sprachforscher, *16. 5. 1823 Gröbzig, Anhalt, †14. 3. 1899 Berlin; einer der Begründer der Völkerpsychologie.

Steinverband →Mauerverbände.

Steinwälzer, *Arenaria interpres*, kleiner, kräftiger Strandvogel der skandinav. Küsten aus der Verwandtschaft der *Regenpfeifer* u. *Schnepfen*; lebt von tierischer Nahrung, die er unter Steinen u. Muscheln findet. In Dtschld. nur noch Zugvogel.

Steinway & Sons ['stainwɛi ənd 'sʌnz] →Steinweg, Heinrich Engelhard.

Steinweg, Heinrich Engelhard, Klavierbauer, *15. 2. 1797 Wolfshagen, Harz, †7. 2. 1871 New York; wanderte 1850 mit vier Söhnen nach Amerika aus, wo er 1853 die Klavierbaufirma *Steinway & Sons* gründete (Name 1854 anglisiert). Sein ältester Sohn Carl Friedrich Theodor S. (*1825, †1889) blieb zurück u. übernahm ein Braunschweiger Geschäft, aus dem später die Klavierfirma *Grotrian-Steinweg* wurde.

Steinwild = Steinböcke.

Steinzeichnung, veraltete Bez. für →Lithographie.

Steinzeit, die älteste Stufe der menschl. Kulturentwicklung, in der der Stein das am häufigsten verwendete Material für die Geräteherstellung war, unterteilt in: →Altsteinzeit, →Mittelsteinzeit, →Jungsteinzeit. – Ⓛ5.1.1.

Steinzellen →Sklerenchym.

Steinzeug, aus einer tonreichen Masse mit der Zusammensetzung 50–80% Tonsubstanz (→Ton), 20–40% →Quarz u. 1–10% Feldspat gebrannte Tonware; als S.tone sind Westerwälder Tone bekannt. Der Scherben besteht überwiegend aus kieselsäurereicher, glasiger Masse mit Nestern aus Mullitnadeln ($3Al_2O_3 \cdot 2SiO_2$). Der dichte, nicht durchscheinende Scherben hat einen mattglänzenden, muscheligen Bruch.

Seinem Charakter nach steht das S. in der Mitte zwischen →Steingut u. →Porzellan. Neben weißbrennendem S. (für Geschirr, aber auch Isolatoren, Destillierkolonnen), das mit weißbrennenden Kaolinen erhalten wird, gibt es auch gelbes, braunes u. graues S. Das nicht weißbrennende S. wird für chem. Geräte, Kanalisationsröhren, Fliesen u.

Klinker u. a. verwendet. Die dem S. eigentümliche Glasur ist die →Salzglasur.
Geschichte: S. wurde in China bereits unter der Tschou-Dynastie (um 1100–249 v. Chr.) hergestellt, zunächst unglasiert, dann mit z. T. farbigen Glasuren als sog. Protoporzellan. Künstlerisch bes. wertvoll sind S.erzeugnisse aus Töpfereien der Dynastien Han (206 v. Chr.–220 n. Chr.) u. Sung (960–1279). Das erste europ., mit Salzglasur überzogene S. stammt aus Siegburg, um 1350. Die Rheinlande bildeten seitdem das größte dt. Fertigungszentrum (Rheinisches S. aus Aachen, Köln, Frechen, Raeren, Langerwehe). Zu Nachformungen des rhein. S.s kam es im 17. Jh. in England. Kunsthandwerkl. S.manufakturen gibt es heute u. a. im Westerwald. – 📖 2.1.2.

Steiß, *Steißbein, Os coccygis*, beim Menschen u. den Menschenaffen der kleine, am Kreuzbein nach unten ansetzende, aus 3–6 (meist 4) Wirbelkörpern verwachsene Knochen; Rest der Schwanzwirbelsäule der Wirbeltiere.

Steißdrüse, eine Bürzeldrüse; →Bürzel.

Steißfleck = Mongolenfleck.

Steißfüße →Lappentaucher.

Steißgeburt, eine Geburt, bei der der Steiß des Kindes zuerst in die Geburtswege eintritt.

Steißhühner, *Tinaminiformes*, Ordnung der *Vögel*, die in einer Familie, *Tinamidae*, Amerika von Mexiko bis Südargentinien bewohnt. Die S. leben hühnerartig, erinnern aber auch an Rallen u. Strauße, mit denen sie am nächsten verwandt sind. Schlechte Flieger; vom trop. Urwald bis in die Hochanden (4300 m) in 45 Arten verbreitet.

Stele [die; grch., „Säule"], senkrecht im Boden stehende schmale Steinplatte, in der Antike meist als Grabstein *(Grab-S.)*, später auch als Weihgeschenk u. Schrifttafel verwendet u. oft mit figürl. u. ornamentalen Reliefs geschmückt.

Stella, Frank, US-amerikan. Maler, *1936 Malden, Mass.; Vertreter der Hard-edge-Malerei; versucht in seinen geometrischen Farbbahnen die perspektivischen Eigenschaften der Farbe ins Bild zu setzen. S. gilt als Erfinder der „Shaped Canvas", der konturierten Leinwand.

Stellagegeschäft [stɛ'la:ʒə-], bedingtes →Termingeschäft.

Stellarastronomie, Teilgebiete der Astronomie, die sich mit den Fixsternen u. Sternsystemen *(Galaxien)* befassen.

Stellarator [der; lat.], in den USA gebaute Versuchsanlage zur techn. Erzeugung von Kernenergie durch Kernverschmelzung; dabei schließt man →Plasma mit Hilfe eines Magnetfelds ein, das in einem achtförmigen Rohr von einer stromdurchflossenen Spule erzeugt wird. In der BRD untersuchen Arbeitsgruppen in Garching thermonukleare Reaktionen am S. „Wendelstein W". →Pincheffekt.

Stellaria [lat.] →Sternmiere.

Stellarstatistik, Teilgebiet der Astronomie, behandelt die räumliche Anordnung u. Bewegung der Sterne (bes. im Milchstraßensystem) mit statist. Methoden, da bei der Vielzahl der Sterne (im Milchstraßensystem mehrere 100 Mrd.) eine Erfassung jedes Einzelsterns unmögl. ist. – 📖 7.9.7.

Stellenausschreibung, die vor der Besetzung einer Beamtenstelle regelmäßig stattfindende öffentl. Ausschreibung.

Stellenbosch [-bɔs], Stadt in Kapland (Rep. Südafrika), östl. von Kapstadt, 25 000 Ew.; Universität (1918), Bibliotheken u. Verlage.

Stellenkosten, die in der →Kostenrechnung den Kostenstellen zugerechneten Kosten. *Stelleneinzelkosten* lassen sich den Kostenstellen direkt zurechnen, *Stellengemeinkosten* nur durch Schlüsselung.

Stellenplan, *Organisationsplan*, Plan einer Verwaltungsbehörde, in dem die durch das Haushaltsgesetz bewilligten *Planstellen* für alle Bediensteten im einzelnen aufgeführt sind.

Stellenwert →Dezimalsystem.

Steller, eigentl. *Stoeller*, Georg Wilhelm, Naturforscher, *10. 3. 1709 Windsheim, †12. 11. 1746 Tjumen (Westsibirien); Teilnehmer an der „Großen Nordischen Expedition", forschte 1739 im Gebiet des Baikalsees, 1740 in Kamtschatka, begleitete 1741 V. *Bering* zur Alaskaküste; beschrieb die *Stellersche Seekuh*. S. starb auf der Rückreise.

Stellersche Seekuh, *Rhytina [Hydrodamalis] stelleri*, ein um 1790 mutwillig ausgerotteter, nach dem Entdecker benannter Vertreter der *Seekühe*, wurde bis 10 m lang u. 2,4 t schwer. Die S.S. lebte in Herden vor den Flußmündungen in der Beringsee u. war ein zahnloser Pflanzenfresser.

Stellingen, Stadtteil im nordwestl. Hamburg(-Altona); mit dem von C. *Hagenbeck* 1907 eröffneten Tierpark, in dem die Tiere in Freiluftgehegen in ihrer „natürl. Umgebung" gehalten werden.

Stellit [das; lat.], Hartmetall aus 40–50% Kobalt, 25–35% Chrom, 12–20% Wolfram, bis zu 10% Eisen; bes. für Drehstähle.

Stellmacher, *Fahrzeug-S., Wagner*, handwerkl. Ausbildungsberuf mit 3jähriger Ausbildungszeit; Arbeitsgebiet des S.s: früher Herstellung u. Reparatur von Wagen, Karren, Schlitten für Pferdebetrieb, heute von Wohnwagen, Leitern, Werkzeugteilen, Turn- u. Sportgeräten aus Holz. →auch Karosseriebauer.

Stellmutter = Gegenmutter.

Stellnetz, zum Fischfang in einer bestimmten Tiefe verankertes →Netz (4).

Stellprobe →Probe.

Stellring, guß- oder schmiedeeiserner Ring, der das Verschieben von Maschinenteilen auf Wellen oder der Wellen selbst verhindert.

Stellung, *Militär:* Feldbefestigung, in der sich die Truppen zur Abwehr einrichten.

Stellvertretung →Vertretung.

Stellwag von Carion, Karl, österr. Augenarzt, *28. 1. 1823 Langendorf, Mähren, †21. 11. 1904 Wien; gab 1869 das nach ihm als *Stellwagsches Zeichen* benannte Phänomen des seltenen Lidschlags bei Schilddrüsenüberfunktion an.

Stellwerk, zentrale Stelle im Eisenbahnbetrieb. Bahnanlage, in der Weichen u. Signale gestellt werden: 1. *mechan. S.*, Weichen u. Signale werden durch Handhebel u. Drahtzüge gestellt. Von der *Blockstelle* aus wird ein Streckenabschnitt ohne Weichen bedient. – 2. *elektromechan. S.*, Weichenstellung erfolgt durch einen Elektromotor oder einen Elektromagneten; die richtige Hebellage für die Fahrstraße wird durch mechan. Verschlüsse sichergestellt. – 3. *Gleisbild-S.*, besteht aus einem Stelltisch, der Schaltanlage u. der Außenanlage. Der Stelltisch ist ein Abbild der Gleisanlage mit allen Weichen u. Signalen. Der ankommende Zug wird durch eine Rotausleuchtung von Tischfeldern auf dem Stelltisch angezeigt. Alle Weichen werden elektrisch gestellt.

Stelzen, 1. *allg.:* Stangen mit Trittklötzen als Belustigungsmittel, zum Durchqueren von überschwemmten Stellen (in Marschgebieten) u. um größer zu erscheinen (in afrikan. Kulten).
2. *Zoologie: Motacillidae*, Familie der *Singvögel*, mit rd. 50 Arten weltweit verbreitet, gut laufende Erdvögel. Die *S. i. e. S.* sind knapp sperlingsgroße, schlanke Vögel mit langem, wippendem Schwanz u. meist kontrastreicher Färbung (→Bachstelzen). Die *Pieper* sind kräftiger u. unscheinbarer gefärbt.

Stelzenbäume, Bäume mit →Stelzwurzeln.

Stelzenläufer, *Himantopus himantopus*, schwarzweiß gefärbter, bis 40 cm großer weltweit verbreiteter *Regenpfeifer* der Subtropen mit sehr langen Beinen; umherstreifend bis Skandinavien.

Stelzfuß, *Überköten*, bei Tieren krankhafte Beugestellung der Zehengelenke, bes. des Fesselgelenks; die Streckung des Gelenks ist infolge von Sehnenveränderungen gehemmt oder aufgehoben.

Stelzhamer, Franz, österr. Mundartdichter, *29. 11. 1802 Großpiesenham, Innviertel, †14. 7. 1874 Henndorf bei Salzburg; auch Rezitator.

Stelzvögel, 1. *Schreitvögel, Ciconiformes*, Ordnung der *Vögel*, deren Vertreter in rd. 105 Arten an den Binnengewässern aller Erdteile vorkommen. Die oft großen, stelzenden Vögel ernähren sich animalisch. Die Nester werden häufig koloniewe ise angelegt; die Jungen sind Nesthocker u. werden von den Eltern mit erbrochener Nahrung gefüttert. Zu den S.n gehören die Familien der *Reiher, Sichler, Störche* u. *Schattenvögel*.
2. veraltete Bez. für alle Vögel mit langen Beinen („Gressores") wie *S.* (1), *Flamingos, Kraniche*.

Stelzwurzeln, sproßbürtige, schräg aus dem Stamm abwärts wachsende Luftwurzeln, die z. B. die →Mangroven im Schlamm verankern u. auf denen der Stamm wie auf Stelzen steht.

Stemma [das, Mz. *S.ta*; grch.], **1.** *Literatur:* Stammbaum, bes. der einzelnen Fassungen eines literar. Denkmals.
2. *Sprachwissenschaft:* in der generativen →Grammatik u. in der Dependenzgrammatik graph. Darstellung der Struktur von Sätzen.

Stemmeisen, *Stecheisen, Stechbeitel*, Werkzeug zum Ausformen von Löchern u. Einschnitten in Holz; einseitig geschärft.

Stemmen, *Schwerathletik:* →Gewichtheben.

Stempel, 1. *Bautechnik:* zur Lastaufnahme geeignetes kurzes, dickes Rundholz, z. B. zur Unterstützung von Betonverschalungen.
2. *Bergbau:* Teil des Grubenausbaus, senkrechter oder leicht geneigter Holzbalken, Stahlträger oder je nach der erforderlichen Länge ausziehbare Profilstahlkonstruktion zur Abstützung der →Firste bzw. des →Hangenden.
3. *Botanik:* *Pistill* →Blüte.
4. *Keramik:* Gerät zum Eindrücken von Verzierungen in den weichen Ton; u. a. bei der fränk. Keramik u. beim Westerwälder Steinzeug verwendet.
5. *Technik:* 1. Werkzeug aus Stahl oder Gummi zum Drucken, Siegeln, Pressen oder Schneiden; →Matrize (3). – 2. *Präge-S.*, zur Herstellung von Münzen, Medaillen u. dgl. – 3. Werkzeughalter in der Presse.

Stempeldruck = Zeugdruck.

Stempelfarben, *Stempelkissenfarben*, Lösungen von Teerfarbstoffen (z. B. Methylviolett) oder Rußsuspensionen in schwer trocknenden Lösungsmitteln (z. B. Glycerin oder Glykol).

Stempelfehler, Fehler in Schrift oder Bild einer Münze, ähnl. dem Fehldruck der Briefmarke.

Stempelschneidekunst, das bes. in der Antike u. der italien. Renaissance (B. *Cellini*) gepflegte künstler. Gravieren der Münzstempel.

sten... →steno...

Stendal, Kreisstadt im Bez. Magdeburg, in der Altmark, 43 000 Ew.; roman.-got. Dom (12.–15. Jh.), mittelalterl. Stadttore, Kirchen u. Rathaus, Geburtsort des Archäologen J. J. *Winckelmann*; Sitz der 1940 gegr. Winckelmann-Gesellschaft; Eisen-, Zucker-, chem. Industrie, Kondensmilchfabrik; Bahnknotenpunkt, Reichsbahnausbesserungswerk. – Krs. S.: 593 qkm, 76 000 Ew.

Stendhal [stɛ̃'dal; nach *Stendal*, dem Geburtsort des von ihm verehrten J. J. Winckelmann], eigentl. Marie-Henri *Beyle*, französ. Schriftsteller, *23. 1. 1783 Grenoble, †23. 3. 1842 Paris; Offizier, dann Konsul; begeisterter Anhänger Napoléons, später der italien. Nationalbewegung; schrieb Romane, Novellen u. Reiseberichte von stark zeitkrit. Tendenz, daneben zahlreiche Biographien u. Essays. S. ist ein Vorläufer des französ. Realismus. Romane: „Rot u. Schwarz" 1830, dt. 1901; „Die Kartause von Parma" 1839, dt. 1906, unter dem Titel „Kerker u. Kirche" 1845; „Lucien Leuwen" (unvollendet, posthum) 1855, dt. 1921. Studie: „Über die Liebe" 1822, dt. 1903, unter dem Titel „Physiologie der Liebe" 1888. Autobiographie: „Bekenntnisse eines Egoisten" (posthum) 1892, dt. 1905. – 📖 3.2.1.

Stenge, beim Segelschiff oberer Teil des Mastes.

Stengel, Sproßachse der höheren Pflanze. Innerer Bau des krautigen S.s einer zweikeimblättrigen Pflanze: Grundgewebe *(Parenchym)*, das außen von der Oberhaut *(Epidermis)* umgeben u. im Innern von den Leitbündeln durchzogen ist. Das innere, vor allem der Speicherung dienende Grundgewebe *(Mark)* bildet zusammen mit den Leitbündeln den Zentralzylinder. Die Leitbündel werden durch Grundgewebsstreifen, sog. *Markstrahlen*, voneinander getrennt. Das außerhalb des Leitbündelrings liegende Grundgewebe *(Rinde)* dient z. T. noch der Assimilation. Das Grundgewebe ist meist von Festigungsgewebe durchsetzt. Zur Erhöhung der Festigkeit u. zur Vermehrung des Leitgewebes wird beim →Dickenwachstum der zweikeimblättrigen u. nacktsamigen Pflanzen →Holz u. →Bast gebildet.

Stengel, Edmund Ernst, Historiker, *24. 12. 1879 Marburg, †4. 10. 1968 Marburg; Prof. in Berlin u. Marburg; gründete in Marburg das Hess. Amt für geschichtl. Landeskunde u. das Lichtbildarchiv älterer Urkunden in Dtschld.; 1937–1942 Präs. des Reichsinstituts für ältere dt. Geschichtskunde. Hptw.: „Den Kaiser macht das Heer" 1910; „Abhandlungen u. Untersuchungen zur mittelalterl. Geschichte" 1960.

Stengelbrenner, *Gloeosporium caulivorum*, Pilzkrankheit mit Befall von Blättern u. Blattstielen, z. B. bei Klee u. Luzerne.

Stenhammar, Wilhelm, schwed. Dirigent, Pianist u. Komponist, *7. 2. 1871 Stockholm, †20. 11. 1927 Stockholm; Nachromantiker; schrieb Opern („Tirfing" 1898, „Das Fest auf Solhaug" 1899).

Stenmark, Ingemar, schwed. alpiner Skiläufer, *18. 3. 1956 Jösöjö; Doppelolympiasieger 1980 (Slalom u. Riesenslalom) u. Weltmeister 1978 in den gleichen Disziplinen.

steno... [grch.], Wortbestandteil mit der Bedeutung „eng, schmal"; wird zu *sten...* vor Selbstlaut.

Steno, Nicolaus, eigtl. Niels *Stensen*, dän. Arzt u. Naturforscher, *11. 1. 1638 Kopenhagen, †5. 12. 1686 Schwerin; entdeckte 1661 den Ausgang der Ohrspeicheldrüse *(Stensenscher Gang, Ductus*

Stenonianus), erkannte als erster fossile Tiere, erforschte Kristallstrukturen; später kath. Priester u. Bischof.

Stenogramm [das; grch.], Niederschrift in Kurzschrift.

Stenographie [grch.] →Kurzschrift.

stenök [grch.], *Ökologie:* ein Lebewesen betreffend, das seiner Umwelt in engen Grenzen angepaßt ist (z.B. Höhlentiere) u. hinsichtl. bestimmter Lebensbedingungen spezialisiert ist. Gegensatz: *euryök*.

Stenokardie [grch.], Herzbeklemmung, = Angina pectoris.

stenophag [grch.], *Ökologie:* auf bestimmte Nahrung spezialisiert. Gegensatz: *euryphag*.

Stenose [die; grch.], angeborene oder durch Narbenbildung, Geschwülste u.a. entstandene Verengung von Hohlgängen oder Hohlorganen; z.B. an Herzklappen, Adern, Harnleitern, Darm.

Stenotypistin [grch.], Schreibkraft in kaufmänn. Büros oder in Verwaltungen; nimmt Diktate in Kurzschrift auf u. gibt sie auf der Schreibmaschine wieder bzw. schreibt nach mündlichem Diktat oder Diktiergerät unmittelbar auf der Maschine *(Phonotypistin)*; über den Ausbildungsberuf (2 Jahre) →Bürogehilfin oder als Büroanfängerin (meist nach Besuch einer Handelsschule) zu erreichen.

Stensen, Niels →Steno, Nicolaus.

Sten Sture →Sture.

Stentinello-Kultur, jungsteinzeitl. Kulturgruppe auf Sizilien, deren Kennzeichen bemalte, stempel- u. stichelverzierte Keramik, Kleintierzucht u. dörfl. Siedlungen sind, benannt nach der Fundstelle *Stentinello* bei Syrakus.

Stentor, **1.** *Mythologie:* bei Homer griech. Kämpfer vor Troja mit der Stimmstärke von 50 Männern; daher *S.stimme*.
2. *Zoologie:* = Trompetentierchen.

Step [der; engl., „Schritt"], ein Tanz, bei dem in klapperndem Rhythmus (mit bes. Schuhen auf einer klingenden Holzplatte) auf der Stelle getanzt wird *(steppen)*; heute ausgesprochener Kunsttanz, der Akrobatik, Mimik u. Pantomime einbezieht. Meister dieses modernen S.s ist F. *Astaire*.

Stepanakert, bis 1923 *Chankendy*, Hptst. der Bergkarabachen-AO im SW der Aserbaidschan. SSR (Sowjetunion), im Kleinen Kaukasus, 30000 Ew.; Nahrungsmittel-, Woll- u. Seidenindustrie. Straße nach Nachitschewan.

Stephan [das; nach der latein. Form *(Stephanus)* der französ. Stadt Saint-Étienne], *Stefan*, Stufe des Oberen Karbons.

Stephan, männl. Vorname, →Stefan.

Stephan, Päpste: **1.** *S. I.*, 254–257, Heiliger, Römer, †2. 8. 257 Rom; trat gegenüber *Cyprian von Karthago* u. kleinasiat. Bischöfen für die Gültigkeit der Ketzertaufe ein (→Ketzertaufstreit) u. forderte erstmals unter ausdrückl. Berufung darauf, daß er der Nachfolger Petri sei, die allgemeine Befolgung der röm. Regel.
2. *S. (II.)*, 752; starb noch vor Empfang der Bischofsweihe; wird seit 1960 im Päpstl. Jahrbuch nicht mehr als Papst gezählt.
3. *S. II.*, 752–757, Römer, †26. 4. 757 Rom; begab sich, von den Langobarden bedrängt u. von Byzanz verlassen, 753/54 als erster Papst ins fränk. Reich u. stellte sich u. die Kirche unter den Schutz *Pippins d.J.*, dessen Herrschaft er durch die Königskrönung festigte. 756 übereignete Pippin ihm das Exarchat Ravenna (→Pippinische Schenkung).
4. *S. III.*, 768–772, Sizilianer, †24. 1. 772 Rom; von der frankenfreundl. Partei erhoben, setzte sich gegen die von den Langobarden gestützten Gegenpäpste *Konstantin II.* u. *Philippus* durch.
5. *S. IV.*, 816–817, Römer, †24. 1. 817; krönte *Ludwig den Frommen* zum Kaiser u. bestätigte das Bündnis mit dem fränk. Reich.
6. *S. V.*, 885–891, Römer, †14. 9. 891 Rom; versuchte vergebl. *Karl III.* (den Dicken) zum Italienzug zu bewegen, übertrug nach dessen Absetzung die Kaiserwürde an Herzog *Wido II. von Spoleto* (888–894), band die mährische Kirche durch Verbot nationaler Eigenständigkeit eng an Rom.
7. *S. VI.*, 896–897, Römer; hielt das ungerechte u. schmachvolle Gericht über seinen toten Vorgänger *Formosus* ab, wurde von darüber empörten Volk gestürzt u. im Gefängnis umgebracht.
8. *S. VII.*, 928–931, Römer; von der Partei der Marozia erhoben u. von ihr abhängig.
9. *S. VIII.*, 939–942, Römer; völlig von →Alberich II. abhängig.
10. *S. IX.*, 1057–1058, eigentl. *Friedrich von Lothringen*, Bruder Gottfrieds des Bärtigen, †29. 3. 1058 Florenz; Benediktiner, von Leo IX. nach Rom berufen u. zum Kanzler der röm. Kirche ernannt. 1051 Kardinal, 1054 einflußreicher Teilnehmer einer Gesandtschaft in Konstantinopel, die zum Ausbruch des griech. Schismas führte. S. vertrat die Ziele der Cluniazensischen Reform, unterstützte die Pataria, forderte Freiheit der Kirche von dem Einfluß der Fürsten u. bereitete dadurch den Bruch mit dem dt. Kaisertum vor.

Stephan, *Stefan*. Fürsten. England: **1.** *S. von Blois*, König 1135–1154, *um 1097 Normandie, †25. 10. 1154 Dover; Enkel Wilhelms des Eroberers, bestieg anstelle der Tochter *Heinrichs I.*, *Mathilde*, den Thron; siegte über die Schotten bei Standard Hill (bei Northallerton; „Standartenschlacht") 1138; behauptete sich nur mühsam gegen Mathilde u. erkannte deren Sohn *Heinrich II. Plantagenet* als Thronerben an.
Moldau: **2.** *S. III.*, *S. d.Gr.*, Fürst (Woiwode) 1457–1504, *um 1435, †2. 7. 1504; bedeutender Herrscher der vorosman. Zeit Rumäniens, siegte gegen Türken (1475), Ungarn u. Polen (nach 1497), behauptete die Unabhängigkeit seines Landes von der türk. Oberherrschaft, vollendete den gesellschaftl. u. kirchl. Aufbau des Landes; gewann 1461 die Walachei.
Polen: **3.** *S. Báthory (Batory) IV. (István)*, König 1576–1586, *27. 9. 1533 Somlyó, †12. 12. 1586 Grodno; 1571 Fürst von Siebenbürgen, als Gatte einer Jagiellonenprinzessin vom poln. Reichstag zum König gewählt; beendete für Polen erfolgreich den Livländ. Krieg 1582; erhob das Jesuitenkollegium in Wilna zur Akademie (1578), setzte sich für Religionsfreiheit ein.
Serbien: **4.** *S. I. Nemanja*, Großžupan (Großfürst) von Raszien um 1166–1196, *1114 Ribnica (heute Titograd), †13. 2. 1200 Chilandari, Athos; begründete die Einheit Serbiens (um 1171), machte den Staat von byzantin. Oberhoheit frei, vergrößerte u. organisierte ihn. S. wurde 1196 Mönch (Simeon). →auch Serbien (Geschichte).
5. *S. IV. Dušan (Nemanjić)*, König 1331–1346, Zar der Serben u. Griechen 1346–1355, *um 1308, †20. 12. 1355; gewann Makedonien, Albanien, Epiros u. Thessalien; löste die serb. Kirche von Byzanz u. errichtete ein serb. Patriarchat; baute das Reich nach byzantin. Vorbild auf (Höhepunkt des mittelalterl. serbischen Staats).
Ungarn: **6.** *S. I.*, *S. d.Hl.*, ungar. *István*, König 997 (1000) bis 1038, *969, †20. 8. 1038 Esztergom; aus der Árpádendynastie, Sohn von Géza I., heiratete die bayer. Prinzessin Gisela, Schwester Kaiser Heinrichs II., organisierte Verwaltung, Rechtspflege u. Kirche nach fränk. Vorbild, machte aus Ungarn einen abendländisch-christlichen Staat. 1087 heiliggesprochen (Fest: 16. 8.); nach ihm ist die *Stephanskrone* benannt. – ◫ 5.5.7.

Stephan, **1.** Heinrich von (1885 geadelt), Organisator des Postwesens, *7. 1. 1831 Stolp, †8. 4. 1897 Berlin; trat 1848 in den Postdienst ein, wurde 1865 Geheimer Postrat im preuß. Generalpostamt in Berlin; 1870 Generalpostdirektor des Norddt. Bundes; führte 1870 die 1865 von ihm erfundene Postkarte ein. Er schuf ein einheitl. Postrecht als Grundlage für die Dt. Reichspost; gliederte das Telegraphen- u. Fernsprechwesen der Post ein. 1876 Generalpostmeister, 1880 Staatssekretär des Reichspostamts, 1895 preuß. Staatsminister. S. ist der Initiator des →Weltpostvereins u. der Gründer des Reichspostmuseums (1872). Hptw.: „Geschichte der preuß. Post von ihrem Ursprunge bis auf die Gegenwart" 1859.
2. Rudi, Komponist, *29. 7. 1887 Worms, †29. 9. 1915 bei Tarnopol (gefallen); Schüler von B. *Sekles*; Vorläufer der Neuen Musik, der die Grenzen der Tonalität stark erweiterte. Oper „Die ersten Menschen" 1920; Orchesterwerke; Lieder.

Stephanit [der; nach dem österr. Erzherzog *Stephan*], *Sprödelglaserz*, graues bis schwarzes, metallglänzendes Mineral der Silberspießglanze, rhombisch mit oft hexagonaler Gestalt; Härte 2–2,5; wichtiges Silbererz.

Stephanotis, Pflanze, →Kranzschlinge.

Stephansdom in Wien, ein Hptw. der mittelalterl. Baukunst Österreichs. Der Gründungsbau, 1147 geweiht, wurde 1258 durch Brand zerstört, vom roman. Neubau (1258–1263) stammen die Westfassade mit dem „Riesentor" u. die beiden Westtürme („Heidentürme"). Mit dem got. Bau wurde Anfang des 14. Jh. begonnen; die Errichtung des Chors erfolgte als dreischiffige Halle, das dreischiffige Langhaus (seit Mitte 14. Jh.), eine Hallenkirche mit überhöhtem Mittelschiff, erhielt Netzgewölbe. Der allein hochgeführte Südturm („Steffel"), vollendet 1433, ist einer der schönsten Türme der Gotik (Höhe 136,7m). Zahlreiche spätgot. u. barocke Grabsteine; Grabmal Kaiser Friedrichs III. von N. *Gerhaert von Leyden*, 1467–1513; sog. „Wiener Neustädter-Altar", 1447; Orgelfuß mit Bildnisbüste des A. *Pilgram*, 1513; Kanzeln u. Altäre.

Stephanskirchen, Gemeinde in Oberbayern (Ldkrs. Rosenheim), am Simssee, 8000 Ew.; Sommerfrische.

Stephanskrone, die ungar. Königskrone, nach König Stephan I., der sie um 1000 von Papst Silvester II. erhalten haben soll; 1526–1918 im Besitz der Habsburger; gelangte 1945 in die USA; 1978 an Ungarn zurückgegeben.

Stephanus, einer der 7 Diakone der christl. Urgemeinde zu Jerusalem, erster Märtyrer („Erzmärtyrer") der christl. Kirche. Heiliger (Fest: 26. 12.).

Stephen ['sti:vn], Sir Leslie, engl. Schriftsteller, *28. 11. 1832 London, †22. 2. 1904 London; begründete 1882 das „Dictionary of National Biography", schrieb geistreiche Essays u. eine Geistesgeschichte des 18. Jh.: „History of English Thought in the Eighteenth Century" 1876.

Stephens ['sti:vnz], James, irischer Erzähler u. Lyriker, *2. 2. 1882 Dublin, †26. 12. 1950 London; Erzählungen aus der irischen Sagenwelt mit realist. u. phantast.-grotesken Zügen.

Stephenson ['sti:vnsn], George, engl. Ingenieur, *9. 6. 1781 Wylam-on-Tyne, †12. 8. 1848 Chesterfield; erbaute 1814 die erste betriebsfähige Eisenbahn, gründete in Newcastle die erste Lokomotivfabrik der Welt, eröffnete 1825 die erste Eisenbahnstrecke Stockton–Darlington.

Steppe [russ.], Bez. für die offenen, baumarmen bis baumlosen Vegetationsformationen (→Grasländer) der außertrop. Gebiete, früher für Grasländer aller Klimazonen. Trop. Grasländer nennt man heute →Savannen. Man unterscheidet u.a. Busch-, Dornstrauch-, Kraut- u. Gras-S. Zu den S.n gehören die subtrop. gemäßigten Gras-S.n (Prärie, Pampas, südruss. S.ngebiete), die gemäßigten *Wald-S.n*, die polaren *Kälte-S.n* (Tundra) u. die immergrünen Hochland-S.n der trop. Gebirge (Paramos der Anden). *Wüsten-S.* heißt der Übergang zwischen Gras-S. u. Wüste. →Versteppung.

steppen [engl.], **1.** *Schneiderei:* zwei Stoffe aufeinander nähen (auch mit Zwischenlage: *Steppdecken*) von Hand oder mit Maschine durch lückenlos aneinandergereihte Hinterstiche.
2. *Tanz:* →Step.

Steppenadler, *Aquila nipalensis*, asiat. *Raubvogel*; Steppen- u. Halbwüstenbewohner.

Steppenantilope →Saiga.

Steppenfuchs, *Korsak*, *Canis [Alopex] corsac*, ein *Fuchs* von 60cm Körperlänge; verbreitet von der Wolga bis Nordchina.

Steppenheide, wärmeliebende Pflanzengesellschaften auf Kalkböden, bes. Gräser u. Stauden, während einer warmen nacheiszeitl. Klimaperiode aus Süd- u. Südosteuropa nach Mitteleuropa eingewandert. Im Subatlantikum wurde die S. wieder verdrängt u. ist noch im warmen Mittelmeergebiet in Form der →Gariden (in Frankreich →Garrigues) vorhanden. In Süd-Dtschld. kommt sie z.B. an warmen Hängen der Alb vor.
Die Steppenheidetheorie, eine von R. *Gradmann* vertretene Auffassung über die räuml. Entwicklung der jungsteinzeitl. Besiedlung in Süd-Dtschld., geht von der durch spätere Untersuchungen etwas korrigierten Annahme aus, daß die damaligen Siedler als Ackerbauern waldfreie bzw. waldarme Gebiete vorgefunden u. zuerst besiedelt hätten. – ◫ 6.0.5.

Steppenhuhn, *Steppenflughuhn*, *Syrrhaptes paradoxus*, ein Innerasien bewohnender, wanderlustiger *Taubenvogel* (1863, 1888 u. 1908 Invasionen bis Westeuropa).

Steppenjägerkultur, *eurafrikanische S.*, nach H. *Baumann* eine bes. deutlich in der Buschmannkultur ausgeprägte Kulturschicht mit Jagdriten, bes. Jagdmethoden, Lederkleidung u.a.; Spuren vom Mittelmeer entlang der ostafrikan. Steppengebiete (Kindiga) bis zum Kapland.

Steppenraute, *Peganum*, Gattung der *Jochblattgewächse*. Die kleinen schwärzlichen Samen der *Syrischen S. (Harmalstaude, Harmalraute, Peganum harmala)*, einer 30–40 cm hohen großblütigen Staude, dienen zur Herstellung von *Türkischrot*.

Steppenschaf, *Ovis ammon cycloceros*, ein →Schaf der westasiat. Steppen bis Tibet, mit stark gekrümmten Hörnern.

Steppenschliefer, *Heterohyrax,* Gattung der *Schliefer,* Bewohner von Erd- u. Baumhöhlen oder Termitenhügeln Nordwestafrikas bis Angola.
Steppenwolf = Coyote.
Stepun, Fedor, russ. Philosoph u. Schriftsteller, *19. 2. 1884 Moskau, †23. 2. 1965 München; lebte seit 1922 in Dtschld.; Hochschulprofessor; schrieb erst russ., dann dt.; Roman: „Die Liebe des Nikolai Pereslegin" dt. 1928; Erinnerungen: „Vergangenes u. Unvergängliches" 3 Bde., 1947–1950.
Ster [der, Mz. *Stere* u. *Sters*; grch., frz.], Abk. st, veraltetes Raummaß, bes. für Holz; 1 S. = 1 m³.
Steradiant, Kurzzeichen sr, Einheit des räuml. Winkels. Die Raumwinkeleinheit 1 sr schneidet als räuml. Zentriwinkel einer Kugel den 4π-ten Teil ($O = 4\pi \cdot r^2 : 4\pi$) der Oberfläche heraus.
Steran →Steroide.
Sterbebuch, Personenstandsbuch, das beim Standesamt geführt wird; der Standesbeamte trägt alle Sterbefälle ein, die in seinem Bezirk eintreten.
Sterbefallanzeige, die Anzeige des Todes eines Menschen bei dem Standesbeamten, in dessen Bezirk sich der Todesfall ereignet hat. Zur S. verpflichtet sind in nachstehender Reihenfolge 1. das Familienoberhaupt, 2. derjenige, in dessen Wohnung sich der Sterbefall ereignet hat, 3. jede Person, die bei dem Tod zugegen war oder von dem Sterbefall aus eigener Kenntnis unterrichtet ist. Eine *Anzeigepflicht* besteht nur, wenn eine in der Reihenfolge früher genannte Person nicht vorhanden oder an der Anzeige verhindert ist. Die S. ist mündlich zu erstatten (§ 33 PStG).
Sterbegeld, der Geldbetrag, der beim Tod eines Versicherten bes. zur Deckung der Beerdigungskosten an die Hinterbliebenen gezahlt wird, 1. von einer *Sterbekasse,* 2. von der *Sozialversicherung* (Kranken- u. Unfallversicherung).
Sterbegeldversicherung, eine Versicherung, die zur Deckung der Beerdigungskosten abgeschlossen wird, meist zusätzl. zur Lebens- u. Krankenversicherung.
Sterbekasse, *Totenlade,* ein Privatversicherungsverein, der meist nur Deckung der Begräbniskosten bezweckt.
Sterbekreuz, in der kath. Kirche ein Kreuz, das dem Sterbenden gezeigt oder gereicht wird.
sterben →Tod.
Sterbesakramente, in der kath. Kirche die in Todesgefahr empfangenen Sakramente der Buße, Krankensalbung u. Kommunion. →auch Viaticum.
Sterbetafel, eine Tabelle, die zeigt, wie viele von 100 000 Neugeborenen aufgrund der Sterbewahrscheinlichkeit in den einzelnen Altersjahren sterben werden; wird rechnerisch der Lebensversicherung zugrunde gelegt.
Sterbeziffer →Sterblichkeit.
Sterblichkeit, *Mortalität,* Ausmaß der Todesfälle im Verhältnis zur Gesamtbevölkerung; in der dt. Statistik: Gestorbene je 1000 Ew. (*Sterbeziffer*). Infolge der großen Fortschritte der Medizin u. der immer besseren Gesundheitsfürsorge geht die S. in den Kulturstaaten der Erde seit 1900 dauernd zurück. →auch Bevölkerung, Geburtenstatistik.
Sterblingswolle, am verendeten Schaf geschorene Wolle.
Sterculiaceae [lat.] →Sterkuliengewächse.
Stere, Constantin, rumän. Schriftsteller, *15. 11. 1865 Cerepcau, Bessarabien, †26. 6. 1936 Bucov, Ploiești; als Revolutionär in Odessa 1888 zu Zwangsarbeit verurteilt, 1892 Flucht nach Rumänien; Prof. für Verfassungsrecht; schrieb eine unvollendete 8bändige Romanreihe mit polit. u. sozialer Tendenz über Bessarabien.
stereo... [grch.], Wortbestandteil mit der Bedeutung „starr, massiv, plastisch, räumlich".
Stereo [grch.], 1. [das], *Drucktechnik:* Kurzwort für *Stereotypieplatte,* gegossene Druckform, meist aus einer Blei-, Antimon-, Zinnlegierung bestehend. →Stereotypie.
2. *Elektroakustik:* →Stereophonie.
Stereobat [der; grch.], im griech. Tempelbau die oberste Schicht des aus Quadern gelegten Fundaments, auf der sich der Stufenbau erhebt.
Stereochemie [grch.], Teilgebiet der Chemie; erforscht die räuml. Anordnung der Atome u. Atomgruppen innerhalb des Moleküls.
Stereochromie [grch.], Technik der Wandmalerei, bei der mit Wasserfarben auf trockenen Putz gemaltes Bild durch eine Schutzschicht aus Wasserglas haltbar gemacht wird; 1823 erfunden, später in der *Mineralmalerei* verbessert.
Stereofilm [grch. + engl.] = Raumfilm.
Stereoisomerie [grch.] →Isomerie.

Stereokamera [grch. + lat.], Aufnahmegerät mit zwei Objektiven in Augenabstand, liefert zwei Stereoteilbilder, zuerst gebaut 1849 von D. *Brewster;* auch *Stereovorsätze* für Kleinbildkameras (Prismen- oder Spiegel-Strahlenteiler). →auch Stereophotographie.
Stereokomparator [grch. + lat.], nach dem Stereoskopprinzip konstruierter Apparat, mit man zwei gleichartige Himmelsaufnahmen, die von derselben Himmelsstelle, aber zu verschiedenen Zeiten aufgenommen wurden, optisch zur Deckung bringt. Ein Stern, der sich in der Zeit zwischen beiden Aufnahmen bewegt hat (Planetoid, parallaktische Verschiebung), fällt als räumlich vor den übrigen Sternen stehend deutlich auf.
Stereometall [grch.], in der Drucktechnik eine Blei-Antimon-Zinn-Legierung zum Gießen von Druckplatten (*Stereos*).
Stereometrie [grch.], Geometrie des dreidimensionalen euklid. Raums, insbes. der Körper.
Stereophonie [grch.], Kurzwort *Stereo,* elektroakust. Tonwiedergabe mit räuml. Klangwirkung aufgrund der tatsächl. Laufzeitunterschiede, im Rundfunk (auf UKW), bei Schallplatte, Tonband u. Tonfilm möglich; dazu wird der Ton mit zwei getrennten Mikrophonen (entspr. den beiden Ohren) aufgenommen u. in einem Zwei-Kanal-(Stereo-) Verstärker verstärkt; jeder Kanal wird über einen eigenen Lautsprecher wiedergegeben. Bei Schallplatten sind die beiden Klangbilder auf den Grund u. in den Seitenflanken einer Rille festgehalten, bei *Stereo-UKW-Rundfunk* müssen beide Frequenzspektren gleichzeitig übertragen werden.
Stereophotogrammetrie [grch.] →Bildmessung.
Stereophotographie [grch.], *Raumphotographie,* eine Aufnahmetechnik, bei der mit einer *Stereokamera* zwei Teilbilder aufgenommen werden, die, im *Stereoskop* oder mit Hilfe eines *Stereoprojektors* betrachtet, einen plastischen Eindruck vermitteln. Auch mit einer normalen Kamera kann mit Hilfe eines Stereoschiebers das erforderliche Aufnahmepaar im Abstand von 65 mm (Augenabstand) hergestellt werden. Bei Luftaufnahmen mit vergrößerter Basis (¹/₃ der Flughöhe) u. 60% Überdeckung zweier Bilder erreicht man einen erhöhten Stereo-Effekt, heute bes. wichtig in der militär. Luftaufklärung u. der Luftbild-Photogrammetrie zur Kartenherstellung.
Stereoprojektion [grch. + lat.], Wiedergabe von Stereoteilbildern mit Hilfe eines Stereoprojektors u. polarisiertem Licht. Zur Betrachtung ist eine Stereobrille mit Polaroidgläsern erforderlich, die bewirkt, daß jedes Auge nur das ihm zugehörige Bild sehen kann. Auch mit Hilfe des →Anaglyphenverfahrens möglich.
stereoskopische Bilder [grch.], *Bildpaar, Doppelbild, Raumbild, Stereobilder, Stereobildpaar, Stereogramm,* perspektivische Bilder, die, im *Stereoskop* betrachtet, einen räumlichen Eindruck erwecken. →Anaglyphenverfahren, →Stereophotographie.
Stereotyp [das; grch.], *Sozialpsychologie:* von dem US-amerikan. Publizisten W. *Lippmann* geprägter Begriff (1922) für eine dem Vorurteil ähnliche vorgefaßte, schablonenhafte Sehweise bzw. Vorstellung von anderen Gruppen, sowohl für die eigene (*Auto-S.*) wie für fremde (*Hetero-S.*).
Stereotypie [grch.], 1. *Buchdruck:* Verfahren zur Vervielfältigung von Schriftsatz oder Druckstöcken in einer angefeuchteten Matrizenpappe (bis 1830 in Gips) unter Druck. Die Matrizen (*Matern*) werden mit Letternmetall zu druckfähigen Platten (*S.platten,* kurz *Stereos*) ausgegossen; zum Abguß der S.platten für Rotationsmaschinen werden die Matrizen nach dem Druckzylinderdurchmesser gebogen. Von einer Mater können bis 20 scharfe Abgüsse hergestellt werden. Die S. ermöglicht hohe Auflagen von einem einzigen Satz; im Flachformbuchdruck erspart sie das Aufbewahren des Satzes oder den Neusatz für Nachdrucke. – Die S. mit Gips erfand William *Ged,* Edinburgh (1725); die S. mit Blei Firmin *Didot,* Paris (1795); die S. mit Papier Claude *Genoux,* Lyon (1829). – ⬜ 10.3.3.
2. *Psychiatrie:* krankhafte dauernde Wiederholung bzw. Beibehaltung immer derselben Bewegungen, Handlungen u. Gedanken (Aussprüche).
steril [lat.], keimfrei, unfähig, Nachkommen zu zeugen; Gegensatz: *fertil,* fruchtbar.
Sterile-Männchen-Technik →Selbstausrottung.
Sterilisation, 1. *Bakteriologie:* Keimfreimachung durch Abtötung von Mikroorganismen mittels Hitze oder Strahlung durch: a) Auskochen (bei 100°C), evtl. unter Druck in Autoklaven (bis 120°C); b) trockene Erhitzung bis 160°C; c) Bestrahlung mit UV-Licht oder ionisierender Strahlung (z.B. Röntgenstrahlen). Sterilisiert werden medizin. Instrumente u. Geräte. Anwendung auch in der →Lebensmittelkonservierung.
2. *Chirurgie:* Unfruchtbarmachung; operative Durchtrennung der Ausführungsgänge der Geschlechtsdrüsen unter Erhaltung des Geschlechtstriebs u. der Geschlechtskraft (besonders bei Hund u. Katze; auch beim Menschen); →auch Kastration.
Sterilität, 1. *Medizin:* Unfruchtbarkeit, das teilweise oder vollständige Unvermögen eines Individuums, lebens- u. funktionsfähige *Keimzellen* oder auch *Zygoten* zu bilden. Die S. kann verursacht werden durch: 1. Umweltbedingungen, 2. Alterserscheinungen, 3. plasmatische Faktoren, 4. Gegebenheiten der Chromosomen (chromosomale S.), 5. genotypische Gegebenheiten (genetische S.).
Beim Menschen: Zeugungsunfähigkeit beim Mann, Empfängnisunfähigkeit bei der Frau. Männl. S.: →Impotenz. Bei der weibl. S. kommen als Ursachen Erkrankungen, Fehlbildungen u. Funktionsstörungen von Eierstöcken, Eileitern, Gebärmutter oder Scheide in Betracht.
2. *übertragen:* Dürre, geistiges Unvermögen, Ertraglosigkeit.
Sterine [grch.], eine Gruppe von im Tier- u. Pflanzenreich vorkommenden Verbindungen (*Zoo-S.* u. *Phyto-S.*), die sich vom *Steran* (Cyclo-pentano-perhydrophenanthren) ableiten u. eine große Bedeutung für den Ablauf der Lebensvorgänge haben. Zu diesen Verbindungen gehören u.a. die D-Vitamine, die Sexualhormone, das Cholesterin; →Steroide.
Sterkobilin [das; lat.], aus dem Gallenfarbstoff *Bilirubin* über Urobilin im Darm entstehende Verbindung.
Sterkulie [-li̯ə; die; lat.], *Sterculia,* Gattung der S.ngewächse. Sterculia tragacantha liefert den Afrikanischen Tragantgummi.
Sterkuliengewächse, *Sterculiaceae,* Familie der *Columniferae,* trop. Bäume. Zu den S.n gehören die Sterkulie u. der *Kakaobaum.*
Sterlet [der], *Acipenser ruthenus,* ein *Stör* der Zuflüsse des Asowschen u. Kasp. Meeres; bis 1 m lang u. 7 kg schwer.
Sterling ['stəːliŋ; engl. von grch. *stater,* frz. *esterlin*], Bez. für den 1180 eingeführten engl. Pennytyp, der 1248 u. 1278 geringfügig geändert wurde; im 13. u. 14. Jh. in den Niederlanden u. Westdeutschland in großen Mengen in Umlauf u. in zahlreichen Münzstätten nachgeahmt. Heute hat sich der S. nur in Zusammensetzungen erhalten (*Pfund S., S. silver*).
Sterlingblock ['stəːliŋ-], *Sterlinggebiet, Sterlingzone,* engl. *Sterling Area,* die Gesamtheit jener

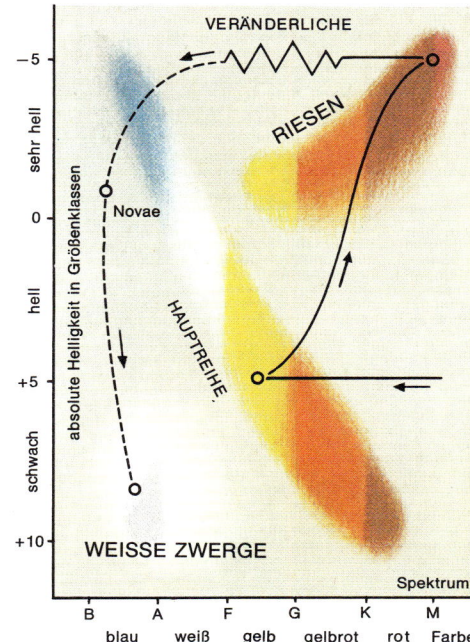

Stern: vermutlicher Lebensweg eines Sterns im Hertzsprung-Russell-Diagramm

Sterling Heights

Länder, deren Währung an das brit. Pfund gebunden ist. Begründet wurde der S. 1931, als die Pfundländer ihre Währung vom Gold lösten. Der Zahlungsverkehr mit den Drittländern wird über eine zentrale Devisenkasse, die *Foreign Exchange Control* der Bank of England, abgewickelt. In gewissem Sinn bildet der S. ein geschlossenes Währungsgebiet.

Sterling Heights [ˈstəːliŋ ˈhaits], Vorstadt von Detroit in Michigan (USA), 68 000 Ew.

Sterlitamak, Stadt in der Baschkir. ASSR (Sowjetunion) an der Bjelaja, 215 000 Ew.; im „Zweiten Baku"; Nahrungsmittelfabriken, Maschinenbau, Sägewerk u. Ziegeleien.

Stern, 1. *Astronomie:* in der Volkssprache ein Himmelskörper, der dem bloßen Auge als punktförmige Lichtquelle erscheint; astronomisch Sammelbez. für alle Himmelskörper, die als abgegrenzte, meist kugel- oder ellipsoidförmig gestaltete Massenaggregate erscheinen (Fix-S.e, Sonne, Planeten, Monde). *Sterne i.e.S.* sind die selbstleuchtenden Fix-S.e, zu denen auch die Sonne gehört. Über deren Eigenschaften u. Klassifikation →Fixsterne, →Hertzsprung-Russell-Diagramm, →Spektralklassen; über einzelne S.klassen →Doppelsterne, →Veränderliche Sterne, →Neue Sterne, →Riesensterne, →Zwergsterne; über Bewegung der S.e →Radialbewegung, →Sternstrom; über S.systeme u. -gemeinschaften →Milchstraßensystem, →Sternhaufen, →Spiralnebel. – 🖻 S. 243.
2. [nord., engl.], *Schiffahrt:* hinterer Schiffsteil.
3. *Tierzucht:* partieller Albinismus auf der Stirn des Pferdes; →auch Abzeichen.

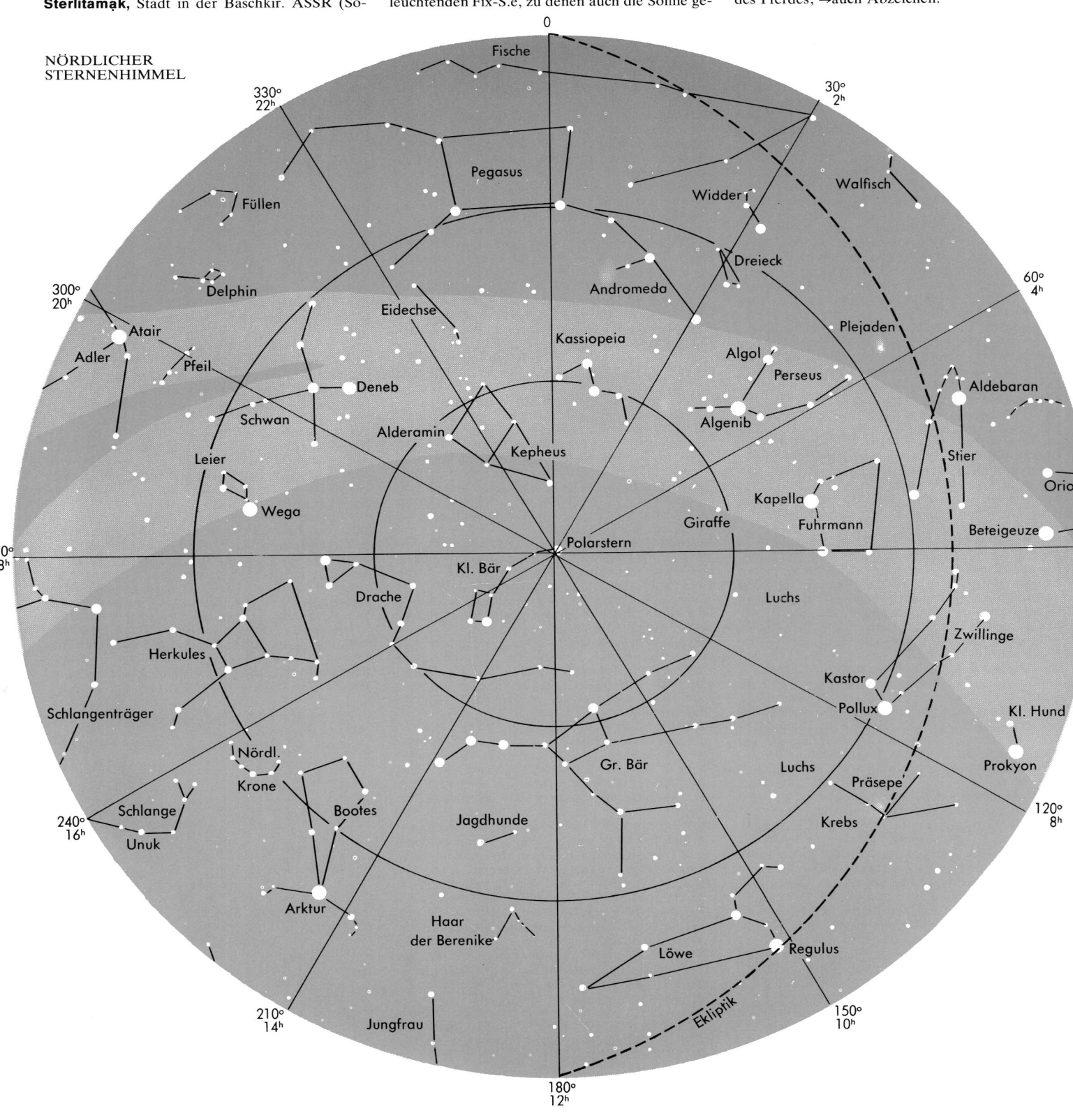

"**Stern**", seit 1948 in Hamburg erscheinende Illustrierte; Auflage: ca. 2 Mill.

Stern, 1. Horst, Fernsehjournalist u. Schriftsteller, *24. 10. 1922 Stettin; setzt sich kritisch mit den Problemen der Wild- u. Haustiere sowie des Naturschutzes auseinander.
2. [stəːn], Isaac, US-amerikan. Geiger russ. Herkunft, *21. 7. 1920 Kremenez, Ukraine; spielte u. a. zusammen mit P. Casals.
3. Otto, Physiker, *17. 2. 1888 Sohrau, †18. 8. 1969 Berkeley, Calif.; lehrte in Hamburg, seit 1933 in den USA; arbeitete bes. über Atomphysik, wies zusammen mit W. Gerlach die auf dem Elektronenspin beruhende Aufspaltung eines Strahls von Silberatomen durch ein inhomogenes Magnetfeld in Strahlen verschiedener Richtung nach (*Richtungsquantelung*). Nobelpreis 1943.
4. William, Philosoph u. Psychologe, *29. 4. 1871 Berlin, †27. 3. 1938 Poughkeepsie, N.C. (USA); 1916–1933 Prof. in Hamburg; schrieb neben seinem philosoph. Hptw. („Person und Sache" 3 Bde. 1906–1924) über Kinder- u. Jugendpsychologie, Begabtenforschung u. Intelligenzprüfung; Begründer der *differentiellen Psychologie*.

Sternalpunktion [lat.], Entnahme von Knochenmarkszellen aus dem Mark des Brustbeins (*Sternalmark*) zur Erkennung von Blutkrankheiten.

Sternanis, Gewürz aus den Früchten des Magnoliengewächses *Illicium verum*.

Sternapfelbaum →Chrysophyllum.

Sternassoziation, eine Gruppe meist sehr heißer, massereicher u. junger Sterne der Spektralklasse O (O-Assoziation) oder von Veränderlichen Sternen

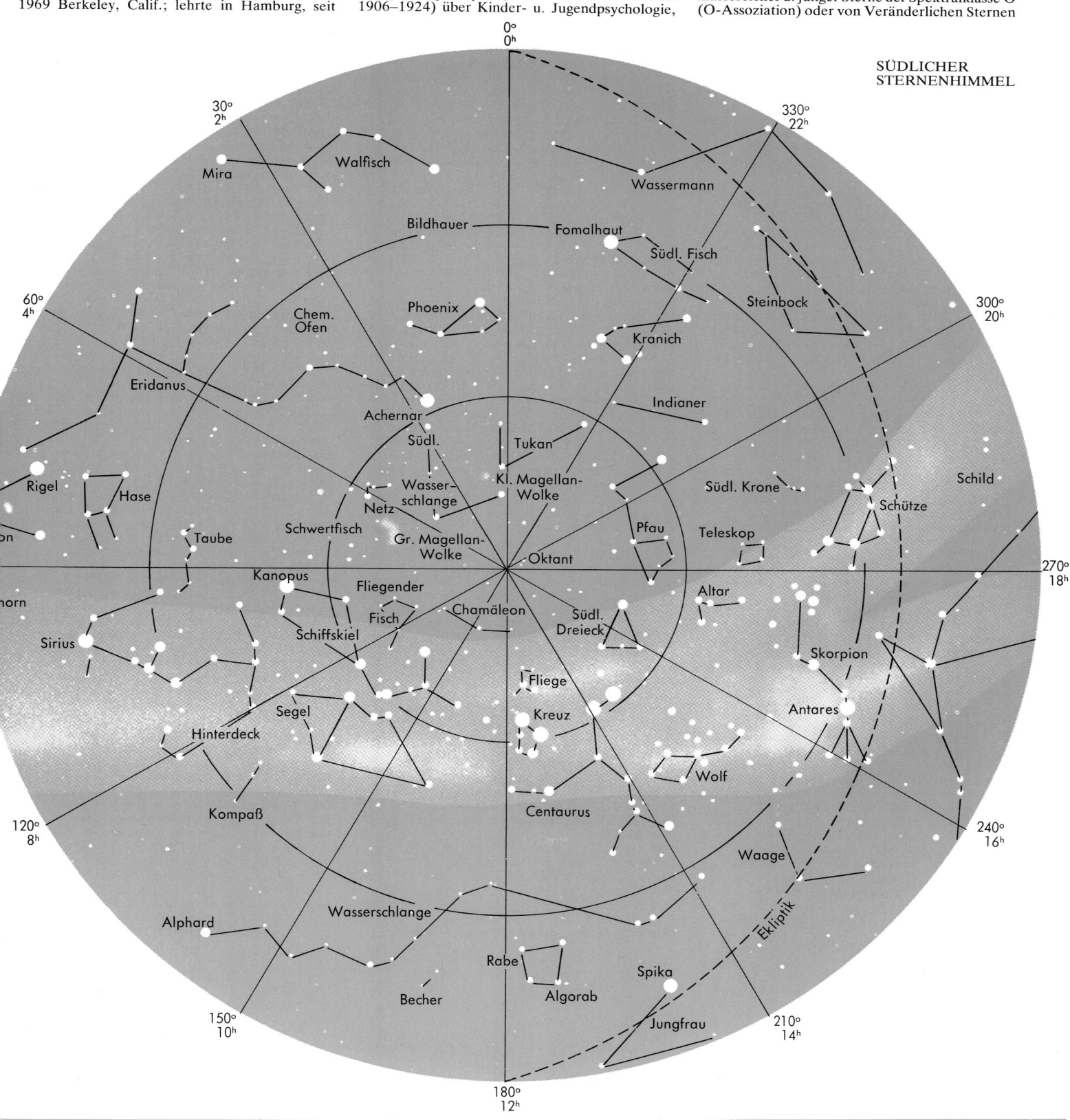

SÜDLICHER STERNENHIMMEL

Sternbedeckung des Typs *T Tauri*, die sehr unregelmäßige Helligkeitsveränderungen zeigen (T-Assoziation). Die S.en zeigen häufig eine Expansion: Die einzelnen Sterne streben mit Geschwindigkeiten von 1–10 km/sek, manchmal erhebl. schneller, voneinander weg. Dies weist auf ein verhältnismäßig geringes Alter der S.en von einigen Mill. Jahren hin. Bekannte S.en befinden sich in den Sternbildern Orion u. Perseus.

Sternbedeckung, vorübergehende Bedeckung eines Fixsterns durch den Mond oder Planeten. Beim Mond verschwindet ein Fixstern augenblicklich (keine Mondatmosphäre), bei einigen Planeten, z. B. Venus, erst nach einiger Sekunden (Existenz einer Planetenatmosphäre). Beobachtungen von S.en durch den Mond dienen zur Vermessung der Mondbahn u. zur Ermittlung von Änderungen in der Rotationsgeschwindigkeit der Erde.

Sternberg, Kreisstadt im Bez. Schwerin, nordöstl. von Schwerin, am S.er See (2,8 qkm), 4700 Ew.; mittelalterl. Stadtkern mit quadrat. Marktplatz, Kirchen aus dem 14. Jh.; Holzindustrie. – Krs. S.: 493 qkm, 25 400 Ew.

Sternberg, 1. *Fritz*, Soziologe u. Wirtschaftswissenschaftler, * 11. 6. 1895 Breslau, † 18. 10. 1963 München; emigrierte 1933, seit 1939 in den USA, lehrte in New York u. Los Angeles; in der Weimarer Zeit vor allem durch seine Imperialismus-Theorie bekannt. S. hielt bis zuletzt die Methode von K. *Marx* für fruchtbar, war jedoch in den letzten 20 Jahren seines Lebens kein Marxist mehr. Hptw.: „Der Imperialismus" 1926; „Marxist. Probleme" 1928; „Der Faschismus an der Macht" 1935; „Wie stoppt man die Russen ohne Krieg?" 1950; „Marx u. die Gegenwart" 1955; „Die zweite industrielle Revolution" 1956; „Wer beherrscht die 2. Hälfte des 20. Jh.?" 1961.
2. *Josef von*, österr. Filmregisseur, * 29. 5. 1894 Wien, † 22. 12. 1969 Hollywood; „Unterwelt" 1927; „Der blaue Engel" 1930 (nach H. *Manns* „Professor Unrat"); „Shanghai Express" 1932.

Sternberger, *Dolf*, Publizist u. Politologe, * 27. 7. 1907 Wiesbaden; Mit-Hrsg. der „Wandlung" (1945–1949), Mit-Hrsg. der „Gegenwart" (1950–1958); schrieb „Über den Jugendstil" 1956; „Aus dem Wörterbuch des Unmenschen" 1957 (mit G. *Storz* u. W. E. *Süskind*); „Die große Wahlreform" 1964; „Heinrich Heine u. die Abschaffung der Sünde" 1972.

Sternbild, eine Gruppe von Fixsternen, die am Himmel eine mehr oder weniger ins Auge fallende Figur bilden u. vom Volksmund mit Namen bedacht wurden; astronomisch ein Gebiet des Sternhimmels. Der ganze Himmel ist heute in 88 S.er eingeteilt. Manche S.er sind sehr ausgedehnt (Großer Bär, Wasserschlange, Schiff, Zentaur), manche sehr klein (Pfeil, Schild des Sobieski, Dreieck). Die helleren Einzelsterne werden durch griech. oder lat. Buchstaben oder durch Zahlen in Verbindung mit dem lat. S.ernamen bezeichnet (z. B. α Lyrae, R Scuti, 61 Cygni).

Sterndeutung →Astrologie.

Sterndienst, *Sternkult*, in vielen alten Religionen, bes. in der babylonisch-assyrischen Religion, geübter Kult, wobei die Sterne u. ihre Bewegungen als Offenbarung des Willens der Götter angesehen u. gedeutet wurden (Ursprung von Astrologie u. Astronomie). →auch Astralreligion.

Sterndolde, *Abstränze, Talstern, Stränze, Astrantia*, Gattung der *Doldengewächse*. Die *Große S., Astrantia major*, ist im südl. u. mittleren Europa vorkommende, bis 1 m hoch werdende Staude mit weißlichen, grüneachtenen, rosa angehauchten, sternförmig angeordneten Hüllblättern der Blüte. In den Alpen findet sich die 20–40 cm hohe, der Großen S. ähnliche *Kleinere S., Astrantia minor*.

Sterne [stə:n], *Laurence*, engl. Schriftsteller, * 24. 11. 1713 Clonmel (Irland), † 18. 3. 1768 London; einer der großen Humoristen der Weltliteratur; seine Werke mit ihrer Mischung von Humor, Laune u. Empfindsamkeit hatten großen Einfluß auch außerhalb Englands. Roman „Das Leben u. die Meinungen des Herrn Tristram Shandy" 1759–1767, dt. 1769; Reisebericht „Eine empfindsame Reise durch Frankreich u. Italien" 1768, dt. 1768/69. – ◫ 3.1.3.

Sterneck, *Robert*, österr. Geodät, * 7. 2. 1839 Prag, † 1. 11. 1910 Wien; Begründer der angewandten Physik in Österreich, schuf das Halbsekundenpendel, einen Flutmesser u. einen Ableseapparat für Schweremessungen.

Sternenbanner →Stars and Stripes.

Sternfahrt, eine sportl. Veranstaltung, bei der die Teilnehmer in verschiedenen Orten starten u. einem gemeinsamen Ziel zustreben; →Rallye.

Sterngewölbe, in der engl. Spätgotik entwickelte Gewölbeform mit sternförmig angeordneten Rippen; Weiterbildung in der norddt. Backsteingotik.

Sternhaar, einzelliges, sternförmiges pflanzl. Haar; →Haare (1).

Sternhaufen, auffällige Anhäufung von Fixsternen auf einem kleinen Ausschnitt des Himmels. Man unterscheidet *offene S.*, bei denen die insges. etwa 10–500 Sterne auch im Zentrum des S.s einzeln unterscheidbar sind (z. B. Plejaden, Hyaden, Praesepe) u. *kugelförmige S. (Kugel-S.)*, bei denen die insges. über 100 000 (bis zu 50 Mill.) Sterne im Zentrum so dicht stehen, daß sie auch in großen Fernrohren nicht mehr voneinander trennbar sind (z. B. Kugel-S. im Herkules).

Sternheim, *Carl*, Schriftsteller, * 1. 4. 1878 Leipzig, † 3. 11. 1942 Brüssel; seit 1930 in 3. Ehe verheiratet mit Pamela *Wedekind* (Tochter von F. Wedekind); übte in expressionist., äußerst verknappter Ausdrucksweise bissige Gesellschaftskritik, bes. in seinem Dramenzyklus „Aus dem bürgerl. Heldenleben" (11 Typenkomödien u. Schauspiele, darunter „Die Hose" 1911; „Die Kassette" 1912; „Bürger Schippel" 1913; „Der Snob" 1914; „Tabula rasa" 1916) u. in seiner Novellensammlung „Chronik von des 20. Jh. Beginn" 1926–1928. Autobiographie: „Vorkriegs-Europa im Gleichnis meines Lebens" 1936. – ◫ 3.1.1.

Sternholz →Sperrholz.

Sternhortensie, *Decumaria*, Gattung der Steinbrechgewächse. *Decumaria barbara* stammt aus Nordamerika u. wird bei uns als Kletterpflanze gern angepflanzt. Sie hat kleine, in Doldenrispen stehende, weiße Blüten u. kräftig grüne Blätter.

Sternkammer, engl. *Star Chamber*, der Rat des engl. Königs als Sondergericht der Krone neben den Gerichten des Common Law, benannt nach dem Deckenschmuck des Sitzungssaals; war zuständig in allen die öffentl. Ordnung u. polit. Fragen berührenden Fällen; unter Jakob I. u. Karl I. oft willkürl. gebraucht, bes. mit Kirchenfragen befaßt; 1641 vom Langen Parlament aufgehoben.

Sternkarte, kartenmäßige Darstellung des Fixsternhimmels im Koordinatensystem des Äquators. Verschiedene Formen der S.: 1. *Übersichtskarten* in stereograph. Polarprojektion, je eine Darstellung des nördl. u. südl. Himmels, vom Himmelspol (Kartenmitte) bis etwas über den Himmelsäquator reichend. Durch eine verschiebbare Vignette (drehbare S.) läßt sich der zu einer gegebenen Sternzeit sichtbare Himmelsteil abgrenzen. Die S.n enthalten meist nur Sterne bis zur 5. Größe. – 2. *Sternatlanten*, enthalten eine größere Zahl von Einzelkarten. Ältester Sternatlas der neueren Zeit ist die „Uranometria" 1603 von J. Bayer, mit den heute noch gültigen griech. Bez. der helleren Sterne. →auch Deklination, Rektaszension.

Sternkatalog, Verzeichnis von Fixsternen, in dem die (auf eine bestimmte Lage des Äquators u. Frühlingspunkts bezogenen) Örter der Fixsterne (Rektaszension u. Deklination sowie deren jährl. Änderung wegen Präzession, scheinbare Helligkeit, mitunter auch Eigenbewegung, Radialgeschwindigkeit u. Spektraltyp angegeben sind. Ältester S. von Hipparch, in neuerer Zeit nach Erfindung des Fernrohrs von J. Flamsteed.

Sternkunde = Astronomie.

Sternmiere, *Stellaria*, Gattung der Nelkengewächse. Die Vogelmiere, *Stellaria media*, ist ein zartes, kleines Unkraut mit kleinen weißen Blüten. Ebenfalls weit verbreitet: *Gras-S., Stellaria graminea; Hain-S., Stellaria nemorum; Groß-S., Stellaria holostea*.

Sternmoos, *Mnium*, auf der ganzen Erde verbreitete Gattung der *Laubmoose* mit kräftigen, großblättrigen, oft aufrechten Sprossen; die Kapseln ragen oft zu mehreren aus sternförmig angeordneten Hüllblättern. Erd-, fels-, baumbewohnend; feuchtigkeitsliebend; gesellig oder rasenbildend.

Sternmotor, ein Flugmotor, dessen Zylinder sternförmig um die Welle angeordnet sind. →auch Verbrennungsmotor.

Sternrochen, *Raja radiata*, ein *Echter Rochen* aus größeren Tiefen des Weißen Meeres u. der Barentssee; jagt Bodentiere. Die Männchen tragen Klauen an den Brustflossen, um die Weibchen bei der Paarung festzuhalten. Wegen des guten Fleisches mit Schleppnetzen gefangen.

Sternrubin, *Sternsaphir*, Rubin bzw. Saphir mit einem sechsstrahligen Lichtstern infolge von Rutileinlagerungen. →auch Asterismus.

Sternschaltung, elektr. Anschlußschaltung für drei Verbraucher oder Wicklungen an das Drehstromnetz. Dabei wird jeweils einer der beiden Verbraucheranschlüsse an je einen Leiter des Drehstromnetzes, der andere an einen gemeinsamen Sternpunkt (in Niederspannungsnetzen oft geerdet, der Nulleiter) angeschlossen. Bei gleichen Verbrauchern (symmetrische Belastung) fließt im Nulleiter kein Strom. Die Spannung an jedem der drei Verbraucher ist $1/\sqrt{3}$ der Spannung zwischen den Leitern des Drehstromnetzes, z. B. 220/380 V. →auch Dreieckschaltung.

Sternschnecken, *Doridacea*, marine *Hinterkiemerschnecken* ohne Schalen, z. T. mit auffallender Färbung.

Sternschnuppe, kleiner Meteor, der beim Eindringen in die oberen Schichten der Erdatmosphäre (meist in 120–80 km Höhe) durch Reibung die umgebenden Luftschichten zum Leuchten bringt u. völlig verdampft. Bekannte S.nschwärme →Perseiden, →Leoniden.

Sternschritt, *Basketball*: am Anfang u. Ende des *Dribbelns* ausgeführter Schritt: Ein Fuß bleibt am Boden, der andere darf beliebig oft in wechselnder Richtung aufgesetzt werden.

Sternstrom, Gruppe von Fixsternen mit gemeinsamer Bewegungsrichtung u. gleicher Geschwindigkeit *(Bewegungssternhaufen)*. Beispiele: Plejaden, Hyaden, Praesepe, Ursa-Major-Gruppe.

Sternstromparallaxe, die Parallaxe, die sich aus Richtung u. Größe der Bewegung (Eigenbewegung u. Radialgeschwindigkeit) der zu einem *Sternstrom* gehörigen Sterne ermitteln läßt.

Sternsystem, umfassende Bez. für eine Ansammlung von vielen Milliarden Sternen u. interstellarer Materie. Die *regelmäßigen S.e* zeichnen sich durch Rotationssymmetrie aus; zu ihnen gehören die ellipt. Nebel u. die Spiralnebel. Die *unregelmäßigen S.e* haben keinerlei Struktur. →auch Galaxien, Milchstraßensystem, Sonnensystem.

Sterntag, die Umdrehungszeit der Erde in bezug auf den Frühlingspunkt, beträgt 23 Stunden, 56 min, 4,1 s mittlere Sonnenzeit. Es gilt: 1 Jahr = 365,2422 S.e.

Sternum [das; lat.] = Brustbein.

Sternwalze, Ackerwalze mit sternförmigen Walzengliedern, zur Zerkleinerung der Ackerkrume.

Sternwarte, astronomisches Observatorium, Institut für astronom. Forschungsarbeit.

Sternwürmer, *Brückenwürmer, Gephyreen*, ältere Zusammenfassung einer Gruppe von meeresbewohnenden Würmern, die einen sackförmigen Körper u. eine Rüsselbildung am Vorderkörper gemeinsam haben. Die S. sind heute in drei verschiedene Tierstämme aufgegliedert, über deren verwandtschaftl. Beziehungen noch nicht durchweg Klarheit besteht. Die Igelwürmer u. die *Sipunkuloiden* stellt man in die Nähe der *Ringelwürmer*, die *Priapuliden* in die Nähe der *Rundwürmer*.

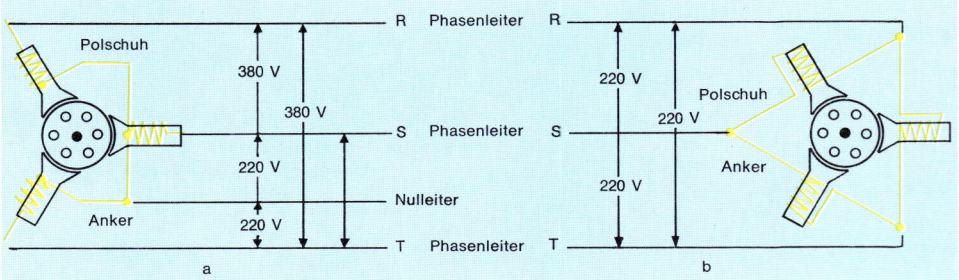

Stern- und Dreieckschaltung einer Synchronmaschine

Sternzeit, ein astronom. Zeitmaß, dessen Einheit der →Sterntag ist, in 24 Stunden S. eingeteilt.

Steroide [grch.], eine Stoffklasse, zu der die *Sterine,* die *Rinden-* u. *Sexualhormone,* die *Corticosteroide,* die *D-Vitamine,* die *Digitalisglycoside* u. die *Saponine* rechnen. Gemeinsam ist ihnen das Ringsystem des *Sterans* (Cyclopentano-perhydrophenanthren).

Steroidhormone, Hormone, die ihrer chem. Natur nach zu den *Steroiden* gehören wie die Hormone der Nebennierenrinde (→Rindenhormone) u. der Gonaden (→Sexualhormone).

Sterzing, ital. *Vipiteno,* italien. Stadt im Trentino-Südtirol, am Eisack, 4100 Ew.; got. Rathaus; Fremdenverkehr, Holzwirtschaft.

Stesichoros, griech. Dichter, *um 640 v.Chr. Matauros, Unteritalien, †um 555 v.Chr.; lebte meist in Himera, Sizilien; Chorlyriker, schrieb balladenartige Gedichte mit epischen Stoffen, die mit Lyrabegleitung vorgetragen wurden.

Stethaimer, Hans →Stettheimer.

Stethoskop [das; grch.], *Hörrohr,* 1819 von R. T. H. *Laennec* erfundenes Gerät zur →Auskultation.

Stetigförderer, *Fließförderer,* ein Fördergerät, das ein Fördergut auf festgelegtem Förderweg von begrenzter Länge stetig bewegt. S. sind: Fallrohr, Rutsche, Rollenbahn, Schwing-, Schnecken-, Band-, Ketten-, Kreisförderer, Umlaufförderer (Paternoster), Becherwerk, pneumatische u. hydraulische Förderanlage.

Stetigkeit, wichtiger Begriff der Analysis. Eine Funktion $y = f(x)$ heißt *stetig* an einer Stelle x_0 ihres Definitionsbereichs mit dem Funktionswert $f(x_0)$, wenn die Funktionswerte in einer beliebig kleinen Umgebung von $f(x_0)$ liegen, falls nur die zugehörigen Argumentwerte in einer hinreichend kleinen Umgebung von x_0 liegen; d.h., aus $|x-x_0|<\delta$ folgt $|f(x)-f(x_0)|<\varepsilon$, wobei $\varepsilon > 0$, beliebig klein u. $\delta > 0$, hinreichend klein u. von ε abhängig ist. S. ist eine notwendige, aber nicht hinreichende Voraussetzung der Differenzierbarkeit; umgekehrt ist sie eine hinreichende, aber nicht notwendige Voraussetzung der Integrierbarkeit.

Stetigmischer, ein Mischer, bei dem das Material (im Unterschied zum *Chargenmischer*) ständig ohne Unterbrechung zugegeben und das Gemisch ebenso ununterbrochen abgegeben wird.

Stetten-Rommelshausen, 1977 in *Kernen im Remstal* umbenannt, Weindorf in Baden-Württemberg (Rems-Murr-Kreis), 13600 Ew.; Heilu. Pflegeanstalt.

Stettheimer, *Stethaimer,* Hans, Baumeister, *um 1360 Burghausen, Salzach, †20. 8. 1432 Landshut; führender Baumeister der bayer. Spätgotik, entwickelte die Hallenform zu einem großen, überschlanken Einheitsraum, wobei bewußt maler. Wirkungen angestrebt wurden. Hptw.: Martinskirche in Landshut; Spitalkirche in Landshut seit 1407; Chor der Franziskanerkirche in Salzburg, begonnen um 1408; Jakobskirche in Straubing.

Stettin, poln. *Szczecin,* Hafenstadt in Pommern an der Odermündung ins *S.er Haff,* seit 1945 Hptst. der poln. Wojewodschaft Szczecin (9980 qkm, 880000 Ew.); bedeutender Ostseehafen, 385000 Ew.; 5 Hochschulen, wissenschaftl. Institute; mittelalterl. Kirchen u. Stadttore, Renaissanceschloß (16. Jh.); Schiffbau, Maschinen-, Metall-, Textil-, Papier-, chem. Industrie. 1243 magdeburg. Stadtrecht, 1278 Hansestadt, 1295–1637 pommersche Herzogsresidenz, 1648 schwed., 1720 preuß., Prov.-Hptst. von Pommern.

Stettiner Haff, *Pommersche Haff,* poln. *Zalew Szczecinski,* Mündungsbucht der Oder, von der Ostsee durch die Inseln *Usedom* u. *Wollin* abgeschlossen. 12–24 km breit, 51 km lang, bis 9 m tief; *Großes Haff* (Ost-), *Kleines Haff* (Westteil), insges. 912 qkm. Eine Haffrinne verbindet die Odermündung (Stettin) mit Swinemünde.

Steuben, Friedrich Wilhelm von, dt.-amerikan. General, *17. 9. 1730 Magdeburg, †28. 11. 1794 Oneida County, N.Y.; Offizier unter Friedrich d. Gr. im 2. Schles. Krieg u. Hofmarschall der Fürsten von Hohenzollern-Sigmaringen; ging 1777 nach Nordamerika, wo er mit G. *Washington* gegen die Briten kämpfte; 1778–1784 Generalinspekteur des Heeres im Unabhängigkeitskrieg.

Steuben-Gesellschaft, *Steuben Society of America,* gegr. 1919 in New York, setzte sich für die Interessen der Deutschamerikaner auf kulturellem Gebiet ein. Aus ihr u. der *Schurz-Gesellschaft* ging 1948 die *Steuben-Schurz-Gesellschaft* zur Pflege der dt.-amerikan. Beziehungen hervor.

Steubenville ['stju:bǝnvi:l], Stadt in Ohio (USA), am Ohio, 31000 Ew. (Metropolitan Area 138000

Stettin (Szczecin): das Regierungsgebäude, von der Oder her gesehen

Ew.); Glas-, keram., Stahl-, Metall- u. Papierindustrie, Kohlenbergbau, Erdgasgewinnung.

Steuer, 1. [das], *Schiffahrt:* = Ruder (2).
2. [die], *Wirtschaft:* →Steuern.

Steuerabwehr, *Steuerwiderstand,* Gesamtheit der Ausweichreaktionen, die die Besteuerung bei den von ihr Betroffenen auslöst. →auch Signalwirkungen der Besteuerung.

Steueramnestie, die Amnestie des Steuerstrafrechts.

Steueraufkommen, die Summe der Einnahmen der öffentl. Hand aus Steuern innerhalb eines Haushaltsjahrs.

Steuerberatung, freiberufl. Tätigkeit mit der Aufgabe der geschäftsmäßigen Beratung u. Vertretung in Steuersachen einschl. der Hilfeleistung in Steuerstrafsachen u. bei der Erfüllung der Buchführungspflichten. Die S. ist durch das *S.sgesetz (StBerG)* vom 16. 8. 1961 in der Fassung vom 4. 11. 1975 geregelt. Die S. wird ausgeübt durch Steuerberater, Steuerbevollmächtigte, S.sgesellschaften, Rechtsanwälte, Wirtschaftsprüfer u.ä. Für Steuerberater u. Steuerbevollmächtigte besteht Pflichtmitgliedschaft in Berufskammern in der Rechtsform von Körperschaften des öffentl. Rechts, die die Berufsaufsicht ausüben. Die Berufskammern bilden die *Bundessteuerberaterkammer.*

Steuerbescheid, amtliche (meist schriftliche) Mitteilung der Finanzbehörde an die Steuerpflichtigen über die Höhe der Steuerschuld, des festgestellten Einheitswerts *(Feststellungsbescheid)* oder des festgesetzten Steuermeßbetrags für die Realsteuern *(Steuermeßbescheid).*

Steuerbetrag, der aufgrund der Steuerpflicht zur Begleichung der Steuerschuld zu entrichtende Geldbetrag.

Steuerbevollmächtigter →Steuerberatung.

Steuerbilanz, eine nach steuerrechtl. Bewertungsvorschriften aufgestellte Bilanz zur Ermittlung des steuerpflichtigen Gewinns (nach den Vorschriften des Einkommensteuergesetzes) bzw. des steuerpflichtigen Vermögens (nach den Vorschriften des Bewertungsgesetzes).

Steuerbord, *seemänn.:* die rechte Seite des Schiffs, in Fahrtrichtung gesehen.

Steuerdestinatar →Steuerüberwälzung.

Steuereinholung, eine durch den Ansporn der Besteuerung veranlaßte Leistungssteigerung (z.B. durch Rationalisierung), deren Erlös die steuerl. Belastung mehr oder weniger ausgleicht.

Steuererklärung, meist schriftliche Erklärung gegenüber dem Finanzamt, die nach Vorschriften bestimmter Gesetze (z.B. § 31 des Gesetzes zur Reform des Erbschaftsteuer- u. Schenkungsteuerrechts vom 17. 4. 1974, § 18 Umsatzsteuergesetz vom 26. 11. 1979) oder Ausführungsbestimmungen (z.B. §§ 56ff. Einkommensteuer-Durchführungsverordnung in der Fassung vom 24. 9. 1980) als Unterlage für die Festsetzung von Besteuerungsgrundlagen oder für die Festsetzung einer Steuer dient (§§ 149ff. AO 1977).

Steuerfahndungsdienst, Dienststelle der Finanzverwaltung, die bei Verdacht von Steuervergehen u. bei Verdunklungsgefahr Ermittlungen u. außerordentl. Betriebsprüfungen durchführt.

Steuerflucht, die Verlegung des Wohn- oder Geschäftssitzes ins Ausland mit dem Zweck, die Besteuerung zu vermeiden, meist unter Mitnahme größerer Vermögensteile *(Kapitalflucht).*

Steuergefährdung, eine ordnungswidrige Handlung, die gemäß § 379 AO 1977 vorliegt, wenn jemand vorsätzl. oder leichtfertig Buchungsbelege ausstellt, die in tatsächl. Hinsicht unrichtig sind, oder nach einem Gesetz buchungs- oder aufzeichnungspflichtige Geschäftsvorfälle nicht oder in tatsächl. Hinsicht unrichtig verbucht oder verbuchen läßt, um dadurch Steuereinnahmen zu verkürzen.

Steuergeheimnis, die Verpflichtung der Amtsträger u. amtl. zugezogenen Sachverständigen zur Verschwiegenheit über die Verhältnisse eines Steuerpflichtigen, die ihnen in Besteuerungs-, Steuerstraf-, Bußgeldverfahren oder durch Mitteilung einer Steuerbehörde in einem anderen Verfahren bekanntgeworden sind (§ 30 AO 1977).

Steuergutscheine, kurzfristige staatl. Schuldverschreibungen, die von den Finanz- u. Zollkassen zur Begleichung von Steuerschulden angenommen werden; in Dtschld. 1932–1935 zur Arbeitsbeschaffung verwendet; nach dem 2. Weltkrieg zeitweise von Bayern u. Berlin ausgegeben.

Steuerhehlerei, die Hehlerei von Gütern, hinsichtl. deren Verbrauchsteuer oder Zoll hinterzogen oder Bannbruch begangen worden ist (§ 374 AO 1977); strafbar nach §§ 370 u. 373 AO 1977.

Steuerhinterziehung, strafbare Erschleichung ungerechtfertigter Steuervorteile, die zu einer Verkürzung von Steuereinnahmen führt (§ 370 AO 1977). →auch Steuerstrafrecht.

Steuerklassen, im Steuerrecht nach verschiedenen Kriterien festgelegte Einteilung zur Berechnung der *Lohnsteuer* u. der *Erbschaftsteuer.* Die S. werden im Lohnsteuerrecht für unbeschränkt Steuerpflichtige u. a. nach Familienstand, Kinderzahl u. Alter gebildet; im Erbschaftsteuerrecht nach dem persönl. Verhältnis des Erben zum Erblasser.

Steuerlastquote, volkswirtschaftliche Steuerquote, das Verhältnis von Steueraufkommen zu Sozialprodukt.

Steuermann, ein seemännischer Beruf der Decklaufbahn. Der S. gehört zu den Schiffsoffizieren der Handelsschiffahrt; er steuert das Schiff unter verantwortl. Führung des Kapitäns. Das *S.spatent* wird nach einer längeren Fahrzeit als Bootsmann auf Seefahrtschulen erworben.

Steuermeßbescheid, die Festsetzung des *Steuermeßbetrags* für die Grund- u. Gewerbesteuer durch das Finanzamt (§ 184 AO 1977).

Steuermeßbetrag, der für die Berechnung der Grund- u. Gewerbesteuer festgesetzte Steuerbetrag. Durch Vervielfältigung mit dem *Hebesatz* der Gemeinde ergibt sich der zu zahlende Steuerbetrag.

Steuermoral, die innere Einstellung einer Gruppe oder der Gesamtheit der Steuerpflichtigen zur Erfüllung oder Vernachlässigung ihrer Steuerpflicht.

Die S. kommt in der moralischen Bewertung der Steuerdelikte zum Ausdruck u. steht rangmäßig deutlich hinter der allgemeinen Rechtsauffassung u. Gesetzesmoral zurück, so daß für Steuerdelikte ein bes. *Steuerstrafrecht* mit milderen Strafen als im sonstigen Strafrecht geschaffen werden mußte.

Steuern [ahd. *stiura*, „Unterstützung, Abgabe"], die von den öffentl. Gebietskörperschaften ihren Bürgern ohne Anspruch auf Gegenleistung auferlegten Zwangsabgaben. Zölle fallen darunter, aber nicht Gebühren u. Beiträge. Die S. dienen neben der fiskalischen Einnahmengewinnung (wichtigste Einkunftsart der Gebietskörperschaften) als wirksames Mittel der Wirtschafts- u. Sozialpolitik. – Fast alle wirtschaftl. Vorgänge sind in den heutigen Kulturstaaten irgendwie Gegenstand der Besteuerung. Je nach der Staatsauffassung u. den polit. Idealen sind für die Besteuerung bestimmte *Steuergrundsätze* entwickelt worden, so z.B. die folgenden von Adam *Smith*: 1. Gleichmäßigkeit, d.h. die S. sollen im Verhältnis zur Leistungsfähigkeit stehen, 2. Bestimmtheit, d.h. die Steuerforderung muß eindeutig festgelegt sein, 3. Bequemlichkeit, d.h. die Erfüllung der Steuerpflicht muß möglichst erleichtert werden, 4. Billigkeit, d.h. die Erhebungskosten sollen möglichst gering sein u. die Steuererhebung soll dem „Gewerbefleiß" nicht schaden.

Einteilung der S.: Die unter verschiedenen Gesichtspunkten vorgenommenen Einteilungen sind teilweise umstritten u. nicht eindeutig: 1. nach der Möglichkeit der Überwälzung *direkte S.* (als nicht überwälzbar angesehen, z.B. Einkommen- u. Vermögen-S.) u. *indirekte S.* (als überwälzbar angesehen, z.B. Verbrauch-S. u. Zölle); 2. nach der Art der Auferlegung der Steuerlast *Quotitäts-S.* (Steuersatz steht fest) u. *Repartitions-S.* (der erforderl. Gesamtertrag wird auf die Steuerträger aufgeteilt; heute selten); 3. nach der Berücksichtigung persönl. Momente *Personal-* u. *Real-S.* u. *Subjekt-* u. *Objekt-S.* (die beiden Unterscheidungen decken sich nicht); 4. in der Steuerpraxis *Besitz-S.* (z.B. Einkommen-, Ertrag-, Vermögen-, Erbschaft-S.), *Verkehr-S.* (z.B. Umsatz-, Grunderwerb-, Beförderung-S.) u. *Verbrauch-S.* (z.B. Zölle, Getränke-S.); 5. in der dt. Steuerstatistik a) *Besitz- u. Verkehr-S.*, b) *Zölle u. Verbrauch-S.*; 6. nach der Körperschaft, der die Erträge zufließen, *Bundes-S.* (Zölle, Ertrag der Monopole, Verbrauch-S. mit Ausnahme der Biersteuer, Straßengüterverkehrsteuer, Kapitalverkehr-S., einmalige Vermögensabgaben u. Abgaben im Rahmen der Europ. Gemeinschaften), *Länder-S.* (Biersteuer, Verkehr-S. mit Ausnahme der Beförderung- u. Umsatzsteuer, Vermögen- u. Erbschaftsteuer, Kraftfahrzeugsteuer u. Abgaben der Spielbanken), *Gemeinde-S.* (neben S. mit örtlichem Wirkungskreis die *Real-S.*: Grund- u. Gewerbesteuer) u. *Gemeinschaft-S.* (Einkommen-, Körperschaft- u. Umsatzsteuer); 7. nach den Beziehungen zwischen den einzelnen S. a) *mehrgliedrige S.*, bei denen sich eine Steuer aus mehreren *Glied-S.* zusammensetzt, b) *Ergänzungs-S.*, durch die der gleiche Steuerzweck vollkommener erreicht werden soll, c) *Ausgleich-* oder *Folge-S.*, die Steuerausweichungen oder -vermeidungen oder andere Wirkungen verhindern sollen, u. d) *Kontroll-S.*, die als Mittel zur Bekämpfung v. Steuerzuwiderhandlungen dienen.

Besteuerungstechnik: Die älteste Steuererhebungsmethode ist die *Steuerverpachtung* (Staat benötigt keine eigene Steuerverwaltung). Heute herrscht die Steuererhebung in staatlicher Regie vor; sie kann erfolgen: 1. als *Steuerabfindung (Steuerpauschalierung)*, Staat u. Steuerpflichtiger vereinbaren einen Betrag zur Abgeltung der jährlichen Steuerschuld; 2. als *Steuererhebung* nach Maßgabe des Tarifs entweder durch (individuelle) *Veranlagung* (entweder einseitig durch die Behörden [z.B. bei der Grundsteuer] oder unter Mitwirkung der Steuerpflichtigen: *Selbsteinschätzung, Steuererklärung*; Deklarationsprinzip; z.B. Einkommensteuer) oder indirekt durch Erhebung an der Quelle (*Quellenprinzip, Quellen-, Steuerabzugsverfahren, analytische Methode*; z.B. Lohnsteuer); 3. durch das *Steuermonopol* (→Finanzmonopol). – Bei den wichtigsten S. (Einkommen-, Umsatzsteuer u.a.) erfolgen *Steuervorauszahlungen* für das laufende Jahr, die erst nach Abschluß des Geschäftsjahres verrechnet werden.

Geschichte: Die Entstehung der S. fällt mit der Entstehung der Geldwirtschaft zusammen. Während sich in England u. Frankreich bald ein staatl. Steuersystem ausbildete, wurden in Dtschld. (seit dem 13. Jh.) regelmäßig S. nur in den Städten erhoben; ausnahmsweise konnte sich der Landesherr von den Ständen eine Art Steuer, die *Bede* („Bitte"), bewilligen lassen. Das 17. Jh. (30jähriger Krieg) brachte für die Landesherren einen gesteigerten Finanzbedarf (große Söldnerheere); es entwickelten sich die Ansätze zu einem staatl. Steuersystem (zum Großteil noch einmalige Abgaben, daneben aber schon Landes- u. Standes-S.). Nach der Französ. Revolution gewann unter dem Einfluß der Physiokraten, später dem der Bodenreformer, die Grundsteuer eine große Bedeutung. Doch bald setzte sich die Überzeugung durch, daß nur ein vielschichtiges u. umfassendes Steuersystem die notwendigen Einnahmen garantiere (Steuervermeidung schwierig) u. gerecht sei.

Bis 1867 lag in Dtschld. die Steuerhoheit bei den Ländern; erst mit der Entstehung des Norddt. Bundes u. des Dt. Reiches (1871) ergab sich eine Trennung in Reichs-S. u. Landes-S. In der Weimarer Republik wurden die Länder (bes. durch die Erzbergersche Steuerreform vom 21. 9. 1919) zu „Kostgängern" des Reiches; die Finanzverwaltung wurde Reichsbehörde, die Abgabenordnung wurde erlassen. Das Steuerüberleitungsgesetz vom 29. 5. 1925 u. die Steuerreform vom 10. 8. 1925 brachten eine Anpassung des Steuersystems an die durch die Währungsreform veränderten wirtschaftl. Gegebenheiten.

In der BRD wurde grundsätzl. an dem Steuersystem der Weimarer Republik festgehalten, doch auch hier haben die Verbrauch-S. (bes. Erhöhung der Umsatzsteuersätze) ein großes Gewicht gewonnen; →Deutschland/BRD (Finanzwesen). – In der DDR entwickelte sich nach einer Übergangszeit mit ungesund hohen (bes. Einkommen-)Steuersätzen ein Steuersystem, in dessen Mittelpunkt die Verbrauch-S. stehen; →Deutschland/DDR (Finanzwesen). →auch Steuerrecht, Steuerstrafrecht. – 📖 4.7.2.

Steuerobjekt, der Gegenstand oder der Vorgang, an denen die Steuerpflicht anknüpft u. nach denen die Steuern vielfach benannt werden. Das S. braucht nicht mit der *Steuerbemessungsgrundlage* identisch zu sein.

Steuerordnungswidrigkeiten →Steuerstrafrecht, →Steuerstrafverfahren.

Steuerquelle, der Güterstrom oder -fonds, aus dem die Steuern letztl. geleistet werden müssen. Normalerweise kommt dafür das *Einkommen* in Frage, in Ausnahmefällen auch das *Vermögen*; →auch Substanzbesteuerung.

Steuerrecht, Teil des öffentl. Rechts. Steuerl. Belastungen dürfen nur auf gesetzl. Grundlage erfolgen. Das Recht, Steuern zu schaffen u. darüber Rechtsregeln aufzustellen, liegt in der BRD gemäß Art. 105 GG beim Bund u. den Ländern *(Steuerhoheit)*. Für jede einzelne Steuer gelten eigene Gesetze, daneben wurden Rahmenvorschriften erlassen, die für eine Mehrzahl von Steuern oder das gesamte Steuersystem Geltung haben (z.B. Abgabenordnung, Bewertungsgesetz). – 📖 4.7.2.

Steuersatz, der auf je eine Besteuerungseinheit entfallende Steuerbetrag oder der Prozentsatz, der auf die Steuerbemessungsgrundlage zur Berechnung des Steuerbetrags anzuwenden ist (früher auch *Steuerfuß*).

Steuerschieber →Kolbenschieber.

Steuerstrafrecht, das Strafrecht im Bereich des Steuerrechts, geregelt in den §§ 369ff. AO 1977 u. in Einzelsteuergesetzen. *Steuervergehen*, die mit Freiheitsstrafe u. (oder) Geldstrafe bestraft werden, sind: Steuerhinterziehung, Versuch der Steuerhinterziehung, Begünstigung bei der Steuerhinterziehung, Bannbruch, gewerbsmäßiger, bandenmäßiger u. gewaltsamer Schmuggel, Steuerhehlerei, Steuerzeichenfälschung. Neben einer Freiheitsstrafe von mindestens einem Jahr wegen Steuerhinterziehung, Bannbruchs, Steuerhehlerei oder Begünstigung einer Person, die Steuerhinterziehung, Bannbruch oder Steuerhehlerei begangen hat, kann das Gericht die Fähigkeit, öffentl. Ämter zu bekleiden, u. die Fähigkeit, Rechte aus öffentl. Wahlen zu erlangen, aberkennen. Die Erzeugnisse, Waren u.a. Sachen, auf die sich die Steuerhinterziehung, der Bannbruch oder die Steuerhehlerei bezieht, können eingezogen werden, ebenso die zur Tat benutzten Beförderungsmittel. *Selbstanzeige bei Steuerhinterziehung* führt zur Straffreiheit, wenn die Selbstanzeige erfolgt, bevor ein Steuerprüfer erschienen ist, bevor dem Täter die Einleitung eines Straf- oder Bußgeldverfahrens wegen der Tat bekanntgegeben worden ist u. bevor der Täter von der Entdeckung der Tat wußte oder mit ihr rechnen mußte, u. wenn die geschuldete Steuersumme innerhalb einer bestimmten Frist entrichtet wird. Die Verfolgung von Steuervergehen verjährt in 5 Jahren. Die Verjährung wird durch die Bekanntgabe der Einleitung eines Straf- oder Bußgeldverfahrens wegen der Tat unterbrochen. *Steuerordnungswidrigkeiten*, die mit Geldbuße geahndet werden, sind: leichtfertige Steuerverkürzung, Steuergefährdung, Gefährdung der Abzugsteuern, Verbrauchsteuergefährdung, Gefährdung der Eingangsabgaben u. unzulässiger Erwerb von Steuererstattungs- u. Vergütungsansprüchen. – 📖 4.7.2.

Steuerstrafverfahren, Verfahren zur Verhängung der Strafen des Steuerstrafrechts. Für das S. gelten die Bestimmungen der §§ 385ff. AO 1977 sowie die allg. Gesetze über das Strafverfahren (StPO, Gerichtsverfassungsgesetz, Jugendgerichtsgesetz u.a.) u. die verfahrensrechtl. Vorschriften des Gesetzes über Ordnungswidrigkeiten.

Steuersubjekt, *Steuerpflichtiger*, die Person, die nach den Steuergesetzen zur Zahlung der Steuer verpflichtet ist; das S. ist nicht immer identisch mit dem Steuerzahler (z.B. bei der Lohnsteuer u. der Kapitalertragsteuer).

Steuertarif, systematische Zusammenstellung der je Einheit der Steuerbemessungsgrundlage zu zahlenden Steuersätze, ausgedrückt entweder in Geldeinheiten *(Betragstarif)* oder in Prozentsätzen *(Satztarif)*. Man unterscheidet außerdem *Proportional-* u. *Progressionstarife*, je nachdem, ob der Steuersatz mit wachsender Steuerbemessungsgrundlage gleichbleibt oder (gleichmäßig, beschleunigt oder verzögert) mit ihr ansteigt.

Steuerträger →Steuerüberwälzung.

Steuerüberwälzung, eine Form der *Steuerabwehr*. Die vom Steuerzahler bereits gezahlte Steuer wird auf einen Dritten überwälzt, so daß sein Einkommen u. Vermögen ungekürzt bleiben. Man unterscheidet *Vorwälzung* (von der Produktion zum Konsum), *Rückwälzung* (vom Konsum zur Produktion) u. *Schrägwälzung* (z.B. wird eine Verbrauchsteuer, die einer bestimmten Ware auferlegt ist, einem anderen Gut aufgeschlagen). *Steuerträger* ist derjenige, auf dem die Steuerlast endgültig liegenbleibt. Der vom Gesetzgeber gewollte Steuerträger ist der *Steuerdestinatar*.

Steuerumgehung, Vermeidung des die Steuerpflicht auslösenden Tatbestands; unbedenklich, soweit es sich nicht um Mißbrauch von Formen u. Gestaltungsmöglichkeiten des bürgerl. Rechts handelt (§ 6 Steueranpassungsgesetz).

Steuerung, 1. *Meteorologie:* der Einfluß, den stratosphär. Druckgebilde u. solche der mittleren u. höheren Troposphäre mit ihren Strömungen auf die Bewegung der Druckgebilde an der Erdoberfläche oder auf dem Meeresspiegel ausüben.

2. *Technik:* selbsttätige Beeinflussung techn. Vorgänge; mechanisch z.B. durch Nockenwellen, Kurvenscheiben, Schieber, Ventile; elektr. durch Relais, Elektronenröhren, Servomotoren. Die S.stechnik benutzt zunehmend die Elektronik.

Steuervergehen →Steuerstrafrecht, →Steuerstrafverfahren.

Steuervermeidung, *Steuerausweichung, erlaubte Steuerumgehung*, eine Form der *Steuerabwehr*, bei der der Tatbestand, an den die Steuerpflicht geknüpft ist, gar nicht erst verwirklicht wird. Oft sind solche Ausweichreaktionen von der Steuerpolitik durchaus beabsichtigt. →auch Signalwirkungen der Besteuerung.

Steuerverpachtung, indirekte Form der Steuererhebung durch Delegation der Steuerhoheit an einen Generalpächter entweder gegen eine feste Pachtsumme oder gegen einen Anteil am Reinertrag der verpachteten Steuer. Die S. bestand im Altertum bei den Griechen u. Römern, im späten MA. u. in Frankreich bis zur Revolution von 1789.

Steuerverwaltung, Teil der *Finanzverwaltung*.

Steuerwerk, *Leitwerk*, wichtiger Teil einer elektron. Rechenanlage; verwendet zur Steuerung der Reihenfolge u. Entschlüsselung der Befehle, für Befehlsmodifikationen (z.B. Adressenänderung) u. Signalerzeugung zur Auslösung von Befehlen.

Steuerzahler, die Person, die die Steuerschuld an die Finanzverwaltung zu entrichten hat. Meist ist der S. mit dem *Steuerpflichtigen* identisch, außer bei den im Quellenabzugsverfahren erhobenen Steuern (Lohnsteuer, Kapitalertragsteuer).

Steven [der], starker, vorwiegend vertikaler Balken vorn u. achtern am Schiff, an den die Beplattungen der beiden Schiffsseiten angeschlossen sind. Der Achter-S. trägt auch das S.rohr mit dem Lager der Schraubenwelle u. das →Ruder. →auch Schiffbau.

Stevenage [ˈstiːvnidʒ], Satellitenstadt nördl. von London, 62 000 Ew.; Maschinenbau, Kunststoffverarbeitung; 1946 gegr.

Stevens [ˈstiːvnz], **1.** *Alfred George,* engl. Bildhauer, Maler u. Architekt, *30. 12. 1817 Blandford, Dorset, † 1. 5. 1875 London; schuf nach Ausbildung in Italien (u. a. bei B. *Thorvaldsen*) plast. Schmuck für Gebäude in Liverpool. Hptw.: Denkmal des Herzogs von Wellington, London, St.-Pauls-Kathedrale.
2. *Wallace,* US-amerikan. Lyriker, *2. 10. 1879 Reading, Pa., † 2. 8. 1955 Hartford, Conn.; erlangte mit symbolist. Gedichten von subtiler Wortkunst Bedeutung für die Entwicklung der modernen amerikan. Dichtung.

Stevenson [ˈstiːvənsn], **1.** *Adlai Ewing,* US-amerikan. Politiker (Demokrat), *5. 2. 1900 Los Angeles, † 14. 7. 1965 London; seit 1945 mehrfach Delegierter zu UN-Versammlungen, 1948–1953 Gouverneur von Illinois, 1952 u. 1956 erfolgloser Präsidentschaftskandidat gegen D. D. Eisenhower; 1961–1965 Chefdelegierter bei den UN.
2. *Robert Louis Balfour,* engl. Schriftsteller, *13. 11. 1850 Edinburgh, † 3. 12. 1894 bei Apia (Samoa); führte ein unstetes Wanderleben (seit 1890 auf Samoa), von chron. Lungenleiden verfolgt. Seine abenteuerl.-romant. Erzählungen u. seine Kinderverse sind durch feines Stilempfinden ausgezeichnet: Roman „Die Schatzinsel" 1883, dt. 1897; Gedichte „A Child's Garden of Verses" 1885; Erzählung „Der seltsame Fall des Dr. Jekyll u. des Herrn Hyde" 1886, dt. 1889 u. a.

Stevers, Anthony →Palamedesz.

Stevertalsperre, an der *Stever* (rechter Zufluß der Lippe) bei Haltern (Nordrhein-Westfalen); Stausee 2,2 qkm, 16,5 Mill. m³ Stauraum, Höhe der Staumauer 17,3 m, 1926–1930 errichtet.

Stevin, Simon, niederländ. Mathematiker u. Physiker, *1548 Brügge, † zwischen 20. 2. u. 8. 4. 1620 Den Haag; Deichinspektor in Leiden, General in der niederländ. Armee; führte die Dezimalrechnung allg. ein; entdeckte die Gesetze der Hydrostatik u. das Parallelogramm der Kräfte.

Steward [ˈstjuəd; engl.], Kellner oder Angehöriger des Bedienungspersonals in der Seeschiffahrt u. Luftfahrt. →auch Stewardeß.

Stewardeß [ˈstjuədɛs; engl.], Beruf des Dienstleistungsbereichs; weibl. Steward zur Betreuung der Passagiere auf Schiffen *(Schiffs-S.)* u. bei Luftfahrtgesellschaften *(Boden-* oder *Luft-S.);* keine vorgeschriebene Ausbildung; die Schulung wird von den einzelnen Verkehrsgesellschaften verschieden durchgeführt.

Stewart [ˈstjuət], **1.** *Dugald,* schottischer Philosoph, *22. 11. 1753 Edinburgh, † 11. 6. 1828 Edinburgh; Vertreter der *Schottischen Schule,* Anhänger u. Interpret der Philosophie von Th. *Reid.* Hptw.: „Elements of the Philosophy of Human Mind" 3 Bde. 1792–1827; „Collected Works" (Hrsg. W. Hamilton) 11 Bde. 1854–1858.
2. *James,* US-amerikan. Bühnen- u. Filmschauspieler, *20. 5. 1908 Indiana, Pa.; vielseitiger Charakterdarsteller.
3. *John* („Jackie"), brit. Automobilrennfahrer, *6. 11. 1939 Milton, Schottland; Automobil-Weltmeister 1969, 1971 u. 1973.
4. *Michael,* brit. Politiker (Labour Party), *6. 11. 1906 London; seit 1945 Mitgl. des Unterhauses, 1964/65 Unterrichts- u. Wissenschafts-Min.; 1965/66 Außen-Min., 1966/67 Wirtschafts-Min.; 1968–1970 erneut Außen-Min.; schrieb „Modern Forms of Government" 1959.

Stewart [stjuət], das schott.-engl. Geschlecht der →Stuart.

Stewartinsel [ˈstjuət-], Maori-Name *Rakiura,* durch die *Foveaux-Straße* von der Südinsel Neuseelands getrennte neuseeländ. Insel, 1735 qkm, bewaldet, 320 Ew., hauptsächl. im Ort *Oban* u. an der Halfmoon Bay im O (Hafen). Schafhaltung, Fischerei, Fremdenverkehr.

Steyler Missionare, lat. *Societas Verbi Divini,* Abk. *SVD, Gesellschaft des Göttlichen Wortes,* kath. Kongregation, gegr. 1875 in Steyl (Niederlande) von Arnold *Janssen,* päpstl. Approbation 1901; widmen sich der inneren u. äußeren Mission.

Steyr, 1. linker Nebenfluß der Enns in Oberösterreich, entspringt im Stodertal im östl. Toten Gebirge u. mündet nach 60 km in der Stadt S.
2. oberösterr. Bez.-Hptst. an der Mündung der S. in die Enns, 40 500 Ew.; gut erhaltener Stadtkern mit Stadt- u. Wachttoren; „Bummerlhaus" (15. Jh., 1955 renov.), Stadtpfarrkirche (15.–17. Jh.), Dominikanerkirche (17. Jh.), Michaelerkirche (17. Jh., Jesuitenkirche), Rathaus (18. Jh.), Schloß Lamberg (1707). Seit dem frühen MA. Waffenherstellung u. Mittelpunkt der österr. Eisenindustrie; Erzeugung von Stahlwaren, Jagdwaffen, Fahrzeugen u. Maschinen, Gablonzer Schmuck u. Papier; Fachschule für Eisen- u. Stahlbau.

Steyr-Daimler-Puch AG, Steyr u. Graz, österr. Unternehmen des Fahrzeug- u. Maschinenbaus, gegr. 1864, seit 1934 heutige Firma; erzeugt Kraftfahrzeuge, landwirtschaftl. Geräte, Werkzeuge, Wälzlager, Motoren u. a.; Grundkapital: 1,6 Mrd. Schilling; 18 300 Beschäftigte.

StGB, Abk. für →Strafgesetzbuch.

STH →Wachstumshormon.

Sthan [hind., Urdu] = Stan.

Stibin [das; ägypt., grch., lat.], *Antimonwasserstoff,* SbH_3, farbloses, übelriechendes u. giftiges Gas.

Stibium [das; ägypt., grch., lat.] = Antimon.

Stibnit [der], das Mineral →Antimonit.

Stich, 1. *Bauwesen:* Pfeilhöhe, bei einem Gewölbe der Höhenunterschied zwischen Kämpfer u. Scheitel.
2. *Graphik:* →Kupferstich, →Stahlstich.
3. *Metallverarbeitung:* ein Durchgang des Walzguts durch die Walzen. →auch Walzwerk.

Stichbahn, meist kurze Abzweigung einer Eisenbahnlinie, die blind endet; entspr. *Stichkanal.*

Stichblatt, Handschutz bei Schlag- u. Stichwaffen (z. B. Degen, Säbel) zwischen Klinge u. Griff.

Stichbogen, Überdeckung einer Maueröffnung durch einen nur wenig gewölbten Bogen.

Stichel, 1. *Graphik:* spitzes Werkzeug des Kupfer- u. Stahlstechers u. Holzschneiders.
2. *Landwirtschaft:* = Grabstock.
3. *Technik:* veraltete Bez. für Drehmeißel.

Stichelhaare, die glatten, schlichten Grannenhaare bei Tieren. →auch Wolle.

Stichflamme, eine Flamme, die bei Explosionen blitzartig aufleuchtet; auch die spitze, sehr heiße Flamme, die durch starke Luftzufuhr (→Lötrohr) oder bei einem Gasgemisch, das unter Druck aus einer Düse strömt, entsteht (beim Bunsen- u. Schweißbrenner).

Stichkappe, bei überwölbten Räumen die in die Hauptwölbung einschneidende, über einer Fenster- oder Türöffnung eingewölbte Kappe mit waagerechter oder geneigter Achse.

Stichlage, beim Zickzacknähen Lage des Stichs senkrecht zur Vorschubrichtung.

Stichlinge, *Gasterosteiformes,* Ordnung der *Echten Knochenfische* mit hochentwickelten Fortpflanzungsinstinkten (Nestbau, Zickzacktanz, Bewachen der Jungen durch das Männchen). Hauptarten: 1. der 8–11 cm große *dreistachlige Stichling, Gasterosteus aculeatus,* bei dem das Männchen zur Balzzeit eine blaugrüne Oberseite u. eine leuchtendrote Bauchseite ausbildet; die Weibchen legen 80–100 Eier; Stichlingsgesellschaften gehen gemeinschaftl. gegen einen Feind vor. – 2. der *neun- bis elfstachlige Stichling, Gasterosteus pungitius,* gehört mit 4–7 cm Länge zu unseren kleinsten Süßwasserfischen. Männchen zur Brunstzeit an Kehle u. Brust lackschwarz gefärbt. – 3. der *See-Stichling, Gasterosteus spinachia,* mit 15–20 cm größter Stichling. 14–17 Stacheln vor der Rückenflosse, kein Hochzeitskleid, nicht gesellig; lebt dauernd im Meer. Die beiden anderen Arten können zwar im Meer- u. Brackwasser leben, müssen jedoch in Süßwasser laichen. S. fressen alle Tiere, die sie bewältigen können.

Stichmaß, Gerät zum Messen des Innenmaßes bes. von Zylindern, besteht aus zwei durch eine Mikrometerschraube verstellbaren Bolzen.

Stichometrie [die; grch.], **1.** *Buchwesen:* in der Antike die Bestimmung des Umfangs einer Schrift nach Normalzeilen zu etwa 16 Silben (eine Hexameter-Zeile).
2. *Rhetorik:* eine Antithese, die im Dialog durch Behauptung u. Entgegnung entsteht.

Stichomythie [die; grch.], im Drama ein Dialog, bei dem jeder der Partner abwechselnd eine Zeile (auch eine halbe Zeile oder einen Doppelvers) spricht; oft als Mittel zur Darstellung einer scharfen Auseinandersetzung verwendet; bes. in der antiken u. antikisierenden Dichtung gepflegt.

Stichplatte, Abdeckplatte bei Nähmaschinen oberhalb des Greifers, in der sich das Einstichloch für die Nadel u. die Schlitzöffnungen für den Transporteur befinden.

Stichprobe, *Statistik: Sample,* eine (zufallsgesteuerte) Auswahl von Einheiten aus einer Gesamtheit, bei der jede Einheit die gleiche Chance hat, in die Auswahl zu kommen. Der Ausdruck S. geht auf den Vorgang der Warenprüfung zurück, wie sie z. B. bei der Abnahme eines Ballens Baumwolle erfolgt: Der Abnehmer sticht in einzelne der gelieferten Ballen hinein u. überzeugt sich anhand der S. von der Qualität der Lieferung. Sind die geprüften Baumwollfasern einwandfrei, so kann mit großer Wahrscheinlichkeit angenommen werden, daß der gesamte Ballen von guter Qualität ist.

Stichprobenverfahren, eine statist. Erhebung, in die nur ein Teil aller Elemente der zu untersuchenden Gesamtheit einbezogen wird. Man spricht von einer *Wahrscheinlichkeitsstichprobe* oder einer *zufallsgesteuerten Stichprobe,* wenn jedes Element der zu untersuchenden Gesamtheit die gleiche Chance hat, in die Erhebung einbezogen zu werden; bei einer Bevölkerungsbefragung z. B. jede Person oder jeder Haushalt. Das einfachste Beispiel ist die reine *Zufallsstichprobe;* sie empfiehlt sich vor allem bei homogenen (strukturgleichen) Einheiten.
Ein Vorzug der Wahrscheinlichkeitsstichprobe besteht darin, daß man angeben kann, mit welchen Zufallsfehlern die Ergebnisse behaftet sind u. wie hoch der Stichprobenumfang sein muß, damit der Stichprobenfehler eine bestimmte Grenze nicht überschreitet. Gegensatz: bewußte Auswahl aufgrund einer allg. Kenntnis der Gesamtheit (z. B. *Quotenauswahlverfahren*). Die Vorzüge des S.s sind Kostenersparnis u. Zeitgewinn im Vergleich zu einer Vollerhebung. – □ 4.6.5.

Stichtagsmiete →Mietpreisrecht.

Stichtiefdruck →Tiefdruck.

Stichwahl, engere Wahl, zweiter Wahlgang zwischen zwei Kandidaten. Erreicht im System der absoluten →Mehrheitswahl in Einerwahlkreisen (→Wahlsysteme) kein Wahlbewerber im 1. Wahlgang (Hauptwahl) die absolute Mehrheit der gültigen Stimmen, so findet als 2. Wahlgang meist eine S. zwischen den beiden Kandidaten statt, die im 1. Wahlgang die meisten Stimmen erzielt hatten. Gegenwärtig ist in Frankreich in der Regel bei den Wahlen zur Nationalversammlung u. bei der Wahl des Staatspräsidenten angewandt; ähnlich bis 1918 im Dt. Reich bei Reichstagswahlen.

Stichwort, 1. *Buchwesen:* das bes. in Nachschlagewerken durch den Druck hervorgehobene, dem Text vorangestellte Wort.
2. *Theater:* das Wort eines Darstellers, das das Zeichen für den Auftritt des nächsten Darstellers gibt.

Stickelberger, Emanuel, schweizer. Erzähler, *13. 3. 1884 Basel, †16. 1. 1962 St. Gallen; schrieb in der Tradition der schweizer. Realisten, bes. C. F. *Meyers,* geschichtl. Romane, Erzählungen u. Biographien aus ev.-reform. Geisteshaltung: „Zwingli" 1925; „Der Reiter auf dem fahlen Pferd" 1937; „Holbein-Trilogie" 1942–1946; „Das Wunder von Leyden" 1956.

Sticker, Georg, Internist, Epidemiologe u. Medizinhistoriker, *18. 4. 1860 Köln, †28. 8. 1960 Zell bei Würzburg; nach ihm benannt als *S.sche Krankheit* (1899) das *Erythema infectiosum* (→Ringelröteln).

Stickerei, auf einem S.stoff durch flott liegende u. im Stoff befestigte Fadenlagen erzeugte Linien- oder Flächenmuster (als *Platt-, Hoch-, Garn-, Woll-, Seiden-, Metall-, Perlen-, Bunt-S.*). Das Sticken erfolgt mit der Hand mit Hilfe eines Stickrahmens oder mit einer Stickmaschine.

Stichlinge: dreistachliger Stichling, Gasterosteus aculeatus, beim Nestbau

Stickperlen

Stickperlen, gefärbte Glasperlen zum Auffädeln oder Aufnähen; hergestellt durch Zerschneiden weißer oder gefärbter Glasröhrchen in kleine Stücke, die auf rotierenden Trommeln weiter bearbeitet werden.

Stickschuß, *Weberei:* →broschieren (2).

Stickstoff, chem. Zeichen N [lat. *Nitrogenium*, „Salpeterbildner"], farb-, geschmack- u. geruchloser, gasförmiger chem. Grundstoff, Atomgewicht 14,0067, Ordnungszahl 7, Siedepunkt $-195{,}8\,°C$, Schmelzpunkt $-210{,}5\,°C$; bildet mit 78,08 Volumen-% oder 75,46 Gewichts-% den Hauptbestandteil der Luft u. findet sich in gebundenem Zustand in Nitraten, Ammoniak u. tier. u. pflanzl. Proteinen. Dargestellt durch fraktionierte Destillation verflüssigter Luft, wird in großem Umfang für die techn. Gewinnung von Ammoniak nach dem *Haber-Bosch-Verfahren* u. ähnl. Verfahren verwendet. S. ist ein reaktionsträges Element; er verbindet sich unter normalen Bedingungen mit keinem anderen Element u. unterhält die Verbrennung nicht (sog. *inertes Gas*); →Knöllchenbakterien sind befähigt, ihn in organ. Verbindungen einzubauen (*S.assimilation*). Verbindungen: →Ammoniak u. Ammoniumsalze; Distickstoffoxid →Lachgas; *S.-oxid (Stickoxid)*, NO, durch „Luftverbrennung" im elektr. Lichtbogen nach verschiedenen Verfahren u. durch katalyt. Verbrennung von Ammoniak darstellbar; farbloses Gas, vereinigt sich leicht mit Sauerstoff zu dem braunen, ebenfalls gasförmigen *S.dioxid*, NO_2, das mit Wasser u. weiterem Sauerstoff *Salpetersäure* u. *Salpetrige Säure ergibt*; *S.wasserstoffsäure*, HN_3; ihre Salze *(Azide)*, z.B. Blei- u. Silberazid, sind hochexplosiv (Initialsprengstoffe); *Hydrazin* N_2H_4, *Hydroxylamin* NH_2OH.

Stickstoffassimilation, Aufnahme von *Stickstoff* in Form von Nitraten aus dem Boden in die Leitungsbahnen der Wurzel u. dessen Überführung in organ. Stoffe (Aminosäuren, Eiweiße). →Mineralstoffwechsel; →Stofftransport.

Stiefel, hoher, über den Fußknöchel reichender Schuh; seit dem Altertum bekannt.

Stiefelette [die], früher Bez. für Herrenstiefel mit seitl. Gummizug; heute knöchelhoher Schnür- oder Knöpfstiefel.

Stiefelverfahren, ein Walzverfahren zur Herstellung von runden Hohlblöcken, aus denen nahtlose Rohre gewalzt werden.

Stiefgeschwister, ein Verwandtschaftsverhältnis, das durch Wiederverheiratung des Vaters oder der Mutter entsteht. →auch Stiefkind.

Stiefkind, Kind eines Elternteils, der durch eine (neue) Heirat mit dem leibl. Vater oder der leibl. Mutter des Kindes verbunden ist, ohne daß das Kind von jenem Elternteil gezeugt oder geboren worden ist. S.er haben keinen unmittelbaren gesetzl. Unterhaltsanspruch gegen Stiefvater bzw. Stiefmutter; jedoch nimmt die Rechtsprechung u. Rechtspraxis überwiegend (für den Regelfall) eine entspr. Vereinbarung zwischen den Eltern an. Andererseits haben S.er dem Stiefvater bzw. der Stiefmutter gegenüber keine Dienstleistungspflicht in Haus u. Geschäft gemäß § 1619 BGB. Ein gesetzl. Erbrecht gegenüber Stiefvater bzw. Stiefmutter haben S.er nach dem BGB nicht, jedoch einen erbrechtl. gesetzl. Anspruch auf Ausbildungsbeihilfe (§ 1371 Abs. 4 BGB).

Stiefmütterchen, *Dreifarbiges Veilchen, Viola tricolor,* auf Äckern, Brachen u. Wiesen häufiges *Veilchengewächs* mit herz-eiförmigen kleinen Blättern, weißlich-gelben oder dreifarbigen kleinen Blüten; großblumige S. sind winterharte Zierpflanzen. Das Kraut des *Wilden S.s, Herba Violae tricoloris,* wirkt harntreibend.

Stiege, 1. *Bauwesen:* Treppe mit großem Steigungsverhältnis (z.B. Bodentreppe). **2.** *Maße:* altes dt. Zählmaß, bes. im Fischhandel; 1 S. = 20 Stück.

Stieglitz, *Distelfink, Carduelis carduelis,* bunter, einheim. *Finkenvogel* des Kulturlands; Körner-, im Winter z.T. Distelsamenfresser.

Stieglitz, Alfred, US-amerikan. Photograph dt. Herkunft, *1. 1. 1864 Hoboken, N.J., †13. 7. 1946 New York; Interpret sozialer Zeitzustände, schuf einen objektiv-realist. Dokumentationsstil, förderte als Ausstellungsorganisator zahlreiche fortschrittl. Künstler (J. *Marin* u.a.).

Stieleiche →Eiche.

Stieler, 1. Adolf, Kartograph, *26. 2. 1775 Gotha, †13. 3. 1836 Gotha; Schöpfer von „S.s Handatlas" 1817–1822 (50 Blätter), Jubiläumsausgabe [10]1935 (108 Blätter).
2. Joseph Karl, Maler, *1. 11. 1781 Mainz, †9. 4. 1858 München; Hofmaler König Ludwigs I. von Bayern, für den er die „Schönheitsgalerie" (ehemals Residenz München, heute Schloß Nymphenburg) mit zahlreichen Damenporträts ausstattete.
3. Kaspar von, Pseudonym *Filidor der Dorfferer*, dt. Schriftsteller, *25. 3. 1632 Erfurt, †24. 6. 1707 Erfurt; Fürstensekretär; lebensbejahender u. kunstreicher Lyriker (Liebeslieder „Die geharnschte Venus" 1660); schrieb daneben Schauspiele, ein Wörterbuch (*Der Teutschen Sprache Stammbaum oder Fortwachs oder Teutscher Sprachschatz* 1691) u. Anleitungsbücher, darunter „Zeitungs Lust u. Nutz" 1697.

Stielmus, *Rübstiel, Stippmus,* norddt. Gericht aus kleingehackten Blattstielen u. -rippen von Mairübe u. Mangold.

Stielsamenkraut, *Podospermum,* in Dtschld. nur durch eine Art *(Podospermum laciniatum)* vertretene Gattung aus der Familie der *Korbblütler;* an Wegrändern zerstreut vorkommende Kräuter.

Stier, 1. *Astronomie: Taurus,* Sternbild des Tierkreises am nördl. Himmel. Hauptstern Aldebaran; Sternhaufen: Plejaden u. Hyaden.
2. *Zoologie:* Bulle, männliches Rind.

Stierdienst, kultische Verehrung des Stiers, dessen Zeugungskraft als Symbol göttl. Schöpfermacht empfunden wurde, bes. in Ägypten u. Vorderasien (im A.T. 2. Mose 32); spielt auch im Mithraskult *(Taurobolium)* eine Rolle, ebenfalls in Indien, wo der Stier Nandi das in der hinduist. Ikonographie übliche Reittier Wischnus ist.

Stierkampf, *Stiergefecht,* span. *Corrida de Toros,* Kämpfe von Menschen gegen Stiere, bereits im alten Ägypten, in Vorderasien u. in der kret. Kultur bekannt. Der klass. S. nach festgelegten Regeln wird heute nur noch in Spanien ausgeübt; in Südfrankreich u. Portugal wird eine unblutige Form bevorzugt, in Mittel- u. Lateinamerika wird er frei gehandhabt. Der S. wird mit dem feierl. Einzug der S.-Gruppe in reichen Kostümen des 17. Jh. eröffnet. Dann wird im ersten Gang der Stier durch rote Tücher (capas) der *Capeadores* gereizt; im 2. Gang bringt der *Picador* auf durch Wattierungen geschütztem Pferd 3 Lanzenstiche in den Nacken des Tiers an; danach stoßen die *Banderilleros* dem Stier von vorn ihre mit Widerhaken versehenen Spieße mit Fähnchen (banderillas) in den Nacken; Spieß- u. Lanzenstiche sollen die Nackenmuskulatur des Stiers schwächen u. ihn veranlassen, den Kopf zu senken; Sinn der Passagen ist es, dem Torero Gelegenheit zu geben, Kampfwillen, Hornstoß u. Manöver des Stiers zu beobachten. Im 4. Gang tritt dem aufs äußerste gereizten Stier der *Torero* oder *Matador* („Töter") entgegen, reizt den Stier nochmals mit einem roten Tuch (muleta) zu einer bestimmten Reihe von Passagen u. dirigiert ihn in die vorteilhafteste Position, um ihn durch einen Stich des Stoßdegens (espada) zwischen Schulterblätter u. Wirbelsäule zu töten. Danach wird der tote Stier im Triumph durch die Arena gezogen.
Bei der portugies. Abart des *Rejonear* tritt ein einzelner Reiter dem Stier entgegen, setzt ihm die Banderillas auf u. tötet ihn.

Stiernhielm [ˈʃærnjælm], Georg, eigentl. Jöran Lilja, schwed. Dichter u. Diplomat, *7. 8. 1598 Vika, Dalarna, †22. 4. 1672 Stockholm; begründete (Lehrgedicht „Herkules" 1658, dt. 1793) die schwed. Renaissance.

Stier-Somló, Fritz, Staats- u. Völkerrechtslehrer, *21. 5. 1873 Berlin, †10. 3. 1932 Köln; Hptw.: „Handwörterbuch der Rechtswissenschaft" 7 Bde. 1926–1931 (Mit-Hrsg.); „Handbuch des Völkerrechts" 5 Bde. 1912–1933 (Mit-Hrsg.); „Politik" 1907, [6]1926; „Die Verfassung des Dt. Reiches" 1919, [3]1925; „Preuß. Verfassungsrecht" 1922.

Stieve, Hermann, Anatom u. Histologe, *22. 5. 1886 München, †6. 9. 1952 Berlin; schrieb u.a. „Der Einfluß des Nervensystems auf Bau u. Tätigkeit der Geschlechtsorgane des Menschen" 1952.

Stift [das], **1.** *bürgerl. Recht:* Haus oder Anstalt, die auf eine →Stiftung zurückgehen, zu karitativen oder schulischen Zwecken (Waisenhaus, Altersheim, weltl. Damen-S., Erziehungsanstalt).
2. *Kirchenrecht:* geistl. Körperschaft mit Pfründeneinkünften; an Bischofskirchen: *Dom-S.* (Domkapitel); an anderen Kirchen: *Kollegiat-S.* (Kollegiatkapitel), *Kloster-S.,* im MA außerdem *Kanonissen-S.* Abgeleitet hieß ein Bistum *Hoch-S.,* ein Erzbistum *Erz-S.*

Stifter →Stiftung.

Stifter, Adalbert, österr. Schriftsteller, *23. 10. 1805 Oberplan, Böhmerwald, †28. 1. 1868 Linz; Sohn eines Webers, Schüler der Benediktiner in Kremsmünster, dann in Wien Student u. Hauslehrer bei aristokrat. Familien, 1837 Heirat mit Amalie *Mohaupt,* seit 1848 in Linz, dort 1850–1865 Schulrat, litt seit 1854 an Leberzirrhose, versuchte während eines Schmerzanfalls Selbstmord zu begehen (Rasiermesserschnitt am Hals); starb 2 Tage später an seinem Leberleiden.
S., der auch als Landschaftsmaler tätig war, entstammte der bürgerl. Welt des Biedermeiers u. war, nach romant. Anfängen, vom klass. Bildungs- u. Humanitätsideal geprägt. Er begann im Zeichen von Jean Paul („Feldblumen" 1841), wurde dann zum Dichter des „sanften Gesetzes" u. erkannte im Stillen u. Unscheinbaren das Große u. Edle, vereinte einen benediktin.-kath. mit einem goethischen Humanismus u. stellte in seinen Natur- u. Menschenbildern die klare Rangordnung einer sittl. u. schönen Welt der „elenden Verkommenheit" des unzulängl. Wirklichen entgegen. Hptw.: die Erzählungssammlungen „Studien" 1844–1850 (darin „Die Mappe meines Urgroßvaters" 1841, „Der Hochwald" 1842, „Abdias" 1842, „Der Hagestolz" 1844 u.a.) u. „Bunte Steine" 1853; die Romane „Der Nachsommer" 1857 u. „Witiko" 1865–1867. – A.-S.-Gesellschaft in Wien, gegründet 1918; A.-S.-Gesellschaft in München, gegründet 1946; A.-S.-Institut in Linz, gegründet 1950. – □ 3.1.1.

Stifterbildnis, *Stifterfigur,* auf mittelalterl. kirchl. Bildwerken, gelegentl. auch auf späteren Arbeiten, die Schenkungen an die Kirche sind, die Darstellung des Stifters in Auftraggebern, meist in betender Haltung am Rand der Hauptszene; im frühen MA als Nebenfigur, im Spät-MA u. in der Re-

Stierkampf: der Stier wird mit der Capa gereizt

naissance in der Größe der dargestellten hl. Personen u. an der Bildhandlung beteiligt.

Stifterverband für die Deutsche Wissenschaft e.V., wiedererrichtet 1949 in Nachfolge u. Tradition des 1921 gegr. *Stifterverbands der Notgemeinschaft der Deutschen Wissenschaft* als Gemeinschaftsaktion der gewerbl. Wirtschaft zur Förderung u. materiellen Unterstützung von Forschung, Lehre u. Ausbildung in Geistes- wie Naturwissenschaften. Die Mittel des Verbands gehen an die Dt. Forschungsgemeinschaft, die Max-Planck-Gesellschaft u.a.

Stiftshütte, *Bundeshütte,* im A.T. das Zelt der „Zusammenkunft" Gottes mit Mose, zentrales Wanderheiligtum der israelit. Stämme, nach dem Priesterkodex Aufbewahrungsort der Bundeslade.

Adalbert Stifter

Stiftskirche, Kirche eines Stifts, bei der die Befugnisse eines regierenden Bischofs von einem Kollegiatkapitel wahrgenommen werden; in Dtschld. in den Diözesen München, Passau u. Regensburg.

Stiftsschulen, Lehrstätten im MA., mit einem Stift verbunden; in Aufbau u. geistl. Zielsetzungen den *Kloster-* u. *Domschulen* gleich.

Stiftung, 1. *allg.:* Gründung.
2. *bürgerl. Recht:* Zuwendung von Vermögenswerten zu einem vom *Stifter* bestimmten Zweck. Das *S.svermögen* kann rechtsfähig (jurist. Person des privaten oder öffentl. Rechts) sein; es muß dann einen Vorstand haben u. steht in der Regel unter Staatsaufsicht nach näherer Bestimmung des Landesrechts. Bei *privatrechtlicher S.* bedarf das S.sgeschäft ferner staatl. Genehmigung, bei *S. unter Lebenden* außerdem der Schriftform, bei *S. von Todes wegen* der Form der →Verfügung von Todes wegen (§§ 80–88 BGB). Eine Unterart der S. ist die stets unter umfassender Staatsaufsicht stehende *Familien-S.* zugunsten mehrerer Generationen der Mitglieder einer oder mehrerer Familien. Rechtsfähige S.en des *öffentl. Rechts* werden durch staatl. Hoheitsakt, regelmäßig durch Gesetz, errichtet (z.B. *Stiftung Preußischer Kulturbesitz* in der BRD). – In *Österreich* ist nur eine S. zu gemeinnützigen Zwecken u. für den Unterhalt bestimmter Personen rechtl. zulässig (§ 646 ABGB), in der *Schweiz* dagegen ähnl. wie in der BRD zu jedem „besonderen Zweck" (Art. 80ff. ZGB). – ⌸ 4.1.0 u. 4.3.1.

Stiftung Deutsche Sporthilfe →Deutsche Sporthilfe.

Stiftung Preußischer Kulturbesitz, 1961 durch Bundesgesetz geschaffene Pflegestätte von Kunstgegenständen u. wissenschaftl. Objekten, die sich früher im Besitz des preuß. Staats befanden. Zu der Stiftung gehören in Westberlin die *Staatl. Museen* mit Gemäldegalerie, National-Galerie, Skulpturen-Abt., Kupferstichkabinett, Kunstgewerbemuseum, Kunstbibliothek, Museum für Völkerkunde, Museum für Dt. Volkskunde, Museum für Vor- u. Frühgeschichte, Antiken-Abt., Ägyptisches Museum, Museum für Islamische Kunst, Museum für Indische Kunst, Museum für Ostasiatische Kunst; ferner: Staatsbibliothek, Ibero-Amerikanisches Institut, Musikinstrumenten-Museum.

Stiftung Spazierengehen, 1963 vom damaligen Präs. der Dt. Olymp. Gesellschaft, Georg von Opel, gegr., ruft unter der Devise „Mehr Bewegung gegen Herzinfarkt" zum regelmäßigen Spazierengehen auf. Als Auszeichnungen u. Anreiz werden der *Goldene Schuh* für mindestens 300 Stunden Spazierengehen in 12 Monaten, der *Silberne Schuh* für 200 Stunden u. der *Bronzene Schuh* für 100 Stunden verliehen. →auch Trimm-Dich-Aktion, Trimmspiele.

Stiftungsverbände, Vereinigungen mit Stiftungscharakter zur Förderung wissenschaftl. Aufgaben u. Forschungen u. zur Unterstützung von Wissenschaftlern u. wissenschaftl. Nachwuchs. Bedeutende S. der BRD sind die *Alexander-von-Humboldt-Stiftung,* die *Friedrich-Ebert-Stiftung,* die *Fritz-Thyssen-Stiftung,* der *Stifterverband für die Deutsche Wissenschaft,* die *Stiftung Mitbestimmung,* die *Stiftung Volkswagenwerk,* die *Studienstiftung des Deutschen Volkes.*

Stiftung Volkswagenwerk, 1962 gegr. Stiftung des Bundes u. des Landes Niedersachsen zur Förderung der Wissenschaft in Forschung u. Lehre. Das Vermögen der S. V. setzt sich zusammen aus dem Erlös der Veräußerung von 60% des Grundkapitals der *Volkswagenwerk AG* u. aus den Dividenden für den Kapitalanteil an diesem Werk, der sich noch im Besitz des Bundes u. des Landes Niedersachsen befindet. Nach der Satzung der S. V. muß der Verkaufserlös aus den Volksaktien (rd. 1 Mrd. DM) dem Bund für die Dauer von 20 Jahren als verzinsl. Darlehen zur Verfügung gestellt werden. Aus den Einnahmen an Zinsen u. Dividenden kann die S. V. jährlich etwa 50 Mill. DM als Förderungsmittel ausgeben. Über die Vergabe entscheidet ein Kuratorium aus 14 Vertretern von Wissenschaft, Wirtschaft u. Verwaltung.

Stiftung Warentest →Warentest.

Stiftzahn, mittels eines Stifts in der Zahnwurzel verankerter Zahnersatz.

StIG, Abk. für →Ständiger Internationaler Gerichtshof.

Stigma [das, Mz. *Stigmen* u. *Stigmata;* grch.], **1.** *Anatomie:* Narbe des →Fruchtblatts der Blütenpflanzen.
2. *Biologie:* Augenfleck von Geißelalgen, z.B. von *Euglena.*
3. *Entomologie:* Öffnung der →Tracheen der Insekten nach außen.
4. *Taxonomie:* Flügelmal, dunkler Fleck am Vorderflügel von Insekten.
5. *Theologie:* Brandmal, Wundmal, bes. die durch die Kreuzigung Jesus zugefügten Wunden. →auch Stigmatisation.

Stigmatisation [grch.], das Auftreten der Wundmale Christi (an Händen u. Füßen, an der Seite u. am Kopf) sowie symbolischer Zeichen (Kreuz, Geißelspuren) am Körper religiös erregter Personen, an denen es bes. an Freitagen oder in der Passionszeit zu Hautblutungen kommt. Ebenso tritt „Blutschwitzen" u. „Blutweinen" auf u. wird als Nachvollzug der Marter Christi aufgefaßt. Die kath. Kirche äußert sich zurückhaltend über S.en. Mediziner u. Theologen weisen zunehmend auf die schweren psychogenen, psycho- u. neuropathischen Abnormitäten aller blutenden stigmatisierten Personen hin u. machen auf die klinisch verbreiteten profanen Erscheinungen der suggestiven Hämatidrose u. der okularen Hämorrhagie aufmerksam. – Die erste beglaubigte S. ist die des Franz von Assisi, in neuerer Zeit die der Therese Neumann.

Stijl, *De Stijl* [də steil; ndrl., „Der Stil"], niederländ. Künstlervereinigung, 1917 gegr. u.a. von den Malern *P.* Mondrian u. T. van Doesburg (Hrsg. der Ztschr. „De Stijl", die in unregelmäßiger Folge bis 1929 erschien), G. Vantongerloo u. B. van der Leck. Zum weiteren Kreis gehörten die Architekten J. J. P. Oud u. G. T. Rietveld sowie der Dichter A. Kok. 1925 schied Mondrian wegen Meinungsverschiedenheiten mit van Doesburg aus. Die Gruppe bekannte sich zur ungegenständl., geometrisch-abstrakten Darstellungsform in Malerei, Plastik u. Architektur in einem auf Funktionalität beschränkten Purismus, der sich weitgehend mit der radikalen Auffassung der russ. Konstruktivisten deckte u. ähnlich wie das „Bauhaus" Grundsätze für eine auf alle Gestaltungsbereiche anwendbare Ästhetik lieferte. – ⌸ 2.5.1.

Stikker, Dirk, niederländ. Politiker (Freiheitspartei), *5. 2. 1897 Winschoten, Groningen, †24. 12. 1979 Wassenaar; 1948–1952 Außen-Min., 1950–1952 Vors. des Ministerrats der OEEC, 1958–1961 Botschafter beim NATO-Rat, 1961–1964 Generalsekretär der NATO.

Stil [der; lat. *stilus,* „Schreibgriffel"], schon bei den antiken Rhetorikern Bez. für Schreibweise, *i. w. S.* die Art u. Weise, in der eine Tätigkeit ausgeführt wird (z.B. Schwimm-S., Denk-S., Lebens-S.); *i. e. S.* Sammelbegriff für alles, was die Art u. Weise einer Aussage ausmacht (im Gegensatz zu ihrem objektiven Inhalt), die jeweilige Behandlung der Träger der Aussage.
Der S. jeder Aussage richtet sich einerseits nach Inhalt, Zweck u. Mitteln *(Material-S.),* indem diese die unbegrenzten Möglichkeiten der Aussageweise auf ein bestimmtes Gebiet eingrenzen; so verlangt z.B. ein Kupferstich eine andere Arbeitsweise als ein Ölbild, ein Gefühl eine andere Darstellungsart als eine polit. Tendenz. Anderseits u. in erster Linie spiegelt der S. die Persönlichkeit des Aussagenden wider *(Individual-S.,* S. im engsten Sinn). Der S. ist also der sinnl. Ausdruck sowohl der inneren Struktur des Dargestellten als auch der Individualität des Darstellenden.
Während in einer gewöhnl. Aussage der S. hinter dem Ausgesagten zurücktritt oder nur zu dessen Verdeutlichung dient, ist in der künstler. Aussage der S. selbst ein Teil der Aussage; er wird bewußt entwickelt u. der jeweils gewählten äußeren Form (Gattung) eingeordnet. Ein S., der ganz vom Stoff bestimmt ist u. nur schwach oder gar nicht die Eigentümlichkeit des Verfassers widerspiegelt, wird zur *Nachahmung* der Natur; ein S., in dem die Eigentümlichkeit des Verfassers die innere Notwendigkeit des Stoffs unterdrückt, wird zur *Manier.* Der Wert eines Kunstwerks hängt weitgehend von einem harmon. Verhältnis zwischen Objektivität u. Subjektivität u. von der Einheit aller aufeinander abgestimmten S.züge ab.
Der individuelle S. eines Künstlers ändert sich vielfach im Lauf seines Lebens *(Früh-S., Alters-S.)* u. zeigt zahlreiche Einflüsse großer Vorgänger u. zeitgenöss. Besonderheiten. Derartige Beziehungen erforscht u. verwertet die *Stilkritik.* Allg. S.merkmale in den Schöpfungen eines Volks oder einer Epoche nennt man *National-* bzw. *Zeitstil.* Bei der S.untersuchung eines Werks werden die Formungskräfte der dichter. Welt u. ihre Strukturen untersucht; Kriterien sind die Einheit der Gestaltung u. die Einheit u. Individualität der Haltung, d.h. die Einstellung, aus der heraus gesprochen wird; die sprachl. Mittel funktionieren als Ausdruck einer Haltung. Stiltragende Elemente sind u. a. die Auffassung von Zeit u. Raum, sprachl. Formen, Satzbau, übersatzmäßige Formen, Gehalt, Rhythmus, Aufbau u.a. – ⌸ 3.0.4.

Stilb [das; grch.], Kurzzeichen sb, veraltete Einheit für Leuchtdichte; SJ-Einheit ist cd/m² (Candela je Quadratmeter). Es gilt: 1 sb = 1 cd/m². →auch Candela.

Stilbit [der; grch.], ältere Bez. für das Mineral →Desmin.

Stilblüte, scherzhafte Bez. für einen sprachl. Mißgriff.

Stilbruch, Nichtübereinstimmung oder plötzlicher Wechsel der Stilmittel.

Stilett [das, Mz. *S.e;* ital.], kurzer Dolch.

Stilettfliegen, *Therevidae,* Familie der orthoraphen *Fliegen,* durch einen langen, kegelförmigen Hinterleib ausgezeichnet. Räuberische Arten.

Stilfser Joch, ital. *Passo dello Stèlvio,* Südtiroler Alpenpaß an der italien.-schweizer. Grenze, nord-

Stilfser Joch: Stilfser-Joch-Straße

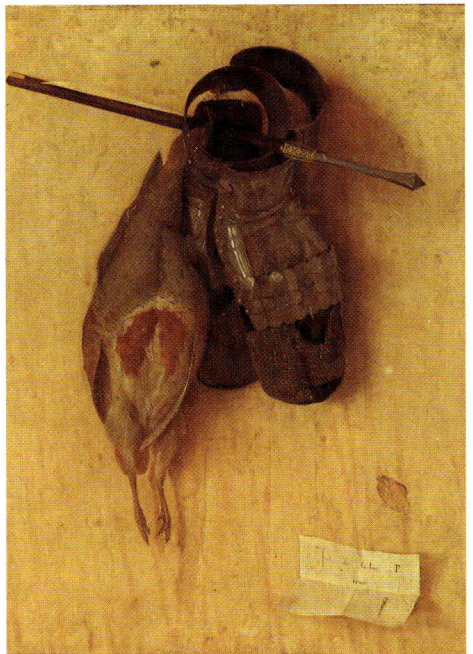 

Stilleben: Jacopo de Barbari, Toter Vogel; 1504. München, Alte Pinakothek (links). – Jean-Baptiste Siméon Chardin, Pfeife und Trinkgefäße; zwischen 1760 und 1763. Paris, Louvre (rechts)

westl. vom Ortler, 2757 m, verbindet das Etschtal (Vintschgau) mit dem Addatal (Veltlin), am italien. *Stelvio-Nationalpark.*

Stilicho, Flavius, röm. Feldherr u. Staatsmann, *um 365, †22. 8. 408 Ravenna; Sohn eines Wandalen u. einer Römerin, heiratete Serena, die Nichte des Kaisers *Theodosius d. Gr.*, der ihn 395 zum Reichsverweser ernannte; hinderte die Westgoten an der Besetzung Italiens; von röm. Nationalisten fälschl. des Hochverrats beschuldigt u. hingerichtet. – □ 5.2.7.

Stilistik, *Stillehre,* die normative u. deduktive Anleitung zum richtigen Gebrauch der Stilmittel des Schreibstils u. des schriftsprachl. Ausdrucks nach sprachwissenschaftl. u. ästhet. Kriterien.

Stilkritik →Stil.

Stillauf, *Leichtathletik:* Übungslauf zur Verbesserung des Laufstils; früher auch in Gruppenläufen bei Sportveranstaltungen gezeigt.

Stille, Hans, Geologe, *8. 10. 1876 Hannover, †25. 12. 1966 Hannover; Beiträge zur Geologie der dt. Mittelgebirge, von Niedersachsen sowie zur allg. Geotektonik, u.a.: „Grundfragen der vergleichenden Tektonik" 1924; „Einführung in den Bau Amerikas" 1940; „Die geotekton. Gliederung der Erdgeschichte" 1944; „Betrachtungen zum Werden des europ. Kontinents" 1945. *Hans-Stille-Medaille,* geologische Auszeichnung.

Stilleben [ndrl. *stilleven,* „stilles Leben"], frz. *nature morte,* ital. *natura morta,* Gattung der Malerei, deren Thematik sich auf ein nach formalkünstler. Gesichtspunkten geordnetes Beieinander unbelebter Gegenstände (Früchte, Geschirr, Kunstgegenstände, Blumen, totes Wild) beschränkt. Dabei liegt das Schwergewicht auf der Komposition mit Farbe u. Form.
In der hellenist. Kunst war das S. Wanddekor, gemalter oder in Mosaik ausgelegter Flächenschmuck. Das MA. kannte keine S.malerei, doch wird an Bildern des 14. Jh. hier u. dort das Bemühen sichtbar, reglose u. unscheinbare Dinge genau beobachtet um ihrer selbst willen wiederzugeben. So finden sich stillebenhafte Elemente in den Fresken der Scrovegni-Kapelle in Padua von *Giotto* u. in der Miniaturmalerei der Brüder van *Eyck.* Doch erst die Maler der 2. Hälfte des 15. Jh., A. *Dürer,* L. *Cranach* d. Ä. u.a., haben das S. zur ständigen Bildgattung erhoben. Als frühestes erhaltenes Beispiel der nachmittelalterl. S.kunst gilt „Der tote Vogel" von J. *de' Barbari* (1504).
Großen Aufschwung nahm die S.malerei in den Niederlanden während des 17. u. in der 1. Hälfte des 18. Jh. Die Hauptmeister des niederländ. S.s sind W. *Kalf,* A. van *Beijeren* u. J. D. de *Heem;* F. *Snyders* u. sein Schüler J. *Fyt* repräsentieren mit großen, prächtigen Küchenstücken.
Im Frankreich des 18. Jh. trat vor allem J. B. S. *Chardin* als S.maler hervor; er knüpfte an die niederländ. S.malerei an, bereitete zugleich aber den Weg für die Behandlung kolorist. Probleme, wie sie in der S. des 19. Jh., bes. in denen der Maler des Impressionismus, überwog. Hier interessierte weniger der Gegenstand als seine opt. Erscheinung im Wechsel des Lichts. É. *Manet* war der erste, der die S.kunst vorwiegend nach solchen Gesichtspunkten betrieb. Die Folge war, daß sich die Stofflichkeit der Dinge immer mehr entmaterialisierte u. die Dinge selbst einen neuen Wirklichkeitscharakter annahmen. Das gleiche gilt, wenn auch unter anderen Vorzeichen, von den S. P. *Cézannes* u. V. van *Goghs.*
P. *Picasso,* G. *Braque* u. H. *Matisse* haben im S. in erster Linie Raum- u. Formprobleme zu lösen versucht. Der gegenständl.-abbildende Charakter des S.s ging dabei weitgehend verloren. Lediglich H. Matisse (u. in seiner nachkubistischen Periode wieder G. Braque) hielten an dem gegenständl. Wiedergabe fest. Unter den dt. Malern des 20. Jh. sind u.a. E. *Nolde,* M. *Beckmann* u. K. *Schmidt-Rottluff* als S.künstler hervorgetreten. – □ 2.0.4.

Stille Gesellschaft, eine Sonderform der Gesellschaft, die dadurch entsteht, daß sich ein *stiller Gesellschafter (stiller Teilhaber)* an dem Handelsgewerbe eines anderen mit einer Einlage beteiligt, die in das Vermögen des Inhabers des Handelsgeschäfts übergeht. Der stille Gesellschafter tritt nach außen hin nicht in Erscheinung. Aus den in dem Unternehmen abgeschlossenen Geschäften wird allein der Inhaber berechtigt u. verpflichtet. Der stille Gesellschafter erhält einen Anteil am Gewinn u. hat das Recht auf eine Abschrift der Bilanz sowie auf Einsicht der Bücher u. Geschäftspapiere. Rechtl. Regelung in den §§ 335–342 HGB. Ebenso in Österreich; in der Schweiz erwähnt das Gesetz die S.G. nicht ausdrücklich, sie ist jedoch rechtl. zulässig u. wird nach den Vorschriften über die einfache Gesellschaft (Art. 530ff. OR) ähnl. wie in der BRD u. Österreich behandelt. – □ 4.8.1.

Stillegung, vorübergehende oder dauernde Einstellung eines Betriebs oder eines Teils unter Auflösung der Betriebsgemeinschaft. Kündigungsfristen müssen eingehalten u. häufig Kapitalverluste in Kauf genommen werden.

Stillegungsvergütung, Abfindung an entlassene Arbeitnehmer, wenn der Unternehmer bei Betriebsstillegung oder -änderung oder grundlegender Änderung des Betriebszwecks sich ohne zwingenden Grund nicht an die Einigung mit dem Betriebsrat oder einen Einigungsvorschlag der Einigungsstelle bzw. des Präsidenten des Landesarbeitsamts hält u. deshalb zur Kündigung genötigt ist. Die S. soll das wirtschaftl. Mitbestimmungsrecht des Betriebsrats sichern. →auch Sozialplan.

Stillehre →Stilistik.

stillen, den →Säugling an der Mutterbrust ernähren, die ideale Art der Säuglingsernährung.

„Stille Nacht, heilige Nacht", Anfangsworte des von dem kath. Priester Joseph *Mohr* (*1792, †1848) am 24. 12. 1818 gedichteten Weihnachtslieds, komponiert von Franz *Gruber* (*1787, †1863); seit der Mitte des 19. Jh. durch „Tiroler Sänger" in der ganzen Welt verbreitet.

Stiller, 1. Berthold, österr.-ungar. Arzt, *23. 6. 1837 Miskolc, †3. 1. 1922 Budapest; stellte einen Konstitutionstyp auf *(Habitus asthenicus, S.scher Habitus),* der Neigung zu Eingeweidesenkung, Nervenschwäche u. nervalen Fehlsteuerungen, Ernährungsstörungen, Blutarmut u.a. aufweist.
2. Mauritz, schwed. Filmregisseur, *17. 7. 1883 Helsinki, †8. 11. 1928 Stockholm; Schauspieler und Theaterregisseur, machte Greta *Garbo* berühmt. Filme: „Herrn Arnes Schatz" 1919; „Erotikon" 1920; „Die Sage des Gunnar Hedes" 1922; „Gösta Berling" 1924; „Hotel Imperial" 1926/27, u.a.

Stiller Ozean = Pazifischer Ozean.

stille Rücklagen, Teile des Eigenkapitals einer Unternehmung; ihre genaue Höhe ist aus der Bilanz nicht zu erkennen. S. R. entstehen dadurch, daß Vermögensteile unter dem rechtl. zulässigen oder betriebswirtschaftl. vertretbaren Höchstwert (Unterbewertung der Aktiva) oder überhaupt nicht aktiviert werden oder daß Fremdkapitalteile über dem rechtl. zulässigen oder betriebswirtschaftl. vertretbaren niedrigsten Wert (Überbewertung der Passiva) passiviert werden.

Stillhaltung, Stundung der Rückzahlung oder der Amortisationszahlungen eines Kredits, im internationalen Kreditverkehr bes. während Wirtschaftskrisen als Ergebnis zwischenstaatl. Verträge *(Kredit-, Stillhalteabkommen;* z.B. im Dt. Reich nach 1931).

Stilling, 1. Benedikt, Anatom u. Chirurg, *22. 2. 1810 Kirchhain, †28. 1. 1879 Kassel; nach ihm ist der *S.sche Kern (Nucleus dorsalis)* im hinteren Teil des Rückenmarks benannt.
2. Heinrich →Jung-Stilling.

Stillsche Krankheit [nach dem engl. Kinderarzt George Frederick *Still,* *1868, †1941], chronisch-infektiöse Erkrankung bei Kindern, verbunden mit Gelenkentzündung, -schmerzen u. -schwellung, Fieberschüben, Lymphknoten- u. Milzschwellung.

Stillschweigen, bedeutet als bloßes Nichtstun im bürgerl. Recht im Zweifel Ablehnung eines Vertragsangebots; als *Zustimmung* nur dann zu werten, wenn nach Treu u. Glauben ein Widerspruch zu erwarten gewesen wäre, z.B. beim Schweigen auf ein kaufmänn. Bestätigungsschreiben.

Stilmittel, die Träger einer Aussage, deren jeweilige Behandlung den *Stil* ausmacht; in der Sprache: *Wortwahl* (Besonderheiten: Archaismus, Wiederholung, mundartl. Einschübe u.a.), *Wortstellung*, *Satzbau* (Parataxe, Hypotaxe), *Rhythmus* (Vers, Prosa), *Sprechmelodie* u.a. Die Behandlung eines S.s, die von der einfachen Redeweise abweicht, bezeichnet man als *rhetorische Figur*.

Stilrudern, ein Wettbewerb im Frauenrudern mit den Bootstypen: Gig-Doppelzweier mit Steuermann, Gig-Doppelvierer mit Steuermann, Gig-Doppelachter u. Doppelvierer mit Steuermann. Bewertet werden Ruderarbeit, Skullführung u. Zusammenarbeit.

Stilton ['stiltən; der; nach dem mittelengl. Ort *S*.], fetter Weichkäse aus Kuhmilch mit graugrüner Schimmelbildung, dem *Roquefort* ähnlich.

Stimmbänder, die scharfen Ränder der →Stimmlippen des Kehlkopfs.

Stimmbildung, 1. Stimmgebung (Phonation), →Stimme.
2. Ausbildung der Stimme im Gesangunterricht u. in der Sprechtechnik; erstrebt unter Ausnutzung sämtlicher Resonanzmöglichkeiten Atemtechnik, Reinheit des Tons, bewußte Klangschönheit u. stilgerechten Vortrag.

Stimmbruch, *Stimmwechsel, Mutation,* Senkung der Stimme durch die Pubertät, die ein Umkippen u. einen belegten Klang infolge des starken Wachstums des Kehlkopfs mit sich bringt. Die Knabenstimme wird um eine Oktave, die Mädchenstimme um eine Terz tiefer, bedingt durch das Wachsen der Stimmlippen beim Knaben um 10mm, beim Mädchen um 3–4mm.

Stimme, der durch Schwingungen der Stimmlippen des Kehlkopfs hervorgerufene Klang, der beim Übergang von der Ein- zur Ausatmung einsetzt (*Phonation*). Die entstandenen Wellen pflanzen sich in die oberhalb u. unterhalb der Stimmritze gelegenen Resonanzräume fort. Dabei liegt die Tonhöhe der natürlichen Sprechlage (*Indifferenzlage*) innerhalb einer Quinte im unteren Drittel des Singstimmenumfangs (bei Männern zwischen A u. e, bei Frauen zwischen a u. e^1). Die verschiedenen Möglichkeiten der Stimmlippenschwingungen werden als *Register* bezeichnet: Die Stimmlippen schwingen in ihrer ganzen Breite bei der Brust-S., bei der Kopf-S. nur die inneren Ränder. Der Umfang der menschl. Stimme reicht etwa von $E = 82,4 Hz$ bis $f^3 = 1397 Hz$ (Jenny *Lind* bis h^3, Erna *Sack* bis c^4). – Einteilung der S.n →Stimmlage.
Bes. Stimmformen: 1. die *Jodel-S.* entsteht durch plötzl. Überspringen von der Brust- in die Kopf-S., wobei durch Kehlkopftiefstellung ein obertonreicher Ton entsteht. 2. *Bauchreden*, Stimmverstellung, seit über 2000 v.Chr. bekannt; bei stark zusammengezogenen Gaumenbögen u. extrem verkleinertem Kehlraum ist die S., der alle Obertöne fehlen, um eine Oktave gehoben u. klingt sehr gepreßt. 3. *Flüster-S.*, bei erhöhtem Luftverbrauch ist nur die Knorpelritze geöffnet, so daß keine Klänge, sondern nur Geräusche entstehen.

Stimme Amerikas, *Die S.A.,* engl. *The Voice of America,* vom Informationsamt der USA betriebener Rundfunkdienst, Hauptsitz in Washington, dt. Relais-Station in München. Die Sendungen der S.A. sollen das Verständnis für die USA fördern. Von München aus werden sie in Englisch u. 15 osteurop. Sprachen ausgestrahlt.

Stimmenhören, eine akustische →Halluzination.

Stimmenkauf, 1. *Aktienrecht:* bei der Abstimmung in der Hauptversammlung einer AG das Gewähren oder Versprechen bes. Vorteile für die Nichtabgabe oder für eine bestimmte Abgabe der Stimme, strafbar als Ordnungswidrigkeit nach §405 Aktiengesetz mit einer Geldbuße. Entsprechende Strafbestimmungen finden sich im Genossenschaftsgesetz u. in der Konkursordnung.
2. *Staatsrecht:* Form der Wahlbestechung bei Wahlen zum Parlament oder zu anderen Staatsorganen. In der Frühzeit des Parlamentarismus (so u.a. etwa in England zu Beginn des 19. Jh.) ein häufig angewandtes Mittel zur *Wahlfälschung,* ist der S. heute in den meisten Staaten (in der BRD nach §108b StGB) strafbar.

Stimmenverkauf, die Annahme bes. Vorteile oder des Versprechens solcher Vorteile für die Nichtabgabe oder für eine bestimmte Abgabe der Stimme bei Abstimmungen der Konkursgläubiger, der Hauptversammlung einer AG oder der Generalversammlung einer eingetragenen Genossenschaft, strafbar nach §243 KO, §405 Aktiengesetz bzw. §151 Genossenschaftsgesetz. – Entspr. Vorschriften in Österreich (§486b StG) u. in der Schweiz (Art. 168 StGB). →auch Stimmenkauf, Wahlbestechung.

Stimmer, Tobias, Maler u. Komödiendichter, *17. 4. 1539 Schaffhausen, †4. 1. 1584 Straßburg; Hauptmeister der dt. Spätrenaissance; schuf Bildnisse, lieferte zahlreiche Vorlagen für Buchholzschnitte, u.a. Glasgemälde, führte 1570 die Fassadenmalerei am „Haus zum Ritter" in Schaffhausen aus; schrieb das Fastnachtsspiel „Comedia" 1580.

Stimmfehler, organische, funktionelle u. psychogene Störungen der Stimme. S. können vor allem durch Krankheiten des Kehlkopfs (Sängerknötchen, Polypenbildung, angeborene Heiserkeit u. Asymmetrie des Kehlkopfs) bedingt sein u. äußern sich durch rauchigen Stimmklang. Eine keimdrüsenbedingte Störung ist die persistierende *Fistelstimme*. Funktionelle Störungen treten meist (als Folge z.B. falscher Sprech- oder Gesangstechnik) als Stimmschwäche (*Phonasthenie*) in Erscheinung u. können durch Richtigstellung der Sprechsituation behoben werden.

Stimmfühlungslaut →soziale Verständigung.

Stimmgabel, Stahlstab mit 2 gabelartigen Zinken, die durch Anschlagen zum Schwingen gebracht werden; erfunden 1711 von John *Shore* (London); dient zur Festlegung der absoluten Tonhöhe (→Kammerton) u. zu akust. Experimenten.

stimmhaft, eine Reihe von Lauten betreffend, die mit Schwingung der Stimmlippen gebildet werden. Zahlreiche Konsonanten (z.B. b, d, g) unterscheiden sich von bestimmten anderen (stimmlosen z.B. p, t, k) nur durch dieses Merkmal. →auch Laut.

Stimmheilkunde →Sprachheilkunde.

Stimmlage, der Normalbereich einer rd. 2 Oktaven umfassenden Singstimme, vor allem *Sopran,* früher auch *Diskant,* Umfang eines c^1 bis f^2; *Alt* f bis f^2; *Tenor* c bis c^2; *Baß* E bis e^1. Als Zwischenlagen werden bezeichnet: *Mezzosopran* (zwischen Sopran u. Alt) mit bes. Fülle in der Mittellage, *Kontralt* als tiefste Frauenstimme, *Bariton* zwischen Tenor u. Baß, in tieferer Lage auch *Baßbariton*. Die höchste u. beweglichste Stimmgattung ist der *Koloratursopran*. Früher hatte jede S. einen bes. Schlüssel (→Notenschlüssel). – ☐ 2.6.1.

Stimmlippen, die der Bildung der Stimme dienenden, in scharfe Ränder (Stimmbänder) auslaufenden Wülste im Innern des Kehlkopfs, die die Stimmritze (*Glottis*) begrenzen u. mit Hilfe der Stellknorpel für die Stimmgebung eingestellt werden; tönen nicht selbst, sondern wirken als schwingende Hemmkörper. →auch Kehlkopf.

stimmlos, ohne Schwingung der Stimmbänder gebildet; z.B. die Laute p, t, k gegenüber b, d, g. →auch Laut.

Stimmrecht, 1. *Allg. Staatslehre u. Staatsrecht:* Berechtigung zur Teilnahme an öffentl. Wahlen (zum Parlament, in der Gemeinde u.a.) u. Abstimmungen. Die *Wahlmündigkeit* schwankt in den einzelnen Staaten zwischen 18 u. 22 Jahren (BRD: 18 Jahre in Bund und Ländern, Österreich: 19, Schweiz: 20 Jahre im Bund). →auch Wahlrecht.
2. *Handelsrecht:* im Recht der *Handelsgesellschaften* gilt teilweise nur nach Besitz abgestuftes S. (z.B. bei Aktionären u. Gesellschaftern einer GmbH); d.h., es wird der jeweilige Anteil am Gesellschaftsvermögen zugrunde gelegt.

Stimmritze, *Glottis,* die Öffnung zwischen den beiden im →Kehlkopf ausgespannten Stimmlippen. Sie kann durch die Stimmlippen geöffnet u. geschlossen werden u. bildet den eigentl. Stimmapparat.

Stimmung, 1. *Musik:* Temperatur, Regulierung der Tonhöhe bei Musikinstrumenten, die bis zur Einführung eines einheitl. S.stons (Kammerton) starken Schwankungen unterworfen war. Die wichtigsten S.ssysteme sind: 1. das *pythagoreische System,* bei dem die Intervalle durch einfache Zahlenverhältnisse ausgedrückt wurden. Die Tonleiter wurde gewonnen durch Projizierung der reinen Quinten f, c, g, d, a in den Raum einer Oktave; bei der Aufeinanderschichtung von 12 reinen Quinten über 7 Oktaven ergibt sich eine Differenz von $\frac{73}{74}$, das sog. pythagoreische Komma. – 2. die *reine S.,* bei der man mindestens 53 Stufen innerhalb der Oktave braucht. Das aus den Obertönen berechnete Tonsystem enthält 2 Ganztonarten u. erlaubt das Musizieren lediglich in der Grundtonart. – 3. die heute verwendete *temperierte S.,* deren Modulationsmöglichkeiten J. S. Bach im „Wohltemperierten Klavier" aufzeigte. Bei der temperierten S. teilt man die Oktave in 12 gleiche Halbtöne u. gewinnt damit Mittelwerte, in Abweichung von der akust. Reinheit der Intervalle. →auch Intervall. – ☐ 2.6.1.
2. *Psychologie:* länger andauernde Gefühlslage (Gegensatz *Affekt*), in der allen Erlebnissen eine bestimmte Gefühlsfärbung mitgeteilt ist; vom Zustand des Körpers (z.B. Krankheit, Klima) abhängig u. daher schwankend; auch künstl. beeinflußbar, besonders durch Gifte (z.B. Morphium, Alkohol).
3. *Verhaltensforschung:* die Bereitschaft, bestimmte Handlungen bevorzugt ablaufen zu lassen oder auf Schlüsselreize bevorzugt anzusprechen. Die jeweilige S. eines Tiers ist mit standardisierten Attrappen objektiv vergleichend meßbar u. ergänzt den zugrunde liegenden →Trieb.

Stimmungsübertragung, übereinstimmendes Verhalten innerhalb einer Gruppe durch übergrei-

Stilleben: Paul Cézanne, Stilleben mit Zwiebeln; 1895–1900. Paris, Louvre (Jeu de Paume)

fende Aktivierung einer bestimmten Verhaltensweise. Beispiele: einige auffliegende Stare reißen den ganzen Schwarm mit; sattgefressene Hühnerküken können wieder zu picken beginnen, wenn sie andere picken sehen. Beim Menschen kann S. durch Lachen oder Gähnen erfolgen. – ▯ 9.3.2.
Stimson [′stimsən], Henry Lewis, US-amerikan. Politiker (Republikaner), *21. 9. 1867 New York, †20. 10. 1950 Huntington, N.Y.; Anwalt, 1911–1913 Kriegs-Min., 1927–1929 Generalgouverneur der Philippinen, 1929–1933 Außen-Min., 1940–1945 erneut Kriegs-Min. Seine Einwände gegen den Morgenthau-Plan trugen zur Aufgabe des Plans bei. Die *Stimson-Doktrin*, eine Grundsatzerklärung vom 7. 1. 1932, besagte, daß die USA keinen Vertrag anerkennen würden, der die Souveränität, Unabhängigkeit oder territoriale Geschlossenheit Chinas antaste. Der Völkerbund pflichtete dieser Erklärung mit einer Resolution am 11. 3. 1932 bei.
Stimulantia [Ez. das *Stimulans*; lat.], anregende Mittel, Reizmittel, den Kreislauf, das Nervensystem, auch den Stoffwechsel anregende Mittel. Die meisten sind S. nur in bestimmter Gabe; wird diese erhöht, so kommt es im Gegenteil zur Lähmung. Die Wirkung der Genußmittel beruht auf dieser Eigenschaft der *Stimulation* (z.B. Alkohol, Kaffee, Tee, Cola).
Stinde, Julius, Schriftsteller, *28. 8. 1841 Kirch-Nüchel bei Eutin, †15. 8. 1905 Olsberg, Ruhr; seit 1876 in Berlin, wo er ab 1883 seine humorist. Romanfolge von der Berliner „Familie Buchholz" (7 Bde.) schrieb.
Stingl, Josef, Sozialpolitiker (CSU), *19. 3. 1919 Maria-Kulm, Sudetenland; seit 1968 Präs. der Bundesanstalt für Arbeit.
Stinkandorn = Schwarznessel.
Stinkbrand →Brandpilze.
Stinkdachs, *Mydaus javanensis*, ein *Dachs-Verwandter* von 35 cm Körperlänge; verspritzt bei Gefahr aus der Afterdrüse ein stinkendes Sekret; lebt in Waldgebieten Javas u. Sumatras.
Stinkdrüsen, →Duftdrüsen mancher Wirbeltiere u. Insekten, deren Sekrete für menschl. Empfinden heftig u. oft dauerhaft stinken; z.B. die S. der Wanzen (münden bei den Jugendstadien auf dem Hinterleibsrücken, bei den Vollkerfen an den Hinterhüften) u. die Analdrüsen der Stinktiere.
Stinkkohl = Hainsalat.
Stinklachs →Stint.
Stinkmorchel, *Gichtmorchel, Leichenfinger, Widerlicher Rutenpilz, Phallus impudicus*, ein *Bauchpilz*; die weichen, weißen Fruchtkörper des jungen Pilzes gelten im Volksmund als *Hexen-* oder *Teufelseier*. Zur Reifezeit entwickelt sich die S. auf einem hohlen Stiel einen dünnfleischigen Hut, der von blaugrünem, widerlich riechendem Schleim bedeckt ist; dieser enthält die Sporen, die von angelockten Aasinsekten verbreitet werden.
Stinknase, *Ozaena, Rhinitis atrophicans*, chron. Nasenkatarrh mit Schleimhautschwund, Verlust des Geruchssinns u. Borkenbildung; infolge bakterieller Zersetzung übler Geruch aus der Nase. →auch Nase.
Stinktier, *Skunk, Mephitis mephitis*, ein *Dachs-Verwandter* von 40 cm Körperlänge; lebt in Nordamerika, wird in Südamerika durch den →Surilho vertreten. Das S. verspritzt bei Gefahr ein außerordentl. lange haftendes, widerlich riechendes Afterdrüsensekret. Sein Fell liefert ein sehr begehrtes Pelzwerk, durch 2 Streifen gröberen Haares von Kopf bis Schwanz gezeichnet.
Stinkwanzen, Baumwanzen, die bei Berührung einen lange haftenden u. unangenehm riechenden Duftstoff absondern. Zu den S.n gehört die *Grüne Stinkwanze, Palomena prasina*, eine bis 1,5 cm lange *Baumwanze* mit grüner Ober- u. rötl. Unterseite; kommt auf Beeren u. Gemüse vor.
Stinnes, 1. Hugo, Enkel von 2), Großindustrieller, *12. 2. 1870 Mülheim an der Ruhr, †10. 4. 1924 Berlin; übernahm die Leitung der Familienzechen u. gründete 1893 ein eigenes Reederei- u. Kohlengroßhandelsunternehmen; erweiterte vor 1914 seinen Einfluß auf den Bergbau, die Stahl-, Elektro-, Papier- u. Autoindustrie u. schuf dadurch den *S.-Konzern*. →auch Stinnes AG.
2. Mathias, Industrieller, *4. 3. 1790 Mülheim an der Ruhr, †16. 4. 1845 Mülheim an der Ruhr; betrieb 1808 Kohlentransport auf der Ruhr u. bis dem Rhein, dann auch Kohlengroßhandel u. Bergbau; führte Schleppschiffahrt auf dem Rhein ein.
Stinnes AG, Mülheim an der Ruhr, Dachgesellschaft eines Konzerns, dessen Geschäftstätigkeit den Handel mit festen u. flüssigen Brennstoffen, Baustoffen, Chemikalien, Erzen u.a. sowie Selbstbedienungs-Großhandel, Warenhäuser, Spedition, Schiffahrt u.a. umfaßt; ging 1961 aus der *Hugo Stinnes GmbH* hervor, die 1948–1957 durch Beschlagnahme dt. Eigentums in den USA zu einem amerikan. Unternehmen geworden war u. von der *Hugo Stinnes Corporation*, Baltimore, u. der *Hugo Stinnes Industries Inc.*, New York, kontrolliert wurde; seit 1965 Tochtergesellschaft der *Veba AG*; seit 1976 heutige Firma; Grundkapital: 195 Mill. DM; 22 000 Beschäftigte im Konzern.

Stint [der], *Alander, Spierling, Stinklachs, Osmerus eperlanus*, 25 cm langer *Lachsfisch* der Nord- u. Ostsee, von durchdringendem Geruch nach frischen Gurken (*Gurkenfisch*); lebt in tieferen Wasserschichten des Meeres u. der Küstenseen; laicht in den Flüssen; hat als Bratfisch u. Schweinefutter wirtschaftl. Bedeutung. →auch Kapelan.
Stipendium [lat.], eine Geldbeihilfe, die Schülern, Studenten, Gelehrten, Künstlern einmalig oder auf bestimmte Zeit aus öffentl. oder privaten Mitteln gewährt wird. *Stipendiat*, Empfänger eines S.s. →auch Ausbildungsförderung, Studienförderung.
Stirling [′stə:liŋ], Hptst. der schott. Central Region, 28 800 Ew.; schott. Königsschloß; Universität (1967).
Stirn, *Frons*, der vom S.bein gebildete, über den Augenbrauen beginnende u. bis zur Haargrenze reichende Teil des Gesichts. Abweichungen von der normalen Form sind die viereckige S. beim rachit. Quadratschädel, die hohe, vorspringende S. (olympische S.), die fliehende S. bei primitiven Menschenrassen (z.B. beim Neandertaler).
Stirnbein, *Frontale*, vorderster Knochen des Schädeldachs, Teil der Augen- u. der Nasenhöhle; beim Neugeborenen sind noch zwei S.e vorhanden, die später nahtlos verwachsen; ausnahmsweise kann die Stirnnaht zeitlebens bleiben (*Kreuzschädel, Metopismus*), regelmäßig bei krankhafter Ausdehnung des Gehirns (Wasserkopf).
Stirner, Max, eigentl. Kaspar Schmidt, Philosoph, *25. 10. 1806 Bayreuth, †26. 6. 1856 Berlin; Junghegelianer, Theoretiker des Egoismus u. des Anarchismus. Hptw.: „Der Einzige u. sein Eigentum" 1845. Polem. gegen S. richtete sich die „Dt. Ideologie" von Marx u. Engels.
Stirnhöhle, *Sinus frontalis*, Nebenräume der Nase von wechselnder Größe u. Gestalt im Stirnbein über den inneren Augenwinkeln; besteht aus mehreren Teilen, die mit Schleimhaut ausgekleidet sind u. mit der Nasenhöhle in Verbindung stehen. – *S.nkatarrh* (*Sinusitis*) ist eine Entzündung der S.nschleimhaut; dabei kommt es leicht zur Verschwellung der Ausführungsgänge u. zur Eiterung (*S.nempyem*); häufig Folge eines Schnupfens.
Stirnkurventrieb, Maschinenelement in Form einer Scheibe, deren Radius sich über den Umfang verändert u. damit eine Steuerung eines Bewegungsablaufs gestattet.
Stirnnaht, *Sutura frontalis*, →Stirnbein, →auch Schädelnähte.
Stirnrad, ein Zahnrad mit Zähnen auf dem Radumfang, die nicht zur Achse geneigt sind.
Stirnradgetriebe, ein Zahnradgetriebe, bei dem *Stirnräder* ineinandergreifen oder durch Kupplungen aneinandergeschoben werden können.
Stirnrind, *Gayal*, Haustierform des →Gaur.
Stirnspiegel, *Stirnreflektor*, ein vom Arzt an der Stirn getragener Helmholtzscher Hohlspiegel mit einer Öffnung in der Mitte, durch die Beobachtung mit dem Auge möglich ist, während der Spiegel reflektiertes Licht in die beobachtete Höhle wirft.
Štít [ʃti:t; tschech., slowak.], Bestandteil geograph. Namen: Gipfel; Signal.
Stjernstedt [′ʃærn-], Marika, schwed. Erzählerin, *12. 1. 1875 Stockholm, †25. 10. 1954 Tyringe; schrieb psycholog. Romane aus hocharistokrat. Umwelt, mit teilweise katholisierender Tendenz.
St. Leger [sint′ledʒə] = Saint Leger.
Sto., Abk. für →Santo.
Stoa [die, grch.], **1.** *Baukunst*: die altgriech. Vorform des röm. *Porticus*, nach einer Seite offene Säulen-(Wandel-, Markt-)Halle, auch zweistöckig. *S. poikile*: die von *Polygnot* u. a. ausgemalte S. am Markt von Athen.
2. *Philosophie*: um 300 v.Chr. von *Zenon d.J.* aus Kition gegr. philosoph. Schulrichtung, benannt nach dem Lehrort, der *S. poikile* in Athen. Neben der älteren S. (*Zenon, Kleanthes* von Assos, *Chrysipp*) unterscheidet man eine mittlere (*Panaitios* von Rhodos, *Poseidonios*) u. eine jüngere S. (*Seneca, Musonios* aus Volsinii, *Epiktet, Marc Aurel*). Das Hauptinteresse galt der prakt. Lebensführung (Ethik), wobei sich allmähl. der Rigorismus der alten S. milderte u. neben dem Ideal des Weisen die Gestalt des sich um Tugend Mühenden wichtig wurde. – ▯ 1.4.6.
Stobbe, Dietrich, Politiker (SPD), *25. 3. 1938 Weepers, Ostpreußen; 1973–1977 Senator für Bundesangelegenheiten, 1977–1981 Regierender Bürgermeister von Westberlin, seit 1979 auch Landes-Vors. der SPD.
stöbern, das Wild durch →Jagdhunde (*Stöberhunde*) aufjagen.
Stochastik [grch.], eine an der Wahrscheinlichkeit orientierte Betrachtungsweise in den Naturwissenschaften u. in der Statistik; besagt, daß bei Massenerscheinungen Aussagen nicht ganz exakt gemacht werden können, sondern nur unter Berücksichtigung gewisser zufälliger Abweichungen vom empirisch ermittelten Mittelwert. Die zeitliche Entwicklung einer Zufallsgröße nennt man eine *Zufallsfunktion* oder einen *stochastischen Prozeß*.
stochastische Musik →Xenakis, Yannis.
Stöchiometrie [grch.], Teilgebiet der Chemie, das sich mit der mengenmäßigen, d.h. durch die Atom- u. Molekulargewichte gegebenen Zusammensetzung chem. Verbindungen u. den Gewichtsverhältnissen befaßt, in denen chem. Elemente u. Verbindungen miteinander reagieren.
Stock, 1. *Baumwollspinnerei*: aufgeschichtete Baumwolle. →Mischkammern
2. *Geologie u. Geomorphologie*: eine umfangreiche, unregelmäßig geformte Gesteinsmasse, die als Fremdkörper andere Gesteine durchsetzt; oft durch Verwitterung herausgearbeitet (*Berg-S.*, *Bergmassiv*); nach dem Material unterscheidet man Intrusiv-, Eruptiv-, Sediment-, Erz-, Salz-, Korallen-S. u.a.
3. [engl.], *Wirtschaft*: Vorrat, Grundkapital. *S.s*, Wertpapiere, bes. Staatsanleihen. *S. exchange*, Wertpapierbörse.
Stock, Alfred, Chemiker, *16. 7. 1876 Danzig, †12. 8. 1946 Karlsruhe; verdient um die Chemie der Bor- u. Siliciumwasserstoffe u. im Bau von Laboratoriumsapparaturen für Arbeiten unter völligem Ausschluß von Sauerstoff.
Stockach, baden-württ. Stadt nordwestl. des Bodensees (Ldkrs. Konstanz), 12 700 Ew.; Maschinen- u. Textilindustrie.
Stockacher Aach, Zufluß des Bodensees, mündet in den Überlinger See.
Stockausschlag, aus dem Wurzelstock eines abgehauenen Stamms neu wachsende Triebe.
Stock-cars [Mz.; engl., „Lagerwagen"], aus Serienfahrzeugen durch Motorfrisierung u. Karosserieverstärkung für Rennzwecke umgebaute Spezialwagen, die aus 3000–7000 cm³ Hubraum Leistungen von über 500 PS u. Geschwindigkeiten um 300 km/h entwickeln; bes. in den USA für *S.rennen* beliebt.
Stockelsdorf, schleswig-holstein. Gemeinde (Ldkrs. Ostholstein), nordwestl. von Lübeck, 10 500 Ew.; Pinsel-, Marzipanherstellung.
Stockente, *Anas platyrhynchos*, häufigste *Ente* der Nordhalbkugel; seiht tier. u. pflanzl. Kost aus dem Wasser; erreicht eine Fluggeschwindigkeit

Karlheinz Stockhausen

von 100 km/h u. eine Höhe von 6500 m. Von der S. stammen mit Ausnahme der Moschusente alle Hausentenrassen ab.

Stocker, 1. Ernst, Bruder von 2), schweizer. Maler, *28. 10. 1905 Basel; Landschaften, Bildnisse u. Wandgemälde.
2. Hans, schweizer. Maler, *28. 2. 1896 Basel; lebt in Oberwil. Glasmalereien, Fresken u. Mosaiken für öffentl. Gebäude u. Kirchen.

Stöcker, *Bastardmakrele, Caranx trachurus,* bis 40 cm lange pelagische *Stachelmakrele,* vom Mittelmeer bis Westafrika verbreitet, aber auch in der Nordsee. Schwarmfisch; wichtiger Nutzfisch im Mittelmeerraum. Verwertung frisch oder geräuchert, auch zur Fischmehlherstellung.

Stockerau, niederösterr. Stadt im südl. Weinviertel, nordwestl. von Wien, am Göllersbach, 12 600 Ew.; Maschinen-, Metall- u. chem. Industrie.

Stockerbse, *Ackererbse,* →Erbse.

Stockfäule, durch holzzersetzende Pilze verursachte Kernfäule eines Baumstamms.

Stockfisch, ungesalzener Kabeljau, der durch 6–8 Wochen dauerndes Trocknen auf Stangen haltbar gemacht wird.

Stockflecke, *Schimmelflecke,* durch Feuchtigkeit u. Luftabschluß an Textilien entstehende Flecke, verursacht durch Schimmelpilze u. Bakterien.

Stockhausen, 1. Julius, Sänger (Bariton) u. Gesangspädagoge, *22. 7. 1826 Paris, †22. 9. 1906 Frankfurt a. M.; Schüler M. *Garcías;* einer der berühmtesten Konzertsänger seiner Zeit; gründete 1879 eine Gesangschule in Frankfurt a. M.
2. Karlheinz, Komponist, *22. 8. 1928 Mödrath bei Köln; Schüler von F. *Martin,* O. *Messiaen* u. D. *Milhaud,* führend auf dem Gebiet der seriellen u. elektron. Musik. Die „Kontra-Punkte für zehn Instrumente" 1953 sind ein Beispiel für den pointillist. Stil des nachwebernschen Serialismus. Im „Gesang der Jünglinge im Feuerofen" 1956 verschmolz S. menschl. Stimme u. synthet. Klang; in den „Zeitmaßen" für fünf Holzbläser 1956 suchte er die Gleichzeitigkeit mannigfacher Erlebniszeiten zu verwirklichen. Das „Klavierstück XI" 1958 u. der „Zyklus für einen Schlagzeuger" 1959 führten den gelenkten Zufall („Aleatorik") in die Komposition ein. In den „Kontakten für elektron. Klänge, Klavier u. Schlagzeug" 1960 wurde zum erstenmal bei S. elektron. Klang mit Instrumentalklang verbunden. Die Raumklangkonzeption der „Gruppen für drei Orchester" 1958 wurde in „Carré für 4 Orchester und 4 Chöre" 1960 auf eine vokal-instrumental gemischte Besetzung übertragen. In „Telemusik" 1966 u. in „Hymnen" 1967 (Zitate aus 40 Nationalhymnen) näherte sich S. dem Verfahren der „Musique concrète". Seit 1966 wird ein zunehmender Einfluß fernöstl. Mystik (Sri Aurobindo) bemerkbar. In „Aus den sieben Tagen" 1968 gibt es keine fixierte Notation mehr, sondern die Musik entsteht aufgrund von knappen Anweisungen des Komponisten durch „intuitive Reaktion". Weitere Werke der jüngsten Zeit sind eine Parkmusik für fünf Gruppen 1971; „Inori, Anbetungen für einen Solisten u. Orchester" 1974. 3 Bde. mit Texten zur Musik 1963–1971. die „Musik für ein Haus" 1968; „Sternklang",

Stockholm, Hptst. von Schweden u. der schwed. Prov. (Län) S. (6488 qkm, 1,52 Mill. Ew.), an der Mündung des Mälaren in die Ostsee, als Stadt 653 000 Ew.; die Altstadt liegt auf den Inseln *Staden, Riddar-* u. *Helgeandsholmen,* umgeben von den modernen Stadtteilen *Norr-, Öster-, Södermalm* u. *Kungsholmen;* königl. Schloß (17./18. Jh.), Reichstag u. a. Regierungsgebäude, Universität (1877), Techn. u. a. Hochschulen, Sitz der Nobelstiftung, zahlreiche Kirchenbauten, Museen; Schiffbau, Maschinen-, Metall-, Papier-, Holz-, Leder-, Lebensmittel-, Textil-, chem. Industrie; bedeutender Hafen.
Die Friedensschlüsse von S. im Winter 1719/20 beendeten den *Nordischen Krieg* zwischen Schweden einerseits u. Dänemark, Hannover (Großbritannien), Preußen u. Rußland (→Nystad) andererseits.

Stockholmer Blutbad, die Hinrichtung von über 80 Gefolgsleuten des Sten *Sture* am 8. 11. 1520 durch König *Christian II.* von Dänemark; entfachte erneut den Kampf des schwed. Volks gegen die dän. Herrschaft, die 1523 mit der Auflösung der Kalmarer Union beendet wurde.

Stockholz, *Stubben,* Wurzelstock u. Wurzeln gefällter Bäume.

Stockkrankheit, bes. an Winterroggen u. Hafer auftretende, durch den Befall mit *Stengelälchen (Ditylenchus dipsaci)* verursachte Krankheit. Die

Stockholm: Panorama der Stadt mit modernen Verkehrsanlagen im Vordergrund

Pflanzen bestocken sich ungewöhnlich stark, aber nur vereinzelte Halme kommen zum Schossen.

Stockmalve →Althaea.

Stockpilz →Stockschwämmchen.

Stockport ['stɔkpɔːt], Stadt im nordwestl. England, 140 000 Ew.; Textil-, Maschinen-, Motoren- u. chem. Industrie, Bahnknotenpunkt.

Stockrose →Althaea.

Stockschere, Hebelschere mit einem festen Messer.

Stockschnupfen, ein chronischer Schnupfen mit Schwellung der Nasenschleimhaut und dadurch bedingter Atembehinderung; ihm liegen manchmal polypöse Nasenschleimhautwucherungen zugrunde.

Stockschwämmchen, *Stockpilz, Schuppenpilz, Pholiota mutabilis,* jung sehr wohlschmeckender Blätterpilz, der von Mai bis Nov. büschel- oder rasenartig an modernen Stöcken von Laubgehölzen, seltener an Nadelhölzern zu finden ist.

Stockton ['stɔktən], Stadt in Kalifornien (USA), am San Joaquin River, 113 000 Ew. (Metropolitan Area 252 000 Ew.); Universität (gegr. 1851, seit 1852 in S.), Kunst- u. Geschichtsmuseum; Naturgasgewinnung, landwirtschaftl., Nahrungsmittel-, Konserven-, Landmaschinen-, Elektro-, Papier- u. Holzindustrie; Verkehrsknotenpunkt, Flugplatz.

Stockton ['stɔktən], Frank R(ichard), US-amerikan. Schriftsteller, *5. 4. 1834 Philadelphia, †20. 4. 1902 Washington; schrieb Jugenderzählungen u. Kurzgeschichten („The Lady on the Tiger" 1884).

Stockton-on-Tees ['stɔktən ɔn 'tiːz], seit 1968 Stadtteil der engl. Stadt →Teesside.

Stockwerk, *Geschoß,* Teil eines Gebäudes, der die auf einer Ebene liegenden Räume umfaßt. S. bedeutete soviel wie Balkenwerk (das auf dem Erdgeschoß errichtet wurde), daher ist der „1. Stock" das 2. Geschoß.

Stockwerkseigentum, Sondereigentum an einzelnen Stockwerken eines Gebäudes im früheren dt. u. z. T. im ausländischen Privatrecht (z. B. Wallis); nach dem BGB unzulässig, in der BRD seit 1951 wieder als →Wohnungseigentum.

Stockwerksheizung, *Etagenheizung,* zur Beheizung eines Stockwerks (Etage) mit zentralgelegener Wärmequelle, z. B. vom Küchenherd aus; heute oft als Gas-Thermenheizung. →Gasheizung.

Stodola, Aurel, schweizer. Ingenieur, *11. 5. 1859 St. Nikolaus, Slowakei, †25. 12. 1942 Zürich; lehrte in Zürich; bedeutender Thermodynamiker; entwickelte eine Handprothese (S.hand); schrieb u. a. „Gedanken zu einer Weltanschauung vom Standpunkt des Ingenieurs" 1931.

Stodoranen, Völkerschaft der Elb- u. Ostseeslawen, →Heveller.

Stoeckel, Walter, Frauenarzt u. Geburtshelfer, *14. 3. 1871 Stobingen, Ostpreußen, †12. 2. 1961 Berlin; Hptw.: „Klinische Vorlesungen" 1953; Hrsg. des „Handbuchs der Gynäkologie" 12 Bde. 1926–1937.

Stoecker, Adolf, ev. Theologe u. Politiker, *11. 12. 1835 Halberstadt, †7. 2. 1909 Bozen; 1874–1890 Dom- u. Hofprediger in Berlin, 1877 Leiter der Berliner Stadtmission; gründete 1878 die Christlichsoziale Arbeiterpartei (→Christlichsoziale Partei [2]); war Mitbegründer des Ev.-Sozialen Kongresses (1890); 1881–1893 u. 1898–1908 MdR, ursprüngl. Mitgl. der Konservativen Partei. Sein Versuch, die Arbeiterschaft vom Sozialismus zu lösen u. für die Monarchie zu gewinnen, scheiterte, auch an der Stellung Wilhelms II. S. war betonter Antisemit.

Stoessl, Otto, österr. Erzähler u. Essayist, *2. 5. 1875 Wien, †15. 9. 1936 Wien; war Eisenbahnbeamter; gehörte zum neuromant. Kreis um P. *Ernst;* schilderte den bürgerl. Welt des alten Österreich: „Egon u. Danitza" 1910; „Das Haus Erath" 1920; „Nora die Füchsin" 1934. Ferner Essays u. Dramen („Der Hirt als Gott" 1920).

Stoff, textiles Flächengebilde, z. B. Gewebe, Wirkware, Vliesstoff.

Stoffausscheidung, Abgabe von Stoffen aus den Stoffwechselprozessen durch Organismen. Die Stoffe werden nicht wieder in den Stoffwechsel einbezogen. Im Gegensatz zu den Tieren, bei denen Stoffaufnahme u. S. gut zu beobachten sind, ist die S. der Pflanzen, die mengenmäßig sehr bedeutend ist, äußerlich wenig sichtbar. Man gliedert sie in *Exkretion, Sekretion* u. *Rekretion.* →Exkrete, →Sekrete, →Rekrete.

Stoffdruck, teilweises Anfärben eines Gewebes, wobei die Farbe zur Erzeugung verschiedener Muster auf das Gewebe gedruckt wird. Man unterscheidet 1. verschiedene D r u c k v e r f a h r e n : *Handdruck,* auch maschinell nachgeahmt, Farbauftrag mittels Holzformen *(Modeln); Walzendruck,* Farbauftrag mittels geprägter Walzen einer Druckmaschine; *Filmdruck,* Farbe wird mittels Spritzpistolen zwischen Schablonen in feinster Verteilung auf den Stoff gebracht; *Batikdruck,* Wachs wird vor dem Färben mustermäßig aufgetragen; 2. verschiedene D r u c k a r t e n : *Aufdruck,* die Farbe wird aufgedruckt; *Ätzdruck,* aufgedruckte Ätzmittel zerstören die stellenweise schon im Stoff befindliche Farbe; *Reservedruck,* die stellenweise auf den Stoff aufgedruckten Schutzmittel verhindern die vollständige Anfärbung des Gewebes. – ⌸ 10.8.5.

Stofftransport, *Physiologie:* die Beförderung von Wasser, Salzen, organ. Stoffwechselprodukten u. Gasen als Voraussetzung für einen abgestimmten Stoffwechselablauf. S. ist durch Poren von Zelle zu Zelle möglich (interzellulär) u. erschließt erst den gemeinsamen Funktionsablauf mehrerer Zellen. Daran schließt sich bei Pflanzen häufig das

Stoffwechsel

Ferntransportsystem: Das die ganze Pflanze durchziehende *Zwischenzellsystem* ermöglicht die Beförderung der Gase (Kohlendioxid, Sauerstoff u. Wasserdampf) ohne aktive Beteiligung der Pflanze, allein durch Diffusion. *Leitungsbahnen* (→Leitgewebe, →Leitbündel) übernehmen den Wassertransport. Die Transportkräfte entstehen durch Transpiration (Ausatmung von Wasserdampf) u. →Wurzeldruck. Org. Stoffe wie Zucker, Fette, Eiweiß, Alkaloide u. Hormone werden über das Markstrahlparenchym u. lebende Siebröhren transportiert. Bei Tieren sind energieverbrauchende Stoffwechselreaktionen am S. beteiligt. Während noch bei niederen Tieren einfache Beförderung von Zelle zu Zelle möglich ist (Hohltiere), durch Wanderzellen (Schwämme), durch Flüssigkeiten in Räumen zwischen den Zellen (Plattwürmer) oder durch ein im ganzen Körper verzweigtes Darmsystem (Saugwürmer), ist bei höheren Tieren ein →Blutgefäßsystem ausgebildet. Durch kontraktile Gefäßabschnitte ist das Blut als Transportflüssigkeit mit den gelösten Stoffen in dauernder Bewegung (→Blutkreislauf). – ⊡ 9.0.7.

Stoffwechsel, *Metabolismus*, die Gesamtheit der chem. Umwandlungen im Organismus, das als offenes System mit seiner Umgebung in Materie- u. Energieaustausch steht.

S. erfolgt stets unter Mitwirkung von →Enzymen über eine Kette von Zwischenprodukten. Viele Reaktionen sind umkehrbar; es können also die gleichen Substanzen bei Bedarf wiedergewonnen werden. Kohlenhydrate (Stärke, Glykogen) werden über den Einfachzucker Glucose zu *Acetyl-Coenzym-A* („aktivierte Essigsäure") abgebaut. Diese Verbindung ist Ausgangspunkt neuer Synthesen (Fette) u. Reaktionspartner für den →Citronensäurecyclus u. die Atmungskette. S.endprodukte sind Kohlendioxid (wird ausgeatmet) u. Wasser. Es wird eine erhebliche Menge Energie frei u. in der energiereichen Verbindung *Adenosintriphosphat (ATP)* gespeichert. Sie kann zur Unterhaltung aller energieverbrauchenden Lebensvorgänge verwendet werden.
Fette werden durch das Enzym *Lipase* in Glycerin u. Fettsäuren gespalten u. die kettenförmigen Fettsäuren nacheinander um 2 Kohlenstoffatome verkürzt (β-Oxydation). Dabei entsteht jeweils ein Molekül *Acetyl-Coenzym-A*, das ebenfalls in den Citronensäurecyclus münden kann. Dort münden auch die auf komplizierten Reaktionswegen abgebauten *Aminosäuren* (Eiweißbestandteile). Der dabei frei werdende Stickstoff wird als Harnstoff über die Niere ausgeschieden. Die S.prozesse verlaufen in allen Zellen räumlich getrennt, der Mitochondrien der Citronensäurecyclus u. die Atmungskette, die Eiweißsynthese an den Ribosomen, der Zuckerabbau (→Glykolyse, →anaerobe Glykolyse) im Zytoplasma. →auch Assimilation, Dissimilation. – ⊡ 9.0.7.

Stoffwechselkrankheiten, durch Störungen der Stoffwechselprozesse hervorgerufene Krankheiten. So verursacht z.B. die Störung des Fettstoffwechsels Fettsucht oder Magersucht, des Kohlenhydratstoffwechsels Zuckerkrankheit, des Eiweißstoffwechsels Gicht. – ⊡ 9.9.1.

Stohmann, Friedrich August, Agrikulturchemiker, *25. 4. 1832 Bremen, †1. 11. 1897 Leipzig; führte grundlegende Arbeiten über Ernährung u. Stoffwechsel von Pflanzen durch.

Stöhr, Philipp, Anatom u. Histologe, *12. 4. 1891 Würzburg; Prof. in Bonn. – *S.sches nervöses Terminalretikulum*, Endausbreitung des vegetativen Nervensystems, feinstes, die Zellen u. Gewebe eng umspannendes Nervenfasernetz.

Stoica, Chivu, rumän. Politiker (KP), *8. 8. 1908 Smeieni, †18. 2. 1975 Bukarest; seit 1945 Mitgl. des ZK, 1952–1969 Mitgl. des Politbüros bzw. Präsidiums, 1955–1961 Min.-Präs., 1961–1965 u. 1967–1969 Sekretär des ZK, 1965–1967 Vors. des Staatsrats (Staatsoberhaupt).

Stoizismus [stoːi-], die Philosophie der *Stoa* u. der Einfluß stoischer Gedanken auf die nachfolgenden Zeiten; im allg. Sprachgebrauch: unerschütterlicher Gleichmut.

Stoke-on-Trent ['stouk ɔn 'trent], mittelengl. Stadt am Trent, in der Grafschaft Staffordshire, 265 200 Ew.; Kohlenbergbau, Stahl-, Metall- u. chem. Industrie; Zentrum der Töpfereiwaren- u. Porzellanherstellung („Pottery District").

Stokes [stouks; das; nach G. G. *Stokes*], Kurzzeichen St, veraltete Einheit der kinemat. Viskosität. 1 St = 1 cm²/s. Jetzt SJ-Einheit: m²/s. →Viskosität.

Stokes [stouks], Sir George Gabriel, brit. Mathematiker u. Physiker, *13. 8. 1819 Skreen (Irland), †1. 2. 1903 Cambridge; entdeckte die *S.sche Regel*, nach der das Fluoreszenzlicht immer eine kleinere Frequenz hat als das erregende Licht; fand das *S.sche Reibungsgesetz* von Strömungen.

Stokowski, Leopold, US-amerikan. Dirigent poln.-irischer Abstammung, *18. 4. 1882 London, †13. 9. 1977 Hampshire; leitete seit 1909 zahlreiche Orchester.

Stola [die, Mz. *Stolen*; lat.], 1. *Kleidung*: das zweite, über der Tunika getragene Hemdgewand der röm. u. byzantin. Frau, oft mit 2 Schmuckstreifen von den Schultern bis zum Saum verziert; seit etwa 1820 nennt man in der weibl. Mode auch einen von den Schultern lang herabfallenden Pelz- oder Wollumhang S.
2. *Liturgie*: in der kath. u. auch anglikan. Kirche Teil der liturg. Kleidung, etwa 2,50 m langes, schärpenartiges Tuch, das in Stoff u. Farbe mit den am betr. Tag des Kirchenjahrs vorgeschriebenen liturg. Gewändern in Übereinstimmung stehen muß; wird über die Schulter gelegt.

Stolberg, 1. *S./Harz*, Stadt im Krs. Sangerhausen, Bez. Halle, nordöstl. von Nordhausen, am Südharz, überragt vom Auerberg (575 m), 2200 Ew.; Barockschloß; zahlreiche Renaissancefachwerkhäuser (u.a. Heimatmuseum); Luftkurort; Geburtsort Thomas *Münzers*.
2. *S. (Rheinland)*, Stadt in Nordrhein-Westfalen (Ldkrs. Aachen), 57 500 Ew.; Burg *Bleibtreu*; Metall-, Glas-, chem. u. Holzindustrie; älteste Messingwerke, seit 15. Jh.

Stolberg, thüring. Reichsgrafen- bzw. Fürstengeschlecht, teilte sich 1645 in die Linien *S.-Roßla*, *S.-S.*, *S.-Wernigerode*; Pietisten u. Herrnhuter.
1. Auguste Louise Gräfin zu S.-S., verheiratete Gräfin *Bernstorff*, Schwester von 2) u. 3), *7. 1. 1753 Bramstedt, †30. 1. 1835 Kiel; bekannt durch die Briefe, die der junge Goethe ihr als der unbekannten Schwester seiner Freunde schrieb.
2. Christian Graf zu S.-S., Bruder von 1) u. 3), Lyriker, *15. 10. 1748 Hamburg, †18. 1. 1821 Schloß Windebye bei Eckernförde; Mitglied des „Göttinger Hains" u. mit Goethe befreundet. Übersetzer deutscher griechischer Klassiker.
3. Friedrich Leopold Graf zu S.-S., Bruder von 1) u. 2), Lyriker u. religiöser Schriftsteller, *7. 11. 1750 Schloß Bramstedt, Holstein, †5. 12. 1819 Gut Sondermühlen bei Osnabrück; schrieb in Anlehnung an F. G. Klopstock Oden, auch vaterländ. u. volkstüml. Lieder; „Gedichte" mit 2) gemeinsam 1779. Übersetzungen: „Ilias" 1778; „Aeschylos" 1802; „Ossian" 1806.

STOL-Flugzeug [Abk. für engl. *Short Take-Off and Landing*, „Kurzstart u. -landung"], für kurze Start- u. Landestrecken entworfenes Flugzeug (*Kurzstartflugzeug*) zum Einsatz von kleinen u. unausgebauten Geländeflächen aus. Durch geeignete Hilfsmittel (bewegl. Klappen an der Tragflächenhinterkante u. Hilfsflügel an der Vorderkante sowie Grenzschichtbeeinflussung) wird eine Erhöhung der Auftriebskraft erzielt; Verwendung für Rettungs- u. Versorgungsflüge, zivile u. militär. Transportaufgaben →VTOL-Flugzeug.

Stolgebühren, Gebühren für kirchl. Amtshandlungen, in den ev. Kirchen abgeschafft. →auch Kasualien.

Stoll, Arthur, schweizer. Chemiker, *8. 1. 1887 Schinznach, †13. 1. 1971 Dornach; führte Untersuchungen über die Alkaloide des Mutterkorns, Digitalis-Glykoside u. die Bedeutung des Chlorophylls bei der Kohlensäureassimilation durch.

Stollberg/Erzgeb., Kreisstadt im Bez. Karl-Marx-Stadt, südwestl. der Bezirksstadt, 12 800 Ew.; Textil-, Holz-, mechan., Metallindustrie; Talsperre; in der Nähe Schloß *Hohenstein*. – Krs. Stollberg: 196 qkm, 85 500 Ew.

stollen, hart aufgetrocknetes, mit Mineralgerbstoffen gegerbtes Oberleder durch Überziehen über scharfe Kanten (Stollmond, Stollrahmen oder Stollmaschine) weich u. geschmeidig machen.

Stollen, 1. *Berg- u. Tunnelbau*: künstlich angelegter unterirdischer Gang für Zwecke des Bergbaus, der Wasserversorgung, zur Aufnahme von Rohrleitungen, Kabeln u. ä. S., die dem Verkehr dienen, heißen *Tunnel* (Fußgänger-, Eisenbahn-, Straßen-, Kanaltunnel). Oberflächennahe Tunnel, bes. für U-Bahnen, werden im offenen Einschnitt, tiefgelegene Tunnel u. S. bergmännisch ausgeführt.
2. *Landtechnik*: Teil des Hufeisens.
3. *Lebensmittel*: *Stolle*, Weihnachtsgebäck aus feinem Hefeteig mit reichlich Rosinen u. Mandeln sowie Zitronat, in Brotform gebacken.
4. *Literatur*: 1. im Stabreimvers die beiden *Stäbe* im Anvers der Langzeile, im Gegensatz zum „Hauptstab" des Averses. – 2. in der Lyrik des MA. die ersten beiden, gleichgebauten Abschnitte der „Meistersangstrophe", die zusammen den *Aufgesang* bilden.

Stollenkrypta, frühe Form der Krypta, setzt sich aus einem oder mehreren, oft sich kreuzenden, tonnengewölbten Gängen zusammen.

Stollenschrank, Anrichte, Luxusmöbel der Spätgotik, verbreitet in Frankreich, den Niederlanden u. dem Rheinland, zum Aufbewahren u. zur Schaustellung von Tafelgerät benutzt. Der S. steht auf bis zu 1,50 m hohen Vierkantpfosten (Stollen), die durch ein Querbrett verbunden sind. Im 16. Jh. wurde der S. von der *Kredenz* abgelöst.

Stollwerck, Franz, Industrieller, *5. 6. 1815 Köln, †10. 3. 1876 Köln; entwickelte sein 1839 in Köln gegründetes Back- u. Zuckerwarengeschäft zu einer Schokoladenfabrik; seit 1902 *Gebr. S. AG*, seit 1972 *Stollwerck AG*, Köln; Grundkapital: 22 Mill. DM.

Stolon [der; lat.], *Botanik*: →Ausläufer.

Stolp, poln. *Słupsk*, Stadt in Pommern (1945 bis 1950 poln. Wojewodschaft Gdańsk, 1950–1975 Koszalin, seit 1975 Hpst. der Wojewodschaft Słupsk), an der Stolpe, 75 000 Ew.; got. Marienkirche (15. Jh.); Holz-, Maschinen- u. landwirtschaftl. Industrie; Bahnknotenpunkt.

Stonehenge

Stolpe, poln. *Słupia,* Ostseezufluß in Pommern, 188 km, entspringt in Westpreußen südöstl. von Lauenburg, mündet bei Stolpmünde.
Stolpe, Sven, schwed. Erzähler u. Essayist, * 24. 8. 1905 Stockholm; wurde 1947 kath.; schrieb religiöse Romane sowie Biographien.
Stolpmünde, poln. *Ustka,* Hafenstadt u. Seebad in Pommern (1945–1950 poln. Wojewodschaft Gdańsk, 1950–1975 Koszalin, seit 1975 Słupsk), an der Mündung der *Stolpe* in die Ostsee, 9600 Ew.; Schiffbau, Fischerei, Fischräuchereien.
Stoltenberg, Gerhard, Politiker (CDU), * 29. 9. 1928 Kiel; Dozent für neuere Geschichte (Kiel 1960), 1965 u. 1969/70 Direktor bei Krupp; 1957–1971 MdB, 1965–1969 Bundes-Min. für wissenschaftl. Forschung, seit 1969 stellvertr. Partei-Vors. der CDU, seit 1971 Ministerpräsident von Schleswig-Holstein.
Stolypin, Pjotr Arkadjewitsch, russ. Politiker, * 14. 4. 1862 Dresden, † 18. 9. 1911 Kiew (ermordet); seit 1906 Innen-Min. u. Min.-Präs.; Verfechter der Autokratie, oktroyierte nach Auflösung der 1. u. 2. Reichsduma ein Wahlgesetz, das in der 3. Duma 1907–1912 eine konservative Mehrheit sicherte. S.s Agrarreform 1910/11 ermöglichte Einzelbauerntum in Rußland.
Stolz, 1. Alban, kath. Volksschriftsteller, * 3. 2. 1808 Bühl, Baden, † 16. 10. 1883 Freiburg i. Br.; war dort Theologe u. Hrsg. des volkstüml. „Kalenders für Zeit u. Ewigkeit" (1843, erschien bis 1887); auch Reise- u. Tagebücher.
2. Robert, österr. Operettenkomponist u. Dirigent, * 25. 8. 1880 Graz, † 27. 6. 1975 Berlin; 1938 bis 1946 in den USA, seitdem in Wien. Etwa 60 Operetten („Manöverliebe" 1906; „Der Tanz ins Glück" 1921; „Eine Sommernacht" 1921; „Mädi" 1923; „Wenn die kleinen Veilchen blühn" 1932; „Frühling im Prater" 1949; „Hochzeit am Bodensee" 1969), daneben Film- u. Schlagermusik.
Stolze, Wilhelm, Stenograph, * 20. 5. 1798 Berlin, † 8. 1. 1867 Berlin; erfand 1841 eine Kurzschrift, 1887 von F. *Schrey* umgestaltet, seit 1897 als *System Stolze-Schrey* verbreitet (→Kurzschrift).
Stölzel, Gottfried Heinrich, Komponist, * 13. 1. 1690 Grünstädtel, Erzgebirge, † 27. 11. 1749 Gotha; seit 1719 Hofkapellmeister in Gotha; schrieb zahlreiche Opern, Kantaten, Passionen u. Instrumentalwerke.
Stolzenfels, Schloß am linken Rheinufer, gegenüber der Lahnmündung, südl. von Koblenz, erbaut 1836–1842 unter Friedrich Wilhelm IV. von Preußen nach Entwürfen von K. F. *Schinkel* auf den Ruinen einer Burg des 13. Jh.
Stolzit [der; nach dem böhm. Naturwissenschaftler *Stolz,* 19. Jh.], *Scheelbleierz, Wolframbleierz,* verschieden gefärbtes, fettglänzendes Mineral; tetragonal; Härte 3; spitze oder kurz säulenförmige Kristalle; auf Bleiglanzgängen.
Stomatitis [die; grch.], Mundschleimhautentzündung in katarrhalischen, geschwürigen u. mit Bläschen verbundenen Formen; letztere bezeichnet man als *Aphthen.* Ursachen: verschiedene Krankheitserreger, Gifte (z. B. Quecksilber), Vitaminmangel (z. B. Skorbut), mechan. Reize durch Zahnersatz, chem. Reize.
Stomatologie [grch.], Lehre von (den Erkrankungen) der Mundhöhle.
Stomiatidae [grch.] = Großmäuler.
Stone [stoun; der; engl.], Kurzzeichen st., engl. Massemaß; 1 st. = 14 Pound = 6,3502 kg.
Stone [stoun; engl.], Bestandteil geograph. Namen: Stein.
Stone [stoun], **1.** Irving, US-amerikan. Schriftsteller, * 14. 7. 1903 San Francisco, Calif.; Verfasser romanhafter Biographien: „Vincent van Gogh" 1934, dt. 1936; „Zur See u. im Sattel. Das Leben Jack Londons" 1938, dt. 1948.
2. Nicholas, engl. Bildhauer, * 1586 Woodbury bei Exeter, † 24. 8. 1647 London; Schüler von H. de Keyser; arbeitete im Auftrag Karls I. für die Schlösser Windsor, Greenwich, Somerset House u. a.; schuf Gartenskulpturen u. Grabmonumente.
Stonehenge ['stounhendʒ], sakrale Steinkreisanlage vom Ende der Jungsteinzeit u. Beginn der Bronzezeit nördl. von Salisbury (Grafschaft Wiltshire) im Zentrum der *Wessex-Kultur* Englands. Sie besteht aus zwei Steinkreisen mit hochragenden, säulenartigen Vierkantblöcken; auf je zweien lag ein waagerechter Stein (Trilithen). Fünf Trilithen, hufeisenförmig angeordnet, umgeben im Innern einen „Altarstein" u. eine kleine hufeisenförmige Anordnung aus weiteren 19 Steinen. Um diesen Kreis ist ein äußerer Trilithenkreis aus 30 Steinen von 4,1 m Höhe aufgerichtet; die ganze Anlage umgab ein Kreisgraben

von 114 m Durchmesser. In der verlängerten Längsachse des Hufeisens fand man Spuren einer „Avenue", über die zur Zeit der Sommersonnenwende die aufgehende Sonne auf den Altarstein fällt. Die Anlage wurde während ihres Bestehens mehrmals umgebaut, das Material (Sandstein) aus etwa 30 km Entfernung herbeigeschafft.
Stooß, Carl, Jurist, * 13. 10. 1849 Bern, † 24. 2. 1934 Graz; beeinflußte die Schweizer Strafrechtsreform 1937.
Stop [engl.], **1.** *allg.:* Halt!
2. *Telegraphie:* Punkt.
Stopfbüchse, Maschinenteil zum Abdichten von Kolbenstangen, Pumpenwellen u. ä. gegen das Gehäuse, so daß die im Gehäuse befindlichen Flüssigkeiten u. Gase nicht austreten können. →auch Dichtung.
stopfende Mittel = Obstipantia.
Stopfenwalzverfahren, Herstellung nahtloser Rohre aus Hohlblöcken, die mit Kaliberwalzen über einen Dorn (Stopfen) gewalzt u. hierbei gestreckt werden.
Stopfenzug, Einrichtung zum →Ziehen von Rohr über einen kurzen Dorn (Stopfen).
Stoph [ʃtoːf], Willi, Politiker (SED), * 9. 7. 1914 Berlin; Maurer, seit 1931 Mitgl. der KPD; seit

Willi Stoph

1950 Mitgl. des ZK, seit 1953 des Politbüros der SED; 1952–1955 Innen-Min., 1956–1960 Verteidigungs-Min. (1959 Armeegeneral); 1954–1962 Stellvertreter, 1962–1964 Erster Stellvertr. des Vorsitzenden, 1964–1973 Vors. des Ministerrats (Min.-Präs.), 1973–1976 Vors. des Staatsrats, seit 1976 wieder Vors. des Ministerrats der DDR.
Stopover-Recht [engl.], das Recht des Fluggasts, den Flug auf einem Zwischenlandeplatz zu unterbrechen.
Stoppard ['stɔpəd], Tom, engl. Dramatiker, * 3. 7. 1937 Zlín (ČSR); Dramen, Hör- u. Fernsehspiele; Welterfolg mit der Tragikomödie „Rosenkranz u. Güldenstern sind tot" 1967, dt. 1967, in der er absurde u. realist. Elemente verband.
Stoppelfrucht, nach der Ernte in den gepflügten Boden eingebrachte Zwischenfrucht (z. B. Klee, Gräser, Leguminosen, Stoppelrüben) zwecks Gewinnung von Futter, evtl. auch Stickstoffsammlung u. Humusbildung im Boden.
Stoppelpilz, *Hydnum,* in Hut u. Stiel gegliederter *Ständerpilz* mit dickem, weichem Fleisch von weißlicher Farbe; Hut mit Stacheln. Zu den S. en gehören *Semmelgelber S., Hydnum repandum,* u. *Rotgelber S., Hydnum rufescens;* jung sind beide wohlschmeckend.
Stoppelrübe →Rübsen.
stoppen [engl.], **1.** *allg.:* jemanden oder etwas anhalten, zum Halten bringen.
2. *Sport:* mit einer Stoppuhr die Zeit messen.
Stopper [engl.], *Fußball:* im früher übl. „WM-System" ein Abwehrspieler, meist der Mittelläufer, der mit der Bewachung eines bes. gefährl. Stürmers beauftragt war. Heute übernimmt diese Funktion der sog. *Vorstopper,* der den gegner. Mittelstürmer bewacht, während der frühere Mittelläufer als →Libero spielt.
Stopplicht, Bremsleuchte bei Kraftfahrzeugen, rot oder gelb; Lichtstärke im Verhältnis zu Schlußleuchten mindestens 5 : 1.
Stoppstraße [engl.], eine Straße, an der (bes. vor Kreuzungen) aufgrund von Verkehrszeichen gehalten werden muß, um der Verkehr auf der Hauptstraße zu sichern.

Stoppuhr, Kurzzeitmesser; meist taschenuhrähnlich, hat einen großen *Stoppzeiger* zum Messen von Sekunden u. Sekundenbruchteilen (im allg. Zehntelsekunden) u. einen *Zeitzeiger* für die Minutenanzeige. Die S. wird bes. beim Sport u. für die Arbeitszeitkontrolle benutzt. Die erste S. wurde 1822 in England hergestellt.
Stöpselwiderstand, stufenweise veränderlicher Präzisionswiderstand. In einem Gehäuse sind einzelne Widerstandsdrähte mit festen Werten hintereinandergeschaltet, die sich jeweils durch Metallstöpsel kurzschließen lassen. Bei einem guten S. können durch wahlweises Entfernen der Stöpsel alle ganzzahligen Werte von 1 Ω bis 2000 Ω eingestellt werden.
Stor [dän., norw., schwed.], Bestandteil geograph. Namen: groß.
Stör, 1. [die], *Wirtschaft: Störarbeit,* Arbeit eines selbständigen Gewerbetreibenden mit eigenem Werkzeug im Haus des Kunden.
2. [der], *Zoologie:* →Störe.
Stör [die], rechter Zufluß der Unterelbe in Schleswig-Holstein, 85 km, davon 51 km schiffbar, entspringt bei Neumünster, mündet unterhalb von Glückstadt.
Störähnliche, *Acipenseriformes,* Ordnung der *Knorpelganoiden;* Fische mit spindelförmigem Körper, Kiefer lang ausgezogen u. wenig bezahnt; 5 Kiemenbögen, die ein Kiemendeckel *(Operculum)* verschließt. Nahrung: Fische u. Wirbellose. 2 Familien: *Störe* u. *Löffelstöre.*
Storch, Anton, Politiker (CDU), * 1. 4. 1892 Fulda, † 26. 11. 1975 Fulda; 1948/49 Direktor der Verwaltung für Arbeit des Vereinigten Wirtschaftsgebiets; 1949–1957 Bundesarbeits-Min.
Störche, *Ciconiidae,* in 17 Arten über die warmen u. gemäßigten Zonen verbreitete Familie der *Stelzvögel* (1), die feuchte Niederungen, Steppen u. Wälder bewohnen. Die Nester werden häufig in Kolonien als große Reisigbauten errichtet. Mit dem langen, geraden Schnabel werden Kleintiere aller Art aufgenommen, bei den Marabus auch Aas. Außereurop. S.: Sattelstorch, Klaffschnabel, Jabiru, Nimmersatt u. Marabu. Einheim. sind *Weißer Storch, Ciconia ciconia,* u. *Schwarzstorch, Ciconia nigra.*
Storchschnabel, 1. *Botanik: Geranium,* nach der langen schnabelähnl. Früchten benannte Gattung der S. gewächse. Von den in Dtschld. vorkommenden Arten seien genannt: *Stinkender S. (Ruprechtskraut, Geranium robertianum),* mit hellpurpurnen Kronblättern u. an den Gelenken verdickten, abstehend behaarten Stengeln; der *Weich-S., Geranium molle,* mit zottig-weich behaarten Stengeln u. rötlich-violetten Blüten; der *Blutrote S., Geranium sanguineum,* mit im Herbst meist blutroten Stengeln u. rotvioletten Blüten.
2. *Zeichentechnik: Pantograph,* Gerät zur mechan. Vergrößerung u. Verkleinerung von Strichzeichnungen. Der Drehpunkt, der Führungsstift u. der Zeichenstift werden durch eine Parallelführungsstange immer auf einer Linie gehalten. Dadurch wird bewirkt, daß der Zeichenstift alle Bewegungen des Führungsstifts auf der Originalzeichnung mitmacht.
Storchschnabelgewächse, *Geraniaceae,* Familie der *Gruinales,* Pflanzen, die sehr lange Fruchtblätter bilden. Dazu gehören der *Storchschnabel* u. der *Reiherschnabel* u. die Topf-„Geranie" (→Pelargonie).
Störe, *Acipenseridae,* Familie der *Störähnlichen;* Schuppen zu 5 Längsreihen von Knochenschilden reduziert; 4 Bartfäden. S. leben in den Meeren der Nordhalbkugel. u. steigen zum Laichen in Flüsse auf. Fleisch sehr wertvoll; der Rogen wird zu *Kaviar* verarbeitet. Der *Stör, Acipenser sturio,* wird 1–2 m, selten bis 6 m lang. S. en sind *Sterlet, Hausen* u. *Waxdick.* Durch Abwasserverschmutzung u. Überfischung sind S. heute selten geworden. u. drohen sogar in der UdSSR auszusterben. – ▢ S. 258.
Storey ['stɔri], David, engl. Schriftsteller, * 13. 7. 1933 Wakefield, Yorkshire; Maler, Bühnenautor u. Romancier; beeinflußt von D. H. *Lawrence* u. W. *Lewis;* realist.-krit. u. poet.-symbolische Erzählungen u. Bühnenwerke.
Storkow [-koː], Stadt im Krs. Beeskow (Bez. Frankfurt), bei Beeskow, am *S.er See,* 4900 Ew.; Viehzucht, Forstwirtschaft; Holz-, Schuh-, Nahrungsmittelindustrie.
Storm, Theodor, Schriftsteller, * 14. 9. 1817 Husum, † 4. 7. 1888 Hademarschen, Holstein; Rechtsanwalt, später Amtsrichter; schilderte in stimmungsreichen Gedichten u. über 50 Novellen

Stormarn

Störe: a) Schaufelstör, Scaphirhynchus platorhynchus; b) Stör, Acipenser sturio; c) Sterlet, Acipenser ruthenus

Landschaft u. Menschen seiner Küstenheimat, kam dabei von eleg.-melanchol. Impressionen („Immensee" 1849; „Viola tricolor" 1873) zu größerer Wirklichkeitsnähe („Pole Poppenspäler" 1874; „Die Söhne des Senators" 1880; „Der Herr Etatsrat" 1881) u. zu einem dem Tragischen offenen Chronikstil („Aquis submersus" 1877; „Renate" 1878; „Eekenhof" 1879; „Der Schimmelreiter" 1888). Auch Anthologien. S.-Gesellschaft, gegr. 1948 in Husum. – ☐ 3.1.1.

Stormarn, historische schleswig-holstein. Landschaft u. Ldkrs. zwischen der unteren Elbe, der Stör, der mittleren Trave u. dem Herzogtum Lauenburg; als Ldkrs. 766 qkm, 184 000 Ew.; Verwaltungssitz *Bad Oldesloe*.

Stormont [ˈstɔːmənt], das Parlament von Nordirland (nach dem Tagungsort in S. bei Belfast), bis 1972 ein Zweikammerparlament, bestehend aus dem Unterhaus mit 52 Abg. u. dem Senat mit 26 Mitgl. Die Zuständigkeit erstreckt sich auf Landwirtschaft, Soziales, Bildungsfragen u. innere Sicherheit, nicht dagegen auf Außen-, Verteidigungs- u. Währungspolitik. Seit der Bildung des S. 1920/21 bis 1972 wurde das Unterhaus stets mit absoluter Mehrheit von den durch das Mehrheitswahlrecht begünstigten prot. Unionisten beherrscht. 1972 wurde die Tätigkeit des S. vom brit. Unterhaus suspendiert. Aufgrund des vom brit. Unterhaus erlassenen Nordirland-Gesetzes (faktisch eine Landesverfassung für Nordirland) wurde 1973 eine nordirische „Versammlung" als Einkammerparlament (78 Sitze) geschaffen. Ihre Zuständigkeit ist vorläufig noch stärker eingeschränkt als früher die des S. Die Sitzverteilung in dem nach Verhältniswahlrecht gewählten Parlament ist nach der Wahl vom 28. 6. 1973 folgende:

Offizielle Unionisten	23
Dissidente Unionisten	10
Loyalisten-Bund	17
Sozialdemokrat. Labour-Partei	19
Allianz-Partei	8
Nordirische Labour-Partei	1

Stornello →Ritornell.

Storni, Alfonsina, argentin. Lyrikerin, *29. 5. 1892 Sala Capriasa, Tessin, †11. 5. 1938 Buenos Aires (Selbstmord); ihre Lyrik ist von sozialer Rebellion u. erot. Freimut getragen; „Verwandle die Flüsse. Ausgewählte Gedichte" dt. 1959.

stornieren [ital.], eine Buchung rückgängig machen.

Storno [der; ital.], Annullierung einer Buchung durch Einsetzen des gleichen Betrags auf der Gegenseite des Kontos.

Störschutz, Maßnahmen zur Entstörung elektr. Geräte, die den Rundfunkempfang störende Wellen erzeugen. S.mittel sind Kondensatoren, Drosseln u. Widerstände, deren Einschaltung in Motoren u. anderen Geräten vor allem die Funkenbildung unterdrückt. Bei Hochfrequenzgeräten ist eine metallene, geerdete Umhüllung notwendig.

Störsender, ein Rundfunksender, der durch Störgeräusche (oft ein andauernder Heulton) auf der Trägerfrequenz eines anderen Senders dessen Empfang verhindern soll; im 2. Weltkrieg u. im „kalten Krieg" häufig verwendet (auch zur Störung des Funkverkehrs). Die Störung kann z.T. durch Peilantennen unterdrückt werden.

Storsjön [-ʃœn], See in Jämtland, Mittelschweden, 456 qkm, vom Indalsälven durchflossen.

Störstelle, *Festkörperphysik: Fehlstelle, Fehlordnung*, jeder Fehler im regelmäßigen Gitteraufbau eines Kristalls; so z.B. leere Plätze im Gitter, Atome, die an Stellen zwischen den richtigen Gitterplätzen liegen, oder einzelne fremde Atome im Gitter.

Storstrøm, dän. Amtskommune, umfaßt das südl. Seeland mit *Mön* (1601 qkm, 127 600 Ew.), *Falster* u. *Lolland* (1795 qkm, 125 200 Ew.), insges. 3396 qkm, 252 800 Ew.; Hptst. *Nyköbing Falster*.

Störtebeker, Klaus, Freibeuter, †1401 Hamburg; wurde 1394 mit *Godeke Michels* Führer der *Vitalienbrüder*, von den Hamburgern bei Helgoland 1401 gefangen u. hingerichtet; in Liedern u. Sagen als volkstüml. Held gefeiert.

Storting [ˈstuːr-; das; norw., „großes Thing"], das norweg. Parlament, in allg., gleicher, geheimer u. direkter Wahl gewählt, wählt aus seiner Mitte das *Lagting* (4. Teil seiner Mitgl.), die übrigen Abg. bilden das *Odelsting*. Über Verfassungsänderungen u. Finanzangelegenheiten beraten u. beschließen Lagting u. Odelsting als S. gemeinsam.

Störung, 1. *Astronomie*: Abweichung eines Himmelskörpers von seiner Bahn. Die Bahn eines Planeten (Mondes, Kometen) um seinen Zentralkörper ist in erster Näherung ein Kegelschnitt (Ellipse, Parabel, Hyperbel), der nach den Keplerschen Gesetzen durchlaufen wird. Durch Anziehung anderer Körper des Sonnensystems wird diese Bewegung verzerrt. Es entstehen Änderungen der Örter *(Koordinaten-S.)* oder der Bahnelemente *(Elementen-S.)* des Himmelskörpers.
2. *Geologie*: eine Bruch- oder Verwerfungslinie; z. T. auch der Verwerfungsvorgang selbst.
3. *Meteorologie*: eine Unterbrechung der normalen durchschnittl. Verhältnisse. In der Synoptik versteht man darunter meist das Auftreten von Zyklonen mit ihren Fronten oder Okklusionen. →auch Singularität.

Story [ˈstɔːri; die, Mz. *Stories*; engl.], 1. der Inhalt einer Geschichte, ein knapper Abriß des Handlungsverlaufs; die übliche Bez. bei Filmwerken.
2. = Short story.

Stosch, Albrecht von, General u. Admiral, *20. 4. 1818 Koblenz, †29. 2. 1896 Oestrich; polit. Gegner Bismarcks, gehörte zum Kreis um den Kronprinzen Friedrich Wilhelm (den späteren Kaiser Friedrich III.). Im Dt.-Französ. Krieg 1870/71 Generalintendant; 1872–1883 Chef der Admiralität, bestimmte den Ausbau der Marine nach landtaktischen Gesichtspunkten der Küstenverteidigung.

Stoß, 1. *Bergbau*: Seitenwand eines Grubenbaues; Gewinnungsstelle im Abbau.
2. *Gastronomie*: Keule von geschlachteten Tieren, z. B. Kalbs-, Rinds-S.
3. *Jagd*: Schwanz des Federwilds.
4. *Physik*: Aufeinanderprall zweier oder mehrerer Körper. 1. *elastischer* S.: Die Körper fliegen nach dem Zusammenprall wieder auseinander, ohne daß kinet. Energie in andere Energieformen umgewandelt wird; 2. *unelastischer* S.: Ein Teil oder alle vor dem S. vorhandene Bewegungsenergie wird in andere Energieformen, z.B. Wärme oder innere Anregungsenergie bei einem Atom, umgewandelt.
5. *Technik*: die Stelle, an der zwei Bauteile mit Stirnflächen zusammentreffen, z.B. Eisenbahnschienen, Balken, Steine.

Stoß, Veit, Bildhauer, Maler u. Kupferstecher, *um 1445 wahrscheinl. Nürnberg, †1533 Nürnberg; neben T. *Riemenschneider* der bedeutendste Bildhauer der dt. Spätgotik, tätig vor allem in Nürnberg, 1477–1496 in Krakau, wo er den Hochaltar für die Marienkirche schuf, die Flügel als Reliefs, der monumentale Mittelschrein mit vollplast. Figuren. Nach einem Aufenthalt in Breslau (1485) war S. 1486/87 vorübergehend wieder in Nürnberg; er ließ sich 1496 endgültig dort nieder, wurde 1503 gebrandmarkt u. gefangengesetzt. Hauptmerkmale seines plast. Stils sind leidenschaftl. Formenunruhe, feinste Nuancierung des seel. Ausdrucks u. realist. Detailbehandlung. Die Hände der Figuren werden in gesteigertem Maß zum Ausdrucksträger; das Faltenspiel der Gewänder ist oft unabhängig von der Körperbewegung gestaltet. Als Maler war S. bisher nur aus den Flügeln für den Magdalenenaltar in Münnerstadt bekannt (1504; der geschnitzte Mittelschrein von Riemenschneider 1490–1492); die Zuschreibung einiger Altarbilder in einer Kirche in Książnice Wielkie bei Krakau ist umstritten. S. schuf auch Kupferstiche, von denen 10 erhalten sind. Hptw.: Hochaltar der Marienkirche in Krakau 1477–1489; Marmorgräber in Gnesen u. Włocławek; Sandsteinreliefs mit Passionsdarstellungen 1499 u. hl. Andreas 1505–1507, Nürnberg, St. Sebald; Der engl. Gruß 1517/18, Nürnberg, St. Lorenz; Christus am Kreuz 1520, Nürnberg, St. Sebald; Hochaltar im Bamberger Dom 1520–1523. – ▣→polnische Kunst. – ☐ 2.4.3.

Stoßbank, *Rohrstoßbank*, Einrichtung zum Herstellen nahtloser Rohre aus runden Hohlkörpern mit Boden (→Ehrhardt-Verfahren) durch Warmformung. Der auf einen Dorn gesteckte Hohlkörper wird durch mehrere hintereinander angeord-

Veit Stoß: Englischer Gruß; 1518. Nürnberg, St. Lorenz

nete Ziehringe gestoßen u. dabei zum Rohr gezogen. Die S. ist nicht zu verwechseln mit der *Stoßmaschine* der spanenden Formgebung.

Stoßdämpfer, richtiger *Schwingungsdämpfer*, Anordnung zur Verbesserung des Fahrkomforts u. der Fahrsicherheit eines Kraftfahrzeugs, gebaut als Reibungsdämpfer, häufiger als Flüssigkeitsdämpfer. →Schwingungsdämpfung.

Stößel, 1. *chem. Geräte:* beim *Mörser* die Reibkeule.

2. *Technik:* 1. bei Pressen der bewegliche Werkzeugträger. 2. beim Verbrennungsmotor Teil der Steuerung, überträgt die Bewegung der Nockenwelle auf das Ventil. – 3. Teil der *Stoßmaschine*, trägt den Nutenstahl.

stoßen, 1. *Bearbeitungstechnik:* mit einem Stoßmeißel von einem Werkstück unter Zurücklegen eines geradlinigen kurzen Arbeitswegs Werkstoff abspanen. Man unterscheidet *Waagerecht-* u. *Senkrecht-S.* Benutzt werden *Stoßmaschinen.*

2. *Sport:* 1. eine Art des →Gewichthebens; 2. die leicht- bzw. schwerathlet. Übungen →Kugelstoßen u. Steinstoßen (→Rasenkraftsport).

Stößer, der →Sperber.

Stoßgenerator, Gerät zum Prüfen der Hochspannungsfestigkeit von elektr. Geräten durch künstl. Erzeugung von Funkenüberschlägen. Ein S. besteht aus mehreren Kondensatoren, die in Parallelschaltung aufgeladen u. dann hintereinandergeschaltet werden. Dabei entladen sich die Kondensatoren, u. es entsteht eine definierte Spannung mit einem Höchstwert bis zu mehreren Mill. Volt, der das zu prüfende Objekt, z. B. ein Hochspannungstransformator, ausgesetzt wird.

Stoßgesetze, die physikal. Gesetzmäßigkeiten beim Zusammenstoß zweier Körper. Es sind dies die Erhaltungssätze für Energie u. Impuls. Bei bekannten Geschwindigkeiten der Massen vor dem Stoß lassen sich aus ihnen die Geschwindigkeiten nach dem Stoß berechnen.

Stoßheber = hydraulischer Widder.

Stoßionisation, die Ionisation von Atomen oder Molekülen durch Stoß mit Elektronen oder Ionen. Bei genügend hohem elektr. Feld können die erzeugten Ionen so stark beschleunigt werden, daß eine lawinenartige Vermehrung von geladenen Teilchen einsetzt, die z. B. zum Funkenüberschlag (Blitz) führt bzw. im Zählrohr (→Geigerzähler) zum Nachweis einzelner geladener Teilchen der kosmischen Strahlung dienen kann.

Stoßkuppe, *Belonit*, ein mehr oder weniger erstarrter Lavaschlot eines Vulkans, z. B. die *Montagne Pelée* (Ausbruch 1902), der durch vulkan. Gase wie eine Nadel aus dem Vulkan herausgedrückt wurde.

Stoßmaschine →Hobelmaschine.

Stoßstange, 1. *Kraftfahrwesen:* an Vorder- u. Rückseite von Kraftfahrzeugen angebrachte Schutzstange. Bei Zusammenstößen sollen die sog. *Stoßhörner* ein Übereinanderschieben verschiedenen hoher S.n verhindern.

2. *Technik: Ventilstoßstange* →Stößel (2).

Stoßtherapie, Behandlung von infektiösen Krankheiten durch Sulfonamide u. Antibiotika mit hohen Anfangsgaben, um sofort eine wirksame Konzentration der Mittel im Blut zu erzeugen u. eine Gewöhnung der Bakterien an die Mittel zu vermeiden. – Auch bei Rachitis spricht man von einer S. mit Vitamin D („Vigantol"-Stoß).

Stoßtrupp, militär. Abteilung bis zur Stärke einer Kompanie, die für einen bestimmten Kampfauftrag bes. ausgerüstet u. zusammengesetzt ist.

Stoßwelle, die Fortpflanzung einer unstetig verlaufenden plötzl. Druckerhöhung in gasförmigen, flüssigen u. festen Körpern. Die S. ist mit Änderung der Temperatur, der Dichte u. der Geschwindigkeit des Mediums verbunden. Sie entsteht z. B. bei Explosionen u. Überschallströmungen.

Stoßzahl, *Physik:* die Zahl der Stöße, die ein einzelnes Teilchen (Molekül, Atom, Ion, Elementarteilchen) während einer Sekunde auf andere Teilchen ausübt.

Stoßzahn, zur Waffe verlängerter u. umgebildeter Schneidezahn; →auch Elfenbein.

Stótinka [die, Mz. *Stótinki*], Münzeinheit in Bulgarien: 100 Stótinki = 1 *Lew.*

Stottern, *Dysarthria syllabaris*, eine krampfartige Störung der am Sprechakt beteiligten Muskeln.

Stout [staut; engl., „stark"], dem *Porter* ähnl. Starkbier.

Stout, Rex, US-amerikan. Schriftsteller, *1. 12. 1886 Noblesville, Ind., †27. 10. 1975 Danburg Conn.; Verfasser von vielgelesenen Detektivgeschichten (Detektiv Nero Wolfe).

Stowasser, Josef Maria, österr. Altphilologe u. Lyriker, *10. 3. 1854 Troppau, †24. 3. 1910 Wien; Verfasser eines verbreiteten latein.-dt. Wörterbuchs; übersetzte oberösterr. „Gstanzln" (Schnadahüpfln) ins Griechische („Griechische Schnadahüpfeln" 1903).

Stowe [stou], Harriet Beecher →Beecher-Stowe.

StPO, Abk. für →Strafprozeßordnung.

Strabismus [grch.] = Schielen.

Strabo, *Strabon*, griech. Geograph u. Geschichtsschreiber, *64 v. Chr. Amasia (Kleinasien), †etwa 20 n. Chr.; setzte die „Römische Geschichte" des *Polybios* fort (nicht erhalten) u. schrieb aufgrund seiner weiten Reisen das Werk „Geographie", das als Quelle für die griech. u. röm. Geographie heute noch bedeutsam ist.

Strachey ['streitʃi], Giles Lytton, engl. Schriftsteller, *1. 3. 1880 London, †21. 1. 1932 Hungerford, Berkshire; schrieb geistreiche, desillusionierende Biographien.

Strachwitz, Moritz Graf von, Balladendichter, *13. 3. 1822 Peterwitz, Schlesien, †11. 12. 1847 Wien; patriot. u. heroische Balladen bes. aus der nord. Sagenwelt; Ballade „Das Herz von Douglas", posthum 1848.

Stradivari, Antonio, lat. *Stradivarius*, italien. Geigenbauer, *1644 Cremona, †18. 12. 1737 Cremona; Schüler N. Amatis. Form u. Ausführung seiner Geigen sind von vollendeter Schönheit, ihr Ton von großer Fülle, im Charakter der hellen Oboe vergleichbar im Unterschied zu dem mehr flötenartig weichen der *Amati* u. *Guarneri.* Von ihm sind etwa 600 Geigen, 12 Violen, 50 Violoncelli, je 3 Harfen u. Gitarren bekannt, doch ist die Echtheit mancher umstritten. – ▣2.7.0.

Straelen ['ʃtra:-], Stadt in Nordrhein-Westfalen (Ldkrs. Kleve), nordwestl. von Krefeld, 11 000 Ew.; Holzindustrie, landwirtschaftl. Markt; Rhein. Lehr- u. Versuchsanstalt für Gartenbau.

Strafanstalt →Vollzugsanstalt, →Strafkolonie, →Straflager.

Strafantrag, förmliches Begehren der Einleitung eines Strafverfahrens, das bei sog. *Antragsdelikten* (z. B. bei Beleidigung, Hausfriedensbruch, Sachbeschädigung u. regelmäßig auch bei leichter vorsätzl. u. fahrlässiger Körperverletzung sowie bei Diebstahl, Unterschlagung u. Betrug gegen Angehörige) formelle Voraussetzung für die Strafverfolgung ist (§§ 77ff. StGB). *Antragsberechtigt* ist der Verletzte oder Geschädigte, soweit er das 18. Lebensjahr vollendet hat, bei Minderjährigen deren gesetzlicher Vertreter, bei Tatbegehung durch oder gegen Amtsträger, Richter usw. während oder hinsichtlich der Ausübung ihrer Tätigkeit auch der Dienstvorgesetzte (§ 77a StGB). →auch Einstellung (3).

Strafanzeige, Bekanntgabe einer strafbaren Handlung an die Strafverfolgungsbehörden (Staatsanwaltschaft, Polizei); regelmäßig Veranlassung (im Unterschied zum Strafantrag nicht Voraussetzung) der Einleitung eines Strafverfahrens. Eine Verpflichtung zur Erstattung von S.n (→Anzeigepflicht [4]) besteht für jedermann nur hinsichtl. geplanter schwerer Verbrechen; →unterlassene Verbrechensanzeige.

Strafarrest →Arrest.

Strafaufhebungsgründe, Umstände, aufgrund deren eine bereits verwirkte Strafe wegfällt, so →Rücktritt vom Versuch, →Begnadigung.

Strafaufschub →Strafaussetzung.

Strafausschließungsgründe, *persönliche S.*, Umstände, bei deren Vorliegen in der Person des Täters dessen Tat straflos bleibt. S. sind z. B. *Exterritorialität* sowie bei bestimmten Delikten (insbes. Handlungen der Strafvereitelung) die Angehörigeneigenschaft.

Strafaussetzung, *Strafaufschub, Strafausstand, Strafunterbrechung*, Aufschub oder Unterbrechung der Vollstreckung einer rechtskräftig verhängten Strafe, im Strafrecht der BRD in folgenden Fällen zulässig: 1. Ohne jede Strafverbüßung erfolgt die *S. zur Bewährung* (§§ 56–56g StGB) bei Freiheitsstrafe bis zu (regelmäßig) einem Jahr, u. U. bis zu 2 Jahren, wenn die Persönlichkeit des Verurteilten u. sein Vorleben sowie sein Verhalten nach der Tat erwarten lassen, daß er in Zukunft keine Straftaten mehr begehen wird. Ähnl. §§ 43 bis 56 österr. StGB. Das Strafrecht anderer Staaten kennt z. T. abweichende Regelungen, so etwa die *bedingte Verurteilung.*

2. das Gericht kann einen zu Freiheitsstrafe Verurteilten bedingt entlassen, wenn er ⅔ der Strafe, mindestens zwei Monate, verbüßt hat u. verantwortet werden kann, zu erproben, ob er außerhalb des Strafvollzugs keine Straftaten mehr begehen wird; ferner wenn er die Hälfte der Strafe, mindestens ein Jahr, verbüßt hat u. bes. Umstände in der Tat oder Persönlichkeit des Verurteilten vorliegen (§ 57 StGB). – Ähnl. in der Schweiz (Art. 38 StGB; hier müssen aber mindestens 3 Monate verbüßt sein) u. in § 46 österr. StGB.

3. die *Vollstreckung* ist unzulässig, wenn der Verurteilte geisteskrank ist oder durch sie sein Leben gefährdet wird oder bei bestimmten anderen schweren Krankheiten, ferner bei Wiederaufnahme des Verfahrens sowie auf Antrag des Verurteilten, wenn die Vollstreckung für ihn vom Strafzweck unabhängige Nachteile hat, u. U. auch wegen wirtschaftl. Schwierigkeiten bei Geldstrafen (§§ 47 Abs. 2, 360 Abs. 2, 455, 456, 456a StPO, 42 StGB). – Ähnlich der kurzzeitige Aufschub der Strafvollstreckung nach § 401f. der österr. StPO (insbes. bei Gefährdung des Unterhalts der schuldlosen Familie des Täters).

4. das *Jugendstrafrecht* der BRD kennt außer der Aussetzung der Jugendstrafe zur Bewährung (§§ 21ff. JGG) u. der bedingten Entlassung (§§ 88ff. JGG) die Möglichkeit, daß die Schuld des Jugendlichen durch Urteil festgestellt, die Verhängung einer Jugendstrafe jedoch ausgesetzt wird, wenn nicht mit Sicherheit beurteilt werden kann, ob in der Straftat schädliche Neigungen in einem Umfang hervorgetreten sind, der eine Jugendstrafe erforderlich macht (§ 27ff. JGG). – ▣4.1.4.

strafbare Handlung, *Straftat, Kriminaldelikt* (im Unterschied zum bürgerl.-rechtl. Delikt der →unerlaubten Handlung), eine Handlung, die durch das kriminelle Strafrecht mit →Strafe bedroht ist, eingeteilt in *Verbrechen* u. *Vergehen* (§ 12 StGB). Elemente der s.n H. sind die vom Gesetz festgelegten Voraussetzungen des objektiven u. subjektiven →Tatbestands, in denen die Elemente der →Rechtswidrigkeit u. der →Schuld eingeschlossen sind, sowie etwaige →Strafbarkeitsbedingungen. Bes. Erscheinungsformen der s.n H. sind das →Unterlassungsdelikt, der →Versuch sowie die verschiedenen Formen der →Teilnahme. Mehrere s. H.en stehen zueinander im Verhältnis der →Idealkonkurrenz, der →Realkonkurrenz oder des →fortgesetzten Verbrechens (Fortsetzungszusammenhangs). Die Verfolgung von s.n H.en unterliegt der →Verjährung. Keine s.n H.en sind die →Ordnungswidrigkeiten. – Ähnl. in Österreich u. in der Schweiz.

Strafbarkeitsbedingungen, *objektive S.*, bes. Umstände, von denen die Strafbarkeit, aber nicht die Strafwürdigkeit mancher Delikte abhängt, u. die deshalb nicht vom Vorsatz des Täters umfaßt sein müssen. S. sind z. B. die Rechtmäßigkeit der Amtsausübung beim →Widerstand u. die Konkurseröffnung oder Zahlungseinstellung beim →Bankrott. Sie sind von den →Prozeßvoraussetzungen zu unterscheiden.

Strafbefehl, Strafentscheidung des Amtsrichters bei Vergehen, durch die aber nur bestimmte Strafen u. Nebenfolgen verhängt werden dürfen (z. B. Geldstrafen, kurze Freiheitsstrafen, Fahrverbot, Entziehung der Fahrerlaubnis). Der S. ergeht ohne Hauptverhandlung auf Antrag der Staatsanwaltschaft (im Unterschied zur →Strafverfügung). Auf den Einspruch des Verurteilten binnen einer Woche wird das Verfahren in den ordentlichen →Strafprozeß übergeführt (§§ 407–412 StPO). – Österreich: →Strafverfügung, →Mandatsverfahren; Schweiz: →Mandatsverfahren (doch kommt hier die Bez. S. gelegentl. im kantonalen Prozeßrecht vor).

Strafbescheid, früher Strafentscheidung der Verwaltungsbehörden, denen heute keine Strafbefugnis mehr zusteht; jetzt →Bußgeldbescheid.

Strafe, 1. *Beamtenrecht:* →Dienststrafrecht.

2. *bürgerliches Recht:* →Vertragsstrafe.

3. *kriminelles Strafrecht:* repressives Übel zur Ahndung begangener Straftaten. Arten der S. sind heute →Todesstrafe (in Dtschld. nur noch in der DDR), →Freiheitsstrafe u. →Geldstrafe (→auch Leibesstrafen). Neben *Hauptstrafen* enthält das dt. Strafrecht →Nebenstrafen u. →Nebenfolgen. Von der S. zu unterscheiden sind die →Sicherungsmaßregeln. Für die Strafzumessung stehen dem Gericht in der Regel weite Strafrahmen zur Verfügung (z. B. beim Diebstahl 1 Monat bis 5 Jahre Freiheitsstrafe). – Umstritten ist der Zweck der S. Er wird ausschl. oder vorwiegend teils in der *Vergeltung* bzw. *Sühne* für die Tat, teils in der allg. *Abschreckung* oder Erziehung u. Besserung des Täters selbst gesehen (*General-* bzw. *Spezialprävention*). Heute gewinnt das Ziel der *Resozialisie-*

rung, also der Vorbereitung des Straffälligen auf seine Wiedereingliederung in die Gesellschaft, immer mehr an Bedeutung. – 📖 4.1.4.

Straferhöhung →Strafschärfungsgründe.

Straferlaß →Strafaussetzung.

Strafford ['stræfəd], Thomas Wentworth, Earl of S., engl. Staatsmann, * 13. 4. 1593 London, † 12. 5. 1641 London; seit 1639 Hauptratgeber Karls I., der ihn dem Parlament opfern mußte u. seine Hinrichtung zuließ, nachdem S. selbst dazu geraten hatte, um den König zu retten.

Strafgericht, der Teil eines Gerichts der →ordentlichen Gerichtsbarkei, der nur über Strafsachen entscheidet (z.B. →Strafkammer).

Strafgerichtsbarkeit, die Rechtsprechung in Strafsachen (→ordentliche Gerichtsbarkeit, →Strafprozeß).

Strafgesetzbuch, Abk. *StGB*, Zusammenfassung strafrechtl. Vorschriften in einem Gesetzbuch. In der BRD gilt jetzt, nachdem die →Strafrechtsreform im wesentlichen abgeschlossen ist, das S. *(StGB)* vom 15. 5. 1871 in der Neufassung vom 2. 1. 1975, die ganz erhebliche Änderungen gebracht hat. – In Österreich gilt seit 1. 1. 1975 das völlig neue StGB vom 23. 1. 1974 (bisher Strafgesetz von 1852/1945). – In der DDR ist das StGB vom 12. 1. 1968 am 1. 7. 1968 in Kraft getreten. – Schweiz: StGB von 1937/1942.

Strafkammer, in der →ordentlichen Gerichtsbarkeit Kollegialgericht für Strafsachen der *Landgerichte* der BRD u. der Kreisgerichte der DDR. →auch Kammer, Strafsenat, Zivilkammer.

Strafkolonie, *Verbrecherkolonie*, Strafvollzugseinrichtung in abgelegenen Gegenden, meist für besonders schwere Verbrecher, z.B. die ehemaligen französ. S.n auf Cayenne u. den Teufelsinseln.

Straflager, Vollzugsanstalt in Form eines Lagers; z.B. in der Sowjetunion.

Strafmilderung, Unterschreiten der für eine bestimmte Straftat an sich vorgeschriebenen Regelstrafe; im Strafrecht der BRD gesetzl. angeordnet oder zugelassen, z.B. bei weniger strafwürdiger Begehungsform (→Beihilfe, →Versuch), verminderter →Zurechnungsfähigkeit, Aussage- u. Eidesnotstand (→Eidesdelikt) u. sonstigen →mildernden Umständen. Ausmaß der S. (§ 49 StGB): regelmäßig ein Viertel des Höchstmaßes.

Strafmündigkeit, Mindestalter für die strafrechtliche Verantwortlichkeit, →Alter (Recht).

Strafprozeß, der Prozeß zur Verhängung von Strafen u. Sicherungsmaßregeln, für die BRD geregelt in der *Strafprozeßordnung* (Abk *StPO*) vom 1. 2. 1877 in der Fassung vom 7. 1. 1975. Der S. wird durchgeführt von der *Staatsanwaltschaft* u. den *Strafgerichten*. Die Staatsanwaltschaft leitet das Verfahren durch die →öffentliche Klage ein (*Anklage*- oder *Akkusationsprinzip*), nachdem sie hinreichende Ermittlungen angestellt hat. Sie ist zur Anklage bei hinreichendem Verdacht verpflichtet (Legalitätsprinzip); nur bei unbedeutenden Vergehen sowie gegenüber Opfern einer Erpressung u. z.T. bei Strafantrags- u. Privatklagedelikten kann sie die Verfolgung von Zweckmäßigkeitserwägungen abhängig machen (Opportunitätsprinzip). Das *Gericht* entscheidet durch Eröffnungsbeschluß über die Zulassung der Anklage zur →Hauptverhandlung. Sein Verfahren untersteht den Grundsätzen der Öffentlichkeit, Mündlichkeit, freien Beweiswürdigung sowie des →Offizialbetriebs u. der →Offizialmaxime. Hauptbestandteil des Gericht. Verfahrens ist die Hauptverhandlung, die mit dem →Urteil abschließt. Unter Umständen schließen sich →Rechtsmittel an. Sind diese erschöpft oder wird von keinem Beteiligten ein Rechtsmittel eingelegt, so tritt →Rechtskraft u. damit die Möglichkeit der →Strafvollstrekkung ein. Besondere Arten des Strafprozesses dienen dem Erlaß von →Strafbefehlen sowie der selbständigen Anordnung der Einziehung, Vernichtung oder Unbrauchbarmachung von Sachen (*objektives Verfahren*, §§ 430–442 StPO) u. dem →Sicherungsverfahren (§§ 429a–429d StPO). Sondervorschriften gelten für die →Nebenklage u. →Privatklage. Außerhalb des eigentl. Strafprozesses finden sich Dienst-, Jugend-, Steuer- u. Ordnungsstrafverfahren sowie Prozesse der Ehrengerichtsbarkeit, der kirchl. Gerichtsbarkeit u. der Militärgerichtsbarkeit. – Ähnl. in Österreich (StPO von 1873/1960); auch in der Schweiz grundsätzl. ähnlich geregelt, jedoch größtenteils kantonales Recht. In wichtigen Punkten jedoch abweichend der engl. u. US-amerikan. S.

Strafprozeßordnung, Abk. *StPO*, vom 1. 2. 1877 mit zahlreichen Änderungen u. Ergänzungen, aufgrund mehrerer Reformgesetze in der Neufassung vom 7. 1. 1975; regelt den →Strafprozeß. – In Österreich StPO von 1960 (Wiederverlautbarung der StPO 1873). DDR: StPO vom 12. 1. 1968. – 📖 4.1.4.

Strafrecht, *Kriminalrecht, Peinliches Recht*, Rechtsvorschriften, durch die →strafbare Handlungen mit →Strafe bedroht werden. Das kriminelle S. ist überwiegend im →Strafgesetzbuch (StGB) enthalten. – Österreich: Das S. ist geregelt im Strafgesetzbuch vom 23. 1. 1974 (in Kraft ab 1. 1. 1975; vorher Strafgesetz von 1852/1945) u. in mehreren Nebengesetzen. Das schweizer. S. ist im wesentl. enthalten im Strafgesetzbuch von 1937/1942. In der DDR ist das S. (größtenteils) zusammengefaßt im neuen Strafgesetzbuch vom 12. 1. 1968 (in Kraft seit 1. 7. 1968). – 📖 4.1.4 u. 4.0.3.

Strafrechtsreform, die Erneuerung des StGB vom 15. 5. 1871, die für die BRD mit der Neufassung des StGB vom 2. 1. 1975 einstweilen ihren Abschluß fand. Die ersten Entwürfe zur S. wurden schon zu Beginn des 20. Jh. entwickelt. In der BRD wurde sie seit 1954 in Teilstücken verwirklicht. – In Österreich fand die S. mit dem neuen österr. StGB vom 23. 1. 1974 ihren Abschluß, das seit 1. 1. 1975 das *Österreichische Strafgesetz* vom 27. 5. 1852 abgelöst hat. – DDR: →Strafrecht.

Strafregister, amtl. Register zur Beurkundung aller in der BRD verhängten rechtskräftigen Strafen u. Sicherungsmaßregeln sowie der Schuldfeststellung in Jugendgerichtsverfahren, seit dem 1. 1. 1972 Teil des *Bundeszentralregisters* in Westberlin. Lediglich Verurteilungen wegen Übertretungen, die ausschl. auf Geldstrafe lauteten, wurden nicht in das S. aufgenommen. Bedeutsam ist das S. u.a. als Nachweis der →Vorstrafen für den Strafprozeß u. für den Eintritt in Berufe, die nur ohne Vorstrafen ausgeübt werden dürfen. Zur →Rehabilitation des Verurteilten wird nach Ablauf bestimmter Fristen (bei geringfügigen Strafen nach 5, bei hohen Strafen nach 15, sonst nach 10 Jahren) der Strafvermerk beseitigt *(Straftilgung)*; ausgenommen hiervon sind insbes. Verurteilungen zu lebenslanger Freiheitsstrafe, Anordnung der Sicherungsverwahrung u. Untersagung der Erteilung einer Fahrerlaubnis für immer. Im Jugendstrafrecht sind die Fristen für die *Beseitigung des Strafmakels durch Richterspruch* erhebl. kürzer; sie kann bei Bewährung des Verurteilten auch ohne Bindung an einen Fristablauf durch das Gericht vorgenommen werden. Auskunft aus dem S. darf nur Gerichten, bestimmten Behörden u. dem (tatsächl. oder möglicherweise) Eingetragenen selbst erteilt werden. – Für Österreich wird das S. bundeseinheitl. bei der Bundespolizeidirektion Wien, S.-Amt, geführt. Die Bundespolizeibehörden u. Gendarmeriekommandos, Magistrate, Polizeibehörden haben *Strafvormerke* über Verurteilungen von Personen in ihrem Dienstbereich. Die Eintragung in das S. kann auf Antrag des Verurteilten oder des Staatsanwalts durch Gericht nach Ablauf bestimmter Fristen (3–15 Jahre) getilgt werden (Tilgungsgesetz 1951). Kapitalverbrechen u. gewisse Rückfallverbrechen sind untilgbar. – In der Schweiz gibt es ein Zentral-S. des Bundes, das alle Verurteilungen von Schweizern im In- u. Ausland enthält, außerdem auch kantonale S. – 📖 4.1.4.

Strafschärfungsgründe, *Strafverschärfungsgründe, Qualifikationsgründe, erschwerende Umstände*, Gründe zur Erhöhung der für eine Straftat angedrohten Strafe wegen besonderer Begehungsweisen (z.B. Einbruchsdiebstahl), bei →Geschäftsmäßigkeit, →Gewerbsmäßigkeit, →Gewohnheitsmäßigkeit, →Rückfall sowie in gesetzl. vorgesehenen weiteren Fällen.

Strafsenat, Kollegialgericht für Strafsachen bei höheren Gerichten der →ordentlichen Gerichtsbarkeit. Über den Großen S. beim Bundesgerichtshof →Senat; →auch Zivilsenat.

Straftat →strafbare Handlung.

Straftilgung, Beseitigung des Strafvermerks im →Strafregister.

Strafvereitelung, *persönliche Begünstigung*, Straftat nach § 258 StGB, die begeht, wer die Bestrafung eines anderen oder die Anordnung oder Vollstreckung einer *Maßnahme* ganz oder z.T. vereitelt (z.B. durch Verbergen eines flüchtigen Verbrechers). Nicht strafbar ist die S., wenn sie zugleich der Selbstbegünstigung dient, u. die S. zugunsten eines Angehörigen. Strafverschärfung bei *S. im Amt* (§ 258a StGB). – Ähnl. Regelung in § 299 österr. StGB *(Begünstigung)*.

Strafverfahren →Strafprozeß.

Strafverfahren gegen Abwesende, besondere Form des Strafverfahrens gegen einen Beschuldigten, dessen Aufenthalt unbekannt oder der im Ausland unerreichbar ist; zulässig nur, wenn die abzuurteilende Tat nur mit einer Freiheitsstrafe bis zu sechs Wochen, Geldstrafe oder Einziehung (allein oder nebeneinander) bedroht ist (§§ 276 ff. StPO).

Strafversetzung, im Dienststrafrecht der Beamten die strafweise Versetzung in ein anderes Amt, bes. an einen anderen Ort. Das geltende →Dienststrafrecht des Bundes kennt die S. nicht mehr; dagegen ist die S. noch in den Dienststrafordnungen einiger Bundesländer vorgesehen.

Strafvollstreckung, behördliches Verfahren zur Verwirklichung der im Strafprozeß rechtskräftig verhängten Strafen u. Sicherungsmaßregeln, bestehend aus der S. i. e. S. u. dem →Strafvollzug. Die *S. i. e. S.* umfaßt das Anordnen u. Überwachen der Strafverwirklichung durch die *S.sbehörde* (regelmäßig Staatsanwaltschaft, u. U. auch Amtsanwälte u. Amtsrichter). Sie kann aus wichtigen Gründen *Strafaufschub* (§ 456 StPO) sowie nach der Gnadenordnung auch eine *Strafaussetzung* bewilligen. Kann eine Geldstrafe nicht beigetrieben werden, so wird →Ersatzfreiheitsstrafe vollzogen. – In Österreich sind die Freiheitsstrafen grundsätzlich beim erkennenden Gericht zu vollziehen; die Durchführung überwacht der Präsident eines Gerichtshofs erster Instanz; *Strafvollzugskommissionen* entscheiden über eine bedingte Entlassung (Strafvollzugsgesetz 1969, seit 1. 1. 1971 in Kraft).

Strafvollzug der Vollzug von Freiheits- u. Jugendstrafen in →Vollzugsanstalten u. Jugendstrafanstalten. Hauptaufgabe des S.s ist die →Resozialisierung. Der Jugend-S. hat Erziehungsaufgaben. Seit 1. 1. 1977 Regelung des S.s durch das Bundes-S.sgesetz vom 16. 3. 1976, das aber großenteils erst stufenweise zwischen dem 1. 1. 1980 u. dem 31. 12. 1988 in Kraft tritt. Eine Differenzierung der Vollzugsanstalten bzw. -abteilungen nach Vorstrafen, Deliktart, Strafdauer u. Persönlichkeitsmerkmalen ist im Gang (→auch sozialtherapeutische Anstalten). Jeder arbeitende Gefangene erhält jetzt ein Arbeitsentgelt (bis 1980 aber nur 5% des Durchschnittseinkommen aller Rentenversicherten) u. wird in die Arbeitslosenversicherung aufgenommen. Urlaub aus der Haft (regelmäßig bis 21 Tage jährl.) ist mögl. – Österreich u. Schweiz: S.sreformen 1971. – 📖 4.1.4.

Stragel [der; lat.] = Tragant.

Stragula [der oder das; lat.], Warenzeichen für einen Fußbodenbelag aus bedrucktem, mit einem Bindemittel getränktem u. gepreßtem Wollfilz.

Strahl, *Geometrie: Halbgerade*, eine von einem Punkt ausgehende Gerade, die sich ins Unendliche erstreckt. →auch Büschel.

Strahlantrieb, *Düsenantrieb*, Antrieb eines zu bewegenden Körpers durch ein →Strahltriebwerk auf der Grundlage des Rückstoßprinzips, wonach ein aus einer Düse mit hoher Geschwindigkeit austretender Flüssigkeits- oder Gasstrahl eine Schubkraft in entgegengesetzter Richtung ausübt. Bes. geeignet für große Fortbewegungsgeschwindigkeiten; Hauptanwendungsgebiet sind *Strahlflugzeuge, Flugkörper* u. *Raketen*.

Strahlblüten, *Zungenblüten* →Korbblütler.

Strahlen, physikal. Sammelbegriff für die aus elektromagnet. Wellen bestehenden Licht-, Röntgen- u. Gamma-S. sowie die aus Elementarteilchen bestehenden S., z.B. Alpha-S., Beta-S., Kathoden-S. Alle diese S. können sich je nach den Experimenten wie Korpuskeln (Teilchen) oder wie Wellen verhalten; es kommt dabei auf das Verhältnis der ihnen von der Quantentheorie zugeordneten Wellenlänge zu den geometr. Abmessungen der Apparatur an, durch die sie hindurchgehen müssen. Sie benehmen sich wie Korpuskeln, wenn ihre Wellenlänge sehr viel kleiner ist als die Apparaturabmessung; man erhält z.B. hinter einer Scheibe einen Schatten. Sie erzeugen aber als Wellen Interferenz- u. Beugungserscheinungen, wenn die Apparateabmessungen vergleichbar mit ihrer Wellenlänge werden; z.B. Lichtdurchgang durch ein Gitter, Elektronenbeugung beim Durchgang durch Kristalle.

Strahlenbehandlung, *Strahlentherapie, Radiotherapie*, Verwendung der biolog. Wirkung verschiedener Strahlen zu Heilzwecken. Bei den Strahlen mit langen, mittleren u. kleinen Wellenlängen bis zu den roten Strahlen des sichtbaren

Lichts u. Infrarot-Strahlen kommt hauptsächl. die Wärmewirkung zur Geltung (mit abnehmender Wellenlänge: *Diathermie, Kurzwellen, Ultrakurzwellen,* infrarote *[Ultrarot]* u. rote Strahlen). Die kleinstwelligen Strahlen, die an der violetten Seite des sichtbaren Lichtspektrums beginnen, haben photochem. u. gewebszerstörende Wirkung (mit kleiner werdenden Wellenlängen bis zu Wellenlängen von einigen Millionstel mm: *ultraviolette Strahlen, Röntgenstrahlen* u. *Gammastrahlen*). Mit den letzteren u. mit anderen energiereichen Strahlen ist Oberflächen- u. Tiefenbestrahlung möglich, besonders zur Geschwulstbehandlung („Bestrahlung"). →auch Röntgentherapie. – ☐ 9.8.8.

Strahlenbiologie, die Lehre von den biolog. Wirkungen energiereicher, ionisierender (wie Gamma-, Röntgen-, Neutronen-, Alpha-) Strahlen. Solche Strahlen entstehen u. a. bei u. nach Atombombenexplosionen; bes. aufschlußreich war die Erforschung der Tier- u. Pflanzenwelt der Atolle von Eniwetok u. Bikini, die nach dem 2. Weltkrieg als Atombombenversuchsgelände dienten. Die S. versucht, die Entstehung von →Strahlenschäden auf physikal. u. chem. Prozesse zurückzuführen. Von bes. Bedeutung ist die Wirkung von Strahlen auf Keimzellen (*Strahlengenetik*), da sie →Mutationen auslösen. →auch Mutagene.

Strahlenbrechung, 1. *Meteorologie:* die leichte Krümmung der Lichtstrahlen in der Atmosphäre zur Erdoberfläche hin. Am stärksten, aber meist unter 1% betragend, ist die S. in annähernd horizontaler Richtung; sie führt hier u. U. zu →Luftspiegelung u. →Abendrot. Störungen des Brechungsindex in der Atmosphäre rufen ein Flimmern der Strahlen der Fixsterne, aber nicht der Planeten hervor. →auch Regenbogen.
2. *Optik:* →Brechung.

Strahlenchemie, ein Teilgebiet der Chemie, das die unter dem Einfluß radioaktiver Strahlung stattfindenden chemischen Vorgänge umfaßt.

Strahlengenetik →Strahlenbiologie.

Strahlengriffel, *Actinidia,* Pflanzengattung der *Dilleniazeen, Dilleniaceae,* mit zahlreichen ostasiat. Arten; sie zählen zu den ausdauernden Kletterpflanzen.

Strahlenheilkunde, medizinische →Radiologie.

Strahlenpilze, *Actinomycetales,* Ordnung der *Bakterien,* die unter bestimmten Bedingungen pilzähnliche, verzweigte Fäden u. Geflechte u. Dauersporen bilden. Zu ihnen gehören der Tuberkuloseerreger (*Mycobacterium tuberculosis*), der Diphtherieerreger (*Mycobacterium diphtheriae*), der Aussatzerreger (*Mycobacterium leprae*), der Strahlenpilz (*Actinomyces bovis*), der Lieferant des Streptomycin (*Streptomyces griseus*) u. a.

Strahlenpilzkrankheit, *Aktinomykose,* durch Strahlenpilze (*Actinomyces israeli, Actinomyces bovis*) hervorgerufene chronische entzündl. Erkrankung. Der Strahlenpilz dringt meist durch den Mund von Wunden (Zahndefekten) aus ins Gewebe ein u. verursacht schwere chron. Eiterungen mit Knotenbildungen in den Fistelgängen, daneben Drüsen- u. Gewebsvereiterungen, auch Wucherungen; seltener ist die *Lungenaktinomykose* (durch Einatmung der Strahlenpilze) u. die *Darmaktinomykose* (durch Verschlucken). Bei der Behandlung wird anfangs die chirurg. Entfernung der Herde versucht, ferner Bestrahlung, Antibiotika, Sulfonamide, Vakzine.

Strahlensame, *Heliosperma,* Gattung der *Nelkengewächse.* In Dtschld. vertreten sind der *Vierzähnige S., Heliosperma quadridentatum,* u. der *Alpen-S., Heliosperma alpestre.*

Strahlenschäden, Veränderungen, die durch energiereiche (ionisierende) Strahlen in Keim- u. Körperzellen hervorgerufen werden. Die Veränderungen in den Keimzellen (→Mutation) sind nicht rückgängig zu machen. Heilerfolge sind nur bei Körperzellen bekanntgeworden, z. B. durch Transplantation von Knochenmark. Zur Vermeidung von S. hat die *International Commission on Radiological Protection* eine höchstzulässige Strahlendosis von 5 R festgesetzt. →auch Strahlenbiologie, Mutagene, Degeneration.

Strahlenteilungskamera, eine photograph. Kamera für Farbaufnahmen, die drei getrennte Farbenauszüge herstellt. Halbdurchlässige Spiegel verteilen die Lichtstrahlen auf drei Filme, vor denen die Auszugsfilter Rot, Grün, Blau liegen. Seit Einführung des Dreischichtenfarbfilms nur noch von Bedeutung in der *Reprotechnik* u. beim *Technicolor-Verfahren.*

Strahlentierchen = Radiolarien.

Strahlenwirkung →Mutation.
Strahler, Sammelbez. für Lautsprecher.
Strahlflugzeug, *Düsenflugzeug,* engl. *Jet,* Flugzeug mit Antrieb durch Strahltriebwerk nach dem Prinzip des Strahlantriebs. Erste S.e flogen in Dtschld. (He 178 am 27. 8. 1939), in Großbritannien (Gloster G-40 am 15. 5. 1941) u. in Italien (Caproni C.C.2 am 27. 8. 1940). →auch Raketenflugzeug.

Strahlläppen, spanendes Verfahren zur Verbesserung von Metalloberflächen, bei dem ein in Wasser aufgeschwemmtes, sehr feinkörniges Schleifmittel mit großer Geschwindigkeit gegen das Werkstück geschleudert wird. →auch läppen.

Strahlrohr, 1. *Feuerwehr:* Mundstück einer Druckleitung, meist gleichzeitig Griffstück, mit dem der Löschmittelstrahl auf die Brandstelle gerichtet wird. Es gibt S.e für Voll- u. Sprühstrahl. **2.** *Luftfahrt:* Staustrahltriebwerk (→Strahltriebwerk).

Strahlstein, Mineral der Amphibole mit unterschiedl. Eisengehalt (Mischungsreihe vom eisenfreien *Grammatit* bis zum eisenreichen *Aktinolith*), je nach Eisengehalt farblos bis dunkelgrün, monoklin; Härte 5,5–6; stengelige, strahlige Aggregate, faserig: *Amiant,* in kristallinen Schiefern, im *Aktinolithschiefer* gesteinsbildend.

Strahlstrom →Jet-stream.

Strahltriebwerk, Antriebsanlage zur Erzeugung einer Schubkraft nach dem Prinzip des →Strahltriebs, vorzugsweise für Flugzeuge. Luftatmende Triebwerke (Luftstrahltriebwerke) verdichten die durch eine Eintrittsöffnung (Lufteinlauf) angesaugte Luftmenge, deren Energie durch Zuführung von Verbrennungswärme (Verbrennung flüssiger Kraftstoffe in Brennkammern) erhöht u. die durch Expansion in einer Austrittsdüse auf die zur Schuberzeugung notwendige Austrittsgeschwindigkeit beschleunigt wird. Beim *Turbinen-Luftstrahl-Triebwerk* (TL-Triebwerk) erfolgt die Verdichtung durch einen umlaufenden Turboverdichter, der durch eine im Abgasstrahl liegende Gasturbine angetrieben wird. Beim *Staustrahltriebwerk* erfolgt eine Stauaufladung mit anschließender Verdichtung in einer rohrförmigen Erweiterung (Diffusor) ohne umlaufende Triebwerkteile, wodurch eine Antriebsturbine entbehrlich wird. Wegen Luftmangels sind in sehr großen Höhen luftatmende Triebwerke ungeeignet; dort wird das Raketentriebwerk (→Rakete) als S. verwendet.
Erste TL-Triebwerke entstanden 1936 in Deutschland u. 1937 in England. Vorteile: Guter Vortriebswirkungsgrad bei hohen Fluggeschwindigkeiten, geringes Gewicht (rd. 0,1–0,2 kp pro 1 kp Schub), große Leistungskonzentration (z. Z. bis rd. 28 000 kp Schub pro Triebwerk). Der Schub kann durch *Nachverbrennung* im Abgasstrahl erhöht werden (Nachbrenner). TL-Triebwerke werden mit radialen oder axialen Verdichtern gebaut mit Schüben von 30–28 000 kp; Verwendung für Militärflugzeuge, Verkehrsflugzeuge u. neuerdings für Übungs- u. Reiseflugzeuge; auch als Hubtriebwerk für →VTOL-Flugzeuge. →auch Propellerturbine, Zweikreistriebwerk. – ☐ 10.9.3.

Strahlung, 1. *Meteorologie:* Energieübertragung auf größere Entfernung (im Weltraum oder in der Atmosphäre) durch schnelle Korpuskeln (→Höhenstrahlung) oder Wellen aller Längen, auch außerhalb des Gebiets der sichtbaren Lichtwellen. Die wichtigsten Strahler sind: die Sonne (→Solarkonstante), (im Ultrarot) der Erdboden, die Atmosphäre u. die Schwebeteilchen in ihr.
2. *Physik:* die in Form von →Strahlen sich räumlich ausbreitende Energie. Man unterscheidet grundsätzlich zwischen *Korpuskular-* u. *Wellen-S.*

Strahlungscharakteristik, *Richtcharakteristik,* Kennlinie oder Fläche, die die Stärke der von einer Strahlungsquelle (z. B. Antenne) in verschiedene Richtungen ausgesendeten Strahlen wiedergibt.

Strahlungsdämpfung, Energieverlust beim Ausstrahlen elektromagnet. Energie (z. B. bei einer Antenne); führt zum Abklingen der Amplitude, wenn dem System nicht ständig von außen Energie zugeführt wird. Bei der *akust. S.* ergibt sich der Energieverlust elast. Schwingungen eines festen Körpers durch Schall.

Strahlungsdruck, die Kraft, die von einer Strahlung auf eine senkrecht zur Ausbreitungsrichtung stehende Fläche ausgeübt wird. Unter irdischen Verhältnissen ist der S. äußerst klein u. nur mit sehr empfindl. Geräten nachweisbar. Im Innern u. in der nahen Umgebung von Fixsternen spielt er jedoch eine große Rolle.

Strahlungsgesetze, physikal. Gesetze, die den Zusammenhang zwischen der Temperatur eines Körpers u. der ausgesandten Strahlungsleistung bzw. Wellenlänge angeben. Bes. wichtig sind die S. des *schwarzen Körpers,* d. h. eines Körpers, der das gesamte auf ihn fallende Licht absorbiert u. dessen Strahlung nur von der Temperatur des Körpers (nicht vom Material) abhängt. Nach dem *Kirchhoffschen Gesetz* ist für alle Körper bei gegebener Temperatur u. für eine beliebige Wellenlänge das Verhältnis von Emissions- u. Absorptionsvermögen konstant u. gleich dem Emissionsvermögen des schwarzen Körpers für die gleiche Temperatur u. Wellenlänge.
Das *Plancksche Strahlungsgesetz* besagt, daß die Strahlungsenergie eines schwarzen Körpers bei gegebener Temperatur nicht kontinuierlich, sondern diskontinuierlich (Energiequanten) abgegeben wird (→auch Planck, Max). Es enthält als Grenzfälle das *Rayleigh-Jeans-Strahlungsgesetz* (große Wellenlänge, hohe Temperatur) u. das *Wiensche Strahlungsgesetz* (kleine Wellenlänge, tiefe Temperatur). Ferner kann man aus ihm das *Stefan-Boltzmannsche Gesetz,* wonach die Gesamtstrahlung des schwarzen Körpers der 4. Potenz der absoluten Temperatur proportional ist, u. das *Wiensche Verschiebungsgesetz* ableiten.

Strahlungsgleichgewicht, ein Zustand im Innern der Sterne (Sonne), bei dem jeder Raumteil ebensoviel Strahlungsenergie nach außen abgibt, wie er empfängt (absorbiert). Bei nicht vorhandenem S. ist die Gesamtstrahlung eines Sterns veränderlich (Veränderliche, Neue Sterne). In der Erdatmosphäre besteht S. nur im Mittel über die ganze Erde oder über lange Zeiten.

Strahlungsgürtel, *Van Allenscher S.,* gürtelförmig um die Erde liegende Zone, in der Teilchenstrahlungen sehr hoher Intensität vorhanden sind. Der S. liegt rotationssymmetr. zur erdmagnet. Achse wie eine Schale um die Erde u. erstreckt sich etwa bis zu 45 000 km Höhe über der Erdoberfläche. Die größte Strahlungsintensität herrscht in zwei Zonen (daher auch eigentl. zwei S.) etwa um 3000 km u. um 15 000 km über der Erdoberfläche. Physikal. Erklärung der S.: Protonen bzw. Elektronen, die aus Teilchenstrahlungen von der Sonne her stammen oder durch Zerfall von Neutronen entstehen (die sich bei Atomkernzertrümmerun-

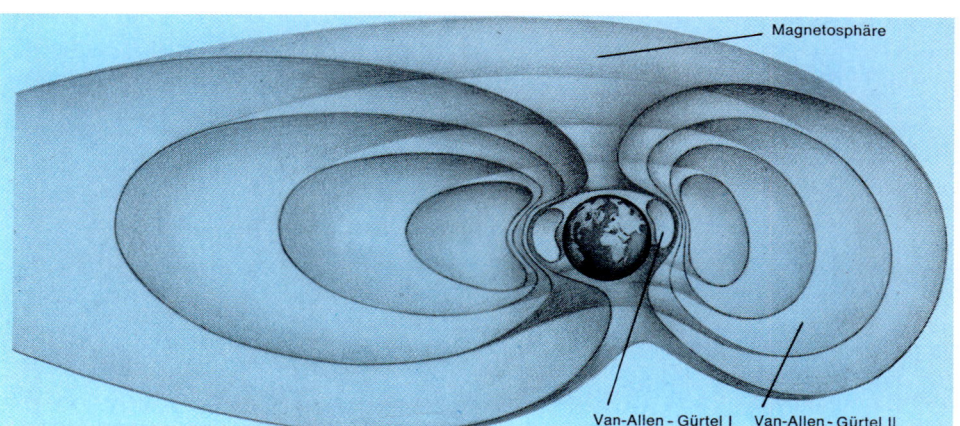

Strahlengürtel (Van-Allen-Gürtel)

Strahlungsheizung

gen durch die Höhenstrahlung in der hohen Atmosphäre bilden), werden durch das erdmagnet. Feld, das wie eine *magnet. Flasche* wirkt, für längere Zeit in den genannten Höhen festgehalten.

Strahlungsheizung, in Decken, Wänden oder Fußböden (Decken- u. Fußboden-Heizung) eingebaute Warmwasserheizungsrohre. Vorteil: Raumersparnis, geringe Oberflächentemperatur, keine störende Staubverbrennung u. Kaltluftbewegung; Nachteil: lange Anwärmzeit, höhere Baukosten. – ⌑ 10.1.7.

Strahlungsintensität, die Stärke einer Strahlung; die pro sek durch eine Flächeneinheit senkrecht zur Strahlenrichtung hindurchtretende Energie.

Strahlungskessel, ein Wasserrohrkessel, dessen Kesselheizfläche aus den die Brennkammer auskleidenden Kühlrohren besteht, an die die Wärme überwiegend durch Strahlung übertragen wird. Alle neuzeitl. Dampfkessel sind S.

Strahlungskurve, von M. *Milankovitch* 1930 aufgestellte Kurve der Veränderung der Strahlungsintensität der Sonne in den letzten 900 000 Jahren. Man nimmt an, daß Veränderungen in der Sonnenstrahlung durch langperiod. Schwankungen in der Erdbahn verursacht wurden. Die S. wurde zu den quartären Vereisungen in Beziehung gesetzt u. würde eine zeitl. Einordnung der Glazialzeiten ermöglichen, falls – wie vermutet wird – die Minima der S. Glazialzeiten u. die Maxima Interglazialzeiten entsprechen sollten.

strahlungsloser Übergang, bei atomaren Teilchen oder Systemen ein Übergang von einem energet. angeregten Zustand in einen energet. tiefergelegenen Zustand, bei dem die Anregungsenergie nicht in Form eines elektromagnet. Strahlungsquants abgegeben wird; so kann z. B. bei einem Stoß die kinet. Energie des stoßenden Teilchens um die Anregungsenergie anwachsen.

Strahlungstemperatur, die Temperatur, die ein „schwarzer Körper" haben würde, wenn er die gleiche Lichtverteilung zeigte wie der jeweils untersuchte Körper (z. B. Fixsterne). Sie ist ein ungefähres Maß für die wirkliche (bei Sternen nicht direkt meßbare) Temperatur des Körpers.

Strahlungtrocknung →Gefriertrocknung.

Strait [streit; engl.], Bestandteil geograph. Namen: Meerenge, Meeresstraße.

Straits Settlements ['streits 'setlmənts], 1867 bis 1946 bestehende brit. Kronkolonie in Südostasien, umfaßte einige brit. Niederlassungen an der Küste der Malaiischen Halbinsel: Malakka mit Singapur u. Penang sowie die Insel Labuan (Brit.-Borneo), die Kokosinseln u. Christmas Island (südl. von Java); Hptst. *Singapur*. Die meisten Gebiete gehören heute zu Malaysia.

Strakonitz, tschech. Strakonice, Stadt in Südböhmen (Tschechoslowakei), 16 000 Ew.; roman.-got. Burg; Maschinen- u. Fahrzeugbau (Motorräder).

Stralau, Ortsteil des Ostberliner Bezirks Friedrichshain; früher bekanntes Volksfest „*Stralauer Fischzug*".

Stralsund, Stadtkreis (39 qkm) u. Kreisstadt im Bez. Rostock, Hafen am *Strelasund*, liegt gegenüber der über den Rügendamm erreichbaren Insel Rügen, 74 000 Ew.; Bühnensitz; kulturhistor. meereskundl. Museum (im ehem. Katharinenkloster); mittelalterl. Stadtbild mit vielen Toren, Türmen u. Kirchen, bes. in Backsteingotik, z. B. Marien- u. Nikolaikirche (14. Jh.) u. Rathaus (13./14. Jh.); Maschinen-, Metall-, Holz-, Spielkartenindustrie, Fischverarbeitung, Schiffbau (Fischereifahrzeuge). – Krs. S.: 593 qkm, 27 500 Ew. 1234 gegr., 1278 Hansestadt, 1370 S.er Frieden der Hanse mit Dänemark, 1628 vergeblich von Wallenstein belagert, 1648 schwed., 1807 französ., 1809 durch F. von *Schill* (Grabmal) besetzt, 1815–1945 preuß., 1945 mit Vorpommern zu Mecklenburg.

Stramin [der], *Gitterleinen*, weitmaschiges, stark appretiertes Gewebe als Stickerei-Untergrund.

Stramm, August, expressionist. Lyriker u. Dramatiker, *29. 7. 1874 Münster, †1. 9. 1915 gefallen bei Horodec (Rußland); führender Mitarbeiter der Zeitschrift „Der Sturm", Dichter der gedrängten, dem *Dadaismus* nahekommenden Wortballung u. des ekstat. Schreis. Lyrik; Drama „Sancta Susanna" 1914, 1921 vertont durch P. *Hindemith*. – Gesammelte Gedichte 1956.

Strand, Berührungssaum zwischen dem Festland u. dem bewegl. Meeresspiegel, flacher, meist aus Sand u. Kies bestehender Küstenstreifen; häufig, auch an Binnenseen, Badeplatz (Bade-S.). →auch Küste, Haff, Nehrung.

Strandambrosie →Ambrosie.
Strandamt →Strandung.
Strandbinse, *Juncus* u. *Scirpus maritimus*, eine →Binse des Sandstrandes.
Stranddistel →Mannstreu.
Stranddorn →Sanddorn.
Strandflieder →Strandnelke.

Strandfloh, *Talitrus saltator*, bis 1,5 cm langer Flohkrebs der Spülzone des Sandstrands der Nordu. Ostsee, tagsüber im Sand vergraben, nachts auf dem nassen Strand hüpfend; überwintert, bis 50 cm tief eingegraben, oberhalb der Flutlinie.

Strandgut, von der See ans Ufer geschwemmte *(strandtriftige)* Gegenstände. Sie sind nach §16 der *Strandungsordnung* gegen *Bergelohn* dem Schiffer oder sonstigen Berechtigten auszuliefern.

Strandhafer, *Helmgras*, *Ammophila*, Gattung der *Süßgräser*; der Gewöhnl. S., *Ammophila arenaria*, ist das verbreitetste Dünengras Europas u. Nordamerikas; sehr geeignet für Dünenbefestigung, da er lange Ausläufer treibt u. nach Verwehung mit Flugsand leicht wieder hindurchwächst.

Strandheliotrop →Strandnelke.
Strandkiefer, *Pinus pinaster*, eine →Kiefer im Mittelmeergebiet.

Strandkrabbe, *Carcinus maenas*, häufigste, bis 8 cm lange Schwimmkrabbe der europ. Meere u. der Ostküste Amerikas; frißt Weichtiere, kleine Fische u. Krebse, Würmer; wird im Mittelmeergebiet als *Molecche* in Öl gebacken verkauft.

Strandläufer, *Calidris*, Gattung kleiner, kräftiger Schnepfenvögel, die gesellig die Küsten bevölkern. See- oder Meeres-S., *Calidris maritima*; Alpen-S., *Calidris alpina*.

Strandling, *Littorella*, bis 14 cm hohe Pflanze aus der Familie der *Wegerichgewächse*. In Dtschld. kommt *Littorella uniflora* in nährstoffarmen Gewässern u. an Ufern vor.

Strandlinie, *Küstenlinie*, Standlinie des Meeresspiegels, die Grenze zwischen Meer u. Strand (bei normalem Wasserstand). Alte S.n zeigen die verschiedenen Höhen des Meeresspiegels in verschiedenen Zeiten der Erdgeschichte an; an Steilküsten deutlich erkennbar durch über dem heutigen Meeresniveau liegende Brandungshohlkehlen, an Flachküsten durch Sand- u. Geröllstreifen. →auch Strandverschiebung.

Strandnelke, *Meernelke, Strandflieder, Strandheliotrop, Halligblume, Widerstoß, Limonium vulgare*, zu den *Grasnelkengewächsen* gehörende, im Mittelmeergebiet heimische, auch in Dtschld. am Meeresstrand vorkommende, 30–50 cm hohe, violett blühende Staude.

Strandpflanzen, *Dünenpflanzen*, an nährstoffarme, salzreiche, lockere Sandböden angepaßte Pflanzen der Meeresküsten. Infolge des hohen Salzgehalts des Bodens herrschen →Salzpflanzen vor. S. haben gegen Verwehung u. Auswehung verzweigte Wurzelstöcke, gegen austrocknende Winde Verdunstungshemmungen wie Rollblätter, Wachsüberzüge oder Haare auf den Blättern. *Strandhafer, Strandgerste, Sandsegge* u. a.

Strandrecht, Regelung der Rechtsverhältnisse am →Strandgut u. einer →Strandung.

Strandschnecken, *Littorinacea*, bis auf eine Gattung marine *Vorderkiemer*; leben in der Gezeitenzone u. ernähren sich von den Algen der Schlammoberfläche.

Strandseeigel, *Psammechinus miliaris*, kleiner *Seeigel* der Nord-, Ostsee u. des Atlantik von 4,5 cm Durchmesser mit 1 cm langen grünl.-violetten Stacheln. Die Geschlechtsdrüsen des S.s u. des nahe verwandten *Psammechinus microtuberculatus* aus dem Mittelmeer werden gegessen.

Strandseen, vom Meer durch Nehrungen abgeschnürte flache Meeresbuchten (Lagunen, Haffe), die völlig aussüßen (z. B. Frisches u. Kur. Haff).

Strandsegeln →Segelsport.

Strandung, Auflaufen eines Schiffs auf Grund, möglich auch als Fall der großen →Havarie, um Schiff u. Ladung zu retten. Die rechtswidrige u. schuldhafte S. ist nach §§315 u. 316 StGB als Transportgefährdung strafbar. Die Hilfeleistung u. Bergung bei einer S. wird nach der *S.sordnung* vom 17. 5. 1874/19. 7. 1924 von *Strandämtern* geleitet, denen *Strandvögte* unterstellt sind.

Strandverschiebung, Veränderung der Grenze zwischen Meer u. Land (*Strandlinie*), hervorgerufen durch Hebung bzw. Senkung des Meeresspiegels oder des Landes; man unterscheidet *positive S.* bei Steigen (*Transgression*) u. *negative S.* bei Zurückgehen (*Regression*) des Meeres.

Strandversetzung →Küstenversetzung.

Strandvogt, Organ des *Strandamts*. Der S. hat vor allem für die Rettung von Personen in Seenot zu sorgen u. bei Bergung u. Hilfeleistung die Leitung zu übernehmen.

Strandwegerich →Wegerich.

Strandwinde, *Convolvulus soldanella*, ein *Windengewächs* mit rötl.-weißen Blüten; in Dtschld. auf einigen Nordseeinseln.

Strandwolf →Schabrackenhyänen.

Strang, 1. *allg.*: Strick, z. B. Glocken-S. 2. *Textiltechnik*: Strahn, Strähne, Aufmachungsform für Garne, vielfach noch verwendet in der S.färberei u. S.bleicherei. →auch Gebinde.

Strangeness ['streindʒnəs; die; engl.], Quantenzahl zur Klassifizierung von →Elementarteilchen. Bes. bei starken Wechselwirkungen gilt für die S. ein Erhaltungssatz. Der Begriff wurde 1954 von M. Gell-Mann u. K. Nishijima eingeführt *(Gell-Mann-Nishijima-Gleichung)*.

Strangguß, ein Gießverfahren für Nichteisenmetalle u. Stahl, bei dem das flüssige Metall in eine beidseitig offene, wassergekühlte *Kokille* gegossen wird. An der unteren Öffnung der Kokille tritt das Metall als erstarrter Strang aus, wird von Transportwalzen weiterbefördert u. anschließend auf die gewünschten Teillängen abgetrennt. Der Kokillenform entspr. erhält man die verschiedenen Strangprofile, auch Hohlprofile.

Strangpressen, 1. *Bauwesen*: →Ziegelei. 2. *Technologie*: Herstellen von Stangen verschiedener Profile aus Nichteisenmetall, neuerdings auch aus Stahl oder Kunststoffen. Der er-

Stralsund: Der direkt am Strelasund der Ostsee liegende Stadtkern wird von der Marien- und Nikolaikirche überragt

Straßenbau

Straßburg: idyllische Häuserfront an der Ill (Insel der Ill: „La petite France")

Straßburger Münster

wärmte Metallblock wird in einen Preßzylinder eingebracht u. dann durch Kolben unter sehr hohem Druck durch eine Düse gepreßt. Ähnlich bei Kunststoff, hier meist mit *Schneckenpressen*.
Strangulation [grch., lat.], Tod (Tötung) durch Luftabschnürung; Hinrichtung durch den Strang.
Strangziegel, Ziegel, die in einer *Strangpresse* geformt sind, im Unterschied zur *Revolverpresse* für Dachziegel.
Stranitzky, Joseph Anton, österr. Schauspieler (Leiter einer Truppe) u. Dramatiker, *1676 Steiermark, †19. 5. 1726 Wien; Marionettenspieler; seit 1705 in Wien als Schauspieler, seit 1710 im Kärntnertortheater. S. kreierte die komische Bauernfigur des dummschlauen Hanswursts; er verfaßte *Haupt- u. Staatsaktionen* („Atlanta", „Tarquinius Superbus", „Iphigenie" u.a.); „Hanns Wursts vermischte Gedanken über die vier Jahreszeiten" 1721.
Stranraer [stræn'ra:ə], Hptst. der ehem. südwestschott. Grafschaft *Wigtown*, am Loch Ruan, 9000 Ew., *Peel Tower*. S. spielt in dem Roman „Guy Mannering" (Der Astrolog) von Sir W. *Scott* eine Rolle.
Stranski, Iwan, dt. Physikochemiker bulgar. Herkunft, *2. 1. 1897 Sofia, †19. 6. 1979 Berlin; Arbeiten über Kristallisation u. Kristallwachstum.
Stränze = Sterndolde.
Strasburg, 1. mecklenburg. Kreisstadt (seit 1952) im Bez. Neubrandenburg, in der nördl. Uckermark, 7500 Ew.; landwirtschaftl. Industrie. – Krs. S.: 621 qkm, 30 400 Ew.
2. poln. *Brodnica*, Stadt in Polen (Wojewodschaft Toruń), an der Drewenz, nordöstl. von Thorn, 16 000 Ew.; Maschinenbau u. Nahrungsmittelindustrie.
Strasburger, Eduard, Botaniker, *1. 2. 1844 Warschau, †18. 5. 1912 Bonn; Prof. in Jena u. Bonn, schrieb wichtige Arbeiten über Probleme der Kernteilung u. zahlreiche anatomische Untersuchungen; „Lehrbuch der Botanik" 1894, 29 1967.
Straschimirow, Anton, bulgar. Schriftsteller, *15. 6. 1872 Warna, †7. 12. 1937 Wien; schrieb Bauernromane u. realist. Erzählungen mit sozialen Themen, auch Dramen, krit. Essays u. volkskundl. Schriften.
Straßburg, französ. *Strasbourg*, kultureller u. wirtschaftl. Mittelpunkt des Elsaß u. Hptst. des französ. Dép. *Bas-Rhin*, im Oberrhein. Tiefland, an der Mündung der Ill, des *Rhein-Marne-* u. des *Rhein-Rhône-Kanals* in den *Rhein*, 255 000 Ew.; berühmtes →Straßburger Münster, viele schöne Barock- u. Renaissancebauten, Sitz des Europarats (seit 1949) u. des Europa-Parlaments, Universität (1537), Hochschulen u.a. Bildungsanstalten, Bibliotheken, Museen, Theater; Großsender; Atomforschungszentrum (Kronenbourg), Metall-, Maschinen-, Auto-, Glas-, Holz-, Papier-, Textil-, Tabak-, Nahrungsmittel-, Getränke- (Brauereien), Gummi-, chem. u. pharmazeut. Industrie, 2 Erdölraffinerien (Herrlisheim, Reichstett), Rheinhafen.
Das röm. *Argentoratum* war Legionsstandort, wurde im 4. Jh. Bischofssitz, 406 alemann., 496 fränk., 843 lothring., 870 ostfränk., 1262 freie Reichsstadt; im 15./16. Jh. ein Zentrum des Humanismus u. der Mystik; 1681 Besetzung durch Ludwig XIV., 1871–1918 Hptst. des Reichslands Elsaß-Lothringen, seitdem mit Unterbrechung der dt. Besatzungszeit (1940–1944) französ.
Straßburger Eide, Bekräftigung des Bündnisses zwischen *Ludwig dem Deutschen* u. *Karl dem Kahlen* aus dem Jahr 842 gegen Kaiser *Lothar I.*, von Karl althochdt., von Ludwig altfranzös. u. von beiden Heeren in der eigenen Sprache beschworen; ältestes Zeugnis der sprachl. Verschiedenheit von Ost- u. Westfranken (überliefert bei *Nithard*).
Straßburger Fayence [- fa'jã:s], Erzeugnisse der von 1721 bis um 1780 betriebenen Fayencemanufaktur in Straßburg, an deren Entwicklung die Familie *Hannong* entscheidend beteiligt war.
Straßburger Münster, eines der Hauptwerke mittelalterl. Kirchenbaukunst, erhebt sich auf den Fundamenten des 1015 begonnenen otton. Münsters, das 1176 durch Feuer weitgehend zerstört wurde. Die Bauzeit der spätroman., z. T. schon got. Abschnitte (Chor u. Querhaus) reichte vom Ende des 12. bis zur Mitte des 13. Jh.; 1250–1275 erfolgte in einheitl. u. rascher Bauführung die Errichtung des Langhauses als hochgot. Kathedrale. 1276 wurde mit dem Bau der von →Erwin von Steinbach entworfenen Westfassade begonnen; *Johannes Hültz* († 1449) u. U. *Ensinger* waren die Meister des 143 m hohen Nordturms. Ausstattung: Steinbildwerke aus der Zeit um 1230 (Ecclesia u. Synagoge, Engelspfeiler mit Jüngstem Gericht, Marientod) u. nach 1277 (Kluge u. Törichte Jungfrauen); bedeutende farbige Glasfenster aus dem 13. u. 14. Jh.
Straße [lat. *strata*], für den Verkehr von Fahrzeugen bes. hergerichteter, befestigter Weg; auch auf schiffbare Binnengewässer *(Wasser-S.n)* angewandt. Nach dem Träger der S.nbaulast unterscheidet man in der BRD *Bundesfern-S.n (Bundesautobahnen* u. *Bundes-S.n), Land-S.n, Kreis-S.n* u. *Gemeinde-S.n.* – Bereits im frühen Altertum gab es innerhalb der Städte des Zweistromlandes u. in Ägypten befestigte S.n. Die Römer waren jedoch die ersten, die befestigte Verkehrswege von Stadt zu Stadt bauten. Unter Kaiser Trajan (98–117 n. Chr.) erreichte das Netz der Römer-S.n etwa 100 000 km. Im Andengebiet Südamerikas entstand im 15. Jh. im Inkareich ein S.nnetz, das 15 000 km erreichte. In Europa begann ein Aufschwung im S.nbau im 17. u. 18. Jh., bes. unter Napoléon. Erhöhte Bedeutung erhielten die S.n mit der einsetzenden Motorisierung. Später kamen vereinzelt reine Auto-S.n hinzu (in Deutschland 1921 die Avus, Berlin, 1931 eine Auto-S. Köln–Bonn). Der Bau eines großzügigen Fernstraßennetzes begann 1934 (Autobahnen). →auch klassifizieren, Straßenbau, Wegerecht.
Strassen, Otto zur, Zoologe, *9. 5. 1869 Berlin, †21. 4. 1961 Frankfurt a.M.; Prof. in Leipzig u. Frankfurt a.M.; arbeitete bes. über Entwicklungsmechanik u. Verhaltensforschung.
Straßenbahn, Stadt- u. Vorort-Verkehrsmittel auf meist im Straßenkörper eingelassenen Gleisen, manchmal auch auf eigenem Bahnkörper, z. B. bei Überlandstrecken. Antrieb erfolgt elektrisch über Oberleitung. – Erste Pferde-S. 1850 in New York; erste elektr. S. 1881 in Berlin.
Straßenbau, die Herstellung von Straßenbauwerken auf dem natürlichen Untergrund. Der *Straßenkörper* besteht aus *Unterbau* u. *Fahrbahndecke*. Der Unterbau wird bei modernen Autostraßen meist aus Beton hergestellt. Pflaster- u.

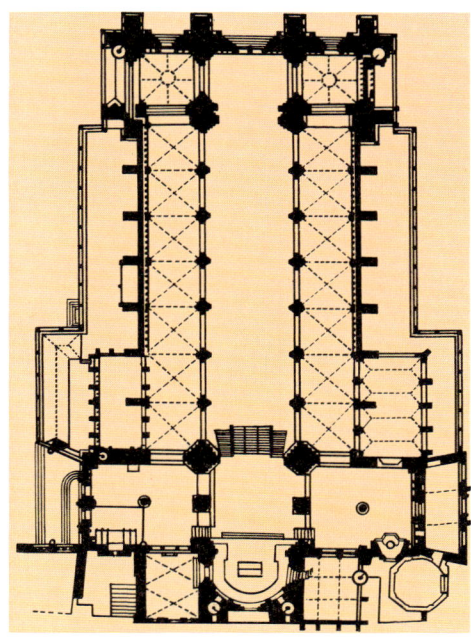
Straßburger Münster, Grundriß

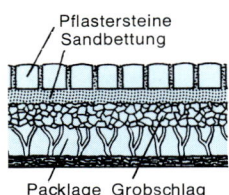

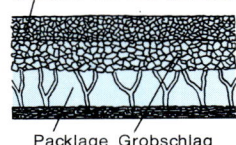

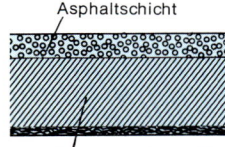

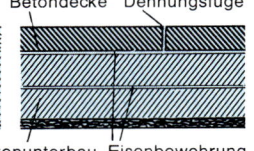

Straßenbau: Fahrbahnkonstruktionen

Steinschlag-Straßen werden mit einer schotterbedeckten, abgewalzten Packlage unterbaut. Als Fahrbahndecke erhalten Betonstraßen eine durch Dehnungsfugen unterbrochene Betonschicht, Asphaltstraßen eine elastische Bitumendecke (Stampfasphalt, Asphaltbeton u. ä.) auf Betonunterlage. Staubfreie u. widerstandsfähige Fahrbahndecken werden durch Tränken der Straßenoberfläche mit Teer u. Abwalzen mit *Splitt* erzielt. Bei anderen Bauarten besteht die Oberschicht aus teer- oder asphaltumhülltem Gestein (Schotter, Splitt), das auf dem Unterbau festgewalzt wird (*Asphalt-* oder *Teermischmakadam*). Zunehmend werden Spezialmaschinen verwendet, z. B. Bulldozer (Geländehobel), Schürfkübelzüge, Löffel-, Graben-Bagger, Förderer, Lade-, Betonier-, Asphaltiermaschinen (Deckenfertiger). – □ 10.1.6.

Straßenbaulast, *Wegebaulast*, die öffentl.-rechtl. Pflicht zum Bau u. zur baulichen Unterhaltung von öffentl. Wegen. Auch die Verbreiterung der Wege unterliegt der S., ferner die Erhaltung von Straßenbrücken (*Brückenbaulast*, kann auch von der S. getrennt sein). Träger der S. sind: für die →Bundesfernstraßen der Bund (jedoch in Gemeinden mit mehr als 50000 Einwohnern die Gemeinde); für →Landstraßen I. Ordnung die Länder; für Landstraßen II. Ordnung die Landkreise; für →Gemeindestraßen die Gemeinden.

Straßenbeleuchtung, öffentliche Beleuchtung von Straßen, Wegen u. Plätzen, früher durch Öl- oder Gas-, jetzt meist durch elektr. Lampen. Straßen für den Durchgangsverkehr sowie wichtige Knotenpunkte werden oft mit bes. (z. B. Natriumdampf-)Lampen beleuchtet.

Straßenbuchhandel, Vertrieb von Büchern auf der Straße mittels Bücherkarren u. Bücherbuden, z. B. durch die Pariser *Bouquinisten*.

Straßendorf, eine Dorfform, bei der die Gehöfte entlang einer Hauptstraße angeordnet sind, meist planmäßig angelegt.

Straßenfertiger, Kombination von Straßenbaumaschinen zu einem Bauzug, der Baustoffe für die Fahrbahndecke (Beton oder bituminöses Material) mischt, auf das Planum oder den Unterbau verteilt, abzieht, verdichtet, ebnet u. glättet.

Straßenhandel, Zweig des *ambulanten Gewerbes*, nicht marktmäßiges Feilhalten von Waren auf öffentl. Straßen oder Plätzen.

Straßenroller, ein Straßenfahrzeug von niedriger Bauhöhe, mit dem Schienenfahrzeuge über die Straßen befördert werden können. Es wird mit der Ladung von einer Zugmaschine (Traktor) gezogen u. dient besonders der Zuführung u. Rückholung von Eisenbahngüterwagen nach u. von Industriewerken ohne Gleisanschluß.

Straßenverkaufspresse, *Boulevardpresse*, Zeitungen sensationsbetonter Gestaltung, die fast ausschl. im Straßen- bzw. Kioskverkauf vertrieben werden. In Frankreich, USA u. England entstanden, gibt es die S. seit Beginn des 20. Jh. auch in Dtschld., darunter heute als auflagenstärkste dt. Zeitung die „Bild-Zeitung".

Straßenverkehr, *i. w. S.* die Benutzung der öffentl. Straßen durch die Verkehrsteilnehmer; *i. e. S.* die Beförderung von Personen u. Gütern. Um Gesetzmäßigkeiten im motorisierten S. erkennen zu können, werden bei Verkehrszählungen Art des Fahrzeugs, Herkunft, Ziel u. Grund der Fahrt festgestellt u. daraus Verkehrsspitzen, Belastung u. Überlastung von Straßen, Reichweite der Fahrten ermittelt; dies ist für die Planung des Ortsverkehrs von großer Bedeutung. *Leistungsfähigkeit* einer Straße nennt man die größtmögliche Anzahl geschlossen fahrender Fahrzeuge, die mit konstanter Geschwindigkeit den Straßenquerschnitt je Stunde durchfährt. Unter *zulässiger Belastung* versteht man die gerade noch tragbare Behinderung im S.; für moderne zweispurige Straßen liegt sie bei rd. 1000 Pkw/h (Durchgangsverkehr u. nur Pkw in beiden Richtungen vorausgesetzt). →auch Kraftfahrzeugverkehr.

Straßenverkehrsamt →Verkehrsamt.

Straßenverkehrsgefährdung, die Herbeiführung einer Gefahr für Leib oder Leben eines anderen oder fremde Sachen von bedeutendem Wert durch Beeinträchtigung der Sicherheit des Straßenverkehrs; strafbar nach §§ 315b, 315c StGB. Strafbar ist 1. (§ 315b StGB) das Zerstören, Beschädigen oder Beseitigen von Anlagen oder Fahrzeugen, Bereiten von Hindernissen oder die Vornahme eines ähnlichen ebenso gefährlichen Eingriffs; 2. (§ 315c) das Führen eines Fahrzeugs in fahruntüchtigem Zustand infolge →Trunkenheit oder geistiger oder körperl. Mängel, grob verkehrswidriges u. rücksichtsloses Nichtbeachten der Vorfahrt, falsches Verhalten beim Überholvorgang, Nichthalten an Fußgängerüberwegen, zu schnelles Fahren an unübersichtl. Stellen, Kreuzungen, Straßeneinmündungen u. Bahnübergängen, Nichteinhalten der rechten Straßenseite, Wenden oder Rückwärtsfahren auf Autobahnen u. Kraftfahrstraßen, Nichtkenntlichmachen von haltenden oder liegengebliebenen Fahrzeugen.
In Österreich ist S. strafbar nach § 89 StGB (Gefährdung der körperlichen Sicherheit), in der Schweiz nach Art. 90 Ziff. 2 des Straßenverkehrsgesetzes vom 19. 12. 1958.

Straßenverkehrsrecht, Vorschriften über die Teilnahme am öffentl. Straßenverkehr als Führer von Kraftfahrzeugen, Fahrzeugen ohne eigenen Antrieb oder als Fußgänger. Das geltende S. beruht im wesentl. auf dem *Straßenverkehrsgesetz* vom 19. 12. 1952 (Abk. *StVG*), der *Straßenverkehrsordnung* vom 16. 11. 1970, die am 1. 3. 1971 die Straßenverkehrsordnung vom 13. 11. 1937 mit der dazugehörenden Anlage über →Verkehrszeichen u. →Verkehrseinrichtungen abgelöst hat (Abk. *StVO*), der *Straßenverkehrs-Zulassungs-Ordnung* in der Fassung vom 15. 11. 1974 (Abk. *StVZO*, mehrfach geändert, zuletzt durch Verordnung vom 15. 1. 1980), ferner auf der *VO über internationalen Kraftfahrzeugverkehr* vom 12. 11. 1934 u. dem *Gesetz über die Haftpflichtversicherung für ausländische Kraftfahrzeuge u. Kraftfahrzeuganhänger* vom 24. 7. 1956.
Die StVO enthält die wichtigsten Vorschriften über das Verhalten im Straßenverkehr. Danach haben Verkehrsteilnehmer ständige Vorsicht u. gegenseitige Rücksicht walten zu lassen u. sich so zu verhalten, daß andere nicht gefährdet, geschädigt oder mehr als nach den Umständen unvermeidbar behindert oder belästigt werden, haben sie den Anordnungen der Verkehrszeichen u. Verkehrseinrichtungen Folge zu leisten, ihr Fahrzeug in vorschriftsmäßigem Zustand zu halten u. a. Für Zuwiderhandlungen droht das StVG Geldbuße an (neben den Vorschriften des Strafgesetzbuchs, →Straßenverkehrsgefährdung). Die Erteilung der Fahrerlaubnis, die Zulassung von Kraftfahrzeugen sowie deren notwendige Beschaffenheit sind in der *StVZO* geregelt, die Pflichtversicherung im *Gesetz über die Pflichtversicherung* vom 5. 4. 1965. – *Straßenverkehrsbehörden* sind die Landratsämter bzw. in kreisfreien Städten die Bürgermeister. Dem Bundesminister für Verkehr untersteht das →Kraftfahrt-Bundesamt.
In Österreich ist das S. in folgenden Vorschriften enthalten: Straßenverkehrsordnung 1960 mit Novellen, BodenmarkierungsVO 1963, EisenbahnkreuzungsVO 1960, ParkscheibenVO 1961, Heereskraftfahrgesetz 1958, KraftfahrVO 1955, Straßenpolizei-Gesetz 1946, StraßenpolizeiVO u. VO über die Sicherung u. Benützung schienengleicher Eisenbahnübergänge, beide 1947, Bundesstraßengesetz 1971. – In der Schweiz ist das S. zusammengefaßt im Straßenverkehrsgesetz vom 19. 12. 1958 (Bundesgesetz), das oft geändert u. ergänzt wird. – In der DDR gilt seit 1. 8. 1971 eine neue Fassung der Straßenverkehrsordnung vom 30. 1. 1964. – Eine internationale Vereinheitlichung des S.s wird vom Binnenverkehrsausschuß der UN-Wirtschaftskommission für Europa (ECE) in Genf gefördert. – □ 4.2.1.

Straßenwetterbericht, beschreibt den Wetterzustand u. enthält Hinweise auf Wettervorgänge wie Nebel, Niederschläge u. Wind, die den Verkehrsablauf beeinflussen können. Dabei werden auch die Behinderungen des Straßenverkehrs erwähnt, die durch wetterbedingte Veränderungen des Fahrbahnzustands entstanden sind oder gegenwärtig entstehen. S.e werden von den Wetterämtern des Dt. Wetterdienstes verfaßt. Angaben über den wetterbedingten Straßenzustand u. etwaige Verkehrsbehinderungen liefert als *Straßenzustandsmeldung* innerhalb des Straßenwetter- u. Warndienstes auch die Bundesanstalt für Straßenwesen. Zu erwartende Wettereinflüsse auf den Straßenzustand werden in der *Straßenwettervorhersage* beschrieben.

Strasser, Gregor, nat.-soz. Politiker, *31. 5. 1892 Geisenfeld, Oberbayern, †30. 6. 1934 Berlin (ermordet); Apotheker; seit 1921 in der NSDAP, nahm 1923 am Hitlerputsch teil u. war 1924–1932 MdR; baute die NSDAP in Nord-Dtschld. auf u. war lange Zeit neben Hitler der führende Mann in der Partei; geriet 1926 wegen seines antikapitalist. Programms das erste Mal in Gegensatz zu Hitler; legte bei der zweiten Auseinandersetzung im Dez. 1932 über die Frage der Beteiligung der NSDAP an der Regierung Schleicher demonstrativ seine Parteiämter nieder; wurde im Zusammenhang mit dem sog. Röhmputsch erschossen.

Straßmann, Friedrich Wilhelm, Chemiker, *22. 2. 1902 Boppard, †22. 4. 1980 Mainz; entdeckte mit Otto *Hahn* die Uranspaltung.

Stratege [grch.], Feldherr; im alten Griechenland ein oberster Militärbeamter, der auf Zeit gewählt wurde, den Oberbefehl über das Heer hatte, oft aber auch die polit. Führung übernahm (z. B. *Perikles*). In Athen gab es seit 508 v. Chr. zehn S.n.

Strategic Arms Limitation Talks [strə'ti:dʒik a:ms limi'tεiʃən 'tɔ:ks; engl.], Abk. →SALT.

Strategie [grch.], **1.** *Mathematik:* →Spieltheorie.

2. *Militär:* ursprüngl. Feldherrnkunst, die Kunst der Führung von Streitkräften im Krieg.
Bei N. *Machiavelli* ist eine enge Verbindung zwischen Politik u. Militär im Krieg evident. *Friedrich d. Gr.*, der mit Voraussicht u. Initiative eine S. der „inneren Linie" praktizierte, verstand Krieg als Sache der Krone. Das Bestreben, die kleinen, gut gedrillten, teuren Armeen des Absolutismus vor Vernichtung zu bewahren, führte zu einer mathemat.-wissenschaftl. S. des Manövrierens mit dem Ziel, einen Krieg ohne Schlacht zu führen u. zu gewinnen. Die *Levée en masse* (1793) in Frankreich gab *Napoléon I.* die Möglichkeit, neue Formen der S. zu entwickeln: großräumige Planung u. Leitung von Feldzügen, Schwerpunktbildung insbes. gegen schwache Stellen des Gegners.
C. von *Clausewitz* zog Folgerungen aus kriegsgeschichtl. Erkenntnissen, vor allem aus denen der Napoleon. Kriege. S. rückte für ihn als höchste Ebene der militär. Führung unmittelbar neben die Politik, die den Primat behielt. Im Gegensatz zur Manöver-S. erwartete Clausewitz eine Kriegsentscheidung nur von der *Schlacht*, in der er Überlegenheit über den Feind u. Vernichtung seiner Kräfte als nötig erachtete. – Baron Antoine Henri *Jomini* (*1779, †1869) hielt die Besetzung des feindl. Gebiets für wichtiger als die Vernichtung der feindl. Streitkräfte. Die preuß.-dt. Militärdoktrin ist mehr von Clausewitz' Gedanken, die französ. mehr von Jominis Theorien beeinflußt worden. – H. Graf von *Moltke* sah in der S. ein „System der Aushilfen". Allzu detaillierte strateg. Pläne lehnte er ab. Statt dessen empfahl er Delegierung von Verantwortung (im Sinn der später sog. *Auftragstaktik*). – A. Graf von *Schlieffen* entwarf ungeachtet der Moltkeschen Lehre einen detaillierten strateg. Plan, um das Problem eines Zweifrontenkriegs unter Ausnutzung der inneren Linie u. unter Anwendung der Vernichtungs-S. zu meistern.
Der 1. Weltkrieg brachte Neuerungen in Nachrichtenverbindung u. Waffenwirkung, dazu Kampfflugzeuge, Tanks u. U-Boote. Mit der zunehmenden Einbeziehung der Zivilbevölkerung in den Krieg u. durch hohen Materialverbrauch erhielt der Krieg zusätzl. Akzente (Rüstungswirtschaft, Versorgung, Sozialwesen u. ä.). Auf der Kriegserfahrung fußend, entwickelten sich verschiedene strateg. Theorien.
Wenige Jahre vor dem 2. Weltkrieg entstand in Dtschld. die „Blitzkrieg-S.": durch operatives Zusammenwirken von Panzerverbänden u. Luftwaffe im Schwerpunkt tiefe Einbrüche ins feindl. Hinter-

land zu erzielen. Während des 2. Weltkriegs gewannen massierte Luftangriffe gegen Versorgungszentren, Industrie, Verkehrslinien u. Städte sowie Operationen zur See im Zusammenhang mit Landeoperationen an Bedeutung.
Mit dem Einsatz von Atombomben gegen Hiroschima u. Nagasaki (Aug. 1945), der den 2. Weltkrieg beendete, begann die Ära der *Atom-S.* Die rasche technolog. Entwicklung, die u. a. durch Fortschritte auf Gebieten der Raketenantriebswerke u. der elektron. Mittel das präzise Hinsteuern nuklearer oder thermonuklearer Sprengkörper über Kontinente hinweg auf strateg. Ziele ermöglicht, u. neue Formen der Kriegsführung wie *Kalter Krieg, Revolutionskrieg, subversiver Krieg* haben alte strateg. Prinzipien erschüttert. Die Anwendung moderner Erkenntnisse u. Mittel im *Guerillakrieg* führte zu erstaunl. Erfolgen gegen hochtechnisierte reguläre Armeen.
Infolge der Übertragung der militär. Nomenklatur auf den auf Weltrevolution ausgerichteten *Klassenkampf* des Kommunismus erhielt der Begriff S. einen über das Militärische hinausgehenden polit. Bedeutungsinhalt. S. wird heute als polit. Führung im Hinblick auf Landesverteidigung, Paktsysteme, Kriegsplanung u. a. verstanden. Man unterscheidet im Westen zwischen der polit. eingeordneten *Höheren S.* oder *Gesamt-S.* (engl. *Grand Strategy*) einerseits u. der rein militär. zu konzipierenden S. anderseits in ähnl. Weise wie im Osten zwischen S. u. *Militär-S.* Die Höhere S. muß mit Bündnispartnern abgestimmt sein. – ⌑ 1.3.0.3.

Stratford ['strætfəd], Stadt in Connecticut (USA), Teil der Agglomeration von Bridgeport, 50 000 Ew.; Gemüsebau, Herstellung von Molkereiprodukten, Eisenwarenindustrie.

Stratford-on-Avon ['strætfəd ɔn 'ɛivən], Stadt am Avon, im mittleren England, in der Grafschaft Warwickshire, 19 000 Ew.; Geburts- u. Sterbeort *Shakespeares,* jährliche Shakespeare-Festspiele.

Strathclyde Region [stræθ'klaid 'ri:dʒən], seit 1975 bestehendes Verwaltungsgebiet in Westschottland, 13 849 qkm, 2,5 Mill. Ew., Hptst. *Glasgow.*

Stratigraphie [lat. + grch.], **1.** *Archäologie*: Methode zur Erkennung älterer u. jüngerer Schichten (Straten) u. deren Gehalt bei Ausgrabungen. Sie geht davon aus, daß bei ursprüngl. Lagerung durch keinen nachträgl. Eingriff gestörter Schichten die unteren Schichten älter als die oberen sind, so daß die relative Zeitfolge (relative Chronologie) der einzelnen Kulturhorizonte im Boden ablesbar ist.
2. *Geologie*: ein Wissenschaftszweig, der sich mit der zeitl. Bildungsfolge der Schichten u. Formationen befaßt u. eine Zeitskala geolog. Vorgänge aufstellte. Werden die Schichten aufgrund von Fossilien gegliedert, spricht man von *Bio-S.* – ⊞→Geologie (Tabelle Erdzeitalter).

Stratokumulus [lat. + grch.], *Schicht-Haufenwolke,* tiefe Wolke unter 2 km Höhe, Schicht oder Bänke, aus flachen Schollen oder Ballen bestehend. Die kleinsten noch regelmäßig angeordneten Teile der Schicht sind ziemlich dick, unscharf begrenzt u. erscheinen grau mit dunklen Partien.

Straton von Lampsakos („der Physiker"), griech. Philosoph des 3. Jh. v. Chr.; Nachfolger des *Theophrast* in der Leitung der *Peripatet. Schule* (→Peripatetiker), suchte die Aristotelische Physik mit dem Atomismus Demokrits zu verbinden.

Stratoskop [grch.], ein astronom. Ballonteleskop, das selbsttätig von der Stratosphäre aus arbeitet, um die störenden Schichten der Erdatmosphäre zu umgehen.

Stratosphäre [die; grch.], Atmosphärenschicht, oberhalb der Troposphäre, unterhalb der Mesosphäre, in etwa 12–50 km Höhe; mit Temperaturzunahme in ca. 35–50 km Höhe, hervorgerufen durch die von Ozon bewirkte Absorption der Sonnenstrahlen. →auch Atmosphäre.

Stratum [das; Mz. *Strata;* lat.], **1.** *Biologie:* Vertikalschicht in einem Lebensraum *(Biotop),* z. B. in einem See: Oberflächenschicht, Sprungschicht, Tiefenschicht.
2. *Medizin:* Lage, Schicht eines Gewebes, z. B. *S. corneum,* Hornschicht, oberste Lage der Oberhaut.

Stratus [der; lat.], *Schichtwolke,* niedrige, gleichmäßige Wolkenschicht (bis rd. 2 km Höhe); der S. entspricht Nebel, der nicht auf dem Boden liegt.

Straub, 1. Agnes, Schauspielerin, *2. 4. 1890 München, †8. 7. 1941 Berlin; seit 1916 in Berlin, leitete 1935–1938 das *Agnes-Straub-Theater;* Heroine u. Charakterdarstellerin; auch im Film.
2. Johann Baptist, Bildhauer, *25. 6. 1704 Wiesensteig, Württ., †15. 7. 1784 München; erster u. einflußreichster Meister des bayer. Rokokos, seit 1735 in München. Hptw.: Tabernakel (1741) u. Hochaltar (1745) in Fürstenzell; Altäre von Schäftlarn (1755–1764), Ettal (1757–1762), Diessen am Ammersee (1739–1741) u. Altäre u. Kanzel in Sankt Michael am Laim in München (1743/44).

Straube, Karl, Organist u. Orgellehrer, *6. 1. 1873 Berlin, †27. 4. 1950 Leipzig; dort Thomasorganist, Prof. am Konservatorium u. 1918–1939 Thomaskantor; Freund u. Förderer M. *Regers,* als Bach-Dirigent u. -Spieler von höchstem Einfluß.

Straubing, niederbayer. Stadtkreis (69 qkm) an der Donau, südöstl. von Regensburg, 44 000 Ew.; Peterskirche (12. Jh.), St.-Jacobs-Kirche (15.–16. Jh.); Ziegel-, Elektromotoren-, Metall- u. Holzindustrie. Im 14./15. Jh. Hptst. eines Herzogtums. Verwaltungssitz des Landkreises *S.-Bogen*: 1202 qkm, 78 000 Ew.

Straubinger Kultur, frühbronzezeitl. Kulturgruppe im bayer. Donauland, benannt nach dem bei Straubing gefundenen Gräberfeld; charakterist. sind: Gräberfelder mit Hockerbestattung, Bronzegegenstände wie trianguläre Dolche, Pfrieme, Nadeln, Armringe, Scheibenspiralen.

Strauchbohne →Bohne.

Straucher, Holzgewächse mit mehreren bis vielen, von Grund an verzweigten, meist dünnbleibenden Holzstämmen, die bis 3 m hoch werden können. Im Gegensatz zu Bäumen bilden S. keinen Stamm als Hauptachse aus. Der feste Holzkörper unterscheidet sie von Kräutern u. Stauden. Ökologisch bilden sie in der natürl. Landschaft das Unterholz der Wälder, Zwerg-S. (z. B. *Heidekraut, Chaparral)* überziehen Heiden u. Steppen. Sie können auch dichte Gehölze bilden (z. B. die *Macchia*). In trockenen Gebieten sind die Blätter der S. oft mehr oder weniger zu Dornen reduziert. In der Kulturlandschaft sind S. wichtig als Heckenpflanzen, die vielen Tieren Schutz u. Brutgelegenheiten (z. B. Vögeln) bieten. Viele S. werden in Gärten u. Parks wegen ihrer Blüten oder Früchte angepflanzt. *Halb-S.* sind Gewächse, bei denen die unteren Sproßteile verholzt sind, während die oberen krautig sind u. im Herbst absterben. Einen Spezialfall von S.n bilden die *Lianen* (→Kletterpflanzen). – ⊞ S. 266.

Strauchformationen, Vegetationstypen verschiedener Klimazonen, hauptsächl. Gebüsche. *Immergrüne S.* sind sowohl Nadelkrummhölzer (Legföhren) u. erikaähnl. Gesträuche an den Höhen- u. Trockengrenzen des Waldes als auch der Hartlaubbusch (Macchia, Chaparral) u. das Anfangsstadium von Sekundärwäldern. *Laubabwerfende S.* finden sich bes. auf Bruchtorf (→Auewald; Erlen u. Weidenbestände) u. an den alpinen u. polaren Grenzen (subarkt. Birkenkrummholz, subantarkt. S.). In xeromorpher (dem Wassermangel angepaßter) Ausprägung kommen S. als *Dorn-* u. *Sukkulentengesträuche* vor. →auch Savanne, Buschland, Halb- und Zwergstrauchformationen.

Strauchpappel, *Lavatera,* mittelmeerische Gattung der *Malvengewächse.* In Dtschld. ist nur die *Thüringer S., Lavatera thuringiaca,* als 50–100 cm hohe, filzigbehaarte Pflanze mit blaßrosenroten Blüten bekannt; andere Arten sind Zierpflanzen.

Strauchweichsel, *Prunus cerasus* ssp. *acida,* 1–2 m hohe strauchige Kirschenart, die bes. in Bosnien u. Dalmatien angebaut wird u. deren Früchte zur Herstellung des *Maraschino-Likörs* verwendet werden.

Straus, Oscar, österr. Komponist, *6. 3. 1870 Wien, †11. 1. 1954 Bad Ischl; zahlreiche Lieder u. Operetten, u. a. „Ein Walzertraum" 1907 (Neufassung 1951) sowie die Musik zu dem Ophüls-Film „Reigen" 1950 (nach A. Schnitzler).

Strausberg, Kreisstadt im Bez. Frankfurt, östl. Berlin, am Ostufer des *Straussees* (4 km lang, 0,5 km breit), 23 000 Ew.; Schuh-, Holzindustrie. – Krs. S.: 689 qkm, 90 000 Ew.

Strauß, *Struthio camelus,* der größte heute lebende Vogel, ein zu den Flachbrustvögeln gehörender Vertreter einer eigenen Ordnung *(Struthiones).* Heimat: Steppen Afrikas u. Vorderasiens. Die 10–15 Eier werden tags vom unscheinbar gefärbten Weibchen, nachts vom schwarz gefiederten Hahn bebrütet. Die Jungen sind Nestflüchter u. werden vom Männchen geführt. S.e sind gute Läufer. – ⊞→Laufvögel.

Strauß, 1. David Friedrich, ev. Theologe u. Schriftsteller, *27. 1. 1808 Ludwigsburg, †8. 2. 1874 Ludwigsburg; bes. von Hegel beeinflußt, verneinte die histor. Zuverlässigkeit der Evangelien u. fand in ihnen myth. Überlieferungen, trat für einen von der christl. Überlieferung gelösten Glauben ein. „Das Leben Jesu" 2 Bde. 1835; „Die christl. Glaubenslehre" 2 Bde. 1840/1841; „Der alte u. der neue Glaube" 1872.
2. Emil, Schriftsteller, *31. 1. 1866 Pforzheim, †10. 8. 1960 Freiburg i. Br.; realist., z. T. neuromant. Prosa: „Menschenwege" 1899; „Der Engelwirt. Eine Schwabengeschichte" 1901; „Der nackte Mann" 1912; „Das Riesenspielzeug" 1935; „Lebenstanz" 1940; „Dreiklang" 1949. Dramen („Don Pedro" 1899) u. Betrachtungen.
3. Franz Josef, Politiker (CSU), *6. 9. 1915 München; Philologe; Gründungsmitgl. der CSU, seit 1961 deren Vors.; 1949–1978 MdB, 1953–1955 Bundes-Min. für besondere Aufgaben, 1955/56 für Atomfragen, 1956–1962 der Verteidigung, 1966–1969 der Finanzen; seit 1978 Min.-Präs. von Bayern.
4. Johann, Vater von 5), österr. Komponist, *14. 3. 1804 Wien, †25. 9. 1849 Wien; 1835 Hofballdirektor in Wien; schrieb über 250 Werke, davon etwa 150 Walzer („Rheinklänge", „Sorgenbrecher"), Quadrillen, Polkas, Märsche (darunter den „Radetzky-Marsch").
5. Johann, Sohn von 4), österr. Komponist, *25. 10. 1825 Wien, †3. 6. 1899 Wien; 1863–1870 Hofballdirektor in Wien. Seine Walzer (u. a. „Morgenblätter", „An der schönen blauen Donau", „G'schichten aus dem Wiener Wald", „Kaiserwalzer", „Wiener Blut", „Frühlingsstimmen", „Wein, Weib u. Gesang", „Rosen aus dem Süden") zeichnen sich durch Reichtum an melodischer Erfindung u. Verlagerung des rhythm. Akzents auf das 2. Viertel aus. Daneben Märsche u. Polkas; erfolgreichste Operetten: „Die Fledermaus" 1874, „Eine Nacht in Venedig" 1883, „Der Zigeunerbaron" 1885, „Wiener Blut" 1899.

Strauss, 1. Ludwig, israel. Schriftsteller dt. Herkunft, *28. 10. 1892 Aachen, †11. 8. 1953 Jerusalem; seit 1934 in Israel; Schwiegersohn von M. *Buber.* „Nachtwache. Gedichte 1919–1933" 1933; „Heimliche Gegenwart. Gedichte 1933–1950" 1952. Aphorismen: „Wintersaat" 1953.
2. Richard, Komponist u. Dirigent, *11. 6. 1864 München, †8. 9. 1949 Garmisch; 1885/86 Dirigent der Meininger Hofkapelle, 1886–1889 u. 1894–1898 Kapellmeister in München, 1889–1894 in Weimar, 1898–1919 in Berlin, seit 1917 Leiter einer Meisterklasse für Komposition an der Berliner Akademie der Künste, 1919–1924 gemeinsam mit Franz *Schalk* Leiter der Wiener Staatsoper. – S. gehört zu den großen dt. Musikerpersönlichkeiten mit Weltgeltung. Seine Einakter „Salome" 1905 u. „Elektra" 1909 sind die kühnsten musikdramat. Vorstöße zu Beginn des 20. Jh. Mit dem „Rosenkavalier" 1911 begann die Rück-

Richard Strauss (rechts) und Hugo von Hofmannsthal

Straus-Säulenkaktus

wendung zu Mozart. Von seinen 15 Opern entstanden 6 in Zusammenarbeit mit H. von *Hofmannsthal*. Weitere Opern: „Guntram" 1894; „Feuersnot" 1901; „Ariadne auf Naxos" 1912; „Die Frau ohne Schatten" 1919; „Intermezzo" 1924; „Die ägypt. Helena" 1928; „Arabella" 1933; „Die schweigsame Frau" 1935; „Daphne" und „Friedenstag" 1938; „Capriccio" 1942; „Die Liebe der Danae" 1952; Ballette; sinfonische Dichtungen: „Don Juan" 1889; „Macbeth" 1890; „Tod u. Verklärung" 1890; „Till Eulenspiegels lustige Streiche" 1895; „Also sprach Zarathustra" 1896; „Don Quixote" 1898; „Ein Heldenleben" 1899; „Symphonia domestica" 1904; „Eine Alpensymphonie" 1915; weitere Orchesterwerke (u. a. eine Sinfonie), Solokonzerte, Kammermusik, Lieder u. Chorwerke. – ▯2.9.4.

Straus-Säulenkaktus →Greisenhaupt.
Straußfarn, *Struthiopteris filicastrum*, Zierfarn mit straußenfederförmigen, bis 150cm langen, einen Trichter bildenden Trophophyllen. In der Trichtermitte stehen die nur bis 50cm langen, bräunl. Sporophylle. Geschützt.
Straußgras, *Agrostis*, durch lockere Rispen ausgezeichnete Gattung der Süßgräser. In Dtschld.: *Gewöhnl. S. (Rotes S., Agrostis tenuis)* u. *Weißes S. (Fioringras, Agrostis stolonifera)*.
Straußklaue, *Thyrsacanthus rutilans*, ein *Akanthusgewächs*, mit karminroten, lang herunterhängenden Blütenständen. Beliebte Zimmerpflanze.
Strauß und Torney, Lulu von, Lyrikerin u. Erzählerin, *20. 9. 1873 Bückeburg, †19. 6. 1956 Jena; seit 1916 verheiratet mit dem Verleger E. *Diederichs*; schrieb Natur- u. Stimmungslyrik u. erneuerte die dt. Ballade („Balladen u. Lieder" 1902; „Reif steht die Saat" 1919). Ihre Romane u. Erzählungen schildern das Leben der niederdt. Heimat. Auch Kulturhistorisches u. Erinnerungen („Das verborgene Angesicht" 1943).
Straußwirtschaft →Buschenschank.
Strawinsky, Igor Fjodorowitsch, russ. Komponist, *5. 6. 1882 Oranienbaum bei St. Petersburg, †6. 4. 1971 New York; Schüler von N. *Rimskij-Korsakow*; Zusammenarbeit mit S. *Diaghilews* Russ. Ballett in Paris; 1915–1920 in der Schweiz, bis 1939 in Frankreich, seitdem in den USA (Hollywood), wo er 1945 US-amerikan. Staatsbürger wurde. Sein Werk ist – neben dem A. *Schönbergs* – einer der beiden Pfeiler, auf dem die neue Musik in der 1. Hälfte des 20. Jh. ruht. S.s außerordentliche Wandlungsfähigkeit von folkloristisch beeinflußten Anfängen bis zum späten Serialismus wird durch gewisse Stileigentümlichkeiten zusammengehalten: Freude an der schöpferischen Anverwandlung vergangener Musikepochen, Intervallbildungen im Umfang von Quarte u. Quinte für den Gesamtbau des Werks, Bi- u. Polytonalität, rhythm. Motorik, Polyrhythmik u. häufigen Taktwechsel. Im Mittelpunkt seiner „russischen" Schaffensperiode stehen die Ballette „L'Oiseau de Feu" (Der Feuervogel) 1910, „Petruschka" 1911 u. „Le Sacre du Printemps" (Die Weihe des Frühlings) 1913. „Die Geschichte vom Soldaten" 1918 brachte eine Reduzierung der Mittel u. erstmals Einflüsse des Jazz. Die Besetzung mit 4 Klavieren u. Schlagwerk in „Les Noces" 1923 hatte Nachwirkungen bis zu den „Catulli Carmina" von C. *Orff*. Mit dem „Pulcinella"-Ballett 1920 (nach Pergolesi) begann die in den sxen. Oratorium „Oedipus Rex" 1927 u. der „Psalmensinfonie" 1930 gipfelnde „klassizistische" Periode, die mit der Oper „The Rake's Progress" (Der Wüstling) 1951 endete. In der Altersperiode, beginnend mit der „Cantata" 1952, wandte sich S. zunehmend der Reihentechnik A. *Weberns* zu („Canticum Sacrum" 1956; Ballett „Agon" 1957; „A Sermon, a Narrative and a Prayer" 1961; „The Flood" 1962; „Abraham and Isaac" 1964; „Requiem Canticles" 1966). 6 Opern, 11 Ballette, 3 Sinfonien, 1 Messe, Kantaten, Konzerte, Klavierwerke u. Lieder. Selbstbiographie „Chroniques de ma vie" 2 Bde. 1935, dt. 1937; Vorlesungen „Poétique musicale" 1942, dt. 1949. – ▯→Ballett. – ▯2.9.4.
Streamerkammer [ˈstriːmə-, engl.], Teil eines Entladungsrohrs, das in der Plasmaphysik Verwendung findet. Im elektr. Feld der S. erzeugen freie Elektronen eine Elektronenlawine, mit der ein wachsender Raumladungs-Dipol zur Anode vorwächst. Ist das Raumladungsfeld im Lawinenkopf genügend stark geworden, werden durch Photoelektronen sekundäre Lawinen ausgelöst, die sich mit der Hauptlawine vereinigen u. deren Trägerdichte weiter erhöhen. So entsteht ein ionisierter Kanal (*Streamer*), der sich über die sekun-

Seidelbast, Daphne mezereum   *Berberitze, Berberis vulgaris*

dären Lawinen rasch in Richtung auf die Elektroden ausbreitet. Wenn er beide Elektroden erreicht hat, besteht eine leitende Brücke durch das Gas, über die ein hoher Strom fließen kann.
Streb [der], *Bergbau:* →Strebbau.
Strebbau, *Bergbau:* Abbauverfahren in annähernd horizontalen Lagerstätten verhältnismäßig geringer →Mächtigkeit, z. B. in Steinkohlenflözen (→Flöz). Abschälen der Lagerstätte in senkrechten Streifen bis 1000m Länge (*Streb*). Seitl. Fortschreiten des Abbaus. Die entstehenden Hohlräume werden mit *Versatz* ausgefüllt.
Strebbruchbau, *Bergbau:* ein →Strebbau, bei dem man keinen *Versatz* einbringt, sondern das →Hangende zusammenbrechen läßt.
Strebebogen, Teil des *Strebewerks*, in einer got. Basilika der Bogen zwischen den Strebepfeilern des Seitenschiffs u. dem Obergaden; dient zur Abstützung des hohen Obergadens u. zur Sicherung der Gewölbe des Mittelschiffs, deren Schub er auf die Strebepfeiler des Seitenschiffs überträgt. Während der frühgot. S. meist unter dem Dachstuhl des Seitenschiffs verborgen bleibt, tritt er später zutage u. vergrößert sich mit wachsendem Ausmaß der Kirche, so daß die Strebepfeiler des Seitenschiffs zu turmartigen Gebilden werden.
Strebepfeiler, Teil des *Strebewerks*, pfeilerartige Verstärkung der Wände einer mittelalterl. Kirche, Klosteranlage, Burg oder eines profanen Gebäudes; dient als Widerlager (contrefort) für das Gewölbe. →auch Strebebogen.
Strebewerk →Strebepfeiler, →Strebebogen.
Strebung, psychischer Antrieb mit meist klaren Zielvorstellungen (im Unterschied zum *Trieb*); z. B. Machtstreben.
Strecke, 1. *Bergbau:* ein horizontaler, tunnelartiger Grubenbau, der, im Gegensatz zum *Stollen*, von einem vorhandenen Grubenbau ausgeht.
2. *Geometrie:* Teil einer →Geraden zwischen zweien ihrer Punkte. Von der S. ist deren *Länge* als *Abstand* zweier Punkte zu unterscheiden.
3. *Spinnerei:* Maschine in der Vorbereitung der Spinnerei zum Verziehen (Strecken) der Faserbänder zwecks Parallelisierung der Fasern u. Vergleichmäßigung. →auch Streckwerk.
strecken, *Spinnerei:* →Strecke (3).
Streckgrenze, die Zugspannung, bei der ohne Belastungszunahme →Fließen eintritt. →auch Zugversuch.
Streckkunstseide, nach dem Streckspinnverfahren hergestellte Kunstseide.
Streckmetall, ein Maschenwerk mit festen Knotenpunkten, meist aus Stahlblech gezogen; verwendet u. a. als Betoneinlage, Gitter für Fenster, Heizkörperverkleidungen, Putzträger.
Streckmuskeln, *Extensoren*, Muskeln zur Streckung der Gelenke; Gegensatz: *Beuger*.
Streckspinnverfahren, ein Verfahren zur Erzeugung von Chemiefasern. Die aus der Düse tretenden Fäden werden zwecks Verfeinerung u. Festigkeitserhöhung vor oder nach dem Erstarren verstreckt.
Streckung, eine geometr. →Abbildung (1). Bei der *zentrischen* S. liegt der Bildpunkt mit dem Urpunkt auf einer Geraden durch das Zentrum in k-facher Entfernung. Bei der *affinen* S. liegen Bild- u. Urpunkt je auf parallelen Affinitätsstrahlen; ihre Entfernungen von der Affinitätsachse verhalten sich wie $k:1$.
Streckverband, *Extensionsverband*, ein Zugverband, der dazu dient, verschobene Knochenbruchenden in richtiger Lage ohne Verkürzung aneinander anheilen zu lassen.
Streckwerk, Vorrichtung in Strecken, Vor- u. Feinspinnmaschinen zum Verziehen von Faserlängsverbänden. Die Verzugsorgane sind Walzenpaare. Der erwünschte Verzug kann auf einmal oder in Stufen aufgebracht werden.
Strehlen, poln. *Strzelin*, Stadt in Schlesien (seit 1945 poln. Wojewodschaft Wrocław), südl. von Breslau, 10 000 Ew.; Möbel- u. Nahrungsmittelindustrie. Steinbrüche (Granit); Bahnknotenpunkt.

Roter Hartriegel, Cornus sanguinea

STRÄUCHER
(Die Detailaufnahmen zeigen oben die Blüten und darunter die Früchte)

Pfaffenhütchen, Euonimus europaeus

Eingriffliger Weißdorn, Crategus monogyna

Die Baumheide, Erica arborea, wird bis über 15 m hoch und ist der größte Heidestrauch der Macchie

Strehler, Giorgio, italien. Regisseur u. Theaterleiter, *14. 8. 1921 Barcola, Triest; gründete 1947 mit Paolo *Grassi* (*30. 10. 1919) das Piccolo Teatro in Mailand, das durch S.s Goldoni-, Shakespeare- u. Brecht-Inszenierungen berühmt ist.
Streich, Rita, Sängerin (Koloratursopran), *18. 12. 1920 Barnaul, Sibirien; sang 1946–1953 in Berlin, 1956–1972 an der Staatsoper in Wien, bei den Bayreuther u. den Salzburger Festspielen; bes. Mozart-Interpretin, auch Konzertsängerin.
Streichen [das], **1.** *Geologie:* die Himmelsrichtung, in der die Schnittlinie einer geneigten Erdschicht mit einer gedachten horizontalen Ebene verläuft; wird in Grad gemessen u. gibt mit dem *Fallen* die genaue Raumlage einer Schicht an.
2. *Tiermedizin:* Bewegungsstörung beim Gang des Pferdes.
Streicher, 1. Johann Andreas, Klavierfabrikant u. Pianist, *13. 12. 1761 Stuttgart, †25. 5. 1833 Wien; erfand die Mechanik mit Hammeranschlag von oben.
2. Julius, nat.-soz. Politiker, *12. 2. 1885 Fleinhausen, Schwaben, †16. 10. 1946 Nürnberg (hingerichtet); Lehrer; gründete nach dem 1. Weltkrieg die *Deutschsozialist. Partei*, unterstellte sich 1921 Hitler. Repräsentant eines vulgären Antisemitismus, seit 1923 Hrsg. des Hetzblatts „Der Stürmer", 1924–1940 Gauleiter von Franken. Der Internationale Gerichtshof in Nürnberg verurteilte S. 1946 zum Tod.
3. Margarethe, österr. Leibeserzieherin, *9. 4. 1891 Wien; mit K. *Gaulhofer* Begründerin des österr. Schulturnens; Hptw.: „Natürl. Turnen".
Streichgarn, nach dem S.verfahren hergestelltes Garn aus Schafwolle, anderen Tierwollen, Chemiefasern sowie Mischungen, die solche Fasern enthalten. S.e werden durch Verspinnen eines in Längsstreifen geteilten Faservlieses erhalten u. sind rauher u. ungleichmäßiger als →Kammgarn.
Streichhölzer →Zündhölzer.
Streichinstrument, Musikinstrument mit Saiten, die mit einem Bogen gestrichen u. infolge der auftretenden Reibung zum Schwingen gebracht werden, wobei ein Resonanzkörper *(Korpus)* für Verstärkung u. Färbung des Tons sorgt. In der europ. Musik ist die *Violine* führend; daneben gibt es verschiedene Typen der S.e innerhalb der Volksmusik u. exotischer Prägung.
Streichkraut, *Datisca,* Pflanzengattung der *Datiscazeen. Datisca cannabina, Gelber Hanf,* ist in Vorderasien heimisch u. enthält bittere, abführend wirkende Stoffe u. in der Wurzel den gelben Farbstoff *Datiscin.*
Streichquartett, 1. Komposition für vier Streichinstrumente, meist 2 Violinen, Viola u. Violoncello, in Sonaten- oder Suitenform. Zentrale Bedeutung gewann das S. seit *Haydn, Mozart* u. *Beethoven* u. behielt sie im 19. u. 20. Jh. bis zur Schönberg-Schule, B. Bartók u. P. Hindemith.
2. eine Gruppe von 4 Spielern, die zumeist den Namen des 1. Geigers (Primgeiger) trägt.
Streife, Polizei- oder Militärwache, die im Gegensatz zum *Posten* einen größeren Bereich zu sichern hat, wobei ihr der *S.nweg* vorgeschrieben ist.
Streifenfarn, *Asplenium,* artenreiche Gattung der *Farne* mit streifenförmigen Sporangienhäufchen *(Sori);* meist kleine, z.T. sehr dürreresistente Felsenbewohner. Einfach oder mehrfach gefiederte Wedel.
Streifengnu →Gnus.
Streifenhügel, *Corpus striatum,* Teil des Mittelhirns, der mit der grauen Masse u. den Fasern des Mittelhirns das *striäre System (extrapyramidales System)* bildet. Erkrankungen dieses Systems führen zu Bewegungsstörungen, Zittern u.a. Störungen (z.B. *Parkinsonismus, Schüttellähmung).*
Streifenhyäne, *Hyaena hyaena,* eine *Hyäne* mit schwarzen Querstreifen auf gelb-weißem Fell; mit halb körperlangem, buschigem Schwanz; in ganz Afrika u. bis Vorderindien.
Streifenmaus →Birkenmäuse.
Streifenwolf, *Canis adustus,* Art der →Schakale.

Streik [engl.], *Ausstand*, gemeinschaftl. Arbeitseinstellung der Arbeitnehmer als wirtschaftl. Kampfmaßnahme zur Erlangung besserer Arbeits-, bes. Lohnbedingungen *(arbeitsrechtlicher S.)* oder zur Durchsetzung polit. Forderungen *(politischer S.)*. Der *organisierte S.* wird von den Gewerkschaften, der *wilde S.* ohne ihren Willen geführt. Weiterhin unterscheidet man den *Sympathie-S.* zur Unterstützung einer bereits im Arbeitskampf stehenden Arbeitnehmergruppe, den *Teil-S.*, bei dem nur ein kleiner, aber bes. wichtiger Teil der Arbeitnehmer die Arbeit niederlegt, den *Sitz-S.*, bei dem die Arbeitnehmer zwar im Betrieb erscheinen, aber nicht arbeiten, u. die *passive Resistenz*, bei der die Arbeitnehmer ohne Arbeitserfolg weiterarbeiten. Im Gegensatz zum eigentlichen *Kampf-S.* steht der *Demonstrations-S.* (*Protest-* u. *Warn-S.*), bei dem der Wunsch nach besseren Arbeitsbedingungen nur betont werden soll, ohne daß eine Maßnahme direkt erzwungen wird. →auch Generalstreik. Die Gegenmaßnahme der Arbeitgeber ist die →Aussperrung.
Im Grundgesetz der BRD wird das S.recht nicht allg. verfassungsrechtl. garantiert; Art. 9 GG gewährleistet lediglich. für jedermann u. für alle Berufe das Recht, zur Wahrung u. Förderung der Arbeits- u. Wirtschaftsbedingungen Vereinigungen (Gewerkschaften u. Arbeitgeberverbände) zu bilden; er erklärt aber auch seit seiner 1968 erfolgten Ergänzung gewerkschaftl. organisierte S.s sogar in Notstandsfällen für zulässig, wenn sie Lohn- u. Tariffragen betreffen. *S.verbot* besteht nach herrschender Rechtsauffassung für Beamte, weil der S. mit dem Beamtenverhältnis unvereinbar sei. – 📖 4.3.6.

Streikbrecher, arbeitswilliger Arbeitnehmer in einem streikenden Betrieb.

Streitaxt, Waffe in Axtform, oft reich verziert, aus Knochen oder Stein schon in prähistor. Zeit angewandt, später aus Bronze oder Eisen. Eine Sonderform der S. ist der →Tomahawk der nordamerikan. Indianer; eine aus der S. im Spät-MA. entwickelte Form ist die →Hellebarde.

Streitaxt-Kulturen, zusammenfassende Bez. für die spätjungsteinzeitl., z.T. schon Kupfer führenden, regional voneinander abweichenden schnurkeramischen Kulturgruppen Mittel-, Nord- u. Osteuropas. Hierzu gehören die *Einzelgrab-Kultur* in den Niederlanden, Nord-Dtschld. u. Dänemark, die *Bootaxt-Kultur* in Südskandinavien, Südfinnland u. Teilen des Baltikums, die russ. *Fatjanovo-Kultur* u. die kontinentale *Schnurkeramik*. Gemeinsam ist ihnen die Hockerbestattung in Einzelgräbern, sehr oft unter Grabhügeln u. zuweilen mit Steinkisten u. Resten von Totenhäusern, die becher- u. amphorenartige Keramik, die neben der Schnurverzierung auch noch andere Ornamente trägt, die geschliffene u. facettierte Streitaxt aus Felsgestein. Die Träger der S. waren zunächst nur Viehzüchter u. Hirten (unter zunehmender Bedeutung von Pferd u. Schaf), später kam Ackerbau hinzu. – 📖 5.1.1.

Streitberg, Wilhelm, Sprachforscher, *23. 2. 1864 Rüdesheim, †19. 8. 1925 Leipzig; lange Zeit Hrsg. der Ztschr. „Indogerman. Forschungen" (bis 1920 mit K. *Brugmann*). Altgermanist.

Streitgegenstand, im Prozeßrecht der Gegenstand des Rechtsstreits; bedeutsam vor allem für →Klagenhäufung, Klageänderung, →Rechtshängigkeit u. materielle →Rechtskraft. – 📖 4.1.5.

Streitgenossenschaft, *subjektive Klagenhäufung*, liegt vor, wenn in einem Zivilprozeß in derselben Parteistellung mehrere Personen nebeneinander auftreten. Die S. setzt nach §§59, 60 ZPO voraus, daß die *Streitgenossen* hinsichtl. des *Streitgegenstands* in Rechtsgemeinschaft stehen oder aus demselben tatsächl. oder rechtl. Grund berechtigt oder verpflichtet sind oder daß gleichartige u. auf einem im wesentlichen gleichartigen tatsächl. u. rechtl. Grund beruhende Ansprüche oder Verpflichtungen den Gegenstand des Rechtsstreits bilden. Weiteres §§61ff. ZPO. – In Österreich ist die S. geregelt in §11 ZPO u. §93 Jurisdiktionsnorm. Die S. als subjektive Klagenhäufung ist in allen kantonalen Prozeßordnungen der Schweiz u. auch im Zivilprozeß vor dem schweizer. Bundesgericht in Lausanne zulässig. →auch Klagenhäufung. – 📖 4.1.5.

streitige Gerichtsbarkeit, in der →ordentlichen Gerichtsbarkeit die Tätigkeit der Gerichte in Zivilprozeßsachen einschl. der Zwangsvollstreckung u. des Konkurses u. in Strafsachen (Gegensatz: →Freiwillige Gerichtsbarkeit).

Streitkräfte, die zur Wahrnehmung der Staatsinteressen gegenüber anderen Mächten bestimmten bewaffneten Verbände eines Staats. Über ihren Einsatz verfügt die polit. Staatsführung. Zulässigkeit des Einsatzes bei inneren Unruhen ist im allg. in der Verfassung geregelt.
Je nach der *Wehrverfassung* eines Staats sind die S. Berufs- (Freiwilligen-), Wehrpflicht- oder Miliz-S. Oberster Befehlshaber der S. ist im allg. das Staatsoberhaupt, seltener der Regierungschef. Hinsichtl. der Organisation der S. ist zu unterscheiden zwischen den *Gesamt-S.n* u. *Teil-S.n.* Teil-S. sind *Land-S.* (→Heer), *Luft-S.* (→Luftwaffe) u. *See-S.* (→Marine); in vielen Staaten sind die Luft-S. keine eigenen Teil-S., sondern Teil der Land-S. (oder auch der Land- u. See-S.); weitere Teil-S. können besondere Landungsverbände sein (z.B. die *Marines* in den USA) oder die Atom-S. (z.B. in Frankreich).
Die Spitzengliederung der S. ist im allg. abhängig von militär. Wirksamkeit, polit. Kontrolle u. Tradition. Dabei kann der dem verantwortl. Politiker (meist Verteidigungs-Min.) unterstellte höchste militär. Repräsentant (Oberbefehlshaber, Generalinspekteur u.a.) eine Vorgesetztenstellung gegenüber den höchsten Offizieren der Teil-S. (Befehlshabern, Inspekteuren u.ä.) innehaben oder auf Koordinierungsaufgaben beschränkt sein.
Die Einordnung nationaler S. in Bündnissysteme (z.B. NATO, Warschauer Pakt) bringt eine Kompetenzverlagerung von den nationalen Stäben auf die integrierten Führungsgremien mit sich. – 📖 1.3.0.0.

Streitverkündung, förmliche Benachrichtigung vom Schweben eines Zivilprozesses durch Zustellung eines den Streitstand darlegenden Schriftsatzes. Eine Prozeßpartei, die bei ihrem Unterliegen im Prozeß einen Anspruch auf Schadloshaltung oder Gewährleistung gegen einen Dritten geltend machen zu können glaubt oder den Anspruch eines Dritten befürchtet, kann diesem bis zur rechtskräftigen Entscheidung des Verfahrens den Streit verkünden. Im Fall eines Prozeßbeitritts des Dritten sind die Regeln über die →Nebenintervention anzuwenden. Lehnt der Dritte einen Beitritt zum Prozeß ab oder bleibt er untätig, so hat das Urteil ihm gegenüber die gleiche Wirkung, wie wenn er beigetreten wäre (§§72ff. ZPO).

Streitwagen, im Altertum zweirädriger, pferdebespannter Kampfwagen mit Wagenlenker u. Krieger; an der Seite oft mit Messern *(Sichelwagen)*. Auch im MA. wurden S. verwendet. Der S. ist der histor. Vorläufer des heutigen Panzers.

Streitwert, im Prozeßrecht der Wert des *Streitgegenstands*, vom Gericht, z.T. auch vom Urkundsbeamten der Geschäftsstelle, nach freiem Ermessen festzusetzen, u. zwar im Zusammenhang mit der Entscheidung über die sachliche Zuständigkeit des Gerichts oder die Zulässigkeit eines Rechtsmittels (Berechnung im Zivilprozeß nach §§2–9 ZPO) oder mit der Berechnung der Gerichtskosten (nach §§8–19 Gerichtskostengesetz).

Strelasund, vom Rügendamm überbrückte, rd. 2,5km breite Meeresstraße der Ostsee, zwischen Rügen u. dem Festland bei Stralsund, verbindet Prohner Wiek u. Greifswalder Bodden.

Strelitz, *Mecklenburg-S.*, 1701 durch den „Hamburger Vergleich" geschaffene Linie →Mecklenburgs mit dem Land *Stargard* sowie u.a. dem Fürstentum *Ratzeburg*. – Benannt nach *S.*, einer ursprüngl. slaw. Burgsiedlung, 1349 Stadt, ab 1701 Residenz der neuen Linie, bis ein Brand 1712 zur Verlegung u. zur Gründung von *Neustrelitz* führte, in das die Stadt S. 1931 eingemeindet wurde.

Strelitzen [russ.], Palastgarde der russ. Zaren, von Iwan IV. um 1550 aufgestellt. Die S. wohnten in eigenen Siedlungen in Moskau, trieben Handel u. Gewerbe u. griffen wiederholt in die Politik ein. Nach dem *S.-Aufstand* 1698 ließ Peter d. Gr. 2000 S. hinrichten u. löste die Truppe auf.

Strempel, Horst, Maler u. Graphiker, *16. 6. 1904 Beuthen; Figurenbilder mit großflächigem Farbauftrag u. starker Linienrhythmik, oft mit zeit- u. sozialkrit. Thematik.

strenges Recht, *Jus strictum*, ein Recht, das für einen eindeutig festgelegten Sachverhalt eine genaue bestimmte Rechtsfolge anordnet u. in seiner Anwendung keine Rücksichtnahme auf die →Billigkeit duldet; vielfach auch unscharf für →zwingendes Recht.

Strepsiptera [grch.] →Fächerflügler.

Streptokokken [grch.], *Kettenkokken, Streptococcus*, artenreiche Gattung in Perlschnurform aneinandergereihter, kugelförmiger *Bakterien*. Sie gehören neben den *Staphylokokken* zu den häufigsten Eitererregern, bes. *Streptomyces pyogenes* als Erreger akuter Entzündungen, z.B. Angina. Einige S. dienen zur Käsebereitung.

Streptomycin [das; grch.], Antibiotikum aus einem Strahlenpilz *(Streptomyces griseus)*; kann synthetisch hergestellt werden; ist u.a. gegen Tuberkulosebakterien wirksam u. kann tuberkulöse Hirnhautentzündung ausheilen; 1943 von S. *Waksman* entdeckt.

Stresa, italien. Kurort am Westufer des Lago Maggiore, 5200 Ew., viele Villen u. Grünanlagen, Alpengarten, Fremdenverkehr.
Konferenz von S., Zusammenkunft der Regierungschefs Großbritanniens, Frankreichs u. Italiens vom 11.–14. 4. 1935 mit dem Ziel, eine gemeinsame Abwehrpolitik *(Stresafront)* gegenüber Dtschld. festzulegen, nachdem die dt. Regierung entgegen den Bestimmungen des Vertrags von Versailles die allg. Wehrpflicht eingeführt hatte. Die Beschlüsse von S. wurden noch 1935 durch das dt.-engl. Flottenabkommen u. den Einmarsch italien. Truppen in Äthiopien gegenstandslos.

Stresemann [nach G. *Stresemann*], kleiner Gesellschaftsanzug für den Tag (weniger formell als der *Cut*): schwarzer oder marengofarbener Sakko u. gestreifte, umschlaglose Hose.

Stresemann, Gustav, Politiker, *10. 5. 1878 Berlin, †3. 10. 1929 Berlin; Syndikus; 1907–1912 u. 1914–1918 MdR (nationalliberal), im 1. Weltkrieg bis 1917 entschieden annexionist. eingestellt; Mitbegründer der *Dt. Volkspartei* u. ihr Abg. in der Weimarer Nationalversammlung. 1923 Reichskanzler einer großen Koalition, 1923–1929 Reichsaußen-Min.; beendete 1923 den *Ruhrkampf* u. schuf durch die Annahme des *Dawesplans* u. den Abschluß des *Locarnovertrags* die Grundlagen seiner Verständigungspolitik, deren Höhepunkt Deutschlands Eintritt in den *Völkerbund* war. Eine Annäherung zwischen Frankreich u. Dtschld. war das Kernstück seiner Politik. Trotz intensiver Bemühungen (Gespräch mit A. *Briand* in Thoiry 1926) erfüllten sich seine Hoffnungen auf eine vorzeitige Rheinlandräumung nicht; sie wurde erst durch die heftig umstrittene Annahme des *Youngplans* (1929; nach seinem Tod) erreicht. Friedensnobelpreis 1926 (zusammen mit Briand). – 📖 5.3.5 u. 5.4.4.

Streß [der; engl., „Druck"], *Stress*, von H. *Selye* geprägte Bez. für die Belastung, die der Körper durch zu lange dauernde oder ihn unangemessene Reize u. schädigende Einflüsse erfährt, bzw. für die durch diesen *Stressor* erzeugten belastenden u. den Organismus „angreifenden" Wirkungen; der S. führt zum →Adaptationssyndrom.

Stretch [strɛtʃ; der; engl.], dehnfähige u. sehr elast. Web- u. Wirkwaren aus Chemiefasern (z.B. Nylon, Perlon).

Stretensk, Stadt in der RSFSR (Sowjetunion), im südl. Sibirien, an der Schilka, 25000 Ew.; Lederindustrie, in der Nähe Gold- u. Eisenerzvorkommen.

Stretford [-fəd], Stadt im mittleren England, südwestl. von Manchester, 59000 Ew.; Baumwoll-, chem. u. Elektroindustrie.

Stretta [die; ital.], in einem Musikstück Schlußsteigerung als Beschleunigung oder Verdichtung.

stretto [ital.], musikal. Vortragsbez.: gedrängt, eilend.

Streudüse = Nebeldüse.

Streufeld, *magnet. S.*, ein magnet. Kraftlinienfeld, das (z.B. bei Generatoren u. Transformatoren) nicht im magnet. Werkstoff, sondern außerhalb verläuft u. dadurch den Nutzeffekt verringert.

Streufrucht, jede pflanzl. Frucht, die sich öffnet u. die Samen ausstreut; meist vielsamig.

Streumuster, Dekorform in der Keramik, vor allem bei Fayence u. Porzellan, z.B. als *Streublumen* in Über- u. Unterglasurmalerei.

Streuquerschnitt = Wirkungsquerschnitt.

Streusalz →Tausalz.

Streuscheiben, dünne, lichtstreuende Platten aus Glas oder Kunststoff; die lichtzerstreuende Eigenschaft entsteht durch das Material selbst *(Volumenstreuer)*, durch Schleifen oder Ätzen der Oberfläche oder durch ein Oberflächenprofil. S. werden u.a. in photograph., opt. u. lichttechn. Geräten verwendet.

Streuselkuchen, Gebäck aus Hefe- oder Backpulverteig, belegt mit Kügelchen *(Streuseln)* aus Butter, Zucker, Zimt u. wenig Mehl.

Streusiedlung, Siedlung in Einzelhöfen u. kleinen Weilern.

Streustrahlen, gestreute Röntgen- oder Gammastrahlen, die in Materie beim Auftreffen einer

primären Strahlung ausgelöst werden u. im allg. in alle Richtungen laufen.
Streuung, 1. *Astrophysik:* Ablenkung des Lichts an Partikeln (Staub, Gasmoleküle). Gesetze der S.: *Rayleighsches Gesetz* (für Partikel von der Größe der Moleküle); *Gesetz von Mie* (für große Partikel, z. B. Quarz- oder Metallstaub). Infolge der S. hat der Himmel eine blaue Farbe.
2. *Ballistik:* das Abweichen von Geschossen, die nacheinander aus derselben Waffe bei gleichbleibender Richtung abgefeuert werden, von der theoretisch zu erwartenden Flugbahn nach Länge *(Längen-S.)*, Breite *(Breiten-S.)* oder Höhe *(Höhen-S.)*; bedingt durch Ungleichheiten von Munition u. Waffe sowie durch Witterungseinflüsse.
3. *Physik:* bei Messungen die Abweichung einzelner Werte vom Mittelwert; die Richtungsänderung einer Strahlung beim Durchlaufen eines Mediums; die Änderung der Bewegungsrichtung eines atomaren Teilchens beim Passieren eines Kraftzentrums *(Streuzentrum)*, z. B. eines Atoms. Als Maß für die Wahrscheinlichkeit einer solchen S. dient der →Wirkungsquerschnitt. Aus Messungen der S. können Eigenschaften der Wechselwirkung zwischen den beteiligten Teilchen, z. B. der →Kernkräfte, gefolgert werden.
4. *Statistik:* die Verteilung der Einzelwerte einer statistischen Reihe um den →Mittelwert; z. B. die Abweichung von Geschossen aus der Flugbahn: Sind die gemessenen Größen $m_1, m_2, ..., m_n$ n_1 bzw. $n_2 ...$ bzw. n_n-mal vorhanden, so ist der Mittelwert $M = (m_1 \cdot n_1 + m_2 \cdot n_2 + ... + m_n \cdot n_n) \cdot (n_1 + n_2 ... + n_n)$ u. die (statistische) S. $= \pm \sqrt{\frac{n_1(m_1-M)^2 + n_2(m_2-M^2) + ... + n_n(m_n-M)^2}{n_1 + n_2 + ... + n_n}}$
→Varianz.
Streuvels ['strøfəls], Stijn, eigentl. Frank *Lateur*, fläm. Erzähler, *3. 10. 1871 Heule bei Kortrijk, †15. 8. 1969 Ingooigem; entwickelte sich zum größten Gestalter der flandr. Bauern u. Landarbeiter.
Streymoy ['strømø], dän. *Strömö*, größte Insel der Färöer, 392 qkm, 14100 Ew.; mit der Hptst. *Tórshavn*.
Strich, 1. *Gaunersprache:* das Herumstreichen der Dirnen auf der Straße.
2. *Mineralogie:* Farbe feinzerteilter oder pulverisierter Mineralien, die oft von der im kompakten Zustand abweicht; zu prüfen durch kräftiges Streichen *(Strichprobe)* gegen eine rauhe, hartgebrannte Porzellanplatte *(Strichplatte)*.
3. *Nautik:* veraltete Kompaßeinteilung; 1 S. = $^1/_8$ eines rechten Winkels = $^1/_{32}$ der Kompaßrose (voller Kreis) = 11,25°.
4. *Zoologie:* Zitze des Rinds.
Strich, Fritz, schweizer. Literaturwissenschaftler, *13. 12. 1882 Königsberg, †15. 8. 1963 Bern; beschäftigte sich bes. mit der Weimarer Klassik.
Strichätzung →Klischee.
Strichmaß, ein Längenmaß, bei dem die Länge durch den Abstand zweier Striche festgelegt ist, im Unterschied zum *Endmaß*.
Strichvögel, Vogelarten, die ihr Brutgebiet in ungünstigen Jahreszeiten nur umherstreifend verlassen. →Vogelzug.
stricken, mit Hilfe einer Rundnadel oder mehrerer Nadeln einen Faden (im Unterschied zum *Weben*) zu einer flächigen Maschenbahn verschlingen *(wirken)*; →auch Strickmaschine.
Stricker, handwerkl. Ausbildungsberuf mit 3jähriger Ausbildungszeit; strickt Strümpfe u. a. Strickwaren auf Hand- u. Motorstrickmaschinen.
Stricker, *der S.*, mhd. Dichter aus Franken, als Fahrender tätig in Österreich um 1230–1240; schrieb im Ausklang der höf. Zeit 2 Versepen („Karl der Große"; „Daniel vom blühenden Tal" um 1215), wurde dann mit den 12 Schwänken vom „Pfaffen Amis" um 1230 sowie mit „mæren" u. „bîspels" (Versgeschichten mit Schlußmoral) zu einem moral.-satir. Verserzähler.
Strickleiter, Leiter aus Hanfseilen mit Holzstegen; bes. in der Schiffahrt verwendet.
Strickleiternervensystem →Bauchmark.
Strickmaschine, eine Maschine zur Herstellung von Strick- u. Wirkwaren; Maschenbildung u. Musterung erfolgt bei komplizierten Mustern durch eine Jacquardvorrichtung; →auch Wirkerei.
Striegau, poln. *Strzegom*, Stadt in Schlesien (1945 bis 1975 poln. Wojewodschaft Wrocław, seit 1975 Wałbrzych), 14000 Ew.; got. Kirche (14. Jh.); Steinbrüche (Granit u. Basalt), Maschinen-, Papier- u. Schuhindustrie.
Striegel, 1. Bernhard, vermutl. Enkel von 2), Maler, *1465/1470 Memmingen, †vor 4. 5. 1528 Memmingen; seit 1515 Hofmaler Kaiser Maximilians; Bildnisse Kaiser Maximilians u. seiner Familie, Kaiser Karls V. u. a. Hptw. in München, Alte Pinakothek.
2. Hans d. Ä., Maler u. Bildhauer, seit 1430 urkundl. in Memmingen erwähnt, †zwischen 6. 3. u. 1. 6. 1462 Memmingen; Hptw. ist der 1442 datierte Zeller Altarschrein.
3. Hans d. J., Sohn von 2), Maler, urkundl. erwähnt 1450–1479 in Memmingen; erhalten ist nur ein Altarflügel, wohl aus Langenargen, um 1478.
Striges [lat.] →Eulen (1).
Striktur [die; lat.], Verengung eines engen Körperkanals durch Entzündung, Narbenschrumpfung oder Geschwulstwachstum; z. B. *Harnröhren-S.* nach Tripper.
Strindberg [-bɛrj], August, schwed. Schriftsteller, *22. 1. 1849 Stockholm, †14. 5. 1912 Stockholm; Darstellungen von Eheproblemen mit frauenfeindl. Haltung finden sich u. a. in den Dramen „Die Beichte eines Toren" 1887/88, dt. 1894,

August Strindberg

„Totentanz" 1901, dt. 1904, u. dem Passionsspiel „Ostern" 1901, dt. 1901. Emanzipationsprobleme u. religiöse Auffassungen behandeln die Prosastücke „Heiraten" 1884, dt. 1889 (Fortsetzung 1886). S.s Schaffen war von größtem Einfluß auf die schwed. Prosa. Viele Entwicklungsphasen des Welttheaters im 20. Jh. wurden von ihm vorweggenommen (Expressionismus, Surrealismus, absurdes Theater, psycholog. Entwicklungsstück), u. a. in den Schauspielen „Ein Traumspiel" 1902, dt. 1903, „Nach Damaskus" 1898 (Teile 1, 2), 1904 (Teil 3), dt. 1912, u. „Rausch" 1899, dt. 1899. Selbstquäler. Bekenntnisdrang, skept. Bindungslosigkeit u. myst. Religiosität sind Merkmale von S.s Schaffen. Aus kulturhistor. Studien entstanden die Novellen „Schwedische Schicksale u. Abenteuer" 1882–1891, dt. 1902, u. „Historische Miniaturen" 1905, dt. 1906, sowie die Aphorismensammlung „Ein Blaubuch" 1907/08, dt. 1909–1921.
S.s Schaffen der 1880er Jahre verhalf dem literar. Naturalismus in Schweden zum Durchbruch. Theaterstücke: „Der Vater" 1887, dt. 1888; „Fräulein Julie" 1887–1889, dt. 1889; Romane: „Das rote Zimmer" 1879, dt. 1889; „Das neue Reich" 1882, dt. 1882, in dem mit satir. Schärfe das zeitgenöss. Schweden kritisiert wird. S.s geistige u. religiöse Krise der 1890er Jahre fand in „Inferno" 1897, dt. 1909, u. „Legenden" 1898, dt. 1899, ihren Niederschlag; in der Folgezeit zeigten sich Symptome von Gemütskrankheit u. Verfolgungswahn („Die Beichte eines Toren" 1887/88, dt. 1894; Schlüsselroman „Die gotischen Zimmer" 1904, dt. 1904). Eine Reihe von Kammerspielen („Wetterleuchten" 1907, dt. 1908; „Gespenstersonate" 1907, dt. 1908; „Der Scheiterhaufen" 1907, dt. 1908) entstanden für das von S. u. August *Falck* gegründete *Intime Theater*. Weitere Werke: „Schlafwandler" 1884, dt. 1902; „Gedichte" 1883, dt. 1923; „Der Sohn einer Magd" 1887, dt. 1908 (selbstbiograph.), Erzählungen aus der schwed. Heimat: „Die Leute auf Hemsö" 1887, dt. 1889; „Inselbauern" 1888, dt. 1921. – □ 3.1.2.
stringendo [-'dʒendo; ital.], musikal. Vortragsbez.: eilend, treibend, schneller werdend.
Stringer [der; engl.], *Schiffbau:* Längsverband bei stählernen Schiffen; verstärkter Plattengang dort, wo die Decks mit dieser verbunden sind.

strippen, melken, indem mit zusammengedrücktem Daumen u. Zeigefinger der Strich durch Zug entleert wird; →auch fäusteln, knebeln.
Stripping [das; engl.], eine Kernreaktion, bei der vom stoßenden oder gestoßenen Atomkern ein Nukleon „abgestreift" wird u. im anderen Kern verbleibt; z. B. beim Stoß eines Deuterons mit einem Kern, wobei der Kern das Neutron des Deuterons einfängt, während das Proton weiterfliegt.
Strips [Mz.; engl.], von Öffner, Schlagmaschine u. Karde stammender Baumwollabfall, für Streichgarn geeignet.
Striptease ['striptiːz; engl.], tänzerische Entkleidungsdarstellung (meist einer Frau) in Nachtlokalen u. Varietés.
Stritar, Josip, Pseudonym Boris *Miran*, slowen. Schriftsteller, *6. 3. 1836 Podsmreka, †25. 11. 1923 Rogaška Slatina; 1870 Gründer der literar. Zeitschrift „Zvon" in Wien; sentimental-pessimist. Lyriker u. volksverbundener Erzähler.
Stritch [stritʃ], Samuel, erster US-amerikan. Kurienkardinal (1958), *17. 8. 1887 Nashville, Tenn., †27. 5. 1958 Rom; 1921 Bischof von Toledo (USA), 1930 Erzbischof von Milwaukee, 1940 Erzbischof von Chicago, 1946 Kardinal.
Strittmatter, Erwin, Schriftsteller, *14. 8. 1912 Spremberg, Niederlausitz; von B. *Brecht* gefördert, mehrfach preisgekrönter Vertreter des sozialist. Realismus in der DDR; Mitgl. einer Landwirtschaftl. Produktionsgenossenschaft; schildert bes. das Landleben. Romane u. Erzählungen: „Ochsenkutscher" 1950; „Tinko" 1954; „Der Wundertäter" Bd. 1 1957, Bd. 2 1973; „Ole Bienkopp" 1963; „Schulzenhofer Kramkalender" 1966; „³/₄hundert Kleingeschichten" 1971. Verskomödie: „Katzgraben" 1954; Drama: „Die Holländerbraut" 1961.
Strobe [die; grch.], *Weymouthskiefer*, aus dem östl. Nordamerika stammende, auch in Europa kultivierte Art der *Kiefer*.
Strobel, Käte, geb. *Müller*, Politikerin (SPD), *23. 7. 1907 Nürnberg; 1949–1972 MdB, 1966–1972 Bundes-Min. für Gesundheitswesen bzw. (ab 1969) für Jugend, Familie u. Gesundheit.
Strobl, Karl Hans, österr. Schriftsteller, *18. 1. 1877 Iglau, Mähren, †10. 3. 1946 Perchtoldsdorf bei Wien; Romane über seine sudetendt. Heimat, das Hochgebirge, die Welt der dt. Studenten in Prag, Spuk u. Grauen u. die Weltgeschichte („Bismarck" 3 Bde. 1915–1919).
Stroboskop [das; grch.], optisches Gerät zum Beobachten u. Messen rasch ablaufender Vorgänge (z. B. Drehzahlmessung) mit Hilfe eines period. unterbrochenen Lichtstrahls (Dauer z. B. 10^{-5} sek). Stimmen die Frequenzen von S. u. Meßvorgang überein, dann scheint der Vorgang stillzustehen, weil jeder Lichtblitz den gleichen Bewegungszustand beleuchtet *(stroboskop. Effekt)*. Liegt keine Übereinstimmung vor (niedrigere Blitzfrequenz), dann läuft der Vorgang langsam ab (er kann auch rückläufig sein [höhere Blitzfrequenz]).
Stroessner, Alfredo, paraguayischer Politiker, *3. 11. 1912 Encarnación; dt. Herkunft; 1952 bis 1954 Oberbefehlshaber der Streitkräfte, seit 1954 Staats-Präsident; errichtete ein diktatorisches Regime.
Stroganow [-nɔf], russ. Kaufmannsgeschlecht, das im 16. Jh. große Salinen am Ural besaß; unterstützte Jermak bei der Eroberung Sibiriens; legte dort Hüttenwerke, Goldwäschereien u. Festungen an, unterhielt eigene Truppen u. besaß bis 1722 die Jurisdiktion in diesem Gebiet.
Stroh, ausgedroschene Halme u. Blätter von Getreide, Hülsenfrüchten u. Gespinstpflanzen. S. dient als Rauhfutter, Streu, Dachbelag u. als Rohmaterial in der Gewerbe.
Stroh, Friedrich, Germanist, *18. 3. 1898 Naunstadt, Taunus; mit F. *Maurer* Hrsg. der „Dt. Wortgeschichte" 3 Bde. ²1958–1960.
Strohbinder, Maschine zum Zusammenbinden gedroschenen Strohs. →auch Strohpresse.
Strohblume, *Helichrysum*, ein *Korbblütler* mit trockenhäutigen, rot, weiß, gelb oder bräunlich gefärbten Blütenhüllblättern. Die Blüten bewahren beim Trocknen Form u. Farbe u. werden daher für Kränze u. Trockenbukette verwendet. In Dtschld. die *Sand-S., Helichrysum arenarium*; in Australien bes. die großblütigen Garten-S.n (*Immortellen, Helichrysum bractatum*).
Stroheim, Erich von, eigentl. Hans Erich Maria *Stroheim von Nordenwall*, Schauspieler u. Regisseur, *22. 9. 1885 Wien, †12. 5. 1957 bei Paris; seit 1909 in den USA, kam 1914 zum Film; Schöp-

fer realist. künstler. Filme, dämon. Charakterdarsteller, 1936–1940 u. nach 1945 in Frankreich.
Strohfaser, als Juteersatz u. Flechtmaterial verwendbare Bastfaser aus Langstroh.
Strohgäu, Landschaft nordwestl. von Stuttgart zwischen Leonberg, Ludwigsburg u. Vaihingen an der Enz.
Strohmann, eine nach außen als unabhängiger Rechtsträger auftretende Person, die in Wirklichkeit von den Anordnungen eines anderen in bezug auf das Recht abhängig ist. Der S. soll entweder den eigentl. Geschäftsherrn vor der Öffentlichkeit verbergen oder eine bestimmte gesetzl. Mindestpersonenzahl erreichen helfen (z.B. bei Gründung einer AG); sein Handeln ist Dritten gegenüber unbeschränkt wirksam.
Strohpresse, eine Maschine, die Stroh in Bunde preßt u. mit Draht oder Schnur bindet.
Strohwein, *Leckwein,* alkoholreicher Wein aus den reifsten Trauben, die auf Stroh oder Horden gebreitet geschrumpft wurden; bes. die feinen Dessertweine (z.B. Malaga, Madeira).
Strom, 1. *allg.:* großer →Fluß.
2. *Elektrotechnik:* →Elektrizität, →Stromversorgung.
Ström [norw., schwed.], Bestandteil geograph. Namen: Strom.
Stroma [das; grch.], **1.** *Botanik:* →Plastiden.
2. *Zoologie:* Bindegewebsgerüst in drüsigen Organen u. Geschwülsten.
Stromabnehmer, gefedertes Gestänge mit Schleifstücken zur Stromentnahme aus der Oberleitung bei Eisenbahnen, Straßenbahnen, Obussen oder aus der dritten Schiene bei Stadtschnellbahnen u. U-Bahnen. →auch Fahrdraht.
Strombegrenzer, ein Gerät, das beim Überschreiten einer bestimmten Stromstärke abschaltet oder die Stromzufuhr rhythmisch unterbricht.
Stromberg, 1. rheinland-pfälz. Stadt im Soonwald (Ldkrs. Bad Kreuznach), 2000 Ew.; Kalkindustrie, Emaillierwerk.
2. Höhenzug südöstlich des Kraichgaues, bis 474 m.
Stròmboli, nördlichste der italien. Lipar. Inseln im Tyrrhen. Meer, 12 qkm, 750 Ew.; im tätigen Vulkan S. 926 m; Fremdenverkehr.
Stromer von Reichenbach, Ernst Wolfgang Frhr. von, Paläontologe, *12. 6. 1871 Nürnberg, †18. 12. 1952 Grunsberg bei Nürnberg.
Strömgren, Elis, schwed. Astronom, *31. 5. 1870 Hälsingborg, †5. 4. 1947 Kopenhagen; 1907 bis 1940 Direktor der Kopenhagener Sternwarte. Umfangreiche numerische Berechnung von period. Bahnen im Dreikörperproblem.
Stromkreis, *Elektrotechnik:* ein in sich geschlossener Kreis, der sich im einfachsten Fall aus Spannungsquelle, Leitungen u. Widerständen zusammensetzt.
Strömling →Hering.
Stromlinien, in der Strömungslehre Kurven, deren Richtung an jeder Stelle die Geschwindigkeitsrichtung einer Flüssigkeit oder eines Gasstroms angibt u. deren Dichte ein Maß für die Größe dieser Geschwindigkeit ist; sie können (z.B.) durch Einstreuen von Farbstoffen in die Flüssigkeit experimentell nachgewiesen werden. →auch Hydrodynamik.
Stromlinienform, diejenige Form eines festen Körpers, die einer Flüssigkeits- oder Gasströmung den kleinsten Widerstand entgegensetzt u. bei der keine Wirbelbildung erfolgt. Die günstigste Form ist von der Geschwindigkeit des Körpers u. der Art des Mediums abhängig.
Strommesser, *Amperemeter,* Instrument zum Messen der Stärke eines elektr. Stroms. Beim *Weicheiseninstrument* wird ein Weicheisenanker durch ein Magnetfeld bewegt, das sich proportional dem erzeugenden Strom ändert. →Galvanometer, →Hitzdrahtinstrument.
Stromrichter, elektr. Geräte zum Umwandeln von Stromarten: *Gleichrichter* erzeugen Gleichstrom aus Wechsel- oder Drehstrom, *Wechselrichter* Drehstrom oder Wechselstrom aus Gleichstrom, *Umrichter* verändern die Frequenz.
Stromschnelle, durch anstehendes widerstandsfähigeres Gestein oder wiederbelebte Tiefenerosion bedingter Gefällsknick, der eine Flußstrecke mit starkem Gefälle u. hoher Strömungsgeschwindigkeit zur Folge hat. Größere Gefällsknicke nennt man *Wasserfall.*
Stromschwimmen, Langstreckenschwimmen mit der Strömung in Flüssen u. Strömen.
Stromstärke, Formelzeichen I, die in der Zeiteinheit t durch den Leiterquerschnitt hindurchfließende Ladungsmenge Q; Formel: $I = Q : t$. Die S. wird in Ampere gemessen. →Maßeinheiten.
Stromstrich, die Linie, die die Stellen der höchsten Geschwindigkeit in einem Fluß verbindet. Der S. liegt immer etwas unter der Wasseroberfläche, aber nicht immer in der Flußmitte, sondern pendelt in Flußwindungen an die Außenseite; durch den S. wird das Flußbett stärker ausgetieft.
Strömungsgetriebe →Getriebe.
Strömungslehre, die Wissenschaft von den Bewegungsgesetzen der Gase (→Aerodynamik) u. Flüssigkeiten (→Hydrodynamik); befaßt sich bes. mit hohen Strömungs- bzw. Körpergeschwindigkeiten, experimentell im Windkanal. Man unterscheidet eine *laminare* (glatt abfließende) u. eine *turbulente* (abreißende, wirbelbildende) Strömung, deren Widerstand sich mittels der →*Reynoldsschen Zahl* je nach Oberfläche u. Geschwindigkeit des umströmten Körpers u. nach Dichte u. Zähigkeit des strömenden Mediums bestimmen läßt. Im Bereich bis zur Schallgeschwindigkeit liefert die →Stromlinienform die widerstandsärmsten Werte, die Kompressibilität des Gases tritt nicht in Erscheinung. Bei Schallgeschwindigkeit u. darüber (Durchbrechen der „Schallmauer") bilden sich Stoßwellen aus, die andere Berechnungen u. Körperformen (z.B. Granatenform) erfordern. Das Verhältnis von Strömungs- zu Schallgeschwindigkeit bezeichnet die *Machsche Kennzahl.* – Ⓛ7.5.0.
Strömungsmaschinen, Energieumwandlungsmaschinen, die als →Kraftmaschinen oder →Arbeitsmaschinen gebaut werden u. als Energieträger Flüssigkeiten, Gase oder Dämpfe verwenden, die die S. kontinuierlich u. mit großer Geschwindigkeit durchströmen. Grundbauteile sind kreisförmige Schaufelgitter, in denen die Geschwindigkeit der strömenden Stoffe durch Umlenkung nach Größe u. Richtung geändert wird, wodurch die beabsichtigten Energieumwandlungen bewirkt werden. In den ruhenden Leitgittern wird bei einer Beschleunigung der Strömung Druckenergie in kinet. Energie (Druckabsenkung, Expansion) u. bei einer Verzögerung kinet. Energie in Druckenergie umgewandelt (Druckanstieg, Kompression). In den mit konstanter Drehgeschwindigkeit umlaufenden Laufgittern, die auf den Laufrädern angebracht sind, findet eine Umwandlung von kinet. in mechan. Energie oder umgekehrt statt. S. können Aufgaben erfüllen, für die Kolbenmaschinen ungeeignet sind, z.B. Ausnutzung von Windenergie. Die wichtigsten S.arten sind: Turbinen, Windräder, Kreiselpumpen, Kreiselverdichter (Turboverdichter), Ventilatoren, Gebläse, Propeller.
Stromversorgung, die Belieferung aller Verbraucher mit elektr. Energie; dazu dienen alle Anlagen u. techn. Einrichtungen der öffentl. S.: Wasser- u. Wärmekraftwerke, ein dichtes Netz von Höchst- u. Mittelspannungsleitungen, Umspannstationen u.a. Im Gegensatz zu der verhältnismäßig niedrigen Erzeuger- u. Verbraucherspannung (nur ganz selten mehr als 20000 Volt) wird elektr. Energie mit sehr hoher Spannung übertragen. Die Höhe der Übertragungsspannung richtet sich nach der zu überbrückenden Entfernung. Im allg. ist die öffentliche S. so aufgebaut, daß der Strom mit Höchstspannung – in der BRD bis 400000 Volt – bis in die Nähe der Verbraucherzentren übertragen wird u. hier zunächst evtl. in mehreren Stufen auf mittlere Spannungen umgesetzt wird, bis er in den Hausanschlüssen mit 220/380 Volt ankommt. Großverbraucher übernehmen den Strom mit höheren Spannungen u. sorgen selbst für die Umspannung auf die Gebrauchsspannungen. – Ⓛ10.4.3.
Stromwandler, Meßwandler zur Messung elektr. Ströme.
Stromwärme, die bei Stromdurchgang in einem Leiter entstehende Wärme. Es gilt (für Gleichstrom): $Q = U \cdot I \cdot t = R \cdot I^2 \cdot t$, dabei ist: Q = Wärmemenge, U = elektr. Spannung, I = elektr. Stromstärke, t = Zeit. Die S. ist die Grundlage vieler techn. Verfahren (elektr. Heizung, Beleuchtung, Schweißen u.a.). →Joule, James Prescott.
Stromwender = Kommutator.
Strontium, chem. Zeichen Sr, zur Gruppe der Erdalkalimetalle gehörendes, silberweißes, weiches, zweiwertiges Metall; Atomgewicht 87,62, Ordnungszahl 38, spez. Gew. 2,60, Schmelzpunkt 757 °C; kommt in der Natur als Zölestin ($SrSO_4$) u. Strontianit ($SrCO_3$) vor, wird durch Schmelzflußelektrolyse des Chlorids gewonnen; seine chem. Eigenschaften sind denen des Calciums ähnlich. Die Salze geben eine karminrote Flammenfärbung; Verwendung in der Feuerwerkerei. Das radioaktive Isotop Sr 90, das bei Atomspaltungen entsteht, kann anstelle von Calcium von den Organismen aufgenommen werden u. zu schweren Strahlungsschäden führen.
Stroom [stru:m; afrikaans], Bestandteil geograph. Namen: Strom.
Strophanthin [das; grch.], herzwirksames Glykosid aus den Samen des *Strophanthussstrauches.* Bei uns werden vorwiegend *S. G* aus Strophanthus gratus u. *S. K* aus Strophanthus kombé (z.B. *Kombetin*) bei schwerer Herzinsuffizienz verwendet. Sie sind nur bei Einspritzung in die Blutbahn voll wirksam u. wirken rascher als *Digitalis.*
Strophe [die; grch., „Wendung" des Chors zum Altar u. das dabei gesungene Lied], eine aus mehreren *Versen* gebildete Einheit, deren metrische Struktur innerhalb einer Versdichtung regelmäßig wiederkehrt. Die einzelnen Verse einer S. können verschieden gebaut sein, diese Verschiedenheiten müssen aber in allen S.n regelmäßig wieder auftreten (andernfalls spricht man von *Abschnitten*). Die Aufteilung in S.n ist erforderl., wenn mehrere Teile einer Dichtung auf dieselbe Melodie gesungen werden sollen; sie ist häufig im Gedicht durchgeführt, seltener im Epos. In Endreim-Dichtungen wird die Geschlossenheit einer S. durch die Reimstellung bes. betont. – Antike S.nformen sind: *Distichon, Tristichon, Tetrastichon* u. die zahlreichen Formen der *Ode* (alle ohne Reim). Im MA. wurde bes. die dreiteilige „Meistersang-S." gepflegt, die aus *Aufgesang* (2 Stollen) u. *Abgesang* besteht. Das Volkslied bevorzugt den *Vierzeiler.* Aus den roman. Literaturen wurden *Terzine, Ritornell, Stanze, Sestine, Sonett* u.a. übernommen, aus dem Orient das *Ghasel.*
Strophulus [der; lat.] →Schälknötchen.
Stroß, Wilhelm, Geiger, *5. 11. 1907 Eitorf, †18. 1. 1966 Rottach-Hagrein; gründete 1934 ein Quartett, 1942 ein Kammerorchester, lehrte in München u. Köln.
Strossenbau, *Bergbau:* ein hauptsächl. im Tagebau angewandtes Abbauverfahren, bei dem die Lagerstätte in waagerechten Scheiben (*Strossen*) von oben nach unten abgetragen wird. Häufig sind mehrere Strossen gleichzeitig in Betrieb; daher die für Tagebaue charakterist. Terrassen.
Stroud [straud], engl. Stadt in den Cotswold Hills, 30000 Ew.; Tuchherstellung (Cotswold-Schafzucht), Bekleidungs- u. Plastikwarenindustrie.
Štrougal ['ʃtrougal], Lubomír, tschechoslowak. Politiker (KP), *19. 10. 1924 Veselí nad Lužnicí; seit 1945 Parteimitgl., 1959–1961 Sekretär des ZK, gleichzeitig Landwirtschafts-Min.; 1961 bis 1965 Innen-Min., 1965–1968 erneut Sekretär des ZK. Aufstieg nach der Invasion der Warschauer-Pakt-Mächte 1968; seit Nov. 1968 Mitgl. des Parteipräsidiums, 1968–1970 Vors. des Tschech. Parteibüros des ZK, seit 1970 Min.-Präs. der ČSSR.
Stroux [ʃtruks], Karlheinz, Theaterleiter, Schauspieler u. Regisseur, *25. 2. 1908 Hannover; 1955–1972 Generalintendant des Düsseldorfer Schauspielhauses.
Strozzi, florentin. Adelsfamilie; ihre Geschichte ist bis ins 13. Jh. zurückzuverfolgen u. war geprägt von der Feindschaft mit der Familie der Medici. Unter *Filippo S. d. Ä.* (*1428, †1491), einem bedeutenden Kunstmäzen u. Bankier, wurde der *Palazzo S.* in Auftrag gegeben.
Strozzi, Bernardo, italien. Maler, *1581 Genua, †2. 8. 1644 Venedig; trat 17jährig in den Kapuzinerorden ein; 1631 in Venedig, wurde 1635 von den Ordensgelübden dispensiert. Barocke Andachts- u. Genrebilder von kraftvoller Frische.
StrRG, Abk. für *Gesetz zur Reform des Strafrechts,* →Strafrechtsreform.
Strübe, Hermann →Burte, Hermann.
Struck, Bernhard, Anthropologe u. Völkerkundler, *28. 8. 1888 Heidelberg, †8. 10. 1971 Jena.
Strudel, 1. *Hydrogeographie:* trichterförmiger Wasserwirbel, bildet u.U. am Flußgrund einen *Strudeltopf*; kann für Menschen gefährlich sein.
2. *Lebensmittel:* süddt. u. österr. Mehlspeise aus dünn ausgezogenem Hefe-, Blätter- u. Kartoffelteig mit eingewundener Apfel-, Kirschen-, Mohn-, Quark- oder Rahmfüllung; wird knusprig gebacken, oft heiß serviert.
Strudel, *Strudl,* Bildhauerbrüder aus Südtirol: **1.** Paul, *1648 Cles, †1708 Wien; Pestsäule am Graben, Wien.
2. Peter, *1660 Cles, †1714 Wien; gründete 1692 in Wien eine Kunstschule, aus der 1705 die älteste europ. Kunstakademie entstand.
Strudelloch, plötzl. Flußbettvertiefung u. Kleinform an anstehenden Gesteinen, →Kolk.

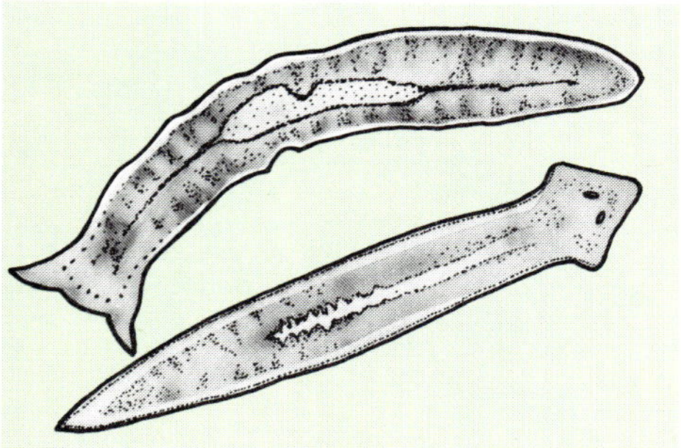

Strudelwürmer: die Bachplanarien Polycelis cornuta (oben) und Dugesia gonocephala (unten)

Strudelwürmer, *Turbellarien, Turbellaria*, freilebende Klasse der *Plattwürmer*, die sich ähnlich Schnecken kriechend fortbewegen, kleinere Arten auch durch die Bauchbewimperung. S. können auch schwimmen u. sind oft bunt gefärbt.
Strụdengau, Engtalstrecke der Donau in Ober- u. Niederösterreich zwischen Ybbs u. Grein; die einst gefürchteten Stromschnellen (Strudel) bei Grein wurden durch Rückstau des Kraftwerks Ybbs-Persenbeug beseitigt.
Strudler →Filtrierer.
Strụensee, Johann Friedrich Graf von, Staatsmann in Dänemark, *5. 8. 1737 Halle (Saale), *28. 4. 1772 Kopenhagen (hingerichtet); Leibarzt des Dänenkönigs Christian VII. (*1749, †1808) u. Geliebter der Königin Karoline Mathilde; seit 1771 Staats-Min.; führte als Anhänger der Aufklärung überstürzte Reformen ein, beseitigte die Adelsvorrechte, leitete die Bauernbefreiung ein, sanierte die Finanzen u. machte Deutsch zur Amtssprache. Seine Gegner erzwangen seine Verhaftung u. Hinrichtung; die Reformen wurden von Andreas Graf *Bernstorff* wieder aufgegriffen.
Strụer, Stadt in der dän. Amtskommune Ringkøbing, Jütland, nördl. von Holstebro, 17200 Ew.; Radiofabrik.
Strugger, Siegfried, Botaniker, *9. 4. 1906 Völkermarkt, Kärnten, †11. 12. 1961 Münster; Arbeiten zur Zellforschung, klärte die Ontogenese der Chloroplasten. Hptw.: „Praktikum der Zell- u. Gewebephysiologie" 1935; „Fluoreszenzmikroskopie u. Mikrobiologie" 1949.
Struggle for Life [strʌgl fɔː laif; engl., „Kampf ums Dasein"] →Darwinismus.
Struktụr [die; lat.], **1.** *allg.:* Gefüge; der innere Aufbau eines Gegenstands oder Gedankenbilds.
2. *Chemie:* der räumliche Aufbau eines Moleküls, dargestellt durch die *S.formel* (→chemische Formel).
3. *Erdölgeologie:* eine tektonische Form, die die Anreicherung von Erdöl begünstigt, z.B. Sattel, Horst, Salzstockflanke u.a.
4. *Gesteinskunde:* die Form, Größe sowie Wachstumsorientierung der Mineralien im Gestein; z.B. porphyrische S. (einzelne Einsprenglinge mit der ihnen zukommenden Kristallform in dichter, feinkörniger oder glasiger Grundmasse).
5. *Mathematik:* zentraler Begriff der modernen Mathematik. Eine Menge, zwischen deren Elementen →Verknüpfungen erklärt sind oder →Relationen bestehen, heißt (oder trägt) eine S. *Algebraische S.en* (Mengen mit Verknüpfungen) sind z.B. Gruppe, Ring, Körper; *Ordnungs-S.en* (Mengen, zwischen deren Elementen eine Ordnungsrelation gilt) sind Halbordnung, lineare Ordnung; *topologische S.en* sind Mengen, bei denen zu jedem Element eine Menge von →Umgebungen existiert. Algebraische, Ordnungs- u. topologische S.en sind *Grund-* oder *Mutter-S.en*. Vielfach tragen Mengen mehrere S.en: die Menge der reellen Zahlen ist algebraisch ein Körper, sie ist eine lineare Ordnung, topologisch gehört zu jeder Zahl jedes sie enthaltende Intervall als Umgebung.
6. *Physik:* Aufbau, Gliederung; z.B. der Aufbau eines Kristalls, der mit Röntgenstrahlen untersucht wird *(S.analyse)*.
7. *Psychologie:* in der von W. *Dilthey* herkommenden geisteswissenschaftl. Psychologie (nach E. *Spranger*) der geschlossene „Zusammenhang von Erlebnis- und Leistungsdispositionen, der nach Wertrichtungen gegliedert ist" (→Lebensformen); in der *Gestaltpsychologie* das Gefüge der Aufbaueigenschaften. Auch einfache Erlebnisabläufe sind meist strukturiert; höhere S.en sind z.B. der *Charakter*, das *Ich*, die *Persönlichkeit*.
Strukturalismus [lat.], **1.** *Philosophie:* moderne interdisziplinäre Denkrichtung, die versucht, *Strukturen*, d.h. formale Beziehungssysteme, aufzuweisen. Ausgehend von der Sprachwissenschaft, fand der S. durch den Ethnologen C. *Lévi-Strauss* Anwendung auf weitere Gebiete, in dem Bestreben, eine allgemeine strukturale Anthropologie zu schaffen.
2. *Sprachwissenschaft:* Hauptrichtung der modernen allg. (d.h. nicht histor. orientierten) Sprachwissenschaft, untersucht Sprachstrukturen, anfangs meist ohne Berücksichtigung der Bedeutung der Sprachzeichen. Der S. setzt sich scharf von der Sprachphilosophie ab u. lehnt alle metaphys. Fragen, wie z.B. die nach dem Wesen der Sprache, ab. Sein Objekt ist die Sprache als eine Struktur eigener Art.
Strukturböden, *Frostmusterböden*, durch bes. Strukturen u. Muster charakterisierte Arten des Frostbodens. Wasser steigt kapillar nach oben, gefriert unter Ausdehnung u. verschiebt verschieden große Bodenpartikel verschieden stark *(Frosthub)*. Dadurch kommt es zu einer Sonderung grober u. feiner Bodenteile u. ihrer Anordnung in Rund- oder Vieleckformen: z.B. *Polygonal-, Netzriß-, Waben-, Steinnetz-, Steinring-* u. *Kuchenböden*.
Strukturgen [-geːn] →Gen.
Strukturlehre, eine von Fritz *Krause* aufgestellte Form völkerkundl. Forschungsarbeit, die den gesetzmäßigen Aufbau der Kulturen der einzelnen Völker aufdecken u. von da aus deren Entstehung u. Wandlung untersuchen will; Ähnlichkeiten bestehen zu den Kultursystemen von Ruth *Benedict*.
Strukturpolitik, die Gesamtheit der wirtschaftspolit. Maßnahmen des Staats zur Beeinflussung der wirtschaftl. Grunddaten einer Volkswirtschaft, z.B. Maßnahmen zur Förderung bestimmter Regionen, Branchen u. Betriebsgrößen mit dem Ziel, Wachstumshemmnisse u. -ungleichgewichte zu beseitigen u. soziale Spannungen zu mindern.
Strụma [die; lat.] = Kropf.
Strụma, der antike *Strymon*, Fluß im südöstl. Europa, 395 km, entspringt südl. von Sofia, mündet östl. von Saloniki in den Strymonischen Golf des Ägäischen Meers.
Strụmpell, Adolf von, Kliniker, *28. 6. 1853 Neu-Autz, Kurland, †9. 1. 1925 Leipzig; *S.sche Krankheit*: die *Polioencephalitis acuta infantum*, eine Gehirnform der Kinderlähmung.
Strumpf, 1. *Bekleidung:* gestrickte oder gewirkte Fuß- u. Beinbekleidung (als langer S., Knie-S. oder Söckchen): auf der S.wirkmaschine *(Cottonmaschine)* als Fläche hergestellt, die in der S.naht zusammengefaßt wird, oder als nahtlose, glatte oder gemusterte Schlauchwirkware auf der Rundstrickmaschine; anschließend erfolgt das Formen durch Aufziehen auf beinförmige Gestelle. Der S. war von der Antike bis ins 18. Jh. fast ausschl. männl. Kleidungsstück (→Strumpfhose); erst mit dem Reifrock begann die weibl. S.mode, die nach 1918 mit dem Aufkommen der kurzen Röcke ihren Aufschwung nahm.
2. *Beleuchtung:* Teil der Gasbeleuchtung; →Gasglühlicht.
Strumpfband, elast. Halteband am oberen Ende der Strümpfe, als *Kniegürtel* in der Renaissance zuerst von Männern sichtbar getragen, bei Frauen meist unsichtbar, häufig verziert. Nach Aufkommen des Gummibands (damals *Elastiks* genannt) wurden die Strümpfe von Gummibändern gehalten, seit 1900 durch am Korsett angebrachte sog. *Straps*.
Strumpfbandfisch, *Lepidopus caudatus*, makrelenartiger, im Mittelmeer u. im trop. u. subtrop. Atlantik vorkommender Fisch; lebt in größeren Tiefen, die er selten verläßt.
Strumpfbandnattern, *Thamnophis*, lebendgebärende, ungiftige, durch farbige Längsstreifen ausgezeichnete amerikan. Nattern.
Strumpfhose, im 12.–15. Jh. von Männern getragene, aus dehnbarem Gewebe bestehende Beinbekleidung; in der Damen- u. Kindermode seit 1950 aus Kunstfaser oder Kräuselkrepp; setzte sich seit dem Aufkommen der Mini-Mode durch.
Strupp, Karl, Völkerrechtslehrer, *30. 3. 1886 Gotha, †28. 2. 1940 Chatoux bei Paris; Prof. in Frankfurt a.M. u. (seit 1933) Istanbul. Hptw.: „Wörterbuch des Völkerrechts u. der Diplomatie" 3 Bde. 1924–1929 (Hrsg.); „Grundzüge des positiven Völkerrechts" [5]1932.
Strụppius, Joachim, eigentl. J. *Strueppe*, gen. *S. von Gelnhausen*, Stadtphysikus in Frankfurt a.M., *6. 4. 1530 Grünberg, Hessen, †18. 6. 1606 Darmstadt; forderte in seiner Schrift „Nützl. Reformation zu einer guten Gesundheit" 1573 erstmals öffentl. Gesundheitsfürsorge.
Strụsen [Mz.; ital.] →Flockseide.
Struthiọnes [grch.] →Strauß.
Struve, 1. Gustav von, republikan. Politiker, *11. 10. 1805 München, †21. 8. 1870 Wien; Anwalt; nahm 1848/49 an den revolutionären Aufständen in Baden teil; flüchtete in die USA; kämpfte im *Sezessionskrieg* für die Nordstaaten.
2. Hermann von, Sohn von 4), Astronom, *3. 10. 1854 Pulkowo, †12. 8. 1920 Herrenalb, Schwarzwald; 1894 Direktor der Sternwarte Königsberg, 1904 in Berlin, gründete die Sternwarte Berlin-Babelsberg; Beobachtung u. Theorie der Satelliten, bes. der Saturnmonde.
3. Otto, Neffe von 2), Astronom, *12. 8. 1897 Charkow, †6. 4. 1963 Berkeley (USA); spektroskopische Beobachtungen von Sternen, Veränderl. Sternen, Doppelsternen u. interstellarer Materie.
4. Otto Wilhelm von, Astronom, *7. 5. 1819 Dorpat, †16. 4. 1905 Karlsruhe; setzte die Doppelsternbeobachtungen seines Vaters Wilhelm (*1793, †1864) fort; bestimmte die Präzessionskonstante neu, beobachtete Kometen, Nebel, Saturnringe u. Planetenmonde.
„Struwwelpeter", ursprüngl. „Lustige Geschichten u. drollige Bilder für Kinder von 3–6 Jahren", Kinderbuch von H. →Hoffmann (6).
Strychnịn [das; grch.], Alkaloid der *Brechnuß, Strychnos nux vomica*, u. der *Ignatiusbohne, Strychnos ignatii*; wirkt erregend auf Nervensystem, Muskeln, Kreislauf u. Atmung u. wird bei Lähmungen u. zur Anregung des Kreislaufs gegeben, auch als Gegengift bei Schlafmittelvergiftungen; dient zur Vertilgung von Ratten, Mäusen u.ä. Bei Vergiftungen mit S. kommt es zur Erstickung durch Starrkrampf der Atemmuskeln.
Strỵchnos [die; grch.], in den gesamten Tropen verbreitete Gattung der *S.gewächse*; meist kleinere Bäume, Dornsträucher oder Lianen, deren Beeren alkaloidreiche (*Strychnin, Brucin* u.a.), in Fruchtmus eingebettete Samen enthalten. *S. nux vomica* liefert die →Brechnuß.
Strỵchnosgewächse, *Loganiaceae*, Familie der *Contortae*; zu den S.n gehören viele Giftpflanzen.
Stryj, Stadt in der Ukrain. SSR (Sowjetunion), im östl. Galizien, 50000 Ew.; Verarbeitung landwirtschaftl. Produkte, Erdölraffinerie, Eisengießerei, Metall- u. Holzindustrie. – Bis 1939 polnisch.
Strzegom [ˈstʃəgɔm], poln. Name der Stadt →Striegau.
Strzelce [stˈʃɛltsɛ], polnischer Name der Stadt →Leschnitz.
Strzelce Opolskie [stˈʃɛltsɛ ɔˈpɔlskjɛ], poln. Name der Stadt →Groß Strehlitz.
Strzelin [ˈstʃɛ-], poln. Name der Stadt →Strehlen.
Strzemiński [stʃəˈminjski], Władysław, poln. Maler u. Kunsttheoretiker, *21. 11. 1893 Minsk, †28. 12. 1952 Lodsch; malte zunächst von P. *Cézanne* beeinflußte Bildnisse u. Landschaften. Nach einer kubist. Phase fand er seine eigene Richtung im „Unismus", dessen Theorie er formuliert hat.
Strzygọwski [ʃi-], Josef, österr. Kunsthistoriker, *7. 3. 1862 Biala b. Bielitz, †2. 1. 1941 Wien; arbeitete über altslaw., asiat. u. oriental. Kunst u. deren Einflüsse auf die europ. Kunst.
Stuart [ˈstjuət], *Stewart* (bis 1542), schott.-engl. Königshaus aus der anglo-normann. Familie Fitz-Allan, in der das Amt des Hofmeisters (Stewart) erblich wurde. Die S. heirateten in das schott. Königshaus ein. Nach dessen Aussterben kam Robert II. S. (*1316, †1406) 1371 auf den Schottenthron; 1603 bestiegen die S. mit Jakob VI. (I.) auch den engl. Thron, wurden jedoch 1688 von beiden Thronen vertrieben; Restaurationsversuche waren erfolglos. 1807 starb die Hauptlinie aus; es existieren noch Nebenlinien.
Stuart [ˈstjuət], **1.** Gilbert, US-amerikan. Maler, *3. 12. 1755 North Kingston, R.I., †9. 7. 1828 Boston, Mass.; Porträtist führender Persönlichkeiten der amerikan. Freiheitsbewegung (G. *Washington* u.a.); entwickelte sich in England zu einem mit J. *Reynolds* vergleichbaren eleganten Koloristen.
2. John Mac Douall, brit. Australienforscher, *7. 9. 1815 Dysart, †5. 6. 1866 London; durchquerte 1862 Australien auf der späteren Route des 1870–1872 erbauten Überlandtelegraphen von Port Augusta im S bis Port Darwin im N.
Stuarthaube [ˈstjuət-], weibl. Kopfbedeckung mit in die Stirn vorspringender →Schnebbe, benannt nach Maria Stuart, Königin von Schottland.
Stuart Highway [ˈstjuət ˈhaiwɛi], Überlandstraße im austral. Nordterritorium zwischen Alice Springs u. Darwin, Länge 1530 km; 1943 fertiggestellt.

Stuartkragen

Vorlesung in einer italienischen Universität im 14. Jahrhundert

Student rempelt Handwerksburschen an (um 1850)

STUDENTEN

Stuartkragen ['stjuət-], halbkreisförmiger, hochgestellter steifer Kragen, gehörte zur Frauenmode des 16./17. Jh.
Stubaital, vom Ruetzbach durchflossenes Tal in den Tiroler *Stubaier Alpen* (im *Zuckerhütl* 3507 m), mündet südl. von Innsbruck in das Wipptal ein; Sommerfrischen, Wintersportplätze.
Stubben [der] = Stockholz.
Stubbenkammer, Teil der steil abfallenden Kreideküste im NO der Halbinsel *Jasmund*, auf Rügen, im Piekberg 161 m u. im *Königsstuhl* 122 m.
Stubbs [stʌbz], George, engl. Maler u. Radierer, *25. 8. 1724 Liverpool, †10. 7. 1806 London; malte bes. Pferde u. Hunde, schuf ein Monumentalwerk mit Stichen zur Anatomie des Pferdes.
Stübel, Alphons, Vulkanologe, *26. 7. 1835 Leipzig, †10. 11. 1904 Dresden; bereiste 1868 bis 1876 mit W. *Reiss* die Anden u. den Amazonas.
Stubenfliege, *Musca domestica*, eine *Echte Fliege*, über die ganze Erde verbreitet. Die Eier werden in Unrat, Kehricht, Kompost u. ä. abgelegt. Als Überträgerin zahlreicher Krankheitskeime ist die S. ein großer Schädling, dem man mit Vertilgungsmitteln (bes. Kontaktinsektiziden) beizukommen sucht. Außer der normalen S. findet man oft noch die Kleine S., *Fannia canicularis*.
Stubenvögel, für die Käfighaltung (*Käfigvögel*) bes. geeignete Vögel, die zum Zweck der Unterhaltung oder der Züchtung (z.B. Vererbungsstudien) gehalten werden. Bes. beliebt sind Papageien (u.a. Wellensittiche), Stare u. Stärlinge, Finkenvögel (Kanarienvögel, Prachtfinken, Webervögel), Drosseln, Nachtigallen, Bülbüls u.a. Fang, Beförderung u. Haltung einheim. Vögel als S. ist in der BRD gesetzl. geregelt (→Vogelschutz).
Stüber [der], ndrl. *Stuiver*, frz. *Patard*, um 1500 ursprüngl. die niederländ. Nachahmung einer fläm. Silbermünze mit funkenstiebendem Feuereisen als Bild, bis zum 19. Jh. in den Niederlanden als S. u. Doppel-S. geprägt; heute niederländ. Bez. für 5 Cents. Vielfach in West-Dtschld. nachgeahmt, wo 1 S. = 21 Heller galt.
Stuck [germ., ital.], gut formbare, schnell erhärtende Masse aus Gips, Kalk, Sand u. (Leim-)Wasser bes. für Auftragearbeiten an Decken u. Wänden; wichtiges Material für Innenraumdekoration.
Stuck, Franz von (seit 1906), Maler, Graphiker, Bildhauer u. Architekt, *23. 2. 1863 Tettenweis, Niederbayern, †30. 8. 1928 Tetschen; malte von A. Böcklin beeinflußte tonige Figurenbilder mit symbol.-allegor. Themen („Die Sünde"), die in fließenden Konturlinien den Jugendstil vorbereiteten. Hptw. in Münchner Museen.
Stück, 1. *Börsenwesen*: an der Börse Bez. für *Wertpapier*.

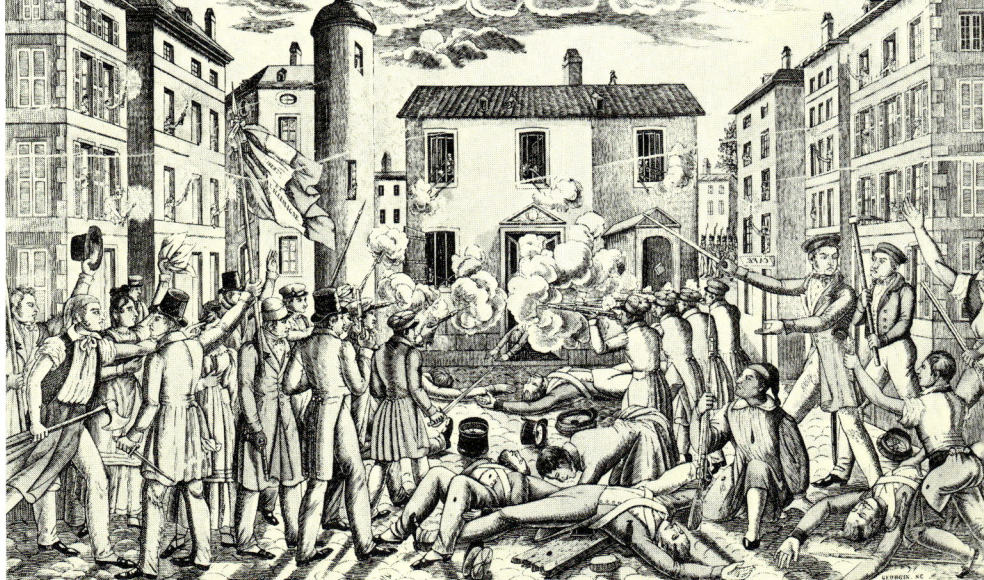

Von Burschenschaftlern organisierter Sturm auf die Frankfurter Hauptwache am 3. April 1833

2. *Waffen*: im MA. Bez. für Geschütz.
Stückelberg, Ernst, schweizer. Maler, *21. 2. 1831 Basel, †14. 9. 1903 Basel; Landschaften, Genreszenen u. Bildnisse, Wandgemälde von monumentaler Auffassung. Hptw.: Dekoration der Tell-Kapelle am Urner See 1879–1882.
Stückelberger, Christine, schweizer. Dressurreiterin, *22. 5. 1947 Bern; Olympiasiegerin in der Dressur 1976, Weltmeisterin 1978.
Stucken, Eduard, Erzähler u. Dramatiker, *18. 3. 1865 Moskau, †9. 3. 1936 Berlin; Sprach- u. Mythenforscher; verfaßte neuromant. Dramen mit Motiven aus Mythen u. Sagenwelt (Zyklus von 7 Gralsdramen), Romane u. Erzählungen („Die weißen Götter" 1918). Wissenschaftl. Prosa: „Astralmythen" 1896–1907.
Stuckenberg ['sdugənbɐr], Viggo, dän. Lyriker, *17. 9. 1863 Vridsløselille, †6. 12. 1905 Kopenhagen; verkündete in seinen Gedichten die Absage an religiöse u. metaphys. Bindungen, machte Natur u. Landschaft zu Symbolen innerer Stimmungen.
Stuckenschmidt, Hans Heinz, Musikschriftsteller u. -kritiker, Komponist, *1. 11. 1901 Straßburg; Autodidakt; 1929 in Berlin Musikkritiker der „B.Z. am Mittag", 1934 Schreibverbot, 1937–1942 in Prag, 1946 Leiter des Studios für Neue Musik am RIAS Berlin, 1949–1967 Prof. für Musikgeschichte an der Techn. Universität Berlin; setzt sich bes. für zeitgenöss. Musik ein.
Stückfärberei, Zweig der Färberei; die Färbung erfolgt entweder spannungsfrei im losen Gewebestrang auf der Haspelkufe oder in offener Breite unter Spannung für feste Gewebe auf dem Jigger.
Stückgeldakkord, eine Form des *Akkordlohns*, bei dem je Leistungseinheit ein bestimmter Geldbetrag vereinbart wird.
Stückgut, Einzelfrachtstücke, die nicht als Wagen- oder Schiffsladungen aufgegeben werden.
Stückgutfrachter, Frachtschiff mit einem oder mehreren Zwischendecks u. umfangreichem Ladegeschirr zur Beförderung von Stückgütern wie Kisten, Säcken, Ballen, Maschinen, aber auch Containern. →auch Massengutfrachter.
stückigmachen, brikettieren, feinkörnige Erze →sintern oder →pelletieren, um sie besser verwenden zu können.

Studentenschaft

Der fleißige Student, Kupferstich; 18. Jahrhundert

Studentendemonstration gegen ein geplantes bayerisches Hochschulgesetz in München 1971

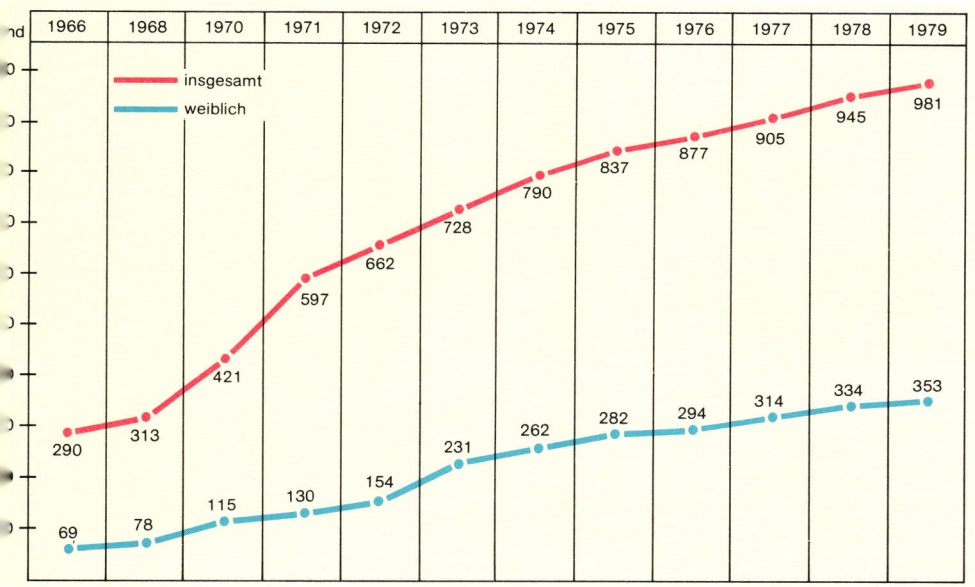

Studentenzahlen 1966–1979 an den Wissenschaftlichen Hochschulen der BRD (in Tausend)

Stückkauf, *Spezieskauf,* ein Kaufvertrag, der sich (im Unterschied zum *Gattungskauf*) auf einen individuell bestimmten Gegenstand richtet.
Stückkohle, handelsübl. Bez. für die in der Steinkohlenaufbereitung anfallenden Körner von über 80mm Durchmesser.
Stücklen, Richard, Politiker (CSU), *20. 8. 1916 Heideck; Ingenieur; seit 1949 MdB; 1957–1966 Bundespost-Min.; 1966–1976 Vors. der CSU-Landesgruppe im Bundestag; 1976–1979 Vize-Präs., seit 1979 Präs. des Bundestags.
Stückliste, Verzeichnis aller zur Herstellung einer Maschine u. ä. erforderlichen Einzelteile.
Stücklohn, der nach der Menge der geleisteten Arbeit berechnete *Akkordlohn.*
Stuckmarmor, Imitation von Marmorintarsien aus Gips, Leim u. Pigmentfarben.
Stückofen, im MA. zur Eisengewinnung benutzter schachtförmiger Ofen.
Stückrath, Fritz, Psychologe, *2. 5. 1902 Hamburg; seit 1946 Prof. in Hamburg. Hptw.: „Psychologie des Filmerlebens" 1955; (mit G. *Schottmayer*) „Fernsehen u. Großstadtjugend" 1967.

Stückzeit, Zeit, die zum Herstellen eines Werkstücks benötigt wird; setzt sich zusammen aus: *Haupt-, Neben-* u. *Verteilzeit.* →auch Rüstzeit.
Stückzeitakkord, eine Form des *Akkordlohns,* bei dem je Leistungseinheit eine bestimmte Bearbeitungszeit vorgegeben ist, die ohne Rücksicht auf die tatsächliche Arbeitszeit vergütet wird.
Stückzinsen, bei festverzinsl. Wertpapieren die Zinsen vom Tag des Erwerbs bis zum nächsten (vergangenen oder künftigen) Zinstermin.
stud., Abk. für *Student, Studiosus,* gebraucht zur Bez. der Fakultätszugehörigkeit, z. B. *stud. phil.,* Student der Philosophischen Fakultät.
Student [lat.], Abk. *stud.,* seit dem 14. Jh. eingeführte Bez. für Hochschüler, später z. T. auch für Schüler der höheren Schule gebraucht, heute i. e. S. benutzt als Bez. für Studierende an Hochschulen. Jahrhundertelang war für die S.en in Dtschld. ein eigener Lebensstil mit bes. Gemeinschaftsbildungen u. -bräuchen kennzeichnend. Nach dem 1. Weltkrieg u. mehr noch nach dem 2. Weltkrieg ging das Bewußtsein eines bes. akadem. Standes zurück. Die Bemühungen galten zunächst der *studentischen Selbstverwaltung;* sie wurde z. T. abgelöst durch die Beteiligung von S.envertretern an den Hochschulgremien.
Studentenbewegung, i. e. S. die studentische „Neue Linke", die sich seit Mitte der 1960er Jahre an den Hochschulen der USA u. anderer westl. Länder ausbreitete. Antriebskräfte der S. sind sowohl hochschulpolit. Motive u. Reformvorstellungen als auch unmittelbar polit. Impulse (Eintreten für die Emanzipation der Dritten Welt, Protest gegen Rassendiskriminierung, gegen Rüstung u. a.). Ideologisch vertritt die S. weitgehend radikal-sozialist. Vorstellungen, die sich kritisch auch gegen die sozialist. Staaten richten. Teilweise knüpft sie an anarchist. oder utopisch-sozialist. Traditionen an. Die Übergänge zu jugendl. Subkulturen (*Hippies* u. ä.) sind z. T. fließend. – ☐ 1.7.4.
Studentenblume, *Tagetes,* beliebte, gelb bis braun blühende Beetpflanzen, *Korbblütler* aus Amerika.
Studentengemeinde, an Universitäten, Hoch- u. Fachschulen Gemeinde ev. u. kath. Studenten mit einem eigenen *Studentenpfarrer.* Die ev. S. entstand 1938, nachdem der nat.-soz. Staat die DCSV (Dt. Christl. Studentenvereinigung) verboten hatte. Wirkungsformen nach 1945: Gottesdienste, Sammlung in Kleinkreisen mit verschiedenen Arbeitsvorhaben, karitative Tätigkeit; Leitung der Gemeindearbeit durch den Studentenpfarrer in Zusammenarbeit mit den Vertrauensstudenten. Seit etwa 1965 wurde in den ev. S.n die Erörterung von Fragen des gesellschaftl. Lebens u. des Verhältnisses zum Sozialismus wichtigstes Problem. Die Ev. S. ist Mitglied des *Christl. Studentenweltbundes* (Sitz: Genf). – Die kath. S. verstand sich 1945 primär liturgisch, mit dem Altar als Mittelpunkt. Umfangreiche religiöse Bildungsarbeit, verantwortl., aktive Mitarbeit der Laien (Arbeitskreise, Freizeiten). Zusammenschluß der aktiven Träger in der *Kath. Studentengemeinschaft (KSG).* Gesamtvertretung der kath. S.n in der 1947 gegr. *Kath. Dt. Studenten-Einigung (KDSE),* Sitz: Bonn.
Studentenheime, von den *Studentenwerken, Studentengemeinden* oder *Studentenvereinigungen* unterhaltene Wohnheime für Studenten, z. T. nach dem Tutorensystem organisiert. In der BRD fördern Bund u. Länder den Bau von S.n.
Studentenlieder, ihrem Inhalt nach auf studentisches Leben bezogene Lieder, auf die mittelalterl. Vaganten u. Scholaren zurückgehend.
Studentenröschen →Herzblatt.
Studentenschaft, die Gesamtheit der Studenten einer Hochschule (ohne Gasthörer). Die S. wählt zur Vertretung ihrer Interessen den *Allgemeinen*

Studentenausschuß (AStA), Studentenparlamente oder student. Vertreter für die Selbstverwaltungsgremien der Hochschulen. →auch studentische Selbstverwaltung, Studentenwerk.

Studentensprache, *Burschensprache*, der meist nur auf die Universitäten beschränkte Sonderwortschatz der Studenten; Blütezeit 17. u. 18. Jh.

Studentenverbindungen, an den Hochschulen bestehende Verbände mit eigenständigen student. Zielen u. vielfach student. Gemeinschaftsleben. Im MA. schlossen sich Magister u. Scholaren nach landsmannschaftl. Herkunft zu „Nationen" zusammen; in den *Bursen* lebten Magister u. Scholaren nach klösterl. Vorbild. Aus den „Nationen" entwickelten sich die Landsmannschaften, aus diesen die Corps; hinzu kamen die unter dem Eindruck der Freiheitskriege 1815 entstehenden Burschenschaften. Landsmannschaften, Corps u. Burschenschaften bestimmten im 19. Jh. das Bild der S. *(Korporationen)*, deren Angehörige mit Band u. Mütze (Couleur), „Wichs", Pflege eines bes. Komments, Mensur u.ä. ein eigenes student. Brauchtum u. ein akadem. „Standesbewußtsein" entwickelten. Die Bedeutung der Mensur wurde durch die Bez. „Waffen-Student" deutlich. Jede Korporation pflegte dauernden Zusammenhalt mit ihren „Alten Herren".

In den Jahren zwischen 1871 u. 1919 nahmen insbes. die Corps eine dominierende polit.-gesellschaftl. Stellung in Dtschld. ein; ihre wichtigsten Zusammenschlüsse waren: *Kösener S. C.* (Senioren-Convent) von 1855, *Rudolstädter S. C.* von 1883, *Weinheimer S. C.* von 1884. Die Landsmannschaften schlossen sich 1868 im *Coburger Convent*, die Burschenschaften 1819 zur *Allg. dt. Burschenschaft*, 1902 in der *Dt. Burschenschaft* zusammen. In Brauchtum u. Haltung ihnen nahe standen die akadem. Turnerschaften u. Sängerschaften, die sich meist auch zur Mensur bekannten. In einem gewissen Gegensatz (Ablehnung des student. Zweikampfs, Betonung der konfessionellen Bindung) zu diesen Korporationen, jedoch vieles aus ihrem Brauchtum übernehmend, entstanden in den Jahren um 1848 christl. *(Wingolfsbund)* u. kath. S. (Cartellverband kath. farbentragender Verbindungen, Abk. *CV*; Kartellverband kath. nichtfarbentragender Student. Vereinigungen, Abk. *KV*; nichtfarbentragender Unitas-Verband, Abk. *UV*).

Mit dem Auftreten der Vereine dt. Studenten *(VDSt)*, die sich 1881 zum *Kyffhäuser-Verband* zusammenschlossen, begann die nationalist. Politisierung der dt. S., die sich nach 1918 noch stärker durchsetzte *(Hochschulring dt. Art, Allg. Dt. Waffenring)*. Gleichzeitig entstanden S., die unter dem Einfluß der Jugendbewegung das Brauchtum der Korporationsstudenten ablehnten *(Akadem. Freischaren)*, polit. jedoch z.T. dem völkisch-nationalist. Teil der Jugendbewegung zuzurechnen waren (akadem. Gilden u.ä.). Schon vor 1933 hatten die Nationalsozialisten die Mehrheit unter den Studenten an den deutschsprachigen Hochschulen. 1935 wurden in Dtschld. alle Studentenvereinigungen aufgelöst, an ihre Stelle trat der *Nationalsozialist. Dt. Studentenbund*.

Nach dem 2. Weltkrieg wurde versucht, das student. Gemeinschaftsleben auf eine neue, den histor. Erfahrungen u. den veränderten sozialen Verhältnissen entsprechende Grundlage zu stellen; polit. u. internationale Studentenvereinigungen u. konfessionelle Studentengruppen, die das Korporationswesen ablehnten, dominierten zunächst. Von der Öffentlichkeit u. z.T. auch innerhalb der Hochschulen heftig umstritten, kamen jedoch seit 1950 die traditionellen Korporationen wieder auf. Die wichtigsten polit. S. sind: *Ring Christlich-Demokratischer Studenten* (*RCDS*, CDU-nahe), *Liberaler Studentenbund Deutschlands* (*LSD*, FDP-nahe), *Sozialist.* (früher *Sozialdemokrat.*) *Hochschulbund (SHB*, bis 1972 SPD-nahe), *Marxistischer Studentenbund Spartakus* (DKP-nahe). Neben den Korporationen u. polit. S. bestehen ev. u. kath. *Studentengemeinden*. Dachorganisationen sind der *Internationale Studentenbund*, der *World University Service (WUS)* u.a. – In der DDR bestehen außer den FDJ-Hochschulgruppen keine S. – 🄻 1.7.4.

Studentenwerk, an den Hochschulen bestehende Einrichtung zur wirtschaftl. u. gesundheitl. Betreuung der Studenten (Mensa, Studenten-Wohnheime, Studienförderung; Gesundheitsdienst).

studentische Selbstverwaltung, Mitgestaltung u. Selbstverwaltung der Studierenden in der Hochschulpolitik u. in Angelegenheiten des student. Lebens, in Dtschld. seit 1920 rechtl. institutionalisiert; nach 1945 wiederaufgebaut. In der BRD ist die s.S. organisiert in *Studentenparlamenten* u. *Allgemeinen Studenten-Ausschüssen (AStA)* an einzelnen Hochschulen oder als student. Vertretungen in den allg. Hochschulgremien. Auf Bundesebene sind die Studentenschaften z.T. im *Verband Deutscher Studentenschaften (VDS)* zusammengeschlossen. Eine Konkurrenz zum VDS stellt die *Arbeitsgemeinschaft Deutscher Studentenschaften (ADS)* dar.

Studie [die; lat.], Vorarbeit, Entwurf, wissenschaftl. Untersuchung; in der Kunst Ergebnis der isolierten Auseinandersetzung des Malers (meist zeichnerisch) mit dem Bildgegenstand oder dessen Einzelheiten im Hinblick auf eine Verwendung im größeren Zusammenhang.

Studienassessor →Assessor.

Studienförderung, materielle Hilfen für begabte u. bedürftige Studenten, in der BRD durch staatl. u. verbandl. Stipendien (*Studienstiftung des Deutschen Volkes*, konfessionelle Hilfswerke, *Stiftung Mitbestimmung des DGB*, *Friedrich-Ebert-Stiftung* u.a.) gewährleistet. Das *Bundesgesetz über individuelle Förderung der Ausbildung* (Bundesausbildungsförderungs-Gesetz), das am 1. 10. 1971 in Kraft getreten ist, hat die Förderung nach dem *Honnefer* u. *Rhöndorfer Modell* abgelöst.

Studienrat, seit 1918 Amtsbez. für die festangestellten (beamteten) Lehrer an höheren Schulen. Der S. kann zum *Oberstudienrat*, in Bayern zum *Studienprofessor* befördert werden. Leiter einer Vollanstalt ist der *Oberstudiendirektor*, stellvertr. Leiter einer Vollanstalt, Leiter einer nicht voll ausgebauten höheren Schule oder Fachrichtungsleiter der *Studiendirektor*. Die Ernennung zum S. setzt das 1. Staatsexamen *(Studienreferendar)* nach dem Hochschulbesuch u. das 2. Staatsexamen *(Studienassessor)* nach einem 2jährigen Schulpraktikum (Studienseminar) voraus.

Studienreferendar →Referendar.

Studienseminar →Studienrat.

Studienstiftung des Deutschen Volkes e.V., 1925 (Neugründung 1948) von der Wirtschaftshilfe der Dt. Studentenschaft gegr. Unterstützungsfonds, der überdurchschnittl. begabten u. ausgewählten Abiturienten u. Studenten das Hochschulstudium durch laufende Stipendien ermöglicht. Sitz: Bonn-Bad Godesberg.

Studio [das; ital.], Atelier mit allen techn. Spezialeinrichtungen, die für Filmaufnahmen, Fernseh- oder Rundfunkübertragungen notwendig sind; als S. können Hallen, Gelände mit Magazinen u. Bauten sowie kleinere Räume hergerichtet sein.

Studiokamera, *Atelierkamera*, früher eine photograph. Klappkamera aus Teakholz mit Laufboden u. verstellbarer Standarte; heutige Form aus Ganzmetall (z.B. Linhof-Technika), bei der auch das Rückteil mit der Mattscheibe schwenkbar ist. →auch Laufschienenkamera.

Studium [das, Mz. *Studien*; lat.], *i.w.S.* die intensive Beschäftigung mit einer bestimmten Aufgabe; *i.e.S.* das wissenschaftl. Lernen u. Forschen (Studieren), bes. an einer Hochschule. Voraussetzung zum S. ist die Reifeprüfung (Abschlußzeugnis einer Oberschule); an ihre Stelle kann eine Sonderreife- oder Begabtenprüfung treten oder die (z.T. fachgebundene) Hochschulreife, die an bestimmten Einrichtungen des →zweiten Bildungswegs erworben werden kann. Das S. wird im allg. mit einer Prüfung abgeschlossen (Staatsexamen, Promotion, Diplom, Magister u.a.).

Studium generale [das; lat., „Allgemeinstudium"], **1.** im MA. eine mit bes. Rechten ausgestattete Universität, die ein allumfassendes Hochschulstudium vermittelte, im Unterschied zum *Studium particulare*, dem einem speziellen Stoffgebiet zugewandten Studium.

2. heute allgemeinbildende Vorlesungen als Ergänzung zum Fachstudium.

Study, Eduard, Mathematiker, *23. 3. 1862 Coburg, †6. 1. 1930 Bonn; Arbeiten über Geometrie, Invariantentheorie; erkenntnistheoret. Untersuchungen.

Stufe, 1. *allg.:* Absatz auf einer Treppe.

2. *Bergbau:* bes. reines Stück eines nutzbaren Minerals, in erster Linie eines Erzes, insbes., wenn es aus großen Kristallen besteht.

3. *Geologie:* Glied einer →Abteilung; →auch Formation.

4. *Musik:* Platz eines Tons in der Tonleiter.

Stufen, die in der Erzaufbereitung beim Absieben anfallenden Körner von rd. 25 bis rd. 1000mm Durchmesser.

Stufengründung →Gründung (2).

Stufenpresse, mechan. oder hydraul. Presse, die mit mehreren Druckstufen arbeitet.

Stufenprinzip →Rakete.

Stufenpyramide, eine →Pyramide mit abgetreppten, stufenartig ansteigenden Seiten, in Ägypten als Grabbau entwickelt aus der Form der →Mastaba. Am bekanntesten ist die S. in Saqqara (um 2650 v.Chr.), das Grabmal des Königs Djoser. Der Form der S. ähneln mittelamerikan. Tempelhügel, doch handelt es sich dort eher um terrassenartige Anlagen mit abgeflachter Spitze (El Castillo in Chichen Itzá).

Stufenschalter, Mehrfach-Drehschalter mit Rastschritten, der in den einzelnen Stellungen verschiedene Stromkreise schließt, z.B. weitere Heizspiralen in elektr. Kochplatten zuschaltet.

Stufenscheibe, zwei oder mehr zusammengegossene Riemenscheiben verschiedenen Durchmessers; werden paarweise zur Regelung von Umdrehungszahlen benutzt.

Stufentheorie, bes. von der *Historischen Schule* vertretene Lehre von den Entwicklungsstufen der Wirtschaft, so bei F. *List* (Jagd, Viehzucht, Ackerbau, Ackerbau-Manufaktur, Ackerbau-Manufaktur-Handel), B. *Hildebrand* (Natural-, Geld- u. Kreditwirtschaft), K. *Bücher* (Haus-, Stadt-, Volks- u. Weltwirtschaft). Eine moderne Entsprechung ist die Lehre von W. W. *Rostow* („Stadien wirtschaftl. Wachstums" 1960, dt. 1961).

Stuhl, 1. *Bauwesen:* = Dachstuhl.

2. *Medizin* = Kot.

3. *Möbel:* Sitzmöbel aus Stützen, waagerechter Sitzplatte (oder Polster) u. Lehne. Der S. war bereits im alten Orient sowie in der griech. u. röm. Antike gebräuchlich, oft aus Holz gedrechselt oder in Bronze gegossen u. als →Faltstuhl oder *Lehn-S.* gebildet. German. Altertum u. MA. kannten den S. als Ehrensitz. Die zunehmende Bedeutung der Wohnkultur in der Renaissance brachte auch den S. als Gebrauchsmöbel wieder zur Geltung, vor allem den Lehn-S. mit geraden, gedrehten Pfosten. Gegen Ende des 17. Jh. wurde die Polsterung allg. üblich. Wirklich bequeme, der Körperform angepaßte Sitzmöbel fertigte erst Th. *Chippendale* um 1750 an. Die von der modernen Möbelindustrie geschaffenen S.typen vereinen vielfach Formschönheit mit einer Konstruktion, die neuen medizin. Erkenntnissen entspricht.

Stuhlgericht, Gericht der →Feme.

Stuhlweißenburg, ung. *Székesfehérvár*, Hptst. des ungar. Komitats Fejér (4374 qkm, 420000 Ew.), nordöstl. vom Plattensee, 105000 Ew., Bischofspalast, Dom, got. Kapelle, Ruinengarten; Maschinenbau, Aluminium-, Textil-, Leder- u. chem. Industrie; Bahnknotenpunkt. – Im MA. Krönungs- u. Begräbnisstadt der ungar. Könige.

Stuhlzwang, *Stuhldrang*, *Tenesmus*, schmerzhafter Krampf des Afterschließmuskels, z.B. aufgrund von Mastdarmentzündung; führt zu wiederholter Stuhlentleerung in geringen Mengen.

Stuhm, poln. *Sztum*, Stadt in der Wojewodschaft Elbląg (Polen), 70000 Ew.; ehem. Ordensschloß (14. Jh.).

Stuhr, Gemeinde im Kreis Diepholz (Niedersachsen), südwestl. von Bremen, 26000 Ew.

Stuka, populäre Abk. für →Sturzkampfflugzeug bei der dt. Luftwaffe des 2. Weltkriegs.

Stukkateur [-'tø:r; ital., frz.], *Gipser*, Ausbildungsberuf des Handwerks, 3 Jahre Ausbildungszeit; gehört zu den Bauausstattern: Verputzen der Wände, Deckenarbeiten, Herstellen von Rabitzwänden (Gipswand mit Drahtnetzeinlage); stellt auch Rosetten u. Gesimse her.

Stüler, Friedrich August, Architekt, *28. 1. 1800 Mühlhausen, Thüringen, †18. 3. 1865 Berlin; beeinflußt von K. F. *Schinkels* Klassizismus, den er mit Rückgriffen auf Bauformen der Gotik u. Renaissance romantisierend weiterentwickelte. Hptw.: Neues Museum Berlin 1843–1855; Nationalmuseum Stockholm 1850–1866; Schloß Schwerin 1851; Wallraf-Richartz-Museum Köln 1855–1861; Burg Hohenzollern 1850–1867.

Stulpe, umklappbarer, meist leicht konisch geformter Stoff-, Spitzen- oder Lederbesatz an Ärmeln, Stiefeln u.ä.

Stülpnagel, Karl Heinrich von, General, *2. 1. 1886 Darmstadt, †30. 8. 1944 Berlin (hingerichtet); seit 1942 dt. Militärbefehlshaber in Frankreich. Maßgeblich an der Widerstandsbewegung (20. Juli 1944) gegen Hitler beteiligt, führte S. die Aktion gegen SD u. SS in seinem Bereich durch. Nachdem der Aufstand niedergeschlagen worden war, wurde S. zum Tod verurteilt.

Stummelaffen, *Colobus,* Gattung der *Schlankaffen,* mit reicher Behaarung u. langem Schwanz; leben in Afrika. Namengebend ist die stummelförmige Rückbildung des Daumens.

Stummelfüßer, 1. = Riesenschlangen. **2.** *Onychophora,* Gruppe von *Gliedertieren* mit Merkmalen, die z.T. für die *Ringelwürmer,* z.T. für die *Gliederfüßer* charakteristisch sind; feuchtigkeitsbedürftige Landtiere, Fleischfresser, südl. des Äquators verbreitet.

Stummfilm, filmische Ausdrucksform im rein Optischen im Unterschied zum *Tonfilm,* →auch Film.

Stummheit, *Mutitas,* das Unvermögen zu sprechen; ist Folge von Taubheit *(Taub-S.)* oder von Ausfällen im Gehirn; kann auch durch seelische Einwirkungen entstehen. →auch Aphasie, Sprachstörungen.

Stumpen [der; zu *Stumpf*], runde oder gepreßte, an beiden Enden beschnittene, gleichmäßig dicke, kleine Zigarre.

Stumpf, Carl, Psychologe, Philosoph u. Musikwissenschaftler, *21. 4. 1848 Wiesentheid, Unterfranken, †25. 12. 1936 Berlin; Mitbegründer der Berliner Schule der Gestaltpsychologie. In der Experimentalpsychologie bedeutend durch seine „Tonpsychologie" 2 Bde. 1883–1890; philosoph. Hptw.: „Erkenntnislehre" 2 Bde. 1939/40.

Stumpfschnauznashorn = Breitmaulnashorn.

Stumpfschwanzpapageien, *Psittacini,* eine größere Gruppe stärkerer, kurzschwänziger *Papageien,* zu denen u.a. der *Graupapagei* u. die *Amazonen* gehören.

Stumpfschweißen, eine Art der Schweißung, bei der die auf Weißglut erhitzten Schweißstellen maschinell unter hohem Druck gegeneinandergepreßt werden.

Stunde, 1. *Astronomie:* der 24. Teil des Tages (mittleren Tages bzw. Sterntages). Die gleichförmige Einteilung des Tages wurde erst gegen Ende des MA. (Erfindung der Räderuhren) üblich; früher rechnete man meist nach →Temporalstunden. **2.** *Bergbau:* die bei der Herstellung einer Strecke durch zwei Lote angegebene Richtung, in der die Strecke aufgefahren werden soll.

Stundenblume →Hibiscus.

Stundenbuch, lat. *horarium,* frz. *livre d'heures,* ein Gebetbuch, das die Gebete u. Lieder für die einzelnen Tageszeiten enthält. Die Handschriften aus dem 15. Jh. sind vielfach mit kostbaren Miniaturen geschmückt. Kunstgeschichtl. bedeutend ist der Miniaturenschmuck der um 1410–1420 im Auftrag des Herzogs Jean von *Berry* hergestellten Stundenbücher, darunter das von den Brüdern von Limburg gefertigte „Les très riches heures du Duc de Berry".

Stundengebet, kirchliche Tagzeiten, lat. *horae canonicae,* das für alle Priester u. Ordensleute verpflichtende, in den Brevier festgelegte Gebet zu bestimmten Tagesstunden, bestehend aus Psalmen, Lesungen, Hymnen; seit 1971 gegliedert in: Gebetseinladung (Invitatorium); Geistliche Lesung (Officium lectionis), Morgenlob (Laudes); „kleine" oder „mittlere" Horen: Terz, Sext, Non; Abendlob (Vesper); Nachtgebet (Komplet).

Stundenglas = Sanduhr.

Stundenlohn →Zeitlohn.

Stundenwinkel, der Winkel, den der Stundenkreis eines Gestirns mit dem Meridian des Beobachtungsorts bildet. Es gilt: S. eines Gestirns = Sternzeit der Beobachtung minus Rektaszension des Gestirns.

Stundịsten [von dt. (Bibel-)*Stunde*], ukrainische u. russ. Orthodoxe, die in dt. Dörfern der Ukraine in der Mitte des 19. Jh. mit prot. Lehren u. Glaubensformen in Berührung kamen. In der Folgezeit wirkten auch baptist. Einflüsse ein (Glaubenstaufe Erwachsener). Trotz Verfolgung breiteten sie sich aus u. wurden einer der Herkunftsströme des ostslaw. Protestantismus.

Stundung, Zugeständnis des Gläubigers an den Schuldner, die Begleichung einer Schuld über den Fälligkeitstermin hinauszuschieben; durch eine S. wird die *Verjährung* gehemmt, d.h. zeitweilig zum Ruhen gebracht. →auch Indult.

Stupa [der; sanskr.], ursprüngl. halbkugelförmiger Grabhügel, dann buddhist. u. dschinist. Reliquienmal, später in Höhlentempeln, als Freibau u. in Kleinform als Votivgabe. →auch Pagode.

Stuparich [-ritʃ], Giani, italien. Schriftsteller, *4. 4. 1891 Triest, †7. 4. 1961 Rom; schrieb Kriegserinnerungen, Erzählungen, Romane u. Gedichte.

Stupor [der; lat.], *Stumpfheit,* Zustand völliger Mangels an körperl. u. geistigen Regungen nach schwerer Erschöpfung oder bei verschiedenen Geistes- u. Gehirnkrankheiten.

Štúr [ʃtuːr], Ľudovít, slowak. Schriftsteller, *29. 10. 1815 Uhrovec, †12. 1. 1856 Modern; Prof. in Preßburg, 1848 Führer des slowak. Aufstands; erhob das Mittelslowakische zur Literatursprache; romant.-patriot. Gedichte.

Sturdza, Dimitrie Alexandru, rumän. Politiker (Liberaler), *10. 3. 1833 Miclăuşeni, †21. 10. 1914 Bukarest; aus der Bojarendynastie S., die im 19. Jh. mehrere Fürsten der Moldau stellte; 1895–1909 mit Unterbrechungen Min.-Präs.

Sture, schwed. Adelsgeschlecht, dem bedeutende polit. Persönlichkeiten des 15. u. 16. Jh. entstammten. – **1.** *Sten S. d. Ä.,* Reichsverweser, *um 1440, †14. 12. 1503 Jönköping; kämpfte mit Unterstützung der schwed. Bauern für die Auflösung der Union mit Dänemark, besiegte 1471 den dän. König Christian I., mußte jedoch 1483 den adligen Anhängern der Union nachgeben u. den dän. König Johann I. als schwed. König (Johann II.) anerkennen. Nach dessen Niederlage in Dithmarschen 1500 trat er an die Spitze einer Aufstandsbewegung u. wurde 1501 erneut Reichsverweser. **2.** *Sten S. der Jüngere,* Reichsverweser, *um 1492, †3. 2. 1520 bei Stockholm (gefallen); machte sich 1512 durch einen Staatsstreich zum Reichsverweser u. setzte die Politik der Unabhängigkeit gegen den Widerstand der schwed. Aristokratie fort; verlor 1520 eine Schlacht gegen den dän. König Christian II., in der er tödlich verwundet wurde.

Stürgkh, Karl Graf, österr. Politiker, *30. 10. 1859 Graz, †21. 10. 1916 Wien (ermordet); 1911–1916 Min.-Präs., Vertreter einer starken Regierungsgewalt zur Erhaltung der Reichseinheit; fiel einem Attentat F. *Adlers* zum Opfer.

Sturlungasaga ['stɔrlœŋga-], altisländ. Sammlung histor. Erzählungen (Einzelsagas) aus der island. Geschichte bis 1260; um 1300 entstanden, erhalten in 2 Handschriften.

Sturm, Wind der →Windstärke 9 u. mehr.

Sturm, „Der Sturm", Zeitschrift „für die Kultur u. die Künste", Berlin 1910–1932, Hrsg.: H. *Walden*; neben der „Aktion" das führende Organ des Expressionismus.

Sturm, Johannes von, Humanist u. Pädagoge, *1. 10. 1507 Schleiden, Eifel, †3. 3. 1589 Straßburg, 1538–1581 Rektor der Lateinschule in Straßburg, die, weit berühmt, einen akadem. Oberkurs erhielt (1621 Universität).

Sturmabteilung →SA.

Sturmboot, kleines, wendiges Motorboot (auch Schlauchboot) der Pioniere; Einsatz beim Bau von Pontonbrücken, zum Übersetzen von Truppen u.a.

Stürmer, 1. *Kleidung:* ursprüngl. der hohe Zweispitz, beliebte Hutform um 1800; auch Studentenmütze, die einer phryg. Mütze ähnelt. **2.** *Sport:* bei Ballspielen die Angriffsspieler, die in vorderster Reihe spielen u. Tore erzielen sollen.

„Der Sturm": Titelblatt des 3. Jahrgangs, Nr. 111, vom Mai 1912, mit dem Holzschnitt „Das Konzert" von Karl Gerlach.

Stürmer, „Der Stürmer", antisemit. Hetzblatt der Nationalsozialisten, erschien 1923–1945 unter Leitung von J. *Streicher* in Nürnberg.

Stürmer, Bruno, Komponist u. Chordirigent, *9. 9. 1892 Freiburg i.Br., †19. 5. 1958 Bad Homburg; schrieb u.a. Tanzdramen, Chorwerke („Messe des Maschinenmenschen" 1929), Männerchöre, Orchesterwerke u. Kammermusik.

Sturmflut, unregelmäßiges Hochwasser der See bei hohem →Windstau des Wassers, nicht durch die Gezeiten bedingt, aber durch diese (bei Springflut) oft verstärkt.

Sturmgewehr, automatisches Gewehr, Hauptwaffe des Infanteristen, geeignet zur Abgabe von Einzel- u. Dauerfeuer, Feuergeschwindigkeit 500–600 Schuß je Minute; Munition im Magazin.

Sturmhaube, *Kleine S.,* Gipfel im Riesengebirge, 1436 m.

Sturmius, *Sturm(i),* Abt von Fulda, Heiliger, *um 715, †17. 12. 779 Fulda; missionierte unter den Hessen, Schüler des *Bonifatius*, in dessen Auftrag er 744 die Benediktinerabtei Fulda gründete u. zu hoher Blüte führte. Fest: 17. 12.

Sturmmöwe →Möwen.

Sturmpanzer, stark gepanzerter, mit Steilfeuerwaffen bestückter Panzer mit oder ohne Drehturm, bes. zum Kampf gegen Ziele in oder hinter Deckungen.

Sturmschwalben, *Hydrobatinae,* zu den *Sturmvögeln* gehörige Familie von gewandten, zierlichen Hochseevögeln, z.B. die Sturmschwalbe, *Hydrobates pelagicus.*

Sturmsignale, optische Signale an Land (Reviereinfahrten); hohe Masten mit Semophoren oder (schwarzen) Bällen, Kegeln u.a., nachts rote, evtl. auch weiße Lichter.

Sturmtaucher, *Procellariinae,* zu den *Sturmvögeln* gehörige Familie von gewandten Hochseevögeln, u.a. der *Eissturmvogel.*

Sturm und Drang, *Geniezeit,* nach dem Drama „S. u. D." (ursprüngl. Titel „Der Wirrwarr") von F. M. *Klinger* (1766) genannte Epoche der dt. Literatur von 1765 bis etwa 1790; eine Auflehnung der jungen Generation gegen die verstandesbetonte Aufklärung. Die irrationalen Kräfte des Gefühls u. der Phantasie wurden betont u. in ungebändigter Sprache zum Ausdruck gebracht. Der S. u. D. verherrlichte die Leidenschaft u. das „Originalgenie", das jede Autorität ablehnt. Die Epoche wurde eingeleitet durch J.-J. *Rousseaus* Naturkult u. Sozialkritik, durch J. G. *Hamanns* Gefühlsreligion u. seine irrationale Lehre vom Genie, durch J. G. von *Herders* Gedanken über die Volkspoesie, die Überwindung der Aufklärung in Sprache u. Dichtung. Programmschrift: „Von dt. Art u. Kunst" 1773) u. durch F. G. *Klopstocks* Gefühlsdichtungen. Es zeigten sich Einflüsse des Pietismus, des engl. Romans, B. *Spinozas* u. A. A. C. *Shaftesburys;* ein neues Shakespearebild wurde entwickelt, mit den „Anmerkungen übers Theater" 1772 schuf J. M. R. *Lenz* die dramaturg. Programmschrift des S. u. D.

Die Werke des S. u. D. sind Erlebnisdichtung u. Persönlichkeitsausspräche. Die Hauptform ist das von Shakespeare beeinflußte Drama. Dramatiker des S. u. D. sind J. M. R. *Lenz,* F. M. *Klinger,* H. L. *Wagner,* J. A. *Leisewitz,* H. W. von *Gerstenberg, Goethe* u. *Schiller* in ihrer Frühzeit. Die Lyrik ist vor allem Gefühlsdichtung (z.B. Goethes „Prometheus" u. die andere freirythm. Hymnendichtung der 2. Frankfurter Zeit); bei den Prosawerken steht der „Kraftkerl" im Mittelpunkt (J. J. W. *Heinses* Roman „Ardinghello"). Bleibenden Wert erlangten Goethes u. Schillers Jugendwerke, bes. die Dramen „Die Räuber", „Kabale und Liebe", „Götz von Berlichingen" u. der „Urfaust". Gleichzeitig mit dem S. u. D., aber gemäßigter u. empfindsamer, dichteten die Mitglieder des *Göttinger Hains,* im Anschluß an antike Tradition u. mit F. G. *Klopstock* als unmittelbarem Vorbild. – ▯ 3.0.6.

Sturmvögel, *Tubinares,* Ordnung von rd. 70 Arten typischer Hochseevögel mit röhrenartigen Aufsätzen auf den Nasenlöchern. Die S. sind ausgezeichnete Segler, die sich von Meerestieren ernähren u. nur zur Brut auf bestimmte Inseln kommen. Zu den S.n gehören die Familien der *Albatrosse,* der *Sturmschwalben* u. der *Sturmtaucher.*

Sturt [stəːt], Charles, brit. Australienforscher, *28. 4. 1795 in Bengalen, †16. 6. 1869 Cheltenham; entdeckte 1828 den Darling, 1829 den Murray; versuchte 1844/45 erfolglos die erste Süd-Nord-Durchquerung.

Sturz

Sturz, 1. *Bauwesen:* Überdeckung einer Tür- oder Fensteröffnung, z. B. als Stahlträger, Stahlbetonbalken, gemauerter scheitrechter Bogen; trägt das darüberliegende Mauerwerk.
2. *Technik:* →Radsturz, →Lenkzapfensturz.
Sturzbecher, fußloser Trinkbecher aus Glas oder Metall, der nach dem Austrinken des Inhalts gestürzt, d. h. mit der Öffnung nach unten gestellt wird; gebräuchl. seit dem MA.
Sturzbett, *Tosbecken,* beckenartige Vertiefung hinter Wehren, Talsperrenüberläufen u. a., in der die überschüssige Energie des Wassers durch Bildung von Wirbeln u. Walzen aufgezehrt wird.
Sturzbomber = Sturzkampfflugzeug.
Stürze, bei Blechblasinstrumenten der erweiterte Schallbecher u. -trichter.
Stürzelberg-Verfahren, ein Reduktionsverfahren in der Eisenmetallurgie. →Direktreduktion.
stürzende Linien →entzerren.
Sturzenegger, Hans, schweizer. Maler u. Graphiker, *2. 5. 1875 Zürich, †19. 11. 1943 Zürich; formstrenge Landschaftsgemälde mit Anklängen an den Stil F. *Hodlers.*
Sturzflug, Bewegung eines Flugzeugs bei verschwindendem Auftrieb; Bewegungsrichtung ist nahezu vertikal.
Sturzgeburt, *Partus praecipitatus,* überschnelle Geburt; Schädelverletzungen des Kindes od. Nabelschnurrisse können die Folge sein. Eine S. ist sehr selten.
Sturzhelm, leichter, kopfschützender Helm, bes. für Motorrad- u. Rennfahrer, Skiläufer u. a.
Sturzkampfflugzeug, *Sturzbomber,* Abk. *Stuka,* Bomber robuster Bauart, der zur besseren Treffgenauigkeit im Sturzflug feindl. Punktziele anvisiert u. kurz vor dem Abfangen die außenbords aufgehängten Bomben abwirft; vor dem 2. Weltkrieg entwickelt u. bes. von der dt. Luftwaffe erfolgreich eingesetzt, dann aber vom Jagdbomber u. Schlachtflugzeug abgelöst.
Sturzo, Don Luigi, eigentl. L. *Boscarelli,* italien. Politiker, *26. 11. 1871 Caltagirone, Sizilien, †8. 8. 1959 Rom; Priester, Vorkämpfer des polit. Katholizismus in Italien auf parteipolit. Basis, gründete 1919 den Partito Popolare Italiano (Italien. Volkspartei). 1924–1946 im Exil, anschließend für die Democrazia Cristiana tätig.
Stute, weibliches Pferd.
Stuttgart, Hptst. des Landes Baden-Württemberg u. des Reg.-Bez. S. (früher *Nordwürttemberg*), in einem Neckarbecken, Stadtkreis 207 qkm, 582000 Ew.; Altes (16. Jh.) u. Neues Schloß (18. Jh.), Schloß *Rosenstein* (19. Jh.), got. Stiftskirche (14./15. Jh.); Universität (gegr. 1890 als TH), Akademie der Bildenden Künste, Hochschule für Musik, Universität (Landwirtschaftl. Hochschule) *Hohenheim*; Staatliches Museum für Naturkunde (1791 gegr.), Staatsgalerie u. -theater; Institut für Metallforschung der Max-Planck-Gesellschaft; Südd. Rundfunk; Mineralquellen in den Vororten *Berg* u. *Bad Cannstatt*; Elektro-, Maschinen-, Metall-, Textil-, Auto- *(Daimler-Benz),* Papier-, Möbel-, Leder-, graph. u. chem. Industrie, Verlage; Verkehrszentrum, Binnenhafen.
S. soll aus dem 950 von Herzog Luitolf von Schwaben gegründeten *stutgarten* (Gestüt) hervorgegangen sein. 1229 als Siedlung bezeugt, Mitte des 13. Jh. zur Stadt erhoben, seit Mitte des 15. Jh. Residenz der württemberg. Herzöge u. Landeshauptstadt, 1534 lutherisch, 1806 Mittelpunkt des Königreichs Württemberg, 1920 vorübergehend (Kapp-Putsch) Sitz der Reichsregierung.
Stuttgarter Ballett, Tanztruppe des Württembergischen Staatstheaters, erwarb unter Leitung von J. Cranko (1961–1973) internationalen Ruf.
Stuttgarter Hundeseuche = Kanikolafieber.
Stuttgarter Schulderklärung, Bekenntnis der Schuld der ev. Christenheit Deutschlands, abgelegt am 19. 10 1945 vom Rat der EKD vor Vertretern der Ökumene, mit der Selbstanklage, „daß wir nicht mutiger bekannt, nicht treuer gebetet, nicht fröhlicher geglaubt u. nicht brennender geliebt haben". Die S. S. sollte nicht das polit. Bekenntnis einer Kollektivschuld des dt. Volkes sein, sondern echte Bereitschaft zur Buße zeigen.
Stutz, Ulrich, schweizer. Rechts- u. Kirchenhistoriker, *5. 5. 1868 Zürich, †6. 7. 1938 Berlin; arbeitete über mittelalterl. Kirchenrecht, entdeckte das german. Eigenkirchenrecht.
Stütz, turnerische oder gymnast. Übung, wobei die Körperlast des Turners auf den gestreckten oder gebeugten Armen oder Unterarmen ruht (z. B. Streck-S., Beuge-S., Unterarm-S.). Aus der Bein- u. Körperhaltung während der S.übung ergeben sich die Bez. Winkel-S., S.waage u. a.
Stutzen, 1. *Kleidung:* kurzer Wadenstrumpf der Alpenbewohner.
2. *Technik:* rohrförmiges Übergangsstück zwischen der Wand eines Gas- oder Flüssigkeitsbehälters u. einer anschließenden Rohrleitung.
3. *Waffen:* kurzes, handliches Jagdgewehr.
Stützenwechsel, der Wechsel von Pfeiler u. Säule, vornehml. in einer roman. Basilika. Eine Sonderform des S.s ist der *Niedersächsische S.,* bei dem einem Pfeiler jeweils 2 Säulen folgen. In manchen Kirchen mit S. werden jeweils 2 Bögen von einem Entlastungsbogen übergriffen.
Stutzer, 1. *Kleidung:* kurzer, joppenartiger Mantel.
2. *Mode:* Modegeck.
Stützfrucht, in leicht lagernde Hauptfrucht (z. B. Seradella) eingesäte standfeste Frucht (z. B. Senf), an die sich die Hauptfrucht anlehnen bzw. -klammern kann.
Stützisolator, *Stützer* →Isolator.
Stutzkäfer, *Histeridae,* Familie gedrungener, eiförmiger oder flacher *Käfer* mit sehr harter Chitinbedeckung, vorwiegend Dungfresser, Kopf tief in den Halsschild eingezogen. In Europa der *Mist-S., Hister fimetarius,* häufig in Kuhfladen. Einige Arten leben als →Ameisengäste, z. B. *Hetaerius ferrugineus.*
Stützmauer, zum Abstützen von Erdreich dienende Mauer. Man unterscheidet: *Gewichts-S.* (oft mit getreppter Rückseite) aus Beton u. *Winkel-S.* aus Stahlbeton oder Spannbeton, bei der die lotrecht stehende stützende Wand mit einer horizontalen Grundplatte aufsteht u. mit ihr biegungssteif verbunden ist.
StVO, Abk. für *Straßenverkehrsordnung* vom 16. 11. 1970 (in Kraft seit 1. 3. 1971). →auch Straßenverkehrsrecht.
StVZO, Abk. für *Straßenverkehrs-Zulassungs-Ordnung* vom 6. 12. 1960 (mit späteren Änderungen). →auch Straßenverkehrsrecht.
Styling ['stailiŋ; engl.], Formgestaltung; im Kraftfahrzeugbau: Karosserie-Formgebung.
Styliten = Säulenheilige.
Styracáceae [grch.] = Styraxgewächse.
Styraxgewächse, *Styracaceae,* Familie der *Ebenales,* tropische u. subtropische Holzpflanzen. →auch Flügelstyraxbaum.
Styria, Steirische Verlagsanstalt, Graz – Wien – Köln, gegr. 1869; Werke der kath. Theologie u. Religion, geschichtl. u. biograph. Literatur, Belletristik, Jugendbücher.
Styrol [grch. + lat.], $\bigcirc\!\!-\!CH=CH_2$, *Phenyläthylen, Vinylbenzol,* ein ungesättigtes Benzolderivat von benzolartigem Geruch; wird aus Äthylbenzol durch Dehydrierung gewonnen oder durch Destillation von Zimtsäure hergestellt. S. ist leicht zu dem Kunststoff →Polystyrol polymerisierbar.
Styron ['stairən], William, US-amerikan. Schriftsteller, *11. 6. 1925 Newport News, Va.; steht in der literar. Tradition des Südens; in seinen Romanen findet sich psycholog. gut untermauerte Studien vielschichtiger Charaktere: „Die Bekenntnisse des Nat Turner" 1967, dt. 1968 u. a.
Styx, in der griech. Mythologie der Fluß der Unterwelt, über den die Seelen der Verstorbenen von *Charon* übergesetzt wurden.
s. u., Abk. für *siehe unten!*
Suahéli, Sprache, = Kisuaheli.
Suahéli, *Wasuaheli, Swahili,* Eigenname: *Schirazi,* die in Wohnung, Kleidung, Wirtschaft u. Geräten vorwiegend arabisch-persisch beeinflußten Küstennegerstämme Ostafrikas (von Kenia bis Moçambique); Moslems; ihre Sprache wurde zur wichtigsten Verkehrssprache Ostafrikas.
Suakin, Hafenstadt der Rep. Sudan, südöstl. von Port Sudan am Roten Meer, 10000 Ew.; Vieh- u. Baumwollexport; Station für Mekkapilger.
Süanhua, chines. Stadt in der Prov. Hopeh, nordwestl. von Peking, 150000 Ew.; verschiedene Industrie, in der Nähe Eisenerzbergbau.
Suardi, Bartolommeo →Bramantino.
Suarès [sya'rɛ:s], André, eigentl. Isaac Félix S., Pseudonym Yves *Scantrel,* französ. Schriftsteller portugies. Herkunft, *12. 6. 1868 Val d'Oriol, Marseille, †7. 9. 1948 Saint-Maur-des-Fossés; schrieb Essays, Reiseberichte, Gedichte, Dramen u. Biographien; in der Verherrlichung des Genies von F. *Nietzsche* beeinflußt.
Suarez [su'arets], Carl Gottlieb →Svarez, Carl Gottlieb.
Suárez [su'areθ], **1.** S. Gonzales, Adolfo, span. Politiker, *25. 9. 1932 Cebreros, Prov. Avila; 1976 bis 1981 Min.-Präs., 1978–1981 auch Partei-Vors. der „Union des Demokrat. Zentrums" (UCD).
2. Francisco de, span. Theologe u. Philosoph, Jesuit, *5. 1. 1548 Granada, †25. 9. 1617 Lissabon; Schöpfer eines neuen Thomismus, Scotismus u. Nominalismus verbindenden Systems, von nachhaltigem Einfluß auf die kath. u. prot. Scholastik, bis hin zu Leibniz. Zum folgenreichsten theolog. Werk wurden seine Schriften über die Gnade.
sub... [lat.], Vorsilbe mit der Bedeutung „unter(-halb), nahe"; wird zu *suf...* vor f, zu *sug...* vor g, zu *suk...* vor k u. z, zu *sup...* vor p, zu *sur...* vor r.
Subaerat [-aɛ-; der; lat.], antike Gold- oder Silbermünze mit einem Kern aus unedlem Metall, häufig in der Zeit der Röm. Republik (→Serratus).
subalpin, *Pflanzen- u. Vegetationsgeographie:* die unter der alpinen Höhenstufe liegende Zone betreffend.

Stuttgart: im Vordergrund Stiftskirche, Altes und Neues Schloß mit Schloßplatz; im Hintergrund Hauptbahnhof

Subalternation, Unterordnung eines Begriffs unter einen anderen von weiterem Umfang oder eines Teilurteils unter ein allg. Urteil.
Subandhu, ind. Romandichter vor *Bana*, um 600 v.Chr.; Sanskritklassiker; Verfasser des kunstvollen, an Naturschilderungen reichen u. auf der *Brihatkatha* fußenden Romans *„Wasawadatta"*.
Subandrio, indones. Politiker, *15. 9. 1914 Kepandjen, Ostjava; Arzt; 1957–1966 Außen-Min. u. zugleich 1960–1966 stellvertr. Min.-Präs.; nach dem Umsturz 1966 zum Tod verurteilt, 1970 zu lebenslängl. Haft begnadigt.
subantarktisch, zum Übergangsgebiet zwischen südl. gemäßigter Zone u. Antarktis gehörig.
subarktisch, zum Übergangsgebiet zwischen der nördl. gemäßigten Zone u. der Arktis gehörig.
Subarnarekha, Fluß im südl. Bihar (Indien), 470 km, entspringt im Bergland Chhota Nagpur, mündet westl. des Gangesdeltas in den Golf von Bengalen.
Subartu, das nördl. Assyrien am Oberlauf des Tigris, dessen Bewohner, die *Subaräer*, schon im 3. Jahrtausend v.Chr. Ackerbau u. Viehzucht trieben, Keramik- u. Metallarbeiten fertigten.
Subatlantikum [lat.], Periode der Nacheiszeit (Holozän), ca. 500 v.Chr. bis zur Gegenwart, mit kühlfeuchtem Klima; in Nord-Dtschld. gekennzeichnet durch das Vordringen der Buche.
Subboreal [das; lat.], *Subborealzeit*, Periode der Nacheiszeit (Holozän), etwa von 2500 bis 500 v.Chr., zeichnete sich durch warmes Klima u. Eichen-Buchen-Mischwald in Nord-Dtschld. aus.
Subdiakon [lat. + grch.], in der kath. Kirche bis 1972 Weihestufe eines Klerikers; →Weihe.
Subdominante [die; lat.], *Unterdominante*, die 4. Stufe der Tonleiter u. der auf ihr errichtete Dreiklang (in C-Dur: f–a–c, in a-Moll: d–f–a); →Kadenz.
subglazial [lat.], unter dem Gletscher- oder Inlandeis befindlich oder entstanden.
Subhastation [lat.] →Zwangsversteigerung.
Subjekt [lat.], **1.** *Grammatik: Satzgegenstand*, derjenige Satzteil, über den etwas ausgesagt wird, der Träger eines Geschehens ist; z.B. „*ich* gehe; *Karl* ist hier". →auch Prädikat.
2. *Logik:* der Begriff, dem etwas prädiziert wird (→Urteil); in der Erkenntnistheorie gleichbedeutend mit *Bewußtsein*; der letzte Beziehungspunkt für alle *Objekte*. Früher (Scholastik) verstand man unter Objekt das Vorgestellte, unter S. seinen Gegenstand, also gerade das vom Bewußtsein Unabhängige.
3. *übertragen:* verächtl. für Person: heruntergekommener, gemeiner Mensch.
subjektiv [lat.], dem Subjekt zukommend; meist in der Bedeutung einer nur für das individuelle Subjekt bestehenden, nicht allg. Gültigkeit.
subjektives Recht, Rechtswirkungen, die der Wille des Rechtssubjekts auf der Grundlage des →objektiven Rechts erzeugt bzw. erzeugen kann. Die Rechtsmacht des Rechtssubjekts zeigt sich in der Beherrschung von Objekten (Sachen wie Personen) u. läßt sich nach verschiedenen Gesichtspunkten bezeichnen: dingliche Rechte, Forderungsrechte, Immaterialgüterrechte u.a.
Subjektivismus [lat.], die Lehre, daß alles (Erkennen, Werte, Welt) nur subjektiv sei, sowie die Neigung, das *Subjekt* (Individuum) zum Maß aller Dinge zu machen; daher auch: Unsachlichkeit (Gegensatz: *Objektivismus*).
Subjektsteuern, Steuern, bei denen die persönlichen Verhältnisse des Steuerpflichtigen Berücksichtigung finden, wie z.B. bei der Einkommensteuer der Familienstand; Gegensatz: *Objektsteuern.*
subkrustal [lat.], unterhalb der Erdkruste befindlich.
Subkultur [lat.], *Soziologie:* eine Kultur innerhalb einer größeren, sie umfassenden Kultur oder Gesellschaft (auch Gruppenkultur), die eigene Verhaltensnormen (→Sozialstruktur) entwickelt. Diese Normen beruhen auf von der Gesamtkultur u./oder -gesellschaft abweichenden Überzeugungen, Werthaltungen oder Ideologien (z.B. Sekten, Erweckungsbewegungen, Jugendbanden, polit. Gruppen). Die S. findet sich entweder mit der Duldung durch die Gesellschaft ab oder begreift sich selbst als *Gegenkultur.* →Bohème, →antiautoritäre Bewegungen, →auch Sanktion (2).
subkutan [lat.], unter der (die) Haut.
Sublimat [lat.], **1.** ein fester Stoff, der sich bei Abkühlung bestimmter Dämpfe als Kondensat ausscheidet; →Sublimation.
2. Quecksilber-II-chlorid, →Quecksilber.
Sublimation [lat.], **1.** *Chemie:* Übergang eines Stoffs aus dem festen in den gasförmigen Aggregatzustand, ohne daß die Stufe des flüssigen Aggregatzustands durchlaufen wird; beim umgekehrten Vorgang wird aus dem Dampf das feste *Sublimat* ausgeschieden. Ein bei normalem Außendruck sublimierender Stoff ist z.B. Benzoesäure.
2. *Psychologie:* ein →Abwehrmechanismus.
Sublimationstrocknung →Gefriertrocknung.
Sublistatic-Druck, *Thermodruck, Transferdruck*, ein Druckverfahren zum Bedrucken von Gewebe u. Maschenware aus Polyester. Das Muster wird zunächst mit sublimierbaren (Dispersions-)Farbstoffen auf Papier gedruckt. Danach wird die Farbseite des Papiers unter Hitzeeinwirkung auf den Stoff gepreßt, wobei der Farbstoff auf das Polyestermaterial wandert u. dort fest haftet *(Trockenhitzefixierung).* Für dieses Verfahren geeignete Farbstoffe gibt es auch in Form von Malstiften u. in Tuben. Die Fixierung der von Hand auf das Gewebe gemalten Muster erfolgt mit dem Bügeleisen.
submarin [lat.], untermeerisch, d.h. unter dem Meeresspiegel vorkommend oder geschehend.
Submission [lat.], **1.** *allg.:* Unterwürfigkeit, Ehrerbietigkeit; Unterwerfung.
2. *Handelsbetriebslehre:* →Ausschreibung.
Subotica [-tsa], *Maria-Theresiopel*, ung. *Szabadka*, jugoslaw. Stadt in der nördl. Batschka, 90 000 Ew.; jurist. Fakultät; Maschinenbau, Nahrungsmittel-, Textil- u. chem. Industrie.
subpolar [lat. + grch.], zu einem der beiden Übergangsgebiete zwischen Polargebieten u. gemäßigten Zonen gehörig.
subsequente Flüsse [lat.], Nebenflüsse der →Folgeflüsse.
subsidiär [lat.], hilfsweise, in zweiter Linie; bes. im Recht: Geltung einer Bestimmung, Stellen eines Antrags, Haftung für eine Schuld nur für den Fall, daß eine andere Bestimmung bzw. ein anderer Antrag nicht zum Erfolg führt bzw. ein anderer Schuldner nicht mit Erfolg in Anspruch genommen werden kann. →auch Bürgschaft, Wechsel.
Subsidiarität [lat.], ein Grundsatz thomist.-naturrechtl. u. christl.-kath. Sozialordnung, nach dem die Tätigkeit der Gesellschaft die ihrer Glieder nicht ersetzen u. aufheben, sondern nur ergänzen u. fördern soll u. nach dem die jeweils kleinere Gruppe alle Aufgaben übernehmen soll, die noch von ihr bewältigt werden können, so die Familie vor der Gemeinde, die Gemeinde vor dem Staat. – Das *S.sprinzip* wurde in das →Bundessozialhilfegesetz von 1961 aufgenommen.
Subsidien, Hilfsgelder, die ein Staat einem Verbündeten zahlt; seit dem Spät-MA. bis Mitte des 18. Jh. üblich; vor allem von wirtschaftl. starken Ländern an militär. starke Partner in Kriegen gezahlt.
Subskription [lat.], **1.** *Buchwesen:* in antiken Handschriften die Angabe am Schluß über Inhalt, Verfasser u. Herkunft des Werks.
2. *bürgerl. Recht:* Eingehen der Verpflichtung, zukünftig erscheinende Gegenstände (bes. Wertpapiere u. Bücher) abzunehmen, meist gegen Herabsetzung der Gegenleistung *(S.spreis).*
Subsonikbereich →Machzahlbereiche.
sub specie aeternitatis [lat.], unter dem Gesichtspunkt der Ewigkeit.
Subspecies [-tsiɛs], *Unterart* →Rasse.
Subst., Abk. für *Substantiv.*
Substantialismus, ein am Substanzbegriff orientiertes Denken.
Substantiv [das; lat.], *Grammatik: Hauptwort*, eine Wortart, Unterklasse der Nomina; im Dt. ein Wort, das deklinierbar ist, mit einem Artikel vorkommen u. einen Gedanken, einen Gegenstand, einen Begriff oder ein Geschehen bezeichnen kann. Man unterscheidet 1. *Konkreta:* Eigennamen (z.B. „Wien") u. Gattungsnamen (z.B. „Tier"), letztere gliedern sich in Sammelnamen (z.B. „Herde") u. Stoffnamen (z.B. „Wein"); 2. *Abstrakta* (z.B. „Güte", „Weisheit").
substantive Farbstoffe →Direktfarbstoffe.
Substanz [die; lat.], **1.** *allg.:* Stoff; Kern, Wesen einer Sache.
2. *Philosophie:* der selbständige, für sich bestehende Träger von unselbständigen Eigenschaften (Akzidenzien), das *Ding* (nach Aristoteles). Darüber hinaus das allen Dingen immanente Wesen, die *Welt-S.*, die entweder als materiell oder geistig, oder (dualist.) als beides, oder (pluralist.) als vielheitlich aufgefaßt wird. Auch Gott bzw. das Absolute gelten als S. Das S.problem beherrscht die ganze Geschichte der Philosophie u. Physik.
3. *Physik:* in der klass. Physik verstand man unter S. den „Träger" wechselnder Erscheinungen. In der modernen Physik kann diese Definition nicht aufrechterhalten werden. Nach der Quantenmechanik wird z.B. nicht ein Elementarteilchen (Träger) „an sich" beobachtet, sondern die Wirkungen, die der Beobachtungsprozeß (mit Hilfe von Meßgeräten) an ihm hervorbringt. Oder: Bei der *Paarvernichtung* lösen sich die Massen der Elementarteilchen in Strahlung auf; es ist unmöglich, in der Strahlungsenergie die ursprüngl. Teilchen wiederzuerkennen. Es gibt also nichts, was als „S." angesehen werden kann; kennzeichnend ist eine mathematisch-formale Strukturbeschreibung. Hierin liegt einer der Ansatzpunkte für eine neue Ontologie. →auch Materie.
Substanzbesteuerung, eine nicht auf den normalen Vermögensertrag beschränkte, sondern in die Vermögenssubstanz eingreifende (reale) Vermögensbesteuerung mit hohen Sätzen.
Substituent [der; lat.], *Chemie:* →Substitution.
Substitut [der; lat.], Stellvertreter, Ersatzmann, →Ersatzerbe.
Substitution [lat.], **1.** *Chemie:* das Ersetzen eines Atoms (auch einer Atomgruppe, eines Ions) in chem. Verbindungen durch ein anderes Atom, Ion oder eine andere Atomgruppe *(Substituent).*
2. *Mathematik:* das Ersetzen einer oder mehrerer Größen durch eine oder mehrere andere zur Berechnung oder Vereinfachung von mathemat. Ausdrücken; z.B. in der Algebra zum Lösen von Gleichungen, in der Analysis beim Berechnen von Integralen.
3. *Recht:* veraltete Bez. für die Nacherbfolge (→Nacherbe); sie findet sich noch im österr. ABGB (§§ 604 ff.).
4. *Wirtschaft:* der angesichts gegebener Kompensationsmöglichkeiten zwischen zwei Gütern vorteilhafte Ersatz des relativ teurer gewordenen Gutes durch das relativ billiger gewordene, z.B. bei Konsumgütern Butter durch Margarine, bei Produktionsfaktoren Arbeit durch Kapital.
Substrat [das; lat.], **1.** *allg.:* Grundlage, Nährboden.
2. *Sprachwissenschaft: Substratsprache*, eine Sprache, die durch eine andere Sprache überlagert bzw. ersetzt worden ist. Sie kann zur Erklärung bestimmter Veränderungen in der ersetzenden Sprache *(Superstrat)* herangezogen werden.
Substratfresser, Ernährungstyp (Lebensformtyp) von Tieren. S. nehmen als Nahrung das *Substrat* auf, an oder in dem sie leben, z.B. Regenwürmer Erde, Käsemilben Käse.
subsumieren [lat.], einen konkreten Gegenstand bzw. einen Fall einem allg. Begriff bzw. Rechtssatz unterordnen, z.B. „Taschenuhr" unter „bewegliche Sache", „erschießen" unter „töten".
Subtangente [die; lat.], Projektion des Tangentenabschnitts zwischen Berührpunkt u. Abszissenachse auf die Achse. →Parabel.
Subtrahend [lat.] →Subtraktion.
Subtraktion [lat.], die 2. Grundrechenart: Abziehen einer Größe *(Subtrahend)* von einer gleichartigen *(Minuend)*; das Ergebnis heißt *Differenz.*
Subtropen [lat. + grch.], durch trockene Sommer u. milde Winter ausgezeichnete klimat. Übergangszonen der Erde zwischen den Tropen u. den gemäßigten Zonen. Das solare Klima (→Klimagürtel) einer bestimmten Breitenlage wird durch das Relief u. durch die kontinentale u. ozeanische Lage beeinflußt.
Suburb ['sʌbəːb; engl.], Vorstadt; auch Bestandteil geograph. Namen.
suburbikarische Bistümer [lat.], die sieben zur röm. Kirchenprovinz gehörenden Bistümer bei Rom, die den *Kardinalbischöfen* (seit dem 12. Jh. wird ihre Zahl auf 6 gehalten) der Kurie unterstanden u. von Stellvertretern verwaltet wurden. Heute haben diese Bistümer eigene Bischöfe; die Kardinalbischöfe haben in den Bistumskathedralen nur noch einige Ehrenrechte.
Subvention [lat.], Beihilfe, Unterstützung an private Unternehmer durch den Staat.
sub voce [lat.], Abk. *s. v.*, unter dem Stichwort.
Subvulkan [der; lat.], eine magmat. Schmelzmasse, die nicht bis an die Oberfläche gedrungen, sondern in einer Krustentiefe bis zu 2 km erstarrt ist, z.B. Quellkuppen.
Succubus [lat.], weiblicher Buhlteufel.
Suceava [sutʃɛ'ava], Hptst. des rumän. Kreises S. (8555 qkm, 645 000 Ew.), im rumän. Teil der Moldau, an der S., 66 500 Ew.; Regionsmuseum, Sommertheater; Fürstenburg (Festungsruine, 14. Jh.), St.-Georgs-Kirche (Anfang 16. Jh.), Kloster

Suchard

Zamca (17. Jh.), St.-Demetrius-Kirche (16. Jh.); Fleisch-, Papier- u. Zellstoffkombinate.

Suchard [syˈʃaːr], Philippe, schweizer. Industrieller, *9. 10. 1797 Boudry, †14. 1. 1884 Neuenburg; Gründer (1826) der Schokoladenfabrik S. in Serrières bei Neuenburg, aus der sich die *S.-Gruppe* entwickelte; Dachgesellschaft ist die *Interfood S. A.*, Lausanne; dt. Tochtergesellschaft: *Ph. Suchard GmbH*, Lörrach, Baden, gegr. 1880.

Sücḫbaatar, *Suche-Bator*, Stadt im N der Mongol. Volksrepublik, 15 000 Ew.; Nahrungsmittel-, Textil- u.a. Industrie, Kraftwerk.

Suchdienst, vom Roten Kreuz, von Staat, Kirchen u. Wohlfahrtsverbänden getragene Einrichtung zur Nachforschung über vermißte Militär- u. Zivilpersonen (Heimatvertriebene, Verschleppte, Flüchtlinge u. Evakuierte). Organisationen: S.-Zonenzentrale in Hamburg u. München; Caritasverband-S., Freiburg i.Br.; Dt. Caritasverband München (angeschlossen der zentrale S. der Caritas Österreichs, Linz); Hilfsdienst für Internierte u. Kriegsgefangene, Erlangen, u.a.; internationale S.e: Zweigstellen des Internationalen Komitees vom Roten Kreuz u. die IRO.

Suche-Bator = Süchbaatar.

Suchenwirt, Peter, mhd. österr. Fahrender, Herolds- u. Wappendichter, *um 1320, †nach 1395; verfaßte viele Reimreden u. Sprüche.

Sucher, 1. *Astronomie:* kleines Hilfsfernrohr mit großem Gesichtsfeld; an größeren Fernrohren parallel dem Hauptrohr angebracht, dient zum bequemeren Aufsuchen u. Einstellen der Beobachtungsobjekte.

2. *Photographie:* Hilfsgerät an Kameras zur Einstellung des aufzunehmenden Motivausschnitts. →auch Entfernungsmesser, Parallaxe, entzerren.

Suchona, schiffbarer westl. Quellfluß der *Sewernaja Dwina*, europ. Sowjetunion, 560 km lang, entfließt dem Kubenasee, durch den Sewernaja-Dwina-Kanal mit dem Wolga-Ostsee-Wasserweg verbunden. Flößerei; 6–7 Monate vereist.

Suchou-Schule [sudʒou-] →Wu-Schule.

Suchowej [der; russ.], trockenheißer Wind in den südruss. Steppen.

Sucht, *Süchtigkeit, Rauschgiftsucht*, krankhaftes Verlangen nach einem →Rauschmittel, verbunden mit einer abnormen seel. u. körperl. Abhängigkeit von dem S.mittel u. einer zunehmenden Abstumpfung (Gewöhnung) gegen seine Wirkung, so daß allmählich immer höhere Mengen des S.mittels zur beabsichtigten Rauschwirkung (→Rausch) benötigt werden. Bei der Entstehung der S. wirken seel. Faktoren (Labilität, Haltlosigkeit, Willensschwäche), körperl. Vorgänge („Einbau" der S.mittel in das Stoffwechselgeschehen) u. die Eigenart des jeweiligen S.mittels zusammen. Direkte bzw. indirekte S.folgen sind seel. Schädigungen, körperl. Verfall, nachlassende Leistungs- u. Widerstandskräfte, u.U. auch asoziale oder kriminelle Verhaltensweisen, Behandlung durch →Entziehungskur u. Psychotherapie. – 🞏9.8.6.

Suchumi, Hptst. der *Abchas. ASSR*, Grusin. SSR (Sowjetunion), an der kaukas. Schwarzmeerküste (Hafen), 122 000 Ew.; Kurort, Forschungsinstitute der Medizin u. Kernphysik; Elektro-, Schuh-, Nahrungsmittel- u. Tabakindustrie, Schiffsreparatur; Wasserkraftwerk; Flugplatz.

Sucker, Wolfgang, ev. Theologe, *21. 8. 1905 Liegnitz, †30. 12. 1968 Darmstadt; seit 1965 Kirchenpräs. der Ev. Kirche in Hessen u. Nassau.

Suckert, Kurt Erich →Malaparte, Curzio.

Sucre [der], Währungseinheit in Ecuador: 1 S. = 100 *Centavos*.

Sucre, 1. Hptst. des bolivian. Dep. *Chuquisaca*, 2695 m ü.M., in einem Hochbecken, 65 000 Ew. (als Munizip 85 000 Ew.); Kathedrale (16. Jh.), Universität (1624); vielseitige Kleinindustrie, Handelsplatz; Bahn nach Potosí; Flugplatz. S. war 1825–1898 tatsächlich u. ist seitdem noch formell die Hptst. Boliviens (Regierungssitz derzeit *La Paz*). – 1539 als *Chuquisaca* gegr.

2. nordwestvenezolan. Staat in den nördl. Anden, 11 800 qkm, 550 000 Ew.; Hptst. *Cumaná*; Ackerbau u. Viehzucht; Salz-, Asphaltgewinnung, Fischerei, Gips- u. Schwefelvorkommen.

3. nordkolumbian. Departamento, im Küstentiefland, 10 523 qkm, 476 000 Ew.; Hptst. *Sincelejo*; Agrar- u. Viehzuchtgebiet.

Sucre, Antonio José de, südamerikan. Unabhängigkeitskämpfer, *3. 2. 1795 Cumaná (Venezuela), †4. 6. 1830 bei Pasto (Kolumbien; ermordet); nahm als General am Krieg S. *Bolívars* gegen die Spanier teil, hatte wesentlichen Anteil an der Befreiung Ecuadors 1822 u. siegte 1824 in Peru u. Bolivien entscheidend über die Spanier bei Ayacucho. 1826–1828 erster Präs. von Bolivien.

Suctoria [lat.] = Suktorien.

Sud [der], durch Sieden gewonnene Lösung.

Sud, Sumpflandschaft im S der Rep. Sudan, im Gebiet des Zusammenflusses von Bahr el Ghasal u. Bahr el Djebel; Überschwemmungszone des Weißen Nil.

Suda [grch., „großes Befestigungswerk"], Titel eines um 1000 in Byzanz entstandenen Lexikons mit ca. 30 000 Stichwörtern; wertvoll wegen der Materialanhäufung u. der Vielfalt anderweitig verlorengegangener Details. Früher wurde fälschl. angenommen, daß der Verfasser *Suidas* oder *Sudas* geheißen habe.

SÜDAFRIKA ZA
Republic of South Africa; Republiek van Suid Afrika

Fläche: 1 140 000 qkm

Einwohner: 24,0 Mill.

Bevölkerungsdichte: 21 Ew./qkm

Hauptstadt: Pretoria; Kapstadt

Staatsform: Parlamentarischer Bundesstaat

Mitglied in: UN, GATT

Währung: 1 Rand = 100 Cents

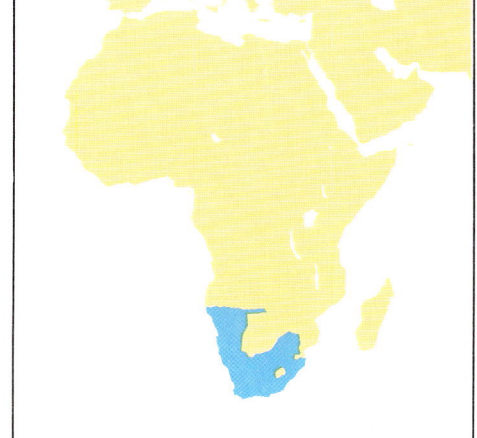

Die aus vier Provinzen bestehende Republik hat drei Hauptstädte: *Pretoria* ist der Regierungssitz, *Kapstadt* der Sitz des Parlaments u. *Bloemfontein* Sitz des Obersten Gerichtshofs. Auf dem Territorium von S. entstehen autonome Gebiete für die afrikan. Bevölkerung („Bantu-Heimatländer", Bantustans): 1963 erhielt *Transkei* eine begrenzte Selbstregierung, 1968 folgten *Ovamboland* in Südwestafrika, *Ciskei* u. *Tswanaland* (jetzt Bophuthatswana) u. in den folgenden Jahren weitere Gebiete; ihre Gesamtfläche betrug 1971 158 485 qkm. Dieses Projekt ist der deutlichste Ausdruck der Politik der „getrennten Entwicklung" (*Apartheid*), die durch Trennung der Rassen die Existenz u. Vorherrschaft der weißen Minderheit sichern soll. Die „Bantu-Heimatländer" Transkei (1976), Bophuthatswana (1977) u. Venda (1979) erhielten die Unabhängigkeit (von den UN nicht anerkannt).

Verwaltungsgliederung

Provinz	Fläche (qkm)	Ew. in Mill.	Hauptstadt
Kapland	660 226	7,5	Kapstadt
Natal	90 767	4,2	Pietermaritzburg
Oranjefreistaat	129 152	2,2	Bloemfontein
Transvaal	259 874	9,1	Pretoria

Landesnatur: Der größte Teil Südafrikas ist eine 900 bis über 1200 m hohe muldenförmige Hochebene, die gelegentl. von Bergkegeln oder langgestreckten Gebirgszügen überragt wird. Nach N geht sie in das *Kalaharibecken*, nach NO in die *Limpoposenke* über. Im W, S u. O wird sie von einer aufgewölbten Randstufe gesäumt, die in den *Drakensbergen* (3660 m) gipfelt. Die der Randstufe vorgelagerte Küstenebene ist meist schmal, nur im S schiebt sich das *Große Karoobecken* zwischen den Hochlandsrand u. die Faltenzüge des Kaplands (*Swartberge* 2326 m).

Das subtrop. Klima wird durch die große Höhenlage des Binnenhochlands u. den Steilabfall der Großen Randstufe zur tieferen Küstenzone stark abgewandelt. Die Temperaturen im Hochland sind bes. im Winter niedrig, es treten auch regelmäßig Fröste auf. Ganz frostfrei sind nur die schmale Küstenzone u. das Lowveld in Transvaal. Im Sommer kommen die höchsten Temperaturen in der Kalahari, am unteren Oranje u. im Lowveld vor. Im größten Teil des Landes fallen die Niederschläge im Sommer, nur ein kleines Gebiet am Kap kommt im Winter in den Bereich der Westwindzone u. erhält Regen. In einem kleinen Gebiet an der Südküste fällt Regen zu allen Jahreszeiten. Aufgrund der differenzierten Niederschlagsverhältnisse sind auch die Unterschiede in der Vegetation groß. Im Winterregengebiet der Kapprovinz gedeiht eine Hartlaubvegetation, die im großen viel Ähnlichkeit mit der Vegetation der europ. Mittelmeerländer hat. Hochstämmige, immergrüne Wälder können nur an der Südküste u. an der östl. Großen Randstufe gedeihen. Den größten Teil des Landes beherrschen Savannen. Baumreiche Feuchtsavannen im östl. Teil gehen nach W u. NW, zur Kalahari hin, in Trocken- u. Dornsavannen über. Wo in der inneren Kapprovinz u. im westl. Oranjefreistaat die Niederschläge unter 400 mm sinken, stellt sich die Karoovegetation ein, die aus niedrigen Kräutern u. Büschen besteht. Die weiten Grasländer von Transvaal u. höherer Teile der südöstl. Küstenregion sind erst durch Beweidung u. Brennholzschlag entstanden; von Natur aus würden dort Savannen wachsen.

Bevölkerung: Die südafrikan. Statistik unterscheidet zwischen *Weißen* (Europäer u. neuerdings auch Japaner), *Bantu* (Afrikaner schwarzer Hautfarbe), *Farbigen* (Mischlinge u. sog. Kapmalaien) u. *Asiaten* (meist Inder). 1976: 18,6 Mill. Bantu; 4,3 Mill. Weiße; 2,4 Mill. Farbige; 746 000 Asiaten. 58% der Weißen sprechen als Muttersprache Afrikaans, 40% Englisch. Beide Sprachen sind Staatssprachen, in den „Bantu-Heimatländern" können auch afrikan. Sprachen zu Nationalsprachen erklärt werden. Die meisten Europäer u. ca. 36% der Bantu sind Protestanten, 5% der Weißen u. der Bantu Katholiken.

Wirtschaft: Von der Landwirtschaft leben mehr als die Hälfte der Bantu, aber nur ein Sechstel der Weißen. Die in ihren sog. Heimatländern lebenden Bantu betreiben eine Selbstversorgungswirtschaft

mit Hackbau u. Viehhaltung nach alter Tradition u. mit geringen Erträgen. In neuerer Zeit werden aber mit modernen landwirtschaftl. Arbeitsmethoden sowie Wasser- u. Bodenkonservierungsmaßnahmen die Erträge gesteigert. Die Europäerfarmen bauen vor allem Mais u. Weizen, daneben Zuckerrohr, Baumwolle, Tabak, Wein u. Zitrusfrüchte sowie in der Nähe der Großstädte Obst u. Gemüse an. Ein Zehntel des Ackerlands wird künstl. bewässert. Wichtig sind Maßnahmen zur Ausdehnung des bewässerten Landes u. zur Eindämmung der Bodenerosion. Die weitverbreitete Viehzucht (13 Mill. Rinder u. 31 Mill. Schafe – davon sind 7 bzw. 22 Mill. im Besitz der Weißen) hat für den Export größere Bedeutung als der Ackerbau. Das wichtigste Produkt ist hier die Wolle.

S., bes. Transvaal, gehört zu den an Bodenschätzen reichsten Ländern der Erde; mit Ausnahme von Erdöl u. Bauxit kommen alle mineral. Rohstoffe vor. Der Bergbau liefert fast 50% der Weltförderung an Gold sowie große Mengen an Uran, Diamanten, Platin, Eisen, Vanadium, Mangan, Chrom, Kupfer, Asbest u. Steinkohle. Die Goldvorkommen befinden sich vor allem am *Witwatersrand* bei Johannesburg sowie bei Welkom im nördl. Oranjefreistaat, die Diamantenlager am unteren Vaal, bei Kimberley u. ebenfalls am Witwatersrand. Bis vor wenigen Jahrzehnten war der Bergbau, der noch immer den Hauptteil des Exports liefert, der wichtigste Wirtschaftszweig. Er ist inzwischen von der vielseitigen u. leistungsfähigen Industrie überholt worden, die sich ursprüngl. in den Großstädten um Johannesburg sowie in den Häfen konzentrierte, sich aber auch im Inland entwickelt, bes. als sog. Grenzindustrie an vom Staat festgelegten Standorten (an den Grenzen zu den Bantuländern, in der Nähe von Afrikanerstädten). Sie verarbeitet nicht nur Produkte von Landwirtschaft u. Bergbau, sondern erzeugt auch Fertigwaren u. exportiert in beachtl. Umfang, u. a. Maschinen, chem. Produkte u. Textilien. Elektr. Energie wird vorwiegend mit der billigen Kohle gewonnen. Auf hohem technischen Stand befindet sich die Ölgewinnung aus Kohle. Die Staudämme dienen der Wasserversorgung u. künstl. Bewässerung. Das „Orange River Project" sieht erstmals neben großen Bewässerungsvorhaben auch Wasserkraftanlagen vor.

Verkehr: S. verfügt über ein gutes Eisenbahn- u. Straßennetz, das nur von den Industriestaaten der nördl. Halbkugel übertroffen wird. Das Inlandflugnetz ist bedeutend, ebenso der internationale Flugverkehr vom Jan Smuts Airport zwischen Johannesburg u. Pretoria. Die wichtigsten Seehäfen sind Durban, Kapstadt, East London u. Port Elizabeth. Der neue Hafen Richards Bay an der Küste von Natal wird 1976 in Betrieb genommen werden.

Geschichte

Große Teile des Gebiets des heutigen S. wurden spätestens im 15. Jh. von schwarzafrikan. Völkern besiedelt (östl. Kapland, Natal, Transvaal), im westl. Kapland lebten sog. khoisanide Völker.

1652 errichtete Jan van *Riebeeck* im Auftrag der Niederländ.-Ostind. Kompanie die erste weiße Siedlung am Kap der Guten Hoffnung (Kapstadt). Nach 1818 gründete *Tschaka* den Militärstaat der Zulu. Seine blutigen Eroberungszüge lösten weitreichende „Wanderungskriege" aus, die zur Gründung weiterer schwarzafrikan. Nationen führten: Basotho (Lesotho), Swasi, Ndebele u. a.

1806 besetzte England die holländ. *Kapkolonie* u. annektierte sie 1814. Es führte die Grenzkriege der weißen Siedler gegen die Xhosa in Transkei („Kaffernkriege") weiter. Mit der brit. Herrschaft wegen der Aufhebung der Sklaverei (1833) unzufriedene holländ. Siedler, die Buren, wanderten 1835–1840 aus („treckten") u. gründeten weiter östl. die Republiken *Natal, Oranjefreistaat* u. *Transvaal*. 1843 annektierten die Engländer Natal u. erklärten 1877 Transvaal zur Kolonie, mußten dem Land aber nach dem Aufstand der Buren u. der engl. Niederlage 1881 die Unabhängigkeit bis auf die Außenpolitik zugestehen.

Durch die Entdeckung der Diamantenfelder von Kimberley (1867) im Oranjefreistaat u. der Goldfelder vom Witwatersrand in Transvaal (1884) nahm der Zustrom der Einwanderer ständig zu. 1871 besetzten die Engländer die Diamantenfelder von Kimberley. 1895/96 konnte Präs. P. *Kruger* den bewaffneten Einfall von L. *Jameson* in Transvaal, der von C. *Rhodes* unterstützt wurde, zurückschlagen. Die burischen Maßnahmen gegen die zunehmende engl. Einwanderung benutzte England, um im *Burenkrieg* 1899–1902 den Burenstaaten ihre Selbständigkeit zu nehmen.

Kapstadt mit Tafelberg

SÜDAFRIKA

Soweto bei Johannesburg, die größte südafrikanische Bantustadt (links). – Apartheid in Südafrika: Die Bänke eines Parks in Johannesburg durften bis 1973 nur von der weißen Bevölkerung benutzt werden (rechts)

1910 vereinigten sich die Kapkolonie, Natal, Oranjefreistaat u. Transvaal zur *Südafrikan. Union* (Union of South Africa). Sie wurde ein brit. Dominion mit Engl. u. Afrikaans als Staatssprachen. Die Union eroberte im 1. Weltkrieg (1915) Dt.-Südwestafrika u. erhielt vom Völkerbund ein C-Mandat über dieses Gebiet (1919–1966).
Gegenüber der Südafrikan. Partei (L. *Botha*, J. *Smuts*) erstarkte die Nationale Partei unter J. *Hertzog* immer mehr u. kam 1924 an die Regierung. Sie forderte stärkere Selbständigkeit S.s (Flaggenstreit 1926) u. traf Maßnahmen gegen den polit. Einfluß der Farbigen (Afrikaner, Inder). Im *Westminsterstatut* (1931) erhielt S. volle Selbstregierung ohne Einspruchsrecht von London zuerkannt. Die Parteien von Hertzog u. Smuts schlossen sich 1934 zur Vereinigten Partei zusammen, u. die Regierung Hertzog betrieb eine erfolgreiche Wirtschaftspolitik. Da Hertzogs Antrag, im 2. Weltkrieg neutral zu bleiben, abgelehnt wurde, trat er 1939 zurück, u. S. nahm unter Smuts (1939–1948 Min.-Präs.) am Krieg teil.
1940 vereinigten sich die Anhänger Hertzogs u. D. *Malans* zur Nationalen Partei, die für eine Politik der →Apartheid eintrat. 1948 gewann sie mit einer Minderheit der (weißen) Stimmen 79 von 153 Mandaten. Malan wurde Min.-Präs. Er u. seine Nachfolger (1954–1958 J. G. *Strijdom*, 1958 bis 1966 H. F. *Verwoerd*, 1966–1978 B. F. *Vorster*, seit 1978 P. *Botha*) verwirklichten konsequent das Programm der „getrennten Entwicklung": Die Schwarzafrikaner erhalten eng begrenzte Autonomie in „Heimatländern" („Bantustans"), die etwa 13% der Fläche S.s ausmachen u. höchstens die Hälfte der Schwarzafrikaner aufnehmen können; in den übrigen, „weißen" Gebieten haben Nicht-Weiße keine polit. Rechte, Schwarzafrikaner dürfen dort nur als Arbeitskräfte leben. Diese Rassenpolitik führte zu Spannungen zwischen S. u. den übrigen Commonwealth-Ländern. Am 31. 5. 1961 trat S. aus dem Commonwealth aus u. erklärte sich zur Republik. Die große Mehrheit der allein wahlberechtigten Weißen billigt die Politik der Rassentrennung. 1977 erhielt die *Nationale Partei* 134 Parlamentsmandate, die 3 Oppositionsparteien zusammen nur 30. Die *Föderative Fortschrittspartei* (17) tritt für Aufhebung der Rassentrennung ein, die *Neue Republikan. Partei* (10) u. die *Südafrikan. Partei* (3) für deren Milderung.
Seit den Aktionen passiven Widerstands, die 1960 zur Schießerei von Sharpeville führten, sind die polit. Organisationen der Schwarzen verboten; sie arbeiten illegal u. aus dem Exil weiter (älteste Organisation: *African National Congress*, ANC). 1962/63 versuchten militante Geheimorganisationen vergeblich, zum bewaffneten Widerstand überzugehen (N. L. *Mandela*). Seit 1976 kam es immer wieder zu Unruhen.
Das Ende der portugies. Kolonialherrschaft in Angola u. Moçambique (1975) verschlechterte die Position des Minderheitsregimes in S. u. machte es in einigen Punkten konzessionsbereiter. S. gewährte den „Heimatländern" Transkei (1976), Bophuthatswana (1977) u. Venda (1979) die Unabhängigkeit, die von anderen Staaten bisher nicht anerkannt wurde. Die UN verurteilten mehrfach die südafrikanische Rassenpolitik, u. der UN-Sicherheitsrat verbot Waffenlieferungen an S. → auch Südwestafrika (Geschichte). – Ⓛ 5.6.6.

Südafrika

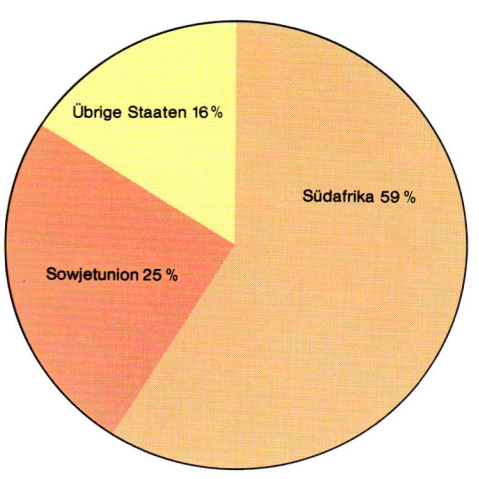

Weltproduktion von Gold

Weinbau bei Stellenbosch, Kapland

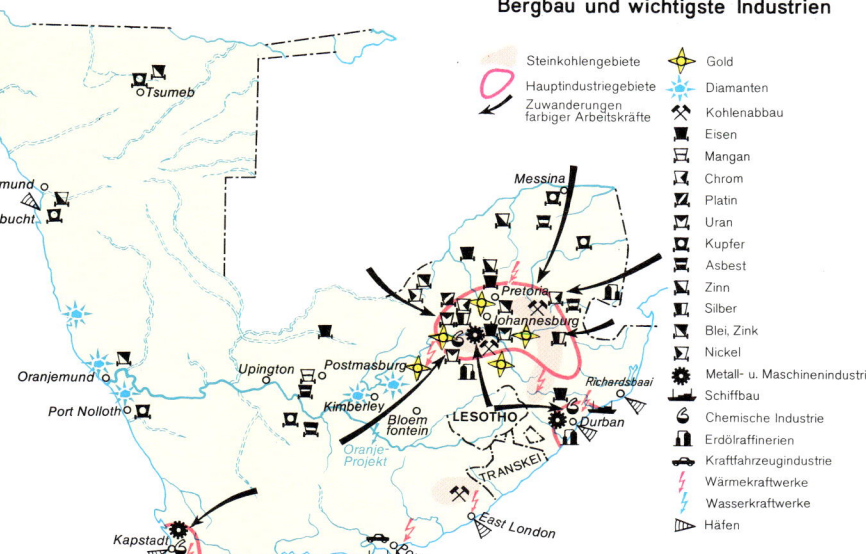

Bergbau und wichtigste Industrien

Royal Natal National Park, im Hintergrund die Drakensberge

Goldbergwerk im Witwatersrand westlich von Johannesburg

Südafrikanische Union

Militär

S. hat allg. Wehrpflicht vom 17.–25. Lebensjahr (im Kriegsfall vom 18.–65. Lebensjahr) mit einer aktiven Dienstzeit von 9–12, bei Offizieren u. Unteroffizieren von 15 Monaten. Die fast ausschl. von Weißen gestellten Verteidigungsstreitkräfte bestehen aus einer ständigen Truppe *(Permanent Force),* einer Bürgerwehr *(Citizen Force)* u. einer Kommandoorganisation. Die ständige Truppe umfassen Heer, Marine u. Luftwaffe, die Kommandoorganisation erstreckt sich nur auf das Heer. Die ständige Truppe von Berufssoldaten ist in Friedenszeiten für die militär. Verwaltung u. Ausbildung verantwortl. In Kriegszeiten geht sie in der Bürgerwehr auf, die sonst von den einberufenen Wehrpflichtigen u. von den Reservisten gebildet wird. Die Gesamtstärke der Streitkräfte setzt sich zusammen aus 17 300 Berufssoldaten (Heer 10 000, Marine 2300, Luftwaffe 5000) u. 92 000 Mann Bürgerwehr (80 000/9000/3000). Hinzu kommen 75 000 Mann der Kommandos, die wie eine Heimwehr organisiert u. ausgebildet sind.

Bildungswesen

Träger der öffentl. Schulen sind Zentral- u. Provinzialregierungen, Träger der Privatschulen sind Kirchen u. private Körperschaften. Getrennte Erziehung der Kinder der verschiedenen Rassen ist das Fundament der Schulpolitik, bes. seit dem Bantu-Schulgesetz von 1953. Für weiße Kinder besteht Schulpflicht vom 7. bis 16. Lebensjahr; die Mischlinge u. asiat. Kinder werden prakt. vollzählig, die Bantu-Kinder zu 80% eingeschult. Schätzungsweise 15 000 Bantu erwarben bisher die Universitätsreife, jedoch müssen sie seit 1959 an eigenen Hochschulen (University Colleges) studieren. Für Weiße ist das Schulsystem im wesentl. wie folgt aufgebaut:
7jährige Grundschule (Primary School), auf der alle anderen Schulen aufbauen: 1. 3jährige Mittelschule (Junior Secondary School), 2. 5jährige höhere Schule (Secondary oder High School), die mit dem Abitur beendet wird u. zur Hochschulreife führt, 3. mittlere u. höhere Fach- u. Gewerbeschulen. Die mittlere Ausbildung an diesen Schulen dauert meist 3, die höhere 5 Jahre. Am Ende der 5jährigen Ausbildung kann ein Diplom erworben werden, das zum Studium berechtigt. Höchste Institution des Bildungswesens ist die Universität. Es gibt 15 Universitäten u. 8 Techn. Hochschulen.

Südafrikanische Union, engl. *Union of South Africa*, 1910–1961 Name der heutigen *Südafrikanischen Republik* (→Südafrika).

Südamerika, zusammen mit Mittelamerika auch *Ibero-* oder *Lateinamerika;* an Nord- u. Zentralamerika anschließender, vom Pazif. Ozean im W, dem Karib. Meer–Atlant. Ozean im N u. O begrenzter, teils nördl., aber größtenteils südl. des Äquators gelegener Kontinent. S. reicht von 12° nördl. Breite bis 60° südl. Breite (rd. 7500 km) u. von 35° bis 81° westl. Länge (rd. 5100 km), umfaßt (ohne Mexiko) 17,8 Mill. qkm mit 242 Mill. Ew.

Natur: Die Oberflächengestalt zeigt eine ähnl. Dreigliederung wie Nordamerika; im W das tertiäre Faltengebirge der ebenfalls meist in 3 Gebirgsketten angeordneten →Anden mit aufgesetzten Vulkanen, in der Mitte die Tiefländer der großen Ströme Amazonas, Orinoco u. Paraná-Paraguay, im O die Berg- u. Tafelländer von Brasilien u. Guayana. In keinem Erdteil ist der Anteil der Tiefebene an der Gesamtfläche so groß (45%) wie in S. Mit Ausnahme des Südzipfels liegt S. ganz in den Tropen u. Subtropen, nur Südbrasilien, Uruguay, Argentinien u. Chile haben gemäßigte Regionen. Der Äquator schneidet die Galápagosinseln, Quito u. die Mündung des Amazonas. In den

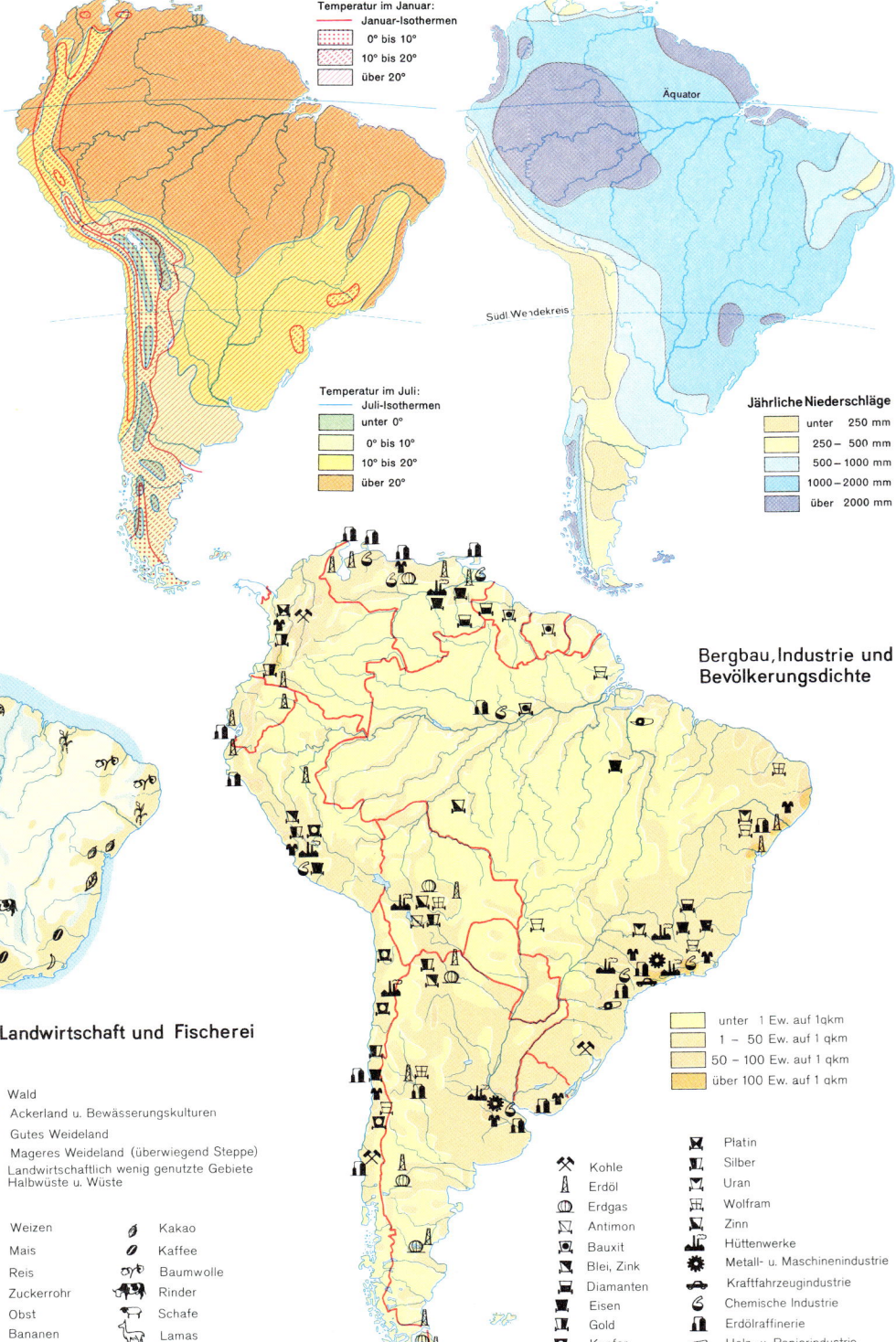

282

Südamerika

Kaieteur-Wasserfälle (226 m) des Potaro in Guayana

Indianersiedlung im venezolanischen Teil des Berglands von Guayana

SÜDAMERIKA

Industrieanlage im peruanischen Bergbau-Departamento Pasco

Farm bei Mar del Plata, südlich von Buenos Aires (Argentinien)

Der Aconcagua ist der höchste Berg der Anden und der Erde außerhalb Asiens

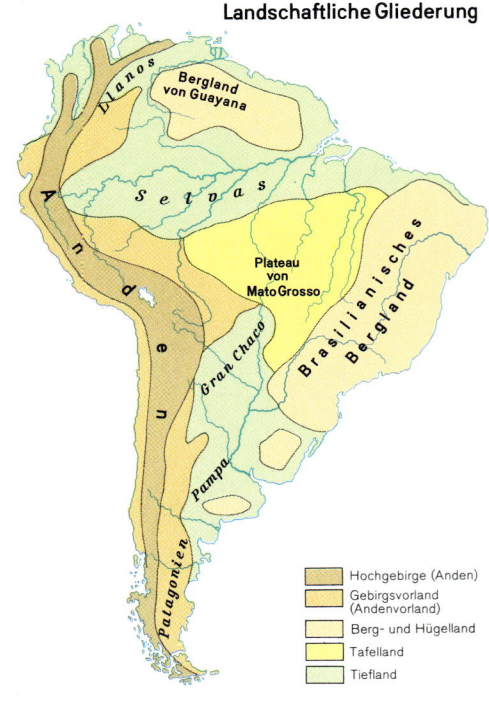
Landschaftliche Gliederung

- Hochgebirge (Anden)
- Gebirgsvorland (Andenvorland)
- Berg- und Hügelland
- Tafelland
- Tiefland

Südamerika

Amazonas nahe von Santarém, Brasilien (links). – Brasilianische Baumwollpflücker bei der Arbeit (rechts)

Favelas (Elendswohnungen) am Rande der brasilianischen Stadt Bahia

Gebirgen unterscheidet man die Höhenstufen *Tierra caliente* (heißes Land, bis rd. 1000 m) *Tierra templada* (gemäßigtes Land, bis rd. 2500 m), *Tierra fria* (kühles Land, über 2500 m) mit den dichtbesiedelten Hochebenen u. die *Tierra helada* (gefrorenes Land, über 4000 m).
Die Pflanzenwelt umfaßt immergrüne tropische Regenwälder besonders in Kolumbien, im Amazonasgebiet u. Ostbrasilien, im außertropischen Gebiet Baum- u. Grassteppen (Llanos, Pampas, Campos) sowie laubabwerfende Trockenwälder (Caatingas), in den höheren Gebirgslagen subtropische Gebirgswälder mit Übergängen zur antarktischen Florenwelt.

Den ursprüngl. Grundstock der Bevölkerung bilden die Indianer, die sich in S. besser erhalten haben als in Nordamerika. Sie bewohnen vor allem das nördl. Andengebiet, die trop. Tiefländer u. den patagon. Süden. Nach dem Eindringen der Europäer im 16. Jh. ist durch Einfuhr von Negersklaven eine starke Mischbevölkerung entstanden (Mestizen, Mulatten, Zambos). Viele Europäer wanderten bes. im 19. Jh. in die klimat. günstigen Gebiete Südbrasiliens, Argentiniens, Chiles u. Uruguays ein. Den Hauptanteil an der Kolonisation stellten Spanier u. Portugiesen. Die Weißen stellen die Hälfte der Bevölkerung S.s. Eine knappe indian. Mehrheit haben nur noch Bolivien u. Peru; Mischlinge überwiegen in Venezuela, Kolumbien, Ecuador, Paraguay u. Chile, während Brasilien vorwiegend, Argentinien u. Uruguay fast ausschl. von Weißen besiedelt sind. Neger u. Mulatten sind bes. im Küstenbereich von Brasilien bis Venezuela vertreten.

Haupterwerbszweig der Wirtschaft ist der oft in Plantagen erfolgende Anbau verschiedener weltwirtschaftl. wichtiger Nutzpflanzen (bes. Weizen, Kaffee, Zuckerrohr, Tabak, Kakao, Mais, Baumwolle). Neben der Kautschukerzeugung ist auch die Viehzucht bedeutend. An wichtigen Bodenschätzen finden sich außer Edelmetallen, Eisen, Zinn u. a. Erzen noch Erdöl, Salpeter, Guano u. Kohlen. In der Industrie überwiegen Nahrungsmittel- u. Textilerzeugung die noch an Energiemangel leidende Metallindustrie, weshalb S. ein bedeutender Abnehmer europ. u. nordamerikan. Industrieerzeugnisse ist. Die Staaten S.s wurden von den Kolonialmächten jahrhundertelang als Rohstofflieferanten betrachtet. Dies ist noch heute in der wirtschaftl. Struktur erkennbar. Fast jedes Land hat sich auf die Produktion eines oder weniger Agrar- oder Bergbauprodukte spezialisiert u. ist, da an wenige Abnehmerländer gebunden, sehr krisenanfällig. Ferner bestehen oft tiefe soziale Gegensätze. Weite Räume sind durch Verkehrswege noch unzulänglich erschlossen; zunehmend starke Bedeutung (bes. auch im Frachtverkehr) hat die Luftfahrt.
Politisch gliedert sich S. auf in folgende Staaten: Argentinien, Bolivien, Brasilien, Chile, Ecuador, Französ.-Guayana, Guayana, Kolumbien, Paraguay, Peru, Surinam, Uruguay, Venezuela u. die Falklandinseln. – ▣ S. 286. – ▢ 6.8.0.
Geschichte: →Lateinamerika.

Viehzucht in Patagonien, südliches Argentinien (links). – Der Sarmientogletscher fließt vom chilenischen Teil von Feuerland in den Beaglekanal (rechts)

Südamerika

1 : 30 000 000

südamerikanische Kulturen, die altamerikan. Kulturen im Gebiet des heutigen Peru, Ecuador, Brasilien, Bolivien u. Chile. →auch Atacamenos, Aymará, Chibcha, Chimu, Inka, Mochica, Muisca.
südamerikanische Kunst →iberoamerikanische Kunst.
südamerikanische Literatur →iberoamerikanische Literatur.
südamerikanische Musik →iberoamerikanische Musik.
Sudan, nordafrikan. Großlandschaft zwischen der Sahara im N, der atlant. Küste im W, den Urwaldgebieten Guineas u. des Kongobeckens im S u. dem äthiopischen Hochland im O, rd. 5,5 Mill. qkm; wechseltrockene Beckenlandschaften am mittleren Niger, Tschad u. Weißen Nil; Savannen u. Halbwüsten; Anbau z. T. mit künstl. Bewässerung. – 🅺→Afrika (Geographie).

SUDAN
Dschumhurijat Es Sudan El Demokratia SUD

- Fläche: 2505813 qkm
- Einwohner: 18 Mill.
- Bevölkerungsdichte: 7 Ew./qkm
- Hauptstadt: Khartum
- Staatsform: Republik
- Mitglied in: UN, Arabische Liga, OAU
- Währung: 1 Sudanesisches Pfund = 100 Piastres

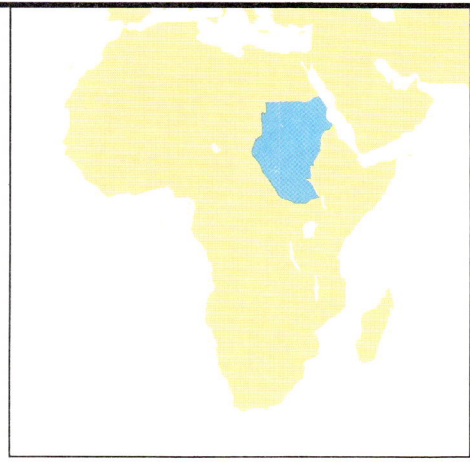

Landesnatur: Naturgeographisch ist der S. großen Gegensätzen ausgesetzt: Im S herrscht ausgesprochenes Tropenklima (Regenzeiten, schwülfeuchte Wärme), im N Wüstenklima (trockenkalte Winter, trockenheiße Sommer). Im N bildet nur das Niltal eine Unterbrechung der einförmigen Hügel- u. Tafelländer der Wüste Sahara, die im Randgebirge am Roten Meer auf 2780 m Höhe ansteigt. Südl. schließt sich im Darfur u. in Kordofan eine breite Steppenzone an, auf die äquatorwärts das feuchtheiße Becken an Weißem Nil u. Bahr el Ghasal mit der weiten Sumpflandschaft *Sud* folgt, das teils dicht bewaldet ist, teils von Savannen eingenommen wird. Im O grenzt der S. an die äthiop. Gebirgsmassive, im S an die Berge der Wasserscheide zwischen Nil u. Kongo, im W steigt das Darfur im Djebel Marra auf 3088 m.

Bevölkerung: Die z.T. stark vermischte Bevölkerung des islam. N besteht vor allem aus Arabern u. Nubiern, ferner aus anderen Semiten u. Hamiten sowie Negern. Dagegen leben im S, wo es eine starke kath. Minderheit gibt, sudannegr. u. Niloten (Dinka, Schilluk, Nuer), während die Asandeschwelle von den Zande bewohnt wird. Neben der von 60% der Bevölkerung beherrschten arabischen Amtssprache haben die meisten Stämme noch ihre eigenen Sprachen u. Dialekte bewahrt, die im S bes. zahlreich sind (über 450 Stämme). Viele Inder sind im Handel, 10000 Europäer in Verwaltung u. Wirtschaft tätig. – Die Staatsuniversität des Sudans wurde 1956 in Khartum gegründet.

Wirtschaft u. Verkehr: Die Landwirtschaft liefert für den Export Baumwolle, ferner Sesam u.a. Ölsaaten u. für den Inlandbedarf Hirse u. Datteln. Im S werden Edelhölzer u. von einer Akazienart 80% der Weltproduktion an Gummi arabicum gewonnen. Der Viehbestand umfaßt 16,5 Mill. Rinder, 18 Mill. Schafe, 13 Mill. Ziegen, 3 Mill. Kamele. Erdnüsse sind mit rd. 20% des Ausfuhrwerts das zweitwichtigste Exportgut nach Baumwolle (50–60%). – Der Bergbau verfügt über Vorkommen an Asbest, Gold, Eisen, Kupfer, Blei, Chrom, Mangan, Salz u. Graphit. Die Industrie verarbeitet vor allem Agrarprodukte u. wird tatkräftig gefördert. Obenan steht die Textilindustrie. – Der Energiesektor ist in Entwicklung; drei Wasserkraftwerke sind errichtet oder im Bau (Sennar, Er Roseires, Atbara). – Eisenbahn- u. Straßennetz stellen Verbindungen nach Ägypten, Äthiopien u. zum Hafen Port Sudan her. Fortschritte macht bes. der Straßenbau. Binnenwasserstraßen sind auf 4100 km schiffbar; der Nil wegen Stromschnellen u. Wasserstandsschwankungen nur bedingt. Einziger Hochseehafen ist Port Sudan. – 🄻 6.7.2.

Geschichte

Zwischen dem 3. u. 4. Nil-Katarakt entstand vermutl. schon im 4. Jahrtausend v.Chr. das Reich *Kusch,* der älteste bekannte schwarzafrikan. Staat. Während der Blütezeit des ägypt. Neuen Reichs (etwa 1552–1070 v.Chr.) stand Kusch unter ägypt. Herrschaft, dann wurde es wieder ein unabhängiger Staat mit altägypt. Kultur. 712–655 v.Chr. beherrschten kuschitische Könige Ägypten, etwa 300 v. Chr. bis 300 n. Chr. war *Meroë* die Hptst. eines Reichs, in dem lange Zeit eine Eisenindustrie blühte u. eine alphabet. Schrift entwickelt wurde. Seit dem 1. Jh. verarmte Meroë, bis Angriffe aus Äthiopien *(Aksum)* u. nomadisierender Wüstenvölker nach 350 das Reich in mehrere kleine Staaten zerfallen ließen. Auch nach der Eroberung Ägyptens durch die islam. Araber (640/41) hielten sich im S., der jetzt *Nubien* genannt wurde, christl. Königreiche; *Dongola* wurde erst 1315, das weit südl. gelegene Aloa 1504 islamisch.

Das Reich der *Fundsch* im südl. S. bestand etwa von 1500–1700, während der N in Abhängigkeit von den ägypt. Mamluken geriet. In Darfur führte *Sulaiman Solang* (1596–1637) den Islam ein; seine Dynastie herrschte bis 1874. Der ägypt. Vizekönig *Mohammed Ali* begann nach 1820 mit der Eroberung des S., die 1874 abgeschlossen schien. Jedoch ging den Ägyptern der S. wieder durch den Aufstand des Mahdi *Mohammed Ahmed* verloren. 1883 hatte er den S. in seiner Hand, 1885 eroberte er Khartum. Der Nachfolger des Mahdi, *Abdallah,* dehnte die Macht der *Mahdisten* noch weiter aus: 1888/89 unternahm er Feldzüge gegen Äthiopien, 1888 wurde die Äquatorialprovinz besetzt. 1893/1894 stießen die Mahdisten mit den von Massaua vorrückenden Italienern zusammen u. wurden geschlagen.

Nachdem England 1882 Ägypten besetzt hatte, wurde 1896 der brit. Oberkommandierende der ägypt. Armee, Lord *Kitchener,* beauftragt, gegen den S. zu ziehen. In der Schlacht von Omdurman 1898 vernichtete er das Reich des Mahdi; Abdallah fiel etwas später. Ein Versuch der Franzosen, vom Kongo her in den S. einzudringen, wurde 1898 von Kitchener bei Faschoda verhindert. 1899 wurde der S. anglo-ägypt. Kondominium. Jedoch suchten die Briten den ägypt. u. islam. Einfluß in den Südgebieten zu begrenzen; unter den dort lebenden schwarzafrikan. Völkern gewannen christl. Missionare Einfluß.

Nach dem 2. Weltkrieg begann England den S. auf die Unabhängigkeit vorzubereiten. Ägypt. Ansprüche konnten sich nicht durchsetzen. Erster Min.-Präs. einer autonomen Regierung des S. wurde 1955 *Ismail al-Azhari* (*1902, †1969), Führer der Nationalen Unions-Partei (NUP). Am 1. 1. 1956 wurde das Land unabhängig, jedoch erwies sich das parlamentar. System nicht als arbeitsfähig u. wurde am 17. 11. 1958 durch eine Militärdiktatur des Generals Ibrahim Ferik *Abboud* (*1900) abgelöst. Ein Volksaufstand in Khartum am 15. 11. 1964 zwang den konservativen Abboud

Sudan: wüstenhafte Landschaft mit Tafelberg nordöstlich von Khartum

Sudan-Araber

zum Rücktritt; die alten Parteien begannen wieder um die Macht zu streiten, gestützt von religiösen Bruderschaften. 1969 brachte ein Staatsstreich Oberst Dschafar al-*Numeiri* ans Ruder. Als Präs. des Revolutionsrats u. Regierungschef steuerte Numeiri zunächst einen nationalist. Linkskurs in außenpolit. Anlehnung an Ägypten u. die Sowjetunion, betonte später aber mehr die afrikan. Linie seiner Politik. Die kommunist. Opposition wurde 1971 nach einem erfolglosen Putsch zerschlagen. Das schwierigste innere Problem des S. war lange Zeit die Sezessionsbewegung in den schwarzafrikan. Südprovinzen, wo seit 1955 ein Bürgerkrieg herrschte. Ansätze zu polit. Kompromissen blieben ebenso erfolglos wie militär. Unterdrückungsfeldzüge. Auf seiten der Rebellen bestand Rivalität zwischen Exilpolitikern (meist in Uganda) u. den Guerillaführern, die unter der Bez. *Anya-Nya* (ein Schlangen- oder Insektengift) im Süd-S. operierten. 1972 konnte Numeiri den Bürgerkrieg (über 100 000 Tote, 1 Mill. Flüchtlinge) beenden; den Südprovinzen wurde Autonomie zugestanden. Nach der Verfassung von 1973 sind Christentum u. Islam gleichgestellt.

Sudan-Araber, arab. u. arabisierte Stämme in Tschad u. im Sudan, Nomaden wie die *Abbala* (Kamelzüchter), Halbnomaden wie die *Baggara* (Rinderzüchter), z.T. auch Ackerbauer u. Händler.

sudanẹsisch-guineạnische Sprachen, *Sudansprachen,* Familie afrikan. Sprachen, von denen die wichtigsten *Ewe, Haussa, Mende, Massai* u. *Yoruba* sind.

Sudanịde, Unterrasse der Negriden, weist stärkste Ausprägung negrider Merkmale auf; sehr dunkle Haut-, Augen- u. Haarfarbe, die Haare dicht-kraus, das Gesicht groß, die Nase sehr breit mit stark geblähten Flügeln, die Lippen wulstig, der Kopf lang-schmalförmig, der Wuchs mittelgroß bis groß, langbeinig. Hauptgebiet Westafrika nördl. der innerafrikan. Urwaldzone. – ▣ →Menschenrassen.

Sudankaffee →Parkia.

Sudanneger, afrikan. Völkergruppe mit zahlreichen Stämmen (u.a. *Mande, Haussa, Mangbetu*) im Sudan von der Westküste bis zum Weißen Nil, mit Merkmalen der *Sudaniden.*

Südantịllenbecken, ein kleineres abgeschlossenes Tiefseebecken zwischen dem Scotiarücken (Feuerland–Südgeorgien), den Südsandwich-Südorkney- u. Südshetlandinseln; bis 7756 m tief.

Südantịllenrücken →Scotiarücken.

Südäquatorialstrom = Äquatorialstrom.

Südarabische Föderation, 1. von 1959 bis 1967 bestehender, schrittweise erweiterter, aus dem ehem. brit. Protektorat Südarabien, mehreren Emiraten u. Sultanaten sowie der ehem. Kronkolonie →Aden hervorgegangener autonomer Bundesstaat; wurde 1967 als *Südjemen* unabhängig, →Jemen (2).

2. →Union Arabischer Emirate.

Südaustralien, südlicher austral. Bundesstaat, 984 343 qkm, 1,3 Mill. Ew., davon rd. 60% in der Hauptstadt Adelaide. Um Adelaide konzentrieren sich in der Mount Lofty Range, auf der Eyre- u. Yorkehalbinsel wie im Murraygebiet die Anbaugebiete von Weizen, Gerste, Wein, Obst u. Gemüse, teilweise auf bewässerten Feldern; Schafzucht. Große wirtschaftl. Bedeutung haben die Eisenerze der Eyrehalbinsel.

Südaustralisches Becken, Meeresbecken des Südl. Ind. Ozeans, südl. von Australien, zwischen Tasman. Rücken u. Südind. (Ind.-Antarkt.) Rükken, bis 6019 m tief.

Sud-Aviation [sydavia'sjɔ̃] →S.N.I.A.S.

Südbaden, ehem. baden-württemberg. Regierungsbezirk, seit 1973 im wesentl. der Reg.-Bez. *Freiburg.*

Südbẹveland, niederländ. Gebiet, →Beveland.

Sudbury ['sʌbəri], Stadt in der kanad. Prov. Ontario, nördl. des Huronsees, 85 000 Ew.; Bergbauzentrum mit bedeutender Kupfer- u. Nickelförderung u. -verhüttung.

Südchinesisches Becken, Meeresbecken im NO des *Südchines. Meers;* bis –5559 m.

Südchinesisches Meer, chines. *Nan-hai,* pazifisches Randmeer zwischen Taiwan, dem Philippinen-Borneo-Bogen, Hinterindien u. der Südküste von China.

Süddeutscher Rundfunk, Abk. *SDR,* 1950 gegr. öffentl.-rechtl. Rundfunkanstalt mit Sitz u. Funkhaus in Stuttgart, Sendestelle Heidelberg-Mannheim u. Studio Karlsruhe; sendet 3 Hörfunkprogramme u. das Fernsehen des SDR.

„Süddeutsche Zeitung", 1945 in München gegr., heute überregional in der BRD verbreitete Tageszeitung.

Süddeutsche Zucker-AG, Mannheim, gegr. 1926 durch Fusion von 5 süddt. Zuckerfabriken; erzeugt Verbrauchszucker, zuckerhaltige Futtermittel, landwirtschaftl. Produkte aller Art; Grundkapital: 78 Mill. DM; 2600 Beschäftigte.

Sudeck-Syndrom [nach dem Chirurgen Paul Hermann Martin *Sudeck,* *1866, †1945], *Sudecksche Gliedmaßendystrophie,* eine Erkrankung der Knochen u. Weichteile der Gliedmaßen, die im Anschluß an entzündl. Erkrankungen oder Verletzungen auftritt u. wahrscheinlich auf nervl. Fehlsteuerungen der Durchblutung beruht (neurozirkulatorische oder trophoneurotische Störung); beginnt mit einer entzündl. Mehrdurchblutung des betr. Gliedmaßenteils (Schwellung, Rötung, Schmerzhaftigkeit) u. endet mit Gelenkversteifung u. gleichmäßigem Knochensubstanzabbau *(Endatrophie`.*

Süden →Himmelsrichtungen.

Sudermann, Hermann, naturalist. Dramatiker u. Erzähler, *30. 9. 1857 Matzicken, Memelland, †21. 11. 1928 Berlin; begann mit bühnenwirksamen sozialkrit. Dramen, verfaßte dann Erzählungen mit dem Hintergrund der heimatl. Landschaft. „Frau Sorge" 1887; „Litauische Geschichten" (darin „Die Reise nach Tilsit") 1917. – ▣ 3.1.1.

Suderọde, *Bad S.,* Ort im Krs. Quedlinburg, Bez. Halle, an der Bode, im Ostharz, 2600 Ew.; Glasindustrie; Mineralquelle, Luftkurort; Heilstätte für Silikosekranke.

Süderoog [-oːk], Hallig südwestl. der Nordfries. Insel Pellworm.

Sudẹten, poln. u. tschech. *Sudety,* Mittelgebirge, das den nordöstl. Umrandung des Böhm. Beckens zwischen der Zittauer Bucht u. der Mähr. Pforte bildet, mineralreich; rd. 310 km lang, 30–45 km breit, in der Schneekoppe 1602 m; gliedert sich in die *West-S.* mit Iser-, Riesen- u. *Katzbachgebirge,* die *Innersudetische Mulde* mit *Glatzer Bergland* u. die *Ost-S.* mit *Altvatergebirge* u. *Mährischem Gesenke.*

Sudetendeutsche, neuere, erst im 20. Jh. gebräuchlich gewordene Bez. für die in Böhmen, Mähren u. dem ehem. Österreichisch-Schlesien, bes. in den Randgebieten wohnenden Deutschen. Die Vorfahren (Thüringer, Franken, Sachsen) vieler waren von den *Přemysliden* unter Verleihung von Vorrechten nach Böhmen gerufen worden. Sie trugen bei zur Blüte Böhmens unter den Luxemburgern, bes. unter *Karl IV.* Im 18., 19. u. 20. Jh. entwickelten die S.n bes. in den böhm. Randgebieten bedeutende Gewerbezweige u. eine hochstehende Industrie.

Ein Gegensatz zwischen Tschechen u. S.n entstand im 19. Jh. mit der tschech. Nationalbewegung; doch fanden damals die S.n Rückhalt bei der österr. Monarchie. Wortführer der S.n bildeten im Nov. 1918 eine dt.-öst. Landesregierung u. erklärten ihren Anschluß an die neue Republik Deutsch-Österreich. Die S.n wurden aber gegen ihren Willen in die neugebildete Tschechoslowakei eingegliedert u. waren Behinderungen, bes. auf wirtschaftl. u. kulturellem Gebiet, ausgesetzt. Ihre Autonomieforderungen blieben unberücksichtigt, obwohl seit 1926 dt. Minister den tschechoslowak. Regierungen angehörten. Die *Sudetendt. Partei* unter K. *Henlein* geriet nach 1935 zunehmend unter dt. Einfluß u. forderte schließlich auf Drängen Hitlers die Abtrennung der sudetendt. Gebiete. Im →Münchner Abkommen vom 29. 9. 1938 wurde der Anschluß der überwiegend von Deutschen bewohnten Randgebiete *(Sudetengau)* an das Dt. Reich beschlossen u. ab 1. 10. durchgeführt. 1945 wurde das Gebiet wieder der Tschechoslowakei angegliedert. Ca. 2,5 Mill. S. wurden vertrieben; auf der Flucht verloren etwa 400 000 ihr Leben, 200 000 wurden zurückgehalten u. 1953 zwangsweise eingebürgert.

Sudetenkrise →Tschechoslowakei (Geschichte), →auch Münchner Abkommen.

sudẹtische Faltungsphase [nach den *Sudeten*], Faltungsvorgang der varizischen Gebirgsbildung im Unterkarbon (Visé bis Namur).

Südfall, Hallig westl. der Nordfries. Insel Nordstrand.

Südfidschirücken, Parallelrücken zur Kermadec-Tonga-Schwelle, zwischen Fidschi u. Neuseeland. Beide Rücken trennen das Südl. Fidschibecken vom Südpazif. Becken ab.

Südostasien

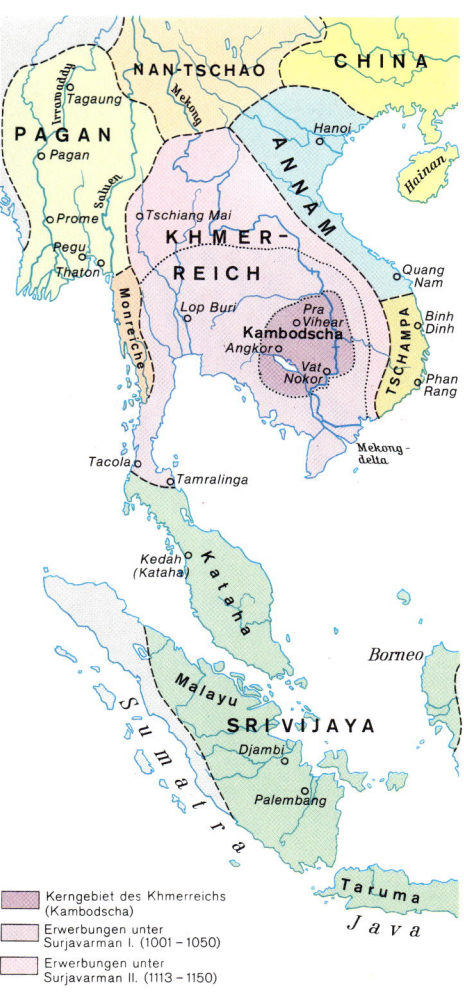

Südostasien im 11. und 12. Jh. (Karte oben). – Bildleiste unten von links nach rechts: Im frühen 17. Jh. entstanden die ersten Jesuiten-Missionen in Vietnam; ihre erfolgreiche Missionstätigkeit stieß auf den Widerstand der einheimischen Herrscher. 1737 wurden in Tonkin 4 Jesuiten-Missionare hingerichtet. Zeitgenössischer Kupferstich. – Ho Tschi Minh erreichte 1946 die Unabhängigkeit Vietnams. – Pham Van Dong (links), Mendès-France (Mitte) u. A. Eden (rechts) beendeten 1954 Frankreichs Indochinakrieg. – Dschungelkampf im 2. Indochinakrieg, in dem die USA auf seiten der vietnamesischen Regierung standen; der Vietcong wurde von nordvietnamesischen Verbänden unterstützt. – „Denkmal der Demokratie" in Bangkok.

Südfrüchte, Früchte wärmerer bis trop. Klimate, die in die Länder der gemäßigten Zone eingeführt werden, z.B. Apfelsine, Zitrone, Mandarine, Pampelmuse, Ananas, Feige, Dattel, Banane.
Südgeorgien, engl. *South Georgia*, brit. Insel im Südatlant. Ozean, Dependenz der Falklandinseln, zwischen den Falkland- u. Südsandwichinseln, 3755 qkm, saisonal wechselnde Bevölkerung, 11 ständige Bewohner des British Antarctic Survey, bis 2934 m hohe Gebirge; kaltozeanisch, sturmreich; Walfangstationen (bis 1963 norweg., seither japanisch); Rentierbestände (rd. 3000 Tiere); Forschungsstation *King Edward Point*; größter Ort: *Grytviken*.
Südgeorgienschwelle, untermeer. Rücken, verläuft von Südgeorgien nach NO u. scheidet das Argentin. vom Atlant.-Ind. Südpolarbecken.
Südholland, niederländ. Provinz an der Nordseeküste, 2907 qkm, 3 Mill. Ew.; Hptst. *Den Haag*. →Holland.
Südhonschurücken, untermeer. Erhebung im Pazif. Ozean, südl. von Honschu, bis zu den Karolinen; auf ihm liegen zahlreiche Inseln (Izuschitschito, Aoga, Bonininseln, Marianen u.a.).
Sudhuroy ['suθurɔi], dän. *Syderö*, südl. Insel der Färöer, 166,8 qkm, 5700 Ew.; Braunkohlenlager, Fischerei.
Südindischer Rücken, auch Ind.-Antarkt. Rücken, Schwelle im Südind. Ozean vom Amsterdamplateau nach SO, größte Höhe bei –1922 m.
Südjemen = Jemen (2).
Südjütland, dän. *Sonderjylland*, dän. Amtskommune im S der Halbinsel Jütland, 3929 qkm, 250 000 Ew., Hptst. *Apenrade*.
Südkaper, *Südwal, Eubalaena australis*, ein etwa 15 m langer, sehr dickleibiger *Glattwal* des südl. Stillen Ozeans; fast ausgerottet.
Südkasachstan, russ. *Juschnyj Kasachstan*, Teil der Kasach. SSR (Sowjetunion), umfaßt die 3 Oblaste *Dschambul, Ksyl-Orda* u. *Tschimkent*, vom Unterlauf des Syrdarja durchflossen, begrenzt vom Kirgis. Gebirge im S u. von Aral- u. Balchaschsee im W u. O; 485 700 qkm, 2,42 Mill. Ew.; in den Trockensteppen, Halbwüsten u. im Gebirge Weidewirtschaft, in Oasen Bewässerungsfeldbau (Baumwolle, Obst, Wein, Tabak, Reis); Blei-, Zinkerz- u. Steinkohlenlager.
Südkorea →Korea.
Südliche Alpen, *Southern Alps*, Neuseeländ. Alpen, Hochgebirge auf der Südinsel von Neuseeland, im *Mount Cook* 3764 m (→Mount-Cook-Westland-Nationalpark), zum Teil vergletschert, im Pleistozän vom Eis überformt, bes. der Südteil (Fjordland-Nationalpark), viele Gebirgsseen auf der Ostabdachung, tiefe Fjorde an der Westküste. – Ⓑ→Cook, Mount.
Südliches Kreuz, Sternbild am südl. Himmel; dient der ungefähren Auffindung des südl. Himmelspols, an dem sich kein heller Stern befindet. Hierzu verlängert man die durch die Sterne *Alpha* u. *Gamma* gehende Linie um das rd. 5fache über Alpha hinaus.
Südliches Spitzbergenbecken, Meeresbecken im europ. Nordmeer, der durch den steilen Barentsburgrücken abgetrennte Nordteil des *Grönländ. Beckens*.
Südorkneyinseln [-ɔ:kni-], engl. *South Orkney Islands*, span. *Islas Orcadas del Sur*, unbewohnte, stark vergletscherte Inselgruppe im Südatlant. Ozean, südöstl. der Falklandinseln, Teil des British Antarctic Territory, 622 qkm, im *Mount Nivea* 1266 m; Hauptinseln *Coronation* u. *Laura Island*, auch von Argentinien beansprucht; mit einer argentin. u. einer brit. Station. – 1821 entdeckt.
Südossetische AO, russ. *Jugo-Osetinskaja AO*, seit 1922 autonomes Gebiet in der Grusin. SSR (Sowjetunion), an der Südseite des Kaukasus, 3900 qkm, 335 000 Ew.; Hptst. *Tschinwali*; in den Tälern Getreide-, Obst- u. Weinbau, an den Berghängen dichte Wälder, im Hochgebirge Almwirtschaft; Nichteisenerze, Talkum, Baryt. Verkehrstechnisch noch wenig erschlossen; die Osset. Heerstraße verbindet die S. AO über den Kaukasus mit nördl. Gebieten.
Südostasiatische Verteidigungsgemeinschaft →SEATO.
Südostasien, der Raum, der die heutigen Staaten Birma, Thailand, Laos, Vietnam, Kambodscha, Malaysia, Singapur, Indonesien u. Philippinen umfaßt.

Geschichte: Das Gebiet wurde zwischen 3000 u. 1000 v. Chr. von Austronesiern besiedelt. Durch archäolog. Funde belegt ist die Ausbreitung der aus China stammenden *Dong-son-Kultur* im 5. bis 3. Jh. v. Chr. In den ersten Jahrhunderten n. Chr. geriet S. unter ind. Kultureinfluß. Nach der Kolonisierung Tonkins durch die Chinesen (111 v. Chr. – 968 n. Chr.) wurde der Handel mit China intensiviert.
Vom 7. bis 13. Jh. entstanden einzelne Reiche: in Kambodscha das Reich der →Khmer, in Annam, dem S des heutigen Vietnam, das Reich von *Tshampa* (190–1471), in Oberbirma das Reich von *Pagan*, in Sumatra das Reich der *Sailendra*-Dynastie (Hauptstadt Sri Vijaya) u. in Java das *Madschapahit-Reich*.
Im 16. Jh. gründeten die Europäer Handelsniederlassungen in S. Bis zum 19. Jh. entstanden europ. Kolonialreiche: Birma u. die Malaienstaaten wurden brit., Indonesien holländ., Kambodscha, Laos u. Vietnam franz. Kolonien. Die Philippinen wurden 1898 von den Spaniern an die USA abgetreten. Nur Siam (Thailand) gelang es, seine Unabhängigkeit zu wahren.
Nach dem 2. Weltkrieg, in dem S. von den Japanern besetzt worden war, wurden die Kolonialreiche aufgelöst. 1946 wurden die Philippinen unabhängig, 1948 Birma, 1949 Indonesien, 1954 Laos, Kambodscha u. (formal) Vietnam, 1957 Malaya, 1963 Singapur. In Indochina war die Ablösung der Kolonialherrschaft mit 30jährigen Kriegen verbunden, in die USA massiv eingriffen (→Indochinakriege, →Vietnamkrieg). 1975 siegten die Kommunisten in Vietnam, Laos u. Kambodscha. Vietnam brachte Laos bald in seine Einflußsphäre u. besetzte 1979 Kambodscha. Die Rivalität mit China um die Hegemonie in S. führte zu einer

Südostasienpakt

n. Chr.	Birma, Mon-, Schan- und Thai-Staaten, Pagan	Kambodscha (Funan, Chenla, Angkor, Khmer)	Tschampa, Vietnam Annam
100	Mon-Khmer		Vietnam unter chines. Herrschaft
200		Gründung des Reichs FUNAN	
300			
400			
500	Mahayana-Buddhismus dringt von Indien ein		
600	Mon- u. Schan-Reiche	Niedergang Funans	
700		Reich der KHMER (Hauptstadt Angkor)	Reich TSCHAMPA in Annam (Gegner des Khmer-Reichs)
800	Einwanderung der Birmesen / Reich von PAGAN		
900			
1000	König Anuruddha 1044–1077	Surjavarman I. (1001–1050)	Kaiserreich von DAI VIET (Annam löst sich von chines. Oberhoheit)
1100		Surjavarman II. (1113–1150) Blüte des hinduist. Khmer-Reichs Dschajavarman VII (1181–1218)	Einfall der Khmer / Teilung Tschampas 1190
1200	Mon-Reiche / Untergang des Reiches von Pagan (Zerstörung durch Mongolen 1287)		Khmer annektieren Tschampa 1203
1300	Schan-Einwanderung		Unabhängigkeit Tschampas, Besetzung Tschampas durch Mongolen 1283
1400	Kämpfe zwischen Birmesen u. Mon / THAI-Reiche / Thai erobern Angkor	Untergang des Khmer-Reichs (Angriff der Tscham u. Thai) Fall Angkors 1431	
1500	birmes. TOUNGOO-Reich Unterwerfung der Mon u. Schan (1531). Höhepunkt des birmes. Toungoo-Reichs span. Kolonien. Jesuiten-Missionierung scheitert		Ende des Tschampa-Reichs (Niederlage 1471 gegen Annam)
1600		SIAM seit 1939 Thailand	Eindringen der Portugiesen, Vietnamesen dringen 1540 im Mekong-Delta ein
1700	Zerfall in Kleinstaaten Ende des Toungoo-Reichs 1752	Oberhoheit Siams über Kambodscha u. Laos	erste franzöz. Stützpunkte in Annam
1800	Reich BIRMA 1753 / anglo-birmes. Kriege 1824–1886		Christenverfolgungen in Annam, chines.-französ. Krieg Kaiserreich ANNAM (franz. Einfluß) (Einnahme Annams)
1900	Birma Prov. Britisch-Indiens 1886 Unterwerfung der SCHAN-Staaten durch Großbrit.	Französ. Protektorat 1863 (Laos u. Teile von Kambodscha) LAOS	Protektorat Französ.-Indochina 1885
		1887 Französ. Indochina	
		1. Indochinakrieg 1946–1954 1954 Dien-Bien-Phu	
1950	1948 Birma unabhäng.	1954 Laos unabhäng. 1954 Kambodscha unabhäng. 2. Indochinakrieg bis 1973	1945 Unabhängigkeit Süd-Vietnam Nord-Vietnam

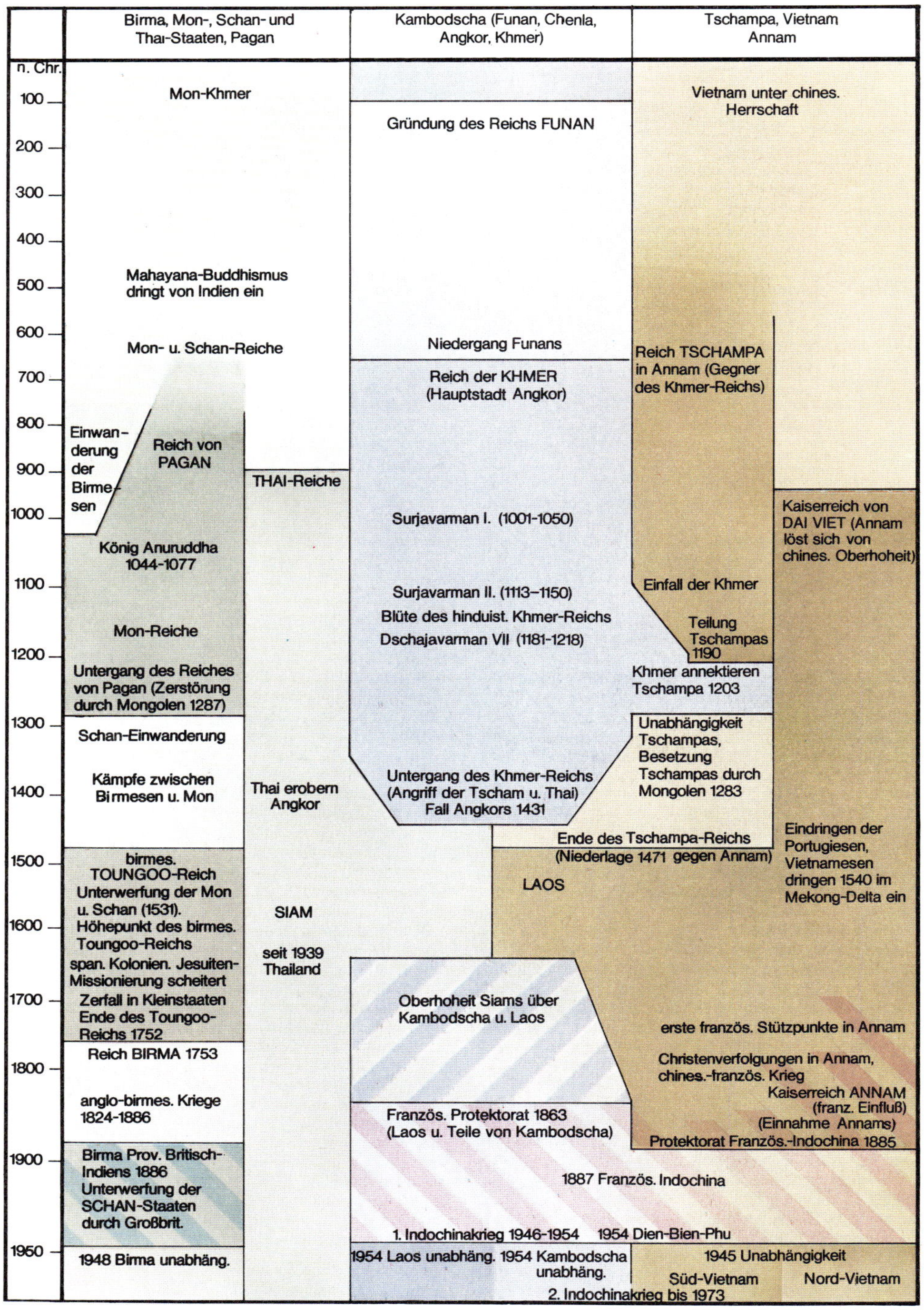

König Dschajavarman VII. (?), Sandsteinplastik vor 1181; Khmer-Kunst. Phnom Penh, Kambodscha, Nationalmuseum

SÜDOSTASIEN Geschichte

Nanda-Tempel in Pagan, Birma; um 1100

scharfen Konfrontation. Der seit 1967 bestehende Zusammenschluß der nichtkommunist. Staaten S.s, die →ASEAN, gewann in den späten 1970er Jahren an polit. Gewicht. – ▢ 5.7.4.

Südostasienpakt →SEATO.

Südostbantu, die sehr volkreiche Gruppe von vaterrechtl. Bantuvölkern in Südostafrika zwischen Sambesi u. dem Kapland: *Nguni (Zulu-Xhosa), Tonga-Ronga* u. *Sotho-Tschwana*; durch die Zulu-Kriege weitgehend in ihrem Stammesaufbau gestört; mit Viehzucht (Männerarbeit); hamit. Kultureinfluß u. Hackbau; Ahnenkult.

Südosteuropa →S. 292.

Südostindisches Becken, Meeresbecken im Ind. Ozean, westl. Fortsetzung des Südaustral. Beckens; in ihm der *Diamantinagraben* mit der *Diamantinatiefe* (−6857 m).

Südpazifischer Rücken, untermeer. Erhebung im Pazif. Ozean, die ungefähr ostwestlich verlaufende Fortsetzung des Ostpazif. Rückens südl. von 55° s. Br., geht westl. von 160° ö. L. in den Östl. Ind.-Antarkt. Rücken über; trennt das Südpazif. Becken vom Ostteil des Pazif.-Antarkt. Beckens.

Südpazifisches Becken, Tiefseebecken im Südpazif. Ozean, im N durch Tuamotu- u. Gesellschaftsinseln, im W von Neuseeland u. Tonga begrenzt. Die östl. u. südl. Grenze bilden Ost- u. Südpazif. Rücken; größte Tiefen im →Kermadec-Tonga-Graben, außerhalb der Gräben bis 6600 m.

Südpol, südlichstes Ende der Erdachse, auf Antarktika, in 2800 m Höhe; am 14. 12. 1911 von R. *Amundsen* entdeckt, am 18. 1. 1912 von R. F. *Scott* erreicht, später oft besucht u. überflogen (R. E. *Byrd* 1929, V. E. *Fuchs* 1958). Seit 1956 befindet sich auf dem Pol eine ständige wissenschaftl. Station („Amundsen-Scott") der USA.

Südpolarstern, σ Octantis, schwacher Stern im Sternbild *Oktant* (5,5 Größe), weniger als 1 Grad vom Südpol des Himmels entfernt, vertritt auf der südl. Halbkugel bei astronom. Ortsbestimmungen die Rolle des *Polarsterns*.

Südpreußen, von 1793/1795 (2. u. 3. Poln. Teilung) bis 1807 preuß. Prov. südl. des Netzedistrikts u. des Kulmerlands zwischen Schlesien u. mittlerer Weichsel (ca. 50000 qkm, 1,5 Mill. Ew.); gegliedert in die Kammerdepartements Posen, Warschau u. Kalisch, von denen *Posen* 1815 (Wiener Kongreß) als Großherzogtum wieder an Preußen fiel u. 1848 preuß. Reg.-Bez. wurde.

Südpunkt, Schnittpunkt zwischen Horizont u. Meridian, südl. vom Beobachter gelegen.

Sudra →Schudra.

Parade der Thai, Flachrelief aus Angkor; Khmer-Kunst

Südrhodesien, das heutige →Rhodesien.
Südsandwichgraben [-'sænwitʃ-], untermeer. Graben im Atlant. Ozean, verläuft im Außenbogen der Südsandwichinseln; mit der zweitgrößten Tiefe des Atlant. Ozeans, der *Meteortiefe,* 8264 m.
Südsandwichinseln [-sænwitʃ-], engl. *South Sandwich Islands,* unbewohnte, nur von Pinguinen bevölkerte, stark vergletscherte Inselgruppe im Südatlant. Ozean, der Antarkt. Halbinsel vorgelagert, Dependenz der Falklandinseln, rd. 337 qkm.
Südschleswigscher Wählerverband, Abk. *SSW,* Partei der dän. Minderheit in Schleswig-Holstein, gegr. 1948 als Nachfolgerin des 1947 gegr. *Südschleswigschen Vereins,* der bei der Landtagswahl im selben Jahr 9,3 % der Stimmen gewonnen hatte. Bei der 1. Bundestagswahl 1949 errang der SSW einen Sitz. Seit einem entspr. Abkommen mit Dänemark (1955) gilt bei schleswigholstein. Landtagswahlen die Fünfprozentklausel für den SSW nicht mehr. →auch Minderheiten.
Südsee [so benannt von ihrem Entdecker V. N. *Balboa,* der nach Durchquerung Panamas den Pazif. Ozean in südl. Richtung erblickte], ehem. Bez. für den ganzen Pazif. Ozean, heute (meist in romantisierender Form) nur für den inselreichen Teil des zentralen →Ozeanien gebraucht; umfaßt die Inselgruppen von den Gilbertinseln, Zentralpolynes. Sporaden u. Fidschi bis Französ.-Polynesien.
Südshetlandinseln [-'ʃetlənd-], engl. *South Shetland Islands,* span. *Islas Shetland del Sur,* stark vergletscherte Inselgruppe nördl. der Antarkt. Halbinsel (Grahamland), Teil des British Antarctic Territory, 4662 qkm, mit brit., chilen. u. argentin. Forschungsstationen. – 1819 entdeckt.
Südslawen, die Südgruppe der slaw. Völker; gliedern sich in *Serben, Kroaten, Slowenen, Montenegriner, Bosnier, Herzegovzen (Herzegowiner);* seit Ende 9. Jh. durch das Vordringen der Magyaren von den übrigen Slawen getrennt.
Südstaaten, die Staaten, die sich während des →Sezessionskriegs aus den USA lösten; →Sklavenstaaten.
Südtirol, *i.e.S.* das von der Etsch, dem Eisack u. der Rienz durchflossene, seit 1919 italien. Gebiet *Alto Àdige (Oberetsch),* mit Ortler u. Dolomiten; *i.w.S.* das ganze südl. vom Brenner u. Reschenscheideck liegende Gebiet des ehem. österr. Kronlands Tirol; Hochgebirge; starke italien. Zuwanderung; durch Klimagunst u. künstl. Bewässerung intensiver Anbau von Obst, Wein u. Gemüse; Fremdenverkehr; Holzwirtschaft, an den Flüssen Kraftwerke.

Geschichte: Nach dem Aufstand A. *Hofers* (1809) wurde zum erstenmal der südl. vom Brenner gelegene Teil von Tirol abgetrennt u. kam zu Italien (bis 1814/15). Die Angliederung S.s gehörte seitdem zu den Forderungen der italien. →Irredenta. Im *Frieden von Saint-Germain* 1919 kam das überwiegend dt. besiedelte Land an Italien. Während der faschist. Herrschaft wurde die Italianisierung S.s planmäßig betrieben. Das Umsiedlungsabkommen von 1939 beließ S. bei Italien; es gab der dt. Bevölkerung die Möglichkeit zur Option für das Dt. Reich (Umsiedlung). Dieser Vertrag wurde rückgängig gemacht durch das *Gruber-de-Gasperi-Abkommen* 1946, das Bestandteil des Friedensvertrags der Alliierten mit Italien wurde. Es gestattete den Optanten die Wiedererwerbung der italien. Staatsangehörigkeit u. sollte die völlige Rechtsgleichheit der dt. u. der italien. Südtiroler sowie die Zweisprachigkeit in Verwaltung, Schule u. Gerichten sicherstellen. Die Zusammenlegung der beiden Provinzen Bozen (überwiegend dt.) u. Trient (rein italien.) zur autonomen Region *Trentino-Alto Adige* u. die Übertragung der entscheidenden Befugnisse an die Region statt an die Provinzen ließen das Gruber-de-Gasperi-Abkommen nicht zu befriedigendem Funktionieren kommen. Hier lagen die Ursachen für die wachsende Unzufriedenheit u. die z.T. von außen her geschürten Unruhen in S. 1960 u. 1961 brachte die österr. Regierung das Problem vor die UN. Die 1961 eingesetzte „Neunzehnerkommission" erarbeitete die Grundlagen für das in jahrelangen Verhandlungen mit Österreich zustande gekommene „S.paket", dem am 21. 10. 1969 die Südtiroler Volkspartei, am 4. u. 5. 12. 1969 die Häuser des italien. Parlaments u. am 16. 12. 1969 der österr. Nationalrat zustimmten. Das „Paket" ist im wesentl. ein Operationskalender zur schrittweisen Durchführung des Gruber-de-Gasperi-Abkommens.
(Fortsetzung S. 294)

Südosteuropa

Bulgarenzar Iwan Alexander (1331–1371) und seine Familie. Miniatur im Tetraevangeliar; 1356. London, Britisches Museum

Seit dem Vordringen der Bulgaren, Slawen und Ungarn auf dem Balkan führte Byzanz einen Zweifrontenkrieg gegen die Balkan- und orientalischen Völker. 1453 eroberten die Türken Byzanz. Miniatur aus einer griechischen Handschrift. Paris, Bibliothèque Nationale

Südosteuropa, 1. *Geographie:* →Balkanhalbinsel.
2. *Geschichte:* Völker verschiedener Herkunft haben in die Geschicke S.s eingegriffen u. ihre Spuren hinterlassen: Kelten, Römer, Germanen, Slawen, Ungarn (Magyaren), Griechen, Italiener, Türken, Normannen, Franzosen, Deutsche u. dazu immer wieder die krieger. Reiternomaden Innerasiens, die bis in den Raum von S. vorgestoßen sind, wo mit den *Ungarn* u. den *Proto-* (bzw. *Ur-*)*Bulgaren* Teile von ihnen sogar auf Dauer Wohnsitz genommen haben.
Von einer Urbevölkerung S.s vor der Landnahme indogerman. Völker (Einwanderungswelle der *Griechen* des 2. Jahrtausends v. Chr., Thraker u. Illyrer) haben sich keine greifbaren Spuren erhalten. Gräzisierung u. Romanisierung haben seit der Mitte des 1. Jahrtausends v. Chr. S. weitgehend überformt. Die Gräzisierung nahm ihren Ausgangspunkt von zahlreichen Handelsniederlassungen, die Romanisierung von den Legionslagern u. Garnisonsstädten in Makedonien, an der dalmatin.-alban. Küste u. im Donauraum.
Der Sturm der german. Völkerwanderungszeit ging an S. fast spurlos vorüber, ganz im Gegensatz zur Siedlungsausbreitung der *Slawen* seit dem 6. Jh. n. Chr. Zur Zeit der maximalen Ausdehnung der slaw. Siedler, im Zeitraum von etwa 600–800 n. Chr., war der überwiegende Teil des Binnenlands von slawischen Ackerbauern in Besitz genommen, die alte Provinzialbevölkerung des Römischen bzw. Byzantinischen Reichs an die Küsten u. Inseln bzw. in die Gebirgsregionen abgedrängt worden.
Das Expansionsstreben mächtiger Nachbarn hat Ansätze eigenständiger polit. Herrschaftsbildungen in größerem Rahmen unter den Völkern S.s wiederholt gewaltsam unterbunden. Zunächst hatten die Bulgaren weite Teile der Balkanhalbinsel einem Großreich eingegliedert, das erst Ende des 10. u. Anfang des 11. Jh. an der wiedererstarkten byzantin. Militärmacht zerbrach. Die ersten Herrschaftsbildungen der Serben u. *Kroaten* des 9.–12. Jh. entwuchsen lange Zeit kaum den stammhaften Bindungen. Dauerhafter gelang der Übergang zum Territorialstaat in *Bosnien* des hohen u. späten MA. u. insbes. im serb. Nationalstaat der *Nemanjiden* (1123–1394) u. seiner Fortsetzung in den

Im 19. Jh. zerfiel das Osmanische Reich; den Unabhängigkeitskampf der Griechen stellte Eugen Delacroix im „Massaker von Chios" (1824) dar. Paris, Louvre

Südosteuropa

Die Balkanvölker im Abwehrkampf gegen die Türkei: Ludwig II. von Ungarn fiel 1526 vor Mohács. Votivtafel des Hans von Tübingen. Graz, Landesmuseum

SÜDOSTEUROPA

Reststaaten unter den *Lazarevići*, den *Brankovići* u. den Despoten in Südungarn.

Erst unter dem Osmanischen Reich, dem die balkan. Kleinstaatenwelt des 14. Jh. in rascher Folge zufiel, fand S. wieder zu einer von außen aufgezwungenen polit. Einheit zusammen; nur im NW konnten sich die Habsburger behaupten, nachdem der zweimalige Vorstoß der Türken bis vor Wien durch die vereinten Bemühungen der Völker Mitteleuropas erfolgreich abgewehrt worden war (1529 bzw. 1683).

Erst der innere Machtverfall des Osman. Reichs schuf im 19. Jh. die Voraussetzungen für eine völlige Neuordnung. Sie wurde durch den Gegensatz zwischen dem erwachenden nationalen Selbstbewußtsein der kleinen Völker S.s u. den machtpolit. Interessen der Großmächte unheilvoll beeinflußt. Rußland büßte seinen Vorsprung der ersten Jahrhunderthälfte (*Friede von Bukarest* 1812; Intervention während des griech. Freiheitskampfs u. *Friede von Adrianopel* 1829, Vertrag von 1833) während des *Krimkriegs* (1853–1856) gegen eine gesamteurop. Koalition wieder ein. Die maßlosen russ. Forderungen nach dem erfolgreichen militär. Engagement im *Türkenkrieg* von 1877/78 (*Friede von San Stefano*, Schaffung Bulgariens) ließen sich nicht gegen die auf einen Ausgleich bedachten Friedensbemühungen der europ. Diplomatie (*Berliner Kongreß* von 1878) durchsetzen, die nationalen Großreichträume u. ein wachsender terrorist. *Irredentismus* unter den Balkanvölkern verhinderten andererseits dauerhafte polit. Lösungen. So opferten die im Lauf des 19. Jh. sich aus

Gegen den Einfluß Österreichs auf dem Balkan und die Annexion Bosniens und der Herzegowina richtete sich das Attentat in Sarajevo am 28. 6. 1914, das den 1. Weltkrieg auslöste. Franz Ferdinand kurz vor seiner Ermordung (links). – Der Widerstand der südosteuropäischen Staaten gegen sowjetische Abhängigkeit äußerte sich in verschiedenen Formen: 1956 erhob sich Ungarn (rechts)

Jugoslawien ging seinen „eigenen Weg zum Sozialismus". Tito mit Nehru und Nasser (von rechts) auf der Konferenz der Blockfreien in Cairo 1961

dem osman. Reichsverband lösenden Völker (1829 Griechenland, 1878 die Fürstentümer Serbien, Rumänien, Montenegro, 1908 Bulgarien, 1912 Albanien) die revolutionäre Solidarität gegen den verhaßten Halbmond immer mehr zugunsten eines erbitterten gegenseitigen Machtkampfs (*Balkankriege* 1912/13).

Auch nach dem Zusammenbruch der drei großen Vielvölkerstaaten Österreich-Ungarn, Osman. Reich u. Rußland im 1. Weltkrieg, als das nationalstaatl. Prinzip gegen eine vielvölk. Staatsidee im südosteurop. Raum den Sieg davongetragen hatte, fanden sie zu keinen dauerhaften Grenzregelungen. Mit dem machtpolit. Übergreifen Italiens auf alban. Boden (April 1939) geriet S. am Vorabend des 2. Weltkriegs wiederum in den Einzugsbereich äußerer Mächte, die in der Uneinigkeit u. der polit. wie wirtschaftl. Schwäche der einzelnen Staaten günstige Ansatzpunkte fanden. Die nach O u. SO ausgreifende expansive Politik des nat.-soz. Deutschlands (1938 Anschluß Österreichs, 1938/39 Eingliederung der Tschechoslowakei) hatte zudem die Bindungen der in der *Kleinen Entente* vereinigten Staaten mit Frankreich u. Polen (Tschechoslowakei, Jugoslawien, Rumänien) gelockert. Im Zug des 2. Weltkriegs wurde S. wiederum zum Kriegsschauplatz fremder Mächte. Mit dem Sieg des Kommunismus in der Mehrzahl der Staaten S.s (Griechenland ausgenommen) brach eine neue Epoche an. Es kam zu einer Wirt-

293

Südvietnam

- Erstes Bulgarisches Reich 680
- Größte Ausdehnung des Ersten Bulgarischen Reichs 883
- Byzantinisches Reich 883
- 972/1018-1185 gehörte Bulgarien zum Byzantinischen Reich
- Größte Ausdehnung des Zweiten Bulgarischen Reichs 1241

- --- Grenze des Osmanischen Reichs 1815
- 1913 Jahr der osmanischen Gebietsverluste
- Heutige Staatsgrenzen
- → Wachstumsrichtung der neuen Balkanstaaten vor dem 1. Weltkrieg

schafts- u. Sozialrevolution ungeheuren Ausmaßes (Zwangskollektivierung, forcierter Aufbau einer Schwerindustrie u.a.), die jahrhundertealte Lebensgewohnheiten zerstörte u. die Angleichung an eine moderne arbeitsteilige Industriegesellschaft erzwang.
Die Wiederherstellung des territorialen Status quo ante (1947 Pariser Friedensverträge) entsprach den nationalen Forderungen der siegreichen Staaten S.s; Ungarn, Rumänien u. Bulgarien hatten auf die Gebietserwerbungen der Zwischenkriegszeit wieder Verzicht zu leisten, der 2. Wiener Schiedsspruch (30. 8. 1940) wurde annulliert, die Aufteilung des jugoslaw. Territoriums rückgängig gemacht. Aber auch unter der gemeinsamen kommunistischen Ideologie ist in der Gegenwart die nationale Vielfalt der einzelnen Völker S.s nicht ausgelöscht worden, der „jugoslawische Weg zum Sozialismus" wie auch die relativ eigenständige Politik Rumäniens sind Zeichen dafür. – 🕮 5.5.7.

(Fortsetzung von S. 291)
Südvietnam →Vietnam.
Südwal →Südkaper.
Südwestafrika, *Suidwes-Afrika, South West Africa, Namibia*, ehem. Völkerbundsmandat bzw. UN-Treuhandgebiet der Rep. Südafrika, die es als Teil ihres Staatsgebiets betrachtet. Das Land hat eine Fläche von 824292 qkm u. 930000 Ew. (1 Ew./qkm). Hptst. ist *Windhuk*. Mit S. wird das der Rep. Südafrika angehörende Gebiet der Walfischbucht (1124 qkm) verwaltet. Nach dem Muster der Transkei in Südafrika erhielt 1968 das *Ovamboland* im N eine Selbstregierung.

Landesnatur: S. läßt sich in drei Großlandschaften gliedern: die Küstenwüste der *Namib*, das Südwestafrikan. Hochland als Teil der Großen Randstufe u. das *Kalaharibecken*. Hinter einer verkehrsfeindl. Küste liegt die 100–160 km breite Namib, die Formen der Vollwüste aufweist. Weiter landeinwärts steigt das Land in Stufen zum durchschnittl. 1000–1500 m hoch gelegenen Hochland des Inneren, dessen flachwellige Ebenen von einzelnen Gebirgsstöcken überragt werden u. sich nach O u. N zum Kalaharibecken senken. – In dem Trockenklima sind die Niederschlagsmengen gering u. fallen zudem noch unregelmäßig. Durch den Einfluß des kalten Benguelastroms bedingt, erhält der gesamte Küstenstreifen weniger als 50 mm Niederschlag im Jahr; im übrigen Land ist der N feuchter als der S. Die Flüsse führen nur während kurzer Perioden in der Regenzeit Wasser. – Entspr. der großen Trockenheit ist die Vegetation äußerst dürftig. Die Namib ist auf lange Strecken hin eine fast vegetationslose Wüste, im N Halbwüste. Der gesamte östl. u. zentrale Teil des Landes wird von der Dornsavanne der Kalahari eingenommen, die im N u. NO in Trockensavanne mit laubabwerfenden Bäumen übergeht. Der zentrale S trägt eine aus niedrigen Kräutern u. Büschen bestehende lockere Karoovegetation.

Die Bevölkerung umfaßt: Bantuvölker (Ovambo, Okavango, Herero), Bergdama, Hottentotten, Buschmänner, ca. 110000 Weiße (davon sind ein Drittel Deutsche) u. eine Anzahl „Baster" u. „Coloureds" (Mischlingsgruppen). Offizielle Landessprachen sind Afrikaans, Deutsch u. Englisch.

Wirtschaft u. Verkehr: Die Ovambo im N sind Hackbauern, die Herero u. Hottentotten meist nomad. Viehzüchter, die Buschmänner u. Bergdama meist Jäger u. Sammler. Durch Bewässerung entstehen Anbauflächen für Mais, Hirse und Weizen. In der Wirtschaft der Weißen überwiegt die Viehzucht (Schafe im S, Rinder im N). Es werden Fleisch, Butter, Käse, Häute u. Karakulfelle ausgeführt. Die Fischerei ist ein wichtiger Wirtschaftszweig, sie nutzt die fischreichen Gewässer des Benguelastroms. Der Bergbau liefert den Hauptteil des Exports, vor allem Diamanten, ferner Kupfer, Uran, Zink, Blei, Zinn, Silber, Wolfram u. Lithium. Neuerdings wird ein Teil der Buntmetallerze (bes. Kupfer u. Blei) im eigenen Land verhüttet. Die Industrieproduktion ist gering, es werden Viehzucht- u. Fischereiprodukte verarbeitet. Steigende Bedeutung hat der Fremdenverkehr, der sich bisher auf den Etoscha-Wildpark im N konzentriert. – Das Straßennetz ist relativ gut, das Eisenbahnnetz verbindet die größten Siedlungen. Haupthäfen sind Walfischbucht u. Lüderitz, wobei jedoch fast der gesamte Warenumschlag über Walfischbucht abgewickelt wird. Der Flugverkehr ist gut ausgebaut. – 🗺 →Südafrika.

Geschichte: Im 19. Jh. bestand in S. Spannung zwischen den schwarzafrikan. *Herero* u. den aus dem Kapland zugewanderten *Nama* (Hottentotten); beide Völker waren Rinderzüchter. Ev. Missionen waren im ganzen Land tätig.. Die an der Nordgrenze lebenden *Ovambo* wurden kaum vom polit. Geschehen berührt. 1884 wurde S. dt. Kolonie. Große Aufstände der Herero u. Nama wurden 1904–1906 in einem Vernichtungskrieg niedergeschlagen; seitdem gewannen weiße Siedler maßgebl. Einfluß auf die Politik.
Im 1. Weltkrieg eroberten südafrikan. Truppen das Land; es wurde 1919 der Südafrikan. Union als C-Mandat des Völkerbunds überlassen. Nach 1945 weigerte sich Südafrika, die UN als Rechtsnachfolger des Völkerbunds anzuerkennen; denn die UN setzten Unabhängigkeit unter einheim. Mehrheitsregierung als Endziel der Treuhandverwaltung fest. Statt dessen übertrug Südafrika nach 1948 die Apartheid-Politik auf S., verwies die

Nicht-Weißen auf begrenzte „Heimatländer" (Reservate) u. sicherte den Weißen die Erhaltung ihrer Vorrechte zu. 1966 erklärte die UN-Vollversammlung das Mandat für erloschen. Afrikan. Nationalbewegungen entstanden in S. seit etwa 1956. Unter internationalem Druck u. angesichts der seit 1975 veränderten Lage im südl. Afrika erklärte sich Südafrika bereit, S. bis Ende 1978 die Unabhängigkeit zu gewähren. Über die Verfahrensweise (bes. die Anwesenheit von UN-Truppen) kam jedoch keine Einigung mit den UN zustande. Die radikale Unabhängigkeitsbewegung *SWAPO* wurde von den UN mehrfach zur legitimen Vertreterin Namibias erklärt. 1978 abgehaltene Wahlen ohne Teilnahme der SWAPO wurden von den UN nicht anerkannt.

Südwestaustralische Schwelle, eine flache untermeer. Erhebung im Ind. Ozean, die sich vom Kap Leeuwin in westl. Richtung zwischen Westaustral. u. Südaustral. Becken schiebt.

Südwestdeutsche Schule →Neukantianismus.

Südwestfunk, Abk. *SWF*, durch Staatsvertrag von 1951 gegr. öffentlich-rechtliche Rundfunkanstalt mit Sitz u. Funkhaus in Baden-Baden u. Landesstudios in Mainz, Freiburg i. Br. u. Tübingen; sendet drei Hörfunkprogramme u. das SWF-Fernsehen.

Südwestindisches Becken, ausgedehntes Tiefseebecken im südl. zentralen Ind. Ozean, nördl. der Kerguelen u. Crozetinseln, bis 5603 m tief.

Südweststaat, seit 1952 →Baden-Württemberg, entstand durch Volksabstimmung vom 9. 12. 1951 aus den Ländern Württemberg-Baden, Württemberg-Hohenzollern u. Baden.

Südwürttemberg-Hohenzollern, Regierungsbezirk in Baden-Württemberg, seit 1973 im wesentl. der Reg.-Bez. *Tübingen.*

Sue [sy:], Eugène, eigentl. Marie-Joseph *S.*, französ. Schriftsteller, *10. 12. 1804 Paris, †3. 8. 1857 Annecy; schrieb die ersten französ. Seeromane.

Sueben →Sweben.

Suenens ['sy:nəns], Léon Joseph, belg. kath. Theologe, *16. 7. 1904 Ixelles bei Brüssel; 1961 Erzbischof von Mecheln-Brüssel, 1962 Kardinal; beim 2. Vatikan. Konzil Wortführer der fortschrittl. Konzilsmehrheit. Trat 1979 in den Ruhestand.

Sueß [zy:s], Eduard, Geologe, *20. 8. 1831 London, †26. 4. 1914 Wien; 1857–1901 Prof. in Wien; auch für die Geographie grundlegend ist sein Hptw. „Das Antlitz der Erde" 3 Bde. 1883–1905.

Sueß von Kulmbach [zy:s], Hans →Kulmbach.

Sueton [suɛ-], *Gaius Suetonius Tranquillus*, röm. Schriftsteller, *um 70, †um 140; zeitweise Geheimsekretär Hadrians, schrieb u.a. „De vita Caesarum" (Kaiserbiographien von Cäsar bis Domitian); von seinen Biographien von Dichtern, Grammatikern u. Rhetoren („De viris illustribus") sind Bruchstücke erhalten.

Suez ['zu:ɛs], *Sues*, arab. *Es Suweis*, ägypt. Hafenstadt am Südende des S.kanals, östl. von Cairo, 370 000 Ew.; bedeutendes Handelszentrum, Ölraffinerie. Durch die Landenge von S. führt der *Suezkanal.*

Suezkanal ['zu:ɛs-], arab. *Canâl Es Suweis*, einer der wichtigsten Schiffahrtswege der Erde; quert die Wüstengebiete am Westrand der Halbinsel Sinai in Ägypten u. verbindet das Mittelländ. Meer mit dem Roten Meer. Der S. verkürzt die Seewege z.B. von London nach Abadan (Iran) oder nach Bombay (Indien) um 42%, nach Mombasa (Kenia) oder nach Singapur um etwa 30%, von Neapel nach Massaua (Äthiopien) sogar um 80%. Der S. ist 161 km lang, 38 km entfallen auf dazwischenliegende Binnenseen. An der Oberfläche ist er durchschnittl. 120 m, an der Sohle 60–100 m breit. Der höchstzulässige Tiefgang für Seeschiffe ist auf 11,3 m (60 000 t Tragfähigkeit) festgelegt. Bei seiner Eröffnung 1869 war der Kanal nur 22 m breit u. 8 m tief; inzwischen ist er mehrmals erweitert worden, zuletzt für Schiffe bis 15,5 m Tiefgang, so daß seit 1980 Schiffe bis zu 150 000 t Tragfähigkeit (bei voller Ladung) und bis zu 300 000 t unbeladen den S. passieren können. Ein Ausbau des Kanals für Großtanker (Öltransporte) wird projektiert. Da der S. für die großen Öltanker nicht befahrbar ist, machte die Ölfracht 1976 nur 29% der Gesamtladungen aus (im Gegensatz zu 1966 mit 70%). Die für Ägypten wichtigen Einnahmen aus den Kanalgebühren beliefen sich 1976 auf 200 Mill. ägypt. Pfund. – Ägypten plant die Untertunnelung des S. bei Suez (Oktober 1980 fertiggestellt),Ismailiya u. Kantara. – Entwicklung der Schiffahrt: →nebenstehende Tabelle.

G e s c h i c h t e : Die verkehrstechn. u. handelspolit. Chancen eines Mittelmeer u. Rotes Meer verbindenden Wasserwegs wurden schon im Altertum erkannt. Im 13. Jh. v. Chr. bauten Ägyptens Pharaonen den ersten Kanal vom Nildelta zum Golf von Suez. Pharao Necho, die Perserkönige (um 600 bzw. um 500 v. Chr.) u. die Ptolemäer erneuerten den Kanal, der erst unter der Araberherrschaft im 8. Jh. versandete. Napoléons Kanalprojekt (1798) wurde nicht verwirklicht. 1854 wurde ein Konzessionsvertrag zwischen dem ägypt. Vizekönig Said u. F. de *Lesseps* geschlossen, unter dessen Leitung der Kanal zwischen 1859 u. 1869 nach den Plänen des Österreichers A. *Negrelli* mit 16,6 Mill. Pfund Kosten errichtet wurde. Am 17. 11. 1869 erfolgte die feierliche Eröffnung.

Die Aktien der S.-Gesellschaft *(Compagnie Universelle du Canal Maritime de Suez)*, die einen bis 1968 befristeten Konzessionsvertrag besaß, waren ursprüngl. zwischen Frankreich u. Ägypten aufgeteilt. Großbritannien erwarb 1875 den Aktienbesitz des ägypt. Vizekönigs u. besetzte 1882 Ägypten u. die Kanalzone. 1888 wurde die Internationale S.-Konvention geschlossen, die die Freiheit der Schiffahrt im S. sicherte. Als Italien 1935 Äthiopien angriff, duldete Großbritannien den Transport italien. Kriegsmaterials durch den S. Nach der Gründung des Staats Israel 1948 sperrte jedoch Ägypten den S. für alle israel. Schiffe u. zeitweilig auch für Lieferungen nach Israel unter anderer Flagge; Ägypten berief sich dabei auf den Kriegszustand mit Israel, der auch nach dem Waffenstillstand von 1949 andauere.

Die letzten brit. Truppen hatten die S.-Zone im Juni 1956 verlassen. Kurz darauf, am 26. 7. 1956, verkündete Ägypten die Nationalisierung des S.s, woraufhin es seit dem 29. 10. 1956 zum Einfall israel., brit. u. französ. Truppen in Ägypten kam *(Suezkrise)*. Das Eingreifen der UN u. bes. der USA u. der Sowjetunion führte rasch zur Feuereinstellung u. bis zum 22. 12. 1956 zur Räumung der Kanalzone. Der S. war bis April 1957 durch versenkte Schiffe gesperrt. 1958 wurde in Genf zwischen Ägypten u. der alten S.-Gesellschaft ein Entschädigungsabkommen geschlossen. Ägypten konnte den Verkehr rasch wieder normalisieren.

Im Juni 1967 legte der 3. israel.-arab. Krieg (Sechstagekrieg) den S. erneut still. Seit 9. 6. 1967 war das ganze Ostufer zwischen Suez u. Port Said in israel. Hand. Die von den UN angeordnete Feuereinstellung wurde in der Folgezeit immer wieder durch Artillerie- u. Luftkämpfe, später auch durch Landung ägypt. Kommandos auf dem Ostufer gebrochen. Beide Parteien befestigten ihre Stellungen. Im August 1970 trat durch Vermittlung des US-amerikan. Außen-Min. Rogers erneut Waffenruhe ein.

Die im 4. israelisch-arabischen Krieg im Oktober 1973 auf dem Westufer gewonnenen Brückenköpfe wurden von den Israeli wieder geräumt. UN-Truppen besetzten eine Pufferzone östl. des Kanals. Seit Mitte 1975 ist der S. wieder befahrbar. – Ⓑ→Ägypten (Geschichte).

suf... →sub...

Suffet, oberster Beamter der ausübenden Regierungsgewalt im alten *Karthago*, ursprüngl. vielleicht Richter. In ältester Zeit unterstand den S.en (meist 2) die Heerführung im Krieg, die seit dem 5. Jh. v. Chr. auf gewählte Feldherren überging.

Schiffsverkehr im Suezkanal

Jahr	Schiffszahl	Netto-Tonnage (in Mill.)
1870	486	0,44
1890	3 389	6,9
1910	4 533	16,6
1930	5 761	31,7
1940	2 589	14,0
1945	4 206	25,0
1950	11 571	82,0
1955	14 666	115,8
1957	10 958	89,9
1960	18 734	185,3
1963	19 146	210,5
1965	20 289	246,8
1966	21 250	265,4
1975	5 640	50,5
1976	16 994	187,8
1977	21 105	222,5

Suffix [das; lat.], *Grammatik:* ein dem Stamm eines Worts angehängtes Wortbildungs- oder Flexionselement (-morphem); z.B. -ung, -bar oder -st in „du dienst".

Suffolk ['sʌfək], ostengl. Grafschaft, 3800 qkm, 600 000 Ew.; bis 1974 gebildet aus den Teilgrafschaften *East-S.* u. *West-S.*; bedeutendes Getreideanbaugebiet, Viehzucht.

Suffolk ['sʌfək], engl. Adelstitel verschiedener Familien seit dem 13. Jh., seit 1603 Grafentitel der Familie *Howard.*

Suffragan [lat.], *kath. Kirche:* Bischof, der einem Erzbischof untersteht.

Suffragetten, Verfechterinnen des Stimmrechts (Suffrage) für Frauen, die 1903–1914 in England u. den USA mit oft radikalen Mitteln der polit. Gleichberechtigung der Frauen den Weg bahnten.

Sufismus [arab. *suf*, „weiße Wolle", in die sich die Sufis kleiden], eine asketisch-mystische Richtung im Islam, von außerislam. Lehren (z.B. Neuplatonismus u. ind. Religionen) beeinflußt; erstrebte in Bruderschaften u. (Derwisch-)Orden die mystische oder ekstatische (durch Tanz, Musik) Vereinigung mit Gott, die oft unter dem Bild der Trunkenheit beschrieben wird. Der S., der bes. in Persien blühte, deutete den Koran allegorisch u. wandte sich vielfach gegen die strenge Gesetzlichkeit des orthodoxen Islams. Bedeutende pers. Dichter wie *Dschelal ed-Din Rumi* waren Sufis.

sug... →sub...

Sugai *Kumi*, japan. Maler, *13. 3. 1919 Kobe; übersiedelte 1952 nach Paris, versuchte anfänglich fernöstl. Tuschmalerei mit der expressiven Sprache des französ. Tachismus zu verbinden u. schloß sich seit der Mitte der 1960er Jahre der Hard-edge-Malerei an.

Sugambrer, *Sigambrer, Gambrivier*, german. Volksstamm zwischen Sieg u. Lippe, 8 v. Chr. von *Tiberius* unterworfen u. auf das linke Rheinufer übersiedelt.

Sugarman ['ʃugəmən], George, US-amerikan. Holzplastiker, *1912 New York; Schüler von O. *Zadkine* in Paris; begann mit unbemalten Arbeiten und koordinierte dann den Bewegungsrhythmus seiner vielteiligen Konstruktionen mit bunter Bemalung.

Suger [sy'ʒe:], französ. Staatsmann, *1081 wahrscheinl. bei St.-Omer, †13. 1. 1151 St.-Denis; 1122 Abt von St.-Denis, im Dienst Ludwigs VI. u. Ludwigs VII., regierte während der Abwesenheit des Königs (Kreuzzug) 1147–1149 als Reichsverweser, stärkte das Königtum, förderte die Städte. Bedeutend als Historiograph seiner Zeit (Biographie Ludwigs VI.).

Suggestion, Beeinflussung des Denkens, Fühlens, Wollens oder Handelns eines Menschen unter Umgehung seiner rationalen Persönlichkeitsanteile. Die Wirkung der S. beruht entweder auf ausgeprägten suggestiven Fähigkeiten *(Suggestivität)* des Suggerierenden oder auf der besonderen *Suggestibilität* (Beeinflußbarkeit) des Empfängers. →auch Autosuggestion.

Suggestivfrage, eine Frage, die dem Partner die Antwort einflößt.

Suharto, indones. Politiker, *8. 6. 1921 auf Java; General; kam durch einen Armeeputsch 1965 an die Macht, schaltete Präs. *Sukarno* aus; seit 1966 Regierungschef, 1967 amtierender, seit 1968 gewählter Staats-Präs.

Suhl, 1. Bezirks-, Kreisstadt u. Stadtkreis im SW der DDR, am Südhang des Thüringer Walds, 40 qkm, 39 500 Ew.; Heimat- u. Waffenmuseum; Solbad; Fahrrad-, Motorzweirad-, Spielwaren-, Elektrogeräte-, Werkzeugmaschinen-, feinmechan. Industrie, Sport- u. Jagdwaffenfabriken. – Krs. S.: 412 qkm, 51 000 Ew.

2. Bezirk im SW der DDR, Grenzbezirk zur BRD, 3856 qkm, 548 000 Ew.; umfaßt 8 Landkreise u. den Stadtkreis S. Dieser kleinste Bezirk der DDR wurde 1952 aus Teilen des ehem. Landes Thüringen gebildet. Die Landesnatur wird vom Thüringer Wald u. dem Buntsandstein- u. Muschelkalkvorland bestimmt. Die Landwirtschaft ist durch einen hohen Grünlandanteil u. starke Rinderhaltung gekennzeichnet; die Hälfte der Nutzfläche des Bezirks ist bewaldet. Im Werratal ist der Kalibergbau bedeutend. Industrie: Elektrotechnik, Fahrzeugbau, Herstellung von Keramik, Holzwaren u. Maschinenbau; wichtige Standorte: Suhl-Zella-Mehlis (Metallindustrie), Sonneberg (Spielwaren) u. Ilmenau (Glasindustrie).

Suhle [die], Morast oder Tümpel, in dem sich bes. Schwarzwild u. Hochwild zur Abkühlung u. zur Ungezieferabwehr suhlt (wälzt).

Sühne, Wiedergutmachung; in den Religionen der Ausgleich für das religiöse Verschulden (Sünde) als Beseitigung des Sündenstoffs (→auch Sündenbock) oder als persönl. Versöhnung des erzürnten Gottes durch Gebet u. Opfer (S.opfer). Als Wiedergutmachung u. Beseitigung der Schuld kann die S. den Charakter der Strafe (blutige Opfer) oder der sittl. Leistung haben.

Sühnetermin, in Ehesachen zur Durchführung des *Sühneversuchs* vorgeschriebene Verhandlung vor dem Vors. oder einem von ihm beauftragten Mitglied des zur Entscheidung des Rechtsstreits zuständigen Landgerichts. – Die in jedem Rechtsstreit bestehende Möglichkeit des Gerichts u. Verpflichtung des Einzelrichters, auf die gütliche Beilegung hinzuwirken (§§296, 349 ZPO), wird dagegen meist im Termin zur mündlichen Verhandlung erfüllt. – Auch das österr. Ehegesetz sieht in §57 Abs. 3 einen S. vor; in der Schweiz kantonal unterschiedl. Regelungen.

Sühneversuch, 1. Zivilprozeßrecht: Versuch zur gütlichen Beilegung eines anhängigen Rechtsstreits durch das Gericht in einem *Sühnetermin*, notwendig nur im Verfahren über Scheidungs- u. Herstellungsklagen (§608 ZPO); auch der Amtsrichter u. der Einzelrichter sollen, das Landgericht kann in jeder Lage des Verfahrens einen S. unternehmen (§§349, 495, 296 ZPO). – 2. Strafprozeß: Versuch der freiwilligen Herbeiführung einer Sühne für eine strafbare Handlung vor einer von der Landesjustizverwaltung bestimmten Vergleichsbehörde (z.B. Schiedsmann). Ein *erfolgloser S.* ist *Prozeßvoraussetzung* für die Erhebung der Privatklage wegen Hausfriedensbruchs, Beleidigung, leichter vorsätzl. oder fahrlässiger Körperverletzung, Bedrohung, Sachbeschädigung u. Verletzung des Briefgeheimnisses (§380 StPO). – Im österr. Zivilprozeß als *Versöhnungsversuch* ähnl. geregelt (§204 ZPO). In der Schweiz: →Sühnverfahren.

Sühnverfahren, *Schweiz:* dem ordentl. Gerichtsverfahren in zivilrechtl. Streitsachen vorausgehendes Verfahren vor einem *Friedensrichter*, das in den meisten Kantonen vorgeschrieben ist, um unnötige Zivilprozesse zu vermeiden u. auf gütl. Beilegung von Streitigkeiten hinzuwirken.

Suhr, Otto, Politiker (SPD); *17. 8. 1894 Oldenburg, †30. 8. 1957 Berlin; 1951–1955 Präs. des Westberliner Abgeordnetenhauses, 1955–1957 Regierender Bürgermeister von Westberlin.

Suhrkamp Verlag KG, Frankfurt a.M., gegr. 1950 von Peter *Suhrkamp* (*1891, †1959), der 1936–1950 den in Dtschld. verbliebenen Teil des S. Fischer Verlags, Berlin, leitete. Gepflegt werden anspruchsvolle zeitgenöss. Belletristik, Schauspiel- u. Drehbuchtexte.

Sui, pakistan. Ort nordöstl. von Sukkur in Bälutschistan, in der Indusebene; bedeutendstes Erdgasfeld Pakistans.

Sui, chines. Dynastie 590–618 n.Chr., einigte China erneut.

Suidas →Suda.

sui generis [lat.], durch sich selbst eine Klasse bildend; besonders, einzig.

Suisse [sy'is], frz. Name der →Schweiz.

Suitbert →Swidbert.

Suite ['switə; die; frz.], **1.** *allg.:* Folge, Gefolge. **2.** *Musik:* eine „Folge" von mehreren Instrumentalsätzen meist gleicher Tonart: 1. die gebräuchl. Form der Instrumentalmusik des 17./18. Jh. Während bis um 1650 die Reihenfolge der tanzartigen Stücke Pavane–Gaillarde–Allemande–Courante war, wurde diese um die Mitte des 17. Jh. durch die Satzfolge Allemande–Courante–Sarabande–Gigue abgelöst. Hauptmeister der S. waren in Dtschld.: J. J. *Froberger*, J. *Rosenmüller*, G. Ph. *Telemann* sowie bes. G. F. *Händel* u. J. S. *Bach*, in Frankreich J. C. de *Chambonnières*, F. *Couperin* u. J.-Ph. *Rameau*. – 2. für den Konzertgebrauch zusammmengefügte Folge einzelner Stücke aus Balletten oder Opern (z.B. Peer-Gynt-Suite von E. *Grieg*). – 3. im 19. Jh. häufige Bez. für die Aufeinanderfolge von sog. Charakterstücken (z.B. „S. espagnole"). Neues Interesse gewann die S. im 20. Jh.: B. *Bartók*, I. *Strawinsky*, A. *Berg*, P. *Hindemith*, W. *Egk*, H. W. *Henze* u.a.

Suits, Gustav, estn. Essayist u. Lyriker, *30. 11. 1883 Vônnu, Dorpat, †23. 5. 1956 Stockholm; Führer der nationalen, westl. orientierten Gruppe „Jung-Estland", schrieb Studien zur estn. u. europ. Dichtung u. symbolschwere Lyrik.

Sujet [sy'ʒe:; das; frz.], Gegenstand, Stoff, Aufgabe einer künstler. Darstellung, bes. einer Dichtung.

Sujets mixtes [syʒɛ 'mikst; Mz.; frz.] →Doppelbürger.

suk... →sub...

Suk, ostafrikan. niloto-hamit. Stamm in Uganda u. in Kenia; in der Ebene nomad. Viehzüchter, im Gebirge Pflanzer mit Kegeldachhäusern.

Suk, Joseph, tschech. Komponist, *4. 1. 1874 Křečovice, †29. 5. 1935 Beneschau bei Prag; Schüler seines späteren Schwiegervaters A. *Dvořák*; Mitgl. des Böhmischen Streichquartetts (2. Violine); schrieb Sinfonien („Asrael" 1907), sinfon. Dichtungen u. Kammermusik.

Sukabumi, indones. Stadt in Westjava, südl. von Bogor am Mandiri, 85000 Ew.

Sukarnapura, früherer Name von →Djajapura.

Sukarno, *Soekarno*, Achmed, indones. Politiker, *6. 6. 1901 Surabaja, †20. 6. 1970 Djakarta; Architekt; 1926/27 Gründer u. Führer der Nationalpartei, die für die Unabhängigkeit Indonesiens kämpfte; von den Niederländern 1929–1931 u. 1933–1941 inhaftiert bzw. deportiert; proklamierte 1945 die Unabhängigkeit Indonesiens; 1949–1967 Staats-Präs. (ab 1963 auf Lebenszeit), seit 1959 zugleich Min.-Präs. S. führte das System der „gelenkten Demokratie" ein, das ihm eine beherrschende Stellung sicherte. Zeitweilig war er einer der führenden Sprecher der Dritten Welt. 1962 setzte er die Eingliederung Niederländisch-Neuguineas in die Republik Indonesien durch. 1965 durch einen Armeeputsch entmachtet, war er zuletzt nur noch nominell Staatsoberhaupt.

Sukarnospitze →Djaja.

Sukkade [die; ital.], kandierte Schale der unreifen Zedrat-Zitrone (→Zitronat) oder der Pampelmuse.

Sukkoth [Mz.; hebr. *sukka*, „Hütte"] →Laubhüttenfest.

Sukkulenten [lat.], *Saftpflanzen, Fettpflanzen*, an trockene Standorte angepaßte wasserspeichernde Pflanzen mit fleischig-saftiger Beschaffenheit *(Sukkulenz)* der wasserspeichernden Gewebe. Man unterscheidet Blatt-S. (z.B. Aloe, Agave, Queller, Sedum), →Stammsukkulenten („Kaktus"-Gestalten) u. Wurzel-S. (Pelargonium-, Oxalisarten).

Sukkur, pakistan. Stadt am Indus, 140000 Ew.; der oberhalb von S. 1923–1932 errichtete Staudamm *(Lloyd Barrage)* ermöglicht die Bewässerung der Prov. Sindh.

Suktorien [lat.], *Suctoria, Sauginfusorien*, eine Klasse der *Wimpertierchen*, die sekundär ihre Wimpern verloren hat; nur die Jugendstadien sind noch bewimpert. Festsitzende Tiere, die mit Saugtentakeln ihre Beute, Wimpertierchen, fangen u. aussaugen; ein Zellmund ist nicht vorhanden; Fortpflanzung meist ungeschlechtl. durch innere oder äußere Knospung, selten durch Zweiteilung.

Sukuma, *Wasukuma*, Hackbau treibendes ostafrikan. Bantunegervolk (über 1 Mill.) in Tansania, südöstl. des Victoriasees.

Sukzession [die; lat.], **1.** *allg.:* Aufeinanderfolge, Nachfolge; →auch Thronfolge. **2.** *Mineralogie:* deutliche Altersfolge in der Entstehung u. Lagerung von Mineralien, die auf eine Änderung der physikalisch-chem. Bildungsbedingungen hinweist. **3.** *Ökologie: Aufeinanderfolge*, Entwicklungsreihe von Pflanzen- oder Tiergesellschaften am gleichen Ort, die durch Änderung der Umweltverhältnisse (z.B. Klimaänderungen, menschl. Einflüsse) oder meistens durch die Gesellschaft selbst verursacht wird. Bei Tieren gibt es die zeitlich begrenzte S. *(sekundäre S.)*, z.B. an Aas: anaerobische Bakterien >Fliegenlarven >Aaskäfer, Fadenwürmer u. Milben >räuberische Insekten >Springschwänze u. Speckkäfer >Schwarzkäfer u. Motten. →auch Lebensgemeinschaft, Biozönose. **4.** *Recht:* →Rechtsnachfolge. **5.** *Theologie: apostolische S.* →apostolische Nachfolge.

Sukzessionskrieg = Erbfolgekrieg.

Sukzessionsstaaten →Nachfolgestaaten.

Sukzessivgründung →Gründung.

Sulaiman = Suleiman.

Sulaimaniya, *As S.*, irak. Stadt im Sagrosgebirge, 65000 Ew.; Zementindustrie, Tabakanbau.

Sulaimankette, südasiat. Kettengebirge in Nordwestpakistan, zwischen der Grenze zu Afghanistan u. der Indusebene, im *Pir Göl* 3530m, im *Kaisarghar* 3444m.

Sulainseln, indones. Inselgruppe in der südl. Molukkensee östl. von Celebes, Hauptinseln *Taliabu* u. *Mangole*; 5500qkm, 25000 Ew.

Sulawesi = Celebes.

Suleika, Name für Marianne von *Willemer* in *Goethes* „West-östlichem Divan", übernommen aus *Firdausis* „Jussuf und Suleicha".

Suleiman, *Soliman*, osman. Sultane: **1.** *S. I.*, Sultan 1403–1410, †5. 6. 1410 (auf der Flucht ermordet); versuchte in Adrianopel die Macht der Osmanen nach ihrer Niederlage durch Timur wiederaufzurichten, mußte aber seinem Bruder Musa weichen.

2. *S. II. Kanuni* [türk., „der Gesetzgeber"], in Europa *S. der Prächtige*, Sultan 1520–1566, *6. 11. 1494 oder 1495, †5./6. 9. 1566 vor Szigetvár (Ungarn); Sohn Selims I., führte 13 Feldzüge an, vor allem gegen Ungarn u. Iran, eroberte 1521 Belgrad, 1522 Rhodos, in der Schlacht bei Mohács am 29. 8. 1526 Ungarn, belagerte 1529 Wien vergebl.; nahm den Persern 1534 Täbris u. Bagdad, unterwarf Tripolitanien u. Algerien der türk. Oberhoheit, schuf mit Hilfe des Seeräubers Chaireddin Barbarossa die türk. Flotte u. beherrschte das Mittelmeer u. die Meere bis zum Ind. Ozean. S. gab dem Osman. Reich, dessen Höhepunkt seine Herrschaft war, eine neue innere Organisation. Er fiel im Kampf gegen Zrinyi. – 🅱→Islam II.

Sulf... [von lat. *sulphur*], *Chemie:* Wortbestandteil mit der Bedeutung „Schwefel".

Sulfamid [das], ältere Bez. für →Sulfonamide.

Sulfane [lat.], *Polysulfane*, kettenförmige Polyschwefelwasserstoffe der allg. Form H_2S_n, z.B. H_2S_2 Disulfan.

Sulfanilsäure [lat. + arab.], *p-Amino-Benzolsulfonsäure*, eine Anilinsulfonsäure, die durch Erhitzen von Anilin mit Schwefelsäure entsteht; wichtiges Ausgangsprodukt zur Synthese von Azofarbstoffen u. Heilmitteln (→Sulfonamide).

Sulfate [lat.], Salze der →Schwefelsäure, z.B. Na_2SO_4, Natriumsulfat *(Glaubersalz)*.

Sulfid [das; lat.], Schwefelverbindung eines Metalls, z.B. Natriumsulfid Na_2S, Eisen-II-sulfid FeS. Die S.e können als Salze der Schwefelwasserstoffsäure angesehen werden. Es gibt auch S.e der Nichtmetalle (z.B. Kohlendisulfid, CS_2) u. organ. S.e.

Sulfite [lat.], Salze der schwefligen Säure, z.B. Na_2SO_3 Natriumsulfit (→Schwefel).

Sulfitlauge, wäßrige Lösung von Calciumbisulfit; wird bei der Gewinnung von Zellstoff aus Holz verwendet, da sie das Lignin aus dem Holz herauslöst. Die ligninhaltige *Sulfitablauge* wird, da sie geringe Mengen von Kohlenhydraten enthält, durch Vergärung zu *Sulfitsprit* verarbeitet; ferner werden aus ihr Gerbextrakte, Klebe-, Appretur- u. Waschmittel, eiweißhaltige Futtermittel u. Hefe gewonnen.

Sulfonamide [lat. + grch.], synthet. hergestellte chemotherapeut. Arzneimittel zur Bekämpfung bakterieller Infektionen. Sie haben bakteriostat. Wirkung, die bei den einzelnen S.n verschieden ist; durch Kombination können die Mittel wirksamer gemacht werden. Sie werden innerl. verabreicht, können aber auch in die Blutbahn gespritzt oder mit Pudern u. Salben örtl. zur Wirkung gebracht werden. →auch orale Antidiabetika.

Sulfonate [lat.], Salze u. Ester der →Sulfonsäuren; die Alkalisalze sind wichtige Waschmittelrohstoffe. →auch Fettalkoholsulfonate.

Sulfonsäuren, aliphat. u. aromat. Verbindungen der allg. Form $R{-}SO_3H$ ($-SO_3H$ ist die *Sulfogruppe*). S. der aromat. Reihe lassen sich leicht durch Einwirkung von konzentrierter Schwefelsäure auf Benzol, Naphthalin u. deren Derivate gewinnen. Sie werden z.T. in Amino-, Nitro- u. Phenolverbindungen umgewandelt u. zu Farbstoffen, Waschmitteln, Arzneimitteln u.a. verarbeitet.

Sulfur [lat.], *Sulphur* = Schwefel.

Sulfuröl, Olivenöl, das durch Extraktion mit Schwefelkohlenstoff gewonnen worden ist.

Sulina, *S.-Arm*, mittlerer Mündungsarm der Donau, 63km, bis 12m tief; Verkehrsweg der Hochseeschiffe nach Galatz u. Brăila; an der Mündung Hafenstadt S.; Fischverarbeitung, Schiffswerft.

Sulingen, niedersächs. Stadt in der südl. Syker Geest (Ldkrs. Diepholz), 11600 Ew.; Kabelwerke, Metallgießerei, Bau landwirtschaftl. Maschinen, Schuh-, Bürsten-, Zigarrenindustrie.

Sulitjelma, *Sulitälma*, Berg in Nord-Norwegen, an der schwed. Grenze, 1914m; vergletschert; Kupfererzabbau; Bergbausiedlung S., Bahnendpunkt.

Sulky ['sʌlki; das; engl.], der bei Trabrennen verwendete einsitzige, zweirädrige Einspänner.

Süll [der oder das; niederdt., „Schwelle"], etwa 30cm hochkant stehende Bodenleiste bei Schiffstüren bzw. Umrahmung von Decksöffnungen; soll das Eindringen von Wasser verhindern.

Sulla, Lucius Cornelius, röm. Staatsmann u. Feldherr, *138 v. Chr., †78 v. Chr.; kämpfte als Proquaestor im Krieg gegen *Jugurtha* unter *Marius*; im Bundesgenossenkrieg als Legat erfolgreich; für 88 v. Chr. zum Konsul gewählt. Als 84 v. Chr. der Oberbefehl gegen König *Mithradates* von Pontos Marius übertragen werden sollte, obgleich dieser S. zustand, führte S. erstmals ein röm. Heer gegen Rom, erzwang den Oberbefehl für sich u. trieb Marius in die Flucht. Nach S.s Abreise in den Osten kehrte Marius nach Rom zurück u. richtete unter seinen Gegnern ein Blutbad an. S. blieb im Osten, eroberte u. plünderte Athen u. brachte reiche Kunstschätze nach Rom. 83 v. Chr. kehrte er nach Rom zurück, wobei sich ihm der junge *Pompeius* anschloß, siegte über die Marianer u. beseitigte seine polit. Gegner; er wurde 82 v. Chr. zum Diktator ernannt u. stellte die Herrschaft des Senats wieder her. 79 v. Chr. gab er seine Vollmachten zurück u. verbrachte den Rest seines Lebens auf seinem Landgut. – ▯ 5.2.7.

Sullana, Stadt im nordwestperuan. Tiefland, 35 000 Ew., Baumwoll- u. Maisanbau.

Sullivan [ˈsʌlivən], **1.** Sir Arthur Seymour, engl. Komponist, *13. 5. 1842 London, †22. 11. 1900 London; schrieb zahlreiche Lieder, Klavierwerke, Ouvertüren, Oratorium „The Golden Legend", Oper „Ivanhoe" 1891, Operetten („Mikado" 1885) u. Schauspielmusiken. **2.** Louis Henry, US-amerikan. Architekt, *3. 9. 1856 Boston, Mass., †14. 4. 1924 Chicago; entwickelte die Form des Stahlskelettbaus zu einem *Funktionalismus,* der im 20. Jh. wegweisend für Bestrebungen der modernen Baukunst wurde. Hptw.: Auditorium Building in Chicago, 1887–1889; Wainwright Building in St. Louis, 1890/91; Guaranty Building in Buffalo, 1894/95; Transportation Building in Chicago, 1893. – ▯ 2.3.2.

Sully, 1. [syˈli], Maximilien de Béthune, Herzog von S., französ. Staatsmann, *13. 12. 1560 Rosny bei Mantes, †22. 12. 1641 Villebon, Loire-et-Cher; kämpfte als Hugenotte unter dem späteren König Heinrich IV., ordnete als Finanz-Min. (seit 1597) die Staatsfinanzen, belebte die Wirtschaft u. schuf damit die Grundlage für den Absolutismus; entwarf einen Plan zur Befriedung Europas („Christl. Republik" europ. Staaten). **2.** [ˈsʌli], Thomas, US-amerikan. Maler engl. Herkunft, *17. 3. 1783 Horncastle, England, †5. 11. 1872 Philadelphia; führender Porträtist um 1830–1850; schuf auch Landschaftsgemälde u. histor. Darstellungen in frühnaturalist. Stil.

Sully Prudhomme [syˈli pryˈdɔm], eigentl. René François Armand *Prudhomme,* französ. Lyriker, *16. 3. 1839 Paris, †7. 9. 1907 Schloß Châtenay. Notar in Paris; gehörte zu den *Parnassiens;* erster Nobelpreisträger für Literatur (1901).

Sulmona, mittelitalien. Stadt in der Region Abruzzen, südöstl. von L'Aquila, 22 000 Ew.; wertvolle mittelalterl. Bauten (Dom, Edificio dell'Annunziata); Nahrungsmittelindustrie.

Sulpizianer, lat. *Societas Presbyterorum a Sancto Sulpitio,* kath. Weltpriesterkongregation, gegr. 1642 in Paris von Jean Jacques *Olier,* endgültige päpstl. Approbation 1931; die S. widmen sich bes. der Heranbildung des Klerus.

Sultan [arab., „Herrschaftsgewalt"], seit dem 10. Jh. Titel unabhängiger Herrscher in islam. Ländern; im Osman. Reich um 1400–1922 Titel des Herrschers u. der Prinzen. Herrschaftsbereich eines S.s ist das *Sultanat.*

Sultanat →Sultan.

Sultanine [die; arab., türk., ital.] →Rosine.

Sultan Muhammed, pers. Maler, † nach 1541; tätig am Hof des Safawiden-Schahs *Tahmasp* in Täbris; nach *Behzad* der berühmteste Miniaturist des 16. Jh. in Persien.

Sultanshuhn, *Porphyrio porphyrio,* prächtig schillernde *Ralle;* Lebensweise ähnlich wie bei den Bläßhühnern; Heimat: Afrika; weitere Arten in der übrigen Alten Welt.

Sulu, die Stämmegruppe der →Zulu.

Sulubecken, Südostteil der →Sulusee.

Suluinseln, philippin. Inselgruppe zwischen Borneo u. Mindanao, 2688 qkm, 450 000 Ew. (*Sulusen*); Hauptinsel *Basilan;* Ausfuhr von Kokosnüssen, Perlen u. eßbaren Vogelnestern.

Sulusee, Binnenmeer im Australasiat. Mittelmeer zwischen Nordborneo u. Philippinen; im SO im *Sulubecken* bis 5580 m tief.

Sulza, *Bad S.,* Stadt im Krs. Apolda, Bez. Erfurt, an der Ilm, 4000 Ew.; Mineralquellen (Solbad); Salzgewinnung, Textilindustrie.

Sumatra: Reisterrassen bei Bukittinggi

Sulz am Neckar, baden-württ. Stadt (Ldkrs. Rottweil), 10 400 Ew.; spätgot. Stadtkirche, Solbad; verschiedene Industrie.

Sulzbach-Rosenberg, bayer. Stadt in der Oberpfalz (Ldkrs. Amberg-Sulzbach), nordwestl. von Amberg, 19 500 Ew.; Schloß; Eisenindustrie, Zement- u. Röhrenwerke.

Sulzbach/Saar, saarländ. Stadt (Stadtverband Saarbrücken), 20 800 Ew.; Fachschulen; Stahl- u. Maschinenbau, Metall-, Bekleidungsindustrie.

Sülze, *Sulz,* gekochte Teile von Schlachttieren, z.B. Schweinekopf u. -ohren, Kalbskopf u. -füße, Schwarten, die beim Erkalten erstarren u. eine gallertartige Masse bilden. *Fisch-S.* besteht aus zerkleinertem Seefisch (75%) in Gelee; auch *Frucht-S.* (Fruchtgelee).

Sulzer, Johann Georg, schweizer. Philosoph, *16. 10. 1720 Winterthur, †27. 2. 1779 Berlin; Popularphilosoph der Aufklärung, moralisierender Ästhetiker, befaßte sich bes. mit der Psychologie des künstlerischen Schaffens; Hptw.: „Allg. Theorie der schönen Künste" 4 Bde. 1771–1774.

Sumach [der; arab.], *Rhus,* Gattung der *Sumachgewächse,* Bäume oder Sträucher mit meist gefiederten, seltener einfachen Blättern u. kleinen, harzreichen Steinfrüchten. Wichtig als Gerbstofflieferanten sind *Gerber-S., Rhus coriaria,* aus dem Mittelmeergebiet u. *Gallen-S., Rhus semialata,* der im Himalaya u. in Japan heimisch ist. – *Japanischen Firnis* liefert der *Firnis-S., Rhus vernicifera,* während der ostasiat. *Talg-S., Rhus succedanea,* in seinen Früchten das Rohmaterial für das *vegetabilische* oder *japanische Wachs* enthält. – Als Giftpflanze berüchtigt ist der in Japan, Nordamerika u. Mexiko heimische *Gift-S., Rhus toxicodendron.* – Zierpflanze ist bei uns der *Essig-S.* (Essigbaum, Hirschkolben, *Rhus typhina*), ein aus Nordamerika stammender, 3–5 m hoher Baum mit braunfilzigen Zweigen, Fiederblättern u. rauhen, roten Früchten, sowie der *Perückenstrauch, Rhus cotinus.*

Sumachgewächse, *Anacardiaceae,* Familie der *Terebinthales;* zu den S.n gehören u.a. *Acajoubaum, Sumach, Pfefferstrauch, Tintenbaum, Firnisbaum.*

Sumak [nach der aserbaidschan. Stadt *Schemacha*], kaukas. Teppich, Abart des *Kelims,* bei der die musterbildenden Wirkfäden nicht auf der Rückseite abgeschnitten bzw. befestigt werden, sondern frei heraushängen.

Sumatra [auch ˈzu-], indones. *Sumatera,* westlichste der Großen Sundainseln in Indonesien, zwischen der Halbinsel Malakka u. Java, 424 979 qkm (Verwaltungsgebiet 473 606 qkm), 20 Mill. Ew. (*Malaien,* im Urwald *Kubus*); im W gebirgig (Wälder, Savannen), im O von trop. Regenwald (*Rimba*) bedecktes sumpfiges Schwemmland, viele Vulkane (15 tätige); Anbau von Reis, Tabak (S.-Deckblatt), Tee, Kaffee, Maniok, Zuckerrohr, Kakao, Kokospalmen; Kautschukgewinnung; Gold-, Eisen-, Schwefel-, Zinn-, Bauxit- u. Kohlenvorkommen; Erdölfelder, Raffinerien.
Geschichte: Auf S. entstanden zwei Seemächte, das buddhist. *Sri Vijaya* seit dem 7. u. das islam. *Atjeh* seit dem 16. Jh. 1509 landeten die Portugiesen, 1596 die Holländer, die S. im 19. Jh. endgültig unterwarfen. Seit 1949 ist S. ein Teil Indonesiens.

Sumba, *Sandelholzinsel, Tjendana,* eine der indones. Kleinen Sundainseln, südwestl. von Flores, 11 082 qkm, 250 000 Ew.; Hauptort *Waingapu;* Kopra- u. Sandelholzgewinnung, Pferdezucht.

Sumbatow, Alexander Iwanowitsch Fürst, Schauspielername: A. I. *Juschin,* russ. Bühnendichter, *16. 9. 1853 Gouvernement Tula, †17. 2. 1927 Juan-les-Pins, Riviera; Direktor des „Kleinen Theaters" in Moskau (1909–1926); Theaterstücke mit gelungener Charakterzeichnung.

Sumbawa, eine der vulkanreichen indones. Kleinen Sundainseln, im W von Flores, im *Tambora-Vulkan* 2850 m (1815 verheerender Ausbruch), 13 280 qkm, 400 000 Ew.; Tabak-, Baumwoll-, Reisanbau.

Sumerer, die Bewohner des Landes *Sumer,* das den untern Teil Mesopotamiens südl. von Babylon umfaßte. Die S., die weder Indogermanen noch Semiten waren, hatten sich im 4. Jahrtausend v. Chr. dort angesiedelt u. auf der Grundlage von Ackerbau u. Viehzucht eine Kultur geschaffen, die schon eine hochentwickelte Technik hatte (Baukunst, Metallverhüttung) u. deren größte Leistung die Erfindung der Keilschrift war. Sumer bestand während der frühdynast. Zeit (2750–2350 v. Chr.) aus einzelnen Stadtstaaten geringer räuml. Entfernung (*Uruk, Ur, Kisch, Lagasch, Umma* u.a.), die von Fürsten (zugleich Oberpriester der Stadtgotts u. oberste Gerichtsherren) regiert wurden. Der Tempel war Mittelpunkt des religiösen u. polit. Lebens; neben Sklaven waren Handwerker ständig in seinen Werkstätten beschäftigt, u. schon früh entwickelte sich eine vielschichtige Beamtenschaft.

sumerische Kunst

Dolch aus Gold mit Lapislazuligriff; aus dem Königsfriedhof in Ur, Frühdynastische Epoche, Meskalamdu-Phase, um 2685–2645 v. Chr. Bagdad, Irak-Museum

Ziegenbock am Blütenstrauch; aus dem Königsfriedhof in Ur, Frühdynastische Epoche, Meskalamdu-Phase, um 2685 bis 2645 v. Chr. London, Britisches Museum

Löwenjagdstele aus Uruk; Frühsumerische Epoche, 3. Viertel des 4. Jahrtausends v. Chr. Bagdad, Irak-Museum

sumerische Kunst

SUMERISCHE KUNST

Frauenkopf aus Uruk; Frühsumerische Epoche, 3. Viertel des 4. Jahrtausends v. Chr. Bagdad, Irak-Museum

Terrakottaköpfchen einer Göttin; Gudea/Ur III/Isin-Periode, um 2290–2040 v. Chr. Paris, Louvre

Bildnis einer sitzenden Frau aus Mari; um 2500 v. Chr. Damaskus, Nationalmuseum

Libationskanne (Trankopfergefäß) aus Stein; Uruk, 3. Viertel des 4. Jahrtausends v. Chr. Bagdad, Irak-Museum

Frühsumerisches Rollsiegel mit Abrollung; Mesilim-Periode, Wende des 4. zum 3. Jahrtausend v. Chr. London, Britisches Museum

sumerische Kunst

Untereinander lagen die Städte ständig in Streit, u. nur einzelne (z. B. *Eannatum* von Lagasch) gewannen zeitweilig die Oberhand. Um 2350 v. Chr. eroberte *Lugalzaggesi*, Fürst von Umma, ganz Sumer u. drang vom Pers. Golf bis zum Mittelmeer vor. Das altsumer. Reich erlag um 2300 v. Chr. den semit. *Akkadern*.
Nach dem Untergang des Reichs von Akkad u. der Herrschaft der *Gutäer* gelangte mit der 3. Dynastie von Ur das neusumer. Reich zur Macht (2070–1950 v. Chr.), in dem jedoch sumer. u. semit. Volksteile verschmolzen waren (semit. Namen der Könige). Es hatte immer mit semit. Eindringlingen zu kämpfen, u. bes. die Einwanderung der *Amoriter* führte seit 1950 v. Chr. zum Zerfall des Staatswesens, bis Sumer nach einer unübersichtl. Periode der Kleinstaaterei von *Hammurapi* seinem babylon. Reich eingegliedert wurde. – ▢ 5.1.9.

sumerische Kunst, die Kunst des sumerischen Volkes, in mehrere Perioden gegliedert nach den wichtigsten Fundorten ihrer Erzeugnisse (z. B. →Uruk, →Dschemdet Nasr) oder nach Herrscherpersönlichkeiten (Mesilim, Gudea).
Der Beginn der s.n K. wird mit der *Uruk-Periode* (um 3000 v. Chr.) angesetzt. Erfindung der Schrift, Aufkommen der Monumentalarchitektur u. des Rollsiegels, in dessen Bildstreifen oft Motive aus der Welt des Jägers erscheinen, kennzeichnen diese früheste Epoche der altsumer. Kultur. In der Tempelbaukunst erscheinen langgestreckte Höfe, von Raumtrakten umgeben, Nischenanlagen sowie Hochterrassen als Keimzellen der späteren Zikkurat. Als Wandschmuck diente das Stiftmosaik aus etwa 10 cm langen, mit gefärbten Köpfen versehenen Tonstiften, die zu Flechtmustern zusammengesetzt u. in den Lehmverputz der Ziegelmauer eingedrückt wurden. In der *Dschemdet-Nasr-Zeit* (2800–2700 v. Chr.) entwickelte die Formen der vorangegangenen Periode weiter. Neben bedeutenden Werken der Großplastik, darunter aus Uruk ein lebensgroßer Frauenkopf aus weißem Marmor u. ein Relief aus schwarzem Basalt mit der Darstellung einer Löwenjagd, erhielten sich kleinplastische, naturnah gearbeitete Tierfiguren, mit Tierdarstellungen verzierte Steingefäße, Schmuck aus Halbedelsteinen u. Muscheln. Die Keramik ist im Unterschied zur grau oder rot polierten Ware der Uruk-Zeit z. T. mehrfarbig bemalt.
Zwischen der Dschemdet-Nasr-Epoche u. der *Mesilim-Zeit* (um 2600 v. Chr.) besteht ein scharfer Bruch. Auffallend ist der Verzicht auf Monumentalität in der Baukunst; die Tempel erscheinen als Herdhäuser mit dem Altar an einer Schmalseite. Stadt- u. Befestigungsmauern zeigen ungewöhnl. Dicke. In der Steinschneidekunst herrscht das Figurenband mit ornamentähnl. Bildstreifen vor. Hauptmotiv dieser Siegel ist der Schutz der Herden gegen angreifende Raubtiere. Typisch ist auch das Aufkommen von Mischwesen, z. B. des löwenköpfigen Adlers u. des Stiermenschen.
Der 2. Abschnitt der frühdynastischen Periode, die *Ur-I-Zeit*, führt in der Baukunst allg. die Tradition der Mesilim-Epoche weiter, doch werden Tempel jetzt gegen die Siedlungen durch Mauern abgeschlossen. Figürl. Plastik ist meist aus Gipsstein gearbeitet u. unter Lebensgröße. Die Reliefkunst gipfelt in der Geierstele des Fürsten Eannatum von Lagasch. Die Goldschmiedekunst brachte Gefäße, Geräte u. Schmuckstücke von wundernswerter Schönheit hervor (Königsfriedhof in Ur).
Nach dem Ende der sumer. Vorherrschaft gegen 2300 v. Chr. erlebte die Kunst 300 Jahre später in der Gudea-Zeit u. der Epoche der 3. Dynastie von Ur (*neusumer. Zeit*) eine Renaissance. Kennzeichnend sind wiederum Hochterrassentempel; Plastik u. Reliefkunst erfuhren einen neuen Aufschwung. – ▣ S. 298. – ▢ 2.2.2.

sumerische Sprache, eine Sprache in Mesopotamien ohne nachweisbare Verwandtschaft mit irgendeiner bekannten Sprache, überliefert seit etwa 3000 v. Chr. Die s. S. ist in einer von der Bilder- zur Silbenschrift sich entwickelnden Keilschrift überliefert; sie diente bis kurz vor der christl. Zeitrechnung als Gelehrtensprache in Vorderasien. – ▢ 3.8.5.

Sumgait, neue Stadt in der Aserbaidschan. SSR (Sowjetunion), nahe der Mündung des S.-Flusses ins Kasp. Meer, 175 000 Ew.; Röhrenwalz-, Synthesegummi-, Aluminium- u. Superphosphatwerke; Wärmekraftwerk; Flugplatz.

Summa [die; lat.], Summe, Zusammenfassung; im MA. Gesamtdarstellung eines Wissensgebiets (z. B. „S. theologica" von Thomas von Aquin).

summa cum laude [lat., „mit höchstem Lob"], beste Bewertung der Doktorprüfung.
Summand [der; lat.], Glied einer Summe.
summa summarum [lat., „Summe der Summen"], alles in allem, Gesamtbetrag.
Summation [lat.], Aufrechnung, Bildung einer Summe, insbes. bei Reihen.
Summe [die; lat.], Zusammenfassung, Gesamtheit; Ergebnis der Addition.
Summenversicherung, eine Versicherung, bei der sich die Leistung des Versicherers im Schadensfall nur nach der vereinbarten Versicherungssumme, nicht nach der Schadenshöhe richtet.
Summepiskopat [der; lat.-grch.], ein staatskirchenrechtl. System, in dem der Landesherr als *summus episcopus* („oberster Bischof") bestimmte Rechte in der ihm untergeordneten Landeskirche innehatte. Von Luther als vorübergehende Notlösung zugelassen, bestand der S. in den dt. ev. Landeskirchen bis 1918.
Summer, *Schwachstromtechnik:* kleines Signalgerät, das nach dem Prinzip der elektr. Klingel arbeitet. Der Summton wird durch die Vibrationen des Ankers oder einer Membran erzeugt.
Summerhill ['sʌməhil], engl. Internatsschule in der Grafschaft Suffolk, gegr. 1921 von A. S. *Neill*. Der Hauptgrundsatz ist, daß die Schüler frei von jegl. Autorität aufwachsen u. sich dadurch zu unverkrampften Menschen entwickeln sollen. →auch antiautoritäre Erziehung.
Summum bonum [das; lat.], „das höchste Gut"; Gott.
summum jus summa injuria [lat.], röm. Sprichwort: das höchste Recht (kann) das schlimmste Unrecht (sein).
Sumner ['sʌmnər], James Batcheller, US-amerikan. Biochemiker, * 9. 11. 1887 Canton, Mass., † 12. 8. 1955 Buffalo, N. Y.; arbeitete bes. über Enzyme; Nobelpreis 1946.
Sumpf, 1. *Bergbau:* brunnenartige Vertiefung oder unter dem sonstigen Streckenniveau liegende Strecke, in der sich das in der Grube befindl. Wasser sammelt. Von dort wird es zur Tagesoberfläche gepumpt.
2. *Hydrogeologie:* meist grundwassernahe feuchte Erdstellen, oft mit dichtem Pflanzenwuchs; man unterscheidet: Auen-, Küsten-, See-, Salz-, Quell-, Versickerungssümpfe; oft Verlandungsstadium von Seen mit *S.vegetation*; →auch Moor.
Sumpfantilope, *Tragelaphus spekii,* echte *Antilope* sumpfiger Wälder Zentral- u. Ostafrikas; →auch Kudu.
Sumpfbiber, *Biberratte, Nutria, Myocastor coypus,* trugrattenartiges Nagetier aus der Familie der Baumratten, *Capromyidae;* Körper u. drehrunder Schwanz je ca. 50 cm lang. Schwimmhäute an den Hinterfüßen; 8–10 Zitzen auf dem Rücken. S. leben in Kolonien an den Gewässern des gemäßigten Südamerika; Pflanzenfresser; als Pelztier in Farmen gezüchtet u. auch in Dtschld. verwildert.
Sumpfdeckelschnecke, *Vivipurus,* eine *Vorderkiemenschnecke;* lebt im Süßwasser; 2 Arten in Mitteleuropa; bringt lebendige Junge zur Welt; verträgt Einfrieren u. Austrocknen.
Sumpfdotterblume →Dotterblume.
sümpfen, ein „ersoffenes" (mit Wasser gefülltes) Bergwerk leerpumpen.
Sumpfenzian, *Tarant, Swertia perennis,* 15 bis 30 cm hohes *Enziangewächs* mooriger Gebirgswiesen in der nördl. gemäßigten Zone, mit stahlblauen, seltener gelben Blüten.
Sumpferz, im Sumpf gebildetes Raseneisenerz.
Sumpfgas, natürlich vorkommendes Gemisch von →Methan u. Kohlendioxid; entsteht im Schlamm von Sümpfen durch Vergärung von Pflanzenteilen unter Mitwirkung von Bakterien.
Sumpfhirsch →Amerikahirsche.
Sumpfhühner, *Porzana,* Gattung unauffälliger, sumpfbewohnender *Rallen,* z. B. in Eurasien das *Tüpfel-Sumpfhuhn, Porzana porzana,* mit weißgefleckter Oberseite.
Sumpfkrebs, *Galizischer Krebs, Astacus leptodactylus,* ein *Flußkrebs* osteurop. Gewässer mit schmalen Scheren u. wenig schmackhaftem Fleisch; in Dtschld. nur in mecklenburg. Seen.
Sumpfkresse →Brunnenkresse.
Sumpfkrokodil, *Crocodylus palustris,* bis 4 m langes *Krokodil* Vorderindiens u. Ceylons, bevorzugt flache Gewässer; in Indien ein heiliges Tier in Tempelteichen. Lebensdauer bis 18 Jahre.
Sumpfläufer, *Limicola falcinellus,* kleiner gedrungener schnepfenartiger *Watvogel* Skandinaviens, der auf dem Durchzug in Dtschld. auftritt.
Sumpfluchs →Wildkatzen.

Sumpfludwigie, *Ludwigia palustris,* Gattung der *Nachtkerzengewächse,* eine amphibisch an Gewässern u. Gräben lebende Wasserpflanze mit unscheinbaren Blüten.
Sumpfohreule, *Asio flammeus,* euras. *Eule* mit undeutlichen Federohren, lebt in offenem sumpfigem u. sandigem Gelände.
Sumpfotter →Nerz.
Sumpfpflanzen, *Helophyten,* Pflanzen, die unter Wasser festgewurzelt sind oder an wasserreichen Stellen vorkommen; z. B. Sumpfbinse, Rohrkolben, Schilf. – ▣ S. 302.
Sumpfquendel, *Peplis portula,* ein europ. *Weiderichgewächs* feuchter Standorte mit runden Blättchen u. lila Blüten.
Sumpfschildkröten, *Emydidae,* weitverbreitete Familie meist wasserbewohnender *Schildkröten,* fehlt nur in Australien. 25 Gattungen mit 76 Arten; viele Arten der nördl. Halbkugel verbringen den Winter in einem Starrezustand. Zu den S. gehören die *Schmuckschildkröten, Dosenschildkröten* u. die *Europ. Sumpfschildkröte, Emys orbicularis,* als einzige Schildkröte des mitteleurop. Binnenlands von Nordwestafrika bis Westasien in stehenden Gewässern verbreitet; Panzer olivschwarz mit gelber Zeichnung.
Sumpfschnake = Wiesenschnake.
Sumpfvögel, Bez. für alle in feuchtem Gelände lebenden Vögel. Oft mit langen stelzenden Beinen (Stelzvögel, Kraniche) ausgerüstet.
Sumpfwurz, *Sitter, Epipactis,* Gattung der *Orchideen;* davon in Dtschld. relativ häufig zu finden: S. i. e. S. (Stendelwurz, Sumpfsitter, Epipactis palustris), Breitblättrige S. (Epipactis helleborine), Schwarzrote S. (Strandvanille, Epipactis atrorubens).
Sumpfzypresse, *Taxuszypresse, Eibenzypresse, Sumpfzeder, Taxodium,* nordamerikan. Gattung der *Taxodiengewächse.* Kennzeichnend sind die dauernd mit Nadeln besetzten Langtriebe, während die Kurztriebe im Herbst abgeworfen werden. Bis 40 m hoch wird die *Virginische S., Taxodium distichum,* die in Nordamerika gesellig auftritt u. die sog. Zypressenknie bildet; bei uns wegen der gelben bis kupferroten Herbstfärbung des Laubs Zierbaum. Durch einen Baum von 62 m Umfang ist die *Mexikanische S., Taxodium mucronatum,* bekannt geworden.
Sumy, Hptst. der Oblast S. (23 800 qkm, 1,5 Mill. Ew.; davon 35% in Städten) im NO der Ukrain. SSR (Sowjetunion), 210 000 Ew.; Zuckerraffinerien, Landmaschinen-, Konfektions-, Schuh- u. Lederwaren- u. elektrotechn. Industrie.
Sun [das], *Sasi, Sung, Sonn, Shaku,* altes japan. Längenmaß; 1 S. = 3,03 cm.
Sun [sʌn], „The S.", anstelle des eingestellten „Daily Herald" (gegr. 1911) 1964 gegr. Tageszeitung in London, die der Labour Party nahesteht; Auflage: ca. 4 Mill.
Sunay, Cevdet, türk. Offizier u. Politiker, * 10. 2. 1900; 1960–1966 Armee-Oberbefehlshaber u. Generalstabschef, 1966–1973 Staats-Präs.
Sund, Meerenge, bes. der →Öresund.
Sunda-Gavial = Malaiischer Gavial.
Sundagraben, ein langgestreckter, bis 7455 m tiefer Graben an der Außenseite von Sumatra u.

Europäische Sumpfschildkröte, Emys orbicularis

Java zwischen Mentawai-Inseln u. Sumba; 1926 durch eine Lotung von 7000 m (Planettiefe) des dt. Forschungsschiffs „Planet" entdeckt.

Sundainseln, *Sunda-Archipel,* südostasiat. Inselreich zwischen der Halbinsel Malakka u. Australien, gegliedert in die *Großen S.* (*Sumatra, Java, Borneo* u. *Celebes*) u. die 40 *Kleinen S.* (*Bali, Lombok, Sumbawa, Flores, Sumba, Timor* u. a.); Rest einer alten Landverbindung zwischen Asien u. Australien, reich an erloschenen u. tätigen Vulkanen; zahlreiche Bodenschätze u. trop. Agrarerzeugnisse; trop.-heißes Äquatorialklima; gehören polit. überwiegend zu Indonesien.

Sundanesen, jungmalaiisches Kulturvolk (rd. 13 Mill.) auf Westjava, den Javanen ähnlich; meist Moslems.

Sundar Ban [engl. 'sundəbæn], *Sunderbans,* das sehr tierreiche Dschungelgebiet an der Meeresfront des Gangesdeltas zum Golf von Bengalen.

Sundaschelf, das Schelfgebiet zwischen Borneo u. Java, in der *Javasee,* möglicherweise Teil eines versunkenen Urkontinents *(Philippinia).*

Sundastraße, flache Meerenge zwischen Java u. Sumatra.

Sundbyberg [-by'bærj], Stadt in Südschweden, nordwestl. von Stockholm (Prov. Stockholm), 29 000 Ew.; Nahrungsmittel- u. chem. Industrie.

Sünde, Bez. für eine Störung im Verhältnis des Menschen zu einer Gottheit. In den Volksreligionen kennt man nur *Tat-S.n,* also negativ bewertete, vornehmlich kultische Vergehen als Abweichung von Normen u. kultischen Traditionen. Im allg. gilt, daß die Tat-S.n auch durch tätige Akte (z.B. Sühnopfer) aufgehoben werden. Möglichkeiten, die aktuelle S. bzw. den durch sie erweckten Zorn der Gottheit zu beseitigen, sind z.B. Verabreichung eines Brechmittels, Blutabzapfungen, Waschungen, Räucherungen, Übertragung der S. auf einen S.nbock.
In den Universalreligionen wird als grundlegendes Negativum eine existentielle Unheilssituation verschiedener Art (ichhafte, ichsüchtige Existenz) angesehen, die nicht durch menschl. Handlungen kultischer oder ethischer Art aufgehoben werden kann, sondern nur durch Eingriff der göttl. Wirklichkeit in die menschl. Existenz. Im Buddhismus erfolgt die Aufhebung der Unheilssituation durch Erleuchtung, im Hinduismus durch Erkenntnis oder durch gnädige Erlösung seitens der Heilandgottheiten Wischnu oder Schiwa.
Im Sprachgebrauch der Bibel ist S. die bewußt u. frei vollzogene Abkehr von Gott im Ungehorsam gegen sein Wort u. seinen Willen (Tat-S.); gleichzeitig die seinen Geboten widersprechende Vergötzung des Geschöpflichen. Da Gott das Heil des Menschen ist, ist S. als existentielle Gottesferne Heillosigkeit (→auch Erbsünde). – Nach kath. Lehre werden durch die Taufe alle S.n getilgt, nicht aber die böse Neigung *(Konkupiszenz).* Durch erneute Tat-S. erstirbt das in der Taufe geschenkte göttl. Leben, soweit es sich um schwere S.n *(Tod-S.n)* handelt, jedoch nicht durch sog. *läßliche S.n.* Das ev. Verständnis von S. geht von dem schon im *S.nfall* sichtbar werdenden Widerspruch des Menschen gegen Gott aus u. unterscheidet nicht zwischen läßlichen u. Tod-S.n. Jegliche Art von S. läßt den Menschen ganz vor Gott verfallen. Das Erscheinungsbild der S. ist Unglaube u. Selbstsucht im Verhältnis zu den Mitmenschen. Grundsätzlich ist nach ev. Verständnis die S. nicht auf einzelne Taten bezogen, sondern auf die menschliches Verhalten bestimmende Grundsatzentscheidung der Selbstbehauptung u. des Unglaubens. Nur der Glaube an Gottes in Christus offenbarte Liebe bewirkt Vergebung u. Leben.

Sündenbock, im A.T. (3. Mose 16,21) ein Bock, dem am großen jährlichen Versöhnungstag der jüdische Hohepriester durch Auflegen der Hände symbolisch die Sünden des ganzen Volkes übertrug; danach wurde der S. in die Wüste geschickt.

Sündenfall, der im Bestreben des Menschen, Gott gleich zu sein, begründete erste Ungehorsam (S. Adams u. Evas; 1. Mose 3), der das Menschengeschlecht Verderbnis, Sünde u. Tod auslieferte. →auch Erbsünde.

Sündenklage, eine Form der geistl. Dichtung des MA., entstanden aus der erzählenden Bibelgeschichte u. der dogmat. Heilsgeschichte, als Antwort des einzelnen an die *Memento-mori-Predigten* u. als Reflexion über die eigene Sündhaftigkeit. Ausgebildet im 12. Jh., ist sie die erste Ich-Dichtung im dt. Sprachraum; im Aufbau den Beichtformularen nachgebildet. Die bekanntesten S.n sind: *Rheinauer Paulus* (Ende des 11. Jh. Kloster Rheinau); S. der *Millstätter Handschrift* (Anfang des 12. Jh.); *Uppsalaer Beichte* (um 1250, Rheinfranken); verwandt ist die →Litanei.

Sunderland ['sʌndələnd], nordostengl. Hafenstadt (Dockhafen) in der großstädt. Grafschaft Tyne and Wear, an der Mündung des Wear in die Nordsee, im tief eingeschnittenen Tal 300 000 Ew.; Seefahrtschule; Schiffbau, Metall-, Glas-, Maschinen-, Textil-, Radio- u. Papierindustrie.

Sundern (Sauerland), Stadt in Nordrhein-Westfalen, südl. von Arnsberg, 25 700 Ew.; Metallwaren- u. Elektroindustrie.

Sundgau, Landschaft im S des Elsaß, das Hügelland zwischen Vogesen, Oberrhein. Tiefland u. Jura; Zentrum *Mülhausen*; Anbau von Obst, Getreide u. Futterpflanzen, Rinderzucht.

Sundjata *Keita,* Begründer des Mali-Reichs, † 1255; errang 1235 bei Kirina den entscheidenden Sieg über seine Gegner, eroberte 1240 die Hptst. von Ghana. Seine Nachkommen beherrschten Mali bis zu seinem Niedergang im 17. Jh.

Sundman, Per Olof, schwed. Schriftsteller, *4. 9. 1922 Vaxholm bei Stockholm; sozial engagierte, psycholog. fundierte u. trotz nüchterner Sachbezogenheit abenteuerl. wirkende Romane.

Sundsvall ['sundsval], Hafenstadt in der mittelschwed. Prov. (Län) Västernorrland, am Bottn. Meerbusen, 100 000 Ew.; Holzhandel, Holz-, Maschinen- u. Celluloseindustrie; Großsender.

Sung, 1. Dynastien in China: *Nördl. S.-Dynastie* 960–1126, Hptst. Kaifeng; *Südl. S.-Dynastie* 1126–1279, Hptst. Hangtschou (seit 1138).

2. *Soong,* chines. Bankiersfamilie, spielte bes. durch die Schwestern Tschingling (*1890; Frau von Sun Yatsen) u. Meiling (*1897; Frau von Tschiang Kaischek) sowie durch Tsuwen (*1891; 1925–1927 Finanz-, 1941–1944 Außen-Min., 1944–1947 Min.-Präs.) eine polit. Rolle.

Sungai [mal.], *Sungei,* Bestandteil geograph. Namen: Strom, Kanal.

Sungari, *Sunghua Kiang,* rechter Nebenfluß des Amur in China, 2110 km, ca. 500 000 qkm Einzugsbereich; entspringt östl. von Mukden in der südl. Mandschurei, bei Kirin zum *Sunghuakiang Hu* aufgestaut, mündet südwestl. von Chabarowsk. Wichtigster Nebenfluß (links) *Nun Kiang.*

Sunghuakiang Hu, Stausee am Sungari bei Kirin in der Mandschurei (China); 170 km lang, 10 Mrd. m^3 Stauinhalt, mehrere Kraftwerke.

Sungkiang, Stadt in der ostchines. Prov. Kiangsu, südwestl. von Schanghai, 150 000 Ew., Eisenerzeugung.

Sun I-hsien →Sun Yatsen.

Sunlicht GmbH, seit 1971 *Lever Sunlicht GmbH,* Hamburg, zur →Deutschen Unilever GmbH gehörendes Unternehmen, gegr. 1899, erzeugt Waschmittel, Seifen u. Körperpflegemittel.

Sunna [die; arab., „Gewohnheit" (des Propheten)], Aussprüche u. Berichte über beispielhaftes Verhalten Mohammeds, die in Traditionssammlungen vorliegen u. neben dem Koran als autoritative Glaubensurkunden gelten.

Sunniten, Anhänger der *Sunna,* zu ihnen gehören 92% aller Moslems. Im Gegensatz zu den Schiiten erkennen sie die Rechtmäßigkeit der Kalifen an.

Sunnyvale ['sʌnivεil], Vorstadt von San Francisco, in Kalifornien (USA), 98 000 Ew.; landwirtschaftl. Mittelpunkt; Nahrungsmittel-, Elektronik-, Maschinen- u. chem. Industrie; Flugplatz.

Süntel [der], niedersächs. Bergland nördl. von Hameln, zwischen Weser u. Deister, in der *Hohen Egge* 437 m.

Suntschhon, südkorean. Stadt nahe der Koreastraße südwestl. von Tschindschu, 100 000 Ew.; Bahnknotenpunkt; Steinkohlenvorkommen.

Sun-tse, *Hsün-tse, K'uang Tch'ing,* chines. Philosoph, *um 310 v.Chr., † um 230 v.Chr.; entwikkelte die Lehre des *Konfuzius* selbständig weiter.

Sun Wen →Sun Yatsen.

Sun Yatsen, *Sun Yat-sen, Sun Wen, Sun I-hsien,* chines. Politiker, *12. 11. 1866 Tsuiheng, Provinz Kuangtung, † 12. 3. 1925 Peking; Südchinese, christl. erzogen, Arzt, lebte lange Zeit im Ausland (Honolulu, Hongkong, Japan, USA); trat für eine Erneuerung Chinas nach dem Muster westl. Republiken ein u. gründete die erste chines. Partei nach westl. Vorbild, die *Kuomintang.* Während der Revolution 1911/12, nach dem Sturz der Mandschu-Dynastie, war er kurze Zeit Präs. der in Nanking gegr. provisor. republikan. Regierung (Ablösung durch *Yüan Schikai* 1912). In den folgenden Bürgerkriegen bildete S.Y. in Canton eine Gegenregierung, deren Präs. er 1921 wurde. 1923/24 reorganisierte er die Kuomintang mit Hilfe sowjetruss. Berater. Sein Programm des „dreifachen Volksprinzips" (Nationalismus, Demokratie u. Sozialismus) u. seine Lehre von der „Fünf-Gewalten-Verfassung" *(Yüan)* bilden die geistige u. staatsrechtl. Grundlage der chines. nationalen Erneuerungsbewegung vor der kommunist. Revolution.

Suomenlinna, schwed. *Sveaborg,* bis 1918 unbesiegte finn. Inselfestung *(Viapori)* vor der Hafenbucht von Helsinki.

Suomen Selkä, flacher Rücken in Mittelfinnland, Wasserscheide zwischen Bottn. u. Finn. Meerbusen, karges Moor- u. Waldland.

Suomi, finn. Name für →Finnland.

Suosan, Warenname für einen gelbgefärbten *Süßstoff* mit der 350fachen Süßkraft von Rohrzukker; chemisch ein Natriumsalz des p-Nitrophenyl-Carboxäthyl-Harnstoffs.

Suoy, Stämme der Kha in Laos, so die *Kaseng, Die, Vehm, Tu, So.*

sup... →sub...

Supan, Alexander, Geograph, *3. 3. 1847 Innichen, † 6. 7. 1920 Breslau; Hrsg. von „Petermanns Geograph. Mitteilungen", Prof. in Breslau; Hptw.: „Grundzüge der physischen Erdkunde" 1884, [7]1927–1930 (hrsg. von E. *Obst*).

super... [lat.], Vorsilbe mit der Bedeutung „über(-hinaus)".

Super, *Superhet, Überlagerungsempfänger,* ein Rundfunkempfänger, in dem nur die Vorkreise abgestimmt werden. Parallel dazu wird der Oszillator verändert, so daß die Differenzfrequenz (Zwischenfrequenz) zwischen Empfangs- u. Oszillatorfrequenz immer die gleiche bleibt. Die folgenden Stufen brauchen nur noch eine einzige, nämlich die Zwischenfrequenz, zu verstärken. Dadurch wird eine hohe →Selektivität erreicht.

Superazidität [lat.], *Hyperazidität,* Übersäuerung des Mageninhalts bei Ausscheidung zu großer Salzsäuremengen mit dem Magensaft. S. ist charakterist. für Magenschleimhautentzündung u. für Magen- u. Darmgeschwüre.

Superdividende [lat.] = Bonus.

Super-8-Film, weitverbreitetes (Amateur-) Schmalfilmformat von 8 mm Breite mit einseitiger Perforation (1 Loch je Bildmitte); faßt 236 Bilder/m (Kamerafenster 4,22 mm × 5,69 mm) u. wird in Kassetten zu 15 m geliefert. Daraus ergibt sich eine Spielzeit von 3 min 16 sek im Normalgang (18 Bilder/min). →Vertonung ist durch nachträgliches Aufbringen einer Magnetton-Randpiste möglich. S. weist gegenüber dem früheren Doppel-8-Film durch den schmaleren Perforationsrand eine um über 40% größere Bildfläche auf.

Superinfektion, erneute Infektion mit dem gleichen Erregertyp, bevor die erste Infektion überwunden oder die Immunität eingetreten ist.

Superintendent [lat.], ein ev. Pfarrer, der die geistl. u. verwaltungstechn. Aufsicht über die Pfarrer eines Kirchenkreises führt; in Süd-Dtschld. auch *Dekan,* in Nord-Dtschld. auch *Propst* genannt. In verschiedenen Landeskirchen wird der S. von der Kreissynode gewählt, in anderen von der Kirchenleitung eingesetzt. – *Landes-S.,* Leiter eines aus mehreren Superintendenturen bestehenden Sprengelgebiets innerhalb von ev. Landeskirchen. →auch Generalsuperintendent.

Superior [lat.], Leiter eines Klosters, einer Ordensprovinz oder eines ganzen Ordens.

Superior [sju'piəriər], Stadt in Wisconsin (USA), an der Mündung des Saint Louis River in den Oberen See, gegenüber von Duluth, 32 200 Ew; Staatsuniversität (1893); Geschichtsmuseum; Nahrungsmittel-, Maschinen-, Holzindustrie, Erdölraffinerie; Getreide- u. Eisenerzverschiffung.

Superkargo [der; span., engl.], im Seerecht Vertreter des *Befrachters* bzw. des *Charterers*; begleitet das Gut auf der Reise.

Superlativ [der; lat.], die höchste Steigerungsstufe der Adjektive u. Adverbien, z.B. „der schönste", „am meisten".

Supermarkt, engl. *Supermarket,* aus den Lebensmittel-Selbstbedienungsläden hervorgegangene Form des Großbetriebs im Einzelhandel, vor allem am Rand der Städte oder in Vorstädten mit guten Parkmöglichkeiten für die Kunden.

Supernova [die, Mz. *S.e*; lat.], neuer Stern mit bes. starkem Helligkeitsausbruch; Helligkeitssteigerung bis zu 19 Größenklassen, d.h. um das 30millionenfache. Am bekanntesten wurden die S.e der Jahre 1604, 1572 u. 1054; letztere entwikkelte sich zum →Krebsnebel. →Neue Sterne.

Superparasitismus →Parasitismus.

Superpfändung, im österr. Recht *Pfändung* von bereits für andere Forderung gepfändeten Gegen-

Superphosphat

① untergetauchte (submerse), den Boden bedeckende Armleuchteralgen
② Laichkrautgürtel mit Laichkraut, Hornblatt, Wasserpest
③ Schwimmpflanzengürtel mit Teich- oder Seerosen
④ Röhricht mit Simsen, Binsen, Schilf und Rohrkolben
⑤ Großseggengürtel (Carex-Arten)
⑥ Erlenbruchwald

Schwimmpflanzengürtel eines Sees: Schwimmendes Laichkraut, Potamogeton natans (vorn links); Tannenwedel, Hippuris vulgaris (rechts); Seerosen, Nymphaea alba (links). – Schilf, Phragmites communis, umgeben von Erlenbruch (rechts)

Rauhes Hornblatt, Ceratophyllum demersum

Krauses Laichkraut, Potamogeton crispus

Flutender Hahnenfuß, Ranunculus pseudofluitans

Großseggengürtel mit Seggen, Carex, und Wollgras, Eriophrum

Sumpfdotterblume, Caltha palustris

Krebsschere, Stratiotes aloides

Sukzession: Verlandungsserie an einem See; Aufeinanderfolge der einzelnen Pflanzengesellschaften, 1–6 (links). – Verlandungszone eines tropischen Sees (Ostafrika): Blaue Seerose, Nymphaea sansibariensis; ein Ring von Zanthedeschia spec. („Kalla"); dahinter Papyrus, Cyprus papyrus (rechts)

SUMPF- UND WASSERPFLANZEN

Zwerg-Wasserlinse, Wolffia arrhiza

Pfeilkraut, Sagittaria sagittifolia

Echte Kalla, Calla palustris

Moorkreuzkraut, Senecio palustris

ständen; wird im Pfändungsprotokoll (→Anschlußpfändung) vermerkt.

Superphosphat [das; lat. + grch.], ein Gemisch von primärem Calciumphosphat ($Ca[H_2PO_4]_2$) u. Gips ($CaSO_4$), entsteht beim Aufschluß von tertiärem Calciumphosphat ($Ca_3[PO_4]_2$) mit Schwefelsäure; wird als Kunstdünger verwendet.

Superposition [lat.], **1.** *Mathematik:* Überlagerung zweier Funktionen oder Kurven. Durch Überlagerung von $y_1 = \sin x$ u. $y_2 = \cos x$ entsteht z.B. $y_{12} = \sin x + \cos x = \sqrt{2} \sin (x + \frac{\pi}{4})$.

2. *Physik:* Überlagerung (z.B. von Kräften oder Wellen). →Interferenz.

Superpositionsauge, Form des Komplexauges; →Lichtsinnesorgane.

Supersonikbereich →Machzahlbereiche.

Supervielle [sypɛr'vjɛl], Jules, französ. Schriftsteller, *16. 1. 1884 Montevideo, †17. 5. 1960 Paris; vom Surrealismus beeinflußt; schrieb Lyrik sowie phantast. Romane u. Märchenspiele.

Supf, Peter, Luftfahrtschriftsteller, *3. 10.1886 Nürnberg, †26. 2. 1961 München.

Süphan Daği [syp'han daːˈə], erloschenes Vulkanmassiv nördl. des Vansees im O der Türkei, 4434 m; Plateaugletscher am Gipfel.

Supinum [das, Mz. *Supina*; lat.], im Latein. dem Infinitiv nahestehende Nominalformen des Verbums; sprachgeschichtl. ein erstarrter Kasus eines Verbalsubstantivs.

Suppé [zu'peː], Franz von, österr. Komponist, *18. 4. 1819 Spalato (heute Split), †21. 5. 1895 Wien; gehörte zu den Meistern der klass. Wiener Operette, schrieb über 200 Bühnenwerke („Flotte Bursche" 1863; „Die schöne Galathee" 1865; „Leichte Kavallerie" 1866; „Banditenstreiche" 1867; „Fatinitza" 1876; „Boccaccio" 1879).

Suppedaneum [das; lat.], Fußbrett unter den Füßen des gekreuzigten Christus, typisch für byzantin. Darstellungen; auch oberste Altarstufe.

Suppenpilz, *Feldschwindling, Nelkenschwindling, Nelkenpilz, Kreisling, Marasmius oreades,* wohlschmeckender *Blätterpilz,* mit ledergelben, ausgebreiteten Hüten u. blaßgelblichem, angenehm würzig riechendem u. nußkernartig schmeckendem Fleisch; Würzpilz für Suppen u. Soßen.

Suppenwürfel, kochfertige, getrocknete Suppenkonserve aus Getreide, vorbehandelten Hülsenfrüchten, Gemüse, Fleisch, Fett, Gewürzen u.a. Zutaten.

Suppenwürze, fertige Würztunke, nach dem Erfinder Julius *Maggi* auch *Maggi-Würze* genannt. Eiweiß von Magermilch, Hefe oder Soja wird zu Aminosäuren abgebaut, die man mit Kräutern, Gemüse, Pilzen, Kochsalz würzt. S. hat einen fleischartigen, kräftigen Geschmack.

Supper, Auguste, geb. *Schmitz*, schwäb. Erzählerin, * 22. 1. 1867 Pforzheim, † 14. 4. 1951 Ludwigsburg; schrieb Geschichten aus der schwarzwäld. Heimat: „Da hinten bei uns" 1905; „Die Mühle im kalten Grund" 1913; auch histor. Romane: „Der Herrensohn" 1916; „Der Krug des Brenda" 1940.

Suppiluliụma, hethit. Könige: **1.** *S. I.*, um 1380–1346 v. Chr.; unter seiner Regierung stieg das Hethiterreich durch die Unterwerfung des Mitanni-Staats u. die Eroberung weiter Teile Syriens zur Großmacht auf.

2. *S. II.*, um 1210 v. Chr.; letzter Herrscher des Hethiterreichs vor dessen Zerstörung um 1200 v. Chr.

Supplemẹnt [das; lat.], **1.** *allg.:* Ergänzung, z. B. *S.(band)*, Ergänzungsband eines vielbändigen Werkes.

2. *Geometrie:* der Winkel, der einen anderen zu 180° ergänzt *(S.winkel, Ergänzungswinkel)*.

Supplementwinkel →Supplement.

Suppọrt [der; frz.], Maschinenteil an Werkzeugmaschinen. Der S. trägt den Stahlhalter u. sitzt auf einer Führungsbahn des Schlittens, so daß er in Längs- oder Querrichtung zum Werkstück verstellbar ist. Er ist um einen bestimmten Kreissektor oder um 360° schwenkbar einzustellen.

Supposition [lat.], **1.** *allg.:* Voraussetzung, Annahme.

2. *Logik:* Beziehung eines Worts bzw. Begriffs: reale oder formale S. zum Gegenstand, materiale zur Sprache, logische zu den anderen Begriffen, intersubjektive zu den Bedeutungen des Worts bzw. Begriffs bei den Mitsubjekten.

sụpra... [lat.], Vorsilbe mit der Bedeutung „über, oberhalb".

Suprafluidität = Supraflüssigkeit.

Supraflüssigkeit, *Suprafluidität*, das Verschwinden der Zähigkeit des flüssigen Heliums bei Temperaturen unter 2,186 Kelvin; das supraflüssige Helium kriecht reibungslos als dünner Film über den Rand von Gefäßen hinweg u. durch dünnste Kapillaren u. Schlitze. Periodische Temperaturschwankungen pflanzen sich praktisch ungedämpft als Temperaturwellen fort (sog. *zweiter Schall*). Die Wärmeleitfähigkeit ist millionenfach höher als in normalen Flüssigkeiten.

Supraleitung, *Supraleitfähigkeit*, 1911 von H. *Kamerlingh Onnes* entdeckte Eigenschaft mancher Metalle (Blei, Quecksilber) u. Legierungen (Sammelbez. *Supraleiter*), in der Nähe des absoluten Nullpunkts dem elektr. Strom keinen Widerstand mehr entgegenzusetzen. Wird beispielsweise in einer supraleitenden Drahtschleife ein Strom induziert, so fließt er nach dem Ausschalten des Primärstromkreises noch viele Stunden lang. Der Übergang vom normalen zum supraleitenden Zustand erfolgt sehr plötzlich bei einer für jeden Stoff bestimmten *Sprungtemperatur* (meist unter 10 Kelvin). Bei diesem Übergang ändern sich auch andere physikalische, z. B. die magnet. Eigenschaften in ungewöhnlicher Weise; →Meißner-Ochsenfeld-Effekt. Die Synthese organ. Makromoleküle, die bei Raumtemperatur noch supraleitend sind, scheint nicht ausgeschlossen. Nach der *BCS-Theorie* (von J. *Bardeen*, L. *Cooper* u. J. R. *Schrieffer* 1957 entwickelt; Physiknobelpreis 1972) bilden je zwei Leitungselektronen eines Metalls unterhalb einer bestimmten tiefen Temperatur sog. *Cooper-Paare*. Diese Elektronenpaare können sich durch das Metallgitter bewegen, d. h. der elektr. Widerstand verschwindet. Steigt die Temperatur an, dann werden die Paare wieder getrennt. Die einzelnen Elektronen sind zu normalen Leitungselektronen geworden; der elektr. Widerstand tritt wieder auf. Die BCS-Theorie erklärt viele Eigenschaften der *Supraleiter*, die (z. B. in Großrechenanlagen u. Teilchenbeschleunigern) immer mehr Verwendung finden.

supranationạle Organisation, ein Zusammenschluß mehrerer Staaten, der anders als eine *zwischenstaatliche Organisation* unmittelbar Machtbefugnisse gegenüber den Bürgern seiner Mitgliedstaaten besitzt, ohne daß seine Akte erst durch die Mitgliedstaaten in innerstaatl. Recht umgewandelt (transformiert) werden müssen. Eine s. O. ist z. B. die →Montanunion.

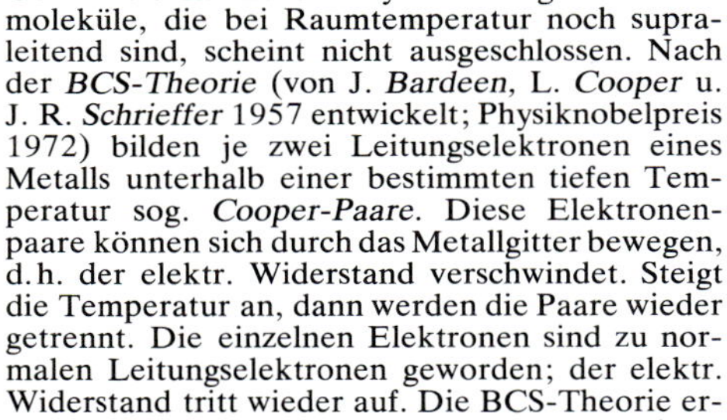

Supraleitung: Sprungtemperaturen

supranationạles Recht, das Recht einer *supranationalen Organisation*, im Unterschied zum *zwischenstaatl. Recht*. →auch internationales Recht.

Supranaturalismus [lat.], in der Religionsphilosophie: Glaube an ein übernatürl. Sein; Gegensatz: *Naturalismus* bzw. *Pantheismus*. – Auch die in der Religionsgeschichte vertretene Auffassung, daß die Welt nur durch eine über die natürliche Vernunft hinausgehende (übernatürliche) Offenbarung Gottes erklärbar bzw. aus übernatürl. Ursache entstanden sei.

Supraporte [lat.] = Sopraporte.

Supremạt [der; lat.], Oberhoheit, bes. des Papstes.

Suprematismus, von Kasimir *Malewitsch* 1913 begründete, im wesentl. auf die russ. Revolutionskunst beschränkte Richtung der abstrakten Malerei, die mit der ausschl. Verwendung von geometr.-flächenhaften Elementarformen jede Erinnerung an gegenständl. Materie verbannen will. In der Zielsetzung über Kubismus u. Futurismus hinausreichend, erstrebte der S. „die Suprematie der reinen Empfindung", als dessen erste Ausdrucksform Malewitsch das schwarze Quadrat auf weißem Feld galt u. die er auch in der Baukunst (statischer S.) verwirklicht sehen wollte. Das Programm des S., seit 1914 von Malewitsch, z. T. mit Hilfe des Dichters W. *Majakowskij*, in mehreren Schriften formuliert, berührt sich eng mit dem der niederländ. „De Stijl"-Bewegung. – 🄻 2.5.1.

Supremạtseid, in England aufgrund der *Suprematsakte* von 1534 von allen geistl. u. weltl. Beamten verlangter Eid, wonach die Übernahme von Staatsämtern von einer Erklärung gegen die kath. Transsubstantiationslehre u. vom Empfang des Abendmahls nach anglikan. Ordnung abhängig gemacht, dem Papst jede Jurisdiktion in England aberkannt u. der König als Haupt der engl. Kirche anerkannt wurde. Die Weigerung, den S. abzulegen, wurde anfangs mit Geldstrafen, Verlust des Vermögens, Kerker u. als Hochverrat selbst mit dem Tod bestraft. Erst 1867 ganz abgeschafft.

sur... →sub...

Sur, 1. Hafen im südl. Libanon, ehem. bedeutendste phöniz. Stadt, das antike *Tyrus*; 20 000 Ew.

2. Küstenstadt in Oman am Ras al Hadd (Ostspitze von Arabien), 12 000 Ew.

Sụra, rechter Nebenfluß der mittleren Wolga, 860 km lang, entspringt nahe dem Wolga-Bergufer, mündet östl. von Gorkij; Flößerei.

Surabạya, indones. Hafenstadt an der Nordostküste von Java, gegenüber der Insel Madura, 1,6 Mill. Ew.; Universität (1954); Schiffbau, Metall-, Erdöl- u. Zuckerindustrie; größter Hafen Javas.

Surakạrta, indones. Stadt im Innern von Java, 500 000 Ew.; Universität (1955); Metall-, Leder-, chem. Industrie; Bahnknotenpunkt.

Surat [engl. 'surət], ind. Stadt an der unteren Tapti in Gujarat, nördl. von Bombay, 475 000 Ew.; unter den Moguln als „Tor nach Mekka" wichtiger Handels- u. Pilgerhafen u. erste engl. Faktorei (1612); Textil- u. Feinmetallindustrie.

Surchạndarjạ, *Oblast S.*, Verwaltungsgebiet im S der Usbek. SSR (Sowjetunion), vom S. (Nebenfluß des Amudarja) durchflossen; 20 800 qkm, 662 000 Ew., Hptst. *Termes*; Bewässerungsfeldbau mit Baumwoll-, Obst- u. Weinkulturen, Getreideanbau, auf den Bergweiden Fleisch- u. Wollviehwirtschaft, bei *Chaudag* Erdölgewinnung.

Sụre [die; arab.], Abschnitt des Korans.

Sụrenenpaß, schweizer. Paß im Kanton Uri, 2291 m, verbindet Reuss- u. Engelberger Tal.

Sûreté [syr'te:; die; frz., „Sicherheit"], *Sûreté Nationale*, die französ. Geheimpolizei.

Surfing ['zørfiŋ, engl. 'sə:fiŋ] →Wellenreiten, →Windsurfing.

Surgụt, Stadt im westsibir. Teil der RSFSR (Sowjetunion), am mittleren Ob, 110 000 Ew.; Erdölgewinnung u. -verarbeitung („Drittes Baku"), Pipeline nach Omsk; Satelliten-Empfangsstation.

Surikạte →Erdmännchen.

Surịlho [-ljo; der; portug.], *Conepatus suffocans*, ein *Dachs-Verwandter* von 40 cm Körperlänge, legt in lichten Wäldern Erdbauten an.

Surinạm, 1. Fluß im ehem. Niederländisch-Guayana, mündet bei Paramaribo, rd. 350 km.

2. das ehem. →Niederländisch-Guayana; seit 1975 unabhängig.

Süring, Reinhard, Meteorologe, * 15. 5. 1866 Hamburg, † 29. 12. 1950 Potsdam; arbeitete über Aerologie, Strahlung u. Wolken; erreichte im Freiballon 1901 die damalige Rekordhöhe von 10 800 m; Hptw.: „Leitfaden der Meteorologie" 1927; „Lehrbuch der Meteorologie" (mit J. Hann) 2 Bde 1901, [5]1939–1951.

Surkọw, Alexej Alexandrowitsch, sowjetruss. Lyriker, * 13. 10. 1899 Serednewo, Gouvernement Jaroslawl; vom Akmeismus u. der Volksdichtung angeregt; verfaßte schlichte Schützengrabenlyrik in traditioneller Form u. patriot. Liedertexte.

Surrealismus [syr-; frz.], von der Tiefenpsychologie angeregte, von G. *Apollinaire* 1917 so benannte u. in den „Surrealist. Manifesten" (1924 u. 1930) von A. *Breton* programmierte Richtung der modernen Literatur u. bildenden Kunst. Der S. erstrebt die Ausschaltung der Logik u. der rational arbeitenden Psychologie, die Vertauschung u. Auflösung der normalen Dimensionen, das freie, schöpfer. Spiel als assoziierendes Mittel, die Freilegung u. Nutzung der Kräfte des Unbewußten u. die Hinwendung zur Traum-, Symbol-, Märchen- u. Mythenwelt.

In der bildenden Kunst finden sich Gestaltungsformen des S. vorweggenommen in der italien. *Pittura metafisica* sowie im *Dadaismus*, aus dem viele Surrealisten hervorgingen. Die erste Ausstellung surrealist. Malerei fand 1925 in Paris statt; an ihr beteiligten sich neben G. de *Chirico* u. M. *Ernst* auch Künstler, die sich bald wieder vom S. trennten oder ihm fortan nur lose verbunden blieben: P. *Picasso*, P. *Klee* u. J. *Mirò*. Auf späteren Ausstellungen (1926 eigene „Galerie Surréaliste") traten S. *Dali* u. Y. *Tanguy* auf. Ihre räuml., organisch-dinghafte u. mit beinah photograph. Detailschärfe arbeitende Malweise unterscheidet sich grundlegend von dem Subjektivismus der dadaist. Kunst.

Von 1930 an drang der S. über die Grenzen Frankreichs hinaus. 1938 fand die erste große internationale, von 22 Ländern beschickte Surrealisten-Ausstellung in Paris statt. Wenig später setzte in Europa schon die Auflösung der Bewegung ein, nachdem Meinungskämpfe u. polit. Fehden den Zusammenhalt der Gruppe erschüttert hatten. Dafür bildete sich in den USA eine von emigrierten französ. u. dt. Künstlern ins Leben gerufene, um die Zeitschrift „VVV" gescharte Surrealisten-Gemeinschaft, die nach dem 2. Weltkrieg wieder Einfluß auf die europ. Kunstentwicklung nahm.

Weitere Künstler, deren Werk ganz oder teilweise vom S. geprägt ist, sind die Belgier Paul *Delvaux* u. René *Magritte*, in Dtschld. u. a. Edgar *Ende*, Richard *Oelze* u. Mac *Zimmermann*. In der Malerei der Gegenwart wird der S. hauptsächl. von Ernst u. Dali vertreten. – 🄻 2.5.1.

In der Literatur kam es zunächst in Anwendung der surrealist. Theorien zur Auflösung der Logik u. Syntax, zum Verzicht auf rationale Faßbarkeit u. bewußte Formung. Bald begannen die extremen Experimente sich an literar. Kategorien u. Formgesetze zu binden; der theoret. S. nahm individuelle Züge an, verlor seine Gruppenbindung (in Frankreich seit etwa 1940) u. wirkte künstler. anregend bes. auf die französ. Lyrik. Surrealist. Einflüsse machten sich (zumindest zeitweise) stärker geltend bei P. *Éluard*, *Vercors*, L. *Aragon*, P. *Reverdy*, P. *Soupault*, J. *Supervielle*, J. *Cocteau*, H. *Michaux*, *Saint-John Perse*, R. *Char*. Hauptvertreter des S. in Italien sind M. *Bontempelli* u. D. *Buzzati*, in Spanien R. *Gómez de la Serna*, in Schweden E. *Lindegren*, in England D. *Gascoyne*, in den USA E. E. *Cummings*. Geringer ist die surrealist. Tradition in der deutschsprachigen Literatur, wo erst nach 1945 F. *Kafka* Bedeutung erlangte. Die bekanntesten Zeugnisse des S. sind die Romane von H. *Kasack* („Die Stadt hinter dem Strom" 1947) u. E. *Kreuder* („Die Gesellschaft vom Dachboden" 1946). Elemente des S. zeigen sich z. B. bei A. *Kubin*, K. *Kusenberg*, H. *Lange*, H. *Brock*, H. H. *Jahnn*. – 🄱 S. 306. – 🄻 3.0.6.

Surrey ['sʌri], südostengl. Grafschaft südwestl. von London, 1655 qkm, rd. 1 Mill. Ew.; Hptst. *Guildford*; ein Teil von S. fiel 1964 an Greater London; in S. liegt die Londoner Satellitenstadt *Crawley*; intensiver Gemüsebau u. Schafhaltung; Belieferung des Londoner Markts.

Surrey ['sʌri], Henry Howard, Earl of S., engl. Dichter, * 1517 Hunsdon (?), Hertfordshire, † 19. 1. 1547 London (hingerichtet); führte den Blankvers u. mehrere neue Strophenformen der Renaissance in die engl. Lyrik ein, u. a. die des „Shakespeare-Sonetts".

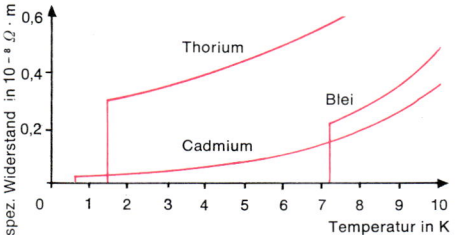

Surrogation [lat.], der Erwerb aufgrund von Rechten bzw. als Ersatz für die Zerstörung, Beschädigung oder Entziehung von Gegenständen, die z.B. bei der ehelichen Gütergemeinschaft zum *Gesamtgut*, bei der Erbengemeinschaft zum *Nachlaß* gehören (§§ 1473, 2041 BGB).
Sursee →Sempacher See.
Surtaxe [syr-; die; frz.], an eine Proportionalsteuer anschließende progressive „Übersteuer", z.B. Teil der engl. u. amerikan. Einkommensteuer.
Surtsey ['syrtsɛi], durch Vulkanausbruch am 14. 11. 1963 im Atlant. Ozean, 33 km vor der Südwestküste Islands, aus 130 m Meerestiefe aufgetauchte Insel, unbewohnt. S. ist etwa 200 m hoch u. 2,5 qkm groß; in seiner Umgebung wurden weitere submarine Ausbrüche beobachtet. Die Insel ist Forschungsgegenstand zahlreicher Geowissenschaftler; Zugang nur mit Sondererlaubnis.
Surveyor [sər'vɛiər; engl., „Aufseher"], Name von 7 US-amerikan. Mondsonden. *S. 1* landete weich auf dem Mond (2. 6. 1966); viele Aufnahmen (über 11 000). Bes. gute Nahaufnahmen bzw. Bodenuntersuchungen lieferten nach weicher Landung *S. 5*, *S. 6* u. *S. 7* (Landung 9. 1. 1968).
Survival [sə'vaivəl; engl.], *Überlebsel*, aus einer älteren Kulturschicht erhaltenes Kulturelement.
Susa, heute *Schusch*, im NW von Ahvas im Iran, eine der ältesten Ansiedlungen der Menschheit. Funde an Töpferwaren aus den ältesten Schichten bezeugen für die vorgeschichtl. Zeit eine reiche Kultur, deren Herkunft noch ungeklärt ist. Im 3. Jahrtausend v. Chr. Hptst. der *Elamer*, danach geriet es unter babylon., später assyr. Einfluß. Der altpers. Großkönig *Kyros II.* erhob S. zur Residenz der Achämeniden, die hier prächtige Paläste erbauten. 331 v. Chr. von *Alexander d. Gr.* erobert, dann seleukidisch; blühte erneut unter den *Sassaniden* u. kam im 2. Jh. v. Chr. unter die Herrschaft der *Parther*. 638 Eroberung durch die Araber, im 13. Jh. von den Mongolen zerstört; heute ein Dorf. Ausgrabungen seit 1884 brachten u.a. 9 übereinandergebaute Städte zum Vorschein; Keilschriftinschriften, Schmelzfarbenmalereien auf Wandziegeln, Reliefarbeiten u.a.
Susanna [hebr.], nach einem griech. Zusatz zum Buch Daniel eine Jüdin in Babylon, Frau des Jojakim; wurde von zwei „Ältesten" beim Baden überrascht, widerstand deren Verführung u. wurde des Ehebruchs mit einem Jüngling angeklagt, zum Tod verurteilt u. von Daniel gerettet.
Susanne [hebr., „Lilie"], weibl. Vorname, Kurzform *Suse*, Koseform *Susi*.
Susdal, Kleinstadt in der RSFSR (Sowjetunion), an der Kamenka, bei Iwanowo, 8000 Ew.; mit stattlichem Kreml; Gemüsebau; Fremdenverkehr. Im 11. Jh. Ersterwähnung, im MA. eine der bedeutendsten Städte Rußlands, Anfang des 12. Jh. Teilfürstentum S. *(Wladimir-S.)*; um 1400 an Moskau.
Su Shih, *Su Schi*, auch *Su Tung-p'o*, chines. Dichter, Maler u. Kunsttheoretiker, *19. 12. 1036 Meishan, Szetschuan, †28. 7. 1101 Tschangschu, Kiangsu; Beamter, polit. sehr aktiv, hervorragender Dichter der Sung-Dynastie.
Süskind, Wilhelm Emanuel, Schriftsteller u. Publizist, *10. 6. 1901 Weilheim, Oberbayern, †17. 4. 1970 Tutzing; 1933–1942 Hrsg. der Zeitschrift „Die Literatur", seit 1946 Redakteur der „Süddt. Zeitung". Sensibler Erzähler („Jugend" 1930), Literatur- u. Sprachkritiker („Vom ABC zum Sprachkunstwerk" 1940), Essays.
Suslow [-lɔf], Michail Andrejewitsch, sowjet. Politiker, *21. 11. 1902 Schachowskoje, Gouvernement Saratow; seit 1941 Mitgl. des ZK, seit 1947 Sekretär des ZK, seit 1955 Mitgl. des Präsidiums bzw. Politbüros des ZK der KPdSU; unterstützte 1957 Chruschtschow gegen die Molotow-Gruppe, soll 1964 führend am Sturz Chruschtschows beteiligt gewesen sein. S. gilt als maßgebl. Theoretiker der KPdSU.
Susman, Margarete, verheiratete von *Bendemann*, Schriftstellerin, *14. 10. 1872 Hamburg, †16. 1. 1966 Zürich; lebte seit 1933 in Zürich. Lyrik; Essays über literar. u. religionsphilosoph. Fragen. Erinnerungen: „Ich habe viele Leben gelebt" 1964.
Suso →Seuse, Heinrich.
Suspension [lat.], **1.** *Beamtenrecht:* die vorläufige →Dienstenthebung, meist wegen eines →Dienststrafverfahrens u. bis zu dessen Abschluß.
2. *kath. Kirchenrecht:* eine Strafe für Kleriker, die ihnen das Recht der Amtsausübung oder der Nutzung ihrer Pfründe oder beides entzieht.
3. *Physik u. Chemie:* Aufschwemmung sehr feiner fester Teilchen in einer Flüssigkeit. →auch disperses System.
Suspensionsströme, untermeerische, an den Abhängen der Kontinentalsockel durch tekton. Erschütterungen in Bewegung geratene u. abrutschende heterogene Sedimentmassen der Flachsee, von erodierender Wirkung, führen zu cañonartigen Vertiefungen an den Kanten des Kontinentalschelfs; erreichen Geschwindigkeiten bis 100 km/h (gemessen 1929 bei Neufundland).
Suspensorium [das, Mz. *Suspensorien*; lat.], Tragverband, z.B. die Armschlinge.
Susquehanna [sʌskwi'hænə], Fluß in den USA-Staaten New York u. Pennsylvania, 750 km, entspringt in den Appalachen, mündet in die Chesapeakebucht; schnellenreich *(Conawagofälle)*.
Süß, *Jud S.* →Süß-Oppenheimer.
Süßdolde, *Myrrhis odorata*, ein *Doldengewächs*, kerbelähnliche, nach Anis duftende Pflanze mit braunschwarz glänzenden Früchten; in Dtschld. angepflanzt oder verwildert.
Süßen, Gemeinde in Baden-Württemberg (Ldkrs. Göppingen), westl. des Albuch an der Fils, 8300 Ew.; Textil-, Metall- u.a. Industrie.
Sussex ['sʌsiks], Name zweier südengl. Grafschaften, *East S.* (1795 qkm, 655 000 Ew., Hptst. *Lewes)* u. *West S.* (2016 qkm, 625 000 Ew., Hptst. *Chichester)*; Getreide-, Hopfen-, Obstbau; Schafhaltung; Papierindustrie.
Süßgräser, *Poaceae*, einzige Familie der zu den *Monokotyledonen* gehörenden Ordnung der *Graminales*. In der Regel krautige Pflanzen mit stielrunden, in Knoten *(Nodien)* u. Glieder *(Internodien)* gegliederten Stengeln *(Halmen)*. Die zweizeilig angeordneten Blätter bestehen aus einer Blattscheide, die den Stengel umfaßt, u. aus einer langen, schmalen Spreite; sie werden unterteilt in Blattgrund mit Blatthäutchen u. Blattspreite. Die Grasblüte ist der Windbestäubung angepaßt. Ein *Ährchen* kann aus einer oder mehreren Blüten bestehen. In jedem Fall wird das Ährchen von zwei *Hüllspelzen* eingeschlossen. Die Spelzen sind häufig begrannt, d.h., sie tragen auf dem Rücken oder an der Spitze eine steife Borste, die *Granne*. Die Blütenstände der S. sind entweder *Ähren, Rispen* oder *Ährenrispen*; man unterscheidet entspr.: *Rispen-Gräser* (z.B. →Rispengras, →Honiggras), *Ähren-Gräser* (z.B. →Quecke, →Lolch) u. *Ährenrispen-Gräser* (z.B. →Ruchgras). Die S. sind mit etwa 4000 Arten über die ganze Erde verbreitet. Zu ihnen gehören unsere Getreidepflanzen u. zahlreiche Nutzgräser. – Ⓑ→Gräser.
Süßholz, *Glycyrrhiza glabra*, ein *Schmetterlingsblütler*, im Mittelmeergebiet sowie von Ungarn bis Afghanistan heimisch. Aus der Wurzel *(Radix Liquiritiae)* wird *Lakritze* gemacht.
Süßkartoffel = Batate.
Süßkind von Trimberg, mhd. Spruchdichter aus der 2. Hälfte des 13. Jh.; aus Trimberg bei Bad Kissingen; besang Armut u. Unsicherheit des wandernden Dichters; wurde durch das Mißverständnis seines Spruchs V, 2 für einen Juden gehalten. Roman von F. *Torberg*, „S. v. T." 1972.
Süßklee, *Hedysarum*, Gattung der *Schmetterlingsblütler*, vorwiegend im Mittelmeergebiet u. in Vorderasien. In den Alpen u. Sudeten wächst der *Purpurblütige S., Hedysarum hedysaroides*.
Süßkorn, Zucker- oder Süßmais; →Mais.
Süßlippen, *Harlekinfische*, Gattung *Plectorhynchus*, barschartige →Korallenfische mit flatternder Schwimmweise; Kleintier- u. Algenfresser.
Süßlupine →Lupine.
Süßmayr, Franz Xaver, österr. Komponist, *1766 Schwanenstadt, †17. 9. 1803 Wien; Schüler *Mozarts* u. Vollender seines Requiems; schrieb mehrere Singspiele, Opern, Kirchenmusik u.a.
Süßmilch, Johann Peter, Statistiker, *3. 9. 1707 Berlin, †22. 3. 1767 Berlin; Geistlicher; suchte anhand von bevölkerungsstatist. Daten Gesetzmäßigkeiten nachzuweisen, die er als „Ausfluß einer göttl. Ordnung" betrachtete. Bei begrenztem Material waren seine Verallgemeinerungen nicht ausreichend fundiert.
Süßmost, haltbarer, naturreiner, unvergorener Fruchtsaft aus Kern-, Stein-, Beerenobst oder Weintrauben, in dem alle wertvollen Stoffe erhalten bleiben. S. wird meist aus geringwertigem Wirtschaftsobst, bes. Äpfeln mit genügend Fruchtsäure (Bohnapfel, Boiken u.a.), hergestellt.
Süß-Oppenheimer, Joseph, genannt *Jud Süß*, Finanzmann, *1692 Heidelberg, †4. 2. 1738 Stuttgart; gewann als Hofjude der Kurfürsten von der Pfalz u. Köln durch Pachtung des Stempelpapiers, Juwelenhandel u.a. ein großes Vermögen. 1732 Vertrauter *Karl Alexanders* von Württemberg; erschloß dem Herzog, der ihn 1735 zum Geheimen Finanzrat ernannte, durch Rechtsverkauf, Ämter- u. Titelhandel neue Geldquellen. Nach dem Tod Karl Alexanders wurde S. in einem von Beamtenschaft u. Landständen betriebenen anfechtbaren Verfahren zum Tod verurteilt u. hingerichtet. – „Jud Süß", Novelle von W. *Hauff* (1827), Roman von L. *Feuchtwanger* (1925), antisemit. Film von V. *Harlan* (1940).
Süßstoffe, synthetische chem. Verbindungen mit größerer Süßkraft als Rohrzucker, aber ohne Nährwert (z.B. *Saccharin, Dulcin* u. *Suosan*). Nach dem Lebensmittelrecht der BRD muß bei Nahrungs- u. Genußmitteln die Verwendung von S.n vermerkt sein.
Süßstoffsteuer, Verbrauchsteuer auf künstl. Süßstoffe, die als Folgesteuer zur Zuckersteuer die Substitutionsmittel für Zucker belasten soll; wird seit 1965 nicht erhoben.
Süßwasser, Wasser mit geringem Salzgehalt (unter 5‰), im Gegensatz zu *Salzwasser*.
Süßwasserfauna, die Tierwelt des Süßwassers; besteht aus Vertretern, deren Vorfahren aus dem Meer eingewandert sind (z.B. Aal u. Lachs) oder von Landtieren abstammen (z.B. Wasserkäfer mit Luftatmung). Hauptvertreter: Einzeller, Würmer, Krebse, Insekten (bes. Jugendstadien) u. Fische.
Süßwasserflora, die Pflanzenwelt der Süßgewässer, vor allem der Seen. In Mitteleuropa setzt sich die Flora der stehenden Gewässer meist wie folgt zusammen: am Boden unter Wasser lebende Moose u. Armleuchteralgen; in geringen Tiefen untergetaucht lebende, nur über Wasser blühende Tauchblattpflanzen (Laichkraut, Tausendblatt, Wasserpest u.a.); in Ufernähe Schwimmblattpflanzen u. z.T. auch frei schwimmende Pflanzen; am Ufer Röhricht, Seggen, Gräser.
Süßwassergarnele, *Atyaephyra desmaresti*, im Süßwasser lebende *Garnele* Afrikas u. Südeuropas, wandert seit 1900 auch in Mitteleuropa ein.
Süßwasserkrabben, *Potamonidae*, Familie der *Krabben*, in zahlreichen Arten im Süßwasser der wärmeren u. tropischen Länder aller Erdteile.
Süßwassermilben, *Hydrachnellae*, eine nicht mit den Meeresmilben verwandte Reihe von Familien der *Milben*. Sie leben räuberisch u. sind oft lebhaft gefärbt. In Anpassung an das Leben im Wasser bilden sie Ruderbeine aus.
Süßwasserpolypen, *Hydrariae*, zu den *Hydrozoen* gehörige, einzeln im Süßwasser lebende Polypen, die niemals Medusen hervorbringen. Alle Arten sind stark regenerationsfähig. Sie können bis zu 30 mm Länge erreichen. Ihr sackförmiger Körper sitzt mit einer Fußscheibe fest u. hat einen mit Tentakeln umstellten Mund, in den die mit den Nesselkapseln der Tentakel erbeuteten Tiere (z.B. Wasserflöhe) befördert werden. Hierher gehören *Hydra, Protohydra, Pelmatohydra* u. *Chlorohydra*, deren grüne Farbe durch Grünalgen erzeugt wird. Diese Algen werden mit den Eiern von Generation zu Generation weitergegeben; sie liefern den Polypen Nahrung.
Süßwasserschwämme, *Spongillidae*, Familie der *Hornschwämme*, einzige im Süßwasser lebende Schwämme; in Mitteleuropa die Gattungen Spongilla u. Ephydalia. S. sitzen in oft mehrere dm langen Kolonien an Stengeln von Wasserpflanzen.
Süßweine, *Dessertweine*, schwere, süße Weine aus Griechenland, Ungarn, Italien, Spanien u.a.
Sustenpaß, 2224 m hoher schweizer. Paß in der Sustengruppe der Berner Alpen, auf der Grenze der Kantone Bern u. Uri, verbindet Aaretal u. Reusstal; Ausbau im 2. Weltkrieg.
Sustris ['sy-], Friedrich, niederländ. Maler u. Baumeister, *um 1540 Italien als Sohn des Malers Lambert S. (*1520, †nach 1568), †1599 München; seit 1573 am Hof Herzog Wilhelms V. in München; schuf 1569–1573 die Innenausstattung des Fuggerhauses in Augsburg, 1573–1579 Umbau u. Dekoration der Burg Trausnitz, erweiterte in München die Residenz u. baute Chor u. Querhaus der St.-Michaels-Kirche (seit 1590).
Suszeptibilität [die; lat.], **1.** *allg.:* Empfindlichkeit, Reizbarkeit.
2. *Elektrizität: elektr. S.*, das Verhältnis der Elektrisierung (d.h. der hervorgerufenen elektr. Dipoldichte in einem Stoff) zur elektr. Feldstärke.
3. *Magnetismus: magnet. S.*, das Verhältnis der Magnetisierung zur magnet. Feldstärke.
Sutej, Miroslaw, jugoslaw. Graphiker, *29. 4. 1936 Duga Resa; nahm Anregungen der westl. Kunstrichtungen, vor allem der Pop-Art u. des Hard-edge, auf.

Surrealismus

Salvador Dalí, Die Auferstehung des Fleisches; 1961. Mexiko, Sammlung Bruno Pagliai

SURREALISMUS

Paul Delvaux, Schlafende Venus; 1945. London, Tate Gallery (links). – Arshile Gorky, Die Leber ist der Hahnenkamm; 1944. Buffalo, Albright-Knox Art Gallery (rechts)

Surrealismus

Victor Brauner, Kabylin; 1933. Le Vésinet, Privatbesitz (links). – Richard Oelze, Erwartung; 1936. New York, Museum of Modern Art (rechts)

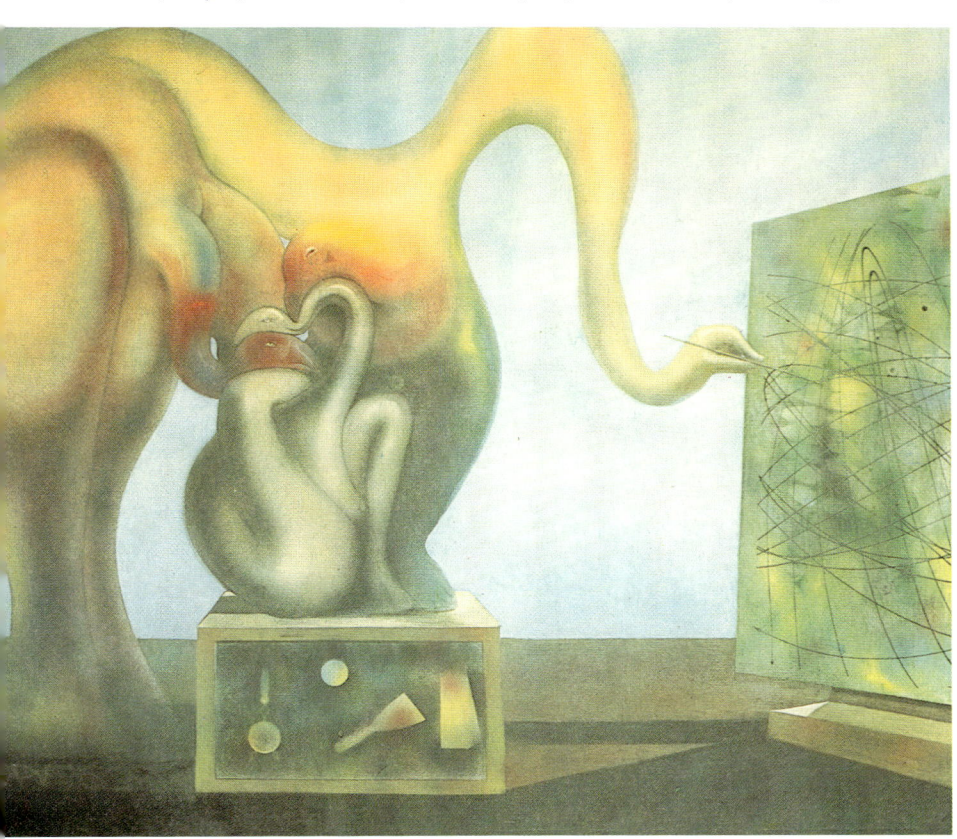

Max Ernst, Der Surrealismus und die Malerei; 1942 (links). – Wolfgang Paalen, Le Débarcadère; 1937. Le Vésinet, Besitz Léon Jérusalemi (rechts)

Suter, Hermann, schweizer. Dirigent u. Komponist, *28. 4. 1870 Kaisersthul am Rhein, †22. 6. 1926 Basel; schrieb in der Nachfolge von J. *Brahms* u. a. das Oratorium „Le Laudi di S. Francesco d'Assisi" 1924, die sinfon. Dichtung „Walpurgisnacht", Kammermusik u. Lieder.

Sutermeister, Heinrich, schweizer. Komponist, *12. 8. 1910 Feuerthalen bei Zürich; Schüler von H. *Pfitzner* u. C. *Orff;* Opern: „Romeo u. Julia" 1940, „Die Zauberinsel" 1942, „Raskolnikoff" 1948, „Titus Feuerfuchs" 1958, „Seraphine oder Die stumme Apothekerin" 1960, „Das Gespenst von Canterville" 1964, „Madame Bovary" 1967; „Missa da Requiem" 1951, Leibniz-Kantate „Omnia ad unum" 1966.

SU3-Theorie [Abk. für *spezielle unitäre Gruppe im Dreidimensionalen*], eine Theorie besonderer Symmetrieeigenschaften von Elementarteilchen; es kommen alle Elementarteilchen (Hadronen) vor, die durch dreizählige Drehung des I_3Y-Schemas entstehen; dabei bedeutet I den →Isospin u. Y die *Hyperladung* (Summe der elektr. Ladungen eines *Isospinmultipletts*). Die kleinste Gruppe besteht aus 3 Teilchen, von denen 2 ein *Isodublett* (Neutron u. Proton) bilden u. das dritte sich durch die →*Strangeness* unterscheidet. Die Theorie führte zur Vorhersage des Omega-minus- u. Omega-plus-Teilchens.

Sutherland ['sʌðələnd], Distrikt in Nordschottland, in der Region Highland, 4498 qkm, 13 000 Ew.; Berg- u. Moorland; Schafhaltung, Fischfang.

Sutherland ['sʌðələnd], **1.** Earl Wilbur, US-amerikan. Physiologe, *19. 11. 1915 Burlingame, Kans., †9. 3. 1974 Miami; untersuchte den Wirkungsmechanismus der Hormone, entdeckte das Cyclo-AMP (Adenosinmonophosphat; sog. second-messenger); erhielt den Nobelpreis für Medizin 1971. **2.** Graham, engl. Maler u. Graphiker, *24. 8. 1903 London, †17. 2. 1980 London; malte, durch W. *Blake* u. P. *Picasso* beeinflußt, stachelige „Paraphrasen", in denen die Natur, später Maschinenphantome bizarr ausgedeutet werden. – ⌷2.5.6. **3.** Joan, austral. Sängerin (Sopran), *7. 11. 1926 Sydney; seit 1952 am Covent Garden in London, viele Gastspiele; singt vor allem Koloraturrollen der italien. Oper des 18. u. 19. Jh.

Sutlej ['sʌtlədʒ], linker Zufluß des Indus im östl. Pandschab, rd. 1450 km, entspringt in Tibet in der Kailaschkette als *Langtschhen Khamba*, durchfließt die *Manasarovar*, durchbricht die Himalayaketten am Schipkipaß u. vereinigt sich südwestl. von Multan mit dem Chanab zum *Panjnad*.

Sutra [das; sanskr.], altind. Lehrtext in knappster metr. Formulierung, die sich leicht dem Gedächtnis einprägt. Die Sutren schließen an die wed. Offenbarungswerke an, sind vielfach nur im Zusammenhang mit diesen verständl. u. behandeln religiöse Riten, geistl. u. weltl. Recht, Grammatik, Metrik, Astronomie.

Sutri, italien. Stadt in Latium, nördl. vom Bracciannose, 3300 Ew.; Dom (13. Jh.), etrusk. Felsengräber, röm. Amphitheater. – Auf der Synode von S. (1046) setzte der dt. König Heinrich III. die Päpste Silvester III. u. Gregor VI. ab. Bei S. 1155 Treffen zwischen Papst Hadrian IV. u. Friedrich I. Barbarossa.

Sutschou [sudʒɔu], *Wusien*, Stadt in der ostchines. Prov. Kiangsu, nordwestl. von Schanghai am Kaiserkanal, 650 000 Ew.; mehrere Pagoden u. a. Baudenkmäler des MA., berühmte Parkanlagen, Universität (1901); Textilindustrie, Binnenhafen. – Gegr. im 5. Jh. v. Chr.; im MA. eine der größten chines. Städte mit bedeutenden Seidenmanufakturen, von Marco Polo gerühmt.

Sütschou [sjydʒɔu], *Xuzhou, Tungschan,* Stadt in der ostchines. Prov. Kiangsu, südl. des Weischan-Sees, 680 000 Ew.; Metall-, Maschinenindustrie, Bahnknotenpunkt. In der Nähe Kohlenbergbau.

Sutschou-Schule →Wu-Schule.

Sutter, Johann August, Kolonisator, *23. 2. 1803 Kandern, †18. 6. 1880 Washington; wanderte 1834 aus der Schweiz nach Kalifornien aus, erwarb dort große Ländereien u. gründete 1839/40 an der Stelle des heutigen Sacramento die Siedlung *Neu-Helvetien*. Die seit 1848 ins Land strömenden Goldgräber nahmen seinen Boden in Besitz; er konnte seine Entschädigungsansprüche nicht durchsetzen u. starb angeblich auf den Stufen des Weißen Hauses in Washington.

Sütterlinschrift, von Ludwig *Sütterlin* (*1865, †1917) entworfenes Normalalphabet für dt. u. latein. Schrift, seit 1915 an den preuß. Schulen empfohlen; seit 1941 nicht mehr gelehrt.

Suttner, Bertha von, österr. Pazifistin u. Schriftstellerin, *9. 6. 1843 Prag, †21. 6. 1914 Wien; wirkte mit ihrem Roman „Die Waffen nieder" 1889 für die Verbreitung des Friedensgedankens. Friedensnobelpreis 1905.

Sutton ['sʌtn], **1.** Teil von Greater London, 168 100 Ew., am südl. Rand der Agglomeration; Schul- u. Villenviertel. **2.** *S. Coldfield,* Stadt im mittleren England, nordöstl. von Birmingham, 83 100 Ew.; Eisengießerei, Maschinenindustrie. **3.** *S. in Ashfield,* Stadt in Mittelengland, nordwestl. von Nottingham, 41 000 Ew.; Kirchen aus dem 12. u. 13. Jh.; Kohlenbergbau, Textilindustrie.

Sutton Hoo ['sʌtən 'hu:], frühgeschichtl. Fundstätte in der engl. Grafschaft Suffolk, wo 1939 in einem Grabhügel ein reiches angelsächs. Schiffsgrab entdeckt wurde; von der Forschung mit König *Aethelred* (†655) in Verbindung gebracht. Das 26 m lange Ruderboot enthielt u. a. Metallstandarte, Zepter, 6saitige Harfe, Trinkhörner, Silberschüsseln u. 37 merowing. Goldmünzen.

Sutur [die; lat.], unbewegliche, feste Knochenverbindung, bes. der Schädelknochen.

Suum cuique [lat.], „jedem das Seine" (nach *Cato*

Joan Sutherland

d. J.); Wahlspruch des preuß. Schwarzen Adlerordens.

Suva, Hptst. des Inselstaats Fidschi in Ozeanien, an der Südostküste der Hauptinsel *Viti Levu*, 60 000 m. V. der 80 000 Ew.; neues Zentrum im Bau, Botan. Garten, Parkanlagen, Fidschi-Museum, Universität (1969), Theater; etwas Industrie; Schiffs-, Luftverkehr (Flughafen *Nausori*).

Suvorov, *Suwarrow, Anchorage,* Insel in der nördl. neuseeländ. Cookgruppe, Korallenriff mit Lagune u. 25 Inselchen, unbewohnt; 1814 durch das russ. Schiff S. entdeckt, 1889 britisch.

Suwałki, Stadt in Nordostpolen, seit 1975 Hptst. der Wojewodschaft S., 30 000 Ew.; Holz- u. Nahrungsmittelindustrie.

Suwara, *Zuára,* libyscher Küstenort im westl. Tripolitanien nahe der tunes. Grenze, mit Nachbarorten (Distrikt S.) 35 000 Ew.; Oasenkulturen.

Suweidā [zu-], *Es S.,* südsyr. Stadt am Djebel ed Durus, Siedlung von Palästinaflüchtlingen, 30 000 Ew.; in einem Weidegebiet.

Suworow [-rɔf], Alexander Wasiljewitsch, Graf *Rimnikskij,* Fürst *Italijskij,* russ. Feldmarschall, *24. 11. 1729 Moskau, †18. 5. 1800 St. Petersburg; erfolgreich im russ.-türk. Krieg 1787–1792 (Übergang über den Rimnik 1787 u. Erstürmung Ismails); unterdrückte 1794 den poln. Aufstand T. *Kościuszkos*; drängte im 2. Koalitionskrieg die Franzosen aus Oberitalien u. überstieg den St. Gotthard im Winter 1799.

Suya, *Suyá,* den *Cayapo* verwandter Indianerstamm am oberen Xingu (Brasilien); Pflanzer, Jäger u. Sammler in Bienenkorbhütten, mit Ohr- u. Lippenpflöcken.

Suys [syj], Tieleman Franciscus, belg. Architekt, *1. 7. 1783 Ostende, †11. 7. 1861 Schloß Munken bei Brügge; baute in Belgien u. den Niederlanden Schlösser, Brücken u. Kirchen in klassizist. Stil.

Suzeränität [frz.], Oberherrschaft eines Staates über einen anderen, halbsouveränen Staat, vor allem im Osmanischen Reich bis zum 1. Weltkrieg.

Suzuki *Zenko,* japan. Politiker (Liberaldemokrat), *1. 11. 1911 Yamada; Fischereifachmann, mehrfach Min., seit 1980 Min.-Präs. u. Partei-Vors.

s. v., 1. Abk. für →salva venia.

2. Abk. für →sub voce.

Svalbard ['svɑ:lbar], norweg. Name der Eismeerinseln →Spitzbergen.

Svarez, *Suarez, Schwartz,* Carl Gottlieb, Jurist, *27. 2. 1746 Schweidnitz, †14. 5. 1798 Berlin; Schöpfer der preuß. Allg. Gerichtsordnung (1793) u. des →Preußischen Allgemeinen Landrechts.

Svayambhunath, Stupa bei Katmandu (Nepal), eine halbkugelförmige Kuppel über einem kreisförmigen Fundament, die von einem würfelförmigen Söller mit einem sich verjüngenden Turmbau überragt wird. Ganz oben befindet sich ein Schirm. Die Wände des Würfels sind mit vier riesigen Augenpaaren u. angedeuteten Nasen bemalt. Der Stupa läßt sich nicht mit Sicherheit datieren, doch ist der untere Teil etwa dem 1. Jh. n. Chr. zuzurechnen.

SVD, Abk. für →Steyler Missionare.

Svealand, *Svearike* [nach dem Stamm der Svear], Großlandschaft im mittleren Schweden, im N wald- u. erzreiches Hügelland (80 971 qkm, 3 Mill. Ew.), früh erschlossen, im S intensiver Ackerbau.

Svear, alter schwed. Volksstamm, der sich von Uppland aus verbreitete. Nach ihm wurde das Schwedenreich (*Svearike,* heute *Sverige*) benannt.

Svedberg [-berj], Theodor, schwed. Chemiker, *30. 8. 1884 Valbo, †26. 2. 1971 Kopparberg; bestimmte mit Hilfe der von ihm erbauten →Ultrazentrifuge Molekulargewichte u. Teilchengrößen von Proteinen; Nobelpreis 1926.

Svekofenniden, eine nordeurop. Gebirgsfaltung; →Fennoskandia.

Sven, *Svend, Sueno, S. Tveskeg* („Gabelbart"), dän. König 986–1014, *um 960, †1014 Gainsborough; Sohn Harald Blaatands (Blauzahn), vertrieb seinen Vater vom Thron, besiegte die Sachsen in England u. wurde dort 1013 König.

Svendborg ['svɛnbɒr], Hafenstadt auf der Insel u. Amtskommune Fünen, 35 700 Ew.; Schiffbau.

Svendsen, Johan Severin, norweg. Komponist, *30. 9. 1840 Oslo, †14. 6. 1911 Kopenhagen; 1883–1908 Hofkapellmeister in Kopenhagen; Vertreter eines spätromant. Stils; von seiner Instrumentalmusik hat sich vor allem die „Romanze" op. 26 für Violine u. Orchester erhalten.

„Svenska Dagbladet", 1884 gegr. konservative schwed. Tageszeitung in Stockholm; Auflage 165 000.

Svensson, Jón, isländ. Erzähler, *16. 11. 1857 Mödruvellir, Hörgárdalur, †16. 10. 1944 Köln; Jesuit; Jugendbücher aus der heimatl. Umwelt.

Sverdrup, 1. Jakob, norweg. Politiker, *27. 3. 1845 Jarlsberg, †11. 6. 1899 Oslo; 1886/87, 1889 u. 1895–1898 Kultus-Min. **2.** Johan, norweg. Politiker, *30. 7. 1816 Jarlsberg, †17. 2. 1892 Oslo; Anwalt, 1851 Führer der Bauernopposition; 1884–1889 Min.-Präs. **3.** Otto, norweg. Arktisforscher, *31. 10. 1854 Bindal, †26. 11. 1930 Oslo; Kapitän von F. *Nansens* Framexpedition (1893–1896), erforschte 1898–1902 das arkt. Nordamerika.

Sverdrupinseln [nach O. *Sverdrup*], Inselgruppe zwischen der Prinz-Gustav-Adolf-See u. der Ellesmereinsel im nördlichsten Teil des kanad.-arkt. Archipels. Zu den größten Inseln zählt *Axel-Heiberg-Insel* u. *Ellef-Ringnes;* 75 000 qkm.

Sverige ['svɛrjə], schwed. Name von →Schweden.

Sverre Sigurdsson, norweg. König 1177–1202, *um 1151, †1202; als Anführer der „Birkebeiner" Sieg über Magnus V., 1184 Alleinherrscher, verfocht die Königsmacht gegen Kirche u. Adel.

Sveti, *Sveta* [serbokr.] = Sankt.

Svevo, Italo, eigentl. Ettore *Schmitz,* italien. Erzähler dt. Abstammung, *19. 12. 1861 Triest, †13. 9. 1928 Motta di Livenza; von J. Joyce, A. Schopenhauer, S. Freud u. G. Duhamel beeinflußt, schrieb psychoanalyt. Romane in naturalist. Stil, die die bürgerl. Existenz zum Thema haben.

Svinhufvud ['svi:nhu:vud], Pehr Eyvind, finn. Politiker, *15. 12. 1861 Sääksmäki, †29. 2. 1944 Luumäki; Jurist; 1917/18 Führer der finn. Freiheitsbewegung, die er mit dt. Hilfe zum Sieg führte; 1918 Reichsverweser, 1930/31 Min.-Präs., 1931–1937 Staats-Präs.

Svizzera, italien. Name der Schweiz.

Svoboda, 1. Josef, tschechoslowak. Bühnenbildner u. Architekt, *10. 5. 1920 Časlav; mit Alfréd *Radok* Schöpfer des Theaters *Laterna magica* in Prag; entwarf die tschechoslowak. Pavillons bei den Weltausstellungen in Brüssel u. Montreal. **2.** Ludvík, tschechoslowak. Offizier u. Politiker, *25. 11. 1895 Hroznatin, Mähren, †20. 9. 1979 Prag; seit 1944 Kommandeur eines tschechoslowakischen Armeekorps in der Sowjetunion, 1945 bis 1950 Verteidigungs-Min. u. Armee-Oberbefehlshaber, 1951 aller Ämter enthoben, 1955 rehabilitiert, 1968–1975 Staatspräsident.

SVP, Abk. für →Schweizerische Volkspartei.

s.v.v., Abk. für →sit venia verbo.

svw., Abk. für *soviel wie*.

SW, Abk. für *Südwest*.

Swahili, die ostafrikan. Küstenneger der →Suaheli.

Swains Island ['sweinz 'ailənd], Insel nördl. von Samoa, Teil von Amerikanisch-Samoa, 2 qkm, 100 Ew.; 1925 an Samoa angegliedert.

Swakopmund, Distrikt-Hptst. in Südwestafrika an der Swakopmündung in den Atlant. Ozean, 5000 Ew.; Schulzentrum, ehem. bedeutender Hafen (unter dt. Kolonialherrschaft bis 1914).

Swammerdam, Jan, niederländ. Naturforscher, *12. 2. 1637 Amsterdam, †15. 2. 1680 Amsterdam; machte zahlreiche zoolog.-anatom. Untersuchungen, entdeckte die roten Blutkörperchen (1658) u. die Klappen des Lymphgefäßsystems (1664), beschrieb viele Insekten.

Swan [swɔn], Sir Joseph Wilson, brit. Erfinder, *31. 10. 1828 Sunderland, †27. 5. 1914 Overhill; erfand 1878 eine elektr. Glühbirne mit Kohlefaden.

Swanen, Stamm der Südgruppe der Kaukasus-Völker im W der Grusin. SSR; mit Wehrbauten.

Swan Islands ['swɔn 'ailəndz], span. *Islas del Cisne*, zentralamerikan.-honduran. Inselgruppe (2 Inseln) im NW des Karib. Meers, 2,6 qkm, 30 Ew.; ehem. US-amerikan. Stützpunkt, 1971 an Honduras abgetreten.

Swan Land ['swɔn lænd], *Swanland*, fruchtbares Kerngebiet des Staats Westaustralien um Perth, Winterregenklima, vom *Swan River* (→Avon Valley) durchzogen.

Swan River ['swɔn rivə], Fluß im Swan Land, Westaustralien; Unterlaufstrecke →Avon Valley.

Swanscombe ['swɔnzkəm], altsteinzeitl. Freilandstation in Südengland mit Menschenresten der *Pithecanthropus-* (Javamensch-) oder der *Präsapiens-Gruppe*, zahlreichen Clactonabschlägen u. Faustkeilen des Acheuléen.

Swansea ['swɔnzi], walisisch *Abertawe*, Hafenstadt in Südwales, an der Mündung der Tawe in die S.bucht des Bristolkanals, 190 000 Ew.; College (gegr. 1920), Teil der Waliser Universität; Royal Institute mit Bibliothek u. Museum, got. Kirche; Schiffbau, Kohlenbergbau, Eisen-, Zinn-, Zink-, Blei-, Kupferindustrie, Ölraffinerien; Flughafen.

Swapgeschäft ['swɔp-; engl.], bes. Art des Devisentermingeschäfts in Verbindung mit einem *Kassageschäft* zum Zweck der Kurssicherung. Die Differenz zwischen Kassa- u. Terminkurs heißt *Report* oder *Deport* u. richtet sich nach den Zinssätzen u. der erwarteten Kursentwicklung.

SWAPO, Abk. für *South West African People's Organization* (Südwestafrikan. Volksorganisation), Bewegung für die Unabhängigkeit Südwestafrikas (Namibias), gegr. 1958, ursprüngl. Stammesorganisation der Ovambo, heute allen Schwarzen offenstehend; in mehrere Flügel gespalten; der radikale Auslandsflügel unterhält Guerillaverbände.

Swartberge, Faltengebirge im S der Rep. Südafrika, zwischen Großer Karoo im N (Steilabfall) u. Kleiner Karoo im S, in den östl. *Großen S.n* bis 2152 m, in den westl. *Kleinen S.n* bis 2326 m.

Swarzenski, Georg, Kunsthistoriker, *11. 1. 1876 Dresden, †14. 6. 1957 Boston; 1906–1933 Museumsdirektor in Frankfurt a.M., Hrsg. des Städel-Jahrbuchs 1921–1933; seit 1939 am Museum of Fine Arts, Boston. Hptw.: „Denkmäler der süddt. Malerei des frühen MA." 4 Bde. 1901; „Niccolo Pisano" 1926; „Museumsfragen" 1928.

Swasiland →Swaziland.

Swastika [die; sanskr.], *Svastika* = Hakenkreuz.

Swatantra-Partei, stark rechtsgerichtete „Freiheits"-Partei Indiens, gegr. 1959; löste sich 1974 auf u. schloß sich der Rechtspartei *Bharatija Lok Dal* an.

Swatopluk, dt. *Zwentibold*, Fürst, später König des Großmährischen Reichs 870–894, *um 830, †894; dehnte das Reich gewaltig aus.

Swatow [engl. 'swɔtau], *Shantou*, Hafenstadt in der südchines. Prov. Kuangtung, 300 000 Ew.; Schiff- u. Landmaschinenbau, Textil-, Papierindustrie, Fischverarbeitung.

Swaythling-Cup ['sweiθliŋ kʌp; engl.], *Tischtennis:* 1926 von Lady G. *Swaythling* gestifteter Pokal für den Sieger in der Mannschafts-Weltmeisterschaft der Männer.

Swazi [-zi], *Swasi, Amaswasi*, Stämmegruppe (rd. 500 000) der Nguni (Südostbantu), vorwiegend im südafrikan. Swaziland; im 19. Jh. aus einer Mischung von Ngumi u. Sotho entstanden; Viehzüchter mit Ackerbau.

Swaziland ['swazi-], *Swasiland, Ngwane*, südafrikan. Königreich zwischen der Republik Südafrika u. Moçambique; hat eine Fläche von 17 363 qkm u. 540 000 Ew. (31 Ew./qkm). Hptst. ist *Mbabane*.

Landesnatur: S. liegt an der Großen Randstufe im O von Transvaal. Es ist gekennzeichnet durch den stufenförmigen Abfall vom über 1500 m hohen *Hoëveld* von Transvaal im W zum unter 100 m tief gelegenen *Lowveld*, das nach O von der 300–800 m hohen Kette der *Lebomboberge* vom Küstentiefland abgetrennt wird. Die Niederschläge sind bes. in den höheren Lagen recht hoch u. fallen im Sommer; die Temperaturen sind in den Höhen gemäßigt u. in den tiefen Zonen höher. Der Wald des feuchten Hochlands ist durch Brennholzschlag u. Beweidung weitgehend einer Grasvegetation gewichen. In den übrigen Landesteilen herrscht die Trockensavanne.

Bevölkerung: Über 90% der afrikan. Bevölkerung gehören dem Bantuvolk der *Swazi* an, daneben gibt es Zulu u.a. Bantugruppen sowie 8000 Weiße u. 4000 Mischlinge, die überwiegend in Mbabane wohnen.

Wirtschaft u. Verkehr: Die Viehzucht u. der Anbau von Mais, Hirse, Erdnüssen u. Bohnen dienen vornehmlich der Eigenversorgung. Große Bewässerungsanlagen ermöglichen für den Export den Anbau von Zuckerrohr, Zitrusfrüchten, Reis u. Ananas; Baumwolle u. Tabak werden im Trokkenfeldbau angebaut. Auch die Forstwirtschaft hat Bedeutung. Große Bestände von Kiefern, Eukalyptus u. Gerberakazien dienen zur Holz- u. Cellulosegewinnung. Hauptexportgüter sind die Bergbauprodukte Asbest u. Eisenerz. Die Industrie verarbeitet Rohprodukte zum Export: Cellulose, Zucker u. Fruchtkonserven. Verkehrsmäßig ist das Land recht gut erschlossen. Das Straßennetz ist verhältnismäßig dicht; eine Eisenbahnlinie führt vom Eisenerzbergwerk am Ngwenya nach Maputo (Moçambique). – Ⓚ→Südafrika.

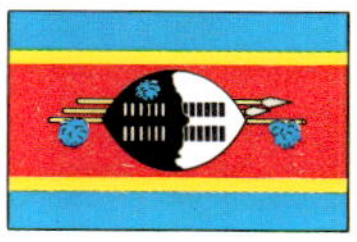

Geschichte: Die Nation der Swazi bildete sich um 1820 im Verlauf der Erschütterungen, die die Reichsbildung der Zulu unter Tschaka in Südafrika auslöste. 1890 geriet das Land unter den Einfluß Großbritanniens u. der Burenrepublik Transvaal, 1907 wurde das brit. Protektorat errichtet. Die Swazi-Monarchie übernahm wieder die Führung der Politik, als S. am 6. 9. 1968 als letztes brit. Gebiet auf dem afrikan. Festland (außer Rhodesien) unabhängig wurde. Staatsoberhaupt ist König *Sobhuza* II. (*1899, Monarch seit 1921), Premier-Min. seit den Wahlen von 1967 Fürst Makhosini *Dlamini* (*1914). S. ist wirtschaftl. eng mit der Rep. Südafrika verflochten.

Sweating-System ['swɛtiŋ-; engl.], *Schwitzsystem*, heute sehr seltenes, in den meisten Staaten strafbares Heimarbeitssystem, bei dem ein *Zwischenmeister* die Arbeit vom *Verleger* (Arbeitgeber) gegen ein festes Entgelt übernimmt u. an *Heimarbeiter* gegen einen Hungerlohn vergibt.

Sweben, *Sueben, Sueven*, german. Völker, zu denen die *Semnonen, Markomannen, Hermunduren, Quaden, Wangionen* u. die späteren *Alemannen* u. *Langobarden* gehörten; saßen ursprüngl. im Elbegebiet u. tauchten um die Mitte des 1. Jh. v. Chr. im Rheingebiet auf, wo sie im Heer *Ariovists* kämpften. Ihr weiteres Schicksal läßt sich nach den einzelnen Stämmen verfolgen. Im Gebiet um Ladenburg lassen sich durch röm. Inschriften u. Gräberfelder die *Neckar-S. (Suebi Nicretes)* nachweisen. Im 5. Jh. gründeten die Quaden unter dem Namen S. in Nordwestspanien ein Reich.

Swedenborg [-bɔrj], Emanuel, schwed. Mathematiker, Naturforscher, visionärer Theologe, *29. 1. 1688 Stockholm, †29. 3. 1772 London; entwarf seit 1745 aufgrund angebl. Kundgaben jenseitiger Geister u. Engel eine umfassende Schau von Diesseits u. Jenseits u. wirkt damit bis heute fort. Um seine Botschaft (u.a. Leugnung der Trinität, der leibl. Auferstehung) bildeten sich seit 1782 einige Gemeinden der „Neuen Kirche" in den USA, England, Mitteleuropa, West- u. Südafrika.

Sweelinck, Jan Pieterszoon, niederländ. Komponist, *1562 Deventer, †16. 10. 1621 Amsterdam; seine Orgelkunst wurde durch seine Schüler S. *Scheidt* u. H. *Scheidemann* in Dtschld. verbreitet.

Šwela ['ʃvela] →Schwela.

Swerdlow [-'lɔf], Jakow Michajlowitsch, sowjet. Politiker, *4. 6. 1885 Nischnij Nowgorod (jetzt Gorkij), †16. 3. 1919 Moskau; seit 1905 in der revolutionären Bewegung im Ural, 1917 Führer der Bolschewiki in Petrograd; 1917–1919 Vors. des Zentralen Exekutivkomitees des Sowjetkongresses (Staatsoberhaupt) u. Sekretär des ZK der KP.

Swerdlowsk, bis 1924 *Jekaterinburg*, Hptst. der Oblast S. (194 700 qkm, 4,4 Mill. Ew., davon 84% in Städten) in der RSFSR (Sowjetunion), am Osthang des Mittleren Ural, 1,2 Mill. Ew.; kultureller u. industrieller Mittelpunkt u. größte Stadt im Ural, Universität, Hochschulen (Wissenschaftsstadt im Bau); Schwermaschinenbau für Bergbau u. Hüttenwerke, Werkzeugmaschinen-, Waggon- u. Apparatebau, chem., Holz-, Baustoff-, Nahrungsmittelindustrie; Verkehrsknotenpunkt.

Sweynheim, Konrad, dt. Drucker u. Verleger in Italien, †1477; stellte zusammen mit Arnold *Pannartz* in Subiaco bei Rom 1465–1473 die ältesten italien. Drucke her; arbeitete später in Rom.

SWF, Abk. für →Südwestfunk.

Swidbert, *Suitbert*, angelsächs. Bischof, Heiliger, †713 in dem von ihm um 695 gegr. Kloster Kaiserswerth; Benediktiner, missionierte mit Willibrord 693 in Friesland, später im Land der Brukterer zwischen Lippe u. Ruhr. Fest: 1. 3. – *S.schrein* (1264 aufgestellt) in der Stiftskirche Kaiserswerth.

Swiderien [svide'rjɛ̃; das], spätpaläolith. Kulturgruppe, von Ostdeutschland bis in die Ukraine verbreitet, benannt nach der Freilandstation *Świdry Wielkie* bei Warschau; typ. sind flachretuschierte Kerbspitzen u. geometr. Mikrolithen.

Świdnica [sjfid'nitsa], poln. Name der Stadt →Schweidnitz.

Świebodzin [sjwjɛ'bɔdʒjin], poln. Name der Stadt →Schwiebus.

Swieten, 1. Gerard van, österr. Arzt niederländ. Herkunft, *7. 5. 1700 Leiden, †18. 6. 1772 Schönbrunn bei Wien; seit 1745 Leibarzt der Kaiserin Maria Theresia; reformierte das österr. Medizinalwesen u. begründete den Ruhm der Wiener Schule der Medizin.

2. Gottfried Bernhard van, Sohn von 1), österr. Musiker u. Diplomat, *29. 10. 1733 Leiden, †29. 3. 1803 Wien; in Wien Direktor der Hofbibliothek. S. übersetzte u. bearbeitete die Texte von J. Haydns „Schöpfung" u. „Jahreszeiten".

Swietenia [die; nach G. van *Swieten*], Gattung der *Meliazeen*, ein Laubbaum. *S. mahagoni* liefert echtes *Mahagoniholz* u. wird deshalb auf den Antillen kultiviert. *S. candollei*, in Venezuela heimisch, liefert ein wichtiges Nutzholz.

Świętochowski [svjɛ̃tɔ'xɔfski], Aleksander, poln. Schriftsteller, *18. 1. 1849 Stoczek, †25. 4. 1938 Warschau; bekämpfte in seinen Novellen nationalen u. religiösen Fanatismus; symbolist. Dramen.

Swift, Jonathan, engl. Schriftsteller, *30. 11. 1667 Dublin, †19. 10. 1745 Dublin (starb geistig umnachtet); anglikan. Geistlicher (seit 1713 Dekan der St.-Patricks-Kathedrale in Dublin), nahm teil an den polit. Kämpfen in England (anfangs auf seiten der Whigs, seit 1710 auf seiten der Tories) u. Irland, zunehmend proirisch eingestellt. S., eine ebenso verstandesscharfe wie leidenschaftl. u. sensible Natur, ist Englands größter Satiriker u. einer der hervorragendsten Meister engl. Prosa. „A Tale of a Tub" 1704, dt. 1729 („Das Tonnenmärchen") ist eine Satire auf den Streit der christl. Konfessionen; „The Battle of the Books" 1704 parodiert den Streit um den Vorrang der antiken oder der modernen Literatur. In „Travels into Several Remote Nations of the World. By Lemuel Gulliver, First a Surgeon, and then a Captain of Several Ships" 1726, dt. 1727/28 („Gullivers Reisen"), weitet sich die Satire zur Bloßstellung der Fragwürdigkeit u. Widervernünftigkeit menschlichen Verhaltens an sich. Dank ihrer Anschaulichkeit sind die ersten beiden Teile dieser düstersten von S.s Satiren zu einem klassischen Jugendbuch geworden. – Ⓛ3.1.3.

Swinburne ['swinbə:n], Algernon Charles, engl. Dichter, *5. 4. 1837 London, †10. 4. 1909 Putney; schrieb neben Blankversdramen vor allem Lyrik von melod. Schönheit u. bewegtem Rhythmus.

Swindon [-dən], Stadt in der südengl. Grafschaft

Swine

Symbiose zwischen Einsiedlerkrebsen, Gattung Eupagurus, und der Seerose Calliactis parasitica: Der Krebs genießt Tarnung und Schutz, die Seerose erhält Beweglichkeit bzw. Nahrungsbrocken

Ameisen betasten Blattläuse (links) bzw. Bläulingslarven (Mitte), die da Tropfen zuckerhaltigen Sekrets absondern. Die Spender genießen da

Ihr heutiges grünes Landschaftsbild verdankt die Erde überwiegend der Symbiose zwischen den Höheren Blütenpflanzen und den Insekten, die sich seit dem Tertiär entwickelt hat. In der Wechselbeziehung zwischen Bestäubten und Bestäubern entstanden so die beiden artenreichsten Gruppen des Pflanzen- und Tierreichs

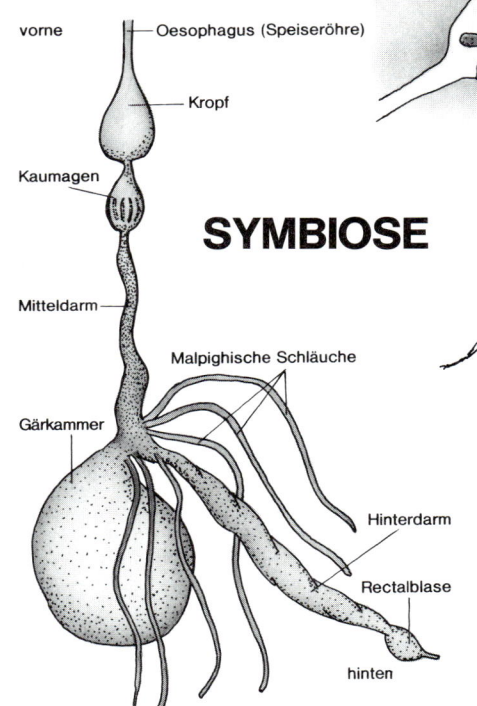

SYMBIOSE

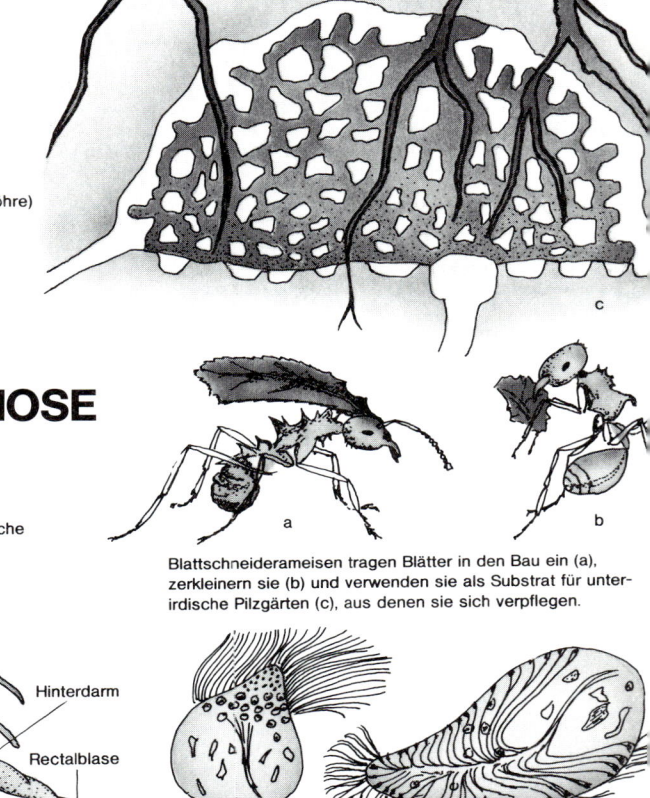

Blattschneiderameisen tragen Blätter in den Bau ein (a), zerkleinern sie (b) und verwenden sie als Substrat für unterirdische Pilzgärten (c), aus denen sie sich verpflegen.

Im Darmtrakt von Termiten (links) leben, vor allem im Mitteldarm, frei nicht lebensfähige Flagellaten (Polymastiginen, oben), die die Holzverdauung übernehmen.

Wiltshire, 90 800 Ew.; Maschinen-, Eisenbahnbau, Textil-, Tabakwarenindustrie.

Swine, poln. *Świna*, größter u. mittlerer Mündungsarm der Oder, zwischen den Inseln Usedom u. Wollin; Verbindung Stettiner Haff–Ostsee.

Swinemünde, poln. *Świnoujście*, Hafenstadt (Vorhafen von Stettin) in Pommern (seit 1945 poln. Wojewodschaft Szczecin), auf der Insel Usedom an der Swinemündung, 33 000 Ew.; See- u. Solbad; größter Fischereihafen Polens.

Swing [der; engl., „Schwung"], **1.** *Handelspolitik:* Spielraum; die Kreditgrenze in bilateralen Handelsverträgen, bis zu der sich ein Land bei der Verrechnungsstelle des Handelspartners verschulden darf, ohne daß Zahlung in frei konvertierbarer Währung zu leisten ist oder die Lieferungen aus dem Gläubigerland gesperrt werden. Der S. ist fest oder vom Gesamthandelsvolumen abhängig. **2.** *Musik:* Ausdruck der Jazzterminologie. 1. ein rhythmischer Begriff (ein Musiker oder eine Musik *swingt*), ein Spannungsverhältnis zwischen den Taktteilen, aber auch den Melodieinstrumenten. S. gab es in jeder Jazzstilepoche. Mit S. spielen heißt geschmeidig, rhythmisch elegant musizieren. – 2. *Swing-Stil,* eine Richtung des Jazz etwa 1935–1945, Zentren New York u. Kansas City. Einerseits Ausbildung der *Big Band,* d. h. Orchester mit Besetzung in Gruppen (sections) wie Blechgruppe (Trompeten, Posaunen) u. Saxophone, hatte Vervollkommnung des Arrangements zur Folge. Andererseits Musizieren in *Combos* (d. h. Kombination von Instrumenten, die nur einzeln besetzt sind) mit teils kammermusikal. Charakter, teils dem Bedürfnis der Musiker nach Virtuosität u. Startum entgegenkommend. Bands von Duke *Ellington,* Count *Basie,* Fletcher *Henderson,* Jimmie *Lunceford* (*1902, †1947), Chick *Webb,* Andy *Kirk* (*28. 5. 1898), Benny *Goodman,* Glen *Gray* (*1906, †1963, Casa Loma Orchestra), Tommy (*1905, †1956) u. Jimmy *Dorsey* (*1904, †1957), Artie *Shaw* u. a. Einzelmusiker: Coleman *Hawkins,* Fats *Waller,* Jack *Teagarden,* Earl *Hines,* Barney *Bigard* (*3. 3. 1906), Johnny *Hodges* (*1906, †1970), Benny *Carter,* Rex *Stewart* (*1907, †1967), Cootie *Williams* (*24. 7. 1908), Gene *Krupa,* Bunny *Berigan* (*1909, †1942), Lester *Young,* Art *Tatum,* Roy *Eldridge* (*30. 1. 1911), Buck *Clayton* (*12. 11. 1911), Teddy *Wilson* (*24. 11. 1912), Lionel *Hampton,* Harry *Edison* (*10. 10. 1915), Charlie *Christian* (*1916, †1942), Errol *Garner* (*15. 6. 1921) u. a. Man zählt auch den *Boogie-Woogie* u. den *Rock'n'Roll* noch zum S.-Stil.

Swingby-Technik [swiŋ'bai-; engl.], *Weltraumfahrt:* planvolle Ausnutzung des Gravitationsfelds von Himmelskörpern zur Bahnänderung von Raumfluggeräten.

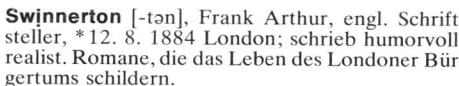

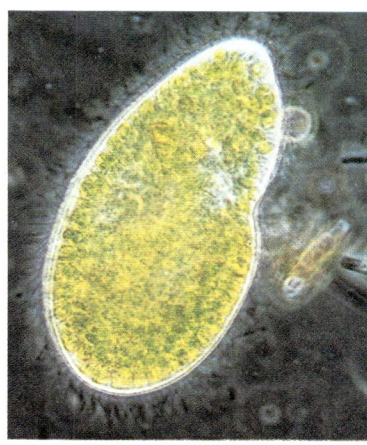

...lege und Schutz. – Tierische Protozoen, hier Paramecium, enthalten manchmal Zoochlorellen, einzellige Algen, ... die Photosynthese übernehmen (rechts)

Pilzwurzeln (Rhizothamnien) einer Cycadee

Knöllchenbakterien, hier z. B. Rhizobium leguminosarum, bilden an den Wurzeln der Leguminosen Knöllchen, in denen sie Stickstoff assimilieren

Das Bakterium Actionomyces alni bildet auf Erlenwurzeln Wucherungen, in denen es für den Baum Stickstoff spaltet

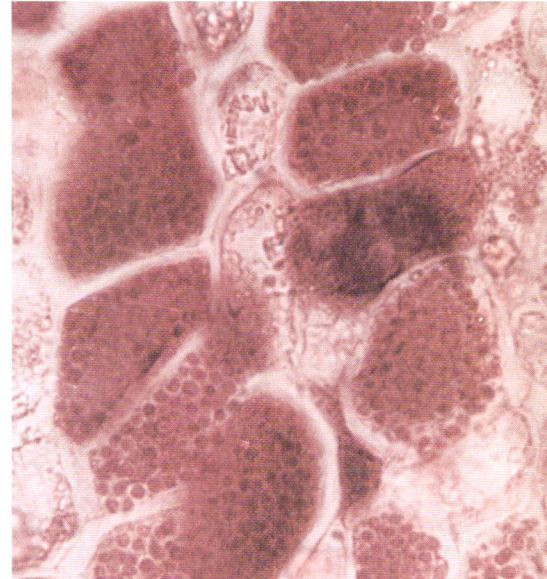

Eine Mykorrhiza, Symbiose zwischen Pilzen und Wurzeln von Pflanzen, ist bei den meisten Waldbäumen und allen Orchideen obligatorisch. – Manche können sowohl als (vorwiegend) assimilierende grüne Pflanze oder auch als brauner Parasit allein von der Mykorrhiza leben wie hier die Nestwurz, Neottia nidus-avis (links); in der Mitte die Mykorrhiza-Knollen. – Mikroskopischer Schnitt durch ein Bakterienknöllchen mit rotgefärbten Bakterien (rechts)

Swinnerton [-tən], Frank Arthur, engl. Schriftsteller, *12. 8. 1884 London; schrieb humorvollrealist. Romane, die das Leben des Londoner Bürgertums schildern.

Swissaid ['svisseid; engl.], größtes schweizer. Hilfswerk für die Entwicklungsländer.

Swissair ['svisɛːr], die 1931 gegr. *Schweizerische Luftverkehr AG*; Privatgesellschaft mit staatl. Anteil von 30%; betreibt Strecken im In- u. Ausland.

Switchgeschäft ['switʃ-; engl.], Form des Außenhandelsgeschäfts: Einkauf von Waren in einem anderen Land als dem Herstellerland *(Import-Switches)* oder Verbrauch von Waren in einem anderen Land als dem Käuferland *(Export-Switches)* unter Ausnutzung von Preisgefällen.

Swjatoslaw I., 962–972 Großfürst von Kiew, †972 (gefallen); unterwarf um 965 das Chasaren- u. 967–970 das Donaubulgar. Reich, verlor im Kampf gegen Petschenegen sein Leben.

Swobodnyj, früher *Alexejewsk*, Stadt in Sowjetisch-Fernost, RSFSR, an der unteren Seja, 75 000 Ew.; Maschinen- u. Schiffbau, Eisenbahnausbesserungswerk, Nahrungsmittel- u. Holzindustrie.

sy... →syn...

Syagrius, letzter röm. Statthalter u. Herrscher in Gallien 464–486, vom Frankenkönig *Chlodwig* bei Soissons geschlagen u. hingerichtet.

Sybaris, griech. Kolonie am Golf von Tarent in Unteritalien, Ende 8. Jh. v.Chr. gegründet, sehr reich (25 Städte u. 4 Stämme).

Sybel, 1. Heinrich von, Historiker, *2. 12. 1817 Düsseldorf, †1. 8. 1895 Marburg; Schüler L. von *Rankes* (1859 Gründer der „Histor. Ztschr."); seit 1875 Direktor der preuß. Staatsarchive. Einer der bedeutendsten Vertreter der polit.-kleindt. Geschichtsschreibung, Gegner der Romantisierung der dt. Kaiserzeit; stellte erstmals soziale Bedingungen u. Folgen der Französ. Revolution heraus. Mehrfach Abg. (Nationalliberaler), zunächst Widersacher Bismarcks, dann dessen Anhänger u. Verfechter der kleindt. Politik. Hptw.: „Geschichte der Revolutionszeit von 1789–1800" 1853–1879; „Die Begründung des dt. Reiches durch Wilhelm I." 1889–1894.

2. Ludwig von, Sohn von 1), Archäologe, *1. 8. 1846 Marburg, †26. 3. 1929 Marburg; „Christl. Antike" 2 Bde. 1906–1909.

Syberberg, 1. Hans-Jürgen, Filmregisseur, *8. 12. 1935 Nossendorf, Vorpommern; führte Regie u. a. bei „Ludwig-Requiem für einen jungfräul. König" 1972; „Karl May" 1974; bes. „Hitler. Ein Film aus Deutschland" 1976/77 löste heftige Kontroversen aus.

2. Rüdiger, Schriftsteller, *6. 2. 1900 Köln-Mülheim, †28. 4. 1978 Garmisch-Partenkirchen; bes. um religiöse u. soziale Fragen bemüht. Entwicklungsroman: „Peter Anemont" 1939. Novellen: „Ich komme in der Nacht" 1940; „Daß diese Steine Brot werden" 1955. Bühnenstücke: „Abendländ. Tragödie" 1947; „Josip u. Joana" 1950; „Die Gefangenen" 1964.

Sydney: die berühmte Hafenbrücke (1923–1932) über Port Jackson; Anlagestellen von Walsh Bay (links) und Sydney Cove (Mitte rechts) mit der City (Hochhäuser); neues Opernhaus am Bennelong Point (1959–1972); dahinter der Botanische Garten

Sydenham ['sidnəm], Thomas, engl. Arzt, *10. 9. 1624 Windford Eagle, Dorsetshire, †29. 12. 1689 London; gilt als einer der Begründer der klin. Medizin, gab 1683 die erste klassische Beschreibung der Gicht. Nach ihm benannt die *Chorea S., Chorea minor*, eine zu den infektiös-toxischen Nervenerkrankungen oder zum rheumat. Formenkreis gehörende, im allg. gutartig verlaufende Form des sog. Veitstanzes bei Kindern.
Sydney ['sidni], **1.** Hptst. des austral. Bundesstaats Neusüdwales, an der Südostküste *(Port Jackson Bay)*, bedeutendster Hafen u. größte Stadt Australiens, m. V. 3,1 Mill. Ew.; 2 Universitäten (gegr. 1848/49 u. 1964), Kunstgalerie u. -museen, Naturkunde-, Biolog., Geolog. Museum, Staatsbibliothek; Opernhaus; Hafenbrücke; Hydepark, Botan. Garten; Schiffbau, Metall-, Maschinen-, chem., Holz-, Elektro- u. Nahrungsmittelindustrie; Flughafen. – Gegr. 1788 als erste europ. Siedlung. **2.** Hafenstadt auf Cape Breton Island, kanad. Prov. Neuschottland, 40000 Ew.; Eisen- u. Stahlindustrie, Kohlenbergbau; Fischereizentrum. **3.** *Manra*, eine der Phönixinseln in Ozeanien, von dreieckiger Form, 2,8 km lang, unbewohnt, Kokosnußpflanzungen der Bewohner der Gilbert Islands; 1823 entdeckt, 1889 britisch.
Sydow ['zy:do], Emil von, Offizier u. Kartograph, *15. 7. 1812 Freiberg, Sachsen, †12. 10. 1873 Berlin; Lehrer an der Kriegsakademie in Berlin, später Abteilungschef im Großen Generalstab; förderte die wissenschaftl. Kartographie, schuf u. a. Wandkarten u. einen Schulatlas (von H. *Wagner* neubearbeitet).
Syenit [der; nach der ägypt. Stadt *Syene* (heute Assuan)], Tiefengestein (Magmatit) aus Kalifeldspat u. Hornblende u. gelegentl. Quarz in geringer Menge; meist von rötl. oder grauweißer Farbe; durch Übergangsglieder verbundene Varietäten sind *Glimmer-* u. *Augit-S.*; als Verwitterungsprodukt der Hornblende ist →Epidot häufig.
Syke ['zi:kə], niedersächsische Stadt am Nordrand der Syker Geest, südlich von Bremen, 18 000 Ew.; Metall-, Drahtseil- u. Betonindustrie.
Sykes-Picot-Abkommen ['saiks pi'ko:-], geheimes Abkommen 1916 zwischen Frankreich u. Großbritannien zur Abgrenzung der engl.-französ. Interessensphären im Vorderen Orient, wobei die Aufteilung der asiat. Türkei vereinbart wurde; benannt nach den beiden Unterhändlern.
Sykomore [die; grch.], *Maulbeerfeige, Ficus sycomorus*, ein *Maulbeergewächs*, aus Äthiopien stammender, in Ägypten u. Israel angebauter, bis 16 m hoher, aber bereits tief am Stamm verzweigter, dickstämmiger Baum, dessen Fruchtstände *(Eselsfeigen)* nicht so wohlschmeckend sind wie die der Echten Feige. Das Holz wurde für die Mumiensärge verwendet.
Syktywkar, bis 1929 Ust-Sysolsk, Hptst. der Komi-ASSR, RSFSR (Sowjetunion) an der Wytschegda (Flußhafen), 165000 Ew.; Maschinenbau, Sägewerke u. Reparaturwerft; Flugplatz.
syl... →syn...
Sylhet (Bangla Desh) = Silhat.
Syli, Abk. *SY*, Währungseinheit in Guinea, 1 SY = 100 *Cauris*.
syllabischer Gesang, Kompositionsart für Gesänge, bei der jeder Note eine Textsilbe untergelegt ist.
Syllabus [der; grch.], 1864 von Papst *Pius IX.* veröffentlichtes Verzeichnis moderner theolog. Anschauungen u. Lehren (80 „Zeitirrtümer"), u. a. Pantheismus, Naturalismus, Rationalismus, Indifferentismus, Kommunismus, die von der kath. Kirche abzulehnen seien.
Syllepsis [die; grch.], eine rhetorische Figur, bei der ein Satzteil auf zwei oder mehr nach Person, Geschlecht oder Zahl verschiedene Subjekte bezogen ist; z. B. „Er steht hier, und ich (zu ergänzen: stehe) da". Die grammat. Zuordnung ist zwar fehlerhaft, aber die Zuordnung der Begriffe ist richtig (andernfalls *Zeugma*).
Syllogismus [grch.], in der klassischen Logik eigentliche Form des →Schlusses, der vom Allgemeinen auf das Besondere schließt, im Unterschied zum *Induktions*- u. *Analogieschluß*. In der modernen Logik allg. Bez. der formalen Schlußlogik bzw. der Beschäftigung mit der Ableitung von Sätzen.
Sylphiden, sagenhafte weibl. griech. Baum- oder Luftwesen; männlich: *Sylphe*.
Sylt, die größte der dt. Nordfries. Inseln, 99,2 qkm, 26 300 Ew.; Kern aus Geestland mit steilem Abbruch zur Nordsee (Rotes Kliff 46 m ü. M.), im O Marschland; seit 1927 durch den *Hindenburgdamm* mit dem Festland verbunden (11 km); ehem. Hauptort Keitum, Seebäder Westerland, Wenningstedt, Kampen, List, Rantum, Hörnum.
Sylvanit [der; nach den Fundorten in *Transsylvanien*], *Schrifterz, Schrifttellur*, zinnweißes, auch gelbbraunes, metallglänzendes Mineral (Golderz); monoklin; Härte 1,5–2; mit Gold, Fahlerz, Pyrit, Zinkblende, Quarz auf Goldgängen.
Sylvanus, Erwin, Schriftsteller, *3. 10. 1917 Soest; begann mit Brauchtumsspielen u. suchte, von L. Pirandello ausgehend, neue dramat. Formen. Schauspiele: „Korczak u. die Kinder" 1959; „Unterm Sternbild der Waage" 1960; „Der rote Buddha" 1961. Roman: „Der Paradiesfahrer" 1943. Lyrik, Hörspiele.
Sylvensteinsee, Stausee an der oberen Isar, 4,1 qkm, 80 Mill. m³ Stauinhalt, 35 m Stauhöhe; durch Stollen mit dem Walchenseekraftwerk verbunden.
Sylvester →Silvester.
Sylvester, James Joseph, brit. Mathematiker, *3. 9. 1814 London, †15. 3. 1897 London; arbeitete über Zahlen- u. Invariantentheorie.
Sylvin [der; nach dem niederländ. Chemiker F. *Sylvius*], *Leopoldit, Hövelit*, farbloses, weißes bis gelbl., feucht glasglänzendes Mineral (Chlorkalium); regulär; Härte 2; wertvolles Kalisalz; wird in körniger u. spätiger Form mit Steinsalz, Carnallit u. a. bergmännisch gewonnen.
sym... →syn...
Symbiont [der; grch.], ein Lebewesen, das mit anderen in →Symbiose lebt.
Symbiose [die; grch.], enge Form von *Vergesellschaftung* zwischen zwei Organismen-Arten, die für beide Partner *(Symbionten)* nützlich u. notwendig sind u. zu einem gesetzmäßigen dauernden Zusammenleben (Lebensgemeinschaft) führen: 1. zwischen Pilzen u. Algen (→Flechten), 2. zwischen Pilzen u. Samenpflanzen (→Mykorrhiza), 3. zwi-

Sylt: Luftaufnahme von Süden

schen Bakterien u. Samenpflanzen (→Wurzelknöllchen der Leguminosen), 4. zwischen chlorophyllhaltigen Algen u. niederen Tieren (→Zoochlorellen), 5. zwischen Bakterien bzw. Geißeltierchen u. Insekten (→Endosymbiose), 6. zwischen Pilzen u. Insekten (→Pilzzucht), 7. zwischen Samenpflanzen u. Tieren, die für die Blütenbestäubung sorgen (engster Fall von →Mutualismus, →Ameisenpflanzen), 8. zwischen verschiedenen Tieren, z.B. Termiten (Wohnraum) u. Ameisen (Schutz), Ameisen (Schutz) u. Blattläusen (Honigtau; Extremfall einer →Trophobiose), Einsiedlerkrebsen (Nahrungserwerb) u. Aktinien (Schutz durch Nesselfäden). →auch Vergesellschaftung. – ⊞S. 310.

Symbol [das; grch.], Sinnbild, Zeichen.

Symbolik [die; grch.], Ausdrucksgehalt einer Erscheinung; Lehre vom *Symbol.*

Symbolismus, von Frankreich ausgehende, von der dt. Romantik u. von E. A. *Poe* angeregte, seit 1890 in ganz Europa verbreitete literar. Strömung, die die objektive Wirklichkeitswiedergabe des Realismus u. Naturalismus, die Bindung an die Gesellschaft, die Zweck- u. Anlaßgebundenheit der Dichtung, Deklamation u. objektive Beschreibung verwarf u. Hintergründiges, Irrationales u. Geheimnisvolles vernehmbar zu machen suchte. Für die jenseitige, eigentl. wirkliche Welt ist das Irdische nur Symbol; das Geheimnisvolle soll durch die Dichtung sichtbar gemacht werden, Symbolhaftigkeit u. Musikalität wenden sich an die suggestive Aufnahmefähigkeit des Menschen.

Der Dichtung kam es nicht mehr unbedingt auf Verstehbarkeit an, sie wollte vielmehr ihren Hauptwert in der kunstvollen Form, im Klang u. in der Wortmagie verstanden wissen (*vers libre*, eine Zwischenform von Vers u. Prosa). Damit begründete der S. eine über dem Leben stehende *poésie pure* als Vollendung des Prinzips des *l'art pour l'art*. Entspr. der für den S. wesentl. Vorstellung vom hintergründigen Zusammenhang aller Dinge wurden die sprachkünstler. Mittel bis an die Grenze magischer Beschwörungskraft vorgetrieben (Sprachdichte, Suggestion, Assoziation, Rhythmus, Verflechtung mehrerer Bewußtseinsebenen). Metaphern u. Synästhesien waren beliebteste Stilmittel; ihre Häufung führte z.T. zu dunkler, überladener Gespreiztheit.

Der S., theoret. begründet u. benannt von J. de *Moréas* (1866), äußerte sich bes. in der Lyrik. Symbolisten in Frankreich waren Ch. *Baudelaire* („Fleurs du Mal" 1857), P. *Verlaine*, A. *Rimbaud*, St. *Mallarmé*, E. *Verhaeren*, J.-K. *Huysmans* (Roman), M. *Maeterlinck* (Drama). Anklänge an den S. zeigen in England A. Ch. *Swinburne* u. O. *Wilde*, in Italien G. *d'Annunzio*, in Spanien J. R. *Jiménez*, in Lateinamerika R. *Dario*, in Rußland A. *Block*. In Dtschld. traf sich der S. mit der Neuromantik u. der impressionist. Stimmungskunst beim jungen St. *George*, H. von *Hofmannsthal* u. R. M. *Rilke*. – 🄻 3.0.6.

Auch die M a l e r e i versuchte den positivist. Realismus der bürgerl. Weltordnung zu durchbrechen u. wandte sich daher gegen den Impressionismus, der dem Realismus in der Literatur entsprach. Man malte nicht mehr vor dem Motiv, sondern aus der Erinnerung oder Vorstellungskraft, gemäß der Devise von Baudelaire: „Die Gegenstände der Natur sind von nur geringer Wirklichkeit. Allein die Träume sind vollkommen wirklich."

Die Katastrophenstimmung des „Fin de siècle" leistete spiritistischen Neigungen Vorschub, u. mystischer Erotizismus mündete in schwarze Religiosität („Satanismus"). Die Frau als rätselhaft-unausweichl. Verhängnis („Femme fatale") erschien in zahlreichen Symbolgestalten (Chimäre, Sphinx, Salome).

Die Gemeinsamkeiten des S. liegen mehr im Thematischen, in einem bestimmten Lebensgefühl, als auf der stilist. Ebene. Als sich schließlich dennoch gewisse stilist. Merkmale herauszubilden begannen, sprach man nicht mehr von S., sondern von *Jugendstil.* Die Weltanschauung des S. war bereits vorgebildet bei den engl. *Präraffaeliten.* In Frankreich trat die Bewegung erstmals auf der Weltausstellung 1889 an die Öffentlichkeit u. hatte zwischen 1891 u. 1897 ihr Ausstellungszentrum in der Galerie „Le Barc de Boutteville". Die Hauptmeister waren in Frankreich: M. *Denis*, P. *Gauguin*, G. *Moreau*, P.-C. *Puvis de Chavannes*, O. *Redon*; in Belgien: J. *Ensor*, F. *Khnopff*; in Holland: J. *Thorn-Prikker* u. J. *Toorop*; in Dtschld.: A. *Böcklin*, Albert von *Keller* (*1844, †1920), M. *Klinger* u. F. von *Stuck*; in Finnland: A. *Gallen-Kallela*; in Italien: G. *Segantini*; in Amerika: P. *Marcius-Simmons*; in Rußland: M. *Wrubel.*

Die Ausdruckswelt des S. wird in der Plastik vor allem durch das Werk von A. *Rodin* verkörpert, dessen Allegorismus damit besser gekennzeichnet wird als durch die früher übliche Zuordnung zum Impressionismus. Ähnliches gilt für den klassizist. Idealismus M. *Klingers.* In Norwegen schuf Gustav *Vigeland* (*1869, †1943) einen ganzen Park mit Statuen, die die verschiedenen Lebensalter symbolisieren sollten.

In der M u s i k hat C. *Debussy* mit seiner Oper „Pélleas et Mélisande" am reinsten die zentralen Themen des „Fin de siècle" gestaltet, auch sein Oratorium „Le Martyre de Saint Sébastian" ist in diesem Zusammenhang zu sehen. Jedoch gehören die meisten der großen Komponisten um die Jahrhundertwende (mit Ausnahme vielleicht von G. *Mahler*) nur mit einem Teil ihres Werkes zur Vorstellungs- u. Empfindungswelt des S., so z.B. R. *Strauss* („Tod und Verklärung", „Salome", „Frau ohne Schatten"), A. *Schönberg* („Gurrelieder"), B. *Bartok* („Herzog Blaubarts Burg") u. A. *Skrjabin* („Le Poème de l'Extase" „Prométhée").

Im F i l m hat der S. erst spät Früchte getragen, so bei F. Lang („Nosferatu") u. in der Gegenwart bei I. *Bergman*, F. *Fellini* u. M. *Antonioni*. – ⊞S. 314.

Syme [saim], Sir Ronald, brit. Historiker, *1903; seit 1949 Prof. in Oxford; schrieb u.a.: „The Roman Revolution" ²1951, dt. 1957.

Symeon der Neue Theologe, griech. Mystiker, Heiliger, *um 949 Galate, Paphlagonien, †12. 3. 1022 Chrysopolis; in seinen Schriften, bes. den Hymnen, kam die orth. Mystik zu einem Höhepunkt. →auch Hesychasmus.

Symeon Metaphrastes, byzantin. Hagiograph im 10. Jh., hoher Beamter in Konstantinopel; sammelte u. überarbeitete byzantinische Heiligenviten, die er in einem zehnbändigen Monologion herausgab; schrieb erbauliche Dichtungen, Predigten u. Reden.

Symmachie [die; grch.], Schutzbündnis der altgriech. Stadtstaaten, bes. vom 6. bis 4. Jh. v. Chr. häufig; eine Sonderform sind die hegemonialen S.n, die um die eine oder andere Vormacht gescharten Kampfbünde zahlreicher Staaten; hierzu gehören der *Peloponnesische Bund* u. die beiden *Attischen Seebünde.*

Symmachus, Papst 498–514, Heiliger, Sarde, †19. 7. 514 Rom; konnte sich mit Hilfe *Theoderichs d. Gr.* gegen den Gegenpapst *Laurentius* durchsetzen. Eine Synode lehnte es ab, über die von seinen Gegnern gegen S. vorgebrachten Vorwürfe zu beraten, weil sie kein Urteil über den Nachfolger Petri fällen wollte. Fest: 19. 7.

Symmetrie [grch., „Maß"], **1.** *allg.:* Ebenmaß; Aufbau des Ganzen, bei dem sich beide Hälften spiegelbildlich entsprechen.

2. *Geometrie:* gleiche Lage eines geometr. Gebildes in bezug auf eine Ebene, Gerade oder einen Punkt. – 1. *axiale S.*, 2 Punkte A_1 u. A_2 liegen symmetrisch zu einer Geraden oder Ebene (*S.achse* oder *S.ebene*), wenn ihre Verbindungsstrecke durch diese halbiert wird u. auf ihr senkrecht steht. Axialsymmetrische Figuren sind ungleichsinnig kongruent. Die eine geht aus der anderen durch Spiegelung an der S.achse hervor. 2. *zentrale (zentrische) S.*, zwei Punkte A_1 u. A_2 liegen symmetrisch zu einem Punkt O (*S.zentrum*), wenn die Strecke $A_1O = A_2O$ ist. Diese S. wird *Spiegelung an einem Punkt* genannt. 3. *Dreh-S.*, eine Figur ist drehsymmetrisch, wenn nach einer Drehung um bestimmte Winkel die gedrehte Figur die ursprüngliche genau deckt. Die Größe des Drehwinkels bestimmt die *„Zähligkeit"* der S.achse. Z.B. sind regelmäßige Vielecke drehsymmetrisch. Bei einem Sechseck ist der Drehwinkel 60°, die S.achse ist 6zählig.

3. *Zoologie:* grundsätzl. Eigenschaft der höheren Tiere *(Metazoen).* Asymmetrie von Einzelheiten (z.B. Organlage bei Wirbeltieren) sind die Regel, kommen auch als Spezialisierung (z.B. Winkerkrabben) oder als Mißbildungen vor. S.typen: 1. *radiäre S.*: durch die Hauptachse sind mehrere Schnitte zu führen, die das Tier in deckungsgleiche (kongruente) Hälften zerlegen; *Hohltiere*; 2. *Di-S.*: durch die Hauptachse lassen sich zwei Ebenen legen, die deckungsgleiche (kongruente) Hälften schaffen; *Rippenquallen*; 3. *bilaterale S.*: durch eine Hauptachsenebene wird das Tier in zwei Hälften geteilt, die sich wie Bild u. Spiegelbild verhalten; die meisten höheren Tiere *(Bilaterien)*, einschl. der *Stachelhäuter.*

Symmetrieachse →Symmetrie (1).

Symons ['saimənz], Arthur, engl. Lyriker u. Kritiker, *28. 2. 1865 Wales, †22. 1. 1945 Wittersham, Kent; Wortführer des engl. Symbolismus; von der Dekadenz beeinflußte Lyrik; Essays.

sympathetische Kuren, *sympathetische Mittel*, Heilverfahren durch magische Mittel (Besprechen, Gesundbeten u.a.); etwaige Heilerfolge beruhen stets auf suggestiver Beeinflussung, nicht auf einer „Zauberkraft" des angewandten Mittels.

sympathetische Tinten →Geheimschrift.

Sympathie [grch., „Zusammen-Erleiden"], Mitgefühl, Wohlwollen, Zuneigung (Gegensatz: *Antipathie*); ursprüngl. (Stoa, Renaissance) kosm. Mitbetroffensein aller Teile eines Ganzen bei Einwirkung auf ein einzelnes Teil u. umgekehrt; diese Bedeutung heute nur noch im Okkultismus *(sympathetisch).* In der humanitären Ethik (D. Hume, A. Comte) wird S. als Grundlage der Sittlichkeit *(S.ethik)* aufgefaßt.

Sympathikus [der; grch.], *Nervus sympathicus* →vegetatives Nervensystem.

sympathische Augenentzündung, *sympathische Ophthalmie*, eine manchmal einige Zeit nach einer durchbohrenden Verletzung eines Auges das andere, unverletzte Auge befallende schwere entzündl. Erkrankung, deren Ursache nicht völlig geklärt ist. Hiervon zu unterscheiden ist die sog. *sympathische Reizung*, bei der sich am unverletzten Auge vorübergehende funktionell-nervliche Erscheinungen zeigen, wie Tränenfluß u. Lichtscheu.

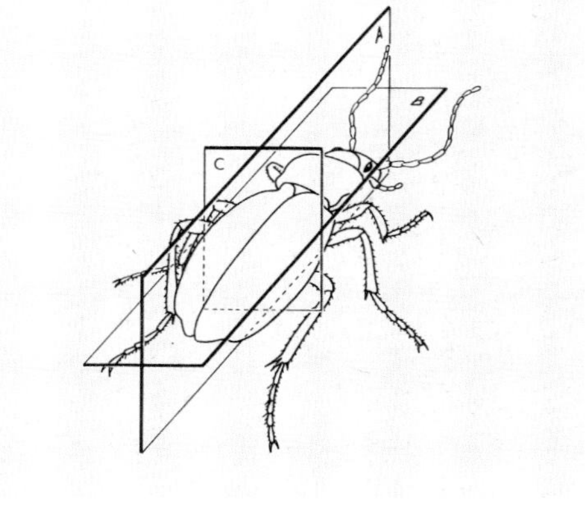

Symmetrie: Körperachsen eines bilateralsymmetrischen Tiers; A) Median-Ebene, B) Frontal-Ebene, C) Querschnitt-Ebene

Sympatrie, das Auftreten einer Art in demselben geograph. Gebiet in mehreren Populationen mit unterschiedl., erblich bedingten Eigenschaften, z.B. ausschl. Ernährung von Weiden oder Pappeln. Hierdurch ist die Ausbildung ökolog. Rassen möglich. *Sympatrische Artentstehung* ist die Entwicklung neuer Arten durch physiolog., ökolog. u.ä. Isolationsprozesse ohne gleichzeitige geograph. Isolation. →auch Allopatrie.

Sympetalae [grch.], zweikeimblättrige Pflanzen *(Dikotyledonen)* mit verwachsenblättriger Blütenkrone. Zu den S. gehören die Ordnungen: *Bicornes (Ericales), Primulales, Plumbaginales, Ebenales (Diospyrales), Ligustrales, Contortae, Tubiflorae, Personatae, Cucurbitales* u. *Synandrae.*

Symphilie [grch.], Gastverhältnis zwischen verschiedenen Insekten einerseits (als *Symphilen*) u. Ameisen oder Termiten (als *Wirte*) andererseits, das für die Wirtsart von zweifelhaftem Nutzen ist. Z.B. werden bestimmte Käfer als Ameisengäste gepflegt, weil sie von den Ameisen begehrte narkotische Sekrete abscheiden; sie ernähren sich aber von Wirten oder von deren Brut (Fall von →Mutualismus).

Symphonie [die; grch.], **1.** *Musik:* →Sinfonie.

2. *Raketen:* Name eines dt.-französ. Fernmeldesatelliten-Projekts zur Entwicklung einer fortschrittl. Satellitentechnologie u. Durchführung experimenteller Nachrichtenübertragungen von Südamerika nach Europa (Afrika) u. umgekehrt. Im Gegensatz zu US-amerikan. Satelliten ist S. dreiachsenstabilisiert u. hat ein Apogäumstriebwerk mit flüssigen Treibstoffen. S. I startete am 19. 12. 1974; Kapazität: 2 Fernsehprogramme oder 600 Telefonverbindungen. S. II startete am 27. 8. 1975.

Symphoricarpus [grch. + lat.] →Schneebeere.

Symphyla [grch.] →Zwergfüßler.

Symbolismus

Max Klinger, Ludwig van Beethoven; 1886–1902. Leipzig, Museum der bildenden Künste

SYMBOLISMUS

William Holman Hunt, Die Dame von Shalott; 1886–1905. Hartford (Connecticut), Wadsworth Atheneum, The Ella Gallup Sumner and Mary Catlin Sumner Collection

Giovanni Segantini, Böse Mütter; 1894. Wien, Kunsthistorisches Museum

Michail Alexandrowitsch Wrubel, Gestürzter Dämon; 1902. Moskau, Tretjakow-Galerie

Symbolismus

Paul Gauguin, Der arme Fischer; 1896. São Paulo, Museu de Arte (links). – Pierre-Cécile Puvis de Chavannes, Der arme Fischer; 1881. Paris, Louvre (rechts)

Auguste Rodin, Das eherne Zeitalter; 1876. Paris, Musée Rodin (links). – Akseli Gallen-Kallela, Die Mutter des Lemmingkäinen; 1897. Helsinki, Ateneum (rechts)

Franz v. Stuck, Der Wächter des Paradieses; 1889. Privatbesitz (links). – Fernand Khnopff, Ich schließe mich selbst ein; 1891. München, Neue Pinakothek (rechts)

Symphyse [die; grch.], Knochenverwachsung; bes. Bez. für die *Schamfuge (Schambein-S.)*, die Verbindung der Schambeine des Beckens vorn in der Mittellinie.

Sympodium [das; grch.+lat.], Sproßverzweigung, z.B. ein Blütenstand, bei dem anstelle der Hauptachse ein oder mehrere Seitentriebe die Verzweigung fortsetzen.

Symposion [das, Mz. *Symposien*], Trinkgelage der Griechen u. Römer; die hierbei übl. Gespräche wurden Vorbild einer literar. Form (am bekanntesten das S. von *Platon*). Heute bezeichnet man zuweilen Tagungen von Fachwissenschaftlern als S.

Symptom [das; grch.], Anzeichen; bes. Krankheitserscheinung, Krankheitszeichen.

Symptomatologie [grch.], *Semiologie, Semiotik*, die Lehre von den Krankheitszeichen. Symptomatische Behandlung ist die Bekämpfung einer Krankheit nach den einzelnen Erscheinungen, den *Symptomen*. Gegenbegriff: *Ätiologie*.

syn... [grch.], Vorsilbe mit der Bedeutung „mit, zusammen, gleichzeitig, -artig"; wird zuweilen zu *sy..., syl...* oder *sym...*

Synagoge [die; grch.], **1.** *Kunst:* in der christl. Kunst als weibl. Gestalt mit verbundenen Augen u. gebrochener Lanze dargestellte Verkörperung des A.T. u. des Judentums; deutbar als vorbereitender Teil der Heilsgeschichte, die sich vollendet u. erfüllt im N.T., das die ebenfalls als Frau erscheinende, der S. typologisch gegenübergestellte *Ecclesia* verkörpert. Die Allegorie vom Verhältnis zwischen Altem u. Neuem Bund findet sich seit der karoling. Kunst in Form von Begleitfiguren auf Kreuzigungsdarstellungen u. als Zweiergruppe in der Bauplastik (Bamberg, Straßburg).
2. *Religion: Lehrhaus, Schule, Tempel*, seit dem Babylon. Exil Versammlungshaus der jüd. Gemeinde für den Gottesdienst. Bau der S. ursprüngl. mit fast quadrat. Grundriß, später basilikal u. den jeweils herrschenden Zeit- u. Landesstilen angepaßt. Eine nach Jerusalem weisende Nische im Innern birgt den heiligen Schrein *(Aron ha-kodesch)* mit Thora-Rolle. →jüdische Kunst.

Synalöphe [die; grch.], Verschmelzung zweier oder mehrerer Vokale zu einem einzigen oder zu einem *Diphthong*.

Synandrae [grch.], Ordnung der zweikeimblättrigen Pflanzen *(Sympetalae)*; Pflanzen, deren Staubgefäße oben meist verwachsen oder wenigstens einander genähert sind; viele enthalten Milchsaft u. statt Stärke *Inulin*. Zu den S. gehören die Familien: *Glockenblumengewächse, Lobeliengewächse* u. *Korbblütler*.

Synapse [die; grch.], Kontaktstelle zwischen zwei Nervenzellen (neuro-neuronal: von Nerv zu Nerv) oder zwischen einer Nervenzelle u. einer Zelle von Erfolgsorganen wie Muskeln oder Drüsen (→motorische Endplatte). Ein am Nervenende eintreffender Impuls kann die Zellwand in der Regel nicht passieren. Zur Überbrückung der S. wird ein chem. Prozeß dazwischengeschaltet. Bei der neuro-neuronalen Übertragung wird wahrscheinl. mit Hilfe von Neurohormonen wie *Acetylcholin* oder *Noradrenalin* die Natriumpermeabilität erhöht. Für die Übertragung auf eine Muskelzelle (neuromuskuläre Übertragung) ist die Mitwirkung von Acetylcholin nachgewiesen. Gelangt eine Nervenerregung (→Nervenleitung, →Erregung) zur S., wird Acetylcholin freigesetzt. Es diffundiert über den Spaltraum u. setzt an der gegenüberliegenden Muskelzelle eine neue elektr. Erregung in Gang. Eine anschließende Zerstörung durch das Enzym *Cholinesterase* verhindert eine mehrfache Impulsentstehung. – 🕮 9.3.1.

Synärese, [die; grch.], *Synäresis, Synizese*, das Zusammenziehen zweier Selbstlaute zur Vermeidung eines *Hiatus*, bes. im griech. u. latein. Vers; Beispiel: *saträest*.

Synarthrose [die; grch.], unbewegl. Verbindung zweier Knochen durch Bindegewebe.

Synästhesie [grch.], die Erscheinung, daß bei Erregung eines Sinnesorgans außer den ihm zugehörigen Empfindungen auch solche eines anderen Sinnesorgans auftreten, z.B. Farben beim Hören *(audition colorée, Photismen)* oder Klänge beim Sehen *(Phonismen)*. Sowohl in der Umgangs- als auch in der gehobenen Schriftsprache gehen zahlreiche Wortverbindungen auf S. zurück, z.B. „schreiendes Rot", „warme Farbe". E. *Jaensch* glaubte bestimmte Synästhetiker-Typen charakterologisch beschreiben zu können.

Synchondrose [-çɔn-; die; grch.], unbewegliche Verbindung zweier Knochen durch dazwischenliegende Knorpel, z.B. *Synchondrosis sphenooccipitalis*, Knorpelscheibe, die im jugendl. Schädel Hinterhaupt- u. Keilbein zusammenhält.

Synchrongenerator, ein Generator für Wechsel- bzw. Drehstrom.

Synchronisation [grch.], **1.** *Filmtechnik:* vollkommener („lippensynchroner") Gleichlauf zwischen Bild u. Ton im →Tonfilm; zu unterscheiden von der *Synchronisierung*.
2. *Verhaltensforschung:* das Sichangleichen von Verhaltensabläufen zur sozialen Abstimmung zwischen Partnern. In der Balzstimmung schon weit entwickelte Tauber können durch starkes Werben das Reifen der Weibchen beschleunigen. Eine ursächl. Aufeinanderfolge von →Auslösern bewirkt beim Stichlingspaar einen auf die Sekunde gleichzeitigen Gipfel der Sexualerregung. Bei Insekten u. Fischschwärmen erfolgt die S. durch →Pheromone. →auch Instinkthierarchie.

Synchronisierung, **1.** *Filmtechnik:* das Abstimmen von Bild u. Ton im Tonfilm, insbes. das akust. Einkopieren eines anderssprachl. Textes oder einer fremden Gesangsstimme.
2. *Kraftfahrwesen:* →Kennungswandler.

Synchronismus [grch.], eine Methode, die in der Geschichtsschreibung dazu dient, die Gleichzeitigkeit auch voneinander unabhängiger Ereignisse bei verschiedenen Völkern, in verschiedenen Ländern u. auf verschiedenen Kulturgebieten, oft in komparativer Weise, zu verdeutlichen; in *synchronoptischen Tabellen* wird durch unterschiedl. Druck, Farbgebung u.ä. die Übersicht erleichtert.

Synchronizität [grch.], die Gleichzeitigkeit von psychischen Vorgängen (Erlebnissen); ein als sinnvoll erlebtes Beieinander, das nach C. G. *Jung* auf archetypischer Grundlage zu beruhen scheint.

Synchronmaschinen, Wechsel- bzw. Drehstromgeneratoren oder -motoren, meist Großmaschinen (bis über 700 MVA), bei denen der Ständer als Anker, der Läufer als Polrad ausgebildet ist. →Generator, →Elektromotor.

Synchronmotor, ein →Elektromotor, bei dem der Läufer unabhängig von der Belastung mit der synchronen Drehzahl des Ständerdrehfeldes umläuft.

Synchronoskop [das; grch.], ein elektr. Meßgerät, mit dem die Übereinstimmung von Frequenz u. Phasenlage zweier Drehstromgeneratoren, die parallel geschaltet werden sollen, ermittelt wird.

Synchronschwimmen →Kunstschwimmen.

Synchronuhr, eine elektr. Uhr, die durch einen Synchronmotor angetrieben wird; die Ganggenauigkeit entspricht der hohen Frequenzkonstanz des Wechselstromnetzes.

Synchrotron [das, Mz. *S.e*; grch.], in der Hochenergiephysik ein Gerät zur Beschleunigung von geladenen Elementarteilchen auf sehr große Geschwindigkeiten. Je nach Verwendungszweck gibt es verschiedene Ausführungen: 1. das *Synchrozyklotron* ist wie das →Zyklotron gebaut, nur wird die Frequenz des an die D-förmigen Elektroden angelegten Hochfrequenzfelds periodisch verändert. Dadurch kann die relativist. Massenzunahme ausgeglichen werden; man erhält z.B. in Berkeley (USA) Deuteronen von 2000 MeV (→Elektronenvolt) kinetischer Energie. 2. das *Elektronen-S.* arbeitet ähnlich dem →Betatron: Die Elektronen kreisen auf einer festen Bahn in einem Magnetfeld; sie werden auf hohe Umlaufgeschwindigkeiten gebracht, indem man das Magnetfeld anwachsen läßt u. die Teilchen außerdem (wie im Zyklotron) durch ein elektr. Hochfrequenzfeld konstanter Frequenz beschleunigt. Die Elektronen müssen bereits mit großer Geschwindigkeit in das S. eingeschossen werden, was durch ein vorgeschaltetes Betatron oder einen →Linearbeschleuniger erreicht wird. In der Entwicklung sind Geräte, mit denen Elektronen von rd. 6000 MeV kinetischer Energie erzeugt werden können (→DESY). 3. am modernsten ist das *Protonen-S.* Die schon vorbeschleunigten Protonen werden in das Gerät eingeschossen u. durchfliegen einige hundert Mal eine feste Kreisbahn. Dabei werden sie sowohl durch ein zeitlich anwachsendes Magnetfeld als auch ein Hochfrequenzfeld beschleunigt, das zum Ausgleich der relativist. Massenzunahme seine Schwingungszahl im Lauf der Zeit ändert. Mit diesem Gerät können Protonen von 30000 MeV kinetischer Bewegungsenergie hergestellt werden. Diese Energie reicht aus, um alle bekannten Arten von Elementarteilchen durch Zusammenstoß des Protons mit einem anderen Nukleon künstl. zu erzeugen. →auch Teilchenbeschleuniger.

Syncom [Kurzwort aus engl. *synchronous* u. *communication*], Name aktiver US-amerikan. →Nachrichtensatelliten in stationärer Erdumlaufbahn. Die Kreisbahngeschwindigkeit in 35800 km Höhe entspricht der Erdrotation, so daß die Satelliten über einem Punkt des Äquators stillzustehen scheinen (synchron umlaufen). Durch S. wurde die prakt. Möglichkeit stationärer Nachrichtensatelliten erstmals nachgewiesen; damit wurden alle Systeme mit mittelhohen Umlaufbahnen hinfällig.

Syndaktylie [die; grch.], angeborene Mißbildung mit Verwachsungen von Fingern oder Zehen.

Syndetikon [das; grch.], Warenzeichen für einen Klebstoff aus Gelatinelösung, mit Essigsäure dickflüssig gemacht.

Syndikalismus, sozialist. Arbeiterbewegung mit vorwiegend genossenschaftl.-gewerkschaftl. Charakter, von M. A. *Bakunin*, P. J. *Proudhon* u. G. *Sorel* beeinflußt. Der S. lehnt polit. Parteien ab; er sucht seine Ziele durch „direkte Aktion" (Streik, Werksbesetzungen, Bildung von Arbeitergenossenschaften zu verwirklichen. Seine größte Stärke erlangte er in Spanien *(Anarcho-S.)*. – 🕮 4.6.0.

Syndikat [das; grch.], **1.** *Unternehmungsformen:* straffste Form des →Kartells mit festen Preis- u. Kontingentierungsbestimmungen u. eigener Verkaufsorganisation; auch Bez. für die Verkaufsorganisation eines Kartellverbands. Ein S. bedarf aufgrund des *Gesetzes gegen Wettbewerbsbeschränkungen* vom 27. 7. 1957 in der Fassung vom 4. 4. 1974 in der BRD der Genehmigung durch das Kartellamt.
2. *Wirtschaftspolitik:* in Spanien Bez. für den verbandsmäßigen Zusammenschluß der Arbeitgeber u. der Arbeitnehmer nach Branchen (ähnlich im italien. faschist. Korporativstaat bis 1943); hat wirtschaftspolit. Bedeutung zu erfüllen.

Syndikus [der, Mz. *Syndizi*; grch.], angestellter (oft geschäftsführender) Rechtsbeistand *(Justitiar)* bei Kammern, Stiftungen, Verbänden, Vereinen, Unternehmen u.ä.

Syndrom [das; grch.], Zusammentreten einzelner, für sich genommen uncharakterist. Krankheitszeichen *(Symptome)* zu kennzeichnenden Gruppen; *Symptomenkomplex*.

Synechthren [grch.], Mitbewohner von Tierbauten (z.B. in Ameisenstaaten), die nicht geduldet, sondern verfolgt werden, sich aber dennoch dort halten können.

Synedrium [das; lat.], grch. *Synedrion*, hebr. *Sanhedrin, Hoher Rat*, die höchste, aus Priestern, Laien u. dem Hohenpriester als Vors. bestehende Behörde für innerjüdische Religionsangelegenheiten, allg. u. religiöse Gerichtsbarkeit in Jerusalem bis 70 n.Chr. Seine Todesurteile mußten in röm. Zeit durch den röm. Statthalter bestätigt u. vollstreckt werden.

Synekdoche [-xe:; die; grch.], eine rhetorische Figur, die das Gemeinte durch einen verwandten Begriff ausdrückt, der aber umfassender oder enger *(Pars pro toto)* ist; z.B. „Wasser" für „Meer" oder „Kiel" für „Schiff".

Synergie [grch.], Zusammenwirken, z.B. von Organen. *Synergisten* sind z.B. zusammenwirkende Muskeln im Gegensatz zu den entgegenwirkenden *Antagonisten*.

Synergismus, die bes. von den Anhängern Ph. *Melanchthons* (Philippisten) vertretene Lehre von der Mitwirkung des Menschen bei seiner Rettung durch die göttl. Gnade. Der *Synergistenstreit* 1558 zwischen Philippisten u. Luther-Anhängern (M. *Flacius*) wurde beendet in der Konkordienformel (Entscheidung gegen den S., aber auch gegen die Terminologie des Flacius).

Synesios von Kyrene, griech. Philosoph, *um 370 Kyrene, †413 Ptolemais; aus nichtchristl. adliger Familie stammend, studierte bei *Hypatia*, heiratete 403 eine Christin, 410 Wahl zum Bischof von Ptolemais, die er nach anfängl. Widerstand annahm. S. verkörperte die Synthese von Neuplatonismus u. Christentum. Werke: philosophische Schriften, 10 philosophisch-religiöse Hymnen, 156 Briefe.

Synge [siŋ], **1.** John Millington, irischer Dramatiker, *16. 4. 1871 Rathfarnham bei Dublin, †24. 3. 1909 Dublin; seit 1904 Direktor des Abbey Theatre in Dublin; schrieb trag. u. kom. Bühnenwerke mit Themen aus dem Leben der irischen Fischer u. Bauern; in der Sprache von der Idiomatik der Aran-Inseln angeregt.
2. Richard, brit. Chemiker, *28. 10. 1914 Liverpool; entwickelte zusammen mit A. J. P. *Martin* die →Verteilungs-Chromatographie. Nobelpreis 1952 zusammen mit Martin.

Syngman Rhee →Rhee, Syngman.

Synizese [die; grch.] = Synärese.

Synkarpie [grch.], Verwachsung der Fruchtblätter

einer Blüte zu einem einzigen Fruchtknoten. →Fruchtblatt.
Synklinale [die; grch.], Mulde bei Faltung von Schichtgesteinen; Gegensatz: *Antiklinale*.
Synkope [die; grch.], **1.** ['zynkope], *Grammatik:* die Ausstoßung eines unbetonten Vokals zwischen zwei Konsonanten im Innern eines Worts (ew'ger statt ewiger).
2. [zyn'ko:pə], *Musik:* Abweichung vom Grundmetrum, indem an sich unbetonte Werte betont werden u. die betonten Werte ohne Akzent bleiben (wobei oft der Eindruck der Erregtheit entsteht). Harmonisch oder melodisch bewirkt die S. eine künstl. Verzögerung oder Vorwegnahme (Antizipation). Im Jazz werden häufig S.n verwandt.
3. ['zynkope] *Verslehre:* der Ausfall einer Senkung im Verssystem.
Synkratie [grch.], Mitherrschaft.
Synkretismus [grch.], **1.** *Philosophie:* Verbindung verschiedenartiger philosoph. Lehren, ohne auf innere Übereinstimmung zu achten.
2. *Religionswissenschaft:* Verschmelzung verschiedener Religionen u. Kulte (bes. oriental. mit griech. u. röm. im Zeitalter des Hellenismus).
Synod [der; grch., russ.] = Heiliger Synod.
Synodale [der; grch.], Mitglied einer Synode.
Synodalverfassung, *Synodalsystem*, Verfassung ev. Kirchen, in der die aus Amtsträgern u. Nichttheologen gebildete *Synode* kirchliche Leitungs- u. Verwaltungsbefugnisse besitzt; diese sind ursprüngl. u. bes. weitreichend in den reform. Kirchen (→auch Presbyter), heute aber auch in den luth. Kirchen allgemein. Die S. soll einerseits die Leitung durch die Gemeinden sichern u. die Vorherrschaft einzelner Ältester oder Gemeinden ausschließen, andererseits die Einheit der Kirche gegenüber der Einzelgemeinde repräsentieren u. die Einheit in Lehre u. Kirchenzucht gewährleisten. Die wechselreiche Geschichte der S. kennzeichnet das Ringen um das Verhältnis zwischen Gemeinde u. geistl. Amt im Aufbau der Kirche.
Synode [die; grch.], Versammlung von Abgesandten mehrerer Gemeinden, Bezirke oder Kirchenprovinzen bzw. mehrerer Bistümer, der je nach dem Verständnis der Kirchengewalt verschiedenartige Vollmachten in der kirchl. Leitung u. Verwaltung zukommen. In der kath. Kirche: *Diözesan-S., Metropolitan-S., Bischofs-S., Konzil.* In den eigenständigen orth. Kirchen werden *Partikular-S.n* abgehalten; in der russ. Kirche besteht der *Heilige Synod*. In der ev. Kirche hat sich eine Stufenfolge von S.n herausgebildet: Die unterste Stufe bilden meist die von mehreren Gemeindevertretungen (Presbyterien) beschickten Kreis- oder Bezirks-S.n; deren Abgesandte kommen in den Landes- oder Provinzial-S.n zusammen; diese entsenden ihre Vertreter in die General-S. der Kirchen des Bekenntnisses *(S. der EKD)*. Die jeweiligen Beauftragten werden gewöhnl. von den Gliedschaften, die sie vertreten, gewählt. Der Vorsitzende einer S. heißt *Präses*. Die S.n sind, zunächst im reform., heute auch im luth. Bereich, ein oberstes kirchl. Leitungsorgan mit umfassender, insbes. auch gesetzgebender Zuständigkeit.
synodische Umlaufszeit, der Zeitraum, der beim Umlauf eines Planeten um die Sonne zwischen zwei aufeinanderfolgenden Konjunktionen (Oppositionen) des Planeten mit der Sonne liegt. →Monat.
Synoikismos [der; grch.], im alten Griechenland Zusammenschluß kleinerer Gemeinwesen zur Bildung eines Staats, zur Neugründung oder Vergrößerung einer bestehenden Stadt durch Auflassung von Siedlungen in der Umgebung.
Synökie [grch.] = Entökie.
Synökologie [grch.], eine Betrachtungsweise der →Ökologie, die die Ganzheit einer Lebensgemeinschaft *(Biozönose)* in den Mittelpunkt stellt *(Biozönologie, Biozönotik)*; man kann auch von einem Lebensraum *(Biotop)* ausgehen *(Biotopologie)*. Die Beziehungen zwischen Organismengesellschaften u. ihrer natürl. Umwelt sind außerordentl. vielfältig u. unübersichtlich, so daß synökolog. Fragestellungen praktisch nur mit Verfahren der System-Analyse zu bearbeiten sind.
Synonym [das; grch.], *Synonymon*, sinnverwandtes Wort, das weitgehend dieselbe Bedeutung wie ein anderes hat. Genau gleichbedeutende Wörter sind selten, meist besteht ein Sinn- oder Wertunterschied (Kopf – Haupt).
Synonyma [Mz.; grch.], in der biolog. Systematik verschiedene Namen für dieselbe Gattung oder Art. Nach den internationalen Nomenklaturregeln ist der älteste Name gültig *(Prioritätsprinzip)*.
Synonymie [grch.], Eigenschaft der *Synonyme*.
Synonymik [die; grch.], Lehre von der Sinnverwandtschaft der Wörter.
Synopse [die; grch.], vergleichende Nebeneinanderstellung, bes. gleichartiger Stücke, der ersten drei Evangelien (Matthäus, Markus, Lukas), seltener auch des Johannesevangeliums, im allg. unter Zugrundelegung des Markusevangeliums als des vermutl. ältesten Evangeliums u. der sog. Logienquelle (vor allem die Lehre Jesu enthaltend). Wegen ihrer auf gemeinsamen Quellen beruhenden Ähnlichkeit heißen die ersten drei Evangelien auch *synoptisch*, ihre Verfasser *Synoptiker*.
Synoptik [grch.], *Meteorologie u. Klimatologie:* die zusammenschauende (weltweite) Erforschung des jeweils augenblickl. Wetterzustands u. ihre klimatolog. Auswertung mit Hilfe von Stationsnetzen, deren Messungen auf Karten eingetragen werden, die eine Übersicht über das Wetter vieler Orte zu gleicher Zeit geben. →auch Wettervorhersage.
Syntagma [das, Mz. *Syntagmen*; grch.], **1.** *Grammatik:* aus einem oder mehreren Wörtern bestehender Satz oder Teilsatz, wobei jedes Wort erst durch die Fügung seinen Wert bekommt.
2. *Literatur:* Sammlung von Schriften über einen bestimmten Gegenstand.
Syntane [grch.], synthet. *Gerbstoffe*, die aus aromat. Kohlenwasserstoffen, Phenolen, Kresolen, Naphtholen u. a. durch Kondensation mit Formaldehyd u. Einführen einer Sulfogruppe (→Sulfonsäuren) hergestellt werden. Die S. haben ähnl. Eigenschaften wie pflanzl. Gerbstoffe.
Syntax [die; grch.], **1.** *Grammatik: Satzlehre*, Gesamtheit der Regeln für die Bildung von Sätzen aus Wörtern. Sprachtheorien, die für die syntakt. Untersuchung der Sprachen bes. geeignet sind, sind die *Transformations-, Dependenz-* u. *generative Grammatik*. – 🄻 3.8.2.
2. *Mathematik:* Untersuchung der (mathemat.) Sprache bzw. ihrer Regeln unter dem Gesichtspunkt der richtigen Zusammenstellung ihrer Zeichen u. Ausdrücke, ohne Rücksicht auf ihre Bedeutung. Die *Beweistheorie* (→Metamathematik) ist eine syntakt. Theorie.
Synthese [grch.], **1.** *allg.:* Zusammensetzung, Vereinigung; Gegenbegriff: *Analyse*.
2. *Chemie:* Aufbau von chem. Verbindungen aus einfacheren Verbindungen oder aus den Elementen. Synthetische Stoffe sind solche Stoffe, die künstlich *(synthetisch)* hergestellt werden.
3. *Erkenntnistheorie u. Metaphysik:* Einheitsstiftung, bei *Kant* Verbindung von empirisch Gegebenem zu objektiver Erfahrung, bei *Hegel* Vereinigung des Gegensätzlichen, Widerspruchsvollen in einer höheren Einheit. →auch Dialektik.
4. *Pädagogik:* die Verknüpfung einzelner Tatsachen u. Einsichten zu einem Ganzen; methodisch: das Fortschreiten vom Einzelnen, vom Teil, zum Umfassenden u. Ganzen.
5. *Psychologie: schöpfer. S.*, das Zusammenfügen von Sinneselementen zu einem Wahrnehmungsganzen (nach W. *Wundt*).
Synthesizer ['sinθisaizə; engl.], Apparatur zu synthetischer Klangerzeugung u. Klangveränderung, ein elektron.-akust. „Musikbaukasten" mit einer Vielzahl von Kombinationsmöglichkeiten der Gestaltung am Klang u. am Ton: Nachahmung herkömml. Klänge, bewußte Verfremdung, Mischung von Tonkomponenten bis zur Erfindung nie gehörter Klänge. – 🄱 →Musikinstrumente.
synthetische Geometrie, Herleitung der geometr. Sätze aus einem geometr. Axiomensystem (z. B. bei Euklid) im Gegensatz zur *analytischen Geometrie*, die auf den Zahlbegriff gegründet ist u. die geometr. Objekte durch Zahlen u. Gleichungen beschreibt.
synthetische Sprachen →Sprache.
Synzytium [das, Mz. *Synzytien*; grch.], durch Verschmelzung vieler Zellen nach Auflösung der Zellgrenzen entstandene vielkernige Plasmamasse, z. B. die Epidermis der Nematoden.
Syphilis [die; Herkunft ungeklärt], *Lues*, durch die *Spirochaeta pallida (das Treponema pallidum)* hervorgerufene Infektionskrankheit. Voraussetzung für die Ansteckung ist eine zumindest feine Verletzung der Haut oder der Schleimhäute; sie kommt am häufigsten durch den Geschlechtsverkehr zustande, kann aber auch z. B. am oder im Mund erfolgen. 2–3 Wochen nach erfolgter Ansteckung entwickelt sich der sog. *Primäraffekt*; er besteht in einer Gewebsverhärtung mit Schwellung der regionären Lymphknoten u. ist durch Knötchen-, Bläschen- oder Geschwürsbildung gekennzeichnet (*harter Schanker*, lat. *Ulcus durum*). Etwa 9 Wochen nach der Ansteckung treten die Spirochäten in das Blut über u. führen zu Blutveränderungen (die sich z. B. durch die *Wassermannsche Reaktion* nachweisen lassen); damit beginnt das Stadium der *sekundären S.*; es äußert sich in der Regel durch flecken- u. knötchenförmige Ausschläge an Haut u. Schleimhäuten u. manchmal entzündl. Allgemeinerscheinungen (Fieber, Mandelentzündung u. a.); daneben können Haarausfall u. nässende Hautgeschwülste *(Papeln)* auftreten. Nachdem diese Erscheinungen abgeklungen sind, bleibt die (unbehandelte) S. einige Jahre erscheinungsfrei *(Latenzperiode)*; danach kommt es im *tertiären Stadium* zu Veränderungen an Haut, Knochen u. inneren Organen mit Knotenbildungen, denen sog. Gummigeschwülste zugrunde liegen; diese bilden Zerfallsherde oder Geschwüre; bes. die Hauptschlagader u. die Herzklappen sind gefährdet (Aortenerweiterungen u. Herzfehler). Als Spätformen *(Quartärstadium, Meta-S.)* der (unbehandelten oder ungenügend behandelten) S. treten Erkrankungen des Rückenmarks *(Rückenmarksschwindsucht, Tabes dorsalis)* u. des Gehirns (sog. *Gehirnerweichung, progressive Paralyse*) auf. Eine Sonderform der S. ist die *Gehirn-S. (Neurolues)*, die – wenn sie auftritt – meist im 2. Stadium entsteht. – Die S. kommt auch angeboren *(Lues connata)* vor (von der an S. erkrankten Mutter auf das Blut des Kindes übertragen); sie führt zu Erkrankungen von Haut, Schleimhaut, Knochen u. inneren Organen in kennzeichnenden Formen, nach Jahren auch zu einer bes. Hornhautentzündung, der Erblindung folgen kann. Bei S. der Mutter stirbt die Frucht im Mutterleib häufig ab. Die Behandlung sollte so frühzeitig wie möglich einsetzen. Die heute geübte u. in den meisten Fällen Heilung bringende Behandlung mit *Salvarsan* u. Antibiotika *(Penicillin)* muß öfter wiederholt werden (Mehrkurensystem). Dabei wird die Salvarsankur manchmal mit Wismutpräparaten kombiniert. Quecksilber- (Schmierkur) u. Jodbehandlung kommt dagegen nur noch selten (im tertiären Stadium) in Frage. Bei spätluischen Krankheiten ist Heilfieberbehandlung *(Malariakur)* angezeigt. →auch Geschlechtskrankheiten.
Syphon [der; grch., frz.] = Siphon.
Syracuse ['sirəkju:s], Stadt im USA-Staat New York, 193 000 Ew. (Metropolitan Area 535 000 Ew.); Universität (1870), Forstinstitut, Radiolog. Gesellschaft, Kunst- u. Geschichtsmuseum; Salzgewinnung; Bahnknotenpunkt.
Syrakus, ital. *Siracusa*, italien. Hafenstadt an der Südostküste Siziliens, Hptst. der Provinz S. (2109 qkm, 395 000 Ew.), 125 000 Ew.; antike Ruinen der Griechen- u. Römerzeit, griech. Theater (4.–3. Jh. v. Chr.), röm. Amphitheater (3. Jh. n. Chr.), Castello Maniace (11. Jh.), Dom (im 17. Jh. erneuert); Zement-, Farben-, Konserven- u. keram. Industrie; Weinbau; Fischerei; Salzgewinnung.
Geschichte: S. wurde um 733 v. Chr. von Korinthern gegr. u. von dem Tyrannen *Gelon* von Gela seit 485 v. Chr. zur mächtigsten Stadt Siziliens gemacht. Der Sieg über die Karthager bei Himera 480 v. Chr. machte Gelon zum Herrn über Sizilien. Unter seinem Bruder u. Nachfolger *Hieron I.* (478–468 v. Chr.) erlebte S. seine Glanzzeit (Seesieg über die Etrusker bei Cuma 474 v. Chr.); sein Nachfolger *Trasybulos* wurde 466 v. Chr. vertrieben. Nach athen. Vorbild bekam S. eine demokrat. Verfassung. Schwere innere Kämpfe u. Streitigkeien mit den anderen sizilischen Griechenstädten folgten u. führten zur *Sizilischen Expedition* der Athener (415–413 v. Chr.); doch gelang es S., mit Hilfe eines spartan. Entsatzheers die schon in die Vorstädte eingedrungenen Athener zu vertreiben u. ihre Flotte zu vernichten. Das Vordringen Karthagos auf Sizilien verhinderten *Dionysios I.* (405–367 v. Chr.), *Dionysios II.* (367–344 v. Chr.) u. *Hieron II.* (268–214 v. Chr.), unter deren Herrschaft S. die bedeutendste Handelsstadt Siziliens blieb. Im 1. Punischen Krieg (264–241 v. Chr.) auf seiten der Römer, behielt S. seine Unabhängigkeit, die es im 2. Punischen Krieg (218–201 v. Chr.) auf seiten Karthagos verlor. 212 v. Chr. wurde S. erobert, wobei *Archimedes* den Tod fand, u. kam zur röm. Provinz Sizilien. 535 eroberte *Belisar* die Stadt u. machte sie zum Sitz der byzantin. Statthalter. 878 eroberten die Araber, 1085 die Normannen S., das zur Provinzstadt absank. – Am 3. 9. 1943 wurde in S. der italien.-alliierte Waffenstillstand abgeschlossen. – 🄻 5.2.3.
Syrdarja, der antike *Jaxartes*, Strom im sowjet.

SYRIEN SYR
El Dschamhurija el Arabija es Surija

- Fläche: 185 180 qkm
- Einwohner: 8,4 Mill.
- Bevölkerungsdichte: 45 Ew./qkm
- Hauptstadt: Damaskus
- Staatsform: Präsidiale Republik
- Mitglied in: UN, Arabische Liga
- Währung: 1 Syrisches Pfund = 100 Piastres

Landesnatur: Hinter der schmalen Küstenebene erhebt sich das *Alauitengebirge*. Es fällt im O zu einer Senke ab, die vom Fluß Orontes erfüllt wird. Im äußersten SW hat S. Anteil am Hochgebirge des *Antilibanon*, an dessen Ostfuß in einer fruchtbaren Oase die Hptst. Damaskus liegt. Östl. der Gebirge erstreckt sich das syr. Tafelland. Es geht nach SO in die *Syrische Wüste* über u. reicht nach NO an die flachen Steppengebiete des Irak heran. Während im Küstengebiet Mittelmeerklima mit Winterregen herrscht, nehmen nach O u. SO zu die Niederschläge rasch ab, im größten Teil des Landes ist künstliche Bewässerung nötig.

Die zu 80% islam. **Bevölkerung** (10% Christen) besteht zu 88% aus Arabern oder arabisierten Bewohnern, 4,6% Kurden, 3,0% Armeniern u. 2,0% Turkmenen u. Tscherkessen. – Staatl. Universitäten bestehen in Haleb u. Damaskus.

Wirtschaft: Rd. 60% aller Erwerbstätigen sind in der Landwirtschaft beschäftigt; ein Teil davon übt einen Zweitberuf im Handwerk aus (z.B. in Verbindung mit Obst- u. Gemüsebau in Stadtnähe); der Beitrag zum Volkseinkommen beträgt jedoch nur 26%. Wichtigste Anbauprodukte sind Baumwolle, Weizen u. Gerste sowie Gemüse u. Früchte (Aprikosen, Feigen, Weintrauben, Äpfel, Oliven, Mandeln u.a.), die z.T. ausgeführt werden. Durch die Vergrößerung der Bewässerungsflächen wurde der Baumwollanbau stark ausgeweitet (Ausfuhr bes. in die Ostblockstaaten). Die Viehzucht ist für die halb- u. vollnomad. Beduinenstämme von großer Bedeutung, vorwiegend als extensive Schafzucht. – An Bodenschätzen werden vor allem Erdöl (Förderung seit 1968, bes. bei Ain Diwar im NO), Phosphat, Eisenerz, Steinsalz, ferner Asphalt, Bauxit, Schwefel, Kupfer- u.a. Erze gewonnen. S. ist auch ein wichtiges Erdöltransit- u. -verschiffungsland. Irak. Öl gelangt teils zum eigenen Hafen *Baniyas*, teils weiter nach Libanon (Tripoli), saudi-arab. Öl als Durchfuhrgut ebenfalls nach Libanon (Saida). Die Erschließung der eigenen Erdöl- u. Erdgasfelder ist ebenso noch im Gang wie der wasserwirtschaftl. Aufbau, vor allem die Ausnutzung von Wasserkräften (Orontes-Damm bei Idlib, Euphrat-Damm u. Kraftwerk südl. von Jarabulus u. die 1974 fertiggestellte Euphrat-Talsperre von →Tabqa). Der wichtigste Industriezweig, auch für den Export, ist die traditionsreiche Textilindustrie sowie die Verarbeitung von Agrarprodukten u. Bodenschätzen. In Entwicklung begriffen ist die chem. u. Düngemittelindustrie, die keram. u. die Bauindustrie. Hauptausfuhrgut ist, vom Erdöl abgesehen, Baumwolle.

Verkehr: Das Straßennetz ist in Erweiterung. Zwischen El Ladhaqiye u. El Qamischliye an der türk. Grenze ist eine 740km lange neue Eisenbahnstrecke fertiggestellt. Eine weitere Linie von Tartus nach Homs ist vorgesehen. Der Haupthafen El Ladhaqiye ist modern u. leistungsfähig. Flughäfen gibt es in Damaskus, Haleb, El Ladhaqiye u. Deir es Sor. – 🗺 →Vorderasien.

Geschichte

Das im 4. Jahrtausend v.Chr. von Kanaanäern u. Hurritern, später von Aramäern besiedelte Land stand im Altertum im Spannungsfeld zwischen Ägypten, Assyrien, Babylonien u. dem Hethiter-Reich. Nach den Assyrern beherrschten die Perser seit 539 v. Chr. das Land; im Anschluß an die Eroberungen Alexanders d. Gr. herrschten die Seleukiden (um 300 v. Chr.), die S. zum Zentrum ihres Reichs machten. 64 v.Chr. wurde es röm. Provinz u. kam 395 an das Byzantin. Reich. 635–637 eroberten die islam. Araber S.; unter den Omajjadenkalifen (661–750) war Damaskus Hptst. des Islam. Reichs. Später herrschten die Hamdaniden u. Seldschuken. Dann gehörte S. den Herrschern Ägyptens, so unter den Fatimiden, den Ajjubiden u. den Mamluken, die es 1260 den Mongolen entrissen. Im 12. Jh. herrschten die Kreuzfahrer über Edessa, Antiochia u. Tripolis. 1517–1918 war S. Teil des Osman. Reichs.
Im 1. Weltkrieg besetzten brit. Truppen das Land. Da S. durch das →Sykes-Picot-Abkommen (1916) Frankreich zugesprochen worden war, lösten 1919/20 franzöś. Truppen die brit. ab u. verdrängten den in Damaskus zum König proklamierten Faisal. S. wurde franzöś. Völkerbundsmandat. Die Franzosen teilten das Land in 5 Gebiete, von denen 1926 der Libanon eine eigene Republik bildete u. 1939 Alexandrette (Iskenderun) an die Türkei abgetreten wurde. Sie unterdrückten zahlreiche Unruhen, insbes. den Drusen-Aufstand 1925/26. Die 1936 versprochene Unabhängigkeit wurde nicht gewährt. 1941 besetzten brit. Truppen u. Einheiten des „Freien Frankreich" S. Das Land erhielt nominell die Unabhängigkeit, die 1944 bestätigt wurde; doch zogen die brit. u. franzöś. Truppen erst 1946 ab.
Seit 1945 ist S. Mitgl. der Arab. Liga. Die innenpolit. Verhältnisse waren sehr instabil; es kam zu häufigen Putschen u. Machtwechseln. 1958 schloß sich S. mit Ägypten zur *Vereinigten Arabischen Republik (VAR)* zusammen; ein Militärputsch setzte 1961 dem Zusammenschluß ein Ende. 1963 kam die Baath-Partei an die Macht; zunächst regierte der gemäßigte, seit 1966 der linke Flügel. Im Sechstagekrieg 1967 gegen Israel verlor S. die Golanhöhen. Die UdSSR unterstützt S. seither durch Waffenlieferungen u. Militärberater; es gehört zu den kompromißlosen Gegnern Israels.
1970 übernahm General Hafez *al-Assad* vom rechten Baath-Flügel die Macht. Er führte S. aus der außenpolit. Isolierung u. leitete einen Ausgleich („Einheitsfront"), Reformen u. eine relative Liberalisierung in der Innenpolitik ein. 1971 erklärte S. seinen (folgenlosen) Zusammenschluß mit Ägypten u. Libyen zur *Union Arabischer Republiken*. 1973 wurde eine neue Verfassung verabschiedet, nach der S. ein „demokrat., sozialist., souveräner Volksstaat" ist; die Tatsache, daß der Islam nicht mehr ausdrückl. als Staatsreligion ausgewiesen ist, führte zu Unruhen. Neben der Baath-Partei ist das Militär der wichtigste polit. Faktor. Im Oktober 1973 eröffnete S. gemeinsam mit Ägypten durch einen Angriff den 4. arab.-israel. Krieg. Im Verlauf der Kämpfe drangen israelische Truppen weiter auf syrisches Gebiet vor; im Golanabkommen wurde eine Pufferzone geschaffen, die von UN-Truppen kontrolliert wird. S. entsandte 1976 Truppen in den libanes. Bürgerkrieg. – 📖 5.5.9.

Militär

In S. besteht allg. Wehrpflicht (ausgenommen die wenigen Juden) mit einer aktiven Dienstzeit von 30 Monaten. Die Gesamtstärke der Streitkräfte beträgt 111750 Mann (Heer 100000, Marine 1750, Luftwaffe 10000). Hinzu kommen an paramilitär. Kräften 8000 Mann Gendarmerie u. ein Kamelreiter-Korps für die innere Sicherheit von 1500 Mann. Die Ausrüstung stammt zum weitaus überwiegenden Teil aus den Ostblockstaaten. Die syr. Streitkräfte werden zu den besten der arab. Staaten gezählt.

Syrien: Stadt Homs und Umgebung

Mittelasien, mit Quellfluß *Naryn* (aus dem Terskej-Alatau, Tien Schan) 3078 km, Einzugsgebiet 462000 qkm, streckenweise schiffbar, heißt nach Vereinigung mit dem *Karadarja* S., durchfließt das Ferganatal u. die Wüstensteppe Südkasachstans u. mündet in den Aralsee; mehrere Wasserkraftwerke, z. T. noch im Bau, zu Bewässerung u. Fischfang genutzt.

Syrer, die aus semit., iran. u. türk. Bestandteilen gemischte, arabisch sprechende Bevölkerung Syriens meist Bauern, überwiegend Moslems.

Syrien →S. 318.

Syringe [grch.] = Flieder.

Syringomyelie [grch.], chron. verlaufende Rückenmarkskrankheit mit Lähmungen u. Empfindungsstörungen. Ursache unbekannt.

Syrinx [die; grch.], 1. *Musik:* →Panflöte. 2. *Zoologie:* das Stimmorgan der Vögel, der allein hier vorkommende *untere Kehlkopf,* dessen Stimmbänder eine besondere, bei Singvögeln bes. komplizierte Muskulatur haben.

syrische Schrift, eine von links nach rechts laufende, zu den aramäischen Schriften gehörende Konsonantenschrift; hauptsächl. von den in Mesopotamien lebenden Christen im 4.–6. Jh. verwendet; teilte sich Ende des 5. Jh. in die westsyr. *nestorianische* u. die ostsyr. *jacobitische* Schrift.

Syrische Wüste, arab. *Badiyet ech Cham,* im *Djabal Unasa* 940 m hohes, steppen- bis wüstenhaftes Kreidekalkplateau im syr.-jordan.-irak. Grenzraum; von der Straße Damaskus–Bagdad u. den Erdölleitungen Kirkuk–Saida durchquert.

syrisch-orthodoxe Kirche →morgenländische Kirchen.

Syrjänen, das ostfinn. Volk der *Komi.*

syrjänische Sprache, *Komi-Syrjänisch,* die finn.-ugr. Sprache der *Komi* in der Komi-ASSR; →auch permische Sprache.

Syrjanowsk, Stadt im O der Kasach. SSR (Sowjetunion), am Unterlauf der Buchtarma, 57000 Ew.; Verarbeitung landwirtschaftl. Produkte, Blei- u. Zinkbergbau.

Syrlin, 1. Jörg d. Ä., Bildhauer u. Kunstschreiner, * um 1425 Ulm, † 1493 Ulm; schuf das Chorgestühl des Ulmer Münsters (1469–1474); die 18 Wangenbüsten zeigen scharfe Charakteristik des Physiognomischen. S. war auch Steinbildhauer (Figuren am Ulmer Fischkasten, 1482). 2. Jörg d. J., Sohn von 1), Schreiner u. Bildschnitzer, * wahrscheinl. 1455 Ulm, † nach 1522 Ulm; schuf Altäre u. Chorgestühle, darunter Altarfiguren in Bingen bei Sigmaringen.

Syrmien = Sirmien.

Syrologie, die Wissenschaft von der syrischen Sprache u. Literatur, i. w. S. auch von der gesamten Kultur Syriens; Teilgebiet der Orientalistik.

Syros, griech. baumarme Kykladeninsel, 87 qkm, 20000 Ew.; Hauptort *Hermupolis;* Weinbau.

Syrten, zwei Meeresbuchten des Mittelländ. Meers an der nordafrikan. Küste; die am Nordrand bis 2000 m tiefe *Große Syrte (Golf von Sidra)* an der libyschen Küste zwischen Bengasi u. Tripolis, westl. davon die nur 100 m tiefe *Kleine Syrte (Golf von Gabès)* an der tunes. Küste, zwischen Tripolis u. Sfax, mit der Insel *Djerba.*

Syrus, röm. Dichter, →*Publilius Syrus.*

Sysran, Stadt in der RSFSR (Sowjetunion), an der mittleren Wolga, 190000 Ew.; Erdölraffinerien, Getreidemühlen, Landmaschinen- u. Lokomotivbau, Metall-, Elektro-, Konfektions-, Leder-, Holz- u. Glasindustrie, Asphaltwerke; Eisenbahnknotenpunkt; Hafen. In der Nähe Ölfelder („Zweites Baku"). – 1683 gegründet.

System [das; grch.], 1. *allg.:* geordnetes Ganzes oder gegliederte Vereinigung der Teile. Bezeichnet sowohl einen als real vorausgesetzten Ordnungszusammenhang der Welt, Natur, Geschichte, Stoffe als auch einen bloß idealen (S. der Zahlen, der Werte), begriffl. logischen Zusammenhang. In den Realwissenschaften unterscheidet man *künstl.* u. *natürl.* S.e bzw. Klassifikationen, die sich entweder nach herausgegriffenen Einzelmerkmalen (Staubgefäße, Blütenstand im Linnéschen S. der Pflanzen) richten oder alle wesentl. Merkmale umfassen. Das künstl. System kann leichter anwendbar sein, ist aber nur eine Vorstufe zum natürl. S. 2. *Geologie:* neuerdings in Anlehnung an die internationale Fachliteratur im Deutschen eingeführte Bez. für geolog. Zeitabschnitte (z. B. das Devon), die einer *Formation* entsprechen. Als Formation wird dann nur noch die lithologische Einheit (z. B. der Buntsandstein) bezeichnet. 3. *Physik:* eine Gesamtheit von Körpern, Feldern u. ä., die voneinander abhängig sind u. als Ganzes betrachtet werden, z. B. abgeschlossenes S., thermodynamisches S. u. a.

Systemanalyse, Methode zur Untersuchung von Unternehmungen, Teilbetrieben, Behörden zur Verbesserung ihrer Arbeitsweise, wobei das Untersuchungsobjekt vom Einsatz der Produktionsfaktoren bis zur Leistungserstellung als komplexe soziologisch-ökonomisch-technische Ganzheit („System") verstanden wird, im Gegensatz zu partiellen Analysen, z. B. nur der Kosten. Eine S. wird z. B. vorgenommen, bevor das Informationswesen eines Unternehmens auf elektronische Datenverarbeitung umgestellt wird.

Systemanalytiker, moderner Datenverarbeitungsberuf: Der S. organisiert das Einbeziehen betriebswirtschaftl., kaufmänn. u. verwaltungstechn. Problemkreise in die elektronische Datenverarbeitung, insbes. zur Steigerung der Wirtschaftlichkeit. Erforderlich sind: gut fundierte kaufmänn. Ausbildung (meist Hochschulstudium), hohes logisches Denkvermögen u. mathemat. Kenntnisse. Ausbildung u. Berufsbild nach Form, Dauer u. Inhalt noch nicht allgemeingültig geregelt.

Systematik [die; grch.], 1. *allg.:* systemat. Ordnung, Gliederung. 2. *Biologie:* die Lehre vom natürl. System des Pflanzen- u. Tierreichs; Teilgebiet der Botanik u. Zoologie, dessen Aufgabe darin besteht, die in der Natur vorkommenden Arten (Species) festzustellen u. sie in ein hierarchisch aufgebautes System verschiedener Kategorienstufen einzuordnen. Die sog. *obligatorischen Kategorien* sind in aufsteigender Folge *Art (Species), Gattung (Genus), Familie (Familia), Ordnung (Ordo), Klasse (Classis), Stamm (Phylum).* Dazu kommen viele Zwischenkategorien. Bei dem Bestreben, im „natürl. System" die Verwandtschaft der Arten auszudrücken, ist die Mehrdeutigkeit des Begriffs →Verwandtschaft zu berücksichtigen.
Die S. geht von der Voraussetzung aus, daß der Ähnlichkeitsgrad zwischen den Lebewesen dem Verwandtschaftsgrad entspricht. Es können aber nur Ähnlichkeiten berücksichtigt werden, die auf →Homologie, also auf gemeinsamem Ursprung, beruhen. Die Möglichkeit, alle Lebewesen in ein natürl. System zu ordnen, ist ein Beweis für die →Abstammungslehre, nach der das heutige Organismenreich einen Querschnitt durch den Prozeß der Stammesentwicklung darstellt.
Da vor allem die Verschiedenheit der Entwicklungsgeschwindigkeit bedingt, daß die Gestaltähnlichkeit (Formverwandtschaft) oft nicht der phylogenetischen Verwandtschaft entspricht, führt die Einteilung nach der Formverwandtschaft (typolog. Systeme, in denen die systemat. Kategorien Entwicklungsstufen [Grade] sind) zu anderen Einteilungen als die nach der phylogenet. Verwandtschaft (phylogenet. System, in dem die systemat. Kategorien ausschl. monophylet. Gruppen sein sollen). Darauf u. auf verschiedener Bewertung der Formverwandtschaft in typolog. Systemen beruhen die oft erheblichen Unterschiede zwischen den gegenwärtigen Systemen. Zu den formalen Aufgaben der S. (oft als *Taxonomie* bezeichnet) gehört auch die richtige Benennung der systemat. Kategorien (→Nomenklatur). Sie werden mit latein. Namen bezeichnet; die Arten nach der von C. von Linné 1735 eingeführten sog. *binären Nomenklatur* in der Weise, daß dem Gattungsnamen der (vielfach adjektivische) Artname angefügt wird; z. B. heißt innerhalb der Gattung Apis (Biene) die Honigbiene *Apis melifica* (die honigmachende). Es gibt noch kein zusammenfassendes System der Organismen, sondern Tier- u. Pflanzenreich werden getrennt systematisiert.
Geschichte der S.: *Aristoteles* nahm eine Großeinteilung nach Tier- u. Pflanzenreich nach auffälligen Merkmalen vor (z. B. Bluttiere – Blutlose; Bäume – Sträucher – Kräuter). Bei *Plinius* ist die Organismenwelt nach Größe, Auffälligkeit u. ähnl. Kriterien geordnet. K. *Gesner* u. U. *Aldrovandi* überlieferten uns Beschreibungen der zu ihrer Zeit bekannten Tiere, wobei bei Aldrovandi schon Ansätze zu einer Systematisierung zu erkennen sind. Einen großen Wert machen diese Werke durch die ausgezeichnete Bebilderung.
In der Botanik schuf A. *Cesalpino* (* 1519, † 1603) ein künstl. System, indem er eine Einteilung nach den Früchten vornahm. Aufgrund allg. Ähnlichkeiten suchte K. *Bauhin* (* 1550, † 1624) ein natürliches Pflanzensystem zu erstellen. J. *Jungius* stellte Regeln für die Artdiagnose auf. J. P. de *Tournefort* (* 1665, † 1708) gab in seinem System genaue Gattungsdiagnosen; er führte die Begriffe

Jörg Syrlin d. Ä.: Ptolemäus vom Chorgestühl des Ulmer Münsters; 1474

Klasse u. *Sektion* als höhere Kategorien ein. J. *Ray* (* 1627, † 1705) faßte den Artbegriff als Fortpflanzungsgemeinschaft.
Auf diesem Artbegriff fußend, begründete *Linné* die moderne S. Die wichtigste Neuerung war die konsequente Durchführung der binären Nomenklatur (1735), wodurch jede Art in dem System durch Gattungs- u. Artnamen festgelegt wurde. Verwandte Gattungen faßte er in Ordnungen, Ordnungen in Klassen zusammen. Die von ihm aufgestellten Systeme der Organismen waren künstl. Systeme; das Pflanzen wurde nur nach der Ausbildung der Sexualorgane aufgestellt, berücksichtigte also nur ein Merkmal; das der Tiere unterschied 4 Wirbeltierklassen, faßte aber das Gros der Tierarten in nur 2 Klassen zusammen. B. de *Jussieu* schuf das erste natürl. Pflanzensystem, indem er die Pflanzenarten charakterisierte u. Familien aufgrund bestimmter Merkmale zu größeren Einheiten zusammenfaßte. A. P. de *Candolle* u. S. *Endlicher* bauten dieses System weiter aus. J.-B. de *Lamarck* stellte 10 Klassen wirbelloser Tiere auf, die G. de *Cuvier* zueinander unter vergleichend-morpholog. Gesichtspunkten in 4 Kreisen in Beziehung setzte. Durch die Begründung der Deszendenztheorie durch Ch. *Darwin* 1859 wurde die S. auf eine neue Grundlage gestellt, indem jetzt ein natürliches System Ausdruck der verwandtschaftl. Beziehungen sein soll. Zahlreiche Forscher haben Anteil an der Vervollkommnung des natürl. Pflanzensystems, u. a. A. *Braun* (* 1805, † 1877), A. W. *Eichler* (* 1839, † 1887), A. *Engler* u. R. von *Wettstein.* In der Zoologie geht das heutige Anordnung der Formen in 28–30 natürl. Gruppen (Tierstämme) u. a. zurück auf E. *Haeckel,* B. *Hatschek* u. K. *Heider.*

systemische Insektizide, Mittel zur Bekämpfung schädlicher Insekten, die von der Pflanze durch die Blätter oder die Wurzeln aufgenommen werden u. sich über die Leitungsbahnen (*Leitungssystem*) verteilen; sind für die Pflanzen unschädlich, wirken aber auf Insekten (Milben u. ä.), die an ihr fressen oder saugen (innertherapeut. Wirkung); z. B. Systox, Phosdrin. Entsprechend: *systemische Unkrautbekämpfungsmittel,* die die betreffende Pflanze selbst zum Absterben bringen.

systemkonform →Wirtschaftspolitik.

Systemüberwindung, Schlagwort der →antiautoritären Bewegungen u. der →Außerparlamentarischen Opposition sowie anderer linker Gruppen für eine grundlegende Veränderung der bestehenden Wirtschafts- u. Gesellschaftsordnung; viele Befürworter der S. in der BRD glauben an die Möglichkeit *systemüberwindender Reformen.*

Systemwechselbahnhof, ein Bahnhof zum Übergang elektr. Lokomotivzüge von einem Bahnstromsystem auf ein anderes ohne Umspannen mit geringstem techn. Aufwand ermöglicht. Die umschaltbare Fahrleitung wird jeweils mit derjenigen Stromart betrieben, die die im Gleis fahrende Lok braucht. Die betriebl. einfachste Lösung ist die →Mehrsystemlokomotive.

Systole [-le; die; grch.], die der *Diastole* folgende Kontraktion der Herzkammern. →Herzarbeit.

Syzygien [Ez. das *Syzygium;* grch.], *Astronomie:* Sammelbez. für →Konjunktion u. →Opposition.

s. Z., Abk. für *seiner Zeit.*

Szabo ['saːbo], Wilhelm, österr. Lyriker, *30. 8. 1901 Wien; Hauptschuldirektor in Weitra; humane, landschaftsverbundene Gedichte.

Szabó ['sɔbo:], **1.** Dezső, ungar. Schriftsteller, *10. 6. 1879 Klausenburg, †5. 1. 1945 Budapest; in Romanen u. demagog. Essays Verfechter ungar. Rassenideen, mit denen er der populist. Richtung der ungar. Literatur den Weg wies.
2. Lőrinc, ungar. Dichter, *31. 3. 1900 Miskolc, †3. 10. 1957 Budapest; Lyriker der Großstadt; schrieb anfangs revolutionär-expressionist. Gedichte, dann Stimmungslyrik voll pessimist. Resignation; viele Übersetzungen.
3. Magda, ungar. Schriftstellerin, *5. 10. 1917 Debrecen; psycholog. Gesellschaftsromane, die den Mittelstand krit. darstellen; Verwendung des inneren Monologs: „Die andere Esther" 1959, dt. 1961; „Das Schlachtfest" 1961, dt. 1963; „„...und wusch ihre Hände in Unschuld" 1962, dt. 1965; „1. Moses 22" 1966, dt. 1967; auch Lyrik.
4. Pál, ungar. Schriftsteller, *5. 4. 1893, Orosháza, †31. 10. 1970 Budapest; Bauernromane, seit 1945 unter dem Einfluß des sozialist. Realismus: „Der rote Goz" 1941, dt. 1947/48, unter dem Titel „Um einen Fußbreit Land" 1951.

Szakasits ['sɔkɔʃitʃ], Árpád, ungar. Politiker, *1888 Budapest, †3. 5. 1965 Budapest; Steinmetz; seit 1910 sozialdemokrat. Publizist, 1938–1948 Generalsekretär der Sozialdemokrat. Partei Ungarns (linker Flügel); paktierte seit 1945 mit den Kommunisten, unter seiner Führung vereinigten sich 1948 die Sozialdemokraten mit der KP; 1945–1948 Stellvertr. Min.-Präs., 1948–1950 Präs. der Republik; 1950 verhaftet, 1956 rehabilitiert, Mitgl. des Staatsrats u. des ZK.

Szálasi ['saːlɔʃi], Ferenc, ungar. Politiker, *6. 1. 1897 Kaschau, †12. 3. 1946 Budapest (hingerichtet); Führer der faschist. Pfeilkreuzlerpartei (Hungaristenbewegung); am 16. 10. 1944 auf dt. Veranlassung als Min.-Präs. Nachfolger M. *Horthys* u. Staatsoberhaupt („Führer der Nation"); errichtete in den letzten Monaten des Kriegs ein faschist. Terrorregime (Judendeportationen); nach dem Krieg von den USA an Ungarn ausgeliefert.

Szalonek ['ʃalɔnɛk], Witold, poln. Komponist u. Pianist, *2. 3. 1927 Czechowice; komponiert Klangfarbenmusik. Werke: „Sinfon. Satire" 1956; „Les Sons" 1965; „Mutazioni" 1969.

Szamos ['sɔmɔʃ], rumän. *Someș*, linker Nebenfluß der oberen Theiß, 450 km, entspringt in den Ostkarpaten, mündet östl. von Nyíregyháza.

Szápolyai ['sapoljɔi], *Zápolyai*, János (Johann), ungar. König 1526–1540, *1487 Burg Zips, *22. 7. 1540 Mühlbach bei Stuhlweißenburg; 1511 bis 1540 Woiwode von Siebenbürgen, unterdrückte den Aufstand des György Dózsa 1514; als „nationaler" Gegenkönig zu Ferdinand I. von den Habsburgern vertrieben, kehrte mit türk. Hilfe zurück, von Sultan Suleiman II. als König von Ungarn anerkannt, von Kaiser Karl V. bestätigt.

Szczecin [ʃtʃɛtʃin], poln. Name der Stadt u. Wojewodschaft →Stettin.

Szczytno [ʃtʃitnɔ], poln. Name von →Ortelsburg.

Széchenyi ['seːtʃɛnji], István (Stephan), Graf von Sárvár u. Felsővidék, ungar. Politiker, *21. 9. 1791 Wien, †8. 4. 1860 Döbling (Selbstmord); begründete durch seine kultur- u. wirtschaftspolit. Forderungen die „Reform-Ära" (Befreiung der Hörigen, Wirtschafts- u. Steuerreformen); gründete die ungar. Akademie u. das Nationaltheater. Seit 1840 ging sein Einfluß zugunsten des radikalen L. Kossuth zurück.

Szeged ['sɛgɛd], Hptst. des ungar. Komitats Csongrád (4263 qkm, 460 000 Ew.); benannt nach der darin liegenden Stadt Csongrád, 20 300 Ew.), im südl. Alföld, an der Theiß (Hafen), 180 000 Ew.; Universität (1912); Votivkirche, bischöfl. Palast, Demetriusturm; Maschinenbau, Holz-, Nahrungsmittel-, Leder- u. Textilindustrie.

Székesfehérvár ['seːkɛʃfɛheːrvaːr], ungar. Stadt, = Stuhlweißenburg.

Szekszárd ['sɛksaːrd], Hptst. des südungar. Komitats Tolna (3703 qkm, 260 000 Ew.), nordöstl. des Mecsekgebirges, 35 000 Ew.; Grabfelder von Hunnen, Awaren u. Slawen; Ruinen des Doms u. der Abtei; Weinbau. – Das römische *Alisca*.

Szela ['ʃɛla], Jakub, poln. Bauernführer, *15. 7. 1787 Smarzowa bei Jasło, †1866 Sołka, Bukowina; Führer des Bauernaufstands gegen die Grundherren in Galizien 1846.

Szell [sɛl], George, US-amerikan. Dirigent ungar. Herkunft, *7. 6. 1897 Budapest, †30. 7. 1970 Cleveland, Ohio; wirkte 1914–1929 in Berlin, bis 1937 in Prag, seit 1939 in den USA, seit 1946 Leiter des Cleveland Orchestra; universaler Dirigent.

Szenarium [das, Mz. *Szenarien*; grch., lat.], skizzierter Handlungsablauf eines Stücks; war in der Commedia dell'arte wichtiger als der Text; im 18. u. 19. Jh. ein Verzeichnis der auftretenden Personen, der Requisiten, Dekorationen, Geräusche jeder Szene, wie es auch heute noch für den Inspizienten des Theaters zusammengestellt wird.

Szene [die; grch.], ursprüngl. das hintere Bühnengebäude *(Skene)*, dann allgemein der Bühnenraum; danach Bezeichnung für einen Vorgang auf der Bühne, in dramaturg. Sinn ein Teil des Akts; übertragen: ein besonders theatralischer Auftritt im täglichen Leben.

Szenkar ['sɛnkar], Eugen, brasilian. Dirigent u. Komponist ungar. Herkunft, *9. 4. 1891 Budapest, †25. 3. 1977 Düsseldorf; seit 1911 u.a. tätig in Budapest, Berlin, Köln, Moskau u. (1939–1949) in Rio de Janeiro, 1952–1960 in Düsseldorf, seither Gastdirigent.

Szent [sɛnt; ungar.] = Sankt.

Szentes ['sɛntɛʃ], Stadt an der Theiß, nördl. von Szeged, Südungarn, 32 500 Ew.; Anbau, Handel u. Verarbeitung von Weizen, Mais, Rindfleisch.

Szent-Györgyi [sɛnt'djœrdji], Albert, ungar. Biochemiker, *16. 9. 1893 Budapest; seit 1947 in den USA; lieferte Beiträge zur Chemie der Vitamine u. untersuchte Oxydationsvorgänge in lebenden Organismen; entdeckte das Vitamin C; Nobelpreis für Medizin 1937.

Szeping ['səpiŋ], chines. Stadt in der Prov. Kirin (Mandschurei), nördl. von Mukden, 130 000 Ew., landwirtschaftl.

Szeptycki [ʃɛp'titski], *Scheptyzkyj*, Andrij Roman Graf, ukrain. Metropolit, *29. 7. 1865 Przyłbice, Galizien, †1. 11. 1944 Lemberg; griech.-kath. Metropolit von Lemberg seit 1900, Schirmherr der ukrain. nationalen Bewegung.

Szeryng ['ʃɛriŋk], Henryk, mexikan. Geiger poln. Herkunft, *22. 9. 1918 Warschau; Interpret mit großem Repertoire; unterrichtet an der Universität in Ciudad de México.

Szetschuan ['sɛ-], *Szetschwan, Setschuan, Sichuan*, chines. Prov. am mittleren Yangtze Kiang, 569 000 qkm, 75 Mill. Ew., Hptst. *Tschengtu*; im W Hochgebirge, im O das fruchtbare →Rote Becken; auf der Grundlage der zahlreich. Bodenschätze (Kohle, Eisen, Zinn, Titan, Erdöl, Erdgas u.a.) Schwer- u. metallverarbeitende Industrie; Baumwollverarbeitung; am Yangtze Kiang Talsperren; größtes Industriezentrum ist *Tschungking*.

Szetschwan →Szetschuan.

Szewczuk ['ʃɛftʃuk], Mirko, Karikaturist, *20. 9. 1911 Wien, †31. 5. 1957 Hamburg; Schüler von O. *Gulbransson*, trat nach 1945 mit polit. Pressezeichnungen u. Karikaturen hervor, Mitarbeiter der „Zeit" 1946–1949 u. der „Welt" seit 1949.

Szientismus [stsiɛn-; lat.], **1.** *allg.*: wissenschaftl. Standpunkt; Gegensatz: *Fideismus*.
2. *Religion:* →Christian Science.

Szigeti ['si-], Joseph, US-amerikan. Geiger ungar. Herkunft, *5. 9. 1892 Budapest, †19. 2. 1973 Luzern; Schüler von J. *Hubay*, lehrte 1917–1924 in Genf, seit 1939 in den USA; Interpret. bes. Beethovens u. zeitgenöss. Musik; Autobiographie „With Strings Attached" 1947, dt. 1962; weitere Schriften: „The Violin Sonatas of Beethoven" 1965; „Szigeti on the Violin" 1969.

Szintigraphie [lat. + grch.], nuklearmedizin. Untersuchungsverfahren, bei dem durch Einverleibung von Radio-Isotopen (Radionucliden) u. anschließende Registrierung u. Aufzeichnung *(Szintigramm)* der von ihnen ausgehenden Gammastrahlung ein zweidimensionales Bild eines bestimmten Organs oder Gewebes gewonnen wird, entspr. der Anreicherung des verwendeten Radionuclids in diesem Organ bzw. Gewebe.

Szintillation [lat.], **1.** *Astronomie:* Schwanken oder Aufblitzen von Lichtern, z.B. bei Fixsternen infolge Dichteschwankungen der Luft.
2. *Physik:* Leuchterscheinung (kurzer Lichtblitz), die ein energiereiches Teilchen beim Auftreffen oder Durchfliegen in gewissen Kristallen oder Flüssigkeiten erzeugt. In den ersten Jahren nach Entdeckung der Radioaktivität wurden in vielen Versuchen Teilchen durch direkte Beobachtung der S.en (im verdunkelten Raum) gezählt. Im modernen S.szähler werden die Lichtblitze mit Hilfe von Photozellen oder Elektronenvervielfachern elektr. registriert. Die Energie des einfallenden Teilchens kann durch Messung der Strahlungsintensität des Lichtblitzes bestimmt werden.

Szinyei Merse ['ʃinjɛi'mɛrʃɛ], Pál, ungar. Maler, *4. 7. 1845 Szinye-Újfalu, †2. 2. 1920 Jernye; Schüler von K. Th. von *Piloty* u. W. *Leibl*, ging später zur Freilichtmalerei über. Hptw.: „Die Landpartie" 1873.

Szolnok ['sɔlnɔk], Hptst. des ungar. Komitats S. (5608 qkm, 450 000 Ew.), Stadt an der Theiß, nordöstl. von Budapest, 77 000 Ew. Alte Festung; Thermalquellen; Zellstoffabrik, Maschinenbau, Nahrungsmittel- u. chem. Industrie (Düngemittelherstellung); Bahnknotenpunkt.

Szombathely ['sombɔthɛj] = Steinamanger.

Szondi ['sondi], **1.** Leopold, ungar. Mediziner u. Psychologe, *11. 3. 1893 Nitra; 1927–1941 Prof. in Budapest, seit 1944 in Zürich; Begründer der *Schicksalsanalyse*; entwickelte eine spekulative Trieblehre u. ein Verfahren zur Triebdiagnostik, den *S.-Test*. Hptw.: „Schicksalsanalyse" 6 Bde. 1944ff.; „Schicksalsanalyt. Therapie" 1963; „Kain. Gestalten des Bösen" 1968; „Moses, Antwort auf Kain" 1973.
2. Peter, Literaturwissenschaftler ungar. Herkunft, *27. 5. 1929 Budapest, †9. 11. 1971 Berlin (vermutl. Selbstmord); seit 1965 Prof. an der Freien Universität Berlin, beschäftigte sich mit allg. u. vergleichender Literaturwissenschaft.

Szondi-Test, nach seinem Erfinder L. Szondi ein Test zur Diagnostik der Triebstruktur im Sinn der *Schicksalsanalyse*; verwendet Porträts, die nach Sympathie geordnet werden sollen.

Szőnyi ['sœːnji], István, ungar. Maler u. Radierer, *17. 1. 1894 Ujpest; seit 1938 Prof. in Budapest. Seine Landschaften u. figürl. Darstellungen wurden hoch geschätzt u. vielfach ausgezeichnet.

Szylla →Skylla.

Szymanowski [ʃima'nɔfski], Karol, poln. Komponist, *6. 10. 1882 Tymoszówka, Ukraine, †29. 3. 1937 Lausanne; lebte in Berlin, Wien, Warschau u. zuletzt in der Schweiz; seine Werke huldigen einem raffinierten Klangsensualismus; schrieb Opern („Hagith" 1922 u. „König Roger" 1926), Ballette („Mandragora" 1920), 4 Sinfonien, Chorwerke („Stabat mater" u. „Veni creator"), 2 Violinkonzerte, Klavierwerke, Lieder u.a.

T

t, T, 20. Buchstabe des dt. Alphabets; entspricht dem griech. Tau (τ, T).
t, 1. Abk. für Zeit (meist in sek oder min).
2. Zeichen für →Tonne.
T, 1. röm. Zahlzeichen für 160.
2. Abk. für →Tara.
3. Abk. für die absolute Temperatur (gemessen in Kelvin).
4. chem. Zeichen für *Tritium*.
Ta, chem. Zeichen für *Tantal*.
Ta [chin.], *Tai* [chin., jap.], Bestandteil geograph. Namen: groß.
TAAF, Abk. für →Terres Australes et Antarctiques Françaises.
Taaffe, Eduard Graf, österr. Politiker, *24. 2. 1833 Wien, †29. 11. 1895 Ellischau, Böhmen; seit 1867 Minister (Inneres, Polizei), 1868–1870 u. 1879–1893 Min.-Präs.; 1870/71 u. 1879 Innen-Min. Seine slawophile, auf die Aussöhnung der Nationalitäten zielende, klerikal-konservative Politik scheiterte am Widerstand der Deutschvölkischen unter G. von Schönerer, der christl.-sozialen Bewegung K. Luegers u. der Sozialdemokratie.
Tabagorohr [nach der Antilleninsel *Tobago*], die dünnen, als Spazierstöcke verwendeten Stämme der westind. Fiederpalme *Bactris minor*.
Tabak [indian., span., frz.], *Nicotiana*, Gattung der *Nachtschattengewächse*, die ursprüngl. vorwiegend in den wärmeren Teilen Amerikas verbreitet war. Einige Arten mit großen, abends duftenden Blüten werden als Zierpflanzen kultiviert, so *Nicotiana glauca* in den Mittelmeerländern. Wirtschaftl. Bedeutung haben nur die Arten, die den Rauch-, Schnupf- u. Kau-T. liefern: *Virginischer T., Echter T., Nicotiana tabacum*, mit rosa Blüten, aus dem südl. Nordamerika (durchschnittl. 2,09% Nicotin), heute in vielen Sorten in allen T.ländern angebaut; *Bauern-T., Veilchen-T., Nicotiana rustica*, mit gelben Blüten, aus Mexiko u. Südamerika, verträgt das gemäßigte Klima am besten; *Maryland-T., Nicotiana latissima*, mit rosa Blüten, bes. langen Blättern u. sehr niedrigem Nicotingehalt (beliebt u. a. in der Schweiz). Die erste Kenntnis von der Tpflanze erhielt die Alte Welt durch Kolumbus. Die Einführung des T.s nach Europa erfolgte endgültig 1560. Dtschld. übernahm das Pfeifen- u. T.rauchen von England, das Zigarettenrauchen von Rußland u. dem Orient. Ein *T.museum* ist in Bünde.
V e r a r b e i t u n g : Die Ernte der T.blätter erfolgt von unten nach oben in 3–4 Stufen, u. zwar als *Grumpen* (unterste Blätter), *Sand-* u. *Mittelgut* (beste Qualität), *Hauptgut* (größte Menge) u. schließlich *Obergut*. Nach der Ernte werden die Blätter auf Schnüre aufgereiht u. einer natürl. Sonnen- oder Lufttrocknung oder einer künstl. Feuer- oder Röhrentrocknung unterzogen. Sobald die Mittelrippe des Blattes keinen Saft mehr gibt, hat der T. das Stadium der „Dachreife" erreicht u. wird gebündelt. In Ballen von 80–100 Ztr. wird er nun in einer Haupt- u. Nachfermentation (Maifermentation) fabrikationsreif gemacht. Bei der *Fermentation* wird durch natürliche (Selbsterhitzung) oder zugeführte Wärme ein Gärungsprozeß vollzogen, bei dem die Eiweißstoffe abgebaut u. die Aroma- sowie Farbstoffe entwickelt werden. Fermentierter T. wird zur Erzielung besserer Qualität noch 1–2 Jahre gelagert. Vor der Verarbeitung zu Pfeifen-, Kau- u. Schnupf-T. oder zu Zigarren u. Zigaretten wird der T. häufig noch einer Behandlung mit Duft-, Aroma- u. Wirkstoffen unterzogen (→soßieren, →Beize [5]). – Für die anregende, aber auch schädl. Wirkung des T.s auf das Nervensystem ist der Gehalt an →Nicotin verantwortlich; er kann bis zu 10% betragen, bei einer Zigarette durchschnittl. 1,5%, bei Zigarren bis zu 3%. Der T.rauch enthält weitere schädl. Stoffe, wie z.B. →Benzpyren, das als krebserregend gilt. – ⌑ 1.2.4.
Tabakblasenfuß, *Thrips tabaci*, bis 1 mm langer *Fransenflügler*, ruft durch Saugen weiße Fleckenbinden an Tabak, Kartoffel, Kohl u. a. hervor.
Tabakkäfer, *Zigarrenkäfer, Lasioderma serricorne*, mit der Totenuhr verwandter Poch- oder Klopfkäfer von 2–4 mm Länge, wird an trockenen Tabakwaren u. Drogen schädlich.
Tabaklunge, *Tabakosis*, Lungenverstaubung durch Einatmung von Tabakstaub bei Arbeitern in der Tabakindustrie; kann zu chron. Katarrhen der Bronchien u. oberen Luftwege führen.
Tabakmosaikkrankheit, Viruskrankheit der Tabakpflanze, kenntl. an gelbgrünen Flecken auf den unelast. gewordenen Blättern.
Täbäksanmäk, Gebirge entlang der Ostküste Koreas, im *Soraksan* 1708 m.
Tabakspfeife, 1. *R a u c h k u l t u r :* Gerät zum Tabakrauchen nach dem Vorbild der indian. T., die als „Friedenspfeife" bes. rituelle Bedeutung hatte; besteht aus Kopf, Rohr u. Mundstück. Nach dem für den Kopf verwendeten Material unterscheidet man: Ton-, Porzellan-, Holz- (bes. aus Bruyèreholz) u. Meerschaumpfeifen. Für die Herstellung des Rohrs finden Weichselholz, Pfefferrohr, span. Rohr u. Bambus Verwendung, für die Mundstücke Horn, Bernstein, Paragummi, Kunstharz, Preßstoff u. Weichselholz. *Shagpfeifen* bestehen aus kurzem Mundstück u. aufgesetztem Kopf aus Bruyèreholz oder Ton. →auch Wasserpfeife.
2. *Z o o l o g i e :* *Fistularia tabaccaria*, außerordentlich gestreckter 1–2 m langer schuppenloser *Röhrenmaulfisch*; in trop. Gewässern.
Tabaksteuer, Verbrauchsteuer auf Tabakwaren (Tabakerzeugnisse, tabakähnliche Waren u. Zigarettenpapier), die im Zollgebiet hergestellt oder eingeführt werden. Die T. wird durch Verwendung von *Banderolen* entrichtet, Steuerschuldner ist der Hersteller.
Taban Bogdo Uul, *Kujtun,* Berg im W des Mongol. Altai, 4356 m, höchste Erhebung in der Mongol. Volksrepublik, an der Westgrenze zur Sowjetunion u. China; 170 qkm Gebirgsvergletscherung.

Tabakernte (in 1000 t)

Land	1975	1977	1979
Welt	5447	5505	5387
davon:			
Brasilien	287	357	409
Bulgarien	162	118	110
China, Volksrep.	988	1000	1023
Indien	363	419	451
Japan	171	173	169
Kanada	106	104	86
Sowjetunion	303	311	310
Türkei	200	248	245
USA	990	867	702

Tabanidae [lat.] = Bremsen.
Tabari, Abu Dschafar Muhammed ibn Dscharir al-, arab. Historiker u. Theologe pers. Herkunft, *893 Amul (Iran), †16. 2. 923 Bagdad; bekannt durch seinen Kommentar zum Koran u. sein großes arab. Geschichtswerk in Form einer Weltchronik.
Tabarz, Gemeinde im Krs. Gotha, Bez. Erfurt, im Thüringer Wald, am Fuß des Großen Inselsbergs, 4300 Ew.; Luftkurort; Wintersport.
Tabaschir [der; pers., hind.], *Bambuskampfer, Bambuszucker,* hauptsächl. aus Kieselsäure bestehende Körnchen im Bambusrohr; Poliermittel, in Ostasien Mittel der Volksmedizin.
Tabasco, mexikan. Golfstaat (am Golf von Campeche), 24661 qkm, 1,1 Mill. Ew.; Hptst. *Villahermosa;* Anbau von Zuckerrohr, Kaffee u. Kakao; Viehwirtschaft; Erdölförderung.
Tabascosauce [-zo:sə; nach *Tabasco*], fertige Gewürztunke, die fast ausschl. aus *Chillies* (→Cayennepfeffer) besteht; zum Würzen von kalten u. warmen Saucen aller Art.
Tabaxir [′ʃir; pers.] = Tabaschir.
Tabernakel [der oder das; lat.], in kath. Kirchen kunstvoll gestaltetes Gehäuse, das als Aufbewahrungsort für die konsekrierten Hostien dient. Vorläufer des T.s war das *Sakramentshäuschen*. Später mußte der T. mit dem Altar verbunden sein, heute meist wieder davon getrennt (in einer Wandnische, auf einem Sockel oder Seitenaltar).
Taberne [die; lat.], *Taverne,* Wirtshaus, in erster Linie Weinschenke, bes. in südl. Ländern.
Tabes dorsalis [die; lat.] →Rückenmarkschwindsucht.
Tableau [ta′blo:; frz.], **1.** *a l l g . :* Gemälde, Tafel; Übersicht.
2. *T h e a t e r :* neben Szene u. Bild ein dritter Begriff für ein malerisch gruppiertes Bühnenbild als stilvoller Abschluß eines Stücks oder Akts, von der Idee des Gesamtkunstwerks her konzipiert.
„Tableau économique" [ta′blo: ekɔnɔ′mik; frz.], Darstellung des Wirtschaftskreislaufs bei François →Quesnay.
Table d'hôte [ta:bl ′do:t; die; frz.], gemeinsames Essen mit festgesetztem Menü zu bestimmtem Preis, meist in Gasthöfen mit Pensionsgästen.
Tablette [frz.], Arzneimittel aus gepulverten Stoffen, die zusammen mit Füll- u. Bindemitteln in *Tablettiermaschinen* in T.nform gepreßt werden.
Tablinum [das; lat.], im altröm. Haus der hinter dem Atrium (dem Eingang gegenüber) liegende Männersaal, Raum für Gastmähler u.ä.
Tabor, *Har Tavor,* Berg in Israel östl. von Nazareth, 588 m; Ort der Verklärung Christi, zwei Kirchen.
Tábor, Stadt in Böhmen (ČSSR), 21000 Ew.; alte Stadtbefestigung, got. Rathaus; Papier-, Nahrungsmittel-, Leder- u. Tabakindustrie.
Tabora, Regions-Hptst. im nordwestl. Tansania, 25000 Ew.; Industrie (bes. Nahrungsmittel- u. Metallwarenherstellung, Verkehrsknotenpunkt. Früher Zentrum des arab. Sklavenhandels.
Tabori, George, US-amerikan. Schriftsteller ungar. Herkunft, *1914 Budapest; Dramaturg u. Leiter der Schauspieltruppe „The Rolling Players" in New York; schildert das Schicksal europ. Juden unter dem Faschismus u. behandelt amerikan. Gegenwartsprobleme in zeitkrit. Romanen. Von B. Brecht beeinflußte Dramatik: „Kannibalen" 1968, dt. 1969; „Pinkville" 1970, dt. 1971.

Taboriten →Hussiten.
Tabqa [-ka], *Buhayrat al Assad,* Talsperre in Syrien am Euphrat, westl. von Er Raqqa; ein 60 m hoher, 4500 m langer Staudamm, der einen See mit rd. 40 Mrd. m³ Fassungsvermögen aufstaut; 1974 fertiggestellt; Kraftwerkkapazität 800000 kW. Nahebei die neuerrichtete Arbeiterstadt *Al Thaura* („Revolutionsstadt"; bis 1973 T.), 35000 Ew.
Täbris, *Täbriz,* viertgrößte iran. Stadt, Haupthandelsstadt Nordirans, Hptst. von *Aserbaidschan,* am Talkheh Rud, nahe dem Vulkan *Sähänd* (3722 m) u. dem Vierländereck Iran–Irak–Türkei–UdSSR, 560000 Ew.; Universität (1946); Teppich-, Maschinen-, Fahrzeug-, Leder-, Textilindustrie; Verkehrsknotenpunkt.
Tabu [das; polynes.], ein Verbot, etwas zu berühren oder etwas zu tun, eine Meidungsvorschrift, wie sie bes. von den Polynesiern bekanntgeworden ist, sich aber auch in Melanesien, Mikronesien, Indonesien (hier als *pemali*) u. bei vielen anderen Völkern ähnlich findet. Der T.begriff ist eng verbunden mit der Kraft-Vorstellung (→Mana). Was ein stärkeres Mana enthält, ist für die anderen Menschen tabu (z.B. Häuptlinge, Priester u. was sie berühren, Götterbilder, Tempel, Opfer, aber auch Mädchen bei der ersten Menstruation, Knaben bei der Beschneidung, Frauen bei der Schwangerschaft u. Geburt, Kranke, Tote u. was mit ihnen zusammenhängt, Kopf u. Haare ganz besonders). Die T.sitte war in Händen der Häuptlinge u. Adelsschicht oft ein Machtmittel. Ihr entsprangen viele andere Rechtsnormen, z.B. das Asylrecht (der vom Häuptling oder Götterbild Berührte ist unantastbar). Die Aufhebung des T.s bedingte eine Reinigungszeremonie. Eine Übertretung des T.s, auch eine unbewußte, führte zu Ächtung oder zum Tod. – In modernen Gesellschaften spricht man in übertragenem Sinn von T., wenn bestimmte Themen durch stillschweigende Übereinkunft der öffentl. Erörterung entzogen sind.
Tabula gratulatoria [die; lat.], Liste der Gratulanten.
Tabula rasa [lat., „unbeschriebene Wachstafel"], *Philosophie:* Vorstellung vom Zustand der Seele, die bei der Geburt unberührt ist u. in die später wie in eine Wachstafel die Eindrücke u. Erkenntnisse der Außenwelt „eingetragen" werden. Diese schon in der Antike vertretene passive Vorstellung von der Seele wurde von J. *Locke* zur Grundlage des *Sensualismus* gemacht.
Tabularersitzung →Buchersitzung.
Tabulaten [lat.], rein paläozoische *Korallen-Gruppe,* die durch Reduktion der vertikalen Septen u. Entwicklung horizontaler Böden ausgezeichnet ist; weit verbreitet u.a. im Mitteldevon der Eifel (Favosites).
Tabulator [der; lat.], Vorrichtung an Schreibmaschinen zur Breiteneinstellung von Tabellenspalten.
Tabulatur [die; lat.], **1.** *Literatur:* im *Meistergesang* das Verzeichnis der Regeln für die Behandlung von Sprache u. Musik.
2. *Musik:* im 14.–18. Jh. gebräuchl. Instrumentaltonschrift, die im Unterschied zur Notenschrift Tonbuchstaben u. Tonzahlen benutzte, über denen sich außerdem rhythm. Zeichen befanden. In älterer Zeit waren bes. eine Lauten- u. Orgel-T. verbreitet. →Notation.
Tabun [das], *Trilon* 83, *Gelan,* chem. Kampfstoff, der im 2. Weltkrieg in Dtschld. hergestellt, aber nicht eingesetzt wurde; bräunliche Flüssigkeit von fischähnl. Geruch, chemisch ein Ester der Cyanaminphosphorsäure. T. führt als Nervengas durch Inaktivierung des Enzyms Cholinesterase nach Atembeschwerden u. Krämpfen zum Tod. *Gegenmittel*: Atropin u. künstl. Atmung. →auch Nervengase, Sarin, Soman.
Taburett [das; arab., frz.], vierbeiniger Hocker.
Tacana, Indianerstamm u. -stämmegruppe im Andenvorland Boliviens am Beni, rd. 3000 Zugehörige; Pflanzer (Maniokanbau), Jäger u. Fischer.
Tacaná, nördlichster der großen Vulkane Guatemalas, 4064 m.
Tacca, Pietro, italien. Bildhauer u. Architekt, *6. 9. 1577 Carrara, †26. 10. 1640 bei Florenz; Schüler Giovanni da *Bolognas,* dessen Werkstatt er als großherzogl. Hofbildhauer in Florenz weiterführte; schuf Brunnen u. Reiterstatuen.
Tachinger See →Waginger See.
Táchira ['tatʃira], westvenezolan. Staat, 11100 qkm, 525800 Ew., Hptst. *San Cristóbal*; Zement- u. Tonwarenindustrie.
Tachismus [ta'ʃis-; frz. *tache,* „Fleck"], Stilrichtung der modernen Malerei, die im Gefolge des surrealist. Automatismus um 1950 in Paris als Reaktion auf eine Malerei des polit. Engagements entstand. Die Vertreter dieser „informellen Malerei" lehnten jede bewußte Formgestaltung ab u. bekannten sich zur Spontaneität des Schaffensakts, zur Malerei als Ausdruck menschl. Bewegungsrhythmen u. Handlungsimpulse. Initiator war der in Frankreich lebende, am Bauhaus ausgebildete dt. Emigrant *Wols.* Hauptvertreter in Frankreich: R. *Bissière,* H. *Hartung,* G. *Mathieu,* P. *Soulages,* der Chinese *Zao Wou-Ki* u. die Spanier A. *Saura* u. A. *Tapies,* in Italien: A. *Burri,* A. *Corpora,* G. *Santomaso,* E. *Vedova,* in Portugal: H. *Vieira da Silva,* in Dtschld.: E. W. *Nay,* E. *Schumacher,* H. *Trier.* Die nordische *Cobra-Gruppe* erstrebte eine ähnliche Verbindung von Expressionismus u. Surrealismus. In den USA wurde die Bewegung als „abstrakter Expressionismus" bekannt. Maßgebende Gestalten waren der Armenier A. *Gorky,* J. *Pollock* mit seiner Träufeltechnik (Action Painting), die Maler der →New York School, S. *Francis* u. M. *Tobey,* die sich von Kalligraphien fernöstl. Herkunft anregen ließen, in Kanada J. P. *Riopelle.*
tacho... [grch.], *tachy...,* Wortbestandteil mit der Bedeutung „schnell".
Tachometer [das; grch.], *Geschwindigkeitsmesser,* Instrument zum Messen der Drehzahl von Wellen u. Rädern sowie der Geschwindigkeit von Maschinen. Beim *Fliehkraft-T.* hebt sich eine Schwungmasse (Pendelring) infolge ihrer Fliehkraft von der Drehachse ab u. bewegt dabei einen Zeiger. Durch Übersetzung sind mehrere Geschwindigkeitsbereiche einstellbar. *Flüssigkeits-T.* beruhen auf der sich bei Drehung paraboloidförmig ändernden Oberfläche einer Flüssigkeit. Beim *Wirbelstrom-T.* dreht sich ein Magnet um eine drehbar gelagerte Aluminiumtrommel u. erzeugt Wirbelströme, die die Trommel entgegengesetzt einer Federkraft drehen u. einen Federanzeiger betätigen. Der *Elektro*-T. erzeugt durch einen auf der Welle angebauten Dynamo Strom, dessen Stärke proportional der Umdrehungszahl ist. T. mit Registrierung: *Tachograph.* Kraftfahrzeug-T. werden entweder als Fliehkraftpendel oder als kleinerer elektr. Generator gebaut u. vom Fahrzeuggetriebe (häufig T.stutzen am Gehäuse des Wechselgetriebes) in Drehung gehalten. Die Anzeige ist vom Raddurchmesser abhängig; der T. darf keine negative Toleranz haben (nicht zu niedrig anzeigen); genaue Geschwindigkeitsmessung ist mit ortsfesten Bezugspunkten möglich.
Rechtliches: Für Kraftfahrzeuge mit einer Höchstgeschwindigkeit von mehr als 20 km/h sind T. durch die StVZO vorgeschrieben. – Ebenso in der *Schweiz* (Bundesratsbeschluß vom 10. 12. 1962, Ziff. 2).
Tachtadschi, bäuerliche Waldarbeiterbevölkerung Anatoliens.
Tachtiger [-xər; ndrl., „Achtziger"], niederländ. literar. Bewegung der 1880er Jahre, die sich um die Zeitschrift „De Nieuwe Gids" gruppierte u. Anschluß an die allgemeineurop. Entwicklung suchte; Individualität u. Spontaneität standen im Mittelpunkt. Führer der T. waren A. *Verwey* u. F. van *Eeden.*
Tachygraphie [grch.] = Kurzschrift.
Tachykardie [grch.], erhöhte Herz- u. Pulsfrequenz; Gegensatz: *Bradykardie.*
Tachymetrie, ein geodät. Meßverfahren, bei dem Höhe u. Lage von Geländepunkten in einem Arbeitsgang ermittelt werden. Das dazu benutzte Meßinstrument heißt *Tachymeter.*
Tachyonen [Mz.], hypothet. Elementarteilchen mit Überlichtgeschwindigkeit u. imaginärer Ruhmasse; Energie u. Impuls wachsen mit abnehmender Geschwindigkeit; bisher nicht experimentell nachgewiesen.
Tacitus, Publius Cornelius, röm. Historiker, *um 55, †um 120; 97 Konsul in Rom, 112/113 (?) Prokonsul der röm. Provinz Asia. Von wissenschaftl. Wert ist bes. seine Schrift „De origine et situ Germanorum" (um 98), die älteste überlieferte Quelle über Germanien. Seine Hauptwerke, die „Historiae", eine Geschichte des flavischen Kaiserhauses, u. „Ab excessu divi Augusti" („Annalen"), eine röm. Geschichte vom Tod des Augustus (14) bis zum Tod Domitians (96), sind nur in Bruchstücken erhalten.
Tackling ['tækliŋ; das; engl.], *Fußball:* vom Rugby übernommene Bez. für den harten, aber erlaubten körperl. Angriff auf den ballführenden Gegner, um ihn vom Ball zu trennen. *Sliding T.,* Angriff von der Seite mit Beingrätsche, um den Ball zu treffen („hineingrätschen").
Tacloban, philippin. Prov.-Hptst. u. Hafen an der Ostküste der Insel Leyte, 75000 Ew.; Nahrungsmittelindustrie.
Tacna, südperuan. Departamento an der pazif. Küste, 14767 qkm, 94000 Ew.; Hptst. *T.,* 27500 Ew.; Bewässerungsoase; Buntmetall- u. Schwefelabbau. – Das umstrittene wüstenhafte Gebiet fiel nach dem Salpeterkrieg 1883 an Chile; der Nordteil wurde 1929 an Peru zurückgegeben, der Südteil mit Arica blieb chilenisch.
Tacoma [tə'koumə], Hafenstadt in Washington (USA), Teil der Agglomeration von Seattle, 155500 Ew. (Metropolitan Area 322000 Ew.), 2 Universitäten (gegr. 1888 u. 1890); Aluminium-, Kupfer-, Gold-, Silberhütten, Gießereien, Holz-, Papier- u. Mühlenindustrie.
Tacora, Vulkan in den Anden an der chilen.-peruan. Grenze, 5982 m.
Tacuarembó, Stadt in Uruguay, 30000 Ew.; Handel u. Verarbeitung von Agrarprodukten.
Tadelsantrag, eine nach dem Staatsrecht einiger Länder (Großbritannien; Frankreich 1945–1958) zugelassene Rüge der Regierung durch das Parlament; bei Annahme des T.s muß die Regierung zurücktreten. Der T. war u. ist dem dt. Parlamentsrecht unbekannt; in der BRD gibt es nur den allg. Mißtrauensantrag gemäß Art. 67 GG mit gleichzeitiger Wahl des neuen Bundeskanzlers. – Auch

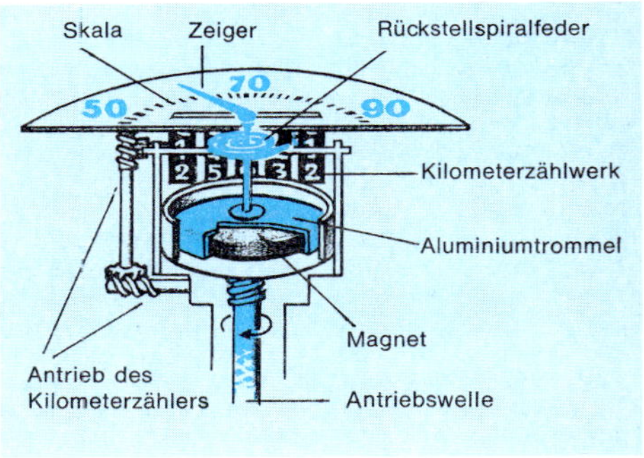

Tachometer

Österreich kennt nur den Mißtrauensantrag, dessen Annahme zur Amtsenthebung führt (Art. 74 BVerfG); jedoch ist hier gleichzeitige Wahl des neuen Bundeskanzlers nicht erforderlich.
Tadjoura [ta'dʒu:ra], Ort in Djibouti (Ostafrika), 12000 Ew., Fischereihafen.
Tadmor, Oasenstadt am Nordrand der Syr. Wüste, das alte *Palmyra,* 12000 Ew.; Phosphat- u. Salzgewinnung.
Tadschiken, iran. Bauernvolk, 4,2 Mill., vor allem in der Tadschik. SSR u. im N von Afghanistan; wahrscheinl. Nachkommen der alten Baktrer (eine Mischung von arischen Eroberern mit Ureinwohnern); Moslems; Ackerbauern, im Gebirge mit Almwirtschaft; Stämme mit eigenen Dialekten.
tadschikische Sprache, die in der Tadschikischen SSR verwendete, in kyrillischer Schrift geschriebene vereinfachte Form der neupersischen Sprache.
Tadschikische SSR, *Tadschikistan, Tadschikien,* Unionsrepublik der Sowjetunion in Mittelasien; 143100 qkm, 3,5 Mill. Ew. (37% in Städten), einbezogen *Bergbadachschanen-AO* u. eine Oblast, Hptst. *Duschanbe*; umfaßt die westl. Gebirgszüge des Alai u. das südl. Vorland beiderseits des Wachsch, die Südabdachung des Transalai, die waldlosen, stark vergletscherten Ketten des Pamir (mit dem höchsten Gipfel der Sowjetunion, dem *Kommunisma Pik,* 7483 m) sowie den westl. Teil des fruchtbaren Ferganatals; reiche Bodenschätze: Gold, Platin, Arsen, Antimon, Wolfram, Zinn, Blei, Steinkohle, Erdöl u. Salz; in den dichtbesiedelten Oasen im N u. SW Bewässerungsfeldbau mit Baumwoll-, Reis-, Tabak-, Obst- u. Weinkulturen, stellenweise Mohn u. Zuckerrüben, Seidenraupenzucht, in den Flußtälern Getreideanbau, auf den Bergweiden Fleisch- u. Wollviehwirtschaft; wichtigste Industrie: Baumwollreinigungs-, Seidenhaspel- u. Obstkonservenfabriken, Mühlen. Binnenschiffahrt auf Pjandsch, Amudarja u. Wachsch (300 km); der Luftverkehr überwiegt. – 1924 bei Aufgliederung Westturkistans als ASSR innerhalb der Usbek. SSR gebildet, 1929 in eine SSR umgewandelt. – Ⓚ→Sowjetunion.
Tadsch-Mahal →Taj-Mahal.
Tädschon [tɛdʒʌn], *Taejŏn,* Stadt im Inneren

Südkoreas, 510000 Ew.; Textil-, Nahrungsmittel-, Fahrzeug- u.a. Industrie; Bahnknotenpunkt.

Tael [teːl; der oder das; mal., chin.], *Tail, Tale, Tehl*, ostasiat. Gewichtseinheit (zwischen 34,2 u. 37,8g) u. Gold- oder Silbermünze unterschiedlichsten Werts, bes. in China; dort erst im 19. Jh. durch den *Dollar* verdrängt.

Taenia [grch.] →Schweinebandwurm, →Rinderbandwurm.

Taensa ['tɛnsɔ], kleinerer Indianerstamm der Muskhogee, im SO der USA.

Taeuber-Arp, Sophie, schweizer. Malerin, *19. 1. 1889 Davos, †13. 1. 1943 Zürich; seit 1922 verheiratet mit Hans *Arp*, beteiligte sich an der Dada-Bewegung; farbenfreudige Wandteppiche u. kunstgewerbl. Entwürfe.

Tafel, Albert, Asienforscher, *6. 11. 1877 Stuttgart, †19. 4. 1935 Heidelberg; begleitete 1903 bis 1905 W. *Filchner* auf dessen erster Tibetreise, bereiste 1905–1908 das chines.-tibet. Grenzgebiet u. die Mongolei.

Tafelaufsatz, Prunkgeschirr aus Edelmetall oder Porzellan in figürl. oder architekton. Formen zum Schmuck des festl. gedeckten Tischs. Bes. kunstvolle Tafelaufsätze entstanden im 16. Jh. als Goldschmiedearbeiten von W. *Jamnitzer*, im 18. Jh. in den Porzellanmanufakturen Meißen u. Berlin.

Tafelberg, tafelförmiger Berg mit vorwiegend horizontaler Gesteinsschichtung u. plateauförmiger Oberfläche, z.B. der südafrikan. T. (engl. *Table Mountain*) bei Kapstadt, 1088m.

Tafelbild, ein Bild der →Tafelmalerei.

Tafelente, *Aythya ferina*, 46cm große, einheim. braun-schwarzgraue *Tauchente*; oft an Seen.

Tafelfichte, tschech. *Smrk*, Berggipfel im NW des Hohen Iserkamms im Isergebirge (ČSSR), 1124m.

Tafelglas, durchsichtige, nichtpolierte Glastafeln von 1,6 bis 6mm Dicke, die hauptsächl. zur Verglasung von Fenstern u. Fahrzeugen benutzt werden. T. wird fast nur maschinell hergestellt.

Bei der Herstellung von Hand wurde mit der Glasmacherpfeife ein großer Glaszylinder aufgeblasen, die sog. *Walze*. Nach der Kühlung trennte man von der Walze den Boden u. die Kappe ab u. schnitt den Zylinder auf. Der geöffnete Zylinder wurde in einem Streckofen bis zur Erweichungstemperatur erhitzt u. dann auf einem ebenen Streckstein zu einer Tafel geformt. Auf diese Weise hergestelltes Glas war ungleichmäßig u. fehlerhaft.

Wichtige maschinelle Verfahren: 1. durch Glasziehmaschinen wird aus der teigigen Masse (1000 °C) die Glasmenge in Form eines Bandes durch die Walzen der Maschine abgezogen. 2. das *Senkrechtziehen* des Glasbandes von der freien Glasoberfläche aus Ziehkammern mit schwimmenden Brücken. 3. das *Waagerechtziehen* des Glasbandes von der freien Glasoberfläche *(Libbey-Owens-Verfahren)*.

Tafelland, durch horizontal lagernde Gesteinsschichten *(Tafeln)* gekennzeichnete ebene Teile der Erdoberfläche in verschiedenen Höhenlagen.

Tafelleim, *Kölner Leim*, aus der erstarrten Gallerte des *Haut-* oder *Knochenleims* zu Tafeln geschnittener u. getrockneter →Leim.

Tafelmalerei, im Unterschied zur Wandmalerei die Malerei auf einer transportablen Holztafel, später auch auf Leinwand u. Kupfer. Das Tafelbild ist an keinen bestimmten Ort gebunden. Erforderlich ist daher zur Wahrung einer ästhet. Grenze ein fester Rahmen, der das Bild abschließt. Früheste Zeugnisse der T. sind die Mumienporträts; die nächstfolgende Entwicklungsstufe repräsentieren frühchristl.-byzantin. Ikonen. Zum Schmuck der Antependien auf den Altar übertragen wurde die T. im MA., in dem ihre eigentl. Blütezeit begann. Seit dem 14. Jh. trat sie bes. in Italien gleichrangig neben die Wandmalerei, um später, nunmehr auf Leinwand ausgeführt, die Entwicklung der Malerei fast ausschl. zu bestimmen. →auch Malerei, Maltechnik. – 📖 2.0.4.

Tafelwerk, *Täfelung, Holztäfelung, Getäfel*, Wand- oder Deckenverkleidung mit Holztafeln; wichtiges Element der Innenraumgestaltung des 15.–18. Jh., meist durch Säulen, Pfeiler u.ä. gegliedert. Bes. reiches T. findet sich in Bauten der dt. Renaissance, wo es häufig, als Fassade mit architekton. Gliedern ausgebildet, mit Schnitzwerk oder Intarsia verziert ist.

Taffet [der] = Taft.

Tafila, *Et T.*, jordan. Stadt im nördl. Edom, südöstl. des Toten Meeres, 12000 Ew.

Tafilâlt, Oasengruppe im NW der marokkan. Sahara, an der Straße Timbuktu–Fès, 1400qkm, rd. 150000 Ew.

Tafi Viejo [-'vjɛxo], nördl. Vorstadt von Tucumán (Argentinien), 40000 Ew.

Tafsir [der; arab.], *Tefsir*, die wissenschaftl. Auslegung u. Erklärung des Korans.

Taft [der; pers., türk., ital.], *Taffet*, 1. in den Seidenwebereien übl. Bez. für Leinwandbindung. 2. leinwandbindender Stoff aus Naturseide, Viskose oder Halbseide; die Gewebe sind im allg. etwas steif, stark glänzend u. werden als Kleiderstoffe verwendet.

Taft [tæft], **1.** Lorado, US-amerikan. Bildhauer, *29. 4. 1860 Elmwood, Ill., †30. 10. 1936 Chicago; ausgebildet in Paris; schuf Bildnisbüsten u. -statuen sowie monumentale Brunnenanlagen unter dem Einfluß A. *Rodins*; verfaßte die erste Geschichte der amerikan. Plastik (1903).

2. Robert, Sohn von 3), US-amerikan. Politiker (Republikaner), *8. 9. 1889 Cincinnati, Ohio, †31. 7. 1953 Washington; seit 1938 Senator; Isolationist; bekämpfte F. D. Roosevelts von der Neutralität wegführenden Kurs.

3. William Howard, US-amerikan. Politiker (Republikaner), *15. 9. 1857 Cincinnati, Ohio, †8. 3. 1930 Washington; 1904–1908 Kriegs-Min., 1909–1913 (27.) Präs. der USA, warb für den internationalen Schiedsgerichtsgedanken, 1921 bis 1930 oberster Bundesrichter.

Taft-Hartley-Gesetz ['tæft 'ha:tli], amtl. *Labor-Management Relations Act* vom 23. 6. 1947 in der Fassung vom 22. 10. 1951 u. 14. 9. 1959, US-amerikan. Gesetz über die Beziehungen zwischen Arbeitnehmern u. -gebern. Es verbietet den *closed shop* (Gewerkschaftsmitgliedschaft als Voraussetzung für die Einstellung durch den Arbeitgeber); der *union shop* (Verpflichtung des Arbeitnehmers, innerhalb einer bestimmten Frist nach der Einstellung der Gewerkschaft beizutreten) bleibt gestattet. Das T. geht von der →Koalitionsfreiheit u. der →Tarifautonomie der Sozialpartner aus, will aber Auswüchse im Arbeitskampf verhindern. Es gewährleistet das Streikrecht (mit Ausnahme des öffentl. Dienstes), der Präs. kann aber, wenn die nationale Gesundheit oder Sicherheit gefährdet erscheint, eine einstweilige Verfügung erwirken, durch die dann die Arbeitskampfmaßnahmen bis zur Dauer von 80 Tagen unterbunden werden können. Eine Zwangsschlichtung gibt es nicht.

Tag, Zeiteinteilungsbegriff in zwei Bedeutungen: 1. *lichter T.*, die Zeit zwischen Auf- u. Untergang der Sonne; 2. die Periode der Erdrotation a) in bezug auf die Richtung Erde–Sonne (Sonnen-T.), b) in bezug auf den Frühlingspunkt (Stern-T.), c) in bezug auf das System der Fixsterne (siderischer T., 0,009sek länger als ein Stern-T.).

Beginn des T.es: Im alten Ägypten, in Griechenland u. Rom ließ man den T. mit Sonnenaufgang beginnen. Die Juden u. Moslems legten den T.esanfang auf die Zeit des Sonnenuntergangs, da ihre Monate nach dem Mondlauf ausgerichtet waren (→Kalender); der erste T. jedes Monats begann, wenn die schmale Sichel des neuen Mondes am Abendhimmel erschien. Der heute bei uns übliche T.esbeginn um Mitternacht war bei den Chinesen schon im Altertum bekannt. In Rom bürgerte er sich in der Rechtspflege ein. Allg. verbindlich wurde er im Abendland erst nach Erfindung der Räderuhren, die eine vom Sonnenlauf unabhängige gleichmäßige Zeiteinteilung erforderten. In der Astronomie wurden seit Ptolemäus (um 150 n. Chr.) die T.e von Mittag zu Mittag gerechnet, damit während der nächtl. Beobachtungen ein Datumswechsel vermieden wurde. Dieser astronom. T.esbeginn wurde bis 1924 den Zeitangaben der Astronomischen Jahrbücher zugrunde gelegt; seit 1925 werden alle astronom. Zeitangaben in Weltzeit (T.esbeginn um Mitternacht Greenwicher Zeit) gemacht.

Unterteilung des T.es: Im alten Griechenland gab es zunächst nur ganz allg. Bez. für die T.eszeiten (Morgenröte, Mittag usw.), oder man schätzte die T.eszeit nach der Länge des eigenen Schattens. Später wurden der lichte T. u. die Nacht in je vier Abschnitte (Wachen) eingeteilt. Aus Babylon stammt die T.eseinteilung in 12 Stunden, von denen jede gleich 2 unserer Stunden war; die Ägypter teilten T. u. Nacht in je 12 Stunden (→Temporalstunden). Seit dem 14. Jh. wird der T. in 24 gleich lange Stunden eingeteilt. Ein Überbleibsel der Temporalstunden ist die Stundenzählung von zweimal 1–12 statt 1–24, die noch heute geübt u. im Zifferblatt u. Schlagwerk der Uhren aus prakt. Gründen beibehalten wird.

Tagalen, *Tagalog*, malaiisches Volk (rd. 5,6 Mill.) auf den Philippinen (Mittel-Luzón, Mindoro), entstanden aus der Vermischung malaiischer Einwanderer mit der Urbevölkerung; vor 1570 islam. Sultanat, später stark spanisch beeinflußt.

Taganrog, Hafenstadt in der RSFSR (Sowjetunion), an der *Bucht von T.* des Asowschen Meers, 285000 Ew.; Stahlwerke (Erdölrohre), Maschinen- u. Werkzeugfabriken, Schiffswerft; Fischerei. – 1730 als Festung gegr.

Tagbogen, der über dem Horizont liegende Teil der scheinbaren, durch Erdrotation bedingten Bahn eines Gestirns.

Tagdempt, früher *Tiaret*, alger. Stadt am Südhang des Tellatlas im SW von Algier, 37000 Ew.; Handelszentrum für Getreide, Wolle, Schafe u.a.

Tag des Baumes, am 25. 4. 1952 in der BRD erstmalig begangener Feiertag, an dem bes. die Jugend (Schulkinder) zum Pflanzen junger Bäume angehalten u. auf die Bedeutung des Waldes hingewiesen wird. Dem T.d.B. entspricht in Österreich die „Woche des Waldes". →auch Arbor Day.

Tagebau, →Bergbau an der Erdoberfläche.

Tagebuch, 1. *allg.:* ein Buch, in dem chronolog. die Ereignisse des vergangenen Tages aufgezeichnet werden. In der Literatur findet die Form des T.s in vielfältiger Weise Anwendung (W. Raabe: „Die Chronik der Sperlingsgasse"; R. M. Rilke: „Die Aufzeichnungen des Malte Laurids Brigge"; H. Carossa: „Tagebuch im Krieg"; M. Frisch: „Tagebuch 1946–1949" „Tagebuch 1966–1971").

2. *Buchführung:* ein Geschäftsbuch, in das die tägl. Geschäftsvorfälle eingetragen werden. →auch Handelsbücher.

Tagegelder →Diäten.

Tagelied, eine Gattung des *Minnesangs*, Illusionsdichtung; schildert den fiktiven Abschied eines Ritters von der geliebten Dame am frühen Morgen. Das Paar wird von einem Vogel oder vom Ruf des Wächters aufgeweckt. Es folgt eine schmerzl. Trennung u. die Klage der zurückgebliebenen Frau. Das T. wird von stark sinnl. Elementen u. Furcht vor Entdeckung getragen. – Vorbild des T.s war die *Alba* der provençal. Troubadours. Das erste mhd. T. ist (wahrscheinl.) von *Dietmar von Aist* überliefert (um 1170). Es folgen Lieder von *Heinrich von Morungen* u. *Wolfram von Eschenbach*. Im Spät-MA. wurde das T. gelegentl. parodist. nachgeahmt *(Oswald von Wolkenstein)*, auch ins Geistliche gewendet; es ging in der bürgerl. Gesellschaftslyrik auf u. wandelte sich z.T. zu Volksliedformen.

Tagelöhner, bes. landwirtschaftl. Arbeiter, der jeweils nur für wenige Tage eingestellt u. täglich entlohnt wird.

Tagesbefehl, militär. Befehl, der sich auf Angelegenheiten des inneren Dienstes bezieht, im Unterschied zu Befehlen, die die Taktik betreffen; dient auch zur Bekanntgabe von Anerkennungen oder zum Aufruf bei besonderen Anlässen.

Tagesbruch, *Bergbau:* durch den Zusammenbruch eines *Grubenbaus* ausgelöster Einsturz an der Erdoberfläche.

Tagesbußensystem →Geldstrafe.

Tagesgeschäft, ein Börsengeschäft, bei dem die Lieferung am gleichen oder am nächsten Tag erfolgt.

Tagesheim, Kinder- u. Fürsorgeheim ohne Übernachtungsmöglichkeit.

Tagesheimschule, eine Ganztagsschule, die den Schüler vor- u. nachmittags unterrichtet u. betreut.

Tagesmittel, *Meteorologie:* der exakt aus 24 stündl. Werten berechnete durchschnittl. Tageswert eines meteorolog. Elements, z.B. der Temperatur. Praktisch wird dieser Tageswert aber meist annähernd aus einer ausgewählten geringeren Zahl von stündl. Werten (z.B. 3) ermittelt.

Tagesordnung, zeitliches Programm einer Sitzung, Tagung oder Versammlung; zu unterscheiden von der →Geschäftsordnung.

Tagessatzsystem, modernes System der Bemessung der Geldstrafe, aus Skandinavien seit 1. 1. 1975 vom StGB der BRD u. vom neuen österr. StGB übernommen: Alle Geldstrafen werden in Tagessätzen verhängt, wobei ein Tagessatz in der Regel dem durchschnittl. tägl. Nettoeinkommen des Täters entspricht.

Tagesschau, tägliche, beim Norddeutschen Rundfunk in Hamburg produzierte aktuelle Sendung des *Deutschen Fernsehens*, die Nachrichten u. kurze Bildberichte enthält.

Tagesspiegel, *„Der T."*, 1945 gegr. unabhängige Berliner Tageszeitung; Auflage 100000.

Tagesstempel, Ortsstempel mit Datumsangabe zur Entwertung von Postwertzeichen.

Tageswanne, ein Schmelzofen, der wie ein Ha-

Tageswechsel

fenofen betrieben wird, wobei aber anstelle der Häfen die Umwandung des Herdraums als Schmelzgefäß dient.

Tageswechsel →Tagwechsel.

Tageswert →Wiederbeschaffungswert.

Tagētes [die; nach dem etrusk. Gott *Tages*] →Studentenblume.

Tagewasser, *Bergbau:* von der Erdoberfläche aus in die Grube eindringendes Wasser.

Tagewerk, altes Flächenmaß; ursprüngl. die von einem Ochsengespann an einem Tag umgepflügte Ackerfläche, so in Nassau, Bayern, Baden; zwischen 25 u. 36 a.

Tagfahrt, im (dt.-)schweizer. Zivilprozeßrecht Bez. für den Termin zur mündl. Verhandlung.

Tagfalter, 1. volkstüml. Bez. für alle am Tage fliegenden Schmetterlinge. Im wissenschaftl. Sinn nur die Gruppen der T. i. e. S. (2) u. der *Dickkopffalter*, die in der Ruhe die Flügel senkrecht nach oben klappen. Beide Gruppen werden heute nicht mehr in verwandtschaftl. Zusammenhang gebracht.
2. *T. i. e. S. Papilionoidae*, Überfamilie der Schmetterlinge, fast stets bei Tag fliegend, in den meisten Fällen an den am Ende keulen- oder knopfartig verdickten Fühlern zu erkennen. Die Raupen haben 16 Füße. Die Nahrung besteht aus Pflanzensäften. Zu den T.n i. e. S. gehören die Familien der *Edelfalter, Morpho-T., Weißlinge, Augenfalter, Fleckenfalter, Bläulinge*.

Taggeckos, *Phelsuma*, Gattung der *Geckos* aus Madagaskar, leuchtend grün gefärbt, tagsüber aktiv (im Gegensatz zu den anderen Geckos).

Tagger, Theodor →Bruckner, Ferdinand.

Tagh [osttürk.] = Dag.

Tagliamento [talja-], norditalien. Fluß, 170 km, entspringt in den Karnischen Alpen, durchfließt im Oberlauf die Carnia, mündet westl. von Triest in das Adriat. Meer.

Tagliavini [talja-], Ferruccio, italien. Opernsänger (lyrischer Tenor), *14.8.1913 Règgio nell'Emilia; Belcantosänger, bes. Bellini-, Donizetti- u. Rossini-Interpret.

„Tägliche Rundschau", 1. prot.-nationale Berliner Zeitung, 1881 gegr., 1933 nach häufigem Besitzerwechsel eingestellt.
2. deutschsprachige Zeitung der sowjet. Militärverwaltung, erschien 1945–1955 in Ostberlin.

tägliches Geld, innerhalb eines Tages kündbare Darlehen; meist zur Finanzierung von Effektenverbindlichkeiten verwendet.

Taglichtnelke, *Melandrium diurnum*, ein *Nelkengewächs* mit roter Blüte, die von Tagschmetterlingen besucht wird.

Taglilie, *Hemerocallis*, Gattung der *Liliengewächse* mit schmalen, grundständigen Blättern u. großen, gelb oder orange gefärbten, wohlriechenden Blüten. In Kultur sind vor allem die *Rotgelbe T.* (Goldlilie, *Hemerocallis fulva*) u. die *Gelbe T.* (*Hemerocallis flava*).

Taglioni [ta'ljo:ni], Maria, italien. Tänzerin, *24.4.1804 Stockholm, †27.4.1884 Marseille; Ballerina der Pariser Oper; zahlreiche Gastspielreisen; befreite den Tanz von akrobatischen Bewegungen u. konzentrierte den Ausdruck auf die Rolle; tanzte als erste die Spitzentanz.

Tagore [təˈgɔː; engl. Form des ind. *Thakur*], Rabindranath, ind. (bengal.) Dichter u. Philosoph, *6.5.1861 Calcutta, †7.8.1941 Santiniketan bei Bolpur, Westbengalen; stammte aus einer von der abendländ. Kultur beeinflußten Brahmanenfamilie; 1913 Nobelpreis. T. trat als Vermittler zwischen Orient u. Okzident auf. Er war Mitschöpfer der bengal. Literatursprache; verfaßte u. vertonte 1911 die ind. Nationalhymne. Bedeutend vor allem als Lyriker. Dramen (vielfach mit Musik u. Tanzelementen): „Chitra" 1892, dt. 1914; „Das Postamt" 1912, dt. 1918; „Der König der dunklen Kammer" 1910, dt. 1919; Roman: „Das Heim u. die Welt" 1916, dt. 1920; „Meine Lebenserinnerungen" 1912, dt. 1923. – ⌶ 3.4.2.

Tagpfauenauge, *Inachis io*, in fast ganz Europa u. Asien vorkommender *Tagfalter* von braunroter Grundfarbe, mit je einem bläulichbunt schillernden Fleck („Pfauenauge") auf den 4 Flügeln. Die bedornte schwarze, fein weiß punktierte Raupe lebt gesellig auf Nesseln u. Hopfen.

Tagraubvögel →Raubvögel.

Tagsatzung, 1. *Staatsrecht:* bis 1848 Gesandtenkongreß der Mitglieder der schweizer. Eidgenossenschaft mit wichtigen Staatsaufgaben; Vorläufer des →Ständerats.
2. *Zivilprozeßrecht:* Bez. der österr. ZPO für den Termin zur mündl. Verhandlung.

Tagschmetterlinge = Tagfalter.

Tägu, *Taegu, Taiku*, südkorean. Stadt nordwestl. von Pusan, 1,3 Mill. Ew.; Textil-, Nahrungsmittel- u. Seidenindustrie; Handels- u. Verkehrszentrum, Flugplatz; in der Nähe Wolframvorkommen.

Taguan [der; indones.] →Flughörnchen.

Taguanuß →Steinnußpalme.

Tagula, größte Insel im Louisiadearchipel; südöstl. von Neuguinea, 914 m hoch, 863 qkm, 1700 Ew.

Tagundnachtgleiche = Äquinoktium.

Tagwechsel, *Tageswechsel*, ein →Wechsel mit kalendermäßig bestimmter Fälligkeit.

Tahan, höchster Gipfel der Halbinsel Malakka, im Inneren Malaysias, nördl. von Kuala Lipis, 2190 m.

Tahat, höchster Gipfel des Ahaggarberglands (Algerien), vulkan. Ursprungs, 3003 m.

Tahiriden, eine sunnitische Dynastie im NO Irans (Khorasan), 822–873, mit der die polit. Lösung Irans vom Kalifat in Bagdad begann.

Tahiti, größte der französ.-polynes. Gesellschaftsinseln (Inseln über dem Winde), im *Orohéna-Vulkan* 2241 m, 1042 qkm, 95 000 Ew.; Hptst. *Papeete*; die malerische Insel besteht aus 2 Vulkanen, die zwei rundl. Halbinseln bilden (engste Stelle im Isthmus von Taravao), bewaldet; fruchtbare Küstenebene, von einem Korallenriff umgeben; Kokosnuß-, Zuckerrohr-, Bananenanbau, Perlfischerei, Phosphatlager; Flughafen. – Die polynes. Tahitier (seit über 100 Jahren Christen) hatten früher Kasten, Lehnswesen u. Geheimbünde.

Tahiti: Kap Venus an der Ostseite mit tropischer Vegetation

tahitische Sprache, polynes. Sprache auf Tahiti.

Tahoua [-ˈhuːa], Stadt im SW der afrikan. Rep. Niger, 31 000 Ew.; Handelszentrum für den Güteraustausch zwischen Ackerbauern u. Nomaden (Maniok, Hirse, Erdnüsse; Rinder, Schafe).

Tahr [der; hind.], *Hemitragus jemlahicus*, ein Bock (→Böcke) von 100 cm Schulterhöhe, mit kurzen, breiten Hörnern; bewohnt die mittleren Lagen des Himalaya u. Südostarabien.

Tahta [ˈtaxta], oberägypt. Stadt am Nil oberhalb von Asyut, 50 000 Ew.; Viehmarkt, Agrarort.

Tai [chin.] →Ta.

Taif [ˈtaːif], *At T.*, saudi-arab. Oasenstadt östl. von Mekka, im südl. Hedjas, 1630 m ü. M., 54 000 Ew.; Weberei, landwirtschaftl. Handel, Flugplatz.

Taifun [der; chin.], trop., oft verheerend wirkender Wirbelsturm (Zyklone), bes. auf dem Ind. u. dem Pazif. Ozean in der Nähe Südostasiens.

Taiga [die; russ.], Bez. für den nordruss. u. sibir. Nadelwaldgürtel vom Weißen bis zum Ochotskischen Meer, z. T. auf Dauerfrostboden oder auf sumpfigen Böden; größtes zusammenhängendes Waldgebiet der Erde, 1000 km breit, 4800 km lang. Im N bilden die *Waldtundra*, im S die *Waldsteppe* den Übergang zu Tundra bzw. Steppe. – ⒷSowjetunion (Natur u. Bevölkerung).

Taiga Ikeno, japan. Zen-Buddhist, Kalligraph u. Maler, *1723 bei Kyoto, †1776 Kyoto; neben *Buson* der bedeutendste Vertreter der japan. Literatenmalerei (*bunjin-ga*) des 18. Jh.

Taihang Schan, Gebirge am Nordwestrand der Großen Ebene Chinas, bis 1840 m.

Taiohae, Hauptort der Marquesasinseln in Französisch-Polynesien, auf Nuka Hiva, 500 Ew.

Tai Hu, See in der ostchines. Prov. Kiangsu, 2200 qkm; über 90 Inseln, Erholungsgebiet, Verbindung zum Kaiserkanal.

Taikan, eigentl. Yokoyama *Hidemaro*, japan. Maler, *4.10.1868 Mito, †1958; malte in der Tradition des japan. Tuschstils hauptsächl. Landschaften in reich abgestuften Tönen.

Taika-Reform [jap. *taika*, „große Reform"], die Übernahme des chines. Kalenders (604) u. des chines. Verwaltungssystems (645) in Japan. Die Gesetze u. Bestimmungen der T. wurden 702 in dem 22bändigen Taikô-Kodex herausgegeben, der bis 1868 Gültigkeit hatte.

Tailfingen, ehem. Stadt in Baden-Württemberg (Zollernalbkreis), im Quellgebiet der Schmiecha; 1975 Zusammenschluß mit Ebingen zur Stadt Albstadt.

Taille [ˈtaljə; die; frz.], 1. *allg.*: Gürtellinie, Leibchen eines Kleides (Korsage); *natürl. T.*, der schmalste Körperumfang unterhalb der Rippen.
2. *Steuerwesen:* in Frankreich vom 15. Jh. bis zur Französ. Revolution Steuer auf Einkommen oder Vermögen der nichtprivilegierten Stände (Bauern, Bürger).

Tailleferre [tajˈfɛːr], Germaine, französ. Komponistin, *19.4.1892 Parc-de-Saint-Maur bei Paris; Mitglied der Gruppe der „Six"; schrieb Opern („Il était un petit navire" 1951), Ballette („Le marchand d'oiseaux" 1923), Instrumentalkonzerte, Kammermusik u. a.

Tailleur [taˈjœːr; frz.], Schneider.

Tailormade [ˈteiləmeid; das; engl.], Schneiderkleid oder -kostüm.

Tainan, *Dainan*, Stadt nahe der Südwestküste von Taiwan, 500 000 Ew.; Universität (1956; vorher Techn. Hochschule); Maschinenbau, chem., Textilindustrie; im W der Hafen *Anping*. T. ist die älteste Stadt von Taiwan; 1788 ummauert.

Tainaron [ˈtai-], *Kap T.*, Kap im S des Peloponnes, in der Mythologie das Tor zur Unterwelt.

Taine [tɛn], Hippolyte, französ. Historiker u. Philosoph, *21.4.1828 Vouziers, Ardennen, †5.3.1893 Paris; Prof. für Kunstgeschichte in Paris, Mitgl. der Académie Française. Als Anhänger des Positivismus A. *Comtes* suchte T. die Methoden der exakten Wissenschaften durch Abstraktion u. Typisierung auf die Geschichte zu übertragen, verfiel jedoch oft in vorschnelle Generalisierungen. Er unterstrich die Abhängigkeit der Persönlichkeit von Abstammung (*race*), Umgebung (*milieu*) u. Entwicklungsstufe (*moment*), des Genies noch zusätzl. von der überragenden Fähigkeit (*faculté maîtresse*). Die Französ. Revolution beurteilte er krit. als ein Werk von Ideologen. Hptw.: „Origines de la France contemporaine" 1875–1893.

Taino, aus Südamerika eingewanderte Indianer der Antillen, zu den Aruak gehörig; Pflanzer.

Taipai Schan, höchster Teil des Gebirges Tsin Ling in der chines. Prov. Schensi, bis 4166 m hoch.

Taipeh, *Taipei*, jap. *Taihoku*, Hptst. des national-

Taipeh: Innenstadt

chines. Inselstaats Taiwan, nahe der Nordspitze, in der Ebene des Tanschui Ho, 2,1 Mill. Ew. (1920 erst 160 000 Ew.); zwei Universitäten (gegr. 1927 als Polit. Hochschule bzw. 1928), Kultur- u. Handelszentrum, Maschinenbau, Elektro-, chem.-, Textil-, Fahrzeug- u.a. Industrie; internationaler Flughafen.

Taiping-Revolution (1850–1864), gegen die Mandschu-Herrschaft gerichtete Aufstandsbewegung in China, einer der blutigsten Bürgerkriege der Geschichte. Die T. begann von Südchina aus mit Bauernaufständen u. breitete sich über ganz Zentralchina u. Teile Süd- u. Nordchinas aus. Unter ihrem Führer, *Hung Siutschüan* (*1813, †1864), wurden, beeinflußt von christl. Ideen, in dem von den Rebellen beherrschten Gebiet sozial-revolutionäre Maßnahmen durchgeführt (u.a. gemeinsames Eigentum, Landreform, Gleichstellung der Frau). Die T., die 20 Mill. Menschenleben gekostet haben soll, wurde von Truppen der kaiserl. Regierung mit Unterstützung Englands u. Frankreichs niedergeschlagen. – ◻ 5.7.2.

Tairona, untergegangenes indian. Volk der Chibcha-Gruppe in Nordwestkolumbien; erst 1600 von den Spaniern unterworfen; in präkolumbischer Zeit vorzügliche Goldschmiede; Stadtruinen mit Steinbauten, Brücken, gepflasterten Straßen.

Tairow [-rʌf], Alexander, russ. Schauspieler, Regisseur u. Theaterleiter, *24. 6. 1885 Romny, † 25. 9. 1950 Moskau; erstrebte in Abkehr vom Realismus K. Stanislawskijs einen komödiant. Bühnenstil: das „synthet. Theater"; beeinflußte den dt. Expressionismus; schrieb „Das entfesselte Theater" dt. 1923.

Tai Schan, Berg in der ostchines. Prov. Schantung, südöstl. von Tsinan, 1545 m; seit alters der heiligste Berg der Chinesen; am Südhang bei *Tai'an* taoist. u. buddhist. Tempel, Treppenweg vom Bergfuß zum Gipfel mit 6000 Stufen.

Taischo [jap., „Große Gerechtigkeit"], *Taishô*, Regierungsdevise des 1912–1926 regierenden japan. Kaisers (*Taischo-Tenno*).

Taischo-Tenno, *Taishô Tennô*, Kaiser von Japan 1912–1926, posthumer Name des Kronprinzen *Yoschihito*, *31. 8. 1879 Tokio, † 25. 12. 1926 Hayama; benannt nach seiner Regierungsdevise *Taischo*. Für den erkrankten T. übernahm 1921 Kronprinz *Hirohito* die Regentschaft.

Ta'iss, Stadt in der Arab. Rep. Jemen, ehem. Residenz des Imam, 80 000 Ew.; landwirtschaftl. Lehranstalt, Kraftwerk, Flugplatz.

Taitschung, Stadt im Nordwesten von Taiwan, 500 000 Ew.; Maschinenbau, chem., Zuckerindustrie.

T'ai-tsung →Li Schihmin.

Taiwan [auch -'wan], *Formosa*, *Nationalchina*, amtl. *Ta Tschung-Hua Min-Kuo* (Republik China), Inselstaat vor der Südküste Chinas. Mit den *Pescadoresinseln* in der Formosastraße u. den Inseln *Quemoy* u. *Matsu* vor dem Festland hat T. eine Fläche von 36 182 qkm u. 17,5 Mill. Ew. (484 Ew./qkm). Hauptstadt ist *Taipeh*.

Landesnatur: Vor das dicht von trop. Regenwald (u.a. Mangrove, Bambus, Akazien, Eichen, Buchen, Ulmen, Ahorn, Korkeichen, Lorbeer) überwucherte Zentralgebirge (bis 3997 m) lagert sich im steil abfallenden O nur ein schmaler Küstensaum, im W dagegen eine breite, fruchtbare Küstenebene mit mehreren Flüssen. Das Klima ist subtrop. regenreich.

Die **Bevölkerung** besteht überwiegend aus Chinesen, u. zwar aus „Festlandschinesen" (Kuomintang-Flüchtlinge) u. „Taiwanesen" (bereits in den letzten Jahrhunderten eingewanderte Chinesen). Palämongolide u. südsinide (von Indonesien u. den Philippinen) stammende Ureinwohner, rd. 200 000, treiben größtenteils Wanderhackbau u. Jagd, isoliert in den Bergwäldern. Die Religion ist überwiegend buddhist. (6–8 Mill.), dazu konfuzian., taoist., islamisch u. christlich (450 000). Staatssprache ist Chinesisch, Handelssprache Englisch, z.T. auch Japanisch. T. besitzt 11 Universitäten u. rund 90 Colleges.

Wirtschaft: Die sehr gut entwickelte Landwirtschaft, die jedoch nur noch zu 15 % am Bruttosozialprodukt beteiligt ist, liefert für den Inlandbedarf vor allem Reis, Süßkartoffeln, Erdnüsse, Sojabohnen u. Mais, für den Export bes. Zucker, Tee, Ananas-, Champignon- u. Spargelkonserven. Bei der Viehzucht hat die Schweine- u. Geflügelhaltung zunehmende Bedeutung. Die Hochsee- u. Binnenfischerei bringt fast ebensoviel Exporterlöse ein wie die Landwirtschaft.

Unter den relativ wenigen Vorkommen an Bodenschätzen gibt es vor allem Kohle, Erdöl, Erdgas, Gold, Kupfer, Pyrit, Schwefel, Marmor u. Salz. Die aufstrebende Industrie umfaßt die Herstellung von Nahrungs- u. Genußmitteln, die Produktion von

Chemikalien (bes. Öle, Kunstdünger u. Kunststoffe), Textilien, elektr. Geräten, Maschinen, keram. Artikeln u.a. Ausgebaut werden Stahlerzeugung u. Schiffsreparaturen. Im stark expandierenden Exportgeschäft hat den Anteil der Industriegüter den Anteil von Agrarprodukten weit überholt (vor allem Bekleidung, Gewebe, Textilien, elektr. Apparate, Konserven, Fischprodukte u. Sperrholz). In letzter Zeit sind zahlreiche Wasser- u. Wärmekraftwerke errichtet worden. Seit 1979 arbeiten zwei Kernkraftwerke.

Verkehr: Die Eisenbahn war bis vor wenigen Jahren der wichtigste Verkehrsträger, hat jedoch durch den wachsenden Straßenverkehr etwas an Bedeutung verloren. Daher kommt – bes. für den Güterverkehr – auch der Küstenschiffahrt erhebl. Bedeutung zu. Der internationalen Schiffahrt dienen die Häfen Keelung im N, Kaosiung im SW u. Hualien im O, dem Luftverkehr die Flughäfen in Taipeh, Kaosiung u. 4 weitere Flugplätze.

Geschichte u. Politik

Die seit dem 13. Jh. unter chines. Oberhoheit stehende Insel wurde 1624 von den Niederländern besetzt, 1662 durch den chines. General *Dscheng Tscheng-gung* (portug. *Koxinga*, *1624, †1662) zurückerobert u. 1683 China eingegliedert. Nach dem 1. chines.-japan. Krieg mußte T. 1895 an Japan abgetreten werden. 1945 wurde es an China zurückgegeben.

Im Dez. 1949 flüchtete die im Bürgerkrieg von den Kommunisten geschlagene Kuomintang-Regierung unter *Tschiang Kaischek* nach T., das als letzter Rest des chines. Staatsgebietes unter ihrer Herrschaft verblieb. Trotzdem betrachtete sie sich weiterhin als alleinige legitime Regierung Chinas. Dieser Anspruch wurde auch zunächst von vielen nichtkommunist. Staaten anerkannt. T. vertrat China in den UN u. im Weltsicherheitsrat. 1952 schloß es einen Friedensvertrag mit Japan, 1954 ein Verteidigungsabkommen mit den USA. Diese stationierten Truppen auf T., gewährten ihm beträchtl. Militär- u. Wirtschaftshilfe u. übernahmen seinen Schutz vor bewaffneten Angriffen. T. wurde zum Eckpfeiler des südostasiat. Verteidigungssystems der USA. Im Zug der weltpolit. Veränderungen der 1960er Jahre konnte es jedoch seinen Alleinvertretungsanspruch nicht auf Dauer durchsetzen. 1971 wurde die Regierung der Volksrepublik China von den UN als einzige legitime Vertretung Chinas anerkannt, was faktisch den Ausschluß T.s bedeutete. Daraufhin brachen viele Staaten die diplomat. Beziehungen zu T. ab. 1979 vollzogen dies auch die USA den ihren.

In T. gilt die demokrat. Verfassung der Rep. China von 1947, doch sind wichtige Artikel durch die „Vorläufigen Bestimmungen für die Dauer der kommunist. Rebellion" (1948, revidiert 1960) auf unbestimmte Zeit außer Kraft gesetzt. Die polit. Macht ist auf die Führung der Regierungspartei *Kuomintang* konzentriert. Die kleineren Koalitionspartner wie Jungchina-Partei *(Tschingnientang)* u. Demokrat. Sozialist. Partei *(Mintschuschehuitang)* üben keinen wesentl. Einfluß aus. Die Kommunist. Partei ist verboten. Staatsoberhaupt war *Tschiang Kaischek*, der 1950 zum Präs. der Republik gewählt wurde u. es aufgrund mehrmaliger Wiederwahl bis zu seinem Tod 1975 blieb. Sein ältester Sohn *Tschiang Tschingkuo* war 1972–1978 Regierungschef u. wurde 1978 Staats-Präs. 1969 fanden erstmals Nachwahlen für 15 Abgeordnetensitze der 1947 gewählten, ursprüngl. 770 Mitgl. umfassenden Nationalversammlung statt. Neben der Nationalversammlung existiert ein Provinzialparlament für die Provinz T. – ◻ 5.7.2.

Taiwan: Feiern am Nationalfeiertag

Taiyüan

Militär

T. hat allg. Wehrpflicht bis zum 45. Lebensjahr mit einer aktiven Dienstzeit von 2 Jahren. Die Gesamtstärke der hauptsächl. von den USA ausgebildeten u. ausgerüsteten regulären Streitkräfte beträgt ca. 500 000 Mann, von denen über die Hälfte einheim. Taiwanesen sind. Starke Kontingente stehen auf Quemoy (60 000) u. Matsu (20 000). Hinzu kommt eine Miliz von ca. 175 000 Mann. Den Oberbefehl hat der Staatspräsident.

Taiyüan, *Taiyuan*, Hptst. der chines. Prov. Schansi, am Fen Ho, 900 m ü. M., 1,8 Mill. Ew.; Universität; Eisen-, Stahl-, chem. Industrie, Maschinenbau. In der Umgebung Weinbau.

Taizé [tɛːˈzeː] →Communauté de Taizé.

Tajama *Katai*, eigentl. *T. Rokuja*, japan. Schriftsteller, *22. 1. 1871 Tatebayaschi, Gumma, †13. 6. 1930 Tokio; einer der ersten japan. Naturalisten u. Realisten, später mit buddhist.-religiös bestimmtem Unterton. Auch Essays, Kritiken u. Lyrik.

Tajin-Kultur [taˈxin-], altamerikan. Kultur an der mexikan. Golfküste im Staat Veracruz, 400–1200; benannt nach der Ruinenstadt *El Tajin* südwestl. von Papantla. Die Stadt mit Tempeln, Palästen, Ballspielplätzen u. Säulenhallen gruppiert sich um eine Tempelpyramide auf einer Grundfläche von 35 × 35 m in sieben Absätzen bis zu 25 m Höhe, ihre Stufen sind mit 365, den Tagen des Sonnenjahrs entsprechenden Nischen verziert. Typisch für die T. sind ihre Steinskulpturen. Die T. wurde früher irrtüml. den zur Zeit der span. Eroberung dort wohnenden *Totonaken* zugeschrieben.

Taj-Mahal [tadsch-], *Tadsch-Mahal*, Mausoleum in Agra (Indien), gebaut von Mogul-Kaiser *Shajahan* (*Dschahan Schah*) für seine frühverstorbene Gemahlin *Mumtaz-i Mahal*; Bauzeit 1630–1648. Quadratischer Grundriß, Kuppeln u. Wände aus weißem Marmor, Fenster in Marmorfiligran. Die Kenotaphe im Innern sind mit reichen Marmor-Intarsien geschmückt. – ▣→Indien (Geographie).

Tajmyr [ˈtai-], *Taimyr, Taimir*, 1. nordasiat. Halbinsel an der sibir. Eismeerküste, zwischen Jenisej- u. Chatangabusen, 400 000–500 000 qkm; Tundra; vom etwa 1000 km langen u. bis 1500 m hohen Byrrangagebirge durchzogen, mit Kap Tscheljuskin, dem nördlichsten Punkt des asiat. Festlands.

2. *Autonomer Bezirk* (der Dolganen u. Nenzen), Verwaltungsbezirk im N des Kraj Krasnojarsk, RSFSR (Sowjetunion), in Mittelsibirien; 862 100 qkm, 38 000 Ew.; Hptst. *Dudinka*; Rentierzucht, Pelztierjagd u. an der Küste Fischfang; am unteren Jenisej Vorkommen von Nickel, Kobalt u. Kupfer, daneben Eisen-, Erdöl, Steinkohle. – 1930 gebildet.

Tajo [ˈtaxo; span.], portug. *Tejo*, längster Fluß der Iber. Halbinsel, 1120 km, 81 000 qkm Einzugsgebiet; entspringt im Iber. Randgebirge, fließt durch die Meseta von Neukastilien u. das portugies. Tiefland u. mündet, nach einer Erweiterung zu einer seeartigen Bucht („Strohmeer"; Austernzucht) bei Lissabon; im Unterlauf schiffbar (210 km); durch mehrere Stauanlagen mit Kraftwerken zur Bewässerung u. Energiegewinnung genutzt. Oberhalb der span. Grenzstadt *Alcántara* wurde der T. 1970 zu einem großen See aufgestaut.

Tajschet, Stadt in der RSFSR (Sowjetunion), im südl. Mittelsibirien, 35 000 Ew.; Holz- u. chem. Industrie, Eisenhütte; Knotenpunkt an der Transsibir. Bahn; Abzweigung der Nordlinie nach Komsomolsk am Amur; Verbindung nach Abakan zur Turksibir. Bahn im Bau.

Tajumulco [taxu-], höchster zentralamerikan. Berg, Vulkan, in Südwest-Guatemala, 4211 m.

Takamatsu, japan. Präfektur-Hptst. im N von Schikoku, 300 000 Ew.; Hafen; Heimindustrie (Papierverarbeitung, Textil- u. Lackarbeiten).

Takanobu *Fujiwara*, japan. Höfling, Dichter u. Maler, *1143, †1206 Kyoto; berühmter Maler von Figurenbildern u. „Porträts".

Takaoka, japan. Stadt in Mittelhonschu nahe der Toyamabucht, 160 000 Ew.; Eisen-, Kunstdüngerindustrie; Buntmetall-, Lack- u. Webereihandwerk.

Takasaki, japan. Stadt in Zentralhonschu, 180 000 Ew.; Seidenindustrie; Bergsteigerzentrum.

Takatsuki, japan. Stadt in Südhonschu, nordöstl. von Osaka, 331 000 Ew.; neues Industriezentrum am Rand Osakas.

Take [jap.], Bestandteil geograph. Namen: Berg, Berge, Gebirge.

Takeda *Isumo*, japan. Dramatiker, *1691 Osaka, †21. 10. 1756 Osaka; schrieb zahlreiche *Dschoruri* u. *Kabuki*; Nachfolger von *Tschikamatsu Monsaemon*, vollendete die Technik des Puppentheaters. „Die 47 treuen Samurai" 1748, dt. 1926.

Takefu, japan. Stadt in Mittelhonschu südl. von Fukui, 62 000 Ew.; Papier-, Metallwaren-, Düngemittelindustrie.

Takelung, *Takelage*, Gesamtheit alles stehenden u. laufenden Gutes (→Gut [3]), das zu einer betriebsklaren Besegelung gehört. – *Takeln*, ein Segelschiff betriebsklar machen.

Takemitsu *Toru*, japan. Komponist, *8. 10. 1930 Tokio; experimentierte unabhängig von P. Schaeffer seit 1949 mit konkretem Klangmaterial u. entwickelte einen pausenreichen Stil. Werke: „November Steps" 1967; „The Dorian Horizon" 1968; „Asterism" 1969.

Takht i Sulejman [pers.], Hauptheiligtum des zoroastr. Feuerkults zur Zeit der Sassaniden in Nordwestiran; ältere Tradition u. Fortbestehen in frühislam. Zeit. Im 13. Jh. durch Mongolenherrscher um einen Palast bereichert.

Takin, *Budocras taxicolor*, einzig rezente Art der Budoceratinae, Unterfamilie der Horntiere, etwa 1 m Schulterhöhe; büffelähnl. Habitus mit kräftigen Hörnern; in Indochina u. Westchina.

Takisawa Bakin, *Kiokutai Bakin*, japan. Schriftsteller, *9. 6. 1767 Tokio, †6. 11. 1848 Tokio; schrieb histor. Romane mit moralisierend-didakt. Tendenz.

Takka [die; mal.], *Tacca*, in den gesamten Tropen verbreitete Pflanzengattung; einige Arten, vor allem *Tacca pinnatifida*, liefern Tahiti-Arrowroot (*T.stärke*); als Appretur u. Speise verwendet.

Takla Makan, innerasiat. Sandwüste im südl. Tarimbecken (China), 0,5 Mill. qkm.

Takruri, die →Fellata, westafrikan. Mekkapilger.

Takt [der; lat.], 1. *allg.*: Sicherheit des Gefühls für das Richtige u. Angemessene.

2. *Musik*: musikal.-rhythmische, durch den *T.strich* abgegrenzte Maßeinheit. Der T. führt durch seine regelmäßig wiederkehrenden Schwerpunkte zu einer einfacheren Gliederung des musikal. Geschehens u. erreicht durch die regelmäßige Akzentuierung die stärkere Betonung kürzerer periodischer Verläufe, die aber auch vor Einführung des T.strichs im 17. Jh. (etwa in der Tabulatur, auch in der Tanzmusik) nicht unbekannt war. Die T.art wird heute durch eine Bruchzahl (oder das Zeichen für →alla breve) am Beginn des Stücks angegeben. Gebräuchl. T.arten: $^2/_2$-, $^4/_4$-, $^3/_4$-, $^3/_8$-, $^6/_8$-, $^9/_8$-, $^{12}/_8$-T., in der neueren Musik auch Verwendung von $^5/_4$-, $^7/_4$-T. u. T.wechsel. In der seriellen Musik hat der T. kaum Bedeutung, höchstens als Orientierungsstrich. – Perfekter T. = dreizeitig, imperfekter T. = zweizeitig.

3. *Technik*: Arbeitstakt, in sich abgeschlossener Teil eines sich wiederholenden Arbeitsvorgangs, z. B. beim Verbrennungsmotor der Kolbenhub (Zweitakt- u. Viertaktmotor); am Fließband die Arbeit, die ausgeführt wird, nachdem das Band um einen Schritt weitergerückt ist.

4. *Verslehre*: in der *akzentuierenden Metrik* ein Vers-Teil von einer betonten Silbe bis zur nächsten betonten, also von einer Hebung u. die ihr bis zur nächsten Hebung folgenden Senkungen. Die Silbe(n) vor der 1. Hebung eines Verses bezeichnet man als Auftakt. Ein T. braucht nicht mit einer Sinneinheit übereinzustimmen, kann daher auch immer als rhythm. Einheit angesehen werden. Die wichtigsten T.geschlechter sind: $^2/_4$-T. („Máx u. Móritz róchen díeses") u. $^3/_4$-T. („Húrtig mit Dónnergepólter enträllte der tückische Mármor"). Nach der Anzahl der T.e in einem Vers unterscheidet man zwei- bis achttaktige (auch „-hebige") Verse. Die T.e eines Verses müssen nicht immer dasselbe Geschlecht haben. Die Einheit des antiken Verses war nicht der T., sondern das Metrum. →auch Vers.

Taktik [die; grch.], 1. *allg.*: kluges, planmäßiges Vorgehen, absichtsvolles Verhalten.

2. *Militär*: die Truppenführung im *Gefecht*, auch die Lehre von der Truppenführung. Nach Grundsätzen der T. führt sowohl die *mittlere Führung* (Division, Brigade) das Gefecht der verbundenen Waffen als auch die *untere Führung* (Regiment, Bataillon). Die (nach takt. Gesichtspunkten geführten) Gefechte bilden Teile einer *Operation*.

Takyre [Ez. der *Takyr*; turkmen.], Salztonebenen in den Trockengebieten der südl. Sowjetunion, unfruchtbare, schwach salzhaltige Schwemmböden, verkrustet, von polygonartigen Rissen durchzogen u. ohne Vegetation.

Tal, meist von fließenden Gewässern, aber auch von Gletschern durch die linienhaft einschneidende Kraft der Erosion gebildete, vom oberen *T.schluß* über *T.stufen* zum unteren *T.ausgang* langgestreckte Hohlform in der Erdoberfläche. Vom *T.rand*, der obersten Eintiefungsgrenze, führen die *T.hänge* oft mit *T.terrassen* (alten *T.böden*, →auch Terrasse) zur *T.sohle*. Das *Erosions-T.* ist ausschl. Ergebnis der einschneidenden Kraft fließenden Wassers, das *tektonische T.* folgt Schwächelinien (Spalten, Brüchen) der Erdoberfläche. Nach dem Querschnitt unterscheidet man die fluviatil entstandene V-förmige *Kerb-T.* von dem durch Gletschererosion ausgehobelten U-förmigen *Trogtal*. Besondere T.formen sind noch →Cañon, →Klamm, →Schlucht. Ein *Längs-T.* verläuft in Streichrichtung des Gebirges, ein *Quer-T.* senkrecht dazu, →auch Klause. Ein *Sattel-(Antiklinal-)T.* verläuft auf einem tekton. Sattel, ein *Mulden-(Synklinal-)T.* folgt einer tekton. Mulde. Ein *Durchbruchs-T.* (*T.enge*) quert ein Gebirge, ist meist älter als dieses (*antezedentes T.*) u. hat sich im Verlauf der Gebirgshebung eingeschnitten. *T.weitungen* entstehen durch stärkere Erosion in T.abschnitten, die von weicheren Gesteinsschichten begleitet sind, oft unter Mitwirkung einmündender Bäche oder Flüsse; *T.kessel* sind weite Ausräume, die bei ungefähr konzentr. Zusammenfließen von Flüssen zu einem meist kurzen Hauptfluß gebildet werden. T.paß: →Anzapfung. →auch Fluß, epigenetisches Tal.

Tal [mongol.], russ.-burjatisch *Tala*, Bestandteil geograph. Namen: Ebene, Steppe.

Tal, 1. Josef, israel. Komponist u. Pianist, *18. 9. 1910 Pinne bei Posen; seit 1934 in Palästina; Dozent u. Leiter eines Studios für elektron. Musik in Jerusalem. Kompositionen: Orchesterwerke, Klavier- u. Kammermusik, Kantaten, elektronische Werke („Der Tod Moses" 1970), Opern („Saul in En-Dor" 1957; „Ashmedai" 1971; „Massada 967" 1973).

2. Michail Nechemjewitsch, sowjet. Schachspieler, *9. 11. 1936 Riga; war mehrfach sowjet. Schachmeister u. gewann 1960 den Weltmeistertitel von M. Botwinnik, den dieser jedoch 1961 zurückeroberte.

Talaat Bey, *Talaat Pascha*, Mehmed, türk. Politiker, *1874 Edirne, †15. 3. 1921 Berlin (ermordet); führend bei den Jungtürken, 1909/10, 1913–1917 Innen-Min., 1917/18 Großwesir; unterdrückte im 1. Weltkrieg die aufständ. Armenier, von einem Armenier ermordet.

Talamanca, Stamm der Chibcha-Indianer in Costa Rica, Anbau von Mais, Maniok, Bohnen u. Bataten.

Talar [der; lat.], weites Gewand (manchmal ohne Ärmel gearbeitet), Amtstracht der Richter, Rechtsanwälte, Hochschulprofessoren u. ev. Geistlichen.

Talara, nordwestperuan. Küstenstadt, 28 000 Ew.; seit 1850 Erdölförderung, Erdölraffinerien, Hafen (Erdölausfuhr).

Talari, Bez. des *Talers*, bes. des Maria-Theresien-Talers, in Nordostafrika. Der T. wurde als eigene Silbermünze (28 g) = 20 Gersch 1893 in Äthiopien eingeführt, auch *Ber* genannt.

Talayotikum, die Bronze- u. Eisenzeit auf den Balearen, kriegerische Hirten-Bauern-Kultur, 1500–123 v. Chr., benannt nach dem *Talayot*, dem vorherrschenden Monument in Form eines runden oder viereckigen, in megalith. Bauweise errichteten Turms mit oft mehreren Stockwerken, der als

Talayotikum: ein Rundbaugrab aus der Nekropole von Son Real-Can Picafort, Mallorca; 6.–3. Jahrhundert v. Chr.

Beobachtungsturm, Wohnturm, Zufluchtsort vor den Unbilden des Wetters oder Tempel gedeutet wird. Verwandt sind Kulturen mit ähnlichen Bauten auf Sardinien (Nuraghen) u. in Süditalien (Trulli).

Talbot ['tɔ:lbət], William Henry Fox, brit. Physiker u. Chemiker, *11. 2. 1800 Evershot, Dorset, †17. 9. 1877 Evershot, Dorset; erfand 1839 die *Kalotypie* (*Talbotypie*, Photographie auf Papier mit gewachsten Negativen u. kopierten Positiven). Sein Verfahren der Entwicklung mit Gallussäure u. der Fixierung mit Natriumthiosulfat war bis 1855 in Gebrauch.

Talca, Hptst. der mittelchilen. Prov. T. (9640 qkm, 262000 Ew.), 120000 Ew.; Tabak-, Nahrungsmittel-, Leder-, Papier- u. Holzindustrie.

Talcahuano [-kau'ano], Handels- u. wichtigster Kriegshafen Chiles, an der Bucht von Concepción, 139000 Ew.; Fischfang; Werft; Stahlwerk im Vorort *Huachipato* (40000 Ew.).

Tal der Könige, arab. *Biban el moluk*, größte altägypt. Nekropole, auf dem Westufer des Nils gegenüber von Karnak u. Luxor, Begräbnisstätte der Pharaonen des Neuen Reichs, u.a. mit dem 1922 von H. *Carter* entdeckten Kammergrab des Königs *Tutanchamun*.

Taldy-Kurgan, Hptst. der Oblast T. (123500 qkm, 655000 Ew., davon rd. 34% in Städten) in der Kasach. SSR (Sowjetunion), nordöstl. von Alma-Ata, 85000 Ew.; Nahrungsmittel- u. Baustoffindustrie.

Talegallahuhn →Tallegallahuhn.

Talent [das; grch., lat.], **1.** *Münzkunde:* oberste griech. Gewichts- u. Münzeinheit; 1 attisches T. = 60 Minen = 6000 Drachmen = 26,196 kg. In anderen Landschaften 1 T. auch = 1500 bis 10000 Drachmen.
2. *Persönlichkeitskunde:* überdurchschnittl. Begabung auf einem bestimmten Gebiet.

Talenti, Francesco, Bildhauer u. Architekt, *um 1300, †nach 31. 7. 1369 Florenz; zunächst an der Dombauhütte von Orvieto tätig, später an der Gestaltung des Florentiner Doms beteiligt (Campanile 1351–1358, Langhaus 1355).

tale quale [lat.], so beschaffen, wie beschaffen.

Taler, niederländ. *Daalder*, skandinav. *Daler*, amerikan. *Dollar*, die 1484 erstmals in Tirol geprägte große Silbermünze, *Guldengroschen* genannt, die dem Wert eines Guldens entsprach; bald in Sachsen (1500, Klappmützen-T.), Joachimstal (1518, →Joachimstaler) u. vielen anderen Gebieten aufgegriffen. In den Reichsmünzordnungen wurde der T. mit 72, später mit 90 Kreuzern als *Reichs-T.* zur Reichsmünze erhoben u. mit 28,6 g Silber festgesetzt (→Groschen). Der Reichs-T. wurde vielerorts bis zum 18. Jh. geprägt u. oft mit schönen Prägebildern histor. Ereignissen gewidmet; er mußte dann anderen Sorten weichen (→Albertustaler, →Konventionsfuß, →Vereinstaler, →Zinnaischer Münzfuß, →Leipziger Fuß, →Graumannscher Münzfuß).

Talew [-lɛf], Dimitŭr, bulgar. Schriftsteller, *14. 9. 1898 Prilep, *20. 10. 1966 Sofia; Erzählungen u. Romane, meist aus der Zeit der makedon. Freiheitskämpfe.

Talg, *Inselt*, *Unschlitt*, Fett, bes. vom Rind u. Hammel. Zerkleinertes Fettgewebe wird bei 60–65 °C ausgeschmolzen u. mit Salz geklärt. Bei 27 °C erstarren *Stearin* u. *Palmitin* u. werden als *Preß-T.* für die Seifenindustrie von dem noch flüssigen Oleomargarin abgetrennt. *Oleomargarin* oder *Fein-T.* finden zu Kochzwecken u. für die Margarine- u. Salbenherstellung Verwendung.

Talgbaum, *Sapium sebiferum*, im tropischen Asien heimische Gattung der *Wolfsmilchgewächse*. Aus dem fettreichen Samen wird der sog. chines. Talg gewonnen, aus dem Kerzen u. Seife hergestellt werden.

Talgdrüsen, *Haarbalgdrüsen*, traubige (azinöse) Drüsen der Säugetiere u. des Menschen, die in der Lederhaut liegen u. entweder in den Haarschaft münden oder sich in freien Poren der Haut öffnen. Sie entleeren ihr Produkt, das Talgfett oder den Talg, in den Haarfollikel oder außen auf die Haut. Bei Verstopfung →Balggeschwulst.

Talhoff, Albert, schweizer. Schriftsteller, *31. 7. 1890 Solothurn, †10. 5. 1956 Luzern; expressionist. Gestalter visionärer Weltanschauung: „Nicht weiter, o Herr!" (Drama) 1919; „Totenmal" 1930; Romane: „Der rote Ignaz" 1922; „Vermächtnis" 1950; „Der unheiml. Vorgang" 1952.

Talien, *Dalien, Dairen*, Stadtteil der chines. Stadt →Lüda.

Talion [die; lat.], die Vergeltung von Gleichem mit Gleichem, ein aus altertüml. Rechtsdenken stammender Strafrechtsgrundsatz, dessen Grundgedanke ist, ein Täter müsse seine Tat durch Erleiden des gleichen Übels sühnen, das er dem anderen zugefügt hat (vgl. A.T.: „Auge um Auge, Zahn um Zahn").

Talisman [der; arab., grch.], ein Gegenstand, den man bei sich trägt, weil ihm geheime Kräfte innewohnen sollen, die Unglück abhalten u. Glück bringen. →auch Amulett.

Talje [die; ital.], seemänn. für Flaschenzug.

Talk [der; arab.], Mg_3 [$(OH)_2Si_4O_{10}$], sehr weiches Mineral (Härte 1), blättrig oder schuppig, auch in dichten, derben Massen (*Speckstein, Steatit*), etwas durchscheinend, farblos oder grünlich, von fettigem Griff; Dichte 2,7–2,8; als Füllstoff (Papier, Seife), Bestandteil von Streupudern (*Talkumpuder*) u. Schminken.

Talkhydrat, das Mineral →Brucit.

Talkumpuder, Körperpuder auf Talkumgrundlage (→Talk); der Talk ist wegen seiner Weichheit u. Gleitfähigkeit für die Puderherstellung bes. geeignet. →auch Puder.

Tallahassee [tælə'hæsi], Hptst. (hauptsächl. Verwaltungszentrum) von Florida (USA), nahe dessen Nordgrenze, 76000 Ew. (Metropolitan Area 102000 Ew.); Staatsuniversität (1857), Landwirtschaftl. u. Maschinenbauhochschule, Staatsbibliothek, Geolog. Museum; Flugplatz.

Tallegallahuhn [austral.], *Alectura lathami*, ostaustral. *Großfußhuhn*, das seine Eier in gärende Laubhaufen ablegt. Der Hahn reguliert durch Auf- u. Abtragen von Laub die Temperatur.

Talleyrand [talɛ'rã], *T.-Périgord*, Charles Maurice, Herzog von T., Fürst von Bénévent, französ. Staatsmann, *13. 2. 1754 Paris, †17. 5. 1838 Paris; 1788 Bischof von Autun; schloß sich 1789 in der Nationalversammlung dem 3. Stand an u. gab dadurch ein Beispiel für den Großteil des niederen Klerus. 1791 regte er die Einziehung des Kirchenguts an u. leistete als erster Kleriker den Eid auf die Verfassung; 1797–1807 Außen-Min. Er unterstützte zwar den Staatsstreich Napoléons, außenpolit. trat er jedoch für die Annäherung an England u. Österreich ein u. lehnte daher dessen Eroberungspolitik ab. 1814/15 erneut Außen-Min., war er auf dem Wiener Kongreß erfolgreich in der Rehabilitierung Frankreichs. Trotzdem besaß er nicht das Vertrauen Ludwigs XVIII. 1830–1834 war er unter Louis-Philippe Botschafter in London. T. hatte bei aller Anpassung an die wechselnden Regierungen immer das Ziel des europ. Gleichgewichts u. der Großmachtstellung seines Landes vor Augen. – 🄻 5.5.0.

Tallien [ta'ljɛ̃], Jean-Lambert, französ. Politiker, *23. 1. 1767 Paris, †16. 11. 1820 Paris; zunächst Anhänger der Radikalen, führte er 1793 als Konventskommissar in den Westprovinzen ein berüchtigtes Regiment; trat dann aber als Führer der Thermidorianer gegen Robespierre auf u. beendete die Jakobinerherrschaft. Seit 1795 im Rat der Fünfhundert, 1805 französ. Konsul in Spanien.

Tallinn, estn. Name der estn. Hptst. →Reval.

Tallit [der; hebr.] →Gebetsmantel.

Tallöl [schwed.], ein bei der Herstellung von Zellstoff aus Kiefernholz anfallendes Nebenprodukt; besteht hauptsächl. aus Harzsäuren (rd. 30%) u. Fettsäuren (rd. 55%). Nach Reinigung u. Aufarbeitung läßt sich T. in der Lackfabrikation anstelle von Leinöl verwenden.

Talma, François-Joseph, französ. Schauspieler, *15. 1. 1763 Paris, †19. 10. 1826 Paris; Heldendarsteller seit 1787 an der Comédie Française, gründete 1791 das Théâtre Français, revolutionierte die klass. französ. Bühne durch Realismus in Spiel u. Ausstattung.

Talmi [das; frz.], **1.** *Legierungen:* goldplattierter *Tombak* mit 90% Kupfer u. 10% Zink für Schmuckgegenstände.
2. *übertragen:* falscher Glanz; unechte, vorgetäuschte Kostbarkeit.

Talmud [der; hebr., „Lehre"], die Zusammenfassung der gesamten jüd. Tradition, bes. der Auslegungen, Anwendungen u. Weiterbildungen des mosaischen Gesetzes (→auch Thora). Man unterscheidet zwei Gattungen des talmud. Stoffs: *Halacha* (Gesetz u. Diskussionen über das Gesetz) u. *Haggada* (Belehrung, Unterhaltung, Erbauung). Begonnen im 6. Jh. v. Chr., abgeschlossen im 5. Jh. n. Chr., entstand der T. als Zusammenfassung der →Mischna u. der →Gemara. Die Sprache ist aramäisch u. hebräisch. Der T. ist in zwei Überlieferungsschulen erarbeitet: in Palästina der *Palästinensische* oder *Jerusalemische T.* (älter u. kürzer), in Mesopotamien der in der Geschichte bedeutsamere *Babylonische T.* (im allg. jünger, umfassend). Der Aufbau des T.s ist durch sechs Ordnungen (Sedarim) gekennzeichnet; sie umfassen jeweils ein besonderes Gebiet religiöser Vorschriften u. Lehren. 1. *Seraim*: Regelung der Verteilung von Bodenerträgen an die Priester, Armen u.a.; 2. *Moed*: Vorschriften zum jüd. Kalender, zu Sabbat, Fest- u. Fasttagen; 3. *Naschim*: rechtliche Anordnungen über die Ehe; 4. *Nesikin*: zivilrechtl. u. strafrechtl. Vorschriften; 5. *Kodaschim*: rituelle Anweisungen; 6. *Toharot*: Gesetze über Verunreinigung u. Reinigung. – 🄻 1.8.2.

Talon [ta'lɔ̃; der; frz.], **1.** *Kartenspiel:* die nach dem Geben übrigbleibenden Karten.
2. *Wirtschaft:* →Erneuerungsschein.

Talpiden [lat.], *Talpidae* →Maulwürfe.

Talski [-ʃi:], bei Schrägfahrten am Hang der an der zum Tal gerichteten Seite gleitende, belastete Ski. →auch Bergski.

Talsperre, ein Bauwerk, das ein Tal in voller Breite abschließt u. dadurch zur Aufstauung eines Wasserlaufs führt. T.n dienen dem Hochwasserschutz, der Wasserbevorratung für Trockenzeiten (Bewässerung, Trinkwasser) u. der Stromerzeugung. Neben dem eigentl. Sperrenbauwerk besteht eine T. aus Betriebsanlagen wie Betriebsauslässen oder Entnahmebauwerken, Einrichtungen für die Hochwasserentlastung u. die Stauraumentleerung (*Grundablässe*). Hochwasserentlastungsanlagen sind bei Staudämmen *Schußrinnen* oder Entlastungsstollen, bei Staumauern *Überfälle*, kombiniert mit Schußrinne u. hinter der Sperre angeordneten, bes. befestigten *Tosbecken*, in denen die Energie des herabstürzenden Wassers gebrochen wird, ohne daß Schäden am Untergrund entstehen. Grundablässe ermöglichen bei Bedarf eine völlige Entleerung der T. u. können auch zur Hochwasserentlastung herangezogen werden. Die Art des zu errichtenden Sperrenbauwerks – Staudamm oder Staumauer – richtet sich u.a. nach der geolog. Beschaffenheit des Untergrunds u. der Talhänge sowie der zu erreichenden Stauhöhe.
Staudämme können nahezu auf jedem genügend wasserundurchlässigen Baugrund errichtet werden. Baumaterial sind Erde, Kies, Geröll, Steine. Eine Wasserdichtung aus Lehm, Ton oder Stahlbeton wird im Innern (*Kerndichtung*) des Damms angebracht oder als Oberflächenbelag auf der Wasserseite (Lehm, Ton, Asphalt u.a.).
Staumauern bestehen aus Beton, ältere auch aus Quadermauerwerk, Bruchsteinen oder Ziegeln. Bauformen: *Gewichtsstaumauern* haben den

Die größten deutschen Talsperren:

Name (Fluß)	Stauraum (Mill. m³)	Fläche (qkm)
Bleiloch (Saale)	215	9
Schwammenauel (Rur)	205	8
Edersee (Eder-Fulda)	202	12
Hohenwarte (Saale)	182	7
Forggensee (Lech)	165	16
Bigge (Bigge-Lenne-Ruhr)	150	7
Möhne (Möhne-Ruhr)	135	10
Rappbode (Bode-Saale)	109	4
Sylvensteinsee (Isar)	108	6
Schluchsee (Schwarza-Wutach)	108	5

Die größten Talsperren der Erde:

Name (Land)	Stauraum (Mill. m³)	Fläche (qkm)
Bratsk (Sowjetunion)	180000	5500
Akosombo (Ghana)	165000	8700
Sadd-el-Ali (Assuan; Ägypten)	164000	5900
Kariba (Rhodesien)	160000	5180
Cabora Bassa (Moçambique)	160000	2700
Manicouagan (Kanada)	142000	1942
Krasnojarsk (Sowjetunion)	73500	2130
Portage Mountain (Kanada)	70000	1761
Zejsk (Sowjetunion)	68400	2740
Sanmen (VR China)	60000	2350
Ust-Ilim (Sowjetunion)	59400	1800
Kujbyschew (Sowjetunion)	58000	6500
Buchtarma (Sowjetunion)	53000	5500
Irkutsk (Sowjetunion)	48500	244

Talstern

Möhne (BRD); Gewichtsstaumauer. Höhe 40,3 m, Kronenlänge 640 m, Stauraum 135 Mill. m³

Obernau (BRD); Staudamm. Höhe 60 m, Kronenlänge 300 m, Stauraum 14,9 Mill. m³. Bild: Aufbringen der Bitumen-Dichtungsschicht

Kurobe (Japan); Kuppelstaumauer. Höhe 187 m, Kronenlänge 370 m, Stauraum 150 Mill. m³

TALSPERRE

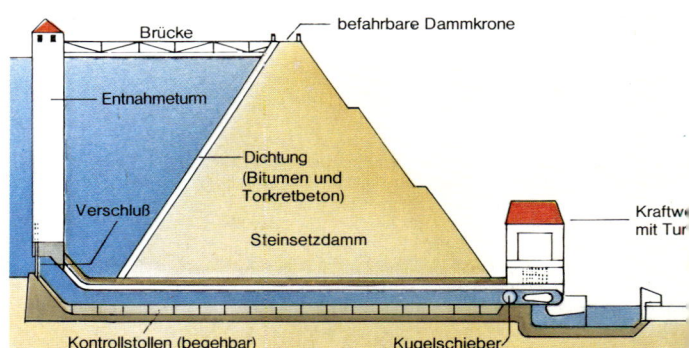

Querschnitt eines Staudamms mit Kraftwerkseinrichtungen

Kariba (Rhodesien/Sambia); Bogenstaumauer. Höhe 120 m, Kronenlänge 585 m, Stauraum 160 000 Mill. m³

Querschnitt eines nahezu rechtwinkligen Dreiecks. Sie halten durch ihr Gewicht dem Wasserdruck stand. *Bogenstaumauern* übertragen den Wasserdruck nicht nur in senkrechter Richtung auf den Baugrund, sondern durch Gewölbewirkung auch auf die Talflanken, wodurch mit geringeren Mauerstärken auszukommen ist. Staumauern lassen sich nur errichten, wo Fels in erreichbarer Tiefe als Baugrund vorhanden ist.

Talstern →Sterndolde.

Talter Gewässer, poln. *Jeziero Talty*, Rinnensee in Masuren, 11,6 qkm, bis 44 m tief.

Talung, eine talähnl. Geländeform ohne gleichsinniges Gefälle, entsteht durch Verkarstung (Reihung von Dolinen, ohne Fluß), durch Laufrichtungsänderungen von Flüssen infolge Anzapfung oder Glazialerscheinungen; besteht oft aus verschiedenen, von mehreren Flüssen durchflossenen Talabschnitten.

Talvio, Maila, eigentl. Maria *Mikkola*, geb. *Winter*, finn. Erzählerin, *17. 10. 1871 Hartola, †6. 1. 1952 Helsinki; schrieb histor. u. Gegenwartsromane, z. T. mit sozialer Tendenz.

Talweg, Verbindung der am tiefsten eingeschnittenen Punkte in den Querschnitten eines Flußbetts. Der T. liegt in Krümmungen im Außenbogen. Bei Gegenkrümmungen wechselt der T. von der einen Seite zur anderen. Im Interesse der Schiffahrt soll der Wechsel möglichst stetig erfolgen (guter Paß). Gegensatz: schlechter Paß bei sprunghaftem Wechsel. →auch Stromstrich.

Tamale, Stadt im nördl. Ghana (Westafrika), 100 000 Ew.; Verwaltungs- u. Handelszentrum.

Taman, Halbinsel zwischen Schwarzem u. Asowschem Meer, im S des europ. Teils der RSFSR, 2000 qkm, durch die Straße von Kertsch von der Krim getrennt; Schlammvulkane (bis 164 m hoch), Erdöl- u. Erdgasvorkommen.

Tamandua [der; span.] →Ameisenfresser.

Tamanowalwa, *Barthelinia* = *Saccoglossa.*

Tamanrasset, *Fort-Laperrine*, Oasensiedlung u. Handelszentrum im Ahaggarbergland an der Transsaharastraße, in der südl. alger. Sahara; 1420 m ü. M., 5000 Ew.

Tamarak [das; indian.], das schwere, harte Holz von *Larix americana*, einer nordamerikan. Lärche mit weißem Splint u. rötlichem Kern.

Tamarao →Wasserbüffel.

Tamaricaceae [arab., lat.] = Tamariskengewächse.

Tamarinde [die; arab.], *Tamarindus*, in Afrika heimische Gattung der *Zäsalpiniengewächse.* Die in afrikan. Baumsteppen heimische, in Indien angebaute T. (*Tamarindus indica*), ein großer, breitästiger Baum, liefert das *T.nmus* (schwaches Abführmittel), das außerdem zur Herstellung von Limonaden, Fruchtsirup u. Bonbons benutzt wird.

Tamarins [indian., frz.], *Leontocebus*, Gattung der *Krallenaffen*, von der Größe eines Eichhörnchens mit langem Schwanz, lebt in Südamerika; zu den T. gehören die *Löwenäffchen.*

Tamariske [die; arab., lat.], *Tamarix*, strauchige oder baumförmige Pflanzen mit kleinen, meist schuppig anliegenden Blättern aus der Familie der *Tamariskengewächse.* Einige Arten haben eine gerbstoffreiche Rinde. Aus den Zweigen der *Manna-T., Tamarix mannifera*, schwitzt nach dem Stich einer Schildlaus ein süßer Saft aus, der von den Mönchen des Sankt-Katharina-Klosters auf dem Sinai als *Wüstenmanna* an die Pilger verkauft wird. Zierpflanzen: *Viermännige T., Tamarix tetrandra; Fränkische T., Tamarix gallica*, u. a. Einziger Vertreter der T. in Europa ist die auch in Dtschld. vorkommende *Tamarix germanica.*

Tamariskengewächse, *Tamaricaceae,* Familie der *Parietales*, Salzböden bewohnende Pflanzen mit kleinen Blättern.

Tamási ['tɔma:ʃi], Áron, ungar. Schriftsteller, *20. 9. 1897 Farkaslaka, †1966; schilderte in Romanen u. Bühnenstücken das bäuerl. Leben.

Tamatave, größte Hafenstadt Madagaskars, Prov.-Hptst. an der mittleren Ostküste, 60 000 Ew.; Handelszentrum, Nahrungsmittelindustrie, Ölraffinerie, Flughafen.

Tamaulipas, nordostmexikan. Staat („Nordstaat"), 79 829 qkm, 2,0 Mill. Ew.; Hptst. *Ciudad Victoria*; Anbau von Baumwolle, Sisalagaven u. Zitrusfrüchten; Edelhölzer; Erdölförderung.

Tamayo, Rufino, mexikan. Maler, *26. 8. 1900 Oaxaca; assimilierte Elemente der europ. Fauvismus u. Kubismus (insbes. P. Picassos) mit Elementen der Volkskunst. Wandgemälde im UNESCO-Gebäude in Paris.

Tamayo y Baus, Manuel, span. Dramatiker, *15. 9. 1829 Madrid, †20. 6. 1898 Madrid; 1884 Direktor der Staatsbibliothek; behandelte in spätroman., realist. u. moralisierenden Stücken zeitgenöss. Gesellschaftsprobleme u. histor. Themen; sein Meisterwerk ist „Das neue Drama" 1867, dt. 1887, in dem Shakespeare als Nebenfigur auftritt.

Tambach-Dietharz, Stadt (seit 1919) im Krs. Gotha, Bez. Erfurt, im Thüringer Wald, südl. von Gotha, 5900 Ew.; verschiedene Industrie; Luftkurort; Wintersport (Sprungschanze).

Tambora, tätiger Vulkan auf der Kleinen Sundainsel Sumbawa, 2850 m; 1815 einer der verheerendsten Vulkanausbrüche der Geschichte.

Tambour [-bu:r; der; frz.], **1.** *Baukunst:* der zylindrisch-ringförmige oder polygonale Bauteil zwischen Kuppel u. Unterbau, meist mit Fenstern. **2.** *Maschinenbau:* rotierender Zylinder aus Gußeisen oder Blech zur Aufwicklung von Papier; mit Kratzenbeschlag (Stahlnadeln) versehene Arbeitswalze der →Krempel. **3.** *Musik:* Trommel, Trommler; in der Infanteriemusik der mit dem T.stab ausgerüstete Anführer u. Ausbilder der Spielleute (früher *T.major*).

Tambow, Hptst. der Oblast T. (34 300 qkm, 1 511 000 Ew., davon 45% in Städten) in der RSFSR (Sowjetunion), im Schwarzerdegebiet, 270 000 Ew.; Kathedrale (17. Jh.); Mühlenbetriebe, Eisenbahnwerkstätten, Metallverarbeitung, Herstellung von synthet. Kautschuk; Torfkraftwerk; Hafen, Flugplatz.

Tamburin [das; arab., frz.], **1.** *Musik:* span. *Pandero*, kleine, mit nur einem Fell bespannte, mit Schellen versehene Handtrommel. **2.** *Tanz:* alter provençal. Tanz im $^2/_4$-Takt (z. B. in J.-Ph. Rameaus „Pièces de clavecin" 1724).

Tamerlan, europ. Form für *Timur Läng*; →Timur.

Tamil, drawid. Sprache der Tamilen Südostindiens, auch in Nord- u. Ostceylon gesprochen, wo es z. T. das Singhalesische verdrängt hat. Die Anfänge der Literatur liegen im Dunkeln. Eine Legende nennt eine T.-Grammatik „Agastyam" als Voraussetzung für die Entstehung einer Literatur in der T.-Sprache; bedeutsam wurde das „Nannul" des *Pawananti Muniwar* um 1200. Hofpoeten schufen panegyr. u. erot. Dichtungen („Edduttogais" des *Perundewanar*, 8. Jh.).
Die episch-romant. Literatur war thematisch dem Dschinismus u. Buddhismus verpflichtet. Weit verbreitet war die eth. Spruchliteratur. Die nachfolgende Literatur stand ganz im Zeichen des Schiwaismus u. Wischnuismus. Eine Hymnensammlung ist das „Tirumurai" (auch „Tamilweda" genannt), entstanden vom 7.–11. Jh. In diese Zeit fällt die Blüte der T.-Literatur. In der Folgezeit überwog der Einfluß des Sanskrit. Europ.-missionar. Einflüsse u. die Entwicklung des Dramas im 18. Jh. brachten neue Motive u. Formen.

Tamilen, *Tamil*, südind. Volk der Drawida-Gruppe (34,4 Mill.), dunkle Hautfarbe; seit dem 3. Jh. n. Chr. durch mehrere Einfälle auch nach Nordceylon (dort 2,4 Mill.) gelangt, wo sie ein Reich gründeten. Meist bäuerl. Bevölkerung in geschlossenen, befestigten Dörfern; eigene Schrift.

Tamil Nadu, 1956 gegr. Staat im SO der Ind. Union, bis 1967 *Madras*; vorwiegend die *Tamil* sprechende drawid. Bevölkerung der Ostabdachung des südl. Dekanhochlands zwischen der Coromandelküste u. den südl. Westghats beschränkt;

Whakamaru (Neuseeland); Gewichtsstaumauer und Erddamm. Höhe 55,8 m, Kronenlänge Staumauer 337 m, Erddamm 198 m, Stauraum 793 Mill. m³

Shasta (USA); Gewichtsstaumauer. Höhe 183 m, Kronenlänge 1067 m, Stauraum 5551 Mill. m³

130069 qkm, 41,2 Mill. Ew. (317 Ew./qkm), Hptst. *Madras*; relativ trockenes Gebiet, Niederschläge vor allem durch den Nordost-Monsun; Anbau von Reis, Getreide, Erdnüssen, Sesam, Zuckerrohr, Baumwolle; Baumwoll- u.a. Industrie, Teakholzgewinnung.

Tamina, linker Nebenfluß des Rhein im schweizer. Kanton St. Gallen, 28 km, entspringt aus dem Gletscher des *Surenstocks*; durchfließt das Calfeisental u. die *T.schlucht*, mündet bei Bad Ragaz.

Tamm, Igor Jewgenjewitsch, sowjet. Physiker, *8. 7. 1895 Wladiwostok, †12. 4. 1971 Moskau; Arbeitsgebiete: Quantentheorie des festen Körpers, Dispersion des Lichts durch Elektronen, Kernfusion; Nobelpreis für Physik 1958 für die theoret. Deutung der Tscherenkow-Strahlen.

Tammann, Gustav, Physikochemiker u. Metallkundler, *28. 5. 1861 Jamburg (Rußland), *17. 12. 1938 Göttingen; Untersuchungen über Einkristalle, Glaszustand, therm. Analyse.

Tammany Hall ['tæməni hɔ:l], Versammlungsgebäude in New York, Sitz der 1789 gegr. *Tammany Society*, die ursprüngl. eine Mittelstandsorganisation war, aber seit Anfang des 19. Jh. zum Kern der Demokrat. Partei in New York wurde. Als T.H. wird daher der New Yorker demokrat. Parteiapparat bezeichnet. T.H. beherrschte zeitweilig mit korrupten Mitteln die Stadtverwaltung; seit den 1930er Jahren verlor sie an Einfluß.

Tammerfors, südfinn. Stadt, = Tampere.

Tammsaare, Anton Hansen, eigentl. A. *Hansen*, estn. Schriftsteller, *30. 1. 1878 Alp, †1. 3. 1940 Reval; wandelte sich vom Neuromantiker zum Realisten, behandelte Themen aus dem estn. Bauernleben.

Tammus, der 10. Monat des jüd. Kalenders (Juni/Juli).

Tammuz, sumerisch *Dumuzi*, babylonischer Vegetationsgott. Sein Sterben zeigt sich im Absterben der Vegetation. Nach einer Version befreit ihn seine Jugendgeliebte *Ischtar* aus der Unterwelt; nach einer anderen erkauft sie ihre eigene Rückkehr aus der Unterwelt, in die sie zur Befreiung von T. gegangen war, durch seine Preisgabe.

Tampa ['tæmpə], Kur- u. Hafenstadt in West-Florida (USA), an der T.bucht, 283000 Ew. (Metropolitan Area 460000 Ew.); 2 Universitäten (gegr. 1931 u. 1956), Kunstmuseum; Obstbau; Holz-, Konserven- u. Tabakindustrie.

Tampere, schwed. *Tammerfors*, südfinn. Stadt am Näsijärvi u. den Stromschnellen (Kraftwerke) des Tammerkoski, 163000 Ew.; Universität; Papier-, Leder-, Holz-, Farben- u. Gummiindustrie.

Tampico, Stadt u. Haupthafen des nordmexikan. Staats Tamaulipas, nahe der Pánuco-Mündung in den Golf von Mexiko, 240000 Ew.; Erdöl- u. Metallindustrie, Seebad.

Tampon [der; germ., frz.], **1.** *Drucktechnik:* Ballen zum Einschwärzen von Kupfer- u. Stahlstichplatten sowie Holzschnitten.

2. *Medizin:* Streifen oder Bausch aus Mull zum Ausstopfen von Körper- oder Wundhöhlen.

Tamrida, Hauptort der ostafrikan. Insel Socotra, 1500 Ew.; Handel u. Fischfang.

Tamsweg, österr. Markt in Salzburg, Bez.-Hptst. des Lungaus, an der Mur, 1021 m ü.M., 5050 Ew.; Wallfahrtskirche St. Leonhard (15. Jh.); „Samsonumzug" am Sonntag nach Fronleichnam.

Tamtam [das; mal., frz.], **1.** *Musik:* im europ. Orchester ein →Gong von tiefer, aber unbestimmter Tonhöhe. Das T. wird in der Musik verwendet u.a. bei F. *Liszt*: „Totentanz", R. *Strauss*: „Tod u. Verklärung", R. *Wagner*: Gespensterschiff im „Fliegenden Holländer", M. *Ravel*: „La valse", P. *Boulez*, K. *Stockhausen*.

2. *übertragen:* marktschreierischer Lärm, Aufwand, Pomp, aufdringliche Reklame.

Tamworth ['tæmwə:θ], Stadt im Innern von Neusüdwales (Australien), südwestl. der New England Range, 24700 Ew.; Landwirtschaftshochschule; Nahrungsmittelindustrie u. Holzverarbeitung.

tan, veraltet auch *tang*, *tg*, Zeichen für Tangens; →Winkelfunktionen.

TAN, Abk. für →technisch begründete Arbeitsnormen.

Tana [das; mal.] →Spitzhörnchen.

Tana, 1. *Tanna*, Insel in den südl. Neuen Hebriden in Melanesien, 1042 m hoch, 10500 Ew.

2. finn. *Tenojoki*, nordfinn.-norweg. Grenzfluß 330 km, mündet in den *T.fjord* (70 km lang) des Nördl. Eismeers; Lachsfischerei.

3. größter Fluß in Kenia (Ostafrika), entspringt im Aberdaregebirge u. mündet mit zwei Armen bei Kipini in den Ind. Ozean, rd. 800 km, im Oberlauf Kraftwerk seit 1968, drei weitere Talsperren mit Kraftwerken bei *Kamburu* im Bau.

Tanaga [tə'na:gə], Aleuteninsel in der Gruppe der Andreanofinseln, Alaska (USA).

Tanagra, im Altertum Hptst. Ostböotiens, östl. von Theben; 457 v.Chr. Schlacht bei T. (Sieg der Spartaner über die Athener). *T.figuren* sind die seit 1870 in den Gräberfeldern von T. ausgegrabenen Tonstatuetten des 4. u. 3. Jh. v.Chr., die meist Genremotive zeigen.

Tanaina [tə'nainə], Athapasken-Indianerstamm in Südalaska.

Tanaka *Kakuei*, japan. Politiker (Liberaldemokrat), *4. 5. 1918 Prov. Niigata; Industrieller; 1962–1965 Finanz-, 1971/72 Industrie-Min., 1972–1974 Min.-Präs., Rücktritt wegen Bestechungsvorwürfen, zeitweise in Haft.

Tanamiwüste, Halbwüste im Inneren des austral. Nordterritoriums, rd. 100000 qkm, z.T. in Ost-West-Richtung angeordnete Sanddünen; schüttere Spinifexvegetation.

Tanana ['tænənɔ:], linker Zufluß des Yukon in Alaska, 640 km, mündet bei T.; im T.tal führt der Alaska Highway nach Fairbanks.

Tananarive [-'ri:v], *Antananarivo*, Hptst. von Madagaskar, im Zentrum der Insel ca. 1300 m ü.M., 360000 Ew.; Universität (1947); aufstrebende Industrie (bes. Nahrungsmittel u. Lederverarbeitung); Verkehrs-, Verwaltungszentrum, internationaler Flughafen.

Tànaro, linker Nebenfluß des Po, 276 km, entspringt im Ligur. Apennin, durchfließt das Monferrato, mündet nordöstl. von Alessàndria.

Tanasee, See im Hochland von Äthiopien, 1830 m ü.M., rd. 3100 qkm, bis 70 m tief; vom Blauen Nil (Abbai) durchflossen.

Tanbur [der; arab.], Laute mit langem Hals u. kleinem eiförmigem Holzkorpus, schon bei den Assyrern nachweisbar, im Vorderen Orient, in Nordafrika, Indien u. auf dem Balkan noch heute bekannt.

Tancitaro [-si-], *Pico de T.*, Vulkangipfel im W der Meseta Neovolcanica (Cordillera Volcánica), Zentralmexiko, südl. des Paricutín, 3859 m.

Tandem [das; lat., engl.], **1.** *Fahrzeuge:* leichter Wagen mit zwei hintereinandergespannten Pferden.

2. *Radsport:* ein Fahrrad (bes. Rennrad), auf dem zwei Fahrer hintereinander sitzen; mit zwei Sätteln u. zwei Tretlagern, wird von dem vorderen Fahrer gesteuert. *T.rennen* sind Bahnwettbewerbe (fast nur noch bei Olymp. Spielen u. Weltmeisterschaften) über eine Distanz von 2000 m; jeweils zwei Fahrerpaare kämpfen dabei nach Art der Fliegerrennen gegeneinander.

Tandemmaschine, eine zwei- oder mehrzylindrige Kolbenmaschine in Verbundbauart, bei der die einzelnen Kolben hintereinander auf der gleichen Kolbenstange angeordnet sind; angewandt bei Dampfmaschinen u. Kolbenverdichtern.

Tandil, Stadt in der Pampa Argentiniens, nordwestl. von Mar del Plata, 50000 Ew.

Tandjungkaran →Telukbetung.

Tandler, Julius, österr. Kommunalpolitiker, *16. 2. 1869 Iglau, †25. 8. 1936 Moskau; Anatom; 1919/20 sozialdemokrat. Unterstaatssekretär.

Tandschur [der; tibet.], zusammen mit dem *Kandschur* der tibet. buddhistische Kanon. Der T. bietet Kommentare zum Kandschur, der Übersetzungen des *Tipitaka* neben umfangreicher Zauberliteratur enthält; um 1300 abgeschlossen.

Tanejew, Sergej Iwanowitsch, russ. Komponist, *13. 11. 1856 Wladimir, †6. 6. 1915 Djudkow; Schüler von P. I. *Tschaikowskij* u. dessen Nachfolger am Moskauer Konservatorium. 4 Sinfonien, die Operntrilogie „Oresteia" 1895 u. 8 Streichquartette; Lehrbuch des Kontrapunkts.

Tang [der; dän.], Bez. für die derben Formen der Braunalgen, z.B. *Blasentang, Fucus vesiculosus; Riementang, Himanthalia*, u. *Zuckertang, Laminaria saccharina*. Angeschwemmte T.massen werden als Dünger, Streu, Viehfutter u. zur Jodgewinnung verwendet. →auch Sargassosee.

T'ang, chines. Dynastie 618–906 n.Chr.; Blütezeit chines. Kunst u. Kultur.

Tanga, Regions-Hptst. in Tansania (Ostafrika) am Ind. Ozean, 65000 Ew.; Schul- u. Handelszentrum, vielseitige Industrie, Hafen.

Tanganjika, *Tanganyika*, der auf dem afrikan. Festland gelegene Teil der Vereinigten Republik →Tansania, das frühere *Deutsch-Ostafrika*, 1920–1945 brit. Völkerbundmandat, dann UN-Treuhandgebiet, 1962–1964 unter dem Namen T. unabhängige Republik. – Ⓛ 5.6.5.

Tanganjikasee, zweitgrößter See Afrikas im Zentralafrikan. Grabenbruch, an der Grenze zwischen Tansania, Sambia, Zaire u. Burundi, 773 m ü.M., rd. 650 km lang, 20–80 km breit, 34000 qkm, bis 1435 m tief; Hauptzuflüsse *Ruzizi* (vom Kivusee) u. *Malagarasi* (von O); Abfluß durch den *Lukuga* zum Lualaba (Kongo); Fischfang, Schiffahrt.

Tangaren [indian.], *Thraupidae*, eine Familie der *Singvögel* Amerikas, die sehr nahe mit den Finken verwandt ist. Zu den auffällig gefärbten T. gehören die *Organisten* u. die *Zuckervögel*.

Tange, Kenzo, japan. Architekt, *4. 9. 1913 Imabari; Prof. in Tokio; in seinem Frühwerk von der modernen europ. Architektur, vor allem von *Le Corbusier*, beeinflußt; erreichte in vielen seiner späteren Bauten die Verbindung von ostasiat. Architekturtraditionen mit modernen Baugedanken. Rathaus in Tokio, 1952–1957; Friedenszentrum in Hiroschima, 1955/56; Olympiabauten in Tokio; Gesamtplanung der Weltausstellung 1970. – Ⓑ →moderne Baukunst.

Tangens [der; lat.], Abk. *tan*, veraltet auch *tang*, *tg*; →Winkelfunktionen. – *T. hyperbolicus, Hyperbeltangens*, Abk. *tanh*, *Tg.*, →Hyperbelfunktionen.

Tangenssatz →Trigonometrie.

Tangente [die; lat.], **1.** *Geometrie:* eine Gerade, die eine Kurve oder Fläche in einem Punkt berührt: Grenzlage einer *Sekante*, wenn deren beiden Kurvenschnittpunkte beliebig nahe zusammenrücken. Alle T.n in einem Punkt einer Fläche ergeben die *Tangentialebene*.

2. *Musik:* beim Klavichord metallener schmaler Steg auf dem hinteren Ende des Tastenhebels, der die Saite anschlägt. *Tangentenflügel*, eine Übergangsform vom Klavichord zum Hammerklavier.

3. *Tiefbau:* straßenplanerische Bez. für die Verlaufrichtung einer Hauptverkehrsstraße, die Städte oder Stadtteile berührt, „anschneidet".

Tangentenbussole, ein älterer Strommesser, mit dem die Stromstärke durch Abweichung einer Magnetnadel von der Nord-Süd-Richtung gemessen wurde; die Stromstärke ist proportional dem Tangens des Abweichwinkels.

Tangentialebene, *Geometrie:* eine Ebene, die eine gekrümmte Fläche in einem Flächenpunkt berührt.

Tanger, arab. *Tanja*, im Altertum *Tingis*, marokkan. Hafenstadt u. Hptst. des ehem. autonomen Gebiets T., am Westeingang der Straße von Gibraltar, 188000 Ew.; Werft, Textil-, Fischwaren-, Radioelektronik- u.a. Industrie; Fremdenverkehr, Fährverkehr nach Algeciras.

Geschichte: Phöniz. Gründung, später karthag., 81 v.Chr. röm., 682 arab. 1471 portugies., 1580 span., 1656 wieder portugies., 1662 engl., seit 1684 marokkan. Die 1. *Marokko-Krise* wurde durch Kaiser Wilhelms II. Besuch in T. 1905 ausgelöst. Im Marokkovertrag von 1912 wurde die internationale Zone von T. geschaffen; 1923 entmilitarisiert; 1941–1945 war sie von Spanien besetzt; 1953 erhielt sie ein neues internationales Statut. Nachdem Marokko die Unabhängigkeit erlangt hatte, erklärten die 8 Verwaltungsstaaten 1956 die Aufhebung des Status.

Tangerhütte, bis 1928 *Väthen*, Kreisstadt im Bezirk Magdeburg, in der Altmark, 6500 Ew.; landwirtschaftliche Industrie. – Krs. T.: 509 qkm, 23300 Ew.

Tangermünde, Stadt im Krs. Stendal, Bez. Magdeburg, an der Mündung der Tanger in die Elbe, 13100 Ew.; zahlreiche got. Backsteinbauten; Zukker-, landwirtschaftl. u. chem. Industrie.

Tang La, Paß über die Himalaya-Hauptkette, wichtigste Verbindung zwischen Nordindien u. Tibet; die Straße von Bengalen führt über Darjiling, Gangtok (Sikkim) u. den 4633 m hohen Paß nach Schigatse u. Lhasa.

Tanglha [daŋla:], Gebirgszug in Tibet, an der Grenze zur Prov. Tsinghai, bis über 6000 m hoch.

Tango [der; span.], argentin. Tanz im langsamen 2/4- oder 4/8-Takt, der von der Habanera u. Milonga melodische u. rhythmische Elemente übernahm; seit 1911 von Pariser Ballsälen aus über Europa verbreiteter Gesellschaftstanz.

Tangschan, *Tangshan*, chines. Stadt in der Prov. Hopeh, nordöstl. von Tientsin, 1,0 Mill. Ew.; Stahl-, Maschinen-, chem. u.a. Industrie. – Beim schweren Erdbeben am 28. 7. 1976 wurde die Stadt verwüstet; über 650000 Menschen kamen um.

Tanguten, 1. nordtibet. Volksstamm; mit eigenem Reich *(Minayk)* in Kansu (9.–13. Jh.).

2. mongol. Name für die *Tibeter*.

Tanguy [tã'gi], Yves, US-amerikan. Maler französ. Herkunft, *5. 1. 1900 Paris, †15. 1. 1955

Woodbury, Conn.; seit 1939 in den USA; Surrealist, weiträumige Traumlandschaften mit phantast. Szenen in detailnaturalist. Technik.
Tanimbarinseln, indones. Inselgruppe zwischen Timor u. Neuguinea, 5500qkm, 35000 Ew.; Hauptinsel *Jamdena* (2900qkm); Anbau von Mais, Bataten; Fischerei von Perlmutter, Trepang.
Tanis, ägypt. *Djanet*, im A. T. *Zoan*, arab. *San el-Hagar*, Ort im östl. Nildelta, Hauptstadt der 21. Dynastie (1080–945 v.Chr.); Amuntempel von Ramses II.; innerhalb der Tempelumwallung fand man Königsgräber der 21. u. 22. Dynastie.
Tanisaki *Dschunitschiro*, japan. Schriftsteller, *24. 7. 1886 Tokio, †30. 7. 1965 Tokio; schrieb Romane von subtiler Empfindsamkeit. Der Familienroman „Die Schwestern Makioka" 1946, dt. 1964, schildert den Niedergang des alten traditionsgebundenen Japans. Seine Übertragung des *Gendschi-Monogatari* 1932–1938 in die moderne Sprache ist eine bedeutende philolog. u. künstler. Leistung. Weitere Werke: „Insel der Puppen" 1929, dt. 1957; „Aus dem Leben der Schunkin" 1933, dt. 1961; „Der Schlüssel" 1956, dt. 1961; „Tagebuch eines alten Narren" 1962, dt. 1966.
Tanjore ['tændʒɔːr], *Thanjavur*, südind. Distrikt-Hptst. am Cauveridelta in der Tamilnadebene, 115000 Ew.
Tanjug, Abk. für *Telegrafska Agencija „Nova Jugoslavija"*, amtl. jugoslaw. Nachrichtenagentur.
Tank [hind., engl.], **1.** *Militär:* im 1. Weltkrieg der schwer bewaffnete Kampfwagen auf Gleisketten (ursprüngl. engl. Tarn-Bez.). Als die beiderseitigen Fronten nicht durchbrochen werden konnten, setzten die Westmächte mit Maschinengewehren bestückte, völlig geschlossene, stahlgepanzerte T.s ein, die der eigenen Infanterie den Weg zum Durchbruch bahnten: *T.schlachten* von Cambrai (1917), am Ancre u. bei Villers-Cotterêts (1918). – Der T. wurde später zum Panzerkampfwagen (→Panzer) weiterentwickelt.
2. *Technik:* großer, meist zylindr. Kessel; Behälter für Kraftstoffe, Wasser, Milch.
Tank, Kurt, Flugzeugkonstrukteur, *24. 2. 1898 Bromberg; 1931–1945 techn. Leiter u. Chefkonstrukteur der *Focke-Wulf GmbH*, entwarf Schul-, Verkehrs- u. Jagdflugzeuge sowie nach 1945 Strahljäger für die argentin. u. ind. Regierung.
Tanka [das], *Waka, Uta*, klass. Form des 31 silbigen (5–7–5–7–7) japan. Kurzgedichts, z.B. im *Kokinschu* verwendet, auch heute noch gepflegt. Das T. ist die verbindl. Form bei dem Gedicht-Wettbewerb zu Neujahr am Kaiserhof.
Tanka, Bevölkerungsgruppe in Südchina, Händler u. Fischer auf Hausbooten.
Tankautomat, ein Automat für die Abgabe von Benzin. Die Zapfsäule ist mit einem münzbetätigten Dosierautomaten gekoppelt.
Tanker [engl.], *Tankschiff*, Frachtschiff zum Transport von flüssiger u. fester Ladung; transportiert Mineralöl, Benzin u.ä., auch Zuckermelasse, Papierbrei, Wein, Chemikalien einschl. Säuren, die man z.T. in Spezialbehältern (Behälter-T., Gas-T.) fährt. Erz-T. laden Erze oder Rohöl (auch beides); kleinkörniges Schüttgut (z.B. Getreide) ersetzt Flüssigfracht in Krisenzeiten. Die z.Z. größten T. der Welt in der Größenordnung bis über 500000 tdw werden auf japanischen Werften gebaut.
Tankred, *Tancred*, Fürsten: **1.** *T. von Hauteville*, normann. Ritter, †1041; seine Söhne, bes. *Robert Guiscard* u. *Roger I.*, gründeten das süditalien. Normannenreich.
2. Herr von Tiberias, Regent von Edessa u. Antiochia, †12. 12. 1112; Großneffe des Normannenfürsten Robert Guiscard, berühmter Teilnehmer am 1. Kreuzzug, erhielt das Fürstentum Antiochia, von wo aus er Eroberungen in Syrien u. Kilikien machte. Held von *Tassos* „Befreitem Jerusalem".
3. *T. von Lecce*, König von Sizilien 1190–1194, *um 1130, †20. 2. 1194 Palermo; aus dem normann. Königshaus, verteidigte das sizil. Reich gegen Kaiser Heinrich VI.
Tankschiff = Tanker.
Tankstelle, eine Anlage zur Versorgung von Kraftfahrzeugen mit Kraftstoff, Öl u. Reifenluft; oft mit Waschanlagen verbunden. Bei der Lagerung der unterirdischen Kraftstofftanks sind besondere Sicherheitsvorschriften zu beachten.
Tankwart, kaufmänn. Ausbildungsberuf mit 3jähriger Ausbildungszeit. Das Arbeitsgebiet des T.s umfaßt den Verkauf von Kraft- u. Schmierstoffen, Kraftfahrzeugzubehör u.a., Ölwechsel, Wagenpflege, Kundendienst sowie büro- u. verwaltungsmäßige Arbeiten in Tankstellen.
Tannaiten [aram.], jüdische Gesetzeslehrer der Zeit des 1. bis 3. Jh. n.Chr., deren Lehren den Inhalt der *Mischna* bilden.
Tanne, *Abies*, Gattung der Nadelhölzer, Bäume mit in 2 Reihen gescheitelten, stumpfen oder an der Spitze ausgerandeten Nadeln. Zapfen aufrecht mit einzelnen von der Achse abfallenden Schuppen. Wichtige Arten: *Weiß-T. (Edel-T., Silber-T., Abies alba)*, bis 65 m hoher Baum von pyramidenförmigem Wuchs. Nadeln unterwärts mit 2 weißen Wachsstreifen. Verbreitung in den Gebirgen des mittleren u. südl. Europa in geschlossenen Beständen oder mit Fichte u. Buche gemischt. Das gleichmäßige, weiße, harzfreie Holz ist als Bau- u. Werkholz geschätzt, daneben als Spalt- u. Schnittholz. Aus der Rinde wird Terpentin gewonnen. Von der Edel-T. gibt es einige auffallende Varietäten, z.B. Hänge-T., Schlangen-T., Pyramiden-T. u. Zwerg-T. Aus dem westl. Kaukasus stammt die *Kaukasische* oder *Nordmanns-T., Abies nordmanniana*, aus Südspanien die *Spanische* oder *Pinsapo-T., Abies pinsapo*; aus dem westl. Nordamerika kommen: die *Riesen-T., Abies grandis*, die *Pracht-T., Abies magnifica*, die *Purpur-T., Abies amabilis*, die *Westliche Balsam-T., Abies subalpina*, u.a. Sie sind größtenteils bei uns als Zierbäume eingebürgert. Andere T. genannte Bäume gehören anderen Familien oder Gattungen an, z.B. *Schmuck-T.* (→Araukarie), *Schierlings-T.* (→Tsuga), *Douglas-T.* (→Douglasie).
Tännel [der], *Elatine*, kleine einjährige, amphibisch lebende Kräuter aus der Familie der *Tännelgewächse*. Am Rand von Teichen u. Sümpfen der *Dreimännige T., Elatine triandra*, an überschwemmten Plätzen der *Wasserpfeffer-T., Elatine hydropiper*, in stehenden Gewässern der *Sechsmännige T., Elatine hexandra*, u. der *Quirl-T., Elatine alsinastrum*.
Tännelgewächse, *Elatinaceae*, Pflanzenfamilie der Parietales, zu den T.n gehört der *Tännel*.
Tännelkraut, *Kickxia*, Gattung der *Rachenblütler*. In Dtschld. sind heimisch: das *Echte T., Kickxia elatine*, mit hellgelben Blüten, u. *Unechtes T., Kickxia spuria*, mit hellgelben Blüten u. schwarzvioletter Oberlippe.
Tannenberg, poln. *Stębark*, ostpreuß. Ort südöstl. von Osterode. – 1410 siegte bei T. *(Grunwald)* ein poln.-litauisches Heer über den Dt. Orden. – Im 1. Weltkrieg wurde bei T. 1914 die überlegene russ. Narew-Armee unter Alexander W. *Samsonow* (*1859, †1914) von der dt. 8. Armee unter *Hindenburg* (Chef des Generalstabes: E. *Ludendorff)* eingeschlossen u. vernichtet. 1927 wurde das *T.-Denkmal* errichtet, das 1945 von dt. Pionieren gesprengt wurde.
Tannenhäher, *Nucifraga caryocatactes*, in Gebirgswaldungen Eurasiens heimischer *Rabenvogel*; wandert bei Mangel an Zirbelnüssen in seinem Heimatland Sibirien nach Dtschld. ein. →auch Invasionsvögel.
Tannenlaus, 1. *Tannentrieblaus, Tannenrindenlaus, Dreyfusia nordmannianae*, eine *Blattlaus*, die Nadel- u. Triebverkümmerungen sowie Absterben von Tannen bewirken kann.
2. *Tannenwurzellaus, Prociphilus*, im Frühling auf Eschen lebende, dann auf die Wurzeln von Tannen übergehende *Blattlaus*.
3. *Fichtengallenlaus, Sacchiphantes, Chermes abietis*, eine *Blattlaus*, die ananasähnliche, beschuppte Gallen an der Basis der Fichtentriebe ausbildet, über der die Triebe absterben.
Tannenwedel, *Hippuris*, einzige in Dtschld. vorkommende Gattung der *Tannenwedelgewächse*, eine in fließenden u. stehenden Gewässern zerstreut vorkommende Wasserpflanze.
Tannenwedelgewächse, *Hippuridaceae*, Familie der Myrtales; hierzu der *Tannenwedel*.
Tannenzapfenechse, *Trachydosaurus rugosus*, über 30cm langer austral. *Skink*. Körper mit großen, höckrigen blauschwarzen Schuppen bedeckt, Kopf u. Schwanz sehr groß u. breit, einander sehr ähnlich; lebendgebärend. Fruchtfresser. Lebensdauer über 10 Jahre.
Tannenzapfentiere →Schuppentiere.
Tanner, Väinö, finn. Politiker (Sozialdemokrat), *12. 3. 1881 Helsinki, †19. 4. 1966 Helsinki; entschiedener Gegner der Kommunisten; 1925–1927 Min.-Präs., 1937–1944 mehrfach Minister, 1946 unter sowjet. Druck als Kriegsverbrecher zu 5 Jahren Gefängnis verurteilt, 1948 freigelassen; seit 1951 wieder Abg. u. 1957–1963 Vors. der Sozialdemokrat. Partei.
Tannhäuser, Minnesänger, *um 1205, †nach 1266; Kreuzzugteilnehmer, lebte zeitweise am Wiener Hof; verfaßte parodist. Minnelieder u. höf. Tanzlieder. Durch Übertragung der Venusbergsage auf ihn wurde er im 16. Jh. zum Helden des T.lieds u. zur Sagengestalt; am bekanntesten durch R. *Wagners* Oper „T." 1845.
tannieren [frz.], Textilien mit *Tannin* zur Farblackherstellung beizen. →Beizenfarbstoffe.
Tannin [das; frz.], *Gallusgerbsäure*, in den Pflanzengallen verschiedener Eichen- u. Sumacharten in Japan, China u. der Türkei vorkommende, als gelbliches Pulver gehandelte organ. Verbindung, die aus zwei Molekülen Gallussäure (Didepsid-Molekül; →Depside) u. einem Traubenzuckerrest zusammengesetzt gedacht werden kann. Verwendung als Gerb- u. Beizstoff in der Gerberei u. Färberei, zum Klären von Bier u. Wein, zur Herstellung von Tinten (Eisengallustinte), Arzneimitteln (Durchfall, Blutstillung) u. Klebstoffen.
Tannu-Ola, *Tannu-Gebirge*, zentralasiat. Gebirge im S der Tuwin. ASSR, RSFSR (Sowjetunion), nahe der Grenze zur Mongolei, je nach Abgrenzung 300–600km lang, bis über 3000m hoch.
Tano, Stamm der *Pueblo-Indianer* am oberen Rio Grande.
Tanrek [der; indones.], ein →Borstenigel.
Tansania →S. 332.
Tansillo, Luigi, italien. Dichter, *1510 Venosa, Potenza, †1. 12. 1568 Teano; schrieb Natur- u. Gefühlsgedichte im Stil des Petrarkismus.
Tansman, Alexandre, französ. Komponist poln. Herkunft, *12. 6. 1897 Lodsch; schrieb 2 Opern, 5 Ballette, 8 Sinfonien, Solokonzerte, 8 Streichquartette, Filmmusik u. Klavierwerke.
Tanta, Provinz-Hptst. im nördl. Ägypten, mitten im Nildelta, 280000 Ew.; Universität (1972); Wallfahrtsort; Baumwoll- u. Zuckermarkt.
Tantal [das; nach *Tantalos*], chem. Zeichen Ta, graues, sehr hartes u. dehnbares, in mehreren Wertigkeitsstufen vorkommendes Metall, Atomgewicht 180,95, Ordnungszahl 73, spez. Gew. 16,69, Schmelzpunkt 3000 °C; gegen Chemikalien sehr beständig, daher häufig anstelle von Platin u. für zahnärztl. u. chirurg. Instrumente, Röntgenröhrenkathoden, säurebeständige Apparaturen u. als Legierungsbestandteil für Stahl verwendet.
Tantaliden, Nachkommen des →Tantalos.
Tantalit [der] = Niobit.
Tantalos, *Tantalus*, griech. Sagenkönig, setzte im Übermut seinen von ihm selbst geschlachteten Sohn *Pelops* den Göttern als Mahl vor u. wurde dafür zu „T.qualen" in der Unterwelt verdammt: bis ans Kinn im Wasser stehend, konnte er das stets versiegende Wasser nicht trinken u. die Früchte an stets zurückweichenden Zweigen über sich nicht essen. Auf seinem Geschlecht *(Tantaliden)* ruhte ein Fluch (Atreus, Agamemnon, Orestes u.a.).
Tantieme [tã'tjɛːmə; frz.], **1.** *Theater:* prozentuale Beteiligung der Bühnenautoren an den Bruttoeinnahmen der Aufführungen ihres Stücks.
2. *Wirtschaft:* Beteiligung der Vorstands- u. Aufsichtsratsmitglieder einer AG am Reingewinn der Gesellschaft (§§86, 87, 113 AktG); soll in angemessenem Verhältnis zu den Sozialaufwendungen stehen; oft auch an leitende Angestellte (z.B. Filialleiter) gezahlt.
tant mieux [tã 'mjøː; frz.], desto besser.
Tantra [das; sanskr., „Gewebe"], *Agama* [„Überlieferung"], *Sanhita* [„Sammlung"], Bez. für Heiligenbücher u. Offenbarungsschriften des Hinduismus u. Buddhismus; in Form von Dialogen zwischen dem Gott *Schiwa* u. seiner Gattin *Durga* werden Rituale, Weihehandlungen, Anweisungen für Götterkulte u.a. auf der Basis einer myst. Alleinheitslehre dargestellt *(Tantrismus)*; vom 5. Jh. n.Chr. an faßbar; Vorläufer reichen bis in die ersten Jh. n.Chr. zurück.
Tantrakhjajika, die älteste (kaschmir.) Version des *Pantschatantra*, die zur Grundlage der anderen rd. 200 Versionen wurde.
Tantrismus, im 6. Jh. eine Richtung innerhalb des Hinduismus u. Buddhismus, in der Ritual, Magie u. Mystik mit dem *Tantra* als Grundlage im Vordergrund stehen; Streben nach Befreiung von der Sinnenwelt durch rituellen Gebrauch der Sinne.
Tanz [frz. *danse*], eines der ursprünglichsten, naturtriebhaften Ausdrucksmittel des Menschen, seelisch-geistige Vorgänge durch Bewegungen des Körpers, durch Gestik u. Mimik zu versinnbildlichen; meist von Musik begleitet (Schlagzeug, T.lied, T.musik). – Schon in der frühesten Menschheitsgeschichte ist der T. in vielfältigen Formen nachweisbar, u. er findet sich noch bei zahlreichen Naturvölkern in seiner eigentl. Bedeutung als magisch-religiöse Beschwörung u. als Hingabe an

Tansania

TANSANIA
Jamhuri ya Mwungano wa Tanzania

EAT

Fläche: 945 087 qkm

Einwohner: 17,1 Mill.

Bevölkerungsdichte: 18 Ew./qkm

Hauptstadt: Dodoma

Staatsform: Präsidiale Republik

Mitglied in: UN, Commonwealth, GATT, OAU

Währung: 1 Tansania-Shilling = 100 Cents

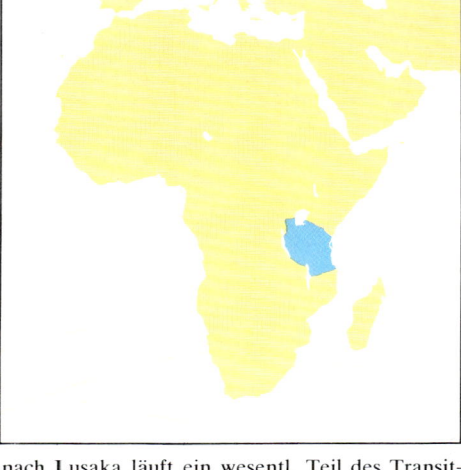

Landesnatur: Das Oberflächenbild wird durch tekton. Bewegungen des Tertiär geprägt. Sie bilden im W den *Zentralafrikan. Graben* (vom oberen Nil über den Albert-, Edward- u. Kivu- zum Tanganjikasee) u. in der Mitte des Landes den *Ostafrikan. Graben*, der im N als mächtige Bruchstufe auftritt u. im S als Nyasagraben mit dem Malawisee ausgeformt ist. Östl. der Bruchstufe erheben sich die Vulkangipfel *Kilimandscharo* (mit 5895 m der höchste Berg Afrikas) u. *Meru* (4567 m), westl. der flache, 22 km weite Riesenkrater des *Ngorongoro*. Zwischen beiden Gräben liegt das durchschnittl. 1200 m hoch gelegene, flachwellige Hochbecken von *Unyamwezi* mit dem *Victoriasee*. – Das Klima im Küstentiefland ist trop.-heiß, der größte Teil des Landes hat gemäßigtes trop. Hochlandklima, u. einzelne Erhebungen über 1800 m reichen in das kühle trop. Höhenklima mit Nachtfrösten hinein. Die größeren Erhebungen erhalten durch Steigungsregen starke Niederschläge. Im Küstenland bringt der Monsun mäßige Regen. Dagegen sind das innere Hochland u. bes. die Grabensenken relativ trocken. Trop. Regenwald kommt nur vereinzelt vor, meist am Fuß von Bergen u. in Küstennähe. Sonst herrschen Feucht- u. baumlose Trockensavannen mit Galeriewäldern sowie laubabwerfender Trockenwald (Miombo) vor. In den Grabensenken reicht die Feuchtigkeit nur für Dornsavanne aus. Feuchtere Berg- u. Stufenhänge tragen üppigere Berg- u. Nebelwälder, darüber ragen die höchsten Berge über die Matten- in die Eis- u. Schneeregion.

Die Bevölkerung besteht zu 50–60% aus über 100 Bantustämmen, ferner aus hamit. Viehzüchtervölkern (Massai, Watussi, Wahima) im N u. NW sowie an der Küste aus dem Negerstamm der Suaheli, deren Sprache *Kisuaheli* Verkehrssprache ist. Araber u. arabisierte Mischgruppen gibt es an der Küste, Somal im NO. Schließlich leben rd. 80 000 Inder u. Pakistani sowie 15 000 Europäer im Land. 40% der Bevölkerung sind Anhänger von Naturreligionen, je 30% Moslems u. Christen (⅔ Katholiken). – Die Staatsuniversität von T. wurde 1961 gegründet u. ist seit 1970 voll ausgebaut; sie liegt in Dar es Salaam.

Wirtschaft: Die Landwirtschaft ist der wichtigste Wirtschaftszweig. Für den Eigenbedarf werden Mais, Reis, Hirse, Maniok u. Bohnen angebaut. Verkaufskulturen werden z.T. in großen Plantagen, z.T. in afrikan. Kleinbetrieben angebaut: Baumwolle, Kaffee, Sisal (ein Drittel der Welterzeugung), Cashewnüsse, Tee, ferner Zuckerrohr, Pyrethrum (für ein Insektenvertilgungsmittel), Tabak, Erdnüsse, Kakao u. Sesam, auf Sansibar u. Pemba Gewürznelken. u. Kokospalmprodukte. Vom Staat werden sog. Ujamaa-Dörfer gefördert, die jeweils eine bes. Arbeits- u. Lebensgemeinschaft darstellen sollen. Die Viehzucht wird meist in extensiver Weidewirtschaft betrieben, z.T. von Hirtennomaden. Sie leidet gebietsweise unter der Tsetsefliege, doch kommen Fleisch u. Häute zum Verkauf. Aus den Wäldern werden Bauholz, Edelhölzer u. Harze gewonnen, jedoch nur in geringem Maß exportiert. Der Bergbau fördert vor allem Diamanten u. Gold, ferner gibt es bedeutende, aber meist noch nicht genutzte Lager von Blei, Zinn, Wolfram, Eisen, Uran, Magnesit, Steinsalz, Glimmer, Kohle, Graphit u. Phosphat. Die Stromerzeugung geschieht im N am Pangani in drei großen Wasserkraftwerken (Mnyusi, Hale u. Nyumba-ya-Mungu), im übrigen Land von kleinen, meist Dieselkraftwerken für den lokalen Bedarf. Die Industrie beschränkt sich auf die Aufbereitung u. Veredelung landwirtschaftl. Produkte, doch ist eine Konsumgüterindustrie für den Inlandbedarf im Aufbau begriffen. – Der Fremdenverkehr findet durch die berühmten Nationalparks u. Wildreservate (einschließlich des Kilimandscharogebietes) günstige Voraussetzungen.

Verkehr: Das Eisenbahnnetz verbindet die wichtigsten Wirtschaftszentren mit der Küste u. hat über die Schiffahrtslinien auf dem Tanganjika- u. Victoriasee auch für den Außenhandel von Zaire, Burundi u. Uganda Bedeutung. Durch Straße, Erdölleitung u. durch die TANSAM-Eisenbahn nach Lusaka läuft ein wesentl. Teil des Transithandels auch von Sambia über T. Das Straßennetz ist recht gut. Dar es Salaam, Tanga u. Mtwara sind die Haupthäfen; Dar es Salaam hat einen modernen Flughafen. – 🄺→Ostafrika.

Geschichte

1884 begann C. *Peters* mit dem Erwerb einer dt. Kolonie in Ostafrika *(Dt.-Ostafrika)*, die von der privaten Deutsch-Ostafrikanischen Gesellschaft (DOAG) verwaltet wurde, bis ein Aufstand der Küstenbevölkerung 1889/90 die Reichsbehörden zum Eingreifen veranlaßte. 1890 wurde durch Vertrag mit England die Grenze zu den brit. Gebieten Kenya u. Uganda festgelegt sowie die dt. Souveränität über die zum Sultanat Sansibar gehörige Küste gesichert. 1905 stürzte der sog. *Maji-Maji-Aufstand* die Kolonialherrschaft in eine Krise. Im 1. Weltkrieg konnte General P. von *Lettow-Vorbeck* mit einer überwiegend afrikan. Truppe bis zum Waffenstillstand 1918 gegen brit. u. belg. Kolonialtruppen standhalten. 1919 wurden *Rwanda* u. *Burundi* Belgien übergeben, das übrige Dt.-Ostafrika wurde als *Tanganjika-Territorium* Völkerbundsmandat unter brit. Verwaltung; 1946 UN-Treuhandgebiet.
1954 entstand unter Führung von J. *Nyerere* die *Tanganyika African National Union (TANU)* als erste afrikan. Massenpartei. Am 9. 12. 1961 wurde Tanganjika unabhängig, im Jahr später Republik mit Nyerere als Präs. Im April 1964 wurde durch Vereinigung mit Sansibar die *Vereinigte Republik Tansania* geschaffen. Im Sept. 1965 wurden auf dem Festland zum ersten Mal in einem afrikan. Einparteistaat demokrat. Wahlen durchgeführt. 1967 wandte sich T. nach der Deklaration von Arusha einer schärfer ausgeprägten sozialist. Politik zu (Verstaatlichung der Banken, Experimente mit landwirtschaftl. Kollektiven) u. verstärkte die Kontakte zu kommunist. Staaten, insbes. zur Volksrepublik China. Nach einem ugand. Angriff besetzten tansan. Truppen 1979 Uganda u. stürzten den Diktator I. *Amin.* – 🄻 5.6.5.

Sisalernte

Der Vulkan Meru

Mythen u. Naturgeschehen *(Zauber-T., Trance-T., Tempel-T.)*. Auch die Gemeinschaftstänze sind zunächst kultisch gebunden *(Kriegs-T., Fruchtbarkeits-T.)*; sie werden meist bei festl. Anlässen (Jagd, Knabenweihen, Häuptlingswahl, Opferzeremonien) als *Maskentänze* aufgeführt, wobei die Masken oft die Geister Verstorbener darstellen. Daneben sind Gemeinschaftstänze auch Ausdruck der Lebensfreude *(Liebes-T.)*.
Die Antike besaß eine ausgeprägte *T.kunst*. Die ägypt. Tempeltänze wirkten bis nach Griechenland, wo sich aus dem Kult-T. ein Theater-T. als mimischer Gruppen-T. entwickelte, der der Tragödie, der Komödie u. dem Satyrspiel eingefügt wurde. Die Römer pflegten bes. die tänzerische Theaterpantomime.
In Mitteleuropa sind für die frühgeschichtl. Zeit sowohl der gemeinschaftl. Bewegungsfreude ausdrückende *Reigen-T.* wie der kultische T. (Fruchtbarkeits-T., jahreszeitl. Umzüge u.ä.) nachweisbar. Beide Formen wirken z.T. heute noch in den Volkstänzen nach (z.B. im *Schnitter-T., Schäffler-T., Schuhplattler, Schembartlaufen*). Das Christentum lähmte anfangs die T.freudigkeit. Im MA. lebte sie aber wieder auf im *Bauern-T.*, im *Zunft-T.* der Handwerker u. etwas später im *Geschlechter-T.* des Bürgertums. Dafür wurden in den Städten *T.häuser* gebaut, deren Aufgaben im 18. Jh. *Ballsäle* übernahmen. Ihr Gegenstück fanden die ständischen Tänze im höfischen T., der sich im 17. Jh. entwickelte u. im 18. Jh. seinen Höhepunkt erlebte. Die verschiedenen Formen des Hof-T.es bilden den Anfang des →Gesellschaftstanzes. Im 19. Jh. wurden auch die Nationaltänze gesellschaftsfähig.
In der italien. Renaissance entwickelte sich aus u. neben den höf. Gesellschaftstänzen eine eigentl. T.kunst, zunächst als festl. Zeremonie von großem Prunk. Solche Veranstaltungen hießen italienisch *balletti*, sie waren der Anfang des →Balletts.
Aus dem bis 1900 zur Ausstattungs- u. Amüsierdarbietung herabgesunkenen Ballett entstand die →Revue, in der der *Step* Beliebtheit erlangte.
Eine neue Blütezeit kam für den künstler. Bühnen-T. nach 1900 einerseits durch das von den *Ballets Russes* neubelebte klass. Ballett, andererseits durch den →Ausdruckstanz. Von diesem erhielt das Ballett bis zur Gegenwart nachwirkende wertvolle Anregungen, zugleich suchte er nach neuen Formen, um die elementare Beziehung zum überpersönl. T.erlebnis wiederherzustellen. Dies geschieht in zahlreichen Schulen, z.T. auch in Berührung mit der →Gymnastik, bes. der →rhythmischen Gymnastik u. →Ausdrucksgymnastik. – ▣S. 334. – 📖3.6.2.

Tanzania ['za:-] = Tansania.

Tanzfliegen, *Empididae*, Familie der orthoraphen *Fliegen*, die andere Insekten mit Hilfe eines Saugrüssels aussaugen; viele Arten führen vor der Paarung Zickzacktänze auf, bei denen das Männchen dem Weibchen ein Insekt als „Hochzeitsgeschenk" übergibt, bevor es die Begattung vollzieht.

Tanzhaus, seit der Renaissance ein Gebäude für die Reigen- u. Ballspiele der vornehmen Gesellschaft.

Tanzlied, *Tanzleich*, eine Gattung der mittelalterl. Lyrik, die zum Vortrag beim Reigentanz verfaßt wurde; oft als Kehrreim-Lied. Dichter von T.ern waren *Tannhäuser, Neidhart von Reuenthal, Oswald von Wolkenstein* u.a.

Tanzmaus, Spielart der *russ.-chines. Hausmaus (Mus wagneri)*, deren Gleichgewichtsorgan im inneren Ohr verkümmert ist u. die Maus dauernd zur Ausführung von Drehbewegungen veranlaßt.

Tanzmeistergeige →Pochette.

Tanzschrift →Choreographie.

Tanzschule, ein Unternehmen, in dem Tanzlehrer Unterricht in *Gesellschaftstanz* erteilen. Der Unterricht an der T., die sog. *Tanzstunde*, erstreckt sich gewöhnlich auch auf gesellschaftl. Umgangsformen. In der BRD sind die Tanzlehrer im *Allg. Dt. Tanzlehrerverband e.V.* organisiert.

Tanzsport, *Turniertanz*, von Amateurpaaren betriebene sportl. Form des Gesellschaftstanzes, die bei Turnieren ausgeübt u. durch die Turnierordnung geregelt wird. Die Turniertänze bestehen aus den *Standardtänzen* (Langsamer Walzer, Quickstep, Wiener Walzer, Tango u. Langsamer Fox) u. den *lateinamerikan. Tänzen* (Samba, Rumba, Cha-Cha-Cha, Paso doble u. Jive). Die einzelnen Tänze dauern 1½ bis 2 min (Wiener Walzer 1 min). Es gibt die Startklassen der Junioren u. Senioren (E-, D-, C-, B-, A- u. S-Klasse). Meisterschaften werden in Vor-, Zwischen- u. Endrunden (dabei höchstens 6 Paare) durchgeführt; die Beurteilung erfolgt durch die offene Wertung (→Platzziffer). Deutsche Meisterschaften gibt es seit 1920, Weltmeisterschaften seit 1953. →auch Formationstanz.
Organisation: Der *Dt. T.verband*, gegr. 1921 in Berlin, Sitz: Hannover, rd. 60000 Mitglieder, ist seit 1957 Mitglied in dem Dachverband *International Council of Amateur Dancers*, Bremen. In Österreich: *Österr. T.-Verband*, Wien, rd. 4000 Mitglieder; in der Schweiz: *Schweizer. Amateur-T.-Verband*, Bern, rd. 1000 Mitglieder. – Der Berufs-T. der Tanzlehrer wird nach den Bestimmungen des *International Council of Ballroom Dancing*, London, durchgeführt; es werden nationale u. internationale Meisterschaften veranstaltet.

Tanzturnier →Tanzsport; →auch Gesellschaftstanz.

Tao [dàs; chin., „Weg"], alter Grundbegriff des philosoph. Denkens in China. *Konfuzius* verstand unter T. den Weg des Himmels, dem der Weg des Menschen entsprechen müsse, um in Harmonie mit dem ewigen Weltgesetz zu leben. Die konfuzian. Morallehre diente daher dem Zweck, die Menschen diesen Weg des Handelns zu lehren. *Lao-tse* dagegen deutete den Begriff T. als göttliches Urwesen, aus dem die Welt entstanden sei u. in das alle Dinge wieder zurückkehrten.

T'ao Ch'ien, *T'ao Yüan-ming*, chines. Dichter, *365 Tschaisang, Kiangsi, †427 Tschaisang; wurde zur Idealgestalt des chines. Dichters taoistisch-buddhist. Geisteshaltung; seine Lyrik u. Prosa beeinflußten *Li Po*.

Taoismus, ursprüngl. ein aus der Lehre des *Lao-tse* erwachsenes philosoph. u. religiöses System; nahm uralte schamanistische Bestandteile auf u. entwickelte sich zu einer Zauber- u. Dämonenglauben enthaltenden Volksreligion. – 📖1.8.3.

Taormina, das antike *Tauromenion*, italien. Stadt u. Seebad an der Ostküste von Sizilien, 8000 Ew.; Ruinen von röm. Bauten; griech. Amphitheater.

Tao-te-king [chin.], das hl. Buch *(king)* von *Tao* u. *Te*, das von *Lao-tse* stammen soll. In 81 kurzen Abschnitten werden aphoristisch die beiden Zentralbegriffe erörtert: Tao als das numinose Ursein, aus dem die Welt entsprang, u. Te, der individuelle Anteil des Menschen am Tao, das ihn ohne Befehle von außen innerlich zum Handeln ohne Absichten treibt (*Wu wei*, „Nichthandeln").

T'ao Yüan-ming →T'ao Ch'ien.

Tapa [die; polynes.], *Kapa*, in Polynesien Bekleidungsstoff aus Rindenbast.

Tapachula [-'tʃula], südlichste Stadt Mexikos, in Chiapas, nahe dem Pazif. Ozean u. der Grenze nach Guatemala, Kaffeeanbau, 40000 Ew.

Tapajós [-'xɔs], rechter Nebenfluß des Amazonas, 1992 km, entsteht durch Vereinigung von Juruena u. São Manuel, mündet bei Santarém.

Tapestryteppich ['tæpistri-; engl.], Teppich mit unaufgeschnittenem Flor. Die Farbmuster werden vor dem Weben auf die Kette gedruckt.

Tapet [das; grch., lat.], Teppich, Tischdecke; *aufs T. bringen*, zur Sprache bringen.

Tapete →S. 336.

Tapetenmotte, *Trichophaga tapetiella*, der *Kleidermotte* ähnl. Kleinschmetterling aus der Familie der *Motten*, in umfangreicheren Gespinsten.

Tapezierer [ital.] →Polsterer. Das Anbringen von Tapeten wird meist vom *Maler* besorgt.

Tapezierspinnen, *Atypidae*, die einzigen mitteleurop. *Vogelspinnen i.w.S.*, kleiden ihre Wohnröhren mit einem Gespinst aus, das die Röhre nach außen weit überragt. Dieser äußere Gewebeschlauch dient zum Beutefang.

Taphrina [grch.], zu den *Exoascales* gehörende Gattung der Schlauchpilze, Erreger des *Hexenbesens* an Weißbuchen u. Kirschbäumen sowie der *Narrenkrankheit* an Pflaumen u. der *Kräuselkrankheit* an Pfirsichen.

Tapiau, russ. *Gwardejsk*, Stadt in der ehem. Prov. Ostpreußen, 1945 sowjet., seit 1946 Oblast Kaliningrad der RSFSR (Sowjetunion), östl. von Königsberg, am Pregel, 8600 Ew.; Ordensschloß (13. Jh.); Geburtsort von Lovis *Corinth*, Nahrungsmittelindustrie, Erdölvorkommen; Flußhafen.

Tàpies [-iɛs], Antonio, span. Maler u. Graphiker, *1923 Barcelona; beeinflußt von J. *Miró* u. P. *Klee*; malt auf wenige Farben beschränkte, zuweilen ganz in Schwarz u. Grau gehaltene Kompositionen mit realist.-fragmentar. Ausschnitten alltägl. Dinge, oft in Zuständen des Zerfalls, mit reliefhafter Wirkung u. Betonung der stoffl. Textur.

Tapie Schan [tapi'e:-], ostchines. Gebirgszug, trennt mit dem Huaiyang Schan die Große Ebene vom Yangtzebecken um Wuhan, bis 1860 m.

Tapioka →Maniok.

Tapire, *Tapiridae*, 1 m hohe u. bis 2,50 m lange *Unpaarhufer* trop. Urwälder mit je 4 Zehen an den Vorder- u. 3 Zehen an den Hinterfüßen; Haarkleid spärlich. Die Schnauze ist zu einem kurzen Rüssel verlängert. T. leben als Einzelgänger von Blättern u. Früchten. Hierher gehören *Schabrackentapir, Mittelamerikan. Tapir, Flachlandtapir, Bergtapir*.

Tapisserie [frz.], ursprüngl. die Herstellung von gewirkten u. gestrickten Wandbehängen, Möbelbezügen u.ä., später Sammelbez. für alle Techniken der Teppich- u. Gobelinherstellung, heute Weiß- u. Buntstickerei.

Tapp, südt. Kartenspiel mit 36 Blättern für 3 Spieler.

Tapti, Fluß des Dekanhochlands im westl. Indien, 720 km, entspringt im *Satpuragebirge* u. mündet bei Surat in den Golf von Khambhat.

Tapuaenuku [tapuaə-], Berg im N der Südinsel von Neuseeland, 2885 m.

Taq i Bustan [der; pers., „Gartengewölbe"], dokumentarisch-repräsentative Felsgrottenanlage des sassanid. Großkönigs Chosrau II. bei Kermanschah, um 600. Bedeutender Reliefschmuck mit Jagdszenen. Felsreliefs des 4. Jh. am gleichen Ort.

Tara, philippin. Insel im Busuanga-Archipel, 5 qkm, 500 Ew.; Transitlager für rd. 50000 Indochina-Flüchtlinge.

Tara [die; ital.], Abk. *T*, Gewicht der Verpackung (Faß, Kiste) einer Ware.

Tarafa, Ibn Abd al-Bahri, arab. Dichter, um 540 am Hof von Hira; verfaßte viele satir. Spottverse; bes. reich an Vergleichen; seine poet. Beschreibung des Kamels gilt als unübertrefflich.

Tarahumara, nordmexikan. Indianerstamm (20000) mit Bodenbau (Terrassierung) u. Viehwirtschaft; zeremonielle Wettläufe.

Tarai [hind.], Bestandteil geograph. Namen u. geograph. Begriff in Nordindien, Nepal, Bhutan u. Assam: Niederung, Dschungelsenke, Dschungelgürtel, Marschland u.a.

Taranczewski [-'tʃɛfski], Wacław, poln. Maler, *4. 3. 1903 Czarnków, seit 1947 Prof. in Krakau; schuf neben Landschaften, Stilleben u. Akten zahlreiche Fresken für Kirchen (Marienkirche Posen, 1954) u. öffentl. Bauten.

Tarant = Sumpfenzian.

Tarantas [der; russ.], ungefederter Reisewagen.

Tarantel [die; ital.; nach der Stadt *Tarent*], **1.** zu den *Wolfsspinnen* gehörende große tropische u. subtropische Arten, die wie die Falltürspinnen in Erdröhren wohnen. Bekannt ist *Lycosa tarentula*, die apulische T., deren Biß entgegen dem Volksglauben für den Menschen harmlos ist.
2. *Tarantula*, eine Gattung der *Geißelspinnen*, die in Amerika lebt; hat keine Giftdrüsen, ihr Biß ist schmerzhaft, aber ungefährlich.

Tarantella [die; ital.], süditalien. Volkstanz im raschen 6/8-Takt; im 19. Jh. häufig in die Kunstmusik übernommen.

Tarantschen, *Jugur*, Turkstamm (70000) in der südsibir. Landschaft Semiretschje; 1870 aus Ostturkistan (Chines.-Turkistan) eingewandert.

Tarapacá, nordchilen. Provinz, 55287 qkm, 178600 Ew., Hptst. *Iquique*; Abbau von Salpeter, Silbererz u. Schwefel.

Tarare [ta'ra:r], ostfranzös. Stadt in den Monts du Beaujolais, nordwestl. von Lyon, 13000 Ew.; Automobil-, Textil- u. Nahrungsmittelindustrie.

Tarascon [-'kõ], *T.-sur-Rhône*, Stadt im südfranzös. Dép. Bouches-du-Rhône, links an der unteren Rhône, gegenüber von Beaucaire, 11000 Ew.; got. Schloß (14./15. Jh.); Handel mit Obst u. Wein, Gewebedruckerei. Bekannt durch A. *Daudets* Roman „Tartarin de T.".

Tarasken, die alten Bewohner von Michoacan in Westmexiko, 1000–1500; ihre Kultur ähnelte der der Azteken: Priesterkönigtum; kompliziert gebaute Pyramiden, Schachtgräber, buntbemalte Keramik, Federarbeiten, Lippenschmuck, Tonpfeifen, Kupferarbeiten. Das *Tarasco* wird heute noch von etwa 45000 Indianern gesprochen.

Tarasp →Scuol.

Tarawa [tə'ra:wə], Atoll der pazif. Inselgruppe Kiribati (früher Gilbertinseln), 17200 Ew., mit der Hptst. Bairiki (12000 Ew.).

Tarbela, Talsperre im nördl. Pakistan am Oberlauf des Indus, nordwestl. von Rawalpindi; Staudamm 2760 m lang, 137 m hoch, 143 Mill. m³ Inhalt, 1973 fertiggestellt; Stausee 80 km lang, 254 qkm groß, 13,6 Mrd. m³ Fassungsvermögen;

Tanz

Die Felszeichnung aus Skandinavien zeigt einen rituellen Tanz um ein Sonnenbild; 800–400 v. Chr. Kopenhagen, Nationalmuseum

Die Tänze der Salzsieder von Schwäbisch Hall gehen auf eine Überlieferung des Jahres 1785 zurück

TANZ

Yorge Donn und Tania Bari in dem Ballett „Bhakti" von Maurice Béjart

Bei den Standard-Tänzen wird großer Wert auf Eleganz der Bewegungen gelegt

Die Bewegungen der marokkanischen Gnaoua werden beim aufpeitschenden Rhythmus der Trommeln im Laufe des Tanzes immer schneller (links). – Tanz der Augsburg

Tanz

Etruskisches Paar beim Tanz; 6. Jahrhundert v. Chr. Tarquinia, Fresko im Grab mit den Löwinnen

Georgischer Säbeltanz. Nationalballett der UdSSR

Patrizier. Gemälde von Heinrich Vogtherr d. Ä.; um 1500. Augsburg, Museum (Mitte). – Szene aus dem indischen Tanzdrama „Choodi Kodutha Sudar Kodi" (rechts)

Tapete

Tapẹte [die; pers., lat., roman.], Wandbekleidung aus holzfreiem oder holzhaltigem Papier, bedruckt oder geprägt, teilweise auch lackiert oder oberflächengeleimt.

Zu den Vorläufern der T. gehörte der Teppich in seiner alten Form als Wandbehang. Ihm folgten kostbare Seiden-, Brokat- u. Samtstoffe sowie verzierte Pergament- u. Lederdecken. Als man neben Teppichen auch dünnere Wandbehänge verwendete u. dazu überging, ganze Wandflächen mit Textilstoffen zu bespannen, boten diese gegenüber Wandmalereien, Holzvertäfelungen u. keram. Wandbekleidungen den Vorteil, daß sie ausgewechselt werden konnten. Aus Leinen, Seide u. Baumwolle gefertigt, trugen sie gemalte oder mittels Holzformen aufgedruckte Bilder u. Muster. Textile Wandbekleidungen wurden seit dem MA. vor allem in Italien hergestellt, erfreuten sich aber, seit Lyon zur führenden Textilstadt geworden war, im 17. u. 18. Jh. auch in Frankreich großer Beliebtheit u. gelangten von dort in alle Welt.

Neben den Zeugdrucken gab es im Spät-MA. u. in der Renaissance eine Anzahl weiterer Wandbekleidungsarten, die als direkte Vorläufer der heutigen Papier-T. anzusehen sind. Schon im 14. Jh. wurde *Pergament-T.* hergestellt. Im 16. Jh. kam die *Leder-T.* auf, die entspr. den von den Arabern nach Spanien gebrachten handwerkl. Veredelungstechniken (Vergoldung, Musterprägung) bearbeitet wurde. Als billiger Ersatz, aber mit ähnlicher Schmuckwirkung war seit dem Anfang des 16. Jh. die *Flock-T.* beliebt. Sie bestand aus Leinwandbahnen, deren mit Bronze oder Ölfarbe vorgrundierte Flächen Leimmuster erhielten, die mit buntem Wollstaub bestreut wurden. Der Flock-T. verwandt sind die im 17. Jh. aufgekommenen *Streuglanz-* u. *Glimmer-T.n.* Chintz oder Indiennes nannte man die *Kaliko-T.n,* die mit der Hand bemalt wurden u. vor allem in Holland verbreitet waren.

Die aus grundierter Leinwand, Wachs u. Firnis gearbeitete, mit Ölfarben bemalte oder bedruckte *Wachstuch-T.* stellte insofern einen Fortschritt in der Entwicklung der Wandbekleidung dar, als sie abwaschbar u. lange haltbar war. Sie wurde zum erstenmal im 18. Jh. in England u. Dtschld. hergestellt. Direkte entwicklungsgeschichtl. Zusammenhänge bestehen zwischen der *Papier-T.* u. den seit dem 16. Jh. hergestellten Bunt- u. Vorsatzpapieren, die man zum Einbinden von Büchern, zum Auskleben von Schrankflächen, Schatullen, Koffern u.ä. verwendete. Gewöhnlich mit Zeugmustern bedruckt, wurden sie vielfach auch bemalt oder mit Prägungen in Silber u. Gold versehen u. waren so begehrt, daß ihre Hersteller eine Art Massenfabrikation betrieben. Seit dem Ende des 16. Jh. wurden Flock-T. nicht mehr ausschl. aus Leinwand, sondern auch auf Papiergrund hergestellt. Im 17. Jh. war die Papier-T. in Frankreich schon ein bekanntes Dekorationsmittel u. wurde vor allem von Jean *Papillon* (*1661, †1723) hergestellt.

Techn. Erfindungen, wie die der Papiermaschine (1799), die statt der bis dahin üblichen, verhältnismäßig kleinen Bogen lange Papierrollen produzierte, die Einführung des Mehrfarbendrucks u. das Aufkommen von Druckmaschinen in England Mitte des 19. Jh. gaben der Herstellung von Papier-T.n mächtigen Aufschwung.

Die T.n des 20. Jh. haben in etwa gleichem Maß Geschmackswandlungen u. Moden der Wohnkultur verursacht, wie sie sich ihnen unterworfen u. angepaßt haben. Noch vor der Jahrhundertwende begann in England die Abkehr von T.n mit naturalist. Pflanzendekor. Die Stilisierung der Schmuckformen verdrängte räumlich gestaltete Motive u. setzte sich mit dem Jugendstil auch in Dtschld. durch. Zugleich wurde das Bestreben deutlich, neben billigen Massenprodukten der T.nindustrie wieder handwerklich u. künstlerisch solide T.n auf den Markt zu bringen. Unter dem Einfluß der am Weimarer Bauhaus entwickelten Ideen zur Wohnraumgestaltung glaubten in den 1920er Jahren viele Architekten u. Dekorateure auf jeglichen T.nschmuck verzichten zu müssen; sie forderten die ruhige, leicht farbig getönte Wand. Neben die freiberufl. Maler u. Graphiker, die für die T.nindustrie als Entwerfer tätig sind, trat in den letzten Jahrzehnten der industrielle Formgeber, der seine techn. u. künstler. Fähigkeiten ausschl. in den Dienst der modernen Industrieform gestellt hat. – ⌧ 2.1.0.

Ledertafel aus Mechelen; um 1720

TAPETEN

Samt-Tapete, Italien; um 1550 (links). – Wachstuch-Tapete von B. Nothnagel; um 1780 (rechts)

Tapete

Handdruck-Tapeten auf Bogenpapier, links und rechts englisch, Mitte französisch; um 1750

Jugendstil-Tapete mit geprägtem Relief von Otto Eckmann, Darmstadt; um 1890

Panorama-Tapete „Exotische Landschaft", französ. Handdruck; 1860 (links). – Rasch-Tapete „Jazz 3" nach einem Entwurf von Cuno Fischer (rechts)

Kraftwerkkapazität 2,1 Mill. kW. Abschluß der Gesamtanlage Ende 1981 vorgesehen.

Tarbes [tarb], Stadt in Südwestfrankreich, links am Adour, Sitz des Dép. Hautes-Pyrénées, 59400 Ew.; Kathedrale (12.–14. Jh.), Park Massey; Metall-, Elektro-, Flugzeug-, Maschinen- u. Textilindustrie, Gestüt, Agrarhandel. – T. war Hptst. der keltischen *Bigerrionen* u. der Grafschaft *Bigorre*.

Tarbutt →Steinbutt.

Tarde [tard], Gabriel, französ. Soziologe u. Philosoph, *12. 3. 1843 Sarlat, †12. 5. 1904 Paris; Begründer der französ. Kollektivpsychologie („Interpsychologie"), im Gegensatz zu É. *Durkheim* strenger Individualist.

Tardenoisien [-dənwa'zjɛ̃; das; nach dem französ. Ort La Fère-en-Tardenois, Dép. Aisne], Kulturgruppe der Mittelsteinzeit mit mikrolith. trapezförmigen Steingeräten; von der Pyrenäenhalbinsel bis zur Krim verbreitet mit beträchtl. regionalen Unterschieden in der Lebensweise.

Tardieu [-'djø:], **1.** André, französ. Politiker (Linksrepublikaner), *22. 9. 1876 Paris, †15. 9. 1945 Menton; 1919 als Vertrauensmann Clemenceaus maßgebl. an der Abfassung des Versailler Vertrags beteiligt, 1919 u. 1926–1934 verschiedene Min.-Posten, 1929/30 u. 1932 Min.-Präs.

2. Jean, französ. Schriftsteller, *1. 11. 1903 St.-Germain-de-Joux, Ain; ein Vertreter des absurden Theaters u. Vorläufer E. *Ionescos*; erstrebte eine „Totalsprache" u. eine Synthese von bildender Kunst, Musik u. Sprache („Der Raum u. die Flöte. Gedichte u. Malerei" 1958, dt. 1959); Lyrik, parodist. Komödien, musikal. Minutenspiele, Einakter u. Hörspiele.

Tardigraden [lat.], *Tardigrada* = Bärtierchen.

Tarent, ital. *Tàranto*, süditalien. Hafenstadt am Golf von T., Hptst. von Apulien u. der Provinz T. (2436 qkm, 570000 Ew.), 250000 Ew.; roman. Dom (12. Jh.), Kastell; Maschinen- u. Schiffbau, Kriegs- u. Handelshafen; Ölraffinerie, Stahlwerk, Nahrungsmittel- u. Zementindustrie; Austernzucht, Gewinnung von Pflanzenölen. – Gegr. um 708 v. Chr. von Spartanern, als *Taras* Zentrum griech. Kultur, 272 v. Chr. röm., 1063 zum Normannenreich.

Targa Florio [ital. *targa*, „Schild"], nach dem Stifter des Siegerpreises (eines Silberschilds), V. *Florio*, benanntes internationales Bergrennen für Rennwagen durch das Cerda-Gebirge in Nordsizilien; Rundenlänge 73,5 km.

Target ['ta:git; der; engl., „Zielscheibe"], *Kernphysik:* Material, auf das ein Elementarteilchen oder Gammastrahl gelenkt wird, um in ihm (z. B.) Kernreaktionen zu erzielen.

Târgowischte, Hptst. des bulgar. Kreises T. (2754 qkm, 180000 Ew.) westl. Schumen, 31100 Ew., landwirtschaftl. Maschinenbau.

Tarhan →Abdülhak Hamit.

Tari [der; arab., ital.], süditalien. Goldmünze (1 g) des 10.–13. Jh., anfangs von Arabern, dann von Normannen mit arab. Schrift auch im Wert von 2, 4 u. 8 T. geprägt. Vom 15. bis 18. Jh. anfangs Silber-, später Kupfermünze auf Malta.

Tarif [der; arab., frz.], Verzeichnis der Preissätze u. Gebühren für bestimmte Lieferungen u. Leistungen, z. B. *Zoll-, Steuer-, Post-, Eisenbahn-, Lohn-, Gas-, Wasser-, Strom-T.*

Tarifautonomie, das nicht durch staatl. Zwangsschlichtung beschränkte Recht der Arbeitgeber(verbände) u. Gewerkschaften, durch Verhandlungen u. notfalls Kampfmaßnahmen die Lohn- u. Gehaltstarife sowie die →Manteltarife der Arbeiter u. Angestellten zu bestimmen. – [L] 4.3.6.

Tarifordnung →Tarifrecht.

Tarifrecht, ein Teil des Arbeitsrechts: die vertragl. Gestaltung der Arbeitsbedingungen durch die Verbände der Arbeitnehmer u. Arbeitgeber; Kern des T.s ist der *Tarifvertrag*. In Dtschld. wurde das T. erstmalig durch die *Tarifvertrags-VO* von 1918 (Neufassung 1928) geregelt, abgelöst 1934 durch das *Gesetz zur Ordnung der nationalen Arbeit (AOG)*, das den Reichstreuhändern die Befugnis zum Erlaß von Tarifordnungen gab. Neuregelung im Zusammenhang mit der Wiedererrichtung der Berufsverbände (*Tarifvertragsgesetz [TVG]* vom 9. 4. 1949 für das Vereinigte Wirtschaftsgebiet, durch Gesetz vom 23. 4. 1953 auf das Bundesgebiet ausgedehnt, gilt in der Fassung vom 25. 8. 1969). – *Österreich:* →Kollektivvertrag.

Tarifsteuer, eine auf bestimmte Einzelvorgänge nach einem Tarif erhobene Steuer, z. B. die Wechselsteuer.

Tarifvertrag, eine schriftl. Gesamtvereinbarung zwischen Gewerkschaften u. Arbeitgeberorganisation (*Verbandstarif*) oder zwischen Gewerkschaften u. einem Arbeitgeber (*Firmentarif*). Durch T. kann objektives Recht für den Abschluß u. die Bedingungen (Lohn, Urlaub, Arbeitszeit) von Einzelarbeitsverhältnissen festgelegt werden. Auch betriebliche u. betriebsverfassungsrechtl. Fragen können geregelt werden. Die Bestimmungen sind *unabdingbar*, d. h., sie können nur zugunsten der Arbeitnehmer abweichend vom T. gestaltet werden. Die Arbeitsbedingungen gelten nur, wenn Arbeitgeber u. Arbeitnehmer organisiert sind; die Regelung der betriebl. u. betriebsverfassungsrechtl. Fragen schon, wenn der Arbeitgeber organisiert ist. Ausdehnung durch →Allgemeinverbindlicherklärung ist möglich. – In der *Schweiz* heißt der T. *Gesamtarbeitsvertrag*, in *Österreich Kollektivvertrag*. – [L] 4.3.6.

Tarija [-xa], *San Bernardo de T.*, Hptst. des südbolivian. Dep. T. (37623 qkm, 190000 Ew.), 1950 m ü. M., 40000 Ew.; Universität; landwirtschaftl. Mittelpunkt; Flugplatz.

Tarik, *Táriq*, arab. Heerführer, landete, von Afrika kommend, 711 in Gibraltar (*Dschebel al-T.*), besiegte im gleichen Jahr die Westgoten bei Jérez de la Frontera u. eroberte den größten Teil der iber. Halbinsel (Beginn der etwa 500jährigen Herrschaft des Islams in Spanien u. Portugal).

Tarimbecken, innerasiat. Trockenbecken in Sinkiang (Volksrep. China), zwischen östl. Tien Schan im N u. westl. Kunlun-System im S; um 1000 m hoch, rd. 600000 qkm; steppen- u. wüstenhaft (Wüste *Takla Makan*); von nomadischen *Uiguren* bewohnt, Viehzucht, am Nord- u. Südrand alte Handelswege (Seidenstraßen).

Tarim Darya, innerasiat. Fluß in Sinkiang (Volksrep. China), rd. 2000 km, 1 Mill. qkm Einzugsbereich; entsteht durch Vereinigung von *Yarkand Darya, Kaschghar Darya* u. *Khotan Darya*, durchfließt die Wüste Takla Makan im *Tarimbecken*, endet im versumpften Gebiet des Lob Nuur.

Tarkington ['ta:kiŋtən], Booth, US-amerikan. Schriftsteller, *29. 7. 1869 Indianapolis, †19. 5. 1946 Indianapolis; realist. Romane über Jugendprobleme u. die Gesellschaft des Mittelwestens.

Tarlac, philippin. Prov.-Hptst. in Luzón, nordwestl. von Manila, 120000 Ew.; Nahrungsmittelindustrie, an der Bahn Manila–Dagupan.

Tarn, **1.** rechter Nebenfluß der Garonne in Südfrankreich, 375 km; entspringt auf dem Lozèreplateau (Cevennen), durchfließt cañonartig in den *Gorges du T.* die Causses, mündet bei Moissac; unregelmäßige Wasserführung. – [B] →Fluß.

2. südfranzös. Dép. im Languedoc, 5751 qkm, 340000 Ew.; Hptst. *Albi*.

tarnen, **1.** *allg.:* unsichtbar machen.

2. *Militär:* verschleiern, gegen Sicht oder Entdeckung so gut wie möglich schützen, der feindl. Aufklärung verbergen.

Tarn-et-Garonne [tarnega'rɔn], südwestfranzös. Dép. in der Guyenne, beiderseits der Mündung des Tarn in die Garonne, 3716 qkm, 184000 Ew.; Hptst. *Montauban*.

Tarnkappe, *Nebelkappe*, in der dt. u. nord. Sage eine Kappe, die den Träger unsichtbar macht.

Tarnobrzeg [-bʒɛg], poln. Stadt an der Weichsel, südl. von Sandomir (seit 1975 Hptst. der Wojewodschaft T.), 25000 Ew., Maschinen- u. chem. Industrie; in der Umgebung große Schwefellager.

Tarnopol, *Ternopol*, Hptst. der Oblast T. (13800 qkm, 1,2 Mill. Ew., davon 18% in Städten) in der Ukrain. SSR (Sowjetunion), im östl. Galizien, 133000 Ew.; Maschinen-, Zucker-, Textil-, Porzellan-, Elektro- u. Baustoffindustrie; Braunkohlenförderung. – Bis 1939 polnisch.

Tarnów [-nuf], Stadt in Südpolen, östl. von Krakau, seit 1975 Hptst. der Wojewodschaft T., an der Biała, 95000 Ew.; got. Kathedrale (14. Jh.); chem. (Herstellung von Stickstoffverbindungen), Maschinen-, Glas- u. Textilindustrie.

Tarnowitz, poln. *Tarnowskie Góry*, Stadt in Schlesien (poln. Wojewodschaft Katowice), 33000 Ew.; Maschinen-, Metall- u. chem. Industrie.

Târnowo ['tərnɔvɔ], die bulgar. Stadt →Weliko Târnowo.

Tarnowski, Jan, Graf, poln. Feldherr, *1488 Schloß Tarnów, †16. 5. 1561 Wiewiórka; seit 1527 Kron-Großhetman, kämpfte gegen Mongolen, Türken, Russen u. a.; schrieb die kriegstheoret. Abhandlung „Consilium rationis bellicae" 1558.

Tarntracht, *Zoologie:* →Tracht.

Taro [der; polynes.], *Wasserbrotwurzel, Colocasia esculenta*, aus der Familie der *Aronstabgewächse*, eine der wichtigsten Stärkepflanzen trop. Gebiete. Die Sproßknollen, die zur Zerstörung giftiger Oxalate erst abgekocht oder geröstet werden müssen, liefern Stärke, die getrockneten Blätter Gemüse. Heimat ist Süd- u. Ostasien; heute in allen warmen Zonen angebaut, auch im Mittelmeerraum. – [B] →Nutzpflanzen II.

Tarock [das oder der; ital.], Kartenspiel für 4 Personen mit 78 Blättern (52 Bridgekarten, 4 Reitern [Kavalls], 21 T.s, bezeichnet I–XXI, 1 Sküs [Skis]). *Bayerischer T.* wird von 3 Spielern mit 32 Karten gespielt.

Tarpan [der; russ.], *Equus gmelini*, im 19. Jh. ausgerottetes südosteurop. Pferd; ursprüngl. als Stammform der Warmblüter angesehen, gilt es heute lediglich als verwildertes Hauspferd.

Tarpune, *Elopidae*, Familie der *Heringsfische* der wärmeren Meere, bis 2 m lang u. 50 kg schwer. Ihre über 5 cm breiten Silberschuppen werden zu Reiseandenken verarbeitet („Silberkönig"). Seit der Kreidezeit nachweisbar; heute 2 Gattungen mit 2 Arten aus den tropischen Gewässern des Atlantik, des Stillen u. Indischen Ozeans bekannt. Im Atlantik *Megalops atlanticus*, pelagischer, schwarmbildender Fisch, der von kleinen Fischen lebt, steigt oft weit in die Flüsse auf, laicht im Frühjahr. Wichtiges Objekt der Sportfischerei, in Südamerika frisch, geräuchert u. gesalzen auf dem Markt.

Tarquinia, italien. Stadt im nördl. Latium (Prov. Viterbo), 12000 Ew. Östl. des heutigen T. lag das antike *Tarquinii*, Hptst. des zentraletrurischen Städtebunds, als Widersacher Roms im 3. Jh. v. Chr. besiegt, im 8. Jh. von den Sarazenen zerstört. Reste der Stadtmauer mit einer Toranlage des 4. Jh. v. Chr. erhalten. In der Gräberstadt von T. wurden reiche Urnenfelder der *Villanova-Kultur* u. etwa 20000 etrusk. Gräber gefunden. Die mit Fresken verzierten Kammergräber des 6.–1. Jh. v. Chr. (reliefgeschmückte Tuffsarkophage) vermitteln wichtige Kenntnisse über Kunst, Lebensweise u. religiöse Vorstellungen der Etrusker.

Tarquinier, zwei sagenhafte röm. Könige: *Tarquinius Priscus*, 616–578 v. Chr., wanderte nach der antiken Überlieferung aus dem etrusk. Tarquinii nach Rom u. öffnete Rom etrusk. Einfluß. *Tarquinius Superbus*, 534–510 v. Chr., der 7. u. letzte König von Rom, kam als einziger röm. König durch Gewalt (Mord) auf den Thron, unterdrückte das Volk u. wurde durch Iunius *Brutus* vertrieben; danach Einrichtung der röm. Republik. Historisch ist an dieser Überlieferung, daß im 6. Jh. v. Chr. etrusk. Adlige in Rom herrschten. →auch Römisches Reich. – [L] 5.2.7.

Tarragona, nordostspan. Hafenstadt in Katalonien, Hptst. der Provinz T. (6283 qkm, 490000 Ew.), etwa 100 km südwestl. von Barcelona, 105000 Ew.; mächtige antike Mauern, Ruinen der Römerzeit, Kathedrale (12.–13. Jh.), Techn. Hochschule u. Museen; große Weinkellereien u. bedeutender Weinhandel, Nahrungsmittel-, Papier- u. chem. Industrie; der molengeschützte Hafen dient der Ausfuhr von Agrarerzeugnissen (Wein, Olivenöl, Nüsse) u. der Fischerei.

Tarrasa, katalan. *Terrassa*, nordostspan. Stadt in Katalonien, nordwestl. von Barcelona, 137000 Ew.; Techn. Hochschule, got. Kirchen, Textilmuseum; Textil-, Maschinen-, Elektro-, chem. u. pharmazeut. Industrie. 1856 erste Eisenbahnstrecke Spaniens zwischen Barcelona u. T.

Tarsioiden [grch.] →Koboldmakis.

Tarski, Alfred, poln. Logiker, *14. 1. 1901 Warschau; seit 1946 Prof. in Berkeley, Calif. (USA); Begründer der philosoph. *Semantik*. Hptw.: „Der Wahrheitsbegriff in den formalisierten Sprachen" 1936; „Einführung in die mathemat. Logik" 1937, [3]1969.

Tarso Emissi, Gipfel im Tibestigebirge, in der zentralen Sahara, 3150 m hoch.

Tarsus [der; grch.], **1.** der im menschl. Oberlid eingelassene Lidknorpel.

2. Fußwurzel der hinteren Gliedmaßen der vierfüßigen Wirbeltiere u. des Menschen.

3. Fuß von Spinnentieren u. Insekten, besteht meist aus mehreren Tarsalgliedern, von denen das Basisglied als Meta-T., das klauentragende Glied als Prae-T. bezeichnet wird.

Tarsus, *Tarsos*, südtürk. Stadt in Kilikien, am Kydnos, 80000 Ew.; Baumwollindustrie; Bahn von Adana. – Im Altertum als *Cydnus (Kydnos)* Seehafen, im MA. ein Zentrum des Levantehandels; Geburtsort des Apostels *Paulus*.

Tartaglia [-'talja], Niccoló, eigentl. N. *Fontana*, italien. Mathematiker, *um 1500 Brescia, †14. 12. 1557 Venedig; arbeitete über Wahrscheinlichkeitsrechnung, fand die Auflösung der Gleichungen dritten Grades.

Tartarus, *Tartaros,* in der griech. Mythologie Strafort in der Unterwelt, an den die Titanen von Zeus bis zu ihrer Freilassung verbannt wurden; später Bez. für die Unterwelt.

Tartessos, *Tarsis,* bibl. Name *Tarschisch,* Name einer in antiken Quellen erwähnten, in ihrem Ursprung bis ins 2. Jahrtausend v. Chr. zurückreichenden Handelsstadt u. Kultur im südwestl. Spanien (etwa dem heutigen Andalusien). Die Stadt T. (vermutl. die Hptst. der nichtindogerman. Tartessier) wird in der Nähe von Cadiz vermutet; seit 1100 v. Chr. von den Phöniziern, seit der Mitte des 7. Jh. v. Chr. von den Griechen aufgesucht, um 500 v. Chr. von den Karthagern zerstört. Reiche Kultur, fußend auf Landwirtschaft u. Metallbearbeitung (Gold, Silber, Kupfer, Zinn).

Tartini, Giuseppe, italien. Geiger u. Komponist, * 8. 4. 1692 Piran, Istrien, † 26. 2. 1770 Padua; Violinkonzerte u. Solosonaten (u. a. die „Sonate mit dem Teufelstriller") u. Triosonaten, stellte durch Triller u. Doppelgriffe höhere Forderungen an die Violintechnik; neben Georg Andreas *Sorge* (* 1703, † 1778) Entdecker der Kombinationstöne, die beim gleichzeitigen Erklingen zweier, einander nicht zu naher Töne entstehen.

Tartrate [arab., grch.], Salze der →Weinsäure, z. B. $K_2[C_4H_4O_6]$, Kaliumtartrat. →auch Weinstein, Brechweinstein, Seignettesalz.

Tartsenflechte = Isländisches Moos.

Tartu, estn. Name der Stadt →Dorpat.

Tartuffe [-'tyf], *Tartüff,* scheinheiliger Schurke, eigensüchtiger Heuchler; nach dem Titelhelden in Molières Komödie „Le Tartuffe ou l'imposteur" 1664.

Tartus, syr. Hafen südl. von El Ladhaqiye, an die Pipeline von Mosul angeschlossen, 30 000 Ew.; Oliven- u. Tabakanbau.

Tasady, kleine Gruppe von Menschen (etwa 20), die auf steinzeitl. Kulturstufe im Hochland von Tiruray in der Kordillere von Cotabato am SW der philippin. Insel Mindanao leben; wurden erst 1971 entdeckt. Sie sind von kleiner Körpergröße (unter 1,50 m), haben welliges schwarzes Haar, schwarze Augen, mittelbraune Haut; leben in Höhlen. Ihr Siedlungsbereich ist zum Schutzgebiet erklärt worden.

Taschaus, Hptst. der Oblast T. (75 400 qkm, 460 000 Ew., davon 25% in Städten) im N der Turkmen. SSR (Sowjetunion), im Bewässerungsgebiet des unteren Amudarja, 90 000 Ew.; Baumwoll- u. Juteindustrie; Flugplatz.

Täschelkraut = Hirtentäschel.

Taschenbücher, preiswerte Bücher in Taschenformat; hervorgegangen aus den *Musenalmanachen* u. späteren billigen Buchreihen. Rotationsdruck, Schnellbindeverfahren u. hohe Auflagen ermöglichen einen niedrigen Preis. Die heutige Art der T. stammt aus den USA (*Pocket Books*); seit 1950 auch in Dtschld. stark verbreitet.

Taschendiebstahl, der Diebstahl aus Kleidungsstücken oder mitgeführten Taschen, meist unter Ausnützung eines Gedränges (z. B. in öffentlichen Verkehrsmitteln); strafbar als einfacher →Diebstahl.

Taschenfrösche, *Gastrotheca,* südamerikan. Froschlurche aus der Familie der *Baumfrösche.* Die Weibchen haben auf dem Rücken eine aus 2 Hautfalten gebildete Tasche zur Aufnahme der Eier. Diese Tasche wird erst von den gut entwikkelten Kaulquappen oder fertigen kleinen Fröschen verlassen.

Taschengeige →Pochette.

Taschenklappen, *Semilunarklappen, Valvulae semilunares,* halbmondförmige Klappen am Ausgang der Körperschlagader (Aorta) u. der Lungenadern (Lungenarterien) aus den Herzkammern, die durch das zurückfließende Blut automatisch geschlossen werden u. sein Zurücktreten in die Herzkammern verhindern. →auch Klappen (1).

Taschenkrebse, *Cancridae,* Familie der *Krabben.* Die T.n sind der auch in der Nordsee häufige *Gewöhnl. Taschenkrebs, Cancer pagurus,* bis 30 cm breit, räuberischer Bewohner steiniger Böden, eßbar.

Taschenlampe, kleines elektr. Leuchtgerät mit Trockenbatterie oder gasdichtem Nickel-Cadmium-Akkumulator als Stromquelle, gelegentl. auch mit handbetriebenem Generator.

Taschenmäuse, *Heteromyidae,* Familie der *Nagetiere,* haben lange Hinterbeine u. einen langen Schwanz u. dadurch känguruhartige Gestalt u. Bewegungsweise; sie die Backentaschen öffnen sich außen auf der Backenfläche; bewohnen mit zahlreichen Arten trockene Gegenden im S von Nordamerika. Am bekanntesten sind die *Känguruhmäuse, Dipodomys.*

Taschenratten, *Geomyidae,* Familie unterirdisch lebender *Nagetiere,* haben meist ein grobes, steifborstiges Fell u. Grabkrallen. Zu ihnen gehört der nordamerikan. *Gopher, Geomys bursarius,* der 29 cm groß wird.

Taschilhunpo →Schigatse.

Taschkent: Intourist-Hotel mit (Baumwollblüte symbolisierendem) Springbrunnen

Taschkent, Hptst. der Usbek. SSR (Sowjetunion) u. der Oblast T. (mit Stadt T. 15 600 qkm, 3,2 Mill. Ew., davon 70% in Städten), in einer Oase am Tschirtschik, westl. des Tien Schan, 1,7 Mill. Ew.; kultureller u. wirtschaftl. Mittelpunkt Sowjet.-Zentralasiens; Akademie der Wissenschaften, Universität u. a. Hochschulen, Forschungsinstitute; Maschinenbau, Baumwollverarbeitungs-, Nahrungsmittel-, feinmechan., chem., Seiden-, Leder-, Holz- u. Baustoffindustrie; Wasser- u. Wärmekraftwerk; Eisenbahnknotenpunkt (Turksibir. Transturan. u. Transkasp. Bahn); Flugplatz. Nach 600 entstanden, Mitte 8. Jh. arab., 1220 mongol., Khanatmetropole, 1503 usbek., seit 1865 russ.

Taschkentgeschwür = Aleppobeule.

Täschksee, Salzsee in Farsistan (Iran), östl. von Schiras, 120 km lang, 7–22 km breit; Salzgewinnung.

Taschner, Gerhard, Geiger, * 25. 5. 1922 Jägerndorf, Böhmen, † 21. 7. 1976 Ostberlin; 1940–1945 1. Konzertmeister der Berliner Philharmoniker, lehrte seit 1950 an der Berliner Musikhochschule.

Täschner, Ausbildungsberuf des Handwerks (*Feintäschner*) u. der Industrie (*Täschner*), 3 Jahre Ausbildungszeit in beiden Fällen. Der Fein-T. fertigt von Hand u. maschinell aus Feinleder kleinere Gegenstände, wie Damentaschen, Brieftaschen, Geldbörsen, der T. größere Stücke aus gleichem Material: Koffer, Aktentaschen u. a. Durch Besuch der Offenbacher Werkkunstschule Ausbildung zum Mustermacher u. Zuschneider.

Taschtyk-Kultur, eisenzeitl. Kultur in Südsibirien am oberen Jenissei, 1. Jh. v. Chr.–4. Jh. n. Chr.; charakterist. sind rot bemalte Totenmasken aus Gips u. Steinbauten (die ältesten in Südsibirien).

TASI-System, Abk. für engl. *Time Assignment Speech Interpolation,* Verfahren zur Erhöhung der Übertragungskapazität von Fernsprechseekabeln. Während bei normalen Telephonverbindungen für beide Richtungen je ein Übertragungskanal dauernd zur Verfügung steht, wird von der elektron. TASI-Einrichtung stets nur die Richtung betriebsbereit geschaltet, in der gerade gesprochen wird. Mit dem T. kann ein Seekabel ungefähr das Doppelte an Gesprächen übertragen.

Tasman ['tæzmən], *Mount T.,* zweithöchster Berg von Neuseeland im zentralen Teil der Südl. Alpen, 3498 m, vergletschert.

Tasman, Abel Janszoon, niederländ. Seefahrer, * 1603 Lutgegast, Prov. Groningen, † Okt. 1659 Batavia; entdeckte 1642 Tasmanien, 1643 die neuseeländ. Südinsel, die Fidschi- u. Tongainseln u. 1644 den austral. Carpentariagolf.

Tasmangletscher, längster Gletscher von Neuseeland, an der Ostflanke der Südl. Alpen (Mount Cook, Mount Tasman), 29 km lang, bis zu 2 km breit. – 🄚 →Gletscher.

Tasmanien, Insel südöstl. des austral. Kontinents, durch die Bass-Straße davon getrennter kleinster Bundesstaat Australiens, 68 329 qkm, 410 000 Ew.; Hptst. *Hobart*; aufgebaut aus paläozoischen Gebirgszügen, die teilweise von tiefzertalten vulkan. Decken überlagert sind; das seenreiche Zentrale Gebirgsplateau erreicht im *Mount Ossa* 1617 m; das warmgemäßigte Klima bringt Niederschläge zwischen 760 u. 3550 mm im Jahr, bes. im Winter, teils als Schnee. Im W gedeihen üppige Wälder mit Eukalypten, Baumfarnen u. Südbuchen; im O lichte Wälder. In den Küstenebenen u. in den Tälern Obstanbau u. Ackerland; im inneren Hochland Schaf- u. Rinderzucht; Geflügelhaltung; Fischerei an der Küste u. in den Seen. An Bodenschätzen Blei, Zink, Silber, Zinn u. Eisenerz, z. T. Verhüttung; in Bell Bay eine Aluminiumschmelze; Holzindustrie, Zeitungspapier; Textil- u. Zementindustrie; reiche Wasserkraftreserven werden zunehmend genutzt. – T. wurde 1642 von A. J. *Tasman* entdeckt; bis 1856 *Van Diemen's Land* genannt; ab 1803 Besiedlungsversuche; zeitweilig Strafkolonie.

Tasmanier, die bis 1876 ausgerotteten Ureinwohner Tasmaniens; in Horden lebende Wildbeuter mit Keulen u. Holzspeeren, Windschirmen u. Bienenkorbhütten, Fellmänteln, Steinklingen; gehörten rassisch den Melanesiden an.

Tasmansee, Meeresgebiet zwischen der Ostküste Australiens u. den Westküsten Neuseelands u. Neukaledoniens; im S u. W bis –5604 m, im Nordteil des Tasmanbeckens bis –126 m.

TASS, Abk. für →Telegrafnoje Agenstwo Sowjetskowo Sojusa.

Tassel [das; lat.], Mantelschließe des 12.–14. Jh., meist als Schmuckstück gebildet.

Tassili [arab.-berberisch], Bestandteil geograph. Namen: Hochebene.

Tassilo, bayer. Stammesherzöge aus dem Haus der *Agilolfinger.* – T. III., 748–788, * wahrscheinl. 741, † 11. 12. nach 794 Lorsch; folgte seinem Vater *Odilo* als Herzog, regierte seit 757 allein, leistete 757 Pippin d. J. den Vasalleneid; förderte die bayer. Ostsiedlung u. Mission unter den Slawen; Gründer zahlreicher Kirchen u. Klöster. 788 in Ingelheim wegen „Heeresverlassung" (T. hatte 763 Pippin auf seinem aquitan. Feldzug im Stich gelassen) zum Tod verurteilt u. von Karl d. Gr. zu Klosterhaft begnadigt. Mit der Eingliederung Bayerns in das Frankenreich wurde das letzte ältere Stammesherzogtum beseitigt.

Tasso, 1. Bernardo, Vater von 2), italien. Dichter, * 11. 11. 1493 Venedig, † 5. 9. 1569 Ostiglia, Mantua; schrieb petrarkist. Gedichte u. bearbeitete den Amadis-Roman in der Art L. Ariostos („L'Amadigi" 1560). Epos „Il Floridante" 1587 (von Torquato T. vollendet u. hrsg.).
2. Torquato, italien. Dichter, * 11. 3. 1544 Sorrent, † 25. 4. 1595 Rom; seit 1565 im Dienst der Herzöge von Este in Ferrara, oft auf ruhelosen Wanderungen. T. litt schon früh an Verfolgungswahn u. religiöser Manie; 1579–1586 im Irrenhaus in Ferrara festgehalten, dann auf Fürsprache von Papst u. Kaiser freigelassen, seit 1587 auf neuen Irrfahrten durch Italien. Er starb einen Tag bevor er von Papst Klemens VIII. in Rom zum Dichter gekrönt werden sollte. – T.s Hptw. ist das Stanzen-Epos „Gerusalemme liberata" (1575 abgeschlossen), dt. „Das befreite Jerusalem" 1626). T.s Schäferspiel „Aminta" 1573, dt. 1742, gilt als die schönste pastorale Dichtung in italien.

Tastatur

Sprache. Daneben verfaßte T. Gedichte, philosoph. u. literar. Dialoge, das Ritterepos „Rinaldo" 1562 u. kleine Prosawerke; er hinterließ rund 1700 Briefe. In der Dichtung u.a. behandelt von C. *Goldoni* (Komödie 1755), *Goethe* 1790, *Lord Byron* „The Lament of Tasso" 1819, E. *Raupach* 1833; Oper von G. *Donizetti* 1833. – ⌷ 3.2.2.

Tastatur, die Gesamtheit der Tasten an Tasteninstrumenten, Büromaschinen u.ä. →auch Klaviatur.

Taste [ital.], ein mit den Fingern herabzudrückender Hebel; bewirkt bei Musikinstrumenten das Klingen von Saite, Pfeife oder Zunge; löst bei Büromaschinen den Schreibmechanismus aus; am Telegraphenapparat *Taster* genannt.

Taster [frz.], **1.** *Biologie:* = Palpen. **2.** *Technik:* Zirkel mit nach innen *(Außen-T.)* oder außen gebogenen *(Innen-T.)* Spitzen zum Abgreifen von Außen- oder Innendurchmessern.

Tastkörperchen →Tastsinn.

Tastsinn, die Wahrnehmung von Druck; ursprünglichster Sinn, bei allen Tieren vorkommend. Gereizt werden freie Nervenenden, die Tastkörperchen. Bei Wirbellosen erheben sich oft Sinnesstiftchen über die Haut. Die Seitenlinienorgane der Fische registrieren jede Veränderung des Wasserdrucks. – ⌷ 9.0.7 u. 9.3.1.

Tastwahlfernsprecher, ein Fernsprechapparat mit 10 *Nummerntasten* statt der herkömml. Wählscheibe. Während die Wählscheibe Serien zeitl. aufeinanderfolgender Impulse aussendet, erzeugt der T. bei Druck einer Taste zwei verschiedene Tonfrequenzimpulse gleichzeitig. Die Wahl geht viel schneller, die Fehlerrate ist geringer.

Tasüe Schan, nordsüdgerichteter Gebirgszug der Osttibetischen Randketten im westl. Szetschuan (China), im *Minyag Gongkar* 7590 m; siedlungs- u. verkehrsleer; seit 1959 quert eine Autostraße von Tschengtu nach Lhasa (Tibet) den T.S.

Tat, „Die Tat", 1935 gegr., seit 1939 werktägl. erscheinende Schweizer Tageszeitung in Zürich; Auflage 34 000.

Tata [ˈtɔtɔ], Stadt westnordwestl. von Budapest (Ungarn), 20 500 Ew.; Burg aus dem 15. Jh., Schloß Esterházy, warme Quellen; Textilindustrie; Fremdenverkehr. – Das römische *Totis*.

Tatabánya [ˈtɔtɔbaːnjɔ], Hptst. des ungar. Komitats Komárom (2250 qkm, 320 000 Ew.), westl. von Budapest, 76 000 Ew.; Braunkohlenabbau, Aluminiumhütte, Zementfabrik u. Nahrungsmittelindustrie.

Tatar, *Tatar-Beefsteak*, rohes Rinder-Hackfleisch, angemacht mit Eigelb, Pfeffer, Salz, feingehackter Zwiebel, Olivenöl u. je nach Geschmack auch Kapern u. Sardellenfilets.

Tataren, einige Turkvölker der Sowjetunion (in der Tatar. ASSR, um den Kaukasus u. in Sibirien), mit zahlreichen Stämmen, so den einstigen *Krim-T.*, den *Nogaiern* (im Nordteil der Krim, am Kuban, im Nordkaukasusgebiet u. Dagestan) mit den *Astrachan-T.*, den *Wolga-T.* (Ufaer T., Orenburger T., um Perm), den *Kasimower T.* um Rjasan, den *Chakassen* (Abakan-T.), den *Sibirischen T.* (Tobol-T., Baraba-T., Tomsk-Kusnezker T., Tjumen-T.). Als *Berg-T.* gelten die Karatschaier u. Balkaren.

Der Name T. war ursprüngl. einem kleinen mongol. Stamm eigen, wurde zur Zeit des Mongolischen Reichs (seit dem 13. Jh.) für die Mongolen überhaupt verwendet (im MA. häufig „Tartaren", nach dem *Tartarus*) u. seit dem 14. Jh. speziell auf das Turkvolk übertragen, das sich aus der Verschmelzung von Mongolen, z.T. schon früher ansässigen Türken, Wolgafinnen u. Slawen an der mittleren u. unteren Wolga, auf der Krim sowie in Westsibirien herausbildete u. den sunnitischen Islam annahm. Von ihm wurden die Khanate Kasan u. Astrachan getragen, die 1552 bzw. 1557 von Rußland erobert wurden.

Tatarescu, Gheorghe, rumän. Politiker (Liberaler), *8. 6. 1886 (?) Craiova, †28. 3. 1955 Bukarest; 1934–1937 u. 1939/40 Min.-Präs.

Tatarische ASSR, autonome Sowjetrepublik innerhalb der RSFSR, das Gebiet der Kamamündung in den Kujbyschewer Stausee; 68 000 qkm, 3,3 Mill. Ew., davon 58% in Städten; Hptst. *Kasan*; Waldsteppe mit Schwarzerdeböden, Anbau von Getreide, Hülsenfrüchten, Sonnenblumen u. Kartoffeln; bei Kasan entlang der Wolga Obstbau; Schweine- u. Milchviehzucht; chem., Leder- u. Pelzwarenindustrie; Phosphoritvorkommen, im SO Erdölförderung („Zweites Baku") mit dem Verarbeitungsgebiet Leninogorsk. – Die T. ASSR wurde 1920 gebildet.

Tatarischer Sund, *Tatarensund*, *Tatarenstraße*, Nordteil des Japan. Meers zwischen dem asiat. Festland u. der Insel Sachalin; Engpaß 7 km breit.

tatarische Sprache, in der Tatarischen ASSR u. vielen anderen Gebieten der UdSSR gesprochene Turksprache. Früher: *Kyptschaktatarisch* (die Amtssprache der Goldenen Horde).

Tatarsauce [-zoːsə; frz.], eine Mayonnaise-Abwandlung mit Zusätzen von gehacktem Essiggemüse, Oliven, Kapern, Zitronensaft; Verwendung zu Hummer, Krabben u.ä.

tatauieren [polynes., frz.], populär auch *tätowieren*, den Körper mit Bildern u. Mustern ausschmücken, die durch Einführen von Farbstoff mittels Dorn, Nadel, Messer, Tatauierkamm oder Faden *(Nahttatauierung)*: Sibirien, Eskimo unter die Haut dauerhaft angebracht werden; eine Weiterentwicklung der Körperbemalung; als *Stichtatauierung* (häufig bei hellhäutigen Völkern) von der →Narbentatauierung (Ziernarben) unterschieden. Das T. hat ursprüngl. magische Zwecke (Abwehrzauber, Kräftigungszauber), hängt z.T. mit den Totemismus zusammen (das Totemzeichen wird auftatauiert) u. wird vielfach in Verbindung mit den Reifeweihen ausgeführt. Klassische Gebiete der Tatauierung sind Polynesien (bes. Marquesasinseln, Maori), Neuguinea, Japan (u.a. Ainu-Frauen), Indonesien, das Amurgebiet, die Indianergebiete, entlegene Stellen der Balkanhalbinsel; einst war T. im ägäischen Kulturkreis bei Schwarzmeer- u. Donau-Völkern verbreitet. – Im europ. Kulturkreis ist Tatauierung heute bes. bei Seeleuten beliebt (Bez. nur: *tätowieren*). Die Entfernung einer Tatauierung ist schwierig; sie geschieht jetzt mittels Schleifscheibe.

Tatbestand, 1. Zusammenfassung der rechtl. Voraussetzungen, an die eine Rechtsvorschrift bestimmte Rechtsfolgen knüpft; in diesem Sinn wird beim Aufbau der strafbaren u. der unerlaubten Handlung als *objektiver T.* der äußere Geschehensablauf vom *subjektiven T.* als der inneren Beziehung des Täters zu seiner Tat unterschieden (manche rechnen aber den Vorsatz zum objektiven T.). – 2. ungenau wird der Begriff T. auch für den tatsächl. Sachverhalt verwendet; demgegenüber wird dann der T. (1) als *gesetzlicher T.* bezeichnet.

Tate [teit], Allen, US-amerikan. Schriftsteller, *19. 11. 1899 Clarke County, Ky., †9. 2. 1979 Nashville, Ten.; als Hrsg. der Zeitschriften „The Fugitive" 1922–1925 u. „The Sewanee Review" 1944 ff. einflußreich im Sinn des *New Criticism*; intellektuell betonte Lyrik, Essays u. Romane in der literar. Tradition des amerikan. Südens.

Tate Gallery [ˈteit ˈɡæləri], aus der Privatsammlung des Industriellen Sir Henry *Tate* (*1819, †1899) hervorgegangene, 1897 eröffnete staatl. Gemäldesammlung in London mit Werken der engl. u. kontinentalen Kunst des 19. u. 20. Jh.

Tateinheit →Idealkonkurrenz.

Täter, derjenige, der eine →strafbare Handlung begangen hat. *Mittelbarer T.* ist, wer eine Tat, die er als eigene will, durch einen anderen als sein Werkzeug ausführen läßt; der andere ist unter Umständen wegen →Beihilfe strafbar. →auch Mittäterschaft, Teilnahme.

Täterprognose, bei der Strafzumessung erfolgende Beurteilung des künftigen Verhaltens eines Straftäters; von einer günstigen T. hängt z.B. die →Strafaussetzung zur Bewährung ab.

Tatfrage, im Rechtsleben die Frage nach dem tatsächl. Geschehensablauf im Gegensatz zur *Rechtsfrage*, der Frage nach der rechtl. Bewertung der tatsächl. Vorgänge.

Tati, Jacques, eigentl. J. *Tatischeff*, französ. Filmregisseur, *9. 10. 1909 Paris; schuf u. gestaltete selbst in den Hauptrollen Filme von eigenwilliger Komik, die bes. die moderne Zivilisation verspotten: „Schützenfest" 1949; „Die Ferien des Monsieur Hulot" 1953; „Mein Onkel" 1958; „Playtime" 1968; „Trafic" 1971.

Tatian, syr. Kirchenschriftsteller des 2. Jh.; anfangs in Rom, um 150 Christ (Schüler Justins des Märtyrers), später im Orient angeblich Stifter der gnost.-rigorist. Sekte der *Enkratiten*, die Wein- u. Fleischgenuß verwarfen (unhistorisch). Verfasser einer syrisch oder griech. geschriebenen Evangelienharmonie *(Diatessaron)*, die im 6. Jh. ins Latein. übersetzt wurde. Die ahd. Übersetzung des Diatessaron (kurz T. genannt), die um 830 im Kloster Fulda entstand u. heute in St. Gallen aufbewahrt wird, ist eines der wichtigsten frühen dt. Sprachdenkmäler.

tätige Reue →Rücktritt (2).

Tätigkeitsform, *Grammatik:* = Aktiv.

Tätigkeitswort →Verbum.

Tatkreis, die Mitarbeiter u. Anhänger der polit.-kulturellen Monatszeitschrift „Die Tat" (1937 eingestellt), die ab 1929 zum geistigen Mittelpunkt eines Teils der jungen nationalist. Intelligenz Deutschlands wurde. Chefredakteur war H. *Zehrer*, wichtige Mitarbeiter Ferdinand *Fried* (Pseudonym für F. F. *Zimmermann*, *1898, †1967; Wirtschaft), Giselher *Wirsing* (*1907; Außenpolitik) u. E. W. *Eschmann* (auch unter dem Pseudonym Leopold *Dingräve*, Soziologie). Innenpolit. Ziel des T.es war ein sozial ausgerichteter dt. Nationalstaat mit autoritärer Regierung u. ständischer Gliederung. Außenpolit. wurde die Zerstörung der Versailler Friedensordnung u. eine dt. Führungsstellung in einem föderativ zu gestaltenden Ostmittel- u. Südosteuropa angestrebt. Ungewollt wurde der T. ein Wegbereiter des Nationalsozialismus. Nach dem 2. Weltkrieg fanden sich mehrere Mitglieder des T.es (Zehrer, Fried) in der Redaktion der Tageszeitung „Die Welt" zusammen.

Tatler, „The T." [ðə ˈtætlə; engl., „Der Plauderer"], 1709–1717 von J. *Addison* u. R. *Steele* hrsg. moralische Wochenschrift in London.

Tatlin, Wladimir, russ. Bildhauer, *1885 Charkow, †1953 Moskau; einer der Hauptmeister der russ. Revolutionskunst; begann 1913/14 die Reihe seiner „Reliefbilder", schuf seit 1915 „Konterreliefs", sockellose schwebende Konstruktionen aus Eisen, Glas u. Metall, 1919 ein kühnes Projekt für ein „Denkmal der III. Internationale".

Tatoga, den *Nandi* verwandter niloto-hamit. Stamm in Tansania, südwestl. des Manyarasees; Viehzüchter.

Tatra: Hohe Tatra, von Zakopane (Ortsteil Głodówka) aus; in der Mitte die Gerlsdorfer Spitze

Tatort, der Ort, an dem eine Straftat begangen wurde; von Bedeutung für die Anwendbarkeit des materiellen Strafrechts der BRD (→internationales Strafrecht) u. für die örtliche Zuständigkeit des Gerichts (§ 7 StPO). T. ist jeder Ort, an dem der Täter gehandelt hat oder im Fall des Unterlassens hätte handeln müssen oder an dem der tatbestandsentsprechende Erfolg eingetreten ist oder eintreten sollte (§ 9 StGB). – Österreich: Die rechtl. Bedeutung des T.s ergibt sich aus § 51 StPO. In der Schweiz trifft das StGB in den Art. 3–7 Regelungen hinsichtlich des T.s, die denen der BRD ähnlich sind.

tätowieren, populär für *tatauieren.*

Tatra, tschechoslowak.-poln. Hochgebirge, höchster Teil der Westkarpaten; besteht aus den nördl. der Waag gelegenen Bergzügen der *Liptauer T., Westl. T., Hohen T.* u. *Belaer T.* (von W nach O), in der *Gerlsdorfer Spitze* 2663 m; südl. der Waag die *Niedere T.* Waldreich, Spuren eiszeitl. Vergletscherung; zahlreiche seenerfüllte Kare („Meeraugen"); Fremdenverkehr; auf poln. u. tschechoslowak. Seite Nationalpark (tschechoslowak. Teil 570 qkm, poln. Teil 180 qkm). Zentrum der poln. T. ist Zakopane. Im MA. im S teilweise von dt. Kolonisten (Sachsen) besiedelt: Käsmark, Zips.

Tatralomnitz, slowak. *Tatranská Lomnica,* Ort in der Tschechoslowakei, am Fuß der Hohen Tatra, 1800 Ew.; Fremdenverkehr, Wintersport.

Tatsching, Zentrum eines chines. Erdölförderungsgebiets in der Prov. Heilungkiang (Mandschurei), Raffinerie seit 1965.

Tattersall [engl. 'tætəsɔːl; der; nach dem engl. Trainer Richard *T.,* † 1795], geschäftl. Unternehmen für Pferdesport u. -auktionen; Reitschule mit Reitbahn u. Pferdeställen.

Tatti, Jacopo →Sansovino (2).

Tat twam asi [sanskr., „das bist du"], knappste Aussage des religiösen Grundprinzips der Upanischaden u. anderer ind. Lehrsysteme; gemeint ist das Einssein des individuellen Selbst *(Atman)* mit *Brahman,* dem Selbst der Welt.

Tatum ['teitəm], **1.** Art (Arthur), afroamerikan. Jazzmusiker (Pianist), *13. 10. 1910 Toledo, Ohio, † 4. 11. 1956 Los Angeles; seit 1933 Solopianist, seit 1934 auch kleine Ensembles; von Fats *Waller* ausgehend, setzte er als Jazzpianist von großer Virtuosität neue Maßstäbe.

2. Edward Lawrie, US-amerikan. Biologe u. Genetiker, *14. 12. 1909 Boulder, Colo., † 5. 11. 1975 New York; erhielt für Arbeiten zur Biochemie der Gene (Steuerung der Eiweißsynthese durch Gene) gemeinsam mit G. W. *Beadle* u. J. *Lederberg* den Nobelpreis für Medizin 1958.

Tatung, chines. Stadt in der Prov. Schansi, 300 000 Ew.; Maschinen- u. Lokomotivbau. – Unter der Ming-Dynastie zur Festung ausgebaut (nahe der Chines. Mauer); die Festungsmauern von 1372 vollständig erhalten.

Tatzelwurm →Lintwurm.

Tatzen, die Füße des Bären (auch *Pranken*).

Tatzlagermotor, ein →Fahrmotor in Eisenbahntriebfahrzeugen, dessen eine Seite mit der *Tatze* (einem tatzenartigen Vorsprung) ungefedert auf der Achswelle ruht, während die andere Seite über eine Feder im Fahrzeugrahmen befestigt ist.

Tau, *τ, T,* 19. Buchstabe des griech. Alphabets.

Tau, 1. [der], *Meteorologie:* Niederschlag von Wassertropfen aus den bodennahen Luftschichten am Erdboden (an Gräsern, Sträuchern, auf Dächern u. a.), entsteht infolge nächtl. Strahlungsabkühlung, bei wenig bewölktem Himmel u. Windstille; in Trockengebieten ausreichend für geringes Pflanzenleben, in Mitteleuropa nur einige Zehntel Millimeter in einer Nacht.

2. [das], *Schiffahrt: Tauwerk,* aus mehreren geteerten Garnen zusammengedrehtes Seil über ca. 20 mm Durchmesser.

Tau, Max, Schriftsteller, *19. 1. 1897 Beuthen, † 13. 3. 1976 Oslo; emigrierte 1938, seit 1945 Cheflektor in Oslo; Hrsg. der „Friedensbücherei"; Romane: „Denn über uns ist der Himmel" 1955; „Glaube an die Menschen" norweg. 1946, dt. 1948; Autobiographien „Das Land, das ich verlassen mußte" 1961; „Ein Flüchtling findet sein Land" 1964; „Auf dem Weg zur Versöhnung" 1968. Friedenspreis des Dt. Buchhandels 1950.

taub, 1. *Bergbau:* nicht erzhaltig (taubes Gestein).

2. *Medizin:* an →Taubheit leidend.

Taubaté, Stadt in São Paulo (Brasilien), 70 000 Ew. (als Munizip 85 000 Ew.); Textil-, Nahrungsmittel- u. Verbrauchsgüterindustrie.

Taube, Otto Frhr. von, Schriftsteller, *21. 6. 1879 Reval, † 1. 7. 1973 Gauting; kam von einer ästhet. zu einer eth.-prot. Haltung. Lyrik; Romane: „Minotaurus" 1959 u. a.; Novellen, Märchen, Erinnerungen.

Tauben, *Taubenvögel, Columbiformes,* eine Ordnung der *Vögel,* die mit rd. 310 Arten weltweit verbreitet ist; amsel- bis gänsegroße Wald-, z. T. Fels- oder Bodenbewohner; oft gewandte Flieger. Der Schnabel ist an den Nasenlöchern blasig aufgetrieben. Typisch für alle T. ist ihre Trinkweise, bei der sie nicht in üblicher Manier nach jedem Schluck den Schnabel hochheben müssen, sondern ihn eingetaucht lassen u. die Flüssigkeit hochpumpen. Das Gelege besteht aus 2 Eiern (in den Tropen oft 1). Die Jungen schlüpfen als blinde Nesthocker u. werden mit einem milchigen Sekret gefüttert, das im Kropf der Eltern erzeugt wird („Kropfmilch"). Zu den T. gehören die Familien der *Flughühner,* der *T. i. e. S.* u. der *Dronten.* Zu den *T. i. e. S., Columbidae,* zählen u. a. die einheim. *Ringeltaube, Hohltaube, Türkentaube* u. *Turteltaube,* ferner eine große Anzahl beliebter Volierenvögel, z. B. *Lachtaube, Streptopelia roseigrisea,* aus Nordostafrika, *Dolchstichtaube, Gallicolumba luzonica,* von Luzón u. das *Diamantentäubchen, Geopelia cuneata,* aus Australien. Bekannt aus zoolog. Gärten sind außerdem die *Fruchttaube* u. die *Krontaube.* Von der *Felsentaube* stammen über 100 Haustaubenrassen ab, die sich nach Größe, Form, Federeigenheiten, Farbe u. Haltung unterscheiden. →auch Brieftauben.

Taubenfederling, *Columbicola columbae,* bis 2 mm langer schmaler *Federling,* sehr häufig im Gefieder der Haustauben, fälschlich als „Taubenlaus" bezeichnet.

Taubenkropf, *Cucubalus,* nur in einer Art *(Cucubalus baccifer)* in Dtschld. vorkommende Gattung der *Nelkengewächse* mit grünlichen Trugdolden.

Taubenschwänzchen, *Macroglossa stellatarum,* ein *Schwärmer* von 5 cm Spannweite, der bei Tage fliegt u. im Schwirrflug mit langem Saugrüssel den Honig aus Röhrenblüten saugt. Am Körperhinterende sind vogelschwanzähnl. Haare. Die grünweiß punktierte Raupe frißt an Labkrautarten.

Taubenskabiose →Skabiose.

Taubenstößer = Sperber.

Taubenzecke, *Argas reflexus,* zu den *Lederzekken* gehörende *Milbe,* ist in den Ritzen der Taubenschläge zu finden, saugt nachts Blut von Tauben, befällt aber auch Hühner, Gänse u. Enten, bei Nahrungsmangel auch Menschen, stirbt dann aber spätestens 9 Tage nach der Blutaufnahme.

Tauber [die], linker Nebenfluß des Main, 120 km, entspringt an der Frankenhöhe, durchfließt zwischen Rothenburg u. Mergentheim den Taubergrund, mündet bei Wertheim.

Tauber, Richard, eigentl. Ernst *Seiffert,* österr. Sänger (Tenor), *16. 5. 1891 Linz, † 8. 1. 1948 London; wirkte seit 1938 in London, bes. Mozart-Sänger; widmete sich später der Operette (F. *Lehár*); schrieb Operetten u. Filmmusiken.

Tauberbischofsheim, baden-württ. Stadt an der Tauber, 12 600 Ew.; Schloß (15./16. Jh.); Maschinen-, Textil- u. Möbelindustrie; Verwaltungssitz des *Main-Tauber-Kreises:* 1305 qkm, 122 000 Ew.

Taubergrund, das Tal der Tauber unterhalb von Rothenburg.

Taubheit, *Surditas,* Gehörlosigkeit, ererbt oder erworben durch Erkrankungen (meist Entzündungen) des Innenohrs oder der Hörnerven u. durch Verletzungen; kommt einseitig oder doppelseitig vor, wobei die einseitige T. das Hörvermögen weniger beeinträchtigt; dagegen führt die angeborene oder frühzeitig erworbene vollständige T. zu Stummheit (→Taubstummheit).

Täubling, *Russula,* Gattung der *Blätterpilze* mit mürbe-brüchigem Fleisch, bunten Hutfarben u. brüchigen Lamellen. Alle mildschmeckenden T.e sind eßbar, die scharf- oder bitterschmeckenden oder unangenehm riechenden Arten sind ungenießbar. Zu den T.en gehören die wohlschmekkende *Speise-T., Russula vesca,* u. der giftige *Spei-T. (Speiteufel, Russula emetica).*

Taubnessel, *Lamium,* artenreiche Gattung der *Lippenblütler* Europas, Nordafrikas u. des gemäßigten Asiens. Unkräuter: *Rote T., Lamium purpureum; Weiße T., Lamium album; Stengelumfassende T., Lamium amplexicaule;* in feuchten Gebüschen u. Wäldern die großblütigen Arten: *Gefleckte T., Lamium maculatum; Gelbe T. (Goldnessel, Lamium galeobdolon).*

Taubstummenerziehung, eine Aufgabe des öffentl. Sonderschulwesens (bes. Kindergärten, Kurse, Schulen u. Berufsschulen). Ziel ist eine Sprechfertigkeit, die dem Gehörlosen den Weg in den Beruf eröffnet. In Europa hat sich die Methode des Leipziger Taubstummenlehrers S. *Heinicke* durchgesetzt, bei dem die Schüler die Laute vom Mund des Lehrers ablesen u. nachformen lernen.

Taubstummheit, *Surdomutitas,* Unvermögen des Hörens u. Sprechens; besteht bei angeborener oder vor dem 7. Lebensjahr erworbener Taubheit. →Taubstummenerziehung.

Taucha, Stadt im Krs. u. Bez. Leipzig, nordöstl. von Leipzig, 14 850 Ew.; Maschinen-, Pelz-, Leder- u. chem. Industrie.

Tauchenten, *Aythyini,* Unterfamilie der *Enten,* die im Unterschied zu den *Schwimmenten* bei der Nahrungssuche ganz untertauchen. Sie sind dazu durch einen kurzen, tief im Wasser liegenden Körper befähigt. Bekannteste einheim. Arten: *Tafelente, Reiherente, Moorente (Aythya nyroca)* von leuchtendbrauner Färbung, *Bergente (Aythya marila),* schwarz-weiß gefärbt, u. die rotköpfige *Kolbenente (Netta rufina).* Verwandt sind die *Meertauchenten.*

Taucher, 1. *Seewesen:* ein Arbeiter, der mit Hilfe von Tauchgeräten Unterwasserarbeiten ausführt, z. B. Instandsetzung von Wasserfahrzeugen, Kaianlagen, Wehren u. a. *Nackt-T.* (z. B. Perlenfischer) tauchen 2–3 min auf Tiefen von etwa 6–30 m; mit Atmungsgerät ist ein längerer Aufenthalt möglich. – Für größere Tiefen u. bei längerem Aufenthalt werden Tauchgeräte benutzt. Der *T.anzug* ist aus doppeltem Baumwollzeug mit zwischenliegender Gummiplatte gefertigt u. vollständig wasserdicht. Der Halsteil des Anzugs hat einen Flansch, auf den mit Hilfe von Bolzen ein kugelartiger kupferner Helm aufgeschraubt wird, der zur Sicht mit 4 Fenstern versehen ist. Zur Beschwerung des T.s dienen Brust- u. Rückengewicht (je 17 kg) sowie Schuhe mit verzinkten Eisensohlen (etwa 21 kg je Paar). Eine T.ausrüstung wiegt rd. 300 kg. Die Luftzufuhr erfolgt entweder durch Pumpen über einen Schlauch oder durch Sauerstoff-(u. Preßluft-)Flaschen, die, ebenso wie der Patronenkasten, der Alkalipatronen zur Reinigung der verbrauchten Luft enthält, auf dem Rücken getragen werden. Die Signalgebung geschieht durch eine Leine oder durch Fernsprecher. Mit dieser Ausstattung kann der T. bis zu 3 Stunden in einer Tiefe von 40–60 m arbeiten. Bei Tiefen über 120 m ist nur ein Aufenthalt von wenigen Minuten u. ohne Arbeit möglich. – Das *Panzer-T.gerät* besteht aus stahlrohrartigen Gliedern, die miteinander mit wasserdichten Gelenken verbunden sind; zum Arbeiten dienen Greifzangen, die Arbeitstiefe beträgt bis 200 m; die Luftversorgung erfolgt wie beim schlauchlosen T.anzug. – Mit stählernen →Tauchkugeln können noch größere Tiefen erreicht werden. →auch Bathyskaph, Taucherglocke, Tauchsport.

2. *Zoologie:* Sammelbez. für die Vogelordnungen der *Lappentaucher* u. *Seetaucher.*

Taucherglocke, unten offener Kasten, der durch sein Gewicht auf den Grund von Gewässern sinkt. Dabei wird die Luft in der T. zusammengedrückt; Luft- u. Wasserdruck halten sich das Gleichgewicht. T.n dienen bei Wasserbauarbeiten als Arbeitsraum (→Gründung). Eine große T. ist der →Senkkasten.

Taucherkrankheit, *Caisson-, Druckfallkrankheit,* melde- u. entschädigungspflichtige Berufskrankheit, die bei (zu schnellem) Übergang aus einem *Caisson* (pneumat. Senkkasten), d. h. aus erhöhtem Druckmilieu, in Normalluftdruck entsteht, indem sich zunächst mehr Sauerstoff u. Stickstoff als normal im Blut lösen, die dann bei dem Druckabfall als Bläschen frei werden u. zu Gewebsschädigung bzw. Gasembolie führen.

Tauchkugel, bemannte Kugel zur Erforschung der Tiefsee. Der Amerikaner O. *Barton* entwikkelte 1930 die *Bathysphäre,* eine stählerne Kugel mit Quarzglasfenstern u. Scheinwerfern, die an einer Stahltrosse hinabgelassen werden konnte. 1934 drangen Barton u. W. *Beebe* bis zu einer Tiefe von 923 m vor u. veröffentlichten Beobachtungen über die →Tiefseefauna. 1948 tauchte Barton mit einer anderen Kugel bis 1372 m. →auch Bathyskaph, Tiefseeforschung. – Ⓑ S. 342.

tauchlackieren, einen Lacküberzug durch Eintauchen herstellen.

tauchläppen, Metalloberflächen zur Verbesserung spanend bearbeiten; dabei wird das Werkstück in ein strömendes Gemisch aus einem sehr feinkörnigen Schleifmittel u. einer Flüssigkeit eingetaucht. →auch läppen.

Tauchnitz Verlag, *Bernhard T. V.,* Stuttgart,

Tauchpapier

Tauchkugel: Tiefseeschiff „Trieste" der US-Marine mit der darunterhängenden Tauchkugel „Bathyscaph"

gegr. 1837 in Leipzig von Christian Bernhard *Tauchnitz* (*1816, †1895), seit 1952 in Stuttgart; gibt neben Wörterbüchern u. anglist. Werken seit 1841 die „Collection of British and American Authors", kurz „Tauchnitz-Edition", heraus.

Tauchpapier, Seiden-, Krepp- oder Umschlagpapier von bes. intensiver Färbung; nicht in der Masse gefärbt oder gestrichen, sondern auf Tauchfärbemaschinen eingefärbt. Weißes ungeleimtes Papier läuft dabei durch eine Farbstofflösung.

Tauchsieder, elektr. Gerät zum Erhitzen von Flüssigkeiten (außer Milch); besteht meist aus einem spiralig gewundenen Metallrohr, in das der Heizleiter keramisch isoliert eingebettet ist; in Ausführungen (je nach Leistung) von 100 bis 1000 Watt im Haushalt verwendet, für den Industriegebrauch bis 6 kW.

Tauchsport, *Sporttauchen,* das Schwimmen unter Wasser mit Hilfe von Tauchgeräten. Die „ABC-Ausrüstung" besteht aus Schnorchel, Tauchmaske u. Schwimmflossen, ferner verwendet man Sauerstoff-Atemgeräte, Taucherschutzanzug, Druck- u. Tiefenmesser u. a. T. wird vorwiegend als Urlaubs- u. Freizeitsport betrieben. Es gibt jedoch auch Wettbewerbe in der Unterwasserjagd auf Fische mit Harpunen sowie im Tief-, Strecken- u. Orientierungstauchen in Freigewässern, u. Flossenschnell-u. Transportschwimmen in Bädern. Beim Tieftauchen muß bes. auf den Druckfall im Wasser beim Auftauchen geachtet werden, der sonst zur →Taucherkrankheit führen kann. →auch Taucher.
Organisation: In der BRD *Verband Dt. Sporttaucher,* gegr. 1954, Sitz Hamburg, rd. 14 000 Mitglieder. – In Österreich: *T.verband Österreichs,* Klagenfurt, rd. 1700 Mitglieder; in der Schweiz: *Schweizer Unterwassersport-Verband,* Lausanne, rd. 2500 Mitglieder.

Tauchverfahren, ein Holzschutzverfahren, bei dem das Holz in das flüssige →Holzschutzmittel eingetaucht wird.

Tauenpapier, scharf satiniertes Packpapier, meist holzfrei, in Gewichten von 80–130 g/qm; früher aus Manila-Tauen hergestellt.

Tauern, 1. Gebirgsgruppen der Zentralalpen in Österreich: *Hohe Tauern, Niedere Tauern.* **2.** unvergletscherte Paßübergänge in den Zentralalpen östl. der Brennerfurche, z.B. Krimmler T., Felber T., Radstädter T. (auch T.-Paß).

Tauernkraftwerk Glockner-Kaprun →Kapruner Tal.

Taufe, weitverbreiteter religiöser Reinigungs- u. Einweihungsritus. – In den christl. Kirchen erstes der →Sakramente, durch das der Mensch in die christl. Gemeinschaft aufgenommen u. mit Christus verbunden wird, daher heilsnotwendig; wird nach Matth. 28,19 im Namen des Dreieinigen Gottes durch dreimaliges Begießen (lat. *infusio*) oder Besprengen (lat. *aspersio*) des Kopfes mit Wasser (das nach kath. Auffassung geweiht sein muß) gespendet, bei einzelnen Gruppen (z.B. Baptisten) auch durch Untertauchen des Täuflings (lat. *immersio*; *Immersions-T.*). Nach kath. Verständnis bewirkt die T. ein unauslöschliches Merkmal der Zugehörigkeit zu Christus, die Kindschaft (Gnade) Gottes, Vergebung aller der T. vorausgegangenen Sünden, bes. der Erbsünde, u. den Erlaß aller Sündenstrafen. Nach ev. Lehre ist T. persönl. Zueignung des durch Christus erworbenen Heils, d. h. die sündenvergebende Gnade Gottes, deren schon das Kind bedarf. T. ist Wiedergeburt zu einem neuen, gottgefälligen Sein. Wieweit im bibl. Zeugnis von der T. eines „Hauses" (1. Kor. 1,16; Apg. 16,15 u. 33) die der Kinder mitgemeint ist, ist umstritten, ebenso in letzter Zeit in der ev. Theologie die Berechtigung der Kinder-T. Nach ev. Auffassung gehört zur T. Glaube, im Fall der Kinder-T. erfolgt die glaubende Zustimmung stellvertretend durch Eltern u. Paten. Seit dem 3. Jh. setzte sich die Kinder-T. in ausdrücklicher Form allgemein durch. Im allg. wird die T. nur von Geistlichen gespendet, sie kann aber im Notfall (Todesgefahr) von jedem Christen vollzogen werden; dann als →Nottaufe bezeichnet. Die Gültigkeit der T. ist nicht an eine bestimmte Glaubensrichtung gebunden; ist die T. einmal mit Sicherheit korrekt vollzogen, braucht sie auch bei Konversion nicht wiederholt zu werden, im Gegensatz zu den Wiedertäufern (→auch Mennoniten), die die T. grundsätzlich im Erwachsenenalter wiederholen bzw. erst spenden. – ▫ 1.8.0 u. 1.9.0.
T. Christi (Mark. 1,9; Matth. 3,13; Luk. 3,21): Darstellungen der frühchristl. u. mittelalterl. Kunst zeigen Christus bis zu den Hüften im Jordan stehend, zu seinen Häupten Gottvater u. die Taube, zu seinen Seiten Johannes der Täufer u. Engel mit Tüchern zum Abtrocknen. Auf nachmittelalterl. Bildern gießt Johannes, wie es im Taufritus üblich wurde, Wasser aus einer Schale über Christi Haupt.

Täufer →Wiedertäufer.

Taufik al-Hakim →Hakim.

Taufkirche = Baptisterium.

Taufliegen, *Drosophilidae,* Familie cyclorapher *Fliegen,* deren Larven sich in gärenden Flüssigkeiten (z.B. Essig, Wein, Bier, Fruchtsäften) oder überreifem Obst entwickeln. Zu den T. gehören *Drosophila melanogaster,* Essigfliegen.

Taufname, bei der christlichen Taufe erteilter Vorname.

Taufstein, *Taufbecken,* Behälter aus Holz, Stein oder Metall, meist kunstvoll gearbeitet, der das (in der kath. Kirche geweihte) Wasser für die Taufe enthält. Vorläufer des T.s war der *Taufbrunnen.*

Taufstein, höchste Erhebung im Vogelsberg (Hessen), 774 m, sehr gute Fernsicht.

Tauglichkeitsgrade, durch beamtete Musterungsärzte oder Sanitätsoffiziere festgestellte Grade der Wehrdiensteignung; man unterscheidet bei der Bundeswehr: *wehrdienstfähig, vorübergehend nicht wehrdienstfähig, nicht wehrdienstfähig.* Wehrdienstfähige Wehrpflichtige sind nach Maßgabe des ärztl. Urteils *voll verwendungsfähig, verwendungsfähig mit Einschränkung für bestimmte Tätigkeiten* oder *mit Einschränkung in der Grundausbildung u. für bestimmte Tätigkeiten.*

Tauler, Johannes, Mystiker, *um 1300 Straßburg, †16. 6. 1361 Straßburg; Dominikaner; vielleicht Schüler Meister *Eckharts,* neben diesem u. H. *Seuse* der bedeutendste dt. Mystiker (prakt.-eth. ausgerichtet); wirkte in Straßburg, Basel u. Köln. Seine Sprachkraft tritt bes. in seinen Predigten hervor (Einfluß auf die Erbauungsliteratur); daneben sind Briefe u. Traktate überliefert.

Taulipang, *Karaiben-*Indianerstamm (rd. 1500 Zugehörige) in Brasilien u. Guayana, Maniokpflanzer u. Jäger; in Sippenhäusern (Rundhütten mit Kegeldach); mit Ohr- u. Lippenschmuck, Bogen u. Blasrohr (mit Giftpfeilen).

Taumelkäfer, *Drehkäfer, Gyrinidae,* eine Schwimmkäferfamilie, deren Angehörige auf dem Wasser kreisende Drehbewegungen beschreiben u. bei Gefahr rasch untertauchen; an Land ohne Laufvermögen; leben räuberisch, der 5 mm lange blauschwarz glänzende *Gyrinus natator.*

Taumelscheibe, eine ebene, runde Scheibe, die um ihre Mitte rotiert, wobei die Scheibenebene nicht rechtwinklig zur Drehachse steht; wandelt mit geeigneten Übertragungselementen eine Drehbewegung in eine periodische Hubbewegung um. Verwendet in mechan. Getrieben. Steuerungen (z.B. Blattverstellung bei Hubschrauberrotoren).

Taunay ['tɔnɛ:], Alfredo d'Escragnolle, Visconde de, Pseudonym Sílvio *Dinarte,* brasilian. Schriftsteller, *22. 2. 1843 Rio de Janeiro, †25. 1. 1899 Rio de Janeiro; gehörte zu den Bahnbrechern des Realismus in Brasilien.

Taunggyi ['taundʒi], Hptst. des halbautonomen Schanstaates in Birma, 1666 m ü.M., 20 000 Ew.

Taunton ['tɔːntən], Hptst. der südwestengl. Grafschaft *Somerset,* 37 400 Ew.; mittelalterl. Burg (12. Jh.), got. Kirche; Strumpfwarenherstellung.

Taunus, südöstl. Teil des Rhein. Schiefergebirges, zwischen Rhein u. Main im W u. S, Lahn im N u. der Wetterau im O; rd. 75 km lange, 35 km breite Hochfläche mit höherem Rücken im S (*Die Höhe*) u. langsamem Absinken nach N zur Lahn; die *Idsteiner Senke* teilt den westl. vom östl. Teil des T.; im *Großen Feldberg* 880 m, im *Altkönig* 798 m; auf der Hochfläche Waldwirtschaft, in den Tälern Akkerbau, am westl. Südhang Weinbau (Rheingau); weltbekannte, klimatisch günstige Badeorte mit heilkräftigen Quellen.

Taunusstein, Stadt im Rheingau-Taunus-Kreis (Hessen), 25 400 Ew.; Maschinen- u. Musikinstrumentenbau; ehem. Benediktinerkloster (8. Jh.).

Taupunkt, die Temperatur einer Gasmenge, bes. der Luft, bei der der in ihr enthaltene Wasserdampf zur Sättigung (100%) gerade ausreicht. Bei Luftabkühlung unter den T. kondensiert die Feuchtigkeit; es entstehen Niederschläge (Tau, Reif), Wolken oder Nebel. Durch Bestimmung des T.s kann die Luftfeuchtigkeit ermittelt werden. Auch der Gehalt anderer dampfförmiger Stoffe läßt sich durch Messen des T.s bestimmen.

Tauriden, Fortsetzung der →Dinariden in der Türkei.

Taurin [das], β-Aminoäthansulfonsäure, eine aliphat. Sulfonsäure, $H_2N-CH_2-CH_2-SO_3H$; wird aus Äthylenoxid gewonnen u. ist z.B. Methyl-T. Bestandteil synthet. Waschmittel. In der Natur als Baustein der Rindergalle.

Taurisker, kelt. Volksstamm im Tauerngebiet, unter *Augustus* von den Römern unterworfen.

Tauroboʹlium [das; grch.], Bluttaufe bei der Mysterienweihe (z.B. des Mithras-, Attis- u. Kybele-Kults) durch ein Stieropfer. →Stierdienst.

Tauroggen, lit. *Taurage,* Stadt in der westl. Litauischen SSR (Sowjetunion), 17 000 Ew.; Nahrungsmittel-, Keramikröhren- u. Holzindustrie. In der *Konvention von T.,* geschlossen am 30. 12. 1812 in der Poscheruner Mühle bei T. zwischen dem preuß. General L. Graf von *Yorck* u. dem russ. (früher preuß.) General I. I. Graf von *Diebitsch-Sabalkanskij,* wurde das der französ. Armee angeschlossene preuß. Hilfskorps im russ. Feldzug Napoléons für neutral erklärt.

Taurus, rd. 1000 km langes, in geschützten Lagen oft noch im Sommer Schneefelder tragendes südtürk. Gebirge, von Karien im W bis Kurdistan im O mit Steilküste zum Mittelmeer, auf der Nordseite vielfach von trockenem Hochland, aber auch von zahlreichen Seen begrenzt, besteht aus dem *Lykischen T.* (im Bey Daglari 3086 m) im W, dem *Kilikischen T.* nördl. der Kilikischen Ebene (im *Kaldidağ* 3734 m) u. dem *Anti-T.* (im *Bimboge Dag* 2940 m); nur vereinzelt in Pässen von Straßen, Bahnen u. Pipelines gequert. – ▫ →Türkei.

Taus, Josef, österr. Politiker (ÖVP), *8. 2. 1933 Wien; Bankkaufmann; 1975–1979 Obmann (Vors.) der ÖVP.

Tausalz, *Streusalz, Viehsalz,* gemahlenes Steinsalz, das aus steuerl. Gründen vergällt ist (z.B. mit Eisenoxid), um es vom besteuerten Speisesalz zu unterscheiden. Mit T.en werden im Winter die Straßen bestreut, um sie eisfrei zu halten.

Tausch, primitive Form der Güterübertragung;

Taufstein mit der Darstellung der Taufe Christi; 12. Jh. Lüttich, St.-Barthélemy

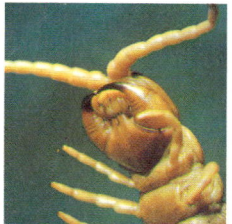

Tausendfüßler: Kopf mit Beißwerkzeugen (oben links). – Beinpaare eines Doppelfüßlers (oben rechts). – Gürtelskolopender, Scolopendra cingulata (unten)

wechselseitige Übergabe von Waren, Geschenken u. ä.; rechtl. ein gegenseitiges Rechtsgeschäft, auf das die Vorschriften über den *Kauf* entspr. Anwendung finden (§ 515 BGB); ebenso in der Schweiz nach Art. 237 OR, jedoch mit einer besonderen Gewährleistungsvorschrift in Art. 238 OR. In Österreich ist der T. in §§ 1045–1052 ABGB unabhängig vom Kaufrecht ausführl. u. teilweise abweichend geregelt.

Tauschehe, *Frauentausch,* richtiger *Tauschheirat,* eine bei Wildbeutern (Australier, Pygmäen) häufigere Form der Eheschließung, bei der als Ersatz für das aus der Gruppe (Familie, Sippe) als Wirtschaftseinheit scheidende Mädchen gleichzeitig eine Schwester oder nahe Verwandte des Bräutigams in die Gruppe der Braut verheiratet wird. Ähnlich tritt *Frauenraub* bzw. *-kauf* in anderen Wirtschaftsstufen auf.

Tauschhandel, eine Form des Warentauschs bei Stämmen, die noch keine Geldwirtschaft kennen.

Tauschierung [arab., ital.], Einlegearbeit von Edelmetalldrähten (Gold, Silber) in weniger wertvolles Metall, wie Bronze u. Eisen, aus dem zu diesem Zweck Rillen herausgeätzt werden. Die Kunsttechnik der T. wurde bereits im Altertum, dann von den arab. Völkern u. in Europa während der Renaissance geübt, bes. bei der Herstellung von Prunkwaffen, liturg. Gerät u. ä.

Täuschung →arglistige Täuschung, →Betrug.

Tauschwert, *Verkehrswert,* Einschätzung eines Gutes im Vergleich zu einem anderen oder der Gesamtheit aller Güter; in Geld ausgedrückt = Preis. Gegensatz: *Gebrauchswert* (Einschätzung nach dem Nutzen des Gutes).

Tauschwirtschaft, *Verkehrswirtschaft,* eine Wirtschaftsform, die im Gegensatz zur *Hauswirtschaft* nicht den gesamten Bedarf durch eigene Produktion deckt, sondern die der Waren bzw. Arbeit zwischen den einzelnen Wirtschaftseinheiten getauscht werden bei gleichzeitiger Spezialisierung (auf bestimmte Waren) der Wirtschaftseinheiten; kann in Form der *Naturalwirtschaft* oder der *Geldwirtschaft* auftreten.

Tausendblatt, *Myriophyllum,* einzige bei uns heim. Gattung der *Tausendblattgewächse,* Wasserpflanzen mit fein fiederteiligen Blättern; in stehenden Gewässern u. Gräben findet sich das *Ähren-T., Myriophyllum spicatum,* in Sümpfen das *Quirlblätterige T., Myriophyllum verticillatum,* u. auf kalkarmen Seen u. Tümpeln *Myriophyllum alterniflorum.*

Tausendblattgewächse, *Halorhagaceae,* Familie der *Myrtales,* Wasserpflanzen. Zu den T.n gehören das *Riesenblatt* u. das *Tausendblatt.*

Tausendfüßler, *Myriapoda,* Klasse der *Gliederfüßer.* Der Rumpf der T. besteht aus einer großen Zahl fast gleichartiger Segmente, die fast alle ausgebildete Laufbeinpaare tragen; die Zahl der Beine überschreitet 700 nicht. Die T. sind meist langgestreckte, drehrunde oder abgeplattete Tiere, die an feuchten, dunklen Orten von Pflanzen oder Tieren bzw. deren Zerfallsstoffen leben. Die T. werden unterteilt in die Unterklassen der *Hundertfüßler, Doppelfüßler, Wenigfüßler* u. *Zwergfüßler.* Nach der Lage der Geschlechtsöffnung am Körperende werden die Hundertfüßler auch als *Opisthogoneata* bezeichnet u. im Gegensatz dazu die Zwerg-, Doppel- u. Wenigfüßler unter dem Begriff der *Progoneata* zusammengefaßt.

Tausendgüldenkraut, *Centaurium,* ein *Enziangewächs* der nördl. gemäßigten Zone mit rosa oder fleischroten Blüten. In Dtschld. findet sich auf Waldblößen u. Triften das *Echte T., Centaurium umbellatum,* auf salzhaltigen Wiesen der Küste das *Strand-T., Centaurium vulgare,* u. auf feuchten Wiesen das *Ästige T., Centaurium pulchellum.*

Tausendjähriges Reich, ein religiöser Begriff (→Millennium), der gelegentl. auch von Anhängern u. (spöttisch) von Gegnern zur Bez. des nat.-soz. Dtschld. gebraucht wurde.

Tausendschön →Gänseblume (1).

Tausendundeine Nacht, arab. *Alf laila wa-laila,* arab. Erzählsammlung mit über 300 Märchen, Legenden, Anekdoten, Parabeln, Gedichten u. a., von einer Rahmenhandlung zusammengehalten: Um sich für die Untreue seiner Gattin zu rächen, heiratet der König von Samarkand jeden Abend eine andere Frau u. tötet sie am Morgen. Die kluge Tochter des Wesirs, *Scheherezade,* hält den König durch fesselnde Erzählungen von seinem Vorhaben ab u. ändert seinen Sinn. Trotz unterschiedl., z. T. indischer Herkunft (8. Jh., im 10. Jh. ins Persische übertragen) sind die um die Gestalt *Harun-al Raschids* gerankten Märchen von arab.-islam. Geist durchdrungen. Die bekanntesten Märchen sind *Sindbad der Seefahrer, Aladdin u. die Wunderlampe, Ali Baba u. die 40 Räuber.* Bis ins 16. Jh. wurde die Sammlung erweitert u. geändert. Dt. Übersetzung von E. *Littmann,* 6 Bände 1923 bis 1928.

Tausendundein Tag, Sammlung oriental. Märchen in der Art von „Tausendundeine Nacht"; wahrscheinl. im 16. Jh. in Indien zusammengestellt, später türkisch, dann persisch bearbeitet. 1675 erhielt der französ. Orientalist *Pétis de la Croix* ein pers. Manuskript u. übersetzte es ins Französische („Les mille et un jours" 1710–1712, bearbeitet von A. R. *Lesage,* dt. 1925). Da das pers. Original vorlorengeing, wurde Pétis de la Croix (vermutl. zu Unrecht) der Fälschung bezichtigt. Die Sammlung enthält u. a. das Märchen von der Prinzessin *Turandot.*

Taut, 1. Bruno, (Bruder von 2), Architekt, *4. 5. 1880 Königsberg, †23. 12. 1938 Ankara; wirkte seit 1932 in der Sowjetunion, seit 1933 in Japan, seit 1936 in der Türkei (Istanbul); schuf bes. Schul- u. Wohnbauten sowie größere Siedlungskomplexe (Hufeisensiedlung Berlin-Britz, 1925/26; Berlin-Eichkamp, 1925/26; Berlin-Zehlendorf, 1931). **2.** Max, Architekt u. Schriftsteller, *15. 5. 1884 Königsberg, †26. 2. 1967 Berlin; zählt mit seinen Bauten (Bürohaus des Gewerkschaftsbunds, 1922/23; Rentner-Siedlung, Berlin, 1947/48, u. a.) zu den Pionieren der modernen Architektur.

Tautazismus [grch.], unschön klingende Häufung gleicher oder ähnl. Laute.

Tautenburg, kleiner Ort rd. 15 km nordöstl. von Jena, beherbergt eine der größten dt. Sternwarten mit einem 2-m-Spiegelteleskop.

tauto... [grch.], Wortbestandteil mit der Bedeutung „dasselbe, das gleiche".

Tautogramm [das; grch.], ein Vers oder ein Gedicht, dessen Wörter bzw. Verse alle mit demselben Buchstaben beginnen.

Tautologie [grch.]. **1.** *Philosophie:* in der Logik soviel wie *Zirkelschluß;* i. w. S. alle *analyt. Urteile,* bei denen Subjekt u. Prädikat sowohl der Sache wie dem Begriff nach identisch sind.
2. *Stilistik:* eine rhetorische Figur, in der bedeutungsgleiche Wörter aufgezählt werden („immer u. ewig" oder „nackt u. bloß"), so daß das zweite oder dritte Glied nichts aussagt, was nicht schon das erste Glied gebracht hätte; zu unterscheiden vom *Pleonasmus,* bei dem ein Begriff mit einem Attribut versehen wird, das selbstverständl. ist u. daher auch keine neue Aussage macht.

Tauwetterperiode, die Zeit relativer Liberalisierung in der Sowjetunion u. den Ostblockländern nach Stalins Tod (1953); benannt nach dem Roman „Tauwetter" von I. Ehrenburg (1954–1956, dt. 1957). Hauptkennzeichen: Lockerung der Parteikontrolle, vor allem auf kulturellem Gebiet; Zulassung bisher verpönter Wissenschaftsrichtungen (z. B. moderne Genetik) u. Kunstformen (z. B. innerer Monolog, Aktmalerei); Duldung einer begrenzten Kritik an der sowjet. Vergangenheit u. Gegenwart; Rehabilitierung verfemter Politiker, Intellektueller u. Künstler. Ab 1956 kam es zu erneuten Einschränkungen der Freiheit, doch erfolgte nirgends eine vollständige Rückkehr zu Verhältnissen wie vor der T.

Tauziehen, ein Wettkampf zwischen 2 nach Gewichtsklassen zusammengestellten Mannschaften, die versuchen, die gegner. Mannschaft über eine Mittellinie zu ziehen; 1912 u. 1920 olymp. Disziplin, heute nur noch Wettbewerb im Kinder- u. Jugendsport.

Tavasten, ein Stamm der →Finnen.

Tavaststjerna [-ʃerna], Karl August, finn. Schriftsteller schwed. Sprache, *13. 5. 1860 Annila bei Mikkeli, †20. 3. 1898 Pori; schrieb romant. Lyrik u. realist. Romane.

Tavčar ['tautʃar], Ivan, slowen. Schriftsteller, *28. 8. 1851 Poljana, †19. 2. 1923 Laibach; lyrisch-dramatische Novellen u. historisierende Romane.

Tavel, Rudolf von, schweizer. Schriftsteller, *21. 12. 1866 Bern, †18. 10. 1934 Bern; erzählende Werke meist in Berner Mundart.

Taveuni, drittgrößte Fidschiinsel südöstl. von Vanua Levu, 1231 m hoch, 435 qkm; regenreich, Gebirge dicht bewaldet; Kopragewinnung.

Tavoliere, Ebene im nördl. Apulien, Süditalien, 4500 qkm, intensiver Weizenanbau.

Taxameter [das; lat. + grch.], geeichtes Zählwerk in Kraftdroschken, das aufgrund der Kilometerzahl den Fahrpreis angibt; auch das Fahrzeug selbst: *T., Taxe, Taxi.*

Taxe [die; lat.], **1.** *allg.:* durch einen *Taxator* öffentl. festgesetzter Preis; Wertschätzung; Gebühr.
2. *Kraftfahrwesen:* →Taxameter.

Taxi [das] →Taxameter.

Taxidermie [grch.], das Haltbarmachen u. Ausstopfen von Tierkörpern.

Taxigirl [-gəːl; engl.], in einer Tanzbar angestelltes Mädchen, das für jeden Tanz von seinem Partner einen bestimmten Betrag erhält.

Taxila [grch.], sanskr. *Takṣaśilā,* pakistan. Stadt in der Nähe von Rawalpindi; einst Mittelpunkt der hellenist.-ind. Kunst. Ausgrabungen förderten Ruinen von drei nebeneinander errichteten Städten (7. Jh. v. Chr.–5. Jh. n. Chr.) zutage. →auch Gandhara-Kunst.
T. ist jetzt Projektmittelpunkt eines mit chines. Krediten finanzierten Schwerindustrieviers.

Taxis [die, Mz. Taxien; grch.], **1.** *Biologie:* →Reizbewegung.
2. *Medizin:* Einrichten von Knochen-, Zurückbringen von Eingeweidebrüchen.

Taxis →Thurn und Taxis.

Taxodiengewächse, *Taxodiaceae,* Familie der *Nadelhölzer;* meist hohe Bäume mit schuppen- bis nadelförmigen Blättern. Hierher gehören als wich-

Tausendgüldenkraut

Taxodium

tigste Gruppen *Mammutbäume, Sumpfzypressen, Metasequoia, Spießtannen* u. *Schirmtannen.*

Taxodium [lat.] →Sumpfzypresse.

Taxonomie [grch.], *Biologie:* Einordnung in ein System; →Systematik.

Taxus [der; lat.] →Eibe.

Tay [teɪ], längster Fluß Schottlands, 193 km, entspringt in den Grampian Mountains, mündet bei Perth in den von einer über 3 km langen Eisenbahnbrücke u. einer Straßenbrücke überspannten *Firth of T.* in die Nordsee.

Taygetos [neugrch. ta′ijetos], griech. Gebirgszug auf dem südl. Peloponnes, trennt Lakonien von Messenien, im *Hágios Ilías* 2407 m.

Taylor [′teɪlə], **1.** Alan John Percivale, brit. Historiker, *25. 3. 1906 Southport; behandelte u. a. Themen der dt. Geschichte: „The Habsburg Monarchy 1809–1918" 1948; „Die Ursprünge des 2. Weltkriegs" 1962; „Bismarck" 1962.
2. Bayard, US-amerikan. Schriftsteller, *11. 1. 1825 Kennett Square, Pa., †19. 12. 1878 Berlin; unternahm viele Reisen („Eldorado" 1850); Übersetzung von Goethes „Faust" (1870 f.).
3. Brook, engl. Mathematiker, *18. 8. 1685 Edmonton, †29. 12. 1731 London; arbeitete über Linearperspektive u. unendliche Reihen (*T.sche Formel*: Reihenentwicklung einer Funktion).
4. Edward, angloamerikan. Theologe u. Dichter, *um 1644 Leicestershire (England), †24. 6. 1729 Westfield, Mass.; seine bildkräftige, religiöse Lyrik, die den Stil der engl. metaphys. Dichter nahesteht, wurde erst 1937 bekannt.
5. Elizabeth (Liz), US-amerikan. Filmschauspielerin, *27. 2. 1932 London; schon als Kinderstar seit 1941 in Hollywood.
6. Frederick Winslow, US-amerikan. Ingenieur, *20. 3. 1856 Germantown, †3. 3. 1915 Philadelphia; entwickelte die als *Taylorismus (Taylorsystem)* bekannte Lehre von der →wissenschaftlichen Betriebsführung (*Scientific Management*), die auf genauen Zeit- u. Arbeitsstudien beruht, aus denen für jede menschl. Tätigkeit die „allein richtige" Bewegungsfolge ermittelt werden sollte. Die Durchführung erforderte genaueste Arbeitsanweisungen, deren Innehaltung durch einen Stab von gleichzeitig die Arbeiter beaufsichtigenden sog. *Funktionsmeistern* sichergestellt werden sollte *(Funktionalsystem).* Wenn auch dieses System nur in den von T. selbst geleiteten Betrieben erfolgreich war, so befruchtete es doch die gesamte Rationalisierungsbewegung.
7. Maxwell Davenport, US-amerikan. General u. Diplomat, *26. 8. 1901 Keytesville, Mo.; 1955 Oberbefehlshaber der UN- u. US-Streitkräfte im Fernen Osten, 1961/62 Militärberater Präs. J. F. *Kennedys,* 1962–1964 Vors. der Vereinigten Stabschefs, 1964/65 Botschafter in Saigon.
8. Zachary, US-amerikan. General u. Politiker. *24. 11. 1784 Montebello, Va., †9. 7. 1850 Washington; führte Truppenverbände im Seminolenkrieg 1835–1842 u. im Krieg gegen Mexiko 1845–1847; 1849/50 (12.) Präs. der USA.

Taylorismus [teɪlə-], die von F. W. *Taylor* entwickelte Lehre der Arbeitsrationalisierung.

Tayside Region [′teɪsaɪd ′riːdʒən], seit 1975 bestehendes Verwaltungsgebiet in Ostschottland, 7501 qkm, 408 000 Ew.; Hptst. *Dundee.*

Tâza [′taːza], marokkan. Stadt an der Eisenbahn von Fès nach Oujda, 55 000 Ew.; Handelszentrum.

Tazieff, Haroun, belgischer Geologe, *11. 5. 1914 Warschau; lebt in Paris; hat sich als Spezialist für Vulkanismus international einen Namen gemacht.

Tb, 1. *Chemie:* Zeichen für *Terbium.*
2. *Medizin: Tbc, Tbk,* Abk. für →Tuberkulose.

Tbilisi, grusin. Name der Hptst. →Tiflis.

Tc, chem. Zeichen für *Technetium.*

Tchicaya U Tam′si [tʃi′kaja-], eigentl. Gérald Félix *Tchicaya,* kongoles. Lyriker, *25. 8. 1931 M'pili; Studium in Paris, Journalist, Diplomat.

Tczew [tʃew], poln. Name der Stadt →Dirschau.

tdw, Abk. für engl. *ton deadweight,* Maßeinheit der Tragfähigkeit von Schiffen; →deadweight.

Te, chem. Zeichen für *Tellur.*

Teach-in [tiːtʃ′in; das; engl.], große, von Studenten veranstaltete öffentl. Diskussion mit Hochschullehrern oder Politikern über polit. Tagesfragen. →auch antiautoritäre Bewegungen.

Teagarden [′tiːgaːdən], Jack, eigentl. Weldon John T., US-amerikan. Jazzmusiker (Posaune, Gesang), *20. 8. 1905 Vernon, Tex., †15. 1. 1964 New Orleans; eigene Bands seit 1939.

Teakholz [′tiːk-; drawid., engl.], in zahlreichen Sorten gehandeltes Holz des T.baums. Das gelblichbraune T. ist gering schwindend, mittelschwer, sehr dauerhaft (termitenfest) u. witterungsfest. Konstruktionsholz für hohe Anforderungen, Ausstattungsholz. Als T.ersatz werden gehandelt: afrikan. T., brasilian. T. u. austral. T., das auch →Moaholz heißt u. wegen seines hohen Harzgehalts auch *Talgholz* genannt wird.

Teakholzbaum [′tiːk-], *Tectona grandis,* ein *Eisenkrautgewächs,* bis 40 m hoher Baum in Vorderindien u. SO-Asien.

Te Anau, *Lake T. A.,* größter See der Südinsel von Neuseeland, 346 qkm, im Fjordland-Nationalpark.

Tebaldi, Renata, italien. Sängerin (Sopran), *1. 2. 1922 Pesaro; seit 1946 als Verdi- u. Puccini-Sängerin bes. in Mailand, London u. New York.

Tébessa [frz. tebe′sa], alger. Stadt im Saharaatlas, 41 000 Ew.; Teppichknüpferei.

Tebet →Tewet.

Tecchi [′teki], Bonaventura, italien. Schriftsteller u. Kritiker, *11. 2. 1896 Bagnoregio, †30. 3. 1968 Rom; realist. u. psycholog. Romane.

Technetium [das; grch. *technetos,* „künstlich"], chem. Zeichen Tc, künstlich gewonnenes radioaktives Element, Schwermetall, Ordnungszahl 43, Atomgewicht des längstlebigen Isotops 98, spez. Gew. 11,5, Schmelzpunkt 2140 °C; Vorkommen in der Natur in bisher nicht nachweisbaren Spuren. 1925 glaubten W. *Noddack,* u. J. *Tacke* das Element in den Mineralen Columbit u. Tantalit spektroskopisch nachgewiesen zu haben; sie nannten es *Masurium.* Erstmalig wurde T. von C. *Perrier* u. E. G. *Segré* 1937 durch Beschießung von Molybdän mit Deuteronen gewonnen.

Technicolor [grch. + lat.], in den USA u. in Großbritannien stark verbreitetes Verfahren zur Herstellung farbiger Spielfilme. Bei der Aufnahme werden durch Strahlenteiler u. Farbfilter gleichzeitig drei für verschiedene Farben sensibilisierte Schwarzweißfilme (Farbauszüge) belichtet. Die davon kopierten Positivfilme erhalten eine Gerbentwicklung, wodurch eine reliefartige Oberfläche entsteht. Nacheinander werden die so gewonnenen Matrizenfilme auf den endgültigen Positivfilm abgedruckt. Die Druckfarben sind Gelb, Purpur u. Blaugrün. Neuerdings erfolgt die Aufnahme mit normaler Kamera auf Mehrschichtenfarbfilm, von dem man drei Schwarzweiß-Teilauszugsfilme kopiert.

Technik [grch., „Kunst", „Kunstwerk"], *i. w. S.* die Beherrschung der zweckmäßigsten u. wirtschaftlichsten Mittel, um ein bestimmtes Ziel zu erreichen; auch die Fähigkeit eines Menschen, mit

Zeittafel zur Geschichte der Technik

	v. Chr.
Geräte aus Knochen und Stein	600000
Gebrauch des Feuers bekannt	350000
Anfertigung von Keramikgegenständen	8000
Ton und Lehm als Baumaterial	8000
Holzpflug (Vorderasien)	4000
Rad (Sumer)	4000
Schöpfwerke (Mesopotamien)	2300
Beginn der Bronzezeit in Mitteleuropa	1880
Glas (Ägypten)	1800
Schnellwaage mit Laufgewicht (Ägypten)	1400
Beginn der Eisenzeit in Europa	1000
Kanal zwischen Nil u. Rotem Meer	600
Windmühlen (Griechenland)	550
Seegehende Ruderschiffe (Griechenland)	500
Flaschenzug (*Archimedes*)	260
Wassermühlen (Rom)	0
	n. Chr.
Papier (*T'sai-Lun*)	105
Kompaß (China)	1120
Tuchmanufakturen (Florenz)	1200
Pulverrakete (China)	1200
Erste Papiermühle in Deutschland	1389
Buchdruck mit beweglichen Lettern (J. *Gutenberg*)	1445
Taschenuhr (P. *Henlein*)	1505
Mikroskop (Z. *Janssen*)	1590
Rechenmaschine (B. *Pascal*)	1641
Luftpumpe (O. v. *Guericke*)	1650
Pendeluhr (Chr. *Huygens*)	1656
Porzellan (J. F. *Böttger,* E. W. von *Tschirnhaus*)	1709
Stereotypie (W. *Ged*)	1725
Erste Automaten (J. de *Vaucanson*)	1737
Ventilator (S. *Hales*)	1740
Stahlschreibfeder (J. *Jansen*)	1748
Blitzableiter (B. *Franklin*)	1752
Eisenwalzwerk (H. *Cort*)	1754
Dampfwagen (N. J. *Cugnot*)	1765
Dampfmaschine (J. *Watt*)	1769
Spinnmaschine (R. *Arkwright*)	1769
Heißluftballon (J.-E. u. J.-M. *Montgolfier*)	1783
Formstahlwalzverfahren (H. *Cort*)	1783
Mechanischer Webstuhl (E. *Cartwright*)	1785
Schlagleisten-Dreschmaschine (A. *Meikle*)	1786
Dampfschiff (J. *Fitch*)	1787
Wollkämmaschine (E. *Cartwright*)	1790
Optischer Telegraph (C. *Chappe*)	1793
Hydraulische Presse (J. *Brahmah*)	1795
Lithographie (Steindruck) (A. *Senefelder*)	1796
Leit- u. Zugspindeldrehbank (H. *Maudslay*)	1797
Langsiebpapiermaschine (L. *Robert*)	1799
Jacquardwebstuhl (J. M. *Jacquard*)	1805
Bandsäge (W. *Newberry*)	1808
Buchdruckschnellpresse (F. *Koenig*)	1810
Lokomotive (G. *Stephenson*)	1814
Sicherheitsgrubenlampe (H. *Davy*)	1815
Anfänge der Photographie (J. N. *Niepce*)	1816
Draisine, Vorläufer des Fahrrads (K. von *Drais*)	1817
Fräsmaschine (E. *Whitney*)	1818
Portlandzement (J. *Aspdin*)	1824
Schiffsschraube (J. *Ressel*)	1826
Zündnadelgewehr (J. N. *Dreyse*)	1827
Ringspinnmaschine (J. *Thorp*)	1828
Nähmaschine (J. *Madersperger*)	1830
Revolver (S. *Colt*)	1835
Gasgenerator (F. von *Faber du Faure*)	1832
Nadeltelegraph (C. F. *Gauß* u. W. E. *Weber*)	1833
Chlorsilber-Photopapier (W. H. F. *Talbot*)	1834
Schreibtelegraph (S. F. B. *Morse*)	1837
Photographie (L. J. *Daguerre*)	1837
Vulkanisation des Kautschuks (Ch. *Goodyear*)	1839
Holzschliffherstellung (F. G. *Keller*)	1843
Unterseeboot (W. *Bauer*)	1849
Stahlguß (J. *Mayer*)	1850
Typendrucktelegraph (D. E. *Hughes*)	1855
Akkumulator (G. *Planté*)	1859
Fernsprecher (Ph. *Reis*)	1861
Benzinmotor (N. A. *Otto*)	1862
Martin-Stahlverfahren (E. u. P. *Martin*)	1864
Schreibmaschine (P. *Mitterhofer*)	1866
Eisenbeton (J. *Monier*)	1867
Dynamit (A. *Nobel*)	1867
Dynamomaschine (W. von *Siemens*)	1867
Ammoniak-Kältemaschine (C. von *Linde*)	1875
Grammophon (T. A. *Edison*)	1877
Mikrophon (E. *Hughes*)	1878
Elektr. Straßenbahn (W. von *Siemens*)	1879
Autotypie (G. *Meisenbach*)	1881
Setzmaschine (O. *Mergenthaler*)	1884
Dampfturbine (Ch. *Parsons*)	1884
Rollfilm (B. *Eastman*)	1884
Benzinkraftwagen (K. *Benz*)	1886
Luftreifen (J. *Dunlop*)	1888
Gleitflüge (O. *Lilienthal*)	1891
Kinematograph (A. u. L. *Lumière*)	1895
Dieselmotor (R. *Diesel*)	1896
Drahtlose Telegraphie (G. *Marconi*)	1896
Lenkbares Luftschiff (F. Graf von *Zeppelin*)	1900
Kristalldetektor (F. *Braun*)	1901
Erster Motorflug (Brüder *Wright*)	1903
Diode (Elektronenröhre) (J. A. *Fleming*)	1904
Duraluminium (A. *Wilm*)	1906
Kreiselkompaß (H. *Anschütz-Kaempfe*)	1908
Ganzmetallflugzeug (H. *Junkers*)	1915
Flüssigkeitsrakete (R. H. *Goddard*)	1926
Elektronenmikroskop (M. *Knoll,* E. *Brüche,* E. *Ruska*)	1933
Programmgesteuerte Rechenanlage (K. *Zuse*)	1936
Hubschrauber (H. *Focke*)	1937
Düsenflugzeug (E. *Heinkel*)	1939
Transistor (J. *Bardeen,* W. H. *Brattain,* W. *Shockley*)	1948
PAL-Farbfernsehen (W. *Bruch*)	1952
Wankelmotor (F. *Wankel*)	1954
Landung auf dem Mond (USA, Apollo 11)	1969
Weltraumlabor „Skylab" gestartet	1973
Raumsonden „Viking 1 u. 2" auf dem Mars gelandet	1976

bes. Methoden (oder bes. Geschicklichkeit) auf einem bestimmten Gebiet tätig zu sein, z.B. Mal-T., T. des Autofahrens; *i.e.S.* die Verfügung über Methoden rationellen, insbes. industriellen Produzierens sowie die Erweiterung des Aktionsradius des Menschen durch planmäßige Ausnutzung der durch die Naturgesetze gegebenen Möglichkeiten. Die T. in diesem Sinn gründete sich jahrtausendelang auf handwerkl. Erfahrung, wobei einzelne Kulturepochen stärkere Fortschritte erzielten als andere; technisches Wissen ging aber auch wieder (zumindest zeitweise) verloren. Als Beginn des sog. *technischen Zeitalters* kann die Erfindung der Dampfmaschine (durch J. *Watt* 1769) angesehen werden.
Während von den Anfängen der T. bis zum 19. Jh. viele Erfindungen einem Zufall zu verdanken waren, ist die T. heute weitgehend von den Naturwissenschaften abhängig, u. ihre Weiterentwicklung erfolgt systematisch. Physik, Chemie, Mathematik finden durch die T. ihre praktische Anwendung. Die Abhängigkeit ist jedoch keineswegs einseitig. Die T. stellt vielmehr den Naturwissenschaften die für ihre Zwecke notwendigen Apparate u. Einrichtungen zur Verfügung.
Die Umgestaltung des gesamten menschl. Lebens durch die T. deutete sich im 19. Jh. zwar schon an, zeigte sich aber erst im 20. Jh. in ihrer vollen Breite. Bes. die Industrialisierung, d.h. die Verwendung einer großen Zahl von Maschinen u. Apparaten im Wirtschaftsprozeß, zwingt den Menschen die Gesetze der T. auf, die zu veränderten Arbeitsweisen (etwa: erst Arbeit an einer Walzenstraße, dann in einer Schaltwarte) sowie zu veränderten Lebensformen (etwa Land–Stadt) führen.
Aufgabe u. Ziel der T. werden, je nach der persönl. Einstellung, oft abgelehnt oder unkritisch bewundert. Man verurteilt die T., weil sie die Mechanisierung des Lebens gebracht habe u. weil sie angeblich jede individuelle Kultur zerstöre. Sie wird bes. dann verurteilt, wenn man an die vernichtende Gewalt moderner Waffen denkt. Andererseits wird in der T. ein Allheilmittel gesehen, das dazu dienen soll, ein Paradies auf Erden zu schaffen.
Die T. selbst ist sittlich neutral; sie vermag kriegerischen Zwecken ebenso wie friedlichen zu dienen. Die richtige Einstellung zur T. besteht darin, daß ihre großen Leistungen anerkannt u. ihre negativen Auswirkungen verhindert werden. Dies aber ist eine philosoph.-polit. Frage u. liegt somit außerhalb des Bereichs der T. – ⊡ 10.0.0.

Techniker, *i.w.S.* Angehörige techn. Berufe, die sich mit Planung, Leitung u. Prüfung techn. Arbeit sowie techn. Forschungsarbeit beschäftigen; *i.e.S.* Fachkräfte dieser Berufe ohne Ingenieurexamen.

Technikgeschichte, Teilgebiet der Geschichtswissenschaft; untersucht die Entwicklung der Technik innerhalb des kulturgeschichtl. Raumes insgesamt oder für einzelne Epochen, stellt die geschichtl. Entwicklung einzelner technischer Gebiete u. Maschinen dar. – ⊡ 10.0.1.

Technikum [das], ältere Bez. für Ingenieurschule.

technisch begründete Arbeitsnormen, Abk. *TAN*, Normen für die Festlegung des Arbeitszeitaufwands (Stückzeit oder Stückzahl je Zeiteinheit) in der DDR.

technische Aufzeichnung, beweiserhebliche Aufzeichnung eines selbsttätig arbeitenden technischen Geräts, z.B. Tachographenscheibe, Lochkarten. Die Fälschung t.r A.en wird nach § 268 StGB mit Freiheitsstrafe bis zu 5 Jahren oder mit Geldstrafe bestraft.

technische Besamung →künstliche Besamung.

Technische Hochschulen, Abk. *TH*, Ausbildungsstätten für techn. u. naturwissenschaftl. Fachkräfte, entsprechen im Aufbau den Universitäten u. haben Promotionsrecht; seit 1966 durch Verbreiterung ihrer Basis u. ihrer Ausbildungsziele z.T. in *Technische Universitäten (TU)* umgewandelt. Das Studium an einer TH (TU) dauert mindestens 8 Semester; Voraussetzung für die Zulassung ist die Hochschulreife sowie z.T. (je nach Fach) der Nachweis einer sechsmonatigen prakt. Tätigkeit. Die meisten TH (TU) haben eine Einteilung nach Fakultäten: für Ingenieurwissenschaften mit Mathematik u. ergänzenden geistes- u. naturwissenschaftl. Fächern; Maschinenwesen (Elektrotechnik, Maschinenbau, Schiffbau); Bauwesen (Architektur u. Bauingenieurwesen); Bergbau u. Hüttenwesen; an manchen TH (TU) auch Land- u. Gartenbau sowie Naturwissenschaften u. Sozialwissenschaften. Den Abschluß des Studiums bildet die Diplomprüfung; Absolventen der TU können den Grad eines Dr.-Ing., Dr. rer. nat., Dr. rer. pol., Dr. agr. oder Dr. rer. hort. erlangen. Die TH entwickelten sich während der zweiten Hälfte des 19. Jh. zu polytechn. Schulen, die allmählich Hochschulcharakter bekamen. Ihre Rektoren sind seit 1915 in der Rektorenkonferenz vertreten. TH (TU) bestehen in Aachen, Berlin, München, Stuttgart, Karlsruhe, Darmstadt, Hannover, Braunschweig, Clausthal. In der DDR gibt es, neben der TU in Dresden, den TH in Karl-Marx-Stadt u. Magdeburg u. der TH für Chemie in Merseburg, Hochschulen für Einzelgebiete der Technik wie Bergbau (Freiberg), Bauwesen (Weimar, Leipzig, Cottbus), Elektrotechnik (Ilmenau), Verkehrswesen (Dresden). In Österreich bestehen TH in Wien u. Graz, eine Hochschule für Bodenkultur in Wien, eine Montanist. Hochschule in Leoben; in der Schweiz die Eidgenöss. TH in Zürich u. Lausanne. →auch Hochschulen, Universitäten.

Technische Lehranstalten, zusammenfassende Bez. der Ausbildungsstätten für Ingenieure der verschiedenen Fachrichtungen: Bauwesen (Hoch- u. Tiefbau), Chemie, Elektrotechnik, Hütten- u. Gießereiwesen, Maschinenbau, Papiertechnik, Schiffstechnik, Textiltechnik u.a., die z.T. von den Ländern, z.T. von Kommunalbehörden, z.T. von Privathand getragen werden. In der BRD gibt es Ingenieur- u. Bauschulen. Die Zulassung zum Besuch der T.n L. setzt voraus: das Zeugnis der Obersekundareife oder Mittelschulreife oder der Volksschule u. vollständigen Berufsschule sowie eine mindestens zweijährige prakt. Tätigkeit bzw. volle Lehrzeit mit Facharbeiter- bzw. Gesellenprüfung; außerdem müssen ausreichende Kenntnisse in allgemeinen sowie mathemat. u. naturwissenschaftl. Fächern nachgewiesen werden. Der Besuch einer Techn. Lehranstalt dauert im allg. 6 Semester; er vermittelt die Zusammenfassung der prakt. Erkenntnisse u. wichtigsten theoret. Grundlagen der jeweiligen Fachrichtungen u. wird mit der Ingenieur-, Chemiker- bzw. Baumeisterprüfung abgeschlossen. Die T.n L. unterhalten Abendschulen, in denen begabte Facharbeiter u. Handwerker, die am eigentl. Unterricht nicht teilnehmen können, als Techniker geschult werden. Seit Ende der 1960er Jahre sind viele T.L. in *Fachhochschulen* umgewandelt worden; sie sollen den Status von wissenschaftl. Hochschulen erhalten. – ⊡ 1.7.5.

technische Lehrerin, Bez. für Hauswirtschafts-, Handarbeits- u. Sportlehrerin an Volks-, Mittel- u. höheren Schulen.

technische Normen, Gütevorschriften, Lieferbedingungen (Abk. *TGL*), vom Amt für Standardisierung der DDR herausgegeben.

Technische Nothilfe, Abk. *T.N.*, *Teno*, 1919–1945 bestehende Freiwilligenorganisation; Nachfolgeorganisation: →Technisches Hilfswerk.

Technischer Überwachungsverein, Abk. *TÜV*, eine von Gewerbeunternehmen geschaffene Einrichtung zur Prüfung techn. Anlagen auf Betriebssicherheit, die auch die gesetzl. vorgeschriebenen Prüfungen durchführt. Überwacht werden u.a. Dampfkessel, Chemieanlagen, kerntechn. Anlagen, Tanklager, Aufzugsanlagen u. Kräne. Die TÜV unterhalten auch *Technische Prüfstellen* für den Kraftfahrzeugverkehr. TÜV mit zahlreichen Zweigstellen bestehen in allen Bundesländern. In Hessen werden die Aufgaben der gesetzl. techn. Sicherheitsprüfung vom *Technischen Überwachungsamt (TÜA)*, in Hamburg vom *Amt für Arbeitsschutz* wahrgenommen.

Technischer Zeichner, industrieller Ausbildungsberuf mit $3^1/_2$jähriger Ausbildungszeit, davon 18 Monate prakt. Tätigkeit in der Werkstatt; arbeitet in Konstruktionsbüros, überträgt Entwurfszeichnungen des Ingenieurs in maßgerechte Werkstattzeichnungen u.ä.; →auch Bauzeichner.

Technisches Hilfswerk, Abk. *THW*, seit 1953 Bundesanstalt, mit freiwilligen, ehrenamtlich tätigen Helfern, bes. aus techn. Berufen. Aufgaben: techn. Hilfeleistung bei Katastrophen u. Unglücksfällen größeren Ausmaßes, im zivilen Luftschutz, bei der Beseitigung öffentl. Notstände. Gegliedert in Hauptstelle, Landes- u. Ortsverbände; untersteht dem Bundesministerium des Innern. Zeitschrift: „Das Technische Hilfswerk" (seit 1954).

technisches Maßsystem, in der Technik verwendetes →Maßsystem.

Technisches Museum für Industrie u. Gewerbe, 1918 in Wien gegr. Museum, das Grundlagen u. Entwicklung der Technik, unter Hervorhebung des österr. Anteils, zeigt.

technisches Zeichnen, maßstabgerechtes Zeichnen eines techn. Gegenstands. Die Zeichnungsformate sind nach DIN 823 festgelegt. Im allg. wird der Gegenstand in der Vorder- u. Seitenansicht u. in der Draufsicht nach der rechtwinkligen →Parallelprojektion dargestellt. Bei schwierigeren Teilen werden entspr. Schnittzeichnungen angefertigt. Die Zeichnung muß alle Maße enthalten, die zur Herstellung des Werkstücks nötig sind, ferner die Angabe des Maßstabs u. die Bez. des Werkstoffs. – ⊡ 10.6.3.

Technische Universität →Technische Hochschule.

technisieren, für technische Verrichtung einrichten.

Technokratie [grch., „Herrschaft der Technik"], die Auffassung, daß die Probleme techn. fortschreitender Gesellschaften nur technolog. bzw. sozialtechn. zu bewältigen seien. Die Notwendigkeit effektiver Kontrolle der techn. u. damit auch der sozialen u. ökonom. Prozesse gebiete die Gestaltung der gesellschaftl. u. ökonom. Ordnung nach techn. Prinzipien u. ihre Kontrolle durch techn. gebildete Menschen („Sozialingenieure"). Die T. wird durch den Hinweis auf die Steigerung der Produktivität der Gesellschaft zu legitimieren versucht, ferner mit dem Argument einer immanenten Gesetzlichkeit u. Verselbständigung techn.-organisator. Entwicklungen u. der Unterwerfung menschl. Handelns unter diese „Sachzwänge". Kritisiert wird sie mit der Forderung nach Überwindung dieser Selbstverdinglichung des Menschen durch Besinnung auf einen schöpferischen u. geschichtl. bestimmten Gestaltungswillen. Das Wort *Technokrat* wird heute meist abwertend gebraucht; man versteht darunter einen Fachmann, dem das reibungslose Funktionieren seines „Apparats" Selbstzweck ist. – ⊡ 4.4.3.

Technologie [grch.], Beschreibung u. Erforschung der in der Technik angewendeten Produktionsverfahren. Die *mechan. T.* befaßt sich u.a. mit dem Urformen u. spanenden Formen von Werkstoffen; die *chem. T.* umfaßt die großtechn. Umwandlungen, z.B. Petrolchemie. →auch Verfahrenstechnik. – ⊡ 10.7.0.

Teck, Berg in der Schwäb. Alb, südl. von Kirchheim, 775 m, mit Burgruine.

Teck, nach der Burg T. benanntes Fürstengeschlecht in Schwaben, Nebenlinie der *Zähringer*. 1187 zu (Titular-)Herzögen von T. erhoben. 1381 wurde der Besitz vom Herzog von Württemberg erworben. Das gleichnamige Adelsgeschlecht starb 1439 aus.

Teckel →Dackel.

Tecklenburg, 1. Stadt in Nordrhein-Westfalen (Ldkrs. Steinfurt), am Teutoburger Wald südwestl. von Osnabrück, 8400 Ew.; mittelalterl. Stadtbild mit Treppengassen; Ruine der T. (ca. 1100–1707, Zentrum der gleichnamigen Grafschaft), ehem. größte Burganlage in Nordwest-Dtschld.; Haus *Marck* (1562–1564, Wasserburg), Geburtsstätte F. von *Bodelschwinghs*.
2. ehem. Grafschaft im westfäl. Kreis T.; kam 1263 an die Grafen von Bentheim, die 1606 eine bes. Linie *Bentheim-T.* gründeten. Schloß u. $^3/_4$ der Grafschaft fielen 1699 an den Grafen von Solms-Braunfels, der sie 1707 an Preußen verkaufte. 1815 in die Provinz Westfalen eingegliedert.

Tecoma →Trompetenbaum (2).

Tecumseh [engl. ti'kʌmsi], nordamerikan. Indianerhäuptling (Shawnee), *März 1768 bei Springfield, Oreg., †5. 10. 1813 bei Chatham (Kanada); entfachte mit brit. Unterstützung einen Aufstand der Algonkin-Indianer zwischen Ohio u. Mississippi gegen die USA; fiel auf brit. Seite.

Teda, das Volk der →Tibbu in der Sahara.

Tedeum [das; lat.] →ambrosianischer Lobgesang.

Tee [mal., chin.], *Camellia*, Stammpflanzen für den T. sind die beiden zu den *Teegewächsen* gehörenden Sträucher *Camellia sinensis (Chinesischer T.)* u. *Camellia assamica (Assam-T.)*. Der Chines. T. wird 3–6 m hoch, blüht u. fruchtet reichlich, ist frühreif u. hat ein bis 9 cm langes u. 3 cm breites, wenig behaartes Blatt. Der Assam-T. wird 6–15 m hoch, blüht u. fruchtet spärlicher, ist spätreif u. hat Blätter von 16 cm Länge u. 4 cm Breite. Der in Naturform immergrüne pyramidenförmige T.baum wird als Kulturpflanze in Strauchform gezogen; nur die zur Samengewinnung bestimmten Bäume behalten ihren natürlichen Wuchs. Hauptproduktionsgebiete des Assam-T.s in trop. Gebieten, des Chines. T. in trop. bis gemäßigten Gebieten.
Bei der Kultur des T.strauchs werden die aus Sämlingen gezogenen Jungpflanzen durch Schattenbäume gegen zu starke Bestrahlung geschützt.

Tee-Ernte (in 1000 t)			
Land	1975	1977	1978
Welt	1605	1753	1793
davon:			
Bangla Desh	29	38	37
Ceylon (Sri Lanka)	214	209	199
China, Volksrep.	316	278	294
Indien	487	561	571
Indonesien	70	85	91
Japan	105	102	105
Kenia	57	86	93
Malawi	26	32	32
Sowjetunion	86	106	111
Türkei	56	84	94

Bes. Sorgfalt erfordert der Schnitt, der dazu dient, weitausladende, wohlgeformte u. leicht abzuerntende Sträucher mit vielen kräftigen Seitentrieben u. guter Durchwurzelung zu erreichen. Mit dem Beginn der Hauptvegetationszeit setzt auch die Ernte ein, die meist während der ganzen Regenzeit in Abständen von 6–14 Tagen, in Ländern ohne Trockenzeit mit größeren Abständen, aber das ganze Jahr hindurch anhält. Aus den frisch gepflückten Blättern werden durch unterschiedl. Aufbereitungsmethoden hergestellt: *grüner* T., bei dessen Herstellung die gedämpften Blättchen gerollt u. getrocknet werden, wobei die grüne Farbe erhalten bleibt. Der früher aus Rußland kommende Karawanen-T. war grüner T., der von China aus über Rußland in den Handel kam. Bei der Gewinnung des *schwarzen* T.s werden die angewelkten Blätter bes. intensiv gerollt u. anschließend einem Fermentationsprozeß unterworfen, bei dem sie ein dunkles, kupferfarbenes Braun sowie einen spezif. Geruch annehmen. Der bei uns gehandelte T. ist in der Regel schwarzer T. *Ziegel*-T. ist ein minderwertiger T. (oder T.abfälle), in Backsteinform gepreßt.

Träger der anregenden Wirkung des T.s ist der Coffeeingehalt von etwa 2%, Aromastoff bes. das ätherische T.öl. – Soll bei der T.bereitung der Gerbstoff nicht in Lösung gehen, so muß der Aufguß mit wenig Wasser bei kurzem Brühen hergestellt werden. Teile vieler anderer Pflanzen werden als *T.ersatzmittel* verwendet, denen aber außer dem →Mate der Coffeeingehalt fehlt. Aus pflanzl. Drogen werden viele Medizinal-T.s hergestellt, z.B. Pfefferminz-T., Salbei-T., Lindenblüten-T., Kamillen(blüten)-T. – ▯ 9.2.6.

TEE, Abk. für *Trans-Europ-Express*, eine Zugart, die die wichtigsten Städte der westeurop. Länder verbindet. Die TEE-Züge sind schnellfahrende, mit einem Höchstmaß an Komfort ausgestattete Lokomotiv- oder Triebwagenzüge. In der BRD Benutzung mit Fahrausweisen 1. Klasse in Verbindung mit besonderem TEE-Zuschlag.

Teegewächse, *Theaceae,* Familie der *Guttiferales;* zu ihnen gehören vor allem die Teesträucher (→Tee) u. die Kamelie.

Teenager ['ti:nεidʒə; engl.], die Jugendlichen beider Geschlechter von 13 bis 19 Jahren, die hinsichtl. ihrer Verhaltensformen (Gemeinschaftsleben, Kleidung u.a.) eine festumrissene soziologische Gruppe Gleichaltriger *(peer-group)* bilden.

Teer, bei der trockenen Destillation von Stein- u. Braunkohle, Torf u. Holz anfallende braune bis schwarze, zähe Flüssigkeit. Bes. Bedeutung kommt dem Stein- u. Braunkohlen-T. zu.

S t e i n k o h l e n - T. (Hochtemperatur-T.) wird bei der Verkokung von Steinkohle in Kokereien u. bei der Gewinnung von Stadtgas in den Gaswerken bei Temperaturen um 1000 °C erhalten. Er ist ein sehr kompliziertes Gemisch von etwa 10000 organ. Verbindungen, von denen erst etwa 3–4 % genauer bekannt sind; es sind überwiegend Verbindungen der aromatischen Reihe wie Benzol, Anthracen, Naphthalin, Phenole, Kresole u.a. In dem bei Temperaturen von 500–600 °C gewonnenen *Ur-T.* (*Schwel*-T., der dem Braunkohlen-T. in seiner Zusammensetzung ähnlich ist), überwiegen dagegen aliphatische Verbindungen.

Die Aufarbeitung des T.s erfolgt durch fraktionierte Destillation. Man erhält hierbei die Fraktionen: 1. *Leichtöl* (Siedebereich bis 180 °C; Hauptbestandteile: Benzol, Toluol, Xylole); 2. *Mittelöl* (Karbolöl, 180–230 °C, Hauptbestandteile: Phenole, Kresole, Naphthalin); 3. *Schweröl* (Kreosotöl, 230–270 °C, Hauptbestandteile: Naphthalin u. die unter 4. genannten Verbindungen, außerdem organ. Basen wie z.B. Pyridin); 4. *Anthracenöl* (270–400 °C, Hauptbestandteile: Anthracen sowie höher kondensierte aromat. Kohlenwasserstoffe). Der verbleibende Rückstand besteht aus *Steinkohlenteerpech,* in dem meist aus mehr als vier Benzolkernen kondensierte aromatische Kohlenwasserstoffe enthalten sind. Die Fraktionen werden ihrerseits auf die einzelnen enthaltenen Produkte aufgearbeitet, das Pech dient als Brikettbindemittel u. Straßenbelag sowie zur Dachpappenherstellung.

Der Steinkohlen-T. wurde früher als nicht verwertbares Nebenprodukt angesehen; seitdem in der Mitte des 19. Jh. die ersten Farbstoff-Synthesen (Mauvein, Fuchsin) aus den in ihm enthaltenen Verbindungen durchgeführt wurden, ist er immer mehr zu einem äußerst wertvollen Rohstoff der chem. Industrie geworden. Er bildet die Grundlage zur Herstellung von Farbstoffen, Kunstharzen, Lösungsmitteln, Heilmitteln, Kraftstoffen, Riechstoffen u. a. (→Kohlenchemie). – ▯ 8.3.0.

Teerfarbstoffe, synthet. →Farbstoffe, die aus Steinkohlenteer gewonnen werden u. gute Färbeeigenschaften haben (z.B. Azo-, Indanthren-, Triphenylmethanfarbstoffe). Es können Derivate des Anthracens, Phenols, Anilins u. Naphthalins sein.

Tees [ti:z], Fluß im nördl. England, 128 km, entspringt in der nördl. Teil der Pennine Chain, mündet bei Teesside in die Nordsee.

Teesside ['ti:zsaid], Hafenstadt im nordöstl. England an der Mündung des Tees in die Nordsee, 396 000 Ew.; Stahl-, Maschinen-, chem. u. Textilfaserindustrie; Schiffbau. – 1968 aus Billingham, Eston, Middlesbrough, Redcar, Stockton-on-Tees u. Thornaby-on-Tees gebildet.

Teesteuer, Verbrauchsteuer auf Tee u. Teeauszüge, Folgesteuer zur Kaffeesteuer.

Tefillin [die; hebr.] →Gebetsriemen.

Teflon [das], Markenbez. für einen Kunststoff aus →Polytetrafluoräthylen.

Tefsir [der; arab.] →Tafsir.

Tegel, Ortsteil des Westberliner Bezirks Reinickendorf, am *T.er See* (4,1 qkm, bis 15,6 m tief), einer Havelerweiterung nordöstl. von Spandau; Borsigwerke; Schloß (Wohnsitz u. Grabstätte der Gebrüder *Humboldt*); Flughafen.

Tegelen ['te:xələ], Stadt in der niederländ. Prov. Limburg, südwestl. von Venlo, 18 400 Ew.

Tegernsee, oberbayer. Stadt im Ldkrs. Miesbach, am T. (9 qkm, bis 72 m tief), südöstl. von Bad Tölz, 755 m ü. M., 4000 Ew.; Schloß (756–1803 Benediktinerabtei); Bauerntheater; Jod-, Solequelle.

Tegetthoff, Wilhelm von, österr. Admiral, *23. 12. 1827 Marburg an der Drau, †7. 4. 1871 Wien; siegte 1864 bei Helgoland über die Dänen, 1866 vor Lissa über die Italiener.

Tegnér [tεŋ'nε:r], Esaias, schwed. Dichter, *13. 11. 1782 Kyrkerud, Värmland, †2. 11. 1846 Östrabo bei Växjö; sein pathet.-klassizist. Sagen-Epos „Die Frithjofssage" 1825, dt. 1826, machte ihn zum schwed. Nationaldichter.

Tegucigalpa [-gusi-], Hptst. der zentralamerikan. Republik Honduras, 280 000 Ew.; Universität (1845); Tabak-, Leder-, Holz-, Metallindustrie; Flughafen *Toncontín.* – 1579 gegründet.

Teheran, *Tehran,* Hptst. des Iran (seit Ende des 18. Jh.) u. der Provinz T. im S der Elburskette, 1170 m ü.M., die bedeutendste Metropole des Mittleren Orients, mit Vororten 4,5 Mill. Ew.; Regierungsgebäude, kaiserl. Paläste, Moscheen, Universität (1934); Teppich-, Textil-, Kunstfaser-, Tabak-, Metall-, Elektro-, Leder-, chem., Glas- u. a. Industrie; Ölraffinerie, in der Nähe Kohlevorkommen; Handels- u. Verkehrszentrum.

Die *Konferenz von T.* (28. 11.–1. 12. 1943) war das erste Zusammentreffen Churchills u. Roosevelts mit Stalin im 2. Weltkrieg; die Westmächte sagten der Sowjetunion die Errichtung der „zweiten Front" im Westen zu; beschlossen wurden: Besetzung Deutschlands, Errichtung der Besatzungszonen, Grundzüge der Friedensbedingungen, Abgrenzung der Einflußsphären. – ▯ 5.9.2.

Tehuacán [tεua-], Stadt im südl. mexikan. Staat Puebla, 40 000 Ew.

Tehuantepec [tεua-], Hafenstadt im südmexikan. Staat Oaxaca, 20 000 Ew.; der *Isthmus von T.* (210 km breit), ist die schmalste Stelle Mexikos u. des amerikan. Doppelkontinents (nach Niederkalifornien), gilt meist als Südgrenze Nordamerikas.

Tehuelche [tεu'εltʃe], *Tehueltche, Tehueltsche,* Jäger- u. (später) Reiterstamm der Pampa-Indianer Patagoniens; noch rd. 2000.

Teich, kleiner Wassertümpel; in der Fischerei künstl. angelegt, zur Aufzucht von Fischen. →Forellenteichwirtschaft, →Karpfenteichwirtschaft.

Teichfrosch = Wasserfrosch.

Teichhuhn, *Gallinula chloropus,* eine kleine *Ralle* der heimischen Gewässer mit roter Stirnblesse u. grünen Füßen; an bewachsenen Gewässern.

Teichkolben, = Rohrkolben.

Teichläufer, *Hydrometra stagnorum,* bis 13 mm lange nadeldünne Wanze aus der Gruppe der *Wasserläufer;* flügellos, in der Uferzone.

Teichlinse, *Spirodela,* Gattung der *Wasserlinsengewächse.* In Dtschld. die *Vielwurzelige* T., *Spirodela polyrhiza,* häufig auf Seen u. Teichen.

Teichmolch, *Triturus vulgaris,* verbreitetster Schwanzlurch des gemäßigten Europas u. Asiens; oft in kleinen Tümpeln, im Gebirge bis 1000 m Höhe; Bauch nur in der Mitte gelb, Oberseite olivbraun; bis 11 cm; Lebensdauer bis 18 Jahre.

Teichmüller, Gustav, Philosoph, *19. 11. 1832 Braunschweig, †22. 5. 1888 Dorpat; Prof. in Basel; entwickelte eine durch Leibniz beeinflußte Metaphysik des christl. Personalismus. Hptw.: „Die wirkliche und die scheinbare Welt" 1882, „Religionsphilosophie" 1886.

Teichmuschel, *Anodonta cygnea,* Muschel im Schlamm von Teichen; kriecht oft meterweit umher, wirbelt dabei den Schlamm auf u. nimmt diese Suspension mit ihrem Atemstrom auf.

Teichoskopie [die; grch., „Mauerschau", nach

Teheran, im Hintergrund Elbursgebirge

einer Szene der „Ilias" Homers], beim Drama die Einbeziehung von nichtdarstellbaren Handlungen (Schlachten, Schiffskatastrophen) durch den Bericht eines Beobachters auf erhöhtem Standpunkt.
Teichrohr, Sumpfpflanze, →Schilf.
Teichrose, *Nuphar luteum,* ein geschütztes *Seerosengewächs* mit auf dem Wasser schwimmenden, eiförmigen, tief eingeschnittenen Blattspreiten u. gelben Blüten; wurzelt im Schlamm; in Teichen u. langsam fließenden Gewässern.
Teichwirtschaft →Aquakultur, →Fischzucht, →Forellenteichwirtschaft, →Karpfenteichwirtschaft.
Teig, Gemisch für Backwaren, besteht aus Mehl, Milch oder Wasser, mit Zusatz eines Triebmittels u. evtl. von Fett, Eiern, Zucker, Salz, Gewürzen.
Teigdruck, am Ende des 15. Jh. vorkommende graph. Technik, bei der die Druckplatte aus Holz oder Metall in eine auf Papier gestrichene Teigmasse abgedrückt wurde. Wegen der Vergänglichkeit des Materials blieben nur wenige T.-Exemplare erhalten.
Teilbarkeit, *Mathematik:* eine Zahl n ist durch die Zahl z teilbar, wenn n als ganzzahliges Vielfaches von z darstellbar ist. Die T.regeln liefern für gewisse Teiler einfache Kriterien, so ist z.B. eine Zahl durch 3 teilbar, wenn ihre Quersumme durch 3 teilbar ist.
Teilbau →Halbpacht.
Teilchenbeschleuniger, *Beschleuniger, Beschleunigungsanlage,* Gerät zur Beschleunigung elektr. geladener Teilchen auf hohe Geschwindigkeiten für kernphysikal. Experimente. Die Beschleunigung erfolgt in elektr. Feldern. Die mit einem T. erzielte kinet. Energie der Teilchen wird in eV (Elektronenvolt) bzw. MeV (Millionen eV, Megaelektronenvolt) angegeben. Man unterscheidet *Linearbeschleuniger* (geradlinige Bahn) u. *Zirkularbeschleuniger* (kreisförmige Bahn, auf der die Teilchen durch magnet. Felder geführt werden). Zirkularbeschleuniger sind *Betatron, Zyklotron, Synchrotron.* Einer der größten T. der Welt befindet sich in Batavia (USA); er ist auf 500 Mrd. eV berechnet. Die Ringanlage hat einen Durchmesser von 1,6 km.
Teilcontainerschiff [-kɔn'teɪnə-; engl.], ein →Stückgutfrachter mit Einrichtungen für den Containertransport in einem Teil der Laderäume.
Teiler, eine ganze Zahl (außer 1), durch die sich eine andere ganze Zahl ohne Rest teilen läßt. Zwei nicht *teilerfremde Zahlen* haben einen *größten gemeinsamen T.;* Primzahlen haben als T. nur die 1 u. sich selbst (keine *echten T.*); der größte gemeinsame T. kann durch den →euklidischen Algorithmus ermittelt werden.
Teilerhebung, eine Form der Schätzung, bei der von einer genau untersuchten Teilmasse oder einem Ausschnitt einer Gesamtheit auf das Verhältnisse der Gesamtmasse geschlossen wird. Dabei wird vorausgesetzt, daß der untersuchte Teil als repräsentativ für die gesamte Masse gelten kann. → auch Repräsentativerhebung.
Teilhaber, Gesellschafter eines Unternehmens (bes. Personalgesellschaft). – *Stiller T.* →Stille Gesellschaft.
Teilhaberversicherung, Versicherung für den Fall, daß ein Teilhaber aus dem Geschäftsbetrieb durch Tod oder Alter ausscheidet u. die restl. Inhaber bzw. die Firma ihm oder seinen Erben seinen Anteil am Betriebsvermögen auszahlen müssen. Die echte T. ist ein Betriebsvorgang, d. h., die Firma verfügt über die zur Auszahlung erforderl. Barmittel, wogegen die unechte T. ein Privatvorgang ist, bei dem z.B. ein Teilhaber das Leben eines anderen versichert, dessen Anteil er nach dem Tod des anderen übernehmen möchte.
Teilhard de Chardin [tɛjardəʃar'dɛ̃], Pierre, französ. Geologe u. Anthropologe, Jesuit, *1. 5. 1881 Sarcenat, †10. 4. 1955 New York; 1899 Ordenseintritt, 1905–1908 Chemie- u. Physik-Dozent im Jesuitenkolleg in Cairo, 1922 Prof. für Geologie am Institut Catholique in Paris, seit 1923 Forschungen in China, Afrika u. Asien, Mitentdecker des sog. Pekingmenschen; seit 1951 in den USA. Zu Lebzeiten veröffentlichte T. zahlreiche naturwissenschaftl. Spezialarbeiten u. Essays. Nach seinem Tod wurde das zum großen Teil bis dahin ungedruckte (von der Kirche lange Zeit abgelehnte) Gesamtwerk herausgegeben (französ. ab 1955, dt. ab 1962), in dem T. eine Philosophie, Anthropologie u. Christologie nach dem Prinzip der Evolution entwarf.
Teilkopf, Vorrichtung, die es ermöglicht, den Umfang runder Werkstücke genau zu teilen, bes. bei Fräsmaschinen angewandt. Der T. schaltet das Werkstück nach jedem Arbeitsgang um einen eingestellten Winkelbetrag weiter.
Teilkostenrechnung, eine Kalkulation, bei der aus Vereinfachungsgründen, Ermittlungsschwierigkeiten oder zum Zweck der Betriebssteuerung u. der Preisgestaltung nur ein Teil der Kosten erfaßt oder den Kostenträgern zugerechnet wird, z.B. nur die Einzelkosten oder nur die variablen Kosten. →auch Kostenrechnung.
Teilkreis, *Maschinenbau: Wälzkreis,* gedachter Kreis bei miteinander kämmenden Zahnrädern. Auf dem T. wird der Abstand zweier benachbarter, gleichgerichteter Flanken gemessen. →Teilung (2).
Teilmenge, *Mathematik:* →Menge.
Teilnahme, *Strafrecht:* zusammenfassende Bez. für →Anstiftung u. →Beihilfe, zu unterscheiden von Täterschaft; strafbar sind auch erfolglose Anstiftung oder Verabredung zu einem Verbrechen, das eigene Sichbereiterklären u. die Annahme des Angebots eines anderen zur Verbrechensbegehung sowie die Verabredung zur Verbrechensanstiftung (§ 30 StGB). Straffrei ist aber u. a., wer freiwillig die Tat verhindert bzw. die Anstiftung oder die eigene Bereitschaft aufgibt (§ 31 StGB).
Teilstreitkräfte, bei der Bundeswehr Bez. für *Heer, Marine* u. *Luftwaffe* (früher *Wehrmachtsteile),* die, jeweils von einem *Inspekteur* geführt, zusammen mit der *Basisorganisation* u. den *Zentralen Militärischen Dienststellen* die *Gesamtstreitkräfte* bilden.
Teiltöne →Obertöne.
Teilung, 1. *Biologie:* einfache Form der ungeschlechtl. Vermehrung bei Pflanzen u. Tieren.
2. *Maschinenbau:* Abstand zweier benachbarter, gleichgerichteter Flanken eines Zahnrads, auf dem →Teilkreis gemessen.
3. *Mathematik:* →Division (1), →harmonische Teilung.
Teilungsmasse, das zur →Konkursmasse gehörende aktive Vermögen *(Aktivmasse)* des →Gemeinschuldners, das nach Durchführung von Aufrechnungen, →Absonderungen u. Befriedigung der →Massegläubiger zur Verteilung an die →Konkursgläubiger gelangt (§§ 117 ff. KO).
Teilungszahl, *Grammatik:* →Numerale.
Teilwert, nach dt. Steuerrecht der Wert eines einzelnen Gegenstands, den ihm ein Erwerber des ganzen Betriebs im Rahmen des Gesamtkaufpreises unter der Annahme zulegen würde, daß er den Betrieb fortführt (Gegensatz: *gemeiner Wert* als Einzelveräußerungspreis). Der T. liegt zwischen der Obergrenze des Wiederbeschaffungswerts u. der Untergrenze des Einzelveräußerungspreises (u.U. des Schrottwerts) des einzelnen Gegenstands. Der T. wird für die Vermögensbesteuerung u. in Ausnahmefällen für die Ermittlung des Jahresgewinns herangezogen. In dem einkommensteuerrechtl. Jahresabschluß kann vom Anschaffungswert auf den niedrigeren T. herabgegangen werden *(T.-Abschreibung).*
Teilzahlung →Abzahlung.
Teilzieher →Vogelzug.
Teiresias, in der griech. Sage ein blinder Seher aus Theben; nennt u.a. Odysseus das Mittel zur Versöhnung mit Poseidon.
Teirlinck ['te:rliŋk], Herman, fläm. Schriftsteller, *24. 2. 1879 Sint-Jans-Molenbeek bei Brüssel; †4. 2. 1967 Beersel bei Brüssel; Erneuerer des fläm. Theaters; schrieb dem Expressionismus nahestehende Dramen, naturalist. Dorfgeschichten u. Romane aus dem Großstadtleben.
T-Eisen, Walzstahl mit T-förmigem Querschnitt. *Doppel-T-Eisen* ist I-förmig; als Träger verwendet.
Teispes, *Tschischpisch,* altpers. König aus dem Geschlecht der *Achämeniden,* um 675–640 v.Chr.; Vater *Kyros' I.*
Teiste, *Grillteiste,* eine Alkenart, →Alken.
Teita, Nordostbantustamm (Bantuhamiten) im SO Kenias; Terrassenfeldbau u. Bewässerung.
Teja, der letzte Ostgotenkönig 552; zog nach der Niederlage *Totilas* bei Tadinae nach Cumae bei Neapel zur Sicherung des ostgot. Kriegsschatzes, widerstand am Mons Lactarius (heute Monte Lattaro) monatelang den byzantin. Angriffen unter *Narses* u. fiel im Oktober 552 in der Ebene zwischen Vesuv u. Mons Lactarius im Kampf.
Tejo ['teʒu], portug. Name des →Tajo.
Tejon Pass ['tixən-], Übergang aus dem kaliforn. Längstal (San Joaquin Valley) nach Los Angeles, 1292 m.
Tejus [tɛ'ʒus; indian.], *Tupinambis,* bis 1 m lange amerikan. Schienenechsen, gute Läufer; Fleisch u. Eier werden gegessen, die Haut als Leder benutzt.
Tekarir, der Sudannegerstamm der →Tukulor.
Tekirdağ [-da:], Haupthafen Türk.-Thrakiens, Hptst. der Provinz T., 33 000 Ew.; in einem Agrargebiet, Frucht- u. Gemüselieferant von Istanbul.
Tekke, *Teke,* ein Stamm der →Turkmenen.
Tekome [die; indian., span.], *Tecoma leucoxylon* (→Trompetenbaum [2]), liefert das *grüne, braune* oder *gelbe Ebenholz* der Antillen u. Südamerikas.
Tektit [der; grch.], *Glasmeteorit,* rundl. birnenoder flaschenförmiger grüner (selten brauner) glasartiger Körper mit hohem SiO_2-Gehalt (über 70%); Herkunft u. Entstehung sind umstritten; wird auch als Meteorit angesehen.
Tektogen [das; grch.], ein Teil der Erdkruste, der von einheitl. tekton. Bewegungen betroffen ist.
Tektonik [die; grch.], *Geotektonik,* Lehre vom Bau (Schichtenlagerung) u. den Bewegungen der Erdkruste. – 🞎 8.7.7.
Tel [hebr.], Bestandteil geograph. Namen: Hügel.
Tel., 1. Abk. für *Telegramm.*
2. Abk. für *Telephon.*
Tela, Stadt in Honduras, Zentralamerika, 25 000 Ew., Hauptbananenhafen am Karib. Meer.
Telanaipura →Djambi.
Tel Aviv [tɛla'vi:f], *Tel Aviv-Jaffa (-Yafo),* größte

Tel Aviv: Blick vom Shalom-Hochhaus auf Jaffa

tele

Stadt Israels, an der Mittelmeerküste südl. der Yarqonmündung, 360000 Ew., mit dem engeren, geschlossenen Vorortbereich (Giv'atayim, Ramat Gan, Bene Beraq, Herzliya, Bat Yam, Holon u.a.) 850000 Ew., mit dem äußeren Vorortring (Kefar Sava, Petah Tiqwa, Lod, Ramla, Rehovot u.a.) 1,15 Mill. Ew. (über 40% der jüd. Bevölkerung Israels). 1909 als jüd. Vorort von *Jaffa* gegr., das es schon in den 1930er Jahren überholte u. das 1950 eingemeindet wurde; Zentrum der jüd. Einwanderung. T.A. ist heute mit seinen Vororten der wichtigste Industriestandort Israels, in dem fast alle Branchen vertreten sind, Mittelpunkt des Handels u. Bankwesens u. der Kultur: Städt. Universität, Bar-Ilan-Universität (beide 1953 gegr.), Musikakademie, mehrere Theater (u.a. Habimah, Nationaloper) u. Museen (Ha'arez-Museum, Helena-Rubinstein-Pavillon, Stadt-, Archäolog., Histor. Museum), Goethe-Institut.

tele... [grch.], Wortbestandteil mit der Bedeutung „fern, weit".

Telefaxdienst, Übertragung von Texten, Zeichnungen, Skizzen u.ä. im öffentl. Telefondienst mit *Fernkopiergeräten*, Zusatzgeräten zum Fernsprechapparat, die die eingegebene Vorlage abtasten, übermitteln u. am Empfangsgerät eine Kopie mit der Aufzeichnung ausgeben.

Telefon [das; grch.], *Telephon* = Fernsprecher.

TELEFUNKEN →Allgemeine Elektricitäts-Gesellschaft AEG-TELEFUNKEN

telegen [grch.], für Fernsehaufnahmen geeignet; Analogiebildung zu *photogen*.

Telegrafnoje Agenstwo Sowjetskowo Sojusa [russ., „Telegrafenagentur der Sowjetunion"], Abk. *TASS*, Nachrichtenagentur der UdSSR, Sitz: Moskau; trat 1925 an die Stelle der 1918 gegr. Agentur *ROSTA*.

Telegramm [das; grch.], über ein öffentliches Draht- oder Funknetz weitergeleitete schriftl. Mitteilung. Manche Firmen haben T.kurzanschriften, die mit der Post vereinbart sind. Besondere T.e sind u.a.: mit bezahlter Antwort –RP–, Vergleichung –TC–, Empfangsanzeige –PC–, Schmuckblatt –LX–, dringend –D–. T.e werden am Empfangsort sofort zugestellt oder bei Fernsprechteilnehmern mündlich durchgegeben. Brief-T.e werden am Empfangsort wie gewöhnl. Briefsendungen zugestellt. →Gentex.

Telegraphenagentur →Nachrichtenagentur.

Telegraphenbüro →Nachrichtenagentur.

Telegraphie [grch.], Übermittlung schriftl. Nachrichten oder Zeichen (auch Bilder) auf elektr. Weg über Leitungen oder Funk. Buchstaben, Ziffern u. Satzzeichen werden auf der Sendeseite in elektr. Impulsgruppen umgesetzt. Die noch heute gebräuchl. T.gerät ist der *Morseapparat*, der wegen seiner Einfachheit u. Fehlersicherheit gelegentl. noch im Funkverkehr verwendet wird. Ein modernes Gerät für diesen speziellen Verwendungszweck ist der →Hellschreiber. Im übrigen wird die T. heute mit dem →Fernschreiber betrieben. Die elektr. T.zeichen bestehen beim Fernschreiber aus fünf Schritten (→Fünferalphabet) von jeweils 20 Millisekunden Dauer. Jeder Schritt enthält die Information „Strom" oder „kein Strom". Mit diesem *digitalen* Übertragungsverfahren lassen sich auch Daten übertragen. Der telegraph. Nachrichtenverkehr läuft in erster Linie über →Telex, das öffentl. Teilnehmer-Fernschreibnetz mit Wählvermittlung. Daneben gibt es das „allg." amtl. Telegraphennetz *(Gentex-Netz)* für die Telegrammübermittlung u. private Sondernetze, z.B. für Verkehrsunternehmen oder den Wetterdienst. →auch Multiplex-Funkfernschreibsystem. 1794 errichtete C. *Chappe* zwischen Paris u. Lille die erste Semaphor-Telegraphenlinie (opt. Signalgebung durch schwenkbare hölzerne Arme an Türmen). Versuche mit *elektr.* T. erfolgten seit Mitte des 18. Jh. Die erste praktisch verwendbare Verbindung wurde 1833 von C. F. *Gauß* u. W. *Weber* eingerichtet. Dem allg. Gebrauch zugänglich wurde die T. durch die Erfindung des Morseapparats 1837. Weitere Entwicklung: Drucktelegraphen von D. E. *Hughes* (1855), É. *Baudot* (1874) u. W. von *Siemens* (Siemens-Schnelltelegraph 1912); erste Fernschreiber nach dem Start-Stop-Prinzip (1910) von *Kleinschmidt*; 1933 Einführung des Telexdienstes. – ⌼ 10.4.5.

Teleilet Ghassul, Ausgrabungsort 6 km nordöstl. vom Toten Meer, wo 1930 mit der Freilegung einer Stadt aus der Zeit vor 1800 v.Chr. begonnen wurde u. man u.a. in Palästina einzigartige Wandfresken fand.

Telekie [die; nach P. *Teleki von Szék*], *Telekia*, Gattung der *Korbblütler*. Die *Siebenbürgische T.*, *Telekia speciosa*, ist bei uns als Zierpflanze eingebürgert, kommt aber auch verwildert vor.

Telekinese [grch.], Bewegung von Gegenständen durch ein *Medium*, angebl. ohne physikalische Ursache durch direkte Einwirkung der Psyche.

Teleki von Szék [-se:k], Pál Graf, ungar. Politiker, * 1.11.1879 Budapest, † 3.4.1941 Budapest; 1920/21 u. 1939–1941 Min.-Präs.; seine Revisionspolitik brachte Ungarn den 2. Wiener Schiedsspruch (1940), verübte Selbstmord, weil er Ungarns Kriegseintritt nicht verhindern konnte.

Telemachos, in der griech. Sage Sohn des *Odysseus*, suchte seinen Vater u. half ihm bei der Bestrafung der Freier seiner Mutter *Penelope*.

Telemann, Georg Philipp, Komponist, * 14.3.1681 Magdeburg, † 25.6.1767 Hamburg; Kapellmeister in Leipzig, Sorau, Eisenach u. Frankfurt a. M., seit 1721 Musikdirektor der 5 Hamburger Hauptkirchen. T. beherrschte virtuos die wichtigsten Nationalstile. Rhythmische Prägnanz in vielen Werken u. deren lockere Fügung charakterisieren ihn. Er verstand es meisterhaft, komische Wirkungen zu erzielen. Sein gewaltiges Werk umfaßt Opern, Kirchenmusik, Orchesterwerke, Konzerte, Kammer- u. Solomusik. Drei Autobiographien 1718, 1729, 1739. – ⌼ 2.9.2.

Telemark, *Telemarken*, südnorweg. Landschaft u. Provinz (Fylke), 15315 qkm, 157600 Ew.; Hptst. *Skien*; waldreiches Bergland mit der *Gausta* (1883 m), mit dem Rjukanfoss. – In T. fanden im 16. Jh. die ersten Wettkämpfe im Skilanglauf statt. Der T.aufsprung ist eine Landetechnik beim →Skispringen.

Telemetrie [grch.], Übermittlung von Meßwerten über Funk. →Fernmessung.

Teleobjektiv [grch. + lat.], ein Fernobjektiv besonderer Bauart, das im Gegensatz zu normalen langbrennweitigen Objektiven eine kürzere Schnittweite u. damit kürzere Baulänge als seine nominale Brennweite besitzt *(echtes T.)*. T.e betonen den Hintergrund, schieben das Bild perspektiv. zusammen. Längste Brennweiten (Spiegelteleskop-Bauart) 2000 mm. T.e wurden bereits 1851 von I. *Porro* gebaut.

Teleologie [grch. *telos*, „Ziel"], die Lehre von den Zwecken, der Zweckmäßigkeit u. Zielstrebigkeit; als Schulbegriff zuerst bei Ch. *Wolff*, gleichbedeutend mit *Finalität*. Das teleolog. Denken interpretiert das Geschehen u. die Wirklichkeit nach den Zweck- oder Endursachen, im Gegensatz zu den wirkenden oder Anfangsursachen, also in Analogie mit dem auf ein Ziel gerichteten, Zwecke verwirklichenden menschl. Handeln. Daß die Welt zweckmäßig eingerichtet sei, ist das Argument des teleolog. (physikotheolog.) Gottesbeweises. Im Gegensatz zu *Aristoteles* (→Entelechie) u. der mittelalterl. Weltanschauung wurde von *Demokrit*, *Epikur* u. der mechanist. Naturwissenschaft das Vorhandensein von Zweckursachen verneint bzw. die anscheinende Zweckmäßigkeit der Natur mechanist. zu erklären versucht. Eine Grenze hierfür fand sich in den biolog. Erscheinungen, insofern diese mindestens eine teleolog. Beschreibung nahelegen (→Vitalismus).

Teleostei [-e:i, grch.], →Knochenfische (2).

Teleostomi [grch.], Überklasse der →Wirbeltiere, alle Wirbeltiere mit endständigem Maul u. verknöchertem Skelett.

Telepathie [die; grch.], angebl. Übertragung bzw. Übernahme fremder seelischer u. gedankl. Inhalte ohne Zuhilfenahme der gewöhnl. Sinne.

Telephon [das; grch.], *Telefon* = Fernsprecher.

Telephonie, Übermittlung von gesprochenen Nachrichten; →Fernsprech-Vermittlungstechnik.

Telephonseelsorge, Form der Seelsorge (meist anonym) in fast allen Großstädten zur Erteilung von Auskunft, Rat u. Hilfe ohne Rücksicht auf Glaubenszugehörigkeit, polit. Überzeugung u. Rasse; oft in Zusammenarbeit mit Fürsorgern, Soziologen, Medizinern, Psychotherapeuten.

Telergone →Pheromone.

Teleskop [das; grch.], Fernrohr; wird heute fast ausschl. für photograph. Sternaufnahmen verwendet. T.e werden (wegen der Lichtstärke) mit Objektiven von großer Brennweite gebaut; so hat z.B. das Objektiv des T.s des Yerkes-Observatoriums bei einem Durchmesser von 102 cm die Brennweite 19 m. Linsen mit einem Durchmesser über 1 m sind techn. nicht einwandfrei herzustellen. Es werden daher Spiegel-T.e gebaut. Diese können aus einem massiven Glasblock geschliffen sein oder (z.B. das 5-m-Spiegel-T. auf Mt. Palomar u. das 6-m-Spiegel-T. im Kaukasus) zur Gewichtsersparnis auf der Unterseite des Spiegels wabenartig ausgebildet sein. – Zur Vermeidung von Bildfehlern hat sich der 1931 in der Hamburg-Bergedorfer Sternwarte eingeführte →Schmidt-Spiegel bewährt. – ⌼ 7.9.2.

Teleskopaugen, bei manchen Fischen (bes. der Tiefsee) wie auf einem Hügel stehende, vorgeschobene Augen, z.B. auch beim *Teleskopfisch*, einer Goldfischrasse.

Teleskopsäule, aus mehreren Rohren unterschiedl. Durchmessers bestehende Säule, die zur Längenänderung ineinander verschoben werden können, z.B. bei Photostativen, Stoßdämpfern u. Sicherheitslenksäulen.

Telesphorus, Papst 125–138 (?), Heiliger, Grieche.

Telestichon [das; grch.], aus den Endbuchstaben der Verse einer Dichtung gebildetes Wort oder aus Endwörtern gebildeter Satz. Gegensatz: *Akrostichon*.

Teletypesetter [-taip-; engl.] →Setzmaschine (2).

Teleutosporen [grch.], Wintersporen bei den →Rostpilzen.

Television [grch. + lat.], Abk. *TV*, Fremdwort für *Fernsehen*.

Telex [Kurzwort aus engl. *teleprinter exchange*, „Fernschreiber-Austausch"], das öffentl. Teilnehmer-Fernschreibnetz mit Wählbetrieb; erstmals 1933 in Berlin u. Hamburg eingerichtet, innerhalb der BRD von Anfang an im Selbstwählverkehr. →Telegraphie, →Fernschreiber. – ⌼ 10.4.5.

Telfs, österr. Marktflecken in Tirol, am Inn u. Südfuß der Hohen Munde (2594 m, östl. Mieminger Gebirge), 633 m ü. M., 6400 Ew.; Spinnereien; Volksbrauch des „Schleicherlaufens".

Telgte, Stadt in Nordrhein-Westfalen. östl. von Münster, 15000 Ew.; Wallfahrtskapelle (17. Jh.).

Telipinu, *Telepinus*, König der Hethiter um 1500 bis 1475 v.Chr.

Tell [arab.], Bestandteil geograph. Namen: Hügel.

Tell, Wilhelm, sagenhafter Nationalheld der Schweiz; wurde angebl. bei Altdorf von dem habsburg. Landvogt *Geßler* gedemütigt (Tellschuß) u. erschoß ihn bei Küßnacht. Darauf erhoben sich die 3 Waldstätte gegen die habsburg. Oberhoheit. Diese von der Volksdichtung (aufgezeichnet seit dem 15. Jh.) vermittelte Überlieferung ist eine Verklärung der geschichtl. Ereignisse, die zur Gründung der Eidgenossenschaft führten. Drama von *Schiller*, Oper von *Rossini*.

Tell Agrab, Ruinenstätte im Irak, im Gebiet des Deyala-Flusses, etwa 75 km östl. Bagdad, ausgegraben 1935–1937 von H. *Frankfort* u. S. *Lloyd*. Die Funde stammen vorwiegend aus der Dschemdet-Nasr- u. der frühdynast. Epoche.

Tell Asmar, Ruinenstätte im Irak, nordöstl. von Bagdad, das antike →Eschnunna.

Tellatlas, Glied des Atlasgebirges, zieht sich an der Küste Algeriens hin, erhebt sich in der *Djurdjura* südl. von Tizi-Ouzou auf 2308 m.

Tell Brak, Ruinenstätte in Nordwest-Mesopotamien, 180 km nordwestl. von Mosul, mit Resten der Tell-Halaf- u. der Dschemdet-Nasr-Kultur, Palästen aus der akkadischen u. neusumerischen Zeit; ausgegraben seit 1937 unter M. E. L. *Mallowan*.

Tell el Amarna →Amarna.

Tellenbach, Gerd, Historiker, * 17.9.1903 Berlin; Mitgl. der Zentraldirektion der Monumenta Germaniae Historica; 1963–1972 Direktor des Dt. Histor. Instituts in Rom; Werke: „Libertas. Kirche u. Weltordnung im Zeitalter des Investiturstreites" 1936; „Die Entstehung des Dt. Reiches" 1940, ³1947; „Europa im Zeitalter der Karolinger" 1956; „Kaisertum, Papsttum u. Europa im Hohen Mittelalter" 1958.

Teller, *Jagd*: das Ohr des Wildschweins.

Teller, Edward, US-amerikan. Physiker ungar. Herkunft, * 15.1.1908 Budapest; seit 1935 in den USA; Hauptarbeitsgebiet: Kernphysik; entwickelte die Wasserstoffbombe.

Telleregge →Scheibenegge.

Tellereisen, eiserne Falle zum Fang von Raubwild, bei der die Auslösung der Fangarme durch Tritt oder Druck auf einen Teller erfolgt. Verwendung nur unter bes. Bedingungen erlaubt.

Tellerrad →Kegelradgetriebe.

Tellerschnecken, *Planorbidae*, Schlammschnecken des Süßwassers mit tellerartig flach in einer Ebene aufgewundenem Gehäuse. Zu den T. gehört die *Posthornschnecke*, *Planorbis*.

Téllez [ˈtɛljɛθ], Gabriel →Tirso de Molina.

Tell Halaf, Ruinenhügel in Syrien, südl. von Ras el-Ain an der Bagdadbahn; Siedlungsschicht des 4.

Jahrtausends v.Chr., deren Keramik über Mesopotamien, Nordsyrien u. das Gebiet am Van-See verbreitet war. Durch die Grabungen wurde die aramäische Stadt *Gosan* wiederentdeckt, die 808 v.Chr. von den Assyrern erobert wurde u. in die nach dem A.T. Sargon II. von Assyrien einen Teil der Israeliten verschleppte.

Tell Harmal, Ruinenhügel im Irak bei Bagdad, das antike *Schadup(p)um,* mit Fundschichten aus dem 24.–15. Jh. v.Chr.; ausgegraben 1945–1949.

Telli, Boubacar Diallo, guineischer Politiker, *1925 bei Kankan; 1964–1972 Generalsekretär der Organisation für die Einheit Afrikas (OAU).

Tellmuscheln, *Plattmuschel, Tellina,* Meeresmuscheln mit oft schön gefärbten u. leicht zerbrechlichen Gehäusen. T. können sich mit Hilfe des schwellbaren Fußes vorwärtsschnellen.

Tello →Lagasch.

Tellur [das; lat.], chem. Zeichen Te, silberweißes Übergangselement zwischen Metallen u. Nichtmetallen mit vorwiegend nichtmetallischen Eigenschaften (denen des Selens u. des Schwefels ähnlich); Atomgewicht 127,60, Ordnungszahl 52, spez. Gew. 6,24, Schmelzpunkt 452 °C; kommt in der Natur gediegen u. in Form von *Telluriden* vor.

tellurische Linien, Linien im Spektrum der Sonne, Planeten u. Fixsterne, die von der Absorption des Lichts beim Durchgang durch die Erdatmosphäre herrühren.

Tellurium [das; lat.], bewegliches Modell zu Unterrichtszwecken, das die gegenseitigen Bewegungen von Sonne, Erde u. Mond zeigt.

Tellus, *Terra Mater,* röm. Göttin der Erde u. des Saatfelds; an ihrem Hauptfest (15. 4.) wurden ihr trächtige Kühe geopfert.

Telophase [die; grch.], Phase der →Kernteilung.

Telosporidien [grch.], *Telosporidia,* einzige Klasse der *Sporozoen* mit etwa 300 Arten. Zu den T. gehören die *Gregarinen,* die *Kozidien* u. die *Hämosporidien.*

Telpos-Is, höchster Gipfel des nördl. Ural, 1617 m, bis in 500 m Höhe nadelwaldbedeckt.

Telquel [tel'kel; frz., „so wie es ist"], *tel quel,* Klausel des Handelskaufrechts, erlaubt bei Gattungskauf Lieferung in der geringsten Qualität.

Telstar, erster US-amerikan. aktiver →Nachrichtensatellit, gebaut von einer privaten Firma zu kommerziellen Zwecken. T. I wurde am 10. 7. 1962 von Cape Canaveral aus gestartet.

Teltow [-to:], 1. Stadt im Krs. u. Bez. Potsdam, am Südwestrand von Berlin, 15 400 Ew.; Institut für Faserforschung; Elektro- (Halbleiterwerk), Baustoff-, chem., pharmazeut. Industrie; Gartenbau (*T.er Rübchen*). – Bis 1952 Kreisstadt.
2. *Der T.,* Landschaft in der Mittelmark, zwischen Nuthe u. Dahme, südl. von Berlin; Roggen-, Hafer- u. Kartoffelanbau; Industrie am *T.kanal.*

Teltower Rübe [-to:ər-] →Rübsen.

Teltowkanal [-to:-], eine 38 km lange, 1900–1906 erbaute Binnenwasserstraße zwischen der Havel u. Spree, befahrbar für Schiffe bis 750 t.

Telugu, von ca. 40 Mill. gesprochene drawid. Sprache in Südostindien; älteste Inschrift von 633, Literatur seit dem 11. Jh.

Teluk Anson, Hafenstadt im Delta des Perak in Malaysia, nahe der Malakkastraße, 50 000 Ew.

Telukbetung, *Tanjungkaran,* indones. Hafenstadt in Südostsumatra, an der Sundastraße, 100 000 Ew.; Ausfuhr von Kautschuk, Kaffee u.a. 1883 wurde T. nach dem Ausbruch des *Krakatau* schwer zerstört.

Tema, Überseehafen in Ghana, 1954 gegr., gehört zum weiteren Stadtgebiet von *Accra;* vielseitige Industrie, Ölraffinerie, Aluminiumschmelze.

Tembe [die; Bantu], zur Verteidigung eingerichtetes ostafrikan. viereckiges Gehöft, mit Wänden aus lehmverschmiertem Flechtwerk, flachem Dach u. Innenhof; oft z.T. in die Erde versenkt.

Temenos [das; grch.], umgrenzter heiliger Bezirk; Heiligtum, meist mit Asylrecht.

Temeschburg, frühere dt. Form für den Namen der rumän. Stadt →Temeschvar.

Temeschvar, rumän. *Timişoara,* ung. *Temesvár,* früher dt. *Temeschburg,* Hptst. des westrumän. Kreises Timis (8678 qkm, 700 000 Ew.), am Begakanal, 229 000 Ew., Universität (1962), Handels- u. Kunstakademie; Schloß Ianous, Altes Rathaus, kath. u. orth. Kathedrale; Textil-, Nahrungsmittel-, Leder-, Elektro-, Eisen- u. chem. Industrie. – 1552 türk., 1716 österr., unter Karl VI. mit Deutschen besiedelt, 1921 rumän., Zentrum des Banater Schwaben.

Temirtau, bis 1945 *Samarkandskij,* Industriestadt in der Kasach. SSR (Sowjetunion), im Kohlengebiet von Karaganda, 210 000 Ew.; Eisenhüttenkombinat u. Werk für synthet. Kautschuk.

Temmoku, japan. Bez. für *T'ien-mu,* den „Himmelsaugen"-Berg, unweit von Hangtschou in China, Wallfahrtsort der japan. Zen-Mönche; danach benannt eine Gattung Sung-Keramik, die für die zenistische Teezeremonie nach Japan ausgeführt u. dort nachgeahmt wurde.

Temne, *Timne,* Sudannegervolk (315 000) im Küstenland von Sierra Leone, Hackbauer u. Fischer; bildeten Anfang des 16. Jh. ein Reich.

Tempe [-pi], Stadt in Arizona (USA), östl. Vorstadt von Phoenix, 71 000 Ew.; Staatsuniversität (1885); Agrarhandelsplatz, Konserven-, Bekleidungs-, Maschinen- u. Elektroindustrie.

Tempel [grch., lat., „abgegrenzter Bezirk"], ursprüngl. eine als heilig geltende Stätte, die kultischen Zwecken diente; später jedes einer Gottheit errichtete u. ihr geweihte Bauwerk, in Griechenland ein Quaderbau auf flacher Basis, ausgerichtet auf den vor dem Eingang im O liegenden Altar, an dem die Opfer für die im Kultbild dargestellte Gottheit zelebriert wurden; im Röm. Reich oft ein Ziegelbau auf hohem Podium, mit vorgeblendeter Säulenarchitektur.

Die älteste Form des griechischen T.s, ein langgestreckter, überdachter Raum mit einer Vorhalle (*Anten-T.*), leitet sich vom Typ des altgriech.

Vergleich zwischen einem typisch griechischen und einem typisch römischen Tempel: links Hephaisteion in Athen (5. Jh. v. Chr.), rechts die Maison Carrée in Nîmes (117–138 n. Chr.)

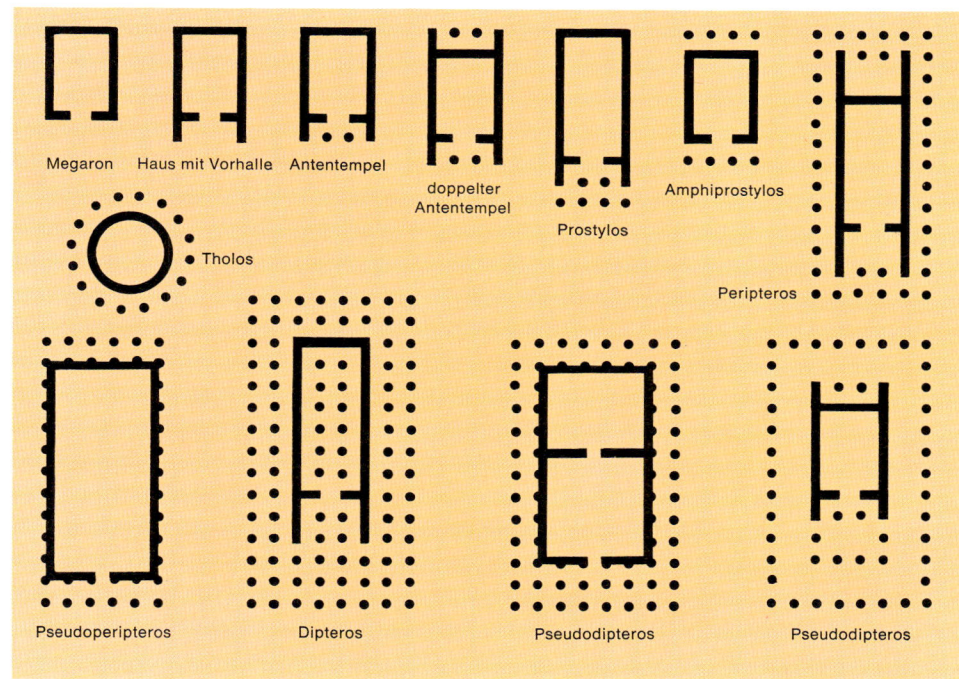

Tempel: Entwicklung der griechischen Tempelformen

Wohn- u. Palasthauses, dem *Megaron,* ab. Die kret.-myken. Kultur kennt neben kleinen Kapellen u. Kultschreinen innerhalb der Paläste, in denen auch Weihungen dargebracht u. Götterbilder verehrt wurden, vor allem auf Kreta Kulthöhlen, die z.T. bis in röm. Zeit benutzt wurden (Kamares-, Eileithyia-, Psychro- u. Ida-Höhle). Erst vom 1. Jahrtausend v.Chr. an entstand in der griech.-hellenist. Kultur eine T.baukunst, die sich von bescheidenen Anfängen bis zu den Leistungen der klass. Zeit des 5. Jh. v.Chr. entwickelte.

Aus der einfachen Form des Anten-T.s, dessen Vorhalle (*Pronaos*) aus zwei Säulen u. den Verlängerungen der beiden Längsmauern gebildet wird, entwickelten sich die übrigen Typen des griech. T.s über rechteckigem Grundriß: 1. der *Prostylos,* bei dem die verlängerten Seitenmauern fehlen u. durch Säulen ersetzt sind; 2. der *Amphiprostylos,* der die Säulenstellung des Prostylos an der Rückseite wiederholt; 3. der klassische *Peripteros,* den eine einfache Säulenhalle als Umgang allseitig umgibt; u. 4. – als Weiterbildung dieser Gattung – der *Dipteros,* dessen Umgang von einer doppelten Säulenreihe gebildet wird. Als *Pseudoperipteros* bezeichnet man einen T., bei dem nur die Vorhalle aus Vollsäulen besteht; alle übrigen Säulen sind als Halbsäulen der Cellawand „vorgeblendet". Beim *Pseudodipteros* fehlt im Gegensatz zum Dipteros

die innere Säulenreihe. Alle im Sinn der griech. →Säulenordnung auf rechteckigem Grundriß errichteten T. haben ein flaches Satteldach u. an Vorder- u. Rückseite einen flachdreieckigen, gelegentl. figürlich geschmückten Giebel. Der Rund-T., *Tholos* genannt u. ebenfalls gänzl. von Säulen umgeben, ist in Griechenland selten (das älteste bekannte Beispiel aus dem 6. Jh. v.Chr. befand sich in Delphi); er diente wahrscheinl. der Verehrung von Helden u. Halbgöttern (Heroenkult). Mittelpunkt u. Hauptbestandteil des griech. T.s u. seiner in der röm. Baukunst vorgenommenen Abwandlungen ist der Wohnraum des Gottes, die *Cella*. Sie besteht aus einem fensterlosen, abgedeckten Raum u. enthielt das Götterbild. Ursprüngl. einschiffig angelegt, wurde der Cellaraum später durch Säulenreihen in zwei oder drei Schiffe unterteilt.
Die ältesten T. Ägyptens bestanden, wie Hieroglyphenbilder zeigen, aus einfachen Schilf- u. Binsenhütten. Um die Wende vom 4. zum 3. Jahrtausend v.Chr. ging man zum Steinbau über, u. in der 4. Dynastie entstanden bereits so monumentale T.bauten wie der Tal-T. des Königs Chephren bei Gizeh. Noch gewaltiger sind die ägypt. T. des Neuen Reichs, wie der an eine Palastanlage angeschlossene T. Ramses' III. in Medinet Habu, der Amun-T. von Karnak u. der T. von Luxor, errichtet in der 18. Dynastie (1550–1305 v.Chr.). Diese T. bestehen aus großen ummauerten Höfen mit Torhäusern, die von turmartigen Gebilden *(Pylonen)* flankiert werden u. von Säulensälen, Treppenanlagen u. Sphinxalleen umstellt sind. Das Allerheiligste durfte nur vom König u. vom Hohenpriester betreten werden u. enthielt ein verhältnismäßig kleines Götterbild. Außer diesen Monument-T.n gab es in Ägypten kleinere T. mit Kapellen, um die ein offener Umgang lag. Säulen oder Pfeiler trugen das Dach u. bildeten mit der Umgangshalle eine T.form, die dem griech. Peripteros sehr ähnl. ist. Der Verehrung der Sonne dienten die Sonnen-T. Auch sie lagen in ummauerten offenen Höfen. Auf Unterbauten erhoben sich Kalksteinobelisken mit vergoldeten Spitzen als Symbole des Sonnengotts Re; darunter lag der Altar.
Aus der Form des von einem Zaun umgebenen buddhist. Grabhügels, des *Stupa*, entwickelte sich der Haupttypus des indischen T.s, die *Pagode*. Sie enthält Reliquien, heilige Schriften u. Buddhabilder, erhebt sich auf einer Plattform, trägt bildner. Schmuck u. ist mit einem Halbkugeldach ausgestattet. Diese Halbkugel, als *garbha* oder *anda* (Ei, Weltei) bezeichnet, wird als Bild des Himmelsgewölbes aufgefaßt. Eine in der oberen Zone des Halbkugeldachs angebrachte Einfriedung gilt als Wohnsitz der Götter, die über die Erde herrschen; der runde Steinzaun, der den T. umgibt, symbolisiert den Kreislauf der Sterne, der Stunden u. der Jahreszeiten um den Weltenberg *Meru*.
Die einfachste Form der ind. Hindu-T. besteht aus einer viereckigen Cella mit einem flachen, aus Steinplatten gefügten Dach. Davor befindet sich bisweilen eine offene Vorhalle mit Pfeilern, die manchmal den griech. T.hallen, vor allem den Eingangshallen der Anten-T., ähnelt. Wie der buddhist. Stupa wurde der Hindu-T. auf einer Plattform errichtet, zu der von allen Seiten terrassenähnl. Anlagen mit Stufen hinaufführen (eine Säulenhalle oder ein Gang führt um die Cella herum); auch er ist ein kultisches Weltmodell. Mit der Vervollkommnung der techn. u. künstler. Mittel entstand seit dem 8. Jh. eine Bereicherung der einfachen Grundform mit Cella u. Umgang: Die Cella wurde um mehrere Stockwerke turmartig erhöht, man fügte Nebenkapellen an, errichtete Kulthallen u. versah den gesamten T.bau mit figurenu. ornamentreichem plast. Dekor, so daß der Maueruntergrund fast völlig verschwand. Die T.spitze bildet der *Schikhara*, ein Turm, der sich aus dem Obergeschoß älterer T.bauten u. der Vermehrung der Stockwerke entwickelte.
Der Verehrung des Gottes Schiwa dienten meist die in Felsen gemeißelten Höhlen-T. der Hindus. Sie bestehen entweder aus einer auf Säulen ruhenden Veranda oder aus einer Pfeilerhalle mit Vorräumen u. Höfen. Viele ind. T., wie der Ufer-T. in Mamallapuram, der dem Gott Wischnu geweihte T. Vaikunthaperumal in Manchi u. der im 11. Jh. n.Chr. entstandene Brihadisvara-T. in Gangaikondasolapuram, sind pyramidenförmig errichtet u. verkörpern darin den Typ des südind. T.s
Bei den T.bauten altamerikan. Kulturen sind nicht Dach u. Wandung in pyramidaler Form ausgeführt, sondern der gestufte T.sockel, der aus einem Kern aus Erde u. Steinen besteht u. mit Steinplatten u. Stuck verkleidet ist. Treppen führen zur Plattform, die den eigentl. T. trägt, ein fensterloses Bauwerk, das zunächst nur einen Raum enthielt, später jedoch durch eine Trennwand in Vorraum u. Cella unterteilt wurde. Der bekannteste T. dieses Typs ist der „Castillo" genannte toltekische Pyramiden-T. in Chichen Itzá.
Die T.bauten Alt-Vorderasiens gliedern sich in drei Gattungen: den *Tief-T.*, der zu ebener Erde lag u. die Kultstatue des Gottes beherbergte, den auf der Plattform eines rechteckigen Sockels stehenden *Hoch-T.* u. den seit dem 3. Jahrtausend v.Chr. nachweisbaren *Stufen-T. (Zikkurat)*. Eines der größten Beispiele für letzteren ist die Zikkurat, die am Ende des 3. Jahrtausends v.Chr. unter König Urnammu in Ur auf einem Massiv von 62×47 m erbaut wurde. Man erreichte sie über eine Haupt- u. zwei Seitentreppen an der Nordostseite des gewaltigen Unterbaus, vorbei an prächtigen Bildwerken u. durch große, reich geschmückte Tore. Eine Sonderform stellt der T. von Chafadschi dar. Er erhob sich auf einem ovalen Bezirk, dessen längster Durchmesser 80 m betrug u. der mit seinen beiden Maueringen Versammlungsplätze für Prozessionen, Priesterwohnungen, Schatzkammern, Speicher, das Haus der T.verwaltung u. einen Brunnen umschloß. – □ 2.2.8.

Tempelburg, poln. *Czaplinek*, Stadt in Pommern (1945–1950 poln. Wojewodschaft Szczecin, seit 1950 Koszalin), am Dratzigsee, 5500 Ew.; Kleinindustrie; Fremdenverkehr.

Tempelgesellschaft, *Deutscher Tempel*, pietistische ev. Glaubensgemeinschaft aus Württemberg, gegr. 1854 von Christoph *Hoffmann* (* 1815, † 1885), die das kommende Gottesreich durch die gerechte Tat verwirklichen will; ihre Niederlassungen in Palästina wurden im 2. Weltkrieg nach Australien evakuiert. Dt. Zentrale in Stuttgart.

Tempelherren, Ritter des →Templerordens.

Tempelhof, Bezirk in Westberlin, 165 000 Ew.; bekannt durch das *T.er Feld*, den ehem. Zentralflughafen Berlins.

Tempel Mound Periods [-maund piəriəds; engl.] →Mississippi-Kultur.

Tempeln, ein Kartenglücksspiel.

Tempeltanz, kult. Tanz zur Steigerung u. Aktivierung göttl. Macht im Hinblick auf verschiedene Zwecke *(Kriegs-T., Jagd-T., Ernte-T., Liebes-T.)* u. zur ekstatischen Vereinigung mit der Gottheit; noch heute (außer in Primitivreligionen) z.B. in Indien durch Bajaderen u. im japan. Schintoismus durch Priesterinnen geübt.

Tempelturm →Zikkurat.

Tempel-Verlag, *Der T. GmbH*, Darmstadt (seit 1954), gegr. 1912 in Berlin; Klassikerausgaben (Tempel-Klassiker), z.T. zweisprachig.

Temperamalerei [lat. *temperare*, „mischen"], Malerei mit Farben, deren mit Wasser verdünnte Bindemittel (Eigelb, Leim, Honig u.a.) nach schnellem Trocknen wasserunlöslich werden; dadurch lassen sich in der T. keine grenzlosen Übergänge wie in der Ölmalerei erzielen. Der dünne u. immer etwas harte Auftrag wird durch die Leuchtkraft der Farbe ausgeglichen. Bis ins 15. Jh. wurden fast alle Gemälde in der Technik der T. ausgeführt. Von der gewöhnl. *Wassertempera* unterscheidet man *Eitempera* als natürl. Emulsion u. die mit Terpentinöl vermalbare *Öltempera*. – □ 2.0.4.

Temperament [das; lat., frz.], **1.** *allg.:* Gemütserregbarkeit, Lebhaftigkeit, Schwung, Feuer.
2. *Psychologie:* die unterschiedl. Form des Ablaufs der seelischen Bewegungen u. ihrer Äußerungen bei verschiedenen Individuen; hierzu gehören vor allem die allg. Eigenheiten der Gefühlssphäre, z.B. Ansprechbarkeit u. Erregbarkeit, seelische Intensität, Tempo der seelischen Abläufe (psychisches Tempo), lust- oder unlustbetonte Gefühlslage. *Galenus* unterschied 4 T.e: *Sanguiniker, Choleriker, Phlegmatiker* u. *Melancholiker*. Der Gedanke der somatischen Fundierung der T.e ist in der modernen Medizin durch die Erkenntnis des Einflusses der Hormonausscheidungen auf die Gemütslage bekräftigt worden.

Temperatur [lat.], **1.** *Physik:* eine Größe, die den Wärmezustand eines physikal. Systems, z.B. eines Körpers, einer Flüssigkeit oder eines Gases kennzeichnet. Die T. ist ein Maß für die mittlere kinet. Energie des Systems. Je größer die Wärmebewegung der Teilchen, desto höher ist die T. (→kinetische Gastheorie). Die T. ist zu unterscheiden von der *Wärme*, einer Energieform. Sie wird gemessen mit Thermometern, mit Thermoelementen u. (bei

Bez. der Einheit	absoluter Nullpunkt	Eispunkt	Siedepunkt des Wassers
Kelvin (absolute T.)	0	273,15	373,15
Celsius	−273,15°	0°	100°
Fahrenheit		32°	212°
Réaumur		0°	80°

hohen T.en) mit Strahlungsmessern. Der *absolute Nullpunkt* (0 K [Kelvin]) ist die kleinste überhaupt mögliche T.; man kann ihn nur näherungsweise erreichen (→Nernstsches Wärmetheorem). In der Physik ist die „thermodynam. T.skala" *(Kelvinskala)* gebräuchlich; die Fahrenheitskala war lange Zeit in den englischsprechenden Ländern in Gebrauch.
2. *Wetterkunde: Lufttemperatur*, der Wärme- oder Kältezustand der Luft, festgestellt mit einem →Thermometer in wärmeleitender Verbindung mit der umgebenden Luft u. geschützt gegen andere Einflüsse. Die „gefühlte T." ist von der Strahlung, von Wind u. Luftfeuchtigkeit abhängig u. nicht ganz eindeutig zu messen. Die mittlere Luft-T. an der Erdoberfläche überhaupt liegt bei 14 °C. →Hitzepole, →Kältepole.

Temperaturkoeffizient, eine Materialkonstante; 1. der *T. des Widerstands* gibt das Verhältnis der Widerstandsänderung eines elektr. Leiters bei Temperaturänderung von 1 °C zum Widerstand bei 0 °C an; bei Zimmertemperatur beträgt der T. des Widerstands für Metalle ungefähr 1/273. – 2. →Wärmeausdehnung.

Temperaturmeßfarben, Farbstoffe, die beim Erreichen einer bestimmten Temperatur einen Farbumschlag zeigen. Durch Auftragen auf heiße Maschinenteile z.B. kann die Temperaturverteilung an der Oberfläche dieser Teile sichtbar gemacht werden.

Temperatursinn, die Fähigkeit zahlreicher Tiere, Temperaturunterschiede wahrzunehmen. Hierzu dienen *T.esorgane (Thermorezeptoren)*. Bei Insekten sind die Mundwerkzeuge mit T.esorganen ausgestattet. Bei Wirbeltieren liegen die Sinneszellen als freie Nervenenden in der Haut oder zur Messung der Innentemperatur in den Aderwänden; Kältepunkte *(Krausesche Endkolben)* nahe der Oberfläche, Wärmepunkte *(Ruffinische Organe)* in größerer Tiefe. Kälterezeptoren melden nicht mehr bei Temperaturen über 40 Grad. Ihre Erregung nimmt bei absteigender Temperatur zu. Nur bei sehr hoher Temperatur (zu heißes Bad) erfolgt erneut eine Erregung u. führt zur „paradoxen Kälteempfindung". – □ 9.3.1.

Temperaturskala →Temperatur.

Temperguß, *Weichguß*, aus weißem Gußeisen durch →Tempern gewonnener Guß.

temperierte Stimmung →Stimmung.

Temperley [-li], Harold, engl. Historiker, * 20. 4. 1879 Cambridge, † 11. 7. 1939 Cambridge; Prof. in Cambridge, mit G. P. *Gooch* Hrsg. der engl. Akten über den Ursprung des 1. Weltkriegs. Hptw.: „Europe in the 19th and 20th Centuries" 1927.

tempern, Teile aus (sprödem) weißem Gußeisen bei 850–1000 °C mehrere Tage lang glühen, wobei der vorhandene Zementit (Eisencarbid) zerfällt u. der zähe, leicht bearbeitbare u. begrenzt schmiedbare *Temperguß* entsteht. Beim Glühen in sauerstoffabgebenden Mitteln (Roteisenstein) verbrennt der frei werdende Kohlenstoff, u. man erhält weißen Temperguß; beim Glühen in neutraler Umgebung (Asche, Sand) verbleibt der Kohlenstoff, es entsteht schwarzer Temperguß.

Tempest [engl.], ein Zweimannsegelboot mit Wulstkiel, Trapez u. Spinnaker, 6,90 m lang, 1,90 m breit, 24 qm Segelfläche; olympische Bootsklasse.

Tempi passati [ital.], vergangene Zeiten.

Tempital, Durchbruchstal des unteren Piniós in Thessalien (Griechenland), trennt Olymp u. Óssa; 12 km lang, früher hohe strategische Bedeutung.

Temple [tãpl; frz.], 1212 erbautes Ordenshaus der Templer in Paris, später Staatsgefängnis, in dem 1792/93 Ludwig XVI. u. seine Familie gefangengehalten wurden; im 19. Jh. abgebrochen.

Templerkirche, Kirche des Templerordens; verbreitet in England u. Frankreich; wie die Grabeskirche in Jerusalem als Zentralbau angelegt.

Templerorden, *Tempelherren, Templer*, geistl. Ritterorden, 1119 durch *Hugo von Payns* (* 1070, † 1136) in Jerusalem zum Pilgerschutz (später auch Hospitaldienst) gegr., kämpfte gegen Sarazenen

(Palästina), Mauren (Pyrenäenhalbinsel) u. Mongolen (bei Liegnitz); Tracht: weißer Mantel mit rotem Kreuz; Leitung durch Großmeister zunächst in Jerusalem, dann Zypern, später Frankreich (letzter Großmeister Jacques de *Molay,* *um 1245, †1313); 1312 durch Papst Klemens V. wegen angebl. Entartung (Häresie, Blasphemie, Unzucht) aufgehoben.

Templin, Kreisstadt im Bez. Neubrandenburg, in der Uckermark, am *T.er See* (durch *T.er Kanal* mit der Havel verbunden), 12 300 Ew.; mittelalterl. Befestigungsanlagen (um 1250 gegr.); got. Backsteinbau des Doppeltors, 14.–15. Jh., Museum); Holz-, Bekleidungs- u. Metallindustrie. – Krs. T.: 996 qkm, 34 000 Ew.

Tempo [das, Mz. *Tempi;* ital.], Schnelligkeitsgrad, in der Musik Zeitmaß; seine genaue Bestimmung erfolgt durch das Metronom; die wichtigsten T.bezeichnungen (seit dem 17. Jh. in italien. Sprache gebräuchlich) sind (in zunehmender Schnelligkeit): *largo, lento, adagio, andante, andantino, moderato, allegretto, allegro, vivace, presto, prestissimo.* Auch indirekte T.bezeichnungen sind seit der Klassik verbreitet (z.B. *T. di minuetto* = Menuett-T., *T. di marcia* = Marsch-T.), sowie bes. Bez. für Wiederkehr des Hauptzeitmaßes *(L'istesso tempo),* dessen Verdoppelung *(doppio movimento).*

Tempolauf, *Sport:* Lauf mit gleichbleibendem Tempo; neben den Sprints, Intervalldauerläufen des Intervalltrainings u. den Dauerläufen ist der T. ein Haupttrainingsmittel der Leichtathletik. Tempoläufe umfassen alle Strecken von 100–1000 m.

temporal [lat.], **1.** *allg.:* zeitlich, auch örtlich. **2.** *Anatomie:* an den Schläfen gelegen.

Temporalien [lat.], weltl. Rechte u. Einnahmen, die mit der Verwaltung eines kirchl. Amts verbunden sind. Im →Investiturstreit wurde die Trennung von T. u. *Spiritualien* (geistl. Amtsrechte, u.a. über Sakramente, Gottesdienst) angestrebt.

Temporalsatz, ein Adverbialsatz, der ein zeitl. Verhältnis zum übergeordneten Satz ausdrückt, im Dt. z.B. eingeleitet durch „als, nachdem, bevor".

Temporalstunden, Einteilung des hellen Tages (Sonnenauf- bis -untergang) u. der Nacht in je 12 Stunden von jahreszeitl. wechselnder Länge. Von den Ägyptern eingeführt u. über die Griechen u. Römer im Abendland verbreitet, wo sie erst im 14. Jh. (Einführung der Räderuhren) der gleichmäßigen 24-Stunden-Einteilung wichen.

tempora mutantur, nos et mutamur in illis [lat.], die Zeiten ändern sich, u. wir ändern uns in ihnen; angebl. Ausspruch Kaiser *Lothars.*

Temps, „**Le T.**" [lə tã; frz.], führende liberale Pariser Tageszeitung, bestand 1861–1942.

Tempus [das, Mz. *Tempora;* lat.], Zeitform eines Verbums. Das T.system differenziert sich durch eine Kombination der Gesichtspunkte der Zeitstufe (Gegenwart, Vergangenheit, Zukunft; entspr. *Präsens, Präteritum, Futurum*), des Zeitverhältnisses zwischen 2 Handlungen (Gleich-, Vorzeitigkeit usw.; *Perfekt, Plusquamperfekt, Futurum exactum*) u. des Aspekts einer Handlung (vollendet oder unvollendet). →auch Präsens.

Temuco, Hptst. der chilen. Prov. Cautín am Río Cautín, 109 000 Ew.; Holz-, Leder-, landwirtschaftl. Industrie; Bahnknotenpunkt.

Temudschin →Tschingis Khan.

Ténarèze →Armagnac.

Tenasserim, Provinz u. Fluß Birmas im O der Malaiischen Halbinsel, Hptst. *Moulmein.*

Tenda, eine Gruppe mutterrechtl. altnigrit. Sudannegerstämme in Senegal u. Guinea, mit Hackbau u. Erdkult.

Tendai-Sekte, 805 n.Chr. von *Dengyo Daishi* (*767, †822) aus China nach Japan eingeführte Sekte des Mahayana-Buddhismus.

Tendenzbetriebe, Unternehmen u. Betriebe, die unmittelbar u. überwiegend 1. politischen, koalitionspolit., konfessionellen, karitativen, erzieherischen, wissenschaftl. oder 2. Zwecken der Berichterstattung oder Meinungsäußerung im Sinn des Grundrechts der Presse-, Film- u. Rundfunkfreiheit dienen (§ 118 Abs. 1 des Betriebsverfassungsgesetzes vom 15. 1. 1972). In T.n sind die Mitwirkungsrechte der Betriebsräte eingeschränkt, in wirtschaftl. Fragen sogar fast völlig ausgeschlossen (Ausnahme: auch hier hat der Betriebsrat Anspruch auf Aufstellung eines →Sozialplans). – Das 1. Betriebsverfassungsgesetz vom 11. 10. 1952 erklärte in §81, der hinsichtl. der Wahl von Arbeitnehmervertretern in die Aufsichtsräte von Aktiengesellschaften bis auf weiteres fortgilt, zu T.n alle „Betriebe, die polit., gewerkschaftl., konfessionellen, karitativen, erzieherischen, wissenschaftl., künstler. u. ähnl. Bestimmungen dienen". § 81 BetrVG 1952 schließt die Wahl von Arbeitnehmervertretern in die Aufsichtsräte dieser Betriebe aus. – § 118 Abs. 1 BetrVG 1972 schränkte den Begriff der T. gegenüber dem BetrVG 1952 durch das Erfordernis „unmittelbar u. überwiegend" u. durch den Wegfall der unscharfen Formel „u. ähnl. Bestimmungen" etwas ein. – ⌑ 4.3.6.

Tendenzdichtung, eine Dichtung, deren Zweck darin besteht, einen bestimmten Gedanken (moral., religiöser, polit. u.a. Art) zum Ausdruck zu bringen. Eine T. braucht nicht weniger wertvoll zu sein, aber in vielen Fällen wird die Tendenz auf Kosten der künstler. Substanz gestaltet.

Tender [der; engl.], **1.** *Eisenbahn:* ein Fahrzeug, das einer Lokomotive angehängt wird, um Kohlen u. Wasser mitzuführen *(Schlepp-T.):* auch angebaut *(T.lokomotive).* **2.** *Schiffahrt:* Begleitschiff eines Schiffsverbands oder eines einzelnen Fahrzeugs zur Beförderung von Brennstoffen u.a. Versorgungsmaterial.

Tendo [die, Mz. *Tendines;* lat.] →Sehne.

Tendovaginitis [die; lat.] = Sehnenscheidenentzündung.

Tendre, *Mont T.* [mɔ̃tãdr], Gipfel des Bergrückens östl. des Vallée de Joux (Schweizer Jura), 1679 m.

Tendürek Daği [-'da:i], *Tandurek,* osttürk. Vulkangipfel südwestl. des Ararat, 3542 m.

Tenebrionidae [lat.] = Schwarzkäfer.

Tenedos, die türk. Insel →Bozca Ada.

Ténéré [arab., berber.], Bestandteil geograph. Namen: Sandebene. – Eine der ausgedehntesten Sandwüsten der Sahara, östl. des Hochlands Aïr in der Rep. Niger.

Teneriffa, span. *Tenerife,* größte Kanarische Insel, 2352 qkm, 615 000 Ew.; Hptst. *Santa Cruz de T.;* im *Pico de Teide* 3718 m; Anbau von Kartoffeln, Bananen, Tomaten u. Wein; Fremdenverkehr.

Teneriffaspitze, *Sols, Sonnenspitze,* Nadelspitze mit geometr. Sternmustern.

Teng Hsiaoping, *Deng Xiaoping,* chines. Politiker (Kommunist), *22. 8. 1904 Hsieh-hsing, Prov. Szetschuan; nahm 1934/35 am „Langen Marsch" teil; 1954 Generalsekretär des ZK der KP; während der „Kulturrevolution" seit 1966 polit. gestürzt; 1973 rehabilitiert, stellvertr. Min.-Präs., 1975 zugleich stellvertr. Partei-Vors. u. Generalstabschef; 1976 aller Ämter enthoben; 1977 erneut rehabilitiert und wiedereingesetzt; Hauptvertreter des „pragmat." Kurses nach Maos Tod; gab 1980 seine Staatsämter auf, behielt aber die Parteiämter.

Tengler, Ulrich, Ratsschreiber in Nördlingen, *um 1440 Heidenheim, †um 1511 Höchstädt an der Donau; verfaßte 1495 den →Laienspiegel.

Tenhaeff [-haːf], Wilhelm Heinrich Carl, niederländ. Parapsychologe, *18. 1. 1894 Rotterdam; Hptw.: „Außergewöhn. Heilkräfte" dt. 1957; „Hellsehen u. Telepathie" 1960, dt. 1962.

Tenhumberg, Heinrich, kath. Theologe, *4. 6. 1915 Lünten, †16. 9. 1979 Münster; seit 1969 Bischof von Münster.

Teniers, fläm. Maler: **1.** *David d.Ä.,* *1582 Antwerpen, †29. 7. 1649 Antwerpen; hauptsächl. religiöse Bilder in romanist. Stil. **2.** *David d.J.,* Sohn von 1), getauft 15. 12. 1610 Antwerpen, †25. 4. 1690 Brüssel; dort seit 1651 Hofmaler, gründete 1665 eine Akademie in Antwerpen; ein Hauptmeister der niederländ. Genremalerei. Sein umfangreiches Werk besteht aus Darstellungen von Bauernfesten, Hochzeiten, Wachstubenszenen, Alchemistenküchen u. dergleichen.

Tenkterer, westgerman. Volk, ging aus seinen Stammsitzen zwischen Lahn u. Wupper von den Sweben vertrieben, 56 v.Chr. über den Rhein u. wurde 55 v.Chr. von *Cäsar* zurückgeschlagen. Der Rest siedelte später zwischen Sieg u. Lippe u. ging in den *Franken* auf.

Tenn., Abk. für den USA-Staat →Tennessee.

Tennengebirge, verkarstetes Hochplateau in den östl. Salzburger Kalkalpen, im *Raucheck* 2431 m; bei Werfen die →Eisriesenwelt.

Tennessee [-iː], **1.** Abk. *Tenn.,* Staat im zentralen SO der USA, zwischen Appalachen u. Mississippi, 109 412 qkm, 4,4 Mill. Ew. (17% Nichtweiße), Hptst. *Nashville.* T. gliedert sich in drei Teile: die *Appalachen* im O (mit den meisten Städten u. einigen weniger entwickelten Gebieten), das *Nashville-Becken* im Appalachenplateau *(Bluegrass Region)* im Zentrum (Viehzucht, Pferdezucht) u. im W die Ausläufer der Küstenebene mit Anbau

Teneriffa: Pico de Teide

von Baumwolle u. Viehzucht; Memphis ist der größte Baumwollmarkt der USA; 50% bewaldet; wichtiger Hartholzproduzent der USA; die Hauptagrarprodukte sind Baumwolle, Tabak, Mais, Sojabohnen; Fleischvieh-, Milchvieh- u. Schweinehaltung; die stark wachsende Industrie arbeitet mit billiger, von der *T. Valley Authority* (TVA) erzeugter Energie; chem., Nahrungsmittel-, Textil- u. Aluminiumindustrie; Atomforschungszentrum *Oak Ridge;* Bergbau auf Marmor, Zement, Kohle, Zink, Kupfer u. Phosphat. – T. wurde 1796 als 16. Staat in die USA aufgenommen. **2.** längster linker Nebenfluß des Ohio, rd. 1040 km, entsteht bei Knoxville aus 2 Quellflüssen, mündet bei Paducah, nahe dem Mississippi. Seit 1933 von der *T. Valley Authority* (TVA), einer bundesstaatl. Körperschaft, ausgebaut; dient der Hochwasserkontrolle (auch des Mississippi), Energiegewinnung, Schiffahrt u. Erholung. Zur Verwaltung der TVA gehören 34 Stauanlagen (davon 9 am T.) u. 12 Dampfkraftwerke; 1972 wurden 94 Mrd. kWh Strom erzeugt.

Tenniel ['tenjəl], John, engl. Zeichner u. Aquarellist, *27. 2. 1820 London, †25. 2. 1914 London; zeichnete Karikaturen für die Zeitschrift „Punch" (u.a. Bismarck als Lotse, der das Schiff verläßt).

Tennis [das; frz.; engl.], ein Rückschlagspiel, das auf Rasenplätzen, Hartplätzen (Schlackenunterbau mit Ziegelmehloberfläche) u. in Hallen (Beton-, Parkett- oder Kunststoffböden), seltener auch auf Asphaltplätzen gespielt wird.

T. hat sich aus schon in ältester Zeit betriebenen Ballspielen entwickelt; sein Ursprung läßt sich nicht genau feststellen. In dem T. ähnliches Spiel, *Tennes* oder *Tenneys,* wird um 1400 in England erwähnt, in Frankreich gab es ein entsprechendes Spiel *(Jeu de Paume),* das auch in eigens dafür erbauten *Ballhäusern* (dort *Court Paume* genannt) gepflegt wurde. Aus diesen Spielen entwickelte der englische Major W. *Wingfield* um 1873 das Lawn-T.

Beim T.spiel kommt es darauf an, einen mit Stoff bezogenen Gummiball (Durchmesser 6,35 bis

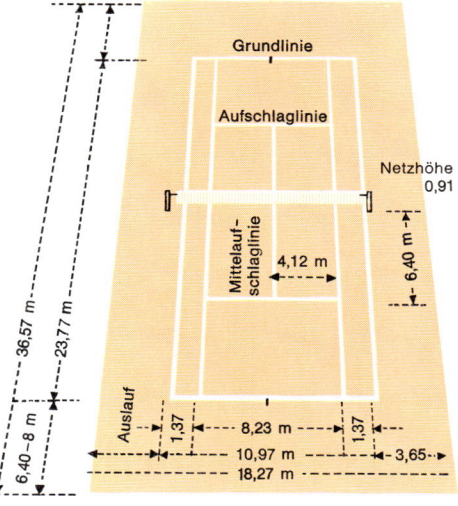

Tennis: Spielfeld

Tennisellenbogen

Tennis: Ein Ball, der, ohne den Boden berührt zu haben, direkt aus der Luft angenommen und zurückgeschlagen wird, heißt Flugball oder Volley

6,67 cm, 56–58,7 g schwer) mit dem Schläger (engl. *Rackett*) über ein Netz in die gegnerische Spielhälfte so zu schlagen, daß der Gegner ihn nicht zurückspielen kann. Das Spielfeld, ein Rechteck von 23,77 m Länge u. 8,23 m Breite, ist in der Mitte durch ein 0,91 m hohes Netz geteilt; es wird bei Doppelspiel durch Einbeziehung zweier „Galerien" an den Seiten auf 10,97 m verbreitert. Gespielt wird entweder zwischen 2 Spielern (Einzel; in Wettbewerben: Damen- oder Herreneinzel) oder zwischen 2 Paaren (Doppel; in Wettspielen: Herrendoppel, Damendoppel; gemischtes Doppel, engl. „Mixed"). →auch Tie-Break.
Seit 1892 werden die *Internationalen dt. T.meisterschaften* ausgetragen; die engl. Meisterschaften in →Wimbledon gelten inoffiziell als Weltmeisterschaften. Die wichtigsten internationalen Mannschaftswettbewerbe für Länderteams sind der →Davis-Pokal für Herren, entsprechend der *Federations-Cup* (seit 1963) für Damen, sowie als Hallenwettbewerb der *Königspokal*. 1896–1924 war T. auch olymp. Disziplin.
Organisation: In der BRD *Dt. T.-Bund* (DTB), gegr. 1902 in Berlin, wiedergegr. 1949 in Aßmannshausen, Sitz: Hannover, 13 Landesverbände mit rd. 3000 Vereinen u. rd. 1,2 Mill. Mitgliedern; seit 1950 Mitglied im Internationalen Fachverband, der *International Lawn Tennis Federation*, gegr. 1913, Sitz: London. In Österreich: *Österr. T.verband*, Wien, rd. 90000 Mitglieder; in der Schweiz: *Schweizer T.-Verband*, Bern, rd. 140000 Mitglieder. – Ⓛ 1.1.3.

Tennisellenbogen, Knochenhautreizzustand an für den Tennisspieler typischer Belastungsstelle des Ellenbogengelenks, der aber auch bei anderen Überbeanspruchungen auftreten kann.

Tenno (jap., „himmlischer Herrscher"), Titel der japan. Kaiser seit dem 8. Jh.

Tennyson [ˈtenɪsən], Alfred, Baron T. (1884), engl. Dichter, *6. 8. 1809 Somersby, Lincolnshire, †6. 10. 1892 Aldworth, Sussex; 1850 Poet Laureate; wurde mit seiner formvollendeten, nach sittl. Idealen strebenden Dichtung zum repräsentativen Dichter des Viktorian. Zeitalters; schrieb erzählende Gedichte, Gedankenlyrik u. Stimmungsgedichte von großer Klangschönheit.

Tenochtitlán [tenotʃ-], die auf einer Insel im See von México gelegene, durch Dämme mit dem Festland verbundene ehemalige Hptst. der Azteken, deren Pracht H. *Cortés* als Gast *Motecuzomas II.* (1519) erlebte. Der Sage nach soll T. an einem vom Stammesgott *Huitzilopochtli* geweissagten Ort um den Häuptling *Tenoch* 1370 gegründet worden sein, wo den Azteken ein auf einem Kaktus sitzender Adler erschien, der eine Schlange fraß. Dieses Motiv ist heute noch im Staatswappen von Mexiko. T. wurde bei der Eroberung durch die Spanier 1521 völlig zerstört, auf seinem Schutt stehen die Bauten der heutigen Stadt Ciudad de México. Ausgrabungen sind kaum möglich, u. die Kenntnis T.s beruht auf den Berichten der Konquistadoren. Danach war T. eine Großstadt mit rechteckigem Grundriß auf einer Fläche von etwa 1000 ha, hatte etwa 235000 Ew. u. war mit Tempelpyramiden, Palästen, Aquädukten, Brücken, großen Plätzen u. einem System von sich kreuzenden Straßen u. Kanälen ausgebaut. Die Mitte der Stadt beherrschte der von einer „Schlangenmauer" abgegrenzte Haupttempelbezirk. – Ⓑ aztekische Kunst.

Tenor [der], 1. [ˈteː-; lat.], *allg.*: Haltung oder Inhalt eines Schriftstücks; im Gerichtsurteil die Formel der gerichtl. Entscheidung, zu unterscheiden von deren „Gründen".
2. [-ˈnoːr; ital.], *Musik*: 1. die hohe Männerstimme (→Stimmlage). Man unterscheidet den weichen, *lyrischen T.*, den sich mehr der Bruststimme bedienenden *Helden-T.* u., dem Charakter der Rolle nach, den *T. buffo*. Auch Bez. für die tiefe Mittellage von Musikinstrumenten (Gambe, Blockflöte, Posaune). – 2. im polyphonen Satz die thematisch führende Stimme.

Tenorschlüssel, in der Notenschrift der sog. C-Schlüssel auf der zweitobersten Linie des 5-Linien-Systems. Nur noch selten gebräuchlich.

Tenrikyo, japan. Sekte der „Lehre von der himml. Vernunft", von einer Bäuerin *Nakayama Miki* (*1798, †1887) gestiftet, angebl. aufgrund göttlicher Inspirationen, 1885 als Schinto-Sekte offiziell anerkannt. Die T. hat etwa 5 Millionen Anhänger.

Tenside [lat.], wasserlösl., grenzflächenaktive chem. Verbindungen, die als Wasch-, Netz-, Reinigungs- u. Dispergiermittel verwendet werden. →auch Waschmittel.

Tensing Norgay, Bhotia, ind. Bergsteiger, *Juni 1914 Rongbuk; nahm als Lastenträger an rd. 20 Himalayaexpeditionen teil, bezwang 1953 zusammen mit E. Hillary erstmals den Mt. Everest.

Tension [lat.], Dampfspannung, Gasdruck.

Tensor [der; lat.], 1. *Anatomie*: Spanner, Muskel zur Anspannung von Membranen und Bindegewebsplatten, z.B. an Bauch u. Kopfhaut.
2. *Mathematik*: eine Größe, die ähnlich dem *Vektor* aus mehreren Komponenten besteht. Der T. ist eine Verallgemeinerung des Vektors. →Tensorrechnung.
3. *Physik*: eine mathematische Größe, die den Zustand eines Raumpunkts kennzeichnet (z.B. mechanische Spannungen in einem festen Körper).

Tensorrechnung, Teil der Vektorrechnung; das Rechnen mit Tensoren (auch *Affinoren* oder *Dyaden*) wird durch den Tensorkalkül festgelegt. Die *Tensoralgebra* behandelt die einfachen, die *Tensoranalysis* die infinitesimalen Rechenoperationen. Die T. wird bes. in der Elastizitätstheorie u. der Relativitätstheorie angewendet.

Tentaculiten [lat.], eine ausgestorbene, wahrscheinl. zu den *Weichtieren* gehörige marine Tiergruppe mit spitz-konischen, anfangs gekammerten Kalkgehäusen. Länge: einige mm bis wenige cm. Verbreitung: Ordovizium bis Devon.

Tentakel [das; lat.], Fangarm, zum Tasten u. zum Ergreifen der Beute dienender Körperanhang von wasserbewohnenden, zumeist festsitzenden Tieren; meist in Mund- oder Kopfnähe; z.B. bei Hohltieren, Tentakeltieren, Tintenfischen.

Tentakeltiere, *Tentakulaten*, *Tentaculata*, Stamm wasserbewohnender *Urleibeshöhlentiere* mit Ausbildung der Polypenkrone; die T. strudeln mit Hilfe einer Tentakelkrone Nahrung in einen meist U-förmigen Darm, bei dem dann Mund- u. Afteröffnung benachbart sind. Sie haben ein charakterist. lippenförmiges Gebilde (*Epistom*) neben der Mundöffnung u. meist auch Gehäuse oder Schalen. Hierher gehören die Klassen der *Phoroniden*, der *Moostierchen* u. der *Armfüßer*.

Tentore = Dendera.

Tenuis [die, Mz. *Tenues*; lat.], unbehauchte stimmlose harte Verschlußlaute: t, p, k; die behauchten Verschlußlaute (*Tenuis aspirata*) th, ph, kh) finden sich im indogerman. Konsonantismus selten. →auch Laut.

tenuto [ital.], Abk. *ten.*, musikal. Vortragsbez.: gehalten, in gleicher Stärke ausgehalten.

Tenzone [die; provençal.], dramat. Streitgedicht von 2 oder mehreren Sprechern über künstlerische oder sittl. Fragen; bes. im 12. Jh. bei den provençal. Troubadours ausgebildet.

Teófilo Otoni, *Theophilo Ottoni*, brasilian. Stadt in *Minas Gerais*, 50000 Ew. (als Munizip 140000 Ew.); landwirtschaftl. Zentrum (insbes. Kaffeeanbau) mit vielen dt. u. schweizer. Kolonisten.

Teotepec, *Cerro T.*, höchster Gipfel der mexikan. *Sierra Madre del Sur*, 3703 m.

Teotihuacán-Kultur [-tiuaˈkan-], die bedeutendste u. einflußreichste indian. Kultur im Hochtal von Mexiko, 200 v. Chr.–800 n. Chr., benannt nach der nordöstl. der heutigen Hptst. gelegenen großen Ruinenstätte *San Juan de Teotihuacán*. Ihre größten Bauwerke sind zwei Stufenpyramiden aus der Zeit um Christi Geburt (die 65 m hohe u. 220 m lange Sonnen-Pyramide u. die Mond-Pyramide) sowie ein von kleinen Pyramiden bekröntes Mauerevier („Zitadelle"). Teotihuacán hatte eine zentral verlaufende, 40 m breite Straße, die alle wichtigen Gebäude berührte. Blockartige Gebäudekomplexe mit zahlreichen Räumen bildeten die einzelnen Stadtviertel mit Märkten u. Pyramiden. Die Ausdehnung Teotihuacáns betrug wahrscheinl. 10 qkm, seine Einwohnerzahl 50000. Neben vielen Wandgemälden tritt in der Kunst bes. die formschöne Keramik hervor. Typisch sind u. a. zylinderförmige dreifüßige Deckelgefäße, die z.T. mit Stuck überzogen u. mit ähnl. Motiven wie die Wandgemälde bemalt oder mit feinen Ritzmustern verziert sind oder ein Flachrelief tragen. Der für die T. typische Zug zur Stilisierung u. Vereinheitlichung zeigt sich bes. in den aus Stein geschnittenen Masken. Die Skulptur tritt in ihrer künstler. Bedeutung zurück, eine Besonderheit bilden Figuren mit bewegl. Gliedmaßen. Im religiösen Leben stand offensichtl. die Verehrung des Regengotts *Tlaloc* im Vordergrund, bezeugt vor allem durch die Darstellung seines „Paradieses" auf einem Wandgemälde, in dem die Menschen tanzen u. singen, u. seine zahlreichen Abbildungen.
Teotihuacán wurde um 650 durch Brand zerstört (wohl durch die *Otomi*). – Ⓛ 5.7.7.

Tepalen [lat.], *Blütenblätter* →Blüte.

Tephrit [der; grch.], Alkalibasalt mit erhebl. Gehalt an Feldspatvertretern, aber frei von Olivin.

Tepic, Hptst. des nordpazif. Staats Nayarit von Mexiko (27621 qkm, 725000 Ew.) 120000 Ew.; Handelszentrum.

Teplitz, tschech. *Teplice*, Kurort in Nordböhmen, am Südhang des Erzgebirges, 55000 Ew.; Schloß (18. Jh.), alkal. Thermen von hohem Radiumgehalt; Baumwollspinnerei, Metall- u. Glasindustrie.

Teppich [lat.], geknüpfter, gewirkter oder gewebter, meist gemusterter Fußbodenbelag oder Wandbehang (Bild-T., Gobelin), aus Wolle, Baumwolle, Haargarn, Jute, Kokosgarn, Hanf, Leinen, Seide; mechanisch oder von Hand hergestellt.
Beim geknüpften Orient-T., dessen Wert bes. nach der Knotenzahl beurteilt wird, besteht die Kette aus Wolle oder Baumwolle, seltener aus Seide; die Knoten werden aus feinen, der Schuß aus dickeren Fäden gearbeitet. Die nach oben ragenden freien Enden des Knotens bilden die samtartige Oberfläche, den Flor, auch Vlies genannt. Farbe, Musterung (Ranken-, Blumen-, Jagd-, Tier-, Drachenornamente) u. Knüpfung sind je nach Herstellungsort verschieden u. werden häufig nach diesem benannt. Die Zahl der Knoten auf 100 cm² schwankt zwischen 500 u. 12000.
Die Erfindung der Knüpftechnik reicht in vorchristl. Zeit zurück u. dürfte von westturkistan. Nomaden gemacht worden sein. Das älteste Beispiel einer Hofkunst aus dem 5. vorchristl. Jh. wurde aus einem vereisten Grabhügel (Kurgan) der Skythen bei Pazyrik im Altai geborgen. In Ostturkistan gefundene Fragmente aus dem 3.–6. Jh. n.Chr. zeigen verschieden grobe Typen. Fragmente feiner Knüpfteppiche des 9.–11. Jh. wurden in Alt-Cairo ausgegraben. Seit dem 11. Jh. n.Chr. wurde die Kunst des T.knüpfens durch die seldschuk. Türken in Westasien stärker verbreitet. Ursprüngl. war der T. ein Produkt nomad., dann bäuerl. Hausfleißes; später wurden für den Bedarf des Hofes städt. Manufakturen eingerichtet. Die ältesten großformatigen intakten T.e aus der Seldschukenresidenz Konya datieren in das 13. Jh. Ägyptisch-mamluk. Teppiche aus Hofwerkstätten des 15. u. 16. Jh. in Cairo u. frühosman. Teppiche aus dem westl. Kleinasien bilden den Abschluß der mittelalterl. Entwicklung.
Die klassische Zeit des Orient-T.s war das 16.–18. Jh.; die Zentren lagen in Persien (Nordpersien mit Täbris u. Qazwin, Mittelpersien mit Kaschan u. Isfahan, Südpersien mit Kirman, Ostpersien mit Herat) u. in der Türkei (Westanatolien mit Uschak, Bergama, Giördes, Kula, Ladik, Zentralanatolien mit Konya, Kirşehir, Kayseri). Bedeutend waren vor allem die Hofmanufakturen der pers. Safawiden in Täbris, Kaschan u. Isfahan sowie der türk. Osmanen in Cairo, Istanbul u. Bursa. Gegen Ende des 18. Jh. kam es zu einem allg. Nie-

dergang, der im 19. Jh. unter europ. Einfluß z.T. zur Zerstörung der ursprüngl. Produktionsformen führte; Ausnahmen bildeten entlegene Gebiete wie Ostanatolien u. der Kaukasus, dessen bis in das 15. Jh. (Drachen-T.e) zurückreichende Tradition auch im 19. Jh. lebendig blieb. Randgebiete der oriental. T.kunst sind Spanien (seit dem 13. Jh.), Indien (seit dem 16. Jh.) u. China, wo sich der Knüpf-T. erst im 17. Jh. gegen den älteren Filz-T. durchsetzte. Der afrikan. *Berber-T.*, ein meist in Brauntönen gehaltener Wollteppich mit hohem Flor, ist in Europa vor allem durch den wachsenden Afrika-Tourismus bekannt geworden.
Die in Europa hergestellten T.e sind meist maschinengewebt (Ausnahmen: handgeknüpfte „dt. Smyrna-T.e" u. mechan. geknüpfte „mechanische Smyrna-T.e"). Nach der Beschaffenheit der gewebten T.e unterscheidet man *glatte, Noppen-* u. *Schlingen-T.e* (aufgeschnittene bzw. geschlossene Schlingen an der Oberfläche) sowie *Samt-*, *Plüsch-, Velours-* u. *Flor-T.e*. Glatte T.e sind z.B. der Haargarn-, Jute- u. Kokosfaser-T., ein Schlingen-T. ist der Brüsseler T. (auch Haarbrüssel- oder Bouclé-T. mit grobem Haargarnflor), ein Flor-T. der Tournay-T. Unbeschränkte Farbenanzahl bietet der nach dem Axminster-Verfahren gefertigte plüschartige *Chenille-T.*; hier wird der Flor durch den Schuß gebildet. Materialsparend ist das Doppel-Plüschverfahren, nach dem der *Kidderminster-T.* u. der *schott. T.* (mit 3 Gewebelagen) gewebt werden. Bei den Druck-T.en werden die Florkettfäden vor dem Verweben mit den Farben des jeweiligen Musters bedruckt (Kettendruckverfahren: *Tapestry* mit geschlossenem, *Velours* mit offenem Flor). Beim *Nadel-T. (Tufting)* werden die Schlingen mittels Nadeln in ein Untergewebe eingestochen u. durch Gummierung fixiert; beim *Flock-T.* werden die florbildenden Fasern elektrostatisch aufgebracht u. anschließend gleichfalls durch Gummierung befestigt. Gewirkte T.e haben nur Kette u. Schuß, keine Knoten; die Fäden liegen flach u. können keinen Flor bilden (Kelim-, Sumak-T.). Die maschinelle T.weberei wurde besonders durch J.-M. *Jacquard* u. den →*Rutenstuhl* ermöglicht. →auch *Bildteppich.* – ⬛ S. 354. – ⌺ 2.1.3.

Teppichkäfer, *Anthrenus scrophulariae*, zu den Speckkäfern gehöriger Schädling, dessen Larve an Teppichen u. Wollwaren schädlich wird; →auch *Pelzkäfer.*

Tepteren, den Baschkiren ähnelndes tatar. Mischvolk (rd. 12 000) im Mittleren Ural.

Tera... [grch.], Kurzzeichen T, Vorsilbe bei Maßeinheiten, bedeutet das 10^{12}fache der betreffenden Einheit (10^{12} = 1 Million Millionen).

Teramo, italien. Stadt in der Region Abruzzen am Tordino, Hptst. der Provinz T. (1948 qkm, 270 000 Ew.), 52 000 Ew.; röm. u. ihrer Kathedrale (12. Jh.), keram. u. Kunststoffindustrie.

Teratologie [grch.], die Lehre von den Mißbildungen, ihren Ursachen u. ihrer Behandlung.

Teratom [das; grch.], *teratoide Geschwulst*, sog. *Wundergeschwulst*, durch Störungen der Gewebsentwicklung entstehende, angeborene Mischgeschwulst, die bes. in den Keimdrüsen vorkommt (Eierstock-T., Hoden-T.).

Terbium, chem. Zeichen Tb, zur Gruppe der seltenen Erdmetalle gehörendes Element, Atomgewicht 158,93, Ordnungszahl 65.

Terborch [-'bɔrx], Gerard, holländ. Maler, *1617 Zwolle, †8. 12. 1681 Deventer; einer der Hauptmeister der holländ. Genre- u. Bildnismalerei des 17. Jh.; schilderte zunächst das soldat., später das vornehm-bürgerl. Milieu mit meist wenigen Figuren in schlichten, dämmerigen Innenräumen; schuf außer Einzelporträts (oft als Ganzfiguren) auch einige Gruppenbildnisse (Teilnehmer der Friedenskonferenz zu Münster 1648; London, National Gallery). – ⌺ 2.4.5.

Terbrugghen [-'bryxə], ter Brugghen, Hendri(c)k, holländ. Maler, *1588 Deventer, †1. 11. 1629 Utrecht; bibl. Darstellungen u. genrehafte Halbfigurenbilder in einem von *Caravaggio* beeinflußten manierist. Stil.

Terceira [-'saira], östlichste der mittleren portugies. Azoreninseln, 396 qkm groß, 1067 m hoch, 76 100 Ew.; Hauptort *Angra do Heroísmo*.

Terebellen [lat.], *Terebellidae*, Familie der Röhrenwürmer, meeresbewohnende *Borstenwürmer*. Hierher gehört die 20-30 cm lange *Lanice conchilega*, die auf ihrer Mündung ihrer Wohnröhre aus Steinchen ein baumartig verzweigtes Gerüst baut, das Nahrungsteile aus dem Wasser auffängt.

Terebinthales [grch.], Ordnung der dialypetalen,

Teotihuacán-Kultur: die Sonnenpyramide von Teotihuacán

zweikeimblättrigen Pflanzen *(Dialypetalae)*, Holzpflanzen, die in Sekretbehältern Öle u. Harze bilden. Hierher gehören daher viele Heil- u. Nutzpflanzen. Auffällig ist die Diskusbildung der Blüten. Zu den T. gehören die Familien *Rautengewächse, Ahorngewächse, Seifenbaumgewächse, Roßkastaniengewächse, Kreuzblumengewächse, Bitterholzgewächse, Burserazeen, Sumachgewächse, Salvadorazeen* u. *Gerberstrauchgewächse.*

Terebinthe [die; grch.], *Terpentinpistazie, Pistacia terebinthus*, Baum oder Strauch der mediterranen *Sumachgewächse*; Lieferant des *Chios-* oder *Zyprischen Terpentins*. Die durch eine Blattlaus erzeugten Blattgallen (*Pistazien-* oder *Terpentingallen, Judasschoten*) werden im Orient zum Färben von Seide sowie von Weinen benutzt.

Terebratuliden [lat.], *Terebratulidae*, die größte Familie der →*Armfüßer.*

Terek, Fluß in Nordkaukasien, 591 km, Einzugsgebiet 44 000 qkm, entspringt aus Gletschern am Kasbek, mündet mit versumpftem Delta ins Kasp. Meer; mehrere Stauanlagen.

Terengganu, Teilstaat in Malaysia, im O der Halbinsel Malakka, 13 130 qkm, 410 000 Ew., Hptst. *Kuala T.*; Zinn- u. Eisenerzvorkommen; Ausfuhr von Reis, Kopra, Kautschuk.

Tereno, Indianerstamm der *Aruak* im SW Brasiliens; Maniok-, Mais-, Bohnen-, Baumwollanbau.

Terenz, *Publius Terentius Afer*, röm. Dichter, *um 195 v.Chr., †159 v.Chr.; libyscher Herkunft, kam als Sklave nach Rom, wurde freigelassen; schrieb in enger Anlehnung an die attische Komödie ohne die Derbheit des Plautus u. in gewählterer Sprache 6 Lustspiele. – ⌺ 3.1.9.

Terephthalsäure [grch.], *Benzol-p-Dicarbonsäure*, eine aromat. Dicarbonsäure, die durch Oxydation von p-Xylol (aus Erdölcrackbenzinen) gewonnen wird; farblose Nadeln, in Wasser schwer löslich; Ausgangsprodukt zur Herstellung von Polyesterfaserstoffen (Terylen, Trevira u.a.).

Teresa, Mutter T., eigentl. *Agnes Bojaxiu*, kath. Ordensschwester alban. Abstammung, *27. 8. 1910 Skopje; widmet sich seit 1946 den Armen in den Slums von Kalkutta, ausgesetzten Kindern, Leprakranken u. Sterbenden. 1979 Friedensnobelpreis.

Tereschkowa, Walentina Wladimirowna, sowjet. Astronautin, *6. 3. 1937 Maslennikowo bei Jaroslawl; nahm als erste Frau an einem Raumflug teil u. umkreiste vom 16. bis zum 19. 6. 1963 mit dem Raumschiff „Wostok 4" 49mal die Erde.

Teresina, Hptst. des nordostbrasilian. Staats Piauí, am Parnaíba, 230 000 Ew.; Erzeugung, Handel u. Verbreitung trop. Agrarprodukte; Viehzucht; Brennereien, Seifenherstellung.

Term [der; Mz. T.e; lat.], **1.** *Mathematik:* ein einzelnes Glied einer Summe, bes. einer Reihe oder auch eines Produkts. In der Gleichungslehre der *neuen Mathematik* ist T. ein System von Zahlen, Variablen u. Verknüpfungszeichen, das durch Einsetzen von Zahlen anstelle der Variablen eine Zahl liefert. Die Zahlmenge, aus der eine sinnvolle Einsetzung möglich ist, heißt *Definitionsbereich* des T.s. So ist z.B. $\frac{3a}{b-3}$ ein T. mit der Menge der natürl. (ganzen, rationalen, reellen) Zahlen außer $b = 3$ als Definitionsbereich. **2.** *Physik:* Energieeigenwert (Energiezustand) eines Atoms. Die verschiedenen T.e werden meist auf einer Energieskala als *T.schema* aufgetragen. Durch die Energiedifferenzen (ΔE) zwischen den einzelnen T.en sind die mögl. Lichtfrequenzen des Atoms nach der Bohrschen Frequenzbedingung

$$\nu = \frac{\Delta E}{h}$$ gegeben (h = Plancksches Wirkungsquantum).

Termer, Franz, Völkerkundler, *5. 7. 1894 Berlin, †15. 4. 1968 Hamburg; arbeitete bes. über die Völkerkunde Mittelamerikas. Hptw.: „Zur Ethnologie u. Ethnographie des nördl. Mittelamerikas" 1930; „Die Mayaforschung" 1952.

Termes, Hptst. der Oblast Surchandarja im S der Usbek. SSR (Sowjetunion), am Amudarja, 29 000 Ew.; Textil- u. chem. Industrie; Flugplatz.

Termin [lat.], **1.** *bürgerliches Recht:* Ende einer Frist (z.B. Fälligkeits-T., Zahlungs-T.). **2.** *Prozeßrecht:* Zeitpunkt einer mündl. Gerichtsverhandlung.

Terminal ['tə:mɪnəl; engl.], Endstation; Busbahnhof im Verkehr vom u. zum Flugplatz; Umschlagplatz im Containerverkehr (→Container-Terminal); Ein- u. Ausgabegerät bei Rechenzentren.

Terminalie [die; lat.], *Terminalia*, tropische Gattung der *Kombretazeen* mit gerbstoffreichen Früchten; →*Myrobalanen.*

Terminator [der; lat.], Grenzlinie zwischen der Tag- u. Nachtseite auf einem nicht selbst leuchtenden, aber von einem benachbarten Stern bzw. der Sonne angestrahlten Himmelskörper.

Termineinlagen, bei Banken oder Sparkassen eingelegte Gelder, die zu einem festen Termin *(Festgelder)* oder nach einer vereinbarten Kündigungsfrist von z.B. einem Monat *(Kündigungsgelder)* zur Rückzahlung fällig sind. Die Zinsen für T. sind höher als für die täglich fälligen *Sichteinlagen.*

Termingeschäft, *Zeitgeschäft*, ein Börsengeschäft, dessen Erfüllung im Unterschied zum *Kassageschäft* zu einem späteren Zeitpunkt erfolgt (bei Erfüllung an einem Monatsende *Ultimogeschäft*, in der Monatsmitte *Mediogeschäft*). Das T. soll Erzeugern u. Verbrauchern langfristige Dispositionen u. Ausschaltung der Kursschwankungen durch *Gegengeschäfte* ermöglichen (gleichzeitiger Verkauf u. Kauf auf Termin, so daß ein Verlust durch einen Gewinn kompensiert wird). Es gibt feste T.e (*Fixgeschäfte*) u. bedingte T.e: 1. *Prämiengeschäfte*, denen am Erklärungstag zwischen Erfüllung u. Rücktritt gegen Reuegeld (*Prämie*) gewählt werden kann; 2. *Optionsgeschäfte*, bei denen der Käufer einer Kauf- oder Verkaufsoption den Optionspreis (*Prämie*) beim Geschäftsabschluß in jedem Fall sofort zahlt, aber das Recht hat, innerhalb bestimmter Frist jederzeit die Option auszuüben; 3. *Stellagegeschäfte*, bei denen am Erklärungstag zwischen Abnahme zu einem bestimmten höheren u. Lieferung zu einem bestimmten niedrigeren Kurs gewählt werden

Tèrmini Imerese

Savonnerieteppich des 19. Jh. Bernheimer München

Kaschan, geknüpfter Seidenteppich mit Medaillon und Blütenmusterung; 16. Jh. München, Bayerisches Nationalmuseum (links). – Chinesischer Säulenteppich des 19. Jh. Bernheimer München (rechts)

TEPPICHE

kann (die Differenz ist der Preis der *Stellage* oder das *Stellgeld*); 4. Nochgeschäfte, bei denen der *Nochkäufer* zum vereinbarten Kurs zusätzl. eine bestimmte Menge beziehen, der *Nochverkäufer* zusätzl. eine bestimmte Menge liefern kann.

Tèrmini Imeṛeṣe, italien. Stadt auf Sizilien, am gleichnamigen Golf, 24000 Ew.; Ruinen eines röm. Theaters; Thermalbad, Fahrzeug- u. Schiffbau, chem. u. Glasindustrie.

Terminismus [lat.], Abart der nominalist. Lehre, wonach Universalien nur *termini* (lat. „Zeichen", „Begriffe") für Dinge bzw. Dingklassen sind.

Terminologie [die; lat.], die Gesamtheit der Fachausdrücke einer Wissenschaft oder Sparte.

Terminus [der, Mz. *Termini*; lat.], Bezeichnung; festgelegter (bes. wissenschaftl.) Fachausdruck.

Termiten [lat.], *Weiße Ameisen, Isoptera*, Ordnung der *Insekten*, zur Überordnung der *Schabenartigen* zählend; mit den echten Ameisen nicht verwandt, weisen aber wie diese ein hochentwickeltes Instinkt- u. Staatenleben auf. Ein T.staat enthält verschiedene Kasten: Geschlechtstiere, Arbeiter u. Soldaten. Metamorphose u. Kastendifferenzierung werden hormonal (→Pheromone) gesteuert. Die Geschlechtstiere sind geflügelt, doch findet die Begattung nicht (wie bei einigen Hautflüglern) im Flug statt, sondern erst nach Beginn des Nestbaus. Gleich nach dem Flug werden die Flügel abgeworfen, doch bleiben im Staat ein oder mehrere Geschlechtstiere („Königin" u. „König"), die durch Ersatzgeschlechtstiere abgelöst werden können. Die Königin schwillt durch Vergrößerung der Eierstöcke stark an u. legt in bes. Kammern die Eier. Diese werden von den Arbeitern fortgeschafft u. betreut. Als „Arbeiter" fungieren vielfach die Larven beiderlei Geschlechts. Bei hochentwickelten Familien treten auch echte Arbeiter mit abgeschlossener Entwicklung auf. Die „Soldaten" haben harte u. oft riesig vergrößerte Mundwerkzeuge oder nasenartige Stirnfortsätze mit Drüsenausführgängen. Nicht alle T.arten bilden Soldaten aus. Wie Ameisen legen bestimmte T.arten Pilzgärten an u. dulden gewisse andere Insektenarten (*T.gäste*).

Die Nahrung der T. besteht fast ausschl. aus pflanzl. Stoffen, deren Cellulose sie mit Hilfe von Darmflagellaten aufschließen können. Schädlich werden die T. durch den unaufhaltsam fortschreitenden Fraß an fast allen menschl. Bauten, die sie

Seiden-Jarkand aus Ostturkistan; Mitte des 19. Jh. Bernheimer München

durch ihr Gangsystem unterhöhlen oder in deren Holzteilen sie ihre Gänge anlegen. Seit 1930 ist in Mitteleuropa *Reticulitermes flavipes* aus den USA eingeschleppt, seit 1937 eingebürgert (Hamburg, Oberrheingebiet [?], Hallein). Einbürgerungsgefahr besteht auch bei der ebenfalls aus den USA 1956 erstmalig eingeschleppten *Zootermopsis angusticollis*. In Südeuropa u. Nordafrika findet man die T. *Kalotermes flavicollis* u. *Reticulitermes lucifugus*. Im trop. Afrika errichtet u.a. *Termes bellicosus* Erdbauten von 3–4 m Höhe aus mit Speichel vermischtem Erdmaterial. Ca. 2000 vorwiegend trop. Arten.

Termitengäste, Termitophilen, in den Bauten der Termiten lebende Tiere. Fast alle T. zeigen Sonderanpassungen im Körperbau, z.B. große, breite Fühler, an denen sie sich von den Termiten transportieren lassen, oder aufgedunsene Hinterleiber, was von der Fütterung durch die Termiten herrühren dürfte *(Physogastrie)*. Die häufigsten T. gehören der Käferfamilie der Kurzflügler an (z.B. *Termitomimus, Termitobia*). T. sind auch Larven von Laufkäfern u. Vollkerfe von Stutz-, Moder-, Schwarz- u. Dungkäfern sowie die Fliege *Termitoxenia* (wegen ihrer Körperausscheidungen von den Termiten gehalten).

Termitin [das], Wirkstoff aus Pilzen, der bei Ameisen die Ausbildung der Giganten u. bei Termiten die Entstehung der großköpfigen Soldaten bewirkt.

Termone [grch.], Wirkstoffe der Grünalge *Chlamydomonas eugametos*, die das Geschlecht des Partners phänotypisch bestimmen; weibchenbestimmend ist *Gynotermon*, männchenbestimmend *Androtermon*.

Terms of Trade [′tə:mz əv ′treid; Mz.; engl.], Maßzahl für den Vorteil, den ein Land aus dem *Außenhandel* zieht; die einfachste Form der T.o.T. ist das Verhältnis der gewogenen Preisindizes der Import- u. Exportgüter eines Landes. Ein Steigen der T.o.T. bedeutet, daß sich der Vorteil aus dem Außenhandel für ein Land vergrößert, weil es dann für den gleichen Exporterlös mehr importieren kann. Bei Sinken der T.o.T. muß das betreffende Land mehr exportieren, um damit den gleichen Import finanzieren zu können.

Terra di Siena

Persischer Senné-Kelim (Webteppich) mit großer Feinheit der Webdichte; 1. Drittel des 19. Jh. Bernheimer München

Sogenannter Lori-Pambak aus dem Kassakgebiet, Kaukasus (Ausschnitt); 19. Jh. Bernheimer München

Terni, italien. Stadt im südl. Umbrien, Hptst. der Provinz T. (2122 qkm, 230 000 Ew.), 110 000 Ew.; Dom (13.–17. Jh.), Palazzo Carrarà, Ruinen eines röm. Amphitheaters; Metallverhüttung u. -verarbeitung, chem. Industrie.

Ternitz, niederösterr. Stadt im Steinfeld, 16 300 Ew.; Stahlwerk, Textilindustrie.

Terpene [grch.], Gruppe von Kohlenwasserstoffen, die in äther. Ölen vieler Pflanzen, bes. der Nadelhölzer, vorkommen. Sie tragen im Molekül das Skelett des *Isoprens* (C_5H_8); die *Mono-T.* sind aus 2 Isoprenresten aufgebaut (enthalten 10 Kohlenstoffatome; z.B. Geraniol, Limonen, Menthol, Pinen, Campher), die *Sesqui-T.* aus 3 (z.B. Guajol), *Di-T.* aus 4 (z.B. Abietinsäure), *Tri-T.* aus 6 u. *Tetra-T.* aus 8 Isoprenresten (z.B. Carotinoide).

Terpentin [das; grch.], ein Balsam bestimmter Kiefernarten (z.B. *Pitchpine, Pinus palustris*), das zum größten Teil feste Harzanteile enthält, außerdem aber das pinenhaltige *T.öl.* Dieses, eine eigenartig scharf riechende Flüssigkeit, wird aus dem T. durch Destillation gewonnen; es besteht hauptsächl. aus *Terpenen.* Der zurückbleibende Rückstand ist das *Kolophonium. T.ölersatz* besteht aus Schwerbenzin, Dekalin oder Tetralin.

Terpentinbaum, *Terpentinpistazie* = Terebinthe.

Terpinen [das; grch.], ein Kohlenwasserstoff der Terpengruppe, der in äther. Ölen, z.B. im *Kardamomöl,* vorkommt.

Terpineol [das; grch. + arab.], ein ungesättigter Alkohol der Terpenreihe, der z.B. im *Kardamomöl* vorkommt. Wegen des fliederartigen Geruches in der Parfümerie verwendet.

Terpis, Max, eigentl. M. *Pfister,* schweizer. Tänzer u. Choreograph, *1. 3. 1889 Zürich, †18. 3. 1958 Zollikon; Ballettmeister der Berliner Staatsoper u. der Mailänder Scala; zuletzt Tanzpädagoge für klass. u. modernen Bühnentanz.

Terpsichore [grch.], griech. Muse der Chorlyrik.

Terra [die; lat.], Erde; in der Bodenkunde Teil der Bezeichnung einiger Bodentypen, z.B. *Terra rossa.*

Terra [ital., portug.], Bestandteil geograph. Namen: Erde, Land.

Terracina [-'tʃina], italien. Hafenstadt im südl. Latium, 28 000 Ew.; Fischerei, Konservenindustrie, Badeort; Dom San Cesàrio (11.–13. Jh.). Über der Stadt das altröm. Heiligtum des als Knabe verehrten Jupiter Anxur, mit Tempelanlage auf monumentaler Plattform (um 80 v.Chr.).

Terra di Siena [ital.; nach der italien. Stadt *Siena*], rotbraunes Pigment, besteht hauptsächl. aus Eisenoxid (Fe_2O_3).

Terra firme [portug.], überschwemmungsfreies Regenwaldgebiet über den Flußauen des Amazonas-Flußsystems.

Terra incognita [die; lat.], unbekanntes Land.

Terrakotta [die; ital., „gebrannte Erde"], *Terracotta, Tonplastik*, Kunstgegenstände (z.B. Klein- u. Architekturplastik) aus unglasiertem, bei niedrigen Temperaturen (900–1000 °C) gebranntem Ton mit porösem, farbigem Scherben. Seit den Anfängen der griech. Kunst vor allem auf Rhodos, Samos u. Kreta gepflegt, fand die T.plastik ihre bes. Ausprägung vor allem in der nachklass. Keramik Böotiens, in der etrusk. Grab- u. Tempelkunst (Statuetten, Sarkophage, Giebeldekore u. Verkleidungsplatten) u. in der Bildhauerkunst der Spätgotik u. Renaissance in Italien, Frankreich u. Dtschld. Als T. bezeichnet werden auch Fabrikate der modernen →Baukeramik. – 🕮 2.1.2.

Terramare-Kultur, bronzezeitl. Kulturgruppe in Italien, benannt nach den *Terramaren* [ital., „fette Erde"], einer Sonderform bronzezeitl. Siedlungen in Oberitalien, bes. in der mittleren Poebene. Die Häuser wurden auf Pfahlgrund gesetzt, die Siedlung mit einem breiten Graben u. holzgestütztem Wall umgeben.

Terrarium [das, Mz. *Terrarien*; lat.], Behälter zur Haltung von Reptilien, Amphibien u.a.

Terra rossa [ital.], *mediterrane Roterde*, meist humusarmer, entkalkter, schlämmstoffreicher Boden von zinnoberroter, dunkelziegelroter bis braunroter Färbung (je nach Eisenhydroxidgehalt) in den Kalkgebieten der Mittelmeerländer.

Terra sigillata [lat., „gesiegelte Erde"], hauptsächl. in Arezzo zur röm. Kaiserzeit hergestelltes, figürl. verziertes Tongeschirr in glänzendroter Farbe; Glanz u. Scherbendichte der T.s. sind durch feingeschlämmte Tonüberzüge erreicht.

Terrasse [die; lat., frz.], **1.** *Bauwesen:* nicht überdachter (Sitz-)Platz in Höhe des Erdgeschosses, meist an der Gartenseite des Hauses; auch hochgelegene Aussichtsplattform, z.B. Brühlsche T. in Dresden; auf Flachdächern *Dach-T.n.*

2. *Geomorphologie:* schmale, parallele Ebenheit an Talhängen (*Fluß-* oder *Tal-T.*), entstanden durch erneute Einschneidung eines Flusses in seinem alten, früher aufgeschütteten Talboden, z.B. als Folge von Hebungen. Je nach Beschaffenheit der T.n spricht man von *Fels-*, *Schotter-* oder *Aufschüttungs-T.n.* Wenn bei Wechsellagerung von härteren u. weicheren Gesteinen die weicheren durch die Denudation schneller abgetragen werden, entstehen *Denudations-* oder *Schicht-T.n.* – T.n an Seen (*See-*, *Strand-T.*) bildeten sich bei Heraushebung des Geländes oder bei Seespiegelsenkung, ähnlich an Meeresküsten.

Terrazzo [der; ital.], kaltgebundener künstl. Stein aus Estrichmörtel mit Zusatz von zerkleinertem, farbigem Naturstein (Marmor). Bei fugenlosen T.fußböden (in Küchen, Bädern u.ä.) wird der Mörtel auf eine Unterschicht aus gewöhnl. Estrichmörtel aufgebracht u. festgestampft, die Oberfläche nach dem Erhärten geschliffen.

Terre [tɛ:r; frz.], Bestandteil geograph. Namen: Erde, Land.

Terre des Hommes [tɛrdɛz'ɔm], 1961 gegr. internationale Kinderhilfsorganisation für Krisen- u. Kriegsgebiete; von Spenden finanziert.

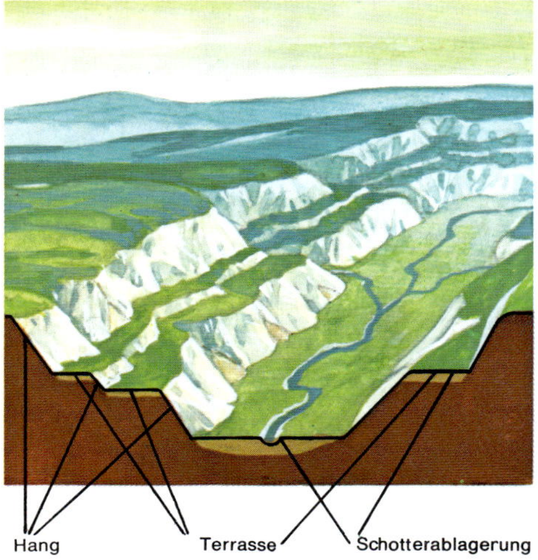

Terrasse: Schotterterrassen eines Flusses (Unter-, Mittel- u. Hauptterrasse)

Terre Haute [tɛrə'hɔut], Stadt in Indiana (USA), 70000 Ew. (Metropolitan Area 118500 Ew.); Staatsuniversität (1870), Polytechnikum, Kunst- u. Geschichtsmuseum; Kohlenbergbau, Maschinen-, Metall-, Bekleidungs-, Arzneimittel-, Papier- u. Holzindustrie.

Terres Australes et Antarctiques Françaises [tɛ:r o'stralzeätark'tik frã'sɛ:z], Abk. *TAAF*, unbewohntes französ. Territorium, besteht aus den Besitzungen →Saint-Paul, →Neuamsterdam (Nouvelle Amsterdam), →Kerguelen u. →Crozetinseln, zusammen 7360 qkm, u. dem Adélieland.

terrestrisch [lat.], die Erde betreffend; alles, was zum Land gehört; *t.e Sedimente* haben sich auf dem Land gebildet. Gegensatz: *marin.*

terrestrische Photogrammetrie →Bildmessung.

Terrier [-riər; lat., engl.], zuerst in England gezüchtete Hunderasse, die man zur Jagd auf Kaninchen, Fuchs u. Dachs benutzte u. später in allerlei Spielarten aufspaltete; z.B. *Fox-T.* (glatt u. rauhhaarig), *Airedale-T.*, *Welsh-T.*, *Scotch-T.*, *Irish-T.*, *Bedlington-T.* u. die *Zwerg-T.*

terrikol [lat.], erdbewohnend.

Terrine [die; frz.], Suppenschüssel, Deckelgefäß mit zwei seitl. Griffen, meist aus Porzellan, Steingut u. Fayence; Hauptstück des Tafelservice seit Anfang des 18. Jh.

Territoire de Belfort [tɛri'twa:r də bɛl'fɔ:r], Verwaltungsgebiet in Ostfrankreich. →Belfort.

territorial [lat.], gebietsmäßig, zu einem Staatsgebiet gehörend, ein *Territorium* betreffend.

Territoriale Verteidigung, der militär. Teil der Bundeswehr, der im Verteidigungsfall die nicht der NATO unterstellten Truppen zur bodenständigen Verteidigung des Territoriums der BRD hinter der Front der NATO-Truppen gegen durchgesickerte feindl. Kräfte zusammenfassen soll; die T.V. ist seit 1969 dem Heer eingegliedert.

Territorialgewässer, *Küstengewässer*, die zum Staatsgebiet des Küstenstaats gehörenden Meeresteile. Ihre Breite beträgt meist 3 sm (→Dreimeilengrenze), einige Staaten nehmen 5, 10 oder 12 sm in Anspruch (12 sm Sowjetunion), Island 50 sm, in Südamerika bis zu 200 sm (nicht anerkannt). Zu den T.n gehört nicht die sich meerwärts anschließende *Kontakt-* oder *Anschlußzone*; sie ist bereits freies Meer, doch darf der Küstenstaat einige Hoheitsrechte wahrnehmen (Zoll, Quarantäne, Nacheile). Ebenfalls nicht zu den T.n gehört der Bereich des *kontinentalen Schelfs*. Dort darf der Küstenstaat Erdöl, Erdgas u. dgl. abbauen, u. zwar unter Ausschluß anderer. – Die Verschiedenheit der Breite der T. u. der Anschlußzone hat mehrfach zu Kodifikationsversuchen geführt. Auch die *Genfer Seerechtskonferenzen* von 1958 u. 1960 erbrachten keine Einigung, doch scheint man sich der Lösung dahingehend zu nähern, daß die Breite der T. u. der Anschlußzone in der Regel 12 sm nicht überschreiten soll.

Territorialhoheit →Landeshoheit.

Territorialitätsprinzip, 1. *internationales Privatrecht:* ein Anknüpfungsgrundsatz, nach dem (im Gegensatz zum *Personalitätsprinzip*) diejenige von mehreren beteiligten Rechtsordnungen maßgebend ist, in deren Geltungsbereich sich der zu beurteilende Sachverhalt (z.B. Vertragsschluß, Unfall) ereignet hat.

2. *internationales Strafrecht:* der Grundsatz, wonach inländ. Recht auf alle im Inland begangenen Taten Anwendung findet ohne Rücksicht auf die Nationalität des Täters u. des Verletzten.

3. *Staatsangehörigkeitsrecht:* der in manchen Ländern geltende Grundsatz, wonach sich die Staatsangehörigkeit nach dem Land der Geburt richtet.

4. *Staats- u. Völkerrecht:* die sich aus der *Gebietsherrschaft* ergebende Zuständigkeit des Staats (Gegensatz: *Personalitätsprinzip*), besagt, daß der Staat die Hoheitsgewalt gegenüber allen Personen geltend machen kann, die sich auf seinem Territorium befinden (einschl. Staatenloser u. fremder Staatsangehöriger); der Umfang der Rechte gegenüber Staatsfremden ergibt sich aus den Regelungen zum *Fremdenrecht*. Die →Ausländer unterstehen in der BRD dem StGB der BRD.

Territorialsystem, eine Form des Verhältnisses von Staat u. Kirche im Zeitalter des absoluten Staats, bei der die Kirche dem Staatsoberhaupt untergeordnet (*Staatskirche*) war; theoretisch von S. von *Pufendorf* u. Ch. *Thomasius* begründet.

Territorium [das, Mz. *Territorien*; lat.], **1.** *allg.:* Grund, Boden, (Staats-)Gebiet, das nach der Lehre von den *Staatselementen* eine der drei Voraussetzungen für das Entstehen eines Staats ist.

2. *Geschichte:* im Hl. Röm. Reich ein Gebiet unter der →Landeshoheit eines Fürsten oder einer Reichsstadt, im Unterschied zum *Reich*, das kaum noch unmittelbaren Territorialbesitz hatte.

3. *Verwaltungsrecht:* in großen Flächenstaaten (Australien, Kanada, auch in einigen südamerikan. Staaten) ein Verwaltungsgebiet, das wegen seiner geringen Bevölkerungsdichte nicht die Eigenschaft echter Gliedstaatlichkeit besitzt. Die Territorien haben eine halbkoloniale Verwaltung, sind im Parlament nicht oder nur gering vertreten u. besitzen keine volle Autonomie.

4. *Zoologie: Revier*, ein Gebiet, das von einem einzelnen Tier oder von einer Sozietät bewohnt u. gegen andere Tiere verteidigt wird. →auch Kampf.

Territory ['teritəri; engl.], Bestandteil geograph. Namen: Territorium.

Terror [der; lat.], Schreckensherrschaft.

Terrorismus, seit 1969/70 auch in der BRD u. Westberlin wie in zahlreichen westl. u. neutralen Ländern, mitunter auch in Staaten der Dritten Welt um sich greifende Form der polit. motivierten Gewaltandrohung u. -anwendung durch →Luftpiraterie, →Geiselnahme u.a., deren Opfer häufig unbeteiligte, nur ausnahmsweise in den jeweiligen Konflikt verwickelte Personen oder Institutionen sind. Bes. hervorgetreten sind mehrere →palästinensische Organisationen (→auch Nahostkonflikt). Nationale und internationale Gegenmaßnahmen sind getroffen bzw. in Vorbereitung. Seit 1978 ist eine Europ. Konvention gegen den T. in Kraft. – Die Bez. T. wird oft auch mißbräuchl. benutzt z.B. gegen Unabhängigkeitsbestrebungen im südl. Afrika oder gegen demokratische Bemühungen in Spanien vor Francos Tod.

Terry, Ellen, engl. Schauspielerin, geadelt 1925, * 27. 2. 1848 Coventry, † 21. 7. 1928 Smallhythe bei Tenterden, Kent; Mutter von Gordon E. *Craig*; bekannt bes. als Shakespearedarstellerin; Briefwechsel mit G. B. *Shaw*, hrsg. 1931.

Tersakis, Angelos, neugriech. Erzähler u. Dramatiker, * 16. 2. 1907 Návplion, † 3. 8. 1979 Athen; schilderte die kleinbürgerl. Gesellschaft u. histor. Stoffe aus der byzantin. Zeit; auch Kritiker.

Tersánszky ['tɛrʃa:nski], Józsi Jenő, ungar. Schriftsteller, * 12. 9. 1888 Baia Mare; die Helden seiner Romane u. Erzählungen sind die Ausgestoßenen des kleinbürgerl. Lebens.

Terschelling [tɛr'sxɛl-], westfries. Insel zwischen Ameland u. Vlieland, niederländ. Prov. Friesland, 106 qkm, 4300 Ew.; dünenreiches Marsch- u. Geestland; Seebad.

Tersteegen, Gerhard, pietist. Liederdichter u. Prediger, * 25. 11. 1697 Moers, † 3. 4. 1769 Mülheim, Ruhr; schrieb „Geistl. Blumengärtlein inniger Seelen" 1729.

Tertia [lat., „die Dritte"], **1.** *Druckwesen:* ein →Schriftgrad von 16 Punkt.

2. *Schulwesen:* in der höheren Schule die 4. (*Unter-T.*) u. 5. (*Ober-T.*) Klasse.

Tertiana [die; lat.], *Malaria tertiana, Febris tertiana* →Malaria.

tertiär [lat., frz.], **1.** *allg.:* die dritte Stelle in einer Reihe einnehmend.

2. *Geologie:* das *Tertiär* betreffend.

Tertiär [das; lat., frz.], älteste Formation des Neozoikums (Erdneuzeit, →Geologie), tektonisch gekennzeichnet durch die von starkem Vulkanismus begleitete Entstehung der großen Faltengebirge (Alpen, Apenninen, Pyrenäen, Karpaten, Kaukasus, Himalaya, Kordilleren) u. den damit zusammenhängenden Einbruch des Mittelmeerbeckens.

tertiärer Sektor, der dritte, aus Handel u. Dienstleistungen klassischer (z.B. Gaststätten) u. neuer Art (z.B. Computer-Service) bestehende Hauptanteil in den modernen Volkswirtschaften; daneben besteht der *primäre Sektor* der →Urproduktion in Land- u. Forstwirtschaft, Fischerei u. Bergbau sowie der *sekundäre Sektor* der gewerbl. u. insbes. der industriellen Erzeugung. Während sich der letztgenannte Anteil im 19. Jh. u. in der 1. Hälfte des 20. Jh. immer mehr ausdehnte, wächst jetzt der tertiäre Sektor (nach Beschäftigtenzahl u. Anteil am Sozialprodukt) immer stärker an.

Tertiarier →Terziaren.

Tertiärparasit →Parasitismus.

Tertis ['tə:tis], Lionel, engl. Bratschist, * 29. 12. 1876 West Hartlepool, † 22. 2. 1975 London; der erste Solobratschist von internationalem Ruf.

Tertium comparationis [lat., „das Dritte der Vergleichung"], dasjenige, worin 2 verglichene Dinge übereinstimmen.

Tertium non datur [lat., ein Drittes gibt es nicht"], Satz vom ausgeschlossenen Dritten, demgemäß

von zwei sich *kontradiktorisch* widersprechenden Aussagen notwendig eine wahr u. eine unwahr sein muß. In der modernen Mathematik durch den *Intuitionismus*, vor allem im Hinblick auf Aussagen über das Unendliche, bestritten.
Tẹrtius gạudens [lat.], der lachende („sich freuende") Dritte (beim Streit zweier anderer).
Tertullịan, Quintus Septimius Florens, latein. Kirchenschriftsteller, *um 160 Karthago, †nach 220 Karthago; Rechtsanwalt in Rom, dort Christ, etwa seit 195 in Karthago, zerfiel mit der Großkirche. T. prägte die latein. theolog. Begriffssprache; maßgebend in der Trinitätslehre u. Christologie, Gegner der Gnosis, radikaler Moralist. – ☐ 1.9.5.
Teruẹl, altertüml. ostspan. Stadt im S des Iber. Randgebirges, nahe dem Zusammenfluß von Turia (Guadalaviar) u. Alfambra, 25000 Ew.; Reste der mittelalterl. Befestigung, Aquädukt u. Kathedrale des 16. Jh.; Getreidemühlen, Papierherstellung, Gerberei, landwirtschaftl. Handel; Hptst. der Provinz T. (14804 qkm, 155000 Ew.). Im Span. Bürgerkrieg 1937/38 stark umkämpft.
Terylẹn [das], Markenbezeichnung für einen aus Äthylenglykol u. Terephthalsäure hergestellten →Polyesterfaserstoff.
Terz [die; lat.], **1.** *Fechten:* Hieb oder Stoß gegen die T.linie (gedachte Linie von der rechten Schulter zur linken Hüfte); *T.einladung*, Fechtposition mit Öffnung der *inneren Blöße*.
2. *Liturgie:* kirchl. Stundengebet um 9 Uhr.
3. *Musik:* die 3. Stufe der diaton. Tonleiter u. das für den Dreiklangsaufbau entscheidende →Intervall zwischen dem 1. u. dem 3. Ton.
Terz, Abram, Pseudonym von A. D. →Sinjawskij.
Terzerọl [das; ital.], kleine Taschenpistole; mit 2 Läufen: *Doppel-T.*
Terzerọne [der; span.], Mischling zwischen Weißen u. Mulatten.
Terzẹtt [das; ital.], **1.** *Musik:* Komposition für 3 Singstimmen mit oder ohne Begleitung; vor allem Form des Ensemble-Gesangs in der Oper. Eine Komposition für 3 Instrumente heißt *Trio*.
2. *Verslehre:* →Sonett.
Terziạren, *Tertiarier, Terziarier*, weibl. *Terziarinnen*, Mitglieder eines sog. Dritten Ordens, nach einer dritten, nicht so grundsätzlich u. streng bindenden Ordensregel benannt (neben der ersten für den männl. u. der zweiten für den weibl. Zweig eines Ordens); weltl. oder auch in klösterl. Gemeinschaft lebende Laien, die z.B. den Franziskanern, Dominikanern, Karmelitern angegliedert sind.
Terzịne [die; ital.], aus Italien stammende Strophenform mit drei fünfhebigen (10- oder 11silbigen) Versen, von denen der erste mit dem dritten reimt. Bei mehreren Strophen reimt die zweite Zeile der vorhergehenden Strophe jeweils mit der ersten u. dritten Zeile der folgenden (*Kettenreim* aba bcb cdc...). Die letzte Strophe einer T.ndichtung erhält als Abschluß einen vierten Vers, der mit ihrem zweiten reimt (...yzy+z). Durch die Reimstellung werden die einzelnen Strophen untereinander verzahnt; die T. eignet sich daher bes. für längere, geschlossene Dichtungen. Das erste Werk in T.n ist *Dantes* „Göttliche Komödie". Seit der Romantik wurde die T. auch in Dtschld. gepflegt (L. *Tieck*, A. von *Chamisso*, F. *Rückert*, A. von *Platen*, H. von *Hofmannsthal* u.a.). Die Form der T. kann auch auf die beiden *Terzette* eines Sonetts angewandt werden.
Teschen, Doppelstadt beiderseits der tschechoslowak.-poln. (oberschles.) Grenze, die hier von der Olsa gebildet wird: **1.** *Polnisch T.*, poln. *Cieszyn* (poln. Wojewodschaft Bielsko-Biała), 30000 Ew.; Metall-, Elektro- u. Textilindustrie.
2. *Tschechisch T.*, tschech. *Český Těšín*, Stadt in der Tschechoslowakei, an der Olsa, gegenüber von 1), 17000 Ew.; Holz-, Nahrungsmittelindustrie.
Tẹsching [das; frz.] →Flobert.
Teschner, Richard, österr. Maler, Kunstgewerbler, Graphiker, *22. 3. 1879 Karlsbad, †4. 7. 1948 Wien; arbeitete für die „Wiener Werkstätte", schuf die Figurenbühne „Goldener Schrein" u. „Figurenspiegel".
Tẹsla [nach N. *Tesla*], Kurzzeichen T, Einheit der *magnet. Flußdichte (magnet. Induktion)*. 1 T. liegt vor, wenn der magnet. Fluß senkrecht durch eine Fläche von 1 m² die Größe 1 Weber (Wb) hat. Es gilt: $1\ T = 1\ Wb/1\ m^2 = 1\ Wb \cdot m^{-2}$.
Tẹsla, Nicola, US-amerikan. Physiker u. Elektrotechniker kroat. Herkunft, *10. 7. 1856 Smiljan (Kroatien), †7. 1. 1943 New York; erfand u.a. den *T.-Transformator*, der *T.-Ströme* liefert.
Tesla-Ströme [nach N. *Tesla*], mit einem Tesla-Transformator erzeugte hochfrequente Wechselströme (einige 100 kHz) hoher Spannung. Sie sind für den Körper unschädlich u. finden Verwendung in medizin. Hochfrequenzgeräten.
Tessai *Tomioka*, japan. Maler, *1836 Kyoto, †1924 Kyoto; Dichter u. Maler der Nanga-Schule; widmete sich taoist. u. buddhist. Studien u. war seit 1917 Mitgl. der kaiserl. Akademie.
Tessạr [das; lat.], sehr scharf zeichnendes Zeiss-Objektiv; dreigliedriges, vierlinsiges Triplet; 1902 von Paul *Rudolph* errechnet.
Tẹssenow [-no:], Heinrich, Architekt, *7. 4. 1876 Rostock, †3. 11. 1950 Berlin; Wohnbauten von betont feingliedriger Gestaltung mit neoklassizist. Elementen, Festspielhaus in Hellerau bei Dresden, 1910–1912, Innenraum von K. F. *Schinkels* Neuer Wache in Berlin, 1931.
Tẹssera [die, Mz. *Tesserae*; lat.], antike Wertmarke aus Bronze, Blei oder Bein, diente als Eintrittsmarke zu Theater, Zirkus, Bädern u. Gasthäusern u. nahm oft Geldcharakter an.
Tessịn, ital. *Ticino*, **1.** [der] linker Nebenfluß des Po, 260 km, entspringt im schweizer. Kanton T. am Nufenenpaß, durchfließt die Talschaften Val Bedretto, Valle Leventina u. Riviera, den Lago Maggiore u. die Lombardei, mündet bei Pavia.
2. [das] südschweizer. Kanton zwischen St.-Gotthard-Massiv u. dem Rand der Poebene, die „italien. Schweiz", 2811 qkm, 265000 Ew., Hptst. *Bellinzona*. Der Kanton wird gegliedert in das *Sopraceneri* im N – das Gebiet der *T.er Alpen*, das vom Fluß T. u. seinen Zuflüssen entwässert wird, bis zum Nordende des Lago Maggiore – und, jenseits der Paßschwelle des Monte Ceneri, in das *Sottoceneri* im S beiderseits des Luganer Sees. Das Sopraceneri ist über den Gotthard mit der Innerschweiz, über den Lukmanier mit dem Bündner Vorderrheintal, über bzw. durch den San Bernardino mit dem Hinterrheintal u. über den Nufenen mit dem Oberwallis verbunden. Das Klima ist nach S zunehmend mediterran bestimmt u. weist sonnige, trockenwarme Sommer auf, die für den regen Fremdenverkehr, eine der wichtigsten Erwerbsquellen, günstig sind. Seine Zentren sind die Orte am Lago Maggiore u. am Luganer See. Die Landwirtschaft betreibt neben Ackerbau u. Almwirtschaft bes. im S auch Gemüse-, Wein- u. Obstanbau (Südfrüchte, Edelkastanien). Industriell betrieben werden Textil-, Tabak- u. Nahrungsmittelfabrikation (Teigwaren, Wurst, Schokolade), ferner Metall- u. Maschinenherstellung, Uhren- u. chem. Industrie; Energie liefern die Kraftwerke Lucendro, Ritom, Blenio, Maggia. – T. war Teil des Frankenreichs, kam im Mittelalter an Como u. danach an Mailand, wurde zwischen 1403 u. 1516 von den Schweizern erobert u. der Verwaltung von Landvögten unterstellt; 1803 wurde es selbständiger Kanton der Eidgenossenschaft.
Tessịn, schwed. Architekten: **1.** Nicodemus d. Ä., *7. 12. 1615 Stralsund, †24. 5. 1681 Stockholm; wurde 1661 Stadtarchitekt in Stockholm u. baute in einem an A. *Palladio* geschulten barocken Klassizismus. Sein Hptw. ist Schloß Drottningholm.
2. Nicodemus d. J., Sohn von 1), *23. 5. 1654 Nyköping, †10. 4. 1728 Stockholm; baute u.a. das Königl. Schloß in Stockholm.
Tessịner Alpen, Gebirgsgruppe der Alpen zwischen Tessintal, Tocetal u. Lago Maggiore, im *Monte Basodino* 3273 m; bilden mit dem St.-Gotthard-Massiv die *Lepontischen Alpen*.
Test [der; engl.], Feststellung bzw. Feststellungsmethode in der psycholog. Diagnostik. Ein T. besteht aus einer Aufgabe u. aus Anweisungen zur Interpretation des Verhaltens der getesteten Person *(Proband)*. Aus dem Verhalten werden Rückschlüsse auf den Probanden gezogen, z.B. auf seine Fähigkeiten u. Charakterzüge. Anwendung bei „Normalgesunden" (z.B. Berufseignung) u. psychisch kranken Personen (z.B. bei Neurosepatienten). – ☐ 1.5.5.
Tẹsta [die, Mz. *Testae*; lat.], irdenes Geschirr; Ziegelstein; Schale; Hirnschale.
Tẹsta [ital.], Bestandteil geograph. Namen: Kopf, Gipfel.
Testạcea [lat.] = Thekamöben.
Tẹstakte [engl.], vom engl. Parlament 1673 beschlossenes Gesetz, ließ im Unterhaus u. in den öffentl. Ämtern nur noch Anglikaner zu, die vor den öffentl. Gerichten den kirchl. *Suprematseid* zu leisten hatten. Die verschärfte T. von 1678 trieb auch die kath. Lords aus dem Oberhaus.
Testamẹnt [das; lat.], **1.** *Erbrecht:* die einseitige (Gegensatz: *Erbvertrag*) Verfügung des *Erblassers* über den *Nachlaß*, geregelt in §§ 2064–2273 BGB. Fähig, ein T. zu errichten *(testierfähig)*, sind nur Personen, die das 16. Lebensjahr vollendet haben u. weder entmündigt noch wegen krankhafter Störung ihrer Geistestätigkeit oder Geistesschwäche oder Bewußtseinsstörung nicht in der Lage sind, die Bedeutung ihrer Erklärung einzusehen u. danach zu handeln. Ehegatten können ein *gemeinschaftliches T.* errichten. Das T. kann die Einsetzung eines oder mehrerer *Erben, Ersatzerben* oder *Nacherben* sowie eines *T.svollstreckers*, eine →Enterbung, ein →Vermächtnis oder (u.) eine →Auflage enthalten. Es muß vom Erblasser persönlich, u. zwar mündlich oder schriftlich vor einem Notar *(öffentliches T.)* oder durch eine eigenhändig handschriftl. geschriebene u. unterschriebene Erklärung (*eigenhändiges T.* oder *holographisches T.*), errichtet werden. Bei unmittelbarer Todesgefahr u. bei Absperrung von der Umwelt durch außergewöhnl. Umstände kann es ferner vor dem Bürgermeister u. zwei Zeugen, im äußersten Notfall u. auf einer Seereise auch nur vor drei Zeugen errichtet werden; dieses *Not-T.* bzw. *See-T.* verliert aber seine Wirksamkeit, wenn der Erblasser drei Monate nach der Errichtung noch lebt u. in dieser Zeit die Möglichkeit besaß, ein T. vor einem Notar zu errichten.
Ist der Erblasser minderjährig, so kann er das T. nur durch mündl. Erklärung oder durch Übergabe einer offenen Schrift an den Notar errichten. Das öffentl. T. wird vom Notar versiegelt u. in amtl. Verwahrung des Amtsgerichts gebracht. Das eigenhändige T. ist auf Verlangen des Erblassers ebenfalls in amtl. Verwahrung zu nehmen. Nach dem Erbfall wird das T. vom *Nachlaßgericht* oder einem anderen das T. verwahrenden Gericht förmlich *eröffnet* u. sein Inhalt den Beteiligten mitgeteilt. Ein T. kann vom Erblasser durch T., durch Vernichtung oder Veränderung der T.surkunde u. (falls vor einem Notar oder dem Bürgermeister errichtet) durch deren Rücknahme aus der amtl. Verwahrung sowie durch die Errichtung eines abweichenden neuen T.s *widerrufen* werden. Es kann ferner bei Irrtum oder Bedrohung des Erblassers sowie bei dessen Unkenntnis vom Vorhandensein eines Pflichtteilsberechtigten auch von demjenigen *angefochten* werden, dem seine Aufhebung unmittelbar zustatten kommen würde; die Anfechtung muß binnen Jahresfrist durch Erklärung gegenüber dem Nachlaßgericht erfolgen.
In Österreich ist die einseitige letztwillige Erklärung mit Erbeinsetzung geregelt in den §§ 552 ff. u. 695 ff. ABGB; andere Nachlaßverfügungen heißen *Kodizille*. Es besteht grundsätzlich Testierfreiheit, ein T. kann jederzeit widerrufen werden. Das schweizer. Recht nennt das T. *letztwillige Verfügung*; geregelt ist sie im ZGB (vor allem durch Art. 498 ff.). Auch in der Schweiz besteht Testierfreiheit. – ☐ 4.3.1.
2. *Theologie:* *Altes* u. *Neues T.* →Bibel.
Testamentsvollstrecker, die im Testament vom Erblasser als Vollstrecker seines letzten Willens genannte Person, insbes. zur ordnungsmäßigen Befriedigung der *Nachlaßgläubiger* u. zur Auseinandersetzung der *Miterben* (§§ 2197–2228 BGB). – In Österreich heißt der T. *Testamentsexekutor*; Regelung in § 816 ABGB. In der Schweiz

Tessin: Fusio im oberen Maggiatal

sind die Vorschriften über den T. oder *Willensvollstrecker* in Art. 517 f. u. 554 Ziff. 4 ZGB enthalten.
Testat [das; lat.], Zeugnis, Bescheinigung; i.e.S. Bescheinigung über die Teilnahme an Lehrveranstaltungen einer Hochschule.
Testbild, beim Fernsehen zu bestimmten Zeiten gesendetes Prüfbild mit geometr. Figuren, Strichkombinationen, Farb- u. Helligkeitsabstufungen, die ein genaues Einstellen des Bilds erlauben.
Testierfähigkeit →Testament. – In Österreich ist das Mindestalter 18 Jahre; Minderjährige unter 18 Jahren können ein Testament nur mündl. vor Gericht errichten. In der Schweiz besitzt jeder, der urteilsfähig u. über 18 Jahre alt ist, die T. (Art. 467 ZGB).
Testikel [der; lat.] = Hoden.
Testikelhormon, männliches →Sexualhormon.
Teston [tɛs'tɔ̃; der; frz.], italien. *Testone,* 1474 erstmals in Mailand geprägte u. bald in Oberitalien verbreitete Silbermünze (9,65 g) mit prachtvollen Porträts, in Frankreich, Süd-Dtschld. u. der Schweiz *(Dicken)* übernommen.
Testosteron [das; lat. + grch.], männliches →Sexualhormon.
Teststoppabkommen, *Atomtestabkommen,* am 5. 8. 1963 in Moskau zwischen Großbritannien, der UdSSR u. den USA geschlossenes Abkommen über die Einstellung der Kernwaffenversuche in der Atmosphäre, im Weltraum u. unter Wasser. Unterird. Versuche bleiben vom Vertrag unberührt. Zahlreiche Staaten sind beigetreten (darunter BRD u. DDR), nicht jedoch die Atommächte Frankreich u. China.
Testudines [lat.] = Schildkröten.
Têt [tɛ], Fluß in Südfrankreich, 120 km; entspringt in den Ostpyrenäen, mündet unterhalb von Perpignan in den Golfe du Lion; eine Stauanlage gleicht die jährl. Schmelzhochwasser aus, 6 Wasserkraftwerke; speist Bewässerungsland; nicht schiffbar.
Tetanie [die; grch.], eine Krankheit, die durch Krämpfe der Extremitätenmuskulatur (Pfötchenstellung) u. Überempfindlichkeit des Nervensystems gekennzeichnet ist; beruht auf Unterfunktion der Epithelkörperchen (Nebenschilddrüsen) u. dadurch verursachter Störung des Calcium-Stoffwechsels. – *Kindliche T.* = Spasmophilie.
Tetanus [der; grch.] = Wundstarrkrampf.
Tete, Distrikt-Hptst. in Moçambique, am Sambesi, 8000 Ew.
Tête [tɛːt(ə); die; frz.], Bestandteil geograph. Namen: Kopf, Gipfel.
Tête [tɛːt(ə); die; frz.], Kopf; militär. Spitze eines Truppenverbands.
Tetens, Johannes Nikolaus, Philosoph u. Psychologe, *16. 9. 1736 Tetenbüll, Eiderstedt, †15. 8. 1807 Kopenhagen; 1776–1789 Prof. in Kiel, seit 1789 im dän. Staatsdienst; untersuchte bes. das *Gefühl* als drittes Seelenvermögen neben Verstand u. Willen, beeinflußte Kant; Pionier der empir. Psychologie (Selbstbeobachtung). Hptw.: „Philosoph. Untersuchungen über die menschl. Natur u. ihre Entwicklung" 2 Bde. 1776/77.
Teterow [-ro:], Kreisstadt im Bez. Neubrandenburg, nordwestl. von Malchin, am *T.er See* (Burgwallinsel im See mit vorgeschichtl. u. slaw. Besiedlungsspuren); 11 200 Ew.; got. Kirche (13.–15. Jh.), Stadttore 14.–15. Jh.; landwirtschaftl. Mittelpunkt, Industrie; jährl. Motorradrennen am T.er Bergring. – Krs. T.: 675 qkm, 33 200 Ew.
Tethys, 1. *Astronomie:* ein von G. D. *Cassini* 1684 entdeckter Saturnmond; Durchmesser 1200 km, Entfernung von Saturn 294 800 km.
2. *Geologie:* erdumfassendes, vom Paläozoikum bis zum Alttertiär bestehendes Mittelmeer, aus dessen gefalteten u. emporgehobenen Ablagerungen Alpen u. Himalaya aufgebaut sind.
Tetmajer, *Przerwa-Tetmajer,* Kazimierz, poln. Schriftsteller, *12. 2. 1865 Ludźmierz, Galizien, †18. 1. 1940 Warschau; impressionist.-symbolist., erotisch-sinnenhafte Gedichte, Novellen.
Tet-Offensive →Vietnamkrieg.
Teton ['tiːtən], Stamm der Dakota-Indianer, →Sioux.
Tetouân [tetu'an], *Tetuán,* marokkan. Stadt am Fuß des Rifgebirges, östl. von Tanger, 140 000 Ew.; Kalifenresidenz, arab. Kunstakademie; Leder-, Korkindustrie, Oliven-, Obstanbau; Flugplatz. Früher Hptst. des ehem. Span.-Marokko.
Tetovo ['tɛtɔvɔ], jugoslaw. Stadt in Makedonien, westl. von Skopje, 36 000 Ew.; chem. u. Textilindustrie; oriental. Stadtbild mit Moschee u. Derwischkloster; Wein- u. Obstbau.
tetra... [grch.], Wortbestandteil mit der Bedeutung „vier"; wird oft zu *tetr...* vor Selbstlaut.
Tetra [der], Kurzbez. für →Tetrachlorkohlenstoff.
Tetrabranchiata [grch.] →Kopffüßer.
Tetrachloräthan [das], *Acetylentetrachlorid,* ein Halogenkohlenwasserstoff, $CHCl_2–CHCl_2$; farblose, unbrennbare giftige Flüssigkeit, die aus Acetylen u. Chlorgas gewonnen wird. T. löst Harze, Fette, Lacke sowie Phosphor, Halogene u. Schwefel. Lösungsmittel auch für *Acetylcellulose.*
Tetrachlorkohlenstoff, *Tetrachlormethan,* Kurzbez. *Tetra,* Formel CCl_4, wasserunlösliche, unbrennbare, farblose, giftige Flüssigkeit von süßl. Geruch; aus Methan- u. Chlorgas gewonnen; techn. Lösungsmittel für Öle, Fette, Harze, Nitrocellulose, Kautschuk u.a. In Feuerlöschgeräten u. zur Herstellung von *Freontreibgas* verwendet.
Tetrachord [das; grch.], Stufenfolge von 4 Tönen, Grundlage des griech. Tonsystems. →auch griechische Musik.
Tetradrachmon [das; grch.], griech. Silbermünze (14–17 g); 1 T. = 4 Drachmen des 6.–1. Jh. v. Chr.
Tetraeder [das; grch.], *Vierflach,* eine von 4 kongruenten, gleichseitigen Dreiecken begrenzte Pyramide. →Kristallformen.
Tetragramm [das; grch., „vierbuchstabig"], Bez. für den alttestamentl. Gottesnamen *jhwh (Jahwe).* Aus Scheu vor dem Heiligen durfte der Name nicht ausgesprochen werden. Griech. Formen des T.s sind in Zauberschriften der ersten nachchristl. Jahrhunderte zu finden.
Tetrahydrofuran [das; grch.], organ.-chem. Verbindung, Anhydrid des Butandiols, wichtiges Zwischenprodukt zur Herstellung von Butadien u. Adipinsäure, gutes Lösungsmittel für Synthesen.
Tetraktys [die; grch.], die (bei den *Pythagoreern* heilige) Zahl Vier, zugleich die Zehn als Summe der ersten vier Zahlen.
Tetralin [das; grch. + lat.], *Tetrahydronaphthalin,* $C_{10}H_{12}$; farblose Flüssigkeit von terpentinartigem Geruch, wird durch teilweise Hydrierung von *Naphthalin* gewonnen u. dient als Lösungsmittel, oft anstelle von *Terpentinöl.*
Tetralogie [die; grch.], eine Einheit von vier formal selbständigen Werken, die aber durch Inhalt oder Thematik miteinander verbunden sind; in der Dichtung der Antike eine *Trilogie* aus drei Tragödien u. ein abschließendes *Satyrspiel,* die an einem Tag aufgeführt wurden (z.B. Äschylus: „Die Perser", „Phineus", „Glaukos"; Satyrspiel: „Prometheus Feuerzünder"); in neuerer Zeit z.B. G. *Hauptmanns* „Atriden-T.", Th. *Manns* Roman-T. „Joseph u. seine Brüder".
Tetrameter [der; grch.], in der antiken *Verslehre* ein Vers aus vier Versfüßen; ursprünglich das Metrum des (erregten) Dialogs in Komödie u. Tragödie.
Tetraphosphat [das] = Rhenaniaphosphat.
Tetrapoden [grch.], **1.** *Grund- u. Wasserbau:* vierfüßige (mit vier im gleichen Winkel zueinander angeordneten Kegelstümpfen versehene) Betonkörper für den Bau von Molen, Buhnen, Grundschwellen u.ä. Durch Eigengewicht u. Verzahnung widerstehen sie auch schwersten Angriffen von Wellen u. Strömung.
2. *Zoologie: Vierfüßer, Tetrapoda,* die Wirbeltierklassen Lurche, Kriechtiere, Vögel u. Säugetiere.
Tetrarch [grch., „Vierfürst"], *Tetrarchos,* im griech. Heer Führer einer Kavallerieabteilung; bei den Römern Teilfürst (z.B. in Judäa); 293 n. Chr. wurde das Röm. Reich von *Diocletian* in 4 Teilgebiete *(T.ien)* aufgegliedert, die ihm selbst, seinem Mitkaiser u. zwei Caesaren unterstanden.
Tetrastichon [das, Mz. *Tetrasticha;* grch.], ein Gedicht oder eine Strophe aus vier Versen, ein *Vierzeiler.*
Tetraxonida [grch.] →Kieselschwämme.
Tetrode [grch.], *Vierpolröhre,* Elektronenröhre mit vier Elektroden (Anode, Kathode, Steuergitter u. Schirmgitter); für Verstärker- u. Sendeschaltungen.
Tetschen, tschech. *Děčín,* Stadt in Nordböhmen (ČSSR), an der Elbe, 46 000 Ew.; Schloß (18. Jh.); Maschinen-, Nahrungsmittel-, Papier- u. Textilindustrie; Hafen.
Tettnang, baden-württ. Stadt (Bodenseekreis), nordwestl. von Lindau (Bodensee), 14 500 Ew.; Schloß (18. Jh.); Obst-, Spargel- u. Hopfenanbau, Holzindustrie. Nahebei Heilanstalt *Liebenau.*
Tetzel, Johann, Dominikaner, *um 1465 Pirna, †11. 8. 1519 Leipzig; seine Tätigkeit als Ablaßprediger veranlaßte M. *Luther,* seine 95 Thesen gegen die unwürdige Art der Ablaßverkündigung zu verfassen. T.s Ausführungen über den Ablaß für die Lebenden stimmten mit der kirchl. Lehre überein; nicht aber der zwar nicht wörtlich, doch inhaltlich von ihm vertretene Satz „Wenn das Geld im Kasten klingt, die Seele aus dem Fegfeuer springt".
Tetzner, Lisa, Erzählerin u. Sammlerin von Märchen, *10. 11. 1894 Zittau, †2. 7. 1963 Lugano; seit 1933 mit ihrem Mann, dem Sozialisten K. *Kläber,* in der Schweiz. Jugendbücher.
Teublitz, bayer. Stadt in der Oberpfalz (Ldkrs. Schwandorf), an der Naab, nördl. von Regensburg, 6800 Ew.; Hüttenindustrie.
Teubner, *B. G. Teubner,* wissenschaftl. Verlag, gegr. 1811 in Leipzig von Benedictus Gotthelf *Teubner* (*1784, †1856). Neben den heute noch gepflegten wissenschaftl., Fach- u. Schulbüchern auf dem Gebiet der Naturwissenschaften, Technik u. Altertumskunde machten den Verlag berühmt die „Bibliotheca scriptorum Graecorum et Romanorum Teubneriana" (seit 1850), der „Thesaurus Linguae Latinae" (seit 1900), die „Enzyklopädie der mathemat. Wissenschaften" (seit 1894). Neugründung für die BRD in Stutttart 1953; Stammhaus in Leipzig seit 1958 mit staatl. Beteiligung *(BSB B. G. Teubner Verlagsgesellschaft).*
Teuchern, Stadt im Krs. Hohenmölsen, Bez. Halle, bei Hohenmölsen, 6100 Ew., Braunkohlenbergbau; Industrie.
Teuco, Unterlauf des Río Bermejo (zum Paraguay) in Argentinien.
Teuerdank →Theuerdank.
Teuerung, allg. Preissteigerung innerhalb eines Wirtschaftsraums, Erhöhung der Lebenshaltungskosten, Verringerung der Kaufkraft der Geldeinheit; verursacht durch Verknappung des Warenangebots (z.B. infolge von Kriegen, Mißernten, Streiks) oder (u.) Vermehrung der Zahlungsmittel. →auch Inflation.
Teufe, bergmänn. Bez. für Tiefe.
Teufel, *Diabolos, Satan,* bei fast allen Völkern bekannte Verkörperung des Bösen, die in Religionen u. im Volksglauben in verschiedenen Gestaltungen, z.B. hebr. *Belial* [„Verderbtheit"], vorgestellt wird; im A.T. bes. als Satan sowohl der Verführer der Menschen als auch ihr Ankläger vor Gott (Buch Hiob); im N.T. „Fürst der Welt" u. Feind Gottes. Nach anderer Vorstellung ist der T. der mit seinem Anhang (böse Geister oder Dämonen) von Gott abgefallene höchste Engel (→Lucifer). →auch Beelzebub.
Darstellungen in der bildenden Kunst zeigen den T. meist in häßl. Tiergestalt (Drache, Schlange) oder als mehrgesichtiges, behaartes Mischwesen aus Mensch u. Tier mit Hörnern, Schwanz u. Bocksbeinen, auf Weltgerichtsdarstellungen mit ähnl. grotesken Ungeheuern als Höllengehilfen, gelegentl. auch mit dem Tod als Verbündetem (A. Dürer: „Ritter, Tod u. T." 1513).
Teufelsabbiß, *Succisa,* unten scheinbar abgebissener Wurzelstock des *Gewöhnl. Teufelsabbisses, Succisa pratensis,* eines *Kardengewächses* feuchter Wiesen u. Gebüsche, mit angedrückt behaarten Stengeln, länglich-eiförmigen bis längl.-lanzettl. Blättern u. blauen Blüten in kugeligen Köpfen; galt früher als Mittel gegen Wassersucht u. Viehbehexung.
Teufelsaffe →Satansaffe.
Teufelsauge, *Adonis,* Gattung der *Hahnenfußgewächse.* In Dtschld.: *Frühlings-T., Adonis vernalis* (= Adonisröschen), unter Naturschutz; *Herbst-T., Adonis annuus,* als Gartenpflanze.
Teufelsblume, *Idolum diabolicum,* südostafrikan. Fangheuschrecke, mit der *Gottesanbeterin* verwandt; der grüne Körper mit den bunten, stark verbreiterten Fangbeinen gleicht einer Blume; packt Insekten blitzschnell mit den Fangbeinen.
Teufelsdreck, *Asant, Asa foetida,* ein Gummiharz des *Steckenkrauts;* riecht knoblauchähnl.; früher als Beruhigungsmittel angewendet.
Teufelsei, die jungen Fruchtkörper der →Stinkmorchel.
Teufelsfisch, 1. *Epigonus telescopium,* dunkelbrauner bis schwarzvioletter, 50–60 cm großer *barschartiger Fisch* des Mittelmeers u. des Atlantik (bis in die irischen Gewässer); bevorzugt Tiefen von 230–350 m, kommt immer einzeln vor; sehr große, phosphoreszierende Augen, große Schuppen; laicht im August u. September.
2. *Steinfisch, Zauberfisch, Laff, Synanceia verrucosa,* zu den *Drachenköpfen* gehörender, im indopazifischen Raum lebender Raubfisch; 50–60 cm lang; bewohnt den Grund des Meeres u. liegt dort getarnt zwischen Steinen, wo Badende leicht auf ihn treten können. Der T. gilt als die giftigste Fischart der Erde, Giftdrüsen münden in allen Sta-

cheln. Das Gift ist nervenlähmend u. kann unter Krämpfen zum Tod führen. Ein kleinerer T. im gleichen Verbreitungsgebiet ist *Inimicus filamentosus*.

Teufelshöhle, rd. 1600 m lange Tropfsteinhöhle im Fränk. Jura, bei Pottenstein.

Teufelsinsel, frz. *Îles-du-Diable*, Doppelinsel vor der Küste Französ.-Guayanas; ehem. berüchtigte Strafkolonie u. Verbannungsort.

Teufelskopf, Berg im Hunsrück, im Schwarzwälder Hochwald, östl. von Saarburg, 695 m.

Teufelskralle, *Phyteuma*, Gattung der *Glockenblumengewächse*. Kräuter mit in Köpfchen oder Ähren stehenden Blüten. Am häufigsten in Dtschld. auf Bergwiesen u. in Wäldern die *Ährige T., Rapunzel, Phyteuma spicatum*, deren weiße Blüten grüngelbl. Spitzen haben. In Bergwäldern u. auf Bergwiesen findet man die *Schwarze T., Phyteuma nigrum*, mit schwarzvioletten Blüten.

Teufelsliteratur, eine Form der *Rügedichtung*. Im MA. erschien der Teufel im geistl. Drama als Versucher Christi; er bekam in der Folge komische Züge. Es entstanden satir. Lehrgedichte („Des Teufels Netz" 1441), Teufelslegenden u. Teufelsbeichten vom „armen Teufel". Bes. wurde die T. in der 2. Hälfte des 16. Jh. gepflegt. Allegorisch wurden Laster u. Torheiten dargestellt, Tätigkeit u. Wirkung des Teufels geschildert u. moral. Ratschläge gegeben. Eine Sammlung von T. findet sich in Sigmund *Feyerabends* (*1528, †1590) „Theatrum diabolorum" 1569.

Teufelsmauer, Sandsteinklippe bei Blankenburg/Harz, am Harz, 4 km lang, 319 m hoch.

Teufelsmoor, durch die Worpsweder Maler bekannt gewordenes Moorgebiet in Niedersachsen nördl. von Bremen.

Teufelsnadel, *Aeschna cyanea*, häufigste dt. Edellibelle aus der Gruppe der *Anisoptera*; Körper schwarz-grün gezeichnet, Flügel farblos, bis 10 cm Spannweite.

Teufelsrochen, *Hornrochen, Mobulidae*, Familie der *Stachelrochenartigen* mit hornartigen Kopflappen, die über die Wasseroberfläche erhoben werden u. die Plankton-Nahrung in das endständige Maul leiten. Kiemenanhänge dienen als Filter. Mit 6 m Länge u. 7 m Breite bei bis 2 t Gewicht ist der *Riesen-T.* oder *Manta, Manta birostris*, der größte Rochen; lebt pelagisch in trop. Meeren, meist paarweise; schnellt sich oft aus dem Wasser. Das Weibchen bringt dabei auch sein 1 m langes Junges zur Welt, das mutig verteidigt wird.

Teufelszwirn, *Seide, Cuscuta*, ein *Windengewächs*, auf höheren Pflanzen schmarotzend, mit fadenförmigen, gelben Stengeln. Die *Nesselseide, Cuscuta europaea*, parasitiert auf Brennesseln, Hopfen, Weiden u. a., die *Quendelseide, Cuscuta epithymum*, auf Quendel, Ginster u. Heide, die *Kleeseide, Cuscuta trifolii*, auf Klee u. Saubohnen, die *Flachsseide, Cuscuta epilinum*, auf Flachs.

Teufen, schweizer. Luftkurort im Kanton Appenzell-Außerrhoden, südl. von St. Gallen, 833 m ü. M., 5300 Ew.; Kapuzinerinnenkloster *Wonnenstein* (17. Jh.); Weberei u. Stickerei in Heimindustrie.

Teukros, in der griech. Sage: 1. ältester König der Trojaner; 2. Halbbruder des Aias, Bogenschütze im Trojan. Krieg.

Teutobod [-bɔt], König der Teutonen, in der Schlacht bei Aquae Sextiae 102 v. Chr. von den Römern besiegt u. gefangen.

Teutoburger Wald, schmales Mittelgebirge in Westfalen, umschließt die Münsterländer Bucht im NO; besteht im Hauptteil aus drei Kämmen (Kalke u. Sandsteine); im SO der *Lippische Wald* (*Velmerstot* 468 m) mit Hermannsdenkmal u. Externsteinen, im mittleren Teil der *Osning* bei Bielefeld u. im NW der *Iburger Wald* (*Dörenberg* 331 m); vorwiegend Laub- u. Mischwälder. – In der Schlacht im T. W. vernichtete 9 n. Chr. *Armin* das röm. Heer unter *Varus*.

Teutonen, german. Volk (neuerdings auch für Kelten gehalten), vereinigte sich erstmalig 109 v. Chr. in Südgallien mit den *Kimbern* u. zog mit ihnen u. anderen Stämmen nach Italien; 102 v. Chr. von *Marius* bei Aquae Sextiae besiegt.

Tevfik Fikret, türk. Lyriker, *25. 12. 1867 Istanbul, †18. 8. 1915 Istanbul; führend in der *Servet-i Fünun*-Schule (1869–1901) u. Wegbereiter der türk. Moderne; von der französ. impressionist. Lyrik beeinflußt; behandelte Zeitprobleme.

Téviec [tevi'ɛk], kleine Insel im Golf von Morbihan in der Bretagne (Frankreich); bekannt durch eine Fundstelle der Mittelsteinzeit: in einem Muschelhaufen wurden 10 Gräber mit insgesamt 23 Bestattungen von Männern, Frauen u. Kindern in Hockerstellung, mit Ocker bestreut u. z. T. mit Beigaben ausgestattet, gefunden.

Tewet, *Tebet*, der 4. Monat des jüdischen Kalenders (Dezember/Januar).

Tews, Johannes, Pädagoge, *19. 6. 1860 Heinrichsfelde, Pommern, †28. 6. 1937 Berlin; verdient um die Erwachsenenbildung, 1891–1933 Geschäftsführer der *Gesellschaft zur Verbreitung von Volksbildung*; Werke: „Die dt. Einheitsschule" 1916; „Ein Volk – eine Schule" 1919; „Fünfzig Jahre dt. Volksbildungsarbeit" 1921.

Tex, Einheit der längenbezogenen Masse von textilen Fasern u. Garnen; 1 tex = 10^{-6} kg/m = 1 g/km = 1 g/1000 m.

Tex., Abk. für den USA-Staat →Texas.

Texaco Inc. ['tɛksəkɔu -], Dover, Delaware, Verwaltungssitz: New York, US-amerikan. Erdölgesellschaft, gegr. 1926 als *The Texas Corp.*, seit 1959 heutige Firma. Zum Texaco-Konzern gehören zahlreiche Tochtergesellschaften, u. a. die →Deutsche Texaco AG, Hamburg, Umsatz 1979: 38,4 Mrd. Dollar; 67800 Beschäftigte.

Texas ['tɛksəs], Abk. *Tex.*, bis 1959 flächengrößter Staat der USA, im SW, zwischen Mexiko u. Oklahoma, 692379 qkm, 13,0 Mill. Ew. (13% Nichtweiße), Hptst. *Austin*; im O Waldland der Mississippiniederung, nach W Anstieg zu den Great Plains (Grasländer), im NW die Rocky Mountains; umfangreiche Bewässerungswirtschaft; Baumwoll-, Mais-, Reis- u. Zuckerrohranbau; Viehzucht; Steinkohlen-, Braunkohlen-, Quecksilbergruben, Erdöl- u. Erdgasvorkommen der USA; am Red River einzige Heliumquelle der Erde; chem. Industrie; Aluminium-, Maschinen- u. Verbrauchsgüterindustrie. – Ⓑ→Vereinigte Staaten von Amerika (Wirtschaft u. Verkehr).

Geschichte: T. wurde 1528 von Spaniern entdeckt. Anfang des 18. Jh. entstanden Stützpunkte für Kleriker u. Soldaten (Misiones u. Presidios). 1800 fiel T. an Frankreich, das es 1803 (mit Louisiana) in Besitz nahm, beim Verkauf von Louisiana jedoch wieder den Spaniern überließ. Diese behaupteten sich dort während des mexikan. Unabhängigkeitskriegs 1810–1821. 1821 wurde T. mit Mexiko vereinigt. Kurz vorher hatte die angelsächs. Einwanderung begonnen. Der Aufstand eines Teils dieser Siedler scheiterte 1826/27. Im Texanischen Krieg 1836–1843 erkämpften sich die Texaner am San Jacinto die Freiheit des Landes. Nach der Annexion durch die USA am 1. 3. 1845 führten Grenzstreitigkeiten zum Mexikanischen Krieg 1846–1848. Er brachte eine territoriale Erweiterung bis zum Rio Grande del Norte. 1861 zählte T. zu den Gründerstaaten der Konföderation. Die Reconstruction 1865–1877 u. gleichzeitige Indianerkriege brachten Rückschläge. Danach erlebte das Land eine Blüte, die sich mit dem Erdöl-Boom 1901 steigerte u. noch andauert.

Texasfieber →Babesien

Texel, *Dechsel, Dachsbeil*, Beil mit quer zum Stiel stehender gerader oder gewölbter Schneide (*Hohl-T.*).

Texel ['tɛsəl], größte u. westlichste der Westfries. Inseln, niederländ. Prov. Nordholland, 190 qkm, 11500 Ew.; Hauptort *Den Burg*.

Text [der; lat.], der Wortlaut eines Schriftwerks, eines Vortrags, einer Bühnenrolle, eines Telegramms im Gegensatz zu Anmerkungen, Illustrationen u. a.; der Wortlaut eines Liedes, einer Oper im Gegensatz zur Melodie; Bibelstelle als Grundlage für eine Predigt.

Textil... [lat. *textus*, „Gewebe"], in Wortzusammensetzungen die Weberei u. Wirkerei (die T.waren), i. w. S. alle Vorgänge u. Erzeugnisse betreffend, die mit verspinnbarem u. gesponnenem Material zusammenhängen.

Textildruck →Zeugdruck.

Textilerzeugnis, aus Faserstoffen hergestellte Gebilde wie Faserstoffhalbzeuge (Halbfertigprodukte), Garne, Bänder, textile Flächengebilde (Gewebe, Gewirke, Filz).

Textilfachschule, Einrichtung zur Ausbildung von Textiltechnikern u. Textilingenieuren; die Techniker haben eine drei- bis vier-, die Ingenieure eine sechssemestrige Ausbildung. Außerdem werden Abendkurse abgehalten. Absolventen einer T. können unter bestimmten Voraussetzungen ohne Abitur eine Hochschule besuchen. Prüfämter u. Forschungsabteilungen sind z. T. angeschlossen.

Textilforschung, ein Forschungszweig, der sich mit allen Problemen der Erzeugung neuer Fasertypen, der Verarbeitung der natürl. u. künstl. Faserstoffe, der Färberei u. Textilveredlung sowie Prüfung der Fasereigenschaften befaßt. – 🄻 10.8.0.

Textilhilfsmittel, chem. Präparate, die bei der Reinigung, Verarbeitung u. Veredelung der Fasern verwendet werden. Sie ermöglichen, begünstigen oder erleichtern bestimmte Prozesse; wirken sich qualitätssteigernd aus. Zu ihnen gehören z. B. Emulgatoren (→Emulsion) für Fette, Öle u. Fettsäuren, Fettalkoholsulfonate, Netz-, Beuch- (= Lauge-), Bleich-, Mercerisier-, Imprägnier-, Mottenschutz- u. Entfärbungsmittel.

Textilindustrie, Zweig der Verbrauchsgüterindustrie, die Gesamtheit der Textilwaren erzeugenden oder bearbeitenden Betriebe, bes. die Spinnereien, Webereien, Wirkereien, Strickereien (oft betrieblich zusammengefaßt) u. die Textilveredelungsindustrie (*Ausrüstungsindustrie*; u. a. Appretieren, Bleichen, Färben der Erzeugnisse). Zentren der dt. Textilindustrie sind Aachen, Augsburg, Bielefeld, Krefeld, Mönchengladbach, Nordhorn, Rheine, Wuppertal in der BRD; Karl-Marx-Stadt u. Plauen in der DDR. – 🄻 10.8.0.

Textilkunst, Sammelbez. für künstler. gestaltete, dekorative Erzeugnisse aus Textilfasern, bes. Flecht-, Knüpf-, Wirk- u. Webwaren, Zeugdrucke, Häkel-, Spitzen- u. Stickereiarbeiten; eine der Gattungen des Kunsthandwerks. Die Hauptaufgabe der T. liegt in der Ausschmückung von Innenräumen sowie in der Herstellung u. Verzierung von Kleidungsstücken. Die wichtigsten Dekorformen sind Ornament u. figürl. Darstellung.

Von den Werken der raumschmückenden T. nimmt der *Teppich* die erste Stelle ein, neben dem geknüpften Orientteppich bes. der gewirkte, als Wandbehang dienende →Bildteppich *(Gobelin)*, in dessen erster Blütezeit im MA. die Traditionen der hellenist. u. frühchristl.-byzantin. Wirkkunst fortlebten. Hptw. der mittelalterl. Gobelinwirkerei sind der Bildteppich aus St. Gereon in Köln, angefertigt im frühen 11. Jh., der Teppich im Halberstädter Domschatz aus dem 12. Jh. u. der in Oslo aufbewahrte Baldishol-Teppich, der im 13. Jh. entstand. Neben religiösen Darstellungen nehmen weltl. Motive, histor. u. allegor. Ereignisse, Jagd- u. Kampfszenen einen großen Raum im Themenschatz der mittelalterl. Bildteppiche ein. Zu den französ., schweizer. u. süddt. Zentren der europ. T. gesellte sich im 15. Jh. Brüssel. Im 16. u. 17. Jh. besaß die Stadt mehr als tausend Wirkereibetriebe, deren Erzeugnisse sich gegenüber denen der mittelalterl. Textilwerkstätten durch einen räuml.-perspektiv. Bildstil u. durch breite, kunstvoll ornamentierte Bordüren unterscheiden. Frankreich übernahm im Wettbewerb mit anderen Ländern nach 1650 die führende Rolle in der europ. T.; die Pariser „Manufacture des Gobelins", die Werkstätten in Beauvais, Aubusson, Felletin u. Nancy erlangten weltweite Berühmtheit, bis im ausgehenden 18. Jh. die Beliebtheit des Gobelins allg. nachließ.

Von den gewirkten Wandteppichen sind die gestickten zu unterscheiden. Sie wurden bereits im MA. hergestellt *(Bayeuxteppich)* u. bilden mit mehreren Abarten eine Sondergattung der textilen Wandbekleidung. So wurden im 17. u. 18. Jh. die *Applikations-* u. die *Straminstickerei* gepflegt; bei der ersten werden die Muster durch aneinandergefügte Stoffteile gebildet, bei der zweiten, die auch zur Herstellung von Stuhl- u. Wandschirmbezügen diente, werden einer meist schwarzen Grundfläche bunte Schmuckformen eingefügt.

Der *Zeugdruck*, der es zu beachtl. künstler. Wirkungen bringen kann, wurde im 11. Jh. in niederrhein. Klosterwerkstätten entwickelt. Zunächst waren es aus dem Orient eingeführte Stoffe, die man bedruckte, bald aber verwendete man auch einheim. Gewebe, Leinentücher vor allem, die gefärbt wurden, bevor sie mittels Holzformen ihren goldenen oder silbernen Aufdruck erhielten. Auch die *Weißstickerei* auf Leinwand war schon im MA. bekannt. Sie brachte kostbare Altartücher, Wandbehänge u. Decken hervor.

Die *Seidenweberei* nahm in China ihren Ausgang. Um die Mitte des 12. Jh. wurde sie von sizilianisch-normann. Werkstätten aufgenommen; über Italien (Venedig, Genua, Lucca) gelangte sie bald auch in den Norden, wo Regensburg u. Köln zu den bedeutendsten Herstellungszentren aufstiegen. Am Anfang ahmte man noch die Muster chines. Seidenstoffe nach, hielt sich aber auch an byzantin.-oriental. Vorbilder, bis sich dann ein europ. Seidenstil entwickelte, der im Barock u. Rokoko durch die Seidenwebereien aus Lyon einen Höhepunkt erreichte.

Textiltechnik

TEXTILTECHNIK

Kammgarnkrempel

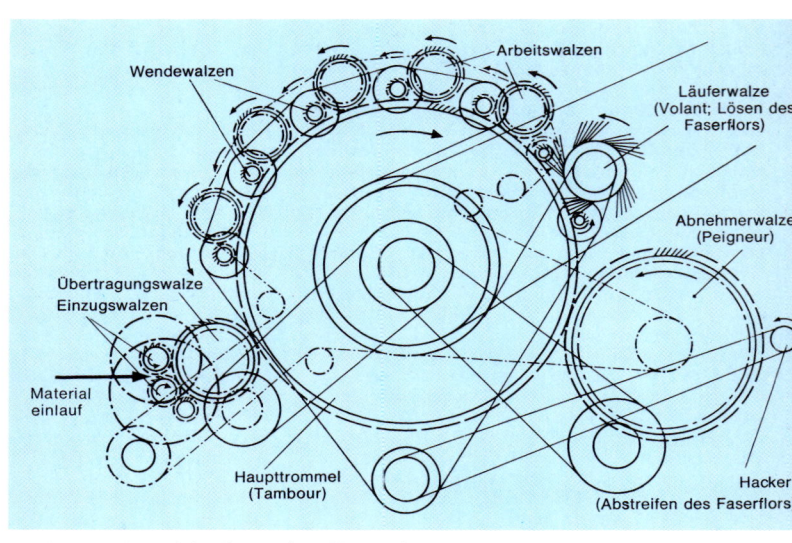
Walzen- und Antriebsschema einer Krempel

Rotorspinnmaschine für Langfasern

Automatische Kreuzspulerei. Ein Prozeßrechner überwacht Qualität und Leistung der Produktion

Ringspinnmaschine

Automatische Schußspulmaschine (Autocopser)

Konusschär- und Bäummaschine

Textiltechnik

Schaftwebmaschine (links). – Stückfärbemaschine zum Bleichen und Färben von Web- und Wirkwaren (rechts)

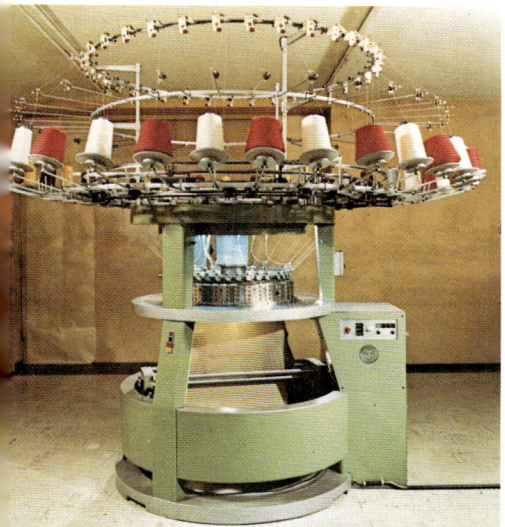

Rundstrickmaschine zur Herstellung schlauchförmiger Gestricke

Jacquardwebmaschine für Frottiergewebe

Die aus dünnen Fäden mit der Hand genähten, gestrickten, geknüpften, gehäkelten oder geklöppelten →Spitzen wurden aus den textilen Durchbruchsarbeiten entwickelt, bei denen Fäden aus einem Gewebe ausgezogen oder -geschnitten u. die stehengebliebenen Gewebeteile mit einem Faden umnäht oder umwickelt werden, bis ein „Gerüst" für die nun einzuziehenden Muster entsteht. Als man auf die komplizierten Zupf- u. Näharbeiten bei der Herstellung dieses Fadengerüstes verzichtete u. statt dessen über eine feste Unterlage Fäden spannte, die die Aufgaben der alten Rüstfäden übernehmen konnten, waren die Grundlagen geschaffen für das Entstehen der zahlreichen Spitzenarten. – Ⓑ→Bildteppich, Spitze, Teppich. – Ⓛ2.1.3.

Textilleder, Sammelbez. für Lederarten, aus denen die in Spinnereien u. Webereien benötigten Riemen (z. B. Schlagriemen, Nitschelhosen, Laufleder) u. andere Lederartikel hergestellt werden.

Textilmaschinen, Maschinen, mit deren Hilfe Faserstoffe verarbeitet werden. Hierher gehören die Maschinen der Spinnerei, Zwirnerei, Weberei, Wirkerei, Flechterei einschl. der Maschinen für die entsprechenden Vor- u. Nacharbeiten; außerdem die T. in der Färberei u. Appretur sowie die für die Konfektion. – Ⓛ10.8.0.

Textilprüfung, Sammelbez. für die Prüfung der Eigenschaften von Fasern, Fäden, Garnen, Halbzeug u. textilen Fertigprodukten. Geprüft werden äußere Merkmale (Glanz, Farbe, Weißgehalt, Faserkräuselung, Fadenrichtungen, Fadendichte u. Schauseite von Geweben), Abmessungen (Länge u. Feinheit bei Fasern, Nummernbestimmung bei Halbzeugen u. Garnen, Breiten-, Dicken- u. Längenbestimmung bei Geweben sowie Flächengewichtsermittlung), Gewichtsanteile von Kette u. Schuß bei Geweben, die Zusammensetzung, Struktur u. Schädigung von Faserstoffen durch *Faserstoffanalysen*; Prüfung auf *Fremd-* u. *Begleitstoffe*; die *physikal.* u. *chem. Eigenschaften*, Quellvermögen u. Saugfähigkeit, die elektr. u. optischen Eigenschaften, die Festigkeits-, Formänderungs- u. Elastizitätseigenschaften; der Gebrauchswert, die *physiolog. Eigenschaften*, Wasserdichtigkeit, Scheuerbeständigkeit, Entflammbarkeit, Erweichungs- u. Schmelzpunkt, die Farbechtheit. Da der Gebrauchswert u. die Verarbeitbarkeit vom Grad der Ungleichmäßigkeit bestimmter Eigenschaften abhängen, nimmt die *Ungleichmäßigkeitsprüfung* im textilen Prüfwesen heute eine wichtige Stellung ein. →auch Brennprobe. – Ⓛ10.8.3.

Textiltechnik, zusammenfassende Bez. für alle Verfahren zur Erzeugung textiler Gebilde für Bekleidung u. techn. Einsatzgebiete. T. beginnt bei Fasern endlicher Länge (Stapelfasern) mit der Aufbereitung u. Reinigung (Naturfasern). Bei Chemiefasern umfaßt sie die Arbeitsgänge von der Spinndüse ab. In der →Spinnerei wird aus den Fasern ein Garn gebildet. Während sich Stapelfasergarne durch Fülligkeit u. angenehmen Griff auszeichnen, sind die glatten Garne aus Chemie-Endlosfasern nur für bestimmte Artikel einsetzbar. Man kann ihnen jedoch durch →Texturieren eine Kräuselung verleihen u. damit einen stapelfasergarnähnlichen Charakter geben. Textile Flächengebilde aus Garnen werden in der →Weberei hergestellt, indem eine Schar paralleler Fäden (→Kette) durch rechtwinklig dazu verlaufende Fäden (→Schuß) mustermäßig verbunden wird (→Bindung [3]). In der →Wirkerei u. in der Strickerei benötigt man zur Herstellung eines Flächengebildes (Gewirk bzw. Gestrick) nur ein solches Fadensystem, u. zwar entweder eine Kette (Mehrfadensystem) oder einen Einzelfaden. Die Maschenware entsteht durch Ineinanderschlingen (Vermaschen) der Fadenschar bzw. des Einzelfadens. Weitere Technologien zur Erzeugung von Flächengebilden sind die *Nähwirktechniken* wie →Malimo, →Maliwatt, →Arachne (→Textilverbundstoffe). Unter Umgehung der Garnbildung können textile Flächengebilde mittels verschiedener *Vliestechniken* direkt aus Fasern erzeugt werden. Ein verbreitetes Verfahren zur Einbindung des Flors in Bodenbeläge ist die *Tuftingtechnik*. Die Florfäden werden dabei durch eine Nadelreihe unter Schlaufenbildung in ein Grundgewebe eingenäht.
Meist schließt sich dem Herstellungsprozeß eines textilen Flächengebildes eine *Ausrüstung* oder *Veredelung* an. Dabei unterscheidet man zwischen chem. Verfahren wie Waschen, Bleichen, Färben, Bedrucken, Mercerisieren u. mechanischen Verfahren wie Kalandern, Rauhen, Bürsten, Sengen, Pressen. – ⒷS. 360. – Ⓛ10.8.0.

Textilverbundstoffe, textile Flächengebilde (Stoffe), die aus textilen Fasern, Garnen oder beidem bestehen, aber nicht gewebt oder gewirkt/gestrickt sind. Die Herstellung erfolgt durch Übernähen von Längs- u. Querfadenlagen (→Malimo) oder von Faservliesen (→Maliwatt), durch Verfestigen von Faservliesen durch chem. oder thermoplast. Verfahren u. a. Auch Filze können zu den T.n gerechnet werden. Aus T.n werden neben Futter-, Dekorationsstoffen, Putztüchern, Wegwerfkleidung u. ä. auch viele technische Artikel hergestellt.

Textilveredler, seit 1969 neuer „gestufter" Beruf im gewerbl.-industriellen Bereich der Textilindustrie. Nach 2 Jahren Ausbildungszeit kann die Prüfung als T., nach einem weiteren Jahr die Abschlußprüfung in den Fachrichtungen Färberei, Druckerei oder Appretur abgelegt werden (*Färberei-T., Druckerei-T.* u. *Appretur-T.*).

Textilwaren, *Textilien*, die Gesamtheit der aus Textilfasern durch Spinnen, Weben, Stricken, Wirken u. ä. gewonnenen Produkte.

Textkritik, *Philologie* im engeren Sinn, die wissenschaftl. Methode, den ursprüngl. Wortlaut eines Textes möglichst einwandfrei zu sichern, bes. erforderl. bei antiken u. mittelalterl. Schriften, die im Original verloren sind u. von denen oft mehrere (teilweise voneinander abweichende) Abschriften überliefert sind. Zuerst werden alle erhaltenen Handschriften gesammelt u. auf Alter, Herkunft u. Zuverlässigkeit geprüft *(Rezension)*; dann werden die offensichtl. Schreibfehler ausgebessert; anschließend werden Textstellen, von denen der begründete Verdacht besteht, daß sie vom Original abweichen, sorgfältig korrigiert; Lücken in den Handschriften werden sinngemäß ergänzt *(Konjektur)*. Bei neueren Schriften, die gedruckt vorliegen, besteht die Aufgabe der T. in erster Linie darin, die handschriftl. Entwürfe (soweit noch vorhanden) u. frühere Druckfassungen mit dem endgültigen Wortlaut zu vergleichen. Die textkrit. durchgesehene Ausgabe einer Schrift wird als *kritische Ausgabe* bezeichnet. Sie enthält in einem *kritischen Apparat* eine Sammlung der voneinander abweichenden Fassungen *(Lesarten, Varianten)* einer Textstelle u. Hinweise auf die vom Hrsg. vorgenommenen textkrit. Eingriffe.

Textlinguistik, ein neuer Zweig der Sprachwissenschaft, dessen Forschungsgegenstand *Texte*, d. h. über Sätze hinausreichende sprachl. Gebilde, sind. Die T. untersucht die Beziehungen zwischen den Sätzen eines Textes u. seine Gliederung.

Textor, Katharina Elisabeth, Goethes Mutter, →Goethe (4).

Textronograph [der; lat. + grch.], Gerät für die Ermittlung der Masseschwankungen von Faserlängsverbänden bei konstanter Länge durch kapazitive Messung. →Ungleichmäßigkeit.

Textur [die; lat.], **1.** *allg.:* Gewebe, Gefüge oder Anordnung.
2. *Gesteinskunde:* die durch äußere Einflüsse hervorgerufene räuml. Anordnung der Mineralien in einem Gestein, z. B. einseitig wie in Schichten gerichtete Mineralien im Gneis.
3. *Metallographie:* Ausrichtung der Kristalle im Gefüge eines Metalls.

Textura [die, lat.], gitterartig geregelte Form der gotischen Minuskel, seit dem 12. Jh. stärker gebrochen u. im 15. Jh. meist für liturg. Texte benutzt, daher auch *Missalschrift* genannt. J. Gutenberg übernahm ihr Schriftbild für den Druck der 42zeiligen Bibel.

texturieren, Chemiefasergarnen aus Endlosfasern durch mechanische, thermische oder chemische Behandlung (z. B. Blas-, Torsions-, Stauchkräuselverfahren) eine Struktur geben, wodurch sie bauschig, elastisch u. wärmehaltig werden.

Textverarbeitung, das Formulieren, Schreiben, Übertragen, Speichern u. die Ablage von Informationen in Unternehmen u. Verwaltungen; wird heute zunehmend mit Hilfe der modernen Elektronik bewältigt.

Tezcatlipoca [tɛskat-], eine der vier Hauptgottheiten der Azteken; Kriegsgott, Gott des Bösen, der Nacht u. der Finsternis, des Obsidians u. der Opfermesser; Gegenspieler *Quetzalcoatls*.

tg, veraltetes Zeichen für *Tangens*; →Winkelfunktionen.

Th, chem. Zeichen für *Thorium*.

TH, Abk. für →Technische Hochschule.

Thabana Ntlenyana, höchster Gipfel der südl. Drakensberge u. ganz Südafrikas im östl. Lesotho, 3482 m.

Thackeray ['θɛkəri], William Makepeace, engl. Schriftsteller, *18. 7. 1811 Calcutta, †24. 12. 1863 London; einer der Hauptvertreter des engl. Realismus; betrachtete das Leben ironisch scharf u. gab ein Gesamtbild der engl. Gesellschaft seiner Zeit; „Das Snobbuch" 1848, dt. 1953; „Jahrmarkt der Eitelkeit" 1847/48, dt. 1898; „Die Newcomes" 1853–1855, dt. 1854–1856; „Die Virginier" 1857–1859, dt. 1953. – Ⓛ3.1.3.

Thaddäus, *Lebbäus*, Jünger u. Apostel Jesu; →auch Judas (1).

Thadden, Adolf von, Politiker, *7. 7. 1921 Trieglaff, Pommern; 1947 Mitgl. der Dt. Rechtspartei, 1949–1953 MdB, 1962 Vors. der Dt. Reichspartei, 1964 Mitbegründer der NPD, 1967–1971 deren Vorsitzender; trat 1975 aus der Partei aus.

Thadden-Trieglaff, Reinold von, Jurist, *13. 8. 1891 Mohrungen, Ostpreußen, †10. 10. 1976 Fulda; in der christl. Studentenbewegung tätig, 1934 Präses der pommerschen Bekenntnissynode, 1949 Gründer u. Präs. des Dt. Ev. Kirchentags, 1964 Ehrenpräs.

Thaer, Albrecht Daniel, Landwirt, *14. 5. 1752 Celle, †26. 10. 1828 Gut Möglin, Brandenburg; hochverdient um die Landwirtschaft durch Einführung der Fruchtwechselwirtschaft, als Vertreter der „Humustheorie" (Kreislauf der Stoffe) sowie durch züchter. Leistungen, bes. in der Schafhaltung; gilt als Begründer der rationellen Landwirtschaft (Mustergut u. Lehranstalt Möglin). Hptw.: „Einleitung zur Kenntnis der engl. Landwirtschaft" 3 Bde. 1798–1800; „Grundsätze der rationellen Landwirtschaft" 4 Bde. 1809 bis 1812; „Über die Wertschätzung des Bodens" 1811.

Thai [das] = thailändische Sprache.

Thai [die, Mz.], *Tai*, überwiegend mongolide Völkergruppe (T. i. e. S. rd. 20 Mill.) mit siamochines. Sprache, die als große Völkerwelle aus Südchina in 2 Strömen von Christi Geburt an erobernd u. kolonisierend nach Hinterindien einwanderte. Die T. brachten Pflugwirtschaft u. Bewässerungskultur sowie viele Einzelheiten von Tracht u. Brauchtum aus der alten Heimat, übernahmen aber auch mit dem Buddhismus viele Züge ind. Kultur. Im 1. Jh. gründeten sie das Reich *(Ng)Ai-Lao*, im 8. Jh. *Nantschao*, im 6./7. Jh. waren sie im nördl. Thailand, wo im 13. Jh. das Reich *Lanna* entstand. Stämme bzw. Völker: *Schan, Ahom, Khamti, Yun, Khün, Lao*; Weiße, Rote u. Schwarze T. (nach der Kleidung; in Nordvietnam), *Tho, Nung, Pai, Minchia, Chungchia*, die T. Thailands (*Siamesen*, gemischt mit *Khmer*).

Thailand →S. 363.

thailändische Sprache, *siamesische Sprache*, bildet mit dem *Laotischen* u. *Vietnamesischen (Annamitischen)* die *thailänd. Sprachfamilie*. Die t. S. kennt nur einsilbige Wörter; nur Fremdwörter sind mehrsilbig. Durch Tonhöhenunterschiede werden Bedeutungsunterschiede zwischen sonst gleichlautenden Wörtern gekennzeichnet. Die Schrift wurde im 13. Jh. aus der ind. Pali-Quadratschrift entwickelt, auch die Literatur ist vom Pali (als offizieller Kirchensprache) u. vom Sanskrit abhängig. – Ⓛ3.9.1.

Thais, Hetäre im Gefolge Alexanders d. Gr., soll diesen angeregt haben, Persepolis zu verbrennen (unhistorisch); später Gattin *Ptolemaios' I.*

Thalamophoren = Foraminiferen.

thalasso... [grch.], Wortbestandteil mit der Bedeutung „Meer".

Thalassotherapie [grch.] →Meeresheilkunde.

Thalattokratie [grch.], Perioden der Erdgeschichte, in denen die Meere sich auf Kosten des Festlands ausdehnten (transgredierten), z. B. Ordovizium, Silur u. Jura; Gegensatz: *Geokratie*.

Thäle, schweizer. für *Kiefer*.

Thale/Harz, Stadt im Krs. Quedlinburg, Bez. Halle, an der Bode, am Rand des Nordostharzes, 17600 Ew.; Eisen-, Metall-, Holzindustrie; Solbad. In der Nähe der Hexentanzplatz.

Thales *von Milet*, griech. Philosoph, *um 625, †um 545 v. Chr.; einer der *Sieben Weisen*, gilt seit Aristoteles als Begründer der Philosophie; hatte astronomische (Voraussage der Sonnenfinsternis von 585 v. Chr.) u. kosmogonische Interessen. Nach seiner Lehre ist die Vielfalt der Elemente u. der Einzeldinge aus dem Wasser entstanden.

Thalessatz [nach *Thales von Milet*], Lehrsatz, der besagt, daß der Peripheriewinkel über dem Halbkreis 90° beträgt.

Thalheim, Stadt im Krs. Stollberg, Bez. Karl-Marx-Stadt, bei Stollberg/Erzgeb., im mittleren Erzgebirge, 9400 Ew.; Strumpf-, Maschinen-, Möbelindustrie.

Thalia [grch.], in der griech. Mythologie die Muse der Komödie, eine der 3 *Chariten*; seit dem 18. Jh. Symbol des Schauspiels überhaupt.

„**Thalia**", literar. Zeitschrift, 1785–1793 (erster Titel „Rheinische T.", letzter Titel „Neue T.") von F. *Schiller* herausgegeben.

Thalidomid, chem. *N-Phthalylglutaminsäureimid*, war 1960–1962 in der BRD unter dem Namen *Contergan* als Schlaf- u. Beruhigungsmittel im Handel; wird in ursächl. Zusammenhang mit angeborenen Mißbildungen u. Nervenschädigung gebracht. →auch Embryopathie, Dysmelie, Nervenentzündung.

Thallium [grch.], chem. Zeichen Tl, ein- u. dreiwertiges Metall, Atomgewicht 204,37, Ordnungszahl 81, spez. Gew. 11,8, Schmelzpunkt 302,5 °C; kommt in Zinkblenden u. Pyriten vor u. reichert sich daher bei der Verarbeitung des aus diesen Mineralien gewonnenen Schwefeldioxids auf Schwefelsäure in den Bleikammern an. In seinem Äußeren u. auch in seinen chem. Eigenschaften gleicht das T. dem Blei, an feuchter Luft tritt rasch Oxydation ein; es brennt mit grüner Flamme. *T. verbindungen* sind sehr giftig (Verwendung als Rattengift). T. selbst wird bei der Herstellung optischer Gläser u. als Legierung mit Quecksilber für Tieftemperaturthermometer (bis −58 °C) verwendet.

Thallophyta [grch.], *Lagerpflanzen* →Thalluspflanzen.

Thallus [der; grch. + lat.], der Vegetationskörper der →Thalluspflanzen.

Thalluspflanzen, vielzellige oder zumindest vielkernige Pflanzen, die noch nicht wie die →Kormo-

THAILAND
Prathet T'hai

- Fläche: 514 000 qkm
- Einwohner: 46,2 Mill.
- Bevölkerungsdichte: 90 Ew./qkm
- Hauptstadt: Bangkok
- Staatsform: Konstitutionelle Monarchie
- Mitglied in: UN, Colombo-Plan, ASEAN
- Währung: 1 Baht = 100 Stangs

THA

Landesnatur: Fächerförmig greifen die hinterind. Kettengebirge in das Land u. trennen mit 2000–3000 m hohen Gebirgszügen die Kernzone, die fruchtbare Schwemmlandebene des *Menam* um u. oberhalb von Bangkok, von Birma im W u. dem steppenhaften, von Baumsavanne u. Trockenwald bestandenen Khoratplateau im O. Der Monsun bringt den von dichtem, tropischem Regenwald verhüllten Kettengebirgen u. dem Menambecken Niederschläge von durchschnittl. 1500 mm im Jahr. Dicht bewaldet ist auch T.s Anteil an der Halbinsel Malakka.

Die zu etwa 94% buddhistische Bevölkerung gehört zu 80–85% jungmongoliden Thaivölkern (eigentliche Thai, Lao, Schan) an, die nach dem früheren Landesnamen auch *Siamesen* genannt werden. Daneben gibt es Minderheiten von *Khmer* u. *Mon* sowie 5–10% Chinesen u. chines. Mischlinge, schließl. einige islam. Malaien im Süden. Die Chinesen beherrschen weithin Handel u. Wirtschaft. – T. hat 12 Universitäten.

Wirtschaft u. Verkehr: In der Landwirtschaft überwiegt bei weitem der Reisbau, etwa die Hälfte davon im Menambecken (T. ist eines der größten Reisexportländer der Welt). Wichtig ist auch der Anbau von Mais u. die Gewinnung von Kautschuk u. Kenaf. Daneben haben Tapioka, Jute, Tabak, Baumwolle, Zuckerrohr, Sesam u. Pfeffer einige Bedeutung. Die Viehzucht hält (vor allem wegen der für die Reisfelder nötigen Zugtiere) 5 Mill. Büffel u. je 4 Mill. Rinder u. Schweine. Neben dem Reisbau ist der Fischfang wichtigster Wirtschaftszweig T.s. Die Waldwirtschaft, in der Elefanten als Arbeitstiere eingesetzt werden, liefert dem Weltmarkt das Teakholz. Die wichtigsten Bodenschätze sind Zinn u. Wolfram, daneben werden Blei, Zink, Eisen, Antimon, Mangan, Kupfer, Molybdän, Gold, Erdöl u. Steinsalz gefunden u. in steigendem Maß gefördert. Die Industrie ist in Entwicklung; Textilien, Baustoffe, Petrochemie u. Maschinenmontage sind neben den traditionellen Reismühlen die wichtigsten Industriezweige. T.s Energieversorgung hält durch den Bau von Wasserkraftwerken (*Lam Dom Noi* u.a.) mit der jährl. Bedarfssteigerung Schritt. – Auf 10 000 km Flüssen u. Kanälen wird der größte Teil des Binnenverkehrs abgewickelt. Hochseehäfen sind Bangkok u. Satta Hip. Bangkok ist das Luftkreuz Südostasiens. Der Fremdenverkehr spielt eine bedeutende Rolle. – K→Hinterindien. – L 6.6.3.

Geschichte

Vor der Einwanderung der Thai bestanden seit dem 1. Jahrtausend v. Chr. *Mon-Khmer-Staaten.*

Im 9. Jh. überschritten Thai-Stämme den Mekong. Infolge der Mongoleneinfälle im N drangen die Thai im 13. Jh. weiter südl. vor. Unter König *Rama Khamheng* (etwa 1275–1317) erstreckte sich das Thai-Reich von Vientiane im O bis Pegu im W, von Luang Prabang im N bis Ligor im S. 1350 wurde Ayutthaya Hauptstadt des Reichs.

Rama Thibodi II. (1491–1529) war der erste Thai-König, der Kontakte zu den Europäern aufnahm (Vertrag mit den Portugiesen). 1767 wurde Ayutthaya von den Birmanern erobert u. zerstört. 1782 bestieg ein Thai-General als *Rama I.* den Thron (bis 1809) u. begründete die bis heute regierende Tschakri-Dynastie.

Seit Mitte des 19. Jh. trat T. mit den meisten europ. Staaten in Handelsbeziehungen, die bes. durch König *Tschulalongkorn* (*Rama V.*, 1868–1910) gefördert wurden, der auch Reformen nach europ. Vorbild durchführte. T. wurde als einziger Staat Südostasiens keine westl. Kolonie. 1932 wurde T. (das bis 1939 *Siam* hieß) konstitutionelle Monarchie. Im 2. Weltkrieg stand T. auf seiten Japans u. war von japan. Truppen besetzt. Staatsoberhaupt ist seit 1946 König *Phumiphol Aduljadedsch* (*Rama IX.*)

1954–1977 war T. Mitgl. der SEATO. Thailänd. Truppen griffen in den Korea- u. den Vietnam-Krieg ein. Schwierigkeiten bereiten die laotische Bevölkerung im NO des Landes u. die Malaien im S, wo die 1965 gegr. Patriot. Front von Thailand ihre Anhänger hat; in schwer kontrollierbaren Gebieten u. in Grenzprovinzen beunruhigen kommunist. Verbände, die von China unterstützt werden, die Bevölkerung. Regierungschef Marschall T. *Kittikachorn* (1963–1973) setzte 1971 die Verfassung außer Kraft u. errichtete ein diktator. Regime. 1973 wurde er durch eine Studentenrevolte gestürzt. 1976 ergriff erneut das Militär die Macht. Nach Erlaß einer neuen Verfassung 1978 fanden 1979 Wahlen statt; doch behielt das Militär weiterhin die entscheidenden Positionen.

Militär

T. hat allg. Wehrpflicht für Männer vom 21. bis 30. Lebensjahr mit einer aktiven Dienstzeit von 2 Jahren. Die Gesamtstärke der Streitkräfte beträgt 150 000 Mann (Heer 100 000, Marine 20 000, einschl. 6500 Mann Marine-Infanterie, die Luftwaffe 30 000). Hinzu kommen 10 000 Mann eines freiwilligen Verteidigungskorps, 8000 Mann Grenzpolizei u. eine Dorf-Miliz gegen kommunist. Guerillas. Der Oberbefehl liegt beim Verteidigungs-Min. Mit den USA besteht seit 1950 ein Hilfspakt. US-amerikan. Luftstützpunkte (mit ca. 50 000 Mann) in T. waren die Ausgangsbasen für die meisten Bombenangriffe gegen Nordvietnam. Eine thailänd. Regimentskampfgruppe kämpfte auf seiten der Amerikaner in Südvietnam u. Laos.

Landschaft im nordwestlichen Bergland

Thälmann

phyten in Wurzel, Stengel u. Blätter gegliedert sind, sondern ein sog. Lager *(Thallus)*, einen fadenförmigen, flächigen oder körperlichen Verband, bilden. T. sind die meisten Algen u. Pilze u. die Flechten u. Moose. Die Algen, Pilze u. Flechten wurden früher als systematische Gruppe der *Thallophyta* zusammengefaßt.

Thälmann, Ernst, kommunist. Politiker, *16. 4. 1886 Hamburg, † 28. 8. 1944 Buchenwald (ermordet); Transportarbeiter; 1925–1933 Vors. der KPD u. MdR, 1925 u. 1932 kommunist. Reichspräsidentschaftskandidat (10% der Wahlstimmen im 2. Wahlgang 1932), 1933–1944 im KZ.

Thalwil, schweizer. Großgemeinde, Vorort von Zürich am Westufer des Zürichsees, 14 000 Ew.

Thalysia, altgriech. Erntefeier, bei *Homer* erwähnt.

Thamin →Zackenhirsche.

Thana, *Thanen,* Distrikt-Hptst. in Maharashtra (Indien), nördl. von Bombay auf der Insel Salsette; 120 000 Ew.

Thanatos, griech. Todesgott, Bruder des *Hypnos* (Schlaf), Sohn der *Nyx* (Nacht).

Thanatose [grch.] →Totstellreflex.

Thang [tibet.], Bestandteil geograph. Namen: Ebene, Steppe.

Thankmar →Dankmar.

Thanksgiving Day [ˈθæŋksgiviŋ dɛi; engl., „Danksagungstag"], Erntedankfest, am 4. Donnerstag im Nov. begangener Feiertag in den USA.

Thant, U →U Thant, Sithu.

Thapsus, im Altertum nordafrikan. Küstenstadt. In der *Schlacht bei T.* 46 v. Chr. besiegte *Cäsar* die Anhänger des Pompeius.

Thar, ungenau die „Wüste" bezeichnete Dornsavanne mit größeren Dünenarealen von wüstenhaftem Charakter im NW Indiens (Rajasthan) u. im angrenzenden Pakistan, zwischen dem Arravalligebirge im SO u. dem Indus u. Sutlej im NW; Viehzucht (Schafe, Ziegen), Siedlungszentren u. Handelsplätze sind *Bikaner* u. *Jodhpur.*

Tharaud [taˈro], Jean, eigentl. Charles T., *9. 5. 1877 Saint-Junien, † 8. 4. 1952 Paris, u. sein Bruder *Jérôme,* eigentl. Ernest T., *18. 3. 1874 Saint-Junien, † 28. 1. 1953 Varengeville-sur-Mer, franzö. Schriftsteller; schrieben gemeinsam Romane u. Reisereportagen.

Thásos, griech. Insel im nördl. Ägäischen Meer, 379 qkm, 16 000 Ew.; im *Hypsárion* 1203 m, Bauxit- u. Magnesitlager, waldreich; an der Küste Anbau von Oliven, Wein u. Tabak, Bienenzucht; Hauptort T. (1900 Ew.), Fischerei. Im 7. Jh. v. Chr. von Paros aus gegründet. Der antike Hauptort T. war durch seine Metall-, bes. Goldbergwerke u. seinen Handel mit Wein u. Öl berühmt. Erhalten sind die Stadtmauer mit Türmen u. Toren, mehrere Tempel u. die Agora mit Säulenhallen. 1162–1912 türk.

Thatcher [ˈθætʃə], Margaret, brit. Politikerin (Konservative), *13. 10. 1925; Chemikerin u. Rechtsanwältin; seit 1959 Mitgl. des Unterhauses, 1970–1974 Erziehungs-Min., seit 1975 Parteiführerin, seit 1979 Premierministerin (erster weibl. Regierungschef Europas).

Thau, *Étang de Thau* [eˈtɑ̃ də ˈto:], Strandsee im Languedoc (Frankreich), südwestl. von Montpellier, 18 km lang, 70 qkm; Austernzucht, Fischerei; in den See münden der Canal du Midi u. der Canal du Rhône, bei Sète besteht Kanalverbindung zum Mittelländ. Meer; an seinen Ufern entwickelt sich eine Industriezone mit Werften, Erdölraffinerien u. Werken bes. der chem. Industrie.

Thaumaturgos [der; grch., „Wundertäter"], Beiname mehrerer Heiliger der orth. Kirchen.

Thaya, tschech. *Dyje,* rechter Nebenfluß der March, 282 km, entsteht bei Raabs durch Vereinigung der Mähr. u. Deutschen T., mündet bei Hohenau; Stausee bei Fraim.

Theater [grch. *theatron,* „Schauplatz"], die Gesamtheit der aufführenden Künste (Schauspiel, Oper, Operette, Ballett) sowie das Gebäude, in dem die Aufführungen stattfinden. Nach Art des Spielplans unterscheidet man Opernhaus, Schauspielhaus, Kammerspiele, Kleinkunstbühne u.a.

Der T.betrieb steht unter der Leitung eines Intendanten, eines Direktors oder eines gewählten Kollegiums. In künstler. Fragen stehen dem Intendanten ein Schauspiel- u. Operndirektor oder die Oberspielleiter des Schauspiels, der Oper u. der Operette sowie der Dramaturg zur Seite.

Das T.recht umfaßt verwaltungs-, arbeits- u. urheberrechtl. Bestimmungen u. bürgerl.-rechtl. Vorschriften. Die Anstellung der Bühnenmitglieder ist entweder durch den normalen Dienstvertrag für eine oder mehrere Spielzeiten oder durch den Stückvertrag bei Gastspiele geregelt. Über Streitigkeiten entscheiden in der BRD einschl. Westberlin Bühnenschiedsgerichte u. das Bühnenoberschiedsgericht. Sie setzen sich paritätisch aus dem Dt. Bühnenverein u. der Genossenschaft dt. Bühnenangehöriger zusammen.

G e s c h i c h t e :   Das T. ist kultischen Ursprungs. Noch heute sind bei Naturvölkern mimische Darstellungen, Beschwörungen der Fruchtbarkeits- oder Kriegsgötter üblich. Schon im 3. Jahrtausend v. Chr. führten die Ägypter Spiele zu Ehren des Gottes Osiris auf. In China gehen die Anfänge des T.s bis ins 2. Jahrtausend v. Chr. zurück, die Blütezeit kam jedoch erst unter der Ming-Dynastie. In Japan beginnt die Geschichte des T.s im 14. Jh. mit dem aus älteren Tanz- u. Gesangaufführungen entwickelten *Nô-Drama.* Daneben besteht als Volkstheater seit dem 17. Jh. das *Kabuki* u. das sehr beliebte Puppenspiel. In Indien war das Theater zunächst kultisch, dann höfisch, streng konventionell geregelt. Die Blütezeit begann mit *Kalidasa* im 5. Jh.

Die Anfänge des europ. T.s liegen in Griechenland; hier entstanden aus dem Dionysoskult sakrale Spiele, bei denen vor dem Heiligtum ein Chor u. ein Vorsprecher in der Maske des Gottes den *Dithyrambos* vortrugen. Das attische T. der Blütezeit (500–400 v. Chr.; *Äschylus, Sophokles, Euripides, Aristophanes*) kannte nur Freilichtaufführungen. Der Hellenismus brachte einen zunehmend realist. Darstellungsstil. In dieser Spätform übernahmen die Römer *(Plautus, Terenz)* das griech. T.

Obwohl die christl. Kirche des MA. dem T. feindl.

Das ursprünglich aus Holz gebaute Dionysostheater in Athen stammt aus dem 6. Jh. v. Chr. und wurde im 4. Jh. v. Chr. durch einen schon unter Perikles begonnenen Bau aus Stein ersetzt. Die Ruinen lassen noch die Orchestra mit der dahinter befindlichen Skene und dem Proskenion sowie die im Halbrund stufenförmig ansteigenden Zuschauerreihen erkennen

THEATER

Stegreiftheater der Renaissance auf einem Stich von G. Franco (1510–1580). Auf der Piazetta von Venedig sind drei Schaugerüste aufgebaut, auf denen verschiedene Szenen gleichzeitig gespielt werden. Vorn rechts macht Pantalone einer der üblichen Schönen der Commedia dell'arte den Hof (links)

Bühne der Shakespearezeit: innere Ansicht des Swan Theaters in London nach einer Zeichnung von Johan d

Theater

gegenüberstand, duldete sie seit dem 10. Jh. szenische Darstellungen bibl. Stoffe (*Mysterien-, Oster-, Passions-, Fronleichnams-* u. *Krippenspiele*). Die Bühne des MA. war entweder die *Wagenbühne*, bei der die einzelnen Schauplätze am Zuschauer vorübergefahren wurden, oder die aus mehreren Schauplatzgerüsten bestehende *Simultanbühne*, bei der die Zuschauer von einer Dekoration zur anderen wanderten. Daneben wirkte die Tradition des *Mimus* in volkstüml. Spielen nach u. führte zum dt. *Fastnachtsspiel* (H. *Rosenplüt*, J. *Wickram*, H. *Sachs*), das von den Handwerkern in ihren Meistersingerschulen gepflegt, aber in seiner volkstüml. Entwicklung durch die Schuldramen der Humanisten gehemmt wurde.

In England verbanden sich Moralitäten u. Renaissancetheater zu den *Historien*, einer Gattung, die *Shakespeare* zu höchster Vollendung brachte. Die Aufführungen lagen in Händen von Berufsschauspielern, die schon 1585 auch in Dtschld. als „engl. Komödianten" auftraten u. die Gründung von Berufsensembles anregten. In Spanien traten schon im 16. Jh. Berufsschauspieler auf Marktplätzen u. in Gasthäusern auf. Seinen Höhepunkt erlebte das span. T. im 17. Jh. (*Lope de Vega, Calderón, Tirso da Molina*). In Frankreich (*Molière*) herrschten im 17. Jh. ein nüchternes, gleichbleibendes Bühnenbild, uniformes Kostüm u. eine streng geregelte Deklamation u. Gestik. In dieser Zeit entstand auch die *Guckkastenbühne*.

Italien wurde damals das Geburtsland der *Oper*. Neben ihr entwickelte sich die *Commedia dell'arte*, die Masken- u. Stegreifkomödie. Sie nahm in ihrer volkstüml. virtuosen Darstellungsart starken Einfluß auf das T. in Dtschld. Im Mittelpunkt standen Blut- u. Mordszenen (*Haupt- u. Staatsaktionen*) u. die Possen der *Lustigen Person*. A. *Gryphius*, D. C. *Lohenstein* u. C. *Weise* schrieben für geschlossene Vorstellungen an Höfen oder Schulen. Es bildete sich ein Berufsschauspielerstand heraus, dessen bedeutendster Vertreter Magister *Velten* u. seine „Bande" war.

Eine Schwerpunktsverlagerung der dt. Theaterverhältnisse begann von der Literatur her. J. C. *Gottsched*, der die Deutschen mit dem klass. Drama der Franzosen (J. B. *Racine*, P. *Corneille*, F.-M. *Voltaire*) durch Übersetzungen bekannt machte, bekämpfte mit Hilfe der *Neuberschen Truppe* Hanswurstiaden u. Staatsaktionen u. gab die Vorbedingungen für einen neuen Bühnenstil u. einen neuen Darstellungstyp. K. *Ekhof*, der „Vater der dt. Schauspielkunst", versuchte mit seiner Akademie (Schwerin 1753) den Bildungsstand der Schauspieler zu heben. In Reaktion gegen Gottscheds Akademismus erwuchsen erste bedeutende dt. Dramatiker. G. E. *Lessings* aufklärerisch klass.

Im 1819–1821 von K. F. Schinkel erbauten Schauspielhaus am Gendarmenmarkt in Berlin spielte sich über hundert Jahre lang ein wesentliches Stück deutscher Theatergeschichte ab (links). – Das 1956 eröffnete „Große Haus" der Städtischen Bühnen Münster (rechts)

Witt; 1595 (links). – Theaterkulisse des Barock nach L. O. Burnacini; um 1707. Durch die Staffelung der Kulissen erscheint die Bühne tiefer (oben)

Szenenbild aus der Aufführung „Die Wiedertäufer" von Friedrich Dürrenmatt bei den Ruhrfestspielen 1973 in Recklinghausen

Stücke u. seine theaterdidakt. Arbeiten (Hamburgische Dramaturgie 1767–1769) waren ebenso bedeutsam wie die an Shakespeare geschulten Originaldramen der Stürmer u. Dränger, die ihre Verwirklichung auf der Bühne durch den realist. Spielstil Ekhofs, den naturalist. F. L. *Schröders* (Hamburg, Wien) u. den realist. Pointilismus A. W. *Ifflands* (Mannheim, Berlin) fanden. In Weimar entstand unter *Goethes* Leitung u. *Schillers* prakt. Mitarbeit der „klassische Stil" mit seiner Stilisierung u. Symmetrisierung, der in der Folgezeit vor allem an den Hoftheatern Nachfolge fand. Um 1800 hatten die meisten Wandertruppen ein festes Heim gefunden. Überragend war die Stellung des Wiener Burg-T.s (J. *Schreyvogel*), des Münchner Hof-T.s (A. *La Motte-Houdart*), neben denen private T.unternehmen sich nur allmählich durchsetzen konnten. Dramaturg. Impulse gingen vor allem von K. *Immermann* (Düsseldorf), E. *Devrient* (Karlsruhe), H. *Laube* (Leipzig u. Wien), F. *Dingelstedt* (Wien) u. R. *Wagner* (Bayreuth) aus. Einheitlichkeit u. histor. Treue waren das Anliegen der *Meininger* (seit 1874), die das Ensemblespiel zu vorher nicht gekannter Höhe brachten. Die entscheidende Bühnenreform im 19. Jh. führte O. *Brahm* mit der Gründung des Vereins „Freie Bühne" in Berlin 1889 durch. Er verhalf dem eine möglichst naturgetreue Menschendarstellung anstrebenden Naturalismus durch die Aufführung der Dramen H. *Ibsens*, L. N. *Tolstojs*, G. *Hauptmanns*, A. *Schnitzlers* u.a. zum Durchbruch. Neuromant. Gegenströmungen fanden in M. *Reinhardts* Stimmungsbühne (seit 1905 im „Dt. T." Berlin) ihren Niederschlag, die alle techn. u. künstler. Mittel in intuitive Inszenierungen einbezog u. Farbigkeit u. Musikalität der Dramatik betonte. Expressionist. Elemente wurden aufgenommen in die Regiekunst L. *Jeßners*, der nach ekstatischem u. monumentalem Ausdruck strebte, u. in den Inszenierungen E. *Piscators*, der ein proletar. T. anstrebte. Stärkste Anregungen für den Bühnenstil des Expressionismus gingen von der russ. Bühne (*Tairows* „entfesseltes T." 1923) aus. Bestrebungen zur Loslösung des T.s von der Guckkastenbühne erkennt man in den zahlreichen Freilichtaufführungen, im Zimmer-T. u. in den Studiobühnen, die auf Dekorationen weitgehend verzichten u. nur Stück u. Darstellung gelten lassen. Tendenzen des heutigen T.s sind die intellektuelle Andeutung u. die Neigung zum Stilisieren, bes. im Bühnenbild. Einen großen Einfluß übte B. *Brecht* mit seinen Modellinszenierungen aus. Die in den Zuschauerraum vorspringende Raumbühne will die scharfe Grenze zwischen Darsteller u. Publikum aufheben u. einen engeren Kontakt zwischen ihnen herstellen. Ist dabei der Wunsch maßgebend, das T. aus der Tradition des Hof- u. Residenz-T.s zu befreien, so zielen die Bemühungen einiger Intendanten darauf ab, nach dem Vorbild G. *Gründgens'* dem subventionierten, von bürokrat. Gesichtspunkten abhängigen T. das nach künstler. u. kaufmänn. Überlegungen geleitete T. gegenüberzustellen.
In der BRD gibt es z.Z. rd. 230 T. mit rd. 24000 Beschäftigten. – ◫ 3.5.0.

Theateragentur, *Bühnennachweis,* Vermittlungsstelle für Bühnenschaffende; die Agenten erhalten als Vermittlungsgebühr eine monatl. Provision von 3–6% der Gage des Künstlers, wovon die Hälfte das Theater bezahlt. Die T. vermittelt auch In- u. Auslandsgastspiele. Die Genehmigung zur Ausübung der Tätigkeit als Bühnenvermittler erteilt das Landesarbeitsamt.

Theaterkostüm →Kostüm.

Theaterkritik, Besprechung von Theateraufführungen in Presse, Rundfunk u. Fernsehen. Die Grundlagen für die T. in Dtschld. legte G. E. *Lessing* mit seiner „Hamburgischen Dramaturgie" (1767–1769). Seit dem 19. Jh. gibt es eine regelmäßige Zeitungskritik, die großen Einfluß hat. Bedeutende deutschsprachige T.er waren K. *Gutzkow*, H. *Laube*, L. *Börne*, K. *Frenzel*, Th. *Fontane*, P. *Schlenther*, O. *Brahm*, A. *Kerr*, J. *Bab*, A. *Polgar*, H. *Ihering*, P. *Fechter*. – ◫ 3.5.0.

Theatermuseum, Sammlung von Darstellerporträts, Bühnenbildern u. -modellen, Handschriften, Urkunden, Theaterprogrammen u. -plakaten, Regiebüchern u. theatergeschichtl. Werken u.ä. In Dtschld. wurde 1910 das *T. der Clara-Ziegler-Stiftung* in München gegr.; weitere Museen in Köln mit *Sammlung Niessen*, Berlin, Frankfurt a.M., Hamburg, Darmstadt. Im Ausland: Theatersammlung der Wiener Nationalbibliothek, Musée de l'Opéra (Paris), Opernmuseum der Scala (Mailand), Toneelmuseum (Amsterdam), Harvard-Theater-Collection (Cambridge, Mass.).

Theaterschule, *Schauspielschule,* staatl. oder private Ausbildungsstätte für den Bühnennachwuchs. Die Aufnahme ist von einer Eignungsprüfung abhängig. Die Dauer der Ausbildung beträgt mindestens 2–3 Jahre; Abschlußprüfung vor einer Kommission der Berufsverbände.

Theaterwissenschaft, aus der literaturgeschichtl. Betrachtungsweise u. der Ästhetik hervorgegangene wissenschaftl. Beschäftigung mit allen Gebieten der Bühnendarstellung u. Aufführungstechnik, mit Schauspielkunst, Regie, Werkinterpretation, Theatergeschichte, Theaterbau, Dekoration, Kostüm, Soziologie u.a.; in neuester Zeit mit den Medienwissenschaften verbunden. T. wird seit 1901 als wissenschaftl. Fach an dt. Universitäten gelehrt. – ◫ 3.5.0.

Theaterzettel, die Mitteilung sachl. Angaben über Inhalt u. Form einer Bühnenaufführung; löste im MA. die Ankündigungen des Prologsprechers im geistl. Schauspiel u. im Fastnachtsspiel ab. Der erste T. im dt. Sprachraum kündigte 1466 ein Hamburger Passionspiel an, der erste gedruckte T. erschien 1520 in Rostock. Die *Synopsen* des Jesuitendramas gaben dt. Inhaltsangaben zum latein. Stück. In der 2. Hälfte des 19. Jh. wurde die Nennung des Regisseurs üblich.

Theatiner, lat. *Ordo Clericorum Regularium vulgo Theatinorum*, Abk. *OTheat*, Regularkleriker, gegr. 1524 in Rom von *Cajetan von Thiene* u. Giampietro *Caraffa*, dem späteren Papst *Paul IV.*, zur religiösen Erneuerung des Klerus.

Théâtre Français [te'a:tr frã'sɛ], früherer Name der →Comédie Française.

Théâtre libre [te'a:tr 'librə; frz., „freies Theater"], 1887 von André *Antoine* in Paris gegründete Bühne, die vorher noch nicht gespielte, problemat. Stücke des Naturalismus aufführte, u.a. Werke von H. *Ibsen*, L. *Tolstoj* u. G. *Hauptmann*; heute *Théâtre Antoine* genannt. Das T.l. war das Vorbild für die „Freie Bühne", gegr. 1889 in Berlin.

Thebain [das; grch.], ein Alkaloid der opiumliefernden Pflanzen; wirkt, ähnlich wie *Strychnin*, krampferzeugend.

Thebais, Titel der von *Antimachos* u. *Statius* verfaßten Epen über Sagen aus der Geschichte Thebens (1).

Thebäis, *Thebais*, griech. Name für Oberägypten (nach dessen Hptst. *Theben*).

Thebäische Legion, legendäre christl. Soldaten aus der ägypt. Landschaft Thebäis unter Kaiser *Maximian* (285–305), die an Christenverfolgungen teilnehmen sollten, sich weigerten u. bei Agaunum (Saint-Maurice, Wallis) mit ihrem Anführer *Mauritius* den Märtyrertod erlitten haben sollen.

Theben, 1. grch. *Thebai*, mittelgriech. Stadt nordwestl. von Athen, 16000 Ew.; Weinbau. – Als antike Hptst. Böotiens mit der Burg *Kadmeia* sagenumwoben; Schauplatz der Sage von *Ödipus*, *Antigone* u. den *Sieben gegen T.*; Geburtsstätte des *Dionysos* u. des *Herakles*. Bei Ausgrabungen wurden Reste eines myken. Palastes freigelegt. In den Perserkriegen auf seiten der Perser; seine Politik im 5. Jh. v.Chr. wurde durch den Gegensatz zu Athen bestimmt, bis sich T. im *Korinth. Krieg* (395–386 v.Chr.) mit Athen, Argos u. Korinth gegen Sparta verbündete. Die Besetzung der Kadmeia durch die Spartaner führte zum Krieg mit Sparta; der Sieg *Epaminondas'* bei Leuktra 371 v.Chr. beendete die spartan. Vormachtstellung u. begründete T.s Hegemonie. Mit der Niederlage T.s u. Athens 338 v.Chr. bei Chaironeia durch *Philipp II.* von Makedonien endete T.s Selbständigkeit. T. wurde 335 v.Chr. nach einem Aufstand gegen *Alexander d. Gr.* zerstört, 316 v. Chr. von *Kassander* neu aufgebaut; es kam 146 v. Chr. unter röm. Herrschaft, erlangte aber keine Bedeutung mehr.
2. griech. Name einer altägypt. Stadt beim heutigen *Luxor* in Oberägypten, ägypt. *Wese* oder *Newe*, in röm. Zeit *Diospolis magna*; seit Beginn des Mittleren Reichs (um 2040 v.Chr.) religiöses Zentrum u. zeitweilig Regierungssitz, in der 18. Dynastie (um 1550–1305 v.Chr.) Hptst. Ägyptens. Bes. die Pharaonen der 18.–20. Dynastie schmückten die Stadt mit prächtigen Tempeln. Der Hauptteil mit den großen Tempeln des *Amun* lag auf dem rechten Nilufer, beim heutigen Dorf *Karnak* im N von Luxor sowie in Luxor selbst. Auf dem linken Ufer befanden sich die königl. Felsengräber (→Tal der Könige) u. Grabtempel (u.a. Dêr el-Bahari, Ramesseum, Medinet Habu).

Thecodontia →Thekodontier.

Thé dansant [-dã'sã; der; frz.], Tanztee.

Theile, Johann, Komponist, *29. 7. 1646 Naumburg, begraben 25. 6. 1724 Naumburg; Schüler von H. *Schütz*; mit seinem Singspiel „Adam u. Eva" 1678 begann die Geschichte der Hamburger Oper. Seine Matthäuspassion (1673) steht dem modernen Oratorium nahe.

Theiler, Max, US-amerikan. Bakteriologe, *30. 1. 1899 Pretoria (Südafrika), †11. 8. 1972 New Haven, Conn.; erhielt für Forschungen über das Gelbfieber-Virus u. Gelbfieber-Serum den Nobelpreis für Medizin 1951.

Theilerien [nach dem südafrikan. Bakteriologen Arnold *Theiler*, *1867, †1936], *Theileria*, eine Gattung der pigmentlosen *Haemosporidia* (Stamm *Sporozoen*), die als Blutparasiten in Säugetieren leben. Erreger der fiebrigen *Theileriose* bei Huftieren in Afrika. Überträger sind Zecken.

Thein = Coffein.

Theiner, 1. Augustin, kath. Theologe, Oratorianer, *11. 4. 1804 Breslau, †8. 8. 1874 Civitavecchia; verlor 1870 seine Stellung als Präfekt des Vatikan. Archivs, weil er der Opposition auf dem Vatikan. Konzil unberechtigterweise die Geschäftsordnung des Trienter Konzils von 1545–1563 mitteilte.
2. Johann Anton, Bruder von 1), kath. Theologe, *5. 12. 1799 Breslau, †15. 5. 1860 Breslau; 1824 Prof. in Breslau, mußte die Professur nach seinen Schriften über die kath. Kirche in Schlesien u. (gemeinsam mit seinem Bruder) gegen den Zölibat aufgeben, wurde 1830 Pfarrer, schloß sich dem Deutschkatholizismus an (1845 exkommuniziert), wurde 1855 ev.

Theismus [grch.], die religiöse bzw. philosoph. Überzeugung von der Existenz eines persönl. vorgestellten, die Welt schaffenden, in ihr wirkenden u. sich von ihr unterscheidenden göttlichen Wesens im Gegensatz zum *Atheismus*, der jede, auch eine unpersönliche, göttliche Wirklichkeit verneint.

Theiß, ungar. *Tisza*, rumän. *Tisa*, linker Nebenfluß der Donau, 977 km (vor der Begradigung 1429 km), entspringt als *Schwarze* u. *Weiße T.* in den Waldkarpaten, durchfließt das Alföld, mündet östl. von Neusatz; 490 km schiffbar; in Ostungarn Staustufen zur Kraftgewinnung u. Bewässerung.

Theißblüte, das Massenauftreten der größten europ. *Eintagsfliege*, *Palingenia longicauda*, an wenigen Frühjahrsabenden im Gebiet der Donau u. Theiß (Ungarn). Die Art kommt auch im Gebiet der Lippe u. Maas vor. Körperlänge bis 2,5 cm.

Theiß-Kultur, jungneolith. Ackerbaukultur mit beginnender Kupferverarbeitung, nach ihrem Hauptverbreitungsgebiet im Bereich der Theiß benannt. Teilweise tellartige Siedlungen mit eingetieften oder ebenerdigen Lehmhütten mit Feuerstelle. Charakteristisch sind große Speichergefäße u. Tonkisten, Tonstatuen der Fruchtbarkeitsgöttin mediterranen Ursprungs, thronende Götter, Altäre, Gefäße mit Gesichtsdarstellung, Klappern. Typische Keramikformen sind konische Becher, doppelkonische Gefäße u. Fußschalen mit eingeritzten Mäandermustern, oft gelb u. rot bemalt.

Thekamöben, *Testacea*, beschalte *Amöben* mit einkammerigen Schalen, in die oft Fremdkörper eingelagert sind; u.a. *Arcella*, das Urgläschen.

Thekla, Heilige, „Erzmärtyrin"; nach der Legende Schülerin des Apostels Paulus; verehrt seit ca. 350; seit 1969 nicht mehr im Heiligenkalender aufgeführt.

Thekodontier, *Thecodontia*, Ordnung ausgestorbener kleiner *Reptilien* mit kräftigem Schwanz, die halb aufrecht auf zwei Beinen liefen u. sich räuberisch ernährten. Die T. nehmen eine Schlüsselstellung in der Stammesentwicklung ein, da aus ihrer Verwandtschaft die *Krokodile*, die *Vögel*, die *Flugsaurier* u. die *Dinosaurier* hervorgingen.

Thelen, Albert Vigoleis, Schriftsteller, *28. 9. 1903 Süchteln am Niederrhein; Kosmopolit; lebte

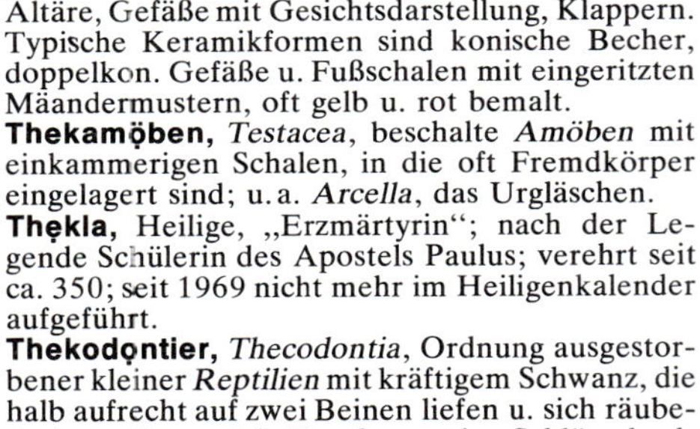

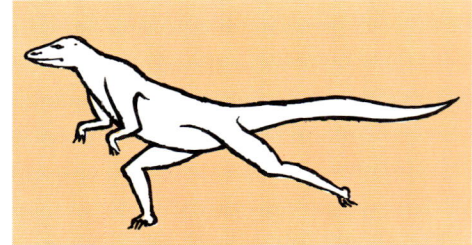

Thekodontier, Rekonstruktion

viel in Holland, Spanien, Portugal. In dem Roman „Die Insel des zweiten Gesichts" 1953 schildert er drast. humorvoll seine Erlebnisse. Gedichte.

Thẹma [das, Mz. *Themen* u. *Themata*; grch.], **1.** *allg.:* Gegenstand, Grundgedanke, z.B. einer schriftl. Arbeit.
2. *Musik:* der einer Komposition zugrunde liegende, sich aus dem →Motiv u. seiner Weiterspinnung ergebende u. in sich abgerundete musikalische Gedanke, der weiterverarbeitet u. abgewandelt werden kann. Die neue Musik kennt auch athemat. Stil.

themạtische Karten, *angewandte Karten,* im Unterschied zu den *topographischen Karten* solche Landkarten, auf denen die allg. Situation oder auch die Geländedarstellung nur zur Orientierung u. stark vereinfacht erscheint, während in erster Linie bestimmte „Themen", wie Bevölkerungsdichte, Pflanzenverbreitung, klimatische Werte, wirtschaftliche Gegebenheiten u.a., dargestellt werden.

Thẹmenverfassung [grch. *thema,* „das Aufgestellte"], Verwaltungsgliederung des Byzantin. Reichs seit dem 7./8. Jh. Die *Themata* waren Militär- u. Verwaltungsbezirke; der oberste Zivilbeamte war zugleich oberster regionaler Militär.

Thẹmis [grch.], **1.** *Astronomie:* ein von W. H. *Pickering* 1905 aufgefundener 10. Saturnmond, der seither nie mehr beobachtet wurde u. dessen Existenz angezweifelt wird.
2. *griech. Mythologie:* die Göttin der Sitte u. Ordnung, Tochter des *Uranos* u. der *Gäa,* Titanin; dargestellt mit der Waage in der Hand.

Themịstokles, athen. Politiker, *um 525 v.Chr., †459 v.Chr.; anfänglich Gegner des *Aristides,* Schöpfer der athen. Flotte; lockte 480 v.Chr. die pers. Flotte in eine ungünstige Position bei *Salamis* u. errang den entscheidenden Seesieg für Griechenland. 474/73 oder 471 v.Chr. durch Ostrakismos verbannt u. auf Betreiben Spartas in Abwesenheit wegen Landesverrats zum Tod verurteilt, fand er bei *Artaxerxes I.* Zuflucht, der ihm u.a. Lampsakos u. Magnesia übertrug, wo er im Exil starb. – □ 5.2.3.

Themse, engl. *Thames,* Fluß in Südengland, 336 km, entspringt in den Cotswold Hills, fließt durch London, mündet bei Sheerness mit einem Trichter in die Nordsee; 280 km schiffbar (bei Flut mit Ozeandampfern bis London).

Thenard [tə'na:r], Louis Jacques, französ. Chemiker, *4. 5. 1777 Louptière, †20. 6. 1857 Paris; untersuchte u.a. Alkalimetalle, Peroxide, Fettsäuren, Gärungsprozesse; *T.-Blau,* eine Doppelverbindung von Aluminiumoxid Al_2O_3 u. Kobaltoxid CoO, auch *Kobaltblau* genannt, entsteht beim Glühen von Kobaltsalzen mit Aluminiumsalzen (qualitativer Nachweis für Aluminium); auch als Pigment für Glas- u. Porzellanfarben verwendet.

Theo, Kurzform von *Theodor, Theobald* u.ä. Namen.

Thẹobald, latinisierte Form von *Dietbald* [ahd. *diot,* „Volk", + *bald,* „kühn"], männl. Vorname.

Theobrọma [grch.] →Kakao.

Theobromịn [das], 3,7-*Dimethylxanthin,* ein Alkaloid der Kakaobohne (dort zu ca. 1,5% enthalten); als Mittel gegen Ödeme, Angina pectoris u. Kopfweh verwendet.

Theọdahad, König der Ostgoten 534–536, *vor 479, †536; Vetter, Mann u. Mitregent der *Amalasuntha,* der Tochter Theoderichs d.Gr., die wahrscheinl. mit seinem Einverständnis ermordet wurde; T. wurde wegen Unfähigkeit vom Gotenheer abgesetzt u. erschlagen.

Theodelịnde, *Theudelinde,* Königin der Langobarden, †Januar 627 oder 628; bayer. Herzogstochter, seit Mai 589 mit dem Langobardenkönig *Authari,* nach dessen Tod (590) mit seinem Nachfolger *Agilulf* vermählt; bekehrte den arian. Agilulf zum Katholizismus; mit ihr begannen enge Beziehungen zwischen Bayern u. dem Langobardenreich.

Theọderich, Gegenpapst 1100, †1102.

Theọderich, Gotenkönige: **1.** *T. d.Gr.,* Ostgotenkönig 473–526, *um 454, †30. 8. 526; aus dem Königsgeschlecht der *Amaler,* als Geisel (461–467) am Kaiserhof in Konstantinopel erzogen, seit 471 in wechselvolle Kämpfe mit got. u. oström. Truppen auf dem Balkan verwickelt, 483 neuer Föderatenvertrag mit Ostrom; zog im Auftrag des oström. Kaisers *Zenon* 488 nach Italien, um dieses im Kampf gegen *Odoaker* wiederzugewinnen. T. schlug Odoaker am Isonzo, bei Verona (489) sowie an der Adda (490), sicherte ihm nach mehr als zweijähriger Belagerung in Ravenna 493 vertragl. die Mitherrschaft zu, erschlug ihn aber bald darauf. Seine Herrschaft über Italien mit Sizilien u. Dalmatien, die Provence u. über Teile von Rätien, Illyrien u. Noricum, 497 von Kaiser *Anastasius I.* anerkannt, führte T. als König u. als Patricius an Kaisers Statt, dessen Oberherrschaft nur nominell war. T. ließ die röm. Landesverwaltung unberührt, übte mit seinen zahlenmäßig schwachen arian. Goten nur die Ober- u. Schutzherrschaft aus, tolerierte die kath. Kirche u. brachte Italien die seit langem entbehrte Friedenszeit. Die Vermischung der Goten mit den Römern unterband T.; er betraute jedoch Römer *(Cassiodor, Boethius)* mit hohen Ämtern. Sein durch Heiraten unterstützter Plan eines german. Bundes (Westgoten, Burgunder, Wandalen, Thüringer, Franken) scheiterte, bes. wegen der Gegnerschaft *Chlodwigs.* T. wurde bei Ravenna beigesetzt (noch erhaltenes Grabmal). Er ist als *Dietrich von Bern* in die Sage eingegangen. – □ 5.3.1.
2. *T. I.,* Westgotenkönig 418–451, †451; begründete das Westgotenreich um Toulouse *(Tolosanisches Reich)* im Föderatenverhältnis zu Rom, kämpfte u. fiel 451 auf den Katalaunischen Feldern an der Seite des *Aëtius* gegen die Hunnen.
3. *T. II.,* Westgotenkönig 453–466, erweiterte das westgot. Reich in Südfrankreich u. Spanien (hier auf Kosten der Sueben), förderte den Arianismus; von seinem Bruder *Eurich* ermordet.

Theọderich von Prag, Maler, erste Erwähnung 1359, †vor 1381; schuf im Dienst Kaiser Karls IV. Malereien in der 1365 geweihten Kreuzkapelle der Burg Karlstein.

Theodize̲e̲ [die; grch.], Rechtfertigung Gottes gegenüber den Einwänden, die aus der Tatsache des physischen u. moralischen Übels u. des Bösen in der Welt gegen seine Allmacht, Weisheit, Liebe u. Gerechtigkeit erhoben werden können. Das Problem der T. ist so alt wie der Monotheismus (Buch Hiob); es wurde systematisch vor allem von *Leibniz* (1710) behandelt.

Theodolịt [der; arab.], wichtigstes Gerät der Vermessungskunde; dient zur Ermittlung von Horizontal- u. Vertikalwinkeln; besteht aus einem Fernrohr mit Fadenkreuz, kann um 2 Achsen horizontal u. vertikal gedreht werden. Das Meßobjekt wird eingepeilt, u. die Stellwinkel werden mit einem *Nonius* oder *Mikroskop* auf zwei Teilkreisen genau bestimmt. Die exakt waagerechte Justierung des T.s geschieht mit Hilfe von *Libellen.* →auch Triangulation.

Thẹodor [grch., „Gottesgeschenk"], männl. Vorname, Kurzform *Theo;* russ. *Fjodor;* engl. *Theodore,* Koseform *Teddy.*

Thẹodor, Päpste: **1.** *T. I.,* 642–649, Grieche, †14. 5. 649 Rom; bekämpfte den Monotheletismus, geriet darüber in Gegensatz zu Kaiser *Herakleios* u. den Patriarchen von Konstantinopel.
2. Gegenpapst 687.
3. *T. II.,* 897 (20 Tage), rehabilitierte das Andenken des *Formosus* u. suchte die streitenden Parteien Roms zu versöhnen.

Theodọra [grch., „Gottesgeschenk", wie *Dorothea*], weibl. Vorname, Kurzform *Dora.*

Theodọra, byzantin. Kaiserin, Frau des Kaisers *Justinian I.,* *497 Konstantinopel, †28. 6. 548 Konstantinopel; Tochter eines Zirkuswärters, heiratete um 523 den Thronfolger; faktisch Mitregentin; rettete im Nika-Aufstand die Krone; begünstigte die Monophysiten.

Theodorạkis, Mikis, griech. Komponist, *29. 7. 1925 Chios; 1964–1967 Abg. der linksgerichteten EDA; seitdem aus polit. Gründen mehrfach in Haft, 1970 entlassen; bis 1974 im Ausland lebend. T. wurde bes. bekannt durch seine Filmmusik zu „Alexis Sorbas" u. „Z", schrieb neben folklorist. Liedern auch sinfon. Musik u. Kammermusik, Ballett „Antigone II" 1972. Tagebuch „Mein Leben für die Freiheit" 1971.

Theodorẹt, Kirchenschriftsteller, Bischof von Kyros in Syrien (etwa 423), *um 393 Antiochia, †um 460; Apologet, Kirchenhistoriker u. Exeget, zeitweise Neigung zum Nestorianismus, seine Schriften gegen Kyrill von Alexandria u. das Konzil von Ephesos wurden 553 verurteilt.

Theodor-Heuss-Akademie̲, Gummersbach bei Köln, 1964 gegr. Akademie zur Pflege der staatsbürgerl. Bildung u. polit. Erwachsenenbildung; steht der FDP nahe.

Theodọros, Fürsten: **1.** *T. II.,* eigentl. *Ras Kasa,* Kaiser (Negus) von Äthiopien 1855–1868, *1820 Quara, †13. 4. 1868 Magdala (Selbstmord); überschätzte seine Macht; sein Land wurde 1867 von England mit Krieg überzogen.
2. *T. I. Laskaris,* †1222; Kaiser von Nicäa 1205–1222, gründete das Kaiserreich Nicäa, das das Erbe des →Byzantinischen Reichs während der Herrschaft der Lateiner in Byzanz bewahrte.

Theodọrus von Sạmos, im Altertum berühmter Künstler, Mitte des 6. Jh. v.Chr., Erfinder des Großerzgusses, Erbauer des Heraion von Samos.

Theodor von Euchạita, Heiliger, Märtyrer, †306 im Orient; nach der Legende äscherte er als Soldat den Magna-Mater-Tempel in Amasya ein u. wurde deswegen verbrannt.

Theodor von Mopsuẹstia, griech. Kirchenschriftsteller, *um 350 Antiochia, †428 Mopsuestia (Kilikien); dort seit 392 Bischof; wichtiger Vertreter der antiochenischen Schule; verfaßte Kommentare zur Bibel, 16 katechet. Homilien, dogmat. Werke; nach seinem Tod wurde er (vermutl. fälschlich) des Nestorianismus beschuldigt u. seine Lehre 553 als Häresie verurteilt. – □ 1.9.5.

Theodọsius [grch., „Gottesgeschenk"], männl. Vorname.

Theodọsius, *T. I., T. d. Gr.,* Flavius, röm. Kaiser 379–395, *11. 1. 347 Cauca (Spanien), †17. 1. 395 Mailand; von *Gratian* 379 zum Mitkaiser für die von den Goten gefährdeten Donauländer erhoben; schloß 382 mit den Westgoten einen Friedens- u. Bündnisvertrag, nach dem die Goten in Gauverbänden gegen Verpflichtung zum Heeresdienst in Mösien u. Thrakien angesiedelt wurden *(foederati);* diese Regelung wurde Vorbild für spätere Germanenansiedlungen auf Reichsboden. T. vereinigte 394 das Röm. Reich noch einmal in seiner Hand. Er verhalf auf dem 2. ökumen. Konzil von Konstantinopel 381 durch Gesetz der Lehre des Athanasius endgültig zum Sieg u. verbot alle heidn. Kulte. Vor seinem Tod 395 teilte er das Reich unter seine beiden Söhne *Arcadius* u. *Honorius* in ein Ost- u. ein Westreich. – □ 5.2.7.

Thẹognis, griech. Dichter aus Megara, um 550 v.Chr.; unter seinem Namen sind 2 Bücher Sentenzen überliefert.

Theogoni̲e̲ [grch.], Mythos u. Lehre über Ursprung u. Herkunft der Götter. Bes. bekannt ist die T. des *Hesiod.*

Theokrati̲e̲ [grch.], eine geistl. Herrschaftsform, bei der der Regent als Stellvertreter der Gottheit oder als ihr Sohn aufgefaßt wird; so z.B. im alten Ägypten u. in China, im Volk Israel, im nachexil. Judentum u. bis 1945 in Japan; vollendeter Typus einer T. ist der Lamaismus (→auch Dalai-Lama).

Theokrịt, *Theokritos,* griech. Dichter aus Syrakus, *um 310 v.Chr., †um 250 v.Chr.; begründete mit seinen Idyllen die *bukolische Dichtung;* seine psycholog.-realist. Schilderung des Hirtenlebens hatte Einfluß auf die Hirtendichtung (Vergil).

Theologịa deutsch, „Deutsche Theologie", mystische Schrift eines unbekannten Verfassers Ende des 14. oder Anfang des 15. Jh., neu hrsg. von M. *Luther* 1516 u. 1518.

Theologi̲e̲ [grch.], die wissenschaftl. Lehre von Gott. *Platon* nennt nicht die eigene philosoph. Gotteslehre „T.", sondern die von ihm kritisch beurteilten Mythen. T. im ursprüngl. Sinn ist Gottesdichtung. *Theologoi* heißen die Gotteskünder, also der Mythendichter u. der Kultbeamte in Delphi. Im N.T. fehlt der Begriff T. Bei den frühen *christl. Apologeten* findet er sich im Sinn von Gottesverkündigung, bis im 2. Jh. in der Auseinandersetzung der christl. Apologeten mit der Gnosis u. der hellenistischen Umwelt eine Neuprägung des Begriffs feststellbar ist. Sie versuchten, 1. in Anlehnung an die griech. Popularphilosophie die Allgemeingültigkeit des christl. Glaubens nachzuweisen, 2. die Gefahr einer gnostischen Aufweichung des Glaubens durch die Entfaltung einer heilsgeschichtl. biblischen Theologie zu bannen u. schließlich – vor allem in der alexandrinischen T. – eine größere Bildungsweite u. eine entschiedenere Kirchlichkeit in den Gemeinden durchzusetzen, so daß im 4. Jh. die hauptsächl. Strukturelemente christl. T. aufweisbar sind: der Kanon des A.T. u. des N.T., Glaubensbekenntnis u. kirchl. Amt.
In seinem Bemühen, die theolog. u. philosoph. Rede von Gott u. von der Wahrheit (Glaube u. Wissen) zu harmonisieren, gab *Thomas von Aquin* die klassische Begründung der T. als Wissenschaft. Obwohl als hl. Lehre allein durch die Schrift ermöglicht u. einzig zur Erreichung des übernatürl. Lebensziels, der Seligkeit, notwendig u. darin von jeder Philosophie unterschieden, entspricht die T. aufgrund ihres logischen Verfahrens (Syllogismus, Schlußverfahren aus der Logik des *Aristoteles*) den Bedingungen der Wissenschaft. Das wissenschaftliche – logische – Verfahren in der T. will

nicht die theolog. Prinzipien begründen, die ja durch Offenbarung gesetzt sind, sondern dient der Schlußfolgerung aus den Prinzipien, um den inneren Zusammenhang der Offenbarung zu erhellen. In der weiteren Entwicklung der thomistischen Gedanken ist es nach kath. Verständnis Aufgabe der T., unter Voraussetzung des Glaubens die in Christus kulminierende göttliche Offenbarung genau zu erfassen u. geordnet darzustellen. Da nach der Lehrmeinung der kath. Kirche das auf *Petrus* gründende Amt des *Papstes* in die alleinige Rechtsnachfolge Christi eingesetzt ist, kommt den *ex cathedra* gefällten Lehrentscheidungen des Papstes Unfehlbarkeit zu (1. Vatikan. Konzil 1870). So erkennt die kath. T. als Quelle der geoffenbarten Wahrheit neben der Hl. Schrift auch mündlich überlieferte Tradition an u. weiß sich gebunden an die vom Lehramt der Kirche festgelegten Lehrentscheidungen *(Dogmen)*.
M. *Luther* lehnte die scholast. Einpassung der T. in die wesensfremde aristotel. Logik entschieden ab. Er befürchtete, daß auf diese scholast. Weise die T. Entscheidungen treffe, die nur Gott fällen könne, u. dadurch zur *theologia gloriae* werde. Im Unterschied dazu bezeichnete Luther seine T. als *theologia crucis*. Er wollte damit sagen, daß T. nicht nach philosoph. Methoden aus vorausgesetzten Prinzipien ihre Schlüsse ziehen darf, sondern angewiesen bleibt auf den Heilsweg, den Gott in dem gekreuzigten Christus vorgezeichnet hat. Es geht also nach Luther in der T. nicht um logische Schlußfolgerungen, sondern um Interpretation der vorgegebenen u. in der Hl. Schrift bezeugten Gottestat der Offenbarung *(T. des Wortes Gottes)*.
In der ev. Christenheit war die Beziehung von T. u. Kirche sehr wechselhaft. Die T. hat sich oftmals der Kirche entfremdet, so daß es zu Bewegungen kam (radikaler *Pietismus*), die sich von jeder wissenschaftl. T. lossagten. Die Notwendigkeit der T. für die Kirche bleibt aber aus drei Gründen: 1. weil Glaube u. Verkündigung auf die Hl. Schrift angewiesen sind. Der Glaube ist nach ev. Verständnis nicht Annahme von Lehrsätzen, sondern die Zuversicht zu dem in Jesus Christus gnädigen Gott. Dieser Glaube nun ist kein Akt der Vernunft, sondern ein Ereignis, das dem Menschen widerfährt (Werk des Hl. Geistes). Da die Gewißheit des Glaubens auf Jesus gründet u. Jesus in einer Zeit der Vergangenheit lebte, bedarf der Glaube notwendig des Zeugnisses von Jesus Christus im N.T. Dementsprechend ist die erste Aufgabe der T. die Interpretation historischer Dokumente der Hl. Schrift. 2. die zweite Notwendigkeit der T. ergibt sich aus dem Wirken des Geistes. Der Hl. Geist bezeichnet das Ereignis der Verwirklichung des Gottesworts, also die Entstehung von Glauben u. Zuversicht. Diese Geisteserfahrung muß um der Reinheit des Glaubens willen stets an der Hl. Schrift als kritischer Instanz überprüft werden, denn die Geschichte lehrt, daß echte Geisteserfahrungen immer wieder umschlagen können in überspitzte Vereinseitigungen. Die T. prüft u. sammelt Geisteserfahrungen zum Nutzen der Gesamtkirche. 3. die dritte Notwendigkeit der T. ergibt sich aus der Gottheit Gottes. Denn es gehört zu der Erfahrung des Glaubens, daß er Gott in doppelter Weise erfährt: als Schöpfer u. Erhalter der Welt u. als den gnädigen Gott in Christus. Die beiden Wirkungsweisen Gottes stehen für den Glauben oft nebeneinander u. bringen ihn in Anfechtung. Die ev. T. der Gegenwart bemüht sich deshalb bes. um ihre Ausformung in der Auseinandersetzung mit den Denkformen der verschiedenen Kulturen (Probleme einer einheimischen T. z.B. in Indien, Japan), mit dem Marxismus, mit den Fragen einer polit. T. (T. der Revolution) u. um die Grundzüge einer ökumenischen T.
Die Einteilung der kath. T. erfolgt ähnlich der ev. T. im allg. in *historische T.* (Bibelwissenschaften, Kirchen- u. Dogmengeschichte, Patristik, Missionsgeschichte u.a.), *systematische T.* (Dogmatik, Apologetik, Moraltheologie bzw. Ethik) u. *praktische T.* (Homiletik, Katechetik, Liturgik, Seelsorge, Kirchenrecht). – 🕮 1.8.5.

Theophanes, *T. Confessor*, byzantin. Chronist; † 818; Verfasser einer Weltchronik von 284–813 n.Chr., wichtige Quelle für das 7. u. 8. Jh.

Theophanie [grch.], die von religiösen Menschen vielfach gewünschte Sichtbarwerdung der Gottheit. Die Religionsgeschichte kennt viele T.n. Im *A.T.*: Da nach 2. Mose 33,20f. niemand Jahwes Antlitz sehen kann, ohne zu sterben, kennt man hier mehrere Erscheinungsformen Gottes, z.B. seinen „Namen" u. die Engel, die in Jakobs Traum von der Himmelsleiter (1. Mose 28) als Repräsentanten Jahwes auftreten. In der *Bhagawadgita*: Im Bewußtsein der menschl. Unfähigkeit, mit natürl. Augen die übernatürl. Gottheit zu sehen, verleiht Wischnu dem Ardschuna, der ihn zu sehen begehrt, ein „himmlisches Auge", um die numinose Wirklichkeit des Gottes erschauen zu können.

Theophano, *Theophanu*, Kaiserin, Frau (972) Kaiser *Ottos II.*, * um 950, † 15. 6. 991 Nimwegen; byzantin. Prinzessin; von großem polit. Einfluß auf den Kaiser, nach dessen Tod Regentin für ihren Sohn *Otto III.*; drängte ihre Schwiegermutter *Adelheid* zurück, fand mit Heinrich dem Zänker einen Ausgleich u. erhielt Lothringen französ. Ansprüchen gegenüber dem Reich.

Theophil [grch. *theos*, „Gott", + *philos*, „lieb, Freund"], männl. Vorname.

Theophilus Presbyter, Verfasser der „schedula diversarum artium", des wichtigsten kunsttechn. Lehrbuchs, das aus dem MA. erhalten ist. Es schildert die Zubereitung u. Anwendung von Farben sowie Techniken der Glasmalerei u. der Metallbearbeitung. Wahrscheinl. ist T.P. identisch mit dem Benediktinermönch *Rogerus von Helmershausen*, der um 1100 im Kloster Helmershausen bei Paderborn lebte u. von dem einige Metallarbeiten erhalten sind, darunter Tragaltäre in Paderborn.

Theophrast *von Eresos*, griech. Philosoph, * 372 v.Chr., † 287 v.Chr.; Peripatetiker (Schulhaupt seit 322), Schüler u. Nachfolger des *Aristoteles*; schrieb über Botanik u. Mineralogie, verfaßte eine Sammlung von Charakterstudien u. eine für die antike Philosophiegeschichtsschreibung einflußreiche Geschichte der Naturphilosophie.

Theophyllin [grch.], 1,3-*Dimethyl*-2,6-*Dioxypurin*, ein Purinderivat; im Tee vorkommendes Alkaloid, ähnlich dem *Theobromin*; wird auch synthet. hergestellt u. zur Wasserausscheidung bei Ödemen, zur Krampflösung, gegen Angina pectoris u. Bronchialasthma verwendet.

Theopompus, *Theopompos*, griech. Historiker, * um 377 v.Chr. Chios, † nach 320; Hptw. (Fragmente): „Hellenika" (griech. Geschichte von 410–394 v. Chr.) u. „Philippika" (Geschichte Philipps II. von Makedonien).

Theorbe [die; ital., span.], eine Baßlaute mit freien Bordunsaiten u. einem zweiten Wirbelkasten für die freien Saiten. Die T. wurde hauptsächl. vom 16. Jh. bis Mitte des 18. Jh. gespielt.

Theorell, Hugo, schwed. Physiologe u. Biochemiker, * 6. 7. 1903 Linköping; erhielt für Untersuchungen über die Chemie der Oxydationsenzyme den Nobelpreis für Medizin 1955.

Theorie [grch.], ursprüngl. Schau, Betrachtung kult. Vorgänge, geistige Anschauung *(Kontemplation)* im Gegensatz zur *Praxis* u. *Poiesis (Aristoteles)*. Im modernen Sinn eine durch Denken gewonnene Erkenntnis, eine Erklärung von Zusammenhängen u. Tatsachen aus ihnen zugrunde gelegten Gesetzen, wobei von bestimmten Voraussetzungen *(Hypothesen)* ausgegangen wird, die verifiziert u. systematisiert werden. Gegensatz: *Empirie*.

Theosophie [grch.], das angebl. unmittelbare Erschauen u. Erkennen des Göttlichen, Absoluten als des ewigen Urgrunds alles Seins, Werdens u. Vergehens. Das Wort T. stammt von *Ammonios Sakkas* aus Alexandria.

Theosophische Gesellschaft, durch Helena *Blavatsky* u. Henry Steel *Olcott* (* 1832, † 1907) 1875 in New York gegr.; Sitz: Adyar bei Madras (Indien). Sie setzt sich die Aufgabe, einen Kern der allg. Bruderschaft der Menschheit ohne Unterschied der Rasse, Nation u. Religion zu bilden, zum vergleichenden Studium der Religionen, Wissenschaften u. philosoph. Lehren anzuregen u. die noch ungeklärten Naturgesetze u. im Menschen verborgen liegenden Seelenkräfte zu erforschen. Das Gedankengut der T.n G. entstammt indischen Anschauungen u. spekulativen Elementen aus Altägypten, Kabbala, Neuplatonismus u. Gnosis. In Dtschld. bestehen 2 Vereinigungen: die „T.G. (Adyar)" mit Sitz in Hamburg u. die „T.G. in Dtschld." mit Sitz in Frankfurt a.M.

Theotokas, Giorgos, neugriech. Schriftsteller, * 27. 8. 1906 Konstantinopel, † 30. 10. 1966 Athen; befaßte sich bes. mit sozialen Problemen u. analysierte den griech. Nationalcharakter; Romane, Erzählungen, Dramen u. Essays.

Thera, *Thira* →Santorin.

Theramenes, athen. Feldherr u. Politiker, † 404 v.Chr. Athen; einer der Köpfe der antidemokrat. Bewegung, 411 v.Chr. Mitgl. des Rats der Vierhundert; bis 404 v.Chr. einer der *Dreißig Tyrannen*; fiel wegen seiner gemäßigten Haltung dem Terror des *Kritias* zum Opfer.

Therapeut [grch., „Wärter, Pfleger"], Wissenschaftler, der eine Therapie (Heilbehandlung) anwendet; behandelnder Arzt.

Therapie [grch.], die Behandlung, das Heilverfahren; *kausale T.*, ursächliche Behandlung; *symptomatische T.*, auf Beseitigung der Beschwerden u. Anzeichen gerichtete Behandlung. – *Therapia magna sterilisans*, das Ziel der von P. *Ehrlich* begründeten Chemotherapie: Heilung einer Infektionskrankheit durch (einmalige) Verabreichung eines die Erreger restlos vernichtenden Chemotherapeutikums.

Therapsiden [grch.], säugerähnliche Reptilien, Vorfahren der Säugetiere, teilweise bereits mit deren Merkmalen im Bau von Schädel, Gebiß u. Extremitäten; Verbreitung: Perm–Trias, auch Jura.

Therese, *Teresa* [Herkunft ungeklärt], weibl. Vorname; mlat. *T(h)eresia*, frz. *Thérèse*.

Theresiana, *Constitutio criminalis Theresiana*, österr. Halsgerichtsordnung aus dem Jahr 1768, nach der Kaiserin *Maria Theresia* benannt.

Theresianum, Wien, 1746–1749 von Maria Theresia als „Theresianische Ritterakademie" gegr. Schule, später Gymnasium, beherbergt seit 1964 die Diplomatische Akademie.

Theresia vom Kinde Jesus *(u. vom hl. Antlitz)*, *Theresia von Lisieux*, Familienname Thérèse *Martin*, französ. Karmeliterin, Heilige, * 2. 1. 1873 Alençon, Normandie, † 30. 9. 1897 Lisieux; in ihren Briefen u. in der Autobiographie „Geschichte einer Seele" entwickelte sie die Theologie des „Kleinen Weges", der normalen Askese, in deren Mittelpunkt die Liebe steht. Patronin der Missionen. Heiligsprechung 1925 (Fest: 1. 10.).

Theresia von Ávila, *Teresa von Ávila*, auch *Theresia von Jesus*, span. Karmeliterin, Heilige, * 28. 3. 1515 Ávila, † 4. 10. 1582 Alba de Tormes; reformierte seit 1567 unter großen Schwierigkeiten den Orden zusammen mit *Johannes vom Kreuz*; gründete mehrere Klöster. In ihrem Hptw. „Die Seelenburg" gab sie eine systemat. Darstellung des mystischen Lebens. Ihre Schriften gehören zur klass. span. Literatur. Patronin Spaniens; Erhebung zur Kirchenlehrerin 1970. Fest: 15. 10.

Theresia von Lisieux [-li'zjø:] →Theresia vom Kinde Jesus.

Theresienstadt, tschech. *Terezín*, Stadt in Nordböhmen, an der Eger, 7000 Ew.; ehem. Festung (seit 1780), 1941–1945 dt. Konzentrationslager.

Thérive [te'ri:v], André, eigentl. Roger *Puthoste*, französ. Schriftsteller, * 19. 6. 1891 Limoges, † 4. 6. 1967 Paris; verfaßte literarkrit. Beiträge für die Tageszeitung „Le Temps" u. zahlreiche Romane, die das Leben der einfachen Leute schildern.

therm... →thermo...

Thermalbäder [grch.] = Thermen (1).

Thermen [Ez. die *Therme*; grch.], **1.** *Hydrologie:* ständig über 20 °C warme Quellen, deren Wasser aus größerer Tiefe aufsteigt; mineralreich oder -arm.
2. *röm. Kultur:* im röm. Altertum die öffentl. Badeanstalten, oft mit Sportplätzen, Kunstsammlungen u. Bibliotheken ausgestattet. Dem Auskleiden im *Apodyterium* folgte der Aufenthalt in einem leicht erwärmten Raum *(Tepidarium)*; der Hauptsaal *(Caldarium)* vereinigte das heiße Bad u. das Schwitzbad, dem das kalte Abwaschen im *Labrium* u. die Erfrischung im Kaltwasserbassin des *Frigidariums* folgten. Die größten T. sind die des Caracalla (1. Drittel des 3. Jh.) u. des Diocletian (unter Maximian begonnen, →Thermenmuseum) in Rom; aber auch Provinzstädte (z.B. Trier) hatten große T. – 🕮 2.2.9.

Thermenmuseum, 1886 gegr. bedeutendes Museum antiker Kunst in Rom, in den seit dem Ende des 3. Jh. n.Chr. errichteten Diocletian-Thermen; enthält u.a. griech. u. röm. Skulpturen, röm. Mosaiken u. Malereien.

Thermidor [der; frz., „Hitzemonat"], im Kalender der Französ. Revolution der 11. Monat; am 9. T. (27. 7.) 1794 wurde Robespierre mit den Radikalen von den Gemäßigten *(T.ianer:* u.a. Barras, Tallien) gestürzt.

Thermik [die; grch.], Bez. der Segelflieger für den Vorgang der thermischen, durch Erwärmung meist vom Boden aus entstandenen, vertikal aufwärts gerichteten Luftströmung *(Aufwind)*. Man unterscheidet *Wolken-T.* unter oder in Kumuluswolken u. *reine T.*; T. ist neben dem Hang-Aufwind die Grundlage des →Segelflugs.

thermisch [grch.], die Wärme betreffend; z.B. t.es Verhalten von Gasen: Verhalten gegen Tempera-

Thermen des Caracalla, Rekonstruktion des Tepidariums

turänderungen; t.e Reaktion eines Stoffgemischs: eine Reaktion, bei der Wärme verbraucht (*endotherm*) oder erzeugt (*exotherm*) wird. – T. kennzeichnet auch diejenigen Energien, die atomare Teilchen aufgrund der Wärmebewegung haben; z. B. *t.e Neutronen*: Neutronen, deren kinet. Energien der Wärmebewegung von Molekülen im durchlaufenden Material entsprechen.

thermische Analyse, Verfahren zur Untersuchung von Schmelzen, bei dem man aus dem Temperaturverlauf beim Abkühlen oder Erhitzen auf die Zusammensetzung derselben schließt.

thermischer Äquator, der sich jahreszeitl. verändernde →Wärmeäquator.

Thermisilid [das], eine Eisenlegierung mit 15% Silicium, rd. 0,5% Mangan u. 0,6% Kohlenstoff, von hoher Säurebeständigkeit; bei der Herstellung chem. Geräte Ersatz für Platin.

Thermistor [der; grch.] = Heißleiter.

Thermit [das; grch.], Gemisch aus Aluminiumpulver u. Eisenoxid, zum Schweißen verwendet (→Aluminothermie). Das gleiche Gemisch enthält auch die *T.brandbombe*.

thermo... [grch.], Wortbestandteil mit der Bedeutung „Wärme, Hitze"; wird zu *therm...* vor Selbstlaut.

Thermochemie [grch.], Teilgebiet der physikal. Chemie, Studium der Wärmemengen u. ihrer Änderungen, die bei chem. Vorgängen auftreten.

Thermocolor [grch., lat.] Markenname für →Temperaturmeßfarben.

Thermodiffusion [grch., lat.], Entmischung von Gasen oder Flüssigkeiten in einem Temperaturgefälle, da die größeren Moleküle bevorzugt nach Stellen tieferer Temperatur wandern. Der Effekt ist zwar sehr klein, kann aber praktisch für die Isotopentrennung verwendet werden: Man benutzt dazu u. a. das *Trennrohr* (z. B. *Clusius-Dickelsches Trennrohr*), das aus einem vertikalen, von außen gekühlten Rohr besteht, durch dessen Achse ein Heizdraht läuft. Neben dem Temperaturgefälle entsteht innen gleichzeitig eine Strömung, die für den Abtransport der leichteren Isotope nach oben u. der schwereren nach unten sorgt.

Thermodynamik [grch.], Teilgebiet der →Wärmelehre.

Thermoelektrizität [grch.], Elektrizität, die beim Erwärmen einer Lötstelle zwischen zwei verschiedenen Metallen entsteht (*Seebeck-Effekt*). Haben in einem geschlossenen Leiter 2 solche Lötstellen verschiedene Temperaturen, so fließt ein elektr. Strom (*Thermostrom*). Die durch je 1°C Temperaturdifferenz erzeugte thermoelektr. Kraft heißt *Thermokraft*; sie beträgt (je nach den Metallen) einige Millivolt. Die gesamte den Strom erzeugende Vorrichtung (mit beiden Lötstellen) heißt *Thermoelement*. Das Thermoelement dient im Verein mit sehr empfindl. Strommessern (Galvanometern) zur Messung hoher u. tiefer Temperaturen. Man verwendet als Drähte z. B. Konstantan u. Kupfer für −250°C bis 500°C, Wolfram u. Wolframmolybdän für Temperaturen bis 3300°C. – Die *Thermosäule* ist eine Hintereinanderschaltung (zur Spannungserhöhung) mehrerer Thermoelemente. →auch Peltier-Effekt.

Die als empfindl. Wechselstrommesser häufiger verwendeten *Thermokreuze* bestehen aus einem Thermoelement, dessen eine Lötstelle auf einem von dem zu messenden Strom durchflossenen Hitzdraht befestigt ist. Die Temperatur des stromdurchflossenen Hitzdrahts bestimmt die mit einem Drehspulvoltmeter gemessene Spannung des Thermokreuzes, die ein Maß für die Stromstärke ist; bes. zur Messung der Energie von Strahlungen aller Art (auch Kathodenstrahlen) u. in der Hochfrequenztechnik verwendet. – ▯ 7.5.4.

Thermofixierung [grch., lat.], *Textiltechnik:* bes. bei Chemiefasern angewandtes Verfahren zur Fixierung durch Hitzeeinwirkung.

Thermograph [der; grch.], selbsttätig die Temperatur aufschreibendes Meßinstrument; besteht aus einem ringartigen Bimetallstreifen, der über ein Hebelsystem auf einer rotierenden Trommel die Temperatur aufschreibt.

Thermographie [die; grch.], ein Kopierverfahren, bei dem die zu kopierende Vorlage auf wärmeempfindl. beschichtetem Papier abgelichtet wird. Im Gegensatz zu photographischen Verfahren sind die Arbeitsgänge Entwickeln u. Fixieren nicht erforderlich.

Thermogravimetrie [grch., lat.], Verfahren der analyt. Chemie; verfolgt die Gewichtsänderungen beim Erhitzen chem. Verbindungen mit Hilfe einer *Thermowaage.*

Thermokauter [der; grch.], elektr. Brennapparat mit verschiedenen (meist Platin-)Brennern.

Thermolyse [die; grch.], thermische →Dissoziation.

thermomagnetische Effekte, Sammelbez. für Erscheinungen, die in elektr. Leitern bei Vorhandensein eines magnet. Feldes u. einer Wärmeströmung auftreten; z. B. verhält sich bei einem Leiter, von dem sich ein Teil in einem Magnetfeld befindet, die Trennfläche zwischen magnetisiertem u. unmagnetisiertem Leiter wie die Lötstelle eines Thermoelements.

Thermometer [das; grch.], ein Meßgerät, das (nach Eichung) die Temperatur anzeigt. Es muß so klein gehalten werden, daß es dem Untersuchungskörper praktisch keine Wärme entziehen kann, weil hierdurch die Temperaturmessung verfälscht wird. Am häufigsten sind *Ausdehnungs-T.*, die auf der Ausdehnung von Flüssigkeiten (z. B. Alkohol), Gasen (z. B. Luft; auch *Gas-T.* genannt) oder Metallen (z. B. Quecksilber) beruhen. Die

Thermen des Caracalla (Grundriß): 1 Läden, 2 Haupteingang, 3 Zugänge, 4 Vorhallen, 5 Apodyteria (Auskleideräume), 6 Höfe, 7 Tepidarium (Laubad), 8 Caldarium (Heißbad), 9 Sudaria (Schwitzräume), 10 Frigidarium (Kaltbad), 11 Gesellschaftsräume, 12 Sporträume, 13 Wandelgänge, 14 Vortragssäle, 15 Palästren, 16 Studierräume, 17 Gymnasium, 18 Bibliothek, 19 Treppe zur Säulenhalle, 20 Springbrunnen, 21 Podien

Modell der Thermen des Caracalla

Thermonastie

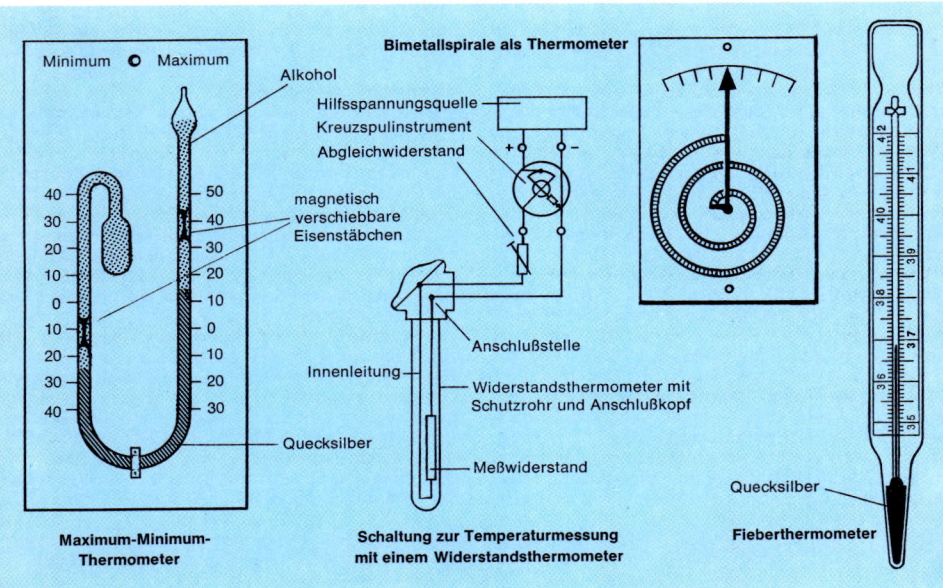

Thermometerarten

Temperatur wird mittels einer Skala gemessen (z. B. *Celsiusskala*), die durch 2 Bezugspunkte (Fixpunkte: Gefrier- oder *Eispunkt*, *Siedepunkt* des Wassers bei 760 Torr) geeicht u. in Grade unterteilt ist. Der Abstand beider Punkte, der beim Celsius-T. (dem gebräuchlichsten T.) in 100 °C eingeteilt wird, ist der *Fundamentalabstand* (→ auch Temperatur). Beim *Maximum-T.* (z. B. *Fieber-T.*) behält der Flüssigkeitsfaden seine höchste Stellung so lange bei, bis er heruntergeschüttelt wird. *Minimum-T.* zeigen die kleinste Temperatur an, die während einer gewissen Zeitdauer vorgekommen ist; in ihnen sinkt ein Glasstift mit der Alkoholsäule, während er bei ansteigender Temperatur hängenbleibt. Beim *Maximum-Minimum-T.* werden die anzeigenden kleinen Eisenstifte mit Hilfe eines Magneten in die T.flüssigkeit gezogen. – Zur Temperaturmessung an entfernten Stellen benutzt man *Fern-T.*, die die Temperaturänderung in eine Stromänderung umsetzen. Hierzu dienen *Widerstands-T.*, in denen die beim Erwärmen entstehende Widerstandsänderung eines Drahts gemessen wird, ferner die *Thermoelemente*. Sehr hohe Temperaturen werden mit dem → Pyrometer gemessen.

Thermonastie [grch.], eine → Nastie von Pflanzen, die auf Temperaturänderung erfolgt. Beispiele: Öffnungs- u. Schließbewegung der Blüten von Tulpe u. Krokus. Sie beruht auf verschieden starkem Wachstum der Außen- u. Innenseite der Blüten. T. als Turgor-Bewegungen zeigen u. a. die mit Gelenken versehenen Laubblätter des *Sauerklees, Oxalis acetosella.*

thermonukleare Reaktion [grch., lat.], eine Kernreaktion in Gasen bei sehr hohen Temperaturen (viele Millionen Grad), bei der schwerere Atomkerne aus leichteren aufgebaut werden u. große Energiemengen (in Form von Wärme) frei werden. → Kernfusion.

Thermophor [der; grch.], Wärmespeicher, Wärmflasche.

Thermoplaste [grch.] → Kunststoffe.

Thermopylen, nach seinen heißen Schwefelquellen benannter Engpaß in Mittelgriechenland, zwischen dem Golf von Lamia u. dem abfallenden Kallidromos-Gebirge; im Altertum von großer strateg. Bedeutung u. deshalb oft umkämpft; bes. bekannt durch die Schlacht 480 v. Chr., in der der spartan. König *Leonidas* die Landenge gegen pers. Übermacht verteidigte. Heute durch Anschwemmungen an der Küste verbreitet; die Thermalquellen dienen Heilzwecken. – □ 5.2.3.

Thermorezeptoren [grch., lat.] → Temperatursinn.

Thermosbaenacea [grch.], Ordnung der *Höheren Krebse*, 6 winzige, farb- u. augenlose, schwimmunfähige Arten mit zylindrischem Rumpf, in Küstenbrackwasser, warmen Quellen u. Höhlengewässern des Mittelmeergebiets.

Thermosgefäße [grch.], doppelwandige Flaschen oder Behälter mit luftleerem Zwischenraum, der den Wärmeaustausch unterbindet; die Innenseiten sind versilbert, um Strahlungsverluste herabzusetzen; halten Flüssigkeiten oder Speisen lange auf gleicher Temperatur.

Thermoskop [das; grch.], ein (nicht geeichtes) Gerät, das Temperaturänderungen anzeigt.

Thermosphäre [die; grch.], der Bereich der → Atmosphäre zwischen 85 u. 400 km Höhe. Infolge der dort stattfindenden Ionisationsprozesse durch die UV-Sonnenstrahlung (→ Ionosphäre) nimmt in der T. die Temperatur mit wachsender Höhe zu u. erreicht in etwa 400 km Höhe Werte von +750 bis +1800 °C (am Tage) bzw. +500 bis +1200 °C (nachts), je nach dem Aktivitätszustand der Sonne variierend. Oberhalb 400 km geht die T. allmähl. in die *Exosphäre* über.

Thermostat [der; grch.], ein Regler, der Temperaturen auf einem bestimmten, einstellbaren Wert hält. Ein Bimetallstreifen schaltet bei zu großer Erwärmung das Heizelement aus u. nach genügender Abkühlung wieder ein. Für höhere Ansprüche (± 0,1 Grad) werden auch Widerstandsthermometer, Thermoelemente u. pneumat. Quecksilber-T. verwendet. In der Technik benutzt z. B. bei Bügeleisen, Raumheizungen, elektr. Öfen u. dgl. – Als T. bezeichnet man auch einen Behälter, in dem die Temperatur konstant gehalten wird (z. B. für chem. Bäder, Brut-, Trocken- oder Kühlschrank).

Thersites, in Homers *Ilias* ein häßlicher, boshafter Schwätzer, der das griech. Heer vor Troja gegen seine Führer aufwiegelte.

Thesaurus [der, Mz. *Thesauren* u. *Thesauri*; grch., lat., „Schatz"], im alten Griechenland tempelartiges Gebäude für Weihgaben; auch Buchtitel in der Bedeutung: Wort-, Wissensschatz, Sammelwerk.

Thesaurus linguae Graecae [lat., „Schatz der griech. Sprache"], das erste umfassende griech. Wörterbuch, von H. *Stephanus*, 1572.

Thesaurus linguae Latinae [lat., „Schatz der latein. Sprache"], umfassendes latein. Wörterbuch; seit 1900 in München von dt. u. ausländ. Akademien bearbeitet u. hrsg. (zuerst von E. *Wölfflin*).

Theseen, gymnastische Wettkämpfe im alten Athen, die dem *Theseus* geweiht waren u. zu Ehren der Gefallenen veranstaltet wurden. Im Mittelpunkt standen ein Waffenlauf u. ein Fackelstaffellauf zum *Kerameikos*, dem athen. Friedhof.

Thesejon [grch.], fälschl. als Tempel des *Theseus* bezeichneter dorischer Tempelbau oberhalb der Agora von Athen, ein nach 450 v. Chr. erbauter *Hephaistos*-Tempel.

Theseus, sagenhafter Nationalheld der antiken Athener, Sohn des *Poseidon* oder *Ägeus*, Königs von Athen; vollbrachte ähnlich wie Herakles viele Taten; z. B. erschlug er den *Prokrustes* u. tötete den *Minotauros*, aus dessen Labyrinth er an dem auf Rat der *Ariadne* ausgelegten Faden zurückfand.

Thesis [grch.], in der griech. Metrik die Bez. des betonten Taktteils (Länge) im Gegensatz zur *Arsis* (Kürze); abgeleitet von der taktierenden Handbewegung oder dem rhythm. Aufsetzen des Fußes; in der röm. Zeit verstand man T. als Senkung der Stimme u. bezeichnete damit den unbetonten Taktteil (Kürze). Die Verslehre hat diese (falsche) Anwendung übernommen u. sanktioniert, so daß im german. qualitativen Verssystem für Senkung auch der Begriff T., im Gegensatz zur Hebung, gebraucht wird.

Thespis, erster griech. Tragödiendichter u. Schauspieler in Athen, 6. Jh. v. Chr.; führte 534 v. Chr. die erste Tragödie auf, indem er dem an Dionysosfesten singenden u. tanzenden Chor (mit menschl. Masken u. nicht mehr im Satyrkostüm) einen Schauspieler (in der Tracht des Dionysos) gegenüberstellte. Horaz berichtet, T. sei auf Wagen herumgezogen, daher: *T.karren*, Wohnwagen wandernder Schauspieler, Wanderbühne.

Thessalien, *Thessalía*, Beckenlandschaft u. Region (13 904 qkm, 660 000 Ew.) in Griechenland, nach W vom *Píndhos* begrenzt, vom *Piniós* durchflossen, niederschlagsarm, im Sommer steppenartig, Hauptort *Lárisa*; Anbau von Tabak, Wein, Weizen u. Mais; Chromerzlager.

Thessalonicherbriefe, zwei Schreiben des *Paulus* an die von ihm gegr. Gemeinde in *Thessaloniki* in Makedonien, wahrscheinl. die ältesten erhaltenen (2. Missionsreise; Abfassungsort wohl Korinth), behandeln Probleme einer jungen griech. Gemeinde, die sich, ganz auf ein nahes Ende aller Dinge eingestellt, mit dem Fortgang des Lebens auseinanderzusetzen hat. Echtheit des 2. Briefs umstritten.

Thessaloniki = Salonika.

Thessalonisches Reich, 1204 bei der Aufteilung des Byzantin. Reichs durch die Kreuzfahrer gegr. von Markgraf *Bonifaz von Monferrat*, 1224 von *Theodoros Angelos* († 1230), dem griech. Herrscher des Epiros, erobert, Kaiserreich, 1246 der Herrschaft von Nicäa unterworfen.

Theta, ϑ, Θ, 8. Buchstabe des griech. Alphabets.

Theten, im antiken Athen die besitzlosen, auf Lohnarbeit angewiesenen freien Bürger. → auch Zeugit.

Thetford Mines ['θetfəd 'mainz], Stadt in der kanad. Prov. Quebec, südl. von Quebec, 25 000 Ew.; Asbestbergbau.

Thetis, griech. Meergöttin, Tochter des *Nereus*, Mutter des *Achilles*.

Theuderich, *Theoderich*, fränk. König 511–533, † 533; Merowinger, ältester Sohn Chlodwigs I., erhielt bei der Reichsteilung nach Chlodwigs Tod (511) die östl. Reichsteile mit der Champagne u. einem Teil Aquitaniens (Auvergne); eroberte mit Hilfe seines Bruders *Chlothar I.* u. der Sachsen 531 Thüringen u. erwarb weitere Teile Aquitaniens.

Theuerdank, *Teuerdank*, *Tewrdank*, allegor. Heldenepos, das das Leben Kaiser *Maximilians I.* beschreibt; romantisierte Spätform höfischer Epik, 1517 mit Holzschnitten von A. *Dürer*, H. *Burgkmair* u. a. in Nürnberg gedruckt.

Theurgie [teur-; grch.], zauberische Praktik des Menschen, Götter sich dienstbar zu machen; eine Form der *Magie*.

Thi... → Thio...

Thiamin → Vitamin B_1.

Thiazine, Gruppe heterocyclischer Verbindungen mit je einem Schwefel- u. Stickstoffatom im Ring; Grundsubstanz der *Thiazinfarbstoffe*, zu denen u. a. das Methylenblau gehört.

Thibaud [ti'bo:], Jacques, französ. Geiger, * 27. 9. 1880 Bordeaux, † 1. 9. 1953 (Flugzeugunglück bei Barcelonnette); zahlreiche Konzertreisen, verband sich mit P. *Casals* u. A. *Cortot* zu einem Trio.

Thibault [ti'bo:], → France, Anatole.

Thibaut [ti'bo:], Anton Friedrich Justus, Rechtslehrer, * 4. 1. 1772 Hameln, † 28. 3. 1840 Heidelberg; setzte sich für eine Rechtsvereinheitlichung in Dtschld. ein („Über die Notwendigkeit eines allg. bürgerl. Gesetzbuches für Deutschland" 1814); damit stieß er auf den Widerstand der *Historischen Rechtsschule*, bes. *Savignys*. In seiner Schrift „Über Reinheit der Tonkunst" 1825 trat T. als einer der ersten für die Wiederbelebung der älteren Musik von *Palestrina* bis zum Barock ein.

Thibaut IV. [ti'bo:], Graf der Champagne, als *Thibaut I.* König von Navarra, französ. Dichter, * 30. 5. 1201 Troyes, † 7. 7. 1253 Pamplona; schon zu Lebzeiten der populärste Minnesänger, von Dante gepriesen.

Thidrekssaga ['θidreks-], norweg. Sagensammlung von mehreren ursprüngl. dt. Heldenliedern (um *Dietrich von Bern, Sigurd* u. die Burgunden); vielfach die einzige Quelle der dt. Heldensage, wichtig für die Erschließung der Vorstufen des Nibelungenlieds; um 1250 entstanden.

Thiedemann, Fritz, Springreiter, *3. 3. 1918 Weddinghausen; 1956 in Stockholm u. 1960 in Rom Olympiasieger im „Großen Preis der Nationen" (Mannschaftswettbewerb), 1952 in Helsinki Olympiadritter im Einzelspringen u. in der Mannschaftsdressur; Europameister 1958.

Thiele, Johann Alexander, Maler u. Graphiker, *26. 3. 1685 Erfurt, †22. 5. 1752 Dresden; Stadt- u. Landschaftsansichten im Stil des Rokokos.

Thielicke, Helmut, ev. Theologe, *4. 12. 1908 Barmen; 1936 Dozent, 1940 von den Nationalsozialisten aus dem akadem. Lehramt entfernt; 1945 Prof. in Tübingen, 1954–1974 in Hamburg; befaßt sich bes. mit ethischen Fragen. Hptw.: „Geschichte u. Existenz" 1935; „Fragen des Christentums an die moderne Welt" 1944; „Das Gebet, das die Welt umspannt" 1946; „Der Glaube der Christenheit" 1947; „Theolog. Ethik" 3 Bde. 1951–1964; „Das Bilderbuch Gottes" 1957; „Wer darf leben?" 1968; „Der ev. Glaube, Grundzüge der Dogmatik" 1968 ff.

Thieme, Ulrich, Kunsthistoriker, *31. 1. 1865 Leipzig, †25. 3. 1922 Leipzig; begründete 1907 mit F. *Becker* das „Allg. Lexikon der bildenden Künstler" (*T.-Becker,* 37 Bde.).

Thieme Verlag, *Georg Thieme Verlag KG,* gegr. 1886 in Leipzig; medizin. u. naturwissenschaftl. Werke u. Zeitschriften. Stammhaus verstaatlicht (*VEB Georg Thieme*), Neugründung 1946 in Stuttgart.

Thienemann, 1. August, Zoologe u. Hydrobiologe, *7. 9. 1882 Gotha, †22. 4. 1960 Plön; begründete in Dtschld. die Lehre von den Binnengewässern u. ihren Lebensgemeinschaften. Die *T.schen Regeln* setzen die Lebensbedingungen in einem Lebensraum in Zusammenhang mit den Individuen- u. Artenzahlen der dort lebenden Organismen. Hrsg. „Die Binnengewässer".
2. Johann, Vetter von 1), Zoologe, *12. 11. 1863 Gangloffsömmern, Thüringen, †12. 4. 1938 Rossitten; gründete 1901 die Vogelwarte Rossitten; Untersuchungen über den Vogelzug.

Thienemanns Verlag, *K. Thienemanns Verlag,* Stuttgart, gegr. 1849 von Karl *Thienemann;* Kinder- u. Jugend-, Diätkochbücher.

Thierfelder, Andreas, Altphilologe, *15. 6. 1903 Zwickau; Schriften zur griech. u. latein. Literatur. Hrsg. von Plautus, Terenz, Menander u. der Ztschr. „Lustrum" (seit 1957, mit H.-J. Mette).

Thierry [tjɛˈri], Augustin, französ. Historiker, *10. 5. 1795 Blois, †22. 5. 1856 Paris; seine Werke waren wegen ihres Lokalkolorits u. erzählenden Charakters weit verbreitet.

Thierry von Chartres [tjɛˈri-ʃartr], *Theodoricus Brito,* Frühscholastiker, †um 1150; Kanzler der Schule zu Chartres; bildete, von *Boethius* angeregt, eine Art christl. Neupythagoreismus aus, um die innertrinitar. Prozesse u. das Verhältnis der Schöpfung zum Schöpfer gedankl. zu bewältigen.

Thiers [tjɛːr], Stadt im mittelfranzös. Dép. Puy-de-Dôme, an den Hängen der Durolleschlucht, 17 800 Ew.; Stahlwarenfabriken, Messerschleifereien, Kunstseiden-, Papier- u. Bekleidungsindustrie.

Thiers [tjɛːr], Adolphe, französ. Historiker u. Politiker (Liberaler), *14. 4. 1797 Marseille, †3. 9. 1877 St.-Germain-en-Laye; zunächst Anhänger, dann Gegner des „Bürgerkönigs" Louis-Philippe, mehrfach Min., 1836 u. 1840 Min.-Präs. u. Außen-Min. Nach der Februarrevolution 1848 konservativer Republikaner, unter Napoléon III. bis 1852 verbannt; seit 1863 Führer der Opposition. T. schloß 1871 den Frieden mit dem Dt. Reich in Frankfurt u. wurde am 31. 8. 1871 durch die Nationalversammlung zum Präs. der Republik ernannt; er trat im Mai 1873 zurück, da die monarchist. Mehrheit ihm das Vertrauen entzog.

Thiersch, 1. Carl, Chirurg, *20. 4. 1822 München, †28. 4. 1895 Leipzig; nach ihm benannt die *T.-Plastik,* ein Verfahren der Hauttransplantation.
2. Friedrich Ritter von, Architekt u. Maler, *18. 4. 1852 Marburg, †23. 12. 1921 München; seit 1880 meist in München tätig; errichtete dort im Stil eines monumentalen Historismus u. a. den Justizpalast (1887–1897), schuf archäolog. Rekonstruktionen antiker Bauanlagen (Palmyra, Pergamon).
3. Hermann, Archäologe, *12. 1. 1874 München, †4. 6. 1939 Göttingen; Prof. in Göttingen; „Pharos" 1909; „Die Artemis Ephesia" 1935.

Thiès [tiˈɛs], Stadt in der westafrikan. Rep. Senegal, östl. von Dakar, 120 000 Ew.; Handelszentrum, Metall-, Fahrzeug-, Textil- u. Fleischindustrie.

Thiess, Frank, Schriftsteller, *13. 3. 1890 Gut Eluisenstein, Livland, †22. 12. 1977 Darmstadt; behandelte vor allem psycholog. u. erot. Probleme u. bemühte sich um die Gestaltung dämon. Geschichtsmächte. Romane: „Der Tod von Falern" 1921; „Die Verdammten" 1923; „Das Tor zur Welt" 1925; „Der Weg zu Isabelle" 1934; „Tsushima" 1936; „Stürm. Frühling" 1957; „Caruso" 1942–1946; „Die Straße des Labyrinths" 1951; „Sturz nach oben" 1961. Geschichtsdeutung: „Das Reich der Dämonen" 1941; „Ideen zur Natur- u. Leidensgeschichte der Völker" 1949; „Die griech. Kaiser" 1959; „Plädoyer für Peking" 1966. Theaterstücke, Novellen, Essays. Autobiographie: „Verbrannte Erde" 1963; „Freiheit bis Mitternacht" 1965; „Jahre des Unheils" 1973.

Thietmar von Merseburg, Bischof von Merseburg, Chronist, *25. 7. 975, †1. 12. 1018; seine Chronik ist wichtig als Quelle für die Zeit der Sachsenkaiser u. über die slaw. Nachbarvölker.

Thieu [tjø] →Nguyen Van Thieu.

Thigmonastie = Haptonastie.

Thigmotropismus, →Tropismus von Pflanzen auf Berührungsreize, z. B. Umwachsen von Hindernissen durch Triebe u. Sprosse. Am wichtigsten ist der T. der Ranken, der das Erfassen u. Stützen ermöglicht (hier auch *Haptotropismus*). Er beruht auf einer fortlaufenden Wachstumsbeschleunigung des Teils der Ranke, der dem Reiz gegenüberliegt.

Thimbu, *Timphu,* Residenz von *Bhutan,* Himalaya, beim Kloster Taschi Cho Dsong; Festung.

Thimig, Schauspielerfamilie: 1. Hans, Sohn von 4), *23. 7. 1900 Wien; 1918–1924 u. seit 1949 am Wiener Burgtheater; Charakterdarsteller, auch im Film.
2. Helene, Tochter von 4), *5. 6. 1889 Wien, †7. 11. 1974 Wien; seit 1917 in Berlin u. Dt. Theater u. in Wien; seit 1932 verheiratet mit Max *Reinhardt,* 1938–1946 in den USA, seitdem am Wiener Burgtheater u. am Theater in der Josefstadt, bei den Salzburger Festspielen u. 1948–1959 Leiterin des Wiener Reinhardt-Seminars; Darstellerin klass. Rollen; schrieb „Wie Max Reinhardt wirklich lebte" 1973.
3. Hermann, Sohn von 4), *3. 10. 1890 Wien; 1916–1932 an den Reinhardt-Bühnen in Berlin u. Wien, seit 1934 am Wiener Burgtheater; kom. Bonvivant, jugendlicher Held u. Charakterdarsteller, auch in vielen Filmen.
4. Hugo, *16. 6. 1854 Dresden, †24. 9. 1944 Wien; 1874–1917 u. seit 1936 am Wiener Burgtheater, 1912–1917 dessen Direktor; Charakterkomiker.

Thing [das, Mz. T.e; nordgerman. Form von *Ding*], in der german. u. fränk. Zeit Volksversammlung als polit. Gerichts- u. Heeresversammlung; das echte T. wurde in regelmäßigen Zeitabständen abgehalten, wobei allg. Erscheinenspflicht bestand; anfangs achtmal, seit dem 6. Jh. dreimal jährl.; *gebotenes T.,* ursprüngl. unregelmäßig bei Bedarf abgehalten, seit Karl d. Gr. vierzehntäglich, wobei nur noch Gerichtsvorsitzender (*Zentenar*), Schöffen u. Parteien anwesend waren. – ⌑ 4.0.3.

Thinnampho, *Tschinampo, Chinnampo, Tschenampo,* nordkorean. Hafenstadt am Gelben Meer, an der Mündung des Tädonggang, Seehafen für *Phyongyang,* 100 000 Ew.; Maschinen- u. Schiffbau, chem. Industrie, Buntmetallverhüttung.

Thio... [grch.], Wortbestandteil mit der Bedeutung „Schwefel"; wird zu *Thi...* vor Selbstlaut; bezeichnet chem. Verbindungen, in denen Sauerstoff durch Schwefel ersetzt ist, z. B. *T.alkohol.*

Thioalkohole = Mercaptane.

Thioäther, *Alkylsulfide,* organ. Schwefelverbindungen; zwei Alkylgruppen enthaltende Schwefelwasserstoffabkömmlinge mit widerl. Geruch; allg. Form: R–S–R' (wobei R,R' = Alkyl).

Thiocyanate = Rhodanide.

Thioharnstoff, *Thiocarbamid,* Diamid der Thiokohlensäure, H_2N–CS–NH_2; weiße, wasserlösliche Kristalle, aus Calciumcyanamid u. Sulfiden darstellbar. Kondensiert mit Formaldehyd zu härtbaren Kunststoffen (→Aminoplaste); auch zur Herstellung von Arzneimitteln, z. B. Vitamin B_1.

Thionville [tjɔ̃ˈviːl], französ. Name der Stadt →Diedenhofen in Nordostfrankreich.

Thionylchlorid, *Schwefligsäurechlorid,* $SOCl_2$, an der Luft rauchende, stark erstickend riechende Flüssigkeit; Chlorierungsmittel in der Chemie.

Thiophen, *Thiofuran,* C_4H_4S, eine heterocyclische Schwefelverbindung; farblose Flüssigkeit, die im Steinkohlenteer, stets zusammen mit *Benzol,* vorkommt, chemisch dem Benzol sehr ähnlich. T. wird synthet. aus Acetylen gewonnen u. ist auch aus Erdöl isolierbar. Derivate des T.s dienen als Schädlingsbekämpfungsmittel u. Anästhetika.

Thioplaste, schwefelhaltige Kunststoffe (z. B. *Perduren, Thiokol*), die aus Polysulfiden u. chlorierten Kohlenwasserstoffen hergestellt werden; chemisch Polyäthylensulfide. Die T. sind sehr ähnl. dem Kautschuk, bes. unempfindl. gegen organ. Lösungsmittel (z. B. Öl), vulkanisierbar.

Thiosulfate, Salze der frei nicht beständigen *Thioschwefelsäure,* z. B. $Na_2S_2O_3 \cdot 5H_2O$ *Natrium-T.,* wird in der Photographie als *Fixiersalz,* in der Bleicherei als *Antichlor* zum Entfernen überschüssigen Chlors aus gebleichten Geweben verwendet.

Thisted [-teð], Stadt in der dän. Amtskommune Viborg, in Nordjütland, am Limfjord, 29 000 Ew.; landwirtschaftl. Handel; bis 1970 Amtssitz.

Thixotropie, die Eigenschaft mancher verfestigten (gelartigen, nicht fließfähigen) →Kolloide, unter dem Einfluß mechanischer Kräfte (durch Schütteln, Mischen) vorübergehend flüssig zu werden (aus dem Zustand des *Gels* in den des *Sols* überzugehen). Manche feuchten Tonsorten sind von Natur aus thixotrop; bei Anstrichfarben wird T. gelegentlich durch Zusätze künstl. herbeigeführt.

Tho, eine Thaigruppe in Nordvietnam.

Thode, Henry, Kunsthistoriker, *13. 1. 1857 Dresden, †9. 11. 1920 Kopenhagen; Direktor des Städelschen Instituts in Frankfurt a. M. „Michelangelo" 3 Bde. 1908–1913.

Thököly [ˈtœkœlj], Imre (Emmerich) Graf, ungar. Feldherr, *25. 9. 1657 Käsmark, †13. 9. 1705 Izmit; seit 1677 Anführer des gegen Habsburg gerichteten ungar. Aufstand. Ungarn (*Kuruzenkriege*), 1682 vom Landtag in Kaschau mit Zustimmung der Osmanen zum König von (Ober-)Ungarn proklamiert, 1683 mit den Osmanen vor Wien, seit 1697 meist in Istanbul, vom Sultan zum Fürsten von Widin ernannt.

Tholos [die; grch.], antiker Rundbau, verwendet

Tholos von Epidauros, erbaut zwischen 370 u. 330 v. Chr.

Tholuck

als Tempel (Delphi, für Athene, 4. Jh. v. Chr.), für den Heroenkult (Weihe- u. Opferstätte der Heilschlange des Asklepios in Epidauros, 360–320 v.Chr.) u. als polit. Versammlungsraum. In der röm. Architektur: Vestatempel auf dem →Forum Romanum, Rundtempel in →Tivoli.

Tholuck, Friedrich August Gottreu, ev. Theologe, * 30. 3. 1799 Breslau, † 10. 6. 1877 Halle (Saale); Führer des pietist. Theologie gegen Schleiermacher, bedeutender Prediger u. Studentenseelsorger.

Thoma, 1. Georg, Skiläufer, * 20. 8. 1937 Hinterzarten; Olympiasieger in der nordischen Kombination 1960 in Squaw Valley, 1964 in Innsbruck Bronzemedaillengewinner, Weltmeister 1966.
2. Hans, Maler u. Graphiker, * 2. 10. 1839 Bernau, Schwarzwald, † 7. 11. 1924 Karlsruhe; angeregt durch G. *Courbet* u. die Schule von Barbizon; 1899–1909 Leiter der Kunsthalle u. Akademie in Karlsruhe; hellfarbige Landschaften, bes. aus Taunus u. Schwarzwald, oft mit Staffagefiguren, die das stimmungsmäßige Element unterstreichen, ferner Figurenbilder mit allegor. Thematik sowie schlicht empfundene Bauernbilder u. Porträts von erzählfreudiger Heimatverbundenheit. Bedeutend ist das graph. Werk (Lithographien).
3. Ludwig, Schriftsteller, * 21. 1. 1867 Oberammergau, † 26. 8. 1921 Rottach, Tegernsee; Redakteur beim „Simplicissimus", in dem er als Peter *Schlemihl* zeitkrit. Gedichte veröffentlichte; gründete 1906 die Zeitschrift „März" (mit H. *Hesse*). T. schildert lebensecht, oft sarkast. seine bayer. Heimat. Satir. Komödien: „Die Medaille" 1901; „Die Lokalbahn" 1902; „Moral" 1909; „Erster Klasse" 1910. Bauernromane. Sonstiges: „Lausbubengeschichten" 1905; „Tante Frieda" 1907; „Jozef Filsers Briefwexel" 1909.
Thomae, Hans, Psychologe, * 31. 7. 1915 Winkl bei Lenggries; untersucht Struktur u. Prozeßhaftigkeit der Persönlichkeit. Werke: „Das Wesen der menschl. Antriebsstruktur" 1944; „Persönlichkeit" 1951, ⁴1971; (Mit-Hrsg.) „Handbuch der Psychologie" 12 Bde. 1958ff.; „Das Individuum u. seine Welt" 1968; (Hrsg. mit U. *Lehr*) „Altern" 1968; (mit H. *Feger*) „Hauptströmungen der neueren Psychologie" 1969, ²1972; „Vita Humana" 1969.

Thomaehlen, Ludwig, Bildhauer, * 24. 5. 1889 Hanau, † 3. 5. 1956 Bad Ems; bis 1933 als Kunsthistoriker an der Berliner Nationalgalerie, Denkmäler u. Porträtplastiken.

Thomanerchor, seit 1519 bestehender Chor der Leipziger Thomaskirche; Vorläufer vermutl. seit 1212. Erste öffentl. Konzerte Ende des 18. Jh.; etwa 1820 Einführung der weltberühmten Freitagabend-Motette. Beginn der Reisetätigkeit etwa 1910. Thomaskantoren waren u.a. Georg *Rhaw* (1519/20), Sethus *Calvisius* (1594–1615), J. *Kuhnau* (1701–1722), J. S. *Bach* (1723–1750), J. A. *Hiller* (1789–1801), Gustav *Schreck* (1893 bis 1918), K. *Straube* (1918–1939), G. *Ramin* (1939–1956), E. *Mauersberger* (1961–1972), Hans-Joachim *Rotzsch* (seit 1972).

Thomas [hebr., „Zwilling"], männl. Vorname; engl. Kurzform *Tom*, Koseform *Tommy*.

Thomas, einer der zwölf Jünger u. Apostel Jesu; zweifelte zuerst an der Auferstehung Jesu („ungläubiger T."); gilt als Apostel Indiens u. in gnostischen Kreisen als Verfasser eines →Thomasevangeliums. Heiliger (Fest: 3. 7.).

Thomas, 1. [to′ma], Adrienne, geb. Strauch, Schriftstellerin, * 24. 6. 1897 St. Avold, Moselle, † 7. 11. 1980 Wien: Romane: „Die Katrin wird Soldat" 1930; „Ein Fenster am East River" 1945; „Ein Hund ging verloren" 1953; auch Kinderbücher.
2. [to′ma], Ambroise, französ. Komponist, * 5. 8. 1811 Metz, † 12. 2. 1896 Paris; Opern: „Mignon" 1866, „Hamlet" 1868.
3. [′tɔməs], Dylan, engl. Lyriker, * 27. 10. 1914 Swansea, Wales, † 9. 11. 1953 New York; führender Lyriker seiner Generation. In rhythm. u. metaphernreicher Lyrik gestaltete er Schrecken u. Erfahrungen einer chaot. Zeit; in dem lyr. Hauptwerk „Tode u. Tore" 1946, dt. 1952, zeigen sich auch religiöse Motive. Hörspiel: „Unter dem Milchwald" (posthum) 1954, dt. 1954.
4. [tɔ′ma], Jess, US-amerikan. Sänger (Tenor), * 4. 8. 1927 Hot Springs, S.D.; zunächst Psychologe, 1958 Debüt als Sänger in Karlsruhe, seit 1969 in Wien u. seit 1973 auch in Zürich.
5. Kurt, Chorleiter, * 25. 5. 1904 Tönning, † 31. 3. 1973 Bad Oeynhausen; 1957–1960 Thomaskantor in Leipzig, Verfasser eines Standard-Lehrbuchs für Chorleitung (3 Bde. 1935–1948); auch Komponist, bes. auf dem Gebiet der ev. Kirchenmusik.
6. [′tɔməs], Sidney Gilchrist, engl. Erfinder, * 16. 4. 1850 Canonbury bei London, † 1. 2. 1885 Paris; erfand mit seinem Vetter Percy 1878 das *Thomasverfahren* (→Windfrischverfahren).
7. [′tɔməs], Theodore, US-amerikan. Dirigent dt. Herkunft, * 11. 10. 1835 Esens, Ostfriesland, † 4. 1. 1905 Chicago; seit 1862 Leiter verschiedener amerikan. Orchester; setzte sich für zeitgenöss. europ. Komponisten ein.

Thomas a Kempis →Thomas von Kempen.

Thomasakten, in gnostischen Kreisen geschätzte, um 200 entstandene „Taten des hl. Apostels Thomas" von hoher religionsgeschichtlicher Bedeutung.

Thomaschristen, Sammelname für die Christen der verschiedenen Bekenntnisse an der Malabarküste Vorderindiens, die ihren Ursprung auf den Apostel *Thomas* zurückführen. Ihre erste Prägung erhielten sie durch die Mission der →Nestorianer.

Thomasevangelium, Sammlung von Worten Jesu unter dem Namen des Apostels *Thomas,* in der alten Kirche bekannt u. in gnostischen Kreisen geschätzt, 1945 in koptischer Sprache in Nag Hammadi wiederentdeckt.

Thomasin von Zerklaere, *Circlaria,* mhd. Lehrdichter, * um 1185 Friaul, † vor 1238 Aquileia; Italiener, Domherr in Aquileia; schrieb im „Welschen Gast" (1215) die grundlegende ritterl.christl. Lebens- u. Tugendlehre in 15 000 Versen.

Thomasius, Christian, Jurist u. Philosoph, * 1. 1. 1655 Leipzig, † 23. 9. 1728 Halle (Saale); von *Grotius* u. *Pufendorf* beeinflußter Vertreter des dt. Naturrechtsdenkens; wegen seiner Aufklärungsphilosophie auf Betreiben der Theologen aus Leipzig vertrieben; hielt 1687 die erste öffentl. Vorlesung in dt. Sprache; in seiner Philosophie stellt er die Sittlichkeit über das Recht, das es nach ihm außerhalb der Gemeinschaft überhaupt nicht gibt. T. trennte scharf zwischen göttl. u. natürl. Recht u. betrieb damit die Säkularisierung des Naturrechts, den Ausschluß aller theolog. Gedanken über das →Jus divinum aus der Rechtslehre. Hptw.: „Institutiones jurisprudentiae divinae" 1687; „Fundamenta juris naturae et gentium" 1705.

Thomaskantor, Leiter des →Thomanerchors.

Thomasmehl, phosphorsäurehaltiges Düngemittel aus der feingemahlenen Schlacke, die bei der Stahlherstellung nach dem *Thomasverfahren* (→Windfrischverfahren) anfällt. T. enthält 16 bis 18% P_2O_5 u. 40–50% CaO.

Thomas Morus →Morus (2).

Thomassin d'Eynac [tɔmasē dɛ′nak], Louis de, französ. kath. Theologe, Oratorianer, * 28. 8. 1619 Aix-en-Provence, † 24. 12. 1695 Paris; Hptw.: „Dogmata theologica" 1680–1689, außerdem rechts- u. liturgiegeschichtl. Werke.

Thomas-Universität, internationale päpstl. Universität (seit 1963) der Dominikaner in Rom mit einer philosoph., theolog. u. kirchenrechtl. Fakultät u. Instituten für Sozialwissenschaften; hervorgegangen aus dem 1580 gegr. *Thomas-Kolleg.*

Thomasverfahren →Windfrischverfahren

Thomas von Aquin, Theologe u. Philosoph, „Doctor communis", „Doctor angelicus" genannt, Heiliger, * um 1225 Roccasecca bei Aquino, † 7. 3. 1274 Fossanova; Grafensohn, Dominikaner, studierte u.a. bei Albertus Magnus in Köln; lehrte 1252–1259 in Paris, 1259–1268 in Italien, 1269–1272 erneut in Paris, seit 1272 in Neapel. T. v. A. war in erster Linie Theologe. In der Bibelerklärung bemühte er sich um ein sachl. Verständnis der Hl. Schrift unter Einbeziehung der Überlieferung der Kirchenväter. In der systemat. Theologie führte er die Leistungen des 12. u. frühen 13. Jh. weiter. Er versuchte, zur Klärung der Glaubensgeheimnisse die natürl. Vernunft, insbes. das philosoph. Denken des *Aristoteles,* in vollem Umfang heranzuziehen u. der Theologie den Charakter einer Wissenschaft zu geben: Die Offenbarung ist nicht wider-, sondern übervernünftig. Die Verteidigung dieses Versuchs zwang ihn zur Auseinandersetzung mit einem gewissen „umweltlichen" *Augustinismus* einerseits u. dem naturalist. orientierten latein. *Averroismus* andererseits. Diese Diskussionen nötigten ihn, das gesamte vielschichtige theolog. wie philosoph. Gedankengut der antiken u. christl. Vorzeit aufzunehmen u. neu zu durchdenken. Grundlegend ist das Verhältnis von Form u. Materie: Die Einzeldinge entstehen, indem die Formen von Raum u. Zeit bis hinauf zur Gottheit die Materie bestimmen. Gott ist absolute Form, seine Wesenheit u. sein Dasein sind eins; bei den endl. Wesen tritt das Dasein zu ihrem Wesen im Schöpfungsakt hinzu. Natur u. Vernunft sind hingeordnet auf Gott. Die Seele des Menschen ist die niedrigste der „absoluten" u. zugleich die oberste der materiellen Formen. Sein sittl. Ziel liegt in der Entwicklung seiner vernünftigen Natur. Sein freier Wille muß sich von seiner Vernunft leiten lassen (Intellektualismus). Als polit. Wesen ist der Mensch von Natur aus auf Geselligkeit u. Verbindung in Familie, Gemeinde u. Staat angelegt. Der Staat ist eine rein weltl. Einrichtung, sein Einteilungsprinzip sind Abkunft u. Besitz. Beste Staatsform ist die durch aristokratisch-demokratische Garantien gegen Despotismus geschützte Monarchie. Jedoch ist der weltl. Staat nur Vorbereitung auf den in der Kirche bereits sinnbildlich gegenwärtigen himmlischen Staat.
Hptw.: „Summa contra gentiles" 1258–1264 (Auseinandersetzung mit dem nichtchristl., bes. islam. Denken); „Summa theologica" 3 Teile

Hans Thoma: Sommer (Lautenspieler auf einer Wiese); 1872. Berlin (West), Neue Nationalgalerie

Thomas von Aquin, von Justus von Gent im 15. Jh. hergestellte Kopie nach einem Porträt in S. Maria della Vittoria, Rom

1267–1274 (System der Theologie u. Philosophie); „Quaestiones disputatae" (Niederschriften der akademischen Disputationen); Kommentare zur Bibel, zu Aristoteles u. den Sentenzen des Petrus Lombardus. – Erhebung zum Kirchenlehrer 1567. Fest: 28. 1. →auch Thomismus. – ▯ 1.8.6.

Thomas von Kempen, *Thomas a Kempis,* eigentl. T. *Hemerken,* Augustinerchorherr, *1379 oder 1380 Kempen, Niederrhein, † 1471 Agnetenberg bei Zwolle, Holland; Vertreter des →Devotio moderna, die Verfasserschaft an der myst. Schrift „De imitatione Christi" („Nachfolge Christi") ist umstritten. – ▯ 1.8.6.

Thomismus, eine philosoph.-theolog. Lehrrichtung, die sich mehr oder weniger an das System des *Thomas von Aquin* anschließt.
Bes. die Erkenntnistheorie des Thomas u. seine Lehre von der Einheit der Form auch im Menschen sowie von der Materie als Individuationsprinzip war schon zu seinen Lebzeiten auf starken Widerstand gestoßen. Während die Erzbischöfe von Paris Stephan *Tempier* u. von Canterbury Robert *Kilwardby* (1277) u. sein Nachfolger John *Peckham* (1284 u. 1286) autoritativ einzelne Sätze verurteilten, eröffnete der Franziskaner *Wilhelm de la Mare* die wissenschaftl. Auseinandersetzung („Correctorium fratris Thomae" zwischen 1277 u. 1282). Der mutigste Verteidiger des Thomas war sein Schüler, der Augustiner-Eremit *Ägidius Romanus.* Als die Heiligsprechung den Angriffen ein Ende setzte (1323), hatten sich die meisten Lehren Thomas' durchgesetzt. Die Entwicklung war jedoch bereits über Thomas hinausgegangen, u. die Philosophie des 14. Jh. wurde von J. *Duns Scotus* u. dem *Nominalismus* beherrscht.
Erst als Anfang des 15. Jh. J. *Capreolus* den Nachweis unternahm, daß es keine wirklichen Fortschritte philosoph. Erkenntnis über Thomas hinaus gegeben habe, entstand ein als bewußter Rückgriff auf Thomas. Er brachte im 16. Jh. die großen Kommentare des Th. *Cajetan de Vio* zur „Summa theologica" u. *Franciscus Silvestris* aus Ferrara zur „Summa contra gentiles" (1552). Wiederholte Empfehlungen der Lehre des Thomas durch die Generalkapitel des Dominikanerordens u. der Anschluß des Jesuitenordens an sie führte schließl. im 18. Jh. zur Festlegung beider Orden auf den T. Als Beginn des *Neu-T.* gilt die Enzyklika „Aeterni Patris" *Leos XIII.* (1879). Sie empfiehlt für die philosoph. Studien an den kirchl. Hochschulen den Anschluß an den Geist des hl. Thomas. Diese Richtlinien wurden durch weitere päpstl. Rundschreiben ergänzt (zuletzt Thomas-Enzyklika *Pius' XI.* 1923 u. „Humani generis" *Pius' XII.* 1950). – ▯ 1.4.7.

Thompson ['tɔmpsən], **1.** Dorothy, US-amerikan. Journalistin, *9. 7. 1894 Lancester, N.Y., † 31. 1. 1961 Lissabon; 1928–1942 verheiratet mit S. *Lewis*; Darstellungen bes. von europ. Verhältnissen.
2. Francis, engl. Lyriker, *18. 12. 1859 Preston, † 13. 11. 1907 London; führte ein durch Armut u. Krankheit zerrüttetes Vagabundenleben, wurde zu einem Dichter von kath.-myst. Religiosität u. hoher Sprachkunst.

Thomson ['tɔmsən], **1.** Sir Charles Wyville, schott. Naturforscher, *5. 3. 1830 Bouside, Linlithgowshire, † 10. 3. 1882 Bouside; widmete sich bes. der Tiefseeforschung, organisierte u. leitete mehrere Forschungsunternehmungen.
2. Sir George Paget, Sohn von 4), brit. Physiker, *3. 5. 1892 Cambridge, † 10. 9. 1975 Cambridge; entdeckte die Beugung von Elektronen an Kristallen; Nobelpreis für Physik 1937 (zusammen mit C. J. *Davisson*).
3. James, schott. Dichter, *11. 9. 1700 Ednam, Roxburghshire, † 27. 8. 1748 Richmond; begründete mit einem naturbeschreibenden Gedicht „The Seasons" 1726–1730, dt. „Die Jahreszeiten" 1745, eine neuartige realist. Naturauffassung in der europ. Literatur; J. *Haydn* vertonte den von Brockes übersetzten Text („Die Jahreszeiten"). T. schrieb das Nationallied „Rule Britannia" (im Drama „Alfred" 1740).
4. Sir Joseph John, brit. Physiker, *18. 12. 1856 Cheetham Hall bei Manchester, † 30. 8. 1940 Cambridge; Mitbegründer der modernen Atomphysik; erkannte die Kathodenstrahlen als freie Elektronen, untersuchte die elektr. Leitfähigkeit von Gasen. Nobelpreis für Physik 1906.
5. Virgil, US-amerikan. Komponist u. Musikkritiker, *25. 11. 1896 Kansas City, Mo.; 1940–1954 Musikkritiker der „New York Herald Tribune"; Opern, Sinfonien, Kammer- u. Filmmusik.

Thomsongazellen, Gazella thomsoni, aus Kenia

6. Sir William, Baron *Kelvin of Largs* (seit 1892), brit. Mathematiker u. Physiker, *26. 6. 1824 Belfast, † 17. 12. 1904 Netherhall bei Largs (Schottland); Präs. der Royal Society (1890–1895); arbeitete auf allen Gebieten der Physik, definierte die absolute Temperaturskala *(Kelvin-Skala).*

Thomsongazelle ['tɔmsən-], *Gazella thomsoni,* rehgroße *Gazelle* mit langen geringelten Hörnern; in Steppengebieten Ostafrikas. Mit ihr vergesellschaftet die damhirschgroße *Grantgazelle.*

Thonburi, Vorstadt von *Bangkok,* rd. 800 000 Ew.; mit Bangkok zusammen eine Agglomeration.

Thonon-les-Bains [tɔ'nɔ̃ le'bɛ̃], Bade- u. Luftkurort über dem *Genfer See,* im französ. Dép. Haute-Savoie, frühere Hptst. des *Chablais,* 22 300 Ew.; alkalische u. kohlensaure Heilquelle; Ortsteil Rives-sous-Thonons (Hafen) am See; Metall-, Elektro- u.a. Industrie; Obst- u. Weinbau.

Thöny, 1. Eduard, österr. Maler u. Graphiker, *9. 2. 1866 Brixen, Tirol, † 26. 7. 1950 Holzhausen, Oberbayern; seit 1897 Mitarbeiter des „Simplicissimus"; Zeichnungen u. Karikaturen im Jugendstil.
2. Wilhelm, österr. Maler u. Graphiker, *10. 2. 1888 Graz, † 1. 5. 1949 New York; 1913 Mitbegründer der Neuen Sezession München, seit 1938 in den USA. Ölbilder u. zartfarbige Aquarelle.

Thor, nord. Gott (entspr. →Donar), Wettergott, Feind der Riesen, Freund der Menschen; sein Attribut ist der Hammer.

Thora [auch 'tɔ:ra; die; hebr., „Lehre"], Tora, das Gesetz Gottes oder das mosaische Gesetz, allg. Bez. für „fünf Bücher Mose" im A.T.; zur Verlesung in der Synagoge auf Pergamentrollen (T.rollen) geschrieben, im T.schrein aufbewahrt.

Thorak, Josef, österr.-dt. Bildhauer, *7. 2. 1889 Salzburg, † 26. 2. 1952 Hartmannsberg, Oberbayern; schuf mehrere Denkmäler, während der nat.-soz. Zeit in staatl. Auftrag Kolossalplastiken, meist als pathetisch bewegte Aktfiguren.

Thorakoplastik [grch.], ein chirurg. Verfahren der Lungenkollapstherapie bei Lungentuberkulose, bei dem durch Entfernung von Rippenstücken eine Verkleinerung des Brustkorbs u. damit ein Zusammenfallen (Kollabieren), also eine Ruhigstellung der Lunge erreicht wird.

Thórarensen ['θou-], Bjarni, isländ. Lyriker, *30. 12. 1786 Brautarholt, † 24. 8. 1841 Mödruvellir; gilt als Vater der neuen isländ. Literatur, preist die Natur u. die Härte des Lebens in seiner Heimat.

Thorax [der; grch.], **1.** die *Brust,* der mittlere Körperabschnitt der Gliederfüßer zwischen Kopf u. Hinterleib *(Abdomen),* der Träger der Gangbeinpaare; bes. bei Insekten, wo der T. aus drei Segmenten besteht (Vorder-, Mittel- u. Hinterbrust: Pro-T., Meso-T., Meta-T.) u. die drei Beinpaare nebst den zwei Flügelpaaren trägt. Bei Krebstieren sind Kopf u. T. zum *Cephalothorax,* bei Spinnentieren zum *Prosoma* vereinigt. – **2.** der *Brustkorb* der Säugetiere. →Brust.

Thorbecke, Jan Rudolf, niederländ. Staatsmann, *14. 1. 1798 Zwolle, † 4. 6. 1872 Den Haag; war mehrmals Min.-Präs., erwarb sich große Verdienste um den niederländ. Parlamentarismus, u. a. duch seine Mitarbeit an einer liberalen Verfassung.

Thorbjörn Hornklofi [„Hornklaue"], norweg. Skalde, um 900; besang die Taten Harald Schönhaars im „Haraldslied" u. in dem bruchstückweise erhaltenen „Glymdrápa" (Schlachtenlied).

Thoreau ['θɔrou], Henry David, US-amerikan. Schriftsteller, *12. 7. 1817 Concord, Mass., † 6. 5. 1862 Concord; entwickelte den Transzendentalismus R. W. *Emersons* in Richtung einen ethisch-individualist. Idealismus. In seinem Hptw. „Walden oder Leben in den Wäldern" 1854, dt. 1897, stellte er die Einkehr zu sich selbst durch ein naturnahes Leben dar. Die sozialkrit. Schrift „Über die Pflicht zum Ungehorsam gegen den Staat" 1849, dt. 1967, erhebt die Forderung nach passivem Widerstand gegen die Staatsgewalt.

Thorén [schwed. tu're:n], Kürsprung beim Eiskunstlauf, anderer Name für →Euler.

Thorez [tɔ'rɛs; nach M. *Thorez*], Tores, bis 1964 Tschistjakowo, Bergbaustadt in der Ukrain. SSR (Sowjetunion), im S des Donezbeckens, 100 000 Ew.; Steinkohlenförderung, Fertigung von Stahlbetonteilen, Elektroindustrie.

Thorez [tɔ'rɛ:z], Maurice, französ. Politiker (KP), *28. 4. 1900 Noyelles-Godault, Pas-de-Calais, † 11. 7. 1964 an Bord der „Latwija" im Schwarzen Meer; Bergarbeiter; 1930–1964 Generalsekretär der Kommunist. Partei, 1939–1944 im Exil in der UdSSR, 1945 Minister, 1946/47 stellvertr. Min.-Präs., seit Mai 1964 Ehren-Vors. der KPF.

Thorild ['tu:-], Thomas, eigentl. Th. *Thorén,* schwed. Dichter u. Kulturkritiker, *18. 4. 1759 Svarteborg, † 1. 10. 1808 Greifswald; kämpfte gegen die Klassik u. bereitete die Romantik vor.

Thorit [der], *Orangit,* braunes bis schwarzes, glas- oder fettglänzendes Mineral, chem. Thoriumsilicat; tetragonal; Härte 4,5–5; meist derb, blättrig, dicht; auf pegmatitischen Gängen.

Thorium [das; nach dem Gott *Thor*], chem. Zeichen Th, glänzendes, graues, weiches, vierwertiges Metall, Atomgewicht 232,0381; Ordnungszahl 90, spez. Gew. 11,7, Schmelzpunkt 1827° C; wird aus Monazitsand gewonnen; ^{232}T (Halbwertszeit 1,42 · 10^{10} Jahre) ist der Ausgangspunkt einer radioaktiven Zerfallsreihe (→Radioaktivität); das Oxid (ThO_2) wird mit *Ceroxid* zur Herstellung von *Glasglühstrümpfen* verwendet (→Auer [2]).

Thorn, poln. *Toruń*, Stadt an der unteren Weichsel in Polen u. Hptst. (seit 1975) der Wojewodschaft Toruń, 160000 Ew.; ehem. Festung; mittelalterl. Bauwerke (Rathaus, 14. Jh.; Kirchen des 13./14. Jh.); Universität (1946); chem. (Kunstfaser-), Metall-, Elektro-, Maschinen-, Nahrungsmittelindustrie; Handels- u. Verkehrszentrum.
Gegr. 1231 vom Dt. Orden, 1232 Stadt mit dt. (Kulmer) Recht, Hanse-Mitgl., 1454/1466 zu Polen, 1557 der Reformation beigetreten, 1724 *T.er Blutbad* (Enthauptung des prot. Rats), 1793–1919 preuß. Im *1. T.er Frieden* (1411) mußte der Dt. Orden Samogitien, im *2. T.er Frieden* (1466) Westpreußen, Kulm u. Ermland abtreten.

Thorn, Gaston, luxemburg. Politiker (Demokrat. Partei), * 3. 9. 1928 Luxemburg; 1969–1974 Außen-Min., 1974–1979 Min.-Präs., 1979/80 Außen- u. Wirtschafts-Min.; seit 1981 Präs. der EG-Kommission.

Thorndike ['θɔ:ndaik], Edward Lee, US-amerikan. Psychologe, * 31. 8. 1874 Williamsburg, Mass., † 10. 8. 1949 Montrose, N.Y.; Hptw.: „Educational Psychology" 1913, dt. 1922.

Thornhill ['θɔ:n-], Sir James, engl. Maler u. Radierer, * 25. 7. 1675 oder 1676 vermutl. Wolland, Dorset, † 13. 5. 1734 Thornhill Park bei Stalbridge, Dorset; schuf monumentale Wand- u. Deckengemälde in engl. Schlössern (Blenheim, Hampton Court) u. in der St.-Pauls-Kathedrale; Hofmaler unter Königin Anna, Georg I. u. Georg II.

Thorn-Prikker, Jan, holländ. Maler u. Kunstgewerbler, * 5. 6. 1868 Den Haag, † 5. 3. 1932 Köln; Neoimpressionist, dann unter dem Eindruck des Jugendstils, entwarf Möbel, Teppiche u. Gebrauchsgegenstände, bemühte sich um die Erneuerung des monumentalen Wandbilds.

Thoron, *Thorium-Emanation*, Isotop des →Radons mit dem Isotopengewicht 220; entsteht als Zwischenprodukt beim Zerfall des →Thoriums.

Thorsberg, Hügel am Nordrand des Ortes Süderbrarup in Schleswig-Holstein, an dessen Fuß in einem kleinen Moor ein Opferplatz ausgegraben wurde. Die Funde stammen aus der Stein- u. Bronzezeit um 400 v.Chr. u. von 100 v.Chr.–400 n.Chr.; darunter kostbare Waffen, ein Maskenhelm aus Silber, röm. Münzen, Goldschmuck, Schwertscheidenbeschläge mit Runeninschriften.

Thorvaldsen, Bertel, dän. Bildhauer, * 13. 11. 1768 Kopenhagen, † 22. 3. 1844 Kopenhagen; bedeutender Vertreter des Klassizismus; schulte sich in Rom durch Studien antiker Vorbilder. Typisch sind einseitige Betonung des Umrisses u. reliefhafte Auffassung der Skulptur. Eine Ehrung erfuhr T. durch Errichtung des reich ausgestatteten T.-Museums in Kopenhagen (1840). Hptw.: Amor u. Psyche 1804; Ganymed mit dem Adler 1817; Grabmal Pius' VII. 1824, Rom, St. Peter.

Thoth, altägypt. Gott, Schutzherr der Schreibkunst, auch an Weltregiment u. Weltschöpfung beteiligt; vorwiegend mit Ibiskopf dargestellt.

Thou [tu:], Jacques Auguste de (latinisiert: *Thuanus*), französ. Staatsmann u. Historiograph, * 8. 10. 1553 Paris, † 7. 5. 1617 Paris; Verfasser der „Historia sui temporis". T. war Senats-Präs. u. mitverantwortl. für das Edikt von Nantes (1598).

Thouars [tu'a:r], Stadt im westfranzös. Dép. Deux-Sèvres, auf einer Höhe über dem Tal des Thouet, 12000 Ew.; Schloß (17. Jh.); landwirtschaftl. Markt, Gerbereien.

Thrakien, *Thráke*, südosteurop. Landschaft u. griech. Region (8578 qkm, 330000 Ew.) zwischen den Rhodopen u. dem Istrancagebirge, von Flüssen zerschnittene, niederschlagsarme Ebene; Tabak-, Weizen- u. Maisanbau. – In der Antike hieß T. der östl. Teil der Balkanhalbinsel von der Ägäis bis zur Donau.
Geschichte: Seit etwa 1000 v.Chr. von den indogerman. Völkerschaften der Thraker (*Daker, Geten, Dardaner* u.a.) bewohnt; an Städten gab es bis in hellenist. Zeit nur die griech. Kolonien an den Küsten. 342 v.Chr. wurde es unter *Philipp II.* dem makedon. Reich einverleibt, nach *Alexanders d. Gr.* Tod unter der Herrschaft des *Lysimachos*; nach dessen Tod 281 v.Chr. wieder selbständig unter thrak. Teilfürstentümern, bis es nach langwierigen Kämpfen 46 v.Chr. zur röm. Provinz Thracia wurde. – Die Thraker waren krieger. Stämme u. als Söldner sehr beliebt. Es herrschten bedeutende soziale Unterschiede, wovon thrak. Grabhügel der Hallstatt- u. Latènezeit zeugen. Vom 10.–14. Jh. war T. bulgar., dann türk.; 1923 kam der westl. Teil zu Griechenland.

thrakische Sprache, die indogerman. Sprache der alten Thraker.

Thrasamund, *Thrasimund*, König der Wandalen 496–523; vermählt seit etwa 500 mit *Amalafrida*, einer Schwester Theoderichs d. Gr.

Thrasolt, Ernst, eigentl. Joseph Matthias *Tressel*, Schriftsteller, * 12. 5. 1878 Beurig, Saar, † 20. 1. 1945 Berlin; kath. Priester, Freund C. *Sonnenscheins*, von der Gestapo verfolgt. Hrsg. pazifist. u. volksbildner. Zeitschriften. Lyrik.

Thrasybulos, athen. Feldherr u. Politiker, † um 388 v.Chr.; wandte sich 411 v.Chr. als Flottenbefehlshaber gegen den oligarchischen Umsturz in Athen; verteidigte die Demokratie, brach 404/03 v.Chr. die Herrschaft der *Dreißig Tyrannen* u. errang Erfolge im Kampf um die Wiedererrichtung der athen. Seemacht.

Three Points, *Cape T.P.* ['kɛip θri: 'points], Kap im westafrikan. Ghana, trennt die weitgeschwungenen Buchten der Elfenbeinküste einerseits u. der Gold- u. Sklavenküste (Bucht von Benin) andererseits; in der Nähe das ehem. brandenburg. Fort Groß-Friedrichsburg.

Three Rivers [θri: 'rivəz; engl.], die kanad. Stadt →Trois-Rivières.

Three Sisters [θri: 'sistəz; engl., „drei Schwestern"], isolierte Felspartie aus rotem Sandstein in den Blue Mountains von Neusüdwales; berühmte tourist. Attraktion. – 🅱→Australien.

Threnos [der; grch.], altgriech. Klagelied zur Flötenbegleitung, das beim Begräbnis gesungen wurde *(Pindar, Simonides von Keos)*.

Thriller ['θrilər; der], auf Spannungseffekte u. Nervenkitzel ausgehender Schauer- oder Kriminalroman; auch *T.-Film* u. *T.-Drama*.

Thrips [grch.], eine Gattung der →Fransenflügler.

Thrombasthenie [grch.], die *Glanzmannsche Krankheit* (→Glanzmann).

Thrombose [grch.], *Blutgefäßverstopfung*, Bildung von Pfropfen aus Blutbestandteilen (Fibrin, Blutkörperchen) in Herz u. Gefäßen. Ursache sind Veränderungen der Gefäßinnenwand oder Verlangsamung der Blutströmung durch Stauung, auch Enzymveränderungen des Blutes. Häufig führt Venenentzündung zur T.; auch nach Geburten ist auf Anregung des Blutumlaufs in den Beinen zu achten. Die T. ist gefürchtet wegen der Gefahr einer →Embolie.

Thrombozyten [grch.] = Blutplättchen.

Thrombus [der; grch.], Blutpfropf; →Thrombose.

Thron [der, Mz. *T.e*; grch.], Stuhl mit Armstützen u. Rückenlehne, ursprüngl. Sitz der Gottheit, später Ehrensitz des röm. Kaisers. In christl. Zeit gab es den T. für Papst u. Bischöfe u. den T. für weltl. Fürsten (z.B. Königsstuhl in Aachen).

Thronassistenten, *päpstliche T.*, Mitglieder des päpstl. Ehrengefolges, die bei feierl. Gelegenheiten den Thron des Papstes umgeben. Rang für Priester (Patriarchen, Erzbischöfe, Bischöfe) u. für Laien (Fürsten).

Thronentsagung, *Thronverzicht, Abdankung*, der Verzicht eines Angehörigen eines regierenden Hauses, von dem Recht der *Thronfolge* Gebrauch zu machen, oder nach erfolgter Thronbesteigung der Entschluß, zugunsten des Nächstberechtigten auf die Krone zu verzichten.

Thronfolge, lat. *Sukzession*, die Nachfolge als Monarch beim Tod oder sonstigen Ausscheiden des bisherigen Trägers der Krone. Die Nachfolgeberechtigung hatte nach dem *salischen T.gesetz* nur die männliche Linie (*Agnaten*; so in Preußen), in anderen Ländern ging bzw. geht bei Aussterben des Mannesstamms die T. auf die weibliche Linie über (Bayern, Dänemark, Luxemburg, Niederlande, Österreich – *Kognaten*). Verfassungsrechtl. bedeutsam ist, ob sich die Nachfolge nach staatl. Recht (so Großbritannien) oder nach Hausrecht (so Haus Hohenzollern) bestimmt.

Thronrede, die programmatische Erklärung des Monarchen über das Regierungsprogramm zu Beginn einer Sitzungsperiode des Parlaments (so fester Brauch in Großbritannien). Die sachl. Stellungnahmen sind Äußerungen der Regierung.

Thron und Altar, Schlagwort für die (früher) enge Verbindung von Monarchie u. Kirche.

Thugut, Franz de Paula Frhr. von, österr. Diplomat u. Politiker, * 31. 3. 1736 Linz, † 28. 5. 1818 Wien; gewann als Internuntius in Istanbul 1775 die Bukowina für Österreich; 1793–1800 Außen-Min., Gegner der Poln. Teilungen, befürwortete den Krieg gegen Frankreich, mußte nach dem Frieden von Campo Fòrmio zurücktreten.

Thuille [ty'il], Ludwig, österr. Komponist u. Musikpädagoge, * 30. 11. 1861 Bozen, † 5. 2. 1907 München; einer der Führer der neuromant. „Münchner Schule"; schrieb u.a. Orchesterwerke, Kammermusik u. Opern; Mit-Hrsg. einer „Harmonielehre" 1907.

Thuja [grch.] →Lebensbaum.

Thujaöl →Zedernblattöl.

Thujon, dem Campher ähnl. organ.-chem. Verbindung; Vorkommen im Salbei- u. Wermutöl.

Thukydides, griech. Historiker, * um 455 Athen, † 396 v.Chr. Thrakien; Flottenkommandant im Peloponnesischen Krieg. Nach dem Fall von Amphipolis von den Athenern verbannt, sammelte er auf Reisen Material für seine Geschichte des Peloponnes. Krieges („Historien"), die 411 abbricht. T. übertrifft Herodot in der Suche nach dem inneren Zusammenhang der histor. Ereignisse u. der krit. Verarbeitung der Quellen. Im Machtstreben sah T. die einzige geschichtswirksame Kraft.

Thule, 1. nach antiker Vorstellung ein Inselland, das den nördlichsten Teil der Welt bilden sollte; angeblich von dem Griechen *Pytheas von Massilia* um 325 v.Chr. jenseits von Britannien entdeckt. T. wird heute mit Island, Norwegen oder den Shetlandinseln identifiziert (Pytheas beschreibt z.B. treffend die Mitternachtssonne).
2. seit 1954 neuer Name für die Eskimosiedlung *Qânâq* am Inglefieldsund, in Nordgrönland (300 Ew.); Fisch- u. Robbenfang.

Thule-Kultur, eine relativ hochentwickelte vorgeschichtl. Eskimokultur, 900–1300, auf dem Fang der Seesäugetiere aufgebaut; bis auf das nördl. Alaska von der Kultur der Rentierjäger verdrängt.

Thulium, chem. Zeichen Tm, zur Gruppe der →Lanthanoide gehörendes Element, Atomgewicht 168,94, Ordnungszahl 69.

Thumb, Peter, Baumeister, * 18. 12. 1681 Bezau, † 4. 3. 1766 Konstanz; gehörte der Vorarlberger Bauschule an, einer Künstlergruppe, die eine dt. Barockrichtung gegenüber der bis Ende des 17. Jh. herrschenden italien. einführte. Hptw.: Wallfahrtskirche Birnau 1746–1749; Bibliotheksräume des Klosters St. Gallen 1758–1761.

Thümmel, Moritz August von, Schriftsteller, * 27. 5. 1738 Schönefeld, Sachsen, † 26. 10. 1817 Coburg; sächs. Minister; komisches Heldenepos „Wilhelmine oder der vermählte Pedant" 1764; „Reise in die mittägl. Provinzen von Frankreich" 10 Bde. 1791–1805.

Thun, mittelschweizer. Bez.-Hptst. im Kanton Bern, am Ausfluß der Aare aus dem T.er See, 38000 Ew. (Agglomeration 63000 Ew.); Schloß *Kyburg* (12. u. 15. Jh.) mit histor. Museum, ehem. Sitz der Zähringer u. Kyburger; Waffenherstellung, Metallindustrie, Töpferei, Käserei; Fremdenverkehr.

Thunbergie, *Geflügelte T., Thunbergia alata*, ein in Südostafrika heimisches *Akanthusgewächs* mit trichterförmigen, je nach der Varietät gelben, orangenfarbigen oder weißen Blüten.

Thunder Bay ['θʌndə 'bɛi], Stadt in der kanad. Prov. Ontario, am Oberen See, 106000 Ew.; Holzindustrie, Kohlenhafen, Getreideausfuhr (Weizen u. Hafer). – 1970 durch Zusammenschluß von *Fort William* u. *Port Arthur* entstanden.

Thünen, Johann Heinrich von, Nationalökonom, * 24. 6. 1783 Gut Kanarienhausen bei Jever, † 22. 9. 1850 Gut Tellow; entwickelte durch isolierende Abstraktion eine Standorttheorie der Landwirtschaft, nach der die Intensität der Bebauung mit der Entfernung vom Markt abnimmt *(Thünensche Kreise)*; Begründer der Produktivitätstheorie des Lohns (der Lohn richte sich nach dem Ertrag oder der Produktivität des zuletzt angestellten Arbeiters). Hptw.: „Der isolierte Staat in Beziehung auf Landwirtschaft u. Nationalökonomie" 3 Bde. 1826–1863. – 🄻 4.4.7.

Thuner See, schweizer. See im Kanton Bern, durchflossen von der *Aare*, 558 m ü.M., 18 km lang, bis 3 km breit, 48 qkm groß, bis 217 m tief.

Thunfische, Gattung *Thunnus* der *Makrelen*. In trop. u. gemäßigten Meeren weit verbreitet. T. nähren sich als Hochseejäger pelag. von schwarmbildenden Fischen u. sind von großer wirtschaftl. Bedeutung im Pazif. u. Atlant. Ozean u. im Mittelmeer; sie werden mit künstl. Ködern, Beutel- u.

Kiemennetzen gefangen. Größter Feind der T. ist der Schwertwal. Als eigene Arten dürfen gelten: *Roter* oder *Großer Thun, Thunnus thynnus*, bis 5 m (meist bis 2 m) lang u. 500 kg schwer, dringt auf seinen Wanderungen gelegentl. in die Nordsee ein; u. *Weißer Thun, Germo, Thunnus alalonga*, bis 1 m lang, im Atlantik u. im Mittelmeer; in trop. Meeren der *Gelbflossenthun, Albakora, Thunnus albacora*, bis 1,50 m lang. →auch Pelamide.

Thun-Hohenstein, Leo Graf, österr. Politiker, *7. 4. 1811 Teschen, †17. 12. 1888 Wien; schuf als Unterrichtsminister 1849–1860 das moderne Schulwesen (Mittel- u. Hochschulen).

Thur, linker Nebenfluß des Rhein in der Schweiz, 125 km, entspringt am Säntis, durchfließt das Toggenburg, die Kantone St. Gallen, Thurgau u. Zürich, mündet bei Ellikon.

Thurah, Lauritz de, dän. Architekt, getauft 6. 3. 1706 Århus, †6. 9. 1759 Kopenhagen; führender Baumeister des dän. Spätbarocks.

Thurber [ˈθəːbər], James, US-amerikan. humorist. Schriftsteller u. Karikaturist, *8. 12. 1894 Columbus, Ohio, †2. 11. 1961 New York; seine Kurzgeschichten („The Thurber Carnival" 1945, dt. „Rette sich wer kann" 1948) schildern humorvoll u. krit. amerikan. Zustände.

Thurgau, schweizer. Kanton südl. des Bodensees, 1006 qkm, 183 000 Ew., Hptst. *Frauenfeld*; ein von der *Thur* u. ihrem Nebenfluß Murg durchflossenes fruchtbares Hügelland, das im S, im Winkel zwischen Thur- u. Tößtal, 1100 m Höhe überschreitet u. damit bereits auf die Voralpen übergreift *(Hörnli)*. Acker-, Obst- u. Weinbau u. Viehwirtschaft. Die Industrie als Hauptwirtschaftszweig ist sehr vielseitig. Ursprüngl. dominierte die Stickerei; heute sind neben Baumwoll- u. Wollverarbeitung vor allem Maschinen- u. Fahrzeugbau, Metall- u. Holzverarbeitung u. Nahrungsmittelindustrie zu nennen. Der Fremdenverkehr ist, vor allem am Bodensee, nicht unbedeutend. – T. kam 1264 als Grafschaft an das Haus Habsburg, wurde 1460 eidgenöss. Vogtei u. 1803 selbständiger Kanton; im T.er Klostersturm 1848–1869 wurden die Klöster aufgelöst. – 🄺→Schweiz.

Thüringen, ehem. dt. Land, Hptst. bis 1945 *Weimar*; bis 1952 Land der DDR, 15 585 qkm, 2,8 Mill. Ew., Hptst. 1920–1948 *Weimar*, 1948–1952 *Erfurt*.

Landesnatur: T. ist ein Teil der Mittelgebirgsschwelle. Sein Rückgrat bildet der *Thüringer Wald*, der sich nach SO im *Thüring. Schiefergebirge* u. im *Frankenwald* fortsetzt. Zentrum des Landes ist das *Thüringer Becken*, das von niedrigen Höhenzügen (Eichsfeld, Duen, Hainleite, Schmücke, Schrecke, Finne) gerahmt wird. Es ist größtenteils sehr fruchtbar, ebenso der Tieflandstreifen der *Goldenen Aue* zwischen Kyffhäuser u. Hainleite. Der Thüringer Wald u. die kleineren Höhenzüge sind dicht bewaldet. Im äußersten SO hat T. Anteil an der Hochfläche des Vogtlands, südwestl. des Thüringer Walds, jenseits des breiten, hügeligen Werratals, erhebt sich die kuppige *Vorderrhön* mit ihren erloschenen Vulkankegeln.

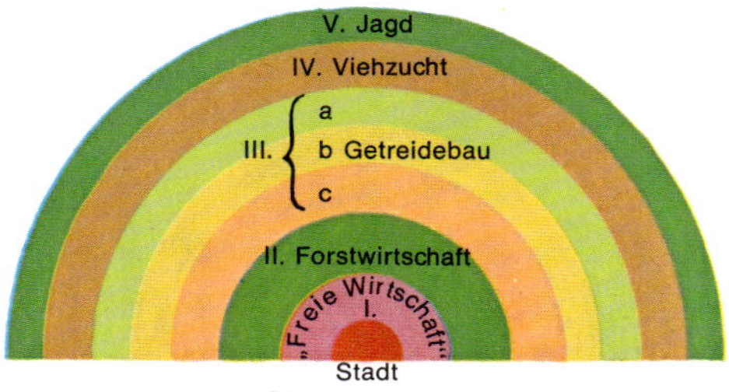

Thünensche Kreise

Kreis (Zone)	Art der Bewirtschaftung	Anbau (Gewinnung) von Erzeugnissen
I	„Freie Wirtschaft" (Gartenwirtschaft)	Gemüse, Milch, Gartenerzeugnisse,
II	Forstwirtschaft	Brennholz, Bauholz
III	Getreidebau a) Dreifelderwirtschaft b) Koppelwirtschaft c) Fruchtwechsel	Winter-, Sommergetreide Getreide, Gras Hülsenfrüchte, Futter- und Handelspflanzen
IV	Viehzucht	Jungvieh, Transportvieh
V	Jagd	Nebenerzeugnisse (Felle, Hörner)

Das Klima ist mild u. im Regenschatten von Harz u. Thüringer Wald recht niederschlagsarm. Das Gebiet an der mittleren Unstrut ist mit weniger als 500 mm Jahresniederschlag das trockenste Deutschlands.

Die Bevölkerung spricht in Nord- u. Ost-T. die dem Obersächs. verwandte thüring. Mundart, die Muttersprache *Luthers*, im SW dagegen fränkisch.

Wirtschaft: Die Landwirtschaft findet im Nordteil des Thüringer Beckens beste Voraussetzungen (Weizen, Gerste, Zuckerrüben). Bei Erfurt werden in großem Umfang Gemüse, Blumen u. Heilpflanzen angebaut u. Samen gezüchtet; in den weniger fruchtbaren Gegenden Roggen-, Hafer- u. Kartoffelanbau. Die bedeutendsten Bodenschätze sind Kali an der Werra u. bei Bleicherode sowie Braunkohle bei Altenburg. Der Erzbergbau im Thüringer Wald (Eisen, Edelmetalle) ging ebenso wie der Uranbergbau zwischen Rudolstadt u. Ronneburg stark zurück; bei Lehesten wird Schiefer gewonnen. Auf den Höhen u. im Vorland des Thüringer Walds überwiegen Heimarbeit u. Kleinbetriebe: Herstellung von Kleineisenwaren bei Schmalkalden, Waffen u. Werkzeuge in Suhl u. Zella-Mehlis, Uhren in Ruhla, Spielwaren in Sonneberg, Glasbläserei bei Lauscha u. Ilmenau. In Ost-T. sowie Apolda u. Mühlhausen sind Textil- u. Bekleidungsindustrie verbreitet. Dazu kommen opt. u. feinmechan. Industrie (Jena), Fahrzeug-, Waggon-, Landmaschinen- u. Maschinenbau, Porzellan-, Schuh- u. Lederwaren- u. graph. Industrie.

Geschichte: T. war wohl ursprüngl. von *Hermunduren, Angeln* u. *Warnen* bewohnt, die im 5. Jh. unter Stammeskönigen das Reich der *Thuringii* bildeten. 531 wurde T. im N von den Sachsen, im übrigen von dem Frankenkönig *Theuderich* erobert u. seitdem als fränk. Provinz regiert u. im 8. Jh. von *Bonifatius* christianisiert.

Seit 1050 setzte sich das Geschlecht der *Ludowinger* durch, erhielt 1130 von König Lothar III. die Landgrafenwürde für T. u. die mit dem Königsbann ausgestattete Gerichtsbarkeit. Nach dem Tod *Ludwigs IV.* wurde sein Bruder *Heinrich Raspe* Landgraf. Mit ihm erlosch 1247 das ludowing. Haus. Die Nachfolge trat der Markgraf von Meißen *Heinrich der Erlauchte* (Wettiner) an. 1264 mußte er das hess. Westgebiet T.s preisgeben (→Hessen [Geschichte]).

Durch Erbteilung u. Aussterben mehrerer Grafengeschlechter bildete sich eine Vielzahl von einzelnen Herrschaften aus, darunter die geistl. Gebiete von Mainz, Fulda u. Hersfeld u. die Reichsstädte Mühlhausen u. Nordhausen. Den Hauptanteil erwarben jedoch die Wettiner, die Grafen von Schwarzburg u. die Herren Reuß. Zuletzt bestand T. aus dem Großherzogtum *Sachsen-Weimar-Eisenach*, den 3 Herzogtümern *Sachsen-Meiningen, Sachsen-Altenburg, Sachsen-Coburg-Gotha* u. den vier Fürstentümern *Schwarzburg-Sondershausen* u. *Schwarzburg-Rudolstadt, Reuß ältere Linie* (Greiz) u. *Reuß jüngere Linie* (Gera). Sie schlossen sich 1920 zum Land T. zusammen. Durch die Verfassung von 1921 wurde T. Freistaat. 1944 wurde T. um den Regierungsbezirk Erfurt u. den Kreis Schmalkalden vergrößert. Am Ende des 2. Weltkriegs von amerikan. Truppen erobert, wurde T. am 14. 7. 1945 unter sowjet. Militärverwaltung gestellt, 1952 als Land aufgehoben u. in die Bezirke Gera, Erfurt u. Suhl aufgeteilt; Altenburg kam zum Bez. Leipzig. – 🄻5.4.0.

Thüringer, germanischer Volksstamm, der noch vor Ende des 4. Jh. aus der Verschmelzung von nördl. *Hermunduren, Angeln* u. *Warnen* entstand. →Thüringen (Geschichte).

Thüringer Becken, die Kernlandschaft von →Thüringen.

Thüringer Mett →Hackfleisch.

Thüringer Wald, Mittelgebirge in Thüringen, rd. 120 km langer, bis 35 km breiter Kamm zwischen der Werra (bei Eisenach) u. den Schwarzaquellen, fällt nach O zum *Thüringer Becken* ab; der 650–850 m hohe Rücken mit dem *Rennsteig* wird vom *Großen Beerberg* (982 m) u. *Großen Inselsberg* (916 m) überragt; hohe Niederschläge u. die reichen Wälder lassen nur geringen Ackerbau zu, daher schon seit dem MA. Haus- u. Kleinindustrie (Spielwaren, Glas, Porzellan, Meerschaum u. a.); reger Fremdenverkehr u. Wintersport. – 🄱→Deutschland (Natürliche Grundlagen).

Thüringisch →deutsche Mundarten.

Thurn, Heinrich Matthias Graf von, Führer der prot. Stände in Böhmen, *24. 2. 1567 Schloß Lipnitz, †28. 1. 1640 Pernau, Livland; am *Prager Fenstersturz* beteiligt; während des Dreißigjährigen Krieges als Feind der Habsburger für die Schweden u. für Wallenstein tätig.

Thurneysen, 1. Eduard, schweizer. ev. Theologe, *10. 7. 1888 Wallenstadt, St. Gallen, †21. 8. 1974 Basel; Pfarrer u. Prof. in Basel; Vertreter der dialekt. Theologie, Mitarbeiter von K. *Barth*.

2. Rudolf, Sprachforscher u. Keltologe, *14. 3. 1857 Basel, †9. 8. 1940 Bonn. „Handbuch des Altirischen" 2 Bde. 1909.

Thurneysser, *Thurnysser*, genannt *zum Thurn*, Leonhard, schweizer. Arzt, *6. 8. 1531 Basel, †9. 7. 1596 Köln; Alchimist u. Astrologe, erregte durch Wunderkuren Aufsehen; wirkte an Höfen, gab Kräuter- u. Arzneibücher heraus.

Thurn und Taxis, ursprüngl. lombard. Fürstengeschlecht *de la Torre*, im 13. Jh. bei Bergamo am Berg *Tasso* seßhaft; im 15. Jh. mit der Beförderung der kaiserl. Kurierpost im Reich, in Burgund u. den Niederlanden betraut, seit 1615 Reichserbgeneralpostmeister; 1867 wurden die Postrechte der T. u. T. durch Entschädigungen abgelöst.

Thurnwald, Richard, Völkerkundler u. Soziologe, *18. 9. 1869 Wien, †19. 1. 1954 Berlin, bedeutendster dt. Vertreter des *Funktionalismus*; Hptw.: „Forschungen auf den Salomo-Inseln u. dem Bismarckarchipel" 1912; „Psychologie des primitiven Menschen" 1922; „Die menschl. Gesellschaft in ihren ethnosoziolog. Grundlagen" 5 Bde. 1931–1934; „Der Mensch geringer Naturbeherrschung" 1950; „Forschungen zur Völkerpsychologie u. Soziologie" 14 Bde. 1925–1935.

Thurrock [ˈθʌrək], Stadt in England, östl. von London, am nördl. Themseufer, 125 000 Ew.

Thurstone [ˈθəːstən], Louis Leon, US-amerikan. Psychologe, *29. 5. 1887 Chicago, Ill., †30. 9. 1955 Chapel Hill, N. C.; widmete sich bes. der Intelligenz- u. Testforschung.

Thusis, Bez.-Hauptort im schweizer. Kanton Graubünden, am Austritt des Hinterrhein aus der Via Mala u. an der Einmündung der Albula, 2000 Ew.; Handelsplatz schon im 1. Jh. *(Tuscia raetorum)*, heute Hauptort des *Domleschg*.

Thusnelda, Frau des Cheruskerfürsten *Armin*, heiratete ihn gegen den Willen ihres Vaters, des Cheruskerfürsten *Segestes*, der T. u. ihren Sohn *Thumelicus* 15 n. Chr. an die Römer auslieferte.

Thutmose, *Thutmosis* →Tuthmosis.

THW, Abk. für →Technisches Hilfswerk.

Thyllen [grch.], blasenförmige Ausstülpungen der Tüpfelschließhäute im Holz.

Thymelaeaceae = Seidelbastgewächse.

Thymian [der; grch.], *Quendel, Thymus*, Gattung der *Lippenblütler*; Hauptverbreitung im Mittelmeergebiet. Auf Hügeln u. sonnigen Triften in vielen Varietäten der *Feld-T., Thymus serpyllum*, mit niederliegenden, am Grund vielfach verzweigten Stengeln u. roten Blüten. Das Kraut des Feld-T. *(Herba Serpylli)* wird für Kräuterbäder u. -kissen sowie gegen Husten verwendet. Aus Südeuropa stammt der bei uns nur in Gärten angepflanzte *Echte T. (Garten-T., Thymus vulgaris)*, mit aufrechten Stengeln u. am Rand umgerollten eilanzettlichen Blättern.

Thymin, Derivat des *Pyrimidins*, Baustein der *Desoxyribonucleinsäuren* (→Nucleinsäuren).

Thymonucleinsäure, alte Bez. für *Desoxyribonucleinsäure*, die auf die gut untersuchte Desoxyribonucleinsäure des *Thymus* zurückgeht.

Thymosin, Hormon des Thymus.

Thymus [der; grch.], *Thymusdrüse, Glandula thymus*, beim Tier *Bries, Briesel*: innersekretor. innere Brustdrüse unterhalb der Schilddrüse, die aus dem Epithel der →Kiemenspalten stammt u. ursprüngl. segmental angeordnet ist (bei Fischen, Schwanzlurchen). Bei vielen Säugern u. beim Menschen verkümmert der T. mit Beginn der Pubertät, ist beim Menschen nur im 2. bis 4. Lebensjahr gut entwickelt. Die →Hormone des T. (Thymosin, Thymopoetin I/II u. a.) zeigen Beziehung zum infantilen Wachstum u. zur primären →Immunisierung.

Thyratron [das; grch.], *Stromtor*, mit Edelgas oder Quecksilberdampf gefüllte *Elektronenröhre*, bei der zwischen Anode u. Kathode ein Steuergitter eingefügt ist. Im Prinzip ein Gleichrichter ähnlich dem Quecksilberdampfgleichrichter; für den Ladungstransport sorgt ein Ionenstrom, dessen Zündung vom Steuergitter mit geringem Energieaufwand zu steuern ist. Das T. wird verwendet als →Relais, Umrichter von Gleich- in Wechselstrom, zur Erzeugung von Kippschwingungen u. zur Regelung von Antrieben mit Gleichstrommotoren auch größerer Leistungen.

Thyreoglobin [das; grch.] →Thyroxin.

Thyreostatika [grch.], *thyreostatische Mittel,* Arzneimittel gegen Schilddrüsenüberfunktion, hemmen die Produktion des Schilddrüsenhormons in der Drüse; z.B. *Methyl-* u. *Propyl-thiouracil.*

Thyreotropin [grch.], *thyreotropes Hormon,* ein Hormon des Hypophysenvorderlappens, das die Schilddrüse zur Bildung von →Thyroxin anregt.

Thyristor [der; grch.], Halbleitergleichrichter besonderer Bauart, der zunächst den Strom in beiden Richtungen sperrt; die Durchlaßrichtung wird nur nach einem Steuerimpuls auf die Zusatzelektrode freigegeben u. bleibt so lange frei, wie noch Strom durch den T. fließt. Es gibt T.en mit Prüfsperrspannungen von 1000 V bei Stromstärken bis 200 A. Als Halbleitermaterial dient meist Silicium. →auch Diac, Triac.

Thyristorsteuerung, *Anschnittsteuerung,* Spannungssteuerung der Fahrmotoren bei Wechselstromtriebfahrzeugen, bei der die Halbwellen des sinusförmigen Stroms mit Hilfe von gesteuerten Gleichrichtern *(Thyristoren)* von 0 bis 180° angeschnitten werden können. – ⌑ 10.9.1.

Thyroxin [das], jodhaltiges Hormon der Schilddrüse, das auf Anregung durch das *Thyreotropin* des *Hypophysenvorderlappens* gebildet wird. Das T. ist eines der am längsten bekannten Hormone.

Thyroxin

Es steuert den Grundumsatz, indem es den Abbau von Kohlenhydraten u. Fetten steigert. Therapeutisch verwendet man es daher bei krankhafter Fettsucht. T. ist ferner ein wichtiger Faktor für das normale Wachstum; bei Amphibien wirkt es beschleunigend auf die Metamorphose. Chemisch ist das T. eine jodierte Aminosäure; es entsteht in der Schilddrüse als *Thyreoglobin,* eine Verbindung von Eiweiß mit T. Thyreoglobin hat keine Hormonwirkung; diese tritt erst auf, wenn bei der Sekretion das T. vom Eiweiß abgespalten wird.
Ein weiteres Schilddrüsenhormon, das sich in biologischen Testversuchen aktiver erwiesen hat als das T., ist das um ein Jodatom ärmere *Trijodthyronin.*

Thysanoptera →Fransenflügler.

Thysanura →Zottenschwänze.

Thyssen, 1. August, Industrieller, *17. 5. 1842 Eschweiler, †4. 4. 1926 Schloß Landsberg bei Kettwig; gründete 1867 ein Eisenwalzwerk in Duisburg, nach dessen Liquidation 1871 das Band- u. Stabeisenwalzwerk *T. & Co. KG* in Mülheim an der Ruhr; bis zu seinem Tod schuf T. daraus einen der größten dt. Konzerne der Eisen- u. Stahlindustrie *(T.-Konzern).*
2. Fritz, Sohn von 1), Industrieller, *9. 11. 1873 Mülheim an der Ruhr, †8. 2. 1951 Buenos Aires; unter seinem Vater in der Leitung des T.-Konzerns tätig, seit 1926 (der Größteil des Konzerns ging in der *Vereinigte Stahlwerke AG* auf) Vors. des Aufsichtsrats der Vereinigte Stahlwerke AG. Nach anfängl. Eintreten für *Hitler* 1939 Bruch mit diesem u. Emigration; 1940 in Frankreich verhaftet, bis 1945 in dt. Konzentrationslagern u. Zuchthäusern, 1947 nach Brasilien. Seine Witwe (Amélie T.) u. Tochter (Anita de *Zichy-T.*) errichteten 1960 mit Aktien im Nennwert von 100 Mill. DM die *Fritz T.-Stiftung* zur Förderung von Wissenschaft u. Forschung. Der T.-Konzern wurde 1953 neu gegr. →Thyssen AG.

Thyssen AG, vorm. August Thyssen-Hütte, Duisburg, Konzern der Eisen- u. Stahlindustrie, 1871 von August *Thyssen* als *Thyssen & Co. KG* gegründet. Nach mehrmaliger Umgründung gehörte 1926 der Thyssen-Konzern zu den Gründerwerken der *Vereinigte Stahlwerke AG.* 1933 wurde die Betriebsgesellschaft *August Thyssen-Hütte AG* gegr. Die Gründung der Einheitsgesellschaft *August Thyssen-Hütte AG (ATH)* 1953 bezog sich nur auf das 1890 von August Thyssen gegr. Werk Bruckhausen. 1971 Verschmelzung der ATH mit der *Niederrheinische Hütte AG,* Duisburg, u. der *Hüttenwerk Oberhausen AG,* Oberhausen. 1974 Zusammenschluß mit der *Rheinstahl AG,* Essen; seit 1977 heutige Firma; Produktion von Roheisen, Rohstahl, Walzstahl, Stahlverarbeitung u. a.; Grundkapital: 1,3 Mrd. DM; 151700 Beschäftigte im Konzern; zahlreiche Tochtergesellschaften.

Thyssen Edelstahlwerke AG, Abk. *TEW,* Düsseldorf, Unternehmen der Edelstahlindustrie, 1975 hervorgegangen aus dem Zusammenschluß der Dt. Edelstahlwerke GmbH, Krefeld, mit der *Edelstahlwerk Witten AG,* Witten; Grundkapital: 150 Mill. DM (im Besitz der *Thyssen AG*); 16 200 Beschäftigte.

Ti, chem. Zeichen für Titan.

Tiahuanaco [tiaua-], indian. Ruinenstätte am Südufer des Titicaca-Sees in 4000 m Höhe, nach ihr wird die T.-Kultur benannt; keine bewohnte Stadt, sondern Kultzentrum. Die z.T. sehr stark zerstörten Bauten bestehen u.a. aus einer 15 m hohen Stufenpyramide *(Akapana)* u. einer 130×135 m großen Anlage mit versenktem Innenhof *(Kalasasaya),* von dessen Mauer eine Reihe von Megalithen erhalten blieb. Im Innern der Kalasasaya steht das monolith. „Sonnentor", dessen von geflügelten Genien flankierte Zentralfigur wohl die alt-andine Schöpfergottheit *Viracocha* darstellt.

Tiahuanaco-Kultur, im zentralen u. südl. Andengebiet verbreitete vorinkaische Kultur (etwa 0–1000). Als Träger der T. gelten die *Aymará.* Die Verbreitung der T. erfolgte im Zusammenhang mit der militär.-polit. Ausbreitung der Kultur von *Huari,* die frühzeitig stilist. u. religiöse Einflüsse aus Tiahuanaco aufgenommen hatte. Zu den Funden gehören Monolithfiguren, Becher, Schalen u. Räuchergefäße aus Ton mit polychromer Malerei u. Geräte aus Bronze. Die figürl. verzierten Gewebe (Kelim-Technik) aus Gräbern des peruan. Küstengebiets (Funde in Ancon) gehören dem sog. „epigonalen Tiahuanaco" an, in dem sich die komplizierten, religiös bedeutsamen Motive mehr u. mehr auflösen. – ⌑ 5.7.7.

Tiara [die], außerliturg. Kopfbedeckung des Papstes, eine dreifache Krone (auf Priester-, Hirten- u. Lehrgewalt bezogen oder als Sinnbild der Dreifaltigkeit), seit dem 16. Jh. mit Reichsapfel u. Kreuz; 1964 symbol. Ablegung durch Papst Paul VI.

Tiaret, früherer Name →Tagdempt.

Tibaldi, Pellegrino, italien. Maler, Bildhauer u. Architekt, *1527 Puria, †27. 5. 1596 Mailand; schuf u.a. in Bologna Fresken in einem kühn bewegten, kraftvollen Figurenstil; seit 1587 in Spanien als Bauintendant des Escorial tätig.

Tibbu, *Tubu, Teda,* den *Tuareg* verwandtes, stark vernegertes hamit. Volk (etwa 200000) in der Zentralsahara (Tibesti, Ennedi); überwiegend Hirtennomaden (Schaf- u. Kamelzucht) mit Mattenzelt, z. T. auch seßhafte Ackerbauern mit Kegeldachhaus; unter Senussi-Einfluß.

Tiber [der], ital. *Tèvere,* Fluß in Mittelitalien, 405 km, entspringt im Etrusk. Apennin, fließt durch Rom, mündet bei Ostia ins Tyrrhenische Meer.

Tiberias, israel. Stadt am Westufer des Sees Genezareth, 206 m ü. M., 24000 Ew.; eine der vier heiligen Städte des Judentums; Ruinen des 21 n. Chr. von Herodes Antipas unter Kaiser Tiberius benannten T., Kreuzfahrerstadtmauer (Datierung unsicher, evtl. auch 16. Jh.), Gräber des Maimonides, des Rabbi Akiva u. a. jüd. Weiser. Heiße Quellen, Fremdenverkehr; Industrie verarbeitet Agrarprodukte. T. war vom 2./3. Jh. n. Chr. bis ins frühe MA. das Zentrum jüd. Gelehrsamkeit (Vollendung der Mischna u. Talmud).

Tiberius, *T. Claudius Nero,* röm. Kaiser 14 v. Chr.–37 n. Chr. *16. 11. 42 v. Chr., †16. 3. 37 n. Chr. Kap Misenum; durch seine Mutter *Livia* Stiefsohn, durch seine Gemahlin *Julia* Schwiegersohn u. Nachfolger des *Augustus;* kämpfte erfolgreich in Germanien, Pannonien u. Dalmatien; nach Verlust der röm. Flotte unter *Germanicus* 16 n. Chr. verzichtete er auf die Elbgrenze. Durch häusliches Unglück u. die Gegnerschaft des Senats verbittert, zog er sich nach Capri zurück u. überließ die Regierung seinem Günstling *Sejan,* den er jedoch hinrichten ließ, als er erkannte, daß dieser nach der Herrschaft strebte.

Tibesti, afrikan. Gebirge in der mittleren Sahara; das rd. 2000 m hohe Hochplateau wird von vulkan. Kuppen *(Emi Koussi,* 3415 m) überragt.

Tibet [der], weicher Damenkleiderstoff aus mittelfädigen Merino-Kammgarnen in Köperbindung mit mattem Glanz.

Tibet, ausgedehntes Hochland in Innerasien, gehört größtenteils zur chines. Autonomen Region T. (chin. *Bod Zizhiqu*); 1,22 Mill. qkm, 1,5 Mill. Ew. Hptst. *Lhasa.*
L a n d e s n a t u r: T. ist in seinem Zentrum ein abflußloses, im Mittel 4000–5000 m hoch gelegenes Hochland, das im S vom Himalaya, im N vom Kunlun, im W vom Karakorum, im O von den Osttibet. Randketten begrenzt, vom *Transhimalaya* gequert u. durch niedrige Bergzüge in einzelne Becken gegliedert wird. Südl. des Transhimalaya breitet sich an den Oberläufen von *Brahmaputra* (Tsangpo), *Sutlej* u. *Indus* der wirtschaftl. Kernraum aus, der ein günstiges gemäßigtes Klima aufweist, während die von Endseen *(Nam Tsho, Seling Tsho* u. a.) u. Schuttfeldern erfüllten kalten u. wüstenhaften Hochbecken des übrigen Landes nahezu vegetationslos u. so gut wie unbewohnt sind.
B e v ö l k e r u n g u. W i r t s c h a f t: Infolge starker chines. Zuwanderung machen die *Tibeter* u. verwandte Stämme heute nur noch ²/₃ der Bevölkerung aus. Daneben gibt es Mongolen u. kleinere Bergvölker. Wo es das Klima erlaubt, werden auf künstl. bewässertem Boden Weizen, Mais, Gerste, Kartoffeln u. Hülsenfrüchte angebaut. Bedeutender ist die Weidewirtschaft (Schafe, Yaks) auf den Hochsteppen. Die Industrie ist noch gering entwickelt, wird aber ebenso gefördert wie der Bergbau (Eisen, Gold, Kupfer, Erdöl, Salz, Borax). Das traditionelle Verkehrsmittel sind Karawanen von Tragtieren (Yaks). Dazu wurden in jüngerer Zeit Autostraßen von Lantschou nach Lhasa, von Tschengtu in Szetschuan über Tschhamdo nach Lhasa sowie von dort nach Khotan u. Kaschghar in Sinkiang gebaut. – ⌑ →China (Geographie).
G e s c h i c h t e: Die vermutl. aus dem Stromgebiet des Yangtze-Kiang eingewanderten Stämme der Tibeter vereinten sich nach 600 n. Chr. in einem Reich, das von Szetschuan bis an die ind. Grenze reichte, sowohl ind. als auch chines. Einflüsse aufnahm, jedoch eine eigenständige Kultur schuf. Im 11. Jh. setzte sich der Buddhismus gegen den Bon-Glauben als Staatsreligion in der Sonderform des *Lamaismus* durch. 1270 setzte Kublai Khan die Sakya-Sekte als tributpflichtige Regenten ein, womit T. zur zentralist. Theokratie wurde. Weltl. Oberhaupt des hierarch. aufgebauten Priesterstaats war der *Dalai Lama;* geistl. Oberhaupt der *Pantschen Lama.*
Um die nach dem Tod des 6. Dalai Lama entstandenen Wirren zu schlichten, griff China 1706 ein u. ernannte einen Nachfolger; hierauf gründet China noch heute seinen Anspruch auf Hegemonie, der durch den russ.-engl. Interessenkonflikt im Himalaya nicht angetastet wurde. China, das seinen Anspruch auf T. nie aufgegeben hatte, besetzte T. 1950; der Widerstand der Tibeter wuchs, als 1951

Tiahuanaco-Kultur: Die geflügelte Figur auf der Schmuckplatte aus Tridacna-Muschel trägt in einer Hand Schleuderkugeln, in der anderen eine Keule. 800–1000. Zürich, Privatsammlung

chines. Militär- u. Verwaltungsstellen in Lhasa eingerichtet wurden u. T. China angegliedert wurde. Nach einem erfolglosen Aufstand T.s gegen China floh der Dalai Lama 1959 nach Indien; der Pantschen Lama wurde als Statthalter Chinas eingesetzt, 1964 wieder abgesetzt. – [L] 5.7.2.

Tibẹter, *Tibetaner,* Eigenname *Bod,* mongol. *Tanguten,* mongolides Volk (rd. 2,8 Mill.) mit tibetobirman. Sprache in *Tibet* u. im Himalaya von *Ladakh, Sikkim, Bhutan, Nepal;* nomad. Viehzüchter (Yak, Schaf, Pferd) mit Viereck-Zelten, in Lößgebieten der Hochlandränder Bauern mit festen Häusern; Lamaisten.

tibẹtisch-birmạnische Sprachfamilie, im O Chinas, im NO der Ind. Union u. im westl. Hinterindien verbreitete Sprachfamilie; ursprüngl. einsilbige Wörter mit Präfixen, die aus einzelnen Lauten bestehen *(Tibetisch, Birmanisch, Lolo),* oder mit Vokalen zwischen den Konsonanten u. daher mit zweisilbigen Wörtern (Nordassamsprachen) oder mit Verlust der Präfixe, die durch Partikeln ersetzt werden *(Karen, Miao).* – [L] 3.9.1.

tibẹtisch-chinesische Sprachen, zusammenfassende Bez. für die (genetisch wahrscheinl. nicht verwandten) Sprachfamilien *Thailändisch, Tibetisch-Birmanisch* u. *Chinesisch.* – [L] 3.9.1.

tibẹtische Literatur. Nach der Periode mündl. Überlieferung (bekanntestes Werk ist das *Geser-Epos*) wurde im 7. Jh. unter der Herrschaft von König *Tsrong-Tsan-Sgampo* (um 617–650 n. Chr.) eine eigene Schrift geschaffen; bis dahin bediente man sich der Knotenschnüre. In der Folge entstanden Traktate zur Grammatik (von *Thon-Mi-Sam-Bho-Ta*), eine Verwaltungs- u. Rechtsliteratur. Seit der buddhist. Missionierung Tibets im 7. Jh. n. Chr. wurden buddhist. Schriften aus dem Chinesischen u. dem Sanskrit übersetzt, die mit wenigen Originalwerken die religiösen Sammlungen *Kandschur* u. *Tandschur* bilden. Der indische u. chines. Einfluß durchzieht die gesamte t. L. Um 1000 kam der Lamaismus (Begründer *Padmasambhawa* [2. Hälfte des 8. Jh.]) zur Geltung; so nahm das religiöse Schrifttum breitesten Raum ein (Biographien, Rituale u. a.). Daneben bestand ein weltl. Schrifttum, das Heldenepen, Märchen u. Lieder sowie wissenschaftl. (z. B. über Astronomie u. Astrologie), histor. u. biograph. Werke umfaßt.

tibẹtische Musik, zeigt Verbindungen zu Indien u. China, bes. in der pentatonischen Struktur der Melodien. Die Mönchschöre werden oft mit einem Vokalbordun oder mit instrumentaler Begleitung vorgetragen. Wichtige Instrumente der lamaist. Kultmusik sind bis zu 4 m lange Trompeten, Maultrommeln aus Bambus, Glocken, Gongs u. Becken, Kleintrompeten aus metallverzierten Knochen, Kegeloboen, Hörner, Klappertrommeln aus Holz oder menschl. Hirnschalen, verschiedene Flöten sowie Fidel- u. Lauteninstrumente. Die weltl. Lieder werden oft alternierend vorgetragen, wobei sich die beiden solist. Stimmen gelegentl. überschneiden. Es gibt Mysterienspiele, dramat. u. histor. Spiele, Liebes-, Fest-, Trink- u. Arbeitslieder.

tibẹtische Sprache, eine tibetisch-birman. Sprache in der Autonomen Region Tibet der Volksrepublik China; seit dem 8. Jh. schriftl. überliefert. – [L] 3.9.1.

Tibẹtobirmanen, eine Sprachfamilie bildende mongolide Völkergruppe (rd. 35 Mill.) in Tibet, Birma, Assam, den Himalayaländern u. Südwestchina, ursprüngl. Heimat wahrscheinl. Osttibet bzw. Westchina.

Tibetologịe, die Wissenschaft von der Sprache, Literatur, Kunst u. Kultur Tibets; Teilgebiet der *Orientalistik.*

Tịbet-Tẹrrier, Hunderasse, dem →Puli ähnlich.

Tịbia [die, Mz. *Tibiae;* lat.], **1.** *Anatomie:* 1. das *Schienbein* der Wirbeltiere u. des Menschen. – 2. Teil des Insekten- u. Spinnenbeins („Schiene") zwischen *Schenkel (Femur)* u. *Fuß (Tarsus).* **2.** *Musik:* latein. Name für eine Knochenflöte u. den griech. *Aulos.*

Tibụll, *Albius Tibullus,* röm. Dichter, *um 50 v. Chr., † 19 v. Chr.; gab zusammen mit *Properz* der Elegie ihre klass. Form u. besang die Liebe u. das idyll. Landleben. Von den unter seinem Namen überlieferten 3 Büchern Elegien sind nur die beiden ersten ganz von ihm. – [L] 3.1.9.

Tiburọn, *Isla T.,* gebirgige mexikan. Insel im nördl. Golf von Kalifornien, 963 qkm.

Tichau, poln. *Tychy,* Stadt in Oberschlesien (poln. Wojewodschaft Katowice), 68 000 Ew.; nach 1950 stark ausgebaut als Wohnstadt für das oberschles. Kohlenrevier; Brauerei, Zellstoff- u. Papierfabrik; Automobilwerk im Bau.

Tịchon →Tychon.

Tịchonow [-nɔf], **1.** Nikolaj Alexandrowitsch, sowjet. Politiker, *14. 5. 1905 Charkow; Ingenieur; seit 1960 verschiedene Min.-Ämter; seit 1979 Mitgl. des Politbüros der KPdSU; seit 1980 Vors. des Ministerrats.
2. Nikolaj Semjonowitsch, sowjetruss. Lyriker u. Erzähler, *3. 12. 1896 St. Petersburg, † 10. 2. 1979 Moskau; verfaßte Gedichte u. Balladen mit Kriegs- u. Revolutionsthemen, seit den 1930er Jahren romant.-realist. Prosa.

Tịchy, Herbert, österr. Schriftsteller u. Bergsteiger, *1. 6. 1912 Wien; unternahm 1954 die Erstbesteigung des Cho Oyu (Himalaya). Reiseberichte, Roman, Jugendbücher.

Ticịno [ti'tʃino], italien. Name für →Tessin.

Tick [der, Mz. *T.s* u. *T.e;* frz. *tic*], *i. w. S.* Eigenheit, Laune; *i. e. S.* automatisch ausgeführtes Zucken, Blinzeln, Kopfnicken.

Tiden, *Tidenhub,* tageszeitl. Unterschied in der Meeresspiegelhöhe, →Gezeiten.

Tidikẹlt, Oasenreihe in der südalger. Sahara, 22 000 Ew.; Hauptoase *In Salah;* Oasenkulturen.

Tîdirhîn, *Jebel T.,* höchster Gipfel des Rîf im nördl. Marokko, 2456 m.

Tie-Break ['tai brɛik; engl.], eine Regel beim *Tennis,* die bei Spielegleichstand von 6:6 eine Satzentscheidung (zum 7:6) im 13. Spiel ermöglicht u. früher übliche „Mammutsätze" (z. B. 32:30) unterbindet. Das 13. Spiel u. damit den Satz gewinnt dabei, wer bei wechselndem Aufschlag als erster hintereinander zwei Punkte (numerische Zählung) mehr erreicht als der Gegner.

Tieck, 1. Christian Friedrich, Bruder von 3), Bildhauer, *14. 8. 1776 Berlin, † 12. 5. 1851 Berlin; zahlreiche Marmorbüsten berühmter Zeitgenossen (Humboldt, Schelling, Goethe, Novalis, Tieck, Mme. de Staël), u. a. für die Walhalla bei Regensburg.
2. Dorothea, älteste Tochter u. Mitarbeiterin von 3), *1799 Berlin, † 21. 2. 1841 Dresden; gleich ihrem Gatten W. Graf *Baudissin* an der Schlegel-Tieckschen Shakespeare-Übersetzung beteiligt.
3. Ludwig, Schriftsteller, *31. 5. 1773 Berlin, † 28. 4. 1853 Berlin; gestaltete seine innere Zerrissenheit in dem Briefroman „Geschichte des Herrn William Lovell" 1796; kam dann durch seinen Freund W. H. *Wackenroder* zu romant. Erleben des dt. MA. u. 1799 in den Kreis der Jenaer Frühromantiker. Es entstanden der Künstlerroman „Franz Sternbalds Wanderungen" 1798; „Volksmärchen" 1797; „Ritter Blaubart" 1797; „Prinz Zerbino" 1799; Verarbeitungen altdt. Volksbücher; „Romant. Dichtungen" 1800; „Phantasus" (darin auch die satir. Literaturkomödie „Der gestiefelte Kater") 3 Bde. 1812–1816 u. „Gedichte" 1821–1823. Seit 1799 lebte T. mit *Novalis* u. den Brüdern A. W. u. F. von *Schlegel* in Jena, seit 1802 meist in Dresden, war dort 1825–1830 Dramaturg des Hoftheaters, seit 1842 Hofrat in Berlin. Seine späteren Novellen u. der Roman „Vittoria Accorombona" 1840 haben schon sehr realist. Züge. Verdienstvoll als Übersetzer („Don Quixote" 1799–1801; „Minnelieder aus dem schwäb. Zeitalter" 1803; „Altengl. Theater" 1811) u. als Hrsg. altdt. Dichtung, dt. Dramen des 16. u. 17. Jh., von J. G. *Schnabels* „Felsenburg", der Werke von H. von *Kleist, Maler Müller, Novalis,* W. H. *Wackenroder* sowie der Schlegel-Tieckschen Shakespeare-Übersetzung (mit seiner Tochter Dorothea T. u. W. Graf von Baudissin). – [L] 3.1.1.

Tief [das], *T.druckgebiet,* eine Fläche tiefen (geringen) →Luftdrucks (meist auf den Erdboden bezogen). →auch Zyklone.

Tiefbau, die Arbeiten des Straßen-, Eisenbahn-, Erd-, Grund- u. Wasserbaus; auch unterird. Bergbau. Gegensatz: *Hochbau.*

Tiefbohrung, Bohrung in größere Erdtiefen zur Feststellung u. Gewinnung von Bodenschätzen wie Erdöl u. Erdgas sowie zu Forschungszwecken. T.en reichen bis etwa 3000 m, *übertiefe Bohrungen* bis 9165 m. Meist wird das Rotary-Bohrverfahren (→Rotarybohren) angewandt.

Tiefdecker →Flugzeug.

Tiefdruck, Sammelbez. für die →Druckverfahren, bei denen die druckenden Teile der Druckform – Bild u. Text – vertieft liegen. Nach dem Einfärben der Form wird die Oberfläche von Farbe befreit; diese bleibt nur in den geätzten oder gravierten Vertiefungen zurück. Das beim Drucken stark gegen die Form gepreßte Papier übernimmt die Farbe durch Saugwirkung. Unterschiedlich tiefe Gravierung oder Ätzung bewirkt die Farbabstufung. Die Formen für den T. sind, mit Ausnahme des Stahlstichs, Kupferplatten oder verkupferte Zylinder. Es gibt zahlreiche manuelle *(Kupferstich, Stahlstich, Mezzotinto, Kaltnadelmanier)* u. manuell-chemische Verfahren *(Radierung, Aquatintaverfahren, Crayonmanier, Vernis mou),* die heute ausschl. als künstlerisches Ausdrucksmittel genutzt werden. Der Druck erfolgt dabei auf Handpressen. Ein früher viel angewandtes photomechanisches T.verfahren, die *Heliogravüre,* ist durch modernere verdrängt worden.
Das heute am häufigsten anzutreffende maschinelle T.verfahren ist der *Rakel-T.,* auch *Kupfer-T.* genannt (Bogen- oder Rollenrotations-T.-Maschinen). Meist erfolgt das Einfärben des Druckzylinders durch teilweises Eintauchen in eine Farbwanne. Die überschüssige Farbe streift von der Zylinderoberfläche eine *Rakel* ab, ein linealartiges Federstahlband, das während des Druckens seitlich hin- u. herbewegt wird. Die Druckformherstellung für den Rakel-T. erfolgt durch Aufquetschen von Pigmentpapier auf den Druckzylinder, auf das vorher auf photograph. Weg ein T.netzraster u. die zu druckende Vorlage aufkopiert wurden. Anschließend wird geätzt.
Es gibt auch vereinfachte T.verfahren ohne den störanfälligen Pigmentpapierübertragungsprozeß, bei denen die Druckzylinder direkt lichtempfindlich beschichtet werden. Der T. zeichnet sich durch großen Tonwertreichtum aus. Er wird bevorzugt zum Bilddruck für hohe Auflagen, z. B. illustrierte Zeitschriften, eingesetzt. – [B] →Buch. – [L] 10.3.3.

Tiefdruckpapier, Druckpapier, geeignet für das Tiefdruckverfahren, holzhaltig oder holzfrei, schwach geleimt; verwendet für Illustrierte, Zeitschriften, Kataloge u. ä.

Tiefe, *Ozeanographie:* die tiefste Stelle in einem untermeer. Becken, Graben u. ä.; trägt meist den Namen des lotenden Schiffs; z. B. *Challenger-T.*

Tiefebene, tiefliegende Landfläche mit geringen Reliefunterschieden. →auch Tiefland, Flachland.

Tiefenbrọnn, Gemeinde in Baden-Württemberg südöstl. von Pforzheim, 3000 Ew.; in der kath. Pfarrkirche Maria Magdalena (Chor aus der 2. Hälfte des 14. Jh.) der Hochaltar mit geschnitztem Schrein von Hans *Schüchlin* (1469) u. der Magdalenenaltar von Lucas *Moser* (1431) sowie stilverwandte Wandmalereien.

Tiefencạstel, rom. *Casti,* schweizer. Dorf im Kanton Graubünden am Zusammenfluß von Julia u. Albula, 851 m ü. M., 350 Ew.; Knotenpunkt der Straßen über Julier-, Albula- u. Flüelapaß; Sommerfrische u. Heilquelle (Eisensäuerlinge).

Tiefenerosion, Teil der fluviatilen Abtragung des Erdreliefs (durch Flüsse); derjenige Teil der Erosion, der in Flußbetten in die Tiefe gerichtet ist, im Gegensatz zur *Seitenerosion.*

Tiefengesteine = plutonische Gesteine.

Tiefenpsychologịe, eine psycholog. Richtung, die hinter den bewußten seelischen Erlebnissen die unbewußten, vorwiegend triebhaften u. emotionalen Vorgänge untersucht u. in der Therapie beeinflußt. Der Begriff kam etwa 1930 als Sammelbez. für verschiedene von der Freudschen *Psychoanalyse* abweichende Richtungen auf. – [L] 1.5.6.

Tiefenschärfe →Schärfentiefe.

Tiefensehen, *räumliches Sehen, binokulares Sehen,* die räuml., dreidimensionale Wahrnehmung von Gegenständen. Durch den Abstand der Augen entstehen von Gegenständen bes. im Nahbereich auf der Netzhaut der beiden Augen zwei verschiedene zweidimensionale Bilder, die vom Gehirn zu einem dreidimensionalen Bild verarbeitet werden. Die Perspektive u. die aus der Erfahrung bekannte Größe vieler Gegenstände sind wichtige Hilfsmittel bei der Erfassung räuml. Tiefe; ein unvollkommenes T. ist daher auch mit einem Auge möglich →auch Stereophotographie.

Tiefenstruktụr, in der generativen Transformationsgrammatik die syntaktische Basis eines Satzes oder Satzgliedes, die alle Elemente, Elementbündel (Konstituenten) u. deren Beziehungen zueinander enthält. Jede T. kann mit verschiedenen *Transformationen* in verschiedene *Oberflächenstrukturen* übergeführt werden; z. B. „Licht + hell" wird transformiert in „das helle Licht", „das Licht, das hell ist", „das Licht ist hell" u. a.

Tieffenbrucker, Kaspar, Lautenbauer, *um 1514 Tieffenbruck (heute Roßhaupten bei Füssen), † 16. 12. 1571 Lyon; seit 1553 in Lyon, wo er seine Werkstatt einrichtete. Seine Arbeiten waren hoch geschätzt; eine Laute u. drei Gamben sind sicher erhalten. T. war vermutl. an der Entwicklung der klassischen Violinform beteiligt.

Tiefseeforschung

Schwebegarnele, Gnathophausia (1000 m Tiefe)

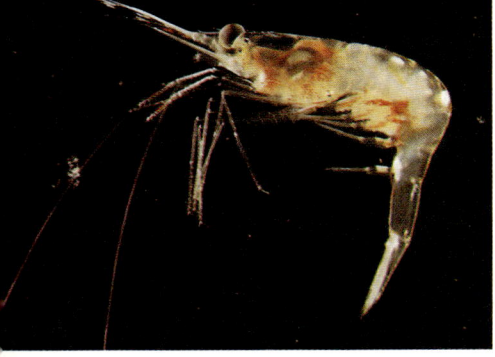

Planktongarnele (400 m Tiefe)

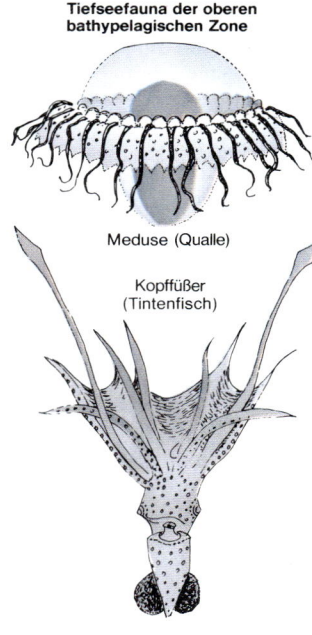

Tiefseefauna der oberen bathypelagischen Zone

Meduse (Qualle)

Kopffüßer (Tintenfisch)

TIEFSEE-FORSCHUNG
und biologische Meeresforschung

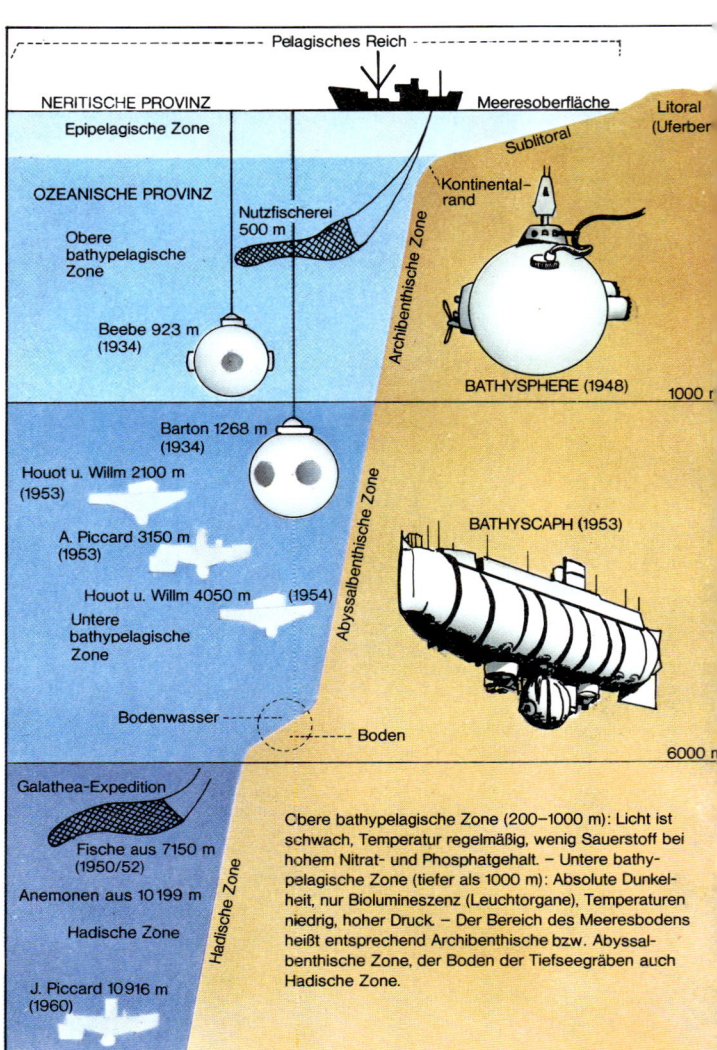

Obere bathypelagische Zone (200–1000 m): Licht ist schwach, Temperatur regelmäßig, wenig Sauerstoff bei hohem Nitrat- und Phosphatgehalt. – Untere bathypelagische Zone (tiefer als 1000 m): Absolute Dunkelheit, nur Biolumineszenz (Leuchtorgane), Temperaturen niedrig, hoher Druck. – Der Bereich des Meeresbodens heißt entsprechend Archibenthische bzw. Abyssalbenthische Zone, der Boden der Tiefseegräben auch Hadische Zone.

Leuchtsardine, Ceratoscopelus spec. (links). – *Beilfisch*, Argyropelecus amabilis (rechts)

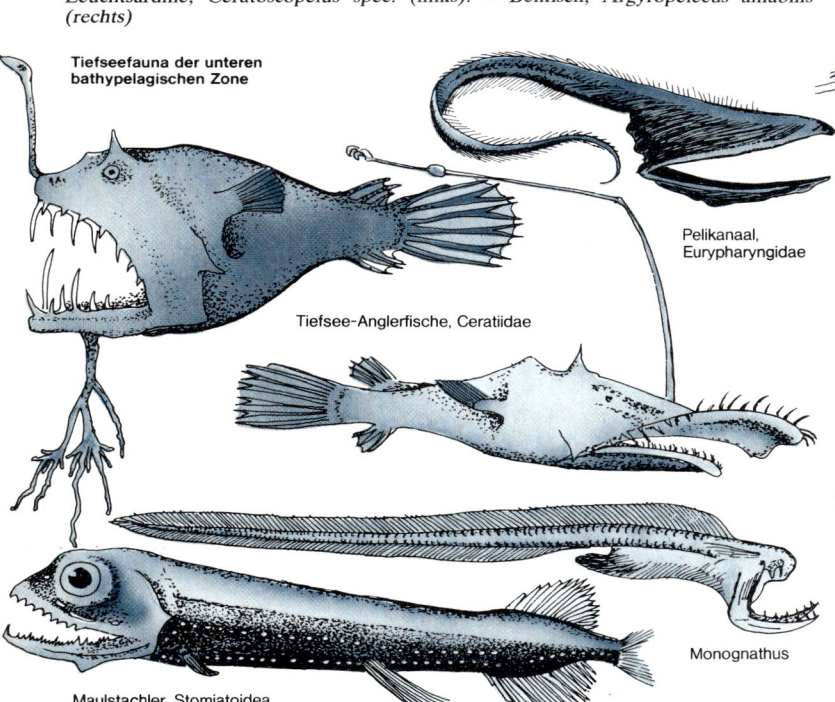

Tiefseefauna der unteren bathypelagischen Zone

Pelikanaal, Eurypharyngidae

Tiefsee-Anglerfische, Ceratiidae

Monognathus

Maulstachler, Stomiatoidea

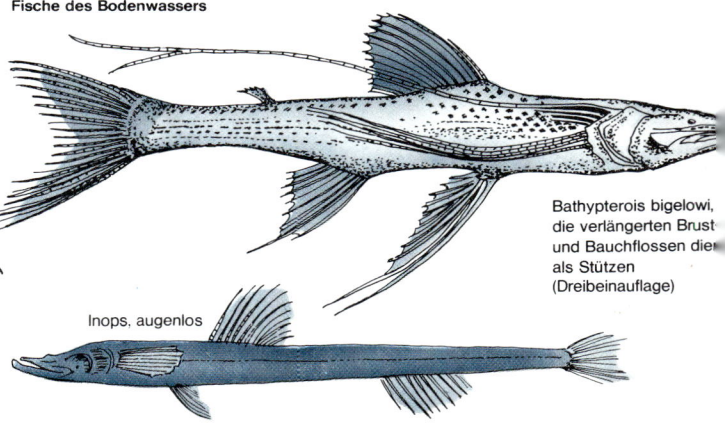

Fische des Bodenwassers

Bathypterois bigelowi, die verlängerten Brust- und Bauchflossen dienen als Stützen (Dreibeinauflage)

Inops, augenlos

Kleintierwelt (Sandlückenfauna) im Meeresboden

Charakteristische Arten aus vielen Tierstämmen wie Protozoen, Strudelwürmer, Ringelwürmer, Bärtierchen, Ruderfußkrebse u. a.

Tiefseeforschung

Sedimentarten der Tiefsee

Terrigenes Sediment

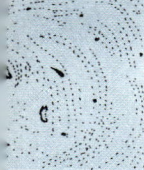
Roter Tiefseeton

Foraminiferen (Globigerinen)

Flagellaten (Coccolithophoriden)

Diatomeen

Radiolarien

Bonebed (Haifischzähne und Walknochen)

Nickel – Eisen Oolithen

Manganknollen

silikathaltiger Schlamm
kalkhaltiger Schlamm
palagische Sedimente

Gonostoma denudatum fängt eine Garnele

Kopf des Borstenmäulers Chauliodus slohanei

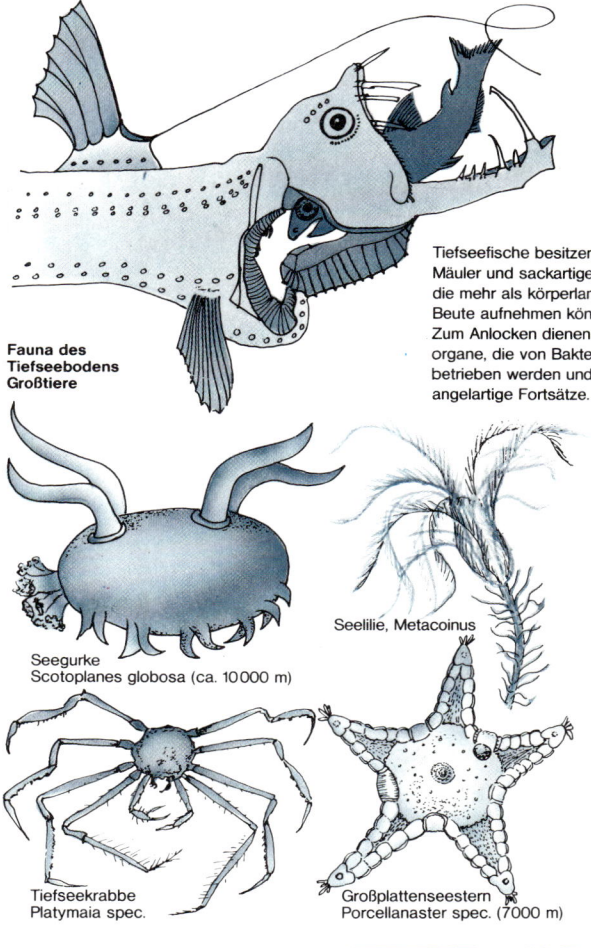
Fauna des Tiefseebodens Großtiere

Tiefseefische besitzen riesige Mäuler und sackartige Mägen, die mehr als körperlange Beute aufnehmen können. Zum Anlocken dienen Leuchtorgane, die von Bakterien betrieben werden und/oder angelartige Fortsätze.

Seegurke Scotoplanes globosa (ca. 10 000 m)
Seelilie, Metacoinus
Tiefseekrabbe Platymaia spec.
Großplattenseestern Porcellanaster spec. (7000 m)

Isaacs-Kidd Mid-water Trawl für pelagischen Einsatz (links). – Eine Dredge mit Bodentieren kommt an Deck (rechts)

Forschungsgeräte: Unterwasser-Fernsehkamera. – Kastengreifer zum Ausstechen von Bodenproben. – Stoßrohr für Bodenproben. – Sedimentprobe vom Meeresboden. Die unteren, schwarzgefärbten Schichten sind sauerstofffrei und enthalten nur noch Bakterien (von links nach rechts)

Tiefgang, das Maß des Eintauchens eines Schiffs oder schwimmenden Körpers, gerechnet von seinem tiefsten Tauchpunkt senkrecht aufwärts zur Wasserlinie.

Tiefkühltruhe, eine Kühlanlage für Haushalte oder Verkaufsgeschäfte, in der Lebensmittel eingefroren oder in eingefrorenem Zustand aufbewahrt werden können.

Tiefladewagen, Güterwagen mit zwei Drehgestellen, zwischen denen der Verbindungsrahmen durchgekröpft ist; verwendet zum Transport von großen Gütern, die sonst das Ladeprofil überschreiten würden; Tragfähigkeit bis 220t.

Tiefland, tiefliegende Landfläche (mit Reliefunterschieden im Gegensatz zur →Tiefebene) im Vergleich zum höher liegenden Umland; i. e. S. die untere Kontinentalstufe bis 200m Höhe.

Tiefofen, ein Walzwerksofen, in den die gegossenen Stahlblöcke bis zum Walzen, noch glühend, kommen.

Tiefpaß, in der Fernmelde- u. Rundfunktechnik häufig verwendeter elektr. Filter zur Unterdrükkung hoher Frequenzen. Die *Tonblende* in Rundfunkgeräten ist ein einfacher T., sie ermöglicht eine Änderung des Klangbildes. Gegenteil: →Hochpaß, →Siebkette.

Tiefpflanzverfahren, das Vereinzeln dichtgesäter Getreidepflanzen, wobei diese tiefer gepflanzt u. angehäufelt werden, so daß eine starke Bestockung u. Wurzelausbildung stattfindet, mit meist hohen Erträgen; unrentabel.

Tiefprägung →Prägedruck.

Tiefschlag, *Boxen:* Schlag unter die Gürtellinie; führt zur Disqualifikation.

Tiefsee, im Sprachgebrauch der Ozeanographie das Meer unterhalb der 4000-m-Isobathe. *T.becken* →Becken (2); *T.graben* →Graben (1). In der Biologie versteht man unter T. bereits den Meeresbereich unter 200m Wassertiefe, der nicht mehr von Wind- u. Wärmeverhältnissen der Oberfläche beeinflußt wird. Die T., die 65% der Erdoberfläche an Ausdehnung umfaßt, zeichnet sich aus durch Kälte (zwischen +2,5 u. –1,5 °C), fast völlige Bewegungslosigkeit der Wassermassen u. Lichtmangel bis Lichtlosigkeit (das menschl. Auge nimmt Licht bis in Tiefen von 500–600m wahr; empfindl. photograph. Platten zeigen, daß Licht bis in 1000m Tiefe dringt). Wegen des Lichtmangels fehlen alle Pflanzen außer pflanzl. Geißelalgen, die bis zu 400m Tiefe vorkommen.

Tiefseefauna, die Tierwelt der →Tiefsee (im biolog. Sinn), ist durch zahlreiche Eigentümlichkeiten den Lebensbedingungen angepaßt. Der Lichtmangel führte einerseits zu Rückbildung u. Verlust, andererseits zu Vergrößerung u. bes. Ausgestaltung der Augen (Teleskopaugen, gestielte Augen). Schätzungsweise 20% aller Tiefseetiere besitzen die Fähigkeit, z.T. in Symbiose mit Leuchtbakterien u. mit Hilfe spezialisierter Leuchtorgane, Licht zu erzeugen. Als Ersatz für einen fehlenden Gesichtssinn findet man häufig ein erhöhtes Tastvermögen (durch Verlängerung von Fühlern, Beinen, Flossenstrahlen, Barteln oder durch bes. reichl. Ausstattung mit Sinneshärchen). Auch die Färbung der Tiefseetiere ist z.T. den Lichtverhältnissen der Tiefsee angepaßt. Die mit zunehmender Tiefe dunkler werdenden, um 500m Tiefe aber auch leuchtendroten Körperfarben sind vermutl. Schutz- oder Tarnfarben.
Bei geringer Wasserbewegung u. wegen des Kalkmangels der Tiefsee weisen die Tiefseetiere eine bes. schwache Entwicklung aller Skelett- u. Stützelemente (Schalen, Knochen, Panzer) auf. Die schwachen Strömungen erlauben auch bes. Größenentwicklungen u. die Ausbildung oft gallertigen, stark wasserhaltigen Körpergewebes (bei Planktontieren zur Erhöhung der Schwebfähigkeit). Durch die Nahrungsarmut der Tiefsee gezwungen, jede Beute auszunutzen, haben die Räuber oft Riesenmäuler, gewaltige Zähne u. eine enorme Aufnahme- u. Erweiterungsfähigkeit der Mägen.
Die T. erstreckt sich bis in die größten Tiefen: Fische wurden bis in 7130m Tiefe gefangen u. Seerosen aus 10190m Tiefe geborgen. An bodenbewohnenden Tieren gibt es unter 3500m Tiefe nur sehr wenige Fische. Niedere Tiere sind hier zahlreicher: festgewachsene Glasschwämme u. Tiefseepolypen; frei kriechende Stachelhäuter, Riesenasseln u. Riesenasselspinnen. In Tiefen von 3500m bis 2500m ist die Arten- u. Individuenzahl erhebl. höher. An Fischen fand man u.a. Tiefseeaale u. die Tiefseespöke Hariotta; an Kontinentalhängen den Kragenhai, Fledermausfische, Panzerhähne. Wirbellose Bewohner der Kontinentalhänge bis 1000m Tiefe sind z.B. die gelbrote Riesenkrabbe u. 8armige Tintenfische.
Von der frei schwimmenden T. nimmt das Tiefseeplankton mit zunehmender Tiefe stark ab. Es setzt sich u.a. zusammen aus Strahlentierchen, Medusen, Staats- u. Rippenquallen, Schnurwürmern, Pfeilwürmern, Salpen u. den mengenmäßig zahlreichsten Ruderfußkrebsen, Muschelkrebsen *(Ostracoda)* u. Spaltfußkrebsen *(Schizopoda)*. An selbständig schwimmenden Tiefseetieren fand man u.a. die meist leuchtendroten →Tiefseegarnelen, fast alle 10armigen Tintenfische (räuber. Kraken bis zu 17m Körperlänge, z.B. *Architeuthis*) u. Fische von großer Mannigfaltigkeit. In ihrer Ernährung hängen alle Organismen der Tiefsee von dem lichterfüllten produktiven Oberflächenwasser (photische Zone) ab. Viele gewöhnl. tiefer lebenden Tiere steigen nachts dorthin auf oder machen ihre ersten Entwicklungsstadien dort durch. Mit zunehmender Tiefe werden die Zahl der pelag. Lebewesen u. damit auch das Nahrungsangebot immer spärlicher. Erst in Bodennähe entstehen durch die Anreicherung abgesunkener organ. Substanz günstigere Ernährungsverhältnisse. – 🄻 9.7.2.

Tiefseeforschung, ein Teilgebiet der *Meeresforschung*, das sich mit der Physik u. Chemie des Meerwassers, der Beschaffenheit des Meeresbodens u. der Lebewelt in der →Tiefsee befaßt.
Planmäßige Tiefenmessungen begannen Mitte des 19. Jh. bei der Verlegung der Transozean-Kabel. Sammelstelle u. Auswertezentrum für alle Tiefenlotungen wurde das *Internationale Hydrographische Bureau* in Monaco. Erste genaue Kenntnisse über die Tiefsee u. ihre Bewohner wurden auf der Fahrt der „Challenger" 1873–1876 gewonnen. Zahlreiche weitere Tiefsee-Expeditionen folgten, wie die der „Valdivia" 1898/99 unter Carl *Chun*, der „Siboga" 1899, der „Michael Sars" 1910, der „Meteor" 1925–1927, der „Albatros" 1947/48 u. der „Galathea" 1950–1952 unter Anton *Bruun*.
Techn. Hilfsmittel der T. sind Drahtseil- u. Echolot (heute mit Ultraschallquelle, früher Tonlot) zur Tiefenbestimmung, Greifer u. Stoßrohre zur Gewinnung von Bodenproben, Tauchkugeln u. Unterwasserkameras zur Beobachtung von Tiefseeboden u. -fauna, Schleppnetze, Schließnetze u. →Dredgen zum Tierfang, Schöpfer u. Sonden zur Messung der chem. u. physikal. Eigenschaften des Wassers, an Bojen verankerte, registrierende Instrumente u. frei treibende, signalgebende Körper zur Strömungsmessung, Seegravimeter, Magnetometer, Schallgeber u. Hydrophone zur Feststellung des Aufbaus der Erdkruste unter dem Meeresboden.
Einsätze mit der von O. *Barton* entwickelten bemannten →Tauchkugel (Bathysphäre) begannen 1930. Bes. bekannt geworden ist der 1934 geglückte Abstieg bis 923m mit O. Barton u. W. *Beebe*. Während diese Tauchkugel an einer Trosse hinabgelassen werden mußte, konstruierte A. *Piccard* das erste frei bewegl. Tieftauchgerät, den →Bathyskaph. 1948 übernahm die französ. Marine das Fahrzeug u. baute es weiter aus; G. *Hout* u. P. *Willm* erreichten damit 1954 vor Dakar 4050m Tiefe. Der zweite Bathyskaph, die „Trieste", wurde von der US-amerikan. Marine gekauft u. erreichte 1960 mit J. *Piccard* u. D. *Walsh* im Marianengraben bei 10910m den Meeresgrund. 1963 konnten die Reste des verunglückten amerikan. Atom-U-Boots „Thresher" von der „Trieste" in 2560m Tiefe gefunden werden.
Aktuelle Schwerpunkte der T.: 1. Strömungsmessungen: Es geht um die Frage, ob radioaktive Abfälle („Atommüll") ohne Gefahr in großen Meerestiefen versenkt werden können, oder ob man damit rechnen muß, daß eventuell frei werdende Radioaktivität über weite Gebiete verteilt wird. Man hat inzwischen gemessen, daß in der Tiefe Strömungen von 10cm/sek nicht selten sind. An der Tiefenzirkulation sind vor allem Wasserkörper beteiligt, die im N u. S an der Meeresoberfläche abkühlen, absinken u. sich in verschiedenen Tiefen u. am Boden ausbreiten. – 2. Erforschung des Meeresbodens u. der darunterliegenden Gesteine: Die Ausbeutung von Lagerstätten am u. im Meeresboden wird einen großen techn. Aufwand erfordern, erscheint aber trotzdem nicht unwirtschaftlich. Es bestehen große Erdöl- u. Erdgasvorräte in der Tiefe, Phosphat- u. Schwefelvorkommen u. ausgedehnte Lager von Manganerzen in Knollenform. – 🄱 S. 378. – 🄻 9.7.2.

Tiefseegarnelen, leuchtendrote Schwimmkrebse aus den Familien *Penaeidae* u. *Carididae*; oft mit stark verlängerten Beinen u. Fühlern (die vermutl. gleichzeitig zur Erhöhung des Tastsinns u. als Schwebefortsätze dienen). Manche Arten haben zahlreiche Leuchtorgane, die offenbar an- u. abgeschaltet werden können (z.B. *Sergestes*-Arten), oder können aus Drüsen Wolken leuchtender Substanz ausstoßen. Mehrere Arten sind bes. in Asien von wirtschaftl. Bedeutung.

Tiefstall, Stall mit vertieftem Stand. Einstreu u. Dung werden nicht oder nur selten entfernt, so daß die Tiere auf einem Dungstapel leben. Obwohl der Dung sehr gut ist, ist der T. aus hygienischen Gründen bes. für Milchvieh abzulehnen.

Tiefstrahler, sehr starke Leuchte zur unmittelbaren Beleuchtung von oben, der Lichtkegel hat einen Öffnungswinkel bis 120°; bes. geeignet für Straßen, Fußballplätze, große Hallen u.a.

Tiefstreuverfahren, z.T. in der Hühnerhaltung üblich, dem →Tiefstall ähnlich.

Tieftemperaturphysik, die Untersuchung des physikal. Verhaltens von Stoffen bei sehr tiefen Temperaturen. Zur Erzeugung tiefer Temperaturen dienen vor allem verflüssigte Gase. Die wichtigsten Verfahren zur Verflüssigung von Luft, von (unter –80 °C vorgekühltem) Wasserstoff u. von Helium (das mit flüssigem Wasserstoff vorgekühlt ist) beruhen auf der Temperaturerniedrigung bei adiabat. Entspannung von Gasen (→Joule-Thomson-Effekt). Mit flüssigem Helium, das man unter vermindertem Druck sieden läßt, können Temperaturen bis zu 1 Kelvin herab erreicht werden. Zur Herstellung noch tieferer Temperaturen nutzt man den →magnetokalorischen Effekt.
Aufgaben der T.: Messungen spezif. Wärmen u.a. Materialeigenschaften, die nach dem Nernstschen Wärmetheorem in der Nähe des absoluten Nullpunkts ein bes. Verhalten zeigen; Messungen aller Art, die bei höheren Temperaturen wegen der störenden Wärmebewegung (→Brownsche Molekularbewegung) nicht oder nur ungenau durchführbar sind; Experimente über →Supraleitung u. →Suprafiüssigkeit des Heliums. – 🄻 7.5.2.

Tieftemperaturverkokung, Verkokung von Braun- u. Steinkohle unter 450 °C; ergibt *Grude* u. *Halbkoks*. →Schwelung.

Tiefton, fehlender Akzent, fehlende Betonung; Gegensatz: *Hochton*.

tiefziehen, Blech zu Hohlteilen (Wannen, Hülsen, Karosserieteile) kalt umformen. Als Werkzeug (auf der Presse) dient der *Ziehring* mit *Ziehstempel*, wobei das Blech meist durch einen Niederhalter um den Stempel herum festgehalten wird. Anstelle eines festen Ziehstempels werden auch Gummistempel oder Druckwasser verwendet.

Tiefziehfähigkeit, Eignung eines Feinblechs zum Tiefziehen, d.h. zur plast. Formänderung durch Pressen, z.B. im Kraftwagenbau.

Tiegel, zum Boden hin enger zulaufendes, mit einem Deckel verschließbares Gefäß; meist aus glasiertem Porzellan, für bes. Zwecke aus Edelmetallen oder deren Legierungen, Nickel, Eisen oder Quarz hergestellt. T. werden in der chem. Laboratoriumspraxis zum Schmelzen *(Schmelz-T.)*, Erhitzen u. Verbrennen von Substanzen verwendet. *Porzellanfilter-T.* haben einen porösen Boden unterschiedl. Porenweite aus unglasiertem Porzellan.

Tiegeldruckpresse →Druckmaschine.

Tiegelofen, Schmelzofen aus feuerfestem, mit Graphit vermischtem Ton, Fassungsvermögen 30–50kg; kann bis auf 1700 °C erhitzt werden.

Tiegelstahl, Stahl, der im *Tiegelofen* erschmolzen wird; von bes. Güte, da die gewünschte chem. Zusammensetzung genau eingehalten werden kann. Wird nur noch selten für Spezialstähle verwendet, sonst durch *Elektrostahl* verdrängt. →auch Stahl.

Tiel, Stadt in der niederländ. Prov. Gelderland, in der Betuwe, am Waal, 22000 Ew.

Tiele, Cornelis Petrus, niederländ. Theologe, *16. 12. 1830 Leiden, †11. 1. 1902 Leiden; Wegbereiter der modernen Religionswissenschaft.

Tiele-Winckler, Eva von, Gründerin des Diakonissenhauses „Friedenshort", *31. 10. 1866 Miechowitz, Oberschlesien, †25. 6. 1930 Miechowitz; förderte die Gemeinschaftsbewegung, Waisen- u. Gefangenenfürsorge, Mission in China.

Tielke, Joachim, Lauten- u. Violenmacher, *14. 10. 1641 Königsberg, †19. 9. 1719 Hamburg; baute hauptsächl. Lauten, Violen u. Gamben, doch nur wenige Violinen.

Tielt, Stadt in der belg. Prov. Westflandern, westl. von Gent, 14100 Ew.; Textilindustrie.

Tiemann, Walter, Graphiker u. Schriftkünstler, *29. 1. 1876 Delitzsch, †12. 9. 1951 Leipzig; maßgebend als Buchgestalter (Einbände).

1920–1933 Direktor der Akademie für graph. Künste u. Buchgewerbe in Leipzig.

Tiện Chen-sin, Thomas, chines. kath. Theologe, *24. 10. 1890 Changtsiu, †24. 7. 1967 Taipeh (Taiwan); seit 1946 Erzbischof von Peking u. (als erster Chinese) Kardinal.

Tienen ['ti:nə], frz. *Tirlemont*, Stadt in der belg. Prov. Brabant, an der Groote Nete, 22600 Ew.; landwirtschaftl. Mittelpunkt, Zuckerindustrie.

Tiengen (Hochrhein), ehem. Stadt in Baden-Württemberg (Ldkrs. Waldshut), im Mündungsgebiet der Schwarza in den Rhein; 1975 Zusammenschluß zu *Waldshut-Tiengen.*

Tiện Schan [chin., „Himmelsgebirge"], rd. 3000 km langes, bis 600 km breites zentralasiat. Gebirge nördl. von Turkistan; im mittleren Teil an der sowjet.-chines. Grenze sehr stark gegliedert u. z.T. vergletschert: *Pik Pobedy* 7439 m, *Khan Tengri* 6995 m, *Inyltschekgletscher* 58 km lang; wichtige Karawanenwege (Bedelpaß 4216 m). Entwässert nur zu abflußlosen Gebieten (bes. der *Naryn*, Quellfluß des Syrdarja).

Tiẹntsin, *Tianjin,* Stadt in der nordchines. Prov. Hopeh, am Hai Ho südöstl. von Peking, 3,3 Mill. Ew., als „Stadtbezirk" (der Zentralregierung direkt unterstellt) 2300 qkm mit 4,2 Mill. Ew.; 3 Universitäten u. a. Hochschulen; Eisen- u. Stahl-, Textil-, chem., Gummi-, Nahrungsmittel-, Elektro-, optische Industrie, Maschinen-, Traktoren- u. Schiffbau; Außenhafen *Tangku* (Xingang) an der Po-Hai-Bucht des Gelben Meers; Flughafen. – Im 10. Jh. erwähnt, Aufstieg im 17. Jh. (Textilmanufakturen) u. im 19. Jh. (Überseehandel).
Der *Vertrag von T.* vom 26. 6. 1858 (ratifiziert 1860) beendete den *Lorcha-Krieg* zwischen China einerseits u. Großbritannien u. Frankreich andererseits; China mußte ausländ. Mächten 10 chines. Häfen zugängl. machen, Missionstätigkeit u. Einrichtung von Gesandtschaften erlauben. – Im *Vertrag von T.* am 9. 6. 1885 erreichte Frankreich den Verzicht Chinas auf Rechte in Tonkin u. Annam.

Tiẹpolo, Giovanni Battista, italien. Maler u. Graphiker, *5. 3. 1696 Venedig, †27. 3. 1770 Madrid; Hauptmeister der spätbarocken Malerei u. letzter bedeutender Vertreter der venezian. Kunst, 1750 bis 1753 in Würzburg, seit 1762 in Madrid tätig. Sein Stil verkörpert in Weiterführung der venezian. Tradition in monumentalen Wand- u. Deckengemälden den letzten Höhepunkt der europ. Barockmalerei u. gipfelt in hellfarbigen, figurenreichen Bildschöpfungen von großer Bewegtheit u. überraschender Raumillusion. Die beiden Söhne T.s, Giovanni Domenico (*1727, †1804) u. Lorenzo (*1736, †1776), haben an vielen Arbeiten des Vaters bedeutenden Anteil. Hptw.: Fresken im erzbischöfl. Palast in Udine 1727, in der Villa Valmarana bei Vicenza 1737, im Treppenhaus u. Kaisersaal der Würzburger Residenz 1750–1753, im Palazzo Labia in Venedig 1757, im Thronsaal des Schlosses in Madrid 1764. – Ⓑ→Barock u. Rokoko, italienische Kunst. – Ⓛ2.4.4.

Tier, ein Lebewesen, das sich durch bestimmte Merkmale von der *Pflanze* unterscheidet. Der grundlegende Unterschied liegt in der Art der Energiebeschaffung: das T. gewinnt seine Energie indirekt durch Verwertung organ. Substanz, die es als Nahrung aufnimmt *(heterotroph)*, während die Pflanze die zur Erhaltung des Lebens nötige Energie unmittelbar mit Hilfe von Chlorophyll dem Sonnenlicht entnimmt *(autotroph)*. Die gemeinsame Wurzel von T. u. Pflanze ist auf bestimmte Urtiere (→Protozoen), bes. *Flagellaten*, zurückzuführen, die noch beide Arten der Energiebeschaffung kennen *(mixotroph)*. Weitere typ. Merkmale der T.e sind: aktive u. zielgerechte Beweglichkeit des Körpers u. seiner Organe; Mannigfaltigkeit der Reaktionsformen auf Reize; begrenztes Wachstum; Hohlkörper mit Oberflächenentfaltung nach innen; bes. Organe zum Einverleiben u. Verarbeiten der Nahrung; Skelettbildungen; Sinnesorgane, Nerven, Muskeln, Gehirn mit seinen Leistungen; nackte oder zartbehäutete Zellen, die keine →Plastiden enthalten, wohl aber ein →Zentrosom (→Kernteilung). Es gibt sowohl T.e, die einige typisch pflanzl. Eigenschaften aufweisen (z.B. die *festsitzenden T.e*, wie Seeanemonen, Seepocken), wie Pflanzen, die einige typisch tier. Merkmale zeigen (z.B. die sog. *fleischfressenden Pflanzen*). T.e besitzen meist *Mund* u. *Verdauungskanal* sowie ein *Ausscheidungssystem*, das den Pflanzen nicht in der für die T.e typischen Form eigen ist. Auch das *Nervensystem* kann als etwas dem T. Eigentümliches gelten, wenn auch die Pflanzen (z.B. Mimosa) ein rasches u. empfindl. Erregungsleitungssystem besitzen. Typisch tierisch ist auch das *Verhalten*, das, je nach der Reizlage, der →Erbkoordination *(Instinkte)* u. dem Gedächtnis, mehr oder weniger sinnvoll, d.h. das Individuum u. damit die Art erhaltend, abläuft u. durch →Lernen noch sinnvoller gestaltet werden kann. – Ⓛ9.0.0.
Rechtliches: 1. *bürgerl. Recht*: T.e gelten als bewegl. Sachen, wilde T.e als →herrenlose Sachen. Für durch T.e verursachte Schäden haftet der *T.halter* nach den Grundsätzen der →Gefährdungshaftung; für Haus-T.e, die seinem Beruf, Erwerb oder Unterhalt dienen, dagegen nur bei eigenem Verschulden (§833 BGB). Der *T.hüter*, der ein fremdes T. aufgrund eines Vertrags beaufsichtigt, haftet stets nur bei Verschulden (§834 BGB). Für Wildschaden ist nach §§29ff. des Bundesjagdgesetzes in der Fassung vom 29. 9. 1976 der Jagdberechtigte, die Jagdgenossenschaft oder der Jagdpächter bzw. der Eigentümer oder Nutznießer eines Eigenjagdbezirks nach den Grundsätzen der Gefährdungshaftung ersatzpflichtig. – In der Schweiz sind die zivilrechtl. Vorschriften über T.e im ZGB (Art. 700, 719, 725) u. im Obligationenrecht (Art. 56f., 307 u. a.), in Österreich sind sie im ABGB (§§ 383f., 405f., 1320ff.) enthalten.
2. *Strafrecht*: T.e sind durch die Bestimmungen über →Tierquälerei, →Tierversuche u. →Naturschutz geschützt. →auch Tierschutz.

Tierarzt →Tierärztliche Hochschule, →Veterinärmedizin.

Tierärztliche Hochschule, Stätte zur Ausbildung von Veterinärmedizinern. Die ersten sog. Tierarzneischulen, durch deren Gründung man den Tierseuchen entgegenzuwirken hoffte, entstanden in der 2. Hälfte des 18. Jh. in Frankreich. In Dtschld. wurde die erste dieser Schulen 1778 in Hannover gegr. Sie besteht heute als *Tierärztliche Hochschule Hannover* u. ist die einzige T.H. in der BRD. Daneben gibt es an den Universitäten in Berlin (FU), München u. Gießen veterinärmedizin. Fakultäten. Nach neunsemestrigem Studium Bestallung zum Tierarzt; seit 1910 auch Promotion möglich. In der DDR gibt es tierärztl. Fakultäten an der Humboldt-Universität in Berlin u. an der Universität Leipzig.

Tierbestattung, die bei manchen Völkern übl. Beisetzung bestimmter Tierarten teils in bes. Grabanlagen, weil sie als heilig galten (*Tierkult*, z.B. Ägypten: Apis-Stiere, Ibisse, Katzen), teils mitbestattet in Menschengräbern *(Tieropfer)*, um dem Toten im Jenseits zu dienen (Pferde bei den Altai-Skythen u. Germanen).

Tierbräutigam, beliebtes Märchenmotiv, wobei der Königssohn in ein Tier verwandelt ist: in Wolf, Bär (Schneeweißchen u. Rosenrot), Löwe, Frosch (Froschkönig) u. a. Der Prinz wird durch die Ehegemeinschaft mit einer Erretterin erlöst.

Tierdichtung, die meist erzählende Dichtung, in deren Mittelpunkt Tiere stehen. – Die älteste, bei fast allen Völkern bekannte Form der T. ist das *Tiermärchen*, in dem Tiere auftreten, die menschl. Eigenschaften u. Empfindungen haben u. auch sprechen können. – Die *Tierfabel* gibt in allegor. Weise den Tieren (Löwe, Fuchs, Lamm u. a.) feste menschl. Charakterzüge (Stolz, List, Sanftmut) u. verspottet in lehrhaften Geschichten die menschl. Schwächen. Der berühmteste Fabeldichter des Altertums war *Äsop*. In der Reformationszeit wurde die Fabel als Satire im Religionsstreit benutzt (G. *Rollenhagen* „Froschmeuseler", J. *Fischart* „Flöhhatz"). Einen neuen Höhepunkt erreichte die Fabel bei J. de La *Fontaine*, J. W. L. *Gleim*, Ch. F. *Gellert* u. G. E. *Lessing*.
Eine umfangreichere Form der T. ist das *Tierepos*. Das erste Tierepos ist die *„Batrachomyomachia"*, eine Parodie auf die Epen *Homers*. Für die Allegorie des MA. wurde der *„Physiologus"* (2. Jh. n. Chr.) von Bedeutung. In Dtschld. entstand um 1045 das satir. latein. Tierepos *„Ecbasis captivi"*. Die erste Erzählung in dt. Sprache ist „Reinhart Fuchs" (entstanden 1180) von *Heinrich dem Glîchesaere* mit Anspielungen auf das zeitgenöss. Hofleben. Die Geschichte des listigen Fuchses behandelt auch *Goethes* „Reineke Fuchs" 1794. – Eine neue Art der T. begann zu Ende des 19. Jh. mit Erzählungen, die ohne satir. Absicht oder symbol. u. allegor. Einkleidung nur die Tierseele in ihrer Eigenart beschreiben wollten, meist in einer menschenähnl. Gefühlswelt. Die bekanntesten Erzählungen dieser Art sind Werke von H. *Löns* („Mümmelmann" 1909), „Die Biene Maja" von W. *Bonsels* u. das „Dschungelbuch" von R. *Kipling*. – Ⓛ3.0.2.

Tiergarten →zoologischer Garten.

Tiergarten, Bezirk in Westberlin, im Stadtzentrum, 95000 Ew.; Parkgelände T. (mit Reichstag, Siegessäule, Philharmonie), Zoolog. Garten, Hansaviertel, Schloß Bellevue, Industrie- u. Wohngebiet *Moabit*, Westhafen.

Tiergeographie, *Zoogeographie*, die Wissenschaft von der Verbreitung der Tierwelt als das Bild der Erdoberfläche mitbestimmendem Faktor, Teilgebiet der *Biogeographie*; zu unterscheiden von der *Geozoologie*, die als Teilgebiet der Zoologie die landschaftl. Bedingtheit der tier. Organismen u. deren Verteilung auf der Erde in bestimmten Regionen *(Faunengebiete)* untersucht.
Die beschreibende Darstellung der geograph. Verbreitung *(Faunistik)* hat zur Gliederung der Erdoberfläche in tiergeograph. Regionen geführt. Für das Festland (einschl. Süßwasser) beruht die gegenwärtig bevorzugte Einteilung auf den von P. L. *Sclater* 1858 u. A. R. *Wallace* 1876 geschaffenen Grundlagen. Da aber bei den einzelnen Tiergruppen die Unterschiede der Festlandgebiete verschieden groß sind, gibt es keine in allen Einzelheiten anerkannte Regionengliederung.
Ziemlich allg. anerkannt werden die *Paläarktische, Nearktische, Äthiopische, Orientalische, Neotropische* u. *Australische (Notogäische) Region*. Paläarktische u. Nearktische Region werden oft unter dem Begriff *Holarktis* zusammengefaßt.
Hiervon unabhängig wird nach ökolog. Gesichtspunkten eine Gliederung des Lebensraums der Gewässer in *Litoral* (ufernahe Gebiete), *Pelagial* (offenes Wasser, Hochsee) u. *Abyssal* (Tiefsee) bzw. *Profundal* (tiefe Seen) u. weniger scharf umrissen der Landgebiete (z.B. in *Arboreal, Eremial* u. *Oreotundral*) vorgenommen.
Bei dem Versuch, die gegenwärtige Verbreitung der Tiergruppen zu erklären *(kausale T.)*, kann deren Bindung an bestimmte Lebensräume *(ökologische T.)* oder die Stammesgeschichte in Verbindung mit der geschichtl. Veränderung der Erdoberfläche *(historische T.)* im Vordergrund stehen.
Ein bes. Problem der kausalen T. ist das Vorkommen von Tierarten oder -gruppen in weit getrennten Verbreitungsgebieten (→diskontinuierliche Verbreitung, *Disjunktionen*). Ihrer Erklärung dienen vor allem die →Reliktentheorie (= Verdrängungstheorie), die →Landbrückentheorie u. die Theorie der →Kontinentalverschiebung. – Ⓑ→Biogeographische Regionen. – Ⓛ9.3.7.

Tierhalter, eine Person, die in ihrem Haushalt oder Wirtschaftsbetrieb ein Tier verwendet; Rechtliches: →Tier.

Tierhaltung, Pflege u. Haltung von Tieren in bes. Einrichtungen u. Behältern (z.B. Aquarien, Terrarien, Insektarien, Aviarien [Vogelhäusern]), in bäuerl. Betrieben, Zuchtanstalten, zoolog. Gärten; wird aus Nützlichkeitsgründen, Liebhaberei u. zum Studium der Eigenschaften u. Gewohnheiten der Tiere betrieben. Der Lebensraum des Tiers sollte weitgehend seinem Leben in der Freiheit entsprechen. →auch Tierquälerei, Tierschutz.

Tierheilkunde = Veterinärmedizin.

tierische Elektrizität, die Fähigkeit aller Tiere, elektr. Energie zu erzeugen. Sie entsteht an Zellmembranen durch Verschiebung von Ladungsträgern. Die Arbeit der Sinnesorgane, die Informationsübertragung durch die →Nervenleitung, die Funktion des Zentralnervensystems u. die Muskelkontraktionen sind mit elektr. Erscheinungen verbunden. Bei einigen Fischen sind Muskelfasern zu elektr. Organen umgebildet (→elektrische Fische). →Elektrokardiographie, →Elektroenzephalographie. – Ⓛ9.3.1.

Tierkalb, *Wildkalb*, das weibliche Kalb beim Hirsch.

Tierkämpfe, als Schaustellungen u. zu Wettzwekken veranstaltete Kämpfe von Tieren untereinander, die dafür bes. gezüchtet werden. T. gab es im antiken Griechenland, in Rom u. in China (Grillenkämpfe); heute noch in Spanien, Mittelamerika u. bes. Indonesien (z.B. Kämpfe von Hähnen, Wachteln oder Tauben oder zwischen Tiger u. Büffel, Wildschwein u. Widder).

Tierkohle, aus Knochen *(Knochenkohle)* oder Blut *(Blutkohle)* gewonnene Kohle; Anwendung als *Aktivkohle* (Absorptionsmittel bei Reinigungsprozessen, z.B. in der Nahrungsmittelindustrie, in der Medizin bei infektiösen Darmerkrankungen), als schwarzes Pigment u. a.

Tierkörpermehl, Produkt der Tierkörperbeseitigungsanlagen; gutes Futtermittel.

Tierkreis, *Zodiakus*, etwa 20 Grad breite Zone um die Himmelskugel, innerhalb der die Bewe-

Tierkreislicht

TIERREICH

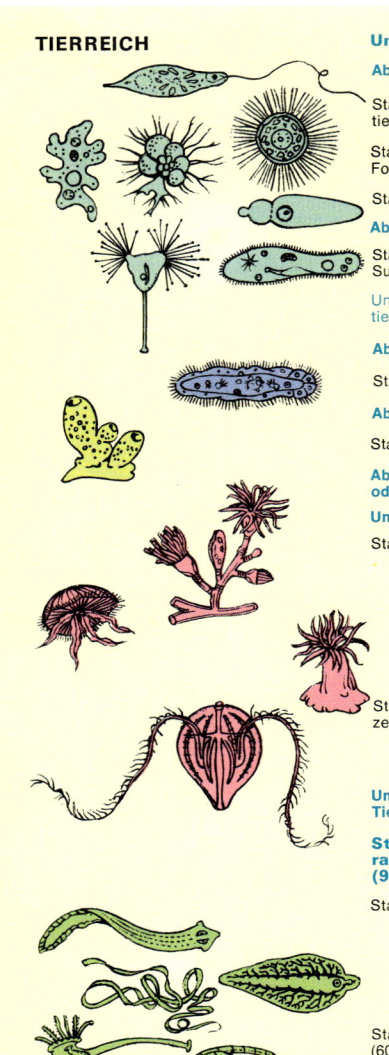

Unterreich Protozoa-Urtiere (20.000 Arten)
Abteilung Cytomorpha
Stamm Flagellata oder Mastigophora-Geißeltierchen oder Geißelträger
Stamm Rhizopoda-Wurzelfüßer (Amöben, Foraminiferen, Heliozoen, Radiolarien)
Stamm Sporozoa-Sporentierchen
Abteilung Cytoidea
Stamm Ciliata-Wimpertierchen (Euciliaten, Suctorien)
Unterreich Metazoa-Vielzeller oder Zellverbandstiere (1 050 000 Arten)
Abteilung Mesozoa (50 Arten)
Stamm Mesozoa
Abteilung Parazoa (5 000 Arten)
Stamm Porifera oder Spongia-Schwämme
Abteilung Histozoa oder Eumetazoa-Gewebetiere oder Echte Vielzeller (1 044 000 Arten)
Unterabteilung Coelenterata oder Radiata-Hohltiere
Stamm Cnidaria-Nesseltiere (8 900 Arten)
Klasse Hydrozoa (2 700 Arten, davon 700 mit freilebenden Quallen)
Klasse Scyphozoa-Schirm- oder Scheibenquallen (200 Arten)
Klasse Anthozoa-Blumen- oder Korallentiere, Blumenpolypen (80 Arten)
Stamm Acnidaria-Hohltiere ohne Nesselzellen (80 Arten)
Klasse Ctenophora-Rippen- oder Kammquallen
Unterabteilung Bilateralia-Zweiseitig-symmetrische Tiere (1 035 000 Arten)
Stammreihe Protostomia oder Gastroneuralia-Urmund- oder Bauchmarktiere (984.000 Arten)
Stamm Plathelminthes-Plattwürmer (12 500 Arten)
Klasse Turbellaria-Strudelwürmer (3 000 Arten)
Klasse Trematoda-Saugwürmer (600 Arten)
Klasse Cestoda-Bandwürmer (3 400 Arten)
Stamm Kamptozoa oder Entoprocta-Kelchwürmer (60 Arten)
Stamm Nemertini-Schnurwürmer (800 Arten)
Stamm Nemathelminthes oder Aschelminthes-Schlauchwürmer (12 500 Arten)
Klasse Nematodes-Rund- oder Fadenwürmer (10 000 Arten)
Klasse Rotatoria-Rädertiere (1 500 Arten)
Klasse Gastrotricha-Bauchhaarlinge oder Flaschentierchen (150 Arten)
Klasse Kinorhyncha (100 Arten)
Klasse Nematomorpha oder Gordiacea-Saitenwürmer (230 Arten)
Klasse Acanthocephala-Kratzer (500 Arten)
Stamm Priapulida-Priapswürmer (4 Arten)
Stamm Mollusca-Weichtiere (128 000 Arten)
Unterstamm Amphineura-Urmollusken (1 150 Arten)
Klasse Polyplacophora, Placophora oder Loricata-Käferschnecken (1 000 Arten)
Klasse Solenogastres oder Aplacophora-Wurmmollusken (150 Arten)
Unterstamm Conchifera (126 000 Arten)
Klasse Monoplacophora (2 Arten)
Klasse Gastropoda-Schnecken oder Bauchfüßer (105 000 Arten)
Klasse Bivalvia oder Lamellibranchiata-Muscheln (20 000 Arten)
Klasse Scaphopoda oder Solenoconcha-Kahnfüßer, Grabfüßer, Zahnschnecken oder Röhrenschaler (350 Arten)
Klasse Cephalopoda-Kopffüßer oder Tintenfische (730 Arten)
Stamm Sipunculida-Spritzwürmer (250 Arten)
Stamm Echiurida-Igelwürmer (150 Arten)
Stammgruppe Articulata – Gliedertiere
Stamm Annelida-Ringel- oder Gliederwürmer (8 700 Arten)
Klasse Polychaeta-Vielborster (4770 Arten)
Klasse Myzostomida-Saugmünder (rd. 30 Arten)
Klasse Oligochaeta-Wenigborster (3 500 Arten)
Klasse Hirudinea-Egel oder Blutegel (400 Arten)
Stamm Onychophora-Stummelfüßer (70 Arten)
Stamm Tardigrada-Bärtierchen (200 Arten)
Stamm Linguatulida- oder Pentastomida-Zungenwürmer (60 Arten)
Stamm Arthropoda-Gliederfüßer (816 000 Arten)
Unterstamm Trilobitomorpha-Dreilapper oder Trilobiten †

---

gungen von Sonne, Mond u. Planeten vor sich gehen. Die scheinbare Sonnenbahn *(Ekliptik)* bildet die Mittellinie des T.es; er enthält folgende 12 Sternbilder *(T.bilder)*: Widder ♈, Stier ♉, Zwillinge ♊, Krebs ♋, Löwe ♌, Jungfrau ♍, Waage ♎, Skorpion ♏, Schütze ♐, Steinbock ♑, Wassermann ♒, Fische ♓.
Tierkreislicht = Zodiakallicht.
Tierkult, die religiöse Verehrung bestimmter Tierarten, bereits bei Jägerstämmen vorhanden (Bärenkult Nordasiens) u. dort oft verknüpft mit Vorstellungen von einem „Herrn der Tiere" in Gestalt einer Tierart (Raubtier, Elefant u. a.). Bei Ackerbaustämmen (Ägypten: Apis-Stiere, Ibis, Katzen; Indien: Rind, Affen) u. Reitervölker (Pferd) setzt sich der T. fort. Er ist ein wesentlicher Teil des *Totemismus*. Weit verbreitet in Afrika, Indien u. Melanesien ist der Schlangenkult; es gibt auch „heilige" Krokodile oder Fische (Oberguinea).
Tierläuse, *T. i. w. S., Phthiraptera,* Ordnung der *Insekten,* umfaßt ausschl. flügellose Formen, die als Außenparasiten an Säugetieren u. Vögeln leben, meist an eine Wirtsart oder -gattung gebunden. Die T. sind gekennzeichnet durch rückgebildete Komplexaugen, verkürzte Fühler, abgeflachten Körper, mit Klammereinrichtungen versehene Beine u. unvollkommene Verwandlung. Man unterscheidet die Unterordnungen der *Haarlinge, Elefantenläuse* u. *Läuse.*
Tiermasken, Verkleidungen von Menschen unter Verwendung von Tierfellen; bei Naturvölkern für kultische Feste, Initiationsfeiern, Feiern von Geheimbünden, auf Kriegs- u. Jagdzügen, auch als Rangabzeichen. Dabei wird entweder der natürliche, präparierte Kopf des Tiers verwendet oder ein stilisierter geschnitzter Kopf aufgesetzt, evtl. auch nur eine Gesichtsmaske in Form eines Tierkopfs vorgebunden. Dabei glaubt man an die furchterregende Wirkung auf den Zuschauer u. an eine Übertragung der tierischen Kräfte auf den Träger.
Tiermedizin = Veterinärmedizin.
Tierpark →zoologischer Garten.
Tierphysiologie, ein Teilgebiet der Zoologie, das sich mit den tier. Leistungen u. Funktionen befaßt. Aufgabenbereiche sind vor allem Stoffwechsel, Bewegung, Reizbarkeit, aber auch die sog. Physiologie des Formwechsels (Wachstum, Entwicklung, Fortpflanzung, Vererbung).
Tierpsychologie →Verhaltensforschung.
Tierquälerei, das Verursachen länger dauernder oder sich wiederholender erhebl. Schmerzen oder Leiden eines Tiers. Die unnötige T. ist strafbar nach §§ 17 u. 19 des *Tierschutzgesetzes* vom 24. Juli 1972 mit Freiheitsstrafe bis zu 2 Jahren u. Geldstrafe sowie Einziehung des Tiers. Im einzelnen sind u. a. die Verwendung eines Tiers zu Arbeitsleistungen, die über seine Kräfte gehen, oder zur Arbeit unter Tage nicht bes. Genehmigung, das Aussetzen von Haustieren, die Vornahme von Eingriffen ohne Betäubung u. die Zwangsfütterung *(Stopfen)* von Geflügel verboten.
Tierra [span.], Bestandteil geograph. Namen: Erde, Land, Gebiet.
Tierra caliente [die; span.], in den von trop. Zonen umschlossenen Gebirgen Zentral- u. Südamerikas die unterste, trop. →Höhenstufe der Vegetation, das „heiße Land"; reicht, je nach Lage, bis in 600–1000 m Höhe; u. a. Anbau von Kakao, Kautschuk, Zuckerrohr u. Bananen.
Tierra de Campos [span., „Feldland"], fruchtbare Landschaft der *Meseta* Altkastiliens (Spanien), zwischen den Flüssen Cea, Duero u. Pisuerga; Anbau von Weizen, Gerste u. Hülsenfrüchten; Merinoschafherden. Im S schließt sich die *Tierra del Vino* („Weinland") an.
Tierra del Fuego [span.] = Feuerland.
Tierradentro, vorgeschichtl. Kultur in der Landschaft T. nördl. San Agustín im Departamento Cauca in Kolumbien; kennzeichnend sind unterirdische Grabkammern; z. T. mit Linien, Rhomben, Sonnenfiguren u. menschl. Gestalten an schwarz, weiß, rot u. zuweilen orange bemalten Wänden.
Tierra fría [die; span.], in den von trop. Zonen umschlossenen Gebirgen Zentral- u. Südamerikas die →Höhenstufe der Vegetation über der *Tierra templada,* über 2000 m, das „kalte Land"; Kartoffel- u. Getreideanbau.
Tierra templada [die; span.], in den von trop. Zonen eingeschlossenen Gebirgen Zentral- u. Südamerikas die Höhenstufe der Vegetation (bis 1700–2000 m) über der *Tierra caliente,* das „gemäßigte Land"; Kaffeeanbau.
Tierreich, die Gesamtheit aller Tierarten, Gegenstand der →Zoologie. Das T. umfaßt nach der letzten Artenzählung *(Arndt 1941)* etwa 1,5 Mill. be-

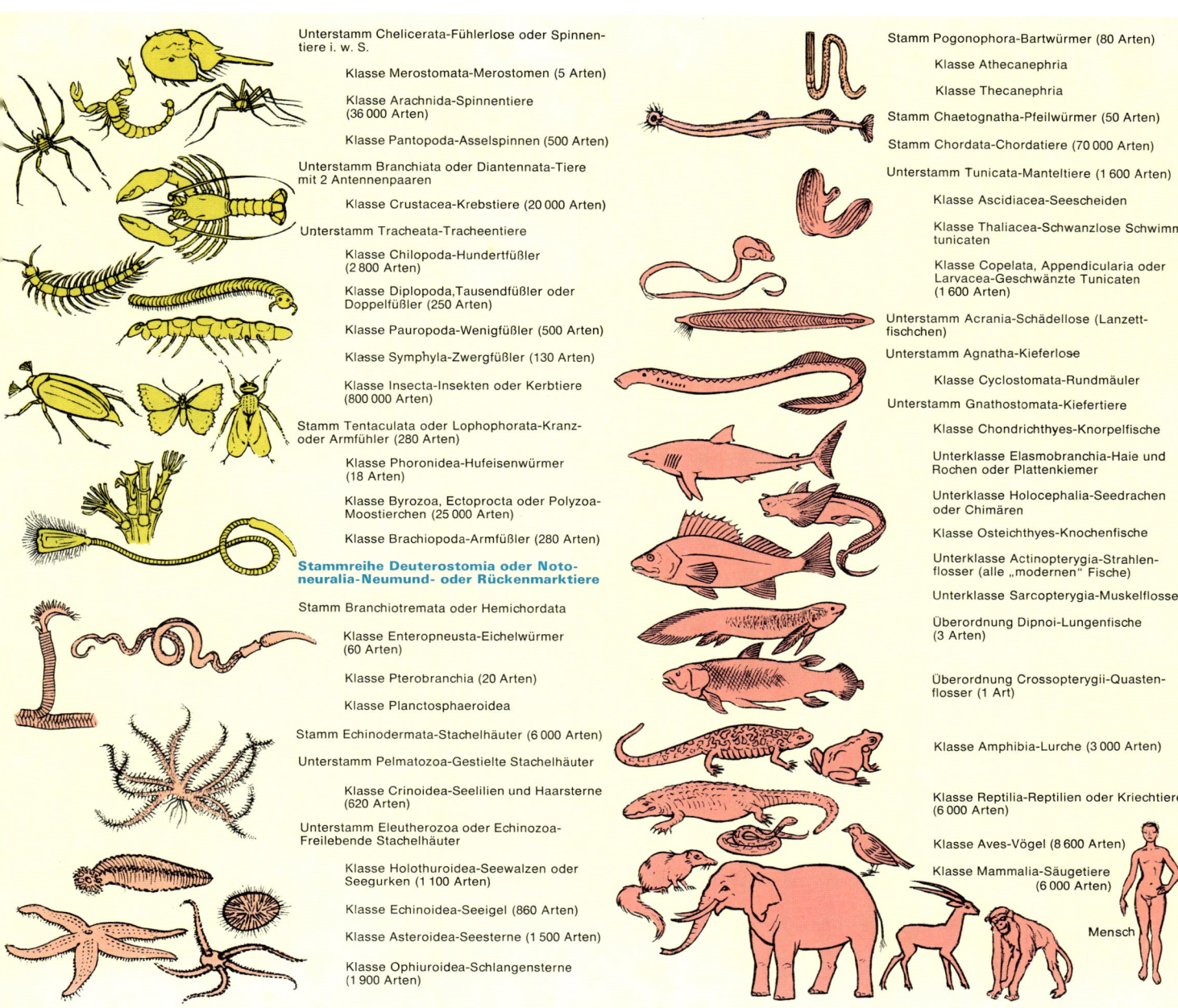

schriebene Arten. Geschätzt wird auf etwa 3 Mill. lebende Arten. Mit den ausgestorbenen Tieren würde sich der Gesamtumfang des T.s auf etwa 50 Mill. Arten erhöhen. Die bekanntesten der 28 Stämme des T.s sind: *Urtiere, Schwämme, Nesseltiere, Stachelhäuter, Chordatiere* (enthalten die *Wirbeltiere*), *Platt-, Faden-, Ringelwürmer, Gliederfüßer* u. *Weichtiere*. In der heutigen Tierwelt herrscht der Insektentyp vor: 78% aller Tiere sind Gliederfüßer, 73% davon Insekten. Nur 4% aller Tiere sind Wirbeltiere. Die Ordnung des T.s erfolgt aufgrund natürl. Verwandtschaftszusammenhänge (→Systematik, →Abstammungslehre).

Tierschutz, Maßnahmen u. Einrichtungen zum Schutz der nichtjagdbaren, wildlebenden Tiere, vor allem der Vögel (→Vogelschutz). Die *Naturschutzverordnung* vom 18. 3. 1936 verbietet Massenfang u. Massentötung nichtjagdbarer wilder Tiere ohne vernünftigen Zweck sowie das öffentl. Auffordern zur Bekämpfung oder Ausrottung solcher Tiere ohne Erlaubnis der obersten Naturschutzbehörde. Ausgenommen davon ist die Schädlingsbekämpfung. Bes. geschützt sind Tiere, die entweder bes. auffallend oder selten u. daher von Ausrottung bedroht sind oder wirtschaftl. bes. Nutzen haben. Vollständig geschützte Tierarten sind: Igel, Spitzmäuse (ausgenommen die Wasserspitzmaus), alle Fledermäuse, alle Schläfer, alle Kriechtiere (ausgenommen die Kreuzotter), die Lurche (mit Ausnahme der Molche, des Wasser- u. des Grasfroschs) sowie einige Insekten einschl. ihrer Eier, Larven, Puppen u. Nester (Segel- u. Apollofalter, Hirschkäfer, Rote Waldameise, Wiener Nachtpfauenauge, Alpenbock, Puppenräuber, Großer Kolbenwasserkäfer). Bedingt geschützt sind Weinbergschnecken u. Maulwürfe. Die einheim. Tagfalter (ausgenommen die weißflügeligen Weißlings-Arten), Schwärmer, Ordensbänder u. Bärenspinner sowie alle Rosen- u. Goldkäfer dürfen – wie die vollständig geschützten Tiere – nicht gewerbl. verarbeitet werden. Das T.gesetz der BRD vom 24. 7. 1972 verbietet die →Tierquälerei u. macht Vorschriften für →Tierversuche. 1975 trat für die BRD die T.-Konvention von Washington in Kraft. – ⊞ S. 384. – ▯ 9.6.2.

Tierschutzbund, *Deutscher Tierschutzbund e. V.,* Hamburg, gegr. 1949 in Frankfurt a. M. als Nachfolger des *Reichstierschutzbunds*; fördert den Tierschutzgedanken u. das Tierschutzrecht; Veröffentlichungen: „Der Natur- u. Tierfreund", „Jahrbuch des Dt. Tierschutzbundes" u. a.

Tiers état [tjɛrze'ta; der; frz.] →Dritter Stand; →auch Frankreich (Geschichte).

Tierseuchen, *Viehseuchen,* gehäuft auftretende ansteckende Krankheiten der Haustiere u. der wildlebenden Tiere. Die Anzeigepflicht u. die Bekämpfung vieler T. ist durch das Viehseuchengesetz geregelt.

Tiersoziologie, die Wissenschaft von der →Vergesellschaftung der Tiere, ihrer Gruppenbildung, ihrem Familienzusammenhang u. deren Ursachen u. Mitteln (Verständigung der Individuen im Verband, Zusammenhalten der Gruppen). Die T. ist ein Zweig der →Verhaltensforschung u. hat Erkenntnisse erbracht, die auch für die menschl. Soziologie von Bedeutung sind. – ▯ 9.3.2.

Tiersprache, die Verständigungsmittel der Angehörigen einer Tierart untereinander. Verständigen können sich Tiere durch unwillkürl. gegebene Zeichen, die sie entweder angeborenermaßen verstehen (→Auslöser; →angeborener Auslösemechanismus) oder im Lauf des Lebens verstehen lernen, zuweilen auch von ihren Artgenossen übernehmen. Das berühmteste Beispiel für T. sind die Mitteilungen der →Honigbiene an ihre Stockgenossinnen über die gefundene Nahrungsquelle (analysiert von K. von Frisch). – ▯ 9.3.2.

Tierstamm →Stamm.

Tierstil, der für die Kunst der eurasischen Steppenvölker, insbes. der →Skythen u. Sarmaten im Schwarzmeergebiet u. in Südsibirien, typische Stil der Tierdarstellungen; erlebte nach Aufnahme hellenist.-röm. Elemente bei den Germanen während der →Völkerwanderung eine neue Blüte, war bei den Langobarden Oberitaliens mit dem Flechtbandmotiv der byzantin.-röm. Kunst gekoppelt, erfuhr im skandinav. Raum eine eigene Gestaltung (Vendelstil) u. erlebte im wiking. Norden eine Nachblüte bis ins 12./13. Jh.

Tierstock, ein Verband von Tieren, die sich nach Vermehrung durch Knospung oder Teilung nicht voneinander trennen, sondern zusammenhängende Kolonien bilden, z. B. bei Moostierchen, bei vielen Korallen u. bei den Staatsquallen. Dabei kann es innerhalb des T.s zur Arbeitsteilung kommen, die funktionelle Aufteilung kann sich auch

Tiersymbolik

ALLGEMEINER TIERSCHUTZ: Schutz vor Massenfang und Tötung

Massenmord von Singvögeln: Aufrichten der Netzfallen (links) und gefangener Vogel (oben). Sie werden als „Delikatessen" verspeist.

TIERSCHUTZ

TIERSCHUTZ IM RAHMEN DES NATURSCHUTZES

Zweckfreier Tierschutz:

Artenschutz:

Gezielter Tierschutz:

Feuersalamander

Vogelschutz durch Anbringung von Nistkästen

Ameisenhege (Rote Waldameisen) durch Drahtschutzgitter (links). – Seevogelschutz: Brutkolonien (rechts)

Schutz des Biotops vor:

Abbrennen (Flämmen) von Stroh nach der Ernte

Biotopschutz:

Naturbelassenes, gesundes Gewässer

Unnatürliche Gewässerregulierung (links). – Ablagerung von Schutt in Naturlandschaften (rechts)

Schutz von Tieren in menschlichem Gewahrsam:

Schutz der Nutztiere vor unangemessener Haltung (z.B. Batteriehaltung)

Mißverstandener Tierschutz:

Fütterung von Tauben auf öffentlichen Plätzen (links). – Fütterung streunender Katzen und Überfütterung von Haustieren (rechts)

TIERSCHUTZ IM RAHMEN DER JAGD UND FISCHEREI

Überhege: *Schutz vor Überfischung:*

Forelle

Jagd- und Schonzeiten für das Wild

Rotwild-Schälschäden in überbesetztem Revier (links). – Damwild, Dama dama (rechts)

gestaltlich äußern *(Polymorphismus)*, z.B. bei den Staatsquallen in Schwimmglocken, Freßpolypen, Geschlechtstieren u. Tastpolypen.

Tiersymbolik, die symbol. Bedeutung u. Darstellung von Tieren, verbreitet u.a. in der antiken u. nordischen Mythologie, vom Christentum weitgehend übernommen u. im Sinngehalt z.T. geändert. So wurde z.B. der ägyptische Sagenvogel Phönix zum Symbol von Tod u. Auferstehung Christi. Hauptquelle der mittelalterlichen T. ist der →Physiologus.

Tierversuche, Eingriffe oder Behandlung an lebenden Tieren zu Versuchszwecken; regelmäßig nach § 5 des *Tierschutzgesetzes* verboten, wenn sie mit erhebl. Schmerzen oder Schädigungen verbunden sind; zulässig nur für Belange der Rechtspflege, für Impfungen u. zur Gewinnung von Impfstoffen sowie mit ministerieller Erlaubnis als wissenschaftl. T. in wissenschaftl. Instituten oder Laboratorien, u. auch dann nur, wenn die betr. Frage nicht auf andere Weise einwandfrei zu klären ist, unter größtmögl. Schmerzlinderung (§§ 6–8 des Gesetzes). Unerlaubte T. werden nach §§ 9ff. des Gesetzes als →Tierquälerei oder selbständig mit Freiheitsstrafe bis zu 6 Monaten und (oder) Geldstrafe bestraft.

Tierwanderungen, regelmäßige oder gelegentl. Wanderungen bestimmter Tierarten, bei denen es häufig zur Bildung von Wanderzügen kommt. T. werden hervorgerufen durch endogene Rhythmen (z.B. tagesrhythm. Vertikalwanderungen von Spinnen u. Wasserflöhen, jahresrhythm. Wanderungen von Vögeln [→Vogelzug] u. Schmetterlingen); sie sind entwicklungsbedingt (z.B. →Laichwanderungen von Fischen) oder die Folge von Raumeinengung (Übervölkerung). – ▯ 9.3.3.

Tierzucht, *Viehzucht*, mittels →Reinzucht, Kreuzung oder →Inzucht planmäßig durchgeführte Paarung von Tieren, die einem bestimmten Zuchtziel (z.B. Körperbau, Leistung, Gesundheit u.a.) entsprechen, in der Erwartung, daß die gewünschten Eigenschaften u. Merkmale sich in den Nachkommen vererben. – Die T. liegt meist in Privathänden bzw. bei Zuchtgenossenschaften, unterstützt durch die wissenschaftl. Institute der Hochschulen, das Max-Planck-Institut für T. u. Tierernährung in Trenthorst (Bad Oldesloe) u. die Lehr- u. Versuchsanstalt für T. in Witzenhausen an der Werra. Die Dt. Gesellschaft für Züchtungskunde e.V., Bonn, gegr. 1905, strebt in Zusammenarbeit zwischen Wissenschaft u. Praxis die Klärung züchterischer Fragen an (Tierzüchtung, Tierernährung, Zuchthygiene) u. verbreitet neue Erkenntnisse. Ztschr. „Züchtungskunde" 1926ff.

Tiessen, Heinz, Komponist, * 10. 4. 1887 Königsberg, † 29. 11. 1971 Berlin; Tanzdrama „Salambo" 1929, 2 Sinfonien u. Kammermusik.

Tietê, Nebenfluß des Paraná in Brasilien, rd. 1120 km, entspringt in der Serra da Mantiqueira.

Auch der Walfang ist heute nicht mehr zu rechtfertigen

Tierwanderungen

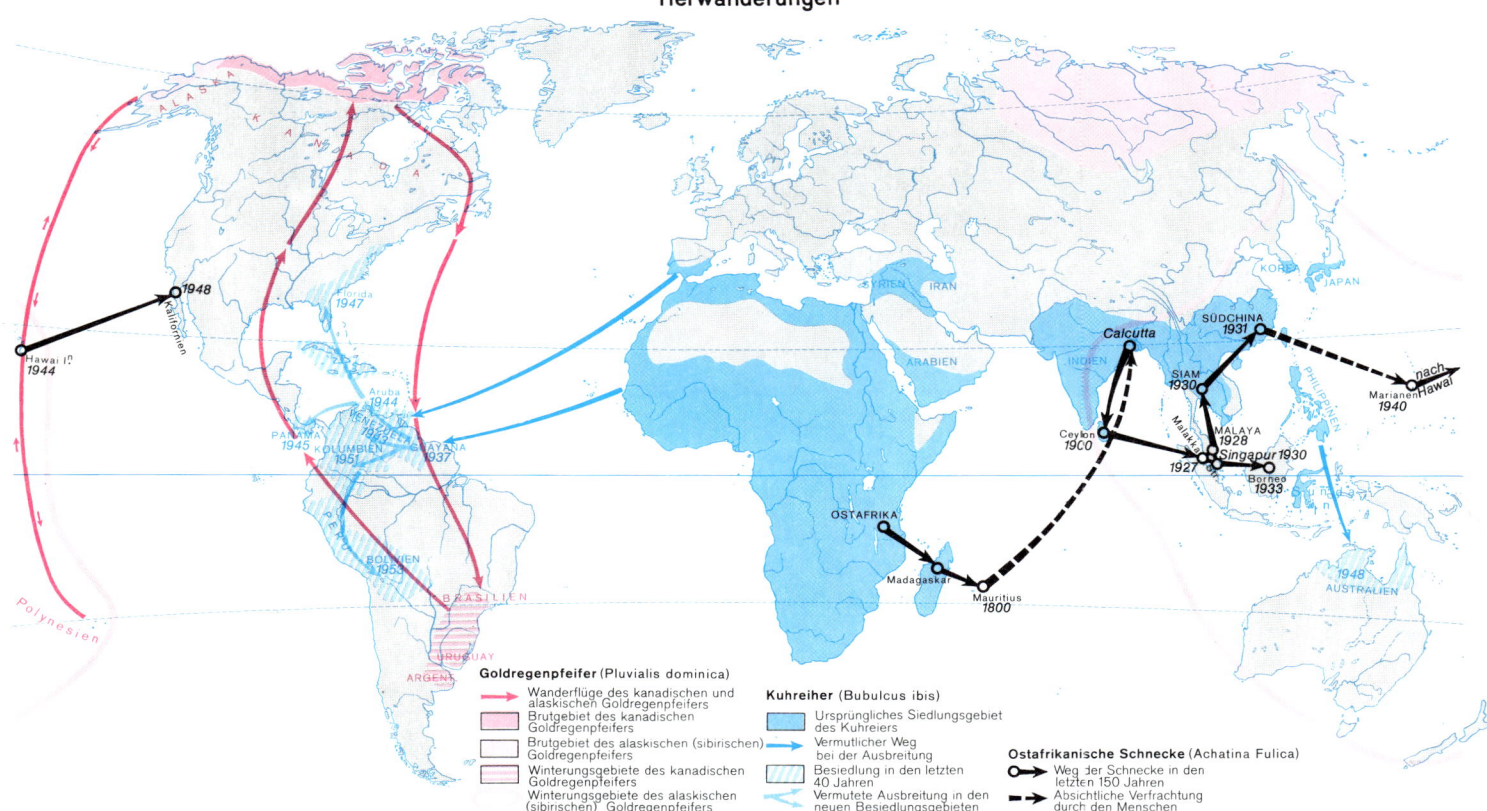

Goldregenpfeifer (Pluvialis dominica)
→ Wanderflüge des kanadischen und alaskischen Goldregenpfeifers
▨ Brutgebiet des kanadischen Goldregenpfeifers
▨ Brutgebiet des alaskischen (sibirischen) Goldregenpfeifers
▨ Winterungsgebiete des kanadischen Goldregenpfeifers
▨ Winterungsgebiete des alaskischen (sibirischen) Goldregenpfeifers

Kuhreiher (Bubulcus ibis)
▨ Ursprüngliches Siedlungsgebiet des Kuhreiers
→ Vermutlicher Weg bei der Ausbreitung
▨ Besiedlung in den letzten 40 Jahren
→ Vermutete Ausbreitung in den neuen Besiedlungsgebieten

Ostafrikanische Schnecke (Achatina Fulica)
○→ Weg der Schnecke in den letzten 150 Jahren
--→ Absichtliche Verfrachtung durch den Menschen

Tietjen, Heinz, Dirigent u. Theaterleiter, * 24. 6. 1881 Tanger, † 30. 11. 1967 Baden-Baden; Intendant u. a. 1925 in Berlin (Städt. Oper), 1927–1945 Generalintendant der Preuß. Staatstheater in Berlin; leitete 1931–1944 die Bayreuther Festspiele (zusammen mit Winifred *Wagner*); 1948–1954 Leiter der Städt. Bühnen Berlin, 1956–1959 Intendant der Staatsoper Hamburg.

Tietjerksteradeel, ausgedehnte Gemeinde im Moorgebiet der niederländ. Prov. Friesland, östl. von Leeuwarden, 24000 Ew.

Tietze, Hans, österr. Kunsthistoriker, * 1. 3. 1880 Prag, † 12. 4. 1954 New York; schrieb u. a. „Die Methode der Kunstgeschichte" 1913; „Tizian" 1936; „Krit. Verzeichnis der Werke A. Dürers" 2 Bde. 1928–1938.

Tiffany ['tifəni], **1.** Charles Lewis, US-amerikan. Schmuckkünstler, * 15. 2. 1812 Killingly, Conn., † 18. 2. 1902 New York; gründete 1837 mit John B. *Young* ein kunstgewerbl. Luxusartikelgeschäft, aus dem sich die bedeutendste Schmuckwarenfabrik der USA (seit 1853 *T. Comp.*) entwickelte. **2.** Louis Comfort, Sohn von 1), US-amerikan. Kunstgewerbler, * 18. 2. 1848 New York, † 17. 1. 1933 New York; Mosaiken, Glasfenster u. opalisierende Ziergefäße im Sinn der L'Art-nouveau-Bewegung. Gründer der *T. Glass and Decorating Company* in New York (1879). – ⃞ →Jugendstil.

Tifi degli Odasi [-'dɛlji-], italien. Humanist, →Makkaronische Poesie.

Tifinagh, die Schrift der Tuareg, aus der libyschen Schrift entstanden.

Tiflis, grusin. *Tbilisi,* Hptst. der Grusin. SSR (Sowjetunion), im Tal der Kura, 1,05 Mill. Ew.; kulturelles u. wirtschaftl. Zentrum Transkaukasiens; Kurort (heiße Schwefelquellen), oriental. geprägte Altstadt, Kirchen u. Klöster aus dem 5. u. 6. Jh., Universität u. a. Hochschulen, Tropeninstitut, Akademie der Wissenschaften; Maschinen- u. Apparatebau, Hütten-, Metall-, Textil-, Leder-, Nahrungsmittel-, Tabak-, Film-, chem. u. a. Industrie; Erdölraffinerie; Wasser- u. Wärmekraftwerk; südl. Endpunkt des Grusin. Heerstraße über den Kaukasus, Fremdenverkehr.

Tiger, *Panthere tigris,* eine *Großkatze* mit gelbl. bis rötl. Fell u. dunkler Querstreifung. Hauptnahrung sind Wildschweine, im Alter auch Haustiere, manchmal Menschen. Rassen: *Königs-* oder *Bengal-T.* aus Indien u. der *Sunda-T.* aus Indonesien, die auf den Dschungel beschränkt sind, u. der mächtige *Mandschu-T.,* mit 3 m Körperlänge das größte Landraubtier der Steppen Ostsibiriens.

Tigerauge, gelbbraunes oder blaues Quarzkatzenauge, verkieselter Krokydolithasbest; Schmuckstein.

Tigerblume, *Tigridia,* Gattung der *Schwertliliengewächse. Echte T. (Pfauenblume, Tigridia pavonia),* ein aus Mexiko stammendes Zwiebelgewächs mit scharlachroten äußeren u. gelb u. purpurrot gefleckten inneren Hüllblättern.

Tigerdogge →Dogge.
Tigerfisch →Saibling.

Tigerhai, 1. *Galeocerdo cuvieri,* ein *Blauhai,* bis 4 m langer trop. Kosmopolit, der alles verschlingt, was er bewältigen kann, u. angreift, ohne vorher die Beute zu umkreisen. **2.** →Sandhaie.

Tigerkatzen, Bez. für verschiedene, kleingefleckte *Bengal-, Wildkatzen* u. *Ozelot-Verwandte.*

Tigerpferd →Zebras.

Tigerpython, *Python molurus,* bis 6,5 m lange *Riesenschlange* Südostasiens u. Indonesiens.

Tigerschlange = Tigerpython.

Tigerschnecken = Porzellanschnecken.

Tigerwolf, im Kapland Bez. für die *Tüpfelhyäne.*

Tiglatpileser, *Tukulti-apalescharra,* assyr. Könige: **1.** *T. I.,* 1115–1078 v. Chr., schuf das mittelassyr. Großreich. **2.** *T. III.,* 745–727 v. Chr., organisierte Verwaltung u. Heerwesen neu, eroberte das Gebiet bis zum Pers. Golf u. Teile Armeniens u. Syriens. – ⃞ 5.1.9.

Tigranes I., König von Armenien 94–56 v. Chr., * um 121 v. Chr., † 56 v. Chr.; eroberte von den Parthern einen Teil Mesopotamiens, gewann das nördl. Syrien u. Kappadokien u. gründete Tigranokerta am Nikephorius. Als Verbündeter u. Schwiegersohn *Mithradates' VI.* geriet er mit Rom in Konflikt, wurde 69 v. Chr. von *Lucullus* geschlagen u. unterwarf sich 66 v. Chr. *Pompeius.*

Tigre ['ti:gre:; das], neuäthiop. (semit.) Sprache in Nordäthiopien.

Tigriña [-'rinja; das], dem ältesten Äthiopisch am nächsten stehende Sprache um Massaua am Roten Meer.

Tigris, arab. *Dijla,* Fluß in Vorderasien, 1950 km, entspringt in der Türkei am Göldschiksee im Antitaurus, bildet mit dem Euphrat die Schwemmlandebene Mesopotamien, mündet mit dem Euphrat als *Schatt al Arab* in den Pers. Golf; von Mosul ab für flachgehende Boote schiffbar.

Tihama, feuchtheiße, sehr fruchtbare Küstenebene am Roten Meer in Saudi-Arabien.

Tihany ['tihɔnj], vulkan. Halbinsel am Nordufer des Plattensees (Geysire); Schanzen aus der Bronzezeit; aus dem Felsen gehauene Mönchszellen aus dem 11. Jh.; Anbau von Wein u. Lavendel.

Tijuana [tix-], Stadt in Baja California (Mexiko), am Pazif. Ozean u. an der Grenze zum USA-Staat California, 323300 Ew.; Weinbau; Töpfereien, Lederindustrie; Tourismus.

Tikal [hind.], schädelförmige silberne Barrenmünze (15 g) des 14.–19. Jh. aus Siam u. Birma, seit 1861 geprägte Silbermünze; 1 T. = 100 *Satang.*

Tikal, größte u. wohl älteste Ruinenstätte der *Maya-Kultur* im Petén-Gebiet (Guatemala) mit mehreren Tempelpyramiden, deren größte fast 70 m hoch ist, Palästen, Altären u. zwei Wasserreservoiren. Datierte Steinmonumente (Hieroglyphenschriften), vor allem Stelen mit Figuren in Seitenansicht, bezeugen eine frühe Besiedlung vom Ende des 3. Jh. n.Chr. bis 869.

Tiki, *Heitiki,* Nephrit-Brustschmuck der *Maori* in Form kleiner menschl. Figuren.

Tiko, Hafenstadt in Westkamerun, 35000 Ew.; Export von Holz u. Bananen, Flugplatz.

Tilburg, Stadt in der niederländ. Prov. Nordbrabant, am Wilhelminakanal, 153700 Ew.; kultureller Mittelpunkt des niederländ. Katholizismus, kath. Handelshochschule; Textil-, Maschinen-, Metall-, Leder-, Farbenindustrie.

Tilbury ['tilbəri; der; engl.], leichter, zweirädriger Einspänner mit zwei Sitzen u. Klappverdeck.

Tilde [die; span.], ein Schriftzeichen, das z.B. im Spanischen palatisierte Aussprache (ñ = nj), im Portugiesischen Nasalierung (ã, ē, õ) vorschreibt. In Wörterbüchern (~) steht es als Ersatz für ein Stichwort.

Tildy ['tildj], Zoltán, ungar. Politiker, * 1889, † 3. 8. 1961 Budapest; prot. Bischof; gründete 1930 u. führte die Kleinlandwirtepartei, 1944 in der Untergrundbewegung gegen die dt. Streitkräfte, 1945 Präs. des Nationalkomitees u. Min.-Präs., 1946–1948 Staats-Präs., später verhaftet, Mai 1956 freigelassen, während des ungar. Aufstands Min. in der Regierung I. Nagy, 1958 verurteilt, 1959 begnadigt.

Tilgner, Viktor, österr. Bildhauer, * 25. 10. 1844 Preßburg, † 14. 4. 1896 Wien; schuf zahlreiche Denkmäler u. Bauplastiken für die Wiener Ringstraßenbauten.

Tilgung, 1. *Betriebswirtschaft:* Rückerstattung einer Schuld in einem einzigen Betrag oder in Raten, wobei T.sbetrag u. Zinsen zusammen als →Annuität bezeichnet werden. **2.** *Strafrecht:* Straf-T. →Strafregister.

Tilho ['tiljo], Jean, französ. Vermessungsoffizier, * 1. 3. 1875 Domme, † 1956 Paris; führte genaue Geländeaufnahmen u. Ortsbestimmungen durch, bes. zwischen Niger, Tschad u. Sahara u. in Algerien.

Tiliaceae = Lindengewächse.

Tillergirls [-gə:ls, engl.], weibl. Tanzgruppen um 1920, die der US-amerikan. Sergeant John *Tiller* anwarb u. drillte (gleichzeitige präzise Beinwürfe).

Till Eulenspiegel →Eulenspiegel.

Tillich, Paul, ev. Theologe u. Philosoph, * 20. 8. 1886 Starzeddel, Krs. Guben, † 22. 10. 1965 Chicago; gründete 1919 mit Günther *Dehn* (* 1882, † 1970) u. a. den Kreis religiöser Sozialisten; emigrierte 1933 in die USA. Im Mittelpunkt seines Werks steht eine neue Formulierung der Antwort auf die theolog. Frage nach dem Verhältnis von göttl. Offenbarung u. menschl. Wirklichkeit (Korrelation von Frage u. göttl. Antwort). T. suchte die Bedeutung der christl. Antwort für alle Kulturgebiete zu erweisen. 1962 Friedenspreis des Dt. Buchhandels. Hptw.: „Der Protestantismus als Kritik u. Gestaltung" 1929; „Systemat. Theologie" 3 Bde. 1951–1963, dt. 1955–1966; „Der Mut zum Sein" 1952, dt. 1953; „Das neue Sein" 1955, dt. 1957; Gesammelte Werke 14 Bde. 1959–1972.

Tillier [ti'lje], Claude, französ. Schriftsteller, * 10. 4. 1801 Clamecy, † 18. 10. 1844 Nevers; schrieb satir. Romane u. scharfe Pamphlete; Roman „Mein Onkel Benjamin" 1843, dt. 1866.

Tillmann, Fritz, kath. Moraltheologe, * 1. 11. 1874 Honnef, † 24. 3. 1953 Rhöndorf; 1913–1939 Prof. in Bonn; Hrsg.: „Die Hl. Schrift des N. T." (von ihm verfaßt „Das Johannesevangelium" 1914); „Handbuch der kath. Sittenlehre" (von ihm Bd. 3 „Die Idee der Nachfolge Christi" 1933, Bd. 4 „Die Verwirklichung der Nachfolge Christi" 1935/36).

Tilly, Johann *Tserclaes* Graf von, Feldherr im Dreißigjährigen Krieg, * 1559 Schloß Tilly, Brabant, † 30. 4. 1632 Ingolstadt; gewann als Oberbefehlshaber der *Liga* 1620 die Schlacht am *Weißen Berge*, konnte 1623/24 die Rekatholisierung von Halberstadt, Hildesheim, Minden u. Osnabrück durchsetzen. Schlug 1626 bei *Lutter am Barenberg Christian IV.* von Dänemark. 1630 wurde er nach der Absetzung *Wallensteins* Generalissimus der kaiserlichen Truppen. Am 20. 5. 1631 eroberte T. Magdeburg, wurde aber am 17. 9. 1631 von *Gustav Adolf* bei *Breitenfeld* geschlagen u. 1632 bei Rain am Lech tödlich verwundet.

Tilsit, russ. *Sowjetsk*, Stadt in der ehem. Prov. Ostpreußen, Oblast Kaliningrad, RSFSR (Sowjetunion), an der Memel, 36 000 Ew.; Ordensburg; Maschinen-, Holz-, Zellstoff- u. Nahrungsmittelindustrie, Öl- u. Getreidemühlen, Brauereien, Teppichherstellung, Schiffswerft; Hafen u. Bahnknotenpunkt. – Kam 1945 unter sowjet. Verwaltung; seit 1946 Oblast Kaliningrad.

Der *Friede von T.*, am 7. 7. 1807 zwischen Frankreich u. Rußland, u. 21. 7. 1807 zwischen Frankreich u. Preußen, beendete den Koalitionskrieg von 1806/07. Alexander I. von Rußland trat der Kontinentalsperre bei. Preußen verlor alle Gebiete westl. der Elbe an das unter Napoléons Bruder Jérôme zusammengeschlossene Königreich Westfalen; die in der 2. u. 3. Poln. Teilung gewonnenen Gebiete fielen an das Herzogtum Warschau.

Timalien, Timaliinae, zu den *Fliegenschnäppern* gehörige Unterfamilie kleiner *Singvögel* der Tropen der Alten Welt, z. B. der →Sonnenvogel.

Timanrücken, Höhenzug im N der europ. Sowjetunion, zieht von der Barentssee in südöstl. Richtung landeinwärts, über 700 km lang, bis 463 m hoch, im S Nadelwald, im N Tundra.

Timaru ['timaru], Hafenstadt u. Seebad an der Ostküste der Südinsel von Neuseeland, 28 300 Ew.

Timberwolf, Melano (→Melanismus) des nordamerikan. *Wolfs*.

Timbuktu, frz. *Tombouctou*, westafrikan. Stadt in der Rep. Mali, am Niger, 15 000 Ew.; Handelszentrum, Verkehrsknotenpunkt, bis ins 18./19. Jh. das blühende Zentrum des Inneren von Westafrika.

„Time" [taim; engl.], 1923 gegr. US-amerikan. Nachrichtenmagazin mit mehreren internationalen Ausgaben.

Times, *The Times* [ðə taimz; engl.], 1785 gegr. unabhängige engl. Tageszeitung in London von internationalem Ansehen; konnte 1978/79 wegen eines Arbeitskonflikts nicht erscheinen.

Time-Sharing ['taim ʃɛːriŋ; engl., „Zeit-Teilen"], ein Verfahren in Computerrechenzentren, bei dem die Gesamtzeit in Intervalle eingeteilt wird, die zyklisch an die einzelnen Benutzer verteilt werden. Während seiner Benutzungszeit verkehrt der Benutzer mit der Anlage so, als stünde sie ausschließl. zu seiner Verfügung.

„Times of India" [taimz əf 'indjə; engl.], 1838 gegr. indische Tageszeitung in Bombay.

Timgad, röm. Ruinenstadt in Algerien, 100 km südl. von Constantine, das antike *Thamugadi*; 100 von *Trajan* gegr., im 3. Jh. bedeutendste Stadt Numidiens; später Hauptsitz der *Donatisten*; im 7. Jh. von den Arabern zerstört.

Timiș ['timiʃ], ung. *Temes*, linker Nebenfluß der Donau, 366 km, entspringt in den Südkarpaten, durchfließt die rumän.-jugoslaw. Banat, mündet bei Pančevo, östl. von Belgrad.

Timișoara [-'ʃoara], rumän. Name der Stadt →Temeschwar.

Timmelsjoch, ital. *Passo del Rombo*, Paß in den Ötztaler Alpen, auf der österr.-italien. Grenze, 2497 m, verbindet mit Hochalpenstraße Ötz- u. Passertal.

Timmendorfer Strand, schleswig-holstein. Gemeinde an der Lübecker Bucht (Ldkrs. Ostholstein), nordwestl. von Travemünde, 11 000 Ew.; vielbesuchtes Seebad.

Timmermans, Felix, fläm. Erzähler u. Zeichner, * 5. 7. 1886 Lier, † 24. 1. 1947 Lier; Hauptvertreter der fläm. Heimatdichtung.

Timmins, Stadt im nordöstl. Ontario, Kanada, 45 000 Ew.; Goldbergbau.

Timok, rechter Nebenfluß der Donau, 183 km, entspringt östl. von Nisch in Jugoslawien, mündet unterhalb vom Eisernen Tor.

Timokratie [grch.], eine Staatsverfassung, bei der die Rechte u. Pflichten der Staatsbürger, insbes. das Wahlrecht, nach dem Einkommen (Steuern) abgestuft werden. Beispiel: *Solons* Verfassung in Griechenland 594 v. Chr.

Timoleon, korinthischer Feldherr, Befehlshaber der korinth. Flotte, die 346 v. Chr. den Syrakusanern helfen sollte, den Tyrannen *Dionysios* II. zu vertreiben u. die Festsetzung von Karthago auf Sizilien zu verhindern. T. stürzte Dionysios, vertrieb auch die kleinen Tyrannen aus den Griechenstädten u. führte einen siegreichen Krieg gegen Karthago (339 v. Chr.). In Syrakus führte er die Demokratie wieder ein u. schloß die sizilischen Griechen zu einem Hellenischen Bund unter Syrakus zusammen.

Timomachos von Byzanz, griech. Maler, tätig um 300 v. Chr.; bekannt durch die in Pompeji in Nachbildungen erhaltenen Werke „Medea", „Iphigenie", „Ajas".

Timon von Athen, Athener Staatsmann des 5. Jh. v. Chr.; wurde zum Typus des Menschenfeinds bes. durch *Lukians* u. *Shakespeares* Tragödien.

Timor, größte der Kleinen Sundainseln, westl. von Neuguinea, 33 850 qkm, 1,4 Mill. Ew. (meist Papuas u. Malaien); trop. Regenwald im N, Savanne im S; Kupfer- u. Manganerzvorkommen, Kaffee-, Sandelholz- u. Schildpattausfuhr; der Westteil von T. ist indones. (Hauptort *Kupang*), der O u. ein kleines Gebiet an der Nordwestküste bis 1976 portugies. Kolonie, seitdem indones. Provinz.

Timorrinne, Graben in der →Timorsee.

Timorsee, Seegebiet des Pazif. Ozeans, zwischen Timor u. Nordwest-Australien, im größten Teil flaches Schelfmeer, in der *Timorrinne* südl. von Timor bis –3108 m.

Timoschenko, Semjon Konstantinowitsch, Marschall der Sowjetunion, * 18. 2. 1895 Furmanowka, Bessarabien, † 1. 4. 1970 Moskau; führend beteiligt am Aufbau der Roten Armee, im 2. Weltkrieg 1940/41 Volkskommissar (Min.) für Verteidigung; kommandierte 1941 die Mittel-, später die Süd-, 1942 die Nordfront.

Timotheos, griech. Bildhauer, tätig in der 1. Hälfte des 4. Jh. v. Chr.; arbeitete am plast. Schmuck des Asklepiostempels in Epidauros u. wahrscheinl. auch an dem des Mausoleums von Halikarnassos mit.

Timotheus, Schüler, Begleiter u. Sekretär des Apostels Paulus, gilt der kirchl. Überlieferung nach als erster Bischof von Ephesos, Adressat der T.briefe (I u. II). Sein Martyrium ist unbewiesen. Heiliger (Fest: 26. 1.). →auch Pastoralbriefe.

Timotheusgras →Lieschgras.

Timpano (*Mz. Timpani*; ital.] →Pauke.

Timsah, *Buheiret el T.*, Timsahsee, See auf der Landenge von Suez südl. von Isma'iliya, durch den Suezkanal führt; 5 km lang, 3 km breit.

Timur, mongol. Herrscher, mit dem Beinamen *Läng* [pers., „der Lahme"], europ. Name *Tamerlan*, * 9. 4. 1336 Kesch bei Samarkand, † 19. 1. 1405 Otrar (auf einem Feldzug nach China); eroberte bis 1370 Westturkistan, 1382–1393 Iran, besiegte 1402 den osman.-türk. Sultan Bajezid. Sein Reich erstreckte sich von Ost-Turkistan bis Südrußland. T. zog die bedeutendsten islam. Gelehrten seiner Zeit an seinen Hof nach Samarkand u. schuf große Bewässerungsanlagen. Seine Nachfolger (*Timuriden*) herrschten in Iran bis 1506. – ▣ →Asien (Geschichte). – ▢ 5.7.1.

Tinbergen [-xə], **1.** Jan, niederländ. Nationalökonom, * 12. 4. 1903 Den Haag; lehrt seit 1933 in Rotterdam; 1945–1955 Direktor der niederländ. Wirtschaftsplanung; erhielt 1969 für Arbeiten über die Entwicklung u. Anwendung dynamischer Modelle zur Analyse wirtschaftlicher Abläufe den Nobelpreis für Wirtschaftswissenschaften (zusammen mit R. *Frisch*). Hptw.: „Einführung in die Ökonometrie" dt. 1952; „Modelle zur Wirtschaftsplanung" dt. 1967; „Wirtschaftspolitik" dt. 1968.

2. Nikolaas, niederländ. Zoologe, * 15. 4. 1917 Den Haag; Arbeiten über experimentelle Zoologie u. tierisches Verhalten. 1973 Nobelpreis für Medizin.

Tinctoris, Johannes, flämischer Musiktheoretiker u. Komponist, * um 1435 Nivelles, Brabant, † 1511; schrieb das älteste Musiklexikon „Terminorum musicae diffinitorium" um 1475.

Tind [norw.], Teil geograph. Namen: Gipfel.

Tindal ['tindəl], Matthew, engl. Religionsphilosoph, Deist, * 1653 (?) Beer Ferrers, † 16. 8. 1733 Oxford; trat 1685 für kurze Zeit zum Katholizismus über, nahm dann eine radikal antikirchliche Haltung ein. Sein Alterswerk „Christianity as Old as the Creation" 1730 galt als „Bibel der Deisten".

Tindemans, Leo, belg. Politiker (Christl.-Soziale Partei), * 16. 4. 1922 Zwijndrecht; seit 1968 Min. in versch. Ressorts, 1973 stellvertr. Min.-Präs., 1974–1978 Min.-Präs., seit 1976 Präs. der Europ. Volks-Partei; 1976 Karlspreis.

Tindouf [-'duf], Oasensiedlung im äußeren W der alger. Sahara, westl. der Salzpfanne *Sebkra de T.*, 3000 Ew.; große Eisenerzlager.

Ting [chin.], Teil geograph. Namen: Berg, Gipfel.

Ting, Samuel Chao Chung, US-amerikan. Physiker chines. Abstammung, * 27. 1. 1936 Ann Arbor; erhielt 1976 den Nobelpreis für Physik zusammen mit B. *Richter*. Die zum Nobelpreis führenden Arbeiten über schwere Elementarteilchen absolvierte T. an den Forschungzentren DESY in Hamburg u. CERN in Genf.

Tinggian, *Tinguian*, altmalaiischer Stamm (etwa 30 000) in NW Luzóns (Philippinen); früher Fischer u. Jäger, heute Reisbauern.

Tingo María, Stadt in Mittelperu im W der Ostkordillere, am Río Huallaga, nordöstlich von Lima, 7500 Ew.; Universität, landwirtschaftlichen Versuchsinstitut; Plantagenwirtschaft; Flugplatz.

Tinguely [tɛ̃gə'li], Jean, schweizer. Maschinenplastiker, * 22. 5. 1925 Freiburg (Schweiz); schuf u. a. die aus Eisenschrott gebaute, den Leerlauf in

Jean Tinguely: Große Wassermaschine; 1966. Köln, Wallraf-Richartz-Museum, Sammlung Ludwig

Tinian

der Betriebsamkeit persiflierende Riesenmaschine „Heureka" (15 Tonnen) u. die sich selbst zerstörende Plastik „Homage to New York".

Tinian, südwestl. Insel in der Gruppe der USamerikan. Marianen, 101 qkm, 700 Ew.

Tinkisso, linker Nebenfluß des oberen Niger im westafrikan. Guinea, entspringt in Fouta Djalon, mündet bei Siguiri.

Tinktur [die; lat.] alkoholischer Auszug aus pflanzl. oder tier. Stoffen.

Tinné, Alexandrine (Alexine), niederländ. Afrikareisende, * 17. 10. 1839 Den Haag, † 1. 8. 1869 bei Mursuq; bereiste 1862 die Gebiete am oberen Nil, erforschte 1863 mit Th. von *Heuglin* den Bahr el Ghasal; auf einer geplanten Reise von Algier über Mursuq u. Burnu zum Nil von Tuareg ermordet.

Tinos, Tenos, das antike *Hyroussa*, griech. Insel der Kykladen, 194 qkm, 9300 Ew., Hauptort T. (2900 Ew.); bergig, Acker- u. Weinbau auf Terrassen u. an der Küste; Taubenzucht; Marmorabbau u. Glimmerschiefer; Wallfahrtskirche.

Tinte, dünnflüssige Lösungen oder Suspensionen von Farbstoffen in Wasser. *Eisengallus-T.,* eine Lösung aus Tannin, Gallussäure u. Eisen-II-Sulfat; fließt blau, wird durch Oxydation des Eisensalzes schwarz. Die gebräuchl. T.n enthalten als Färbemittel synthet. Teerfarbstoffe; *Glas-T.* enthält ätzende Flußsäure; *Metall-T.,* Bronzestaub mit Gummiarabicumlösung.

Tintelnot, Hans, Kunsthistoriker, * 27. 9. 1909 Lemgo, † 2. 1. 1970 Kiel; schrieb u. a. „Barocktheater und barocke Kunst" 1939; „Die barocke Freskomalerei in Deutschland" 1951; „Vom Klassizismus bis zur Moderne" 1958.

Tintenbaum, *Ostindischer T., Semecarpus anacardium,* ein *Sumachgewächs,* im Himalayagebiet heimischer Baum mit graubraunem, häufig gelbgestreiftem, weichem Holz. Die Samen des T.s *(Markiernüsse)* werden geröstet gegessen. Die Schale der Früchte *(Ostindische Elefantenläuse)* enthält einen schwarzen Saft, der zum Markieren von Wäsche, Ballen u. Tuchen benutzt wird.

Tintenbeere, Frucht des Gewöhnl. →Ligusters.

Tintenfische =Kopffüßer.

Tintenpilze, *Tintenschwämme* = Tintlinge.

Tintenschnecken = Kopffüßer.

Tintlinge, *Tintenpilze, Tintenschwämme, Coprinus,* Gattung der *Blätterpilze;* meist dunkle Pilze mit schwarzem Sporenstaub; Hüte anfangs eiförmig geschlossen, später glockig geöffnet; Lamellen u. Hut bei der Reife tintenartig zerfließend. Im jungen Zustand eßbar sind die *Schopf-T., Coprinus comatus,* sowie die *Echten T., Coprinus atramentarius.* T. dürfen nie zusammen mit Alkohol genossen werden, da sie dann giftig wirken.

Tintoretto, eigentl. Jacopo *Robusti,* italien. Maler, * September oder Oktober 1518 Venedig, † 31. 5. 1594 Venedig; neben seinem Schüler El *Greco* bedeutendster Vertreter des europ. Spätmanierismus; entwickelte einen spirituelle Geschehnisse vergegenwärtigenden Stil, der das Licht in Landschaften u. architekton. Fluchträumen mit ekstatisch bewegten Figuren zum strukturgebenden Element künstler. Aussage verwandelt u. die Thematik der meist religiösen u. mytholog. Szenerie zu intensivster Steigerung bringt. Hptw.: „Christus u. die Ehebrecherin" um 1545, Dresden, Staatl. Kunstsammlungen; „Markuswunder" 1548, Venedig, Akademie-Galerie; Wand- u. Deckenmalereien in der Scuola di S. Rocco 1565–1582; Abendmahlsdarstellungen in S. Trovaso, um 1560, S. Paolo, 1565–1570, S. Giorgio Maggiore, 1593/ 1594; Fresken (seit 1574 mit Schülern) im Dogenpalast in Venedig, u. a. Paradies-Gemälde im Saal des Hohen Rats 1590-1592. – Ⓛ 2.4.4.

Tiobraid Arann, irischer Name von →Tipperary.

Tipi [das; Dakota, „Wohnung"], kegelförmiges, rinden- oder fellbedecktes Zelt nordamerikan. Indianer zwischen Rocky Mountains u. Mississippi sowie in Kanada.

Tipití, Presse zum Entgiften des Manioks im Amazonasgebiet; ein aufgehängter geflochtener Schlauch, der sich durch Zug verengt.

Tipo, span. Längenmaß: 1 T. = 1 Vara = 0,836 m; auch span. Getreidemaß: 1 T. = 1 Fanega = 55,489 l.

Tipoy [der; indian., span.], rundgewebter, nahtloser, sackartiger Frauenrock südamerikan. Indianer (im Gran Chaco u. südl. Amazonasgebiet).

Tippen, *Dreiblatt,* Kartenglücksspiel für beliebig viele Personen.

Tippera, *Tipura,* Bodostamm in Assam, Pflugbauern im Tiefland mit Hindu-Kleidung u. -Wohnung, Hackbauern mit Pfahlhäusern im Gebirge.

Tipperary [tipəˈrɛəri], irisch *Tiobraid Arann,* **1.** Stadt in Südirland, in der Grafschaft T., 5000 Ew.; bekannt durch das engl. Soldatenlied „It's a long way to T., it's a long way to go." **2.** südirische Grafschaft in der Prov. Munster, 4254 qkm, 123 200 Ew.; Hptst. *Clonmel* mit 11 000 Ew. (Vieh- u. Buttermarkt).

Tippett [ˈtipit], Michael, engl. Komponist, * 2. 1. 1905 London; wurde berühmt durch sein Oratorium über die Judenverfolgung „A Child of our Time" 1944; darüber hinaus Opern, das Oratorium „The Vision of St. Augustine" 1966, 3 Sinfonien, konzertante Werke, 3 Streichquartette.

Tipton [-tən], Stadtteil von West Bromwich in England, nordwestl. von Birmingham; Kohlen- u. Eisenerzbergbau, Metallindustrie. – Früher selbständige Stadt.

TIR, Abk. für frz. *Transport International Routier,* Kennzeichen an Lastkraftwagen, die bei einem Transport mehrere Länder durchfahren müssen (z. B. von Holland nach Italien durch die BRD u. die Schweiz); die Wagen werden nur am Beginn u. Zielort des Transports kontrolliert. An den einzelnen Zollstationen wird lediglich festgestellt, ob der Verschluß korrekt u. der dazugehörige Begleitschein *(Carnet-TIR)* vorhanden ist.

Tirade [die; frz.], Wortschwall; auch altfranzös. Strophenform; in der Musik eine Läuferpassage.

Tirana, Tiranë, seit 1925 Hptst. von Albanien, 195 000 Ew.; Landesuniversität (1957); Hadschi-Ethem-Moschee, Kunstgalerie, Nationalbibliothek, archäolog.-ethnograph. Museum; Textil-, Metall-, Zement-, Papier-, Leder- u. Nahrungsmittelindustrie; Flughafen. – Ⓑ →Albanien.

Tiraspol, Stadt in der Moldauischen SSR (Sowjetunion), am untern Dnjestr (Hafen), 145 000 Ew.; Konservenfabriken (Verarbeitung von Obst u. Gemüse), Weinkeltereien, Maschinen-, Schiffbau.

Tire, *Tireh, Thyra,* westtürk. Stadt nördl. des Aydin Dağları, 27 000 Ew.; Teppichfabrikation, Baumwollweberei; Handel; Bahn von Smyrna.

Tîrgovişte [tərˈgoviʃte], Hptst. des rumän. Kreises Dîmboviţa, in der Walachei, an der Ialomiţa, 62 000 Ew.; Maschinenbau, petrolchem. Industrie.

Tîrgu Jiu [ˈtərgu ʒiu], Hptst. des rumän. Kreises Gorj (5641 qkm, 350 000 Ew.), in der nordwestl. Walachei, am Jiu, 65 000 Ew.; Konserven-, Tabak-, Textil- u. Holzindustrie.

Tîrgu Mures [ˈtərgu ˈmureʃ], rumän. Name der Stadt →Neumarkt (1).

Tirich Mir [ˈtiəritʃ miə], höchster Berg des pakistan. Hindukusch, am Wakhan, 7699 m, Erstbesteigung 1950 durch Norweger.

Tiro, Marcus Tullius, Sklave u. Sekretär *Ciceros,* † 4 n. Chr.; Erfinder der →Tironischen Noten.

Tirol, österr. Bundesland zwischen der BRD im N, Italien im S, Vorarlberg im W, Salzburg u. Kärnten im O, 12 647 qkm, 580 000 Ew., Hptst. *Innsbruck.* Die Landesgrenzen lagen seit alters an Talengen (Salurner, Scharnitzer Klause); durch den Vertrag von St.-Germain wurde die Südgrenze auf den Alpenhauptkamm verschoben u. Ost-T. zur Exklave. Nord-T. besitzt als wichtigstes Wirtschafts- u. Siedlungsgebiet das Inntal, nördl. davon umfaßt es die Nordtiroler Kalkalpen, südl. hat es Anteil an den Zentralalpen (beiderseits des Brenners, der früher der zentrale Paß T.s war). Ost-T. liegt in den Zentral- u. Südalpen (Gailtaler Alpen) u. ist auf das Becken von Lienz ausgerichtet. Industrie (Textilien, Holz, Glaswaren, Chemikalien, Metallverarbeitung) u. Fremdenverkehr. Ackerbau nur im Inntal; Viehwirtschaft in den Zentralalpen; im MA. blühender Bergbau, heute nur Magnesit (Lannersbach); große Kraftwerksanlagen (Prutz, Kaunertal, Zillertal). – Ⓑ →Österreich.

Geschichte: T. war ursprüngl. von Rätern, Illyrern, Etruskern u. Kelten bewohnt u. wurde im 1. Jh. v. Chr. von röm. Truppen erobert, wonach der größere Teil die Provinz *Rätien* bildete, während das Pustertal zur Provinz Noricum kam. Um 400 begann die Christianisierung, deren Zentren die Bistümer Säben (bei Klausen), später Brixen u. Trient wurden. Nach dem Sturz des Weström. Reichs kam T. unter die Herrschaft der Ostgoten unter Theoderich d. Gr. Nach 552 (Untergang des Ostgotenreichs) war der nördl. Teil T.s von Bajuwaren, der südl. von Langobarden besetzt. Im 8. Jh. wurde T. fränk. Provinz, in Gaue eingeteilt, deren Namen sich bis heute erhalten haben.

Nach dem Aussterben der Karolinger kam das nördl. u. mittlere T. an das bayer. Herzogtum, das südl. (Trient) zur Veroneser Mark. Kaiser Konrad II. verlieh Anfang des 11. Jh. dem Bischof von Trient die Grafschaften Trient, Vintschgau u. Bozen, dem von Brixen das Noritäl u. später auch das Pustertal. Diese Territorien wurden weltl. Adligen weiterverliehen, von denen schließ. die *Grafen von T.* (nach der Burg T. bei Meran) nach Erlöschen des bayer. Geschlechts *Andechs* 1248 auch noch die Grafschaften im Unterinntal u. im Pustertal erhielten, dazu 1286 das Herzogtum Kärnten. *Meinhards II.* Sohn Heinrich, Graf von *Görz,* Herzog von Kärnten u. Graf von T., hinterließ diese Gebiete seiner Erbtochter *Margarete Maultasch,*

Tintoretto: Bacchus, Ariadne und Venus; 1578. Venedig, Dogenpalast

Tirol: Zams im Oberinntal

die sie 1363 ihrem Neffen *Rudolf IV. von Österreich* vererbte. Nur die Bistümer Brixen u. Trient bewahrten als Reichsstände ihre Selbständigkeit. Innerhalb der habsburg. Erblande war T. lange Sitz bes. Nebenlinien, deren letzte 1665 ausstarb. Zu den Landständen T.s gehörten neben Prälaten, Rittern u. Städten auch Bauern. Die grundherrl. Macht über die Bauern war daher beschränkt. Trotzdem griff der Bauernkrieg auch nach Tirol über (1525). In den Städten setzte sich die Reformation anfangs durch, wurde jedoch von Ferdinand I. in der 2. Hälfte des 16. Jh. verdrängt. Durch den Reichsdeputationshauptschluß 1803 wurden die Hochstifte Brixen u. Trient säkularisiert. Nach der Niederlage Österreichs im 3. Koalitionskrieg mußte T. 1805 im Frieden von Preßburg an Bayern abgetreten werden; nach der erfolglosen Erhebung Andreas *Hofers* u. *Speckbachers* (1809) wurde es zwischen dem Königreich Italien (Süd-T.), dem französ. Illyrien (Lienz) u. Bayern geteilt. 1814/15 kam es zur Wiedervereinigung mit Österreich. Nach dem 1. Weltkrieg wurde ganz →Südtirol (Bozen u. Trient) an Italien abgetreten, der Rest bildete das österr. Bundesland T.

Tiroler, Bewohner des österr. Bundeslands *Tirol*, Bergbauernvolk, das sich viel von seiner Volkstracht u. seinem Brauchtum bewahrt hat.

Tiroler Weine, bes. aus Südtirol: Terlaner, Magdalener, Traminer, Sankt Valentiner, Seeburger (Brixener), Kalterer See u.a.

Tirolisch →deutsche Mundarten.

Tironische Noten, altröm. Kurzschrift; erfunden von Marcus Tullius *Tiro;* ein Teil der T.n N. wurde noch im MA. als Abkürzungen verwendet.

Tiros ['taiərɔs], Abk. für engl. *Television and Infrared Observation Satellite,* Serie US-amerikan. Erdsatelliten zur Erforschung der Wolkenverteilung auf der Erde u. Warnung bei Wirbelstürmen. Die Erkennbarkeitsgrenze von Einzelheiten am Erdboden beträgt dabei 300 m. T. 1 startete am 1. 4. 1960, T. 10 am 2. 7. 1965.

Tirpitz, Alfred von (1900), Großadmiral (1911), *19. 3. 1849 Küstrin, †6. 3. 1930 Ebenhausen bei München; 1897–1916 Staatssekretär des Reichsmarineamts, Schöpfer der kaiserl. Flotte, deren rücksichtslosen Einsatz gegen England er im 1. Weltkrieg erfolglos forderte; setzte sich für den uneingeschränkten U-Boot-Krieg ein, trat zurück u. gründete 1917 mit W. *Kapp* die *Vaterlandspartei,* die den „Sieg-Frieden" vertrat; 1924–1928 deutschnationales Mitgl. des Reichstags. „Erinnerungen" 1920.

Tirschenreuth, bayer. Kreisstadt in der Oberpfalz, zwischen Oberpfälzer Wald u. Fichtelgebirge, an der Waldnaab, 9500 Ew.; Wallfahrtskirche; Textil-, Glas-, Holzindustrie. – Ldkrs. T.: 1086 qkm, 78 400 Ew.

Tirso, der antike *Tyrsus,* größter Fluß auf Sardinien, 150 km, mündet in den Golf von Oristano; Stausee mit Kraftwerk bei Abbasanta.

Tirso de Molina, eigentl. Fray Gabriel *Téllez,* span. Dramatiker u. Erzähler, *1571 oder 1584 Madrid, †12. 3. 1648 Soria; gehört mit Lope de Vega u. Calderón zu den drei Klassikern des span. Theaters. Von seinen 300 *Comedias* sind 50 erhalten; sie zeichnen sich durch eine treffsichere Charakterisierung der Personen aus. Am bekanntesten wurden „Don Gil von den grünen Hosen" 1635, dt. 1841, u. „Der Verführer von Sevilla u. der steinerne Gast" 1630 (die erste Dramatisierung des Don-Juan-Stoffs), dt. 1896. – ▢ 3.2.3.

Tiruchirapalli [tirutʃi-], *Trichinopoly, Trichy,* südind. Distrikt-Hptst. am Kopf des Cauveridelta in Tamil Nadu, 310000 Ew.; vom 10.–17. Jh. Hptst. verschied. Tamilkönigreiche; Schiwatempel (17. Jh.), Fachschulen; Edelmetallindustrie.

Tirunelveli, *Tinnevelly,* südind. Stadt an der Tamraparni, in Tamil Nadu, 90000, mit dem gegenüberliegenden *Palayamkottai* u.a. Vororten 150000 Ew., Textilindustrie.

Tiryns, myken. Burg u. Stadt bei Návplion im nordöstl. Peloponnes, in der griech. Sage Sitz der Könige *Proitos* u. *Eurystheus.* Ausgrabungen seit 1884 durch H. *Schliemann,* W. *Dörpfeld* u. das Dt. Archäolog. Institut in Athen. Die Oberburg trug den myken. Palast, während die Unterburg als Fluchtburg für die Bevölkerung der Stadt, die sich in der Ebene ausgebreitet hatte, diente. Besiedlung schon im 3. Jahrtausend v. Chr. Die jüngste, im 13. Jh. v. Chr. errichtete Burg besaß mächtige, 6 m starke u. 10 m hohe kyklopische Mauern, eine Rampe als Aufgang zum Haupttor, mehrere mit Torbauten versehene Höfe, Haupthof mit Rundaltar u. Säulenhallen, zwei kleinere u. ein großes, mit Thron u. reich mit Fresken ausgestattetes Megaron, darüber die zweigeschossigen Wohnräume. Kanalsystem unter Hof u. Palast; spitzbogig überwölbte Korridore führten zu zwei außerhalb der Burg unterirdisch angelegten Wasserstellen.

Tisch, Möbel aus tragendem Untergestell u. horizontaler Platte, seit der Antike als luxuriöser, reich verzierter Bestandteil der Wohnungseinrichtung oder in schlichterer, dem reinen Gebrauchszweck entspr. Form verbreitet. Anders als in der griech.-röm. Antike, aus der kleine dreibeinige Rund-T.e mit Marorplatten u. Bronzezierat erhalten sind, war in frühmittelalterl. Zeit, aber auch in Gotik u. Renaissance der gebräuchlichste T.-Typ der auf Böcken ruhende rechteckige T. (*Bock-T.*), dessen Teile man nach den Mahlzeiten beiseite räumte („die Tafel aufheben"). Eine Sonderform war der vom *Stollen-T.* abgeleitete *Kasten-T.* mit Stützen als Wangen an den Stirnwänden, die horizontal durch ein Querholz (Traverse) verbunden wurden u. einen schrankartigen Unterbau bildeten. Beim *Rund-T.* der Renaissance erhielt die Mittelstütze nicht selten die Form einer Säule. Im Barock waren neben dem schweren ausziehbaren Eß-T. mit Kugelfüßen eine Vielzahl weiterer T.formen verbreitet, u.a. der bes. in Frankreich beliebte *Konsol-T.* u. der *Schreib-T.,* der, nachdem er ursprüngl. langgestreckt gewesen war, im Lauf des 18. Jh. zierlichere Maße bekam. – ▢ 2.1.1.

Tisch, Harry, Politiker (SED), *28. 3. 1927 Heinrichswalde, Krs. Ueckermünde; 1961–1975 Erster Sekretär der SED-Bezirksleitung Rostock; seit 1975 Vors. des Bundesvorstands des FDGB u. Mitgl. des Politbüros der SED.

Tischbein, Malerfamilie des 18. u. 19. Jh.: **1.** Johann Friedrich August („Leipziger T."), Neffe u. Schüler von 2), *9. 3. 1750 Maastricht, †21. 6. 1812 Heidelberg; bedeutendstes Mitglied der Familie; 1800 Direktor der Leipziger Kunstakademie, 1806–1808 in St. Petersburg; malte fürstl. Persönlichkeiten u. große Geistesschaffende seiner Zeit, das elegant-repräsentative Porträt des Rokokos unter engl. Einfluß zur individuellen Bildnisform wandelnd. – ▢ 2.4.3.
2. Johann Heinrich d. Ä. („Kassler T."), Onkel von 1) u. 3), *14. 10. 1722 Haina, Hessen, †22. 8. 1789 Kassel; 1752 Hofmaler des Landgrafen Wilhelm VIII. von Hessen. Seine in hervorragender Technik gemalten Porträts gelten als Musterbeispiele des höfischen Rokokos. Hptw.: „Schönheitsgalerie" Wilhelms VIII. im Schloß Wilhelmsthal 1752–1755; Darstellungen der german. Frühzeit.
3. Johann Heinrich Wilhelm („Goethe-T."), Neffe von 2), *15. 2. 1751 Haina, Hessen, †26. 6. 1829 Eutin; gab ein dreibändiges Stichwerk über die antiken Vasen der Sammlung Hamilton heraus. Hptw. ist das gedankenreiche klassizist. Bildnis „Goethe in der Campagna" 1787; als weniger bedeutend gelten seine Historienbilder. Die von T. als Hofmaler des Herzogs von Oldenburg in Eutin gemalten späten Landschaften stehen bereits der Romantik nahe. – ▢ 2.4.3.

Tischendorf, Konstantin von, ev. Theologe, *18. 1. 1815 Lengenfeld, Vogtland, †7. 12. 1874 Leipzig; Neutestamentler; Entdecker u. Hrsg. vieler Bibelhandschriften, insbes. des *Codex Sinaiticus,* den er 1844 im Katharinenkloster entdeckte.

Tischlein deck dich, weitverbreitetes Märchen von einem Mann, der ein auf Wunsch selbstbereitetes Tischlein u. einen goldspendenden Esel besitzt, die er nach Verlust mit einem selbsttätig prügelnden Knüppel wiedergewinnt.

Tischler, *Schreiner,* Ausbildungsberuf des Handwerks mit 3jähriger Ausbildungszeit; ist aus dem Zimmererberuf hervorgegangen; fertigt Möbel u. sonstigen Hausrat aus Holz an; als *Bau-T.* (*Bauschreiner*) Herstellung u. Anbringung von Fenstern, Türen, Treppen u.a.; Fortbildungsmöglichkeiten zum Möbelzeichner, Möbelentwerfer, Innenraumgestalter. Industrielle Ausbildungsberufe mit 3jähriger (*Modell-T.* 3½ Jahre) Ausbildungszeit: *Bau- u. Geräte-T., Möbel-T., Stuhlbauer.*

Tischler, Georg, Botaniker, *22. 6. 1878 Losgehnen, Ostpreußen, †6. 1. 1955 Kiel; klärte bei vielen Pflanzen die Zahl der Chromosomen.

Tischlerplatten →Sperrholz.

Tischri [der; hebr.], der 1. Monat des jüd. Kalenders (September/Oktober).

Tischtennis, ein dem Tennis ähnl. Spiel, früher wegen des Klangs des aufspringenden T.balls *Ping-Pong* genannt. T. kann von Einzelspielern oder Paaren (*Doppel,* mit abwechselnder Schlagfolge) gespielt werden. Gezählt werden die Fehlerpunkte. Einen „Satz" gewinnt, wer mindestens 21 Punkte u. dabei 2 Punkte mehr als der Gegner hat. Ein Wettspiel besteht aus 2 oder 3 Gewinnsätzen. Seit 1925 werden dt. Meisterschaften, seit 1927 Weltmeisterschaften durchgeführt.
Organisation: *Dt. Tisch-Tennis Bund* (DTTB), gegr. 1925, wiedergegr. 1949 für die BRD in Witzenhausen, Sitz: Berlin, 15 Landesverbände mit rd. 8700 Vereinen u. rd. 600 000 Mitgl., seit 1951

Tiryns: gewölbter Gang und Durchtritte zu den Kasematten in der Burgmauer (links). – Rekonstruktion der Burganlage (rechts)

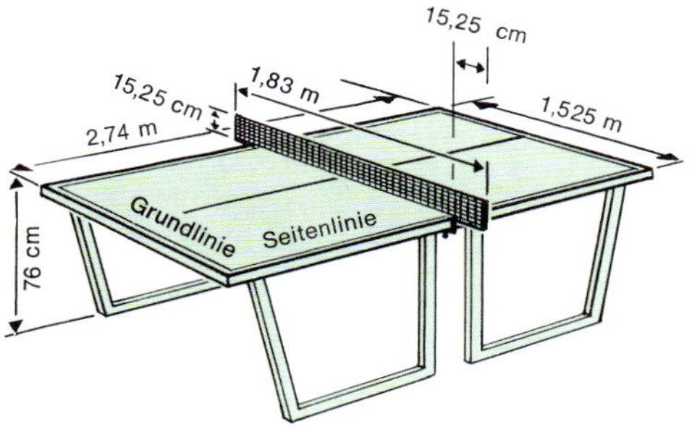

Tischtennis: Spieltisch

Mitgl. der *International Table Tennis Federation.* In Österreich: *Österr. T.verband,* Wien, rd. 20000 Mitgl.; in der Schweiz: *Schweizer. T.-Verband,* Dietikon, rd. 18000 Mitgl. – [L] 1.1.9.

Tischzucht, lehrhafte, meist gereimte Dichtung aus dem 12. bis 16. Jh., die Anweisungen für ein gutes Benehmen bei Tisch u. ein anständiges Verhalten in der Gesellschaft gibt.

Tisẹlius, Arne, schwed. Biochemiker, *10. 8. 1902 Stockholm, †29. 10. 1971 Uppsala; Arbeiten auf dem Gebiet der Eiweißchemie, bes. unter Verwendung der *Ultrazentrifuge* u. der *Elektrophorese.* Nobelpreis 1948.

Tịso, Josef, slowak. Politiker, *13. 10. 1887 Vélka Bytča, †18. 4. 1947 Preßburg (hingerichtet); kath. Priester, führend in der Slowak. Volkspartei; 1938/39 Min.-Präs., 1939–1945 Staats-Präs. der autonomen Slowakei unter dt. Oberherrschaft.

Tissaphẹrnes, pers. Satrap von Lydien unter der Herrschaft *Dareios' II.* u. *Artaxerxes' II.*; schloß während des *Peloponnes. Kriegs* 413 v.Chr. ein Bündnis mit Sparta. 401 v.Chr. entschied er die Schlacht bei *Kunaxa* zugunsten Artaxerxes' II. gegen dessen Bruder *Kyros d.J.*

Tisserand [tis'rã], François-Félix, französ. Astronom, *15. 1. 1845 Nuits-Saint-Georges, †20. 10. 1896 Paris; seit 1892 Direktor der Pariser Sternwarte; sein 4bändiges Werk „Traité de mécanique céleste" 1889–1896 gilt als beste Darstellung der Himmelsmechanik.

Tisserant [tis'rã], Eugène, französ. Kurienkardinal, *24. 3. 1884 Nancy, †21. 2. 1972 Albano bei Castelgandolfo; 1936 Kardinal, Sekretär der Kongregation für die oriental. Kirchen (bis 1959); Mitglied des Präsidiums des 2. Vatikan. Konzils, Dekan des Kardinalskollegiums, Bibliothekar u. Archivar der Römischen Kirche; trat 1971 zurück.

Tissot [ti'so:], James, eigentl. Jacques-Joseph, französ. Maler u. Radierer, *15. 10. 1836 Nantes, †3. 8. 1903 Buillon; seit 1871 in England tätig, malte Bilder des Gesellschaftslebens in zartem Kolorit u. realist. Treue, wandte sich nach der Rückkehr nach Paris mystizist. Themen zu.

Tisza ['tisɔ], **1.** István (Stephan) Graf, Sohn von 2), ungar. Politiker, *22. 4. 1861 Budapest, †31. 10. 1918 Budapest (ermordet); entschiedener Anhänger des österr.-ungar. Ausgleichs u. des Dreibunds, 1903–1905, 1913–1917 Min.-Präs.
2. Kálmán T. von Borosjenö, ungar. Politiker, *10. 12. 1830 Geszt, †23. 3. 1902 Budapest; Begründer der Liberalen Partei u. deren Führer, 1875–1890 Min.-Präs., verstärkte das Gewicht Ungarns innerhalb der Habsburger Monarchie, setzte sich für den österr.-ungar. Ausgleich ein.

Tiszalök ['tisɔ-], Ort in Nordostungarn, an der Theiß, westl. von Nyíregyháza, 6200 Ew.; Wasserkraftwerk (Staustufe); Abzweigung des Hauptkanals Ost zur Bewässerung des *Alfölds.*

Tit., Abk. für *Titel.*

Titạn, 1. [der], *Astronomie:* größter Saturnmond, von Ch. *Huygens* 1655 entdeckt; Durchmesser 5000km, Entfernung von Saturn 1,223 Mill. km; hat eine Atmosphäre, in der bisher Methan nachgewiesen wurde.
2. [das], *Chemie:* chem. Zeichen Ti, sehr hartes, leichtes, drei- u. vierwertiges Metall, Atomgewicht 47,9, Ordnungszahl 22, spez. Gew. 4,50, Schmelzpunkt 1727 °C; in der Natur weit verbreitet, doch meist nur in geringen Konzentrationen; Hauptausgangsprodukt für seine Gewinnung ist das *T.eisenerz* ($FeTiO_3$; z.B. *Ilmenit*). T. findet Verwendung für Stahllegierungen, die bes. mechan. Festigkeit aufweisen. T.-Legierungen mit Chrom, Aluminium, Vanadium u.a. sind leicht, sehr korrosionsbeständig u. von hoher Festigkeit; sie werden zunehmend im Flugzeug-, Raketen- u. Düsentriebwerkbau verwendet. *T.dioxid* →Titanweiß.
3. [die], *Raketen:* Serie mehrstufiger US-amerikan. Trägerraketen; ein Baukastenprinzip ermöglicht zahlreiche Varianten des Grundtyps; große Feststofftriebwerke. Sie diente zum Start der Geminikapseln u. ist für interplanetare Missionen der NASA vorgesehen. →auch Helios, Viking.

Titạneisen, das Eisentitanat-Mineral →Ilmenit.

Titạnen, in der griech. Mythologie die riesenhaften 6 Söhne u. 6 Töchter des *Uranos* u. der *Gäa,* das älteste Göttergeschlecht, u.a.: *Okeanos, Hyperion, Kronos, Rhea, Themis, Phöbe, Tethys;* setzten ihren Vater ab u. verschafften →Kronos die Macht, den sein Sohn *Zeus* verdrängte.

Titạnia [lat.], **1.** *Astronomie:* einer der Monde des *Uranus.*
2. *Literatur:* Gemahlin von →Oberon.

„Titanic" [tai'tænik], engl. Schnelldampfer von 47000 BRT; stieß auf seiner ersten Fahrt nach den USA im Nordatlantik am 15. 4. 1912 nachts auf einen Eisberg u. sank; mit 1517 Todesopfern das bisher schwerste Schiffsunglück im Frieden.

Titanịt [der], verschieden gefärbtes, seltener schwarzes, harz- bis diamantglänzendes, titanhaltiges Mineral, chem. Calcium-Titansilicat; monoklin; Härte 5–5,5; Varietät: *Sphen* (wohlausgebildete Kristalle, häufig Durchdringungszwillinge).

Titạno, *Monte T.,* Berg in San Marino, im Etrusk. Apennin, 756m.

Titạnweiß, aus Titandioxid (TiO_2) bestehendes weißes Farbpigment. Herstellung aus *Ilmenit* (Eisentitanat); das natürl. vorkommende Titandioxid *(Rutil)* ist nicht geeignet. T. ist ungiftig, beständig gegen verdünnte Säuren u. Laugen, Industrieabgase u. Seewasser u. hat große Deckfähigkeit. Verwendung in der Lackfabrikation, zum Färben von Kunststoffen u. Gummi, in der Kosmetik, als Papierfüllstoff u.a.

Titel [der], **1.** *allg.:* unscharf für *Amtsbezeichnung,* z.B. Universitätsprofessor, Regierungsrat, u. für akademische *Grade* (bes. Doktorgrad).
2. *Buchwesen:* Name eines Buchs; Überschrift; Aufschrift.
3. *kath. Kirchenrecht: Titulus,* eine Person oder ein Glaubensgeheimnis, denen eine Kirche geweiht ist. *T.kirchen,* röm. Hauptkirchen, die den Kardinalpriestern zugewiesen waren.
4. *öffentl. Recht:* (nur) ehrende Bez. für eine Person, bes. für deren Anrede *(Ehren-T.),* zur Anerkennung u. Ehrung besonderer Verdienste vom Staat verliehen (z.B. →Geheimer Rat); Neuverleihung 1919 verfassungsrechtl. verboten, seit 1937 wieder zulässig, seit 1957 durch den Bundespräs. oder die Landesregierungen möglich, nach Maßgabe eines Gesetzes.
5. *Rechtswissenschaft:* →Rechtstitel.

Titelausgabe, Ausgabe einer schon im Handel befindlichen Schrift mit verändertem Titelblatt.

Titeldruck, von großen Bibliotheken gedrucktes Verzeichnis der neuerworbenen Bücher.

Titelẹi, die Gesamtheit der Titelseiten eines Buchs (Schmutz- u. Haupttitel); zum *Titelbogen* werden auch Vorwort u. Inhaltsverzeichnis gerechnet.

Titelpart [der; lat.], Titelrolle.

Titelschutz, nach § 16 UWG ist der *Titel* (Überschrift oder Bezeichnung) eines literar. Werks oder Films, einer Zeitung oder Zeitschrift geschützt, wenn er geeignet ist, die Druckschrift (den Film) von anderen zu unterscheiden; Titel von Zeitungen u. Zeitschriften sind als →Warenzeichen eintragbar. – Ähnl. in Österreich gemäß § 80 UWG; ähnl. auch in der Schweiz nach Art. 1 Abs. 2d des Bundesgesetzes über den unlauteren Wettbewerb vom 30. 9. 1943. →auch Urheberrecht.

Tịter [der; frz.], **1.** *Chemie:* in der →Maßanalyse der Gehalt einer Meßlösung an gelöster Substanz; wird meist in *Grammäquivalenten* pro Liter angegeben. →auch Normallösung.
2. *Textilindustrie:* Maß für die Feinheit von Fasern u. Faserverbänden: das Verhältnis von Gewicht zur Länge. →Nummer (3).

Titicạcasee, *Laguna de Chucuito,* See an der peruan.-bolivian. Grenze, 3810m ü.M., rd. 8300qkm, bis 272m tief; fließt durch den *Río Desaguadero* zum *Poopósee* ab; auf der Insel *Titicaca* altperuan. Palastruinen; fruchtbare Umgebung mit Terrassenkulturen; Fischerei, Schiffsverkehr.

Tịtisee, See im südl. Schwarzwald, östl. vom Feldberg, 848m ü.M., 1,1qkm, bis 40m tief, eiszeitl. Moränenstausee; Fremdenverkehr.

Titisee-Neustadt, baden-württ. Stadt im südl. Schwarzwald, im Tal von Gutach u. Wutach u. am Nordostufer des Titisees, 805–860m ü.M., 11000 Ew.; Kneippkurort, Holz-, Papier-, Uhrenindustrie, Fremdenverkehr.

Tịtius-Bodesche Reihe, eine von J. D. *Titius* 1766 entdeckte u. von J. E. *Bode* genauer untersuchte Beziehung über die Entfernungen der Planeten von der Sonne. Die Formel lautet: $E = 0{,}4 + 0{,}3 \cdot 2^n$; dabei ist *E* die Entfernung in astronomischen Einheiten u. *n* ein Exponent, der die Werte $-\infty$, 0, 1, 2... annimmt. Es ergibt sich folgende Tabelle:

Planet	*n*	*E*	wahre Entfernung
Merkur	$-\infty$	0,4	0,39
Venus	0	0,7	0,72
Erde	1	1,0	1,00
Mars	2	1,6	1,52
(Ceres)	3	2,8	2,77
Jupiter	4	5,2	5,20
Saturn	5	10,0	9,54
Uranus	6	19,6	19,19
Neptun	–	–	30,07
Pluto	7	38,8	39,46

Neptun fügt sich nicht in die Reihe ein.

Titlis, vergletscherter Gipfel an der Grenze der schweizer. Kantone Unterwalden, Uri u. Bern, nördl. des Sustenpasses, 3239m.

Tịto, Josip, eigentl. J. *Broz,* jugoslaw. Politiker (Kommunist), offiziell *25. 5. 1892 (eigentl. 7. 5. 1892) Kumrovec, Kroatien, †4. 5. 1980 Laibach; 1914/15 österr. Soldat, Kriegsgefangener in Rußland, bis 1920 Soldat in der Roten Armee; seit 1920 Mitgl. der jugoslaw. KP, 1928–1934 im Gefängnis, seit 1934 Mitgl. des ZK u. des Politbüros, seit 1937 ununterbrochen Parteiführer (Generalsekretär bzw. Vors.); organisierte 1941 die kommunist. Partisanen gegen die dt. Truppen in Jugoslawien, 1943 Marschall, seit 1944 tatsächl. Beherrscher des Landes; 1945–1953 Min.-Präs., seit 1953 Staats-Präs. (seit 1963 auf Lebenszeit), seit 1971 Präs. des Staatspräsidiums. Nach 1945 widersetzte sich T. der sowjet. Einflußnahme auf die jugoslaw. Politik, worüber es 1948 zum Bruch mit Stalin kam. T. suchte den Kommunismus den nationalen Gegebenheiten Jugoslawiens anzupassen *(Titoismus)* u. wurde nach vorübergehender Anlehnung an den Westen zu einem führenden Sprecher der blockfreien Staaten. Auch nach der 1955 eingeleiteten Aussöhnung mit der sowjet. Führung wahrte er polit. u. ideolog. Selbständigkeit. – [B] →Südosteuropa (Geschichte). – [L] 5.5.7.

Tịtograd, bis 1945 *Podgorica,* Hptst. der jugoslaw. Teilrepublik *Montenegro,* an der Morača, 55000 Ew.; Aluminiumwerk, Maschinenbau, Leder- u. Tabakindustrie; Bauxitlager; Flugplatz.

Titọismus, nach J. *Tito* benannte Richtung des Kommunismus, die Selbstverwaltung u. Dezentralisation im Innern anstrebt u. Gleichberechtigung u. Unabhängigkeit aller kommunist. Länder sowie das Recht jedes Staats auf den eigenen Weg zum Sozialismus proklamiert.

Tịtov Vẹles, bis 1945 *Veles,* jugoslaw. Stadt am Vardar, 36000 Ew.; Textil-, Porzellan- u. Tabakindustrie; im Altertum die Königstadt *Vylazore* der Päonier.

Titration [lat.], in der →Maßanalyse das Zusammenfließen der Meßlösung bekannten Gehalts (die aus einer *Bürette* entnommen wird) zu der analysierten Lösung. Der Endpunkt der T. wird mit Hilfe eines *Indikators,* der z.B. in eine andere Farbe umschlägt, erkannt.

Titulạrbischof, auf den Titel einer nicht mehr bestehenden Diözese geweihter Bischof ohne Jurisdiktion (Weihbischof).

Titulẹscu, Nicolae, rumän. Politiker (Liberaler), *4. 10. 1883 Craiova, †17. 3. 1941 Cannes; Prof. für Zivilrecht, 1917 u. 1920–1922 Finanz-Min., 1927/28 u. 1932–1936 Außen-Min.; stark frankophil; Mitgründer der Kleinen Entente.

Tịtulo plẹno [lat.], Abk. *T.p.,* mit vollem Namen, unbeschadet des Titels.

Tịtulus [der; lat.], In- oder Beischrift von frühchristl. u. mittelalterl. Malereien oder Mosaiken mit erklärender Inhaltsangabe des Dargestellten.

Tịturel, Held der Artus-Sagen, erster Gralskönig, Urahn *Parzivals,* Titelgestalt zweier mhd. Versepen: Der *„Ältere T."* ist ein unvollendet gebliebenes Spätwerk *Wolframs von Eschenbach.* Der *„Jüngere T."* schließt an Wolframs Epos an, sein vermutl. Dichter ist *Albrecht von Scharfenberg* (um 1270). – Die *T.-Strophe* ist eine Fortbildung der Nibelungenstrophe.

Tịtus, Heidenchrist, Begleiter des Apostels *Paulus* u. Adressat des *T.briefs;* 1. Bischof von Kreta. Heiliger (Fest: 26. 1.). →auch Pastoralbriefe.

Titus *Flavius Vespasianus*, röm. Kaiser 79–81 n.Chr., * 30. 12. 39 Rom, † 13. 9. 81 Reate; Sohn u. fähiger Nachfolger des Kaisers *Vespasian*; schlug 70 den jüd. Aufstand nieder, wofür ihm in Rom ein Triumphbogen *(Titusbogen)* errichtet wurde; 71 Mitregent. Er ließ in Rom die nach ihm benannten T.-Thermen errichten u. den Bau des Kolosseums zu Ende führen. – ▫ 5.2.7.

Tituskopf, weibl. Haartracht mit dichten, kurzen Löckchen nach dem Vorbild einer Porträtbüste des röm. Kaisers Titus; z.Z. des französ. Konsulats u. nach dem 2. Weltkrieg beliebt.

Tiv, *Muntschi*, Negervolk mit Semibantu-Sprache am Unterlauf des Benue in Nigeria (800000).

Tivoli, das antike *Tibur*, italien. Stadt in Latium, östl. von Rom, 40000 Ew.; Dom (12. Jh.), Renaissancebauten (Villa Gregoriana, Villa d'Este), Fremdenverkehr. – Im Altertum Sommeraufenthaltsort der röm. Oberschicht mit Villen (Hadriansvilla) u.a. antiken Bauten (sog. Vestatempel, korinth. Rundtempel; Terrassenheiligtum des Hercules Victor, beide um 8 v.Chr.).

Tiw, german. Rechts- u. Kriegsgott, →Tyr.

Tizian, eigentl. *Tiziano Vecelli*, italien. Maler, * um 1477 Pieve di Cadore, † 27. 8. 1576 Venedig; Hauptmeister der venezian. Renaissance; brachte die Hochrenaissance in sinnl. Kolorit u. ausländer Figurenbewegung zu voller Entfaltung u. erhob die Farbe zum tragenden Element seiner Kunst. Die Frühzeit T.s (bis 1518) ist noch durch klare zeichner. Form bestimmt („Himml. u. Irdische Liebe" 1515/16); die zweite Periode seines Schaffens (bis um 1530) enthält Elemente eines illusionist. Protobarocks; in der dritten Stufe der Entwicklung (bis etwa 1550) schuf T. vor allem Bildnisse von hoher Charakterisierungskunst. Der Spätstil konzentriert sich ganz auf die Darstellung seel. Geschehnisse u. steigert die nunmehr von Lichtkontrasten bestimmten maler. Mittel zu visionärer Präzision. Hptw.: „Der Zinsgroschen" um 1518, Dresden, Staatl. Kunstsammlungen; „Himmelfahrt Mariens" 1516–1518, Venedig, Sta. Maria dei Frari; „Bacchus u. Ariadne" 1523, London, National Gallery; „Venus von Urbino", um 1538, Florenz, Uffizien; „Danae" 1545/46, „Papst Paul III. mit Kardinal Alessandro Farnese" 1545, Herzog Ottavio Farnese" 1545, beide Neapel, Nationalmuseum; Reiterbildnis Karls V. 1548, Madrid, Prado; „Dornenkrönung" um 1576, München, Alte Pinakothek. – ▫ 2.4.4.

Tizi-n-Test [tizin'tɛst], Paß im marokkan. Hohen Atlas, 2100 m; über ihn führt die Autostraße von Marrakesch nach Agadîr.

Tizi-Ouzou [tiziu'zu], alger. Bez.-Hptst. an der Mittelmeerküste im O von Algier, 225 000 Ew.; Nahrungsmittelindustrie, Hafen.

Tjåkko [ˈtçoko; schwed.-samisch], Bestandteil geograph. Namen: Berg.

Tjirebon [ˈtʃi-], *Cheribon*, indones. Hafenstadt im N von Westjava, 180 000 Ew.; Erzaufbereitung, chem. Industrie; Ausfuhr von Reis u. Kopra.

Tjost [die; frz.], der Zweikampf der Ritter bei den mittelalterl. Turnieren: die beiden Kämpfer versuchen dabei – zunächst zu Pferde u. durch Schranken getrennt – den Gegner aus vollem Galopp mit der eingelegten Lanze aus dem Sattel zu stoßen; danach (je nach Regel) auch Fortführung des Kampfs mit dem Schwert. →auch Buhurt, Turnier.

Tjumen, Hptst. der Oblast T. (1 435 400 qkm, 1,5 Mill. Ew., davon 56% in Städten; umschließt die Nationalkreise der Chanten u. Mansen u. der Jamal-Nenzen) in der RSFSR (Sowjetunion), in Westsibirien, an der schiffbaren Tura, 350 000 Ew.; älteste russ. Stadt in Sibirien; Schiff- u. Maschinenbau, Holz-, Nahrungsmittel-, chem.-pharmazeut. u. Lederindustrie. Erdölraffinerie, Erdgas; Flußhafen, Transsibir. Bahn, Flugplatz.

Tjurunga [austral.], *Tschuringa, Seelenholz*, Kultgegenstand austral. Eingeborener, ein flaches, längl.-ovales Holz (oft an einer Schnur als Schwirrholz) oder ein Stein, mit eingeritzten u. bemalten Zeichen; gilt als Sitz von Totemvorfahren.

Tjutschew, Fjodor Iwanowitsch, russ. Dichter u. Diplomat, * 5. 12. 1803 Owstug, Gouvernement Orel, † 27. 7. 1873 Zarskoje Selo; Gedanken- u. Liebeslyrik in formvollendeten Versen.

Tkibuli, Stadt in der Grusin. SSR (Sowjetunion), in den südl. Vorbergen des Großen Kaukasus, nordöstl. von Kutaisi, 24 000 Ew.; Steinkohlenbergbau; Anbau von Tee, Baustoffherstellung.

Tkwartscheli, Stadt in der Abchas. ASSR, Grusin. SSR (Sowjetunion), am Großen Kaukasus, südöstl. Suchumi, 32 000 Ew.; Steinkohlenbergbau, Wärmekraftwerk; Radon-Thermalquellen.

Tl, chem. Zeichen für *Thallium*.

Tlaloc, Regengott der *Azteken* u. *Tolteken*, in der gleichen charakterist. Form bereits in der älteren *Teotihuacán-Kultur* dargestellt, von menschl. Gestalt, trägt aber statt eines Gesichts eine Maske aus zwei Schlangen, die einen Kreis um die Augen bilden u. ihre Mäuler am Mund T.s vereinen. Dem T. u. vier weiteren Regengöttern wurden in aztek. Zeit kleine Kinder geopfert, deren Weinen den Regen herbeiziehen sollte.

Tlatilco, Fundstätte im Hochtal von Mexiko, wo sich unter dem Einfluß der *La Venta-Kultur* eine frühe eigenständige Kultur entwickelt hatte (1000 v.Chr.–200 n.Chr.). Aus Hunderten von Gräbern stammen realist. gestaltete Tonfiguren (Tänzerinnen, Akrobaten, Zauberpriester), aus denen sich Schmuck u. Tracht rekonstruieren lassen.

Tlaxcala [tlas-], **1.** zentralmexikan. Staat, 3914 qkm, 500 000 Ew.; Hptst. T. *(de Xinotencatl)*, am Río Atoyak, 2252 m ü.M., 8000 Ew. **2.** indian. Reich in Mexiko, bewahrte sich bis zur Ankunft der Spanier seine Unabhängigkeit gegenüber den *Azteken*. Seine Krieger wurden, nach anfänglichem erbittertem Widerstand, die treuesten Verbündeten H. *Cortés*' gegen die aztekischen Feinde.

Tlemcen [-ˈsɛn], Bez.-Hptst. in Nordwestalgerien, südwestl. von Ouahran, 115 000 Ew.; Blei-, Kupfer-, Eisen-, Antimonerz- u. Marmorabbau.

Tlingit, *Tlinkit*, Athapasken-Indianerstamm, in Alaska (10 000) u. an der kanad. Nordwestküste (1000) mit Fischerei u. Seesäugerjagd; hochstehende Holzbearbeitungstechnik (Plankenhäuser u. -boote, Totempfähle) u. Weberei.

Tm, chem. Zeichen für *Thulium*.

Tmesis [grch.], Trennung eines zusammengesetzten Worts durch dazwischengesetzte Wörter; ursprüngl. grammat. möglich, dann traditionelles Stilmittel (Homer); im klass. Latein überwunden.

TNT, Abk. für →Trinitrotoluol.

TOA, Abk. für *Tarifordnung für Angestellte* im öffentl. Dienst vom 1. 4. 1938; seit dem 1. 4. 1961 durch den Bundes-Angestelltentarifvertrag (→BAT) aufgehoben u. ersetzt.

Toast [toʊst; der; engl.], **1.** geröstete Brotscheibe. **2.** Trinkspruch zu Ehren einer Persönlichkeit oder Sache.

Toba, 1. Wildbeuterstamm der *Guaikuru-Indianer* am Pilcomayo (Gran Chaco) mit geringem Anbau; die Frauen mit Fellmänteln u. Tatauierung. **2.** Teilstamm der altmalaiischen →Batak.

Tobago, Insel der Kleinen Antillen, Westindien, Teil des Inselstaats →Trinidad und Tobago, nordöstl. von Trinidad, 301 qkm, 40 000 Ew.; von einem küstenparallelen, von Regenwald bestandenen Gebirge eingenommen, im SW Korallenkalke; Kokospalmen u. Kakaokulturen; Zentrum u. Hafen: *Scarborough*; 1814–1962 britisch.

Tobasee, größter Binnensee der indones. Insel Sumatra, rd. 2050 qkm, bis 450 m tief, im vulkan. Hochland, 900 m ü.M.

Tobata, Stadtteil von →Kita-Kyuschu.

Tobel, *Dobel*, süddt. Bez. für eine enge Bachschlucht.

Tobey [ˈtoʊbi], Mark, US-amerikan. Maler, * 11. 12. 1890 Centerville, Wis., † 24. 4. 1976 Basel; ging vom abstrakten Expressionismus aus u. entwickelte mit seinem „Weiß-Schreiben" einen an chines. Kalligraphie orientierten Stil, der durch ein verschlungenes Netz weißer Linien auf häufig monochromem Grund gekennzeichnet ist. – ▫ 2.3.2.

Tobias [grch. Form für hebr. *tobijja*, „Güte Gottes"], männl. Vorname.

Tobias, grch. *Tobit*, apokryphes Buch zum A.T., verfaßt um 200 v.Chr., zugleich dessen Hauptgestalt, ein in assyr. Gefangenschaft geratener Jude von vorbildl. Gesetzestreue.

Toboggan [der; indian., engl.], ursprüngl. indian. kufenloser Schlitten, bes. in Kanada benutzt; besteht aus vorn aufgebogenen Brettern oder einer ähnl. Kunststoffschale.

Tobol [der], linker Nebenfluß des Irtysch, in Westsibirien, 1600 km, entspringt bei Orsk, mündet bei *Tobolsk*; 620 km schiffbar; 6 Monate vereist.

Tobolsk, Stadt in der RSFSR (Sowjetunion), in Westsibirien, an der Mündung des Tobol in den Irtysch (Flußhafen), 50 000 Ew.; Kreml, Kloster; Textil-, Nahrungsmittel-, Holzindustrie, Schiffbau.

Toboltataren, den Wolgatataren nahestehender Stamm bei Tobolsk.

Tobruk, *Tobrúq*, libysche Hafenstadt in der Cyrenaica, 5000 Ew., mit Nachbarorten (Distrikt) 25 000 Ew.; Pipeline u. Erdölhafen im Vorort *Harega*. Im 2. Weltkrieg 1941/42 schwer umkämpft.

Tobsucht, meist mit Bewußtseinstrübung verbundener höchster Erregungszustand mit starker Unruhe u. unbeherrschbarem Bewegungs- u. Zerstörungsdrang, wie er bei verschiedenen Psychosen vorkommt; →auch Manie.

Tocantins [tokanˈtĩs], Fluß in Ostbrasilien, 2640 km, entspringt westl. von Brasilia u. mündet in einen Mündungsarm des Amazonas, den *Rio do Pará*; rd. 1800 km schiffbar.

Tocapu →Inkaschrift.

Toccata [die; ital. *toccare*, „anschlagen"], *Tokkata*, fantasieartiges Stück (vorwiegend für Tasteninstrumente), das in der Regel mit vollen Akkorden beginnt u. zu einem fugierten Satz mit eingestreutem Lauf- u. Figurenwerk führt. Erste

Titicacasee: Indios auf Binsenbooten mit Mattensegeln

Toccaten für Orgel von A. u. G. *Gabrieli* u. C. *Merulo*, dann G. *Frescobaldi*, D. *Buxtehude*, J. *Pachelbel* u. vollendet von Bach, später von R. *Schumann*, C. *Debussy*, M. *Reger*, S. *Prokofjew*.

Toch, Ernst, US-amerikan. Komponist österr. Herkunft, *7. 12. 1887 Wien, †1. 10. 1964 Los Angeles; Musik häufig spielerischen Charakters, die eine Entwicklung von J. Brahms bis zur Atonalität durchgemacht hat. 4 Opern, 7 Sinfonien, Big-Ben-Variationen, Chor- u. Kammermusik.

Tocharer, nordiran. Bevölkerung Mittelasiens; wanderte 160 v. Chr. in Sogdiana (Turkistan) ein u. drang nach S vor. Wahrscheinl. der in chines. Quellen *Yüetschi* genannte Stamm; Reiterkrieger u. Hirtennomaden.

tocharische Sprache, eine aus Chines.-Turkistan überlieferte, 1902–1914 entdeckte indogerman. Sprache; Texte buddhist. Inhalts in Brahminschrift aus dem 7. Jh., z. T. Übersetzungen aus dem Sanskrit. 🄻 3.8.4.

Tochtergesellschaft, *Untergesellschaft*, die von einer →Muttergesellschaft abhängige Gesellschaft. In einem →Konzern übt die unternehmerische Oberleitung die Muttergesellschaft aus.

Tocopilla [-'pilja], nordchilen. Hafenstadt zwischen Iquique u. Antofagasta, 25 000 Ew.; Wärmekraftwerk, Kupferaufbereitung; Ausfuhr von Salpeter u. Jod.

Tocorpuri, *Cerro de T.*, Andengipfel an der nordchilen.-südbolivian. Grenze, 6755 m.

Tocqué [tɔ'ke:], Louis, französ. Maler, *19. 11. 1696 Paris, †10. 2. 1772 Paris; erhielt seit 1738 Hofaufträge; daneben bürgerl. Porträts.

Tocqueville [tɔk'vil], früherer Name der alger. Stadt →Rass el Oued.

Tocqueville [tɔk'vil], Alexis Clérel, Graf von, französ. Historiker u. Politiker, *29. 7. 1805 Verneuil, Seine-et-Oise, †16. 4. 1859 Cannes; Jurist; 1839 Mitgl. der Kammer, 1849 der Nationalversammlung, 1849 Außen-Min., Gegner Napoléons III.; seit 1841 Mitgl. der Académie Française. T. analysierte die Entwicklung der Demokratie am Beispiel der amerikan. Gesellschaft als einen unaufhaltsamen Prozeß, stellte aber die Frage, wie die individuelle Freiheit erhalten bleiben könne („La démocratie en Amérique“ 1835). Die Französ. Revolution sah er nicht als Bruch, sondern suchte die histor. Kontinuität nachzuweisen, die aus dem Ancien Régime zur Revolution führte („L'Ancien Régime et la Révolution“ 1856).

Tod, das Erlöschen des individuellen Lebens eines Organismus, dem alles Lebendige ausgesetzt ist. So gesehen unterliegen auch die „ewig“ teilungsfähigen Einzeller (Bakterien, Protozoen) dem T., wenn durch Teilung oder parasexuelle Vorgänge das Individuum zu bestehen aufhört. Bei allen höheren Organismen (Pflanzen u. Tieren) setzt nach Abschluß der Entwicklung zum „erwachsenen“ Lebewesen ein Alterungsprozeß (→altern) ein, der zum T. führt. Typisch für den T. ist ein völliges Erlöschen der wichtigsten physiolog. Funktionen (Assimilation u. Wachstum bei Pflanzen, Atmung, Kreislauf u. Gehirntätigkeit bei Tieren). Bei vielen Lebewesen beginnt ein schneller Abbau der physiologischen Funktionen nach Ablauf der Fortpflanzung (einjährige Pflanzen, Insekten). Bei anderen mit wiederholter Vermehrungsfähigkeit (z. B. Bäume, die meisten Säugetiere einschl. des Menschen) setzt der *natürliche T.* nach Ablauf langer Zeitspannen ein, dem immer ein Absterben wichtiger Organfunktionen vorausgeht (dementspr. *Atmungs-, Herz-, Gehirn-T.*). Meist kürzt ein T. durch →Krankheit oder Unfall diesen Prozeß ab *(unnatürlicher, gewaltsamer T.)*. Das endgültige Erlöschen der Funktionen des Zentralnervensystems (Gehirn-T.) bestimmt den *biologischen T.*, während Herz- oder Atemstillstand u. U. (durch Reanimation) reversibel sind (sog. *klinischer T.*). Die Diagnose des Gehirn-T.es ist auch maßgeblich für die *T.esfeststellung*, was bes. im Hinblick auf eine etwaige Organentnahme zu Transplantationszwecken Bedeutung haben kann. – Der Wechsel von T. und Neuorganisation ermöglicht den Lebewesen die Anpassung an die sich stetig ändernden Umweltbedingungen. – →auch Selektion, Darwinismus.

Philosophie u. Theologie bemühen sich um eine Sinndeutung des T.es, die Weisung für die Lebensgestaltung, die eigene Haltung u. die Frage nach Weiterleben u. Unsterblichkeit einschließt: T. als endgültiges Erlöschen (Materialismus), angesichts der totalen Macht des T.es werden unsterbliche Seele u. Weiterleben verneint; T. als Durchgangsstadium zur Wiederverkörperung (Hinduismus, Gnosis) oder Befreiung der Seele zur Unsterblichkeit (Platon). Ein Wissen vom Leben nach dem T. kann nur religiös begründet sein. Philosophisch wird der T. heute als endgültige, unübersehbare Grenzsituation beschrieben, in der christl. Theologie einerseits als Bestandteil der Schöpfung, so daß biologisches Sterben zur Schöpfung gehört; andererseits wird die T.esordnung im Zusammenhang mit der Sünde als Gericht Gottes gesehen, die Auferstehung als innere Notwendigkeit u. Aufhebung der Zornesordnung.

Rechtliches: →Erbe, →Erbrecht. Die Rechtslage der Leiche ist im Recht der BRD nicht geklärt.

In der bildenden Kunst des Abendlandes wechselt die Darstellung des T.es mit den Stilepochen u. dem Wandel der religiösen Vorstellungen. In der griech. Kunst erscheint der T. als Jüngling, manchmal geflügelt, mit gesenkter Fackel u. einem Schmetterling. Im frühen MA. findet sich nur selten der T. als häßliche Greisengestalt. Seit dem 12. Jh., unter dem Eindruck verheerender Seuchen (Pest), stellt man den T. als Gerippe oder als in Verwesung begriffenen Leichnam dar, im Sinne des *Memento mori* mit der Frage nach dem Verbleib früherer Schönheit u. der Gewißheit, daß der T. die Menschen aus jedem Beruf u. Lebensalter reißt. Die Bildfigur des T.es als Sensenmann findet sich bereits in der Kunst der Romanik; häufig erscheint im MA. der T. auch als Ritter, Jäger oder Räuber. Moral. Absichten (Warnung vor sündhaftem Leben) verfolgen die vom 14.–17. Jh. in Frankreich, England, Italien, Spanien, Dtschld. u. der Schweiz entstandenen Bilder des Totenreigens (→Totentanz).

Toda, Hirtenvolk (noch etwa 1000) in den Nilagiris Südindiens mit 2 endogamen Stammesgruppen; mit Büffelverehrung (steinumfriedeter Milchtempel, Milchpriester), Leichenverbrennung.

Todd, 1. Michael, eigentl. Avrom Hirsch *Goldbogen*, US-amerikan. Filmproduzent, *2. 6. 1907 Minneapolis, †22. 3. 1958 durch Flugzeugabsturz; seit 1957 in 3. Ehe verheiratet mit Elizabeth *Taylor*; Regisseur am Rundfunk, schuf zahlreiche Shows am Broadway; →Todd-AO-Filmverfahren.

2. Sir Robert Alexander, brit. Chemiker, *2. 10. 1907 Glasgow; Arbeiten über Nucleinsäuren, Coenzyme, Vitamine u. a.; Nobelpreis 1957.

Todd-AO-Filmverfahren, ein von M. *Todd* u. der American Optical Company (AO) entwickeltes Filmsystem, bei dem das Bild mit einem Weitwinkelobjektiv von 128° auf 70 mm breitem Film mit sechs Magnettonspuren aufgenommen wird. Das einzelne Filmbild ist 3,5mal so groß wie bei Normalfilm (22×48,6 mm = 1 : 2,2). Durch den Bildwechsel von 30 Bildern je sek wird jedes Bildflimmern vermieden. Die Wiedergabe erfordert besondere Projektoren mit auswechselbaren Schalttrommeln u. erfolgt auf eine stark gekrümmte (¼ der Bildwandbreite nach vorn durchgebogen), sehr breite (20 m) u. hohe Leinwand.

Toddy [engl., ind.], alkoholreicher →Palmwein.

Todeserklärung, förmliche Feststellung des Todes bei →Verschollenheit einer Person, zulässig nach Ablauf der Verschollenheitsfrist aufgrund eines →Aufgebots durch das Amtsgericht, das vom Staatsanwalt, vom gesetzl. Vertreter, Ehegatten, Abkömmling, von den Eltern des Verschollenen sowie von jedem sonst rechtl. Interessierten beantragt werden kann. Die T. begründet nur eine widerlegbare Vermutung des Todes. Ist der Tod nicht zweifelhaft, so ist eine T. unzulässig, wohl aber eine gerichtl. *Feststellung des Todes u. der Todeszeit* möglich. – In Österreich ist die T. durch das T.sgesetz von 1950 geregelt. Schweiz: →Verschollenerklärung.

Todeskampf, *Agonie*, beim Sterben eintretendes Versagen der normalen Lebensfunktionen bis zum Stillstand von Kreislauf u. Atmung.

Todesotter, *Acanthophis antarcticus*, bis 75 cm lange austral. *Giftnatter* mit langem Stachel am Schwanzende; sehr gefährliche Giftschlange.

Todesspirale, schwierige Figur beim Eiskunst- u. Rollschuh-Paarlauf: die Läuferin zieht, auf ein Bein gestützt, rücklings in fast horizontaler Lage eine Kreisbahn um ihren Partner, der sie mit einer Hand hält u. selbst eine Art (Sitz-)Pirouette ausführt. Der Kopf der Läuferin berührt dabei fast die Lauffläche. Ähnl. die *Lebensspirale:* Körpervorderseite der Läuferin zeigt zum Eis.

Todesstrafe, die strafweise Vernichtung des menschl. Lebens, in der BRD (Art. 102 GG) u. in vielen anderen Staaten verboten, überall aber umstritten. Die Vollstreckung der T. *(Hinrichtung)* erfolgt z. B. durch Enthaupten mittels Fallbeils *(Guillotine)*, Hängen (durch den „Strang“), durch elektr. Strom *(elektrischer Stuhl)* oder durch Gas; im Militärstrafrecht durch Erschießen. – In Österreich ist die T. seit 1950 abgeschafft. In der Schweiz ist die T. für polit. Straftaten schon seit 1848 unzulässig, sie war 1874–1879 gänzlich u. ist seit 1938 endgültig abgeschafft (auch bei kriminellen Delikten). – 🄻 4.1.4.

Todestrieb, auch *Thanatos-Trieb*, von S. *Freud* angenommener Grundtrieb des Menschen, der auf die Auflösung u. Vernichtung des Lebens gerichtet ist. Er ist damit der Widersacher der *Libido*. Der T. tritt als Aggression oder Destruktion gegenüber anderen Menschen oder gegenüber dem eigenen Selbst auf.

Todesvermutung, durch die →Todeserklärung begründete Vermutung, daß der Verschollene in dem im amtsgerichtl. *Todeserklärungsbeschluß* festgestellten Zeitpunkt gestorben ist. Kann nicht bewiesen werden, daß von mehreren gestorbenen oder für tot erklärten Menschen der eine den anderen überlebt hat, so wird vermutet, daß sie gleichzeitig gestorben sind (§§ 9, 11 VerschG); Gegensatz: *Lebensvermutung*. – In Österreich enthalten §§ 9 u. 11 des Todeserklärungsgesetzes 1950 eine T. Das schweizer. Recht kennt eine eigentl. T. nicht (→Verschollenerklärung).

Todi, *Todidae*, Familie neuweltlicher *Rackenvögel*; Gefieder oberseits grün, unterseits hellgrau mit rotem Kehlfleck. T. graben 50 cm lange Brutröhren in Uferböschungen.

Tödi, vergletscherte Gebirgsgruppe in den Glarner Alpen, auf der Grenze der schweizer. Kantone Glarus, Uri u. Graubünden, 3620 m.

Todorow [-rɔf], **1.** Petko Jurdanow, bulgar. Schriftsteller, *26. 9. 1879 Elena, †14. 2. 1916 Chateau-d'Oex, Waadt; realist. Erzählungen, phantast.-myst. Dramen.

2. Stanko, bulgar. Politiker (KP), *20. 12. 1921 Klenowik, Radomir; seit 1954 Mitgl. des ZK, seit 1961 des Politbüros, verschiedene Regierungsämter, 1966–1971 ZK-Sekretär, seit 1971 Vors. des Ministerrats (Min.-Präs.).

Todscho, *Tôjô*, Hideki, japan. General u. Politiker, *30. 12. 1884 Tokio, †23. 12. 1948 Tokio (hingerichtet); 1940/41 Kriegs-Min., 1941–1944 Min.-Präs., mitverantwortl. für Japans Kriegseintritt; 1948 als Kriegsverbrecher vom Internationalen Gerichtshof verurteilt.

Todsünde, nach kath. Lehre die schwere Sünde, die aus voller Erkenntnis u. freiem Willen in einer wichtigen Sache geschieht; zu ihrer Vergebung ist das Bußsakrament notwendig. *Läßliche Sünde* ist dagegen die Sünde, in der Erkenntnis u. Freiheit nicht vollständig sind oder die sich nicht in einer „wichtigen Sache“ vollzieht.

Todt, Fritz, nat.-soz. Politiker, *4. 9. 1891 Pforzheim, †8. 2. 1942 bei Rastenburg, Ostpreußen (Flugzeugabsturz); Ingenieur; 1933 Generalinspekteur für das dt. Straßenwesen, Erbauer der Reichsautobahnen; Gründer der *Organisation T.* (O. T.), die den Westwall erbaute u. a. kriegswichtige Bauarbeiten durchführte; seit 1940 Reichs-Min. für Bewaffnung u. Munition.

Todtmoos, baden-württ. Gemeinde (Ldkrs. Waldshut), heilklimat. Kurort im südl. Schwarzwald, südwestl. von St. Blasien, 840 m ü. M., 2000 Ew.; Wallfahrtskirche (17.–18. Jh.); Wintersport.

Todtnau, baden-württ. Stadt (Ldkrs. Lörrach), Luftkurort im südl. Schwarzwald, südwestl. vom Feldberg, 5000 Ew.; Metall-, Bürsten-, Textilindustrie.

Toe-Loop ['tɔulu:p; der; engl.], *Tipp-Rittberger*, ein Kürsprung beim Eiskunstlauf: nach einem Anlauf mit Vorwärts-Einwärts-Dreier hakt die Zacke des Spielbeinfußes zur Unterstützung des Absprungs kurz ins Eis ein, nach einer Drehung landet der Läufer auf dem Absprungbein rückwärts-auswärts.

Toepfer, Hans, Chirurg u. Frauenarzt, *9. 8. 1876 Berlin, †11. 10. 1965 Berlin; entdeckte 1916 die *Rickettsia quintana*, den Erreger des →Fünftagefiebers.

Toepffer, Wolfgang Adam, schweizer. Maler u. Graphiker, *20. 5. 1765 Genf, †10. 8. 1847 Morillon bei Genf; klassizist. Landschaftsgemälde u. -stiche, auch Karikaturen u. Genrebilder.

Toffee ['tɔfi; engl.], zäher Karamelbonbon aus Zucker u. Stärkesirup, enthält mindestens 5% Milchfett u. geschmackgebende Zutaten (Früchte, Nüsse u. a.); stets eingewickelt im Handel.

Tofu [der; jap.], quarkähnlicher Käse aus den Eiweißstoffen der Sojabohne.

Toga [die; lat.], offizielle Männertracht im röm.

Toga: die Tracht des vornehmen Römers, die nur mit Hilfe von zwei Dienern angelegt werden konnte

Altertum; ein 5–6 m langes, 2 m breites, halbrund geschnittenes Tuch wurde so umgeworfen, daß der rechte Arm frei blieb. – Die *T. praetexta* trugen Jünglinge vor Erreichen des Mannesalters.

Togata, *fabula togata,* nach der *Toga* benannte Form der röm. Komödie, die Stoffe aus dem röm. Alltagsleben gestaltete, im Gegensatz zur *Praetexta (fabula praetexta),* die Tragödien mit nationalen Stoffen aus der röm. Geschichte behandelte *(Naevius, Ennius, Pacuvius),* u. der *Palliata (fabula palliata),* der röm. Form der neuen Komödie *(Nea)* im griech. Kostüm u. mit griech. Sujets *(Naevius, Plautus, Terenz, Caecilius Statius).*

Toggenburg, Tallandschaft der oberen Thur, im nordschweizer. Kanton St. Gallen; Alpwirtschaft, Obstanbau, bes. im *Unter-T.* Textilindustrie (Spinnerei, Weberei, Stickerei); mehrere Luftkurorte u. Wintersportplätze, Hauptort *Wattwil.*

Töging am Inn, Stadt in Oberbayern (Ldkrs. Altötting), nördl. vom Chiemsee, 8600 Ew.; Aluminiumwerk.

Togliatti [nach P. *Togliatti*], *Toljatti,* bis 1964 *Stawropol,* Stadt in der europ. RSFSR (Sowjetunion), am Kujbyschewer Stausee der Wolga, 505 000 Ew.; ein Zentrum der sowjet. Automobilproduktion (FIAT-Lizenz) u. vielseitiger chem. Industrie, Zement-, Maschinen- u. Möbelfabriken u. Werft; Bahn- u. Straßenknotenpunkt, Hafen. – Die Überflutung der ehem. Stadt durch den Stausee 1955 zwang zur Neuerrichtung am Hochufer.

Togliatti [tɔˈljati], Palmiro, italien. Politiker (Kommunist), *26. 3. 1893 Genua, †21. 8. 1964 Artek, Krim; 1922 Mitgl. des ZK der KPI, 1923 u. 1925 in Haft, emigrierte 1925 nach Dtschld., später in die UdSSR, führend in der Komintern bis 1943, 1944/45 Stellvertr. Min.-Präs., bis 1946 verschiedene Min.-Posten, 1947–1964 Generalsekretär der KPI; trat für eine Durchdringung des demokrat. Staats mit legalen Mitteln ein, verhalf der KPI zu großen Wahlerfolgen; verteidigte den Polyzentrismus im Kommunismus („Testament T.s" 1964).

Togo, amtl. *République Togolaise,* Republik an der afrikan. Guineaküste. T. hat eine Fläche von 56 000 qkm u. 2,5 Mill. Ew. (44 Ew./qkm); Hptst. ist *Lomé.*

Landesnatur: Hinter einer Nehrungs- u. Lagunenküste erhebt sich zwischen einer Fastebene mit Inselbergen in S u. dem Tafelland der Oti-Ebene im N das in SW-NO-Richtung ziehende *T.-Atakora-Gebirge* mit dem *Mont Agou* (1020 m). Das Klima ist warm u. zeigt an der Küste den äquatorialen Typ mit je zwei Regen- u. Trockenzeiten, etwa vom 8. Breitengrad an N den sudan. Typ mit nur einer Regen- u. Trockenzeit; die Niederschlagsmengen nehmen nach N zu ab. Der größte Teil T.s wird von einer ölpalmenreichen Feuchtsavanne eingenommen; das nördl. T. trägt Trokkensavanne. Im südwestl. T.gebirge gibt es Reste des immergrünen Regenwalds.

Bevölkerung: Unter den 30 Stämmen u. Sprachen sind als wichtigste die Ewe u. Mina, ferner die Yoruba u. die Kabre zu nennen. 26% der Bevölkerung sind Christen, 8% Moslems (bes. im N); die übrigens Animisten. In T. gibt es rd. 3000 Europäer. – Die Staatsuniversität von T. wurde 1970 in Lomé gegründet.

Wirtschaft u. Verkehr: Die Landwirtschaft als Haupterwerbsquelle baut für den Eigenbedarf Mais, Hirse, Reis, Maniok u. Süßkartoffeln an. Nur 11% der Agrarerzeugnisse sind Exportgüter: Kakao, Kaffee, Kokosnüsse, Baumwolle, Erdnüsse; außerdem werden die natürl. Ölpalmenhaine genutzt. Die Viehzucht hat geringere Bedeutung. Da Fisch ein sehr gefragtes Nahrungsmittel ist, befindet sich die Fischerei für den Eigenbedarf im Aufbau. Die Nutzung der ansehnl. Vorkommen von Eisen, Chrom, Bauxit u. Phosphat beginnt erst. Die Industrie verarbeitet vorwiegend Agrarprodukte, daneben gibt es eine kleine Verbrauchsgüter-, vor allem Textilindustrie. Das Eisenbahnnetz ist wenig leistungsfähig. Das Straßennetz wird ausgebaut. Lomé ist der Haupthafen u. hat auch einen internationalen Flughafen.

Geschichte: 1884 wurde T. dt. Schutzgebiet unter dem Gouverneur Gustav *Nachtigal.* In der Zeit der dt. Herrschaft galt T. als Musterkolonie, die als erste seit etwa 1900 wirtschaftl. Rentabilität erreichte. 1920 wurde T. teils brit., teils französ.

Mandatsgebiet. Nach dem 2. Weltkrieg bemühten sich die *Ewe* um polit. Vereinigung ihres Volks, drangen jedoch bei den UN nicht durch. In *Brit.-T.* ergab eine Volksabstimmung 1956 insges. (nicht jedoch im Ewe-Gebiet) eine Mehrheit für den Anschluß an Ghana. Frankreich gewährte seinem Mandatsgebiet *Französ.-T.* 1955 ein Autonomiestatut; das brit. Gebiet wurde Ghana angegliedert; im ehem. französ. Gebiet übernahm Nicolas *Grunitzky* (*1913, †1969) die Regierung, wurde jedoch nach der Wahl 1958 durch S. *Olympio* abgelöst. Nach der Erklärung der Unabhängigkeit am 27. 4. 1960 kam es zu Spannungen mit Ghana. 1963 wurde Präs. Olympio von meuternden Soldaten erschossen, Grunitzky übernahm wieder die Präsidentschaft, mußte aber 1967 dem Armeebefehlshaber Étienne *Eyadema* (*1937) weichen.

Togo *Heihachiro* [jap. toːŋoː-], *Tôgô Heihachirô,* japan. Admiral, *22. 12. 1847 Kagoshima, †30. 5. 1934 Tokio; kommandierte einen Kreuzer, mit dem er 1894 die Feindseligkeiten gegen China (chines.-japan. Krieg) eröffnete. Oberkommandierender der japan. Flotte im russ.-japan. Krieg 1904/05; schloß Port Arthur ein u. vernichtete 1905 die russ. Flotte bei Tsuschima.

Togo-Restvölker, altnigrit. Stämme im Bergland Mitteltogos, gelten als Ureinwohner in Rückzugsgebieten: u. a. die *Akpafu, Santrokofi, Likpe, Avatime, Logba, Nyangbo.*

Tögrig, *Tugrik,* Währungseinheit in der Mongolischen Volksrepublik: 1 T. = 100 *Mongo.*

Toile [twaːl; der; frz.], Bez. für weiche, feinfädige Seidenstoffe in Leinwandbindung für Wäsche u. Blusen; auch aus Chemiefasergarnen hergestellt.

Toilettenpapier [twaˈlɛtən-; frz.], saugfähiges, meist gekrepptes, holzhaltig oder in besseren Ausführungen holzfrei u. weich gearbeitetes Papier.

Tôjô [toːdʒoː] = Todscho.

Tok, Berg im Brdywald, südwestl. von Prag (ČSSR), 862 m.

Tokai, japan. Ort in Mittelhonschu östl. von Mito; erstes u. führendes japan. Kernforschungsinstitut, mit Kernkraftwerken (zwei Atomreaktoren).

Tokaido-Bahn, mit elektr. Triebwagen betriebener Schnellverkehr mit 210 km/h zwischen Tokio u. Osaka in Japan; bes. Bahnkörper mit der nicht landesübl. Regelspurweite von 1435 mm. Die Erweiterung des Schnellverkehrsnetzes (z. B. Sanyo-Bahn) wird für 260 km/h trassiert.

Tokaj [-kɔj], nordungar. Ort an der Mündung der Bodrog in die Theiß, 5200 Ew.; Weinbau *(Tokajer)* u. -handel; ehem. Paulinerkloster.

Tokajer, ungar. Süßwein aus der Gegend der Ortschaft *Tokaj. T. Ausbruch (Aszu)* wird unter Zusatz von Trockenbeeren hergestellt, *T. Szamorodner* ohne Trockenbeeren.

Tokat, Hptst. der nordtürk. Provinz T. am Yeşilırmak, 45 000 Ew.; Kohlenbergbau, Lederindustrie.

Tokee, *Gekko gecko,* bis 35 cm langer südostasiat. *Gecko,* grau bis violett mit ziegelroten oder blauweißen Punkten, Name nach dem lauten, bellenden Ruf. Beißlustig, jagt Insekten u. Mäuse, gilt als Glücksbringer, kann über 4 Jahre alt werden.

Tokelauinseln, engl. *Union Islands,* neuseeländ. Atolle in Polynesien, nördl. von Samoa, 10,1 qkm, 1500 Ew. (meist Polynesier); Hauptinseln: *Atafu* (2 qkm), *Nukunono* (5,5 qkm) u. *Fakaofo* (2,6 qkm), Kopraerzeugung, Perlenfischerei u. Guanogewinnung. 1926–1948 von Westsamoa verwaltet, seit 1949 neuseeländisch.

Token [ˈtoʊkən; engl.], 1818 in England, 1873 in den engl. Kolonien verbotene private Wertmarken des 17.–19. Jh. aus Kupfer oder Messing, die auf den Mangel an Scheidemünzen zurückgehen.

Tokio, amtl. *Tokyo,* bis 1868 *Yedo (Edo),* Hptst. von Japan, an der mittleren Ostküste von Honschu u. an der Sumidagawa-Mündung in die Bucht von T., 8,8 Mill. Ew., als Agglomeration 12 Mill. Ew., bildet mit *Yokohama, Kawasaki* u. einem großen

Tokio: Kaiserpalast

Tokkata

Tokio: Straßenkreuzung Akasaka-Mitsuke

Teil des *Kanto* den größten Siedlungskomplex der Welt (rd. 20 Mill. Ew.); Kaiserpalast, Regierungsgebäude, viele Tempel u. Parks, Nationalmuseum, Universität (1877), Techn. (1929) u. a. Hochschulen, Forschungsinstitute aller Art, Akademie der Wissenschaften; Fernseh- u. Rundfunksender. In T. sind alle Industriezweige vertreten, bes. Textil-, Nahrungsmittel-, Papier-, Leder-, Porzellan-, Metall-, Maschinen-, Kraftfahrzeug-, opt., feinmechan. u. chem. Industrie; Ölraffinerien u. Wärmekraftwerke sind der Peripherie angegliedert; der Hafen (mit dem von Yokohama zum *Keihin-Hafen* vereint) ist einer der bedeutendsten Seehäfen der Welt. Hinzu kommt T.s Stellung als interkontinentales Luftverkehrskreuz im Fernen Osten. Von entspr. Umfang ist der ständig wachsende Fremdenverkehr.
Im 15. Jh. gegr. 1603–1868 Sitz der *Tokugawa-Schogune* (→Edo-Zeit). Mehrfach durch Erdbeben zerstört, zuletzt am 1. 9. 1923.

Tokkata →Toccata.

Tokmak, Stadt in der Kirgis. SSR (Sowjetunion), östl. von Frunse, 35 000 Ew.; Textil- u. metallverarbeitende Industrie, Wasserkraftwerk.

Toko, Bez. für den *Riesentukan*, *Ramphastos toco*, einen südamerikan. *Spechtvogel*.

Toko-no-ma [jap.], im japan. Haus ursprüngl. Nische für den Schlafplatz des Hausherrn, später die Bildnische mit Rollbild (*Kakemono*), Blumenvase (*Hana-ike*) u. Weihrauchbrenner (*Kôro*).

Tokopherol →Vitamin E.

Toktoguler Stausee, gestauter Abschnitt des mittleren *Naryn* im Tien Schan, nordöstl. von *Taschkumyr* (Kirgis. SSR, Sowjetunion), 65 km lang, bis 12 km breit, 284 qkm; dient der Stromerzeugung (Leistung 1,2 Mill. kW) u. Bewässerung.

Tokugawa, Familienname der in Japan von 1603–1868 regierenden Schogune u. Bez. für die Geschichtsperiode, in der die Schogune die Machthaber in Japan waren. Der Begründer des (T.-) *Schogunats* (*Edo-Zeit*) war *Tokugawa* Iejasu (*1542, †1616); er errang 1600 bei Sekigahara einen Sieg über die Anhänger des Tojotomi Hidejori, des Sohns von Tojotomi Hidejoschi, u. wurde 1603 zum Schogun ernannt. Dankte 1605 zugunsten seines Sohnes ab. →auch Japan (Geschichte).

Tokuschima, *Tokushima*, japan. Hafenstadt u. Präfektur-Hptst. auf Schikoku, 240 000 Ew.; Textilindustrie, Holzpuppenschnitzerei, Schiffbau.

Tokuyama, japan. Hafenstadt in Südwesthonschu an der Inlandsee, 100 000 Ew.; Ölraffinerie, chem. Industrie, Fischfang.

Toland ['touland], John, engl. Philosoph, *30. 11. 1670 Redcastle, Irland, †11. 3. 1722 Putney bei London; lehnte in seinem 1696 anonym erschienenen Werk „Christianity not mysterious" (dt. 1908) alle die Vernunfterkenntnis überschreitenden Anschauungen ab.

Tolbert, William, liberischer Politiker, *13. 5. 1913 Bensonville, †12. 4. 1980 Monrovia (ermordet); 1951–1971 Vize.-Präs., 1971–1980 Staats-Präs.

Tolbuhin [tɔl'buxin], früher *Dobrič*, rumän. *Bazargic*, Hptst. des bulgar. Bez. T. (4689 qkm, 255 000 Ew.) in der südl. Dobrudscha; 90 000 Ew.; Handel u. Verarbeitung von Agrarprodukten.

Toldo, rechteckiges Fellzelt bei Patagoniern u. Pampasindianern: eine zusammengenähte Felldecke wird über aufgereihte Pfähle gezogen.

Toledo, 1. [span. to'leðo], alte mittelspan. Stadt in Neukastilien, auf drei Seiten durch das schluchtartige Tal des *Tajo* eingefaßt, 54 000 Ew.; Bauwerke aus der maur. u. christl. Vergangenheit (Mudéjarstil), Reste der maur.-got. Stadtbefestigung (Mauern u. Tore), maur. Alcázar (8.–11. Jh.; 1936 zerstört), got. Kathedrale (13.–15. Jh.), viele Kirchen, Klöster u. Museen (Greco-Museum), Militärakademie; Waffenfabrik (Handwaffen, berühmte T.klingen), Kunstgewerbe, Herstellung von Marzipan u. Lederwaren; Hptst. der Provinz T. (15 368 qkm, 465 000 Ew.).
T., das antike *Toletum*, wurde 192 v. Chr. röm.; 534–712 Residenzstadt des Westgotenreichs; seit 712 unter arab. Herrschaft (als *Tolaitola*); 1036–1085 Hptst. eines arab. Königreichs; 1087–1561 Residenz der Könige von Kastilien.
2. [tə'li:dou], Hafenstadt in Ohio (USA), am Eriesee, 383 000 Ew. (Metropolitan Area 576 000 Ew.); Universität (1872), Kunstmuseum; Erdölraffinerien, Eisen-, Maschinen-, Auto-, Textil-, chem., Nahrungsmittel- u. Glasindustrie; einer der größten Häfen an den Großen Seen.

Toledo, Juan Bautista de, span. Architekt, †19. 5. 1567 Madrid; war der erste Architekt des Escorial (1563) u. Bauleiter des neuen Schlosses von Aranjuez (1561).

Toleranz [die; lat.], **1.** *allg.*: Duldsamkeit, bes. bei weltanschaul. Gegensätzen.
2. *Maschinenbau*: die der fertigenden Werkstatt zugestandene Ungenauigkeit, die nach den jeweiligen Funktionsbedingungen des Bauteils vorgeschrieben u. in der Regel als das zulässige Größt- u. Kleinstmaß angegeben wird (→Grenzlehre). Die T.en sind mit den →Passungen in ein *Passungs- u. T.system* eingeordnet. Das wichtigste derartige System ist das internationale →ISA-System.
3. *Münzwesen*: Remedium, gesetzl. zulässige Fehlergrenze des Münzgewichts.

Toleranzakte, engl. Gesetz, das 1689 erlassen wurde u. den Nichtanglikanern (Dissenters), ausgenommen Katholiken u. Gottesleugnern, Straffreiheit zusicherte, wenn sie bereit waren, dem König den Treueid zu leisten u. die Gewalt des Papstes zu verneinen.

Toleranzdosis, die über die Zeit integrierte Strahlenintensität, der nach gesetzl. Regelungen Menschen maximal ausgesetzt werden dürfen. Der Begriff T. wird häufig mißverstanden als unschäd-

Tokio: Stadtgebiet und Umgebung

Toledo: vorn der Tajo, im Hintergrund Kathedrale (Mitte) und Alcázar (rechts)

liche Strahlendosis; grundsätzl. ist jede radioaktive Strahlung für gesundes Zellgewebe schädlich. Die T. ist diejenige Strahlenmenge, bis zu der (nach heutigem Wissen) die Gesundheitsschädigungen innerhalb enger vertretbarer Grenzen bleiben. Sie entspricht der örtl. Schwankungsbreite der natürl. Strahlenbelastung durch Höhenstrahlung.
Toleranzedikt, 1. →Mailänder Edikt.
2. →Nantes.
Toleranzpatent, von Kaiser Joseph II. am 13. 10. 1781 für Österreich erlassen, gestattete die freie Religionsausübung nichtkath. Christen.
Tolima, kolumbian. Departamento, am oberen Río Magdalena, 23 325 qkm, 0,9 Mill. Ew.; Hptst. *Ibagué*; Kaffeeplantagen; Goldminen; im W der Vulkan T., 5620 m (andere Angaben 5215 m).
Tolkien, John Ronald Reuel, engl. Schriftsteller, *3. 1. 1892 Birmingham, †2. 9. 1973 Bournemouth; Romantrilogie „Der Herr der Ringe" 1954/55, dt. 1969/70; in einer phantast. Mythenwelt wird der Streit zwischen Gut u. Böse ausgetragen.
Toll, Eduard Wassiljewitsch von, russ. Polarforscher, *24. 3. 1858 Reval, †1902 (verschollen); forschte im Eisgebiet der Neusibirischen Inseln.
Tollan, die altindian. Ruinenstätte →Tula.
Tollense [die], rechter Nebenfluß der *Peene*, 79 km, davon 36 km schiffbar, entspringt nordöstl. von Neustrelitz, durchfließt den *T.see* (17,4 qkm, bis 34 m tief, Seespiegel 15 m ü. M.), mündet bei Demmin. Am See Schloß u. Park Hohenzieritz (Sterbeort der preuß. Königin Luise) u. die landwirtschaftl. Fachschule Klein Nemerow.
Toller, Ernst, expressionist. Dramatiker, *1. 12. 1893 Samotschin, Posen, †22. 5. 1939 New York (Selbstmord); leidenschaftl. Kriegsgegner, radikaler Sozialist, erhielt 1919 wegen Beteiligung an der bayer. Räterepublik 5 Jahre Festungshaft, emigrierte 1933, seit 1936 in den USA. Dramen, Lyrik, Autobiographie „Eine Jugend in Dtschld." 1933.
Tollhonig →Gifthonig.
Tollkirsche, *Atropa*, Gattung der *Nachtschattengewächse*. Die *Gewöhnl. T., Atropa belladonna,* ist in ganz Europa u. bis nach Iran verbreitet; bis mannshohe Staude mit großen Blättern, trübviolett-braunen Blüten u. glänzendschwarzen, sehr giftigen, in mehreren Exemplaren tödlich wirkenden Beeren von ekelhaft süßem Geschmack. Die giftige Wirkung beruht auf dem Gehalt an →Atropin. Die Blätter *(Folia Belladonnae)* werden arzneilich bei Keuchhusten, Krampfhusten, Lähmungen u. Nervenleiden benutzt.
Tollkraut, *Scopolia*, in Europa u. im gemäßigten Asien verbreitete Gattung der *Nachtschattengewächse. Scopolia carniolica* ist in den Ostalpen u. den Karpaten heimisch, bis 40 cm hoch, im April u. Mai blühend. Blütenfarbe außen braun, innen olivgrün. Arzneilich werden die Blätter *(Folia Scopoliae carniolicae)* gegen Hustenreiz u. Bronchial-Asthma sowie bei Darm-, Gallen-, u. Nierenleiden verwendet. →Scopolamin.

Tollwut, *Hundswut, Lyssa, Rabies, Wut,* in allen Erdteilen vorkommende Infektionskrankheit, die in erster Linie Karnivoren befällt, aber auch durch Biß auf andere Säugetiere u. den Menschen übertragbar ist. T. tritt bei Hunden u. a. Tieren in zwei Formen auf: Die „Rasende Wut" ist gekennzeichnet durch anfallsweise auftretende Paroxysmen u. auffallenden Drang zum Umherstreifen u. Beißen, bevor das letzte Stadium der Lähmungen einsetzt; bei der „Stillen Wut" verhalten sich die Tiere ruhiger, u. das Stadium der Lähmung setzt früher ein. – Die Inkubation beträgt 12 Tage bis 2 Monate, gelegentlich 1 bis 2 Jahre. Der Erreger ist ein neurotropes Virus. Zur Verhütung des Ausbruchs der Krankheit dienen die von L. Pasteur eingeführte Schutzimpfung u. a. abgewandelten Verfahren.
Tolman [ˈtɔulmən], Edward Chase, US-amerikan. Psychologe, *14. 4. 1886 Newton, Mass., †19. 11. 1959 Berkeley, Calif.; Vertreter eines Neo-Behaviorismus *(Purposivismus),* entwickelte eine kognitive Lerntheorie.
Tolosanisches Reich, Reich der Westgoten von 418–507, ursprüngl. in Aquitanien u. benachbarten Gebieten, die den Westgoten anfängl. von Kaiser Honorius als Föderatenland zugewiesen worden waren, Hptst. *Toulouse;* später von der Provence u. der Loire bis Gibraltar erweitert; in Südgallien 507 von Chlodwig, 531/32 u. 541 von seinen Nachfolgern bis auf Septimanien erobert.
Tölpel, *Sulidae,* eine Familie gänsegroßer, starkschnäbliger *Ruderfüßer,* die in 9 Arten die Meeresküsten bewohnt, wo stoßtauchend Fische erbeutet werden; Haupterzeuger des Guanos. Auf europ. Atlantikinseln lebt der *Baßtölpel.*
Tolstoj, 1. Alexej Konstantinowitsch Graf, Vetter von 3), russ. Schriftsteller, *5. 9. 1817 St. Petersburg, †10. 10. 1875 Krasnyj Rog; Anhänger des l'art pour l'art; schrieb lyrische Gedichte, Balladen, Satiren, Romane u. Dramen.
2. Alexej Nikolajewitsch Graf, russ. Schriftsteller, *10. 1. 1883 Nikolajewsk, †23. 2. 1945 Moskau; lebte 1918–1923 in der Emigration, dann hochgeehrt in der Sowjetunion; schrieb symbolist. Lyrik, dann Romane: „Der Leidensweg" (Trilogie über die Revolutionszeit) 1920–1941, dt. 1946/47.
3. Lew (Leo) Nikolajewitsch Graf, russ. Schriftsteller, *9. 9. 1828 Jasnaja Poljana, Gouvernement Tula, †20. 11. 1910 Astapowo, Gouvernement Tambow; Offizier, bereiste später Europa u. zog sich, erbittert über den westl. Materialismus, auf das Familiengut Jasnaja Poljana zurück, wo er seine großen Romane schrieb. Ende der 1870er Jahre kam es zu seiner „Bekehrung"; er schrieb religiöse, sozialkrit. u. ästhet. Traktate, die neben scharfen Angriffen gegen die bestehende Ordnung (1901 Ausschluß aus der orth. Kirche) Verzicht auf Eigentum, ein Leben „von seiner Hände Arbeit" u. Ergebung predigten. Seine Lehren wurden gegen seinen Willen zum Programm einer religiösen Sekte *(Tolstojaner)* u. wirkten stark auf die sozialist. Strömungen in Rußland.
Als Schriftsteller ist T. bedeutend durch die psy-

cholog. tiefe, farbenreiche Schilderung Rußlands u. seiner Menschen, die nachhaltig auch auf die westl. Literatur, bes. den Realismus u. Naturalismus, wirkte. „Kindheit" 1852 (aufgenommen in die Autobiographie „Aus meinem Leben" 1857, dt. 1890); „Sewastopol" 1855, dt. 1887; „Die Kosaken" (Novelle) 1863, dt. 1885; „Krieg u. Frieden" (histor. u. geschichtsphilosoph. Roman) 1864–1869, dt. 1885; „Anna Karenina" (Eheroman) 1873–1876, dt. 1885; „Der Leinwandmesser" (Erzählung) 1885, dt. 1887; „Der Tod des Iwan Iljitsch" (Erzählung) 1886, dt. 1913; „Die Macht der Finsternis" (Drama) 1886, dt. 1890; „Die Kreutzersonate" (Erzählung) 1889, dt 1890; „Auferstehung" (Roman) 1899, dt. 1899; „Der lebende Leichnam" (Drama) 1900, dt. 1911; „Und das Licht leuchtet in der Finsternis" (Drama) 1902, dt. 1912; „Hadschi Murat" (Erzählung, posthum) 1912, dt. 1912. – ▢ 3.2.7.
Tolteken, voraztekisches, kriegerisches Volk der Nahuagruppe im Hochtal von Mexiko. Sie brachen im 10. Jh. unter ihrem myth. Führer *Mixcoatl* in das Hochtal ein, ließen sich zunächst in Colhuacan nieder u. verlegten in der 2. Hälfte des 10. Jh. ihre Hptst. nach Tula. Dort spielten sich um 1000 Machtkämpfe zwischen den Alteingesessenen u. den Eindringlingen ab; in myth. Verbrämung als Kampf der Götter *Quetzalcoatl* u. *Tezcatlipoca* erzählt. Quetzalcoatl (vielleicht der histor. König *Topiltzin*) mußte Tula verlassen. Die mit ihm über Cholula nach O abwandernden T. gelangten bis nach Nord-Yucatán, wo ihr Einfluß vor allem in Chichén Itzá faßbar wird.
Künstlerische Leistungen der T. sind neben Feder-Schlangenpfeilern (die gefiederte Schlange spielt als Symbol des Quetzalcoatl eine bes. Rolle in der toltek. Kunst) weite Kolonnaden, Atlanten in Form bewaffneter Krieger, halbliegende Figuren (Chacmol) sowie Relieffriese mit Adler- u. Jaguarfiguren als Symbole kriegerischer Tapferkeit. Am Ende der T.-Zeit gewannen die bis dahin verbotenen Menschenopfer zunehmend an Bedeutung. Bürgerkrieg u. Dürre beschleunigten das Ende der T., deren letzter Herrscher *Huemac* die Hptst. 1168 nach Chapultepec verlegte.
Toluca, *T. de Lerdo,* Hptst. des zentralmexikan. Staats *México,* 2680 m ü. M., nordöstl. vom Vulkan *Nevado de T.* (4577 m), 150 000 Ew.; Textil-, Strohhutindustrie.
Tolui →Mongolen (Geschichte).
Toluidin, *Aminotoluol,* in drei Isomeren vorkommendes aromat. Amin, $CH_3-C_6H_4-NH_2$; kristalline Substanz, zur Herstellung verschiedener Farbstoffe verwendet.
Toluol, *Methylbenzol,* durch Destillation von Steinkohlenteer u. Erdöl gewonnene farblose, stark lichtbrechende Flüssigkeit; chem. Formel

*Lew Nikolajewitsch Tolstoj, Ölgemälde (1884) von seinem Freund Nikolaj Nikolajewitsch Gay („Gué"; *1831, †1894), der 1881 auch die Illustrationen zu Tolstojs Erzählung „Wovon die Leute leben" schuf. Leningrad, Staatliches Russisches Museum*

Tölz

$C_6H_5CH_3$; u. a. Verwendung zur Herstellung von Sacharin, von Benzoesäure, Benzaldehyd u. des Sprengstoffs *Trinitrotoluol*, außerdem als Lösungsmittel für Lacke.

Tölz, *Bad T.*, oberbayer. Kreisstadt an der Isar, südöstl. vom Starnberger See, 700 m ü. M., 13100 Ew.; Jodbad, Luftkurort, Wintersport. –Ldkrs. Bad T.-Wolfratshausen: 1111 qkm, 96300 Ew.

Tom, rechter Nebenfluß des sibir. Ob, rd. 850 km, entspringt im S des Kusnezker Alatau, durchfließt das Kusnezker Becken u. mündet unterhalb von Tomsk; größtenteils schiffbar; Flößerei.

Tom., Abk. für →Tomus.

Toma, *Loma*, Sudannegerstamm (250000) im N von Liberia.

Tomahawk ['tɔməhɔːk], die Streitaxt der nordamerikan. Indianer, ursprüngl. nur Wurfkeule.

Tomar [tu-], Stadt im mittleren Portugal, 13000 Ew.; ehem. Templerkirche Santa Maria do Olival, Wallfahrtskapelle (17. Jh.); stattl. Burg (12.–17. Jh.; ehem. Ordensschloß der Christusritter); Papier- u. Nahrungsmittelerzeugung.

Tomás [tu'maʃ], Américo, portugies. Politiker u. Offizier, *19. 11. 1894 Lissabon; Admiral; 1944–1958 Marine-Min., 1958–1974 Staats-Präs.; nach seinem Sturz 1974–1978 im Exil.

Tomaschow [-ʃɔf], poln. *Tomaszów Mazowiecki*, Stadt in Polen (Wojewodschaft Piotrków Trybunalski), südl. von Lodsch, 55000 Ew.; chem. (Kunstseide-), Textil-, Maschinenindustrie.

Tomášek ['tɔmaːʃɛk], Václav Jan, Wenzel Johann *Tomaschek*, tschech. Komponist u. Musikpädagoge, *17. 4. 1774 Skutsch, Böhmen, †3. 4. 1850 Prag; Opern, Lieder u. lyrische Klavierstücke.

Tomasi [toma'zi], Henri, französ. Komponist u. Dirigent, *17. 8. 1901 Marseille, †13. 1. 1971 Paris; traditionalist., exot. Einflüssen zugewandte Musik, Opern, Ballette, ein „Concert Asiatique" für Schlagwerk u. Orchester u. a.

Tomasi di Lampedusa, Giuseppe, italien. Schriftsteller, *23. 12. 1896 Palermo, †23. 7. 1957 Rom; schrieb den histor. Roman aus der Zeit Garibaldis „Der Leopard" (posthum) 1959, dt. 1959 u. Erzählungen.

Tomate, *Liebesapfel, Paradiesapfel, Solanum lycopersicum*, einjähriges *Nachtschattengewächs* aus Südamerika, seit dem 19. Jh. in Dtschld. angebaut. Die Früchte enthalten die Vitamine A, B u. C.

Tombak [der; sanskr., mal., ndrl.], rotgelbe Kupfer-Zink-Legierung mit bis zu 18% Zinkgehalt; weich, dient zur Herstellung von unechtem Schmuck. →auch Messing.

Tombigbee [-bi], Fluß in Mississippi u. Alabama (USA), 655 km; mündet mit dem Alabama River in die Mobilebucht des Golfs von Mexiko.

Tombola [die; ital.], Verlosung, Art der *Lotterie*: die Lose werden aus einer Trommel (oder einem ähnl. Behälter) gezogen. Die Gewinne bestehen meist aus Sachwerten.

Tomic [-mik], Radomiro, chilen. Politiker, *7. 5. 1914 Antofagasta, Chile; Führer des linken Flügels der Christlich-Demokratischen Partei (PDC).

Tomlinson ['tɔmlinsn], Henry Major, engl. Schriftsteller, *21. 6. 1873 London, †5. 2. 1958 London; Reisebericht „The Sea and the Jungle" 1912, satir. Kriegsbuch „All Our Yesterdays" 1930.

Tomlishorn, höchster Gipfel des Pilatus, westl. vom Vierwaldstätter See, auf der Grenze der Kantone Luzern u. Unterwalden, 2129 m.

Tommaso da Mòdena, italien. Maler, *um 1325 Mòdena, †1379; Fresken u. Altarbilder (u. a. in Wien), deren kraftvoller Realismus die böhm. Malerei maßgebl. beeinflußte.

Tommy, engl. Koseform für *Thomas*; Spitzname für den engl. Soldaten (nach dem Unterschriftenbeispiel *Thomas Atkins* in den Soldbüchern).

Tomographie, *Planigraphie, Schichtaufnahmeverfahren*, Verfahren der →Röntgendiagnostik zur Darstellung (1–2 cm dicker) einzelner Körperschichten durch computergesteuerte *(Computer-T.)* schwenkbare Kameras, deren Strahlen nur auf einer Ebene ein scharfes Überschneidungsbild liefern. T. ist Routinemethode bei der Untersuchung von Krankheitsherden (z. B. Krebs, Tumore) im Gehirn und Gewebskavernen (Hohlräumen).

Tomonaga Sinitiro, japan. Physiker, *31. 3. 1906 Tokio, †8. 7. 1979; quantenelektrodynam. Arbeiten. Nobelpreis für Physik 1965.

Tom Sawyer [-'sɔːjə], jugendl. Titelheld von *Mark Twains* sozialkrit. Entwicklungsroman „The Adventures of T.S." 1876, dt. 1876.

Tomsk, Hptst. der Oblast T. (316900 qkm, 820000 Ew., davon rd. 64% in Städten), in der RSFSR (Sowjetunion), Westsibirien, am unteren *Tom*, 425000 Ew.; älteste sibir. Universität (1888), Technolog. Institut; Maschinenbau, Metall-, Holz-, Nahrungsmittel-, Leder- u. chem. Industrie; Kernreaktor. – 1604 gegründet.

Tomus [der, Mz. *Tomi*; grch., lat.], Abk. *Tom.*, bei Büchern: Abschnitt, Band (als Teil eines Werks).

ton, Gewichtseinheit; Großbritannien: 1 *tw.* = 1016,05 kg; USA: 1 *short t.* = 907,18 kg, 1 *long t.* = 1016,05 kg.

Ton, 1. *Akustik*: sinusförmige oder harmonische Druck- u. Dichteschwankungen in einem Medium (Luft, Wasser). Der T. ist bestimmt durch die *T.stärke*, die von der Amplitude abhängt, die *T.höhe*, die mit wachsender Schwingungszahl ansteigt, u. die *Klangfarbe*, die von der Zusammensetzung der Obertöne abhängt. Die schriftl. Fixierung der Töne erfolgt in der Musik mit Hilfe der →Notenschrift; da Töne gleichzeitig durch die Buchstaben (a–h) wiedergegeben werden können, diese sich aber oktavenweise wiederholen, wurde zur näheren Bez. der Kennzeichnung durch eine hochgestellte Zahl eingeführt: a^1, a^2, a^3 oder c^1, c^2 usw. (gelesen: eingestrichenes a, zweigestrichenes a usw.); demgemäß liegt a^2 um eine

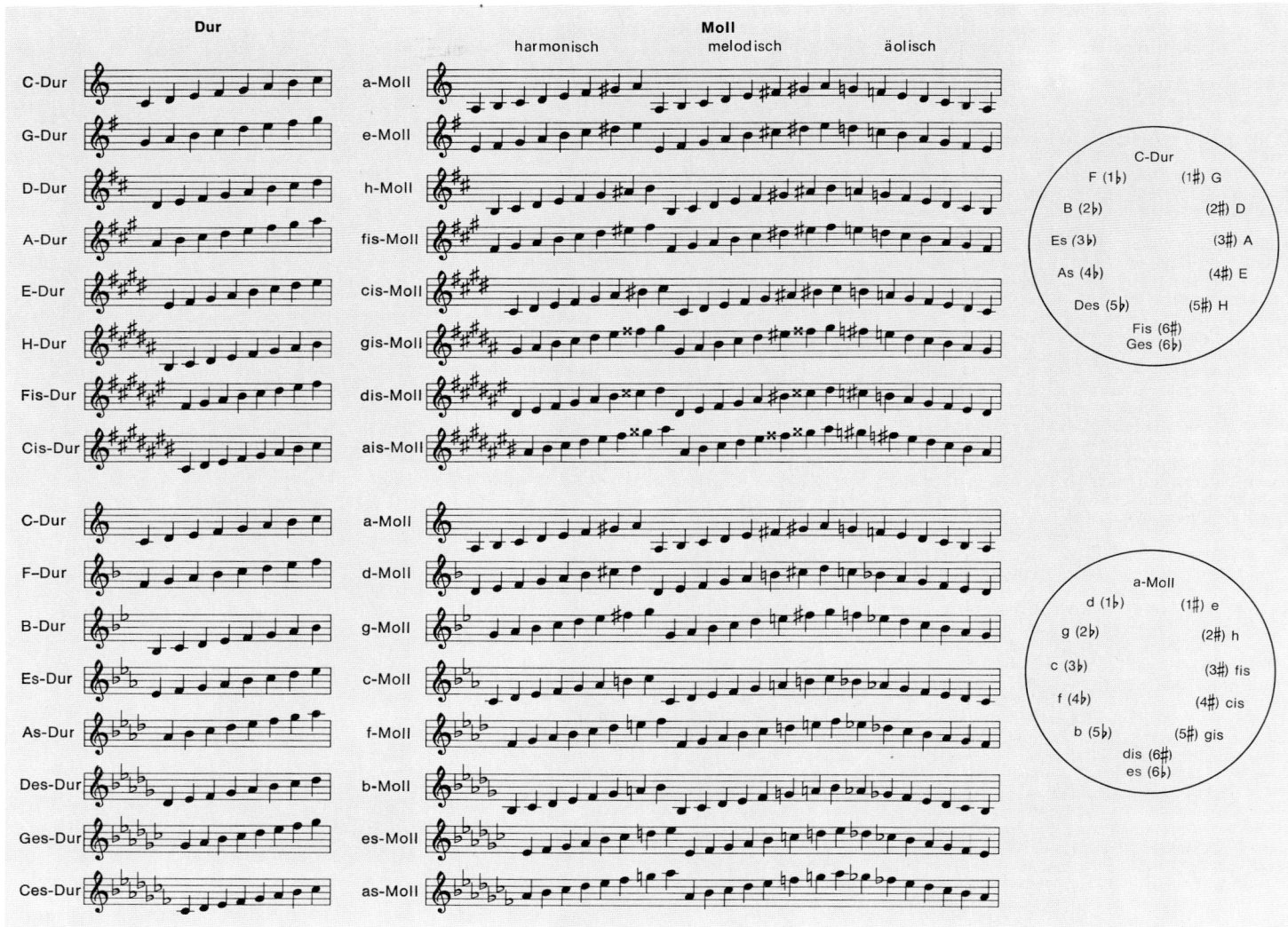

Tonarten; Quintenzirkel der Dur-Tonarten (rechts oben); Quintenzirkel der Moll-Tonarten (rechts unten)

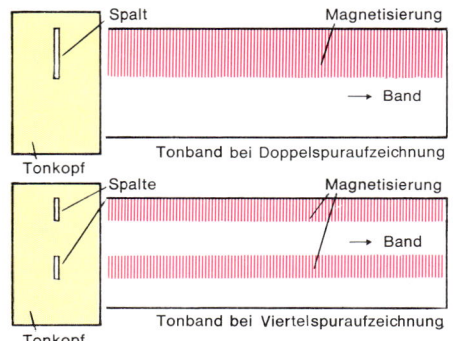

Tonbandgerät: Tonband mit Doppelspur- und Viertelspuraufzeichnung

Oktave höher als der *Kammer-T.* a¹. Die T.höhe des *Kammer-T.*s a¹ ist auf 440 volle Schwingungen pro sek (hin u. her) festgesetzt worden. Mehrere Töne ergeben einen →Klang.

2. *Geologie:* weltweit verbreitetes Verwitterungsprodukt von Silicatgesteinen, Gemisch verschiedenster Mineralteilchen (bes. *Kaolinit, Illit, Montmorillonit),* daneben finden sich regelmäßig als Verwitterungsrückstände Quarz, Feldspat u. Glimmer, häufig auch organ. Beimengungen (Humus); zusammen mit Kalk ergibt T. Mergel, mit Sand Lehm. Der T. quillt bei Wasseraufnahme u. wirkt gesättigt wasserstauend. Er ist der wichtigste, durch Wasseraufnahme plastische Rohstoff der keram. Industrie; man unterscheidet vor allem den weißbrennenden *Kaolin-T. (Porzellan)* u. den gelb- bis rotbrennenden *Töpfer-T. (Steingut).* Beim Brennen des T.s bildet sich neben *Cristobalit* (Quarz) *Mullit,* ein nadelförmiges Aluminiumsilicat-Mineral von hoher mechanischer Festigkeit, geringer Wärmeausdehnung u. chemischer Beständigkeit.

Während Kaolinlagerstätten nahezu monomineralisch sind, enthalten andere T.lagerstätten eine Vielfalt von T.mineralien, daneben verschiedene Feldspäte, Quarz u. a.

3. *Literatur:* ursprüngl. im MA. die Melodie *(Weise)* des Lieds, später die rhythm. Struktur aus Strophenbau u. Melodie. Im *Minnesang* mußte jeder Dichter seine eigenen Töne bilden; im *Meistergesang* durfte man anfangs nur überlieferte Weisen benutzen.

4. *Malerei:* Farbabstufung; →Valeurs.

Tonabnehmer, Vorrichtung zum Abtasten von Tonaufzeichnungen auf Schallplatten. Die als Auslenkungen in den Rillen festgehaltenen Informationen werden bei rotierender Schallplatte als mechan. Schwingungen auf eine in der Rille laufende Nadel (Saphir oder Diamant) übertragen. Die Nadel ist mit einem piezoelektr. Kristall (Kristall-T.) verbunden, der die mechan. Schwingungen in elektr. Wechselspannungen umwandelt. Für hochwertige Plattenspieler gibt es *magnetoelektrische T.,* bei denen die Nadel einen Magneten bewegt, der in einer oder zwei Spulen (bei Stereo-T.n) Wechselspannungen induziert. Die vom T. abgegebenen Spannungen werden verstärkt.

Tonalit [der], dem Granit nahestehender Quarzdiorit mit Quarz, Andesin (→Plagioklas), Biotit u. Hornblende.

Tonalität, die Beziehung von Tonfolgen auf einen *Tonikadreiklang* oder einen diesen vertretenden Klangkomplex, aus denen sich als Ordnungsfaktor die Tonarten ergeben. Ein Musikstück ist demnach tonal, wenn alle seine Töne u. die sie beherrschende Harmonie unter der Herrschaft der Tonika (u. ihrer Ableitungen) stehen. Durch Einführung von Zwischendominanten, Modulation u. Alteration kommt es zur erweiterten T., endlich zur Polytonalität u. unter Aufgabe des traditionellen Begriffs zur *Atonalität* (→atonale Musik).

Tonart, die von einem bestimmten Grundton (der *Tonika)* abhängige Folge leitereigener Töne. Diese Abhängigkeit ist aber nicht strukturell; in welcher Reihenfolge Ganz- u. Halbtonschritte wechseln, wird vom *Tongeschlecht* (Dur oder Moll) bestimmt. Es gibt also nur zwei Grundstrukturen (in Moll wird noch zwischen harmonischem u. melodischem Moll unterschieden). Für die →Kirchentonarten gilt dieses Strukturgesetz nicht.

Die T. wird durch Vorzeichen hinter dem Notenschlüssel gekennzeichnet (♯ oder ♭). Nur C-Dur u. a-Moll haben kein Vorzeichen.

Tonaufzeichnung, *Tonaufnahme,* Aufnahme von Musik oder Sprache mit Hilfe von mechan. (Plattenspieler, Schallplatten), magnet. (Tonbandgerät) u. elektr.-opt. Verfahren (Tonfilm).

Tonbandgerät, *Magnettonbandgerät,* Gerät zum Aufzeichnen u. Wiedergeben von Sprache u. Musik nach dem *Magnetton-Verfahren.* Als Tonträger dient ein Kunststoffband (Normbreite: 6,25 mm, Dicke von 0,018 bis 0,052 mm) mit einer Schicht aus pulverisierten magnet. Werkstoffen. Das Aufsprechen, Wiedergeben u. Löschen von Tonaufzeichnungen erfolgt über *Tonköpfe,* kleine gekapselte Elektromagnete, deren Polabstand *(Spaltbreite)* nur wenige tausendstel Millimeter (5–10 µm) beträgt. Zur Aufnahme wird das Band mit gleichmäßiger Geschwindigkeit an dem *Löschkopf,* der durch eine hochfrequente Löschspannung (rd. 50 kHz) gespeist wird, u. an dem *Sprechkopf* vorbeigezogen. Beim Löschvorgang wird die Magnetschicht entmagnetisiert, wobei frühere Aufnahmen entfernt werden (Wiederverwendbarkeit der Bänder). Dem Sprechkopf werden die verstärkten tonfrequenten Spannungen zugeführt (u. ein Teil der Löschspannung zum *Vormagnetisieren).* Dabei treten die magnet. Feldlinien des Spalts in die wirksame Schicht des Tonbands über u. magnetisieren sie im Takt des Schalls. Diese Magnetisierung bleibt lange erhalten u. wird durch wiederholtes Abspielen nicht verringert.

Zur Wiedergabe wird der Vorgang umgekehrt. Lösch- u. Sprechkopf sind abgeschaltet, im Hörkopf induziert *(elektromagnet. Induktion)* das bewegte Band Wechselspannungen, die verstärkt u. dem Lautsprecher zugeführt werden. Häufig sind Hör- u. Sprechkopf in einem *Kombikopf* vereint, der wahlweise verwendet wird. – Im allg. wird bei einem Durchlauf nur die obere Hälfte des Bandes bespielt, so daß nach Umspulung auch die andere Hälfte ausgenutzt werden kann (doppelte Bandkapazität, *Doppelspuraufzeichnung).* Viele Amateurgeräte werden sogar mit Doppeltonköpfen mit Viertelspurbreite ausgestattet (vierfache Bandausnutzung, *Vierspur).* In Stereo-T.en werden jeweils zwei Tonspuren für Aufnahme u. Wiedergabe benötigt; dementsprechend ist die Konstruktion der Tonköpfe. Die Bandgeschwindigkeiten der Studiogeräte sind 38 cm/s u. 19 cm/s bei ausgezeichneter Wiedergabequalität (über 18 000 Hz), die der Amateurgeräte 19 cm/s (Konzertaufnahmen), 9,5 cm/s (Unterhaltungsmusik) u. 4,75 cm/s (Sprache).

Tonbildschau, Diavorführung mit synchronisiertem Tonband. Ein vollautomat. Projektor wird mit einem Tonbandgerät elektronisch gekoppelt; ein Steuergerät bewirkt den Bildwechsel, dessen zeitliche Folge auf dem Tonband in Form von Impulsen aufgezeichnet ist.

Tonblende →Tiefpaß.

Tondern, dän. *Tønder,* Stadt in der dän. Amtskommune Südjütland (in „Nordschleswig"), an der Wiedau (Videå), nordwestl. von Flensburg, 12 000 Ew.; Textil- *(T.spitzen),* Fleischwaren- u. Margarine-Industrie; Viehmarkt. – Seit 1920 dänisch; bis 1970 Amtssitz.

Tondo [der; ital.], Rundbild, bes. die vorwiegend in der florentin. Renaissance gepflegte, aus antiken Medaillons u. christl. Glorien entwickelte Form des kreisrunden Gemäldes oder Reliefs, häufig mit Madonnendarstellungen.

Tonerde →Kaolin, *Essigsaure T.* →Essigsäure.

Tonfilm, ein Laufbild, in dem Bild u. zugehöriger Ton (Sprache, Musik, Geräusche) gleichzeitig wiedergegeben werden können. Der Ton ist in einer oder mehreren Spuren neben der Perforation des vorführfertigen Films unterkopiert u. zwar beim Lichttonverfahren als Zacken- oder Sprossenschrift, beim heute vielfach angewandten Magnettonverfahren in Form einer Schicht magnetisierten Eisenoxids. Zur Wiedergabe wird beim Lichttonverfahren die Tonspur durch eine Spaltoptik abgetastet. Ein Lichtstrahl, von der einkopierten Schrift in seiner Helligkeit moduliert, erzeugt in einer Photozelle Stromschwankungen, die über Verstärker die Lautsprecher steuern. Die Magnettonspur induziert entsprechend während des Vorbeilaufs am Tonkopf verstärkbare Spannungsschwankungen. Der Gleichlauf zwischen Kamera u. Tonbandgerät wird bei der Aufnahme heute meist durch das →Pilottonsystem gewährleistet. →auch Synchronisation, Film. - ▢ 10.5.6.

Tonfrequenz, Frequenz im Hörbereich (etwa zwischen 16–20 000 Hz).

Tonga, Bantunegerstämme: **1.** am Malawisee; Fischer mit Mutterrecht. **2.** die T. u. *Toka* sind den *Ila* verwandte mutterrechtl. Bantunegergruppen von Bauern u. Fischern am Sambesi (Sambia); zeitweilig Teil des Barotsereichs. **3.** *Bathonga, Thonga,* mit den *Ronga* Stämmegruppe der Südostbantu (750 000) in Südmoçambique u. Transvaal, sprachl. den *Nguni* verwandt; mit Vaterrecht; Viehzüchter, Hackbauern; Zulu-Einfluß im 19. Jh.

Tonga, südwestpolynes. Inselstaat im Pazif. Ozean, bestehend aus rd. 150 Vulkan- u. Koralleninseln, 699 qkm, 90 000 Ew.; noch tätige Vulkane *(Tofua* 580 m). Die größten Inseln sind *Tongatapu* (258 qkm) mit der Hptst. *Nuku'alofa* (25 000 Ew.), *Vava'u, Eua* u. *Ha'apai.* Die Inseln haben ein mäßig heißes, feuchtes (tropisches) Klima; Anbau von Kokospalmen, Pisang, Brotfruchtbäumen, Feigen, Yams, Süßkartoffeln, Zuckerrohr u. Baumwolle; Export bes. von Kopra; Fremdenverkehr. Vorgeschichtl. Steinbauten.

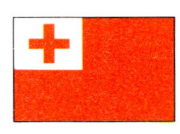 

Geschichte: 1616 von Holländern entdeckt, 1643 von A. J. Tasman zuerst betreten, von J. Cook 1773 u. 1777 erkundet; seit 1845 unabhängiges Königreich; 1899–1970 brit. Schutzgebiet unter Fortbestand der alten Königsdynastie; seit 1970 unabhängiger Staat im Commonwealth; König ist seit 1965 *George Tupou IV.* (* 1918).

Tongagraben, Nordteil des →Kermadec-Tonga-Grabens im Pazif. Ozean.

Tongallen, rundl. Tonkörper als Einschlüsse im Buntsandstein u. a. Gesteinen.

Tongareva, *Penrhyn,* eine der neuseeländ. Cookinseln, Korallenatoll, mit einer rd. 280 qkm großen Lagune eines der größten Südseeatolle; 9,8 qkm, 600 Ew.; Kopragewinnung, Perlfischerei, Flugplatz; 1788 entdeckt; 1888 britisch.

Tongeren [-rə], *Tongern,* frz. *Tongres,* Stadt in der belg. Prov. Limburg, nordwestl. von Lüttich, 17 300 Ew.; got. Liebfrauenkirche (13. Jh.); landwirtschaftl. Markt, etwas Industrie.

Tongeschlecht, die den Charakter einer Tonart bestimmende Zugehörigkeit zu dem „männlichen" →Dur oder dem „weiblichen" →Moll. In der antiken griech. Musik setzte man 3 T.er voraus (Diatonik, Chromatik, Enharmonik).

Tongking →Tonkin.

Tonhöhe, neben Tonstärke u. Klangfarbe charakteristische Eigenschaft eines Tons, bedingt durch die Zahl der Schwingungen in der Sekunde. Einheit: 1 Schwingung pro Sekunde = 1 Hertz (Hz). Hörbar sind Töne zwischen 16 u. 20 000 Hz, musikal. brauchbar solche zwischen 40 u. 4000 Hz.

Tonhohlplatten →Hourdi.

Tonika [die; ital.], der Grundton einer →Tonart, nach der sie benannt wird, u. der auf ihm sich aufbauende *Dreiklang.*

Tonika-Do-Methode, Lehrmethode zum Singen nach Noten, bei der die Solmisationssilben do-re-mi-fa-sol-la-ti in Verbindung mit Handzeichen (z.B. Tonika = geballte Faust, Terz = waagerechte Hand) benutzt werden. Die Methode stammt aus England u. wurde von Agnes *Hundoegger* (* 1858, † 1927) in Dtschld. eingeführt.

Tonikum [Mz. *Tonika;* grch.], Anregungsmittel; →stärkende Mittel.

Toningenieur [-inʒəˈnjøːr; frz.], techn. Leiter der Aufnahmestudios von Rundfunk- u. Fernsehanstalten, Filmgesellschaften u. Schallplattenfirmen; überwacht beim Rundfunk die Tonübertragung.

Tönisvorst, nordrhein-westfäl. Gemeinde westl. von Krefeld (Ldkrs. Viersen), 22 100 Ew., Textilindustrie.

Tonkabohne, *Cumarunanuß,* dunkle längliche Samen des im nördl. Südamerika heimischen Schmetterlingsblütlers *Dipteryx odorata.* Die Samen sind reich an *Cumarin.*

Tonkawa, Indianerstamm der *Hoka,* einst an der nordwestl. Golfküste von Südtexas, mit Büffeljagd u. etwas Anbau; Reste noch in Oklahoma (USA).

Tonkin, *Tongking,* nördl. Teilgebiet von Vietnam in Indochina, im wesentl. das Delta des Roten Flusses, 115 700 qkm; Hptst. *Hanoi;* fruchtbares Land mit Reisanbau; Haupthafen *Haiphong.*

Bis zum 10. Jh. chines. besetzt, 1802 zu Annam, 1884 von Frankreich besetzt, 1888–1954 zu Französisch-Indochina, seither Teil Nordvietnams.

Tonkin-Zwischenfall, das Ereignis, das das massive Eingreifen der USA in den *Vietnamkrieg* auslöste. Zwei amerikan. Zerstörer waren angebl. Anfang August 1964 im Golf von Tonkin von nordvietnames. Schnellbooten beschossen worden; darauf billigten beide Häuser des US-Kongresses einen Antrag *(Tonkin-Resolution)*, der dem Präsidenten freie Hand ließ, zurückzuschlagen. Im Juni 1970 widerrief der Senat die Resolution, da der T. nicht geklärt werden konnte.

Tonkoppler, Zusatzgerät zum Schmalfilm-Projektor; von diesem durch eine biegsame Welle mechan. synchron angetrieben; ermöglicht Filmvorführungen mit Ton von einem Tonbandgerät (Zweibandverfahren).

Tonleiter, *Tonskala*, die stufenweise Aufeinanderfolge von Tönen innerhalb eines bestimmten Tonraums, z.B. einer Oktave. Die sowohl Halbals auch Ganztonschritte verwendenden T.n unterscheiden sich durch die Stellen, an denen die *Halbtöne* stehen. Zu ihnen gehören die T.n der griech. Klassik (deren enharmonische T.n auch Vierteltonschritte kannten), die auf ihnen basierenden Kirchentonarten u. die diaton. Dur- u. Moll-T.n. Weitere T.n sind die nur Halbtonschritte verwendende chromatische T. (→Chromatik) u. die in der neueren (z.B. impressionistischen) Musik häufig benutzte →Ganztonleiter. Sonderformen sind u.a. Pentatonik, Viertel-T., Zigeuner-T.

Tonlẹ Sap, hinterind. See in Kambodscha, bekommt durch den bei Phnom Penh in den Mekong mündenden T.-Fluß zur Regenzeit Wasser vom Mekong u. schwillt von 2700 auf rd. 10000 qkm an.

Tonmalerei, musikal. Schilderung von Natureindrücken, bildhaften oder poetischen Vorstellungen, vorwiegend in der „Programmusik".

Tonmeister, künstlerischer Berater des Toningenieurs; übernimmt bei Tonaufnahmen die Leitung am Regiepult.

Tonnạge [-ʒə; die; frz.], vermessener Rauminhalt eines Schiffs, auch Gesamtschiffsraum einer Flotte. →Schiffsvermessung.

Tonne, 1. *Maße:* Kurzzeichen t, 1. Masse- u. Gewichtseinheit: 1t = 1000kg. – 2. engl. Tonne *(ton)* = 1016,05kg; russ. T. = 6,2 Berkowetz = 1015,5kg. – 3. altes Hohlmaß: 1 T. in Amsterdam = 157,25*l*, in Dänemark: = 139,12*l*, in Hamburg: = 173,28*l*, in Preußen: = 114,5*l*.
2. Schiffahrt: 1. →Registertonne. – 2. →Seezeichen.

Tonnengewölbe, Gewölbeform in Gestalt eines halbierten Zylinders, der von zwei parallelen Widerlagern getragen wird. →auch Gewölbe.

Tonnenkilometer, Maßzahl für Verkehrsleistungen u. Tarifberechnung; Beförderung von 1t über 1km (Gewicht mal Strecke).

Tonnenschnecken, *Doliacea*, zu den *Vorderkiemern* gehörende Meeresschnecken, die freie Asparaginsäure u. 2–4%ige Schwefelsäure in ihren Speicheldrüsen erzeugen, mit denen sie die kalkhaltigen Schalen ihrer Beutetiere (vor allem Muscheln) aufweichen.

Tọ̈nnies [-iəs], Ferdinand, Soziologe, *26. 7. 1855 Riep bei Oldenwort, †11. 4. 1936 Kiel. Seine Unterscheidung von Gemeinschaft u. Gesellschaft hat auf die Entwicklung der Soziologie bestimmenden Einfluß ausgeübt. Hptw.: „Gemeinschaft u. Gesellschaft" 1887; „Das Wesen der Soziologie" 1907; „Kritik der öffentl. Meinung" 1922.

Tönning, schleswig-holstein. Hafenstadt an der Eidermündung in die Nordsee (Ldkrs. Nordfriesland), 4500 Ew.; Seebad u. Luftkurort, Hochseefischerei, Fischkonserven-, Maschinen-, Metallwarenindustrie.

tonnlägiger Schacht →Schacht.

Tonoplạst [grch.] →Vakuole.

Tonplastik →Terrakotta.

Tönsberg, südnorweg. Hafenstadt am *T.-Fjord*, Hptst. der Prov. (Fylke) Vestfold, 10600 Ew.; ehem. Heimathafen der Walfangflotte; Fischfang, Schiffbau, Holz-, Papier-, Lederindustrie.

Tonschiefer, leicht metamorphe, gut zusammenhaltende Gesteine, grau u. schiefrig; im Gegensatz zu Schiefertonen u. Tonen. – 🄱→Gesteine.

Tonschnitt →Holzschnitt.

Tonsillektomie̱ [lat. + grch.], *Mandelausschälung*, vollständige chirurg. Entfernung der kranken Gaumenmandeln.

Tonsịllen [lat.] →Mandeln.

Tonsillịtis [die; lat.], *Mandelentzündung*, entzündliche Erkrankung der Gaumenmandeln, seltener der Zungen- u. Rachenmandeln, als örtliche Infektion oder bei Allgemeininfektionen.

Tonsillotomie̱ [lat. + grch.], *Mandelkappung*, chirurg. Entfernung eines Teils der krankhaft vergrößerten Gaumenmandeln.

Tonsụr [die; lat.], das Abschneiden des Haupthaars: ein Sakramentale, durch das in der kath. Kirche die Aufnahme in den Klerikerstand geschah; auch die Haartracht selbst; bei Weltgeistlichen kleine geschorene Stelle am Scheitel, bei Ordensgeistlichen große T. unter Verbleiben nur eines Haarkranzes. 1972 in aller Form abgeschafft.

Tonsystem, die Ordnung des Tonmaterials, sichtbar in den Tonleitern, in denen jeweils eine Auswahl der mögl. Tonstufen innerhalb einer Oktave aneinandergereiht ist. Aus der Pentatonik (5stufig) entwickelte sich im MA. das 7stufige diatonische T. u. wurde durch chromat. Stufen erweitert, wobei aus der Verschiedenheit der Ganz- u. Halbtonschritte die Tongeschlechter entstanden. Dargestellt wird das diatonisch-chromatisch-enharmonische T. durch eine 12stufige temperierte Skala. Für die neue Musik gibt es u.a. ein Zwölftonsystem, Vierteltonsystem. →auch Stimmung.

Tontaubenschießen →Wurftaubenschießen.

Tontechniker, Assistent des Toningenieurs.

Tontrennung, photograph. Laborverfahren zur Überbrückung großer Kontraste in der Schwarzweißphotographie. Auf dem Umweg über ein Diapositiv werden ein *Lichter-* u. ein *Schattennegativ* hergestellt. Durch paßgenaues Übereinanderkopieren beider Negative entsteht ein Positiv mit tonwertrichtigen Lichtern u. Schatten bei verringerter Abstufung in den Mitteltönen.

Tọnus [grch., „Spannung"], ein Spannungs- oder Aktivitätszustand; bei Muskeln *(Muskel-T.)* ein Zustand dauernder Verkürzung in Form des *Ruhe-T.*, hervorgerufen durch Reize des Kleinhirns. Er kann nur bei Schlaf oder Narkose aufgehoben werden. Der Ruhe-T. bei Skelettmuskeln *(kontraktiler T.)* ist mit Energieaufwand u. dauernd einlaufenden Nervenimpulsen verbunden. Trage- u. Sperrmuskeln können ohne Energiezufuhr durch Umordnung im Muskel einen Spannungszustand über längere Zeit aufrechterhalten *(plastischer T.)*, energieverbrauchend ist die T.änderung (z.B. bei der glatten Gefäßmuskulatur). Die durch Zusammenwirken von *Vagus* u. *Sympathikus* (→vegetatives Nervensystem) eingestellten Aktivitätszustände des Körpers bezeichnet man als *Vago-T.* bzw. *Sympathico-T.* – 🄻9.0.7.

Tonwaren, sehr allg. Bez. für grob- u. feinkeramische Erzeugnisse.

Toọrop, 1. Charley (Caroline), Tochter von 2), holländ. Malerin, *24. 3. 1891 Katwijk aan Zee, †5. 11. 1955 Bergen; Schülerin ihres Vaters; malte Figurenbilder von sozialer Thematik, Bildnisse, Stilleben, Stadtansichten u. Blumen.
2. Jan, holländ. Maler u. Graphiker, *20. 12. 1858 Poerworedjo, Java, †3. 3. 1928 Den Haag; malte zunächst pointillistisch, seit 1890 unter dem Einfluß des Symbolismus. Nach seinem Übertritt zum Katholizismus 1905 wandte T. sich religiösen Themen zu. Monumentale Wand- u. Glasgemälde in großzügigem Linienstil.

Toowoomba [tə'wumbə], Stadt im austral. Staat Queensland, 60000 Ew.; landwirtschaftl. Zentrum, Nahrungsmittel-, Holz-, Textil- u. Landmaschinenindustrie, Eisenbahnreparaturwerkstätten.

top... →topo.

Top [engl., ndrl.], *Toppen* [ndrl.], Bestandteil geograph. Namen: Gipfel, Kuppe.

Topa Inka Yupanqui [-ki], der 10. Herrscher der Inka-Dynastie von Peru (1471–1493), eroberte u.a. das Reich der Chimú.

Topạs [der; grch., sanskr.], meist farbloses, aber auch in Farbvarietäten vorkommendes, glasglänzendes Edelstein-Mineral, chem. ein Aluminium-Fluorsilicat; rhombisch; Härte 8; in Gold- u. Edelsteinseifen u. in der Kontaktzone von Graniten.

Topeka [tə'pi:kə], Hptst. von Kansas (USA), am Kansas River, 140000 Ew. (Metropolitan Area 152000 Ew.); Universität (1941), Geschichtsmuseum u. -bibliothek; Eisenbahnwerkstätten, Metall-, Maschinen-, graph., landwirtschaftl. u. Nahrungsmittelindustrie; Bahnknotenpunkt.

Topẹlius, Zacharias, finnländ.-schwed. Dichter, *14. 1. 1818 Kuddnäs bei Nykarleby, †12. 3. 1898 Helsinki; schrieb spätromant.-myst. Lyrik, patriot. u. histor. Romane u. Märchen.

Topfbaum →Topffruchtbaum.

Topfen →Quark.

Töpfer, *Hafner*, Ausbildungsberuf des Handwerks, 3 Jahre Ausbildungszeit; das Arbeitsgebiet umfaßt die Herstellung von Vasen, Schalen, Krügen, Töpfen u.a. keramischen Gebrauchs- u. Schmuckgegenständen sowie von Baukeramik.

Töpferei, Herstellung von runden Gegenständen u. Gefäßen aus Töpferton auf einer tischartigen, runden *Töpferscheibe* (bereits um 3500 v. Chr. bekannt). Der sorgfältig angemachte Tonbatzen wird auf die Töpferscheibe aufgebracht u. mit der Hand oder mit Schablonen geformt; das Lösen von der Scheibe geschieht mit einem Draht. Die Rohwaren werden gebrannt, oft bemalt oder glasiert. Schon im Altertum wurden Töpferwaren aus Ton von hoher künstlerischer Vollendung geschaffen. Die Ausschmückung der Gefäße erfolgte anfänglich durch Einbuckelungen der Oberfläche; das Einritzen von Ornamenten mit dem Modellierholz war ein weiterer Schritt in der Dekoration der Tonwaren; es folgten die Politur der Oberfläche, der Beguß (→Engobe) u. schließlich die →Glasur. Auf den Töpfergeschirren der Babylonier u. Perser liegt die Glasur in dicker Schicht auf; die Vasen, Schalen u. Urnen der Griechen sind dagegen von einem dünnen glasurartigen Anflug bedeckt.
Bei Naturvölkern ist das Töpfern meist eine Arbeit der Frau. Es wird in drei verschiedenen Verfahren ausgeführt. Bei der *Treibtechnik* entsteht das Gefäß aus einem Tonklumpen, der durch Drehen mit den Händen geformt wird. Bei der *Spiralwulsttechnik* wird ein langer Tonwulst in Spiralen aufeinandergelegt u. dann verstrichen. Bei der *Lappentechnik* werden größere Tonfladen aneinandergefügt u. dann verstrichen.

Töpfervogel, *Furnarius rufus*, mit über 200 Arten zu einer südamerikan. Familie *(Furnariidae)* gehöriger *Sperlingsvogel*, der sein aus Lehm gemauertes, überwölbtes Nest auf einem Ast errichtet.

Töpferwespen, *Trypoxylon*, kleine, unscheinbare *Grabwespen*, die ihre Brutkammern in verlassenen Gängen von Bockkäferlarven u.ä. anlegen; dort teilen sie mit Lehm einzelne Kammern ab, in die sie Spinnen eintragen.

Topffruchtbaum, *Lecythis*, Gattung südamerikan. *Topffruchtbaumgewächse*. Die großen, holzigen Deckelkapseln werden als Töpfe verwendet.

Topffruchtbaumgewächse, *Lecythidaceae*, Pflanzenfamilie der *Myrtales*, zu denen der *Topffruchtbaum* u. *Berthallotia* gehören.

Topfmagnet, kräftiger Elektromagnet zum Lastenheben. Die ringförmige Erregerspule sitzt in einem topfartigen Stahlgehäuse.

Tophet ['tophɛt], geheiligter Ort der Phönizier, in dem den Göttern *Baal Hammon* u. *Tanit* Kinder u. kleinere Tiere geopfert wurden.

Topi →Leierantilopen.

Tọpik [die; grch.], seit *Aristoteles* Lehre von den „Örtern", den „Gemeinplätzen", d.h. den allg. als Grundsatz u. Regel angesehenen Sätzen. Wichtige Disziplin der alten Logik u. Rhetorik sowie der Jurisprudenz.

Topinambụr, *Erdartischocke, Erdbirne, Jerusalemer Artischocke*, violette, eßbare Knolle der amerikan. Sonnenblumenart *Helianthus tuberosus*, die auch in Europa, bes. Südfrankreich, gedeiht; T. enthält 16% Inulin (stärkeähnliches Kohlenhydrat), hat einen süßlichen Geschmack, wird verwendet u. zubereitet wie die Kartoffel.

Topîrceanu [topir'tʃa:nu], George, rumän. Lyriker, *21. 3. 1886 Bukarest, †7. 5. 1937 Jassy; schrieb flüssige, geistreiche Verse mit oft melanchol. Untergrund; realist.-humorvolle Behandlung von Alltagsthemen.

Tọpitsch, Ernst, österr. Soziologe u. Philosoph, *20. 3. 1919 Wien; setzt sich auf der Basis des *logischen Positivismus* ideologiekritisch mit der Philosophie als Metaphysik, vor allem mit dem dt. Idealismus u. dem Marxismus auseinander. Hptw.: „Vom Ursprung und Ende der Metaphysik" 1958; „Sozialphilosophie zwischen Ideologie u. Wissenschaft" 1961, ³1971; „Mythos, Philosophie, Wissenschaft. Zur Naturgeschichte der Illusion" 1969, ²1970; (mit K. *Salamun*) „Ideologie" 1972, „Gottwerdung u. Revolution" 1973.

Tọplitzsee, österr. Alpensee im steier. Salzkammergut, südl. vom Toten Gebirge, von der *Grundlseer Traun* durchflossen, 2km lang, 500m breit, bis 112m tief.

topo... [grch.], vor Selbstlauten *top...*, Wortbestandteil mit der Bedeutung „Ort, Gelände".

Topographie̱ [grch.], **1.** *Anatomie: topographische Anatomie* →Anatomie.
2. *Geographie:* Beschreibung der Bodenformen, Gewässer, Siedlungen, Verkehrswege u.a. Gegebenheiten eines Teilgebiets der Erdoberfläche; auch großmaßstäbige *Landesaufnahme*.

topographische Aufnahme, zur Herstellung von Karten erforderl. Arbeiten im Feld: Vermessung (Triangulation, Höhenmessung u. Nivellement), Beobachtung u. Zeichnung. Bei der t. A. spricht man auch von *Kartierung.*

topographische Karten, Landkarten in den Maßstäben bis etwa 1:200000, die vorwiegend Forschungs- u. Beobachtungsergebnisse der *Topographie* enthalten u. deshalb auch den geodätischen Karten eingeordnet werden.

Topologie [grch.], Teilgebiet der höheren Mathematik: behandelt die Eigenschaften ebener oder vieldimensionaler Punktmengen (Kurven, Flächen, Räume), die bei umkehrbar eindeutigen, stetigen Abbildungen erhalten bleiben, d. h. *topologisch invariant* sind. Die T. hat besonders in die Gruppentheorie u. Geometrie Eingang gefunden; an ihrer Entwicklung waren u. a. H. *Poincaré,* L. E. J. *Brouwer* u. G. *Cantor* beteiligt. →auch Struktur.

Toponomastik [grch.], Wissenschaft von den Örtlichkeitsnamen, →Namenkunde.

Topos [der, Mz. *Topoi*; grch.], in der Literatur ein vorgeprägtes Bild, ein formelhaftes Denk- u. Ausdrucksschema, z. B. die „amöne Landschaft" mit Wiesen, sanften Hügeln, einer Quelle, Vogelgezwitscher u. lauem Wind. Die (z. T. seit der Antike überlieferten) Topoi sind dadurch entstanden, daß gelungene Stellen in der Dichtung häufig nachgeahmt wurden, bis sie zu einem festen Klischee erstarrten. In der Renaissance u. im Barock fand der T. als Stilmittel weite Verbreitung. Eine Unterscheidung, wieweit in einer Dichtung ein T. oder eine Neuschöpfung vorliegt, ist nicht immer möglich.

Topp [der; niederdt.], oberes Ende eines Masts oder senkrechter Spieren oder Aufbauten; mit Vorsilben Vor-, Groß- usw. werden die jeweiligen höchsten Punkte näher bezeichnet. *T.segel,* oberstes Segel an der Mastspitze.

Topp [norw.], Bestandteil geograph. Namen: Gipfel, Kuppe.

Toppelius, Michael, finn. Maler, *1734 Oulu, †1821; malte etwa 40 finn. Kirchen im spätbarokkem Stil aus, schuf auch Porträts.

topplastig, der Zustand eines Schiffs, bei dem der Schwerpunkt so hoch liegt, daß die metazentrische Höhe (→Metazentrum) zu klein wird, um ein Kentern vollkommen zu vermeiden. →Stabilität.

Toprak-Kala, altchoresmische Ruinenstadt südl. des Aralsees; archäolog. Grabungen (1938–1947) legten Plastik, Keramik u. Schmuck in einem Umfang frei, der vermuten läßt, daß T. in den ersten Jahrhunderten n. Chr. als Regierungssitz der choresmischen Sijawuschiden-Dynastie diente.

Topspin [engl.], *Tischtennis:* ein Vorhandschlag mit extremem Oberschnitt; der Ball wird mit fast waagerecht gehaltenem Schläger getroffen u. erhält einen starken Vorwärtsdrall; er gleitet in der gegner. Tischhälfte flach nach unten weg.

T-Optik, *Transparenz-Optik, vergütete Optik,* von C. *Zeiss* eingeführte Bez. für Objektive (Prismen) mit sehr dünn aufgedampften Metallsalzschichten von anderem Brechungsindex als das Glas. Die Schichten setzen das Reflexionsvermögen der Glasoberflächen herab.

Toque [tɔk; die; frz.], krempenloser Hutkopf, ringsum gleich hoch mit betonter oberer Kante; garniert mit Blumen, Federn, Bändern, Pelz u. ä.

Tor [das], *Sport:* 1. bei T.spielen das Angriffsziel (meist rechteckiger Metallrohr- oder Balkenaufbau mit rückseitig eingehängtem Netz), auch der erfolgreiche T.schuß oder -wurf; 2. beim Skilauf (→Slalom) zwei Stangen mit Fähnchen, zwischen denen der Skiläufer durchfahren muß.

Tör →Vedat Nedim.

Tora [hebr.] →Thora.

Toradscha, *Toradja,* Sammelname für die altmalaiischen Inlandstämme (930000) von Celebes, z. T. mit Wedda-Beimischungen; mit Pfahlhäusern mit weit vorspringendem Dach, das durch eine Holzsäule abgestützt wird, Dorfberatungshäusern, mit prächtig verzierter Bastkleidung; gebrauchen Blasrohr (früher Bogen), Schwert, Lanze, Keule, Lederschild u. -panzer; Reisbau auf Brandrodungsfeldern; Büffelzucht; Einteilung in 3 Klassen; früher Kopfjagd u. Menschenopfer.

Torbay ['tɔːbɛi], Stadt an der Kanalküste Englands, 109000 Ew. – 1966 durch Vereinigung von Paignton u. →Torquay entstanden.

Torberg, Friedrich, eigentl. F. *Kantor-Berg,* österr. Schriftsteller u. Kritiker, *16. 9. 1908 Wien, †10. 11. 1979 Wien; emigrierte 1938 in die USA, kehrte 1951 nach Wien zurück; Hrsg. der Monatsschrift „Forum" (1954–1965) u. der Werke F. *Herzmanovsky-Orlandos*; behandelte meist Zeitprobleme, z. T. histor. Themen (jüd. Vergangenheit). Romane: „Der Schüler Gerber hat absolviert" 1930, unter dem Titel „Der Schüler Gerber" 1954; „Die Mannschaft" 1935; „Hier bin ich, mein Vater" 1948; „Süßkind von Trimberg" 1972; Novellen, Lyrik u. krit. Schriften.

Torculus →Neumen.

Tordalk, eine Alkenart, →Alken.

Tordesillas [torðe'siljas], span. Stadt in Altkastilien, auf einer Anhöhe über dem Duero, 6000 Ew.; Kloster Santa Clara (ursprüngl. Königspalast; 14.–18. Jh.); landwirtschaftl. Markt.
Der *Vertrag von T.* (7. 6. 1494) zwischen Johann II. von Portugal u. den Kath. Königen trennte die span. u. portugies. Kolonialansprüche durch eine Demarkationslinie 370 Meilen westl. der Kapverdischen Inseln von Pol zu Pol. Spanien gehörten die westlich dieser Linie entdeckten Gebiete.

Torelli, 1. Achille, italien. Dramatiker, *5. 5. 1844 Neapel, †31. 1. 1922 Neapel; schrieb etwa 20 Lustspiele aus dem italien. Familienmilieu, z. T. im neapolitan. Dialekt.
2. Giuseppe, italien. Geiger u. Komponist, *22. 4. 1658 Verona, †8. 2. 1709 Bologna; schrieb u. a. Triosonaten u. Concerti grossi. Von ihm stammen die ältesten erhaltenen Violinkonzerte.

Torenie, *Torenia fournieri,* ein *Rachenblütler* mit einer dem Löwenmaul ähnlichen, leuchtendblauen Rachenblüte.

Torero [der; span.], Stierkämpfer, →Stierkampf.

Toreutik [die; grch.], die griech.-röm. Treib- u. Zieliertechnik in Edelmetall u. Bronze für Statuen (→Sphyrelaton), Büsten, Gefäße, Geräte (u. a. Spiegel, Cisten) u. Waffen.

Torf, brennbares Produkt der Zersetzung pflanzl. Stoffe unter Luftabschluß, mit 55–64 % Kohlenstoff, Übergangsstufe zur Braunkohle, Fundorte sind die Moore; T.fläche in der BRD rd. 1500 qkm. Die obere T.schicht ist weniger zersetzt u. von heller Farbe (Faser- oder Weiß-T.), besteht meist aus noch deutl. erkennbaren Moosen, Ried- u. Wollgräsern, mit einem Heizwert von 3000 bis 4000 kcal/kg. Die darunter liegende Schicht, älter u. deshalb zersetzter, ist dunkler gefärbt (Schwarz- oder Speck-T.), mit einem Heizwert von 4000 bis 5000 kcal/kg u. hat bröckliges Gefüge. Da T. bis zu 80 % Wasser enthält, muß er nach dem Stechen mittels Hand (Soden) oder mit Maschine (Maschinen-T.) durch Liegen u. Trocknen an der Luft oder Pressen wasserärmer gemacht werden, ehe er als Isolier-, Streumaterial oder zum Heizen verwendbar ist. T. ist in Gärten (als *T.mull*) ein Mittel zur Humusanreicherung, bes. bei Stallmistmangel; *Dünge-T.* ist mit Mineralien angereichert.

Torffaser →Wollgras.

Torfgränke, *Chamaedaphne,* Gattung der *Heidekrautgewächse* mit wintergrünen Blättern u. weißen Blütenglocken; kommt in Nordamerika u. Nordeurasien bis Ostpreußen vor; enthält das schwindelerzeugende Gift Andromedotoxin.

Torfhaus, kleine Ansiedlung im Oberharz am höchsten Punkt der Straße Bad Harzburg–Braunlage, 798 m ü. M.; Sommerfrische u. Wintersportplatz; meteorolog.-bioklimat. Station, UKW- u. Fernsehsender (248 m hoher Mast).

Torfhund, *Torfspitz, Canis familiaris palustris,* Sammelbezeichnung für Haushunde der Jungsteinzeit.

Torfmoos, *Sumpfmoos, Sphagnum,* einzige Gattung der *Sphagnales,* große Polster bildende →Laubmoose sumpfiger Standorte, die an ihrer Oberfläche von Jahr zu Jahr weiterwachsen, während die tieferen Schichten absterben u. schließl. in Torf übergehen. Größte Verbreitung in den Hochmooren.

Torfplatten, aus verfasertem, durch Wärme u. chem. Zusätze behandeltem Torf gepreßte Bauplatten.

Torg [slaw.], Bestandteil geograph. Namen: Markt(platz).

Torga, Miguel, eigentl. Adolfo *Correia da Rocha,* portugies. Schriftsteller, *12. 8. 1907 S. Martinho de Anta, Trás-os-Montes; expressionist. Lyrik u. neorealist. Regionalromane mit sozialrevolutionärer Tendenz sowie Tiergeschichten.

Torgau, Kreisstadt im Bez. Leipzig, Hafen an der Elbe, 21700 Ew.; ev. Marienkirche (ehem. Basilika, zur Hallenkirche umgestaltet; Grab der Frau *Luthers*), Renaissanceschloß *Hartenfels* (frühere Burg u. dann Residenz der sächs. Kurfürsten); Garnisonstadt; Papier-, Landmaschinen-, Glasindustrie; nahebei das Gestüt *Graditz.* – Krs. T.: 612 qkm, 57700 Ew. – 🄑 →Treppenturm.

Torgelow [-lo:], Stadt im Krs. Ueckermünde, Bez. Neubrandenburg, nördl. von Pasewalk, 13500 Ew.; Eisen-, Holz- u. Schiffszubehörindustrie.

Torguten, mongol. Volk in der Kirgis. SSR u. der Dsungarei, Verwandte der Wolgatataren.

Tori-busshi, japan. Bildhauer, tätig im 1. Viertel des 7. Jh. u. a. für den *Horyuji*; Enkel eines Chinesen; folgte in seinen Arbeiten dem chines. Stil der *Nord-Wei-Zeit* (386–535).

Tories [Ez. der *Tory;* irisch, „Räuber"], zunächst (seit 1646) Bez. für die aus ihrem Besitz verjagten kath. Iren, die vom Straßenraub lebten u. bes. häufig die Besitzungen der prot. Engländer angriffen, dann die Gegner des Langen Parlaments u. der Republik (1649–1660), seit 1679 die Partei der Königstreuen, die für *Jakob II.* trotz seines kath. Glaubens gegenüber den *Whigs,* den Anhängern der Parlamentsherrschaft, eintraten. Nach der Revolution von 1688 fand eine Annäherung der Parteien statt, indem die T. die Prinzipien einer begrenzten konstitutionellen Monarchie übernahmen. Sie stützten sich auf den kleinen Landadel u. identifizierten sich mit dem Anglikanismus, während die Whigs die Interessen der großen Besitzerfamilien u. die Finanzinteressen der vermögenden Mittelklassen vertraten. Nach dem Tod der Königin *Anna* (1714) von den Whigs aus der Regierung verdrängt u. nach der Flucht ihres Führers *Bolingbroke* zerbrochen, wurde die Partei erst 1785 durch *Pitt d. J.* erneuert. Sie stützte sich nun auf den Landadel, die Kaufleute u. die Beamten u. lehnte Reformen unter dem abschreckenden Beispiel der Französ. Revolution ab; dagegen repräsentierte die neue Whigpartei unter *Fox* die Dissenters u. die aufstrebenden Industriellen u. trat für Parlaments- u. Wahlreformen ein. Bis 1830 Träger der Regierung, führten die T. 1829 die Katholikenemanzipation durch u. entwickelten sich langsam zur engl. →Konservativen Partei. →auch Großbritannien (Geschichte). – 🄛 5.8.8.

Torii [das; jap. „Ruhestätte der Vögel"], Torbogen vor Schinto-Schreinen u. Heiligtümern, aus zwei leicht gegeneinandergeneigten Trägern u. zwei Querbalken gebildet, die seitl. über die Träger hinausragen; meist aus Holz errichtet u. farbig bemalt. →auch Schintoismus.

Torkretbeton, ein *Spritzbeton*; →Beton.

T-Optik: Aufnahme mit einfach-vergütetem (links) und mit mehrfach-vergütetem Objektiv (rechts)

Torlonia, 1886 ausgestorbenes, reich begütertes röm. Fürstengeschlecht; Name u. Wappen wurden später durch Heirat mit denen der Fürsten *Borghese* vereinigt.

Tormentill = Blutwurz.

Tormes, linker Nebenfluß des Duero in Westspanien, 284 km; entspringt in der *Sierra de Gredos*, mündet bei *Villarino* an der portugies. Grenze; im Oberlauf durch eine Talsperre mit Kraftwerk zur Bewässerung u. Energiegewinnung gestaut.

Törn [engl.], Wache an Bord, Dauer einer Schiffsreise u. ä.; beim Tau →Bucht (3).

Tornado [der; span.], **1.** *Meteorologie:* Wirbelsturm in Nordamerika, von geringem räuml. Ausmaß (einige hundert Meter Durchmesser), von zerstörender Wirkung. – 🄱 →Wind. **2.** *Militär:* Mehrzweck-Kampfflugzeug (MRCA, Abk. für Multi Role Combat Aircraft), in der BRD, Italien u. Großbritannien Ersatz für Starfighter; hat variable Flügelgeometrie. **3.** *Segelsport:* ein Doppelrumpf-Segelboot (→Katamaran) mit zwei Mann Besatzung; 6,10 m lang, 3,05 m breit, 21,43 m² Segelfläche. Die T.-Klasse wurde Ende 1972 zusammen mit der 470er-Klasse (→Vierhundertsiebziger Jolle) auf Beschluß der IYRU (Internationaler Seglerverband) anstelle von Starboot u. Drachen olymp. Segelbootsklasse. – 🄱 →Segelsport.

Tornaria, Larvenform der *Eichelwürmer*, in charakteristischer Weise bewimpert, den Larven der *Stachelhäuter* ähnlich.

Torne Älv, finn. *Torniojoki*, finn.-schwed. Grenzfluß, entfließt dem nordschwed. *Torneträsk* (322 qkm, 164 m tief), mündet bei Tornio u. Haparanda in den Bottn. Meerbusen, als *Muonio Älv-T. Ä.* 570 km.

Tornesch, schleswig-holstein. Gemeinde südl. von Elmshorn (Ldkrs. Pinneberg), 8400 Ew.; Baum- u. Rosenschulen, Papierwaren-, Konserven-, Lederwaren-, chem. Industrie.

Tornio, schwed. *Torneå*, Stadt in Nordfinnland, nahe der Mündung des *Torne Älv* in den Bottn. Meerbusen, 5800 Ew.; Handel; Lachsfang.

Tornister [der; tschech.], Ranzen, bestehend aus wasserdichtem Stoff oder Leder u. Fell über einem Holz- oder Metallgestell an zwei Riemen; bes. von Soldaten getragen; auch Schulranzen.

Toro, *Cerro del T.*, argentin. Andengipfel nord-nordwestl. von San Juan, 6380 m.

Törökszentmiklós [-sεnt′miklo:ʃ], Stadt östl. von Szolnok (Ungarn), 24 000 Ew.; landwirtschaftl. Industrie, Mühlen.

Toronto, Hptst. der kanad. Prov. Ontario, Hafen am Nordufer des Ontariosees, 633 000 Ew. (als Agglomeration 2,9 Mill. Ew.); Handels- u. Bankenzentrum Kanadas; Universität (1827) u.a. Hochschulen, Banting-Institut für medizin.-chem. Forschung, Kunstakademie; Stahl-, Eisen-, Fahrzeug-, Maschinen-, Textil-, Elektro-, chem. u. Nahrungsmittelindustrie, Druckereien u. Werften.

ABBILDUNGSNACHWEIS

Farbfotos: ADN Zentralbild (1); Aerofilms Ltd. (1); Wilhelm Albrecht (11); Albright-Knox Art Gallery (1); Dr. Wolfgang Altenkirch (5); Archiv für Kunst und Geschichte (1); Archivo Fotografico dei Civici Musei Mailand (1); Arts Graphiques de la Cité (2); A/S pressehuset – H. Nielsen (1); Erich Bauer (2); Erich Baumann (8); Bavaria-Verlag (2) – Bohnacker (1) – Gritscher (1) – Holder (1) – IDF (1) – Kammerer (1) – Kanus (1) – Koch (1) – Lederer (1) – Luthy (1) – Mackus (1) – Rast (1) – Rose (1) – Dr. Sauer (3) – Tomsich (1); Bayer AG (1); Bayerisches Nationalmuseum München (1); Bibliothèque Nationale Paris (1); Joachim Blauel (1); Brecht-Einzig Ltd. (1); British Museum (3); Ilse Buhs (1); Bundeszentrale für gesundheitliche Aufklärung (8); Burkhard-Verlag Ernst Heyer (1); J. G. Carvajal (1); Bruce Coleman Ltd. (6) – Breeze-Jones (1); J. Albrecht Cropp (1); Deutsche Luftbild (1); Deutsches Tapetenmuseum (6); Dr. Gisela Dohle (6); Dr. Manfred Domrös (1); dpa (17); Wolfgang Drescher (1); Éditions Aimery Somogy (2); Erich Fischer (1); Werner Fritzsche (2); Prof. Dr. Friedrich W. Funke (2); Albrecht Gaebele (1); Dr. Georg Gerster (1); Giraudon (2) – Lauros (1); Ruth Greve (4); Hauptamt für Hochbauwesen Nürnberg (1); Rolf Heimrath (1); André Held (1); Heinz Herfort (1); Dr. Wolfgang Hickel (4); Hans Hinz (2); Hirmer Verlag (4); Dr. Siegmar Hohl (1); Holle Verlag GmbH (3); Wilhelm Hoppe (1); Institut für Meereskunde Kiel, Dr. J. Kinzer (4); Jacana (1); Jakob Janßen (4); Dr. Hans Jesse (1); Manfred Kage, Institut für wissenschaftliche Fotografie (11); Dietmar Keil (1); Joachim Kinkelin (1) – Schlapfer (1); Ralph Kleinhempel (2); KLM Aerocarto N. V. (1); Paolo Koch (5); Siegfried Köster (2); Dr. Hans Kramarz (1); H. Krantz Maschinenbau (1); Dr. Friedrich Krügler (2); Friedrich Krupp GmbH (1); Industriemuseet Oslo (1); Kunstsammlung Nordrhein-Westfalen Düsseldorf (1); laenderpress (4) – Heilmann (1) – Woog (1); Lauros (8) – Candelier (2); Lellkin Presseagentur (1); Linden-Museum Stuttgart (5); Klaus-Dieter Link (1); Werner Ludewig (1); Prof. Dr. Dietrich B. E. Magnus (1); Guglielmo Mairani (1); Mannesmann Leichtbau GmbH (1); Aldo Margiocco (20); MAS (5); Maschinenfabrik Rueti AG (2); Horst Müller (1); Musée des Arts décoratifs et industriels Brüssel – Versteegen (1); Musées Nationaux Paris (3); Museo de Arte São Paulo (1); Museo del Prado Madrid (1); Museum für Völkerkunde und Schweizerisches Museum für Volkskunst Basel (1); Museum of Modern Art New York (1); Nationalmuseet Kopenhagen (1); A. van den Nieuwenhuizen (1); Nowosti (1); Österreichisches Museum für angewandte Kunst Wien (2); Klaus Paysan (1); Hans Pfletschinger (1); Photo Meyer (2); Preiss und Co. (6); Fritz Prenzel (7); Publications Filipacchi Departement Edition (1); Rapho (1) – Dr. Gerster (1); Prof. Dr. W. Rauh (7); Refot (1); Gerd Remmer (3); Jochen Remmer (2); Rijksmuseum Amsterdam (1); Ringier-Bilderdienst AG (2); roebild (2); Walter Rohdich (1); Rudolf Rossmann (1); Salmer (1); Dr. Frieder Sauer (15); Scala (3); W. Schlafhorst und Co. (2); Hermann Schlenker (1); Toni Schneiders (3); Schubert und Salzer (3); Gabriel Schuhmacher (10); Schweizerische Landesmuseum Zürich (2); Fritz Siedel (2); Siemens AG (1); Sven Simon (1); Staatliche Museen Stiftung Preuß. Kulturbesitz, Museum für ostasiatische Kunst (1); Staatliche Museen Stiftung Preuß. Kulturbesitz, Nationalgalerie (1); Staatsarchiv Basel (1); Staatsbibliothek Stiftung Preuß. Kulturbesitz, Bildarchiv (12); Städtisches Museum Wiesbaden (1); Herwarth Stehr (12); Hans Steinmetzler (4); Georg Stiller (3); Swissair Photo und Vermessungs AG (1); D. H. Teuffen (6); Tierbilder Okapia – Kratz (2) – Root (1) – Ziester (1); Gisela Uhlmann (1); USIS (1); V-Dia-Verlag (1); VEB E. A. Seemann (1); Verlagsgruppe Bertelsmann, Bildarchiv (7); Wadsworth Atheneum Hartford (1); John Webb (1); ZEFA (3) – Baglin (1) – Bordis (1) – de Bruin (1) – Carlé (1) – Damm (1) – Fahrner (1) – Fera (2) – George (1) – Griffith (1) – Hamilton (1) – Heilmann (1) – Helbig (1); Helfritz (1) – Dr. Heydemann (1) – Hugel (1) – Janoud (1) – Jarosch (1) – Kayaerst (1) – Dr. Kramarz (1) – Kratz (1) – Lütticke (1) – Novak (1) – Orion Press (3) – Philipps (1) – Pitner (1) – Prins (1) – Research (1) – Rushmer (1) – Dr. Sauer (7) – Schöck (1) – Scholz (1) – Schuhmacher (1) – Sommer (1) – Teasy (1) – Thau (1) – v. Uden (1) – Wachsmann (1) – Walther (3) – Wirth (2); Carl Zeiss (5).

Schwarzweißfotos: AP (6); Archiv für Kunst und Geschichte (4); Lala Aufsberg (1); Bavaria-Verlag (1) – IDF (1) – Kanus (2) – Kester (1) – Len Sirman (1); Berger-Alinari (1); Corvina Verlag (1); Courtauld Institute of Art London (1); dpa (7); Fotografico Nacional Lima (1); Fototeca Unione (1); Französischer Kulturdienst Mainz (1); Archiv Gerstenberg (10); Globe Photos (1); Rolf Heimrath (1); Hirmer Verlag (1); Historia Photo (1); Historisches Museum der Pfalz Speyer (1); Historisches Museum der Stadt Wien (1); IBA (4); Industrie- und Gewerbemuseum St. Gallen (1); Klaus J. Kallabis (1); Keystone Pressedienst Martin KG (5); Franz Klimm (1); Medizinisches Strahleninstitut, Prof. Frommhold (2); Gebr. Metz (1); Ugo Mulas (1); Horst Müller (1); Musée des Arts décoratifs Paris (1); Nationalmuseet Kopenhagen (1); „Neue Heimat" Hamburg (1); Nowosti (1); RCA Victor Teldec (1); Prof. Reichow (1); Rheinisches Bildarchiv (1); Helga Schmidt-Glassner (1); Marion Schöne (1); Werner Scholz (1); Schweizerische Nationalbank (1); Staatsbibliothek Stiftung Preuß. Kulturbesitz, Bildarchiv (15); Südafrikanische Botschaft (1); Süddeutscher Verlag, Bilderdienst (3); TASS (1); D. H. Teuffen (5); Ullstein GmbH, Bilderdienst (4); USIS (1); Pan Walther (1); Weidenfeld and Nicolson – Graham (1); Carl Zeiss (1).

Die Transparentdarstellung auf Seite 193 wurde angefertigt von Tegtmeier + Grube KG.